Código de Processo Civil

Código de Processo Civil

Código de Processo Civil
Anotado, Comentado e Interpretado

Volume I · 2015
PARTE GERAL (Arts. 1 a 317)

Artur César de Souza
Juiz Federal
Professor Universitário
Pós-Doutor em Direito

CÓDIGO DE PROCESSO CIVIL – VOLUME I
Anotado, Comentado e Interpretado
© Almedina, 2015

AUTOR: Artur César de Souza
DIAGRAMAÇÃO: Almedina
DESIGN DE CAPA: FBA
ISBN: 978-858-49-3041-8

Dados Internacionais de Catalogação na Publicação (CIP)
(Câmara Brasileira do Livro, SP, Brasil)

Souza, Artur César de
Código de processo civil: anotado, comentado
e interpretado: parte geral (arts. 1 a 317),
volume I / Artur César de Souza. – São Paulo:
Almedina, 2015.
ISBN 978-85-8493-041-8
1. Processo civil 2. Processo civil – Brasil
3. Processo civil – Legislação – Brasil I. Título.

15-05342 CDU-347.9(81)(094)

Índices para catálogo sistemático:
1. Brasil: Leis: Processo civil 347.9(81)(094)
2. Leis: Processo civil: Brasil 347.9(81)(094)

Este livro segue as regras do novo Acordo Ortográfico da Língua Portuguesa (1990).

Todos os direitos reservados. Nenhuma parte deste livro, protegido por copyright, pode ser reproduzida, armazenada ou transmitida de alguma forma ou por algum meio, seja eletrônico ou mecânico, inclusive fotocópia, gravação ou qualquer sistema de armazenagem de informações, sem a permissão expressa e por escrito da editora.

Julho, 2015

EDITORA: Almedina Brasil
Rua José Maria Lisboa, 860, Conj. 131 e 132, Jardim Paulista | 01423-001 São Paulo | Brasil
editora@almedina.com.br
www.almedina.com.br

Dedico este trabalho à minha amada esposa Geovania e aos meus queridos filhos, Isis e João Henrique, pelo apoio, compreensão e estímulo.

Dedico também à minha querida mãe Maria Aparecida, aos meus irmãos Jane e Marcelo, e àquele que me ensinou a importância das obras jurídicas, especialmente as obras clássicas que nunca morrem, meu falecido pai, Artur de Souza.

NOTA DO AUTOR

O presente trabalho teve início no mês de agosto de 2010, quando a Comissão presidida pelo Ministro Luiz Fux encaminhou o projeto do novo C.P.C. brasileiro, n. 166/10, para análise do Senado Federal.

Após a apresentação do relatório final pelo Senado Federal, o projeto de lei do novo C.P.C. foi encaminhado para apreciação da Câmara dos Deputados.

Na Câmara dos Deputados, o projeto de Lei passou a ter o número 2.046/10.

Aprovado o Relatório Final pela Câmara dos Deputados, o projeto de lei retorna à casa originária, Senado Federal, para a análise do Substitutivo apresentado pela Casa revisora.

Novas modificações são apresentadas ao projeto, até que finalmente, no mês de dezembro de 2014, o projeto de Lei do novo C.P.C. brasileiro é encaminhado à Sanção da Presidente da República.

No dia 16 de março de 2015, o projeto de lei transforma-se, mediante sanção da Presidente da República, na Lei n. 13.105 de 2015, incorporando-se definitivamente ao ordenamento jurídico brasileiro a partir do dia 17 de março de 2016.

Diante do tempo de maturação política legislativa do novo C.P.C. brasileiro, aproximadamente quatro anos e seis meses, não se justificava mais apresentar aos profissionais do direito, advogados privados ou públicos, juízes, membros do Ministério Público, acadêmicos, alunos etc um trabalho denominado de primeiras linhas ou primeiros apontamentos do novo C.P.C.

Diante do tempo, era necessário ir mais além, no sentido de apresentar ao público um comentário profundo, técnico e que procurasse na melhor forma possível resolver todos os eventuais problemas que possam surgir na interpretação e aplicação do novo C.P.C. brasileiro.

Ao invés de um comentário *meramente superficial*, optou-se por um trabalho mais elaborado, profundo, exauriente, devidamente fundamentado em doutrina estrangeira e nacional, assim como nos precedentes jurisprudenciais do S.T.J. e do S.T.F. que continuarão a ter plena eficácia com a entrada em vigor do novo C.P.C.

É importante salientar que muito embora se trate de um novo código de processo civil brasileiro, a estrutura e a sistemática básica do código de 1973, e porque não dizer do C.P.C. de 1939, foi de certa forma mantida, pois nenhuma alteração legislativa dessa envergadura é capaz de romper totalmente com os pilares da sistemática processual anterior.

Alterações existiram, de forma pontual ou mesmo institucional, sem que isso significasse um efetivo rompimento com o que fora construído no passado, seja na doutrina ou na jurisprudência.

Diante dessa constatação de que não houve uma ruptura total do sistema processual brasileiro pelo novo código de processo civil, este trabalho teve o cuidado de buscar as lições doutrinárias, clássicas ou modernas, nacionais ou estrangeiras, e os precedentes jurisprudenciais que ainda poderão ter efetiva aplicação na interpretação e aplicação das novas normas processuais.

Aliás, inúmeros entendimentos jurisprudenciais existentes atualmente em nossos Tribunais foram de certa forma encampados pelo novo C.P.C., como, por exemplo, o disposto no § 7º do art. 528 do atual C.P.C. que dispõe que o débito alimentar que autoriza a prisão do alimentante é o que compreende até 3 (três) prestações anteriores ao ajuizamento da execução.

Portanto, o leitor deve estar ciente que inúmeras jurisprudências que estão sendo citadas neste trabalho continuarão a ter aplicação efetiva, assim como a doutrina, ainda que clássica, permanecerá viva no trabalho hermenêutico desse novo Código de Processo Civil brasileiro.

Evidentemente que o leitor deverá ter a sensibilidade e o cuidado em avaliar cada doutrina e cada jurisprudência citada para verificar se se trata de simples informação histórica, informação comparativa do novo e do velho C.P.C., ou referência doutrinária e jurisprudencial em plena eficácia para o trabalho hermenêutico de aplicação das normas processuais atuais.

AGRADECIMENTOS

Agradeço a Deus por me permitir chegar ao final desta obra, e por me consolar nos momentos de cansaço e falta de estímulo, renovando em minha alma a perseverança e a esperança.

Agradeço imensamente a importante contribuição na ajuda e na correção da análise do texto pela minha esposa, Geovania, e meu filho, João Henrique.

Agradeço igualmente à minha filha, Isis, e ao meu genro, Rafael, pela elaboração da tabela de artigos comparativos.

Agradeço ao Professor Dr. Jorge Miranda, da Faculdade de Direito de Lisboa, que prontamente me indicou a Editora Almedina para apresentar o trabalho ora elaborado.

Agradeço, por fim, ao Engenheiro Carlos Pinto, à Sofia Barraca e Carolina Santiago pelo apoio, confiança e pela oportunidade de divulgar este trabalho ao mundo jurídico e acadêmico.

ABREVIATURAS

AC TC – Acórdão Tribunal Constitucional
Ac. Acórdão
ACO – Ação Civil Ordinária
ACP – Ação Civil Pública
ADI-MC – Medida Cautelar em Ação Direta de Inconstitucionalidade
ADIN – Ação Direta de Inconstitucionalidade
ADPF – Arguição de Descumprimento de Preceito Fundamental
AG – Agravo
AgR – Agravo Regimental
AGRCR – Agravo Regimental em Carta Rogatória
AgREsp – Agravo em Recurso Especial
AgRg na APn – Agravo Regimental na Ação Penal
AgRg no Ag – Agravo Regimental no Agravo
AgRg no Ag – Agravo Regimental no Agravo
AgRg no AREsp – Agravo Regimental no Agravo em Recurso Especial
AgRg no CC – Agravo no Conflito de Competência
AgRg no RMS – Agravo Regimental no Recurso em Mandado de Segurança
AgRg nos EREsp – Agravo Regimental nos Embargos em Recurso Especial
AGU – Advocacia Geral da União
AI – Agravo de Instrumento
ALI – American Law Institute.
AR – Ação Rescisória
ARE – Recurso Extraordinário com Agravo.
Art. – Artigo
BACENJUD – Banco Central do Brasil Judiciário
BGB – Código Civil Alemão

C. Pr. Civil – Código de Processo Civil
C.C. – Código Civil
C.C.B. – Código Civil Brasileiro
C.c.b. – Código Civil Brasileiro
C.F. – Constituição Federal
C.J.F. – Conselho da Justiça Federal
C.N.J. – Conselho Nacional de Justiça
C.P.C. – Código de Processo Civil
C.P.P. – Código de Processo Penal
Cass. – Cassação
CC – Código Civil
CC – Conflito de Competência
CDA – Certidão de Dívida Ativa
CDC – Código de Defesa do Consumidor
CEF – Caixa Econômica Federal
Com. – Comentários
CONFEA – Conselho Federal de Engenharia e Agronomia
Conv. Eur. Dir. Uomo – Convênio Europeu dos Direitos dos Homens
CPC – Código de Processo Civil
CPCC – Código de Processo Civil Comentado
CRC – Conselho Regional de Contabilidade
CREAA – Conselho Regional de Engenharia e Agronomia e Arquitetura
CRM – Conselho Regional de Medicina
CSLL – Contribuição Social sobre Lucro Líquido
CTN – Código Tributário Nacional
D – Digesto
D.E. – Diário Eletrônico
Dec. – Decreto
DF – Distrito Federal
DI – Direito Internacional
Disp. Trans. – Disposições Transitórias
DIVULG – Divulgação
DJ – Diário da Justiça
DJe – Diário da Justiça Eletrônico
DNA – ácido desoxirribonucléico
DOU – Diário da Justiça da União
DR – Diário da República
EAD – Ensino à Distância
EC – Emenda Constitucional

ECA – Estatuto da Criança e do adolescente
ED – Embargos de Declaração
EDcl – Embargos de Declaração
EDcl nos EDcl no AgRg na MC. – Embargos de Declaração nos Embargos de Declaração no Agravo Regimental na Medida Cautelar
EDcl nos EDcl no RHC – Embargos de Declaração nos Embargos de Declaração no Recurso em Habeas Corpus
EDcl nos EDcl nos EDcl no AgRg na ExSusp – Embargos de Declaração nos Embargos de Declaração nos Embargos de Declaração no Agravo Regimental na Exceção de Suspeição.
EDcl nos EDcl nos EDcl nos EDcl no AgRg no REsp – Embargos de declaração nos Embargos de Declaração nos Embargos de Declaração nos Embargos de Declaração no Agravo Regimental no Recurso Especial
ED-ED-AgR – Embargos de Declaração em Embargos de Declaração em Agravo Regimental
EMENT – Ementário
EOA – Estatuto da Ordem dos Advogados
FGTS – Fundo de Garantia por Tempo de Serviço
FUNAI – Fundação Nacional do Índio
HC – Habeas Corpus
INC. – Inciso
INCRA – Instituto Nacional de Colonização e Reforma Agrária
INSS – Instituto Nacional de Seguridade Social
IRPJ – Imposto de Renda Pessoa Jurídica
J. – julgamento
L. – Lei.
LACP – Lei da Ação Civil Pública
LC – Lei Complementar
LDi – Lei de Divórcio
LICC – Lei de Introdução ao Código Civil brasileiro
LOMAN – Lei Orgânica da Magistratura Nacional
LOPJ – Lei Orgânica do Poder Judiciária
M.P. – Ministério Público
MC-REF – Referendo Medida Cautelar
MI – Mandado de Injunção
MIN. – Ministro
MP – Medida Provisória
MPF – Ministério Público Federal
MRE/MF – Ministério das Relações Exteriores/Ministério da Fazenda

CÓDIGO DE PROCESSO CIVIL

MS – Mandado de Segurança
N. – número
OAB – Ordem dos Advogados do Brasil
ONG – Organização não Governamental
ONU – Organização das Nações Unidas
ORTN – Obrigações Reajustáveis do Tesouro Nacional.
PET – Petição
PIS/PASEP – Programa de Integração Social/Programa de Formação do Patrimônio do Servidor Público
PROJUDI – Processo Judicial
PUBLIC – Publicação
QO – Questão de Ordem
R0 – Recurso Ordinário
Rcl – Reclamação
RE – Recurso Extraordinário
Rel. – Relação
Rel. – Relator
REsp – Recurso Especial
Rev. – Revista
RHC – Recurso em Habeas Corpus
RI/STF – Regimento Interno do Supremo Tribunal Federal
RMS – Recurso em Mandado de Segurança
RPV – Requisição de Pequeno Valor
RSTJ – Revista do Superior Tribunal de Justiça
RT – Revista dos Tribunais
RTJ – Revista Trimestral de Jurisprudência
S.T.F. – Supremo Tribunal Federal
S.T.J. – Superior Tribunal de Justiça
SE – Sentença Estrangeira
SEC – Sentença Estrangeira Contestada
SENT. – Sentença
SIMP – Simpósio
SISTCON – Sistema de Conciliação
STC – Supremo Tribunal Constitucional
STEDH – Sentença do Tribunal Europeu de Direitos Humanos
T.R.Fs. – Tribunais Regionais Federais
T.S.M. – Tribunal Superior Militar
TEDH – Tribunal Europeu de Direitos Humanos
TFR – Tribunal Federal de Recurso

TJ/RS – Tribunal de Justiça do Rio Grande do Sul
TRF 1ª – Tribunal Regional Federal da 1ª Região
TRF4 – Tribunal Regional Federal da 4ª Região.
TRT – Tribunal Regional do Trabalho
TSE – Tribunal Superior Eleitoral
TST – Tribunal Superior do Trabalho
UERJ – Universidade Estadual do Rio de Janeiro
UNIDROIT – International Institute for the Unification
UTI – Unidade de Terapia Intensiva
VOL – Volume
ZPO – Código de Processo Civil Alemão

SUMÁRIO

PARTE GERAL

LIVRO I – DAS NORMAS PROCESSUAIS CIVIS	11
TÍTULO ÚNICO – Das normas fundamentais e da aplicação das normas processuais	11
CAPÍTULO I – Das normas fundamentais do Processo Civil	11
CAPÍTULO II – Da Aplicação das Normas Processuais	122
LIVRO II – DA FUNÇÃO JURISDICIONAL	147
TÍTULO I – Da Jurisdição e da Ação	147
TÍTULO II – Dos Limites da Jurisdição Nacional e da Cooperação Internacional	209
CAPÍTULO I – Dos Limites da Jurisdição Nacional	209
CAPÍTULO II – Da Cooperação Internacional	240
SEÇÃO I – Disposições Gerais	240
SEÇÃO II – Do Auxílio Direto	247
SEÇÃO III – Da Carta Rogatória	256
SEÇÃO IV – Disposições Comuns às Seções Anteriores	259
TÍTULO III – Da Competência Interna	265
CAPÍTULO I – Da Competência	265
SEÇÃO I – Disposições Gerais	265
SEÇÃO II – Da Modificação da Competência	341
SEÇÃO III – Da Incompetência	374
CAPÍTULO II – Da Cooperação Nacional	383
LIVRO III – DOS SUJEITOS DO PROCESSO	389

CÓDIGO DE PROCESSO CIVIL

TÍTULO I – Das Partes e dos Procuradores ... 389
    CAPÍTULO I – Da Capacidade Processual ... 389
    CAPÍTULO II – Dos Deveres das Partes e de seus Procuradores ... 439
        SEÇÃO I – Dos Deveres ... 439
        SEÇÃO II – Da Responsabilidade das Partes por Dano Processual ... 456
        SEÇÃO III – Das Despesas, dos Honorários Advocatícios e das Multas ... 473
        SEÇÃO IV – Da Gratuidade da Justiça ... 545
    CAPÍTULO III – Dos Procuradores ... 571
    CAPÍTULO IV – Da Sucessão das Partes e dos Procuradores ... 600
TÍTULO II – Do Litisconsórcio ... 620
TÍTULO III – Da Intervenção de Terceiros ... 670
    CAPÍTULO I – Da Assistência ... 670
        SEÇÃO I – Disposições Comuns ... 670
        SEÇÃO II – Da Assistência Simples ... 676
        SEÇÃO III – Da Assistência Litisconsorcial ... 685
    CAPÍTULO II – Da Denunciação da Lide ... 688
    CAPÍTULO III – Do Chamamento ao Processo ... 706
    CAPÍTULO IV – Do Incidente de Desconsideração da Personalidade Jurídica ... 714
    CAPÍTULO V – Do *Amicus Curiae* ... 743
TÍTULO IV – Do Juiz e dos Auxiliares da Justiça ... 748
    CAPÍTULO I – Dos Poderes, dos Deveres e da Responsabilidade do Juiz ... 748
    CAPÍTULO II – Dos Impedimentos e da Suspeição ... 785
    CAPÍTULO III – Dos Auxiliares da Justiça ... 831
        SEÇÃO I – Do Escrivão, do Chefe de Secretaria e do Oficial de Justiça ... 832
        SEÇÃO II – Do Perito ... 841
        SEÇÃO III – Do Depositário e do Administrador ... 858
        SEÇÃO IV – Do Intérprete e do Tradutor ... 863
        SEÇÃO V – Dos Conciliadores e Mediadores Judiciais ... 866
TÍTULO V – Do Ministério Público ... 891
TÍTULO VI – Da Advocacia Pública ... 927
TÍTULO VII – Da Defensoria Pública ... 930

LIVRO IV – DOS ATOS PROCESSUAIS ... 945
TÍTULO I – Da Forma, do Tempo e do Lugar dos Atos Processuais ... 945
    CAPÍTULO I – Da Forma dos Atos Processuais ... 945
        SEÇÃO I – Dos Atos em Geral ... 945
        SEÇÃO II – Da Prática Eletrônica de Atos Processuais ... 963
        SEÇÃO III – Dos Atos das Partes ... 969

SEÇÃO IV – Dos Pronunciamentos do Juiz 979
SEÇÃO V – Dos Atos do Escrivão ou do Chefe de Secretaria 986
CAPÍTULO II – Do Tempo e do Lugar dos Atos Processuais 992
SEÇÃO I – Do Tempo 992
SEÇÃO II – Do Lugar 1013
CAPÍTULO III – Dos Prazos 1014
SEÇÃO I – Das Disposições Gerais 1014
SEÇÃO II – Da Verificação dos Prazos e das Penalidades 1059
TÍTULO II – Das Comunicações Dos Atos Processuais 1067
CAPÍTULO I – Disposições gerais 1067
CAPÍTULO II – Da citação 1077
CAPÍTULO III – Das cartas 1161
CAPÍTULO IV – Das intimações 1186
TÍTULO III – Das Nulidades 1212
TÍTULO IV – Da Distribuição e do Registro 1248
TÍTULO V – Do Valor da Causa 1263

LIVRO V – DA TUTELA PROVISÓRIA 1287
TÍTULO I – Disposições Gerais 1287
TÍTULO II – Da Tutela de Urgência 1312
CAPÍTULO I – Disposições Gerais 1312
CAPÍTULO II – Do Procedimento da Tutela Antecipada Requerida em Caráter Antecedente 1332
CAPÍTULO III – Do Procedimento da Tutela Cautelar Requerida em Caráter Antecedente 1345
TÍTULO III – Da Tutela da Evidência 1373

LIVRO VI – DA FORMAÇÃO, DA SUSPENSÃO E DA EXTINÇÃO DO PROCESSO 1385
TÍTULO I – Da Formação do Processo 1385
TÍTULO II – Da Suspensão do Processo 1393
TÍTULO III – Da Extinção do Processo 1420

TABELA COMPARATIVA DO NOVO C.P.C. COM O C.P.C. DE 1973 E COM CÓDIGOS ESTRANGEIROS 1425

Parte Geral

LIVRO I – DAS NORMAS PROCESSUAIS CIVIS

TÍTULO ÚNICO – Das normas fundamentais e da aplicação das normas processuais

CAPÍTULO I – Das normas fundamentais do Processo Civil

Art. 1º
O processo civil será ordenado, disciplinado e interpretado conforme os valores e as normas fundamentais estabelecidos na Constituição da República Federativa do Brasil, observando-se as disposições deste Código.

Sumário:
1. Considerações gerais
2. Interpretação, ordenação e disciplina do processo civil

1. Considerações gerais
O Código de Processo Civil de 1973 constituiu, à época de sua inserção no nosso ordenamento jurídico, indubitavelmente, um avanço significativo relativamente à experiência vivida com o Código de Processo civil de 1939, o qual era caracterizado especialmente pelo seu formalismo, além de inserir o próprio magistrado durante o desenrolar da relação jurídica processual numa postura eminentemente de *self-restraint*.

Influenciado pelos valores dominantes na época em que foi aprovado, a consistência do C.P.C. de 1973 assentou-se basicamente no princípio *dispositivo*, temperado pelo princípio do inquisitório ou da oficiosidade e nos princípios do *contraditório, da preclusão, da legalidade das formas processuais, da aquisição processual, da livre apreciação das provas.*

Com o tempo, a essência inicial do C.P.C. de 1973 deixou de acompanhar a grande evolução social, econômica e cultural ocorrida no Brasil, tornando-se, em relação a alguns institutos processuais, obsoleto e altamente prejudicial à célere prestação da tutela jurisdicional. Em face dessa discordância entre essência e realidade social, os tribunais, na generalidade dos casos, não têm conseguido dar uma resposta *pronta* e *satisfatória* aos anseios dos cidadãos que a eles recorrem, conforme já foi constato por António Santos Abrantes Geraldes no sistema processual português. Para isso têm concorrido diversas causas, dentre as principais: a) a *excessiva burocratização do processo civil*, recheado de formalidades e de obstáculos que impedem o seu avanço rápido e seguro; b) *complexidade de tramitação do processo comum ordinário* que permite a utilização, por vezes abusivas, dos mecanismos processuais, como incidentes, expedientes dilatórios, recursos etc; c) *excessiva sobrecarga de trabalho* que recai sobre os ombros dos magistrados, além de ter de se dedicar às questões que exigem a intervenção de um magistrado (apreciação de matéria de fato, decisão jurisdicional, garantia dos direitos das partes), ocupando ainda grande parte do período de trabalho; d) *excessiva litigiosidade*, reflexo das dificuldades e problemas que afetam a vida social e, nomeadamente, a vida dos agentes econômicos, repercutindo-se no aumento exponencial do número de processos entrados e pendentes nos tribunais; e) *dificuldades e demoras na realização de exames médicos ou de outros exames periciais*, especialmente quando a parte é beneficiária de justiça gratuita; f) *a irracionalidade na distribuição de magistrados e funcionários*; g) *falta de meios logísticos* que permitam um funcionamento eficaz e rápido da secretaria, nomeadamente, no campo das citações e da realização das penhoras em processo executivo (v.g., meios de transporte e locais de armazenamento de bens móveis penhorados); h) a *necessidade de solicitar a outros órgão jurisdicionais a realização de penhoras e vendas.*

Diante dessa sistemática constatação de desequilíbrio entre normas processuais e a evolução social, o C.P.C. de 1973 passou por inúmeras revisões (mais de sessenta leis realizaram sua modificação pontual), tão substanciais algumas delas que terminaram por acarretar grande perda sistemática, o principal atributo que deve estar configurado num código procedimental.

Decorridos mais de 40 anos da aprovação da versão original do C.P.C de 1973, e diante das alterações substanciais do circunstancialismo político-social então vigente, apenas pelas modificações que foram realizados neste código no final do Século passado e no início deste Século, foi-se firmando, cada vez mais, nos meios forenses, a convicção generalizada da necessidade de alteração dos valores e dos princípios informadores da ordem processual vigente, a fim de

ART. 1º

que fosse novamente realçada a função instrumental do processo civil moderno face ao direito material, para melhor satisfação dos interesses perseguidos pelos órgãos do Poder Judiciário brasileiro.

Como bem afirmou o Relatório de autoria do Deputado Federal Paulo Teixeira, apresentado pela Comissão Especial da Câmara dos Deputados criada nos termos do art. 205, §1º, do Regimento Interno da Câmara dos Deputados e destinada a proferir parecer ao Projeto de Lei n. 6.025, de 2005, ao Projeto de Lei n. 8.046, de 2012, ambos do Senado Federal, e outros que tratavam do 'Código de Processo Civil (Lei 5.869, de 1973): *"Nas quatro décadas de vigência do CPC atual, o país e o mundo passaram por inúmeras transformações. Muitos paradigmas inspiradores desse diploma legal foram revistos ou superados em razão de mudanças nos planos normativo, científico, tecnológico e social. Entre 1973 e 2013, houve edição da lei do divórcio (1977), de uma nova Constituição Federal (1988),do Código de Defesa do Consumidor (1990, do Estatuto da Criança e do Adolescente (1990) das Leis Orgânicas do Ministério Público e da Defensoria Pública (1993 a 1994),de um novo Código Civil (2002), e do Estatuto do Idoso (2003), exemplos de diplomas normativos que alteraram substancialmente o arcabouço jurídico brasileiro no período. Pelo fato de muitas das normas e a própria sistematização do CPC de 1973 não se afina mais à realidade jurídica tão diferente dos dias atuais, afigura-se necessária a construção de um Código de Processo Civil adequado a esse novo panorama".*

Diante dessa paulatina ineficácia jurídica e social do C.P.C. de 1973, da excessiva formalização do processo civil então vigente e com todo um conjunto de normas anacrônicas que ao invés de atribuírem ao direito processual a simples intermediação necessária ao reconhecimento e à realização do direito material o colocam, por vezes, perante situação de clara supremacia, houve necessidade de se reformular, não de forma pontual, mas por meio de uma revisão geral e sistemática, toda a estrutura normativa processual brasileira, o que se confirmou e se consolidou com a entrada em vigor do novo C.P.C.

Conforme aduz o aludido Relatório do Deputado Federal Paulo Teixeira, pode-se registrar as seguintes mudanças apregoadas no novo C.P.C.: *"a) o novo C.P.C. deve conferir ao Ministério Público tratamento adequado ao seu atual perfil constitucional, muito distinto daquele que vigia em 1973. É preciso rever a necessidade de sua intervenção em qualquer ação de estado, exigência de um tempo em que se proibia o divórcio; b) o CPC de 1973 não contém ainda disposições sobre a Defensoria Pública, o que deve ser considerado omissão inaceitável notadamente tendo em vista o papel institucional por ela alcançado com a Constituição Federal de 1988; c) no Brasil praticamente não existia a arbitragem em 1973. Atualmente, o Brasil é o quarto país do mundo em número de arbitragens realizadas na Câmara de Comércio Internacional. O CPC de 1973 pressupôs a realidade da arbitragem daquela época. É preciso construir um código afinado à nova rea-*

lidade, para se prever, por exemplo, o procedimento da carta arbitral e instituir a possibilidade de alegação autônoma da convenção de arbitragem; d) de haver previsão legal de um modelo adequado para disciplina processual de desconsideração da personalidade jurídica, instituto consagrado no CDC e no Código Civil e amplamente utilizado na prática forense, que também não foi objeto de previsão, ainda, no CPC atual; e) as sensíveis transformações da ciência jurídica nos últimos anos, com o reconhecimento da força normativa dos princípios jurídicos e do papel criativo e também normativo da função jurisdicional, que se confirma pelas recentes decisões do Supremo Tribunal Federal e demais tribunais superiores, exigem nova reflexão sobre o CPC atual; f) afigura-se necessário criar uma disciplina jurídica minuciosa para a interpretação, aplicação e estabilização dos precedentes judiciais, estabelecendo regras que auxiliem na identificação, na interpretação e na superação de um precedente; g) o processo em autos eletrônicos é uma realidade inevitável, podendo-se afirmar que o Brasil é dos países mais avançados do mundo nesse tipo de tecnologia e que, em poucos anos, a documentação de toda tramitação processual no Brasil será eletrônica, devendo o CPC bem disciplinar essa realidade; h) no plano social, as mudanças importantes que refletiram no acesso à justiça e na concessão de sua gratuidade, no progresso econômico, na incorporação ao mercado de grande massa de consumidores e na necessidade de resolução de demandas com multiplicidade de partes repercutem diretamente no exercício da função jurisdicional e ocasionaram aumento exponencial do número de processos em tramitação, realidade cujos problemas o CPC atual, ainda, não resolve completamente".

Verifica-se também uma importante mudança de mentalidade valorativa, a partir do momento em que os princípios dispositivo e de preclusão, que se tornaram marco estruturante do arcabouço normativo do C.P.C. de 1973, sofrem com o novo C.P.C. uma relativização salutar. Nota-se mais evidente essa mudança estrutural, especialmente pela tratativa dada à preclusão das matérias que não fossem alegadas em agravo de instrumento e, especialmente, em agravo retido. Agora as matérias que obrigatoriamente deveriam ser alegadas em agravo retido poderão ser articuladas como preliminar de apelação, não havendo mais sobre elas a inconsistente e preocupante preclusão. Como afirma Lebre de Freitas, "a existência de 'fase estanques', aliada ao regime dos 'prazos peremptórios', tornou coerente o sistema processual civil, mas inverteu a relação de 'instrumentalidade' que devia existir entre o direito processual e o direito substantivo, 'acabando por subordinar a eficácia das normas de comportamento do direito material ao modo de comportamento das partes em juízo"[1]

---

[1] FREITAS, Lebre, *apud* GERALDES, António Santos Abrantes. *Temas da reforma do processo civil* – princípios fundamentais – fase inicial do processo declarativo. Coimbra: Almedina, 1997. p. 19.

Na realidade, o que dificilmente se compreende é que algumas normas e certas rotinas processuais, nem sempre legalmente fundadas, estabeleçam uma inversão clara dos valores e transformem o processo civil num fim em si mesmo e não num simples veículo para alcançar os objetivos para que foram criados os órgãos do Poder Judiciário.

A desformalização do processo civil brasileiro, colocando em evidência a necessidade de se garantir o direito material, sobrepondo-se a critérios puramente formais, a fim de potencializar a efetiva resolução de conflitos, sem dúvida é uma das mais importantes inovações introduzidas pela recente reforma processual.

Foi também modificado o sistema no que respeita à concretização normativa dos princípios do contraditório (art. 10 do atual C.P.C.) e o da cooperação (art. 6º do atual C.P.C.), o da isonomia (art. 7º do atual C.P.C), o da publicidade e motivação (art. 11 do atual C.P.C.).

Outros princípios foram inseridos no atual C.P.C. como forma de reforço dos direitos e garantias fundamentais previstos na C.F., como, por exemplo, o princípio do acesso a jurisdição (art. 3º do atual C.P.C.); da celeridade processual (art. 4º do atual C.P.C.).

Ao lado dessas considerações, inseriu-se ainda como estrutura do sistema normas que se consideram como de boa conduta ou de civilidade (art. 5º do atual C.P.C.).

Há, ainda, uma mescla de princípios gerais do processo com valores e princípios estruturantes previstos na Constituição Federal, a saber: "Ao aplicar o ordenamento jurídico, o juiz atenderá aos fins sociais e às exigências do bem comum, resguardando e promovendo a dignidade da pessoa humana e observando a proporcionalidade, a razoabilidade, a legalidade, a publicidade e a eficiência (art. 8º do atual C.P.C.).

Porém, é necessário frisar que para que essa ampla mudança de um texto legal regulamentador do processo civil brasileiro surta efetiva eficácia e traga resultados alentadores, não é suficiente apenas a inserção de preceitos num texto legal, sem que haja uma efetiva mudança de visão, comportamento e interpretação desses textos por partes dos agentes aplicadores das regras e princípios processuais.

A mudança de mentalidade e de comportamento por parte dos aplicadores das normas jurídicas é de especial importância, especialmente pelo fato de que esses agentes do sistema normativo jurídico não são simples aplicadores de normas, mas efetivos construtores do Direito.

E com o intuito de reforçar a necessidade de se modificar a postura e o comportamento dos agentes aplicadores do direito no momento de se realizar a interpretação das normas contidas no novo C.P.C., foram introduzidas nesse novo diploma processual critérios de hermenêutica direcionados à necessidade de tornar mais rápida, eficaz e justa a intervenção dos órgãos judiciais no âmbito da concretização do ordenamento jurídico. Esses critérios que ditam a forma de ordenamento, disciplinamento e interpretação das disposições contidas no moderno processo civil brasileiro se dão com base em valores e princípios fundamentais estruturantes previstos na C.F. de 1988.

Na sua qualidade de princípios constitucionalmente estruturantes eles devem ser compreendidos como princípios concretos, consagrados numa ordem jurídico-constitucional em determinada situação histórica. Embora não sejam princípios transcendentais, podem sempre ser considerados como dimensões paradigmáticas de uma ordem constitucional positiva. Por isso, nesse sentido, verificar se uma ordem constitucional está 'informada' pelos princípios do Estado de direito democrático é ou pode ser uma pedra de toque para se concluir, positiva ou negativamente, acerca de sua dignidade de reconhecimento como 'ordem constitucional justa', como 'Estado de direito' ou 'Estado de não direito', como Estado democrático de ditadura".[2]

O novo sistema processual indica claramente para uma maior *maleabilização* do processo, sem descurar das *garantias fundamentais* que potencializem o julgamento à prolação de uma decisão justa.

Inúmeros autores, conforme afirma António Santos Abrantes Geraldes, têm alertado para a relativa frequência com que os juízes *são obrigados ou atraídos* a debater meras questões processuais, em detrimento das razões de ordem material, invertendo-se desta maneira a *ordem de valores* por que deve pautar-se a atividade jurisdicional e que, no essencial, deveria ser dedicada à definição dos direitos subjetivos e não, como sucede com frequência, à generalizada perda de tempo com tarefas puramente burocráticas, transformando tantas vezes o juiz em 'despachante de processos' em vez de dedicar o seu tempo e intelecto à resolução dos conflitos que as partes submetem à decisão soberana do órgão jurisdicional onde o juiz está integrado.[3]

Na realidade, o que se esperar de uma legislação processual civil, segundo Teixeira de Sousa (in R.O.ª, ano 55º, pág. 354), é nada mais nada menos do que promover e permitir uma rápida realização do direito material, realizar uma adequada solução dos litígios e estabelecer o mais rápido possível a paz social.

---

[2] CANOTILHO. J. J. Gomes. *Direito constitucional*. Coimbra: Livraria Almedina, 1996. p. 346.
[3] GERALDES, A. S. A., op. cit., p. 22.

2. Interpretação, ordenação e disciplina do processo civil

Não há dúvida de que o processo civil brasileiro será ordenado, disciplinado e interpretado conforme os valores e as normas fundamentais estabelecidos na Constituição da República Federativa do Brasil, bem como, conforme as normas estabelecidas neste código.

Assim, a ordenação, disciplinamento e interpretação do processo civil brasileiro não estão limitados apenas às normas contidas neste código, uma vez que o processo civil deve pautar-se nos valores e princípios democráticos previstos na Constituição Federal que é a regra matriz de validade, orientação e interpretação de todo o sistema jurídico brasileiro.

A Constituição Italiana, ao se referir à atividade jurisdicional exercida por meio do processo civil, não poderia ter sido mais feliz ao realizar íntima vinculação entre *jurisdição/processo e democracia*.[4]

Na Itália, a própria constituição e suas normas constitucionais revelam-se por si só suficientes para uma primeira individualização democrática do processo jurisdicional.

Refletindo o binômio, jurisdição/democracia, apresentam-se as normatizações contidas nos incisos I e II do artigo 102 da Constituição italiana: "(...) *la giustizia è amministrata in nome del popolo*" (a justiça é administrada em nome do povo), sendo, na verdade, "*espressione diretta della sovranità popolare*" (expressão direta da soberania popular).

A soberania popular reclama que "(...) *la giustizia non può essere amministrata senza il controllo del popolo in nome del quale i magistrati proclamano di rendere giustizia*". (a justiça não pode ser administrada sem o controle do povo em nome do qual os magistrados proclamam realizar justiça) Na verdade, "(...) *senza l'assunzione dell'opinione pubblica come origine di ogni autorità per le decisioni che vincolano l'intero corpo sociale, manca alla democrazia moderna la sostanza della sua verità*" (sem a assunção do povo como origem de toda autoridade para as decisões que vinculam o inteiro corpo social, falta à democracia moderna a substancia de sua verdade).[5]

No que se refere à jurisdição, o provimento do juiz não se legitima como exercício de autoridade absoluta, "(...) *ma in quanto il giudice renda conto del modo in cui esercita il potere che gli è stato delegato dal popolo, che è il primo e vero titolare della sovranità*" (mas enquanto o juiz presta conta da maneira como exercita o

---

[4] Na concepção de Habermas, o princípio do direito não constitui um membro intermediário entre princípio moral e princípio da democracia, e sim, o verso da medalha do próprio princípio da democracia. (HABERMAS, Jürgen. *Direito e democracia* – entre facticidade e validade. Trad. Flávio Beno Siebeneichler. v. I. Rio de Janeiro: Tempo Brasileiro, 1997. p.128.

[5] GIOSTRA, Glauco. *Processo penale e informação*. 2ª ed. Milano: Giuffrè, 1989. p.17 e 18.

CÓDIGO DE PROCESSO CIVIL

poder que lhe foi delegado pelo povo, que é o primeiro e verdadeiro titular da soberania).[6]

O juiz para exercer o poder que lhe foi delegado pelo titular da soberania popular, o faz por meio de um instrumento denominado de *processo jurisdicional*.

O processualista moderno adquiriu a consciência de que, como instrumento a serviço da ordem constitucional, o processo jurisdicional precisa refletir as bases e os valores do regime democrático nele proclamadas, pois ele é, por assim dizer, "(...) o *microcosmos democrático do Estado-de-direito, com as conotações da liberdade, igualdade e participação (contraditório), em clima de legalidade e responsabilidade*".[7]

Por isso, conforme já teve oportunidade de afirmar Giuseppe Bettiol, o evoluir do processo jurisdicional depende fundamentalmente da consolidação dos valores consubstanciados na vida política, vinculados aos ideais democráticos. Preconiza o autor italiano que os princípios processuais civis e penais devem refletir a identidade democrática. Consequentemente, o mestre italiano já antevia a conexão inevitável entre o *Processo e Democracia*.[8]

Diante dessa perspectiva, há uma tendência para se expandir o limite consagrado para a própria noção de democracia, normalmente restritiva apenas à possibilidade de influência na gestão pública como forma de concretização das liberdades políticas.

A vinculação entre *processo* e os *valores consubstanciados na vida política* amplia o campo de atuação da democracia para todas as atividades que realizam a concretização do exercício do poder decorrente da soberania popular, permitindo-se, desta maneira, a verdadeira integração de todos, capazes de discernir sobre as opções apresentadas para o governo da coletividade em um sentido aberto. Aliás, "*qualquer sistema jurídico-processual pressupõe opções globais de 'política legislativa', reconduzidas a determinados princípios gerais que vão orientar o legislador nas diversas previsões normativas*".[9]

O processo civil, como instrumento de realização da democracia institucional, deve pautar-se de acordo com os ditames estabelecidos pela soberania

---

[6] Taruffo, Michele. Il significato costituzionale dell'obbligo di motivazione. In: Grinover, Ada Pellegrini; Dinamarco, Cândido Rangel; Watanabe, Kazuo (coord..). *Participação e processo*. São Paulo: RT, 1988. p. 41.

[7] Dinamarco, Cândido Rangel. *A instrumentalidade do processo*. São Paulo: Ed. Revista dos Tribunais, 1987. p. 26.

[8] Bettiol, Giuseppe. *Istituzioni di diritto e procedura penale*. Padova: Cedam, 1966. p.229.

[9] Geraldes, António Santos Abrantes. *Termas da reforma do processo civi – princípios fundamentais – fase inicial do processo declarativo*. Coimbra: Almedina, 1997. p. 17.

popular num Estado Democrático de Direito, ditames esses que foram consagrados e positivados numa Constituição.

Porém, essa soberania popular não se identifica com o pensar da *opinião pública*, como se fosse um aglomerado de sentidos provenientes de uma coletividade.

O sentido de soberania popular, para fins de democratização do processo jurisdicional, não é o conjunto de concepções provenientes da opinião pública, mas é decorrente da conjugação dos valores incorporados por uma Constituição.

A concepção ideológica do processo civil democrático reclama sua estruturação de acordo com uma carta de modelo que consagra os primordiais valores estruturantes de uma determinada sociedade, os quais foram positivados na Constituição.

É na Constituição da República Federativa do Brasil que se encontrarão os valores que constituem o sentido da soberania popular em uma dada ordem democrática.

Sendo o processo jurisdicional um instrumento de representação do sentido decorrente da soberania popular, essa estrutura funcional deverá ser *ordenada, disciplinada e interpretada* conforme esses pilares valorativos.

A nova ordem processual brasileira, introduzida pelo atual C.P.C., deve reforçar a ideia de democratização do processo civil nacional, assimilando que a fundamentação e legitimação da norma processual encontram-se inseridas no âmbito dos valores incorporados na Constituição da República Federativa do Brasil.

Isso não significa dizer, evidentemente, que a necessidade de democratização do processo civil brasileiro já não existisse ou fosse dependente de preceito infraconstitucional, e que os valores decorrentes da soberania popular sedimentados na Constituição Federal somente teriam aplicabilidade se expressamente inseridos num código processual.

O reforço dessa democratização da nova ordem processual civil brasileira apenas vem realçar a necessidade de que o processo civil brasileiro deve ser ordenado, disciplinado e suas normas construídas de acordo com os valores fundamentais previstos na C.F., e nada mais.

E dentre os valores fundamentais estruturantes da República Federativa do Brasil, que devem ser os pilares de estruturação do processo civil brasileiro moderno, encontram-se aqueles discriminados no art. 1º da C.F., especialmente o da dignidade *da pessoa humana*. A *dignidade da pessoa humana* não é um princípio, mas um conteúdo de valor considerado fundamental da República Federativa do Brasil.

Também o artigo 2º da Constituição Federal brasileira reforça os pilares de democratização do processo civil brasileiro, ao estabelecer que os poderes da União (legislativo, executivo e judiciário) são independentes e harmônicos entre si.

Essa primazia constitucional da independência entre os poderes constituídos recomenda que os critérios de interpretação e aplicação dos textos jurídicos processuais tenham por pressuposto a independência entre os poderes (ou funções) do Estado brasileiro, evitando-se que o Poder Judiciário, no exercício de sua atividade jurisdicional por meio do processo, usurpe das outras funções estatais. É por isso que o Supremo Tribunal Federal, por diversas vezes, impede que o Poder Judiciário aja como se fosse *legislador positivo*. Nesse sentido eis o seguinte precedente do S.T.F.:

> RE 432460 ED – AgR-ED/DF – Distrito Federal
> Relator: Min. CEZAR PELUSO
> Julgamento: 02/02/2010
> *EMENTAS: Embargos de declaração. Inadmissibilidade. Embargos rejeitados. Precedentes. Não é dado ao Judiciário atuar como legislador positivo. 2. (...)".*
> No mesmo sentido: AI 469332 AgR/SP, Relatora Min. Ellen Gracie, J. 15/09/09; AI 334269, AgR-Agr/SP, Relator Min. Celso de Mello.

É certo que não se pode esquecer a advertência feita por Humberto Ávila de que *"é necessário ultrapassar a crendice de que a função do intérprete é meramente descrever significados, em favor da compreensão de que o intérprete reconstrói sentidos, quer o cientista, pela construção de conexões sintáticas e semânticas, quer o aplicar, que soma àquelas conexões as circunstâncias do caso de julgar; importa deixar de lado a opinião de que o Poder Judiciário só exerce a função de legislador negativo, para compreender que ele concretiza o ordenamento jurídico diante do caso concreto".*[10]

São esses valores incorporados na Constituição Federal de 1988, como síntese da soberania nacional, que devem regrar e oxigenar o processo civil moderno.

A afirmação ideológica de que o processo civil será ordenado, disciplinado e interpretado conforme os valores e princípios fundamentais estabelecidos na Constituição da República Federativa do Brasil, privilegia a proximidade de uma relação entre *processo e democracia*.

Porém, não é suficiente a concepção formal de que o atual processo civil brasileiro deva seguir as diretrizes normativas que determinam a interligação entre o processo e os valores democráticos constante da C.F.

---

[10] ÁVILA, Hmberto. *Teoria dos princípios – da definição à aplicação dos princípios jurídicos.* 5ª ed. São Paulo: Malheiros, 2006. p. 34.

Segundo Calmon de Passos, não basta apenas a democratização do Estado e do processo, isso não é suficiente, e pode levar a um retrocesso. Há necessidade, também, democratizar a sociedade.[11] E é na democracia participativa que se irá alcançar esse desiderato.

Cuida-se, portanto, de uma questão de ordem política, não se encontrando solução no campo restrito da dogmática jurídica.

Pode-se dizer que a Constituição, numa visão moderna, apresenta-se como uma via de prestações recíprocas e, principalmente, como mecanismo de interpenetração (ou interferência) entre dois sistemas sociais autônomos, ou seja, a Política e o Direito processual, na medida em que ela permite *"(...) uma solução jurídica do problema de auto referência do sistema político e, ao mesmo tempo, uma solução política do problema de autoreferência do sistema jurídico"*.[12]

A confirmação científica da influência política sobre as estruturas processuais, mediada pela Constituição, realça nos estudos do processo civil a convicção inabalável de que a *"constituição é, pois, o fundamento de validade de todas as leis"*.[13]

O direito processual é verdadeiro *direito constitucional aplicado*.

A conclusão direta dessas ideias, conforme acentua Juan Eduardo Couture, *"(...) é aquela que permite afirmar que a lei processual, tomada em seu conjunto, é uma lei regulamentadora dos preceitos constitucionais que asseguram a justiça"*.[14]

São diversos os constitucionalistas que consideram que a garantia dos direitos da pessoa humana depende indiscutivelmente da eficácia dos resultados apresentados através do processo. Os próprios meios processuais garantem a eficácia e realização dos direitos fundamentais.[15]

Arturo Hoyos, professor panamenho, diz que a evolução das "garantias" se conjuga com a dimensão democrática do processo, a qual se concebe em termos substantivos e concretos.[16]

---

[11] CALMON DE PASSOS, J. J. Democracia, participação e processo. In: GRINOVER, Ada Pellegrini; DINAMARCO, Cândido Rangel; WATANABE, Kazuo (Coord.). *Participação e processo*. São Paulo: Editora R.T., 1988. p. 92.

[12] NEVES, Marcelo. *A constituição simbólica*. São Paulo: Acadêmica, 1994. p.62.

[13] GRINOVER, Ada Pellegrini. *As garantias constitucionais do direito de ação*. São Paulo: Revista dos Tribunais, 1973. p. 9.

[14] COUTURE. Eduardo J. *Introdução ao estudo do processo civil*. 3.ed., Rio de Janeiro: José Konfino, s.d., p. 33.

[15] MORELLO, Augusto. *El proceso justo*. Buenos Aires: Abeledo-Perrot, 1994. p. 8.

[16] HOYOS, Arturo. *Justicia contencioso-administrativa y derechos humano*. Panamá: Instituto Panameño de Derecho Procesal, 1991. p. 12, 13 e 40.

Ao contrário do que alguns pensam, quanto maior for o número de garantias, maior será a eficiência do processo. Conforme bem lembrou Raffaello Magi: *"Personalmente, non vedo antitesi tra efficienza e garanzia (...)".*[17]

A partir do momento histórico em que se preconizou o *"(...) reconocimiento jurídico de determinados âmbitos de autodeterminación individual en los que el Leviatán no puede penetrar (...)"*[18], necessitou-se, também, da elaboração de instrumento jurídico democrático capaz de garantir os chamados direitos individuais consignados no rol de direitos constitucionais previstos pelas Constituições liberais.

E para se alcançar essa nova finalidade política institucional, o novo processo, segundo há muito preconizava Calmon de Passos, deve assentar-se nos seguintes aspectos: *"Superação do mito da neutralidade do juiz e do seu apoliticismo, institucionalizando-se uma magistratura socialmente comprometida e socialmente controlada, mediadora confiável tanto para solução dos conflitos individuais como dos conflitos sociais que reclamem e comportem solução mediante um procedimento contraditório, em que a confrontação dos interesses gere as soluções normativas de compromisso e conciliação dos contrários. Superação do entendimento do processo como garantia de direitos individuais, alçado ele a instrumento político de participação na formulação do direito pelos corpos intermediários e de provocação da atuação dos agentes públicos e privados no tocante aos interesses coletivos ou transindividuais por cuja satisfação foram responsáveis. Superação do mito da separação dos poderes e da efetivação do controle do poder pelo sistema de freios e contrapesos, institucionalizando-se controles sociais sobre o exercício do poder político e do poder econômico, servindo o processo como instrumento de atuação desses controles nas situações que forem constitucional e legalmente definidas".*[19]

Modificações das estruturas sociais; mudanças das relações entre o poder público e os particulares; transformações das pessoas quanto ao sentido do direito e da vida; contemporâneas orientações do pensamento político, tudo isso repercute sobre o espírito, caráter, forma e estrutura do processo civil, o que indica que o processo apresenta um nítido caráter político preponderante.[20]

O artigo 3º da Constituição Federal brasileira passa a ditar uma importante diretriz valorativa a ser aplicada e seguida no processo civil moderno, especialmente a que determina, como objetivos fundamentais da República Federativa

---

[17] RAFFAELLO, Magi. In *Il giusto proceso*. Associazione tra gli studiosi Del proceso penale. Milano: Dott. A. Giuffrè Editore, 1998. p. 165.

[18] LOEWENSTEIN, Karl. *Teoria de la constitución*. Trad. Alfredo Gallego Anabitarte. Madrid: Ariel, 1970. p. 390.

[19] CALMON DE PASSOS, J. J., op. cit., p. 95 e 96.

[20] SCHMIDT, Eberhard. *Los fundamentos teóricos y constitucionales del derecho procesal penal*. Trad. José Manuel Nuñez. Buenos Aires: Bibliografia Argentina, 1957. p. 190.

do Brasil, construir uma sociedade *livre, justa e solidária;* erradicar *a pobreza e a marginalização* e reduzir *as desigualdades sociais e regionais,* assim como promover *o bem de todos,* sem *preconceitos de origem, raça, sexo, cor, idade e quaisquer outras formas de discriminação.*

Assim, a condução do processo civil moderno deve pautar-se por estes postulados constitucionais, sendo de responsabilidade do Poder Judiciário, no âmbito da relação jurídica processual, observar as diretrizes estabelecidas no artigo 3º da Constituição Federal brasileira.

Luigi Paolo Comoglio, Corrado Ferri e Michele Taruffo preconizam três pressupostos essenciais para uma correta descrição do modelo italiano de justiça processual:

> *"Esses são: o reconhecimento e a garantia dos direitos invioláveis do homem (art. 2); a igual dignidade social e a igualdade de todos os cidadãos diante da lei, sem qualquer discriminação irracional (de raça, de sexo, de língua, de religião, de opinião política, de condição pessoal e social (art. 3, inciso I); a fundamental exigência de efetividade, que representa o denominador comum (ou, se se preferir, a 'conditio sine qua non' da atuação de garantia de qualquer valor primário individual.*
>
> *Vamos, então, identificar as líneas mestras do modelo em exame:*
>
> *Do ponto de vista individual: A possibilidade de ' agir em juízo' vem deferida a 'todos' (cidadãos e estrangeiros), em condição de igualdade, e se correlaciona – numa relação de meio e fim – com a tutela de uma posição jurídica substancial (direito subjetivo ou interesse legítimo: art. 3 e 24, inciso I); Referida 'tutela' jurisdicional é sempre garantida, seja por meio de formas ou intensidade variáveis, diante dos órgãos de jurisdição ordinária e administrativa, também em confronto com os atos da administração pública (art. 113); a defesa representa um 'direito inviolável' em todo estado e grau do procedimento jurisdicional (art. 24, inc. 2); aos pobres devem ser oportunamente assegurados 'os meios para agir e se defender' diante de qualquer jurisdição (art. 3, inciso 2, 24, inciso 3); qualquer um que haja ou se defenda em juízo deve poder realizar constantemente suas pretensões perante um 'juiz natural preconstituído por lei' (art. 25, inc. I)*
>
> *Do ponto de vista estrutural e organizativo: a justiça é administrada em nome do povo e os juízes estão sujeitos somente à lei; a função jurisdicional – com poucas exceções, representadas pelas jurisdição administrativa e militar (art. 103), das seções especializadas perante os órgãos judiciários ordinários, e também pelas formas de participação direta do povo na administração da justiça (art. 102, inc. 2 e 3) – vem exercitada por magistrados ordinários, os quais são instituídos e disciplinados com base nas normas sobre o ordenamento judiciário (art. 103, inc. I); é vedada a instituição de juízos extraordinários ou de juízos especiais (art. 102, inc... , em correlação com o VI disp. Trans.); à jurisdição é atribuída o fim institucional de atuar ou de realizar a*

'tutela' das posições subjetivas substanciais (sejam esses direitos subjetivos ou interesses legítimos (art. 103, inc. 2 e 113); são constitucionalmente garantidas a independência e a autonomia da magistratura (art. 104-108), restando fixada a competência ministerial para a organização e o funcionamento dos serviços atinentes à justiça (art. 110); a independência dos juízes e do ministério público diante às jurisdições especiais, também aquelas dos estrangeiros que participam na administração da justiça, são igualmente asseguradas pela lei (art. 108, inc. 2); a jurisdição exercita-se mediante 'o justo processo regulado por lei' (art. 111, inc. 1, depois da reforma introduzida pela 1. cost. 27 novembro de 1999 n. 2).; todo tipo de processo desenvolve-se no contraditório das partes, em condição de igualdade, diante de um juiz terceiro e imparcial; a lei assegurará a razoável duração (art. 111, inc. II); toda decisão judicial deve ser motivada (art. 111, inc. 6); será sempre admitido o recurso de cassação, por violação de lei, em confronto com as sentenças o dos pronunciamentos sobre liberdade pessoal, e pelos simples motivos inerentes à jurisdição, nos confrontos com as decisões provenientes dos máximos órgãos da justiça administrativa (Consiglio di Stato e Corte dei Conti: art. 111, inc. 7 e 8)" [21]

Tal como as travas mestras do edifício processual, uma vez fixadas e outras vezes apenas pressentidas pois estão integradas nas normas Constitucionais que formam a respectiva estrutura, os princípios informam todo o nosso sistema processual civil, servindo para consagrar normas dispersas, auxiliar o intérprete e aplicador do direito na adoção das soluções mais ajustadas ou impor aos diversos sujeitos determinados regras de conduta processual. [22]

Na realidade, a maioria das Constituições democráticas do ocidente trazem no seu contexto um rol de princípios de regulação e legitimação do processo jurisdicional.

Na Constituição Espanhola de 27 de dezembro de 1978, em seu artigo 24, apresenta-se um rol importante de princípios que devem regular o processo civil espanhol, a saber:

"Art. 24. 1. – Todas as pessoas têm direito a obter uma tutela efetiva dos juízes e tribunais no exercício de seus direitos e interesses sem que, em nenhum caso, possa produzir-se falta de defesa.

2. Todos têm direito ao Juiz ordinário predeterminado por lei, a uma defesa e à assistência de advogado, a ser informado da acusação formulada contra si, a um processo público sem dilações indevidas e com todas as garantias, a utilizar os meios de

---

[21] COMOGLIO, Luigi Paolo; FERRI, Corrado; Taruffo, Michele. *Lezioni sul processo civile. Il processo ordinário di cognizione.* Bologna: Il Mulino, 2006. p. 61 e 62.

[22] GERALDES, A. S. A., op. cit., p. 17.

ART. 1º

prova pertinentes para sua defesa, a não declarar contra si mesmo, a não confessar-se culpado e à presunção de inocência".

Da mesma forma, o artigo 24 da Constituição Italiana preconiza:

"Art. 24. Todos podem agir em juízo para a tutela dos próprios direitos e interesses legítimos. A defesa é direito inviolável em todo estado e grau do procedimento. São assegurados aos pobres, com appositi istituti, os meios para agir e defender-se diante a toda jurisdição. A lei determina as condições e os modos para as reparações dos erros judiciários".

A positivação em estatutos normativos de princípios fundamentais de regulação do processo civil moderno há muito deixou de ser uma prerrogativa das Constituições das nações individuais. Essa positivação passou a ser referendada por estatutos de maior abrangência.

O artigo 6 da Convenção Europeia de Direitos Humanos faz menção aos seguintes princípios reguladores do processo jurisdicional:

"Art. 6. 1 – Qualquer pessoa tem direito a que a sua causa seja examinada, equitativa e publicamente, num prazo razoável por um tribunal independente e imparcial, estabelecido pela lei, o qual decidirá, quer sobre a determinação dos seus direitos e obrigações de carácter civil, quer sobre o fundamento de qualquer acusação em matéria penal dirigida contra ela. O julgamento deve ser público, mas o acesso a sala de audiências pode ser proibido a imprensa ou ao público durante a totalidade ou parte do processo, quando a bem da moralidade, da ordem pública ou da segurança nacional numa sociedade democrática, quando os interesses de menores ou a protecção da vida privada das partes no processo o exigirem, ou, na medida julgada estritamente necessária pelo tribunal, quando, em circunstancias especiais, a publicidade pudesse ser prejudicial para os interesses da justiça. 2 – Qualquer pessoa acusada de uma infracção presume-se inocente enquanto a sua culpabilidade não tiver sido legalmente provada. 3 – O acusado tem, como mínimo, os seguintes direitos: a) Ser informado no mais curto prazo, em língua que entenda e de forma minuciosa, da natureza e da causa da acusação contra ele formulada; b) Dispor do tempo e dos meios necessários para a preparação da sua defesa; c) Defender-se a si próprio ou ter a assistência de um defensor da sua escolha e, se não tiver meios para remunerar um defensor, poder ser assistido gratuitamente por um defensor oficioso, quando os interesses da justiça o exigirem; d) Interrogar ou fazer interrogar as testemunhas de acusação e obter a convocação e o interrogatório das testemunhas de defesa nas mesmas condições que as testemunhas de acusação; e) Fazer-se assistir gratuitamente por intérprete, se não compreender ou não falar a língua usada no processo".

O art. 8 da Convenção Americana sobre Direitos Humanos (Pacto de São José da Costa Rica), promulgada pelo Decreto n. 678, de 6 de novembro de 1992:

"Art. 8.1. Toda pessoa tem direito a ser ouvida, com as devidas garantias e dentro de um prazo razoável, por um juiz ou tribunal competente, independente e imparcial, estabelecido anteriormente por lei, na apuração de qualquer acusação penal formulada contra ela, ou para que se determinem seus direitos ou obrigações de natureza civil, trabalhista, fiscal ou de qualquer outra natureza.

2. Toda pessoa acusada de delito tem direito a que se presuma sua inocência enquanto não se comprove legalmente sua culpa. Durante o processo, toda pessoa tem direito, em plena igualdade, às seguintes garantias mínimas: a) direito do acusado de ser assistido gratuitamente por tradutor ou intérprete, se não compreender ou não falar o idioma do juízo ou tribunal; b) comunicação prévia e pormenorizada ao acusado da acusação formulada; c) concessão ao acusado do tempo e dos meios adequados para a preparação de sua defesa; d) direito do acusado de defender-se pessoalmente ou de ser assistido por um defensor de sua escolha e de comunicar-se, livremente e em particular, com seu defensor; e) direito irrenunciável de ser assistido por um defensor proporcionado pelo Estado, remunerado ou não, segundo a legislação interna, se o acusado não se defender ele próprio nem nomear defensor dentro do prazo estabelecido pela lei; f) direito da defesa de inquirir as testemunhas presentes no tribunal e de obter o comparecimento, como testemunhas ou peritos, de outras pessoas que possam lançar luz sobre os fatos; g) direito de não ser obrigado a depor contra si mesma, nem a declarar-se culpada; e h) direito de recorrer da sentença para juiz ou tribunal superior.

3. A confissão do acusado só é válida se feita sem coação de nenhuma natureza.

4. O acusado absolvido por sentença passada em julgado não poderá ser submetido a novo processo pelos mesmos fatos.

5. O processo penal deve ser público, salvo no que for necessário para preservar os interesses da justiça".

Há também uma tendência de se postular um estatuto próprio de *princípios transnacionais de processo civil*. Um trabalho nesse sentido foi realizado pelo *International Institute for the Unification (UNIDROIT)* e o *American Law Institute (ALI)* a fim de realizar um projeto de *Principles of Transnational Civil Procedura* (Princípios de Processo Civil transnacional) voltados às disputas comerciais transnacionais. Esses princípios, a princípio, estão limitados aos procedimentos de transações comerciais transnacionais.

A comunidade humana mundial vive atualmente em bairros mais próximos hoje que nos tempos passados. Comércio internacional está em alta e rapidamente em expansão, apesar da crise mundial; investimentos internacionais e fluxo monetário crescem rapidamente; empresas de países desenvolvidos estabelecem-se por todo globo diretamente ou por meio de subsidiárias; ordinariamente cidadãos em crescente número vivem temporariamente ou permanentemente fora de seus países de origem. Como consequência, existe positiva interação entre cidadãos de diferentes nações na forma de incremento comercial e crescentes possibilidades pessoais e desenvolvimento. Existem, também, inevitáveis interações negativas, incluindo o incremento de 'fricção'social, de legal controvérsia e litígios. Lidando com essas negativas consequências, o custo e a aplicação resultando de conflitos legais podem ser mitigados mediante a redução das diferenças no sistema legal, de tal forma que a mesma ou similares 'regras do jogo' seja aplicada onde quer que se encontrem os litigantes. O esforço para se reduzirem as diferenças entre sistemas legais nacionais é comumente referido como 'harmonização'. Outro método para redução de diferenças é a 'aproximação', que significa o processo de reforma das regras processuais dos vários sistemas legais de tal maneira que haja uma aproximação entre eles.[23]

O UNIDROIT, com sede em Roma (Itália) foi fundado em 1926, sendo atualmente considerado como uma organização independente intergovernamental que tem por base acordos multilaterais. Seu propósito é o estudo das necessidades e dos métodos para modernização, harmonização e coordenação de legislação entre estados e grupos de estados e o preparo legislativo de texto para consideração de governos participantes. Os membros da UNIDROIT estão restritos a estados. Atualmente, é composto por 59 membros (estados) distribuídos em cinco continentes, representados por diversas espécies de estatuto legal, econômico e sistema político, além de diferentes origens culturais.[24]

A *American Law Institute* (ALI), com sede na Philadelphia, foi fundada em 1923 por juízes americanos, professores e praticantes advogados com o objetivo de realizar recomendações para a simplificação da Lei americana e providenciar a adaptação social da lei. O ALI é uma organização privada com aproximadamente 4000 membros, selecionados com base em realizações profissionais e demonstração de interesse na melhoria da legislação.[25]

A *American Law Institute* aceitou a proposta da UNIDROIT para a formulação de um projeto de princípio de processo civil que seja mais que um código. No primeiro encontro do grupo de trabalho, o Professor Stürner apresentou um

---

[23] ALI/UNIDROIT. *Principles of transnational civil procedure.* New York: Cambridge University Press: 2004. p. 1.

[24] ALI/UNIDROIT. *Principles of transnational civil procedure.* New York: Cambridge University Press: 2004. p. XXIII.

[25] ALI/UNIDROIT, idem, ibidem.

CÓDIGO DE PROCESSO CIVIL

esquema preliminar de princípio e o Professor Andrews apresentou outro. Esses esquemas foram adotados como a base de discussão para os trabalhos, mais que a criação de um código formal original. Focou-se muito mais na configuração dos princípios do que simplesmente numa proposta de novo código. Daí porque as regras processuais deveriam ser revistas de conformidade com os princípios formulados. Isso corresponderia ao produto acabado.

É bem verdade que a 'harmonização' do processo legal tem tido pouco progresso. Algumas convenções em civil ou direitos humanos contêm fundamentais garantias procedimentais, tal como a *igualdade perante os tribunais* e *o direito a um justo, efetivo, público e contraditório julgamento perante uma corte independente*. Essas garantias são comuns nos *standards* internacionais e são reconhecidas como base de uma harmonização procedimental.[26]

Esse impedimento para uma maior 'harmonização' dos sistemas processuais é decorrente da diversidade de cada sistema e por estarem profundamente enraizadas na legislação local a política histórica e a tradição cultural para fim de permitir mudanças importantes no sistema legal de cada país.

Existem, por certo, algumas convenções internacionais lidando com regras procedimentais, notavelmente a *Hague Conventions on the Service Abroad* e o *Taking of Evidence Abroad*. Observam-se os esforços de Haia para enquadrar a Convenção sobre Jurisdição e Julgamento e a convenção europeia para reconhecimento de decisões. Até o momento, as convenções internacionais de procedimento legal têm sido endereçadas para as bases de jurisdição pessoal e para os mecanismos de início de uma demanda judicial nas extremidades de um processo litigioso, e o reconhecimento de decisões em outros processos findos.[27]

Entretanto, o trabalho pioneiro desenvolvido pelo Prof. Marcel Storme e seus distintos colaboradores tem demonstrado que a 'harmonização' é possível em tais questões processuais como a *formulação de pedidos, desenvolvimento de provas e procedimento de decisões*.[28]

---

[26] See, for example, Article 47 of the Charter of Fundamental Rights of the European Union, OJ 2000 C 364/I; Article 7 of The African Charter on Human and People's Rights, June 27, 1981, 21 I.L.M. 58; Article 8 of the American Convention on Human Rights, November, 22, 1969, 1144 U.N.T.S. 123; Article 14 of the International Covenant on Civil and Political Rights, December 16, 1966, 999 U.N.T.S. 171; Article 6 of the Convention for the Protection of Human Rights and Fundamental Freedoms, November 4, 1950, E.T.S. (ALI/UNIDROIT, idem, p. 2).

[27] ALI/UNIDROIT, idem, P. 2.

[28] MARCEL STORM ed., *Approximation of judiciary law in the European Union*. Amsterdam: Kluwer, 1994.

Ver também o anteprojeto do Código Processual Civil Modelo Ibero Americano, *in*: Revista de Processo, vol. 52 e 53, São Paulo, Editora Revista dos Tribunais, 1988 e 1989).

ART. 1º

Os trabalhos de UNIDROIT/ALI sobre o desenvolvimento dos princípios e regras transnacionais de procedimento civil foram desenhados com base em subsídios do trabalho do Professor Storme e seu grupo.

Ao tentar realizar a 'harmonização' dos sistemas processuais, o grupo identificou importantes similitudes entre os sistemas processuais, dentre as quais: *"a) standards governing assertion of personal jurisdiction and subject-matter jurisdiction; b) specifications for a neutral adjudicator; procedure for notice to defendant; c) rules for formulation of claims; d) explication of applicable substantive law; d) establishment of facts through proof; f) provision for expert testimony; g) rules for deliberation, decision, and appellate review; h) rules of finality of judgments"*.[29]

Já as diferenças mais evidenciadas entre os sistemas legais processuais verificam-se ao longo da divisão entre o *common-law* e o *civil-law sistems*. O sistema do *common-law*, derivado do sistema anglo-saxão, inclui o Canadá, Austrália, Nova Zelândia, África do Sul, Índia e os E.U.A., assim como Israel, Singapura e Bermudas. O *civil-law*, que é originário da Europa continental inclui aqueles sistemas derivados da lei romana (a lei romana inteiramente codificada no Código de Justiniano) e a lei canônica (a lei da Igreja Católica Romana). O *civil-law* inclui os sistemas francês, alemão, italiano, espanhol, e virtualmente todos os outros países Europeus e, em empréstimo ou migração dos sistemas legais, como a América Latina, África e Ásia, incluindo Brasil, Argentina, México, Egito, Rússia, Japão e China.

As significantes diferentes entre o sistema *common-law* e o *civil-law* são as seguintes:

> *a) The judge in civil-law systems, rather than the advocates in common-law systems, has primary responsibility for development of the evidence and articulation of the legal concepts that should govern decision. However, there is great variance among civil-law systems in the manner and degree to which this responsibility is exercised, and no doubt variance among the judges in any given system; b) civil-law litigation in many systems proceeds through a series of short hearing sessions – sometimes less than an hour each – for reception of evidence, which is then consigned to the case file until an eventual final stage of analysis and decision. In contrast, common-law litigation has a preliminary or pretrial stage (sometimes more than one) and then a trial at which all the evidence is received consecutively; c) a civil-law judgment in the court of first instance is generally subject to more searching reexamination in the court of second instance than a common-law judgment. Reexamination in the civil-law systems extends*

---

[29] ALI/UNIDROIT, op. cit., p. 5.

to facts as well as law; d) the judges in civil-law systems typically serve a professional lifetime as judge, whereas the judges in common-law systems generally are selected from the ranks of the bar. Thus, most civil-law judges lack the experience of having been a lawyer, whatever effects that may have".[30]

Os princípios transnacionais são *standars* de adjudicação transnacional de disputas comerciais. Porém, esses princípios podem ser igualmente apropriados para a resolução de muitos outros tipos de disputas civis e podem ser a base para futuras iniciativas de reforma de processo civil.

Um sistema nacional buscando implementar esses princípios transnacionais pode fazê-lo por uma medida legal adequada, tal como um estatuto ou conjunto de regras, ou um tratado internacional. As cortes podem adaptar suas práticas processuais a esses princípios.

Os princípios transnacionais incorporados no projeto de UNIDROIT/ALLI são:

a) Independência, imparcialidade e qualificação da Corte e de seus juízes;
b) acesso à jurisdição a todas as partes;
c) igual procedimento para as partes;
d) devida notificação e direito de ser ouvido;
e) os procedimentos, incluindo documentos e comunicação oral ordinariamente devem ser conduzidos na linguagem da corte;
f) pronta entrega de justiça;
g) o tribunal deve conceder medidas provisórias quando necessárias para preservar a tutela a ser prestada quando do julgamento final ou para manter ou modificar o *status quo*. Essas medidas devem ser concedidas com base no princípio da proporcionalidade;
h) o procedimento ordinário deve ser composto por três fases: fase de postulação, fase interina, e fase final;
i) princípio da inércia da jurisdição;
j) obrigação de cooperação das partes e de seus advogados;
k) possibilidade de substituição de partes;
l) admissibilidade de 'amicus curiae';
m) a corte é responsável pela direção do processo;
n) acesso a informação e às provas;
o) a corte pode impor sanções às partes, aos advogados e terceiras pessoas por omissão ou recusa a cumprir com obrigações concernentes ao procedimento;

---

[30] ALI/UNIDROIT, op. cit., p. 6.

p) possibilidade de formular pedidos por escrito ou oralmente;
q) publicidade dos procedimentos;
r) responsabilidade por determinação dos fatos e lei;
s) as decisões devem ser motivadas;
t) a corte deve facilitar a participação das partes em alternativas formas de resolução de conflitos em qualquer estágio do procedimento;
u) aplicabilidade imediata das decisões;
v) previsão de litispendência e coisa julgada;
w) previsão de preclusão dos atos processuais.

Diante dessas considerações, pode-se observar a importância hermenêutica dos princípios estruturantes do processo civil moderno, estejam eles previstos na Constituição, em tratados ou convenções internacionais ou em projetos de ordem transnacional. Não é outra a perspectiva de António Santos Abrantes Geraldes, ao tratar da reforma do processo civil português: "Um dos elementos que deve ser tido em conta pelo intérprete e aplicador do direito, nos termos do art. 9º do Cód. Proc. Civil, é o 'elemento sistemático'. As soluções legais deverão ser encontradas, não apenas através da letra da lei, mas procurando reconstituir o pensamento legislativo, tendo em conta a 'unidade do sistema jurídico'. É por isso que o recurso a grandes princípios do nosso sistema processual civil constitui um instrumento fundamental para a busca das soluções mais acertadas e resolução de dúvidas que ao intérprete se deparam. Tais princípios exercem, assim, e em simultâneo, uma 'função aglutinadora' de normas dispersas pelo CPC e de 'clarificação' das razões que inspiraram a adopção de determinadas soluções".[31]

São essas *boias de sinalização* que deverão conduzir o magistrado durante seu percurso no processo civil brasileiro para que possa ancorar serena e seguramente no porto seguro denominado Justiça.

São estas, pois, *as funções prioritárias* dos valores e princípios que norteiam a nossa Constituição Federal, os quais deverão estar constantemente presentes no exercício de qualquer das profissões forenses (dos juízes, dos advogados e dos funcionários) ao invés de apenas servirem, como infelizmente ocorre com demasiada frequência, de *elemento decorativo* do Código de Processo Civil.[32]

---

[31] GERALDES, A. S. A., op. cit., p. 20.
[32] GERALDES, A. S. A., op. cit., p. 21.

Art. 2º

O processo começa por iniciativa da parte e se desenvolve por impulso oficial, salvo as exceções previstas em lei.

Princípio dispositivo

As partes denunciam ao juiz a eventual controvérsia ou a necessidade de um pronunciamento judicial na hipótese de jurisdição não contenciosa ou voluntária.

Em razão dessa denúncia, a provocação do exercício da atividade jurisdicional necessita da parte promovente, ou melhor, da colaboração das partes, não só para saber se as partes têm necessidade dele juiz, como quais os limites dessa necessidade. Daí porque, não somente *nemo iudex sine actore*, mas também *ne eat iudex ultra petita partium*. A regra segundo a qual o juiz não pode judicar além da demanda, ou seja, a demanda fixa os limites da atuação jurisdicional, é fundada nesse simples princípio. Trata-se do princípio dispositivo, o qual deve prevalecer sobre o princípio inquisitório.[33]

Atravessando todo o Código e disperso por diversas normas, é no art. 2º do atual C.P.C. que se encontra a consagração do *princípio dispositivo* ou do *pedido* ou *da demanda*, segundo o qual o processo começa por iniciativa da parte, nos casos e nas formas legais, e se desenvolve por impulso oficial.

Tradicionalmente, no princípio dispositivo encontram-se fundidos dois princípios diversos, os quais se complementam: o princípio dispositivo em sentido estrito (o *Dispositionsmaxime*), ou seja, a disponibilidade que a parte possui sobre o interesse privado e a oportunidade ou não de recorrer ao órgão jurisdicional para pretender a satisfação de seus interesses e o princípio de alegação da parte (o *Verhandlungsmaxime*), segundo o qual a parte tem também o poder de deduzir no processo os elementos de fato e os meios de prova.[34] O princípio da alegação, por exemplo, permite que uma das partes reconheça como existente os fatos afirmados pela outra parte.

Tendo em vista essa fusão doutrinária, é importante definir claramente os dois princípios.

O princípio dispositivo se funda, em regra, na natureza privada do suposto direito subjetivo ou interesse juridicamente protegido deduzido no processo, de titularidade privada, o qual se encontra sob a autonomia de vontade dos cidadãos.

---

[33] CARNENELUTTI, Francesco. *Diritto e proceso*. Napoli: Morano Editore, 1958. p. 93 e 94.

[34] AROCA, Juan Montero. *I principi politici del nuovo processo civile spagnolo*. Trad. Vittorio Bratteli e Nicoletta Magrino. Napoli: Edizioni Scientifiche Italiane, 2002. p. 68 e 69.

Como ensinava Calamandrei, deduzir um direito na via judiciária é um modo de dispor do próprio direito e, portanto, condicionar a tutela jurisdicional à instância do interessado é uma consequência lógica da autonomia negocial reconhecida ao privado no âmbito da própria esfera jurídica.[35]

Com referência ao princípio da alegação dos fatos, às partes é atribuído o poder de afirmar os fatos, tendo em vista que a elas compete a *determinação do objeto do processo e do debate jurídico*. O juiz não pode aduzir fatos no processo.[36]

Contudo, não se pode confundir o *princípio dispositivo* com o *princípio da aportação da parte* para efeito de produção probatória.

Na ordem processual civil, a doutrina vem sustentando como justificação teórica para ampliação da atividade probatória do órgão jurisdicional a existência de uma crise na construção das "Máximas" alemãs, origem da elaboração do "princípio dispositivo".

A doutrina alemã, no início do século XX, já vinha consagrando a diferenciação entre "princípio dispositivo em sentido estrito" e o princípio de "contribuição da parte" ou *"aportación de parte"*. Com base nessa distinção, o princípio dispositivo permaneceria preservando à disposição da parte o início do processo, assim como a possibilidade de encerrá-lo mediante a renúncia, transação e desistência, tendo a parte domínio sobre o próprio objeto do processo. Ao "contrário sensu", o princípio da "contribuição da parte" não teria caráter necessário, seria contingente. O fato de que somente as partes poderiam aportar ao material fático e aos meios de prova conferidos pelo sistema jurídico seria uma opção do legislador que não teria porque subsistir, ao menos de forma plena. Tal postura é uma tentativa de se desligar a atividade probatória do princípio dispositivo. O princípio dispositivo deveria ser mantido apenas em relação ao momento em que o litígio pudesse ser invocado pela petição da parte, e como delimitador da decisão sobre a matéria litigiosa inserida dentro dos limites da demanda. Porém, uma vez que as partes determinaram o alcance do litígio, deve ficar a cargo do juiz realizar o que for necessário para o esclarecimento do assunto; não se pode deixá-lo reduzido aos fatos e meios de provas apresentados pelas partes.[37]

Em face dessa concepção doutrinária alemã, em que se realiza uma efetiva diferenciação entre o princípio dispositivo e o princípio da participação da parte é que atualmente se postula uma ampliação dos poderes instrutórios do juiz no processo civil.

---

[35] AROCA, J. M., idem, p. 69.
[36] AROCA, J. M., idem p. 75 e 76.
[37] CABIALE, José Antonio Diaz. *Principios de aportación de parte y acusatório*: la imparcialidad del juez. Granada: Comares, 1996. p. 11.

O *princípio dispositivo*, além de fazer impender sobre os interessados o ônus da iniciativa processual, implica, também, *"que sejam eles a 'conformar o objecto do processo, através da formulação do pedido que, em concreto, pretendem ver apreciado e da alegação da matéria de fato que lhe sirva de fundamento"*.[38]

Prescindindo ora dos elementos objetivos da demanda (sujeito ativo e sujeito passivo), os elementos objetivos são isso que se pede (pedido) e as razões pelas quais se pede (*causa de pedir*). O princípio dispositivo reforça a ideia de que o juiz não somente deve ater-se ao pedido das partes, mas também que não possa levar em consideração para fins de adotar como fundamento da decisão fatos não introduzidos na demanda pelas partes.[39]

A determinação da demanda, ou seja, para distingui-la de todas as outras possíveis, determina que sejam observados os seguintes elementos: a) *subjetivos*: a parte do processo que formula a demanda (autor) e aquele contra quem a demanda é formulada (réu); b) *objetivos*: *pedido e causa de pedir*. A demanda determina o objeto do processo civil porque, tratando-se de direitos ou interesses subjetivos, o autor tem completa liberdade para definir sua pretensão em juízo. A *causa de pedir* é normalmente constituída pelos fatos ocorridos na vida e que acontecem em um determinado momento, obtendo relevância jurídica. Os fatos são os pressupostos de uma norma que reconhece essas consequências jurídicas. Esses fatos devem ser alegados pelo autor, dado que de outro modo seria eliminado um dos pilares do princípio dispositivo e com isso a autonomia da vontade e da liberdade dos cidadãos de exercer os direitos subjetivos a eles pertencentes.[40]

Não se deve confundir o *objeto do processo* com o *objeto da controvérsia ou da 'lide'*. Segundo Juan Montero Aroca: *"Diante da pretensão do autor, o réu, ao articular sua própria defesa, pode limitar-se a negar os fatos afirmados pelo primeiro, mas pode também alegar circunstâncias que servem de fundamento à sua defesa e ao seu pedido de rejeição da demanda. Os fatos alegados pelo réu não serviram para determinar o objeto do processo (que será sempre e somente a demanda), mas servirão para: a) ampliar os termos do debate: se o réu funda a própria defesa alegando ulteriores fatos que ampliam o objeto da lide; b) determinar o conteúdo da sentença: se o réu alega ulteriores fatos, a decisão do juiz não pode referir-se somente à demanda do autor (pedido e causa de pedir), mas deve fundar-se também sobre a defesa do réu. Todos os fatos, tanto aqueles relativos à 'causa de pedir' da demanda do autor, como aqueles relativos à defesa do réu, devem ser deduzidos em*

---

[38] GERALDES, A. S. A., op. cit., p. 41.
[39] AROCA, J. M., op. cit., p. 76.
[40] AROCA, J. M., idem, p. 76 a 78.

ART. 2º

juízo pelas partes. O juiz não pode determinar, por meio de própria dedução de fatos, nem o objeto do processo nem o objeto do debate".[41]

Por meio do *princípio da demanda*, a parte estabelecerá algumas diretrizes em relação ao magistrado, ou seja, a) em relação aos *fatos* que comporão a demanda – *princípio dispositivo*; b) quanto ao *pedido* da prestação jurisdicional pretendida – *princípio da adstrição do juiz ao pedido da parte.*[42]

A necessidade de se observar o ônus de formulação de pedido subsistente ainda que diante de situações em que estejam em causa direitos indisponíveis, interesses coletivos ou difusos.

As partes por meio do pedido delimitam o *'thema decidendum'*, isto é, indicam a pretensão formulada, não podendo o juiz modificar essa delimitação estabelecida na petição inicial ou na reconvenção.[43]

Por isso, estabelece o art. 317, inc. IV, do atual C.P.C. que a petição inicial indicará *o pedido com suas especificações*, sendo vedado *ao juiz proferir decisão de natureza diversa da pedida, bem como condenar a parte em quantidade superior ou em objeto diverso do que lhe foi demandado* (art. 489).

O art. 489 do atual C.P.C. trata especificamente da *congruência* que deve existir entre o *princípio dispositivo* e o *conteúdo da sentença*, pois aquele permite que as partes delimitem tanto o objeto do processo em sentido estrito quanto o objeto da controvérsia. Mas essa congruência que deve existir entre a sentença a o objeto do processo ou da controvérsia não significa dizer que o juiz não possa conhecer, de ofício, de questões não debatidas pelas partes, como é o caso da avaliação dos pressupostos processuais ou dos próprios fundamentos jurídicos, ou, ainda, qualquer outra matéria de ordem pública.

A *congruência* faz parte do princípio dispositivo, é uma das suas consequências essenciais e deriva da natureza dos interesses em jogo na relação jurídica processual.

---

[41] AROCA, J. M., idem, p. 77.

[42] PORTANOVA, Rui. *Princípios do processo civil.* 4ª Ed. Porto Alegre: Livraria do Advogado, 2001. p. 70.

[43] "*A distinção precedente entre objeto do processo e objeto da lide vai completada por meio da análise do 'thema probandum' (não do objeto da prova, que é coisa diversa), ou seja, isso que se deve provar em um determinado processo a fim de que o juiz conceda a tutela jurídica pedida pela parte. Os temas das provas são: a) os fatos afirmados por um ou por outra parte: a prova deve referir-se não somente aos fatos alegados pelo autor, mas também àqueles afirmados pelo réu, quando estes não se limitem a negar os fatos postos como fundamento da demanda do autor...; b) os fatos controvertidos: no âmbito dos fatos afirmados pelas partes, devem ser provados somente aqueles que, após a alegação, resultam controversos. Os fatos deduzidos por uma parte e admitidos pela outra devem ser considerados existentes pelo juiz, o qual não poderá desconhecê-los na sentença".* (AROCA, J. M., op. cit., p. 78 e 79).

A *incongruência* por excesso pode decorrer: a) quando a sentença atinge a esfera de terceiros não participante da relação jurídica processual; b) a sentença manifesta-se sobre um determinado pedido mediato ou imediato não solicitado pela parte; c) que a sentença acolha o pedido do autor, mas por uma razão de fato (causa de pedir) diversa daquela inserida pelo autor na demanda. É bem verdade que uma coisa são os fatos que identificam a *causa de pedir*, e outra que se acrescenta àquela.[44]

A incongruência da sentença em relação à defesa pode ocorrer somente se o réu apresentou *exceção material* e o juiz tenha levado em consideração uma exceção não alegada. Não se poderá falar de incongruência na hipótese em que o juiz leve em consideração uma exceção material que possa ser revelada de *ofício* (por exemplo, a decadência).[45]

Além do mais, a decisão que julgar total ou parcialmente o mérito terá *força de lei* apenas *nos limites da questão principal expressamente decidida* (art. 500 do atual C.P.C.).

A norma do art. 489 do atual C.P.C. localizada na regulamentação da sentença vem esclarecer aquilo que é decorrente do *princípio dispositivo ou da demanda*, no sentido de que não pode o juiz sobrepor-se à vontade das partes.

Disso decorre que a sentença deve ser delimitada pelo pedido formulado, não podendo o juiz condenar em quantia superior ou em objeto diverso do que se pedir. Nesse sentido já decidiu o Tribunal Português de Porto: *"Não pode o juiz convolar o pedido de reconhecimento do direito de propriedade sobre determinado prédio para o de reconhecimento do direito real de servidão predial"* (Ac. Da Rel. do Porto, de 12.10.93, in CJ, tomo IV, pág. 228). Porém o Ac. do S.T.J. português de 23.1.96 (in CJSTJ, tomo I, pág. 67), admitiu a possibilidade de o juiz declarar a nulidade de um contrato de sociedade, quando o autor formulara o pedido de declaração de inexistência de tal sociedade, considerando estar-se perante matéria de qualificação jurídica.

No âmbito de ações de indenização decorrente de acidente de trabalho, ensina o autor português António Santos Abrantes Geraldes, *"constitui orientação dominante a possibilidade de proferir condenação com base em responsabilidade objetiva ou pelo risco, apesar de o autor fundar o seu pedido em responsabilidade culposa"*.[46]

Está-se diante de dois princípios informativos do processo civil brasileiro, isto é, o princípio da *inércia da jurisdição* e o princípio do *impulso oficial*.

[44] Aroca, J. M., idem, p. 90.
[45] Aroca, J. M., idem, p. 91.
[46] Geraldes, A. S. A., op. cit., p. 44.

ART. 2º

O princípio dispositivo, conforme atesta o próprio art. 2º do atual C.P.C., pode sofrer exceções previstas em lei.[47] Dentre essas exceções pode-se citar o disposto no art. 295 do atual C.P.C. estabelece que o *juiz poderá determinar as medidas que considerar adequadas para efetivação da tutela provisória.*

Preceito normativo similar encontra-se no art. 392º, n. 3, 1ª parte do C.P.C. português, que permite ao juiz, independentemente da providência 'concretamente requerida', decretar aquela que mais se ajuste à situação fática adequada. Comentando este dispositivo, anota o processualista português António Santos Abrantes Gerardes: *"Note-se que a previsão legal não se reporta a simples 'correcção de forma de procedimento', já abarcada pela norma do art. 199º, nem sequer se limita a autorizar a atribuição de divergente 'qualificação jurídica' da providência material requerida, poder este também conferido genericamente pelo art. 664'. A referida norma comporta, de modo que nos parece claro, uma 'excepção ao princípio do dispositivo', atribuindo ao juiz poderes para determinar a medida cautelar que considere mais adequada à tutela dos interesses, no contexto da relação jurídica litigada e com respeito pela matéria de facto trazida no processo pelo requerente ou por ambas as partes, consoante as circunstâncias"*[48]

O juiz pode, de ofício, determinar a restauração de autos, nos termos do artigo 710 do atual C.P.C.

O juiz também, de ofício, poderá determinar a alienação judicial de bens, nos termos do artigo 728 do atual C.P.C.

Pode o juiz, ainda, determinar a arrecadação de bens no caso de herança jacente, nos termos do artigo 736 do atual CPC.

O artigo 771 do atual CPC diz que o juiz poderá, de ofício ou a requerimento, determinar as medidas necessárias ao cumprimento da ordem de entrega de documentos e dados.

Poderá o juiz ou relator, de ofício, interpor o incidente de resolução de demandas repetitivas sempre que identificada controvérsia com potencial de gerar relevante multiplicação de processos fundados em idêntica questão de direito e de causar risco de ofensa à isonomia e à segurança jurídica, decorrente de coexistência de decisões conflitantes (artigo 974, inc.I, do atual C.P.C.).

Também em relação à matéria de *fato*, o princípio dispositivo sempre foi muito evidente no direito processual civil brasileiro.

---

[47] *"O campo privilegiado das excepções ao princípio dos dispositivos situa-se nos processos de 'jurisdição voluntária' onde, ao invés do que invariavelmente ocorre nos processos de jurisdição contenciosa, nem sempre se procura dirimir um conflito de interesses, conferindo-se ao juiz o 'poder-dever de adoptar a solução que julgue mais conveniente e oportuna para acautelar os interesses que neles se discutem"* (GERALDES, A. S. A., idem. pág. 45).

[48] GERALDES, A. S. A., idem, p. 46.

Porém, no direito português observam-se algumas exceções ao princípio em matéria de fato, a saber: *"O juiz pode servir-se de 'factos instrumentais', ainda que 'não alegados', desde que resultem da instrução e discussão da causa, nos termos do art. 264º, n. 2; por último, serão ainda considerados os 'factos essenciais', ainda que 'não alegados', desde que resultantes da instrução e discussão da causa, de acordo com o condicionalismo previsto no art. 264º, n. 3".*[49]

Quanto à aplicação do direito, mantém-se o aforismo de que o juiz não está circunscrito às alegações das partes, pois neste caso prevalece o aforismo *iuria novit cúria* ou *da mihi factum dabo tibi ius*. O juiz, antes de tudo, deve ter a capacidade para extrair o direito da regra ou princípio jurídico, para em seguida aplicar a norma adequada ao caso concreto. Por isso, a norma jurídica, segundo a doutrina mais abalizada, não serve para delimitar o objeto do processo. Aliás, nesse sentido já se manifestou o Supremo Tribunal Constitucional espanhol: *O tribunal não tem a necessidade nem a obrigação de adaptar-se, nas razões jurídicas que servem para motivar a própria sentença, às deduções de direito das partes e podem basear as próprias decisões sobre fundamentos jurídicos distintos, a partir do momento que isso é autorizado pela regra do aforisma 'iura novit cúria"* (STC 20/1982, 5 maio).

Em que pese competir às partes, em seus articulados, apresentar os fundamentos jurídicos de suas pretensões, o direito invocado não vincula o juiz, que nesse campo é soberano. Conforme leciona António Santos Abrantes Geraldes: *"Na sentença deve o juiz, nos termos do art. 659º, n. 2, aplicar as normas jurídicas correspondentes, sem prejuízo do respeito pelo princípio do contraditório, agora explicitado, quanto à matéria de direito, no art. 3º, n. 3, normativo introduzido com o objectivo de impedir as 'decisões surpresas'". Mesmo no que respeita ao 'direito estrangeiro, consuetudinário ou local', cuja prova incumbe à parte que o invoca, o tribunal deve exercer o poder de averiguação oficiosa (art. 348º do CC)."*[50]

O artigo 989 do C.P.C. de 1973 autorizava o juiz a instaurar de ofício inventário se os outros legitimados não o fizessem em 30 dias após a abertura da sucessão. Pelo artigo 1.129 do código revogado, o juiz poderia de ofício determinar que o detentor do testamento o exibisse.

Muito embora o novo C.P.C. esteja sob os auspícios do *princípio dispositivo*, o certo é que uma vez desencadeada a demanda, o processo seguirá por *impulso oficial do juiz*, conforme preconiza a parte final do art. 2º do atual C.P.C. Isso vem demonstrar que o princípio dispositivo estabelece a quem compete iniciar o processo e também quem são as partes a fixar o objeto; mas, é necessário distinguir os poderes materiais e processuais na direção do processo.

---

[49] GERALDES, A. S. A., idem, p. 51.
[50] GERALDES, A. S. A., idem, p. 63.

No Século XIX, partia-se da ideia da natureza privada dos interesses em jogo no processo civil, razão pela qual as partes poderiam ser também 'patrões do processo'. Essa ideia provinha da desconfiança do liberalismo em relação a toda atividade do Estado e, portanto, também em relação aos órgãos jurisdicionais. Estes, segundo essa concepção, estariam a serviço dos privados para resolver, como e quando desejassem, os seus conflitos de interesses. Disso resultava a limitação extraordinária dos poderes do juiz no processo regulado no Século XIX. Porém, no curso do Século XX, deu-se preferência à concepção publicista do processo, que teve início com Klein e da Ordenança Processual Civil austríaca de 1895. Assim, passou-se a entender que o melhor sistema seria aquele em que o juiz não se limitaria a julgar, mas, sim, no qual ele se transformaria em um verdadeiro gestor do processo, dotado de grandes poderes idôneos a garantir não somente os direitos das partes, mas sobretudo os valores e os interesses da sociedade. Passa o processo, a partir de Klein, a ter uma concepção publicista. Com isso, amplia-se os poderes materiais do juiz de diretor ou gestor do processo, entre os quais se encontra o do *impulso oficial*.[51]

A direção formal do processo é concedida àquele que ao mesmo tempo exercitará os poderes de controle da regularidade formal ou técnica dos atos processuais e àqueles de impulso do procedimento, a fim de que este se desenvolva passando de uma fase à outra. Em outras palavras, a direção formal não condiciona nem se refere ao conteúdo do processo; condiciona o processo em si mesmo, e especialmente preconiza entre o juiz e as partes quem tem a obrigação de controlar a admissibilidade da demanda e, portanto, se é possível emitir ou não uma sentença de mérito, sempre que estejam presentes os pressupostos necessários, assim como dar impulso ao processo fazendo avançar através das fases previstas na lei.

O início do processo depende das partes, porque depende sempre do princípio dispositivo. Também a impugnação da decisão depende das partes, salvo se houver no ordenamento jurídico o denominado recurso de ofício. Também o cumprimento da sentença dependerá de impulso das partes.

Mas uma vez realizado o impulso inicial da parte, passara o juiz a ditar, com base no impulso oficial, os provimentos idôneos para fazer avançar o processo.

Atualmente, o impulso oficial aplica-se a todos os processos.

---

[51] AROCA, J. M., op. cit., p. 71 a 75.

Art. 3º

Não se excluirá da apreciação jurisdicional ameaça ou lesão a direito.

§ 1º – É permitida a arbitragem, na forma da lei.

§ 2º – O Estado promoverá, sempre que possível, a solução consensual dos conflitos.

§ 3º – A conciliação, a mediação e outros métodos de solução consensual de conflitos deverão ser estimulados

por juízes, advogados, defensores públicos e membros do Ministério Público, inclusive no curso do processo judicial.

Sumário:

1. Princípio do acesso à jurisdição ou da ubiquidade
2. A pobreza como *tendão de Aquiles* ao acesso à justiça

1. Princípio do acesso à jurisdição ou da ubiquidade

O art. 3º, *caput*, do atual C.P.C., vem reforçar a aplicação de um direito/garantia fundamental previsto expressamente no texto Constitucional brasileiro de 1988, mais precisamente em seu artigo 5º, inciso XXXVI, a saber: *"A lei não excluirá da apreciação do Poder Judiciário lesão ou ameaça a direito"*.[52]

O direito/garantia do *acesso à jurisdição* também está previsto no art. 20º da Constituição da República portuguesa: *"A todos é assegurado o acesso ao direito e aos tribunais para defesa dos seus direitos e interesses legalmente protegidos, não podendo a justiça ser negada por insuficiência de meios económicos"*

Também o art. 24 da Constituição Italiana apresenta a mesma garantia constitucional: *"Tutti possono agire in giudizio per la tutela dei propri diritti e interessi legittimi"*. (Todos podem agir em juízo para a tutela dos próprios direitos e interesses legítimos).

O direito/garantia de *acesso à jurisdição* corresponde a um dos princípios estruturantes do Estado Democrático de Direito.

Em termos sintéticos, a garantia de acesso aos tribunais significa, fundamentalmente, *"direito à protecção jurídica através dos tribunais"*. Por sua vez, a indicação do tribunal competente, bem como da forma e do processo, pertence ao legislador ordinário ('margem de livre regulação do legislador').[53]

---

[52] Alguns autores falam em *garantia constitucional* (Alessandro Pace, *Problemática delle liberta constitucionale*, Padova, 1984. Alguns utilizam a expressão *tutela de direitos fundamentais* (Cardoso da Costa. *A tutela dos direitos fundamentais*).

[53] CANOTILHO, J. J. G., op.cit., p. 652.

ART. 3º

Note-se que o Tribunal Constitucional português tem entendido que o direito de acesso aos tribunais não garante, necessariamente, e em todos os casos, o direito a um *duplo grau de jurisdição* (AC. 38/87, *in DR I, n.63 de 17.3.87*); Ac. 65/88, *in DR II, n. 192, de 20.8.88;* Ac 359/86, *in DRII, n. 85 de 11.4.87.*

Na realidade, o direito ao duplo grau de jurisdição não é, *prima facie*, um direito fundamental, salvo em se tratando de recurso extraordinário e especial, os quais estão previstos na própria C.F. brasileira.

No Brasil, tem-se um exemplo claro da não existência de recurso de apelação. Nos embargos infringentes, que são interpostos perante o próprio juiz que prolatou a sentença de embargos à execução fiscal, quando o valor de alçada é inferior ao estabelecido na lei de execução fiscal, não haverá duplo grau de jurisdição, pois a decisão será analisada pelo próprio juízo em que ela foi prolatada. Sobre o tema, eis a seguinte decisão do S.T.F.:

> *(...).*
> *Por outro lado, este Supremo Tribunal Federal, no julgamento do ARE 637.975, com repercussão geral reconhecida, de relatoria do Ministro Cezar Peluzo, entendeu que a norma que afirma incabível apelação em casos de execução fiscal cujo valor seja inferior a 50 ORTN não afronta os princípios constitucionais da legalidade, do devido processo legal, da ampla defesa, do contraditório, da inafastabilidade da prestação jurisdicional e do duplo grau de jurisdição.*
> *(...).*
> (ARE 639448, Relator(a): Min. DIAS TOFFOLI, julgado em 09/11/2011, publicado em DJe-222 DIVULG 22/11/2011 PUBLIC 23/11/2011)

A garantia de acesso à jurisdição apresenta um amplo espectro, pois além de seu aspecto 'defensivo' ou garantístico: defesa dos direitos através dos tribunais, também a garantia aos tribunais pressupõe igualmente *dimensões de natureza prestacional*, na medida em que o Estado deve criar órgãos judiciários e tutelas jurisdicionais adequadas (direitos fundamentais dependentes da organização e procedimento), assim como assegurar prestações ('apoio judiciário', 'patrocínio judiciário', dispensa total ou parcial de pagamento de custas e preparos), tendentes a evitar a denegação da justiça por insuficiência de meios econômicos. O acesso à justiça é um acesso materialmente informado pelo princípio da igualdade de oportunidades.[54]

O Tribunal Constitucional português considerou que o direito de acesso é inconstitucionalmente violado quando se condiciona o seguimento do recurso

---

[54] CANOTILHO, J. J. G., idem, p. 654.

CÓDIGO DE PROCESSO CIVIL

ao depósito prévio de certa quantia, não tendo o recorrente condição econômica para satisfazer esse pagamento (Acs TC, n.s. 318/85, 269/87, 345/87, 412/87, *in* DR II, n. 87, de 15.4.86; DR II, n. 202 de 3.9.87; DR II, n. 275 de 28.11.87; DR II, n. 1 de 2.1.88).

O Supremo Tribunal Federal também assim entendeu na hipótese de exigibilidade de depósito prévio do valor correspondente à multa como condição de admissibilidade de recurso interposto junto à autoridade trabalhista. Nesse sentido são os seguintes precedentes:

> *Incompatibilidade da exigência de depósito prévio do valor correspondente à multa como condição de admissibilidade de recurso administrativo interposto junto à autoridade trabalhista (§ 1º do art. 636, da Consolidação das Leis do Trabalho) com a Constituição de 1988. Inobservância das garantias constitucionais do devido processo legal e da ampla defesa (art. 5º, incs. LIV e LV); do princípio da isonomia (art. 5º, caput); do direito de petição (art. 5º, inc. XXXIV, alínea a). Precedentes do Plenário do Supremo Tribunal Federal: Recursos Extraordinários 389.383/SP, 388.359/PE, 390.513/SP e Ação Direta de Inconstitucionalidade 1.976/DF. Súmula Vinculante n. 21. 2. Ação julgada procedente para declarar a não recepção do § 1º do art. 636 da Consolidação das Leis do Trabalho pela Constituição da República de 1988.* (ADPF 156, Relator(a): Min. CÁRMEN LÚCIA, Tribunal Pleno, julgado em 18/08/2011, DJe-208 DIVULG 27-10-2011 PUBLIC 28-10-2011 EMENT VOL-02617-01 PP-00001 RT v. 100, n. 914, 2011, p. 379-393).

> *EMENTA: recurso extraordinário – medida cautelar – pressupostos necessários à concessão do provimento cautelar (rtj 174/437-438) – exigência legal de prévio depósito do valor da multa como condição de admissibilidade do recurso administrativo -transgressão ao art. 5º, lv, da constituição da república – nova orientação jurisprudencial firmada pelo plenário do supremo tribunal federal – cumulativa ocorrência, no caso, dos requisitos concernentes à plausibilidade jurídica e ao "periculum in mora" – precedentes – magistério da doutrina – decisão referendada pela turma.*
> (AC 2185 MC-REF, Relator(a): Min. CELSO DE MELLO, Segunda Turma, julgado em 11/11/2008, DJe-105 DIVULG 10-06-2010 PUBLIC 11-06-2010 EMENT VOL-02405-02 PP-00254 RTJ VOL-00219- PP-00159).

Nesse sentido também é o teor da Súmula Vinculante n. 21 do S.T.F.: "É inconstitucional a exigência de depósito ou arrolamento prévio de dinheiro ou bens para admissibilidade de recurso administrativo.

Porém, o S.T.F., ao analisar a exigência do pagamento da multa fixada de acordo com o revogado §2º do art. 557 do C.P.C. de 1973 para efeito de conhe-

ART. 3º

cimento de outros recursos, houve por bem afirmar a legitimidade dessa exigência, reconhecendo que não houve mácula ao princípio do *acesso à jurisdição*. Nesse sentido é o seguinte precedente:

> *A possibilidade de imposição de multa, quando manifestamente inadmissível ou infundado o agravo, encontra fundamento em razões de caráter ético-jurídico, pois, além de privilegiar o postulado da lealdade processual, busca imprimir maior celeridade ao processo de administração da justiça, atribuindo-lhe um coeficiente de maior racionalidade, em ordem a conferir efetividade à resposta jurisdicional do Estado. A multa a que se refere o art. 557, § 2º, do CPC, possui inquestionável função inibitória, eis que visa a impedir, nas hipóteses referidas nesse preceito legal, o exercício irresponsável do direito de recorrer, neutralizando, dessa maneira, a atuação processual do "improbus litigator".*
> *(...).*
> (AI 802783 ED-ED-AgR, Relator(a): Min. CELSO DE MELLO, Segunda Turma, julgado em 19/04/2011, DJe-112 DIVULG 10-06-2011 PUBLIC 13-06-2011 EMENT VOL-02542-02 PP-00285)

Como ensina Enrico Tullio Liebman, deve-se fazer uma distinção entre direito substancial e a *ação*. Enquanto o primeiro tem por objeto uma prestação da parte contrária, o direito fundamental de ação visa a provocar uma atividade dos órgãos jurisdicionais; justamente por isso, a pretensão de direito material em regra dirige-se à parte contrária e tem, conforme o caso, natureza privada ou pública e um conteúdo que varia de caso a caso, enquanto a ação se dirige ao Estado e por isso tem natureza sempre pública e um conteúdo uniforme, qual seja o pedido de tutela jurisdicional de um direito que se intitula próprio (embora varie o tipo de provimento que cada vez se pede ao juiz.[55]

O *agir em juízo* é um direito reconhecido a todos, pois é uma garantia constitucional instituída em decorrência da própria existência dos órgãos do Poder Judiciário; eles possuem a tarefa de realizar a *justiça* a quem dela necessitar, razão pela qual uma das garantias fundamentais do nosso sistema Constitucional é assegurar a todos a possibilidade de levar suas pretensões ao crivo do Poder Judiciário.[56]

Por isso, em razão desse direito e garantia fundamental de *agir em juízo*, conforme já preconizou a Corte Constitucional italiana ao analisar a amplitude do

---

[55] LIEBMAN. Enrico Tullio. *Manual de direito processual civil*. Trad. Cândido Rangel Dinamarco. 2ª ed. Vol. I. Rio de Janeiro: Forense, 1985. p. 149 e 150.

[56] LIEBMAN, E. T., idem, p. 150.

art. 24 da Constituição italiana, não pode sofrer qualquer impedimento ou condição que afastem o seu efetivo exercício (Sent. n. 47, de 18.3.57).

O direito de ação, conforme afirma Enrico Tullio Liebman, adquire, com isso, uma fisionomia suficiente precisa: *"é um direito subjetivo diferente daqueles do direito substancial, porque dirigido ao Estado, sem se destinar à obtenção de uma prestação deste. É, antes disso, um direito de iniciativa e de impulso, direito do particular de por em movimento o exercício de uma função pública, através da qual espera obter a tutela de suas pretensões, dispondo, para tanto, dos meios previstos pela lei para defendê-las (embora sabendo que o resultado poderá ser-lhe desfavorável); é, pois, um direito fundamental particular, a qualificar a sua posição no ordenamento jurídico e perante o Estado, conferido e regulado pela lei processual mas reforçado por uma garantia constitucional em que encontramos esculpidos os seus traços essenciais".*[57]

Porém, ao comentar essa posição de Liebman sobre a natureza do direito de ação, especialmente essa concepção de 'poder' e 'abstração', não se poderia esquecer a seguinte afirmação de Luigi Paolo Comoglio: *"Nesta concepção, todavia, parece insuficiente a valoração dos efeitos que 'praticamente' se conectam 'ex positivo juri' à garantia. De fato, não se desconhece, por um lado, a consagração deste genérico 'poder' na Constituição '...uma função de fundamental importância...', tendo em vista que, de um ponto de vista garantístico, a mesma formulação da norma seria tal a tornar-se constitucionalmente inadmissível qualquer limitação por obra dos poderes estatais. Por outro lado, porém, não se deixa de sublinhar como são próprios a abstração e a generalidade que contradizem tal situação subjetiva de 'poder' na linguagem constitucional, a impedir de assumir '...relevância alguma na vida e no funcionamento prático do processo...'. Malgrado a sugestão das recordadas argumentações, parece que as conclusões pecam, ao mesmo tempo, por excesso e por defeito, sobretudo se avaliadas à luz da realidade jurídica que a experiência da jurisprudência constitucional tem colocado em relevo, no curso destes últimos anos. De fato, de um lado, a multiplicação de pronúncias sobre o denominado casos de 'abuso' do 'direito constitucional de ação' pressupondo a admissibilidade constitucional de determinadas 'limitações' à possibilidade de agir em juízo...; enquanto que, de outro lado, se colhe constante na atividade dos juízes constitucionais a intenção de considerar em concreto e atual o significado positivo das garantias processuais, para o fim de assegurar a elas uma efetiva capacidade de incidência sobre a estrutura do processo ordinário, no quadro de sua gradual adequação aos princípios constitucionais".*[58]

O princípio do *acesso à jurisdição*, reforçado no art. 3ª do atual C.P.C., torna indiscutível a vinculação da jurisdição aos direitos fundamentais. Em razão dessa

---

[57] LIEBMAN, E. T., idem, p. 152.

[58] COMOGLIO, Luigi Paolo. *La garanzia costituzionale dell'azione ed il processo civile*. Padova: CEDAM, 1970. p. 41.

estreita vinculação, o Judiciário não só tem o dever de guardar estrita obediência aos denominados direitos e garantias fundamentais de caráter judicial, mas também o de assegurar a efetiva aplicação do direito, especialmente dos direitos fundamentais, seja nas relações entre os particulares e o Poder Público, seja nas relações tecidas exclusivamente entre particulares.[59]

Sendo os direitos e garantias fundamentais princípios de ordem objetiva, tal perspectiva legitima a ideia de que o Estado se obriga não apenas a observar e proteger os direitos de qualquer indivíduo em face das investidas do Poder Público (direito fundamental enquanto direito de proteção ou de defesa – *Abwehrrecht*), mas também a garantir os direitos fundamentais contra agressão propiciada por terceiros (*Schutzpflicht des Staatsi*).[60]

Não é por outro motivo que o art. 1º, n. 3 da Lei Fundamental da República Federal da Alemanha expressamente consigna: *"Os direitos fundamentais a seguir enunciados vinculam, como direito diretamente aplicável, os poderes legislativo, executivo e judicial"*.[61]

O direito/garantia de *acesso à jurisdição*, também denominado de *proteção jurídica através dos tribunais* implica a garantia de uma *proteção eficaz*, razão pela qual ela engloba a exigência de uma apreciação, pelo juiz, da matéria de fato e de direito, objeto da pretensão formulada pela parte.

Também faz parte do conteúdo normativo do *acesso à jurisdição* a exigência de que a prestação da tutela jurisdicional seja realizada em *tempo útil*, pois justiça tardia equivale a não justiça. Note-se, porém, *"que a exigência de um 'direito sem dilações indevidas', ou seja, de uma protecção judicial em tempo adequado, não significa necessariamente 'justiça acelerada'. A 'aceleração' da proteção jurídica que se traduza em diminuição de garantias processuais e materiais (prazos de recurso, supressão de instância) pode conduzir a uma justiça pronta mas materialmente injusta"*.[62]

O art. 3º do atual C.P.C. a tratar do princípio do *acesso à jurisdição* realizou uma pequena inversão em relação ao texto existente na Constituição Federal de 1988. A inversão dos termos *lesão ou ameaça (C.F.)* para *ameaça ou lesão (C.P.C.)*

---

[59] MENDES, Gilmar Ferreira. *Direitos fundamentais e controle de constitucionalidade*. 4ª ed. São Paulo: Saraiva, 2012. p. 120.

[60] MENDES, G. F., idem, p. 121.

[61] Sobre a eficácia direta dos direitos fundamentais cf.: A. BLECKMANN, *Allgemeine Grundrechtslehere*, Munique, 1979; N. LUHMANN, *Grundrechte als Institution*, 1965; E. WIENHOLTZ, *Normative Verfassung und Gesetzgebung. Die Verwirklichung von Gesetzgebungsaufträgen des Bonner Grundgesetzes*, 1968; K. WESP. *Die Drittwirkung der Freiheitsrechte*, 1968; F. MÜLLER, *Die Positivität der Grundrechste*, 1969.

[62] CANOTILHO, J. J. G., op. cit., p. 653.

é significativa, uma vez que na atual perspectiva do direito processual civil moderno deve-se ofertar tutelas jurisdicionais eficazes para impedir que a lesão ao direito se consume, razão pela qual a importância de se impedir desde logo qualquer ameaça a direito.

Daí o porquê *"o processo só poderá se revelar habilitado a cumprir todas as suas funções institucionais (sócio-político-jurídica) com eficiência se, a par de um contexto estrutural favorável, ele puder dispor de um modo de ser que represente, a um só tempo, instrumento adequado ao pleno exercício do direito de ação e do direito de defesa – expresso pelas faculdades de pedir, alegar e provar e, também, recorrer – e instrumento hábil à produção de um provimento que assegure ao vencedor exatamente aquilo que a ordem jurídica material lhe promete e que só não se realizou por causa da resistência da parte contrária. Vêem-se, aí, com clareza, as duas vertentes do processo efetivo: de um lado, um processo cujo procedimento seja, pelo menos, razoavelmente adaptado às peculiaridades da relação material controvertida, de sorte a permitir o desenvolvimento de atividades postulatórias e probatórias adequadas pelos sujeitos parciais para o alcance de uma também adequada e eficiente atividade decisória por parte do magistrado (o procedimento como sede formal do bom desempenho do 'actum trium personarum'); do outro lado, um ato final do processo que seja carregado de potencialidade jurídica para gerar no mundo dos fatos alterações em grau eficiente, de forma a realizar em prol do vencedor exatamente aquilo que a ordem jurídica material lhe acenou como devido (o provimento jurisdicional útil)".*[63]

Em face desse princípio Constitucional da *ubiquidade* ou do *acesso à justiça*, a construção de tutelas específicas e eficazes para atender o postulado de ameaça ou lesão a direito é uma técnica de cognição necessária como forma de dar eficácia a este princípio.

Assim, conforme ensina José Carlos Barbosa Moreira, podem ser considerados cinco escopos necessários para garantir o efetivo acesso à jurisdição: a) o processo deve dispor de instrumentos de tutela adequada a todos os direitos; b) tais instrumentos devem se revelar praticamente utilizáveis por quem quer que se apresente como suposto titular desses direitos; c) é necessário que se assegurem condições propícias à exata e completa reconstituição dos fatos relevantes a fim de que o convencimento do juiz corresponda, tanto quanto possível, à realidade; d) o resultado do processo deve ser tal que permita ao vencedor o pleno gozo da utilidade específica assegurada pelo ordenamento; e) tais resultados devem ser atingidos com um mínimo dispêndio de tempo e de energia processual.[64]

---

[63] Costa Machado, Antônio Cláudio da. *Tutela antecipada*. 3. Ed., revista. São Paulo: Editora Juarez de Oliveira, 1999. p. 34 e 35.

[64] Apud Costa Machado, A. C., ou Moreira, José Carlos Barbosa. Notas sobre o problema

ART. 3º

2. A pobreza como *tendão de Aquiles* ao acesso à justiça

Ao se mencionar o princípio do *acesso à justiça* não se poderia deixar de afirmar que a pobreza é na atualidade a principal barreira externa *(Tendão de Aquiles)* do *acesso à Justiça*.

O acesso à justiça não se dá apenas pelo fato de ser nomeado um advogado dativo ao hipossuficiente econômico a fim de se formular uma petição inicial perante um tribunal, dando início a uma demanda judicial ou a um trabalho de defesa da parte ré. O acesso à justiça é muito mais que isso, pois abrange também uma efetiva, eficaz e eficiente atuação da parte no âmbito da relação jurídica processual, a fim de que sua pretensão possa ser devidamente posta e defendida em juízo.

Ao se tratar do processo civil e da atividade jurisdicional nele desenvolvida, deve-se abordar a questão vital "da pobreza", e se fazer referência aos paliativos em uso que originariamente se costumam denominar de "benefício de pobreza", ou melhor, "assistência judiciária gratuita" (eufemismo: que benefício pode dar a pobreza numa sociedade de consumo e da cultura de satisfação?). Na verdade, trata-se de epidérmicas ou presumidas compensações (Francesco Carnelutti), que na perspectiva de eximir dos gastos alguns sujeitos da relação jurídica processual, procuram emparelhar situações intrinsecamente desiguais, de quem não pode eleger seu advogado, muito menos assumir o processo em condições ideais ou com melhores possibilidades por causa de insuficiência de recursos.[65]

A pobreza não é mera ficção, senão efeito da desigualdade econômica e social, principalmente no âmbito dos países da América latina.

As grandes barreiras do processo civil são aquelas que advêm de fora, endo-processuais, e que se erguem como muros de contenção ao *justo processo*. Entre essas barreiras, a pobreza caracteriza-se como o *tendão de Aquiles* de qualquer ciência processual que tenha por objetivo a factibilidade de resultado *équo e justo*.

Até mesmo as nações do chamado sistema mundo dominante reconhecem que a pobreza é o maior entrave para se conseguir o justo desenvolvimento de um processo jurisdicional.[66]

É por isso que a Comunidade Econômica Europeia, em suas considerações sobre a essência e o desenvolvimento de medidas concretas sobre a questão da pobreza, a fim de facilitar o acesso à Justiça, fixou o entendimento de que o acesso, assim como o direito a *uma justa audiência* – garantido pelo art. 6º da

---

da efetividade do processo, *in* Temas de Direito Processual, Terceira Série, São Paulo, Saraiva, 1982. p. 27 e 28.

[65] MORELLO, Augusto. *El processo justo*. Buenos Aires: Abeledo-Perrot, 1994. p. 621 e 622.

[66] Idem. Ibidem. p. 242.

Convenção Europeia dos Direitos Humanos (1950), são fatores essenciais de toda sociedade democrática.[67]

Quanto ao ordenamento jurídico italiano, prescreve o art. 3º, inciso 2º, da Constituição italiana, que é obrigação da "República" na sua globalidade de instituições e de órgãos (não excluído, portanto, o judiciário) operar no sentido de se conseguir cada vez mais a igualdade "substancial" e não apenas "formal". Tal é o sentido fundamental indicado pelo princípio que estabelece como obrigação da República remover os obstáculos de ordem econômico e social que, limitando de fato a liberdade e a igualdade dos cidadãos, impedem o pleno desenvolvimento da pessoa humana e a efetiva participação de todos os trabalhadores na organização política, econômica e social do país. Mais especificamente, o inciso 3º, do art. 24, da Constituição Italiana, consagra um plano contundente de inviolabilidade dos direitos de "ação" e de "defesa", vinculando o legislador ordinário a estabelecer as condições e os modos para a reparação dos erros judiciários. Contudo:

Il programa di 'politica sociale della giustizia' che traspare dai citati articoli della Costituzione è tuttavia, ancor oggi, ben lontano dall'essersi tradotto in un efficace apparto di tutela processuale dei soggetti in condizioni sócio-economiche più deboli.[68]

A nossa Constituição Federal de 1988 estabelece como objetivos fundamentais da República Federativa do Brasil, a erradicação da pobreza e a redução das desigualdades sociais e regionais (artigo 3º, inciso III). O judiciário como componente importante da República tem papel preponderante na concretização desses objetivos

Para se ter uma ideia da influência do problema econômico na administração da justiça, podemos observar o que acontece nos EE.UU. *"La verdad es que el costo de la Justicia, en todas las latitudes, es caro y poco accesible. Uno de los fiscales del caso "Watergate", el famoso Philip Heymann, ha reconocido que éste es el "talón de Aguiles" cuando se capta que la crítica más seria al sistema norteamericano de Justicia es que resulta muy oneroso a la hora en que todos los acusados solicitan sus derechos y piden que se realice el juicio con jurados. 'Entonces, y finalmente, sólo el veinte (20) por ciento de los acusados llega suele negociar entre el fiscal y el defensor; el inculpado se declara culpable y logra una condena menor de la que hubiera obtenido en un hipotético juicio. Habría que buscar una vía para que más casos lleguen al Tribunal. Como están las cosas, tenemos procesos ejemplares – que cuestan mucho dinero- para un porcentaje reducido de los acusados y un*

---

[67] Idem. Ibidem. p. 242 e 243.
[68] CHIAVARIO, Mario. Garanzie individuali ed efficienza del processo. Il giusto processo. Associazione tra gli studiosi del processo penale, n. 8. Milano: giuffrè, 1998. p. 371 e 372.

sistema barato que, de manera indirecta, alienta a decir 'Yo soy culpable'. Sinceramente, no me parece justo.[69]

O sistema, na verdade, não funciona para "o homem comum" (Gelsi Bidart). O cidadão, em geral, ou bem tem uma justiça (sua defesa) de segunda categoria ou simplesmente não conta com possibilidade de acesso à jurisdição, nem a outras opções alternativas, se é que elas efetivamente existem. Qualquer tentativa de análise do tema, pragmaticamente, demonstra que um aspecto é a possibilidade de se valer do devido processo legal adjetivo para os ricos, e outra para aquele, que de fato, envolvido em sua pobreza, quer usar a vestimenta de litigante. Tudo o mais não passa de simples retórica. É por isso que se exige para a resolução dos conflitos uma urgente e desesperada mudança fundamental e suficiente, que vá além do que atualmente se vem oferecendo, a fim de que a jurisdição seja uma atividade efetivamente igualitária.[70]

O que se percebe, atualmente, principalmente no pensamento da grande massa desprovida de atenção social e estatal, é que os atuais mecanismos processuais só funcionam para alguns poucos. Na realidade: *"Hay una atmósfera de desconfianza, de enojo, con lo que se proclama y ofrece, por los profesionales del derecho, porque así no tiene destino, no sirve, es insuficiente. Una fachada que oculta el muy diferente rostro de la realidad, sin logros de superación, porque en los hechos no atinamos sino a brindar más de lo mismo. La única verdad es la que los pobres pierden siempre".*[71]

É por isso que se indaga sempre: *¿Quién se defenderá cuando de hecho no puede hacerlo con igualdad de armas? ¿No está ya vencido, antes de estructurarse un litigio que, en tales condiciones, sólo será aparente y que aunque formalmente se colorea como tal, en lo que es sustancial o materialmente exigido por la Constitución, termina en un fallo contrario a sus normas fundamentales?*[72]

Não basta apenas proclamar-se o direito ao acesso à justiça e ao justo processo. Exige-se um desafio muito mais eloquente, ou seja, a derrubada das barricadas, especialmente as sociais e econômicas, consistentes em fatores de desigualdades reais das partes na relação jurídica processual. Sem isso, para muitos o caminho para justiça permanecerá intransitável.

As barreiras exógenas são verdadeiras "arbitrariedades externas", cuja irrazoável incidência produz os mesmos resultados que a "arbitrariedade na motivação das sentenças", que é uma grave irracionalidade interna do processo.[73]

---

[69] MORELLO, A., Op. Cit., p. 260.
[70] Idem. Ibidem. p. 614.
[71] Idem. Ibidem. p. 616.
[72] Idem. Ibidem. p. 450.
[73] Idem. Ibidem. p. 264.

Conforme preconiza Augusto Morello, tudo isso nos propõe ao desafio do redescobrimento das pautas fundamentais que dão sustentação ao justo processo. Postula-se a retirada dessa máscara (formal) que disfarça, mas que também, paradoxalmente, deixa a descoberto "la indefensión sustancial", encapsulada na viva realidade do processo penal ou civil, e que não se conforma com o sentimento de justiça.[74]

Devem-se observar as coisas concernentes à jurisdição *"(...) con los ojos del que está necesitado de que se le haga justicia en su concreto reclamo".*[75]

Segundo Augusto Morello: *"No intentamos, obviamente, allegar respuestas políticas a todos los males de la sociedad, ni hacer de Quijote o Robin Hood para enmendar las situaciones con las que nos topamos a diario y que, de una o otra manera, "perturban" en grados cada vez más intensos el sentido global del servicio por la generalización y la hondura de las discriminaciones. De lo que se trata – nos parece – es de reformular la manera de organizar la "empresa" de la justicia – que siempre se ha encarado desde un exclusivo matiz de técnica formal – lo que reputamos erróneo y parcial porque no permite alcanzar un deseado sinceramiento en la comprensión del debido proceso justo, que no tolera ya el infértil y simplificador paradigma que lo reduce al constante empeño de "idealizarlo" en las normas constitucionales. En verdad nos consta del modo más fehaciente que sus predicados rectores, desde el afianzar la justicia para muchos – una gran mayoría – son inaccesibles o prácticamente imposible de hacerlos medianamente ciertos en el derecho vivido (Ortega y Gasset)".*[76]

Há necessidade de se refletir o processo civil, conforme já o fez Juan Eduardo Couture, buscando um encontro de equilíbrio entre os postulados *políticos, sociais e econômicos externos.* Segundo o processualista uruguaio, o direito processual de uma democracia há de eliminar as bases do individualismo e formular *todo um sistema* que seja construído de acordo com o próprio regime democrático, que é o da defesa de nossa natureza humana; para isso deve-se transitar pelos valores da dignidade e da igualdade, sem os quais não se poderão assumir *solidariamente* as exigências do bem comum.[77]

Deve-se compatibilizar o estudo do processo com a realidade social, ou seja, fundamentalmente: *"(...) para valorar si el régimen jurídico de aquélla es adecuado a los fines que debe alcanzar, y si son efectivas para todas las personas, cualquiera sea su condición, las garantías que (en principio) supone la existencia de la jurisdicción y del proceso, y*

[74] Idem. Ibidem. p. 609.
[75] Idem. Ibidem. p. 610.
[76] Idem. Ibidem. p. 610.
[77] Apud Idem. Ibidem. p. 611.

tras esa valoración, para configurar los instrumentos apropiados para un ajuste más perfecto entre norma y realidad social".[78]

A pobreza, indubitavelmente, afeta a própria participação da parte em juízo, causando danos irremediáveis à ampla defesa, ao contraditório, à igualdade de armas e especialmente ao acesso à Justiça.[79]

Muito embora não seja o processo ontologicamente um meio em si de "promoção" de justiça social, pode-se dizer que o processo, com os seus custos humanos e econômicos e com as suas consequências, *"(...) offre infatti un terreno paticolarmente idoneo a divenire, a seconda dei casi, un amplificatore di quei condizionamenti, ovvero un, sia pur indiretto, fattore di eguaglianza 'sostanziale'".*[80]

É por isso que, diante desse *tendão de Aquiles,* se propõe o princípio da *"parcialidade positiva"* do juiz como forma de se transpor as barreiras externas do processo em prol de uma atividade jurisdicional que efetivamente resguarde o efetivo *acesso à justiça.*[81]

Estabelece o *§1º do art. 3º do atual C.P.C. que é permitida a arbitragem, na forma da lei.*

Este parágrafo traz uma exceção ao princípio do acesso à jurisdição que se verifica quando tenham as partes voluntariamente optado pelo instituto do *juízo arbitral.*

A Lei n. 9.307, de 23 de setembro de 1996, introduziu em nosso ordenamento uma nova forma de resolução de conflitos à margem do acesso ao Poder Judiciário. Trata-se do juízo arbitral.

Optando as partes pelo juízo arbitral, não poderão valer-se do Poder Judiciário para a resolução de seus conflitos, sendo que isso não caracteriza mácula ao princípio do *acesso à justiça.*

A Lei n. 9.307 de 23 de setembro de 1996 traz duas importantes inovações em relação ao juízo arbitral que não havia quando da sua regulação pelo art. 1072 ss do C.P.C. de 1973. A primeira, a possibilidade de execução específica da obrigação de firmar o compromisso arbitral objeto de cláusula compromissária, se necessário, mediante provimento judicial substitutivo da manifestação da vontade da parte recalcitrante (arts. 6º e 7º). A segunda inovação é a equipara-

---

[78] Idem. Ibidem. Loc. Cit.

[79] "La stessa natura dialettica del processo vuole duello ad armi uguali e non sarebbero eguali le armi di un accusatore giurisperito e di un accusato digiuno di diritto". (BELLAVISTA, Girolamo. *Lezioni di diritto processuale penale.* 4. ed. Milano: Dott. A. Giuffrè Editore, 1973. p. 203).

[80] CHIAVARIO, M., Op. Cit. loc. cit.

[81] Cf. SOUZA, Artur César. *A parcialidade positiva do juiz.* São Paulo. Editora: Revista dos Tribunais, 2008.

CÓDIGO DE PROCESSO CIVIL

ção, no plano do direito interno, dos efeitos da sentença arbitral aos da sentença judiciária, incluída a formação de título executório, se condenatório o laudo, independentemente de homologação judicial (art. 31).

É certo que não se subtrai ao Judiciário a verificação da nulidade do laudo, por um dos vícios enumerados no art. 32: a nulidade, contudo, há de ser demandada em procedimento ordinário (art. 33, §2º) ou, havendo execução da sentença arbitral, arguida mediante impugnação (art. 1.058 do atual C.P.C.).

Avaliando a constitucionalidade da Lei 9.307 de 23 de setembro de 1996, assim se pronunciou o S.T.F.:

> *EMENTA:*
> *(...).*
> *Laudo arbitral: homologação: Lei da Arbitragem: controle incidental de constitucionalidade e o papel do STF. A constitucionalidade da primeira das inovações da Lei da Arbitragem – a possibilidade de execução específica de compromisso arbitral – não constitui, na espécie, questão prejudicial da homologação do laudo estrangeiro; a essa interessa apenas, como premissa, a extinção, no direito interno, da homologação judicial do laudo (arts. 18 e 31), e sua conseqüente dispensa, na origem, como requisito de reconhecimento, no Brasil, de sentença arbitral estrangeira (art. 35). A completa assimilação, no direito interno, da decisão arbitral à decisão judicial, pela nova Lei de Arbitragem, já bastaria, a rigor, para autorizar a homologação, no Brasil, do laudo arbitral estrangeiro, independentemente de sua prévia homologação pela Justiça do país de origem. Ainda que não seja essencial à solução do caso concreto, não pode o Tribunal – dado o seu papel de "guarda da Constituição" – se furtar a enfrentar o problema de constitucionalidade suscitado incidentemente (v.g. MS 20.505, Néri). 3. Lei de Arbitragem (L. 9.307/96): constitucionalidade, em tese, do juízo arbitral; discussão incidental da constitucionalidade de vários dos tópicos da nova lei, especialmente acerca da compatibilidade, ou não, entre a execução judicial específica para a solução de futuros conflitos da cláusula compromissória e a garantia constitucional da universalidade da jurisdição do Poder Judiciário (CF, art. 5º, XXXV). Constitucionalidade declarada pelo plenário, considerando o Tribunal, por maioria de votos, que a manifestação de vontade da parte na cláusula compromissória, quando da celebração do contrato, e a permissão legal dada ao juiz para que substitua a vontade da parte recalcitrante em firmar o compromisso não ofendem o artigo 5º, XXXV, da CF. Votos vencidos, em parte – incluído o do relator – que entendiam inconstitucionais a cláusula compromissória – dada a indeterminação de seu objeto – e a possibilidade de a outra parte, havendo resistência quanto à instituição da arbitragem, recorrer ao Poder Judiciário para compelir a parte recalcitrante a firmar o compromisso, e, conseqüentemente, declaravam a inconstitucionalidade de dispositivos da Lei 9.307/96 (art. 6º, parág. único; 7º e seus*

ART. 3º

parágrafos e, no art. 41, das novas redações atribuídas ao art. 267, VII e art. 301, inciso IX do C. Pr. Civil; e art. 42), por violação da garantia da universalidade da jurisdição do Poder Judiciário. Constitucionalidade – aí por decisão unânime, dos dispositivos da Lei de Arbitragem que prescrevem a irrecorribilidade (art. 18) e os efeitos de decisão judiciária da sentença arbitral (art. 31). (SE 5206 AgR, Relator(a): Min. SEPÚL-VEDA PERTENCE, Tribunal Pleno, julgado em 12/12/2001, DJ 30-04-2004 PP-00029 EMENT VOL-02149-06 PP-00958).

No voto proferido no julgado acima citado, após uma brilhante exposição sobre a matéria, assim concluiu o Ministro Sepúlveda Pertence:

"(...).

Penso, entretanto, que, no ordenamento brasileiro, há obstáculo constitucional intransponível, no ponto, à aplicação da lei nova.

Viu-se, como efeito, que o empecilho à incidência, na hipótese, da regra geral do art. 639 do C. Pr. Civ., é a impossibilidade, nos termos do dispositivo, de o juiz substituir pela própria a vontade da parte recalcitrante, 'regulando matéria estranha ao conteúdo do negócio preliminar' – qual é, em relação à cláusula compromissória, a determinação da lide a ser submetida à arbitragem.

Ora, essa impossibilidade não a pode suprir a lei ordinária, sem ferir a garantia constitucional de que 'a lei não excluirá da apreciação do Poder Judiciário lesão ou ameaça a direito' (CF, art. 5º, XXXV).

Só não a transgride o compromisso porque, por força dele, são os próprios titulares dos interesses objeto de uma lide já concretizada que, podendo submetê-la à jurisdição estatal, consentem em renunciar à via judicial e optar pela alternativa da arbitragem para solucioná-la. E só por isso.

Na cláusula compromissória, entretanto, o objeto dessa opção, posto que consensual, não são lides já determinadas e concretizadas, como se dá no compromisso: serão lides futuras e eventuais, de contornos indefinidos; quando muito, na expressão de Carnelutti (ob. Cit., p. 550), lides determináveis pela referência ao contrato de cuja execução possam vir a surgir.

A renúncia, com força de definitiva, que aí se divisasse à via judicial já não se legitimaria por derivação da disponibilidade do objeto do litígio, que pressupõe a sua determinação, mas, ao contrário, consubstanciaria renúncia genérica, do objeto indefinido, à garantia constitucional de acesso à jurisdição, cuja validade os princípios repelem.

Sendo a vontade da parte, manifestada na cláusula compromissória, insuficiente – dada a indeterminação do seu objeto – e, pois, diversa da necessária a compor o consenso exigido à formação do compromisso, permitir o suprimento judicial seria admitir a instituição de um juízo arbitral com dispensa da vontade bilateral dos litigantes, que, só ela, lhe pode emprestar legitimidade constitucional: entendo nesse sentido a lição de Pontes (ob. Cit., XV/224) de que fere o princípio constitucional invocado – hoje, art. 5º, XXXV, da Constituição – atribuir, ao compromisso que assim se formasse por provimento judicial substitutivo do assentimento de uma das partes – 'eficácia fora do que é a vontade dos figurantes em se submeterem'.

Não posso fugir, desde modo, à declaração de inconstitucionalidade do parágrafo único do art. 6º e do art. 7º da Lei de Arbitragem, e, em conseqüência, dos outros dispositivos que delas derivam, isto é, no art. 41, da nova redação dada aos arts. 267, VII, e 301, IX, do C.Pr. Civil (que estendem a qualquer modalidade de convenção de arbitragem – e, pois, à hipótese de simples cláusula compromissória – a força impeditiva da constituição ou da continuidade do processo judicial sobre a mesma lide objeto do acordo arbitral), o art. 42, que acrescenta um novo inciso, n. VI, ao art. 520 do C. Pr. Civil, para incluir no rol dos casos de apelação com efeito só devolutivo o da interposta contra a sentença 'que julgar procedente o pedido de instituição de arbitragem...'.

Não obstante o brilhante voto proferido pelo eminente ex-Ministro do Supremo Tribunal Federal, Sepúlveda Pertence, que foi acompanhado pelos então Ministros Sydney Sanches, Néri da Silveira e Moreira Alves, prevaleceu o voto do Ministro Nelson Jobim **pela constitucionalidade da cláusula compromissória arbitral.**

Sobre o tema referente ao compromisso e cláusula arbitral, eis os seguintes precedentes do S.T.J. e do S.T.F.:

"(...) – A Lei de Arbitragem brasileira tem incidência imediata aos contratos que contenham cláusula arbitral, ainda que firmados anteriormente à sua edição. Precedentes da Corte Especial.

– A análise do STJ na homologação de sentença arbitral estrangeira está limitada aos aspectos previstos nos artigos 38 e 39 da Lei 9.307/96. Não compete a esta Corte a apreciação do mérito da relação material objeto da sentença arbitral.

Sentença arbitral estrangeira homologada".
(SEC .894/UY, Rel. Ministra NANCY ANDRIGHI, CORTE ESPECIAL, julgado em 20/08/2008, DJe 09/10/2008)

(...) 2. Nos termos do art. 39, parágrafo único, da Lei de Arbitragem, é descabida a alegação, in casu, de necessidade de citação por meio de carta rogatória ou de ausência de citação, ante a comprovação de que o requerido foi comunicado acerca do início do procedimento de arbitragem, bem como dos atos ali realizados, tanto por meio das empresas de serviços de courier, como também via correio eletrônico e fax.

(...)

ART. 3º

(SEC 3.660/GB, Rel. Ministro ARNALDO ESTEVES LIMA, CORTE ESPECIAL, julgado em 28/05/2009, DJe 25/06/2009)

1. A sociedade de economia mista, quando engendra vínculo de natureza disponível, encartado no mesmo cláusula compromissória de submissão do litígio ao Juízo Arbitral, não pode pretender exercer poderes de supremacia contratual previsto na Lei 8.666/93.

(...) A decisão nesse caso unanimemente proferida pelo Plenário do STF é de extrema importância porque reconheceu especificamente 'a legalidade do juízo arbitral, que o nosso direito sempre admitiu e consagrou, até mesmo nas causas contra a Fazenda.' Esse acórdão encampou a tese defendida em parecer da lavra do eminente Castro Nunes e fez honra a acórdão anterior, relatado pela autorizada pena do Min, Amaral Santos.

Não só o uso da arbitragem não é defeso aos agentes da administração, como, antes é recomendável, posto que privilegia o interesse público." (In "Da Arbitrabilidade de Litígios Envolvendo Sociedades de Economia Mista e da Interpretação de Cláusula Compromissória", publicado na Revista de Direito Bancário do Mercado de Capitais e da Arbitragem, Editora Revista dos Tribunais, Ano 5, outubro – dezembro de 2002, coordenada por Arnold Wald, esclarece às páginas 398/399).

(...)..

(MS 11.308/DF, Rel. Ministro LUIZ FUX, PRIMEIRA SEÇÃO, julgado em 09/04/2008, DJe 19/05/2008)

"(...) 2. As duas espécies de convenção de arbitragem, quais sejam, a cláusula compromissória e o compromisso arbitral, dão origem a processo arbitral, porquanto em ambos ajustes as partes convencionam submeter a um juízo arbitral eventuais divergências relativas ao cumprimento do contrato celebrado.

3. A diferença entre as duas formas de ajuste consiste no fato de que, enquanto o compromisso arbitral se destina a submeter ao juízo arbitral uma controvérsia concreta já surgida entre as partes, a cláusula compromissória objetiva submeter a processo arbitral apenas questões indeterminadas e futuras, que possam surgir no decorrer da execução do contrato.

4. Devidamente observado o procedimento previsto nas regras do Tribunal Arbitral eleito pelos contratantes, não há falar em qualquer vício que macule o provimento arbitral.

5. O mérito da sentença estrangeira não pode ser apreciado pelo Superior Tribunal de Justiça, pois o ato homologatório restringe-se à análise dos seus requisitos formais. Precedentes do STF e do STJ.

6. Pedido de homologação deferido".

(SEC 1.210/GB, Rel. Ministro FERNANDO GONÇALVES, CORTE ESPECIAL, julgado em 20/06/2007, DJ 06/08/2007 p. 444).

"(...) 2. A existência de ação anulatória da sentença arbitral estrangeira em trâmite nos tribunais pátrios não constitui impedimento à homologação da sentença alienígena, não havendo ferimento à soberania nacional, hipótese que exigiria a existência de decisão pátria relativa às mesmas questões resolvidas pelo Juízo arbitral. A Lei n. 9.307/96, no § 2º do seu art. 33, estabelece que a sentença que julgar procedente o pedido de anulação determinará que o árbitro ou tribunal profira novo laudo, o que significa ser defeso ao julgador proferir sentença substitutiva à emanada do Juízo arbitral.
Daí a inexistência de decisões conflitantes.
3. Sentença arbitral estrangeira homologada".
(SEC .611/US, Rel. Ministro JOÃO OTÁVIO DE NORONHA, CORTE ESPECIAL, julgado em 23/11/2006, DJ 11/12/2006 p. 291)

"1. Para a homologação de sentença de arbitragem estrangeira proferida à revelia do requerido, deve ele, por ser seu o ônus, comprovar, nos termos do inciso III do art. 38 da Lei n. 9.307/96, que não foi devidamente comunicado da instauração do procedimento arbitral.
2. Homologação deferida".
(SEC .887/FR, Rel. Ministro JOÃO OTÁVIO DE NORONHA, CORTE ESPECIAL, julgado em 06/03/2006, DJ 03/04/2006 p. 196).

"Direito Civil e Direito Processual Civil. Contrato. Cláusula compromissória. Lei nº 9.307/96. Irretroatividade.
I – A Lei nº 9.307/96, sejam considerados os dispositivos de direito material, sejam os de direito processual, não pode retroagir para atingir os efeitos do negócio jurídico perfeito. Não se aplica, pois, aos contratos celebrados antes do prazo de seu art. 43.
II – Recurso especial conhecido, mas desprovido".
(REsp 238.174/SP, Rel. Ministro ANTÔNIO DE PÁDUA RIBEIRO, TERCEIRA TURMA, julgado em 06/05/2003, DJ 16/06/2003 p. 333).

1. Não se exige caução em tema de homologação de sentença estrangeira (SEC nº 3.407, Oscar Corrêa, DJ de 07.12.84). 2. Não se tratando da hipótese prevista no artigo 89 do CPC, a jurisprudência do STF tem admitido a competência concorrente dos juízos brasileiro e estrangeiro para julgamento de causa em que é parte pessoa domiciliada no Brasil. 3. A Lei nº 9.307/96, dado seu conteúdo processual, tem incidência imediata nos casos pendentes de julgamento. 4. Não supre a citação o comparecimento à Câmara de Arbitragem de suposto representante da requerida desprovido

ART. 4º

de procuração. 5. Comprovada a ilegitimidade da representação, fica prejudicado qualquer exame sobre questões vinculadas ao contrato. 6. Hipótese em que, cumpridos os requisitos, poderá o pleito ser repetido. Pedido de homologação indeferido. (SEC 5378, Relator(a): Min. MAURÍCIO CORRÊA, Tribunal Pleno, julgado em 03/02/2000, DJ 25-02-2000 PP-00054 EMENT VOL-01980-02 PP-00268 RTJ VOL-00172-02 PP-00465)

Preceitua o *§ 2º do art. 3ª* do atual C.P.C. que *o Estado promoverá, sempre que possível, a solução consensual dos conflitos.*

Além da possibilidade de se constituir juízo de arbitragem, o Estado promoverá, sempre que possível, a solução consensual dos conflitos, especialmente pela mediação ou conciliação.

Passa a ser um dos pilares da solução de conflitos moderno a promoção pelo Estado de critérios consensuais para a resolução de conflitos entre as partes, como é o caso da mediação e conciliação.

Por isso, conforme complementa o *§ 3º do art. 3º* do atual C.P.C., *a conciliação, a mediação e outros métodos de solução consensual de conflitos deverão ser estimulados por magistrados, advogados, defensores públicos e membros do Ministério Público, inclusive no curso do processo judicial.*

Art. 4º
As partes têm direito de obter em prazo razoável a solução integral do mérito, incluída a atividade satisfativa.

Princípio da celeridade processual
Este dispositivo inseriu expressamente na legislação processual ordinária o direito e a garantia previstos no artigo 5º, inciso LXXVII da Constituição Federal da República Federativa do Brasil: *"a todos, no âmbito judicial e administrativo, são assegurados a razoável duração do processo e os meios que garantam a celeridade de sua tramitação". (Incluído pela Emenda Constitucional nº 45, de 2004).*

Idêntica garantia encontra-se prevista no artigo 2º do C.P.C. português: *"A proteção jurídica através dos tribunais implica o direito de obter, em prazo razoável, uma decisão judicial que aprecie, com força de caso julgado, a pretensão regularmente deduzida em juízo, bem como a possibilidade de fazer executar".*

As partes, portanto, têm direito de obter em prazo razoável a solução integral do mérito, incluída a atividade satisfativa.

Com essa perspectiva principiológica, o legislador pretende resgatar a importância e a credibilidade do processo civil como método de instrumentalização e efetivação do direito material, uma vez que o processo judicial, em razão de sua demora e falta de celeridade, especialmente o processo de conhecimento, vinha perdendo terreno para as outras formas de solução de conflitos. Diante da morosidade processual, observa-se um fenômeno chamado de 'fuga da justiça', que significa uma fuga para outros métodos de resolução de conflitos, mais eficientes e de razoável duração.

Que o processo deva ter uma duração 'razoável' ou pelo menos 'tolerável' é princípio de primeira importância, pois é fácil compreender como em muitos casos uma decisão, apesar de favorável, proferida muito tarde em relação ao momento em que a parte tenha postulado em juízo, pode resultar concretamente inútil ou pouco útil.[82]

Porém, a celeridade processual não decorre de uma simples previsão normativa, sem que se ataquem com firmeza os diversos fenômenos que contribuem para a lentidão dos processos, a saber: a) endêmicas carências organizativas dos aparatos judiciários, sob o aspecto da racional distribuição no território nacional de recursos humanos e dos meios materiais, fenômeno que aproxima o Poder Judiciário às outras formas de administração do Estado brasileiro; b) legislação supra abundante e caótica; c) elevada taxa de litigiosidade, sobretudo em determinados setores judiciários e em particular áreas geográficas, localizadas, sobretudo, em regiões de grande concentração de massas.

É importante salientar que a falta de celeridade processual não atinge apenas os interesses individuais inseridos no âmbito da relação jurídica processual, pois essa lentidão acaba por gerar efeitos perniciosos igualmente no desenvolvimento social e econômico de uma nação.

Segundo Maurizio De Paolis, sob a base de uma série de relatórios anuais provenientes do Banco Mundial, um dos principais 'freios' do desenvolvimento produtivo na Itália deve-se identificar à *lentidão dos processos* que produz uma forte incerteza nas trocas comerciais e desencoraja os investidores nacionais e estrangeiros, representando um fortíssimo encolhimento em todos os outros indicadores internacionais. Segundo o autor italiano, em 1º de janeiro de 2010, a Itália figurava em 5º lugar, com 7.150 processos pendentes dentre os países com maior número de recurso promovidos perante a Corte europeia de Direitos do Homem de Estrasburgo, perdendo apenas para Rússia, Turquia, Ucrânia e

---

[82] BALENA, Giampiero. *Istituzioni di diritto processuale civile – i princìpi*. Primo Volume. Seconda Edizione. Bari: Cacucci Editore, 2012. p. 66.

ART. 4º

Romênia. Esses recursos apresentados perante a Corte Europeia tinham duas grandes questões, sendo que principal e *a da excessiva duração dos processos.*[83]

Porém, não se pode considerar o formalismo processual como algo que terá sempre um conteúdo negativo.[84] Há necessidade de se fazer uma distinção entre o conteúdo normativo de cada ordenamento jurídico para se avaliar a razoável duração do processo.

Deve-se levar em consideração nessa questão da *razoável duração do processo* que toda causa tem um tempo 'fisiológico' próprio, que evidentemente é delineado pela particularidade da controvérsia e da objetiva urgência que tenham as partes da imediata eficácia da decisão.

O ordenamento jurídico brasileiro é caracterizado como um sistema normativo particularmente complexo como o é o sistema jurídico italiano.

O papel do juiz, como artífice do direito *vivo* encontra uma maior relevância, superando assim a histórica diferenciação entre ordenamentos jurídicos da *common law*, com um direito não codificado e com um juiz 'forte', e os ordenamentos jurídicos da *civil law*, com um direito codificado e com um juiz, por assim dizer, 'fraco'.[85]

O reforço dessa diferenciação entre *civil law* e *common law* ganha peso inclusive com o novo C.P.C. brasileiro que, não sendo suficiente a previsão dos direitos e garantias fundamentais de natureza processual na Constituição Federal de 1988, houve por bem codificá-los numa legislação formal processual, como se a sua eficiência e efetiva aplicação dependesse dessa impostergável codificação.

O papel interpretativo do juiz não depende somente da quantidade e da ineficiência qualidade das disposições normativas a serem aplicadas em sede de contencioso judiciário; de fato, depende também de outros importantes fatores como a complexidade de um ordenamento jurídico dividido entre legislações provenientes da União, Estados e Municípios, sem contar ainda os inúmeros acordos internacionais e as milhares de resoluções, portarias, decretos, medidas provisórias etc, as quais determinam uma multiplicação das disposições normativas sobretudo a nível quantitativo e um pouco menos pelo aspecto qualitativo.

---

[83] "Não faltam críticas às indicações fornecidas pelo Banco Mundial que tem sempre considerado de maneira fortemente crítica o formalismo processual totalmente estranho à cultura e à mentalidade dos juristas ligados à tradição do *common law* própria dos países anglosaxões. (DE PAOLIS, Maurizio. *Eccessiva durata del processo: risarcimento del dano.* II ed. Republica de San Marino, 2012. p. 33 e 35).

[84] Cf. Kiern. *Justice between simplification and formalism, a discussion and critique of the world sponsored lex mundi project on efficency of civil procedure.* Freigurg, 2006.

[85] DE PAOLIS, M., op. cit., p. 42.

Para se ter uma ideia dessa multiplicidade de regras normativas, o novo C.P.C. não pode ser produzido sem que apresentasse no mínimo 1.000 artigos. A fragmentação da produção legislativa contribui de maneira determinante a provocar um consistente 'calo' na efetividade da norma. Isso, sem dúvida, aumenta sobremaneira o trabalho artesanal do magistrado nas causas individualizadas, especialmente pelo fato de que o exercício da atividade jurisdicional significa o último anel de uma longa cadeia de conteúdo normativo.[86]

Além do mais, o papel do magistrado não é simplesmente descortinar uma norma já posta pelo legislador diante desse emaranhado de leis e regulamentos. Conforme bem anota De Paolis: *"Os juízes devem estar atentos ao seu novo papel no ordenamento judiciário. De fato, a questão dos tempos processuais excessivamente longos pode ser resolvida igualmente por meio do conteúdo das sentenças pronunciadas e mediante a modernidade, a clareza e a coerência dos endereços jurisprudenciais. Ao lado do papel de garantista dos direitos já reconhecidos, o magistrado está transformando o motor de sua constante evolução, para adequá-lo ao novo contexto social em constante e tempestuosa evolução até se transformar em uma fonte inexaurível de novas posições subjetivas meritórias de tutela, sobretudo se disser respeito à liberdade, à segurança, e ao justo processo. Isso contribui para por em crise a tradicional regra:o legislador dita a regra, o juiz a aplica. De fato, o juiz chamado a decidir uma controvérsia judiciária, antes mesmo de aplicar uma determinada norma, deve encontrá-la, ou melhor, descobri-la, operando uma verdadeira e própria escavação em um magma estratificado de disposições descoordenadas, até a surgir um específico dado normativo... Não poucas vezes, para resolver a controvérsia, o juiz é chamado a colmatar as lacunas normativas buscando regras de textos muitas vezes ambíguos. Talvez o magistrado é constrangido a aplicar a casos concretos, objeto de disputa judiciária, leis que contenham verdadeiros e próprios ditames de caracteres programáticos, fazendo funcionar na vida real afirmações normativas adotadas no âmbito dos debates políticos e, freqüentemente a nível midiático. Em outras circunstâncias, o juiz é constrangido a adaptar tecidos normativos obsoletos a disposições, por vezes introduzidas em um particular momento contingencial, provenientes de um contexto social e econômico conotado por um desenvolvimento em veloz transformação...Conseqüentemente, o ordenamento jurídico não pode conceber-se como uma entidade preconstituída, nem, muito menos, como um organismo complexo que possa desenvolver-se naturalmente de maneira autônoma, mas sim se deve entender como uma entidade que se forma e se desenvolve mediante uma assídua e coerente obra de interpretação".*[87]

Diante dessa conjuntura normativa, o juiz deve estar atento a construção de uma decisão que possa ao mesmo tempo ser célere e justa. Para isso, deve proce-

---

[86] DE PAOLIS, M., idem, p. 42.
[87] DE PAOLIS, M., idem, p. 51.

ART. 4º

der a um *balanceamento* entre a exigência de *qualidade* dos sistemas judiciários e a *duração do processo*, sem deixar de levar em consideração a responsabilidade pela particular situação da exigência de *justiça* da decisão a ser pronunciada.[88]

Deve-se ter em mente que a celeridade processual não é um fim em si mesmo, nem é sinônimo de decisão *justa*.

Deve-se ter em mente a preocupação de que a simples exigência da *celeridade processual* como um fim em si mesmo pode gerar mácula ao processo *justo e équo*.

Devem os operadores do direito, de modo particular os magistrados em geral, levar em conta que o rápido desenvolvimento da relação jurídica processual, por si só, pode gerar incertezas num contexto normativo muito complexo, ou podem fazer prevalecer interpretações demasiadamente restritivas e formalistas contribuindo, sobremaneira, para a insegurança e insatisfação social quanto à atividade jurisdicional exercida pelo Poder Judiciário.

O novo C.P.C. incorpora em seu conteúdo normativo o *princípio da razoável duração do processo* deixando claro que essa duração deve observar a *máxima* da *razoabilidade* do transcurso do tempo.

Por sua vez, o termo 'razoabilidade' vem ganhando terreno no mundo jurídico como conceito jurídico indeterminado.

Se se indagar o que significa "razoável duração do processo", a resposta mais prudente seria: "depende do caso".

Pode-se dizer, num primeiro momento, que 'razoável' seria aquilo *justificado e não arbitrário*.

O termo 'razoável' aparece nos textos internacionais como 'medida de tempo': proporção entre o tempo e o processo (artigo 5, §3º e 6, §1º do Convênio Europeu de Direitos Humanos de 4 de novembro de 1950) e (artigo 7º, §5º da Convenção Americana de Direitos Humanos de 1969).

O Tribunal Europeu de Direitos Humanos estabelece uma série de critérios objetivos para estabelecer a existência ou não de prazo razoável, podendo ser citadas, dentre essas exigências, as seguintes: a) natureza e circunstâncias do litígio; b) complexidade e média geral dos litígios com o mesmo objeto; c) conduta do demandante e do órgão judicial; d) consequências para os litigantes em razão da demora. Esses critérios podem ser observados nas seguintes decisões: Sts Wemhift (27 de junho de 1968); König (28 de julho de 1978); Foti y otros (10 de dezembro de 1982); Zimmermann y Steiner (13 de julho de 1983); Lechner y Hess (23 de abril de 1987); Erkner y Hofaur (23 de abril de 1987).

---

[88] De Paolis, M., idem, p. 34.

A somatória de fatores, portanto, será um critério importante para se avaliar se determinado processo teve ou não uma razoável duração, uma vez que estando diante de um termo indeterminado, não se pode estabelecer aprioristicamente e numericamente qual seria o critério objetivo mais eficaz para essa avaliação.

Assim, a razoável duração do processo é avaliada pela *justiça do processo*, entendida como o resultado final da resposta do juiz à demanda da parte.

O novo C.P.C. garante o direito a uma razoável duração do processo, tanto para a solução integral da lide, como para a satisfação integral do direito material reconhecido.

Assim, o direito à razoável duração do processo abrange tanto o processo de conhecimento como o processo de execução.

O dispositivo em análise, por sua vez, preocupa-se tanto com a razoável duração do processo para a resolução jurídica da pretensão formulada quanto em relação à satisfação concreta do direito reconhecido, uma vez que não basta uma manifestação jurídica para que a parte tenha efetivamente reconhecida sua tutela jurisdicional.

Assim, a razoável duração do processo diz respeito também às atividades satisfativas inseridas no âmbito do processo civil, atividades estas que podem decorrer antecipadamente (tutelas de urgência) ou definitivamente (tutelas executivas), quanto à própria análise do direito material controvertido.

A preocupação pela rápida duração do processo deve ocorrer em todo o arco do procedimento, inclusive quanto ao número de partes que devem compor a demanda, ou em relação à intervenção de terceiro que deve ocorrer durante a relação jurídica processual. Sobre o tema eis o seguinte precedente do S.T.J.:

> 1. *"A denunciação da lide, como modalidade de intervenção de terceiros, busca atender aos princípios da economia e da presteza na entrega da prestação jurisdicional, não devendo ser prestigiada quando susceptível de por em risco tais princípios"* (REsp 216.657/SP, 4ª Turma, Rel. Min. Sálvio de Figueiredo Teixeira, DJ de 16.11.1999).
> 2. *Recurso especial não provido".*
> (REsp 1187943/GO, Rel. Ministra ELIANA CALMON, SEGUNDA TURMA, julgado em 25/05/2010, DJe 07/06/2010)

É importante salientar, também, que o princípio da celeridade processual não é um princípio absoluto, pois por vezes deve ceder a outros princípios ou direitos e garantias fundamentais que também garantem o justo processo. É o caso em que se justifica a suspensão dos recursos de apelação, enquanto se aguarda a decisão a ser proferida no instituto de recursos repetitivos, seja

ART. 4º

perante o S.T.J. ou o S.T.F. Nessa hipótese, a celeridade processual deverá ceder lugar à igualdade de decisões e à segurança jurídica. Nesse sentido é o seguinte precedente do S.T.J.:

"(...).
4. A ponderação de valores, técnica hoje prevalecente no pós-positivismo, impõe a duração razoável dos processos ao mesmo tempo em que consagra, sob essa ótica, a promessa calcada no princípio da isonomia, por isso que para causas com idênticas questões jurídicas, as soluções judiciais devem ser iguais.
(...).
8. Recurso especial conhecido e desprovido".
(REsp 1111743/DF, Rel. Ministra NANCY ANDRIGHI, Rel. p/ Acórdão Ministro LUIZ FUX, CORTE ESPECIAL, julgado em 25/02/2010, DJe 21/06/2010)

Por sua vez, o Supremo Tribunal Federal já entendeu que a questão da *razoável duração do processo* não é uma questão que fere diretamente a Constituição Federal, mas que a atinge de forma reflexa. Nesse sentido é o seguinte precedente do S.T.F.:

"1. A jurisprudência do Supremo Tribunal Federal é pacífica em não admitir recurso extraordinário para debater matéria referente a ofensa aos postulados constitucionais da ampla defesa, do contraditório, do devido processo legal e da prestação jurisdicional, pois, se existente, seria meramente reflexa ou indireta.
2. Contrariedade aos arts. 5º, LIV, LV, LXXVIII, da Constituição Federal, que não prescinde da análise de legislação infraconstitucional (Lei Municipal 8.896/2002) e do corpo probatório dos autos. Incidência da Súmulas STF 279 e 280. 3. Em sede de recurso extraordinário não é permitido inovar com argumentos não abordados pelo acórdão recorrido, nem pelos embargos de declaração opostos. Ausência do necessário prequestionamento (Súmula STF 282). 4. Agravo regimental improvido". (AI 765586 AgR, Relator(a): Min. ELLEN GRACIE, Segunda Turma, julgado em 04/05/2010, DJe-091 DIVULG 20-05-2010 PUBLIC 21-05-2010 EMENT VOL-02402-08 PP-01809)

O legislador no novo C.P.C. brasileiro, porém, poderia ter avançado um pouco mais, para não somente reconhecer o direito e a garantia fundamental à celeridade processual, como também impor eventuais sanções ou tutelas específicas pelo descumprimento desse dever estatal legal e Constitucional.

Na Itália, por exemplo, visando a dar efetiva salvaguarda à Convenção dos Direitos do Homem e do Cidadão, no que concerne à duração razoável do processo, entrou em vigor a Lei n. 89, de 24 de março de 2001, prevendo uma *equânime reparação* em favor do sujeito que tenha sofrido um dano patrimonial ou não patrimonial em razão da violação do prazo razoável previsto, inicialmente, no art. 6, §1º, do Tratado dos Direitos do homem e, a *posteriori*, no art. 111 da Constituição Italiana. Por isso, conforme afirma De Paolis, *"De fato, o princípio do justo processo, identificável no direito de toda pessoa ao exame imparcial e público do julgamento, ou em um tempo razoável dentro do qual deve ser proferida a decisão da causa, encontrou uma especial sistematização no interior da Carta constitucional por meio da reestruturação do art. 111 da Constituição, segundo o qual, 'a lei assegura a razoável duração de todo processo'. Conseqüentemente, a Lei n. 89/2001 assegura uma 'cobertura' de grande relevo e particularmente sólida, enquanto salvaguarda uma tutela de direito de natureza constitucional"*.[89]

É bem verdade que a Lei italiana n. 89/2001 perseguiu também o objetivo de diminuir o enorme número de recursos pendentes perante a Corte europeia de Direitos do Homem de Estrasburgo. Além do mais, o juízo europeu, após ter dado uma inicial atenção à morosidade do processo penal italiano, rapidamente passou a admitir pesadas condenações ressarcitórias acerca da duração do processo civil, do processo previdenciário e, enfim, do processo de pensões diante da Corte de Contas como juiz contábil investido como juízo único de pensões.

A Lei italiana n. 89/2001 representa um grande avanço legislativo de salvaguarda concreta e eficaz dos mais comezinhos direitos fundamentais do cidadão, como no caso o do *justo processo*.

A Itália, portanto, com essa atitude de soberania nacional, respeita o empenho assumido mediante a subscrição da Convenção sobre os Direitos do Homem.

Diante dessa legislação, os juízes italianos deverão esforçar-se para encontrar no ordenamento interno italiano todos os critérios e as regras indispensáveis para a formulação de um juízo concreto sobre a *'irrazoável duração do processo'*.[90]

A Lei italiana n. 89/2001 já de início apresenta um critério para a questão da razoável duração do processo, ao afirmar que a razoável duração do processo deve ser assegurada pela lei. O significado textual da referida norma confirma a vontade do legislador italiano de introduzir uma verdade e própria *reserva legal*. Além disso, deve ser observado como critério a complexidade do caso singular, o comportamento das partes e do juiz.

---

[89] DE PAOLIS, M., idem, p. 126.
[90] DE PAOLIS, M., idem, p. 128.

ART. 4º

Efetivamente, a noção de razoável duração do processo não apresenta uma característica objetiva absoluta e não se presta a uma predeterminação certa, enquanto for condicionada a parâmetros factuais, estreitamente ligados à singular fattispécie, que não permitem estabelecer rígidos prazos fixos de decadência temporal e predefinidos esquemas valorativos.[91]

É bem verdade que a Itália já está passando por graves problemas, especialmente pelo fato de que está havendo também atraso processual na análise do pedido de ressarcimento com base no art. 89/2001. Sobre isso, afirma De Paolis: *"Assim, pela dificuldade que apresentamos, as Cortes de apelo, nos últimos anos, estão presenciando o lamentável fenômeno denominado Pinto-bis, ou seja, o pedido de reparação de danos também pelo retardo na conclusão do procedimento disciplinado pela Lei n. 89/2001, todas as vezes que o julgamento não esteja concluído no prazo de quatro meses. Infelizmente, se deve assinalar também casos de Pinto –ter e de Pinto –quater..."*.[92] Isso tem causado um grande rombo nas contas públicas italianas em razão da ressarcibilidade do dano pela *irrazoável duração do processo*. Nos últimos anos, este tipo de demanda custou aos contribuintes italianos em torno de 64 milhões de euros, sendo que 25 milhões de euros somente para o ano de 2008 e outros 13 milhões de euros na data de 16 de fevereiro de 2009. Para se ter uma ideia, em 2002, o custo devido pela lei Pinto foi igual a 1,8 milhões de euros. [93]

Por isso, a razoável duração do processo deve ser avaliada *in concreto*.

O art. 2, inc. II da Lei italiana n. 89, de 24 de março de 2001, estabelece critérios taxativos, impondo ao juiz verificar a existência da violação em relação à complexidade da fattispécie, ao comportamento das partes em causa e do juiz do procedimento, ou de qualquer outra autoridade que participe do processo, ou, de qualquer modo, contribua para sua definição, utilizando-se, talvez, um parâmetro de referência com base em um modelo de duração média, afirmado na jurisprudência da Corte europeia de Direitos do Homem , o que não se resolve na simples síntese do tipo mecanicista do cadenciamento dos prazo processuais, assim como previsto em abstrato pelo código de processo civil italiano.[94]

Saliente-se que a simples referência à complexidade do pedido, sem outras anotações sobre o transcurso da relação jurídica processual, não é suficiente para evidenciar uma particular complexidade do caso, expressa pela consistência dos temas sobre os quais o juiz deve desenvolver uma atividade instrutória

---

[91] Cf. Cass. Civile, sezione I, 4 febbraio 2003, n. 1600; Cass. Civile, sezione I, 14 gennaio 2003, n. 363; Casso,. Civile, sezione I, 27 dicembre 2002, n. 18332.

[92] DE PAOLIS, M. op. cit., p. 131.

[93] DE PAOLIS, M., idem, p. 132.

[94] DE PAOLIS, M., idem, p. 135.

e decisória e não permite a individualização de específicas circunstâncias que tenham solicitado uma instrução mais longa e complexa sob o aspecto quantitativo ou qualitativo, justificando de maneira concreta, a maior duração do processo (Cass. Civile, sezione, I, 13 ottobre 2005, n. 19881). Também a mera referência aos acertamentos *médico-legais*, para avaliar a complexidade do caso, em ausência de qualquer alegação referente à tipologia da controvérsia e o seu objeto, ou a falta de adequada ilustração sobre a incidência dos referidos acertamentos sobre a complexa duração do processo, constituem uma motivação de tudo insuficiente enquanto não idônea a apresentar razões da decisão assumida pelo juiz (Cass. Civile, sezione, I, 7 marzo 2007, n. 5212).

O juízo sobre a complexidade dos casos deve ater-se: *"a) à matéria; b) ao tipo de procedimento aplicado; c) à novidade ou seriedade das questões discutidas; d) ao número de partes; e) ao número de demanda formulada; f) à tipologia (quantitativa e qualitativa) da investigação levada a cabo; g) à necessidade de reenvio para fins instrutórios ou ao lapso de tempo ocorrido entre o reenvio e audiência sucessiva; h) à presença de sub-procedimentos sumários; i) à quantidade de documentos produzidos para exame dos magistrados e dos advogados; j) aos acertamentos técnicos desenvolvidos; l) às provas produzidas".*[95]

Art. 5º

Aquele que de qualquer forma participa do processo deve comportar-se de acordo com a boa-fé.

Princípio da boa-fé

A boa-fé e não a má-fé passa a ser um princípio norteador de todos aqueles que de qualquer forma participam do processo, sejam eles, partes, Ministério Público, Defensoria Pública, assistente, magistrados, servidores públicos, terceiros interessados ou não.

E não poderia ser diferente, pois o comportamento exercido no processo jurisdicional, em prol da justiça como fim último da atividade jurisdicional, deve pautar-se pela lisura, correção, verdade e extrema boa-fé, uma vez que o processo jurisdicional não serve para 'chicanas' ou mesmo posturas à margem da ética.

A boa-fé indicada no dispositivo não diz respeito apenas à boa-fé subjetiva, mas também à boa-fé objetiva.

---

[95] De Paolis, M., idem, p. 139.

Por isso encontram-se em diversos dispositivos do atual Código de Processo Civil normas que resguardam a boa-fé, inclusive sancionando condutas que contrariam esse importante princípio ético de participação do processo. São exemplos desses preceitos normativos:

Art. 79. Responde por perdas e danos aquele que litigar de má-fé como autor, réu ou interveniente.

Art. 80. Considera-se litigante de má-fé aquele que:
I – deduzir pretensão ou defesa contra texto expresso de lei ou fato incontroverso;
II – alterar a verdade dos fatos;
III – usar do processo para conseguir objetivo ilegal;
IV – opuser resistência injustificada ao andamento do processo;
V – proceder de modo temerário em qualquer incidente ou ato do processo;
VI – provocar incidente manifestamente infundado;
VII – interpuser recurso com intuito manifestamente protelatório.

Art. 81. De ofício ou a requerimento, o juiz condenará o litigante de má-fé a pagar multa, que deverá ser superior a um por cento e inferior a dez por cento do valor corrigido da causa, e a indenizar a parte contrária pelos prejuízos que esta sofreu, além de honorários advocatícios e de todas as despesas que efetuou.
§ 1º Quando forem dois ou mais os litigantes de má-fé, o juiz condenará cada um na proporção de seu respectivo interesse na causa ou solidariamente aqueles que se coligaram para lesar a parte contrária.
§ 2º Quando o valor da causa for irrisório ou inestimável, a multa poderá ser fixada em até dez vezes o valor do salário mínimo.
§ 3º O valor da indenização será fixado pelo juiz, ou, caso não seja possível mensurá-la, liquidado por arbitramento ou pelo procedimento comum, nos próprios autos.

Art. 96. O valor das sanções impostas ao litigante de má-fé reverterá em benefício da parte contrária; o valor das impostas aos serventuários pertencerá ao Estado ou à União.

Art. 100. Deferido o pedido, a parte contrária poderá oferecer impugnação na contestação, na réplica, nas contrarrazões de recurso ou, nos casos de pedido superveniente ou formulado por terceiro, por meio de petição simples, a ser apresentada no prazo de quinze dias, nos autos do próprio processo, sem suspensão do seu curso.
Parágrafo único. Revogado o benefício, a parte arcará com as despesas processuais que tiver deixado de adiantar e pagará, em caso de má-fé, até o décuplo de seu valor a

título de multa, que será revertida em benefício da Fazenda Pública estadual ou federal e poderá ser inscrita em dívida ativa.

Art. 533. No cumprimento da sentença que reconheça a exigibilidade de obrigação de fazer ou de não fazer, o juiz poderá, de ofício ou a requerimento, para a efetivação da tutela específica ou a obtenção de tutela pelo resultado prático equivalente, determinar as medidas necessárias à satisfação do exequente.

(...).

§ 4º O executado incidirá nas penas de litigância de má-fé quando injustificadamente descumprir a ordem judicial, sem prejuízo de sua responsabilização por crime de desobediência.

Art. 700. Independentemente de prévia segurança do juízo, no prazo previsto no art. 699, poderá o réu opor, nos próprios autos, embargos à ação monitória.

(...).

§ 10. O juiz condenará o autor de ação monitória proposta indevidamente e de má-fé ao pagamento, em favor do réu, de multa de até dez por cento sobre o valor da causa.

§ 11. O juiz condenará o réu que, de má-fé, opuser embargos à ação monitória ao pagamento de multa de até dez por cento sobre o valor atribuído à causa, em favor do autor.

Art. 775. A cobrança de multa ou de indenizações decorrentes de litigância de má-fé ou de prática de ato atentatório à dignidade da justiça será promovida no próprio processo de execução.

Art. 6º

Todos os sujeitos do processo devem cooperar entre si para que se obtenha, em tempo razoável, decisão de mérito justa e efetiva.

Princípio da cooperação

No momento em que se insere o processo no campo do direito público, surge Oskar Bülow, sugerindo que no processo há *relação entre as partes e o juiz, que não se confunde com a relação jurídica de direito material controvertida*.[96]

---

[96] CINTRA, Antonio Carlos de Araújo; GRINOVER, Ada Pellegrini; DINAMARCO, Cândido R. *Teoria Geral do Processo*. 15 ed. São Paulo: Ed. Malheiros, 1999. p. 278.

Com base na concepção de que a estrutura do processo jurisdicional decorre de uma *relação jurídica*, afirma Rosemberg[97]: *"El proceso esta sujeto a una doble consideración: de un lado como procedimiento, es decir, como la totalidad de las actuaciones del tribunal y de las partes, que se ejecutarán sucesivamene teniendo cada una a la anterior por presupuesto y a la seguiente por consecuencia; pero dirigidas todas al logro de la tutela jurídica judicial y unidas por este fin común; o como relación jurídica, es decir, como la totalidad de las "relaciones jurídicas", es decir, como la totalidade de las "relaciones jurídicas"procesales producidas entre el tribunal y las partes. "Todo" proceso es una relación jurídica, es decir, una "relación" entro los sujetos procesales "regulada jurídicamente"; no sólo lo es el procedimiento de sentencia o resolución, sino también los procedimientos de ejecución, embargo, monitorio, etc".*

Falou-se também no processo como situação jurídica, ideia sustentada por Goldschimidt.

Contudo, não obstante a contribuição dada pelas diversas teorias sobre a natureza jurídica do processo, sem dúvida, no momento em que Araújo Cintra, Grinover e Dinarco[98] inserem no seu estudo, em relação à natureza jurídica do processo, o pensamento do processualista italiano Elio Fazzalari, nova concepção do processo se apresenta, refletindo nele a base de sustentação de um válido Estado Democrático Direito.

Fazzalari nos fala do denominado "módulo processual" representado pelo *procedimento realizado em contraditório e propõe que, no lugar daquela, se passe a considerar como elemento do processo essa abertura à participação, que é constitucionalmente garantida.*[99]

Textualmente afirma o autor italiano: *"La regola del contraddittorio è il fulcro del "processo", contraddistinto proprio dalla patecipazione dei destinatari del provvedimento che il giudice dovrà emanare"*[100]

Fascinante, sem dúvida, é a concepção de Fazzalari, principalmente quando no direito brasileiro, após o advento da Constituição Federal de 1988, o contraditório passou a ser um elemento essencial do processo, como direito fundamental do cidadão em relação ao exercício do Poder Jurisdicional.

---

[97] Rosemberg. *Tratado de Derecho Procesal Civil.* Tomo I. Bueno Aires: 1955. p. 9.

[98] Cintra, Antonio Carlos de Araújo; Grinover, Ada Pellegrini; Dinamarco, Cândido R. op. cit., p.283.

[99] Cintra, Antonio Carlos de Araújo; Grinover, Ada Pellegrini; Dinamarco, Cândido R. idem, ibidem, loc. cit.

[100] Fazzalari, Elio. *Lezioni di diritto processuale civile. processo ordinario di cognizione.* Padova: 1985. p. 10.

CÓDIGO DE PROCESSO CIVIL

A nossa Constituição Federal, em seu art. 5º, inc. LV, espelha o pensamento de FAZZALARI, ao afirmar: *"Aos litigantes, em processo judicial ou administrativo, e aos acusados em geral são assegurados o contraditório e ampla defesa, com os meios e recursos a ela inerentes".*

Sabe-se de antemão que essa posição, muito embora extremamente convincente, ainda está longe de *poder considerar-se vitoriosa ou dominante.*[101]

Muito embora FAZZALARI, em sua segunda fase, não mencione a relação jurídica como fator preponderante à concepção de processo, fazendo menção apenas ao *procedimento* desenvolvido em contraditório, o certo é que o artigo 6º do novo Código de Processo Civil inclina-se em adotar como natureza jurídica do processo a *relação jurídica em contraditório*, principalmente quando afirma que no processo haverá uma efetiva cooperação entre as partes e o juiz.

Com isso, o dispositivo também retira aquela ideia de que o processo seria um jogo, uma simples disputa, um incessante confronto entre autor e réu.

Diante dessa perspectiva de processo como relação jurídica, pode-se afirmar que os atos processuais nele praticados e produzidos têm um objetivo comum, isto é, corresponde a uma mútua colaboração (parte e juiz) para a concretização do fim último da atividade jurisdicional que é a realização da Justiça.

O princípio da cooperação encontra-se expressamente previsto no art. 7º do C.P.C. português:

Artigo 7º Princípio da cooperação

1 – Na condução e intervenção no processo, devem os magistrados, os mandatários judiciais e as próprias partes cooperar entre si, concorrendo para se obter, com brevidade e eficácia, a justa composição do litígio.

2 – O juiz pode, em qualquer altura do processo, ouvir as partes, seus representantes ou mandatários judiciais, convidando -os a fornecer os esclarecimentos sobre a matéria de facto ou de direito que se afigurem pertinentes e dando -se conhecimento à outra parte dos resultados da diligência.

3 – As pessoas referidas no número anterior são obrigadas a comparecer sempre que para isso forem notificadas e a prestar os esclarecimentos que lhes forem pedidos, sem prejuízo do disposto no nº 3 do artigo 417º.

4 – Sempre que alguma das partes alegue justificadamente dificuldade séria em obter documento ou informação que condicione o eficaz exercício de faculdade ou o

---

[101] DINAMARCO, Cândido Rangel. *Fundamentos do processo civil moderno.* São Paulo: Ed. Revista dos Tribunais, 1986. p.43.

ART. 6º

cumprimento de ónus ou dever processual, deve o juiz, sempre que possível, providenciar pela remoção do obstáculo.

Por sua vez, estabelece o art. 8º do C.P.C. português:

Artigo 8º Dever de boa-fé processual
As partes devem agir de boa-fé e observar os deveres de cooperação resultantes do preceituado no artigo anterior.

O princípio da cooperação foi incorporado ao processo civil português na reforma ocorrida em 1995 e 1996.

Sobre o princípio da cooperação, eis as seguintes decisões proferidas pelos Tribunais portugueses:

STJ 21- Mar-2012/410/06.4TBCSC.L1.S1 (Ana Paula Boularot): *"Os princípios que regem o processo civil, nomeadamente os da igualdade e da cooperação fazem com que o processo judicial em curso se transforme numa comunidade de trabalho".* RL 2-Jul-2009/5124/07.0TVLSB.L1-8 (Catarina Manso): *"O n. 2 do art. 266º do CPC traduz um afloramento do princípio geral da cooperação a permitir que o juiz interpele as partes sobre determinados pontos do processo, em termos de clarificar a sua vontade processual".*

O novo C.P.C. brasileiro incorporou também o *princípio da cooperação* em seu art. 6º, *in verbis: Todos os sujeitos do processo devem cooperar entre si para que se obtenha, em tempo razoável, decisão de mérito justa e efetiva.*

As partes, bem como os demais sujeitos processuais, devem participar ativamente do processo, cooperando entre si, fornecendo subsídio para uma rápida e justa decisão.

No Projeto originário do novo C.P.C. brasileiro, n. 166/2010, estabelecia-se que a cooperação não se dava apenas entre a parte e o juiz, mas também entre as próprias partes. Essa determinação de cooperação entre as partes foi retirada do Relatório-Geral apresentado pelo Senador Valer Pereira quando do seu encaminhamento à Câmara dos Deputados.

Agora, pelo que tudo indica, o novo C.P.C. restabelece a cooperação também entre as partes, não obstante seus interesses possam ser contrapostos.

Assim, *todos os sujeitos do processo devem colaborar entre si*, inclusive eventuais terceiros que nele adentrem.

Além das partes, a cooperação ou contribuição para a rápida solução da lide configura também um *dever* dos procuradores/advogados que atuam na relação jurídica processual.

Na realidade, como é público e notório, os procuradores/advogados são os que, diante do conhecimento técnico e especializado do ordenamento jurídico, ou em decorrência de artimanhas processuais, mais contribuem para rápida ou lenta solução da lide.

Na realidade, o princípio Constitucional da celeridade processual, previsto no artigo 5º, inciso LXXVII da Constituição Federal brasileira, que estabelece que *"a todos, no âmbito judicial e administrativo, são assegurados a razoável duração do processo e os meios que garantam a celeridade de sua tramitação". (Incluído pela Emenda Constitucional nº 45, de 2004)*, somente se justifica se houver por parte dos procuradores e das próprias partes que compõem a relação jurídica processual um específico fim de contribuição e cooperação com o juízo para que a solução da causa se concretize o mais rapidamente possível. De nada valerá esse direito constitucional fundamental à celeridade processual, se, pragmaticamente, as partes ou seus procuradores, ao invés de agirem com esse espírito colaborativo, promovam chicanas ou atos protelatórios que possam retardar o andamento processual.

Enquanto que o artigo 4º do novo C.P.C. brasileiro preconiza a existência de um *"direito"* da parte à rápida solução do mérito, o princípio da cooperação previsto no art. 6º do mesmo código estabelece um *"dever"* da parte e de seu procurador em contribuir para que o juiz consiga solucionar o mais rapidamente possível a controvérsia decorrente da demanda.

Trata-se de dois lados de uma mesma moeda.

Daí porque a importância da colaboração realizada pela parte ou por seus procuradores para o fim de auxiliar ao juiz na identificação das questões de fato e de direito, abstendo-se de provocar incidentes desnecessários e procrastinatórios.

A colaboração para identificação da matéria de fato é proveniente do dever das partes e de seus procuradores em apresentar meios de prova que possam contribuir para a resolução da lide, mediante a oitiva de testemunhas, apresentação de documentos ou colaboração na realização de perícias.

Por sua vez, a colaboração ou contribuição das partes e de seus advogados para a identificação das questões de direito pode decorrer da qualidade do trabalho jurídico apresentado pelo autor e pelo réu, mediante a inserção de ensinamentos doutrinários pertinentes para a solução da lide, bem como indicação de precedentes jurisprudenciais que possam nortear a decisão final a ser prolatada no processo.

ART. 6º

Sendo o processo não um jogo, mas um instituto de contribuição mútua, todos os participantes devem atuar de forma a contribuir para a rápida solução do litígio.

Verifica-se que o princípio da cooperação exige das partes e de seus procuradores atitudes comportamentais voltadas à boa-fé processual, o que significa dizer que devem ser evitados os incidentes indevidos ou meramente procrastinatórios.

São exemplos de alguns incidentes que podem ser provocados apenas para a quebra de colaboração e para a procrastinação do processo: a) alegações indevidas de impedimentos ou suspeição do juiz; b) indicação de provas impertinentes; c) alegações impertinentes sobre matéria de fato ou mesmo de direito na inicial ou na contestação; c) embargos do devedor impertinentes ou procrastinatório; d) recursos procrastinatórios etc.

Quando se diz que no processo haverá uma efetiva cooperação entre as partes e o juiz para a construção de uma decisão final, isso significa dizer que, apesar dos interesses divergentes que possam existir numa relação jurídica processual, o certo é que todos devem pautar a sua efetiva participação processual como colaboradores, fornecendo ao juiz subsídios para a construção de uma decisão équo e justa.

Não é outra a afirmação de Kellner: "*Antes de tudo, o princípio da denominada colaboração entre juiz e parte em função do assim denominado acertamento e então da conexão do direito de defesa com fundo 'colaboracionista', é no sentido de que cumpre ao advogado não a tutela dos interesses da parte, que nele recai a própria fidúcia, mas sim aquele de ajudar o juiz a conseguir seu primário objetivo*".[102]

O termo colaboração significa uma atividade pautada na boa-fé, na verdade processual, na lisura, na transparência, na ética e nas virtudes morais.

Mas para que as partes possam efetivamente colaborar, é necessário que elas também possam participar ativamente da relação jurídica processual, pois somente por meio de uma participação ativa e efetiva é que se estará concretizando o *contraditório e a ampla defesa*.

A participação ativa das partes significa dizer que elas podem argumentar, produzir provas, contraditar argumentos, utilizar de todos os critérios lícitos e moralmente legítimos que possam oferecer ao juiz uma serena análise da questão.

---

[102] MONTELEONE, Girolamo. Intorno al conceitto di verità 'materiale' o 'oggettiva' nel proceso civile. In: Rivista di Diritto Processuale. CEDAM, 2009. Volume LXIV (II Serie), Anno 2009, p. 2.

Até pouco tempo, o pensamento tradicional sustentado no denominado princípio dispositivo e do que seria seu corolário lógico – 'aportación da parte' ou 'contribuição da parte' – reclamava no âmbito do processo civil a figura de um juiz passivo e inerte.[103]

Para Enrico Tullio Liebman (defensor do princípio da "contribuição da parte" como exigência de salvaguarda da imparcialidade no processo civil), a imparcialidade do juiz fica comprometida quando o julgamento tenha por base prova eleita e procurada por ele mesmo e por sua iniciativa desenvolvida no processo.[104]

No processo penal amparado inicialmente pelo princípio inquisitivo (oficialidade), o juiz deveria mostrar-se mais ativo na realização dos atos probatórios para alcançar a verdade.[105]

Atualmente, tanto no processo civil como no processo penal esse panorama vem sofrendo profundas mutações.

---

[103] O princípio dispositivo se reflete em três brocardos que lhe dão unidade tanto em sua natureza como em suas origem: "ne procedat iudex ex officio", "ne eat iudex ultra vel extra petitum partium" e "iudex iudicare debet secundum allegata et probata partium".
Cappelletti assinala como características do princípio dispositivo: "a) poder monopolístico de la parte de iniciar el proceso (...); b) pleno poder de las partes de disponer negocialmente del objeto del proceso (...); c) vínculo del Juez a las demandas de las partes (...); d) vínculo, además, del Juez a las alegaciones (allegata) de las partes, sea respecto a los hechos constitutivos, o sea también, a modo de máxima, respecto a los hechos impeditivos o extintivos (...); e) vínculo del Juez a los probata a partibus (...); f) poder monopolíticos de las partes de proponer las impugnaciones y de determinar sus limites y objeto". (CAPPELLETTI, Mauro. Proceso, ideologias, sociedad. Trad. Sentis Melendo y Tomás A. Banzhaf. Buenos Aires: Ediciones Jurídicas Europa-America, 1974. p. 99).
[104] "(...) e non potendosi dubitare che l'imparzialità del giudice rischia di rimaner compromessa quando egli debba giudicare di una prova da lui stesso prescelta e cercata e per sua iniziativa acquisita al processo. Anche per questa parte del suo compito poteri attivi 'non potrebbero essere conferiti direttamente al giudice senza snaturarne la funzione, basata sulla necessária distintizione psicologica tra l'agire e il giudicare (...)". (LIEBMAN, Enrico Tullio. Fondamento del principio dispositivo. In: Rivista di diritto processuale. Padova, CEDAM – Casa Editrice Dott. Antonio Milani, Volume XV, Ano 1960, p. 561).
[105] "A verdade processual não assenta numa ideia de certeza científica comprovada, mas sim numa ideia de probabilidade. Na expressão de Germano Marques da Silva, 'ela não é senão o resultado probatório processualmente válido, isto é, a convicção de que certa alegação singular de facto é justificavelmente aceitável como pressuposto da decisão, obtida por meios processualmente válidos". (GONÇALVES, Fernando; ALVES, Manuel João. Os tribunais, as polícias e o cidadão – o processo penal prático. 2. ed. revista e actualizada. Coimbra: Almedida, 2002. p.139).

Na ordem processual civil, a doutrina moderna alemã vem sustentando como justificação teórica para ampliação da atividade probatória do órgão jurisdicional a existência de uma crise na construção das "Máximas" alemãs, origem da elaboração do "princípio dispositivo".

A doutrina alemã, no início do século XX, consagrou a diferenciação entre "princípio dispositivo em sentido estrito" e o princípio de "contribuição da parte" ou *"aportación de parte"*. Com base nessa distinção, o princípio dispositivo preservaria à disposição da parte o início do processo, assim como a possibilidade de encerrá-lo mediante a renúncia, transação e desistência, tendo a parte domínio sobre o próprio objeto do processo. Já o princípio da "contribuição da parte" não teria caráter necessário, seria contingente. O fato de que somente as partes poderiam aportar ao processo o material fático e utilizar os meios de prova conferidos pelo sistema jurídico seria uma opção do legislador que não teria porque subsistir, ao menos de forma absoluta. Tal perspectiva epistemológica seria uma tentativa de se desligar a atividade probatória do princípio dispositivo. O princípio dispositivo deveria restringir-se apenas ao momento em que o litígio pudesse ser invocado pela petição da parte, e como delimitador da decisão sobre a matéria litigiosa inserida dentro dos limites da demanda. Porém, uma vez que as partes determinaram o alcance do litígio, deve ficar a cargo do juiz realizar o que for necessário para o esclarecimento *do* assunto; não se pode deixá-lo reduzido aos fatos e meios de provas apresentados pelas partes. [106]

Em face dessa concepção doutrinária alemã, em que se realiza uma efetiva separação entre o princípio dispositivo e o princípio da participação da parte, é que atualmente se postula uma ampliação dos poderes instrutórios do juiz no processo civil.

Quando o artigo 6º do novo C.P.C. afirma que a parte deve também colaborar com o juiz, isso significa dizer que o juiz não é um mero expectador inerte, mas que também participa ativamente da relação jurídica processual.

Art. 7º

É assegurada às partes paridade de tratamento em relação ao exercício de direitos e faculdades processuais, aos meios de defesa, aos ônus, aos deveres e à aplicação de sanções processuais, competindo ao juiz zelar pelo efetivo contraditório.

---

[106] CABIALE, José Antonio Diaz. Principios de aportación de parte y acusatório: la imparcialidad del juez> Granada: Comares, 1996. p. 11.

Princípio da igualdade e do contraditório das partes
No nosso, como em outros ordenamentos jurídicos, a disciplina jurídica do processo tornou-se muito mais rica, principalmente a partir da Constituição Federal de 1988, através de uma dimensão importante chamada de constitucionalismo moderno, representado pelos princípios constitucionais de garantias atinentes ao processo.

O artigo 7º do novo C.P.C. replicou o princípio constitucional previsto no artigo 5º, inciso LV da C.F.: *"aos litigantes, em processo judicial ou administrativo, e aos acusados em geral são assegurados o contraditório e ampla defesa, com os meios e recursos a ela inerentes".*

Sobre as garantias subjetivas do processo, anotam Luigi Paolo Comoglio, Corrado Ferri e Michele Taruffo:

> *"Uma outra relevante consequência diz respeito aos sujeitos que operam no processo, sob o aspecto das situações jurídicas que a estes venham ser atribuídas. Sob o plano da disciplina ordinária do processo estas situações são definidas em função do modo pelo qual o processo é regulado: direitos, deveres, poderes, faculdades, ônus são variáveis dependendo da disciplina do processo e variam com a variação daquelas. Se a situação subjetiva no processo deve ser observada na ótica das garantias constitucionais, constata-se que algumas dessas não são mutáveis dependendo da disciplina do procedimento. Podem variar, dentro de certo limites, a modalidade técnica com a qual estas situações venham definidas e os instrumentos processuais dos quais essas se valem. O limite fundamental porém está no fato de que esses não podem ser excluídos ou regulados de modo que a sua existência possa ser comprometida. É o que normalmente se afirma quando se fala em garantia ou direito fundamental, ao invés de mera faculdade ou poder. Em conclusão, aos sujeitos do processo configuram-se duas situações jurídicas distintas: aquela prevista ao nível constitucional, em relação à qual a lei processual pode somente configurar modalidade técnica de atuação, e aquelas que derivam apenas da disciplina ordinária do processo. Esta distinção, porém, não é fixada uma vez para todos: a interpretação das garantias constitucionais desenvolve-se no sentido de estender seu conteúdo e sua incidência sobre a disciplina do processo. Em conseqüência disso, incrementa-se o número de situações subjetivas processuais de relevância constitucional e se amplia progressivamente o catálogo das garantias fundamentais".*[107]

---

[107] COMOGLIO, Luigi Paolo; FERRI, Corrado; TARUFFO, Michele. *Lezioni sul processo civile. Il processo ordinário di cognizione.* Bologna: Il Mulino, 2006. p. 26.

ART. 7º

Para que haja efetivo contraditório e ampla defesa, é pressuposto indispensável a igualdade de tratamento no exercício de direitos e faculdades processuais.

É evidente que o princípio da igualdade recomenda tratar igualmente os iguais e desigualmente os desiguais, daí porque o juiz deve velar pelo efetivo contraditório em caso de hipossuficiência técnica.

Na realidade, o contraditório e a ampla defesa não se coadunam como hipossuficiência de defesa ou falta de defesa.

O juiz deve estar atento à falta de defesa técnica, tomando as providências necessárias para a garantia do contraditório e da ampla defesa não sofra prejuízo.

Sobre o tema, eis os seguintes precedentes jurisprudenciais:

"1 – Prazo comum para interposição de agravo de instrumento não fere a garantia da paridade de armas.

2 – Não se verifica ofensa ao artigo 7º da lei 8906/94 se não há previsão legal para carga dos autos.

3 – Agravo improvido".

(AgRg no Ag 831.838/BA, Rel. Ministra MARIA THEREZA DE ASSIS MOURA, SEXTA TURMA, julgado em 28/08/2007, DJ 17/09/2007 p. 370)

"(...).

2. "É digno de lembrança o fato de que dificultaria sobremaneira a defesa do recorrido exigir que ele travasse relação jurídica processual em outra comarca que não a de seu domicílio. É preciso pensar e trabalhar o Direito com atenção às situações da vida cotidiana, sincronizando-os, e não criando distanciamento entre eles. A norma que obriga a vítima de ato ilícito civil a litigar em comarca outra que não a de seu domicílio não atende aos princípios do devido processo legal, do contraditório e da ampla defesa" (AgREsp 1.033.651/RJ, Rel. Min. Mauro Campbell Marques, DJe 24.11.08).

3. Recurso especial não provido".

(REsp 1180609/SP, Rel. Ministro CASTRO MEIRA, SEGUNDA TURMA, julgado em 08/06/2010, DJe 18/06/2010)

"(...).

2. No caso sub examinem, o acórdão embargado preconiza ser "desnecessária prévia intimação do ocupante para acompanhar o processo de avaliação do domínio pleno" (fl. 324). Já o aresto paradigma, de minha relatoria, assenta "que, para a observância do contraditório e da ampla defesa, deve-se proceder à citação pessoal dos interessados no procedimento demarcatório de terrenos da marinha, sempre que identificados pela União e certo o domicílio" (fl. 338). Portanto, este versa questão gravitante em torno do procedimento para demarcação de terreno de marinha, enquanto aquele trata de processo para o reajuste da taxa de ocupação. Logo, não há similitude fática entre os julgados embargado e paradigma.

3. Agravo regimental não provido".

(AgRg nos EREsp 1096029/SC, Rel. Ministro BENEDITO GONÇALVES, PRIMEIRA SEÇÃO, julgado em 09/06/2010, DJe 16/06/2010)

"(...).

4. Assim, as autoridades foram surpreendidas pela cominação de astreintes e sequer tiveram a oportunidade de manifestarem-se sobre o pedido deduzido pelo Parquet Estadual, de sorte que se acabou por desrespeitar os princípios do contraditório e da ampla defesa sob o aspecto material propriamente dito, daí porque deve ser afastada a multa.

5. Embargos de declaração acolhidos com efeitos infringentes".

(EDcl no REsp 1111562/RN, Rel. Ministro CASTRO MEIRA, SEGUNDA TURMA, julgado em 01/06/2010, DJe 16/06/2010)

1. O julgamento do recurso especial conforme o art. 557, § 1º-A, do CPC não ofende os princípios do contraditório e da ampla defesa, se observados os requisitos recursais de admissibilidade, os enunciados de Súmulas e a jurisprudência dominante do STJ.

(...).

(AgRg no REsp 243.127/SP, Rel. Ministro VASCO DELLA GIUSTINA (DESEMBARGADOR CONVOCADO DO TJ/RS), TERCEIRA TURMA, julgado em 01/06/2010, DJe 18/06/2010)

(...).

2. Por força da garantia do contraditório e da ampla defesa, a citação dos interessados no procedimento demarcatório de terrenos de marinha, sempre que identificados pela União e certo o domicílio, deverá realizar-se pessoalmente. Somente no caso de existirem interessados incertos, poderá a União valer-se da citação por edital.

3. Após a demarcação da linha de preamar e a fixação dos terrenos de marinha, a propriedade passa ao domínio público e os antigos proprietários passam à condição de ocupantes, sendo provocados a regularizar a situação mediante pagamento de foro anual pela utilização do bem. Permitir a conclusão do procedimento demarcatório sem a citação pessoal dos interessados conhecidos pela Administração representaria atentado aos princípios do contraditório e da ampla defesa, bem como à garantia da propriedade privada.

(...).

(REsp 1146557/SC, Rel. Ministro CASTRO MEIRA, SEGUNDA TURMA, julgado em 25/05/2010, DJe 09/06/2010)

ART. 7º

1. Alegação de ofensa aos princípios do ato jurídico perfeito, do contraditório, da ampla defesa e do devido processo legal configura, quando muito, ofensa meramente reflexa às normas constitucionais.

(...).

(AI 783124 AgR, Relator(a): Min. ELLEN GRACIE, Segunda Turma, julgado em 14/06/2010, DJe-120 DIVULG 30-06-2010 PUBLIC 01-07-2010 EMENT VOL-02408-09 PP-02308)

1. Embargos de declaração recebidos como agravo regimental, consoante iterativa jurisprudência do Supremo Tribunal Federal.

2. Para se concluir, como pretende a parte agravante, pela violação ao devido processo legal à míngua de oportunidade para exercer o contraditório e a ampla defesa, seria imprescindível o reexame da matéria fática dos autos (Súmula STF 279), hipótese inviável em recurso extraordinário.

3. Agravo regimental improvido. (AI 749653 ED, Relator(a): Min. ELLEN GRACIE, Segunda Turma, julgado em 04/05/2010, DJe-091 DIVULG 20-05-2010 PUBLIC 21-05-2010 EMENT VOL-02402-08 PP-01770)

O princípio do contraditório encontra-se em conexão com outro princípio pilar do processo civil, que é o princípio da igualdade das partes.

A paridade deve existir entre as partes que compõem a relação jurídica processual, especialmente no exercício de direitos e faculdades processuais, na utilização dos meios de defesa, e em relação aos ônus, deveres e na aplicação de sanções processuais.

A paridade é reconhecida inclusive quanto ao ônus processual (recolhimento de custas) e observância de prazo processual, como se pode observar nas seguintes decisões do S.T.J.:

"1. Esta Corte Superior consolidou posicionamento no sentido de que "(...) nos termos das Resoluções 20/2004 e 12/2005 do Superior Tribunal de Justiça, o número do processo deve constar obrigatoriamente no DARF (Documento de Arrecadação de Receitas Federais) ou na GRU (Guia de Recolhimento à União), sob pena de deserção. Precedentes" (REsp 961.205/GO, 2ª Turma, Rel. Min. Eliana Calmon, DJe de 18.4.2008).

2. "A omissão da parte em indicar o número do processo não se trata de mecanismo voltado a impedir o conhecimento dos recursos especiais no STJ por questões de forma. Certamente, essa exigência orienta-se para garantir a isonomia processual na lide, uma vez que exige em igualdade de condições o zelo, o cuidado, a seriedade e a diligência no ato essencial de preparar o recurso, bem como conferir segurança ao relator do processo, que terá certeza de que o preparo é realmente vinculado ao feito por ele analisado naquele instante. Não há falar-se em rigorismo formal, mas sim em segurança jurídica, justamente para concretizar outros princípios constitucionais, tais como o contraditório e a ampla defesa. A aferição do pagamento de porte de remessa e retorno do recurso especial, não transforma o processo num fim em si mesmo; pelo contrário, faz dele um meio de acesso à justiça, colocando as partes em paridade de armas." (AgRg no Ag 934.048/ MG, 2ª Turma, Rel. Min. Luis Felipe Salomão, DJe de 24.8.2009)

3. Dessa forma, a alegada contrariedade aos princípios constitucionais deve ser afastada, tendo em vista que o acesso à prestação jurisdicional pressupõe a adoção de normas que viabilizem o seu processamento, de modo a garantir a segurança jurídica e a isonomia entre as partes envolvidas na demanda judicial.

4. Agravo regimental desprovido".

(AgRg no REsp 993.309/SP, Rel. Ministra DENISE ARRUDA, PRIMEIRA TURMA, julgado em 20/10/2009, DJe 13/11/2009).

O art. 7º do projeto no novo C.P.C. brasileiro inspirou-se na paridade reconhecida pelo art. 3º-A do Código de Processo Civil português revogado, que assim estabelecia: *"O tribunal deve assegurar, ao longo de todo o processo, um estatuto de igualdade substancial das partes, designadamente no exercício de faculdades, no uso de meios de defesa e na aplicação de cominações ou de sanções processuais".*

Art. 8º

Ao aplicar o ordenamento jurídico, o juiz atenderá aos fins sociais e às exigências do bem comum, resguardando e promovendo a dignidade da pessoa humana e observando a proporcionalidade, a razoabilidade, a legalidade, a publicidade e a eficiência.

Objetivos do juiz ao aplicar o ordenamento jurídico

O artigo 8º do novo código de processo civil, na sua primeira parte, nada mais fez do que reproduzir o critério de hermenêutica previsto no artigo 5º da Lei de Introdução às normas do Direito Brasileiro, que assim dispõe: *"Na aplicação da lei, o juiz atenderá aos fins sociais a que ela se dirige e às exigências do bem comum".*

Quando se fala do significado das palavras, pode-se fazer referência tanto à sua *denotação* (ou extensão) – a classe de coisas ou fatos nomeados pela palavra, como a sua *designação* (ou conotação ou intenção) – o conjunto de propriedades que devem reunir as coisas ou fatos para formar parte da classe denotada do termo.[108]

No caso, a expressão 'bem comum' e 'fins sociais' são expressões de amplo conteúdo.

Segundo Maria Helena Diniz, *"é mister salientar que, em filosofia social, o conceito de 'fim social' equipara-se ao de 'bem comum'.*[109]

Na falta de definição legal do termo 'fim social', *"o intérprete-aplicador em cada caso sub judice deverá averiguar se a norma a aplicar atende à finalidade social, que é variável no tempo e no espaço, aplicando o critério teleológico na interpretação da lei, sem desprezar os demais processos interpretativos".*[110]

A noção de bem comum, segundo Maria Helena Diniz, ao comentar o artigo 5º da Lei às normas do Direito Brasileiro, *"é bastante complexa, metafísica e de difícil compreensão, cujo conceito dependerá da filosofia política e jurídica adotada. Esta noção se compõe de múltiplos elementos ou fatores, o que dará origem a várias definições. Assim se reconhecem, geralmente, como elementos do bem comum a liberdade, a paz, a justiça, a segurança, a utilidade social, a solidariedade ou cooperação. O bem comum não resulta da justaposição mecânica desses elementos, mas de sua harmonização em face da realidade sociológica. O juiz, ao aplicar a lei, entregar-se-á a uma delicada operação de harmonização desses elementos, em face das circunstâncias reais do caso concreto".*[111]

É bem verdade que o artigo 5º da Lei de Introdução às normas do Direito Brasileiro ao mencionar como critério de aplicação de interpretação da lei, o fim social e o bem comum, não prescrevia um critério de direção, no sentido de delimitar melhor esses termos linguísticos que são tão abertos.

O artigo 8º do novo C.P.C., ao contrário, apresenta alguns critérios que podem ensejar uma melhor construção interpretativa em relação ao fim social da norma e ao bem comum. Esses critérios são: *os princípios da dignidade da pessoa humana, da razoabilidade, da legalidade, da impessoalidade, da moralidade, da publicidade e da eficiência.*

Assim, para que o juiz, no momento da aplicação da norma, possa focar sua interpretação nos fins sociais da lei e no bem comum, deve realizar uma racionalidade prática que tenha por princípios éticos a dignidade da pessoa humana,

---

[108] NINO, Carlos Santiago. *Introdución al análisis del derecho*, 10ª Ed. Barcelona: Editorial Ariel, 2001. p.251.252.

[109] DINIZ, Maria Helena. *Lei de introdução ao código civil brasileiro interpretada.* 14ª Ed. São Paulo: Ed. Saraiva, 2009. p.170.

[110] DINIZ, M. H., idem, ibidem, p. 171.

[111] DINIZ. M. H., idem, ibidem, p. 172 e 173.

CÓDIGO DE PROCESSO CIVIL

a razoabilidade, a legalidade, a impessoalidade, a moralidade, a publicidade e a eficiência.

Aliás, esses princípios, salvo em relação ao princípio da dignidade da pessoa humana, não são novidades, uma vez que eles já se encontram expressos no Capítulo VII da Constituição Federal, ao tratar da Administração Pública. No caso, prescreve o artigo 37 da C.F.: *"A administração pública direta e indireta de qualquer dos Poderes da União, dos Estados, do Distrito Federal e dos Municípios obedecerá aos princípios da legalidade, impessoalidade, moralidade, publicidade e eficiência..."*.

O Código de Ética da Magistratura Judicial, elaborado pelo Conselho Nacional de Justiça, pode ser um grande complemento para esta questão da aplicação e interpretação da lei, pois estabelece em seu Artigo1º: *"O exercício da magistratura exige conduta compatível com os preceitos deste Código e do Estatuto da Magistratura, norteando-se pelos princípios da independência, da imparcialidade, do conhecimento e capacitação, da cortesia, da transparência, da diligência, da integridade profissional e pessoal, da dignidade, da honra e do decoro".*

Por sua vez, o princípio da dignidade da pessoa humana como critério norteador da aplicação da norma com base em seu fim social e no bem público é a concretização dos princípios fundamentais da República Federativa do Brasil previstos no artigo 1º, inciso III da C.F.: *"Art. 1º. A República Federativa do Brasil, formada pela união indissolúvel dos Estados e Municípios e do Distrito Federal, constitui-se em Estado Democrático de Direito e tem por fundamentos: III – a dignidade da pessoa humana".*

Também com os olhos voltados para a Constituição Federal brasileira, podem-se estabelecer alguns critérios para se buscar o real significado do fim social ou do bem comum. Estes critérios norteadores estão previstos no artigo 3º, inciso I, II, III e IV da C.F.:

> *"Art. 3º. Constituem objetivos fundamentais da República Federativa do Brasil: I – construir uma sociedade livre, justa e solidária; II – garantir o desenvolvimento nacional; III – erradicar a pobreza e a marginalização e reduzir as desigualdades sociais e regionais; IV – promover o bem de todos, sem preconceitos de origem, raça, sexo, cor, idade e quaisquer outras formas de discriminação".*

Sobre o tema, eis os seguintes precedentes jurisprudenciais:

> *"1. A lei deve ser aplicada tendo em vista os fins sociais a que ela se destina. Sob esse enfoque a impenhorabilidade do bem de família, prevista na Lei 8.009/80, visa a preservar o devedor do constrangimento do despejo que o relegue ao desabrigo.*

ART. 8º

2. *Aplicação principiológica do direito infraconstitucional à luz dos valores eleitos como superiores pela constituição federal que autoriza a impenhorabilidade de bem pertencente ao devedor, mas que encontra-se locado a terceiro.*

3. *Não se constitui em condicionante imperiosa, para que se defina o imóvel como bem de família, que o grupo familiar que o possui como única propriedade, nele esteja residindo. Precedentes – (REsp 698332 / SP Relator Ministro LUIZ FUX DJ 22.08.2005; REsp 698332 / SP Relator Ministro LUIZ FUX DJ 22.08.2005; AgRg no Ag 653019/RJ Relator Ministro ALDIR PASSARINHO JUNIOR DJ 20.06.2005; AgRg no Ag 576449/SP Relator Ministro ALDIR PASSARINHO JUNIOR DJ 09.02.2005; REsp 182223/SP Relator Ministro LUIZ VICENTE CERNICCHIARO DJ 10.05.1999) 4. Extrai-se das razões do recurso que o teor da matéria discutida nos autos demanda evidente análise probatória, vedada nesta instância especial pela Súmula 7 do STJ.*

5. *Agravo Regimental a que se nega provimento".*

(AgRg no Ag 902.919/PE, Rel. Ministro LUIZ FUX, PRIMEIRA TURMA, julgado em 03/06/2008, DJe 19/06/2008).

1. *A impenhorabilidade do bem de família, prevista na Lei 8.009/80, visa a preservar o devedor do constrangimento do despejo que o relegue ao desabrigo.*

2. *Deveras, a lei deve ser aplicada tendo em vista os fins sociais a que ela se destina, por isso que é impenhorável o imóvel residencial caracterizado como bem de família, bem como os móveis que guarnecem a casa, nos termos do artigo 1º e parágrafo único da Lei nº 8.009, de 25 de março de 1990. Precedentes: AgRg no AG nº 822.465/RJ, Rel. Min. JOSÉ DELGADO, DJU de 10.05.2007; REsp nº 277.976/RJ, Rel. Min. HUMBERTO GOMES DE BARROS, DJU de 08.03.2005; REsp nº 691.729/ SC, Rel. Min. FRANCIULLI NETTO, DJU de 25.04.2005; e REsp nº 300.411/ MG, Rel. Min. ELIANA CALMON, DJU de 06.10.2003.*

(...).

(REsp 873.224/RS, Rel. Ministro LUIZ FUX, PRIMEIRA TURMA, julgado em 16/10/2008, DJe 03/11/2008).

"1. *A Segunda Seção desta Corte firmou entendimento segundo o qual são abusivas as cláusulas de contrato de plano de saúde limitativas do tempo de internação, "notadamente em face da impossibilidade de previsão do tempo da cura, da irrazoabilidade da suspensão do tratamento indispensável, da vedação de restringir-se em contrato direitos fundamentais e da regra de sobredireito, contida no art. 5º da Lei de Introdução ao Código Civil, segundo a qual, na aplicação da lei, o juiz deve atender aos fins sociais a que ela se dirige às exigências do bem comum". Súmula 302/STJ.*

CÓDIGO DE PROCESSO CIVIL

2. No caso, porém, a recusa da empresa de saúde não foi materializada por nenhum ato concreto. Limitou-se a prestação de informações de que o plano de saúde não cobria internações em UTI superiores a 10 (dez) dias, sem interrupção do tratamento médico da segurada, não sendo capaz de infligir ao autor sofrimento ou dor moral relevantes além daqueles experimentados pela própria situação de enfermidade pela qual passava sua esposa.

3. Por outro lado, o autor não experimentou qualquer prejuízo pecuniário concreto, mas apenas uma "cobrança amigável" do hospital.

Ademais, as instâncias ordinárias não se manifestaram acerca da existência de qualquer dano material, não podendo esta Corte investigar a sua existência sob pena de afronta ao Verbete Sumular nº 7.

4. Especial parcialmente conhecido e, na extensão, provido, apenas para reconhecer a nulidade da cláusula contratual limitativa do tempo de internação".

(REsp 361.415/RS, Rel. Ministro LUIS FELIPE SALOMÃO, QUARTA TURMA, julgado em 02/06/2009, DJe 15/06/2009).

"1. O art. 16, "g", do Decreto nº 20.931/32, que veda aos médicos "fazer parte, quando exerça a clínica de empresa que explore a indústria farmacêutica ou seu comércio", não se aplica às farmácias que não ostentem finalidade comercial, posto instituídas por cooperativas, e que visem apenas atender aos seus médicos cooperados e usuários conveniados, vendendo remédios a preço de custo. Essa exegese que implica no acesso aos instrumentos viabilizadores do direito à saúde, atende aos fins sociais a que a lei se destina.

2. É assente na Corte que "inexiste concorrência desleal com farmácias em geral e farmacêuticos se uma cooperativa médica, sem fins lucrativos, presta assistência aos segurados de seu plano de saúde, quando respeitados os Códigos de Ética Médica e de Defesa do Consumidor" (REsp nº 611.318/GO, Rel. Min. José Delgado) Isto porque "a manutenção de farmácia por cooperativa médica não encontra proibição no art. 16, 'g', do Decreto nº 20.931/1932, ainda mais se a instituição atende, tão-somente, a seus cooperados e usuários conveniados, com a venda de medicamentos a preço de custo." (Precedentes: REsp nº 608.667/RS, Rel. Min. Francisco Falcão, DJ de 25/04/2005; REsp nº 610.634/GO, deste Relator, DJ de 25/10/2004; e REsp nº 611.318/GO, Rel. Min. José Delgado, DJ de 26/04/2004) 3. Deveras, a Cooperativa não se encarta no conceito de empresa, que por força da Lei específica que lhe veda atos de mercancia (Lei nº 5.764/71), quer pelo fato de adstringir seus destinatários.

4. Destarte, a sua presença implica em que outros segmentos, para atender a suposta concorrência "legal", viabilizem o acesso da população aos remédios necessários, a preços admissíveis com o que se protege, no seu mais amplo sentido, a "vida digna", eleita como um dos fundamentos da República.

ART. 8º

5. *Os embargos de declaração que enfrentam explicitamente a questão embargada não ensejam recurso especial pela violação do artigo 535, II, do CPC, tanto mais que, o magistrado não está obrigado a rebater, um a um, os argumentos trazidos pela parte, desde que os fundamentos utilizados tenham sido suficientes para embasar a decisão. 6. Agravo Regimental desprovido".*
(AgRg no REsp 1016213/SP, Rel. Ministro LUIZ FUX, PRIMEIRA TURMA, julgado em 09/06/2009, DJe 05/08/2009).

"(...).
5. *Consoante o art. 5º, XXIX, da CF, os direitos de propriedade industrial devem ter como norte, além do desenvolvimento tecnológico e econômico do país, o interesse social. Outrossim, na aplicação da lei, o juiz deverá atender aos fins sociais a que ela se dirige e às exigências do bem comum (art. 5º da LICC). 6. Recurso especial a que se nega provimento".*
(REsp 1145637/RJ, Rel. Ministro VASCO DELLA GIUSTINA (DESEMBARGADOR CONVOCADO DO TJ/RS), TERCEIRA TURMA, julgado em 15/12/2009, DJe 08/02/2010).

(...).
3. *O princípio da interpretação conforme a Constituição, "impõe a juízes e tribunais que interpretem a legislação ordinária de modo a realizar, da maneira mais adequada, os valores e fins constitucionais. Vale dizer; entre interpretações possíveis, deve-se escolher a que tem mais afinidade com a Constituição(...)." Luís Roberto Barroso in Direito Constitucional Contemporâneo, Saraiva, 2009, p. 301.*
4. *A interpretação da lei ordinária deve pautar-se, dentre outros princípios, no princípio da dignidade da pessoa humana, encartado no art. 1º, inciso III da Constituição Federal, por isso que "o princípio da dignidade da pessoa humana identifica um espaço de integridade moral a ser assegurado a todas as pessoas por sua só existência no mundo. (...) A dignidade relaciona-se tanto com a liberdade e valores do espírito como com as condições materiais de subsistência." (Luís Roberto Barroso, "A nova interpretação constitucional", fls. 372).*
(...).
10. *Consoante a melhor doutrina: "(...) O princípio da legalidade é o da completa submissão da Administração às leis. (...) Logo, a Administração não poderá proibir ou impor comportamento algum a terceiro, salvo se estiver previamente embasada em determinada lei que lhe faculte proibir ou impor algo a quem quer que seja. (Celso Antônio Bandeira de Mello. Curso de Direito Administrativo, São Paulo, Malheiros Editores, 2007, pág: 98/99).*
11. *Deveras, a aplicação da técnica de "interpretação conforme a Constituição", a qual impõe a interpretação da legislação ordinária à luz dos princípios constitucionais,*

aos quais se acrescenta a dignidade da pessoa humana, a proteção à livre iniciativa, a valorização do trabalho humano, impede a realização de uma interpretação sistêmica para incluir outras hipóteses proibitivas que obstam inscrição de bacharel em direito nos quadros da Ordem dos Advogados do Brasil (OAB), mercê de não encerrar interpretação conforme a constituição.
(...).
(REsp 930.596/ES, Rel. Ministro LUIZ FUX, PRIMEIRA TURMA, julgado em 17/12/2009, DJe 10/02/2010).

"Não se declara nulidade por falta de audiência do Ministério Público se – a teor do acórdão recorrido – o interesse do menor foi preservado e o fim social do ECA foi atingido.
O Art. 166 da Lei 8.069/90 deve ser interpretado à luz do Art. 6º da mesma lei."
(REsp 847.597/SC, Rel. Ministro HUMBERTO GOMES DE BARROS, TERCEIRA TURMA, julgado em 06/03/2008, DJe 01/04/2008).

1. O Supremo Tribunal Federal, ao julgar o MI n. 712, afirmou entendimento no sentido de que a Lei n. 7.783/89, que dispõe sobre o exercício do direito de greve dos trabalhadores em geral, é ato normativo de início inaplicável aos servidores públicos civis, mas ao Poder Judiciário dar concreção ao artigo 37, inciso VII, da Constituição do Brasil, suprindo omissões do Poder Legislativo. 2. Servidores públicos que exercem atividades relacionadas à manutenção da ordem pública e à segurança pública, à administração da Justiça – aí os integrados nas chamadas carreiras de Estado, que exercem atividades indelegáveis, inclusive as de exação tributária – e à saúde pública. A conservação do bem comum exige que certas categorias de servidores públicos sejam privadas do exercício do direito de greve. Defesa dessa conservação e efetiva proteção de outros direitos igualmente salvaguardados pela Constituição do Brasil. 3. Doutrina do duplo efeito, segundo Tomás de Aquino, na Suma Teológica (II Seção da II Parte, Questão 64, Artigo 7). Não há dúvida quanto a serem, os servidores públicos, titulares do direito de greve. Porém, tal e qual é lícito matar a outrem em vista do bem comum, não será ilícita a recusa do direito de greve a tais e quais servidores públicos em benefício do bem comum. (...).
(Rcl 6568, Relator(a): Min. EROS GRAU, Tribunal Pleno, julgado em 21/05/2009, incDJe-181 DIVULG 24-09-2009 PUBLIC 25-09-2009 EMENT VOL-02375-02 PP-00736)

(...).
3. O direito ao nome insere-se no conceito de dignidade da pessoa humana e traduz a sua identidade, a origem de sua ancestralidade, o reconhecimento da família, razão

ART. 9º

pela qual o estado de filiação é direito indisponível, em função do bem comum maior a proteger, derivado da própria força impositiva dos preceitos de ordem pública que regulam a matéria (Estatuto da Criança e do Adolescente, artigo 27).

(...).

RE 248869, Relator(a): Min. MAURÍCIO CORRÊA, Segunda Turma, julgado em 07/08/2003, DJ 12-03-2004 PP-00038 EMENT VOL-02143-04 PP-00773)

EMENTA: Agravo regimental. – É o artigo 544, § 1º, do C.P.C. que determina que, entre as peças que devem constar do instrumento obrigatoriamente, sob pena de não-conhecimento do agravo, está a relativa às contra-razões do recurso extraordinário. E a regra de que o juiz ao aplicar a lei deve atender aos fins sociais a que ela se dirige e às exigências do bem comum não foi colocada na Lei de Introdução ao Código Civil para que o juiz deixe de cumprir o que a Lei expressa e inequivocamente determina. Agravo a que se nega provimento. (AI 241981 AgR, Relator(a): Min. MOREIRA ALVES, Primeira Turma, julgado em 05/10/1999, DJ 29-10-1999 PP-00008 EMENT VOL-01969-08 PP-01508).

Art. 9º

Não se proferirá decisão contra uma das partes sem que ela seja previamente ouvida.

Parágrafo único.

O disposto no caput não se aplica:

I – à tutela provisória de urgência;

II – às hipóteses de tutela da evidência previstas no art. 311, incisos II e III;

III – à decisão prevista no art.701.

Contraditório prévio antes da decisão

O conteúdo normativo deste dispositivo encontra-se igualmente previsto no artigo 3º, n. 1 e 2 do Código de Processo Civil português:

"Art. 3º (Necessidade do pedido e da contradição)

1. O tribunal não pode resolver o conflito de interesses que a acção presssupõe sem que a resolução lhe seja pedida por uma das partes e a outra seja devidamente chamada para deduzir oposição.

2. *Só nos casos excepcionais previstos na lei se podem tomar providências contra determinada pessoa sem que esta seja previamente ouvida.*

(...)".

Mais um dispositivo do novo código de processo civil brasileiro que reafirma a garantia do princípio do contraditório.

A citação para que se dê conhecimento da demanda e oportunidade de prévia oitiva sobre as questões de fato e de direito é uma das formas de cientificação da parte sobre a demanda proposta.

Na verdade, está-se diante de um pressuposto processual de existência da própria relação jurídica, uma vez que a prévia oitiva da parte (ou a ciência da existência de uma demanda contra ela proposta) é requisito de existência da relação jurídica processual, pois somente com a oitiva prévia da parte é que se perfectibilizará o contraditório e a ampla defesa.

Conforme afirmam Luigi Paolo Comoglio, Corrado Ferri e Michele Taruffo:

"A defesa, conforme afirma o artigo 24, inciso II, constitui um 'direito inviolável em todo estado e grau do procedimento' ...Ao 'contraditório das partes, em condição de igualdade' se refere um dos fundamentos do 'justo processo' disciplinados no artigo 111, inciso 2'. À luz disso, parece incontestável uma dúplice premissa: a) seguramente, na ótica da Constituição, o 'agir' e o 'defender-se' em juízo configuram-se como atividade contraposta e correspondentes, assim como a sua legitimação por meio de uma proteção proporcionalmente igual (art. 24, inc. 3, em correspondência com o art. 3, incisos 1 e 2); b) em todo caso, a 'defesa' justapondo-se à 'ação' e inserindo-se no 'contraditório' entre as partes 'em condição de igualdade', não se comporta apenas como um 'direito inviolável' do indivíduo, mas também integra-se (como, indiretamente, é confirmado pelo inciso 1 do artigo 107 e como atualmente, depois da reforma constitucional de 1999, decorre do art. 111, inciso 2 aos extremos de uma 'garantia' de tipo técnico e estrutural, válida para qualquer processo... Completando uma precedente lacuna, como já se verificou, a reforma do 'justo processo', ocorrida em 1999, introduz oportunamente também no artigo 111, inciso 2, da Constituição italiana a referência textual ao 'contraditório', que – segundo a mais aceita acepção terminológica – exprime um contraste dialético entre posições tendencialmente antitéticas, procurando anular o acontecimento, e, enfim, a prevalecer uma sobre a outra. Mas a novidade constitucional sanciona e proclama, sobretudo, a necessária coordenação com 'as condições de paridade', assegurando-se em todo caso a qualquer das partes que se contraponham uma à outra em juízo...É de comum opinião que a norma procurou consagrar um princípio geral e diretivo do ordenamento, o qual, aderindo ao espírito da máxima tradicional 'audiatur et altera pars', exprime – sobretudo (mas não somente) nos modelos processuais de tipo 'dispositivo' e 'antagônicos' – uma essencial 'escolha de civilidade' do Estado de direito... Em outras palavras, o juiz nunca poderia estabelecer

ART. 9º

regra sobre qualquer demanda – e onde o fizesse, sua decisão estaria gravemente viciada, devendo-se considerar nula- todas as vezes em que ele não tivesse verificado, aquela condição mínima de legalidade, a inicial instauração de uma 'situação processual' idônea que permitisse também ao réu, que assim o desejar, a possibilidade de desenvolver em um confronto dialético com o autor, sob bases abstratamente de paridade, as próprias razões e 'defesa'".[112]

A nova concepção do processo civil faz com que se considere esta disciplina não somente como um conjunto de normas destinadas a regular um método para a solução dos conflitos, mas principalmente como um importante lugar de valores autônomos. O valor representado pela garantia do contraditório e da defesa é um valor em si próprio, e não somente porque um procedimento que realiza esta garantia é mais adequado ou mais oportuno para a solução dos conflitos. Disso deriva que a lei processual ordinária não pode mais ser considerada somente do ponto de vista da funcionalidade (técnica) do procedimento que essa prevê, uma vez que as garantias constitucionais se impõem como parâmetros para a configuração da disciplina jurídica do processo. Em outras palavras, o legislador ordinário não tem a discricionariedade de modelar esta disciplina sem valer-se das garantias constitucionais.

Assim, seja qual for o tipo de processo ou de procedimento, será vetada a prolação de qualquer decisão sem a prévia oitiva da parte eventualmente prejudicada pela decisão. Ao contrário senso, se a decisão lhe for favorável, não será necessária a sua prévia oitiva.

O desenvolvimento ulterior desta constatação é múltiplo:

"a) para os fins do contraditório inicial, basta que ao réu seja assegurado, com uma tempestiva e válida forma de 'vacatio in jus', a mera possibilidade de constituir-se e de defender-se em juízo, para fazer valer, se assim desejar, suas próprias razões;

b) não obstante a plena legitimidade da contumácia, a garantia do artigo 101 da Constituição Italiana não implica jamais, como necessária, um efetivo comparecimento ou uma efetiva defesa do réu, mas, somente, de por aquele em grau de fazê-lo ou de não fazê-lo, por sua própria conta e risco, com uma adequada notícia ou comunicação da demanda ou do processo;

c) portanto, o contraditório uniformizando-se aos cânones puros e abstratos do modelo processual 'dispositivo', parece delinear-se como pressuposto mínimo (e impres-

---

[112] COMOGLIO, Luigi Paolo; FERRI, Corrado; TARUFFO, Michele. *Lezioni sul processo civile. I. Il processo ordinario di cognizione.* Bologna: Il Mulino, 2006. p. 70 e 71.

CÓDIGO DE PROCESSO CIVIL

cindível) de uma ampla garantia, a qual compreende outra, e mais articulada, possibilidade de efetiva defesa do réu no curso do juízo.

d) a sua observância, em outras palavras, não está subordinada a alguma efetiva identificação da denominada 'justa parte', realmente dotada de 'legitimatio ad causam', segundo a natureza da relação jurídica litigiosa, cuja presença em juízo será apenas para permitir, em definitivo, uma pronuncia sobre o mérito da demanda proposta;

e) a inobservância de tal garantia mínima, repercutindo-se de modo direto sobre o momento da decisão, torna em todo caso inválida toda 'decisão' do juiz sobre a demanda, pois determina a nulidade absoluta da sentença (que é um vício dedutível e relevável, também de ofício, em todo estado e grau do processo, salvo eventual preclusão decorrente de uma eventual coisa julgada interna do processo formada sobre a questão;

f) a possibilidade de uma válida 'decisão' sobre a demanda, sem a preventiva 'citação' (e ou preventivo comparecimento) daquele cujo confronto há de formar-se, restringe-se apenas às hipóteses normativas, nas quais excepcionalmente a instauração do contraditório não seja inicial e preventiva, mas seja deferida a uma fase subsequente, ativada sob a iniciativa (quase sempre necessária, e imposta entre termos peremptórios) de quem age ou em seguida de oposição eventualmente proposta por aquele que entende de resistir e defender-se);

g) a adequação funcional da possibilidade de defesa técnica mediante a assistência de um defensor profissionalmente qualificado;

h) a adequação qualitativa da possibilidade de fazer-se ouvir em juízo, em condição de igualdade, com o exercício de idôneos poderes (de alegação, de dedução, de exceção e de prova), capaz de incidir sobre a formação do convencimento decisório do próprio juiz;

i) o direito a uma adequada e tempestiva notificação ou comunicação dos atos processuais de maior relevância, como condição essencial de legalidade e de correção do procedimento, para uma participação efetiva de todas as partes na dialética processual". [113]

Estabelece o parágrafo único do art. 9º do atual C.P.C. que o disposto no 'caput' não se aplica: I – à tutela provisória de urgência; II – às hipóteses de tutela de evidência previstas no art. 311, incisos II e III; III – à decisão prevista no art. 701.

A norma processual abre uma exceção em que o contraditório é postergado e não suprimido.

---

[113] COMOGLIO, L.P.; FERRI, C.; TARUFFO, M., idem, ibidem, p. 72, 73 e 76.

ART. 9º

Para as hipóteses de medidas provisórias de urgência, no caso de eventual perecimento do direito. Nessas hipóteses, na verdade, não há supressão do contraditório, mas, sim, a postergação do contraditório para momento posterior. O legislador diante das hipóteses de urgência e perecimento de direito fez prevalecer o princípio da efetividade da tutela jurisdicional, razão pela qual postergou o contraditório para momento oportuno. Exemplos dessas hipóteses de exceção: tutelas de urgência como cautelares, antecipação de tutelas satisfativas, liminares numa maneira geral.

Como bem afirma o jurista italiano Sergio Chiarloni: *"Não é necessário que todo processo desenvolva-se em contraditório. É suficiente que o contraditório seja garantido à parte que o pretende, ainda que em um momento sucessivo ao provimento...".*[114]

Também o contraditório será postergado nas hipóteses de tutela de evidência previstas no art. 311, incs. II e III do atual C.P.C., que assim dispõe:

> *Art. 311. A tutela da evidência será concedida, independentemente da demonstração de perigo de dano ou de risco ao resultado útil do processo, quando:*
>
> *I – ficar caracterizado o abuso do direito de defesa ou o manifesto propósito protelatório da parte;*
>
> *II – as alegações de fato puderem ser comprovadas apenas documentalmente e houver tese firmada em julgamento de casos repetitivos ou em súmula vinculante;*
>
> *III – se tratar de pedido reipersecutório fundado em prova documental adequada do contrato de depósito, caso em que será decretada a ordem de entrega do objeto custodiado, sob cominação de multa.*
>
> *IV – a petição inicial for instruída com prova documental suficiente dos fatos constitutivos do direito do autor, a que o réu não oponha prova capaz de gerar dúvida razoável.*

Como muito acerto, foram excluídos os incs. I e IV do art. 311 do atual C.P.C., uma vez que o abuso de direito de defesa ou o manifesto propósito protelatório da parte somente poderá ser verificado após o exercício do contraditório.

Também haverá postergação do contraditório quando da prolação da decisão em demanda monitória prevista no art. 701 do atual C.P.C que assim prescreve:

---

[114] CHIARLONI, Sergio. Giusto processo, garanzie processuali, giustizia della decisione. In. *Rivista Trimestrale di Diritto e Procedura Civile*, Milano, Ed. Giuffrè, Marzo 2008, Anno LXII, p. 137.

Sendo evidente o direito do autor, o juiz deferirá a expedição de mandado de pagamento, de entrega de coisa ou para execução de obrigação de fazer ou de não fazer, concedendo ao réu prazo de15 (quinze) dias para o cumprimento e o pagamento de honorários advocatícios de cinco por cento do valor atribuído à causa.

Sobre o tema, eis os seguintes precedentes jurisprudenciais:

"(...).
4. Assim, as autoridades foram surpreendidas pela cominação de astreintes e sequer tiveram a oportunidade de manifestarem-se sobre o pedido deduzido pelo Parquet Estadual, de sorte que se acabou por desrespeitar os princípios do contraditório e da ampla defesa sob o aspecto material propriamente dito, daí porque deve ser afastada a multa.
5. Embargos de declaração acolhidos com efeitos infringentes".
(EDcl no REsp 1111562/RN, Rel. Ministro CASTRO MEIRA, SEGUNDA TURMA, julgado em 01/06/2010, DJe 16/06/2010)

"1. Nas hipóteses do caput do art. 557 do CPC, é desnecessária a intimação do agravado, uma vez que será beneficiado pela decisão, em atenção aos princípios da celeridade e da economia processual.
2. No caso do art. 557, § 1º-A, do CPC, em atenção aos princípios do contraditória e da ampla defesa, é imprescindível a intimação do agravado para apresentar contrarrazões, pois a decisão modificará a situação jurídica até então estabelecida, em prejuízo à parte recorrida. Precedentes.
3. Recurso especial conhecido e provido".
(REsp 1187639/MS, Rel. Ministra ELIANA CALMON, SEGUNDA TURMA, julgado em 20/05/2010, DJe 31/05/2010)

"(...).
2. "Nos processos perante o Tribunal de Contas da União asseguram-se o contraditório e a ampla defesa quando da decisão puder resultar anulação ou revogação de ato administrativo que beneficie o interessado, excetuada a apreciação da legalidade do ato de concessão inicial de aposentadoria, reforma e pensão" (Súmula Vinculante 3/STF).
3. "A cobrança pela Administração de valores pagos indevidamente a servidor público deve observar o devido processo legal, com o imprescindível exercício da ampla defesa e do contraditório" (AgRg no REsp 979.050/PE, Rel. Min. JORGE MUSSI, Quinta Turma, DJe 6/10/08).
4. Agravo regimental improvido".
(AgRg no Ag 1239482/RJ, Rel. Ministro ARNALDO ESTEVES LIMA, QUINTA TURMA, julgado em 20/05/2010, DJe 21/06/2010)

Art. 10

O juiz não pode decidir, em grau algum de jurisdição, com base em fundamento a respeito do qual não se tenha dado às partes oportunidade de se manifestar, ainda que se trate de matéria sobre a qual deva decidir de ofício.

Decisão surpresa

Este dispositivo encontra-se também previsto no artigo 3º, n. 3 do Código de Processo Civil português: *"O juiz deve observar e fazer cumprir, ao longo de todo o processo, o princípio do contraditório, não lhe sendo lícito, salvo caso de manifesta desnecessidade, decidir questões de direito ou de fato, mesmo que em conhecimento oficioso, sem que as partes tenham tido a possibilidade de sobre elas se pronunciarem".*

Trata-se, portanto, de impedimento à prolação da denominada *decisão surpresa*.

No artigo anterior, observa-se a exigência do contraditório no seu aspecto estático, ou seja, o juiz não poderá decidir qualquer conflito ou questão de fato ou de direito sem que a parte seja previamente ouvida.

Mas para que haja a garantia Constitucional do contraditório efetivo, há necessidade de se falar de uma defesa com conteúdo efetivo para a realização do contraditório. Porém, para que isso ocorra, não basta a existência de um contraditório 'estático' no início da demanda.

Há necessidade também de um contraditório 'dinâmico' mediante uma colaboração efetiva das partes durante o transcurso do processo, com possibilidade efetiva de influir, com suas próprias atividades de defesa e postulação, na formação do convencimento do magistrado. Isso é o que significa dizer a garantia mínima de legalidade do 'justo processo', o contraditório entre as partes em condição de igualdade.

O imperativo de efetividade não se contenta apenas com uma garantia de igualdade meramente formal de defesa teórica, mas exige, com base nos termos gerais do 'justo processo', uma igualdade em sentido substancial em relação aos meios e os resultados.

Desta maneira, o contraditório passa a ser um pressuposto não suprimível para o direito de defesa, ou vice-versa, considerar a inviolabilidade do direito de defesa como uma inderrogável condição mínima para a realização do contraditório.

Necessita-se agora precisar qual seria, no quadro constitucional e nas experiências de direito comparado, o conteúdo de *efetividade mínima* (isto é, modal e qualitativa, no interior do processo), cuja observância assegura ao contraditório 'dinâmico' e o direito de defesa:

"a) a igualdade das partes, deve ser entendida não apenas em sentido formal e abstrato, com observância ao chamado 'ponto de partida', mas sobretudo em sentido substancial, com a remoção concreta de todos os obstáculos (ainda que estranhos ao processo) que possam irracionalmente comprometer o contraditório dinâmico e o benefício efetivo do direito de defesa ou de igualdade de participação, no curso do juízo (o que remete, por outro lado, a uma eficaz proteção judiciária dos pobres);

b) a congruência intrínseca dos termos de ação e de defesa, como das sanções processuais (de decadência e preclusão) que lhes reforçam;

c) o direito efetivo à admissão e assunção das provas relevantes, no contraditório (também pessoal) das partes;

d) a proibição de limitação probatória que sejam a tal ponto onerosa, que possam ser caracterizadas como praticamente impossíveis, se absolutas, ou irrazoavelmente difíceis, se relativas, a prova dos fatos controvertidos;

e) a inadmissibilidade de qualquer limite, imposto à cognição do juiz pela autoridade de "accertamento" ou de julgados externos, cuja formação as partes em juízo não estiveram inseridas 'ab origem' em condições de influir com uma eficaz defesa;

f) a impossibilidade, confirmada literalmente pelo inciso 2 do artigo 24 da Constituição Italiana, de diferir inteiramente a instauração do contraditório e o exercício do direito de defesa a um grau de juízo sucessivo (salvo a uma diversa fase do mesmo grau do procedimento).[115]

Percebe-se atualmente que as modernas legislações processuais impõem um poder-dever ao juiz de velar pelo princípio do contraditório 'dinâmico', ou seja, de provocar de qualquer modo, de ofício, o preventivo contraditório das partes sobre qualquer questão (de rito ou de mérito, de fato ou de direito, prejudicial ou preliminar), havendo uma relevância decisória determinante. Exemplos de legislação cuja exigência da efetiva observação do contraditório 'dinâmico' é de rigor: art. 16 do C.P.C francês; §278, inciso 3, do ZPO alemão, modificado em 1976; o novo §139, incisos 2-4, do mesmo código; §182 do ZPO austríaco, depois das respectivas reformas dos anos de 2001-2002, o artigo 183, inc. 4 do C.P.C. italiano.

O artigo 16 do C.P.C. francês afirma peremptoriamente que mesmo enfrentando questões que possam ser conhecidas de ofício, o magistrado tem o dever de oportunizar às partes a possibilidade de contra argumentar sobre a situação jurídica processual. Eis o teor do dispositivo:

---

[115] COMOGLIO, L.P.; FERRI, C.; TARUFFO, M., idem, ibidem, p. 76.

Article 16
(Decree n°76-714 of 29 July 1976, Article 1, Official Journal of 30 July 1976)
(Council of State 1875, 1905, 1948 to 1951 of 12 October 1979, Unification of the new French advocates and the others, JCP 1980, II, 19288)
(Decree n°81-500 of 12 May 1981, Article 6, Official Journal of 14 May 1981)
In all circumstances, the judge must supervise the respect of, and he must himself respect, the adversarial principle.

In his decision, the judge may take into consideration grounds, explanations and documents relied upon or produced by the parties only if the parties had an opportunity to discuss them in an adversarial manner.

He shall not base his decision on legal arguments that he has raised your sponte without having first invited the parties to comment thereon.

Daí por que o juiz que revele uma determinada questão não discutida ou conhecida das partes anteriormente (prescrição, decadência, prejudiciais, preliminares etc) deve oferecer a questão revelada ao contraditório das partes antes de proferir decisão sobre o fato revelado, uma vez que a preventiva dialeticidade da matéria é um reclamo de natureza constitucional e não apenas processualmente oportuna. Não sendo respeitado o contraditório, deve reputar-se inválida, pois apresenta nulidade absoluta a decisão jurisdicional que, ao 'revelar' aludida 'questão', idônea a definir por si só o julgamento, mas não proposta nem nunca tratada em precedência pelas partes, não foi posta em contraditório anteriormente.

De certa forma, a proibição de decisões surpresas já tem sido aplicada pelos nossos tribunais, conforme se pode observar pelos seguintes precedentes:

1. A atribuição de efeitos modificativos aos embargos de declaração reclama a intimação prévia do embargado para apresentar impugnação, sob pena de ofensa aos postulados constitucionais do contraditório e da ampla defesa (Precedentes do STJ: AgRg no MS 11.961/DF, Rel. Ministro Felix Fischer, Corte Especial, julgado em 16.05.2007, DJ 19.11.2007; REsp 1.080.808/MG, Rel. Ministro Luiz Fux, Primeira Turma, julgado em 12.05.2009, DJe 03.06.2009; EDcl nos EDcl no RMS 21.719/DF, Rel. Ministro Benedito Gonçalves, Primeira Turma, julgado em 04.12.2008, DJe 15.12.2008; EDcl no RMS 21.471/PR, Rel. Ministro José Delgado, Primeira Turma, julgado em 10.04.2007, DJ 10.05.2007; HC 46.465/PR, Rel. Ministro Arnaldo Esteves Lima, Quinta Turma, julgado em 27.02.2007, DJ 12.03.2007; EDcl nos EDcl no REsp 197.567/RS, Rel. Ministro Francisco Peçanha Martins, Segunda Turma, julgado em 20.09.2005, DJ 24.10.2005; REsp 686.752/PA, Rel. Ministra Eliana Calmon, Segunda Turma, julgado em 17.05.2005, DJ 27.06.2005; EDcl

nos EDcl no AgRg no Ag 314.971/ES, Rel. Ministro Luiz Fux, Primeira Turma, julgado em 11.05.2004, DJ 31.05.2004; e REsp 316.202/RJ, Rel. Ministro Humberto Gomes de Barros, Primeira Turma, julgado em 18.11.2003, DJ 15.12.2003).
(...).
(EDcl nos EDcl nos EDcl nos EDcl no AgRg no REsp 852.352/SP, Rel. Ministro LUIZ FUX, PRIMEIRA TURMA, julgado em 13/10/2009, DJe 04/11/2009)

1. Impõe-se a intimação da parte, em razão da juntada de novo documento aos autos, cujo teor faz-se essencial para a formação da convicção do juízo singular (art. 398 do CPC).
2. No caso, os cálculos apresentados pela Fazenda Pública devem ser submetidos ao contraditório. Em outros termos, indispensável a abertura de vista à parte contrária, fornecendo-lhe a oportunidade de manifestar-se sobre o montante referente à conversão em renda de valores depositados em juízo; a resultar, in casu, nulo o decisum singular e reformado o acórdão a quo, por inobservância do que dispõe o art. 398 do CPC (Princípio do Devido Processo Legal).
Recurso especial provido, para determinar a intimação da parte contrária, quanto aos cálculos ofertados pela Autoridade Fazendária, nos termos do voto.
(REsp 1086322/SC, Rel. Ministro HUMBERTO MARTINS, SEGUNDA TURMA, julgado em 18/06/2009, DJe 01/07/2009)

(...).
3. A certidão de casamento, que atesta a condição de lavrador do cônjuge da segurada, constitui início razoável de prova documental, para fins de comprovação de tempo de serviço. Deve-se ter em mente que a condição de rurícola da mulher funciona como extensão da qualidade de segurado especial do marido. Se o marido desempenhava trabalho no meio rural, em regime de economia domiciliar, há a presunção de que a mulher também o fez, em razão das características da atividade – trabalho em família, em prol de sua subsistência.
4. Ainda que a certidão de casamento original não tenha vindo aos autos junto com a petição inicial, a sua juntada a posteriori, previamente anunciada, não foi feita com o intuito de surpreender a parte contrária ou este juízo, tendo sido dada à autarquia previdenciária igual oportunidade para sobre ela se manifestar, na dialética do processo.
(...).
(AR 3.385/PR, Rel. Ministra MARIA THEREZA DE ASSIS MOURA, TERCEIRA SEÇÃO, julgado em 23/06/2008, DJe 09/09/2008)

ART. 10

(...).
– A manifestação do devedor acerca do pedido de ampliação da penhora se mostra indispensável não apenas em respeito aos princípios constitucionais do contraditório, da ampla defesa e do devido processo legal, mas também para assegurar que a execução se perfaça da forma menos gravosa ao executado, nos termos do art. 620 do CPC.
(...).
– Em respeito aos princípios do devido processo legal, da ampla defesa e do contraditório, há de se conceder ao devedor a oportunidade de se manifestar sobre a atualização do crédito executado, mormente quando realizada unilateralmente pela parte contrária, de sorte que, havendo discordância quanto aos cálculos, sejam eles conferidos pelo contador judicial. Não se trata de rediscutir os critérios de atualização do débito, matéria afeita à fase de formação do título executivo; porém, sempre haverá espaço para a parte se insurgir contra erros materiais de cálculo, desde que se manifeste oportunamente.
Liminar deferida.
(MC 13.994/RJ, Rel. Ministra NANCY ANDRIGHI, TERCEIRA TURMA, julgado em 01/04/2008, DJe 15/04/2008)

1. A jurisprudência desta Corte tem admitido a juntada de documentos que não os produzidos após a inicial e a contestação, em outras fases do processo, até mesmo na via recursal, desde que respeitado o contraditório e ausente a má-fé.
2. Não é absoluta a exigência de juntar documentos na inicial ou na contestação. A juntada de documentos em sede de apelação é possível, tendo a outra parte a oportunidade de sobre eles manifestar-se em contrarrazões.
O art. 397 do CPC assim dispõe: "É lícito às partes, em qualquer tempo, juntar aos autos documentos novos, quando destinados a fazer prova de fatos ocorridos depois dos articulados, ou para contrapô-los aos que foram produzidos nos autos." 3. Recurso especial desprovido.
(REsp 780.396/PB, Rel. Ministra DENISE ARRUDA, PRIMEIRA TURMA, julgado em 23/10/2007, DJ 19/11/2007 p. 188)

(...).
– Não tem lugar a exoneração automática do dever de prestar alimentos em decorrência do advento da maioridade do alimentando, devendo-se propiciar a este a oportunidade de se manifestar e comprovar, se for o caso, a impossibilidade de prover a própria subsistência. Isto porque, a despeito de extinguir-se o poder familiar com a maioridade, não cessa o dever de prestar alimentos fundados no parentesco. Precedentes.

CÓDIGO DE PROCESSO CIVIL

– *Contudo, se foi propiciado ao alimentando ampla manifestação de suas teses, produção de provas e, por conseguinte, irrestrito exercício do contraditório, sendo os elementos fáticos devidamente examinados e, com base neste exame, houve conclusão do Juízo de primeiro grau, referendada pelo Tribunal de origem, no sentido do afastamento da obrigação alimentar, observado o binômio necessidade do alimentando e possibilidade do alimentante, a modificação de tais conclusões esbarra no óbice da Súmula 7/STJ.*

– Não se conhece do recurso especial na parte em que deficiente sua fundamentação. Recurso especial não conhecido.

(REsp 911.442/DF, Rel. Ministra NANCY ANDRIGHI, TERCEIRA TURMA, julgado em 17/05/2007, DJ 11/06/2007 p. 315)

1. No caso dos autos, a petição inicial do mandado de segurança, impetrado pelos ora recorridos, foi indeferida liminarmente pelo julgador, com fundamento no art. 8º da Lei 1.533/51. Assim, não houve sequer as determinações contidas no art. 7º da referida lei, dentre elas a notificação da autoridade apontada como coatora para prestar informações, não se proporcionando ao requerido oportunidade de se manifestar nos autos, em evidente violação dos princípios do contraditório, da ampla defesa e do devido processo legal.

(...).

(REsp 596.859/RR, Rel. Ministra DENISE ARRUDA, PRIMEIRA TURMA, julgado em 07/12/2006, DJ 01/02/2007 p. 394)

(...).

– É vedada a exoneração automática do alimentante, sem possibilitar ao alimentado a oportunidade para se manifestar e comprovar, se for o caso, a impossibilidade de prover a própria subsistência.

– Diante do pedido exoneratório do alimentante, deve ser estabelecido amplo contraditório, que pode se dar: (i) nos mesmos autos em que foram fixados os alimentos, ou (ii) por meio de ação própria de exoneração.

Recurso especial conhecido e parcialmente provido.

(REsp 608.371/MG, Rel. Ministra NANCY ANDRIGHI, TERCEIRA TURMA, julgado em 29/03/2005, DJ 09/05/2005 p. 396)

1. A norma processual tem como escopo, em observância ao princípio da bilateralidade, afastar a surpresa à parte pela juntada de documentos, proporcionando-lhe a oportunidade de manifestação.

ART. 11

2. A fim de ser dada oportunidade ao recorrente de manifestar-se sobre os documentos oferecidos com o memorial apresentado pela ora recorrida, o processo deve ser anulado a partir da sentença.

3. Recurso provido.

(REsp 66.631/SP, Rel. Ministro CASTRO MEIRA, SEGUNDA TURMA, julgado em 04/03/2004, DJ 21/06/2004 p. 180)

Art. 11

Todos os julgamentos dos órgãos do Poder Judiciário serão públicos, e fundamentadas todas as decisões, sob pena de nulidade.

Parágrafo único

Nos casos de segredo de justiça, pode ser autorizada a presença somente das partes, de seus advogados, de defensores públicos ou do Ministério Público.

Sumário:

1. Publicidade do julgamento, segredo de justiça e motivação das decisões

2. Da publicidade

3. Da fundamentação

1. Publicidade do julgamento, segredo de justiça e motivação das decisões

Este dispositivo incorpora expressamente no novo C.P.C. o princípio Constitucional previsto no artigo 93, inciso IX e artigo 5º, inciso LX, ambos da Constituição Federal:

"Art. 93, inciso IX: todos os julgamentos dos órgãos do Poder Judiciário serão públicos, e fundamentadas todas as decisões, sob pena de nulidade, podendo a lei limitar a presença, em determinados atos, às próprias partes e a seus advogados, ou somente a estes, em casos nos quais a preservação do direito à intimidade do interessado no sigilo não prejudique o interesse público à informação; (Redação dada pela Emenda Constitucional nº 45, de 2004)*";*

"Artigo 5º, inciso LX: a lei só poderá restringir a publicidade dos atos processuais quando a defesa da intimidade ou o interesse social o exigirem".

2. Da publicidade

A história demonstra que a grande maioria dos povos sempre fez opção por um julgamento popular e público.

No período antigo, a assembleia de julgamento era composta por integrantes exclusivamente guerreiros e o julgamento se dava em praça pública.

O procedimento grego era realizado publicamente, pois o processo comum, de competência do Tribunal dos Heliastas, realizava-se em praça pública durante o dia. Segundo Giuseppe Di Chiara:[116] *"Sob o escudo de Achiles, sutilmente descrito no XVIII livro do Iliade, ali se encontra uma nota, riquíssima imagem incrustada no quadrante da cidade dos homens e dedicada ao fenômeno processual: as partes, fixado o tema decidendum, devolvem-no ao juiz, e diante dele, realizam o respectivo ônus probatório; o público assiste à celebração do rito, participando em facções em favor de um ou de outro litigante; o colégio dos 'anciões' senta-se em cadeiras de pedra polida, ordenado 'em um círculo sagrado'; a decisão, enfim, matura-se por meio de formas solenes, entre quais, terminada a disputa, qualquer juiz, ficando em pé e regendo o cedro, manifesta o próprio voto".*

No procedimento popular romano, a publicidade do julgamento também era considerada uma exigência substancial.

Na idade média, o julgamento trasladou-se das praças para lugares fechados, sem perder o procedimento sua publicidade; mantiveram-se as portas e janelas abertas.[117]

Observando-se a importância política do princípio da publicidade, bem como as transformações históricas e sociais ocorridas nos últimos Séculos, verifica-se que modernamente a simples permissão de participação das partes ou de

---

[116] *"Sullo scudo di Achille, finemente descrito dal XVIII libro dell'Iliade, v'è una nota, ricchissima immagine incastonata nel quadrante delle città degli uomini e dedicata al fenomeno processuale: le parti, fissato il thema decidendum, lo devolvono al giudice, e avanti a questo adempiono il rispecttivo onere probatorio; il pubblico assiste alla celebrazione del rito, parteggiando in fazioni per l'uno e per l'altro contendente; il collegio degli 'anziani' siede su scranni di pietra levigata, disposti 'in sacro cerchio'; la decisione, infine, si matura attraverso forme solenni, per le quali, terminata la disputa, ciascun giudice, ergendosi in piedi e reggendo lo scettro, manifesta il proprio voto".* DI GHIARA, Giuseppe. Televisione e dibattimento penale – esperienze e problemi della pubblicità mediata 'teconologia' in Italia. *In: Criminalidad, medios de comunicación y proceso penal.* Coord. Marino Barbero Santos i Maria Rosario Diego Díaz-Santos. Salamanca: Ediciones Universidad Salamanca, 1998. (95-112), p.95.

[117] "Sólo en líneas generales pueden indicarse las principales modificaciones de la época: la justicia se traslada de los espacios abiertos (plazas) a lugares cerrados (*Rat* o *Thinghäusern*), aunque sin perder su publicidad, pues puertas y ventanas permanecían abiertas; la acción privada continúa siendo el principal medio persecutorio, pero a su lado se sigue desarrollando la persecución oficial para las infracciones más graves con intervención directa del juez, ya por censura de los *Rügegeschworene*, según explicamos, comparecencia forzada en los casos de flagrancia o confesión de culpabilidad por el mismo autor (...)". (MAIER, Julio B. *La ordenanza procesal penal alemana – su comentario y comparación con los sistemas de enjuiciamiento penal argentinos.* Buenos Aires: Depalma, 1978. p.27).

ART. 11

algumas pessoas na sala de audiência não representa uma medida adequada para satisfazer essa exigência democrática.

Nesses novos tempos, a publicidade do julgamento ocorre muitas vezes através de sua divulgação pelos meios de comunicação, permitindo desta maneira o controle social sobre a administração da justiça.[118]

O processo é um drama no qual, em nome do povo, administra-se a justiça (art. 101, inc. I da Constituição Italiana). Segundo Di Chiara:[119] *"óbvio, portanto, que o próprio povo deva, em linha geral, ser colocado em grau de assistir a tudo isso. Eis aqui a raiz moderna do princípio da publicidade do debate: recordou, numa longa sequência de pronuncia, a Corte constitucional, revelando como a publicidade seria 'coessencial' aos princípios que, 'num ordenamento democrático fundamentado sob a soberania popular, deve adequar-se à administração da justiça, que naquela soberania encontra fundamento (assim, por exemplo, significativamente decisão da Corte constitucional de 2 de fevereiro de 1971, n. 12, in Foro italiano, 1971, I, 536".*

A publicidade[120], entendida no seu aspecto externo ou geral, *"isto é, que comporta a possibilidade de que conheça das atuações qualquer membro da comuni-*

---

[118] BINDER, Alberto. Importância y limites del periodismo judicial. *In Justicia penal y estado de derecho.* Buenos Aires: Ad-Hoc, 1993. p. 266.

[119] *"ovio, dunque, che il popolo medesimo debba, in linea tendenziale, esser posto in grado di assistervi. Si colloca qui la radice moderna del principio di pubblicità del dibattimento: lo ha ricordato, in una lunga sequela di pronunce, la Corte costituzionale, rimarcando come la pubblicità sia 'coessenziale' ai princìpi cui, 'in un ordinamento democratico fondato sulla sovranità popolare, deve conformarsi l'amministrazione della giustizia che in quella sovranità trova fondamento' (cosí, ad es., significativamente Corte cost. 2 febbraio 1971, n. 12, in Foro it., 1971, I, 536...".*
E continua o mestre italiano: *"Per un'analisi approfondita del principio di pubblicità, attenta agli sviluppi della giurisprudenza costituzionale, cf., per tutti, Voena, Mezzi e pubblicità delle udienza penali. Milano, 1989, no, 1984, 1 ss., piú di recente, Giostra, Processo penale e informazione, Milano, 1989 10ss, e ancora Voena, Principio di pubblicità ed udienza preliminare, in L'udienza preliminare, Atti del Convegno di Urbino, Milano, 1992, 49 ss., per un approccio di particolare interesse, cf. altresì il noto saggio di Vigoriti, La pubblicità delle procedure giudiziarie (prolegomeni sotorico-comparativi), in Riv. Trim. Dir. proc. Civ., 1973, 1423 s.)".* (DI GHIARA, G., op. Cit., p. 97).

[120] *"Así, se pueden distinguir diversas clases de publicidad. En lo que aqui nos interesa debemos distinguir la denominada publicidad para terceros, general o absoluta y la publicidad entre las partes o relativa. La publicidad externa harí a referencia a la publicidad general. Véase CHIOVENDA, 'Principios de Derecho Procesal civil, tomo II, Madrid, 1977, págs. 171 y SS. En el mismo sentido, CONDE-PUMPIDO TOURÓN, 'Los procesos penales, op. cit., págs. 301 y SS ".* (LÓPEZ JIMÉNEZ, Raquel. *La prueba en el juicio por jurados.* Valencia: Tirant lo Blanch, 200., p. 324).
A mesma distinção tem sido feita por María del Pilar Otero González: *"Como principio procesal que es, la publicidad supone, en primer lugar, una garantía del individuo sometido a un proceso penal. Es el aspecto subjetivo e interno de la publicidad: subjetivo, porque lo que interesa prioritariamente son los derechos del justiciable, más que el eventual control externo de las decisiones de la justicia. E interna,*

CÓDIGO DE PROCESSO CIVIL

dade, é garantia do julgamento justo porque permite o controle público das decisões judiciais". [121]

porque es una publicidad, en primer lugar, para las partes en el proceso y, secundariamente, destinada a la difusión social. Esta publicidad interna, es pues, un aspecto del derecho de defensa y de la prohibición de toda indefensión, conectada más que con el derecho a un proceso público (art. 24.2 CE) y la publicidad de las atuaciones judiciales (art. 120.1 CE), con la proscripción de toda indefensión (art. 24.1. C.E.) y con el derecho a un proceso con todas las garantías (art. 24.2. C.E.). Los titulares del derecho a la publicidad interna son las partes procesales. Esta publicidad interna tiene, pues, rango de derecho fundamental, siendo de aplicación obligatoria y directa por los tribunales sin necesidad de norma alguna que defina su exacto contenido. Por tanto, es una norma completa que contiene un mandato de directa aplicación".

Asimismo, por meio de este principio, se le garantiza el sometimiento a un sistema judicial que no escape al control público, impidiendo, de esta forma, las posibles manipulaciones o interferencias del poder político en el ejercicio de la facultad de juzgar. Es decir, además de ese interés individual, la publicidad se concibe desde una perspectiva social. En este sentido, este principio se constituye en uno de los más importantes critérios legitimadores del Poder Judicial. A este tipo de publicidad es al que se refieren directamente tanto el art. 120.1 de la C.E. ('las actuaciones judiciales será públicas...') como el art. 24.1. ('todos tiene derecho a un proceso público').

Esta legitimación de la función jurisdiccional, que se alcanza gracias a la publicidad procesal, implica, asimismo, una función controladora del poder político.

Dicha función de control es confiada, tanto a los propios jueces, a través del llamado 'control jurídico' – haciendo compatible el ejercicio de los distintos derechos y libertades en conflicto –, como a los periodistas, mediante el denominado 'control social' – control este último unido a la libertad de expresión y cuya fuerza reside sobre todo en su credibilidad social pues es la sociedad la que en definitiva Le otorga esse control, lo que promueve, al mismo tiempo, el interés social por la labor jurisdiccional, al ofrecerse a la vista de todo el pueblo como titular de la soberania.

Estas dos funciones básicas del principio de publicidad aparecen recogidas con claridad en la STC 96/1987, de 10 de junio.

En definitiva, el titular de este derecho es el ciudadano sometido a juicio, interesado en la publicidad del proceso como garantía de la independencia e la imparcialidad de la Administración de Justicia. Pero junto a esta dimensión individual de la publicidad, existe otra social referente al control público de las actuaciones del poder judicial, constituyéndose así en la garantía de una institución política fundamental, que es la opinión pública libre. Su fundamento reside en las libertades de información y de opinión, consagradas en el artículo 20 C.E., verdadero elemento de unión entre la opinión pública y la justicia.

Aunuando ambas funciones, deducimos el fundamento mismo del principio de publicidad, su trascendencia garantista del proceso justo (que comprende la obligación de garantizar que el justiciable sea juzgado por un tribunal imparcial e Independiente) y el refrendo que, en este aspecto recibe de los textos constitucionales. No obstante, para conocer su dimensión en plenitud, es preciso depurar sus limites, en la medida en que la propia publicidad puede comprometer ese derecho al juicio cuando aquélla resulte incontrolada".
(OTERO GONZÁLES, María del Pilar. *Protección del secreto sumarial y juicios paralelos*. Madrid: Editorial Centro de Estudios Ramón Areces, S.A., 1999. p. 25, 26 e 27).

[121] *"esto es, que conlleva la posibilidad de que conozca de las actuaciones cualquier miembro de la comunidad, es garantía del juicio justo porque permite el control público de las decisiones judiciales".* LÓPEZ JIMÉNEZ, R., op. cit., loc. Cit.

ART. 11

A publicidade do processo garante ao "povo" o conhecimento da maneira com a qual o judiciário administra a justiça, mas, mais do que isso, é uma garantia das partes de que seu julgamento estará sob o crivo da opinião pública e não será secreto ou sigiloso (salvo as exceções legais por razões de moralidade, de ordem pública).[122]

Essa garantia foi reconhecida no artigo 24.2 da Constituição espanhola, assim como pela VI Emenda da Constituição dos Estados Unidos. Do mesmo modo foi reconhecida pelo artigo 10 da Declaração Universal de Direitos Humanos: *"Toda pessoa tem direito, em condições de plena igualdade, a ser ouvida publicamente e com justiça por um Tribunal independente e imparcial...".* A mesma garantia foi reafirmada no artigo 6 da Convenção Europeia de Direitos Humanos e no artigo 14.1 do Pacto Internacional de Direitos Civis e Políticos de 1966.

A garantia, portanto, é que o debate no processo seja realizado de portas abertas, com o intuito de permitir o livre acesso do público à sala de audiência e a possibilidade para qualquer um do povo assistir 'de visu et de auditu' à celebração do ritual processualístico.

Segundo Di Chiaria:[123] *"é tal publicidade 'imediata', sem dúvida, a forma mais simples e tradicional de livre fruição da atividade de audiência, e, portanto, de notória transparência do processo – isso que se desenvolve no ierós Kyklos – nos confrontos do mundo externo".*

Para Comoglio, Ferri e Tarufffo, a audiência pública corresponde a uma outra garantia que, no quadro do 'justo processo' regulado pela lei (art. 111, incisos 1 e 2 da Constituição Italiana), observa aspectos estruturais do julgamento (ou da decisão). Para eles: *"O princípio da 'publicidade', referente à audiência judiciária, é sempre – nos diversos modelos constitucionais e internacionais de processo 'equo' – uma característica de justiça e de legalidade do procedimento, assegurando uma garantia de 'transparência' e de 'controle' externo, por parte do povo, em cujo nome a função jurisdicio-*

---

[122] *"Sea cual sea la justificación que permita atribuir al sumario las condiciones de secreto, la verdad es que los medios de comunicación social aseguran la publicidad como garantía del juicio, y ello porque como ha señalado el TC 'las excepciones a la publicidad no puede entenderse como un apoderamiento en blanco al legislador, porque la 'publicidad procesal' está inmediatamente ligada a situaciones jurídicas subjetivas de los ciudadanos que tienen la condición de derechos fundamentales: derecho a un proceso público, en el artículo 24.2 de la Constitución, y derecho a recibir libremente información, según puede derivarse de la sentencia 30/1982, de 1 de junio, fundamento jurídico cuarto"* (LÓPEZ JIMÉNEZ, R., idem, ibidem, p. 326).

[123] *"è, tale pubblicità 'immediatà', senza dubbio la forma più semplice e tradizionale di libera fruizione dell'attività di udienza, e dunque di rimarcata trasparenza del processo – cioè di ciò che si svolge nel ieròs Kyklos – nei confronti del mondo esterno".* DI CHIARIA, G., op. cit., p. 97.

nal é exercida. Isso volta-se aos terceiros, não diretamente envolvidos nas controvérsias – os quais podem assistir a audiência".[124]

Ao lado desta publicidade "imediata", encontra-se uma publicidade "mediata", isto é, o conhecimento da atividade exercida pelo Poder Judiciário é proveniente de um diafragma imposto pelos meios de comunicação (jornal, rádio, televisão, redes telemáticas), sendo que os instrumentos de que o povo poderá dispor para este fim, serão tanto mais numerosos e evoluídos na medida em que se aperfeiçoem as técnicas e as tecnologias de circulação da notícia.[125]

Mario Chiavario faz uma nítida distinção entre *publicidade imediata* e *publicidade mediata*. Para ele, a *"publicidade imediata"* é aquela inserida no processo penal ou civil e que permite a qualquer do povo presenciar o cumprimento dos atos processuais, sem que lhe exija uma particular qualificação profissional, nem uma particular relação entre sua pessoa e o processo (in questo primo senso sembrano da interpretare i testi della Conv. Eur. e del Patto internaz., quando parlano di 'publico' *tout court*).[126]

A *"publicidade mediata"*, por sua vez, é aquela permitida pelos trâmites dos meios de comunicação, que se traduz não apenas na exigência de se reconhecer aos jornalistas uma faculdade de presenciar os atos processuais, mas, também, na possibilidade de divulgação desses atos para um número indeterminado de pessoas, através dos meios de comunicação de massa.[127]

Sobre a *publicidade mediata* anotou o magistrado espanhol, Juan J. López Ortega:[128] *"Assinalei num trabalho anterior que, na minha opinião, a publicidade judicial não é mais que a concreção de um princípio mais geral, inerente a toda a atuação do*

---

[124] COMOGLIO, L. P.; FERRI, C., TARUFFO, M., op. Cit., p.88.

[125] Esta expressão foi utilizada por Francesco CARNELUTTI em sua obra: La publicidad del proceso penal, *in: Cuestiones sobre el proceso penal*, Trad. Sentis Melendo, Buenos Aires, 1961, p. 122.

[126] CHIAVARIO, Mario., *Processo e garanzie della persona – le garanzie fondamentali*. 3 ed. Vol. II. Milano: Dott. A. Giuffrè Editore, 1984. p. 281.

[127] CHIAVARIO, M. idem. Ibidem. Loc. Cit.

[128] *"He señalado en un trabajo anterior que, en mim opinión, la publicidad judicial no es ma's que la concreción de un principio más general, inherente a toda la actuación del Estado moderno, que se justifica funcionalmente porque hace posible el control de la actuación del Poder Judicial por la opinión pública. Desde esta óptica, cobra singular importancia la 'publicidad mediata', es decir, la que tiene lugar a través de los medios de comunicación de masas. Y esto, a su vez, explica que la exigencia general de publicidad ya no se encuentre suficientemente salvaguardada garantizando, como haste ahora, el acceso de los interesados a las actuaciones judiciales o permitiendo a los terceros ajenos al litigio asistir y presenciar personalmente el desarrollo del proceso".* LÓPEZ ORTEGA, Juan J. *Información y justicia. In: Justicias y Medios de Comunicación, Cuadernos de Derecho Judicial*, Madrid, XVI, 2006. , p. 97.

ART. 11

Estado moderno, que se justifica funcionalmente porque faz possível o controle da atuação do Poder Judiciário pela opinião pública. A partir desta ótica, adquire singular importância a 'publicidade mediata', isto é, a que tem lugar através dos meios de comunicação de massa. E isso, por sua vez, explica que a exigência geral de publicidade já não se encontre suficientemente salvaguardada, garantindo, como até agora, o acesso dos interessados às atuações judiciais ou permitindo aos terceiros alheios ao litígio assistir e presenciar pessoalmente o desenvolvimento do processo".

E o mesmo magistrado também advertiu: *"Na realidade, por meio da publicidade da justiça se reflete uma determinada concepção de democracia, um regime de luz que exclui o segredo do lado das autoridades públicas como garantia individual e como instrumento de controle do poder público (AUBY, 1969). Porém, se a publicidade é um traço característico do processo (...) aprimorado no Estado liberal, o que tampouco se pode ignorar é que o mesmo direito a um processo equitativo ressente-se quando a publicidade desenvolve-se de uma forma desmedida e incontrolada, convertendo o processo em espetáculo, o que comporta uma séria ameaça para a presunção de inocência do réu e para os direitos da personalidade de quem participa no processo. Por causa disso, para a justiça penal a transposição de funções à publicidade indireta, isto é, a que se produz por meio da imprensa, significa ao mesmo tempo risco e possibilidade (ZIPF, 1979). Risco para o réu exposto a uma pré--condenação pelos meios de comunicação, com o que se acrescenta uma nova e incrementada tarefa para a presunção de inocência (ESER, 1987); risco para os fins do processo que podem ver-se influídos pelos desejos e as expectativas do público (HASSEMER, 1984); e risco também para as exigências de reinserção que podem fracassar diante das campanhas da imprensa".* [129]

Percebe-se, portanto, que através dos grandes meios de comunicação em massa articula-se uma conexão entre a justiça e a opinião pública. Como resul-

---

[129] *"En realidad, a través de la publicidad de la justicia se refleja una determinada concepción de la democracia, un régimen de luz que excluye el secreto del lado de las autoridades públicas como garantía individual y como instrumento de control del poder público (AUBY, 1969). Pero si la publicidad es un rasgo característico del proceso penal reformado del Estado liberal, lo que tampoco se puede ignorar es que el mismo derecho a un proceso equitativo se resiente cuando la publicidad se desarrolla de una forma desmedida e incontrolada, convirtiendo el proceso en espectáculo, lo que comporta una seria amenaza para la presunción de inocencia del inculpado y para lo derechos de la personalidad de quienes participan en el proceso. A causa de ello, para la justicia penal la transposición de funciones a la publicidad indirecta, es decir, la que se produce a través de la prensa significa al mismo tiempo riesgo y posibilidad (ZIPF, 1979). Riesgo para el inculpado expuesto a una precondena en los medios de comunicación, con lo que se acrecienta una nueva e incrementada tarea para la presunción de inocencia (ESER, 1987); riesgo para los fines del proceso que pueden verse influidos por los deseos y las expectativas del público (HASSEMER, 1984); y riesgo también para las exigencias de reinserción que pueden fracasar ante las campañas de prensa".* LÓPEZ ORTEGA, J. J., idem, ibidem, loc. Cit.

tado disso, a publicidade processual deixou de ser uma instância crítica, perdendo sua antiga função como mecanismo de controle da aplicação da lei para se converter num mero instrumento de prevenção geral, em um meio de educação dos cidadãos como fiéis cumpridores das normas.[130]

Mas é necessário advertir: *"que a publicidade amplificada pelos meios de comunicação, a 'publicidade-espetáculo', acarreta grandes riscos para todos os participantes no processo..."*[131]

Não se resumindo o estudo do processo à análise das normas escritas que o regulam, conforme bem advertiu Giuseppe di Chiara, o tema da publicidade mediata passa a ser uma constante preocupação daqueles que pregam a existência de um processo justo com todas as garantias, principalmente a partir do momento em que racionalmente ou intuitivamente percebe-se uma nítida e constante condução do resultado da atividade jurisdicional segundo os postulados hermenêuticos preconizados pelos *mass media*, colocando-se em risco principalmente o princípio da *imparcialidade judicial*.

O art. 11 do atual C.P.C. afirma que todos os julgamentos do Poder Judiciário serão públicos, salvo exceções que preservem o segredo de justiça, quando somente será autorizada a participação das partes, de seus advogados, de defensores públicos, ou do Ministério Público, quando for o caso.

Prescreve o *parágrafo único do art. 11 do atual C.P.C.* que nos *casos de segredo de justiça, pode ser autorizada somente a presença das partes, de seus advogados, de defensores públicos ou do Ministério Público.*

O artigo 188 e incisos do novo C.P.C. estabelece as hipóteses em que os atos processuais correm em segredo de justiça:

> *Art. 188. Os atos processuais são públicos. Tramitam, todavia, em segredo de justiça os processos:*
>
> *I – em que o exija o interesse público ou social;*
>
> *II – que versem sobre casamento, separação de corpos, divórcio, separação, união estável, filiação, alimentos e guarda de crianças e adolescentes;*
>
> *III – em que constem dados protegidos pelo direito constitucional à intimidade;*

---

[130] LÓPEZ ORTEGA, J. J., idem, ibidem, p. 100.

[131] *"que la publicidad amplificada por los medios de comunicación, la 'publicidad-espectáculo', conlleva grandes riesgos para todos los participantes en el proceso, especialmente para el inculpado que ha de soportar que parte de su vida, el reproche por el delito e incluso su condena se pongan a la vista de otras personas, lo que sin duda representa el obstáculo más serio para su resocialización* (HASSAMER, 1984)". LÓPEZ ORTEGA, J. J., idem, ibidem, p. 101.

IV – que versem sobre arbitragem, inclusive sobre cumprimento de carta arbitral, desde que a confidencialidade estipulada na arbitragem seja comprovada perante o juízo.

Parágrafo único. O direito de consultar os autos de processo que tramite em segredo de justiça e de pedir certidões de seus atos é restrito às partes e aos seus procuradores.

O terceiro que demonstrar interesse jurídico pode requerer ao juiz certidão do dispositivo da sentença, bem como de inventário e partilha resultante de divórcio ou separação.

Observa-se que o artigo 188 do atual C.P.C. traz quase todas as disposições contidas no revogado artigo 155 do C.P.C. de 1973.

Contudo, o artigo 188 acrescentou o inciso III, segundo o qual o processo deverá correr em segredo de justiça todas às vezes em que constem dados protegidos pelo direito constitucional à intimidade.

A Constituição Federal em seu art. 5º, incisos X e XII, estabelece hipóteses de proteção à intimidade: *"Art. 5º....; inc. X – são invioláveis a intimidade, a vida privada, a honra e a imagem das pessoas...; inc. XII – é inviolável o sigilo de correspondência e das comunicações telegráficas, de dados e das comunicações telefônicas, salvo, no último caso, por ordem judicial, nas hipóteses e na forma que a lei estabelecer para fins de investigação criminal ou instrução processual penal".*

A quebra se sigilo fiscal e bancário é muito comum nas ações de execução civil e fiscal, em que muitas vezes há quebra dos dados reservados do devedor como forma de localização de bens.

Porém, a simples consulta ao BACENJUD para fins de constatar a existência de depósito bancário em nome do devedor com o intuito de penhora, não se considerada como *quebra de sigilo*, conforme assim estabelece os seguintes precedentes:

(...)
2. A pesquisa de bens ou ativos financeiros não constitui quebra de sigilo bancário, porquanto o interesse é apenas em saber se existe patrimônio apto a garantir o débito, nada importando a origem desses bens. 3. A utilização dos sistemas em questão não se condiciona à demonstração acerca do esgotamento de diligências do credor para localizar bens passíveis de penhora.
(TRF4, AG 0001374-48.2013.404.0000, Terceira Turma, Relator Fernando Quadros da Silva, D.E. 15/05/2013

(...).
2. A pesquisa – bem como eventual bloqueio – de ativos financeiros nas contas de titularidade da parte executada não constitui quebra de sigilo bancário, porquanto o

interesse é apenas em saber se existem valores aptos a garantir o débito, nada importando a origem desses valores. 3. A utilização do sistema BACENJUD não se condiciona à demonstração acerca da inexistência de outros bens penhoráveis e ao esgotamento de diligências do credor nesse sentido.
(TRF4, AG 5008592-76.2012.404.0000, Terceira Turma, Relator p/ Acórdão Fernando Quadros da Silva, D.E. 10/10/2012)

(...).
8. A penhora on-line, empreendida pelo sistema BACENJUD, não implica devassa da situação financeira do contribuinte, o qual, simplesmente, sofre restrição de valor idêntico ao de sua dívida.
(...).
(TRF4, AC 2004.70.02.007149-4, Primeira Turma, Relator Leandro Paulsen, D.E. 06/06/2012)

Questão inversa ocorrerá se na pesquisa do BACENJUD o magistrado requisitar, não penas a indisponibilidade do valor do crédito, mas também a apresentação de extratos bancários do devedor. Neste caso haverá, sim, quebra de sigilo bancário, devendo evitar-se a publicidade do processo, pois estará resguardado pelo segredo de justiça.

Também será caso de segredo de justiça a juntada de cópia de imposto de renda de uma das partes da relação jurídica processual.

A legislação especial exige que o processo desenvolva-se em segredo de justiça também nas seguintes hipóteses: Estatuto da Criança e do Adolescente – artigo 143 e 144; Lei de Alimentos, artigo 1º, Lei Orgânica da Magistratura – LOMAN, artigo 27, §7º e Lei do Divórcio, artigo 52, inclusive a separação de corpos.

A comunicação dos atos processuais sob segredo de justiça deve ser realizada de tal maneira que não haja publicidade ou reconhecimento das pessoas envolvidas, devendo as iniciais dos nomes serem abreviadas.

A matéria referente à União Estável é de interesse público e diz respeito também à questão de casamento razão pela qual deve correr em segredo de justiça, conforme artigo 9º da Lei 9.278/96 e o próprio inc.II do art. 189 do atual C.P.C.

Nas hipóteses em que haja segredo de justiça, os interessados juridicamente, que não sejam as partes e seus advogados, somente poderão ter acesso às certidões do dispositivo da sentença ou sobre eventual partilha realizada no divórcio ou partilha de união estável. Se não houver segredo de justiça, qualquer pessoa poderá consultar os autos em cartório. Nesse sentido são os seguintes precedentes:

ART. 11

É permitida a vista dos autos em Cartório por terceiro que tenha interesse jurídico na causa, desde que o processo não tramite em segredo de justiça.
(REsp 656.070/SP, Rel. Ministro HUMBERTO GOMES DE BARROS, TERCEIRA TURMA, julgado em 20/09/2007, DJ 15/10/2007 p. 255)

(...).
– De acordo com o princípio da publicidade dos atos processuais, é permitida a vista dos autos do processo em cartório por qualquer pessoa, desde que não tramite em segredo de justiça.
(...).
(REsp 660.284/SP, Rel. Ministra NANCY ANDRIGHI, TERCEIRA TURMA, julgado em 10/11/2005, DJ 19/12/2005 p. 400)

Por fim, a questão da restrição da publicidade dos atos processuais assim foi tratada no art. 14 do Pacto Internacional sobre Direitos Civis e Políticos (1966), do qual o Brasil é signatário: *"...A imprensa e o público poderão ser excluídos de parte ou da totalidade de um julgamento, quer por motivo de moral pública, ordem pública ou de segurança nacional em uma sociedade democrática, quer quando o interesse da vida priva das partes o exija, quer na medida em que isto seja estritamente necessário na opinião da justiça, em circunstâncias específicas, nas quais a publicidade venha a prejudicar os interesses da justiça...".*
Sobre a questão da publicidade e do segredo de justiça, eis os seguintes precedentes do S.T.J.:

(...).
– O processo de arrolamento não se insere no rol dos feitos que tramitam em segredo de justiça. A circunstância de estar evidenciado o estado de filiação, por si só, não autoriza a adoção dessa medida excepcional.
(...).
(RMS 17.768/SP, Rel. Ministro FRANCIULLI NETTO, SEGUNDA TURMA, julgado em 24/08/2004, DJ 28/02/2005 p. 256)

(...).
2. A exceção ao direito às informações, inscrita na parte final do inciso XXXIII do art. 5º da Constituição Federal, contida na expressão "ressalvadas aquelas cujo sigilo seja imprescindível à segurança da sociedade e do Estado", não deve preponderar sobre a regra albergada na primeira parte de tal preceito. Isso porque, embora a Lei 5.821/72, no parágrafo único de seu art. 26, classifique a documentação como sendo sigilosa, tanto quanto o faz o Decreto 1.319/94, não resulta de tais normas nada que indique

CÓDIGO DE PROCESSO CIVIL

estar a se prevenir risco à segurança da sociedade e do Estado, pressupostos indispensáveis à incidência da restrição constitucional em apreço, opondo-se ao particular, no caso o impetrante, o legítimo e natural direito de conhecer os respectivos documentos, que lastrearam, ainda que em parte, e, assim digo, porque deve existir, também, certo subjetivismo na avaliação, a negativa de sua matrícula em curso da Escola de Comando e Estado Maior da Aeronáutica – ECEMAR, como alegado.

3. A publicidade constitui regra essencial, como resulta da Lei Fundamental, art. 5º, LX, quanto aos atos processuais; 37, caput, quanto aos princípios a serem observados pela Administração; seu § 1º, quanto à chamada publicidade institucional: 93, IX e X, quanto às decisões judiciais, inclusive administrativas, além de jurisprudência, inclusive a Súmula 684/STF, em sua compreensão. No caso, não há justificativa razoável a determinar a incidência da exceção (sigilo), em detrimento da regra. Aplicação, ademais, do princípio da razoabilidade ou proporcionalidade, como bem ponderado pelo órgão do Ministério Público Federal.

4. Ordem concedida.

(HD. 91/DF, Rel. Ministro ARNALDO ESTEVES LIMA, TERCEIRA SEÇÃO, julgado em 14/03/2007, DJ 16/04/2007 p. 164)

(...).

2. Inexiste razão suficiente para se poder negar a inclusão da informação dos registros cartorários sobre o início da fase executiva do processo, bem como o nome do Executado, tão-somente porque a citação ainda não ocorreu.

(...).

(REsp 547.317/RJ, Rel. Ministro HUMBERTO MARTINS, SEGUNDA TURMA, julgado em 26/09/2006, DJ 18/10/2006 p. 228)

(...).

1. A comunicação dos atos processuais é feita, em regra, pela publicação no órgão oficial ou, quando se trata de intimação pessoal, através de Oficial de Justiça. Prática que não deve conter vícios, sob pena de ferir o princípio da publicidade dos atos judiciais.

2. Os meios alternativos de acesso às informações processuais, como a internet ou a via telefônica (inclusive a automática) existem para facilitar o conhecimento pelos advogados e/ou jurisdicionados, não produzindo efeitos jurídicos.

(...).

(RMS 17.898/MG, Rel. Ministra ELIANA CALMON, SEGUNDA TURMA, julgado em 21/09/2004, DJ 29/11/2004 p. 270)

3. Da fundamentação da decisão

O artigo 11 do atual C.P.C., além de preconizar a necessidade de publicização dos atos processuais, também exige que todas as decisões provenientes do Poder Judiciário sejam *fundamentadas*, nos termos do que estabelece o artigo 93, inciso IX da Constituição Federal:

> *"Art. 93, inciso IX: todos os julgamentos dos órgãos do Poder Judiciário serão públicos, e **fundamentadas todas as decisões**, sob pena de nulidade, podendo a lei limitar a presença, em determinados atos, às próprias partes e a seus advogados, ou somente a estes, em casos nos quais a preservação do direito à intimidade do interessado no sigilo não prejudique o interesse público à informação;* (Redação dada pela Emenda Constitucional nº 45, de 2004)"

Por meio da fundamentação das decisões judiciais, as partes, assim como a sociedade em geral, poderão avaliar a justiça e a legitimação democrática do ato judicial. Sem fundamentação, a decisão judicial torna-se arbitrária e despótica, uma vez que não permite, de forma racional, confrontar seu acerto com os critérios de legalidade e de justiça.

Evidentemente que quando a Constituição Federal estabelece que as decisões devam ser **fundamentadas,** isto significa dizer que a fundamentação da decisão deve respaldar-se em *critérios jurídicos* e não *simplesmente* em *critérios sociais, coletivos, morais ou econômicos*, não obstante esses critérios também possam ser avaliados no contexto da decisão judicial.

Comentando o artigo 111 da Constituição Italiana, especialmente no que concerne ao princípio da *motivação das decisões judiciais,* anota Michele Taruffo:

"El principio de obligatoriedad de la motivación de las decisiones jurisdiccionales se inserta en el sistema de garantías que las constituciones democráticas crean para tutelar las situaciones jurídicas de los individuos ante el poder estatal y, en particular, ante las manifestaciones del mismo en el ámbito de la jurisdicción. En este nivel de generalidad, se trata de una constación obvia que, en cuanto tal, no requiere de demostraciones específicas; además, el panorama histórico y comparado que se ha delineado anteriormente nos aporta elementos que confirmam esta interpretación. A diferencia de lo que sucede en otros ordenamientos, la formulación expresa del principio contenido en el artículo 111, numeral primero, de la Constitución nos exime de demostrar que dicho principio sea parte de las garantías fundamentales de 'natural justice'. El problema, entonces, solo radica en identificar el significado del principio constitucional de obligatoriedad de la motivación en el contexto de los principios de garantía establecidos para la función jurisdiccional y en congruencia con su alcance político general. Si observamos al principio en cuestión desde la perspectiva de sus conexiones con los otros principios constitucionales inherentes a la jurisdicción, tenemos

CÓDIGO DE PROCESSO CIVIL

*que presenta un carácter esencial de instrumentalidad, en el sentido de que su aplicación constituye una condición de efectividad de esos principios en la concreta administración de justicia. Desde este punto de vista, como se observará, emerge la función de la norma constitucional en cuestión como 'norma para el juez', en la medida en la que éste ejerce sua función observando los principios del ordenamiento y, también, en la medida que obedece 'directamente' a la obligación constitucional de motivación. En conexión con el principio de obligatoriedad de la motivación deben considerarse, por una parte, los principios de **independencia y de sujeción del juez a la ley y, por la otra, la garantía de la defensa**".*[132]

Em relação à conexão entre o princípio da obrigatoriedade da motivação e o princípio da legalidade da decisão, esclarece Michele Taruffo: *"Consideraciones en gran medida análogas valen para la conexión entre el principio de obligatoriedad de la motivación y el principio de legalidad de la decisión. **De hecho, es posible afirmar que en cada decisión en lo singular se ve reflejado el 'apego del juez a la ley', sólo cuando la motivación demuestra que la ley ha sido válidamente aplicada al caso que se decide. Por otra parte, es intuitivo que ante la falta de motivación el problema en torno de la 'legalidad' de la decisión queda sin solución, dado que la legalidad de la decisión no puede ser, de ninguna manera, verificada. (...). La decisión, por tanto, debe ser 'legal', pero de hecho solamente lo es dentro de los límites y en las formas en las que demuestra serlo, y en la medida en que permite el control sobre la validez de dicha demostración. Desde esta perspectiva, para el juez, la obligación de motivación significa demostrar que el principio de legalidad fue efectivamente respetado en el caso de la decisión concreta***".*[133]

A obrigação de motivação das decisões, portanto, é considerada uma garantia do tipo objetivo ou estrutural, na qual coexistem a correção finalística como o princípio da legalidade; a idoneidade institucional em permitir um controle externo sobre os motivos da decisão, ainda que decorrentes do poder discricionário do juiz, especialmente no que concerne à subjetivação do juiz à lei e a sua imparcialidade no 'jus dicere'; o suporte instrumental indispensável para um adequado exercício do direito de defesa, em confronto com a própria decisão.[134]

Na realidade, numa perspectiva jurídico-política, o princípio da motivação das decisões judiciais apresenta uma finalidade extraprocessual, capaz de prevenir eventuais abusos de poder, permitindo a 'transparência' e o 'controle' externo da atividade jurisdicional por parte do povo soberano. Concorre, em via

---

[132] TARUFFO, Michele. *La motivación de la sentencia civil.* Trad. Lorenço Córdova Vianello. México: Tribunal Electoral del Poder Judicial de la Federación, 2006. p.359/360.

[133] TARUFFO, M., idem, ibidem, p. 351 e 352.

[134] COMOLGIO, L. P.; FERRI, C., TARUFFO, M., op. Cit., p. 90.

ART. 11

secundária, a uma finalidade endoprocessual, no sentido de permitir o reexame da decisão pelos Tribunais Superiores.

O que se exige é que a decisão seja fundamentada, muito embora a norma não estabeleça os limites necessários para que se possa dizer que a decisão judicial encontra-se perfeitamente fundamentada.

É importante não confundir a falta de motivação de uma sentença com sua falta de completude e congruência ao apreciar as pretensões formuladas pelas partes.

Entende-se por sentença completa, no seu aspecto positivo, quando o juiz na sentença aprecia e decide sobre todos os pontos controvertidos objeto do processo. Já no aspecto negativo, haverá falta de completude da sentença quando o juiz omite-se em relação a algum dos referidos pontos. A falta de motivação da sentença não tem nada a ver com a falta de completude da sentença, dado que a primeira pressupõe que exista uma pronuncia, enquanto que a segunda, integrando por si uma violação constitucional, implica além do mais, inexistência da motivação.[135]

É bem verdade que existem ordenamentos jurídicos que em razão de determinadas situações permitem a omissão dos fatos ou dos motivos da decisão. Essa possibilidade é encontrada no §313a do Código de Processo Civil alemão (*Zivilprozessordnung*):

> *"Omissão do fato e dos motivos da decisão.*
>
> *(1) A indicação do fato não é necessária quando não há dúvida que a impugnação da sentença não é admissível. Neste caso, não é necessária também a indicação dos motivos da decisão se as partes apresentam renúncia a isso ou se o seu conteúdo essencial foi inserido no 'verbal'.*
>
> *(2) Se a sentença for pronunciada na audiência em que se concluiu a tratativa oral, a indicação do fato e dos motivos da decisão não é necessária se ambas as partes renunciam à impugnação da sentença. Se a sentença pode ser impugnada apenas por uma das partes, é suficiente a renúncia desta última.*
>
> *(3) A renúncia de que tratam os incisos 1 e 2 pode ser declarada antes mesmo da pronúncia da sentença; essa deve ser declarada perante o tribunal ao mais tardar dentro de uma semana da conclusão da tratativa oral.*
>
> *(4) Os incisos de 1 a 3 não encontram aplicação no caso de uma condenação a prestação periódica de futura 'scadenza' ou quando é previsível que a sentença será executada no exterior.*

---

[135] AROCA, J. M., op. cit., p. 82.

CÓDIGO DE PROCESSO CIVIL

(5) Se uma sentença sem indicação do fato e dos motivos da decisão deve ser executada no exterior, aplicam-se correspondentemente as normas sobre a integração das sentenças contumacial e de reconhecimento".

No Brasil também existe hipótese em que a decisão judicial, inclusive com natureza sentencial, não necessita da explicitação dos motivos. Isso ocorre quando o juiz prolata decisões com natureza homologatória.

Evidentemente que não se deve confundir *ausência de fundamentação* com *fundamentação sucinta*, uma vez que a síntese na análise das questões de fato ou de direito não caracteriza ausência de fundamentação. Nesse sentido é o seguinte precedente do S.T.J.:

1. Tendo o Tribunal de origem se pronunciado de forma clara e precisa sobre as questões postas nos autos, assentando-se em fundamentos suficientes para embasar a decisão, não há falar em afronta ao art. 535, II, do CPC, não se devendo confundir "fundamentação sucinta com ausência de fundamentação"
(...).
(AgRg no Ag 1.152.666/PE, Rel. Min. MARIA THEREZA DE ASSIS MOURA, Sexta Turma, DJe 1º/2/10).

Também não há falar em falta de fundamentação o fato de o juiz não responder a todas as indagações formuladas pelas partes, pois ele não está obrigado a analisar todas as questões trazidas pelas partes, principalmente quando essas questões são impertinentes ou meramente protelatórias. Nesse sentido é o seguinte precedente do S.T.J.:

1. Não configura omissão, nos embargos de declaração, a ausência de manifestação acerca de todos os dispositivos tidos pelos embargantes como violados, uma vez que, consoante entendimento pacífico nesta Corte, o julgador não está obrigado a responder a todas as alegações das partes, quando já tenha encontrado motivo suficiente para fundar a decisão.
(...).
(REsp 1179321/SP, Rel. Ministro FERNANDO GONÇALVES, QUARTA TURMA, julgado em 06/04/2010, DJe 09/06/2010)

Art. 12

Os juízes e os tribunais deverão obedecer à ordem cronológica de conclusão para proferir sentença ou acórdão.

§ 1º A lista de processos aptos a julgamento deverá estar permanentemente à disposição para consulta pública em cartório e na rede mundial de computadores.

§ 2º Estão excluídos da regra do *caput*:

I – as sentenças proferidas em audiência, homologatórias de acordo ou de improcedência liminar do pedido;

II – o julgamento de processos em bloco para aplicação de tese jurídica firmada em julgamento de casos repetitivos;

III – o julgamento de recursos repetitivos ou de incidente de resolução de demandas repetitivas;

IV – as decisões proferidas com base nos arts. 485 e 932;

V – o julgamento de embargos de declaração;

VI – o julgamento de agravo interno;

VII – as preferências legais e as metas estabelecidas pelo Conselho Nacional de Justiça;

VIII – os processos criminais, nos órgãos jurisdicionais que tenham competência penal;

IX – a causa que exija urgência no julgamento, assim reconhecida por decisão fundamentada.

§ 3º Após elaboração de lista própria, respeitar-se-á a ordem cronológica das conclusões entre as preferências legais.

§ 4º Após a inclusão do processo na lista de que trata o § 1º, o requerimento formulado pela parte não altera a ordem cronológica para a decisão, exceto quando implicar a reabertura da instrução ou a conversão do julgamento em diligência.

§ 5º Decidido o requerimento previsto no § 4º, o processo retornará à mesma posição em que anteriormente se
encontrava na lista.

§ 6º Ocupará o primeiro lugar na lista prevista no § 1º ou, conforme o caso, no § 3º, o processo:

I – que tiver sua sentença ou acórdão anulado, salvo quando houver necessidade de realização de diligência ou de complementação da instrução;

II – se enquadrar na hipótese do art. 1.040, inciso II.

Ordem cronológica de julgamento de processos

O art. 12 do atual C.P.C. traz uma inovação importante quanto ao critério de julgamento dos processos, optando por estabelecer uma ordem cronológica objetiva para a conclusão dos processos em andamento em determinado órgão jurisdicional.

O critério *objetivo* cronológico para a prolação de sentenças e acórdãos é a *data da conclusão* do processo para o julgamento.

Sem dúvida que é o melhor critério a ser apresentado pelo legislador, pois com a conclusão para o julgamento, o processo está somente à disposição do magistrado para o seu encerramento final.

É importante salientar que a opção pela data de distribuição não representaria o melhor critério, pois o trâmite processual não depende apenas do magistrado, mas, principalmente, da complexidade do caso, das provas requeridas pelas partes etc.

A emenda apresentada na Câmara dos Deputados ao projeto, a fim de determinar que não somente os juízes, mas que todos os órgãos jurisdicionais observem a ordem cronológica de conclusão para julgamento de processos foi salutar por ser mais abrangente.

Outra alteração importante promovida pela Emenda apresenta na Câmara dos Deputados foi a modificação da expressão *recurso* para *acórdão*. Na realidade, os tribunais não apenas julgam recursos, mas também realizam julgamento de demandas originárias, razão pela qual a ordem cronológica deve ser de conclusão para proferir acórdão e não simplesmente para julgamento de recursos.

A inserção de um critério objetivo para a escolha de processos que devem ser julgados preferencialmente é muito salutar, além de concretizar o princípio da efetiva prestação da tutela jurisdicional e da celeridade processual.

Mediante o critério cronológico de processos conclusos para a decisão, evita-se que o magistrado escolha apenas os processos mais fáceis de solução, deixando de lado os processos mais complexos.

Estabelece o §1º *do art. 12* do atual C.P.C. que *a lista de processos aptos a julgamento deverá estar permanentemente à disposição para consulta pública em cartório e na rede mundial de computadores.*

Atualmente, com a rede mundial de computadores, assim como em face da franca ascensão do processo eletrônico, é mais eficaz a publicação dessa lista na *internet* por meio da rede mundial de computadores, a fim de que todos os usuários do sistema processual possam saber a localização exata do seu processo para fins de prioridade de julgamento.

Por isso foi apresentada emenda na Câmara dos Deputados, inserindo nesse parágrafo a obrigação de publicação da lista também na rede mundial de computadores.

O *§2º do art. 12* do atual C.P.C. estabelece que *estão excluídos da regra do 'caput': I – as sentenças proferidas em audiência, homologatórias de acordo ou de improcedência liminar do pedido; II – o julgamento de processos em bloco para aplicação de tese jurídica firmada em julgamento de casos repetitivos; III – o julgamento de recursos repetitivos ou de incidente de resolução de demandas repetitivas; IV – as decisões proferidas com base nos arts. 485 e 932; V – o julgamento de embargos de declaração; VI – o julgamento de agravo interno; VII – as preferências legais e as metas estabelecidas pelo Conselho Nacional de Justiça; VIII – os processos criminais, nos órgãos jurisdicionais que tenham competência penal; IX – a causa que exija urgência no julgamento, assim reconhecida por decisão fundamentada.*

Muito embora tenha sido providencial a inserção de critérios objetivos para efeito de preferência de julgamentos, o certo é que existem processos que devem, até por uma questão de logicidade, ser julgados preferencialmente, pois não se justificaria aguardar uma lista de espera quando a solução está praticamente definida

Daí porque o §2º do art. 12 do atual C.P.C. apresentar diversas hipóteses que excepcionam o *caput* do mesmo dispositivo, estabelecendo algumas circunstâncias que merecem ser privilegiadas, a fim de que o processo seja imediatamente solucionado.

A primeira hipótese ocorre em relação às sentenças proferidas em audiência, homologatória de acordo ou de improcedência liminar do pedido. Nestas hipóteses, a decisão será proferida de imediato, independente da ordem estabelecia na lista de processos conclusos para decisão.

Ora, se após a instrução processual realizada em audiência, o julgador já se sentir apto ao julgamento, deverá fazê-lo, sem que o processo seja encaminhado para a conclusão.

Tendo em vista que as decisões *homologatórias de acordo* são sentenças simplificadas e que não demandam maiores considerações, deve o juiz proferir essas decisões independentemente da lista de espera. A expressão acordo abrange transação, conciliação e mediação.

Penso também que é possível nessa hipótese fazer uma interpretação extensiva, para aí incluir as sentenças homologatórias da desistência da demanda, pois não se justifica a permanência ativa de um processo em que o autor já desistiu da pretensão formulada.

O legislador também excepcionou a sentença que reconhece a improcedência liminar do pedido. As hipóteses em que o juiz poderá proferir a *improcedência liminar do pedido* encontram-se no art. 332 do atual C.P.C., a saber:

> *Art. 332. Nas causas que dispensem a fase instrutória, o juiz, independentemente da citação do réu, julgará liminarmente improcedente o pedido que contrariar:*
> *I – enunciado de súmula do Supremo Tribunal Federal ou do Superior Tribunal de Justiça;*
> *II – acórdão proferido pelo Supremo Tribunal Federal ou pelo Superior Tribunal de Justiça em julgamento de recursos repetitivos;*
> *III – entendimento firmado em incidente de resolução de demandas repetitivas ou de assunção de competência;*
> *IV – enunciado de súmula de tribunal de justiça sobre direito local.*
> *§ 1º O juiz também poderá julgar liminarmente improcedente o pedido se verificar, desde logo, a ocorrência de decadência ou de prescrição.*
> *(...).*

Também poderia ter incluído a hipótese de contrariar Súmulas do TST.

Essas exceções evitam que se dê prosseguimento a processo, cuja pretensão deverá ser liminarmente indeferida.

O legislador também excepcionou as hipóteses de julgamento de processos em bloco para aplicação das teses jurídicas firmadas em julgamento de casos repetitivos, como na hipótese de tese firmada em incidente de resolução de demandas repetitivas e de recursos repetitivos.

Ora, se a tese já se encontra firmada em razão de julgamento do incidente de resolução de demandas repetitivas ou em razão de decisão proferida pelo S.T.F. ou S.T.J. em recurso repetitivo, não há porque aguardar mais tempo para se solucionar o processo com base nessas orientações definitivas estabelecidas pelos Tribunais superiores.

É importante salientar que o legislador somente excepcionou as decisões em processo em bloco quando já haja decisão final no incidente de resolução de demandas repetitivas ou em recurso repetitivo. Assim, muito embora haja processos em bloco, com pretensão idêntica e repetitiva, tendo o juiz inclusive já proferido decisão sobre a matéria, não poderá o julgador excepcionar esse tipo de processo, o qual deverá observar a ordem cronológica de conclusão para a prolação de julgamento. É certo que os magistrados, diante deste fato, procuravam dar preferência aos processos repetitivos, pois além de já terem decisão

ART. 12

sobre a matéria, aumentariam os dados estatísticos para efeito de avaliação de produção mensal. Agora isso não é mais possível.

O legislador também excepcionou a determinação do *caput* do art. 12 em relação ao julgamento de recursos repetitivos ou de incidente de resolução de demandas repetitivas.

Enquanto que no inciso II já houve o julgamento de recursos repetitivos ou de incidente de resolução de demandas repetitivas, no inc. III do art. 12 do atual C.P.C. há referência ao próprio processo em que será julgada essa espécie de incidente.

Também haverá exceção ao *caput* do art. 12 do atual C.P.C., em relação às decisões proferidas com base nos arts. 485 e 932 do atual C.P.C.

O art. 485 do atual C.P.C. trata da decisão em que o órgão jurisdicional não resolverá o mérito, a saber:

> *Art. 485. O juiz não resolverá o mérito quando:*
> *I – indeferir a petição inicial;*
> *II – o processo ficar parado durante mais de um ano por negligência das partes;*
> *III – por não promover os atos e as diligências que lhe incumbir, o autor abandonar a causa por mais de 30 (trinta dias);*
> *IV – verificar a ausência de pressupostos de constituição e de desenvolvimento válido e regular do processo;*
> *V – reconhecer a existência de peremção, de litispendência ou de coisa julgada;*
> *VI – verificar ausência de legitimidade ou de interesse processual;*
> *VII – acolher a alegação de existência de convenção de arbitragem ou quando o juízo arbitral reconhecer sua competência;*
> *VIII – homologar a desistência da ação;*
> *IX – em caso de morte da parte, a ação for considerada intransmissível por disposição legal; e*
> *X – nos demais casos prescritos neste Código.*

O art. 932, por sua vez, diz respeito à decisão proferida monocraticamente pelo relator no Tribunal, a saber:

> *Art. 932. Incumbe ao relator:*
> *I – dirigir e ordenar o processo no tribunal, inclusive em relação à produção de prova, bem como, quando for o caso, homologar autocomposição das partes;*
> *II – apreciar o pedido de tutela provisória nos recursos e nos processos de competência originária do tribunal;*

III – não conhecer de recurso inadmissível, prejudicado ou que não tenha impugnado especificamente os fundamentos da decisão recorrida;

IV – negar provimento a recurso que for contrário a:

a) súmula do Supremo Tribunal Federal, do Superior Tribunal de Justiça ou do próprio tribunal;

b) acórdão proferido pelo Supremo Tribunal Federal ou pelo Superior Tribunal de Justiça em julgamento de recursos repetitivos;

c) entendimento firmado em incidente de resolução de demandas repetitivas ou de assunção de competência;

V – depois de facultada a apresentação de contrarrazões, dar provimento ao recurso se a decisão recorrida for contrária a:

a) súmula do Supremo Tribunal Federal, do Superior Tribunal de Justiça ou do próprio tribunal;

b) acórdão proferido pelo Supremo Tribunal Federal ou pelo Superior Tribunal de Justiça em julgamento de recursos repetitivos;

c) entendimento firmado em incidente de resolução de demandas repetitivas ou de assunção de competência;

VI – decidir o incidente de desconsideração da personalidade jurídica, quando este for instaurado originariamente perante o tribunal;

VII – determinar a intimação do Ministério Público, quando for o caso;

VIII – exercer outras atribuições estabelecidas no regimento interno do tribunal.

Parágrafo único. Antes de considerar inadmissível o recurso, o relator concederá o prazo de 5 (cinco) dias ao recorrente para que seja sanado vício ou complementada a documentação exigível.

Não será observada a ordem cronológica determinada no *caput* do art. 12 deste Código o julgamento dos embargos de declaração, especialmente pelo fato de que essa espécie de recurso visa justamente a esclarecer uma decisão que já fora anteriormente proferida, devendo ser julgado preferencialmente.

Igualmente não será observado o *caput* do art. 12 deste Código o julgamento do agravo interno, ou seja, o recurso interposto contra a decisão proferida monocraticamente pelo relator, especialmente aquelas decisões indicadas no art. 932 do novo C.P.C.

Estão à margem da ordem cronológica prevista no *caput* do art. 12 do atual C.P.C., as preferências legais e as metas estabelecidas pelo Conselho Nacional de Justiça.

ART. 12

Assim, por exemplo, os processos em que esteja litigando pessoa com mais de sessenta anos (idoso), pessoas portadoras de doenças indicadas no art. 6º, inc. XIV, da Lei n. 7.713/88, as demandas de interesse de criança ou adolescente (Lei n. 8.069/90) ou os processos que estejam inseridos como prioritários nas metas impostas pelo C.N.J., deverão ter preferência de julgamento em relação àqueles que estão conclusos para julgamento.

Da mesma forma, estão à margem do *caput* do art. 12 do atual C.P.C., os processos criminais, nos órgãos de jurisdição que tenham competência penal.

Sem dúvida, em razão de valores que estão em jogo no âmbito dos processos criminais, deverá, sim, haver preferência de julgamento desses processos nos órgãos jurisdicionais que tenham competência penal. Assim, entre o julgamento de um processo de natureza civil concluso para sentença e um processo de natureza criminal, este terá preferência de julgamento nas Varas que tenham competência para julgamento de ambos os processos.

Por fim, não se aplicará o *caput* do art. 12 do C.P.C.IX, na a causa que exija urgência no julgamento, assim reconhecida por decisão fundamentada.

Assim, poderá o órgão jurisdicional quebrar a ordem cronológica de conclusão do processo para julgamento, desde que esteja diante de uma causa que exija urgência de seu julgamento, devendo essa urgência ser reconhecida por decisão fundamentada.

Não sendo o caso das exceções previstas expressamente no §2º, incs. I a IX, do art. 12, do atual C.P.C., eventual não observância da ordem cronológica de julgamento de processos poderá ser objeto de *correição parcial* e de comunicado aos órgãos correcionais do órgão jurisdicional que deixou de observar a determinação legal.

Estabelece o *§ 3º do art. 12* do atual C.P.C. que *após elaboração de lista própria, respeitar-se- á a ordem cronológica das conclusões entre as preferências legais.*

Uma vez elaborada a lista própria de prioridades, deverá ser respeitada a ordem cronológica das conclusões entre as preferências legais.

Porém, se a ordem cronológica de preferências legais for a ordem indicada nos incisos do §2º do art. 12, esta ordem, sem dúvida, é falha, pois não se justifica deixar os processos em que haja intervenção de idosos para praticamente último lugar na ordem de julgamento, ou deixar o processo criminal para ordem de julgamento após o julgamento, por exemplo, dos embargos de declaração.

Prescreve o *§ 4º do art. 12* do atual C.P.C. que *após a inclusão do processo na lista de que trata o § 1º, o requerimento formulado pela parte não altera a ordem cronológica para a decisão, exceto quando implicar a reabertura da instrução ou a conversão do julgamento em diligência.*

CÓDIGO DE PROCESSO CIVIL

Esta determinação legal é importante, pois muitas vezes há manifestação da parte em relação aos processos conclusos para decisão, mediante juntada de petições.

Porém, muito embora a parte possa se manifestar nos processos conclusos, mediante apresentação de petições, esse requerimento formulado pela parte não alterará a ordem cronológica para a decisão, salvo se o requerimento implicar na reabertura da instrução ou na conversão do julgamento em diligência.

Assim, se o requerimento exigir a realização do contraditório, o processo perderá a ordem cronológica de seu julgamento.

Em complemento, estabelece o § 5º do art. 12 do atual C.P.C. que *decidido o requerimento previsto no § 4º, o processo retornará à mesma posição em que anteriormente se encontrava na lista.*

Por fim, preconiza o § 6º do art. 12 do atual C.P.C. que *ocupará o primeiro lugar na lista prevista no § 1º ou, conforme o caso, no § 3º, o processo: I – que tiver sua sentença ou acórdão anulado, salvo quando houver necessidade de realização de diligência ou de complementação da instrução; II – se enquadrar na hipótese do art. 1.040, inciso II.*

Não há dúvida de que havendo a declaração de nulidade da sentença de primeiro grau pelo tribunal superior, ao retornar o processo deverá ele ter preferência de julgamento, exatamente pelo tempo de tramitação que já percorreu a referida demanda até a prolação da decisão anulatória.

Também será caso de preferência de julgamento, ocupando o primeiro lugar da lista, a hipótese do art. 1.040, inc. II, do atual C.P.C., que trata do julgamento dos recursos extraordinário e especial repetitivos, a saber:

> *Art. 1.040. Publicado o acórdão paradigma:*
> *(...).*
> *II – o órgão que proferiu o acórdão recorrido, na origem, reexaminará o processo de competência originária, a remessa necessária ou o recurso anteriormente julgado, se o acórdão recorrido contrariar a orientação do tribunal superior.*
> *(...).*

CAPÍTULO II – Da Aplicação das Normas Processuais

Art. 13

A jurisdição civil será regida pelas normas processuais brasileiras, ressalvadas as disposições específicas previstas em tratados, convenções ou acordos internacionais de que o Brasil seja parte.

ART. 13

Normas que regem a jurisdição civil brasileira.
O exercício da atividade jurisdicional, num Estado Democrático de Direito, dá-se por meio do processo, o qual está sujeito à observância de determinadas normas jurídicas processuais positivadas em um determinado ordenamento jurídico. O direito processual civil integra, portanto, o ordenamento jurídico. Por isso o art. 13 do atual C.P.C. expressamente preceitua que a *jurisdição civil* será regida pelas normas processuais brasileiras.

De imediato, registre-se que o conceito de *jurisdição* não é unívoco e válido para todos os tempos e para todos os povos.

Na realidade: "*Não somente as formas externas, por meio das quais se desenvolve a administração da justiça, senão também os métodos lógicos do julgar, tem um valor contingente, que não pode ser determinado senão em relação a um certo momento histórico*".[136]

Para se ter uma ideia, não é pelo simples fato de que um determinado órgão pertença ao Poder Judiciário que automaticamente ele exerce a função jurisdicional. O art. 92, inc. I-A da Constituição Federal de 1988, estabelece que o Conselho Nacional de Justiça – C.N.J. é um dos órgãos do Poder Judiciário brasileiro. Porém, o C.N.J. não exerce função de natureza jurisdicional, mas eminentemente administrativa. Nesse sentido é a seguinte decisão do S.T.F.:

> *I – O art. 103-B da Constituição da República, introduzido pela Emenda Constitucional n. 45/2004, dispõe que o Conselho Nacional de Justiça é órgão com atribuições exclusivamente administrativas e correcionais, ainda que, estruturalmente, integre o Poder Judiciário.*
> (...).
> (MS 27621, Relator(a): Min. CÁRMEN LÚCIA, Relator(a) p/ Acórdão: Min. RICARDO LEWANDOWSKI, Tribunal Pleno, julgado em 07/12/2011, ACÓRDÃO ELETRÔNICO DJe-092 DIVULG 10-05-2012 PUBLIC 11-05-2012).

Diante dessa afirmação do S.T.F., de que o Conselho Nacional de Justiça não exerce atividade jurisdicional, é de se concordar, em parte, com Francesco Carnelutti, quando ele reconhece a distinção entre a *função jurisdicional* e a *função processual*, uma vez que nem todo processo implica exercício de jurisdição.[137] Assim, quando o C.N.J. exerce seu dever punitivo em face de algum servidor

---

[136] CALAMANDREI, Piero. *Instituciones de derecho procesal civil*. Vol. I. Trad. Santiago Sentis Melendo. Buenos Aires: Ediciones Juridicas – Europa-America, 1973. p. 114.

[137] CARNELUTTI, Francesco. *Sistema de direito processual*. Trad. Hiltomar Martins Oliveira. Vol. I. São Paulo: Classic Book, 2000. p. 221 e 222.

ou magistrado, o faz exercendo uma função processual sem qualquer natureza jurisdicional.

Para o Direito português, o Tribunal de Contas é considerado um tribunal judicial que exerce função de natureza *jurisdicional*. Conjugando o disposto nos arts. 202º, n. 1 e 203 da Constituição da República Portuguesa (C. Rep.), parece ser possível extrair da referida lei fundamental a seguintes definição de tribunais (em sentido estrito): *"são os órgãos de soberania, dotados de independência, aos quais compete 'administrar a justiça em nome do povo".*[138] Diante dessa definição pode-se afirmar que são quatro os *elementos caracterizadores* da noção de 'tribunais' que resultam dos referidos preceitos constitucionais, a saber: *"a) Em primeiro lugar, trata-se de 'órgãos de soberania', a par do Presidente da República, da Assembleia da República e do Governo (arts. 2º e 110º, n. 1 da C.Rep.), qualificação que pertence a todos e a cada um dos tribunais, e não ao seu conjunto; b) em segundo lugar, são órgãos estaduais dotados de 'independência, em face dos outros poderes do Estado' (que não podem interferir na administração da justiça) e 'entre si' (em virtude de cada um dos tribunais ser um órgão soberano), salvo no que respeita às decisões proferidas em via de recurso por tribunais superiores; c) em terceiro lugar, 'têm a seu cargo a função jurisdicional (art. 202º, epígrafe e n. 1, da C.Rep.), cujo exercício lhes pertence de modo exclusivo, estando vedado aos restantes órgãos de soberania e a quaisquer outros órgãos estaduais...; d) em quarto lugar, os tribunais 'administram a justiça 'em nome do povo', referência que encontra a sua justificação no facto de não serem eles os titulares da soberania (como não o são o Presidente da República, a Assembleia da República e o Governo)".*[139] Como tribunal que é, ou seja, pertencente à esfera dos órgãos jurisdicionais portugueses, o Tribunal de Contas português é um órgão de soberania (art. 110º da C.R.P.), aplicando-se os princípios gerais de normatização dos tribunais, previstos nos arts. 202º e seguintes da C.R.P., dentre os quais: a) princípio da independência e da exclusiva sujeição à lei (art. 203º); b) direito à coadjuvação das outras autoridades (art. 202º); c) princípios da fundamentação, da obrigatoriedade e da prevalência das decisões (art. 205º); d) princípio da publicidade (art. 206º).

Portanto, para a ordem jurídica portuguesa, o Tribunal de Contas da União exerce jurisdição.

Além do mais, muito embora Giuseppe Chiovenda tenha afirmado há tempos atrás que a função jurisdicional emanava exclusivamente do Estado, pois não se admitia que, no território do Estado, houvessem institutos ou pessoas diver-

---

[138] CURA, António Alberto Vieira. *Curso de organização judiciária.* Coimbra: Coimbra Editora, 2011. p. 11.
[139] CURA, A. A. V., idem, p. 13.

sas do Estado como órgãos para a atuação da lei,[140] atualmente verifica-se uma nova perspectiva, pois há órgãos que não pertencem ao Poder Judiciário, mas que, modernamente, segundo algumas vozes da doutrina, exercem função jurisdicional, como é o caso dos juízos arbitrais realizados por entidades de direito privado.

A palavra *jurisdição*, conforme já teve oportunidade de afirmar Eduardo J. Couture, aparece na linguagem jurídica com distintos significados.

Faremos uma análise mais acurada sobre a definição jurisdição no comentário ao próximo art. 16 deste Código.

O art. 13 do atual C.P.C. estabelece que a jurisdição civil será regulada pelas *normas processuais brasileiras.*

Porém, não se devem restringir os campos das *normas processuais brasileiras* apenas ao conteúdo normativo previsto no atual código de processo civil. Na realidade, deve-se levar em consideração a seguinte advertência feita por Francesco Carnelutti: *"Por razão de sua essência, o Direito processual forma assim parte de um conjunto mais vasto de normas, que segundo critérios já expostos, deveria chamar-se 'Direito instrumental'. Pertence, de igual forma, por sua essência, a esse conjunto, o grupo de normas a que se dá o nome de 'Direito Constitucional'... Mas não se deve acreditar que o âmbito do Direito instrumental se detenha aqui: com efeito, existem normas instrumentais de grande valor no seio do próprio Direito civil..."*[141]

As normas jurídicas processuais, como as de qualquer outra espécie, devem, antes de tudo, ser estudadas em sim, ou seja, não pelo que dispõem, e sim pelo que *são*, separando o continente do conteúdo.[142]

As normas processuais poderão advir ainda dos costumes e da equidade.

Conforme afirma Francesco Carnelutti, sobre o direito italiano *"o costume processual é, pois, abstratamente admissível, mas no Direito positivo italiano não poderia ser admitido a não ser quando fosse expressamente reclamado pela lei. Mas como essas invocações não existem em nosso ordenamento jurídico, resulta que o costume poderia ser, mas não o é, fonte do Direito processual. Entretanto, uma suposição de invocação do costume por acaso pode ser descoberta, em matéria de provas, na disposição do art. 1.332 do Código Civil".*[143]

Por isso, as normas processuais que regem a jurisdição civil em território brasileiro estão espalhadas em diversas legislações paralelas, especialmente na

---

[140] CHIOVENDA, Giuseppe. *Instituições de direito processual civil.* Vol. II. 2ª ed. Trad. J. Guimarães Menegale. São Paulo: Edição Saraiva, 1965. p. 5.

[141] CARNELUTTI, F., op. cit., p. 237.

[142] CARNELUTTI, F., idem, p. 143.

[143] CARNELUTTI, F., idem, p. 151.

Constituição Federal, razão pela qual elas não se encontram limitadas ao atual código de processo civil.

Por sua natureza, toda jurisdição nacional não pode ser ilimitada e incondicionada, estendendo-se também a controvérsias que por vezes não tenham qualquer vinculação com o território brasileiro e que, se aqui fosse definida, faltaria instrumentos coercitivos suficientes para a sua execução ou cumprimento.

As relações entre Estados soberanos que têm por objeto o exercício de atividade jurisdicional por meio do processo, representam, portanto, uma classe peculiar de relações internacionais, que se estabelecem em razão da atividade dos respectivos órgãos judiciários e decorrem do princípio da territorialidade da jurisdição, inerente ao princípio da soberania, segundo o qual a autoridade dos juízes (e, portanto, das suas decisões) não pode extrapolar os limites territoriais do seu próprio País.

Diante dessa soberania de cada estado, o art. 13 do atual C.P.C. estabelece que a jurisdição civil (exceção da trabalhista, administrativa e eleitoral – ver art. 15 deste código) deverá ser regulamentada, ao menos subsidiariamente, pelas regras do novo C.P.C. em território brasileiro.

Aliás, no que concerne ao âmbito da jurisdição brasileira, prescreve o art. 12 e seus parágrafos, da Lei de Introdução das Normas de Direito Brasileiro:

> *"Art. 12. É competente a autoridade judiciária brasileira, quando for o réu domiciliado no Brasil ou aqui tiver de ser cumprida a obrigação.*
>
> *§1º Só à autoridade judiciária brasileira compete conhecer das ações relativas a imóveis situados no Brasil*
>
> *§2º A autoridade judiciária brasileira cumprirá, concedido o exequatur e segundo a forma estabelecida pela lei brasileira, as diligências deprecadas por autoridade estrangeira competente, observando a lei desta, quanto ao objeto da diligência".*

Por outro lado, "as provas dos fatos ocorridos em país estrangeiro regem-se *pela lei que nele vigorar, quanto ao ônus e aos meios de produzir-se, não admitindo os tribunais brasileiros provas que a lei brasileira desconheça"* (art. 13 da Lei de Introdução das Normas de Direito Brasileiro).

Na Itália, por exemplo, até o ano de 1995, tal disciplina estava inserida no código italiano, mais precisamente nos artt. 2 e 4, os quais indicavam um comportamento eminentemente 'nacionalista' do legislador, uma vez que fora utilizado como critério essencial a circunstância da *cidadania italiana* do réu e negava, por exemplo, que a jurisdição italiana, salvo hipóteses residuais, fosse derrogada

ART. 13

pelas partes e estivesse preclusa pela prévia instauração da mesma causa diante de juiz de um outro Estado.[144]

Atualmente, na Europa, a questão da atividade jurisdicional dos diversos países da Comunidade Europeia está regulamentada pela Convenção de Bruxelas de 1968, que, em seu art. 2º estabelece: *"Sem prejuízo do disposto na presente Convenção, as pessoas domiciliadas no território de um Estado Contratante devem ser demandas, independentemente da sua nacionalidade, perante os tribunais desse Estado. As pessoas que não possuam a nacionalidade do Estado em que estão domiciliadas ficam sujeitas nesse Estado às regras de competência aplicáveis aos nacionais"*.

Conforme anota James Goldschmidt, ao comentar a legislação alemã, *"considerada enquanto espaço, a jurisdição nacional alcança a todas as questões civis para as quais sejam competentes territorialmente os Tribunais alemães... Geralmente, pela via do auxílio judicial não pode lograr-se a execução no estrangeiro de uma decisão do Tribunal alemão, salvo se houver autorização do Tribunal estrangeiro, declarando expressamente esta executoriedade. Não sendo competente os Tribunais nacionais para conhecer de todas as questões, impõe-se a necessidade de que ao menos 'reconheçam' as sentenças proferidas por Tribunais estrangeiros. Este reconhecimento é somente de seus efeitos, isto é, de sua força de coisa julgada, em sentido material, de sua eficácia constitutiva ou substancial; para que se execute, necessita-se de uma especial declaração de executoriedade, que se verifica geralmente por meio de uma sentença de execução".*[145]

Diferentemente do direito material que permite a sua regulamentação por lei estrangeira, a lei processual terá aplicação somente no território brasileiro, salvo se houver disposição específica prevista em tratados ou convenções (ou acordo) internacionais.

Os tratados, convenções, protocolos e acordos internacionais são considerados fontes importantes de direito internacional, desde que homologados segundo as normas constitucionais brasileiras.

Conforme preconiza Celso D. A. Mello: *"Os tratados são considerados atualmente a fonte mais importante do DI, não só devido à sua multiplicidade mas também porque geralmente as matérias mais importantes são regulamentadas por eles. Por outro lado, o tratado é hoje considerado a fonte do DI mais democrática, porque há participação direta dos Estados na sua elaboração. Os tratados só podem ser definidos pelo seu aspecto*

---

[144] BALENA, Giampiero. *Istituzioni di diritto processuale civile*. Seconda Edizione. Primo Volume. – I princípi. Bari: Cacucci Editore, 2012. p. 115.

[145] GOLDSCHMIDT, James. *Derecho procesal civil*. Barcelona: Editorial Labor S.A., 1936. p. 136, 137 e 138.

formal, porque todos os assuntos podem ser regulamentados por normas convencionais internacionais".[146]

Segundo estabelece o artigo 84, inc. VIII da C.F., *compete privativamente ao Presidente da República celebrar tratados, convenções e atos internacionais, sujeitos ao referendo do Congresso Nacional.*

Por sua vez, o artigo 49, inc. I da C.F. aduz *que é de competência exclusiva do Congresso Nacional resolver definitivamente sobre tratados, acordo ou atos internacionais que acarretem encargos ou compromissos gravosos ao patrimônio nacional.*

O artigo 5º, §§ 3º e 4º da C.F., faz a seguinte advertência:

> *"§ 3º Os tratados e convenções internacionais sobre direitos humanos que forem aprovados, em cada Casa do Congresso Nacional, em dois turnos, por três quintos dos votos dos respectivos membros, serão equivalentes às emendas constitucionais. (Incluído pela Emenda Constitucional nº 45, de 2004);*
>
> *§ 4º O Brasil se submete à jurisdição de Tribunal Penal Internacional a cuja criação tenha manifestado adesão. (Incluído pela Emenda Constitucional nº 45, de 2004)".*

A incorporação dos documentos internacionais pelo ordenamento jurídico é complexa. Após a assinatura do tratado pelo Presidente da República (ou por delegação ao Ministério das Relações Exteriores), o documento é enviado ao Congresso Nacional que o aprovará ou rejeitá-lo-á por meio de Decreto Legislativo. O Decreto Legislativo será promulgado pelo Presidente do Senado Federal e ratificado pelo Presidente da República.

Somente após este complexo trâmite procedimental é que o tratado terá eficácia no ordenamento jurídico brasileiro.

Salvo no que concerne aos tratados e convenções sobre direitos humanos, o S.T.F. no Recurso Extraordinário n. 80004 asseverou que o tratado equivale para efeitos de verticalização normativa à lei ordinária. Nesse sentido também é o seguinte precedente do S.T.J.:

> *(...).*
>
> 5. *Conforme reiterada jurisprudência do STF, os tratados e convenções internacionais de caráter normativo, "(...) uma vez regularmente incorporados ao direito interno, situam-se, no sistema jurídico brasileiro, nos mesmos planos de validade, de eficácia e de autoridade em que se posicionam as leis ordinárias" (STF, ADI-MC 1480-3, Min.*

---

[146] MELLO, Celso D. de Albuquerque. *Curso de Direito Internacional Público.* 14 ed Rio de Janeiro: Renovar, 2002, p. 204.

Celso de Mello, DJ de 18.05.2001), ficando sujeitos a controle de constitucionalidade e produzindo, se for o caso, eficácia revogatória de normas anteriores de mesma hierarquia com eles incompatíveis (lex posterior derrogat priori). Portanto, relativamente aos tratados e convenções sobre cooperação jurídica internacional, ou se adota o sistema neles estabelecido, ou, se inconstitucionais, não se adota, caso em que será indispensável também denunciá-los no foro próprio. O que não se admite, porque então sim haverá ofensa à Constituição, é que os órgãos do Poder Judiciário pura a simplesmente neguem aplicação aos referidos preceitos normativos, sem antes declarar formalmente a sua inconstitucionalidade (Súmula vinculante 10/STF).

(...).

(Rcl 2.645/SP, Rel. Ministro TEORI ALBINO ZAVASCKI, CORTE ESPECIAL, julgado em 18/11/2009, DJe 16/12/2009)

Existem algumas normas internacionais de natureza processual que já foram incorporadas pelo direito brasileiro, as quais devem ser observadas no território nacional: a) O artigo 1º do Protocolo de São Luiz, como parte integrante do Tratado de Assunção, afirma: *"O presente Protocolo estabelece o direito aplicável e a jurisdição internacionalmente competente em casos de responsabilidade civil emergente de acidentes de trânsito ocorridos no território de um Estado Parte, nos quais participem, ou dos quais resultem atingidas, pessoas domiciliadas em outro Estado Parte"*; b) artigos 34 a 64 do Estatuto que dispõem sobre a competência e o processo da Corte Internacional de Justiça (1945); c) artigos 31, 32, 38 da Convenção de Viena sobre Relações Diplomáticas (1961); d) artigos 31, 43, 44, 45, 58, 61 da Convenção de Viena sobre Relações Consulares (1963); e) artigo 66 da Convenção de Viena sobre o Direito dos Tratados (1969); f) artigo 66 da Convenção de Viena sobre o Direito dos Tratados entre Estados e Organizações Internacionais (1986) (*Esta Convenção foi aberta ao recebimento das assinaturas em 1986, não estando ainda em vigor no âmbito integral internacional);* g) artigo 28, 56, 59, 95, 96, 279 a 296 da Convenção das Nações Unidas sobre o Direito do Mar (1982); h) artigo III, IV, XXIV da Convenção Relativa a Infrações e a Certos Outros Atos Praticados a Bordo de Aeronave (1963); i) artigos 9, 12, 14, 15, 16, 17, 18, 19 da Convenção sobre Responsabilidade por Danos Causados por Objetos Espaciais (1972); j) artigos 11, 31, 33, 34, 46 da Convenção para a Unificação de Certas Regras Relativas ao Transporte Aéreo Internacional (1999); l) artigo XI do Tratado da Antártida (1959); m) artigo 18 do Protocolo ao Tratado da Antártida sobre Proteção ao Meio Ambiente (1991); n) artigo XXV da Convenção sobre a Conservação dos Recursos Vivos Marinhos Antárticos (1980); o) artigo IX do Convênio Constitutivo do Fundo Monetário Internacional (1944); p) artigo IV do Protocolo sobre o Estatuto dos Refugiados (1966); q) artigos 6 e 16 da Convenção Internacio-

CÓDIGO DE PROCESSO CIVIL

nal sobre a Eliminação de todas as Formas de Discriminação Racial (1965); r) artigos 14 e 42 do Pacto Internacional sobre Direitos Civis e Políticos (1966); s) artigo 29 da Convenção sobre a Eliminação de Todas as Formas de Discriminação contra a Mulher (1979); t) artigo 13 da Convenção sobre os Direitos das Pessoas com Deficiência e seu Protocolo Facultativo; u) artigos 8, 33, 48 a 51, 52 a 73 da Convenção Americana sobre Direitos Humanos (1969) Pacto de San José da Costa Rica; v) artigos IX e XXIII do Acordo Constitutivo da Organização Mundial do Comércio (1994); x) anexo II da Convenção sobre Diversidade Biológica; y) Anexo III do Tratado para Constituição de um Mercado Comum entre a República Argentina, a República Federativa do Brasil, a República do Paraguai e a República do Uruguai (1991) – Tratado de Assunção; Protocolo de Buenos Aires sobre Jurisdição Internacional em Matéria Contratual (1994); Acordo sobre o Benefício da Justiça Gratuita e a Assistência Jurídica Gratuita entre os Estados-Partes do Mercosul, a República da Bolívia e a República do Chile (2000); Protocolo de Olivos para a Solução de Controvérsias no Mercosul (2002).

O Código Bustamante estabelece normas sobre o direito processual no seu Livro IV, arts. 314 a 437. Este tratado foi ratificado pelo Brasil.

O Brasil também ratificou duas importantes convenções, a saber, a Convenção Internacional sobre Arbitragem Comercial Internacional, de 30 de janeiro de 1975 (promulgada pelo Decreto n. 1.902, de 9.05.1996, publicado no DOU de 10.05.1996), e a Convenção Interamericana sobre Cartas Rogatórias, de 30 de janeiro de 1975 (pelo Decreto no 1.900, de 20/05/1996, publicado no DOU de 21/05/1996).

Além dos tratados multilaterais, são também divulgadas normas processuais em tratados bilaterais sobre o direito processual civil internacional, notadamente quando referentes ao reconhecimento e à execução de sentenças estrangeiras.

Sobre a jurisdição brasileira em relação a tratados, convenções ou acordos internacionais, eis a seguinte decisão:

STF. AGRCR-7613 / AT, de 03/04/1997
Ementa: *Sentença estrangeira: Protocolo de Las Leñas: homologação mediante carta rogatória. O Protocolo de Las Lenas ("Protocolo de Cooperação e Assistência Jurisdicional em Matéria Civil, Comercial, Trabalhista, Administrativa" entre os países do Mercosul) não afetou a exigência de que qualquer sentença estrangeira – à qual é de equiparar-se a decisão interlocutória concessiva de medida cautelar – para tornar--se exequível no Brasil, há de ser previamente submetida à homologação do Supremo Tribunal Federal, o que obsta à admissão de seu reconhecimento incidente, no foro brasileiro, pelo juízo a que se requeira a execução; inovou, entretanto, a convenção inter-*

nacional referida, ao prescrever, no art. 19, que a homologação (dito reconhecimento) de sentença provinda dos Estados partes se faça mediante rogatória, o que importa admitir a iniciativa da autoridade judiciária competente do foro de origem e que o exequatur se defira independentemente da citação do requerido, sem prejuízo da posterior manifestação do requerido, por meio de agravo à decisão concessiva ou de embargos ao seu cumprimento.

STF. AC 2436 MC/PR – Paraná, incidental ao RE nº 460.320, julgada em 03/09/2009, publicada em 15/09/2009 (Decisão Monocrática do Min. GilmarMendes)

"(...)

No julgamento dos Recursos Extraordinários nº 349.703, Rel. Carlos Brito, Rel. p/Acórdão Min. Gilmar Mendes, DJ 5.6.2009, e nº 466.343, Rel. Cezar Peluso, DJ 5.6.2009, o Plenário deste Supremo Tribunal Federal decidiu pela supralegalidade dos tratados e convenções internacionais de direitos humanos.

Naquela oportunidade, conquanto a matéria debatida dissesse respeito apenas ao status dos mencionados tratados e convenções de direitos humanos, deixei assentado, em obiter dictum, o meu entendimento acerca da posição ostentada, em nosso ordenamento jurídico, pelos tratados e convenções internacionais que versam sobre tributação. Ao confirmar o voto que proferira na ocasião, manifestei-me nos seguintes termos:

Não se pode ignorar que os acordos internacionais demandam um extenso e cuidadoso processo de negociação, de modo a conciliar interesses e concluir instrumento que atinja os objetivos de cada Estado, com o menor custo possível.

Essa complexa cooperação internacional é garantida essencialmente pelo pacta sunt servanda. No atual contexto da globalização, o professor Mosche Hirsch, empregando a célebre Teoria dos Jogos (Game Theory) e o modelo da Decisão Racional (Rational Choice), destaca que a crescente intensificação (i) das relações internacionais; (ii) da interdependência entre as nações, (iii) das alternativas de retaliação; (iv) da celeridade e acesso a informações confiáveis, inclusive sobre o cumprimento por cada Estado dos termos dos tratados; e (v) do retorno dos efeitos negativos (rebounded externalities) aumentam o impacto do desrespeito aos tratados e privilegiam o devido cumprimento de suas disposições (HIRSCH, Moshe. "Compliance with International Norms" in The Impact of International Law on International Cooperation. Cambridge: Cambridge University Press, 2004. p. 184-188).

Tanto quanto possível, o Estado Constitucional Cooperativo demanda a manutenção da boa-fé e da segurança dos compromissos internacionais, ainda que em face da legislação infraconstitucional, pois seu descumprimento coloca em risco os benefícios de cooperação cuidadosamente articulada no cenário internacional.

CÓDIGO DE PROCESSO CIVIL

Importante deixar claro, também, que a tese da legalidade ordinária, na medida em que permite às entidades federativas internas do Estado brasileiro o descumprimento unilateral de acordo internacional, vai de encontro aos princípios internacionais fixados pela Convenção de Viena sobre o Direito dos Tratados, de 1969, a qual, em seu art. 27, determina que nenhum Estado pactuante "pode invocar as disposições de seu direito interno para justificar o inadimplemento de um tratado".

Ainda que a mencionada convenção ainda não tenha sido ratificada pelo Brasil, é inegável que ela codificou princípios exigidos como costume internacional, como decidiu a Corte Internacional de Justiça no caso Namíbia [Legal Consequences for States of the Continued Presence os South África in Namíbia (South West África) notwithstanding Security Council Resolution 276 (1970), First Advisory Opinion, ICJ Reports 1971, p. 16, §§ 94-95].

A propósito, defendendo a interpretação da constituição alemã pela prevalência do direito internacional sobre as normas infraconstitucionais, acentua o professor Klaus Vogel que "de forma crescente, prevalece internacionalmente a noção de que as leis que contrariam tratados internacionais devem ser inconstitucionais e, consequentemente, nulas" (Zunehmend setzt sich international die Auffassung durch, dass Gesetze, die gegen völkerrechtliche Verträge versto ßen, verfassungswidrig und daher nichtig sein sollte) (VOGEL, Klaus. "Einleitung" Rz. 204-205 in VOGEL, Klaus & LEHNER, Moris. Doppelbesteuerungsabkommen. 4ª ed. München: Beck, 2003. p. 137-138)

Portanto, parece evidente que a possibilidade de afastar a aplicação de normas internacionais por meio de legislação ordinária (treaty override), inclusive no âmbito estadual e municipal, está defasada com relação às exigências de cooperação, boa-fé e estabilidade do atual cenário internacional e, sem sombra de dúvidas, precisa ser revista por essa Corte.

O texto constitucional admite a preponderância das normas internacionais sobre normas infraconstitucionais e claramente remete o intérprete para realidades normativas diferenciadas em face da concepção tradicional do direito internacional público.

Refiro-me aos arts. 4o, parágrafo único, e 5º, parágrafos 2º, 3º e 4º, da Constituição Federal, que sinalizam para uma maior abertura constitucional ao direito internacional e, na visão de alguns, ao direito supranacional.

(...)"

Art. 14

A norma processual não retroagirá e será aplicável imediatamente aos processos em curso, respeitados os atos processuais praticados e as situações jurídicas consolidadas sob a vigência da norma revogada.

Irretroatividade e ultratividade da norma processual civil

Inicialmente, é importante salientar que o dispositivo não restringe o princípio da irretroatividade somente à lei, mas abrange qualquer tipo de norma jurídica, inclusive princípios, costumes etc.

Não se deve pensar que a norma jurídica esteja limitada no tempo, pois uma norma jurídica que regula de determinada maneira uma hipótese de incidência pode ser substituída por uma norma distinta, ou melhor, por uma norma que regule de forma diversa a mesma situação fática. Em tais casos, surge dúvida qual norma aplicar, a anterior ou a posterior.

Por vezes, a própria norma jurídica contém um limite temporal para sua incidência. Nestes casos não haverá dificuldade, pois a sua incidência ocorre apenas naquele limite temporal já estabelecido pela norma.

Porém, a questão se torna um pouco mais complexa quando não existe um limite de eficácia temporal previamente estabelecido pela norma, sendo ela substituída por outra norma que a derroga expressa ou tacitamente.

O procedimento existente num determinado processo é caracterizado por uma série ou uma cadeia de atos realizados pelos sujeitos processuais, coordenados todos em um dado momento pela legislação numa relação de meio e fim, para se conseguir o resultado último, que é o julgamento ou a satisfação da pretensão de direito material ou processual. Pode ocorrer que se possa assinalar na série desses atos linhas de separação, no sentido de que um ato posterior não deva ser reconhecido como efeito jurídico de um ato precedente, ou seja, que sua coordenação prática não surja de modo algum com a intensidade de uma causalidade jurídica.[147]

É possível, contudo, que sobre estas linhas de separação atue, durante o curso do próprio processo, a mudança da lei processual, e que o regime do processo se modifique, alterando o seu próprio desenvolvimento. Diante dessa situação, apesar de se reconhecer que a coordenação prática subsiste, poderá surgir o inconveniente de uma desconexão ou de uma desorientação do processo quando durante seu andamento intervém uma lei nova. Para se evitar essa possível desconexão, resolve-se o problema mediante uma postura prática, isto é, inserindo-se nas grandes reformas processuais *disposições transitórias*, as quais, se não adotarem por completo a medida de exceção de se aplicar a lei antiga até o término do processo pendente, moderam, contudo, quase sempre, a rígida aplicação da nova lei processual.[148] Porém, estas disposições transitórias, ou contêm normas que se desviam dos princípios, ou são restritas a casos excepcionais,

---

[147] CARNELUTTI, F., op. cit., p. 168.
[148] CARNELUTTI, F., idem, ibidem.

a questões de oportunidade ou utilidade imediata, e não oferecem regra alguma geral para os casos omissos. Por isso, apesar das *disposições transitórias*, e como complemento delas, torna-se necessário um *princípio geral*.[149]

Em que pese o processo seja um instituto desenvolvido por meio de um procedimento sequencial de atos processuais, o certo é que os atos processuais já praticados, perfeitos e acabados não podem mais ser atingidos pela mudança normativa processual ocorrida *a posteriori*. Neste caso, aplica-se o princípio da *irretroatividade da lei processual*.

Por outro lado, a nova normatização processual aplica-se imediatamente aos processos em curso, o que significa dizer que os atos processuais que ainda não possuam a característica de ato jurídico processual perfeito e acabado serão atingidos pela nova ordem jurídica processual. Nesta hipótese, vale a regra da *aplicação imediata das normas processuais aos processos em andamento*.

Por isso, o princípio fundamental para orientar a aplicação das normas jurídicas, quando se apresenta dúvida motivada por sua mudança, consiste em determinar se a situação a se regular se constituiu durante o período de vigência de uma das normas ou durante o da outra. A aplicação desse princípio às normas processuais não apresenta grande dificuldade. Segundo Francesco Carnelutti, *"exige apenas uma vigilante atenção para distinguir o fato jurídico material e o fato jurídico processual, já que o fato que tem de ser realizado sob a norma processual anterior para eliminar os efeitos da norma processual posterior, tem de ser o fato processual e não o fato material. Em outras palavras, que a aplicação da norma processual posterior não fique excluída pela circunstância de que os fatos sobre cuja eficácia jurídica se discuta tenham ocorrido enquanto regia uma lei processual distinta, a não ser apenas pela circunstância de que durante a vigência desta se tenham realizados os fatos aos quais vem atribuída a eficácia processual."*[150]

Na realidade, segundo Francesco Carnelutti, o que se pretende saber é, precisamente, em que consiste a situação de fato regida pela lei posterior ou, em outras palavras, se esta situação se refere ao *litígio* ou apenas *ao processo*.[151] Isso é muito comum na mudança de legislação que trata de matéria de prova. Assim, para se saber se as novas normas em matéria de prova aplicam-se ou não aos processos relativos a fatos acontecidos antes de sua entrada em vigor, depende do caráter que se reconheça a tais normas: *"se na prova se reconhecer algo que pertence ao processo e não ao litígio, ou seja, algo que a lei considera no momento em que serve para*

---

[149] CUNHA GONÇALVES, Luiz da. *Tratado de direito civil*. 2ªed. Vol. I. Tomo I. São Paulo: Max Limonad, 1955. p. 388.

[150] CARNELUTTI, F., op. cit., p. 165.

[151] CARNELUTTI, F., idem, ibidem.

o processo e não no momento anterior, é fora de dúvida que a norma que muda o regime probatório aplica-se também à prova de fatos acontecidos quando regia a norma anterior. Não se manifesta nisso retroatividade alguma, porque o fato regulado pela nova norma não é fato por provar e sim o fato em que consiste a prova própria, ou seja, por exemplo, não o fato de que as testemunhas tenham de narrar e sim o fato próprio de sua narração".[152]

O art. 14 do atual C.P.C. regula a norma processual no *tempo*, ou seja, a questão do *direito intertemporal* das normas processuais, idealizando o princípio da *irretroatividade da norma processual*. Este dispositivo reforça a aplicação de mais um princípio de natureza Constitucional previsto no artigo 5°, inc. XXXVI, da C.F.: *"a lei não prejudicará o direito adquirido, o ato jurídico perfeito e a coisa julgada".* Este princípio não diferencia o ato jurídico perfeito de ordem material ou processual. No Brasil, aliás, o princípio da irretroatividade das leis, que era já admitido pela doutrina e pela jurisprudência dos tribunais, durante o império, foi convertido em norma constitucional pela primeira Constituição da República, de 1891, art. 11, n. 3, e pela Constituição de 1934, art. 113, e pode dizer-se que foi introduzido com este caráter no art. 3° da Lei 3.071/1916. É bem verdade que este princípio não foi reproduzido no texto Constitucional de 1937, retornando à condição de direito fundamental com a Constituição de 1946, art. 141, §3°, permanecendo na Emenda Constitucional n. 1/69.

Observa-se também a irretroatividade da norma processual no artigo 2° da *Ley de Enjuiciamiento Civil* n. 1/2000 (Código de Processo Civil espanhol), *in verbis: "Salvo que outra coisa seja estabelecida em disposições legais de direito transitório, os assuntos que correspondam aos tribunais civis se regulamentarão sempre pelos próprios tribunais de acordo com as normas processuais vigentes, que nunca serão retroativas".*

A questão da irretroatividade das leis, tal qual se nos apresenta atualmente, não era possível na antiguidade, quando imperava um princípio teocrático. Nesta hipótese, sendo o Direito uma emanação da divindade, as modificações que viessem a ocorrer eram consideradas mandamentos divinos, impondo-se sem qualquer consideração ao passado. A partir do momento que a fonte da lei passou a ser o legislador, pensou-se em preservar as relações jurídicas pretéritas. No Direito romano, a despeito da Lei das XII Tábuas ser omissa quanto a qualquer norma de Direito transitório, contudo, na época de Cícero, a regra da irretroatividade criava raízes na consciência jurídica dos romanos. Com a Constituição de Teodósio, o Grande, é que se instituiu o princípio, segundo o qual, as leis não poderiam prejudicar os fatos passados e somente poderiam atingir os futuros. Justiniano, ao proceder às compilações jurídicas, permitiu a

---

[152] CARNELUTTI, F., idem, p. 166.

CÓDIGO DE PROCESSO CIVIL

retroatividade na aplicação das leis, excetuando, entretanto, os fatos consumados com a coisa julgada e a transação. Com a Novela 22, Justianiano retrocede, para o fim de afirmar o princípio rígido da irretroatividade da lei em relação a fatos jurídicos e suas consequências (*eventus*), os quais devem ser regidos pela lei do tempo em que ocorreram. Esse critério do Direito romano estendeu-se ao Direito canônico, especialmente com as Decretais de Gregório I como as de Gregório II, sendo que o art. 10 do Código Canônico assim estabelecia: "*leges respiciunt futura, non proeterita, nisi nominatum in eis de praeteritis caveatur*". Deste modo, tanto o Direito romano como o canônico influíram consideravelmente a que o princípio da irretroatividade se cimentasse em todas as legislações modernas, especialmente como direito fundamental do cidadão.[153]

Aliás, conforme já afirmou João Franzen Lima: "*A irretroatividade das leis, mesmo quando não seja cânone constitucional, permanece como princípio científico do Direito, princípio orientador de legisladores e juízes. A segurança das relações humanas, a garantia das transações, a tranquilidade social, repousam fundamentalmente na estabilidade dos direitos, a que o princípio científico da irretroatividade das leis serve de base. É certo que esse princípio da irretroatividade não é absoluto, mas tem o seu conceito, tem as suas regras, tem seu limite, de modo a evitar que a retroatividade vá até onde possa provocar o descrédito das leis e o mal-estar social. A ordem jurídica do Brasil não foge aos princípios fundamentais do Direito: e de acordo com eles têm que ser interpretadas suas leis*".[154]

O art. 14 do atual C.P.C. também preconiza que a norma processual será aplicada *imediatamente aos processos em curso, respeitados os atos processuais praticados e as situações jurídicas consolidadas sob a vigência da norma revogada*.

Já afirmava Paul Roubier a distinção entre *efeito retroativo* e *efeito imediato*, distinção que ele considerava a base da ciência dos conflitos de leis no tempo. *Efeito retroativo*, segundo ele, é a aplicação da lei nova *no passado*; e *efeito imediato* é a aplicação da lei nova no *presente*. No caso, o art. 14 estabelece o efeito imediato das normas processuais introduzidas com a lei nova nos processos em curso.

Deve-se estabelecer nitidamente a relação entre fato efetuado sob o domínio da lei anterior, e o efeito ou efeitos jurídicos, cuja produção se discuta. Portanto, "*todos os efeitos que a norma jurídica atribuir a um fato efetuado sob seu domínio, e unicamente eles, subsistem em que pese a mudança da própria lei. Assim, se uma lei posterior priva o cidadão do direito de deduzir a demanda judicial para a solução de uma determinada categoria de litígios, subsiste, não obstante, o dever do juiz de pronunciar-se acerca de*

---

[153] SERPA LOPES, Miguel Maria de. *Comentários à lei de introdução ao código civil*. 2ª ed. Vol. I, São Paulo: Livraria Freitas Bastos, 1959. p. 164.
[154] LIMA, João Franzen. Irretroatividade das leis. *In: Revista dos Tribunais*, São Paulo, Vol. 132. p. 45.

um litígio de tal classe se a demanda foi proposta durante a vigência da lei anterior, porque a proposição da demanda, na forma devida, é um fato necessário e suficiente para produzir o efeito jurídico consistente em atribuir aquela obrigação ao juiz. Por outro lado, se uma lei posterior modifica a competência para julgar acerca de uma determinada categoria de litígios, isto é, priva-se de competência o juiz a quem pertencia, segundo a lei anterior, e a atribuir a juiz distinto, cessa o poder do juiz a quem se privou de competência, para julgar também a demanda proposta sobre a lei anterior, porque da proposição da demanda nasce, de fato, o dever, mas não o poder, do juiz de julgar, e não existe, pois, um fato acontecido sob o domínio da lei anterior ao qual se possa unir como a sua causa este efeito: competência do juiz. E, da mesma forma, a lei posterior que modifica as formas do juízo rege (prescindindo de normas especiais...) também nos processos iniciados em virtude de uma demanda devidamente proposta durante a vigência da lei anterior, sempre porque a proposição da demanda é um fato do qual emana, sim, o dever do juiz de julgar, mas não o dever de julgar conforme uma determinada forma. Sem embargo, a lei posterior que modificar os requisitos formais de um ato da parte ou do juiz, não priva de eficácia o próprio ato, quando se tiver efetuado segundo os trâmites (rito) da lei anterior, de tal forma que o ato que se tenha efetuado enquanto ela regia, continua regulando seus efeitos para sempre".[155]

Sobre o tema, eis o seguinte precedente do S.T.J.:

1. Embora o direito brasileiro não reconheça a existência de direito adquirido a determinado rito processual, aplicando-se, portanto, a lei nova imediatamente ao processo em curso, segundo a máxima do tempus regit actum, é certo que a aplicação da regra de direito intertemporal deve ter em vista o princípio informador da segurança jurídica.

2. A razoabilidade exige que o Direito Processual não seja fonte de surpresas, sobretudo quando há amplo dissenso doutrinário sobre os efeitos da lei nova. O processo deve viabilizar, tanto quanto possível, a resolução de mérito.

3. Se não houve expressa conversão dos ritos processuais pelo juízo em primeiro grau de jurisdição, alertando as partes de que os "embargos" passaram a ser simples "impugnação", deve-se aceitar a apelação como recurso apropriado para atacar a decisão que, sob a égide da Lei nº 11.232/05, julgou os embargos do devedor.

4. Recurso especial provido.

(REsp 1062773/RS, Rel. Ministra NANCY ANDRIGHI, TERCEIRA TURMA, julgado em 07/06/2011, DJe 13/06/2011)

---

[155] CARNELUTTI, F., op. cit., p. 166 e 167.

O art. 14 do novo C.P.C., ao permitir a aplicação imediata da lei processual, expressamente resguarda os *atos processuais praticados e as situações jurídicas consolidadas sob a vigência da norma revogada.*

No âmbito processual pode-se falar em *situação jurídica* consolidada, o fato de a parte não ter se valido do prazo processual da norma anterior para interpor o recurso, apesar da nova norma jurídica ter ampliado o prazo para sua interposição. Neste caso, apesar de a nova norma não poderá retroagir para alcançar a *situação jurídica* já consolidada no passado.

Deve-se observar que existem alguns atos processuais que são complexos e que exigem para sua complementação e perfectibilização um conjunto de elementos sucessivos no tempo, sem os quais não se pode falar em ato jurídico processual perfeito e acabado. Um exemplo clássico é a penhora, que somente estará devidamente concluída depois de reunir todas as exigências previstas no c.p.c.

A legislação exige para a conclusão da penhora não somente a apreensão do bem, mas também a nomeação e entrega do bem a um depositário.

Assim, se no curso da penhora houver modificação legislativa quanto aos seus requisitos ou conteúdo, essa mudança terá vigência imediata nos processos em curso, desde que o ato da penhora não tenha ainda se concretizado, ou seja, desde que ainda não tenha sido nomeado um depositário para o bem. Se já houve a aceitação do encargo de depositário, a lei nova não terá aplicação, pois o ato processual da penhora já havia se concretizado antes da modificação legislativa.

Sobre o tema eis o seguinte precedente do S.T.J.:

(...).

3. A penhora, como ato processual, regula-se pela máxima tempus regit actum, segundo o que, consectariamente, à luz do direito intertemporal, implica a aplicação da lei nova imediatamente, inclusive aos processos em curso. Precedentes: AgRg no REsp 1012401/MG, DJ. 27.08.2008; AgRg no Ag 1041585/BA, DJ. 18.08.2008; REsp 1056246/RS, DJ. 23.06.2008).

4. Após o advento da Lei nº 11.382/2006, o juiz, ao decidir acerca do pedido de penhora on line de ativos financeiros do executado, não pode mais exigir a prova de que o credor esgotou as vias extrajudiciais na busca de bens a serem penhorados. Nesse sentido, julgados sob o regime do art. 543-C, do CPC, os seguintes precedentes: REsp 1.184.765/PA, Rel. Ministro LUIZ FUX, PRIMEIRA SEÇÃO, julgado em 24/11/2010, DJe de 03/12/2010 e REsp 1.112.943/MA, Rel. Ministra NANCY ANDRIGHI, CORTE ESPECIAL, julgado em 15/09/2010, DJe de 23/11/2010.

ART. 14

5.*In casu, proferida a decisão que indeferiu a medida constritiva em 27.11.2007 (fls. 112), ou seja, após o advento da Lei n. 11.382/06, incidem os novos preceitos estabelecidos pela novel redação do art. 655, I c.c o art. 655-A, do CPC.*
6. *Agravo Regimental desprovido.*
(AgRg no Ag 1211671/SC, Rel. Ministro LUIZ FUX, PRIMEIRA TURMA, julgado em 15/02/2011, DJe 28/02/2011)

É bem verdade que a jurisprudência do S.T.J., ao determinar a aplicação da Lei 8.009/90 às penhoras concluídas antes da sua vigência, não se valeu da aplicação imediata da lei processual, mas, sim, no princípio Constitucional da proteção à moradia. Sobre o tema eis os seguintes precedentes:

(...).
– A Lei nº 8.009/90 aplica-se à penhora realizada antes de sua vigência (Súmula nº 205-STJ).
– A viúva, ainda que more só no imóvel residencial, acha-se protegida pela impenhorabilidade prevista na mencionada Lei nº 8.009/90.
Recurso especial não conhecido
(REsp 434.856/PR, Rel. Ministro BARROS MONTEIRO, QUARTA TURMA, julgado em 22/10/2002, DJ 24/02/2003 p. 242)

resp – civil – bem de família – impenhorabilidade – constituída a relação juridica na vigência que assegure a impenhorabilidade do bem de família, lei posterior não pode afeta-la. consequência do princípio da garantia do ato jurídico constituído e da irretroatividade da lei.
(REsp 142.791/SP, Rel. Ministro LUIZ VICENTE CERNICCHIARO, SEXTA TURMA, julgado em 03/02/1998, DJ 22/06/1998 p. 190)

Luiz Rodrigues Wambier apresenta alguns delineamentos sobre o direito intertemporal das normas processuais, a saber: a) no que tange aos requisitos da petição inicial, importa saber quais as regras que estão em vigor no momento da propositura da demanda; b) relativamente aos títulos executivos extrajudiciais, vale a regra do momento do ajuizamento da ação executiva; c) no que tange ao cabimento do recurso, é aplicável a regra que está em vigor no momento em que é publicada a decisão; d) quanto à natureza dos efeitos das decisões, vale também a regra em vigor no momento em que a decisão é publicada; e) no que tange às hipóteses de rescisão de sentença, importa saber as que estavam em vigor momento do trânsito em julgado; f) quando a lei aumenta determinado prazo, tal aumento incidirá apenas nos casos em que o prazo anterior ainda não tenha decorrido integralmente (por exemplo, se a lei previa prazo de cinco dias para o agravo e passou a prever dez dias, e se o prazo estava no seu quarto dia quando a lei entrou em vigor, o prazo encerrou-se naquele quinto dia, operando, caso não tenha sido interposto o recurso, a preclusão temporal); g) por outro lado, quando a lei diminui o prazo, e tal prazo já estava em curso no caso concreto, cabe verificar quanto faltava fluir do prazo antigo. Se o remanescente, de acordo com a lei antiga, é menor do que o total do novo prazo, computa-se o remanescente. Caso contrário, computa-se o total do novo prazo. Isso aconteceu, por exemplo, quando o Código de Processo Civil de 1973 reduziu o prazo da ação rescisória de cinco para dois anos; h) quando a lei suprime determinado tipo de processo, a regra não se aplica aos processos que já estejam em curso.[156]

A jurisprudência, sobre a questão da aplicação imediata das normas processuais, assim tem se manifestado:

> (...).
> *2. As normas que dispõem sobre os juros moratórios possuem natureza eminentemente processual, aplicando-se aos processos em andamento, à luz do princípio tempus regit actum. Precedentes.*
> *3. O artigo 1º-F da Lei 9.494/97, modificado pela Medida Provisória 2.180-35/2001 e, posteriormente pelo artigo 5º da Lei nº 11.960/09, tem natureza instrumental, devendo ser aplicado aos processos em tramitação. Precedente sob o rito do artigo 543-C, REsp 1.205.946/SP, Rel. Min. Benedito Gonçalves.*
> *4. Agravo regimental não provido.*
> (AgRg no REsp 1242954/SP, Rel. Ministro CASTRO MEIRA, SEGUNDA TURMA, julgado em 07/02/2012, DJe 16/02/2012)

> (...).
> *2. A norma prevista no art. 40, § 4º, da Lei 6.830/1980, segundo a qual a prescrição intercorrente pode ser decretada ex officio pelo juiz, após ouvida a Fazenda Pública, é de natureza processual e, por essa razão, tem aplicação imediata sobre as Execuções Fiscais em curso.*
> (...).
> REsp 1191847/MT, Rel. Ministro HERMAN BENJAMIN, SEGUNDA TURMA, julgado em 22/06/2010, DJe 01/07/2010)

---

[156] WAMBIER. Luiz Rodrigues. *Curso avançado de processo civil.* V. 1. Teoria Geral do Processo e Processo de Conhecimento, 10ª edição, revista, atualizada e ampliada. São Paulo: Ed. R.T., 2008. p. 67 e 68.

ART. 14

(...).

3. A Primeira Seção do STJ, em sede de recurso especial repetitivo (art. 543-C do CPC), firmou a orientação no sentido de que o mero despacho que determina a citação não possuía o efeito de interromper a prescrição, mas somente a citação pessoal do devedor, nos moldes da antiga redação do artigo 174, parágrafo único, I, do CTN; todavia, a Lei Complementar n. 118/2005 alterou o referido dispositivo para atribuir efeito interruptivo ao despacho ordinatório de citação. Por tal inovação se tratar de norma processual, aplica-se aos processos em curso. REsp 999.901/RS, Rel. Ministro Luiz Fux, Primeira Seção, julgado em 13/5/2009, DJe 10/06/2009.

4. O despacho citatório foi prolatado em 2001, não se aplicando a alteração promovida pela Lei Complementar n. 118/2005.

5. Agravo regimental não provido.

(AgRg no REsp 1113954/MG, Rel. Ministro BENEDITO GONÇALVES, PRIMEIRA TURMA, julgado em 15/04/2010, DJe 27/04/2010)

(...).

1. A eficácia da lei processual no tempo obedece à regra geral no sentido de sua aplicação imediata (artigo 1.211 do CPC).

2. O processo, como um conjunto de atos, suscita severas indagações, fazendo-se mister isolá-los para o fim de aplicação da lei nova.

3. A regra mater, sob essa ótica, é a de que "a lei nova, encontrando um processo em desenvolvimento, respeita a eficácia dos atos processuais já realizados e disciplina o processo a partir de sua vigência (Amaral Santos)."

4. A regra tempus regit actum produz inúmeras consequências jurídicas no processo como relação complexa de atos processuais, impondo-se a técnica de isolamento.

(...).

7. A lei vigente à época da prolação da decisão que se pretende reformar é que rege o cabimento e a admissibilidade do recurso.

Com o advento da Lei nº 11.232/2005, em vigor desde 24/06/2006, o recurso cabível para impugnar decisão proferida em liquidação é o agravo de instrumento (art. 475-H do CPC).

8. Recurso especial desprovido.

(REsp 1132774/ES, Rel. Ministro LUIZ FUX, PRIMEIRA TURMA, julgado em 09/02/2010, DJe 10/03/2010)

(...).

2. "O art. 1º-F, da Lei 9.494/97, que fixa os juros moratórios nas ações ajuizadas contra a Fazenda Pública no patamar de 6%, é de ser aplicado tão somente às deman-

CÓDIGO DE PROCESSO CIVIL

das ajuizadas após a sua entrada em vigor. Inaplicabilidade do art. 406 do Código Civil de 2002.

Precedentes." (REsp nº 1.086.944/SP, Relatora Ministra Maria Thereza de Assis Moura, Terceira Seção, in DJe 4/5/2009, submetido ao regime dos recursos repetitivos do artigo 543-C do Código de Processo Civil e da Resolução nº 8/2008 do Superior Tribunal de Justiça).

3. Agravo regimental improvido.

(AgRg no REsp 1177929/DF, Rel. Ministro HAMILTON CARVALHIDO, PRIMEIRA TURMA, julgado em 19/10/2010, DJe 02/12/2010)

"ato jurídico perfeito. Segundo princípio do direito intertemporal, salvo alteração constitucional, o recurso próprio é o existente à data em que publicada a decisão"
(STJ – 2ª Seção, CC 1.133-RS, rel. Min. Sálvio de Figueiredo, j. 11.3.92, v.u., DJU 13.4.92, p. 4.971).

"Sendo constitucional o princípio de que a lei não pode prejudicar o ato jurídico perfeito, ela se aplica também às leis de ordem pública"
(RTJ 173/263)

"cabimento do recurso com base na lei vigente ao tempo da intimação da decisão recorrida"
STF – RTJ 68/879, 79/569, 105/197

Art. 15

Na ausência de normas que regulem processos eleitorais, trabalhistas ou administrativos, as disposições deste Código lhes serão aplicadas supletiva e subsidiariamente.

Aplicação subsidiária deste código

Este dispositivo buscou inspiração no conteúdo normativo previsto no artigo 4º da *Ley 1/2000*, de *Enjuiciamiento Civil* (Código de Processo Civil espanhol), que assim dispõe: *"Caráter supletivo da Ley de Enjuiciamiento Civil. – Na ausência de disposições nas leis que regulam os processos penais, contencioso-administrativos, trabalho e militar, será aplicada supletivamente a presente lei".*

O próprio legislador processual entende que estão à margem da jurisdição civil os processos, eleitorais, administrativos ou trabalhistas. Contudo, mesmo

ART. 15

que essas matérias tenham regulamentação processual específica, nada impede que o novo C.P.C. seja aplicado supletivamente em relação aos atos processuais que não são regulamentados nas respectivas legislações.

Essa determinação de aplicação subsidiária do código de processo civil em relação a outras espécies de matéria há muito encontra previsão nas legislações específicas, a saber:

Artigo 769 da Consolidação das Leis Trabalhistas:

Art. 769 – Nos casos omissos, o direito processual comum será fonte subsidiária do direito processual do trabalho, exceto naquilo em que for incompatível com as normas deste Título.

Artigos 139, 362 e 790 do Código de Processo Penal:

Art. 139. O depósito e a administração dos bens arrestados ficarão sujeitos ao regime do processo civil. (Redação dada pela Lei nº 11.435, de 2006).

Art. 362. Verificando que o réu se oculta para não ser citado, o oficial de justiça certificará a ocorrência e procederá à citação com hora certa, na forma estabelecida nos arts. 227 a 229 da Lei nº 5.869, de 11 de janeiro de 1973 – Código de Processo Civil. (Redação dada pela Lei nº 11.719, de 2008).

Art. 790. O interessado na execução de sentença penal estrangeira, para a reparação do dano, restituição e outros efeitos civis, poderá requerer ao Supremo Tribunal Federal a sua homologação, observando-se o que a respeito prescreve o Código de Processo Civil.

Os prazos no direito eleitoral são contados, em matéria cível eleitoral, de acordo com o que dispõe o Código de Processo Civil, excluindo-se o dia começo e incluindo-se o do vencimento, salvo *"havendo uma norma expressa na legislação eleitoral, que regula o prazo recursal, não tem aplicação subsidiária o Código de Processo Civil (TSE-MS 146/PE, Rel. Min. Garcia Vieira, j. 25.11.2000"*

Assim, as normas processuais civis deverão ser aplicadas a outras espécies de jurisdição, como é o caso da trabalhista, eleitoral e administrativa. Também deverão ser aplicadas aos processos administrativos regulados pela lei 9.784 de 29 de janeiro de 1999. Pode-se pensar, inclusive, na concessão de tutelas de urgência satisfativa.

Os tribunais administrativos portugueses, por exemplo, conforme ensina Isabel Celeste Fonseca,[157] já obrigaram uma Câmara Municipal, através de uma

---

[157] FONSECA, Isabel Celeste. *A urgência na reforma do processo administrativo In:*http://rca.meticube.com/_RCA/Documents/doc13.rtf

providência cautelar não especificada, a incluir nas condições de um concurso público para escolha de um novo concessionário (para exploração do domínio público) o direito de opção de um concorrente[158]. E os tribunais administrativos, igualmente através de uma providência cautelar, permitiram a um militar usufruir, por antecipação, da situação provisória da sua passagem à situação de reserva, a qual lhe permitiria a apresentação da sua candidatura numa eleição autárquica. [159]

Por outro lado, o sistema alemão tem consagrado, como regra, o efeito suspensivo automático dos mecanismos de impugnação do ato administrativo. A suspensão automática da eficácia do ato, em regra, funciona quando se exercita o meio de impugnação em via administrativa e em via jurisdicional (aufschiebende Wirkung, §§ 80º).[160]

Em relação ao presente tema, eis os seguintes precedentes jurisprudenciais:

(...).

I – Na dicção do art. 40, § 2º do Código de Processo Civil (redação original), de aplicação subsidiária ao processo penal, sendo comum às partes o prazo, apenas em conjunto ou mediante prévio ajuste poderão os procuradores retirar os autos do cartório, circunstância não observada na espécie.

(RHC 26.911/MG, Rel. Ministro FELIX FISCHER, QUINTA TURMA, julgado em 18/03/2010, DJe 03/05/2010)

(...).

1. À míngua de previsão no Código de Processo Penal sobre a necessidade de reconhecimento da firma do outorgante na procuração para o oferecimento da queixa-crime, por força do disposto no artigo 3º do aludido diploma legal, aplica-se subsidiariamente as disposições do Código de Processo Civil.

(HC 119.827/SC, Rel. Ministro JORGE MUSSI, QUINTA TURMA, julgado em 15/12/2009, DJe 19/04/2010)

---

[158] Providência cautelar não especificada decretada pelo TAC de Lisboa em 27.10.1997, no processo nº 77/97 e posteriormente confirmada pelo TCA, pelo Ac. nº 512/97, de 08.01.1998.

[159] Providência Cautelar não especificada (nº 2 690/99) decretada pelo TCA, através do Ac. de 18.03.1999, tendo como Relator António Xavier Forte. Cfr., todavia, o Ac. do STA de 15 de Julho de 1999, proc., nº 44 972.

[160] FONSECA, I. C., idem, ibidem.

ART. 15

(...).
4. Com a extinção da Câmara Especializada, o feito deveria ter sido deslocado imediatamente para o órgão competente, em atenção ao disposto na parte final do art. 87 do Estatuto Processual Civil, aplicado subsidiariamente à espécie, diante da omissão do Código de Processo Penal, o qual excepciona o princípio da perpetuação da jurisdição nas hipóteses de alteração da competência absoluta ou de extinção do órgão, caso dos autos.
(...).
(HC 77.998/BA, Rel. Ministra LAURITA VAZ, QUINTA TURMA, julgado em 13/08/2009, DJe 08/09/2009 LEXSTJ vol. 242 p. 282)

1. A Lei 8.069/90, em seu art. 198 (capítulo referente aos recursos), prevê a aplicação subsidiária das regras do Código de Processo Civil, motivo pelo qual não cabe estender a aplicação dos arts. 268 a 273 do Código de Processo Penal, que trata da figura do assistente da acusação, ao procedimento contido no ECA.
(...).
(REsp 1044203/RS, Rel. Ministro ARNALDO ESTEVES LIMA, QUINTA TURMA, julgado em 19/02/2009, DJe 16/03/2009)

LIVRO II – DA FUNÇÃO JURISDICIONAL

TÍTULO I – Da Jurisdição e da Ação

Art. 16

A jurisdição civil é exercida pelos juízes e pelos tribunais em todo território nacional, conforme as disposições deste código.

Exercício da jurisdição civil

A palavra *jurisdição*, conforme já teve oportunidade de afirmar Eduardo J. Couture, aparece na linguagem jurídica com distintos significados. Muitas das dificuldades que a doutrina até o momento não conseguiu superar decorre dessa equivocidade do termo jurisdição. No direito dos países latino-americanos este vocábulo apresenta, rotineiramente, quatro acepções: como distribuição de atividade territorial; como sinônimo de competência; como conjunto de poderes ou autoridade de certos órgãos do poder público; e seu sentido preciso e técnico de função pública para a realização da justiça.[161]

Mas essa diversidade de definição para a *jurisdição* não é um problema somente dos países latino-americanos, pois a doutrina da Europa ocidental há muito não chega a uma conclusão sobre o que *é jurisdição*. A doutrina alemã, por exemplo, não presta a esse tema particular atenção, pois seus principais doutrinadores consideram que ela integra a administração. Nesse sentido é a definição de Leo Rosenberg: *"A jurisdição, chamada também função de justiça, poder judicial, é a*

---

[161] COUTURE, Eduardo J. *Fundamentos del derecho procesal civil.* 4ª ed. Buenos Aires: IBdeF, 2009. p. 23.

atividade do Estado dirigida à realização do ordenamento jurídico; uma parte da atividade executiva que deve diferenciar-se da legislativa".[162]

Segundo prescreve James Goldschimit, *"entende-se por 'jurisdição civil' a faculdade (e dever) de administrar a justiça em litígios desta natureza. Compreende: a) a instituição e estabelecimento de Tribunais civis, e a regulamentação e inspeção de seu funcionamento (manifestação de soberania e governo dos Tribunais); b) compreende, além do mais, a determinação, no caso concreto, da existência dos pressupostos da 'pretensão (ação) de tutela jurídica' contra o Estado, e, em caso afirmativo, a outorga dessa tutela. Isto se chama propriamente de 'jurisdição civil' em sentido estrito, ou justiça civil... A jurisdição civil estende-se ao conhecimento de todos os negócios encaminhados à via judicial (por meio do processo civil) pelas leis gerais ou dos Estados (negócios processuais civis em sentido formal, por disposição legal) e de todas as questões civis (negócios processuais civis em sentido material), para as quais não estejam previstas leis especiais...".*[163]

Assim, para a doutrina alemã não há distinção, senão meramente formal e externa, entre a função administrativa e a função jurisdicional.

A forma de constituição da atividade jurisdicional efetivamente varia de acordo com o tempo histórico e o espaço geográfico. O modo de formulação da vontade Estatal em preservar a ordem jurídica pode variar, segundo lugares e segundo os tempos. Num primeiro sistema, que, por acaso, historicamente se inicia a atividade jurisdicional do Estado, a autoridade não intervém para regular a conduta dos súditos enquanto não haja entre eles surgido concretamente um conflito. Apenas quando tenha ocorrido um conflito de interesses individuais, ameaçando turbar a convivência social, é que o Estado intervém como pacificador e dita, caso a caso, o direito que deve, em concreto, servir para regulá-lo. Porém, a civilização ocidental preferiu, há milênios, o sistema de formulação legal. Ao invés de aguardar a que se apresente a urgência de regular uma relação singular já produzida, o Estado prevê, antecipadamente, mediante um processo de abstração baseado sobre o *quod plerunque accidit*, as classes típicas de relações interindividuais nas quais poderá manifestar-se a necessidade de intervenção da autoridade para a manutenção da ordem jurídica. Segundo que predomine um ou outro método de formulação do direito, será diverso no Estado a posição do juiz; e diverso, por conseguinte, o conteúdo da função jurisdicional.[164]

---

[162] ROSENBERG, Leo. *Tratado de derecho procesal civil*. Trad. Angela Romera Vera. Tomo I. Buenos Aires, 1955. p. 45.

[163] GOLDSCHIMIT, James. *Derecho procesal civil*. Barcelona: Editorial Labor, S.A., 1936. pág. 118 e 124

[164] CALAMANDREI, P., op. cit., p. 116 e 117.

Segundo haja predominância de um ou outro método, será diversa no Estado a posição do magistrado, e diverso, por conseguinte, o conteúdo da função jurisdicional. No ordenamento em que predomine o método da formulação do direito para o caso concreto, o juiz não encontra perante si uma norma pré--constituída ou um texto como marco inicial da interpretação. Neste sistema, o juiz, não podendo buscar os critérios de sua decisão em norma anterior, deve diretamente produzir a norma de sua consciência ou, como se diz também, de seu sentimento de equidade natural. Porém, isso não significa dizer que o juiz possa decidir de acordo com o seu capricho pessoal; significa somente que aqui confia-se ao juiz o ofício de buscar caso a caso a solução que corresponda melhor às concepções morais e econômicas predominantes na sociedade em que vive naquele momento, e o de ser, por conseguinte, o intérprete fiel das correntes históricas de seu tempo. Facilmente se percebe que neste tipo de ordenamento jurídico o juiz apresenta uma função de criação do direito, ou seja, uma ativi-dade pré-jurídica, e essencialmente política; o juiz não aplica ao caso concreto um direito já traduzido em fórmulas estáticas pelo legislador, senão que rea-liza diretamente, para encontrar a decisão do caso singular, um trabalho que se poderia chamar de diagnose política das forças sociais, o qual, no sistema de formulação legal, será realizado exclusivamente pelos órgãos legislativos. Já no que concerne ao sistema de formulação legal, as forças políticas donde em regra geral provem o direito atuam sobre os órgãos responsáveis de formular as leis, qualquer que seja o nome que os mesmos recebam e qualquer que seja a forma de sua constituição. São eles, os órgãos legislativos, os filtros que o orde-namento do Estado prepara para decantar das confusas e discordes aspirações do *ius condendum* a certeza positiva do *ius conditum*, que o juiz deve aceitar sem discuti-lo, sem poder começar de novo por sua conta o trabalho de valoração política que há sido realizado pelo legislador. O princípio da legalidade e da separação dos poderes estabelece uma efetiva repartição de funções entre o juiz e o legislador.[165]

Isso não significa dizer, evidentemente, que no sistema da legalidade ou da separação dos poderes, a obra do juiz possa reduzir-se a um árido jogo de logi-cidade, desconectada das correntes históricas que se alteram após a vigência da lei. A atividade do juiz tem finalidade essencialmente pragmática, enquanto dirigida a determinar a conduta das pessoas e, neste sentido, é sempre atividade política; porém, essa atividade prática e política ao mesmo tempo não significa mais do que prosseguir fielmente com os princípios e valores constitucionais

---

[165] CALAMANDREI, P., idem, p. 118.

que deram origem à lei, pois se a própria lei não observar esses princípios e valores será ela nula em razão de sua inconstitucionalidade.

De um ponto de vista puramente empírico, e para o código de processo civil italiano, jurisdição, nas palavras de Crisanto Mandrioli, *"é aquele conjunto de normas em que são descritas e disciplinadas a atividade de 'proceder' – ou seja, o processo civil, tradicionalmente chamado 'jurisdição' e, portanto, 'jurisdição civil'".*[166]

Por sua vez, do ponto de vista funcional, a função jurisdicional *"deverá naturalmente referir-se àquela função que inspira a disciplina do 'intera serie' dos comportamentos em que se concretiza o 'proceder', ou atividade (jurisdicional) considerada globalmente".*[167]

O escopo da jurisdição, segundo estabelecido pela própria Constituição da República Federal do Brasil de 1988, é justamente agir no sentido de tutelar lesão ou ameaça de lesão a direitos. Na verdade, a atividade que se está tratando *"é uma atividade de tutela que sendo jurisdicional tem por objeto a tutela de direitos. E não apenas uma particular categoria de direitos, mas os direitos (naturalmente, direitos subjetivos) em gênero".*[168]

Conforme anota ainda Crisanto Mandrioli, *"O que se pretende dizer, precisamente, por tutela de direitos? Tutela, na linguagem comum, significa proteção, no sentido de reação a um perigo ou a um ataque. É por isso que em geral o tipo de tutela ou proteção deve determinar-se em relação ao tipo de perigo ou de ataque... A imposição, a proibição ou a permissão de determinados comportamentos, isso resulta que tudo o que compromete ou prejudica os direitos consiste no não fazer isso que se deveria fazer ou no fazer isso que não se poderia ou deveria fazer; em outros termos, naquele fenômeno que se chama 'lesão ou violação do direito'. De tudo isso emerge claramente que a tutela jurisdicional dos direitos consiste, ao menos em linha de máxima, em uma reação à sua violação".*[169]

A atividade jurisdicional é instrumental em relação ao direito material que deseja salvaguardar, uma vez que se constitui num instrumento constitucionalmente legitimado para a concretização da tutela desses mesmos direitos ou interesses. Assim, o direito ou interesse constitui a *matéria ou substância* da atividade jurisdicional. Há, como afirma La China, uma contraposição sistêmica entre o direito material ou substancial e o direito instrumental ou formal, isto é, processual.[170]

---

[166] MANDRIOLI, Crisante. *Diritto processuale civile.* I nozioni introduttive e disposizioni generali. 17ª ed., Torino: G. Giappichelli Editore, 2005. p. 8.

[167] MANDRIOLI, C., idem, ibidem, p. 9 e 10.

[168] MANDRIOLI, C., idem, ibidem, p. 10.

[169] MANDRIOLI, C., idem, ibidem, p. 10 e 11.

[170] LA CHINA. Norma giuridica (dir. Proc. Civ.), *In: Enciclopedia del diritto*, XXVIII, Milano, 1978. p. 411 e ss.

Para Elio Fazzalari, no ordenamento jurídico há uma série de normas que confiam, em geral ao Estado, o dever de reagir à inobservância de uma norma primária ou substancial e que regula todas as atividades que permitem essa reação, bem como a os critérios de decisão e realização. Essas normas, *"são reguladoras da jurisdição, que é exatamente a atividade mediante a qual o Estado, por meio de seus juízes (seus órgãos), se coloca por cima dos sujeitos implicados na violação de uma norma primária e, ouvidas as suas razões, providencia para fazer cessar o estado de fato contrário ao direito e a repristinar, na medida do possível, um estado de coisas conforme o direito. Na linguagem comum, as normas de primeiro grau são geralmente indicadas com o adjetivo de 'substanciais' enquanto que as normas, por assim dizer, de segundo grau, reguladoras da jurisdição, se qualificam como 'processuais' (usando-se como sinônimos os atributos 'processual' e 'jurisdicional')".*[171]

Outra característica própria da tutela jurisdicional, segundo parte da doutrina, especialmente aquela inclinada à concepção chiovendiana, é a sua natureza *substitutiva*.[172] Esta característica significa que aquele sujeito que deve exercer a atividade jurisdicional (denominado órgão jurisdicional) substitui aqueles que deveriam realizar o comportamento previsto na norma substancial na via primária, para atuar em via secundária aquela mesma proteção de interesse que se encontrava na base da via primária da norma substancial. Assim, o direito processual, em via substitutiva, realiza a mesma proteção de interesse que está na base do direito substancial. Esta 'substituição' não é imposta pela lógica nem pela natureza das coisas, *"mas frequentemente daquele postulado fundamental de toda forma de vida social organizada conhecido como 'proibição de autotutela ou de autodefesa'. Em suma, o ordenamento jurídico, no momento em que veta às pessoas de fazer justiça com as próprias mãos (exceção feita somente para alguns casos particularíssimos, como a legítima defesa, o estado de necessidade etc.), oferece-lhes uma proteção substitutiva, que é precisamente a tutela jurisdicional".*[173]

Porém, não se pode deixar de observar a crítica feita por Eduardo J. Couture sobre o caráter substitutivo da jurisdição. Disse o processualista uruguaio:

---

[171] FAZZALARI, Elio. *Instituições de direito processual*. Trad. de Elaine Nassif. Campinas: Bookseller, 2006. p. 133/134.

[172] Sobre a natureza substitutiva da jurisdição anota Giuseppe CHIOVENDA: *"Pode definir-se a jurisdição como a 'função do Estado que tem por escôpo a atuação da vontade concreta da lei por meio da substituição, pela atividade de órgãos públicos, da atividade de particulares ou de outros órgãos públicos, já no afirmar a existência da vontade, já no torná-la, praticamente, efetiva".* (CHIOVENDA, Giuseppe. *Instituições de direito processual civil*. Vol. II. 2ª ed. Trad. J. Guimarães Menegale. São Paulo: Edição Saraiva, 1965. p. 3).

[173] MANDRIOLI, C., op. Cit., p. 12.

CÓDIGO DE PROCESSO CIVIL

"Porém o conceito, correto na maioria dos casos, em especial nas sentenças condenatórias, não caracteriza a função jurisdicional nos outros casos em que não há tal substituição: a sentença penal, a sentença de divórcio, a maioria das sentenças inerentes ao estado civil, não são substitutivas da atitude omissa das partes".[174]

À noção de jurisdição segundo seu aspecto funcional deve ser integrada com observância dos casos em que a atividade do órgão jurisdicional é realizada independentemente de qualquer fato que possa ser considerado como violação a direitos. Estes fenômenos verificam-se em determinadas situações, nas quais o ordenamento jurídico subtrai da autonomia das pessoas a plena disponibilidade de determinadas situações jurídicas, estabelecendo que a constituição, a modificação ou a extensão daquela situação jurídica, não pode ocorrer a não ser pela intervenção do órgão jurisdicional. Este tipo de atividade jurisdicional que tem por objeto a modificação de situações jurídicas substanciais é denominado de *jurisdição constitutiva*. Para parte da doutrina, este tipo de direito é denominado de direito protestativo, ou seja, o direito à modificação jurídica. É importante salientar que ao lado da *atividade jurisdicional constitutiva necessária* (relações de família (divórcio), negativa de paternidade etc), existe também a denominada *atividade jurisdicional constitutiva não necessária* no sentido de que os efeitos constitutivos poderiam ocorrer independentemente da atuação jurisdicional, o que significa dizer que a atuação jurisdicional somente ocorrerá diante da falta da atuação espontânea primária, isto é, quando se verificar a violação de um preexistente direito à modificação jurídica ou direito protestativo (não necessário). Pense-se no exemplo da obrigação de realizar contrato de compra e venda, assumida por meio de um contrato preliminar de compromisso de compra e venda, ocorrendo o inadimplemento do compromissário vendedor, sendo que neste caso a compra e venda depende de uma sentença constitutiva a ser proferida mediante atividade jurisdicional.[175]

O outro tipo de atividade jurisdicional que não pressupõe violação de direito é aquela denominada de *meramente declaratória*, que normalmente pretende resolver a certeza objetiva acerca da existência de um direito. E é óbvio que um ordenamento jurídico ofereça diretamente ou indiretamente os instrumentos necessários para resolver a dúvida objetiva, antes que se dê lugar a efetiva violação do direito (sob este aspecto pode-se dizer que a atividade jurisdicional declaratória pode ser considerada como *tutela preventiva*).

Segundo Crisanto Mandrioli, esta definição funcional da jurisdição não diverge substancialmente de outras definições propostas por renomados juris-

---

[174] COUTURE, E. J., op. cit., p. 33.
[175] MANDRIOLI, C., op. cit., p. 16.

tas. Assim, por exemplo, a de Redenti que considera a jurisdição como 'atuação das sanções' (Redenti, *Intorno al concetto di giurisdizione*, In: *Studi per Simoncelli*, Napoli, 1917), sendo que Redenti entende por 'sanção' aquilo que alguns denominam de preceito secundário, conteúdo da norma substancial, ou seja, aquele sistema ou mecanismo de reação que o ordenamento jurídico põe em movimento quando se verifica a violação do preceito primário. Na mesma perspectiva é a definição feita por Carnelutti que vê na jurisdição 'justa composição da lide' (Carnelutti, *Sistema del diritto processuale civile*, I, Padova, 1936). Se se tem presente que a 'lide', segundo Carnelutti, não seria outra coisa que a posição de contraste que dois ou mais sujeitos assumem em relação a um direito, parece evidente que referida posição de contraste subsiste enquanto se postula por um mais daqueles sujeitos a lesão de uma norma substancial por parte dos outros sujeitos. Se assim não fosse, a norma substancial seria suficiente para resolver aquele conflito de interesses. Uma outra posição compreende a visão sattiana de jurisdição como 'concretude do ordenamento jurídico', caracterizada pela contraposição entre o ordenamento estático e o seu atuar".[176]

Deve-se reconhecer que existe certa sinonímia entre função judicial e função jurisdicional.[177] Contudo, nem toda função própria do Poder Judiciário é função jurisdicional (por exemplo, no Brasil, o Conselho Nacional de Justiça é um órgão do Poder Judiciário, mas não exerce função jurisdicional). Porém, ainda que essa coincidência fosse absoluta, o conceito de função jurisdicional não poderia ser fixado com a só menção de que se trata de uma função exercida pelo Poder Judiciário. Seria necessário, todavia, determinar sua essência e natureza: qual é o *ser* desta função, de tão grande significado no conjunto de atributos e deveres do Estado. De certa maneira, *"esta dificuldade é uma consequência da teoria da divisão de poderes. É fácil, uma vez exposta essa teoria, conceber teoricamente a um Congresso legislando, a um Poder Executivo administrando e a um Poder Judiciário decidindo controvérsias. O difícil é decidir que faz um Congresso quando procede à cassação de um de seus membros, o Poder Executivo quando dirime em processo administrativo uma controvérsia, e o Poder Judiciário quando designa a um de seus funcionários. As interferências entre legislação e jurisdição são, relativamente, de menor importância que as derivadas dos contatos entre jurisdição e administração. As primeiras põem a prova a teoria do ato legislativo; assim, por exemplo, as resoluções do trabalho que tem caráter geral e obrigam a todos os integrantes de um grêmio, presentes e futuros... Porém, os choques entre administração e jurisdição põem a prova todo o sistema de relações entre o Poder Executivo e o Poder Judiciário. Se um ato do Poder Executivo fosse declarado jurisdicional, os*

---

[176] MANDRIOLI, C., idem, ibidem, p.13 e 14.
[177] COUTURE, E.J., op. cit., p. 25.

cidadãos ficariam privados da garantia de sua revisão pelos juízes, que em última palavra é a máxima garantia que a ordem jurídica brinda aos indivíduos frente ao poder. Não há revisão jurisdicional de ato jurisdicionais executórios. Só há, e necessariamente deve haver, revisão jurisdicional dos atos administrativos. Este ponto se coloca em quase todos os regimes do mundo ocidental. De certo modo, a colocação e a solução favorável do problema constitui a última barreira na luta pela democracia contra as ditaduras.".[178]

Por isso, a configuração técnica do ato jurisdicional não é simplesmente uma questão acadêmica, mas um problema de tutela de direito humanos.

Porém, não é suficiente definir a jurisdição na sua perspectiva meramente funcional, uma vez que essa visão de jurisdição não nos dá a *essência* da atividade jurisdicional.

Não há dúvida de que uma das características da atividade jurisdicional é a *imparcialidade*. Aliás, para Gian Domenico Pisapia, a essência da atividade jurisdicional é justamente a *imparcialidade do juiz*.

Porém, a *imparcialidade* não é um atributo exclusivo da atividade jurisdicional num Estado Democrático de Direito.

A atividade realizada pela Administração Executiva (quando do julgamento dos processos administrativos) ou pelo Legislativo (quando profere decisão em processo de cassação de seus pares) também apresenta esse atributo de *imparcialidade*, pois essa exigência decorrente do Estado Democrático de Direito não mais se encontra circunscrita apenas à atividade dos órgãos do Poder Judiciário, mas também aos julgamentos dos processos administrativos de uma maneira geral. Por óbvio não se conceberia que o Conselho Nacional de Justiça, em eventual julgamento de processo administrativo, pudesse proferir julgamento mediante uma determinada *parcialidade negativa*. Se assim fosse, esse julgamento feriria de morte o princípio da *impessoalidade* e da *moralidade* previsto no art. 37, *caput*, da Constituição Federal de 1988.

É bem verdade que a *parcialidade*, por exemplo, da administração pública no processo administrativo, ou mesmo do Ministério Público na persecução penal, era apontada como característica distintiva da imparcialidade própria dos juízes e da função judicial.[179]

Para Marcello Caetano, analisando o direito português, a imparcialidade seria, desta maneira, característica exclusiva da função jurisdicional, pois somente os órgãos jurisdicionais não seriam parte interessada no conflito que visam a resolver, colocando-se numa posição supra partes. Na verdade, apenas os

---

[178] COUTURE, E. J., idem, p. 26.
[179] ALLEGRETTI, Umberto. *L'imparzialità amministrativa*. Padova: CEDAM – Casa Editrice Dott. Antonio Milani, 1965. p. 55.

órgãos jurisdicionais teriam o dever de ouvir todos os interessados antes de proferir sua decisão. Somente em relação a esses órgãos faria sentido impor garantias de imparcialidade, tais como os *impedimentos e suspeição*.[180]

Contudo, Marcello Caetano não explica o porquê da exigência das garantias de imparcialidade dos juízes – suspeição e impedimento – (art. 14, n. 1, do Código de Processo Civil português) também em relação ao Ministério Público, órgão encarregado de representar os interesses do Estado (na perspectiva do próprio Marcello Caetano).[181]

Muito cedo, a doutrina, principalmente a partir de um estudo direcionado à administração pública, começou a por em questão a afirmação de que o simples fato de ser parte já configura sua parcialidade.

Percebeu-se que os interesses defendidos pela Administração Pública não são iguais aos interesses postulados pelos particulares, uma vez que os interesses da administração ou por ela perseguidos são interesses públicos e por natureza objetivos. Assim, não obstante possa a administração ter certa discricionariedade na perseguição de seus interesses, isso não lhe retira a prerrogativa constitucional de ser *imparcial*.

Atualmente, para a generalidade dos autores: *"A Administração Pública, apesar de vinculada ao princípio da imparcialidade, ocupa uma posição jurídico-institucional especial, que resulta da natureza pública dos interesses que persegue e da obrigação de agir imparcialmente; em suma, do facto de figurar no procedimento, simultaneamente, como parte e juiz: parte porque 'é um verdadeiro agente empenhado no exercício de um poder de iniciativa na efectiva realização de projectos e interesses próprios'; juiz porque 'há-de designadamente ponderar o valor relativo dos interesses que a sua decisão vai sacrificar, por modo a não discriminar contra algum deles ou privilegiar algum por razões estranhas à lei que os tutela ou ao interesse público que visa satisfazer"*.[182]

A doutrina, então, começou a formular a tese de existência de *parte "imparcial"*, especialmente a partir do momento em que passou a sustentar a "imparcialidade" diante da administração pública, com base, inclusive, no próprio texto Constitucional português.[183] Aliás, a referência a "parte imparcial" não é exclusiva da doutrina administrativista. Pelo que tudo indica, Francesco Carnelutti, em suas lições sobre o processo penal, foi o primeiro autor a utilizar a expressão "parte imparcial" para mencionar a participação do Ministério Público na rela-

---

[180] Apud MELO RIBEIRO, Maria Teresa de. *O princípio da imparcialidade da administração pública*. Coimbra: Almedina, 1996, p. 113 e 114.

[181] Idem. Ibidem, p. 114.

[182] Idem. Ibidem, p. 115.

[183] Idem. Ibidem, Loc. Cit.

CÓDIGO DE PROCESSO CIVIL

ção jurídica processual penal.[184] Aliás, atualmente, segundo Afrânio Silva Jardim, a configuração do Ministério Público como "parte imparcial" é fruto inclusive do próprio princípio do "Promotor Natural", o qual impede que a acusação seja formulada por órgão estatal sem atribuição expressamente prevista em lei e desprovido, por isso mesmo, da necessária *imparcialidade e independência*.[185]

Diante dessas considerações, pode-se verificar que a *imparcialidade* não seria a essência da jurisdição, pois ela é exigida também no âmbito dos julgamentos proferidos em processos administrativos.

Para Eduardo J. Couture, a *essência* da jurisdição seria a *coisa julgada*. Segundo o saudoso processualista uruguaio, se o ato não adquire real ou eventual autoridade de coisa julgada, não é *jurisdicional*. Portanto, não haveria jurisdição sem a coisa julgada.[186]

Porém, a designação da coisa julgada como essência da jurisdição de certa maneira é inconsistente e pouco abrangente, pois há atividade jurisdicional sem que haja efetivamente coisa julgada, tal como ocorre com a demanda de alimentos ou os procedimentos não contenciosos ou de jurisdição voluntária. A demanda de alimentos assim como diversos procedimentos não contenciosos ou de jurisdição voluntária não fazem coisa julgada, pois estão sujeitos à cláusula *rebus sic stantibus*.

Por sua vez, atualmente há decisões proferidas pelos Tribunais que podem ser executadas ou cumpridas independentemente da coisa julgada (*princípio da execução sem título permitido*), como ocorre com as antecipações de tutelas; isso também ocorre com sentenças sujeitas a recurso sem efeito suspensivo. Seria inconcebível a existência de uma decisão judicial, com total inserção na esfera jurídica da parte ou de terceiros, inclusive com a privação e perda de bens, sem que essa decisão fosse proveniente do exercício da *atividade jurisdicional*.

Assim, pelo menos no que concerne ao direito brasileiro, a *essência da atividade jurisdicional* deve ser procurada e encontrada na própria Constituição

---

[184] "(...) El problema de la acusación pública tiene así el aspecto de un juego de palabras, cuya fórmula paradójica es la de la *parte imparcial* (...)". (CARNELUTTI, Francesco. *Lecciones sobre el proceso penal*. Trad. Santiago Sentís Melendo. Buenos Aires: Bosch Y Cía Editores, 1950. p.227.

[185] JARDIM, Afrânio Silva. *Direito processual penal – de acordo com a constituição de 1988*. 4.ed. Rio de Janeiro: Forense, 1992. p. 430.

[186] "(...) será possível definir a jurisdição nos seguintes termos: 'função pública, realizada por órgãos competentes do Estado, com as formas requeridas pela lei, em virtude da qual, por ato de juízo, se termina o direito das partes, com o objeto de dirimir seus conflitos e controvérsias de relevância jurídica, mediante decisões com autoridade de coisa julgada, eventualmente factíveis de execução".(COUTURE, E. J., op. cit., p. 30 e 31).

ART. 16

Federal, especialmente no conteúdo normativo previsto no art. 5º, inc. XXXV, a saber: *"a lei não excluirá da apreciação do Poder Judiciário lesão ou ameaça a direito".*

A lei poderá excluir a apreciação de lesão ou ameaça de lesão a direitos em relação a qualquer outro órgão, menos em face do Poder Judiciário.

Evidentemente que quando a Constituição estabelece que ao Poder Judiciário compete apreciar (em última instância democrática) eventual lesão ou ameaça a direito, isso não significa dizer que dentro desta atividade não possa estar a simples avaliação de direitos e interesses ou a simples administração pública de interesses privados, como é o caso dos procedimentos não contenciosos. Também o Constituinte não quis com isso dizer que somente haverá a possibilidade de exercício do direito de ação/demanda se houver, previamente definida a lesão ou ameaça de lesão a direitos, como se houvesse um retorno à clássica teoria imanentista do direito de ação, no sentido de que somente existiria ação se houvesse o direito lesionado ou ameaçado devidamente concretizado.

Na realidade, deve-se interpretar o art. 5º, inc. XXXV da C.F. como a possibilidade ou faculdade de toda pessoa promover perante o Poder Judiciário brasileiro seu direito Constitucional de ação, para que este órgão do Estado brasileiro possa avaliar *eventual* lesão ou ameaça de lesão a direitos ou interesses. Dentro desta eventualidade, a atividade jurisdicional está legitimada para proferir decisões absolutórias, declaratórias negativas ou mesmo resolver demanda rescisória que visa a desconstituir sentença que anteriormente houvesse reconhecido algum direito.

Portanto, não se deve confundir a *atividade jurisdicional* com a efetiva prestação da *tutela jurisdicional*, pois quando o juiz julga *improcedente o pedido* ou *indefere liminarmente a petição inicial*, embora tenha realizado o exercício da *atividade jurisdicional*, não *prestou a tutela jurisdicional* em favor do autor.

Portanto, o próprio texto Constitucional estabeleceu que toda e qualquer atividade ou comportamento que possa causar *lesão ou ameaça de lesão a direito* está sujeita à apreciação do Poder Judiciário mediante a atividade jurisdicional, considerando-se essa atividade a última palavra sobre tal questão jurídica.

A Constituição somente permitiu essa prerrogativa ao Poder Judiciário e a nenhum outro órgão do Estado, seja ele executivo ou legislativo.

Isso não significa dizer que o Poder Executivo ou o Poder Legislativo não possam, por meio do devido processo legal, proferir julgamentos. Na realidade, conforme já afirmara Enrico Tullio Liebman: *"julgar quer dizer valorar um fato do passado como justo ou injusto, como lícito ou ilícito, segundo o critério de julgamento fornecido pelo direito vigente, enunciando, em consequência, a regra jurídica concreta destinada a valer como disciplina do caso (fattispecie) em exame... "*.[187] Assim, se o Executivo ou o Legislativo, no exercício de sua atividade, proferir julgamento em processo administrativo, tal exercício de função não caracteriza atividade jurisdicional, especialmente pelo fato de que a decisão proferida em processo administrativo poderá ser reapreciada por órgão do Poder Judiciário. O único órgão que pode apreciar atividades ou comportamentos jurídicos no território brasileiro, dando sua palavra final sobre a existência ou não de ameaça ou lesão a direitos, é o Poder Judiciário, através de seus órgãos jurisdicionais.

Por isso, não se pode considerar como *atividade jurisdicional* os julgamentos efetuados pelo Poder Executivo ou Legislativo em processos administrativos, pois esses julgamentos poderão ser reapreciados pelo Poder Judiciário.

Já as decisões do Poder Judiciário (que é uno e indivisível) não poderão ser apreciadas por outros órgãos de qualquer esfera estatal, seja ele executivo ou legislativo.

Evidentemente que não se pode confundir órgãos jurisdicionais com a composição orgânica do Poder Judiciário.

Por isso, muito embora o Conselho Nacional de Justiça, nos termos do art. 92, inc. I-A, da C.F., seja um órgão do Poder Judiciário, isso não quer dizer que ele seja um órgão jurisdicional. Tanto não é, que os julgamentos efetuados pelo Conselho Nacional de Justiça, que têm natureza administrativa, poderão ser reapreciados pelos órgãos jurisdicionais do Poder Judiciário, no caso, pelo Supremo Tribunal Federal, nos termos do art. 102, inc. I, letra 'r'.

A importância da atividade jurisdicional exercida pelo Poder Judiciário para efeito de apreciar em última instância na Democracia brasileira lesão ou ameaça de lesão a direitos é de tamanha ordem e grandeza, que a própria Constituição não admite, em hipótese alguma, sua interrupção, conforme determina o art. 92, inc. XII da C.F.: *"a 'atividade jurisdicional' será ininterrupta, sendo vedado férias coletivas nos juízos e tribunais de segundo grau, funcionando, nos dias em que não houver expediente forense normal, juízes em plantão permanente"*.

Mas a Constituição Federal brasileira vai mais longe, pois além de não admitir a interrupção da atividade jurisdicional, também exige, nos termos do art. 92, inc. XII, que *"o número de juízes na 'unidade jurisdicional' será proporcional à efetiva demanda judicial e à respectiva população"*.

Concluindo, qualquer dos Poderes estatais, Executivo, Legislativo ou Judiciário poderá realizar julgamento e definir questões concernentes a lesão ou ameaça de lesão a direitos, especialmente quando esses julgamentos são profe-

---

[187] LIEBMAN, Enrico Tullio. *Manual de direito processual civil*. 2ª ed. Trad. Cândido Rangel Dinamarco. Vol. I. Rio de Janeiro: Forense, 1985. p. 04.

ridos em processos administrativos. Porém, somente um desses órgãos poderá proferir julgamento por meio de *atividade jurisdicional ininterrupta* e sem qualquer *condicionamento ou impedimento legal* para o fim de *"apreciar, mediante última palavra, a existência ou não de lesão ou ameaça de lesão a diretos ou interesses"*. E essa é uma função dos órgãos do Poder Judiciário que atuam no exercício da atividade *jurisdicional*.

Diante dessas considerações, pode-se dizer que a *essência da jurisdição* não é a *coisa julgada*, mas a *manifestação final, incondicional e ilimitada* sobre a existência ou não de *ameaça ou lesão a direitos e interesses jurídicos* no Estado brasileiro.

Estabelecido que a essência da *jurisdição* decorre da própria Constituição Federal, também na Constituição encontram-se diversos dispositivos que de certa forma regulam a atividade jurisdicional do magistrado brasileiro.

A nossa Constituição dedica à justiça (*rectius* 'à magistratura') um capítulo próprio e específico (Capítulo III – Do Poder Judiciário) – arts. 92 a 126, além de outras normas importantes de caráter processual previstas no artigo 5º, incisos XXIV, XXVI, XXXIV, letra 'a', XXXV, XXXVII, LIII, LIV, LV, LVI, LX, LXVII, LXIX, LXX, LXXI, LXXII, LXXIV, LXXVII, LXXVIII.

As normas constitucionais *prima facie* já revelam a forma e a estrutura da atividade jurisdicional brasileira, como, por exemplo, o disposto no artigo 5º, incisos LIII, XXXV, LXIX da C.F.: *"ninguém será processado nem sentenciado senão pela autoridade competente"*; *"a lei não excluirá da apreciação do Poder Judiciário lesão ou ameaça a direito"*; *"conceder-se-á mandado de segurança para proteger direito líquido e certo, não amparado por 'habeas corpus' ou 'habeas data', quando o responsável pela ilegalidade ou abuso de poder for autoridade pública ou agente de pessoa jurídica no exercício do Poder Público"*.

Das disposições previstas na Constituição Federal conclui-se que a jurisdição é uma atividade estatal (podendo ser delegada nos casos de compromisso arbitral) decorrente da soberania popular prevista no artigo 1º, parágrafo único da C.F.: *"Todo o poder emana do povo, que o exerce por meio de representantes eleitos ou diretamente, nos termos desta Constituição"*, sendo que o seu exercício é difundido entre os juízes competentes em razão de regras constitucionais ou processuais.

Disso resulta que qualquer pessoa, pública ou privada, que se intitule titular de um direito subjetivo ou um determinado interesse individual homogêneo, ou, ainda, algum interesse difuso ou coletivo que seja contestado por outrem ou que entenda exercitar um direito subjetivo e seja impedido pelo comportamento de outrem, pode solicitar ao juiz natural que proceda, em um procedimento e nas formas processuais preestabelecidas, a realização de uma tutela jurisdicional do direito alegado. Todos os sujeitos, nacionais ou estrangeiros, têm direito a uma tutela jurisdicional ou fazer o órgão judiciário atuar nesse sentido, como causa do princípio constitucional do acesso à Justiça. Pedir a tutela jurisdicional significa: *"exigir que um juiz, no exercício de um poder de direito público e com as faculdades coercitivas que lhe são atribuídas pela lei, pronuncie aquele provimento de particular eficácia que o sujeito, na sua plena autonomia, tenha por adequado à realização do conteúdo do direito"*.[188]

Art. 17
Para postular em juízo é necessário ter interesse e legitimidade.

Sumário:

1. Considerações gerais
2. Da ação/postulação
3. Interesse legítimo
4. Legitimidade

1. Considerações gerais
Analisou-se anteriormente a noção de jurisdição do ponto de vista do Estado que *administra a justiça*; agora, é necessário observar o fenômeno jurisdicional do ponto de vista do cidadão que *pede justiça*.

Conforme ensina Calamandrei: *"Já se viu que o Estado, mediante as normas jurídicas estabelecidas pelo próprio Estado, regula relações intersubjetivas, e cria deste modo nos indivíduos, ao estabelecer antecipadamente o predomínio de um interesse sobre o outro, direitos (em sentido subjetivo) e obrigações individuais. Temos visto também que quando o Estado prescreve ao obrigado um determinado comportamento destinado a satisfazer o interesse do titular do direito, a inobservância do direito objetivo constitui, ao mesmo tempo, descumprimento do direito objetivo: de sorte que se pode perguntar qual é, frente ao Estado que garante a observância do direito estabelecido por ele, a posição do indivíduo que, na inobservância do direito objetivo, vê a lesão de seus interesses individuais, e que considera, por conseguinte, a violação da lei como violação de seu direito subjetivo, o qual não é outra coisa que a posição subjetiva assumida pela norma jurídica no que a ele diz respeito"*.[189]

Evidentemente que não se pode afirmar que na hipótese de mácula ao direito subjetivo possa o seu titular, salvo quando a tutela jurídica lhe for permitida pelo próprio direito objetivo, por em obra a própria força privada para fazer valer seu direito subjetivo. Formando a base dos conceitos de *jurisdição* e de *ação* encontra-

---

[188] COMOGLIO, L. P.; FERRI, C.; TARUFFFO, M., op. Cit., p. 103.
[189] CALAMANDREI, P., op. cit., p. 222.

-se, no Estado moderno, a premissa fundamental da proibição da autodefesa: *"direito subjetivo significa interesse individual protegido pela 'força do Estado', não direito de empregar a 'força privada' na defesa do interesse individual".*[190]

Permitir-se atualmente o emprego da *força privada* como meio de defesa do direito, constitui, na realidade, a negação de todo direito e de toda pacífica convivência social:*"deixar aos mesmos interessados o ofício de resolver por si os próprios conflitos quer dizer excluir a possibilidade de uma decisão imparcial, dado que nenhum pode ser juiz 'in re propria' e quer dizer, ademais, sempre, vitória da prepotência sobre a justiça, onde a decisão do conflito se entrega à força dos competidores, o mais forte tem sempre razão".*[191]

No vigente direito penal brasileiro, salvo as exceções previstas expressamente na lei, penaliza-se o *exercício arbitrário das próprias razões.*

Porém, a proibição da autodefesa não pode ser considerada operativa senão quando, mediante compensação de tal proibição, o Estado ofereça instrumentos adequados para que aquele que se sentir lesado possa restabelecer a ordem jurídica que lhe garante seus interesses ou direitos subjetivos. Assim, deve-se outorgar às pessoas a faculdade de recorrer para a defesa de seus interesses ou direitos subjetivos perante um órgão estatal. A história das instituições judiciais demonstra, de modo claro, o desenvolvimento paralelo dos dois fenômenos: *"à gradual limitação da autodefesa, corresponde, em sentido inverso, uma gradual extensão e um progressivo reforço da ingerência jurisdicional do Estado na defesa dos direitos privados".*[192]

Evidentemente que atualmente os conflitos também podem ser dirimidos por órgãos não Estatais, assim como ocorre com a arbitragem. Não é por acaso que na origem de todas as civilizações, a primeira forma de justiça foi a arbitral.

Assim, quando se afirma que há uma efetiva correlação entre a proibição da defesa privada e a assunção por parte do Estado da função jurisdicional, quer-se dizer que as pessoas poderão socorrer-se do estado para analisar suas pretensões. E a forma de se provocar o exercício da atividade jurisdicional se dá por meio de um instituto jurídico denominado de *ação.*

Assim, antes de mais nada, deve-se entender o que se entende por *ação.*

2. Da ação/postulação

As formulações de Windscheid e de Muther marcaram uma mudança na história do pensamento jurídico, criando para romanistas, civilistas e processualistas o problema da *actio* ou da *acción* e proporcionando o ponto de partida das doutri-

---

[190] CALAMANDREI, P., idem, ibidem.
[191] CALAMANDREI, P., idem, p. 223.
[192] CALAMANDREI, P., idem, p. 226.

CÓDIGO DE PROCESSO CIVIL

nas que ainda hoje se processam neste campo. Isso permite compreender que não se pode apreciar como acabada e definitiva a polêmica *Windscheid-Muther* se não a colocar em seu lugar próprio na história da ciência jurídica alemã.[193]

Antes de Windscheid a doutrina estava plenamente satisfeita com a definição de ação promovida por Celso (D. 44,7,51) *nihil aliud est actio quam ius quod sibi debeatur iudicio persequendi.* Na época não havia qualquer possibilidade de se ressaltar eventual divergência em relação aos que os romanos consideravam *actio* e o que os modernos entendiam por *acción (Klagerecht).* Era pacífico que a relação da ação com o direito substancial tinha um caráter muito estreito; e a única discrepância surgia entre quem, como Savigny, concebia a *actio* como um direito novo surgido da lesão de outro direito e que, como Puchta ou Böching, a considerava um elemento anexo ao direito substancial.[194]

A monografia de Windscheid agitou as águas serenas, especialmente por discutir de forma aberta o paralelismo entre a *actio* romana e a *acción* moderna *(Klagerecht).* Evidentemente que essa postura de Windscheid não foi poupada de críticas, e não somente por parte de Muther, que assumiu abertamente esta polêmica, mas também por parte de Bethmann-Hollweg, de Bekker, de Bruns. Porém, até hoje ninguém pode prescindir delas como marco importante e desencadeador do estudo da natureza do direito de ação, inclusive para as modernas teorias. Visava Windscheid romper com o direito romano que até então era aplicado, sem maiores considerações, na Alemanha da época (Século XIX). Windscheid oferecia precisamente uma válida contribuição àquela tendência, tratando de demonstrar que o conceito romano de *actio* era estranho ao direito moderno e não coincidia em absoluto com o de *acción* (Klagerecht), de modo que se recomendava aos juristas e aos práticos modernos o abandono da equívoca linguagem das ações.[195]

No campo do direito civil e processual civil, a mais importante doutrina de Windscheid foi a da 'pretensão' (Anspruch). As densas manifestações de elucubrações germânicas e italianas sobre este ambíguo conceito encontram seu ponto de partida nas poucas frases que lhe dedicou Windscheid ao contemplar na *pretensão* o equivalente moderno de *actio* e pela primeira vez delinear como

---

[193] "Muther teria pouco mais de trinta anos quando entrou na polêmica com Windscheid e, no ano anterior, havia recebido a nomeação de professor extraordinário na Universidade de Königsberg". (PUGLIESE, Giovanni. Introdução realizada à obra de WINDSCHEID, Bernhard; MUTHER, Theodor. *Polemica sobre la 'actio'.* Trad. Tomás A. Banzhaf. Buenos Aires: Ediciones Jurídicas Europa-America, 1974. p. XI.

[194] PUGLIESE, G. idem, p. XII.

[195] PUGLIESE, G., idem, p. XIV.

situação jurídica substancial, nitidamente distinta da *acción* em sentido processual e não identificável, por outra parte, com o direito subjetivo, do qual representava melhor uma emanação.[196]

Conforme ensina Geovani Pugliese: *"Ao rechaçar com efeito a acusação que lhe dirigiu Muther de haver considerado a ação moderna como simples ato, explicou (Réplica a Muther, pág. 29) que não havia fixado sua atenção sobre o direito de acionar, somente porque o mesmo pertencia ao campo do processo, estranho ao objeto de seu estudo. Longe, pois, de negar a existência de uma ação como atribuição do sujeito, teria dela um conceito puramente processual que não se chocava com a equivalência por ele estabelecida entre a actio romana e a pretensão, senão que se ajustava perfeitamente nela. De sorte que não é exagerado dizer que a mesma figura da ação abstrata, detalhada primeiramente por Degenkolb (Einlassugszwang und Urtheilsnorm, 1877) e por Plósz (Beiträge zur Theorie des Klagerechts, 1880) e concebida depois de maneira diversa pelos estudiosos do processo até estes últimos tempos, é uma consequência lógica das colocações de Windscheid. É verdade, se o conteúdo substancial da actio transfundia-se na pretensão, em outros termos, se a acción não compreendia já o poder de pedir em juízo o cumprimento do ato ou da omissão prescritos pela norma substancial, formando este poder a essência da pretensão, era fácil deduzir disso o corolário de que na acción havia de contemplar-se numa faculdade ou num poder absolutamente independentemente do direito subjetivo substancial e correspondente também a quem não tivesse direito algum".*[197]

Não se pode questionar que as dúvidas lançadas por Windscheid e também a ânsia de se opor a elas foram estímulo para se buscar, mediante uma revisão integral sobre a matéria, conhecimentos mais seguros e enunciados mais exatos. Em que pese a dúvida lançada por Windscheid dissesse respeito à ação no campo romanístico, isso se estendeu para a ciência do processo civil moderno, gerando reflexões até os dias atuais.[198]

É indiscutível inclusive que as concepções meramente processuais ou publicista da ação, resultaram-se favorecidas pela absorção do conteúdo substancial da *actio* na noção de pretensão de Windescheid.

Ao se postular e reivindicar a autonomia da ação em relação ao direito substancial, ensejou o surgimento de diversas teorias sobre a natureza jurídica da ação.[199]

---

[196] PUGLIESE, G., idem, ibidem.

[197] PUGLIESE, G., idem, p. XV.

[198] PUGLIESE, G., idem, p. XIII.

[199] *"Encarava-se a ação como um elemento do próprio direito deduzido em juízo, como um poder, inerente ao direito mesmo, de reagir contra a violação, como o direito mesmo em sua tendência a atuar. Confundiam-se, pois, duas entidades, dois direitos absolutamente distintos entre si. Nem era isenta desse defeito*

CÓDIGO DE PROCESSO CIVIL

A partir do momento que se postula a autonomia do direito *ação* em relação ao direito substancial, surgem quatro tipos arquitetônicos de concepções sobre a natureza jurídica da *ação*.

O primeiro corresponde à teoria da *ação como direito autônomo e concreto*, concretude aqui definida como a exigência de procedência do pedido, mesmo que esse pedido seja formulado numa demanda declaratória negativa. Esta teoria foi defendida por Adolf Wach em seu *Manual* e na monografia fundamental sobre a ação declaratória (*Der Festestellungsanspruch*, 1988). A ação, portanto, seria um direito que se constitui por si e se distingue do direito do autor tendente à prestação do réu devedor. Quando, porém, Wach promoveu a construção dessa teoria, a categoria dos direitos potestativos era ainda quase ignorada pela doutrina, e, reduzido a inserir ainda a ação no quadro dos direitos a uma prestação, o escritor alemão configurou como devedor em face da ação o Estado e como prestação devida pelo Estado da tutela jurídica; pelo que definiu a ação como 'o direito daquele a quem se deve a tutela jurídica.[200] Na realidade, foi Hasse que sustentou que o sujeito passivo da ação era o Estado. Wach também admitia que o direito à tutela jurídica se dirigia contra o *adversário*, o qual nada era obrigado frente à ação.

A segunda teoria, proveniente de Chiovenda, estabelece que a *ação* seria um *direito potestativo de realização a condição para aplicação da lei ao caso concreto*.

Chiovenda, assim como Wach, reconhece a autonomia do direito de ação, pois ação e obrigação (todo direito a uma prestação) são, por consequências, dois direitos subjetivos distintos, que somente *juntos* e *unidos* preenchem plenamente a vontade concreta da lei. A ação não se assimila à obrigação, não é o meio para atuar a obrigação, não é a obrigação em sua tendência para a atuação, não é um efeito da obrigação, não é um *elemento* nem uma *função* do direito de obrigação, mas um direito distinto e autônomo, que surge e pode extinguir-se independentemente da obrigação.[201]

Segundo Chiovenda, que se encaminha por demanda de uma parte (autor) em frente a outra (réu), a ação serve justamente, não mais a *tornar concreta a von-*

---

a doutrina que definia a ação como o direito novo oriundo da violação do direito e tendo por conteúdo a obrigação do adversário de fazer cessar a violação (Savigny); pois que, também aí, se confundia a ação com aquele direito a uma nova prestação que, tal como averiguamos, pode decorrer da lesão do direito ,mas que, exatamente porque tende também a uma prestação, pode ser satisfeito pelo devedor..." (CHIOVENDA, Giuseppe. *Instituições de direito processual civil*. Trad. J. Guimarães Menegale. Vol. I. São Paulo: Edição Saraiva, 1965. p. 21).

[200] CHIOVENDA, G., idem, p. 22.

[201] CHIOVENDA, G., idem, p. 25.

tade da lei, pois essa vontade já se formou como vontade concreta da lei, a efetivá-la, quer dizer, traduzi-la em ato: ou a vontade de lei afirmada pelo autor, a qual, se existente, é efetivada com o 'recebimento' da demanda, ou em caso contrário a vontade negativa da lei, efetivada com a *recusa".*[202]

Chiovenda define a ação *"como um direito por meio do qual, omitida a realização de uma vontade concreta da lei mediante a prestação do devedor, se obtém a realização daquela vontade por outra via, a saber, mediante o processo".*[203]

Para esta teoria, a ação seria proposta apenas contra o réu, no sentido de que ele, réu, seria obrigado a sujeitar-se ao resultado da decisão. Chiovenda afirma: *"A teoria de Wach é mais conforme à tradição germânica do que à latina. Não se nega que existem relações jurídicas públicas (como se viu) entre o Estado e o cidadão; nem haveria 'ação', se não existisse Estado, a que dirigir-se; neste caso, entretanto, a relação com o Estado não é mais que um meio de obter certos efeitos 'contra o adversário'. A tradição latina vislumbrava na ação especialmente essa direção contra o adversário; a tradição germânica se fixa, antes, na relação com o Estado, como transparece da expressão 'Klagerecht' (direito de querela) ... Pode-se, de resto, duvidar se existe um direito à tutela jurídica 'contra' o Estado, o que presumirá um conflito de interesse entre Estado e cidadão, quando dar razão a quem a tem é interesse do próprio Estado, a que o Estado 'prevê permanentemente com a instituição dos juízes'".*[204]

A ação, portanto, na ótica de Chiovenda, seria um poder que nos assiste em face do adversário em relação a quem se produz o efeito jurídico da atuação da lei. O adversário não é obrigado a coisa nenhuma diante desse poder: simplesmente lhe está sujeito.[205]

A terceira teoria, abandonando as duas perspectivas concretistas anteriores do direito de ação, passa a conceber este instituto como um direito *autônomo e abstrato;* foi defendida por Degenkolb e Carnelutti; para essa teoria abstrativista, a ação seria um direito a uma prestação jurisdicional Estatal. É certo que Chiovenda não aceitava o *direito abstrato de agir* pelos seguintes motivos: *"Se a doutrina de Wach contém um grande fundo de verdade, ao por em evidência a autonomia da ação, devem-se, não obstante, reconhecer como exagero inaceitável dessa ideia de autonomia da ação aquelas teorias que, de um ou outro modo, revertem ao conceito do denominado 'direito abstrato de agir', conjecturado como simples 'possibilidade jurídica' de agir em juízo, independentemente de um êxito 'favorável'. Teorias tais, passives de alguns sequazes inclusive na Itália, têm origem, umas mais, outras menos, na doutrina de Degenkolb, o primeiro a*

---

[202] CHIOVENDA, G., idem, p. 5.
[203] CHIOVENDA, G., idem, p. 20 e 21.
[204] CHIOVENDA, G., idem, p. 23.
[205] CHIOVENDA, G., idem, p. 24.

definir a ação (1877) como 'um direito subjetivo público, correspondente a qualquer que, de boa-fé, creia ter razão a ser ouvido em juízo e constranger o adversário a apresentar-se'. Entretanto, o próprio fundador de tal teoria abandonou-a, reconhecendo que um direito de agir, correspondente, 'não a quem tem razão', mas a 'qualquer' que a creia ter, não é um direito subjetivo, senão mera faculdade jurídica. Não há dúvida de que qualquer pessoa tenha a possibilidade material e também jurídica de agir em juízo; mas essa mera possibilidade (que assiste também a quem não se encontre naquela condição, tão difícil de positivar, que é a boa-fé, isto é, a convicção de ter razão) não é o que sentimos como ação, quando dizemos: 'Tício tem ação', pois, com isso, entendemos indicar o direito de Tício de obter um resultado 'favorável' no processo".[206]

Sobre a ação, anota Francesco Carnelutti: *"Por razão intuitiva são atribuídos determinados poderes à parte diretamente para provocar a atividade do juiz; estes poderes constituem o 'direito de ação', ou como se diz também brevemente (no sentido um tanto diverso, daquele em que a palavra foi usada pouco tempo atrás) a ação".[207]*

Aduz ainda Carnelutti que enquanto este poder compete à parte, esta se transforma em sujeito ativo do processo; assim a parte não é mais somente de fronte ao juiz, como 'judicabile', mas ao lado do juiz como colaborador. Quando isso ocorre, é justo dizer que o interesse interno (interesse em conflito) estimula a satisfação do interesse externo (interesse à composição do conflito); enquanto a integração do direito e por isso a composição da lide continua a ser o escopo do processo, o interesse em conflito é utilizado como propulsor do processo. [208]

Para Carnelutti, a ação tem por essência a *justa composição da lide.*

Por fim, a teoria *eclética* de Enrico Tullio Liebman, discípulo de Carnelutti.

Segundo Liebman, a iniciativa do processo incumbe à parte interessada, tendo em vista que o juiz não procede de ofício (salvo exceções) e não examina a controvérsia sem um pedido do interessado. Exerce-se essa iniciativa propondo-se a *ação* em juízo pela forma adequada. Essa é uma regra fundamental que define a relação entre as pessoas e a função jurisdicional.[209]

Na linguagem jurídica, *agir* significa perseguir em juízo a tutela de direito próprio e o termo *ação* designa o correspondente direito.[210]

Porém, Liebman traz uma nítida diferença entre o *poder de agir* em juízo e a *ação*. Para o autor italiano, o *poder de agir em juízo* é reconhecido a *todos* como

---

[206] CHIOVENDA, G., idem, p. 24.
[207] CARNELUTTI, Francesco. *Lezioni di diritto processuale civile.* Volume Terzo. Parte Seconda. Padova: CEDAM, 1922. p. 151.
[208] CARNELUTTI, F., idem, p. 152.
[209] LIEBMAN, E. T., op. cit. p. 145.
[210] LIEBMAN, E. T., idem, p. 147.

ART. 17

garantia constitucionalmente instituída, que é o reflexo *ex parte subiecti* da instituição dos tribunais pelo estado, os quais têm a tarefa de dar justiça a quem a pedir. Trata-se de uma regra jurídica fundamental do ordenamento constitucional que assegura a todos a possibilidade de levar-lhes a sua pretensão e obtê-la. Coisa diferente seria a *ação*, o direito subjetivo sobre o qual está construído todo o sistema processual, cuja fisionomia se acha delineada já na primeira parte do art. 24 da Constituição italiana. O direito de agir em juízo é realmente atribuído para a tutela dos *próprios* direitos e interesses legítimos e isso significa que não pertenceria a quem postulasse tutela para direitos alheios. Nisso se verifica uma primeira indicação que serve para individualizar a pessoa que, caso por casso, pode efetivamente agir em juízo: é o que se chama *legitimação para agir*. Em segundo lugar, como o direito de agir é concebido para a tutela de um direito ou interesse legítimo, é claro que existe apenas quando há necessidade dessa tutela, ou seja, quando o direito ou interesse legítimo não foi satisfeito como era devido, ou quando foi contestado, reduzido à incerteza ou gravemente ameaçado. Individualiza-se, assim, a situação objetiva que justifica a propositura de uma ação: é o que se chama *interesse de agir*. E concluiu Liebman: *"Assim, sabemos agora que no âmbito daqueles 'todos', referidos na segunda parte do art. 24, se encontram também aqueles que não tanto podem 'propor' uma demanda qualquer, mas são titulares de um verdadeiro direito que, com referência a uma situação determinada e concreta, visa a obter um pronunciamento sobre essa demanda, para que ela seja julgada procedente ou improcedente, sendo com isso concedida ou negada a tutela pedida. Esse direito é precisamente a 'ação', que tem por garantia constitucional o genérico 'poder de agir', mas que em si mesma nada tem de genérico: ao contrário, guarda relação com uma situação concreta, decorrente de uma alegada lesão a direito ou a interesse legítimo do seu titular... Quando, em determinado caso, faltam as condições da ação ou mesmo uma delas (interesse e legitimação para agir), dizemos que ocorre 'carência de ação', devendo o juiz negar o julgamento de mérito e então declarar inadmissível o pedido.*[211]

Percebe-se, portanto, que Liebman afirmava que a *ação* seria um direito subjetivo autônomo e abstrato, diferente dos direitos substanciais, pois é dirigida ao Estado, sem se destinar à obtenção de uma prestação deste; porém, para a existência do direito de ação seria necessário o preenchimento de alguns requisitos lógico jurídicos, os quais foram denominado de *condições da ação*; para Liebman a ação seria um direito a um julgamento de mérito, pouco importando se o pedido fosse procedente ou improcedente. A ação, como direito ao processo e ao julgamento de mérito não garantia ao seu promovente um resultado favorável, pois

---

[211] LIEBMAN, E. T., idem, p. 150 e 151.

esse dependia da convicção formada pelo juiz sobre a procedência da demanda proposta.

Apesar da importância de Liebman para a ciência processual brasileira, não se justifica a diferenciação por ele trazida entre o direito de *agir em juízo* e o direito de *ação*.

Na realidade, a melhor solução sobre o que se entenda por a ação é iniciada por Carnelutti, como o direito de provocação do exercício da atividade jurisdicional. Tal direito é efetivamente dirigido ao Estado-juiz, tendo em vista que o Estado chamou para si o poder de evitar lesão ou ameaça de lesão a direitos e interesses legítimos.

A ação, portanto, é uma condição para o exercício da jurisdição. Conforme anota Calamandrei: *"Por este carácter que se poderia chamar de 'necessária indiferença inicial (ne procedat iudex ex officio) e em força do qual a jurisdição aparece sempre como função 'provocada por um sujeito agente', a mesma se distingue das outras funções do Estado, a legislação e a administração, que se exercitam normalmente de ofício. O Estado faz leis ainda sem que os cidadãos o peçam, e toma no campo administrativo todas as iniciativas que acredita ser útil à sociedade; porém não julga, se não há alguém que lhe peça que julgue. De sorte que a ação aparece como uma condição indispensável para o exercício da jurisdição (nemo iudex sine actore)"*.[212]

Por isso, o processo dos povos modernos, civil e penal, é essencialmente um processo em virtude de *demanda* (Klageverfahren), isto é, um processo em que o órgão judicial não leva em consideração a realidade social para conhecê-la ou modificá-la, nem seus aspectos jurídicos, senão dentro dos limites da proposta que lhe apresenta o sujeito que exerce a ação.[213]

Comoglio, Ferri e Taruffo traçaram de forma lapidar a definição do direito de ação, a saber: *"a) genericamente, a 'possibilidade (o il potere)' do autor de por em movimento, com a proposição de demanda inicial, a atividade do órgão jurisdicional e, por isso, a 'possibilidade' de provocar, em seu interesse, o exercício da jurisdição; b) mais especificamente, o 'poder (ou o direito)' de 'pedir' e, no caso de comprovado fundamento, o 'direito de obter' do juiz, com o acolhimento da demanda, a forma de tutela pretendida; c) na linguagem constitucional, o 'poder de agir' em juízo 'para' a tutela de um direito ou de um interesse legítimo (art. 24, inciso 1, Cost); d) na linguagem normativa ordinária a 'faculdade' de aderir à autoridade judiciária (art. 5, inciso 1, 1. 11 de agosto de 1973, n. 533); e) na terminologia científica, o 'direito de agir em juízo' como 'direito subjetivo processual' por excelência; f) na terminologia técnica, retirada do Título IV do Livro I do*

---

[212] CALAMANDREI, P., op. cit., p. 233.
[213] CALAMANDREI, P., idem, p. 235.

C.P.C., o 'poder de propor demanda' perante o juiz, ou seja, o meio para fazer valer em juízo um direito (art. 99)".[214]

É certo que Liebman também intuiu essa característica da ação, ao afirmar: *"Esse direito ('de agir') goza da garantia constitucional ditada pelo art. 24, 1ª parte, da Constituição, que diz precisamente o que segue: 'todos podem agir em juízo para a tutela dos direitos próprios e interesses legítimos'. Inseparável dessa, é a correspondente garantia da defesa (art. 24, cit., 2ª parte: 'a defesa é direito inviolável em qualquer estado e grau do procedimento'). Dessa maneira é assegurado também o princípio do contraditório, isto é, o direito de todas as partes de comparecer perante o juiz, seja na qualidade de autor ou na de réu, para sustentar as suas razões..."*.[215]

O direito de ação, como garantia Constitucional, exerce-se de forma única e definitiva, pois, ao contrário do processo, é *um fim em si mesmo.*

O exercício do direito de *ação* é efetivamente *abstrato,* assim como o processo é *abstrato.*

A ação é garantia Constitucional de que o Estado-juiz deve obrigatoriamente exercer seu papel de *prestador da atividade jurisdicional.*

Por isso, o direito de *ação* não pode ser condicionado ou mesmo restringido por normas infraconstitucionais, uma vez que a *lei não poderá excluir da apreciação do poder judiciário alegação de lesão ou ameaça de lesão a direitos.*

Esta consolidação do direito da ação somente foi possível graças a efetiva burocratização da função jurisdicional ocorrida no século passado, a qual passou a pressupor: *"a) a concepção publicista do poder judiciário, no quadro da separação dos poderes estatais; b) a posição institucional do juiz, como órgão enquadrado na separação dos poderes estatais; c) a plena autonomia entre o direito substancial, disciplinado pela norma abstrata, e a disciplina do processo, que aquele deverá garantir (ainda que em forma coativa) a sua atuação concreta; d) a racionalização das formas de administração da justiça, com base em modelos de procedimento (e de processo), rigidamente disciplinados pela lei, que asseguram um harmônico e concatenado curso das atividades preordenadas à consecução da tutela jurisdicional; e) a teorização da assim denominada 'relação processual', entendida como uma relação jurídica de direito público que se instaura com a proposição da demanda, entre as partes e o juiz".*[216]

Mas a garantia Constitucional do direito de ação não se limita, evidentemente, apenas a um direito *de simplesmente agir em juízo,* sem qualquer preocupação constitucional com o *resultado* da prestação jurisdicional decorrente desse

---

[214] COMOGLIO, Luigi Paolo; FERRI, Corrado; TARUFFO, Michele. *Lezioni sul processo civile – I. Il processo ordinário di cognizione.* Bologna: Il Mulino, 2006. p. 221.

[215] LIEBMAN, E. T., op. cit., p. 147

[216] COMOGLIO, L. P.; FERRI, C., TARUFFO, M., op. cit., p. 222.

agir. O direito de ação também representa a exigência constitucional do direito fundamental a *um justo processo*. Por isso, essa mudança de perspectiva comporta alguns importantes aspectos: *"1) o fato de reconhecer, agora, no preceito constitucional a verdadeira 'norma fundamental' sobre a ação significa dar como reconhecido que, antes dessa concepção, a disciplina positiva do processo não seria mais suficiente sozinha a garantir uma adequada correspondência justificada a qualquer concepção tradicional de ação; 2) no quadro dos princípios constitucionais, o 'direito ao processo' não é caracterizado como sendo um objeto puramente formal ou abstrato ('processo' tout court), mas assume um 'conteúdo modal qualificado (como 'direito a um processo justo', segundo as garantias mínimas consagradas no artigo 111, incisos 1 e 2 da Constituição italiana); 3) a 'ação em juízo' deve ser remodelada em harmonia com tal conteúdo, levando em conta o fato de que a norma constitucional não é, por assim dizer, uma garantia somente de 'meios', mas é também (pelo menos em termos modais) uma garantia 'de resultado', porque, com a inviolabilidade de 'poderes processuais mínimos' (ação e defesa, contraditório das partes em condição de igualdade: art. 111, inc. 2, Cost. Italiana) essa consagra a adequada possibilidade de obter, pelos aludidos meios, um 'mínimo de forma de tutela efetiva', própria de um processo justo. Clarificadas essas perspectivas, o nexo finalístico, que o artigo 24, inciso I da Const. Italiana instaura entre o 'agir em juízo' e a 'tutela' de um 'próprio' direito ou interesse legítimo, não permite mais referir-se à ação como tal, nem mesmo a demanda ou a exceção como instrumentos tecnicamente neutros. Por isso, não há mais razão em se falar em tipicidade ou atipicidade da ação, muito menos representar a tradicional tipologia das ações (declaratória, constitutiva, condenatória, cautelar e executiva), uma vez que a tipicidade e a classificação tipológica são atributos ou prerrogativas sistêmicas do 'resultado' do mérito (e não do 'meio' processual ou, como se dizia, do 'resultado modal mínimo', garantido pela norma constitucional). Aquela tipicidade e aquela distinção de conteúdo (declarativo, constitutivo, condenatório, cautelar, executivo) qualificam 'não mais a ação' como tal, que é sempre uma só, mas sim 'o tipo de provimento e a forma de tutela' que são objeto da demanda e da exceção..."*.[217]

Observa-se, ainda, que parte da doutrina diferencia a *ação* no sentido processual e a *ação* no sentido constitucional. A ação, como pressuposto causal necessário para a instauração da relação jurídica processual está inserida nos denominados 'direitos públicos subjetivos fundamentais' da pessoa, os quais preexistem ao processo e são regulamentados pela norma Constitucional. Ação, nesse sentido, tem natureza constitucional. Por sua vez, a ação em sentido processual pode estar sujeita a alguns requisitos para que o juiz possa analisar o mérito da demanda. Nesse aspecto, condições lógicas jurídicas são estabelecidas

---

[217] COMOGLIO, L. P.; FERRI, C.; TARUFFO, M., idem, ibidem, p. 224 e 225.

pela norma para se evitar o desperdício de tempo e de movimentação indevida da atividade estatal é bem-vinda.

Porém, o que a doutrina pretende com essa diferenciação entre ação no sentido constitucional e ação no sentido processual nada mais significa do que diferenciar a ação *propriamente dita*, direito abstratamente previsto na Constituição e a *demanda* que é a concretização do direito de ação no sentido de exteriorização da intenção de provocar o exercício da tutela jurisdicional.

A norma infraconstitucional não poderá, jamais, condicionar o direito de ação, de provocação do exercício da tutela jurisdicional, o qual se exterioriza pela demanda.

Porém, a norma processual infraconstitucional poderá condicionar o desenvolvimento da demanda, até a análise do mérito da pretensão, a determinados requisitos, assim denominados de *condições para análise do mérito da pretensão*, ou categorias lógico-jurídicas que possam permitir ao juiz resolver em definitivo a pretensão formulada.

Sem dúvida, não tem sentido prosseguir com uma demanda cuja parte não *tenha interesse de agir*, ou cuja a parte não seja *legítima* para postular o direito subjetivo.

Por isso, por questão de economia processual, poderá o juiz indeferir de plano a petição inicial (instrumento fenomênico concreto de exteriorização da demanda) se *in status assertionis* verificar que a parte não é legítima ou que lhe falta interesse processual.

O art. 17 do projeto originário n. 166/10 do Senado federal tinha a seguinte redação: *para propor a ação é necessário ter interesse legítimo*.

Sem dúvida, era muito criticável a redação do art. 17 formulada no projeto originário, pois se tratava de uma postura de conteúdo meramente processualista.

Não se exige interesse legítimo para a propositura da ação, ou seja, para se promover a provação do exercício da tutela jurisdicional, pois qualquer pessoa poderá exigir do Estado-Juiz essa provocação, assumindo, evidentemente, as consequências de natureza processual se não tiver êxito com a demanda.

O interesse legítimo é necessário para que a demanda transcorra normalmente e o juiz possa analisar a pretensão formulada por ocasião do julgamento do mérito, ou seja, para que se possa postular em juízo uma decisão favorável.

O legislador da Câmara dos Deputados apresentou emenda ao art. 17 nos seguintes termos: *"Para postular em juízo é necessário ter interesse e legitimidade"*.

Em certo sentido, os fundamentos da emenda realizada pela Câmara dos Deputados têm razão de ser.

Sem dúvida, para que o magistrado possa analisar a pretensão formulada pelo réu quando alega eventual exceção substancial, deverá ele réu ter legítimo interesse. E, no caso, o réu não promoveu uma demanda, mas, sim, fez uma postulação em juízo para que fossem conhecidos e acolhidos seus argumentos alegados em defesa. No mesmo sentido, há necessidade de interesse legítimo para que o juiz possa conhecer quando da análise do mérito de eventual intervenção voluntária de terceiros.

Efetivamente, atualmente não há no processo civil moderno uma postura estática entre autor e réu, pois em muitos institutos jurídicos poderá haver transferência das partes de um polo ao outro, o que justifica a alternância do art. 17 para o termo *postulação* ao invés de *ação*. Segundo Antonio de Passos Cabral, esse mix de polarização do processo é bem evidenciado na ação popular e na ação de improbidade administrativa: *"No ordenamento positivo brasileiro, as únicas hipóteses previstas para este tipo de migração interpolar são aquelas do art. 6º, §3º, da Lei da Ação Popular (Lei n. 4.717/65), estendido pelo art. 17, §3º, da Lei n. 8.429/92 às ações de improbidade administrativa. Com efeito, a lei da ação popular inicialmente prevê uma hipótese de litisconsórcio necessário no pólo passivo, determinando que devem ser citados, na condição de réus, o agente público que praticou o ato, o ente público ao qual vinculado este agente e ainda os beneficiários do ato que se aponta ilegal ou lesivo. Em seguida, prevê a possibilidade de o ente público, em concordando com o autor popular, migrar para o pólo ativo e passar a atuar em conjunto com o demandante"*[218]

No que tange à legitimidade, a proposta apresenta por Cabral é de manter o filtro subjetivo, porém reduzindo o espectro de análise para a prática de cada ato processual isoladamente, ou seja, *"a legitimidade é um atributo transitivo, verificado em relação a um determinado estado de fato, pensamos que, a partir do conceito de situação legitimante, enquadrado no pano de fundo da relação processual dinâmica, é possível reduzir a análise de legitimidade a certos momentos processuais específicos, vale dizer, não mais um juízo de pertinência subjetiva da demanda (a legitimatio ad causam), mas referente ao ato processual específico (a legitimatio ad actum)"*.[219]

Por isso, é possível avaliar a legitimidade e o interesse em aspectos cambiáveis no tempo e sem uma rigidez absoluta, uma vez que a relação jurídica processual é mais dinâmica do que estática. Disso resulta que determinados sujeitos possam ter, simultaneamente, interesses comuns e contrapostos, ainda que figurem no mesmo pólo da demanda. Assim, somente cabe no processo moderno uma

---

[218] CABRAL, Antonio de Passo. Despolarização do processo e 'zonas de interesse': sobre a migração entre polos da demanda', *in* http://www4.jfrj.jus.br/seer/index.php/revista_sjrj/article/viewFile/25/24. p. 21.

[219] CABRAL, A. P., idem, p. 25.

compreensão dinâmica do interesse e da legitimidade, razão pela qual Cabral passa a denominar de *zonas de interesses*.[220]

Porém, a postulação em juízo como ato exteriorizador do direito de ação não exige efetiva legitimidade ou interesse de agir, pois, conforme já se afirmou, tais requisitos são necessários para que o juiz possa ingressar na análise do mérito da pretensão. O que pode ocorrer é que o juiz, em *status assertionis*, possa de plano indeferir a petição inicial por falta desses requisitos, sem que tal indeferimento possa ensejar o não exercício do direito de ação.

Na realidade, não se exige interesse e legitimidade para se postular em juízo, pois a provocação do exercício da atividade jurisdicional é uma garantia constitucional.

A exigência de *interesse ou legitimidade* é exigida para que o juiz possa avaliar, no mérito, a postulação exteriorizada na demanda ou mesmo na defesa réu.

E é importante salientar que essa análise de interesse ou legitimidade será sempre em *status assertionis*, pois se o juiz, no âmbito dessa análise, não reconhecer a falta de interesse ou legitimidade, somente chegando a essa conclusão quando da sentença, sua refutação será com base no mérito e não mais como condições para sua análise.

3. Do interesse legítimo

Para que o juiz possa ingressar no mérito da pretensão é necessário que o postulante tenha *legítimo interesse*.

O art. 3º do C.P.C. de 1973 dizia que o *interesse* seria tanto daquele que propõe quanto daquele que contesta uma demanda.

Por isso agiu com acerto a Câmara dos Deputados ao apresentar a emenda ao projeto do Senado a fim de excluir a expressão 'ação' para ali inserir a expressão 'postulante', pois assim abrange tanto aqueles que se encontram no pólo ativo quanto no pólo passivo.

O art. 17 do atual C.P.C. preconiza que o postulante deverá ter *interesse e legitimidade* para que a pretensão inserida em sua postulação posse ser julgada em definitivo pelo juiz.

O art. 3º do C.P.C. de 1973 exigia, além do *interesse*, também a *legitimidade 'ad causam'*.

Aliás, quem não tem *legitimidade 'ad causam'*, por questão lógica, também não possui *interesse legítimo de agir*.

---

[220] CABRAL, A. P., idem, p. 22.

É bem verdade que a postura adotada pelo C.P.C. de 1973, ao mencionar que para propor uma ação seria necessário o interesse e legitimidade para agir, ainda estava arraigada a uma relação jurídica processual estática, sem qualquer preocupação com uma posição mais dinâmica da relação jurídica processual.

Efetivamente, o interesse de agir não se limita ao ato inicial de uma demanda, mas deve ser avaliado em todo o transcurso do processo, mediante a análise de cada ato processual, inclusive no campo recursal.

Conforme estabelece o art. 17 do atual C.P.C., há necessidade do *interesse legítimo para agir*.

Segundo já havia observado Liebman, o direito de agir tem por finalidade uma tutela de um direito ou de um interesse legítimo, o qual somente existirá quando houver efetiva necessidade dessa tutela, ou seja, quando o direito ou interesse legítimo não for satisfeito como era devido, ou quando for contestado, reduzido à incerteza ou gravemente ameaçado. È o que se chama de *interesse de agir*.[221]

Nos últimos tempos, a avaliação do interesse de agir deu-se entre duas concepções bem definidas. A do interesse de agir como 'estado de lesão' do direito alegado, que produziu o conceito de *interesse necessidade (REchtssschutzbedürfnis)*; e aquela que entende o interesse como utilidade do processo para o autor, seja como meio, seja como resultado (interesse-adequação e interesse-utilidade).[222]

A doutrina, para o efeito de definir o que se entende por *interesse legítimo* ou *interesse de agir*, recomenda a observação de três requisitos básicos: a) *adequação* – que a tutela jurisdicional pretendida seja adequada ao interesse colocado em juízo; b) *utilidade* – que a tutela jurisdicional pretendida seja útil ao interesse demonstrado; c) *necessidade* – que a tutela jurisdicional seja necessária às pretensões da parte legítima, em regra, que haja o inadimplemento.

É importante salientar a seguinte advertência de Donaldo Armelim de que o *interesse de agir "não se confunde com o mérito, mas a sua vinculação com este o torna de caracterização difícil".*[223] Diante disso, Donaldo Armelim conceitua o *interesse de agir: "como resultante da idoneidade objetiva do pedido, para o autor, de provocar uma atuação potencialmente útil da jurisdição. Esta idoneidade pressupõe uma 'causa petendi' também idônea, sem o que o pedido careceria de condições de provocar aquela atuação útil da jurisdição".*[224]

---

[221] LIEBMAN, E.T., op.cit., p. 150.
[222] CABRAL, A. P., op. cit., p. 28.
[223] ARMELIN, Donaldo. *Legitimidade para agir no direito processual civil brasileiro*, São Paulo: Editora Revista dos Tribunais, 1979, p. 17.
[224] ARMILIN, D., idem, ibidem, p. 64.

Conforme bem ensina Fredie Didier Jr., citando Leonardo José Carneiro Cunha, *"O conceito de interesse de agir é lógico-jurídico, e não-jurídico-positivo, 'exatamente porque não decorre de um específico ordenamento jurídico, não variando de acordo com as definições empregadas por cada sistema normativo, sendo, ao contrário, uniforme e constante em todos os ordenamentos. Se sua inobservância acarretará a extinção do processo sem ou com julgamento de mérito, é problema que, realmente, será disciplinado por cada ordenamento jurídico. Só que tal problema se insere no âmbito dos efeitos, das consequências, dos consectários da ausência do interesse de agir, não dizendo respeito ao seu conceito'"*.[225]

Outro aspecto importante do conteúdo redacional do art. 17 do atual C.P.C. diz respeito ao fato de que ele não faz menção a *direito*, mas sim a *interesse legítimo*, muito embora, para Ihering, o direito subjetivo seria um interesse juridicamente protegido.

Contudo, o termo interesse é compatível com a teoria moderna do direito de ação constitucional, uma vez que para que a demanda possa ser objeto de um julgamento definitivo, é necessário que o sujeito do processo demonstre que possui, no mínimo, um *interesse legítimo* e não a comprovação de imediato que possui um direito subjetivo previamente constituído, mesmo porque, a pretensão formulada na demanda poderá ser rejeitada por uma sentença de mérito. Por isso, tem-se a impressão de que o artigo 26 do Código de Processo Civil português é mais abrangente que o atual dispositivo do C.P.C. brasileiro, uma vez realiza a interligação entre o interesse relevante e a legitimidade de parte, pois o *autor é parte legítima quando tem interesse directo em demandar; o réu é parte legítima quando tem interesse directo em contradizer.*

É importante salientar, ainda, que numa demanda despolarizada, e num processo que seja possível a migração de polos, o conceito de agir tornou-se defasado. Conforme afirma Cabral: *"a insuficiência do conceito de interesse de agir no processo moderno é aquele que põe em evidência a existência simultânea, em um mesmo polo da demanda, de interesses materiais comuns e contrapostos entre certos sujeitos. Mesmo quando componham o polo ativo ou passivo (por conta da polarização inicial), diversos sujeitos podem ter simultâneas pretensões e áreas de interesses materiais comuns, bem como outras esferas de discordância – o que, como se verá, justificará, para a prática de um determinado ato, a migração de polo ou atuação processual despolarizada como se no polo oposto figurassem. Isso ocorre em várias hipóteses: em litisconsórcio e intervenção*

---

[225] DIDIER JR. Fredie. *Curso de direito processual civil – teoria geral do processo e processo de conhecimento.* Salvador: Editora PODIVM, 2007. p. 175.

de terceiros; quando há atuação de sujeitos formais que representam uma comunidade de indivíduos, como cooperativas, condomínios, sociedades empresariais por ações; nas ações coletivas e nas ações de grupo; ou ainda nos procedimentos concursais, como a falência, a insolvência civil etc".[226]

Sobre o tema do *interesse de agir*, eis os seguintes precedentes:

(...).

2. O entendimento predominante no Superior Tribunal de Justiça é no sentido da dispensa de prévio requerimento administrativo para o ingresso na via judicial que objetive a percepção de benefício previdenciário, afastando-se a alegação de ausência de interesse de agir.

3. Não se olvida que a Segunda Turma possui compreensão de que "o interesse processual do segurado e a utilidade da prestação jurisdicional concretizam-se nas seguintes hipóteses: recusa de recebimento do requerimento; negativa de concessão do benefício previdenciário, seja pelo concreto indeferimento do pedido, seja pela notória resistência da autarquia à tese jurídica esposada" (AgRg no AREsp 283.743/AL, Rel. Min. CASTRO MEIRA, Segunda Turma, DJe 26/4/13).

4. A compreensão adotada pela Segunda Turma em nada altera a conclusão acolhida nestes autos, porquanto é sabido que o INSS indefere benefício a trabalhador rural sem início de prova material, cujo reconhecimento ora se postula.

5. Agravo regimental não provido.

(AgRg no AREsp 304.348/SE, Rel. Ministro ARNALDO ESTEVES LIMA, PRIMEIRA TURMA, julgado em 28/05/2013, DJe 04/06/2013).

(...).

4 Restrição ao cabimento do mandado de segurança sob o ângulo do interesse de agir, pois inadequada a via eleita e por isso, não preenchido o binômio necessidade-utilidade.
(...).
7. Sob o ângulo do interesse de agir, não há utilidade no mandado de segurança aqui enfrentado. A Administração, do que consta dos autos, jamais foi provocada a se manifestar no sentido da segurança ora requerida. Não se pode admitir a impetração de mandado de segurança sem indicação e comprovação precisa do ato coator, pois este é o fato que exterioriza a ilegalidade ou o abuso de poder praticado pela autoridade apontada como coatora e que será levado em consideração nas razões de decidir.

---

[226] CABRAL, A. P., p. 30 e 31.

ART. 17

8. *A falta de interesse de agir neste mandado de segurança não subtrai da autora o direito à jurisdição, apenas invalida a tutela pela via do mandado de segurança.*
9. *Extinção do mandado de segurança sem resolução de mérito, em decorrência da falta de interesse de agir.*
(MS 14.238/DF, Rel. Ministro MAURO CAMPBELL MARQUES, PRIMEIRA SEÇÃO, julgado em 24/04/2013, DJe 02/05/2013)

O reconhecimento do direito na esfera administrativa configura fato superveniente, a teor do art. 462 *do Diploma Processual, que implica a superveniente perda do interesse de agir do Autor, pois torna-se desnecessário o provimento jurisdicional, impondo a extinção do processo sem julgamento do mérito, nos termos do art. 267, inciso VI, do Código de Processo Civil (EDcl nos EDcl no REsp 425195/PR, Relatora Ministra Laurita Vaz, DJe 8.9.2008).*
Agravo regimental desprovido.
(AgRg no REsp 1174020/RS, Rel. Ministra MARILZA MAYNARD (DESEMBARGADORA CONVOCADA DO TJ/SE), QUINTA TURMA, julgado em 14/05/2013, DJe 20/05/2013)

(...).
2. *Conforme pacífico entendimento jurisprudencial do STJ, o levantamento dos valores sequestrados para o fim de pagamento de precatório importa na perda superveniente do interesse de agir, em mandado de segurança que ataca a ordem de sequestro. A ação mandamental não é adequada à pretensão de restituição dos valores levantados (Súmulas n. 269 e n. 271 do Supremo Tribunal Federal).*
(...).
(EDcl no RMS 38.528/SP, Rel. Ministro BENEDITO GONÇALVES, PRIMEIRA TURMA, julgado em 14/05/2013, DJe 20/05/2013)

1. *O titular de conta corrente possui interesse de agir na propositura de ação de exibição de documentos contra instituição financeira, quando objetiva, na respectiva ação principal, discutir a relação jurídica entre eles estabelecida, independentemente de prévia remessa de extratos bancários ou solicitação dos documentos na seara administrativa.*
2. *Agravo regimental desprovido.*
(AgRg no AREsp 36.077/GO, Rel. Ministro JOÃO OTÁVIO DE NORONHA, TERCEIRA TURMA, julgado em 14/05/2013, DJe 23/05/2013)

(...).

3. A União defende a tese de falta de interesse de agir, fundada no argumento de que o autor ora agravado pode obter a medicação pretendida pela via administrativa, sem apontar o dispositivo de lei federal violado, o que justifica a aplicação da Súmula 284/STF.

4. O acórdão concluiu que, na espécie em análise, que os referidos medicamentos somente foram disponibilizados ao embargado, em função da intervenção judicial. Tal fundamentação não foi impugnada nas razões do recurso especial. Incidência ao recurso especial do óbice da Súmula 283/STF.

5. Agravo regimental não provido.

(AgRg no AREsp 202.216/RJ, Rel. Ministro CASTRO MEIRA, SEGUNDA TURMA, julgado em 02/05/2013, DJe 10/05/2013)

(...).

3. Nesse sentido: "Ausente o interesse de agir em relação ao pedido de exclusão das bases de cálculo do IRPJ e da CSLL, devidos pela empresa de trabalho temporário, dos valores atinentes a salários e encargos da mão-de-obra contratada por conta e ordem dos tomadores de serviços, por já haver a previsão legal para tal dedução no regime de apuração pelo lucro real" (AgRg nos EDcl no AgRg no AG nº 1.105.816 – PR, Segunda Turma, Rel. Min. Mauro Campbell Marques, julgado em 2.12.2010).

(...).

(REsp 1317288/SC, Rel. Ministro MAURO CAMPBELL MARQUES, SEGUNDA TURMA, julgado em 23/04/2013, DJe 29/04/2013)

4. Legitimidade

A legitimação, como requisito da postulação em juízo, é uma condição para o pronunciamento sobre o mérito.

Conforme afirmou Liebman: *"Ampliando o conteúdo desse preceito, de modo a abranger também os casos em que não se defenda (faccia valere) um verdadeiro direito subjetivo, pode-se dizer que pertence a legitimação ativa a quem invoca a tutela jurisdicional para um interesse 'próprio' (independentemente, é claro, do efetivo cabimento da tutela invocada, o que constitui problema de mérito".*[227]

É bem verdade que a postura adotada pelo C.P.C. de 1973, ao mencionar que para propor uma ação seria necessário o interesse e legitimidade para agir, ainda

---

[227] LIEBMAN, E. T., op. cit., p. 158.

estava arraigada a uma relação jurídica processual estática, sem qualquer preocupação com uma posição mais dinâmica da relação jurídica processual.

Segundo Elio Fazzalari, *"a legitimação para agir é considerada – na medida da legitimação em geral, como noção de teoria geral – por dois ângulos. Chamamos de 'situação legitimante' o ponto de contato da legitimação de agir, ou seja, tirando a metáfora, a situação com base na qual se determina qual é o sujeito que, concretamente, pode e deve cumprir um certo ato; e de 'situação legitimada' o poder, ou a faculdade, ou o dever – ou uma série deles – que, por consequência, cabe ao sujeito identificado, vale dizer, corresponde ao conteúdo da legitimação no qual ela consiste"*.[228]

A legitimação para agir no processo jurisdicional, conforme afirma Fazzalari, é determinada em função do provimento ao qual ele visa, e que é contemplado por hipótese (independentemente, é obvio, daquilo que será efetivamente o fim do processo).[229]

Assim, conforme anota Cabral, *"a situação legitimante, nessa ordem de ideias, poderia ser analisada sob o prisma das funções e das específicas posições processuais em que praticados atos no processo (ônus, direito, poder, faculdade, etc), ou do complexo de alternativas que estejam abertas para o sujeito numa determinada fase processual. Tradicionalmente, o complexo desses poderes era descrito como 'ação', o que dificulta a correta compreensão de um fenômeno dinâmico como a relação processual"*.[230]

Nesse contexto, se a legitimidade está ligada à prática de atos processuais e aos poderes que os sujeitos possuem para praticá-los, só pode ser considerada 'ativa', sendo incorreto, segundo Cabral, polarizar o conceito.[231]

Aduz, ainda, Elio Fazzalari: *"Uma vez que o provimento a 'quo' (quando for emanado) ou, melhor, os seus efeitos incidem no patrimônio de alguns sujeitos, e já que é óbvia a exigência que eles, enquanto estão para tornarem-se destinatários da eficácia do provimento jurisdicional, participem do 'iter' de formação do mesmo; por essa razão – isto é, enquanto sejam, por hipótese, 'legitimados passivos em relação ao provimento requerido' – tais sujeitos são – 'contraditores' legitimados a 'dizer e contradizer' no curso do procedimento: 'legitimados para o processo', em suma, justamente em virtude de tal participação, o procedimento é 'processo'"*.[232]

A 'situação legitimante' das partes, ou seja, aqueles que estão em juízo para exercer um *contraditor* (dizer e contradizer) é, portanto, constituída por dois adendos lógicos: o de que a medida jurisdicional que o requerente postula deva

---

[228] FAZZALARI, Elio. *Instituições de direito processual*. Trad. Elaine Nassif. Campinas, 2006. p. 369.
[229] FAZZALARI, E., idem, ibidem.
[230] CABRAL, A. P., op. cit., p. 26.
[231] CABRAL, A. P., idem, p. 25.
[232] FAZZALARI, E., op. cit., p. 370.

ser efetivada, e o de que os sujeitos hipoteticamente destinatários de tal medida – isto é, independentemente da postulação ser julgada procedente – devam estar diretamente envolvidos.[233]

É bem verdade que, no caso concreto, podem surgir questões sobre a legitimação para agir de um *contraditor* (ou de mais), duvidando-se que possa ele ser efetivamente parte legítima da demanda. Nessa hipótese, aduz Fazzalari: *"Se, cedo ou tarde, se chegue à declaração de defeito de legitimação para agir (pensa-se na hipótese em que tenha sido requerida a condenação de Caio, mas se tenha convencido o juízo da condenação do seu irmão Sempronio), a parte ilegítima (o contraditor espoliado), não poderá – nem contra ele se poderá – posteriormente dizer e contradizer, mas aquilo que nesse meio tempo ele tenha feito (e em relação a ele tenha sido feito) não fica contaminado pela ilegitimidade; ficará somente inutilizado o que não diz respeito à 'quaestio' da legitimação. Tal legitimação temporária do contraditor que depois dela é espoliado – legitimação dependente daquilo que lhe foi tirado no processo – não é incompatível com a regra segundo a qual é legitimado o destinatário do provimento, como apontado 'ab initio', mas ao contrário, é dela consequência: o controle de legitimação para agir, isto é, a aplicação de tal regra, não pode desenvolver-se 'in primis' senão no processo em curso e no contraditório daqueles que dele participam".*

O S.T.J. tem entendido que a legitimidade *ad causam* deve ser analisada em *status assertionis*, de acordo com a teoria da asserção. Nesse sentido eis os seguintes precedentes:

> (...).
> 4. *A legitimidade ativa ad causam é uma das condições da ação. Sua aferição, em conformidade com a teoria da asserção, a qual tem prevalecido no STJ, deve ocorrer in status assertionis, ou seja, à luz das afirmações do demandante (AgRg no AREsp 205.533/SP, Rel. Ministro Mauro Campbell Marques, Segunda Turma,DJe 8/10/2012; AgRg no AREsp 53.146/SP, Rel. Ministro Castro Meira, Segunda Turma, DJe 5/3/2012; REsp 1.125.128/RJ, Rel. Ministra Nancy Andrighi, Terceira Turma, DJe 18/9/2012).*
> 5. *In casu, a análise da demanda instaurada revela que o recorrido possui legitimidade para pleitear o direito em litígio, pois afirmou que sofrera prejuízos decorrentes da inundação do Rio Ganhamoroba e que os danos devem ser imputados à falha do serviço da Administração municipal. Portanto, independentemente das provas produzidas nos autos, não se pode negar a legitimidade ativa ad causam.*

---

[233] Fazzalari, E., idem, ibidem.

(...).
(REsp 1354983/SE, Rel. Ministro HERMAN BENJAMIN, SEGUNDA TURMA, julgado em 16/05/2013, DJe 22/05/2013).

(...).

3. *Sempre que a relação existente entre as condições da ação e o direito material for estreita ao ponto da verificação da presença daquelas exigir a análise deste, haverá exame de mérito.*

4. *Sob o prisma da teoria da asserção, se o juiz realizar cognição profunda sobre as alegações contidas na petição, após esgotados os meios probatórios, terá, na verdade, proferido juízo sobre o mérito da questão.*

5. *Negado provimento ao recurso especial.*

(REsp 1125128/RJ, Rel. Ministra NANCY ANDRIGHI, TERCEIRA TURMA, julgado em 11/09/2012, DJe 18/09/2012)

Ainda sobre o tema, eis os seguintes precedentes do S.T.J.

1. *A jurisprudência do STJ orienta-se no sentido de que tem legitimidade e interesse processual o correntista para propor ação de prestação de contas em relação ao banco, objetivando esclarecer os lançamentos efetuados em sua conta corrente. Precedentes.*

2. *O titular da conta tem interesse processual para ajuizar ação de prestação de contas, independentemente de prova de prévio pedido de esclarecimento ao banco e do fornecimento de extratos de movimentação financeira.*

3. *O agravante não trouxe nenhum argumento capaz de modificar a conclusão do julgado, a qual se mantém por seus próprios fundamentos.*

4. *Agravo Regimental improvido.*

(AgRg no AREsp 498.679/PR, Rel. Ministro SIDNEI BENETI, TERCEIRA TURMA, julgado em 27/05/2014, DJe 09/06/2014).

1. *Mesmo havendo o fornecimento de extratos bancários periódicos, o correntista tem interesse e legitimidade para propor ação de prestação de contas quando discorde dos lançamentos efetuados em sua conta corrente (Súmula n. 259/STJ).*

2. *Não caracteriza pedido genérico, na ação de prestação de contas, a não descrição de datas, itens e lançamentos em desconformidade com o contrato celebrado entre as partes.*

3. *Agravo regimental desprovido.*

(AgRg no AREsp 427.733/PR, Rel. Ministro JOÃO OTÁVIO DE NORONHA, TERCEIRA TURMA, julgado em 01/04/2014, DJe 07/04/2014).

CÓDIGO DE PROCESSO CIVIL

(...).
1. De acordo com as regras dos arts. 499 e 1.177, II, do CPC, a avó paterna alimentante reúne legitimidade e interesse para interpor agravo de instrumento contra decisão exarada em sede de prestação de contas dos alimentos, pois tem interesse em intervir no processo no qual se analisam as contas abrangendo a administração, pela curadora, dos alimentos que presta ao neto, declarado absolutamente incapaz. É notório o nexo de interdependência entre o interesse de intervir, do terceiro alimentante, e a relação jurídica submetida à apreciação judicial, a adequada ou correta administração dos recursos pertencentes ao interdito.
2. Recurso especial provido.
(REsp 702.434/SP, Rel. Ministro RAUL ARAÚJO, QUARTA TURMA, julgado em 06/02/2014, DJe 16/06/2014).

(...).
1. A jurisprudência desta Corte é pacífica, no sentido de que falece legitimidade ativa ad causam e interesse de agir à Companhia Siderúrgica Nacional, empregadora, para propor ação contra o Instituto Nacional de Seguro Social, a fim de compelir a autarquia a realizar perícia médica para revisão de aposentadoria por invalidez de segurado.
2. Relação entre seguradora e segurado que para a empregadora é "res inter alios".
3. Recurso não provido.
(REsp 1014595/RJ, Rel. Ministro MOURA RIBEIRO, QUINTA TURMA, julgado em 05/11/2013, DJe 11/11/2013)

(...).
6. As condições da ação, entre elas a legitimidade ad causam, devem ser avaliadas in status assertionis, limitando-se ao exame do que está descrito na petição inicial, não cabendo ao Juiz, nesse momento, aprofundar-se em sua análise, sob pena de exercer um juízo de mérito.
7. Recurso especial provido.
(REsp 1424617/RJ, Rel. Ministra NANCY ANDRIGHI, TERCEIRA TURMA, julgado em 06/05/2014, DJe 16/06/2014)

Art. 18
Ninguém poderá pleitear direito alheio em nome próprio, salvo quando autorizado pelo ordenamento jurídico.

Parágrafo único.

Havendo substituição processual, o substituído poderá intervir como assistente litisconsorcial.

Substituição processual/legitimação extraordinária

Mantêm-se, neste art. 18 do atual C.P.C., o entendimento de que somente estará legitimado para postular a análise de mérito de uma demanda aquele que é titular de um suposto interesse ou direito subjetivo.

Por isso, ninguém está legitimado para pleitear em juízo, em nome próprio, direito alheio, salvo quando autorizado pelo ordenamento jurídico.

Na linguagem jurídica processual, este significado evidencia o papel subjetivo no processo, isto é, refere-se àqueles sujeitos que, de um lado, constituem o processo, dando vida à sua dinâmica e, de outro lado, assumem seus efeitos, colocando-se como destinatários dos provimentos com os quais se desenvolve e se conclui o processo.

O problema da legitimação consiste em individualizar a titularidade do interesse legítimo para *agir* e a pessoa com referência à qual ele existe.

O interesse de agir não somente deve existir, mas deve existir especificamente na pessoa que formula uma pretensão, pois não é legítimo a um estranho invocar interesse alheio.

É um dado, de outra parte, de constante experiência, que aquele que provoca o exercício da atividade jurisdicional por meio do processo para obter uma tutela de direitos ou interesses intitula-se ser o titular deles e, portanto, propõe a demanda em confronto com aquele que assume ser o sujeito passivo da relação jurídica substancial.

O artigo 18 do novo C.P.C. prevê a possibilidade de alguém pleitear em nome próprio interesse alheio. É o que se denomina de *legitimação extraordinária*.

Segundo aduz Fazzalari, *"na impossibilidade de individualizar os destinatários em relação aos chamados 'interesses coletivos', ou 'difusos' em relação a tais indivíduos não é possível constatar a sua relevância no ordenamento jurídico (nem mesmo com refinados instrumentos interpretativos). Donde a individuação é possível, o destinatário ou os destinatários daquela tutela são obviamente legitimados a agir. Quando, ao invés, a individuação não é possível, pode-se pensar na legitimação 'extraordinária', isto é na de sujeitos diversos dos destinatários"*.[234]

Nos Estados Unidos da América é possível a legitimação extraordinária denominada de *seletiva*.

A vigésima terceira lei da '*Federal rules of civil Procedure*' disciplina, justamente, as '*class actions*', ações por classes (por exemplo, aquela contra a discriminação de uma minoria étnica), em relação às quais cabe ao juiz a 'definicy function', isto é,

---

[234] FAZZALARI, E., idem, p. 371.

identificar se e qual pretensão seja comum a uma 'classe de pessoas' e estabelecer se elas estão 'adequadamente representadas'.[235]

Em caso de número limitado e expressamente previsto no ordenamento jurídico, no lugar daqueles que sofrerão os efeitos do provimento jurisdicional, age no processo outro sujeito, o qual restará estranho a tais efeitos. Este último sujeito não participa do processo como representante do efetivo destinatário do provimento, mas sim *em nome próprio*.

Para o estabelecimento dessa *legitimação extraordinária* a determinado sujeito não se observa qualquer específica justificação lógico-jurídica, mas simples consequência de valoração de oportunidade do legislador segundo diretrizes de caráter político-legislativo, fundadas principalmente sobre dados tradicionais adquiridos pelo ordenamento jurídico ou tidos por qualificantes em determinada *fattispécie*, pelo próprio legislador.[236]

É importante salientar que o legitimado extraordinário atua no processo como parte e não como representante do legitimado ordinário.

A substituição ocorre em ambos os polos da demanda.

Observam-se em nosso ordenamento jurídico hipóteses de legitimação extraordinária, a saber: Casos em que a ordem jurídica autoriza outrem a pleitear direito alheio: ação popular (CF artigo 5º, inc. LXXIII; Lei da Ação Civil Pública, artigo 1º; Lei do Mandado de Segurança, artigo 3º; Lei 818/49, artigos 24 e 35, Lei 9.610/98, artigo 99 §2º. Há, ainda, a legitimação extraordinária conferida ao Ministério Público em defesa de incapazes para a defesa de interesses difusos, coletivos e individuais homogêneos, de vítima pobre, no caso de execução de sentença penal condenatória ou de ação civil *ex delicto*;, ao assistente simples em determinada situações em que, por exemplo, deve ingressar com medida cautelar em prol do assistido etc.

Sobre o tema da *legitimação extraordinária*, eis os seguintes precedentes:

(...).

3. As associações e sindicatos, na qualidade de substitutos processuais, possuem legitimação extraordinária para atuar na esfera judicial na defesa dos interesses coletivos de toda a categoria que representam independentemente de autorização, o que autoriza o filiado ou associado a ajuizar individualmente a execução, não havendo ofensa aos limites da coisa julgada. Precedentes.

---

[235] FAZZLARI, E., idem, p. 372.
[236] COMOGLIO. P. L.; FERRI, C.; TARUFFO, M. op. cit., p. 301 e 302.

ART. 18

4. *Agravo regimental a que se nega provimento.*
(AgRg no REsp 707.497/PR, Rel. Ministra ALDERITA RAMOS DE OLIVEIRA (DESEMBARGADORA CONVOCADA DO TJ/PE), SEXTA TURMA, julgado em 05/03/2013, DJe 15/03/2013)

1. *Na linha da jurisprudência firmada do Superior Tribunal de Justiça, há legitimidade extraordinária conferida pela Constituição da República aos sindicatos, para defesa, em juízo ou fora dele, dos direitos e interesse coletivos ou individuais homogêneos, independentemente de autorização expressa dos associados.*
(EDcl no AgRg no AREsp 217.022/MA, Rel. Ministro HERMAN BENJAMIN, SEGUNDA TURMA, julgado em 06/11/2012, DJe 19/12/2012)

1. *As associações e sindicatos, na qualidade de substitutos processuais, legitimação extraordinária, possuem legitimidade para atuar na esfera judicial na defesa dos interesses coletivos de toda a categoria que representam, sendo dispensável a relação nominal dos filiados e suas respectivas autorizações. Súmula 629/STF.*
Precedentes do STJ.
(AgRg no REsp 1188180/RJ, Rel. Ministro CASTRO MEIRA, SEGUNDA TURMA, julgado em 19/06/2012, DJe 03/08/2012)

1. *A legitimidade para intentar ação coletiva versando a defesa de direitos individuais homogêneos é concorrente e disjuntiva, podendo os legitimados indicados no art. 82 do CDC agir em Juízo independentemente uns dos outros, sem prevalência alguma entre si, haja vista que o objeto da tutela refere-se à coletividade, ou seja, os direitos são tratados de forma indivisível.*
(...).
8. *No momento em que se encontra o feito, o Ministério Público, a exemplo dos demais entes públicos indicados no art. 82 do CDC, carece de legitimidade para a liquidação da sentença genérica, haja vista a própria conformação constitucional desse órgão e o escopo precípuo dessa forma de execução, qual seja, a satisfação de interesses individuais personalizados que, apesar de se encontrarem circunstancialmente agrupados, não perdem sua natureza disponível.*
9. *Recurso especial provido.*
(REsp 869.583/DF, Rel. Ministro LUIS FELIPE SALOMÃO, QUARTA TURMA, julgado em 05/06/2012, DJe 05/09/2012)

1. A formação da coisa julgada nos autos de ação coletiva ajuizada por sindicato ou associação não se limita apenas àqueles que na ação de conhecimento demonstrem a condição de filiado do sindicato autor e o autorizem expressamente a ingressar com a respectiva ação.

Precedentes.

2. Agravo regimental improvido.

(AgRg no REsp 1182454/SC, Rel. Ministra MARIA THEREZA DE ASSIS MOURA, SEXTA TURMA, julgado em 16/02/2012, DJe 05/03/2012)

(...).

3. A legitimidade para atuar como parte no processo, por possuir, em regra, vinculação com o direito material, é conferida, na maioria das vezes, somente aos titulares da relação de direito material. O CPC contém, entretanto, raras exceções nas quais a legitimidade decorre de situação exclusivamente processual (legitimidade extraordinária). Para esses casos, o art. 6º do CPC exige autorização expressa em lei.

(...).

5. O diploma civil e a Lei 4.591/64 não preveem a legitimação extraordinária do condomínio para, representado pelo síndico, atuar como parte processual em demanda que postule a compensação dos danos extrapatrimoniais sofridos pelos condôminos, proprietários de cada fração ideal, o que coaduna com a própria natureza personalíssima do dano extrapatrimonial, que se caracteriza como uma ofensa à honra subjetiva do ser humano, dizendo respeito, portanto, ao foro íntimo do ofendido.

6. O condomínio é parte ilegítima para pleitear pedido de compensação por danos morais em nome dos condôminos. Precedente da 3ª Turma.

7. Recursos especiais parcialmente conhecidos e nessa parte providos. Sucumbência mantida.

(REsp 1177862/RJ, Rel. Ministra NANCY ANDRIGHI, TERCEIRA TURMA, julgado em 03/05/2011, DJe 01/08/2011)

(...).

3. É imprescindível considerar a natureza indisponível do interesse ou direito individual homogêneo – aqueles que contenham relevância pública, isto é, de expressão para a coletividade – para estear a legitimação extraordinária do Ministério Público, tendo em vista a sua vocação constitucional para a defesa dos direitos fundamentais.

ART. 18

4. O direito à saúde, como elemento essencial à dignidade da pessoa humana, insere-se no rol daqueles direitos cuja tutela pelo Ministério Público interessa à sociedade, ainda que em favor de pessoa determinada.

(...).

(REsp 695.396/RS, Rel. Ministro ARNALDO ESTEVES LIMA, PRIMEIRA TURMA, julgado em 12/04/2011, DJe 27/04/2011)

(...).

3. O Ministério Público tem legitimidade ativa para atuar em defesa dos direitos difusos, coletivos e individuais homogêneos dos consumidores. Precedentes do STJ.

(REsp 1197654/MG, Rel. Ministro HERMAN BENJAMIN, SEGUNDA TURMA, julgado em 01/03/2011, DJe 08/03/2012)

(...)

5. O Ministério Público possui legitimidade para tutela dos interesses de natureza primária, "protegendo o patrimônio público, com a cobrança do devido ressarcimento dos prejuízos causados ao erário (...), o que configura função institucional/ típica do ente ministerial, a despeito de tratar-se de legitimação extraordinária" (REsp 749.988/SP).

(...).

7. "O Ministério Público tem legitimidade para propor ação civil pública em defesa do patrimônio público" (Súmula 329/STJ).

8. Agravo regimental não provido.

(AgRg no Ag 1233517/SP, Rel. Ministro ARNALDO ESTEVES LIMA, PRIMEIRA TURMA, julgado em 17/02/2011, DJe 24/02/2011)

Fredie Didier Jr. bem esclareceu as características da *legitimação extraordinária*, nos seguintes termos: *"a) a legitimação extraordinária deve ser encarada como algo excepcional somente pode ser autorizada por lei, não se admitindo substituição processual convencional; b) o legitimado extraordinário atua no processo na qualidade de parte, e não de representante, ficando submetido, em razão disso, ao regime jurídico deste sujeito processual... Em razão disso, é em relação ao substituto que se examina o preenchimento dos pressupostos processuais subjetivos. A imparcialidade do magistrado, porém, pode ser averiguada em relação a ambos..; c) A substituição processual pode ocorrer tanto no pólo passivo quanto no pólo ativo da demanda; d) Salvo disposição legal em sentido contrário (ver p. ex. art. 274 do CC-2002, e art. 103 do CDC), a coisa julgada porventura surgida em processo conduzido por legitimado extraordinário estenderá os seus efeitos ao substituído. Trata-se da principal utilidade da substituição processual... Ao substituto, no entanto, não escaparão as consequências do princípio da sucumbência, ficando, assim, responsável por custas*

CÓDIGO DE PROCESSO CIVIL

e honorários advocatícios; e) O substituto processual também pode ser sujeito passivo de sanções processuais, como a punição pela litigância de má-fé; f) Quantos aos poderes processuais, o substituto processual tem, ordinariamente, apenas aqueles relacionados à gestão do processo, não lhe sendo autorizados poderes de disposição do direito material discutido; g) A inexistência de legitimação extraordinária não leva à resolução do mérito da causa".[237]
O *parágrafo único do art. 18* do atual C.P.C. estabelece que *havendo substituição processual, o substituído poderá intervir como assistente litisconsorcial.*

No projeto originário, este parágrafo único do art. 18 do atual C.P.C. estabelecia que *"havendo substituição processual, o juiz determinará que seja dada ciência ao substituído na pendência do processo; nele intervindo, cessará a substituição".*

Porém, este parágrafo único do art. 18 do projeto originário foi alterado na Câmara dos Deputados, cuja emenda ficou assim consignada: *"Havendo substituição processual, o substituído poderá intervir como assistente litisconsorcial".*

A inserção da emenda na Câmara dos Deputados ao projeto original deu-se em razão dos seguintes fundamentos: *"Segundo a emenda, há casos de legitimação extraordinária autônoma concorrente com a legitimação ordinária. Assim, não é sempre que, com a participação do substituído, a legitimação extraordinária deva cessar.*

Acolhe-se, em parte, a Emenda nº 81/11. Além disso, a previsão do dever de intimar o substituído, em qualquer caso, pode comprometer a duração razoável do processo. Há alguns problemas: a) a quem cabe o dever de "promover" a intimação, fornecendo os dados pessoais que a permitam?; b) nos casos em que o substituído for alguém que não se conhece (em litígios envolvendo sociedade anônima, por exemplo), como se fará a intimação?; c) o dispositivo se aplica a ações coletivas que versam sobre direitos individuais homogêneos?; d) e se houver muitos substituídos? Todos poderão intervir como assistentes litisconsorciais? A inclusão da possibilidade de intervenção iussu iudicis, com o acréscimo de parágrafo ao art. 114 do projeto, resolve o problema de forma mais simples: o juiz, no caso, decide sobre a intervenção de alguém no processo, inclusive o substituído. Acolhe-se a Subemenda nº 3 apresentada pelo Deputado Efraim Filho em seu Relatório-Parcial".

Efetivamente, há casos em que a *legitimação extraordinária* não cessa pela intervenção do substituto no âmbito do processo. Esse é caso, por exemplo, quando o Ministério Público ingressa com Ação Civil Pública em prol do consumidor para a proteção de direitos difusos; ou, ainda, quando eventual Associação de Classe ingressa com ação coletiva em prol de seus associados. Nestas hipóteses, mesmo havendo a intervenção do substituído na relação jurídica processual não haverá o encerramento da *legitimação extraordinária.*

---

[237] DIDIER JR., F. op. cit. p. 170 e 171.

ART. 18

Também não se justifica a necessidade de intimação do substituído, pois isso poderia afetar efetivamente a celeridade processual, especialmente quando o substituído for alguém que não se conhece ou for indeterminado.

Assim, a emenda apresentada na Câmara para permitir que o substituído, se assim desejar, ingresse no processo com *assistente litisconsorcial* é sem dúvida a melhor solução e não causa tumultuo desnecessário na relação jurídica processual.

O destinatário dos efeitos da sentença pode intervir no processo, mas não é litisconsórcio necessário, mas terceiro, ou seja, assistente litisconsorcial. Trata-se, evidentemente, de um verdadeiro *interveniente adesivo*.

O parágrafo único do art. 18 trata da hipótese de substituição processual como sinônimo de *legitimação extraordinária*.

Sobre a aplicação da substituição processual como sinônimo de legitimação extraordinária, assim já se manifestou Fazzalari: *"É por isso que somente em sentido impróprio se pode falar de 'substituição processual' como sinônimo de legitimação extraordinária: no sentido de que seu titular pode realizar atividades processuais no lugar do destinatário dos efeitos – pois ele é 'parte' – independentemente de sua linha de conduta.*

De 'substituição processual' propriamente dita, deve-se falar em outras hipóteses, ou seja, aquelas em que na regra tratada acima, – a de que em caso de legitimação extraordinária o destinatário do provimento requerido é também parte necessária no processo -a lei processual coloca algumas exceções, nas quais um estranho não só está habilitado a provocar o provimento jurisdicional sobre outras posições jurídicas, como também pode fazê-lo sem que participem do juízo os destinatários do provimento. Assim, acontece na legitimação extraordinária das leis, de que se disse; na legitimação extraordinária da 'parte' que, alienando o direito controverso em pendência da lide, resta em juízo no lugar ao adquirente (este, destinatário dos efeitos da sentença, pode intervir no processo, mas não é litisconsorte necessário; na legitimação extraordinária do herdeiro que entra em juízo no lugar do 'de cujus' mesmo versando sobre direito transmitido ao legatário (também este sofrerá os efeitos substanciais, mas 'não é parte necessária'. Nesse casos, observando bem, a legitimação extraordinária é empregada pela lei exatamente para substituir o destinatário do provimento jurisdicional com o legitimado em via extraordinária: ou para fazer frente à prática irrealizável do contraditório (é como se disse, o caso da legitimação extraordinária no processo de constitucionalidade da lei), ou para colocar os contraditores protegidos de eventos que não podem ser evitados (assim, por exemplo, a lei impede à parte que aliena os direitos controvertidos durante o processo, de sair dele sem o consenso da contraparte e legitima o herdeiro quando a morte de uma parte torna necessária que alguém ocupe o seu lugar)".[238]

---

[238] FAZZALARI, E., op. cit., p. 402 e 403.

CÓDIGO DE PROCESSO CIVIL

A *substituição processual* pode ocorrer desde o início da demanda *in itinere* do processo, como quando a parte deixa de dar andamento à ação civil pública. Nesse sentido é o art. 5º, §§ 2º e 3º da Lei n. 8.347/85.

Art. 19

O interesse do autor pode limitar-se à declaração:

I – da existência, da inexistência ou do modo de ser de uma relação jurídica;

II – da autenticidade ou da falsidade de documento.

Demanda declaratória

Nos artigos anteriores verificou-se que para se postular em juízo é necessário *interesse legítimo*.

O interesse legítimo, no processo de cognição plena, pode decorrer da necessidade de um provimento jurisdicional de tutela que, segundo uma tripartição tradicional, terá por conteúdo um dispositivo declaratório, constitutivo ou condenatório. Assim, a *pretensão processual* formulada pela parte pode decorrer do interesse legítimo a uma tutela jurisdicional meramente declaratória, constitutiva ou condenatória, dependendo do seu efetivo interesse e da sua necessidade de fazer valer o seu direito material em juízo.

Verifica-se, portanto, que o interesse legitimo do autor pode circunscrever-se a uma tutela jurisdicional de *mero acertamento* ou meramente declaratória.[239]

A ação declaratória (demanda declaratória), na realidade, foi o marco histórico responsável pela quebra de paradigmas, entre uma postura clássica que entendia ser a ação o próprio direito subjetivo material reagindo à sua violação,

---

[239] "Ao tempo do sistema formulário, que fora definitivamente consagrado pela *Lex Aebutia*, já existia em Roma uma forma de processo não tendente à condenação como era a regra geral... Essas fórmulas que visavam à simples declaração, eram chamadas de *praejudiciales*, e tinham por objeto não apenas relações de *status*, mas também outras de natureza patrimonial. Nessa fase do direito romano, Gaio incluía na classe as *qua quaeritur an quis libertus sit, vel quanta dos sit, et aliae complures*, mostrando assim que muitas outras relações eram passíveis da fórmula *praejudicial*... Segundo Chiovenda, são numerosos os casos obtidos nas fontes romanas em que os *praejudicia* constituíam casos típicos de ação declaratória, tal como hoje é admitida: o *praejudicium de partu agnoscendo*, concedido à mulher grávida, após o divórcio ou na constância do casamento, pressupondo que o marido se recusasse a reconhecer como legítimo o nascituro, ou porque negasse a paternidade ou por motivo de recusar valor ao matrimônio...". (BARBI, Celso Agrícola. *Ação declaratória – principal e incidente*. Rio de Janeiro: Forense, 1977. p. 21 e 22).

e a postura apresentada por Wach que disse ser a ação substancialmente diversa do direito subjetivo, constituindo direito autônomo, com vida própria, e isso o fez provando que a ação declaratória negativa existia independentemente do direito subjetivo. O reconhecimento doutrinário da existência da ação declaratória foi o golpe de morte na doutrina civilista da ação.[240]

Com a expressão *tutela de mero acertamento* pretende-se referir à hipótese em que o provimento jurisdicional pedido pelo autor seja uma sentença declaratória propriamente dita; ou seja, aquela hipótese em que o autor se limita a pedir ao juiz que declare por decisão a existência ou inexistência de um direito, no caso, de uma relação jurídica, ou, ainda, a autenticidade ou a falsidade de um documento.

Nesta circunstância, a exigência da atividade jurisdicional é determinada por um fenômeno que pode ser, em certo sentido, assimilado à violação: a *contestação*, no duplo sentido de contestação de um outro direito que o titular considera existente ou de uma afirmação contundente de um próprio direito em confronto com outro sujeito que o considera inexistente. Pense-se no sujeito que, sem prejudicar um determinado direito de propriedade, o contesta no sentido de que se considera o verdadeiro proprietário; ou o sujeito que, antes do vencimento do seu débito, nega ser devedor ou, ainda, o sujeito que se intitula credor. Quando se verifica este fenômeno que denominamos de *contestação* (e que, naturalmente, deve ser séria, objetivamente apreciável, não se exaurindo numa simples opinião), determina-se uma situação que não caracteriza ainda uma situação de violação, mas que poderá futuramente concretizar-se essa violação. Daí porque um ordenamento jurídico evoluído ofereça, diretamente ou indiretamente, um instrumento satisfatório para eliminar esta situação de dúvida antes que ela dê lugar a uma efetiva violação, ou seja, um instrumento para substituir a incerteza objetiva pela certeza objetiva. Este instrumento é a tutela jurisdicional denominada de *meramente declaratória*, sendo que o atributo 'meramente' está em relação com o fato de que a função de acertamento que, como estamos a ver, é característica geral daquele inteiro setor da atividade jurisdicional que se chama de 'cognição'; dá-se no seu estado puro, ou seja, sem a sobreposição de outras funções.[241]

O que distingue a pretensão à tutela jurisdicional declaratória das demais pretensões, é que aquela exaure-se na simples declaração de existência ou inexistência de uma relação jurídica ou da autenticidade ou falsidade de um documento.

[240] Barbi, C. A., idem, p. 60.
[241] Mandrioli, C., op. Cit., p.16 e 17.

CÓDIGO DE PROCESSO CIVIL

A demanda declaratória, portanto, tem por finalidade eliminar a incerteza quanto à existência, inexistência ou modo de ser de uma determinada relação jurídica, assim como a autenticidade ou falsidade de um documento.

Não há dúvida de que toda sentença que decide o mérito de uma causa contém também uma declaração sobre a relação jurídica deduzida em juízo, pois esta declaração é pressuposto necessário para qualquer outro provimento (condenatório ou constitutivo). A característica da demanda declaratória é que ela conduz a um provimento *meramente declaratório*, isto é, com função específica e única finalidade de declarar determinada situação existente entre as partes.[242]

Mantendo o critério anteriormente adotado pelo C.P.C. de 1973, o art. 19 do novo C.P.C. estabelece o conteúdo da pretensão declaratória, o qual somente pode ter por *objeto* uma *relação jurídica*, abrindo uma única exceção para a *declaração de autenticidade ou falsidade documental*.

A emenda inserida pela Câmara dos Deputados ao art. 19 do atual C.P.C. teve por finalidade acrescentar como conteúdo da ação declaratória, não somente a existência ou inexistência, mas também a *regulação do modo de ser de uma determinada relação jurídica.*

A possibilidade de conteúdo de uma demanda meramente declaratória correspondente à regulação do modo de ser de uma determinada relação jurídica há muito foi preconizada por Liebman, *in verbis: "Mas o fato de a lei estabelecer como único requisito da ação a existência do interesse de agir (art. 100), doutrina e jurisprudência deduzem a consequência de que, mesmo sem uma norma legal expressa, pode-se em geral propor uma ação declaratória todas as vezes que o autor seja capaz de demonstrar ter interesse nela; e esse interesse considera-se presente sempre que haja incerteza sobre existência, inexistência, 'conteúdo ou modo de ser (modalità)' de uma relação jurídica...".*[243]

A jurisprudência do S.T.J. também há muito vem reconhecendo o interesse legítimo a uma demanda meramente declaratória que tenha por conteúdo a interpretação de cláusula contratual. Nesse sentido são os seguintes precedentes:

> *I. Admissível a ação declaratória para o exame e interpretação de cláusulas contratuais, visando ao afastamento de ilegalidade nelas eventualmente existentes.*
> *II. Aplicação da Súmula n. 181 do STJ.*
> III. Recurso especial conhecido e provido.
> (REsp 273.181/MG, Rel. Ministro ALDIR PASSARINHO JUNIOR, QUARTA TURMA, julgado em 17/10/2000, DJ 11/12/2000, p. 211)

---

[242] LIEBMAN, E. T., op. cit., p. 179.
[243] LIEBMAN, E. T., idem, p. 180.

I – Sendo o objetivo do autor a fixação do exato conteúdo de cláusula contratual, o que levará a solução do conflito, servindo de norma para as partes, admissível é a ação declaratória para tal fim.
II – Precedentes.
III – Recurso conhecido e provido.
(REsp 132.688/SP, Rel. Ministro WALDEMAR ZVEITER, TERCEIRA TURMA, julgado em 22/09/1998, DJ 03/11/1998, p. 126).

O termo *relação jurídica* é tomado na linguagem dos juristas em vários sentidos. Num sentido mais amplo, relação jurídica é toda a situação ou relação da vida real (social), juridicamente relevante (produtiva de consequências jurídicas) isto é, disciplinada pelo Direito.[244]

Numa concepção mais restrita, relação jurídica é toda a relação da vida social disciplinada pelo Direito, mas somente enquanto esta disciplina reveste uma dada fisionomia típica, ou seja, mediante a atribuição a uma pessoa (em sentido jurídico) de um direito subjetivo e a correspondente imposição a outra pessoa de um dever ou de uma sujeição.[245] Nesse sentido é a lição de Enneccerus: *"constituem relação jurídica as relações entre comprador e o vendedor; de igual modo as relações entre cônjuges, até onde são juridicamente reguladas; mas não a amizade, porque ela nem provoca quaisquer efeitos jurídicos, nem é disciplinada pelo Direito quanto a seus requisitos".*[246] Entre nós, porém, a simples amizade pode gerar consequências jurídicas, como ocorre nos casos de impedimento de testemunhas para depor em juízo".

Para Caio Mário da Silva Pereira, *"relação jurídica traduz o poder de realização do direito subjetivo, e contém a sua essência. É o vínculo que impõe a submissão do objeto ao sujeito. Impõe a sujeição de um a outro...".*[247]

Já José de Oliveira Ascensão identifica a *relação jurídica* com a *situação jurídica*. Conforme afirma o grande jurista português: *"Outra parte de uma introdução ao estudo do Direito poderá ser constituída pela análise das 'situações jurídicas' – ou 'relações jurídicas'... Partindo duma ideia muito simples, diremos que as regras se concretizam em 'situações jurídicas'. A regra, necessariamente abstracta, sobre responsabilidade por danos causados por animais, projecta-se historicamente quando se produz uma situação que*

---

[244] DOMINGOS DE ANDRADE, Manual A. *Teoria geral da relação jurídica.* Vol. I. Coimbra: Almedina, 1992. p. 2.
[245] DOMINGOS DE ANDRADE, M. A., idem, ibidem.
[246] ENNECCERUS – KIPP – WOLF, 1º vol. Tratado... §64, 1.
[247] PEREIRA, Caio Mário. *Instituições de direito civil.* 5ª edição. I Vol., Rio de Janeiro: Editora Forense, p. 49.

CÓDIGO DE PROCESSO CIVIL

corresponde à descrita na lei. Daí resulta uma 'situação jurídica concreta', que é a que se tem em vista quando se fala simplesmente em situação jurídica.... Assim, toda a 'situação jurídica' tem um ou mais sujeitos, tem um objecto, exprime-se em poderes e vinculações, é dinamizada por factos..."[248]

Aliás, o projeto de Costa Manso para o Estado de São Paulo continha disposições em que se falava de *situações jurídicas*. Também o projeto de Guilherme Estellita usava expressões *'relação de direito ou situação jurídica'*, a Lei mineira de 1.111, de 19.10.29, empregou também a expressão 'situação jurídica'.[249]

Tendo em vista que o objeto de uma demanda declaratória é o questionamento sobre uma *relação ou situação jurídica*, não se pode considerar neste conteúdo a dúvida sobre uma simples *questão de direito*, como, por exemplo, dúvida sobre determinado índice de correção monetária ou se o arrendamento é urbano ou rural, nem sobre a existência futura de uma relação, como a declaração sobre direito sucessório em testamento de pessoa ainda não falecida.[250]

João Batista Lopes apresenta a seguinte decisão proferida pelo S.T.J. no Agravo de Instrumento n. 222.228-SP, Rel. Min. Sálvio de Figueiredo Teixeira, j. 29.03.1999, quanto à impossibilidade de ter a demanda declaratória por objeto *simples questão de direito*:

"Vistos, etc. Manejou-se agravo de instrumento contra decisão do Presidente do Tribunal de origem que inadmitiu o processamento do recurso especial onde se alega contrariedade aos arts. 4º, I, CPC, 1.266, CC e 1º da Lei 6.899/81. O acórdão recorrido, proferido pelo Tribunal de Alçada Civil de São Paulo está assim ementado: 'Declaratória – Descabimento – Autor que não almeja certeza jurídica, mas, sim, alteração de situação jurídica determinada. Falta de interesse conhecido – Índice aplicável à correção monetária de depósitos judiciais – Questão de direito – Recursos improvidos'. O recurso não merece prosperar. Primeiro, porque o art. 4º, I, CPC, não restou violado. Conforme anotou o Tribunal, no prévio juízo de admissibilidade, foi dada correta aplicação ao referido dispositivo, ao ter a Câmara julgadora considerado não se poder, por intermédio de ação declaratória, discutir qual o índice que deve ser aplicado à correção monetária de depósito judicial. Assim, no ponto, a Câmara julgadora, assentou:

---

[248] ASCENSÃO, José de Oliveira. *O Direito – introdução e teoria geral*. Lisboa: Fundação Calouste Gulbenkian, 1979. p. 5.
[249] BARBI, C. A., op. cit., p.89 e 90.
[250] BARBI, C. A., idem, p. 93.

'Acresce que não pode ser objeto da ação declaratória uma simples questão de direito, como a de saber qual o índice a aplicar a correção monetária do depósito judicial...'.[251]

O art. 10º, item 3, letra a) do Código de Processo Civil português permite que a demanda declaratória tenha por objeto a declaração de existência ou inexistência de um *facto*.

Porém, nosso ordenamento jurídico não admite que a demanda declaratória possa ter por objeto a declaração sobre *simples fato*, ou seja, o acontecimento natural independentemente da vontade interna. Segundo Kish, *o fato*, ainda que juridicamente relevante, não pode justificar a demanda declaratória, como no caso de declarar a sanidade mental, ou que o trabalho está de acordo com as regras de arte ou que foi executado pelo autor.[252]

É importante salientar que atualmente, ao contrário da época em que Celso Agrícola Barbi analisou as consequências de demanda declaratória, a *união estável* não constitui mero fato, razão pela qual, a relação jurídica decorrente da *união estável* pode ser objeto de demanda declaratória. Aliás, em recente decisão o S.T.J. reconheceu a competência da Vara de Família para analisar questão de *união estável*, ainda que decorrente de relação homoafetiva:

> *Processual civil. Recurso especial. União estável homoafetiva. Reconhecimento e dissolução. Competência para julgamento.*
>
> *1. Recurso especial tirado de acórdão que, na origem, fixou a competência do Juízo Civil para apreciação de ação de reconhecimento e dissolução de união estável homoafetiva, em detrimento da competência da Vara de Família existente.*
>
> *2. A plena equiparação das uniões estáveis homoafetivas, às uniões estáveis heteroafetivas trouxe, como corolário, a extensão automática àquelas, das prerrogativas já outorgadas aos companheiros dentro de uma união estável tradicional.*
>
> *3. Apesar da organização judiciária de cada Estado ser afeta ao Judiciário local, a outorga de competências privativas a determinadas Varas, impõe a submissão dessas varas às respectivas vinculações legais construídas em nível federal, sob pena de ofensa à lógica do razoável e, in casu, também agressão ao princípio da igualdade.*
>
> *4. Se a prerrogativa de vara privativa é outorgada ao extrato heterossexual da população brasileira, para a solução de determinadas lides, também o será à fração homossexual, assexual ou transexual, e todos os demais grupos representativos de minorias de qualquer natureza que tenham similar demanda.*

---

[251] LOPES, João Batista. *Ação declaratória*. 5ª ed. São Paulo: Editora Revista dos Tribunais, 2002. p. 63.

[252] BARBI, C. A., op. cit. p. 93.

5. Havendo vara privativa para julgamento de processos de família, esta é competente para apreciar e julgar pedido de reconhecimento e dissolução de união estável homoafetiva, independentemente das limitações inseridas no Código de Organização e Divisão Judiciária local.

6. Recurso especial provido.

(REsp 1291924/RJ, Rel. Ministra NANCY ANDRIGHI, TERCEIRA TURMA, julgado em 28/05/2013, DJe 07/06/2013)

Porém, quando o fato está de tal maneira vinculado a uma determinada situação jurídica ou relação jurídica, bem como a existência de uma série de consequências jurídicas de natureza familiar, hereditária e patrimonial, negar a demanda declaratória seria deixar os interessados ao desamparo de proteção jurídica. Sobre o tema Celso Agrícola Barbi transcreve uma decisão proferida pelo S.T.F. no Recurso Extraordinário n. 25.439 de 8 de agosto de 1955.[253] Portanto, não se deve confundir o fato com as consequências jurídicas.

Não estabelece a norma qual o tipo de relação jurídica que é suscetível de pleito declaratório. De maneira geral, qualquer relação de direito privado pode ser objeto de demanda declaratória; também relações jurídicas de direito público poderão ser objeto desse tipo de demanda. Porém, deve ser relação jurídica concreta, decorrente de fatos precisos e determinados, e não meras conjecturas.[254]

Celso Agrícola Barbi dá os seguintes exemplos de relação jurídica no direito privado: direito de família, obrigações, reais e sucessórios. No direito público: administrativo, fiscal etc.[255] Segundo o aludido processualista: *"a ação é adequada para declaração de que se operou a prescrição extintiva; da nulidade da cláusula contratual contrária à lei; de inexistência ou existência do direito e futura renovação de locação comercial; interpretação de cláusula contratual ou de verba testamentária; da existência de casamento cujo registro se perdeu; definição de ato cambial; declaração de que o aceite cambial foi de favor; de direito à continuação da locação; da existência do direito de propriedade móvel; da validade da venda contestada por terceiro; de ter havido simulação de venda do imóvel para efeito de obtenção de despejo; da vigência de cláusula contratual após a superveniência de lei de ordem pública; da existência do direito de retenção de objeto furtado e dada em penhor; de que a cessão e transferência de direitos ficaram perfeitos e acabados porque se verificou a condição necessária para isso; da inexistência de débito cambial; da inexistência de obrigação de pagar conserto feito em certo objeto; da inexistência de relação jurídica oriunda de determinado contrato; determinação ou esclarecimento de um contrato,*

---

[253] BARBI, C. A., idem, p. 94.
[254] LOPES, J. B., op. cit., p. 64.
[255] BARBI, C. A., op. cit., p. 110.

ART. 19

no que se refere ao preço, em torno do qual há dúvida; de dúvida sobre posse de imóvel; de quais os bens transferidos por uma escritura; da invalidade de título de dívida, que o autor considera inexistente ou ilegítima; da possibilidade de cobrança de aluguéis progressivos constantes de contrato de locação; de que houve simulação em determinada escritura; de ter ou não havido rescisão de contrato de locação, por haver sido violada cláusula contratual; dos efeitos de casamento putativo; de estar desobrigado de prestação alimentar à esposa o marido dela separado; da inexistência de relação jurídica cambiária, embora se trate de título não aceito pelo autor e contra este".[256]

No que concerne às diversas relações jurídicas que possam ser objeto de demanda declaratória, esclarece João Batista Lopes:

> "No que respeita ao casamento, inquestionável cuidar-se de relação jurídica (para alguns, verdadeira instituição), cuja existência se prova regularmente por certidão do respectivo assento, mas que, excepcionalmente, em caso de destruição ou incêndio, admite a sede especial da declaratória. Esclareça-se que a sentença será declaratória (e não constitutiva) porque sua eficácia preponderante não é a criação ou constituição de ato jurídico já existente, mas sim o reconhecimento judicial de sua existência.
>
> Quanto à validade ou invalidade de contrato de compra e venda – incluam-se, também, os demais contratos – a declaratória se mostra incabível, por isso que a sentença colimada terá caráter preponderantemente constitutivo. Com efeito, só impropriamente se poderá falar em declaração de validade ou invalidade de contrato, já que inquestionável será a alteração do mundo provocada pelo pronunciamento judicial de invalidade. Do mesmo modo, afigura-se inaceitável a declaratória de simulação de negócio jurídico.
>
> Na lição de Carlos Alberto de Mota Pinto, na simulação ' o declarante emite uma declaração não coincidente com a sua vontade real, por força de um conluio com o declaratário, com a intenção de enganar terceiros. Considerada como vício social, constitui causa de anulação de ato jurídico, ensejando, portanto ação constitutiva negativa.
>
> É o bastante para inadmitir-se a tutela declaratória, na lapidar expressão de Pontes de Miranda, ‹quem desconstitui não declara, desfaz›.
>
> Também imprópria a tutela especial declaratória para esclarecimento sobre preço de mercadoria adquirida, salvo quando envolve interpretação de cláusula contratual ou de regra jurídica aplicável à hipótese em discussão. É que o preço constitui um dos elementos do contrato de compra e venda, mas não traduz, por si só, a própria avença e, assim, não justifica o pleito declaratório, reservado tão-somente à declaração da existência ou inexistência de relação jurídica. Em casos especiais, porém, a obscuridade de

---

[256] BARBI, C. A., idem, p. 103.

cláusulas contratuais ou a complexidade da interpretação de normas jurídicas incidentes sobre o negócio jurídico podem justificar exceções à regra geral.

Por último, há forte tendência jurisprudencial em admitir a declaratória para definição do sentido e latitude de obrigações derivadas de contratos de locação".[257]

É de ser admitida a declaratória, ainda: para declarar a interpretação de testamento; para desfazer dúvida sobre regimes de bens, para declarar a qualidade de funcionário público do auto; para declaração do estado de solteiro, para se declarar a existência ou inexistência de parentesco, para declarar a obrigação de pagar correção monetária, para declarar a inexistência de direito de sacar duplicatas, para declarar a inexistência de direito autoral, para declarar a prescrição.[258]

Como o nosso legislador foi buscar inspiração no §256 do Código de Processo Civil alemão para a positivação em nosso ordenamento jurídico da demanda declaratória, transcreve-se os seguintes fatos suscetíveis de proteção jurídica assim descritos por James Goldschimidt: *"Se considera como 'fato suscetível de proteção jurídica qualquer relação jurídica, isto é, todo direito subjetivo, e ainda uma parte deste direito, ou um crédito já prescrito (sempre que existe interesse na declaração...) e ainda um direito a opor exceções, ou um direito de caráter constitutivo...a eficiência ou validade de um laudo arbitral".*[259]

Há divergência jurisprudencial e doutrinária sobre a possibilidade de se utilizar a demanda declaratória em relação à questão de propriedade imobiliária. Há entendimento que seria inadmissível esse tipo de pretensão em demanda declaratória, pois o direito sobre imóveis somente se comprova pela transcrição no registro de imóveis. Nesse sentido era o entendimento do Min. Orosimbo Nonato (R.T. 406/273). Já Celso Agrícola Barbi admite que em certas situações de fato seria possível a utilização da declaratória. No mesmo sentido Pontes de Miranda. Em verdade, segundo João Batista Lopes, não se justifica interpretação restritiva, pois o ordenamento jurídico não faz qualquer distinção entre direitos pessoais ou direitos reais. Além do mais, o conflito acerca do direito de propriedade, sobre autorizar o pleito declaratório, constitui uma das hipóteses em que mais se evidenciam a necessidade e utilidade do provimento mencionado. Nesse sentido há precedentes: RT 388/152, 401/386; STF, RE 52.830; RTJ 65/378.[260]

---

[257] LOPES, J. B., op. cit., p. 65 e 66.
[258] LOPES, J. B., idem, p. 95.
[259] GOLDSCHMIDT, James. *Derecho procesal civil.* Trad. Leonardo Prieto Castro. Barcelona: Editorial labor S.A., 1936. p. 105.
[260] LOPES, J. B., op. cit., p. 82 e 83.

Igualmente se discute se cabe demanda declaratória para discutir eventual *posse*. Inicialmente, indaga-se se a posse é mero fato ou se se traduz em relação jurídica tutelável por demanda declaratória. A matéria há muito é controvertida. Windscheid caracteriza a posse como mero fato. Já Ihering confere-lhe a natureza de direito e caráter real. A doutrina pátria tem certa inclinação para caracterizar a posse como *mero fato*. Diante disso, a demanda declaratória não se mostra adequada para declarar a existência ou inexistência, de relação de posse.[261]

Sobre o tema, assenta Pontes de Miranda: *"A posse é poder, 'potsedere', possibilidade concreta de exercitar algum poder inerente ao domínio ou à propriedade. Não é o poder inerente ao domínio ou à propriedade; nem, tão-pouco, o exercício desse poder. Rigorosamente, a posse é o estado de fato de quem se acha na possibilidade de exercer poder como o que exerceria quem fosse proprietário ou tivesse, sem ser proprietário, poder que sói ser incluso no direito de propriedade (usus, fructus, abusus)".*[262]

Segundo James Goldschimidt não é necessário que a relação jurídica que se ventile exista precisamente entre as partes litigantes (por exemplo, a demanda declaratória do credor executante contra o proprietário inscrito no Registro), para que se declare que o devedor contra quem se executa é ou não o 'verdadeiro dono', ou na demanda do cessionário contra o cedente, para que declare que o crédito lhe pertence).[263]

Pode ainda ser proposta demanda declaratória sobre relação jurídica sujeita a condição, porém não para obter declaração futura, isto é, em relação à existência que advém de uma relação jurídica, como, por exemplo, declaração de um direito hereditário baseado em um testamento de uma pessoa não falecida. É possível, ainda, interpor-se demanda declaratória para obter-se a declaração sobre uma relação jurídica já não mais existente, quando o fato de haver existido possa constituir o fundamento de uma pretensão atual.[264]

Na demanda para obter a declaração da não existência de uma relação jurídica (denominada demanda declarativa negativa), esta relação jurídica constitui uma característica negativa da questão de fato. A demanda declaratória negativa é denegada em parte, somente no caso em que subsista em parte também a pretensão cuja não existência se afirma.[265]

---

[261] LOPES, J. B., idem, p. 91.
[262] PONTES DE MIRANDA, *Tratado de direito privado*. Editora Borsoi: Rio de janeiro, s/d. Tomo X, p. 7.
[263] GOLDSCHMIDT, J., op. cit., p. 105.
[264] GOLDSCHMIDT, J. idem, p. 106.
[265] GOLDSCHMIDT, J. idem, ibidem.

Em casos excepcionais, *um simples fato pode ser objeto desta demanda*, a saber: a autenticidade ou falsidade de um documento, seja este de caráter probatório, como, por exemplo, um reconhecimento de dívida, um recibo, ou de caráter constitutivo, como, por exemplo, uma letra de câmbio.

A demanda declaratória objetiva o valor *segurança*, pois vale como um preceito, não comportando, em tese, execução, salvo quanto às custas e honorários. O julgamento proferido numa demanda que tenha por objeto uma tutela jurisdicional meramente declaratória não tem força executiva, apesar de transitar em julgado. Assim, diante de eventual inadimplemento de obrigação reconhecida em demanda declaratória, a parte autora teria necessidade de ingressar com uma tutela cognitiva condenatória para se valer de um título executivo judicial.[266]

Para Fredie Didier Jr., há uma tendência de se conferir executividade à sentença meramente declaratória, quando houver o reconhecimento de uma obrigação exigível.[267] O STJ já se posicionou nesse sentido, desde que a sentença traga a definição integral da norma jurídica individualizada, conforme os seguintes precedentes:

> *(...).*
>
> *2. Tem eficácia executiva a sentença declaratória que traz definição integral da norma jurídica individualizada. Não há razão alguma, lógica ou jurídica, para submetê-la, antes da execução, a um segundo juízo de certificação, até porque a nova sentença não poderia chegar a resultado diferente do da anterior, sob pena de comprometimento da garantia da coisa julgada, assegurada constitucionalmente. E instaurar um processo de cognição sem oferecer às partes e ao juiz outra alternativa de resultado que não um, já prefixado, representaria atividade meramente burocrática e desnecessária, que poderia receber qualquer outro qualificativo, menos o de jurisdicional.*
>
> *3. A sentença declaratória que, para fins de compensação tributária, certifica o direito de crédito do contribuinte que recolheu indevidamente o tributo, contém juízo de certeza e de definição exaustiva a respeito de todos os elementos da relação jurídica questionada e, como tal, é título executivo para a ação visando à satisfação, em dinheiro, do valor devido.*

---

[266] LOPES, João Batista. *Ação declaratória*. 5ª Edição. São Paulo, Ed. Revista dos Tribunais, 202. p. 43; ARAÚJO CINTRA, Antônio Carlos de; GRINOVER, Ada Pellegrini; DINAMARCO, Cândido Rangel. *Teoria geral do processo*. São Paulo: Editora Revista dos Tribunais, 1976. p. 267.

[267] DIDIER JR., Fredie, op. Cit., p. 187.

ART. 19

4. *Recurso especial a que se nega provimento.*
(REsp 588202/PR, Rel. Ministro TEORI ALBINO ZAVASCKI, PRIMEIRA TURMA, julgado em 10/02/2004, DJ 25/02/2004, p. 123).

(...).
2. *"A sentença declaratória que, para fins de compensação tributária, certifica o direito de crédito do contribuinte que recolheu indevidamente o tributo, contém juízo de certeza e de definição exaustiva a respeito de todos os elementos da relação jurídica questionada e, como tal, é título executivo para a ação visando à satisfação, em dinheiro, do valor devido" (REsp n. 614.577/SC, Ministro Teori Albino Zavascki).*
2. *Embargos de divergência conhecidos e providos.*
(EREsp 502.618/RS, Rel. Ministro JOÃO OTÁVIO DE NORONHA, PRIMEIRA SEÇÃO, julgado em 08/06/2005, DJ 01/07/2005, p. 359)

(...).
– Pode o contribuinte manifestar a opção de receber o crédito tributário, certificado por sentença declaratória transita em julgado, por meio de precatório ou por compensação, já que ambos constituem formas de execução da decisão judicial.
– Recurso especial conhecido, mas improvido.
(REsp 800.133/PR, Rel. Ministro FRANCISCO PEÇANHA MARTINS, SEGUNDA TURMA, julgado em 14/02/2006, DJ 06/04/2006, p. 262).

O S.T.J. tem admitido força executiva da sentença declaratória inclusive em favor do réu, conforme se observa dos seguintes precedentes:

(...).
2. *A sentença declaratória em ação de revisão de contrato pode ser executada pelo réu, mesmo sem ter havido reconvenção, tendo em vista a presença dos elementos suficientes à execução, o caráter de "duplicidade" dessas ações, e os princípios da economia, da efetividade e da duração razoável do processo (REsp nº 1.309.090/AL).*
3. *O Agravo não trouxe nenhum argumento novo capaz de modificar o decidido, que se mantém por seus próprios fundamentos.*
4. *Agravo Regimental improvido.*
(AgRg no REsp 1446433/SC, Rel. Ministro SIDNEI BENETI, TERCEIRA TURMA, julgado em 27/05/2014, DJe 09/06/2014).

1. O Superior Tribunal de Justiça possui jurisprudência pacífica no sentido de que a sentença declaratória que tenha conteúdo condenatório é título executivo hábil a fundar pedido de cumprimento pelo réu de pagamento pelo autor da dívida reconhecida.
2. Agravo não provido.
(AgRg no AREsp 277.989/RS, Rel. Ministro ARNALDO ESTEVES LIMA, PRIMEIRA TURMA, julgado em 12/03/2013, DJe 21/03/2013)

No que concerne ao ônus da prova, em se tratando de declaratória positiva, não há questionamento, pois no caso o ônus da prova é de quem alega o fato.

Já no que concerne à declaratória negativa, há divergência na doutrina. Rosenberg sustenta que ao réu incumbe o ônus da afirmação e da prova do estado de coisas que deu origem à relação jurídica negada pelo autor. Michele afirma que não ocorre a inversão do ônus da prova na declaratória negativa, razão pela qual compete ao autor demonstrar seu interesse de agir. Para Chiovenda, o ônus da prova incumbe ao autor, seja na declaratória positiva ou negativa. Entre nós, João Batista Lopes afirma que a questão comporta tratamento diferenciado. No que tange ao interesse de agir, o ônus da prova incumbe sempre ao autor, sendo irrelevante à revelia do réu. Desse modo, ao autor cabe demonstrar as circunstâncias de fato de que emerge seu interesse na declaração pleiteada. Já no tocante ao mérito, são necessárias algumas distinções. Se o autor alega negativa absoluta (por exemplo, que jamais celebrou qualquer negócio com o réu), estará desonerado da prova de tal alegação, pois não há prova de fato negativo. O mesmo não ocorre, porém, se o autor alegar fato extintivo, modificativo ou impeditivo.[268] Sobre o tema, o S.T.J. tem assim se posicionado:

(...).
2. Tratando-se especificamente do exame de DNA e a presunção advinda de sua recusa, deve-se examinar a questão sobre duas vertentes: i) se a negativa é do suposto pai ao exame de DNA ou ii) se a recusa partiu do filho. Em quaisquer delas, além das nuances de cada caso em concreto (dilemas, histórias, provas e sua ausência), deverá haver uma ponderação dos interesses em disputa, harmonizando-os por meio da proporcionalidade ou razoabilidade, sempre se dando prevalência para aquele que conferir maior projeção à dignidade humana, haja vista ser "o principal critério substantivo na direção da ponderação de interesses constitucionais".

---

[268] LOPES, J. B., op.cit., p. 67 a 69.

3. Na hipótese, a recusa da recorrida em se submeter ao exame de DNA foi plenamente justificável pelas circunstâncias constantes dos autos, não havendo qualquer presunção negativa diante de seu comportamento. Isto porque, no conflito entre o interesse patrimonial do recorrente para reconhecimento da verdade biológica e a dignidade da recorrida em preservar sua personalidade – sua intimidade, identidade, seu status jurídico de filha –, bem como em respeito à memória e existência do falecido pai, deverá se dar primazia aos últimos.

4. Não se pode olvidar que o STJ sedimentou o entendimento de que "em conformidade com os princípios do Código Civil de 2002 e da Constituição Federal de 1988, o êxito em ação negatória de paternidade depende da demonstração, a um só tempo, da inexistência de origem biológica e também de que não tenha sido constituído o estado de filiação, fortemente marcado pelas relações socioafetivas e edificado na convivência familiar. Vale dizer que a pretensão voltada à impugnação da paternidade não pode prosperar, quando fundada apenas na origem genética, mas em aberto conflito com a paternidade socioafetiva. (REsp 1059214/RS, Rel. Ministro LUIS FELIPE SALOMÃO, QUARTA TURMA, julgado em 16/02/2012, DJe 12/03/2012).

5. Recurso especial desprovido.

(REsp 1115428/SP, Rel. Ministro LUIS FELIPE SALOMÃO, QUARTA TURMA, julgado em 27/08/2013, DJe 27/09/2013).

(...).

3. Em regra, o ônus da prova incumbe a quem alega o fato, de modo que, salvo nas declaratórias negativas, ao autor cabe a prova dos fatos constitutivos e ao réu a prova dos fatos extintivos, impeditivos ou modificativos. Inteligência dos art. 326 c/c 333, I e II, do CPC. Precedentes: AgRg no AREsp 154.040/GO, Rel. Min. BENEDITO GONÇALVES, Primeira Turma, DJe 18/6/12; REsp 1.253.315/SC, Rel. Min. MAURO CAMPBELL MARQUES, Segunda Turma, DJe 17/8/11; REsp 161.629/ES, Rel. Min. SÁLVIO DE FIGUEIREDO TEIXEIRA, Quarta Turma, DJ 21/2/00.

4. Manutenção da decisão agravada que deu provimento ao recurso especial dos autores, ora agravados, para julgar procedente o pedido de promoção por ressarcimento de preterição.

5. Agravo regimental não provido.

(AgRg no AREsp 324.140/DF, Rel. Ministro ARNALDO ESTEVES LIMA, PRIMEIRA TURMA, julgado em 06/08/2013, DJe 14/08/2013).

I – Em regra, o ônus da prova incumbe a quem alega o fato, sendo desnecessário provar os fatos afirmados por uma parte e confessados pela parte contrária, sendo igualmente certo, até porque proclamado pela lei, que, salvo nas declaratórias negativas, ao autor cabe a prova dos fatos constitutivos, e ao réu a prova dos fatos extintivos, impeditivos ou modificativos.

(...).

(REsp 161.629/ES, Rel. Ministro SÁLVIO DE FIGUEIREDO TEIXEIRA, QUARTA TURMA, julgado em 16/11/1999, DJ 21/02/2000, p. 129, REPDJ 20/03/2000, p. 76)

Questão interessante que se apresenta é sobre limites subjetivos da coisa julgada quando se tratar de sentença declaratória de autenticidade ou falsidade documental. A doutrina diverge sobre esse limite, a saber: *"Celso Agrícola Barbi, analisando as opiniões de Zanzuchi, Cogliolo e Chiovenda (no sentido de que a sentença declaratória da falsidade de documento tem efeito 'erga omnes'; de Lessona, Carnelutti, Ricci e Guzzardi (que limitam tal efeito às partes do processo); e de Mortara (segundo o qual só quando declarar a falsidade é que o efeito será 'erga omnes', não assim quando concluir pela veracidade), escreve: 'O ponto importante da questão, segundo sustenta a primeira corrente, é que o objeto da demanda é uma 'coisa', ou mais precisamente, a 'qualidade de uma coisa', e não uma 'relação jurídica' existente, ou não, entre as partes. Quando a ação versa sobre uma relação jurídica, a sentença reconhece, ou nega, a existência do direito de uma das partes, sem ter em vista se algum indivíduo, estranho à demanda, pode, ou não, ter razões melhores do que as dos litigantes para vir a juízo reclamar o bem discutido. O juiz decide a controvérsia dentro dos limites dos pedidos contrários do autor e réu...' E prossegue: '...Mas não a ação declaratória que tem por objeto a falsidade documental, o juiz decidirá sobre a 'coisa', a 'qualidade fundamental' do documento. A finalidade da ação não é determinar quais os direitos ou obrigações que o documento traz às partes da demanda, mas sim determinar uma qualidade, e nada mais. A verificação dos efeitos da obrigação contida no documento, em relação às partes, terá de ser objeto de outra ação. Por esses motivos concluímos pela afirmação de que a decisão, que declarar a falsidade de documento, ou reconhecer a sua veracidade, tem efeito de coisa julgada 'erga omnes' e não apenas entre as partes da demanda".*[269]

Há ainda certa controvérsia doutrinária sobre a prescrição da pretensão declaratória.

Porém, não obstante a divergência, a *imprescritibilidade* da demanda declaratória é ainda a regra geral.

Agora, se a demanda declaratória tiver pretensão de direito material, a prescrição correrá no prazo previsto para este último (ex. existência de obrigação cambiária).[270]

---

[269] Lopes, J. B., idem, p. 79 e 80.
[270] Lopes, J. B., idem, p. 114.

ART. 19

Por outro lado, é imprescritível a demanda de investigação de paternidade ou qualquer outra pretensão que tenha por objeto os direitos personalíssimos. Nesse sentido é o seguinte precedente do S.T.J.:

> *Direito civil. Família. Ação de declaração de relação avoenga. Busca da ancestralidade. Direito personalíssimo dos netos. Dignidade da pessoa humana. Legitimidade ativa e possibilidade jurídica do pedido. Peculiaridade. Mãe dos pretensos netos que também postula seu direito de meação dos bens que supostamente seriam herdados pelo marido falecido, porquanto pré-morto o avô.*
>
> *– **Os direitos da personalidade, entre eles o direito ao nome e ao conhecimento da origem genética são inalienáveis, vitalícios, intransmissíveis, extrapatrimoniais, irrenunciáveis, imprescritíveis e oponíveis erga omnes.***
>
> *– Os netos, assim como os filhos, possuem direito de agir, próprio e personalíssimo, de pleitear declaratória de relação de parentesco em face do avô, ou dos herdeiros se pré-morto aquele, porque o direito ao nome, à identidade e à origem genética estão intimamente ligados ao conceito de dignidade da pessoa humana.*
>
> *– O direito à busca da ancestralidade é personalíssimo e, dessa forma, possui tutela jurídica integral e especial, nos moldes dos arts. 5º e 226, da CF/88.*
>
> *(...).*
>
> (REsp 807.849/RJ, Rel. Ministra NANCY ANDRIGHI, SEGUNDA SEÇÃO, julgado em 24/03/2010, DJe 06/08/2010)

Nesse sentido é a Súmula 149 do S.T.F.: *"**É imprescritível a ação de investigação de paternidade, mas não o é a de petição de herança»**.*

No art. 19, inc. I, do atual C.P.C., menciona-se a declaração de existência ou da inexistência de relação jurídica, seja irradiante de direito, de pretensão de demanda, de exceção, ou de qualquer outra. Não se cogita, ao contrário do direito português, de declaração de fato ou de fatos, ainda que sejam eles elementos de suporte fático da norma jurídica. Porém, diante da importância dos documentos, o art. 19, inc. II, entrou no setor dos fatos, mas excepcionalmente: o interesse do autor pode limitar-se à declaração de autenticidade ou falsidade de documento.[271]

Por *documento* entende-se, segundo Clóvis Beviláqua: *"os escritos que, não sendo prova preconstituída do ato, oferecem, contudo, elemento para prová-lo".*[272]

---

[271] PONTES DE MIRANDA. *Comentários ao código de processo civil de 1973.* 2ª ed. Tomo I. Rio de Janeiro: Forense, 1979. p. 210.

[272] BEVILÁQUA, Clóvis. *Código civil dos estados unidos do brasil.* 4ª Tiragem. Comentário ao art. 136. Edição Histórica. Rio de Janeiro: 1979. p.399.

Todavia, o documento que possa ser objeto de uma demanda declaratória deve ser interpretado num sentido mais amplo, ou seja, deve ser conceituado como toda e qualquer representação material destinada a reproduzir a manifestação do pensamento ou reproduzir fenômenos acontecidos no mundo material.

O documento pode ser produzido, normalmente em papel, mas nada impede que tenha por suporte físico a madeira, o metal, a pedra, o vidro etc.

Atualmente, não somente os suportes físicos, mas também o suporte eletrônico pode constituir um documento. Isso ocorre nos denominados documentos eletrônicos.

Conforme afirma Pontes de Miranda, *"documento é todo objeto suscetível de servir de prova a alguma proposição. Tal sentido é o mesmo que aparece no domínio da ciência. Fala-se em documentos antropológicos, de documentos históricos, de documentos políticos, de documentos jurídicos... Na legislação processual, documento é tudo que serve para provar alguma proposição articulada no processo, ou implícita na sua própria expressão... Algumas vezes, no Código de Processo Civil, documento só abrange os instrumentos, os papéis; outras vezes, os documentos e as peças probatórias juntáveis aos autos; outras vezes, os documentos e as peças probatórias que têm de ser arquivadas. É no último sentido que a palavra 'documento' se acha no art. 4º, II do C.P.C. de 1973? Pode-se ter interesse em pedir a declaração de autenticidade ou falsidade da mesa que se diz ter pertencido a Pedro I, ou da autenticidade ou falsidade dos exemplares de certo livro editado; mas documento, no art. 4º, II, é só o instrumento ou o documento peça probatória, em que alguém pode ser apontado como autor (autenticidade) aparente e real, ou somente real ou somente aparente (falsidade)".*[273]

A demanda declaratória que tenha por objeto a autenticidade ou falsidade de um documento oferece o *único* caso que se conhece (Rudolf Pollak, *System*, 3) de pretensão à tutela jurídica sem ser preciso haver 'por trás' da demanda processual pretensão de direito material ou, sequer, direito subjetivo material.[274]

No art. 19, inc. II, do atual C.P.C., fala-se em autenticidade ou falsidade de documento, razão pela qual documento está aí em sentido amplo (escritura pública, escritura particular, carta, gravação, desenho, escultura, cópia fotostática ou xerográfica, gravura, filme etc).[275]

O documento pode ser autêntico, mas não serem verdadeiras as declarações nele contidas; pode ocorrer, também, que as declarações de vontade e de conhe-

---

[273] PONTES DE MIRANDA. op. cit. loc. cit.
[274] PONTES DE MIRANDA, idem, ibidem.
[275] PONTES DE MIRANDA, idem, p. 212.

cimento podem ser verdadeiras ou falsas e não ser autêntico o documento, ou não ser falso.[276]

"Autêntico", provém do latim, e significa o que tem autoridade, por se saber de quem proveio. No documento indica-se quem o fez, ou de quem ele emana. O que é inautêntico é falso, ou seja por não ser o que se indica, ou seja, porque se falsificou.[277]

Mas pode o documento ser autêntico quanto à assinatura, e não o ser quanto a números, frases, palavras. Pode acontecer que na escritura particular ou pública tenha-se colocado nome diverso daquele da pessoa que se menciona como terceiro beneficiado, ou se haja dado como objeto do negócio bem que não existe. Nesta hipótese, segundo Pontes de Miranda, a demanda a ser proposta não é a *declarativa*, mas a *constitutiva negativa*. Dá-se o mesmo se a pessoa assinou em branco o título ou documento e outrem o preencheu.[278] Nesse sentido também a posição de Arruda Alvim. Já para Celso Agrícola Barbi é possível a demanda declaratória para se declarar a falsidade ideológica do documento.

O conceito de autenticidade previsto no art. 19, inc. II, do atual C.P.C., conforme aduz Pontes de Miranda, ao comentar o art. 4º, inc. II, do C.P.C. de 1973, ensina: *"(...) está aí em toda largueza. Abrange a ausência de falsidade e a ausência de falsificação. Pode referir-se à participação ativa do autor na feitura do documento ou à sua co-participação ativa, ou à participação ou co-participação de outrem. Esse outro pode ser o réu ou terceiro. De modo que, falando de autenticidade, o Código de modo nenhum aludiu à autoridade do documento em relação a quem quer que fosse: o que se vai declarar é que o documento foi de autoria ou não foi da autoria daquele a quem se atribui tê-lo feito. Tal atribuição é que dá conteúdo ao conceito de autenticidade. A autenticidade consiste em o documento ter provindo de quem o devia assinar, ou lavrá-lo, ou quem teria de representar, assinando-o, sem ser quem se manifestou... A autenticidade do documento pode existir sem que o sejam as manifestações de vontade, ou de conhecimento, que dele constem; portanto, pode ser inafastável a qualidade de autêntico, que é do documento em si, e haver vícios de manifestações de vontade ou de conhecimento que nele estejam. Tais manifestações podem ser nulas ou anuláveis, como se o signatário é absoluto ou relativamente incapaz, ou se houve dolo, coação, ou simulação ou fraude...".*[279]

Pouco importando qual o conteúdo do documento, a autenticidade ou falsidade do documento há de ser a pretensão a ser formulada na declaratória.

---

[276] PONTES DE MIRANDA, idem, ibidem.
[277] PONTES DE MIRANDA, idem, p. 215.
[278] PONTES DE MIRANDA, idem, p. 215
[279] PONTES DE MIRANDA, idem, p. 214.

Art. 20

É admissível a ação meramente declaratória, ainda que tenha ocorrido a violação do direito.

Demanda declaratória e violação de direito

O C.P.C. de 1973 previu expressamente a possibilidade de utilização da demanda declaratória mesmo após a violação do direito (art. 4º, p.u.).

Assim, o novo C.P.C. apenas repetiu a possibilidade que já existia no código revogado.

Porém, o atual legislador deveria ter observado a crítica formulada pela doutrina quanto à expressão: *"mesmo após haver violação de direito"*.

Ora, se há controvérsia instaurada, isso significa que se põe em questão a própria existência do direito supostamente violado, razão pela qual somente mediante decisão que analise o *meritum causae* é que se poderá afirmar se houve ou não violação de direito.

Não obstante a permanência da má redação do dispositivo, o certo é que a prerrogativa de promover demanda meramente declaratória ou quando já possível demanda condenatória deve ser de opção do legítimo interessado.

Não há razão para impedir o autor de propor a demanda declaratória quando ele já poderia ingressar com a demanda condenatória. Essa escolha deve permanecer na esfera da liberdade do autor.

Porém, é importante salientar que nessa espécie de tutela declaratória (quando já tiver ocorrido a suposta violação do direito), a sentença nela proferida poderá ter força executória, uma vez que além da declaração haverá a solução da violação do direito já ocorrida.

Na verdade, se a decisão judicial foi individualizada e definiu, de modo completo, a questão controvertida sobre a violação do direito, não há razão plausível para que a parte autora submeta-se a novo processo com simples intuito de obter uma decisão condenatória, pois a segunda decisão não poderia chegar a um resultado diverso da primeira. Neste caso, ao contrário do que afirma Fredie Didier, como a decisão poderá ser objeto de execução, concluindo e resolvendo a questão da violação do direito, a citação válida interrompe a prescrição.

TÍTULO II – Dos Limites da Jurisdição Nacional e da Cooperação Internacional

CAPÍTULO I – Dos Limites da Jurisdição Nacional

Art. 21

Compete à autoridade judiciária brasileira processar e julgar as ações em que:

I – o réu, qualquer que seja a sua nacionalidade, estiver domiciliado no Brasil;

II – no Brasil tiver de ser cumprida a obrigação;

III – o fundamento seja fato ocorrido ou ato praticado no Brasil.

Parágrafo único. Para o fim do disposto no inciso I, considera-se domiciliada no Brasil a pessoa jurídica estrangeira que nele tiver agência, filial ou sucursal.

Limites da jurisdição nacional

É concebido ‹em abstrato› que o Estado exerça ilimitadamente sua própria jurisdição, isto é, que possa promover a resolução de todos os conflitos possíveis, ainda que não estejam de modo algum a ele vinculados. Porém, na realidade, as coisas não são assim, pois o Estado, levando em consideração a existência de Estados estrangeiros que exercem também eles a jurisdição, a execução de obrigação internacionais, assim como levando em consideração o seu próprio interesse que o induz a abster-se de exercer uma atividade concreta em relação à composição de conflitos estranhos à vida social do Estado, limita sua jurisdição, determinando, em virtudes de certos critérios, as questões, em relação às quais, se pode exercitar o poder jurisdicional.[280]

As normas que regulamentam essa limitação da atividade jurisdicional de um determinado Estado são conhecidas como normas sobre a *competência internacional jurisdicional*. Porém, deve-se advertir que esta denominação pode conduzir a errôneas analogias com as normas que provêm a uma distribuição de competências entre vários órgãos do mesmo Estado, em particular as normas de competência territorial. Pode-se observar que os dois grupos de normas apresentam funções profundamente diferentes: enquanto que as normas sobre a chamada competência internacional ou jurisdicional delimitam os poderes do Estado, ou seja de seus órgãos jurisdicionais considerados em conjunto, as normas sobre a

---

[280] MORELI, Gaetano. *Derecho procesal civil internacional*. Trad. Santiago Sentis Melendo. Buenos Aires: Ediciones Jurídicas Europa-América, 1953. p. 85 e 86.

verdadeira e própria competência provêm a distribuir entre os singulares órgãos judiciais as causas que em virtude das normas daquele primeiro grupo resultam submetidas à jurisdição do Estado; de maneira que o funcionamento das normas de competência se condiciona à resolução afirmativa do problema a que provêm as normas sobre a chamada competência internacional ou jurisdicional.[281]

É importante salientar que as normas sobre a competência internacional, como normas pertencentes ao ordenamento jurídico de um determinado Estado, podem determinar e determinam os limites da jurisdição do Estado a cujo ordenamento pertencem; porém, não determinam (e não poderiam determinar) os limites da jurisdição dos Estados estrangeiros, limites que são fixados pelos respectivos ordenamentos.[282]

As normas sobre os limites da jurisdição cumprem com a função que lhes é própria indicando determinados caracteres segundo os quais as controvérsias singulares devem estar dotadas para que possam ser decididas por autoridades judiciais do Estado: caracteres que geralmente consistem na circunstância de que a controvérsia esteja de certo modo vinculada com o Estado. Esses critérios de vinculação podem ser *objetivos ou subjetivos*. São critérios de vinculação *objetivos* os que interessam à relação controvertida, considerada em si e por si, e não em relação às partes; considerada, por exemplo, em seu objeto, no fato constitutivo dela ou em seu conteúdo. São, pois, critérios objetivos de jurisdição: a situação no território do Estado da coisa objeto da relação controvertida; a circunstância de que no território do Estado haja ocorrido o fato donde se originou a relação; a circunstância de que no território do Estado deva aplicar-se a relação. São, pelo contrário, critérios *subjetivos* os que se referem às partes e a determinadas situações em que as partes se encontram: cidadania do Estado, o domicílio, residência ou permanência no território do Estado.[283]

No que diz respeito à competência internacional, as regras gerais de delimitação da jurisdição permaneceram, de certa forma, as mesmas que já constavam do C.P.C. de 1973. Porém, tais regras foram acrescidas de três hipóteses, a saber: em matéria de alimentos, quando o credor for aqui domiciliado ou residente ou quando o réu mantiver vínculos no país; em se tratando de relação de consumo, quando o consumidor tiver domicílio ou residência no Brasil; e, em qualquer caso, quando as partes optarem por se submeter à Justiça brasileira.

O artigo 21 do atual C.P.C. trata do critério jurisdicional territorial brasileiro, no sentido de que as causas ali indicadas podem ser processadas e julgadas

---

[281] MORELI, G., idem, p. 86.
[282] MORELI, G., idem, p. 87.
[283] MORELI, G., idem, p. 94.

perante a autoridade judiciária do Brasil, em que pese haja uma interligação dos fatos objeto da relação jurídica com território internacional.

Normatização semelhante encontra-se no art. 12 da Lei de Introdução às Normas de Direito Brasileiro (Decreto-lei n. 4.657, de 4 de setembro de 1942): *"Art. 12. É competente a autoridade judiciária brasileira, quando for o réu domiciliado no Brasil ou aqui tiver de ser cumprida a obrigação"*.

Trata-se de hipótese de competência *concorrente* internacional, que não exclui a competência da autoridade judiciária brasileira, podendo a mesma demanda ser instaurada no Brasil e no estrangeiro, sendo que nessa hipótese não haverá *litispendência* e nem impedirá que a autoridade judiciária brasileira conheça da causa.

A competência jurisdicional brasileira ocorrerá nas seguintes hipóteses:

a) *quando em território brasileiro o réu tiver domicílio, seja ele brasileiro ou estrangeiro*.

Este critério de delimitação do foro jurisdicional brasileiro prescinde da nacionalidade das partes, bastando que o réu tenha domicílio em território brasileiro.

Nesta hipótese, mesmo que o fato ou o ato possa ter ocorrido integralmente fora do território brasileiro, assim como a obrigação deva ser cumprida também fora o território brasileiro, bastará que o réu (e não o autor) tenha domicílio no Brasil para que qualquer autoridade de nosso país possa exercer sua atividade jurisdicional, pouco importando a natureza de sua nacionalidade. Por sua vez, se o réu tem domicílio fora do território brasileiro, a competência será do país em que ele tenha domicílio.

O domicílio deve ser determinado de acordo com a legislação brasileira.

A norma processual estabelece como critério delineador da competência jurisdicional brasileira a existência do *domicilio* do réu em território nacional.

É bem verdade que o ordenamento jurídico brasileiro traça a diferenciação entre *domicilio* e *residência*.

Apesar do *domicilio* interessar ao direito processual civil, o certo é que sua definição deve ser buscada no âmbito do direito material.

Para o Direito Romano, o *domicilio era o lugar onde a pessoa se estabelecia permanentemente*. Nesta época, a casa tinha um sentido muito além do abrigo da família, sendo considerada também um lugar sagrado, especialmente pelo fato de que nela eram enterrados os ancestrais da família.

A definição de *domicílio* encontra-se no art. 70 do C.c.b. de 2002: *"O domicílio da pessoa natural é o lugar onde ela estabelece a sua residência com ânimo definitivo"*.

Porém, conforme preconiza o art. 72 do C.c.b. de 2002, *"é também domicílio da pessoa natural, quanto às relações concernentes à profissão, o lugar onde esta é exercida"*.

Se, por sua vez, *"a pessoa exercitar profissão em lugares diversos, cada um deles constituirá domicílio para as relações que lhe corresponderem* (p.u. do art. 72 do C.c.b.).

Para melhor compreensão da matéria, conforme lecionam Pablo Stolze Gagliano e Rodolfo Pamplona Filho, faz-se mister estabelecer a distinção entre *morada, residência e domicílio: "Morada é o lugar onde pessoa natural se estabelece provisoriamente. Confunde-se com a noção de 'estadia', apresentada por Roberto de Ruggiero como sendo 'a mais tênue relação de fato entre uma pessoa e um lugar tomada em consideração pela lei', advertindo que 'a sua importância é porém mínima e subalterna, não produzindo em regra qualquer efeito, senão quando se ignora a existência de uma sede mais estável para a pessoa'. Assim, o estudante laureado que é premiado com uma bolsa de estudos na Alemanha, e lá permanece por seis meses, tem, aí, a sua 'morada ou estadia'. Fala-se também, para caracterizar esta relação transitória de fato, em habitação.*

Diferentemente da morada, a 'residência' pressupõe maior estabilidade. É o lugar onde a pessoa natural se estabelece habitualmente (Ruggiero), com propriedade, fala em 'sede estável da pessoa'. Assim, o sujeito que mora e permanece habitualmente em uma cidade, local onde costumeiramente é encontrado, tem, aí, sua 'residência'.

Mais complexa é a noção de 'domicílio', porque abrange a de 'residência', e, por consequência, a de 'morada'.

O 'domicilio', segundo vimos acima, é o lugar onde a pessoa estabelece residência com ânimo definitivo, convertendo-o, em regra, em centro principal de seus negócios jurídicos ou de sua atividade profissional. Não basta, pois, para a sua configuração, o simples ato material de residir, porém, mais ainda, o propósito de permanecer (animus manendi), convertendo aquele local em centro de suas atividades. Necessidade e fixidez são as suas características.

Compõem-se o domicílio, pois, de dois elementos: a) objetivo – o ato de fixação em determinado local; b) subjetivo – o ânimo definitivo de permanência".[284]

Nada impede, por sua vez, que a pessoa resida em mais de uma localidade, com permanência habitual, tomando apenas uma como centro principal de suas atividades, ou seja, como domicílio.[285]

Pode ocorrer, também, que a pessoa tenha diversas residências onde alternadamente resida. Assim, *"à luz do 'princípio da pluralidade domiciliar', se o indivíduo mora em um lugar com sua família, e em outro exerce a sua atividade profissional ou realiza seus principais negócios, será considerado seu domicílio qualquer desses locais".*[286] O nosso código civil aderiu ao sistema germânico de pluralidade de domicílio.

---

[284] GAGLIANO, Pablo Stolze; PAMPLONA FILHO, Rodolfo. *Novo curso de direito civil* – parte geral. São Paulo: Editora Saraiva, 2008. p.244 e 245.

[285] GAGLIANO, P. S.; PAMPLONA FILHO, R., *idem*, p. 245.

[286] GAGLIANO, P. S.; PAMPLONA FILHO, R., idem, ibidem.

ART. 21

Pode ocorrer, ainda, que as pessoas não tenham residência certa, ou vivam em constante viagem. Para essa hipótese, estabelece o art. 73 do C.c.b., *"ter-se--á por domicílio da pessoa natural, que não tenha residência habitual, o lugar onde for encontrada"*. A doutrina denominada tal situação jurídica como *domicílio aparente ou ocasional*.

Quanto às *pessoas jurídicas*, o seu domicílio, nos termos do art. 75, incisos I a IV do C.c.b é: a) da União, o Distrito Federal; b) dos Estados e Territórios, as respectivas capitais; c) do Município, o lugar onde funcione a administração municipal; d) das demais pessoas jurídicas, o lugar onde funcionarem as respectivas diretorias e administrações, ou onde elegerem domicílio especial no seu estatuto ou atos constitutivos.

Tendo a pessoa jurídica diversos estabelecimentos em lugares diferentes, cada um deles será considerado domicílio para os atos nele praticados ($\S1^\circ$ do art. 75 do C.c.b.).

Por sua vez, se a administração, ou diretoria, tiver sede no estrangeiro, haver--se-á por domicílio da pessoa jurídica, no tocante às obrigações contraídas por cada uma das suas agências, o lugar do estabelecimento, sito no Brasil, a que ela corresponder ($\S2^\circ$ do art. 73 do C.c.b).

Assim, em se tratando de pessoa jurídica, o seu domicílio será, em regra, o do local em que se situar a sua sede.

É importante salientar que não estará sujeita à jurisdição brasileira a pessoa jurídica de direito público quando age com base em sua soberania estatal.

Aliás, segundo a Súmula 363 do S.T.F.: *"a pessoa jurídica de direito privado pode ser demanda no domicílio da agência ou do estabelecimento em que se praticou o ato"*.

O domicílio poderá ainda ser *voluntário, legal ou necessário ou de eleição*.

Tem domicílio necessário o incapaz, o servidor público, o militar, o marítimo e o preso (art. 76 do C.c.b.).

O domicílio do incapaz é o do seu representante ou assistente; o do servidor público, o lugar em que exercer permanentemente suas funções; o do militar, onde servir, e, sendo da Marinha ou da Aeronáutica, a sede do comando a que se encontrar imediatamente subordinado; o do marítimo, onde o navio estiver matriculado; e o do preso, o lugar em que cumprir a sentença (p.u. do art. 76 do C.c.b).

Também no âmbito do Direito Internacional a questão da situação do domicílio é muito importante. A Lei de Introdução às Normas de Direito Brasileiro (Decreto-lei n. 4.657, de 4 de setembro de 1942) estabelece as seguintes regras internacionais envolvendo a questão do domicílio: a) Art. 7° A lei do país em que *domiciliada* a pessoa determina as regras sobre o começo e o fim da personalidade, o nome, a capacidade e os direitos de família; b) Art. 7°, $\S 3^\circ$ Tendo

223

os nubentes *domicílio diverso*, regerá os casos de invalidade do matrimônio a lei do primeiro *domicílio conjugal*; c) Art. 7º, § 4º O regime de bens, legal ou convencional, obedece à lei do país em que tiverem os nubentes *domicílio*, e, se este for diverso, a do primeiro *domicílio conjugal*; c) Art. 7º, § 7º Salvo o caso de abandono, *o domicílio do chefe da família* estende-se ao outro cônjuge e aos filhos não emancipados, e o do tutor ou curador aos incapazes sob sua guarda; d) Art. 7º, § 8º. Quando a pessoa não tiver domicílio, considerar-se-á *domiciliada no lugar de sua residência ou naquele em que se encontre*; e) Art. 10. A sucessão por morte ou por ausência obedece à lei do país em que *domiciliado o defunto ou o desaparecido*, qualquer que seja a natureza e a situação dos bens.

b) *quando no Brasil tiver de ser cumprida a obrigação*, seja qual for o tipo de obrigação (contratual, tributária, fiscal, decorrente de ato ilícito etc).

Nesta hipótese, não há necessidade de que o réu tenha domicílio em território nacional, nem mesmo que a fonte de obrigação tenha origem no Brasil para que seja competente a jurisdição brasileira. Basta que aqui deva ser cumprida a obrigação, seja de qual espécie for, para que seja competente os órgãos jurisdicionais nacionais para conhecer da demanda.

Aliás, segundo estabelece o art. 78 do C.c.b., *"nos contratos escritos, poderão os contratantes especificar domicílio onde se exercitem e cumpram os direitos e obrigações deles resultantes.*

É importante salientar que foi promulgado pelo Dec. 2.095, de 17.12.96, o Protocolo de Buenos Aires sobre jurisdição internacional em matéria contratual.

c) *quando a causa de pedir seja decorrente de um fato ocorrido ou de um ato praticado no Brasil* (como, por exemplo, fato morte, nascimento; ato jurídico (ato ilícito, por exemplo).

No caso, não se está falando do domicílio do réu, muito menos do local em que deva ser cumprida a obrigação.

A hipótese ocorre tanto em relação a fato jurídico *stricto sensu*, ou seja, acontecimentos jurídicos que ocorrem independentemente da vontade do sujeito, ou ato jurídico *stricto sensu*, cujo acontecimento se materializa pela vontade das partes.

A competência jurisdicional brasileira ocorre quando a causa de pedir seja decorrente de um fato ocorrido ou de um ato praticado no Brasil, mesmo quando o ato ou fato estiver atrelado a obrigação a ser cumprida no exterior. Nesse sentido é o seguinte precedente do S.T.J.:

(...).

3 – Conquanto o local de constituição/cumprimento da obrigação unilateral decorrente da promessa de recompensa não sirva à determinação da competência judiciária

ART. 21

nacional (art. 88, II, do CPC), o local em que supostamente praticado o fato do qual deriva a presente ação (ou seja, em que remetidas as cartas indicativas do paradeiro do ex-ditador), é dizer, o território brasileiro, mediante a qual se busca justamente provar o adimplemento das condições impostas pelo Estado ofertante, a fim de que lá se possa buscar a recompensa prometida, configura a competência das autoridades judiciárias pátrias (art. 88, III, do CPC), não obstante, como assinalado, em concorrência à competência das autoridades jurisdicionais norte-americanas.

4 – Contudo, em hipóteses como a vertente, a jurisdição nacional não pode ser reconhecida com fulcro, exclusivamente, em regras interiores ao ordenamento jurídico pátrio; ao revés, a atividade jurisdicional também encontra limitação externa, advinda de normas de Direito Internacional, consubstanciado aludido limite, basicamente, na designada "teoria da imunidade de jurisdição soberana" ou "doutrina da imunidade estatal à jurisdição estrangeira".

(...).

(RO. 39/MG, Rel. Ministro JORGE SCARTEZZINI, QUARTA TURMA, julgado em 06/10/2005, DJ 06/03/2006, p. 387)

Diante dessa normatização que estabelece a competência concorrente dos órgãos jurisdicionais brasileiro, a demanda intentada perante tribunal estrangeiro não induz litispendência, nem obsta a que a autoridade judiciária brasileira conheça da mesma causa e das que lhe forem conexas.

O direito brasileiro, portanto, não elegeu a conexão para reunião dos processos, como critério de fixação da competência internacional.

Porém, embora haja competência jurisdicional concorrente entre o Brasil e o Estado estrangeiro para a resolução do conflito, apenas uma sentença poderá gerar efeitos em território nacional.

A sentença proferida pelos órgãos jurisdicionais brasileiros terá preferência se transitar antes da sentença estrangeira. Nesse sentido são os seguintes precedentes do S.T.J.:

(...).

Comprovada a hipótese da concorrência internacional de jurisdição, resta inviável considerar a possibilidade da litispendência, porquanto "a ação intentada perante tribunal estrangeiro" não a induz, consoante expressa previsão do art. 90 do CPC.

Ademais, transitada em julgado a decisão proferida no estrangeiro, antes de iniciado o processo no Brasil, a questão não reside mais na existência de duas ações em curso sobre o mesmo objeto, mas circunscreve ao exame dos efeitos da coisa julgada.

Homologação deferida.

(SEC 2.958/EX, Rel. Ministra MARIA THEREZA DE ASSIS MOURA, CORTE ESPECIAL, julgado em 21/09/2011, DJe 14/10/2011).

(...).

1. Segundo o sistema processual adotado em nosso País em tema de competência internacional (CPC, arts. 88 a 90), não é exclusiva, mas concorrente com a estrangeira, a competência da Justiça brasileira para, entre outras, a ação de divórcio, de alimentos ou de regime de guarda de filhos, e mesmo a partilha de bens que não sejam bens situados no Brasil. Isso significa que "a ação intentada perante tribunal estrangeiro não induz litispendência, nem obsta que a autoridade judiciária brasileira conheça da mesma causa e das que lhe são conexas" (CPC, art. 90) e vice-versa.

2. Por isso mesmo, em casos tais, o ajuizamento de demanda no Brasil não constitui, por si só, empecilho à homologação de sentença estrangeira (SEC 393, Min. Hamilton Carvalhido, DJe de 05/02/09; SEC 1.043, Min. Arnaldo Esteves Lima, DJe de 25/02/09; SEC (Emb.Decl) 4.789, Min. Félix Fischer, DJe de 11/11/10; e SEC 493, Min. Maria Thereza de Assis Moura, DJe de 06/10/11), sendo que a eventual concorrência entre sentença proferida pelo Judiciário brasileiro e decisão do STJ homologando sentença estrangeira, sobre a mesma questão, se resolve pela prevalência da que transitar em julgado em primeiro lugar.

3. É firme a jurisprudência da Corte Especial no sentido de que, inobstante sujeitas a revisão em caso de modificação do estado de fato, são homologáveis as sentenças estrangeiras que dispõem sobre guarda de menor ou de alimentos, mesmo que penda, na Justiça brasileira, ação com idêntico objeto. Precedentes: SEC 3.668/US, Min. Laurita Vaz, DJe de 16/02/11; SEC 5.736/US, de minha relatoria, DJe de 19/12/2011).

4. A sentença estrangeira é homologada nos termos e nos limites em que foi proferida, a significar que, quanto à partilha dos bens, sua eficácia fica limitada aos bens estrangeiros nela partilhados, não a outros.

5. Pedido deferido.

(SEC 4.127/EX, Rel. Ministra NANCY ANDRIGHI, Rel. p/ Acórdão Ministro TEORI ALBINO ZAVASCKI, CORTE ESPECIAL, julgado em 29/08/2012, DJe 27/09/2012)

Ainda sobre o tema, eis os seguintes precedentes:

1. O provimento extrajudicial – acordo sobre guarda de menor homologado por órgão administrativo alemão –, quando, em conformidade com o ordenamento jurídico

ART. 21

estrangeiro, possuir a mesma eficácia de decisão judicial, pode perfeitamente subsidiar a pretensão de se estender os seus efeitos para o território brasileiro. Precedentes do STF.

2. Há competência concorrente entre a jurisdição brasileira e a estrangeira para processar e julgar ação de guarda e alimentos envolvendo menor que, atualmente, residente no Brasil com a mãe, enquanto o pai, em outro país. Precedentes do STJ.

(...).

(SEC 5.635/DF, Rel. Ministra LAURITA VAZ, CORTE ESPECIAL, julgado em 18/04/2012, DJe 09/05/2012)

(...).

4. Existindo conflito de leis no espaço, para a determinação da legislação aplicável é necessário, antes, estabelecer-se a competência no âmbito internacional. É o elemento de conexão estabelecido pelo Estado competente que, em regra, indicará a legislação substancial aplicável.

5. O ordenamento jurídico pátrio acolheu o domicílio como elemento de conexão principal. Assim, nos conflitos de leis no espaço, deve prevalecer, em regra, a lei de domicílio da pessoa, nos termos do art. 7º da Lei de Introdução ao Código Civil.

6. A competência da jurisdição brasileira para conhecer do feito é determinada pelo art. 88, I, do Código de Processo Civil, tendo em vista que o réu possui domicílio no Brasil – competência internacional cumulativa ou concorrente. Também a autora aqui está domiciliada. Por seu lado, os bens objeto de partilha estão localizados no país – competência internacional exclusiva (CPC, art. 89).

7. A união estável pode ser constituída pelo convívio com pessoa separada de fato há mais de dois anos, porque não existiria impedimento para o casamento.

8. Recurso especial parcialmente conhecido e, nessa parte, improvido.

(REsp 973.553/MG, Rel. Ministro RAUL ARAÚJO, QUARTA TURMA, julgado em 18/08/2011, DJe 08/09/2011)

(...).

4. A questão principal relaciona-se à possibilidade de pessoa física, com domicílio no Brasil, invocar a jurisdição brasileira, em caso envolvendo contrato de prestação de serviço contendo cláusula de foro na Espanha. A autora, percebendo que sua imagem está sendo utilizada indevidamente por intermédio de sítio eletrônico veiculado no exterior, mas acessível pela rede mundial de computadores, ajuíza ação pleiteando ressarcimento por danos material e moral.

5. Os artigos 100, inciso IV, alíneas "b" e "c" c/c art. 12, incisos VII e VIII, ambos do CPC, devem receber interpretação extensiva, pois quando a legislação menciona a perspectiva de citação de pessoa jurídica estabelecida por meio de agência, filial ou

CÓDIGO DE PROCESSO CIVIL

sucursal, está se referindo à existência de estabelecimento de pessoa jurídica estrangeira no Brasil, qualquer que seja o nome e a situação jurídica desse estabelecimento.

(...).

(...).

8. O Art. 88 do CPC, mitigando o princípio da aderência, cuida das hipóteses de jurisdição concorrente (cumulativa), sendo que a jurisdição do Poder Judiciário Brasileiro não exclui a de outro Estado, competente a justiça brasileira apenas por razões de viabilidade e efetividade da prestação jurisdicional, estas corroboradas pelo princípio da inafastabilidade da jurisdição, que imprime ao Estado a obrigação de solucionar as lides que lhe são apresentadas, com vistas à consecução da paz social.

(...).

11. É reiterado o entendimento da preponderância da regra específica do art. 100, inciso V, alínea "a", do CPC sobre as normas genéricas dos arts. 94 e 100, inciso IV, alínea "a" do CPC, permitindo que a ação indenizatória por danos morais e materiais seja promovida no foro do local onde ocorreu o ato ou fato, ainda que a ré seja pessoa jurídica, com sede em outro lugar, pois é na localidade em que reside e trabalha a pessoa prejudicada que o evento negativo terá maior repercussão. Precedentes.

12. A cláusula de eleição de foro existente em contrato de prestação de serviços no exterior, portanto, não afasta a jurisdição brasileira.

(...).

(REsp 1168547/RJ, Rel. Ministro LUIS FELIPE SALOMÃO, QUARTA TURMA, julgado em 11/05/2010, DJe 07/02/2011)

(...).

– O caso dos autos não está inserido nas hipóteses do art. 89 do CPC, nas quais há competência exclusiva do Brasil. Uma vez previsto no art. 88 do CPC, trata-se de matéria de competência relativa da autoridade brasileira e, dessa forma, de conhecimento concorrente entre as duas jurisdições.

Agravo regimental improvido.

(AgRg na CR 2.116/US, Rel. Ministro BARROS MONTEIRO, CORTE ESPECIAL, julgado em 16/05/2007, DJ 06/08/2007, p. 384)

Estabelece o *parágrafo único do art. 21* do atual C.P.C. que *para o fim do disposto no inc. I, considera-se domiciliada no Brasil a pessoa jurídica estrangeira que nele tiver agência, filial ou sucursal.*

O art. 21, inc. I do atual C.P.C. preconiza que compete à autoridade brasileira processar e julgar as ações em que o réu, qualquer que seja sua nacionalidade, estiver domiciliado no Brasil.

ART. 21

No caso de ser o réu pessoas física, já vimos a problematização sobre isso.

Agora a questão diz respeito ao réu *pessoa jurídica de direito privado estrangeira*.

Considerar-se-á domiciliada no Brasil a pessoa jurídica de direito privado estrangeira que em território nacional tiver agência, filial ou sucursal.

A Súmula 363 do S.T.F., embora tratasse da pessoa jurídica nacional, já afirmara: *"a pessoa jurídica de direito privado pode ser demanda no domicílio da agência ou do estabelecimento em que se praticou o ato"*.

O art. 20, inc. I, do atual C.P.C. faz referência a *agência, filial ou sucursal*. Diferenciando essas formas de composição da pessoa jurídica, ensina Plácido e Silva: Quanto a agência, revela-se à outorga de uma representação, através de mandatário, que se diz agente; em relação à filial, é o estabelecimento que opera sob direta orientação da matriz, que lhe dirige os negócios, autorizando-os e os aprovando, possuindo relativa autonomia; em relação à sucursal, mostra-se organização mais ampla. Embora ligada à matriz, sendo obrigada a acompanhá-la nos mesmos objetivos, em geral é mantida com certa autonomia, possuindo uma direção, a que se atribui a faculdade de decidir e operar com maior liberdade. Assim, a própria sucursal, tendo sob sua jurisdição um determinado território, pode, por seu turno, manter filiais e agências, que ficam subordinadas a ela em vez de se entenderem com a matriz.

Ressalte-se que cada uma das três situações são, na verdade, ramificações do estabelecimento matriz, razão pela qual o novo C.P.C. outorgou jurisdição ao Poder Judiciário brasileiro para conhecer de causa, cuja agência, filial ou sucursal de pessoa jurídica estrangeira esteja situada em território brasileiro.

Sobre o tema eis o seguinte precedente do S.T.J.:

(...).

4. A questão principal relaciona-se à possibilidade de pessoa física, com domicílio no Brasil, invocar a jurisdição brasileira, em caso envolvendo contrato de prestação de serviço contendo cláusula de foro na Espanha. A autora, percebendo que sua imagem está sendo utilizada indevidamente por intermédio de sítio eletrônico veiculado no exterior, mas acessível pela rede mundial de computadores, ajuíza ação pleiteando ressarcimento por danos material e moral.

5. Os artigos 100, inciso IV, alíneas "b" e "c" c/c art. 12, incisos VII e VIII, ambos do CPC, devem receber interpretação extensiva, pois quando a legislação menciona a perspectiva de citação de pessoa jurídica estabelecida por meio de agência, filial ou sucursal, está se referindo à existência de estabelecimento de pessoa jurídica estrangeira no Brasil, qualquer que seja o nome e a situação jurídica desse estabelecimento.

CÓDIGO DE PROCESSO CIVIL

6. *Aplica-se a teoria da aparência para reconhecer a validade de citação via postal com "aviso de recebimento-AR", efetivada no endereço do estabelecimento e recebida por pessoa que, ainda que sem poderes expressos, assina o documento sem fazer qualquer objeção imediata. Precedentes.*

(...).

14. *Quando a alegada atividade ilícita tiver sido praticada pela internet, independentemente de foro previsto no contrato de prestação de serviço, ainda que no exterior, é competente a autoridade judiciária brasileira caso acionada para dirimir o conflito, pois aqui tem domicílio a autora e é o local onde houve acesso ao sítio eletrônico onde a informação foi veiculada, interpretando-se como ato praticado no Brasil, aplicando-se à hipótese o disposto no artigo 88, III, do CPC.*

15. *Recurso especial a que se nega provimento.*

(REsp 1168547/RJ, Rel. Ministro LUIS FELIPE SALOMÃO, QUARTA TURMA, julgado em 11/05/2010, DJe 07/02/2011).

Art. 22

Compete, ainda, à autoridade judiciária brasileira processar e julgar as ações:

I – de alimentos, quando:

a) o credor tiver domicílio ou residência no Brasil;

b) o réu mantiver vínculos no Brasil, tais como posse ou propriedade de bens, recebimento de renda ou obtenção de benefícios econômicos;

II – decorrentes de relações de consumo, quando o consumidor tiver domicílio ou residência no Brasil;

III – em que as partes, expressa ou tacitamente, se submeterem à jurisdição nacional.

Outras hipóteses de inserção de causas na jurisdição brasileira

No que diz respeito à competência internacional, as regras gerais de delimitação da jurisdição permaneceram, de certa forma, as mesmas que já constavam do C.P.C. de 1973. Porém, tais regras foram acrescidas de três hipóteses, a saber: em matéria de alimentos, quando o credor for aqui domiciliado ou residente ou quando o réu mantiver vínculos no país; em se tratando de relação de consumo, quando o consumidor tiver domicílio ou residência no Brasil; e, em qualquer caso, quando as partes optarem por se submeter à Justiça brasileira.

O art. 22, inc. I, letra 'a' do atual C.P.C. estabelece que também compete à autoridade judiciária brasileira processar e julgar demandas de alimentos quando o credor tiver seu domicílio ou residência no Brasil.

Trata-se de critério *subjetivo* de configuração de limite jurisdicional

Ao contrário do que estabelece o art. 21 do atual Código, a atuação da jurisdição brasileira não se dá pelo domicílio do réu, mas, sim, pelo domicílio ou residência do credor de alimentos. Assim, se a criança está internada em um hospital para tratamento prolongado de saúde em determinado local do território brasileiro, em que pese possua domicílio em outro Estado estrangeiro, poderá promover a cobrança de alimentos perante o Poder Judiciário brasileiro, considerando sua residência o hospital em que se encontra internada.

Trata-se de uma competência mais ampla, pois não se restringe apenas à hipótese do domicílio do credor de alimentos, mas também será competente a jurisdição brasileira se esse credor apenas residir em território nacional.

Este dispositivo tem por finalidade beneficiar e favorecer a defesa processual da parte mais fraca na cadeia alimentar que é sem dúvida o alimentando, permitindo que ele promova a cobrança do crédito alimentar no Estado em que ele tenha residência ou domicílio, especialmente pelo fato de que ele não tem recurso para se deslocar ao Estado estrangeiro no qual o devedor de alimentos é domiciliado.

Parte do dispositivo, mais especificamente em relação à competência sobre alimentos, foi retirada dos arts. 1º, 8º e 9º da Convenção Interamericana sobre obrigação alimentar, da qual o Brasil é signatário:

> *"Art. 1º. Esta Convenção tem como objeto a determinação do direito aplicável à obrigação alimentar, bem como à competência e à cooperação processual internacional, quando o credor de alimentos tiver seu domicilio ou residência habitual num Estado-parte e o devedor de alimentos tiver seu domicílio ou residência habitual, bens ou renda em outro Estado-parte".*

> *"Art. 8º. Têm competência, na esfera internacional, para conhecer das reclamações de alimentos, a critério do credor:*
> *a) o juiz ou autoridade do Estado de domicílio ou residência habitual do credor;*
> *b) o juiz ou autoridade do Estado de domicílio ou residência habitual do devedor;*
> *c) o juiz ou autoridade do Estado com o qual o devedor mantiver vínculos pessoais, tais como posse de bens, recebimento de renda ou obtenção de benefícios econômicos.*
> *Sem prejuízo do disposto neste artigo, serão consideradas igualmente competentes as autoridades judiciárias ou administrativas de outros Estados, desde que o demandado no processo tenha comparecido sem objetar a competência".*

CÓDIGO DE PROCESSO CIVIL

"Art. 9º Tem competência, para conhecer da ação de aumento de alimentos, qualquer uma das autoridades mencionadas no artigo 8. Têm competência para conhecer da ação de cessão ou redução de pensão alimentícia, as autoridades que tiverem conhecido da fixação dessa pensão".

Regra similar encontra-se também em outros preceitos normativos internacionais, a saber:

O artigos 3, 4 e 5 da Convenção de Bruxelas e do Regulamento 44/2001 estabelecem que a pessoa domiciliada em um Estado contraente pode ser convidada a comparecer diante de um juiz de outro Estado contraente: 1) em matéria contratual, diante do juiz do lugar em que a obrigação deduzida em juízo foi ou que deve ser cumprida; 2) *em matéria alimentar,* diante do juiz do lugar em que haja a residência habitual do credor dos alimentos; 3) em matéria de fato ilícito (compreendida a concorrência desleal, ainda que entre partes ligadas por relação contratual) diante do juiz do lugar no qual ocorreu o evento danoso, salvo a jurisdição facultativa no domicílio de um dos réus.

O artigo 22, incs. 2º e 3º da Lei Orgânica do Poder Judiciário espanhol que em matéria civil estabelece que os juízes e Tribunais espanhóis são competentes: *inc. 2º. Em caráter geral, quando as partes tenham se submetido expressa ou tacitamente aos juízes ou Tribunais espanhóis, assim como quando o demandado tenha o seu domicilio na Espanha; inc. 3º (...)em matéria de alimentos, quando o credor dos mesmos tenha sua residência habitual em território espanhol.*

Está-se diante, portanto, de competência *concorrente.*

Interessante questão ocorre quando o credor dos alimentos reside no exterior e o devedor dos alimentos reside em território nacional. Neste caso, é de ser aplicada a Convenção de Nova Iorque (Convenção sobre a Prestação de Alimentos no Estrangeiro, aprovada pelo Decreto Legislativo 10, de 1958 e promulgada pelo Decreto 56.826, de 1965. Com efeito, o art. 1º, que estabelece o objeto da mencionada Convenção, está assim redigido: *"A presente Convenção tem como objeto facilitar a uma pessoa, doravante designada como demandante, que se encontra no território de uma das Partes Contratantes, a obtenção de alimentos aos quais pretende ter direito por parte de outra pessoa doravante designada como demandado, que se encontra sobre a jurisdição de outra Parte Contratante. Os organismos utilizados para este fim serão doravante designados como Autoridades Remetentes e Instituição Intermediárias".*

Por sua vez, estabelece o art. 26 da Lei 5.478/68: *É competente para as ações de alimentos decorrentes da aplicação do Decreto Legislativo nº 10, de 13 de novembro de 1958, e Decreto nº 56.826, de 2 de setembro de 1965, o juízo federal da Capital da Uni-*

*dade Federativa Brasileira em que reside o devedor, sendo considerada instituição interme-
diária, para os fins dos referidos decretos, a Procuradoria-Geral da República.*

O mecanismo previsto na Convenção funciona da seguinte forma – o credor de alimentos se vale da autoridade remetente de seu país, entregando a ela toda documentação pertinente ao pedido de alimentos. Essa entidade, por sua vez, encaminha os documentos à instituição intermediária do país signatário onde reside o devedor, que então propõe a demanda de alimentos. No Brasil, é a Procuradoria-Geral da República que faz o papel tanto da autoridade remetente, como de instituição intermediária. Neste caso a competência para processar e julgar a demanda de alimentos não é da justiça estadual, mas, sim da justiça federal.

Sobre o tema, assim já decidiu o S.T.J.:

1. A tramitação do feito perante a Justiça Federal somente se justifica nos casos em que, aplicado o mecanismo previsto na Convenção de Nova Iorque, a Procuradoria--Geral da República atua como instituição intermediária. Precedentes.

2. No caso dos autos, é o devedor de alimentos que promove ação em face do alimentando, buscando reduzir o valor da pensão alimentícia, o que demonstra a não incidência da Convenção sobre a Prestação de Alimentos no Estrangeiro.

3. Conflito de competência conhecido para declarar a competência do Juízo de Direito da Vara de Pilar do Sul – SP.

(CC 103.390/SP, Rel. Ministro FERNANDO GONÇALVES, SEGUNDA SEÇÃO, julgado em 23/09/2009, DJe 30/09/2009).

O art. 22, inc. I, letra 'b' do atual C.P.C. estabelece que também compete à autoridade judiciária brasileira processar e julgar demandas de alimentos quando o réu mantiver vínculos no Brasil, tais como posse ou propriedade de bens, recebimento de renda ou obtenção de benefícios econômicos.

Na letra 'a' deste dispositivo a jurisdição é determinada pelo domicílio ou residência do alimentando.

Já na hipótese desta letra 'b', a jurisdição é estabelecida em razão de fatos vinculativos ao réu, ou seja, ao devedor de alimentos. No caso, se o réu mantiver vínculos no Brasil, como aqui tendo a posse ou propriedade de bens, recebimento de renda ou obtenção de benefícios econômicos, poderá a demanda ser julgada pelas autoridades judiciárias brasileiras, independentemente de ter o autor ou o próprio réu domicílio ou residência em nosso país.

Agiu bem o legislador da Câmara dos Deputados em inserir uma emenda no projeto de lei do novo C.P.C., para também inserir como vínculo não somente a posse mas também a *propriedade.*

Aqui também é um critério *subjetivo*, pois a relação pessoal é especificamente com o réu.

As hipóteses das letras 'a' e 'b' do inciso I do art. 22 do atual C.P.C. não são cumulativas, mas, sim, alternativas, razão pela qual a jurisdição brasileira prorroga-se na hipótese de o credor dos alimentos ter domicilio ou residir no Brasil, ou na hipótese de o réu ter alguma relação de natureza pessoal em nosso país.

Os artigos 16 e 17 da Convenção Internacional sobre Alimentos, assinada pelo Brasil, assim preceituam:

> *"Art. 16. O cumprimento de medidas cautelares não implicará o reconhecimento da competência na esfera internacional do órgão jurisdicional requerente, nem o compromisso de reconhecer a validez ou de proceder à execução da sentença que for proferida".*
>
> *"Art. 17. As decisões interlocutórias e as medidas cautelares proferidas com relação a alimentos, inclusive as proferidas pelos juízes que conheçam dos processos de anulação, divórcio ou separação de corpos, ou outros de natureza semelhante, serão executadas pela autoridade competente, embora essas decisões ou medidas cautelares estejam sujeitas a recurso de apelação no Estado onde foram proferidas".*

Estabelece o art. 22, inc. II do atual C.P.C. que *caberá à autoridade judiciária brasileira processar e julgar a demanda decorrentes de relações de consumo, quando o consumidor tiver domicílio ou residência no Brasil.*

Dispositivo similar, em relação ao consumidor, encontra-se no inciso 4º do artigo 22 da Lei Orgânica do Poder Judiciário espanhol: *"Assim mesmo, em matéria de contratos de consumidores, quando o comprador tenha seu domicílio na Espanha se se trata de uma venda a prazo de objetos móveis corporais ou de empréstimos destinados a financiar sua aquisição; e no caso de qualquer outro contrato de prestação de serviço ou relativo a bens móveis, quando a celebração do contrato houver sido precedida por oferta pessoal ou de publicidade realizada na Espanha ou o consumidor tiver levado a cabo em território espanhol os atos necessários para a celebração do contrato".*

Por consumidor entende-se *toda pessoa física ou jurídica que adquire ou utiliza produto ou serviço como destinatário final* (art. 2º da Lei 8.078/90). Por outro lado, *equipara-se a consumidor a coletividade de pessoas, ainda que indetermináveis, que haja intervindo nas relações de consumo* (p.u. do art. 2º da Lei 8.078/90). Nesta última hipótese, considera-se consumidor aquele que é destinatário de publicidade enganosa.

Consumidor, portanto, pode ser pessoas física, pessoa jurídica ou coletividade de pessoa (consumidor por equiparação).

ART. 22

Em relação ao consumidor, o legislador fez uma opção pela presunção de que essa parte seria hipossuficiente e teria enormes dificuldades de promover a demanda em território estrangeiro onde o contrato de consumo foi realizado ou onde parte do cumprimento da obrigação deveria se efetivar.

Essa norma também vem facilitar e muito a relação de consumo via *internet*. Em caso de transações consumidoristas por este meio eletrônico, basta que o consumidor tenha domicílio ou residência em território nacional para que a atividade jurisdicional brasileira possa ser solicitada.

No caso do consumidor, deve ainda observar as regras de competência estabelecidas no art. 93. da Lei 8078/90, que assim dispõe: *"Ressalvada a competência da Justiça Federal, é competente para a causa a justiça local: I – no foro do lugar onde ocorreu ou deva ocorrer o dano, quando de âmbito local; II – no foro da Capital do Estado ou no do Distrito Federal, para os danos de âmbito nacional ou regional, aplicando-se as regras do Código de Processo Civil aos casos de competência concorrente"*.

Sobre o tema eis a seguinte decisão do S.T.J.:

> *COMPETÊNCIA. Transporte aéreo internacional. Foro de domicílio do consumidor. Perda de bagagem.*
>
> *A ação de indenização do consumidor que teve sua bagagem perdida em vôo internacional pode ser promovida no foro do seu domicílio, como permitido no art. 101, I, do Código de Defesa do Consumidor.*
>
> *Recurso não conhecido.*
>
> (REsp 247.724/SP, Rel. Ministro RUY ROSADO DE AGUIAR, QUARTA TURMA, julgado em 25/04/2000, DJ 12/06/2000, p. 117)

Estabelece o art. 22, inc. III do atual C.P.C. que *caberá à autoridade judiciária brasileira processar e julgar a demanda em que as partes, expressa ou tacitamente, se submeterem à jurisdição nacional.*

O dispositivo em comento (inc. III) também prevê a concordância expressa ou tácita na eleição do foro jurisdicional brasileiro para a solução de demanda que apresenta vínculo com o exterior.

Trata-se de uma importante inovação trazida pelo novo C.P.C., permitindo às partes, através de cláusula contratual, modificar a competência da Justiça brasileira por meio de eleição de foro estrangeiro. Antes dessa modificação, não havia segurança nas decisões dos tribunais sobre a possibilidade de ser afastada a competência da Justiça brasileira.

A jurisdição brasileira subsiste sempre em que as partes tenham convencionado submeter-se à jurisdição brasileira. Trata-se do denominado *foro de eleição jurisdicional*.

CÓDIGO DE PROCESSO CIVIL

O mesmo critério se observar no processo civil italiano. O artigo 4º da Lei italiana n. 31, de maio de 1995, n. 218, explicita que o critério geral pela qual a jurisdição italiana será aplicada, decorre do fato se as partes tiverem convencionalmente aceitado a jurisdição italiana e se tal aceitação tiver sido formulada por escrito, ou quando o réu não excepcione no primeiro ato defensivo o defeito de jurisdição.

A norma é de notável relevo porque fixa um critério voluntarista consistente na aceitação de jurisdição com base em acordo entre as partes ou com uma aceitação pura e simples sem acordo, mas que, por parte do réu, não excepciona a jurisdição brasileira. Pode-se falar, portanto, de aceitação da jurisdição brasileira expressa ou tácita.[287]

Aliás, a doutrina italiana, sobre a possibilidade de derrogação da jurisdição italiana, assim se manifesta: *"Por outro lado, essa pode ser convencionalmente derrogada pelas partes também a favor de um juízo estrangeiro ou de um árbitro que tenha sede no exterior, sendo suficiente que a derrogação tenha uma prova escrita e sempre que a controvérsia verse sobre direitos disponíveis. É ineficaz a derrogação somente se o juiz ou os árbitros indicados declinam a jurisdição ou de todo modo não podem conhecer da causa".*[288]

Quando as partes convencionam por escrito a sujeição de sua controvérsia à jurisdição brasileira, diz-se que houve foro de eleição jurisdicional expresso.

Já a concordância tácita pode decorrer de eventual prática de atos processuais sem a alegação de incompetência da jurisdição brasileira, ou de qualquer outro ato ou fato jurídico que demonstre tacitamente essa intenção de submeter a causa aos Tribunais brasileiros. Portanto, nesta hipótese, o réu deverá na primeira oportunidade que tenha em falar no processo suscitar a falta de jurisdição brasileira para conhecer da causa.

Art. 23
Compete à autoridade judiciária brasileira, com exclusão de qualquer outra:

---

[287] COMOGLIO, Luigi Paolo; FERRI, Corrado; TARUFFO, Michele. *Lezioni sul processo civile.* Bologna: Il Mulino, 2006. p. 129.
[288] COMOGLIO, L. P.; FERRI, C.; TARUFFO, M., idem, p. 129.

I – conhecer de ações relativas a imóveis situados no Brasil;

II – em matéria de sucessão hereditária, proceder à confirmação de testamento particular e ao inventário e à partilha de bens situados no Brasil, ainda que o autor da herança seja de nacionalidade estrangeira ou tenha domicílio fora do território nacional;

III – em divórcio, separação judicial ou dissolução de união estável, proceder à partilha de bens situados no Brasil, ainda que o titular seja de nacionalidade estrangeira ou tenha domicílio fora do território nacional.

Competência jurisdicional exclusiva do Brasil

O art. 23 do atual C.P.C., ao contrário dos arts. 21 e 22 do mesmo estatuto processual, não trata de competência concorrente, mas, sim, de competência *exclusiva* da autoridade judiciária brasileira para as matérias nele elencadas.

O *inc. I do art. 23* do atual C.P.C. estabelece que *compete à autoridade judiciária brasileira, com exclusão de qualquer outra, conhecer das ações relativas a imóveis situados no Brasil.*

Essa previsão de competência jurisdicional brasileira há muito encontra-se prevista no art. 12, §1º, da Lei de Introdução às Normas de Direito Brasileiro, *in verbis*:

> *Art. 12. (...).*
>
> *(...).*
>
> *§ 1º Só à. autoridade judiciária brasileira compete conhecer das ações, relativas a imóveis situados no Brasil.*

Sendo exclusiva a competência, isso significa dizer que se trata de competência *absoluta*.

É importante salientar que a competência da jurisdição brasileira diz respeito apenas às demandas que tenham por objeto *imóveis situados no Brasil*.

A definição de *imóveis* no ordenamento jurídico brasileiro encontra-se nos arts. 79 a 81 do C.c.b., a saber:

> *Art. 79. São bens imóveis o solo e tudo quanto se lhe incorporar natural ou artificialmente.*

> *Art. 80. Consideram-se imóveis para os efeitos legais:*
>
> *I – os direitos reais sobre imóveis e as ações que os asseguram;*
>
> *II – o direito à sucessão aberta.*

CÓDIGO DE PROCESSO CIVIL

Art. 81. Não perdem o caráter de imóveis:
I – as edificações que, separadas do solo, mas conservando a sua unidade, forem removidas para outro local;
II – os materiais provisoriamente separados de um prédio, para nele se reempregarem.

Portanto, todas as demandas relativas aos bens descritos nos art. 79 a 81 do C.c.b. estarão sobre a exclusividade da competência jurisdicional brasileira, sendo excluída qualquer outra jurisdição estrangeira.

Assim, todas as causas de natureza pessoal ou real que sejam relativas a bens imóveis situados no território brasileiro, aqui deverão ser apreciadas. Isso inclui demandas reais (direitos reais e direitos reais em garantia, incluindo aí a questão possessória). Também as causas de natureza pessoal, mas relativas a bens imóveis situados em território nacional, aqui deverão ser propostas e julgadas. Pense-se na questão de contrato de compra e venda, contrato de locação, contrato de comodato, falência etc. Nestas hipóteses não haverá competência concorrente com o exterior. Nesse sentido são os seguintes precedentes do S.T.F.:

1. não constitui sentença estrangeira, suscetível de homologação, mero acordo resultante de assembleia de credores realizada em processo falêncial, mas desprovido de qualquer homologação jurisdicional. 2. também não comporta homologação, sentença estrangeira declaratória de falência, cujos possíveis efeitos no brasil relacionam-se exclusivamente com imóvel aqui situado. homologação denegada. agravo regimental não provido, com ressalva.
(SE 2492 AgR, Relator(a): Min. XAVIER DE ALBUQUERQUE, TRIBUNAL PLENO, julgado em 03/03/1982, DJ 02-04-1982 PP-02882 EMENT VOL-01248-01 PP-00071 RTJ VOL-00101-01 PP-00069)

– INTERNACIONAL PÚBLICO. Imunidade de jurisdição. Ação de Estado estrangeiro contra outro, perante a Justiça Brasileira. 1) Demanda que tem por objeto imóvel situado no Brasil, originariamente adquirido pela Republica da Síria, depois utilizado pela República Árabe unida, e, desfeita a união dos dois Estados, retido pela República Árabe do Egito. 2) Imunidade de jurisdição, invocada pelo Estado-réu e no caso não afastada pelo fato de constituir objeto da demanda um imóvel situado no Brasil. 3) Antecedendo ao aspecto da aplicabilidade do direito interno brasileiro sobre propriedade imobiliária situada no Brasil, a imunidade de jurisdição se afirma pela circunstância de a solução da controvérsia entre os dois Estados estrangeiros depender de prévio exame de questão, regida pelo direito internacional público, atinente aos efeitos, entre os Estados estrangeiros litigantes, de atos de sua união e posterior separação.

ART. 23

Impossibilidade de definição da Justiça Brasileira sobre tal questão prévia, concernente a relações jurídicas entre os Estados Litigantes.

(ACO 298, Relator(a): Min. SOARES MUNOZ, Tribunal Pleno, julgado em 14/04/1982, DJ 17-12-1982 PP-13201 EMENT VOL-01280-01 PP-00009 RTJ VOL-00104-03 PP-00889)

É bem verdade que o S.T.F. já entendeu ser homologável a sentença estrangeira que homologa acordo de separação e de partilha dos bens do casal, ainda que situados no Brasil. Nesse sentido é o seguinte precedente do S.T.F.:

Não viola a soberania nacional o provimento judicial estrangeiro que ratifica acordo, celebrado pelos antigos cônjuges, acerca de bens imóveis localizados no Brasil. Precedentes. Pedido formulado conforme o art. 216 do Regimento Interno do STF. Homologação deferida.

(SEC 7146, Relator(a): Min. ILMAR GALVÃO, Tribunal Pleno, julgado em 12/06/2002, DJ 02-08-2002 PP-00062 EMENT VOL-02076-03 PP-00565)

Há, ainda, o seguinte precedente do S.T.F.:

O fato de ter-se, no Brasil, o curso de processo concernente a conflito de interesses dirimido em sentença estrangeira transitada em julgado não é óbice à homologação desta última. (...).

A exclusividade de jurisdição relativamente a bens imóveis situados no Brasil – artigo 89, inciso I, do Código de Processo Civil – afasta a homologação de sentença estrangeira a versar a divisão.

(SEC 7209, Relator(a): Min. ELLEN GRACIE, Relator(a) p/ Acórdão: Min. MARCO AURÉLIO, Tribunal Pleno, julgado em 30/09/2004, DJ 29-09-2006 PP-00036 EMENT VOL-02249-04 PP-00659 LEXSTF v. 28, n. 336, 2006, p. 265-282)

Por sua vez, o S.T.J., órgão jurisdicional atualmente competente para homologação de sentença estrangeira, tem dado uma interpretação mais restritiva à questão. Eis o seguinte precedente:

(...).
4. A exclusividade de jurisdição relativamente a imóveis situados no Brasil, prevista no art. 89, I, do CPC, afasta a homologação de sentença estrangeira na parte em que incluiu bem dessa natureza como ativo conjugal sujeito à partilha.

5. Pedido de homologação de sentença estrangeira parcialmente deferido, tão somente para os efeitos de dissolução do casamento e da partilha de bens do casal, com exclusão do imóvel situado no Brasil.
(SEC 5.302/EX, Rel. Ministra NANCY ANDRIGHI, CORTE ESPECIAL, julgado em 12/05/2011, DJe 07/06/2011).

No direito comparado também se observa essa *competência jurisdicional exclusiva* dos países estrangeiros. Nesse sentido é o teor do art. 22 da Ley Orgánica del Poder Judicial, *in verbis*:

"22. En el orden civil, los Juzgados y Tribunales españoles serán competentes (40):
1º Con carácter exclusivo, en materia de derechos reales y arrendamientos de inmuebles que se hallen en España;(...);
3. En defecto de los criterios precedentes y en materia de declaración de ausencia o fallecimiento, cuando el desaparecido hubiere tenido su último domicílio en territorio español...; en materia de sucesiones, cuando el causante haya tenido su último domicilio en territorio español o posea bienes inmuebles en España".

Também é o teor do art. 4º, número 2, do Código de Processo Civil italiano:

"Art. 4. Jurisdição em relação aos estrangeiros – o estrangeiro pode ser convidado perante um juiz do Estado:
(...).
2) se a demanda tem por objeto bens existentes no Estado ou sucessões hereditárias de cidadãos italianos, ou aberta no Estado, ou obrigação que aqui deve ser exigida".

Por sua vez, o *inc. II do art. 23* do atual C.P.C. estabelece que *compete à autoridade judiciária brasileira, com exclusão de qualquer outra, em matéria de sucessão hereditária, proceder à confirmação de testamento particular e ao inventário e partilha de bens situados no Brasil, ainda que o autor da herança seja de nacionalidade estrangeira ou tenha domicílio fora do território nacional.*
Assim, compete à justiça brasileira proceder à confirmação de testamento particular (não do público ou do cerrado) e ao inventário e partilha de bens situados no Brasil, ainda que o autor da herança seja de nacionalidade estrangeira ou tenha domicílio fora do território nacional. Este artigo excepciona o art. 1.785 do C.c.b. que diz que *a sucessão abre-se no lugar do último domicílio do falecido.*
Assim, mesmo que o falecido tenha tido o último domicílio no exterior, a competência para o inventário e partilha de bens situados no Brasil será da jus-

ART. 23

tiça brasileira, exclusivamente em relação aos bens aqui situados e não em relação aos bens situados no exterior.

O dispositivo fala em bens situados no Brasil. Podem esses bens ser de qualquer natureza, *bens móveis, imóveis ou semoventes, assim como bens materiais ou imateriais.*

Pouco importa também para configuração da competência da jurisdição brasileira a nacionalidade do falecido.

O inventário e partilha somente dirá respeito aos bens situados no Brasil, sendo que não poderão tratar dos bens situados no exterior e lá partilhados.

Por fim, o *inc. III do art. 23* do atual C.P.C. preconiza que compete à autoridade judiciária brasileira, com exclusão de qualquer outra, *em divórcio, separação judicial ou dissolução de união estável, proceder a partilha de bens situados no Brasil, ainda que o titular seja de nacionalidade estrangeira ou tenha domicílio fora do território nacional.*

Novamente a situação dos bens em território brasileiro chama a competência da autoridade brasileira para demanda referente ao divórcio, separação judicial ou dissolução de união estável, no que concerne à partilha dos bens situados no Brasil.

Este inciso, ao contrário do inciso I deste artigo, não restringe esta partilha apenas aos bens imóveis, mas indica a competência da autoridade judiciária brasileira para qualquer bem que se situe em território nacional.

Outro aspecto relevante é que o legislador do novo C.P.C. adota a concepção doutrinária de que ainda existe no ordenamento jurídico a simples separação judicial. Aliás, sobre a existência da separação de forma distinta do divórcio, eis a seguinte manifestação da Senadora Lídice da Mata, quando da vota do projeto no Senado Federal:

> *A SRª LÍDICE DA MATA (Bloco Apoio Governo/PSB – BA. Para encaminhar. Sem revisão da oradora.) – Sr. Presidente, Srªs e Srs. Senadores, todos sabem que a PEC 66, que extinguiu a separação judicial como parte obrigatória do processo de constituição do divórcio, foi do Deputado Sérgio Carneiro, da Bahia, filho do Senador João Durval.*
>
> *No início dessa discussão, nós compreendíamos que havia uma ameaça na manutenção desse texto, um retrocesso que faria com que a manutenção do texto fizesse com que nós tivéssemos que, obrigatoriamente, para fazer um divórcio, novamente passar pelo estágio da separação.*
>
> *No entanto, tanto o Ministro Fux quanto o Relator já me convenceram de que há as duas figuras hoje: há possibilidade do divórcio imediato, já que é constitucionalmente previsto, e a possibilidade da separação, que continua no texto do Código Civil.*

CÓDIGO DE PROCESSO CIVIL

Há, no entanto, um processo hoje que eu considero, que, na continuidade, entrará em certo desuso: a figura da separação judicial. As pesquisas do IBGE demonstram isso. Em 2010, foram 243.224 divórcios e 67.623 separações judiciais. Em 2011, no entanto, foram 351.153 divórcios e 7.774 separações judiciais. Portanto existe um processo muito radical de abandono da ideia da separação, mas é uma opção de cada um. E eu usei, Sr.

Presidente, na verdade, para me convencer definitivamente, o testemunho de alguns Srs. Senadores que já optaram pela separação diversas vezes e estão satisfeitos com ela.

Estou querendo chamar a atenção do Senador Romero Jucá, que insistia nesse aspecto, acreditando, como eu, que isso significava um retrocesso. Mas, esclarecendo ao Senador Romero Jucá, são possíveis, portanto, hoje, as duas situações: você pode diretamente divorciar-se tanto como pode escolher a separação judicial, não havendo prejuízo.

Então, o Senador Romero Jucá, que se diz a favor sempre da felicidade e do amor, concorda que eu possa retirar o destaque.

Art. 24

A ação proposta perante tribunal estrangeiro não induz litispendência e não obsta a que a autoridade judiciária brasileira conheça da mesma causa e das que lhe são conexas, ressalvadas as disposições em contrário de tratados internacionais e acordos bilaterais em vigor no Brasil.

Parágrafo único. A pendência de causa perante a jurisdição brasileira não impede a homologação de sentença judicial estrangeira quando exigida para produzir efeitos no Brasil.

Demanda proposta perante tribunal estrangeiro e litispendência

Deve-se examinar o problema consistente em ver se a pendência de uma demanda perante uma autoridade estrangeira influi nos limites da jurisdição do Estado, no sentido de excluir que essa jurisdição possa exercer-se sobre a causa que constitui objeto de dito processo. A solução afirmativa de referido problema revelaria um fenômeno análogo ao que se produz por efeito da pendência da causa perante uma autoridade judiciária do Estado, enquanto esta impede a válida constituição em referido Estado de um novo processo para a decisão da mesma lide. Porém, se trataria de simples analogia, que não poderia obscurecer as profundas diferenças que apresentariam os dois fenômenos, tanto em seus pressupostos quanto nos seus efeitos.

ART. 24

Porém, a solução prevista pelo legislador no art. 24 do atual C.P.C. oferece uma tratativa diversa entre a pendência de causas com o exterior e a pendência de causas no âmbito interno.

O art. 24 do atual C.P.C. trata justamente da existência de demandas propostas entre juízos pertencentes a Estados diversos de jurisdição distinta.

Diante do fato de que o Poder Judiciário brasileiro terá jurisdição concorrente ou exclusiva, dependendo do caso, em relação ao sistema judiciário estrangeiro, não se poderá considerar a litispendência pelo fato de que uma demanda tenha sido proposta perante tribunal estrangeiro, pois tal pendência de demanda, não obsta a que a autoridade judiciária brasileira conheça da mesma causa, ressalvadas as disposições em contrário de tratados internacionais e acordos bilaterais em vigor no Brasil.

Como o dispositivo afirma que a demanda proposta perante tribunal estrangeiro não induz a *litispendência*, devemos, *prima facie*, definir o que se entende por litispendência.

O artigo 337, §1º, do novo C.P.C. define o que seja *litispendência: "verifica-se a litispendência ou a coisa julgada quando se reproduz ação anteriormente ajuizada".*

Reproduz-se demanda anteriormente ajuizada, quando identificam-se em ambas as demandas os mesmos elementos que a compõem, ou seja, *identidade de partes, pedido e causa de pedir.*

O órgão jurisdicional brasileiro poderá conhecer de causa já proposta no exterior, como as que porventura lhe sejam conexas.

Este dispositivo abrange tanto as hipóteses de competência concorrente, quando as de competência exclusiva, dando ênfase a supremacia da jurisdição brasileira em relação à estrangeira.

Portanto, mesmo que determinada demanda tenha sido proposta perante órgão do Poder Judiciário estrangeiro, isso não impedirá que a autoridade judiciária brasileira conheça da mesma causa, pois nessa hipótese não se considera *litispendente* a causa proposta no exterior.

Porém, haverá hipóteses em que o ajuizamento de demanda no exterior impedirá que o juízo brasileiro possa dela também conhecer, a saber: a) quando diante de demanda (mesmo executiva) em relação a sujeitos ou bens que gozem de imunidade de jurisdição ou de execução conforme as normas de Direito Internacional Público ou Privado; b) quando, em virtude de um tratado ou acordo bilateral em que o Brasil seja parte, o assunto se encontre atribuído com caráter exclusivo à jurisdição de outro Estado; c) quando a sentença estrangeira tiver sido homologada pelo Superior Tribunal de justiça na forma do art. 105, I, 'i' da Constituição Federal de 1988, introduzida pela EC n. 45).

Além do mais, uma vez transitada em julgada a decisão proferida por tribunal estrangeiro, essa decisão poderá ter eficácia em território nacional.

Os artigos 15 e 17 da Lei de Introdução às Normas Jurídicas Brasileiras assim estabelecem sobre sentença que pode ser objeto de execução no Brasil:

> *Art. 15. Será executada no Brasil a sentença proferida no estrangeiro, que reúna os seguintes requisitos: a) haver sido proferida por juiz competente; b) terem sido as partes citadas ou haver-se legalmente verificado à revelia; c) ter passado em julgado e estar revestida das formalidades necessárias para a execução no lugar em que, foi proferida; d) estar traduzida por intérprete autorizado; e) ter sido homologada pelo Superior Tribunal de Justiça.*
>
> Art. 17. As leis, atos e sentenças de outro país, bem como quaisquer declarações de vontade, não terão eficácia no Brasil, quando ofenderem a soberania nacional, a ordem pública e os bons costumes.

Por sua vez, o artigo 515, inciso VIII, do novo Código de Processo Civil, considera título executivo judicial, legitimado para ação de cumprimento, a sentença estrangeira homologada pelo Superior Tribunal de Justiça.

Portanto, haverá hipótese em que a prolação de uma sentença estrangeira transitada em julgado impedirá a eficácia do resultado de uma demanda instaurada no Brasil.

Na realidade, homologada a sentença pelo S.T.J., passará ela, no foro brasileiro, a ter eficácia de coisa julgada material, impondo a extinção de eventual processo em curso no Brasil.

A questão, aliás, já foi enfrentada pelo S.T.F., em situação mais delicada, na qual o processo em curso no Brasil já fora julgado nas duas instâncias ordinárias, pendendo apenas de decisão o agravo interposto contra o indeferimento do recurso extraordinário. Não obstante, homologou-se a sentença estrangeira (AgRg. SE 2.727, de 9.4.82, RTJ 97/1005). Assentou o voto-condutor do Ministro Xavier de Albuquerque – RTJ 97/1009: *"Se houvesse transitado em julgado o acórdão do Tribunal fluminense, que confirmou a sentença proferida na referida ação de separação judicial, dúvida não haveria de que o agravo regimental mereceria acolhimento para, reformada a decisão agravada, negar-se homologação à sentença estrangeira de divórcio. Isso, contudo, não sucedeu. Como informado pela Secretaria, tal acórdão foi impugnado mediante recurso extraordinário que, uma vez inadmitido, deu lugar à interposição de agravo de instrumento ainda pendente de julgamento. A manifestação sucessiva desses recursos impediu que o referido aresto transitasse em julgado. Afastada, assim, a coisa julgada, por inexistente, vem à tona a questão da litispendência. O tema é muito controvertido. Alguns autores há – v.g., Haroldo Valladão, Estudos de Dir. Internacional Privado, 1947, pa´g. 727, Celso Agrícola*

ART. 24

Barbi, Com. ao CPC. Forense, Vol. I, tomo II, pág. 403 –, para os quais a pendência de demanda nos Tribunais brasileiros obsta a que se homologue sentença estrangeira sobre a mesma matéria. A opinião dominante, contudo, é em sentido contrário, como demonstra Paulo Cezar Aragão (Com. ao CPC, Edito. Rev. Dos Tribunais, vol. V., pág. 173) ao sustentá-la com apoio em Pontes de Miranda, Arruda Alvim, Georgete N. Nazo e Amílcar de Castro. Também a segue o Ilustre Barbosa Moreira, que sobre o assunto produziu importante estudo monográfico (Relações entre processos instaurados, sobre a mesma lide civil, no Brasil e em país estrangeiro publicado em Temas de Direito Processual, 1977, págs. 36/44). Se houvesse prevalecido, no pormenor, o Anteprojeto Buzaid, estaria a questão resolvida por norma legal expressa, pois seu art. 526, VI, negava homologabilidade à sentença estrangeira quando pendesse, perante órgão judiciário brasileiro, ação idêntica, proposta antes de haver ela passado em julgado. O Código de Processo Civil, todavia, não consagrou a inovação, de sorte que nenhuma regra, no direito positivo brasileiro vigente obsta à homologação".

Disse o Ministro Sepúlveda Pertence, citando Barbosa Moreira, em seu voto proferido no Sec n. 7.209: *O fato de estar pendente – em qualquer grau de jurisdição – processo brasileiro sobre questão anteriormente julgada em outro Estado não constitui óbice a que se requeira a homologação da sentença estrangeira, nem exclui que o Superior Tribunal de Justiça a conceda, satisfeitos os requisitos legais, pois a demanda de homologação é distinta da demanda em que se faça valer a pretensão examinada pelo órgão estrangeiro: ainda que as partes sejam as mesmas, não coincidem os dois outros elementos (pedido e causa de pedir). O processo brasileiro, por sua vez, não se extingue em virtude do requerimento de homologação, nem se suspende: seria impertinente a invocação, aqui, da regra constante do art. 265, IV, a, pois, a sentença de mérito a ser proferida pelo juiz pátrio de modo nenhum depende do sentido em que o Supremo Tribunal Federal vai pronunciar-se acerca do pedido de homologação. Não há qualquer relação de prejudicialidade ou de subordinação lógica entre as duas decisões. Por outro lado, é certo que não poderão coexistir a sentença nacional sobre a causa e a sentença estrangeira homologada. Se o Supremo Tribunal Federal, por acórdão irrecorrível, rejeitar o pedido de homologação ainda na pendência do processo brasileiro, este prosseguirá normalmente, em direção ao julgamento da lide. Se, todavia, estiverem satisfeitos todos os pressupostos legais da homologação, as consequências variarão conforme a decisão homologatória passe em julgado 'antes' ou 'depois' da sentença brasileira – pouco importando, vale insistir, que divirjam ou não as soluções dadas ao litígio pelo órgão pátrio e pelo alienígena. Destarte, se, quando transitar em julgado a sentença homologatória, ainda pender o processo brasileiro, já não se poderá, neste, julgar o mérito: a sentença definitiva que porventura nele se viesse a proferir ofenderia a 'res iudicata' e seria, por conseguinte, rescindível. A providência adequada é a extinção do processo nacional sem julgamento de mérito, de ofício ou por provocação da parte".*

Por sua vez, estabelece o art. 964 do atual C.P.C. que não serão homologadas as decisões estrangeiras nas hipóteses de *competência exclusiva* da autoridade judiciária brasileira. Este dispositivo vai ao encontro do que estabelece o art. 17 da Lei de Introdução às Normas Jurídicas Brasileira, isto é, que não poderão ser homologadas decisões proferidas por Tribunais estrangeiros se essas decisões ferirem a *soberania nacional*, especialmente a competência exclusiva dos Tribunais brasileiros sobre a matéria.

Segundo estabelece o art. 23 do atual C.P.C., cabe à autoridade judiciária brasileira, com exclusão de qualquer outra: a) conhecer de ações relativas a imóveis situados no Brasil; b) em matéria de sucessão hereditária, proceder à confirmação de testamento particular e ao inventário e partilha de bens situados no Brasil, ainda que o autor da herança seja de nacionalidade estrangeira ou tenha domicílio fora do território nacional; c) em divórcio, separação judicial ou dissolução de união estável, proceder a partilha de bens situados no Brasil, ainda que o titular seja de nacionalidade estrangeira ou tenha domicílio fora do território nacional.

Portanto, sempre que houver competência exclusiva da autoridade judiciária brasileira, com exclusão de qualquer outra, não poderá ser homologada no Brasil decisão que tenha por objeto matéria dessa competência exclusiva.

Por outro lado, não sendo o caso de competência estrangeira, mas, sim, de competência concorrente entre o Tribunal brasileiro e o Tribunal estrangeiro, a demanda proposta perante tribunal estrangeiro não induz litispendência e não obsta que a autoridade judiciária conheça da mesma causa e das que lhe são conexas, ressalvadas as disposições em contrário de tratados internacionais e acordos bilaterais (art. 24 do novo C.P.C.). Sobre o tema já decidiu o S.T.F.:

> *A competência de que trata o art. 88 do Código de Processo Civil é concorrente, e não exclusiva. – Supre a citação o comparecimento da parte ao juízo estrangeiro. – Cumprimento dos demais requisitos. – Pedido de homologação de sentença estrangeira deferido.*
>
> (SEC 6697, Relator(a): Min. JOAQUIM BARBOSA, Tribunal Pleno, julgado em 23/06/2004, DJ 27-08-2004 PP-00053 EMENT VOL-02161-01 PP-00137 RJADCOAS v. 62, 2005, p. 45-48)

> *Não se tratando da hipótese prevista no art. 89 do CPC, a firme jurisprudência do Supremo Tribunal Federal tem admitido a competência concorrente dos Juízos brasileiro e estrangeiro para julgamento de causa em que é parte a pessoa domiciliada no Brasil (art. 217, inciso I, do RI/STF).*
>
> (SEC 7178, Relator(a): Min. CARLOS BRITTO, Tribunal Pleno, julgado em 09/06/2004, DJ 06-08-2004 PP-00022 EMENT VOL-02158-02 PP-00226 RTJ VOL-00193-02 PP-00547)

Preceitua o *parágrafo único do art. 24* do atual C.P.C. que a *pendência de causa perante a jurisdição brasileira não impede a homologação de sentença judicial estrangeira quando exigida para produzir efeitos no Brasil*

Na realidade, são manifestamente diversas, ao menos no pedido e na *causa de pedir* a demanda em que se pleiteie a homologação de sentença estrangeira sobre determinada lide e a demanda em que se pretenda ver julgada a mesma lide por órgão nacional. Por isso, conforme estabelece o art. 24, *caput,* do atual C.P.C. a pendência de processo de homologação não obsta o exercício, perante a Justiça brasileira, de demanda que tenha por objeto o direito declarado na sentença estrangeira homologanda.

Por outro lado, se ao ajuizar-se a pretensão homologatória perante o S.T.J., igual demanda já tenha sido proposta perante o Poder Judiciário brasileiro, não haverá litispendência, podendo prosseguir com o processo homologatório, nos termos do p.u. do art. 24 do atual C.P.C. Isso, evidentemente, não se aplica na hipótese de competência exclusiva dos Tribunais brasileiro.

O Anteprojeto Buzaid, por sua vez, estabelecia que nesta hipótese haveria causa específica de inadmissibilidade, criada por expressa regra legal no anteprojeto, pois não admitia a homologação se pendesse, perante juiz brasileiro, demanda idêntica proposta antes de passar em julgado a sentença estrangeira. Esse dispositivo, foi, contudo, suprimido do anteprojeto e não constava no C.P.C. de 1973.[289]

Por sua vez, entende Barbosa Moreira que uma vez transitada em julgado a sentença homologatória da decisão estrangeira, seja qual for o seu conteúdo, coincidente ou não com o da brasileira, a sua eventual homologação, tornando-a eficaz em nosso país, importaria mácula à coisa julgada nova decisão de tribunal brasileiro. O mesmo acontece se a decisão brasileira já transitou em julgado antes da decisão homologatória do S.T.J. Eventual homologação importaria ofensa a *res iudicata* da sentença nacional. Já a decisão que *nega* homologação à sentença estrangeira não geraria obstáculo algum a que a Justiça brasileira decida livremente a lide em processo que perante ela se instaure.[290]

Sobre o tema, assim já se pronunciou o S.T.F.:

> *O fato de ter-se, no Brasil, o curso de processo concernente a conflito de interesses dirimido em sentença estrangeira transitada em julgado não é óbice à homologação desta última. BENS IMÓVEIS SITUADOS NO BRASIL – DIVISÃO – SENTENÇA ESTRANGEIRA – HOMOLOGAÇÃO. A exclusividade de jurisdição*

---

[289] BARBOSA MOREIRA, J. C., idem, p. 101.
[290] BARBOSA MOREIRA, J. C., idem, p. 102.

relativamente a bens imóveis situados no Brasil – artigo 89, inciso I, do Código de Processo Civil – afasta a homologação de sentença estrangeira a versar a divisão.

(SEC 7209, Relator(a): Min. ELLEN GRACIE, Relator(a) p/ Acórdão: Min. MARCO AURÉLIO, Tribunal Pleno, julgado em 30/09/2004, DJ 29-09-2006 PP-00036 EMENT VOL-02249-04 PP-00659 LEXSTF v. 28, n. 336, 2006, p. 265-282)

O parágrafo único do artigo 24 do atual C.P.C., conforme se afirmou, prescreve que pendência de causa perante a jurisdição brasileira não impede a homologação de sentença judicial ou arbitral.

A competência para a homologação de sentença estrangeira é o S.T.J, conforme preconiza o artigo 105, inc. I, letra 'i': *"homologação de sentenças estrangeiras e a concessão de exequatur às cartas rogatórias".*

A Resolução n. 9, de 4 de maio de 2005 do S.T.J. dispõe, em caráter transitório, sobre a competência acrescida ao Superior Tribunal de Justiça pela Emenda Constitucional n. 45/2004.

A competência do S.T.J. estende-se tanto às sentenças jurisdicionais estrangeiras quanto às sentenças advinda dos juízos arbitrais, uma vez que o inciso I, letra 'i' do artigo 105 da C.F. não faz qualquer distinção, razão pela qual a sentença arbitral também deve passar pelo crivo da homologação do S.T.J. Aliás, o artigo 22, item 1º da Ley Orgânica del Poder Judicial espanhol também traz essa mesma regra quando, em relação à competência do juízo espanhol, diz que em matéria civil os tribunais espanhóis são competentes *'en matéria de reconocimiento y ejecución en território español de resoluciones judiciales y decisiones arbitrales dictadas em el extranjero'.*

É importante salientar que a competência para processar a execução de sentença estrangeira homologada é da Justiça Federal, nos termos do artigo 109, inc. X da C.F.

Art. 25

Não compete à autoridade judiciária brasileira o processamento e o julgamento da ação quando houver cláusula de eleição de foro exclusivo estrangeiro em contrato internacional, arguida pelo réu na contestação.

§ 1º Não se aplica o disposto no caput às hipóteses de competência internacional exclusiva previstas neste Capítulo.

§ 2º Aplica-se à hipótese do caput o art. 63, §§1º a 4º.

ART. 25

Cláusula de eleição internacional

O artigo 25 do atual C.P.C. trouxe uma novidade que podemos denominar de *cláusula de eleição de foro internacional*.

Essa cláusula somente tem eficácia nas questões em que há competência concorrente entre o Brasil e o país estrangeiro e não nas hipóteses de competência exclusiva da autoridade judiciária brasileira, conforme preconiza o *§1º do art. 25* do novo C.P.C.

Através dela, cidadãos brasileiros ou estrangeiros poderão eleger o foro exclusivo no exterior para conhecer de eventual questão decorrente de conflitos.

Evidentemente que os princípios da cláusula de eleição de foro em relação às relações obrigacionais civis ou em relação às relações consumidoristas deverão também estar presente no momento de se apreciar eventual declinatória de foro, principalmente quando a parte prejudicada possa ser um hipossuficiente ou mesmo o consumidor brasileiro.

O artigo 47, §1º, do novo C.P.C. afirma que o autor pode optar pelo foro de domicílio do réu ou pelo foro de eleição se o litígio não recair sobre direito de propriedade, vizinhança, servidão, divisão e demarcação de terras e de nunciação de obra nova.

É importante salientar que não estamos diante de uma hipótese de competência absoluta, mas, sim, relativa. Por isso, prorroga-se a competência da justiça brasileira se a cláusula de eleição de foro não for arguida pelo réu no prazo de contestação.

Por fim, estabelece o *§2º do art. 25* do novo C.P.C. que *se aplica à hipótese do 'caput' o art. 63, §§1º a 4º*, que assim dispõem:

> *Art. 63. As partes podem modificar a competência em razão do valor e do território, elegendo foro onde será proposta ação oriunda de direitos e obrigações.*
>
> *§ 1º A eleição de foro só produz efeito quando constar de instrumento escrito e aludir expressamente a determinado negócio jurídico.*
>
> *§ 2º O foro contratual obriga os herdeiros e sucessores das partes.*
>
> *§ 3º Antes da citação, a cláusula de eleição de foro, se abusivo, pode ser reputada ineficaz de ofício pelo juiz, que determinará a remessa dos autos ao juízo do foro de domicílio do réu.*
>
> *§ 4º Citado, incumbe ao réu alegar a abusividade da cláusula de eleição de foro na contestação, sob pena de preclusão.*

CAPÍTULO II – Da Cooperação Internacional

SEÇÃO I – Disposições Gerais

Art. 26

A cooperação jurídica internacional será regida por tratado de que o Brasil faz parte e observará:

I – o respeito às garantias do devido processo legal no Estado requerente;

II – a igualdade de tratamento entre nacionais e estrangeiros, residentes ou não no Brasil, em relação ao acesso à justiça e à tramitação dos processos, assegurando-se assistência judiciária aos necessitados;

III – a publicidade processual, exceto nas hipóteses de sigilo previstas na legislação brasileira ou na do Estado requerente;

IV – a existência de autoridade central para recepção e transmissão dos pedidos de cooperação;

V – a espontaneidade na transmissão de informações a autoridades estrangeiras.

§ 1º Na ausência de tratado, a cooperação jurídica internacional poderá realizar-se com base em reciprocidade, manifestada por via diplomática.

§ 2º Não se exigirá a reciprocidade referida no § 1º para homologação de sentença estrangeira.

§ 3º Na cooperação jurídica internacional não será admitida a prática de atos que contrariem ou que produzam resultados incompatíveis com as normas fundamentais que regem o Estado brasileiro.

§ 4º O Ministério da Justiça exercerá as funções de autoridade central na ausência de designação específica.

Cooperação jurídica internacional

No mundo globalizado, cada vez mais as relações entre as diversas Nações estrangeiras demandam recíproca cooperação para atender às necessidades de questões advindas de inúmeros ramos e níveis sociais.

Essa troca de informação deve ser cada vez mais ágil e menos burocratizada, especialmente pela facilidade tecnológica e de informação que se vivencia, assim como pelo rápido trânsito das conversões existentes entre os países.

No âmbito jurídico, cada vez mais será acentuada a necessidade dessa cooperação internacional, mediante troca de informações jurídicas entre os diversos países, especialmente, produção probatória, informações sobre bens, endereço, dados etc, cumprimento de decisões interlocutórias ou finais, pedido de extradições, notificações, interpelações, intimações, citações etc.

A efetividade da justiça, dentro de um cenário de intensificação das relações entre as nações e seus povos, seja no âmbito comercial, migratório ou informacional, demanda cada vez mais um Estado proativo e colaborativo. As relações jurídicas não se processam mais unicamente dentro de um único Estado Soberano, pelo contrário, é necessário cooperar e pedir a cooperação de outros Estados para que se satisfaça as pretensões por justiça do indivíduo e da sociedade.[291]

O alargamento e aprimoramento da cooperação jurídica internacional surgem como reflexo da preocupação dos Estados em mitigar os efeitos negativos da globalização no que se refere à concretização da Justiça nas relações internacionais. Institutos tradicionais como a Extradição e a Carta Rogatória foram aperfeiçoados ao mesmo tempo em que novos mecanismos foram criados para melhor adaptar a cooperação jurídica às necessidades atuais. Surgem, por exemplo, os acordos de cooperação jurídica internacional, bilaterais ou firmados em âmbitos regionais e global. Estes acordos preveem o chamado Pedido de Auxílio Direto, que se propõe a ser um mecanismo mais célere e aberto, especialmente no que diz respeito à amplitude das medidas que por meio dele podem ser solicitadas e do rol de autoridades legitimadas a utilizá-lo, ou seja, por meio de auxílio direto buscou-se tornar a cooperação jurídica mais acessível e efetiva.[292]

Assim, pode-se definir a cooperação jurídica internacional, como o intercâmbio internacional para o cumprimento extraterritorial de medidas demandadas pelo Poder Judiciário de outro Estado. Isso porque o Poder Judiciário sofre uma limitação territorial de sua jurisdição – atributo por excelência da soberania do Estado, e precisa pedir ao Poder Judiciário de outro Estado que o auxilie nos casos em que suas necessidades transbordam de suas fronteiras para as daquele.[293]

---

[291] PIRES, Júnior. O papel da cooperação jurídica internacional. in: *Manual de cooperação jurídica internacional e recuperação de ativos*. Ministério da Justiça Secretaria de Justiça – Departamento de Recuperação de Ativos e Cooperação Jurídica Internacional, Brasília, 2012, 2ª edição, Ministro José Eduardo Cardozo, pág. 17.

[292] SAADI, Ricardo Andrade; BEZERRA, Camila Colares. *Manual de cooperação jurídica internacional,* idem, p. 22.

[293] ARAUJO, Nadia de. A importância da cooperação jurídica internacional para a atuação do estado brasileiro no plano interno e internacional. *In: Manual de cooperação jurídica internacional,* op. cit., p. 34 e 35.

No plano internacional, destaca-se o trabalho realizado desde o início do século vinte, pela Conferência de Haia de Direito Internacional Privado, cujos instrumentos mais conhecidos são na área processual e no direito de família. A criação de um sistema de comunicação baseado em autoridades centrais com esta função, incrementando a cooperação administrativa entre os Estados, é uma das realizações de sucesso da Conferência de Haia. Por exemplo, o modelo de Autoridades Centrais foi adotado nas convenções realizadas pelas Conferências Interamericanas Especializadas em Direito Internacional Privado, CIDIPs, promovidas pela Organização dos Estados Americanos, OEA, e, em inúmeras convenções multilaterais e bilaterais. No Brasil, essa função centralizada no Ministério da Justiça, através da atuação do Departamento de Recuperação de Ativos e Cooperação Internacional, além de alguns outros órgãos em casos específicos. Outro campo em que a cooperação jurídica internacional tem ganhado destaque é nos processos de integração. Na União Europeia, já se fala hoje em espaço jurídico europeu. A regulamentação da matéria é comum e a circulação de atos e decisões, simplificada. No Mercosul há iniciativas similares mas que ainda não atingiram o grau de integração da experiência europeia.[294]

No Brasil, a legislação interna que regulamenta a cooperação jurídica internacional é fragmentada. Não há uma lei específica cuidando de toda a matéria, que está presente, de forma esparsa, em diversos diplomas legais. Além do atual C.P.C. e de forma não exaustiva, destaca-se a Lei de Introdução às Normas do Direito Brasileiro (LIN), a Resolução n. 9 do S.T.J. e a Portaria Interministerial n. 501 MRE/MJ de 21.03.2012.

Também há inúmeros diplomas de caráter internacional, como convenções multilaterais e bilaterais que cuidam da cooperação jurídica internacional entre o Brasil e alguns estados.[295]

Em regra, essa cooperação jurídica internacional será realizada de acordo com as condições e os requisitos existentes em tratados internacionais dos quais o Brasil seja signatário e, em especial, de acordo com os seguinte princípios: I – o respeito às garantias do devido processo legal no Estado requerente; II – a igualdade de tratamento entre nacionais e estrangeiros, residentes ou não no Brasil, em relação ao acesso à justiça e à tramitação dos processos, assegurando-se assistência judiciária aos necessitados; III – a publicidade processual, exceto nas hipóteses de sigilo previstas na legislação brasileira ou na do Estado requerente; IV – a existência de autoridade central para recepção e transmissão dos

---

[294] ARAUJO, N., idem, p. 36 e 37.
[295] ARAUJO, N., idem, p. 37.

pedidos de cooperação; V – a espontaneidade na transmissão de informações a autoridades estrangeiras.

Estabelece o *§1º do art. 26* do atual C.P.C. que *na ausência de tratado, a cooperação jurídica internacional poderá realizar-se com base em reciprocidade, manifestada por via diplomática.*

Na ausência de tratado, a cooperação jurídica internacional poderá ser realizada com base em reciprocidade, manifestada por via diplomática.

Corretamente entendida, e a exemplo de qualquer promessa, a reciprocidade tanto pode ser acolhida como rejeitada, sem fundamentação, pelos governos em negociação. Sua aceitação, no caso do Brasil, não significa um compromisso internacional sujeito ao referendo do Congresso. O governo poderá, unilateralmente, declinar da promessa feita, em caso concreto.[296]

Na Extradição n. 272-4, o Ministro Victor Nunes Leal assim se manifestou sobre a questão da reciprocidade: *"O melhor entendimento da Constituição é que ela se refere aos atos internacionais de que resultem obrigações para o nosso país. Quando muito, portanto, caberia discutir a exigência da aprovação parlamentar para o compromisso de reciprocidade que fosse apresentado pelo governo brasileiro em seus pedidos de extradição. Mas a simples aceitação da promessa de Estado estrangeiro não envolve obrigação para nós. Nenhum outro Estado, à falta de norma convencional, ou de promessa feita pelo Brasil (que não é o caso), poderia pretender um 'direito' à extradição, exigível do nosso país, pois não há normas de direito internacional sobre extradição obrigatória para todos os Estados (caso Stangl, RTJ, 43/193)".*[297]

Fundada em promessa de reciprocidade, a cooperação internacional abre ao governo brasileiro a possibilidade de uma recusa sumária, cuja oportunidade será mais tarde examinada. Apoiada, porém, essa cooperação em tratado, o pedido não comporta semelhante recusa. Nesta hipótese, há um compromisso que ao governo brasileiro incumbe honrar, sob pena de ver colocada em causa sua responsabilidade internacional.[298]

Não haverá necessidade de reciprocidade para a homologação de sentença estrangeira em território nacional.

Porém, essas relações com os Estados estrangeiros devem observar os princípios de igualdade, equidade, reciprocidade, cooperação e autodeterminação dos povos.

---

[296] REZEK, Francisco. *Direito internacional público.* 12ª ed. São Paulo: Editora Saraiva, 2010. p.204.

[297] REZEK, F., idem, ibidem.

[298] REZEK, F., idem, p. 204.

Além do mais, essa troca recíproca de colaboração deve respeitar as garantias constitucionais do devido processo legal no Estado requerente e também no Estado requerido, pois não se concebe troca de informações jurídicas sem observar, pelo menos, o contraditório e a possibilidade de ampla defesa. Há necessidade também de se garantir a igualdade de tratamento entre nacionais e estrangeiros, residentes ou não no Brasil, não podendo ocorrer qualquer espécie de discriminação, assegurando-se a assistência judiciária gratuita aos necessitados. Deve-se observar, ainda, nessa cooperação a publicidade processual, somente se reconhecendo a necessidade de segredo de justiça nas causas indicadas na legislação brasileira ou na do Estado requerente.

Preceitua o *§2º do art. 26* do atual C.P.C. que *não se exigirá a reciprocidade referida no §1º para homologação de sentença estrangeira.*

Assim, mesmo que não conste em tratado ou acordo internacional a homologação de sentença estrangeira, a homologação deverá ocorrer em território brasileiro independentemente de reciprocidade.

Preconiza o *§ 3º do art. 26* do atual C.P.C. que *na cooperação jurídica internacional não será admitida a prática de atos que contrariem ou que produzam resultados incompatíveis com as normas fundamentais que regem o Estado brasileiro.*

As normas fundamentais que regem o Estado brasileiro encontram-se prevista na Constituição da República Federativa do Brasil, especialmente nos arts. 1º a 17º da nossa Constituição.

Assim, uma vez respeitados esses princípios, a cooperação jurídica internacional, realizada sem burocratização e mediante utilização ao máximo da tecnologia atualmente existente, permite, além da troca de informação, rápida duração do processo e imediata efetividade da tutela jurisdicional.

Estabelece o *§4º do art. 26* do atual C.P.C. que *o Ministério da Justiça exercerá as funções de autoridade central na ausência de designação específica.*

A Portaria Interministerial n. 501 MRE/MF, de 21.03.2012 do Ministro de Estado das Relações Exteriores e do Ministro de Estado da Justiça define a tramitação de cartas rogatórias e pedidos de auxílio direto, ativos e passivos, em matéria penal e civil, na ausência de acordo de cooperação jurídica internacional bilateral ou multilateral.

Estabelece o art. 2º da Portaria Interministerial n. 501:

Art. 2º – Para fins da presente Portaria, considera-se:

I. pedido de auxílio direto passivo, o pedido de cooperação jurídica internacional que não enseja juízo de delibação pelo Superior Tribunal de Justiça, nos termos do art. 7º, parágrafo único da Resolução STJ nº. 9, de 04 de maio de 2005; e

II. carta rogatória passiva, o pedido de cooperação jurídica internacional que enseja juízo de delibação pelo Superior Tribunal de Justiça.

Parágrafo Único. A definição de pedido de auxílio direto ativo e de carta rogatória ativa observará a legislação interna do Estado requerido.

Art. 27

A cooperação jurídica internacional terá por objeto:

I – citação, intimação e notificação judicial e extrajudicial;
II – colheita de provas e obtenção de informações;
III – homologação e cumprimento de decisão;
IV – concessão de medida judicial de urgência;
V – assistência jurídica internacional;
VI – qualquer outra medida judicial ou extrajudicial não proibida pela lei brasileira.

Objeto da cooperação jurídica internacional

O art. 27 do atual C.P.C. estabelece o objeto, ou seja, aquilo que pode ser solicitado ao ou pelo Estado estrangeiro mediante a cooperação jurídica internacional.

Dentre essas hipóteses encontra-se a *comunicação de atos processuais*, como a citação, intimação e notificações judicial e extrajudicial; *produção de provas*, mediante sua indicação e colheita no país estrangeiro, bem como a obtenção de informações sobre as provas que poderão ser produzidas; *homologação de cumprimento de decisão* proferida no estrangeiro, homologação essa que é de competência do S.T.J.; *cumprimento de medidas de urgência*, tais como decretação de indisponibilidade, sequestro, arresto, busca e apreensão de bens, documentos, direitos e valores (essas hipóteses dependem do *exequatur* em carta rogatória expedido pelo S.T.J.); *perdimento de bens, direitos e valores* (também depende de *exequatur* do S.T.J.; *reconhecimento e execução de outras espécies de decisões estrangerias*, podendo ou não depender de homologação por parte do S.T.J. dependendo do seu conteúdo; *obtenção de outras espécies de decisões nacionais, inclusive em caráter definitivo*; *informação de direito estrangeiro*, quando for necessário para o conhecimento da causa a ser julgada no Brasil (isso pode ser por meio de cooperação direta); *prestação de qualquer outra medida judicial ou extrajudicial não proibida pela lei brasileira*, o que significa dizer que as hipóteses previstas no art. 27 do atual C.P.C. são meramente exemplificativas e não taxativa; há, também, a possibilidade de cooperação jurídica internacional para efeito de concessão de assistência judiciária gratuita.

CÓDIGO DE PROCESSO CIVIL

Sobre o tema eis os seguintes precedentes:

I – Não ofende a ordem jurídica nacional a concessão de exequatur às cartas rogatórias originadas de autoridade estrangeira competente de acordo com a legislação local, mesmo que não integrada ao Judiciário, se transmitidas via diplomática ou pelas autoridades centrais e em respeito aos tratados de cooperação jurídica internacionais. (Precedente do STF) II – A simples identificação de usuário do computador através do qual foi praticado crime não afronta o sigilo constitucional de dados (art. 5º, inc. XII, da CF). (Precedentes) Agravo regimental desprovido.

(AgRg na CR 5.694/EX, Rel. Ministro FELIX FISCHER, CORTE ESPECIAL, julgado em 17/04/2013, DJe 02/05/2013)

Carta rogatória. agravo regimental. Realização de interrogatório. Ausência de violação da soberania nacional ou da ordem pública. Alegada limitação à realização da cooperação jurídica internacional, por incidência do art. 1º, item 6, do decreto n. 1.320/1994. Aplicação do princípio da reciprocidade. A realização de interrogatório, ato de simples instrução processual, é meio hábil ao exercício do direito de defesa e não viola a soberania nacional ou a ordem pública. Ademais, a realização de cooperação jurídica internacional não se limita às previsões de acordos específicos, mas funda-se, também, na garantia de aplicação do princípio da reciprocidade (nesse sentido: AgRg nos Edcl na Carta Rogatória n.2.260/MX, rel. Min. Barros Monteiro). Agravo regimental improvido.

(AgRg na CR 5.238/EX, Rel. Ministro ARI PARGENDLER, Rel. p/ Acórdão Ministro PRESIDENTE DO STJ, CORTE ESPECIAL, julgado em 02/05/2012, DJe 06/06/2012)

I – Não sendo hipótese de ofensa à soberania nacional, à ordem pública ou de inobservância aos requisitos da Resolução nº 9/2005, cabe apenas a este e. Superior Tribunal de Justiça emitir juízo meramente delibatório acerca da concessão do exequatur nas cartas rogatórias.

II – Para realização de quebra de sigilo bancário ou de sequestro de bens pela via da carta rogatória, é necessária uma decisão judicial estrangeira, que deve ser delibada por esta Corte, como ocorreu na hipótese. (Precedentes) Agravo regimental desprovido.

(AgRg na CR 4.037/EX, Rel. Ministro FELIX FISCHER, CORTE ESPECIAL, julgado em 21/11/2012, DJe 29/11/2012).

ART. 28

SEÇÃO II – Do Auxílio Direto

Art. 28

Cabe auxílio direto quando a medida não decorrer diretamente de decisão de autoridade jurisdicional estrangeira a ser submetida a juízo de delibação no Brasil.

Hipótese de cabimento do auxílio direito

Dispositivo similar ao do art. 28 do atual C.P.C. encontra-se no artigo 7º, parágrafo único da Resolução n. 9/2005 do S.T.J. que assim preceitua quanto ao pedido direto de cooperação internacional:

> *Art. 7º As cartas rogatórias podem ter por objeto atos decisórios ou não decisórios.*
> *Parágrafo único. Os pedidos de cooperação jurídica internacional que tiverem por objeto atos que não ensejem juízo de delibação pelo Superior Tribunal de Justiça, ainda que denominados como carta rogatória, serão encaminhados ou devolvidos ao Ministério da Justiça para as providências necessárias ao **cumprimento por auxílio direto**.*

Assim, não havendo necessidade de deliberação por parte de órgão jurisdicional brasileiro, o pedido de auxílio direito será encaminhado à autoridade central que adotará as providências necessárias.

Nessa nova modalidade, procura-se agilizar os procedimentos de cooperação tradicional, em vista da morosidade a eles associada. Há países, inclusive, que permitem toda a cooperação entre autoridades administrativas.

No caso do Brasil, com a norma estabelecida no art. 28 do atual C.P.C., poderá haver a colaboração sem necessidade de despacho judicial, quando não haja razão para o exercício de atividade jurisdicional.

A intervenção judicial poderá ser dispensada quando a situação não for de molde a exigi-la, como, por exemplo, se o requerimento for de informações disponíveis sem a necessidade de intervenção judicial.

A cooperação para a informação sobre o direito nacional vigente em um determinado Estado para uso judicial em outro Estado, pode ser feita através de um pedido judicial ou meramente administrativo.

No Mercosul, o Protocolo de Lãs Lenas sobre cooperação jurídica internacional estabelece que esta informação pode ser enviada diretamente pela Autoridade Central designada. Há ainda pedidos de cooperação administrativa provenientes do exterior, que não necessitam de realização de um ato jurisdicional e podem ser cumpridos diretamente pelos órgãos competentes, atualmente o Departamento de Ativos e Cooperação Internacional. Não há uma norma específica sobre essa matéria, mas a Resolução n. 9 do S.T.J. a ela aludiu no seu artigo 7º, parágrafo único, ao estabelecer 'os pedidos de cooperação jurídica internacional que tiverem por objeto atos que não ensejem juízo de delibação pelo Superior Tribunal de Justiça, ainda que denominados como carta rogatória, serão encaminhados ou devolvidos ao Ministério de Justiça para as providências necessárias ao cumprimento do auxílio direto.

Dentre as hipóteses em que não se admite o *auxílio direto* encontra-se o sequestro de bens. Nesse sentido eis o seguinte precedente do S.T.J. proferido no H.C. n. 114043:

> *"A determinação de sequestro de bens e bloqueio de ativos não pode se basear em mero pedido de cooperação jurídica internacional. A medida exige a concessão, pelo Superior Tribunal de Justiça (STJ), de 'exequatur' a carta rogatória expedida por estado estrangeiro. Com esse entendimento, a Sexta Turma do Tribunal, afastou restrições impostas a pessoas suspeitas de envolvimento em golpe de US$ 80 milhões na Suíça.*
>
> *O habeas corpus foi concedido inicialmente em 2009 a três envolvidos. Apesar de não serem partes em ação cautelar que tramitava no Rio de Janeiro contra outros, eles sofreram medidas restritivas em cumprimento à carta rogatória oriunda da Suíça que não foi submetida ao 'exequatur'. A decisão atual da Sexta Turma estende a ordem de liberação dos bens a outras duas pessoas que também não constavam da ação brasileira.*
>
> *O 'exequatur' é um meio de exercício da soberania do estado brasileiro, e configura autorização para que sejam cumpridas em seu território medidas determinadas por outros países. Compete ao STJ a apreciação da carta rogatória que solicita medidas a serem tomadas em território brasileiro.*
>
> *No caso analisado, o juiz de primeiro grau determinou o bloqueio de ativos e sequestro de bens com base em carta rogatória suíça. O natural daquele país foi lá condenado por "fraude processual", modalidade de crime contra o sistema financeiro que teria afetado 600 pessoas e causado prejuízo de US$ 80 milhões.*
>
> *O suíço também era investigado por crimes no Brasil e havia pedido de extradição contra ele. Para o juiz, o acordo de extradição autorizaria a cooperação direta em sede cautelar, sem exequatur. O STJ apontou, na ocasião do habeas corpus, que em qualquer hipótese a autorização seria exigida.*
>
> *Com a decisão, outras quatro pessoas buscaram liberar os bens restringidos na mesma ação. O ministro Sebastião Reis Júnior apontou, porém, que apenas duas estavam em situação idêntica aos beneficiados originais.*
>
> *Uma terceira requerente da extensão não obteve sucesso porque as restrições contra seus bens foram determinadas em outra ação cautelar, originada de inquérito policial*

para apuração de crimes de lavagem de dinheiro em tese cometidos no Brasil e não se relacionam à carta rogatória.

O quarto requerente também não se encontrava em situação análoga. Seu patrimônio teria sido atingido indiretamente, por conta de um dos imóveis sequestrados, apontados na decisão como de propriedade de empresa do suíço, mas que teria sido adquirido por ele.

Nesse ponto, o relator afirmou que o pedido ainda escapa dos limites do habeas corpus, havendo meios específicos de contestar esse gravame."

Art. 29

A solicitação de auxílio direto será encaminhada pelo órgão estrangeiro interessado à autoridade central, cabendo ao Estado requerente assegurar a autenticidade e a clareza do pedido.

Encaminhamento do pedido de auxílio direto à autoridade central

O auxílio direto é um mecanismo de cooperação que permite levar a cognição do pedido diretamente ao juiz de primeira instância, sendo desnecessário o juízo prévio de delibação do S.T.J.

A tramitação desses pedidos é coordenada pela Autoridade Central brasileira designada em cada tratado firmado. Esse novo mecanismo é sem dúvida mais consentâneo à realidade atual, tomando-se por base o crescimento exponencial do número de pedidos de cooperação jurídica que o Brasil requer aos países estrangeiros (cooperação ativa) e também se analisando o aumento dos pedidos que recebe (cooperação passiva).[299]

Quando não for o caso de reconhecimento e execução de decisões estrangeiras (nessas hipóteses deverá ser por meio de *exequatur* ou *homologação de sentença estrangeira*) a prática de atos processuais no Brasil e no estrangeiro poderá ser realizada por meio de pedidos de *auxílio direto*.

Conforme anota Maria Rosa Guimarães Loula em sua tese de doutorado sobre auxílio direto, apresentada e aprovada pela Faculdade da UERJ: *"A 'assistência direta' é um novo mecanismo de cooperação jurídica internacional que não se confunde com a carta rogatória e nem com a homologação de sentença estrangeira. Trata-se de*

---

[299] PIRES JÚNIOR, Paulo Abraão. O papel da cooperação jurídica internacional, In: *Manual de cooperação jurídica internacional e recuperação de ativos*. Ministério da Justiça Secretaria de Justiça – Departamento de Recuperação de Ativos e Cooperação Jurídica Internacional, Brasília, 2012, 2ª edição, Ministro José Eduardo Cardozo, pág. 18.

um procedimento inteiramente nacional, que começa com uma solicitação de ente estrangeiro para que o juiz nacional conheça de seu pedido como se o procedimento fosse interno, ou seja, a autoridade ou parte estrangeira fornece os elementos de prova para a autoridade central que encaminha o caso para o MPF (pena) ou AGU (civil) propor a demanda desde o início. Por isso a assistência direta difere da carta rogatória. Na carta rogatória passiva há uma ação no estrangeiro e o juiz estrangeiro solicita que o juiz nacional pratique certo ato (e já diz qual é o ato). O juiz nacional só pode praticar aquele ato ou negar aplicação (no caso de ofensa à ordem pública). A assistência direta começou nos países da Common Law e nestes ela não difere muito da carta precatória. Este procedimento começou a ser utilizado no Brasil para resolver o impasse criado pela jurisprudência do STJ sobre cartas rogatórias executórias. Este procedimento está bem descrito no acordo bilateral BR-EUA e no Protocolo de São Luis, Mercosul (assistência judicial em matéria penal)".[300]

Em regra, essa cooperação jurídica internacional será realizada de acordo com as condições e os requisitos existentes em tratados internacionais dos quais o Brasil seja signatário.

Na ausência de tratado, a cooperação jurídica internacional poderá ser realizada com base em *reciprocidade*, manifestada por via diplomática. Corretamente entendida, e a exemplo de qualquer promessa, a *reciprocidade* tanto pode ser acolhida como rejeitada, sem fundamentação, pelos governos em negociação. Sua aceitação, no caso do Brasil, não significa um compromisso internacional sujeito ao referendo do Congresso. O governo poderá, unilateralmente, declinar da promessa feita, em caso concreto.[301]

Na Extradição n. 272-4, o Ministro Victor Nunes Leal assim se manifestou sobre a questão da *reciprocidade*: *"O melhor entendimento da Constituição é que ela se refere aos atos internacionais de que resultem obrigações para o nosso país. Quando muito, portanto, caberia discutir a exigência da aprovação parlamentar para o compromisso de reciprocidade que fosse apresentado pelo governo brasileiro em seus pedidos de extradição. Mas a simples aceitação da promessa de Estado estrangeiro não envolve obrigação para nós. Nenhum outro Estado, à falta de norma convencional, ou de promessa feita pelo Brasil (que não é o caso), poderia pretender um 'direito' à extradição, exigível do nosso país, pois não há normas de direito internacional sobre extradição obrigatória para todos os Estados (caso Stangl, RTJ, 43/193)".*[302]

---

[300] Apud, NÁDIA, de Araujo. Cooperação jurídica internacional para atuação do estado brasileiro no plano interno e internacional. In: *Manual de cooperação jurídica internacional e recuperação de ativos*, op. cit., pág. 45 e 46.

[301] REZEK, Francisco. *Direito internacional público*. 12ª ed. São Paulo: Editora Saraiva, 2010. p.204.

[302] REZEK, F., idem, ibidem.

ART. 30

Fundada em promessa de reciprocidade, a cooperação internacional abre ao governo brasileiro a possibilidade de uma *recusa sumária*, cuja oportunidade será mais tarde examinada. Apoiada, porém, essa cooperação em tratado, o pedido não comporta semelhante recusa. Nesta hipótese, há um compromisso que ao governo brasileiro incumbe honrar, sob pena de ver colocada em causa sua responsabilidade internacional.[303]

O pedido de cooperação jurídica internacional por meio de *auxílio direto*, baseado em tratados ou em compromisso de reciprocidade, poderá ter por objeto: a) comunicação de atos processuais; b) produção de provas; c) informação de direito estrangeiro; d) prestação de qualquer outra forma de cooperação não proibida por lei.

O pedido de *auxílio direto* deverá tramitar perante as autoridades centrais dos países envolvidos. Esse trâmite poderá ser transmitido por meios não regulares, como por fax ou correio eletrônico, nos casos em que a adoção das medidas demanda urgência.

No Brasil, salvo disposição em contrário, a autoridade central é o Ministério da Justiça. Poderá também ser designado como autoridade central o Ministério Público.

Não se deve confundir a cooperação direta com o instituto do auxílio direto. A primeira ocorre sem intermediários, ao tempo que o auxílio direto é tramitado pelas autoridades centrais dos Estados envolvidos. Ambas as formas de cooperação formal e informal são importantes e, mais que isso, são complementares. Se aplicadas corretamente, observando-se os fins e os limites que se atribui a cada uma delas, chega-se a um ponto benéfico para a sociedade.[304]

Um exemplo de pedido de auxílio, no Brasil, em matéria civil é o da na Convenção de Nova York sobre prestação de alimentos, de 1956, e ratificada pelo Brasil em 1962.

Art. 30

Além dos casos previstos em tratados de que o Brasil faz parte, o auxílio direto terá os seguintes objetos:

I – obtenção e prestação de informações sobre o ordenamento jurídico e sobre processos administrativos ou jurisdicionais findos ou em curso;

---

[303] REZEK, F., idem, p. 204.
[304] SAADI, Ricardo Andrade; BEZERRA, Camíla Colares. A autoridade central da cooperação jurídica internacional. In: *Manual de cooperação jurídica internacional e recuperação de ativos*, op. cit., *p. 24*.

II – colheita de provas, salvo se a medida for adotada em processo, em curso no estrangeiro, de competência exclusiva de autoridade judiciária brasileira;

III – qualquer outra medida judicial ou extrajudicial não proibida pela lei brasileira.

Objeto do auxílio direito

Desde que não haja necessidade de juízo de deliberação no Brasil, o auxílio direto poderá ter por objeto: a) casos previstos em tratados dois quais o Brasil seja parte; b) obtenção e prestação de informações sobre o ordenamento jurídico e sobre processos administrativos ou jurisdicionais findos ou em curso; c) colheita de provas, salvo se a medida for adotada em processo, em curso no estrangeiro, de competência exclusiva de autoridade judiciária brasileira; d) qualquer outra medida judicial ou extrajudicial não proibida pela lei brasileira.

Art. 31

A autoridade central brasileira comunicar-se-á diretamente com suas congêneres e, se necessário, com outros órgãos estrangeiros responsáveis pela tramitação e pela execução de pedidos de cooperação enviados e recebidos pelo Estado brasileiro, respeitadas disposições específicas constantes de tratado.

Comunicação entre as autoridades centrais

A figura da Autoridade Central aparece como parte determinante desse pacote de medidas voltadas à modernização da ajuda jurídica internacional. O modelo foi inaugurado com a Convenção de Haia de Comunicação de Atos Processuais, de 1965, que trouxe a obrigação de cada Estado-parte designar uma Autoridade Central para receber os pedidos de cooperação jurídica elaborados com base naquele instrumento, e posteriormente reproduzido na grande maioria dos acordos e tratados que tratam de assistência jurídica. A ideia de concentrar em um único órgão o envio e recebimento dos pedidos representa, sem dúvida, um grande avanço na organização da cooperação jurídica internacional, especialmente se considerarmos que o fluxo de pedidos dessa natureza aumenta exponencialmente a cada ano. No entanto, o papel da Autoridade Central vai além da tramitação de documentos, se estendendo a aspectos ligados à efetividade, celeridade e lisura da cooperação. A Autoridade Central é um órgão técnico-especializado responsável pela boa condução da cooperação jurídica que cada Estado exerce com as demais soberanias, cabendo-lhe, ademais do recebimento e transmissão dos pedidos de cooperação jurídica, a análise e adequação destas solicitações quanto à legislação estrangeira e ao tratado que a fundamenta. Tem como função promover a efetividade da cooperação jurídica e, principalmente, desenvolver conhecimento agregado acerca da matéria. Mediante especialização do seu corpo de servidores e das suas rotinas, a Autoridade Central confere maior celeridade à relação da cooperação, conformando a solicitação aos requisitos que podem variar de acordo com diferentes aspectos, dentre eles a medida que se solicita, o país destinatário e a base jurídica. O espectro de variantes pode ser enorme e o rol de requisitos a ser preenchido por cada solicitação é sempre peculiar. Cabe à Autoridade Central, conhecendo cada uma dessas peculiaridades, instruir as autoridades nacionais e estrangeiras de modo a tornar o intercâmbio entre os Estados o mais fluído e eficiente possível. Outro aspecto relevante é que as autoridades centrais se comunicam diretamente, eliminando, em regra, a necessidade de instância diplomática para tramitação dos documentos. Esse contado direto, além de diminuir o número de interlocutores e consequentemente a probabilidade de haver ruídos na comunicação interestatal, favorece a que se forme uma rede de órgãos especializados que estão sempre buscando junto à comunidade internacional melhorias no sistema de cooperação e a padronização de boas práticas na área.[305]

Enquanto não indicada outra autoridade central para o trâmite do pedido de cooperação internacional, competirá ao Ministério da Justiça encaminhar à autoridade congênere no exterior o pedido de auxílio direto ativo.

Assim, compete ao Ministério da Justiça verificar junto à autoridade estrangeira qual a autoridade que se encontra investida nessa função.

Em regra, os pedidos de cooperação internacional são encaminhados pela via diplomática, por meio do Ministério das Relações Exteriores.

De qualquer forma, havendo tratado sobre a forma de trâmite do pedido de cooperação internacional, este deverá ser observado para todos os fins procedimentais.

Poderá a inda a autoridade central brasileira comunicar-se diretamente com órgãos administrativos no exterior para atender ao pedido de auxílio direito formulado pela autoridade judiciária brasileira.

---

[305] *Manual de cooperação jurídica internacional e recuperação de ativos.* op. cit., p. 23.

Art. 32

No caso de auxílio direto para a prática de atos que, segundo a lei brasileira, não necessitem de prestação jurisdicional, a autoridade central adotará as providências necessárias para seu cumprimento.

Atos que não necessitam de prestação jurisdicional
Não havendo necessidade de prestação jurisdicional, a autoridade central, no caso de auxílio direto, adotará as providências necessárias.

Nessa nova modalidade, procura-se agilizar os procedimentos de cooperação tradicional, em vista da morosidade a eles associada. Há países, inclusive, que permitem toda a cooperação entre autoridades administrativas.

No caso do Brasil, com a norma estabelecida no art. 32 do atual C.P.C., poderá haver a colaboração sem necessidade de despacho judicial, quando não haja razão para o exercício de atividade jurisdicional.

A intervenção judicial poderá ser dispensada quando a situação não for de molde a exigi-la, como por exemplo, se o requerimento for de informações disponíveis sem a necessidade de intervenção judicial.

A cooperação para a informação sobre o direito nacional vigente em um determinado Estado para uso judicial em outro Estado, que pode ser feita através de um pedido judicial ou meramente administrativo. Por exemplo, no Mercosul, o Protocolo de Lãs Lenas sobre cooperação jurídica internacional prevê que esta informação pode ser enviada diretamente pela Autoridade Central designada. Há ainda pedidos de cooperação administrativa provenientes do exterior, que não necessitam de realização de um ato jurisdicional e podem ser cumpridos diretamente pelos órgãos competentes, atualmente o Departamento de Ativos e Cooperação Internacional. Não há uma norma específica sobre essa matéria, mas a Resolução n. 9 do S.T.J. a ela aludiu no seu artigo 7º, parágrafo único, ao estabelecer 'os pedidos de cooperação jurídica internacional que tiverem por objeto atos que não ensejem juízo de delibação pelo Superior Tribunal de Justiça, ainda que denominados como carta rogatória, serão encaminhados ou devolvidos ao Ministério de Justiça para as providências necessárias ao cumprimento do auxílio direto.

Art. 33

Recebido o pedido de auxílio direto passivo, a autoridade central o encaminhará à Advocacia- Geral da União, que requererá em juízo a medida solicitada.

Parágrafo único. O Ministério Público requererá em juízo a medida solicitada quando for autoridade central.

Auxílio direto passivo
O pedido de auxílio direto ativo ocorre quando a solicitação é feita pela autoridade judiciária brasileiro para o Estado estrangeiro.

Já o pedido de auxílio direto passivo ocorre quando o requerimento de cooperação jurídica internacional é feito por Estados estrangeiros ao Brasil.

Recebido o pedido de auxílio direto passivo, a autoridade central, no caso o Ministério da Justiça, encaminhará a documentação e a solicitação formulada à Advocacia-Geral da União, órgão encarregado de requerer em juízo a medida solicitada, quando a medida depender de prestação jurisdicional.

Note-se que a Advocacia-Geral da União não é representante da parte solicitante do pedido de auxílio direto.

A função da Advocacia-Geral da União é promover a provocação da atividade jurisdicional para a prática do ato judicial requerido no auxílio direto.

Não sendo o caso de o pedido de auxílio direto exigir atividade jurisdicional, a Advocacia-Geral da União poderá requerer a outro órgão administrativo diretamente o objeto requerido no auxílio direto.

Estabelece o *parágrafo único do art. 33* do atual C.P.C., que *o Ministério Público requererá em juízo a medida solicitada quando for autoridade central.*

Sendo o Ministério Público a autoridade central na hipótese do objeto do pedido de auxílio direto passivo, caberá a esta instituição promover em juízo a medida solicitada.

Art. 34
Compete ao juízo federal do lugar em que deva ser executada a medida apreciar pedido de auxílio direto passivo que demande prestação de atividade jurisdicional.

Competência jurisdicional para apreciar o auxílio direto
Tendo em vista que o auxílio direto tem, em regra, por parte promovente a Advocacia-Geral da União ou o Ministério Público Federal, isso significa dizer que haverá interesse da União na concretização do pedido de cooperação jurídica internacional passiva, justificando assim a competência da *justiça federal* do lugar em que deva ser executada a medida.

CÓDIGO DE PROCESSO CIVIL

A competência somente será da justiça federal quando o pedido de auxílio direto passivo exigir a prestação jurisdicional, caso contrário não haverá necessidade de se provocar o juiz federal para a análise do requerimento do auxílio direto, devendo o auxílio direto ser realizado diretamente pela autoridade central.

SEÇÃO III – Da Carta Rogatória

Art. 35º (VETADO)

Dar-se-á por meio de carta rogatória o pedido de cooperação entre órgão jurisdicional brasileiro e órgão jurisdicional estrangeiro para prática de ato de citação, intimação, notificação judicial, colheita de provas, obtenção de informações e de cumprimento de decisão interlocutória, sempre que o ato estrangeiro constituir decisão a ser executada no Brasil.

Este dispositivo foi vetado pela Presidente da República pela Mensagem n. 56, de 16 de março de 2015:

> *Razões do veto*
> *"Consultados o Ministério Público Federal e o Superior Tribunal de Justiça, entendeu-se que o dispositivo impõe que determinados atos sejam praticados exclusivamente por meio de carta rogatória, o que afetaria a celeridade e efetividade da cooperação jurídica internacional que, nesses casos, poderia ser processada pela via do auxílio direto."*

Art. 36

O procedimento da carta rogatória perante o Superior Tribunal de Justiça é de jurisdição contenciosa e deve assegurar às partes as garantias do devido processo legal.

§ 1º A defesa restringir-se-á à discussão quanto ao atendimento dos requisitos para que o pronunciamento judicial estrangeiro produza efeitos no Brasil.

§ 2º Em qualquer hipótese, é vedada a revisão do mérito do pronunciamento judicial estrangeiro pela autoridade judiciária brasileira.

Procedimento da carta rogatória

Segundo o art. 36 do atual C.P.C., o procedimento a ser adotado pelo S.T.J. para conferir o *exequatur* às cartas rogatórias é de natureza de jurisdição contenciosa, razão pela qual deverá observar o princípio constitucional do devido processo legal, especialmente o contraditório.

ART. 36

O procedimento para cumprimento de carta rogatória em território brasileiro encontra-se definido pela Resolução n. 9/2005 do S.T.J., *in verbis*:

Art. 1º Ficam criadas as classes processuais de Homologação de Sentença Estrangeira e de Cartas Rogatórias no rol dos feitos submetidos ao Superior Tribunal de Justiça, as quais observarão o disposto nesta Resolução, em caráter excepcional, até que o Plenário da Corte aprove disposições regimentais próprias.

Parágrafo único. Fica sobrestado o pagamento de custas dos processos tratados nesta Resolução que entrarem neste Tribunal após a publicação da mencionada Emenda Constitucional, até a deliberação referida no caput deste artigo.

Art. 2º É atribuição do Presidente homologar sentenças estrangeiras e conceder exequatur a cartas rogatórias, ressalvado o disposto no artigo 9º desta Resolução.

Art. 3º A homologação de sentença estrangeira será requerida pela parte interessada, devendo a petição inicial conter as indicações constantes da lei processual, e ser instruída com a certidão ou cópia autêntica do texto integral da sentença estrangeira e com outros documentos indispensáveis, devidamente traduzidos e autenticados.

Art. 4º A sentença estrangeira não terá eficácia no Brasil sem a prévia homologação pelo Superior Tribunal de Justiça ou por seu Presidente.

§ 1º Serão homologados os provimentos não-judiciais que, pela lei brasileira, teriam natureza de sentença.

§ 2º As decisões estrangeiras podem ser homologadas parcialmente.

§ 3º Admite-se tutela de urgência nos procedimentos de homologação de sentenças estrangeiras.

Art. 5º Constituem requisitos indispensáveis à homologação de sentença estrangeira:

I – haver sido proferida por autoridade competente;

II – terem sido as partes citadas ou haver-se legalmente verificado a revelia;

III – ter transitado em julgado; e

IV – estar autenticada pelo cônsul brasileiro e acompanhada de tradução por tradutor oficial ou juramentado no Brasil.

Art. 6º Não será homologada sentença estrangeira ou concedido exequatur a carta rogatória que ofendam a soberania ou a ordem pública.

Art. 7º As cartas rogatórias podem ter por objeto atos decisórios ou não decisórios.

Parágrafo único. Os pedidos de cooperação jurídica internacional que tiverem por objeto atos que não ensejem juízo de delibação pelo Superior Tribunal de Justiça, ainda que denominados como carta rogatória, serão encaminhados ou devolvidos ao Ministério da Justiça para as providências necessárias ao cumprimento por auxílio direto.

Art. 8º A parte interessada será citada para, no prazo de 15 (quinze) dias, contestar o pedido de homologação de sentença estrangeira ou intimada para impugnar a carta rogatória.

CÓDIGO DE PROCESSO CIVIL

Parágrafo único. A medida solicitada por carta rogatória poderá ser realizada sem ouvir a parte interessada quando sua intimação prévia puder resultar na ineficácia da cooperação internacional.

Art. 9º Na homologação de sentença estrangeira e na carta rogatória, a defesa somente poderá versar sobre autenticidade dos documentos, inteligência da decisão e observância dos requisitos desta Resolução.

§ 1º Havendo contestação à homologação de sentença estrangeira, o processo será distribuído para julgamento pela Corte Especial, cabendo ao Relator os demais atos relativos ao andamento e à instrução do processo.

§ 2º Havendo impugnação às cartas rogatórias decisórias, o processo poderá, por determinação do Presidente, ser distribuído para julgamento pela Corte Especial.

§ 3º Revel ou incapaz o requerido, dar-se-lhe-á curador especial que será pessoalmente notificado.

Art. 10 O Ministério Público terá vista dos autos nas cartas rogatórias e homologações de sentenças estrangeiras, pelo prazo de dez dias, podendo impugná-las.

Art. 11 Das decisões do Presidente na homologação de sentença estrangeira e nas cartas rogatórias cabe agravo regimental.

Art. 12 A sentença estrangeira homologada será executada por carta de sentença, no Juízo Federal competente.

Art. 13 A carta rogatória, depois de concedido o exequatur, será remetida para cumprimento pelo Juízo Federal competente.

§1º No cumprimento da carta rogatória pelo Juízo Federal competente cabem embargos relativos a quaisquer atos que lhe sejam referentes, opostos no prazo de 10 (dez) dias, por qualquer interessado ou pelo Ministério Público, julgando-os o Presidente.

§2º Da decisão que julgar os embargos, cabe agravo regimental.

§3º Quando cabível, o Presidente ou o Relator do Agravo Regimental poderá ordenar diretamente o atendimento à medida solicitada.

Art. 14 Cumprida a carta rogatória, será devolvida ao Presidente do STJ, no prazo de 10 (dez) dias, e por este remetida, em igual prazo, por meio do Ministério da Justiça ou do Ministério das Relações Exteriores, à autoridade judiciária de origem.

Art. 15 Esta Resolução entra em vigor na data de sua publicação, revogados a Resolução nº 22, de 31/12/2004 e o Ato nº 15, de 16/02/2005.

Estabelece o *§ 1º do art. 36* do atual C.P.C. que *a defesa restringir-se-á à discussão quanto ao atendimento dos requisitos para que o pronunciamento judicial estrangeiro produza efeitos no Brasil.*

Não obstante a jurisdição prestada pelo S.T.J. para conferir o *exequatur* às cartas rogatórias tenha natureza contenciosa, devendo ser observado o princípio

Constitucional do devido processo legal, isso não significa que haverá amplitude de argumentações ou de defesa no procedimento instaurado perante o S.T.J., uma vez que a cognição a ser realizada pelo respectivo tribunal é limitada.

Assim, a defesa restringir-se-á apenas ao atendimento dos requisitos exigidos pelas normas para que o pronunciamento judicial estrangeiro produza seus efeitos no Brasil.

Por fim, preconiza o § 2º do art. 36 do atual C.P.C. que *em qualquer hipótese, é vedada a revisão do mérito do pronunciamento judicial estrangeiro pela autoridade judiciária brasileira.*

Este dispositivo vem reforçar que a atividade jurisdicional contenciosa exercida pelo S.T.J. na expedição do *exequatur* é meramente procedimental, não podendo ingressar ou mesmo rever o mérito do pronunciamento judicial estrangeiro.

SEÇÃO IV – Disposições Comuns às Seções Anteriores

Art. 37
O pedido de cooperação jurídica internacional oriundo de autoridade brasileira competente será encaminhado à autoridade central para posterior envio ao Estado requerido para lhe dar andamento.

Encaminhamento do pedido de cooperação jurídica internacional ativa
A figura da Autoridade Central aparece como parte determinante desse pacote de medidas voltadas à modernização da cooperação jurídica internacional. O modelo foi inaugurado com a Convenção de Haia de Comunicação de Atos Processuais, de 1965, que trouxe a obrigação de cada Estado-parte designar uma Autoridade Central para receber os pedidos de cooperação jurídica elaborados com base naquele instrumento, e posteriormente reproduzido na grande maioria dos acordos e tratados que tratam de assistência jurídica. A ideia de concentrar em um único órgão o envio e recebimento dos pedidos representa, sem dúvida, um grande avanço na organização da cooperação jurídica internacional, especialmente se considerarmos que o fluxo de pedidos dessa natureza aumenta exponencialmente a cada ano. No entanto, o papel da Autoridade Central vai além da tramitação de documentos, se estendendo a aspectos ligados à efetividade, celeridade e lisura da cooperação. A Autoridade Central é um órgão técnico-especializado responsável pela boa condução da cooperação jurídica que cada Estado exerce com as demais soberanias, cabendo-lhe, ademais

do recebimento e transmissão dos pedidos de cooperação jurídica, a análise e adequação destas solicitações quanto à legislação estrangeira e ao tratado que a fundamenta. Tem como função promover a efetividade da cooperação jurídica e, principalmente, desenvolver conhecimento agregado acerca da matéria. Mediante especialização do seu corpo de servidores e das suas rotinas, a Autoridade Central confere maior celeridade à relação da cooperação, conformando a solicitação aos requisitos que podem variar de acordo com diferentes aspectos, dentre eles a medida que se solicita, o país destinatário e a base jurídica. O espectro de variantes pode ser enorme e o rol de requisitos a ser preenchido por cada solicitação é sempre peculiar. Cabe à Autoridade Central, conhecendo cada uma dessas peculiaridades, instruir as autoridades nacionais e estrangeiras de modo a tornar o intercâmbio entre os Estados o mais fluído e eficiente possível. Outro aspecto relevante é que as autoridades centrais se comunicam diretamente, eliminando, em regra, a necessidade de instância diplomática para tramitação dos documentos. Esse contado direito, além de diminuir o número de interlocutores e consequentemente a probabilidade de haver ruídos na comunicação interestatal, favorece a que se forme uma rede de órgãos especializados que estão sempre buscando junto à comunidade internacional melhorias no sistema de cooperação e a padronização de boas práticas na área.[306]

Em resumo, a figura da Autoridade Central fundamenta-se em dois eixos principais que fortificam sua existência. O primeiro está relacionado ao trabalho de receber, analisar, adequar e tramitar os pedidos de cooperação jurídica, conferindo maior celeridade e efetividade a este processo. O segundo, tão ou mais importante que o primeiro, refere-se à lisura da cooperação, dando ao Estado e aos cidadãos que dela se utilizam maior garantia de autenticidade e legalidade do que se tramita.[307]

O pedido de cooperação jurídica internacional ativa, ou seja, aquele pedido que é formulado pela autoridade judiciária brasileira, seja ele carta rogatória ou auxílio direto, deverá ser encaminhado à autoridade central, a qual ficará encarregada de encaminhar o pedido ao Estado requerido. Normalmente, esse encaminhamento se dá via Ministério das Relações exteriores, órgão incumbido de realizar os contatos internacionais, especialmente para fins de cooperação entre o Brasil e os Estados estrangeiros.

---

[306] SAADI, Ricardo Andrade; BEZERRA, Camila Colares. A autoridade central no exercício da cooperação jurídica internacional. *Manual de cooperação jurídica internacional e recuperação de ativos.* op. cit., p. 23.

[307] SAADI, R. A.; BEZERRA, C. C., idem, p. 24.

Enquanto não for designada outra autoridade, o Ministério da Justiça será considerado como *autoridade central* para fins de recebimento do pedido de cooperação internacional ativa.

No direito espanhol, por exemplo, segundo estabelece o art. 276 da Lei Orgânica do Poder Judiciário, as petições de cooperação internacional serão encaminhadas por meio do Presidente do Tribunal Supremo, do Tribunal Superior de Justiça ou da Audiência do Ministério da Justiça, os quais farão chegar às autoridades competentes do Estado requerido, através da via consular ou diplomática ou diretamente se assim preveem os Tratados internacionais.

A autoridade central fará a análise dos requisitos de admissibilidade formais dos pedidos de cooperação jurídica internacional, podendo devolvê-lo ao órgão judiciário requerente caso haja alguma irregularidade ou falte algum documento necessário para que o ato seja cumprido no Estado estrangeiro.

A tramitação do pedido de cooperação jurídica internacional poderá ser simplificada, mediante tratativa direta entre autoridades judiciárias do Brasil e dos Estados estrangeiros, valendo-se inclusive do sistema eletrônico de comunicação via internet, desde que esse método esteja previsto em tratados firmados pelo Brasil.

Art. 38

O pedido de cooperação oriundo de autoridade brasileira competente e os documentos anexos que o instruem serão encaminhados à autoridade central, acompanhados de tradução para a língua oficial do Estado requerido.

Sumário:
1. Correspondência
2. Direito Comparado
3. Documentos e tradução para língua oficial do Estado requerido

Documentos e tradução para língua oficial do Estado requerido

Quando o Estado brasileiro dependa do auxílio de Estado estrangeiro para a prática de determinados atos processuais, esse pedido de cooperação ativa proveniente de autoridade judiciária brasileira competente deverá ser encaminhado à autoridade central, que por ora é o Ministério da Justiça, juntamente com os documentos necessários para que a autoridade judiciária ou administrativa estrangeira possa atender à solicitação da autoridade brasileira.

CÓDIGO DE PROCESSO CIVIL

Os documentos que deverão acompanhar o pedido de cooperação deverão ser traduzidos na língua oficial do Estado requerido, sob pena de não serem admitidos pela autoridade central. Não há necessidade que a tradução seja feita por tradutor juramentado.

Art. 39

O pedido passivo de cooperação jurídica internacional será recusado se configurar manifesta ofensa à ordem pública.

Recusa do pedido passivo de cooperação jurídica internacional

Este dispositivo trata do pedido passivo de cooperação jurídica internacional, isto é, da hipótese em que o Estado estrangeiro solicita a cooperação do Estado brasileiro para a prática do ato jurídico processual.

O pedido passivo de cooperação internacional, salvo previsão em tratado internacional ou em face de reciprocidade adotada com o Brasil, deverá seguir as vias diplomáticas, até chegar às mãos da autoridade central, no caso o Ministério da Justiça.

A autoridade central poderá recusar o pedido de cooperação internacional passivo se o ato de colaboração solicitado à autoridade brasileira ofender a ordem pública ou ferir os direitos e garantias fundamentais previstos na Constituição Federal.

No caso do auxílio direto, poderá a análise do pedido passivo de cooperação internacional ser feita também pela autoridade judiciária brasileira antes de realizar a cooperação, indeferindo a cooperação na hipótese de ela ofender a ordem pública.

Também o Superior Tribunal de Justiça poderá indeferir a homologação de sentença estrangeira ou não firmar o *exequatur* em carta rogatória caso o seu conteúdo ofenda a ordem pública e os princípios e garantias fundamentais previstos na Constituição da República Federativa do Brasil.

Sobre o tema, eis os seguintes precedentes do S.T.J.:

I – Não sendo hipótese de ofensa à soberania nacional, à ordem pública ou de inobservância aos requisitos da Resolução n. 9/2005, cabe apenas a este e. Superior Tribunal de Justiça emitir juízo meramente delibatório acerca da concessão do exequatur nas cartas rogatórias, sendo competência da Justiça rogante a análise de eventuais alegações relacionadas ao mérito da causa.

(...).
(AgRg na CR 8.277/EX, Rel. Ministro FELIX FISCHER, CORTE ESPE-
CIAL, julgado em 21/05/2014, DJe 29/05/2014)

*I – Não sendo hipótese de ofensa à soberania nacional, à ordem pública ou de inob-
servância aos requisitos da Resolução nº 9/2005, cabe apenas a este e. Superior Tribunal de Justiça emitir juízo meramente delibatório acerca da concessão do exequatur nas
cartas rogatórias, sendo competência da justiça rogante a análise de eventuais alegações
relacionadas ao mérito da causa.*

(...).
(AgRg na CR 6.530/EX, Rel. Ministro FELIX FISCHER, CORTE ESPE-
CIAL, julgado em 18/12/2013, DJe 03/02/2014)

Art. 40
A cooperação jurídica internacional para execução de decisão estrangeira dar-se-á por meio de carta rogatória ou de ação de homologação de
sentença estrangeira, de acordo com o art. 960.

**Forma de cooperação jurídica internacional para execução de decisão
estrangeira**
Não se tratando de mero ato de comunicação, o qual poderá ser realizado por
meio de auxílio direto, mas de execução de decisão estrangeira, o meio para a
realização dessa cooperação será mediante carta rogatória ou de ação de homologação de sentença (decisão) estrangeira de acordo com o art. 960 do atual
C.P.C. que assim dispõe:

*Art. 960. A homologação de decisão estrangeira será requerida por ação de homo-
logação de decisão estrangeira, salvo disposição especial em sentido contrário prevista
em tratado.*

Note-se que o art. 960 do atual C.P.C. não fala apenas em 'sentença', mas,
sim, em 'decisão' estrangeira, razão pela qual a homologação de decisões de
mérito, que não tenham natureza de sentença, também deverá passar pelo crivo
da demanda de homologação, salvo disposição especial em contrário prevista
em tratado internacional.

Art. 41

Considera-se autêntico o documento que instruir pedido de cooperação jurídica internacional, inclusive tradução para a língua portuguesa, quando encaminhado ao Estado brasileiro por meio de autoridade central ou por via diplomática, dispensando-se ajuramentação, autenticação ou qualquer procedimento de legalização.

Parágrafo único. O disposto no *caput* não impede, quando necessária, a aplicação pelo Estado brasileiro do princípio da reciprocidade de tratamento.

Autenticidade dos documentos que instruem o pedido de cooperação jurídica internacional

O art. 41 do atual C.P.C. procura desburocratizar a forma de autenticação dos documentos que compõem o pedido de cooperação internacional passiva.

Assim, consideram-se autênticos os documentos que instruem os pedidos de cooperação jurídica internacional, inclusive as traduções para a língua portuguesa, quando encaminhados ao Estado brasileiro por meio de autoridades centrais, no caso, o Ministério da Justiça ou pelas vias diplomáticas, Ministério das Relações Exteriores.

Quando a documentações advém da autoridade central ou é proveniente das vias diplomáticas, não haverá necessidade de tradução juramentada, muito menos necessitara de autenticações ou de qualquer outro procedimento de legalização.

A autenticação e validação desses documentos decorrem de sua procedência, ou seja, se são provenientes da autoridade central do estrado estrangeiro ou das vias diplomáticas.

Porém, conforme estabelece o *parágrafo único do art. 41* do atual C.P.C., essa faculdade concedida à autoridade judiciária brasileira poderá não ser aplicada, caso o país estrangeiro não dê o mesmo tratamento aos pedidos de cooperação ativa.

Assim, se o estado estrangeiro exige para a autenticação dos documentos outros requisitos que não somente aqueles ditados no *caput* do art. 41 do atual C.P.C., deverá ser aplicada a mesma exigência pela autoridade judiciária brasileiro, nos termos do que dispõe o *princípio da reciprocidade*.

ART. 42

TÍTULO III – Da Competência Interna

CAPÍTULO I – Da Competência

SEÇÃO I – Disposições Gerais

Art. 42

As causas cíveis serão processadas e decididas pelo juiz nos limites de sua competência, ressalvado às partes o direito de instituir juízo arbitral, na forma da lei.

Delimitação da competência

O artigo 5º, incisos XXXV da Constituição Federal preconiza que a lei não excluirá da apreciação do Poder Judiciário lesão ou ameaça de Direito, razão pela qual o acesso à jurisdição estatal é uma garantia e um direito fundamento da pessoa humana.

O artigo 6, n.1., do Convênio Europeu de Direitos Humanos aduz o direito a um équo processo, como direito, antes de tudo, de toda pessoa 'a que a sua causa seja examinada equitativamente por um tribunal'.

Da mesma forma, o artigo 24 da Constituição Italiana preconiza que *todos podem agir em juízo para tutela dos próprios direitos e interesses legítimos*.

Com essas garantias e preceitos de ordem fundamental, emerge então a concretização solene do denominado direito de ação.

Evidentemente que a norma processual apresenta uma única exceção em que o acesso ao Poder Judiciário não será franqueado, ou seja, quando as partes instituem juízo arbitral nos termos da Lei n. 9.307/96.

Através do direito de ação provoca-se o exercício da tutela jurisdicional.

A definição de jurisdição foi objeto de grandes controvérsias doutrinárias.

Para se ter uma ideia sobre o amplo espectro da concepção de jurisdição, cita-se, como exemplo, algumas posições.

Para Carnelutti, jurisdição seria a justa composição da lide.

Para Chiovenda, jurisdição é a aplicação concreta da lei mediante atividade substitutiva.

Para Gian Domenico Pisapia, a essência da jurisdição é a imparcialidade do juiz.

Seja qual for a opção doutrinária sobre a concepção da jurisdição, o certo é que essa função estatal que tem por objetivo prevenir ou resolver questões litigiosas ou não, resguardando a ordem jurídica e a paz social, sendo essa função

CÓDIGO DE PROCESSO CIVIL

exercida em todo território nacional segundo critérios de competência estabelecidos pelo novo C.P.C.

Por isso, a jurisdição em matéria civil é distribuída entre os juízes de todo o
território nacional, segundo a competência legal conferida a cada um deles.

A competência, em outras palavras, seria a medida da jurisdição.[308]

Nas palavras de Luigi Paolo Comoglio, Corrado Ferri e Michele Taruffo: *"a
competência é tradicionalmente definida como a 'medida' ou a 'fração' da jurisdição que
pertence no âmbito do ordenamento a um determinado juiz que têm, por sua vez, o poder
de decidir em concreto o mérito da controvérsia. A competência estabelece, então, a repartição da jurisdição entre ofícios judiciários e não a regulação interna dos ofícios; portanto,
não é questão de competência aquela de atribuição de controvérsia ao juiz em composição
colegiada ou monocrática; em conclusão, podemos entender que a competência consiste em
uma relação entre o ofício judiciário na sua complexidade e os atos jurisdicionais que legitimamente desse pode emanar: a competência refere-se à relação entre ofícios judiciários".*[309]

Diante dessa consideração, encontra-se em nosso ordenamento jurídico uma
dúplice ordem de critérios para resolver o problema da distribuição de poder
jurisdicional entre juízes, a qual pode ser classificada como *vertical* se se coloca
entre juízes ordinários diversos em grau de hierarquia, ou *horizontal* se se verifica
entre juízes ordinários de igual hierarquia.

A distribuição e o delineamento da competência serão realizados pelas normas constitucionais, pelas leis processuais e pela lei de organização judiciária,
além dos regimentos internos dos Tribunais. Contudo é possível que a competência não advenha expressamente de textos normativos, mas, sim, de (*implied
power* – Canotilho), ou seja, competência implícita, como é o caso dos embargos
de declaração de competência do S.T.F. ou do S.T.J.[310]

Pode-se classificar a competência em: a)internacional e interna (diferencia
as causas que são afastas da justiça brasileira); b) originária e derivada (diferencia a competência inicial do órgão ou a competência recursal); c) objetiva e
subjetiva (diferencia o critério de competência, material (objetivo) ou pessoal
(subjetivo); d) exclusiva e concorrente (quando é exclusiva de apenas um órgão
ou pode ser de competência de mais de um órgão); e) absoluta e relativa (que
pode ou não ser derrogada ou prorrogada); f) de foro e de juízo (dependendo
se a competência pertence a comarca ou subseção diversas ou se deve ser anali-

---

[308] TARZIA, Giuseppe. *Lineamenti del processo civile di cognizione*. Seconda edizione. Milano:
Dott. A. Giuffre Editore, 2002. p. 42.
[309] COMOGLIO, Luigi Paolo; FERRI, Corrado; TARUFFO, Michele. *Lezioni sul processo civile* – I. Il
processo ordinario di cognizione. Bologna: Il Mulino, 2006. p. 132.
[310] DIDIER JR., Fredie, op. Cit. p. 94.

ART. 42

sada entre diversos juízos de uma mesma comarca ou de uma mesma subseção; g) material (tem por fundamento o objeto da controvérsia); h) funcional (tem por fundamento a função exercida pelo órgão jurisdicional) ; i) valor da causa (tem por fundamento o conteúdo monetário da causa); j) territorial (tem por fundamento o foro).[311]

Assim, as causas cíveis, em contraposição às causas penais, serão processadas e decididas pelos órgãos jurisdicionais nos limites de sua competência estabelecida pela norma jurídica, ressalvadas às partes a faculdade de instituir juízo arbitral, nos termos da Lei n. 9.307/96.

Sobre a constitucionalidade do juízo arbitral como órgão competente para a resolução de conflitos, eis os seguintes precedentes do S.T.F.:

> *EMENTA: 1.Sentença estrangeira: laudo arbitral que dirimiu conflito entre duas sociedades comerciais sobre direitos inquestionavelmente disponíveis – a existência e o montante de créditos a título de comissão por representação comercial de empresa brasileira no exterior: compromisso firmado pela requerida que, neste processo, presta anuência ao pedido de homologação: ausência de chancela, na origem, de autoridade judiciária ou órgão público equivalente: homologação negada pelo Presidente do STF, nos termos da jurisprudência da Corte, então dominante: agravo regimental a que se dá provimento, por unanimidade, tendo em vista a edição posterior da L. 9.307, de 23.9.96, que dispõe sobre a arbitragem, para que, homologado o laudo, valha no Brasil como título executivo judicial. 2. Laudo arbitral: homologação: Lei da Arbitragem: controle incidental de constitucionalidade e o papel do STF. A constitucionalidade da primeira das inovações da Lei da Arbitragem – a possibilidade de execução específica de compromisso arbitral – não constitui, na espécie, questão prejudicial da homologação do laudo estrangeiro; a essa interessa apenas, como premissa, a extinção, no direito interno, da homologação judicial do laudo (arts. 18 e 31), e sua consequente dispensa, na origem, como requisito de reconhecimento, no Brasil, de sentença arbitral estrangeira (art. 35). A completa assimilação, no direito interno, da decisão arbitral à decisão judicial, pela nova Lei de Arbitragem, já bastaria, a rigor, para autorizar a homologação, no Brasil, do laudo arbitral estrangeiro, independentemente de sua prévia homologação pela Justiça do país de origem. Ainda que não seja essencial à solução do caso concreto, não pode o Tribunal – dado o seu papel de "guarda da Constituição" – se furtar a enfrentar o problema de constitucionalidade suscitado incidentemente (v.g. MS 20.505, Néri). 3. Lei de Arbitragem (L. 9.307/96): constitucionalidade, em tese, do juízo arbitral; discussão incidental da constitucionalidade de vários dos tópicos da nova*

---

[311] NERY JUNIOR, Nelson; ANDRADE NERY, Rosa Maria. *Código de processo civil comentado e legislação processual civil extravagante em vigor.* 3. ed. São Paulo: Ed. R.T.: 1997. p. 386 e 387.

lei, especialmente acerca da compatibilidade, ou não, entre a execução judicial específica para a solução de futuros conflitos da cláusula compromissória e a garantia constitucional da universalidade da jurisdição do Poder Judiciário (CF, art. 5º, XXXV).

Constitucionalidade declarada pelo plenário, considerando o Tribunal, por maioria de votos, que a manifestação de vontade da parte na cláusula compromissória, quando da celebração do contrato, e a permissão legal dada ao juiz para que substitua a vontade da parte recalcitrante em firmar o compromisso não ofendem o artigo 5º, XXXV, da CF. Votos vencidos, em parte – incluído o do relator – que entendiam inconstitucionais a cláusula compromissória – dada a indeterminação de seu objeto – e a possibilidade de a outra parte, havendo resistência quanto à instituição da arbitragem, recorrer ao Poder Judiciário para compelir a parte recalcitrante a firmar o compromisso, e, consequentemente, declaravam a inconstitucionalidade de dispositivos da Lei 9.307/96 (art. 6º, parág. único; 7º e seus parágrafos e, no art. 41, das novas redações atribuídas ao art. 267, VII e art. 301, inciso IX do C. Pr. Civil; e art. 42), por violação da garantia da universalidade da jurisdição do Poder Judiciário. Constitucionalidade – aí por decisão unânime, dos dispositivos da Lei de Arbitragem que prescrevem a irrecorribilidade (art. 18) e os efeitos de decisão judiciária da sentença arbitral (art. 31).

(SE 5206 AgR, Relator(a): Min. SEPÚLVEDA PERTENCE, Tribunal Pleno, julgado em 12/12/2001, DJ 30-04-2004 PP-00029 EMENT VOL-02149-06 PP-00958)

Art. 43

Determina-se a competência no momento do registro ou distribuição da petição inicial, sendo irrelevantes as modificações do estado de fato ou de direito ocorridas posteriormente, salvo quando suprimirem órgão judiciário ou alterarem a competência absoluta.

Perpetuatio jurisdictionis

O direito constitucional a *um processo público e com todas as garantias* representa, na realidade, um entroncamento entre o direito *fundamental ao juiz natural*, à igualdade das partes, ao contraditório e à imparcialidade do juiz.[312]

---

[312] "Da un lato, c'é il giudice precostituito(...).
Dall'altro lato, ci sono il diritto dei destinatari del provvedimento giurisdizionale di partecipare al processo di formazione del medesimo, di svolgere, sul piede di simmetrica parità, innanzi e con quel giudice naturale, un pieno contraddittorio (nella completezza del quale consiste l'attuazione della inviolabilità della difesa); nonche il diritto dei litiganti di conoscere

ART. 43

Historicamente, o juiz natural desenvolveu-se no ordenamento anglo-saxão, desdobrando-se para o direito norte-americano e francês.[313]

Como garantia de proibição de juízos extraordinários, e segundo a dimensão atual, o princípio do juiz natural foi pela primeira vez incorporado na *"Petition of Rights"*, de 1627, e no *"Bill of Rights"*, de 1688. Essas duas cartas representam a concepção atual do princípio do juiz natural, proibindo julgamento proferido por juízes extraordinários, por magistrados designados *ex post facto*.[314]

O direito norte-americano através da Declaração de Direitos da Virgínia (1776) e das Constituições dos Estados Independentes (1776 a 1784) vê a garantia de existência de um juízo e a inderrogabilidade da competência não apenas como simples critério de organização judiciária, mas como garantia da imparcialidade do juiz.[315]

Na Lei francesa de 24.08.1790, introduziu-se pela primeira vez, em seu art. 17 (Título II), a expressão designada atualmente, ao prescrever que a ordem constitucional das jurisdições não poderia ser perturbada, nem os jurisdicionados subtraídos de seus *juízes naturais*. A Constituição Francesa de 1791 incorporou esse princípio dizendo que os cidadãos não poderiam ser subtraídos dos

---

la motivazione del provvedimento (e quindi l'utilizzazione e l'apprezzamento che il giudice abbia fatto dei risultati del processo) e quello d'impugnare.

Questi due piloni (...) sono uniti da una sola gittata: la imparcialita del giudice. Imparzialità, indipendenza del giudice, parità fra i litiganti s'implicano e interagiscono, in moto circolare, ciascuna a servizio delle altre". (FAZZALARI, Elio. La imparzialità del giudice. In *Rivista di Dirito Processuale*, Padova, Edizioni Cedam, n. 2, 1972, (p.193-203), p. 199).

[313] "É tradicional a postura que faz remontar à Carta Magna o estabelecimento do princípio do juiz natural. O art. 21 da Carta de 1215 dispunha que 'condes e barões não serão multados, *senão pelos seus pares*, e somente de conformidade com o grau de transgressão'; e o conhecidíssimo art. 39 reafirmava: 'nenhum homem livre será preso ou detido em prisão ou privado de suas terras, ou posto fora da lei ou banido ou de qualquer maneira molestado; e não procederemos contra ele, nem o faremos vir a menos que por *julgamento legítimo de seus pares e pela lei da terra.*

(...)Notou-se que a experiência histórica que exerceu influência sobre o documento de 1215 era o sistema jurisdicional feudal. Daí porque é lícito concluir que a garantia dos arts. 21 e 39 se dirigia à justiça feudal, e não à proibição de juízes extraordinários (...)". (GRINOVER, Ada Pellegrini. O princípio do juiz natural e sua dupla garantia. In *Revista de Processo*, São Paulo, Ed. Revista dos Tribunais, n. 29, Ano 8, jan./mar., 198, (11-33), p. 12).

[314] Idem. Ibidem., p. 14.

[315] Prescreve a Emenda VI, de 1791, que em todos os processos criminais o acusado terá direito a julgamento pronto e público por um júri imparcial do Estado e distrito onde o crime tiver sido cometido, distrito previamente determinado por lei.

juízes que a lei lhes atribui, por nenhuma comissão, nem por outras atribuições e evocações, além das determinadas por lei.[316]

Também na Itália, por meio do Estatuto Albertino de 1848, (art. 17), a figura do juiz natural passou a ser um critério da atividade jurisdicional: *"Ninguém pode ser subtraído de seus juízes naturais. Não poderá, portanto, ser instituídos tribunais ou comissões extraordinárias"*.[317]

Jorge Figueiredo Dias ressalta que o princípio do juiz natural possui um tríplice significado: a) Em primeiro lugar, o plano da *fonte* – somente a lei tem legitimidade para instituir o juiz e estabelecer sua competência; b) Em segundo lugar, referência *temporal* – reforça a ideia de que a fixação da competência deve ser feita por uma lei vigente ao tempo do ato ou fato jurídico; c) Em terceiro lugar, ordem *taxativa de competência* – impede qualquer possibilidade de instituição de competência arbitraria ou discricionária.[318]

No ordenamento jurídico brasileiro sempre houve previsão do princípio do juiz natural sob duplo aspecto: proibição de juízos extraordinários *ex post facto* e proibição de transferência de uma causa para outro tribunal de forma arbitrária ou discricionária.[319]

Segundo leciona José Joaquim Gomes Canotilho, ao tratar do princípio da indisponibilidade da competência ou da tipicidade, *"de acordo com este último, as*

---

[316] BONATO, Gilson. *Devido processo legal e garantias processuais penais*. Rio de Janeiro: Lumen Juris, 2003. p. 133.

[317] GRINOVER, A. P., Op. Cit., p. 16.

[318] FIGUEIREDO DIAS, Jorge. *Direito processual penal*. Primeiro Volume. Coimbra: Coimbra Editora, Ltda., 1974. p. 322 e 323.

[319] "(...) Não se proibia, entretanto, o poder de atribuição, isto é, possibilitava-se a instituição de juízos especiais pré-constituídos, de acordo com a Constituição de 1824.
A Constituição Republicana de 1891 acompanhou a anterior, sem, contudo, fazer referência à proibição de juízos extraordinários. Já a Carta de 1934 teve redação mais abrangente. No tocante à garantia do juiz competente, ampliou a redação das cartas precedentes, acrescentando a expressão 'ninguém será processado, nem sentenciado...', enquanto as anteriores referiam-se apenas a que 'ninguém será sentenciado...'.
Durante o período do Estado Novo, a Constituição de 1937, de orientação ditatorial, omitiu o princípio, que voltou a ser previsto na Carta de 1946, no seu duplo aspecto. Posteriormente, a Constituição de 1967 e a Emenda 1, de 1969, inseriram o princípio tão-somente como garantia de impedimento de foro privilegiado ou tribunais de exceção, não fazendo menção à garantia explícita do juiz competente.
Atualmente, a Constituição Federal de 1988 garante o princípio em seu duplo aspecto (Artigo 5º, XXXVII: 'Não haverá juízo ou tribunal de exceção'. E no inciso LIII: 'Ninguém será processado nem sentenciado senão pela autoridade competente')". (BONATO, G., Op. Cit., p. 137 e 138).

*competências dos órgãos constitucionais sejam, em regra, apenas as expressamente enume-
radas na Constituição; de acordo com o primeiro, as competências constitucionalmente
fixadas não podem ser transferidas para órgãos diferentes daqueles a quem a Constituição
as atribui".*[320]

A fixação da competência e a proibição de sua derrogabilidade nos termos do art. 43 do novo C.P.C. caracterizam a afirmação e a optimização do princípio Constitucional do *juiz natural*.

A competência determina-se no momento do registro ou da distribuição da petição inicial, não podendo ser alterada ou modificada por questões de fato ou de direito ocorridas posteriormente, a não ser que haja a supressão do órgão judiciário ou a alteração de sua competência absoluta.

Na realidade, determina-se a competência no momento em que ação (demanda) é proposta.

Mas em que momento poderá ser considerada proposta a demanda, para os fins de se evitar a alteração de competência?

Segundo prescreve o artigo 312 do novo C.P.C., *considera-se proposta a ação quando a petição inicial for protocolada,* e não mais despachada pelo juiz ou simplesmente distribuída, conforme determinava o artigo 263 do C.P.C. de 1973.

O simples *protocolo* passa a ser o momento derradeiro da propositura da ação/demanda, o que evita que esse marco inicial da ação/demanda fique sujeito a critérios aleatórios e pouco objetivos como era a hipótese da distribuição ou mesmo a do despacho do juiz.

Sendo o registro ou a distribuição da petição inicial o marco objetivo da propositura da ação/demanda, isso significa dizer que o fator temporal da propositura da ação/demanda encontra-se no âmbito discricionário da parte e não mais do juiz, como era na hipótese em que o despacho do juiz era o momento considerado da propositura da ação/demanda.

Uma vez registrada ou distribuída a petição inicial, as modificações de estado de fato ou de direito não alteram a competência do juiz natural já fixada e delimitada com o protocolo da petição inicial.

Assim, a alteração de domicilio do réu, a morte, convenção jurídica entre as partes não podem modificar a competência do juízo já definida quando do protocolo ou distribuição da petição inicial.

O dispositivo em análise traz também no seu cotejo o princípio da *perpetuatio jurisdictionis*.

---

[320] CANOTILHO, José Joaquim Gomes. *Direito constitucional e teoria da constituição*. 6. ed. Lisboa: Almedina, 2002. p. 539.

CÓDIGO DE PROCESSO CIVIL

Contudo, diante de certas circunstâncias, o princípio da *perpetuatio jurisdictionis* poderá ser relativizado, ou seja, quando: a) suprimirem o órgão judiciário ou; b) alterarem a competência absoluta. Sobre o tema eis o seguinte precedente do S.T.J.:

> *(...)*
> *4. A definição da competência segue o princípio da 'perpetuatio iurisdictionis'.*
> *5. Proposta a demanda, modificação legislativa posterior, que não suprime órgão judicante, ou não altera a competência em razão da matéria, ou da hierarquia, é indiferente para alterar o juízo processante (art. 87 do CPC).*
> *6. AGRAVO REGIMENTAL DESPROVIDO.*
> (AgRg no REsp 1170942/SC, Rel. Ministro PAULO DE TARSO SANSEVERINO, TERCEIRA TURMA, julgado em 13/09/2011, DJe 21/09/2011)

> *(...).*
> *2. O julgamento do conflito de competência é realizado secundum eventum litis, ou seja, com base nas partes que efetivamente integram a relação, e não naqueles que deveriam integrar.*
> *3. A eg. Primeira Seção, no julgamento do Conflito de Competência nº 35.972/SP, Relator para acórdão o Ministro Teori Zavascki, decidiu que o critério definidor da competência da Justiça Federal é ratione personae, levando-se em consideração a natureza das pessoas envolvidas na relação processual, sendo irrelevante, para esse efeito e ressalvadas as exceções mencionadas no texto constitucional, a natureza da controvérsia sob o ponto de vista do direito material ou do pedido formulado na demanda.*
> *(...).*
> *6. A competência territorial, via de regra, é relativa, não podendo ser modificada de ofício pelo magistrado. Em tal caso, prevalece o foro eleito pelas partes, em detrimento da delimitação contida nas leis processuais. Dessa feita, não poderia o juízo suscitado ter reconhecido ex officio a incompetência para processar e julgar a demanda. Incidência da Súmula 33/STJ: "A competência relativa não pode ser declarada de ofício".*
> *7. Conflito conhecido para declarar competente o Juízo Federal da 5ª Vara da Seção Judiciária do Rio Grande do Norte, o suscitado.*
> (CC 113.079/DF, Rel. Ministro CASTRO MEIRA, PRIMEIRA SEÇÃO, julgado em 13/04/2011, DJe 11/05/2011).

> *Processo Civil. Recurso Especial. Conflito de competência. Criação de nova vara por Lei de Organização Judiciária. Redistribuição de processos em razão do domicílio territorial. Impossibilidade.*

ART. 43

Exceções previstas no art. 87 do CPC. Rol taxativo.

– A criação de nova vara, em virtude de modificação da Lei de Organização Judiciária, não autoriza a redistribuição dos processos, com fundamento no domicílio do réu.

– As exceções ao princípio da perpetuatio jurisdictionis, elencadas no art. 87 do CPC, são taxativas, vedado qualquer acréscimo judicial.

Recurso especial conhecido e provido.

(REsp 969.767/GO, Rel. Ministra NANCY ANDRIGHI, TERCEIRA TURMA, julgado em 10/11/2009, DJe 17/11/2009).

Quando houver a alteração da *competência absoluta* também é uma importante exceção ao princípio da *perpetuatio jurisdictionis*. Nesse sentido é o seguinte precedente do S.T.J.:

1. A perpetuatio jurisdictionis tem como ratio essendi a competência territorial relativa, no afã de fixar-se no domicílio do réu, no momento da demanda, ainda que o demandado altere a posteriori o seu domicílio.

2. A competência para as ações fundadas em direito real sobre bem imóvel (CPC, art. 95, in fine) é absoluta e, portando, inderrogável, de modo a incidir o princípio do forum rei sitae, tornando-se inaplicável o princípio da perpetuatio jurisdictionis.

3. A superveniente criação de Vara Federal, situada no local do imóvel, desloca a competência para esse Juízo, na forma do art. 87, do CPC, que assim dispõe: Art. 87 – Determina-se a competência no momento em que a ação é proposta. São irrelevantes as modificações do estado de fato ou de direito ocorridas posteriormente, salvo quando suprimirem o órgão judiciário ou alterarem a competência em razão da matéria ou da hierarquia.

(...).

(REsp 885.557/CE, Rel. Ministro LUIZ FUX, PRIMEIRA TURMA, julgado em 11/12/2007, DJe 03/03/2008 LEXSTJ vol. 224, p. 176)

1. "O caráter absoluto da competência consiste na imunidade a prorrogações. Diz-se absoluta a competência que não pode ser desfeita ou alterada por conexidade, por ausência de arguição ou por qualquer ato de vontade das partes, consensual ou unilateral. Tal é a síntese de modo como o sistema jurídico trata a competência absoluta. O direito positivo desenha precisamente esse perfil, ao estabelecer que ela 'deve ser declarada de ofício e pode ser alegada, em qualquer tempo e grau de jurisdição, independentemente de exceção' (CPC, art. 113)".

2. Tamanha é a imperatividade da norma que, mesmo após o ajuizamento da demanda, eventuais modificações na competência do juízo processante, relativamente à

CÓDIGO DE PROCESSO CIVIL

matéria e à hierarquia, provocam a modificação do órgão autorizado para o processamento e julgamento do feito, anteriormente distribuído.

(...).

(REsp 884.489/RJ, Rel. Ministro HÉLIO QUAGLIA BARBOSA, QUARTA TURMA, julgado em 14/08/2007, DJ 27/08/2007, p. 273)

Também o princípio da *perpetuatio jurisdictionis* será relativizado nas demandas de alimentos ou que de certa forma envolvam crianças, adolescentes e incapazes de uma maneira geral. Nesse sentido são os seguintes precedentes do S.T.J.:

(...).

2. Assim, os alimentos podem ser revistos ainda no trâmite do processo originário ou em nova ação. Essa demanda posterior não precisa ser proposta em face do mesmo juízo que fixou os alimentos originalmente, podendo ser proposta no novo domicílio do alimentando, nos termos do art. 100, II, do Código de Processo Civil. Até mesmo a execução do julgado pode se dar em comarca diversa daquela em que tramitou a ação de conhecimento, de modo a possibilitar o acesso à Justiça pelo alimentando. Precedentes.

3. O caráter continuativo da relação jurídica alimentar, conjugado com a índole social da ação de alimentos, autoriza que se mitigue a regra da perpetuatio jurisdictionis.

4. Isso porque se o alimentando mudar de domicílio logo após o final da lide, e ocorrerem fatos supervenientes que autorizem a propositura de ação de revisão de alimentos, essa vai ser proposta na comarca onde o alimentando tiver fixado novo domicílio. Do mesmo modo, a execução do julgado pode se dar no novo domicílio do alimentando, como acima visto. Assim, se a troca de domicílio ocorrer durante o curso da ação originária não parece razoável que se afaste esse entendimento com vistas somente no aspecto da estabilidade da lide, de marcante relevância para outras demandas, mas subalterno nas ações de alimentos, permeáveis que são a fatos supervenientes.

(...).

(CC 114.461/SP, Rel. Ministro RAUL ARAÚJO, SEGUNDA SEÇÃO, julgado em 27/06/2012, DJe 10/08/2012).

1. Conforme estabelece o art. 87 do CPC, a competência determina-se no momento da propositura da ação e, em se tratando de hipótese de competência relativa, não é possível de ser modificada ex officio.

Esse mencionado preceito de lei institui, com a finalidade de proteger a parte, a regra da estabilização da competência (perpetuatio jurisdictionis).

ART. 43

2. O princípio do juiz imediato vem estabelecido no art. 147, I e II, do ECA, segundo o qual o foro competente para apreciar e julgar as medidas, ações e procedimentos que tutelam interesses, direitos e garantias positivados no ECA, é determinado pelo lugar onde a criança ou o adolescente exerce, com regularidade, seu direito à convivência familiar e comunitária.
3. Embora seja compreendido como regra de competência territorial, o art. 147, I e II, do ECA apresenta natureza de competência absoluta, nomeadamente porque expressa norma cogente que, em certa medida, não admite prorrogação.
4. A jurisprudência do STJ, ao ser chamada a graduar a aplicação subsidiária do art. 87 do CPC frente à incidência do art. 147, I e II, do ECA, manifestou-se no sentido de que deve prevalecer a regra especial em face da geral, sempre guardadas as peculiaridades de cada processo.
5. Conflito de competência conhecido para declarar a competência do Juízo de Direito da 1ª Vara da Infância e da Juventude do Distrito Federal-DF.
(CC 119.318/DF, Rel. Ministra NANCY ANDRIGHI, SEGUNDA SEÇÃO, julgado em 25/04/2012, DJe 02/05/2012)

(...)
3. Nos processos de curatela, as medidas devem ser tomadas no interesse da pessoa interditada, o qual deve prevalecer diante de quaisquer outras questões, devendo a regra da perpetuatio jurisdictionis ceder lugar à solução que se afigure mais condizente com os interesses do interditado e facilite o acesso do Juiz ao incapaz para a realização dos atos de fiscalização da curatela.
Precedentes.
4. Conflito conhecido para o fim de declarar a competência do Juízo de Direito da 11ª Vara de Família e Sucessões de São Paulo-SP (juízo suscitado), foro de domicilio do interdito e da requerente.
(CC 109.840/PE, Rel. Ministra NANCY ANDRIGHI, SEGUNDA SEÇÃO, julgado em 09/02/2011, DJe 16/02/2011)

O parágrafo único do artigo 28 do Projeto do C.P.C enviado para o Senado (n. 166/10) apresentava uma proposta inovadora quanto à questão da competência do juízo, a saber: *"Para evitar perecimento de direito, as medidas urgentes poderão ser concedidas por juiz incompetente".*

Esse dispositivo alterava substancialmente a jurisprudência consagrada do S.T.F. e de outros Tribunais brasileiros no sentido de que somente seriam declarados nulos os atos decisórios praticados por juiz incompetente.

Isso significaria dizer que o princípio da efetividade da tutela jurisdicional deveria prevalecer sobre o princípio do juiz natural, uma vez que diante da pos-

CÓDIGO DE PROCESSO CIVIL

sibilidade de *perecimento do direito*, medidas urgentes poderiam ser concedidas por juiz *incompetente*.

Aliás, conforme afirma Giuseppe Tarzia, *"a competência não é uma condição de admissibilidade da demanda. A sua ausência não torna inválidos..."*.[321]

A referida regra tratava de situações de extrema urgência e muito particularizadas, as quais não comportavam qualquer dilação de tempo ou a imediata remessa dos autos ao juízo competente. Sem que existissem tais circunstâncias especiais, o juízo *incompetente* não deveria apreciar o pedido, e sim remeter imediatamente o processo ao juízo competente.

Dentre as medidas urgentes poder-se-ia destacar a medida cautelar, mandado de segurança, antecipação de tutela satisfativa.

Este dispositivo não distinguia se o juiz incompetente seria relativamente ou absolutamente incompetente. Como não distinguia, e como o fundamento para tal tolerância seria o direito fundamental à efetividade da tutela, a medida poderia ser concedida inclusive por juiz absolutamente incompetente.

Porém, essa alteração legislação não permaneceu quando o Projeto n. 166/10 foi encaminhado ao Câmara dos Deputados Federais, sendo ela suprimida no apagar das luzes.

Art. 44

Obedecidos os limites estabelecidos pela Constituição Federal, a competência é determinada pelas normas previstas neste Código ou em legislação especial, pelas normas de organização judiciária e, ainda, no que couber, pelas constituições dos Estados.

Normas de determinação da competência

A competência funcional é determinada pela função específica e particularizada do órgão jurisdicional. Pode ocorrer que *"no mesmo processo, terem de atuar dois ou mais órgãos jurisdicionais. A competência funcional pode ser determinada a partir do objeto do próprio juízo, da hierarquia e das distintas fases do procedimento"*.[322]

A competência funcional ocorre na distribuição de função, juízo de primeiro grau (competência originária da causa) e juízo de segundo grau (análise recur-

---

[321] TARZIA, G., op. Cit. p. 43.

[322] WAMBIER, Luis Rodrigues (Coordenação); TALAMINI, Eduardo; CORREIA DE ALMEIDA. Flávio Renato Correia. *Curso avançado de processo civil*. Teoria geral do processo e processo de conhecimento. V. 1. 10ª ed., São Paulo: Ed. R.T., 2008. p. 117.

ART. 45

sal – hierarquia). Também observamos a competência funcional no âmbito de abrangência de um mesmo órgão jurisdicional, como ocorre no instituto de uniformização de jurisprudência. O órgão fracionário do tribunal é competente para conhecer do recurso, mas o Pleno do Tribunal ou o Órgão Especial (art. 93, inc. XI da C.F.) poderá ser competente para conhecer da Uniformização de Jurisprudência.

Dependendo da fase do procedimento, também se pode observa a diferenciação de competência funcional segundo a prática de determinado ato processual: *"Se se precisa ouvir determinada testemunha, que reside fora da comarca perante a qual tramita o processo, o juízo competente para conhecer e julgar essa demanda solicitará os serviços de outro juízo, para que ouça essa testemunha na comarca em que se encontre".*[323]

Ainda pode-se citar como exemplo de competência funcional a execução (ou cumprimento de sentença) de título judicial que se realiza perante o mesmo juízo que julgou o processo que lhe deu origem; o juízo da causa principal é competente para a causa acessória, etc.

O art. 44 do atual C.P.C. estabelece que a *competência dos* juízos e tribunais é estabelecida, dentro dos limites estabelecidos pela Constituição, pelas normas deste código, por normas especiais, pelas normas de organização judiciária e pela Constituição dos Estados.

A Constituição Federal, em razão da competência hierárquica, apresenta diversas normas de delimitação da competência funcional, a saber:

Competência funcional do S.T.F. (art. 102, inc. I, letras 'j', 'l', 'm', 'o', 'p', inc. II, inc. III.).

Competência funcional do S.T.J. (art. 104, inc. I, letra 'd', 'e', 'g', 'i', inc. II, inc. III.).

Competência funcional dos T.R.Fs. (art. 108, inc. I, letra 'b', 'e', inc. II).

Art. 45

Tramitando o processo perante outro juízo, os autos serão remetidos ao juízo federal competente se nele intervier a União, suas empresas públicas, entidades autárquicas e fundações, ou conselho de fiscalização de atividade profissional, na qualidade de parte ou de terceiro interveniente, exceto as ações:

I – de recuperação judicial, falência, insolvência civil e acidente de trabalho;

---

[323] Wambier. L. R.; Talamini, E.; Correia de Almeida. F., idem, ibidem, p. 117 e 118.

CÓDIGO DE PROCESSO CIVIL

II – sujeitas à justiça eleitoral e à justiça do trabalho.

§ 1º Os autos não serão remetidos se houver pedido cuja apreciação seja de competência do juízo perante o qual foi proposta a ação.

§ 2º Na hipótese do § 1º, o juiz, ao não admitir a cumulação de pedidos em razão da incompetência para apreciar qualquer deles, não examinará o mérito daquele em que exista interesse da União, de suas entidades autárquicas ou de suas empresas públicas.

§ 3º O juízo federal restituirá os autos ao juízo estadual sem suscitar conflito se o ente federal cuja presença ensejou a remessa for excluído do processo.

Competência da Justiça Federal

A competência civil da Justiça Federal é fixada em *razão da pessoa, da matéria e da função*.

A competência em razão da função e da pessoa encontra-se no art. 109, incs. I, II, VIII, X, segunda parte, da C.F., incluindo mandado de segurança.

A competência em razão da matéria encontra-se no art. 109, inc. III, V-A (violação de direito humanos), XI (disputa sobre direitos indígenas); X (referência à nacionalidade e naturalização).

O artigo 45 do novo C.P.C. trata de competência funcional da Justiça Federal em decorrência da qualidade da parte que compõe a relação processual.

O artigo 109, inc. I da Constituição Federal, no que concerne à competência dos juízes federais, assim dispõe:

> *"Art. 109. Aos juízes federais compete processar e julgar:*
> *I – as causas em que a União, entidade autárquica ou empresa pública federal forem interessadas na condição de autoras, rés, assistentes ou oponentes, exceto as de falência, as de acidentes de trabalho e as sujeitas à Justiça Eleitoral e à Justiça do Trabalho".*

A competência funcional da Justiça Federal é constitucional e taxativa.

Por isso, o art. 45 faz expressa referência à União, suas autarquias e a empresa pública federal.

Sobre a definição de autarquia e empresa pública ensina Hely Lopes Meirelles:

> *"Autarquias são entes administrativos autônomos, criados por lei específica, com personalidade jurídica de Direito Público interno, patrimônio próprio e atribuições estatais específicas...".*

ART. 45

As empresas estatais são pessoas jurídicas de Direito Privado cuja criação é autorizada por lei específica (salvo exceção), com patrimônio público ou misto, para a prestação de serviço público ou misto, para a prestação de serviço público ou para a execução de atividade econômica de natureza privada. Serviço Público, no caso, entendido no seu sentido genérico, abrangendo também a realização de obras (estradas, edifícios, casas populares etc.)."[324]

Existem determinadas autarquias que apresentam regime especial, como é o caso, por exemplo, do Banco Central do Brasil (Lei 4.595/64), a Comissão Nacional de Energia Nuclear (Lei 4.118/62), a Universidade de São Paulo (Dec--lei n. 13.855/44), assim como as entidades encarregadas por lei para os serviços de fiscalização de profissões regulamentadas (OAB, CONFEA e congêneres) dentre outras.[325]

O artigo 58, §8º da Lei n. 9.649/98 preconizava a competência da Justiça Federal para apreciar questões envolvendo os conselhos de fiscalização de profissões regulamentadas, quando no exercício de serviços delegados.

O Supremo Tribunal Federal, na ADIN n. 1.717 de 07.11.2002, considerou inconstitucional o 'caput' do art. 58 e §§1º, 2º, 4º, 5º, 6º, 7º e 8º, mantendo a competência da Justiça Federal, inclusive na questão de execução fiscal.

Também são consideradas com autarquias especiais as denominadas *Agências Reguladoras*, como, por exemplo, Agência Nacional de Energia Elétrica (ANEEL), Agência Nacional de Petróleo (ANP), Agência Nacional de Vigilância Sanitária (ANVS), Agência Nacional de Saúde Suplementar (ANS), Agência Nacional de Transportes Terrestres e a Agência Nacional de Transportes Aquários. Sobre o tema, eis o seguinte precedente do S.T.F.:

EMENTA: I. Agências reguladoras de serviços públicos: natureza autárquica, quando suas funções não sejam confiadas por lei a entidade personalizada e não, à própria administração direta. II. Separação e independência dos Poderes: submissão à Assembleia Legislativa, por lei estadual, da escolha e da destituição, no curso do mandato, dos membros do Conselho Superior da Agência Estadual de Regulação dos Serviços Públicos Delegados do Rio Grande do Sul – AGERGS: parâmetros federais impostos ao Estado-membro. 1. Diversamente dos textos constitucionais anteriores, na Constituição de 1988 – à vista da cláusula final de abertura do art. 52, III –, são válidas as normas legais, federais ou locais, que subordinam a nomeação dos dirigentes de

---

[324] MEIRELLES, Hely Lopes. *Direito administrativo brasileiro.* 29ª ed., São Paulo: Ed. Malheiros, 2004. p. 334 e 350.
[325] MEIRELLES, H. L., idem, ibidem, p. 342.

CÓDIGO DE PROCESSO CIVIL

autarquias ou fundações públicas à prévia aprovação do Senado Federal ou da Assembleia Legislativa: jurisprudência consolidada do Supremo Tribunal. 2. Carece, pois, de plausibilidade a arguição de inconstitucionalidade, no caso, do condicionamento à aprovação prévia da Assembleia Legislativa da investidura dos conselheiros da agência reguladora questionada. 3. Diversamente, é inquestionável a relevância da alegação de incompatibilidade com o princípio fundamental da separação e independência dos poderes, sob o regime presidencialista, do art. 8º das leis locais, que outorga à Assembleia Legislativa o poder de destituição dos conselheiros da agência reguladora autárquica, antes do final do período da sua nomeação a termo. 4. A investidura a termo – não impugnada e plenamente compatível com a natureza das funções das agências reguladoras – é, porém, incompatível com a demissão ad nutum pelo Poder Executivo: por isso, para conciliá-la com a suspensão cautelar da única forma de demissão prevista na lei – ou seja, a destituição por decisão da Assembleia Legislativa –, impõe-se explicitar que se suspende a eficácia do art. 8º dos diplomas estaduais referidos, sem prejuízo das restrições à demissibilidade dos conselheiros da agência sem justo motivo, pelo Governador do Estado, ou da superveniência de diferente legislação válida. III. Ação direta de inconstitucionalidade: eficácia da suspensão cautelar da norma arguida de inconstitucional, que alcança, no caso, o dispositivo da lei primitiva, substancialmente idêntico. IV. Ação direta de inconstitucionalidade e impossibilidade jurídica do pedido: não se declara a inconstitucionalidade parcial quando haja inversão clara do sentido da lei, dado que não é permitido ao Poder Judiciário agir como legislador positivo: hipótese excepcional, contudo, em que se faculta a emenda da inicial para ampliar o objeto do pedido.

(ADI 1949 MC, Relator(a): Min. SEPÚLVEDA PERTENCE, Tribunal Pleno, julgado em 18/11/1999, DJ 25-11-2005 PP-00005 EMENT VOL-02215-1 PP-00058)

As Fundações Públicas Federais também são consideradas como autarquias para efeito de competência da Justiça Federal.

Para Di Pietro, a sociedade de economia mista e a empresa pública apresentam traços comuns: a) criação e extinção autorizadas por lei; b) personalidade jurídica de direito privado; c) sujeição ao controle estatal; d) derrogação parcial do regime de direito privado por normas de direito público; e) vinculação aos fins definidos na lei instituidora; f) desempenho de atividade de natureza econômica. Por sua vez, os traços distintivos são: a) a forma de organização e a composição do capital. Quanto à forma de organização, o artigo 5º do Decreto-lei n. 200/67 determina que a sociedade de economia mista seja estruturada sob a forma de sociedade anônima, e, a empresa pública, sob qualquer das formas admitidas em direito. Com relação à composição do capital, a sociedade de

ART. 45

economia mista é constituída de capital público e privado, e a empresa pública somente por capital público.[326]

A Justiça Federal é competente para julgar as causas envolvendo empresa pública e não sociedade de economia mista. Nesse sentido é o teor da Súmula 42 do S.T.J.: *"Compete à Justiça Comum Estadual processar e julgar as causas cíveis em que é parte sociedade de economia mista e os crimes praticados em seu detrimento".*

O art. 45 do atual C.P.C. também faz referência expressa às fundações de direito público, aos conselhos de fiscalização. E assim o faz, tendo em vista que a jurisprudência concedeu a essas entidades a natureza de *autarquia*, conforme pode-se observar pelos seguintes precedentes:

> *EMENTA: embargos de declaração no recurso extraordinário. Conversão em agravo regimental. Constitucional e administrativo. 1) órgãos de fiscalização profissional: natureza jurídica de autarquia. 2) servidor não abrangido pela estabilidade do art. 19 do ato das disposições constitucionais transitórias. Demissão sem instauração prévia de processo administrativo: nulidade. Agravo regimental ao qual se nega provimento.*
> (RE 696936 ED, Relator(a): Min. CÁRMEN LÚCIA, Segunda Turma, julgado em 23/04/2013, PROCESSO ELETRÔNICO DJe-102 DIVULG 29-05-2013 PUBLIC 31-05-2013)

> *EMENTA: Mandado de segurança. Acórdãos do Tribunal de Contas da União. Conselho de fiscalização profissional. Concurso público. Observância do art. 37, II, da constituição federal. 1. A jurisprudência do Supremo Tribunal Federal confere natureza autárquica aos conselhos de fiscalização profissional, fazendo sobre eles incidir a exigência do concurso público para a contratação de seus servidores. Precedente: RE 539.224, Rel. Min. Luiz Fux. 2. No caso, o processo de seleção realizado pelo impetrante atendeu aos requisitos do inciso II do art. 37 da Constituição Federal. Processo de seleção cujo edital foi amplamente divulgado, contendo critérios objetivos para definir os candidatos aprovados e suas respectivas classificações. 3. Mandado de segurança concedido.*
> (MS 26424, Relator(a): Min. DIAS TOFFOLI, Primeira Turma, julgado em 19/02/2013,

> *1. As fundações públicas por possuírem capacidade exclusivamente administrativa, são autarquias, aplicando-se a elas todo o regime jurídico das autarquias. Doutrina e precedentes.*

---

[326] DI PIETRO, Maria Sylvia Zanella. *Direito administrativo.* 20ªed. São Paulo: Ed. Atlas, 2007. p. 418 e 420.

CÓDIGO DE PROCESSO CIVIL

2. A natureza jurídica da Legião Brasileira de Assistência é de fundação pública que, em razão da definição antes apontada, classifica-se como espécie do gênero autarquia. Precedentes.

3. É aplicável o Decreto-Lei nº 2.365/87 aos procuradores da LBA, sobretudo em atenção aos entendimentos esposados por esta Corte e pelo Excelso Pretório, no sentido de definirem a LBA como uma espécie do gênero autarquia.

4. No tocante à aplicação do Decreto-Lei 2.333/87, a exegese do conteúdo da norma em comento, conjuntamente com o disposto no artigo 3º, IV, Decreto nº 93.237, autoriza a aplicação do Decreto-Lei nº 2.333/87 aos procuradores da LBA.

5. Recurso especial da União improvido e recurso especial adesivo provido.

(REsp 204.822/RJ, Rel. Ministra MARIA THEREZA DE ASSIS MOURA, SEXTA TURMA, julgado em 26/06/2007, DJ 03/09/2007, p. 231)

Assim, se tramitando um processo perante um determinado juízo que não seja órgão da justiça federal, e havendo a intervenção nesse processo da União, suas autarquias, empresa pública federal, agências reguladoras, fundações de direito público federal, conselhos de fiscalização profissional como parte ou terceiro interveniente, os autos deverão ser remetidos ao juízo federal competente para a análise do pedido de intervenção.

Muito embora haja a participação da União, suas autarquias ou empresas públicas federais como parte ou como terceiro interveniente, o certo é que há exceções constitucionais que retiram a competência da Justiça Federal.

Essas exceções estão também previstas nos incisos I e II do art. 45 do atual C.P.C., a saber: a) *recuperação judicial, falência, insolvência civil e acidente de trabalho; b) sujeitas à justiça eleitoral e à justiça do trabalho.*

Assim, não será competente o juízo federal para as questões que envolvam recuperação judicial, falência, abrangendo também o concurso de credores em insolvência.

Também as questões de natureza de acidente de trabalho, seja ela previdenciária contra o INSS (competência da Justiça Comum), seja ela decorrente da própria relação de emprego (competência da Justiça do Trabalho, art. 114, VI da C.F. de 1988).

O Superior Tribunal de Justiça, após alterar posicionamento anterior, entende que é da competência da Justiça Estadual processar e julgar ações previdenciárias acidentárias trabalhistas, abrangendo não apenas a concessão do benefício, mas, também, sua revisão (3ª S., CC n. 66844/RJ).

Já em relação ao FGTS, eis o teor da Súmula n. 82 do S.T.J.: *"Compete à Justiça Federal, excluída as reclamações trabalhistas, processar e julgar os feitos relativos à movimentação do FGTS".*

ART. 45

Porém, se se trata de mero pedido de alvará para levantamento de FGTS ou PIS/PASEP de pessoa falecida, cuja pretensão não envolve conflito de interesses ou questões a serem dirimidas, a competência será da Justiça Estadual, conforme estabelece a Súmula 161 do S.T.J.: *"É da competência da Justiça Estadual autorizar o levantamento dos valores relativos ao PIS/PASEP e FGTS, em decorrência do falecimento do titular da conta".*

No mesmo sentido são os seguintes precedentes do S.T.J.:

1. Em se tratando de pedido de expedição de alvará judicial requerido nos termos da Lei 6.858/80, ou seja, em decorrência do falecimento do titular da conta, inexiste lide a ser solucionada.

Cuida-se, na verdade, de medida de jurisdição voluntária com vistas à mera autorização judicial para o levantamento, pelos sucessores do de cujus, de valores incontestes depositados em conta de titularidade de pessoa falecida "independente de inventário ou arrolamento".

2. Desse modo, a Caixa Econômica Federal não é parte integrante da relação processual, mas mera destinatária do alvará judicial, razão por que deve ser afastada a competência da Justiça federal.

3. Incide, à espécie, o enunciado 161 da súmula do STJ, segundo o qual: "É da competência da Justiça estadual autorizar o levantamento dos valores relativos ao PIS/ Pasep e FGTS, em decorrência do falecimento do titular da conta".

4. Conflito conhecido para declarar a competência do Juízo de Direito da 2ª Vara de Cotia.

(CC 102.854/SP, Rel. Ministro BENEDITO GONÇALVES, PRIMEIRA SEÇÃO, julgado em 11/03/2009, DJe 23/03/2009).

(...).
2. O pedido de levantamento das contas do PIS-PASEP e FGTS, feito em nome do titular sob a alegação de enfermidade que impede o trabalho, constitui matéria de jurisdição graciosa, submetida, pois, à apreciação da Justiça Estadual, uma vez que não se instaura lide, no sentido de pretensão resistida da CEF, que é mera destinatária da ordem de levantamento.

3. A legislação de regência permite ao fundista portador de doença grave, como reconhecidamente é o caso da Síndrome de Imunodeficiência Adquirida – AIDS, o levantamento não apenas do saldo remanescente do PIS-PASEP e de sua conta de FGTS, mas também dos créditos do complemento de atualização monetária, ou seja, dos expurgos inflacionários, independentemente de ter aderido ao Termo de Adesão a que alude a LC n. 110/01.

Recurso ordinário improvido.
(RMS 22.172/SP, Rel. Ministro HUMBERTO MARTINS, SEGUNDA TURMA, julgado em 21/02/2008, DJe 03/03/2008)

Da mesma forma as causas sujeitas à Justiça Eleitoral e à Justiça do Trabalho não atrairão a competência da justiça federal.

Em relação à Justiça do Trabalho, a ADI n. 3395-6 reconheceu que compete à Justiça comum, Federal ou Estadual, processar e julgar causas que envolvam relação estatutária.

Já as execuções fiscais que envolvam penalidades administrativas decorrente de relação de emprego são de competência da Justiça do Trabalho em face da modificação da C.F. pela Emenda Constitucional n. 45.

Os autos somente não serão remetidos ao juízo federal, prosseguindo-se no juízo em que se encontrem, na hipótese de: a) recuperação judicial, causas de falência e acidente de trabalho; b) nas causas sujeitas à Justiça Eleitora e à justiça do Trabalho.

A Câmara dos Deputados, quando da análise do projeto de lei encaminhado pelo Senado Federal, também inseriu nessa exceção a *insolvência civil*.

É certo que o inc. I do art. 109 da Constituição Federal, quando fala dessa exceção, apenas fez referência à falência e não à insolvência civil. Porém, conforme aduz o S.T.J. nos precedentes abaixo, não há motivo para se fazer a distinção entre institutos afins:

> *(...). Não obstante a Constituição Federal não tenha excepcionado a insolvência civil, não há razões que justifiquem a adoção de critério distinto de fixação de competência entre a falência e a insolvência civil.*
>
> *2. Corroboram esse entendimento: (a) o princípio estabelecido na Súmula 244 do extinto TFR ("a intervenção da União, suas autarquias e empresas públicas em concurso de credores ou de preferência não desloca a competência para a Justiça Federal"); (b) os precedentes da Segunda Seção deste Tribunal: CC 9.867/MG, 2ª Seção, Rel. Min. Waldemar Zveiter, DJ de 20.2.95; REsp 292.383/MS, 3ª Turma, Rel. Min. Carlos Alberto Menezes Direito, DJ de 8.10.2001; REsp 45.634/MG, 4ª Turma, Rel. Min. Sálvio de Figueiredo Teixeira, DJ de 23.6.97; (c) o entendimento doutrinário de Nelson Nery Junior (e Rosa Maria de Andrade Nery), Humberto Theodoro Junior e Cândido Rangel Dinamarco.*
>
> *3. Destarte, ainda que se trate de insolvência requerida pela União, entidade autárquica ou empresa pública federal, subsiste a competência do juízo universal, sobretudo em razão das peculiaridades existentes no processo de insolvência civil (processo concursal – aspecto em que se assemelha ao processo de falência), ou seja, compete à Justiça*

ART. 45

Comum Estadual promover a execução concursal, excluída a competência da Justiça Federal.

4. Conflito conhecido para declarar a competência do Juízo de Direito da 2ª Vara Cível e Criminal de Santana do Ipanema/AL, o suscitante.

(CC 117.210/AL, Rel. Ministro MAURO CAMPBELL MARQUES, PRIMEIRA SEÇÃO, julgado em 09/11/2011, DJe 18/11/2011).

Insolvência civil. Concurso de credores, entre eles autarquia federal. Competência: justiça estadual. Firmou-se a jurisprudência do STF no sentido de que, havendo concurso de credores, embora um deles seja uma autarquia federal, a competência e o juízo da ação principal. precedentes.

(CJ 6602, Relator(a): Min. ALDIR PASSARINHO, Tribunal Pleno, julgado em 06/08/1986, DJ 05-09-1986 PP-15831 EMENT VOL-01431-01 PP-00025)

Por sua vez, estabelece a Súmula n. 279 do S.T.J.: *"O protesto pela preferência de crédito, apresentado por ente federal em execução que tramita na Justiça Estadual, não desloca a competência para a Justiça Federal".*

É importante salientar que outras exceções constitucionais poderão surgir. As exceções já estão estabelecidas no art. 109, inc. I da C.F., sendo que a lei não poderá se afastar dessa determinação Constitucional, salvo na hipótese do art. 109, §3º da Constituição Federal, que assim preceitua: *"Serão processadas e julgadas na Justiça estadual, no foro do domicilio dos segurados ou beneficiários, as causas em que forem parte instituição de previdência social e segurado, sempre que a comarca não seja sede de vara do juízo federal, e, se verificada essa condição, a lei poderá permitir que outras causas sejam também processadas e julgadas pela justiça estadual.* Nesta hipótese, contudo, o recurso cabível será sempre para o Tribunal Regional Federal na área de jurisdição do juiz de primeiro grau (§4º do art. 109 da C.F.).

Sobre o tema, estabelece a Súmula n. 32 do S.T.J.: *"Compete a Justiça Federal processar justificações judiciais destinadas a instruir pedidos perante entidades que nela tem exclusividade de foro, ressalvada a aplicação do art. 15, II da Lei 5.010/66".*

Estabelece o *§1º do art.* 45 do atual C.P.C. que *os autos não serão remetidos se houver pedido cuja apreciação seja de competência do juízo perante o qual foi proposta a ação.*

Assim, segundo este dispositivo, os autos somente poderão ser remetidos ao juízo federal para apreciar a questão da intervenção de órgão ou entidade federal, após o juízo junto ao qual foi proposta a demanda analisar eventual pedido de sua competência exclusiva.

CÓDIGO DE PROCESSO CIVIL

Prescreve o § 2º do art. 45 do atual C.P.C. que *na hipótese do § 1º, o juiz, ao não admitir a cumulação de pedidos em razão da incompetência para apreciar qualquer deles, não examinará o mérito daquele em que exista interesse da União, de suas entidades autárquicas ou de suas empresas públicas.*

Havendo solicitação de cumulação de pedidos, um de competência da justiça estadual e outro de competência da justiça federal, e não admitindo o juízo estadual aludida cumulação em razão de sua incompetência para apreciar um dos pedidos, não poderá o juiz estadual apreciar o mérito daquele em que exista interesse da União, suas entidades autárquicas ou empresas públicas.

Neste caso, deverá o juízo estadual apreciar o pedido de sua competência, e declinar da competência para o juízo federal do outro pedido formulado na demanda.

Sobre o tema, eis os seguintes precedentes do S.T.J.:

(...).

4. Hipótese de cumulação indevida de pedidos, porquanto contra dois réus distintos, o que é vedado pelo art. 292 do CPC.

5. A competência absoluta não pode ser modificada por conexão ou continência.

6. O litisconsórcio passivo existente entre a CEF e o endossante não pode ser desfeito, na medida em que se trata de um único título de crédito.

7. Conflito conhecido, com a determinação de cisão do processo, para declarar a competência do juízo estadual, no que tange à pretensão formulada contra o Banco do Brasil S/A e a empresa Ancora Fomento Mercantil Ltda. – EPP, e a competência do juízo federal, quanto à pretensão formulada contra a Caixa Econômica Federal e a empresa Macro Assessoria e Fomento Mercantil Ltda.

(CC 128.277/RS, Rel. Ministra NANCY ANDRIGHI, SEGUNDA SEÇÃO, julgado em 23/10/2013, DJe 28/10/2013)

1. A interpretação legal não pode conduzir ao estabelecimento de competência originária da Justiça Federal se isso constituir providência desarmônica com a Constituição Federal.

2. Portanto, pela só razão de haver, nas ações civis públicas, espécie de competência territorial absoluta – marcada pelo local e extensão do dano –, isso não altera, por si, a competência (rectius, jurisdição) da Justiça Federal por via de disposição infraconstitucional genérica (art. 2º da Lei n. 7.347/1985). É o próprio art. 93 do Código de Defesa do Consumidor que excepciona a competência da Justiça Federal.

3. O litisconsórcio facultativo comum traduz-se em verdadeiro cúmulo de demandas, que buscam vários provimentos somados em uma sentença formalmente única (DINAMARCO, Cândido Rangel. Litisconsórcio. 8 ed.

ART. 45

São Paulo: Malheiros, 2009, p. 86). Sendo assim – e levando-se em conta que "todo cúmulo subjetivo tem por substrato um cúmulo objetivo" (idem, ibidem), com causas de pedir e pedidos materialmente diversos (embora formalmente únicos) –, para a formação de litisconsórcio facultativo comum há de ser observada a limitação segundo a qual só é lícita a cumulação de pedidos se o juízo for igualmente competente para conhecer de todos eles (art. 292, § 1º, inciso II, do CPC).

4. Portanto, como no litisconsórcio facultativo comum o cúmulo subjetivo ocasiona cumulação de pedidos, não sendo o juízo competente para conhecer de todos eles, ao fim e ao cabo fica inviabilizado o próprio litisconsórcio, notadamente nos casos em que a competência se define ratione personae, como é a jurisdição cível da Justiça Federal.

5. Ademais, a conexão (no caso inexistente) não determina a reunião de causas quando implicar alteração de competência absoluta e "não determina a reunião dos processos, se um deles já foi julgado" (Súmula n. 235/STJ).

6. Recurso especial não provido.

(REsp 1120169/RJ, Rel. Ministro LUIS FELIPE SALOMÃO, QUARTA TURMA, julgado em 20/08/2013, DJe 15/10/2013)

1. Compete à Justiça Estadual processar e julgar demanda proposta contra o Banco do Brasil, sociedade de economia mista. Precedentes.

2. Nos termos do art. 109, I, da Constituição Federal, compete à Justiça Federal processar e julgar ação proposta em face da Caixa Econômica Federal, empresa pública federal.

3. Configura-se indevida a cumulação de pedidos, in casu, porquanto formulada contra dois réus distintos, o Banco do Brasil e a Caixa Econômica Federal.

4. Mesmo que se cogite de eventual conexão entre os pedidos formulados na exordial, ainda assim eles não podem ser julgados pelo mesmo juízo, ante a incompetência absoluta, em razão da pessoa, da Justiça Estadual para processar e julgar ação contra a Caixa Econômica Federal e a mesma incompetência absoluta, ratione personae, da Justiça Federal para julgar demanda e face do Banco do Brasil S/A, nos termos do art. 109, I, da Constituição Federal.

5. Nos termos da súmula 170/STJ, verbis: "compete ao Juízo onde primeiro for intentada a ação envolvendo acumulação de pedidos, trabalhista e estatutário decidi-la nos limites da sua jurisdição, sem prejuízo do ajuizamento de nova causa, com pedido remanescente, no juízo próprio".

6. Cabe à Justiça Estadual decidir a lide nos limites de sua jurisdição, ou seja, processar e julgar o pedido formulado contra o Banco do Brasil, competindo à Justiça Federal o julgamento da pretensão formulada contra a Caixa Econômica Federal – CEF.

7. Cisão determinada com o intuito de evitar inócua e indesejada posterior discussão acerca da prescrição da pretensão de cobrança formulada contra a CEF no inter-

regno da interrupção havida com a citação válida dos demandados e a nova propositura da demanda.

Prescreve o *§3º do art. 45 do atual C.P.C.* que o *juízo federal restituirá os autos ao juízo estadual sem suscitar conflito se o ente federal cuja presença ensejou a remessa for excluído do processo.*

Havendo intervenção do ente federal, compete ao juízo em que tramite o processo remeter os autos ao juízo federal competente. Isso significa dizer que somente o juiz federal poderá avaliar a existência de interesse do ente federal para intervir no processo. Nesse sentido é o teor da Súmula n. 150 do S.T.J.: *"Compete à Justiça Federal decidir sobre a existência de interesse jurídico que justifique a presença, no processo, da União, suas autarquias ou empresas públicas".*

Sobre o tema, eis as seguintes súmulas e precedentes jurisprudenciais do S.T.J.:

Súmula 224: *"Excluído do feito o ente federal, cuja presença levara o Juiz Estadual a declinar da competência, deve o Juiz Federal restituir os autos e não suscitar conflito".*

Súmula 254: *"A decisão do Juízo Federal que exclui da relação processual ente federal não pode ser reexaminada no Juízo Estadual".*

Sobre o tema, eis os seguintes precedentes:

1. Agravo regimental contra decisão que conheceu do conflito de competência para declarar a competência da Justiça estadual para processar ação ordinária ajuizada em desfavor da Eletrobrás, na qual se objetiva a restituição o pagamento de juros incidentes sobre a correção monetária de debêntures emitidas entre 1975 a 1977.

2. A agravante afirma que o conflito não deveria ser conhecido, aplicando-se o entendimento firmado na Súmula 224 deste Tribunal Superior, que assim dispõe: "Excluído do feito o ente federal, cuja presença levara o Juiz Estadual a declinar da competência, deve o Juiz Federal restituir os autos e não suscitar conflito".

3. Na espécie, o autor ajuizou ação perante o Juízo de Direito. Em sede de apelação, o Tribunal de Justiça reconheceu a incompetência da Justiça comum estadual ao fundamento de que a Eletrobrás agiu por delegação da União. Não houve pedido de intervenção desta última.

4. Remetidos os autos, o Juízo federal se reconheceu competente para processar e julgar o feito, o que motivou a interposição de agravo de instrumento, ao qual foi dado provimento pelo Tribunal regional para suscitar conflito negativo de competência.

ART. 46

5. Inaplicável a Súmula 224/STJ, tendo em vista a ausência de exclusão de ente federal na lide.

6. Agravo regimental não provido.

(AgRg no CC 109.359/RS, Rel. Ministro BENEDITO GONÇALVES, PRIMEIRA SEÇÃO, julgado em 08/06/2011, DJe 17/06/2011)

1. Ação proposta em face de empresa concessionária de telefonia e da ANATEL, objetivando o reconhecimento da ilegalidade da "Assinatura Básica Residencial", bem como com a devolução dos valores pagos desde o início da prestação dos serviços.

2. Interesse jurídico da ANATEL afastado pelo Juízo Federal, a quem compete sindicar sobre esse particular, consonante a Súmula nº 150 desta Corte Especial (Compete à Justiça Federal decidir sobre a existência de interesse jurídico que justifique a presença, no processo, da União, suas autarquias ou empresas públicas).

3. Consectariamente, ausente o interesse da União Federal na causa em que seja parte empresa privada concessionária de serviço público federal, a competência para processar e julgar a ação fixa-se na Justiça Estadual (precedentes: CC 48.221 – SC, Relator Ministro JOSÉ DELGADO, 1ª Seção, DJ de 17 de outubro de 2005; CC 47.032 – SC, desta relatoria, 1ª Seção, DJ de 16 de maio de 2005; CC 52575 – PB, Relatora Ministra ELIANA CALMON, 1ª Seção DJ de 12 de dezembro de 2005; CC 47.016 – SC, Relator Ministro CASTRO MEIRA, 1ª Seção, DJ de 18 de abril de 2005).

(...).

9. Conflito conhecido para declarar competente o JUÍZO DE DIREITO DO JUI-ZADO ESPECIAL CÍVEL DE LAGES-SC, com ressalvas.

(CC 50.231/SC, Rel. Ministro LUIZ FUX, PRIMEIRA SEÇÃO, julgado em 10/05/2006, DJ 29/05/2006, p. 144).

Art. 46

A ação fundada em direito pessoal ou em direito real sobre bens móveis será proposta, em regra, no foro de domicílio do réu.

§ 1º Tendo mais de um domicílio, o réu será demandado no foro de qualquer deles.

§ 2º Sendo incerto ou desconhecido o domicílio do réu, ele poderá ser demandado onde for encontrado ou no foro de domicílio do autor.

§ 3º Quando o réu não tiver domicílio ou residência no Brasil, a ação será proposta no foro de domicílio do autor, e, se este também residir fora do Brasil, a ação será proposta em qualquer foro.

§ 4º Havendo 2 (dois) ou mais réus com diferentes domicílios, serão demandados no foro de qualquer deles, à escolha do autor.

§ 5º A execução fiscal será proposta no foro de domicílio do réu, no de sua residência ou no do lugar onde for encontrado.

Competência da demanda fundada em direito pessoal e direito real sobre móveis

A competência territorial tem por finalidade repartir as demandas judiciais civis entre os diversos órgãos jurisdicionais igualmente competentes para a matéria a ser analisada em juízo.

Segundo Giuseppe Tarzia, dois são os critérios fundamentais que o legislador teve presente ao ditar as regras de competência territorial: em primeiro lugar, a necessidade de facilitar a defesa das partes, em particular modo aquela do réu, que se encontra exposto à iniciativa judiciária do autor que escolhe o juiz diante do qual a demanda será proposta; em segundo lugar, a necessidade que em alguns casos venha indicado como competente aquele juízo que, pela sua colocação territorial, aparece como o mais idôneo a decidir a controvérsia.[327]

A competência territorial simples, que se determina pela garantia do direito de defesa, centra-se na regra geral do foro do domicílio do réu.

Assim, em regra, a demanda fundada em direito pessoal (obrigação contratual, família, responsabilidade civil etc), bem como as demandas que tenham por objeto direito real sobre bens móveis, o foro competente será o do domicílio do réu.

Denomina-se foro competente a circunscrição territorial judiciária onde a causa deve ser proposta.

A competência em razão territorial com base no domicílio do réu é *relativa* e não *absoluta*, razão pela qual não poderá ser reconhecida de ofício pelo juiz.

Segundo estabelece o art. 46, *caput*, do atual C.P.C., a demanda fundada em direito pessoal ou em direito real sobre bens *móveis* será proposta, em regra, no foro do domicílio do réu. Assim, para se delimitar a competência territorial, deve-se definir o que se entende por direito real, bem como bens móveis.

O art. 1.225 do C.c.b. aduz que são direitos reais: I – a propriedade; II – a superfície; III – as servidões; IV – o usufruto; V – o uso; VI – a habitação; VII – o direito do promitente comprador do imóvel; VIII – o penhor; IX – a hipoteca;

---

[327] TARZIA, Giuseppe. *Lineamenti del processo civile di cognizione*. Seconda Edizione. Milano: Dott. A. Giuffrè Editore, 2002. p. 48.

X – a anticrese. XI – a concessão de uso especial para fins de moradia; (Incluído pela Lei nº 11.481, de 2007) XII – a concessão de direito real de uso. (Incluído pela Lei nº 11.481, de 2007). Evidentemente que alguns desses direitos reais não se aplicam aos bens móveis.

Em relação aos bens móveis, preceituam os artigos 82 a 84 do C.c.b.:

Art. 82. São móveis os bens suscetíveis de movimento próprio, ou de remoção por força alheia, sem alteração da substância ou da destinação econômico-social.

Art. 83. Consideram-se móveis para os efeitos legais:
I – as energias que tenham valor econômico;
II – os direitos reais sobre objetos móveis e as ações correspondentes;
III – os direitos pessoais de caráter patrimonial e respectivas ações.

Art. 84. Os materiais destinados a alguma construção, enquanto não forem empregados, conservam sua qualidade de móveis; readquirem essa qualidade os provenientes da demolição de algum prédio.

Por sua vez, entende-se por direito pessoal aquele em que há uma relação jurídica pela qual um sujeito pode exigir de outrem certa prestação de dar, fazer ou não fazer.

Quanto à questão do domicílio, deve-se ressaltar que segundo o Código Civil brasileiro, domicílio *é o lugar em que a pessoa tem sua residência com o ânimo definitivo* (art. 70).

É também domicílio da pessoa natural, quanto às relações concernentes à profissão, o lugar onde esta é exercida. Se a pessoa exercitar profissão em lugares diversos, cada um deles constituirá domicílio para as relações que lhe corresponderem"(art. 72 e p.u. do C.c.b.).

Portanto, o domicílio do réu passa a ser a regra geral para se estabelecer o foro competente para as demandas que tenham por objeto um direito pessoal ou um direito real sobre bens móveis.

Sobre o tema eis os seguintes precedentes do S.T.J.:

1. O entendimento consolidado nesta Corte Superior é no sentido de ser o foro do domicílio do devedor o competente para julgar a ação monitória, em detrimento do foro estabelecido pelo título sem eficácia executiva.
2. Agravo regimental não provido com aplicação de multa.
(AgRg no AREsp 253.428/RS, Rel. Ministro LUIS FELIPE SALOMÃO, QUARTA TURMA, julgado em 28/05/2013, DJe 03/06/2013)

(...).

2. Em se tratando de relação de consumo não incide a regra de competência estabelecida pelo art. 100, IV, "d", do CPC (local do cumprimento da obrigação), podendo ser fixada a competência do foro do domicílio do réu, ou, alternativamente, do foro em que reside o consumidor, haja vista o princípio da facilitação de sua defesa em juízo.

3. Caracterizada a conduta protelatória da parte, de rigor a aplicação da multa fixada com fundamento no artigo 538 do Código de Processo Civil.

4. Agravo Regimental improvido.

(AgRg no AREsp 271.968/SP, Rel. Ministro SIDNEI BENETI, TERCEIRA TURMA, julgado em 12/03/2013, DJe 26/03/2013)

1. A Segunda Seção desta Corte firmou entendimento no sentido de que, na ação de cobrança do seguro DPVAT, constitui faculdade do autor escolher entre o foro do seu próprio domicílio, o do local do acidente ou, ainda, o do domicílio do réu.

2. AGRAVO REGIMENTAL DESPROVIDO.

(AgRg no REsp 1240981/RS, Rel. Ministro PAULO DE TARSO SANSEVERINO, TERCEIRA TURMA, julgado em 02/10/2012, DJe 05/10/2012).

Há hipóteses ainda em que o domicílio do réu passa a ser considerado como de competência absoluta, como se pode observar no seguinte precedente do S.T.J. que trata de execução promovida por Conselhos de Fiscalização, quando o domicílio do executado não for sede de Vara Federal:

1. De acordo com o disposto no art. 109, § 3°, da Constituição Federal, e no art. 15, I, da Lei n. 5.010/66, a competência para processar e julgar execução movida pela União, ou suas autarquias, contra executado domiciliado em comarca que não possua sede de Vara Federal, é da Justiça Estadual.

2. No caso concreto, a competência foi retificada pela Justiça Federal em atenção à exegese do art. 578 do Código de Processo Civil, combinada com o art. 109, § 3º, da Constituição Federal e o art. 15, I, da Lei n. 5.010/1966.

3. Tal retificação foi regular, consoante o que se depreende da lição do Min. Luiz Fux: "Anote-se que à míngua de previsão constitucional, o Estado, suas autarquias e demais entidades descentralizadas não gozam de 'foro privilegiado', como a União Federal. Naquelas hipóteses, do forum rei sitae e do foro da União, a competência de território, 'em princípio relativa', converte-se em absoluta, quer pela inderrogabilidade por vontade das partes, quer quanto aos seus efeitos e modo de arguição do vício da incompetência, podendo, nesse último aspecto, ser alegado em qualquer tempo e grau de jurisdição, posto geradora de feito tão grave que torna passível a decisão judicial de res-

ART. 46

cindibilidade." (Curso de Direito Processual Civil, 4 ed. Rio de Janeiro: Forense, 2008, p. 107-108).

4. *Acórdão recorrido formado em consonância com a jurisprudência do Superior Tribunal de Justiça, no que incide a Súmula 83/STJ.*

Precedentes: CC 124.959/SP, Rel. Ministro Ari Pargendler, Primeira Seção, julgado em 4.2.2013, DJe 7.3.2013; REsp 1.149.657/SC, Rel. Min. Castro Meira, Segunda Turma, DJe 27.11.2009; AgRg nos EDcl no REsp 1.268.870/PR, Rel. Ministro Humberto Martins, Segunda Turma, julgado em 26.6.2012, DJe 29.6.2012; REsp 1.047.303/RS, Rel. Carlos Fernando Mathias (Juiz convocado do TRF 1ª Região), Segunda Turma, DJe 19.6.2008; REsp 1.019.115/PE, Rel. Min. José Delgado, Primeira Turma, DJe 23.6.2008; REsp 571.719/RS, Rel. Min. Eliana Calmon, Segunda Turma, DJ 13.6.2005, p. 241.

Agravo regimental improvido.

(AgRg no REsp 1146212/SC, Rel. Ministro HUMBERTO MARTINS, SEGUNDA TURMA, julgado em 14/05/2013, DJe 24/05/2013)

Há, evidentemente, competências especiais territoriais, como, por exemplo, nas relações de consumo, o foro competente é o do domicílio do consumidor (competência absoluta e não relativa) (art. 101, inc. I do C.D.C.); competência absoluta do domicílio do idoso, segundo o Estatuto do Idoso, para as questões que envolvem direitos difusos, coletivos e individuais homogêneos, sendo que se a questão disser respeito a direitos individuais, a competência também será do domicílio do idoso, mas neste caso a competência será relativa; competência absoluta (segundo decisões do S.T.J. – Resp.608.983/MF) ou relativa (CC n. 19.849/PR) para ações oriundas do contrato de representação comercial, art. 39 da Lei n. 4.886/65.

Na lição de Fredie Didier Jr: *"O legislador brasileiro e parte da doutrina nacional adotam, em alguns momentos a concepção chiovendiana, segundo a qual também se visualiza a competência funcional quando uma causa é confiada ao juiz de determinado território, pelo fato de ser a ele mais fácil ou mais eficaz exercer a sua função. Cria-se, então, uma competência territorial funcional (...art. 2º da Lei Federal n. 7.347/85; art. 4º da Lei Federal n. 6.969/81; art. 80 do Estatuto do Idoso, Lei Federal n. 10.741/2003)... Consideramos ser caso de competência territorial absoluta (excepcional, é verdade, à luz do art. 111 do CPC), semelhante ao regime do foro da situação da coisa, para as ações reais imobiliárias previstas na parte final do art. 95 do CPC. A doutrina mais recente já se vem apercebendo disso, qualificando a competência da ação civil pública como territorial absoluta. Também neste sentido, mais bem redigido, o art. 209 do Estatuto da Criança e do Adolescente: 'As ações previstas neste Capítulo serão propostas no foro do local onde ocorreu ou deva ocorrer a ação ou omissão, cujo juízo terá competência absoluta para processar e julgar a causa...*

CÓDIGO DE PROCESSO CIVIL

Recentemente, também dessa forma, o art. 80 da Lei Federal 10.741, o Estatuto do Idoso: 'As ações previstas neste Capítulo serão propostas no foro do domicílio do idoso, cujo juízo terá competência absoluta para processar a causa, ressalvadas as competências da Justiça Federal e a competência originária dos Tribunais Superiores'". [328]

Sobre o tema, eis o seguinte precedente do S.T.J.:

– Em se tratando de relação de consumo, a competência é absoluta, razão pela qual pode ser conhecida até mesmo de ofício e deve ser fixada no domicílio do consumidor.
– Agravo não provido.
(AgRg no CC 127.626/DF, Rel. Ministra NANCY ANDRIGHI, SEGUNDA SEÇÃO, julgado em 12/06/2013, DJe 17/06/2013)

O *§ 1º do artigo 46* do atual C.P.C. afirma que *tendo mais de um domicílio, o réu será demandado no foro de qualquer deles...*

E sobre a possibilidade da pessoa natural ter mais de um domicílio, prescreve o artigo 71 do C.c.b.: *"Se, porém, a pessoa natural tiver diversas residências, onde, alternadamente, viva, considerar-se-á domicílio seu qualquer delas".*

Sobre o tema, eis o seguinte precedente do S.T.J.:

I – A competência territorial é fixada, em regra, no foro do domicílio do réu para que ele possa exercer com maior comodidade o contraditório e a ampla defesa. (art. 94, caput, CPC) II – Se o réu tem mais de um domicílio poderá ser demandado no foro de qualquer deles. (art. 94, § 1º, CPC) III – "Havendo dois ou mais réus, com diferentes domicílios, serão demandados no foro de qualquer deles, à escolha do autor." (art. 94, § 4º, CPC).
(...).
(REsp 704.968/SP, Rel. Ministro FELIX FISCHER, QUINTA TURMA, julgado em 23/05/2006, DJ 26/06/2006, p. 190)

Já o *§2º do art. 47* do atual C.P.C. preceitua que *sendo incerto ou desconhecido o domicílio do réu, ele poderá ser demandado onde for encontrado ou no foro do domicílio do autor.*

Regra similar encontra-se no art. 73 do C.c.b., a saber: *"Ter-se-á por domicílio da pessoa natural, que não tenha residência habitual, o lugar onde for encontrada".*

Sobre o tema, eis o seguinte precedente do S.T.J.:

---

[328] DIDIER Jr., Op. cit., p. 108 e 109.

ART. 46

Competência territorial. 1. em se tratando de competência relativa, não pode o juiz, de ofício, declarar-se incompetente. 'argui-se, por meio de exceção, a incompetência relativa' (cpc, art. 112). 2. em caso de domicilio incerto, o réu será demandado no foro do domicilio do autor (cpc, art. 94, par-2, segunda parte).
3. conflito conhecido e declarado competente o suscitado.
(CC 1.611/PE, Rel. Ministro NILSON NAVES, SEGUNDA SEÇÃO, julgado em 27/02/1991, DJ 25/03/1991, p. 3207)

Segundo estabelece o *§3º do art. 47* do atual C.P.C. *quando o réu não tiver domicílio ou residência no Brasil, a ação será proposta no foro do domicilio do autor, e se este também residir fora do Brasil, a ação será proposta em qualquer foro.*
Sobre o tema, eis o seguinte precedente do S.T.J.:

COMPETÊNCIA. Foro. Ré com sede no exterior. Marca. Propriedade industrial.
1. No litisconsórcio passivo, se uma das rés tem sede no exterior e as outras no Brasil, a ação deve ser proposta no foro do domicílio destas, e não no da autora, pois a disposição do § 3º do art. 94 do CPC apenas se aplica se não existem outras litisconsortes com sede no Brasil.
2. A ação para impedir o uso indevido de marca, cumulada com pedido de indenização, deve ser promovida no foro geral de domicílio do réu.
3. A medida cautelar inominada para impedir o uso da marca não previne o juízo nem determina o foro da ação principal.
4. Recurso conhecido e provido.
(REsp 223.742/PR, Rel. Ministro RUY ROSADO DE AGUIAR, QUARTA TURMA, julgado em 25/10/1999, DJ 13/03/2000, p. 185)

Nos termos do *§4º do art. 47* do atual C.P.C., *havendo 2 (dois) ou mais réus com diferentes domicílios, serão demandados no foro de qualquer deles, à escolha do autor.*
Sobre o tema, eis os seguintes precedentes:

1. O acórdão paragonado versa sobre demanda ajuizada contra a União Federal, o INSS e a Rede Ferroviária Federal S/A, enquanto que o aresto paradigma tratou de hipótese na qual apenas a União Federal é demandada, não havendo pluralidade de réus. Dessarte, considerando que o presente apelo busca uniformizar a interpretação do art. 94, § 4º, do CPC – "Havendo dois ou mais réus, com diferentes domicílios, serão demandados no foro de qualquer deles, à escolha do autor" – e que o decisório apontado como paradigma abarca apenas a hipótese de litisconsórcio ativo, esse decisum apresenta-se impróprio para caracterizar o dissídio jurisprudencial.

(...).

(AgRg nos EREsp 1041190/RJ, Rel. Ministro CASTRO MEIRA, CORTE ESPECIAL, julgado em 01/12/2010, DJe 14/12/2010)

Preceitua o § 5º do art. 46 do atual C.P.C. que *a execução fiscal será proposta no foro de domicílio do réu, no de sua residência ou no do lugar onde for encontrado.*

Regra similar havia no art. 578 do C.P.C. de 1973 que assim dispunha: *"a execução fiscal (art. 585, VII) será proposta no foro do domicílio do réu; se não o tiver, no de sua residência ou no lugar onde for encontrado".*

A diferença entre os dois dispositivos é que o §5º do art. 46 do atual C.P.C. sugere uma opção da fazenda pública para o ajuizamento da execução fiscal, ao contrário do art. 578 que dava preferência ao foro do domicílio do réu.

Provém da doutrina norte-americana, capitaneada por COOLEY e seguida entre nós por Rui BARBOSA, que considerou, sob o ponto de vista da capacidade de aplicação, as normas constitucionais em *sel-executing provisions e not self--executing provisions*, expressão traduzida entre nós como normas autoaplicáveis ou auto executáveis. As normas autoaplicáveis ou auto executáveis tratam de preceitos completos que não requerem nenhuma complementação por via de lei infraconstitucional e assim têm aplicação imediata. Já as normas não autoaplicáveis ou não auto executáveis dependem de complementação legislativa para serem executadas.[329]

Nem todas as normas que integram a Constituição são passíveis de incidência imediata em relação à realidade que tratam. Muitas dessas normas só poderão ser aplicadas, no sentido de plena eficácia, quando da interposição de uma outra norma, genérica e abstrata, entre o que enuncia e a concretização por ela visada.[330]

As normas *não auto executável* meramente indicam princípios, sem estabelecer normas por cujo meio se logre a dar a esses princípios vigor de lei.[331]

O art. 15 da Lei 5.010/66 teve por finalidade outorgar eficácia plena a uma norma *não auto executável*, no caso, ao §3º do art. 109 da Constituição Federal.

O art. 15 da Lei 5.010/66 estabelecia que *'nas comarcas do interior onde não funcionar Vara da Justiça Federal, os Juízes Estaduais são competentes para processar e julgar: Inc. I – os executivos fiscais da União e de suas autarquias, ajuizados contra devedores domiciliados nas respectivas Comarcas.*

---

[329] MACEDO. Regina Maria; FERRARI, Nery. *Normas constitucionais programáticas.* São Paulo: Revista dos Tribunais. 1994. p. 97.

[330] MACEDO. R.; FERRARI, N. idem, ibidem.

[331] MACEDO. R.; FERRARI, N., idem, p. 102.

ART. 46

A autorização para o deslocamento da competência da Justiça Federal para a Justiça Estadual decorre de norma de eficácia limitada (de legislação) expressamente prevista na Constituição Federal, art. 109, §3º, da Constituição Federal, a saber:

> Art. 109. Aos juízes federais compete processar e julgar:
> (...).
> § 3º – Serão processadas e julgadas na justiça estadual, no foro do domicílio dos segurados ou beneficiários, as causas em que forem parte instituição de previdência social e segurado, sempre que a comarca não seja sede de vara do juízo federal, e, se verificada essa condição, a lei poderá permitir que outras causas sejam também processadas e julgadas pela justiça estadual.

Portanto, o art. 15, inc. I, da Lei 5.010/66, teve por fundamento uma norma de eficácia limitada (de legislação) prevista no §3º do art. 109 da Constituição Federal.

J. H. Meirelles Teixeira divide as normas de eficácia limitada em duas espécies, ou seja, norma de eficácia limitada *programática* e norma de eficácia limitada de *legislação*. A primeira apresenta programas éticos e sociais que devem ser concretizados pelo legislador ordinário. A segunda, de legislação, depende de legislação ordinária para concretizar o *núcleo* essencial previsto na Constituição.[332]

José Afonso da Silva insere o disposto no §3º do art. 109 da C.F. como sendo de *eficácia limitada,* pois não apresenta normatividade suficiente sem a expedição de ulterior norma infraconstitucional.

Note-se que a regulação da competência delegada prevista no art. 15, inc. I, da Lei 5.010/66, embora proveniente de uma lei ordinária, jamais perdeu sua essência de *norma constitucional,* ou melhor dizendo, de instrumento de concretização de princípios e valores previstos na Constituição Federal.

Porém, o art. 15, inc. I, da Lei 5.010/66 foi revogado pelo art. 114, inc. IX, da Lei 13.043/2014, o que significa dizer que a União e suas autarquias poderão promover a execução fiscal na sede da Seção ou Subseção Judiciária Federal, ainda que não seja esse local o do domicílio ou residência do devedor.

A *problematização* que se coloca em análise, é se o legislador ordinário poderia revogar o art. 15, inc. I, da Lei 5.010/66, tendo em vista que este dispositivo teve por objetivo concretizar e instrumentalizar em nosso ordenamento jurídico os

---

[332] Teixeira, J.H. Mirelles. *Curso de direito constitucional.* Rio de Janeiro: Forense, 1991. p. 315.

CÓDIGO DE PROCESSO CIVIL

princípios e valores estabelecidos na norma de eficácia limitada prevista no §3º do art. 109 da Constituição Federal.

É importante salientar que toda a construção normativa do §3º do art. 109 da Constituição Federal não tem por finalidade outorgar novas prerrogativas (tutelar) à União ou às suas Autarquias (tais prerrogativas estão no ‹caput› do art. 109, ou seja, foro privilegiado na Justiça Federal), mas, sim, tutelar aquele que litiga com o ente federado (seja ele no âmbito previdenciário ou de execução fiscal), resguardando o processo público com todas as suas garantias, especialmente a melhor forma de favorecer o contraditório e a ampla defesa, mantendo-se o conhecimento e o processamento de determinada questão no domicílio da parte, em tese, menos favorecida em relação ao Poder Público.

E a lei ordinária, ao concretizar determinada norma de eficácia limitada *programática* ou *de legislação*, deverá incorporar o sistema de valores, concretizando princípios e programas implicitamente agasalhados pelo texto Constitucional.[333]

Aliás, conforme já teve oportunidade de afirmar Jorge Miranda, entre as normas *programáticas e preceptivas* não existe diferença de natureza e valor, uma vez que a sua diferenciação encontra-se na estrutura e na projeção no ordenamento, tendo em que vista que nenhuma delas é mera proclamação política ou cláusula não vinculativa.

É importante salientar que a norma prevista no §3º do art. 109 da Constituição Federal, além de ser de eficácia limitada (pois depende de uma outra norma infraconstitucional para sua plena eficácia) também estabelece diretrizes (norma constitucional diretiva) a serem seguidas pelo legislador infraconstitucional. Embora essas diretrizes não constranjam o legislador a seguir determinado caminho, obriga-o a não usar via diversa.[334]

O art. 15, inc. I, da Lei n 5.010/66 teve por finalidade justamente concretizar os valores e os princípios consagrados no §3º do art. 109 da Constituição Federal.

A concepção teleológica do §3º do art. 109 da Constituição Federal tem por objetivo resguardar o direito fundamental do cidadão ao processo público com todas as garantias, em outras palavras, ao *devido processo legal*, especialmente o princípio previsto no art. 5º, inc. LV, da C.F., a saber: *aos litigantes, em processo judicial ou administrativo, e aos acusados em geral são assegurados o contraditório e ampla defesa, com os meios e recursos a ela inerentes;*

O §3º do art. 109 da Constituição Federal apresenta, indubitavelmente, uma norma diretiva de eficácia limitada, ao estabelecer que serão processadas e jul-

---

[333] FERRAZ JÚNIOR. Tercio Sampaio. *Constituição de 1988: legitimidade, vigência e eficácia, supremacia.* São Paulo: Atlas, 1989, p. 11.

[334] MACEDO. R.; FERRARI, N., op. cit., p. 104.

ART. 46

gadas na justiça estadual, no foro do domicílio dos segurados ou beneficiários, as causas em que forem parte instituição de previdência social e segurado, sempre que a comarca não seja sede de vara do juízo federal, e, *se verificada essa condição*, a lei poderá permitir que outras causas sejam também processadas e julgadas pela justiça estadual.

Na realidade, o §3º do art. 109 da Constituição Federal estabelece uma *norma constitucional definidora de direitos,* pois ao permitir a tutela daquele que não possui domicílio na sede de Vara Federal, resguardou dois importantes princípios reguladores do direito fundamental ao processo público com toda a garantia, ou seja, o contraditório e a ampla defesa.

Note-se que a Constituição Federal não permitiu o deslocamento da competência da Justiça Federal para a Justiça Estadual por qualquer circunstância fática ou jurídica, mas, sim, desde que *verificada a condição* essencial prevista no §3º da Constituição Federal.

E qual seria essa *condição essencial* que fez com que a Constituição Federal autorizasse o deslocamento de competência?

É de duas ordens a *condição essencial* para tal deslocamento de competência:

a) primeiro, não existência de Vara do Juízo Federal na comarca em que for domiciliada a parte que irá litigar com a União ou com suas Autarquias;

b) segundo, possibilitar a concretização na sua plenitude do princípio Constitucional da *ampla defesa e do contraditório.*

Portanto, a legislação ordinária somente poderia gerar *eficácia à norma diretiva* prevista na Constituição Federal se, e somente se, estivessem presentes essas duas condições essenciais impostas pelo §3º do art. 109 da Constituição Federal.

Contudo, uma vez presentes essas condições essenciais estabelecidas no §3º do art.109 da Constituição Federal, e devidamente reconhecida pela norma infraconstitucional *integradora,* o afastamento da competência da Justiça Estadual somente poderá acontecer quando não mais existirem no mundo fático e jurídico as duas condições essenciais, quais sejam, a efetiva instalação de Vara Federal na Comarca daquele que tiver que litigar com a União ou suas Autarquias e a eliminação de qualquer possibilidade de mácula ao princípio do contraditório e da ampla defesa.

Na realidade, uma vez *integralizada* a norma constitucional diretiva de eficácia limitada pela norma infraconstitucional, não será mais possível revogá-la, sem que a condição essencial prevista no texto normativo seja alterada e modificada no plano fático e jurídico.

Qualquer tentativa de revogação da norma infraconstitucional *integradora* caracteriza, sem dúvida, mácula ao *princípio da vedação de retrocesso,* que é uma garantia constitucional implícita, de matriz axiológica da máxima efetividade dos direitos constitucionais fundamentais, dentre eles, o processo público com todas as garantias (contraditório e ampla defesa).

O princípio da *proibição ou vedação do retrocesso* estabelece que uma vez sendo implementado ou ampliado pelo Estado-legislador um direito ou princípio fundamental, não poderá ocorrer retrocesso, a não ser que o núcleo essencial da Constituição, que permitiu essa implantação ou ampliação, também sofra alteração. Em outras palavras, *não pode o legislador ordinário*, editar normas infraconstitucionais que vá de encontro ao núcleo essencial da norma Constitucional de eficácia limitada, sob pena de ser declarada inconstitucional.

Conforme anota Ingo Wolfang Sarlet, fazendo referência a Luís Roberto Barroso, *"mediante o reconhecimento de uma proibição de retrocesso está a se impedir a frustração da efetividade constitucional, já que, na hipótese de o legislador revogar o ato que deu concretude a uma norma programática ou tornou viável o exercício de um direito, estaria acarretando um retorno à situação de omissão"*.[335]

Portanto, o art. 114, inc. IX., da Lei 13.043/2014, ao revogar o art. 15, inc. I, da Lei 5.010/66, sem que haja efetiva instalação de Vara Federal no local de domicílio ou residência do executado, feriu o princípio de *proibição de retrocesso* aos direitos fundamentais outorgados pela Constituição Federal, ferindo o núcleo essencial do art. 109, §3º da Constituição Federal, cuja finalidade é a proteção do processo público com todas as suas garantias, especialmente o contraditório e a ampla defesa.

Por fim, ressalta-se ainda que quando estava vigendo o art. 15, inc. I, da Lei 5.010/66, o S.T.J. passou a entender que a competência delegada do juízo estadual era absoluta, podendo o juiz federal declará-la de ofício. Nesse sentido, eis o seguinte precedente do S.T.F.:

> *Relatório 1. Agravo nos autos principais contra inadmissão de recurso extraordinário interposto com base na al. a do inc. III do art. 102 da Constituição da República. 2. A Quarta Turma do Tribunal Regional Federal da Quarta Região decidiu: "Administrativo. execução fiscal. ausência de vara federal no domicílio do devedor. Ajuizamento em foro diverso. Incompetência absoluta. art. 15, inciso i, da lei n. 5.010/66. Possibilidade de reconhecimento de ofício. A Primeira Seção do Superior Tribunal de Justiça, ao julgar o Resp 1.146.194, sob a sistemática do art. 543-C do CPC, firmou entendimento no sentido de que, nos casos em que a Fazenda Pública, diante da inexistência de vara federal no local do domicílio do devedor, ajuizar execução fiscal perante vara da Justiça Federal situada em local diverso, o juiz federal pode declinar de ofício*

---

[335] Sarlet, Ingo W. *A eficácia dos direitos fundamentais*. 5ª ed. Porto Alegre: Livraria do Advogado, 2005, p. 428 e 429.

da competência para processar e julgar o feito, determinando a remessa dos autos ao juízo de direito da comarca do domicílio do executado, com base no art. 15, I, da Lei n. 5.010/66, por se tratar de hipótese de competência absoluta".(...). DECIDO. (...). 7. O Desembargador Relator do caso assentou: "nos casos em que a Fazenda Pública, diante da inexistência de vara federal no local do domicílio do devedor, ajuizar execução fiscal perante vara da Justiça Federal situada em local diverso, o juiz federal pode declinar de ofício da competência para processar e julgar o feito, determinando a remessa dos autos ao juízo de direito da comarca do domicílio do executado, com base no art. 15, I, da Lei n. 5.010/66, por se tratar de hipótese de competência absoluta. Assim, atento à função uniformizadora do Superior Tribunal de Justiça, filio-me ao novo entendimento jurisprudencial firmado em sede de recurso repetitivo, com o qual se encontra em consonância o decisum a quo, devendo, portanto, ser mantido" (grifos nossos). No julgamento do Recurso Extraordinário com Agravo n. 840.432, Relator o Ministro Teori Zavascki, este Supremo Tribunal assentou inexistir repercussão geral na questão discutida neste processo, pela natureza infraconstitucional da matéria: "Processual civil. Competência delegada da justiça estadual (lei 5.010/66, art. 15, i, antes da revogação operada pela lei 13.043/2014). Execução fiscal ajuizada em local diverso do foro do domicílio do réu. Legitimidade do conhecimento de ofício da incompetência para seu processamento. Matéria infraconstitucional. Ausência de repercussão geral. 1. A controvérsia relativa à possibilidade, ou não, do conhecimento de ofício da incompetência para o processamento de execução fiscal ajuizada em local diverso do foro do domicílio do réu, fundada na interpretação do Código de Processo Civil, é de natureza infraconstitucional. (...).
(ARE 856981, Relator(a): Min. CÁRMEN LÚCIA, julgado em 05/01/ /2015, publicado em PROCESSO ELETRÔNICO DJe-026 DIVULG 06/02/ /2015 PUBLIC 09/02/2015)

Art. 47

Para as ações fundadas em direito real sobre imóveis é competente o foro de situação da coisa.

§ 1º O autor pode optar pelo foro de domicílio do réu ou pelo foro de eleição se o litígio não recair sobre direito de propriedade, vizinhança, servidão, divisão e demarcação de terras e de nunciação de obra nova.

§ 2º A ação possessória imobiliária será proposta no foro de situação da coisa, cujo juízo tem competência absoluta.

Competência da demanda fundada em direito real sobre imóveis

Desta vez, não é o foro do domicilio do réu o critério de delimitação da competência, mas, sim, o foro de situação do bem imóvel (*foro rei sitae*).

CÓDIGO DE PROCESSO CIVIL

O *caput* do dispositivo apresenta hipóteses de competência *absoluta*, não admitindo prorrogação ou derrogação por vontade das partes.

Evidentemente que no confronto entre duas competências absolutas (funcional subjetiva ou objetiva e a do *foro rei sitae*) deve prevalecer a funcional quando sua qualificação decorre do texto Constitucional. Assim, numa questão em que o autor, réu ou assistente seja a União, suas autarquias ou suas empresas públicas, e a questão diga respeito a direito real sobre imóvel, e na comarca em que esteja situado o imóvel não haja sede da Justiça Federal, o Juízo Federal da Subseção Judiciária correspondente ao lugar da situação do imóvel é que será competente para conhecer da demanda.

Conforme estabelece o art. 47 do atual C.P.C., nas ações fundadas em *direito real sobre imóveis*, é competente o juízo da situação da coisa. Portanto, a competência é estabelecida pelo local da situação do bem imóvel.

O Código Civil brasileiro define o que se entende por *bens imóveis*:

Art. 79. São bens imóveis o solo e tudo quanto se lhe incorporar natural ou artificialmente.

Art. 80. Consideram-se imóveis para os efeitos legais:
I – os direitos reais sobre imóveis e as ações que os asseguram;
II – o direito à sucessão aberta.

Art. 81. Não perdem o caráter de imóveis:
I – as edificações que, separadas do solo, mas conservando a sua unidade, forem removidas para outro local;
II – os materiais provisoriamente separados de um prédio, para nele se reempregarem.

Porém, não é qualquer direito que diga respeito a determinado bem imóvel que delineará a competência do lugar da situação da coisa. Somente os *direitos reais* sobre imóvel é que confere tal prerrogativa.

O art. 1.225 do C.C.b. aduz que são direitos reais: I – a propriedade; II – a superfície; III – as servidões; IV – o usufruto; V – o uso; VI – a habitação; VII – o direito do promitente comprador do imóvel; VIII – o penhor; IX – a hipoteca; X – a anticrese. XI – a concessão de uso especial para fins de moradia; (Incluído pela Lei nº 11.481, de 2007) XII – a concessão de direito real de uso. (Incluído pela Lei nº 11.481, de 2007).

Evidentemente que alguns desses direitos reais não se aplicam aos bens imóveis, como é o caso do penhor.

É possível que o bem o imóvel esteja situado em mais de uma comarca ou subseção judiciária. Neste caso, será competente o juízo de qualquer uma delas,

ART. 47

sendo que o primeiro que conhecer da demanda tornar-se-á prevento. A mesma regra se encontra no artigo 52, §1º da *Ley n.* 1/2000 de *Enjuiciamiento civil* espanhol, que assim dispõe:

"1º Nos juízos em que se exercitem ações reais sobre bens imóveis será tribunal competente o do lugar em que esteja situada a coisa litigiosa. Quando a ação real se exerce sobre vários imóveis o sobre um só que esteja situado em diferentes circunscrições, será competente o Tribunal de qualquer destas, à eleição do demandante".

Sobre o tema, eis os seguintes precedentes do S.T.J.:

1. A ação de resolução de contrato, cumulada com modificação do registro imobiliário, tem natureza real, pois contém pedido afeto ao próprio direito de propriedade, atraindo a regra de competência absoluta do art. 95 do Código de Processo Civil.

2. A conexão entre ações que possuem a mesma causa de pedir recomenda a reunião dos respectivos processos a fim de que a lide seja decidida uniformemente (CPC, art. 105).

3. Conflito conhecido para declarar competente o foro do Juízo onde situado o imóvel.

(CC 121.390/SP, Rel. Ministro RAUL ARAÚJO, SEGUNDA SEÇÃO, julgado em 22/05/2013, DJe 27/05/2013).

1. A competência para as ações fundadas em direito real sobre bem imóvel – art. 95 do CPC – é absoluta e, portanto, inderrogável, de modo a incidir o princípio do forum rei sitae, tornando-se inaplicável o princípio da perpetuatio jurisdictionis.

2. Nos termos do art. 87 do CPC, a superveniente criação de Vara Federal, situada no local do imóvel, desloca a competência para esse Juízo.

3. Hipótese em que a instalação posterior de vara federal no Município de Castanhal (local da situação do imóvel) deslocou a competência para julgamento da presente ação de reintegração de posse.

Agravo regimental improvido.

(AgRg no REsp 1281850/PA, Rel. Ministro HUMBERTO MARTINS, SEGUNDA TURMA, julgado em 13/12/2011, DJe 19/12/2011)

(...)
2. Na hipótese de o litígio versar sobre direito de propriedade, vizinhança, servidão, posse, divisão e demarcação de terras e nunciação de obra nova, a ação correspondente deverá necessariamente ser proposta na comarca em que situado o bem imóvel, porque a competência é absoluta. Por outro lado, a ação, ainda que se refira a um direito real

sobre imóvel, poderá ser ajuizada pelo autor no foro do domicílio do réu ou, se o caso, no foro eleito pelas partes, se não disser respeito a nenhum daqueles direitos especificados na segunda parte do art. 95 do CPC, haja vista se tratar de competência relativa.
(...).
(REsp 1051652/TO, Rel. Ministra NANCY ANDRIGHI, TERCEIRA TURMA, julgado em 27/09/2011, DJe 03/10/2011)

Agravo regimental – recurso especial – ação de adjudicação compulsória – competência – forum rei sitae – precedentes do STF e do STJ – manutenção da decisão agravada – necessidade – agravo improvido.
(AgRg no REsp 773.942/SP, Rel. Ministro MASSAMI UYEDA, TERCEIRA TURMA, julgado em 19/08/2008, DJe 05/09/2008)

Estabelece o § *1º do art. 47 do atual* C.P.C. que *o autor pode optar pelo foro de domicílio do réu ou pelo foro de eleição se o litígio não recair sobre direito de propriedade, vizinhança, servidão, divisão e demarcação de terras e de nunciação de obra nova.*

Assim, o autor poderá optar pelo foro do domicílio do réu ou de eleição caso o litígio verse sobre: *superfície, usufruto, uso, habitação, anticrese, hipoteca, concessão de uso especial para fins de moradia, concessão de direito real de uso.*

Ao contrário senso, se o litígio versar sobre o direito de propriedade, de vizinhança, de servidão, de divisão e demarcação de terras e de nunciação de obra nova a competência é *absoluta* e a ação deverá ser proposta, obrigatoriamente, no foro de situação da coisa.

Sobre o tema, eis os seguintes precedentes do S.T.J.:

(...).
2. A causa de pedir relaciona-se com a "escritura pública de instituição de usufruto lavrada no Livro 124, folhas 178/181 do 21º Tabelionato de Notas de Curitiba-PR", nem sequer tangenciando disposições contidas em tratado ou acordo internacional entre o Brasil e Estado estrangeiro ou organismo internacional, de maneira a atrair a competência da Justiça Federal, prevista no art. 109, III, da Constituição Federal.
3. Estando o pedido e a causa de pedir relacionados, exclusivamente, às normas de direito real de usufruto, previstas no Código Civil Brasileiro, e não no acordo realizado entre o Brasil e o Paraguai, em 1957, conhece-se do conflito para declarar competente a Justiça Comum Estadual.
(CC 121.252/PR, Rel. Ministro RAUL ARAÚJO, SEGUNDA SEÇÃO, julgado em 12/06/2013, DJe 17/06/2013).

ART. 48

Na Câmara dos Deputados, foi inserido o § 2º a este artigo nos seguintes termos: *a ação possessória imobiliária será proposta no foro de situação da coisa, cujo juízo tem competência absoluta.*

Esta alteração teve sua razão de ser, pois a *posse* não é concebida como direito real, muito embora esteja inserida no *direito das coisas.*

Assim, as demandas possessórias imobiliárias, *manutenção, reintegração ou interdito proibitório* devem ser propostas no foro de situação de coisa, sendo essa competência considerada como *absoluta.* Nesse sentido, aliás, são os seguintes precedentes do S.T.J.:

Processual civil. Ação possessória. Competência absoluta. Foro da localização da coisa. Agravo regimental. Fundamentação deficiente. Súmula n. 287 do STF.

1. Aplica-se o óbice previsto na Súmula 287/STF na hipótese em que a deficiência da fundamentação do agravo não permite a exata compreensão da controvérsia.

2. Agravo regimental desprovido.

(AgRg nos EDcl no REsp 1152723/RJ, Rel. Ministro JOÃO OTÁVIO DE NORONHA, TERCEIRA TURMA, julgado em 02/05/2013, DJe 08/05/2013)

– O foro da situação da coisa é absolutamente competente para conhecer de ação fundadas em direito possessório sobre imóveis.

– Por força da interpretação sistemática dos arts. 95, in fine, e 102, CPC, a competência do foro da situação do imóvel não pode ser modificada pela conexão ou continência. É irrelevante, portanto, que anteriormente ao ajuizamento da ação possessória pelo adquirente do bem, tenha sido ajuizado outra ação, pelos alienantes, em se busca questionar a causa que ensejou a transferência da propriedade dos bens.

Recurso Especial provido.

(REsp 660.094/SP, Rel. Ministra NANCY ANDRIGHI, TERCEIRA TURMA, julgado em 25/09/2007, DJ 08/10/2007, p. 261)

Art. 48

O foro de domicílio do autor da herança, no Brasil, é o competente para o inventário, a partilha, a arrecadação, o cumprimento de disposições de última vontade, a impugnação ou anulação de partilha extrajudicial e para todas as ações em que o espólio for réu, ainda que o óbito tenha ocorrido no estrangeiro.

Parágrafo único. Se o autor da herança não possuía domicílio certo, é competente:

I – o foro de situação dos bens imóveis;

II – havendo bens imóveis em foros diferentes, qualquer destes;

III – não havendo bens imóveis, o foro do local de qualquer dos bens do espólio.

Foro competente para a demanda de inventário e partilha

As normas jurídicas do país em que fora domiciliado o falecido ou o desaparecido, qualquer que sejam a natureza e a situação dos bens, regulam a sucessão por morte ou por ausência. Nesse sentido é o teor do art. 10 da Lei de Introdução às Normas do Direito Brasileiro:

> *Art. 10. A sucessão por morte ou por ausência obedece à lei do país em que domiciliado o defunto ou o desaparecido, qualquer que seja a natureza e a situação dos bens.*
>
> *§ 1º A sucessão de bens de estrangeiros, situados no País, será regulada pela lei brasileira em benefício do cônjuge ou dos filhos brasileiros, ou de quem os represente, sempre que não lhes seja mais favorável a lei pessoal do de cujus. (Redação dada pela Lei nº 9.047, de 18.5.1995)*
>
> *§ 2º A lei do domicílio do herdeiro ou legatário regula a capacidade para suceder.*

Em complementação, o *art. 48* do atual C.P.C. prescreve que *o foro do domicílio do autor da herança, no Brasil, é o competente para o inventário, a partilha, a arrecadação, o cumprimento de disposições de última vontade, a impugnação e anulação da partilha extrajudicial para e todas as ações em que o espólio for réu, ainda que o óbito tenha ocorrido no estrangeiro.*

Portanto, o domicilio do falecido ou do desaparecido no Brasil será o competente para as demandas concernentes ao direito de sucessão, bem como para aquelas em que o espólio for réu, não importando se o óbito ocorreu no Brasil ou no estrangeiro.

Trata-se, portanto, de competência territorial referente ao último domicílio do autor da herança (*de cujus*), no Brasil, para a abertura do inventário, realização de partilha e sobrepartilha, arrecadação de bens, e cumprimento de testamento, bem como para todas as ações em que o espólio for réu, incluída a impugnação ou anulação da partilha extrajudicial ainda que o óbito tenha ocorrido no estrangeiro.

Porém, se o espólio for o autor da demanda, a regra de competência será a geral ou a especial em relação aos bens imóveis.

Quanto à questão do domicílio, deve-se ressaltar que segundo o Código Civil brasileiro, domicílio é o lugar em que a pessoa tem sua residência com o ânimo definitivo (art. 70).

Sobre o tema, eis os seguintes precedentes do S.T.J.:

I. A competência para o inventário é definida pelo último domicílio do autor da herança.

II. Hipótese em que, diante das provas constantes dos autos, verifica-se que o falecido não possuía duplo domicílio, como alegado pelo suscitante, ou domicílio incerto, mas um único domicílio, no qual deve ser processado o inventário.

III. Conflito conhecido para declarar competente o JUÍZO DE DIREITO DA 7A VARA DE FAMÍLIA SUCESSÕES ÓRFÃOS INTERDITOS E AUSENTES DE SALVADOR – BA.

(CC 100.931/DF, Rel. Ministro SIDNEI BENETI, SEGUNDA SEÇÃO, julgado em 13/10/2010, DJe 27/10/2010)

(...).
O foro do domicilio do autor da herança, no brasil, e o competente para o inventario" (art. 96/cpc), sobretudo quando, como na espécie, nele e que os falecidos residiam e exerciam todas as suas atividades, vindo também a falecer naquela comarca e lá estando, dentre os bens deixados, os de maior vulto. Recurso não conhecido.

(REsp 73.023/RJ, Rel. Ministro CESAR ASFOR ROCHA, QUARTA TURMA, julgado em 29/04/1998, DJ 22/06/1998, p. 81)

Essa regra não será aplicada se o inventário já se encontrar encerrado. Nesse sentido é o seguinte precedente do S.T.J.:

(...).
2. A regra do art. 96 do CPC determina que: "o foro do domicílio do autor de herança, no Brasil, é o competente para o inventário, a partilha, a arrecadação, o cumprimento de disposições de última vontade e todas as ações em que o espólio for réu, ainda que o óbito tenha ocorrido no estrangeiro." 3. Essa regra especial de fixação de competência, entretanto, não incide quando já encerrado o inventário, com trânsito em julgado da sentença homologatória da partilha. Precedente (CC 51.061/GO, Rel. Ministro MENEZES DIREITO).

4. A sentença homologatória da partilha não faz coisa julgada em relação a herdeiro que não participou do processo de inventário.

Precedente (REsp 16.137/SP, Rel. Ministro SÁLVIO DE FIGUEIREDO TEIXEIRA).

5. O fundamento deduzido na ação de petição de herança não diz respeito a um vício propriamente dito verificado no bojo do inventário já encerrado, o qual observou o procedimento legal pertinente, dentro das condições de fato então existentes. O fun-

damento a respaldar a ação de petição de herança – existência de um novo herdeiro até então desconhecido – é externo, alheio a qualquer circunstância levada em consideração no julgamento do processo de inventário e partilha, pois decorrerá da eventual procedência da investigação de paternidade.

(...).

(CC 124.274/PR, Rel. Ministro RAUL ARAÚJO, SEGUNDA SEÇÃO, julgado em 08/05/2013, DJe 20/05/2013).

Porém, se for interdito o autor da herança, o foro competente será o do domicílio de seu curador. Nesse sentido é o seguinte precedente:

> *Inventario. interdito. Foro competente.*
>
> *em sendo interdito o autor da herança, o foro competente para o inventario e o do seu curador, 'ex vi' dos artigos 36 do código civil e 96 do código de processo civil, não admitida prova em contrário, sendo irrelevante o lugar da situação dos bens ou da sua residência ou do óbito.*
>
> *(...).*
>
> (REsp 32.213/SP, Rel. Ministro ANTONIO TORREÃO BRAZ, QUARTA TURMA, julgado em 30/05/1994, DJ 27/06/1994, p. 16986)

Preceitua o *parágrafo único do art. 48* do atual C.P.C. que se o autor da herança não possuía domicílio certo, é competente o foro de situação dos bens imóveis; havendo bens imóveis em foros diferentes, é competente qualquer destes; não havendo bens imóveis, é competente o foro do local de qualquer dos bens do espólio.

Contudo, pode ocorrer que o autor da herança não tinha domicílio certo e possuía bens em lugares diferentes no Brasil, mas o óbito ocorreu no estrangeiro. Neste caso, o inventário ou as causas discriminadas no 'caput' do art. 48 do atual C.P.C. poderá ser processada e julgada em qualquer dos juízos de situação dos bens.

Art. 49

A ação em que o ausente for réu será proposta no foro de seu último domicílio, também competente para a arrecadação, o inventário, a partilha e o cumprimento de disposições testamentárias.

Foro competente para demanda contra ausente

Não há qualquer alteração substancial entre o artigo 49 do novo C.P.C. e o artigo 97 do C.P.C. de 1973.

ART. 49

Este dispositivo trata das demandas propostas em relação ao *ausente*.

Desaparecendo uma pessoa do seu domicílio sem dela haver notícia, se não houver deixado representante ou procurador a quem caiba administrar-lhe os bens, o juiz, a requerimento de qualquer interessado ou do Ministério Público, declarará a ausência, e nomear-lhe-á curador (art. 22 do C.c.b.).

Também se declarará a ausência, e se nomeará curador, quando o ausente deixar mandatário que não queira ou não possa exercer ou continuar o mandato, ou se os seus poderes forem insuficientes (art. 23 do C.c.b.).

Decorrido um ano da arrecadação dos bens do ausente, ou, se ele deixou representante ou procurador, em se passando três anos, poderão os interessados requerer que se declare a ausência e se abra provisoriamente a sucessão (art. 26 do C.c.b.).

A sentença que determinar a abertura da sucessão provisória só produzirá efeito cento e oitenta dias depois de publicada pela imprensa; mas, logo que passe em julgado, proceder-se-á à abertura do testamento, se houver, e ao inventário e partilha dos bens, como se o ausente fosse falecido (art. 28 do C.c.b.).

Não comparecendo herdeiro ou interessado para requerer o inventário até trinta dias depois de passar em julgado a sentença que mandar abrir a sucessão provisória, proceder-se-á à arrecadação dos bens do ausente pela forma estabelecida nos arts. 1.819 a 1.823. (§2º do art. 28 do C.c.b.)

Empossados nos bens, os sucessores provisórios ficarão representando ativa e passivamente o ausente, de modo que contra eles correrão as ações pendentes e as que de futuro àquele forem movidas (art. 32 do C.c.b.).

Dez anos depois de passada em julgado a sentença que concede a abertura da sucessão provisória, poderão os interessados requerer a sucessão definitiva e o levantamento das cauções prestadas (art. 37 do C.c.b.).

Pode-se requerer a sucessão definitiva, também, provando-se que o ausente conta oitenta anos de idade, e que de cinco datam as últimas notícias dele (art. 38 do C.c.b.).

Conforme preconiza o art. 49 do atual C.P.C., as demandas em que o ausente for réu correm ou tramitam no foro de seu último domicílio, que é também competente para arrecadação de bens, inventário, a partilha e cumprimento de testamento.

Se o ausente não tinha domicílio certo, as demandas poderão ser propostas no foro de localização dos bens. Se os bens estiverem localizados em vários lugares, o autor da demanda poderá escolher qualquer um deles.

Se o ausente não tinha domicilio conhecido e também não deixou bens imóveis ou móveis, a competência desloca-se para o domicílio do autor da própria demanda.

Art. 50
A ação em que o incapaz for réu será proposta no foro de domicílio de seu representante ou assistente.

Foro competente para demanda contra incapaz
Não há diferença substancial entre o artigo 50 do novo C.P.C. e o artigo 98 do C.P.C. de 1973.

Sobre a questão da incapacidade, prescrevem os artigos 1º a 5º do Código Civil brasileiro:

Art. 1º Toda pessoa é capaz de direitos e deveres na ordem civil.

Art. 2º A personalidade civil da pessoa começa do nascimento com vida; mas a lei põe a salvo, desde a concepção, os direitos do nascituro.

Art. 3º São absolutamente incapazes de exercer pessoalmente os atos da vida civil:
I – os menores de dezesseis anos;
II – os que, por enfermidade ou deficiência mental, não tiverem o necessário discernimento para a prática desses atos;
III – os que, mesmo por causa transitória, não puderem exprimir sua vontade.

Art. 4º São incapazes, relativamente a certos atos, ou à maneira de os exercer:
I – os maiores de dezesseis e menores de dezoito anos;
II – os ébrios habituais, os viciados em tóxicos, e os que, por deficiência mental, tenham o discernimento reduzido;
III – os excepcionais, sem desenvolvimento mental completo;
IV – os pródigos.
Parágrafo único. A capacidade dos índios será regulada por legislação especial.

Art. 5º A menoridade cessa aos dezoito anos completos, quando a pessoa fica habilitada à prática de todos os atos da vida civil.
Parágrafo único. Cessará, para os menores, a incapacidade:
I – pela concessão dos pais, ou de um deles na falta do outro, mediante instrumento público, independentemente de homologação judicial, ou por sentença do juiz, ouvido o tutor, se o menor tiver dezesseis anos completos;
II – pelo casamento;
III – pelo exercício de emprego público efetivo;

ART. 50

IV – pela colação de grau em curso de ensino superior;

V – pelo estabelecimento civil ou comercial, ou pela existência de relação de emprego, desde que, em função deles, o menor com dezesseis anos completos tenha economia própria.

O incapaz, nos termos do artigo 50 do novo C.P.C., tem domicilio *necessário* no mesmo endereço do seu representante legal, aliás conforme determina o artigo 76 e seu parágrafo único do Código Civil brasileiro, *in verbis: Têm domicílio necessário o incapaz, o servidor público, o militar, o marítimo e o preso. O domicílio do incapaz é o do seu representante ou assistente; o do servidor público, o lugar em que exercer permanentemente suas funções; o do militar, onde servir, e, sendo da Marinha ou da Aeronáutica, a sede do comando a que se encontrar imediatamente subordinado; o do marítimo, onde o navio estiver matriculado; e o do preso, o lugar em que cumprir a sentença* (p.u. do art. 76 do C.c.b.).

Em se tratando de guarda compartilhada, a cidade considerada base de moradia dos filhos será aquela que melhor atender aos interesses dos filhos (art. 1583, §3º do C.c. b., com a redação dada pela Lei n. 13.058, de 22 de dezembro de 2014.

A representação é tanto do incapaz impúbere quanto do incapaz púbere, maior de 16 e menor de 18 anos de idade. Por isso a Câmara dos Deputados apresentou emenda para nessa competência também mencionar o domicílio do *assistente* na hipótese de menor púbere.

Sobre o tema, eis os seguintes precedentes do S.T.J.:

Inventario. Interdito. Foro competente.

Em sendo interdito o autor da herança, o foro competente para o inventario e o do seu curador, 'ex vi' dos artigos 36 do código civil e 96 do código de processo civil, não admitida prova em contrário, sendo irrelevante o lugar da situação dos bens ou da sua residência ou do óbito.

(...).

(REsp 32.213/SP, Rel. Ministro ANTONIO TORREÃO BRAZ, QUARTA TURMA, julgado em 30/05/1994, DJ 27/06/1994, p. 16986).

1. A remoção de curador é postulada em ação autônoma (CPC, arts. 1195 a 1197), que não guarda relação de acessoriedade com a ação de interdição já finda. A circunstância de o curador nomeado ter domicílio em São Paulo, foro onde se processou a ação de interdição, não afasta a competência territorial do Juízo do Distrito Federal, onde têm domicílio a interdita e sua mãe, titular do direito de guarda, para a ação de remoção do curador. Princípio do melhor interesse do incapaz.

2. *Conflito de competência conhecido, para declarar a competência do Juízo suscitado.*

(CC 101.401/SP, Rel. Ministra MARIA ISABEL GALLOTTI, SEGUNDA SEÇÃO, julgado em 10/11/2010, DJe 23/11/2010)

Há entendimento, inclusive, que se houver alteração do domicílio do representante legal do incapaz durante o trâmite processual, deve o processo ser remetido ao novo foro competente, não se aplicando nesta hipótese a *perpetuatio jurisdictionis*. Nesse sentido são os seguintes precedentes:

1. Debate relativo à possibilidade de deslocamento da competência em face da alteração no domicílio do menor, objeto da disputa judicial.

2. Em se tratando de hipótese de competência relativa, o art. 87 do CPC institui, com a finalidade de proteger a parte, a regra da estabilização da competência (perpetuatio jurisdictionis), evitando-se, assim, a alteração do lugar do processo, toda a vez que houver modificações supervenientes do estado de fato ou de direito.

3. Nos processos que envolvem menores, as medidas devem ser tomadas no interesse desses, o qual deve prevalecer diante de quaisquer outras questões.

(...).

(CC 114.782/RS, Rel. Ministra NANCY ANDRIGHI, SEGUNDA SEÇÃO, julgado em 12/12/2012, DJe 19/12/2012)

(...).

2. Em se tratando de hipótese de competência relativa, o art. 87 do CPC institui, com a finalidade de proteger a parte, a regra da estabilização da competência (perpetuatio jurisdictionis), evitando-se, assim, a alteração do lugar do processo, toda a vez que houver modificações supervenientes do estado de fato ou de direito.

3. Nos processos de curatela, as medidas devem ser tomadas no interesse da pessoa interditada, o qual deve prevalecer diante de quaisquer outras questões, devendo a regra da perpetuatio jurisdictionis ceder lugar à solução que se afigure mais condizente com os interesses do interditado e facilite o acesso do Juiz ao incapaz para a realização dos atos de fiscalização da curatela.

Precedentes.

4. Conflito conhecido para o fim de declarar a competência do Juízo de Direito da 11ª Vara de Família e Sucessões de São Paulo-SP (juízo suscitado), foro de domicilio do interdito e da requerente.

(CC 109.840/PE, Rel. Ministra NANCY ANDRIGHI, SEGUNDA SEÇÃO, julgado em 09/02/2011, DJe 16/02/2011)

Art. 51

É competente o foro de domicílio do réu para as causas em que seja autora a União.

Parágrafo único. Se a União for a demandada, a ação poderá ser proposta no foro de domicílio do autor, no de ocorrência do ato ou fato que originou a demanda, no de situação da coisa ou no Distrito Federal.

Foro competente nas causas em que a União for autora ou ré

O art. 51 do novo C.P.C., ao contrário do art. 99 do C.P.C. de 1973, somente faz referência à intervenção da União Federal no processo, seja no polo ativo quanto no polo passivo, retirando de sua normatização o *Território*, uma vez que não existe mais em nosso sistema político a figura do Território.

Sendo a União sujeito ativo da demanda, deverá ser observada a regra geral da competência territorial, ou seja, a demanda deverá ser aforada no foro de domicílio do réu. Aliás, nesse sentido é o §1º do art. 109 da Constituição Federal: *"As causas em que a União for autora serão aforadas na seção judiciária onde tiver domicílio a outra parte".*

Por outro lado, nos termos do *parágrafo único do art. 51* do novo C.P.C., sendo a União Federal ré na demanda, o autor poderá escolher o foro competente entre: o do seu domicílio, o do local onde ocorreu o ato ou o fato que deu origem à demanda, o local onde esteja situada a coisa ou, ainda, o foro do Distrito Federal, que é a sede da União. Nesse sentido, aliás, é o teor do §2º do art. 109 da Constituição Federal: *"As causas intentadas contra a União poderão ser aforadas na seção judiciária em que for domiciliado o autor, naquela onde houver ocorrido o ato ou fato que deu origem à demanda ou onde esteja situada a coisa, ou, ainda, no Distrito Federal".*

Deve-se ter em mente que, nos termos do artigo 109, inc. I, da Constituição Federal, o juízo competente para conhecer das demandas em que haja a intervenção da União, seja como autora, ré ou assistente, é o da Justiça Federal.

Além do mais, nos temos do art. 110 da Constituição Federal, *"Cada Estado, bem como o Distrito Federal, constituirá uma seção judiciária que terá por sede a respectiva Capital, e varas localizadas segundo o estabelecido em lei".*

Nas causas em que a União for autora, a demanda deverá ser aforada perante a Justiça Federal da Seção Judiciária que abranja o domicílio do réu.

Por sua vez, se o domicílio do réu não for sede de Vara Federal, a lei, por expressa permissão Constitucional, poderá autorizar a delegação de competência para a Justiça Estadual. Nesse sentido é o §3º do art. 109 da Constituição Federal: *"Serão processadas e julgadas na justiça estadual, no foro do domicílio dos segurados ou beneficiários, as causas em que forem parte instituição de previdência social e*

CÓDIGO DE PROCESSO CIVIL

segurado, sempre que a comarca não seja sede de vara do juízo federal, e, se verificada essa condição, a lei poderá permitir que outras causas sejam também processadas e julgadas pela justiça estadual"

Com base na permissão outorgada pelo §3º do art. 109 da Constituição Federal, o art. 15 da Lei n. 5.010 de 30 de maio de 1966, estabeleceu algumas hipóteses de delegação de competência, a saber:

Art. 15. Nas Comarcas do interior onde não funcionar Vara da Justiça Federal (artigo 12), os Juízes Estaduais são competentes para processar e julgar:

I – os executivos fiscais da União e de suas autarquias, ajuizados contra devedores domiciliados nas respectivas Comarcas; (Vide Decreto-Lei nº 488, de 1969)

II – as vistorias e justificações destinadas a fazer prova perante a administração federal, centralizada ou autárquica, quando o requerente for domiciliado na Comarca; (Vide Decreto-Lei nº 488, de 1969)

III – os feitos ajuizados contra instituições previdenciárias por segurados ou beneficiários residentes na Comarca, que se referirem a benefícios de natureza pecuniária. (Vide Decreto-Lei nº 488, de 1969)

IV – as ações de qualquer natureza, inclusive os processos acessórios e incidentes a elas relativos, propostas por sociedades de economia mista com participação majoritária federal contra pessoas domiciliadas na Comarca, ou que versem sobre bens nela situados. (Incluído pelo Decreto-Lei nº 30, de 1966)

Parágrafo único. Sem prejuízo do disposto no art. 42 desta Lei e no art. 1.213 do Código de Processo Civil, *poderão os Juízes e auxiliares da Justiça Federal praticar atos e diligências processuais no território de qualquer dos Municípios abrangidos pela seção, subseção ou circunscrição da respectiva Vara Federal.*(Incluído pela Lei nº 10.772, de 21.11.2003).

Em relação à competência para processar e julgar execuções fiscais, é importante salientar a revogação do art. 15 da Lei 5.010/66 pela Lei n. 13.043/2014, extinguindo a competência delegada dos juízes estaduais para processar e julgar executivos fiscais da União e de suas autarquias, ajuizados contra devedores domiciliados nas respectivas Comarcas.

Sobre essa revogação, ver crítica formulada no art. 46, §5º, deste Código.

Sobre o tema, eis os seguintes precedentes do S.T.J.:

1. A Primeira Seção do STJ, no julgamento do REsp 1.120.276/PA, Rel.Min. Luiz Fux, submetido ao rito dos recursos repetitivos – art. 543-C do CPC e Resolução 8/2008 do STJ –, conferiu uma interpretação sistemática ao art. 578 do CPC, segundo o qual as alternativas do caput do citado dispositivo concorrem com os foros

ART. 51

previstos no parágrafo único do mesmo artigo. Assim, o devedor não tem assegurado o direito de ser executado no foro de seu domicílio.

2. A empresa, nos termos do art. 578 do CPC, pode ser demandada no foro de sua agência ou filial, sendo que, no caso específico da execução fiscal, há prerrogativa de escolha de foro por parte da Fazenda Pública, possibilitando a opção, entre outras, pelo lugar em que foi praticado ou ocorreu o fato que deu origem à dívida.

(...).

(AgRg nos EDcl no REsp 1268870/PR, Rel. Ministro HUMBERTO MARTINS, SEGUNDA TURMA, julgado em 26/06/2012, DJe 29/06/2012).

1. Compete ao respectivo Tribunal Regional Federal julgar recurso interposto contra decisão proferida por Juiz Estadual investido de competência federal delegada na forma do art. 15, I, da Lei 5.010/1966. Precedentes do STJ.

2. Conflito de Competência conhecido, declarando-se competente o Tribunal Regional Federal da 3ª Região, o suscitado.

(CC 114.650/SP, Rel. Ministro HERMAN BENJAMIN, PRIMEIRA SEÇÃO, julgado em 11/05/2011, DJe 17/05/2011).

1. Compete à Justiça comum dos Estados apreciar e julgar as ações acidentárias, que são aquelas propostas pelo segurado contra o Instituto Nacional do Seguro Social, visando ao benefício, aos serviços previdenciários e respectivas revisões correspondentes ao acidente do trabalho. Incidência da Súmula 501 do STF e da Súmula 15 do STJ.

2. Agravo regimental a que se nega provimento.

(AgRg no CC 122.703/SP, Rel. Ministro MAURO CAMPBELL MARQUES, PRIMEIRA SEÇÃO, julgado em 22/05/2013, DJe 05/06/2013)

Tanto a ação de acidente do trabalho quanto a ação de revisão do respectivo benefício previdenciário devem ser processadas e julgadas pela Justiça Estadual. Conflito conhecido para declarar competente o MM. Juiz de Direito da 1ª Vara de Acidentes do Trabalho de Santos, SP.

(CC 124.181/SP, Rel. Ministro ARI PARGENDLER, PRIMEIRA SEÇÃO, julgado em 12/12/2012, DJe 01/02/2013).

1. Na espécie, não há qualquer manifestação do Juízo da 1ª Vara Federal de Itapeva/SP, razão pela qual inexiste, na espécie, conflito negativo de competência.

2. É necessário declarar, de ofício, que o Juízo de Direito do Foro Distrital de Itaberá-Itapeva/SP, ora suscitante, é absolutamente incompetente para processar e julgar o feito, e, por via de consequência, determinar o envio dos autos àquele que detém a competência para dirimir a matéria posta ao crivo do Poder Judiciário.

3. Por se tratar de ação de cunho eminentemente previdenciário, deve ser afastada a incidência da exceção preconizada pelo art. 109, inciso I, da Carta Magna, e ser fixada a competência do Juízo da 1ª Vara Federal de Itapeva/SP.

4. Agravo regimental desprovido.

(AgRg no CC 118.346/SP, Rel. Ministra LAURITA VAZ, TERCEIRA SEÇÃO, julgado em 13/06/2012, DJe 25/06/2012).

1. Existindo vara da Justiça Federal na comarca à qual vinculado o foro distrital, como se verifica no presente caso, não incide a delegação de competência prevista no art. 109, § 3º, da Constituição Federal. Precedentes.

2. Agravo regimental improvido.

(AgRg no CC 119.352/SP, Rel. Ministro MARCO AURÉLIO BELLIZZE, TERCEIRA SEÇÃO, julgado em 14/03/2012, DJe 12/04/2012).

(...).

III – Sendo a ação ordinária – relativa ao benefício previdenciário de natureza rural – processada e julgada por Juízo Estadual, em decorrência da competência delegada prevista no art. 109, § 3º da Constituição Federal, bem como a apelação – na ação de conhecimento – julgada pelo Tribunal Regional Federal da 4ª Região, exsurge certo que compete ao Tribunal Regional Federal processar e julgar a apelação interposta pelo INSS em sede de embargos à execução.

IV – Conflito conhecido para declarar competente o Tribunal Regional Federal da 4ª Região, ora suscitante, para o processamento e julgamento da apelação interposta em sede de embargos à execução.

(CC 112.219/RS, Rel. Ministro GILSON DIPP, TERCEIRA SEÇÃO, julgado em 27/10/2010, DJe 12/11/2010)

Recentemente, o S.T.J. entendeu que a competência delegada do juiz estadual, na hipótese de execução fiscal, é *absoluta* e não meramente relativa. Sobre o tema, eis o seguinte precedente do S.T.J.:

Processual civil. Execução fiscal. Conselho profissional. Ausência de vara federal no domicílio do réu. art. 578 do cpc. Retificação pela justiça federal. Exegese do art. 109, § 3º, da cf e art. 15, i, da lei n. 5.010/1966. Possibilidade no caso concreto.1. De acordo com o disposto no art. 109, § 3°, da Constituição Federal, e no art. 15, I, da Lei n. 5.010/66, a competência para processar e julgar execução movida pela União, ou suas autarquias, contra executado domiciliado em comarca que não possua sede de Vara Federal, é da Justiça Estadual.

ART. 51

2. No caso concreto, a competência foi retificada pela Justiça Federal em atenção à exegese do art. 578 do Código de Processo Civil, combinada com o art. 109, § 3º, da Constituição Federal e o art. 15, I, da Lei n. 5.010/1966.

3. Tal retificação foi regular, consoante o que se depreende da lição do Min. Luiz Fux: "Anote-se que à mingua de previsão constitucional, o Estado, suas autarquias e demais entidades descentralizadas não gozam de 'foro privilegiado', como a União Federal. Naquelas hipóteses, do forum rei sitae e do foro da União, a competência de território, 'em princípio relativa', converte-se em absoluta, quer pela inderrogabilidade por vontade das partes, quer quanto aos seus efeitos e modo de arguição do vício da incompetência, podendo, nesse último aspecto, ser alegado em qualquer tempo e grau de jurisdição, posto geradora de feito tão grave que torna passível a decisão judicial de rescindibilidade." (Curso de Direito Processual Civil, 4 ed. Rio de Janeiro: Forense, 2008, p. 107-108).

4. Acórdão recorrido formado em consonância com a jurisprudência do Superior Tribunal de Justiça, no que incide a Súmula 83/STJ.

Precedentes: CC 124.959/SP, Rel. Ministro Ari Pargendler, Primeira Seção, julgado em 4.2.2013, DJe 7.3.2013; REsp 1.149.657/SC, Rel.

Min. Castro Meira, Segunda Turma, DJe 27.11.2009; AgRg nos EDcl no REsp 1.268.870/PR, Rel. Ministro Humberto Martins, Segunda Turma, julgado em 26.6.2012, DJe 29.6.2012; REsp 1.047.303/RS, Rel. Carlos Fernando Mathias (Juiz convocado do TRF 1ª Região), Segunda Turma, DJe 19.6.2008; REsp 1.019.115/PE, Rel. Min. José Delgado, Primeira Turma, DJe 23.6.2008; REsp 571.719/RS, Rel. Min. Eliana Calmon, Segunda Turma, DJ 13.6.2005, p. 241.

Agravo regimental improvido.

(AgRg no REsp 1146212/SC, Rel. Ministro HUMBERTO MARTINS, SEGUNDA TURMA, julgado em 14/05/2013, DJe 24/05/2013)

Se a União for ré, o juízo competente, por escolha do autor (competência concorrente), poderá ser o do local da Vara Federal situada no domicílio do autor ou o de onde ocorreu o ato ou o fato que deu origem à demanda, ou da do local onde esteja situada a coisa ou no Distrito Federal. Sobre o tema eis os seguintes precedentes do S.T.J.:

(...).

2. Consoante entendimento preconizado pelo egrégio STF, ainda que o segurado resida em outra unidade da Federação, as ações contra o INSS podem ser ajuizadas na Seção Judiciária do Distrito Federal, em face da faculdade de opção conferida pelo constituinte entre o foro especial (CF, art. 109, § 3º) e aquele previsto na norma genérica (CF, art. 109, I). Precedentes.

CÓDIGO DE PROCESSO CIVIL

3. Embargos de divergência conhecidos e recebidos.
(EREsp 223.796/DF, Rel. Ministro JOSÉ DELGADO, Rel. p/ Acórdão Ministro FERNANDO GONÇALVES, CORTE ESPECIAL, julgado em 04/06/2003, DJ 15/12/2003, p. 173).

1. A Terceira Seção deste STJ pacificou o entendimento de que o foro do Distrito Federal é competente para processar e julgar ação proposta contra o INSS, por segurados residentes em outro Estado da Federação.
2. Recurso provido.
(REsp 354.631/DF, Rel. Ministro EDSON VIDIGAL, QUINTA TURMA, julgado em 05/03/2002, DJ 01/04/2002, p. 200)

1. A competência prevista no artigo 109, § 3º, da Constituição Federal é relativa, e não pode ser declinada de ofício pelo magistrado, de acordo com a Súmula n. 33/STJ.
2. Não pode o Juiz Federal, sem provocação do réu, se recusar a ofertar a prestação jurisdicional, quando o segurado optar por ajuizar a demanda previdenciária junto à Justiça Federal em detrimento do ajuizamento junto a Juízo de Direito da Comarca do seu domicílio.
3. Conflito conhecido para declarar a competência do Juízo Federal da 1ª Vara da Seção Judiciária do Estado de Pernambuco, o suscitado.
(CC 116.919/PE, Rel. Ministra ALDERITA RAMOS DE OLIVEIRA (DESEMBARGADORA CONVOCADA DO TJ/PE), TERCEIRA SEÇÃO, julgado em 12/09/2012, DJe 18/09/2012)

Nas demandas previdenciárias, o autor poderá ainda optar pela Justiça Estadual de seu domicílio, quando o local de seu domicílio não for sede da Justiça Federal.

As ações civis públicas movidas contra a União ou naquelas em que haja intervenção da União são de competência do foro do local onde ocorreu ou deveria ocorrer o dano (LACP art. 2º). No local em que não houver Vara da Justiça Federal, a competência será da Justiça Estadual. Essa regra de competência é Constitucional, nos termos do art. 109, §3º da C.F.

As ações propostas em que haja a intervenção da União e que sejam processadas e julgadas pela Justiça Estadual por delegação Constitucional, eventual recurso será para os Tribunais Regionais Federais respectivos.

Por fim, é importante salientar que a função delegada prevista no art. 15, inc. I, da Lei 5.010 de 1966, referente aos executivos fiscais da União e de suas respectivas autarquias, foi revogada pela Lei 13.043 de 2014.

ART. 52

Da mesma forma, o Tribunal Regional Federal da 4ª Região, por meio de resoluções expedidas pela sua presidência, tem instituído uma espécie de *longa manus* das Varas Federais, para alcançar também Municípios que não sejam sedes dessas Varas, a fim de eliminar a competência delegada da Justiça Federal. Em razão dessa descentralização, as ações previdências, assim como as execuções fiscais, poderão ser propostas nessas unidades avançadas, sendo que o julgamento da demanda competirá ao juízo federal localizado na sede da Vara.

Evidentemente que essas Unidades Avançadas são forma de *burlar* a falta de Vara Federal no município de domicílio do réu, especialmente no caso de execução fiscal. Porém, essa forma de eliminação da função delegada estadual parece ser inconstitucional, pois fere o disposto no art. 110 da Constituição Federal, que assim preceitua: *"Cada Estado, bem como o Distrito Federal, constituirá uma seção judiciária que terá por sede a respectiva Capital, e varas localizadas segundo o estabelecido em lei"*.

Portanto, somente a lei poderá estabelecer a sede de Vara Federal e não simples resolução.

Se a lei não estabelece sede de Vara Federal para o Município em que o réu é domiciliado, sua demanda deverá ser julgada pelo juízo natural, no caso, a justiça estadual que assume função delegada federal.

Art. 52

É competente o foro de domicílio do réu para as causas em que seja autor Estado ou o Distrito Federal

Parágrafo único. Se Estado ou o Distrito Federal for o demandado, a ação poderá ser proposta no foro de domicílio do autor, no de ocorrência do ato ou fato que originou a demanda, no de situação da coisa ou na capital do respectivo ente federado.

Foro competente nas causas em que o Estado ou o Distrito Federal for autor ou réu

Quando a causa tenha por autor qualquer Estado da Federação ou mesmo o Distrito Federal, a demanda deverá ser proposta no foro do domicilio do réu.

Quando o réu for qualquer Estado da federação ou o Distrito Federal, haverá competência concorrente. Nesta hipótese, a demanda poderá ser proposta no foro do domicílio do autor, no foro em que ocorreu o ato ou o fato que originou a demanda, no foro de situação da coisa, ou, ainda, na capital do respectivo ente federado.

Art. 53. É competente o foro:

I – para a ação de divórcio, separação, anulação de casamento e reconhecimento ou dissolução de união estável:

a) de domicílio do guardião de filho incapaz;

b) do último domicílio do casal, caso não haja filho incapaz;

c) de domicílio do réu, se nenhuma das partes residir no antigo domicílio do casal;

II – de domicílio ou residência do alimentando, para a ação em que se pedem alimentos;

III – do lugar:

a) onde está a sede, para a ação em que for ré pessoa jurídica;

b) onde se acha agência ou sucursal, quanto às obrigações que a pessoa jurídica contraiu;

c) onde exerce suas atividades, para a ação em que for ré sociedade ou associação sem personalidade jurídica;

d) onde a obrigação deve ser satisfeita, para a ação em que se lhe exigir o cumprimento;

e) de residência do idoso, para a causa que verse sobre direito previsto no respectivo estatuto;

f) da sede da serventia notarial ou de registro, para a ação de reparação de dano por ato praticado em razão do ofício;

IV – do lugar do ato ou fato para a ação:

a) de reparação de dano;

b) em que for réu administrador ou gestor de negócios alheios;

V – de domicílio do autor ou do local do fato, para a ação de reparação de dano sofrido em razão de delito ou acidente de veículos, inclusive aeronaves.

Sumário:

1. Regras específicas de competência. **1.1.** Divórcio, separação, anulação de casamento, reconhecimento ou dissolução de união estável **1.2.** Demanda de alimentos **1.3.** Pessoa jurídica, idoso, serventia notarial. **1.4.** Reparação de dano, réu administrador ou gestor de negócio alheio

ART. 53

1. Regras específicas de competência
1.1. Divórcio, separação, anulação de casamento, reconhecimento ou dissolução de união estável

Pode-se observar algumas alterações importantes preconizadas pelo art. 53 do novo C.P.C. em relação ao art. 100 do C.P.C. de 1973, a saber:

Em primeiro lugar, o novo C.P.C. não mais estabelece o foro da residência da mulher como competente para *a demanda de divórcio e para a anulação de casamento.* E essa mudança tem sua razão de ser, especialmente pelo fato que de que a Constituição Federal estabelece o princípio da isonomia entre sexos, no caso, entre homem e mulher, o que não justificava mais o privilégio de competência concedido à mulher.

É certo, porém, que o Supremo Tribunal Federal, analisando a constitucionalidade do inc. I do art. 100 da Constituição Federal, assim se manifestou sobre a questão da isonomia entre homem e mulher: http://www.stf.jus.br/portal/cms/verNoticiaDetalhe.asp?idConteudo=194270&tip=UN:

> *"Terça-feira, 22 de novembro de 2011*
> *2ª Turma: Foro de residência da mulher em ação de separação não fere isonomia*
> *A norma do Código de Processo Civil (CPC) segundo a qual o foro competente para processar e julgar ação de separação judicial é o da residência da mulher (artigo 100, inciso I) não ofende o princípio constitucional de igualdade entre homens e mulheres em direitos e obrigações (artigo 5º, inciso I). A matéria foi debatida na tarde de hoje (22) na sessão da Segunda Turma do Supremo Tribunal Federal (STF) durante julgamento de recurso extraordinário (RE) relatado pelo ministro Joaquim Barbosa, no qual os ministros entenderam, por unanimidade de votos, que a norma do CPC foi recepcionada pela Constituição de 1988.*
>
> *No RE, o requerente argumentou que a norma do CPC viola o princípio da isonomia entre homens e mulheres, previsto no artigo 5º, inciso I, da Constituição Federal, bem como o parágrafo 5º do artigo 226, segundo o qual "os direitos e deveres referentes à sociedade conjugal são exercidos igualmente pelo homem e pela mulher." O ministro Joaquim Barbosa iniciou seu voto afirmando a competência da Turma para julgar o recurso, tendo em vista que não se tratava de análise ou eventual declaração de inconstitucionalidade do dispositivo atacado, mas sim de sua recepção pela Constituição de 1988.*
>
> *O ministro lembrou que há três correntes de doutrina e jurisprudência acerca do artigo 100, inciso I, do CPC. A primeira delas entende por sua não recepção pela Constituição de 1988; a segunda, pela recepção; e a terceira, pela recepção condicionada a circunstâncias específicas do caso, especialmente levando-se em conta o fato de a mulher se encontrar em posição efetivamente desvantajosa em relação ao marido.*

"Entendo que o inciso I do artigo do CPC não se contrapõe ao princípio da isonomia entre homens e mulheres. Em primeiro lugar porque não se trata de um privilégio estabelecido em favor das mulheres, mas de uma norma que visa dar um tratamento menos gravoso à parte que, em regra, se encontrava e ainda hoje se encontra em situação menos favorável do ponto de vista econômico e financeiro. Assim, a propositura da ação de separação judicial no foro do domicílio da mulher é medida que melhor atende ao princípio da isonomia, na famosa definição de Rui Barbosa, de que este consiste em 'tratar desigualmente os desiguais na medida em que se desigualam'", afirmou o relator".

Com a alteração preconizada pelo novo C.P.C., o juízo competente será o do guardião do filho incapaz, para a demanda de divórcio, separação, anulação de casamento, reconhecimento ou dissolução de união estável, seja esse guardião o pai ou a mãe.

Na hipótese de guarda compartilhada, a cidade considerada base de moradia dos filhos será aquela que melhor atender aos interesses dos filhos (art. 1.583, §3º, do C.c.b., com a redação dada pela lei 13.058, de 22 de dezembro de 2014).

Não havendo filho incapaz, ou não sendo nenhuma das partes guardiã do filho incapaz, o juízo competente será o do foro de último domicílio do casal.

Por outro lado, se do casamento não resultou na constituição do mesmo domicílio ou se nenhuma das partes residir no antigo domicílio do casal, e não havendo filho incapaz, deverá prevalecer a regra geral da competência territorial, ou seja, o foro do domicílio do réu. De qualquer sorte, trata-se de competência relativa. Nesse sentido são os seguintes precedentes do S.T.J.:

*Competência. Ação de divórcio direto. Determinação de remessa dos autos ao foro do domicilio da esposa. **A incompetência relativa não pode ser declarada de oficio.** sumula n. 33-stj. Conflito conhecido, declarado competente o suscitado.*
(CC 20.397/MA, Rel. Ministro BARROS MONTEIRO, SEGUNDA SEÇÃO, julgado em 26/11/1997, DJ 09/03/1998, p. 9)

I – a norma do art. 100, i, cpc, não e absoluta. Se a mulher não oferecer exceção de incompetência do juízo, em tempo hábil, a competência territorial estará prorrogada por vontade das partes.
(...).
(REsp 27.483/SP, Rel. Ministro WALDEMAR ZVEITER, TERCEIRA TURMA, julgado em 04/03/1997, DJ 07/04/1997, p. 11112)

Sobre o tema, eis ainda os seguintes precedentes do S.T.J.:

ART. 53

(...)
2. Compete ao foro do domicílio do réu o julgamento de cautelar de arrolamento cumulada com partilha de bens e posterior divórcio. Em ação fundada em direito pessoal a competência é relativa a teor do que dispõe o art. 94 do Código de Processo Civil.
3. Em atenção aos princípios relativos à economia processual e à celeridade, deve o feito ser processado no foro da situação da coisa. Art. 95 do CPC.
4. Recurso especial não-conhecido.
(REsp 735.165/MG, Rel. Ministro JOÃO OTÁVIO DE NORONHA, QUARTA TURMA, julgado em 10/11/2009, DJe 23/11/2009)

1. Trata-se de conflito de competência, suscitado pelo cônjuge varão, envolvendo o juízo da 2ª Vara de Família e Sucessões da Comarca de Manaus/AM e o juízo da 3ª Vara de Família e Sucessões da Comarca de Palmas/TO, nos quais tramitam diversas ações judiciais em que se discute, além do divórcio do casal, a guarda da filha menor.
(...).
6. Nos termos da Súmula 383/STJ e do art. 147 do Estatuto da Criança e do Adolescente, considerando que a suscitada, detentora da guarda da filha, fixou, de acordo com os arts. 70 e 74 do Código Civil, domicílio na cidade de Palmas/TO, compete ao Juízo de Direito da 3ª Vara de Família e Sucessões da comarca de Palmas/TO o processamento e o julgamento das ações em que se discute, além do divórcio do casal, a guarda da filha menor.
7. Conflito conhecido para estabelecer a competência do Juízo de Direito da 3ª Vara de Família e Sucessões da comarca de Palmas/TO.
(CC 127.109/AM, Rel. Ministro PAULO DE TARSO SANSEVERINO, SEGUNDA SEÇÃO, julgado em 26/06/2013, DJe 01/07/2013)

Em segundo lugar, o novo Código de Processo Civil não repetiu a competência prevista no item III do artigo 100 do C.P.C. de 1973, que assim previa: *III – do domicílio do devedor, para a ação de anulação de títulos extraviados ou destruídos.*

E essa exclusão tem por objetivo sistematizar os critérios de competência, uma vez que o inciso III do artigo 100 do C.P.C. de 1973 nada mais fazia do que repetir a regra geral da competência territorial, ou seja, o domicílio do devedor para a ação de anulação de títulos extraviados ou destruídos, razão pela qual não se justificava sua repetição para o foro especial de competência territorial previsto no artigo 53 do novo C.P.C.

1.2. Demanda de alimentos
O inciso II do art. 53 do atual C.P.C. estabelece o foro competente com base no critério de hipossuficiência *do alimentando.* O dispositivo mantém a competência

do juízo do domicílio ou residência do alimentando para as demandas sobre alimentos, mesmo que cumulada com ação de investigação de paternidade (enunciado 01 da súmula do S.T.J.).

Na hipótese de guarda compartilhada, a cidade considerada base de moradia dos filhos será aquela que melhor atender aos interesses dos filhos (art. 1.583, §3º, do C.c.b., com a redação dada pela lei 13.058, de 22 de dezembro de 2014).

A competência do domicílio ou residência do alimentando é de tal importância, que se houver alteração de domicílio durante o trâmite do processo, haverá possibilidade de se remeter os autos para o novo juízo, justamente pelo caráter continuativo da relação jurídica que tenha por objeto alimentos, mitigando-se desta forma a regra da *perpetuatio jurisdictionis*. Nesse sentido é o seguinte precedente do S.T.J.:

1. A prestação de alimentos refere a uma relação jurídica continuativa, por tempo indeterminado, estando sujeita a modificações ditadas por comprovada alteração da situação fática justificadora de sua fixação. Os alimentos podem ser redimensionados ou afastados.

2. Assim, os alimentos podem ser revistos ainda no trâmite do processo originário ou em nova ação. Essa demanda posterior não precisa ser proposta em face do mesmo juízo que fixou os alimentos originalmente, podendo ser proposta no novo domicílio do alimentando, nos termos do art. 100, II, do Código de Processo Civil. Até mesmo a execução do julgado pode se dar em comarca diversa daquela em que tramitou a ação de conhecimento, de modo a possibilitar o acesso à Justiça pelo alimentando. Precedentes.

3. O caráter continuativo da relação jurídica alimentar, conjugado com a índole social da ação de alimentos, autoriza que se mitigue a regra da perpetuatio jurisdictionis.

4. Isso porque se o alimentando mudar de domicílio logo após o final da lide, e ocorrerem fatos supervenientes que autorizem a propositura de ação de revisão de alimentos, essa vai ser proposta na comarca onde o alimentando tiver fixado novo domicílio. Do mesmo modo, a execução do julgado pode se dar no novo domicílio do alimentando, como acima visto. Assim, se a troca de domicílio ocorrer durante o curso da ação originária não parece razoável que se afaste esse entendimento com vistas somente no aspecto da estabilidade da lide, de marcante relevância para outras demandas, mas subalterno nas ações de alimentos, permeáveis que são a fatos supervenientes.

5. Cumpre ressaltar, ademais, que no caso em tela o menor e a genitora se mudaram para o foro do domicílio do genitor, em São Paulo/SP, nada justificando a manutenção do curso da lide no Estado do Ceará, nem mesmo o interesse do alimentante.

ART. 53

6. *Conflito conhecido para declarar competente o Juízo de Direito da 1ª Vara de Família e Sucessões do Foro Regional III – Jabaquara – SP.*
(CC 114.461/SP, Rel. Ministro RAUL ARAÚJO, SEGUNDA SEÇÃO, julgado em 27/06/2012, DJe 10/08/2012).

Por outro lado, por ser a competência do domicílio do alimentando meramente relativa, é possível a sua renúncia, conforme estabelece o seguinte precedente do S.T.J.:

1. *"A definição do foro do alimentando como o competente para as ações em que se pleiteia alimentos, por ser tratar de critério de competência relativa, comporta renúncia por parte daquele que possui referida prerrogativa legal." (HC 71.986/MG, Rel. Ministro Massami Uyeda) 2. Ordem denegada.*
(HC 205.362/DF, Rel. Ministro LUIS FELIPE SALOMÃO, QUARTA TURMA, julgado em 16/08/2011, DJe 19/08/2011)

Questão interessante há de surgir quando o alimentante for idoso, pois neste caso, segundo Flávio Luiz Yarshell,[336] compete ao juízo do domicílio do idoso processar e julgar as ações em ele seja réu.

Prevalecendo este posicionamento de Yarshell, pode-se afirmar que estamos diante de competência concorrente entre o juízo do domicílio do alimentando e o juízo do domicílio do idoso.

Quanto à demanda de alimentos internacional, envolvendo partes que estejam em diversos países (alimentando no exterior e alimentante no Brasil) a competência é regulada por Tratado Internacional (Decreto Legislativo n. 10, de 13/11/1958 e Decreto n. 56.826, de 2/09/1965). Neste caso, pode-se apresentar as seguintes situações:

"1ª situação. ALIMENTANDO residente no exterior e ALIMENTANTE residente no Brasil: aplica-se a regra do art. 109, III da CF/88, ou seja, competência será da Justiça Federal. Processa-se da seguinte maneira: o ALIMENTANDO entrega a documentação à Autoridade Remetente do outro país (cujo conteúdo varia de acordo com cada país), que encaminha ao Ministério Público Federal – Instituição Interveniente – os documentos necessários para a propositura da demanda de alimentos (tra-

---

[336] YARSHELL, Flavio Luiz. *Competência no Estatuto do Idoso (lei n. 10.741/03)*, In: http://www.mundo jurídico.adv.br. 29.12.2004.

duzidos para o português). A demanda será proposta na Seção ou Subseção Judiciária que abranger o município em que o ALIMENTANTE reside ou está domiciliado, pela Procuradoria da República daquele Estado ou Município – sede da Seção ou Subseção Judiciária Federal. O MPF sempre intervirá, agindo em nome do ALIMENTANDO, em todas as fases do procedimento (inclusive na execução de sentença estrangeira sobre alimentos). O MPF deve encaminhar informações sobre o andamento da demanda à Autoridade remetente, para acompanhamento.

2ª situação. ALIMENTANDO residente no Brasil e ALIMENTANTE residente no exterior. Processa-se da seguinte maneira. MPF, agora como Autoridade Remetente, encaminha à Instituição-Interveniente do país em que reside ou está domiciliado o ALIMENTANTE (Instituição que varia conforme o país) os documentos necessários para a propositura da demanda de alimentos (traduzidos para o idioma oficial daquele país). A demanda será proposta no país em que o ALIMENTANTE reside ou está domiciliado, pela referida Instituição Interveniente daquele país, que acompanhará todo o procedimento, assim como o faz o MPF no Brasil. A Instituição Interveniente encaminhará informações ao MPF, para acompanhamento. Nesse caso, quem atua como Autoridade remetente é o Procurador-Geral da República (que pode delegar a atribuição a um Subprocurador). Atualmente, o MPF conta com Subprocurador-Geral da República, para os casos da 2ª hipótese)".[337]

1.3. Pessoa jurídica, idoso, serventia notarial

Em relação ao inc. III, letras 'a', 'b', do art. 53 do atual C.P.C., o legislador estabeleceu os critérios de competência para as questões obrigacionais que envolvem as *pessoas jurídicas*, preconizando que é competente o lugar em que se *encontra a sede, para a ação em que for ré a pessoa jurídica,* ou onde *se acha sua agência ou sucursal,* quanto às obrigações que a pessoa jurídica contraiu.

As espécies de pessoas jurídicas de direito privado estão previstas no art. 44 do C.c.b., a saber:

> *Art. 44. São pessoas jurídicas de direito privado:*
> *I – as associações;*
> *II – as sociedades;*
> *III – as fundações.*
> *IV – as organizações religiosas;* (Incluído pela Lei nº 10.825, de 22.12.2003)
> *V – os partidos políticos.* (Incluído pela Lei nº 10.825, de 22.12.2003)".

---

[337] Flávia Torres, *apud* Didier Jr., op. Cit., pags. 144 e 145.

ART. 53

Para questão de falência ou de recuperação judicial, a competência é do lugar de seu principal estabelecimento. Sobre o tema, eis os seguintes precedentes do S.T.J.:

1 – A competência para processar e julgar as ações e execuções suspensas por força do art. 6º, caput, da Lei 11.101/05 é do juízo da recuperação judicial, ainda que iniciadas antes do deferimento daquele pedido, ressalvadas as hipóteses legais, que não se verificam no caso concreto.

(...).

(CC 101.552/AL, Rel. Ministro HONILDO AMARAL DE MELLO CASTRO (DESEMBARGADOR CONVOCADO DO TJ/AP). SEGUNDA SEÇÃO, julgado em 23/09/2009, DJe 01/10/2009)

1. Extinta a concordata e deferida a recuperação judicial, não há se falar em juízo universal que, ademais, é instituto próprio da falência.

2. Possuindo a pessoa jurídica diversos estabelecimentos em lugares diferentes, cada um deles será considerado domicílio para os atos nele praticados (art. 75 do CC) podendo a demanda ser proposta no foro do lugar onde se localiza a agência ou sucursal que tiver contraído a obrigação (art. 100, IV, 'b' do CPC).

3. Conflito conhecido para declarar competente o Juízo de Direito do Juizado Especial Cível de Campina das Missões – SC, suscitado.

(CC 53.549/SP, Rel. Ministro FERNANDO GONÇALVES, SEGUNDA SEÇÃO, julgado em 27/02/2008, DJe 05/03/2008)

A sede da pessoa jurídica, em regra, está localizada no endereço de seu domicílio.

Quanto ao domicílio da pessoa jurídica, prescreve o artigo art. 75 do Código Civil brasileiro:

"Art. 75. Quanto às pessoas jurídicas, o domicílio é:

I – da União, o Distrito Federal;

II – dos Estados e Territórios, as respectivas capitais;

III – do Município, o lugar onde funcione a administração municipal;

IV – das demais pessoas jurídicas, o lugar onde funcionarem as respectivas diretorias e administrações, ou onde elegerem domicílio especial no seu estatuto ou atos constitutivos.

§ 1º Tendo a pessoa jurídica diversos estabelecimentos em lugares diferentes, cada um deles será considerado domicílio para os atos nele praticados.

§ 2º *Se a administração, ou diretoria, tiver a sede no estrangeiro, haver-se-á por domicílio da pessoa jurídica, no tocante às obrigações contraídas por cada uma das suas agências, o lugar do estabelecimento, sito no Brasil, a que ela corresponder".*
Sobre o tema, eis os seguintes precedentes do S.T.J.:

(...).
2. Conforme a teoria da asserção, a competência territorial é fixada a partir da narrativa formulada pelo autor, de acordo com os fatos alegadamente constitutivos do seu direito.
3. No caso, a "energia preponderante" da ação é o pleito de rescisão contratual, com os consectários daí decorrentes. Assim, não se tratando propriamente de ação de indenização por dano extracontratual, tampouco havendo cláusula de eleição de foro ou pedido de cumprimento da obrigação, a competência é do foro onde está sediada a pessoa jurídica, nos termos do art. 100, inciso IV, alínea "a", do CPC.
4. Recurso especial de Sistema de TV Paulista Ltda. conhecido e provido. Prejudicada a insurgência remanescente.
(REsp 1119437/AM, Rel. Ministro LUIS FELIPE SALOMÃO, QUARTA TURMA, julgado em 16/11/2010, DJe 20/06/2011).

Direito processual civil. Competência. Indenização pretendida de transportadora por avaria de gerador diesel a ser utilizado pela autora. Inexistência de hipossuficiência. Não caracterização de relação de consumo. Prevalecimento do foro da sede da pessoa jurídica demandada.
I – A relação de consumo existe apenas no caso em que uma das partes pode ser considerada destinatária final do produto ou serviço. Na hipótese em que produto ou serviço são utilizados na cadeia produtiva, e não há considerável desproporção entre o porte econômico das partes contratantes, o adquirente não pode ser considerado consumidor e não se aplica o CDC, devendo eventuais conflitos serem resolvidos com outras regras do Direito das Obrigações. Precedentes.
II – Não configurada a relação de consumo, não se pode invalidar a cláusula de eleição de foro com base no CDC.
III – Recurso Especial improvido.
(REsp 836.823/PR, Rel. Ministro SIDNEI BENETI, TERCEIRA TURMA, julgado em 12/08/2010, DJe 23/08/2010)

Em relação ao inc. III, letra 'c' do art. 53 do atual C.P.C., a competência será o local onde exerce suas atividades, para a demanda em que for ré sociedade ou associação sem personalidade jurídica.

ART. 53

Porém, quando a demanda diga respeito à questão de *reparação de dano*, o foro competente será o do local em que ocorreu o dano, ainda que a pessoa jurídica tenha sua sede em outro local. Nesse sentido são os seguintes precedentes do S.T.J.:

1. A Segunda Seção desta Corte concluiu que a ação de reparação de danos em razão de contrafação ou a concorrência desleal deve ser ajuizada no foro do lugar onde ocorreu o ato ou fato, ainda que a demandada seja pessoa jurídica com sede em outro domicílio, prevalecendo, pois, a regra do art. 100, V, a, do Código de Processo Civil.

2. Segundo entendimento mantido pela Terceira Turma desta Corte, no caso de ação cominatória cumulada com pedido indenizatório, pode o autor optar tanto pelo foro do local do fato, quanto o de seu domicílio, tendo em vista que o ato ilícito em questão pode ter natureza cível, bem como penal, nos termos do art. 100, parágrafo único, do Código de Processo Civil.

3. O agravo não trouxe nenhum argumento novo capaz de modificar o decidido, que se mantém por seus próprios fundamentos.

4. Agravo Regimental improvido.

(AgRg no REsp 1347669/SP, Rel. Ministro SIDNEI BENETI, TERCEIRA TURMA, julgado em 20/11/2012, DJe 07/12/2012).

1. Segundo entendimento desta Corte, a regra do art. 100, V, a, do CPC, é norma específica em relação às dos arts. 94 e 100, IV, a, do mesmo diploma, e sobre estas deve prevalecer. Enquanto as duas últimas definem o foro em razão da pessoa do réu, determinando que a ação seja em regra proposta no seu domicílio, ou, sendo pessoa jurídica, no lugar onde está a sua sede, já o disposto no art. 100, V, a, considera a natureza do direito que origina a ação, e estabelece que a ação de reparação de dano – não importa contra quem venha a ser promovida (pessoa física ou pessoa jurídica com domicílio ou sede em outro lugar) – tem por foro o lugar onde ocorreu o fato. (REsp 89.642, Rel. Min. RUY ROSADO DE AGUIAR, DJ 26.8.96)

2. Por se tratar, na espécie, de competência territorial, de natureza relativa – em que as próprias regras de nulidade são abrandadas –, a escolha do foro competente deve considerar o que for mais favorável ao exercício da pretensão dos autores, visto que a fixação da competência em foro diverso só traria benefícios a quem, em tese, teria incorrido na prática do ato ilícito e ainda teria melhores condições para se defender em juízo, razão havendo motivo, portanto, para se desprestigiar a conclusão assentada no aresto hostilizado.

3. Agravo Regimental improvido.

(AgRg nos EDcl no REsp 1247952/SC, Rel. Ministro SIDNEI BENETI, TERCEIRA TURMA, julgado em 16/08/2011, DJe 06/09/2011)

Quando a demanda tiver por objeto *obrigações contratuais*, o juízo competente poderá ser o da sede da pessoa jurídica ou o do local da *agência ou sucursal onde a obrigação foi contraída*.

Sobre o tema eis os seguintes precedentes do S.T.J.:

1. Nos termos do artigo 100, inciso IV, alíneas a e c, do CPC, as autarquias federais podem ser demandadas no foro da sua sede ou naquele da agência ou sucursal, em cujo âmbito de competência ocorreram os fatos da causa, desde que a lide não envolva obrigação contratual.

2. O Conselho Administrativo de Defesa Econômica – CADE não possui filiais nem agências regionais, mas tão somente sua sede no Distrito Federal; logo, a demanda deverá ser processada e julgada em uma das varas federais da Seção Judiciária do Distrito Federal.

3. Agravo regimental não provido.

(AgRg no REsp 1321642/RS, Rel. Ministro ARNALDO ESTEVES LIMA, PRIMEIRA TURMA, julgado em 07/08/2012, DJe 17/08/2012)

PROCESSUAL CIVIL. ADMINISTRATIVO. AUTARQUIA FEDERAL. FORO COMPETENTE. ART. 100, INCISO IV, ALÍNEAS "A" E "B" DO CPC. EMBARGOS DE DECLARAÇÃO. OMISSÃO. CONFIGURADA.

1. As Autarquias Federais podem ser demandadas no foro da sua sede ou naquele da agência ou sucursal, em cujo âmbito de competência ocorreram os fatos da causa (art. 100, inciso IV, alíneas "a" e "b" do CPC), desde que a lide não envolva obrigação contratual.

Precedentes do STJ: REsp 624.264/SC, SEGUNDA TURMA, DJ 27/02/2007; REsp 835.700/SC, PRIMEIRA TURMA, DJ 31/08/2006; REsp 664.118/RS, SEGUNDA TURMA, DJ 30/05/2006; AgRg no REsp 807.610/DF, QUINTA TURMA, DJ 08/05/2006.

(...).

(EDcl no AgRg no REsp 1168429/RS, Rel. Ministro LUIZ FUX, PRIMEIRA TURMA, julgado em 02/09/2010, DJe 23/09/2010).

(...).

4. A questão principal relaciona-se à possibilidade de pessoa física, com domicílio no Brasil, invocar a jurisdição brasileira, em caso envolvendo contrato de prestação de serviço contendo cláusula de foro na Espanha. A autora, percebendo que sua imagem está sendo utilizada indevidamente por intermédio de sítio eletrônico veiculado no exterior, mas acessível pela rede mundial de computadores, ajuíza ação pleiteando ressarcimento por danos material e moral.

ART. 53

5. *Os artigos 100, inciso IV, alíneas "b" e "c" c/c art. 12, incisos VII e VIII, ambos do CPC, devem receber interpretação extensiva, pois quando a legislação menciona a perspectiva de citação de pessoa jurídica estabelecida por meio de agência, filial ou sucursal, está se referindo à existência de estabelecimento de pessoa jurídica estrangeira no Brasil, qualquer que seja o nome e a situação jurídica desse estabelecimento.*
(...).
11. *É reiterado o entendimento da preponderância da regra específica do art. 100, inciso V, alínea "a", do CPC sobre as normas genéricas dos arts. 94 e 100, inciso IV, alínea "a" do CPC, permitindo que a ação indenizatória por danos morais e materiais seja promovida no foro do local onde ocorreu o ato ou fato, ainda que a ré seja pessoa jurídica, com sede em outro lugar, pois é na localidade em que reside e trabalha a pessoa prejudicada que o evento negativo terá maior repercussão. Precedentes.*
12. *A cláusula de eleição de foro existente em contrato de prestação de serviços no exterior, portanto, não afasta a jurisdição brasileira.*
(...).
(REsp 1168547/RJ, Rel. Ministro LUIS FELIPE SALOMÃO, QUARTA TURMA, julgado em 11/05/2010, DJe 07/02/2011)

1. *Os Juizados Especiais, previstos no art. 98 da Constituição da República e criados no âmbito federal pela Lei nº 10.259/01, não se vinculam ao Tribunal Regional Federal respectivo, tendo suas decisões revistas por turmas recursais formadas por julgadores da 1ª Instância da Justiça Federal.*
2. *O conflito entre um Juiz de Juizado Especial Federal e um Juiz Federal caracteriza conflito entre juízes não vinculados ao mesmo tribunal, incidindo a regra do artigo 105, inciso I, alínea "d", da Constituição da República. Nesse toar, foi editada a Súmula 348/STJ, de seguinte teor: "Compete ao Superior Tribunal de Justiça decidir os conflitos de competência entre juizado especial federal e juízo federal, ainda que da mesma seção judiciária".*
3. *No caso dos autos, o conflito envolve Juizados Especiais Federais de Subseções Judiciárias diversas (1ª Subseção Judiciária do Estado de São Paulo e 4ª Subseção Judiciária de Santos), sendo que ambas pertencem ao território da Seção Judiciária do Estado de São Paulo, integrante do Tribunal Regional Federal da 3ª Região. Entretanto, os juízos envolvidos no conflito encontram-se vinculados a Turmas Recursais diferentes.*
4. *Este Tribunal já decidiu que "se cabe ao STJ julgar conflito de competência entre Turma Recursal e Tribunal de Justiça, ou Tribunal Regional Federal, por exemplo, há de ser nossa também a competência para apreciar conflito envolvendo Juizados Especiais Federais vinculados a Turmas Recursais diferentes" (CC 80.079/SP, Rel. Min,*

Humberto Gomes de Barros, Segunda Seção, DJU de 03.09.07). Conflito de competência que deve ser conhecido.

5. "É do Juizado Especial Federal a competência para causa de valor inferior a sessenta salários mínimos, visando ao pagamento de diferenças de correção monetária de caderneta de poupança, ajuizada contra o Banco Central do Brasil. Aplicável à hipótese, subsidiariamente, o inciso I do art. 4º da Lei nº 9.099/95, segundo o qual é competente o foro do domicílio do réu ou, a critério do autor, do local onde aquele exerça atividades profissionais ou econômicas ou mantenha estabelecimento, filial, agência, sucursal ou escritório. Precedente: CC 80.079/SP, 2ª Seção, Min. Humberto Gomes de Barros, DJ de 03/09/2007" (CC 95.833/SP, Rel. Min. Teori Albino Zavascki, DJe de 20.10.08).

6. Conflito conhecido para declarar a competência do Juízo Federal do Juizado Especial Cível de São Paulo/SP, o suscitado.

(CC 104.656/SP, Rel. Ministro CASTRO MEIRA, PRIMEIRA SEÇÃO, julgado em 24/06/2009, DJe 01/07/2009)

1. A sede da Agência Nacional de Saúde Suplementar – ANS é competente para o ajuizamento de ações contra regras gerais impostas por aquela Autarquia, visto que a demanda não se insurge contra obrigação contratual contraída em agência ou sucursal, incidindo o artigo 100, inciso IV, "a", do Código de Processo Civil.

Precedentes: (CC 88.278/RJ, Rel. Ministra Eliana Calmon, Primeira Seção, julgado em 23.4.2008, pendente de publicação; CC 66.459/RJ, Rel. Ministra Eliana Calmon, Primeira Seção, julgado em 28.2.2007, DJ 19.3.2007; REsp 835700/SC, Rel. Ministro Teori Albino Zavascki, Primeira Turma, julgado em 15.8.2006, DJ 31.8.2006).

2. Conflito conhecido para declarar competente o Juízo Federal da 22ª Vara da Seção Judiciária do Estado do Rio de Janeiro.

(CC 65.480/RJ, Rel. Ministro LUIZ FUX, PRIMEIRA SEÇÃO, julgado em 27/05/2009, DJe 01/07/2009)

1. Extinta a concordata e deferida a recuperação judicial, não há se falar em juízo universal que, ademais, é instituto próprio da falência.

2. Possuindo a pessoa jurídica diversos estabelecimentos em lugares diferentes, cada um deles será considerado domicílio para os atos nele praticados (art. 75 do CC) podendo a demanda ser proposta no foro do lugar onde se localiza a agência ou sucursal que tiver contraído a obrigação (art. 100, IV, 'b" do CPC).

ART. 53

3. Conflito conhecido para declarar competente o Juízo de Direito do Juizado Especial Cível de Campina das Missões – SC, suscitado.
(CC 53.549/SP, Rel. Ministro FERNANDO GONÇALVES, SEGUNDA SEÇÃO, julgado em 27/02/2008, DJe 05/03/2008)

1. Nas hipóteses em que a pessoa jurídica for ré, sem que haja discussão em torno de obrigação contratual, cabe ao autor a eleição do foro competente – a sua sede, sucursal ou agência. Precedentes do STJ.
2. O art. 99, I, do CPC dispõe: "O foro da Capital do Estado ou do Território é competente: I – para as causas em que a União for autora, ré ou interveniente." 3. In casu, a autora, por conveniência e oportunidade, escolheu ajuizar a demanda na Capital do Estado do Rio de Janeiro (sede da empresa).
4. Agravo Regimental não provido.
(AgRg no REsp 1176229/RJ, Rel. Ministro HERMAN BENJAMIN, SEGUNDA TURMA, julgado em 13/04/2010, DJe 19/05/2010)

1 – É competente o foro de onde se acha a filial ou sucursal quanto às obrigações que ela contraiu, ex vi art. 100, IV, "b" do CPC.
(...).
(REsp 821.946/SP, Rel. Ministro JORGE SCARTEZZINI, QUARTA TURMA, julgado em 06/04/2006, DJ 08/05/2006, p. 238)

Em relação às *sociedades ou associações sem personalidade jurídica*, a competência jurisdicional, quando elas forem rés, será a do local em que este ente exerce sua atividade principal, nos termos do *inc. III, letra 'c'* do art. 53 do atual C.P.C.

Segundo estabelece o art. 45 do Código Civil brasileiro, começa a existência legal das pessoas jurídicas de direito privado com a inscrição do ato constitutivo no respectivo registro, precedida, quando necessário, de autorização ou aprovação do Poder Executivo, averbando-se no registro todas as alterações por que passar o ato constitutivo.

Se não for observado o disposto no artigo 45 acima referido, a sociedade será considerada *sem personalidade jurídica*.

Especificamente sobre sociedade *não personificada* preceitua o Código Civil brasileiro em seus artigos 986 a 990 (sociedade em comum) e 991 a 996 (sociedade em conta de participação):

"*SUBTÍTULO I – Da Sociedade Não Personificada*
CAPÍTULO I – Da Sociedade em Comum

Art. 986. Enquanto não inscritos os atos constitutivos, reger-se-á a sociedade, exceto por ações em organização, pelo disposto neste Capítulo, observadas, subsidiariamente e no que com ele forem compatíveis, as normas da sociedade simples.

Art. 987. Os sócios, nas relações entre si ou com terceiros, somente por escrito podem provar a existência da sociedade, mas os terceiros podem prová-la de qualquer modo.

Art. 988. Os bens e dívidas sociais constituem patrimônio especial, do qual os sócios são titulares em comum.

Art. 989. Os bens sociais respondem pelos atos de gestão praticados por qualquer dos sócios, salvo pacto expresso limitativo de poderes, que somente terá eficácia contra o terceiro que o conheça ou deva conhecer.

Art. 990. Todos os sócios respondem solidária e ilimitadamente pelas obrigações sociais, excluído do benefício de ordem, previsto no art. 1.024, aquele que contratou pela sociedade.

CAPÍTULO II – Da Sociedade em Conta de Participação

Art. 991. Na sociedade em conta de participação, a atividade constitutiva do objeto social é exercida unicamente pelo sócio ostensivo, em seu nome individual e sob sua própria e exclusiva responsabilidade, participando os demais dos resultados correspondentes.

Parágrafo único. Obriga-se perante terceiro tão-somente o sócio ostensivo; e, exclusivamente perante este, o sócio participante, nos termos do contrato social.

Art. 992. A constituição da sociedade em conta de participação independe de qualquer formalidade e pode provar-se por todos os meios de direito.

Art. 993. O contrato social produz efeito somente entre os sócios, e a eventual inscrição de seu instrumento em qualquer registro não confere personalidade jurídica à sociedade.

Parágrafo único. Sem prejuízo do direito de fiscalizar a gestão dos negócios sociais, o sócio participante não pode tomar parte nas relações do sócio ostensivo com terceiros, sob pena de responder solidariamente com este pelas obrigações em que intervier.

Art. 994. A contribuição do sócio participante constitui, com a do sócio ostensivo, patrimônio especial, objeto da conta de participação relativa aos negócios sociais.

§ 1º A especialização patrimonial somente produz efeitos em relação aos sócios.

§ 2º A falência do sócio ostensivo acarreta a dissolução da sociedade e a liquidação da respectiva conta, cujo saldo constituirá crédito quirografário.

§ 3º Falindo o sócio participante, o contrato social fica sujeito às normas que regulam os efeitos da falência nos contratos bilaterais do falido.

Art. 995. Salvo estipulação em contrário, o sócio ostensivo não pode admitir novo sócio sem o consentimento expresso dos demais.

Art. 996. Aplica-se à sociedade em conta de participação, subsidiariamente e no que com ela for compatível, o disposto para a sociedade simples, e a sua liquidação rege-se pelas normas relativas à prestação de contas, na forma da lei processual.

Parágrafo único. Havendo mais de um sócio ostensivo, as respectivas contas serão prestadas e julgadas no mesmo processo".

Assim, diante da denominada *sociedade comum* ou *em conta de participação*, o juízo competente será aquele onde ela exerce a sua atividade principal, quando ela for ré.

A *letra 'd' do inc. III do artigo 53* do novo C.P.C. estabelece que o juízo competente para a demanda sobre cumprimento da obrigação será o do lugar em que se lhe exigir o cumprimento (*forum obligationis/forum destinatae solutionis*). Esse dispositivo aplica-se nos casos de cumprimento de contrato ou de título executivo extrajudicial.

O Superior Tribunal de Justiça tem aplicado esta regra inclusive para hipótese de pretensões desconstitutivas contratuais (STJ 3. T., Resp. n. 52.012, Rel. Waldemar Zveiter, j. 14.08.95) ou de caráter indenizatório por descumprimento de obrigação contratual (Resp. n.84.642, 3º T., Rel. Waldemar Zveiter, DJ de 24.06.96.

Sobre o tema eis o seguinte precedente do S.T.J.:

1. O acórdão embargado, lavrado pela 4ª Turma desta Corte Superior, concluiu que o foro competente para processar e julgar a ação de arbitramento de honorários advocatícios, tendo em vista a regra do artigo 94 do Código de Processo Civil, seria o do domicílio do réu.

2. No aresto paradigma, oriundo da Terceira Turma, entendeu-se, com base no artigo 100, IV, "d" do Código de Processo Civil, que a ação de arbitramento de honorários deve ser proposta no local onde situado o escritório do advogado do autor, porque nele deveria ser satisfeita a obrigação de pagamento, devendo o cliente ir pagar no escritório.

3. O artigo 94 do Código de Processo Civil estabelece regra geral de fixação de competência territorial que pode ser excepcionada por regras específicas como inegavelmente é aquela estabelecida no artigo 100, IV, "d", do mesmo diploma (lex specialis derrogat generalis). Precedentes.

4. A competência territorial para a ação de arbitramento de honorários deve ser definida pelo local em que a obrigação deve ou deva ser cumprida (artigo 100, IV, "d", do Código de Processo Civil).

5. No caso dos autos, não se tem um conflito de normas. Aqui a norma específica não contrasta com a norma genérica, convergindo ambas para o mesmo ponto.

6. Se o artigo 94 diz que a ação deve ser proposta no domicílio do réu e o artigo 100, IV, "d", diz que ela deve ser proposta foro do local onde a obrigação deve ou deveria ser cumprida, só haveria realmente, conflito (aparente) se domicílio do réu não coincidisse com o local devido para o cumprimento da obrigação, situação não evidenciada no caso.

7. Embargos de Divergência a que se nega provimento.

(EAg 1186386/SP, Rel. Ministro SIDNEI BENETI, SEGUNDA SEÇÃO, julgado em 08/02/2012, DJe 16/02/2012)

A *letra 'e' do inc. III do art. 53* do atual C.P.C. estabelece a competência da *residência do idoso, para a causa que verse sobre direito previsto no respectivo estatuto.*

A Lei n. 10.741, de 1º de outubro de 2003 trata do *Estatuto do Idoso.*

Dentre os diversos direitos individuais conferidos ao idoso, pode-se relacionar aqueles expressamente consignados no art. 3º e seu parágrafo único do Estatuto do Idoso, a saber:

> Art. 3º É obrigação da família, da comunidade, da sociedade e do Poder Público assegurar ao idoso, com absoluta prioridade, a efetivação do direito à vida, à saúde, à alimentação, à educação, à cultura, ao esporte, ao lazer, ao trabalho, à cidadania, à liberdade, à dignidade, ao respeito e à convivência familiar e comunitária.
>
> Parágrafo único. A garantia de prioridade compreende:
>
> I – atendimento preferencial imediato e individualizado junto aos órgãos públicos e privados prestadores de serviços à população;
>
> II – preferência na formulação e na execução de políticas sociais públicas específicas;
>
> III – destinação privilegiada de recursos públicos nas áreas relacionadas com a proteção ao idoso;
>
> IV – viabilização de formas alternativas de participação, ocupação e convívio do idoso com as demais gerações;
>
> V – priorização do atendimento do idoso por sua própria família, em detrimento do atendimento asilar, exceto dos que não a possuam ou careçam de condições de manutenção da própria sobrevivência;
>
> VI – capacitação e reciclagem dos recursos humanos nas áreas de geriatria e gerontologia e na prestação de serviços aos idosos;
>
> VII – estabelecimento de mecanismos que favoreçam a divulgação de informações de caráter educativo sobre os aspectos biopsicossociais de envelhecimento;
>
> VIII – garantia de acesso à rede de serviços de saúde e de assistência social locais.
>
> IX – prioridade no recebimento da restituição do Imposto de Renda. (Incluído pela Lei nº 11.765, de 2008).

A competência referente a interesses difusos, coletivos e individuais homogêneos dos idosos está também regulada pelo art. 80 do Estatuto do Idoso, *in*

ART. 53

verbis: *As ações previstas neste Capítulo serão propostas no foro do domicílio do idoso, cujo juízo terá competência absoluta para processar a causa, ressalvadas as competências da Justiça Federal e a competência originária dos Tribunais Superiores*

Assim, quando a demanda versar sobre direitos individuais contidos no estatuto do idoso, o juízo competente para apreciar a demanda será o da *residência do idoso*. Note-se que o legislador preferiu o termo *residência* ao de *domicílio*, pois muitas vezes o idoso pode estar provisoriamente morando em local diverso do seu domicílio.

Sobre o tema, eis o seguinte precedente do S.T.J.:

(...).

3. A interpretação conjunta dos arts. 100, IV, "d", 576 e 585, I, do CPC autoriza a conclusão de que o foro do lugar do pagamento (sede da instituição financeira) é, em regra, o competente para o julgamento de execução aparelhada em cheque não pago.

4. O art. 80 da Lei n. 10.741/2003 limita-se a estabelecer, de modo expresso, a competência do foro do domicílio do idoso para processamento e julgamento das ações que versam acerca de seus interesses difusos, coletivos e individuais indisponíveis ou homogêneos (previstas no Capítulo III daquela lei), circunstância não verificada no particular.

5. A aplicação do art. 34 da Lei 7.537/1985 revela-se inviável, na medida em que seu texto não encerra regra de fixação de competência.

6. Recurso especial não provido.

(REsp 1246739/MG, Rel. Ministra NANCY ANDRIGHI, TERCEIRA TURMA, julgado em 02/05/2013, DJe 08/05/2013).

Emenda da Câmara dos Deputados incluiu *a letra 'f' ao inc. III do art. 53 do* atual C.P.C., indicando que o juízo competente para *a demanda de reparação de dano por ato praticado em razão do ofício, será o da sede da serventia notarial ou de registro.*

Assim, o foro competente para demanda de reparação de danos contra ato notarial ou de registro não será mais o do autor da demanda, mas, sim, o da sede da serventia notarial ou de registro.

Diante dessa normatização, ficou superada a seguinte decisão do S.T.J.:

– A atividade notarial não é regida pelo CDC. (Vencidos a Ministra Nancy Andrighi e o Ministro Castro Filho).

– O foro competente a ser aplicado em ação de reparação de danos, em que figure no polo passivo da demanda pessoa jurídica que presta serviço notarial é o do domicílio do autor.

CÓDIGO DE PROCESSO CIVIL

– Tal conclusão é possível seja pelo art. 101, I, do CDC, ou pelo art. 100, parágrafo único do CPC, bem como segundo a regra geral de competência prevista no CPC.

Recurso especial conhecido e provido.

(REsp 625.144/SP, Rel. Ministra NANCY ANDRIGHI, TERCEIRA TURMA, julgado em 14/03/2006, DJ 29/05/2006, p. 232)

1.4. Reparação de dano, réu administrador ou gestor de negócio alheio

O *inciso IV, letra 'a', do artigo 53* do atual C.P.C. estabelece a competência do *lugar do ato ou do fato para a ação de reparação de dano.*

Esta regra de competência (do lugar do ato ou do fato para a demanda de reparação de dano) tem sua razão de ser pela facilidade na colheita de prova (perícia, oitiva de testemunha etc) para a resolução da questão.

Sobre o tema, eis os seguintes precedentes do S.T.J.:

1. Segundo entendimento desta Corte, a regra do art. 100, V, a, do CPC, é norma específica em relação às dos arts. 94 e 100, IV, a, do mesmo diploma, e sobre estas deve prevalecer. Enquanto as duas últimas definem o foro em razão da pessoa do réu, determinando que a ação seja em regra proposta no seu domicílio, ou, sendo pessoa jurídica, no lugar onde está a sua sede, já o disposto no art. 100, V, a, considera a natureza do direito que origina a ação, e estabelece que a ação de reparação de dano – não importa contra quem venha a ser promovida (pessoa física ou pessoa jurídica com domicílio ou sede em outro lugar) – tem por foro o lugar onde ocorreu o fato. (REsp 89.642, Rel. Min. RUY ROSADO DE AGUIAR, DJ 26.8.96)

(...).

(AgRg nos EDcl no REsp 1247952/SC, Rel. Ministro SIDNEI BENETI, TERCEIRA TURMA, julgado em 16/08/2011, DJe 06/09/2011).

1. A norma do art. 100, v, "a", parágrafo único, do CPC (forum commissi delicti) refere-se aos delitos de modo geral, tanto civis quanto penais.

2. Constatada a contrafação ou a concorrência desleal, nos termos dos arts. 129 e 189 da Lei 9.279/96, deve ser aplicado à espécie o entendimento segundo o qual a ação de reparação de dano tem por foro o lugar onde ocorreu o ato ou fato, ainda que a demandada seja pessoa jurídica com sede em outro lugar.

3. Embargos de divergência providos.

(EAg 783.280/RS, Rel. Ministra NANCY ANDRIGHI, SEGUNDA SEÇÃO, julgado em 23/02/2011, DJe 19/04/2012)

(...).

II. Na ação de reparação de dano moral, em face de suposta agressão verbal, é competente o foro do lugar do ato ou fato que deu origem ao ocorrido, no caso o local do jogo de futebol onde o réu, jogador de futebol, teria, alegadamente, feito ofensa verbal ao autor, auxiliar do árbitro, Comarca de Carlos Barbosa.

III. Recurso especial improvido.

(REsp 1160146/RS, Rel. Ministro ALDIR PASSARINHO JUNIOR, QUARTA TURMA, julgado em 22/06/2010, DJe 09/08/2010)

Contudo, quando a reparação do dano for em decorrência de delito ou acidente de veículo, o foro competente será do local do fato ou do domicílio do autor. Há, aqui, uma hipótese de competência concorrente. Nesse sentido, eis o seguinte precedente:

1. A Segunda Seção desta Corte concluiu que a ação de reparação de danos em razão de contrafação ou a concorrência desleal deve ser ajuizada no foro do lugar onde ocorreu o ato ou fato, ainda que a demandada seja pessoa jurídica com sede em outro domicílio, prevalecendo, pois, a regra do art. 100, V, a, do Código de Processo Civil.

2. Segundo entendimento mantido pela Terceira Turma desta Corte, no caso de ação cominatória cumulada com pedido indenizatório, pode o autor optar tanto pelo foro do local do fato, quanto o de seu domicílio, tendo em vista que o ato ilícito em questão pode ter natureza cível, bem como penal, nos termos do art. 100, parágrafo único, do Código de Processo Civil.

3. O agravo não trouxe nenhum argumento novo capaz de modificar o decidido, que se mantém por seus próprios fundamentos.

4. Agravo Regimental improvido.

(AgRg no REsp 1347669/SP, Rel. Ministro SIDNEI BENETI, TERCEIRA TURMA, julgado em 20/11/2012, DJe 07/12/2012)

O inciso *IV, letra 'b' do artigo 53* do atual C.P.C. estabelece a competência do lugar do ato ou do fato para a demanda em que for réu o *administrador ou gestor de negócios alheios.*

A *gestão de negócio alheio* encontra-se regulada nos artigos 861 a 875 do Código Civil brasileiro.

Assim, considera-se *gestor de negócio alheio,* nos termos do art. 861 do C.c.b., aquele que, sem autorização do interessado, intervém na gestão de negócio alheio, dirigi-lo-á segundo o interesse e a vontade presumível de seu dono, ficando responsável a este e às pessoas com que tratar.

O dispositivo acima referido aplica-se tanto à gestão de negócio como no caso de administração ou representação de negócio alheio devidamente autorizada por relação jurídica preconstituída.

Por fim, estabelece o *inc. V do art. 53* do atual C.P.C. que *nas ações de reparação de dano sofrido em razão de delito ou acidente de veículos, inclusive aeronaves, será competente o foro do domicílio do autor ou do local do fato.*

Quando a pretensão de reparação do dano for em decorrência de delito ou acidente de veículo, inclusive aeronaves, o foro competente será do local do fato ou do domicílio do autor. Há, aqui, uma hipótese de competência concorrente. Nesse sentido, eis os seguintes precedentes do S.T.J.:

> *1. A Segunda Seção desta Corte concluiu que a ação de reparação de danos em razão de contrafação ou a concorrência desleal deve ser ajuizada no foro do lugar onde ocorreu o ato ou fato, ainda que a demandada seja pessoa jurídica com sede em outro domicílio, prevalecendo, pois, a regra do art. 100, V, a, do Código de Processo Civil.*
>
> *2. Segundo entendimento mantido pela Terceira Turma desta Corte, no caso de ação cominatória cumulada com pedido indenizatório, pode o autor optar tanto pelo foro do local do fato, quanto o de seu domicílio, tendo em vista que o ato ilícito em questão pode ter natureza cível, bem como penal, nos termos do art. 100, parágrafo único, do Código de Processo Civil.*
>
> *3. O agravo não trouxe nenhum argumento novo capaz de modificar o decidido, que se mantém por seus próprios fundamentos.*
>
> *4. Agravo Regimental improvido.*
>
> (AgRg no REsp 1347669/SP, Rel. Ministro SIDNEI BENETI, TERCEIRA TURMA, julgado em 20/11/2012, DJe 07/12/2012)

> *Conflito de competência. Ação de cobrança. Acidente de veículos. Seguro obrigatório – dpvat.*
>
> *1. Constitui faculdade do autor escolher entre qualquer dos foros possíveis para ajuizamento da ação decorrente de acidente de veículos: o do local do acidente ou o do seu domicílio (parágrafo único do art. 100 do CPC); bem como, ainda, o do domicílio do réu (art. 94 do CPC). Precedentes.*
>
> *2. Conflito conhecido para declarar competente o Juízo suscitado.*
>
> (CC 114.844/SP, Rel. Ministra MARIA ISABEL GALLOTTI, SEGUNDA SEÇÃO, julgado em 13/04/2011, DJe 03/05/2011)

> *I – Assiste ao autor, vítima do dano sofrido em razão de delito ou acidente de veículo, a faculdade de ajuizar a ação indenizatória no foro do domicílio do réu (regra*

geral contida no art. 94 do CPC) ou, ainda, no foro do seu próprio domicílio ou do local do fato, nos termos do parágrafo único do artigo 100 do CPC.

II – A Agravante não trouxe nenhum argumento capaz de modificar a conclusão do julgado, a qual se mantem por seus próprios fundamentos.

Agravo improvido.

(AgRg no Ag 1090232/RJ, Rel. Ministro SIDNEI BENETI, TERCEIRA TURMA, julgado em 16/04/2009, DJe 06/05/2009).

(...).

2. O artigo 100, parágrafo único, do CPC estabelece: "Nas ações de reparação do dano sofrido em razão de delito ou acidente de veículos, será competente o foro do domicílio do autor ou do local do fato". Essa regra foi estabelecida especialmente em prol do autor, nada obstando que possa optar pelo foro geral – do domicílio do réu –, nos termos do artigo 94 do CPC.

3. De regra, o CPC, em seu art. 94, estabelece o domicílio do réu como foro geral. Porém, segundo outros critérios (ratione materiae, ratione personae e ratione loci), fixa a prevalência de foros especiais, como o do caso concreto: ação de reparação de danos em razão de acidente de veículos.

4. Os municípios não têm foro privilegiado.

5. Tem aplicação ao caso o preceituado pelo parágrafo único do art. 100 do Estatuto Processual Civil: "Nas ações de reparação do dano sofrido em razão de delito ou acidente de veículos, será competente o foro do domicílio do autor ou do local do fato."

6. Absolutamente adequada, portanto, a exegese conferida ao caso pela Corte a quo, que entendeu incorreta a decisão agravada que declinou da competência para a comarca do réu. Cabia ao autor a eleição do foro do domicílio do réu, de Sabará (local do acidente) ou de Belo Horizonte (seu próprio domicílio). Optando pelo último, fê-lo adequadamente e com respaldo no art. 100, parágrafo único, do CPC.

7. Inaplicável à espécie a disposição contida no art. 99, I, do CPC, porquanto não é a União autora ré nem interveniente na presente ação.

8. Recurso especial conhecido e não-provido.

(REsp 949.382/MG, Rel. Ministro JOSÉ DELGADO, PRIMEIRA TURMA, julgado em 23/10/2007, DJ 19/11/2007, p. 206).

SEÇÃO II – Da Modificação da Competência

Art. 54

A competência relativa poderá modificar-se pela conexão ou pela continência, observado o disposto nesta Seção.

Competência relativa – conexão e continência

O art. 54 do novo C.P.C. não trata de critério de fixação de competência, conforme analisado anteriormente, mas, sim, de critério de *modificação de competência*, cuja finalidade é ampliar a esfera de competência de um determinado órgão jurisdicional.

A competência *relativa* poderá modificar-se pela *conexão* ou pela *continência*.

A modificação de competência pode decorrer de determinação legal (*conexão e continência*) ou convencional (*foro de eleição*).

O art. 54 do novo C.P.C., ao contrário do que dispunha o art. 102 do C.P.C. de 1973, optou por fazer referência ao gênero – *competência relativa*- ao invés de mencionar as espécies, ou seja, competência em *razão do valor ou do território* como critério de modificação de competência.

Somente a competência relativa é que pode ser modificada pela conexão ou pela continência, e não a competência absoluta. Nesse sentido são os seguintes precedentes do S.T.J.:

> – *Somente os juízos determinados pelos critérios territoriais ou objetivo em razão do valor da causa – competência relativa – estão sujeitos à modificação de competência por conexão. Art. 102 do CPC.*
>
> – *A reunião dos processos por conexão, como forma excepcional de modificação de competência, só tem lugar quando as causas supostamente conexas estejam submetidas a juízos, em tese, competentes para o julgamento das duas demandas.*
>
> – *Sendo a Justiça Federal absolutamente incompetente para julgar a ação anulatória de ato administrativo, não se permite a modificação de competência por conexão.*
>
> *Agravo regimental improvido.*
>
> (AgRg no CC 117.259/SC, Rel. Ministro CESAR ASFOR ROCHA, PRIMEIRA SEÇÃO, julgado em 27/06/2012, DJe 06/08/2012).
>
> *(...)*
> *6. Considerando que as demandas relacionadas se tratam, respectivamente, de execução de cédula de crédito rural com garantia hipotecária e de ação visando à desoneração parcial da hipoteca, não se vislumbra como o objeto da primeira pode conter o objeto da segunda ou vice-versa. Vislumbra-se apenas uma evidente relação de conexão entre elas. E, em se tratando de conexão, o critério a ser utilizado para a determinação do juiz competente, é o da prevenção.*
> *(...).*
>
> (REsp 1051652/TO, Rel. Ministra NANCY ANDRIGHI, TERCEIRA TURMA, julgado em 27/09/2011, DJe 03/10/2011)

ART. 54

Tecnicamente é preferível a redação dada do novo C.P.C. ao art. 54, uma vez que pode haver competência em razão do valor ou do território que possa ser caracterizada como tendo natureza de competência *absoluta*, não podendo ser modificada pela conexão ou pela continência.

Fredie Didier Jr. traz um quadro comparativo entre a competência relativa e a competência absoluta, traçando as características de cada uma: Característica da competência absoluta: *"a) regra de competência criada para atender interesse público; b) a incompetência absoluta pode ser alegada a qualquer tempo, por qualquer das partes, podendo ser reconhecida 'ex officio' pelo magistrado; d) a regra de competência absoluta não pode ser alterada pela vontade das partes; e) a regra de competência absoluta não pode ser alterada por conexão/continência; f) a competência em razão da matéria, da pessoa e funcional são exemplos de competência absoluta. A competência em razão do valor da causa também pode ser absoluta, quando extrapolar os limites estabelecidos pelo legislador. Em alguns casos, a competência territorial também é absoluta".* Característica da competência relativa: *"a) regra de competência criada para atender precipuamente a interesse particular; b) a incompetência relativa somente pode ser arguida pelo réu, não podendo o magistrado reconhecê-la de ofício; c) as partes podem modificar a regra de incompetência relativa pelo foro de eleição; d) a regra de competência relativa pode ser modificada por conexão/continência; e) a competência territorial é em regra relativa. Além disso, também é relativa a competência pelo valor da causa, quando ficar aquém do limite estabelecido pela lei".*[338]

A modificação da competência pela conexão ou continência tem sua razão de ser, especialmente para se evitar a prolação de decisões conflitantes ou contraditórias entre si. Nesse sentido já decidiu o S.T.J.:

> 1. Havendo causa de modificação da competência relativa decorrente de conexão, mediante requerimento de qualquer das partes, esta Corte Superior tem admitido a suscitação de conflito para a reunião das ações propostas em separado, a fim de que sejam decididas conjuntamente (simultaneus processus) e não sejam proferidas decisões divergentes, em observância aos princípios da economia processual e da segurança jurídica.
>
> (...).
>
> (CC 115.532/MA, Rel. Ministro HAMILTON CARVALHIDO, PRIMEIRA SEÇÃO, julgado em 14/03/2011, DJe 09/05/2011)

---

[338] DIDIER JR., F., op. cit., p. 100 e 101.

Questão interessante que vem sendo enfrentada pelos nossos tribunais diz respeito à conexão entre ação anulatória de débito fiscal e a execução fiscal proposta perante juízes de varas especializadas. Há julgados que determinam a reunião dos processos perante a Vara de Execução Fiscal. Nesse sentido são os seguintes precedentes:

1. Debate-se acerca da competência para processar e julgar ação ordinária – na qual se busca a revisão e parcelamento de débito tributário objeto de execução fiscal precedentemente ajuizada – tendo em vista a possível ocorrência de conexão.

2. A Primeira Seção desta Corte pacificou o entendimento de que existe conexão entre a ação anulatória ou desconstitutiva do título executivo e a ação de execução, por representar aquele meio de oposição aos atos executórios de natureza idêntica a dos embargos do devedor.

3. "A ação anulatória ou desconstitutiva do título executivo representa forma de oposição do devedor aos atos de execução, razão pela qual quebraria a lógica do sistema dar-lhes curso perante juízos diferentes, comprometendo a unidade natural que existe entre pedido e defesa" (CC 38.045/MA, Rel. p/ Acórdão Min. Teori Albino Zavascki, DJ 09.12.03).

4. É incontroverso que o débito tributário em questionamento na ação ordinária está em cobrança nos autos da Execução Fiscal nº 2002.61.82.038702-0; logo, os feitos devem ser reunidos para julgamento perante o Juízo Federal da 11ª Vara das Execuções Fiscais da Seção Judiciária de São Paulo (juízo prevento).

5. Conflito de competência conhecido para declarar competente Juízo Federal da 11ª Vara das Execuções Fiscais da Seção Judiciária de São Paulo, o suscitante.

(CC 103.229/SP, Rel. Ministro CASTRO MEIRA, PRIMEIRA SEÇÃO, julgado em 28/04/2010, DJe 10/05/2010).

(...).

6. Refoge à razoabilidade permitir que a ação anulatória do débito caminhe isoladamente da execução calcada na obrigação que se quer nulificar, por isso que, exitosa a ação de conhecimento, o seu resultado pode frustrar-se diante de execução já ultimada (Recentes precedentes desta Corte sobre o tema: REsp 887607/SC, Relatora Ministra Eliana Calmon, Segunda Turma, publicado no DJ de 15.12.2006; REsp 722303/ RS, desta relatoria, Primeira Turma, publicado no DJ de 31.08.2006; REsp 754586/ RS, Relator Ministro Teori Albino Zavascki, Primeira Turma, publicado no DJ de 03.04.2006).

7. In casu, a execução fiscal restou ajuizada enquanto pendente a ação declaratória da inexistência da relação jurídica tributária, o que reclama a remessa dos autos executivos ao juízo em que tramita o pleito ordinário, em razão da patente conexão.

ART. 54

8. *Conflito conhecido para declarar a competência do Juízo da 7ª Vara Federal de Campinas/SP.*

(CC 81.290/SP, Rel. Ministro LUIZ FUX, PRIMEIRA SEÇÃO, julgado em 12/11/2008, DJe 15/12/2008)

(...).

4. Ações dessa espécie têm natureza idêntica à dos embargos do devedor, e quando os antecedem, podem até substituir tais embargos, já que repetir seus fundamentos e causa de pedir importaria litispendência.

5. Assim como os embargos, a ação anulatória ou desconstitutiva do título executivo representa forma de oposição do devedor aos atos de execução, razão pela qual quebraria a lógica do sistema dar-lhes curso perante juízos diferentes, comprometendo a unidade natural que existe entre pedido e defesa.

6. É certo, portanto, que entre ação de execução e outra ação que se oponha ou possa comprometer os atos executivos, há evidente laço de conexão (CPC, art. 103), a determinar, em nome da segurança jurídica e da economia processual, a reunião dos processos, prorrogando-se a competência do juiz que despachou em primeiro lugar (CPC, art. 106).

Cumpre a ele, se for o caso, dar à ação declaratória ou anulatória anterior o tratamento que daria à ação de embargos com idêntica causa de pedir e pedido, inclusive, se garantido o juízo, com a suspensão da execução. Precedentes: REsp 774.030/RS, 1ª Turma, Min. Luiz Fux, DJ de 09.04.2007; REsp 929.737/RS, 2ª Turma, Min. Castro Meira, DJ de 03.09.2007.

7. Recurso especial parcialmente conhecido e, nessa parte, parcialmente provido. (REsp 899.979/SP, Rel. Ministro TEORI ALBINO ZAVASCKI, PRIMEIRA TURMA, julgado em 23/09/2008, DJe 01/10/2008)

Porém, a decisão proferida pelo S.T.J. no CC n. 105.358/SP, da lavra do Ministro Mauro Campbell Marques, melhor compreendeu a tecnicidade dos institutos processuais envolvidos, *in verbis*:

1. Esta Seção, ao julgar o CC 106.041/SP (Rel. Min. Castro Meira, DJe de 9.11.2009), enfrentou situação semelhante à dos presentes autos, ocasião em que decidiu pela impossibilidade de serem reunidas execução fiscal e ação anulatória de débito precedentemente ajuizada, quando o juízo em que tramita esta última não é Vara Especializada em execução fiscal, nos termos consignados nas normas de organização judiciária. No referido julgamento, ficou consignado que, em tese, é possível a conexão entre a ação anulatória e a execução fiscal, em virtude da relação de prejudicialidade existente entre tais demandas, recomendando-se o simultaneus processus.

CÓDIGO DE PROCESSO CIVIL

Entretanto, nem sempre o reconhecimento da conexão resultará na reunião dos feitos. A modificação da competência pela conexão apenas será possível nos casos em que a competência for relativa e desde que observados os requisitos dos §§ 1º e 2º do art. 292 do CPC. A existência de vara especializada em razão da matéria contempla hipótese de competência absoluta, sendo, portanto, improrrogável, nos termos do art. 91 c/c 102 do CPC. Dessarte, seja porque a conexão não possibilita a modificação da competência absoluta, seja porque é vedada a cumulação em juízo incompetente para apreciar uma das demandas, não é possível a reunião dos feitos no caso em análise, devendo ambas as ações tramitarem separadamente. Embora não seja permitida a reunião dos processos, havendo prejudicialidade entre a execução fiscal e a ação anulatória, cumpre ao juízo em que tramita o processo executivo decidir pela suspensão da execução, caso verifique que o débito está devidamente garantido, nos termos do art. 9º da Lei 6.830/80.

2. Pelas mesmas razões de decidir, o presente conflito deve ser conhecido e declarada a competência do Juízo suscitado para processar e julgar a ação anulatória de débito fiscal.

(CC 105.358/SP, Rel. Ministro MAURO CAMPBELL MARQUES, PRIMEIRA SEÇÃO, julgado em 13/10/2010, DJe 22/10/2010)

No mesmo sentido é o seguinte precedente:

1. Cuida-se de conflito negativo de competência instaurado entre o juízo da 4ª Vara Federal de Santos/SP, suscitante, e o juízo da 1a Vara Federal e Juizado Especial Cível de Foz do Iguaçu/PR, suscitado, nos autos de execução fiscal movida pela União Federal.

Discute-se a possibilidade de serem reunidas execução fiscal e ação anulatória de débito precedentemente ajuizada, quando o juízo em que tramita esta última não é vara especializada em execução fiscal, nos termos consignados em norma de organização judiciária.

2. Em tese, é possível a conexão entre a ação anulatória e a execução fiscal, em virtude da relação de prejudicialidade existente entre tais demandas, recomendando-se o simultaneus processus.

Precedentes.

3. Entretanto, nem sempre o reconhecimento da conexão resultará na reunião dos feitos. A modificação da competência pela conexão apenas será possível nos casos em que a competência for relativa e desde que observados os requisitos dos §§ 1º e 2º do art. 292 do CPC.

4. A existência de vara especializada em razão da matéria contempla hipótese de competência absoluta, sendo, portanto, improrrogável, nos termos do art. 91 c/c 102 do CPC. Dessarte, seja porque a conexão não possibilita a modificação da competência absoluta, seja porque é vedada a cumulação em juízo incompetente para apreciar uma das demandas, não é possível a reunião dos feitos no caso em análise, devendo ambas as ações tramitarem separadamente.

5. Embora não seja permitida a reunião dos processos, havendo prejudicialidade entre a execução fiscal e a ação anulatória, cumpre ao juízo em que tramita o processo executivo decidir pela suspensão da execução, caso verifique que o débito está devidamente garantido, nos termos do art. 9º da Lei 6.830/80.

6. Conflito conhecido para declarar a competência do juízo suscitado.

(CC 106.041/SP, Rel. Ministro CASTRO MEIRA, PRIMEIRA SEÇÃO, julgado em 28/10/2009, DJe 09/11/2009)

Art. 55

Reputam-se conexas 2 (duas) ou mais ações quando lhes for comum o pedido ou a causa de pedir.

§ 1º Os processos de ações conexas serão reunidos para decisão conjunta, salvo se um deles já houver sido sentenciado.

§ 2º Aplica-se o disposto no *caput*:

I – à execução de título extrajudicial e à ação de conhecimento relativa ao mesmo ato jurídico;

II – às execuções fundadas no mesmo título executivo.

§ 3º Serão reunidos para julgamento conjunto os processos que possam gerar risco de prolação de decisões conflitantes ou contraditórias caso decididos separadamente, mesmo sem conexão entre eles.

Definição de conexão

Pode existir entre demandas judiciais conexidade em razão do pedido ou da causa de pedir.

A conexidade de demandas não faz nascer nova regra sobre competência do juízo, mas autoriza a sua modificação.

O C.P.C. de 1973, em seu artigo 103, considerava *conexas duas ou mais ações* quando lhes fosse comum *o objeto* ou a *causa de pedir*. A conexão corresponderia a um vínculo de semelhança parcial entre causas.

Adotou o C.P.C. de 1973, portanto, a *teoria tradicional* (Matteo Pescatore) sobre conexão, mediante identidade de *causa de pedir* ou de *objeto*.

A *causa de pedir* seria a motivação fática ou jurídica da demanda, ou seja, os fundamentos do pedido. Pode ela ser próxima ou remota.

O *objeto* da demanda, por sua vez, conforme leciona Cândido Rangel Dinamarco, corresponde a *pretensão* trazida pelo demandante ao juiz, em busca da satisfação. Essa pretensão caracteriza-se como expressão de uma aspiração ou desejo e acompanhada de um pedido de um ato jurisdicional que a satisfaça. O *objeto do processo* é aquilo que ordinariamente se chama *mérito*.[339]

Sobre o tema, eis os seguintes precedentes do S.T.J.:

> *1. A ação de resolução de contrato, cumulada com modificação do registro imobiliário, tem natureza real, pois contém pedido afeto ao próprio direito de propriedade, atraindo a regra de competência absoluta do art. 95 do Código de Processo Civil.*
>
> *2. A conexão entre ações que possuem a mesma causa de pedir recomenda a reunião dos respectivos processos a fim de que a lide seja decidida uniformemente (CPC, art. 105).*
>
> *3. Conflito conhecido para declarar competente o foro do Juízo onde situado o imóvel.*
>
> (CC 121.390/SP, Rel. Ministro RAUL ARAÚJO, SEGUNDA SEÇÃO, julgado em 22/05/2013, DJe 27/05/2013)

> *1. O Tribunal de origem entendeu que existe coincidência de causa de pedir, uma vez que as duas ações têm como questão de fundo a ocupação da área por pessoas estranhas à Tribo Tapeba.*
>
> *(...).*
>
> (AgRg no AREsp 235.920/CE, Rel. Ministro NAPOLEÃO NUNES MAIA FILHO, PRIMEIRA TURMA, julgado em 16/04/2013, DJe 25/04/2013)

> *1. Inexiste identidade de causa de pedir entre execução fiscal e ação ordinária de cobrança/compensação de créditos derivados de empréstimo compulsório em favor das Centrais Elétricas do Brasil, quando não se cuidam dos mesmos fatos geradores.*
>
> *2. Agravo regimental não provido.*
>
> (AgRg no AREsp 65.938/SP, Rel. Ministra DIVA MALERBI (DESEMBARGADORA CONVOCADA TRF 3ª REGIÃO), SEGUNDA TURMA, julgado em 27/11/2012, DJe 04/12/2012)

---

[339] DINAMARCO. Cândido Rangel. *Instituições de direito processual civil*. Vol. I. São Paulo: Ed. Malheiros, 2001. p.296.

ART. 55

(...).

3. Não cabe reconvenção se a pretensão do réu/reconvinte não é conexa com a do autor/reconvindo. A conexão se verifica quando há identidade de objeto ou de causa de pedir, situação não evidenciada no caso.

4. Agravo regimental não provido.

(AgRg no REsp 1296812/PR, Rel. Ministro MARCO BUZZI, QUARTA TURMA, julgado em 27/11/2012, DJe 11/12/2012)

(...).

2. O Tribunal de origem é enfático ao consignar a existência de conexão entre o caso em apreço e à ação cominatória, tendo em vista a identidade de partes, pedido e causa de pedir. Portanto, a reforma do aresto nestes aspectos, demandaria, necessariamente, o revolvimento do complexo fático-probatório dos autos, o que encontra óbice na Súmula n. 7/STJ.

3. Agravo regimental não provido.

(AgRg no AREsp 119.985/GO, Rel. Ministro LUIS FELIPE SALOMÃO, QUARTA TURMA, julgado em 14/08/2012, DJe 22/08/2012)

(...).

3. Por sua vez, o feito que tramita na Justiça Estadual baiana, ajuizado anteriormente ao processo já mencionado, visa ao reconhecimento da existência de união estável formada entre a acionante e o falecido, que consubstancia questão própria de Direito de Família, ainda que voltada para a percepção do mesmo benefício almejado pela viúva.

4. No caso, não há conexão, nos termos do disposto nos arts. 102 e 103 do CPC, uma vez que inexiste identidade parcial objetiva (objeto ou causa de pedir) entre as demandas. Além disso, "eventuais reflexos indiretos da declaração [de união estável] não são aptos a justificar o deslocamento da competência" (CC 117.526/SP, Rel. Min. NANCY ANDRIGHI, SEGUNDA SEÇÃO, julgado em 24/8/2011, DJe 5/9/2011).

(...).

(CC 107.227/BA, Rel. Ministro OG FERNANDES, TERCEIRA SEÇÃO, julgado em 08/08/2012, DJe 21/08/2012)

(...).

2. Ainda que baseadas no mesmo contrato locativo, a ação revisional e a de despejo expressam causas de pedir e pedidos diferentes.

Precedentes.

3. Ademais, a conexão de ações tem apelo fático, incidência da Súmula 7/STJ.

CÓDIGO DE PROCESSO CIVIL

4. Agravo regimental improvido.
(AgRg no AREsp 91.138/MG, Rel. Ministro SIDNEI BENETI, TERCEIRA TURMA, julgado em 22/05/2012, DJe 31/05/2012)

O art. 55 do atual C.P.C. manteve a mesma concepção clássica no que concerne à conexão, ou seja, reputando conexas duas ou mais demandas quando lhes for comum o objeto (pedido) ou a causa de pedir.

Ocorre que essa definição de causas conexas é extremamente restritiva, uma vez que exige a identidade de pedido ou da causa de pedir. Essa restrição já havia sido objeto de crítica por parte de Barbosa Moreira e Celso Agrícola Barbi. Para Barbosa Moreira, uma vez que a definição de conexão seria insuficiente pois a 'definição não abrange todo o de-finido'.[340]

No que concerne à conexão entre causas coletivas, Nelson Nery Jr e Marcelo Abelha Rodrigues entendem que é possível a reunião das ações civis públicas, nos termos do parágrafo único do artigo 2ª da Lei 7.347/85, apesar de se tratar de competência absoluta. Conforme aduzem os aludidos processualistas: *"A competência territorial na ação civil pública é absoluta. A conexão, de acordo com o regramento do CPC, não pode modificar competência absoluta, apenas a relativa. É possível, então, reunir ações civis públicas, cada qual com competência absoluta distinta? Parece, realmente, que, ao se acrescentar o parágrafo único ao art. 2º da Lei Federal n. 7.347/85, criou-se uma conexão que permite a mudança de competência absoluta, a ensejar a reunião dos processos para julgamento simultâneo".*[341]

Para Fredie Didier Jr. essa possibilidade gera curiosidade, uma vez que o art. 16 da Lei 7.347/85 restringe a eficácia subjetiva da coisa julgada, limitando-a à competência territorial do órgão prolator.[342]

Sobre o tema, o S.T.J. assim se posicionou:

> *1. Os recursos especiais 1.326.593, 1.327.205, 1.320.693, 1.320.694, 1.320.695, 1.320.697, 1.320.894 e 1.320.897, todos submetidos a minha relatoria, são conexos porque são resultantes do inconformismo em face do entendimento firmado pelo Tribunal Regional Federal da 3ª Região no sentido de que é a subseção judiciária federal do Rio de Janeiro aquela competente para instrução e julgamento da ação civil pública por improbidade administrativa nº 2004.61.00.020156-5. Por essa razão, nos termos*

---

[340] MOREIRA. José Carlos Barbosa. Pode o juiz declarar de ofício a incompetência relativa?. *Temas de direito processual – Quinta Série.* São Paulo: Saraiva, 1994. p. 126.

[341] RODRIGUES, Marcelo Abelha. *Ação civil pública e meio ambiente.* São Paulo: Forense Universitária, 2003, p. 129.

[342] DIDIER JR. Fredie, op. Cit., p. 128.

360

ART. 55

do art. 105 do Código de Processo Civil, devem as presentes demandas serem julgadas simultaneamente, a fim de evitar decisões contraditórias entre si.

2. Em se tratando de ação civil pública em trâmite na Justiça Federal, que tem como causa de pedir a ocorrência dano ao patrimônio público de âmbito nacional, a jurisprudência deste Sodalício orienta no sentido de que cumpre ao autor da demanda optar pela Seção Judiciária que deverá ingressar com ação, sendo que o Juízo escolhido se torna funcionalmente competente para o julgamento e deslinde da controvérsia, nos termos do art. 2º da Lei nº 7.347/85.

(...).

(REsp 1320693/SP, Rel. Ministro MAURO CAMPBELL MARQUES, SEGUNDA TURMA, julgado em 27/11/2012, DJe 05/12/2012).

Preceitua o § 1º do art. 55 do atual C.P.C. que *os processos de ações conexas serão reunidos para decisão conjunta, salvo se um deles já houver sido sentenciado.*

Na hipótese de conexão, conforme preconiza o §1º do art.55 do atual C.P.C., os processos serão reunidos para decisão conjunta, podendo a decisão ser formatada numa só peça ou em peça distintas.

Porém, o S.T.J. já entendeu que esse julgamento conjunto é mera discricionariedade do julgador. Nesse sentido é o seguinte precedente:

(...).

2. Segundo a jurisprudência desta Corte, a reunião dos processos por conexão configura faculdade atribuída ao julgador, sendo que o art. 105 do Código de Processo Civil concede ao magistrado certa margem de discricionariedade para avaliar a intensidade da conexão e o grau de risco da ocorrência de decisões contraditórias.

3. Justamente por traduzir faculdade do julgador, a decisão que reconhece a conexão não impõe ao magistrado a obrigatoriedade de julgamento conjunto.

4. A avaliação da conveniência do julgamento simultâneo será feita caso a caso, à luz da matéria controvertida nas ações conexas, sempre em atenção aos objetivos almejados pela norma de regência (evitar decisões conflitantes e privilegiar a economia processual).

5. Assim, ainda que visualizada, em um primeiro momento, hipótese de conexão entre as ações com a reunião dos feitos para decisão conjunta, sua posterior apreciação em separado não induz, automaticamente, à ocorrência de nulidade da decisão.

(...).

(REsp 1255498/CE, Rel. Ministro MASSAMI UYEDA, Rel. p/ Acórdão Ministro RICARDO VILLAS BÔAS CUEVA, TERCEIRA TURMA, julgado em 19/06/2012, DJe 29/08/2012)

Não haverá a possibilidade de modificação da competência se um dos processos já houver sido sentenciado.

Nesse sentido é o teor da Súmula 235 do S.T.J.: *"A conexão não determina a reunião dos processos, se um deles já foi sentenciado"*.

Sobre o tema, eis o seguinte precedente do S.T.J.:

1. Caso em que a agravante, sustentando a ocorrência de conexão entre a ação anulatória e a execução fiscal, pugna pela suspensão e redistribuição do feito executivo.

2. "A conexão não determina a reunião dos processos, se um deles já foi julgado" (Súmula 235/STJ).

(...).

(AgRg no Ag 1245655/SP, Rel. Ministro BENEDITO GONÇALVES, PRIMEIRA TURMA, julgado em 28/09/2010, DJe 07/10/2010)

(...).

2. "Existindo conexão entre duas ações que tramitam perante juízos diversos, configurada pela identidade do objeto ou da causa de pedir, impõe-se a reunião dos processos, a fim de evitar julgamentos incompatíveis entre si. Não se justifica, porém, a reunião quando um dos processos já se encontra sentenciado, pois neste esgotou-se a função jurisdicional do magistrado anteriormente prevento.

Incidência da Súmula n. 235/STJ" (CC 47.611-SP, Rel. Min. Teori Albino Zavascki, DJU de 02.05.05).

3. Agravo regimental não provido.

(AgRg no CC 66.507/DF, Rel. Ministro CASTRO MEIRA, PRIMEIRA SEÇÃO, julgado em 23/04/2008, DJe 12/05/2008)

Segundo estabelece o $\S2^{\circ}$ do art. 55 do novo C.P.C. aplica-se o disposto no *caput: a) à execução de título extrajudicial e à ação de conhecimento relativa ao mesmo ato jurídico; b) às execuções fundadas no mesmo título executivo.*

Efetivamente, não se justifica o trâmite em separado da execução de um título extrajudicial, como no caso de um cheque, nota promissória etc e a demanda de conhecimento relativa ao mesmo negócio jurídico.

Assim, deverão ser reunidas as demandas executivas e a demanda cognitiva relativa ao mesmo negócio jurídico.

Sobre o tema, eis os seguintes precedentes do S.T.J.:

– Reconhece-se a conexão entre a execução e a ação declaratória de nulidade de cláusulas, por constituir esta resistência antecipada do devedor, em ordem a operar como verdadeiros embargos. Precedentes.

ART. 55

Recurso especial conhecido, em parte, e provido.
(REsp 294.562/RJ, Rel. Ministro BARROS MONTEIRO, QUARTA TURMA, julgado em 25/03/2003, DJ 02/06/2003, p. 299).

1. O modelo engendrado pelo Código de Ritos para o procedimento executivo acolhe nitidamente a sistemática da coerção patrimonial, porquanto franqueia ao magistrado, nas várias espécies de execução, a possibilidade de aplicação de multa com vistas a compelir o devedor ao cumprimento de uma prestação.

2. Outrossim, a existência de qualquer ação relativa ao débito constante do título executivo, ainda que anterior, não inibe o credor de promover-lhe a execução (art. 585, § 1º, do CPC).

3. Por isso que, evidenciada a prejudicialidade de ação cognitiva em relação à executiva, é medida escorreita a reunião dos processos no juízo que primeiro despachou (art. 106 do CPC), impedindo, dessa forma, a prolatação de decisões conflitantes como a que ora se apresenta, qual seja, a fixação de astreintes por atraso no cumprimento da obrigação em execução posterior à ação cognitiva que visa à anulação do débito exequendo. Precedentes. Matéria, entretanto, que não foi prequestionada.

4. É possível a suspensão do processo executivo em virtude da conexão existente entre este e o processo de anulação ou revisão da dívida executada, haja vista a identidade de partes e causa de pedir, máxime porque, uma vez julgado procedente o feito cognitivo, o débito exequendo pode vir a ser reduzido ou quiçá extinto.
Precedentes.
(...).
(REsp 1118595/MT, Rel. Ministro LUIS FELIPE SALOMÃO, QUARTA TURMA, julgado em 19/11/2013, DJe 06/12/2013).

Também serão reputadas conexas *as execuções fundadas no mesmo título executivo.*
Assim, se houver diversas execuções sobre o mesmo título executivo, como, por exemplo, várias execuções sobre diversos capítulos de sentença, deverão essas execuções ser reunidas em face da conexão.

Prescreve o *§ 3º do art. 55* do atual C.P.C. que *serão reunidos para julgamento conjunto os processos que possam gerar risco de prolação de decisões conflitantes ou contraditórias caso decididos separadamente, mesmo sem conexão entre eles.*

O artigo 40 do projeto de lei originário do novo C.P.C., n. 166/10, havia ampliado a possibilidade de existência de ações conexas, para além da identidade de pedido ou de causa de pedir. Segundo esse dispositivo, para a caracterização da conexão bastaria eventual existência de *decisões conflitantes ou contraditórias,* mesmo que não houvesse entre as causas identidade de *pedido ou de causa pedir.* Essa nova perspectiva de conexidade aproximava-se da *Teoria de*

CÓDIGO DE PROCESSO CIVIL

Carnelluti, segundo a qual, para que houvesse conexão bastaria a *identidade de questões* que, julgadas separadamente, pudessem levar a decisões contraditórias ou conflitantes.

Pode-se pensar, também, que o novo C.P.C. aproximar-se-ia da denominada *Teoria Materialista* de Olavo Oliveira Neto, para quem a conexão decorreria de identidade de *relação jurídica material* e o julgamento conjunto tem por finalidade a *uniformidade de julgamentos.*[343]

Porém, o projeto de lei do novo C.P.C., encaminhado à Câmara dos Deputados sob o n. 8.046/2010, retirou essa evolução legislativa.

Contudo, a Câmara dos Deputados apresentou emenda ao art. 55 do Projeto de Lei n. 8.046/2010, para o fim de nele incluir o §3º com a seguinte disposição: *Serão reunidos para julgamento conjunto os processos que possam gerar risco de prolação de decisões conflitantes ou contraditórias caso sejam decididos separadamente, mesmo sem conexão entre eles".*

Portanto, a Câmara dos Deputados manteve a definição tradicional de *conexão*, ou seja, reputam-se conexas duas ou mais demandas quando lhes for comum o *pedido* ou a *causa de pedir.*

Porém, a alteração promovida pela Câmara dos Deputados permitiu a reunião para julgamento conjunto das demandas que possam gerar risco de prolação de decisões conflitantes ou contraditórias, ainda que não sejam conexas.

Sobre a conexidade de demandas, lecionam Comoglio, Ferri e Taruffo: "…. *Podem ser distinguidas diversas hipóteses de conexão, para a chamada coordenação, quando as causas podem ser decididas separadamente, porém, sujeitando-se ao risco de uma contradição lógica entre os julgados (é o caso do litisconsórcio facultativo e daquele do cúmulo objetivo entre demandas propostas contra a mesma parte). Existem, também, hipóteses de conexão por subordinação nas quais as causas estão ligadas por um nexo de prejudicialidade ou de garantia ou de acessoriedade. Assim estabelecido, a derrogação da competência por conexão é prevista nas seguintes hipóteses: a) a demanda acessória: a demanda é acessória quando encontra-se em relação de dependência-subordinação em relação à demanda principal. São demandas acessórias, por exemplo, aquelas de juros acumulados em relação à demanda da soma devida pelo capital, a demanda de ressarcimento de danos em relação àquela de turbação da posse...;b) a demanda em garantia pode ser proposta perante o juiz competente para a causa principal a fim de que seja decidida no mesmo processo mediante derrogação à regra ordinária da competência pelo território e pelo valor. A disposição que se examina aplica-se apenas aos casos denominados como de garantia própria que ocorre quando a causa principal e aquela acessória tem em comum o mesmo título e único é o fato*

---

[343] OLIVEIRA NETO. Olavo. *Conexão por prejudicialidade.* São Paulo: Revista dos Tribunais, 1994. p. 62 a 65.

ART. 55

gerador da responsabilidade sobre a qual está fundada a demanda principal e aquela de garantia...; c) de particular aspecto é a regra sobre o acertamento incidental previsto no art. 34 do C.P.C. italiano, o qual estabelece que o juiz – seja por lei ou por requerimento de qualquer das partes – deve decidir 'com eficácia de julgado' uma questão prejudicial e esta última, em razão da matéria ou do valor, não ingressa na sua competência; ambas as causas devem ser remetidas a juiz diverso e 'superior' que seja competente também para a causa prejudicial...; d) outras situações que em um processo podem determinar a mudança da competência são dadas pela aplicação das regras de que tratam os artigos 35 e 36 em tema de 'demanda reconvencional' e de compensação; e) também o regime da exceção de compensação, quanto à modificação de competência, é parcialmente análoga. ...f) outras derrogações da regra de competência estão previstas no caso de cúmulo subjetivo de demanda, ou seja, de causa instaurada em relação às mesmas partes ou mais pessoas, nos termos do art. 33 do C.P.C. italiano. Deve ser dito que, mais demandas podem ser propostas contextualmente contra a mesma parte, ainda que não conexas, como ocorre com a competência em razão do valor. Assim dispõe, de fato, a regra do inciso I do art. 104 segundo a qual no mesmo processo contra a mesma parte podem ser propostas diversas demandas, anda que não conexas.....; g) Operada essas premissas, é necessário ainda recordar a regra segundo a qual no caso de litisconsórcio facultativo passivo se tem uma derrogação de competência em razão do território (cúmulo subjetivo de que trata o art. 33 do C.P.C. italiano) e, portanto, as causas contra mais pessoas podem ser cumulativamente proposta diante do mesmo juiz do for de residência ou domicílio de um só desses se estiverem conexas pelo título ou pelo objeto...".[344]

Não há dúvida de que a alteração promovida pela Câmara dos Deputados, permitindo a reunião de processos, ainda que entre eles não haja conexão, aproxima-se do ordenamento jurídico italiano, especialmente quando essa proposta tem por finalidade evitar decisões contraditórias ou conflitantes.

Na realidade, a existência conexão não seria efetivamente o fundamento para a reunião dos processos, mas, sim, a possibilidade de existência de decisões conflitantes e contraditórias. Poderá haver conexão sem a possibilidade de reunião das demandas, como ocorre com o julgamento de processos que pertencem a juízos de competência absoluta distintos, uma vez que a modificação de competência somente ocorre com a competência *relativa*. É o que ocorre, por exemplo, quando um dos processos encontra-se no Tribunal e o outro no Juízo de primeiro grau (competência absoluta funcional). Assim como poderá haver reunião de processos sem que exista conexão.

---

[344] COMOGLIO, Luigi Paolo; FERRI, Corrado; TARUFFO, Michele. *Lezioni sul processo civile*. I. Il processo ordinario di cognizione. Bologna: Il Mulino, 2006. p. 138 a 141.

Art. 56

Dá-se a continência entre 2 (duas) ou mais ações quando houver identidade quanto às partes e à causa de pedir, mas o pedido de uma, por ser mais amplo, abrange o das demais.

Definição de continência

O código dita algumas regras na hipótese em que causas *parcialmente* idênticas entre elas pendem diante de ofícios judiciários diversos. Não se trata de competência em sentido estrito, mas diz respeito à disciplina de instituto que visa a determinar o juiz que deve decidir a causa, em razão da modificação da competência.

Haverá continência sempre que existir identidade (e não mera semelhança) entre dois elementos da demanda, isto é, identidade de *partes* e de *causa de pedir*.

Na continência somente não haverá identidade de *objeto* ou pedido, pois, se assim fosse, estar-se-ia diante de causas idênticas. A causa é idêntica a outra quando as partes são as mesmas, assim como são idênticos o título da demanda, ou seja, a *causa de pedir* e o *pedido*.

Na continência, portanto, duas causas são idênticas quanto aos sujeitos e à causa de pedir, porém, o objeto de uma das demandas compreende também o objeto da outra, mas com uma particularidade, ele é mais amplo do que da outra. A relação que existe entre uma causa e a outra é diversa somente por um aspecto da demanda, ou seja, pelo objeto.[345]

A demanda que tenha o objeto mais abrangente é denominada de demanda continente. Já a demanda que possua o objeto mais restrito é chamada de demanda contida.

Conforme aduzem Comoglio, Ferri e Taruffo: *"a jurisprudência (Italiana) tende por vezes ampliar a noção para o fim de admitir que ocorra a continência quando entre as causas subsista uma relação de 'interdependência', mediante coincidência também parcial das 'causae petendi' delas; outrossim, afirma-se subsistir a continência quando questões produzidas na lide precedente instaurada constituem pressuposto necessário da demanda que forma objeto da segunda causa (pode-se tratar de demandas contrapostas relativas a uma única relação ou também de questões deduzidas com a demanda já proposta que constituam um necessário pressuposto para a definição do juízo sucessivo). Parece evi-*

---

[345] COMOGLIO, L.P.; FERRI, C.; TARUFFO, M., idem, p. 143.

dente como esta orientação tende a aplicar uma economia de juízo para evitar julgados contraditórios.[346]

Segundo afirma Fredie Didier Jr., não se deve confundir *continência* com *litispendência*, pois na continência o pedido de uma demanda abrange (contém) o pedido da outra. Pedido aqui não é caracterizado como o conjunto dos pedidos formulados na petição inicial, mas cada um dos pedidos efetivamente deduzidos. Se em uma demanda há três pedidos e na outra há dois pedidos, não há continência porque a primeira 'conteria' a segunda. Se os pedidos formulados na segunda demanda também foram formulados na primeira, o caso é de *litispendência parcial*. Na *continência* os pedidos das causas pendentes são diversos: um engloba o outro. Dois exemplos: a) se se pede a anulação de um contrato, em uma demanda, e a anulação de uma cláusula do mesmo contrato, embora diferentes os pedidos, o primeiro engloba o segundo; b) pedido de anulação do ato de inscrição de crédito tributário na dívida ativa e pedido de anulação do ato de lançamento (esse engloba aquele, visto que a anulação do ato de lançamento implicará a anulação dos que lhe forem subsequentes, inclusive o de inscrição em dívida ativa.[347]

Sobre o tema, eis os seguintes precedentes do S.T.J.:

> *1. Nos termos da jurisprudência do STJ, quando há identidade apenas parcial dos pedidos, porquanto um deles é mais abrangente que o outro, configura-se a continência, e não a litispendência. Esta, como na conexão, importa a reunião dos processos, e não a sua extinção, que visa evitar o risco de decisões inconciliáveis.*
>
> *Precedentes.*
>
> *2. Havendo continência e prejudicialidade entre as ações, e não reunidos os feitos oportunamente para julgamento conjunto, cabível é a suspensão de um deles, conforme os termos do art. 265, IV, "a", do CPC.*
>
> *Agravo regimental improvido.*
>
> (AgRg no AREsp 301.377/ES, Rel. Ministro HUMBERTO MARTINS, SEGUNDA TURMA, julgado em 16/04/2013, DJe 25/04/2013)

> *(...).*
>
> *2. Na conexão ou continência (art. 105 do Código de Processo Civil), a reunião dos processos não constitui dever do magistrado, mas sim faculdade, pois cabe a ele gerenciar a marcha processual, deliberando pela conveniência, ou não, de processamento simultâneo das ações.*

---

[346] COMOGLIO, L.P.; FERRI, C.; TARUFFO, M., idem, ibidem.
[347] DIDIER JR., Fredie. Op. Cit., p. 123 e 124.

3. Destarte, por ser uma faculdade do julgador, a decisão que reconhece a conexão ou a continência não impõe ao magistrado a obrigatoriedade de julgamento conjunto dos feitos. Nessa situação, não há falar em nulidade processual, mormente se não resultar em prejuízo aos litigantes, consoante o brocardo pas de nullitè sans grief.
4. Agravo regimental a que se nega provimento.

(AgRg no REsp 1118918/SE, Rel. Ministro MARCO AURÉLIO BELLIZZE, QUINTA TURMA, julgado em 04/04/2013, DJe 10/04/2013)

1. Não havendo a configuração de pedidos idênticos entre as ações, uma vez que o pedido anterior é menos abrangente que o ora apresentado, não há falar em litispendência, mas em continência, consoante bem asseverou o acórdão atacado, o que importa na reunião dos processos, para se evitar o risco de decisões inconciliáveis.
2. Agravo regimental não provido.

(AgRg no REsp 1197833/RJ, Rel. Ministro BENEDITO GONÇALVES, PRIMEIRA TURMA, julgado em 09/11/2010, DJe 17/11/2010)

Art. 57

Quando houver continência e a ação continente tiver sido proposta anteriormente, no processo relativo à ação contida será proferida sentença sem resolução de mérito, caso contrário, as ações serão necessariamente reunidas.

Sumário:

1. Correspondência
2. Direito Comparado
3. Extinção e permanência da demanda contida

Extinção e permanência da demanda contida

Ao contrário do que ocorre com a conexão, somente em uma dada circunstância é que haverá a reunião dos processos em razão da *continência*. Os processos serão reunidos quando a *demanda continente* for proposta *posteriormente* à *demanda contida*.

Entende-se por demanda *continente* aquela que possui objeto mais abrangente; entende-se por demanda *contida* aquela que possui objeto menos abrangente.

ART. 57

Se a demanda *continente* foi proposta anteriormente à demanda *contida*, não será caso de reunião de processo, mas, sim, de *extinção* do processo da demanda contida sem resolução de mérito. E essa solução proposta pelo legislador, qual seja, de extinção do processo da demanda contida, é realmente a mais salutar, pois o objeto da demanda contida está totalmente abrangido pela demanda continente que foi proposta anteriormente.

Com a extinção da demanda *contida*, e tendo em vista que não se está diante do *instituto da litispendência*, mas, sim, da *continência*, a questão dos honorários de advogado e das custas processuais deve ser resolvida quando da solução definitiva da demanda continente.

É importante salientar que somente haverá a reunião dos processos se o órgão judiciário for competente para analisar tanto a demanda contida quanto a demanda continente. Nesse sentido eis o seguinte precedente do S.T.J.:

– O foro da situação da coisa é absolutamente competente para conhecer de ação fundadas em direito possessório sobre imóveis.

– Por força da interpretação sistemática dos arts. 95, in fine, e 102. CPC, a competência do foro da situação do imóvel não pode ser modificada pela conexão ou continência. É irrelevante, portanto, que anteriormente ao ajuizamento da ação possessória pelo adquirente do bem, tenha sido ajuizado outra ação, pelos alienantes, em se busca questionar a causa que ensejou a transferência da propriedade dos bens.

Recurso Especial provido.

(REsp 660.094/SP, Rel. Ministra NANCY ANDRIGHI, TERCEIRA TURMA, julgado em 25/09/2007, DJ 08/10/2007, p. 261).

(...).

2. Evidenciada a continência entre a ação civil pública ajuizada pelo Ministério Público Federal em relação a outra ação civil pública ajuizada na Justiça Estadual, impõe-se a reunião dos feitos no Juízo Federal.

3. Precedentes do STJ: CC 90.722/BA, Rel. Ministro José Delgado, Relator p/ Acórdão Ministro Teori Albino Zavascki, Primeira Seção, DJ de 12.08.2008; CC 90.106/ES, Rel. Ministro Teori Albino Zavascki, Primeira Seção, DJ de 10.03.2008 e CC 56.460/RS, Relator Ministro José Delgado, DJ de 19.03.2007.

(...).

(CC 112.137/SP, Rel. Ministro PAULO DE TARSO SANSEVERINO, SEGUNDA SEÇÃO, julgado em 24/11/2010, DJe 01/12/2010)

Art. 58

A reunião das ações propostas em separado far-se-á no juízo prevento, onde serão decididas simultaneamente.

Prevenção e reunião das demandas

Uma vez verificada a conexão ou continência, o *artigo 58* do novo C.P.C. determina a reunião das demandas que correm em separado, para que sejam decididas simultaneamente A reunião dos processos ocorrerá no juízo que for considerado prevento, nos termos do art. 59 do novo C.P.C.

Conforme leciona Giuseppe Tarzia: *"A conexão, como supra definida, adquire relevância por consentir a reunião das causas em um único processo e para que possam ser tratadas e decididas simultaneamente. A reunião é evidentemente facilitada quando as causas pertencem à competência do mesmo juízo, enquanto que, no caso contrário, para se proceder à reunião, é necessário derrogar a regra ordinária de competência supra descrita"*.[348]

O S.T.J., no precedente abaixo, entendeu que não há falar em prevenção entre o juízo da demanda continente e o juízo da demanda contida, pois havendo continência o juízo da demanda continente será competente para analisar ambos os processos:

> *2. Na hipótese de o litígio versar sobre direito de propriedade, vizinhança, servidão, posse, divisão e demarcação de terras e nunciação de obra nova, a ação correspondente deverá necessariamente ser proposta na comarca em que situado o bem imóvel, porque a competência é absoluta. Por outro lado, a ação, ainda que se refira a um direito real sobre imóvel, poderá ser ajuizada pelo autor no foro do domicílio do réu ou, se o caso, no foro eleito pelas partes, se não disser respeito a nenhum daqueles direitos especificados na segunda parte do art. 95 do CPC, haja vista se tratar de competência relativa.*
>
> (...).

(REsp 1051652/TO, Rel. Ministra NANCY ANDRIGHI, TERCEIRA TURMA, julgado em 27/09/2011, DJe 03/10/2011)

---

[348] TARZIA, Giuseppe. *Lineamenti del processo civile di cognizione*. Seconda Edizione. Milano: Dott. A. Giuffrè Editore, 2002. p. 55.

Art. 59
O registro ou a distribuição da petição inicial torna prevento o juízo.

Momento processual em que há prevenção

A reunião das demandas que correm em separado, em razão da conexão ou continência, ou para evitar decisões conflitantes, dar-se-á pela *prevenção*.

Prevenção nada mais significa do que o critério legal para estabelecer o juízo que deve julgar as demandas que correm em separado, a fim de que haja um julgamento simultâneo.

O art. 106 do C.P.C. de 1973, que mencionava apenas a reunião das demandas em razão da conexão, preconizava que a prevenção de juízos que detinham a mesma competência territorial dar-se-ia em favor daquele que despachou em primeiro lugar.

A jurisprudência firmara entendimento de que a expressão '*despachou em primeiro lugar'* significava pronunciamento positivo de despacho de citação (STJ RT 653/216).

Porém, se as demandas corressem em juízos de diferente competência territorial, a competência por prevenção era determinada não pelo despacho, mas pela data da citação válida. Nesse sentido preceituava o art. 219 do C.P.C. de 1973: *"A citação válida torna prevento o juízo, induz litispendência e faz litigiosa a coisa; e, ainda quando ordenada por juiz incompetente, constitui em mora o devedor e interrompe a prescrição".*

O art. 240 do atual C.P.C., ao tratar da *citação*, não mais menciona que sua realização torna prevento o juízo. Eis o teor do novo dispositivo: *"A citação válida, ainda quando ordenada por juízo incompetente, induz litispendência, torna litigiosa a coisa e constitui em mora o devedor, ressalvado o disposto nos arts. 397 e 398 da Lei nº 10.406, de 10 de janeiro de 2002 – o Código Civil.*

Observa-se, assim, que o novo C.P.C. unificou as hipóteses de prevenção, seja em relação aos juízos com a mesma competência territorial, seja em relação aos juízos com competência territorial diversa. Em ambos os casos a prevenção não se dá pelo enfoque da citação válida, mas, sim, pelo *registro ou distribuição da petição inicial*, nos termos do art. 59 do novo C.P.C.

Não há dúvida que o critério de prevenção regulado pelo *registro ou distribuição da petição inicial* é o mais seguro e objetivo, pois não depende de outros fatores a não ser da manifestação da própria parte em promover a demanda judicial.

Assim, as demandas que se relacionarem por conexão ou continência, ou que possam gerar decisões conflitantes, serão distribuídas por dependência àquela

CÓDIGO DE PROCESSO CIVIL

que foi distribuída em primeiro lugar. Nesse sentido é o teor do art. 286, inc. I, do atual C.P.C., *in verbis:*

> *Art. 286. Serão distribuídas por dependência as causas de qualquer natureza:*
> *I – quando se relacionarem, por conexão ou continência, com outra já ajuizada...;*

Sobre o tema, eis os seguintes precedentes do S.T.J.:

> *1. Constatada a conexão, a orientação jurisprudencial assente nesta Corte, em homenagem à segurança jurídica, é para que sejam reunidos os processos a fim de que tenham julgamento simultâneo, evitando-se, assim, decisões contraditórias.*
> *2. Ausente citação válida em qualquer das ações, esta Corte estabeleceu critérios subsidiários para dirimir controvérsia sobre prevenção: entre juízos da mesma comarca, o momento do primeiro despacho, ou seja, é prevento aquele juiz que despachou em primeiro lugar; entre juízos de comarcas diversas, o momento da propositura da demanda. Esse entendimento, aplicável à hipótese em comento, se funda no fato de ser a propositura da ação o momento pelo qual se obtém a estabilidade da competência, nos termos do artigo 87 do Código de Processo Civil.*
> *Conflito conhecido para declarar a competência do juízo suscitante para processamento e julgamento das ações conexas propostas.*
> (CC 43.426/DF, Rel. Ministro CASTRO FILHO, SEGUNDA SEÇÃO, julgado em 09/11/2005, DJ 21/11/2005, p. 122)

> *(...).*
> *2. A Lei da Ação Popular (Lei nº 4.717/65), em seu art. 5º, § 3º, definiu a propositura da ação como o marco para a prevenção do juízo. Importa saber, na oportunidade, em que momento se considera proposta a ação: na distribuição, no despacho inicial ou com a citação válida.*
> *3. Em juízos de mesma competência territorial, a prevenção dá-se em favor daquele que primeiro despachou no processo (art. 116 do CPC).*
> *4. Quando os juízos apresentam competência territorial diversa, a prevenção define-se pela citação válida (art. 209 do CPC).*
> *(...).*
> (CC 39.595/DF, Rel. Ministro CASTRO MEIRA, PRIMEIRA SEÇÃO, julgado em 18/10/2004, DJ 09/02/2005, p. 182)

Art. 60
Se o imóvel se achar situado em mais de um Estado, comarca, seção ou subseção judiciária, a competência territorial do juízo prevento estender-se-á sobre a totalidade do imóvel.

Imóvel situado em mais de um Estado, comarca ou seção judiciária

A diferença semântica do art. 60 do novo C.P.C. em relação ao art. 107 do C.P.C. de 1973 diz respeito apenas à inserção na nova disposição do termo *seção judiciária*, para incorporar no dispositivo a competência da Justiça Federal.

A Emenda introduzida pela Câmara dos Deputados também acrescentou as *subseções judiciárias* no dispositivo.

O art. 60 do novo C.P.C. vem complementar o artigo 47 do novo C.P.C. que estabelece: *"para as ações fundadas em direito real sobre imóveis, é competente o foro de situação da coisa"*.

O art. 60 do novo C.P.C. trata de competência em razão do território definida pelo local de situação do imóvel. Neste caso específico, o imóvel, situando-se em mais de um Estado, comarca, seção ou subseção judiciária, a competência será determinada pela *prevenção*, estendendo-se a competência para a totalidade do imóvel.

Já o artigo 52, §1º da *Ley n.* 1/2000 de *Enjuiciamiento civil* espanhol, preconiza que nesta hipótese caberá ao demandante eleger o foro competente:

> *"1º. Nos juízos em que se exercitem ações reais sobre bens imóveis será tribunal competente o do lugar em que esteja situada a coisa litigiosa. Quando a ação real se exerce sobre vários imóveis o sobre um só que esteja situado em diferentes circunscrições, será competente o Tribunal de qualquer destas, à eleição do demandante".*

A Corte de Cassação italiana, sobre o tema, assim já se pronunciou: *"se o imóvel esta compreendido em mais de um Estado, comarca ou seção judiciária, o juízo competente poderá ser qualquer um em que esteja situada parte do imóvel"* (Cass. 9, agosto 1989, n. 3672).

Deve-se ter presente que a *prevenção* dá-se exclusivamente entre os lugares em que se situa parte do imóvel, salvo nas situações não abrangida pelo art. 47, §1º, do novo C.P.C., em que é possível instituir o foro de eleição ou do domicílio do réu.

Sobre o tema, eis o seguinte precedente do S.T.J.:

Processual civil e civil. Conflito de competência. Ações possessórias. Limites territoriais entre Estados da Federação indefinidos. Prevenção. CPC, arts. 95 e 107. Precedente.

I – Se a área controvertida pertence a uma região limítrofe entre os Estados da Bahia e Goiás, objeto de Ação Cível Originária que tramita no Eg. Supremo Tribunal Federal, ainda sem julgamento definitivo, a competência para processar e julgar ações possessórias versando sobre imóvel localizado nesta região é definida pela regra da prevenção (CPC, art. 107).

II – Conflito conhecido para declarar-se a competência do Juízo de Direito de Posse/GO.

(CC 39.766/BA, Rel. Ministro ANTÔNIO DE PÁDUA RIBEIRO, SEGUNDA SEÇÃO, julgado em 25/08/2004, DJ 06/10/2004, p. 171)

Art. 61

A ação acessória será proposta no juízo competente para a ação principal.

Demanda acessória e demanda principal

A demanda acessória será proposta perante o juiz competente para a demanda principal.

Na realidade, não se está diante de critério de modificação de competência, mas, sim, de critério de fixação de competência.

Entende-se por demanda acessória, conforme leciona Giuseppe Tarzia, *"aquela que depende, sob o aspecto histórico-jurídico, do título da demanda principal: por exemplo, demanda de juros acumulados sobre crédito de capital"*. Pode ser proposta perante o juiz territorialmente competente para a demanda principal a fim de que seja decidida no mesmo processo.[349]

Sobre o tema, eis os seguintes precedentes do S.T.J.:

Hipótese em que a ação anulatória de sentença homologatória de acordo foi distribuída livremente a uma das Varas Cíveis da Comarca de Belo Horizonte.

(...).

1. A ação anulatória de sentença homologatória de acordo, prevista no artigo 486 da Lei Adjetiva, possui nexo etiológico com a ação originária em que fora homologada a transação celebrada entre as partes.

---

[349] TARZIA, G., idem, p. 56.

ART. 61

2. Nos termos do artigo 108 do Código de Processo Civil, "a ação acessória será proposta perante o juiz competente para a ação principal", regra que traduz hipótese de modificação de competência.

3. A acessoriedade prevista no artigo 108 do Código de Processo Civil abrange a relação entre as duas demandas supramencionadas e legitima a prevenção do juízo homologante para apreciação da ação anulatória, tendo em vista as melhores condições do juízo de direito originário para apreciá-la. Premissa estabelecida em precedente da Segunda Seção: CC 120556/CE, Rel. Ministro LUIS FELIPE SALOMÃO, julgado em 09/10/2013, DJe 17/10/2013.

4. Recurso especial desprovido.

(REsp 1150745/MG, Rel. Ministro MARCO BUZZI, QUARTA TURMA, julgado em 11/02/2014, DJe 19/02/2014)

(...).

2. Os requisitos necessários para a imputação da responsabilidade patrimonial secundária na ação principal de execução são também exigidos na ação cautelar fiscal, posto acessória por natureza.

(...).

(REsp 722.998/MT, Rel. Ministro LUIZ FUX, PRIMEIRA TURMA, julgado em 11/04/2006, DJ 28/04/2006, p. 272).

(...).

2 – Em se cuidando de Execução por Carta Precatória, seu efetivo cumprimento, no tocante aos atos de penhora, avaliação e alienação, cuja realização a lei impõe ao Juízo deprecado, ocorre tão-somente após a expedição da carta de arrematação, cabendo ao deprecante realizar os atos posteriores, relativos ao pagamento ao credor e à extinção da Execução. In casu, a Carta Precatória de Execução não foi devidamente cumprida, porquanto não expedida a carta de arrematação, o que impede que se ultime ao pagamento à exequente, mediante autorização, pelo Juízo deprecante, do levantamento da quantia judicialmente depositada.

3 – Ainda assim, diante do desaparecimento dos autos, não há que se cogitar de mera hipótese de renovação de remessa da Carta Precatória, e, pois, de nova elaboração dos atos constritivos. Isso porque, mesmo não tendo sido efetivamente cumprida, já foram ultimadas, pelo D. Juízo deprecado, a penhora e a avaliação do bem imóvel, bem como, após tentativas infrutíferas, seu praceamento, inclusive com depósito judicial do produto arrecadado, restando-lhe tão-somente, restaurados os autos, finalizar o ato de arrematação com a expedição da respectiva carta.

4 – Desta feita, comprovado o desaparecimento dos autos de Carta Precatória de Execução, tenho por absolutamente necessária a Ação de Restauração de Autos, aces-

CÓDIGO DE PROCESSO CIVIL

sória àquela cujos autos desapareceram, devendo, portanto, ser ajuizada "perante o juiz competente para a ação principal" (art. 108 do CPC). In casu, nos termos do art. 658 do CPC, a competência para a prática dos atos executivos, realizados nos autos da Carta Precatória, pertencia exclusivamente ao D. Juízo deprecado, de modo que por ele deve ser dirimido incidente relativo à restauração de autos em que foram realizados unicamente os atos de penhora, avaliação e arrematação de bem imóvel, afetos à sua competência. Aplicação, por analogia, do art. 747 do CPC e da Súmula 46 da Corte.

5 – Conflito conhecido, declarando-se a competência do D. Juízo de Direito da 1ª Vara de Santo Antônio de Pádua – RJ, ora suscitado.

(CC 19.229/MG, Rel. Ministro JORGE SCARTEZZINI, SEGUNDA SEÇÃO, julgado em 09/03/2005, DJ 21/03/2005, p. 211)

Art. 62
A competência determinada em razão da matéria, da pessoa ou da função é inderrogável por convenção das partes.

Competência inderrogável por convenção das partes
O art. 62 do novo C.P.C. trata das hipóteses em que a competência pode ou não ser derrogada por convenção das partes.

A competência dita absoluta, *em razão da matéria, da pessoa ou da função*, não pode ser derrogada por convenção das partes.

A competência dita relativa, *em razão do valor e do território*, poderá ser derrogada pelas partes, as quais poderão eleger o foro onde serão propostas as demandas oriundas de direitos e obrigações.

O *foro de eleição* é uma *cláusula negocial*, pela qual as partes da relação jurídica material estabelecem previamente o juízo competente para dirimir qualquer controvérsia jurídica que possa surgir em relação ao negócio jurídico firmado. Trata-se de uma prerrogativa admitida para as hipóteses de competência *relativa*, ou seja, *em razão do valor e do território*.

A derrogação do foro em caso de competência relativa será em relação a direitos e obrigações, inclusive aos direitos reais previstos no §1º do art. 47 do atual C.P.C.:

Por sua vez, estabelece o artigo 47, §1º, do atual C.P.C.:

Art. 47. Para as ações fundadas em direito real sobre imóveis é competente o foro de situação da coisa.

376

§ 1º O autor pode optar pelo foro de domicílio do réu ou pelo foro de eleição se o litígio não recair sobre direito de propriedade, vizinhança, servidão, divisão e demarcação de terras e de nunciação de obra nova.

O artigo 25 do atual C.P.C. preconiza que não compete à autoridade judiciária brasileira o processamento e o julgamento da ação quando houver cláusula de eleição de foro exclusivo estrangeiro em contrato internacional, arguida pelo réu na contestação.

É importante salientar que nem toda competência em razão do valor pode ser objeto de modificação por convenção das partes, uma vez que pode existir competência em razão do valor (juizado especial) que não pode ser modificada por convenção das partes|.

A melhor técnica para a regulamentação deste dispositivo seria dizer que a competência *absoluta* não pode ser derrogada pelas partes, enquanto que a competência *relativa* pode ser modificada por convenção dos contratantes.

Art. 63
As partes podem modificar a competência em razão do valor e do território, elegendo foro onde será proposta ação oriunda de direitos e obrigações.

§ 1º A eleição de foro só produz efeito quando constar de instrumento escrito e aludir expressamente a determinado negócio jurídico.

§ 2º O foro contratual obriga os herdeiros e sucessores das partes.

§ 3º Antes da citação, a cláusula de eleição de foro, se abusiva, pode ser reputada ineficaz de ofício pelo juiz, que determinará a remessa dos autos ao juízo do foro de domicílio do réu.

§ 4º Citado, incumbe ao réu alegar a abusividade da cláusula de eleição de foro na contestação, sob pena de preclusão.

Competência convencional
O art. 63 do novo C.P.C. trata das hipóteses em que a competência pode ou não ser derrogada por convenção das partes.

A competência dita absoluta, *em razão da matéria e da função,* não pode ser derrogada por convenção das partes.

A competência dita relativa, *em razão do valor e do território,* poderá ser derrogada pelas partes, as quais poderão eleger o foro onde serão propostas as demandas oriundas de direitos e obrigações.

O *foro de eleição* é uma *cláusula negocial*, pela qual as partes da relação jurídica material estabelecem previamente o juízo competente para dirimir qualquer controvérsia jurídica que possa surgir em relação ao negócio jurídico firmado. Trata-se de uma prerrogativa admitida para as hipóteses de competência *relativa*, ou seja, *em razão do valor e do território.*

Sobre o tema, eis os seguintes precedentes do S.T.J.:

(...).

2. Controvérsia que se cinge a definir se o foro de domicílio do réu é competente para o julgamento de ação de rescisão de contrato de compromisso de compra e venda de imóvel no qual foi pactuada a eleição de foro diverso.

3. A ação de resolução de compromisso de compra e venda assenta-se em direito pessoal, não atraindo, assim, a regra de competência absoluta insculpida no art. 95 do CPC. Precedentes.

4. Na eleição de foro, tal circunstância não impede seja a ação intentada no domicílio do réu, inexistente alegação comprovada de prejuízo. Precedentes.

5. Recurso especial provido.

(REsp 1433066/MS, Rel. Ministra NANCY ANDRIGHI, TERCEIRA TURMA, julgado em 20/05/2014, DJe 02/06/2014)

1. Nos termos da iterativa jurisprudência do STJ é válida a cláusula de eleição de foro mesmo em contrato de adesão, desde que inexistente hipossuficiência entre as partes ou dificuldade de acesso à justiça.

2. O aresto combatido afastou a cláusula de eleição de foro a partir das circunstâncias fáticas e peculiares do caso concreto posto nos autos. A inversão desse entendimento, ao pálio da alegada vulneração dos preceitos legais indicados pela agravante, implicará, indubitavelmente, na reanálise das mesmas circunstâncias fáticas já examinadas pelo Tribunal local, o que é defeso ao STJ, em sede de recurso especial, como o diz o enunciado n. 7 de sua súmula.

3. Agravo regimental não provido, com aplicação de multa.

(AgRg no Ag 1298322/ES, Rel. Ministro LUIS FELIPE SALOMÃO, QUARTA TURMA, julgado em 10/04/2012, DJe 16/04/2012)

Preceitua o *§ 1º do art. 63 do novo C.P.C.* que a *eleição de foro só produz efeito quando constar de instrumento escrito e aludir expressamente a determinado negócio jurídico.*

A alteração preconizada pela Câmara dos Deputados foi pertinente, ao falar em *instrumento escrito,* ao invés de *contrato.* Efetivamente, a modificação de competência poderá ser inserida num instrumento escrito e não apenas em um contrato específico.

É possível também a derrogação da competência relativa tacitamente. Isso ocorre quando o réu não alega a incompetência do juízo no momento oportuno, ou seja, como preliminar de contestação, prorrogando-se a competência do foro escolhido pelo autor. Nesse sentido, aliás, é o teor do art. 56, item 2º, da Ley 1/2000, Código de Processo Civil espanhol.

Estabelece o *§2º do art. 63* do atual C.P.C., que *o foro contratual obriga os herdeiros e sucessores das partes.*

Como a eleição de foro não é um direito personalíssimo, sua escolha por meio de instrumento transmite-se aos herdeiros, no caso de sucessão universal, ou aos sucessores singulares das partes que deverão observar o foro escolhido.

Sobre o tema, eis o seguinte precedente do S.T.J.:

> *Processual Civil. Recurso Especial. Foro de eleição. Polo passivo.*
>
> *Sucessor de contratante original. Arts. 100, IV, "a" e 111, ambos do CPC. Falta de prequestionamento. Necessidade de interposição de recurso especial por violação do art. 535, do CPC. Precedentes.*
>
> *Súmulas 282 do STF e 211 do STJ. Dissídio jurisprudencial. Bases fáticas diversas. Não caracterização.*
>
> *– Se o acórdão recorrido entendeu que o recorrente é sucessor do contratante original, não há violação ao art. 111 do CPC, pois, nos termos do § 2º, do referido artigo, o foro eleito contratualmente obriga os sucessores das partes.*
>
> *(...).*
>
> (REsp 765.565/BA, Rel. Ministra NANCY ANDRIGHI, TERCEIRA TURMA, julgado em 05/09/2006, DJ 18/09/2006, p. 317).

Estabelece o *§3º do art. 63* do atual C.P.C. que *antes da citação, a cláusula de eleição de foro, se abusiva, pode ser reputada ineficaz de ofício pelo juiz, que determinará a remessa dos autos ao juízo do foro de domicílio do réu.*

Este parágrafo prescreve que o juiz, antes da citação, poderá declarar a ineficácia da cláusula de eleição de foro que apresenta abusividade, hipótese em que remeterá os autos ao juízo do foro do domicílio do réu.

Disposição similar era encontrada no parágrafo único do artigo 112 do C.P.C. de 1973, incluído pela Lei 11.280/2006, *in verbis: "A nulidade da cláusula de eleição de foro, em contrato de adesão, pode ser declarada de ofício pelo juiz, que declinará de competência para o juízo de domicílio do réu".*

O *§3º do* art. 63 do atual C.P.C. permite que o juiz reconheça de ofício a ineficácia de cláusula de eleição de foro, quando esta cláusula apresentar abusividade.

A nulidade de cláusula contratual que prejudique os direitos do consumidor, por exemplo, há muito foi reconhecida pelo art. 51, inc. IV do Código de Defesa do Consumidor:

Art. 51. São nulas de pleno direito, entre outras, as cláusulas contratuais relativas ao fornecimento de produtos e serviços que:

(...).

IV – estabeleçam obrigações consideradas iníquas, abusivas, que coloquem o consumidor em desvantagem, ou sejam incompatíveis com a boa-fé ou a equidade.

As cláusulas nulas de pleno direito podem ser reconhecidas de ofício pelo juiz.

Muito embora a Súmula 33 do S.T.J. preconizasse que o magistrado não poderia reconhecer de ofício a sua incompetência relativa, diante de eventual nulidade absoluta de cláusula de eleição de foro, a jurisprudência admitia o reconhecimento de ofício da nulidade da cláusula com a consequente remessa dos autos ao juízo do foro do domicílio do réu, no caso de a parte ser consumidora ou hipossuficiente. Nesse sentido são os seguintes precedentes do S.T.J.:

(...).

3 – Uma vez adotado o sistema de proteção ao consumidor, reputam-se nulas não apenas as cláusulas contratuais que impossibilitem, mas que simplesmente dificultem ou deixem de facilitar o livre acesso do hipossuficiente ao Judiciário. Desta feita, é nula a cláusula de eleição de foro que ocasiona prejuízo à parte hipossuficiente da relação jurídica, deixando de facilitar o seu acesso ao Poder Judiciário (REsp nº 190.860/MG, Rel. Ministro WALDEMAR ZVEITER, DJ de 18.12.2000; AgRg no Ag nº 637.639/RS, Rel. Ministro ALDIR PASSARINHO JÚNIOR, DJ de 9.5.2005).

4 – Recurso não conhecido.

(REsp 669.990/CE, Rel. Ministro JORGE SCARTEZZINI, QUARTA TURMA, julgado em 17/08/2006, DJ 11/09/2006, p. 289).

I – Os bancos, como prestadores de serviços especialmente contemplados no art. 3º, § 2º, estão submetidos às disposições do Código de Defesa do Consumidor. A circunstância de o usuário dispor do bem recebido através de operação bancária, transferindo-o a terceiros, em pagamento de outros bens ou serviços, não o descaracteriza como consumidor final dos serviços prestados pela instituição.

II – A cláusula de eleição de foro inserida em contrato de adesão não prevalece se "abusiva", o que se verifica quando constatado que da prevalência de tal estipulação resulta inviabilidade ou especial dificuldade de acesso ao Judiciário. Pode o juiz, de ofício, declinar de sua competência em ação instaurada contra consumidor quando a aplicação daquela cláusula dificultar gravemente a defesa do réu em Juízo. Precedentes da Segunda Seção.
III – Incidência da Súmula 126/STJ.
IV – Recurso não conhecido.

(REsp 190.860/MG, Rel. Ministro WALDEMAR ZVEITER, TERCEIRA TURMA, julgado em 09/11/2000, DJ 18/12/2000, p. 183)

No mesmo sentido é a decisão proferida pelo STJ, 2ºS., CC 21,433-RN, Rel. Min. Sálvio de Figueiredo Teixeira, j. em 11.11.1998.

A Câmara dos Deputados, sobre a possibilidade de o juiz remeter de ofício os autos ao juízo competente apresentou a seguinte mudança em relação à redação originária prevista no Projeto n. 2.046/10: juiz somente poderá reconhecer de ofício a nulidade da cláusula de eleição, *antes da citação*, hipótese em que determinará a remessa dos autos ao juízo do foro de domicílio do réu.

Prescreve o $\S$ *4º do art. 63* do atual C.P.C. que *citado, incumbe ao réu alegar a abusividade da cláusula de eleição de foro na contestação, sob pena de preclusão.*

Uma vez realizada a citação, incumbirá ao réu alegar a abusividade da cláusula de eleição do foro na contestação, *sob pena de preclusão.*

Assim, a Câmara dos Deputados delimitou o campo de atuação do juiz, ou seja, à data da citação do réu. A partir daí, não mais poderá o juiz reconhecer, de ofício, a ineficácia da cláusula de eleição, pois somente o réu poderá alegar tal ineficácia na contestação, *sob pena de preclusão.*

Por fim, deve-se informar que o $\S$3º *do art. 63* do Projeto originário do novo C.P.C., n. 2.046/10, preconizava que era vedada a eleição de foro nos contratos de adesão e naqueles em que uma das partes, quando firmado o contrato, estivesse em situação que lhe impedisse ou dificultasse opor-se ao foro contratual.

A Câmara dos Deputados excluiu a redação do $\S$3º do art. 63 do Projeto do Senado Federal, sob e alegação de que não há razão para se vedar, em tese, eleição de foro em contrato de adesão. Isso geraria grande insegurança. Há contratos de adesão que dizem respeito a grandes companhias, como as de telefonia, mas há outros que se referem a atividades empresariais mais simples, como lavanderias e locação de bens móveis.

Evidentemente que a vedação de cláusula de eleição de foro em contrato de adesão somente ocorrerá naqueles contratos de adesão em que essas cláusulas já são pré-elaboradas, não tendo o consumidor ou a parte contratante qualquer possibilidade de discutir ou impugnar sua inserção no instrumento escrito.

Porém, parece-me válida a cláusula de eleição de foro, ainda que a relação jurídica seja proveniente de contrato de adesão, desde que essa cláusula seja inserida em instrumento em separado, dando oportunidade comprovada ao consumidor ou à parte contratante optar por outro foro para a resolução dos conflitos. Nesse sentido são os seguintes precedentes do S.T.J.:

(...).

4. Não se acolhe a alegação de abusividade da cláusula de eleição de foro ao só argumento de tratar-se de contrato de adesão.

5. A cláusula que estipula eleição de foro em contrato de adesão é, em princípio, válida, desde que sejam verificadas a necessária liberdade para contratar (ausência de hipossuficiência) e a não inviabilização de acesso ao Poder Judiciário. Precedentes.

6. O porte econômico das partes quando da celebração do contrato e a natureza e o valor da avença são determinantes para a caracterização da hipossuficiência. Verificado o expressivo valor do contrato, não há que se falar em hipossuficiência.

7. Apesar de haver algumas diferenças principiológicas entre a concordata preventiva e a recuperação judicial, é certo que tanto uma quanto a outra voltam seus olhos ao empresário ou sociedade empresária que estiver em crise econômica ou financeira, desde que, por óbvio, seja viável a superação dessa situação anormal.

8. A condição de empresa em regime de concordata, por significar uma maior fragilidade econômica, dificulta o acesso à Justiça e ao exercício do direito de defesa perante o foro livremente eleito, quando esse não seja o da sede da concordatária.

9. Recurso especial não provido.

(REsp 1073962/PR, Rel. Ministra NANCY ANDRIGHI, TERCEIRA TURMA, julgado em 20/03/2012, DJe 13/06/2012).

1 – A Segunda Seção deste Colegiado pacificou entendimento acerca da não-abusividade de cláusula de eleição de foro constante de contrato referente à aquisição de equipamentos médicos de vultoso valor.

Mesmo em se cogitando da configuração de relação de consumo, não se haveria falar na hipossuficiência do adquirente de tais equipamentos, presumindo-se, ao revés, a ausência de dificuldades ao respectivo acesso à Justiça e ao exercício do direito de defesa perante o foro livremente eleito.

(...).

(REsp 540.054/MG, Rel. Ministro MASSAMI UYEDA, QUARTA TURMA, julgado em 07/12/2006, DJ 19/03/2007, p. 354)

A só e só condição de a eleição do foro ter se dado em contrato não acarreta a nulidade dessa cláusula, sendo imprescindível a constatação de cerceamento de defesa e de hipossuficiência do aderente para sua inaplicação.

Recurso parcialmente conhecido e, nessa parte, provido.

(REsp 545.575/RJ, Rel. Ministro CESAR ASFOR ROCHA, QUARTA TURMA, julgado em 09/09/2003, DJ 28/10/2003, p. 295)

Processo civil. Recurso especial. Ação cautelar. Incidente de exceção de incompetência. Contratos celebrados entre montadora e concessionária de veículos. Cláusula de eleição de foro. Validade.

– Os ajustes firmados entre montadora e concessionária de veículos constituem contratos empresariais pactuados entre empresas de porte, financeiramente capazes de demandar no foro de eleição contratual.

– A mera circunstância de a montadora de veículos ser empresa de maior porte do que a concessionária não é suficiente, por si só, a afastar o foro eleito.

– Recurso especial provido.

(REsp 471.921/BA, Rel. Ministra NANCY ANDRIGHI, TERCEIRA TURMA, julgado em 03/06/2003, DJ 04/08/2003, p. 297)

Por isso, a Câmara dos Deputados houve por bem suprimir o dispositivo que determinava a nulidade de pleno direito da cláusula de eleição de foro contida em contrato de adesão.

Também não valerá a cláusula de eleição de foro, ainda que não seja inserida em contrato de adesão, quando a parte contratante seja hipossuficiente ou não tenha condições culturais ou jurídicas de conhecer e compreender o significado da cláusula de eleição de foro quando da concretização da relação jurídica de direito material.

A caracterização da condição de hipossuficiência, segundo a Teoria Finalista, vincula-se à análise de aspectos subjetivos vinculados à própria atividade econômica desenvolvida pela parte contratante, na qualidade de consumidor final do produto ou serviço (cf. CC 92.519/SP, Rel. Min. Fernando Gonçalves, Segunda Seção, DJE 04.0-3.2009).

CÓDIGO DE PROCESSO CIVIL

SEÇÃO III – Da Incompetência

Art. 64

A incompetência, absoluta ou relativa, será alegada como questão preliminar de contestação.

§ 1º A incompetência absoluta pode ser alegada em qualquer tempo e grau de jurisdição e deve ser declarada de ofício.

§ 2º Após manifestação da parte contrária, o juiz decidirá imediatamente a alegação de incompetência;

§3º Caso a alegação de incompetência seja acolhida, os autos serão remetidos ao juízo competente.

§ 4º Salvo decisão judicial em sentido contrário, conservar-se-ão os efeitos de decisão proferida pelo juízo incompetente até que outra seja proferida, se for o caso, pelo juízo competente.

Forma de alegação de incompetência relativa e absoluta

O dispositivo em comento trata de um importante *pressuposto de validade da relação jurídica processual* referente à pessoa do juiz, ou seja, à *competência do juízo*.

Somente o juiz competente é que poderá apreciar a questão posta pela demanda judicial.

Eventual incompetência absoluta ou relativa do juiz para apreciar a demanda deverá ser alegada para que o processo seja remetido ao juízo competente.

Uma importante diferenciação introduzida pelo novo C.P.C. em relação ao C.P.C. de 1973 diz respeito à unificação da forma processual para provocar a análise da incompetência do juízo, seja ela absoluta ou relativa.

O C.P.C. de 1973 determinava que a incompetência relativa deveria ser arguida mediante *exceção declinatória de foro*, que seria autuada e julgada em separado. Já a competência absoluta poderia ser alegada a qualquer tempo, inclusive como preliminar de contestação.

Agora, o novo C.P.C. permite que tanto a incompetência absoluta quanto a incompetência relativa seja alegada em *preliminar de contestação*.

Contudo, a melhor interpretação para o disposto no 'caput' do art. 64 do novo C.P.C. é a de que a incompetência absoluta poderá ser alegada em preliminar de contestação ou em qualquer outro momento do processo. Já a competência relativa somente poderá ser alegada em preliminar de contestação, pois, se não o for, prorroga-se a competência do juízo até então considerado incompetente.

ART. 64

Preceitua o § 1º do art. 64 do atual C.P.C. que a incompetência absoluta pode ser alegada em qualquer tempo e grau de jurisdição e deve ser declarada de ofício.

Isso significa dizer que a incompetência absoluta não é sanável pela falta de arguição do réu. Assim, não há preclusão pro iudicato quando se trata de incompetência absoluta. Nesse sentido é o seguinte precedente:

> 1. A Segunda Seção do STJ, ao julgar o REsp 1.020.893/PR (Rel. p/acórdão Min. João Otávio de Noronha, DJe de 7.5.2009), decidiu que a questão relativa à competência absoluta é de ordem pública e não está sujeita aos efeitos da preclusão. Assim, se o juízo for absolutamente incompetente, a nulidade é absoluta ante a falta de pressuposto processual de validade, podendo ser arguida a qualquer tempo e grau de jurisdição pelas partes. De fato, inexiste preclusão pro judicato para o reconhecimento da incompetência absoluta (CC 108.554/SP, 2ª Seção, Rel. Min. Nancy Andrighi, DJe de 10.9.2010; REsp 1.054.847/RJ, 1ª Turma, Rel. Min. Luiz Fux, DJe de 2.2.2010; CC 102.531/PR, 2ª Seção, Rel. Min. Nancy Andrighi, DJe de 6.9.2010).
>
> (...).
> (REsp 1331011/RJ, Rel. Ministro MAURO CAMPBELL MARQUES, SEGUNDA TURMA, julgado em 21/08/2012, DJe 28/08/2012).

Questão interessante que se coloca é se o tribunal poderá apreciar matéria de ordem pública que fora expressamente decidida pelo juiz 'a quo', não tendo a parte insurgindo-se contra a decisão no momento oportuno.

Na realidade, como houve expressa manifestação do juízo 'a quo', ainda que se tratando de matéria de ordem pública, deveria a parte insurgir-se contra a decisão tempestivamente, desde que a norma lhe concedesse recurso legítimo para tal fim, sob pena de preclusão.

Ocorre que, o S.T.J. vem entendo de forma diversa, alegando que não há preclusão pro iudicato, mesmo que a questão tenha sido expressamente definida pelo juízo 'a quo'. Sobre o tema, eis o seguinte precedente do S.T.J.:

> (...).
> 2. Esta Corte Superior possui entendimento consolidado de que as matérias de ordem pública decididas por ocasião do despacho saneador não precluem, podendo ser suscitadas na Apelação, ainda que a parte não tenha interposto o recurso de agravo.
> (...).
> (REsp 1483180/PE, Rel. Ministro HERMAN BENJAMIN, SEGUNDA TURMA, julgado em 23/10/2014, DJe 27/11/2014)

PROCESSUAL CIVIL. EMBARGOS DE DECLARAÇÃO NO AGRAVO DE (...).
2. As matérias de ordem pública decididas por ocasião do despacho saneador não precluem, podendo ser suscitadas na apelação, ainda que a parte não tenha interposto o recurso de agravo.
Precedentes. Incidência da Súmula n. 83/STJ.
3. Embargos de declaração recebidos como agravo regimental, ao qual se nega provimento.
(EDcl no Ag 1.378.731/PR, Rel. Ministro JOÃO OTÁVIO DE NORONHA, TERCEIRA TURMA, DJe 24/5/2013, grifei).

1. As matérias de ordem pública decididas por ocasião do despacho saneador não precluem, podendo ser suscitadas na apelação – mesmo que a parte não tenha interposto o recurso próprio (agravo).
2. Recurso especial provido.
(REsp n. 1.254.589/SC, Rel. Ministra Nancy Andrighi, TERCEIRA TURMA, DJe 30/9/2011).

Por sua vez, o novo C.P.C. não repetiu o disposto no §1º do art. 113 do C.P.C. de 1973 que determinava o pagamento das custas por parte do réu se ele não alegasse a incompetência absoluta no prazo de contestação ou na primeira oportunidade que falasse nos autos.

É importante salientar, porém, que a alegação de incompetência absoluta do juiz não pode ser feita após o trânsito em julgado da decisão, sendo que poderá ser objeto de demanda rescisória.

A questão que se coloca é se a incompetência absoluta pode ser suscitada em recurso especial, independentemente de prequestionamento.

Sobre o tema, anota Rodolfo de Camargo Mancuso: *"De fato, parece-nos que em questões de ordem pública, que, por sua natureza não precluem e são suscitáveis em qualquer tempo e grau de jurisdição, além de serem cognoscíveis de ofício, e bem assim em tema de condições e ação e de pressupostos – positivos e negativos – de existência e validade da relação jurídica processual (CPC, art. 267, §3º), o quesito do prequestionamento pode ter-se por 'inexigível', também em homenagem `a lógica do processo e à ordem jurídica justa. De resto, lembra Nelson Luiz Pinto que, com tal proceder, se estará evitando 'o trânsito em julgado da decisão viciada, que poderá ensejar a propositura de ação rescisória' (art. 485, V, do CPC). Com efeito, Teresa Arruda Alvim Wambier lembra a existência de casos 'em que será impossível às partes 'cobrar' do Judiciário que conste da decisão discussão em torno da questão federal, pela via dos embargos de declaratórios por omissão, já que, por exemplo, esta terá surgido no próprio acórdão pela primeira vez (imagine-se um acórdão extra petita).*

ART. 64

A questão da admissibilidade ou não do RE ou do RESp, quando presente matéria de ordem pública – ainda que não prequestionada, coloca de um lado, como regra, o 'princípio dispositivo (CPC, arts. 2º, 128, 515 e parágrafos), a que se agrega o argumento de que o âmbito de devolutividade desses recursos, na perspectiva vertical, é bem restrita; e de outro lado, como exceção, a cognoscibilidade 'de ofício' de tais temas, a qualquer tempo e grau de jurisdição (CPC, arts. 113; 219, §5º; 267, §3º). Em verdade, há razões para os dois lados, o que tem impedido que se forme consenso a respeito, tendo já se decidido: 'Na via estreita do recurso especial não se admite ao STJ conhecer de ofício (ou sem prequestionamento) nem mesmo das matérias a que alude o §3º do art. 267, CPC' (RSTJ 74/277). José Saraiva entende que tal exegese 'se coaduna com a natureza do recurso especial, pois a este cabe verificar somente se foi aplicado, de modo correto, o direito federal efetivamente considerado pelo acórdão recorrido, porque se trata de controle da atividade jurisdicional realizada, e não daquela que deveria ter sido e não foi.

Todavia, o mesmo autor adverte que têm aumentado os julgados em sentido contrário, valendo citar, 'in verbis': 'Ao tomar conhecimento do recurso especial, o STJ deve apreciar de ofício, nulidades relacionadas com os pressupostos processuais e as condições de da ação. Não é razoável que – mesmo enxergando vício fundamental do acórdão recorrido – o STJ nele opere modificação cosmética, perpetuando-se a nulidade (RSTJ 103/65). E ainda este aresto: 'É indispensável o debate da questão jurídica pelas instâncias ordinárias, ainda que verse sobre matéria de ordem pública, sob pena de não conhecimento do apelo pela ausência de prequestionamento, viabilizador do acesso à instância superior dos recursos excepcionais' (RESP 734.904 CE, 1ª T. rel. Min. Teori Zavascki, Dj 19.09.2005)".[350]

No âmbito penal, assim tem se posicionado o S.T.J.:

> *1. Apesar de a questão referente à incompetência do Juízo não ter sido debatida pelo Tribunal originário, merece conhecimento o writ, por aventar a ocorrência de nulidade absoluta da ação penal, por ofensa ao princípio do Juiz Natural, constitucionalmente garantido.*
>
> (...).
>
> (HC 108.869/DF, Rel. Ministro JORGE MUSSI, QUINTA TURMA, julgado em 02/06/2009, DJe 03/08/2009)

Já a incompetência *relativa* somente poderá ser arguida como preliminar de contestação e não poderá ser suscitada de ofício pelo juiz. Nesse sentido é o teor da Súmula n. 33 do S.T.J. No mesmo sentido são os seguintes precedentes:

---

[350] MANCUSO, Rodolfo de Camargo. *Recurso extraordinário e recurso especial.* 11ª edição. São Paulo: Editora Revista dos Tribunais, 2010. p. 278 e 279.

1. Cinge-se a questão ao foro competente para processar e julgar Ação Cautelar Preparatória de Ação Civil Pública, com o fito de obstar as irregularidades constantes do Edital 20/2010, do Instituto Federal de Educação, Ciência e Tecnologia do Estado da Paraíba, o qual não previu vagas para portadores de necessidades especiais.

2. O Tribunal a quo concluiu que a competência é relativa, devendo eventual correção ser arguida em Exceção de Incompetência. Aplicou a Súmula 33/STJ. Precedentes do STJ em igual sentido.

3. Agravo Regimental não provido.

(AgRg no REsp 1319286/PB, Rel. Ministro HERMAN BENJAMIN, SEGUNDA TURMA, julgado em 21/05/2013, DJe 24/05/2013)

1. Nos casos em que o consumidor, autor da ação, elege, dentro das limitações impostas pela lei, a comarca que melhor atende seus interesses, a competência é relativa, somente podendo ser alterada caso o réu apresente exceção de incompetência (CPC, art. 112), não sendo possível sua declinação de ofício nos moldes da Súmula 33/STJ.

2. Agravo regimental a que se nega provimento.

(AgRg no CC 124.351/DF, Rel. Ministro RAUL ARAÚJO, SEGUNDA SEÇÃO, julgado em 08/05/2013, DJe 17/05/2013).

Prescreve o *§ 2º do art. 64 do atual C.P.C. que após manifestação da parte contrária, o juiz decidirá imediatamente a alegação de incompetência.*

Evidentemente que somente poderá o juiz resolver a questão da competência após ofertar oportunidade para que a parte contrária se manifeste, resguardando assim o princípio do contraditório.

Estabelece o *§3º do art. 64 do atual C.P.C. que caso a alegação de incompetência seja acolhida, os autos serão remetidos ao juízo competente.*

A remessa ocorrerá tanto nos autos físicos como nos autos eletrônicos.

Da decisão que acolhe a incompetência do juízo, remetendo os autos a outro juízo, não há previsão de recurso de agravo de instrumento no art. 1.015 do atual C.P.C., podendo a questão ser renovada em preliminar de apelação.

Já a decisão que não acolhe a incompetência do juízo, a parte poderá recorrer posteriormente alegando novamente tal matéria como preliminar de apelação.

Preceitua o *§4º do art. 64 do C.P.C. que salvo decisão judicial em sentido contrário, conservar-se-ão os efeitos de decisão proferida pelo juízo incompetente até que outra seja proferida, se for o caso, pelo juízo competente.*

Estabelecia o *§2º* do art. 112 do C.P.C. de 1973 que *"declarada a incompetência absoluta, somente os atos decisórios serão nulos, remetendo-se os autos ao juiz competente".*

ART. 64

Para o C.P.C. de 1973, a incompetência absoluta gerava, de forma automática, a nulidade dos atos decisórios. Nesse sentido eram os seguintes precedentes do S.T.J.:

(...).

– Com efeito, em situações como a dos autos, esta Corte Superior de Justiça tem decidido que a demanda deve ser apreciada pela Justiça do Trabalho, porquanto se subsume ao que dispõe o art. 114, inciso VI, CF/88: "Compete à Justiça do Trabalho processar e julgar: [...] as ações de indenização por dano moral ou patrimonial, decorrentes da relação de trabalho" – Agravo provido, para reconhecer a incompetência absoluta da Justiça Comum para julgar a causa e declarar a nulidade de todos os atos decisórios praticados no processo (art. 113, § 2º, CPC), determinando a remessa dos autos a uma das Varas do Trabalho da comarca de Belo Horizonte.

(EDcl no AREsp 285.708/MG, Rel. Ministra NANCY ANDRIGHI, TERCEIRA TURMA, julgado em 28/05/2013, DJe 11/06/2013).

(...).
(...).
4. Em regra, o reconhecimento da incompetência absoluta do juízo implica a nulidade dos atos decisórios por ele praticados, mas isso não o impede, em face do poder de cautela previsto nos arts. 798 e 799 do CPC, de conceder ou manter, em caráter precário, medida de urgência, para prevenir perecimento de direito ou lesão grave e de difícil reparação, até ulterior manifestação do juízo competente.

Assim, não ofende o art. 113, § 2º do CPC a decisão que, a despeito de declinar da competência para vara especializada, manteve os efeitos da antecipação de tutela já concedida até a sua reapreciação pelo juízo competente. Precedentes.

(...).
(REsp 1038199/ES, Rel. Ministro CASTRO MEIRA, SEGUNDA TURMA, julgado em 07/05/2013, DJe 16/05/2013)

(...).
2. Na esteira do entendimento desta Corte, a declaração de incompetência absoluta resulta na nulidade dos atos decisórios proferidos pelo Juízo incompetente.

3. Reclamação julgada procedente.
(Rcl 8.473/RJ, Rel. Ministra ELIANA CALMON, CORTE ESPECIAL, julgado em 21/11/2012, DJe 04/12/2012)

Já o novo C.P.C. não repete esta afirmação, ao contrário, mantém a validade das decisões proferidas pelo juízo incompetente, até que, se for o caso, outra seja proferida pelo juízo competente.

O novo dispositivo não fala em *atos decisórios*, mas, sim, nos *efeitos das decisões proferidas pelo juízo incompetente*. Entendo que neste caso os efeitos são tanto dos atos decisórios quanto das decisões (despachos) sem efeito decisório.

Outro aspecto importante, é que o §3º do atual art. 64 não restringe a eficácia das decisões proferidas pelo juízo incompetente apenas às hipóteses de competência relativa, mas abrange também as hipóteses de competência absoluta.

Art. 65

Prorrogar-se-á a competência relativa se o réu não alegar a incompetência em preliminar de contestação.

Parágrafo único. A incompetência relativa pode ser alegada pelo Ministério Público nas causas em que atuar.

Prorrogação da incompetência relativa

Este dispositivo estabelece prazo preclusivo para que a incompetência *relativa* possa ser alegada.

No caso, o réu deverá alegar a incompetência do juízo como preliminar de contestação.

No projeto originário também se permitia a alegação de incompetência nas hipóteses dos arts. 345, §3º, e 346, §2º, que assim dispunham:

> Art. 345. *A alegação de existência de convenção de arbitragem deverá ser formulada, em petição autônoma, na audiência de conciliação ou de mediação.*
>
> (...).
>
> § 3º *A alegação de incompetência do juízo, se houver, deverá ser formulada na mesma petição a que se refere o caput deste artigo, que poderá ser apresentada no juízo de domicílio do réu, observado o disposto no art.341.*

> Art. 346. *Não tendo sido designada audiência de conciliação ou de mediação, a alegação da existência de convenção de arbitragem deverá ser formulada, em petição autônoma, no prazo da contestação.*
>
> (...).
>
> § 2º *A alegação de incompetência do juízo, se houver, deverá ser apresentada na mesma petição a que se refere o caput deste artigo, que poderá ser apresentada no juízo de domicílio do réu, observado o disposto no art. 341.*

ART. 65

Se o réu não alegar a incompetência relativa como preliminar de contestação, considerar-se-á prorrogada a competência, não podendo mais o processo ser remetido a outro juízo.

Nesse sentido são os seguintes precedentes:

1. Quanto à alegação de incompetência do Juízo deprecante para o processamento e julgamento dos embargos, pois estariam em discussão apenas questões relativas à nulidade de atos processuais constritivos, realizados no Juízo deprecado, verifica-se que o fundamento utilizado pelo Tribunal a quo foi de que houve prorrogação de competência, por terem as partes aceitado a decisão, inclusive quando o juízo deprecante firmou sua competência, após a anterior decisão do juízo deprecado, que determinara a remessa dos autos ao juízo deprecante. De fato, contra essas decisões não houve apresentação de nenhum recurso.

(...).

(REsp 318.328/RS, Rel. Ministro RAUL ARAÚJO, QUARTA TURMA, julgado em 15/05/2012, DJe 29/05/2012).

(...).

3. Como bem posto pelo Sr. Min. Herman Benjamin, "a competência das Turmas do Superior Tribunal de Justiça está definida no Regimento Interno deste; trata-se de competência relativa, prorrogável".

Acrescenta que "a prorrogação indevida de competência deve, evidentemente, ser evitada, mas o meio próprio para esse efeito não é o do conflito, nem o da reclamação porque não houve usurpação da competência da Corte Especial; todo juiz, ou órgão de tribunal, tem competência para decidir acerca de sua própria competência"(Agravo Regimental na Reclamação nº 5.123/DF).

4. Ademais, este conflito de competência foi suscitado muito tempo após iniciado o julgamento do recurso especial. Caberia à parte interessada arguir eventual ofensa ao Regimento Interno logo após o encaminhamento dos autos ao relator, não sendo admissível aguardar a manifestação do Órgão Colegiado para, somente então, pugnar pela redistribuição do feito. Precedentes.

5. Agravo regimental não provido.

(AgRg no CC 113.767/DF, Rel. Ministro CASTRO MEIRA, CORTE ESPECIAL, julgado em 01/07/2011, DJe 14/10/2011).

Estabelece o *parágrafo único do art. 65 do atual C.P.C.* que a *incompetência relativa pode ser alegada pelo Ministério Público nas causas em que atuar.*

Se o Ministério Público atuar como parte, deverá arguir a incompetência relativa como preliminar de contestação, como qualquer outra parte passiva que atua no processo.

Porém, se o Ministério Público atuar como fiscal do ordenamento jurídico, deverá arguir a incompetência relativa *na primeira oportunidade que tiver para falar no processo*, sob pena de prorrogação da competência.

Art. 66

Há conflito de competência quando:

I – 2 (dois) ou mais juízes se declaram competentes;

II – 2 (dois) ou mais juízes se consideram incompetentes, atribuindo um ao outro a competência;

III – entre 2 (dois) ou mais juízes surge controvérsia acerca da reunião ou separação de processos.

Parágrafo único. O juiz que não acolher a competência declinada deverá suscitar o conflito, salvo se a atribuir a outro juízo.

Conflito de competência

O artigo 66 do novo C.P.C. trata do conflito *positivo e negativo* de competência. Assim, quando dois ou mais juízes entenderem-se competentes para o processamento e julgamento da causa, surge o que se denomina de *conflito positivo de competência*.

Por sua vez, quando dois ou mais juízes não aceitarem a competência para processamento e julgamento da causa, surge então o denominado *conflito negativo de competência*.

O art. 66, inc. II do novo C.P.C., ao tratar do conflito negativo de competência, afirma na parte final que os juízes que se considerarem incompetentes devem obrigatoriamente atribuir um ao outro a competência. Mas, nada impede que os juízes, no conflito negativo, possam atribuir a competência a um terceiro órgão jurisdicional. Por sua vez, se este terceiro entender que a competência é daquele que remeteu os autos, poderá igualmente arguir o conflito negativo de competência.

Da mesma forma, o artigo em comento considera conflito de competência eventuais questões sobre reunião ou separação de processos. Isso pode ocorrer no caso de conexão ou continência, ou mesmo no caso de desmembramento de relação jurídica processual. De toda forma, somente após a manifestação de ambos os juízos no caso de continência ou conexão de causas é que se poderá falar efetivamente de conflito de competência.

A forma e o rito de processamento do conflito de competência são estabelecidos nos artigos 951 a 959 do atual C.P.C.

ART. 67

Segundo estabelece o *parágrafo único do art. 66* do atual C.P.C., *o juiz que não acolher a competência declinada deverá suscitar o conflito, salvo se a atribuir a outro juízo.*

Assim, o conflito não é suscitado pelo juízo que primeiramente não reconheceu sua competência, mas pelo juiz que receber o processo, salvo se atribuir a um outro juízo a competência, quando remeterá o processo a esse terceiro juiz, o qual poderá aceitar sua competência ou suscitar o conflito negativo de competência.

É importante salientar que isso não ocorre quando o juízo estadual remete o processo para o juízo federal, em face de intervenção na questão de um ente público federal. Nesta hipótese, se o juízo federal entender que não é caso de intervenção, simplesmente remeterá os autos novamente ao juízo estadual, o qual deverá processar e julgar a demanda judicial, não podendo suscitar conflito de competência.

CAPÍTULO II – Da Cooperação Nacional

Art. 67

Aos órgãos do Poder Judiciário, estadual ou federal, especializado ou comum, em todas as instâncias e graus de jurisdição, inclusive aos tribunais superiores, incumbe o dever de recíproca cooperação, por meio de seus magistrados e servidores.

Recíproca cooperação nacional

Os artigos 67 a 69 do atual C.P.C. instituíram a denominada cooperação nacional entre os membros do Poder Judiciário, estadual ou federal, especializado ou comum, de primeiro ou segundo grau, assim como a todos os tribunais superiores, por meio de seus magistrados e servidores, da mesma forma como previu o atual C.P.C. a cooperação internacional entre estados estrangeiros.

Trata-se de um procedimento de cooperação entre órgãos do Poder Judiciário, a fim de desburocratizar a comunicação e a realização de atos processuais, dando plena eficácia ao princípio Constitucional da *celeridade processual* e *efetividade do exercício da atividade jurisdicional*, facilitando o trânsito e a comunicação dos atos processuais.

Sendo o Poder Judiciário uno e indivisível como poder estatal, é dever de todos os seus membros, sem distinção de órgão ou cargo, cooperarem entre si na busca de um *processo justo e équo.*

A cooperação pode ocorrer pela necessidade de prática de atos processuais fora da subseção ou da comarca de determinado órgão jurisdicional, ou mesmo

CÓDIGO DE PROCESSO CIVIL

dentro de uma mesma esfera territorial, mas que depende da participação de um outro órgão jurisdicional, da mesma ou de diferente competência territorial ou funcional.

A cooperação pode ocorrer entre a Justiça Comum Estadual e a Justiça Comum Federal, assim como entre estas e a Justiça Eleitoral, trabalhista, Militar, bem como entre Justiça de primeiro e Justiça de segundo grau.

O Conselho Nacional de Justiça – C.N.J. tem envidado esforços para a criação da Rede Nacional de Cooperação Judiciária, com a finalidade de institucionalizar mecanismos para dar maior fluidez e agilidade à comunicação entre os órgãos judiciários, não só para o cumprimento de atos judiciais, bem assim para a harmonização e agilização de rotinas e procedimentos forenses, além de fomentar a participação de magistrados de todas as instâncias na gestão judiciária.

A ideia da Rede de Cooperação é inspirada na União Europeia, que criou o Instituto de Cooperação Judiciária para harmonizar o Poder Judiciário Europeu.

A Diretiva 2003/8/CE do Conselho, de 27 de Janeiro de 2003, relativa à melhoria do acesso à justiça nos litígios transfronteiriços, através do estabelecimento de regras mínimas comuns relativas ao apoio judiciário no âmbito desses litígios, visa a promover a aplicação do princípio da concessão de apoio judiciário em litígios transfronteiriços às pessoas que não disponham de recursos suficientes, na medida em que esse apoio seja necessário para assegurar um acesso efectivo à justiça. A Diretiva aplica-se entre todos os Estados-Membros da União Europeia, com exceção da Dinamarca. O Acordo Europeu sobre a Transmissão de Pedidos de Assistência Judiciária de 1977 aplica-se entre a Dinamarca e alguns Estados-Membros.

As autoridades de transmissão são competentes para enviar pedidos. As Autoridades de Recepção são competentes para receber pedidos. A Diretiva estabelece dois tipos de formulários, um para pedidos de assistência judiciária e o outro para a transmissão dos pedidos de assistência judiciária.

Sobre a Rede Judiciária Europeia em matéria cível e comercial, eis as seguintes considerações encontradas no sitio http://ec.europa.eu/justice_home/judicialatlascivil/html/la_information_pt.htm:

> *Em 27 de Janeiro de 2003 o Conselho adoptou uma directiva relativa à melhoria do acesso à justiça nos litígios transfronteiriços através do estabelecimento de regras mínimas comuns relativas ao apoio judiciário no âmbito desses litígios.*
>
> *As disposições da referida directiva são aplicáveis a litígios "transfronteiriços" em matéria civil, ou seja, quando a parte que requer apoio judiciário não reside no Estado-Membro em que o processo deve ser apreciado ou em que a decisão deve ser executada.*

ART. 67

A directiva estabelece o princípio segundo o qual as pessoas que não têm recursos suficientes para defender os seus direitos em justiça devem receber apoio judiciário adequado.

A directiva estabelece os serviços a prestar para que o apoio judiciário seja considerado adequado:

o acesso a apoio pré-contencioso

a assistência jurídica e a representação do interessado em juízo

a dispensa ou a assunção dos encargos do beneficiário com o processo, incluindo os encargos relacionados com o carácter transfronteiriço do litígio.

A directiva especifica igualmente as condições relacionadas com os recursos financeiros do requerente ou com o fundo do litígio que podem implicar a concessão de apoio judiciário pelos Estados-Membros.

Além disso, prevê-se que o apoio judiciário deve ser concedido, sob certas condições, a pessoas que recorram a modos alternativos de resolução de litígios.

Por último, a directiva do Conselho prevê determinados mecanismos de cooperação judiciária entre as autoridades dos Estados-Membros tendo em vista facilitar a transmissão e o tratamento dos pedidos de apoio judiciário. Em especial, a directiva prevê a possibilidade de uma pessoa apresentar o seu pedido no país de residência, o qual deve seguidamente transmiti-lo, rápida e gratuitamente, às autoridades do país em que é concedido o apoio judiciário.

A directiva deveria ter sido transposta para o direito nacional até 30 de Novembro de 2004. Nessa data os Estados-Membros deveriam igualmente comunicar algumas informações úteis para efeitos de aplicação da directiva (autoridades competentes, meios de recepção dos pedidos e línguas a utilizar na formulação dos pedidos). Foram criados dois modelos de formulário, respectivamente para os pedidos de apoio judiciário e a sua transmissão entre Estados-Membros, mediante decisões da Comissão de 2003 e 2004. Para mais informações, consultar a secção "Apoio judiciário" do Atlas Judiciário Europeu em Matéria Civil.

Documentos de referência

Directiva 2003/8/CE do Conselho, *de 27 de Janeiro de 2003, relativa à melhoria do acesso à justiça nos litígios transfronteiriços, através do estabelecimento de regras mínimas comuns relativas ao apoio judiciário no âmbito desses litígios*

Livro Verde *da Comissão – Assistência judiciária em matéria civil: problemas com que se deparam os litigantes em processos transfronteiras*

Tratado de Amesterdão *(artigos 61.° a 67.°)*

Conclusões do Conselho Europeu *de Tampere (ponto 30)*

Carta dos Direitos Fundamentais *da União Europeia (artigo 47.°)*

CÓDIGO DE PROCESSO CIVIL

Decisão da Comissão de 30 de Abril de 2003 que estabelece um formulário para a transmissão dos pedidos de apoio judiciário [C(2003) 1829)] (a publicar brevemente no Jornal Oficial)

2004/844/CE: Decisão da Comissão, de 9 de Novembro de 2004, que estabelece um formulário para os pedidos de apoio judiciário, em aplicação da Directiva 2003/8/ CE do Conselho, relativa à melhoria do acesso à justiça nos litígios transfronteiriços, através do estabelecimento de regras mínimas comuns relativas ao apoio judiciário no âmbito desses litígios

O pedido de cooperação nacional, qualquer que seja o juízo ou Tribunal a quem se dirija, efetuar-se-á sempre e diretamente, sem necessitar de traslado nem reprodução por meio de órgãos intermediários, aproveitando-se, ao máximo, os sistemas eletrônicos disponíveis e atualmente em funcionamento na Justiça brasileira.

Art. 68

Os juízes poderão formular entre si pedido de cooperação para prática de qualquer ato processual.

Cooperação para qualquer ato

A cooperação poderá ter por objeto a realização de prática de qualquer ato processual, em especial os especificados no art. 69 do atual C.P.C.

Art. 69

O pedido de cooperação jurisdicional deve ser prontamente atendido, prescinde de forma específica e pode ser executado como:

I – auxílio direto;

II – reunião ou apensamento de processos;

III – prestação de informações;

IV – atos concertados entre os juízes cooperantes.

§ 1º As cartas de ordem, precatória e arbitral seguirão o regime previsto neste Código.

§ 2º Os atos concertados entre os juízes cooperantes poderão consistir, além de outros, no estabelecimento de procedimento para:

I – a prática de citação, intimação ou notificação de ato;

II – a obtenção e apresentação de provas e a coleta de depoimentos;

ART. 69

III – a efetivação de tutela provisória;

IV – a efetivação de medidas e providências para recuperação e preservação de empresas;

V – a facilitação de habilitação de créditos na falência e na recuperação judicial;

VI – a centralização de processos repetitivos;

VII – a execução de decisão jurisdicional.

§ 3º O pedido de cooperação judiciária pode ser realizado entre órgãos jurisdicionais de diferentes ramos do Poder Judiciário.

Espécies e métodos de cooperação nacional

Este dispositivo estabelece as seguintes formas de execução da cooperação jurisdicional nacional:

I – auxílio direto;

II – reunião ou apensamento de processo;

III – prestação de informações;

IV – atos concertados entre os juízes cooperantes.

No auxílio direto o pedido de cooperação é feito diretamente no juízo solicitado, inclusive por iniciativa da parte, não sendo obrigatória eventual decisão preliminar do juízo solicitante.

O auxílio direto não depende de forma específica, podendo ser requerido através de sistema eletrônico de comunicações.

A reunião ou apensamento de processos tem por finalidade a junção para análise e processamento de processos que porventura estejam correndo em juízos diversos. Isso é muito comum diante da conexão ou continência. Nestas hipóteses, o juiz poderá simplesmente solicitar a redistribuição dos autos, sem maiores formalidades.

Também poderá haver a reunião ou apensamento provisório de processos para o fim de colheita de prova ou para se apreciar com maior precisão o conteúdo documental de determinada causa, sem que haja necessariamente a conexão ou continência.

A prestação de informações referente a assuntos pertinentes à demanda, mesmo que sujeita a sigilo, poderá ser feita diretamente entre os juízos, sem necessidade de maior formalidade, podendo o pedido de informação ser solicitado por e-mail ou qualquer outro sistema informatização. Evidentemente que esse sistema de cooperação deverá apresentar mecanismos de segurança contra fraudes.

A Câmara dos Deputados, por meio de emenda ao projeto do novo C.P.C., inseriu o *§2º ao art. 69*, indicando as seguinte hipóteses em que poderão consistir os atos concertados, além de outras: *I – a prática de citação, intimação e notificação de atos; II – a obtenção e apresentação de provas e a coleta de depoimentos; III – a efetivação de tutela antecipada; IV – a efetivação de medidas e providências para a recuperação e preservação de empresas; V – a facilitação de habilitação de créditos na falência e na recuperação judicial; VI – a centralização de processos repetitivos; VII – execução de decisão jurisdicional.*

Mediante atos concertados, os juízes poderão coordenar conjuntamente a forma de realização desses atos.

O artigo 275 da *Ley Orgánica del Poder Judicial espanhol* permite que os juízes realizem qualquer diligência de instrução (de natureza penal) em lugar não compreendido no território de sua jurisdição, quando o mesmo se achar próximo e isso resultar conveniente, dando imediata notícia ao juiz competente. Os juízes e tribunais de outras ordens jurisdicionais poderão também praticar diligências de instrução ou de prova fora do território de sua jurisdição quando não se prejudique a competência do Juiz correspondente e tal situação esteja justificada por razões de economia processual.

Estabelece o *§1º do art. 69* do atual C.P.C. preconiza que *as cartas de ordem, precatória e arbitral seguirão o regime previsto neste Código.*

Por fim, estabelece o *§3º do art. 69* do atual C.P.C. que *o pedido de cooperação judiciária pode ser realizado entre órgãos jurisdicionais de diferentes ramos do Poder judiciário.*

Assim, é possível a colaboração entre juízes estaduais e federais, entre juízes trabalhistas e estaduais etc.

LIVRO III – DOS SUJEITOS DO PROCESSO

TÍTULO I – Das Partes e dos Procuradores

CAPÍTULO I – Da Capacidade Processual

Art. 70

Toda pessoa que se encontre no exercício de seus direitos tem capacidade para estar em juízo.

Capacidade para estar em juízo

Segundo ensinava Ludwig Enneccerus , Theodor Kipp e Martin Wolff, a capacidade jurídica do homem começa (de acordo com o direito comum) 'com a conclusão do nascimento'. A criança no seio materno não seria pessoa. Se não nasce (viva), não terá sido nunca sujeito de direito. Porém, para o caso em que chegue a nascer com vida a lei protege seus direitos inclusive durante o período de gestação. O direito comum aplica neste caso o princípio *'nasciturus pro jam nato habetur, quoties de commodis ejus quaeritur'*. Com isso se pretende dizer que a aquisição de direitos e outras vantagens jurídicas para o concebido que ainda não nasceu, tem lugar para o caso de que nasça vivo de tal modo que já tivesse sido sujeito de direito ao tempo da aquisição.[351]

---

[351] ENNECCERUS, Ludwig; KIPP, Theodor; WOLFF, Martin. *Tratado de Derecho Civil. Tradução da 39ª Edição Alamã por Blas Pérez González e José Alguer.*, 2 ed. Primeiro Tomo. Parte Geral. Barcelona: Bosch, Casa Editorial, 1953. p.321.

CÓDIGO DE PROCESSO CIVIL

Nessa perspectiva clássica, considera-se pessoa o ser humano que nasce como vida.

Como ensina Rabindranath V. A. Capelo de Sousa, *"jurisgenesicamente, poderíamos ser tentados a buscar refúgio na ideia de 'personalidade jurídica' como elemento fundante e explicativo da tutela geral da personalidade. Porém, não é unívoco o conceito de personalidade, mesmo para efeitos tão só jurídicos, o qual, desde logo, pode ser entendido, v.g., como 'a susceptibilidade de ser titular de direitos ou obrigações' ou, diversamente, como 'a personalidade física ou moral juridicamente tutelada'. Que é, pois, personalidade para o direito? Que elementos da individualidade física e moral do homem são protegidos pelo direito? Que expressões da personalidade de cada homem são juridicamente tuteladas? Haverá personalidade 'normal' e 'não normal'? Qual a qualidade e o grau das respectivas tutelas? Haverá camadas de personalidade com diverso relevo jurídico?...*

Poder-se-ia, no entanto, pretender que as respostas a tais questões são susceptíveis de refocagem a partir de uma outra entidade normativa mais ampla: a ideia de 'pessoa' para o direito. Porém, chegados aqui, multiplicam-se as interrogações. Quem é pessoa? Que é ser pessoa? Será a pessoa uma estrutura normatizada da ordenação sócio-econômica? ou será início, centro e sentido criador da socialidade projectada? Será 'Dasein' e/ou 'Mitsein'? Será a pessoa predominantemente uma substância metafísica dotada de transcendência ou que se transcende a si própria? Ou será antes uma mera individualidade psicofísica ou simples invólucro de um epifenómeno físico? Ou será a pessoa uma mera categoria reflectora da predominância de um certo tipo de interesse de classe? Ou, até, não será ela apenas uma ficção ideológica ou anti-ideológica? Será a pessoa a liberdade e a independência, perante o mecanismo da restante natureza, de um ser submetido a leis próprias, puras e práticas, estabelecidas pela sua própria razão? A que título e com que legitimidade o direito se arroga a qualificar e a regular estatutos jurídicos pessoais? Qual o sentido e quais os limites dessa jurisdição? Quem é e o que é ser pessoa para o direito?

Dir-se-á que a pessoa é homem, que este constitui necessariamente o fundo básico da emergência da tutela geral de personalidade e que, mesmo de um ponto de vista jurídico, é dele que deve partir o pensar jurídico da tutela geral de personalidade, é nele que se deverá basear a juridicidade e o sentido de uma tal tutela e será para ele que se preordenará a regulamentação jurídica da tutela geral de personalidade.

Simplesmente, o homem – e cada homem –, na sua natureza, nas suas circunstâncias e no seu devir, é ainda um desconhecido (repetindo Aléxis Carrel), por mais prenhe de consequências que se venha revelando a sábia máxima délfico-socrática do 'conhece-te a ti mesmo', só aparentemente contraditória, dada a complexidade do fenômeno humano. Por isso mesmo, restam sempre as velhas questões: o que é o homem? O real do corpo humano? A consciência problemática do seu próprio ser homem? A ideia de homem? Cada homem concreto, existencial? O homem socialmente integrado? O homem 'in fieri'? O que é, biológica e socialmente, ser homem? Também é homem o seu desejo de felicidade e de amor: Qual então a medida e a eficácia da sua tutela? Qual a esperança de se ser humano? Haverá um sentido na caminhada humana?".[352]

Mas é certo é que o ser humano não é estático nem compreensível apenas sincronicamente, pois desde a concepção encontra-se em permanente evolução, tanto no aspecto físico como no aspecto espiritual, só podendo ser entendido e definido na sua perspectiva dinâmica, da evolução de seu ciclo. O ser humano é conhecido por um processo físico-biológico de gestação, de nascimento, de crescimento, de maturação, de envelhecimento, de morte, de decomposição e de memorização. Disso resulta que para a tutela eficaz da personalidade humana importará ter em conta o conjunto, as fases e as intensidades de todo o processo histórico do ser de cada homem.[353]

O Código Civil brasileiro não adotou a concepção clássica de pessoa, conforme se pode observar pelo que estabelecem seus artigos 1º e 2º: *toda pessoa é capaz de direitos e deveres na ordem civil,* sendo que *a personalidade civil da pessoa começa do nascimento com vida; mas a lei põe salvo, desde a concepção, os direitos do nascituro.*

Portanto, o nascituro é pessoa. Porém, sua personalidade civil surge com o nascimento com vida.

O Supremo Tribunal Federal debruçou-se sobre esse tormentoso tema na ADPF n. 54/DF, *in verbis*:

> *EMENTA: ADPF – adequação – interrupção da gravidez – feto anencéfalo – política judiciária – macroprocesso. Tanto quanto possível, há de ser dada sequência a processo objetivo, chegando-se, de imediato, a pronunciamento do Supremo Tribunal Federal. Em jogo valores consagrados na Lei Fundamental – como o são os da dignidade da pessoa humana, da saúde, da liberdade e autonomia da manifestação da vontade e da legalidade –, considerados a interrupção da gravidez de feto anencéfalo e os enfoques diversificados sobre a configuração do crime de aborto, adequada surge a arguição de descumprimento de preceito fundamental. ADPF – liminar – anencefalia – interrupção da gravidez – glosa penal – processos em curso – suspensão. Pendente de julgamento a arguição de descumprimento de preceito fundamental, processos criminais em curso, em face da interrupção da gravidez no caso de anencefalia, devem ficar suspensos até o crivo final do Supremo Tribunal Federal. ADPF – liminar – anencefalia – interrupção da gravidez – glosa penal – afastamento – mitigação. Na dicção da ilustrada maioria, entendimento em relação ao qual guardo reserva, não prevalece, em arguição de descumprimento de preceito fundamental, liminar no sentido de afastar a*

---

[352] SOUSA. Rabindranath V. A. Capelo. *O direito geral de personalidade.* Coimbra: Coimbra Editora, 1995. p. 13-15.
[353] SOUSA. R.V.A.C., idem, ibidem, p. 156.

glosa penal relativamente àqueles que venham a participar da interrupção da gravidez no caso de anencefalia

Em questão está, conforme bem afirmou o Ministro Marco Aurélio de Melo, a dimensão humana que obstaculiza a possibilidade de se coisificar uma pessoa, usando-a como objeto.

O Ministro Eros Grau, por sua vez, afirmou em seu voto: *"Como o feto é pessoa e a mãe não corre perigo, a liminar acaba afrontando a dignidade do ser que o feto é".*

Por isso, sendo a vida humana um processo moldado numa certa natureza, importa ter presente que na caracterização da natureza humana, em si mesma, não será decisivo o grau de sua evolução mas a sua estrutura e dinâmica. Parece, assim, inegável, *"a existência de vida humana no nascituro concebido, uma vez que ele, desde a concepção, emerge como um ser dotado de uma estrutura e de uma dinâmica humanas autônomas, embora funcionalmente dependente da mãe. Pelo que, não só a nível de garantias constitucionais mas também no âmbito das relações entre particulares, por força da eficácia civil daquela norma (constitucional) dever-se-á considerar o ser do nascituro como um bem juridicamente protegido, tanto mais que o legislador constitucional não distinguiu no art. 24º a vida humana extrauterina da uterina, aquela depende desta e a razão de ser da lei a ambas abrange, no respeito das correlativas especialidades"*.[354]

Outro aspecto que chama a atenção é que o Código Penal, em sua Parte Especial, Título I, trata dos CRIMES CONTRA A PESSOA, sendo que nos seus artigos 124 e 125 menciona o crime de ABORTO.

Portanto, o código penal brasileiro considera pessoa o feto, o nascituro, pois se pessoa não fosse, não se poderia ensejar a tipificação penal de crime contra a vida de pessoa.

Por isso, diante da perspectiva moderna dos direitos humanos, ou seja, direitos da pessoa humana, é de se considerar *pessoa* para todos os efeitos legais o feto ou nascituro.

O artigo 1.779 do C.C.b. estabelece curatela ao nascituro, nos seguintes termos:

> *"Art. 1.779. Dar-se-á curador ao nascituro, se o pai falecer estando grávida a mulher, e não tendo o poder familiar.*
> *Parágrafo único. Se a mulher estiver interdita, seu curador será o do nascituro".*

---

[354] SOUSA, R. V. A. C., idem, ibidem, p. 156 a 167.

ART. 70

É importante salientar que o art. 7º, inciso 3, da Ley 1/2000 (de Enjuicia-miento Civil) estabelece: *"Por los concebidos y no nacidos comparecerán las personas que legitimamente los representarían si ya hubieren nacido".*

Adquirida a personalidade jurídica com o nascimento, toda pessoa passa a ser capaz de direitos e obrigações. Possui, portanto, capacidade de direito ou de gozo. Nessa perspectiva, pode-se afirmar que todo ser humano tem capacidade de direito, pelo simples fato de que a personalidade jurídica é atributo inerente à sua condição.

Nem toda pessoa, porém, possui aptidão para exercer pessoalmente os seus direitos, praticando atos jurídicos, em razão de limitações orgânicas ou psicoló-gicas. Se pudessem atuar pessoalmente, possuiriam, também, *capacidade de fato ou de exercício*. Reunidos os dois atributos, fala-se em *capacidade civil plena*. [355]

O art. 70 do novo C.P.C., ao mencionar a *capacidade para estar em juízo*, não está tratando especificamente da *legitimatio "ad causam"*, como condição para análise do mérito da demanda, pois esta legitimação independe da capacidade civil ou da possibilidade de exercício pleno dos direitos, uma vez que ela decorre apenas da condição de ser pessoa humana. Por isso, podem ser parte de uma demanda todas as pessoas, inclusive os incapazes, incluído o nascituro.

O art. 70 do C.P.C. trata, na verdade, de um pressuposto de validade da rela-ção jurídica processual, ou seja, da capacidade, não de ser parte (pessoa), mas de estar em juízo; diz respeito àquilo que denominados de *legitimatio ad processum*, isto é, a aptidão para estar em juízo defendendo interesse próprio ou alheio

E como pressuposto processual de validade da relação jurídica, não basta para estar em juízo a condição de ser *pessoa*, mas é necessário que esta *pessoa tenha* capacidade de exercer os seus direitos civis.

No caso, para se saber se a pessoa encontra-se no pleno exercício de seus direitos civis, deve-se verificar o que dispõem os artigos 3º e 4º do Código Civil brasileiro:

> *"Art. 3º. São absolutamente incapazes de exercer pessoalmente os atos da vida civil:*
> *I – os menores de 16 (dezesseis) anos;*
> *II – os que, por enfermidade ou deficiência mental, não tiverem o necessário discer-nimento para a prática desses atos;*
> *III – os que, mesmo por causa transitória, não puderem exprimir sua vontade".*

---

[355] GABLIANO, Pablo Stolze; PAMPLONA FILHO, Rodolfo. *Novo curso de direito civil*. Parte Geral. Vol. I. 10ª Ed. São Paulo: Editora Saraiva, 2008. p. 88.

"Art. 4º. São incapazes, relativamente a certos atos, ou à maneira de os exercer:
I – os maiores de 16 (dezesseis) e menores de 18 (dezoito) anos;
II – os ébrios habituais, os viciados em tóxicos, e os que, por deficiência mental, tenham os discernimentos reduzidos;
III – os excepcionais, sem desenvolvimento mental completo;
IV – os pródigos.
Parágrafo único. A capacidade dos índios será regulada por legislação especial".

Deve-se observar, ainda, que em se tratando de direito de personalidade envolvendo pessoa morta ou ausente, o parágrafo único do artigo 12 e o parágrafo único do artigo 20 do Código Civil brasileiro estabelecem que no caso de ameaça, ou lesão ao direito de personalidade, ou a divulgação indevida de escrito, transmissão de palavra, ou publicação, exposição ou utilização de imagem de pessoa, a legitimidade para estar em juízo é do cônjuge sobrevivente, ou de qualquer parente em linha reta, ou colateral até o quarto grau, no primeiro caso, e o cônjuge, ascendente ou descendente na segunda hipótese.

A alguns entes despersonalizados é reconhecida a capacidade para estar em juízo, como é o caso do espólio; da massa falida; as sociedades sem personalidade jurídica; herança jacente ou vacante; o condomínio; os órgãos públicos de defesa do consumidor (CDC art. 82, inc. III); câmaras legislativas, as quais em matéria de sua competência constitucional podem ter capacidade processual para defesa de seus direitos e prerrogativas em juízo.

Portanto, não obstante toda pessoa possa ter legitimidade para ser parte num processo, nem toda pessoa tem capacidade para estar em juízo.

Aqueles que porventura não tenham *legitimatio 'ad processum'* deverão ser representados ou assistidos por quem de direito.

Sobre o tema, eis os seguintes precedentes:

(...).
2. Nos termos da jurisprudência desta Corte: "A despeito de sua capacidade processual para postular direito próprio (atos interna corporis) ou para defesa de suas prerrogativas, a Câmara de Vereadores não possui legitimidade para discutir em juízo a validade da cobrança de contribuições previdenciárias incidentes sobre a folha de pagamento dos exercentes de mandato eletivo, uma vez que desprovida de personalidade jurídica, cabendo ao Município figurar no polo ativo da referida demanda" (REsp 696.561/RN, Rel. Min. Luiz Fux, DJ de 24/10/2005).
3. Agravo regimental não provido.
(AgRg no REsp 1299469/AL, Rel. Ministro MAURO CAMPBELL MARQUES, SEGUNDA TURMA, julgado em 27/03/2012, DJe 10/04/2012)

ART. 70

1. A jurisprudência desta Corte Superior de Justiça firmou-se no sentido de que, em sendo dotada de personalidade jurídica própria, bem como de autonomia administrativa e financeira, a autarquia possui capacidade processual, devendo ser diretamente acionada em juízo no tocante à defesa de seus interesses.

2. Agravo regimental desprovido.

(AgRg nos EDcl no REsp 1050105/SP, Rel. Ministra LAURITA VAZ, QUINTA TURMA, julgado em 14/09/2010, DJe 04/10/2010)

Direito civil. Família. Criança e adolescente. Adoção. Pedido preparatório de destituição do poder familiar formulado pelo padrasto em face do pai biológico. Legítimo interesse. Famílias recompostas. Melhor interesse da criança.

– O procedimento para a perda do poder familiar terá início por provocação do Ministério Público ou de pessoa dotada de legítimo interesse, que se caracteriza por uma estreita relação entre o interesse pessoal do sujeito ativo e o bem-estar da criança.

(...).

(REsp 1106637/SP, Rel. Ministra NANCY ANDRIGHI, TERCEIRA TURMA, julgado em 01/06/2010, DJe 01/07/2010)

(...).

3. O Cartório de Notas, conquanto não detentor de personalidade jurídica, ostenta a qualidade de parte no sentido processual, ad instar do que ocorre com o espólio, a massa falida etc., de modo que tem capacidade para estar em juízo.

4. Recurso especial não-provido.

(REsp 774.911/MG, Rel. Ministro JOÃO OTÁVIO DE NORONHA, SEGUNDA TURMA, julgado em 18/10/2005, DJ 20/02/2006, p. 313)

A pessoa falecida não tem capacidade de estar em juízo, seja como autor ou como réu.

Correto o acórdão regional que manteve a decisão do juiz de extinção do processo sem julgamento do mérito, por ausência de pressuposto processual.

Recurso especial improvido.

(REsp 336.260/RS, Rel. Ministro FRANCISCO PEÇANHA MARTINS, SEGUNDA TURMA, julgado em 19/05/2005, DJ 27/06/2005, p. 311)

(...).

2. A capacidade processual ou capacidade de estar em juízo está intimamente ligada ao conceito de capacidade civil.

3."As pessoas físicas têm essa capacidade quando se acham no pleno exercício de seus direitos (CPC, art. 7º). Trata-se dos maiores de dezoito anos que não se encontram em nenhuma das situações nas quais a lei civil os dá por incapazes para os atos da lei civil (CC, arts.3º e 4º). " (Cândido Rangel Dinamarco, in "Instituições de Direito Processual Civil", vol. II, p. 284) 4. Agravo Regimental improvido.

(AgRg no REsp 266.219/RJ, Rel. Ministro LUIZ FUX, PRIMEIRA TURMA, julgado em 27/04/2004, DJ 31/05/2004, p. 176)

Evidentemente que a intervenção do curador especial somente se justifica enquanto houver incapacidade da parte. Cessando essa, não haverá mais necessidade de intervenção do curador especial.

Art. 71

O incapaz será representado ou assistido por seus pais, por tutor ou por curador, na forma da lei.

Forma de supressão da incapacidade para estar em juízo

Os art. 71 do atual C.P.C. indica a forma de suprir eventual incapacidade da pessoa para estar em juízo.

Os incapazes serão *representados ou assistidos* por seus pais, tutores ou curadores na forma da lei.

Como se sabe, nem toda pessoa possui aptidão para exercer pessoalmente os seus direitos, praticando atos jurídicos, em razão de limitações orgânicas ou psicológicas.

Os *absolutamente* incapazes devem ser *representados* por seus pais, tutores ou curadores, uma vez que eles não podem por si só exercer direitos civis, ou seja, não possuem *capacidade de fato ou de exercício*.

É importante ressaltar que a incapacidade jurídica não exclui a responsabilização civil patrimonial, nos termos do art. 928 do Código Civil brasileiro, que assim dispõe: *"o incapaz responde pelos prejuízos que causar, se as pessoas por ele responsável não tiverem obrigação de fazê-lo ou não dispuserem de meios suficientes".*

O art. 3º, incisos I, II e III do Código Civil brasileiro indica quem são os *absolutamente* incapazes:

> *"Art. 3º. São absolutamente incapazes de exercer pessoalmente os atos da vida civil:*
> *I – os menores de 16 (dezesseis) anos;*
> *II – os que, por enfermidade ou deficiência mental, não tiverem o necessário discernimento para a prática desses atos;*
> *III – os que, mesmo por causa transitória, não puderem exprimir sua vontade".*

ART. 71

Em relação à enfermidade ou deficiência mental e em face daqueles que se encontram transitoriamente sem possibilidade de exprimir sua vontade, ensinam Pablo S. Gabliano e Rodolfo P. Filho:

"As pessoas que padeçam de doença ou deficiência mental, que as torne incapazes de praticar atos no comércio jurídico, são consideradas absolutamente incapazes.

O Novo Código Civil afastou a expressão 'loucos de todo o gênero', duramente criticada por Nina Rodrigues na época da elaboração do Código Civil de 1916.

A incapacidade deve ser oficialmente reconhecida por meio do 'procedimento de interdição', previsto nos arts. 1.177 a 1.186 do CPC (revogado).

A doutrina admite, ainda, uma 'incapacidade natural', quando a enfermidade ou deficiência não se encontra juridicamente declarada. Tome-se o exemplo do esquizofrênico que celebra um contrato, não estando ainda interditado. Orlando Gomes, com amparo na doutrina italiana, assevera ser possível a invalidação do ato, desde que haja a concorrência de três requisitos: a) a incapacidade de entender ou querer; b) a demonstração de que o agente sofreu grave prejuízo; c) a má-fé do outro contraente (que se depreende das cláusulas do próprio contrato, do dano causado ao incapaz e da própria tipologia do contrato)...

São considerados absolutamente incapazes aqueles que, sem serem portadores de doença ou deficiência mental, encontrem-se em estado de paralisia mental total e temporária.

É o caso do dependente de tóxico que, sem haver evoluído ainda para um quadro clínico, esteja sob o efeito de entorpecente, que o priva totalmente de discernimento. Também pode estar nessa situação o ébrio eventual.

O caráter temporário e a impossibilidade total de expressão de vontade são, simultaneamente, elementos essenciais para a configuração dessa forma de incapacidade absoluta. Se há patologia reconhecida ou definitiva na limitação, estar-se-á diante da hipótese do inciso II. Se, por outro lado, embora permanente a patologia, o discernimento é apenas reduzido, mas não suprimido, verificar-se-á a hipótese de incapacidade relativa prevista no art. 4º, II, do CC-02.

Com a nova disciplina legal, a 'ausência' passará a figurar em capítulo próprio, e os surdos-mudos impossibilitados de manifestar vontade deixam de figurar no rol de absolutamente incapazes, sem prejuízo de estarem em uma das três situações do art. 3º do Novo Código".[356]

---

[356] GAGLIANO, P. S.; PAMPLONA FILHO, R., idem, ibidem, p. 91-94.

Diante da incapacidade *absoluta*, os incapazes serão *representados em juízo* pelos seus pais, tutores e curadores, nos termos da lei.

No que concerne ao exercício do poder de família, estabelece o art. 1.634, inc. V do Código Civil brasileiro:

> *"Art. 1.634. Compete aos pais, quanto à pessoa dos filhos menores:*
> *(...).*
> *V – representá-los, até aos 16 (dezesseis) anos, nos atos da vida civil, e assisti-los, após essa idade, nos atos em que forem partes, suprindo-lhes o consentimento".*

Estabelecem, ainda, os artigos 1.630, 1.631 e 1.632 do Código Civil brasileiro:

> *"Art. 1.630. Os filhos estão sujeitos ao poder familiar, enquanto menores".*
> *"Art. 1.631. Durante o casamento e a união estável, compete o poder familiar aos pais; na falta ou impedimento de um deles, o outro exercerá com exclusividade".*
> *"Art. 1.632.A separação judicial, o divórcio e a dissolução da união estável não alteram as relações entre pais e filhos senão quanto ao direito, que aos primeiros cabe, de terem a sua companhia os segundos".*

Assim, a representação de filhos menores de 16 anos decorre do poder familiar dos pais.

No caso de dissenso sobre a possibilidade de se ingressar com uma demanda em que tenha como parte o filho menor de 16 anos, o parágrafo único do artigo 1.631 nos dá a solução: *"Divergindo os pais quanto ao exercício do poder familiar, é assegurado a qualquer deles recorrer ao juiz para solução do desacordo".*

No caso, se a competência é da Justiça Federal para a demanda, o juízo competente para a solução do desacordo entre os pais será do juízo da Vara da Infância e da Juventude.

A *tutela e a curatela* estão reguladas nos artigos 1.728 a 1.783 do Código Civil brasileiro.

Os filhos menores são postos em *tutela* quando ocorrer o falecimento dos pais, ou sendo estes julgados ausentes; também no caso de os pais decaírem do poder familiar (art. 1.728 do Código Civil brasileiro)

Preconiza o artigo 1.747, inc. I do Código Civil brasileiro:

> *"Art. 1.747. Compete mais ao tutor:*
> *I – representar o menor, até os 16 (dezesseis) anos, nos atos da vida civil, e assisti-lo, após essa idade, nos atos em que for parte".*

ART. 71

Por sua vez, estabelece o artigo 1.748, inc. V do Código Civil brasileiro:

"Art. 1.748. Compete também ao tutor, com autorização do juiz:
(...).
V – propor em juízo as ações, ou nelas assistir o menor, e promover todas as diligências a bem deste, assim como defendê-lo nos pleitos contra ele movidos".

O parágrafo único do artigo 1.748 do Código Civil brasileiro diz que no caso de falta de autorização, a eficácia do ato do tutor depende da aprovação ulterior do juiz.

Estão sujeitos à *curatela*, nos termos do artigo 1.767 do Código Civil brasileiro: a) aqueles que, por enfermidade ou deficiência mental, não tiverem o necessário discernimento para os atos da vida civil; b) aqueles que, por outra causa duradoura, não puderem exprimir a sua vontade; c) os deficientes mentais, os ébrios habituais e os viciados em tóxicos; d) os excepcionais sem completo desenvolvimento mental; e) os pródigos.

No caso em que a interdição for promovida pelo Ministério Público, o juiz nomeará defensor ao suposto incapaz; nos demais casos, o Ministério Público será o defensor (art. 1.770 do C.C.).

A sentença que declara a interdição produz efeitos desde logo, embora sujeita a recurso (art. 1.773 do C.C.).

Aplicam-se à curatela as disposições concernentes à tutela, no que for aplicável (art. 1.774 do C.C.).

Os artigos 1.779 e 1.780 ambos do Código Civil brasileiro tratam da curatela do nascituro e do enfermo ou portador de deficiência física:

"Art. 1.779. Dar-se-á curador ao nascituro, se o pai falecer estando grávida a mulher, e não tendo o poder familiar.
Parágrafo único. Se a mulher estiver interdita, seu curador será o do nascituro.
Art. 1.780. A requerimento do enfermo ou portador de deficiência física, ou, na impossibilidade de fazê-lo, de qualquer das pessoas a que se refere o art. 1.768, dar-se-lhe-á curador para cuidar de todos ou alguns de seus negócios ou bens".

Com relação aos *relativamente incapazes*, preceitua o artigo 4º do Código Civil brasileiro:

"Art. 4º. São incapazes, relativamente a certos atos, ou à maneira de os exercer:
I – os maiores de 16 (dezesseis) e menores de 18 (dezoito) anos;
II – os ébrios habituais, os viciados em tóxicos, e os que, por deficiência mental, tenham os discernimentos reduzidos;

III – os excepcionais, sem desenvolvimento mental completo;
IV – os pródigos.
Parágrafo único. A capacidade dos índios será regulada por legislação especial".

Em relação aos ébrios habituais, os viciados em tóxicos, os excepcionais sem desenvolvimento mental completo e os pródigos, ensinam Pablo S.Gagliano e Rodolfo Pamplona Filho:

> *"Na doutrina e na legislação comparada, prelecionam Eugenio Raúl Zaffaroni e José Henrique Pierangeli, 'deparamos com diferentes períodos e ideologias em torno da problemática da embriaguez. Em todos os tempos, o homem procurou fugir da realidade mediante a utilização de tóxicos. Em geral, as pessoas que têm de suportar maior miséria e dor são aquelas que procuram fugir dessa realidade miserável ou dolorosa, decorra ela de conflitos predominantemente individuais ou de condições sociais (no fundo, sempre existem condições sociais, só que mais ou menos mediatas). Quem fugir da realidade, na maioria dos casos, é quem suporta as piores condições sociais, ou seja, os marginalizados e carentes. O uso de tóxicos visa o rompimento dos freios ou criar as condições para fazê-lo'...*
>
> *Louvável iniciativa em cuidar em tópico específico das pessoas especiais, a exemplo dos portadores da síndrome de 'Down'. Tais indivíduos, posto não cheguem a atingir desenvolvimento mental completo, merecem educação especial e podem, perfeitamente, ingressar no mercado de trabalho.*
>
> *A previsibilidade de sua 'relativa incapacidade' tem apenas o precípuo escopo de protegê-los, já que deverá praticar atos jurídicos devidamente assistidos, sem prejuízo de sua salutar inserção no meio social, circunstância que deve ser sempre incentivada, até mesmo para o combate e a superação dos lamentáveis preconceitos ainda encontráveis em parcelas da comunidade.*
>
> *Segundo Clóvis Beviláqua, pródigo é 'aquele que desordenadamente gasta e destrói a sua fazenda, reduzindo-se à miséria por sua culpa'...*
>
> *Trata-se de um desvio comportamental que, refletindo-se no patrimônio individual, culmina por prejudicar, ainda que por via oblíqua, a tessitura familiar e social...*
>
> *Segundo a legislação em vigor, a interdição do pródigo somente o privará de, sem curador, emprestar, transigir, dar quitação, alienar, hipotecar, demandar ou ser demandado, e praticar, em geral, atos que não sejam de mera administração (art. 1.782 do CC-02 e art. 459 do CC-16)".*[357]

---

[357] GAGLIANO, P. S.; PAMPLONA FILHO, R., idem, ibidem, p. 94-98.

ART. 71

É importante salientar que em relação ao *indígena* ou *silvícola* o C.C.- de 1916 o considerava *relativamente incapaz*, enquanto que o art. 4º do Código Civil de 2002 remeteu sua regulamentação, inclusive quanto à capacidade, à legislação especial.

A Lei 5.371 de 5. de dezembro de 1967 instituiu a FUNAI, que exerce poderes de representação e apoio ao indígena.

Aspecto importante a ser salientado é que a Lei 6.001, de 19 de dezembro de 1973 (Estatuto do Índio) o considera, em princípio, *agente absolutamente incapaz, reputando nulos os atos por ele praticado sem a devida representação.*

Há a ressalva de se demonstrar que o indígena teria efetivo discernimento do ato praticado na vida civil, sendo portanto considerado capaz.

A diferença no aspecto processual em relação à incapacidade absoluta e relativa é que na primeira a representação processual é integral do representante legal, enquanto que na segunda, a representação processual é exercida pelo próprio incapaz, sendo ele assistido por seu representante legal.

Sobre o tema, eis os seguintes precedentes:

1. As normas processuais pertinentes a nulidade devem ser interpretadas, em se tratando de incapazes, teleologicamente, mormente porque o princípio fundamental que norteia o sistema preconiza que, para o reconhecimento da nulidade do ato processual, é necessário que se demonstre a existência de prejuízos para o incapaz.

2. "A outorga de mandato procuratório por pessoa supostamente incapaz, sendo-lhe favorável o resultado da demanda, afasta o vício na representação" (REsp 25.496/ MG, Rel. Min. VICENTE LEAL, Sexta Turma, DJ 11/3/96).

(...).

4. "A incapacidade absoluta impede a fluência do prazo prescricional – inclusive no que diz respeito à prescrição quinquenal – nos termos do art. 198, inciso I, do Código Civil vigente – art. 169, inciso I, do Código Civil de 1916" (AgRg no REsp 1.149.557/ AL, Rel. Min. LAURITA VAZ, Quinta Turma, DJe 28/6/11).

5. Embargos de declaração rejeitados.

(EDcl no AgRg no AREsp 9.511/RJ, Rel. Ministro ARNALDO ESTEVES LIMA, PRIMEIRA TURMA, julgado em 01/12/2011, DJe 12/12/2011).

Incapaz – Curador especial – Ministério Público – Art. 9º, parágrafo único do Código de Processo Civil.

A representação judicial dos incapazes não é de ser exercida por membro do Ministério Público, salvo se existir norma local nesse sentido. Em processos em que figurem

CÓDIGO DE PROCESSO CIVIL

pessoas incapazes, a atuação do Ministério Público só é obrigatória como fiscal da lei (art. 82, II, do CPC).

(REsp 67.278/SP, Rel. Ministro EDUARDO RIBEIRO, TERCEIRA TURMA, julgado em 30/09/1999, DJ 17/12/1999, p. 350).

1 – Exercida a curatela pelo cônjuge do autor, em seu próprio benefício e não cominando o Direito Civil nulidade expressa, dispensa-se a autorização judicial do art. 427, VII do Código Civil, conferindo ao curador capacidade para estar em juízo, notadamente se constatado já tramitar o processo por longos 17 anos, o que avilta o senso comum e jurídico restabelecer a decisão do Juízo monocrático, onde extinto o processo sem julgamento de mérito (art. 267, IV do CPC), remetendo o autor (recorrido) ao percalço de uma nova demanda.
2 – Recurso especial não conhecido.

(REsp 258.087/RJ, Rel. Ministro FERNANDO GONÇALVES, SEXTA TURMA, julgado em 26/03/2002, DJ 22/04/2002, p. 261)

(...).
3. Malograda a citação em face da incapacidade do citando, cumpre ao juiz designar um médico para verificar a impossibilidade, e em caso afirmativo, nomear um curador ad litem (art. 218 do CPC).
(...).
8. In casu, em face da citação defeituosa, mercê do comparecimento espontâneo da parte (art. 214, § 1º, do CPC), a verificação da ocorrência da prescrição deve considerar a data do oferecimento da exceção de pré-executividade, porque esta é a data da ciência da execução pelo executado.
9. Recurso especial provido para reconhecer a ocorrência da prescrição, prejudicada a análise das demais questões suscitadas.

(REsp 837.050/SP, Rel. Ministro LUIZ FUX, PRIMEIRA TURMA, julgado em 17/08/2006, DJ 18/09/2006, p. 289)

Art. 72

O juiz nomeará curador especial ao:

I – incapaz, se não tiver representante legal ou se os interesses deste colidirem com os daquele, enquanto durar a incapacidade;

II – réu preso revel, bem como ao réu revel citado por edital ou com hora certa, enquanto não for constituído advogado.

Parágrafo único. A curatela especial será exercida pela Defensoria Pública, nos termos da lei.

ART. 72

Nomeação de curador especial

O artigo 72 do novo C.P.C. estabelece que o juiz nomeará *curador especial*: a) ao incapaz, se não tiver representante legal ou se os interesses deste colidirem com os daquele; b) ao réu preso revel, bem como ao revel citado por edital ou com hora certa.

A necessidade de nomeação de *curador especial* decorre da incapacidade da parte somada à circunstância de não existência de representante legal, ou havendo este, em decorrência de colisão de interesses do representante com o do representado.

A nomeação de curador especial também se justifica por suposta dificuldade de realização de defesa ou pela possibilidade de não ter a parte tido ciência da existência da lide. Por isso o legislador determinada essa nomeação ao réu preso, bem como ao revel citado por edital ou com hora certa.

A Lei n. 8.842/94, art. 10, §2º, aduz que havendo no processo interesse de idoso e sendo esse incapaz de fato, poderá o juiz nomear-lhe curador especial.

Pode ocorrer a hipótese de uma pessoa, idosa ou não, encontrar-se na UTI de um hospital, e, por conveniência médica, for determinada a remoção dessa pessoa da UTI para a casa do paciente. Ocorre que o plano de saúde não cobre a as despesas de UTI domiciliar, apenas aquela decorrente de internação no próprio hospital. Neste caso, como o enfermo não pode manifestar sua vontade, uma vez que se encontra na UTI, sendo, portanto, considerado absolutamente incapaz, poderá qualquer pessoa indicada no art. 1.768 do C.c.b., ou seja, pais ou tutores, cônjuge ou qualquer parente, ou o Ministério Público, requerer ao juiz que seja nomeado como curador do enfermo, nos termos do art. 1780 do C.c.b. Como se trata de caso de urgência, qualquer das pessoas indicadas no art. 1.768 do C.C.b., poderá de plano ingressar com a demanda contra o plano de saúde ou contra o Hospital, representando o enfermo e requerendo, como preliminar, a sua nomeação como curador especial nos termos do art. 1.780 do C.c.b. c/c o art. 72, inc. I do atual C.P.C.

O curador especial a ser nomeado pelo juiz poderá ser tanto para o polo ativo como para o polo passivo.

Ao incapaz que não possua representa legal, seja ele pais, tutores ou curadores, ser-lhe-á nomeado curador para defesa de seus interesses na relação jurídica processual.

Também será nomeado curador especial ao incapaz quando no processo ficar evidenciado conflito de interesses entre o incapaz e o seu representante legal. Sobre o tema, assim tem se manifestado o S.T.J.:

1. A nomeação de curador especial, assentou precedente desta Corte, "supõe a existência de conflito de interesses entre o incapaz e seu representante. Isso não resulta do simples fato de esse último ter-se descurado do bom andamento do processo. As falhas desse podem ser supridas pela atuação do Ministério Público, a quem cabem os mesmos poderes e ônus das partes" (REsp 34.377-SP, relator o Ministro Eduardo Ribeiro, DJ de 13/10/1997).

(...).

(REsp 886.124/DF, Rel. Ministro CARLOS ALBERTO MENEZES DIREITO, Rel. p/ Acórdão Ministro HUMBERTO GOMES DE BARROS, TERCEIRA TURMA, julgado em 20/09/2007, DJ 19/11/2007, p. 227)

Em relação ao réu preso revel, ainda que ele tenha sido citado pessoalmente, o juiz deverá nomear-lhe curador especial.

A Câmara dos Deputados apresentou emenda ao projeto proveniente do Senado para esclarecer que a nomeação de curador especial ao réu preso somente quando ele for *revel*, pois se já há no processo advogado nomeado pelo réu preso não há sentido nomear curador especial para quem está devidamente representado e assistido na relação jurídica processual.

No caso da revelia, a nomeação de curador especial somente ocorre nos casos em que a citação foi por *edital ou por hora certa*.

Como na execução também é possível citar o executado por hora certa, também nesse tipo de procedimento é necessário a nomeação de curador especial. Além do mais, o curador, na execução, poderá ingressar com embargos do devedor independentemente de garantia do juízo. Nesse sentido é o seguinte precedente do S.T.J.:

(...).

2. "Ao executado que, citado por edital ou por hora certa, permanecer revel, será nomeado curador especial, com legitimidade para apresentação de embargos" (Súmula nº 196 do STJ).

3. É dispensado o curador especial de oferecer garantia ao Juízo para opor embargos à execução. Com efeito, seria um contrassenso admitir a legitimidade do curador especial para a oposição de embargos, mas exigir que, por iniciativa própria, garantisse o juízo em nome do réu revel, mormente em se tratando de defensoria pública, na medida em que consubstanciaria desproporcional embaraço ao exercício do que se constitui um munus público, com nítido propósito de se garantir o direito ao contraditório e à ampla defesa.

ART. 72

4. Recurso especial provido. Observância do disposto no art. 543-C, § 7º, do Código de Processo Civil, c.c. os arts. 5º, inciso II, e 6º, da Resolução 08/2008. (REsp 1110548/PB, Rel. Ministra LAURITA VAZ, CORTE ESPECIAL, julgado em 25/02/2010, DJe 26/04/2010).

Em relação ao revel, penso que legislador poderia ter avançado, principalmente a partir do momento em que devemos nos preocupar mais com a *justa decisão* do que apenas com o *justo processo*. E mesmo o revel que fora citado pessoalmente tem o direito Constitucional de ver proferida uma *justa decisão*.

Já tivemos oportunidade de criticar os efeitos da revelia em face da natureza dialética do processo na obra publicada pela Revista dos Tribunais, em 2003, intitulada: *Contraditório e Revelia – perspectiva crítica dos efeitos da revelia em face da natureza dialética do processo*. Nesta obra chegou-se às seguintes conclusões:

"a) a dialética é a forma metodológica aplicável ao conhecimento jurídico desenvolvido no processo jurisdicional;

b) o processo jurisdicional é um instrumento do poder, concretizado por um procedimento animado através de uma relação jurídica em contraditório;

c) sendo o processo jurisdicional um instrumento do poder, sua legitimidade, no Estado Democrático de Direito, não se encontra na coação ou na força, mas na efetiva participação dos destinatários do provimento a ser proferido, mediante uma atuação em contraditório;

d) o contraditório é uma garantia fundamental do homem, que lhe garante a participação dialética na concretização de um determinado provimento decorrente do exercício do Poder, como forma de assegurar a legitimidade da ingerência da decisão no trinômio vida-liberdade-propriedade, por meio de uma atuação efetiva, concreta e bilateral em todo arco de um procedimento configurado segundo os ditames políticos do Estado Democrático de Direito;

e) o contraditório não é assegurado apenas pela sua aplicação numa determinada fase do procedimento, instaurado para a prestação jurisdicional (citação para contestar, por exemplo), mas pela sua efetivação ao longo de todo o arco do procedimento;

f) a dialética somente estará configurada com a efetiva participação dos destinatários no exercício do poder, mediante uma atitude argumentativa discursiva, a fim de que o aplicador do direito possa visualizar a questão através de um direito vigente, eficaz e intrinsecamente válido;

g) em face da natureza ontológica do processo jurisdicional, o instituto da revelia não se coaduna com a atual concepção de processo, muito menos com a necessidade de busca da verdade material e a pacificação social;

CÓDIGO DE PROCESSO CIVIL

h) os efeitos da revelia são resquícios de um tempo em que se denotava uma concepção eminentemente privatista do processo, conferindo ao réu a disponibilidade, não só da relação jurídica material discutida em juízo, como da própria relação jurídica de direito processual;

i) na atual conjuntura ontológica do processo, deve-se olhar com reservas a aplicação do princípio dispositivo na relação jurídica processual;

j) a falta de nomeação de defensor ao revel, bem como a desnecessidade de sua intimação para os demais atos do processo, não estão de acordo com a natureza ontológica do processo, nem mesmo com os princípios basilares do Estado Democrático de Direito, que garantem aos litigantes, em processo judicial ou administrativo, e aos acusados em geral, o contraditório e a ampla defesa (art. 5º, LV, da C.F. de 1988).".[358]

Contudo, não obstante a crítica formulada, mantém-se a nomeação de curador apenas ao revel citado por edital ou por hora certa.

Diz o *parágrafo único do art. 72* do atual C.P.C. que a curatela *especial será exercida pela Defensoria Pública, nos termos da lei.*

Pela redação do atual C.P.C., a função de curador especial é exclusiva da Defensoria Pública.

Porém, e em especial pela dimensão do território brasileiro, é possível que na localidade não haja a implantação desta instituição pública, quando então o juiz nomeará curador especial advogado para desempenhar este 'munus público'.

O artigo 4º, inciso XVI da Lei Complementar n. 80, de 12 de janeiro de 1984 (que organiza a Defensoria Pública da União, do Distrito Federal e dos Territórios e prescreve normas gerais para sua organização nos Estados), com a redação dada pela Lei Complementar n. 132/2009, estabelece ser função institucional da Defensoria Pública *exercer a curadoria especial, nos casos previsto em lei.*

Parte da doutrina entende que a Curadoria Especial somente é nomeada nos procedimentos de jurisdição contenciosa e não nos procedimentos de jurisdição voluntária. Contudo, como a Constituição Federal preconiza que a essência do processo jurisdicional é o seu desenvolvimento em *contraditório*, não há razão para não se nomear Curador Especial em eventual citação de interessado que não comparece ao processo de jurisdição voluntária.

É importante salientar que a contestação ofertada pelo curador especial, ainda que em termos genéricos, evita o julgamento antecipado da lide, nos termos do parágrafo único do artigo 341 do novo C.P.C.: *o ônus da impugnação especificada dos fatos não se aplica ao defensor público, ao advogado dativo e ao curador especial.*

---

[358] Souza, Artur César de. *Contraditório e revelia – perspectiva crítica dos efeitos da revelia em face da natureza dialética do processo.* São Paulo: Ed. Revista dos Tribunais, 2003. p. 266-267.

ART. 72

O Curador Especial deve sempre contestar ou realizar a defesa daquele que está ausente do processo, sob pena de sofrer sanção administrativa e processual.

Sendo o Curador Especial o Defensor Público, o prazo para contestar é em dobro.

A jurisprudência tem entendido que nos processos em que o Ministério Público atua como substituto processual da criança e do adolescente ou atua como *custos legis*, não há necessidade de se nomear curador especial. Nesse sentido eis os seguintes precedentes:

(...).
2.Compete ao Ministério Público, a teor do art. 201, III e VIII da Lei nº 8.069/90 (ECA), promover e acompanhar o processo de destituição do poder familiar, zelando pelo efetivo respeito aos direitos e garantias legais assegurados às crianças e adolescentes.
3. Resguardados os interesses da criança e do adolescente, não se justifica a nomeação de curador especial na ação de destituição do poder familiar.
4. Recurso especial a que se nega provimento.
(REsp 1176512/RJ, Rel. Ministra MARIA ISABEL GALLOTTI, QUARTA TURMA, julgado em 28/08/2012, DJe 05/09/2012)

1. A ação de destituição do poder familiar, movida pelo Ministério Público, prescinde da obrigatória e automática intervenção da Defensoria Pública como curadora especial.
2. "Somente se justifica a nomeação de Curador Especial quando colidentes os interesses dos incapazes e os de seu representante legal". (Resp 114.310/SP) 2. "Suficiente a rede protetiva dos interesses da criança e do adolescente em Juízo, não há razão para que se acrescente a obrigatória atuação da Defensoria Pública". (Resp nº 1.177.636/RJ)
3. AGRAVO REGIMENTAL DESPROVIDO.
(AgRg no Ag 1369745/RJ, Rel. Ministro PAULO DE TARSO SANSEVERINO, TERCEIRA TURMA, julgado em 10/04/2012, DJe 16/04/2012).

1. Não há obrigatoriedade de intervenção geral da Defensoria Pública em prol de incapazes nos processos em estes que não sejam partes, ainda que haja alegação de ameaça ou violação de algum direito da criança ou do adolescente.
2. Já atuando o Ministério Público no processo como "custos legis" não ocorre necessidade da intervenção obrigatória do Defensor Público para a mesma função.
3. O art. 9º, I, do CPC, dirige-se especificamente à capacidade processual das partes e dos procuradores. Dessa forma, a nomeação de Curador Especial ao incapaz só ocorre, de forma obrigatória, quando este figurar como parte, não na generalidade de casos que

lidem com crianças ou adolescentes, sem ser na posição processual de partes, ainda que se aleguem fatos graves relativamente a eles.

4. Recurso Especial provido.

(REsp 1177636/RJ, Rel. Ministra NANCY ANDRIGHI, Rel. p/ Acórdão Ministro SIDNEI BENETI, TERCEIRA TURMA, julgado em 18/10/2011, DJe 27/09/2012)

É importante salientar que a nomeação de curador não excluiu a intervenção do Ministério Público nos casos legais.

Art. 73

O cônjuge necessitará do consentimento do outro para propor ação que verse sobre direito real imobiliário, salvo quando casados sob o regime de separação absoluta de bens.

§ 1º Ambos os cônjuges serão necessariamente citados para a ação:

I – que verse sobre direito real imobiliário, salvo quando casados sob o regime de separação absoluta de bens;

II – resultante de fato que diga respeito a ambos os cônjuges ou de ato praticado por eles;

III – fundada em dívida contraída por um dos cônjuges a bem da família;

IV – que tenha por objeto o reconhecimento, a constituição ou a extinção de ônus sobre imóvel de um ou de ambos os cônjuges.

§ 2º Nas ações possessórias, a participação do cônjuge do autor ou do réu somente é indispensável nas hipóteses de composse ou de ato por ambos praticado.

§ 3º Aplica-se o disposto neste artigo à união estável comprovada nos autos.

Sumário:

1. Correspondência
2. Direito Comparado

3. Demanda real imobiliária e consentimento do cônjuge

Demanda real imobiliária e consentimento do cônjuge

O artigo 73 do atual C.P.C., assim como estabelecia o artigo 10 do C.P.C. de 1973, trata de dois institutos que podem ser semelhantes mas que não se identificam.

Quanto à legitimidade ativa, o *caput* do dispositivo diz respeito à *capacidade processual.*

Já em relação à legitimidade passiva, §§1º e 2º do art. 73 do atual C.P.C., o preceito normativo refere-se ao *litisconsórcio*.

Conforme estabelece o *caput* do art. 73, o *cônjuge necessitará do consentimento do outro para propor ação que verse sobre direito real imobiliário* (não necessitando para as ações reais mobiliárias ou ações de natureza pessoal), *salvo quando casados sob o regime de separação absoluta de bens*.

Nesse sentido é o seguinte precedente do S.T.J.:

1. A propositura da ação de usucapião, pelo varão, depende do consentimento da mulher, sob pena de nulidade do processo.

2. O suprimento da inicial, após a citação dos confrontantes, para aditar-lhe memorial descritivo da área usucapienda, implica a renovação da citação. Recurso especial conhecido e provido.

(REsp 60.592/SP, Rel. Ministro ARI PARGENDLER, TERCEIRA TURMA, julgado em 29/06/1999, DJ 30/08/1999, p. 68)

As demandas reais imobiliárias versam sobre os denominados *direitos reais imobiliários*, que, em tese, podem ser assim discriminados, nos termos do art. 1.225 do Código Civil brasileiro: a) propriedade; b) superfície; c) servidões, d) usufruto; e) uso; f) habitação; g) o direito do compromitente comprador do imóvel; h) hipoteca; i) anticrese; j) a concessão de uso especial para fins de moradia; l) a concessão de direito real de uso.

As demandas reais imobiliárias são, por exemplo: a) usucapião; b) reivindicatória; c) imissão na posse, d) desapropriação, e) nunciação de obra nova.

O art. 73 do atual C.P.C. não se aplica às demandas que, ainda que versem sobre imóveis, são decorrentes de obrigações pessoais, como é o caso do contrato de comodato, locação, depósito etc.

O artigo 73 do novo C.P.C. deve ser interpretado em consonância com o disposto no artigo 1.647 do Código Civil brasileiro que assim dispõe:

Art. 1.647. Ressalvado o disposto no art. 1.648, nenhum dos cônjuges pode, sem autorização do outro, exceto no regime da separação absoluta:

I – alienar ou gravar de ônus real os bens imóveis;

II – pleitear, como autor ou réu, acerca desses bens ou direitos;

III – prestar fiança ou aval;

IV – fazer doação, não sendo remuneratória, de bens comuns, ou dos que possam integrar futura meação.

Parágrafo único. São válidas as doações nupciais feitas aos filhos quando casarem ou estabelecerem economia separada.

Nas demandas que versem sobre direitos reais imobiliárias não é necessário que se formalize o *litisconsórcio* unitário necessário ativo entre os cônjuges, uma vez que o dispositivo apenas exige o *consentimento do outro cônjuge* para a propositura da ação.

Se o cônjuge negar a autorização sem motivo justo, essa autorização poderá ser suprida por decisão judicial.

Tendo o consentimento, e suprida a capacidade processual, o cônjuge está autorizado a propor as ações reais imobiliárias.

A autorização do cônjuge somente será exigível se o casamento for realizado pelo regime de comunhão total ou parcial de bens.

No caso de separação total de bens, cada cônjuge é proprietário exclusivo de seus bens imóveis, razão pela qual, no contexto do novo código civil, não há mais necessidade da autorização do outro cônjuge para propor demandas referentes a esses bens.

É importante salientar que o regime de separação obrigatória de bens é obrigatório, nos termos do art. 1.641 do Código Civil brasileiro, nas seguintes hipóteses: I – das pessoas que contraírem o casamento com inobservância das causas suspensivas da celebração do casamento; II – da pessoa maior de sessenta anos; III – de todos os que dependerem, para casar, de suprimento judicial.

A Câmara dos Deputados inseriu no projeto do novo C.P.C. dois parágrafos importantes ao art. 73, ou seja, o §4º e o §5º, que assim dispõe:

> "§4º Não provado o consentimento, deve o juiz intimar pessoalmente o cônjuge supostamente preterido para, querendo, manifestar-se sobre a questão no prazo de quinze dias.
> §5º O silêncio do cônjuge importa consentimento se não respondida a intimação prevista no §4º»*.

Assim, se o juiz percebesse a falta de consentimento do cônjuge para a demanda que tivesse por objeto as hipóteses do art.73 do atual C.P.C., deveria intimar o cônjuge faltante para que no prazo de quinze dias se manifestasse sobre a ausência de seu consentimento.

Neste prazo, o cônjuge poderá dar as razões pelas quais não outorgou o consentimento ou ofertar a autorização por escrito.

Porém, se o cônjuge não se manifestasse no prazo estabelecido no §4º, o seu silêncio seria considerado como autorização tácita ao prosseguimento da demanda.

Porém, esses parágrafos não foram inseridos no texto final do novo C.P.C.

ART. 73

Em relação aos §§1º e 2º do art. 73 do novo C.P.C., conforme se afirmou, não se trata de autorização, mas, sim, de configuração da sujeição passiva da relação jurídica processual.

O §1º do art. 73 do novo C.P.C. trata do *litisconsórcio necessário* entre ambos os cônjuges, razão pela qual, nas seguintes demandas, eles devem ser necessariamente citados:

I – que versem sobre direitos reais imobiliários, salvo quando casados sob o regime de separação absoluta de bens. E os direitos reais imobiliários são: a) propriedade; b) superfície; c) servidões, d) usufruto; e) uso; f) habitação; g) o direito do compromitente comprador do imóvel; h) hipoteca; i) anticrese; j) a concessão de uso especial para fins de moradia; l) a concessão de direito real de uso.

Note-se que a citação de ambos os cônjuges somente é exigida nas ações reais que digam respeito a bens imóveis e não a bens móveis.

II – resultantes de fatos que digam respeito a ambos os cônjuges ou de atos praticados por eles.

Este inciso não se restringe apenas as ações reais imobiliárias, podendo inclusive resultar de ações reais mobiliárias e também de ações de natureza pessoal.

Sobre atos praticados pelos cônjuges ou fatos que os atingem, leciona Pontes de Miranda: *"Se o fato jurídico lícito ou ilícito, ou o ato-fato jurídico lícito ou ilícito, ou o ato jurídico estrito senso, ou o negócio jurídico, concerne aos cônjuges, e não a um só, a citação há de ser dos dois. Pode a ação ser por fato de adjunção, mistura ou confusão, ou aquisição de propriedade pela percepção de frutos ou pela pendência de frutos, ou pelo perecimento do objeto de um direito, ou de retirada de bens móveis que guarnecem um prédio (fatos jurídicos estrito senso), ou responsabilidade de ambos em caso de força maior ou caso fortuito (fato jurídico ilícito), ou pelo mau uso de bem imóvel ou móvel, ou tomada de posse por ambos, com violação da posse de outrem, gestão de negócios por ambos contra a vontade presumível ou manifesta do dono, ou ofensa à boa-fé no trato por ambos de negócios alheios (atos-fatos ilícito), atos lesivos de que forma autores ambos os cônjuges (atos ilícitos estrito senso), ter havido tradição de posse aos cônjuges, ou ocupação, especificação, feitura de livros, quadros ou escultura, invenção ou descoberta científica pelos dois, ou imposição de nome ou pseudônimo pelos dois, ou pagamento feito ou recebido pelos dois (atos-fatos jurídicos), fixação ou mudança de domicílio pelos dois, gestão de negócios ou restituição de penhor, pelos dois, quitação dada pelos dois (atos jurídicos estrito senso), ou, pelos dois, denúncia, outorga de poderes, autorização, assentimento a ato de outrem, entrega de posse, derrelição, constituto possessório, renúncia de propriedade imóvel, 'cessio actionis', promessas unilaterais pelos dois, contratos (negócios jurídicos)".*[359]

---

[359] MIRANDA, Pontes. *Comentário ao código de processo civil*. Tomo I: arts. 1º a 45. Rio de Janeiro: Forense, 1979. p. 381/382.

III – fundadas em dívida contraída por um dos cônjuges a bem da família.

Em relação às dívidas contraídas por um dos cônjuges a bem da família, prescreve o art. 1.643, inciso I e II do Código Civil brasileiro:

> *"Art. 1.643. Podem os cônjuges, independentemente de autorização um do outro:*
> *I – comprar, ainda a crédito, as coisas necessárias à economia doméstica;*
> *II – obter, por empréstimo, as quantias que a aquisição dessas coisas possa exigir".*

O artigo 1.644 do Código Civil brasileiro, por sua vez, estabelece que as dívidas contraídas para os fins do art. 1.643 obrigam *solidariamente* ambos os cônjuges.

Sobre a comprovação de que a dívida foi contraída em bem da família, eis a seguinte decisão do Superior Tribunal de Justiça, proferida no Resp. n. 434681/RS, Relator Min. Barros Monteiro, Data do Julgamento: 17/10/2002:

> *– Constitui ônus do cônjuge provar que as dívidas contraídas pelo outro não reverteram em benefício da família. Em caso de aval, é de presumir-se o prejuízo. Sendo o cônjuge executado, entretanto, sócio da empresa avalizada, não prevalece a presunção, fazendo-se necessária aquela prova. Orientação do STJ que se firmou no mesmo sentido da decisão recorrida (Súmula nº 83-STJ).*
> *– A exclusão da meação do **cônjuge** deve ser considerada em cada **bem** do casal e não na indiscriminada totalidade do patrimônio (REsp nº 200.251-SP).*
> *Recurso especial não conhecido".*

IV – que tenham por objeto o reconhecimento, a constituição ou a extinção de ônus sobre imóveis de um ou de ambos os cônjuges.

Novamente o legislador restringe a necessidade de citação de ambos os cônjuges para os ônus incidentes sobre bens imóveis e não sobre bens moveis.

São ônus sobre imóveis: a) hipoteca; b) anticrese;

Esse dispositivo somente terá aplicação na hipótese de o casamento ter sido realizado em comunhão universal ou parcial de bens, não se aplicando à hipótese de separação total de bens.

Sobre o tema, eis a seguinte decisão do S.T.J.:

> *1. A jurisprudência deste Tribunal Superior é no sentido de que "não viola a disciplina processual o acórdão que anula o processo de execução de título executivo extrajudicial com garantia pignoratícia e hipotecária, pela ausência da citação do cônjuge do executado' (REsp 87.853/MA, Rel. Ministro CARLOS ALBERTO MENEZES DIREITO, TERCEIRA TURMA, DJ de 15.12.1997)*

2. Precedentes: REsp 468.333/MS, Rel. Ministro LUIS FELIPE SALOMÃO, QUARTA TURMA, julgado em 1º/12/2009, DJe de 14/12/2009; REsp 49669/RS, Rel. Ministro ALDIR PASSARINHO JUNIOR, QUARTA TURMA, julgado em 14/11/2000, DJ de 12/2/2001; REsp 212.447/MG, Rel. Ministro BARROS MONTEIRO, QUARTA TURMA, DJ de 9.10.2000.
3. Agravo regimental a que se nega provimento.
(AgRg no Ag 1165048/PR, Rel. Ministro RAUL ARAÚJO, QUARTA TURMA, julgado em 16/06/2011, DJe 05/08/2011)

Em todas essas hipóteses, se não houver a citação de ambos os cônjuges, a decisão proferida no processo, mesmo que transitada em julgado, não terá eficácia em relação ao litisconsorte que não participou do processo. Essa sentença inclusive poderá ser objeto de *querela nullitatis insanabilis* para discussão acerca de vício, relativo à ausência de sua citação. Nesse sentido é o seguinte precedente do S.T.J.:

1. A jurisprudência do STJ e STF reconhece a adequação do manejo, pelo cônjuge que não foi citado, de querela nullitatis insanabilis para discussão acerca de vício, relativo à ausência de sua citação em ação reivindicatória, cuja sentença transitou em julgado, bem como que esse decisum não tem efeito, no que tange àquele litisconsorte necessário que não integrou a relação processual.
(...).
(REsp 977.662/DF, Rel. Ministro LUIS FELIPE SALOMÃO, QUARTA TURMA, julgado em 22/05/2012, DJe 01/06/2012)

O *§2º do artigo 73* do novo C.P.C., ao tratar da composse, estabelece: *Nas ações possessórias, a participação do cônjuge do autor ou do réu somente é indispensável nas hipóteses de compose ou de ato por ambos praticado.*
Em regra, nas ações possessórias não há necessidade de participação de ambos os cônjuges, salvo nas exceções expressamente previstas neste parágrafo.
Há efetivamente uma discussão se a *posse* aplica-se apenas aos direitos reais ou também aos direitos pessoais. Rui Barbosa, com aval do então Ministro do S.T.F., Orozimbo Nonato, defendia a posse de direito pessoal. Contudo, o atual posicionamento do S.T.F. é no sentido de que a posse é um instituto exclusivo de direito real.
Assim, nas ações possessórias (reintegração, no caso de esbulho; manutenção, no caso de turbação; e instituto proibitório, no caso de ameaça) a participação de ambos os cônjuges, seja como autor ou réu, é de rigor na hipótese de *composse* ou de atos (possessórios) por ambos praticados.

A definição de *composse* está prevista no art. 1.199 do Código Civil brasileiro: "*Se duas ou mais pessoas possuírem coisa indivisa, poderá cada uma exercer sobre ela atos possessórios, contanto que não excluam os dos outros compossuidores*".

Portanto, na hipótese de os cônjuges possuírem *coisa indivisa*, haverá necessidade de participação de ambos os cônjuges para comporem a sujeição ativa ou passiva da demanda em litisconsórcio necessário.

Da mesma forma, se a posse for adquirida por ato praticado por ambos os cônjuges, haverá necessidade de participação de todos eles na relação jurídica processual.

Contudo, se a posse é decorrente de *coisa divisa*, não há *composse*, e, portanto, não há necessidade de participação de ambos os cônjuges na relação jurídica processual.

Se um dos cônjuges não quiser ingressar no polo ativo da demanda, quando a questão envolver *composse* ou *atos praticados por ambos*, sua autorização deve ser suprida por ordem judicial, nos termos do artigo 74 do novo C.P.C.

Para Nelson Nery Junior e Rosa Maria de Andrade Nery o regramento do art. 10 do C.P.c. de 1973, atual art. 73 do novo C.P.C., não se aplica à união estável.[360]

A indispensabilidade de citação do companheiro/a em decorrência de União Estável, sob a égide do C.P.C. de 1973, também era defendida pela jurisprudência, conforme se pode verificar pela seguinte decisão proferida pelo Superior Tribunal de Justiça no Resp n. 596276/SC, relator Ministro Castro Filho, data do Julgamento, 03/05/2005:

> *Processual. Ação* **possessória**. *Citação de companheira. Desnecessidade. Ausência de composse ou atos possessórios.*
>
> *Existência. Posse. Descabimento. Súmula 7/stj.*
>
> *I – Se o artigo 10, § 2º, do Código de Processo Civil dispensa a citação do cônjuge do requerido nas ações possessórias, quando não praticou atos possessórios ou não existe composse, mutatis mutandis, em igual situação, não será necessário o litisconsórcio quando há apenas união estável.*
>
> *(...).*

O projeto do novo C.P.C. originário, n. 2.046/10, dizia na anterior redação do *§3º do art. 73*, que o *§1º* se aplicava à união estável comprovada por prova documental da qual tenha ciência o autor.

---

[360] NERY JUNIOR, Nelson; NERY, Rosa Maria Andrade. *Código de processo civil comentado e legislação processual civil em vigor*. 3. ed., São Paulo: Ed. Revista dos Tribunais, 1997. p.. 197.

O novo C.P.C. expressamente consignou no §5º *do art. 73 se aplica o disposto neste artigo à união estável comprovada nos autos.*

Essa comprovação poderá ser documental ou mesmo por prova testemunhal, pois o dispositivo não delimitou a prova apenas a apresentação de documentos.

Art. 74

O consentimento previsto no art. 73 pode ser suprido judicialmente quando for negado por um dos cônjuges sem justo motivo, ou quando lhe seja impossível concedê-lo.

Parágrafo único. A falta de consentimento, quando necessário e não suprido pelo juiz, invalida o processo.

Suprimento do consentimento do cônjuge

O cônjuge, nas hipóteses do art. 73 do atual C.P.C., não terá capacidade para estar em juízo isoladamente a não ser que tenha a devida autorização do outro cônjuge.

Trata-se de incapacidade processual, ou seja, falta de um pressuposto processual e não de legitimidade de parte (condição da demanda).

Na ausência de autorização, o juiz deve conceder um prazo para que o autor/a apresente a autorização, sob pena de extinção do processo sem resolução do mérito.

Não apresentada a autorização, o juiz pode conhecer de ofício, pois é matéria de ordem pública, bem como o réu poderá suscitá-la a qualquer tempo.

O consentimento pode ser por documento escrito ou mesmo verbal (reduzido a termo nos autos); pode ser por instrumento público ou particular. Pode o consentimento ser dado também pela ratificação dos atos processuais. Nesse sentido é o seguinte precedente do S.T.J.:

> – *Pelo princípio da instrumentalidade das formas e dos atos processuais, não se acolhe a preliminar de incapacidade processual pela falta de consentimento das mulheres dos coautores casados, se as mesmas comparecem ao feito, ratificando os atos praticados. "Pas de nullité sans grief". Precedentes do STJ.*
>
> (...).
>
> (REsp 203.929/PR, Rel. Ministro BARROS MONTEIRO, QUARTA TURMA, julgado em 20/03/2001, DJ 20/08/2001, p. 469)

É importante salientar que o cônjuge que concedeu a autorização sofrerá os efeitos da coisa julgada, uma vez que se aplicam a ele os efeitos do denominado *litisconsórcio ativo unitário facultativo*.

Um exemplo claro de *litisconsórcio ativo unitário facultativo* encontra-se no artigo 1.314, *caput*, do Código Civil Brasileiro:

"Cada condômino pode usar da coisa conforme sua destinação, sobre ela exercer todos os direitos compatíveis com a indivisão, reivindicá-la de terceiro, defender a sua posse e alhear a respectiva parte ideal, ou gravá-la". Se o condômino for casado, há necessidade de autorização.

Mas poderá suceder que o cônjuge negue a autorização necessária para a regularização da capacidade processual.

Se a negativa for justificável, ficará impedido o outro cônjuge de promover a demanda judicial.

Porém, se a negativa for *injustificável*, poderá ser suprida essa autorização por meio judicial.

Nesse sentido, aliás, é o que estabelece o *art. 74* do novo C.P.C. ao preceituar que a autorização do marido ou da mulher pode suprir-se judicialmente quando um cônjuge a recuse ao outro sem justo motivo ou lhe seja impossível concedê-la.

Somente o cônjuge poderá requerer a supressão do consentimento, e não eventuais terceiros interessados. Nesse sentido é o seguinte precedente do S.T.J.:

Suprimento de consentimento da mulher. legitimidade apenas do marido para requere-lo. cpc art. 639. Não se pode tê-lo como contrariado, vez que o acordão negou houvesse sido assumida a obrigação de contratar.

(REsp 88533/MG, Rel. Ministro EDUARDO RIBEIRO, TERCEIRA TURMA, julgado em 25/02/1997, DJ 07/04/1997, p. 11116)

A recusa para outorga da autorização somente será legítima quando houver justo motivo.

Se não houver justo motivo, ou se for impossível ao cônjuge demandante conseguir a autorização do outro cônjuge, o juiz poderá suprir essa autorização.

Tendo em vista que o atual C.P.C. não previu o procedimento a ser adotado para a supressão do consentimento do cônjuge, deve-se aplicar o disposto no art. 719 do novo C.P.C., que assim dispõe: *"quando este Código não estabelecer procedimento especial, regem os procedimentos de jurisdição voluntária as disposições constantes desta Seção".*

Conforme estabelece o *parágrafo único do art. 74* do atual C.P.C., *à falta de consentimento, quando necessário e não suprido pelo juiz, invalida o processo.*

ART. 75

Assim, não sendo suprida a falta de consentimento do cônjuge que não participa do processo, conduz à nulidade da relação jurídica processual, nulidade essa que poderá ser inclusive reconhecida de ofício.

Se já houver trânsito em julgado da sentença, a nulidade do processo poderá ser reconhecida, inclusive, por meio de *querela nulitatis insanabilis* promovida pelo cônjuge que não participou do processo.

Além do mais, a sentença proferida no processo não terá eficácia em relação ao cônjuge que dele não participou mediante a outorga de seu consentimento. *Mutatis mutantis*, eis o seguinte precedente do S.T.J.:

> *1. A jurisprudência do STJ e STF reconhece a adequação do manejo, pelo cônjuge que não foi citado, de querela nullitatis insanabilis para discussão acerca de vício, relativo à ausência de sua citação em ação reivindicatória, cuja sentença transitou em julgado, bem como que esse decisum não tem efeito, no que tange àquele litisconsorte necessário que não integrou a relação processual.*
> (...).
> (REsp 977.662/DF, Rel. Ministro LUIS FELIPE SALOMÃO, QUARTA TURMA, julgado em 22/05/2012, DJe 01/06/2012)

Art. 75

Serão representados em juízo, ativa e passivamente:

I – a União, pela Advocacia-Geral da União, diretamente ou mediante órgão vinculado;

II – o Estado e o Distrito Federal, por seus procuradores;

III – o Município, por seu prefeito ou procurador;

IV – a autarquia e a fundação de direito público, por quem a lei do ente federado designar;

V – a massa falida, pelo administrador judicial;

VI – a herança jacente ou vacante, por seu curador;

VII – o espólio, pelo inventariante;

VIII – a pessoa jurídica, por quem os respectivos atos constitutivos designarem ou, não havendo essa designação, por seus diretores;

IX – a sociedade e a associação irregulares e outros entes organizados sem personalidade jurídica, pela

pessoa a quem couber a administração de seus bens;

X – a pessoa jurídica estrangeira, pelo gerente, representante ou administrador de sua filial, agência ou sucursal aberta ou instalada no Brasil;

X – o condomínio, pelo administrador ou síndico.

§ 1º Quando o inventariante for dativo, os sucessores do falecido serão intimados no processo no qual o espólio seja parte.

§ 2º A sociedade ou associação sem personalidade jurídica não poderá opor a irregularidade de sua constituição quando demandada.

§ 3º O gerente de filial ou agência presume-se autorizado pela pessoa jurídica estrangeira a receber citação para qualquer processo.

§ 4º Os Estados e o Distrito Federal poderão ajustar compromisso recíproco para prática de ato processual por seus procuradores em favor de outro ente federado, mediante convênio firmado pelas respectivas procuradorias.

Demais forma de representação em juízo ativa e passivamente
O artigo 75 do novo C.P.C. trata das hipóteses de representação ou presentação de determinadas partes em juízo, seja no polo ativo seja no polo passivo.

Diz respeito, portanto, a um pressuposto de validade da relação jurídica processual, podendo sua falta ser reconhecida de ofício.

É importante salientar que o representante ou presentante não é parte em juízo, mas apenas tem *legitimatio ad processum* em nome do representado ou do presentado.

São as seguintes as hipóteses de *representação ou presentação processual:*
O inciso I do art. 75 do atual C.P.C. diz que **União**, *pela Advocacia-Geral da União, diretamente ou mediante órgão vinculado.*

Atualmente não há no Brasil a instituição de Territórios.

As entidades de direito público interno (com exceção dos Municípios) são representadas em juízo, ativa e passivamente, por seus procuradores.

Em relação à União, a sua representação em juízo é estabelecida pelo art. 131 da Constituição Federal que assim dispõe:

> *"Art. 131. A Advocacia-Geral da União é a instituição que, diretamente ou através de órgão vinculado, representa a União, judicial e extrajudicialmente, cabendo-lhe, nos termos da lei complementar que dispuser sobre sua organização e funcionamento, as atividades de consultoria e assessoramento jurídico do Poder Executivo.*
>
> *§ 1º – A Advocacia-Geral da União tem por chefe o Advogado-Geral da União, de livre nomeação pelo Presidente da República dentre cidadãos maiores de trinta e cinco anos, de notável saber jurídico e reputação ilibada.*

§ 2º – O ingresso nas classes iniciais das carreiras da instituição de que trata este artigo far-se-á mediante concurso público de provas e títulos.

§ 3º – Na execução da dívida ativa de natureza tributária, a representação da União cabe à Procuradoria-Geral da Fazenda Nacional, observado o disposto em lei.

Por sua vez, preceitua o art. 1º da Lei Complementar n. 73 de 10 de fevereiro de 1993: "Art. 1º – A Advocacia-Geral da União é a instituição que representa a União judicial e extrajudicialmente".

Já o art. 9º da aludida lei complementar afirma:

"Art. 9º – À Procuradoria-Geral da União, subordinada direta e imediatamente ao Advogado-Geral da União, incumbe representá-la, judicialmente, nos termos e limites desta Lei Complementar.

§ 1º – Ao Procurador-Geral da União compete representá-la junto aos tribunais superiores.

§ 2º – Às Procuradorias-Regionais da União cabe sua representação perante os demais tribunais.

§ 3º – Às Procuradorias da União organizadas em cada Estado e no Distrito Federal, incumbe representá-la junto à primeira instância da Justiça Federal, comum e especializada.

§ 4º – O Procurador-Geral da União pode atuar perante os órgãos judiciários referidos nos §§ 2º e 3º, e os Procuradores Regionais da União junto aos mencionados no § 3º deste artigo".

O inc. II do art. 75 do atual C.P.C. preceitua que o Estado e o Distrito Federal, pôs seus procuradores.

Em relação aos Estados e ao Distrito Federal, estabelece o art. 132 da Constituição Federal:

"Art. 132. Os Procuradores dos Estados e do Distrito Federal, organizados em carreira, na qual o ingresso dependerá de concurso público de provas e títulos, com a participação da Ordem dos Advogados do Brasil em todas as suas fases, exercerão a representação judicial e a consultoria jurídica das respectivas unidades federadas. (Redação dada pela Emenda Constitucional nº 19, de 1998)

Parágrafo único. Aos procuradores referidos neste artigo é assegurada estabilidade após três anos de efetivo exercício, mediante avaliação de desempenho perante os órgãos próprios, após relatório circunstanciado das corregedorias. (Redação dada pela Emenda Constitucional nº 19, de 1998)".

CÓDIGO DE PROCESSO CIVIL

A Câmara dos Deputados apresentou uma emenda ao projeto proveniente do Senado para inserir o *§4º no art. 75* do atual C.P.C. com o seguinte teor: *Os Estados e o Distrito Federal poderão ajustar compromisso recíproco de prática de ato processual por seus procuradores em favor de outro ente federado, mediante convênio firmado pelas respectivas procuradorias.*

Isso permite maior flexibilidade na representação processual dos Estados e do Distrito Federal, evitando que o procurador de um Estado se desloque para outro Estado a fim de representá-lo. No caso, o procurador do Estado em que tramita o processo poderá representar, mediante convênio, o Estado demandado ou demandante.

O inciso III do art. 75 do atual C.P.C. preceitua que o *Município será representado por seu prefeito ou procurador.*

Nos termos deste inciso, dois são os órgãos encarregados da representação processual do Município, ou seja, o prefeito ou o procurador do município.

Assim, ou o procurador concursado faz a representação processual do Município, sem necessidade de juntada de procuração, ou o Prefeito promove a representação processual.

Porém, como o prefeito não tem capacidade postulatória, deverá contratar advogado para promover o suprimento desse pressuposto processual.

Sobre o tema, eis os seguintes precedentes:

(...).

2. É dispensável a exibição pelos procuradores de município do necessário instrumento de mandato judicial, desde que investidos na condição de servidores municipais, por se presumir conhecido o mandato pelo seu título de nomeação. Precedentes do STJ.

3. Os Embargos Declaratórios não constituem instrumento adequado para a rediscussão da matéria de mérito.

4. Embargos de Declaração parcialmente acolhidos, com efeito modificativo, para sanar o vício apontado.

(EDcl no AgRg no Ag 1385162/RJ, Rel. Ministro HERMAN BENJAMIN, SEGUNDA TURMA, julgado em 20/10/2011, DJe 24/10/2011)

1. De fato, "a representação processual de município independe de instrumento de mandato, desde que seus procuradores estejam investidos na condição de servidores municipais, por se presumir conhecido o mandato pelo seu título de nomeação ao cargo" (REsp 1135608/RS, 2ª Turma, Rel. Min. Eliana Calmon, DJe 5.11.2009).

(...).

(AgRg no Ag 1338172/RS, Rel. Ministro MAURO CAMPBELL MARQUES, SEGUNDA TURMA, julgado em 07/12/2010, DJe 04/02/2011)

ART. 75

1. Na instância especial é inexistente recurso interposto por advogado sem procuração nos autos. Aplicação da Súmula 115/STJ.

2. "A representação processual de município independe de instrumento de mandato, desde que seus procuradores estejam investidos na condição de servidores municipais, por se presumir conhecido o mandato pelo seu título de nomeação ao cargo. A simples menção da condição de advogado inscrito na Ordem dos Advogados do Brasil indica a contratação do profissional para o caso concreto. Nessa hipótese, é fundamental a procuração" (AgA 790.516/RS, Rel. Min. Eliana Calmon, DJU 15.12.06).

3. Agravo regimental provido para não conhecer do agravo de instrumento.

(AgRg no Ag 1099741/SP, Rel. Ministro CASTRO MEIRA, SEGUNDA TURMA, julgado em 05/03/2009, DJe 31/03/2009)

O inc. IV do art. 75 do atual C.P.C. preceitua que a *autarquia e a fundação de direito público, por quem a lei do ente federado designar.*

Em relação às entidades de direito público de administração indireta, sua representação em juízo dar-se-á pelo seu presidente ou representante legal (DL n. 200/67; DL n. 900/69).

A Lei n. 9.469/97 estabelece em seu art. 9º, inc. II que a representação judicial das autarquias e fundações públicas far-se-á por seus procuradores ou advogados, ocupantes de cargos efetivos dos respectivos quadros, independe da apresentação do instrumento de mandato.

Sobre o tema, eis os seguintes precedentes do S.T.J.:

(...).

2. Para casos anteriores à Lei 11.457/2007, tanto o INCRA como o INSS devem figurar no polo passivo da ação em que se pleiteia a inexigibilidade da contribuição adicional ao INCRA: a autarquia agrária, por ser a destinatária da exação, e a autarquia previdenciária, por ser a responsável pelo lançamento, arrecadação e fiscalização da dita contribuição anteriormente à referida lei.

Precedentes citados.

3. Com o advento da Lei nº 11.457/2007, as atribuições referentes à tributação, fiscalização, arrecadação, cobrança e recolhimento da contribuição ao INCRA passaram a ser da Receita Federal do Brasil.

Outrossim, como o débito original e seus acréscimos legais, relativos à contribuição social em questão, passaram a constituir, nos termos do art. 16 da Lei 11.457/2007, dívida ativa da União, também foi transferida à Procuradoria-Geral da Fazenda Nacional – PGFN a representação judicial da União nas ações em que se questiona a exigibilidade de tal contribuição. Destarte, impõe-se o reconhecimento da legitimidade passiva da União em demandas que também têm por objeto a restituição do indébito tributário.

4. Recurso especial do INCRA parcialmente conhecido e, nessa parte, provido parcialmente para anular os atos posteriores à citação a fim de que a União seja citada como litisconsorte passivo necessário, ficando prejudicadas as demais questões e o recurso especial das autoras.

(REsp 1265333/RS, Rel. Ministro MAURO CAMPBELL MARQUES, SEGUNDA TURMA, julgado em 19/02/2013, DJe 26/02/2013)

(...).
3. A Lei 6.539/1978 contém apenas três artigos e se limita a autorizar a contratação de profissionais inscritos na OAB para exercer a representação judicial da autarquia federal nas Comarcas em que não houver Procuradoria própria. Nada dispõe a respeito dos critérios de remuneração, razão pela qual a ausência de comando apto a infirmar os fundamentos do acórdão hostilizado atrai a incidência da Súmula 284/ STF.

4. Recurso Especial parcialmente conhecido e, nessa parte, não provido.

(REsp 1251551/RS, Rel. Ministro HERMAN BENJAMIN, SEGUNDA TURMA, julgado em 16/06/2011, DJe 31/08/2011)

1. Não obstante art. 1º da Lei n. 6.539/78 preveja que, nas comarcas do interior do país, a representação judicial do INSS, mesmo enquanto autarquia federal, será exercida por advogados autônomos, constituídos sem vínculo empregatício e retribuídos por serviços prestados, mediante pagamento de honorários profissionais, na falta de Procuradores Federais, tal dispositivo não pode ser interpretado de forma isolada, sobretudo diante da Lei n. 8.666/93, a qual, guiada por princípios como os da isonomia, da impessoalidade, da moralidade, da igualdade, da publicidade, da probidade administrativa, impõe, para a inexigibilidade de licitação relacionada à contratação de serviços técnicos profissionais especializados, de natureza singular, que esta especialização seja notória.

(...).

(REsp 1127969/RS, Rel. Ministro MAURO CAMPBELL MARQUES, SEGUNDA TURMA, julgado em 23/11/2010, DJe 02/12/2010)

(...).
2. Conforme consignado no acórdão recorrido, "a partir da MP 222/2004, convertida posteriormente na Lei 11.098/2005, foram transferidas à Procuradoria-Geral Federal 'as atribuições de representação judicial e extrajudicial relativas à execução da dívida ativa do INSS (..) bem como o seu contencioso fiscal' (art. 2º). Sendo assim,

ART. 75

não há qualquer irregularidade em ter sido a CDA firmada por Procuradora Federal, ligada que está à Procuradoria-Geral Federal, esta, por sua vez, vinculada à Advocacia-Geral da União (art. 9º da Lei 10.480/02)".

3. A Procuradoria-Geral Federal é o órgão da Advocacia-Geral da União responsável pela representação judicial e extrajudicial das autarquias e fundações públicas federais, bem como pelas respectivas atividades de consultoria e assessoramento jurídicos.

4. Agravo Regimental não provido.

(AgRg no REsp 1101231/SC, Rel. Ministro HERMAN BENJAMIN, SEGUNDA TURMA, julgado em 26/05/2009, DJe 21/08/2009)

AGRAVO REGIMENTAL NO RECURSO ESPECIAL. RECORRENTE NÃO IMPUGNA OS

(...).

3. Em havendo, por expressa previsão legal (artigo 11-B, parágrafo 2º, da Lei nº 9.025/95), dúplice representação judicial da autarquia, não há falar em nulidade de intimação feita pessoalmente somente ao procurador do DNER.

4. Agravo regimental improvido.

(AgRg no REsp 524.260/GO, Rel. Ministro HAMILTON CARVALHIDO, SEXTA TURMA, julgado em 30/10/2007, DJe 07/04/2008)

1. Com a edição da MP 1.984-16/2000, que inseriu o art. 11-B ao texto da Lei 9.028/95, a representação judicial da União, quanto aos assuntos confiados ao DNER (além de outras autarquias e fundações relacionadas em seu Anexo V), passou a ser feita diretamente pelos órgãos próprios da Advocacia-Geral da União.

(...).

(REsp 809.549/RJ, Rel. Ministra DENISE ARRUDA, PRIMEIRA TURMA, julgado em 05/10/2006, DJ 07/11/2006, p. 254)

O inciso V do art. 75 do atual C.P.C. menciona que *a massa falida* será representada em juízo pelo *administrador judicial.*

A Lei n. 11.101, de 9 de fevereiro de 2005, regula a recuperação judicial, a extrajudicial e a falência do empresário e da sociedade empresária. Segundo esta norma jurídica, a massa falida será representada não mais pelo *síndico* mas pelo *administrador judicial.* O novo C.P.C. também faz a adequação semântica.

O *administrador judicial,* nomeado nos termos da Lei 11.101/2005, somente representa a massa falida, nos termos do art. 22, inc. III, letra 'n', e não a sociedade empresária em recuperação judicial.

No projeto originário do Senado Federal n. 166/10 havia menção também ao devedor civil insolvente.

Sobre o tema, eis os seguintes precedentes do S.T.J.:

– Tratando-se a parte adversa de massa falida, deve o agravante apresentar, a fim de comprovar a regularidade da representação processual da agravada, cópia do ato de nomeação do síndico, circunstância não verificada na hipótese.

– Agravo não provido.

(EDcl no Ag 1368105/PR, Rel. Ministra NANCY ANDRIGHI, TERCEIRA TURMA, julgado em 28/05/2013, DJe 04/06/2013).

2. Se a massa falida figura como parte em processo diverso daquele em que se processa a falência, é dever do síndico juntar cópia do ato de nomeação e do termo de compromisso que o habilitou. Se não o fizer, tem-se por irregular a representação processual.

3. Não se admite, nas instâncias extraordinárias, a regularização da representação processual após a interposição do recurso.

4. Agravo regimental a que se nega provimento.

(AgRg no AREsp 81.640/PR, Rel. Ministro ANTONIO CARLOS FERREIRA, QUARTA TURMA, julgado em 05/02/2013, DJe 14/02/2013).

O inciso VI do art. 75 do atual C.P.C. aduz que *a herança jacente ou vacante será representada por seu curador.*

Conforme estabelece o art. 1.819 do Código Civil brasileiro, *falecendo alguém sem deixar testamento nem herdeiro legítimo notoriamente conhecido, os bens da herança, depois de arrecadados, ficarão sob a guarda e administração de um curador, até a sua entrega ao sucessor devidamente habilitado ou à declaração de vacância.*

Realizadas as diligências de arrecadação e ultimado o inventário, nos termos do art.1.820 do Código Civil brasileiro, serão expedidos editais na forma da lei processual, e, decorrido um ano de sua primeira publicação, sem que haja herdeiro habilitado, ou penda habilitação, *será a herança declarada vacante.*

Quando todos os chamados a suceder renunciarem à herança, *será esta desde logo declarada vacante* (art. 1.823 do C.c).

A herança jacente ou vacante será representada em juízo pelo curador nomeado pelo juiz.

O inciso VII do art. 75 afirma que *o espólio é representado pelo inventariante.*

Na abertura da sucessão e havendo processo de inventário, o juiz nomeará um *inventariamente* que irá representar o espólio.

O requerimento de abertura de inventário e de partilha incumbe a quem estiver na posse e na administração do espólio (art. 615 do novo C.P.C.).

Desde a assinatura do compromisso até a homologação da partilha, *a administração da herança será exercida pelo inventariante.*

Até o compromisso do inventariante, *a administração da herança cabe*: a) ao cônjuge ou companheiro, se com o outro convivia ao tempo da abertura da sucessão; b) ao herdeiro que estiver na posse ou administração do bem, e, se houver mais de um nessa condição, ao mais velho; c) ao testamenteiro; d) a pessoa de confiança do juiz, na falta ou escusas das indicadas nos incisos antecedentes, ou quando tiverem de ser afastadas por motivo grave levado ao conhecimento do juiz (art. 1.797 e incisos do C.c.b.).

Assim, até que seja nomeado inventariante, o espólio será representado em juízo pelo seu *administrador provisório.* Nesse sentido eis o seguinte precedente:

> (...).
>
> *2. De acordo com os arts. 985 e 986 do CPC, enquanto não nomeado inventariante e prestado compromisso, a representação ativa e passiva do espólio caberá ao administrador provisório, o qual, comumente, é o cônjuge sobrevivente, visto que detém a posse direta e a administração dos bens hereditários (art. 1.579 do CC/1916, derrogado pelo art. 990, I a IV, do CPC; art. 1.797 do CC/2002).*
>
> (...).
>
> (REsp 777.566/RS, Rel. Ministro VASCO DELLA GIUSTINA (DESEMBARGADOR CONVOCADO DO TJ/RS), TERCEIRA TURMA, julgado em 27/04/2010, DJe 13/05/2010)

A ordem de nomeação de inventariante encontra-se no art. 617 do novo C.P.C.

Nos termos do art. 618 do novo C.P.C, *incumbe ao inventariante representar o espólio ativa e passivamente, em juízo ou fora dele, observando-se, quanto ao dativo, o disposto no art. 75, §1º.*

Quando se tratar de inventariante 'dativo', segundo estabelece o §1º do art. 75 do atual C.P.C., *os sucessores do falecido serão intimados no processo no qual o espólio seja parte.*

Haveria, pela égide do C.P.C. de 1973, um litisconsórcio necessário entre o inventariante dativo e os demais herdeiros com as consequências jurídicas resultantes desse litisconsórcio. Nesse sentido é o seguinte precedente do S.T.J.:

1. O art. 12, § 1º, do CPC refere-se a litisconsórcio necessário.

2. No caso de inventariante dativo, o legislador entendeu que não haveria legitimidade para representação plena do espólio, razão pela qual todos os herdeiros e sucessores são chamados a compor a lide.

3. Recurso Especial não provido.

(REsp 1053806/MG, Rel. Ministro HERMAN BENJAMIN, SEGUNDA TURMA, julgado em 14/04/2009, DJe 06/05/2009).

Porém, não parece que o novo C.P.C. tivesse a intenção de manter esse litisconsórcio necessário, uma vez que o art. 75, §1º, apenas determina a intimação dos sucessores do falecido, a fim de que, se assim desejarem, participem do processo como litisconsortes.

A emenda apresenta pela Câmara dos Deputados é pertinente, pois se o espólio é parte, os demais herdeiros deverão apenas ser intimados do processo quando o inventariante for dativo.

Se durante o processo encerrar-se o inventário, cessa a legitimação processual do inventariante, devendo ser oportunizada a habilitação dos herdeiros. Nesse sentido eis o seguinte precedente do S.T.J.:

I – Encerrado o inventário, com a homologação da partilha, esgota-se a legitimidade do espólio, momento em que finda a representação conferida ao inventariante pelo artigo 12, V, do Código de Processo Civil.

II – Dessa forma, é necessário que o Juiz possibilite, aos herdeiros, sua habilitação, em prazo razoável, para fins de regularização da substituição processual, por força dos princípios da celeridade e da economia processual.

III – Recurso especial improvido.

(REsp 1162398/SP, Rel. Ministro MASSAMI UYEDA, TERCEIRA TURMA, julgado em 20/09/2011, DJe 29/09/2011)

Sobre o tema, eis ainda os seguintes precedentes do S.T.J.:

(...).

4. A ausência de suspensão do processo e de instauração de procedimento de habilitação não gera nulidade do processo se o inventariante, representante do espólio, intervém no feito, operando a sucessão processual, nos termos do art. 43 do CPC.

5. Segundo o princípio da instrumentalidade das formas, não se decreta nulidade sem prejuízo (pas de nullité sans grief).

6. Ação rescisória julgada improcedente.

(AR.495/SP, Rel. Ministro RICARDO VILLAS BÔAS CUEVA, SEGUN-DA SEÇÃO, julgado em 08/02/2012, DJe 31/05/2012).

(...).

1. A inobservância do artigo 265, I, do CPC, que determina a suspensão do processo a partir da morte da representante legal do espólio, enseja apenas nulidade relativa, sendo válidos os atos praticados, desde que não haja prejuízo aos interessados. A norma visa preservar o interesse particular do espólio e dos herdeiros do falecido e, não tendo sido causado nenhum dano a eles, não há por que invalidar os atos processuais praticados.

2. É necessária a suspensão do processo para a regularização da representação legal do espólio, nos termos do artigo 265, I e § 1º do CPC.

3. Agravo regimental provido.

(AgRg no AgRg no REsp 839.439/MS, Rel. Ministro JOÃO OTÁVIO DE NORONHA, QUARTA TURMA, julgado em 05/08/2010, DJe 19/08/2010)

(...).

1. Sendo o espólio representado pelo inventariante, nos termos do artigo 12 do CPC, não há necessidade de processo especial à habilitação daquele, pois esta se deu na pessoa do seu inventariante, regularizando-se a relação processual, nos termos do artigo 1060 do Código Processual Civil, que a possibilita nos próprios autos da ação principal, sem necessidade de ação autônoma para essa finalidade.

(...).

(REsp 784.634/GO, Rel. Ministro LUIS FELIPE SALOMÃO, QUARTA TURMA, julgado em 19/08/2010, DJe 19/11/2010)

(...).

2. Conforme entendimento do STJ, "com a morte, a transmissão do patrimônio se dá, diretamente, do de cujus para os herdeiros. Antes da partilha, porém, todo o patrimônio permanece em situação de indivisibilidade, a que a lei atribui natureza de bem imóvel (art.

79, II, do CC/16). Esse condomínio, por expressa disposição de lei, em juízo, é representado pelo inventariante. Não há, portanto, como argumentar que a universalidade consubstanciada no espólio, cuja representação é expressamente atribuída ao inventariante pela Lei, seja parte ilegítima para a ação proposta pelo herdeiro." (REsp 1080614 / SP, Relatora Ministra Nancy Andrighi – Terceira Turma DJe 21/09/2009) 3. A dissolução do casamento pela morte dos cônjuges não autoriza que

CÓDIGO DE PROCESSO CIVIL

a partilha de seus bens particulares seja realizada por forma diversa da admitida pelo regime de bens a que submetido o casamento.

Estabelecido o regime de separação de bens mediante pacto antenupcial, inviável o pedido de meação formulado pelo cônjuge supérstite.

(...).

(REsp 689.703/AM, Rel. Ministro LUIS FELIPE SALOMÃO, QUARTA TURMA, julgado em 20/04/2010, DJe 27/05/2010)

1. Há evidente ausência dos pressupostos processuais da ação mandamental em que o espólio pretende reivindicar em favor dos herdeiros e em detrimento da companheira do falecido, anistiado político, valor referente à indenização por anistia política.

2. Ilegitimidade da parte porque a ausência de comprovação da condição de inventariante e de herdeira impossibilita a constituição de relação processual válida, quanto à representação do Espólio.

3. Inadequação da via eleita pois o pleito envolve direito de terceiro (convivente), que deverá participar da lide e produzir provas, situação incompatível com o rito do mandado de segurança.

(...).

(MS 14.205/DF, Rel. Ministro HUMBERTO MARTINS, PRIMEIRA SEÇÃO, julgado em 09/09/2009, DJe 18/09/2009).

(...).

1. Embora fosse irregular a representação processual do autor (espólio) no momento do ajuizamento da ação, tal irregularidade restou sanada pela posterior nomeação do inventariante. Inteligência do art. 462 do CPC. Precedentes.

2. Recurso especial conhecido e improvido.

(REsp 820.632/RJ, Rel. Ministro ARNALDO ESTEVES LIMA, QUINTA TURMA, julgado em 15/04/2008, DJe 16/06/2008)

O inciso VIII do art. 75 do atual C.P.C. preceitua que *a pessoa jurídica, por quem os respectivos atos constitutivos designarem ou, não havendo essa designação, por seus diretores.*

As pessoas jurídicas são de direito público interno e externo, e de direito privado.

O dispositivo ora comentado trata das pessoas jurídicas de direito privado.

São pessoas jurídicas de direito privado, nos termos do art. 44 e incisos do Código Civil brasileiro: *a) as associações; b) as sociedades; c) as fundações; d) as organizações religiosas; e) os partidos políticos.*

O ato constitutivo da pessoa jurídica deve indicar *o modo por que se administra e representa, ativa e passivamente, judicial e extrajudicial* (art. 46, inc. III do C.c.b.).

Em relação à *sociedade empresária*, o ato constitutivo deverá indicar *as pessoas naturais incumbidas da administração da sociedade, e seus poderes e atribuições* (art. 997, inc. VI do C.c.b.).

O administrador nomeado por instrumento em separado deve averbá-lo à margem da inscrição da sociedade.

A administração da sociedade, nada dispondo o contrato social, *compete separadamente a cada um dos sócios* (art. 1.013 do C.c.b.).

A *sociedade limitada* é administrada por uma ou mais pessoas designadas no contrato social ou ato separado (art. 1060 do C.c.b.).

Em caso de dissolução e *liquidação* da sociedade, ela será representada por um *liquidante*, o qual irá *representar a sociedade*, nos termos do art.1.105 do C.c.b. Aliás, sobre o tema eis a seguinte decisão do S.T.J.:

(...).

1. A pessoa jurídica já dissolvida pela decretação da falência subsiste durante seu processo de liquidação, sendo extinta, apenas, depois de promovido o cancelamento de sua inscrição perante o ofício competente. Inteligência do art. 51 do Código Civil.

2. O ajuizamento de execução fiscal sem a menção "massa falida" não importa erro quanto à identificação da pessoa jurídica devedora, mas, apenas, mera irregularidade que diz respeito à sua representação processual e que pode ser sanada durante o processamento do feito.

3. Não é o caso de substituição da CDA, nem redirecionamento da execução fiscal, sendo, portanto, inaplicável a Súmula 392/STJ.

4. Recurso especial provido.

(REsp 1359273/SE, Rel. Ministro NAPOLEÃO NUNES MAIA FILHO, Rel. p/ Acórdão Ministro BENEDITO GONÇALVES, PRIMEIRA TURMA, julgado em 04/04/2013, DJe 14/05/2013)

Portanto, as pessoas jurídicas de direito privado serão presentadas ativa e passivamente em juízo por quem os respectivos atos constitutivos designarem ou, não havendo essa designação, por seus diretores.

Porém, será reconhecida a legitimidade da representação processual da pessoa jurídica de direito privado, por pessoa que receba a citação advinda do poder judiciário, não opondo de imediato sua falta de representação. Trata-se da aplicação da chamada *teoria da aparência* na questão da representação processual da pessoa jurídica.

Nesse sentido é a Súmula 168 do S.T.J.

CÓDIGO DE PROCESSO CIVIL

Sobre o tema, eis as seguintes decisões do Superior Tribunal de Justiça:

(...).
2. Ademais, a Segunda Seção deste Superior Tribunal de Justiça firmou entendimento consentâneo com o do Acórdão embargado, considerando válida a citação da pessoa jurídica quando esta é recebida por quem se apresenta como representante legal da empresa e recebe a citação sem ressalva quanto à inexistência de poderes de representação em juízo, fazendo prevalecer a teoria da aparência.
Incide, à hipótese, o óbice da Súmula 168/STJ.
3. Agravo Regimental improvido.
(AgRg nos EAREsp 402.052/MS, Rel. Ministro SIDNEI BENETI, SEGUNDA SEÇÃO, julgado em 28/05/2014, DJe 11/06/2014)

(...).
1. "Aplicação do entendimento prevalente da Corte Especial no sentido de adotar-se a Teoria da Aparência, reputando-se válida a citação da pessoa jurídica quando esta é recebida por quem se apresenta como representante legal da empresa e recebe a citação sem ressalva quanto à inexistência de poderes de representação em juízo" (AgRg nos EREsp nº 205.275/PR, Relatora Ministra Eliana Calmon, Corte Especial, DJ 28/10/2002).
(...).
(AgRg no AREsp 331.656/MT, Rel. Ministro RICARDO VILLAS BÔAS CUEVA, TERCEIRA TURMA, julgado em 21/11/2013, DJe 27/11/2013)

(...).
1. Reputa-se válida a citação da pessoa jurídica por intermédio de quem se apresenta na sede da empresa como seu representante legal e recebe a citação sem ressalva de que não possui poderes para tanto.
Precedentes desta Corte: AGA 441507/RJ, Relator Ministro Aldir Passarinho Júnior, 4ª Turma, DJ de 22/04/2003; AERESP 205275/PR, Relator Ministra Eliana Calmon, Corte Especial, DJ de 28/10/2002; RESP 302403/RJ, Relator Ministra Eliana Calmon, 2ª Turma, DJ de 23/09/2002.
(...).
(AgRg no Ag 736.583/MG, Rel. Ministro LUIZ FUX, PRIMEIRA TURMA, julgado em 14/08/2007, DJ 20/09/2007 p. 223).

(...).
1. Em se tratando de citação de pessoa jurídica, o Superior Tribunal de Justiça adota a teoria da aparência, segundo a qual, consideram-se válidas as citações ou intimações

ART. 75

feitas na pessoa de quem, sem nenhuma reserva, identifica-se como representante da empresa, mesmo sem ter poderes expressos de representação, e assina o documento de recebimento, sem ressalvas. Precedentes.

(...).

(AgRg no AREsp 284.545/RJ, Rel. Ministro LUIS FELIPE SALOMÃO, QUARTA TURMA, julgado em 19/03/2013, DJe 26/03/2013).

É importante salientar que *se a administração da pessoa jurídica vier a faltar, o juiz, a requerimento de qualquer interessado, nomear-lhe-á administrador provisório* (art. 49 do Código Civil brasileiro.

Sobre o tema, eis o seguinte precedente do S.T.J.:

(...).

2. A jurisprudência do STJ é firme em não exigir a juntada do contrato social ou estatuto da sociedade para a finalidade de comprovação da regularidade da representação processual, podendo tal determinação ser cabível em situações em que pairar dúvida acerca da representação societária, circunstância não verificada no caso em apreço.

3. Agravo Regimental não provido.

(AgRg no AREsp 257.079/DF, Rel. Ministro HERMAN BENJAMIN, SEGUNDA TURMA, julgado em 18/12/2012, DJe 15/02/2013)

(...).

1. A pessoa jurídica – ente evidentemente abstrato – se faz representar por pessoas físicas que compõem seus quadros dirigentes.

Se a própria diretora geral, mesmo não sendo a pessoa indicada pelo estatuto para falar judicialmente em nome da associação, recebe a citação e, na ocasião, não levanta nenhum óbice ao oficial de justiça, há de se considerar o ato de chamamento válido, sob pena de, consagrando exacerbado formalismo, erigir inaceitável entrave ao andamento do processo.

2. "Aplicação do entendimento prevalente da Corte Especial no sentido de adotar--se a Teoria da Aparência, reputando-se válida a citação da pessoa jurídica quando esta é recebida por quem se apresenta como representante legal da empresa e recebe a citação sem ressalva quanto à inexistência de poderes de representação em juízo" (AgRg nos EREsp 205275/PR, CORTE ESPECIAL, Rel. Ministra ELIANA CALMON, DJ de 28/10/2002).

(EREsp 864.947/SC, Rel. Ministra LAURITA VAZ, CORTE ESPECIAL, julgado em 06/06/2012, DJe 31/08/2012)

1. A jurisprudência desta Corte é uníssona do sentido de que cabe exigir-se, no agravo, as procurações e os substabelecimentos sucessivos, mas a apresentação dos atos constitutivos da pessoa jurídica e da eleição ou indicação de seu representante legal para fins de outorga de mandato deve ser reservado ao feito principal, salvo quando haja fundada dúvida sobre a habilitação do outorgante da procuração ao advogado.

2. Agravo regimental não provido.

(AgRg no AgRg no Ag 1422477/AL, Rel. Ministro MAURO CAMPBELL MARQUES, SEGUNDA TURMA, julgado em 18/10/2011, DJe 24/10/2011)

1. Embora no conceito de administração da sociedade anônima se possa incluir a diretoria e o conselho de administração, apenas os diretores são representantes da sociedade, nos termos do art. 138, § 1º, parte final, da Lei 6.404/76, sujeitos às restrições de ordem pessoal, insculpidas nos arts. 34, 35 e 37 da Lei de Falência anterior (DL 7.661/45).

(...).

3. Portanto, o membro de conselho de administração não é representante legal de sociedade anônima e a ele não se aplica, em regra, a norma do art. 37 da antiga Lei de Falência, salvo se, por cláusula estatutária ou por ter de fato extrapolado as funções meramente deliberativas do conselho, tiver se envolvido na administração da companhia.

4. In casu, o MM. Juiz não apenas adotara a interpretação do citado art. 37, prestigiada pelo eg. Tribunal estadual e ora afastada, mas também levara em conta, em sua decisão, que "quem dirigia a empresa, na prática," era a conselheira, ora recorrente, invocando depoimentos colhidos nos autos.

(...).

(REsp 410.752/SP, Rel. Ministro RAUL ARAÚJO, QUARTA TURMA, julgado em 26/02/2013, DJe 01/07/2013).

Estabelece o inciso IX do art. 75 do atual C.P.C. que *a sociedade e a associação irregulares e outros entes organizados sem personalidade jurídica, pela pessoa a quem couber a administração de seus bens.*

O Código Civil brasileiro considera sociedade *não personificada* a *sociedade em comum* (arts. 986 a 990 do C.c.b.) e a *sociedade em conta e de participação* (arts. 991 a 996 do C.c.b.).

Em relação à sociedade *em comum*, preceitua o art. 986 do Código Civil brasileiro: *"Enquanto não inscritos os atos constitutivos, reger-se-á a sociedade, exceto por ações em organizações, pelo disposto neste Capítulo, observadas, subsidiariamente e no que com ele forem compatíveis, as normas da sociedade simples".*

A sociedade em comum, portanto, pode ser considerada aquela em que ainda não foram inscritos na Junta Comercial ou no Cartório de Registro Civil de pessoa jurídica os atos constitutivos, assim como aquela que apresenta *irregularidade* em seus atos constitutivos.

Já em relação à sociedade em *conta de participação*, aduz o art. 991 do Código Civil brasileiro:

> *"Na sociedade em conta de participação, a atividade constitutiva do objeto social é exercida unicamente pelo sócio ostensivo, em seu nome individual e sob sua própria e exclusiva responsabilidade, participando os demais do resultado correspondente".*

Neste tipo de sociedade há duas espécies de sócio: o sócio ostensivo e o denominado sócio oculto, aquele que não aparece nos atos constitutivos da sociedade.

A constituição da sociedade em conta de participação se dá independentemente de qualquer formalidade e pode provar-se por todos os meios de direito, nos termos do art. 992 do Código Civil brasileiro.

A emenda apresentada pela Câmara dos Deputados, além de mencionar as sociedades, também menciona as associações irregulares e outros entes organizados sem personalidade jurídica.

Portanto, seja sociedade, associações ou outros entes organizados sem personalidade jurídica, a sua representação dar-se-á pela pessoa a quem couber a administração de seus bens.

É importante salientar que o *§2º do art. 75* do atual C.P.C. preconiza que *a sociedade ou associação sem personalidade jurídica não poderá opor a irregularidade de sua constituição quando demandada.*

Aplica-se o *brocardo*: *ninguém poderá valer-se de sua própria torpeza.*

O inciso X do art. 75 do atual C.P.C. preceitua que *a pessoa jurídica estrangeira, pelo gerente, representante ou administrador de sua filial, agência ou sucursal aberta ou instalada no Brasil.*

O Código Civil brasileiro regulamenta as *sociedades estrangeiras* nos artigos 1.134 a 1.141.

A sociedade *estrangeira*, qualquer que seja o seu objeto, não pode, sem autorização do Executivo, funcionar no país, ainda que por estabelecimentos subordinados, podendo, todavia, ressalvado os casos expressos em lei, ser acionista da sociedade anônima brasileira (art. 1.134 do C.c.).

A sociedade autorizada não pode iniciar sua atividade antes de inscrita no registro próprio do lugar em que se deva estabelecer (art. 1.136 do C.c.). No termo de registro deverá constar a individuação de seu representante permanente.

Segundo preceitua o art. 1.138 e seu parágrafo único do Código Civil brasileiro, *a sociedade estrangeira autorizada a funcionar é obrigada a ter, permanentemente,* representante no Brasil, com poderes para resolver quaisquer questões e receber citação judicial pela sociedade. O representante somente pode agir perante terceiros depois de arquivado e averbado o instrumento de sua nomeação.

Já o §3º do art. 75 do novo C.P.C. preceitua que o *gerente da filial ou agência presume-se autorizado pela pessoa jurídica estrangeira a receber citação para qualquer processo.* Evidentemente que se trata de uma *presunção relativa,* isto é, *iuris tantum* e não de uma *presunção absoluta,* ou seja, *iuri et de iuri.*

O inciso X do art. 75 do atual C.P.C. estabelece que *o condomínio será representado pelo administrador ou pelo síndico.*

O condomínio pode ser *geral – voluntário* ou *edilício.*

No condomínio *geral voluntário* cada condômino pode usar da coisa conforme sua destinação, sobre ela exercer todos os direitos compatíveis com a indivisão, reivindicá-la de terceiro, defender a sua posse e alhear a respectiva parte ideal, ou gravá-la (art. 1.314 do C.c.).

Por sua vez, estabelecem os artigos 1.323 e 1.324 do Código Civil brasileiro:

> *"Art. 1.323. Deliberando a maioria sobre a administração da coisa comum, escolherá o administrador, que poderá ser estranho ao condomínio; resolvendo alugá-la, preferir-se-á, em condições iguais, o condômino ao que não o é".*
>
> *"Art. 1.324. O condômino que administrar sem oposição dos outros presume-se representante comum".*

Já no condomínio *edilício,* os condôminos nomearão um *síndico* para administrar o condomínio, nos termos do art. 1.347 do C.c.b. que assim dispõe: *"A assembleia escolherá um síndico, que poderá não ser condômino, para administrar o condomínio, por prazo não superior a dois anos, o qual poderá renovar-se".*

Compete ao Síndico *representar, ativa e passivamente, o condomínio, praticando, em juízo, ou fora dele, os atos necessários à defesa dos interesses comuns* (art. 1.348, inc. II do C.c.b.).

Sobre o tema, eis os seguintes precedentes do S.T.J.:

> *– O Condomínio, representado pelo Síndico, é parte legítima para pleitear a reparação dos danos havidos nas partes comuns e nas unidades autônomas do edifício. Inteligência do art. 22, § 1º, "a", da Lei nº 4.591, de 16.12.64. Precedentes.*
>
> *Recurso especial não conhecido.*
>
> (REsp 198.511/RJ, Rel. Ministro BARROS MONTEIRO, QUARTA TURMA, julgado em 24/10/2000, DJ 11/12/2000, p. 203)

ART. 76

Citação pelo correio. Condômino. Carta recebida pelo zelador do prédio que não estava autorizado a representá-lo. Nulidade da citação. Recurso especial conhecido e provido.

(REsp 208.791/SP, Rel. Ministro EDUARDO RIBEIRO, TERCEIRA TURMA, julgado em 25/05/1999, DJ 23/08/1999, p. 123)

Registrada a convenção, o condomínio será representado pelo síndico; não registrada, será representado pelo administrador, incidindo, na espécie, o artigo 640 do Código Civil, cujo teor dispõe que o condômino que administrar sem oposição dos outros presume-se mandatário comum. Recurso especial conhecido e provido.

(REsp 445.693/SP, Rel. Ministra NANCY ANDRIGHI, Rel. p/ Acórdão Ministro ARI PARGENDLER, TERCEIRA TURMA, julgado em 06/03/2003, DJ 23/06/2003, p. 356)

– O Condomínio, representado pelo Síndico, é parte legítima para pleitear a reparação dos danos havidos nas partes comuns e nas unidades autônomas do edifício. Inteligência do art. 22, § 1º, "a", da Lei nº 4.591, de 16.12.64. Precedentes.

Recurso especial não conhecido.

(REsp 198.511/RJ, Rel. Ministro BARROS MONTEIRO, QUARTA TURMA, julgado em 24/10/2000, DJ 11/12/2000, p. 203)

1 – Condôminos – Representação pelo condomínio, por meio do síndico.

Demanda visando a reparação de vícios na construção de que resultaram danos nas partes comuns e nas unidades autônomas.

Legitimidade do condomínio para pleitear indenização por uns e outros. Interpretação da expressão "interesses comuns" contida no artigo 22 § 1º, "a" da Lei 4.591/64.

(...).

(REsp 178.817/MG, Rel. Ministro EDUARDO RIBEIRO, TERCEIRA TURMA, julgado em 03/02/2000, DJ 03/04/2000, p. 146)

Art. 76

Verificada a incapacidade processual ou a irregularidade da representação da parte, o juiz suspenderá o processo e designará prazo razoável para que seja sanado o vício.

§ 1º Descumprida a determinação, caso o processo esteja na instância originária:

I – o processo será extinto, se a providência couber ao autor;

II – o réu será considerado revel, se a providência lhe couber;

III – o terceiro será considerado revel ou excluído do processo, dependendo do polo em que se encontre.

§ 2º Descumprida a determinação em fase recursal perante tribunal de justiça, tribunal regional federal ou tribunal superior, o relator:

I – não conhecerá do recurso, se a providência couber ao recorrente;

II – determinará o desentranhamento das contrarrazões, se a providência couber ao recorrido.

Saneamento ou falta de saneamento da irregularidade de representação processual e seus efeitos

O art. 76 do novo C.P.C., complementando o art. 75 do mesmo diploma legal, estabelece que se o juiz verificar a *incapacidade processual ou a irregularidade da representação das partes,* suspenderá o processo e marcará prazo razoável para ser sanado o defeito.

O prazo a ser estipulado pelo juiz dependerá da complexidade para a apresentação da prova de legítima representação processual da parte.

Não sendo cumprida a determinação judicial no prazo estabelecido, ocorrerão as seguintes consequências, de acordo com a localização do processo na estrutura jurídica do Poder Judiciário, nos termos dos §§1º e 2º do art. 76 do atual C.P.C.:

a) Estando os autos em primeiro grau de jurisdição, o juiz: I – extinguirá o processo, se a providência couber ao autor; II – aplicará pena de revelia, se a providência couber ao réu; III – considerará o terceiro revel, se estiver no polo passivo da demanda, ou excluirá o terceiro da lide, caso esteja no polo ativo da demanda.

A Câmara dos Deputados apresentou emenda ao projeto do Senado, para alterar a expressão *primeiro grau de jurisdição,* para *instância originária.* Essa alteração parece-me apropriada, pois as hipóteses do §1º do art. 75 poderão decorrer de processos de competência originária dos tribunais.

Se a providência de regularização processual couber ao autor, não sendo ela suprida no prazo estabelecido pelo juiz, não haverá outra alternativa a não ser a extinção do processo por falta de um pressuposto processual.

Em relação ao réu, nem sempre o juiz poderá considerar a revelia em razão da falta de representação processual.

ART. 76

Note-se que poderá a parte passiva ter sido citada em pessoa que não detenha representação processual para agir em juízo, como é o caso da citação de pessoa que não seja procurador da União para representá-la. Nesta hipótese, não se pode decretar a revelia, mas, sim, declarar a nulidade da citação, renovando-se o ato na pessoa do procurador da União.

Outrossim, nas hipóteses em que não ocorre revelia, o juiz deverá nomear defensor público ou curador, se for o caso.

A revelia do representante somente poderá ser declarada se o representado foi devidamente citado na pessoa que detinha poderes para receber a citação.

Em relação ao terceiro, como é o caso, por exemplo, do assistente, será excluído do processo se não sanar a falta de representação processual. Se a assistência se der no polo passivo, a consequência será a decretação de sua revelia.

Porém, é importante salientar que se a falta de representação processual do assistente ocorrer ainda na fase de sua admissão do processo, o juiz o excluirá da lide mesmo que a assistência ocorra no polo passivo.

b) Estando os autos em segundo grau de jurisdição, ou no Superior Tribunal de Justiça ou, ainda, no Supremo Tribunal Federal, o relator: a) não conhecerá do recurso, se a providência couber ao recorrente; b) determinará o desentranhamento das contrarrazões, se a providência couber ao recorrido.

Assim, tanto para recorrer como para contra-arrazoar recurso deve a parte ter legitimidade e estar devidamente capacitada para a prática do referido ato processual.

Porém, se essa falta de representação processual deu-se anteriormente, poderá o tribunal anular o processo em razão de falta de um pressuposto processual.

O art. 27 do Código de Processo Civil Português, em relação ao suprimento da incapacidade judiciária e da irregularidade de representação, prescreve as seguintes consequências jurídicas:

Artigo 27º Suprimento da incapacidade judiciária e da irregularidade de representação

1 – A incapacidade judiciária e a irregularidade de representação são sanadas mediante a intervenção ou citação do representante legítimo ou do curador do incapaz.

2 – Se estes ratificarem os atos anteriormente praticados, o processo segue como se o vício não existisse; no caso contrário, fica sem efeito todo o processado posterior ao momento em que a falta se deu ou a irregularidade foi cometida, correndo novamente os prazos para a prática dos atos não ratificados, que podem ser renovados.

3 – Se a irregularidade verificada consistir na preterição de algum dos pais, tem-se como ratificado o processado anterior, quando o preterido, devidamente notificado,

CÓDIGO DE PROCESSO CIVIL

nada disser dentro do prazo fixado; havendo desacordo dos pais acerca da repetição da ação ou da renovação dos atos, é aplicável o disposto no artigo 18º.

4 – Sendo o incapaz autor e tendo o processo sido anulado desde o início, se o prazo de prescrição ou caducidade tiver entretanto terminado ou terminar nos dois meses imediatos à anulação, não se considera completada a prescrição ou caducidade antes de findarem estes dois meses.

Já o art. 29º do Código de Processo Civil português preconiza que:

Artigo 29º Falta de autorização ou de deliberação
1 – Se a parte estiver devidamente representada, mas faltar alguma autorização ou deliberação exigida por lei, é designado o prazo dentro do qual o representante deve obter a respetiva autorização ou deliberação, suspendendo--se entretanto os termos da causa.
2 – Não sendo a falta sanada dentro do prazo, o réu é absolvido da instância, quando a autorização ou deliberação devesse ser obtida pelo representante do autor; se era ao representante do réu que incumbia prover, o processo segue como se o réu não deduzisse oposição.

Sobre o tema eis os seguintes precedentes jurisprudenciais:

(...).
2. Eventual vício existente na regularidade de representação processual deve ser alegado e provado no devido tempo, ou seja, nas instâncias ordinárias ou na primeira oportunidade que a parte tiver acesso aos autos (art. 245 do Código de Processo Civil). Não impugnada a exatidão de documento no momento oportuno, incide o disposto no art. 225 do Código Civil de 2002.
(...).
(AgRg nos EDcl no Ag 985.795/RS, Rel. Ministro HONILDO AMARAL DE MELLO CASTRO (DESEMBARGADOR CONVOCADO DO TJ/AP), QUARTA TURMA, julgado em 06/08/2009, DJe 17/08/2009)

O Art. 243 do CPC impede que o responsável pela nulidade do processo postule sua decretação. Por isso, não é lícita – mas condenável – a atitude da parte que argúi a nulidade do processo com base em vício na própria representação processual.
(REsp 685.744/BA, Rel. Ministro HUMBERTO GOMES DE BARROS, TERCEIRA TURMA, julgado em 21/09/2006, DJ 29/06/2007, p. 580)

ART. 77

1. Não cabe ao STJ reconhecer de ofício as nulidades constantes nos autos, limitando-se esta Corte à análise das questões prequestionadas em recurso especial.

2. A questão da representação do advogado não pode ser examinada, por força da preclusão, uma vez que o recurso especial não apreciou esse aspecto, matéria inteiramente estranha ao processo.

3. Embargos de declaração rejeitados.

(EDcl no REsp 258.021/SP, Rel. Ministra ELIANA CALMON, SEGUNDA TURMA, julgado em 15/03/2005, DJ 09/05/2005, p. 323).

CAPÍTULO II – Dos Deveres das Partes e de seus Procuradores

SEÇÃO I – Dos Deveres

Art. 77

Além de outros previstos neste Código, são deveres das partes, de seus procuradores e de todos aqueles que de qualquer forma participem do processo:

I – expor os fatos em juízo conforme a verdade;

II – não formular pretensão ou de apresentar defesa quando cientes de que são destituídas de fundamento;

III – não produzir provas e não praticar atos inúteis ou desnecessários à declaração ou à defesa do direito;

IV – cumprir com exatidão as decisões jurisdicionais, de natureza provisória ou final, e não criar embaraços a sua efetivação;

V – declinar, no primeiro momento que lhes couber falar nos autos, o endereço residencial ou profissional onde receberão intimações, atualizando essa informação sempre que ocorrer qualquer modificação temporária ou definitiva;

VI – não praticar inovação ilegal no estado de fato de bem ou direito litigioso.

§ 1º Nas hipóteses dos incisos IV e VI, o juiz advertirá qualquer das pessoas mencionadas no *caput* de que sua conduta poderá ser punida como ato atentatório à dignidade da justiça.

§ 2º A violação ao disposto nos incisos IV e VI constitui ato atentatório à dignidade da justiça, devendo o juiz, sem prejuízo das sanções criminais, civis e processuais cabíveis, aplicar ao responsável multa de até vinte por cento do valor da causa, de acordo com a gravidade da conduta.

§ 3º Não sendo paga no prazo a ser fixado pelo juiz, a multa prevista no § 2º será inscrita como dívida ativa da União ou do Estado após o trânsito em julgado da decisão que a fixou, e sua execução observará o procedimento da execução fiscal, revertendo-se aos fundos previstos no art. 97.

§ 4º A multa estabelecida no § 2º poderá ser fixada independentemente da incidência das previstas nos arts. 523, §1º, e 536, §1º.

§ 5º Quando o valor da causa for irrisório ou inestimável, a multa prevista no § 2º poderá ser fixada em até 10 (dez) vezes o valor do salário mínimo.

§ 6º Aos advogados públicos ou privados e aos membros da Defensoria Pública e do Ministério Público não se aplica o disposto nos §§ 2º a 5º, devendo eventual responsabilidade disciplinar ser apurada pelo respectivo órgão de classe ou corregedoria, ao qual o juiz oficiará.

§ 7º Reconhecida violação ao disposto no inciso VI, o juiz determinará o restabelecimento do estado anterior, podendo, ainda, proibir a parte de falar nos autos até a purgação do atentado, sem prejuízo da aplicação do § 2º.

§ 8º O representante judicial da parte não pode ser compelido a cumprir decisão em seu lugar.

Deveres daqueles que de qualquer forma participam do processo

O dispositivo em análise trata dos deveres das partes, dos procuradores e de todos aqueles que de alguma forma participam no processo.

As partes e os intervenientes (terceiros e auxiliares do juiz), além dos direitos e ônus que possuem na relação jurídica processual, também estão sujeitos a importantes deveres processuais.

O primeiro dever é *expor os fatos em juízo conforme a verdade*.

Este dever impede que as partes ou qualquer um que participe no processo (terceiros intervenientes) procedam com a falta de verdade, ou seja, mintam sobre fatos que devam ser analisados em juízo ou circunstâncias que possam interessar à resolução da lide.

A mentira, o engodo, a desonestidade processual deve ser combatida, pois o objetivo do processo é encontrar uma decisão justa para causa, segundo a veracidade dos fatos.

ART. 77

A necessidade de agir conforme a verdade = veracidade, significa que as partes têm o dever de fazer as suas comunicações de fato e enunciados de fato com inteireza, sem omissão que possam alterar a compreensão da veracidade. Quem omite, de jeito a não ser veraz, falta ao dever de veracidade. Quem expõe os fatos como não foram, ou não são, ou diferentemente do que foram, ou são, ainda que só ou nada lhes acrescente, não procede verazmente. As partes têm a escolha dos fatos que hão de apontar ao exame judicial, mas, no expô-los qualquer delas, não pode deformá-los, podá-los, aumentá-los, no que tenham importância para o processo.[361]

Segundo Pontes de Miranda, *"os procuradores e advogados têm dever de veracidade, razão por que, se já conhecem o que procurado ou o cliente conhece, têm de manifestar o que o procurado ou cliente conhece, tal como vieram a conhecer, ou, se ainda não estão inteirados, se devem inteirar, ainda que precisem de prazo, o que se lhes há de deferir. A ocultação de fato que seria relevante para a solução da questão, inclusive a simples alteração, pode caracterizar a infração do dever de veracidade... O dever de verdade nasce entre as partes e o Estado e não entre as partes. Já existe quando existe a pretensão à tutela jurídica e começa de ter de ser observado desde que se inicia o exercício da pretensão à tutela jurídica. Preexiste ao processo, de modo que já o pode infringir quem expõe fatos em petição inicial ou em ação preparatória"*.[362]

Apenas uma correção deverá ser feita a essa lição de Pontes de Miranda; o dever de verdade nasce não só entre as partes e o Estado-Juiz, mas também entre as próprias partes, especialmente em face do que dispõe o princípio da cooperação.

Aduz, ainda, Pontes de Miranda, que *"o dever de veracidade contém em si o 'dever de completitude' (Pflicht zur Vollständigkeit). As partes têm de narrar o ocorrido, expor os fatos, de modo que não omitam o que fundamentaria objeção, exceção, ou réplica, ou outra contra exceção do adverso, salvo se os fatos de que provieram ou provêm são outros, sem ligação jurídica, ou se a exceção é independente. O credor por dívida prescrita não precisa manifestar que se deu o fato da prescrição: ao devedor é que toca opor a exceção...Por isso mesmo que a exigência de completitude apenas é parte da exigência de veracidade, somente consiste em ter a parte de manifestar o que conhece. Não é infração do dever de completitude, nem do dever de veracidade, que o contém, o deixar-se de narrar, expor ou mencionar o que apenas é possível, ou verossímil, sem que tenha certeza o manifestante.*[363]

---

[361] PONTES DE MIRANDA. *Comentários ao código de processo civil*. Tomo I (arts. 1º -79). 2 ed., São Paulo: Ed. Forense, 1957. p. 409.

[362] PONTES DE MIRANDA, idem, ibidem, p. 410.

[363] PONTES DE MIRANDA, idem, ibidem, p. 411.

Com isso, o *dever de completitude* também retira aquela ideia de que o processo seria um jogo, uma disputa, um incessante confronto entre autor e réu.

Quando se diz que no processo haverá uma efetiva cooperação entre as partes e o juiz para a construção de uma decisão final justa e équo, isso significa dizer que, apesar dos interesses divergentes que possam existir numa relação jurídica processual, o certo é que todos devem pautar a sua efetiva participação processual como colaboradores, fornecendo ao juiz subsídios para a construção de uma decisão que possa resolver de forma razoável a pretensão posta em juízo.

Não é outra a afirmação de Kellner: *"Antes de tudo, o princípio da denominada colaboração entre juiz e parte em função do assim denominado acertamento e então da conexão do direito de defesa com fundo 'colaboracionista', é no sentido de que cumpre ao advogado não a tutela dos interesses da parte, que nele recai a própria fidúcia, mas sim aquele de ajudar o juiz a conseguir seu primário objetivo"*.[364]

O termo colaboração significa uma atividade pautada na boa-fé, na verdade processual, na lisura, na transparência, na ética e nas virtudes morais.

Pontes de Miranda, já na época em que comentava o Código de Processo Civil de 1939, advertia: *"As partes e, com elas, os seus procuradores e advogados têm o dever de colaborar com o juiz e os outros auxiliares da justiça na realização do direito objetivo, finalidade do processo, na apuração da verdade e no andamento regular dos feitos. Um povo vale a justiça que tem, a independência que dá a essa justiça e a responsabilidade a que submete os seus juízes. Requisitos, esses, que exigem democracia e liberdade, como princípios de estruturação da vida, e formação moral como princípio de substância. Se a parte, o procurador, ou o advogado, articula, por exemplo, que alguém já faleceu e o faz sabendo que não é verdade, ou, se tem dúvida, servindo-se de testemunhas que deponham conforme os seus interesses, dá-se a figura da alteração intencional da verdade. Não é de mister, para que se componha, ser a afirmação do 'contrário à verdade, ou negativa mesma da proposição que traduziria a realidade dos fatos: basta que a altere, a modifique, a torça, a mascare, a afeiçoe a seus intentos ou de outrem, desde que sabia estar falseando os fatos"*.[365]

Sobre o tema, eis os seguintes precedentes do S.T.J.:

(...).

3. A morte do representante legal das partes, efetivamente, constitui causa para a suspensão do processo, tal como determinado no art. 265, I, do CPC, que confere efeitos

---

[364] MONTELEONE, Girolamo. Intorno al conceitto di verità 'materiale' o 'oggettiva' nel proceso civile. In: *Rivista di Diritto Processuale*. CEDAM, 2009. Volume LXIV (II Serie), Anno 2009, p. 2.

[365] PONTES DE MIRANDA, op. Cit., p. 414.

jurídico-processuais a um dado de realidade trazido aos autos – e aqui reside o ponto nodal para a solução da controvérsia. Ao mesmo tempo em que o ordenamento jurídico prevê a paralisação do processo pela ocorrência de alguma das hipóteses legais previstas, é clara a necessidade de que venha aos autos a informação ou prova da ocorrência dos fatos que dão ensejo à suspensão.

4. Por evidente, ainda que cumpra ao magistrado a presidência do processo (art. 125 CPC), não seria possível – nem razoável – exigir que o juiz fiscalize a manutenção das condições de representação processual das partes a cada novo ato processual. Ao julgador, naturalmente, só é possível atribuir efeitos jurídicos a circunstâncias ocorridos no plano da realidade dos quais tenha conhecimento.

5. As particularidades do caso concreto afastam a violação dos dispositivos legais suscitados diante da existência de liame de causalidade entre a nulidade impugnada e a omissão da parte que deveria informar a juízo o falecimento do seu procurador, conforme interpretação harmônica e sistêmica do ordenamento processual civil que estabelece às partes os deveres de lealdade processual e boa-fé (art. 14, II, do CPC). Nesse contexto, a anulação pleiteada não se coaduna com o princípio da razoável duração do processo, nos termos do art. 5º, LXXVIII, da Constituição da República.

(...).

(REsp 1289312/PR, Rel. Ministro HERMAN BENJAMIN, SEGUNDA TURMA, julgado em 06/06/2013, DJe 26/06/2013).

(...).

2. Aplica-se ao caso, mutatis mutandi, a regra preclusiva inscrita no art. 245 do CPC, que exige da parte, até mesmo por dever de lealdade processual, que na primeira oportunidade de se manifestar nos autos aponte os eventuais vícios que entenda existentes.

(...).

(EDcl no AgRg nos EDcl no REsp 1322694/PA, Rel. Ministro HUMBERTO MARTINS, SEGUNDA TURMA, julgado em 02/05/2013, DJe 16/05/2013).

(...).

2. A reiteração, em sucessivos embargos, de argumentos já repelidos de forma clara e coerente destoa dos deveres de lealdade e cooperação que norteiam o processo civil e autoriza, consoante sedimentada jurisprudência desta Turma, a imposição da multa prevista no art. 538, parágrafo único, do CPC. Precedentes:EDcl nos EDcl no AgRg no REsp 1314090/MG, Rel. Ministro HERMAN BENJAMIN, SEGUNDA TURMA, julgado em 13/11/2012, DJe 19/12/2012, EDcl no AgRg nos EDcl no AREsp 176.058/SP, Rel. Ministro HUMBERTO MARTINS, SEGUNDA TURMA, jul-

gado em 18/09/2012, DJe 25/09/2012 e EDcl nos EDcl no REsp 1280563/MG, Rel. Ministro MAURO CAMPBELL MARQUES, SEGUNDA TURMA, julgado em 17/05/2012, DJe 23/05/2012.

3. Embargos de declaração rejeitados com a imposição de multa de 1% sobre o valor atualizado da causa.

(EDcl nos EDcl no REsp 1174824/SP, Rel. Ministra DIVA MALERBI (DESEMBARGADORA CONVOCADA TRF 3ª REGIÃO), SEGUNDA TURMA, julgado em 19/02/2013, DJe 27/02/2013).

1. Ainda que o dever de arcar com a antecipação dos honorários periciais seja do réu – por ser o autor beneficiário da assistência judiciária gratuita –, é do autor o ônus de provar os fatos constitutivos do seu direito, de sorte que não poderia, de nenhuma forma, ainda que por omissão, contribuir com a não realização da perícia médica para, futuramente, se beneficiar de sua própria desídia. Esse comportamento ofende os deveres de lealdade e boa-fé processual que, de acordo com o art. 14, II, do CPC, devem permear toda e qualquer participação em ação judicial.

2. Recurso especial parcialmente conhecido e, nessa parte, não provido.

(REsp 1143016/ES, Rel. Ministra NANCY ANDRIGHI, TERCEIRA TURMA, julgado em 15/12/2011, DJe 01/02/2012)

Não será considerada violação do dever de lealdade e boa-fé a simples falta de técnica processual. Nesse sentido eis o seguinte precedente do S.T.J.:

(...).

2. O recorrente suscitou a omissão no acórdão recorrido, quanto à inexistência de decisão de arquivamento da execução fiscal, tendo o Tribunal de origem de fato permanecido silente sobre esse tema, o que configura ofensa ao art. 535 do CPC.

3. Mostra-se desproporcional a aplicação da multa prevista no art. 538, parágrafo único, do CPC, quando o recorrente incorre apenas em falta de técnica processual, sem que tenha violado algum dos deveres processuais de lealdade, previstos nos artigos 14 e 17 do CPC.

Precedentes.

4. Recurso especial provido para reconhecer a violação do art. 535 do CPC e excluir a multa aplicada com base no art. 538, parágrafo único, do CPC.

(REsp 1166517/MT, Rel. Ministro CASTRO MEIRA, SEGUNDA TURMA, julgado em 05/06/2012, DJe 14/06/2012)

ART. 77

Diante desse dever de agir segundo a verdade dos fatos, as partes ou os terceiros intervenientes não poderão formular pretensões, nem alegar defesa, cientes de que são destituídas de fundamento. As pretensões e as defesas destituídas de fundamentação nada mais são do que falsas e inverídicas argumentações, uma vez que estão plenamente cientes de que são destituídas de fundamento.

Essa recomendação aplica-se mais ao procurador ou advogado da parte, uma vez que a formulação de pretensão ativa e de defesa são prerrogativas daquele que tem capacidade postulatória. Por sua vez, estabelece o parágrafo único do artigo 32 da Lei 8.906, de 4. 7.94 (Estatuto do Advogado):

"Art. 32. O advogado é responsável pelos atos que, no exercício profissional, praticar com dolo ou culpa.

Parágrafo único. Em caso de lide temerária, o advogado será solidariamente responsável com seu cliente, desde que coligado com este para lesar a parte contrária, o que será apurado em ação própria".

Em complemento, preceitua o art. 34, inc. XIV do Estatuto do Advogado:

"Art. 34. Constitui infração disciplinar:

XIV – deturpar o teor de dispositivo de lei, de citação doutrinária ou de julgado, bem como de depoimentos, documentos e alegações da parte contrária, para confundir o adversário ou iludir o juiz da causa".

Embora seja legítimo às partes defender com firmeza seus interesses em juízo, o certo é que para assim atuarem deverão sempre agir com *lealdade e boa-fé*, uma vez que devem colaborar com o juiz para a persecução de um processo *justo e équo.*

No direito português observam-se algumas hipóteses delineadas pela jurisprudência que caracterizam mácula ao dever de lealdade e boa-fé que deve imperar na relação jurídica processual. Assim, reportando-se aos casos concretos, foram enquadradas dentro da *litigância de má-fé: "a) falta ao dever de probidade e conduta ética: Ac. do STJ de 14.11.91, in BMJ 4111549; b) negação de autoria de assinatura, aposta numa letra de câmbio: Ac da Rel. de Coimbra, de 26.4.88, in BMJ 376º/672; c) negação de dívida que acabou por comprovar-se: Ac de Rel de Évora, de 18.2.94, in CJ, Tomo I, pág. 193; d) a negação de factos pessoais do réu em acção de investigação de paternidade: Ac. da Rel. de Coimbra, de 12.4.88, in BMJ 376/664, Ac. da Rel. de Évora, de 21.4.88, in BMJ 376º/680 e Ac. da Rel. do Porto, de 8.3.90, in CJ, tomo II, pág. 206; e) a negação de factos pessoais do réu em acção de divórcio: Ac. da Rel. de Coimbra, de 12.4.88, in BMJ 376º/663; f) abuso do direito de recorrer: Ac. da Rel. de Lisboa, de 14.10.93, in*

455

CJ, Tomo IV, pág. 149; g) uso anormal do processo (simulação processual entre autor e ré) com vista ao despejo de um prédio ocupado por terceiro: Ac. da Rel. de Lisboa, de 23.2.95, in CJ, tomo I, pág. 140; h) aplicação de sanção, apesar de ter havido desistência do pedido: Ac. de Rel.do Porto, de 3.6.91, in BMJ 408/650; i) afirmação de factos inverídicos e junção de documentos susceptíveis de induzir em erro o tribunal: Ac. do STJ, de 9.2.93, in BMJ 424º/615; j) versão oposta à realidade conhecida: Ac. da Rel. de Évora, de 22.6.95, in CJ, tomo III, pág. 294...".[366]

Em que pese o princípio do contraditório seja a essência do processo democrático moderno, conjugado com o princípio da ampla defesa, o princípio constitucional da celeridade processual também deve ser observado, não só pelo juiz, como pelas partes e pelos terceiros intervenientes. Daí por que não se deve produzir provas, nem praticar atos inúteis ou desnecessários à declaração ou à defesa do direito, devendo o juiz estar atento a essas condutas processuais, indeferindo provas ou diligências inúteis e desnecessárias.

Em razão do princípio processual de *cooperação das partes na busca de um justo processo e de uma justa decisão*, o inciso IV do art. 77 do novo C.P.C. vem ao encontro desta perspectiva do processo civil moderno, impondo às partes, procuradores e todas aqueles que intervêm no processo *cumprir com exatidão as decisões jurisdicionais, de natureza provisória ou final, e não criar embaraços a sua efetivação.*

Sobre o tema, eis o seguinte precedente do S.T.J.:

(...).

2. A reiteração de argumentos já repelidos de forma clara e coerente destoa dos deveres de lealdade e cooperação que norteiam o processo civil e autoriza, consoante sedimentada jurisprudência desta Turma, a imposição da multa prevista no art. 538, parágrafo único, do CPC. Precedentes:EDcl nos EDcl no AgRg no REsp 1314090/MG, Rel. Ministro HERMAN BENJAMIN, SEGUNDA TURMA, julgado em 13/11/2012, DJe 19/12/2012, EDcl no AgRg nos EDcl no AREsp 176.058/SP, Rel. Ministro HUMBERTO MARTINS, SEGUNDA TURMA, julgado em 18/09/2012, DJe 25/09/2012 e EDcl nos EDcl no REsp 1280563/MG, Rel. Ministro MAURO CAMPBELL MARQUES, SEGUNDA TURMA, julgado em 17/05/2012, DJe 23/05/2012.

3. Embargos de declaração rejeitados, com a imposição de multa de 1% sobre o valor atualizado da causa.

(EDcl no AgRg no AREsp 231.570/RS, Rel. Ministra ELIANA CALMON, SEGUNDA TURMA, julgado em 09/04/2013, DJe 17/04/2013)

---

[366] GERALDES, António Santos Abrante. *Temas da reforma do processo civil – 1. princípios fundamentais; 2. fase inicial do processo declarativo.* Coimbra: Almedina, 1997. p. 84 e 85.

ART. 77

Uma das maiores máculas ao princípio da *efetividade da tutela jurisdicional* é justamente o descumprimento das ordens judiciais de caráter executivo ou mandamental, especialmente quando esse descumprimento é fruto de subterfúgios ou articulações de pretensões destituídas de veracidade ou objetividade.

Também é dever da parte e de todos aqueles que de qualquer forma possam atuar no processo declinar *o endereço, residencial ou profissional, onde receberão intimações no primeiro momento que lhes couber falar nos autos, atualizando essa informação sempre que ocorrer qualquer modificação temporária ou definitiva;*

Se não houver a atualização do endereço, segundo prescreve o parágrafo único do art. 274 do atual C.P.C., presumem-se válidas as intimações dirigidas ao endereço constante dos autos, ainda que não recebidas pessoalmente pelo interessado, se a modificação temporária ou definitiva não tiver sido devidamente comunicada ao juízo, fluindo os prazos a partir da juntada aos autos do comprovante de entrega da correspondência no primitivo endereço.

Em relação ao advogado que postula em causa própria, prescreve o 106, incs.I e II, do atual C.P.C. que lhe incumbe declarar, na petição inicial ou na contestação, o endereço, seu número de inscrição na Ordem dos Advogados do Brasil e o nome da sociedade de advogados da qual participa, para o recebimento de intimações, bem como comunicar ao juízo qualquer mudança de endereço. Se o advogado infringir o previsto no inc. II, serão consideradas válidas as intimações enviadas por carta registrada ou meio eletrônico ao endereço constante dos autos.

A Emenda feita pela Câmara dos Deputados inseriu mais um dever importante das partes e de todos aqueles que de alguma forma participam do processo.

Trata-se do dever de não praticar inovação ilegal no estado de fato de bem ou direito litigioso.

O descumprimento desse dever, sob a égide do C.P.C. de 1973, enseja a possibilidade de a parte prejudicada ingressar com a medida cautelar nominada de *atentado.*

Não obstante o novo C.P.C. tenha extinguido as medidas cautelares nominadas, nada impede que a parte ingresse com uma tutela de urgência de caráter cautelar, a fim de que seja restabelecido o *status quo*, antes de inovação indevida do processo.

Estabelece o *§1º do art. 77 do atual C.P.C. nas hipóteses dos incisos IV e VI, o juiz advertirá qualquer das pessoas mencionadas no caput de que sua conduta poderá ser punida como ato atentatório à dignidade da justiça.*

Em complemento, prescreve o *§2º do art.77 do atual C.P.C. a violação ao disposto nos incisos IV e VI constitui ato atentatório à dignidade da justiça, devendo o juiz,* *sem prejuízo das sanções criminais, civis e processuais cabíveis, aplicar ao responsável multa de até vinte por cento do valor da causa, de acordo com a gravidade da conduta.*

Emenda inserida pela Câmara dos Deputados também determinada a aplicação desta sanção para a hipótese de prática de inovação ilegal no estado de fato de bem ou direito litigioso. Havendo inovação indevida no processo, o juiz ordenará o restabelecimento do estado anterior, podendo, ainda, proibir a parte de falar nos autos até a purgação do atentado.

Com base no §2º do art. 77 do atual C.P.C., todas as vezes que a parte ou todo aquele que de qualquer forma deva atuar no processo deixar de cumprir decisões judiciais provisórias ou finais, ou, ainda, criar embaraços à efetivação de pronunciamentos judiciais, de natureza antecipatória ou final, o juiz poderá impor-lhe uma multa de caráter sancionatório de até vinte por cento do valor da causa, dependendo da gravidade da conduta.

A natureza dessa multa não é de caráter *coercitivo*, mas, sim, *sancionatória* da conduta caracterizada como atentatória ao exercício da jurisdição.

É importante salientar que o juiz, antes de aplicar a sanção, alerta a parte ou aquele que de qualquer forma participar do processo, para eventual aplicação da sanção na hipótese da prática de algum dos fatos indicados no §1º do art. 77. Aliás, isso também foi objeto de Emenda pela Câmara dos Deputados.

Sobre o tema, eis o seguinte precedente do S.T.J.:

(...).

3. In casu, o juízo a quo fixou prazo de 10 (dez) dias para cumprimento da obrigação de fazer pela CEF, qual seja, correção de contas vinculadas ao FGTS quanto aos planos Verão e Collor I, sob pena de multa diária a incidir sobre a pessoa do gerente. Trata-se de hipótese de incidente da execução quanto ao cumprimento do julgado, sendo certo que o juízo limitou-se a fixar as astreintes.

4. Tratando-se de figuras distintas, vale dizer: meio de coerção visando o cumprimento da obrigação (astreintes) e sanção de múltiplas consequências (art. 14, V, do CPC), impõe-se a exclusão do "gerente", posto não partícipe da relação processual que gerou a imposição da medida de apoio coercitiva, sob pena de grave violação do due process of law e do contraditório.

5. Destarte, o art. 14, parágrafo único, do CPC refere-se ao "responsável" pelo embaraço à execução do julgado, e este somente surge no processo satisfativo, por isso que quando da emissão do provimento auto executável e mandamental o juízo não podia, antecipadamente, presumir atentado à jurisdição.

6. A função das astreintes é vencer a obstinação do devedor ao cumprimento da obrigação, e incide a partir da ciência do obrigado e da sua recalcitrância.

ART. 77

7. *A valoração do quantum das astreintes revela-se matéria cujo conhecimento é inviável por esta Corte Superior, porquanto inequívoca operação de cunho fático, vedada à cognição do E. STJ (Súmula nº 07).*

8. *Recurso especial parcialmente conhecido e, nesta parte, provido, para excluir o gerente da condenação, mantida a CEF.*

(REsp 679.048/RJ, Rel. Ministro LUIZ FUX, PRIMEIRA TURMA, julgado em 03/11/2005, DJ 28/11/2005, p. 204).

O *§6º do art. 77* do atual C.P.C. estabelece que *aos advogados públicos ou privados e aos membros da Defensoria Pública e do Ministério Público não se aplica o disposto nos §§2º a 5º, devendo eventual responsabilidade disciplinar ser apurada pelo respectivo órgão de classe ou corregedoria, a qual o juiz oficiará.*

É importante salientar, porém, que o Ministério Público não possui órgão de classe sendo que os advogados públicos e defensores públicos respondem disciplinarmente perante as respectivas corregedorias. Daí porque agiu com acerto a Câmara dos Deputados ao apresentar emenda corrigindo a redação deste dispositivo; ao invés de órgão de classe passou a indicar a corregedoria.

É importante salientar que o S.T.J., sob a égide do C.P.C. de 1973, entendeu correta a aplicação da multa em relação ao Ministério Público. Eis o teor da decisão:

(...).

2. Na tentativa de conferir efetividade à ordem mandamental, e por não ter conseguido intimar as autoridades impetradas no dia anterior, o Oficial de Justiça designado compareceu ao local de realização da audiência pública, ocasião em que uma das impetradas, Procuradora do Trabalho, "tão logo tomou ciência da notificação, de microfone em punho, diante do auditório, afirmou que realizaria o evento, pois considerava a decisão ilegal e inconstitucional, razão pela qual não iria obedecê-la". Consta dos autos, ainda, que um Promotor de Justiça do Estado do Paraná, causou "tumultos e pressões", além de ter imposto ao Oficial de Justiça, quando do cumprimento da decisão judicial, a obrigação de falar ao microfone para todo o auditório, com mais ou menos 150 pessoas.

3. De todo o ocorrido, resultou a condenação pessoal da Procuradora do Trabalho e do Promotor de Justiça do Estado do Paraná ao pagamento de multa, no valor equivalente a vinte por cento (20%) do valor da causa atualizado, em virtude de ato atentatório ao exercício da jurisdição (art. 14, V e parágrafo único, do CPC), e a extinção do mandado de segurança, sem resolução de mérito (art. 267, VI, do CPC), por perda de objeto, já que a audiência pública, mesmo em afronta à decisão judicial, foi realizada.

CÓDIGO DE PROCESSO CIVIL

4. O inciso V do art. 14 do Código de Processo Civil, incluído pela Lei 10.358/2001, prevê como dever das partes e de todos aqueles que, de alguma forma, participam do processo, "cumprir com exatidão os provimentos mandamentais e não criar embaraços à efetivação de provimentos judiciais, de natureza antecipatória ou final".

5. Não há como se admitir, no entanto, que um membro do Ministério Público, a quem incumbe a defesa da ordem jurídica, do regime democrático e dos interesses sociais e individuais indisponíveis (art. 127 da CF/88), deixe de dar cumprimento à ordem judicial que suspendeu a realização do evento, sob a alegação de que não era parte na ação mandamental, máxime porque o provimento liminar era extremamente claro no tocante à extensão dos seus efeitos.

6. "Os deveres enumerados no art. 14, pois, são deveres das partes.

E por partes devem-se entender todos os sujeitos do contraditório.

Em outros termos, o conceito de partes a que alude o art. 14 não se refere apenas às partes da demanda (demandante e demandado), mas a todas as partes do processo (incluindo-se aí, também, portanto, os terceiros intervenientes e o Ministério Público que atua como custos legis). É mais amplo ainda, porém, o alcance do art. 14. Isto porque não só as partes, mas todos aqueles que de qualquer forma participam do processo têm de cumprir os preceitos estabelecidos pelo art. 14." (Alexandre Freitas Câmara, "Revista Dialética de Direito Processual", n. 18, p. 9-19, set. 2004).

7. Deixa-se de analisar, por fim, toda a argumentação no sentido de que "o princípio da unidade do Ministério Público (...) não tem o condão de interligar a extremos os papéis autonomamente desempenhados pelos membros dos diversos Ministérios Públicos", pois todos os envolvidos na presente ação tiveram conhecimento da decisão judicial que impedia a realização da audiência pública e, deliberadamente, decidiram desrespeitá-la, em flagrante ato atentatório ao exercício da jurisdição.

8. Recursos especiais desprovidos.

(REsp 757.895/PR, Rel. Ministra DENISE ARRUDA, PRIMEIRA TURMA, julgado em 02/04/2009, DJe 04/05/2009).

Com relação à multa prevista no §2º do art. 77 do atual C.P.C., o valor a ser fixado, de acordo com a gravidade da conduta, será não superior a vinte por cento do valor da causa. Daí porque a importância da fixação do valor da causa, não só para efeito de pagamento das custas processuais, mas também para servir de parâmetro para a fixação da multa estabelecida neste dispositivo.

Segundo estabelece o §5º do art. 77 do atual C.P.C., *quando o valor da causa for irrisório ou inestimável, a multa prevista no § 2º poderá ser fixada em até 10 (dez) vezes o valor do salário mínimo.*

ART. 77

Muitas vezes, ou o valor da causa é irrisório ou inestimável. Nessas hipóteses, o legislador encontrou outra base de cálculo para fixação da multa, no caso, o salário mínimo, ou seja, até dez vezes o valor do salário mínimo nacional.

Preceitua o *§3º do art. 77 do atual C.P.C. que não sendo paga no prazo a ser fixado pelo juiz, a multa prevista no § 2º será inscrita como dívida ativa da União ou do Estado após o trânsito em julgado da decisão que a fixou, e sua execução observará o procedimento da execução fiscal, revertendo-se aos fundos previstos no art. 97.*

No projeto originário n. 166/10, assim como na emenda apresenta pela Câmara dos Deputados ficou consignado que o levantamento da multa dar-se-ia depois do trânsito em julgado da decisão da causa.

Mas quem teria legitimidade para levantar o valor da multa?

A segunda parte do *parágrafo único do art. 14 do* C.P.C. de 1973, revogado, afirmava que *não sendo paga a multa no prazo estabelecido, contado do trânsito em julgado da decisão final da causa, a multa seria inscrita sempre como dívida ativa da União ou do Estado.*

Portanto, sob a égide do C.P.C. de 1973 a multa aplicada tinha natureza administrativa e pertencia à Fazenda Pública.

O novo C.P.C. a natureza dessa multa continua a ser administrativa, pois se não for pagar será ela inscrita como *dívida ativa da União ou do Estado*, dependendo se a causa for de competência da Justiça Federal ou da Justiça Estadual.

Uma vez inscrita a multa em dívida ativa da União ou do Estado, a sua cobrança deverá ocorrer por meio de execução fiscal, tendo por título executivo extrajudicial a certidão de dívida ativa emitida pela procuradoria competente.

O valor cobrado da multa reverterá ao fundo previsto no art. 97 do atual C.P.C.

Estabelece o *§ 4º do art. 77 do atual C.P.C. que a multa estabelecida no § 2º poderá ser fixada independentemente da incidência das previstas nos arts. 523, §1º, e 536, §1º.*

Preceitua o art. 523, §1º, do atual C.P.C.:

Art. 523. No caso de condenação em quantia certa, ou já fixada em liquidação, e no caso de decisão sobre parcela incontroversa, o cumprimento definitivo da sentença far-se-á a requerimento do exequente, sendo o executado intimado para pagar o débito, no prazo de 15 (quinze) dias, acrescido de custas, se houver.

§ 1º Não ocorrendo pagamento voluntário no prazo do caput, o débito será acrescido de multa de dez por cento e, também, de honorários de advogado de dez por cento.

Diz o art. 536, §1º, do atual C.P.C.:

Art. 536. No cumprimento da sentença que reconheça a exigibilidade de obrigação de fazer ou de não fazer, o juiz poderá, de ofício ou a requerimento, para a efetivação da tutela específica ou a obtenção de tutela pelo resultado prático equivalente, determinar as medidas necessárias à satisfação do exequente.

§ 1º Para atender ao disposto no caput, o juiz poderá determinar, entre outras medidas, a imposição de multa, a busca e apreensão, a remoção de pessoas e coisas, o desfazimento de obras e o impedimento de atividade nociva, podendo, caso necessário, requisitar o auxílio de força policial.

Ocorre que, os *princípios gerais de direito* não permitem que seja aplica duas ou mais sanções de natureza idêntica em relação ao mesmo fato, evitando-se desta maneira o *bis in idem*.

Porém, observa-se que a multa prevista no §2º do art. 77 não apresenta a mesma natureza das multas indicadas nos art.s. 523, §1º e 536, §1º, do atual C.P.C.

A multa do §2º do art. 77 do atual C.P.C. tem natureza administrativa e caráter sancionatório pela prática de ato atentatório ao exercício da jurisdição. Seu destinatário é a União ou o Estado.

Por isso, a pena prevista no §2º do art. 77 do atual C.P.C. deve ir para a União ou para o Estado, uma vez que o não cumprimento dos provimentos judiciais ali discriminados demanda incidência de multa com base nos princípios do *contempt of court* do direito inglês. Como no Brasil não é possível a pena de prisão pelo descumprimento de um provimento da natureza civil, a pena de multa faz às vezes da pena de prisão, razão pela qual a sua arrecadação é para o Estado, que teve sua atividade desrespeitada pela parte que praticou a infração administrativa.

Nesse sentido já havia se manifestado um dos autores do anteprojeto do novo C.P.C., Ministro Luiz Fux, no seguinte precedente do S.T.J.:

> *"A multa processual prevista no 'caput' do art. 14 do CPC difere da multa cominatória prevista no art. 461, §§ 4º e 5º, vez que a primeira tem natureza punitiva, enquanto a segunda tem natureza coercitiva a fim de compelir o dever a realizar a prestação determinada pela ordem judicial"* (STJ – 1º T. Resp n. 770.753, Min. Luiz Fux, 27.02.07, DJU 15.3.07).

Já as multas previstas nos arts. 523, §1º e 536, §1º do atual C.P.C. apresentam natureza civil de caráter coercitivo para compelir o devedor a cumprir obrigação imposta em sentença condenatória de quantia certa ou de obrigação de fazer ou não fazer. Seu destinatário é a parte contrária

Por fim, estabelece o *§ 8º do art. 77 do atual C.P.C. que o representante judicial da parte não pode ser compelido a cumprir decisão em seu lugar.*

Evidentemente que se o representante judicial da parte for o advogado, este não poderá ser compelido a cumprir decisão em sua substituição.

Porém, se o representante judicial for aquele que visa a suprir a capacidade para estar em juízo, por exemplo, incapaz, não há sentido de não compelir esta espécie de representante ao pagamento da multa, especialmente em face da incapacidade do representado. Nesse sentido, aliás, é o disposto no art. 544º do C.P.C. português, *in verbis*:

> *Artigo 544º Responsabilidade do representante de incapazes*
> *Quando a parte for um incapaz, a responsabilidade das custas, da multa e da indemnização recai sobre o seu representante que esteja de má-fé na causa.*

Art. 78

É vedado às partes, a seus procuradores, aos juízes, aos membros do Ministério Público e da Defensoria Pública e a qualquer pessoa que participe do processo empregar expressões ofensivas nos escritos apresentados.

§ 1º Quando expressões ou condutas ofensivas forem manifestadas oral ou presencialmente, o juiz advertirá o ofensor de que não as deve usar ou repetir, sob pena de lhe ser cassada a palavra.

§ 2º De ofício ou a requerimento do ofendido, o juiz determinará que as expressões ofensivas sejam riscadas e, a requerimento do ofendido, determinará a expedição de certidão com inteiro teor das expressões ofensivas e a colocará à disposição da parte interessada.

Expressões ofensivas

O art. 78 do novo C.P.C. é uma regra jurídica que não se aplica apenas às partes, mas, sim, a todos aqueles que de qualquer forma intervêm no processo, seja como terceiros, seja como auxiliar do juízo, seja como Membro do Ministério Público.

O Tratamento urbano e respeitoso entre as pessoas que participam do processo é de rigor, não se admitindo expressões injuriosas seja nos atos processuais escritos quanto nos atos processuais orais do processo.

Esse tratamento urbano é dever tanto das partes, advogados públicos e privados, Defensoria Pública, membro do Ministério Público, como para o próprio magistrado, segundo o Código de Ética da Magistratura do C.N.J.

O Código de Ética Iberoamericano de Ética Judicial prescreve em seu art. 48: *"Los deberes de cortesía tienen su fundamento en la moral y su cumplimiento contribuye a un mejor funcionamiento de la administración de justicia.*

Segundo o Código de Ética que regulamente os deveres da advocacia, o advogado tem por obrigação observar o *dever legal de urbanidade*, nos termos do art. 33, parágrafo único da Lei 8.906, de 4.7.94.

Deve-se ressaltar que por *'expressões injuriosas'* entende-se algo mais amplo do que a tipificação penal do crime de injuria, ou seja, no âmbito do processo civil, 'expressões injuriosas' são todas aquelas que possam ser incompatíveis com a linguagem e o estilo forense.

Sobre o dever de lealdade e probidade e de proibição de expressões ofensivas ou inconvenientes, ensina Crisanto Mandrioli: *"Quando examinamos as diversas figuras de situações subjetivas simplesmente fazendo referência aos diversos sujeitos do processo (retro §8º), observamos que as situações de dever são particularmente presente em relação aos órgãos superiores do processo, valoradas também como poderes; enquanto a maior parte das situações que simplesmente são de incumbência das partes são situações de poder, tendo em vista também o fato de que o nosso processo civil está focado na técnica da iniciativa da parte (retro, §21). Observamos também que alguns poderes – configurados pela norma que impropriamente se servem da expressão 'dever', mas que são mais corretamente denominados de 'ônus' – não têm, na realidade, nada a que identificar-se com os autênticos deveres.*

Isso, porém, não significa que no nosso processo não existem deveres próprios das partes. Na realidade aludidos deveres existem, muito embora configurados de maneira genérica, e condensados em poucas normas. Em particular e especialmente é o disposto no art. 88, inc. I, segundo o qual: "as partes e os seus defensores tem o dever de comportar-se em juízo com lealdade e probidade".

Segundo alguns autores esta norma com sua formalização 'moralggiante', resolve-se num reclamo a um comportamento correto, sob o plano ético, em relação à assim denominada 'regra do jogo', e por isso estaria privada de autêntico conteúdo jurídico (Redenti e Satta). Isso porém não é exato, porque de um lado o comportamento leal e probo é assunto da norma que tem por conteúdo um preciso dever, enquanto que de outro lado o modo pelo qual a parte observa ou viola tal dever é pressuposto, em outras normas, como critério de diversas valorações ou frequentemente um fundamento de sanção...

Menos genérica, e, de outra parte, expressa nos termos negativos de proibição, em vez de daqueles afirmativos de dever, é a norma prevista no sucessivo art. 89 que veda às partes e aos seus defensores de usar, nos escritos defensivos e nos discursos pronunciados perante o juiz, expressões inconvenientes e ofensivas. As sanções por eventual violação desta proibição são enunciadas no 2º inciso do mesmo artigo: o juiz pode dispor sobre o cancelamento das expressões, obviamente só enquanto sejam elas escritas, inconvenientes ou ofensivas; de

ART. 78

outro lado, com a sentença que decida a causa, pode assinalar à pessoa ofendida uma soma a título de ressarcimento do dano ainda que não patrimonial, quando as expressões ofensivas não dizem respeito ao objeto da causa. Esta norma está posta em relação com o art. 598 c.p. *que, com referência às expressões que, vice-versa, dizem respeito ao objeto da causa, retira-lhes o estatuto de crime, sujeitando-as a sanções civis...*"[367]

A Corte de Cassação italiana já teve oportunidade de afirmar que as expressões inconvenientes ou ofensivas, como proibição normativa, encontram seus limites nas imprescindíveis exigências de defesa (cfr. Cass. 23 ottobre 1968 n. 3421, in *Giust. Civ.*,1969, I, 907. Afirma, ainda, que o provimento que determina o cancelamento das expressões dos escritos pode ser proferido de *ofício* (Cass. 16 febbraio 1983, n. 1172).

Não se considera *expressões injuriosas* defesas veementes e firmes das pretensões das partes.

Se as expressões injuriosas forem formuladas por escrito, o juiz determinará que sejam riscadas, e se forem pronunciadas em defesa oral, o juiz advertirá ao ofensor, seja ele quem for, que, persistindo, será cassada sua palavra.

Entende o S.T.J. que a determinação do juiz para riscar as expressões injuriosas é mero despacho que não comporta recurso. Nesse sentido é o seguinte precedente:

– O ato do Juiz que manda riscar expressões injuriosas configura-se como despacho sem conteúdo decisório e, portanto, não comporta recurso. Precedentes.
(AgRg no Ag 495.929/SP, Rel. Ministro HUMBERTO GOMES DE BARROS, TERCEIRA TURMA, julgado em 26/10/2006, DJ 18/12/2006, p. 362)

Preceitua o *§ 1º do art. 78* do atual C.P.C. que *quando expressões ou condutas ofensivas forem manifestadas oral ou presencialmente, o juiz advertirá o ofensor de que não as deve usar ou repetir, sob pena de lhe ser cassada a palavra.*

Poderão as expressões injuriosas ser empregadas em audiência, momento em que o juiz deverá advertir o ofensor de que não deve usá-las, sob pena de lhe ser cassada a palavra.

Por fim, prescreve o *§ 2º do art. 78* do atual C.P.C. que de *ofício ou a requerimento do ofendido, o órgão jurisdicional determinará que as expressões ofensivas sejam riscadas e, a requerimento do ofendido, determinará a expedição de certidão com inteiro teor das expressões ofensivas e a colocará à disposição da parte interessada.*

---

[367] MANDRIOLI, Crisanto. *Diritto processuale civile – nozioni introduttive e disposizioni generali.* Diciassettesima edizione. Torino: G. Giappichelli Editore, 2000.p. 345-347.

SEÇÃO II – Da Responsabilidade das Partes por Dano Processual

Art. 79

Responde por perdas e danos aquele que litigar de má-fé como autor, réu ou interveniente.

Litigância de má-fé e perdas e danos

É obvia a constatação de que também a atividade processual jurisdicional, como toda atividade humana, implica em custos decorrentes de atos lícitos ou ilícitos.

É bem verdade que em tese o fundamento do ressarcimento dos danos pressupõe a ilicitude do fato que os causou.

Contudo, os princípios que regem a atividade do autor, réu ou interveniente no âmbito da relação jurídica processual em nenhum momento admitem qualificar de ilícito o comportamento daquele que agiu ou resistiu em juízo aspirando a um provimento favorável, pelo só fato de que o êxito do juízo não foi conforme a esta aspiração.

Na própria noção de ação está implícito o *agir ou resistir em juízo quando ainda não se sabe a quem o juiz dará ou não razão, pois tal fato caracteriza nada mais nada menos do que o exercício de um direito,* que, obviamente permanecerá tal qual ainda que sucessivamente o juiz negue a tutela jurisdicional requerida.

Assim, exercendo-se o direito de ação licitamente, ou seja, *de boa-fé,* o ressarcimento das despesas não terá por fundamento um ato ilícito, mas, sim, o simples insucesso da demanda, uma vez que a parte vitoriosa deve ser reembolsada das despesas processuais.

Portanto, o reembolso das despesas não é decorrente de obrigação proveniente de ato ilícito, mas, sim, um ônus processual pela perda da demanda.

Na realidade, a sucumbência processual decorrente de um ato lícito tem por fundamento o *princípio da causalidade.*

Outra coisa bem diferente é quando o autor, réu ou interveniente age no âmbito da relação jurídica processual de forma desleal, isto é, de má fé, mediante uma demanda ou defesa temerária. Nesta hipótese, o art. 79 do novo C.P.C., assim como já dispusera o art. 16 do C.P.C. de 1973, trata da condenação em perdas e danos processuais daquele que, como autor, réu ou interveniente, pleiteia de má fé.

Conforme anota Giuseppe Chiovenda, a partir do famoso §178 da Ord. Proc. Austríaca, que sanciona a obrigação das partes de dizer a verdade, vasto movimento para a moralização do processo manifestou-se em toda parte, tanto na legislação quanto na doutrina. Sendo o processo um lugar destinado a triunfar a verdade e o direito, não deve esse instituto constituir meio ou ocasião de prática de má fé ou fraude. Com essa perspectiva, abandona-se a concepção individualista do processo, substituída por uma concepção publicista, não hesitante em limitar a liberdade das partes em consideração ao princípio da conduta processual honesta, e que, portanto, estabelece a obrigação de só se utilizar do processo para fins e com meios lícitos.[368]

É importante salientar que a má fé *não se presume*, devendo ser demonstrada e comprovada nos próprios autos em que se postula a indenização por dano processual.

Não se presumindo a má fé, sua caracterização depende da prova de dolo e não de simples culpa daquele que pratica o ato ilícito. Há algumas exceções em que a má fé se presume: CF art. 5º, inc. LXXII, no CDC 87 e na LACP 18.

Sobre o tema, eis os seguintes precedentes do S.T.J.:

1. Não comprovado o dolo na interposição de recurso fica afastada a aplicação da pena imposta no art. 18 do CPC.

2. Agravo regimental a que se nega provimento.

(AgRg no AREsp 306.291/SC, Rel. Ministra MARIA ISABEL GALLOTTI, QUARTA TURMA, julgado em 06/08/2013, DJe 16/08/2013)

2. Não caracteriza litigância de má-fé a interposição de recurso ou meio de defesa previsto em lei, sem se demonstrar a existência de dolo.

3. Agravo interno parcialmente provido, para afastar a multa aplicada de ofício no presente agravo de instrumento.

(EDcl no Ag 1414428/SC, Rel. Ministro RAUL ARAÚJO, QUARTA TURMA, julgado em 15/05/2012, DJe 14/06/2012)

É certo que a doutrina italiana equipara a *culpa grave* ao dolo. Nesse sentido é a seguinte lição de Crisanto Mandrioli, *"naturalmente, porque o ressarcimento dos danos pressupõe um fato ilícito, é claro que este fenômeno verifica-se somente quando o comportamento daquele que há agido ou resistido – comportamento que por si mesmo não se tornou ilícito pelo simples exercício de um direito – tenha assumido modalidade particular que lhe atribuiu o caráter de ilicitude. O que, tratando-se de um exercício de direito, somente se pode verificar na medida em que se transforma em um abuso daquele direito, ou seja, quando o seu exercício ocorre além do seu esquema típico ou além dos limites determi-*

---

[368] CHIOVENDA, Giuseppe. *Instituições de direito processual civil*. Vol. II, Trad. de J. Guimarães Menegale. São Paulo: Edição Saraiva, 1965. p. 370.

nados pela sua função... Assim, quando a parte que há agido ou resistido estava bem ciente de que não tinha qualquer direito a ser pleiteado ou defendido em juízo, age por emulação ou outra razão análoga ou resiste com intento dilatório ou 'defatigatori', esta situação de 'má fé' seria reveladora de um abuso de direito de ação e por isso de um comportamento ilícito. A lei, ao preconizar atos desta ilicitude e ao desenhar, por questão lógica, o fundamento de um autêntico ressarcimento dos danos (art. 96, 1º inciso do c.p.c.) equipara essa à culpa grave (ou seja, à falta de mínima prudência ou consciência das consequências dos próprios atos), segundo uma orientação análoga àquela pela qual, no campo substancial, a culpa grave vem equiparada ao dolo"[369]

Art. 80
Considera-se litigante de má-fé aquele que:

I – deduzir pretensão ou defesa contra texto expresso de lei ou fato incontroverso;

II – alterar a verdade dos fatos;

III – usar do processo para conseguir objetivo ilegal;

IV – opuser resistência injustificada ao andamento do processo;

V – proceder de modo temerário em qualquer incidente ou ato do processo;

VI – provocar incidente manifestamente infundado;

VII – interpuser recurso com intuito manifestamente protelatório.

Hipóteses de litigância de má-fé
Giuseppe Chiovenda, não obstante afirmar que não haveria na legislação italiana formulações genéricas de deveres processuais capazes de gravar a liberdade do litigante mesmo de boa-fé, aduz que é lícito asseverar que impende ao litigante de boa-fé o dever de não: a) sustentar teses de que, por sua manifesta inconsistência, é inadmissível que o litigante esteja convencido; b) afirmar *conscientemente* coisas contrárias à verdade; c) comportar-se em relação ao juiz e ao adversário sem lealdade e correção.[370]

---

[369] MANDRIOLI, Crisanto. *Diritto processuale civile – nozioni introduttive e disposizioni generali.* Diciassettesima edizione. Torino: G. Giappichelli Editore, 2000. p. 356 e 357.
[370] CHIOVENDA, G., op. Cit., loc. Cit.

ART. 80

Por sua vez, não se encontram em nossa legislação formulações genéricas de deveres processuais.

O art. 80 do atual C.P.C. especifica as hipóteses de *má fé* que pode incidir o autor, réu ou interveniente.

Para Nelson Nery Junior e Rosa Maria de Andrade Nery o rol das hipóteses de caracterização objetiva da litigância de má fé é de *numerus clausus*, taxativo.

O art. 80 do novo C.P.C. apresenta as seguintes hipóteses de má fé, a saber: I – deduzir pretensão ou defesa contra texto expresso de lei ou fato incontroverso; II – alterar a verdade dos fatos; III– usar do processo para conseguir objetivo ilegal; IV – opuser resistência injustificada ao andamento do processo; V – proceder de modo temerário em qualquer incidente ou ato do processo; VI – provocar incidentes manifestamente infundados;VII – interpuser recurso com intuito manifestamente protelatório.

Conforme se afirmou, a *má fé* não se *presume*, mas deve ser provada, razão pela qual pode ocorrer que a interpretação formulada pela parte possa dar novo sentido ao texto legal, uma vez que todo texto requer interpretação para sua aplicação.

O inciso I do art. 80 do atual C.P.C. preconiza que a parte ou o interveniente não pode *deduzir pretensão ou defesa contra texto expresso de lei ou fato incontroverso*.

Pode ocorrer que, a princípio, a pretensão possa ser tida como contrária a texto expresso de lei ou a fato que se supõe incontroverso. Contudo, após a instrução do processo a interpretação que a princípio poderia ser considerada contra texto expresso de lei ou contra fato incontroverso, conclua por fenômeno diametralmente oposto.

Portanto, somente numa perspectiva ampla e global, de forma holística, do conteúdo processual é que se poderá afirmar que a pretensão deduzida ou a defesa apresentada é efetivamente contra texto expresso de lei ou fato incontroverso.

Evidentemente que não se pode punir a tentativa de se construir nova tese hermenêutica sobre determinado texto legal, pois a norma se dá pela interpretação e não o contrário.

Sobre o tema, eis os seguintes precedentes do S.T.J.:

> *Estabelece o artigo 17 do Código de Processo Civil reputar-se litigante de má-fé aquele que deduzir pretensão ou defesa contra texto expresso de lei ou fato incontroverso. O Estado não infringiu nenhuma destas hipóteses. Apelou, cumprindo seu dever.*
> *Recurso provido.*
> (REsp 182.525/SC, Rel. Ministro GARCIA VIEIRA, PRIMEIRA TURMA, julgado em 12/11/1998, DJ 22/02/1999, p. 76).

– *não pode o tribunal, sem prova e sem fundamentação, aplicar pena de litigante de ma-fé. A multa só deve ser aplicada quando houver abuso.*
RECURSO PROVIDO.
(REsp 148.222/SC, Rel. Ministro GARCIA VIEIRA, PRIMEIRA TURMA, julgado em 23/10/1997, DJ 15/12/1997, p. 66308).

O inciso II do art. 80 do atual C.P.C. afirma que se caracteriza a má fé pela alteração da verdade dos fatos.

Novamente deve-se ter cuidado de não se confundir uma interpretação errônea sobre a verdade dos fatos, sem dolo, com a intenção premeditada de modificar a suposta verdade dos fatos, uma vez que a verdade é uma concepção que somente será evidenciada, historicamente, após todo o desenvolvimento da relação jurídica processual.

Sobre o tema, eis os seguintes precedentes do S.T.J.:

(...).
Alegam-se: (i) não ser adequada a multa por litigância de má-fé porque as regras do edital são dúbias; e (ii) que a banca examinadora não poderia se "valer de critérios diferenciados nas fases do concurso, dentro de uma mesmo etapa, o que visivelmente viola o direito dos candidatos" (fl. 312).
(...).
4. Por força do art. 17, II, do CPC, cada um dos recorrentes deve arcar com multa por litigância de má-fé, pois se utilizaram do mandado de segurança aduzindo situação fática que não corresponde à realidade dos acontecimentos.
5. Agravo regimental não provido.
(AgRg no RMS 34.823/DF, Rel. Ministro BENEDITO GONÇALVES, PRIMEIRA TURMA, julgado em 21/03/2013, DJe 02/04/2013).

1. Alegando a parte, no recurso especial, a ausência de intimação, que efetivamente ocorreu, para fins de aplicação da multa prevista no artigo 475-J, do CPC, e que se tratava da execução provisória, havendo certidão de trânsito em julgado nos autos, não bastasse a inadmissível inovação de argumentos, a alteração da verdade dos fatos, por duas vezes, atrai a pena por litigância de má-fé.
2. Agravo regimental a que se nega provimento, com aplicação de multa.
(AgRg no REsp 1316557/RS, Rel. Ministra MARIA ISABEL GALLOTTI, QUARTA TURMA, julgado em 27/11/2012, DJe 06/12/2012).

ART. 80

2. As alegações da agravante destoam da verdade dos autos, porquanto as razões transcritas por ela para justificar sua impugnação na forma do artigo 105, III, a, da CF/1988, por afronta aos artigos 1.723, 1.727, 1.521 do CC e 16, I e §3º, da Lei n. 8.213/1991, não foram destacadas do seu recurso especial, mas do recurso da União, o que evidencia a má-fé na sua conduta processual.

3. Considerando a alteração na verdade dos fatos (art. 17, II, do CPC), deve a recorrente ser condenada ao pagamento da multa sancionatória, cujo depósito constituirá condição para a interposição de qualquer outro recurso.

4. Agravo regimental não provido, com aplicação de multa no percentual de 1% (um por cento) do valor corrigido da causa.

(AgRg no AREsp 231.882/PE, Rel. Ministro MAURO CAMPBELL MARQUES, SEGUNDA TURMA, julgado em 05/02/2013, DJe 14/02/2013)

1. O col. Tribunal a quo, com base nas provas carreadas aos autos, concluiu que o agravante incorreu em má-fé, com evidente intuito de alterar a verdade dos fatos, incluindo na execução imóveis que já tinham sido entregues pela construtora.

2. Não há como esta eg. Corte de Justiça reverter tal conclusão, tendo em vista a imprescindibilidade do revolvimento do contexto fático-probatório dos autos, a atrair o óbice da Súmula 7/STJ.

(...).

(AgRg no REsp 776.431/SC, Rel. Ministro RAUL ARAÚJO, QUARTA TURMA, julgado em 23/10/2012, DJe 20/11/2012)

(...).

4. Configura-se, no caso, inequívoca e injustificada alteração da realidade fática, o que implica litigância de má-fé, consoante o art. 17, II, do CPC, mantendo-se, pois, a multa de 1% sobre o valor da causa.

(...).

(EDcl no AgRg no REsp 1260851/RN, Rel. Ministro HERMAN BENJAMIN, SEGUNDA TURMA, julgado em 16/08/2012, DJe 26/06/2013)

O inciso III do art. 80 do atual C.P.C. preconiza que não se pode usar do processo para conseguir objetivo ilegal.

Mas não só objetivo ilegal, também o abuso de direito (que em tese poder-se-ia pensar no exercício de um direito lícito) pode ensejar a litigância de má fé.

E objetivos imorais seria viável?

O sujeito do processo deve agir com *lealdade e boa-fé*, o que significa dizer que preceitos morais também estão inseridos no âmbito da relação jurídica processual, razão pela qual o sujeito processual não poderá utilizar do processo para conseguir objetivos *imorais*.

A lealdade é um valor moral que serve de parâmetro para regular os deveres da parte e de terceiros na relação jurídica processual.

Sobre o tema, eis o seguinte precedente do S.T.J.:

> *(...).*
>
> 5. *Em relação à violação do art. 17 do CPC, o Superior Tribunal de Justiça firmou sua jurisprudência no sentido de que os critérios que orientam a fixação da litigância de má-fé perpassam pela análise do iter processual, que também é matéria fática. Precedentes.*
>
> 6. *A leitura cuidadosa que se faz dos autos revela o caráter protelatório do recurso especial, e, sobre isso, ainda é necessário lançar duas ordens de considerações.*
>
> 7. *A primeira delas tem a ver com o papel do Poder Judiciário e das partes na sistemática processual. A Constituição Federal vigente preconiza de forma muito veemente a necessidade de resolver de forma célere as questões submetidas ao Poder Público (arts. 5º, inc. LXXVIII, e 37, caput), posto que essas demandas dizem com as vidas das pessoas, com seus problemas, suas angústias e suas necessidades.*
>
> *A seu turno, a legislação infraconstitucional, condensando os valores e princípios da Lei Maior, é pensada para melhor resguardar direitos, e não para servir de mecanismo subversivo contra eles.*
>
> 8. *Em tempos de severas críticas ao Código de Processo Civil brasileiro, é preciso pontuar que pouco ou nada adiantará qualquer mudança legislativa destinada a dar agilidade na apreciação de processos se não houver uma revolução na maneira de encarar a missão dos Tribunais Superiores e do Supremo Tribunal Federal.*
>
> 9. *Enquanto reinar a crença de que esses Tribunais podem ser acionados para funcionarem como obstáculos dos quais as partes lançam mão para prejudicar o andamento dos feitos, será constante, no dia-a-dia, o desrespeito à Constituição. Como se não bastasse, as consequências não param aí: aos olhos do povo, essa desobediência é fomentada pelo Judiciário, e não combatida por ele; aos olhos do cidadão, os juízes passam a ser inimigos, e não engrenagens de uma máquina construída unicamente para servi-los.*
>
> 10. *É por isso que, enfrentando situações como a presente, na falta de modificação no comportamento dos advogados – que seria, como já dito, o ideal –, torna-se indispensável que também os magistrados não fiquem inertes, que também eles, além dos legisladores, tomem providências, notadamente quando o próprio sistema já oferece arsenal para tanto.*
>
> 11. *Assim, cabe trazer o art. 17, incs. III e V, segundo o qual "[r]eputa-se litigante de má-fé aquele que [...] usar do processo para conseguir objetivo ilegal [e] provocar*

ART. 80

incidentes manifestamente infundados". Para prevenir essas condutas, dispõe o mesmo diploma normativo que "[o] juiz ou tribunal, de ofício ou a requerimento, condenará o litigante de má-fé a pagar multa não excedente a um por cento sobre o valor da causa e a indenizar a parte contrária dos prejuízos que esta sofreu, mais os honorários advocatícios e todas as despesas que efetuou" (art. 18). E é justamente sobre a aplicação desses artigos que versa a segunda linha de consideração que citei acima.

12. É possível a cumulação da multa cominada pelas instâncias ordinárias com aquela que aqui se aplica, pois a razão de ser da primeira penalidade é diferente da razão de ser da segunda. A primeira penalidade, relembre-se, guarda relação com o fato de que, "consoante nem flagrado pelo ilustre magistrado, os embargantes estão sendo usados como testa-de-ferro ou 'laranjas' dos demais credores que levantaram o dinheiro, dentre eles a própria advogada, a fim de que, por caminho escuso, seja detonada – se me permitem o termo – a decisão desta corte que ordenou a devolução" (fl. 245 – destaque acrescentado).

13. Apesar de não ter sido declinado expressamente em qual dos incisos do art. 17 do CPC tal conduta foi enquadrada, fica evidente que a malversação não ocorreu com base no art. 17, inc. VI, pois os embargos de terceiros não têm natureza recursal (e esse foi o fundamento do acórdão). Por isso, a multa que ora se comina, apesar de também estar baseada no art. 18 da Lei Adjetiva Civil, tem pressuposto fático diverso, sendo lícita a cumulação. Precedentes.

14. Recurso especial não-provido, com aplicação de multa por litigância de má-fé (arts. 17, incs. III e V, e 18 do CPC), determinando-se, ainda, a remessa dos autos à origem para que lá sejam apurados os prejuízos sofridos pela parte adversa e fixados honorários advocatícios e a expedição de ofício à Seccional da Ordem dos Advogados do Brasil no Rio Grande do Sul para que sejam tomadas as providências cabíveis contra a conduta da advogada subscritora do agravo de instrumento (a mesma que subscreveu a inicial dos embargos de terceiros).

(REsp 1102194/RS, Rel. Ministro MAURO CAMPBELL MARQUES, SEGUNDA TURMA, julgado em 09/12/2008, DJe 03/02/2009)

O inciso IV do art. 80 do atual C.P.C. aduz que age de má fé quem opuser resistência injustificada ao andamento do processo.

Se a resistência for justificada, tal fato não caracteriza má fé, e, portanto, não enseja o dano processual.

Pode-se caracterizar como resistência *justificada*, a ocultação de bem próprios e sem qualquer vinculação ao processo, mas que, por errônea decisão judicial, está sujeito à constrição por ordem do juiz. Da mesma forma aquele que por determinação legal ou judicial deve manter o sigilo de informações, não apresenta o conteúdo de um documento exigido pelo juiz.

Sobre o tema, eis os seguintes precedentes do S.T.J.:

(...)
5. Má-fé processual evidenciada pelo fato de estar a impetrante, desde o ano de 2002, buscando a satisfação de um direito assegurado em sentença transitada em julgado. Impossibilidade de fixação de multa e indenização por litigância de má-fé em desfavor do Procurador do Estado. Precedentes da Corte Suprema.

6. Situação fática que demonstra resistência injustificada ao andamento do processo, caracterizando a litigância de má-fé, que justifica a manutenção da multa fixada com fundamento no 538, parágrafo único, do CPC.
(...)
(REsp 1370503/BA, Rel. Ministra ELIANA CALMON, SEGUNDA TURMA, julgado em 04/06/2013, DJe 11/06/2013).

(...).
2. Caracteriza litigância de má-fé a resistência injustificada da parte ao andamento do processo e a interposição de recurso meramente protelatório. A pretensão de se afastar a multa aplicada em decorrência da litigância de má-fé depende do revolvimento do conjunto fático-probatório dos autos. Súmula 7/STJ (AgRg no Ag 1284113/ DF, Relatora Ministra ELIANA CALMON, SEGUNDA TURMA, julgado em 20/04/2010, DJe 03/05/2010).

3. Agravo regimental não provido.
(AgRg no Ag 1165641/RJ, Rel. Ministro LUIS FELIPE SALOMÃO, QUARTA TURMA, julgado em 17/05/2011, DJe 20/05/2011)

(...).
2. O manejo de sucessivas petições requerendo a manifestação desta Corte sobre tema já decidido caracteriza, em razão da resistência injustificada ao andamento do processo e tendo em vista seu intuito manifestamente protelatório, litigância de má-fé por parte do peticionante, nos moldes do artigo 17, incisos IV e VII, do Código de Processo Civil.

3. Pedido de reconsideração não conhecido, aplicada multa de 1% sobre o valor da causa, nos termos do artigo 18 do CPC.
(RCDESP no Ag 1269673/PR, Rel. Ministra MARIA THEREZA DE ASSIS MOURA, SEXTA TURMA, julgado em 21/09/2010, DJe 11/10/ /2010).

(...).

3. A oposição de resistência injustificada ao andamento do processo mediante proposição de incidente manifestamente infundado configura litigância de má-fé.

4. Pedido rejeitado com condenação da parte requerente por litigância de má-fé.

(PET no AgRg no REsp 1076729/RS, Rel. Ministro JOÃO OTÁVIO DE NORONHA, QUARTA TURMA, julgado em 24/11/2009, DJe 07/12//2009)

O inciso V do art. 80 do novo C.P.C. estabelece que não se pode proceder de modo temerário em qualquer incidente ou ato do processo.

Em todos os atos do processo e nos procedimentos, inclusive incidentais, a parte deve agir de forma consciente, segura e prudente, evitando a prática de conduta temerária para o andamento do processo.

Sobre o tema, eis o seguinte precedente do S.T.J.:

(...).

3. Ao apresentar sucessivos embargos com a mesma linha de argumentação, desvinculada da orientação traçada no CPC, está o embargante procedendo de modo temerário e provocando incidentes manifestamente infundados, com o que poderá ser caracterizada sua litigância de má-fé, nos moldes dos arts. 17, V e VI e 18 do CPC.

4. Embargos declaratórios rejeitados.

(EDcl nos EDcl nos EDcl no AgRg na ExSusp . 87/GO, Rel. Ministro RAUL ARAÚJO,

(...).

2. O Tribunal de origem reconheceu que o Município deduziu pretensão contra fato incontroverso – decisão judicial transitada em julgado há mais de 15 anos –, alterou a verdade dos fatos, usou o processo com intuito procrastinatório e procedeu de modo temerário.

3. A jurisprudência do STJ firmou o entendimento de que reconhecida pelas instâncias ordinárias a litigância de má-fé, esta não poderá ser revista, já que a cominação da penalidade envolvendo as condutas processuais da parte na origem, encontra-se óbice na Súmula 7/STJ.

4. Agravo regimental conhecido em parte e, nesta parte, não provido.

(AgRg no Ag 1259714/SP, Rel. Ministra ELIANA CALMON, SEGUNDA TURMA, julgado em 06/04/2010, DJe 16/04/2010)

CÓDIGO DE PROCESSO CIVIL

(...).

III – A reprodução de medida cautelar anterior, extinta sem julgamento de mérito, não autoriza a renovação do debate, porque não infirmados os fundamentos da decisão transitada em julgado, quanto ao seu indeferimento inicial por diversos óbices processuais, como ausência de juízo de admissibilidade pelo Tribunal de origem; aparente inadmissibilidade do recurso especial, ausência dos requisitos específicos da medida cautelar.

IV – É litigante de má-fé aquele que requer o provimento judicial contra texto expresso de lei e procede de modo temerário, tendo como objetivo a suspensão desarrazoada de processo de execução e renovação de lide já exaustivamente apreciada.

(AgRg na MC 3.295/SP, Rel. Ministra NANCY ANDRIGHI, TERCEIRA TURMA, julgado em 15/12/2000, DJ 19/02/2001, p. 161)

O inciso VI do art. 80 do novo C.P.C., em complemento ao inciso V do mesmo dispositivo legal, estabelece que age de má fé aquele que provoca incidentes manifestamente infundado. Um exemplo disso é requerer *de forma temerária, imprudente, sem maior reflexão e* sem qualquer indício de prova a *despersonificação da pessoa jurídica.*

Sobre o tema, eis ainda os seguintes precedentes.

AGRAVO REGIMENTAL NO AGRAVO EM RECURSO ESPECIAL. TRIBUTÁRIO.

1. No caso, o Tribunal local enumerou as atitudes da ora agravante que davam suporte à imposição da multa por ato atentatório à dignidade da justiça – oposição maliciosa à execução e por litigância de má-fé – provocação de incidente manifestamente infundado.

2. O cabimento da aplicação da multa por ato atentatório à dignidade da Justiça está adstrito à existência do elemento subjetivo das hipóteses autorizadoras, intrinsecamente ligado ao acervo fático-probatório dos autos, cujo reexame é vedado a esta Corte, em Recurso Especial, pela Súmula 07/STJ. Precedentes.

2. Agravo Regimental desprovido.

(AgRg no Ag 1358844/SC, Rel. Ministro NAPOLEÃO NUNES MAIA FILHO, PRIMEIRA TURMA, julgado em 06/12/2012, DJe 14/12/2012).

(...).

2. Constatado que, ao contrário do alegado, não houve falha da digitalização, é de se concluir que a alegação infundada, havendo criado incidente processual, de que resultou a procrastinação do desfecho do caso nesta Corte, é nociva ao próprio processo de modernização processual por intermédio da necessária informatização, mas não se

ART. 80

aplica ao caso a multa prevista no artigo 14, parágrafo único, do Código de Processo Civil, pois essa, só pode ser cominada na hipótese do inciso V do mesmo artigo, isto é, quando se tenha criado obstáculo ao cumprimento de um provimento judicial de natureza antecipatório ou final.
3. Embargos de Declaração acolhidos unicamente para reduzir o valor da multa.
(EDcl no AgRg no Ag 1329882/PR, Rel. Ministro SIDNEI BENETI, TERCEIRA TURMA, julgado em 28/06/2011, DJe 01/07/2011)

(...).
3. As instâncias ordinárias, soberanas na apreciação dos fatos da causa, reconheceram a existência de má-fé por parte do Município, ao provocar incidente manifestamente infundado (art. 17, VI, do CPC). A Reforma desse entendimento, de modo a afastar a existência de conduta dolosa capaz de prejudicar a parte contrária, exigiria o revolvimento do arcabouço fático-probatório dos autos, inviável nesta estreita via processual, a teor do enunciado da Súmula 7/STJ.
Precedentes: 4. Agravo regimental não provido.
(AgRg no REsp 1196749/MG, Rel. Ministro BENEDITO GONÇALVES, PRIMEIRA TURMA, julgado em 02/06/2011, DJe 09/06/2011).

(...).
2. A insistência do embargante, procedendo de modo temerário, provocando incidentes e recursos manifestamente infundados e protelatórios, onde a reiteração das alegações não se justifica sob qualquer aspecto, caracteriza sua litigância de má-fé, nos moldes dos arts. 17, V, VI e VII e 18 do CPC.
3. Embargos declaratórios rejeitados, com aplicação de multa (art. 18 do CPC) de 1% sobre o maior valor dentre os das causas que deram origem aos Agravos de Instrumento mencionados na inicial desta Exceção, com determinação de arquivamento do feito, cessando os reiterados recursos temerários.
(EDcl nos EDcl nos EDcl nos EDcl no AgRg na ExSusp . 87/GO, Rel. Ministro RAUL ARAÚJO, SEGUNDA SEÇÃO, julgado em 11/05/2011, DJe 10/06/2011).

1. Afirmada a consonância da tese levantada desde o oferecimento dos embargos à execução com a jurisprudência desta Corte, deve ser afastada a multa por litigância de má-fé fundada em suposto manejo de incidente infundado.
(...).
(AgRg no REsp 293.512/SP, Rel. Ministro PAULO DE TARSO SANSEVERINO, TERCEIRA TURMA, julgado em 28/09/2010, DJe 06/10/2010)

O inciso VII do art. 80 do atual C.P.C. conclui dizendo que parte não pode interpor recurso com intuito manifestamente protelatório, dando concretização ao princípio constitucional da rápida e efetiva tutela jurisdicional.

Considera-se *manifestamente protelatório* o recurso interposto contra Súmula vinculante do S.T.F., decisão proferida em Recursos Repetitivos do S.T.F. ou do S.T.J., manifestamente contrário às provas dos autos.

Sobre o tema, eis os seguintes precedentes do S.T.J.:

> *Agravo regimental no agravo em recurso especial. Civil e processual civil. Eletrificação rural. alegada ilegitimidade passiva. Incidência da súmula 7/stj. Prazo prescricional. Convênio de devolução. Acórdão recorrido em sintonia com o resp 1.249.321/ rs e aplicação da súmula 7/stj. Agravo manifestamente infundado. Recurso protelatório. Multa do art. 557, § 2º., do cpc. Agravo regimental desprovido, com aplicação de multa.*
>
> (AgRg no AREsp 82.073/RS, Rel. Ministro PAULO DE TARSO SANSEVERINO, TERCEIRA TURMA, julgado em 06/08/2013, DJe 12/08/2013).

> *(...).*
>
> *5. Demonstrado o caráter manifestamente protelatório dos embargos de declaração, correta a aplicação da multa prevista no art. 538 do CPC.*
>
> *(...).*
>
> (EDcl no REsp 1344511/DF, Rel. Ministra MARIA ISABEL GALLOTTI, QUARTA TURMA, julgado em 06/08/2013, DJe 15/08/2013).

> *(...).*
>
> *2. A oposição, pela segunda vez, de embargos de declaração a fim de discutir a suposta existência de vícios no julgado já impugnado pelos primeiros aclaratórios constitui prática processual abusiva.*
>
> *3. Embargos de declaração rejeitados, com aplicação de multa de 1% sobre o valor da causa, em conformidade com o art. 538, parágrafo único, do CPC.*
>
> (EDcl nos EDcl no MS 13.583/DF, Rel. Ministro OG FERNANDES, TERCEIRA SEÇÃO, julgado em 26/06/2013, DJe 01/08/2013)

> *TRIBUTÁRIO. PROCESSUAL CIVIL. EMBARGOS DE DECLARAÇÃO NOS EMBARGOS*
>
> *(...).*
>
> *2. "O abuso do direito de recorrer – por qualificar-se como prática incompatível com o postulado ético-jurídico da lealdade processual – constitui ato de litigância maliciosa repelido pelo ordenamento positivo, especialmente nos casos em que a parte interpõe recurso com intuito evidentemente protelatório, hipótese em que se legitima*

a imposição de multa. A multa a que se refere o art. 538, parágrafo único, do CPC possui função inibitória, pois visa a impedir o exercício abusivo do direito de recorrer e a obstar a indevida utilização do processo como instrumento de retardamento da solução jurisdicional do conflito de interesses" (STF, AI 776.337 AgR-segundo-ED-ED/ DF, Segunda Turma, Rel. Min. CELSO DE MELLO, DJe 1º/3/12) 3. Embargos de declaração rejeitados. Condenação da embargante ao pagamento de multa de 1% sobre o valor corrigido da causa.

(EDcl nos EDcl nos EDcl no RMS 36.194/PB, Rel. Ministro ARNALDO ESTEVES LIMA, PRIMEIRA TURMA, julgado em 25/06/2013, DJe 02/08/2013)

(...).
2. Verifica-se, assim, o nítido propósito de rediscutir a decisão e para tanto não se presta a via eleita. Evidente o caráter manifestamente protelatório dos embargos de declaração, o que enseja a aplicação da multa prevista no artigo 538, parágrafo único, do CPC.
3. Embargos de declaração rejeitados, com aplicação de multa.

(EDcl no AgRg no REsp 1327939/RS, Rel. Ministro LUIS FELIPE SALOMÃO, QUARTA TURMA, julgado em 20/06/2013, DJe 28/06/2013)

Na verdade, o art. 80 do novo C.P.C. nada mais é do que um reflexo da normatização prevista no art. 77 do mesmo diploma legal.

O art. 77 do novo C.P.C. estabelece os deveres das partes, dos procuradores e de todos aqueles que intervêm no processo; o art. 80 do mesmo estatuto processual discrimina as hipóteses em que esses deveres são desrespeitados pela prática da má fé.

Por exemplo, o inciso IV do art. 80 é um reflexo direto do inc. IV do art. 77, daí o porquê, insistimos, a multa aplicada segundo as diretrizes do art. 77, §2º, em face da prática de ato atentatório ao exercício da jurisdição, é de incumbência da Fazenda Pública, em decorrência do *contempt of court.*

A parte, em razão da resistência injustificada ao andamento do processo, que pode estar fundada no não cumprimento com exatidão das decisões de caráter executivo ou mandamental ou mesmo pelos embaraços à efetivação de pronunciamentos judiciais, será beneficiada pelo ressarcimento dos danos estabelecidos no art. 81 do novo C.P.C. Essa interpretação tem por objetivo evitar o *bis in idem,* ou a responsabilização em duplicidade pelo mesmo fato ilícito, uma vez que tanto o artigo 77 quanto o artigo 81 falam em *multa* como sanção pelo não cumprimento dos deveres de lealdade das partes.

Art. 81

De ofício ou a requerimento, o juiz condenará o litigante de má-fé a pagar multa, que deverá ser superior a um por cento e inferior a dez por cento do valor corrigido da causa, a indenizar a parte contrária pelos prejuízos que esta sofreu e a arcar com os honorários advocatícios e com todas as despesas que efetuou.

§ 1º Quando forem 2 (dois) ou mais os litigantes de má-fé, o juiz condenará cada um na proporção de seu respectivo interesse na causa ou solidariamente aqueles que se coligaram para lesar a parte contrária.

§ 2º Quando o valor da causa for irrisório ou inestimável, a multa poderá ser fixada em até 10 (dez) vezes o valor do salário mínimo.

§ 3º O valor da indenização será fixado pelo juiz ou, caso não seja possível mensurá-lo, liquidado por arbitramento ou pelo procedimento comum, nos próprios autos.

Condenação do litigante de má-fé ao pagamento de multa e de indenização
Uma vez caracterizada a má-fé em decorrência da prática de qualquer das condutas descritas no artigo 81 do novo C.P.C., o juiz ou tribunal (órgão jurisdicional), de ofício ou a requerimento, condenará o litigante de má-fé, a pagar multa de um por cento e inferior a dez por cento do valor corrigido da causa, e a indenizar a parte contrária pelos prejuízos que esta sofreu, além de honorários advocatícios e de todas as despesas que efetuou.

Emenda apresentada pela Câmara dos Deputados, que não prevaleceu, estabelecia que o valor da multa não poderia ser inferior a um por cento.

Assim, a litigância de má-fé sujeita o seu infrator às seguintes penalizações: a) multa; b) indenização dos prejuízos, inclusive dano moral; c) honorários advocatícios; d) despesas que a parte prejudicada efetuou.

O *§1º do art. 81* do novo C.P.C. preceitua que quando forem 2 (dois) ou mais litigantes de má-fé, o juiz condenará cada um na proporção de seu respectivo interesse na causa ou solidariamente aqueles que se coligaram para lesar a parte contrária.

Melhor teria dito o legislador se a condenação de cada litigante de má fé desse não com base no seu interesse na causa, mas, sim, com base no caráter lesivo da prática da litigância de má fé. Nesta hipótese, a questão do interesse da causa serviria apenas como base de cálculo para a incidência da multa a ser aplicada.

Quando todos os litigantes de má fé juntam-se para lesar a parte contrária, o juiz condenará todos solidariamente.

Pode ocorrer, ainda, que a litigância de má fé ocorra em decorrência de dolo bilateral ou por colusão das partes.

Segundo anota Giuseppe Chiovenda: "Distingue-se em doutrina o dolo processual 'unilateral' praticado por uma das partes para prejudicar a outra, do 'bilateral (colusão), em que as duas partes agem de acordo, de má fé, para induzir em erro o juiz e prejudicar terceiros ou conseguir objetivo não admitido pela lei; o elo 'instrumental' que afeta a atividade processual como tal, ou seja, como meio para influir sobre os resultados do processo, do dolo essencial, que respeita ao mérito da causa, ao próprio objeto do processo".[371]

No caso de dolo bilateral, deve o juiz condenar todas as partes que participaram da litigância de má-fé em solidariedade, sendo que neste caso o valor da multa e a responsabilidade pelos danos serão em favor do Estado, ou de eventual terceiro prejudicado.

Com base nisso, se o dolo processual for bilateral, o juiz deve condenar cada qual de acordo com o seu interesse na causa em favor do terceiro prejudicado.

Em complemento, preceitua o *§2º do art. 81* do novo C.P.C.: *Quando o valor da causa for irrisório ou inestimável, a multa poderá ser fixada em até 10 (dez) vezes o valor do salário mínimo.*

Por vezes, há causa cujo valor é irrisório ou inestimável, razão pela qual esse valor não poderá ser configurado como base de cálculo para a fixação da multa, sob pena de a própria sanção ser considerada irrisória ou ineficaz para a finalidade que lhe foi outorgada pelo legislador.

Assim, nessas hipóteses o legislador encontrou uma outra base de cálculo para a fixação da multa, no caso, o valor do salário mínimo nacional.

Portanto, no caso de valor da causa irrisório ou inestimável, o juiz poderá aplicar a multa até dez vezes o valor do salário mínimo.

Porém, o S.T.F. já sinalizou com a impossibilidade de vinculação ao salário mínimo, mesmo que se trate de aplicação de multa. Nesse sentido, eis os seguintes precedentes:

SALÁRIO MÍNIMO – VINCULAÇÃO – Esbarra na cláusula final do inciso IV do artigo 7º da Constituição Federal a tomada do salário mínimo como parâmetro de cálculo de multa.

(RE 445282 AgR, Relator(a): Min. MARCO AURÉLIO, Primeira Turma, julgado em 07/04/2009, DJe-104 DIVULG 04-06-2009 PUBLIC 05-06-2009 EMENT VOL-02363-05 PP-01034).

---

[371] CHIOVENDA, G., idem, ibidem.

EMENTA: Fixação de horário de funcionamento para farmácias no Municí-pio. **Multa administrativa vinculada a salário mínimo.** *– Em casos análogos ao presente, ambas as Turmas desta Corte (assim a título exemplificativo, nos RREE 199.520, 175.901 e 174.645) firmaram entendimento no sentido que assim vem sin-tetizado pela ementa do RE 199.520: "Fixação de horário de funcionamento para farmácia no Município. Lei 8.794/78 do Município de São Paulo. – Matéria de com-petência do Município. Improcedência das alegações de violação aos princípios consti-tucionais da isonomia, da livre concorrência, da defesa do consumidor, da liberdade de trabalho e da busca ao pleno emprego. Precedente desta Corte. Recurso extraordinário conhecido, mas não provido". – Dessa orientação não divergiu o acórdão recorrido. – O Plenário desta Corte, ao julgar a ADIN 1425, firmou o entendimento de que, ao esta-belecer o artigo 7º, IV, da Constituição que é vedada a vinculação ao salário-mínimo para qualquer fim, "quis evitar que interesses estranhos aos versados na norma cons-titucional venham a ter influência na fixação do valor mínimo a ser observado". Ora, no caso, a vinculação se dá para que o salário-mínimo atue como fator de atualiza-ção da multa administrativa, que variará com o aumento dele, o que se enquadra na proibição do citado dispositivo constitucional. – É, portanto, inconstitucional o § 1º do artigo 4º da Lei 5.803, de 04.09.90, do Município de Ribeirão Preto. Recurso extraordinário conhecido em parte e nela provido, declarando-se a inconstitucionali-dade do § 1º do artigo 4º da Lei 5.803, de 04.09.90, do Município de Ribeirão Preto.* (RE 237965, Relator(a): Min. MOREIRA ALVES, Tribunal Pleno, julgado em 10/02/2000, DJ 31-03-2000 PP-00061 EMENT VOL-01985-05 PP-00914).

Quanto ao valor da indenização pela prática do dolo processual, estabelece o §3º do art. 80 do novo C.P.C. que o valor da indenização será fixado pelo juiz ou, caso não seja possível mensurá-lo, liquidado por arbitramento ou pelo procedi-mento comum, nos próprios autos.

Entendo que agiu com acerto a Câmara dos Deputados ao apresentar uma emenda para retirar a referência ao valor da causa na hipótese de indenização.

Na realidade, o valor da causa somente deve servir de base de cálculo para a fixação da multa, e não para a apuração dos eventuais danos materiais e morais causados à parte vitimada.

Note-se que a indenização deve ser integral e irrestrita, não podendo ficar limitada ao valor da causa.

Se não for possível ao juiz mensurar desde logo o valor da indenização, tal apuração deverá ser realizada por arbitramento ou pelo procedimento comum, tudo isso no mesmo processo.

ART. 82

Porém, se essa liquidação no mesmo processo causar dano à celeridade processual ou mesmo à pretensão da parte vitimada, poderá o juiz determinar que essa apuração se dê em procedimento a parte.

Sob a égide do C.P.C. de 1973, assim se manifestou o S.T.J. em relação a eventuais danos causados pela conduta de advogado:

(...).

2. *"Os danos eventualmente causados pela conduta do advogado deverão ser aferidos em ação própria para esta finalidade, sendo vedado ao magistrado, nos próprios autos do processo em que fora praticada a alegada conduta de má-fé ou temerária, condenar o patrono da parte nas penas a que se refere o art. 18, do Código de Processo Civil" (Resp 1173848/RS, 4ª Turma, Rel. Min. LUÍS FELIPE SALOMÃO, DJe de 10/05/2010 – sem grifos no original).*

(...).

(RMS 27.868/DF, Rel. Ministra LAURITA VAZ, QUINTA TURMA, julgado em 25/10/2011, DJe 11/11/2011).

SEÇÃO III – Das Despesas, dos Honorários Advocatícios e das Multas

Art. 82

Salvo as disposições concernentes à gratuidade da justiça, incumbe às partes prover as despesas dos atos que realizarem ou requererem no processo, antecipando-lhes o pagamento, desde o início até a sentença final ou, na execução, até a plena satisfação do direito reconhecido no título.

§ 1º Incumbe ao autor adiantar as despesas relativas a ato cuja realização o juiz determinar de ofício ou a requerimento do Ministério Público, quando sua intervenção ocorrer como fiscal da ordem jurídica.

§ 2º A sentença condenará o vencido a pagar ao vencedor as despesas que antecipou.

Responsabilidade pelas despesas processuais

Sendo o exercício da jurisdição uma atividade estatal de direito público, seu movimento e continuidade demandam o pagamento de despesas, as quais podem ser consideradas como despesas tributárias (taxas – custas e emolumentos) ou despesas processuais (os honorários periciais, multas impostas às partes, despesas do oficial de justiça, indenizações, diárias, condução de testemunhas, exames médicos etc).

Segundo afirma Yonne Dolácio de Oliveira: *"Custas e emolumentos judiciais e extrajudiciais são taxas remuneratórias de serviços públicos que ensejam o exercício de missão essencialmente estatal: conferir fé -pública e atos e documentos, certificar a legitimidade de situações, possibilitar o exercício de direitos subjetivos privados e públicos, possibilitar a garantia da prestação jurisdicional do Estado"*.[372]

As custas processuais apresentam natureza tributária, mais especificamente de *taxa*, razão pela qual são cobradas compulsoriamente. Essa natureza foi reconhecida pelo S.T.F. no julgamento proferido na ADIN 1298-3. Ver também R.T.J. 67/327; 68/283.

Não se pode confundir custas com outras despesas que a parte realiza no processo.

É certo que o termo despesas processuais abrange tanto as custas como os demais gastos realizados pela parte na condução do processo.

A lei exige que as despesas dos atos processuais sejam antecipadas pela parte que os requer, depositando antecipadamente seu valor.

Essas despesas podem ocorrer tanto no processo de conhecimento como no processo de execução ou no cumprimento de sentença.

A lei determina que as partes deverão antecipar o pagamento das despesas processuais, significando que a antecipação de pagamento poderá provir da parte autora quanto da parte ré.

Embora o artigo 82 do novo C.P.C. somente faça referência às partes, o certo é que também alguns intervenientes (chamamento ao processo, denunciação em garantia ou à lide, assistente etc) devem antecipar o pagamento de despesas de atos processuais.

As despesas podem decorrer de atos processuais como: a) expedição de precatória; b) citação e intimação a ser realizada por oficial de justiça; c) despesas de condução de pessoas ou de coisas; d) despesas para a realização de prova pericial; e) despesas para remessa de processo físico aos tribunais (porte de remessa e retorno de processo) etc.

Ao final do processo, se a parte que realizou as despesas processuais for vencedora, a parte sucumbente irá reembolsá-la por tudo o que despendeu.

Portanto, nenhum ato processual será realizado sem que haja a antecipação do pagamento das despesas processuais, salvo se a parte for beneficiária da justiça gratuita.

---

[372] OLIVERIA. Yonne Dolácio. *A natureza jurídica das custas judiciais.* OAB-SP: Ed. Resenha Tributária, 1092. p. 168/169

ART. 82

Questão interessante é se compete ao réu, no caso de inversão do ônus da prova, pagar as despesas da prova pericial requerida pelo autor. Sobre o tema, assim já se manifestou o S.T.J.:

> (...).
> *1. Cinge-se a controvérsia em saber se a questão de inversão do ônus da prova acarreta a transferência ao réu do dever de antecipar as despesas que o autor não pôde suportar.*
> *2. A inversão do ônus da prova, nos termos de precedentes desta Corte, não implica impor à parte contrária a responsabilidade de arcar com os custos da perícia solicitada pelo consumidor, mas meramente estabelecer que, do ponto de vista processual, o consumidor não tem o ônus de produzir essa prova.*
> (...).
> (AgRg no REsp 1042919/SP, Rel. Ministro HUMBERTO MARTINS, SEGUNDA TURMA, julgado em 05/03/2009, DJe 31/03/2009)

Estabelece o art. 98 do atual C.P.C. que a pessoa natural ou jurídica, brasileira ou estrangeira, com insuficiência de recursos para pagar as custas, despesas processuais e os honorários advocatícios tem direito à gratuidade da justiça, na forma da lei.

Assim, estão dispensados do pagamento antecipado aqueles que intervêm no processo amparado pela gratuidade de justiça regulada pela Lei 1.060, de 5 de fevereiro de 1950. Segundo preceitua o art. 4º da referida lei, *"a parte gozará dos benefícios da assistência judiciária, mediante simples afirmação, na própria petição inicial, de que não está em condições de pagar as custas do processo e os honorários de advogado, sem prejuízo próprio ou de sua família". (Redação dada pela Lei nº 7.510, de 1986).* Por sua vez, o artigo 3º do mesmo diploma legal preceitua que a assistência judiciária compreende as seguintes isenções: a) as taxas judiciárias e os selos; b) os emolumentos e custas devidos aos juízes, órgãos do Ministério Público e serventuários da justiça; c) as despesas com as publicações indispensáveis no jornal encarregado da divulgação dos atos oficiais; d) as indenizações devidas às testemunhas que, quando empregados, receberão do empregador salário integral, como se em serviço estivessem, ressalvado o direito regressivo contra o poder público federal, no Distrito Federal e nos Territórios; ou contra o poder público estadual, nos Estados; e) os honorários de advogado e peritos; as despesas com a realização do exame de código genético – DNA que for requisitado pela autoridade judiciária nas ações de investigação de paternidade ou maternidade.(Incluído pela Lei nº 10.317, de 2001); f) os depósitos previstos em lei para interposição de recurso, ajuizamento de ação e demais atos processuais inerentes ao exercício

CÓDIGO DE PROCESSO CIVIL

da ampla defesa e do contraditório. (Incluído pela Lei Complementar nº 132, de 2009). A publicação de edital em jornal encarregado da divulgação de atos oficiais, na forma do inciso III do art. 3º dispensa a publicação em outro jornal. (Incluído pela Lei nº 7.288, de 1984).

A Lei 9.289, de 4 de julho de 1996, ao tratar das custas devidas à União na Justiça Federal, preceitua em seu art.4º e incisos:

> *Art. 4º São isentos de pagamento de custas:*
>
> *I – a União, os Estados, os Municípios, os Territórios Federais, o Distrito Federal e as respectivas autarquias e fundações;*
>
> *II – os que provarem insuficiência de recursos e os beneficiários da assistência judiciária gratuita;*
>
> *III – o Ministério Público;*
>
> *IV – os autores nas ações populares, nas ações civis públicas e nas ações coletivas de que trata o Código de Defesa do Consumidor, ressalvada a hipótese de litigância de má-fé.*
>
> *Parágrafo único. A isenção prevista neste artigo não alcança as entidades fiscalizadoras do exercício profissional, nem exime as pessoas jurídicas referidas no inciso I da obrigação de reembolsar as despesas judiciais feitas pela parte vencedora.*

Há ainda outras hipóteses de isenção: o autor da ação popular, salvo se agir com provada má fé (art. 5º, inc. LXIII da C.F.).

O art. 18 da Lei 7.347 de 24 de julho de 1985 (Lei da Ação Civil Pública) preconiza que *nas ações de que trata esta lei, não haverá adiantamento de custas, emolumentos, honorários periciais e quaisquer outras despesas, nem condenação da associação autora, salvo comprovada má-fé, em honorários de advogado, custas e despesas processuais (Redação dada pela Lei n. 8.078,90).*

O art. 129, p.ú., da Lei 8.213/91 (Lei de Benefícios da Previdência Social) estabelece que *nos litígios e medidas cautelares relativos a acidentes de trabalho serão isentos do pagamento de quaisquer custas e de verbas relativas à sucumbência.*

É importante salientar que o INSS (União Federal) não tem isenção de custas quando litiga na justiça estadual, nos termos da Súmula 178 do S.T.J.

A Lei 8.078, de 11 de setembro de 1990 (Código de Defesa do Consumidor) *nas ações coletivas de que trata este código não haverá adiantamento de custas, emolumentos, honorários periciais e quaisquer outras despesas, nem condenação da associação autora, salvo comprovada má-fé, em honorários de advogados, custas e despesas processuais.* E o seu *parágrafo único* complementa: *Em caso de litigância de má-fé, a associação autora e os diretores responsáveis pela propositura da ação serão solidariamente condenados em*

ART. 82

honorários advocatícios e ao décuplo das custas, sem prejuízo da responsabilidade por perdas e danos.

Sobre o tema, eis os seguintes precedentes do S.T.J.:

(...).

5. Não se pode confundir ônus da prova com obrigação pelo pagamento ou adiantamento das despesas do processo. A questão do ônus da prova diz respeito ao julgamento da causa quando os fatos alegados não restaram provados. Todavia, independentemente de quem tenha o ônus de provar este ou aquele fato, cabe a cada parte prover as despesas dos atos que realiza ou requer no processo, antecipando-lhes o pagamento (CPC, art. 19), sendo que compete ao autor adiantar as despesas relativas a atos cuja realização o juiz determinar de ofício ou a requerimento do Ministério Público (CPC, art. 19, § 2º).

6. Recursos especiais parcialmente providos.

(REsp 538.807/RS, Rel. Ministro TEORI ALBINO ZAVASCKI, PRIMEIRA TURMA, julgado em 03/10/2006, DJ 07/11/2006, p. 231)

(...).

3. No caso, trata-se de ação proposta por um servidor estadual inativo contra o Estado, ação em que o autor alega ser portador de hepatopatia grave, e por isso pleiteia a isenção do Imposto de Renda retido na fonte sobre os proventos de aposentadoria. Em se tratando de relação tributária, e não relação de consumo, são inaplicáveis ao caso os precedentes desta Corte que determinam a inversão do ônus da prova com base no art. 6º, VIII, do Código de Defesa do Consumidor.

Insta acentuar que as regras do ônus da prova não se confundem com as regras do seu custeio. Nesse sentido: REsp 908.728/SP, 4ª Turma, Rel. Min. João Otávio de Noronha, DJe de 26.4.2010.

4. Não concordando o perito nomeado em realizar gratuitamente a perícia e/ou aguardar o final do processo, deve o juiz da causa nomear outro perito, a ser designado entre técnicos de estabelecimento oficial especializado ou repartição administrativa do ente público responsável pelo custeio da prova, devendo a perícia realizar-se com a colaboração do Judiciário.

5. Recurso especial provido, em parte, apenas para desonerar o Estado de antecipar o pagamento dos honorários periciais, sem imputar ao beneficiário da assistência judiciária, contudo, a responsabilidade pelo adiantamento de tal despesa.

(REsp 935.470/MG, Rel. Ministro MAURO CAMPBELL MARQUES, SEGUNDA TURMA, julgado em 24/08/2010, DJe 30/09/2010)

CÓDIGO DE PROCESSO CIVIL

Estabelece o *§ 1º do art. 82* do atual C.P.C. que *incumbe ao autor adiantar as despesas relativas a ato cuja realização o juiz determinar de ofício ou a requerimento do Ministério Público, quando sua intervenção ocorrer como fiscal da ordem jurídica.*

Tendo em vista que o juiz e o Ministério Público, quando age como fiscal da ordem jurídica, não são partes da relação jurídica processual, as despesas dos atos processuais determinados de ofício pelo primeiro ou requeridos pelo segundo serão antecipadas pela parte autora, salvo se for beneficiada da gratuidade de justiça.

Se a parte autora não antecipar o pagamento das despesas processuais, o processo poderá ser extinto sem resolução de mérito, nos termos do art. 485, inc. III, do atual C.P.C.

A Câmara dos Deputados apresentou emenda para acrescentar o *§2º ao art. 82* do atual C.P.C. com a seguinte redação: *"a sentença condenará o vencido a pagar ao vencedor as despesas que antecipou".*

Conforme ensina Giuseppe Chiovenda: *"A parte vencida é condenada ao pagamento das custas do processo (art. 370). Se várias forem as partes condenadas, repartem-se, proporcionalmente as custas, ou na medida de seu interesse na contenda. Se as partes forem condenadas por obrigação solidária, poderão as custas ser atribuídas a cada qual solidariamente. Caso a sentença não dispuser a repartição, far-se-á proporcionalmente (art. 371).*

O fundamento dessa condenação é o fato 'objetivo' da derrota; e a justificação desse instituto está em que a atuação da lei não deve representar uma diminuição patrimonial para a parte a cujo favor se efetiva; por ser interesse do Estado que o emprego do processo não se resolva em prejuízo de quem tem razão, e por ser, de outro turno, interesse do comércio jurídico que os direitos tenham um valor tanto quanto possível nítido e constante".[373]

Note-se que somente poderá haver derrota da parte quando houver uma sentença e não uma decisão meramente interlocutória.

A obrigação das despesas não surge durante a lide sob a figura de um crédito eventual ou condicional. Só no momento da decisão sobre a demanda, quer dizer, quando se determinar a derrota, nasce, não já o direito do vencedor às despesas, senão o dever do juiz de condenar o vencido nelas, e é unicamente da condenação já estatuída que nasce o direito e a obrigação pelo pagamento das despesas processuais.[374]

Sobre o tema, eis o seguinte precedente do S.T.J.:

---

[373] CHIVENDA, Giuseppe. *Instituições de direito processual civil.* Trad. J. Guimarães Menegale. Vol. III. 2ª ed. São Paulo: Edição Saraiva, 1965. p. 205.
[374] CHIOVENDA, G., idem, p. 209.

488

(...).

2. Cabe ao autor adiantar as despesas relativas a atos cuja realização o juiz determinar de ofício ou a requerimento do Ministério Público (CPC, art. 19, § 2º). Não existe, mesmo em se tratando de ação de desapropriação para fins de reforma agrária, qualquer previsão normativa que obrigue o réu a adiantar as despesas necessárias à realização de ato processual ou à produção de prova pericial que não requereu.

3. Recurso especial parcialmente conhecido e, nessa parte, não-provido.

(REsp 930.486/MT, Rel. Ministro TEORI ALBINO ZAVASCKI, PRIMEIRA TURMA, julgado em 15/05/2008, DJe 29/05/2008)

(...).

6. A atividade desempenhada pelo administrador nomeado pelo magistrado para gerir o estabelecimento penhorado, a par de economicamente conveniente, reveste-se de inequívoca necessidade técnica, peculiar a seu ofício, à sua profissão ou, até mesmo, à ciência da administração, subsumindo-se, em consequência, nas despesas a que alude o artigo 20, parágrafo 2º, do Código de Processo Civil.

7. Sendo o administrador do estabelecimento, como é, assistente técnico nomeado pelo juiz, compete ao exequente, à luz do que enunciam os artigos 598 e 19, parágrafo 2º, do Código de Processo Civil, o adiantamento de sua remuneração.

8. Recurso conhecido para restabelecer a decisão de primeiro grau.

(REsp 346.939/MG, Rel. Ministro HAMILTON CARVALHIDO, SEXTA TURMA, julgado em 20/11/2001, DJ 25/02/2002, p. 467)

Art. 83

O autor, brasileiro ou estrangeiro, que residir fora do Brasil ou deixar de residir no país ao longo da tramitação de processo prestará caução suficiente ao pagamento das custas e dos honorários de advogado da parte contrária nas ações que propuser, se não tiver no Brasil bens imóveis que lhes assegurem o pagamento.

§ 1º Não se exigirá a caução de que trata o *caput*:

I – quando houver dispensa prevista em acordo ou tratado internacional de que o Brasil faz parte;

II – na execução fundada em título extrajudicial e no cumprimento de sentença;

III – na reconvenção.

§ 2º Verificando-se no trâmite do processo que se desfalcou a garantia, poderá o interessado exigir reforço da caução, justificando seu pedido com a indicação da depreciação do bem dado em garantia e a importância do reforço que pretende obter.

Residência do autor no estrangeiro e responsabilidade pelas custas e despesas processuais

O legislador preocupou-se com o pagamento das custas e os honorários de advogado na hipótese de o autor residir fora do Brasil, ou durante o trâmite processual deixar de residir no país.

Assim, nessa hipótese, o autor deverá prestar caução (fidejussória ou real) suficiente ao pagamento das custas e dos honorários de advogado da parte contrária nas ações que propuser, se não tiver no Brasil bens imóveis que lhes assegurem o pagamento.

Preceitua o *§1º do art. 83* do atual C.P.C. que não se exigirá a prestação de caução: *I – quando houver dispensa prevista em acordo ou tratado internacional de que o Brasil seja parte; II – na execução fundada em título extrajudicial e no cumprimento de sentença; III – na reconvenção.*

Por fim, estabelece o *§ 2º do art. 83* do atual C.P.C. que *se verificando no trâmite do processo que se desfalcou a garantia, poderá o interessado exigir reforço da caução, justificando seu pedido com a indicação da depreciação do bem dado em garantia e a importância do reforço que pretende obter.*

Art. 84

As despesas abrangem as custas dos atos do processo, a indenização de viagem, a remuneração do assistente técnico e a diária de testemunha.

Espécies das despesas processuais

É importante salientar que, nos termos do art. 84 do novo C.P.C., as despesas processuais abrangem as custas dos atos do processo (de natureza tributária – taxa), bem como a indenização de viagem dos auxiliares do juízo e das partes, se for o caso, a remuneração do assistente técnico e a diária de testemunha, bem como o pagamento de exames médicos e os honorários do perito judicial.

O rol das despesas descritas no art. 84 é meramente *exemplificativo* e não *taxativo*. Assim, as despesas de remoção de bens feita por locatário ou pelo leiloeiro serão consideradas como despesas processuais.

ART. 84

No rol das despesas processuais também estão incluídas as indenizações de viagem. Assim, se a parte tiver que se deslocar para participar de alguma audiência ou realização de alguma diligência processual fora de seu domicílio terá direito à indenização pelos gastos realizados.

Evidentemente que nestes gastos não estão incluídos, por exemplo, as despesas que porventura realize no próprio domicílio, como pagamento de estacionamento do veículo no Fórum ou na Justiça Federal, bem como eventual alimentação que possa realizar enquanto aguarda uma audiência.

As despesas, na realidade, são somente aquelas realizadas *endoprocessual*.

Sobre o tema, eis os seguintes precedentes:

(...)..

4. O art. 20, caput e § 2º, do Código de Processo Civil enumera apenas as consequências da sucumbência, devendo o vencido pagar ao vencedor as "despesas" que este antecipou, não alcançando indistintamente todos os gastos realizados pelo vencedor, mas somente aqueles "endoprocessuais" ou em razão do processo, quais sejam, "custas dos atos do processo", "a indenização de viagem, diária de testemunha e remuneração do assistente técnico". Assim, descabe o ressarcimento, a título de sucumbência, de valores despendidos pelo vencedor com a confecção de laudo extrajudicial, mediante a contratação de perito de sua confiança. Precedentes.

5. Recurso especial parcialmente provido.

(REsp 955.134/SC, Rel. Ministro LUIS FELIPE SALOMÃO, QUARTA TURMA, julgado em 16/08/2012, DJe 29/08/2012)

1. Agravo regimental contra decisão que proveu o recurso especial da parte agravada.

2. O acórdão a quo, em embargos à execução, considerou que a inclusão de valores (honorários de assistente técnico) que não foram previstos no processo de conhecimento ofende a coisa julgada.

3. É cabível o reembolso do assistente técnico, visto que a parte credora teve de se valer de serviços profissionais no decorrer da lide. Cuida-se, na hipótese, de despesa processual, cabendo à parte o direito ao ressarcimento.

4. Pacificada a jurisprudência do Superior Tribunal de Justiça no sentido de que: – "No que se concerne aos honorários do assistente técnico da expropriada, como bem salientou a colenda Primeira Turma em recente julgado, 'em interpretação conjugada dos arts. 20, § 2º, e 33 do CPC, os honorários do assistente técnico devem ser adiantados pela parte que os indicar e ressarcidos, ao final do processo, pelo vencido na demanda, no caso o expropriado, tendo em vista a observância ao princípio da sucumbência' (REsp

CÓDIGO DE PROCESSO CIVIL

657.849/RS, Rel. Min. Francisco Falcão, DJ 8.11.2004)" (REsp nº 697050/CE, 2ª Turma, Rel. Min. Franciulli Netto, DJ de 13/02/2006).

(...).

– *"Deve, pois, o pagamento dos honorários do assistente técnico ser incluído na condenação. Os juros compensatórios são devidos a partir da ocupação do imóvel." (REsp nº 37575/PR, 2ª Turma, Rel. Min. Hélio Mosimann, DJ de 06/05/1996).*

(...).

(AgRg no REsp 827.129/MG, Rel. Ministro JOSÉ DELGADO, PRIMEIRA TURMA, julgado em 05/10/2006, DJ 07/11/2006, p. 262)

Art. 85

A sentença condenará o vencido a pagar honorários ao advogado do vencedor.

§ 1º São devidos honorários advocatícios na reconvenção, no cumprimento de sentença, provisório ou definitivo, na execução, resistida ou não, e nos recursos interpostos, cumulativamente.

§ 2º Os honorários serão fixados entre o mínimo de dez e o máximo de vinte por cento sobre o valor da condenação, do proveito econômico obtido ou, não sendo possível mensurá-lo, sobre o valor atualizado da causa, atendidos:

I – o grau de zelo do profissional;

II – o lugar de prestação do serviço;

III – a natureza e a importância da causa;

IV – o trabalho realizado pelo advogado e o tempo exigido para o seu serviço.

§ 3º Nas causas em que a Fazenda Pública for parte, a fixação dos honorários observará os critérios estabelecidos nos incisos I a IV do § 2º e os seguintes percentuais:

I – mínimo de dez e máximo de vinte por cento sobre o valor da condenação ou do proveito econômico obtido até 200 (duzentos) salários mínimos;

II – mínimo de oito e máximo de dez por cento sobre o valor da condenação ou proveito econômico obtido acima de 200 (duzentos) salários mínimos até 2.000 (dois mil) salários mínimos;

ART. 85

III – mínimo de cinco e máximo de oito por cento sobre o valor da condenação ou do proveito econômico obtido acima de 2.000 (dois mil) salários mínimos até 20.000 (vinte mil) salários mínimos;

IV – mínimo de três e máximo de cinco por cento sobre o valor da condenação ou do proveito econômico obtido

acima de 20.000 (vinte mil) salários mínimos até 100.000 (cem mil) salários mínimos;

V – mínimo de um e máximo de três por cento sobre o valor da condenação ou do proveito econômico obtido acima de 100.000 (cem mil) salários mínimos.

§ 4º Em qualquer das hipóteses do § 3º:

I – os percentuais previstos nos incisos I a V devem ser aplicados desde logo, quando for líquida a sentença;

II – não sendo líquida a sentença, a definição do percentual, nos termos previstos nos incisos I a V, somente ocorrerá quando liquidado o julgado;

III – não havendo condenação principal ou não sendo possível mensurar o proveito econômico obtido, a condenação em honorários dar-se-á sobre o valor atualizado da causa;

IV – será considerado o salário mínimo vigente quando prolatada sentença líquida ou o que estiver em vigor na data da decisão de liquidação.

§ 5º Quando, conforme o caso, a condenação contra a Fazenda Pública ou o benefício econômico obtido pelo vencedor ou o valor da causa for superior ao valor previsto no inciso I do § 3º, a fixação do percentual de honorários deve observar a faixa inicial e, naquilo que a exceder, a faixa subsequente, e assim sucessivamente.

§ 6º Os limites e critérios previstos nos §§ 2º e 3º aplicam-se independentemente de qual seja o conteúdo da decisão, inclusive aos casos de improcedência ou de sentença sem resolução de mérito.

§ 7º Não serão devidos honorários no cumprimento de sentença contra a Fazenda Pública que enseje expedição de precatório, desde que não tenha sido impugnada.

§ 8º Nas causas em que for inestimável ou irrisório o proveito econômico ou, ainda, quando o valor da causa for muito baixo, o juiz fixará o valor dos honorários por apreciação equitativa, observando o disposto nos incisos do § 2º.

§ 9º Na ação de indenização por ato ilícito contra pessoa, o percentual de honorários incidirá sobre a soma das prestações vencidas acrescidas de 12 (doze) prestações vincendas.

§ 10. Nos casos de perda do objeto, os honorários serão devidos por quem deu causa ao processo.

§ 11. O tribunal, ao julgar o recurso, majorará os honorários fixados anteriormente levando em conta o trabalho adicional realizado em grau recursal, observando, conforme o caso, o disposto nos §§ 2º a 6º, sendo vedado ao tribunal, no cômputo geral da fixação de honorários devidos ao advogado do vencedor, ultrapassar os respectivos limites estabelecidos nos §§ 2º e 3º para a fase de conhecimento.

§ 12. Os honorários referidos no § 11 são cumuláveis com multas e outras sanções processuais, inclusive as previstas no art. 77.

§ 13. As verbas de sucumbência arbitradas em embargos à execução rejeitados ou julgados improcedentes e em fase de cumprimento de sentença serão acrescidas no valor do débito principal, para todos os efeitos legais.

§ 14. Os honorários constituem direito do advogado e têm natureza alimentar, com os mesmos privilégios dos créditos oriundos da legislação do trabalho, sendo vedada a compensação em caso de sucumbência parcial.

§ 15. O advogado pode requerer que o pagamento dos honorários que lhe caibam seja efetuado em favor da sociedade de advogados que integra na qualidade de sócio, aplicando-se à hipótese o disposto no § 14.

§ 16. Quando os honorários forem fixados em quantia certa, os juros moratórios incidirão a partir da data do trânsito em julgado da decisão.

§ 17. Os honorários serão devidos quando o advogado atuar em causa própria.

§ 18. Caso a decisão transitada em julgado seja omissa quanto ao direito aos honorários ou ao seu valor, é cabível ação autônoma para sua definição e cobrança.

§ 19. Os advogados públicos perceberão honorários de sucumbência, nos termos da lei.

Critérios de fixação de honorários de advogado
Preceitua o art. 85 do atual C.P.C. que a sentença condenará o vencido a pagar honorários ao advogado do vencedor.

ART. 85

Sob a égide do Código de Processo Civil de 1939, os honorários de advogados estavam incluídos nas despesas processuais, uma vez que, sendo obrigatória a contratação de advogado para ingresso em juízo, o custo deste pagamento por parte daquele que venceu a demanda deveria ser ressarcido. Não havendo tal ressarcimento, o vencedor seria penalizado pelos gastos efetuados com advogado.

Comentando o Código de Processo Civil de 1939, anotava Pontes de Miranda: *"Despesas judiciais. – Despesas judiciais são todos os gastos que se fazem em juízo, durante algum processo, a partir dos selos e mais dispêndios da própria petição, quer se paguem pelos atos processuais quer por outra causa, inclusive por falta de alguma das partes. As despesas compreendem as custas, os honorários dos advogados, as multas às partes, o que se desembolsou para que se verificassem as perícias, as custas da perícia (art. 57), a condução e indenização do art 249 às testemunhas, os pareceres de jurisconsultos de que lançou mão a parte para seu esclarecimento ou efeito de melhor tratamento em público da matéria, etc."*.[375]

Evidentemente que a partir do momento em que a lei retirou os honorários de advogado como despesa da parte vencedora, reduziu o critério de ressarcimento dos gastos efetuados para a propositura ou defesa de uma demanda judicial, causando, sem dúvida, prejuízo à parte.

Aliás, deve-se ressaltar que na maioria dos casos judiciais, a despesa de maior monta realizada pela parte vencedora corresponde justamente aos honorários de advogado.

Atualmente, nos termos do art. 22 e 23 da Lei 8.906/94, os honorários de sucumbência pertencem ao advogado:

"Art. 22. A prestação de serviço profissional assegura aos inscritos na OAB o direito aos honorários convencionados, aos fixados por arbitramento judicial e aos de sucumbência.

Art. 23. Os honorários incluídos na condenação, por arbitramento ou sucumbência, pertencem ao advogado, tendo este direito autônomo para executar a sentença nesta parte, podendo requerer que o precatório, quando necessário, seja expedido em seu favor".

O novo C.P.C. preceitua em seu art. 85, caput, *que a sentença condenará o vencido a pagar honorários ao advogado do vencedor.*

Conceito de vencido: *"Os honorários de advogado e as despesas do processo deverão ser pagas, a final, pelo perdedor da demanda. Vencido é o que deixou de obter do processo tudo o que poderia ter conseguido. Se pediu x, y e z, mas conseguiu somente x e y, é*

---

[375] MIRANDA. P. op. cit. p. 386.

sucumbente quanto a z quando há sucumbência parcial, como no exemplo dado, ambos os litigantes deixaram de ganhar alguma coisa, caracterizando-se a 'sucumbência recíproca'. A sucumbência pode dar-se tanto quanto ao pedido principal, quanto aos incidentes processuais. Assim, aquele que ficou vencido em determinado incidente, ainda que vencedor quanto à pretensão de mérito. O CPC contém vários exemplos onde o vencedor da demanda deve responder pelas despesas decorrentes de incidentes por ele provocados, nos quais ficou vencido...".[376]

A parte vencida será condenada por sentença ao pagamento das custas do processo, bem como dos honorários do advogado da parte vencedora.

O termo sentença aqui empregado tem caráter abrangente, para também incluir o acórdão.

Se várias forem as partes condenadas, repartem-se, proporcionalmente o valor dos honorários. Se as partes forem condenadas por obrigação solidária, poderão os honorários serem atribuídos a cada qual solidariamente.

O fundamento dessa condenação é o fato 'objetivo' da sucumbência.

Note-se que somente poderá haver sucumbência da parte quando houver uma sentença e não uma decisão meramente interlocutória.

Há, contudo, hipótese em que poderá uma decisão interlocutória condenar a parte vencida ao pagamento de honorários de advogado. Isso ocorre quando houver a exclusão de uma parte, por ilegitimidade de parte, prosseguindo-se o processo com os demais sujeitos processuais.

A obrigação ao pagamento aos honorários não surge durante a demanda sob a figura de um crédito eventual ou condicional. Só no momento da decisão sobre a demanda, quer dizer, quando se determinar quem é a parte vencida, nasce, não já o direito do vencedor aos honorários, senão o dever de o juiz condenar o vencido a essa verba, e é unicamente da condenação já estatuída que nasce o direito e a obrigação pelo pagamento dos honorários de advogado.

A decisão poderá condenar a parte vencida aos honorários de sucumbência, ainda que não haja pedido expresso desse pagamento. Nesse sentido, eis o seguinte precedente:

> (...).
> 2. *Apresentada impugnação ao cumprimento de sentença, o seu acolhimento, ainda que em parte, acarreta o arbitramento de honorários em benefício do executado,*

---

[376] NERY JUNIOR, Nelson; NERY, Rosa Maria Andrade. *Código de processo civil comentado e legislação processual civil em vigor.* 3. ed., São Paulo: Ed. Revista dos Tribunais, 1997. p. 296.

com base no art. 20, § 4º, do CPC (REsp n. 1.134.186/RS). A condenação na verba de sucumbência é medida que se impõe, independentemente de pedido expresso.
3. Embargos de declaração acolhidos em parte.
(EDcl no AgRg no AREsp 129.597/RS, Rel. Ministro JOÃO OTÁVIO DE NORONHA, TERCEIRA TURMA, julgado em 15/08/2013, DJe 23/08/2013)

O *§1º do art. 85* do atual C.P.C. preconiza que *são devidos honorários advocatícios na reconvenção, no cumprimento de sentença, provisório ou definitivo, na execução, resistida ou não, e nos recursos interpostos, cumulativamente.*
Este dispositivo indica que a fixação dos honorários não ocorre apenas no processo de cognição, mas também no cumprimento de sentença de quantia certa, obrigação de fazer ou não fazer ou de dar coisa certa ou incerta.
Havia certa indagação se na hipótese de *cumprimento de sentença* o juiz deveria fixar de plano honorários de advogado, como ocorre no processo de execução de título extrajudicial. A matéria no âmbito do S.T.J. foi assim resolvida:

1. Na nova sistemática processual civil instituída pela Lei n. 11.232/05, é cabível a condenação a honorários advocatícios no estágio da execução denominado "cumprimento de sentença".
Precedentes.
2. Recurso especial provido.
(REsp 1099852/RS, Rel. Ministro JOÃO OTÁVIO DE NORONHA, QUARTA TURMA, julgado em 17/08/2010, DJe 25/08/2010)

(...).
3. A eg. Corte Especial deste Tribunal já pacificou entendimento no sentido de que "a alteração da natureza da execução de sentença, que deixou de ser tratada como processo autônomo e passou a ser mera fase complementar do mesmo processo em que o provimento é assegurado, não traz nenhuma modificação no que tange aos honorários advocatícios." (REsp 1028855/SC, Relatora a Ministra NANCY ANDRIGHI, DJe de 5.3.2009) 4. Agravo regimental a que se nega provimento.
(AgRg no Ag 1229681/RS, Rel. Ministro RAUL ARAÚJO, QUARTA TURMA, julgado em 03/08/2010, DJe 20/08/2010).

Portanto, o §1º do art. 85 do atual C.P.C. incorporou o entendimento jurisprudencial na questão dos honorários no procedimento de cumprimento de sentença.

O S.T.J. vinha entendendo que não haveria fixação de honorários no cumprimento provisório de sentença, conforme o seguinte precedente:

1. Não são cabíveis honorários advocatícios em sede de execução provisória (art. 475-O do CPC), pois o devedor ainda não tem a obrigação de cumprir voluntariamente o título executivo.
2. Agravo regimental desprovido.
(AgRg no AREsp 132.832/PR, Rel. Ministro JOÃO OTÁVIO DE NORONHA, TERCEIRA TURMA, julgado em 06/06/2013, DJe 13/06/2013).

Porém, o §1º do art. 85 do atual C.P.C. é expresso a determinar o pagamento de honorários no cumprimento de sentença *provisório*.

Há também fixação de honorários de advogado no âmbito da exceção ou objeção de pré-executividade, salvo se ela não for acolhida. Nesse sentido são os seguintes precedentes do S.T.J.:

1. Os honorários advocatícios são passíveis de modificação na instância especial tão somente quando se mostrarem irrisórios ou exorbitantes.
2. Repensando melhor a espécie, embora tenha sido acolhida "simples exceção de pré-executividade", nos dizeres da Fazenda Nacional, deve ser levado em consideração o fato de que o Poder Público prosseguiu na impugnação da sentença com a interposição dos recursos de apelação e, posteriormente, do apelo nobre, recentemente julgado.
3. À vista disso e do alto valor da execução, entendo cabível a exasperação da verba honorária, de maneira proporcional à importância da causa e ao trabalho do advogado na defesa do direito do constituinte.
4. Agravo regimental provido em parte.
(AgRg no REsp 1320375/PE, Rel. Ministro CASTRO MEIRA, SEGUNDA TURMA, julgado em 13/08/2013, DJe 19/08/2013).

1. Esta Corte firmou o entendimento de não serem devidos honorários advocatícios na exceção de pré-executividade julgada improcedente.
(...).
(EREsp 1185024/MG, Rel. Ministra ELIANA CALMON, CORTE ESPECIAL, julgado em 19/06/2013, DJe 01/07/2013)

(...).
3. É cabível o arbitramento de honorários advocatícios contra a Fazenda Pública quando acolhida exceção de pré-executividade e extinta a execução fiscal por ela ajuizada. Precedentes.

ART. 85

4. *Recurso especial não provido.*
(REsp 1368777/RS, Rel. Ministra ELIANA CALMON, SEGUNDA TURMA, julgado em 11/06/2013, DJe 19/06/2013)

Quanto ao processo de execução de título extrajudicial, o juiz de plano fixa os honorários de advogado para pronto pagamento. Havendo embargos à execução, o juiz também deverá fixar na sentença final os honorários de advogado em favor da parte vencedora, que poderá coincidir com a do exequente. Neste caso haveria duplicidade de verbas honorárias (na execução e nos embargos).

Muito embora existam decisões impedindo a cumulação, razão pela qual deveriam ter eficácia somente os honorários fixados em sede de embargos, é certo que o S.T.J., em seu posicionamento majoritário, passou a permitir a *cumulatividade* dos honorários:

(...).
II – Nada obstante, esta tese não encontra arrimo na jurisprudência majoritária deste eg. Tribunal, firme na compreensão de que é possível a cumulação dos honorários advocatícios fixados na ação de execução com os arbitrados em sede de embargos do devedor, por constituírem ações autônomas. Mais do que mero incidente processual, os embargos do devedor constituem verdadeira ação de conhecimento.

Neste contexto, é viável a cumulação dos honorários advocatícios fixados na ação de execução com aqueles arbitrados nos respectivos embargos do devedor. Precedentes: EREsp 81.755/SC, Corte Especial, Rel. Min. Waldemar Zveiter, DJU de 2/4/2001; REsp 754.605/RS, Primeira Seção, Rel. Min. Luiz Fux, DJU de 18/9/2006; REsp 668.809/ PE, Primeira Turma, DJU de 03/05/2007; AgRg no Ag 1.252.353/RS, Rel. Min. Haroldo Rodrigues (Desembargador convocado do TJ/CE), Sexta Turma, DJe de 22/03/2010.

(...).
(AgRg nos EAg 763.115/RS, Rel. Ministro FRANCISCO FALCÃO, CORTE ESPECIAL, julgado em 02/08/2010, DJe 10/09/2010)

(...).
2. É possível a cumulação de verba honorária fixada em sede de execução com a estipulada em ação de embargos do devedor.

3. Embargos de declaração recebidos como agravo regimental, ao qual se dá provimento para conhecer do recurso especial e dar-lhe provimento.
(EDcl no REsp 1130913/PR, Rel. Ministro JOÃO OTÁVIO DE NORONHA, QUARTA TURMA, julgado em 05/08/2010, DJe 18/08/2010)

(...).

5. Ademais, é possível a fixação única dos honorários no julgamento dos embargos, desde que se estipule que o valor fixado deve atender a ambas as ações, conforme realizado pelo acórdão recorrido.

6. Agravo regimental a que se nega provimento.

(AgRg no REsp 1136978/RS, Rel. Ministro OG FERNANDES, SEXTA TURMA, julgado em 06/08/2013, DJe 02/09/2013)

Contudo, o art. 1º-D da Lei 9.494 de 1997 preconiza que não *serão devidos honorários advocatícios pela Fazenda Pública nas execuções não embargadas.* (Incluído pela Medida provisória nº 2.180-35, de 2001).

Sendo a Lei 9.494/97 uma legislação especial (pois trata da Fazenda Pública nas execuções), não foi revogada pela regra geral prevista no novo C.P.C.

Assim, em se tratando de execuções não embargadas pela Fazenda Pública não há fixação de honorários de advogado contra a Fazenda Pública.

Aliás, emenda da Câmara dos Deputados acrescentou o *§7º ao art. 85* do atual C.P.C. com a seguinte redação: *Não serão devidos honorários no cumprimento de sentença contra a Fazenda Pública que enseje expedição de precatório, desde que não tenha sido impugnada.*

Serão fixados honorários no processo de execução de título executivo extrajudicial, tenha a execução sido resistida ou não com a interposição de embargos à execução.

Haverá fixação de honorários de advogados quando houver interposição de reconvenção.

A emenda apresenta pela Câmara dos Deputados insere novamente no C.P.C. a reconvenção, daí porque os honorários deverão ser fixados também nesse incidente.

Observa-se que no novo C.P.C., além dos honorários que serão fixados na sentença em favor do advogado da parte vencedora, novos honorários serão fixados caso haja a interposição de recurso. Portanto, o órgão 'ad quem' deverá fixar novos honorários em favor do advogado da parte que se sair vencedora na análise do recurso interposto (§11 do art. 85 do atual C.P.C.).

O novo C.P.C. determina que as verbas honorárias serão cumulativas.

Assim, se houver fixação de honorários no processo de cognição, nova verba será fixada, cumulativamente, quando do cumprimento de sentença.

Da mesma forma, se houver interposição de recurso, haverá cumulatividade entre a verba honorária fixada na sentença pelo juízo de primeiro grau e a verba honorária fixada pelo Tribunal quando do julgado do recurso, limitando-se essa cumulatividade a vinte por cento.

ART. 85

Sobre o tema, eis os seguintes precedentes do S.T.J.:

1. Cuida-se, na origem, de Agravo de Instrumento interposto contra decisão interlocutória que majorou o valor dos honorários advocatícios fixados no despacho inicial da Execução Fiscal, por não haver ocorrido adimplemento imediato do crédito tributário.

2. Os honorários de advogado arbitrados no despacho inicial da Execução são marcados pela provisoriedade, mas não no sentido interpretado pelo Tribunal a quo, a ponto de permitir sua majoração no próprio processo executivo. A natureza provisória que os caracteriza tem a ver com a possível reavaliação da sucumbência quando do julgamento dos Embargos à Execução. Precedentes do STJ.

(...).

(REsp 1297844/PR, Rel. Ministro HERMAN BENJAMIN, SEGUNDA TURMA, julgado em 06/03/2012, DJe 12/04/2012).

Estabelece o § *2º do art. 85* do atual C.P.C. que *os honorários serão fixados entre o mínimo de dez e o máximo de vinte por cento sobre o valor da condenação, do proveito econômico obtido ou, não sendo possível mensurá-lo, sobre o valor atualizado da causa, atendidos: I – o grau de zelo do profissional; II – o lugar de prestação do serviço; III – a natureza e a importância da causa; IV – o trabalho realizado pelo advogado e o tempo exigido para o seu serviço.*

O §3º do art. 20 do C.P.C. de 1973 somente fazia referência à fixação dos honorários sobre o valor da condenação. Nenhuma referência fazia ao proveito, benefício ou vantagem econômica obtida, nas hipóteses em que a decisão não fosse de conteúdo condenatório.

O §2º do art. 85 do novo C.P.C., por sua vez, amplia a base de cálculo de incidência do percentual (entre dez e vinte por cento) dos honorários de advogado. A base de cálculo pode decorrer do valor da condenação, do proveito econômico obtido.

A Câmara dos Deputados apresentou emenda para esclarecer que na hipótese de não ser possível mensurar o proveito, benefício ou vantagem econômica obtido, o percentual de dez e vinte por cento deverá ser fixado com base no valor da causa.

Com isso, não havendo condenação o juiz da causa deverá levar em conta o proveito, o benefício ou eventual vantagem econômica advinda com a decisão.

A variação do percentual de incidência dos honorários continua a mesmo do C.P.C. de 1973, ou seja, entre dez e vinte por cento.

Para a fixação do percentual, o juiz deverá levar em conta os seguintes critérios:

CÓDIGO DE PROCESSO CIVIL

a) Grau de zelo do profissional. Deverá verificar se o advogado zela pelo trabalho desenvolvido no processo, respeitando prazos, acompanhando diligências, comunicando fatos e circunstâncias importantes para a resolução da causa.

b) Lugar da prestação de serviço. Se a prestação de serviço realizada pelo advogado ocorre no local de situação de seu escritório profissional ou em local diverso que demanda maior deslocamento. Se o local é de fácil ou de difícil acesso.

c) Natureza e a importância da causa. Se se trata de causa patrimonial ou não; civil, administrativa, tributária etc. Se a causa é importante, não somente no aspecto econômico, mas também no aspecto social, cultural, familiar etc.

d) O trabalho realizado pelo advogado e o tempo exigido para o seu serviço. Deverá o magistrado avaliar o tempo e a dificuldade para a construção da tese jurídica desenvolvida pelo advogado, seja na petição inicial, seja na contestação. Também deverá observar esse tempo e trabalho na formulação de razões e contrarrazões de recurso. Também deverá levar em conta se se trata de trabalho original ou copiado etc.

Sobre o temais, eis os seguintes precedentes do S.T.J.:

(...).

4. O Superior Tribunal de Justiça não pode, em recurso especial, refazer o juízo de equidade de que trata o art. 20, § 4º, do CPC, levando em conta as alíneas "a", "b" e "c" do § 3º do mesmo dispositivo legal, sem que o acórdão recorrido deixe delineada a especificidade de cada caso, porque isso, necessariamente, demanda o reexame do contexto fático-probatório, o que é vedado a esta Corte, nos termos da Súmula 7 do STJ.

5. Recurso especial não conhecido.

(REsp 1358372/MG, Rel. Ministra ELIANA CALMON, SEGUNDA TURMA, julgado em 13/08/2013, DJe 20/08/2013)

(...).

2. Quando o julgador se distancia dos critérios prescritos em lei na fixação da verba honorária, a questão deixa de ser de fato e passa a ser de direito, podendo, portanto, ser apreciada em sede de recurso especial, sem que isso implique violação do enunciado nº 07 da Súmula/STJ.

(...).

(REsp 1176495/RS, Rel. Ministra NANCY ANDRIGHI, TERCEIRA TURMA, julgado em 28/08/2012, DJe 05/09/2012)

ART. 85

(...).

3. Considerando o grau de zelo dos advogados da parte autora, o período em que tramita a demanda, que foi proposta em 2003, e a natureza e relevância da causa, a fixação da verba honorária em R$ 7.000,00 (sete mil reais), com base no art. 20, § 4º, do CPC – em substituição ao percentual de 20% sobre o valor da condenação, a ser apurado em liquidação, após o final do tratamento –, remunera de forma adequada e equilibrada o trabalho desenvolvido pelos procuradores do recorrido.

4. Agravo Regimental improvido.

(AgRg no AREsp 168.950/SP, Rel. Ministro SIDNEI BENETI, TERCEIRA TURMA, julgado em 26/06/2012, DJe 29/06/2012)

O *§3º do art. 85* do atual C.P.C. estabelece que *nas causas em que a Fazenda Pública for parte, a fixação dos honorários observará os critérios estabelecidos nos incisos I a IV do §2º e os seguintes percentuais: I – mínimo de dez e máximo de vinte por cento sobre o valor da condenação ou do proveito econômico obtido até duzentos salários mínimos; II – mínimo de oito e máximo de dez por cento sobre o valor da condenação ou do proveito econômico obtido acima de duzentos salários mínimos até dois mil salários mínimos; III – mínimo de cinco e máximo de oito por cento sobre o valor da condenação ou do proveito econômico obtido acima de dois mil salários mínimos até vinte mil salários mínimos; IV – mínimo de três e máximo de cinco por cento sobre o valor da condenação ou do proveito econômico obtido acima de vinte mil salários mínimos até cem mil salários mínimos; V – mínimo de um e máximo de três por cento sobre o valor da condenação ou do proveito econômico obtido acima de cem mil salários mínimos.*

Sob a égide do art. 20, §4º do C.P.C. de 1973, nas causas em que a Fazenda Pública fosse vencida, os honorários seriam fixados *consoante apreciação equitativa do juiz.*

Por sua vez, o §3º do art. 73 do projeto originário proveniente do Senado Federal n. 166/10 preceituava que nas causas em que fosse vencida a Fazenda Pública, os honorários seriam fixados entre o mínimo de cinco por cento e o máximo de dez por cento sobre o valor da condenação, do proveito, do benefício ou da vantagem econômica obtidos, observados os parâmetros do §2º.

Uma alteração importante entre o novo C.P.C. e o C.P.C. de 1973, é que a fixação especial de honorários não se dá apenas quando a Fazenda Pública for vencida, mas em qualquer hipótese em que ela for parte. Assim, este critério ocorre tanto quando a Fazenda Pública for vencida ou quando for vencedora.

Sem dúvida, houve uma correção equitativa de critérios, pois não se justificava apenas a aplicação do critério especial de fixação de honorários em favor somente da Fazenda Pública.

O termo Fazenda Pública abrange a União, Distrito Federal, Estados, Municípios e suas respectivas autarquias e fundações públicas.

O atual C.P.C. estabelece como critério de fixação de honorários de advogado nas causas em que a Fazenda Pública for parte, um percentual que vai de um a vinte por cento dependendo do número de salários mínimos.

Para se apurar o número de salários mínimos, dever-se-á converter o *valor da condenação ou do proveito econômico obtido* pelo valor do salário mínimo nacional vigente quando prolatada sentença líquida ou o que estiver em vigor na data da decisão de liquidação.

Desta forma, o valor dos honorários poderá ser fixado após a prolação da sentença, desde que ela seja ilíquida.

Assim, por exemplo, se o valor da condenação corresponder a no máximo duzentos salários mínimos, o juiz poderá fixar os honorários entre dez e vinte por cento do valor da condenação ou do proveito econômico obtido. Se o valor da condenação ou do proveito obtido estiver acima de duzentos e abaixo de dois mil salários mínimos, os honorários serão fixados entre oito e no máximo dez por cento do valor da condenação ou do proveito econômico obtido, e assim por diante.

O magistrado, para fixar o percentual que deverá incidir sobre o valor da condenação ou do proveito econômico, deverá levar em consideração os critérios previstos no §2º do art. 85 do atual C.P.C., ou seja: *I – o grau de zelo do profissional; II – o lugar de prestação do serviço; III – a natureza e a importância da causa; IV – o trabalho realizado pelo advogado e o tempo exigido para o seu serviço.*

Preceitua o *§ 4º do art. 85* do atual C.P.C. que *em qualquer das hipóteses do § 3º: I – os percentuais previstos nos incisos I a V devem ser aplicados desde logo, quando for líquida a sentença; II – não sendo líquida a sentença, a definição do percentual, nos termos previstos nos incisos I a V, somente ocorrerá quando liquidado o julgado; III – não havendo condenação principal ou não sendo possível mensurar o proveito econômico obtido, a condenação em honorários dar-se-á sobre o valor atualizado da causa; IV – será considerado o salário mínimo vigente quando prolatada sentença líquida ou o que estiver em vigor na data da decisão de liquidação.*

Este dispositivo deixa bem claro que sendo líquida a sentença ou o acórdão, o valor dos honorários, com base nos incisos I a V do §3º deste artigo deverá ser fixado desde logo.

Não sendo líquida a sentença ou o acórdão, não poderá o juiz fixar desde logo o valor dos honorários, devendo, eles, ser fixados quando da liquidação da decisão.

ART. 85

Se não houver condenação principal ou não sendo possível estipular o proveito econômico obtido, a condenação em honorários dar-se-á sobre o valor atualizado da causa. Assim, deverá ser dividido o valor da causa, devidamente atualizado, pelo número de salários mínimos da data da prolação da decisão, devendo após ser aplicado o percentual estabelecido nos incisos I a V do §3º deste artigo.

É certo que a emenda apresentada pela Câmara dos Deputados ao projeto do Senado estabeleceu que não sendo possível mensurar o valor da condenação, do proveito, do benefício ou da vantagem econômica obtidos, os honorários serão fixados com base no valor da causa atualizado.

Porém, poderá ocorrer que também o valor da causa, mesmo que atualizado, seja considerado *irrisório*.

Assim, o juiz deverá levar em consideração os critérios indicados no §2º do art. 85 do atual C.P.C., no caso, o grau de zelo do profissional; o lugar da prestação do serviço; a natureza e a importância da causa; o trabalho realizado pelo advogado e o tempo exigido para o seu serviço, para efeito de fixar o valor dos honorários de forma equitativa.

Sobre o tema, eis os seguintes precedentes do S.T.J.:

1. Nas causas de pequeno valor, nas de valor inestimável, naquelas em que não houver condenação ou for vencida a Fazenda Pública e nas execuções, embargadas ou não, os honorários serão fixados consoante apreciação equitativa do juiz.

(...).

(AgRg no AREsp 249.719/RS, Rel. Ministro CASTRO MEIRA, SEGUNDA TURMA, julgado em 07/03/2013, DJe 14/03/2013)

(...).

1. Exceto nos casos de honorários fixados em valor irrisório ou exorbitante, rever o percentual da verba fixada com critérios equitativos importa em reexame de prova. Precedentes.

2. Agravo regimental improvido.

(AgRg no Ag 1053655/SP, Rel. Ministro JORGE MUSSI, QUINTA TURMA, julgado em 25/09/2008, DJe 24/11/2008)

(...).

2. Vencida a Fazenda Pública, os honorários serão fixados consoante apreciação equitativa do juiz, que levará em conta o grau de zelo profissional, o lugar da prestação do serviço, a natureza da causa, o trabalho realizado pelo advogado e o tempo exigido para o seu serviço, consoante o disposto no art. 20, § 4º, do CPC, o qual se reporta às alíneas do § 3º, e não a seu caput.

CÓDIGO DE PROCESSO CIVIL

3. Embora o magistrado não esteja adstrito a adotar os limites percentuais de 10% a 20% previstos no § 3º do art. 20 do CPC, podendo, ainda, estipular como base de cálculo tanto o valor da causa como da condenação ou, ainda, valor fixo, a verba honorária deve se calcar em critérios equitativos, a fim de refletir a responsabilidade assumida pelo advogado, sob pena de violação do princípio da justa remuneração do trabalho profissional.

Precedentes.

(...).

(REsp 953.365/SP, Rel. Ministro CASTRO MEIRA, SEGUNDA TURMA, julgado em 11/09/2007, DJ 25/09/2007, p. 228)

(...).

2. Nos casos em que vencida a Fazenda Pública, impõe-se condenação a título de honorários advocatícios sobre critérios equitativos do magistrado, que poderá se valer do valor atribuído à causa, desde que razoável, nos termos do artigo 20, § 3º, do Código de Ritos.

3. Para que se chegue à conclusão de que a verba honorária foi fixada em valor ínfimo ou não, há necessidade de reverem-se aspectos fáticos, o que é inviável em recurso especial, pelo óbice da Súmula 7 desta Corte.

4. Recurso especial improvido.

(REsp 579.643/RS, Rel. Ministro CASTRO MEIRA, SEGUNDA TURMA, julgado em 03/03/2005, DJ 27/06/2005, p. 322).

Prescreve o *§ 5º do art.* 85 do atual C.P.C. que *quando, conforme o caso, a condenação contra a Fazenda Pública ou o benefício econômico obtido pelo vencedor ou o valor da causa for superior ao valor previsto no inciso I do § 3º, a fixação do percentual de honorários deve observar a faixa inicial e, naquilo que a exceder, a faixa subsequente, e assim sucessivamente.*

Este dispositivo estabelece a incidência do percentual dos honorários, de acordo com a faixa correspondente a cada número de salários mínimos, quando houver remanescente que ultrapasse o valor final de cada faixa.

Assim, se a condenação for correspondente a 400 salários mínimos. Neste caso, o juiz fixará o percentual dos honorários entre dez e vinte por cento até o limite de duzentos salários mínimos. Em relação aos outros duzentos salários mínimos, o juiz deverá fixar o percentual entre oito e dez por cento, segundo estabelece a faixa prevista no inc. II do §3º deste artigo, e assim por diante.

Preceitua o *§ 6º do art.* 85 do atual C.P.C. que *os limites e critérios previstos nos §§ 2º e 3º aplicam-se independentemente de qual seja o conteúdo da decisão, inclusive aos casos de improcedência ou de sentença sem resolução de mérito.*

ART. 85

Portanto, os critérios estabelecidos nos §§2º e 3º do art. 85 do atual C.P.C. não se limitam apenas às decisões de conteúdo condenatório.

Estabelece o § 7º do art. 85 do atual C.P.C. que *não serão devidos honorários no cumprimento de sentença contra Fazenda Pública que enseje expedição de precatório, desde que não tenha sido impugnada.*

Uma vez promovida a execução de sentença contra a Fazenda Pública, e exigindo o valor cobrado a expedição de precatório, não serão fixados honorários de advogado na execução, desde que não tenha sido embargada (impugnada).

Se a Fazenda Pública embargou (impugnou) a execução, deverá o juiz fixar os honorários de acordo com este artigo.

Em se tratando de execução, cujo valor reclama a expedição de RPV (Requisição de Pequeno Valor), haverá a fixação dos honorários, havendo ou não embargos ou impugnação, pois este parágrafo somente faz referência à expedição de precatório.

Essa delimitação da não incidência de honorários de advogado apenas em relação ao valor que deve ser pago por precatório e não por RPV decorre dos precedentes jurisprudenciais do S.T.F. sobre a matéria, a saber:

1. O Pleno do Supremo Tribunal Federal, no julgamento do RE nº 420.816, Relator para o acórdão o Ministro Sepúlveda Pertence, DJ de 10.12.06, declarou a constitucionalidade do artigo 1º-D da Lei 9.494/97, na redação dada pela MP nº 2.180-35/01, que dispensa o pagamento de honorários advocatícios nas execuções não embargadas contra a Fazenda Pública, excepcionando, todavia, a hipótese de pagamento de obrigações definidas em lei como de pequeno valor. 2. No voto condutor daquele julgado, o Ministro Sepúlveda Pertence, Relator para o acórdão, ressaltou que, no caso, a impossibilidade da fixação de honorários advocatícios decorre do fato de que o Poder Público, quando condenado ao pagamento de quantia certa, ressalvada a hipótese de crédito de pequeno valor, não pode adimplir a obrigação de forma espontânea, uma vez que deve estrita obediência ao regime constitucional de precatórios.

(...).

(RE 679164 AgR, Relator(a): Min. LUIZ FUX, Primeira Turma, julgado em 11/12/2012, PROCESSO ELETRÔNICO DJe-042 DIVULG 04-03-2013 PUBLIC 05-03-2013) .

EMENTA: Agravo regimental no agravo regimental no recurso extraordinário. Constitucional. Processual. Fazenda Pública. Execução embargada. Artigo 1º-D da Lei nº 9.494/97, acrescentado pela MP nº 2.180-35/01. Inaplicabilidade. Precedentes. 1. A premissa fática exigida para que se aplique o que foi decidido pelo Plenário desta Corte no RE nº 420.816, Relator o Ministro Sepúlveda Pertence, no qual se declarou a constitucionalidade da Medida Provisória nº 2.180-35/01, dando interpretação conforme ao art. 1º-D da Lei nº 9.494/97, é a de que a execução não tenha sido embargada pela União, caso contrário, são devidos os honorários advocatícios. 2. Agravo regimental não provido.

(RE 516037 AgR-AgR, Relator(a): Min. DIAS TOFFOLI, Primeira Turma, julgado em 16/04/2013, ACÓRDÃO ELETRÔNICO DJe-148 DIVULG 31-07-2013 PUBLIC 01-08-2013)

1. O Plenário do Supremo Tribunal Federal, no julgamento do RE 420.816, relator para o acórdão o Min. Sepúlveda Pertence, DJ 10.11.2006, declarou a constitucionalidade do art. 1º-D da Lei 9.494/97, que dispensa o pagamento de honorários advocatícios nas execuções não embargadas pela Fazenda Pública. 2. Impossibilidade de fracionamento da execução, para requerer requisição de pequeno valor, quando for o caso de ação coletiva. 3. Não-incidência da Súmula STF 283. Precedentes. 4. Agravo regimental improvido.

(AI 685199 AgR, Relator(a): Min. ELLEN GRACIE, Segunda Turma, julgado em 02/02/2010, DJe-035 DIVULG 25-02-2010 PUBLIC 26-02-2010 EMENT VOL-02391-10 PP-02238 LEXSTF v. 32, n. 375, 2010, p. 62-66)

Estabelece o § 8º do art. 85 do atual C.P.C. que *nas causas em que for inestimável ou irrisório o proveito econômico ou, ainda, quando o valor da causa for muito baixo, o juiz fixará o valor dos honorários por apreciação equitativa, observando o disposto nos incisos do § 2º.*

Evidentemente que não poderá o juiz levar em consideração o valor da condenação, do proveito, do benefício ou da vantagem econômica obtidos, justamente pelo fato de que este valor e o valor da causa são inestimáveis ou irrisórios.

É certo que a emenda apresentada pela Câmara dos Deputados ao projeto do Senado, estabeleceu que não sendo possível mensurar o valor da condenação, do proveito, do benefício ou da vantagem econômica obtidos, os honorários serão fixados com base no valor da causa atualizado.

Porém, poderá ocorrer que também o valor da causa, mesmo que atualizado, seja considerado *irrisório.*

Assim, o juiz deverá levar em consideração os critérios indicados no §2º do art. 85, no caso, o grau de zelo do profissional; o lugar da prestação do serviço; a natureza e a importância da causa; o trabalho realizado pelo advogado e o tempo exigido para o seu serviço, para efeito de fixar o valor dos honorários de forma equitativa.

Sobre o tema, eis os seguintes precedentes do S.T.J.:

ART. 85

1. Nas causas de pequeno valor, nas de valor inestimável, naquelas em que não houver condenação ou for vencida a Fazenda Pública e nas execuções, embargadas ou não, os honorários serão fixados consoante apreciação equitativa do juiz.

(...).

(AgRg no AREsp 249.719/RS, Rel. Ministro CASTRO MEIRA, SEGUNDA TURMA, julgado em 07/03/2013, DJe 14/03/2013)

1. Exceto nos casos de honorários fixados em valor irrisório ou exorbitante, rever o percentual da verba fixada com critérios equitativos importa em reexame de prova. Precedentes.

2. Agravo regimental improvido.

(AgRg no Ag 1053655/SP, Rel. Ministro JORGE MUSSI, QUINTA TURMA, julgado em 25/09/2008, DJe 24/11/2008)

(...).

2. Vencida a Fazenda Pública, os honorários serão fixados consoante apreciação equitativa do juiz, que levará em conta o grau de zelo profissional, o lugar da prestação do serviço, a natureza da causa, o trabalho realizado pelo advogado e o tempo exigido para o seu serviço, consoante o disposto no art. 20, § 4º, do CPC, o qual se reporta às alíneas do § 3º, e não a seu caput.

(...).

(REsp 953.365/SP, Rel. Ministro CASTRO MEIRA, SEGUNDA TURMA, julgado em 11/09/2007, DJ 25/09/2007, p. 228)

1. É cabível a condenação em honorários advocatícios em exceção de pré-executividade.

2. Nos casos em que vencida a Fazenda Pública, impõe-se condenação a título de honorários advocatícios sobre critérios equitativos do magistrado, que poderá se valer do valor atribuído à causa, desde que razoável, nos termos do artigo 20, § 3º, do Código de Ritos.

3. Para que se chegue à conclusão de que a verba honorária foi fixada em valor ínfimo ou não, há necessidade de reverem-se aspectos fáticos, o que é inviável em recurso especial, pelo óbice da Súmula 7 desta Corte.

4. Recurso especial improvido.

(REsp 579.643/RS, Rel. Ministro CASTRO MEIRA, SEGUNDA TURMA, julgado em 03/03/2005, DJ 27/06/2005, p. 322).

Prescreve o § 9º do art. 85 do atual C.P.C. que *na ação de indenização por ato ilícito contra pessoa, o percentual de honorários incidirá sobre a soma das prestações vencidas acrescida de 12 (doze) prestações vincendas.*

A redação existente no projeto originário do Senado n. 166/10 dizia que nas ações de indenização por ato ilícito contra pessoa, o valor da condenação seria a soma das prestações vencidas com o capital necessário a produzir a renda correspondente às prestações vincendas, podendo estas ser pagas, também mensalmente, inclusive em consignação na folha de pagamento do devedor.

Ato ilícito contra pessoa pode decorrer de crimes contra a vida ou contra a integridade física ou moral da pessoa.

A responsabilidade civil e sua respectiva *indenização* contra a pessoa são tratadas nos artigos 944 a 954 do Código Civil brasileiro.

A reparação do dano abrange tanto os danos materiais, estéticos e morais.

Assim, os honorários entre dez a vinte por cento deverão incidir sobre o valor da condenação que, na hipótese de ato ilícito contra a pessoa, corresponde às prestações vencidas (incluindo juros de mora) desde a data do ato ilícito, mais o valor de doze prestações vincendas.

A questão que se coloca é saber o momento a partir do qual as prestações deixam de ser vencidas e passam a ser vincendas para efeito de base de cálculo dos honorários advocatícios.

O Ministro Hamilton Carvalhido, nos AgRg nos EDcl no Recurso Especial n. 989.894, assim se pronunciou sobre a questão: *"Com efeito, as prestações vincendas excluídas não devem ser outras senão as que venham a vencer após o tempo da prolação da sentença, até porque entender em contrário é viabilizar a conflitante situação resultante da oposição entre a morosidade do processo, que amplia o valor da verba honorária, e a celeridade da justiça, que a impele para o justo. Se assim não for, cria-se um conflito de interesses entre o causídico, para quem a protelação do fim da causa ficaria mais vantajosa, e a parte, cujo interesse real é pela mais rápida solução do litígio. Assim, os honorários advocatícios não incidem sobre as prestações vincendas, devendo ser calculados apenas sobre os benefícios previdenciários vencidos até a **data da prolação da decisão que os concedeu"**.*

No mesmo sentido são os seguintes precedentes do S.T.J.:

"1. Os honorários advocatícios, nas ações acidentárias, não incidem sobre prestações vincendas; o marco final para a apuração das prestações vencidas faz-se na data da prolação da sentença de 1º grau. 2. Embargos acolhidos"

(EREsp nº 198.994/SP, Relator Ministro Edson Vidigal, *in* DJ 21/8/2000).

"1 – A verba de patrocínio deve ter como base de cálculo o somatório das prestações vencidas, compreendidas aquelas devidas até a data da sentença.

3 – Embargos rejeitados."

(EREsp nº 187.766/SP, Relator Ministro Fernando Gonçalves, *in* DJ 19/6/2000).

(...).

III – Nas ações previdenciárias, os honorários advocatícios devem ser fixados com exclusão das prestações vincendas, considerando-se apenas as prestações vencidas até o momento da prolação da decisão concessiva do benefício.

Recurso parcialmente conhecido e, nesta parte, provido.

(REsp nº 440.164/SP, Relator Ministro Felix Fischer, *in* DJ 21/10/2002 – nossos os grifos).

Note-se que essa regra somente se aplica às demandas de indenização por ato ilícito contra a pessoa e não em relação a outro tipo de demanda, como, por exemplo, demanda previdenciária. Nesse sentido é o teor da Súmula n. 111 do S.T.J.: *"Os honorários advocatícios, nas ações previdenciárias, não incidem sobre prestações vincendas".*

No mesmo sentido é o seguinte precedente do S.T.J.:

1. O enunciado da Súmula nº 111 deste Superior Tribunal de Justiça exclui, do valor da condenação, as prestações vincendas, para fins de cálculo dos honorários advocatícios nas ações previdenciárias.

2. As prestações vincendas excluídas não devem ser outras senão as que venham a vencer após o tempo da prolação da sentença.

3. "Os juros de mora nas ações relativas a benefícios previdenciários incidem a partir da citação válida." (Súmula do STJ, Enunciado nº 204)

4. Agravo regimental improvido.

(AgRg nos EDcl no REsp 989.894/SP, Rel. Ministro HAMILTON CARVALHIDO, SEXTA TURMA, julgado em 07/02/2008, DJe 05/05/2008)

Preceitua o § *10 do art.* 85 do atual C.P.C. que *nos casos de perda do objeto, os honorários serão devidos por quem deu causa ao processo.*

É possível que durante o trâmite da relação jurídica processual, ocorra a perda de objeto do processo, ou seja, deixe de existir a pretensão formulada pelo autor quando da propositura da demanda.

Na hipótese de perda do objeto, o juiz deverá extinguir o processo, sem resolução de mérito.

Na realidade, não havendo mais utilidade e necessidade do provimento jurisdicional, falta ao autor o devido interesse processual. Por sua vez, o interesse processual deve existir não apenas no momento da deflagração da demanda, mas também quando da época da prolação da sentença. Se havia interesse quando da propositura da demanda, mas esse interesse desapareceu posteriormente pela perda de objeto, o processo deverá ser extinto sem resolução de mérito.

Havendo a extinção do processo pela perda de objeto, o juiz deverá, em razão do *princípio da causalidade*, condenar a parte que deu causa à demanda, podendo essa parte ser o autor ou o réu de acordo com a probabilidade futura do acolhimento ou rejeição da demanda.

Somente será possível constatar quem deu causa à demanda levando-se em conta os motivos ensejadores da *perda de objeto*.

Alguns motivos são bem esclarecedores para se saber quem deu causa à demanda; outros nem tanto.

Pense-se na hipótese de uma demanda proposta para o fornecimento de medicamentos a pessoa com enfermidade. Durante o curso do processo a pessoa vem a falecer. Atualmente, diante da oscilação da jurisprudência do S.T.F. e do S.T.J. sobre o dever ou não da União em fornecer remédio não constante da tabela do SUS, não se sabe quem efetivamente deu causa à demanda.

Nessa hipótese, o ideal é que cada parte arque com os honorários de seus advogados.

Sobre o tema, eis os seguintes precedentes do S.T.J.:

> *Agravo regimental no agravo em recurso especial. Processual.*
> *Honorários. Fato superveniente. Perda de objeto. Extinção do feito. Princípio da causalidade. Precedentes. Agravo regimental improvido.*
> (AgRg no AREsp 156.090/DF, Rel. Ministro CESAR ASFOR ROCHA, SEGUNDA TURMA, julgado em 02/08/2012, DJe 15/08/2012)

> *1. A jurisprudência desta Corte Superior de Justiça é no sentido de que, na hipótese de extinção do feito por perda de objeto decorrente de fato superveniente, a verba honorária deve ser arbitrada observando-se o princípio da causalidade. Este determina a imposição da verba honorária à parte que deu causa à instauração do processo ou ao incidente processual.*
> (...).
> (REsp 1262419/RJ, Rel. Ministro MAURO CAMPBELL MARQUES, SEGUNDA TURMA, julgado em 05/06/2012, DJe 13/06/2012)

> (...).
> *7. Manutenção da verba de sucumbência em desfavor da recorrente em R$ 50.000,00 (cinquenta mil reais), seja pelo reconhecimento da reformatio in pejus, seja porque "nos casos de extinção da ação, em razão da ocorrência de fato superveniente, os honorários advocatícios devem ser suportados por quem deu causa à propositura da*

demanda" (REsp 1180835/GO, Rel. Ministra ELIANA CALMON, SEGUNDA TURMA, julgado em 06/04/2010, DJe 14/04/2010).
8. *Recurso especial conhecido em parte e, na extensão, provido.*
(REsp 935.031/SP, Rel. Ministro LUIS FELIPE SALOMÃO, QUARTA TURMA, julgado em 15/05/2012, DJe 19/06/2012)

1. *"Esta Corte Superior de Justiça, com fundamento no princípio da causalidade, é firme no entendimento de que, nas hipóteses de extinção do processo sem resolução do mérito, decorrente de perda de objeto superveniente ao ajuizamento da ação, a parte que deu causa à instauração do processo deverá suportar o pagamento dos honorários advocatícios" (AgRg no Ag 1.191.616/MG, Rel. Min. HAMILTON CARVALHIDO, Primeira Turma) 2. Agravo regimental não provido.*
(AgRg no REsp 1192429/RS, Rel. Ministro ARNALDO ESTEVES LIMA, PRIMEIRA TURMA, julgado em 01/12/2011, DJe 19/12/2011)

1. *Hipótese na qual se discute qual das partes arcará com os ônus sucumbenciais quando o processo foi extinto sem julgamento do mérito em razão de perda superveniente do objeto da demanda.*
(...).
3. *Com fundamento no princípio da causalidade, nas hipóteses de extinção do processo sem resolução do mérito, decorrente de perda de objeto superveniente ao ajuizamento da ação, a parte que deu causa à instauração do processo deverá suportar o pagamento dos honorários advocatícios. Precedentes: REsp 1245299/RJ; AgRg no Ag 1191616/MG;*
REsp 1095849/AL; AgRg no REsp 905.740/RJ).
4. *Agravo regimental não provido.*
(AgRg no AREsp 14.383/MG, Rel. Ministro BENEDITO GONÇALVES, PRIMEIRA TURMA, julgado em 27/09/2011, DJe 30/09/2011)

1. *Compete ao contribuinte suportar os ônus sucumbenciais de processo extinto, sem julgamento de mérito, uma vez que ajuizou duas ações idênticas contra a União e, mesmo diante da perda de objeto da demanda remanescente, prosseguiu movimentando a máquina judiciária embora já havia sido atendida sua pretensão inaugural.*
2. *Como o nosso direito não compactua com a propositura de duas ações idênticas, não é admissível que a parte receba honorários advocatícios em duplicidade.*
3. *Agravo regimental não provido.*
(AgRg no REsp 855.617/RS, Rel. Ministro CASTRO MEIRA, SEGUNDA TURMA, julgado em 21/02/2013, DJe 27/02/2013).

CÓDIGO DE PROCESSO CIVIL

Prescreve o *§11 do art. 85 do atual C.P.C. que o tribunal, ao julgar o recurso, majo-rará os honorários fixados anteriormente levando em conta o trabalho adicional realizado em grau recursal, observando, conforme o caso, o disposto nos §§ 2º a 6º, sendo vedado ao tribunal, no cômputo geral da fixação de honorários devidos ao advogado do vencedor, ultrapassar os respectivos limites estabelecidos nos §§ 2º e 3º para a fase de conhecimento.*

Este parágrafo traz um preceito normativo que, de certa forma, se não pre-tende desestimular a interposição de recurso, pelo menos busca alertar as partes para que ajam com prudência no momento de recorrer, uma vez que o Tribu-nal, de ofício ou a requerimento da parte, poderá modificar a verba honorária já fixada na sentença, para o efeito de aumentá-la em face do recurso interposto.

Além do mais, com a interposição de recurso, novos estudos e novas argu-mentações deverão ser realizados pelo advogado da parte recorrida, aumen-tando a carga de trabalho.

Pode-se denominar esta alteração, como *honorários sucumbenciais recursais.*

Isto significa dizer que, por exemplo, tendo a sentença fixada os honorários de advogado em dez por cento, e havendo recurso interposto pela parte ven-cida, esses honorários poderão ser elevados até o limite de *vinte por cento,* caso o recurso interposto na fase de conhecimento não seja admitido ou seja negado provimento.

É vedado, porém, ao Tribunal, no cômputo geral da fixação dos honorários devidos ao advogado do vencedor, ultrapassar os respectivos limites estabeleci-dos nos §§2º e 3º para a fase de conhecimento.

O aumento da verba honorária poderá ser a requerimento da parte vence-dora como de *ofício* pelo tribunal competente. Esse aumento pode ocorrer no âmbito dos tribunais de apelação ou dos tribunais superiores.

O §6º do art. 73 do Projeto originário do Senado n. 166/10, estabelecia: *Quando o acórdão proferido pelo tribunal não admitir ou negar, por unanimidade, provi-mento a recurso interposto contra sentença ou acórdão, a instância recursal, de ofício ou a requerimento da parte, fixará nova verba honorária advocatícia, observando-se o disposto no §2º e o limite total de vinte e cinco por cento.*

Assim, no projeto originário a alteração dos honorários pela instância recur-sal somente seria possível quando o Tribunal não admitisse ou negasse, *por una-nimidade,* provimento ao recurso interposto contra sentença ou acórdão.

O novo C.P.C. não exige mais que a não admissão ou o não provimento do recurso se dê por *unanimidade.*

O Tribunal, para efeito de elevação da verba honorária fixada na sentença ou no acórdão recorrido, deverá levar em conta os critérios estabelecidos no §2º do art. 85 do novo C.P.C. ou seja, *o grau de zelo do profissional; o lugar da prestação do*

ART. 85

serviço; a natureza e a importância da causa; o trabalho realizado pelo advogado e o tempo exigido para o seu serviço.

Por sua vez, se a Fazenda Pública for parte, deverá o Tribunal observar os limites estabelecidos no §3º do art. 85 do atual C.P.C.

O §9º do art. 73 do Projeto do Senado n. 166/10 estabelecia que os honorários sucumbenciais recursais não seriam aplicados quando a questão jurídica discutida no recurso fosse objeto de divergência jurisprudencial. Isso significava dizer que os honorários sucumbenciais recursais não se aplicavam na hipótese de a questão, objeto do recurso, apresentar divergência jurisprudencial, uma vez que a divergência jurisprudencial impediria considerar o recurso meramente protelatório ou mesmo temerário. Por sua vez, a divergência jurisprudencial deveria ser contemporânea à época da interposição do recurso e deveria dizer respeito ao objeto do processo.

Por sua vez, o §8º do art. 73 do Projeto do Senado n. 166/10 aduzia que em caso de provimento de recurso extraordinário ou especial, o Supremo Tribunal Federal ou o Superior Tribunal de Justiça afastaria a incidência dos honorários de sucumbência recursal.

Esta normatização apresentada pelo Projeto do Senado n. 166/10 continha certa logicidade, pois se houvesse a fixação de honorários sucumbenciais recursais pelo não conhecimento ou pelo não provimento unânime do recurso de apelação, evidentemente que eventual provimento de recurso extraordinário ou especial interposto contra esta decisão, recomendaria o afastamento dos honorários sucumbenciais fixados pelo Tribunal 'a quo', e, se fosse o caso, os honorários deveriam ser invertidos em favor do novo vencedor.

Aduz o *§ 12 do art. 85* do atual C.P.C. que *os honorários referidos no § 11 são cumuláveis com multas e outras sanções processuais, inclusive as previstas no art. 77.*

Tendo em vista que os honorários de advogados não apresentam natureza de sanção, mas são considerados como verba de remuneração alimentar do advogado da parte, a ele pertecendo esta verba, não há qualquer impedimento para a *acumulação* dos honorários sucumbenciais recursais com eventual aplicação de multa ou outra sanção processual, inclusive a do art. 77 do atual C.P.C.

Portanto, o Tribunal poderá aumentar a verba honorária, bem como aplicar cumulativamente eventual sanção de natureza processual, como, por exemplo, a de litigante de má fé.

Preceitua o *§ 13 do art. 85* do atual C.P.C. que *as verbas de sucumbência arbitradas em embargos à execução rejeitados ou julgados improcedentes e em fase de cumprimento de sentença serão acrescidas no valor do débito principal, para todos os efeitos legais.*

O preceito legal inserido neste dispositivo nada mais é do que uma questão de logicidade.

As verbas de sucumbência (despesas processuais e honorários) fixadas em decorrência da rejeição ou da improcedência dos embargos ou no âmbito do cumprimento de sentença não podem afetar o valor do débito principal, mas a ele ser acrescidas.

Na realidade, o acessório segue a natureza do principal.

Diante disso, a verba de honorário fixada nessas hipóteses irá acrescer à execução ou ao cumprimento de sentença, somando ao principal.

Uma vez somados os honorários ao crédito principal, passarão a ter a mesma natureza deste para todos os efeitos legais, inclusive em relação aos efeitos de garantia.

Sobre o tema, eis o seguinte precedente do S.T.J.:

1. São devidos honorários advocatícios tanto na execução quanto nos embargos do devedor, podendo a sucumbência final ser determinada definitivamente pela sentença da última ação, desde que o valor fixado atenda a ambas.

2. Agravo regimental desprovido.

(AgRg nos EREsp 1275494/RS, Rel. Ministro JOÃO OTÁVIO DE NORONHA, CORTE ESPECIAL, julgado em 05/06/2013, DJe 01/08/2013).

1. A jurisprudência do STJ assentou que, constituindo os Embargos do Devedor verdadeira ação de conhecimento que não se confunde com Ação de Execução, os honorários advocatícios devem ser arbitrados de forma autônoma e independente em cada uma das referidas ações, sendo descabido o condicionamento da verba honorária na Execução a eventual propositura dos Embargos à Execução.

2. O estabelecimento de honorários no início da Execução é provisório, pois a sucumbência final será determinada, definitivamente, apenas no julgamento dos Embargos à Execução.

3. Contudo, embora cabíveis honorários em Execução e em Embargos à Execução autonomamente, nada impede que o magistrado arbitre valor único para as duas condenações, no julgamento dos Embargos, devendo-se observar o limite máximo de 20% (art. 20, § 3º, do CPC) na soma das duas verbas.

4. Agravo Regimental não provido.

(AgRg nos EDcl no REsp 1213658/RS, Rel. Ministro HERMAN BENJAMIN, SEGUNDA TURMA, julgado em 26/06/2012, DJe 01/08/2012).

1. Conforme entendimento do STJ, a fixação de honorários no início da Execução é meramente provisória, pois a sucumbência final será determinada, definitivamente, apenas no momento do julgamento dos Embargos à Execução.

ART. 85

2. A estipulação de honorários nesses casos deve obedecer aos seguintes critérios: é possível a fixação única dos honorários no julgamento dos embargos, desde que se estipule que o valor fixado atenda à execução e aos embargos; a soma dos percentuais de honorários de ambas as condenações não deve ultrapassar 20%.

3. Precedentes: AgRg no REsp 1.227.683/PR, Rel. Min. Herman Benjamin, Segunda Turma, julgado em 5.4.2011, DJe 19.4.2011; Rel.

Min. Mauro Campbell Marques, Segunda Turma, julgado em 02/09/2010, DJe 04/10/2010.

4. A questão do valor dos honorários fixados é irrelevante quando o juízo de origem afirma, expressamente, que foram eles estabelecidos de forma razoável, sendo inviável – nesses casos – a revisão dos valores pelo Tribunal Superior.

Agravo regimental improvido.

(AgRg no REsp 1265456/PR, Rel. Ministro HUMBERTO MARTINS, SEGUNDA TURMA, julgado em 12/04/2012, DJe 19/04/2012).

1. No julgamento do REsp nº 1.134.186/RS, submetido à sistemática dos recursos repetitivos, assentou-se que "são cabíveis honorários advocatícios em fase de cumprimento de sentença, haja ou não impugnação, depois de escoado o prazo para pagamento voluntário a que alude o art. 475-J do CPC (...)

2. Agravo regimental não provido.

(AgRg no REsp 1360690/RS, Rel. Ministro RICARDO VILLAS BÔAS CUEVA, TERCEIRA TURMA, julgado em 20/08/2013, DJe 29/08/2013)

(...).

2. Apresentada impugnação ao cumprimento de sentença, o seu acolhimento, ainda que em parte, acarreta o arbitramento de honorários em benefício do executado, com base no art. 20, § 4º, do CPC (REsp n. 1.134.186/RS). A condenação na verba de sucumbência é medida que se impõe, independentemente de pedido expresso.

3. Embargos de declaração acolhidos em parte.

(EDcl no AgRg no AREsp 129.597/RS, Rel. Ministro JOÃO OTÁVIO DE NORONHA, TERCEIRA TURMA, julgado em 15/08/2013, DJe 23/08/2013)

– Na impugnação ao cumprimento de sentença, os honorários advocatícios são arbitrados mediante apreciação equitativa do juiz.

– O reexame de fatos e provas em recurso especial é inadmissível.

– Negado provimento ao agravo.

(AgRg no REsp 1363634/SP, Rel. Ministra NANCY ANDRIGHI, TERCEIRA TURMA, julgado em 23/04/2013, DJe 30/04/2013)

CÓDIGO DE PROCESSO CIVIL

(...).

3. Não há falar em violação ao art. 20, § 3º, do CPC, uma vez que, consoante o entendimento firmado no STJ, o acolhimento ainda que parcial da impugnação gerará o arbitramento dos honorários, que serão fixados nos termos do art. 20, § 4º, do CPC.

4. Fixada a verba honorária de acordo com a apreciação equitativa do juiz não será suscetível de reexame em sede de recurso especial, a teor da Súmula 7 desta Corte.

5. Agravo regimental não provido, com aplicação de multa.

(AgRg no AREsp 155.329/SP, Rel. Ministro LUIS FELIPE SALOMÃO, QUARTA TURMA, julgado em 09/04/2013, DJe 17/04/2013).

Estabelece o § 14 do art. 85 do atual C.P.C. que *os honorários constituem direito do advogado e têm natureza alimentar, com os mesmos privilégios dos créditos oriundos da legislação do trabalho, sendo vedada a compensação em caso de sucumbência parcial.*

Este dispositivo confere aos honorários de sucumbência um direito subjetivo do advogado e não da parte que ele representa.

Sendo os honorários direito subjetivo do advogado e não da parte, nada mais evidente do que apenas o advogado poderá executar a cobrança dos honorários e não a parte que ele representa. Porém, até a vigência deste Código, o S.T.J. vinha entendendo legitimidade conjunta da parte e do advogado para sua execução. Nesse sentido é o seguinte precedente:

(...).

4. São inadmissíveis Embargos de Divergência quando o paradigma colacionado apresenta orientação superada no âmbito deste STJ, que agora afirma a legitimidade concorrente da parte e do Advogado para a execução dos honorários de sucumbência, bem como que a União possui legitimidade para a execução de honorários advocatícios a ela devidos (Súmula 168/STJ).

5. Embargos Declaratórios rejeitados.

(EDcl no AgRg nos EAREsp 31.141/RS, Rel. Ministro NAPOLEÃO NUNES MAIA FILHO, CORTE ESPECIAL, julgado em 19/06/2013, DJe 07/08/2013)

Em relação à legitimidade para cobrança dos honorários dos denominados 'advogados empregados', assim se manifestou o S.T.J.:

(...).

1. A Lei 8.906/94 – Estatuto da Advocacia e da Ordem dos Advogados do Brasil (EAOAB), em seus arts. 21 e 23, estabelece que os honorários fixados na condenação pertencem aos advogados empregados.

ART. 85

A lei emprega o termo plural "advogados empregados", certamente admitindo que o empregador, normalmente, terá mais de um advogado empregado e estes, ao longo do processo, terão oportunidade de atuar, ora em conjunto, ora isoladamente, de modo que o êxito, acaso obtido pelo empregador na demanda, será atribuído à equipe de advogados empregados.

(...).

(REsp 634.096/SP, Rel. Ministro RAUL ARAÚJO, QUARTA TURMA, julgado em 20/08/2013, DJe 29/08/2013)

A lei confere aos honorários de sucumbência uma conotação de *natureza alimentar.*

O S.T.J. já reconhecia a natureza alimentar dos honorários contratuais e sucumbenciais, porém não lhes outorgava os mesmos privilégios dos créditos oriundos da legislação do trabalho. Nesse sentido eram os seguintes precedentes:

1. Embora o STJ já tenha reconhecido a natureza alimentar dos créditos decorrentes de honorários advocatícios, estes não se equiparam aos créditos trabalhistas. Precedentes: REsp. 1.068.838/PR, Segunda Turma, Relator Min. Mauro Campbell Marques, Rel. p/ acórdão Ministra Eliana Calmon, e REsp. 874.309/PR, Rel. Min. Mauro Campbell Marques.

2. Recurso Especial não provido.

(REsp 1269160/RS, Rel. Ministro HERMAN BENJAMIN. SEGUNDA TURMA, julgado em 13/11/2012, DJe 19/12/2012).

I – Não obstante possua natureza alimentar e detenha privilégio geral em concurso de credores, o crédito decorrente de honorários advocatícios não precede ao crédito tributário, que sequer se sujeita a concurso de credores e prefere a qualquer outro, seja qual for o tempo de sua constituição ou a sua natureza (artigos 24 da Lei 8.906/94 e 186 do CTN).

II – Embargos de divergência improvidos.

(EREsp 1146066/PR, Rel. Ministro HAMILTON CARVALHIDO, Rel. p/ Acórdão Ministro FRANCISCO FALCÃO, CORTE ESPECIAL, julgado em 24/11/2011, DJe 13/04/2012).

2. Em concurso de credores, os créditos de natureza tributária têm preferência sobre os relativos a honorários advocatícios, segundo a orientação consolidada na Primeira Seção do STJ (cf. EREsp 941.652/RS, Rel. Ministro Hamilton Carvalhido, Primeira Seção, julgado em 24.11.2010; REsp 1245515/MG, Rel. Ministro Mauro Campbell

CÓDIGO DE PROCESSO CIVIL

Marques, Segunda Turma, julgado em 2.6.2011; AgRg no REsp 1235701/RS, Rel. Ministro Hamilton Carvalhido, Primeira Turma, julgado em 12.4.2011).

3. A simples razão de conferir natureza alimentar aos honorários advocatícios, a exemplo do disposto no art. 19 da Lei 11.033/2004, ou de lhes reconhecer caráter privilegiado, como fez o art. 24 da Lei 8.906/1994, não autoriza a conclusão de que preferem ao crédito tributário, em concurso de credores, pois a questão encontra disciplina legal específica.

4. Depreende-se dos arts. 186 do CTN e 83 da Lei 11.101/2005 que prevalecem sobre o crédito tributário aqueles decorrentes da legislação trabalhista ou devidos por acidente de trabalho, e a jurisprudência do STJ já proclamou que os honorários advocatícios não se enquadram nas citadas hipóteses.

5. Não compete ao STJ, em Recurso Especial, a análise de violação a preceito constitucional.

6. Agravo Regimental não provido.

(AgRg no REsp 1267980/SC, Rel. Ministro HERMAN BENJAMIN, SEGUNDA TURMA, julgado em 03/11/2011, DJe 08/11/2011)

(...).

II – Embora esta Corte Superior já tenha reconhecido a natureza alimentar dos créditos decorrentes dos honorários advocatícios, estes não se equiparam aos créditos trabalhistas, razão por que não há como prevalecerem, em sede de concurso de credores, sobre o crédito fiscal da Fazenda Pública;

III – Recurso especial improvido.

(REsp 939.577/RS, Rel. Ministro MASSAMI UYEDA, TERCEIRA TURMA, julgado em 03/05/2011, DJe 19/05/2011)

Recentemente, porém, o S.T.J tem dado a mesma natureza dos créditos trabalhista aos honorários de advogado no âmbito da recuperação judicial. Nesse sentido, eis o seguinte precedente:

(...).

2. O tratamento dispensado aos honorários advocatícios – no que refere à sujeição aos efeitos da recuperação judicial – deve ser o mesmo conferido aos créditos de origem trabalhista, em virtude de ambos ostentarem natureza alimentar.

3. O Estatuto da Advocacia, diploma legal anterior à atual Lei de Falência e Recuperação de Empresas, em seu art. 24, prevê a necessidade de habilitação dos créditos decorrentes de honorários advocatícios quando se tratar de processos de execução concursal.

4. Recurso especial conhecido e provido.
(REsp 1377764/MS, Rel. Ministra NANCY ANDRIGHI, TERCEIRA TURMA, julgado em 20/08/2013, DJe 29/08/2013).

Já o novo C.P.C. garantiu aos honorários de advogado *os mesmos privilégios dos créditos oriundos da legislação do trabalho,* rompendo com a jurisprudência do S.T.J. Dentre esses privilégios estão: a) os créditos trabalhistas gozam de privilégio absoluto, sobrepondo-se inclusive, aos créditos tributários (art. 186 do C.T.N.); b) na falência, os créditos derivados da legislação do trabalho tem preferência aos demais, só que limitados a 150 (cento e cinquenta) salários-mínimos por credor (art. 83, inc. I da Lei 11.101/2005); c) em relação ao precatório ou requisição de pequeno valor: c.1) § 1º do art. 110 da C.F.: Os débitos de natureza alimentícia compreendem aqueles decorrentes de salários, vencimentos, proventos, pensões e suas complementações, benefícios previdenciários e indenizações por morte ou por invalidez, fundadas em responsabilidade civil, em virtude de sentença judicial transitada em julgado, e serão pagos com preferência sobre todos os demais débitos, exceto sobre aqueles referidos no § 2º deste artigo. (Redação dada pela Emenda Constitucional nº 62, de 2009). c.2) § 2º do art. 100 da C.F. Os débitos de natureza alimentícia cujos titulares tenham 60 (sessenta) anos de idade ou mais na data de expedição do precatório, ou sejam portadores de doença grave, definidos na forma da lei, serão pagos com preferência sobre todos os demais débitos, até o valor equivalente ao triplo do fixado em lei para os fins do disposto no § 3º deste artigo, admitido o fracionamento para essa finalidade, sendo que o restante será pago na ordem cronológica de apresentação do precatório. (Redação dada pela Emenda Constitucional nº 62, de 2009).

Porém, a questão que deverá ser ainda analisada é se a lei ordinária poderia conceder privilégio não constante de lei complementar, no caso, o Código Tributário Nacional.

Note-se que o novo C.P.C. não disse que os honorários de advogados teriam natureza de verba trabalhista, e nem poderia dizer, pois evidentemente que não se trata de verba trabalhista.

O que o legislador do novo C.P.C. fez foi conferir aos honorários de advogado o mesmo privilégio das verbas que possuam natureza trabalhista.

Porém, a questão de privilégio em matéria tributária é de competência de lei complementar.

Desta feita, por determinação constitucional, não poderia o lei ordinária conferir a determinado crédito preferência não constante do art. 186 do C.T.N.

Sobre tema, eis ainda os seguintes precedentes do S.T.J.:

(...).

4. Os honorários advocatícios, não obstante disciplinados pelo direito processual, decorrem de pedido expresso, ou implícito, de uma parte contra o seu oponente no processo e, portanto, formam um capítulo de mérito da sentença, embora acessório e dependente.

5. No direito brasileiro, os honorários de qualquer espécie, inclusive os de sucumbência, pertencem ao advogado. O contrato, a decisão e a sentença que os estabelecem são títulos executivos.

Nesse sentido, a Corte Especial do STJ fez editar a Súmula 306, com o seguinte enunciado: "Os honorários advocatícios devem ser compensados quando houver sucumbência recíproca, assegurado o direito autônomo do advogado à execução do saldo sem excluir a legitimidade da própria parte". Portanto, os honorários constituem direito autônomo do causídico, que inclusive poderá executá-los nos próprios autos ou em ação distinta.

6. O capítulo da sentença que trata dos honorários, ao disciplinar uma relação autônoma, titularizada pelo causídico, é de mérito, embora dependente e acessório, de modo que poderá ser discutido por meio de embargos infringentes se a sentença vier a ser reformada, por maioria de votos, no julgamento da apelação.

(...).

(REsp 1113175/DF, Rel. Ministro CASTRO MEIRA, CORTE ESPECIAL, julgado em 24/05/2012, DJe 07/08/2012)

Processual civil. Reexame de matéria fático-probatória.

Impossibilidade. Súmula 7/stj. Agravo de instrumento. Perda de objeto. Inocorrência. Honorários advocatícios. Distribuição entre os advogados que atuaram na causa. Necessidade de ação autônoma. Precedentes. Agravo regimental a que se nega provimento.

(AgRg no REsp 867.641/SP, Rel. Ministro TEORI ALBINO ZAVASCKI, PRIMEIRA TURMA, julgado em 14/02/2012, DJe 17/02/2012).

A parte final do §14 do art. 85 do novo C.P.C. *veda a compensação de honorários na eventualidade de sucumbência parcial.*

Quando os honorários pertenciam à parte e não ao advogado, e ocorrendo sucumbência recíproca, era legítima a *compensação* das verbas honorárias, pois havia identificação entre credores e devedores.

Atualmente, sendo os honorários créditos dos respectivos advogados das partes, não há, em princípio, identificação entre credores e devedores para a legitimação da compensação.

Assim, na eventualidade de sucumbência recíproca, os honorários deverão ser fixados em favor dos advogados com base no proveito, benefício ou vantagem econômica do julgamento parcial do pedido.

Evidentemente que esse impedimento de compensação de honorários de advogado, em caso de sucumbência recíproca, foi inserido justamente para impedir que o Superior Tribunal de Justiça continuasse a permitir essa compensação, conforme vinha ocorrendo sob a égide do C.P.C. de 1973, quando os honorários já pertenciam aos respectivos advogados. Eis o seguinte precedente do S.T.J.:

(...).

2. A norma do art. 21 do Código de Processo Civil dispõe: "se cada litigante for em parte vencedor e vencido, serão recíproca e proporcionalmente distribuídos e compensados entre eles os honorários e as despesas." 3. Assim, tratando-se de sucumbência recíproca, o direito do advogado à verba honorária, previsto no art. 23 do Estatuto da Advocacia, somente emerge quando, após a compensação recíproca entre as partes sucumbentes, regulada pela lei processual (CPC, art. 21), resultar saldo em favor do patrono de uma delas, pelo fato de as proporções serem desiguais.

4. Esta interpretação assegura a harmonia e a autoridade das regras legais invocadas.

5. Agravo regimental a que se nega provimento.

(AgRg na AR 5.204/MT, Rel. Ministro RAUL ARAÚJO, SEGUNDA SEÇÃO, julgado em 14/08/2013, DJe 27/08/2013)

I – Os honorários advocatícios devem ser compensados quando houver sucumbência recíproca, assegurado o direito autônomo do advogado à execução do saldo sem excluir a legitimidade da própria parte.

Súmula 306/STJ.

II – Se o provimento judicial transitado em julgado que serve de título executivo não nega a possibilidade de compensação da verba honorária, admite-se que tal compensação se faça em sede de execução ou fase de cumprimento de sentença, sem que isso traduza qualquer ofensa à coisa julgada.

III – Recurso Especial provido.

(REsp 872.959/RS, Rel. Ministro SIDNEI BENETI, TERCEIRA TURMA, julgado em 22/06/2010, DJe 03/08/2010)

1. No caso vertente, o recorrente sustenta que os créditos de honorários advocatícios podem ser compensados com o débito tributário da parte representada.

CÓDIGO DE PROCESSO CIVIL

2. A verba honorária é reconhecidamente pertencente ao causídico, nos termos do art. 23 da Lei nº 8.906/94, sendo que somente seria admissível a compensação em caso de sucumbência recíproca, na forma do art. 21 do CPC.

(...).

(REsp 1191846/MG, Rel. Ministro CASTRO MEIRA, SEGUNDA TURMA, julgado em 22/06/2010, DJe 03/08/2010).

Prescreve o *§ 15 do art. 85 do atual C.P.C. que o advogado pode requerer que o pagamento dos honorários que lhe caibam seja efetuado em favor da sociedade de advogados que integra na qualidade de sócio, aplicando-se à hipótese o disposto no § 14.*

Este preceito normativo, muitas vezes visando à redução da carga tributária, em especial a incidência do imposto de renda, permite que *o advogado possa requerer que o pagamento dos honorários que lhe cabem seja efetuado em favor da sociedade de advogados que integra na qualidade de sócio, aplicando-se também a essa hipótese o disposto no §14.*

Sobre a constituição da sociedade de advogados, prescreve o artigo 15 e §§ da Lei 8.906/94 (Estatuto do Advogado):

Art. 15. Os advogados podem reunir-se em sociedade civil de prestação de serviço de advocacia, na forma disciplinada nesta lei e no regulamento geral.

§ 1º A sociedade de advogados adquire personalidade jurídica com o registro aprovado dos seus atos constitutivos no Conselho Seccional da OAB em cuja base territorial tiver sede.

§ 2º Aplica-se à sociedade de advogados o Código de Ética e Disciplina, no que couber.

§ 3º As procurações devem ser outorgadas individualmente aos advogados e indicar a sociedade de que façam parte.

§ 4º Nenhum advogado pode integrar mais de uma sociedade de advogados, com sede ou filial na mesma área territorial do respectivo Conselho Seccional.

§ 5º O ato de constituição de filial deve ser averbado no registro da sociedade e arquivado junto ao Conselho Seccional onde se instalar, ficando os sócios obrigados à inscrição suplementar.

§ 6º Os advogados sócios de uma mesma sociedade profissional não podem representar em juízo clientes de interesses opostos.

Contudo, salvo melhor juízo, essa nova normatização prevista no §15 do art. 85 do novo C.P.C. não altera o entendimento de que a responsabilidade do imposto de renda seja exclusiva da sociedade de advogado somente quando a pessoa jurídica for também indicada na procuração outorgada pela parte autora ou ré.

ART. 85

Assim, se a demanda foi de responsabilidade exclusiva da pessoa física do advogado, a responsabilidade tributária não será da pessoa jurídica. Sobre o tema, eis o seguinte precedente do S.T.J.:

1. A questão controvertida refere-se a quem cabe a responsabilidade tributária pelo pagamento do imposto de renda sobre honorários advocatícios, se ao advogado ou à sociedade de advogados, da qual faz parte.

2. Em conformidade com a jurisprudência pacífica desta Corte, somente a ausência de indicação da sociedade, no instrumento de mandato, impõe a retenção do Imposto de Renda Pessoa Física em decorrência do pagamento dos honorários, levando-se em consideração o fato de que os serviços foram prestados individualmente pelos advogados. Precedentes do STJ.

3. No caso dos autos, consta do acórdão recorrido que o advogado atuou no feito individualmente e que levantou as verbas honorárias por meio de alvará em momento anterior a criação da sociedade, o que determina a retenção do imposto de renda pessoa física.

Agravo regimental improvido.

(AgRg no REsp 1147607/RS, Rel. Ministro HUMBERTO MARTINS, SEGUNDA TURMA, julgado em 17/08/2010, DJe 03/09/2010)

1. O artigo 15, § 3º, da Lei 8.906/94 (Estatuto da Advocacia), determina que, no caso de serviços advocatícios prestados por sociedade de advogados, as procurações devem ser outorgadas individualmente aos causídicos e indicar a sociedade de que façam parte.

2. Os serviços advocatícios prestados por sociedade de advogados pressupõe que, nas procurações outorgadas individualmente aos causídicos deve constar a pessoa jurídica integrada pelos referidos profissionais porquanto, assim não ocorrendo, torna-se impossível se aferir se os serviços foram prestados pela sociedade ou individualmente, pelo profissional que dela faça parte.

3. O serviço não se considera prestado pela sociedade na hipótese em que a procuração não contém qualquer referência à mesma, impedindo, portanto, que o levantamento da verba honorária seja feito em nome da pessoa jurídica com seus efeitos tributários diversos daqueles que operam quando o quantum é percebido uti singuli pelo advogado.

(...).

(REsp 1013458/SC, Rel. Ministro LUIZ FUX, PRIMEIRA TURMA, julgado em 09/12/2008, DJe 18/02/2009)

CÓDIGO DE PROCESSO CIVIL

A sociedade de advogados somente terá legitimidade para exigir os honorários sucumbenciais se houver sua indicação na procuração ou se os honorários forem a ela cedidos em tempo oportuno. Nesse sentido são os seguintes precedentes.

1. O Tribunal de origem se reportou ao instrumento de cessão de crédito e à cláusula 2ª, item 2.2, do contrato social, para concluir que os honorários advocatícios foram cedidos à sociedade de advogados, o que a tornou parte legítima para a respectiva Execução.
(...).
(AgRg no AREsp 282.478/MG, Rel. Ministro HERMAN BENJAMIN, SEGUNDA TURMA, julgado em 21/03/2013, DJe 09/05/2013)

(...).
1. A Corte Especial do Superior Tribunal de Justiça, por ocasião do julgamento do Recurso Especial 1.102.473/RS, representativo da controvérsia (art. 543-C do Código de Processo Civil), da relatoria da Ministra Maria Thereza de Assis Moura, firmou o entendimento de que o cessionário de honorários sucumbenciais possui legitimidade para se habilitar no crédito consignado em precatório.
(...).
(AgRg no REsp 1079251/RS, Rel. Ministro OG FERNANDES, SEXTA TURMA, julgado em 05/03/2013, DJe 15/03/2013)

(...).
3. Comprovada a validade do ato de cessão dos honorários advocatícios sucumbenciais, realizado por escritura pública, bem como discriminado no precatório o valor devido a título da respectiva verba advocatícia, deve-se reconhecer a legitimidade do cessionário para se habilitar no crédito consignado no precatório.
(...).
(AgRg no REsp 1097154/RS, Rel. Ministra ASSUSETE MAGALHÃES, SEXTA TURMA, julgado em 26/02/2013, DJe 06/03/2013)

1. A jurisprudência desta Corte firmou-se no sentido de que se a sociedade de advogados não for expressamente designada no instrumento de mandato, não tem ela legitimidade para a execução da verba honorária. Precedente: AgRg no AREsp n. 23.031/ RS, Relator Ministro Jorge Mussi, Quinta Turma, DJ 11/11/2011; AgRg nos EREsp 1.114.785/SP, Rel. Ministro Luiz Fux, Corte Especial, DJe 19/11/2010; AgRg no

ART. 85

REsp 1.251.408/PR, Rel. Ministra Maria Thereza de Assis Moura, Sexta Turma, DJe 1/10/2012.

(...).

(AgRg no REsp 1326913/MG, Rel. Ministro BENEDITO GONÇALVES, PRIMEIRA TURMA, julgado em 18/12/2012, DJe 04/02/2013)

(...).

2. Não se apresenta cabível a expedição de alvará de levantamento de honorários já depositados em nome de advogado, uma vez que a alegação de cessão de crédito ocorreu em data posterior ao repasse pelo Tribunal.

(...).

(AgRg no REsp 1097028/PR, Rel. Ministro OG FERNANDES, SEXTA TURMA, julgado em 11/06/2013, DJe 21/06/2013)

(...).

3 – A premissa, contida no acórdão recorrido, de que "a sociedade de advogados pode requerer a expedição de alvará de levantamento dos honorários advocatícios, ainda que o instrumento de procuração outorgado aos seus integrantes não a mencione [...]", não se coaduna com o atual entendimento do Superior Tribunal de Justiça a respeito do tema. Com efeito, a Corte especial, nos autos do AgRg no Prc 769/DF, Rel. Min. Ari Pargendler, DJe 23.3.2009, estabeleceu que "na forma do art. 15, § 3º, da Lei nº 8.906, de 1994, 'as procurações devem ser outorgadas individualmente aos advogados e indicar a sociedade de que façam parte'; se a procuração deixar de indicar o nome da sociedade de que o profissional faz parte, presume-se que a causa tenha sido aceita em nome próprio, e nesse caso o precatório deve ser extraído em benefício do advogado, individualmente".

Destarte, incide a alíquota de 27,5% para o desconto do Imposto de Renda na fonte.

4 – Recurso especial parcialmente conhecido e, nessa extensão, provido.

(REsp 1320313/SP, Rel. Ministro MAURO CAMPBELL MARQUES, SEGUNDA TURMA, julgado em 05/03/2013, DJe 12/03/2013)

1. A jurisprudência desta Corte firmou-se no sentido de que se a sociedade de advogados não for expressamente designada no instrumento de mandato, não tem ela legitimidade para a execução da verba honorária. Precedente: AgRg no AREsp n. 23.031/RS, Relator Ministro Jorge Mussi, Quinta Turma, DJ 11/11/2011; AgRg nos EREsp 1.114.785/SP, Rel. Ministro Luiz Fux, Corte Especial, DJe 19/11/2010; AgRg no REsp 1.251.408/PR, Rel. Ministra Maria Thereza de Assis Moura, Sexta Turma, DJe 1/10/2012.

(...).

(AgRg no REsp 1326913/MG, Rel. Ministro BENEDITO GONÇALVES, PRIMEIRA TURMA, julgado em 18/12/2012, DJe 04/02/2013)

(AgRg nos EDcl no REsp 1076794/PR, Rel. Ministro MARCO *AGRAVO REGIMENTAL*

É importante salientar que mesmo se forem cedidos os honorários à sociedade a que eles pertencem, tal cessão não faz com que a verba sucumbencial perca sua natureza alimentar, conforme já teve oportunidade de decidir o S.T.J. no seguinte precedente:

> *1. Esta Corte, no julgamento do AgRg no REsp 1.228.428/RS (Rel. Min. Benedito Gonçalves, DJe de 29.6.2011), firmou o entendimento de que os honorários advocatícios pertencentes à sociedade de advogados possuem natureza alimentar, sendo, portanto, impenhoráveis.*
> *2. Inviável rever o entendimento do tribunal de origem acerca da ocorrência da sucumbência mínima do recorrente. Incidência da Súmula 7/STJ.*
> *3. Recurso especial conhecido em parte e, nessa parte, provido.*

(REsp 1336036/RS, Rel. Ministra ELIANA CALMON, SEGUNDA TURMA, julgado em 15/08/2013, DJe 22/08/2013)

> *1. Consoante já decidiu esta Turma, ao julgar o AgRg no REsp 1.228.428/RS (Rel. Min. Benedito Gonçalves, DJe de 29.6.2011), os honorários advocatícios, mesmo aqueles pertencentes à sociedade de advogados, possuem natureza alimentar. Como os honorários constituem a remuneração do advogado – sejam eles contratuais ou sucumbenciais –, tal verba enquadra-se no conceito de verba de natureza alimentícia, sendo portanto impenhorável.*
> *2. Recurso especial provido.*

(REsp 1358331/RS, Rel. Ministro MAURO CAMPBELL MARQUES, SEGUNDA TURMA, julgado em 19/02/2013, DJe 26/02/2013).

Aduz o § 16 do art. 85 do atual C.P.C. *quando os honorários forem fixados em quantia certa, os juros moratórios incidirão a partir da data do trânsito em julgado da decisão.*

Em se tratando de relações privadas, em que a disponibilidade de pagamento é imediata após a fixação dos honorários de advogado a partir da decisão que o arbitrou, parece-me legítima a incidência dos juros moratórios contados a partir do trânsito em julgado da decisão, pois é a partir deste momento que se sabe em definitivo a quantia certa dos honorários.

A dúvida que se suscita é em relação à mora da Fazenda Pública.

Deve-se, antes de mais nada, questionar a natureza ontológica do instituto da mora, a fim de se delimitar no tempo e no espaço o termo desencadeador da demora no pagamento de determinada obrigação.

Segundo preceitua o artigo 394 do Código Civil Brasileiro, *"considera-se em mora o devedor que não efetuar o pagamento, e o credor que o quiser receber no tempo, lugar e forma convencionado".*

Numa simples leitura do enunciado apresentado pela textualização da comunicação inserida no artigo 394 do C.C.B., basta o não pagamento pelo devedor, no tempo, lugar e forma convencionado para que haja a incidência da *mora solvendi.*

Muito embora o código civil não tenha definido o que se entende por mora, o seu enunciado estabelece através de uma síntese os elementos necessários para sua definição, que numa linguagem natural corresponde ao atraso ou ao retardamento do cumprimento da obrigação.

Contudo, não basta apenas a análise do enunciado molecular para se estabelecer o sentido deôntico da norma jurídica, razão pela qual, numa interpretação de cunho sistêmico, necessita-se de uma análise contextual e conjectural para se perceber a essência do instituto da mora.

Com base nessa perspectiva sistêmica, o simples retardo ou a falta de cumprimento da obrigação, por si só, não se demonstra suficiente para se considerar o devedor em mora.

Não obstante a falta de referência à questão da "culpa" na configuração da mora no artigo 394 do C.C.B., é evidente que no seu sentido deontológico há necessidade da existência de culpa do devedor para que se possa falar em mora.

A configuração normativa do instituto da mora reclama a conjugação do artigo 394 com o artigo 396, também do Código Civil Brasileiro, que assim dispõe: *"Não havendo fato ou omissão imputável ao devedor, não incorre este em mora".*

Aí está, portanto, a norma jurídica que configura a natureza ontológica do instituto da mora em nosso ordenamento jurídico, consubstanciada no fato de o devedor, *culposamente,* não cumprir sua obrigação no tempo, lugar e modo convencionado.

Nas palavras de CARVALHO DE MENDONÇA (M.I.)., *"a grande diferença entre a mora do devedor e a do credor é exatamente que naquela é essencial a culpa e nesta não".*[377]

---

[377] Apud J. M. CARVALHO SANTOS. *Código civil brasileiro interpretado.* 7. ed. Art. 928 a 971. V. XII. São Paulo: Livraria Freitas Bastos, 1958. p. 311.

Na mesma perspectiva é a lição de AGOSTINHO ALVIM: *"Para resolver a questão da mora do herdeiro é necessário ter em atenção, primeiramente, que não há mora sem culpa, em face do nosso direito positivo, e, em segundo lugar, que a existência da culpa é uma questão de fato".*[378]

Estabelecidos estes contornos normativos em relação ao instituto da mora, parte-se para a questão da sua aplicação quando a Fazenda Pública torna-se devedora de honorários advocatícios fixados em decisão judicial.

Em primeiro lugar, o crédito somente foi definido quando da decisão prolatada em primeiro grau que condenou a Fazenda ao pagamento do valor dos honorários da parte vencedora.

Contudo, em que pese a certeza e liquidez do crédito, não há falar em culpa (requisito imanente na concepção ontológica da mora) da Fazenda Nacional para cumprir a obrigação imposta pela decisão de primeiro grau.

É que, por disposição constitucional, a Fazenda Nacional somente poderá efetivamente cumprir a obrigação que lhe foi imposta em decorrência de decisão judicial através do instituto do precatório (art. 100 da C.F. de 1988). Por determinação constitucional, não lhe resta outra alternativa. Mesmo que desejasse agir de modo diverso, efetuando o pagamento logo após o momento de sua fixação na decisão de primeiro grau, tal ato seria indubitavelmente configurado como inconstitucional.

Não foi outro o entendimento externado pelo Supremo Tribunal Federal no RE 305186:

> *"RE 305186 AgR / SP – AG.REG.NO RECURSO EXTRAORDINÁRIO*
> *Relator(a): Min. ILMAR GALVÃO*
> *Publicação:*
> *Julgamento: Primeira Turma*
> *Ementa: Constitucional. Crédito de natureza alimentar. Juros de mora entre a data da expedição do precatório e a do efetivo pagamento. c.f., art. 100, § 1º (redação anterior à ec 30/2000). Hipótese em que não incidem juros moratórios, por falta de expressa previsão no texto constitucional e ante a constatação de que, ao observar o prazo ali estabelecido, a entidade de direito público não pode ser tida por inadimplente. Orientação, ademais, já assentada pela Corte no exame da norma contida no art. 33 do ADCT. Recurso extraordinário conhecido e provido".*

---

[378] ALVIM, Agostinho. *Da inexecução das obrigações e suas consequências.* 4ª ed. atual. São Paulo: Saraiva, 1972. p.22.

ART. 85

Em outro Recurso Extraordinário (149.466-SP), também quanto à questão dos precatórios judiciais, teve oportunidade de se manifestar o relator Ministro Octavio Gallotti nos seguintes termos: *"Essa exegese gramatical coincide com a lógica, pois juros de mora são conceitualmente os decorrentes do retardamento no cumprimento da obrigação, não havendo razão para impô-los, em referência a uma dívida que, no caso, está sendo satisfeita dentro do prazo da Constituição".* (R.T.J., n. 147, p. 1023).

Porém, não obstante, o S.T.J. vinha entendendo que os juros de mora sobre os honorários de advogado incidiam desde a data da citação:

(...).

2. A discussão travada na origem diz respeito ao termo a quo da contagem de juros de mora na hipótese. Enquanto o acórdão recorrido entende que os juros devem incidir desde o trânsito em julgado da sentença que condenou a Fazenda Pública ao pagamento de honorários advocatícios, a recorrente, ora embargante, entende que referidos juros somente incidem a partir da citação. O acórdão embargado consignou que somente se atribui mora à Fazenda Pública se o precatório ou RPV não for pago no prazo constitucional, no primeiro caso, e legal, no segundo caso.

3. O recurso especial foi acolhido parcialmente – haja vista o afastamento do art. 535, do CPC – para determinar a incidência dos juros a partir da citação, sendo certo que no interregno compreendido entre a data da elaboração da conta e o final do prazo constitucional/legal não haverá incidência de juros, entendimento que, inclusive, encontra-se previsto na Súmula Vinculante n. 17 do Supremo Tribunal Federal, in verbis: "durante o período previsto no parágrafo 1º do artigo 100 da constituição, não incidem juros de mora sobre os precatórios que nele sejam pagos". Ressalte-se, ainda, que a orientação acima exposta foi adotada em sede de recurso repetitivo, na sistemática do art. 543-C, do CPC (REsp n.1.118.103/SP, Primeira Seção, DJe 08/03/2010).

4. Embargos de declaração acolhidos, sem efeitos modificativos.

(EDcl no REsp 1220108/RS, Rel. Ministro MAURO CAMPBELL MARQUES, SEGUNDA TURMA, julgado em 22/03/2011, DJe 31/03/2011)

Há, porém, outros precedentes que determinam que a incidência se dê a partir do trânsito em julgado da decisão, critério esse adotado pelo §16 do art. 85 do atual C.P.C.:

1. Os juros moratórios incidem sobre a verba honorária somente a partir do trânsito em julgado da decisão que a arbitrou.

2. Embargos de declaração acolhidos para determinar que os juros moratórios incidam a partir da data de julgamento do acórdão embargado.

(EDcl no REsp 469.921/PR, Rel. Ministro RAUL ARAÚJO, QUARTA TURMA, julgado em 07/12/2010, DJe 15/12/2010).

CÓDIGO DE PROCESSO CIVIL

Preceitua *§ 17 do art. 85* do atual C.P.C. que *os honorários serão devidos quando o advogado atuar em causa própria*.

Este dispositivo vem demonstrar que não se deve confundir a sujeição ativa com o trabalho realizado pelo profissional advogado, elemento essencial à administração da Justiça.

Assim, mesmo que a parte atue em causa própria, justamente por ser advogado, tal circunstância não lhe retira o direito à percepção dos honorários de sucumbência.

Sobre o tema, eis os seguintes precedentes do S.T.J.:

(...).
5. É possível haver o pagamento de honorários ao advogado quando este atua em causa própria (art. 20, caput, parte final do CPC).
(...).
(AgRg no REsp 1218726/RJ, Rel. Ministro SEBASTIÃO REIS JÚNIOR, SEXTA TURMA, julgado em 05/02/2013, DJe 22/02/2013).

(...).
2. O artigo 20, §§ 3º, a, b e c, e o 4º, do Código de Processo Civil, fixa os seguintes critérios que devem nortear o magistrado na fixação da verba honorária, litteris: "Art. 20. A sentença condenará o vencido a pagar ao vencedor as despesas que antecipou e os honorários advocatícios. Esta verba honorária será devida, também, nos casos em que o advogado funcionar em causa própria.
(...).
(AgRg no REsp 1066309/PE, Rel. Ministro LUIZ FUX, PRIMEIRA TURMA, julgado em 22/06/2010, DJe 06/08/2010)

Prescreve o *§ 18 do art. 85* do atual C.P.C. que *caso a decisão transitada em julgado seja omissa quanto ao direito aos honorários advocatícios ou ao seu valor, é cabível ação autônoma para a sua definição e cobrança.*

Sob a égide do C.P.C. de 1973, se a sentença não condenasse a parte vencida ao pagamento da verba honorária, e não houvesse interposição de embargos de declaração, não poderia essa verba ser cobrada posteriormente, após o trânsito em julgado da decisão. Nesse sentido são os seguintes precedentes:

(...).
2. A Corte Especial do STJ, em julgamento pelo rito previsto no artigo 543-C do CPC, consolidou o entendimento de que "omitindo-se a decisão na condenação em honorários advocatícios, deve a parte interpor embargos de declaração, na forma

do disposto no art. 535, II, CPC. Não interpostos tais embargos, não pode o Tribunal, quando a decisão passou em julgado, voltar ao tema, a fim de condenar o vencido no pagamento de tais honorários. Se o fizer, terá afrontado a coisa julgada" (REsp 886.178/RS, Rel. Min. Luiz Fux, DJe de 25.2.2010).

3. Agravo regimental a que se nega provimento.

(AgRg no AREsp 229.684/RJ, Rel. Ministro SÉRGIO KUKINA, PRIMEIRA TURMA, julgado em 09/04/2013, DJe 15/04/2013).

(...).

2. A resolução da presente controvérsia impõe seja adotada como premissa a jurisprudência firmada pela Corte Especial do STJ, sob o regime do art. 543-C do CPC, no sentido de que o trânsito em julgado da decisão omissa quanto à questão dos honorários advocatícios impede que estes venham a ser estabelecidos pelo juízo da execução (REsp 886178/RS, Rel. Ministro Luiz Fux, Corte Especial, julgado em 2.12.2009, DJe 25.2.2010).

3. Hipótese em que os honorários advocatícios carecem de liquidez, porquanto o Tribunal Regional Federal os fixara em 10% sobre o valor a ser restituído, mas tal condenação veio a ser afastada pelo STJ, deixando de existir base de cálculo para a incidência da aludida verba sucumbencial.

4. A impossibilidade de modificação ou mesmo de fixação de base de cálculo para os honorários apenas na fase de execução é confirmada por precedentes do STJ (REsp 1129830/SC, Rel. Ministro Castro Meira, Segunda Turma, julgado em 23.2.2010, DJe 8.3.2010; REsp 1020207/SE, Rel. Ministro Arnaldo Esteves Lima, Quinta Turma, julgado em 21.5.2009, DJe 15.6.2009; REsp 647.551/MG, Rel. Ministro Luiz Fux, Primeira Turma, julgado em 11.9.2007, DJ 8.10.2007, p. 211).

(...).

(REsp 1272024/RS, Rel. Ministro HERMAN BENJAMIN, SEGUNDA TURMA, julgado em 18/10/2011, DJe 21/10/2011).

No caso da inversão de sucumbência pelo Tribunal, eis os seguintes precedentes do S.T.J.:

1. Nos termos da Súmula 453 desta Corte, se não houver previsão na decisão transitada em julgado quanto aos honorários sucumbenciais, estes não podem ser cobrados em execução ou ação própria.

2. Recurso especial não provido.

(REsp 1328398/RN, Rel. Ministra ELIANA CALMON, SEGUNDA TURMA, julgado em 18/06/2013, DJe 26/06/2013).

CÓDIGO DE PROCESSO CIVIL

1. Nos termos da jurisprudência pacífica do STJ, a inversão do ônus da sucumbência somente ocorrerá quando, do provimento do recurso especial, decorrer a improcedência in totum dos pedidos do autor, o que não houve no presente caso.

2. Reformado em parte o acórdão regional, fica modificada a sucumbência suportada pelas partes. Dessa forma, surge como consectário a distribuição recíproca e proporcional dos honorários advocatícios quando da liquidação, observada a devida compensação, consoante dispõe o art. 21, caput, do CPC.

Agravo regimental provido.

(AgRg no AgRg no AREsp 257.512/PR, Rel. Ministro HUMBERTO MARTINS, SEGUNDA TURMA, julgado em 21/02/2013, DJe 01/03/2013)

(...).

2. "Dispõe o art. 294 do Código de Processo Civil que os honorários advocatícios, como consectários da sucumbência, integram o conteúdo implícito do pedido. A fortiori, provido o recurso, reformando-se a decisão ad quem, e quedando-se omisso o acórdão quanto aos ônus da sucumbência, é de se entender que tenha, por igual, invertido a condenação neste aspecto" (REsp 545.065/SE, Rel. Min. Luiz Fux, Primeira Turma, julgado em 7.10.2003, DJ 3.11.2003, p. 278).

(...).

(REsp 1268351/RN, Rel. Ministro HUMBERTO MARTINS, SEGUNDA TURMA, julgado em 25/10/2011, DJe 08/11/2011)

Agora, sob a égide do novo C.P.C., pode ocorrer que a decisão transitada em julgado não fixe o valor dos honorários, sendo omissa quanto a esta verba.

Nesta hipótese, poderá o advogado promover contra o vencido demanda autônoma para a sua definição e a sua cobrança.

Por fim, preconiza o § 19 do art. 85 do atual C.P.C. que *os advogados públicos perceberão honorários de sucumbência, nos termos da lei.*

Esse dispositivo foi inserido pela pressão exercida pelos advogados públicos e da própria OAB.

Houve por parte da OAB um movimento para que houvesse a fixação de honorários sucumbenciais aos advogados públicos, conforme se constata da seguinte notícia publicada no seguinte sitio: http://www.oab.org.br/noticia/26055/presidente-da-oab-reafirma-luta-por-honorarios-aos-advogados-publicos:

"Presidente da OAB reafirma luta por honorários aos advogados públicos
terça-feira, 3 de setembro de 2013 às 19h36
Brasília – O presidente nacional da OAB, Marcus Vinicius Furtado Coêlho reafirmou, nesta terça-feira (03), durante o ato do Movimento Nacional pela Advocacia

Pública, que ocorreu no auditório Petrônio Portela, no Senado Federal, em Brasília, a luta da entidade em defesa das bandeiras da advocacia pública.

"Valorizar o advogado é valorizar o cidadão e valorizar o advogado público é valorizar também o Estado brasileiro. Devemos primar pela independência técnica e pela autonomia financeira das procuradorias. A OAB está unida em todas essas bandeiras. A Ordem é dos advogados privados e públicos", afirmou Marcus Vinicius.

"Quero aqui reafirmar o compromisso da OAB com as bandeiras da advocacia pública, dentre elas a da autonomia administrativa e financeira e à fixação de honorários de sucumbência aos advogados públicos", disse o presidente.

O objetivo do movimento, que reuniu centenas de pessoas nesta tarde, busca garantir a autonomia institucional da Advocacia Pública, nos diversos entes da federação. A PEC 82/2007 atribui autonomia e prerrogativas aos membros da Defensoria Pública, Advocacia da União, Procuradoria da Fazenda Nacional, Procuradoria-Geral Federal, Procuradoria das autarquias e às Procuradorias dos Estados, do Distrito Federal e dos Municípios".

Porém, os advogados públicos somente poderão perceber honorários de advogado após a vigência de lei específica que regule essa incidência.

Deve-se, também, indagar sobre a Constitucionalidade desse dispositivo, tendo em vista que os Advogados Públicos, de uma maneira geral, recebem *subsídios*, sendo proibido pela Constituição Federal o recebimento de qualquer outra verba, de que natureza for, salvo indenizatória.

Art. 86

Se cada litigante for, em parte, vencedor e vencido, serão proporcionalmente distribuídas entre eles as despesas.

Parágrafo único. Se um litigante sucumbir em parte mínima do pedido, o outro responderá, por inteiro, pelas despesas e pelos honorários.

Sucumbência mínima

Na hipótese tratada no presente dispositivo, não há um vencido e um vencedor, uma vez que houve julgamento de procedência *parcial* do pedido formulado na demanda, significando dizer que o autor teve sucesso em parte nas suas pretensões e o réu teve sucesso na outra parte da pretensão.

Assim, diante dessa falta de unilateralidade entre vencedor e vencido, as despesas processuais deverão ser repartidas de forma proporcional, de acordo com o grau de pretensões acolhidas ou não.

CÓDIGO DE PROCESSO CIVIL

Aliás, também os honorários de advogado sucumbenciais deverão ser arbitrados de acordo com o proveito que cada parte obteve.

Se houver igualdade entre os litigantes quanto às pretensões formuladas, as despesas deverão ser rateadas igualmente, devendo cada parte arcar com os honorários de seus advogados.

Porém, nos termos do *p.u. do art. 86* do atual C.P.C., *se um litigante sucumbir em parte mínima do pedido, o outro responderá, por inteiro, pelas despesas e pelos honorários.*

Essa sucumbência mínima do pedido não decorre apenas do proveito econômico, pois poderá existir causas sem conteúdo econômico evidenciado.

Assim, caberá ao juiz sopesar diversos critérios para se saber se houve ou não sucumbência mínima do pedido, e não apenas o seu conteúdo de natureza econômica.

Sobre o tema, eis os seguintes precedentes do S.T.J.:

(...).

2. Esta Corte Superior tem jurisprudência firme no sentido de não ser possível a revisão do quantitativo em que autor e ré decaíram do pedido para fins de aferir a sucumbência recíproca ou mínima, por implicar reexame do conjunto fático-probatório dos autos, o que, pelo óbice da Súmula n. 7/STJ, é inviável em sede de recurso especial.

3. Agravo regimental não provido.

(AgRg no AREsp 323.499/SP, Rel. Ministro MAURO CAMPBELL MARQUES, SEGUNDA TURMA, julgado em 20/08/2013, DJe 26/08/2013)

(...).

1. O provimento das teses suscitadas pela União – acerca da impossibilidade de ser condenada ao pagamento: a) de quantias já percebidas pelos servidores; e b) dos ônus sucumbenciais em face de sua sucumbência mínima – depende de reexame do conjunto fático-probatório dos autos. Ocorre que essa tarefa não é possível em sede de recurso especial em razão do óbice da Súmula n. 7/STJ.

(...).

(AgRg no REsp 1253280/AL, Rel. Ministro MAURO CAMPBELL MARQUES, SEGUNDA TURMA, julgado em 15/08/2013, DJe 22/08/2013)

(...)..

3. Não se verifica sucumbência mínima do exequente porquanto reconhecido excesso de execução derivado de equívocos quanto à base de cálculo, inclusão indevida de reajuste e índice de correção monetária.

4. *Agravo regimental a que se nega provimento.*
(AgRg nos EmbExeMS 7.081/DF, Rel. Ministra MARIA THEREZA DE ASSIS MOURA, TERCEIRA SEÇÃO, julgado em 26/06/2013, DJe 16/08/2013).

(...).
2. *Verificada a sucumbência mínima, caberá à outra parte, por inteiro, responder pelas custas e honorários advocatícios.*
(...).
(EDcl no REsp 1129881/RJ, Rel. Ministro JOÃO OTÁVIO DE NORO-NHA, TERCEIRA TURMA, julgado em 25/06/2013, DJe 28/06/2013).

(...).
3. *A pretensão dos autores desde a inicial cingiu-se tão somente à incidência do IPC nos valores existentes nas cadernetas de poupança, o que foi rechaçado pela Corte de origem, pois entendeu que sobre os valores anteriores à transferência a legitimidade é da instituição bancária onde se encontravam os valores, e sobre os valores posteriores à transferência incide o BTNF – e não o IPC pleiteado –, nos termos do art. 6º da Lei n. 8.024/90.*
4. *Portanto, o pleito foi inteiramente improvido, impondo a fixação a desfavor dos autores, nos termos do art. 20, § 4º, do CPC, seja pelo reconhecimento da ilegitimidade do BACEN para atualização de valores no período anterior à transferência dos cruzados novos, seja pela exclusão do IPC como índice de correção monetária no momento posterior à referida transferência.*
(...).
(AgRg no REsp 896.097/SP, Rel. Ministro HUMBERTO MARTINS, SEGUNDA TURMA, julgado em 06/06/2013, DJe 14/06/2013)

(...).
4. *Decaindo os contribuintes tão somente de parte mínima do pedido principal (juros de mora), devem os ônus da sucumbência ser integralmente suportados pela ré.*
(...).
(AgRg no REsp 1280934/SP, Rel. Ministro HERMAN BENJAMIN, SEGUNDA TURMA, julgado em 07/02/2012, DJe 13/04/2012)

Art. 87

Concorrendo diversos autores ou diversos réus, os vencidos respondem proporcionalmente pelas despesas e pelos honorários.

§1º A sentença deverá distribuir entre os litisconsortes, de forma expressa, a responsabilidade proporcional pelo pagamento das verbas previstas no *caput*.

§2º Se a distribuição de que trata o §1º não for feita, os vencidos responderão solidariamente pelas despesas e pelos honorários.

Responsabilidade proporcional ou solidária pelas despesas e honorários
Este dispositivo trata da figura do litisconsórcio ativo, passivo ou misto, sendo que os vencidos deverão arcar com as despesas processuais e os honorários de advogado de forma *proporcional* e não *solidária*, isto é, devem responder proporcionalmente de acordo com o seu interesse na demanda.

Mesmo que a obrigação, objeto da demanda, seja *solidária* em decorrência da lei ou do contrato, a obrigação pelo pagamento das despesas processuais e dos honorários, que é diversa da do objeto da demanda, será *proporcional* por expressa disposição legal.

Deve-se recordar que, nos termos do art. 265 do Código Civil brasileiro, a *solidariedade não se presume, resulta da lei ou da vontade das partes.*

Em relação ao pagamento das despesas processuais e dos honorários advocatícios a lei é clara no sentido de que a responsabilidade *não é solidária*, mas *proporcional.*

É bem verdade que a Câmara dos Deputados introduziu um parágrafo único, posteriormente transformado nos §§1º e 2º, no presente dispositivo para o efeito de estabelecer ser dever da sentença distribuir entre os litisconsortes, de forma expressa, a responsabilidade proporcional pelo pagamento das verbas a que se refere o ‹caput› deste artigo.

Se esta distribuição não for feita, os vencidos responderiam *solidariamente* e não proporcionalmente.

Sobre o tema, eis os seguintes precedentes do S.T.J.:

I – O Superior Tribunal de Justiça, ao interpretar o artigo 23 do Código de Processo Civil, vem entendendo ser inaplicável, em honorários advocatícios, o princípio da solidariedade, salvo se expressamente consignado na sentença exequenda, que restou irrecorrida.

II – Caso não haja menção expressa no título executivo quanto à solidariedade das partes que sucumbiram no mesmo polo da demanda, vige o princípio da proporciona-

lidade, nos termos do artigo 896 do Código Civil/1916 (atual artigo 265 do Código Civil atual).
(REsp 489.369/PR, Rel. Ministro CASTRO FILHO, TERCEIRA TURMA, julgado em 01/03/2005, DJ 28/03/2005, p. 254).

O Código de Processo Civil não adotou o princípio da solidariedade pelas despesas, mas, sim, o da proporcionalidade; a menos que a solidariedade seja estipulada expressamente na sentença, os vencidos respondem pelas custas e honorários em proporção. Recurso conhecido e provido.
(REsp 260.882/PR, Rel. Ministro ARI PARGENDLER, TERCEIRA TURMA, julgado em 12/06/2001, DJ 13/08/2001, p. 149)

– a exceção do disposto expressamente no art. 18, par. 1., cpc, inexiste responsabilidade solidaria entre os litisconsortes vencidos, condenados ao pagamento das custas e honorários advocatícios. Vige a regra do art. 23, cpc, que impõe o princípio da proporcionalidade e a presunção legal da não-solidariedade, nos termos do art. 896 do cc.
(REsp 129.045/MG, Rel. Ministro SÁLVIO DE FIGUEIREDO TEIXEIRA, QUARTA TURMA, julgado em 19/02/1998, DJ 06/04/1998 p. 126)

Art. 88
Nos procedimentos de jurisdição voluntária, as despesas serão adiantadas pelo requerente e rateadas entre os interessados.

Procedimento de jurisdição voluntária
O artigo 24 do C.P.C. de 1973 usava a expressão de *jurisdição voluntária*.

O projeto originário do novo C.P.C., n. 166/10, preferiu utilizar a expressão *procedimentos não contenciosos.*

Ementa realizada pela Câmara dos Deputados restabelece a expressão *jurisdição voluntária*, que havia sido substituída pela expressão *procedimentos não contenciosos.*

Na realidade, penso que a terminologia utilizada pelo projeto originário seria tecnicamente mais adequada, uma vez que a jurisdição (atividade estatal exercida pelo Estado juiz) não é nem contenciosa e nem voluntária, ela é simplesmente um exercício de atividade pública.

Já as questões que possam ser objetos de determinados procedimentos é que poderão ser ou não contenciosas.

CÓDIGO DE PROCESSO CIVIL

Segundo Luigi Paolo Comoglio, Corrado Ferri e Michele Taruffo, são características que distinguem os procedimentos contenciosos dos não contenciosos: *"a) ausência de partes contrapostas; b) a não idoneidade do provimento para adquirir a estabilidade de efeitos próprios da coisa julgada. E isso que é aqui revelado é como este tipo de atividade se resolve em função diversas daquelas supra descritas, posto que o juiz não emana um provimento de tutela de um direito invocado para acertamento ou proteção, mas tende a tutelar os interesses, de terceiros, da coletividade ou do próprio requerente ao provimento, independentemente da existência de uma situação jurídica controversa"*[379]

Este Código, no Capítulo XV, trata dos procedimentos de jurisdição voluntária ou não contenciosos.

Dentre esses procedimentos, podem-se citar os seguintes: emancipação; sub-rogação; alienação, arrendamento ou oneração de bens de crianças ou adolescentes, de órfãos e de interditos; alienação, locação e administração de coisa comum; alienação de quinhão em coisa comum; extinção de usufruto, quando não decorrer da morte do usufrutuário, do termo da sua duração ou da consolidação, e de fideicomisso, quando decorrer de renúncia ou quando ocorrer antes do evento que caracterizar a condição resolutória; expedição de alvará judicial; homologação de auto composição extrajudicial, de qualquer natureza ou valor; notificação e interpelação, alienações judiciais; separação e divórcio consensual, extinção consensual de união estável e alteração do regime de bens do matrimônio; testamento e codicilo; herança jacente; dos bens do ausente; das coisas vagas; interdição e curatela etc.

Em regra, os procedimentos de jurisdição voluntária ou não contenciosos, também denominados de *administração judicial de interesse privado*, não têm por objetivo resolver conflitos jurídicos de interesses (lide), muito embora possam estar sujeitos à necessidade de resoluções de questões incidentais e, por vezes, complexas.

Assim, não existindo nos procedimentos de jurisdição voluntária ou não contenciosos partes contrapostas, nem vencedores ou vencidos, as despesas serão adiantadas pelo requerente e rateadas ao final pelos interessados.

Nesse sentido é o seguinte precedente:

1 – Denotado pelas instâncias ordinárias ter sido o pedido de retificação de registro imobiliário processado pelo rito de jurisdição voluntária e não pelas vias ordinárias, a impugnação do pleito por um dos confinantes não tem força bastante, por si só, para configurar resistência, a ponto de evidenciar uma lide.

[379] COMOGLIO, Luigi Paolo; CORRADO, Ferri; TARUFFO, Michele. *Lezioni sul processo civile – il processo ordinário di cognizione.* Bologna: Il Mulino, 2006. p. 106.

ART. 89

Inviável, pois, a condenação por litigância de má-fé.
2 – Despesas processuais que deverão ser repartidas entre os interessados, nos termos
do art. 24 do CPC.
3 – Cada um arcará com os honorários advocatícios de seus respectivos patronos.
4 – Recurso especial conhecido e provido.
(REsp 276.069/SP, Rel. Ministro FERNANDO GONÇALVES, QUARTA
TURMA, julgado em 08/03/2005, DJ 28/03/2005, p. 257)

Art. 89

Nos juízos divisórios, não havendo litígio, os interessados pagarão as despesas proporcionalmente a seus quinhões.

Juízo divisório

Seguindo a mesma linha de pensamento prevista no artigo anterior, ou seja, a falta de controvérsia litigiosa na relação jurídica processual, o art. 89 do novo C.P.C. estabelece que *nos juízos divisórios, não havendo litígio, os interessados pagarão as despesas proporcionalmente aos seus quinhões.*

Em regra, a divisão poderá ser realizada por escritura pública, desde que maiores, capazes e concordes todos os interessados, observando-se, no que couber, o que estabelece os art. 588 a 598 do atual C.P.C.

A divisão amigável poderá ocorrer também no âmbito do inventário e partilha.

Porém, havendo incapazes ou não estando concordes os consortes, cabe ao condômino a demanda de divisão, para obrigar os demais consortes a estremar os quinhões.

Havendo necessidade de intervenção judicial para a realização da divisão ou partilha de bens, como no caso de existência de interesses de capazes, e não havendo litígio, os interessados pagarão as despesas proporcionalmente aos seus quinhões.

Assim, o valor do quinhão irá ditar a responsabilidade de cada condômino sobre as despesas processuais.

Também se insere essa perspectiva da demanda de divisão à demarcatória.

Assim, o rateio das despesas pressupõe a inexistência de sucumbência, pela falta de contestação do pedido (art. 1.297 do C.c.b.).

Ocorrendo oposição, a sentença que julgar a primeira fase do procedimento condenará o vencido ao pagamento das custas e honorários. Mas, se o procedimento prosseguir para a segunda fase da demarcação, ou seja, para a realização dos trabalhos técnicos, as despesas serão normalmente rateadas.

Assim, se não houver contestação na demanda demarcatória, todos os gastos do processo devem ser rateados entre os confinantes, na proporção de sua testada. Porém, se houver contestação, o sucumbente arcará com as despesas da primeira fase do procedimento.

Art. 90

Proferida sentença com fundamento em desistência, em renúncia ou em reconhecimento do pedido, as despesas e os honorários serão pagos pela parte que desistiu, renunciou ou reconheceu.

§ 1º Sendo parcial a desistência, renúncia ou reconhecimento, a responsabilidade pelas despesas e pelos honorários será proporcional à parcela reconhecida, à qual se renunciou ou da qual se desistiu.

§ 2º Havendo transação e nada tendo as partes disposto quanto às despesas, estas serão divididas igualmente.

§ 3º Se a transação ocorrer antes da sentença, as partes ficam dispensadas do pagamento das custas processuais remanescentes, se houver.

§ 4º Se o réu reconhecer a procedência do pedido e, simultaneamente, cumprir integralmente a prestação reconhecida, os honorários serão reduzidos pela metade.

Desistência, renúncia, reconhecimento do pedido e transação

Tanto a desistência, a renúncia, quanto o reconhecimento do pedido são atos unilaterais da parte que desiste, renúncia ou reconhece a procedência do pedido.

Segundo preceitua o art. 200 do novo C.P.C., *os atos das partes consistentes em declarações unilaterais ou bilaterais de vontade produzem imediatamente a constituição, modificação ou extinção de direitos processuais.*

Deve-se observar que nem sempre a parte que desiste da demanda será responsável pelo pagamento das despesas e dos honorários, pois é possível que de alguma maneira a parte que desistiu teve êxito extrajudicialmente na sua pretensão, razão pela qual o pagamento das despesas processuais e de honorários, se houver, será de incumbência da outra parte.

Se o autor desistir da demanda antes da citação do réu será responsável apenas pelo pagamento das custas processuais e não pelos honorários de advogado.

Sobre o tema, eis os seguintes precedentes do S.T.J.:

ART. 90

(...).

2. Em regra, antes do oferecimento da contestação, pode o autor desistir da ação, independentemente do consentimento do réu, entendimento que ressai da própria literalidade do artigo 267, § 4º, do Código de Processo Civil.

(...).

(AgRg no AREsp 291.199/DF, Rel. Ministro SIDNEI BENETI, TERCEIRA TURMA, julgado em 11/04/2013, DJe 03/05/2013).

(...).

2. Em caso de renúncia do autor ao direito sobre o qual se funda a ação, ainda que em virtude de sua adesão a programa instituído por lei para fins de parcelamento ou pagamento à vista de créditos tributários, a regra é de que são devidos os honorários sucumbenciais.

3. Deve ser afastada a condenação em honorários, todavia, quando a verba ou encargo de igual natureza já foi incluída no cálculo administrativo do débito, sob pena de inaceitável bis in idem. Precedente da Segunda Turma.

(...).

(EDcl no AgRg no REsp 1011237/RJ, Rel. Ministro CASTRO MEIRA, SEGUNDA TURMA, julgado em 07/05/2013, DJe 16/05/2013)

(...).

2. A tese adotada pelo acórdão embargado é a mesma defendida pelo acórdão paradigma, uma vez que admitem a exclusão da condenação em honorários tão somente quando a renúncia ao direito em que se funda a ação e a desistência ocorrem em demanda na qual se requer a reinclusão ou restabelecimento de parcelamento, nos termos do artigo 6º, § 1º da Lei 11.941/2009 e da jurisprudência desta Corte.

3. Não demonstrada a similitude fática nem o confronto de teses jurídicas entre os acórdãos em comparação, não se admitem os embargos de divergência.

4. Agravo regimental não provido.

(AgRg nos EREsp 1337994/SC, Rel. Ministro BENEDITO GONÇALVES, PRIMEIRA SEÇÃO, julgado em 13/03/2013, DJe 21/03/2013).

– Em se tratando de renúncia ao direito sobre o qual se funda a ação para efeito de viabilizar a adesão a programa de refinanciamento da dívida fiscal, configura bis in idem a condenação em honorários advocatícios quando, no cálculo administrativo do débito, já foi incluída verba ou encargo de igual natureza.

Agravo regimental provido.

(AgRg no REsp 1223119/PR, Rel. Ministro CESAR ASFOR ROCHA, SEGUNDA TURMA, julgado em 28/08/2012, DJe 26/03/2013)

(...).

2. Em face da homologação dos pedidos, extinguiu-se o feito, com fundamento no artigo 269, V, do Código de Processo Civil, e condenou a ora agravante ao pagamento de honorários advocatícios em 1% do débito consolidado (artigo 4º, parágrafo único, da Lei n. 10.684/2003). Tal verba sucumbencial foi reduzida para R$ 1.000,00 (hum mil reais).

3. Inaplicabilidade à espécie do entendimento fixado no julgamento do Recurso Especial representativo da controvérsia n. 1.143.320/RS, Rel. Ministro Luiz Fux, Primeira Seção, DJe 21/5/2010, pois não se trata de pedido de desistência formulado em sede de embargos à execução, mas em ação de rito ordinário. Precedente: REsp 1.249.779/ ES, Rel. Ministro Mauro Campbell Marques, Segunda Turma, DJe 31/5/2011.

4. Não incide, no caso concreto, o artigo 6º, da Lei n. 11.941/2009, pois o referido dispositivo concede a dispensa da condenação em honorários advocatícios, tão somente, às ações ajuizadas com o escopo de restabelecimento de opção ou de sua reinclusão em outros parcelamentos, conforme entendimento firmado pela Corte Especial no julgamento do AgRg nos EDcl nos EDcl no RE nos EDcl no AgRg no REsp 1.009.559/SP (Rel. Min. Ari Pargendler, DJe de 8.3.2010).

5. Agravo regimental não provido.

(AgRg no REsp 1264399/PE, Rel. Ministro BENEDITO GONÇALVES, PRIMEIRA TURMA, julgado em 01/12/2011, DJe 07/12/2011)

(...).

3. Apesar da adesão do contribuinte ao programa de parcelamento fiscal, descabe a condenação em honorários advocatícios, por força do entendimento jurisprudencial cristalizado nas Súmulas 105/STJ e 512/STF.

Agravo regimental improvido.

(AgRg nos EDcl no Ag 1285868/SP, Rel. Ministro HUMBERTO MARTINS, SEGUNDA TURMA, julgado em 26/04/2011, DJe 03/05/2011)

Em complementação, preceitua o §1º *do art. 90 do novo* C.P.C., *sendo parcial a desistência, renúncia ou o reconhecimento, a responsabilidade pelas despesas e pelos honorários será proporcional à parcela reconhecida, à qual se renunciou ou da qual se desistiu.*

Neste caso, a parte desiste de parte do pedido ou de sua pretensão, razão pela qual o pagamento das despesas e dos honorários também será parcial ou proporcional, de acordo com o benefício ou valor econômico da parte que se desistiu, renunciou ou reconheceu.

No caso de transação, o §2º *do art. 90 do novo* C.PC. estabelece que *havendo transação e nada tendo as partes disposto quanto às despesas, estas serão divididas igualmente.*

A transação pode decorrer de ato judicial ou extrajudicial, assim como proveniente de conciliação ou mediação.

Daí a importância de que, antes da homologação da transação, o magistrado indague sobre a responsabilidade pelas despesas processuais.

Nada referindo as partes, ou silenciando sobre a responsabilidade das despesas processuais, essas serão divididas em partes iguais.

Preceitua o § 3º do art. 90 do atual C.P.C. que se *a transação ocorrer antes da sentença, as partes ficam dispensadas do pagamento de custas processuais remanescentes, se houver.*

Trata-se de um incentivo dado pelo legislador às partes, a fim de que promovam a transação antes da prolação da sentença. Neste caso, as partes ficariam dispensadas do pagamento das custas processuais remanescentes.

Por fim, estabelece o § 4º do art. 90 do atual C.P.C. que se *o réu reconhecer a procedência do pedido e, simultaneamente, cumprir integralmente a prestação reconhecida, os honorários serão reduzidos pela metade.*

Novo benefício concedido pelo legislador ao réu, reduzindo pela metade os honorários de sucumbência se o réu, ao mesmo tempo em que reconhece a procedência do pedido, simultaneamente cumpre de forma integral a prestação reconhecida.

Art. 91

As despesas dos atos processuais praticados a requerimento da Fazenda Pública, do Ministério Público ou da Defensoria Pública serão pagas ao final pelo vencido.

§ 1º As perícias requeridas pela Fazenda Pública, Ministério Público ou Defensoria Pública poderão ser realizadas por entidade pública ou, havendo previsão orçamentária, ter os valores adiantados por aquele que requerer a prova.

§ 2º Não havendo previsão orçamentária no exercício financeiro para adiantamento dos honorários periciais, eles serão pagos no exercício seguinte ou ao final, pelo vencido, caso o processo se encerre antes do adiantamento a ser feito pelo ente público.

Atos processuais requeridos pela Fazenda Pública, Ministério Público e Defensoria Pública

A regra geral prevista no art. 82 do atual C.P.C. é que, salvo no caso de gratuidade de justiça, compete às partes prover as despesas dos atos que realizarem ou

CÓDIGO DE PROCESSO CIVIL

requererem no processo, antecipando-lhes o pagamento, desde o início até sentença final ou, na execução, até plena satisfação do direito reconhecido no título.

O art. 91 do atual C.P.C. excepciona a regra do art. 82 do mesmo estatuto processual ao estabelecer que as despesas dos atos processuais efetuados a requerimento da Fazenda Pública, do Ministério Público e da Defensoria Pública serão pagas ao final pelo vencido.

A Câmara dos Deputados apresentou emenda para também incluir nessa prerrogativa o Ministério Público e a Defensoria Pública.

Não há dúvida que agiu com acerto a Câmara dos Deputados, ao inserir no projeto originário também o Ministério Público e a Defensoria Pública, pois essas instituições enquadram-se na mesma situação jurídico/econômica da Fazenda Pública.

Assim, quando esses entes atuam no processo, as despesas dos atos processuais por eles requeridas serão pagas ao final pelo vencido, podendo o M.P., a Defensoria Pública ou a Fazenda Nacional ser o vencido.

Em relação às custas prescreve o art. 4º e incisos da Lei 9.289, de 4 de julho de 1996, ao tratar das custas devidas à União na Justiça Federal:

> Art. 4º São isentos de pagamento de custas:
> I – a União, os Estados, os Municípios, os Territórios Federais, o Distrito Federal e as respectivas autarquias e fundações;
> II – os que provarem insuficiência de recursos e os beneficiários da assistência judiciária gratuita;
> III – o Ministério Público;
> IV – os autores nas ações populares, nas ações civis públicas e nas ações coletivas de que trata o Código de Defesa do Consumidor, ressalvada a hipótese de litigância de má-fé.
> Parágrafo único. A isenção prevista neste artigo não alcança as entidades fiscalizadoras do exercício profissional, nem exime as pessoas jurídicas referidas no inciso I da obrigação de reembolsar as despesas judiciais feitas pela parte vencedora.

Em relação à ACP, estabelece o art. 18 da Lei 7.347/85: *"Nas ações de que trata esta lei, não haverá adiantamento de custas, emolumentos, honorários periciais e quaisquer outras despesas, nem condenação da associação autora, salvo comprovada má-fé, em honorários de advogado, custas e despesas processuais. (Redação dada pela Lei nº 8.078, de 1990".*

No que concerne à execução fiscal, prescreve o art. 39 e seu parágrafo único da Lei 6.830/82 – *A Fazenda Pública não está sujeita ao pagamento de custas e emolumentos. A prática dos atos judiciais de seu interesse independerá de preparo ou de prévio depósito. Se vencida, a Fazenda Pública ressarcirá o valor das despesas feitas pela parte contrária.* O dispositivo somente fala em custas ou emolumentos, nada mencionando em relação às demais despesas processuais. Diante disso, o Superior Tribunal de Justiça editou a Súmula 190 que assim dispõe: *"Na execução fiscal, processada perante a Justiça Estadual, cumpre à Fazenda Pública antecipar o numerário destinado ao custeio das despesas com o transporte dos oficiais de justiça"*

Sob a égide do C.P.C de 1973, o S.T.J. manifestou entendimento de que a Fazenda Nacional, no âmbito da execução fiscal, goza apenas de isenção das custas processuais e não das despesas processuais que porventura devam ser realizadas na Justiça Estadual.

Por isso, a Fazenda Nacional deveria adiantar as despesas com o transporte/condução/deslocamento dos oficiais de justiças necessário ao cumprimento da carta precatória de penhora e avaliação de bens (processada na Justiça Estadual). Sob o tema eis o seguinte precedente:

1. No recurso especial n. 1.144.687/RS, julgado pela sistemática do art. 543-C do CPC e da Res. STJ n. 8/08, restou pacificado o entendimento de que, "ainda que a execução fiscal tenha sido ajuizada na Justiça Federal (o que afasta a incidência da norma inserta no artigo 1º, § 1º, da Lei 9.289/96), cabe à Fazenda Pública Federal adiantar as despesas com o transporte/condução/deslocamento dos oficiais de justiça necessárias ao cumprimento da carta precatória de penhora e avaliação de bens (processada na Justiça Estadual)".

2. No entanto, quanto às custas efetivamente estatais, goza a Fazenda Pública Federal de isenção, ainda que a execução fiscal tenha sido promovida perante a Justiça Estadual, devendo, apenas quando vencida, ressarcir as despesas que tiverem sido antecipadas pelo particular.

3. Precedentes: REsp 1267201/PR, Rel. Min. Castro Meira, Segunda Turma, DJe 10.11.2011; e REsp 1264787/PR, Rel. Min. Mauro Campbell Marques, Segunda Turma, DJe 8.9.2011.

4. Agravo regimental não provido. Embargos de declaração de fls. 322/324 prejudicados.

(AgRg no RMS 34.838/PR, Rel. Ministro MAURO CAMPBELL MARQUES, SEGUNDA TURMA, julgado em 13/11/2012, DJe 21/11/2012)

Preceitua o *§ 1º do art.* 91 do atual C.P.C. que *as perícias requeridas pela Fazenda Pública, Ministério Público ou Defensoria Pública poderão ser realizadas por entidade pública ou, havendo previsão orçamentária, ter os valores adiantados por aquele que requerer a prova.*

CÓDIGO DE PROCESSO CIVIL

O legislador estabelece que a prova pericial requerida por estes entes públicos poderá ser realizada por entidade pública, ou havendo previsão orçamentária, ter os valores adiantados por aquele que requerer a prova.

O ideal é que essas entidades se programem e façam constar na sua dotação orçamentária valores para efetuar o pagamento de perícias, especialmente pelo fato de que em muitos municípios brasileiros não há entidade pública capaz de realizar determinadas perícias.

Sobre o tema, assim vinha se manifestando o S.T.J.

> (...).
> *1. Consoante enuncia a Súmula 232 desta Corte, "a Fazenda Pública, quando parte no processo, fica sujeita à exigência do depósito prévio dos honorários do perito". Todavia, a referida súmula deve ser interpretada à luz de seus fundamentos legais, dentre os quais citam-se: a) o art. 19 do CPC, que estabelece que, "salvo as disposições concernentes à justiça gratuita", cabe às partes prover as despesas dos atos que realizam ou requerem no processo, antecipando-lhes o pagamento desde o início até sentença final; b) o art. 27 do CPC, segundo o qual as despesas dos atos processuais efetuados "a requerimento da Fazenda Pública" serão pagas a final pelo vencido; c) o art. 33 do CPC, que dispõe que a remuneração do perito "será paga pela parte que houver requerido o exame".*
> *2. Da interpretação sistematizada dos arts. 3º, V, e 11 da Lei 1.060/50, e 19 e 33 do CPC, conclui-se que o Estado, quando for réu no processo, não estará sujeito ao adiantamento dos honorários do perito se a prova pericial for requerida pelo autor da ação, beneficiário da assistência judiciária. Tampouco ficará sujeito a tal adiantamento o autor, porquanto este gozará de isenção por força da Lei 1.060/50.*
> (...).
> (REsp 935.470/MG, Rel. Ministro MAURO CAMPBELL MARQUES, SEGUNDA TURMA, julgado em 24/08/2010, DJe 30/09/2010).

Por fim, estabelece o § 2º do art. 91 do atual C.P.C. que *não havendo previsão orçamentária no exercício financeiro para adiantamento dos honorários periciais, eles serão pagos no seguinte ou ao final, pelo vencido, caso o processo se encerre antes do adiantamento a ser feito pelo ente público.*

Art. 92

Quando, a requerimento do réu, o juiz proferir sentença sem resolver o mérito, o autor não poderá propor novamente a ação sem pagar ou depositar em cartório as despesas e os honorários a que foi condenado.

Extinção do processo sem resolução de mérito e sua renovação

O juiz proferirá sentença sem resolução do mérito nas hipóteses do art. 485 do atual C.P.C. A sentença sem resolução do mérito não obsta a que a parte proponha de novo a demanda (art. 486 do novo C.P.C.).

A petição inicial, todavia, não será despachada sem a prova do pagamento ou do depósito das custas e dos honorários de advogado (§2º do art. 486).

Observa-se certa contradição entre o que dispõe o §2º do art. 486 e o art 92, ambos do novo C.P.C., uma vez que o primeiro condiciona a renovação da demanda ao pagamento das *custas e dos honorários*, enquanto que o segundo a condiciona ao pagamento das despesas e honorários. Evidentemente que as *custas processuais* são uma das espécies de *despesa processual*. Segundo Pontes de Miranda, *"Custas são aquela parte das despesas judiciais que, relativas à formação, propulsão e terminação do processo, são taxadas por lei".*[380]

Por outro lado, há casos em que mesmo o autor pagando as *despesas* ou *as custas* processuais não será possível renovar a ação. Isso ocorre, por exemplo, nas seguintes hipóteses: a) o juiz acolher a alegação de perempção, de litispendência ou de coisa julgada; b) verificar-se a existência de convenção de arbitragem; c) em caso de morte da parte, a ação for considerada intransmissível; d) ocorrer confusão entre autor e réu.

Outro aspecto importante é que o art. 92 do atual C.P.C. condiciona o pagamento das despesas e honorários, quando a extinção do processo sem resolução de mérito ocorrer por *requerimento* do réu.

Já o art. 486, §2º, do novo C.P.C., não condiciona a extinção do processo sem resolução de mérito ao requerimento do réu.

A questão poderá ser assim definida:

a) se houver requerimento do réu, a renovação da demanda estará condicionada ao pagamento das despesas processuais (incluindo custas) e honorários de advogado.

b) se a extinção do processo for de *ofício*, a renovação da demanda estará sujeita ao pagamento das custas processuais (*stricto sensu*) e aos honorários de advogado.

---

[380] MIRANDA, Pontes. *Comentários ao código de processo civil.* Tomo I (arts. 1-79). 2 ed., Rio de Janeiro: Ed. Forense, 1958. p. 385.

Art. 93

As despesas de atos adiados ou cuja repetição for necessária ficarão a cargo da parte, do auxiliar da justiça, do órgão do Ministério Público ou da Defensoria Pública ou do juiz que, sem justo motivo, houver dado causa ao adiamento ou à repetição.

Responsabilidade pelas despesas de atos processuais adiados

O disposto no art. 93 do atual C.P.C. aplica sanção processual àquele que intervém no processo, mesmo que seja a autoridade judiciária, e que, sem qualquer motivo, dá causa ao adiamento ou à repetição do ato processual.

Esse adiamento pode ser de qualquer ato processual, como, por exemplo, citação, intimação, audiência de instrução e julgamento etc.

A sanção somente será aplicada se o adiamento ou a repetição do ato processual ocorrer sem *justo motivo*.

Para Pontes de Miranda, *justo motivo* é um conceito menos forte que o de *força maior* ou *caso fortuito*. Na apreciação da força maior não haveria arbítrio; porém arbítrio não há, também, na apreciação de justo motivo.[381]

É muito comum, por exemplo, a audiência ser adiada pelo fato de o juiz ou de o advogado ter outra audiência em horário coincidente.

Os sujeitos da relação jurídica processual que poderão ser sancionados são: a parte, o serventuário de justiça, o órgão do Ministério Público, a Defensoria Pública, o juiz.

Evidentemente que este dispositivo é meramente exemplificativo, pois também poderão ser sancionados o *assistente*, o *perito*, *a testemunha*, enfim, todos aqueles que de alguma forma participam do processo.

Também poderá ser sancionado o próprio advogado da parte, quando agir de má-fé com o intuito de, sem justo motivo, promover o adiamento do ato processual.

Imposta a sanção, esta poderá ser inscrita em dívida ativa para cobrança da Fazenda Pública por meio de execução fiscal.

Art. 94

Se o assistido for vencido, o assistente será condenado ao pagamento das custas em proporção à atividade que houver exercido no processo.

---

[381] Miranda, P., idem, p. 407.

Responsabilidade pelas custas na hipótese de o assistir restar vencido

O art. 94 do atual C.P.C. aplica-se tanto ao assistente simples quanto ao assistente litisconsorcial.

O dispositivo não fala em *despesas processuais* na sua generalidade, mas, sim, de uma das espécies de despesa que são *as custas processuais*.

O assistente não é parte, mas terceiro que, tendo interesse jurídico, pode intervir no processo em favor de uma das partes para assisti-la.

O assistente atuará como auxiliar da parte principal, exercerá os mesmos poderes e sujeitar-se-á aos mesmos ônus processuais que o assistido. Dentre esses ônus processuais encontra-se a responsabilidade pelo pagamento das custas processuais se for vencido juntamente com a parte assistida.

Como assistente pode intervir em qualquer tipo de procedimento e em todos os graus de jurisdição, recebendo o processo no estado em que se encontra, não seria justo que ele arcasse com as custas do processo em igualdade de condições com assistido. Daí a razão de sua responsabilidade pelas custas do processo *em proporção à atividade que houver exercido*.

Como o dispositivo somente fala das custas e não das despesas em geral, a sua interpretação deve ser *restritiva*.

Art. 95

Cada parte adiantará a remuneração do assistente técnico que houver indicado, sendo a do perito adiantada pela parte que houver requerido a perícia ou rateada quando a perícia for determinada de ofício ou requerida por ambas as partes.

§ 1º O juiz poderá determinar que a parte responsável pelo pagamento dos honorários do perito deposite em juízo o valor correspondente.

§ 2º A quantia recolhida em depósito bancário à ordem do juízo será corrigida monetariamente e paga de acordo com o art. 465, § 4º.

§ 3º Quando o pagamento da perícia for de responsabilidade de beneficiário de gratuidade da justiça, ela poderá ser:

I – custeada com recursos alocados no orçamento do ente público e realizada por servidor do Poder Judiciário ou por órgão público conveniado;

II – paga com recursos alocados no orçamento da União, do Estado ou do Distrito Federal, no caso de ser realizada por particular, hipótese em que o valor será fixado conforme tabela do tribunal respectivo ou, em caso de sua omissão, do Conselho Nacional de justiça.

§ 4º Na hipótese do § 3º, o juiz, após o trânsito em julgado da decisão final, oficiará a Fazenda Pública para que promova, contra quem tiver sido condenado ao pagamento das despesas processuais, a execução dos valores gastos com a perícia particular ou com a utilização de servidor público ou da estrutura de órgão público, observando-se, caso o responsável pelo pagamento das despesas seja beneficiário de gratuidade da justiça, o disposto no art. 98 , §2º.

§ 5º Para fins de aplicação do § 3º, é vedada a utilização de recursos do fundo de custeio da Defensoria Pública.

Responsabilidade pelo pagamento dos honorários periciais e dos respectivos assistentes técnicos

O art. 95 do atual C.P.C. estabelece que compete à parte pagar a remuneração do assistente técnico que indicar.

Já a remuneração do perito será paga (antecipadamente) pela parte que houver requerido a perícia, ou será rateada quando a perícia for determinada de ofício ou requerida por ambas as partes.

É certo que incumbe ao autor adiantar as despesas relativas a atos cuja realização o juiz determinar de ofício ou a requerimento do Ministério Público, quando sua intervenção ocorrer como fiscal da ordem jurídica.

Porém, em se tratando de prova pericial determinada de ofício pelo juiz ou requerida pelo Ministério Público quando deva atuar como fiscal da ordem jurídica, a antecipação do pagamento da perícia deverá ser rateada entre as partes.

É importante salientar que não haverá esse adiantamento das despesas periciais quando se tratar de Ação Civil Pública, conforme bem esclarece o seguinte precedente do S.T.J.:

1. Nos termos do artigo 18 da Lei nº 7.347/85 – Lei da Ação Civil Pública – "Nas ações de que trata esta lei, não haverá adiantamento de custas, emolumentos, honorários periciais e quaisquer outras despesas, nem condenação da associação autora, salvo comprovada má-fé, em honorários de advogado, custas e despesas processuais".

(...).

3. A vedação ao adiantamento de despesas na Ação Civil Pública tem como escopo facilitar a proteção dos interesses transindividuais, reservando-se o pagamento do perito para o final da ação.

ART. 95

4. *Recurso especial provido.*
(REsp 900.283/RS, Rel. Ministra ELIANA CALMON, Rel. p/ Acórdão Ministro CASTRO MEIRA, SEGUNDA TURMA, julgado em 25/03/2008, DJe 06/02/2009)

No final do processo, a parte vencida deverá arcar com o valor do pagamento dos honorários do perito judicial e do assistente técnico da parte contrária.

Deferida a prova pericial e indicado o perito, *o juiz poderá determinar que a parte responsável pelo pagamento de honorários do perito deposite em juízo o valor correspondente.* (§1º do art. 95 do novo C.P.C.).

Segundo estabelece o *§2º do art.* 95 do atual C.P.C., *a quantia recolhida em depósito bancário à ordem do juízo será corrigida monetariamente e paga de acordo com o art. 465, §4º do atual* C.P.C., ou seja, o juiz poderá autorizar o pagamento de até cinquenta por cento dos honorários arbitrados a favor do perito no início dos trabalhos, devendo o remanescente ser pago apenas ao final, depois de entregue o laudo e prestados todos os esclarecimentos necessários.

Se a perícia não for realizada a contento ou for considerada imprestável e mal elaborada, a quantia depositada será devolvida à parte que realizou o depósito, salvo se nova pericial for determinada pelo juízo.

Preceitua o *§ 3º do art.* 95 do atual C.P.C. que *quando o pagamento da perícia for de responsabilidade de beneficiário de gratuidade da justiça, ela poderá ser: I – custeada com recursos alocados ao orçamento do ente público e realizada por servidor do Poder Judiciário ou por órgão público conveniado; II – paga com recursos alocados no orçamento da União, do Estado ou do Distrito Federal, no caso de ser realizada por particular, hipótese em que o valor será fixado conforme tabela do tribunal respectivo ou, em caso de sua omissão, do Conselho Nacional de Justiça.*

Não havia este parágrafo no Projeto originário n. 166/10 do Senado Federal.

A grande problemática existente atualmente em relação ao acesso ao Poder Judiciário é justamente o pagamento de despesas periciais por parte daquele que é beneficiário da gratuidade de justiça.

O legislador do novo C.P.C., ciente desse entreve econômico financeiro, determinou que diante de beneficiário de gratuidade de justiça, o pagamento da perícia será de responsabilidade de recursos alocados no orçamento do ente público (Federal, Estadual ou Municipal), e será realizada por servidor público competente do Poder Judiciário ou de órgão público conveniado.

Não existindo servidor público competente ou órgão público conveniado, a perícia poderá ser realizada por particular. Neste caso, o valor será fixado conforme tabela do tribunal respectivo ou, em caso de sua omissão, do Conselho

CÓDIGO DE PROCESSO CIVIL

Nacional de Justiça, e pago com recursos alocados ao orçamento da União, do Estado ou do Distrito Federal.

No âmbito da Justiça Federal, os honorários de perito da parte beneficiária de justiça gratuita foram regulamentados pelas Resoluções n.s. 227 de 15 de dezembro de 2000, 281 de 15 de outubro de 2002 e 558 de 22 de maio de 2007 do Conselho da Justiça Federal – CJF.

Segundo estabelece o §3º do art. 1º da Resolução n. 558/07, *os recursos vinculados ao custeio da assistência judiciária aos necessitados destinam-se ao pagamento de honorários de advogados dativos, curadores, peritos, tradutores e interpretes.* Já o §4º da referida resolução afirma que os honorários serão fixados pelo juiz com base nas Tabelas I, II, III, IV, constantes do Anexo I. Por sua vez, o art. 3º da aludida Resolução prescreve que *"o pagamento dos honorários periciais estabelecidos na Tabela II e IV do Anexo I só será efetuado após o término do prazo para que as partes se manifestem sobre o laudo ou, havendo solicitação de esclarecimentos, depois de serem prestados.*

Preceitua o *§4º do art. 95 do atual C.P.C. que na hipótese do § 3º, o juiz, após o trânsito em julgado da decisão final, oficiará a Fazenda Pública para que promova, contra quem tiver sido condenado ao pagamento das despesas processuais, a execução dos valores gastos com a perícia particular ou com a utilização de servidor público ou da estrutura de órgão público, observando-se, caso o responsável pelo pagamento das despesas seja beneficiário da gratuidade da justiça, o disposto no art. 98, § 2º.*

Muito embora a perícia judicial, no caso de gratuidade de justiça, seja paga com recurso alocado do orçamento do ente público, a responsabilidade pelo seu pagamento final será do vencido.

Assim, após o trânsito em julgado da decisão final, o órgão jurisdicional oficiará à Fazenda Pública (Federal ou Estadual) para que promova, contra quem tiver sido condenado ao pagamento das despesas processuais, a execução fiscal dos valores gastos com a perícia particular ou com a utilização de servidor público ou da estrutura do órgão público.

Sendo o responsável pelo pagamento das despesas também beneficiário da gratuidade de justiça, a referida concessão da gratuidade não afasta a responsabilidade do beneficiário pelas despesas processuais e honorários advocatícios decorrentes de sua sucumbência. Porém, enquanto não tiver condições financeiras para arcar com o pagamento, a exigibilidade do pagamento das despesas periciais ficará sujeita à condição suspensiva.

Por fim, estabelece o *§ 5º do art. 95 do atual C.P.C. que para fim de aplicação do § 3º, é vedada a utilização de recursos do fundo de custeio da Defensoria Pública.*

Tendo em vista que o orçamento da Defensoria Pública normalmente, e salvo raras exceções, é diminuto, o legislador impediu que o pagamento das despesas periciais em favor de beneficiário de gratuidade de justiça fosse alocado dos recursos do fundo de custeio da Defensoria Pública.

Art. 96

O valor das sanções impostas ao litigante de má-fé reverterá em benefício da parte contrária, e o valor das sanções impostas aos serventuários pertencerá ao Estado ou à União.

Beneficiário do valor das sanções impostas aos litigantes de má-fé

Este dispositivo estabelece o destino da multa (sanção) imposta à parte que age como litigante de má-fé.

Se a multa foi imposta à outra parte, o valor pago a título de sanção é destinado à parte contrária, podendo ser executada nos próprios autos em que ela foi imposta.

Se a litigância de má-fé for praticada por serventuário de justiça, o valor pertencerá ao Estado ou à União e poderá ser cobrada por meio de execução fiscal.

Art. 97

A União e os Estados podem criar fundos de modernização do Poder Judiciário, aos quais serão revertidos os valores das sanções pecuniárias processuais destinadas à União e aos Estados, e outras verbas previstas em lei.

Fundo de modernização do Poder Judiciário

Esse fundo de modernização do Poder Judiciário, que poderá ser criado pela União e pelos Estados, será suprido pelo valor das sanções processuais impostas no processo e que devem reverter em favor desses entes públicos.

Além das sanções, a lei poderá estipular outras verbas ou dotações orçamentárias para suprir o Fundo de modernização do Poder judiciário.

Alguns Estados já possuem esse fundo.

SEÇÃO IV – Da Gratuidade da Justiça

Art. 98

A pessoa natural ou jurídica, brasileira ou estrangeira, com insuficiência de recursos para pagar as custas, as despesas processuais e os honorários advocatícios tem direito à gratuidade da justiça, na forma da lei.

§ 1º A gratuidade da justiça compreende:

I – as taxas ou as custas judiciais;

II – os selos postais;

III – as despesas com publicação na imprensa oficial, dispensando-se a publicação em outros meios;

IV – a indenização devida à testemunha que, quando empregada, receberá do empregador salário integral, como se em serviço estivesse;

V – as despesas com a realização de exame de código genético – DNA e de outros exames considerados essenciais;

VI – os honorários do advogado e do perito e a remuneração do intérprete ou do tradutor nomeado para apresentação de versão em português de documento redigido em língua estrangeira;

VII – o custo com a elaboração de memória de cálculo, quando exigida para instauração da execução;

VIII – os depósitos previstos em lei para interposição de recurso, propositura de ação e para a prática de outros atos processuais inerentes ao exercício da ampla defesa e do contraditório;

IX – os emolumentos devidos a notários ou registradores em decorrência da prática de registro, averbação ou qualquer outro ato notarial necessário à efetivação de decisão judicial ou à continuidade de processo judicial no qual o benefício tenha sido concedido.

§ 2º A concessão da gratuidade não afasta a responsabilidade do beneficiário pelas despesas processuais e honorários advocatícios decorrentes de sua sucumbência.

§ 3º Vencido o beneficiário, as obrigações decorrentes de sua sucumbência ficarão sob condição suspensiva de exigibilidade e somente poderão ser executadas se, nos 5 (cinco) anos subsequentes ao trânsito em julgado da decisão que as certificou, o credor demonstrar que deixou de existir a situação de insuficiência de recursos que justificou a concessão de gratuidade, extinguindo-se, passado esse prazo, tais obrigações do beneficiário.

§ 4º A concessão de gratuidade não afasta o dever de o beneficiário pagar, ao final, as multas processuais que lhe sejam impostas.

§ 5º A gratuidade poderá ser concedida em relação a algum ou a todos os atos processuais, ou consistir na redução percentual de despesas processuais que o beneficiário tiver de adiantar no curso do procedimento.

§ 6º Conforme o caso, o juiz poderá conceder direito ao parcelamento de despesas processuais que o beneficiário tiver de adiantar no curso do procedimento.

ART. 98

§ 7º Aplica-se o disposto no art. 95, §§ 3º a 5º, ao custeio dos emolumentos previstos no § 1º, inciso IX, observada a tabela e as condições da lei estadual ou distrital respectiva.

§ 8º Na hipótese do § 1º, inciso IX, havendo dúvida fundada quanto ao preenchimento atual dos pressupostos para a concessão da gratuidade, o notário ou registrador, após praticar o ato, pode requerer, ao juízo competente para decidir questões notariais ou registrais, a revogação total ou parcial do benefício ou a sua substituição pelo parcelamento de que trata o § 6º deste artigo, caso em que o beneficiário será citado para, em 15 (quinze) dias, manifestar-se sobre esse requerimento.

Direito à gratuidade de justiça

A abordagem da questão vital "da pobreza" e a referência aos paliativos em uso que originariamente se costumam denominar de "benefício de pobreza", ou melhor, "assistência judiciária gratuita" (eufemismo: que benefício pode dar a pobreza numa sociedade de consumo e da cultura de satisfação?) ainda é o principal foco de atenção para qualquer iniciativa que tenha por objetivo a redução das desigualdades no processo.[382]

A pobreza não é mera ficção, senão efeito da desigualdade econômica e social, principalmente no âmbito dos países da América latina que são ainda considerados, por alguns, como periferia do mundo dominante.

As grandes barreiras do processo penal ou civil são aquelas que advêm de fora e que se erguem como muros de contenção ao *justo processo*.

Entre essas barreiras, a pobreza caracteriza-se como o tendão de Aquiles de qualquer ciência processual que tenha por objetivo a factibilidade de resultado *équo e justo*.

Até mesmo as nações do chamado sistema mundo desenvolvido reconhecem que a pobreza é o maior entrave para se conseguir o justo desenvolvimento de um processo jurisdicional.[383]

---

[382] MORELLO, Augusto. *El proceso justo*. Buenos Aires: Abeledo – Perrot, 1994, p. 621 e 622.

[383] "Although indigente criminal defendants are theoretically entitled to effective assistance of counsel, few actually receive it. Over 90 percent of cases are resolved by guilty pleas, generaly without any factual investigation. Court-appointed lawyers preparration is often minimal, sometimes taking less time than the average American spends showering before work. In the small minority of cases that go to trial, convictions have been upheld where defense cousenl were asleep, on drugs, suffering from mental illness, or parking their cars during Key parts of the prosecution's case". (RHODE, Deborah L. *Access to justice*. New York, 2004. p.4)

É por isso que a Comunidade Econômica Europeia, em suas considerações sobre a essência e o desenvolvimento de medidas concretas sobre a questão da pobreza, a fim de facilitar o acesso à Justiça, fixou o entendimento de que o acesso, assim como o direito a *uma justa audiência* – garantido pelo art. 6º da Convenção Europeia dos Direitos Humanos (1950), são fatores essenciais de toda sociedade.

Quando no ordenamento jurídico italiano, o art. 3º, inciso 2º, da Constituição italiana, prescreve a obrigação da "República" na sua globalidade de instituições e de órgãos (não excluído, portanto, o judiciário) operar no sentido de se conseguir cada vez mais a igualdade "substancial" e não apenas "formal", tal sentido (ainda não totalmente perfectibilizado na prática em relação às pessoas alijadas do poder econômico e social) corresponde à obrigação ética de remoção dos obstáculos de ordem econômica e social que limitam de fato a liberdade e a igualdade dos cidadãos, impedindo o pleno desenvolvimento da pessoa humana e a efetiva participação de todos os trabalhadores na organização política, econômica e social do país.[384]

O sistema, na verdade, não funciona para "o homem comum" (Gelsi Bidart). O cidadão, em geral, ou bem tem uma justiça (sua defesa) de segunda categoria ou simplesmente não conta com possibilidade de acesso à jurisdição, nem a outras opções alternativas, se é que elas efetivamente existem. Qualquer tentativa de análise do tema, pragmaticamente, demonstra que um aspecto é a possibilidade de se valer do devido processo legal adjetivo para os ricos, e outra para aquele, que de fato, envolvido em sua pobreza, quer usar a vestimenta de litigante. Tudo o mais não passa de simples retórica. É por isso que se exige para a resolução dos conflitos uma urgente e desesperada mudança fundamental e

---

"La verdad es que el costo de la Justicia, *en todas las latitudes*, es caro y poco accesible. Uno de los fiscales del caso "Watergate", el famoso Philip Heymann, ha reconocido que éste es el "talón de Aguiles" cuando se capta que la crítica más seria al sistema norteamericano de Justicia es que resulta muy oneroso a la hora en que *todos* los acusados solicitan sus derechos y piden que se realice el juicio con jurados. 'Entonces, y finalmente, sólo el veinte (20) por ciento de los acusados llega suele negociar entre el fiscal y el defensor; el inculpado se declara culpable y logra una condena menor de la que hubiera obtenido en un hipotético juicio. Habría que buscar una vía para que más casos lleguen al Tribunal. Como están las cosas, tenemos procesos ejemplares – que cuestan mucho dinero- para un porcentaje reducido de los acusados y un sistema barato que, de manera indirecta, alienta a decir 'Yo soy culpable'. *Sinceramente, no me parece justo*. (grifo nosso)". (MORELLO, A., Op. Cit., p. 260).

[384] CHIAVARIO, Mario. *Processo e garanzie della persona – le garanzie fondamentali*. 3.ed. v. II. Milano: Dott. A. Giuffrè Editore, 1984., p. 371 e 372.

ART. 98

suficiente, que vá além do que atualmente se vem oferecendo, a fim de que a jurisdição seja uma atividade efetivamente igualitária.[385]

O que se percebe, principalmente no pensamento da grande massa desprovida de atenção social e estatal, é que os atuais mecanismos processuais só funcionam para alguns poucos. Na realidade: *"Hay una atmósfera de desconfianza, de enojo, con lo que se proclama y ofrece, por los profesionales del derecho, porque así no tiene destino, no sirve, es insuficiente. Una fachada que oculta el muy diferente rostro de la realidad, sin logros de superación, porque en los hechos no atinamos sino a brindar más de lo mismo. La única verdad es la que los pobres pierden siempre".*[386]

É por isso que se continua a perguntar: *"¿Quién se defenderá cuando de hecho no puede hacerlo con igualdad de armas? ¿No está ya vencido, antes de estructurarse un litigio que, en tales condiciones, sólo será aparente y que aunque formalmente se colorea como tal, en lo que es sustancial o materialmente exigido por la Constitución, termina en un fallo contrario a sus normas fundamentales?".*[387]

Exige-se um desafio muito mais eloquente, ou seja, a derrubada das barricadas, especialmente as sociais e econômicas, consistentes em fatores de desigualdades reais das partes na relação jurídica processual. Sem isso, para muitos o caminho para justiça permanecerá intransitável.

As barreiras exógenas são verdadeiras "arbitrariedades externas", cuja irrazoável incidência produz os mesmos resultados que a "arbitrariedade na motivação das sentenças", que é uma grave irracionalidade interna do processo.[388]

Conforme já teve oportunidade de afirmar Augusto Morello, tudo isso nos propõe ao desafio do redescobrimento das pautas fundamentais que dão sustentação ao justo processo. Postula-se a retirada dessa máscara (formal) que disfarça, mas que também, paradoxalmente, deixa a descoberto "la indefensión sustancial", encapsulada na viva realidade do processo penal ou civil, e que não se conforma com o sentimento de justiça.[389]

Devem-se observar as coisas concernentes à jurisdição *"(...) con los ojos del que está necesitado de que se le haga justicia en su concreto reclamo".*[390]

---

[385] CHIAVARIO, M., Idem. Ibidem. p. 614.

[386] CHIAVARIO, M., Idem. Ibidem. p. 616.

[387] CHIAVARIO, M., Idem. Ibidem. p. 450.

[388] CHIAVARIO, M., Idem, Ibidem, p. 264.

[389] MORELO, A., op. Cit., p. 609.

[390] "No intentamos, obviamente, allegar respuestas políticas a *a todos los males de la sociedad*, ni hacer de Quijote o Robin Hood para enmendar las situaciones con las que nos topamos a diario y que, de una o otra manera, "perturban" en grados cada vez más intensos el sentido global del servicio por la generalización y la hondura de las discriminaciones

A pobreza, indubitavelmente, afeta a própria participação da parte em juízo, causando danos irremediáveis à ampla defesa, ao contraditório e à igualdade de armas.[391]

Muito embora não seja o processo ontologicamente um meio em si de "promoção" de justiça social, pode-se dizer que o processo, com os seus custos humanos e econômicos e com as suas consequências, *"oferece de fato um terreno particularmente idôneo a tornar-se um implicador daqueles condicionamentos, ou seja, indiretamente fator de igualdade 'substancial'"*.[392]

A Constituição Federal brasileira, ciente das desigualdades sociais e econômicas, e de que a pobreza é um forte fator de impedimento de acesso da pessoa menos favorecida ao exercício da tutela jurisdicional, afirma em seu art. 5º, inc. LXXIV que *o Estado prestará assistência jurídica integral e gratuita aos que comprovarem insuficiência de recursos.*

Trata-se, na verdade, de aspectos garantistas direcionados ao comum denominado de *efetividade da jurisdição.*

Ora, *"segundo um uso convencional assaz frequente na experiência do direito comparado, 'acesso às cortes' é uma expressão técnica referida a diversos problemas que investem a administração da justiça, e cuja solução influência de modo sensível a 'possibilidade efetiva' de pedir e de obter a tutela jurisdicional (ou, se se preferir, incide sobre a efetividade das condições de exercício dos direitos de ação e de defesa no juízo).A expressão, em si, corresponde a um vasto movimento cultural, cujo objetivo primário, sobretudo nos decênios sucessivos depois do fim da segunda guerra mundial, é de assegurar a todos os indivíduos (cidadãos ou estrangeiros), no contesto de qualquer ordenamento, (ali compreendido também os assim denominados 'direitos sociais', que, diferentemente dos 'direitos de liberdade' garantidos*

De lo que se trata – nos parece – es de reformular la manera de organizar la "empresa" de la justicia – que siempre se ha encarado desde un exclusivo matiz de técnica formal – lo que reputamos erróneo y parcial porque no permite alcanzar un deseado sinceramiento en la comprensión del debido proceso justo, que no tolera ya el infértil y simplificador paradigma que lo reduce al constante empeño de "idealizarlo" en las normas constitucionales. En verdad nos consta del modo más fehaciente que sus predicados rectores, desde el *afianzar la justicia* para muchos – una gran mayoría – son inaccesibles o prácticamente imposible de hacerlos medianamente ciertos en el *derecho vivido* (Ortega y Gasset)". (Morelo, A., Idem. Ibidem. p. 610).

[391] "La stessa natura dialettica del processo vuole duello ad armi uguali e non sarebbero eguali le armi di un accusatore giurisperito e di un accusato digiuno di diritto". (Bellavista, Girolamo. *Lezioni di diritto processuale penale*. 4. ed. Milano: Dott. A. Giuffrè Editore, 1973. p. 203).

[392] Chiavario, M., 1984, Op. Cit. loc. cit.

ART. 98

em negativo de toda interferência indevida dos poderes públicos, pressupõem em positivo a intervenção e o 'fazer' do Estado assistencial)".[393]

No que diz respeito ao processo, e diante da ausência de um direito constitucional à justiça gratuita, se estabelecem algumas ordens de fatores, as quais tornam cada vez mais limitado o acesso aos Tribunais, frequentemente com efeitos impeditivos: a) antes de tudo, a barreira econômica inicial, representada pelo ônus patrimoniais de antecipação das despesas da lide, tendo em vista uma futura e hipotética recuperação a cargo do sucumbente; b) em segundo lugar, as condições subjetivas de riquezas diferenciadas e diminuída dos recursos econômicos necessários (ou, frequentemente, dos pobres) de quem, por não dispondo de recursos, deseja provocar o juiz e promover um julgamento, ou pretenda constituir-se ou defender-se em juízo já instaurado por outrem, para fazer valer suas próprias razões; c) enfim, a previsão de uma duração excessiva, e, portanto, não razoável, do processo, ante de se conseguir obter um pronunciamento definitivo da tutela jurisdicional.

Contudo, não obstante essas considerações de dificuldades dos menos favorecidos em postular em juízo, Luigi Paolo Comoglio, Corrado Ferri e Michele Taruffo preconizam que é possível articular níveis possíveis de intervenção, para uma melhor administração da justiça, mediante idôneas tentativas de parcial neutralização (ou de 'esterilização') destes fatores: 1) a intervenção tradicional é de tipo externo ao processo, buscando realizar, em formas diversificadas de sistemas, um adequado patrocínio judicial (e também extrajudicial) dos menos favorecidos, com ônus para o Estado; 2) existem, porém, soluções de tipo interno, cujo fim comum é reduzir ao máximo a incidência negativa (e preventiva) dos custos e dos tempos processuais não razoáveis: 2.1 – com a adoção de modelos processuais de rito diferenciado, 'sem formalidades', para determinadas categorias de controvérsias, devolvida ao mesmo juiz ordinário; 2.2 – com a criação (desde que permitida) de jurisdições especiais, dotadas institucionalmente para produzir de forma mais simples e menos onerosa, sobretudo em relação às controvérsias de menor valor econômico; 2.3 – com expedientes endoprocessuais, capazes de favorecer *in limite litis* a resolução conciliativa e transativa das controvérsias; 2.4 – com mecanismo idôneos a provocar, ainda que forçosamente, a devolução alternativa de algumas categorias de controvérsias a órgãos arbitrais (ou comente a sujeitos a jurisdição própria e verdadeira), mediante procedimento rápido e informal; 2.5. – com a inversão do ônus de prova; 2.6 – com maior abertura para os princípios de equidade (substancial e também

---

[393] Comoglio, Luigi Paolo; Ferri, Corrado; TARUFFO, Michele. *Lezioni sul processo civile – il processo ordinario di cognizione.* Bologna: Il Mulino, 2006. p. 79.

processual), alternativamente aos denominado *strict legal rules* e ao formalismo tradicional; 2.7 – com a previsão de formas diferenciadas de tutela judiciária dos interesses coletivos ou difusos, ativadas também por iniciativa dos sujeitos 'exponenciais' ou de órgãos públicos".[394]

Evidentemente que esses critérios indicados pelos autores italianos não terão êxito se os menos favorecidos não tiverem ao seus dispor igualdade efetividade em relação àqueles que são mais favorecidos economicamente.

A prática tem demonstrado que no Brasil é ainda precária a eficiência dos meios de proteção processual assegurado aos menos favorecidos, os quais ainda estão em grande desvantagem em relação às pessoas que possuem capacidade econômica para litigar em juízo.

É comum, por exemplo, em sistemas cartorários privatizados dar andamento prioritário aos processos cujas despesas e custas processuais são pagas efetivamente do que em relação aos processos garantidos constitucionalmente pela justiça gratuita.

É comum, por exemplo, nos processos que envolvam pessoas mais favorecidas, esgotar-se todas as instâncias (inclusive nos Tribunais Superiores) para análise da pretensão posta em juízo, enquanto que nos processos beneficiados pela justiça gratuita os recursos chegam no máximo aos tribunais de apelação.

E, por fim, não se compara o trabalho profissional dos grandes escritórios de advocacia brasileira em relação aos escritórios modelos de universidades públicas e particulares para atender às pessoas carentes. Quer queira, quer não, a injeção monetária faz efetivamente a diferença.

Por isso, não basta formalmente inserir no novo C.P.C. um capítulo próprio para a gratuidade da justiça, enquanto não houver uma conscientização de todos que a qualidade substancial é muito mais importante que a mera formalidade processual.

Segundo estabelece o art. 98 do atual C.P.C., *a pessoa natural ou jurídica, brasileira ou estrangeira, com insuficiência de recursos para pagar as custas, as despesas processuais e os honorários advocatícios tem direito à gratuidade da justiça, na forma da lei.*

Tendo em vista que a Constituição Federal expressamente estabelece que não poderá haver discriminação entre pessoas, a gratuidade da justiça é concedida à pessoa natural ou jurídica, brasileira ou estrangeira, residente ou não no país.

A lei que regulamenta a assistência judiciária gratuita em nosso ordenamento jurídico é a Lei 1.060 de 5/02/1950.

---

[394] COMOGLIO, L. P.; FERRI, C.; TARUFFO, M., idem, ibidem, p. 80.

ART. 98

É importante salientar, porém, que os arts. 2º, 3º, 4º, 6º, 7º, 11, 12 e 17 da Lei nº 1.060, de 5 de fevereiro de 1950 (assistência judiciária aos necessitados) foram expressamente revogados pelo art. 1.072, inc. III, do atual C.P.C.

No âmbito da Justiça Federal, o Conselho da Justiça Federal publicou a Resolução n. 558 de 22.05.2007 que dispõe sobre o pagamento de honorários de advogados dativos, curadores, peritos, tradutores e intérpretes, em casos de assistência judiciária gratuita, e disciplina os procedimentos relativos ao cadastramento de advogados voluntários e dativos no âmbito da Justiça Federal de primeiro e segundo graus e dos Juizados Especiais Federais.

Com base na Resolução n.558/07, a assistência de advogado às pessoas carentes deve seguir a seguinte ordem: a) defensoria pública da união; b) advogado voluntário cadastrado na Justiça Federal; c) advogado dativo nomeado pelo juiz.

Segundo preconiza o *§1º do art. 98* do atual C.P.C., *a gratuidade da justiça compreende:* I – as taxas ou custas judiciais; II – os selos postais; III – as despesas com publicação na imprensa oficial, dispensando-se a publicação em outros meios; IV – a indenização devida à testemunha que, quando empregada, receberá do empregador salário integral, como se em serviço estivesse; V – as despesas com a realização de exame de código genético – DNA e de outros exames considerados essenciais; VI – os honorários do advogado e do perito, e a remuneração do intérprete ou do tradutor nomeado para apresentação de versão em português de documento redigido em língua estrangeira; VII – o custo com a elaboração de memória de cálculo, quando exigida para instauração da execução; VIII – os depósitos previstos em lei para interposição de recurso, para propositura de ação e para a prática de outros atos processuais inerentes ao exercício da ampla defesa e do contraditório; IX – os emolumentos devidos a notários ou registradores em decorrência da prática de registro, averbação ou qualquer outro ato notarial necessário à efetivação de decisão judicial ou à continuidade de processo judicial no qual o benefício tenha sido concedido.

Estabelece o *§ 2º do art. 98* que *a concessão da gratuidade não afasta a responsabilidade do beneficiário pelas despesas processuais e honorários advocatícios decorrentes de sua sucumbência.*

Assim, a gratuidade de justiça não significa que o seu beneficiário estará dispensado do pagamento das despesas processuais e honorários de advogado, pois esse benefício tem por finalidade somente garantir ao beneficiário o incondicional acesso ao Poder Judiciário.

Em complemento, estabelece o *§ 3º do art. 98* do atual C.P.C. que *vencido o beneficiário, as obrigações decorrentes de sua sucumbência ficarão sob condição suspensiva de exigibilidade e somente poderão ser executadas se, nos 5 (cinco) anos subsequentes ao trânsito em julgado da decisão que as certificou, o credor demonstrar que deixou de existir a* *situação de insuficiência de recursos que justificou a concessão de gratuidade, extinguindo--se, passado esse prazo, tais obrigações do beneficiário.*

Este preceito vem reforçar que a obrigação pelo pagamento dos benefícios da gratuidade da justiça é de seu beneficiário. Porém, enquanto ele não tiver condições financeiras para arcar com esses valores, a eficácia de sua exigibilidade ficará sujeita à condição suspensiva.

Essas verbas somente poderão ser executadas no prazo máximo de cinco anos subsequente ao trânsito em julgado da decisão que as certificou, desde que o credor demonstre que o beneficiário passou a ter condições econômicas para arcar com os valores decorrente do benefício.

Passado o prazo, extinguem-se tais obrigações do beneficiário.

Preconiza *o § 4º do art. 98* do atual C.P.C. que *a concessão da gratuidade não afasta o dever de o beneficiário pagar, ao final, as multas processuais que lhe sejam impostas.*

O benefício de gratuidade de justiça não abrange as multas aplicadas ao seu beneficiário, especialmente aquelas decorrente de litigância de má-fé, podendo esses valores serem cobrados imediatamente ao final do processo.

Estabelece o *§ 5º do art. 98* do atual C.P.C. que *a gratuidade poderá ser concedida em relação a algum ou a todos os atos processuais, ou consistir na redução percentual de despesas processuais que o beneficiário tiver de adiantar no curso do procedimento.*

É possível que o beneficiário da gratuidade de justiça tenha condições de arcar com algumas despesas do processo, tendo condições financeiras para tanto. Porém, em relação a outras despesas decorrentes de determinados atos processuais, o beneficiário não tenha condições de suportar. Por isso, a gratuidade poderá ser concedida em relação a algum ou a todos os atos processuais, ou, ainda, consistir na redução percentual de despesas processuais que o beneficiário tiver de adiantar no curso do procedimento.

Poderá, ainda, o órgão jurisdicional, nos termos do *§6º do art. 98* do atual C.P.C., conforme o caso, *conceder direito ao parcelamento de despesas processuais que o beneficiário tiver de adiantar no curso do procedimento.*

Aduz o *§ 7º do art. 98* do atual C.P.C. que *se aplica o disposto no art. 95, §§ 3º a 5º, ao custeio dos emolumentos previstos no § 1º, inciso IX, observada a tabela e as condições da lei estadual ou distrital respectiva.*

Assim, em relação aos emolumentos devidos a notários ou registradores em decorrência da prática de registro, averbação ou qualquer outro ato notarial necessário à efetivação de decisão judicial ou à continuidade de processo judicial no qual o benefício de gratuidade de justiça tenha sido concedido, aplica--se o disposto no art. 95, §§3º a 5º, ou seja, esse pagamento pode ser feito com recursos alocados ao orçamento do ente público. Neste caso, o órgão jurisdicional, após o trânsito em julgado da decisão final, oficiará à Fazenda Pública para que promova, contra quem tiver sido condenado ao pagamento das despesas processuais, a execução dos valores gastos com o pagamento referido Se o responsável pelo pagamento das despesas for beneficiário de gratuidade da justiça, observar-se-á o disposto no art. 98, § 2º. Para fim de pagamento desta despesa, é vedada a utilização de recursos do fundo de custeio da Defensoria Pública.

Por fim, preconiza o § *8º do art. 98* do atual C.P.C. que *na hipótese do § 1º, inciso IX, havendo dúvida fundada quanto ao preenchimento atual dos pressupostos para a concessão da gratuidade, o notário ou registrador, após praticar o ato, pode requerer, ao juízo competente para decidir questões notariais ou registrais, a revogação total ou parcial do benefício ou a sua substituição pelo parcelamento de que trata o § 6º deste artigo, caso em que o beneficiário será citado para, em 15 (quinze) dias, manifestar-se sobre esse requerimento.*

Este dispositivo permite ao notário ou ao registrador, na hipótese do §1º, inc. IX, suscitar dúvida ao juízo competente para decidir questões notariais ou registrais (juízo dos registros públicos) quanto ao preenchido por parte do beneficiário da gratuidade de justiça dos pressupostos para a concessão do benefício.

Essa dúvida deverá ser suscitada somente após ter praticado o ato.

A dúvida poderá ensejar a revogação total ou parcial do benefício de gratuidade de justiça, ou, ainda, postular o parcelamento de que trata o §6º deste artigo.

O beneficiário será citado para, em quinze dias, manifestar-se sobre esse requerimento.

Art. 99

O pedido de gratuidade da justiça pode ser formulado na petição inicial, na contestação, na petição para ingresso de terceiro no processo ou em recurso.

§1º Se superveniente à primeira manifestação da parte na instância, o pedido poderá ser formulado por petição simples, nos autos do próprio processo, e não suspenderá seu curso.

§ 2º O juiz somente poderá indeferir o pedido se houver nos autos elementos que evidenciem a falta dos pressupostos legais para a concessão de gratuidade, devendo, antes de indeferir o pedido, determinar à parte a comprovação do preenchimento dos referidos pressupostos.

§ 3º Presume-se verdadeira a alegação de insuficiência deduzida exclusivamente por pessoa natural.

§ 4º A assistência do requerente por advogado particular não impede a concessão de gratuidade da justiça.

§ 5º Na hipótese do § 4º, o recurso que verse exclusivamente sobre valor de honorários de sucumbência fixados em favor do advogado de beneficiário estará sujeito a preparo, salvo se o próprio advogado demonstrar que tem direito à gratuidade.

§ 6º O direito à gratuidade da justiça é pessoal, não se estendendo ao litisconsorte ou a sucessor do beneficiário, salvo requerimento e deferimento expressos.

§ 7º Requerida a concessão de gratuidade da justiça em recurso, o recorrente estará dispensado de comprovar o recolhimento do preparo, incumbindo ao relator, neste caos, apreciar o requerimento e, se indeferi-lo, fixar prazo para realização do recolhimento.

Forma de requerimento da gratuidade de justiça

A Câmara dos Deputados apresentou emenda ao projeto para esclarecer que o pedido de deferimento de gratuidade da justiça pode ser formulado na petição inicial, em contestação, na petição de ingresso do terceiro no processo ou em recurso.

Estabelece o *§1º do art. 99* do atual C.P.C. que se superveniente à primeira manifestação da parte na instância, o pedido poderá ser formulado por petição simples, nos autos do próprio processo, e não suspenderá seu curso.

Por sua vez, é importante salientar que o art 6º da Lei 1.060/50 que assim dispunha: *O pedido, quando formulado no curso da ação, não a suspenderá, podendo o juiz, em face das provas, conceder ou denegar de plano o benefício de assistência. A petição, neste caso, será autuada em separado, apensando-se os respectivos autos aos da causa principal, depois de resolvido o incidente*, foi expressamente revogado pelo inc. III do art. 1.072 do novo C.P.C.

Determinando o apensamento em separado, eram os seguintes precedentes do S.T.J.:

> *1. É incontroversa nos autos a possibilidade de concessão de justiça gratuita também às pessoas jurídicas.*
>
> *2. Todavia, o requerimento de assistência judiciária foi formulado na própria peça recursal, o que contraria o disposto no art. 6° da Lei 1.060/50, o qual estabelece que, quando em curso a ação, o pedido deverá ser autuado em separado, em que pese seja admitido em qualquer fase do processo. Precedentes.*

ART. 99

(...).
(AgRg no AREsp 277.186/MG, Rel. Ministro CASTRO MEIRA, SEGUNDA TURMA, julgado em 02/05/2013, DJe 10/05/2013).

1. *A orientação jurisprudencial desta Corte é firme no sentido de que, não obstante o benefício da assistência judiciária gratuita possa ser requerido a qualquer tempo, quando for postulado no curso da ação, nos termos do art. 6º da Lei nº 1.060/1950, a petição deve ser autuada em separado, não havendo suspensão do curso do processo, de modo que caracteriza erro grosseiro o pedido formulado na própria petição recursal.*
2. Agravo regimental não provido.
(AgRg no AREsp 282.276/DF, Rel. Ministro RICARDO VILLAS BÔAS CUEVA, TERCEIRA TURMA, julgado em 16/05/2013, DJe 24/05/2013).

2. Todavia, o requerimento de assistência judiciária foi formulado na própria peça recursal, o que contraria o disposto no art. 6º da Lei 1.060/50, o qual estabelece que, quando em curso a ação, o pedido deverá ser autuado em separado, em que pese seja admitido em qualquer fase do processo. Precedentes.
3. Nos termos da Súmula 187/STJ, "é deserto o recurso interposto para o Superior Tribunal de Justiça quando o recorrente não recolhe, na origem, a importância das despesas de remessa e retorno dos autos".
4. Agravo regimental não provido.
(AgRg no AREsp 277.186/MG, Rel. Ministro CASTRO MEIRA, SEGUNDA TURMA, julgado em 02/05/2013, DJe 10/05/2013)

Assim, se o pedido de gratuidade de justiça for superveniente à primeira manifestação da parte na instância, deverá ser formulado por simples petição nos próprios autos, sem suspensão do seu curso.

Entende o S.T.J. que o pedido de gratuidade de justiça não poderá ser requerido em embargos de declaração. Nesse sentido eis o seguinte precedente:

(...).
II – Inviável, em sede de embargos declaratórios, a concessão da gratuidade da justiça, pois a mesma deveria ter sido requerida anteriormente. Desta forma, descabida a sua concessão nesta oportunidade, pelo simples fato da prestação jurisdicional de primeiro e segundo graus já ter exaurido. Ademais, inadmissível o seu exame, em sede de recurso especial, ainda que fosse o caso de matéria de ordem pública, pois esta Corte entende ser indispensável o requisito do prequestionamento.

CÓDIGO DE PROCESSO CIVIL

III – Embargos de declaração rejeitados.
(EDcl no AgRg no REsp 456.232/PR, Rel. Ministro GILSON DIPP, QUINTA TURMA, julgado em 17/12/2002, DJ 10/02/2003, p. 227)

Estabelece *o § 2º do art. 99 do atual C.P.C.* que *o juiz somente poderá indeferir o pedido se houver nos autos elementos que evidenciem a falta dos pressupostos legais para concessão da gratuidade, devendo, antes de indeferir o pedido, determinar à parte a comprovação do preenchimento dos pressupostos para a concessão da gratuidade.*

Muito embora a concessão do benefício de gratuidade de justiça se dê por simples requerimento formulado nos autos, o certo é que se houver nos próprios autos elementos que denotem a falta de pressupostos para a concessão da gratuidade, o pedido poderá ser indeferido.

O juiz, antes de indeferir o pedido, deverá determinar à parte a comprovação do preenchimento dos pressupostos para a concessão da gratuidade.

Sobre o pedido incidental de gratuidade de justiça, assim já se manifestou o S.T.J.:

I. Possível às instâncias ordinárias exigir a prova do estado de pobreza se a parte, que vinha regularmente custeando as despesas do processo, somente fez o pedido incidentalmente, após ter a ação por ela proposta sido julgada improcedente em 1o grau.
II. Dissídio jurisprudencial que não satisfaz aos pressupostos da espécie.
III. Recurso especial não conhecido.
(REsp 636.353/SP, Rel. Ministro ALDIR PASSARINHO JUNIOR, QUARTA TURMA, julgado em 17/11/2005, DJ 12/12/2005, p. 391)

Outrossim, mesmo que num primeiro momento tenha sido deferida a gratuidade de justiça, o magistrado, inclusive de ofício, poderá revogá-la posteriormente caso se modifiquem os pressupostos para sua concessão. Nesse sentido eis o seguinte precedente do S.T.J.:

2. Esta Corte admite que o magistrado revogue ex officio o benefício da assistência judiciária gratuita, caso haja modificação de seus pressupostos, ressalvada a possibilidade de oitiva da parte requerente para fins de regularização do preparo, providência inocorrente na hipótese. Precedentes.
3. Recurso especial provido.
(REsp 1196015/MG, Rel. Ministro CASTRO MEIRA, SEGUNDA TURMA, julgado em 10/08/2010, DJe 19/08/2010)

Preceitua o § 3º do art. 99 do atual C.P.C. que se presume verdadeira a alegação de insuficiência deduzida exclusivamente por pessoa natural.

A comprovação do estado de necessidade da pessoa carente, sendo pessoa física, dar-se-á pela simples declaração de insuficiência de recursos para pagamento das despesas processuais e honorários de advogado.

Em se tratando de pessoa natural, a simples declaração, no próprio requerimento de que é pobre e não possui condições de arcar com as despesas processuais é suficiente para a concessão da gratuidade de justiça.

A declaração de hipossuficiência poderá ser assinada pelo próprio advogado, desde que lhe tenha sido outorgado poderes especiais, nos termos do art. 105 do atual C.P.C.

Entende ainda a jurisprudência que não há necessidade de que seja essa declaração assinada de próprio punho da parte. Nesse sentido é o seguinte precedente:

1. "O pedido de assistência judiciária gratuita previsto no art. 4º da Lei 1.060/50, quanto à declaração de pobreza, pode ser feito mediante simples afirmação, na própria petição inicial ou no curso do processo, não dependendo a sua concessão de declaração firmada de próprio punho pelo hipossuficiente" (REsp 901.685/DF, Rel. Min. ELIANA CALMON, Segunda Turma, DJe 6/8/08).

(...).

(AgRg no REsp 1208487/AM, Rel. Ministro ARNALDO ESTEVES LIMA, PRIMEIRA TURMA, julgado em 08/11/2011, DJe 14/11/2011)

É o que estabelecia o art. 4º da Lei 1.060/50, antes de ser revogado pelo 1.072, inc. III, do C.P.C.: a parte gozará dos benefícios da assistência judiciária, mediante simples afirmação, na própria petição inicial, de que não está em condições de pagar as custas do processo e os honorários de advogado, sem prejuízo próprio ou de sua família. (Redação dada pela Lei nº 7.510, de 1986)

Nesse sentido são os seguintes precedentes do S.T.J.:

(...).

1. A assistência judiciária, em consonância com o disposto na Lei nº 1.060/50, depende da simples afirmação da parte interessada na própria petição inicial de que não está em condições de pagar as custas do processo e os honorários de advogado, sem prejuízo próprio ou de sua família. Contudo, nada impede que, havendo fundadas dúvidas ou impugnação da parte adversa, proceda o magistrado à aferição da real necessidade do requerente, análise intrinsecamente relacionada às peculiaridades de cada caso concreto. Precedentes.

(...).
(AgRg no AREsp 244.640/ES, Rel. Ministro SIDNEI BENETI, TERCEIRA TURMA, julgado em 18/12/2012, DJe 04/02/2013).

1. A orientação pacífica deste Superior Tribunal de Justiça é de que a assistência judiciária gratuita pode ser pleiteada a qualquer tempo, desde que comprovada a condição de necessitado, sendo suficiente a simples afirmação do estado de pobreza para a obtenção do benefício, ressalvado ao juiz indeferir a pretensão, se tiver fundadas razões, conforme o disposto no art. 5º da Lei nº 1.060/50.

2. A propriedade de bem imóvel (que deu origem à dívida do IPTU), bem como a mera constituição de advogado para a causa, por si só, não descaracteriza a hipossuficiência para os efeitos legais.

(...).
(REsp 1261220/SP, Rel. Ministra DIVA MALERBI (DESEMBARGADORA CONVOCADA TRF 3ª REGIÃO), SEGUNDA TURMA, julgado em 20/11/2012, DJe 04/12/2012).

(...).
4. O acórdão recorrido deferiu o benefício da assistência judiciária gratuita com base no entendimento de que a simples afirmação de que não há condições de arcar com as custas do processo é suficiente para tanto. Ao assim decidir, alinhou-se à jurisprudência do STJ, segundo a qual basta o simples requerimento, sem nenhuma comprovação prévia, para que seja concedida a assistência judiciária gratuita.

5. Embora tal presunção seja relativa, podendo a parte contrária demonstrar a inexistência do estado de miserabilidade ou o magistrado indeferir o pedido de assistência se encontrar elementos que infirmem a hipossuficiência do requerente, a verificação de que há nos autos elementos que comprovam ter a parte condições de arcar com as custas do processo demandaria, necessariamente, o reexame do acervo fático-probatório contido nos autos, providência que desafia o enunciado da Súmula 7 do Superior Tribunal de Justiça.

6. Agravo regimental não provido.

(AgRg no Ag 1156635/DF, Rel. Ministro RAUL ARAÚJO, QUARTA TURMA, julgado em 14/08/2012, DJe 03/09/2012)

(...).
4. O acórdão recorrido deferiu o benefício da assistência judiciária gratuita com base no entendimento de que a simples afirmação de que não há condições de arcar com as custas do processo é suficiente para tanto. Ao assim decidir, alinhou-se à jurisprudên-

cia do STJ, segundo a qual basta o simples requerimento, sem nenhuma comprovação prévia, para que seja concedida a assistência judiciária gratuita.

5. Embora tal presunção seja relativa, podendo a parte contrária demonstrar a inexistência do estado de miserabilidade ou o magistrado indeferir o pedido de assistência se encontrar elementos que infirmem a hipossuficiência do requerente, a verificação de que há nos autos elementos que comprovam ter a parte condições de arcar com as custas do processo demandaria, necessariamente, o reexame do acervo fático-probatório contido nos autos, providência que desafia o enunciado da Súmula 7 do Superior Tribunal de Justiça.

6. Agravo regimental não provido.

(AgRg no Ag 1156635/DF, Rel. Ministro RAUL ARAÚJO, QUARTA TURMA, julgado em 14/08/2012, DJe 03/09/2012).

Em se tratando de pessoa jurídica, também é possível a concessão de assistência judiciária gratuita, desde que haja prévia comprovação da insuficiência de recurso, não bastando para isso a simples declaração do responsável. Os documentos que se prestam à comprovação dessa insuficiência, entre outros, são: a) declaração de imposto de renda; b) declaração de falência etc. É importante salientar que a simples contabilidade da empresa não tem sido suficiente para demonstrar a insuficiência de recurso.

A pessoa jurídica terá direito à gratuidade de justiça tenha ela ou não fins lucrativos. Nesse sentido é a Súmula 481 do S.T.J.: *"Faz jus ao benefício da justiça gratuita a pessoa jurídica com ou sem fins lucrativos que demonstrar sua impossibilidade de arcar com os encargos processuais".*

Sobre o tema, eis os seguintes precedentes do S.T.J.:

2. O entendimento desta Corte Superior é no sentido de ser possível a concessão dos benefícios da assistência judiciária gratuita às pessoas jurídicas, desde que demonstrem a impossibilidade de arcar com os encargos processuais, nos termos da Súmula 481/STJ.

3. Contudo, analisando o caso concreto, o Tribunal de origem, após a aferição do contexto fático, afastou o benefício pleiteado. Assim, a alteração destas conclusões, tal como colocada nas razões recursais, demandaria, necessariamente, novo exame do acervo fático-probatório constante dos autos, providência vedada em recurso especial, conforme o óbice previsto na Súmula 7/STJ.

4. Agravo regimental a que se nega provimento.

(AgRg no AREsp 297.360/RJ, Rel. Ministro SÉRGIO KUKINA, PRIMEIRA TURMA, julgado em 03/09/2013, DJe 10/09/2013).

CÓDIGO DE PROCESSO CIVIL

(...).

2. *"As pessoas jurídicas podem ser contempladas com o benefício da Justiça Gratuita. Cuidando-se, porém, de Banco, ainda que em regime de liquidação extrajudicial, a concessão da gratuidade somente é admissível em condições excepcionais, se comprovado que a instituição financeira efetivamente não ostenta possibilidade alguma de arcar com as custas do processo e os honorários advocatícios.*

Elementos no caso inexistentes." (REsp 338.159/SP, Rel. Ministro BARROS MONTEIRO, DJ 22/04/2002).

3. *O recurso não trouxe nenhum argumento capaz de modificar a conclusão do julgado, a qual se mantém por seus próprios fundamentos.*

4. *Agravo regimental improvido.*

(AgRg no AREsp 141.322/PR, Rel. Ministro SIDNEI BENETI, TERCEIRA TURMA, julgado em 25/06/2013, DJe 01/08/2013)

1. *É firme no Superior Tribunal de Justiça o entendimento de que as entidades com ou sem fins lucrativos apenas fazem jus à concessão do benefício da justiça gratuita se comprovarem a impossibilidade de arcar com os encargos do processo.*

2. *Ademais, in casu, o Tribunal local negou a concessão dos benefícios da justiça gratuita previstos na Lei 1.060/1950, com base no conjunto fático-probatório dos autos. Logo, é inviável alterar o posicionamento firmado no acórdão recorrido. Aplicação da Súmula 7/STJ.*

3. *Agravo Regimental não provido.*

(AgRg no AREsp 306.079/MG, Rel. Ministro HERMAN BENJAMIN, SEGUNDA TURMA, julgado em 11/06/2013, DJe 24/06/2013).

(...).

2. *Conforme decidido no julgamento do REsp 1.064.269/RS (sessão da Quarta Turma de 19 de agosto de 2010), "é plenamente cabível a concessão do benefício da assistência judiciária gratuita às pessoas jurídicas, em observância ao princípio constitucional da inafastabilidade da tutela jurisdicional (CF/88, art. 5º, XXXV), desde que comprovem insuficiência de recursos (CF/88, art. 5º, LXXIV). É que a elas não se estende a presunção juris tantum prevista no art. 4º da Lei 1.060/1950".*

(...).

(EDcl no AREsp 277.207/RS, Rel. Ministro RAUL ARAÚJO, QUARTA TURMA, julgado em 02/05/2013, DJe 12/06/2013)

1. *De acordo com a jurisprudência desta Corte, a pessoa jurídica que pretende se valer das benesses da assistência judiciária gratuita precisa comprovar o efetivo estado de necessidade. Incidência da Súmula 83/STJ.*

ART. 99

(...).

(AgRg no AREsp 262.491/MG, Rel. Ministra MARIA ISABEL GAL-LOTTI, QUARTA TURMA, julgado em 19/03/2013, DJe 03/04/2013)

1. *Cabe à requerente o ônus da comprovação dos requisitos para a obtenção do benefício da assistência judiciária gratuita, mostrando-se irrelevante a finalidade lucrativa ou não da entidade requerente. Incidência do enunciado n° 481 da Súmula desta Corte.2. Agravo regimental não provido.*

(AgRg no AREsp 263.590/RJ, Rel. Ministro RICARDO VILLAS BÔAS CUEVA, TERCEIRA TURMA, julgado em 07/03/2013, DJe 13/03/2013)

Estabelece o § *4º do art.* 99 do atual C.P.C. que *a assistência do requerente por advogado particular não impede a concessão de gratuidade da justiça.*

Muito embora o requerente tenha condições econômicas para contratar um advogado particular para cuidar de seus interesses, tal contratação não impedirá que lhe seja deferida a concessão de gratuidade de justiça, desde que presentes os pressupostos legais.

Aliás, nesse sentido já vinha se manifestando o S.T.J.:

1. *"Nada impede a parte de obter os benefícios da assistência judiciária e ser representada por advogado particular que indique, hipótese em que, havendo a celebração de contrato com previsão de pagamento de honorários ad êxito, estes serão devidos, independentemente da sua situação econômica ser modificada pelo resultado final da ação, não se aplicando a isenção prevista no art. 3o, V, da Lei nº 1.060/50, presumindo-se que a esta renunciou" (REsp 1.153.163/RS, Rel. Ministra NANCY ANDRIGHI, TERCEIRA TURMA, julgado em 26/6/2012, DJe 2/8/2012).*

(...).

(REsp 1065782/RS, Rel. Ministro LUIS FELIPE SALOMÃO, QUARTA TURMA, julgado em 07/03/2013, DJe 22/03/2013).

1. *A declaração de pobreza, com o intuito de obter os benefícios da assistência judiciária gratuita, goza de presunção relativa, admitindo, portanto, prova em contrário.*
2. *Para o deferimento da gratuidade de justiça, não pode o juiz se balizar apenas na remuneração auferida, no patrimônio imobiliário, na contratação de advogado particular pelo requerente (gratuidade de justiça difere de assistência judiciária), ou seja, apenas nas suas receitas. Imprescindível fazer o cotejo das condições econômico-financeiras com as despesas correntes utilizadas para preservar o sustento próprio e o da família.*

CÓDIGO DE PROCESSO CIVIL

3. Dessa forma, o magistrado, ao analisar o pedido de gratuidade, nos termos do art. 5º da Lei 1.060/1950, perquirirá sobre as reais condições econômico-financeiras do requerente, podendo solicitar que comprove nos autos que não pode arcar com as despesas processuais e com os honorários de sucumbência. Precedentes do STJ.

4. Agravo Regimental não provido.

(AgRg no AREsp 257.029/RS, Rel. Ministro HERMAN BENJAMIN, SEGUNDA TURMA, julgado em 05/02/2013, DJe 15/02/2013)

1. Nada impede a parte de obter os benefícios da assistência judiciária e ser representada por advogado particular que indique, hipótese em que, havendo a celebração de contrato com previsão de pagamento de honorários ad êxito, estes serão devidos, independentemente da sua situação econômica ser modificada pelo resultado final da ação, não se aplicando a isenção prevista no art. 3º, V, da Lei nº 1.060/50, presumindo-se que a esta renunciou.

2. Recurso especial provido.

(REsp 1153163/RS, Rel. Ministra NANCY ANDRIGHI, TERCEIRA TURMA, julgado em 26/06/2012, DJe 02/08/2012)

(...).

3. Há violação dos artigos 2º e 4º da Lei n. 1.060/50, quando os critérios utilizados pelo magistrado para indeferir o benefício revestem-se de caráter subjetivo, ou seja, criados pelo próprio julgador, e pelos quais não se consegue inferir se o pagamento pelo jurisdicionado das despesas com o processo e dos honorários irá ou não prejudicar o seu sustento e o de sua família.

4. A constatação da condição de necessitado e a declaração da falta de condições para pagar as despesas processuais e os honorários advocatícios erigem presunção relativa em favor do requerente, uma vez que esta pode ser contrariada tanto pela parte adversa quanto pelo juiz, de ofício, desde que este tenha razões fundadas.

5. Para o indeferimento da gratuidade de justiça, conforme disposto no artigo 5º da Lei n. 1.060/50, o magistrado, ao analisar o pedido, perquirirá sobre as reais condições econômico-financeiras do requerente, podendo solicitar que comprove nos autos que não pode arcar com as despesas processuais e com os honorários de sucumbência. Isso porque, a fundamentação para a desconstituição da presunção estabelecida pela lei de gratuidade de justiça exige perquirir, in concreto, a atual situação financeira do requerente.

6. No caso dos autos, os elementos utilizados pelas instâncias de origem para indeferir o pedido de justiça gratuita foram: a remuneração percebida e a contratação de advogado particular. Tais elementos não são suficientes para se concluir que os recor-

ART. 99

rentes detêm condições de arcar com as despesas processuais e honorários de sucumbên-
cia sem prejuízo dos próprios sustentos e os de suas respectivas famílias.

7. Recurso especial provido, para cassar o acórdão de origem por falta de funda-
mentação, a fim de que seja apreciado o pedido de gratuidade de justiça nos termos dos
artigos 4º e 5º da Lei n. 1.060/50.

(REsp 1196941/SP, Rel. Ministro BENEDITO GONÇALVES, PRIMEIRA
TURMA, julgado em 15/03/2011, DJe 23/03/2011)

Processual civil. Recurso especial. Ação de arbitramento de honorários advocatí-
cios. Beneficiário da assistência judiciária gratuita que pleiteia a isenção do pagamento
dos honorários contratuais de seu próprio advogado. Impossibilidade.

– Se o beneficiário da Assistência Judiciária Gratuita opta por um determinado
profissional em detrimento daqueles postos à sua disposição gratuitamente pelo Estado,
deverá ele arcar com os ônus decorrentes desta escolha.

– Esta solução busca harmonizar o direito de o advogado de receber o valor referente
aos serviços prestados com a faculdade de o beneficiário, caso assim deseje, poder esco-
lher aquele advogado que considera ideal para a defesa de seus interesses.

Recurso especial provido para, reformando o acórdão recorrido, julgar procedente o
pedido formulado na inicial.

(REsp 965.350/RS, Rel. Ministra NANCY ANDRIGHI, TERCEIRA
TURMA, julgado em 09/12/2008, DJe 03/02/2009)

Complementando, prescreve o § 5º *do art. 99* do atual C.P.C. que *na hipó-*
tese do § 4º, o recurso que verse exclusivamente sobre valor de honorários de sucumbência
fixados em favor do advogado de beneficiário estará sujeito a preparo, salvo se o próprio
advogado demonstrar que tem direito à gratuidade.

Assim, se na hipótese do §4º, houver recurso exclusivamente quanto ao valor
dos honorários de sucumbência fixados em favor do advogado daquele que for
beneficiário da gratuidade de justiça, esse recurso estará sujeito a preparo, salvo
se o advogado do beneficiário da justiça gratuita comprovar que também tem
direito à gratuidade de justiça.

Aduz o § 6º *do art. 99* do atual C.P.C. que o *direito à gratuidade da justiça é pes-*
soal, não se estendendo ao litisconsorte ou a sucessor do beneficiário, salvo requerimento e
deferimento expressos.

O direito à gratuidade de justiça é pessoal e intransferível, não se estendendo
a eventuais litisconsortes, nem mesmo a eventuais sucessores a título singular
ou universal do beneficiário, salvo se houver requerimento específico e o deferimento expresso do benefício para esses legitimados.

Preceitua o § 7º *do art. 99* do atual C.P.C. que *requerida a concessão de gratuidade da justiça em recurso, o recorrente estará dispensado de comprovar o recolhimento do preparo, incumbindo ao relator, neste caso, apreciar o requerimento e, se indeferi-lo, fixar prazo para realização do recolhimento.*

Como o pedido de gratuidade de justiça poderá ser formulado a qualquer tempo e em qualquer grau de jurisdição, eventual pedido desse benefício poderá ser formulado quando da interposição de recurso. Nesta hipótese, o recorrente estará dispensado de comprovar o recolhimento do preparado perante o órgão jurisdicional que receber o recurso, pois incumbirá ao relator do tribunal competente apreciar o requerimento e, se indeferi-lo, fixar prazo para realização do recolhimento.

Art. 100

Deferido o pedido, a parte contrária poderá oferecer impugnação na contestação, na réplica, nas contrarrazões de recurso ou, nos casos de pedido superveniente ou formulado por terceiro, por meio de petição simples, a ser apresentada no prazo de 15 (quinze) dias, nos autos do próprio processo, sem suspensão de seu curso.

Parágrafo único. Revogado o benefício, a parte arcará com as despesas processuais que tiver deixado de adiantar e pagará, em caso de má-fé, até o décuplo de seu valor a título de multa, que será revertida em benefício da Fazenda Pública estadual ou federal e poderá ser inscrita em dívida ativa.

Impugnação ao pedido de concessão de gratuidade de justiça

A Câmara dos Deputados apresentou emenda ao projeto originário estabelecendo que deferido o pedido, a parte contrária poderá oferecer impugnação na contestação, na réplica, nas contrarrazões de recursos ou, nos casos de pedido superveniente ou formulado por terceiro, por meio de petição simples, a ser apresentada no prazo de quinze dias, nos autos do próprio processo, sem suspensão do seu curso.

O art. 337, inc. XIII, do atual C.P.C. expressamente estabelece que incumbe ao réu, antes de discutir o mérito, alegar indevida concessão do benefício de gratuidade de justiça.

Nesse sentido, aliás, é o seguinte precedente do S.T.J.:

ART. 100

(...).

2. O art. 4º, § 1º, da Lei 1.060/50 traz a presunção juris tantum de que a pessoa natural que pleiteia o benefício de assistência judiciária gratuita não possui condições de arcar com as despesas do processo sem comprometer seu próprio sustento ou de sua família. Por isso, a princípio, basta o simples requerimento, sem qualquer comprovação prévia, para que lhe seja concedida a assistência judiciária gratuita. Tal presunção, no entanto, é relativa, podendo ser afastada quando a parte contrária demonstrar a inexistência do estado de miserabilidade ou o magistrado encontrar elementos que infirmem a hipossuficiência do requerente.

3. Na hipótese em exame, o c. Tribunal de Justiça estadual, com base nos elementos trazidos aos autos, concluiu pelo indeferimento da gratuidade da justiça, sob o fundamento de que o recorrente não se enquadrava no estado de hipossuficiência. Não há como, nesta instância recursal, revisar as referidas conclusões da instância ordinária, tendo em vista o óbice do enunciado nº 7 da Súmula do eg. STJ.

(...).

(REsp 973.553/MG, Rel. Ministro RAUL ARAÚJO, QUARTA TURMA, julgado em 18/08/2011, DJe 08/09/2011).

Na realidade, pelo menos em relação às custas processuais, a legitimidade para impugnação da concessão do benefício também deveria ser da União ou do Estado ou do Distrito Federal, especialmente quando a concessão do benefício ocorrer de forma parcial apenas em relação às custas processuais.

É ônus daquele que impugna a gratuidade de justiça demonstrar que a parte apresenta poder econômico suficiente para arcar com as despesas processuais. Nesse sentido é o seguinte precedente do S.T.J.:

(...).

2. É ônus daquele que impugna a concessão do benefício da assistência judiciária gratuita demonstrar a suposta suficiência financeira-econômica do beneficiário.

3. Agravo regimental desprovido.

(AgRg no AREsp 45.932/MG, Rel. Ministro JOÃO OTÁVIO DE NORONHA, TERCEIRA TURMA, julgado em 13/08/2013, DJe 22/08/2013)

Segundo estabelece o art. 4 da *Ley de Asistencia Jurídica Gratuita da Espanha*, para o efeito de se comprovar a falta de recursos para litigar, levar-se-á em conta as rendas e outros bens patrimoniais ou circunstâncias que declare o solicitante, os sinais exteriores que manifestem sua real capacidade econômica, negando-se o direito à assistência jurídica gratuita se referidos sinais, desmentindo a declaração do solicitante, revelarem, com evidência, que este dispõe de meios econômicos que superam o limite fixado em lei. O art. 5 da aludida normatização espanhola preconiza o reconhecimento excepcional do direito à assistência judiciária gratuita em atenção às circunstâncias familiares do solicitante, números de filhos ou pessoas sob sua guarda, estado de saúde, obrigações econômicas que pesem sobre ele, custas derivadas da iniciação do processo ou outras de análoga natureza, objetivamente avaliadas, e, em todo caso, quando o solicitante ostente a condição de ascendente de uma família numerosa de categoria especial.

Outrossim, seja em relação à pessoa jurídica ou pessoa física, havendo nos autos elementos que possam por em dúvida a *insuficiência* de recursos, poderá o juiz determinar, inclusive de *ofício*, a comprovação deste fato jurídico.

É possível, inclusive, ao juiz de ofício solicitar informações aos órgãos públicos sobre a situação patrimonial do requerente do benefício de assistência judiciária gratuita, desde que nos autos haja dúvida objetiva sobre esta questão.

Nesse sentido é o seguinte precedente do S.T.J.:

> 1. *A assistência judiciária, em consonância com o disposto no artigo 4º do referido diploma legal, depende da simples afirmação da parte interessada na própria petição inicial de que não está em condições de pagar as custas do processo e os honorários de advogado, sem prejuízo próprio ou de sua família. Contudo, nada impede que, havendo fundadas dúvidas ou impugnação da parte adversa, proceda o Magistrado à aferição da real necessidade do requerente, análise intrinsecamente relacionada às peculiaridades de cada caso concreto, cuja apreciação é vedada em sede de Recurso Especial diante do óbice da Súmula 7/STJ.*
>
> (...).
> (AgRg no AREsp 245.093/SP, Rel. Ministro SIDNEI BENETI, TERCEIRA TURMA, julgado em 20/11/2012, DJe 06/12/2012).

> *AGRAVO EM RECURSO ESPECIAL – JUSTIÇA GRATUITA – PESSOA FÍSICA – MERA DECLARAÇÃO – PRESUNÇÃO (RELATIVA) AFASTADA, NA ESPÉCIE – PRECEDENTES – AGRAVO IMPROVIDO.*
> (AgRg no AREsp 174.771/RJ, Rel. Ministro MASSAMI UYEDA, TERCEIRA TURMA, julgado em 20/09/2012, DJe 02/10/2012).

Segundo preconiza o *parágrafo único do art. 100 do atual C.P.C., revogado o benefício, a parte arcará com as despesas processuais que tiver deixado de adiantar e pagará, em caso de má-fé, até o décuplo de seu valor a título de multa, que será revertida em benefício da Fazenda Pública estadual ou federal e poderá ser inscrita em dívida ativa.*

Sendo revogado o benefício, e não tendo sido demonstrada a má fé daquele que o requereu, a parte beneficiada deverá recolher o valor das despesas processuais que por conta dele tiver deixado de aditar.

Porém, se comprovada a má-fé na formulação do requerimento de benefício de gratuidade de justiça, a parte beneficiada deverá recolher até o décuplo do valor das despesas que não adiantou a título de multa, sendo esse valor revertido em benefício da Fazenda Pública estadual ou federal e poderá ser inscrito em dívida pública.

Art. 101

Contra a decisão que indeferir a gratuidade ou a que acolher pedido de sua revogação caberá agravo de instrumento, exceto quando a questão for resolvida na sentença, contra a qual caberá apelação.

§ 1º O recorrente estará dispensado do recolhimento de custas até decisão do relator sobre a questão, preliminarmente ao julgamento do recurso.

§ 2º Confirmada a denegação ou a revogação da gratuidade, o relator ou o órgão colegiado determinará ao recorrente o recolhimento das custas processuais, no prazo de 5 (cinco) dias, sob pena de não conhecimento do recurso.

Recurso contra decisão que concede ou denega o benefício de gratuidade de justiça

O recurso de agravo de instrumento somente será admitido contra a decisão que indeferir a gratuidade de justiça ou contra a decisão que acolher pedido de sua revogação.

Se a decisão proferida deferir a gratuidade de justiça ou não acolher a sua revogação, não cabe agravo de instrumento, podendo a questão ser levantada em preliminar de apelação.

Se a análise do pedido de gratuidade de justiça tiver sido feita por decisão interlocutória nos próprios autos, o recurso contra esta decisão é o de agravo de instrumento.

Porém, se a análise do pedido for feita em sentença, o recurso contra a concessão ou o indeferimento do pedido é o de apelação.

CÓDIGO DE PROCESSO CIVIL

Estabelece o *§ 1º do art. 101* do atual C.P.C. que *o recorrente estará dispensado do recolhimento de custas até decisão do relator sobre a questão, preliminarmente ao julgamento do recurso.*

Assim, em se tratando de recurso de agravo de instrumento ou de apelação apenas em relação à concessão ou não do benefício, a parte recorrente estará dispensada de recolhimento de custas até decisão do relator sobre a questão.

Em complemento, prescreve o *§ 2º do art. 101* do atual C.P.C. que *confirmada a denegação ou revogação da gratuidade, o relator ou órgão colegiado determinará ao recorrente o recolhimento das custas processuais, no prazo de 5 (cinco dias), sob pena de não conhecimento do recurso.*

Art. 102

Sobrevindo o trânsito em julgado de decisão que revoga a gratuidade, a parte deverá efetuar o recolhimento de todas as despesas de cujo adiantamento foi dispensada, inclusive as relativas ao recurso interposto, se houver, no prazo fixado pelo juiz, sem prejuízo de aplicação das sanções previstas em lei.

Parágrafo único. Não efetuado o recolhimento, o processo será extinto sem resolução de mérito, tratando-se do autor, e, nos demais casos, não poderá ser deferida a realização de nenhum ato ou diligência requerida pela parte enquanto não efetuado o depósito.

Consequências jurídicas do trânsito em julgado da decisão que revoga o benefício de gratuidade

Uma vez revogado o benefício de gratuidade de justiça por sentença transitada em julgado, deverá a parte beneficiada promover o recolhimento de todas as despesas de cujo adiantamento foi dispensada, inclusive as relativas ao recurso interposto, se houver, no prazo que será fixado pelo juiz, sem prejuízo de aplicação das sanções previstas em lei.

Estabelece o *parágrafo único do art. 102* do atual C.P.C. que *não efetuado o recolhimento, o processo será extinto sem resolução de mérito, tratando-se do autor, e, nos demais casos, não poderá ser deferida a realização de nenhum ato ou diligência requerida pela parte enquanto não efetuado o depósito.*

No caso de o autor não efetuar o recolhimento, o processo será extinto sem resolução de mérito. Em relação a outros sujeitos processuais, não poderá ser deferida a realização de qualquer ato ou diligência requerida pela parte enquanto não efetuado o depósito.

Porém, poderá ocorrer que o ato ou a diligência requerida já tenha sido realizada. Neste caso, deverá ser declarada a ineficácia do ato ou da diligência requerida para todos efeitos legais.

CAPÍTULO III - Dos Procuradores

Art. 103

A parte será representada em juízo por advogado regularmente inscrito na Ordem dos Advogados do Brasil.

Parágrafo único. É lícito à parte postular em causa própria quando tiver habilitação legal.

Da capacidade postulatória

O art. 103 do novo C.P.C. faz referência a um importante pressuposto de validade ou, para alguns, de existência da relação jurídica processual.

Em face do pressuposto *capacidade postulatória*, a parte deverá ser representada em juízo por advogado regularmente inscrito na Ordem dos Advogados do Brasil.

Com relação à atividade do advogado no Brasil, estabelecem os artigos 1º a 3º da Lei 8.906/94 (Estatuto do Advogado):

> "*Art. 1º São atividades privativas de advocacia:*
>
> *I – a postulação a qualquer órgão do Poder Judiciário e aos juizados especiais; (Vide ADIN 1.127-8)*
>
> *II – as atividades de consultoria, assessoria e direção jurídicas.*
>
> *§ 1º Não se inclui na atividade privativa de advocacia a impetração de habeas corpus em qualquer instância ou tribunal.*
>
> *§ 2º Os atos e contratos constitutivos de pessoas jurídicas, sob pena de nulidade, só podem ser admitidos a registro, nos órgãos competentes, quando visados por advogados.*
>
> *§ 3º É vedada a divulgação de advocacia em conjunto com outra atividade.*
>
> *Art. 2º O advogado é indispensável à administração da justiça.*
>
> *§ 1º No seu ministério privado, o advogado presta serviço público e exerce função social.*
>
> *§ 2º No processo judicial, o advogado contribui, na postulação de decisão favorável ao seu constituinte, ao convencimento do julgador, e seus atos constituem múnus público.*

§ 3º No exercício da profissão, o advogado é inviolável por seus atos e manifestações, nos limites desta lei.

Art. 3º O exercício da atividade de advocacia no território brasileiro e a denominação de advogado são privativos dos inscritos na Ordem dos Advogados do Brasil (OAB),

§ 1º Exercem atividade de advocacia, sujeitando-se ao regime desta lei, além do regime próprio a que se subordinem, os integrantes da Advocacia-Geral da União, da Procuradoria da Fazenda Nacional, da Defensoria Pública e das Procuradorias e Consultorias Jurídicas dos Estados, do Distrito Federal, dos Municípios e das respectivas entidades de administração indireta e fundacional.

§ 2º O estagiário de advocacia, regularmente inscrito, pode praticar os atos previstos no art. 1º, na forma do regimento geral, em conjunto com advogado e sob responsabilidade deste".

Assim, o bacharel em direito que não esteja inscrito na OAB não poderá postular em juízo. Sobre o tema eis o seguinte precedente:

Recurso ordinário. Mandado de segurança. Ausência de capacidade postulatória. Preparo.

1. O bacharel em Direito sem o registro na Ordem dos Advogados não está habilitado a exercer a profissão de advogado, ou seja, não detém capacidade postulatória, pressuposto de constituição e de desenvolvimento válido e regular do processo.

2. Não houve o pagamento do preparo do recurso ordinário, o que acarreta a deserção do mesmo.

3. Recurso ordinário não conhecido.

(RMS 15.415/SP, Rel. Ministro CARLOS ALBERTO MENEZES DIREITO, TERCEIRA TURMA, julgado em 13/04/2004, DJ 31/05/2004, p. 299)

Em que pese o art. 133 da Constituição Federal proclamar que o advogado é indispensável à administração da justiça, o Supremo Tribunal Federal, na ADI n. 1.127-8, deferiu em parte a cautelar e, no tocante ao art. 1º, I, do EAOAB, assim estabeleceu: "Examinando o inciso I do art. 1º da Lei nº 8.906, de 04.07.94, por maioria de votos, deferir, em parte, o pedido de medida liminar, para suspender a eficácia do dispositivo, no que não disser respeito aos Juizados Especiais, previstos no inciso I do art. 98 da Constituição Federal, excluindo, portanto, a aplicação do dispositivo, até a decisão final da ação, em relação aos Juizados de Pequenas Causas, à Justiça do Trabalho e à Justiça de Paz, vencidos, em parte, os Ministros: SEPULVEDA PERTENCE, SYDNEY SANCHES e

MOREIRA ALVES, que interpretavam o dispositivo no sentido de suspender a execução apenas no tocante ao Juizado de Pequenas Causas, e o Ministro MARCO AURÉLIO, que indeferia o pedido de medida liminar»

Muito embora seja simplificada a atividade exercida no âmbito dos juizados especiais, o certo é que a parte desprovida do auxílio de advogado encontra-se efetivamente em desvantagem no processo, uma vez que a complexidade das questões jurídicas não está ao alcance do entendimento das pessoas leigas e, muitas vezes, dos próprios servidores incumbidos de digitar no papel a pretensão da parte, mesmo na hipótese de questão de menor complexidade.

Menos mal é o fato de que para recorrer no âmbito dos juizados a parte deve ser auxiliada por advogado habilitado.

Assim, a parte não poderá postular sem advogado em juízo, salvo no âmbito dos juizados especiais. Sobre o tema, eis o seguinte precedente do S.T.J.:

> *1. Não se conhece de Embargos de Declaração subscritos diretamente pela parte, quando esta não for profissional habilitado na Ordem dos Advogados do Brasil – OAB.*
> *2. Embargos de Declaração não conhecidos.*
> (EDcl nos EDcl no RHC 22.043/RJ, Rel. Ministro HERMAN BENJAMIN, SEGUNDA TURMA, julgado em 09/02/2010, DJe 04/10/2010)

O advogado para poder representar a parte deverá estar devidamente inscrito na Ordem dos Advogados do Brasil.

Portanto, se o advogado não estiver habilitado ou estiver suspenso dos quadros da OAB, os atos por ele praticado serão considerados inexistentes.

Contudo, o S.T.J., diante de um advogado suspenso dos quadros da OAB, entendeu que os atos por ele praticados não são nulos de pleno direito, devendo ser observado se houve prejuízo à parte postulante. Nesse sentido são os seguintes precedentes:

> *1. A prática de atos por advogado suspenso é considerada nulidade relativa, passível de convalidação. Precedentes.*
> *2. À luz do sistema de invalidação dos atos processuais, a decretação de nulidade só é factível quando não se puder aproveitar o ato processual em virtude da efetiva ocorrência e demonstração do prejuízo (pas de nullité sans grief).*
> *3. No caso, o ato em questão diz respeito à capacidade postulatória, a qual é atributo do advogado legalmente habilitado e regularmente inscrito na OAB (art. 4º do EOAB), cuja finalidade é garantir a defesa dos direitos da parte patrocinada, conferindo-lhe capacidade de pedir e de responder em Juízo, desiderato que foi efetivamente*

alcançado, ainda que o causídico estivesse suspenso à época, tanto que a demanda indenizatória foi julgada procedente e a decisão transitou em julgado.

4. Recurso especial não provido.

(REsp 1317835/RS, Rel. Ministro LUIS FELIPE SALOMÃO, QUARTA TURMA, julgado em 25/09/2012, DJe 10/10/2012).

– Embora o art. 4º do Estatuto da OAB disponha que são nulos os atos praticados por pessoa não inscrita na OAB ou por advogado impedido, suspenso, licenciado ou que passar a exercer atividade incompatível com a advocacia; o defeito de representação processual não acarreta, de imediato, a nulidade absoluta do ato processual ou mesmo de todo o processo, porquanto tal defeito é sanável nos termos dos arts. 13 e 36 do CPC. Primeiro, porque isso não compromete o ordenamento jurídico; segundo, porque não prejudica nenhum interesse público, nem o interesse da outra parte; e, terceiro, porque o direito da parte representada não pode ser prejudicado por esse tipo de falha do seu advogado. A nulidade só advirá se, cabendo à parte reparar o defeito ou suprir a omissão, não o fizer no prazo marcado.

– Se a parte comparece a juízo não representada por advogado habilitado, ou se este, no curso do processo, perde a capacidade postulatória (por impedimento, licença, suspensão ou exclusão da OAB), ou renuncia ao mandato, ou morre, o juiz deve, antes de extinguir o processo, sem resolução de mérito, nos termos do art. 267, IV, do CPC, por irregularidade de representação processual, intimar a parte para que, no prazo por ele estipulado: (i) constitua novo patrono legalmente habilitado a procurar em juízo; ou (ii) já havendo outro advogado legalmente habilitado, que este ratifique os atos praticados pelo procurador inabilitado.

Recurso especial provido.

(REsp 833.342/RS, Rel. Ministra NANCY ANDRIGHI, TERCEIRA TURMA, julgado em 25/09/2006, DJ 09/10/2006, p. 302)

É bem verdade que determinadas instituições poderão postular em juízo sem que esteja representada por advogado habilitado na OAB. É o caso, por exemplo, do Ministério Público quando age como substituto processual. Eis nesse sentido o seguinte precedente:

(...).

2. Deveras, o Ministério Público está legitimado a defender os interesses públicos patrimoniais e sociais, ostentando, a um só tempo, legitimatio ad processum e capacidade postulatória que pressupõe aptidão para praticar atos processuais. É que essa capacidade equivale a do advogado que atua em causa própria.

Revelar-se-ia contraditio in terminis que o Ministério Público legitimado para a causa e exercente de função essencial à jurisdição pela sua aptidão técnica fosse instado a contratar advogado na sua atuação pro populo de custos legis.

3. A ratio essendi da capacidade postulatória vem expressa no art. 36 do CPC, verbis: "A parte será representada em juízo por advogado legalmente habilitado. Ser-lhe-á lícito, no entanto, postular em causa própria, quando tiver habilitação legal ou, não a tendo, no caso de falta de advogado no lugar ou recusa ou impedimento dos que houver".

4. É que a Carta de 1988, ao evidenciar a importância da cidadania no controle dos atos da administração, com a eleição dos valores imateriais do art. 37, da CF/1988 como tuteláveis judicialmente, coadjuvados por uma série de instrumentos processuais de defesa dos interesses transindividuais, criou um microssistema de tutela de interesses difusos referentes à probidade da administração pública, nele encartando-se a Ação Popular, a Ação Civil Pública e o Mandado de Segurança Coletivo, como instrumentos concorrentes na defesa desses direitos eclipsados por cláusulas pétreas.

5. Destarte, é mister ressaltar que a nova ordem constitucional erigiu um autêntico 'concurso de ações' entre os instrumentos de tutela dos interesses transindividuais e, a fortiori, legitimou o Ministério Público para o manejo dos mesmos.

6. Legitimatio ad causam do Ministério Público à luz da dicção final do disposto no art. 127 da CF, que o habilita a demandar em prol de interesses indisponíveis, na forma da recentíssima súmula nº 329, aprovada pela Corte Especial em 02.08.2006, cujo verbete assim sintetiza a tese: "O Ministério Público tem legitimidade para propor ação civil pública em defesa do patrimônio público".

(...).

(REsp 749.988/SP, Rel. Ministro LUIZ FUX, PRIMEIRA TURMA, julgado em 08/08/2006, DJ 18/09/2006, p. 275)

Estabelece o *parágrafo único* do art. 103 do atual C.P.C. que *é lícito à parte postular em causa própria quando tiver habilitação legal.*

Tendo a parte habilitação legal como advogado, poderá efetivamente postular em causa própria.

Assim, deve haver perfeita vinculação entre a parte e o advogado no processo. Nesse sentido é o seguinte precedente do S.T.J.:

(...).

3. Ainda que o advogado subscritor da petição de agravo de instrumento e de recurso especial seja o sócio majoritário e controlador da sociedade empresária, não há nenhuma autorização legal para que atue em juízo sem procuração nos autos.

4. *A litigância em causa própria fica caracterizada quando há perfeita identidade entre a parte e o advogado (CPC, arts. 36, 37 e 254). Não é, no entanto, o que ocorre no caso em exame, em que o advogado pretende estar representando em juízo não a si próprio, mas à sociedade empresária, pessoa jurídica.*
5. *Agravo interno a que se nega provimento.*

(AgRg no Ag 1350918/RJ, Rel. Ministro RAUL ARAÚJO, QUARTA TURMA, julgado em 01/09/2011, DJe 23/09/2011)

É importante salientar que em se tratando de Defensor Público não é possível atuar em causa própria, conforme estabelece o art. 131, inc. I, da Lei Complementar n. 80/94:

> *"Art. 131. É defeso ao membro da Defensoria pública do Estado exercer suas funções em processo ou procedimento:*
> *I – em que seja parte ou, de qualquer forma, interessado."*

Sobre o tema, já decidiu o S.T.J.:

> 1. *A jurisprudência desta Corte Superior de Justiça há muito consolidou-se no sentido de que, em respeito à instrumentalidade das formas, deve incidir o disposto no artigo 13 do Código Processual Civil também nas hipóteses de impedimento do advogado ou defensor subscritor da petição inicial, para que seja marcado prazo razoável para sanar a irregularidade.*
> 2. *Recurso ordinário provido. Retorno dos autos à Corte de origem para que, reformado o acórdão recorrido, seja intimado o impetrante, em prazo razoável, para que sane a irregularidade de sua representação.*

(RMS 19.311/PB, Rel. Ministra MARIA THEREZA DE ASSIS MOURA, SEXTA TURMA, julgado em 25/08/2009, REPDJe 23/11/2009, DJe 05/10/2009)

No projeto originário do Senado n. 166/10, também se permitiu a postulação em causa própria no caso de falta de advogado na localidade ou de recusa ou impedimento dos que houver.

Contudo, é de se por em dúvida a constitucionalidade a tentativa de se permitir a postulação em causa própria nesta circunstância.

É que sendo a advocacia *indispensável à administração da Justiça*, nos termos do art. 133 da C.F., é inadmissível a não nomeação de advogado sob a justificação de que na localidade não haveria advogado ou de que haveria recusa ou impedimento dos que houvessem. Nestas hipóteses, o Estado tem por obrigação suprir esta necessidade, nem que seja por meio de nomeação de Defensor Público de outra localidade.

O que não se admite é que a parte postule ou se defenda em juízo sem a assistência de advogado, principalmente pelo fato de que não se trata de juizados especiais, única exceção para tanto.

Art. 104

O advogado não será admitido a postular em juízo sem procuração, salvo para evitar preclusão, decadência ou prescrição, ou para praticar ato considerado urgente.

§ 1º Nas hipóteses previstas no *caput*, o advogado deverá, independentemente de caução, exibir a procuração no prazo de 15 (quinze dias), prorrogável por igual período por despacho do juiz.

§ 2º O ato não ratificado será considerado ineficaz relativamente àquele em cujo nome foi praticado, respondendo o advogado pelas despesas e por perdas e danos.

Postulação em juízo sem procuração

O documento representativo ou que instrumentaliza o *contrato de mandato* é a *procuração*.

Conforme afirma o dispositivo em análise, o advogado para estar em juízo representando a parte deverá estar munido de *procuração*, a qual pode ser outorgada por instrumento público (necessária quando se trata de representação de incapazes ou analfabeto) ou por instrumento particular, o que é mais comum, bem como *apud acta*, isto é, poderão ser outorgados os poderes perante o juiz que lavrará o termo e determinará sua juntada no processo.

Prescreve o art. 654 do C.C.: *"Todas as pessoas capazes são aptas para dar procuração mediante instrumento particular, que valerá desde que tenha a assinatura do outorgante.*

Aquele que atua em causa própria não precisar apresentar procuração.

Há entendimento de que sendo a procuração judicial regulada por lei processual, e não fazendo a lei processual distinção entre capaz ou relativamente incapaz, o menor púbere pode outorgar procuração com poderes gerais por meio de instrumento particular, não necessitando de instrumento público. *Nesse sentido:* (STJ-RT 698/225, RT 575/204, 529/201; Amaral Santos, PLDPC, I, 298, 364; Barbi, Coment. CPC, n. 253, p. 177) *In:* Nelson Nery Junior e Rosa M. de Andrade Nery, *Código de Processo Civil Comentado*, 11ª ed., São Paulo, RT, p. 260). Sobre o tema, eis ainda o seguinte precedente do S.T.J.:

> *Advogado. procuração "ad judicia" em que figuram como outorgantes menores puberes, com assistência da mãe, lavrada por instrumento particular. Pretendida contrariedade ao art. 1.289 do código civil, por inobservância da exigência de instrumento público. Alegação rejeitada ante a existência de normas específicas, não restritivas, quanto ao mandato "ad judicia".*
> *Recurso especial pela letra "a" não conhecido.*
> (REsp 25.482/SP, Rel. Ministro ASSIS TOLEDO, QUINTA TURMA, julgado em 15/03/1993, DJ 05/04/1993, p. 5847)

É importante salientar que, ainda que se outorgue procuração por instrumento público, pode substabelecer-se por instrumento particular *(art. 655 do C.c.)*.

A procuração com poderes gerais *clausula ad judicia* permite que o advogado ingresse com demandas em nome da parte ou apresente sua defesa nos incidentes processuais.

Segundo anotam Nelson Nery Junior e Rosa Maria de Andrade Nery, em sua obra *Código de Processo Civil Comentado*, 7ª Ed., São Paulo, Editora Revista dos Tribunais, comentando o art. 36 do C.P.C. de 1973, Pontes de Miranda tem entendido que o mandato com a cláusula *ad judicia* pode ser conferido a quem não seja advogado. Isto não autoriza o mandatário leigo a postular em juízo; este deve substabelecer, para advogado, os poderes recebidos. Neste caso, seria necessário reconhecer a firma do mandante na procuração outorgada ao advogado? O §2º do art. 654 do C.C. estabelece: *§ 2º O terceiro com quem o mandatário tratar poderá exigir que a procuração traga a firma reconhecida.*

O S.T.J. vinha entendendo que não seria possível suprir a falta de procuração em grau superior. Nesse sentido eis os seguintes precedentes:

> 1. *Conforme previsão da Súmula 115 desta Corte, inviável o conhecimento de recurso assinado por advogado que não tem procuração nos autos.*
> 2. *Nesta Corte, sede de exame excepcional, não se mostra possível a aplicação do art. 13 do CPC, com vistas a sanar eventual irregularidade na representação processual.*

ART. 104

3. *Agravo regimental desprovido.*
(AgRg nos EDcl nos EREsp 1300135/SP, Rel. Ministra MARIA THE-REZA DE ASSIS MOURA, CORTE ESPECIAL, julgado em 05/06/2013, DJe 12/06/2013)

1. Na instância especial é inexistente recurso interposto por advogado sem procuração nos autos (enunciado 115 da Súmula do STJ).
2. A alegação de falha cometida ao Tribunal de origem, sem a devida comprovação, não afasta a incidência da Súmula n. 115/STJ.
3. O julgamento proferido por esta Corte, fundado em remansosa orientação jurisprudencial, não tem o condão de ofender à Constituição Federal, justamente por adstringir-se às questões federais.
4. Agravo regimental a que se nega provimento.
(AgRg no AREsp 109.553/RS, Rel. Ministra MARIA ISABEL GAL-LOTTI, QUARTA TURMA, julgado em 05/06/2012, DJe 14/06/2012)

O art. 104 do novo C.P.C. permite que o advogado postule em juízo, *sem procuração*, para evitar *preclusão, decadência ou prescrição*, bem como para praticar atos considerados urgentes. Nestes casos, não sendo possível a outorga de procuração pela parte interessada, pois se encontra ausente ou em lugar inacessível, poderá o seu advogado promover as medidas necessárias para evitar a prescrição da pretensão ou a decadência do direito, bem como postular e praticar atos considerados urgentes, como, por exemplo, pedido de tutela provisória de urgência satisfativa ou cautelar.

Sobre o tema, eis os seguintes precedentes do S.T.J.:

1. A lei processual civil, em seu art. 37, permite ao advogado praticar atos reputados urgentes, ainda que desprovido do instrumento de procuração, desde que proteste pela juntada do documento faltante na primeira oportunidade que tenha para se pronunciar no processo.
2. O Estatuto da Advocacia (Lei 8.906/94) estabelece no § 1º do art.
5º: "O advogado, afirmando urgência, pode atuar sem procuração, obrigando-se a apresentá-la no prazo de quinze dias, prorrogável por igual período." 3. Recurso especial provido, para determinar que o Tribunal de origem proceda a análise do agravo de instrumento interposto.
(REsp 737.079/RS, Rel. Ministro TEORI ALBINO ZAVASCKI, Rel. p/ Acórdão Ministra DENISE ARRUDA, PRIMEIRA TURMA, julgado em 24/05/2005, DJ 24/10/2005, p. 206).

CÓDIGO DE PROCESSO CIVIL

– *O artigo 37 do Código de Processo Civil, ao admitir que o advogado intente ação sem procuração, assim o faz para evitar a prescrição ou a decadência ou, ainda, para a prática de atos reputados como urgentes.*

(...).

(AgRg no Ag 438.473/PR, Rel. Ministro FRANCIULLI NETTO, SEGUNDA TURMA, julgado em 13/08/2002, DJ 31/03/2003, p. 206).

– *O artigo 37 do Código de Processo Civil, ao admitir que o advogado intente ação sem procuração, assim o faz para evitar a prescrição ou a decadência ou, ainda, para a prática de atos reputados como urgentes.*

– *A instância especial não admite "o oferecimento tardio de procuração, mediante protesto pela posterior juntada, já que inadmissível alegar-se urgência, face à evidente constatação de que a parte deve acautelar-se em relação ao eventual insucesso da pretensão recursal, por tratar-se de contingência inerente à dinâmica do processo" (REsp. n. 43.546-3/SP, Rel. Min. Demócrito Reinaldo, in DJ de 27.06.94).*

(...).

(AgRg no Ag 293.627/SP, Rel. Ministro FRANCIULLI NETTO, SEGUNDA TURMA, julgado em 05/10/2000, DJ 12/03/2001, p. 124)

Há entendimento do S.T.J. de que a falta de procuração poderá ocorrer também na hipótese de agravo de instrumento interposto contra decisão urgente:

1. Incide a exceção prevista no art. 37, caput, do CPC, permitindo-se a juntada posterior à interposição do Agravo de Instrumento, de procuração da agravante, na hipótese de voltar-se o recurso contra decisão proferida inaudita altera parte, por considera-se ato de urgência.

2. Agravo Regimental improvido.

(AgRg no AREsp 233.548/MG, Rel. Ministro SIDNEI BENETI, TERCEIRA TURMA, julgado em 23/10/2012, DJe 06/11/2012)

Na hipótese de o advogado postular sem procuração para atender as circunstâncias previstas na segunda parte do *caput* do art. 104 do C.P.C., *o advogado deverá, independentemente de caução, a exibir o instrumento de mandato no prazo de 15 (quinze) dias, prorrogável por igual período, por despacho do juiz* (§1º do art. 101 do C.P.C.).

Assim, na hipótese de prática de atos considerados urgentes, o advogado poderá postular em juízo sem instrumento de mandato. Diante dessa circunstância, o advogado se obrigará, independentemente de caução, a exibir no prazo de quinze dias a procuração, podendo este prazo ser prorrogado por igual período, por despacho do juiz.

Por sua vez, preceitua o *§2º do art. 104* do novo C.P.C. que o *ato não ratificado será considerado ineficaz relativamente àquele em cujo nome foi praticado, respondendo o advogado pelas despesas e perdas e danos.*

Na realidade, não se pode considerar *atos inexistentes* os praticados pelo advogado e não ratificado pela parte outorgante, uma vez que esses atos poderão ensejar prejuízos ou danos à parte contrária. E, por questão de logicidade, nenhum ato *inexistente* pode causar dano.

O certo é que esses atos não ratificados não terão eficácia para a parte, mas poderão ensejar a responsabilização por danos a terceiros.

A redação do Código Civil brasileiro sempre foi mais condizente com a tecnicidade da questão. Diz o art. 662 do C.c.b.: *"Os atos praticados por quem não tenha mandato, ou o tenha sem poderes suficientes, **são ineficazes** em relação àquele em cujo nome foram praticados, salvo se este os ratificar".*

Assim, o art. 662 do C.c.b. não fala em *inexistência* mas em *ineficácia.*

Aliás, a Câmara dos Deputados apresentou emenda para corrigir essa falha técnica, esclarecendo que os atos não ratificados serão considerados ineficazes (e não inexistentes) relativamente aquele em cujo nome foram praticados, respondendo o advogado por despesas e perda e danos.

Portanto, os atos praticados por quem não tenha procuração são ineficazes em relação ao eventual outorgante e nulos em relação àqueles que possam ter sido prejudicados pelo seu deferimento judicial.

Não ratificados os atos no prazo de quinze dias, prorrogável por mais quinze dias, os atos serão ineficazes para o mandante e nulo para aqueles que possam ter sido prejudicados.

Art. 105

A procuração geral para o foro, outorgada por instrumento público ou particular assinado pela parte, habilita o advogado a praticar todos os atos do processo, exceto receber citação, confessar, reconhecer a procedência do pedido, transigir, desistir, renunciar ao direito sobre o qual se funda a ação, receber, dar quitação, firmar compromisso e assinar declaração de hipossuficiência econômica, que devem constar de cláusula específica.

§ 1º A procuração pode ser assinada digitalmente, na forma da lei.

CÓDIGO DE PROCESSO CIVIL

§ 2º A procuração deverá conter o nome do advogado, seu número de inscrição na Ordem dos Advogados do Brasil e endereço completo.

§ 3º Se o outorgado integrar sociedade de advogados, a procuração também deverá conter o nome dessa, seu número de registro na Ordem dos Advogados do Brasil e endereço completo.

§ 4º Salvo disposição expressa em sentido contrário constante do próprio instrumento, a procuração outorgada na fase de conhecimento é eficaz para todas as fases do processo, inclusive para o cumprimento de sentença.

Procuração geral para o foro e os poderes especiais
Segundo prescreve o art. 105 do novo C.P.C., a procuração em geral, com cláusula *ad judicia*, conferida por instrumento público ou particular assinado pela parte (sem necessidade de reconhecimento de firma) confere ao advogado a possibilidade de pratica todos os atos do processo, seja processo de conhecimento ou de execução. Permite, igualmente, ingressar com procedimentos antecipados ou incidentais referentes a tutelas de urgência satisfativa ou cautelar.

Não há necessidade de autenticação da procuração se não houver arguição de falsidade. Nesse sentido é o seguinte precedente do S.T.J.:

> 1. *É desnecessária a autenticação de cópia de procuração e de substabelecimento, porquanto se presumem verdadeiros os documentos juntados aos autos pelo autor, cabendo à parte contrária arguir-lhe a falsidade.*
> (...).
> (AgRg no REsp 912.831/RS, Rel. Ministro JOÃO OTÁVIO DE NORONHA, QUARTA TURMA, julgado em 16/04/2009, DJe 27/04/2009)

O art. 5º, §2º da Lei 8.906/94 (Estatuto do Advogado) estabelece: "*A procuração para o foro em geral habilita o advogado a praticar todos os atos judiciais, em qualquer juízo ou instância, salvo os que exijam poderes especiais*".

Ao contrário de alguns países, a procuração em geral confere poderes ao advogado para postular em qualquer juízo ou instância, estando legitimado para ingressar nos processos que tramitam nos juízos de primeiro grau como também nos Tribunais de Apelação e nos Tribunais Superiores.

Sobre o tema, eis os seguintes precedentes do S.T.J.:

ART. 105

1. Os poderes contidos na cláusula ad judicia implicam na outorga de mandato judicial para o foro em geral, compreendendo, assim, o poder de reconvir. Admissível a reconvenção, uma vez demonstrada a conexidade entre a ação e o pedido reconvencional. Inépcia da inicial da reconvenção afastada em face da admissão pela própria devedora do atraso havido no pagamento das prestações. Precedente: RESP n. 83752, Relator Ministro Barros Monteiro, DJ de 13.8.2001.

(...).

(REsp 975.680/PA, Rel. Ministro MAURO CAMPBELL MARQUES, SEGUNDA TURMA, julgado em 07/12/2010, DJe 03/02/2011)

1. A procuração para o foro em geral habilita o advogado para a prática de todos os atos do processo, à exceção daqueles para os quais se exigem poderes especiais, não incluído entre estes o de substabelecer. Inteligência do art. 5º, § 2º, da Lei n. 8.906/94. Precedentes.

(...).

(EDcl no Ag 1247013/RJ, Rel. Ministro VASCO DELLA GIUSTINA (DESEMBARGADOR CONVOCADO DO TJ/RS), TERCEIRA TURMA, julgado em 20/05/2010, DJe 09/06/2010)

I – A ausência de juntada de cópia da procuração nos autos dos embargos do devedor não gera nulidade, mas simples irregularidade procedimental, caso verificada a existência de mandato nos autos principais da execução, sendo esta a hipótese dos autos;

II – A procuração geral para o foro habilita os advogados outorgados a praticar todos os atos do processo, sendo que a apresentação de embargos do devedor não está presente no rol de exceções do art. 38 do CPC; tais exceções, por importarem restrições de direitos, são taxativas, não cabendo qualquer ampliação;

III – Recurso Especial provido.

(REsp 914.963/MG, Rel. Ministro MASSAMI UYEDA, TERCEIRA TURMA, julgado em 18/03/2010, DJe 07/04/2010).

1. É desnecessária a autenticação de cópia de procuração e de substabelecimento, porquanto se presumem verdadeiros os documentos juntados aos autos pelo autor, cabendo à parte contrária arguir-lhe a falsidade.

(...).

(AgRg no REsp 912.831/RS, Rel. Ministro JOÃO OTÁVIO DE NORONHA, QUARTA TURMA, julgado em 16/04/2009, DJe 27/04/2009).

CÓDIGO DE PROCESSO CIVIL

– *A procuração geral para o foro habilita o advogado para a prática de todos os atos do processo, a exceção daqueles para os quais se exigem poderes especiais, não incluído entre estes o de substabelecer. Inteligência do artigo 38 do Código de Processo Civil.*

– *A ausência de autorização expressa para substabelecer apenas enseja responsabilidade pessoal do substabelecente pelos atos do substabelecido, nos termos da regra inserta no artigo 1.300 do Código Civil. Precedente do STJ.*

– *Recurso especial conhecido e provido.*

(REsp 319.325/RJ, Rel. Ministro VICENTE LEAL, SEXTA TURMA, julgado em 20/11/2001, DJ 04/02/2002, p. 598)

(...).

I – A exigência de substituição de procuração desatualizada, nas demandas previdenciárias, está contida no poder de direção do processo atribuído ao Juiz.

II – Consoante entendimento assentado na Corte Especial deste STJ, concedida procuração a advogado para utilização tão-somente no âmbito judicial, mostra-se descabida a exigência de reconhecimento da firma do outorgante, seja na hipótese de poderes gerais para o foro, seja quando conferidos poderes especiais.

III – Recurso conhecido em parte e, nessa, provido.

(REsp 247.887/PR, Rel. Ministro GILSON DIPP, QUINTA TURMA, julgado em 11/09/2001, DJ 15/10/2001, p. 280)

Porém, para que o advogado possa praticar os atos referidos na segunda parte do art. 105 do novo C.P.C., isto é, receber *citação, confessar, reconhecer a procedência do pedido, transigir, desistir, renunciar ao direito sobre o qual se funda a ação, receber, dar quitação, firmar compromisso e assinar declaração de hipossuficiência econômica*, poderes especiais devem constar de cláusula específica, sob pena de nulidade perante terceiros e ineficácia perante o mandante.

O *rol* previsto no art. 105 é *taxativo (numerus clausus)* e não admite ampliação; assim, o advogado não necessita de poderes especiais para ingressar com incidentes específicos, como, por exemplo, despersonificação da pessoa jurídica ou impedimento ou suspeição do juiz da causa. Nesse sentido, eis o seguinte precedente:

1. Hipótese em que, apresentada exceção de suspeição em face de juiz de piso, a medida não foi conhecida por ausência de procuração com poderes específicos em nome do advogado peticionante.

2. No que tange à necessidade de poderes específicos para a apresentação de exceção de suspeição, importante frisar que o art.38 do CPC estabelece as regras gerais de repre-

594

sentação processual das partes por seus patronos, instituindo a chamada cláusula ad judicia, referente à capacidade para prática de todos os atos processuais.

3. O mesmo dispositivo, em sua parte final, enumera as exceções, que, como tais, devem ser interpretadas restritivamente. Dentre as exceções, a exigir poderes específicos, não consta a apresentação de exceção de impedimento ou suspeição, razão pela qual o não-conhecimento da medida sob o fundamento de inexistência de procuração com poderes específicos é ilegal. Precedentes.

(...).

(REsp 1233727/SP, Rel. Ministro MAURO CAMPBELL MARQUES, SEGUNDA TURMA, julgado em 05/04/2011, DJe 05/05/2011)

Para que o advogado possa receber valores em nome da parte, é necessário que ele tenha poderes especiais para *receber ou dar quitação* ou *dar quitação e receber*, pouco importando a ordem de colocação das palavras, uma vez que o significado do texto, neste caso, não é retirado pela ordem ou posição da frase ou das palavras. Nesse sentido é a lição de Egas Munis de Aragão (Revista de Processo n. 111/15. Há entendimento diverso (ex-TFR, 1ª Seção, MS 124.706-RS, Rel. Min. Carlos Thibau, v.u., j. 30.11.1988, DJU 20.3. 1989, p. 3726.

Estabelece o § *1º do art. 105* do atual C.P.C. que a *procuração pode ser assinada digitalmente, na forma da lei.*

A Lei 11.419 de 19 de dezembro 2006, que dispõe sobre a informatização do processo judicial, estabelece em seu art. 1º, §2º, inc. III, letras 'a' e 'b':

> *"Art. 1º O uso de meio eletrônico na tramitação de processos judiciais, comunicação de atos e transmissão de peças processuais será admitido nos termos desta Lei.*
>
> *§ 1º Aplica-se o disposto nesta Lei, indistintamente, aos processos civil, penal e trabalhista, bem como aos juizados especiais, em qualquer grau de jurisdição.*
>
> *§ 2º Para o disposto nesta Lei, considera-se:*
>
> *III – assinatura eletrônica as seguintes formas de identificação inequívoca do signatário: assinatura digital baseada em certificado digital emitido por Autoridade Certificadora credenciada, na forma de lei específica; mediante cadastro de usuário no Poder Judiciário, conforme disciplinado pelos órgãos respectivos".*

A assinatura do instrumento do mandato poderá ser realizada pela via digital, ou seja, por meio do uso eletrônico baseado em certificado digital emitido por Autoridade Certificadora credenciada, na forma de lei específica.

Sobre o tema, eis os seguintes precedentes do S.T.J.:

CÓDIGO DE PROCESSO CIVIL

1. A petição eletrônica do presente recurso foi transmitida mediante utilização de certificado digital pertencente a advogado sem procuração nos autos.

2. "Na instância especial, a regularidade da representação processual deve estar demonstrada no momento da interposição do recurso, não sendo aplicável, portanto, a previsão do artigo 13 do CPC" (AgRg no AREsp 331.850/PR, Rel. Ministro Sérgio Kukina, Primeira Turma, DJe 02/08/2013). No mesmo sentido: AgRg no REsp 1374132/PR, Rel. Ministro Castro Meira, Segunda Turma, DJe 05/06/2013; AgRg no REsp 1.275.642/PR, Rel. Ministra Nancy Andrighi, Terceira Turma, DJe 15/10/2012, entre outros.

3. Incide, pois, a Súmula 115/STJ: "Na instância especial é inexistente recurso interposto por advogado sem procuração nos autos".

4. Agravo regimental não conhecido.

(AgRg no REsp 1340288/MT, Rel. Ministro BENEDITO GONÇALVES, PRIMEIRA TURMA, julgado em 27/08/2013, DJe 04/09/2013).

(...).

2. Por outro vértice, ainda que assim não fosse, verifica-se, in casu, que o nome do advogado indicado como autor do presente recurso não confere com o nome do titular do certificado digital utilizado para assinar a transmissão eletrônica do documento, de forma que incide na hipótese, por paralelo, o disposto na Súmula 115/STJ, verbis: "Na instância especial é inexistente recurso interposto por advogado sem procuração nos autos".

3. Agravo regimental não conhecido.

(AgRg no AREsp 324.358/SP, Rel. Ministro JORGE MUSSI, QUINTA TURMA, julgado em 27/08/2013, DJe 09/09/2013)

1. "A assinatura digital destina-se à identificação inequívoca do signatário do documento, o qual passa a ostentar o nome do detentor do certificado digital utilizado, o número de série do certificado, bem como a data e a hora do lançamento da firma digital. Dessa sorte, o atendimento da regra contida na alínea a do inciso III do parágrafo 2º do artigo 1º da Lei n. 11.419/2006 depende tão somente de o signatário digital possuir procuração nos autos. Precedente da 3ª Turma: EDcl no AgRg nos EDcl no AgRg no Ag 1.234.470/SP, Rel. Ministro Paulo de Tarso Sanseverino, Terceira Turma, julgado em 10/04/2012, DJe de 19/04/2012." (AgRg no REsp 1347278/RS, Rel. Ministro LUIS FELIPE SALOMÃO, CORTE ESPECIAL, julgado em 19/06/2013, DJe 01/08/2013).

2. No presente caso, o titular do certificado digital utilizado para a assinatura digital da petição do agravo regimental não possui procuração nos autos.

ART. 106

Agravo regimental não conhecido em relação ao agravante Paulo Camargo Arteman.

Prescreve o *§ 2º do art. 105* do atual C.P.C. que *a procuração deverá conter o nome do advogado, seu número de inscrição na Ordem dos Advogados do Brasil e endereço completo.*

Este dispositivo preconiza a qualificação profissional do advogado que deve ser expressamente inserida no instrumento de mandato, ou seja, na procuração.

Se o outorgado integrar sociedade de advogados, a procuração também deverá conter o nome desta, seu número de registro na Ordem dos Advogados do Brasil e endereço completo (*§3º do art. 105* do atual C.P.C.).

Uma vez constando da procuração o nome da sociedade de advogados, eventuais honorários poderão ser pagos à sociedade de advogados ao invés do advogado individualmente.

Aliás, é necessário que conste o nome da sociedade na procuração, sob pena de os honorários serem pagos ao advogado individualmente.

Por fim, preconiza o *§ 4º do art. 105* do atual C.P.C. que salvo *disposição expressa em sentido contrário constante do próprio instrumento, a procuração outorgada na fase de conhecimento é eficaz para todas as fases do processo, inclusive para o cumprimento de sentença.*

Assim, não é necessária a elaboração sucessiva de procuração para a participação do profissional em fases sucessivas do processo, razão pela qual, salvo disposição expressa em sentido contrário constante do próprio instrumento, a procuração outorgada na fase de conhecimento é eficaz para todas as fases do processo, inclusive para o cumprimento de sentença.

Art. 106

Quando postular em causa própria, incumbe ao advogado:

I – declarar, na petição inicial ou na contestação, o endereço, seu número de inscrição na Ordem dos Advogados do Brasil e o nome da sociedade de advogados da qual participa, para o recebimento de intimações;

II – comunicar ao juízo qualquer mudança de endereço.

§ 1º Se o advogado descumprir o disposto no inciso I, o juiz ordenará que se supra a omissão, no prazo de 5 (cinco) dias, antes de determinar a citação do réu, sob pena de indeferimento da petição.

§ 2º Se o advogado infringir o previsto no inciso II, serão consideradas válidas as intimações enviadas por carta registrada ou meio eletrônico ao endereço constante dos autos.

Postulação em causa própria

O art. 106 do novo C.P.C. trata da obrigação processual do advogado ou da parte quando postula em causa própria, a saber: I – declarar, na petição inicial ou na contestação, o endereço, seu número de inscrição na Ordem dos Advogados do Brasil e o nome da sociedade de advogados da qual participa, para o recebimento de intimações; II – comunicar o juízo qualquer mudança de endereço.

Evidentemente que o dispositivo ainda traz saudosamente resquícios do processo em papel e não do moderno processo judicial virtualizado, razão pela qual devemos interpretá-lo, também, segundo as regras do processo virtual.

Na realidade, pelo atual sistema processual virtualizado, o endereço do advogado já está previamente cadastrado nos bancos de dados, razão pela qual é dispensável a indicação do seu endereço para receber notificação e intimação, uma vez que esses atos processuais são automáticos.

O advogado somente deverá comunicar no sistema informatizado seu novo endereço eletrônico, casa haja alteração do seu e-mail ou outro sistema de correspondência.

A exigência de comunicação de alteração de endereço eletrônico foi corretamente inserida pela Emenda da Câmara dos Deputados ao projeto originário, a saber: *declarar, na petição inicial ou na contestação, o endereço, eletrônico ou não, seu número de inscrição na Ordem dos Advogados do Brasil e o nome da sociedade de advogados da qual participa, para o recebimento de intimações.*

É importante também o advogado inserir na petição inicial o número da OAB, assim como o nome da sociedade da qual participar, especialmente quando a procuração outorga poderes à própria sociedade.

Em se tratando de processo físico, aí sim inteira aplicação terá o disposto no art. 106 do novo C.P.C.

O *§1º do art. 106 do novo C.P.C.* estabelece que: *se o advogado descumprir o disposto no inciso I, o juiz ordenará que se supra a omissão, no prazo de 5 (cinco) dias, antes de determinar a citação do réu, sob pena de indeferimento da petição.*

O projeto originário do Senado, n. 166/10, falava no prazo de quarenta e oito horas.

Trata-se de um pressuposto de validade e regularidade da relação jurídica processual, que se não suprida a sua irregularidade no prazo de cinco dias, deverá o juiz indeferir a inicial.

ART. 106

O S.T.J. tem entendido que a falta de indicação do nome ou endereço do advogado na inicial caracteriza mera irregularidade se houver outros documentos que possam indicar esses elementos. Nesse sentido eis o seguinte precedente:

(...).
3. O STJ, em homenagem ao princípio da instrumentalidade do processo, orienta--se no sentido de considerar prescindível a indicação do nome e endereço completos do advogado, quando for possível a obtenção dessas informações por outros documentos, o que se verifica no presente caso. Precedentes do STJ.
(...).
(AgRg no AREsp 276.389/PA, Rel. Ministro HERMAN BENJAMIN, SEGUNDA TURMA, julgado em 16/05/2013, DJe 22/05/2013)

O *§2º do art. 106* do novo C.P.C. aduz que *se o advogado infringir o previsto no inciso II, serão consideradas válidas as intimações enviadas por carta registrada ou meio eletrônico ao endereço constante dos autos.*

Interpretando este dispositivo ainda sob a ótica do processo virtual, pode--se afirmar que se o advogado não cumprir sua obrigação de indicar o novo endereço eletrônico no caso de alteração do endereço constante dos registros processuais, serão consideradas válidas as intimações enviadas para o endereço registrado nos bancos de dados.

Da mesma forma, em se tratando de processo físico, também serão consideradas válidas as intimações encaminhadas por cartas registradas ao endereço constante da petição inicial.

Sobre o tema, eis o seguinte precedente do S.T.J.:

(...).
2. Na hipótese de mudança de endereço pelo autor que abandona a causa, é lícito ao juízo promover a extinção do processo após o envio de correspondência ao endereço que fora declinado nos autos.
3. O Código de Ética da OAB disciplina, em seu art. 12, que "o advogado não deve deixar ao abandono ou ao desamparo os feitos, sem motivo justo e comprovada ciência do constituinte". Presume-se, portanto, a possibilidade de comunicação do causídico quanto à expedição da Carta de Comunicação ao endereço que ele mesmo se furtara de atualizar no processo.
4. A parte que descumpre sua obrigação de atualização de endereço, consignada no art. 39, II, do CPC, não pode contraditoriamente se furtar das consequências dessa omissão. Se a correspondência enviada não logrou êxito em sua comunicação, tal fato somente pode ser imputado à sua desídia.

CÓDIGO DE PROCESSO CIVIL

5. *Recurso especial improvido.*
(REsp 1299609/RJ, Rel. Ministra NANCY ANDRIGHI, TERCEIRA TURMA, julgado em 16/08/2012, DJe 28/08/2012)

Art. 107
O advogado tem direito a:

I – examinar, em cartório de fórum e secretaria de tribunal, mesmo sem procuração, autos de qualquer processo, independentemente da fase de tramitação, assegurados a obtenção de cópias e o registro de anotações, salvo na hipótese de segredo de justiça, nas quais apenas o advogado constituído terá acesso aos autos;

II – requerer, como procurador, vista dos autos de qualquer processo, pelo prazo de 5 (cinco) dias;

III – retirar os autos do cartório ou da secretaria, pelo prazo legal, sempre que neles lhe couber falar por determinação do juiz, nos casos previstos em lei.

§ 1º Ao receber os autos, o advogado assinará carga em livro ou documento próprio.

§ 2º Sendo o prazo comum às partes, os procuradores poderão retirar os autos somente em conjunto ou mediante prévio ajuste, por petição nos autos.

§ 3º Na hipótese do § 2º, é lícito ao procurador retirar os autos para obtenção de cópias, pelo prazo de (duas) a 6 (seis) horas, independentemente de ajuste e sem prejuízo da continuidade do prazo.

§ 4º O procurador perderá no mesmo processo o direito a que se refere o § 3º se não devolver os autos tempestivamente, salvo se o prazo for prorrogado pelo juiz.

Direitos do advogado
Finalmente, o art. 107 do novo C.P.C. vem complementar o disposto no art. 106 do mesmo diploma legal.

Evidentemente que esse dispositivo peca pela sua inadequação para os processos eletrônicos, uma vez que em se tratando de processo eletrônico não há falar em *retirada dos autos do cartório ou secretaria, pelo prazo legal, sempre que lhe couber falar nos autos.*

ART. 107

No âmbito do processo eletrônico, o exame de qualquer processo (salvo a hipótese de segredo de justiça), manifestação no processo mediante petição ou análise das peças processuais ocorre no próprio sistema informatizado, no qual não se concilia a tratativa dos direitos do advogado da mesma forma que ocorre com os autos em papel.

Segundo o art. 107, são direitos do advogado:

a) examinar, em cartório de fórum e secretaria de tribunal, mesmo sem procuração, autos de qualquer processo, independentemente da fase de tramitação, assegurados a obtenção de cópias e o registro de anotações, salvo na hipótese de segredo de justiça, nas quais apenas o advogado constituído terá acesso aos autos.

Na realidade, examinar processo em cartório, desde que não haja segredo de justiça, é possível a qualquer pessoa, mesmo que não tenha qualificação de advogado.

Assim, o advogado tem o direito de examinar, em cartório de fórum e secretaria de Tribunal, mesmo sem procuração, autos de qualquer processo, independentemente da fase de tramitação, assegurados a obtenção de cópias e o registro de anotações, salvo nas hipóteses de segredo de justiça, nas quais apenas o advogado constituído terá acesso aos autos.

Em se tratando de processo com segredo de justiça, somente o advogado constituído é que poderá ter acesso ao processo físico ou em papel. Sobre o tema, eis os seguintes precedentes:

> *i – em ação de investigação de paternidade, com a instrução concluída, e que corre em segredo de justiça, por força de dispositivos de ordem pública, que visam ao resguardo da intimidade das partes, não tendo o advogado, impetrante de mandado de segurança, procuração nos autos, nenhum direito lhe confere a legislação de examinar o processo.*
>
> *ii – consoante o disposto nos artigos 40 e 155 do cpc, o exame dos processos que correm em segredo de justiça, ainda que em cartorio, fica restrito aos advogados das partes. "in casu", como o impetrante não juntou procuração aos autos, nem requereu essa providencia, falece-lhe direito líquido e certo, para justificar tal pretensão. Demais disso, como e cediço, no mandado de segurança, o pedido deve ser certo e determinado, o que não se verifica, na especie, entremostrando-se o pleito confuso e defectivo.*
>
> *iii – recurso a que se nega provimento, sem discrepância.*

(RMS 4.848/DF, Rel. Ministro DEMÓCRITO REINALDO, PRIMEIRA TURMA, julgado em 05/04/1995, DJ 08/05/1995, p. 12302)

1. Não evidencia restrição à liberdade profissional do advogado a não-autorização judicial para o acesso aos autos que corram em segredo de justiça, nos quais não figurou ele como patrono.

(...).

(RMS 19.987/SP, Rel. Ministro HUMBERTO MARTINS, SEGUNDA TURMA, julgado em 10/10/2006, DJ 20/10/2006, p. 324)

I. O direito do advogado de acesso aos autos não é absoluto, pois em se tratando de processos guardados com segredo de justiça, esse direito sofre restrições, independentemente da existência ou não de procuração.

(...).

(RMS 18.673/PR, Rel. Ministro GILSON DIPP, QUINTA TURMA, julgado em 16/06/2005, DJ 01/08/2005, p. 479)

É importante salientar que em se tratando de processo eletrônico, é praxe dos Tribunais, quando há pedido de vista do processo por advogado sem procuração, abrir o sistema sem prazo limitado. Porém essa praxe põe em risco as partes na medida que poderá a parte juntar futuramente documento sigiloso, o qual poderá ser acessado pelo advogado sem procuração nos autos. Assim, a melhor solução é o juiz permitir o acesso eletrônico ao processo por um prazo determinado (cinco dias, por exemplo); expirado o prazo, cessa-se o acesso ao processo.

b) requerer, como procurador, vista dos autos de qualquer processo, pelo prazo de 5 (cinco) dias.

É direito do advogado devidamente constituído requerer vista do processo pelo prazo de cinco dias.

Observe-se que em se tratando de processo eletrônico essa providência não será cabível, pois o acesso ao processo é virtual e permanente.

Somente não será permitida a vista dos autos se estiver em andamento prazo para cumprimento de diligência cuja retirada do processo possa acarretar prejuízo ou se houver prazo comum para as partes. Sobre o tema, eis o seguinte precedente:

1. Cuida-se originariamente de mandado de segurança impetrado no intuito de determinar que a autoridade coatora conceda vistas, fora do cartório, ao patrono da impetrante de processo de execução fiscal para retirada de cópia reprográfica do mesmo e posterior interposição de agravo de instrumento.

2. Presença de circunstâncias relevantes demonstradas pelo juízo de primeiro grau que impediram a concessão de carga ao causídico (art. 7º, § 1º, item 2, da Lei n.

ART. 107

8.906/94). Não comprovado o desrespeito do direito garantido ao advogado da parte pelo estatuto da OAB, porquanto foi-lhe assegurado o poder legítimo de tomar conhecimento dos atos processuais praticados na execução fiscal e de obter cópias das peças que desejar.

3. Recurso especial não-provido.

(REsp 914.458/RJ, Rel. Ministro JOSÉ DELGADO, PRIMEIRA TURMA, julgado em 05/06/2007, DJ 29/06/2007, p. 518)

O advogado deve ter o cuidado em solicitar a carga do processo, pois isso poderá ensejar a sua intimação em relação a determinado despacho proferido nos autos. Nesse sentido são os seguintes precedentes:

(...).

Ademais, a carga dos autos pelo advogado da parte, antes de sua intimação por meio de publicação na imprensa oficial, enseja a ciência inequívoca da decisão que lhe é adversa, iniciando a partir daí a contagem do prazo para interposição do recurso cabível.

3. Agravo não provido.

(AgRg no RMS 43.428/SC, Rel. Ministra NANCY ANDRIGHI, TERCEIRA TURMA, julgado em 03/09/2013, DJe 09/09/2013)

(...).

4. O entendimento originário encontra amparo na jurisprudência desta Corte, que entende que a carga dos autos demonstra a ciência inequívoca da parte, em razão do seu comparecimento espontâneo, e determina o início da contagem do prazo recursal, não sendo considerada a data da juntada do mandado de citação.

Agravo regimental improvido.

(AgRg no AREsp 337.520/ES, Rel. Ministro HUMBERTO MARTINS, SEGUNDA TURMA, julgado em 20/08/2013, DJe 30/08/2013).

1. O Superior Tribunal de Justiça possui entendimento pacificado de que a carga dos autos pelo advogado da parte, antes de sua intimação por meio de publicação na imprensa oficial, enseja a ciência inequívoca da decisão que lhe é adversa, iniciando a partir daí a contagem do prazo para interposição do recurso cabível.

2. Agravo interno a que se nega provimento.

(AgRg nos EDcl no Ag 1306136/TO, Rel. Ministro RAUL ARAÚJO, QUARTA TURMA, julgado em 04/12/2012, DJe 04/02/2013)

Porém, já entendeu o S.T.J. que a carga dos autos feita por estagiário não configura ciência do advogado do despacho proferido. Nesse sentido é o seguinte precedente:

(...).

4. A jurisprudência do STJ firmou-se no sentido de que a carga dos autos feita por estagiário não importa em intimação do advogado da parte, quando efetivada antes da publicação, o que não é o caso dos autos, visto que a carga fora promovida após a publicação da sentença.

Agravo regimental improvido.

(AgRg no REsp 1340430/DF, Rel. Ministro HUMBERTO MARTINS, SEGUNDA TURMA, julgado em 18/10/2012, DJe 25/10/2012)

c) retirar os autos do cartório ou secretaria, pelo prazo legal, sempre que neles lhe couber falar neles por determinação do juiz, nos casos previstos em lei.

Em se tratando de processo eletrônico, essa regra não tem qualquer aplicação, pois o processo encontra-se à disposição do advogado 24 horas por dia.

Na hipótese de processo físico, é direito do advogado constituído retirar os autos do cartório ou secretaria, pelo prazo legal ou fixado pelo juiz, sempre que lhe couber falar neles por determinação do juiz, nos casos previstos em lei.

Em se tratando de prazo comum, dever-se-á observar o disposto no §2º deste artigo.

Se houver algum impedimento para a retirada dos autos, se por culpa da parte contrária, dever-se-á restituir ao advogado o prazo pelo período em que ficou o processo indisponível. Sobre o tema, eis os seguintes precedentes:

(...).

3. Antes mesmo do início da inspeção anual da Vara, os prazos iniciados seriam devolvidos, haja vista que referido edital ainda previa a devolução, dias antes do início da inspeção, dos autos que estivessem fora do Cartório, o que impossibilitou ao advogado da parte autora, ora recorrente, retirá-los no dia do início do prazo recursal.

Agravo regimental improvido.

(AgRg no REsp 1287206/DF, Rel. Ministro HUMBERTO MARTINS, SEGUNDA TURMA, julgado em 15/05/2012, DJe 21/05/2012)

I. No caso de prazo comum, os autos devem permanecer em cartório para vista das partes (art. 40, parágrafo 2º, do CPC), de sorte que a retirada dos mesmos por uma delas impõe a suspensão do lapso temporal para recorrer, ainda que, antes, a outra parte

ART. 107

haja assim também procedido, desde que manifestado o impedimento durante o curso do prazo, não se tratando, pois, de "nulidade guardada".

II. Recurso especial conhecido e provido, determinada a restituição do prazo pelo que sobejou.

(REsp 592.944/RS, Rel. Ministro ALDIR PASSARINHO JUNIOR, QUARTA TURMA, julgado em 24/08/2010, DJe 14/09/2010)

1. É devida a restituição do prazo recursal à parte na hipótese em que os autos são retirados do cartório durante o prazo comum para recurso. Nesse caso, o prazo para recorrer não se inicia com a devolução dos autos ao cartório, mas deve ser contado da intimação da devolução dos autos ou da decisão de restituição do prazo recursal. Precedentes.

(...).

(EDcl nos EDcl no RMS 19.635/MT, Rel. Ministra MARIA THEREZA DE ASSIS MOURA, SEXTA TURMA, julgado em 28/10/2008, DJe 17/11/2008)

Evidentemente que a interpretação do art. 107 do novo C.P.C. deve ocorrer em conformidade aos direitos que são conferidos aos advogados no artigo 7º da Lei 8.906/94 (Estatuto do Advogado), o qual complementa os direitos do advogado no âmbito da relação jurídica processual:

"Art. 7º São direitos do advogado:

I – exercer, com liberdade, a profissão em todo o território nacional;

VI – ingressar livremente:

a) nas salas de sessões dos tribunais, mesmo além dos cancelos que separam a parte reservada aos magistrados;

b) nas salas e dependências de audiências, secretarias, cartórios, ofícios de justiça, serviços notariais e de registro, e, no caso de delegacias e prisões, mesmo fora da hora de expediente e independentemente da presença de seus titulares;

c) em qualquer edifício ou recinto em que funcione repartição judicial ou outro serviço público onde o advogado deva praticar ato ou colher prova ou informação útil ao exercício da atividade profissional, dentro do expediente ou fora dele, e ser atendido, desde que se ache presente qualquer servidor ou empregado;

VII – permanecer sentado ou em pé e retirar-se de quaisquer locais indicados no inciso anterior, independentemente de licença;

VIII – dirigir-se diretamente aos magistrados nas salas e gabinetes de trabalho, independentemente de horário previamente marcado ou outra condição, observando-se a ordem de chegada;

X – usar da palavra, pela ordem, em qualquer juízo ou tribunal, mediante intervenção sumária, para esclarecer equívoco ou dúvida surgida em relação a fatos, documentos ou afirmações que influam no julgamento, bem como para replicar acusação ou censura que lhe forem feitas;

XI – reclamar, verbalmente ou por escrito, perante qualquer juízo, tribunal ou autoridade, contra a inobservância de preceito de lei, regulamento ou regimento;

XII – falar, sentado ou em pé, em juízo, tribunal ou órgão de deliberação coletiva da Administração Pública ou do Poder Legislativo;

XIII – examinar, em qualquer órgão dos Poderes Judiciário e Legislativo, ou da Administração Pública em geral, autos de processos findos ou em andamento, mesmo sem procuração, quando não estejam sujeitos a sigilo, assegurada a obtenção de cópias, podendo tomar apontamentos;

XV – ter vista dos processos judiciais ou administrativos de qualquer natureza, em cartório ou na repartição competente, ou retirá-los pelos prazos legais;

XVI – retirar autos de processos findos, mesmo sem procuração, pelo prazo de dez dias;

XIX – recusar-se a depor como testemunha em processo no qual funcionou ou deva funcionar, ou sobre fato relacionado com pessoa de quem seja ou foi advogado, mesmo quando autorizado ou solicitado pelo constituinte, bem como sobre fato que constitua sigilo profissional;

XX – retirar-se do recinto onde se encontre aguardando pregão para ato judicial, após trinta minutos do horário designado e ao qual ainda não tenha comparecido a autoridade que deva presidir a ele, mediante comunicação protocolizada em juízo.

§ 1º Não se aplica o disposto nos incisos XV e XVI:

1) aos processos sob regime de segredo de justiça;

2) quando existirem nos autos documentos originais de difícil restauração ou ocorrer circunstância relevante que justifique a permanência dos autos no cartório, secretaria ou repartição, reconhecida pela autoridade em despacho motivado, proferido de ofício, mediante representação ou a requerimento da parte interessada;

3) até o encerramento do processo, ao advogado que houver deixado de devolver os respectivos autos no prazo legal, e só o fizer depois de intimado".

Em razão do processo eletrônico, os próprios direitos dos advogados previstos no Estatuto da Advocacia deverão ser revistos para que possam ser adequados à nova realidade virtual.

O *§1º do art. 107* do atual C.P.C. preconiza que *ao receber os autos, o advogado assinará carga em livro ou documento próprio.*

Com exceção do processo eletrônico, o advogado que pretender retirar os remanescentes processos físicos das Secretarias, Cartórios ou Varas deverá assinar *carga no livro próprio.*

ART. 107

Trata-se de requisito que garante segurança aos advogados, assim como aos órgãos do Poder Judiciário.

Mas é importante que o advogado também exija e fiscalize se durante a devolução do processo o atendente judiciário fez as anotações necessárias da devolução dos autos, exigindo, ainda, comprovação desta devolução.

O mesmo critério de segurança deve existir nas chamadas *retiradas rápidas* para o efeito de se providenciar fotocópia do processo. Nessas hipóteses, alguns cartórios têm o costume judiciário de exigir um documento de identificação, retendo este documento até a devolução dos autos.

É possível a retirada do processo por meio de estagiários, desde que haja autorização por escrito do advogado ou desde que esta autorização esteja arquivada em Secretaria. Mas deve-se salientar que em se tratando de retirada dos autos por estagiário não haverá cientificação de decisão ou despacho pelo advogado respectivo. Nesse sentido são os seguintes precedentes:

(...).

3. "A intimação é o ato pelo qual se dá ciência à parte ou ao interessado dos atos e termos do processo, visando a que se faça ou se abstenha de fazer algo, revelando-se indispensável, sob pena de nulidade, que da publicação constem os nomes das partes e de seus advogados, dados suficientes para sua identificação (artigo 236, § 1º, do CPC). (...) A regra é a de que a ausência ou o equívoco quanto ao número da inscrição do advogado na Ordem dos Advogados do Brasil – OAB não gera nulidade da intimação da sentença, máxime quando corretamente publicados os nomes das partes e respectivos patronos, informações suficientes para a identificação da demanda (...)." (REsp 1.131.805/SC, Rel. Min. Luiz Fux, Corte Especial, julgado em 3.3.2010, DJe 8.4.2010 – Rito dos Recursos Repetitivos: 543-C do CPC.) 4. A jurisprudência do STJ firmou-se no sentido de que a carga dos autos feita por estagiário não importa em intimação do advogado da parte, quando efetivada antes da publicação, o que não é o caso dos autos, visto que a carga fora promovida após a publicação da sentença.

Agravo regimental improvido.

(AgRg no REsp 1340430/DF, Rel. Ministro HUMBERTO MARTINS, SEGUNDA TURMA, julgado em 18/10/2012, DJe 25/10/2012)

1. A carga dos autos por estagiário de direito não importa em intimação da parte, de modo que a respectiva certidão não equivale à peça obrigatória prevista no art. 525, I, do CPC.

(REsp 1212874/AL, Rel. Ministra NANCY ANDRIGHI, TERCEIRA TURMA, julgado em 26/04/2011, DJe 01/09/2011)

O *§2º do art. 107* do novo C.P.C. estabelece que *sendo o prazo comum às partes, os procuradores poderão retirar os autos somente em conjunto ou mediante prévio ajuste, por petição nos autos.*

Neste caso, a carga do processo deverá ser assinada por ambas as partes ou mediante prévio ajuste entre elas, isto é, as partes deverão estabelecer o prazo em que cada uma poderá permanecer com o processo, limitado ao prazo legal ou àquele estabelecido pelo juiz.

Se uma das partes não cumprir com o acordo previamente estipulado, sem culpa da outra, o juiz deverá renovar o prazo da parte prejudicada e sancionar a parte faltosa.

Sobre o tema, eis os seguintes precedentes do S.T.J.:

1. "O Código de Processo Civil, no § 2º do artigo 40, é enfático ao prever que, 'sendo comum às partes o prazo, só em conjunto ou mediante prévio ajuste por petição nos autos poderão os seus procuradores retirar os autos'. Observa-se, pois, que a denominada 'carga rápida' de processos para extração de cópias somente será possível desde que respeitados os ditames do artigo 40, § 2º do Diploma Processual Civil." (RMS 15.573/ SP, 2ª Turma, Min. Franciulli Netto, DJ de 19.04.2004) 2. Ademais, no caso, não houve prejuízo para o impetrante, porquanto, a teor das informações prestadas, foram disponibilizadas para as partes cópias do laudo pericial.

3. Recurso ordinário a que se nega provimento.
(RMS 24.480/DF, Rel. Ministro TEORI ALBINO ZAVASCKI, PRIMEIRA TURMA, julgado em 15/05/2008, DJe 02/06/2008)

Preceitua o *§3º do art. 107* do novo C.P.C. que *na hipótese do § 2º, é lícito ao procurador retirar os autos para obtenção de cópias, pelo prazo de 2 (duas) a 6 (seis) horas, independentemente de ajuste e sem prejuízo da continuidade do prazo.*

No projeto originário do Senado n. 166/10, falava-se no prazo máximo de uma hora.

Emenda apresentada pela Câmara dos Deputados menciona o prazo de duas a seis horas.

Assim, é lícito aos procuradores na hipótese em que houver prazo comum correndo para as partes retirar do cartório o processo pelo prazo máximo de duas a seis horas para obtenção de cópias, independentemente de ajuste e sem prejuízo da continuidade do prazo.

Evidentemente que essa autorização somente poderá ser concedida se não houver prejuízo para a outra parte, que também terá o mesmo prazo para a obtenção de cópias.

ART. 107

É importante salientar que essa possibilidade de carga rápida não ocorre apenas na hipótese de prazo comum, pois tal prerrogativa é conferida ao advogado, nos termos do inc. XIII do art. 7º da Lei n. 8.906/94, que assim dispõe: *"examinar, em qualquer órgão dos Poderes Judiciário e Legislativo, ou da Administração Pública em geral, autos de processos findos ou em andamento, mesmo sem procuração, quando não estejam sujeitos a sigilo, assegurada a obtenção de cópias, podendo tomar apontamentos".*
Sobre o tema, eis a seguinte decisão do S.T.J.:

> *– A indigitada Portaria adveio dos termos de parecer aprovado pela Corregedoria--Geral da Justiça do Estado de São Paulo. Em seu artigo 1º, a Portaria veda "de forma uniforme e indistintamente, a prática de carga rápida de processos para extração de cópias". O § 1º do mencionado dispositivo estabelece que "somente mediante vista regular poderão ser retirados autos de cartório para extração de cópias ...". Por sua vez, o § 2º do suso mencionado artigo 1º prevê que "as solicitações para extração de cópias de processos que estiverem na fluência de prazo comum, portanto com decurso em cartório, deverão ser procedidas de requisição em impresso próprio e recolhimento da importância respectiva através de guia própria, na forma e horário a seguir, estabelecidos no Anexo I desta, respeitados os prazos para atendimento".*
>
> *– O inciso XIII do artigo 7º da Lei n. 8.906/94 enumera, entre os direitos do advogado, o de "examinar, em qualquer órgão dos Poderes Judiciário e Legislativo, ou da Administração Pública em geral, autos de processos findos ou em andamento, mesmo sem procuração, quando não estejam sujeitos a sigilo, assegurada a obtenção de cópias, podendo tomar apontamentos".*
>
> *– Do cotejo entre as determinações constantes da Portaria combatida e os termos do Estatuto da Advocacia, acima reproduzido, denota-se, sem maiores esforços, que não se verifica qualquer ato que impeça o advogado de examinar processos. Ao contrário, o que se nota é a padronização de procedimento para retirada de autos de cartório.*
>
> (...).
>
> (RMS 15.573/SP, Rel. Ministro FRANCIULLI NETTO, SEGUNDA TURMA, julgado em 19/02/2004, DJ 19/04/2004, p. 168)

Preceitua o §4º do art. 107 do atual C.P.C. que o *procurador perderá no mesmo processo o direito a que se refere o § 3º se não devolver os autos tempestivamente, salvo se o prazo for prorrogado pelo juiz.*
A sanção ao procurador que não devolver os autos na hipótese de *carga rápida* no prazo de duas a seis horas, não poderá mais utilizar dessa faculdade legal, salvo prorrogação do prazo pelo juiz.

CÓDIGO DE PROCESSO CIVIL

Se a sanção, por sua vez, decorrer pela não devolução dos autos que fora retirado com vistas ao procurador, o advogado não terá mais vista dos autos fora do cartório ou da Secretaria. Nesse sentido eis o seguinte precedente:

1. É direito do procurador retirar os autos do cartório mediante assinatura no livro de carga (art. 40, III, do CPC c/c art. 7º, XV, da Lei n. 8.906/1994), cabendo-lhe, em contrapartida, devolvê-los no prazo legal, sob pena de perda do direito à vista fora do cartório e de imposição de multa (art. 196 do Código de Processo Civil c/c art. 7º, § 1º, 3, da Lei n. 8.906/1994), se não o fizer no prazo de 24 horas após sua intimação pessoal. Além disso, é possível o desentranhamento das alegações e documentos que houver apresentado (art. 195 do mesmo codex) e comunicação à Ordem dos Advogados para eventual procedimento disciplinar (art. 196, parágrafo único).

2. A intimação deve ser efetuada por mandado, na pessoa do advogado que retirou os autos e cujo nome consta do livro de carga, somente podendo ser aplicadas as referidas penalidades após ultrapassado o prazo legal, sem a devida restituição.

3. No caso concreto, o processo foi retirado por advogada à quem conferiu-se substabelecimento com poderes restritos, sendo certa sua restituição no prazo de 24 horas (fl. 157). Não obstante, foi aplicada sanção de vedação a futuras cargas, bem como foi estendida a penalidade a todos os advogados e estagiários representantes da parte (fl. 141), ainda que não intimados, denotando a irregularidade da sanção imposta.

4. Recurso especial provido.

(REsp 1089181/DF, Rel. Ministro LUIS FELIPE SALOMÃO, QUARTA TURMA, julgado em 04/06/2013, DJe 17/06/2013).

CAPÍTULO IV – Da Sucessão das Partes e dos Procuradores

Art. 108

No curso do processo, somente é lícita a sucessão voluntária das partes nos casos expressos em lei.

Sucessão voluntária das partes

O art. 108 do novo C.P.C. inicia o capítulo da sucessão voluntária das partes após a instauração da relação jurídica processual ou sua efetiva triangularização.

Nelson Nery Jr. e Rosa Maria Andrade Nery, ao comentarem o art. 41 do C.P.C. de 1973, diziam que embora a lei falasse em substituição, na verdade se tratava de efetiva sucessão processual. Sucessão processual ocorre *"quando outra pessoa assume o lugar do litigante, tornando-se parte na relação jurídica processual.*

Defende em nome próprio, direito próprio decorrente de mudança na titularidade do direito material discutido. Na substituição processual, que é espécie de legitimação extraordinária (CPC 6º), o substituto defende, em nome próprio, direito alheio; na sucessão processual, o sucessor defende, em nome próprio, direito próprio, pois ele é o titular do direito afirmado e discutido em juízo".[395]

O novo C.P.C., acolhendo a recomendação técnica preconizada por Nelson Nery Jr e Rosa Maria A. Nery, corrigiu a denominação do instituto em comento para sucessão das partes na relação jurídica processual.

Quem é parte no início da relação jurídica processual e possui capacidade para estar em juízo permanece nessa situação jurídica até a conclusão final do processo. É o que se denomina de *princípio da estabilidade subjetiva da lide* ou *perpetuatio legitimationis.*

Essa proibição de alteração da sujeição ativa ou passiva ocorre em qualquer tipo de processo ou procedimento, seja ele de conhecimento ou execução.

Podem ocorrer, todavia, eventos jurídicos que justifiquem a alteração obrigatória do polo ativo ou passivo da relação jurídica processual, como, por exemplo, morte da parte ou a perda da capacidade processual (exemplo, interdição) ou a morte ou perda da capacidade de estar em juízo do representante legal da parte. Pode ocorrer, ainda, que o menor de idade venha a se tornar maior de idade, ou pode ocorrer a revogação da interdição.

Não se verifica, contudo, a mutação da sujeição ativa ou passiva da relação jurídica processual quando se trata de pessoa jurídica, uma vez que a cessação da representação orgânica não determina nenhuma mudança substancial da parte em juízo.

Art. 109

A alienação da coisa ou do direito litigioso por ato entre vivos, a título particular, não altera a legitimidade das partes.

§ 1º O adquirente ou cessionário não poderá ingressar em juízo, sucedendo o alienante ou cedente, sem que o consinta a parte contrária.

§ 2º O adquirente ou cessionário poderá intervir no processo como assistente litisconsorcial do alienante ou cedente.

§ 3º Estendem-se os efeitos da sentença proferida entre as partes originárias ao adquirente ou cessionário.

---

[395] NERY JUNIOR, Nelson; NERY, Rosa Maria Andrade. *Código de processo civil comentado.* 3ª ed., São Paulo: Editora Revista dos Tribunais, 1997. p. 318.

Da alienação da coisa ou do direito litigioso

A parte não está impedida de alienar a coisa ou ceder o direito litigioso.

As relações privadas nas quais tenham por objeto a coisa ou o direito controvertido no âmbito do processo são perfeitas e válidas em relação às partes contratantes.

Porém, o art. 109 do atual C.P.C. reforça a ideia de autonomia da relação jurídica processual em face de outras relações jurídicas de direito material, além de convalidar o princípio da *perpetuatio legitimationis*.

Assim, não obstante seja possível a alienação ou a cessão do objeto ou do direito litigioso, tal transferência, em regra, não irá alterar a legitimação processual, se essa relação jurídica de direito material ocorrer após a citação do réu.

Conforme anota Giuseppe Tarzia: *"Já se disse que o processo encontra-se pendente no momento da notificação da citação e que com referência a este momento produzem-se os efeitos processuais da demanda..."*.[396]

Nos termos do art. 238 do novo C.P.C., a citação válida, ainda quando ordenada por juízo incompetente, induz litispendência, torna litigiosa a coisa e constitui em mora o devedor...

Portanto, uma vez triangularizada a relação jurídica processual, estabiliza-se as sujeições ativas e passivas no processo, nos termos do princípio da *perpetuatio legitimationis*.

O art. 109 do novo C.P.C., porém, faz referência somente à alienação da coisa ou do direito litigioso quando feita a *título particular* e por *atos entre vivos*. Este dispositivo não se aplica à transferência realizada a *título universal*, ou seja, *causa mortis*.

A regra que dita o código, neste caso, não é a mesma da sucessão universal por uma simples questão: *"se se fosse disposto que em face da transferência do direito controvertido a título particular houvesse a possibilidade da sucessão imediata no processo por parte do 'novo' titular, poder-se-ia verificar o ingresso no processo de parte não idônea para fazer frente à responsabilidade decorrente do resultado do julgamento. Em outros termos, no início da causa o sujeito que individuou a sua contraparte adquire em certo sentido um direito ou uma expectativa legítima de que não se mude a identidade de sua originária parte em contraditório"*.[397]

---

[396] Tarzia. Giuseppe. *Lineamenti del processo civile di cognizione*. Milano: Dott. A. Giuffrè Editore, 2002. p. 91.

[397] Comoglio, Luigi Paolo; Ferri, Corrado; Taruffo, Michele. *Lezioni sul processo civile – il processo ordinario di cognizione*. Bologna: Il Mulino, 2006. p. 299.

ART. 109

Assim, uma vez citado o réu, a alienação da coisa ou do direito litigioso a título particular, por ato entre vivos, *não altera a legitimidade das partes*, isto é, *não tem eficácia no âmbito da relação jurídica processual.*

No caso de sucessão particular, o processo deve prosseguir entre as partes originárias.

O dispositivo fala em alienação a título particular, por ato entre vivos, o que significa dizer que a título não particular, ou seja, decorrente de direito público (como, por exemplo, desapropriação) ou decorrente de *causa mortis* haverá necessidade obrigatória de alteração da legitimidade das partes.

Segundo Comoglio, Ferri e Taruffo, na hipótese de *sucessão por legado* em que há transferência a título particular por causa da morte deve ingressar no processo não o legatário que recebeu o bem particularizado, mas, sim, o espólio ou o sucessor universal que adquire a qualidade de parte no processo pendente.[398]

Mas se o alienante continua a estar em juízo por um direito de que não é mais titular e se o sucessor universal, não sendo titular do direito, ingressa em juízo ao invés do legatário, estamos diante de um *fenômeno anômalo*, o qual nos conduz à ideia do instituto da *substituição processual*. Estes sujeitos encontram-se em juízo e fazem valer no processo em nome próprio um direito que na realidade pertence a outrem. Este fenômeno nos leva a pensar na denominada *legitimatio extraordinária*, como exceção à regra de legitimação para agir.[399]

Sobre o tema Sobre o tema, eis os seguintes precedentes do S.T.J.:

1 – Segundo o princípio da estabilidade de instância, adotado pelo CPC, a alienação do direito litigioso não altera a legitimidade processual das partes.

2 – A substituição voluntária das partes pode ocorrer apenas nas hipóteses legais, sem prejuízo de que o supervenientemente legitimado como parte ingresse no feito pela via da assistência litisconsorcial.

3 – Agravo desprovido.

(AgRg no REsp 1097813/RJ, Rel. Ministro PAULO DE TARSO SANSE-VERINO, TERCEIRA TURMA, julgado em 28/06/2011, DJe 01/07/2011)

(...).

4. A sucessão disposta na Lei das Sociedades Anônimas quanto às obrigações relacionadas ao patrimônio transferido comporta-se, quanto ao processo, da mesma forma que a alienação do objeto litigioso, de modo que não se pode opor à inclusão da sucessora no polo passivo o princípio da estabilidade da demanda.

[398] COMOGLIO, L.P.; FERRI, C.; TARUFFO, M., idem, loc. Cit.
[399] COMOGLIO, L.P.; FERRI, C.; TARUFFO, M., idem, ibidem.

5. Recurso especial conhecido e provido.
(REsp 1294960/RJ, Rel. Ministra NANCY ANDRIGHI, TERCEIRA TURMA, julgado em 17/04/2012, DJe 26/04/2012)

I – O artigo 42 do CPC fixou como regra a estabilidade subjetiva da relação processual. Apenas permite a alteração das partes, em virtude de alienação posterior do objeto litigioso, se a parte contrária concordar com a sucessão processual. Caso não haja concordância, permanece inalterada a relação subjetiva no processo, devendo prosseguir entre as mesmas partes originárias.

II – A circunstância de constar na promessa de compra e venda firmada entre o Recorrido e terceiro adquirente do bem, posteriormente trazida aos autos, que este último arcaria com as despesas condominiais atrasadas não tem o condão de modificar a legitimação passiva da presente demanda, em face do disposto no artigo 42 do CPC.

III – Recurso Especial conhecido e provido.
(REsp 253.635/RJ, Rel. Ministro WALDEMAR ZVEITER, TERCEIRA TURMA, julgado em 15/12/2000, DJ 05/03/2001, p. 158).

Preceitua o §1º do art. 109 do atual C.P.C. que *o adquirente ou o cessionário não poderá ingressar em juízo, sucedendo o alienante ou o cedente, sem que o consinta a parte contrária.*

Se a alienação ou cessão do direito ocorrer após a citação do réu, ou seja, após a triangularização da relação jurídica processual, será possível a substituição da legitimação ativa ou passiva da relação jurídica processual se houve o expresso consentimento da parte contrária.

Como se está diante de uma sucessão voluntária e não obrigatória, a permissão da parte contrária para que haja a alteração de legitimação é muito importante para a garantia da estabilidade e da efetividade da tutela jurisdicional.

Conforme se afirmou acima, *"se se fosse disposto que em face da transferência do direito controvertido a título particular houvesse a possibilidade da sucessão imediata no processo por parte do 'novo' titular, poder-se-ia verificar o ingresso no processo de parte não idônea para fazer frente à responsabilidade decorrente do resultado do julgamento. Em outros termos, no início da causa o sujeito que individuou a sua contraparte adquire em certo sentido um direito ou uma expectativa legítima de que não se mude a identidade de sua originária parte em contraditório".*

Contudo, não obstante a normatização prevista no aludido §1º deixar transparecer que estamos diante de um *poder discricionário* da parte contrária em permitir ou não o ingresso do adquirente da coisa ou do direito controvertido, tal interpretação não se coaduna aos princípios gerais de direito, dentre os quais se encontra o princípio que impede ou refuta o denominado *abuso do direito*, que também se aplica no âmbito da relação jurídica processual. Com base nesse princípio, a recusa da parte contrária em permitir o ingresso do adquirente somente deverá ser acolhida no caso de estar devidamente fundamentada em motivos que possam por em risco a integridade da coisa ou do direito alienado ou a eficácia e efetividade da tutela jurisdicional.

Não havendo justo motivo, ou havendo *abuso de direito*, o juiz deve autorizar a sucessão de partes.

Aliás, nesse sentido é o que dispõe o art. 263º, número 2 do Código de Processo Civil português:

> *Artigo 263º Legitimidade do transmitente – Substituição deste pelo adquirente (...).*
> *2 – A substituição é admitida quando a parte contrária esteja de acordo e, na falta de acordo, só deve recusar -se a substituição quando se entenda que a transmissão foi efetuada para tornar mais difícil, no processo, a posição da parte contrária.*

Havendo motivo justificado para a recusa da sucessão de parte, ou não havendo interesse de modificação da sujeição processual, o *§2º do art. 109* do novo C.P.C. estabelece que o *adquirente ou o cessionário poderá intervir no processo como assistente litisconsorcial do alienante ou o cedente*.

Sobre a assistência, diz o art. 119 do novo C.P.C.: *"Pendendo causa entre 2 (duas) ou mais pessoas, o terceiro juridicamente interessado em que a sentença seja favorável a uma delas poderá intervir no processo para assisti-la.*

A assistência tem lugar em qualquer dos tipos de procedimento e em todos os graus da jurisdição, recebendo o assistente o processo no estado em que se encontra.

Portanto, havendo recusa motivada, o adquirente da coisa ou o cessionário do direito controvertido poderá intervir no processo, não mais como parte, mas como terceiro interessado, utilizando-se do instituto da *assistência*.

Mas não se pode esquecer que no instituto da *assistência* também haverá a possibilidade de impugnação, mas essa impugnação limitar-se-á à questão da existência ou não de interesse jurídico por parte do assistente.

Deve-se ressaltar, ainda, que para Arruda Alvim *(CPCC, II, 323)* e Nelson Nery *(CPCC, 406)*, a intervenção do adquirente se dá por meio da *assistência litisconsorcial*, atualmente prevista no art. 124 do novo C.P.C.: *"Considera-se litisconsorte da parte principal o assistente sempre que a sentença influir na relação jurídica entre ele e o adversário do assistido"*.

Emenda realizada na Câmara dos Deputados ao Projeto originário adotou a tese dos eminentes juristas ao estabelecer que a natureza da assistência, nesta hipótese, seria *litisconsorcial*.

A jurisprudência do S.T.J. também entende que se trata de assistência litisconsorcial, a saber:

1 – Segundo o princípio da estabilidade de instância, adotado pelo CPC, a alienação do direito litigioso não altera a legitimidade processual das partes.

2 – A substituição voluntária das partes pode ocorrer apenas nas hipóteses legais, sem prejuízo de que o supervenientemente legitimado como parte ingresse no feito pela via da assistência litisconsorcial.

3 – Agravo desprovido.

(AgRg no REsp 1097813/RJ, Rel. Ministro PAULO DE TARSO SANSEVERINO, TERCEIRA TURMA, julgado em 28/06/2011, DJe 01/07/2011).

Preceitua o *§3º do art. 109* do novo C.P.C que *estendem-se os efeitos da sentença proferida entre as partes originárias ao adquirente ou cessionário*, pouco importando se o adquirente ou cessionário ingressou ou não como assistente litisconsorcial na relação jurídica processual.

Este dispositivo seria uma exceção à regra prevista no art. 506 do novo C.P.C. que preconiza que *a sentença faz coisa julgada às partes entre as quais é dada, não prejudicando terceiros*.

Apesar do aparente conflito de normas, o certo é que o §3º do art. 109 não se caracteriza como uma exceção ao art. 506 do mesmo estatuto.

Na verdade, a questão da alienação ou cessão da coisa ou do direito litigioso não tem por foco a sujeição passiva da relação jurídica processual, pois sem autorização da parte contrária não há modificação dessa sujeição; a questão circunscreve-se à eficácia da transferência do próprio objeto litigioso.

Quando se diz que a sentença proferida entre as partes originárias estende os seus efeitos ao adquirente ou ao cessionário, isso significa dizer que a relação jurídica material não tem eficácia no âmbito da relação jurídica processual já instaurada, em outras palavras, significa dizer que o objeto litigioso jamais saiu da esfera jurídica do alienante ou cedente, ou, ainda, é como o adquirente ou cessionário não existissem no âmbito da relação jurídica processual.

Por isso, os efeitos da sentença acompanharão o objeto litigioso nas mãos de quem quer que o detenha.

Num comparativo meramente pedagógico, pode-se dizer que estamos diante de um *ônus real processual*.

ART. 109

Analisando o direito italiano, anotam Comoglio, Ferri e Taruffo: *"Aqui se necessita realçar a existência de uma cisão entre o sujeito que cumpre atos processuais, sendo, portanto, parte, e o sujeito destinatário dos efeitos da sentença, que também é parte e que é o substituído, atual titular do direito, o qual se encontra fora do processo (assim quando o substituto é o legatário). Se coloca em evidência a ambivalência do termo 'parte'...O substituído é parte porque, como diz claramente a norma do art. 111 do C.P.C. italiano, a sentença que será pronunciada nos confrontos das partes originárias terá eficácia também em relação ao substituído, embora tenha permanecido ausente do processo (na realidade enquanto sucessor a título particular, efetivo titular atual do direito). Se apresenta então uma situação na qual o sujeito estranho ao processo, que não é parte porquanto não é sujeito de atos processuais, é todavia sujeito aos efeitos, diretos, da sentença, que poderá pelo mesmo ser impugnada.*

A sentença pronunciada nos limites do alienante ou do sucessor universal expõe seus efeitos também contra o sucessor a título particular (ainda que não intervenha no processo); não lhe é porém oponível em duas hipóteses...

Na primeira, ex art. 1.153 do c.c., se há uma válida e eficaz transferência de bens móveis e o adquirente consegue a posse do bem de boa fé e existe um título abstratamente idôneo à transferência da propriedade, independentemente da circunstância de ser o alienante legítimo possuidor. A norma sobre aquisição de boa fé dos bens móveis não registrados prevalece sobre a norma que regula a sucessão no direito controvertido, no sentido de que seja qual for o êxito do processo, ainda que se declare que o alienante, substituto processual, não era legítimo possuidor porque não era proprietário do bem objeto do direito transferido, o resultado do processo não poderá incidir na esfera jurídica do substituído e portanto não gera efeito em confronto com o sucessor. No caso dos bens imóveis, se a transferência do bem objeto da controvérsia decorre de um ato advindo precedentemente á transcrição da demanda judicial, os efeitos da sentença não se estendem ao substituto porque a aquisição não pode ser de todo modo prejudicada por eventual sucumbência do alienante".[400]

Contudo, há uma problematização sobre esta questão ainda não muito bem resolvida.

O §2º do art. 109 do atual C.P.C. permite que o adquirente ou o cessionário intervenha no processo *assistindo o alienante ou o cedente.*

Ingressando o adquirente ou cessionário no processo como assistente litisconsorcial, aplicar-se-ia a qualquer deles o disposto no art. 123 do novo C.P.C., que ao tratar dos efeitos da sentença em relação ao assistente, inclusive o litisconsorcial, assim prescreve:

---

[400] COMOGLIO, L.P.; FERRI, C.; TARUFFO, M., idem, p. 300.

CÓDIGO DE PROCESSO CIVIL

Art. 123. Transitada em julgado a sentença nos processos em que interveio o assistente, este não poderá, em processo posterior, discutir a justiça da decisão, salvo se alegar e provar que: I – pelo estado em que recebeu o processo ou pelas declarações e pelos atos do assistido, foi impedido de produzir provas suscetíveis de influir na sentença; II – desconhecia a existência de alegações ou de provas das quais o assistido, por dolo ou culpa, não se valeu.

Dentro de uma sistemática lógica normativa processual, não se pode criar um *terceiro instituto de assistência ou um terceiro excluído.*

No caso, se não houver autorização para que o adquirente ou cessionário realize a sucessão de parte, e, portanto, passe a ser parte da relação jurídica processual e se submeta a todos os seus ônus como parte, seu ingresso somente poderá ocorrer como terceiro assistente litisconsorcial, e, nesse caso, terá ele direito à prerrogativa prevista no art. 123 do novo C.P.C.

É bem verdade que essa solução para a problemática alegada pode ensejar conluio entre o alienante e a parte adquirente, como, por exemplo, possibilitar a rediscussão da questão em outra oportunidade.

Contudo, essa situação pode ser ultrapassada desde que a transferência do objeto litigioso não tenha por objetivo prejudicar, de alguma forma, a outra parte litigante, ou seja, não tenha sido realizada de *má fé* ou com o intuito de fraude processual.

Não havendo má fé na transferência do objeto litigioso e se não for permitida a sucessão de parte, o assistente poderá valer-se das circunstâncias previstas nos incisos I e II do art. 123 do novo C.P.C., porque assim determina o nosso ordenamento jurídico.

Mas, existe um outro problema para esta solução.

Na hipótese de o adquirente ou cessionário não ser admitido no processo como assistente litisconsorcial, não poderá se valer do disposto no art. 123 do atual C.P.C., razão pela qual deverá sujeitar-se aos efeitos da sentença e sua eficácia preclusiva sem qualquer possibilidade de rediscussão da questão, salvo em eventual rescisória.

Haverá aqui um tratamento extremamente diferenciado entre o adquirente ou cessionário que ingressa no processo como assistente litisconsorcial e aquele que não obtém o mesmo benefício.

Por isso, a única solução para esse dilema seria: ou se permite que o adquirente ou cessionário que não ingressou em juízo também possa se valer da regra do art. 123 do novo C.P.C., ou cria-se um *terceiro excluído*, isto é, uma hipótese de assistência em que o assistente não pode se valer do disposto no art. 123 do novo C.P.C.

É importante salientar que Emenda da Câmara dos Deputados teria inserido o *§4º no art. 109* do atual C.P.C. com a seguinte redação: *não se aplica o disposto* *no § 3º se a pendência do processo for sujeita a registro ou averbação e o autor não o tiver providenciado.*

Inseriu-se o § 4º, reproduzindo enunciado semelhante existente no art. 263 do CPC Português, para esclarecer a situação do adquirente de imóvel litigioso quando a pendência da ação imobiliária não for averbada na respectiva matrícula.

É preciso proteger a boa-fé do terceiro adquirente. Assim, harmoniza-se a regra da alienação da coisa litigiosa com as regras sobre fraude à execução.

Porém, o legislador do novo C.P.C. não manteve o §4º no art. 109.

Art. 110

Ocorrendo a morte de qualquer das partes, dar-se-á a sucessão pelo seu espólio ou pelos seus sucessores, observado o disposto no art. 313, §§1º e 2º.

Morte e sucessão da parte

O art. 110 do atual C.P.C., ao contrário do art. 109 do novo C.P.C., não trata da sucessão *voluntária* das partes, pois ocorrendo o falecimento de qualquer das partes durante o processo a sucessão ou correção da legitimação processual torna-se *obrigatória*.

Ocorrendo a morte de qualquer das partes dar-se-á a sucessão pelo espólio ou por seus sucessores.

É regra geral que havendo a morte de qualquer pessoa abre-se de imediato a sucessão, sendo que a massa de bens, direitos e obrigações do falecido é denominada de *espólio*.

Havendo a abertura do inventário, a representação do espólio cabe ao inventariante que prestar compromisso, seja ele nomeado pelo juiz, seja ele indicado pelos herdeiros em se tratando de inventario realizado em Cartório extrajudicial.

Contudo, até que o inventariante preste compromisso, cabe ao administrador provisório a representação ativa e passiva do espólio, nos termos dos arts. 613 e 614 do novo C.P.C.

Conforme estabelece o §1º, inc. II, do art. 778 do novo C.P.C. podem promover a execução forçada ou nela prosseguir, em sucessão ao exequente originário: o espólio, os herdeiros ou os sucessores do credor, sempre que, por morte deste, lhes for transmitido o direito resultante do título executivo.

É importante salientar que o espólio responde pelas dívidas do falecido, mas, feita a partilha, cada herdeiro responde por elas na proporção da parte que lhe couber na herança. Sendo o inventariante dativo, todos os herdeiros e sucessores do falecido serão intimados nas demandas em que o espólio for parte.

Por isso, cientificado o juízo da morte de qualquer das partes, deverá ocorrer a suspensão do processo, nos termos do art. 313, inc. I e §1º do novo C.P.C., para que possam se habilitar no processo o espólio ou os sucessores da parte.

O procedimento de habilitação está previsto nos artigos 687 a 692 do novo C.P.C.

A habilitação pode ser requerida, nos termos do art. 688 do novo C.P.C., a) pela parte, em relação aos sucessores do falecido; b) pelos sucessores do falecido, em relação à parte.

Recebida a petição inicial, o juiz ordenará a citação dos requeridos para se pronunciarem no prazo de cinco dias (art. 690 do novo C.P.C.).

Havendo impugnação e se houver necessidade de prova diversa da documental, o procedimento de habilitação será autuado em apenso, com a devida instrução, caso contrário o juiz decidirá de imediato (art. 691 do novo C.P.C.).

Transitada em julgado a sentença de habilitação, a causa principal retomará o seu curso, juntando-se aos autos respectivos cópia da sentença de habilitação.

Uma vez habilitado, o espólio ou os sucessores do falecido passam a ser parte da relação jurídica processual, sofrendo os ônus e as responsabilidades decorrentes de sua inércia no trâmite processual.

Se não houver espólio, muito menos sucessores das partes, ou se se tratar de causa que tenha por objeto *direitos indisponíveis e intransferíveis*, o juiz deverá extinguir o processo sem resolução de mérito por falta de pressuposto de desenvolvimento válido e regular do processo, ou seja, por falta, ou melhor, por inexistência de *legitimatio ad processum*.

Sobre o tema, eis os seguintes precedentes do S.T.J.

(...).

4. A ausência de suspensão do processo e de instauração de procedimento de habilitação não gera nulidade do processo se o inventariante, representante do espólio, intervém no feito, operando a sucessão processual, nos termos do art. 43 do CPC.

5. Segundo o princípio da instrumentalidade das formas, não se decreta nulidade sem prejuízo (pas de nullité sans grief).

6. Ação rescisória julgada improcedente.

(AR.495/SP, Rel. Ministro RICARDO VILLAS BÔAS CUEVA, SEGUNDA SEÇÃO, julgado em 08/02/2012, DJe 31/05/2012)

ART. 110

(...).

1. Proposta pelo servidor público militar ação que busca a nulidade de sua demissão e ocorrendo o falecimento do requerente, os herdeiros podem prosseguir no feito pois, não obstante a reintegração no cargo público ser ato personalíssimo, os efeitos jurídicos da nulidade da demissão refletem na esfera jurídica de seus dependentes, por exemplo, com relação à obtenção do benefício de pensão por morte. Inteligência do art. 43 do CPC: "ocorrendo a morte de qualquer das partes, dar-se-á a substituição pelo seu espólio ou pelos seus sucessores".

(...).

(AgRg no Ag 1331358/SP, Rel. Ministra LAURITA VAZ, QUINTA TURMA, julgado em 18/08/2011, DJe 12/09/2011)

1. Hipótese em que a viúva, isoladamente, impetrou writ visando ao recebimento do passivo, reconhecido em Portaria que declarou anistiado político o seu marido, sem a ressalva de que o benefício estaria sendo concedido em caráter post mortem.

2. A certidão de óbito dá conta de que, além da impetrante, há outros herdeiros necessários. Por outro lado, faltou documento que comprovasse que, em partilha, a integralidade do bem ora pleiteado foi transmitida à esposa.

3. Diante do falecimento do seu marido, os valores referentes ao retroativo ingressaram na espera patrimonial do espólio e, posteriormente, dos sucessores, uma vez encerrado o trâmite do respectivo inventário.

4. O direito líquido e certo postulado no Mandado de Segurança é personalíssimo e intransferível, ainda que para o efeito de habilitação nos autos, preservando-se, no entanto, a possibilidade de os sucessores deduzirem sua pretensão na via ordinária.

5. Precedente do STF: QO no MS 22.130, Rel. Ministro Moreira Alves, DJ 30.5.1997. Precedentes do STJ: AgRg no RMS 14.732/SC, Rel. Ministro Hamilton Carvalhido, Sexta Turma, DJ 17.4.2006; REsp 32.712/PR, Rel. Ministro Edson Vidigal, Quinta Turma, DJ 19.10.1998.

6. Mantém-se a decisão que extinguiu o feito por ilegitimidade de parte e inadequação da via eleita, nos termos do art. 267, VI, do CPC.

7. Agravo Regimental não provido.

(AgRg no MS 15.652/DF, Rel. Ministro HERMAN BENJAMIN, PRIMEIRA SEÇÃO, julgado em 13/04/2011, DJe 26/04/2011)

(...).

4. O falecimento do contribuinte, ainda na fase do processo administrativo para lançamento do crédito tributário, não impede o Fisco de prosseguir na execução dos seus créditos, sendo certo que o espólio será o responsável pelos tributos devidos pelo

CÓDIGO DE PROCESSO CIVIL

"de cujus", nos termos do art. 131, II e III, do CTN, ou, ainda, os verbis: Art. 131. São pessoalmente responsáveis: III – o espólio, pelos tributos devidos pelo "de cujus" até a data da abertura da sucessão.

5. A notificação do espólio, na pessoa do seu representante legal, e a sua indicação diretamente como devedor no ato da inscrição da dívida ativa e, por conseguinte, na certidão de dívida ativa que lhe corresponde é indispensável na hipótese dos autos.

6. In casu, "o devedor constante da CDA faleceu em 06/05/1999 (fls. 09) e a inscrição em dívida ativa ocorreu em 28/07/2003, ou seja, em data posterior ao falecimento do sujeito passivo", conforme fundamentou o tribunal de origem.

7. A emenda ou substituição da Certidão da Dívida Ativa é admitida diante da existência de erro material ou formal, não sendo possível, entretanto, quando os vícios decorrem do próprio lançamento e/ou da inscrição. Nestes casos, será inviável simplesmente substituir-se a CDA. Precedentes: AgRg no Ag 771386 / BA, DJ 01.02.2007; AgRg no Ag 884384 / BA, DJ 22.10.2007.

(...).

(REsp 1073494/RJ, Rel. Ministro LUIZ FUX, PRIMEIRA TURMA, julgado em 14/09/2010, DJe 29/09/2010)

I. Não faz jus à sucessão pelo falecimento do pai do cônjuge-varão, a esposa que, à época do óbito, já se achava há vários anos separada de fato, inclusive com ação de divórcio em andamento.

II. Recurso especial conhecido e provido, para excluir a recorrida do inventário.

(REsp 226.288/PA, Rel. Ministro ALDIR PASSARINHO JUNIOR, QUARTA TURMA, julgado em 13/09/2000, DJ 30/10/2000, p. 161)

I. Possível a habilitação incidental das filhas do autor falecido no curso de liquidação de ação indenizatória em que obteve ressarcimento pela morte de seu outro filho, acidentado quando em mergulho a serviço da recorrida.

II. Habilitação corretamente delimitada, pelo acórdão a quo, às verbas devidas apenas até a data do óbito do postulante, que não mais constituíam mera expectativa de direito, já se achando incorporadas ao seu patrimônio e, portanto, sujeitas à sucessão pelas herdeiras necessárias.

III. Recurso especial não conhecido.

(REsp 225.333/RJ, Rel. Ministro ALDIR PASSARINHO JUNIOR, QUARTA TURMA, julgado em 17/08/2000, DJ 16/10/2000, p. 314)

Art. 111

A parte que revogar o mandato outorgado a seu advogado constituirá, no mesmo ato, outro que assuma o patrocínio da causa.

Parágrafo único. Não sendo constituído novo procurador no prazo de 15 (quinze dias), observar-se-á o disposto no art. 76.

Revogação do mandato

Sendo uma das características do contrato de mandato é a confiança que deve ter o mandante no mandatário, a revogação da procuração é uma prerrogativa exclusiva do mandante, principalmente quando essa relação de confiabilidade deixou de existir.

Daí porque a revogação do mandato outorgado é um ato unilateral do mandante que não depende da aceitação do mandatário, especialmente quando o mandato é por prazo determinado.

Em se tratando de procuração com prazo determinado, o Superior Tribunal de Justiça já entendeu que a expiração do prazo da procuração outorgada ao advogado não caracteriza revogação do mandato:

> – *A circunstância de, no curso do processo, a procuração haver atingido seu termo final não implica a revogação do mandato que credencia o advogado. Entende-se que a procuração ad judicia é outorgada para que o advogado represente o constituinte, até o desfecho do processo.*
>
> *(REsp 812.209/SC, Rel. Ministro HUMBERTO GOMES DE BARROS, TERCEIRA TURMA, julgado em 16/11/2006, DJ 18/12/2006 p. 389.*

> *1. "A circunstância de, no curso do processo, a procuração haver atingido seu termo final não implica a revogação do mandato que credencia o advogado. Entende-se que a procuração 'ad judicia' é outorgada para que o advogado represente o constituinte, até o desfecho do processo" (REsp 812209/SC, 3ª Turma, Rel. Min. Humberto Gomes de Barros, DJ 18/12/2006).*
>
> *2. Agravo no agravo no agravo de instrumento não provido.*
>
> (AgRg no AgRg no Ag 1348536/MS, Rel. Ministra NANCY ANDRIGHI, TERCEIRA TURMA, julgado em 09/08/2011, DJe 17/08/2011)

A revogação do mandato pode ser tácita (com a simples juntada de nova procuração outorgando poderes a outro advogado) ou expressa, mediante juntada de ato que expressamente revogue os poderes anteriormente outorgados.

Por sua vez, sobre a juntada de nova procuração ao processo, assim já se manifestou o Supremo Tribunal Federal:

CÓDIGO DE PROCESSO CIVIL

A juntada de novo instrumento de mandato – procuração – ao processo, habilitando advogados diversos, não resulta na revogação automática do contrato de mandato anterior, continuando credenciados à prática de atos em nome da outorgante os causídicos antes constituídos (RE 410463, MARCO AURÉLIO, STF).

Por sua vez, sobre a questão assim já se manifestou o S.T.J.:

I – A jurisprudência deste Tribunal é unânime em afirmar que representa revogação tácita do mandato a constituição de novo procurador nos autos, sem ressalva da procuração anterior, ao que não se amolda a presente hipótese. (Corte Especial, AgRg nos EREsp n. 222.215/PR, Rel. Min. Vicente Leal, DJU de 04.03.2002).
II – Se, durante a vigência do mandato, for este rescindido unilateralmente, o prazo de prescrição começa a fluir da data de sua revogação (art. 25, V, da Lei n. 8.906/1994).
III – "A pretensão de simples reexame de prova não enseja recurso especial" – Súmula n. 7-STJ.
IV – Agravo regimental desprovido.
(AgRg no Ag 872.125/RS, Rel. Ministro ALDIR PASSARINHO JUNIOR, QUARTA TURMA, julgado em 21/08/2007, DJ 05/11/2007, p. 275)

1. Não tem legitimidade para recorrer quem não figura no processo e nem demonstra sua condição de terceiro prejudicado (CPC, art. 499).
2. "A jurisprudência deste Tribunal é unânime em afirmar que representa revogação tácita do mandato a constituição de novo procurador nos autos, sem ressalva da procuração anterior" (AgRg nos EREsp 222215/PR, Corte Especial, Min. Vicente Leal, DJ de 04.03.2002). Dessa forma, considera-se inexistente o recurso especial subscrito por procuradores que figuravam apenas no mandato revogado (Súmula 115 do STJ).
3. Recursos especiais não conhecidos.
(REsp 763.834/PB, Rel. Ministro TEORI ALBINO ZAVASCKI, PRIMEIRA TURMA, julgado em 16/03/2006, DJ 03/04/2006, p. 265)

Por sua vez, o ulterior substabelecimento pelo primeiro mandatário, não revoga automaticamente o que fora feito anteriormente. Nesse sentido são os seguintes precedentes:

ART. 111

Intimação. Substabelecimento. O ulterior substabelecimento, efetuado pelo primitivo mandatario, não revoga automaticamente aquele que antes já se fizera. Recurso especial. Inadmissibilidade, em razão de faltar o prequestionamento.
(REsp 85896/GO, Rel. Ministro EDUARDO RIBEIRO, TERCEIRA TURMA, julgado em 20/05/1997, DJ 16/06/1997, p. 27363)

Mandato. Substabelecimento. Presença do advogado nos autos. Precedente da Corte.
1. A realidade posta nas instâncias ordinárias está bem representada no sentido de que se trata de substabelecimento e que mesmo após a juntada de outro continuou o advogado a atuar nos autos, com poderes para representar a parte, inclusive substabelecer, com o que se afasta a alegação de que houve erro na intimação.
2. Recurso especial não conhecido.
(REsp 589.860/MT, Rel. Ministro CARLOS ALBERTO MENEZES DIREITO, TERCEIRA TURMA, julgado em 18/03/2004, DJ 03/05/2004, p. 166)

Preceitua o *parágrafo único do art. 111* do atual C.P.C. que *não sendo constituído novo procurador no prazo de quinze dias, observar-se-á o disposto no art. 76.*
Estabelece o art. 76 do atual C.P.C.:

Art. 76. Verificada a incapacidade processual ou a irregularidade da representação da parte, o juiz suspenderá o processo e designará prazo razoável para que seja sanado o vício.
§ 1º Descumprida a determinação, caso o processo esteja na instância originária:
I – o processo será extinto, se a providência couber ao autor;
II – o réu será considerado revel, se a providência lhe couber;
III – o terceiro será considerado revel ou excluído do processo, dependendo do polo em que se encontre.
§ 2º Descumprida a determinação em fase recursal perante tribunal de justiça, tribunal regional federal ou tribunal superior, o relator:
I – não conhecerá do recurso, se a providência couber ao recorrente;
II – determinará o desentranhamento das contrarrazões, se a providência couber ao recorrido.

Entendo que se deve aplicar o art. 76 do novo C.P.C., *no que couber.*
Assim, se não houver a indicação no mesmo ato de revogação do mandato de outro advogado, o juiz suspenderá o processo pelo prazo de quinze dias aguar-

dando que a parte promova a indicação de novo procurador, sem necessidade de nova intimação da parte.

Se a revogação do mandato partiu da parte autora, a não constituição, no mesmo ato ou no prazo de quinze dias, de outro advogado que assuma o patrocínio da causa ensejará, dependendo do momento processual, a extinção do processo sem resolução do mérito, por falta de capacidade postulatória.

Por sua vez, se a revogação do mandato advém da parte ré, a não constituição, no mesmo ato ou no prazo de quinze dias de outro advogado que assuma o patrocínio da causa ensejará o prosseguimento do processo em face da revelia e a impossibilidade de o réu nele intervir, sem procurador, no âmbito da relação jurídica processual.

Se a revogação partir do terceiro, como é o caso do assistente, ele será considerado revel ou excluído do processo, dependendo do polo em que se encontre.

Pontes de Miranda, ao tratar do tema, explica: *"O que se teve por fito, com a regra jurídica do art. 44, foi criar-se dever de outorga de poderes a outro advogado, sempre que a parte haja revogado a procuração que dera. Apenas temos que interpretar o art. 44 a respeito das provas das palavras empregadas: 'no mesmo ato'. Se a parte está no lugar da jurisdição e no momento de revogar a procuração pode indicar outro advogado, claro é que se há de invocar o art. 44. É possível, porém, que haja urgência na revogação e não aceitem a outorga de poderes os advogados que a parte procurou, ou esteja ausente, por pouco tempo, o advogado com quem teria de conversar, ou consultado por telegrama, ou por telefonema a um auxiliar, ainda não tenha respondido. Aliás, o mesmo ato não está aí, nem poderia estar, como mesmo instrumento, ou mesmo momento de comunicação da revogação ao advogado, mas sim no dia da juntada da revogação. Se a parte se acha no estrangeiro, ou noutro lugar distante, o que dissemos a respeito de quem se acha no local, a fortiori, há de ser atendido. O que convém é que a parte, ao revogar a procuração, comunique ao juízo as razões que tem para demorar, com exposição de fatos, mesmo que seja, estando longe, por telegrama. (...) Não se afaste, quer quanto ao autor, quer quanto ao réu, que algum advogado, não nomeado, com invocação do art. 37, 2a parte, intervenha no processo para prática de atos reputados urgentes. (...) Se o omisso for o autor, diante da inexistência dos atos do advogado não nomeado, o abandono da causa por mais de trinta dias dá ensejo à extinção do processo sem julgamento de mérito (art. 267, III, e § 1°). Se omisso foi o réu, diante da inexistência dos atos do advogado, a sua sorte é diferente: mesmo se nunca tivesse constituído advogado para a causa, como revel seria tratado, se revogou a procuração, e não constituiu outro advogado, o réu sofre o prosseguimento.*[401]

---

[401] PONTES DE MIRANDA. Comentários ao Código de Processo Civil. Rio de Janeiro: Forense, 1995. p. 458/459

ART. 112

Tanto no direito processual espanhol quanto no argentino, considerar-se-á revel a parte que não constituir novo advogado após a revogação da procuração.

É importante salientar que a revogação do mandato judicial pela parte não interrompe nem suspende prazo recursal.

Sobre o tema, eis o seguinte precedente:

(...).

3. O art. 44 do CPC impõe que a parte constitua novo advogado para assumir o patrocínio da causa, no mesmo ato em que revogar o mandato anterior, não constituindo, portanto, a revogação da procuração, causa de suspensão do processo, ainda que a parte fique sem representação processual.

4. Recurso especial a que se nega provimento.

(REsp 883658/MG, Rel. Ministro LUIS FELIPE SALOMÃO, QUARTA TURMA, julgado em 22/02/2011, DJe 28/02/2011).

Descumprida a determinação, caso o processo esteja em grau de recurso perante tribunal de justiça, tribunal regional federal ou tribunal superior, o relator: I – não conhecerá do recurso, se a providência couber ao recorrente; II – determinará o desentranhamento das contrarrazões, se a providência couber ao recorrido.

Art. 112

O advogado poderá renunciar ao mandato a qualquer tempo, provando, na forma prevista neste Código, que comunicou a renúncia ao mandante, a fim de que este nomeie sucessor.

§ 1º Durante os 10 (dez) dias seguintes, o advogado continuará a representar o mandante, desde que necessário para lhe evitar prejuízo.

§ 2º Dispensa-se a comunicação referida no *caput* quando a procuração tiver sido outorgada a vários advogados e a parte continuar representada por outro, apesar da renúncia.

Renúncia ao mandato

Como se afirmou, uma das características do contrato de mandato é a recíproca confiança, *intuitu personae* que deve existir entre mandante e mandatário.

Assim como o mandante poderá revogar o mandato por ato unilateral, também o mandatário poderá renunciá-lo por ato unilateral (art. 682, inc. I do

CÓDIGO DE PROCESSO CIVIL

C.c.b.), respondendo, evidentemente, por eventuais danos que a renúncia inoportuna possa causar.

Para que a renúncia tenha eficácia perante o mandante e a parte contrária, é necessário que o mandatário prove, na forma prevista neste Código, que *comunicou a renúncia ao mandante*. Essa comunicação pode ser demonstrada por qualquer meio, como, por exemplo, comunicação telefônica, telegráfica, via fac-símile, e-mail, carta.

Desde que o renunciante comprove que a comunicação chegou ao conhecimento do mandante, a renúncia será válida e eficaz.

É importante salientar que o ônus de notificar ou provar que notificou o mandante é do mandatário, ou seja, do advogado que renunciou aos poderes que lhe foram conferidos.

O S.T.J. já entendeu que é inoperante a renúncia do advogado se ele não comprovar que notificou o mandante. Nesse sentido é o seguinte precedente:

> *Processo civil. Advogado. Inoperante renúncia do advogado sem que cientificado o mandante, na forma do art. 45 do cpc. Agravo regimental a que se negou provimento.*
> (AgRg no REsp 48376/DF, Rel. MIN. COSTA LEITE, TERCEIRA TURMA, julgado em 28/04/1997, DJ 26/05/1997, p. 22528)

Também a renúncia não terá qualquer eficácia, se o advogado, após a renúncia, continuar a defender no processo os interesses do mandante.

Porém, uma vez notificada a renúncia, deverá o mandante constituir novo advogado independentemente de nova notificação. Nesse sentido é o seguinte precedente do S.T.J.:

> *1. Na linha dos precedentes desta Corte, o artigo 45 do Código de Processo Civil constitui regra específica que afasta a incidência subsidiária do comando inserto no artigo 13 do mesmo diploma. Dessa maneira, tendo o advogado renunciado ao mandato e comunicado esse fato ao mandatário, cumpriria a este providenciar a constituição de novo patrono, sem o que os prazos processuais correm independentemente de intimação.*
> *2. Essa orientação se aplica, inclusive quando se tratar da intimação para cumprimento da sentença, prevista no artigo 475-J do Código de Processo Civil.*
> *3. Agravo Regimental a que se nega provimento.*
> (AgRg no AREsp 197.118/MS, Rel. Ministro SIDNEI BENETI, TERCEIRA TURMA, julgado em 20/09/2012, DJe 09/10/2012)

ART. 112

Segundo preceitua o *§1º do art. 112* do novo C.P.C., uma vez apresentada a renúncia, *o advogado continuará a representar o mandante, durante 10 (dez) dias seguintes, desde que necessário para evitar prejuízo.*

Esse dispositivo garante ao mandante a segurança de que não haverá renúncia inoportuna ou inconveniente e que possa causar-lhe prejuízo. Por isso o advogado renunciante continuará a representar o mandante durante os dez dias seguintes à comunicação devidamente comprovada, praticando os atos processuais necessários para evitar prejuízos ao mandante. Sobre o tema, eis o seguinte precedente do S.T.J.:

1. Conforme precedentes, a renúncia do mandato só se aperfeiçoa com a notificação inequívoca do mandante.

2. Incumbe ao advogado a responsabilidade de cientificar o seu mandante de sua renúncia.

3. Enquanto o mandante não for notificado e durante o prazo de dez dias após a sua notificação, incube ao advogado representá-lo em juízo, com todas as responsabilidades inerentes à profissão.

4. Recurso especial não conhecido.

(REsp 320.345/GO, Rel. Ministro FERNANDO GONÇALVES, QUARTA TURMA, julgado em 05/08/2003, DJ 18/08/2003, p. 209).

É importante salientar que enquanto não for notificado o mandante, não corre o prazo de dez dias previsto na norma. Nesse sentido é o seguinte precedente do S.T.J.:

1. enquanto não notificado o constituinte da renúncia do advogado, não corre o prazo de dez dias previsto no art. 45 do cpc, permanecendo o renunciante como patrono na causa. Precedentes.

2. agravo regimental improvido.

(AgRg no Ag 156.789/GO, Rel. Ministro CARLOS ALBERTO MENEZES DIREITO, TERCEIRA TURMA, julgado em 04/12/1997, DJ 16/02/1998, p. 99).

ADVOGADO. MANDATO. RENUNCIA.

O prazo de dez dias, durante o qual continuara o advogado renunciante a representar o mandante, não começa a fluir antes que seja esse cientificado da renúncia.

(REsp 8.280/SP, Rel. Ministro EDUARDO RIBEIRO, TERCEIRA TURMA, julgado em 04/02/1997, DJ 14/04/1997, p. 12734)

O art. 34, inc. XI da Lei 8.906/94, prescreve que constitui infração disciplinar do advogado:

XI – abandonar a causa sem justo motivo ou antes de decorridos dez dias da comunicação da renúncia;

Deve-se observar que a renúncia não impede o transcurso dos prazos processuais, inclusive para interposição de recurso, muito menos os suspende.

Se o prazo do recurso, por exemplo, irá expirar nos dez dias após a comunicação, deverá o advogado renunciante interpor o recurso ou contrarrazoá-lo. Se o prazo recursal irá expirar após os dez dias, este prazo conta-se para efeito de interposição de recurso por parte do novo procurador.

Evidentemente, se houver a renúncia e a indicação de novo procurador, eventual intimação do renunciante para interposição de recurso será nula. Nesse sentido já se manifestou o Superior Tribunal de Justiça:

– Manifestada a renúncia ao mandato e exibida a procuração por novos patronos antes de iniciado o prazo recursal, nula é a intimação feita com o nome do primeiro profissional e válida, por conseguinte, a republicação contendo o nome do novo advogado constituído.

Recurso especial conhecido e provido.

(REsp 397.734/RS, Rel. Ministro BARROS MONTEIRO, QUARTA TURMA, julgado em 12/03/2002, DJ 02/09/2002 p. 196)

Por fim, estabelece o §2º do art. 112 do novo C.P.C. preconiza que *dispensa-se a comunicação referida no caput quando a procuração tiver sido outorgada a vários advogados e a parte continuar representada por outro, apesar da renúncia.*

Assim, tendo a procuração sido outorgada a vários advogados ou a um escritório de advogado, a renúncia de um dos advogados não exige a notificação prevista no *caput* deste artigo, justamente pelo fato de que a mandante continuará a ser representada pelos demais advogados.

TÍTULO II – Do Litisconsórcio

Art. 113

Duas ou mais pessoas podem litigar, no mesmo processo, em conjunto, ativa ou passivamente, quando:

ART. 113

I – entre elas houver comunhão de direitos ou de obrigações relativamente à lide;

II – entre as causas houver conexão pelo pedido ou pela causa de pedir;

III – ocorrer afinidade de questões por ponto comum de fato ou de direito.

§ 1º O juiz poderá limitar o litisconsórcio facultativo quanto ao número de litigantes na fase de conhecimento, na liquidação de sentença ou na execução, quando este comprometer a rápida solução do litígio ou dificultar a defesa ou o cumprimento da sentença.

§ 2º O requerimento de limitação interrompe o prazo para manifestação ou resposta, que recomeçará da intimação da decisão que o solucionar.

Sumário:

1. Considerações Gerais
2. Hipótese de configuração do litisconsórcio

1. Considerações gerais

O Título II do novo C.P.C. trata especificamente do instituto do litisconsórcio.

A teoria do processo como relação jurídica processual, atualmente colocada em xeque, principalmente pelo ressurgimento das conhecidas críticas formuladas por Goldschmidt, que vê o processo como situação jurídica, explica satisfatoriamente todo o fenômeno de uma triangularização ou angularização existente na relação jurídica processual – juiz – autor – réu.

Sendo a essência da natureza jurídica do processo democrático *o contraditório,*[402] há necessidade de participação de cada interessado na formação do provimento jurisdicional que possa de alguma forma atingir a sua esfera jurídica.

À base do contraditório encontra-se, em regra geral, no princípio da *dualidade das partes.*[403]

---

[402] Souza, Artur César. *Contraditório e revelia – perspectiva crítica dos efeitos da revelia em face da natureza dialética do processo.* São Paulo: Ed. Revista dos Tribunais, 2003.

[403] Dinamarco, Cândido Rangel. *Litisconsórcio.* 2. Ed., São Paulo: Ed. Revista dos Tribunais, 1986. p. 5.

As partes são 'sujeitos do contraditório instituído perante o juiz', ou seja, aqueles que são interessados juridicamente na resolução do mérito, cooperando com o juiz na busca de uma solução justa e équo da pretensão formulada.

Conforme ensina Liebman, *"são partes do processo os sujeitos do contraditório instituído diante do juiz, os sujeitos do processo diversos do juiz, sendo que diante da controvérsia este último deve pronunciar o seu provimento. A demanda judicial, como ato constitutivo do processo, determina também as partes: aquele que pede ao juiz de resolver sobre um determinado objeto e aquela, diante da controvérsia, em que o provimento é pedido".*[404]

A condição de parte se adquire: *"a) por efeito da demanda introduzida no processo; b) por efeito de 'sucessão' na posição da parte originária; c) por efeito de 'intervenção' voluntária do 'coatto', em um processo pendente".*[405]

Mas é importante salientar que outras pessoas podem chegar a ter qualidade de parte na relação jurídica processual além das partes da demanda. Segundo Dinamarco, o assistente ingressa na relação processual sem nada demandar e nem por isso deixa de ganhar titularidade dos mesmos poderes e mesmos ônus processuais que tem a parte assistida. É parte, ainda que secundária.[406]

A configuração das partes no processo pode partir de um esquema simplificado, de acordo com a concepção geométrica triangular, ou pode ensejar uma característica mais complexa, com múltiplas partes na composição da relação jurídica processual. Aglutinar-se-ão, com isso, duas ou mais pessoas num dos polos da relação jurídica processual, ou em ambos; ou, em outros casos, romper-se-á a estrutura clássica do ângulo (ou triângulo, como se preferir), com a inserção de outros polos em que alguns dos sujeitos hão de se alojar. É a pluralidade de partes, reflexo imediato (ditado pelo princípio do contraditório) dessa interligação entre as situações jurídico materiais de uma pluralidade de pessoas cujos interesses substanciais estão em liça e cujas esferas jurídicas poderão ser afetadas pelo provimento a ser emitido.[407]

Assim, quando se fala em *pluralidade de partes* (intervenção de terceiros e *litisconsórcio*), entende-se que se trata de *sujeitos plúrimos* num só processo ou numa

---

[404] LIEBMAN, Enrico Tullio. *Manuale di diritto processuale civile – principi.* Sesta edizione. Milano: Giuffrè Editore, 2002. p. 85.

[405] LIEBMAN, E. T., idem, p. 86.

[406] DINAMARCO, C. R., op. Cit., p. 8.

[407] DINAMARCO, C. R., idem, p. 10.

ART. 113

só relação jurídica processual; seria um só procedimento que se realiza, numa só relação jurídica processual com três, quatro ou mais partes.[408]

Diante desse contexto mais amplo de pluralidade de partes, surge o instituto jurídico denominado de *litisconsorte*.

Pode-se entender o *litisconsórcio "como a situação caracterizada pela coexistência de duas ou mais pessoas do lado ativo ou do lado passivo da relação processual, ou em ambas as posições (independentemente de estarem elas aglutinadas no mesmo polo ou serem distintas as situações"*.[409]

É um fenômeno que ocorre na teoria do processo (na relação jurídica processual), muito embora tenha reflexos na jurisdição, na ação e na defesa e tem por finalidade a *economia processual* e a *harmonia dos julgados*.

É importante não se confundir litisconsortes com a pluralidade de sujeição ativa para a propositura da demanda, como, por exemplo, é a situação da denunciação de obra nova. Sobre o tema eis os seguintes precedentes do S.T.J.:

> (...).
>
> 3. *O art. 934 do CPC tão somente enumera os legitimados ativos para a tutela inibitória buscada pela ação de nunciação de obra nova, quais sejam, o proprietário ou possuidor do imóvel vizinho, o condômino e o Município, não se vislumbrando, portanto, a intenção do legislador de impor a formação litisconsorcial, o que não afasta a possibilidade de legitimação concorrente a engendrar o litisconsórcio ativo facultativo unitário, tal como ocorre, por exemplo, quando o proprietário e o possuidor direto do imóvel vizinho reúnem-se voluntariamente para embargar a obra.*
>
> (...).
>
> (REsp 968.729/SC, Rel. Ministro LUIS FELIPE SALOMÃO, QUARTA TURMA, julgado em 12/04/2012, DJe 15/05/2012)

A situação litisconsorcial pode surgir no processo logo no início; nas formas de intervenção quando o terceiro se torna litisconsorte; quando ocorre uma pluralidade de sucessores que vem ocupar a posição antes preenchida por uma das partes originárias; quando o juiz determina a reunião dos processos ou a citação do litisconsórcio necessário, ou quando terceiro voluntariamente intervém como litisconsorte.

---

[408] "Chiovenda vê no processo litisconsorcial, mais que mera unidade de procedimento, uma *união jurídica* entre seus participantes ou um 'rapporto processuale único con una pluralità di parti attrici o convenute autonome" (DINAMARCO, C. R., idem, p. 10 e 11.

[409] DINAMARCO, C. R., idem, p. 16.

Sobre os *critérios classificatórios do litisconsórcio,* transcreve-se a lição de Dinamarco: *"(..). Eis os quatro critérios para a classificação: a) o poder aglutinador das razões que conduzem à formação do litisconsórcio; b) o regime de tratamento dos litisconsortes; c) a posição destes na relação processual; d) o momento de sua formação"*[410]

– *Quanto ao poder aglutinador,* ele pode conduzir às vezes à formação de *litisconsórcio necessário* (formação obrigatória no âmbito da relação jurídica) ou *litisconsórcio facultativo* (formação facultativa no âmbito da relação jurídica).

– *Quanto ao regime de tratamento,* ele pode ser *litisconsórcio unitário* (é aquele em que constituindo *res in judicium deducta* uma relação jurídica material incindível, o destino que tiver um dos litisconsortes haverá de ser consentâneo com o que será dado as demais – ex. anulação de casamento, sendo que os atos e omissões que beneficiarem um hão de beneficiar a todos e não se permite que se criem situações desfavoráveis a um dos litisconsortes, sem que sejam desfavoráveis a todos eles) ou *litisconsórcio comum ou simples* (em que cada litisconsórcio é marcado pela regra da independência, na qual os atos e omissões de cada um são indiferentes para os demais). (*Obs: é importante não confundir litisconsórcio unitário com o litisconsórcio necessário, uma vez que é possível a existência de um litisconsórcio necessário que não seja unitário e, inversamente, do litisconsórcio facultativo unitário*). Como ensina Giuseppe Tarzia: *"a) Litisconsórcio 'simples', que decorre do consentimento de emanação de provimentos divergentes entre as partes singulares; as controvérsias são cindíveis e os litisconsórcios são autônomos no cumprimento dos atos processuais...b) Litisconsórcio 'unitário', caracterizado pela necessária identidade da decisão de mérito em relação a todos os sujeitos; a causa é incindível, o tratamento é único, as atividades processuais das partes devem ser 'coordenadas'".*[411]

– *Quanto à posição* na relação processual: *litisconsórcio ativo,* ou *passivo,* ou *misto.*

– *Quanto ao momento* de sua formação: *litisconsórcio inicial* (originário) ou *litisconsórcio ulterior* (sucessivo), como, por exemplo, chamamento ao processo pelo réu, ou pela intervenção de terceiro (assistência litisconsorcial) ou por ato do próprio juiz (reunião dos processos quando em conexão).

A formação do litisconsórcio ativo facultativo ocorre no momento do ajuizamento da demanda. Assim, uma vez proposta a demanda não é mais possível a formação do litisconsórcio facultativo, sob pena de mácula ao juiz natural. Nesse sentido são os seguintes precedentes do S.T.J.:

---

[410] DINAMARCO, C. R., idem, p. 41.
[411] TARZIA, Giuseppe. *Lineamenti del processo civile di cognizione.* Seconda Edizione. Milano: Dott. A. Giuffrè Editore, 2002. p. 153.

ART. 113

(...)
2. Inadmissível a formação de litisconsórcio facultativo ativo após a distribuição do feito, sob pena de violação ao Princípio do Juiz Natural, em face de propiciar ao jurisdicionado a escolha do juiz.
(AgRg no REsp 1022615/RS, Rel. Ministro HERMAN BENJAMIN, SEGUNDA TURMA, julgado em 10/03/2009, DJe 24/03/2009).

(...).
1. A orientação desta Corte não admite a formação de litisconsórcio ativo facultativo em momento posterior à distribuição da ação, para que se preserve a garantia do juiz natural, ressalvadas as hipóteses autorizativas previstas em lei especial (como é o caso da Lei 4.717/65 – que regula a ação popular).
(...)
(REsp 1221872/RJ, Rel. Ministro MAURO CAMPBELL MARQUES, SEGUNDA TURMA, julgado em 16/08/2011, DJe 23/08/2011)

A formação ulterior de litisconsórcio facultativo sem qualquer condicionamento ocorre nas hipóteses de intervenção de terceiros, como na denunciação da lide, chamamento ao processo. Trata-se de excepcional formação de litisconsórcio passivo facultativo. Nesse sentido eis o teor do seguinte precedente do S.T.J.:

(...).
3. O chamamento ao processo previsto no art. 77, III, do CPC é típico de obrigações solidárias de pagar quantia. Trata-se de excepcional formação de litisconsórcio passivo facultativo, promovida pelo demandado, que não comporta interpretação extensiva para alcançar prestação de entrega de coisa certa, cuja satisfação efetiva inadmite divisão.
4. Agravo Regimental não provido.
(AgRg no REsp 1281020/DF, Rel. Ministro HERMAN BENJAMIN, SEGUNDA TURMA, julgado em 23/10/2012, DJe 31/10/2012)

2. Hipóteses de configuração do litisconsórcio

O *art. 113* do novo C.P.C. inicia o capítulo do litisconsorte indicando em seus parágrafos as hipóteses em que este instituto processual encontra-se caracterizado.

Este dispositivo trata, em regra, das hipóteses que justificam o denominado litisconsórcio facultativo, no qual, muito embora haja um único processo, cada parte encontra-se inserida numa relação jurídica processual autônoma e inde-

CÓDIGO DE PROCESSO CIVIL

pendente. Essa autonomia é de tal ordem, que poderá haver uma demanda rescisória apenas em relação a determinados litisconsortes facultativos e não em relação a outros. Nesse sentido eis o seguinte precedente:

1. Segundo dispõe o art. 47 do CPC, "Há litisconsórcio necessário, quando, por disposição de lei ou pela natureza da relação jurídica, o juiz tiver de decidir a lide de modo uniforme para todas as partes". Relativamente à ação rescisória, não havendo disposição legal a respeito, o litisconsórcio necessário somente ocorrerá se a sentença rescindenda não comportar rescisão subjetivamente parcial, mas apenas integral, para todas as partes envolvidas na ação originária.

2. Tratando-se de sentença proferida em ação proposta mediante litisconsórcio ativo facultativo comum, em que há mera cumulação de demandas suscetíveis de propositura separada, é admissível sua rescisão parcial, para atingir uma ou algumas das demandas cumuladas. Em casos tais, qualquer um dos primitivos autores poderá promover a ação rescisória em relação à sua própria demanda, independentemente da formação de litisconsórcio ativo necessário com os demais demandantes; da mesma forma, nada impede que o primitivo demandado promova a rescisão parcial da sentença, em relação apenas a alguns dos primitivos demandantes, sem necessidade de formação de litisconsórcio passivo necessário em relação aos demais. Precedente: REsp 1111092, 1ª Turma, DJe de 01.07.11.

3. Agravo regimental a que se nega provimento.

(AgRg no Ag 1308611/BA, Rel. Ministro TEORI ALBINO ZAVASCKI, PRIMEIRA TURMA, julgado em 21/08/2012, DJe 27/08/2012)

É importante assinalar que as hipóteses tratadas no art. 113 do novo C.P.C. não dizem respeito apenas ao litisconsórcio facultativo, mas nelas estão inseridas também, de certa forma, eventuais possibilidades de litisconsórcio necessário.

Por isso, é um erro pensar que o artigo 113 do novo C.P.C. apenas trata do litisconsórcio facultativo.

Na realidade, o litisconsórcio, em regra, é facultativo, pois somente será necessário em caráter excepcional, ou seja, quando a lei ou a natureza da relação jurídica o exigir. Nesse sentido é o seguinte precedente do S.T.J.:

1. O litisconsórcio é, em regra, facultativo. É necessário quando a lei ou a natureza da relação jurídica discutida em juízo determina sua formação, independentemente da vontade da parte.

(...).

(REsp 906.136/AC, Rel. Ministro MAURO CAMPBELL MARQUES, SEGUNDA TURMA, julgado em 28/09/2010, DJe 15/10/2010)

O *inciso I do art. 113* do novo C.P.C. aduz que duas ou mais pessoas podem litigar, no mesmo processo, em conjunto, ativa ou passivamente quando: *entre elas houver comunhão de direitos ou de obrigações relativamente à lide.*

A emenda apresentada pela Câmara dos Deputados ao projeto modificava a expressão 'lide' para 'mérito'.

Na hipótese do art. 113, inc. I, do atual C.P.C., há comunhão, união, de direitos ou obrigações relativamente à lide.

Trata-se de duas demandas geminadas pela *causa de pedir* ou pelo *pedido.* Há co-titularidade da situação jurídica material ativa (direito) ou passiva (obrigação) posta no processo como seu objeto principal. Esses direitos ou obrigações devem ser o objeto principal de cognição e não *incidenter tantum.* Conforme adverte Dinamarco: *"Se, por exemplo, determinado contrato é colocado ao centro do objeto de um processo, com o pedido de sua anulação, ou mera declaração de sua nulidade ou validade, haverá aí uma comunhão 'relativamente à lide'; mas, na hipótese de um dos contratantes pretender de dois outros o cumprimento da obrigação contratual de cada um, a existência e validade do contrato em que todos estão envolvidos constitui apenas o fundamento das duas demandas conexas (inexiste, portanto, a comunhão descrita no inc. I do art. 46). Para se entender assim, é preciso lembrar que a palavra lide, que figura no texto, tem para o Código o significado de 'mérito', ou 'objeto do processo'.*[412]

Em regra, é no âmbito do direito material que se verifica a comunhão de direitos e obrigações, como se observar nos casos de solidariedade, quando haverá sempre comunhão entre os credores ou devedores solidários. Há também comunhão de direitos e obrigações nas hipóteses de fiança sem reserva, do condomínio tradicional do direito civil, da composse, do casamento, da sociedade civil etc.[413]

O projeto originário também falava que duas ou mais pessoas poderiam litigar, no mesmo processo, em conjunto, ativa ou passivamente quando: *os direitos ou as obrigações derivassem do mesmo fundamento de fato ou de direito.*

Segundo Dinamarco, esse inciso II seria totalmente dispensável, pois sua hipótese já se encontra abrangida pelo inciso III do art. 112 do novo C.P.C.

Por sua vez, Nelson Nery Junior e Rosa Maria de Andrade Nery preconizam: *"As hipóteses dos ns. II e III parecem idênticas, merecendo críticas de setores da doutrina (e.g., Barbi, Coment. CPC, n. 293, p. 198). Entendemos que não retratam as mesmas realidades, mas hipóteses distintas. Isto porque o conceito de conexão é mais amplo do que o*

---

[412] DINAMARCO, C. R., op. Cit., p. 54 e 55.

[413] NERY JUNIOR, Nelson; NERY, Rosa Maria de Andrade. *Código de processo civil comentado e legislação extravagante.* 12ª ed. revista, atualizada e ampliada, São Paulo: Editora Revista dos Tribunais, pág. 312 e 313.

CPC 103 pretendeu enunciar (v. Barbosa Moreira. A conexão de causas como pressupostos da reconvenção, SP: Saraiva, 1979. passim). Não está contemplada no n. II, por exemplo, a identidade de objeto, o que, 'per se', distinguiria as situações previstas nos n.s II e III do CPC 46".[414]

A emenda apresentada pela Câmara dos Deputados ao projeto do Senado percebeu a desnecessidade do inciso II, que se subsume no inciso III. A alteração se insere na linha de simplificação do texto do CPC e de eliminação de enunciados inúteis.

Sobre o tema, eis o seguinte precedente do S.T.J.:

(...).

2. Havendo similitude dos fundamentos de fato e de direito em relação a cada autor, admite-se a formação do litisconsórcio facultativo, que possui como corolário os princípios da efetividade e economia processuais que devem sempre nortear a atividade jurisdicional, permitindo que, num único processo e através de sentença una, possa o juiz prover sobre várias relações, aumentando a efetividade da função jurisdicional.

3. Nas hipóteses de pedido de indenização, por danos morais, o litisconsórcio é facultativo. Precedentes jurisprudenciais desta Corte.

(...).

(REsp 612.108/PR, Rel. Ministro LUIZ FUX, PRIMEIRA TURMA, julgado em 02/09/2004, DJ 03/11/2004, p. 147)

O *inciso II do art. 113* do novo C.P.C. aduz que duas ou mais pessoas podem litigar, no mesmo processo, em conjunto, ativa ou passivamente quando: *entre as causas houver conexão pelo pedido ou pela causa de pedir.*

O liame condutor à existência do litisconsórcio na hipótese em questão é justamente a existência de *conexão.*

Segundo preceitua o art. 55 do novo C.P.C., *"reputam-se conexas duas ou mais ações, quando, lhes for comum o pedido ou a causa de pedir.*

Já o projeto originário do Senado, n. 166/10, estabelecia que as causas seriam consideradas conexas quando decididas separadamente, gerassem risco de decisões contraditórias (art. 40).

Conforme já afirmara José Carlos Barbosa Moreira, há necessidade de se reconhecer diversos graus de conexão, ou espécies diferentes de conexidade,

---

[414] Júnior Nery, N.; Nery, R. M. A., op. cit., p. 313.

sendo legítima a diferenciação deste instituto quando diante do litisconsórcio, da competência, da reunião de processos, do cúmulo objetivo.[415]

No que concerne ao instituto do *litisconsórcio*, basta para que haja a reunião de demandas pela simples *conexão pelo pedido ou pela causa de pedir*, independentemente de que essas demandas, julgadas separadamente, possam ensejar decisões conflitantes.

Evidentemente que não se pode exigir extremo rigor para se considerar a existência de litisconsórcio por conexão de causa de pedir. Dinamarco nos dá um exemplo em que as causas de pedir não são inteiramente coincidentes, mas os tribunais acatam o litisconsórcio: *"Chocam-se dois veículos, ambos em movimento, e um deles vai atingir um terceiro, que está acostado ao meio-fio. O proprietário deste e o de um dos dois que se chocaram litisconsorciam-se contra o motorista do outro, ambos atribuindo-lhe culpa pelo evento. A 'causa petendi' narrada por aquele que levou o golpe quando em movimento vai até ao momento da colisão que sofreu, enquanto que o dono do automóvel que estava parado vai contar ainda como foi que os fatos continuaram, até que ele fosse atingido. Além disso, o dano que cada um sofreu constitui um ponto de fato independente do dano sofrido pelo outro. Vê-se, portanto, que as causas de pedir não são inteiramente coincidentes e, mesmo assim, dos muitos casos dessa natureza que chegam aos tribunais, não conheço um sequer em que se tivesse cometido o contrassenso de negar conexidade de demandas".*[416]

A conexão ocorre por ser comum o pedido ou a causa de pedir. Note-se que a conjunção 'ou' não exige acúmulo de comunhão. Basta que a conexão ocorra, seja pelo pedido ou pela causa de pedir para que se legitime a existência do litisconsórcio facultativo.

A norma processual fala em conexão pelo *pedido*.

Note-se que o pedido divide-se em mediato e imediato. O pedido mediato diz respeito ao bem da vida pretendido; já o pedido imediato diz respeito à pretensão processual formulada.

Para que haja litisconsórcio por comunhão pelo pedido, é necessário que haja identificação do pedido mediato e não somente pelo pedido imediato.

A conexão também poderá ocorrer pela *causa de pedir*. A causa de pedir pode ser próxima ou remota. A causa de pedir próxima diz respeito ao fato justificador da pretensão; por sua vez, a causa de pedir remota tem por conteúdo o fundamento jurídico da pretensão.

---

[415] BARBOSA MOREIRA, *A conexão de causas como pressupostos da reconvenção*. São Paulo: Editora Saraiva, 1979. p. 175.
[416] DINAMARCO, C. R., op. Cit., p. 57.

Para Nelson Nery e Rosa Nery, *"basta que apenas parte do pedido, ou parte da causa de pedir seja idêntica para que haja conexão e, consequentemente, seja admissível o litisconsórcio. A coincidência de todos os componentes da causa de pedir e do pedido é exigida para a caracterização da identidade de ações (CPC 301, §2º de 1973), instrumento utilizado para a verificação da existência da litispendência e da coisa julgada, mas não para a conexão".*[417]

Sobre o tema, eis os seguintes precedentes do S.T.J.:

(...).

6. Desde que atendidos os requisitos genéricos previstos no art. 46 do CPC e não haja incompatibilidade absoluta de competência e procedimento, é viável o ajuizamento conjunto de ações conexas pela causa de pedir com pedidos sucessivos contra réus diversos, hipótese cognominada litisconsórcio eventual.

(...).

8. Recurso especial provido.

(REsp 727.233/SP, Rel. Ministro CASTRO MEIRA, SEGUNDA TURMA, julgado em 19/03/2009, DJe 23/04/2009).

I – Regula o Processo Civil três modalidades de litisconsórcios facultativos:(a) o litisconsórcio unitário, caracterizado pelo fato de que, não obstante haja pluralidade de partes em um dos polos da relação processual, há apenas uma demanda em discussão e a respectiva decisão tem de ser uniforme; (b) o litisconsórcio por conexidade, no qual o fundamento pelo qual se admite a cumulação subjetiva é o de que há identidade entre os pedidos ou as causas de pedir; e (c) o litisconsórcio por afinidade de questões de fato, que se caracteriza, não pela existência de conexão entre as demandas cumuladas, mas de um liame caracterizado pela existência de algum requisito comum de fato ou de direito.

II – Na hipótese sob julgamento, um dos pedidos formulados na petição inicial aproveita apenas um dos litisconsortes. Não obstante, esse pedido é formulado com fundamento em questões de fato semelhantes ao do outro pedido contido na petição inicial, que aproveita os dois litisconsortes e motivou a propositura da ação com cúmulo subjetivo.

III – Há, portanto, litisconsórcio por conexidade em relação ao pedido que aproveita a ambos, e litisconsórcio por afinidade de questão de fato no pedido que aproveita a um dos autores, exclusivamente.

---

[417] NERY JUNIOR, N.; NERY, R. M. A., op. cit., p. 313.

ART. 113

IV – Em que pese a hipótese dos autos situar-se em uma região limítrofe, sendo possível argumentar, de maneira coerente, tanto no sentido da admissão, como da rejeição do litisconsórcio ora discutido, é imperativo que o julgador procure, sempre, ao atuar, viabilizar o processo que está sob sua responsabilidade. O Processo Civil foi criado para possibilitar que se profiram decisões de mérito, não para ser, ele mesmo, objeto das decisões que proporciona. A extinção de processos por meros óbices processuais deve ser sempre medida de exceção.

Recurso especial conhecido e provido.

(REsp 802.497/MG, Rel. Ministra NANCY ANDRIGHI, TERCEIRA TURMA, julgado em 15/05/2008, DJe 24/11/2008)

1. Não restou configurada a alegada continência (CPC, art.104) entre a ação ordinária proposta pela União em relação ao presente mandado de segurança (aquela continente e esse seu conteúdo). Tratam-se, na verdade, de demandas com distintas causas de pedir e diferentes pedidos. E, no caso, embora existente inegável laço de conexão, não pode, todavia, resultar em reunião dos processos já que são demandas submetidas à competência absoluta, e, portanto, inderrogável (CPC, art. 111), de juízos diferentes.

(...).

(MS 9.299/DF, Rel. Ministro TEORI ALBINO ZAVASCKI, PRIMEIRA SEÇÃO, julgado em 23/06/2004, DJ 20/09/2004, p. 178)

(...).

3. Não há conexão entre as duas ações, uma vez que a temática de interesse do Estado de Roraima, relativa à legitimidade da criação do município de Pacaraima em terras indígenas, que tramita no STF, passa ao largo da questão aqui suscitada, referente à possibilidade de ocupação de terras indígenas por particulares. Se assim ocorre, não há como reconhecer e proclamar a identidade de objeto entre as duas ações, sendo descabida, em consequência, a alegação de litispendência.

4. Portanto, a hipótese dos autos é, tão somente, de prejudicialidade entre as ações, já que o resultado da presente ação civil pública possui relação de dependência com a posição do STF acerca da legitimidade ou não da criação do Município de Pacaraima, nos autos da ACO n. 499/RR, de onde se conclui que a faculdade, dada pelo Tribunal de origem ao juiz de primeiro grau, de suspensão do processo até o julgamento do STF, não viola a norma inscrita no art. 265, IV, "a", do CPC.

(...).

(REsp 993.504/RR, Rel. Ministro BENEDITO GONÇALVES, PRIMEIRA TURMA, julgado em 19/03/2009, DJe 30/03/2009)

O *inciso III do art. 113* do novo C.P.C. aduz que duas ou mais pessoas podem litigar, no mesmo processo, em conjunto, ativa ou passivamente quando: *ocorrer afinidade de questões por um ponto comum de fato ou de direito.*

Inicialmente, deve-se definir o que se entenda por *questões*.

Prevaleceu o entendimento de que por *questões* deve ser entendido como o *ponto controvertido de fato ou de direito* que se apresenta na demanda. Se não há controvérsia sobre determinado ponto, este não se torna uma questão.

Assim, se na análise da causa de pedir ocorrer afinidade de questões por um ponto comum de fato ou de direito, haverá então a possibilidade de se configurar o litisconsórcio. Conforme exemplifica Dinamarco, *"no litisconsórcio de inúmeros servidores litigando contra o Estado para obtenção de determinada vantagem funcional, é ponto comum de direito a norma legal de que extraem a fundamentação do pedido de cada um; no litisconsórcio passivo entre vizinhos que, sem prévio concerto, introduziram animais no pasto alheio, o dano, causado por todos eles, é ponto comum de fato".*[418]

O que diferencia a questão como ponto comum controvertido de fato ou de direito da conexidade pela causa de pedir, é que pode existir um ponto comum específico no âmbito das causas de pedir de duas demandas, muito embora no mais as causas de pedir permaneçam totalmente autônomas e diversificadas. Daí porque o ponto comum representa um liame mais tênue que a conexão pela causa de pedir. Por isso que, quando o litisconsórcio apoia-se nessa simples afinidade de questões (aquém da conexidade), costuma ser denominado de *litisconsórcio impróprio, por ser fundamentado numa conexidade imprópria*, apesar da crítica de Dinamarco.[419]

Segundo ensina Liebman, ao comentar o art. 103 do C.P.C. italiano: *"A mesma norma consente, por outro lado, o litisconsórcio facultativo impróprio, que se dá quando a decisão das causas depende, totalmente ou parcialmente da resolução de idêntica questão. O litisconsórcio facultativo impróprio pressupõe a competência do juiz para todas as causas, segundo a regra ordinária.*[420]

Sobre o tema, eis os seguintes precedentes do S.T.J.:

> *Quando ocorrer afinidade de questões por um ponto comum de fato e de direito, conforme previsto no inciso IV do art. 46 do Código de Processo Civil, o autor pode acionar vários réus, ainda se formulados pedidos cumulativos contra réus distintos.*

---

[418] DINAMARCO, C. R., op. cit., p. 58.
[419] DINAMARCO, C. R., idem, p. 59.
[420] LIEBMAN, E. T., op. cit., p. 101.

ART. 113

Mesmo que o juiz não admita a formulação de pedidos cumulativos contra réus distintos, nem por isso deve indeferir a inicial, pois a interpretação que melhor se ajusta às exigências de um processo civil moderno, cada vez mais preocupado em se desprender dos formalismos, conduz a que se permita que o autor faça opção por um dos pedidos, se forem inacumuláveis, ou que os apresente em ordem sucessiva, se for o caso.

Recurso não conhecido.

(REsp 204.611/MG, Rel. Ministro CESAR ASFOR ROCHA, QUARTA TURMA, julgado em 16/05/2002, DJ 09/09/2002, p. 229).

O *§1º do art. 113* do atual C.P.C. estabelece que *o juiz poderá limitar o litisconsórcio facultativo quanto ao número de litigantes na fase de conhecimento, na liquidação de sentença ou na execução, quando este comprometer a rápida solução do litígio ou dificultar a defesa ou o cumprimento de sentença.*

A limitação do número de litisconsortes tem por objetivo permitir maior celeridade processual, evitando possíveis dificuldades que possam surgir à defesa da parte contrária. Também tem por finalidade maior celeridade quando do cumprimento provisório ou definitivo da sentença.

Porém, a limitação do número de litisconsortes facultativo não pode ser fator de modificação do juízo natural das demandas cumulativas propostas, muito menos poderá conduzir à extinção do processo em relação aos litisconsortes que excederem o número judicial admitido. Daí porque agiu com acerto a Câmara dos Deputados ao apresentar emenda ao projeto do Senado, para o fim de incluir os §§ 3º a 6º ao art. 113 com a seguinte redação:

§ 3º Na decisão que limitar o número de litigantes no litisconsórcio facultativo, o juiz estabelecerá quais deles permanecerão no processo e o número máximo de integrantes de cada grupo de litisconsortes, ordenando o desentranhamento e a entrega de todos os documentos que sejam exclusivamente relativos aos litigantes considerados excedentes.

§ 4º Cópias da petição inicial originária, instruídas com os documentos comuns a todos e com aqueles exclusivos dos integrantes do grupo, serão submetidas a distribuição por dependência.

§ 5º A distribuição a que se refere o § 4º deverá ocorrer no prazo de quinze dias e somente depois de ocorrida os nomes dos litigantes excedentes serão excluídos dos autos originários.

§ 6º No processo originário, o órgão julgador não apreciará o mérito dos pedidos que envolvem os litigantes excedentes.

CÓDIGO DE PROCESSO CIVIL

Porém, lamentavelmente, o legislador do novo C.P.C. não manteve os §§ 3º, 4º, 5º e 6º do art. 113, o que, no meu modo de entender, caracterizou um retrocesso.

Com efeito, o litisconsórcio capaz de ensejar a limitação do número de litigantes materializa uma clara cumulação de demandas e, distribuída a petição inicial, fica definido o juízo natural para o julgamento das demandas cumuladas. O mero excesso numérico de litigantes não pode ser fator de alteração do juízo natural.

É importante salientar que a limitação de números de litisconsortes torna-se ainda mais necessária no âmbito do processo virtual, principalmente pelo fato de que o processo virtual ainda traz enormes dificuldades para grandes volumes de petições e de documentos.

Assim, o juiz poderá, *ex officio*, limitar o número de litigantes se trouxer benefício para a rápida solução do litígio e para o exercício do contraditório e da ampla defesa.

Sobre o tema, eis os seguintes precedentes do S.T.J.:

(...).
3. O Tribunal a quo reconheceu que o número de impetrantes não comprometia a rápida solução do litígio, tampouco tornava difícil a defesa. A alteração dessas conclusões, na forma pretendida, demandaria necessariamente a incursão no acervo fático-probatório da causa. Contudo, tal medida encontra óbice na Súmula 7/STJ.
(...).
(AgRg no REsp 1137951/PI, Rel. Ministro NAPOLEÃO NUNES MAIA FILHO, QUINTA TURMA, julgado em 14/12/2010, DJe 14/02/2011)

(...).
4. Da análise detida dos fundamentos do voto condutor, verifica-se que a limitação dos litisconsortes foi determinada pelo magistrado singular antes da citação válida (fls. 415-416), portanto, não há falar na retroação do marco interruptivo da prescrição à data de 26/3/2004, uma vez que a ação só foi proposta em 7/11/2005, ou seja, quando já passados um ano e meio do primeiro ajuizamento.
5. Recurso especial não provido.
(REsp 1177590/PR, Rel. Ministro BENEDITO GONÇALVES, PRIMEIRA TURMA, julgado em 24/08/2010, DJe 31/08/2010).

1 – O Juiz pode determinar a limitação dos litisconsortes ativos facultativos, em benefício do bom andamento do processo e facilitar o exercício do direito de defesa do réu.

ART. 113

2 – Agravo regimental não provido.
(AgRg no Ag 1204636/RJ, Rel. Ministra ELIANA CALMON, SEGUNDA TURMA, julgado em 27/04/2010, DJe 11/05/2010).

1. A orientação jurisprudencial predominante nesta Corte é no sentido de que, em se tratando de ação proposta por entidade sindical, na defesa de direitos individuais homogêneos de seus filiados, ocorre substituição processual, de modo que é inaplicável a disposição inscrita no parágrafo único do art. 46 do CPC. Em outras palavras, considerando que o sindicato atua nos autos principais como substituto processual, não há falar em limitação do número de litisconsortes, haja vista ser o único autor.
2. A Procuradoria da Fazenda Nacional defende ser aplicável ao caso, por analogia, o parágrafo único do art. 46 do CPC, diante da peculiaridade dos presentes autos, em que o Juiz Federal da primeira instância, ao limitar o número de substituídos pelo sindicato no processo, levou em consideração a circunstância de serem distintas as situações fáticas dos substituídos, que se apresentam em número aproximado de 36 mil. Defende a agravante que a falta de limitação do número de substituídos ofende os princípios do devido processo legal e da isonomia de tratamento dos litigantes. Destaca, ainda, que, no caso, trata-se de ação de restituição do Imposto de Renda incidente sobre benefícios de complementação de aposentadoria e também sobre a indenização paga pela adesão de alguns dos substituídos a um novo plano de previdência privada, o que, segundo afirma, pode implicar inegável prejuízo ao Erário, caso haja equivocada valoração dos fatos e das situações apresentadas.
3. A peculiaridade apresentada pela agravante não modifica o entendimento acima, pois, consoante decidiu com acerto o Relator do agravo de instrumento perante o Tribunal de origem, "acaso vencedores da demanda, a execução da sentença poderá ser proposta em grupos menores de maneira a facilitar sua tramitação".
(...).
(AgRg no REsp 910.485/DF, Rel. Ministra DENISE ARRUDA, PRIMEIRA TURMA, julgado em 14/04/2009, DJe 07/05/2009)

(...).
2. Entendendo necessário para célere solução da lide e, bem assim, para facilitar a defesa, pode o Juiz de ofício limitar o litisconsórcio facultativo quanto ao número de litigantes. Inteligência do art. 46, parágrafo único, primeira parte, do CPC.
Precedente do STJ.
(...).
(REsp 908.714/BA, Rel. Ministro ARNALDO ESTEVES LIMA, QUINTA TURMA, julgado em 18/09/2008, DJe 24/11/2008)

CÓDIGO DE PROCESSO CIVIL

1. *"O exame e a eventual aplicação do disposto no art. 46, parágrafo único, do CPC (limitação de litisconsórcio facultativo), não possui a natureza de matéria de ordem pública, que é própria das questões referentes às condições da ação e aos pressupostos de constituição e de desenvolvimento válido do processo. Após o transcurso do lapso temporal para a contestação, não há possibilidade de se acolher a irresignação do réu quanto à restrição do número de litisconsortes no polo ativo da demanda, em razão do estabelecido no parágrafo único do art. 46 do CPC" (REsp n. 600.261/PR, relatora Ministra Eliana Calmon, Segunda Turma, DJ de 15.8.2005).*

2. Recurso especial improvido.

(REsp 600.156/PR, Rel. Ministro JOÃO OTÁVIO DE NORONHA, SEGUNDA TURMA, julgado em 07/11/2006, DJ 05/12/2006, p. 251)

1. Assim como para o juiz o momento natural para restringir o litisconsórcio facultativo é o do deferimento da inicial, quanto à parte vislumbra-se claramente a determinação no sentido de que a ocasião apropriada é antes de decorrido o prazo da resposta.

2. Após o transcurso do lapso temporal para a defesa, não há possibilidade de se acolher a irresignação do réu quanto à restrição do número de litisconsortes no polo ativo da demanda em razão do estabelecido no parágrafo único do art. 46 do CPC.

3. Não pode ficar ao arbítrio da parte a escolha do momento conveniente para insurgir-se contra a formação do litisconsórcio facultativo porque há expressa disposição legal (inserida no parágrafo único, do art. 46, do CPC) regulando tal hipótese. O teor do dispositivo é cristalino ao consignar que "o juiz poderá limitar o litisconsórcio facultativo quanto ao número de litigantes, quando este comprometer a rápida solução do litígio ou dificultar a defesa.

O pedido de limitação interrompe o prazo para a resposta, que recomeça da intimação da decisão". Preclusão configurada.

4. O juiz singular, levando em consideração a natureza da causa e sua complexidade, não entendeu que o número de litisconsortes fosse excessivo a ponto de comprometer a celeridade processual. Sob essa ótica há impossibilidade de analisar a lide com a mesma proficiência daquele juízo, posto que tal atitude implicaria no necessário reexame das peças processuais e da documentação acostada aos autos, hipótese inviável em sede de recurso especial pelo verbete sumular nº 07 desta Corte Superior.

5. Recurso especial improvido.

(REsp 571.771/PR, Rel. Ministro JOSÉ DELGADO, PRIMEIRA TURMA, julgado em 18/12/2003, DJ 22/03/2004, p. 245).

ART. 113

O *§2º do art. 113* do atual C.P.C. preconiza que *o requerimento de limitação interrompe o prazo para manifestação ou resposta, que recomeçará da intimação da decisão que o solucionar.*

Tendo em vista que a limitação do litisconsórcio ocorre justamente para se evitar mácula ao direito de defesa, eventual limitação e retirada dos litisconsortes excedentes justifica a interrupção do prazo para manifestação ou resposta, recomeçando a correr a partir da intimação que solucionar a questão sobre a limitação do número de litisconsortes.

Sobre o tema, eis os seguintes precedentes do S.T.J.:

1. A teor do que dispõe o parágrafo único do art. 46 do Código de Processo Civil, pode a parte recusar a litisconsórcio multitudinário, interrompendo-se o prazo para o oferecimento da resposta. Todavia, esse pedido de limitação deverá ser feito antes de decorrido o prazo para a sua defesa, sob pena de preclusão.

2. Recurso especial desprovido.

(REsp 402.447/ES, Rel. Ministra LAURITA VAZ, QUINTA TURMA, julgado em 04/04/2006, DJ 08/05/2006, p. 267)

– A primeira parte do parágrafo único do artigo 46 do Estatuto Processual Civil dispõe que "o juiz poderá limitar o litisconsórcio facultativo quanto ao número de litigantes, quando este comprometer a rápida solução do litígio ou dificultar a defesa". Verifica-se que o magistrado possui a prerrogativa de limitar o litisconsórcio facultativo com enfoque na célere solução da lide e, bem assim, para facilitar a defesa. Na mesma linha, no que alude à segunda parte do parágrafo único do artigo 46 do Código de Processo Civil, o réu, com o fito de facilitar sua defesa, poderá formular pedido ao magistrado, a fim de que seja limitado o litisconsórcio facultativo.

O pleito formulado pelo réu, segundo a dicção do dispositivo legal mencionado, "interrompe o prazo para a resposta, que recomeça da intimação da decisão".

– No caso particular dos autos, observa-se que o proceder do réu ao oferecer a contestação está a configurar uma nítida incompatibilidade entre o objetivo da norma legal, a qual, repita-se, é facilitar sua defesa. Ora, se o réu pede a limitação do litisconsórcio facultativo e, em seguida, apresenta sua contestação, não há falar em dificuldade da defesa, pois à evidência esta restou validamente exercida.

– No que toca o argumento de a matéria versada nos autos ser de ordem pública, observa-se que a pretensão recursal não tem forma nem figura de juízo, uma vez que a limitação de litisconsorte facultativo, nem de perto, nem de longe, detém essa natureza. No mesmo sentido, confira-se o REsp 599.745-PR, Relator Ministro José Delgado, DJ 16/3/2004.

– Recurso especial improvido.
(REsp 624.836/PR, Rel. Ministro FRANCIULLI NETTO, SEGUNDA TURMA, julgado em 21/06/2005, DJ 08/08/2005, p. 265)

No projeto originário havia ainda a inserção do §7º no art. 113, o qual dizia: *o indeferimento do pedido de limitação de litisconsórcio cabe agravo de instrumento.*

Porém, estabelece o art. 1015, inc. VIII do atual C.P.C. que cabe *agravo de instrumento* contra decisão interlocutória que verse sobre *a rejeição do pedido de limitação do litisconsórcio.*

Assim, continua sendo previsto o recurso de agravo de instrumento para a hipótese de indeferimento do pedido de limitação de litisconsórcio.

O legislador demonstra que a decisão que reduzir o número de litisconsortes não é decisão definitiva mas de natureza interlocutória, razão pela qual o recurso cabível contra o seu *indeferimento* é o agravo de instrumento.

Note-se que o recurso de agravo de instrumento somente será admitido contra decisão que indeferir a limitação dos litisconsortes e não na hipótese de deferimento.

Art. 114
O litisconsórcio será necessário por disposição de lei ou quando, pela natureza da relação jurídica controvertida, a eficácia da sentença depender da citação de todos que devam ser litisconsortes.

Litisconsórcio necessário
Inicialmente, conforme já teve oportunidade de advertir Dinamarco, o conceito de litisconsórcio necessário não se confunde com o de litisconsórcio unitário; nem é este, tampouco, uma particular espécie daquele. Litisconsórcio unitário e litisconsórcio necessário são dois fenômenos distintos, pois o segundo tem por característica a homogeneidade de julgamento, enquanto que o primeiro exige que no processo estejam certas pessoas coligadas na condição de autores ou de réus.[421]

---

[421] DINAMARCO, C. R., op. Cit., p. 112.

Segundo leciona Giuseppe Tarzia, *'há 'litisconsórcio necessário' (ex art. 102 c.p.c.) quando 'a decisão não pode pronunciar-se a não ser em confronto de duas ou mais partes'. Em tal caso, o código limita-se a* acrescentar *que estas partes 'devem agir ou ser réus no próprio processo' e a disciplinar (nos modos que veremos daqui a pouco) as consequências da falta de sua iniciativa ou chamada em juízo.*

Evidentemente, por outro lado, que a disposição fundamental, ora referida, constitui uma 'norma em branco'. Que a decisão não possa ser pronunciada a não ser diante de duas ou mais partes' resulta de fato de outras fontes: de norma explícita legal e, quando esta não socorre, de regra substancial, que doutrina e jurisprudência são se propõem a elaborar, com resultados não de todo concordes.

Expressão de um simples reenvio a outras normas é a usual afirmação da jurisprudência, segundo a qual, sem a presença em juízo de todos os litisconsortes, a sentença seria 'inutiliter data'.[422]

Segundo a opinião partilhável na doutrina italiana subsiste litisconsórcio necessário quando se deduz ou deva ser deduzido em juízo 'uma relação jurídica única entra várias partes (uma relação plurilateral, como aquela que deriva, por exemplo, de um contrato plurilateral). Mas, salvo nos casos em que a relação jurídica única é decorrente de força legal, é necessário observar que: a).1. a ação que tenha por objeto uma relação jurídica plurilateral dá lugar sempre ao litisconsórcio necessário quando seja uma ação *constitutiva;* b).1. a ação de *condenação*, relativa a uma relação com pluralidade de pessoas, dá lugar ao litisconsórcio necessário somente se subsiste uma legitimação necessariamente conjunta dos credores e dos devedores, como nas hipóteses de *concredito ou condébito*, nas quais isso deve ser exigido no primeiro ou cumprido no segundo conjuntamente por todos; c).1. mais controverso é se dá lugar ao litisconsórcio *a ação declaratória* relativa a uma relação plurilateral. Muito embora alguns entendam que há o litisconsorte, para Tarzia a existência de certeza jurídica, que é o fundamento da ação declaratória, pode ser necessária apenas em relação a alguns sujeitos da relação e não em face de todos.[423]

O art. 114 do novo C.P.C. define o litisconsórcio necessário quando por disposição de lei ou pela natureza da relação jurídica controvertida, a eficácia da sentença depender da citação de todos que devam ser litisconsortes.

---

[422] TARZIA, G., op. Cit., p. 150.
[423] TARZIA, G., idem, p. 150 e 151.

Barbosa Moreira há muito tempo vem defendendo que o eixo de referência do litisconsórcio necessário é sempre o *resultado prático* a que tende o processo em face do pedido e da causa de pedir.[424]

Assim, a *natureza do pedido* ou da *pretensão* na demanda é a circunstância que definirá se a decisão do mérito, para que produza eficácia plena, exige a necessária participação de duas ou mais pessoas na relação jurídica processual.

É perfeitamente possível a existência de *litisconsórcio necessário* sem que o juiz tenha de decidir a lide de modo uniforme para todas as partes, principalmente quando o litisconsórcio necessário decorre de previsão legal, como é o caso, por exemplo, da demanda de usucapião.

Assim, a melhor definição para litisconsórcio *necessário* é aquela que o vincula, não à uniformidade da decisão, mas o *resultado prático* da decisão, ou seja, quando a eficácia da sentença depender da citação de todos que devam ser litisconsortes.

É importante salientar que a solidariedade obrigacional, por si só, não caracteriza a figura do litisconsórcio necessário. Nesse sentido é o seguinte precedente do S.T.J.:

(...).

4. Nada obstante, a parte autora pode eleger apenas um dos devedores solidários para figurar no polo passivo da demanda, consoante previsto no artigo 275, do Código Civil, que regula a solidariedade passiva: "Art. 275. O credor tem direito a exigir e receber de um ou de alguns dos devedores, parcial ou totalmente, a dívida comum; se o pagamento tiver sido parcial, todos os demais devedores continuam obrigados solidariamente pelo resto.

Parágrafo único. Não importará renúncia da solidariedade a propositura de ação pelo credor contra um ou alguns dos devedores." 5. A solidariedade jurídica da União, na devolução dos aludidos títulos, enseja a que a mesma seja chamada ao processo na forma do artigo 77, do CPC, com o consequente deslocamento da competência para a Justiça Federal.

6. Entrementes, é certo que o autor, elegendo apenas um dos devedores solidários para a demanda, o qual não goza de prerrogativa de juízo, torna imutável a competência ratione personae.

7. Outrossim, a possibilidade de escolha de um dos devedores solidários afasta a figura do litisconsórcio compulsório ou necessário por notória antinomia ontológica, porquanto, o que é facultativo não pode ser obrigatório.

---

[424] MOREIRA, José Carlos Barbosa. *Litisconsórcio unitário*. Rio de Janeiro: Ed. Forense, 1972. p. 146.

(...).
(AgRg no REsp 1109973/RJ, Rel. Ministro LUIZ FUX, PRIMEIRA TURMA, julgado em 24/08/2010, DJe 10/09/2010)

Porém, não é apenas a questão do *resultado prático* da decisão (ou pela natureza da relação jurídica controvertida) que caracteriza o litisconsórcio necessário.

A lei, independentemente do resultado prático da decisão, também pode estabelecer a constituição de litisconsórcio necessário, ou seja, a necessidade da presença de mais de uma pessoa em um dos lados da relação jurídica processual. São exemplos desse tipo de litisconsórcio necessário: a) as chamadas *ações reais imobiliárias* (art. 73, §1º, inc. I do novo C.P.C), em que ambos os cônjuges serão necessariamente citados, salvo se casados pelo regime de separação de bens; b) resultante de fatos que digam respeito a ambos os cônjuges ou de atos praticados por eles (art. 73, §1º, inc. II do novo C.P.C.); c) fundadas em dívidas contraídas por um dos cônjuges a bem da família (art. 73, §1º, inc. III do novo C.P.C.); d) que tenha por objeto o reconhecimento, constituição ou extinção de ônus sobre imóvel de um ou de ambos os cônjuges (art. 73, §1º, inc. IV do novo C.P.C.). e) ações discriminatórias de terras públicas (Lei n. 6.383/76) etc.

Sobre o tema, eis os seguintes precedentes do S.T.J.:

(...).
3. Há necessidade de formação de litisconsórcio passivo unitário nos casos em que os candidatos regularmente aprovados em concurso, que se pretende anular, possam ser diretamente atingidos pelo provimento jurisdicional buscado.

4. Recurso ordinário em mandado de segurança não provido.

(RMS 33.012/ES, Rel. Ministra ELIANA CALMON, SEGUNDA TURMA, julgado em 05/09/2013, DJe 17/09/2013).

O regime do litisconsórcio necessário não assegura decisão unitária para todos os litisconsortes; isso só se dá no litisconsórcio unitário.

Recurso especial conhecido, mas desprovido.

(REsp 1398510/GO, Rel. Ministro ARI PARGENDLER, PRIMEIRA TURMA, julgado em 27/08/2013, DJe 10/09/2013)

(...).
1. Tratando-se de litisconsórcio necessário unitário (CPC, art. 47), descabida seria a aplicação da pena de confissão à recorrida, esposa do recorrido, pelo fato de, embora

CÓDIGO DE PROCESSO CIVIL

intimada, não ter comparecido à audiência de instrução e julgamento, pois o cônjuge varão promovido compareceu ao ato.

(REsp 796.700/MS, Rel. Ministro RAUL ARAÚJO, QUARTA TURMA, julgado em 26/02/2013, DJe 19/06/2013)

(...).

3. O condomínio está legitimado, por disposição de lei taxativa, a representar em juízo os condôminos quanto aos interesses comuns. O adimplemento da servidão de água, conquanto seja direito de cada condômino, representa interesse comum de todos, de modo que é adequada a propositura, por ele, de ação para discutir a matéria.

4. Qualquer dos titulares de direito indivisível está legitimado a pleitear, em juízo, o respectivo adimplemento. Não há, nessas hipóteses, litisconsórcio ativo necessário. Há, em lugar disso, litisconsórcio ativo facultativo unitário, consoante defende renomada doutrina. Nessas hipóteses, a produção de efeitos pela sentença se dá secundum eventum litis: somente os efeitos benéficos, por força de lei, estendem-se aos demais titulares do direito indivisível. Eventual julgamento de improcedência só os atinge se eles tiverem integrado, como litisconsortes, a relação jurídica processual.

(...).

(REsp 1124506/RJ, Rel. Ministra NANCY ANDRIGHI, TERCEIRA TURMA, julgado em 19/06/2012, DJe 14/11/2012)

I – Enquanto o litisconsórcio unitário cinge-se à uniformidade do conteúdo do pronunciamento jurisdicional para as partes, o litisconsórcio necessário se dá quando a lei exige, obrigatoriamente, a presença de duas ou mais pessoas, titulares da mesma relação jurídica de direito material, no polo ativo ou passivo do processo, sob pena de nulidade e consequente extinção do feito sem julgamento do mérito;

(...).

(REsp 1116553/MT, Rel. Ministro MASSAMI UYEDA, TERCEIRA TURMA, julgado em 17/05/2012, DJe 29/05/2012)

(...).

Passo à análise do instituto do litisconsórcio passivo necessário, para o caso dos autos, diante do que alude o art. 47 do CPC. Por duas razões, consigna o dispositivo aludido, ter-se-á o litisconsórcio necessário: a) quando o exigir a própria natureza da relação jurídica deduzida em juízo – isto é, quando for unitário; b) quando o exigir a lei, independentemente da natureza da relação jurídica deduzida em juízo.

ART. 114

Para a hipótese dos autos, entendo aplicar-se a inteligência do disposto na primeira hipótese, em que a relação jurídica exige a intervenção do ente e da autarquia federal no polo passivo da demanda. À União competia proceder à desapropriação da área em discussão, por utilidade pública, nos termos do determinado pelo Decreto-lei 3.365/41. Ao IBAMA, por força do disposto no Decreto Presidencial, compete a administração do Parque Nacional, possuindo o bem com ânimo de gestor/administrador. Certo que há severas dúvidas acerca da legitimidade do IBAMA para integrar a presente ação indenizatória. Todavia, competia à instância de origem proceder à análise detida da essa questão, sob pena de supressão de instância. Assim, não há dúvidas de que a relação jurídica estabelecida entre as partes – particular, União e IBAMA – obriga à intervenção do ente federativo na demanda.

(...).

(REsp 1070250/PR, Rel. Ministro MAURO CAMPBELL MARQUES, SEGUNDA TURMA, julgado em 15/05/2012, DJe 18/10/2012)

(...).

3. O art. 934 do CPC tão somente enumera os legitimados ativos para a tutela inibitória buscada pela ação de nunciação de obra nova, quais sejam, o proprietário ou possuidor do imóvel vizinho, o condômino e o Município, não se vislumbrando, portanto, a intenção do legislador de impor a formação litisconsorcial, o que não afasta a possibilidade de legitimação concorrente a engendrar o litisconsórcio ativo facultativo unitário, tal como ocorre, por exemplo, quando o proprietário e o possuidor direto do imóvel vizinho reúnem-se voluntariamente para embargar a obra.

(...).

(REsp 968.729/SC, Rel. Ministro LUIS FELIPE SALOMÃO, QUARTA TURMA, julgado em 12/04/2012, DJe 15/05/2012)

(...).

4. Nos embargos de terceiro, há litisconsórcio necessário unitário entre o exequente e o executado, quando a constrição recai sobre imóvel dado em garantia hipotecária pelo devedor. Ofensa ao art. 47, do CPC, segundo o qual "há litisconsórcio necessário, quando, por disposição de lei ou pela natureza da relação jurídica, o juiz tiver de decidir a lide de modo uniforme para todas as partes; caso em que a eficácia da sentença dependerá da citação de todos os litisconsortes no processo."

5. Recurso especial provido.

(REsp 601.920/CE, Rel. Ministra MARIA ISABEL GALLOTTI, QUARTA TURMA, julgado em 13/12/2011, DJe 26/04/2012)

CÓDIGO DE PROCESSO CIVIL

(...).

2. Não procede a alegação de violação do artigo 47 do Código de Processo Civil e do art. 19 da Lei n. 7.347/1985, pois, à luz do entendimento firmado no STJ, não há falar em formação de litisconsórcio passivo necessário entre eventuais réus e as pessoas participantes ou beneficiárias das supostas fraudes e irregularidades nas ações civis públicas movidas para o fim de apurar e punir atos de improbidade administrativa, pois "não há, na Lei de Improbidade, previsão legal de formação de litisconsórcio entre o suposto autor do ato de improbidade e eventuais beneficiários, tampouco havendo relação jurídica entre as partes a obrigar o magistrado a decidir de modo uniforme a demanda, o que afasta a incidência do art. 47 do CPC" (AgRg no REsp 759.646/SP, Rel. Ministro Teori Albino Zavascki, Primeira Turma, DJe 30/03/2010). Precedentes: AgRg no Ag 1.322.943/SP, Rel. Ministro Humberto Martins, Segunda Turma, DJe 04/03/2011; AgRg no REsp 759.646/SP, Rel. Ministro Teori Albino Zavascki, Primeira Turma, DJe 30/03/2010; REsp 809.088/RJ, Rel. Ministro Francisco Falcão, Primeira Turma, DJ 27/03/2006.

3. Não se verifica nenhuma relação jurídica que implique na formação de litisconsórcio necessário entre os réus e as diversas sociedades empresárias que se beneficiaram ou participaram dos procedimentos licitatórios suspeitos.

(...).

(REsp 1243334/SP, Rel. Ministro BENEDITO GONÇALVES, PRIMEIRA TURMA, julgado em 03/05/2011, DJe 10/05/2011)

(...).

7. Nesse diapasão, forçoso inferir que, in casu, a relação jurídica de direito material demandada em juízo, envolvendo a empresa EBCO em face do Estado do Ceará e do BID, não possui natureza incindível a justificar a presença do organismo internacional financiador no polo passivo da lide como litisconsorte necessário; ao contrário, distintas são as relações da empresa licitante com o Estado do Ceará (processo licitatório) e deste com o BID (contrato de financiamento).

8. Segundo LUIZ GUILHERME MARINONI: "a existência de um feixe de relações jurídicas, ainda que entrelaçadas, não dá lugar a formação de litisconsórcio necessário unitário".

9. Excluída a participação do organismo internacional da lide, resta fixada a competência da Justiça Estadual para o processamento e julgamento da ação ordinária.

10. Agravo de instrumento não provido. Decisão da tutela antecipada revogada. Agravo regimental prejudicado.

(Ag 1371230/CE, Rel. Ministro ARNALDO ESTEVES LIMA, PRIMEIRA TURMA, julgado em 15/03/2011, DJe 21/03/2011)

ART. 114

(...).

2. *A propositura de ação rescisória sem a presença, no polo passivo, de litisconsorte necessário somente comporta correção até o prazo de dois anos disciplinado pelo art. 495 do CPC. Após essa data, a falta de citação do litisconsorte implica a decadência do direito de pleitear a rescisão, conduzindo à extinção do processo sem resolução do mérito.*

3. *Embargos de divergência conhecidos e providos.*

(EREsp 676.159/MT, Rel. Ministra NANCY ANDRIGHI, CORTE ESPE-CIAL, julgado em 01/12/2010, DJe 30/03/2011)

7. *A doutrina do tema assenta: "A formação do litisconsórcio no processo não retira a individualidade de cada uma das ações relativas dos litisconsortes.*

Assim, se Caio e Tício litisconsorciam-se para litigar em juízo acerca de um prejuízo que lhes foi causado por Sérvio, este consórcio no processo, em princípio, não implica em que um só promova o andamento do feito e produza provas "comuns". Ao revés, cada um deve atuar em seu próprio benefício porque são considerados em face do réu como "litigantes distintos" (art. 49 do CPC).

Entretanto, há situações de direito material que implicam na "indivisibilidade do objeto litigioso" de tal sorte que o juiz, ao decidir a causa deve dar o mesmo destino a todos os litisconsortes.

A decisão, sob o prisma lógico-jurídico, não pode ser cindida; por isso, a procedência ou improcedência do pedido deve atingir a todos os litisconsortes. Assim, v.g., no exemplo acima, não poderia o juiz anular o ato jurídico para um autor e não fazê-lo para o outro. A decisão tem que ser materialmente igual para ambos. Encarta-se aqui a questão da homogeneidade da decisão que caracteriza o litisconsórcio unitário.

(...) Em geral, a unidade de processo, conforme assentamos alhures, não retira a individualidade de cada uma das causas; por isso, a lei considera os litisconsortes em face do adversário como litigantes distintos. Entretanto, há casos em que a res in iudicium deducta é indivisível de uma tal forma que a decisão tem que ser homogênea para todas as partes litisconsorciadas.

A homogeneidade da decisão implica a classificação do litisconsórcio unitário, cujo regime jurídico apresenta algumas nuances, exatamente por força dessa necessidade de decisão uniforme para os litisconsortes (art. 47, caput, do CPC). Observe-se que, não obstante são conceitos distintos os de "unitariedade e de indispensabilidade", o litisconsórcio necessário e o unitário vêm previstos no mesmo dispositivo pela sólida razão de que, na grande maioria dos casos, o litisconsórcio compulsório reclama decisão homogênea.

Diz-se "simples" o litisconsórcio em que a decisão pode ser diferente para os litisconsortes. Ao revés, no litisconsórcio unitário, os litisconsortes não são considerados como partes distintas em face do adversus porque a necessidade de dar decisão igual faz com que se estendam a todos os atos benéficos praticados por um dos litisconsortes e se tornem inaplicáveis os atos de disponibilidade processual bem como os atos que acarretam prejuízo à comunhão. Assim, a revelia de um dos litisconsortes na modalidade "unitário" não acarreta a incidência da presunção de veracidade para os demais se impugnado o pedido por um dos litisconsortes, outrossim, o recurso interposto por um a todos aproveita (artigos 320, I, e 509, do CPC).

Esse regime recebe a denominação de interdependência entre os litisconsortes em confronto com o regime da autonomia pura do art.

49 do Código de Processo Civil, aplicável ao litisconsórcio "simples" ou "não unitário"." (Luiz Fux, in Curso de Direito Processual Civil, Ed. Forense, 3ª ed., p. 264/266) "Mesmo litigando conjuntamente, cada um dos litisconsortes é considerado, em relação à parte contrária, como litigante distinto, de modo que as ações de um não prejudicarão nem beneficiarão as ações dos demais. Cada litisconsorte, para obter os resultados processuais que pretende, deve exercer suas atividades autonomamente, independentemente da atividade de seu companheiro de litígio. Em contrapartida, os interesses eventualmente opostos ou conflitantes do outro litisconsorte não contaminarão a sua atividade processual. Isto ocorre no plano jurídico; no plano fático, o prejuízo ou o benefício pode ocorrer. Por exemplo: se um litisconsorte confessa, tal confissão não se estende aos outros litisconsortes, os quais continuarão litigando sem que o juiz possa considerá-los também em situação de confissão. Todavia, por ocasião da sentença, e em virtude do princípio do livre convencimento do juiz, poderá ele levar em consideração, na análise da matéria, a confissão do litisconsorte como elemento de prova, podendo advir daí um prejuízo de fato.

O que o Código quer expressar, porém, no artigo apontado, é que não existe benefício ou prejuízo jurídico na atuação de um litisconsorte, significando que a atividade de um não produz efeitos jurídicos na posição do outro. Há hipóteses, porém, em que é inevitável a interferência de interesses. Isto ocorre quando os interesses no plano material forem inseparáveis ou indivisíveis (...)." (Vicente Greco Filho, in Direito Processual Civil Brasileiro, 1º vol., Ed. Saraiva, 17ª ed., p. 125) 8. A empresa cessionária (segunda agravante), sobre a qual incidiu a constrição, ostenta legitimação recursal como terceiro prejudicado, ante a demonstração da ocorrência de prejuízo na sua esfera jurídica, em razão de a decisão proferida em execução fiscal ter deferido penhora, alcançando parte dos créditos cedidos, integrantes do seu patrimônio.

(...).

(REsp 1091710/PR, Rel. Ministro LUIZ FUX, CORTE ESPECIAL, julgado em 17/11/2010, DJe 25/03/2011)

ART. 114

1. Cuidando-se de ação de declaração de nulidade de negócio jurídico, o litisconsórcio formado no polo passivo é necessário e unitário, razão pela qual, nos termos do art. 320, inciso I, do CPC, a contestação ofertada por um dos consortes obsta os efeitos da revelia em relação aos demais. Ademais, sendo a matéria de fato incontroversa, não se há invocar os efeitos da revelia para o tema exclusivamente de direito.
(...).
(REsp 704.546/DF, Rel. Ministro LUIS FELIPE SALOMÃO, QUARTA TURMA, julgado em 01/06/2010, DJe 08/06/2010)

(...).
3. A declaração de extinção da ação em relação a parte dos litisconsortes passivos necessários, em se tratando de litisconsórcio unitário, atinge os demais réus, o que prejudica o pedido de nulidade, bem como o reivindicatório.
(...).
(REsp 399.574/PR, Rel. Ministro FERNANDO GONÇALVES, QUARTA TURMA, julgado em 02/03/2010, DJe 05/04/2010)

(...).
– O litisconsórcio necessário passivo deve decorrer de uma exigência legal ou do próprio caráter unitário da relação jurídica. Não há lei que exija que a pessoa beneficiada por plano de saúde coletivo venha litigar conjuntamente com seu dependente. No mesmo sentido, não se vê unitariedade a exigir que o pai e filho recebam a mesma prestação jurisdicional.
– O tema da admissibilidade ou não do litisconsórcio ativo necessário envolve limitação ao direito constitucional de agir, que se norteia pela liberdade de demandar, devendo-se admiti-lo apenas em situações excepcionais. Não se inclui entre essas situações o litígio que envolve o filho, dependente de pessoa beneficiada por plano de saúde coletivo, e a companhia responsável pela cobertura contratual.
Recurso especial não provido.
(REsp 976.679/SP, Rel. Ministra NANCY ANDRIGHI, TERCEIRA TURMA, julgado em 08/09/2009, DJe 02/10/2009)

(...).
3. Havendo litisconsórcio necessário e unitário, como no caso dos autos, em que se pretende ver declarada uma sociedade de fato que envolve todas as partes relacionadas no processo, com a consequente e posterior apuração de haveres, é vedada a desistência da ação em relação a apenas um dos litisconsortes necessários unitários, a fim de preservar a unidade da jurisdição.

CÓDIGO DE PROCESSO CIVIL

(...).

(REsp 767.060/RS, Rel. Ministro LUIS FELIPE SALOMÃO, QUARTA TURMA, julgado em 20/08/2009, DJe 08/09/2009)

(...).

3. *"O recurso, em regra, produz efeitos tão-somente para o litisconsorte que recorre. Apenas na hipótese de litisconsórcio unitário, ou seja, nas palavras de José Carlos Barbosa Moreira, quando o julgamento haja de ter, forçosamente, igual teor para todos os litisconsortes, mostra-se aplicável a norma de extensão da decisão, prevista no art. 509, caput, do Código de Processo Civil." (RMS 15.354/SC, 5ª T., Min. Arnaldo Esteves Lima, DJ de 01.07.2005).*

Precedentes: EDcl no REsp 453.860/SP, 4ª T., Min. Hélio Quaglia Barbosa, DJ de 25.09.2006; REsp 203.042/SC, 2ª T., Min. Francisco Peçanha Martins, DJ de 05.05.2003.

4. No caso concreto, por não ser hipótese de litisconsórcio unitário, o recurso interposto por um dos litigantes não aproveita aos demais, o que retira da recorrente qualquer possibilidade de extensão, em seu favor, dos efeitos do provimento dos agravos de instrumento interpostos pelos litisconsortes.

5. Recurso especial parcialmente conhecido e, nessa parte, não-provido.

(REsp 827.935/DF, Rel. Ministro TEORI ALBINO ZAVASCKI, PRIMEIRA TURMA, julgado em 15/05/2008, DJe 27/08/2008)

Art. 115

A sentença de mérito, quando proferida sem a integração do contraditório, será:

I – nula, se a decisão deveria ser uniforme em relação a todos que deveriam ter integrado o processo;

II – ineficaz, nos outros casos, apenas para os que não foram citados.

Parágrafo único. Nos casos de litisconsórcio passivo necessário, o juiz determinará ao autor que requeira a citação de todos que devam ser litisconsortes, dentro do prazo que assinar, sob pena de extinção do processo.

Efeitos da sentença de mérito sem a citação do litisconsórcio

A regra que estabelece quem deve participar do processo, ou seja, quem são *as partes legítimas da relação jurídica processual*, corresponde à de legitimação de agir,

ART. 115

segundo a qual devem estar efetivamente presentes na relação jurídica processual todos aqueles que na demanda são denominados como sujeitos respectivamente ativo e passivo.

É por demais evidente que eventual necessidade da presença de mais de uma parte no polo ativo ou passivo do processo (*litisconsórcio necessário*) não é mais do que um corolário da regra da legitimação de agir, ou seja, um fenômeno de *legitimação de agir necessariamente conjunta*, determinada pela cotitularidade (afirmada) decorrente da relação substancial que se deseja fazer valer ou por decorrência de imposição legal.[425]

O que estabelece essa necessidade de pluralidade de sujeitos é justamente a natureza do pedido e seus efeitos práticos ou a determinação legal pela só razão de oportunidade.

Diante dessa necessidade de pluralidade de partes para configurar a efetiva legitimação de agir (demandar ou ser demandado), a participação de todos os sujeitos é imprescindível, condicionando o poder e o dever do juiz de pronunciar-se sobre o mérito.

Porém, a grande problematização até então existente diz respeito à consequência jurídica de uma decisão proferida sem que no processo estejam atuando todos os litisconsortes necessários, seja em decorrência da natureza da relação jurídica material seja por dispositivo legal.

O Código de 1973 não dizia qual seria essa consequência.

Já o legislador do novo C.P.C. expressamente estabeleceu essa consequência em seu art. 115.

Assim, a sentença de mérito, quando proferida sem a integração do contraditório, será:

a) **nula,** se a decisão deveria ser uniforme em relação a todos que deveriam ter integrado a relação jurídica processual, ou seja, se se tratar de litisconsórcio unitário necessário em decorrência da relação jurídica material.

Note-se que essa nulidade refere-se apenas à sentença com resolução de mérito, não atingindo essa mácula de nulidade a sentença proferida sem resolução de mérito.

Trata-se de uma decisão, como se diz, *inutiliter data*, ou seja, privada de efeitos não somente em relação aos litisconsortes ausentes, mas também em relação à parte presente na demanda. Em outros termos: *se a natureza da relação substancial é tal que os efeitos produzidos pela sentença não podem atingir todos os sujeitos da*

---

[425] MANDRIOLI, Crisanto. *Diritto processuale civile – nozioni introdutive e disposizioni generali,* diciassettesima edizione. Torino: G. Giappichelli Editore, 2005. p. 363.

CÓDIGO DE PROCESSO CIVIL

relação e se, por outro lado, a produção de efeitos em relação aos sujeitos que permaneceram estranhos ao juízo seria em violação à regra do contraditório, a consequente rigorosa alternativa entre efeitos para todos ou efeitos para nenhum, conduz inevitavelmente à esta última solução".[426]

Evidentemente que essa solução é para os casos de *litisconsórcio unitário necessário*, ou seja, nas hipóteses em que há necessidade efetiva de participação de todos os litisconsortes no âmbito da relação jurídica processual e a sentença deve ser homogênea também para todos os litisconsortes.

b) *ineficaz*, nos outros casos, apenas para os que não foram citados.

Em se tratando de litisconsórcio necessário, não unitário, mas por determinação legal, o capítulo da sentença proferida de resolução de mérito será perfeito, válido e eficaz em relação às partes que compuseram a relação jurídica processual.

---

[426] "per applicazione recenti, v. Cass. 9 marzo 2004, n. 4714; Cass. 23 settembre 2003 n. 14102. È, questo, uno dei nodi centrali nella teoria del litisconsorzio necessario ed è soprattutto qui che si manifestano le perplessità e le critiche. Come si fa ad ammettere che una sentenza resti pienamente inefficace anche tra le parti? Se si ritiene che il vizio che la aflige per la mancata partecipazione di tutti i litisconsorti dia luogo a nullità, tale vizio non può sopravvivere al passagiio in giudicato in applicazione della regola dell'assorbimento dei bici di nullità in motivi di impugnazione (sulla quale v. Ampiament., oltre, § 74). Per superare il rigore di questa regola ocorre ritenere che il vizio 'de quo' non sia di semplice nullità ma addirittura di inesistenza (v. Oltre, §74): e se, da un lato, questa è la conclusione imposta dai principi a chi inquadra il litisconsorzio necesario nella nozione della legittimazione pasiva necesariamente congiuta (per una recente riaffermazione di questa conclusione. V. TOMEI, *Alcuni rilievi*, cit., p.703, che si riferisce agli artt. 354 e 383 c.p.c. per riscontrarvi l' equiparazione della non integrità del contraddittorio all'esempio di inexistenza di cui all'art.l61, 2º comma c.p.; cfr. Cass. 14 ottobre 1988, n. 5566), dall' altro lato, la riluttanza a convenire su una conclusione più cosi drastica per preferir soluzioni che lasciano salva l'efficacia della sentenza tra el parti, costituisce una delle ragioni delle permanenti perplessità su tutta la suddetta impostazione sistematica.

In questa acornice si inquadrano innanzi tutto le prese di posizione di coloro che si sforzano di ridimensionare la potata della formula tradizionale secondo cui la sentenza di cui trattasi è 'inutiliter data', sostenendo che in realtà tale sentenza è pur sempre efficace tra le parti anche se inopponibile al terzo pretermesso (così specialmente DENTI, *Appunti sul litisconsorzio*, cit. P. 22)...

Non molto dissimile, sul piano pratico, la posizione di chi, partendo da bem diversi rilievi sistematici – ossia facendo leva sulla negazione del carattere della facoltatività del rimedio dell'opposizione di terzo: v. oltre vol. II, §85 – sostiene che la sentenza di cui trattasi sarebbe non già nulla, ma annullabile da parte del listisconsorte pretermesso, col mezzo, appunto, dell'opposizione di terzo, mentre resterebbe operante e vincolante tra le parti (così PROTO PISANI, *Opposizione di terzo ordinaria, P. 1121...*". (MANDRIOLI, C., idem, p. 368 e 369).

ART. 115

Porém, em relação ao litisconsórcio necessário que deixou de compor a relação jurídica processual, o capítulo da sentença será *ineficaz,* não gerando efeito na sua esfera jurídica.

Assim, não sendo o caso de litisconsórcio unitário necessário, mas apenas de litisconsórcio necessário em decorrência de preceito legal, não há falar em nulidade da sentença, ou seja, em inutiliter *data,* mas sim em sua *ineficácia apenas em relação àqueles litisconsortes que não foram citados.*

É importante salientar que não existe *litisconsórcio unitário* em decorrência de lei, mas somente em face da natureza da relação jurídica substancial.

Se um dos confinantes não é citado para a ação de usucapião, a sentença é válida e eficaz em relação àqueles que participaram da relação jurídica processual, mas será *ineficaz em relação àquele que não foi citado para participar do contraditório.*

Conforme anota Fredie Didier Jr.: *"Se houver litisconsórcio necessário unitário passivo, a falta de citação de qualquer dos réus torna a sentença, que é ineficaz em relação a qualquer deles, passível de nulificação a qualquer tempo, por provocação, também, de qualquer deles. Se o caso é de litisconsórcio necessário simples, a sentença é válida e eficaz em relação àqueles que participaram do feito, mas ineficaz em relação àquele que não foi citado, isso 'porque a sentença, no caso, tem um conteúdo específico em relação a ele e somente em relação a ele'. Nesse último caso, somente o litisconsorte preterido teria legitimação para pretender o reconhecimento da ineficácia/nulidade da sentença. Barbosa Moreira, que participou da Comissão Revisora do projeto do atual CPC, sugeriu uma mudança de redação do parágrafo único do art. 47 do CPC, para esclarecer que há consequências distintas para a falta de citação de um litisconsorte necessário unitário ou simples. Cabe a transcrição das suas ponderações, escritas ainda em 1972: 'Agora, o que importa saber é se ainda há de preponderar a conveniência da decisão simultânea, ou se ela deve ceder o passo à conveniência do aproveitamento da atividade processual realizada. Na primeira hipótese, o corolário lógico seria a completa inutilização do que se fez no processo defeituoso: nula a sentença, ter-se-ia de aguardar a instauração de outro feito, com regular integração do contraditório, para disciplinar validamente a situação litigiosa, mesmo quanto aos que houvessem participado do processo anterior; na segunda, permitir-se-á que subsista a regulamentação já fixada para os figurantes, evitando o sacrifício do tempo, do dinheiro e das energias gastas. Esta última solução é a que se nos afigura mais condizente com a função instrumental e a finalidade prática do processo. Daí termos propostos, em nossa emenda, que a sentença definitiva, acaso proferida sem a participação, no feito, de algum litisconsorte necessário seja havida como nula 'se a decisão tinha de ser uniforme em relação a uma das partes e a todas as pessoas que, como seus litisconsortes, deveriam ter integrado o contraditório... – em outras palavras, se o consórcio, além de ser necessário, era também unitário; e 'ineficaz apenas para os que não foram citados, nos outros casos'...Na derradeira hipótese, fica em aberto a solução do litígio quanto às pessoas que, não obstante devessem figurar, de fato não figuraram no processo; mas, para os que dele hajam participado, prevalece o que se decidiu' (MOREIRA, José Carlos Barbosa. 'Litisconsórcio unitário'. Rio de Janeiro: Forense, 1972, p. 233). Nesse sentido, ainda, GUERRA FILHO, Willis Santiago,. 'Eficácia ultra subjetiva da sentença, litisconsórcio necessário e princípio do contraditório'. Revista de Processo, São Paulo: RT, 1996. n. 84, p. 267; DINAMARCO, Cândido. Instituição de Direito Processual Civil, cit., v. 2, p. 504".*[427]

Na hipótese do inc. II do art. 115 do atual C.P.C., a *ineficácia* identifica-se com a *inexistência* da sentença em relação ao litisconsorte necessário/não unitário que não participou do processo.

O saudoso Calmon de Passos fazia uma distinção interessante entre *inexistência* e *nulidade*: "a primeira revela uma 'impotência material' para produzir consequências jurídicas, a outra (nulidade), uma 'incapacidade legal' para produzi-las.*[428]

Por isso, na hipótese de *nulidade da sentença* definitiva, ela estará sujeita à *ação rescisória* por *violação manifesta da norma jurídica*.

Já em relação ao litisconsorte necessário (não unitário) que não participou da relação jurídica processual, a sentença é inexistente (ineficaz), razão pela qual não haverá necessidade de se valer da ação rescisória, uma vez que esta sentença em nenhum momento gerará qualquer eficácia em relação à sua pessoa.

A grande problemática ocorre quando a sentença proferida sem a participação do litisconsorte necessário unitário torna-se *soberanamente julgada*, isto é, o tempo de sua prolação ultrapassa o prazo para a propositura da ação rescisória.

Neste caso, a sentença não poderá mais ser desconstituída, uma vez que não se pode mais interpor a rescisão do julgado.

Contudo, em relação ao litisconsorte que não participou da relação jurídica, essa sentença continua a ser considerada como inexistente. Neste caso, apesar da impossibilidade de rescisão da sentença, ela não terá *qualquer efeito prático* em relação àquele que não participou do processo.

O Superior Tribunal de Justiça, recentemente, assim se pronunciou sobre a interposição de ação rescisória por falta de citação do litisconsórcio passivo necessário (Ação Rescisória n. 569, referente ao Resp8818, *in http://www.stj.gov. br/portal_stj/publicacao/engine.wsp?tmp.area=398&tmp.texto=99301*:

---

[427] DIDIER JR. Fredie. *Curso de direito processual civil. Teoria geral do processo e processo conhecimento.* Vol. 1. Salvador: Edições PODIVM, 2007. p. 424.

[428] CALMON DE PASSOS, José Joaquim de. *A nulidade no processo civil.* 2ª ed. III v. Rio de Janeiro: Forense, 1977. p. 55.

"Não cabe ação rescisória por falta de citação de litisconsorte necessário.

É inexistente a sentença contra quem não foi citado. Por isso, em caso de ausência de citação válida, a ação cabível para anular a decisão é a declaratória de inexistência jurídica da sentença, e não a ação rescisória. A decisão é da Primeira Seção do Superior Tribunal de Justiça (STJ).O processo tem origem no congelamento de preços vigente em 1986. A Companhia Energética de Pernambuco (Celpe) pretendia anular acórdão do STJ de 1993 que entendeu ilegal o reajuste da tarifa efetuado durante o congelamento. Segundo a Celpe, a decisão implicaria desconto de 20% nas faturas de energia das empresas clientes. Ainda de acordo com a Celpe, apesar de a decisão ter transitado em julgado em setembro de 1993, tomou ciência da existência do feito apenas em setembro de 1995, sem nunca ter sido citada. Como a decisão lhe atinge diretamente, em razão do desconto determinado, teria que obrigatoriamente ter integrado o processo. Para o ministro Mauro Campbell, no entanto, a ação rescisória é incabível em caso de ausência de citação válida do réu. Isso porque, nessa hipótese, a sentença inexiste juridicamente, já que no processo não se formou uma relação juridicamente apta ao seu desenvolvimento. De acordo com o relator, como a sentença é inexistente, nunca adquire autoridade de coisa julgada. E esse é um requisito essencial ao cabimento da rescisória. O ministro explicou que nesses casos, de sentenças tidas como inexistentes ou nulas de pleno direito (como as proferidas sem assinatura ou sem dispositivo, ou por quem não exerce atividade jurisdicional), o instrumento cabível é a "querela nullitatis insanabilis", ou ação declaratória de nulidade. No caso específico analisado, o ministro afirmou que não se formou a relação processual em ângulo, em razão da falta de citação válida do litisconsorte passivo necessário. Assim, o vício existente atinge a eficácia do processo, por violar o princípio do contraditório. Por isso, a decisão que transitou em julgado no Recurso Especial n. 8.818 não pode atingir a Celpe, que não integrou o polo passivo da ação. O relator ressaltou que esse tipo de ação, declaratória de inexistência por falta de citação, não está sujeita a prazo para propositura. A rescisória foi extinta sem julgamento de mérito".

Já em relação ao litisconsórcio necessário não unitário decorrente de lei, a sentença será válida em face dos litisconsortes que participaram da relação jurídica e ineficaz em relação àqueles que não participaram. Contudo, ela somente terá *efeitos práticos* se se puder cindir o objeto do julgamento entre os litisconsórcios necessários, como é o caso, por exemplo, da *usucapião*. Neste caso, pode-se falar de uma *ineficácia relativa* do julgado.

Por fim, em se tratando de litisconsórcio necessário ativo, há grande tendência da lei a eliminá-lo ou reduzi-lo ao mínimo indispensável de casos. Para alguns doutrinadores não haveria o denominado litisconsórcio necessário ativo. (Agrícola Barbi).

Contudo, não há dúvida da existência do denominado litisconsórcio necessário ativo. Porém, neste caso não soa bem a citação de determinada pessoa para vir compor o polo ativo de uma relação jurídica processual, inclusive podendo sofrer os efeitos da contumácia.

Existe aí, efetivamente, uma certa dificuldade, uma vez que carece de ação o autor singular que não conte com a presença de todos os demais no polo ativo da relação jurídica processual. Ou estão todos presentes e a parte ativa é legítima, ou não estão e *não se dispõe de meios aptos a coagir os demais a compartilhar de sua posição no processo*.[429]

Segundo Dinamarco, ninguém pode ser compelido a agir em juízo, sendo autor ou exequente contra sua própria vontade. Seria princípio do direito romano a 'liberdade de agir em juízo' e geral é a assertiva de que ou o litisconsórcio se forma, quando necessário, ou o juiz deve recusar a demanda não proposta por todos contra todos. O direito, tradicionalmente, é avesso a constranger alguém a demandar como autor.[430]

É certo que por vezes a lei permite satisfazer a necessidade de constituição do litisconsórcio ativo necessário por meio da *outorga* compulsória judicial do cointeressado.

Excluída a possibilidade de figurar alguém no polo ativo da relação jurídica processual sem o concurso de sua vontade, a necessariedade do litisconsórcio ativo significa grave restrição à garantia constitucional do direito de ação. Contudo, se no âmbito do direito material a parte não pode atuar isoladamente, para Dinamarco tal perspectiva também não é possível para a instauração de uma relação jurídica processual. Assim, se houver efetiva necessidade de constituição de litisconsórcio necessário ativo e não lhe sendo possível (de ofício ou mesmo a requerimento de qualquer das partes) determinar a forçada integração do faltante, o juiz *extinguirá o processo* sem julgamento de mérito.[431]

Nelson Nery Júnior e Rosa Nery, por sua vez, ao admitirem a existência de litisconsórcio ativo necessário, aduzem que o que importa para que se cumpra a lei, é que os litisconsortes necessários estejam participando da relação processual, seja em que polo for.[432]

Sobre o tema, eis as seguintes manifestações do S.T.J.:

---

[429] DINAMARCO, C. R., op. Cit., p. 164.

[430] DINAMARCO, C. R., idem, p. 167.

[431] DINAMARCO, C. R., idem, p. 178.

[432] NERY JÚNIOR, Nelson; NERY, Rosa, *Código de processo civil comentado, 2ª ed., art. 47, p. 416.*

ART. 115

(...).

– O litisconsórcio necessário passivo deve decorrer de uma exigência legal ou do próprio caráter unitário da relação jurídica. Não há lei que exija que a pessoa beneficiada por plano de saúde coletivo venha litigar conjuntamente com seu dependente. No mesmo sentido, não se vê unitariedade a exigir que o pai e filho recebam a mesma prestação jurisdicional.

– O tema da admissibilidade ou não do litisconsórcio ativo necessário envolve limitação ao direito constitucional de agir, que se norteia pela liberdade de demandar, devendo-se admiti-lo apenas em situações excepcionais. Não se inclui entre essas situações o litígio que envolve o filho, dependente de pessoa beneficiada por plano de saúde coletivo, e a companhia responsável pela cobertura contratual.

Recurso especial não provido.

(REsp 976.679/SP, Rel. Ministra NANCY ANDRIGHI, TERCEIRA TURMA, julgado em 08/09/2009, DJe 02/10/2009)

Na passagem do voto da Ministra Nancy Andrighi, encontra-se a seguinte constatação:

"(...)Por sua vez, a necessidade de formação de litisconsórcio pode envolver o polo ativo ou o passivo.

O litisconsórcio necessário passivo deve decorrer de uma exigência legal ou do próprio caráter unitário da relação jurídica. Embora afirme que um litisconsórcio deve se formar no polo passivo, a recorrente não indica propriamente qual seria a determinação legal a exigi-la. A razão para tanto é simples, não há lei a impor, na hipótese dos autos, a formação de litisconsórcio. No mesmo sentido, não se vê unitariedade a exigir que o pai do recorrido atue como corréu. Pai e filho detêm direitos distintos e, tanto é assim, que este último deixa, a partir de certo momento, de gozar da cobertura do plano de saúde. Assim, sendo incontroverso o fato de que o pai é empregado da recorrente e tem direito à cobertura, não se vê razão para que seja chamado a discutir o direito de seu filho.

Por outro lado, a formação do litisconsórcio necessário no polo ativo é tema que suscita as maiores controvérsias doutrinárias, pois sua admissão implica reconhecer que alguém está obrigado a demandar. Na hipótese dos autos, este alguém seria o pai do recorrido. A par das divergências próprias ao tema, o litisconsórcio ativo necessário, quando aceito, revela caráter excepcionalíssimo. Com efeito, a Turma, ao julgar o REsp 141.172/RJ, Rel. Min. Sálvio de Figueiredo Teixeira, DJ 13/12/1999, destaca que "o tema da admissibilidade ou não do litisconsórcio ativo necessário envolve limitação ao direito constitucional de agir, que se norteia pela liberdade de demandar, devendo-se admiti-lo apenas em situações excepcionais. Não se pode excluir comple-

CÓDIGO DE PROCESSO CIVIL

tamente a possibilidade de alguém integrar o polo ativo da relação processual, contra a sua vontade, sob pena de restringir-se o direito de agir da outra parte, dado que o legitimado que pretendesse demandar não poderia fazê-lo sozinho, nem poderia obrigar o co-legitimado a litigar conjuntamente com ele. Fora das hipóteses expressamente contempladas na lei (verbi gratia, art. 10, CPC), a inclusão necessária de demandantes no polo ativo depende da relação de direito material estabelecida entre as partes. Antes de tudo, todavia, é preciso ter em conta a excepcionalidade em admiti-la, à vista do direito constitucional de ação".... "

Processo civil. Litisconsórcio ativo necessário. Exceção ao direito de agir. Obrigação de demandar. Hipóteses excepcionais. Recurso provido.

I – Sem embargo da polêmica doutrinária e jurisprudencial, o tema da admissibilidade ou não do litisconsórcio ativo necessário envolve limitação ao direito constitucional de agir, que se norteia pela liberdade de demandar, devendo-se admiti-lo apenas em situações excepcionais.

II – Não se pode excluir completamente a possibilidade de alguém integrar o polo ativo da relação processual, contra a sua vontade, sob pena de restringir-se o direito de agir da outra parte, dado que o legitimado que pretendesse demandar não poderia fazê-lo sozinho, nem poderia obrigar o co-legitimado a litigar conjuntamente com ele.

III – Fora das hipóteses expressamente contempladas na lei (verbi gratia, art. 10, CPC), a inclusão necessária de demandantes no polo ativo depende da relação de direito material estabelecida entre as partes. Antes de tudo, todavia, é preciso ter em conta a excepcionalidade em admiti-la, à vista do direito constitucional de ação.

(REsp 141172/RJ, Rel. Ministro SÁLVIO DE FIGUEIREDO TEIXEIRA, QUARTA TURMA, julgado em 26/10/1999, DJ 13/12/1999, p. 150)

No voto do Ministro Sálvio de Figueiredo Teixeira, encontra-se a seguinte lição:

"Por outro lado, ao excluir-se completamente a possibilidade de alguém integrar o polo ativo da relação processual contra a sua própria vontade, tal entendimento poderia importar em restrição ao direito de agir da outra parte. Quer dizer, o legitimado que pretendesse demandar não poderia fazê-lo sozinho, nem poderia obrigar o co-legitimado conjuntamente com ele, restando afastada a sua pretensão de apreciação do judiciário. No ponto, esclarece também Dinamarco: 'Tais preocupações não devem chegar ao ponto de impor que se considere excluída do sistema a figura do litisconsórcio necessário ativo. Se há casos onde, apesar da incindibilidade da situação jurídica ocupada por vários co-titulares, o respeito à garantia da ação impede a exigência do litisconsórcio ativo, outros há também em que o resultado a ser

pleiteado mediante o processo há de ser necessariamente querido por todos, sob pena de não poder ser obtido por nenhum. Nesses casos, o consenso é indispensável. Essa afirmação é feita em virtude de existirem, no plano do direito material, situações em que é de duas ou várias pessoas, em conjunto e não isoladamente, a legitimidade para realizar certos atos que serão relevantes para todas elas' (op. cit., n. 58.8. pp. 233-234). No tormentoso tema já há manifestação deste Tribunal. A propósito, o Ministro Menezes Direito, ao proferir o voto condutor do acórdão no REsp 64.157-RJ (DJ 10/5/99), registrou: 'No que concerne ao segundo recurso, a violação do art. 47 do Código de Processo Civil está presente. Trata-se de ação de indenização ajuizada por quem tem interesse na lide, não sendo possível impor a quem quer que seja que venha a Juízo litigar. Não há como reconhecer que o eventual direito que uma determinada pessoa possa ter em conjunto com outras seja motivo para impor a incidência do art. 47 do Código de Processo Civil. Como é sabido, o litisconsórcio já é uma exceção ao princípio da liberdade de litigar. Por essa razão é que, em regra, o litisconsórcio necessário é passivo, sendo que o litisconsórcio necessário ativo aparece sob o comando legal (v. art. 10 do Código de Processo civil). No caso, não há falar em litisconsórcio necessário para obrigar eventual titular de direito a percepção de indenização de vir a juízo'. O Ministro Nilson Naves, por sua vez, como relator do REsp 33.726-SP (DJ 6.12.93), expressou: 'Efetivamente, há casos em que a lei admite a reclamação de uma só pessoa. Afora aqueles já mencionados, veja-se a hipótese previsto no art. 829 do Cód. Civil, bem assim a solução apresentada pelo art. 291 do Cód. de Proc. Civil. Aliás, em termos de litisconsórcio necessário ativo, há aqueles que, doutrinariamente, tem-no por inadmissível. Creio mesmo que a nossa lei processual, ao se referir à citação, tanto no 'caput', quanto no parágrafo único do aludido art. 47, deixa dúvida quanto à existência desse litisconsórcio'. No mesmo julgamento, assinalou o Ministro Eduardo Ribeiro: 'O código de processo civil trouxe certa dificuldade ao entendimento do tema do litisconsórcio necessário, na medida em que como tal definiu o que seria litisconsórcio unitário. E a dificuldade se coloca, exatamente, na hipótese do litisconsórcio ativo porque, como não se pode obrigar uma pessoa a entrar em juízo, o dissenso de um daqueles possíveis litisconsortes inviabilizaria a pretensão de todos os demais. No caso específico do condomínio, parece-me que incide a regra especial do Código Civil, como colocada pelo eminente Relator, deixando bem clara a possibilidade de cada um deles demandar isoladamente a respeito do bem em condomínio'.”

Preceitua o *parágrafo único do art. 115* do atual C.P.C. que *nos casos de litisconsórcio passivo necessário, o juiz determinará ao autor que requeira a citação de todos que devam ser litisconsortes, dentro do prazo que assinar, sob pena de extinção do processo.*

CÓDIGO DE PROCESSO CIVIL

Com base nesse dispositivo, havendo algum defeito de participação conjunta das partes, haverá uma determinação de juiz, voltada evidentemente não aos ausentes mas às partes em causa, para que se proceda à integração do contraditório, ou seja, para que se promova a citação daqueles que deveriam ali estar participando.[433]

No caso, havendo a falta de algum litisconsórcio passivo necessário, seja ele unitário ou não, o juiz determinará ao autor que requeira a citação dos faltantes, no prazo que lhe assinar.

O Supremo Tribunal Federal já afirmou que promover a citação não significa efetivá-la, mas simplesmente providenciá-la, mediante atos da parte necessários para que se torne possível a citação do litisconsorte (STF, 2ª T. RE 87.746).

Evidentemente que o juiz não poderá determinar *ex officio* a citação do litisconsorte, sob pena de ferir o princípio *dispositivo* e da *inércia da jurisdição*, pois sem a anuência da parte autora para a ampliação subjetiva da demanda, não poderá o juiz suprir tal falha.

Fixado o prazo peremptório pelo juiz, de acordo com o número de litisconsortes e a dificuldade de identificá-los ou denominá-los, o não cumprimento desse dever processual acarretará a imediata extinção do processo sem resolução de mérito.

É importante salientar que o parágrafo único do art. 47 do C.P.C. de 1973, sobre esta questão, apresentava a seguinte redação: *o juiz ordenará ao autor que promova a citação de todos os litisconsortes necessários, dentro do prazo que assinar, sob pena de declarar extinto o processo*. Este dispositivo não fazia distinção entre litisconsórcio passivo necessário e ativo necessário. Por isso, entendia-se que o autor poderia requerer a *citação* do litisconsórcio ativo necessário para vir compor a demanda.

Porém, o novo C.P.C., no p.u. do art. 115, a citação ocorrerá apenas nos casos de litisconsortes passivos necessários e não no ativo necessário.

Desta feita, se se entender que existe o denominado litisconsórcio ativo necessário, haverá apenas a *intimação* para que o litisconsorte faltante venha a compor a demanda, e não mais a sua citação, pois a citação é exclusiva da parte passiva e não da parte ativa da relação jurídica processual.

Aliás, a Câmara dos Deputados apresentou emenda ao Projeto originário do Senado para assim estabelecer no *§2º do art. 116* do atual C.P.C. que: *Deve o juiz determinar a convocação de possível litisconsorte unitário ativo para, querendo, integrar o processo.*

Lamentavelmente, o legislador do novo C.P.C. não manteve o §2º do art. 116.

---

[433] MANDRIOLI, C., idem, p. 364 e 365.

Art. 116
O litisconsórcio será unitário quando, pela natureza da relação jurídica, o juiz tiver de decidir o mérito de modo uniforme para todos os litisconsortes.

Litisconsórcio unitário
Conforme ensina Cândido Rangel Dinamarco, a verdadeira essência do litisconsórcio unitário foi muito bem sentida e destacada no Brasil pela doutrina renomada, como é o caso do estudo pioneiro de Araújo Cintra (*Do litisconsórcio unitário no sistema do Código de Processo Civil*), que foi tese de doutoramento oferecida e aprovada na Faculdade de Direito do Largo de São Francisco em 1968, bem como do artigo de Barbosa Moreira (*O litisconsórcio e seu duplo regime*) que precedeu a monografia *Litisconsórcio unitário*, de 1973.[434]

Em relação à inserção no art. 47 do C.P.C. de 1973 tanto do litisconsórcio necessário quanto do litisconsorte unitário, eis o seguinte precedente do S.T.J.:

> (...).
>
> *Art. 47. Há litisconsórcio necessário, quando, por disposição de lei ou pela natureza da relação jurídica, o juiz tiver de decidir a lide de modo uniforme para todas as partes; caso em que a eficácia da sentença dependerá da citação de todos os litisconsortes no processo.*
>
> *Parágrafo único. O juiz ordenará ao autor que promova a citação de todos os litisconsortes necessários, dentro do prazo que assinar, sob pena de declarar extinto o processo.*
>
> *A dúvida advém do fato de que esse dispositivo, ao aludir à uniformidade da decisão para todas as partes, aparentemente confunde litisconsórcio necessário com o unitário, os quais são fenômenos conexos, mas não idênticos.*
>
> *Com efeito, ambos são classificações do mesmo fenômeno processual – a legitimidade plúrima ou litisconsórcio –, mas realizadas a partir de diferentes enfoques: sob o prisma da formação, há o litisconsórcio necessário e o facultativo; quanto ao resultado, estar-se-á diante do litisconsórcio simples ou unitário.*
>
> *Em verdade, o litisconsórcio necessário pressupõe relação jurídica material incindível, ou seja, todos os integrantes dessa relação necessariamente sofrerão o efeito jurídico sobre ela gerado, o que implica a obrigatoriedade da participação dos sujeitos na relação*

---

[434] DINAMARCO, C. R., op. cit., p. 85.

CÓDIGO DE PROCESSO CIVIL

processual, uma vez que "a eficácia da sentença dependerá da citação de todos os litisconsortes no processo".

O litisconsórcio unitário, por seu turno, caracteriza-se pela uniformidade da decisão para todos os litisconsortes, ou seja, o resultado do processo deve ser o mesmo para todos.

Contudo, reitera-se, a indispensabilidade de decisão de mérito homogênea – característica ínsita ao litisconsórcio unitário – não o situa, por óbvio, como instituto equivalente ao litisconsórcio necessário.

Em outras palavras, a incindibilidade da relação de direito substancial conduz à necessariedade e, por conseguinte, à unitariedade.

Há situações, no entanto, em que o litisconsórcio unitário é facultativo, como lembrado por Celso Agrícola Barbi, no clássico caso do sócio que pretende a nulidade de deliberação da assembleia de sociedade por ações:

[...] a decisão deve ser uniforme, porque a deliberação não pode, na mesma sentença, ser declarada nula e não nula (litisconsórcio unitário); mas a formação do litisconsórcio ativo depende exclusivamente da vontade dos autores, tanto que a ação poderia ter sido proposta apenas por um, caso em que não se pode falar nem ao menos em litisconsórcio. (Comentários ao CPC. Rio de Janeiro: Editora Forense, 1998, v.1, n 301)

Em verdade, as exceções à regra de que o litisconsórcio unitário é sempre necessário exsurgem exatamente quando a legitimidade plúrima ocorre no lado ativo da demanda, consoante bem delineia Fredie Didier Jr.: As situações de litisconsórcio facultativo unitário ocorrem notadamente quando o litisconsórcio unitário deveria formar-se no polo ativo da relação jurídica processual, mas se reconhece a legitimação ordinária individual ou mesmo a legitimação extraordinária para a propositura da demanda. A facultatividade ocorre porque: a) não se pode condicionar o direito de ação do autor à participação dos demais co-legitimados como litisconsortes ativos e b) proposta a demanda sem a presença de todos os co-legitimados, não poderia o magistrado ordenar a integração do polo ativo pelos co-legitimados faltantes, já que não é admissível, no nosso sistema, que alguém seja obrigado a litigar, como autor, em demanda judicial.

Em suma, o litisconsórcio necessário é sempre passivo.

[...]

(Curso de Direito Processual Civil. Salvador: Editora Jus Podvm, 2007, p. 279)

No mesmo sentido, Cândido Rangel Dinamarco observa que "o fenômeno do litisconsórcio unitário facultativo, se não é próprio do lado ativo da relação processual, pelo menos é aí que se manifesta com muito mais acentuada frequência, talvez até com exclusividade".

(Litisconsórcio. São Paulo: Ed. Malheiros, 1997, p. 188)

Nessa linha de intelecção, há possibilidade de legitimação concorrente a engendrar o litisconsórcio ativo facultativo unitário, tal como ocorre, por exemplo, quando

o proprietário e o possuidor direto do imóvel vizinho reúnem-se voluntariamente para embargar a obra.
A jurisprudência é pacífica nesse sentido:
[...]
4. Qualquer dos titulares de direito indivisível está legitimado a pleitear, em juízo, o respectivo adimplemento. Não há, nessas hipóteses, litisconsórcio ativo necessário. Há, em lugar disso, litisconsórcio ativo facultativo unitário, consoante defende renomada doutrina. Nessas hipóteses, a produção de efeitos pela sentença se dá secundum eventum litis: somente os efeitos benéficos, por força de lei, estendem-se aos demais titulares do direito indivisível. Eventual julgamento de improcedência só os atinge se eles tiverem integrado, como litisconsortes, a relação jurídica processual.
[...]
(REsp 1124506/RJ, Rel. Ministra NANCY ANDRIGHI, TERCEIRA TURMA, julgado em 19/06/2012, DJe 14/11/2012)

Os processualistas modernos bem diferenciam o *litisconsórcio unitário* do *litisconsórcio necessário*.

É possível a existência de *litisconsórcio unitário não necessário (facultativo)*, como, por exemplo, na demanda reivindicatória de coisa comum, na demanda de sócios para a anulação de deliberação da assembleia da sociedade, na demanda para haver de terceiro a universalidade da herança, na ação popular etc. Todos esses casos são exemplos de litisconsórcio *unitário facultativo ativo*.

Entende Dinamarco que no caso de co-legitimados ordinários à demanda de desconstituição de um ato (como no clássico exemplo dos sócios a demandar anulação do ato da assembleia), a coisa julgada que se formar sobre sentença julgando improcedente a pretensão de um não atingirá o poder de ação dos demais (limitação subjetiva da coisa julgada); julgada procedente a demanda de algum deles, o ato se desconstitui e os outros carecerão de interesse processual para ajuizamento de novas demandas.[435]

Há hipóteses, dependendo da situação jurídica submetida em juízo, em que não se pode permitir, nem mesmo em tese, que o juiz dê solução diferenciada entre os litisconsortes. Num plano prático e não meramente lógico *"observa-se a impossibilidade de realizar a vontade da lei mediante determinações judiciais que não encarem essas relações jurídica como um todo monolítico.[436]*

---

[435] DINAMARCO, C. R., idem, p. 147.
[436] DINAMARCO, C. R., idem, p. 88.

Daí porque o art. 116 do novo C.P.C. preceitua que *será unitário o litisconsórcio quando, pela natureza da relação jurídica, o juiz tiver de decidir o mérito de modo uniforme para todos os litisconsortes.*

Nestes casos, a sentença deve ser necessariamente homogênea.

Exemplos típicos de litisconsórcio unitário são: a) demanda que pretende a nulidade de casamento de marido e mulher; b) demandas de divisão; c) demanda negativa de paternidade (litisconsórcio unitário entre o filho e a mãe); d) demanda de anulação de deliberação da assembleia de acionistas; e) demanda de nulidade contratual quando há pluralidade de partes; f) demanda reivindicatória quando há pluralidade de partes; g) demanda de investigação de paternidade proposta após a morte do suposto pai, em que todos os herdeiros serão partes; h) demanda de nulidade ou anulação de testamento; i) demanda de partilha; j) demanda de dissolução de sociedade; l) demanda anulatória de alienação do domínio do imóvel; m) demanda anulatória de registro de imóveis.

Assim, não é a natureza da sentença que irá estabelecer a unitariedade do litisconsorte (sentença constitutiva por exemplo), mas, sim, o modo de ser da relação jurídica que constitui a *res in judicium deducta.* Afinal, é em razão do direito material que o processo se faz e é sobre as situações de direito material que ele há de projetar seus efeitos, o que deve induzir a preocupação de verificar, caso por caso, se o provimento pretendido será apto a produzir sobre a situação jurídica substancial das partes o efeito desejado.[437]

Sobre o tema, eis as seguintes decisões do S.T.J.:

> *1. Em demanda movida pelo Ministério Público visando à anulação de contrato administrativo, a sentença somente será eficaz se participarem do processo todos os figurantes da relação contratual.*
> *Tipifica-se, no caso, litisconsórcio passivo necessário unitário (CPC, art. 47).*
> *2. Recurso especial provido.*
> (REsp 1162604/SP, Rel. Ministro TEORI ALBINO ZAVASCKI, PRIMEIRA TURMA, julgado em 17/06/2010, DJe 28/06/2010)
>
> *(...).*
> *3. A declaração de extinção da ação em relação a parte dos litisconsortes passivos necessários, em se tratando de litisconsórcio unitário, atinge os demais réus, o que prejudica o pedido de nulidade, bem como o reivindicatório.*

---

[437] DINAMARCO, C. R., idem, p. 91.

ART. 116

(...).
(REsp 399.574/PR, Rel. Ministro FERNANDO GONÇALVES, QUARTA TURMA, julgado em 02/03/2010, DJe 05/04/2010)

(...).
3. "O recurso, em regra, produz efeitos tão-somente para o litisconsorte que recorre. Apenas na hipótese de litisconsórcio unitário, ou seja, nas palavras de José Carlos Barbosa Moreira, quando o julgamento haja de ter, forçosamente, igual teor para todos os litisconsortes, mostra-se aplicável a norma de extensão da decisão, prevista no art. 509, caput, do Código de Processo Civil." (RMS 15.354/SC, 5ª T., Min. Arnaldo Esteves Lima, DJ de 01.07.2005).

Precedentes: EDcl no REsp 453.860/SP, 4ª T., Min. Hélio Quaglia Barbosa, DJ de 25.09.2006; REsp 203.042/SC, 2ª T., Min. Francisco Peçanha Martins, DJ de 05.05.2003.
(...).
(REsp 827.935/DF, Rel. Ministro TEORI ALBINO ZAVASCKI, PRIMEIRA TURMA, julgado em 15/05/2008, DJe 27/08/2008)

Litisconsortes passivos necessários na ação que visa anular contratos de compra e venda são apenas as pessoas que deles participaram, os alienantes e os adquirentes; são estranhos ao objeto litigioso aqueles que, ontem, transmitiram a propriedade aos alienantes de hoje, tenha ou não esse negócio oneroso simulado uma doação, se a validade deste constitui o próprio pressuposto da ação. Recurso especial conhecido e provido.
(REsp 279.372/MG, Rel. Ministro ARI PARGENDLER, TERCEIRA TURMA, julgado em 10/04/2007, DJ 21/05/2007, p. 566)

1. O artigo 47 do Código de Processo Civil estabelece que, por disposição de lei ou dada a natureza da relação jurídica, decidirá o Juiz de modo uniforme para todos os litisconsortes, devendo todos ser citados. Em se tratando de ação popular, que tem por objeto a desconstituição de ato jurídico, por força da disposição legal (art. 6º da Lei n. 4.711/65), estabelece-se o litisconsórcio necessário, mas não unitário, porquanto, visando a ação a desconstituição de ato administrativo, poder-se-á mostrar prescindível a presença no polo passivo do agente que, embora tenha se beneficiado do ato impugnado, não participou de sua elaboração.
(REsp 258.122/PR, Rel. Ministro JOÃO OTÁVIO DE NORONHA, SEGUNDA TURMA, julgado em 27/02/2007, DJ 05/06/2007, p. 302).

(...).

3. Tratando-se de litisconsórcio unitário, como in casu, o comparecimento de um dos litisconsortes aproveita aos demais, posto que a decisão prolatada em sede de ação popular resulta em reconhecer ou não ilegalidade do ato objeto da demanda.

(...).

(REsp 614.766/MA, Rel. Ministro LUIZ FUX, PRIMEIRA TURMA, julgado em 05/09/2006, DJ 21/09/2006, p. 216)

(...).

– É possível o aditamento da inicial para inclusão do litisconsorte unitário. Precedentes.

– Em demanda objetivando a declaração de paternidade e anulação de registro, o suposto pai biológico e aquele que figura como pai na certidão de nascimento devem ocupar, em litisconsórcio unitário, o polo passivo.

Recurso especial não conhecido.

(REsp 507.626/SP, Rel. Ministra NANCY ANDRIGHI, TERCEIRA TURMA, julgado em 05/10/2004, DJ 06/12/2004, p. 287)

(...)

2. Ainda que assim não fosse, permaneceria a impertinência subjetiva da alegação haja vista que o beneficiário somente poderia nulificar o processo se descumpridas garantias que lhe trouxessem prejuízo.

Princípio da Instrumentalidade das Formas no sentido de que "não há nulidade sem prejuízo" (art. 244, do CPC) 3. A solução acerca da validade do contrato é uniforme para todos os partícipes do negócio jurídico inquinado de ilegal, por isso que, a defesa levada a efeito pelo Subsecretário e pelo próprio Prefeito, legitimados passivos, por força do pedido condenatório, serviu, também, à Municipalidade, em razão da "Unitariedade do Litisconsórcio" em função do qual a decisão homogênea implica em que os atos de defesa aproveitem a todos os litisconsortes. É o que se denomina de "regime de interdependência dos litisconsortes" no denominado litisconsórcio unitário.

(...).

(REsp 408.219/SP, Rel. Ministro LUIZ FUX, PRIMEIRA TURMA, julgado em 24/09/2002, DJ 14/10/2002, p. 197)

I – Em se tratando de litisconsórcio unitário, em que a decisão deva ser uniforme para todos, é de aplicar-se o art. 509.

II – O litisconsorte não atingido pela irregularidade formal de representação no agravo de instrumento tem direito de ver seu recurso apreciado pelo órgão judiciário

ART. 117

competente, independentemente da natureza do litisconsórcio entre as partes. Com efeito, o direito de recorrer precede a extensão da eficácia da decisão (art. 509, CPC), que dependerá do exame do mérito do agravo ainda não julgado.
(REsp 296.349/SP, Rel. Ministro SÁLVIO DE FIGUEIREDO TEIXEIRA, QUARTA TURMA, julgado em 01/03/2001, DJ 02/04/2001, p. 305)

A ação de anulação de venda realizada pelo ascendente a descendente pode ser proposta por quaisquer dos lesados, independentemente do consentimento dos demais; se procedente a demanda, os efeitos da sentença aproveitarão ao espólio, refletindo-se, pela sobrepartilha, nos outros interessados, embora inertes, por se tratar de litisconsórcio unitário. Recurso especial conhecido e provido.
(REsp 58.470/ES, Rel. Ministro ARI PARGENDLER, TERCEIRA TURMA, julgado em 24/06/1999, DJ 30/08/1999, p. 67)

Evidentemente que há litisconsórcio unitário necessário em que todos os litisconsortes devem participar do processo para que a decisão seja válida e eficaz, e há litisconsórcio unitário facultativo no sentido de que a decisão será homogênea para todas as partes da relação jurídica processual, mas não há necessidade de que todas participem da relação jurídica processual (ex: demanda possessória proposta por um dos condôminos, ação popular).

Art. 117

Os litisconsortes serão considerados, em suas relações com a parte adversa, como litigantes distintos, exceto no litisconsórcio unitário, caso em que os atos e as omissões de um não prejudicarão os outros, mas os poderão beneficiar.

Relações dos litisconsortes entre si e com a parte adversa

É no denominado *litisconsorte comum ou simples facultativo* que os litisconsortes serão considerados, em suas relações com a parte adversa, como litigantes distintos, razão pela qual os atos e as omissões de um não prejudicarão nem beneficiarão os outros.

Tal perspectiva decorre da própria natureza do objeto do processo, que nesses casos permitem solução distinta entre os litisconsortes.

CÓDIGO DE PROCESSO CIVIL

Compreende-se desta maneira que pode ser divergente o resultado do processo litisconsorcial no momento da decisão. Em razão dessa distinção entre os litisconsortes comuns ou simples pode-se afirmar esquematicamente que: a) os pressupostos processuais, como as condições da ação, devem subsistir e ser separadamente conhecidos e valorados por qualquer das causas cumuladas; b) o denominado princípio de comunicação das situações e das atividades processuais entre os litisconsortes tem valor complementar, ligando-se à incindibilidade dos atos ou situações relativas ao interior processo; contrapõe-se a isso o princípio da independência dos litisconsortes, válido como critério geral e de consequência; c) os atos de impulso processual, como os atos de composição do processo valem somente para aqueles que os cumprem, e somente em relação aos singulares litisconsortes operam as causas de suspensão e de extinção do processo; d) as exceções processuais, propostas por um dos litisconsortes, operam para todos somente se são por si comuns; e) os litisconsortes são autônomos nas alegações dos fatos principais e nas afirmações das razões de direito das demandas ou exceções.[438]

Em razão da cindibilidade das demandas, o recorrente pode, a qualquer tempo, sem a anuência do recorrido ou dos *litisconsortes*, desistir do recurso; a confissão judicial faz prova contra o confitente, não prejudicando, todavia, os *litisconsortes*.

Já em relação ao *litisconsórcio unitário*, os litisconsortes não serão considerados, em suas relações com a parte adversa, como litigantes distintos.

É importante salientar que em se tratando de *litisconsórcio unitário*, os atos e omissões de uns não prejudicarão os demais, salvo se todos consentirem, mas poderão beneficiá-los. Assim, a) a revelia não induz o efeito mencionado no art. 345, se havendo pluralidade de réus, alguns deles contestar (art. 345, inc. I do novo C.P.C.); b) o artigo 1005 do novo C.P.C., estabelece que *o recurso interposto por um dos litisconsortes a todos aproveita, salvo se distintos ou opostos os seus interesses;* c) requerimento de prova; d) indicação de quesitos; e) rol de testemunha.

Por sua vez, o princípio da aquisição processual – em razão do qual as provas produzidas valem de forma idêntica para a decisão – é o fundamento da unidade da instrução sobre fatos comuns às demandas acumuladas.[439]

O artigo 117 do novo C.P.C., como se afirmou, excepciona o *litisconsórcio unitário*, pois neste caso o processo é incindível seja em primeiro grau, seja na fase de impugnação, tendo todos os litisconsortes os mesmos poderes, sendo que o ato cumprido por um dos litisconsortes, como a formulação de alegações

---

[438] Tarzia, G., op. Cit., p. 155.
[439] Tarzia, G., idem, p. 156.

ART. 118

e exceções, deduções de prova, atos de impulso oficial, tem efeito para todos. O ato cumprido por um prevalece sobre a inatividade de outro.[440]

Assim, no âmbito do litisconsórcio unitário devemos realizar a distinção entre atos cuja eficácia se estende a todos os litisconsortes e atos que ficam sem eficácia se não realizados por todos: os atos individuais de defesa do interesse da parte, que se projetem favoravelmente na situação dela própria e dos seus litisconsortes, são eficazes para todos (a contestação, o recurso, o pedido de prova), ao passo que não têm qualquer eficácia enquanto não unânimes os atos que prejudiquem as partes litisconsorciadas (confissão, renúncia, transação).[441]

A análise se o ato beneficia ou não o outro litisconsorte não compete ao juiz, mas, sim, às circunstâncias e efeitos de sua realização.

O art. 1.005 do novo C.P.C., muito embora não trate especificamente de *litisconsórcio unitário*, mas também de *litisconsórcio comum ou simples*, estabelece que o recurso interposto por um dos litisconsortes a todos aproveita, *salvo se distintos ou opostos os seus interesses.* Tal previsão normativa no âmbito processo civil apresenta a mesma *ratio legis* do art. 580 do C.P.P: *No caso de concurso de agentes (Código Penal, art. 25), a decisão do recurso interposto por um dos réus, se fundado em motivos que não sejam de caráter exclusivamente pessoal, aproveitará aos outros.*

Art. 118
Cada litisconsorte tem o direito de promover o andamento do processo e todos devem ser intimados dos respectivos atos.

Direito dos litisconsortes ao andamento do processo
O art. 118 do novo C.P.C. explicita o princípio da *autonomia* da participação dos litisconsortes no âmbito da relação jurídica processual.

Contudo, tanto no litisconsórcio necessário quanto no litisconsórcio facultativo essa autonomia não é plena mas mitigada.

Assim, não obstante a autonomia de movimentação processual de cada litisconsórcio os atos praticados por um litisconsorte poderá interferir na esfera jurídica do outro litisconsorte, principalmente quando esse ato tende a beneficiar a todos os demais.

Sobre o tema, eis o seguinte precedente do S.T.J.:

---

[440] TARZIA, G., op. cit., p. 152.
[441] DINAMARCO, C. R., op. Cit., p. 99.

CÓDIGO DE PROCESSO CIVIL

(...).

A homogeneidade da decisão implica a classificação do litisconsórcio unitário, cujo regime jurídico apresenta algumas nuances, exatamente por força dessa necessidade de decisão uniforme para os litisconsortes (art. 47, caput, do CPC). Observe-se que, não obstante são conceitos distintos os de "unitariedade e de indispensabilidade", o litisconsórcio necessário e o unitário vêm previstos no mesmo dispositivo pela sólida razão de que, na grande maioria dos casos, o litisconsórcio compulsório reclama decisão homogênea.

Diz-se "simples" o litisconsórcio em que a decisão pode ser diferente para os litisconsortes. Ao revés, no litisconsórcio unitário, os litisconsortes não são considerados como partes distintas em face do adversus porque a necessidade de dar decisão igual faz com que se estendam a todos os atos benéficos praticados por um dos litisconsortes e se tornem inaplicáveis os atos de disponibilidade processual bem como os atos que acarretam prejuízo à comunhão. Assim, a revelia de um dos litisconsortes na modalidade "unitário" não acarreta a incidência da presunção de veracidade para os demais se impugnado o pedido por um dos litisconsortes, outrossim, o recurso interposto por um a todos aproveita (artigos 320, I, e 509, do CPC).

Esse regime recebe a denominação de interdependência entre os litisconsortes em confronto com o regime da autonomia pura do art. 49 do Código de Processo Civil, aplicável ao litisconsórcio "simples" ou "não unitário"." (Luiz Fux, in Curso de Direito Processual Civil, Ed. Forense, 3ª ed., p. 264/266) "Mesmo litigando conjuntamente, cada um dos litisconsortes é considerado, em relação à parte contrária, como litigante distinto, de modo que as ações de um não prejudicarão nem beneficiarão as ações dos demais. Cada litisconsorte, para obter os resultados processuais que pretende, deve exercer suas atividades autonomamente, independentemente da atividade de seu companheiro de litígio. Em contrapartida, os interesses eventualmente opostos ou conflitantes do outro litisconsorte não contaminarão a sua atividade processual. Isto ocorre no plano jurídico; no plano fático, o prejuízo ou o benefício pode ocorrer. Por exemplo: se um litisconsorte confessa, tal confissão não se estende aos outros litisconsortes, os quais continuarão litigando sem que o juiz possa considerá-los também em situação de confissão. Todavia, por ocasião da sentença, e em virtude do princípio do livre convencimento do juiz, poderá ele levar em consideração, na análise da matéria, a confissão do litisconsorte como elemento de prova, podendo advir daí um prejuízo de fato.

O que o Código quer expressar, porém, no artigo apontado, é que não existe benefício ou prejuízo jurídico na atuação de um litisconsorte, significando que a atividade de um não produz efeitos jurídicos na posição do outro. Há hipóteses, porém, em que é inevitável a interferência de interesses. Isto ocorre quando os interesses no plano material forem inseparáveis ou indivisíveis (...)." (Vicente Greco Filho, in Direito Processual Civil Brasileiro, 1º vol., Ed. Saraiva, 17ª ed., p. 125) 8. A empresa cessionária (segunda

ART. 118

agravante), sobre a qual incidiu a constrição, ostenta legitimação recursal como terceiro prejudicado, ante a demonstração da ocorrência de prejuízo na sua esfera jurídica, em razão de a decisão proferida em execução fiscal ter deferido penhora, alcançando parte dos créditos cedidos, integrantes do seu patrimônio.
(...).
(REsp 1091710/PR, Rel. Ministro LUIZ FUX, CORTE ESPECIAL, julgado em 17/11/2010, DJe 25/03/2011)

I – Em se tratando de litisconsórcio unitário, em que a decisão deva ser uniforme para todos, é de aplicar-se o art. 509.
II – O litisconsorte não atingido pela irregularidade formal de representação no agravo de instrumento tem direito de ver seu recurso apreciado pelo órgão judiciário competente, independentemente da natureza do litisconsórcio entre as partes. Com efeito, o direito de recorrer precede a extensão da eficácia da decisão (art. 509, CPC), que dependerá do exame do mérito do agravo ainda não julgado.
(REsp 296.349/SP, Rel. Ministro SÁLVIO DE FIGUEIREDO TEIXEIRA, QUARTA TURMA, julgado em 01/03/2001, DJ 02/04/2001, p. 305)

(...).
3. Todavia, a irregularidade de representação processual de alguns recorrentes, por se tratar de litisconsórcio passivo, não impede a análise do Recurso Especial e a extensão de seus efeitos a todos, uma vez que o recurso interposto por um dos litisconsortes a todos aproveita, salvo se distintos ou opostos seus interesses, conforme art. 509 do Diploma Processual Civil.
(...).
(REsp 1218050/RO, Rel. Ministro NAPOLEÃO NUNES MAIA FILHO, PRIMEIRA TURMA, julgado em 05/09/2013, DJe 20/09/2013).

(...).
I – No litisconsórcio simples, os litisconsortes são considerados em suas relações com a parte adversa como litigantes distintos, dessa forma, os atos e as omissões de um não prejudicarão nem beneficiarão os outros, uma vez que o desfecho da ação não é necessariamente uniforme para todos.
(...).
(REsp 591.758/DF, Rel. Ministro FRANCISCO FALCÃO, PRIMEIRA TURMA, julgado em 07/03/2006, DJ 27/03/2006, p. 160).

TÍTULO III – Da Intervenção de Terceiros

CAPÍTULO I – Da Assistência

SEÇÃO I – Disposições Comuns

Art. 119

Pendendo causa entre 2 (duas) ou mais pessoas, o terceiro juridicamente interessado em que a sentença seja favorável a uma delas poderá intervir no processo para assisti-la.

Parágrafo único. A assistência será admitida em qualquer procedimento e em todos os graus de jurisdição, recebendo o assistente o processo no estado em que se encontre.

Da assistência

Sobre o instituto da assistência, ensina Hélio Tornaghi:

"O ingresso do assistente no processo, como se verá dos comentários seguintes, é caso típico de intervenção voluntária de terceiro, mesmo na hipótese em que o assistente é considerado litisconsorte da parte principal (art. 54 do C.P.C. de 1973). Assim, figura a assistência na Ordenação alemã (§66), na austríaca (§17), no Código Italiano (art. 105, segunda parte do caput e alínea) e em inúmeros outros. Os autores franceses, unanimemente, distinguem a intervenção do litisconsórcio; aquela jamais se fragmentaria para colocar-se uma espécie de intervenção em capítulo próprio e outra no mesmo capítulo do litisconsórcio".[442]

A assistência processual, segundo Ovídio Baptista, é observada por dois ângulos distintos, uma chamada de assistência adesiva simples e outra de adesiva litisconsorcial.

Denomina-se *assistência qualificada ou litisconsorcial*, aquela que a intervenção do terceiro se justifica porque o direito em litígio é do assistido, mas também do assistente, o qual teria legitimação para discuti-lo sozinho ou em litisconsórcio com outros co-titulares dele. (Exemplo, a demanda proposta pelo condômino de um imóvel para reivindicá-lo de quem possua injustamente e na qual outro

---

[442] TORNAGHI, Hélio. *Comentários ao código de processo civil.* 2ª ed., São Paulo: Ed. Revista dos Tribunais, 1976. p.,222.

ART. 119

condômino pretende ser assistente). Nesse caso o direito que se discute contra o réu é do autor mas também do assistente. Da mesma forma a intervenção do fiador na relação jurídica existente entre o credor e o devedor.

Denomina-se *assistência simples* o instituto que disciplina a participação de terceiro num processo alheio (há um direito de terceiro, sendo o direito do assistido um outro) a fim de auxiliar uma das partes quando caracterizado o interesse jurídico na vitória da parte assistida. Sempre que a decisão no processo do assistido possa beneficiar ou prejudicar o assistente em seu interesse jurídico, terá ele legitimidade para intervir no processo. Assim, é a relação que o terceiro tem com a parte que pode ser afetada pela sentença proferida contra a mesma que o autoriza a intervir no processo para assisti-la. Ex.: o sublocatário tem interesse em intervir na demanda existente entre locador e locatário.

Existindo uma causa pendente entre duas ou mais pessoas, pode ocorrer que um terceiro tenha interesse jurídico em que a sentença seja favorável a uma das partes, podendo ingressar no processo a fim de auxiliar o assistido na obtenção da vitória de sua pretensão. A essa intervenção voluntária do terceiro dá-se o nome de assistência.[443]

Os requisitos para que o assistente possa participar de uma determinada relação processual são:

a) A *existência de uma causa pendente*. Por causa deve ser entendida as demandas judiciais de qualquer espécie. Pode ser demanda que diga respeito a direitos patrimoniais, como não patrimoniais (ex. direito de família). Em regra é possível a intervenção do assistente em todos os processos onde haja sentença de mérito.

O art. 312 do novo C.P.C. aduz que se considera proposta a ação (demanda) quando a petição inicial for protocolada. A propositura da ação, todavia, só produz quanto ao réu os efeitos mencionados no art. 240 depois que for validamente citado.

Assim, somente se considerará *pendente uma causa* entre duas ou mais pessoas, quando o réu for devidamente citado, não bastando o mero protocolo da petição inicial;

b) *interesse jurídico do assistente na vitória do assistido* – O interesse jurídico pode ser entendido como sendo aquele interesse cujo o qual a decisão do processo pendente intervindo possa vir direta ou indiretamente a influenciar. Não basta, todavia, um interesse meramente ideal ou puramente econômico (exemplo, intervir numa demanda apenas para resguardar o patrimônio do devedor, do qual o assistente é credor). É necessário que haja entre o terceiro e a parte assis-

---

[443] BARBI, Celso Agrícola. *Comentários ao código de processo civil*. I Vol. Tomo I, (arts. 1 a 55). Rio de Janeiro: Forense, 1977. p. 19.

tida uma relação tal, não objeto da demanda, que a sentença a ser nela proferida venha influir na situação jurídica do terceiro. O interesse jurídico do terceiro restará configurado sempre que, na hipótese de derrota da parte assistida, tenha ele que temer uma ação de regresso. Além dos pressupostos específico, o assistente está sujeito aos demais pressupostos processuais. Assim, deve ter capacidade material, processual e postulatória.

Por sua vez, há uma hipótese legal em que basta o interesse econômico para que o assistido intervenha no processo. É a hipótese prevista no art. 5º, parágrafo único, da Lei n. 9.469/97:

> Art. 5º A União poderá intervir nas causas em que figurarem, como autoras ou rés, autarquias, fundações públicas, sociedades de economia mista e empresas públicas federais.
>
> Parágrafo único. As pessoas jurídicas de direito público poderão, nas causas cuja decisão possa ter reflexos, ainda que indiretos, de natureza econômica, intervir, independentemente da demonstração de interesse jurídico, para esclarecer questões de fato e de direito, podendo juntar documentos e memoriais reputados úteis ao exame da matéria e, se for o caso, recorrer, hipótese em que, para fins de deslocamento de competência, serão consideradas partes.

O art. 105 do C.P.C. italiano também trata da intervenção de terceiro não titular de um direito. Em comentário ao aludido dispositivo, anotam Comoglio, Ferri e Taruffo:

> "O terceiro pode intervir na causa também apenas para sustentar as razões de algumas das partes, havendo um interesse juridicamente apreciável, enquanto titular de uma relação jurídica conexa com aquela deduzida em juízo originariamente controvertida, ou dessa dependente. Em virtude de tal conexão ou dependência, pode surgir um prejulgamento do direito cujo terceiro entende-se titular, na hipótese de sucumbência da parte originária assistida....Antes de tudo, é indispensável estabelecer que, como o terceiro não faz valer um próprio e autônomo direito, não propõe uma demanda direta para fazer acertar a existência de uma própria situação subjetiva substancial, mas pede ao juiz simplesmente que acolha a demanda já interposta por uma das partes original. O terceiro parece portanto ser titular de uma relação juridicamente dependente daquela relação substancial deduzida em juízo. Individuada tal relação de dependência prevista na lei substancial, se pode deduzir que esta seja prejudicada dependendo do êxito ou não do acertamento; consequentemente, o terceiro pode ter interesse em participar no processo, em via preventiva, precedendo ao acertamento e à pronúncia da sentença, para evitar de assumir os efeitos (reflexos) que poderão prejudicar-lhe quando do trânsito em

ART. 119

julgamento da decisão. A jurisprudência teve o cuidado de precisar que o interveniente adesivo dependente não faça valer um qualquer interesse de fato mas um interesse juridicamente tutelável...".[444]

Sobre o tema, eis os seguintes precedentes do S.T.J.:

1. O instituto da assistência é modalidade espontânea, ou voluntária, de intervenção de terceiro, que reclama, como pressuposto, interesse jurídico que se distingue do interesse meramente econômico (Precedentes do STJ: REsp 1.093.191/PE, Rel. Ministro Benedito Gonçalves, Primeira Turma, julgado em 11.11.2008, DJe 19.11.2008; REsp 821.586/PR, Rel. Ministro Luiz Fux, Primeira Turma, julgado em 07.10.2008, DJe 03.11.2008; AgRg no Ag 428.669/RJ, Rel. Ministro Fernando Gonçalves, Quarta Turma, julgado em 19.06.2008, DJe 30.06.2008; AgRg na Pet 5.572/PB, Rel. Ministra Denise Arruda, Primeira Turma, julgado em 25.09.2007, DJ 05.11.2007; REsp 763.136/RS, Rel. Ministro Francisco Falcão, Primeira Turma, julgado em 04.10.2005, DJ 05.12.2005; EDcl nos EDcl no AgRg na MC 3.997/RJ, Rel. Ministra Eliana Calmon, Segunda Turma, julgado em 06.06.2002, DJ 05.08.2002).

2. O assistente luta pela vitória do assistido ou porque a sua relação jurídica é vinculada àquele, ou a res in iudicium deducta também lhe pertence. De toda sorte, além desses fatores, o assistente intervém porque a decisão proferida na causa entre o assistido e a parte contrária interferirá na sua esfera jurídica.

3. Doutrina abaliza pontifica que: "Somente pode intervir como assistente o terceiro que tiver interesse jurídico em que uma das partes vença a ação. Há interesse jurídico do terceiro quando a relação jurídica da qual seja titular possa ser reflexamente atingida pela sentença que vier a ser proferida entre assistido e parte contrária. Não há necessidade de que o terceiro tenha, efetivamente, relação jurídica com o assistido, ainda que isto ocorra na maioria dos casos. Por exemplo, há interesse jurídico do sublocatário em ação de despejo movida contra o locatário. O interesse meramente econômico ou moral não enseja a assistência, se não vier qualificado como interesse também jurídico." (Nelson Nery Júnior e Rosa Maria de Andrade Nery, in Código de Processo Civil Comentado e Legislação Extravagante, 9ª ed., Ed. Revista dos Tribunais, São Paulo, 2006, pág. 232).

4. In casu, a requerente, cessionária de créditos decorrentes do empréstimo compulsório sobre energia elétrica devidos à autora, formula pedido de ingresso na lide na condição de assistente litisconsorcial.

---

[444] COMOGLIO, Luigi Paolo; FERRI, Corrado; TARUFFO, Michele. *Lezinoni sul processo civile – I – il processo ordinario di cognizione.* Bologna: Il Mulino, 2006. p. 310 e 311.

CÓDIGO DE PROCESSO CIVIL

(...).
(AgRg no REsp 1080709/RS, Rel. Ministro LUIZ FUX, PRIMEIRA TURMA, julgado em 24/08/2010, DJe 10/09/2010)

(...).
2. Nos termos do art. 5º, caput, da Lei n. 9.469/97, "a União poderá intervir nas causas em que figurarem, como autoras ou rés, autarquias, fundações públicas, sociedades de economia mista e empresas públicas federais". Por outro lado, o § único do mencionado artigo proclama que "as pessoas jurídicas de direito público poderão, nas causas cuja decisão possa ter reflexos, ainda que indiretos, de natureza econômica, intervir, independentemente da demonstração de interesse jurídico, para esclarecer questões de fato e de direito, podendo juntar documentos e memoriais reputados úteis ao exame da matéria e, se for o caso, recorrer, hipótese em que, para fins de deslocamento de competência, serão consideradas partes".
3. Portanto, não se está diante de hipótese de litisconsórcio necessário, nem mesmo de assistência litisconsorcial. O mencionado dispositivo, ao explicitar a finalidade da intervenção – para esclarecer questões de fato e de direito, podendo juntar documentos e memoriais reputados úteis ao exame da matéria e, se for o caso, recorrer –, por exegese lógica, também deixa claro que se trata de intervenção ad coadjuvandum, ou seja, está--se diante de intervenção simples. Com efeito, conquanto a Lei n. 9.469/97 autorize a intervenção da União em feitos dessa natureza, esta receberá o processo no estado em que se encontra (art. 50, § único, do CPC), não havendo cogitar-se em recurso contra decisões proferidas antes de sua participação.
4. Por outro lado, nos termos do caput, do art. 50, do CPC, para a admissão da intervenção de terceiros na modalidade assistência simples, é antecedente necessário a existência de causa pendente, vale dizer, causa cuja decisão não transitou em julgado, circunstância não verificada na espécie. Em realidade, a sentença contra a qual a União manejou apelação – sentença de liquidação por arbitramento –, há muito, transitara em julgado, inexistindo, com isso, o aludido requisito.
5. Vale dizer, portanto, que a União não pode recorrer em processo onde não havia sua intervenção regular, porquanto o acórdão proferido em sede de liquidação de sentença já transitara em julgado, ficando-lhe ressalvada, contudo, a discussão futura quanto à justiça da decisão.
6. As matérias concernentes ao mérito do recurso restam prejudicadas.
7. Recurso especial não conhecido.
(REsp 708.040/RJ, Rel. Ministro LUIS FELIPE SALOMÃO, QUARTA TURMA, julgado em 19/02/2009, DJe 09/03/2009).

Por sua vez, estabelece o *parágrafo único* do art. 119 do novo C.P.C.: *A assistência será admitida em qualquer procedimento em todos os graus da jurisdição, recebendo o assistente o processo no estado em que se encontre.*

Pela regra estabelecida neste dispositivo, a assistência tem lugar em qualquer tipo de procedimento, ou seja, pode ocorrer no procedimento comum ou especial, bem como em todos os graus de jurisdição, inclusive no âmbito recursal.

Contudo, o assistente receberá o processo no estado em que se encontra, evitando-se assim verdadeiro tumulto no processo.

Para Celso Agrícola Barbi, a assistência também é possível em qualquer tipo de processo, inclusive o de execução.[445]

Por sua vez, ensina Hélio Tornaghi, *"Portanto, transitada em julgado a sentença, o ingresso como assistente perde a razão de ser. Por isso o art. 50 diz textualmente: 'Pendendo (sic. Desculpe-se o mal emprego do gerúndio) uma causa..." Na fase de execução, o terceiro somente poderá entrar no processo nos casos previstos em lei (v. arts. 1.046 e segs do C.P.C. de 1973) e já outras vestes"*.[446]

Art. 120

Não havendo impugnação no prazo de 15 (quinze) dias, o pedido do assistente será deferido, salvo se for caso de rejeição liminar.

Parágrafo único. Se qualquer parte alegar que falta ao requerente interesse jurídico para intervir, o juiz decidirá o incidente, sem suspensão do processo.

Impugnação ou não da assistência

Havendo pedido de intervenção do assistente, as partes poderão apresentar impugnação no prazo de quinze dias. Se não houver impugnação, o pedido do assistente será deferido, salvo se for rejeitado liminarmente.

Segundo estabelece o *parágrafo único do art. 120* do C.P.C., se qualquer das partes impugnar a intervenção da assistência sob fundamento de que ele não tem *interesse jurídico* para participar do processo como terceiro interessado a bem do assistido, o juiz admitirá a produção de provas, decidindo o incidente nos próprios autos e sem suspensão do processo.

---

[445] BARBI, C. A., op. Cit., p. 293.
[446] TORNAGHI, H. op. Cit. P. 225 e 226.

O art. 51, inc. I, do C.P.C. de 1973, na hipótese de impugnação de qualquer das partes por falta de interesse jurídico do assistente, determinava o desentranhamento da petição e da impugnação, a fim de que fossem autuadas em apenso. Havia, portanto, sob a égide do C.P.C. revogado, a instauração de um incidente apartado dos autos principais.

Segundo prescreve o art. 1015, inc. IX, do atual C.P.C., da admissão ou inadmissão de intervenção de terceiros, cabe o recurso de agravo de instrumento.

Porém, se a decisão da assistência for proferida pelo relator, em grau recursal, contra essa decisão caberá agravo interno.

SEÇÃO II – Da Assistência Simples

Art. 121

O assistente simples atuará como auxiliar da parte principal, exercerá os mesmos poderes e sujeitar-se-á aos mesmos ônus processuais que o assistido.

Parágrafo único. Sendo revel ou, de qualquer outro modo, omisso o assistido, o assistente será considerado seu substituto processual.

Do assistente simples

Segundo entende parte doutrina, como Greco Filho e Dinamarco, o *assistente simples* é, no sentido puramente processual, parte no processo, tanto quanto o são o autor e o réu. Segundo essa concepção, o terceiro permanece como pessoa estranha à demanda (que seria o ato pelo qual se provoca a tutela jurisdicional), tornando-se parte apenas no processo. O assistente simples é, assim, considerado como parte secundária, enquanto que o assistido seria parte principal. À essa concepção opõem-se Celso Agrícola Barbi, sustentando que o conceito de parte secundária ou acessória é vago, não apresentando significado nenhum.[447]

Há uma outra teoria, baseada na concepção de serem os sujeitos do processo divididos entre sujeitos principais e sujeitos secundários. No caso, o assistente simples seria também sujeito do processo, mas de natureza secundária. O assis-

---

[447] BARBI, C. A., op. Cit., p. 295.

ART. 121

tente seria sujeito do processo, mas não seria parte, dado que nada pede para si, nem contra ele é pedido.

O *assistente simples*, a despeito de atuar com função assemelhada a das partes assistidas, não é parte, pois seu ingresso como parte exigiria pressupor o surgimento de uma nova relação processual, um novo processo, sem a causa originária do mesmo, qual seja, a demanda.

Tendo em vista que o assistente não é parte processual e não estando diretamente sujeito à decisão, pode por isso mesmo ser testemunha e não estará sujeito ao depoimento pessoal, bem como não será lhe retirado nada e nada lhe será concedido.[448]

Portanto, partes no processo são representadas por aquele que busca e por aquele contra quem se busca, em nome próprio, a tutela jurisdicional. O fato de o assistente participar de um processo, não o torna por isso menos estranho à relação processual, tampouco em sua atividade substitui ou representa a parte assistida, que continua nesta qualidade.

O assistente nada demanda para si, nem contra ele é demandado. Ademais, como no processo nada se pede contra o assistente, tampouco nada pede ele para si, não há o que possa ser deferido ou indeferido pelo juiz. Seu agir é sempre no sentido de auxiliar a parte.

Assim, a norma do art. 121 do novo C.P.C somente se aplica ao *assistente simples*, que não é parte no processo, e não ao *assistente litisconsorcial*.

Por isso o assistente simples atuará como auxiliar da parte principal, exercendo os mesmos poderes e sujeitando-se aos mesmos ônus processuais que o assistido.

Desta forma, poderá o assistente apresentar provas, impugnar atos da parte contrária, recorrer, promover o andamento do processo etc.

Dentre os direitos do assistente está o de ser intimado dos atos do processo. A falta de sua intimação impede que contra ele opere a preclusão, passando a ter direito a repetição do ato.

Contudo, sendo sua atividade secundária, não poderá praticar atos contrários ao do assistido, recorrer quando o assistido tiver recorrido e, em seguida, desistido, recusar perito aceito por aquele etc. Portanto, *"no acertado ensino de Lopes da Costa, a contradição entre os dois atos, o do assistente e do assistido – deve ser positiva: é necessária a existência de ato expresso do assistido para impedir a atividade do assistente; na dúvida, deve ser permitido o ato do assistente".*[449]

---

[448] ROSENBERG. Leo. *Tratado de derecho procesal civil*. Trad. Ângela Romera Vera. Tomo I. Buenos Aires: Ediciones Jurídicas Europa-América, 1955. p. 271.

[449] BARBI, C. A., idem, p. 296.

Segundo Nelson Nery Junior, *"pode o assistente simples: a) arguir qualquer matéria de ordem pública, a cujo respeito a lei impõe ao juiz o conhecimento de ofício; b) contestar a ação; c) alegar prescrição e decadência do direito do autor, ainda que não o tenha feito o réu assistido; d) arguir o impedimento do juiz; e) arguir a suspeição do juiz relativamente a ele assistente; f) arguir a inconstitucionalidade de lei ou ato normativo; g) praticar atos de andamento do processo; h) arguir a falsidade de documento; i) requerer e produzir provas em benefício da parte assistida; j) requerer diligências; l) participar ativamente da audiência de instrução e julgamento; m) interpor recursos, desde que o assistido não tenha renunciado ao poder de recorrer ou desistido de recurso já interposto; n) interpor recurso adesivo...*

Está proibido de praticar atos que digam respeito à lide entre as partes, como por exemplo: a) desistir da ação; b) aditar petição inicial ou contestação da parte assistida; c) reconvir; d) modificar a causa de pedir; e) alterar o pedido; f) ajuizar declaratória incidental; g) reconhecer juridicamente o pedido; h) renunciar ao direito sobre o qual se funda a ação; i) transigir sobre o objeto litigioso; j) confessar; l) prestar depoimento pessoal; m) opor exceção de incompetência, se o assistido réu não o fez no prazo de resposta".[450]

Em relação aos ônus, se o assistente requerer alguma diligência deverá arcar com as despesas processuais, e se o assistido for vencido o assistente será condenado em custas na proporção da atividade que tiver exercido. Já em relação aos honorários, entende Celso Agrícola Barbi que o assistente não fica sujeito à condenação, em caso de derrota do assistido, pois a este é que cabe pagá-los. Da mesma forma, em caso de vitória do assistido, o assistente não terá direito a que a sentença condene o vencido a pagar honorários de seu advogado.[451]

Para o direito alemão, segundo anota Rosenberg, o assistente não será condenado ao pagamento das custas se a parte assistida for vencida.[452]

O *parágrafo único* do *art. 121* do novo C.P.C. afirma que *sendo revel ou, de qualquer outro modo, omisso o assistido, o assistente será considerado seu substituto processual.*

Este dispositivo somente se aplica ao assistente da parte ré da relação jurídica processual e não da parte autora.

Se for declarada a revelia do assistido, o assistente será considerado seu substituto processual e não mais *gestor de negócio* como ocorria sob a égide do C.P.C. de 1973.

Assim, o assistente como substituto processual defenderá em nome próprio interesse alheio, no caso, o interesse do assistido.

---

[450] NERY JUNIOR, Nelson; ANDRADE NERY, Rosa Maria. *Código de processo civil comentado – e legislação processual civil extravagante em vigor,* 3ª ed. São Paulo: Editora Revista dos Tribunais, 1997. p.335.
[451] BARBI, C. A., op. Cit., p. 297.
[452] ROSENBERG, L., op. cit., p. 271.

ART. 122

A contestação do assistente simples deverá ser protocolizada no prazo da resposta, antes da decretação da revelia do assistido.

Art. 122
A assistência simples não obsta a que a parte principal reconheça a procedência do pedido, desista da ação, renuncie ao direito sobre o que se funda a ação ou transija sobre direitos controvertidos.

A assistência simples não interfere na disponibilidade da demanda
Este dispositivo, aplicável apenas ao *assistente simples*, vem confirmar a regra de que o assistente é mero auxiliar da parte principal, não podendo ser considerado parte da relação jurídica processual, mas apenas um terceiro que nela intervém.

Na realidade, o assistente pode suprir a omissão do assistido, mas jamais contrariar a participação ativa do assistido na relação jurídica processual, pois somente o assistido é parte desta relação.

Os poderes atribuídos ao assistente, mesmo identificando-se com os das partes, condicionam a prática de atos processuais primariamente com vistas a uma decisão favorável ao assistido e só reflexamente podem operar efeitos no seu próprio interesse.

Nas hipóteses em que tanto o assistente como o assistido exercitam o mesmo ato processual, como por exemplo a interposição de recurso, repele-se a eficácia do ato do assistente e fala-se somente de peça auxiliar ao recurso do assistido. A eficácia do ato do assistente, no entanto, só se verifica possível nas hipóteses do ato do assistido ser ineficaz e na ausência de ato deste ou na ausência de contrariedade do mesmo. Lembre-se, o assistente é apenas mero auxiliar da parte assistida.

O assistente recebe a causa no estado em que se encontra, não podendo opor-se a eventuais renúncias, confissão ou reconhecimento do pedido já praticadas por parte do assistido, e mesmo posteriormente, dada a sua posição.

O assistente não pode praticar atos de disposição privativos da parte assistida. Os atos por ele praticados tendentes à alteração do pedido ou à concordância com a alteração do pedido formulado pela parte adversa, são ineficazes. Assim também os atos que impliquem em desistência ou limitação do pedido, compensação, acordo, renúncia não podem ser praticados pelo assistente.

Art. 123

Transitada em julgado a sentença no processo em que interveio o assistente, este não poderá, em processo posterior, discutir a justiça da decisão, salvo se alegar e provar que:

I – pelo estado em que recebeu o processo ou pelas declarações e pelos atos do assistido, foi impedido de produzir provas suscetíveis de influir na sentença;

II – desconhecia a existência de alegações ou de provas das quais o assistido, por dolo ou culpa, não se valeu.

Efeito da sentença transitada em julgado em relação ao assistente
Regra similar existe no art. 332º do C.P.C. português.

O art. 123 do novo C.P.C. somente confirma aquilo que há muito a doutrina vem declarando, ou seja, que o *assistente simples* não é parte da demanda, razão pela qual a autoridade que torna imutável e indiscutível a decisão de mérito não mais sujeita a recurso não atinge ao assistente aderente em determinadas circunstâncias.

Na realidade, segundo estabelece o art. 506 do novo C.P.C. a sentença faz coisa julgada às partes entre as quais é dada, não prejudicando terceiros.

Evidentemente que no caso de ser o terceiro um assistente simples, os efeitos da sentença serão mais qualificados do que o terceiro não interveniente. Contudo esse efeito não se iguala aos efeitos da coisa julgada material.

Conforme anota Celso Agrícola Barbi: *"O uso da expressão 'trânsito em julgado', no início do artigo, poderia induzir a pensar que se trata de instituto da coisa julgada, tal como regulado nos arts. 467 a 475 do C.P.C. de 1973. Mas, para afastar qualquer equívoco, basta notar que a coisa julgada visa a tornar imutável a parte dispositiva da sentença, aquela parte final em que o juiz decide sobre o pedido, excluídos expressamente os fundamentos dela, como se vê no art. 469, itens I e II do C.P.C. de 1973. Ora, isto não pode ser aplicável ao assistente, porque ele não faz nenhum pedido, nem contra ele é feito qualquer pedido; a parte dispositiva não se refere a ele e sim aos litigantes principais.*

A eficácia referida no artigo em exame difere da 'res judicata', por incidirem sobre coisas diferentes. Os doutrinadores alemães, analisando o significado do §68, dizem que se trata de 'eficácia da intervenção', ou 'efeito da intervenção' e não propriamente coisa julgada. Em nosso direito, essa expressão deve ser substituída por 'eficácia da assistência', porque a fórmula alemã vem do fato de naquele país não se usar a expressão 'assistência' e sim 'intervenção'.

Essa eficácia, todavia, tem alguma coisa em comum com o instituto da coisa julgada, porque ambas usam o mesmo meio, ainda que para chegarem a fins diferentes. A coisa jul-

gada visa a garantir ao vencedor da demanda o bem da vida, que lhe foi reconhecido pela sentença. Para isso, usa a técnica da imutabilidade, vale dizer, não admite que, em outro processo se discuta de novo a questão decidida, se, com isto, se desconhecer, ou diminuir, o resultado que o processo anterior trouxe ao vencedor, quanto ao bem de vida nele discutido.

Enquanto isto, a eficácia da assistência visa à economia processual, ao aproveitamento da atividade probatória desenvolvida na causa, e da apreciação que o juiz fez desses elementos. Para isto, o legislador usa também a mesma técnica de que lançou mão para a coisa julgada, isto é, da imutabilidade; mas esta não vai alcançar a parte dispositiva, e sim os motivos, a apreciação dos fatos que levaram à sentença na causa em que houve assistência".[453]

É importante salientar que essa vinculação do assistente à sentença somente se dá no que concerne à sua relação com o assistido e nos termos da demanda proposta pelo assistido, não atingindo, evidentemente, direito específico do assistente não inserido (e nem se poderia inserir) no processo.

Sobre os efeitos da sentença em relação ao assistente, anota Leo Rosenberg: *"A 'sentença' no processo principal se produz somente entre as partes, resolve somente sobre a relação jurídica que lhes diga respeito, não pesa senão sobre uma ou outra ou ambas as partes....*

Uma extensão da autoridade da coisa julgada ao interveniente aderente tem lugar somente em forma excepcional sobre a base de pressupostos especiais (veja-se infra, §151), e lhe dá então a posição do denominado interveniente aderente 'com litisconsórcio'. Porém a sentença, 'em relação ao interveniente aderente com sua parte principal (não com a dos seus adversários), tem o chamado 'efeito da intervenção' do §68: o interveniente aderente 'não pode discutir a exatidão da sentença' ditada contra a parte principal e não pode apresentar a 'exceção de gestão processual defeituosa (pouco importante na prática) mas apenas em forma limitada.

a) (...).

b) Os efeitos do §68 consistem em que a sentença do 'prévio processo' 'tal como há sido apresentado ao juiz', vale como justa em relação ao interveniente aderente em suas relações com a parte principal; porém não frente ao represente legal da parte principal (RG, 148, 322), e tampouco nas relações entre seu adversário e ele... Este efeito é certamente consequência da autoridade da coisa julgada da sentença, porém, não tem por objeto, como o do §322, a simples resolução sobre a relação jurídica discutida que serve de fundamento da resolução e a 'justa estimação dos fatos' (inclusive das relações jurídicas prejudiciais); porque sem isso não pode ser justa a sentença, e então não se limita ao importa da pretensão que se houvera alegado somente em parte no processo prévio...

---

[453] BARBI, C. A., op. Cit., p. 301 e 302.

No processo seguinte contra o interveniente aderente está o juiz submetido à apreciação das circunstâncias de fato e de direito 'em sua totalidade' – não somente as que foram desfavorável ao interveniente aderente – sobre as que se apoia a primeira sentença, ainda quando formem os fundamentos de outra pretensão que a do processo prévio, e não pode considerar, novas afirmações e meios de prova, que conduziriam a outra estimação e que já no processo prévio houvessem podido ser alegadas; enquanto pode estabelecer livremente e valor fatos que não foram submetidos a resolução no processo prévio".[454]

Sobre a questão da *justiça* ou *injustiça* da sentença, anota Celso Neves, citando Rocco: *"Ainda quando se cedesse à tese de Hellwig, acentua Rocco, mais adiante, seria inaceitável a distinção entre 'sentença justa1 – que satisfaz o direito de ação, declarando as relações jurídicas 'como elas são' – e 'sentença injusta' – que não satisfaz o direito de ação, declarando relações jurídicas 'como elas não são'. Vinculada ao conceito de ação como o direito a 'uma sentença favorável', essa distinção resulta de um confronto antijurídico, inadmissível na ordem jurídica. A função constitutiva de direitos da sentença injusta representa um fenômeno 'não previsto e não pretendido'pelo direito, um estado 'anormal' e 'patológico' da função jurisdicional que, em face do estado 'normal e fisiológico' dessa função, deve considerar-se exceção com que não se pode argumentar, sem subversão da ordem material das coisas. Nem se diga que o direito cuja existência, por erro, não foi declarada, possa sobreviver na ordem jurídica, em forma de obrigação natural, com os efeitos específicos 'soluti retentio'".*[455]

Por sua vez, Liebman, ao tratar da autoridade da coisa julgada e da eficácia da sentença em relação a terceiros, assim ensinou: *"A sentença pode ser contrária à lei por motivos muito diferentes. Antes de tudo, o juiz lhe pode ter violado as disposições, no cumprimento de sua atividade, o que se verifica, entre outras coisas, quando a tenha pronunciado, não obstante a falta dos pressupostos processuais; além disso, pode ter deixado de observar as prescrições de forma relativas à própria sentença (arts. 360 e 361 do Cód. De Proc. Civil italiano). Em todos esses casos ocorre 'nulidade' da sentença. Mas pode a sentença ser contrária à lei quanto ao conteúdo, o que produz a sua 'injustiça'. A nulidade infirma a sentença como 'ato' final do processo e, em consequência – salvo o caso de ser o vício tão grave que produza uma nulidade radical e absoluta – só se pode fazer valer no mesmo processo com os recursos estabelecidos pela lei, unicamente pelas partes, que são os sujeitos da relação processual, e, portanto, as únicas pessoas lesadas pela nulidade e interessadas em obter a reparação. A 'injustiça', pelo contrário, diz respeito à sentença como julgamento, e pode depender tanto do erro de direito como do erro de fato. Em todo caso, é a vontade concreta do Estado diversa da declarada, e pode a sentença, por isso, prejudicar injustamente a terceiro, cujo direito seja de qualquer modo conexo com a relação decidida.*

---

[454] ROSENBERG, L., op. cit., p. 273 a 275.
[455] NEVES, Celso. *Coisa julgada civil*. São Paulo: Editora Revista dos Tribunais, 1971. p. 337.

ART. 123

Quando se verifica tal, compete ao terceiro a faculdade de fazer valer e demonstrar o erro que vicia a decisão, a fim de repelir o efeito danoso para ele. Pode fazê-lo quando subsiste o erro objetivamente, embora não seja imputável ao juiz (por exemplo, ligado ao resultado de prova legal, confissão, juramento) e ainda que por ele sejam responsáveis as partes, por haver deixado que se operasse uma preclusão (por exemplo, decadência da prova testemunhal pelo decurso do prazo)".[456]

Na realidade, diante da atual vinculação do processo civil ao direito Constitucional, não se admite mais falar em sentença injusta, pois o princípio da efetividade da tutela jurisdicional não admite para efeitos constitucionais de existência de uma sentença injusta.

Quando o dispositivo não permite que o assistente questione a justiça da decisão, não significa que a regra processual esteja dando guarida à prevalência de sentença injusta, mas, sim, que pela função do assistente no processo e da sujeição dos efeitos da sentença, deverá ele aceitar como justa a sentença proferida entre as partes principais, salvo nas hipóteses do incs. I e II do mesmo dispositivo normativo. E o assistente somente poderá rediscutir o conteúdo da sentença transitada em julgado se alegar e provar que:

I – pelo estado em que recebera o processo ou pelas declarações e pelos atos do assistido, foi impedido de produzir provas suscetíveis de influir na sentença;

II – desconhecia a existência de alegações ou de provas das quais o assistido, por dolo ou culpa, não se valeu.

Tendo em vista que o assistente, ao ingressar no processo, o receberá no estado em que se encontra, poderá ocorrer que tal circunstância causará sérios danos ao princípio do contraditório ou da ampla defesa, demonstrando que possuiria provas suficientes para influir no resultado da decisão. O mesmo ocorrerá se as declarações ou atos do assistido puderem ser refutadas por provas importantes em seu poder, as quais não foram possíveis de ser apresentadas no processo.

Também poderá o assistido desvencilhar-se dos efeitos da sentença caso desconhecia a existência de alegações ou de provas que o assistido, por dolo ou culpa, não se valeu.

Entendo que esse dispositivo, conforme sua localização topológica, somente se aplica ao assistente simples e não em relação ao assistente litisconsorcial.

O assistente litisconsorcial, por não ser considerado interveniente secundário e acessório, pois a relação discutida entre o assistido e seu adversário também lhe pertence, somente poderá impugnar a sentença transitada em julgado por meio da demanda rescisória.

---

[456] LIEBMAN. Enrico Tullio. *Eficácia e autoridade da sentença*. Trad. Alfredo Buzaid e Benvindo Aires. 2. ed. Rio de Janeiro: Forense, 1981. p. 142 e 143.

CÓDIGO DE PROCESSO CIVIL

Sobre o tema, eis os seguintes precedentes do S.T.J.:

(...).

2. O assistente litisconsorcial não é interveniente secundário e acessório, uma vez que a relação discutida entre o assistido e o seu adversário também lhe pertence. O seu tratamento é igual àquele deferida ao assistido, isto é, atua com a mesma intensidade processual. Não vigoram, nessa modalidade, as regras que impõem ao assistente uma posição subsidiária, como as dos art.s 53 e 55 do diploma processual. (...) Por essa razão, a atuação do assistente qualificado é bem mais ampla do que a do assistente simples. No que concerne aos atos benéficos e atos prejudiciais praticados pelo assistido, aplica-se o regime do litisconsórcio unitário; por isso, a priori, não se admite que o assistente litisconsorcial seja prejudicado por uma total liberalidade daquele." (Luiz Fux, in, Curso de Direito Processual Civil, Editora Forense, 3ª Edição, pág. 281/282).

3. O ingresso do sub-rogado no feito, de forma qualificada, como um verdadeiro litisconsorte, não é interditado, cuja atividade não se subordina à do assistido, porquanto a sentença homologanda interfere na relação jurídica que envolve o assistente e o adversário do assistido, uma vez titular de direitos relativos àquela lide, por ter arcado com as despesas necessárias tanto ao reparo dos danos causados à aeronave quanto ao deslocamento e à acomodação dos passageiros que se encontravam a bordo da mesma.

4. In casu, a homologação refere-se exatamente à sentença estrangeira, a qual considerou exequíveis as disposições sobre a responsabilidade limitada e escolha de regência de lei com fundamento em contrato firmado entre as partes litigantes, designado nos autos de "GTA" – General Terms Agreements (Contratos em termos gerais), no qual a VARIG S/A adquiriu da GE, dentre outros bens, um motor de aeronave modelo CF6- -80C2B2, com número de série nº 690165.

(...).

(SEC .646/US, Rel. Ministro LUIZ FUX, CORTE ESPECIAL, julgado em 05/11/2008, DJe 11/12/2008)

(...).

3. O assistente litisconsorcial detém relação de direito material com o adversário do assistido, de modo que a sentença que vier a ser proferida, em relação a ele, constituirá coisa julgada material.

Assim, não há como afastar a legitimidade passiva ad causam do recorrente.

4. Recurso especial conhecido em parte e não provido.

(REsp 623.055/SE, Rel. Ministro CASTRO MEIRA, SEGUNDA TURMA, julgado em 19/06/2007, DJ 01/08/2007, p. 434)

SEÇÃO III – Da Assistência Litisconsorcial

Art. 124
Considera-se litisconsorte da parte principal o assistente sempre que a sentença influir na relação jurídica entre ele e o adversário do assistido.

Assistência litisconsorcial
Na *assistência simples*, o assistente somente possui relação jurídica com a parte assistida, não possuindo qualquer relação com a parte contrária, pois se também tivesse relação jurídica com a outra parte poderia ser considerado litisconsorte e não assistente.

Por sua vez, quando o assistente tiver uma relação jurídica com o adversário do assistido, e a sentença influir nesta relação, o assistente será considerado litisconsorte da parte principal.

É, por exemplo, o caso do fiador. O fiador garante o devedor numa relação jurídica de direto material, mas também possui relação jurídica com o credor, pois a este se vinculou por meio de um contrato de fiança.

Neste caso, se o fiador intervier numa demanda existente entre o credor e o devedor, e se a sentença nesta demanda também influir na relação jurídica entre o credor e o assistente, poderá ele intervir no processo como litisconsorte da parte principal.

Na denominada *assistência litisconsorcial*, o objeto da demanda que se discute é também do assistente. Já na *assistência simples*, o objeto da demanda diz respeito apenas às partes da relação jurídica processual.

Conforme anota Celso Agrícola Barbi, *"apesar de considerado litisconsorte, na realidade o assistente não se torna parte, no sentido completo da palavra. Mas, dada a natureza especial do seu interesse na causa, lhe são reconhecidos poderes muito mais amplos do que os conferidos ao assistente simples; pode ele, pois, praticar todos os atos necessários à defesa do direito, como apresentar provas, fazer alegações e impugnações, recorrer etc. Pelos motivos já expostos, pode ele até mesmo praticar atos em oposição aos do assistido, como recorrer, quando este renuncie ao recurso etc....*

A análise da doutrina dominante mostra que o assistente qualificado, somente, não é considerado parte porque não pode fazer pedido; mas é considerado litisconsorte, isto é, parte, em tudo o que se refira à defesa do direito e tem, para isso, os mesmos poderes do assistido. Nesses casos, a assistência assume característica de litisconsórcio unitário, de modo

CÓDIGO DE PROCESSO CIVIL

que, para proteção do direito do assistente considerado litisconsorte, devem ser aplicadas as considerações feitas no n. 312, supra".[457]

Em relação ao *assistente litisconsorcial*, anota Leo Rosenberg:

"a) Conceito. Há intervenção por adesão de litisconsorte, quando entre o interveniente aderente e a parte contrária (não a principal) existe uma relação jurídica para a qual produz efeitos a resolução do processo principal (§69); seja porque o interveniente aderente pertence às pessoas para ou contra as quais 'surte efeito de coisa julgada' a sentença (não somente segundo o direito civil), mas além das partes da controvérsia (ver §155), como, por exemplo, de acordo com a ZPO, §§ 325-27; BGB, §§ 1380, in. 2; 1400, I, etc. (exceção: ZPO, §265, II, 3 e na forma correspondente BGB, §§407, II; 408) ou é eficaz de outro modo, por exemplo, para a execução forçada, como é o caso da Casada em regime de comunhão de bens, de acordo com a ZPO, §740 (RG, 108, 132); seja porque a sentença 'tem efeito constitutivo para todos e contra todos.

Exemplos: Sentenças sobre indignidade hereditária, declaração de ilegitimidade de nascimento (DR, 1944, 914), impugnação e levantamento de uma interdição (RG, 108, 133), sobre dissolução de uma sociedade de responsabilidade limitada (GmbHG, §61, RG, 164, 130-131), sobre impugnação da resolução de uma sociedade ilimitada (RG, 93,32) ou de uma sociedade por ações (AktG, §199; RG 164, 132), etc.

b) Efeitos. O interveniente litisconsorte apresenta uma dupla posição: equivale a um 'litisconsorte' da parte principal no sentido do §69 (RG, 93, 32; 108, 134); porém não será litisconsorte real, isto é, parte principal, senão que é e se mantém coadjuvante do litígio da parte a que se adere.

b.1) Como interveniente aderente gestiona uma 'controvérsia alheia', por isso não pode modificar a demanda, nem desistir dela; tampouco alegar médios de ataque ou defesa por direito próprio (RG, 164, 131), nem inserir demanda de declaração incidental, nem reconvenção; não pode reconhecer nem dar quitação de nada, pois a sentença se dita somente para e contra as partes, e somente sobre sua relação jurídica. Com a mesma extensão e os mesmos efeitos de um aderente comum, pode executar e receber todos os atos processuais, porém também somente os que a este correspondem, por exemplo, notificar uma sentença ditada se é plenamente favorável à parte principal (RG, 108, 134); e está sujeito como aquele à situação da controvérsia no momento de sua intervenção, em particular a um prazo de recurso já em curso (RG, 93, 32).

b.2) Porém equivale, posto que é afetado pela sentença, ao 'litisconsorte 'necessário', (§§61 e 62); isto é, seus atos surtem o mesmo efeito que os das partes, por isso também em contradição com as atuações e declarações da parte principal (RG, 164, 132); por isso, no caso de ausência ou silêncio da parte principal, pode reconhecer a pretensão ou renunciá-la

---

[457] BARBI, C. A., op. cit., p. 300.

ART. 124

e mediante sua oposição impedir os efeitos ao reconhecimento, renúncia ou confissão etc da parte principal (veja-se 'infra', §95, III). As resoluções judiciais devem ser-lhe notificadas; desde a notificação da sentença a ele o por ele corre para ele um prazo próprio de oposição ou recurso independentemente do da parte principal (RG, 108, 135); pode interpô-los, ainda quando a parte principal não o queira e solicite desistência (DR, 1944, 914); ou não pode fazê-lo porque há renunciado a eles ou há deixado transcorrer o prazo; e se seu adversário omite, frente a ele, oposição ou recurso, ou os retira ou renuncia a eles, será a sentença do todo não mais impugnável (JW, 1910, 821). A reposição pode solicitá-la somente por causas que correspondam à sua pessoa. Sua morte ou a abertura de concurso sobre seu patrimônio, etc (§§239 e ss.), interrompem o processo. Para a aclaração de circunstâncias de fato pode solicitar seu comparecimento pessoal (§139, veja-se infra, §63, II, 3 a, b). Será ouvido como parte (§§445 e ss.), não como testemunha. As custas da intervenção aderente serão consideradas como custas do processo principal, e se imporão como no caso do litisconsorte".[458]

Sobre o tema, eis os seguintes precedentes do S.T.J.:

(...)
2. Pode o ente público, que tenha participado da relação processual como recorrente, funcionar no processo como assistente litisconsorcial do recorrido, conforme dispõe o art. 5º, § 2º, da Lei nº 7.347/85:
(...).
(EDcl nos EDcl no REsp 768.642/SP, Rel. Ministro CASTRO MEIRA, SEGUNDA TURMA, julgado em 07/02/2008, DJ 20/02/2008, p. 128).

(...).
3. O assistente litisconsorcial detém relação de direito material com o adversário do assistido, de modo que a sentença que vier a ser proferida, em relação a ele, constituirá coisa julgada material.
Assim, não há como afastar a legitimidade passiva ad causam do recorrente.
4. Recurso especial conhecido em parte e não provido.
(REsp 623.055/SE, Rel. Ministro CASTRO MEIRA, SEGUNDA TURMA, julgado em 19/06/2007, DJ 01/08/2007, p. 434)

(...).
4. Alínea "c". Apesar de realizado o cotejo analítico, não resta identificada a similitude das teses confrontadas. Analisado o acórdão paradigma (REsp 337805/PR),

---

[458] ROSENBERG, Leo. *Tratado de derecho procesal civil.* Trad. Ângela Romera Vera. Tomo I. Buenos .Aires: Ediciones Jurídicas Europa-América, 1955. p. 277 e 278.

CÓDIGO DE PROCESSO CIVIL

vê-se que trata-se da tese da impossibilidade de intervenção do particular como assistente litisconsorcial no procedimento sumário da desapropriação quando ausente interesse real.

5. Ao tempo em que o acórdão recorrido trata da possibilidade de assistência simples naquele procedimento, o que, muito embora possam ser institutos parecidos, trazem consequências diversas, pois, ao se falar da sentença em que interveio assistente litisconsorcial, ocorre para este a chamada eficácia preclusiva da coisa julgada, não ocorrendo para o assistente simples.

Recurso especial não-conhecido.

(REsp 774.777/MT, Rel. Ministro HUMBERTO MARTINS, SEGUNDA TURMA, julgado em 06/03/2007, DJ 20/03/2007, p. 260)

CAPÍTULO II - Da Denunciação da Lide

Art. 125

É admissível a denunciação da lide, promovida por qualquer das partes:

I – ao alienante imediato, no processo relativo à coisa cujo domínio foi transferido ao denunciante, a fim de que possa exercer os direitos que da evicção lhe resultam;

II – àquele que estiver obrigado, por lei ou pelo contrato, a indenizar, em ação regressiva, o prejuízo de quem for vencido no processo.

§1º O direito regressivo será exercido por ação autônoma quando a denunciação da lide for indeferida, deixar de ser promovida ou não for permitida.

§ 2º Admite-se uma única denunciação sucessiva, promovida pelo denunciado, contra seu antecessor imediato na cadeia dominial ou quem seja responsável por indenizá-lo, não podendo o denunciado sucessivo promover nova denunciação, hipótese em que eventual direito de regresso será exercido por ação autônoma.

Denunciação da lide ou em garantia

O anteprojeto do novo C.P.C. originariamente encaminhado ao Senado Federal extinguia a denunciação da lide como instituto processual autônomo, conforme era previsto no C.P.C. de 1973. A denunciação da lide teria sido inserida como uma das hipóteses contidas no chamamento ao processo, conforme estabeleciam os artigos 330 e 331 do anteprojeto, a saber:

> *"Art. 330. Também é admissível o chamamento em garantia, promovido por qualquer das partes:*
> *I – do alienante, na ação em que é reivindicada coisa cujo domínio foi por este transferido à parte;*
> *II – daquele que estiver obrigado por lei ou por contrato a indenizar, em ação regressiva, o prejuízo da parte vencida.*
> *Art. 331. A citação do chamado em garantia será requerida pelo autor, em conjunto com a do réu ou por este no prazo da contestação, devendo ser realizada na forma e prazo do art. 328.*
> *Parágrafo único. O chamado, comparecendo, poderá chamar o terceiro que, relativamente a ele, encontrar-se em qualquer das situações do art. 330.*
> *Art. 332. A sentença que julgar procedente a ação decidirá também sobre a responsabilidade do chamado".*

Contudo, a Emenda n. 128 do Senador Marconi Perillo aprovada pelo relator do Projeto de Lei n. 166/10, no Senado Federal, introduziu no novo C.P.C. uma nova Seção ao Capítulo V do Livro II, com cinco artigos, viabilizando a repristinação da denominada *denunciação em garantia*, agora denominada novamente como *denunciação da lide*, como nova modalidade de intervenção de terceiros autônoma. Segundo o proponente, a *denunciação em garantia* (da lide) permite ao réu provocar no mesmo processo a formação de uma segunda demanda – embora de caráter regressivo, contra quem esteja obrigado a reembolsá-lo, seja nas ações reais ou obrigacionais.

O direito italiano denomina a denunciação da lide como *chiamata in garanzia*.

Sobre a *chiamata in garanzia*, ensina Sydney Sanches: *"Calamandrei, estudando o chamamento à autoria – 'chiamata in garanzia', no direito italiano, já ponderava que a obrigação de garantia se desdobra em duas obrigações: a de prestação de um serviço e a de prestação de uma indenização pecuniária. Por isso mesmo, via na ação de garantia duas ações distintas: a ação de defesa em juízo, relacionada com a obrigação principal; e a ação de ressarcimento, 'o come più specialmente si chiama, l'azione di regresso, o di rivalsa', voltada para a execução da obrigação subsidiária: 'Azione di regresso, perchè per mezzo di essa il garantito si rivolge contra il garante, como il terzo si è mosso contro il garantito, così il garantito si muove a sua volta contra il garante, per ritorcer contro di lui le conseguenze dannose dell'attività del terzo. La parola viene dal latino, ov era specificamente usata nello stesso senso: v. per es., 1.1, D. De evict, XXI, 2. Azzione di rivalsa, perchè per mezo di essa il*

CÓDIGO DE PROCESSO CIVIL

garantito si rivale sulgarante, ch'è il vero responsbile, dei dan dall' attività del terzo derivati a lui garantito'.

Sérgio La China examina, ainda no Direito italiano, os vários significados do termo 'regresso', inclusive na obrigação solidária, na do subempreiteiro perante o empreiteiro, na relação de transporte cumulativo por dois veículos, na obrigação alimentar, na pluralidade de seguros, no relacionamento cambiário. Detém-se um pouco mais nas obrigações solidárias e depois traça um confronto entre o regresso e situações similares, como o direito de reembolso do usufrutuário, que realize despesas extraordinárias e tem direito de se reembolsar pelo proprietário; como no caso do comunheiro que, em caso de desídia dos outros participantes ou do administrador, realiza despesas necessárias para conservação da coisa; como no caso do coerdeiro, que paga despesas de interesse dos demais co-herdeiro; como no caso do gestor de negócios, que efetua despesas em favor daquele cujo interesse está gerindo; como no caso do mandatário, que realiza despesas para cumprimento de obrigações assumidas em nome do mandante. Põe em dúvida a possibilidade de se identificar a ação de garantia com a ação de regresso e sustenta que este não existe apenas entre co-devedores solidários. Lembra que magistrados e advogados, que são técnicos em direito, dão à expressão 'regresso' um significado extremamente genérico, corrente, aliás, no meio forense e judiciário. Se assim é – diz ele – é porque a imprecisão é da lei e não dos intérpretes...

Mas o que nos parece muito expressivo, no estudo de La China, no ponto que aqui mais nos interessa, é um desalento desabafo, que reproduzimos: 'In definitiva, il regresso non è un vero concetto, netto e indivisibile; non è un istituto, non una definizione; è solo una genérica etichetta, una parolla buona a molteplici usi, una mera allusione al dato, grossolanamente osservato e descrito, del rivolgersi all'indietro verso qualcun altro, in consequenza di una certa vicenda anteriore e diretta. Davvero la parola non suggerisce nula più di quanto letteralmente esse vale: un regredire, un indietreggiare, come un rivolgersi a taluno che si segue, in contrapposto all'aggire diretto di chi sta a fronte. Più di questa semplice immagine, da linguagio comune, la parola no dà; e si capisce dunque perchè il uso anche legislativo sai così promiscuo'. Lembra ainda o autor italiano que uma decisiva tomada de posição, no sentido de negar que o regresso constitua uma distinta e real categoria jurídica se deve a Rubino.

Entre nós, Araújo Cintra aceita a assertiva de La China, aplicando-a ao inc. III do art. 70 do CPC brasileiro, quando diz que essa terceira hipótese é ampla, 'compreendendo inúmeras situações díspares e distintas, que se reúnem sob a 'generica etichetta denominada regresso''.[459]

Segundo aduz Sydney Sanches, comentando a denunciação da lide sob a égide do C.P.C. de 1973, o legislador brasileiro não definiu, nem simplesmente conceituou o direito regressivo ou a ação regressiva. Mas não deixou de empre-

---

[459] SANCHES, Sydney. *Denunciação da lide no direito processual civil brasileiro.* São Paulo: Editora Revista dos Tribunais, p. 101 e 102.

ART. 125

gar a expressão em vários artigos de lei, como, por exemplo, o direito regressivo das pessoas jurídicas de direito público contra seus servidores em caso de dolo ou culpa; ação regressiva contra terceiro que culposamente tenha provocado o estado de necessidade etc.[460]

Sobre a *chimiata in garanzia* anotam Comoglio, Ferri e Taruffo:

"De particular relevo e interesse, também para os aspectos de práxis judiciárias, é a 'chiamata in garanzia', fato jurídico sumariamente disciplinado pelo art. 106 do c.p.c. italiano. O instituto encontra suas premissas no direito substancial, posto que um sujeito sucumbente em juízo tem o direito, segundo estabelece a norma substancial, de ser indenizado pelos efeitos que a sucumbência produz: o garantido tem uma pretensão em relação ao garante, razão pela qual o chama em juízo para fazer fluir sobre sua posição os efeitos próprios negativos da sentença. Deseja-se estender o efeito da sentença em relação ao terceiro garante, requerendo que se declara o seu direito de ser indenizado pelas consequências e dos efeitos derivantes da demanda proposta contra ele. Trata-se de uma conexão objetiva, própria de garantia, que tem lugar quando uma das partes da causa principal, ou seja, o garantido, propõe uma demanda em relação ao terceiro garantidor, fundada sob uma relação de garantia real substancial (como no caso da relação fidejussória). O garantido réu em juízo, faz valer um direito substancial em relação ao terceiro, no âmbito do processo já instaurado.

É tradicional, ainda que por certos aspectos incerta, a distinção entre dois tipos de garantia: própria e imprópria. A primeira encontra o seu fundamento na mesma relação jurídica substancial deduzida na causa (por exemplo, no caso de garantia por vícios da obra... ou de garantia por evicção prevista em decorrência da coisa vendida (art. 1483), enquanto que a garantia denominada imprópria tem lugar em fato jurídico no qual a conexão é meramente extrínseca e pode surgir de acordo ou de simples fatos Neste caso, não se trata portanto de uma única relação jurídica substancial, mas de conexão de pretensão, cuja a proposição de uma demanda em relação a um sujeito permite a este de propor por sua vez uma outra demanda em relação a um terceiro. A relação principal e aquela de garantia são fundadas em diversos títulos e fatos jurídicos, tratando--se de causas distintas e cindível: típico é o caso das vendas realizadas em cadeia, onde qualquer dos sucessivos adquirentes age em garantia para o ressarcimento dos danos por causa dos vícios da coisa vendida. O 'dettagliante' age em relação ao revendedor, o revendedor por sua vez em relação a outros revendedores ou do produtor: as relações jurídicas são distintas mas unidas por um nexo extrínseco dado pelas circunstâncias de que o mesmo bem é objeto de mais contratos de comprova e venda.

---

[460] SANCHES, S., idem, p. 104 e 105.

Se se está em presença de uma garantia imprópria, por exemplo, o comprador de um automóvel cita para comparecer em juízo, pelos vícios do veículo, em garantia, a sociedade concessionária autorizada pela revenda e esta chama para a causa a empresa construtora do veículo, sendo que esta alega a subsistência de um contrato de concessão distinto e autônomo em relação àquele da venda. Outra hipótese de garantia imprópria bem individuada pela jurisprudência, ocorre com o contrato de seguro, posto que o segurado pode chamar em juízo a seguradora exercitando o direito que nasce do contrato no caso de serem verificadas prejuízos ou eventos danos na sua esfera jurídica".[461]

Observa-se que o novo C.P.C. seguiu a perspectiva da doutrina italiana, diferenciado nos incisos do art. 125 as duas espécies de garantia própria e imprópria.

O *inc. I do art. 125* do novo C.P.C. (Garantia própria) estabelece que a denunciação da lide tem lugar no caso *do alienante imediato, no processo relativo à coisa cujo domínio foi transferido ao denunciante, a fim de que possa exercer os direitos que dá evicção lhe resultam.*

Assim, havendo a transferência do domínio de um bem móvel ou imóvel a uma das partes, esta poderá exercer seu direito de *evicção denunciado a lide* ao alienante imediato.

Entende-se por evicção uma forma de garantia, um elemento natural dos contratos onerosos decorrente dos contratos em que haja obrigação de transferir o domínio, posse ou uso de uma determinada coisa.[462]

Diante da evicção, cabe ao alienante resguardar o adquirente dos riscos por ela produzidos, todas as vezes em que não se tenha excluído tal responsabilidade.[463]

Marcelo Planiol e Jorge Ripert afirmam que o Código civil francês (art. 1.625) apresenta a obrigação de saneamento para o caso de evicção como uma consequência da obrigação que pesa sobre o vendedor de conferir ao comprador a posse pacífica. Este seria o ponto de vista romano, referente à época em que a obrigação essencial do vendedor consistia em assegurar ao comprador a posse pacífica da coisa vendida. Contudo, a concepção de venda há sido alterada; a transferência da propriedade há substituída a posse pacífica; apesar disso, a obrigação de garantir contra a evicção subsistiu. Assim, se o vendedor se obrigou a transmitir ao comprador a propriedade da coisa vendida, tem por obrigação, em primeiro lugar, em não fazer nada por si mesmo, que possa prejudicar

---

[461] COMOGLIO, Luigi Paolo; FERRI, Corrado; TARUFFO, Michele. *Lezioni sul processo ordinario civile – il processo ordinario di cognizione.* Bologna: Il Mulino, 2006. p. 313 a 314.

[462] SERPA LOPES, Miguel Maria. *Curso de direito civil.* Vol. III. 4ª Ed., rev. e atual. Rio de Janeiro: Livraria Freitas Bastos, 1964. p. 179.

[463] SERPA LOPES, M. M., idem, p. 179.

ART. 125

os direitos de usufruir e de uso que constituem a propriedade do comprador. Por sua vez, se o comprador for vencido na evicção, parcial ou total, ele vendedor é responsável pelas consequências que implica o não cumprimento de sua obrigação, ou seja, não há transmitido a propriedade prometida. Desta forma, a garantia para o caso de evicção decorre dos princípios gerais que presidem o cumprimento dos contratos.[464]

A evicção é uma garantia que decorre de qualquer contrato oneroso que tenha por objetivo a transmissão da propriedade ou da posse pacífica.

Assim, *"a obrigação de garantia na evicção se manifesta através destas três modalidades: a) obrigação negativa do transmitente de não turbar o comprador; b) obrigação positiva de o assistir e tomar a sua defesa, no curso de uma ação reivindicatória, ao ser chamado à autoria; c) obrigação, uma vez a evicção consumada, de reparar os prejuízos sofridos pelo comprador ou cessionário"*.[465]

E o direito que dá *evicção* que resulta à parte está devidamente regulamentado pelos arts. 447 a 457 do C.c.b.

É importante salientar que o art. 456 do C.C.b. foi revogado pelo art. 1.072, inc. II, do atual C.P.C.

O art. 73 do C.P.C. de 1973 estabelecia que *para os fins do disposto no art. 70, o denunciado, por sua vez, intimará do litígio o alienante, o proprietário, o possuidor indireto ou o responsável pela indenização e, assim, sucessivamente, observando-se, quanto aos prazos, o disposto no artigo antecedente.* Contudo, o art. 73 do código revogado não falava em citação, mas, sim, em intimação dos denunciados sucessivos, razão pela qual, segundo parte da doutrina (Arruda Alvim, Sydney Sanches etc), o código não quis permitir sucessivas ações incidentais de garantia ou indenização, mas apenas sucessivas intimações de terceiros para que ficassem cientes da existência da lide. Contudo, essa não era a posição da maior parte da doutrina, que anteviam a possibilidade denunciação da lide sucessivas (Moniz de Aragão, Athos Gusmão Carneiro, Pontes de Miranda, Araújo Cintra, José Frederico Marques, Hélio Tornaghi, Moacyr Amaral Santos etc).

Sobre as sucessivas denunciações da lide, assim já teve oportunidade de se manifestar o S.T.J.:

> *Processo civil. Denunciação da lide. Nulidade. Sucessivas denunciações da lide que, a despeito de não se justificarem, a luz do disposto no art. 70, iii, do cpc, foram admitidas, não sendo o caso de, ao ensejo do saneamento do processo, simplesmente proceder-*

---

[464] PLANIOL, Marcelo; RIPERT, Jorge. *Tratado practico de derecho civil.francês.* Trad. espanhola Mario Diaz Curz. Tomo X. Havana: Cultural S.A., 1946. p. 81 e 82.

[465] SERPA LOPES. M. M., op. cit., p. 179 e 180.

-se a revogação dos despachos de admissão. Anular o feito, porém, em detrimento da prestação jurisdicional já entregue, em caráter definitivo, na lide principal, para julgamento das demandas secundarias, quando manifestamente incabíveis as denunciações, implicaria perder de vista o fim útil do processo, o seu caráter instrumental.

Recurso especial não conhecido.

(REsp 43.049/PR, Rel. MIN. COSTA LEITE, TERCEIRA TURMA, julgado em 22/03/1994, DJ 01/08/1994, p. 18646)

Preceitua o §1º do art. 125 do atual C.P.C. que *o direito regressivo será exercido por ação autônoma quando a denunciação da lide for indeferida, deixar de ser promovida ou não for permitida.*

A questão doutrinária que se coloca diz respeito a não utilização pela parte da denunciação da lide para exercer o seu direito à evicção.

O art. 70 do C.P.C. de 1973 estabelecia que a denunciação da lide seria *obrigatória*, sendo, portanto, um ônus processual em contrapartida de um risco processual. É bem verdade que o referido dispositivo não estabelecia as consequências pela não denunciação, pelo menos no que concerne aos seus incisos II e III.

Segundo Sydney Sanches, comentando o inc. I do art. 70 do C.P.C. de 1973, *"pelo inciso I, a lide deve ser denunciada 'ao alienante, na ação em que terceiro reivindica coisa, cujo domínio foi transferido à parte, a fim de que esta possa exercer o direito que da evicção lhe resulta'. Vê-se, pois, que a denunciação da lide, nesse caso, é um 'ônus' da parte, sob o risco de não poder propor ação autônoma, se vier a sofrer a evicção, e, apesar disso, não denuncia a lide ao terceiro que por ela (evicção) seria responsável, está correndo o risco de não o poder responsabilizar em ação autônoma".*[466]

Sobre o tema assim decidia o S.T.J.:

> *1. Esta Corte tem entendimento assente no sentido de que "direito que o evicto tem de recobrar o preço, que pagou pela coisa evicta, independe, para ser exercitado, de ter ele denunciado a lide ao alienante, na ação em que terceiro reivindicara a coisa" (REsp 255639/SP, Rel. Min. CARLOS ALBERTO MENEZES DIREITO, Terceira Turma, DJ de 11/06/2001).*
>
> *2. Agravo regimental desprovido.*
>
> (AgRg no Ag 917.314/PR, Rel. Ministro FERNANDO GONÇALVES, QUARTA TURMA, julgado em 15/12/2009, DJe 22/02/2010)

---

[466] SANCHES, S., op. cit., p. 47.

O artigo 456 do Código civil de 2002 estabelecia: *Para poder exercitar o direito que da evicção lhe resulta, o adquirente notificará do litígio o alienante imediato, ou qualquer dos anteriores, quando e como lhe determinarem as leis do processo.*

Porém, o art. 456 do C.c.b. foi expressamente revogado pelo art. 1.072, inc. II, do atual C.P.C.

Essa regra também era prevista no art. 1.116 do Código Civil de 1916, que assim estabelecia: *"Para poder exercitar o direito, que da evicção lhe resulta, o adquirente notificará o litígio o alienante, quando e como lhe determinarem as leis do processo".*

Porém, parece-me que o art. §1º do art. 125 do novo C.P.C., c/c a revogação do art. 456 do C.c.b., expressamente estabeleceu que a *denunciação da lide* não é mais obrigatória, razão pela qual a sua não utilização no processo originário não caracteriza um ônus da parte, muito menos acarreta a decadência da postulação da indenização pela evicção em processo autônomo.

Portanto, se *a denunciação da lide for indeferida, deixar de ser promovida ou não for permitida*, o direito de regresso poderá ser postulado em demanda autônoma.

O *inc. II do art. 125* do novo C.P.C. (Garantia própria e imprópria) estabelece que a denunciação da lide tem lugar *àquele que estiver obrigado, por lei ou pelo contrato, a indenizar, em ação regressiva, o prejuízo de quem for vencido no processo.*

Se por lei ou contrato alguém se obriga a indenizar o prejuízo daquele que perder a demanda, poderá a lide ser denunciada ao garantidor.

Esta regra estava prevista no inc. III do art. 70 do C.P.C. de 1973, sendo que a doutrina entendia que não havia expressão indicativa de que a denunciação da lide seria a única através da qual se poderia exercer o direito à garantia ou à indenização, conforme o caso. Ao contrário, *"o confronto entre os incisos I, de um lado, II e III, de outro, o primeiro contendo a cláusula condicionante do exercício do direito à indenização (por evicção) ('a fim de que possa exercer o direito...") e os dois últimos não encerrando expressão análoga, firma a convicção de que nestes a falta de denunciação não implica em perda do direito à indenização".*[467]

O novo C.P.C., assim como já observado em relação ao inc. I do art. 125, não estabelece que a denúncia da lide com base no inc. II do mesmo dispositivo legal seja obrigatória, razão pela qual não há decadência no exercício do direito em garantia em demanda autônoma caso a parte não se utilize do instituto da denunciação da lide. E não ocorrendo perda do direito material (como, por exemplo, decadência), é possível a parte ingressar com a demanda de regresso autônoma.

---

[467] Sanches, S., op. cit., p. 49.

Evidentemente que, não tendo participado o terceiro no processo jurisdicional original, inclusive no âmbito da formação do título executivo judicial, fica o vencido sujeito aos riscos integrais de uma demanda autônoma (a que terá que propor contra o terceiro), razão pela qual toda a matéria de fato ou de direito, ventilada ou não na demanda originária, poderá ser reiterada ou levantada na ação autônoma, podendo até o vencido na primeira ficar igualmente vencido na segunda, o que, em princípio, não ocorreria se tivesse havido litisdenunciação.[468]

Portanto, pela nova roupagem processual não há um ônus de denunciação, mas mera faculdade.

Para o Min. Pedro Soarez Muñoz sempre deve prevalecer as regras de direito material em relação à sanção pela não notificação ou utilização da denunciação à lide, pois, *"quando à denunciação a lei substantiva atribuir direitos materiais (o caso da evicção, por exemplo) é ela obrigatória. Se apenas se visa o efeito processual de estender a coisa julgada ao denunciado é ela facultativa (para o denunciante). Para o denunciado, porém, os efeitos inerentes à intervenção de terceiro são sempre obrigatórios".*[469]

Assim, conforme já teve oportunidade de afirmar Humberto Theodoro Júnior, a obrigatoriedade do art. 70 do C.P.C. de 1973 decorria do direito material e não da lei processual. Da mesma forma entendiam Pontes de Miranda, Barbosa Moreira, Sérgio Sahoine Fadel, etc.

Pode-se citar como exemplos do inc. II do art. 125 do atual C.P.C.: a) a situação daquele que, não sendo culpado do perigo, em estado de necessidade, causa dano a outrem, podendo ingressar com ação regressiva contra aquele que gerou a situação de estado de necessidade; b) cedente de crédito em relação ao cessionário; ação regressiva do segurado contra o segurador

E no que consiste o direito de regresso? ou da denominada ação regressiva?

Segundo Sydney Sanches, *"para Pedro Orlando 'regresso' é o ato de demandar o que se transmitiu a um terceiro, como a coisa demandada, depois de ter já demandado com o terceiro... Ação regressiva, diz Pedro Nunes, é a faculdade que tem o titular de um direito, ou o credor de certa obrigação, de agir contra os responsáveis indiretos; a vítima de um dano, contra o Estado, por atos dos seus agentes; o fiador, para haver o que pagou pelo afiançado; o portador de um título cambiário, para voltar-se contra um obrigado subsidiário e dele receber a sua importância não paga (sacador de letra de câmbio, endossador na nota promissória e respectivos avalistas). Já o verbete 'regresso' afirma que se trata do direito e ação, subjetivamente considerada, que tem alguém de se voltar, por via judicial, contra a pessoa que, indiretamente, deve responder, perante ele, pelo cumprimento de certa*

---

[468] SANCHES, S., idem, p. 50.
[469] MUÑOZ, Pedro Soares. Da intervenção de terceiros no novo código de processo civil. In *Estudos sobre o novo código de processo civil*. Vol. I, pp. 21 a 22.

obrigação principal de terceiro, ou pela reparação de atos lesivos deste. Ou, então, no direito cambiário, direito e ação que tem o portador da cambial protestada, de haver dos obrigados subsidiários a importância do título e da conta de retorno, acrescida dos juros...Segundo De Plácido e Silva a ação regressiva se funda no direito de uma pessoa (direito de regresso) de haver de outrem importância por si despendida ou paga no cumprimento de obrigação, cuja responsabilidade direta e principal a ele pertencia.... os responsáveis pelas reparações consequentes de danos praticados por outrem, investem-se neste direito regressivo para reaver a soma despendida, causado. Exemplifica com o endossante de letra de câmbio, que paga o valor de uma letra ao portador do título, ficando com o direito de reaver do endossante que o antecede ou dos outros responsáveis (sacador e aceitante) o valor da importância despendida. Realça, porém, a necessidade do protesto cambiário. No Código Civil, arrola, dentre os que podem intentar ação regressiva: os incapazes contra seus representantes; o adquirente contra o vendedor; o condômino do imóvel contra os outros; os herdeiros entre si; o autor do dano contra terceiro culpado, o que pagou indevidamente contra o devedor verdadeiro culpado, o que pagou indenização contra o devedor verdadeiro e seu fiador; o não culpado contra o que deu causa à aplicação de pena".[470]

Deve-se fazer uma observação importante, no sentido de que o direito de regresso decorrente da fiança, da co-fiança e das obrigações solidárias não poderá ser exercitado por meio da denunciação da lide, mas, sim, do chamamento ao processo, previsto nos arts. 130 a 132 do novo C.P.C. Desta feita, se o fiador é demandado para pagar a dívida do afiançado, pode chamar este último ao processo nos termos do art. 130, inc. I, do novo C.P.C.

O chamamento ao processo também ocorre na hipótese em que o credor propõe a demanda apenas contra um ou alguns dos devedores solidários, deixando de fora os demais. Neste caso, pode o réu ou os réus chamarem ao processo os demais devedores, nos termos do art. 130, inc. III, do novo C.P.C.

Portanto, nestas hipóteses não há espaço para a ação regressiva incidental, mas de inclusão, na posição de corréus, do afiançado ou dos demais devedores solidários.

Na hipótese do inc. II do art. 125 do novo C.P.C. também há previsão de ação de regresso. Esta demanda é proposta por uma das partes contra o terceiro. Haverá neste caso duas demandas bem delineadas e distintas: a principal, entre as partes originárias, sendo uma delas a denunciante; e a incidental de regresso entre o denunciante e o garantidor. Pode-se dizer que se está diante de lides diversas, embora apreciáveis em uma única sentença.

---

[470] SANCHES, S., op. cit. p. 98 e 99.

Assim, salvo as hipóteses de chamamento ao processo, todas as demais hipóteses em que o terceiro é garantidor por lei ou pelo contrato em demanda regressiva, caberá a denunciação da lide ou em garantia nos termos do art. 125, inc. II do novo C.P.C.

É importante salientar que o art. 125 do novo C.P.C. não repetiu a hipótese prevista no inc. II do art. 70 do C.P.C. de 1973 que assim dispunha: *II – ao proprietário ou ao possuidor indireto quando, por força de obrigação ou direito, em casos como o do usufrutuário, do credor pignoratício, do locatário, o réu, citado em nome próprio, exerça a posse direta da coisa demandada.* Nessas hipóteses não cabe mais a denunciação da lide.

Por fim, estabelece o §2º ao art 125 do novo C.P.C. que se *admite uma única denunciação sucessiva, promovida pelo denunciado, contra seu antecessor imediato na cadeia dominial ou quem seja responsável por indenizá-lo, não podendo o denunciado sucessivo promover nova denunciação, hipótese em que eventual direito de regresso será exercido por ação autônoma.*

Assim, somente será admitida uma única vez a denunciação à lide num mesmo processo.

Se houver necessidade de outras denunciações sucessivas, essas deverão ser realizadas em ação autônoma.

Art. 126
A citação do denunciado será requerida na petição inicial, se o denunciante for autor, ou na contestação, se o denunciante for réu, devendo ser realizada na forma e nos prazos previstos no art. 131.

Citação do denunciado
Este dispositivo vem demonstrar que a denunciação pode ser perfectibilizada tanto pelo réu como pelo autor da demanda (ex. imagine-se ação reivindicatória, em que o autor denuncie a lide a quem lhe transmitiu o domínio).

Se a denunciação for requerida pelo autor, deverá formalizá-la junto com a petição inicial. Se for formulada pelo réu, a denunciação da lide em garantia deverá ser formalizada na contestação, devendo ser realizada na forma do art. 131 do novo C.P.C. que assim dispõe:

Art. 131. A citação daqueles que devam figurar em litisconsórcio passivo será requerida pelo réu na contestação e deve ser promovida no prazo de 30 (trinta) dias, sob pena de ficar sem efeito o chamamento.

ART. 126

Parágrafo único. Se o chamado residir em outra comarca, seção ou subseção judiciárias, ou em lugar incerto, o prazo será de 2 (dois) meses.

Assim, conjugando os dois dispositivos, pode-se afirmar que o pedido de citação do denunciado feito pelo réu poderá ser formalizado juntamente com a contestação.

Em se tratando de denunciação da lide, essa poderá ser formulada na mesma peça, ou seja, no âmbito da petição inicial ou, conforme afirma parte da doutrina, em peça separada, mas desde que preenchidos os requisitos da petição inicial. É necessário que o denunciante aponte os fundamentos de fato e jurídicos do pedido da demanda incidental de denunciação da lide, pois o pedido de denunciação há de demonstrar a existência de uma pretensão de direito material à prestação de garantia ou de indenização.

Para Athos Gusmão Carneiro: *"Formalmente, a denunciação da lide deve ser oferecida em petição própria, com os requisitos do art. 282 do C.P.C. de 1973. Não haverá maior inconveniente, todavia, em que seja redigida na mesma peça da petição inicial (na denunciação pelo autor) ou da contestação (na denunciação pelo réu) desde que obedecidos os requisitos mencionados, e formalmente destacada a denunciação".*[471]

Se o juiz indeferir a citação do denunciado, poderá o autor promover a demanda autônoma de regresso.

Se o juiz indeferir a petição inicial no que concerne à demanda principal, prejudicada estará a análise dos requisitos da petição inicial em relação à denunciação da lide.

É importante salientar que depois de citado o réu, em princípio não poderá mais o autor requerer a denunciação da lide ao terceiro. E isso tem por fundamento o fato de que o denunciado não somente se defende da denunciação, mas também tem a oportunidade de aditar a petição inicial da ação que o denunciante propôs contra o réu.

O art. 126 estabelece que a denunciação da lide deve ser formulada pelo autor ou pelo réu, razão pela qual não pode ser formulada de ofício pelo juiz.

De qualquer sorte, se o autor esqueceu de formular a denunciação da lide e o réu ainda não foi citado, poderá desistir da demanda, formulando outra com a inserção da denunciação da lide.

Segundo afirma Sydney Sanches, *"Nos procedimentos ordinários e especiais, se o réu, antes da citação, se faz representar nos autos, é tido por citado. E, então, a partir daí*

---

[471] CARNEIRO, Athos Gusmão. Denunciação da lide e chamamento ao processo. AJURIS, n. 21, pág. 24.

CÓDIGO DE PROCESSO CIVIL

começa a correr o prazo para sua defesa. E, consequentemente, também para denunciar a lide....

Se, antes de sua realização, já tiver denunciado a lide a terceiro, poderão ocorrer as hipóteses já consideradas.

Se for ré a Fazenda Pública, seu prazo para contestar é quadruplicado (art. 188) e, em consequência, também o da denunciação da lide (art. 71, 2ª parte)".[472]

Muito embora Sydney Sanches afirme que o curador especial não possa oferecer a denunciação da lide ou em garantia, o certo é que o curador especial deve proteger todos os interesses da pessoa que ele representa no processo, razão pela qual não se observa impedimento legal para que o curador especial ingresse com a denunciação em garantia, se isso for importante para a proteção dos direitos do denunciante.

Art. 127

Feita a denunciação pelo autor, o denunciado poderá assumir a posição de litisconsorte do denunciante e acrescentar novos argumentos à petição inicial, procedendo-se em seguida à citação do réu.

Denunciação feita pelo autor e posição do denunciado

Alguns autores entendem que na realidade não se trata de litisconsorte do denunciante mas sim mero assistente.

Conforme anota Arruda Alvim, se a denunciação da lide for requerida pelo autor e deferida pelo juiz, o processo ficará suspenso, e, consequentemente, suspensa será a citação do próprio réu da demanda. Assim, o denunciado poderá aditar a petição inicial do autor.[473]

Segundo Sydney Sanches, *"O art. 74 diz que o litisdenunciado pelo autor, comparecendo, poderá aditar a petição inicial. Não esclarece, porém, para que fim ou em que limites. Parece-nos que só para sanar deficiências de ordem processual (relativas à aptidão da inicial) e reforçar ou melhorar a exposição relativa à matéria de fato e de direito o que lhe parecer de interesse para o êxito da demanda. Não, porém, para ampliar, reduzir ou modificar o pedido propriamente (inc. IV do art. 282) porque não se concebe que o litisdenunciado possa deduzir em prol do litisdenunciante pretensões que este não quis ou não soube deduzir.*

---

[472] SANCHES, S., op. cit., p. 163.
[473] ALVIM, José Manoel Arruda. *Código de processo civil comentado.* Vol. III, São Paulo: Ed. Revista dos Tribunais, 1976. p. 290.

Não é seu mandatário, nem seu gestor de negócios. E também não tem pretensão própria a deduzir contra o adversário do denunciante".[474]

Evidentemente que muitas vezes, no caso da denunciação da lide feita pelo autor, o denunciado não pode ser considerado como litisconsorte (parte) na demanda existente entre autor e réu. Pense-se na hipótese em que o autor ingressa com ação reivindicatória e ao mesmo tempo realização a denunciação da lide àquele que lhe vendeu o bem. No caso, o denunciado pode não ter qualquer relação jurídica com o réu, sendo considerado terceiro na demanda original. Nesta hipótese, a natureza da assistência merece ser considerada.

Art. 128
Feita a denunciação pelo réu:

I – se o denunciado contestar o pedido formulado pelo autor, o processo prosseguirá tendo, na ação principal, em litisconsórcio, denunciante e denunciado;

II – se o denunciado for revel, o denunciante pode deixar de prosseguir com sua defesa, eventualmente oferecida, e abster-se de recorrer, restringindo sua atuação à ação regressiva;

III – se o denunciado confessar os fatos alegados pelo autor na ação principal, o denunciante poderá prosseguir com sua defesa ou, aderindo a tal reconhecimento, pedir apenas a procedência da ação de regresso;

Parágrafo único. Procedente o pedido da ação principal, pode o autor, se for o caso, requerer o cumprimento da sentença também contra o denunciado, nos limites da condenação deste na ação regressiva.

Denunciação feita pelo réu e posição do denunciado
Prescreve o *art. 128* do novo C.P.C. que feita *a denunciação pelo réu:*

I – se o denunciado contestar o pedido formulado pelo autor, o processo prosseguirá tendo, na ação principal, em litisconsórcio, denunciante e denunciado;

A citação do denunciado, nos termos do art. 131 do novo C.P.C., deve efetivar-se no prazo de trinta dias ou no prazo de dois meses caso o denunciado resida em outra comarca, seção ou subseção judiciária, ou em lugar incerto. O art. 72 do C.P.C. de 1973 estabelecia, respectivamente, os prazos de dez e trinta dias.

Em se tratando de citação por edital, o prazo a ser observado será dois meses. Deve-se ter em mente que ainda há o prazo do próprio edital.

---

[474] SANCHES, S., op. cit., p. 202.

CÓDIGO DE PROCESSO CIVIL

Em que pese o código não indique o prazo para que o denunciado conteste a demanda, este prazo deve ser o mesmo concedido ao réu nos procedimentos ordinários ou especiais.

Segundo estabelece o art. 227 do atual C.P.C., os litisconsortes que tiverem diferentes procuradores, de escritórios de advocacia distintos, terão prazos contados em dobro para todas as suas manifestações, em qualquer juízo ou tribunal, independentemente de requerimento.

O art. 186 do novo C.P.C. preconiza que a Defensoria Pública gozará de prazo em dobro para todas as suas manifestações processuais.

O art. 180 do novo C.P.C. aduz que o Ministério Público gozará de prazo em dobro para manifestar-se nos autos, que terá início a partir da sua intimação pessoal.

O art. 183 do novo C.P.C. estabelece que a União, os Estados, o Distrito Federal, os Municípios e suas respectivas autarquias e fundações de direito público gozarão de prazo em dobro para todas as suas manifestações processuais, cuja contagem terá início a partir da intimação pessoal.

O juiz deve indicar o prazo para que o denunciado apresente sua defesa, sob pena de nulidade da citação.

Citando jurisprudência do Tribunal de Justiça do Estado de São Paulo, anota Sydney Sanches: *"Por outro lado, quando a denunciação da lide é cabível, deve ser admitida mesmo que o denunciado tenha sido antes arrolado pelo denunciante como sua testemunha. O fato de ser parte (como denunciado) impede-o, obviamente, de ser simples testemunha. Sob outro enfoque, não pode ser testemunha aquele a quem a lide poderia ter sido denunciada, dado seu interesse no objeto do litígio (preposto de denunciante)"*.[475]

Aquele a quem a lide poderia ter sido denunciada e não o foi, poderá intervir no processo como assistente.

E se o denunciado, citado pelo autor, não comparecer ao processo. Não se pode esquecer que o denunciado sempre será réu na ação incidental, razão pela qual tornar-se-á revel em relação à pretensão do denunciante.

II – se o denunciado for revel, o denunciante pode deixar de prosseguir com sua defesa, eventualmente oferecida, e abster-se de recorrer, restringindo sua atuação à ação regressiva.

Ocorrendo a revelia do denunciado, isto é, se não apresentar a sua defesa no prazo legal, poderá o denunciante, por economia processual, deixar de prosseguir em sua defesa, eventualmente oferecida, e, ainda, abster-se de interpor recurso, restringindo sua atuação à demanda regressiva. Neste caso, ao mesmo

---

[475] SANCHES, S., idem. p. 170.

tempo em que o juiz acerta o conteúdo da pretensão da demanda originária, também acerta o conteúdo da pretensão da denunciação.

Deve-se observar, contudo, que a revelia somente produz efeitos de confissão em relação à matéria de fato e não em relação à matéria de direito. Por isso o denunciante deverá ter muito cuidado em não apresentar a contestação ou deixar de recorrer, pois muito embora o denunciado, sendo revel, confesse a matéria de fato, o juiz poderá julgar improcedente o pedido formulado na denunciação em garantia com base em fundamentos jurídicos.

III – se o denunciado confessar os fatos alegados pelo autor na ação principal, o denunciante poderá prosseguir com sua defesa ou, aderindo a tal reconhecimento, pedir apenas a procedência da ação de regresso;

Se o denunciado, ao invés de contestar o pedido, confessar os fatos alegados pelo autor na ação principal, tal confissão não acarretará consequências negativas ao denunciante. Nesse sentido também o disposto no art. 117 do atual C.P.C.: Os litisconsortes serão considerados, em suas relações com a parte adversa, como litigantes distintos, exceto no litisconsórcio unitário, caso em que os atos e as omissões de um não prejudicarão os outros, mas os poderão beneficiar.

Contudo, se o denunciante aderir à confissão, poderá requerer ao juiz a procedência do pedido de regresso.

Por sua vez, se houver transação entre denunciante e seu adversário na demanda originária, tal circunstância faz com que a demanda principal seja extinta com resolução de mérito. Contudo, a demanda incidental deverá prosseguir para a definição da questão do direito de regresso.

Da mesma forma se houver transação entre e denunciante e denunciado, a demanda principal, se for o caso, deverá prosseguir.

Preceitua o *parágrafo único do art. 128* do atual C.P.C. que *procedente o pedido da ação principal, pode o autor, se for o caso, requerer o cumprimento da sentença também contra o denunciado, nos limites da condenação deste na ação regressiva.*

Uma vez julgado procedente o pedido na demanda principal, o autor vencedor, se for o caso, poderá requerer o cumprimento da sentença também contra o denunciado, nos limites da condenação deste na demanda regressiva, pois a decisão proferida contra o denunciante também gera efeitos em relação ao denunciado. E esses efeitos são decorrentes da própria posição assumida pelo denunciado como garantidor.

Sendo o denunciado litisconsorte do denunciante em relação à parte contrária, não há dúvida de que poderá sofrer os feitos decorrente da decisão que será proferida na demanda principal.

Contudo, a responsabilidade do denunciado ficará limitada aos limites de sua condenação na ação regressiva.

Art. 129

Se o denunciante for vencido na ação principal, o juiz passará ao julgamento da denunciação da lide.

§1º Se o denunciante for vencedor, a ação de denunciação não terá o seu pedido examinado, sem prejuízo da condenação do denunciante ao pagamento das verbas de sucumbência em favor do denunciado.

Decisão na demanda principal e seus efeitos na denunciação da lide

A sentença proferida em processo com denunciação da lide apresenta caráter *dúplice*, pois *"deve julgar a ação principal e, em seguida, a ação secundária, num só ato, acolhendo ou não a pretensão do denunciante de ver declarada a responsabilidade do denunciado"*.[476]

Este texto faz pressupor que somente no caso de procedência da demanda principal é que se poderá também apreciar a demanda de denunciação da lide ou em garantia.

Todavia, a denunciação pode ser feita tanto pelo réu quanto pelo autor.

Assim, quando na demanda principal ficar vencido o denunciante, o juiz deve verificar eventual responsabilidade do denunciado pela evicção ou perdas e danos.

A demanda incidental de garantia, quando julgada de acordo com a pretensão do denunciante, comportará decisão condenatória sujeita a execução. E se essa responsabilidade for comprovada, deve condenar o denunciado à indenização cabível, valendo a sentença, neste caso, como título executivo judicial de obrigação líquida ou ilíquida.

Por sua vez, se o denunciante for vencedor (no mérito ou em preliminar) na demanda principal, o juiz deverá declarar extinta a denunciação em garantia, sem prejuízo das verbas de sucumbência.

Aplica-se também na demanda de garantia o princípio da sucumbência, razão pela qual deve o juiz responsabilizar o vencido com o pagamento de honorários advocatícios e com as custas processuais. Desta feita, se o denunciante ficar vencido na demanda principal e na demanda de garantia, deverá arcar com as verbas de sucumbências nas duas. Se o denunciado ficar vencido na demanda principal, mas for vencedor na demanda de garantia, o denunciado deverá arcar com as verbas de sucumbência.

---

[476] SANCHES, S., idem, p. 230.

ART. 129

Se o denunciante for vencedor na demanda principal, automaticamente estará prejudicada a demanda incidental. Neste caso, quem pagará os honorários e as custas em favor do denunciado? Nos termos do art. 129, o denunciante será condenado ao pagamento das verbas de sucumbência.

Conforme ensina Sydney Sanches, *"O adversário do denunciante não porque não foi ele quem propôs a ação incidental, que ficou prejudicada. Então, por conclusão, só o denunciante deve ser responsável perante o denunciado por honorários e custas da denunciação da lide. Até porque provocou inutilmente".*[477]

Por sua vez, anota Celso Agrícola Barbi: *"evidentemente, quando a ação principal for julgada a favor do denunciante não haverá prejuízo para este e, por conseguinte, não existirá razão para sentença contrária ao denunciado. Nesse caso, as despesas judiciais e os honorários advocatícios do vencedor na ação principal devem ser atribuídos ao que nela foi vencido. Resta, porém, sem regra legal explícita, o problema das despesas judiciais decorrentes da denunciação da lide e dos honorários de advogado do denunciado. Como ele, em consequência do resultado da ação principal, terminou vencedor, não é justo que lhe sejam carreados esses gastos. Restaria então a alternativa de atribuí-los ao denunciante ou ao adversário deste. Mas, imputá-los ao adversário do denunciante parece não ser a solução mais correta, porque ele não moveu nenhuma ação contra o denunciado nem tinha qualquer relação jurídica com ele.*

O que parece mais justo é imputar esses gastos ao denunciante, porque ele é o verdadeiro autor da ação de garantia ou de regresso, que está implícita na denunciação da lide. E nesta ação é fora de dúvida que ele, denunciante, foi vencido. Pode-se argumentar em contrário, dizendo que o denunciante é obrigado a fazer a denúncia. Mas o argumento não colhe, porque na realidade não há uma obrigação, mas uma condição para que ele possa exercer o direito de garantia ou de regresso, em caso de perder a ação principal. Assim, antes de fazer a denunciação, deve ele avaliar as possibilidades de êxito na ação principal; se entender que irá vencer nela, não necessita de fazer a denunciação.

Mas, se achar que vai ser derrotado e, em consequência, terá de pleitear a indenização, fará a denúncia, correndo o risco de, em caso de vitória na ação principal, pagar os honorários de advogado do denunciado. Reconheço que essa solução pode ser menos justa em caso especiais, como ocorrerá quando o denunciante tiver dúvida séria quanto às suas possibilidades na ação principal, mas não vejo outra melhor, em tese, dentro da dificuldade criada pela omissão do legislador".[478]

Em relação à questão da sucumbência, assim já se manifestou o S.T.J.:

---

[477] SANCHES, S., idem, p. 235.
[478] BARBI, C. A., op. Cit., §428, p. 355.

CÓDIGO DE PROCESSO CIVIL

"Denunciação da lide feita pelo autor. Custas e honorários advocatícios atribuídos também ao litisdenunciado. Equívoco na qualificação dada à intervenção do denunciado que não o libera dos encargos sucumbenciais.

Responde também pelos ônus da sucumbência o litisdenunciado que comparece aos autos e adita a petição inicial, assumindo a posição de litisconsorte do denunciante (art. 74 do CPC). Recurso especial não conhecido".

(Resp 115.894/DF, Rel. Min. Barros Monteiro, DJU de 23.10.2001).

(...).

– Em atenção ao princípio da causalidade, o litisdenunciante que não se desincumbir de seu ônus probatório também arca com as despesas processuais e honorários advocatícios decorrentes da improcedência da denunciação da lide.

Recurso especial improvido.

(REsp 879.567/SP, Rel. Ministra NANCY ANDRIGHI, TERCEIRA TURMA, julgado em 12/05/2009, DJe 29/05/2009)

1. Não tendo havido resistência à denunciação da lide não cabe a condenação da denunciada em honorários de advogado em face da sucumbência do réu denunciante. Incidência da Súmula 83.

2. Agravo regimental a que se nega provimento.

(AgRg no Ag 1226809/MG, Rel. Ministra MARIA ISABEL GALLOTTI, QUARTA TURMA, julgado em 02/12/2010, DJe 01/02/2011)

1. Nas hipóteses de denunciação facultativa em que o réu se antecipa e instaura a lide secundária sem a solução da principal ele deverá arcar com os encargos sucumbenciais, porquanto ajuizou a ação incidental, por ato voluntário, visto que não teria nenhum prejuízo em aguardar o trânsito em julgado da lide proposta contra ele para se fosse o caso promover a ação regressiva contra o terceiro.

2. Recurso especial improvido.

(REsp 258.335/SE, Rel. Ministro CASTRO MEIRA, SEGUNDA TURMA, julgado em 14/12/2004, DJ 21/03/2005, p. 305).

CAPÍTULO III – Do Chamamento ao Processo

Art. 130

É admissível o chamamento ao processo, requerido pelo réu:

I – do afiançado, na ação em que o fiador for réu;

ART. 130

II – dos demais fiadores, na ação proposta contra um ou alguns deles;
III – dos demais devedores solidários, quando o credor exigir de um ou de alguns o pagamento da dívida comum.

Chamamento ao processo
O anteprojeto do novo C.P.C. encaminhado ao Congresso Nacional, n. 166/10, extinguia o instituto da denunciação da lide, inserindo no instituto do *chamamento ao processo* o denominado *chamamento em garantia*, assim regulamentado pelo seu art. 330:

> *Art. 330. Também admissível o chamamento em garantia, promovido por qualquer das partes:*
> *I – do alienante, na ação em que é reivindicada coisa cujo domínio foi por este transferido à parte;*
> *II – daquele que estiver obrigado por lei ou por contrato a indenizar, em ação progressiva, o prejuízo da parte vencida.*

Contudo, o projeto de lei originário foi modificado no Senado Federal, inserindo-se no novo C.P.C. o instituto da *denunciação da lide*, retirando-se do código a regulamentação do art. 330 (chamamento em garantia).

O instituto do chamamento ao processo foi introduzido em nosso ordenamento jurídico no C.P.C. de 1973, e é proveniente do direito português.

O chamamento ao processo é um instituto de natureza processual que tem por finalidade permitir ao devedor, demandado pelo pagamento de uma obrigação assumida, chamar ao processo os codevedores ou aqueles a quem precipuamente o pagamento também deve ser imputado, de modo a torná-los réus na demanda.[479]

O instituto tem por finalidade ampliar a sujeição passiva da demanda, até como concretização do princípio da economia processual, permitindo a participação de outros coobrigados, constituindo no mesmo processo um título executivo judicial como critério de repartição ou transferência integral da responsabilidade.

A doutrina, ainda sob a égide do C.P.C. de 1973, observava que o legislador não teve a mesma cautela do Código português em regular minuciosamente a marcha do processo em que se der o chamamento.

---

[479] BARBI, Celso Agrícola. *Comentários ao código de processo civil.* 6ª ed. Vol. I (arts. 1º a 153º). Rio de Janeiro: Forense, 1991. p. 215.

CÓDIGO DE PROCESSO CIVIL

Nem o atual C.P.C. cuidou de regular com minúcias os aspectos do instituto do chamamento ao processo, como o regulou o disposto no 319º do C.P.C. português:

> Artigo 319º Termos em que se processa
> 1 – Admitida a intervenção, o interessado é chamado por meio de citação.
> 2 – No ato de citação, recebem os interessados cópias dos articulados já oferecidos, apresentados pelo requerente do chamamento.
> 3 – O citado pode oferecer o seu articulado ou declarar que faz seus os articulados do autor ou do réu, dentro de prazo igual ao facultado para a contestação,
> seguindo -se entre as partes os demais articulados admissíveis.
> 4 – Se intervier no processo passado o prazo a que se refere o número anterior, tem de aceitar os articulados da parte a que se associa e todos os atos e termos já processados.

Os casos em que se permite o *chamamento ao processo* estão disciplinados no art. 130 do novo C.P.C.: *é admissível o chamamento ao processo, requerido pelo réu.* Note-se que ao contrário da denunciação da lide, que pode ser requerida tanto pelo réu como pelo autor, o chamamento ao processo somente pode ser requerido pelo réu.

I – do afiançado, na ação em que o fiador for réu.

Pelo contrato de fiança, uma pessoa garante satisfazer ao credor uma obrigação assumida pelo devedor, caso este não a cumpra (art. 818 do C.C.b.).

Tendo em vista que o fiador tem direito de regresso contra o devedor principal, pode surgir dúvida se o fiador deve utilizar a denunciação da lide ou o instituto do chamamento ao processo.

Segundo anota Celso Agrícola Barbi, *"No sistema lusitano, onde se inspirou, em parte, o nosso legislador, Alberto dos Reis esclareceu a dúvida, ensinando que, nesse caso, apesar de existir direito de regresso do fiador contra o afiançado, cabe àquele usar o 'chamamento ao processo' e não a 'denunciação da lide'. Argumenta ele que a denunciação da lide, fundada no direito de regresso, não se destina a fazer condenar o denunciado a cumprir qualquer obrigação, mas apenas a sujeitá-lo à coisa julgada que surgir no processo onde se fizer a denunciação; enquanto isto, no chamamento ao processo, haverá condenação do chamado.*

A explicação dada pelo mestre português não serve, porém, para o nosso Código, porque este, abandonando em parte o seu modelo, faz da denunciação da lide um meio de obter a condenação do denunciado a pagar ao denunciante, como resulta do art. 76 (C.P.C. de 1973).

A contradição existente na lei deve ser resolvida no sentido de submeter o caso da demanda contra o fiador ao regime do chamamento ao processo, e não ao da denunciação da lide, pelos motivos que se seguem. Em primeiro lugar porque o item I, do art. 77 (C.P.C. de 1973) é regra especial, de modo que abre exceção à regra geral do item III do art. 70. Em segundo lugar porque, como a utilização de qualquer dos dois institutos – chamamento ao processo ou denunciação da lide – dará ao fiador o mesmo resultado nas suas relações com o afiançado, é natural que se lhe atribua o primeiro, que é facultativo, e, portanto, não lhe causa prejuízo se não for utilizado". [480]

É certo que o S.T.J., sobre a matéria, assim já se pronunciou:

(...).
5. Não há nulidade na condenação adequada como chamados ao processo de quem foi trazido aos autos na condição de litisdenunciados, dada a incidência da regra narra mihi factum dabo tibi ius no caso de figuras de intervenção de terceiros, impondo-se a admissão da fungibilidade no caso ante a necessidade de adequada, célere e definitiva composição da lide em todos os seus aspectos, sem remessa a outros processos, quando não há nulidade, por ausência de prejuízo às partes.
6. Recursos Especiais dos Bancos ABN-ANRO-REAL e SUDAMERIS providos em parte; e Recurso Especial de Mauro Ayres Diogo improvido.
(REsp 874.372/RR, Rel. Ministro SIDNEI BENETI, TERCEIRA TURMA, julgado em 17/11/2009, DJe 30/11/2009)

Evidentemente que o chamamento é por parte do fiador em relação ao devedor principal e não o contrário.

É importante salientar que o fiador demandado pelo pagamento da dívida tem direito a exigir, até a contestação da lide, que sejam primeiro executados os bens do devedor (art. 827 do C.C.b.). O fiador que alegar o benefício de ordem, a que se refere este artigo, deve nomear bens do devedor, sitos no mesmo município, livres e desembargados, quantos bastem para solver o débito (parágrafo único do art. 827 do C.C.b.).

II – dos demais fiadores, na ação proposta contra um ou alguns deles;

Estabelece o art. 829 do C.C.b. que a fiança conjuntamente prestada a um só débito por mais de uma pessoa importa o compromisso de solidariedade entre elas, se declaradamente não se reservarem o benefício de divisão.

Assim, se um fiador for demandado, e sendo a fiança caracterizada como solidária, poderá ele chamar ao processo os demais fiadores solidários para reaver a parte que lhe cabe em relação aos outros fiadores.

---

[480] BARBI, C. A., idem, p. 359 e 360.

Aliás, segundo prescreve o art. 831 do C.C.B., o fiador que pagar integralmente a dívida fica sub-rogado nos direitos do credor; mas só poderá demandar a cada um dos outros fiadores pela respectiva quota.

Não será possível o chamamento ao processo no caso em que o fiador se vale do disposto no art. 830 do C.C.b., que assim dispõe: *"Cada fiador pode fixar no contrato a parte da dívida que toma sob sua responsabilidade, caso em que não será por mais obrigado"*

É importante salientar que o S.T.J. já entendeu que não é possível a utilização do instituto do chamamento ao processo na execução. Nesse sentido eis o seguinte precedente:

– Processo civil. Execução. Chamamento dos devedores solidários.

– inviavel, no processo de execução, chamamento dos coobrigados por incompatibilidade com os institutos da fiança e da solidariedade.

– recurso não conhecido.

(REsp 70.547/SP, Rel. Ministro JOSÉ ARNALDO DA FONSECA, QUINTA TURMA, julgado em 05/11/1996, DJ 02/12/1996, p. 47700).

No voto do então Ministro José Arnaldo da Fonseca ficou assim consignado:

"Não há como deixar de reconhecer que têm se constituído em ponto de discordância as várias interpretações emprestadas ao chamamento ao processo dos coobrigados na execução, com fulcro no art. 77, da lei adjetiva civil.

O próprio Supremo Tribunal Federal, que considera descaber chamamento ao processo nas execuções cambiais (RTJ 90/1028, 93/327 e 93/923), vem se orientando no sentido de estender essa inadmissão aos co-fiadores e ao afiançado. A tendência da jurisprudência, consoante assinalado na decisão de 1º grau e referendada em grau de agravo, é de repelir o chamamento. Nesta Corte, 3ª Turma no Resp n. 1.284, DJ 29.10.90, referido no voto vencedor do Agravo, afastou a admissibilidade. No campo doutrinário, extraem-se estas lições, transcritas no aresto recorrido (fl90):

(...). ARNALDO MARMITT explicita esta exegese com argumentos como o seguinte: '...o chamamento ao processo à evidência não se compatibiliza com a execução. O que se analisa nos embargos é o relacionado nos artigos 741 e 745 da lei processual. O executado defende-se através de embargos que fixam desconstituir o título executivo, e em caso de êxito não haverá sentença condenatória, mas apenas se desconstituirá o título embasador da execução. O chamamento é instituto que objetiva fazer da sentença condenatória título executivo contra os demais devedores. Impossível a sentença condenatória, impossível também é o chamamento. Acresce a isso que, pelo artigo 988, do Código Civil, o fiador que paga o título e se sub-roga nos direitos do credor já dispõe

ART. 130

de título executivo contra o afiançado e co-fiadores' (Fiança Civil e Comercial, Aide, 1º ed., 1989, p. 133).

No mesmo passo o insigne processualista *LUIZ ANTÔNIO DE ANDRADE (fl. 91):*

'(...) O autor pode ter razões respeitáveis para só querer acionar o fiador; ou um deles, ou um dos devedores solidários. Neste último caso, aliás, convém lembrar que é da essência da solidariedade passiva o poder de exigir-se de um só dos devedores a dívida toda. Desvirtuar-se-ia o instituto permitindo que contra a vontade do credor, se tragam ao processo os co-devedores. Tendo escolhido um único, segundo lhe faculta o direito material, ver-se-ia ele forçado, por ato do réu, a litigar contra todos. Além de outros óbvios inconvenientes, ressalte-se o da demora resultante da suspensão do processo para citação dos co-devedores. E assim, analogamente, quanto às outras hipóteses do artigo ' (Cf. 'Aspectos e Inovações do Código de Processo Civil – Processo de Conhecimento'. Livraria Francisco Alves Editora S.A., 1974, páginas 44/45, n. 55)".

O instituto do chamamento ao processo regulado pelo novo C.P.C. não permite concluir que se possa realizar o chamamento no processo de execução.

III – dos demais devedores solidários, quando o credor exigir de um ou de alguns o pagamento da dívida comum;

A razão que inspira este inciso é a mesma que inspirou o chamamento dos cofiadores solidários, conforme regulamentado no inciso anterior.

O requisito indispensável para se utilizar o instituto do chamamento ao processo é a existência de *solidariedade* entre os devedores.

O Código Civil brasileiro trata das obrigações solidárias nos arts. 264 a 285.

A doutrina tem entendido que não se aplica este inciso (devedores solidários) à solidariedade cambial, pois não se reconhece neste tipo de solidariedade a mesma característica da existente no direito civil. Na verdade, a solidariedade cambial, ao contrário da civil, só existe no nome, porque cada obrigação assumida na cártula é autônoma, independente, com causa própria. Nesse sentido é o seguinte precedente do S.T.J.:

i – inexistência de negativa do art. 1013, par. 3 do código civil, quando a transação levada a efeito entre os devedores solidários e o credor não extinguiu a dívida em relação a outra codevedora, mas apenas deixou assentado que a transação se circunscreveu a dívida resultante da obrigação cambial e não se estendeu a obrigação decorrente da pratica de ato ilícito.

ii – tratando-se de obrigação por ato ilícito decorrente de obrigação cambial não será desarrazoado entender-se que não se fazia necessário o chamamento a lide dos co--devedores cambiais, visto como, por extensão, mantida haveria de ficar a independên-

CÓDIGO DE PROCESSO CIVIL

cia das obrigações por ato ilícito, como consequência necessária da independência das
obrigações cambiais que deram causa ao ilícito.
   iii – recurso não conhecido.
   (REsp 2.763/RJ, Rel. Ministro WALDEMAR ZVEITER, TERCEIRA
TURMA, julgado em 19/06/1990, DJ 06/08/1990, p. 7335).

Assim, o instituto do chamamento ao processo não é aplicável a todos os
processos. Não cabe, por exemplo, no processo de execução fundada em título
executivo extrajudicial.

Na realidade, o incidente denominado de chamamento ao processo somente
é usado em demandas que pretendem a prolação de uma decisão condenatória.

Art. 131

A citação daqueles que devam figurar em litisconsórcio passivo será
requerida pelo réu na contestação e deve ser promovida no prazo de 30
(trinta) dias, sob pena de ficar sem efeito o chamamento.

Parágrafo único. Se o chamado residir em outra comarca, seção ou
subseção judiciárias, ou em lugar incerto, o prazo será de 2 (dois) meses.

Citação dos chamados

Este dispositivo vem reforçar a ideia de que o chamamento ao processo é um
instituto que somente pode ser utilizado pelo réu.

Assim, deverá o réu requerer a citação daqueles que devam figurar em litisconsórcio passivo no âmbito da própria contestação.

A citação do chamado deve ser efetivada no prazo de trinta dias, sob pena de
ser o chamamento tornado sem efeito.

A citação poderá observar os meios disponíveis e estabelecidos pela lei processual, ou seja, eletrônica, mandado, carta registrada, precatória e também por
edital se for o caso.

O art. 328 do projeto originário encaminhado ao Senado Federal estabelecia
que a citação do chamado deveria ocorrer no prazo de dois meses, suspendendo-
-se o processo; findo o prazo sem que se efetive a citação, o chamamento seria
tornado sem efeito.

A forma correta de se concretizar o chamamento ao processo é justamente a
citação, pois o chamado adotará a posição de réu na demanda do credor. Por sua
vez, no que se refere à pretensão do primitivo réu, este está propondo contra ele
verdadeira demanda condenatória para cobrar dele sua cota-parte.

ART. 132

Da decisão que indeferir ou deferir o pedido de chamamento ao processo cabe agravo de instrumento.

Estabelece o *parágrafo único do art. 131* do atual C.P.C. que *se o chamado residir em outra comarca, seção ou subseção judiciárias, ou em lugar incerto, o prazo será de 2 (dois) meses.*

Evidentemente que residindo o réu em outra comarca ou estando em lugar incerto e não sabido não se pode aplicar o prazo reduzido de trinta dias, razão pela qual o legislador ampliou o prazo para se concretizar a citação.

Feita a citação, o chamado ocupará no processo uma posição dupla, ou seja, em face do autor e em face do réu. Em relação ao autor, o chamado será considerado réu, e, portanto, litisconsorte para os efeitos legais, incumbindo-lhe o ônus de contestar o pedido, podendo alegar em seu favor todas as defesas que teria caso a demanda fosse desde a origem contra ele direcionada.

O chamado que não contestar o pedido será considerado revel, naquilo em que couber a aplicação deste instituto.

Já em relação ao réu originário, o chamado também será considerado réu, incumbindo-lhe contestar os motivos que ensejaram o seu chamamento ao processo. A falta de contestação quanto à solidariedade, cofiador, corresponsável, levará à aplicação da pena de revelia.

Art. 132
A sentença de procedência valerá como título executivo em favor do réu que satisfizer a dívida, a fim de que possa exigi-la, por inteiro, do devedor principal, ou, de cada um dos codevedores, a sua cota, na proporção que lhes tocar.

Efeitos da sentença de procedência
A sentença a ser proferida num processo em que houve o chamamento ao processo apresentará duas resoluções de demanda num só ato formal. Numa delas, haverá condenação do devedor (réu originário) em relação ao autor. Na outra, também haverá um provimento condenatório do chamado em relação àquele que o chamou, salvo se o pedido for considerado improcedente.

Essa segunda decisão, que é dependente da primeira, merece algumas considerações, assim referidas por Celso Agrícola Barbi: *"Nota-se, em primeiro lugar, nos casos de co-fiadores e de devedores solidários, que ela não é proferida a favor de um deles nominalmente, nem contra outros nominalmente; isto porque ela é a favor do que satisfizer*

CÓDIGO DE PROCESSO CIVIL

a dívida com o autor da demanda principal, e contra os demais co-devedores e contra o devedor principal.

No momento em que ela é proferida, juntamente com a sentença da ação principal, não houve ainda pagamento da quantia que motivou a primitiva ação. Por isso existe a impossibilidade de ser determinado nela o nome da pessoa que ela favoreça e os nomes das pessoas contra quem ela poderá ser executada.

Se o credor na ação principal executar sua sentença contra o devedor principal, ou receber dele, por qualquer forma, o seu crédito, a referida segunda sentença perde a finalidade, fica esvaziada de conteúdo e de objetivo.

Mas se o débito que originou a demanda for pago, em juízo ou fora dele, após a sentença da ação principal, pelo fiador, ou por qualquer dos devedores solidários, menos pelo devedor principal, a segunda sentença passa a ter como favorecido aquele que pagou e passa a ser contra o devedor principal e os co-devedores.

Como se vê, é uma sentença incompleta no momento que nasce, porque lhe falta ainda, para completá-la, um fato futuro: que é o pagamento do débito por uma das pessoas incluídas na demanda, e que essa pessoa não seja o devedor principal. No momento em que acontecer esse fato – e se acontecer-, a sentença ficará completa e, portanto, exequível contra o devedor principal e os co-devedores".[481]

Assim, essa sentença, para se completar, depende de uma condição futura, ou seja, depende de quem efetuará o pagamento, isto é, ou o devedor principal ou outro devedor. Por isso, deve ela ser enquadrada na categoria das *sentenças condicionais.*[482]

CAPÍTULO IV – Do Incidente de Desconsideração da Personalidade Jurídica

Art. 133

O incidente de desconsideração da personalidade jurídica será instaurado a pedido da parte ou do Ministério Público, quando lhe couber intervir no processo.

§ 1º O pedido de desconsideração da personalidade jurídica observará os pressupostos previstos em lei.

§ 2º Aplica-se o disposto neste Capítulo à hipótese de desconsideração inversa da personalidade jurídica.

[481] BARBI, C. A., idem, p. 371.
[482] BAREI, C. A., idem, p. 371 e 372.

ART. 133

Sumário:
1. Considerações gerais

2. Incidente de desconsideração da personalidade jurídica

1. Considerações gerais

Começa a existência legal das pessoas jurídicas de direito privado com a inscrição do ato constitutivo no respectivo registro, precedida, quando necessário, de autorização do Poder Executivo, averbando-se no registro todas as alterações por que passar o ato constitutivo (art. 45 do C.c.b.).

São pessoas jurídicas de direito privado: a) as associações; b) as sociedades; c) as fundações; d) as organizações religiosas; e) os partidos políticos; f) as empresas individuais de responsabilidade limitada.

A pessoa jurídica portanto adquire sua *personalidade jurídica* com a inscrição do ato constitutivo no respectivo registro.

A pessoa jurídica de direito privado apresenta existência própria e autônoma, distinta da de seus membros. A isso a doutrina alemã denominada do princípio da separação (*Trennungsprinzip*). Na realidade, *"a pessoa natural (hoje em dia, todo o ser humano) e as organizações sociais às quais o Direito empresta 'status' de pessoa jurídica só são, de fato, equiparáveis sob um ponto de vista formal. Materialmente falando, é abissal a distância que as separa, porque nitidamente distinta a importância que a ordem jurídica atribui a uma e outras"*.[483]

A consequência possível, embora não necessária, da separação entre a pessoa jurídica e a pessoa de seus membros é justamente a diferenciação entre os direitos e obrigações assumidas por um ou por outro, em especial a responsabilidade destes não se estende às dívidas daquela.

Em regra, porém, o patrimônio da pessoa jurídica é distinto do patrimônio de seus membros.

Evidentemente que poderá ocorrer a responsabilidade dos membros da pessoa jurídica em determinações situações pelas dívidas sociais. Isso ocorre quando a responsabilidade dos membros da pessoa jurídica é ilimitada, como ocorre em algumas espécies de sociedade.

Contudo, mesmo nas hipóteses em que haja a responsabilidade ilimitada dos membros da pessoa jurídica, é possível se afirmar que não há identidade de personalidade entre a pessoa jurídica e a de seus membros, muito menos haverá unificação patrimonial.

---

[483] ZANITELLI, Leandro Martins. Abuso da pessoa jurídica e desconsideração. *In* Org. COSTA--MARTINS, Judith. *A reconstrução do direito privado*. São Paulo. Editora Revista dos Tribunais, 2002. p. 716.

CÓDIGO DE PROCESSO CIVIL

A falta de limite se dá na responsabilidade e não na assunção de direitos e obrigações.

Ocorre que, em determinadas circunstâncias fáticas a norma jurídica prevê a possibilidade de afastamento da própria personalidade da pessoa jurídica em relação a determinadas obrigações, a fim de que os efeitos decorrentes dessas obrigações sejam estendidos aos bens particulares dos administradores ou dos sócios da pessoa jurídica ou aos bens de empresa do mesmo grupo econômico. Nessa hipótese, não há simples transferência de responsabilidade decorrente de determinadas obrigações, mas, sim, a alteração jurídica da própria sujeição obrigacional que passa a terceira pessoa.

É o que se denomina da doutrina do *disregard* que surgiu nos Estados Unidos, após a criação da *incorporation*, como produto da evolução das denominadas sociedades *Point Stock Companies*, as *Limited Partnership Associations*, as denominadas close *corporations*, esta espécie de sociedade com semelhanças às nossas sociedades por quotas de responsabilidade limitada.[484]

A doutrina propagou-se, sendo adotada por diversos países, dentre eles a Alemanha, Itália, França, Suíça, Espanha, Portugal, dentre outros.

Os tribunais e juristas alemães vieram a criar sua própria fórmula, o equivalente germânico do 'disregard', o denominado 'Durchgriff', expressão aproximadamente traduzível por 'penetração' ou, se preferirmos fórmula literal, ato pelo qual se agarra alguma coisa fazendo a mão passar através de outra. A expressão '*Durchgriff*' viria a ser utilizada por Serick, em sentido amplo, para designar todos os casos em que, com abandono no caso concreto do princípio da separação entre pessoa jurídica e pessoa membro, um problema jurídico é decidido como se tal distinção e separação não existissem.[485]

Lamartine Corrêa nos apresenta alguns exemplos interessantes de jurisprudência alemã sobre a despersonalização da pessoa jurídica

> "*Mas o início da década de 20 introduziria o 'Durchgriff' na jurisprudência do Tribunal do 'Reich', que viria a consagrar a nova tendência, inicialmente com três decisões, acentuaria o Tribunal que 'o juiz deve levar em conta as realidades da vida e o poder dos fatos mais do que as construções jurídicas', afirmando em outro julgado que, quando a participação facticamente imediata apenas se ocultasse por trás das vestes jurídico-negociais, 'a coisa deveria prevalecer sobre a forma' ... De modo inicialmente*

---

[484] GIARETA, Gerci. Teoria da despersonalização da pessoa jurídica ('disregard doctrine'). *In: Revista dos Juízes do Rio Grande do Sul – AJURIS*, n. 44, novembro, 1988, p. 112.

[485] OLIVEIRA, J. Lamartine Corrêa de. *A dupla crise da pessoa jurídica*. São Paulo: Saraiva, 1979. p. 141 e 282.

restrito aos problemas ligados à desvalorização, foi negada ao sócio único de sociedade limitada a proteção assegurada pelo §892 do BGB ao terceiro adquirente que, confiando no Registro de Imóveis, tinha o seu nome como tal constante do Registro (princípio da fé pública, öffentlicher Glaube, do Registro). O sócio não seria considerado terceiro em relação à sua sociedade unipessoal. Em 1930, porém, indo além dos problemas de revalorização monetária, o "Reichsgericht' assim desenvolveria o princípio da responsabilidade por via de penetração (Durchgriffschaftung): 'A autonomia jurídica (da sociedade por quotas e de seu sócio único) não exclui que, em determinadas circunstâncias, a peculiaridade do caso possa conduzir a solução diversa quando as realidades da vida, as necessidades econômicas e o poder dos fatos imponham ao juiz o menosprezo da construção jurídica... Isso deve especialmente valer quando as relações jurídicas do terceiro com a sociedade exijam que a prestação devida àquele por esta seja assegurada, de acordo com o princípio da 'boa-fé' (Treu und Glauben), levados em conta os costumes do tráfico jurídico (§242 BGB) ...Várias decisões judiciais proferidas no II Reich concedem a 'penetração'. As mais antigas parecem fundamentar-se em considerações de natureza subjetiva, ligadas à intenção com que os fatos foram praticados. Um caso, decidido em 1937, dizia respeito a uma sociedade limitada unipessoal, fundada para exploração de indústria química e dotada de capital de 30.000 marcos. A sociedade faliu e o sócio único procurou fazer valer no juízo falimentar créditos contra a sociedade em virtude de empréstimos de dinheiro, contrato de gerência, aluguel do imóvel e fornecimento de mercadorias. O Tribunal julgou improcedente o pedido de habilitação invocando os já mencionados §§242 e 826 do BGB e considerando contrário aos bons costumes o comportamento do comerciante individual que funda sociedade limitada para a finalidade de limitar sua responsabilidade, celebrar negócios com a sociedade e, em caso de insucesso, poder salvar para si o máximo possível, às custas dos verdadeiros credores... Decisão mais claramente afirmativa da responsabilidade ilimitada do sócio em face dos credores da sociedade, com base no §826, seria tomada pelo Reixhesgericht em 1938, de modo ainda fiel à fundamentação subjetivista, ao afirmar tal responsabilidade quando a sociedade tenha sido fundada, entre outros motivos, para, desde o início, limitar o perigo de responsabilização dos fundadores ao montante de um capital inteiramente insuficiente. Ainda no mesmo ano, o Reichsgericht decidiu que age abusivamente o sócio que dota a sociedade com capital 'demasiado pequeno para o âmbito desde logo previsto das atividades da empresa', fornecendo sob a forma de mútuo capital adicional necessário para 'em caso de insucesso assumir o papel do credor' ...

Afirmou o BGH que a figura jurídica da pessoa jurídica só pode merecer consideração na medida em que sua utilização corresponde à finalidade da ordem jurídica, não se fazendo, portanto, necessário, para fins de penetração de modo a atingir 'as forças existentes atrás de pessoa jurídica' provar-se abuso intencional. No mesmo ano, o 'Bundesgerichtshof' no 23º volume de seu repertório cível, teve ocasião de fornecer excelente

CÓDIGO DE PROCESSO CIVIL

resumo do desenvolvimento histórico da jurisprudência alemã em matéria de responsabilidade por força de 'penetração' (Durchgriffschaftung)...

Assim resume a matéria o Tribunal: 'O 'Reichsgericht', já em seu julgamento de 22 de junho de 1920, deixou expresso que a pessoa jurídica e seu sócio único devem ser considerados uma unidade, quando as realidades da vida, as necessidades econômicas e o poder dos fatos imponham ao juiz a desconsideração da separação pessoal e patrimonial entre sociedade de quotas e seu sócio único. O sócio único é equiparado à sociedade sempre que a invocação da separação formal signifique infringência do princípio da boa-fé. Em especial, admite-se a responsabilidade do sócio por dívidas da sociedade por quotas unipessoal quando isso seja necessário para auxiliar um terceiro, que tenha estabelecido relações jurídicas com a sociedade, a obter a prestação que lhe é devida, segundo o princípio da boa-fé. Também a Doutrina defende o ponto de vista segundo o qual o sócio único da sociedade por quotas de responsabilidade limitada deve ser excepcionalmente considerado co-responsável pelas dívidas da sociedade quando isso seja exigido pelo tráfico jurídico honesto ou pelos princípios da boa fé. Tal exceção é admitida quando o sócio único faz nascer a aparência de responsabilidade pessoal, quando o sócio único mistura seu patrimônio privado com o da sociedade, ou quando o sócio utiliza a pessoa jurídica para obter e manter vantagens que, se obtidas pó rele pessoalmente, deveriam ser transferidas a seu mandante (Auftraggeber), por força do §667 do BGB'...

A jurisprudência posterior de 1956 guarda, essencialmente, fidelidade a esses temas, embora existam alguns problemas que começam a ser objeto de decisões nessa jurisprudência mais recente...em 1973, em que o BGH, interpretando teleologicamente o já mencionado §47,4, da lei alemão das sociedades limitadas (GmbHg), considerou vedado o exercício do direito de voto do sócio em deliberação de sociedade limitada referente a contrato com sociedade em comandita da qual o sócio (cujo direito de voto se discutia) participava, embora não diretamente, mas sim através de outra sociedade limitada (por ele controlada) e que era sócia da sociedade em comandita. Em uma série de decisões de 1971, 1973 e 1974, ocupou-se o BGH de pretensão de supostos corretores a comissão por intermediação na celebração de contrato, entendendo que não se pode falar de corretagem quando os supostos intermediários (Mäkler) mantêm vinculação (Verflechtung) organizatória qualificada com a pessoa jurídica com a qual o 'dominus' veio a celebrar o contrato em relação ao qual teria havido supostamente mediação: seja a vinculação direta ou através de outra organização.

De maneira expressa, o Tribunal recusou a fundamentação com base na teoria da 'penetração' e preferiu fundamentar a decisão em interpretação teleológica das normas jurídicas pertinentes. A simples circunstância do controle de uma pessoa jurídica não é, porém, por si só, suficiente para justificar o 'Durchgriff', como decidiu o BGH no caso de editora especializada que transformou seu departamento de livro de viagens em sociedade por quotas, cujo sócio principal era o mesmo sócio da editora. Vindo a nova

ART. 133

sociedade a falir, a editora pagou algumas das dívidas, para satisfação de seus créditos. Outro motivo frequentemente invocado como elemento justificativo da penetração através da pessoa jurídica é o da mistura de negócios ou de patrimônios. Assim, o BGH, em favor de representante comercial que era devedor, em virtude de mútuo, sendo credor o sócio controlador e gerente da sociedade que fora representada, reconheceu direito de retenção da soma mutuada, enquanto não pagasse a sociedade a quantia devida ao representante por despesas por ele feitas, Haveria mistura de negócios e relações jurídicas entre sócio e sociedade, e o mutuo estaria estreitamente relacionado ao vínculo existente entre representante e sociedade. No ano anterior (1957), porém em caso em que se discutiam efeitos da sucessão em patrimônio alheio, recusara o BGH a identificação entre o patrimônio de uma sociedade limitada e o de sua sócia única com o fundamento de não bastar a mistura patrimonial, sendo necessário também que se prove a existência no caso de conduta contrária ao princípio da boa-fé ou aos bons costumes. Sem tal prova não seria possível desconsiderar a separação entre sociedade e sócio. Houve, portanto, no caso, adoção da teoria subjetiva..."[486]

É bem verdade que o caráter empírico da jurisprudência alemã não poderia satisfazer a vocação científica da doutrina alemã em matéria de '*Durchgriff*', razão pela qual Rehbinder enxerga três grandes vertentes doutrinárias em matéria de *penetração' na pessoa jurídica*: a) *teoria subjetiva*: caracterizada pela visão *unitária* da pessoa jurídica, de tal modo que os partidários desse modo de ver as coisas se negam a levar em consideração as peculiaridades fácticas ou sociológicas que poderiam levar à distinção entre várias espécies de pessoas jurídicas, bem como pela medida da admissibilidade dessa desconsideração que é dada pelo elemento *subjetivo*, e, de modo especial, pelo *abuso de direito*, concebido de modo a pressupor o elemento subjetivo; b) *teoria inspirada na jurisprudência do interesse*: para essa teoria a pessoa jurídica é mero símbolo, abreviação construtiva para relações jurídicas complexas; c) *opção intermediária*: reconhece valor próprio ao princípio da separação entre pessoa jurídica e pessoa-membro. Entende, porém, que a pessoa jurídica é relativizada através de sua subordinação a princípios jurídicos superiores não-escritos, determináveis, porém, através de pesquisa que leve em conta a função do instituto, os tipos e a estrutura.[487]

2. Incidente de desconsideração da personalidade jurídica

O novo C.P.C. introduz no âmbito normativo do direito processual civil brasileiro o *incidente* de desconsideração da personalidade jurídica, que até então,

---

[486] OLIVEIRA, J. L. C., op. Cit., pp. 282 a 294.
[487] OLIVEIRA, J. L. C., idem, ibidem, p. 295 e 296.

CÓDIGO DE PROCESSO CIVIL

como aspecto processual, somente era delineado nas decisões judiciais com base na teoria da *disregard of legal entity* ou *durchgriff der juristichen Personen*.

O incidente de desconsideração da personalidade jurídica será instaurado a pedido da parte ou do Ministério Público, quando lhe couber intervir no processo.

Em caso de abuso da personalidade jurídica *caracterizado na forma da lei*, o juiz pode em qualquer processo ou procedimento, mediante incidente ou não, decidir a requerimento da parte ou do Ministério Público, quando lhe couber intervir no processo, que os efeitos de certas e determinadas obrigações sejam estendidos aos bens particulares dos administradores ou dos sócios da pessoa jurídica ou aos bens da empresa do mesmo grupo econômico.

Não compete ao magistrado, porém, desconsiderar a personalidade da pessoa jurídica de ofício.

A desconsideração dependerá de requerimento da parte ou do Ministério Público (nos casos em que deve intervir no processo).

Preceitua o *§1º do art. 133* do atual C.P.C. que *o pedido de desconsideração da personalidade jurídica observará os pressupostos previstos em lei*.

Os pressupostos para a desconsideração devem ser aqueles previstos na legislação material. Ao CPC cabe apenas regular o procedimento para a desconsideração.

Assim, não se justificava, conforme constava no projeto originário do C.P.C., a remissão ao "abuso de direito", que não é pressuposto exclusivo para a desconsideração, nem a indicação dos patrimônios que serão atingidos pela desconsideração, que também variam conforme a relação jurídica material subjacente. Acolheu-se, em parte, as Emendas nºs 106 e 118/11. Acolhe-se, também, a Emenda nº 866/11.

Uma das normas de direito material que caracteriza o *abuso da personalidade jurídica* encontra-se, em regra, prevista no art. 50 do Código Civil brasileiro, a saber:

> "*Art. 50. Em caso de abuso da personalidade jurídica, caracterizado pelo desvio de finalidade, ou pela confusão patrimonial, pode o juiz decidir, a requerimento da parte, ou do Ministério Público quando lhe couber intervir no processo, que os efeitos de certas e determinadas relações de obrigações sejam estendidos aos bens particulares dos administradores ou sócios da pessoa jurídica*".

Assim, a norma de direito material reconhece como 'abuso da personalidade jurídica' *o desvio de finalidade, ou a confusão patrimonial da pessoa jurídica com a pessoa do sócio ou mesmo de terceiros*.

Rolf Serick entende que a desconsideração da forma da pessoa jurídica em casos de fraude à lei não passa de aplicação específica do princípio geral segundo o qual o abuso de um instituto jurídico não pode jamais ser tutelado pelo ordenamento jurídico. O abuso de um instituto (no caso, a pessoa jurídica) *"é por Serick formulada a partir da noção de 'abuso de direito', restrita esta aos abusos de direitos subjetivos. Embora, porém, o autor invoque a noção de 'abuso de direito' em sua formulação objetivista (exercício de modo contrário à função ético-jurídica e social do direito), citados, dentre outros, SOERGEL-SIEBERT e Esser, a noção de abuso da pessoa jurídica que Serick termina por aplicar só é levada em conta como justificativa da desconsideração da pessoa jurídica de Direito Privado se acompanhada de elemento subjetivo (nos casos em exame, intenção de fraude à lei). Não provada tal intenção, não se justificaria a desconsideração.*[488]

Por outro lado, a posição de Rudolf Renhart, partidário da opção denominada 'institucionalista', caracteriza basicamente a *penetração* por dois aspectos: *"de um lado, separa-se da posição Muller-Freienfels pela circunstância de reconhecer valor próprio e institucional à pessoa jurídica, sem resvalar para o terreno da ficção; de outro lado, e ao contrário do subjetivismo de Serick, entende que o abuso do instituto 'pessoa jurídica' é configurável através de critérios objetivos, determináveis através da referência a princípios jurídicos superiores".*[489]

Para a teoria objetiva, que tem Josserand como seguidor, o abuso prescinde de culpa, pois é suficiente para sua configuração que o direito seja exercido por seu titular de maneira contrária ao seu fim.[490]

Dois argumentos favorecem a concepção objetiva: *"O primeiro é o de que a outra concepção, subjetiva, restringe notavelmente o campo de aplicação do abuso, à medida que o mantém atrelado à culpa do titular do direito. O segundo, de ordem prática, vem do inconveniente prático representado pela necessidade de que tal culpa seja provada".*[491]

Sobre a questão do abuso de direito, Pontes de Miranda, em sua magnífica obra denominada *Comentários ao Código de Processo Civil de 1939*, nos deixou um legado rico da essência deste instituto:

> *"Para a maioria dos homens, os direitos aparecem como o que eles podem fazer, cobrar, exigir. Têm das situações jurídicas em que se acham, ou em que se acha alguém, impressão de projeções do eu. O mundo é organizado de tal forma que esses direitos, bilhões de direitos numa só cidade, – a propriedade dos prédios, dos móveis, das joias, as*

---

[488] OLIVEIRA, J. L. C., op. Cit., p. 301.
[489] OLIVERIA, J. L. C., idem, ibidem, p. 368.
[490] ZANITELLI, L.M., op. cit., p. 719.
[491] ZANITELLI, L. M., idem, ibidem.

notas promissórias, as ações, o ordenado, a entrada dos teatros e cinemas..., se lançam, se cruzam, sem que nunca se choquem, ou se firam. Dificilmente se compreende que haja embaraços ao exercício deles, entre si. Por que haviam de não coexistir, confortavelmente, sem se tocarem, o meu direito de autor e o direito dos outros às suas casas, ao seu quintal, à eletricidade que os serve?

Por aí se chega à concepção absolutista, atômica, dos direitos subjetivos. Nenhum depende do outro; nem ofende o outro. Movem-se, convivem, sem nunca se encontrarem. Ainda dos direitos dos condôminos, dos compossuidores, dos sócios, tem-se ideia pluralística, que não chega a ser, sequer, molecular. Linhas. Não mais do que linhas. E sem que uma atravesse a outra, ou a corte. O egoísmo humano encontra em tal noção da vida jurídica a imagem que mais lhe agrada. O indivíduo como que se libera nesse infinito de órbitas, de trajetórias coerentes e inflexíveis. Assim seria o mundo jurídico. Aqui, ali, uma ou outra 'limitação' dos direitos, mas feita pela lei. Os juristas logo a inserem nas definições, nos efeitos, nas modalidades. E os direitos como que se retraem, para que se não tenha a impressão da restrição, do corte.

Mas o mundo jurídico não é assim. Nunca foi. Os direitos topam uns nos outros. Cruzam-se. Molestam-se. Têm crises de lutas e de hostilidades. Exercendo meu direito, posso lesar o outro, ainda se não saio do meu direito, isto é, da linha imaginária que é o meu direito. A regra 'Nemo injuria facit qui iure suo utitur' traduziu bem o que pensam os que veem nos direitos um absoluto.

Há limites aos direitos e há abusos sem traspassar limites. Não se confundam limitação aos direitos e reação ao abuso do direito. Quando o legislador percebe que o contorno de um direito é demasiado, ou que a força, ou intensidade, com que se exerce, é nociva, ou perigosa a extensão em que se lança, concebe as regras que o limitem, que lhe ponham menos avançados os marcos, que lhe tirem um pouco da violência ou do espaço que conquista. Não era sem certa razão que os juristas passavam a incorporar ao conceito, diga-se assim, a própria restrição. Se faço vir mais para trás acerca do meu quintal, ou construo muro aquém do que havia, o meu quintal é o que fica entre os outros lados e a nova cerca, ou o novo muro. Mas, em verdade, a concepção absolutista tomava atitude corretiva a fim de continuar com a mesma visão dos direitos: seres que vivem por si, sem peias, dentro dos seus próprios limites.

A limitação deformou o conceito primitivo. O historiador do direito vê bem o que se passa: a contractação morfológica, a plasticidade, o forçar-se a relação jurídica a esgueiramentos sinuosos. Não se trata de conformações, mas de deformações.

O mundo dos interesses é mais largo que o mundo dos direitos e deveres. O direito apenas cobre parte ínfima da vida. O resto ou pertence à liberdade, ou cai sob o domínio compressivo do arbitrário governamental. A civilização cresce fazendo maior o número de interesses protegidos sem opressão, deixando livre a ação e o pensamento humano e submetendo a princípios a própria discrição administrativa, pela adoção de pautas, planos e responsabilizações. Muitas vezes o exercício do direito de uma pessoa toca o direito ou exercício do direito de outra. Conhecem-se casos em que, convergindo na mesma pessoa dois direitos em sentido contrário, se dá a confusão; ou, se a contrariedade é inábil para produzi-la, ocorre a inutilidade do exercício (pedir a falência da companhia em que tem grande número de ações).

O estudo do 'abuso do direito' é a pesquisa dos encontros, dos ferimentos, que os direitos se fazem. Se pudessem ser exercidos outros limites que os da lei escrita, com indiferença, senão desprezo, da missão social das relações jurídicas, os absolutistas teriam razão. Mas, a despeito da intransigência deles, fruto da crença a que se aludiu, a vida sempre obrigou a que os direitos se adaptassem entre si, no plano do exercício. Conceptualmente, os seus limites, os seus contornos, são os que a lei dá, como quem põe objeto na mesma maleta, no mesmo saco. Na realidade, quer dizer – quando se lançam na vida, quando se exercitam, tem de coexistir, conformar-se uns com os outros.

Quem quer que examine a evolução do direito romano, vê que essa se descreve no sentido de quebrar-se o absoluto dos direitos.

Alguns anotam o caminho que vem do direito estrito à equidade. Outros poderiam apontar certo tender à polícia dos direitos. Sociologicamente, o que se passa é o reconhecimento dos fatos da vida pelo jurista, depois pelo próprio legislador. Gaio não inovava; observava, discernia, quando proclamou: 'Male enim nostro iure uti non debemus'. Não devemos mal-usar do nosso direito. Mal-usar. Note-se o que há de qualitativo, de ético, nesse 'male'. Por aí chegou o jurista à justificação de se interditarem os pródigos e à proibição do maltrato dos escravos. Não havendo teoria geral, regra escrita sobre o abuso do direito, conquista recente, o entrechoque deu ensejo a que outras regras se dilatassem e outros direitos surgissem. Direito e moral andam parelhas. Celso define aquele em termos dessa: 'Ius est ars boni et aequi'; e Paulo explica que 'Non omne quod licet honestum est'".[492]

Historicamente foram os Estados Unidos da América o primeiro país em que se verifica uma conscientização sobre o *abuso da pessoa jurídica.* Em razão do pragmatismo norte-americano são extremamente variadas as situações de abuso encontradas e também diversos os critérios a cada vez utilizados. Essas situações vão desde a incorporação fraudulenta de bens ao patrimônio da pessoa jurídica, para subtraí-los à responsabilidade por dívidas particulares, até o incêndio dos bens da sociedade, pelo único acionista, com o fim de fazer jus ao seguro. Importância têm também as decisões em matéria de grupos societários, em que

---

[492] PONTES DE MIRANDA. *Comentários ao código de processo civil.* Tomo I (arts. 1 – 79). 2. ed. São Paulo: Ed. Forense, 1958. pp. 130-134.

CÓDIGO DE PROCESSO CIVIL

a sociedade controladora (*holding*) é frequentemente considerada responsável por obrigações assumidas pela sociedade controlada (*subsidiary corporation*).[493]

Um caso célebre ocorrido na Inglaterra a respeito do abuso da pessoa jurídica (*Salomon v. Salomon & Co.*) diz respeito a um comerciante individual que constituiu, juntamente com outros familiares, uma *company*, para a qual cedeu seu próprio fundo de comércio. Em contrapartida, além de tornar-se acionista majoritário (20.000 ações, contra uma de cada um dos outros membros) permaneceu também credor da companhia, com títulos garantidos. Tendo enfrentado dificuldades, entrou a companhia em liquidação, quando então se verificou que os bens disponíveis eram suficientes apenas à satisfação do crédito de que era titular o próprio Salomon (e não para pagamento dos credores quirografários).[494]

Se a pessoa jurídica foi constituída para uma determinada finalidade que somente pode ser lícita, o desvio dessa finalidade com a intenção de práticas de atos ilícitos, prejuízos a terceiros ou mesmo abuso de direito ensejará a instauração do incidente de desconsideração da personalidade jurídica.

Pode-se dizer, ainda, que o abuso da personalidade jurídica também decorre do desvio de finalidade, ainda que a finalidade desviada possa ser considerada lícita.

Estamos diante do chamado princípio *"Ultra Vires"* do direito Inglês e sua hipotética adoção pelo Direito alemão. Sobre este princípio anota J. Lamartine Corrêa de Oliveira:

> *"No Direito inglês, com a exceção de algumas poucas 'ordinary corporations', reconhecidas desde tempos imemoriais, entende-se que a capacidade das 'corporations' é 'especializada' através do fim determinado nos Estatutos sociais. Negócios jurídicos, que, ainda quando os referidos Estatutos sejam submetidos a interpretação ampliativa, não caibam, nem mediata nem imediatamente, no âmbito do objeto dos negócios da entidade, são considerados como 'ultra vires', e portanto 'void, even if agreed to by the members'. Daí decorreria que a pessoa jurídica só poderia ser considerada existente em uma determinada 'esfera de vida' (Lebensbereich). Rittner, aliás, afirma convictamente que, precisamente por não ser a pessoa jurídica dotada de fim em si mesma consistente (Selbstzweck) mas de finalidade que limita sua 'soberania', e embora essa finalidade seja mutável, como sucede, por exemplo, no caso de alteração das finalidades estatutárias de uma associação, não resta a menor dúvida que a finalidade limita a pessoa jurídica, à qual só seria accessível uma determinada fatia, uma espécie de corte (Ausschnitt) da vida jurídica e cultural. Em seu entender, é esse o fundamento teórico*

---

[493] ZANITELLI, M. L., op. cit., p. 718.
[494] ZANITELLI, M. L., idem, p. 720.

da 'Ultra Vires', embora admita a prevalência do princípio teórico sem a necessária adoção da 'Ultra Vires'.

O princípio 'ultra vires' deve ser entendido como limitação à capacidade de direito de pessoas jurídicas".[495]

No que concerne ao *desvio de finalidade*, podemos aproveitar a definição dada pelos autores do Direito Administrativo, os quais muito contribuíram para a clarificação desse instituto no âmbito do Direito Civil. Segundo Hely Lopes Meirelles, *"o desvio de finalidade ou de poder verifica-se quando a autoridade (ou sócio), embora atuando nos limites de sua competência, pratica o ato por motivos ou com fins diversos dos objetivados pela lei (ou pelo contrato social) ou exigidos pelo interesse público. O desvio de finalidade ou de poder é, assim, a violação ideológica da lei, ou, por outras palavras, a violação moral da lei, colimando o administrador (ou sócio) fins não queridos pelo legislador (ou pelo contrato social), ou utilizando motivos e meios imorais para a prática de um ato administrativo (ou empresarial) aparentemente legal".[496]*

Já a *confusão patrimonial* como fundamento do abuso da personalidade jurídica ocorre quando o patrimônio da empresa ou da pessoa jurídica confunde-se com o patrimônio dos sócios ou de terceiros, ou ainda com o de outras empresas do mesmo grupo social.

É bem verdade que nem sempre a *confusão patrimonial* entre o sócio e a pessoa jurídica é ilícita ou causa de abuso da personalidade jurídica.

Na hipótese de pessoa jurídica individual (firma individual) o patrimônio do sócio confunde-se com a da pessoa jurídica, sem que isso signifique abuso da personalidade jurídica.

Na verdade, a empresa é utilizada como fator de enriquecimento ilícito ou de abuso de poder por parte dos sócios.

É possível que nos grupos econômicos ocorra a utilização de uma única sede para a indicação como domicílio de várias empresas, com firmas e ramos de atuação assemelhados, somente para prejudicar o Fisco e credores privados.

Nas infrações à ordem econômica, o art. 34, da Lei 12.529/2011, assim estabelece:

Art. 34. A personalidade jurídica do responsável por infração da ordem econômica poderá ser desconsiderada quando houver da parte deste abuso de direito, excesso de poder, infração da lei, fato ou ato ilícito ou violação dos estatutos ou contrato social.

---

[495] OLIVEIRA, J. Lamartine Corrêa de. *A dupla crise da pessoa jurídica*. São Paulo: Saraiva, 1979. p. 141 e 142.

[496] MEIRELLES, Hely Lopes. *Direito administrativo brasileiro*. 29 ed. São Paulo: Malheiros, 2004. p. 110.

Parágrafo único. A desconsideração também será efetivada quando houver falência, estado de insolvência, encerramento ou inatividade da pessoa jurídica provocados por má administração.

Observa-se pelo teor do art. 34 da Lei 12.529/11 que não houve uma alteração profunda em relação à desconsideração da personalidade em relação ao que já dispunha o art. 18 da Lei 8.884/1994.

Haverá desconsideração da personalidade jurídica na hipótese de infração à ordem econômica e no caso de abuso de direito, excesso de poder, infração da lei, fato ou ato ilícito ou violação dos estatutos ou contrato social O p.u. do art. 34 da Lei 12.529/2011 prevê ainda a hipótese de falência, estado de insolvência, encerramento ou inatividade da pessoa jurídica provocados por má administração.

O Código de Defesa do Consumidor, em seu art. 28, assim estabelece sobre a desconsideração da personalidade jurídica:

"Art. 28. O juiz poderá desconsiderar a personalidade jurídica da sociedade quando, em detrimento do consumidor, houver abuso de direito, excesso de poder, infração da lei, fato ou ato ilícito ou violação dos estatutos ou contrato social. A desconsideração também será efetivada quando houver falência, estado de insolvência, encerramento ou inatividade da pessoa jurídica provocados por má administração".

Assim, para o C.D.C a desconsideração da pessoa jurídica justifica-se nos casos de: a) abuso de direito; b) excesso de poder; c) infração da lei; d) fato ou ato ilícito; e) violação dos estatutos ou contrato social; f) falência; g) estado de insolvência; h) encerramento ou inatividade da pessoa jurídica provocados por má administração.

Conforme anotam Vicente Bagnoli, "o Código de Defesa do Consumidor (Lei n. 8.078/1990), em seu art. 28, prevê a desconsideração de forma bastante similar (à Lei 12.529/11), mas institui, em seu §5º, a possibilidade de desconsideração sempre que a personalidade jurídica for obstáculo ao ressarcimento dos prejuízos causados aos consumidores. Em decorrência desta previsão a doutrina se dividiu entre o que se chamou de maior e menor desconsideração.

Sobre o tema, eis o seguinte precedente do S.T.J.:

Responsabilidade civil e Direito do consumidor. Recurso especial.

Shopping Center de Osasco-SP. Explosão. Consumidores. Danos materiais e morais. Ministério Público. Legitimidade ativa. Pessoa jurídica. Desconsideração. Teoria maior e teoria menor. Limite de responsabilização dos sócios. Código de Defesa do Consumidor.

ART. 133

Requisitos. Obstáculo ao ressarcimento de prejuízos causados aos consumidores. Art. 28, § 5º.

– Considerada a proteção do consumidor um dos pilares da ordem econômica, e incumbindo ao Ministério Público a defesa da ordem jurídica, do regime democrático e dos interesses sociais e individuais indisponíveis, possui o Órgão Ministerial legitimidade para atuar em defesa de interesses individuais homogêneos de consumidores, decorrentes de origem comum.

– A teoria maior da desconsideração, regra geral no sistema jurídico brasileiro, não pode ser aplicada com a mera demonstração de estar a pessoa jurídica insolvente para o cumprimento de suas obrigações.

Exige-se, aqui, para além da prova de insolvência, ou a demonstração de desvio de finalidade (teoria subjetiva da desconsideração), ou a demonstração de confusão patrimonial (teoria objetiva da desconsideração).

– A teoria menor da desconsideração, acolhida em nosso ordenamento jurídico excepcionalmente no Direito do Consumidor e no Direito Ambiental, incide com a mera prova de insolvência da pessoa jurídica para o pagamento de suas obrigações, independentemente da existência de desvio de finalidade ou de confusão patrimonial.

– Para a teoria menor, o risco empresarial normal às atividades econômicas não pode ser suportado pelo terceiro que contratou com a pessoa jurídica, mas pelos sócios e/ ou administradores desta, ainda que estes demonstrem conduta administrativa proba, isto é, mesmo que não exista qualquer prova capaz de identificar conduta culposa ou dolosa por parte dos sócios e/ou administradores da pessoa jurídica.

– A aplicação da teoria menor da desconsideração às relações de consumo está calcada na exegese autônoma do § 5º do art. 28, do CDC, porquanto a incidência desse dispositivo não se subordina à demonstração dos requisitos previstos no caput do artigo indicado, mas apenas à prova de causar, a mera existência da pessoa jurídica, obstáculo ao ressarcimento de prejuízos causados aos consumidores.

– Recursos especiais não conhecidos.

(REsp 279.273/SP, Rel. Ministro ARI PARGENDLER, Rel. p/ Acórdão Ministra NANCY ANDRIGHI, TERCEIRA TURMA, julgado em 04/12/2003, DJ 29/03/2004, p. 230)

Em relação ao excesso de poder, violação dos estatutos ou contrato social e infração à lei, temos previsão similar no art. 135 do C.T.N.:

"Art. 135. São pessoalmente responsáveis pelos créditos correspondentes a obrigações tributárias resultantes de atos praticados com excesso de poderes ou infração de lei, contrato social ou estatutos:

I – as pessoas referidas no artigo anterior;

II – os mandatários, prepostos e empregados;

III – os diretores, gerentes ou representantes de pessoas jurídicas de direito privado".

A diferença é que o art. 135 do C.T.N. não trata de desconsideração da personalidade jurídica (note-se que somente o sócio gerente é que responde pela dívida tributária e não os sócios quotistas), mas, sim, da responsabilidade de terceiros pelas dívidas tributárias. Segundo os Tribunais, a responsabilidade do art. 135 do C.T.N. não é solidária mas subsidiária. Ainda, segundo os Tribunais, a falência é considerada como sendo dissolução regular da sociedade, razão pela qual o sócio gerente ou os diretores não respondem pelas dívidas tributárias. Já a dissolução irregular da sociedade justifica o redirecionamento da execução fiscal contra o sócio gerente ou diretores da sociedade.

Por sua vez, o artigo 4º da Lei 9.605/98 afirma: *"poderá ser desconsiderada a pessoa jurídica sempre que sua personalidade for obstáculo ao ressarcimento dos prejuízos causados à qualidade do meio ambiente".* Trata-se de outra regra jurídica que permite a desconsideração da personalidade jurídica, em questão ambiental, quando a personalidade jurídica da pessoa jurídica for obstáculo ao ressarcimento dos prejuízos causados à qualidade do meio ambiente.

Observamos que dentre as diversas hipóteses justificadoras da desconsideração da personalidade jurídica encontra-se o denominado *abuso de direito*.

A expressão *abuso de direito* foi criada pelo autor belga Laurent para denominar uma série de situações jurídicas ocorridas na França, nas quais o tribunal, reconhecendo embora na questão de fundo a excelência do direito do réu, veio a condená-lo em face de irregularidades no exercício desse direito.[497]

O Código Civil brasileiro, em seu art. 187, define o que se deva entender por abuso de direito: *"Também comete ato ilícito o titular de um direito que, ao exercê-lo, excede manifestamente os limites impostos pelo seu fim econômico ou social, pela boa-fé ou pelos bons costumes".* Este dispositivo tem por base o art. 334 do Código Civil português.

Prevê o dispositivo o abuso de direito quanto o titular exceda manifestamente, no exercício do direito, limites impostos pela boa fé, pelos bons costumes ou pelo seu fim social ou econômico.

---

[497] CORDEIRO, António Manuel da Rocha e Menezes. *Da boa fé no direito civil.* Vol. II. Coimbra: Livraria Almedina, 1984. p. 670 e 671.

Assim, a boa-fé e os bons costumes impõem, ou podem impor, limites ao exercício dos direitos, e que estes têm ou podem ter, um fim social e econômico o qual, por seu turno, limita também, ou pode limitar, o seu exercício.[498]

As primeiras decisões judiciais do que, mais tarde, na doutrina e na jurisprudência, viria a ser conhecido por abuso de direito, decorrem da fase inicial da vigência do Código de Napoleão: *"Assim, em 1808, condenou-se o proprietário duma oficina que, no fabrico de chapéus, provocava evaporações desagradáveis para a vizinhança; doze anos volvidos, era condenado o construtor de um forno que, por carência de precauções, prejudicava um vizinho; em 1853, numa decisão universalmente conhecida, condenou-se o proprietário que construirá uma falsa chaminé, para vedar o dia a uma janela do vizinho, com quem andava desavindo; um ano depois, era a vez do proprietário que bombeava, para um rio, a água do próprio poço, com o fito de fazer baixar o nível do vizinho; em 1861, foi condenado o proprietário que, ao proceder a perfurações no seu prédio, provocou, por falta de cuidado, desabamentos no do vizinho...".*[499]

O art. 187 do C.c.b. prevê a boa-fé objetiva, pois não versa sobre fatores atinentes ao sujeito, mas antes elementos que, enquadrando o seu comportamento, se lhe contrapõem.[500]

É importante salientar que a desconsideração não atinge a totalidade das relações jurídicas realizadas pela pessoa jurídica, mas, sim, somente *determinados efeitos de certas e delimitadas obrigações,* razão pela qual a desconsideração não tem por finalidade a extinção da pessoa jurídica, mas afastar sua personalidade em relação a certas e delimitadas obrigações.

Muito embora o ato lesivo possa ser praticado pela pessoa jurídica, o abuso de direito será praticado pelo *sócio* que compõem o quadro social.

Porém, como existem outras espécies de pessoa jurídica que não apenas a sociedade, o abuso de direito também poderá ser praticado não só por sócios mas também por todos aqueles que participam de uma associação, por exemplo.

Quem abusa não atua, pelo menos aparentemente, sem direito: atua dentro do seu direito – e por isso se pode aceitar e defender a existência de uma figura jurídica, de uma qualificação jurídica autônoma, perante a pura ilegalidade (carência de direito) ou ilicitude formal.[501]

O abuso, na realidade, afeta a própria juridicidade do direito exercido e não uma ilegitimidade moral, conforme entendia Ripert.

---

[498] CORDEIRO, António Manuel da Rocha e Menezes. *Da boa fé no direito civil.* Vol. II. Coimbra: Livraria Almedina, 1984. p. 661.

[499] CORDEIRO, A. M. R. M., idem, p. 671.

[500] CORDEIRO, A. M. R. M., idem, p. 662.

[501] CUNHA DE SÁ, Fernando Augusto. *Abuso de direito.* Coimbra: Almedina, 1997. p. 18.

O art. 187 do C.c.b. é claro ao estabelecer que é ilegítimo (ilegitimidade jurídica) o exercício de um direito quando o titular excede manifestamente os limites impostos pela boa fé, pelos bons costumes ou pelo fim social ou econômico do direito.

Portanto, o *"comportamento abusivo não é, portanto, correcto mesmo na perspectiva da juridicidade – o que representa mais, sem dúvida, do que a pura e simples cedência do direito à ética...É que os valores que são postos em causa pelo exercício abusivo de um direito têm de ser (e são) valores 'imanentes' ao próprio direito subjetivo que é exercido ' e não valores transcendentais' ou superiores ao mesmo direito, como à primeira vista poderia parecer."*.[502]

O abuso de direito tem por natureza um ato ilegítimo, consistindo a sua ilegitimidade precisamente num excesso de exercício de um certo e determinado direito subjetivo: *"hão-de ultrapassar-se os limites que ao mesmo direito são impostos pela boa fé, pelos bons costumes ou pelo próprio fim social ou económico do direito exercido"*.[503]

Em que pese a teoria do abuso do direito tenha se iniciado na modernidade com a jurisprudência francesa, o certo é que a maioria dos países consagra essa teoria.

Na Itália, o código civil a prevê expressamente, ainda que não numa fórmula genérica: Diz o art. 1.438 do C.c. italiano: *la minaccia di far valere un diritto può essere causa di annullamento del contratto solo quando è diretta a conseguire vantaggi ingiusti".*

Na Alemanha, consagra-se o abuso de direito nos §§ 226º e 826º do B.G.B.

O Código Civil argentino de 1871, modificado pela Lei n. 17.771 de 1968, consagra o abuso de direito em seu art. 1071, a saber: *"El ejercicio regular de un derecho proprio o el cumplimiento de una obligación legal no puede constituir como ilícito ningún acto. La ley no ampara el ejercicio abusivo de los derechos. Se considerará tal al que contraríe los fines que aquélla tuvo en mira al reconorcerlos o al que exceda los limites impuestos por la buena fe, la moral y las buenas constumbres".*

O art. 334º do C.c. Português prescreve: *"é ilegítimo o exercício de um direito, quando o titular exceda manifestamente os limites impostos pela boa fé, pelos bons costumes ou pelo fim social ou económico desse direito".*

Evidentemente que na questão da delimitação e interpretação dos fatos que possam gerar abuso de direito, haverá um papel preponderante da jurisprudência. Sobre o tema eis alguns precedentes do S.T.J.:

---

[502] Cunha de Sá, F. A., idem, p. 18 e 19.
[503] Cunha de Sá, F. A. idem, p. 103.

ART. 133

(...).

3.- *O artigo 1.032 do Código Civil de 2002 trata da ultratividade da responsabilidade do sócio tem pelas obrigações da sociedade em situações ordinárias. Na hipótese não se cuida de uma responsabilidade ordinária, mas de responsabilidade extraordinária, fundada na existência de abuso de direito, tanto assim que aplicada a teoria da desconsideração da personalidade jurídica, razão por que o referido dispositivo não tem incidência.*

(...).

(REsp 1269897/SP, Rel. Ministro SIDNEI BENETI, TERCEIRA TURMA, julgado em 05/03/2013, DJe 02/04/2013).

(...).

4. *Para acolher as teses arguidas na petição de recurso especial, quanto: (I) à existência de arresto judicial com a constrição de todos os bens imóveis e móveis da recorrente; (II) à valoração da prova pericial superveniente (CPC, art. 462); (III) à inexistência de fraude e confusão patrimonial; (IV) à inviabilização da atividade empresarial; e (V) aos fatos de que os aluguéis constituem sua única fonte de renda e de que todos os bens da sociedade empresária foram adquiridos antes da constituição da sociedade Consórcio Nacional Liderauto, seria necessária a incursão no contexto fático-probatório dos autos, o que, no entanto, é inviável em sede de recurso especial, nos termos do óbice da Súmula 7/STJ.*

5. *Não se mostra configurada a similitude fática entre os acórdãos recorrido e paradigmas. Nos v. acórdãos paradigmas deste colendo Superior Tribunal de Justiça, discutiu-se a impossibilidade de constrição do faturamento mensal integral de uma sociedade, quando existem outros bens suficientes para a garantia do juízo. Por outro lado, no v. acórdão proferido pelo eg. Tribunal de Justiça estadual, a controvérsia foi dirimida com base na existência dos pressupostos autorizadores da concessão de antecipação de tutela, entendendo-se existente fraude e confusão patrimonial a autorizar a desconsideração da personalidade jurídica da sociedade empresária e extensão dos efeitos da falência decretada em face de empresa coligada, no tocante à arrecadação e avaliação de bens. Embora neste aresto tenha sido autorizada a constrição do patrimônio da sociedade empresária recorrente, não houve análise quanto à existência de outros bens ou à ocorrência de constrição integral do faturamento.*

6. *As conclusões de mérito do v. aresto do eg. TJ/MG estão amparadas pela jurisprudência firmada nesta Corte de Justiça, segundo a qual "o síndico da massa falida, respaldado pela Lei de Falências e pela Lei nº 6.024/74, pode pedir ao juiz, com base na teoria da desconsideração da personalidade jurídica, que estenda os efeitos da falência às sociedades do mesmo grupo, sempre que houver evidências de sua utilização com*

abuso de direito, para fraudar a lei ou prejudicar terceiros" (REsp 228.357/SP, Rel. Min. CASTRO FILHO, TERCEIRA TURMA, DJ de 2/2/2004). Precedentes.

7. Agravo regimental a que se nega provimento.

(AgRg no REsp 1229579/MG, Rel. Ministro RAUL ARAÚJO, QUARTA TURMA, julgado em 18/12/2012, DJe 08/02/2013)

(...).

1. A desconsideração da personalidade jurídica é instrumento afeito a situações limítrofes, nas quais a má-fé, o abuso da personalidade jurídica ou confusão patrimonial estão revelados, circunstâncias que reclamam, a toda evidência, providência expedita por parte do Judiciário. Com efeito, exigir o amplo e prévio contraditório em ação de conhecimento própria para tal mister, no mais das vezes, redundaria em esvaziamento do instituto nobre.

2. A superação da pessoa jurídica afirma-se como um incidente processual e não como um processo incidente, razão pela qual pode ser deferida nos próprios autos, dispensando-se também a citação dos sócios, em desfavor de quem foi superada a pessoa jurídica, bastando a defesa apresentada a posteriori, mediante embargos, impugnação ao cumprimento de sentença ou exceção de pré-executividade.

3. Assim, não prospera a tese segundo a qual não seria cabível, em sede de impugnação ao cumprimento de sentença, a discussão acerca da validade da desconsideração da personalidade jurídica. Em realidade, se no caso concreto e no campo do direito material fosse descabida a aplicação da Disregard Doctrine, estar-se-ia diante de ilegitimidade passiva para responder pelo débito, insurgência apreciável na via da impugnação, consoante art. 475-L, inciso IV. Ainda que assim não fosse, poder-se-ia cogitar de oposição de exceção de pré-executividade, a qual, segundo entendimento de doutrina autorizada, não só foi mantida, como ganhou mais relevo a partir da Lei n. 11.232/2005.

4. Portanto, não se havendo falar em prejuízo à ampla defesa e ao contraditório, em razão da ausência de citação ou de intimação para o pagamento da dívida (art. 475-J do CPC), e sob pena de tornar-se infrutuosa a desconsideração da personalidade jurídica, afigura-se bastante – quando, no âmbito do direito material, forem detectados os pressupostos autorizadores da medida – a intimação superveniente da penhora dos bens dos ex-sócios, providência que, em concreto, foi realizada.

(...).

6. Não fosse por isso, cuidando-se de vínculo de índole consumerista, admite-se, a título de exceção, a utilização da chamada "teoria menor" da desconsideração da personalidade jurídica, a qual se contenta com o estado de insolvência do fornecedor somado à má administração da empresa, ou, ainda, com o fato de a personalidade jurídica representar um "obstáculo ao ressarcimento de prejuízos causados aos consumi-

ART. 133

dores", mercê da parte final do caput do art. 28, e seu § 5º, do Código de Defesa do Consumidor.

7. A investigação acerca da natureza da verba bloqueada nas contas do recorrente encontra óbice na Súmula 7/STJ.

8. Recurso especial não provido.

(REsp 1096604/DF, Rel. Ministro LUIS FELIPE SALOMÃO, QUARTA TURMA, julgado em 02/08/2012, DJe 16/10/2012)

(...).

4. A desconsideração da personalidade jurídica, nos termos em que prevista no art. 50 do Código Civil vigente, é medida excepcional exigindo-se para a sua aplicação o abuso da personalidade jurídica, caracterizado pelo desvio de finalidade, ou pela confusão patrimonial.

(...).

(REsp 1233379/SP, Rel. Ministro SIDNEI BENETI, TERCEIRA TURMA, julgado em 02/10/2012, DJe 11/10/2012)

1. A desconsideração da personalidade jurídica é admitida em situações excepcionais, devendo as instâncias ordinárias, fundamentadamente, concluir pela ocorrência do desvio de sua finalidade ou confusão patrimonial desta com a de seus sócios, requisitos objetivos sem os quais a medida torna-se incabível.

2. Do encerramento irregular da empresa presume-se o abuso da personalidade jurídica, seja pelo desvio de finalidade, seja pela confusão patrimonial, apto a embasar o deferimento da desconsideração da personalidade jurídica da empresa, para se buscar o patrimônio individual de seu sócio.

3. Recurso especial não provido.

(REsp 1259066/SP, Rel. Ministra NANCY ANDRIGHI, TERCEIRA TURMA, julgado em 19/06/2012, DJe 28/06/2012).

(...).

II – A desconsideração da personalidade jurídica é um mecanismo de que se vale o ordenamento para, em situações absolutamente excepcionais, desencobrir o manto protetivo da personalidade jurídica autônoma das empresas, podendo o credor buscar a satisfação de seu crédito junto às pessoas físicas que compõem a sociedade, mais especificamente, seus sócios e/ou administradores.

III – Portanto, só é admissível em situações especiais quando verificado o abuso da personificação jurídica, consubstanciado em excesso de mandato, desvio de finalidade da empresa, confusão patrimonial entre a sociedade ou os sócios, ou, ainda, conforme amplamente reconhecido pela jurisprudência desta Corte Superior, nas hipóteses de dissolução irregular da empresa, sem a devida baixa na junta comercial. Precedentes.

IV – A desconsideração não importa em dissolução da pessoa jurídica, mas se constitui apenas em um ato de efeito provisório, decretado para determinado caso concreto e objetivo, dispondo, ainda, os sócios incluídos no polo passivo da demanda, de meios processuais para impugná-la.

V – A partir da desconsideração da personalidade jurídica, a execução segue em direção aos bens dos sócios, tal qual previsto expressamente pela parte final do próprio art. 50, do Código Civil e não há, no referido dispositivo, qualquer restrição acerca da execução, contra os sócios, ser limitada às suas respectivas quotas sociais e onde a lei não distingue, não é dado ao intérprete fazê-lo.

(...).

(REsp 1169175/DF, Rel. Ministro MASSAMI UYEDA, TERCEIRA TURMA, julgado em 17/02/2011, DJe 04/04/2011)

(...).

3. A desconsideração da personalidade jurídica é medida de caráter excepcional que somente pode ser decretada após a análise, no caso concreto, da existência de vícios que configurem abuso de direito, desvio de finalidade ou confusão patrimonial, o que não se verifica na espécie.

(...).

(AgRg no REsp 623.837/RS, Rel. Ministro VASCO DELLA GIUSTINA (DESEMBARGADOR CONVOCADO DO TJ/RS), TERCEIRA TURMA, julgado em 08/02/2011, DJe 17/02/2011)

(...).

2. A desconsideração da personalidade jurídica é medida de caráter excepcional que somente pode ser decretada após a análise, no caso concreto, da existência de vícios que configurem abuso de direito, desvio de finalidade ou confusão patrimonial, o que não se verifica na espécie.

3. O falecimento de um dos sócios, embora possa gerar o encerramento das atividades da empresa, em função da unipessoalidade da sociedade limitada, não necessariamente importará em sua dissolução total, seja porque a participação na sociedade é atribuída, por sucessão causa mortis, a um herdeiro ou legatário, seja porque a jurisprudência tem admitido que o sócio remanescente explore a atividade econômica individualmente, de forma temporária, até que se aperfeiçoe a sucessão.

(...).

(REsp 846.331/RS, Rel. Ministro LUIS FELIPE SALOMÃO, QUARTA TURMA, julgado em 23/03/2010, DJe 06/04/2010).

(...).

1. A teoria da desconsideração da personalidade jurídica – disregard doctrine –, conquanto encontre amparo no direito positivo brasileiro (art. 2º da Consolidação das Leis Trabalhistas, art. 28 do Código de Defesa do Consumidor, art. 4º da Lei n. 9.605/98, art. 50 do CC/02, dentre outros), deve ser aplicada com cautela, diante da previsão de autonomia e existência de patrimônios distintos entre as pessoas físicas e jurídicas.

2. A jurisprudência da Corte, em regra, dispensa ação autônoma para se levantar o véu da pessoa jurídica, mas somente em casos de abuso de direito – cujo delineamento conceitual encontra-se no art. 187 do CC/02 –, desvio de finalidade ou confusão patrimonial, é que se permite tal providência. Adota-se, assim, a "teoria maior" acerca da desconsideração da personalidade jurídica, a qual exige a configuração objetiva de tais requisitos para sua configuração.

3. No caso dos autos, houve a arrecadação de bens dos diretores de sociedade que sequer é a falida, mas apenas empresa controlada por esta, quando não se cogitava de sócios solidários, e mantida a arrecadação pelo Tribunal a quo por "possibilidade de ocorrência de desvirtuamento da empresa controlada", o que, à toda evidência, não é suficiente para a superação da personalidade jurídica. Não há notícia de qualquer indício de fraude, abuso de direito ou confusão patrimonial, circunstância que afasta a possibilidade de superação da pessoa jurídica para atingir os bens particulares dos sócios.

4. Recurso especial conhecido e provido.

(REsp 693.235/MT, Rel. Ministro LUIS FELIPE SALOMÃO, QUARTA TURMA, julgado em 17/11/2009, DJe 30/11/2009).

(...).

3. Se o Tribunal de origem, com base no acervo fático-probatório dos autos, consignou o abuso de direito, a confusão patrimonial e o uso ilegítimo da sociedade empresária para fraudar credores, de molde a desconsiderar a personalidade jurídica, chegar a conclusão diversa demandaria o reexame de fatos e provas, o que é vedado na via especial, a teor da Súmula 07 do STJ.

4. Não há falar em incidência da Súmula 195 do STJ, porquanto, em momento algum, anulou-se, em embargos de terceiro, ato jurídico por fraude contra credores; tão somente desconsiderou-se, para o caso concreto, a personalidade jurídica da recorrente, assentando sua ilegitimidade ativa ad causam.

5. Agravo regimental a que se nega provimento.
(AgRg no REsp 217.473/MS, Rel. Ministro VASCO DELLA GIUSTINA (DESEMBARGADOR CONVOCADO DO TJ/RS), TERCEIRA TURMA, julgado em 27/10/2009, DJe 18/11/2009)

1. Em situação na qual dois grupos econômicos, unidos em torno de um propósito comum, promovem uma cadeia de negócios formalmente lícitos mas com intuito substancial de desviar patrimônio de empresa em situação pré-falimentar, é necessário que o Poder Judiciário também inove sua atuação, no intuito de encontrar meios eficazes de reverter as manobras lesivas, punindo e responsabilizando os envolvidos.
2. É possível ao juízo antecipar a decisão de estender os efeitos de sociedade falida a empresas coligadas na hipótese em que, verificando claro conluio para prejudicar credores, há transferência de bens para desvio patrimonial. Inexiste nulidade no exercício diferido do direito de defesa nessas hipóteses.
3. A extensão da falência a sociedades coligadas pode ser feita independentemente da instauração de processo autônomo. A verificação da existência de coligação entre sociedades pode ser feita com base em elementos fáticos que demonstrem a efetiva influência de um grupo societário nas decisões do outro, independentemente de se constatar a existência de participação no capital social.
4. O contador que presta serviços de administração à sociedade falida, assumindo a condição pessoal de administrador, pode ser submetido ao decreto de extensão da quebra, independentemente de ostentar a qualidade de sócio, notadamente nas hipóteses em que, estabelecido profissionalmente, presta tais serviços a diversas empresas, desenvolvendo atividade intelectual com elemento de empresa.
5. Recurso especial conhecido, mas não provido.
(REsp 1266666/SP, Rel. Ministra NANCY ANDRIGHI, TERCEIRA TURMA, julgado em 09/08/2011, DJe 25/08/2011).

Preceitua o *§2º do art. 133 do atual C.P.C. que se aplica o disposto neste Capítulo à hipótese de desconsideração inversa da personalidade jurídica.*

É possível ainda pensar na denominada desconsideração inversa da personalidade jurídica.

A desconsideração inversa da personalidade jurídica caracteriza-se pelo afastamento da autonomia patrimonial da sociedade, para, contrariamente do que ocorre na desconsideração da personalidade propriamente dita, atingir o ente coletivo e seu patrimônio social, de modo a responsabilizar a pessoa jurídica por obrigações do sócio controlador.

ART. 133

Considerando que a finalidade da *disregard doctrine* é combater a utilização indevida do ente societário por seu sócios, o que pode ocorrer também nos casos em que o sócio controlador esvazia o seu patrimônio pessoal e o integraliza na pessoa jurídica, conclui-se, de uma interpretação teleológica do art. 50 do CC/02, ser possível a desconsideração inversa da personalidade jurídica, de modo a atingir bens da sociedade em razão de dívidas contraídas pelo sócio controlador, desde que preenchidos os requisitos previstos na norma. Sobre o tema, eis o seguinte precedente do S.T.J.:

(...).

III. A desconsideração inversa da personalidade jurídica caracteriza-se pelo afastamento da autonomia patrimonial da sociedade, para, contrariamente do que ocorre na desconsideração da personalidade propriamente dita, atingir o ente coletivo e seu patrimônio social, de modo a responsabilizar a pessoa jurídica por obrigações do sócio controlador.

IV. Considerando-se que a finalidade da disregard doctrine é combater a utilização indevida do ente societário por seus sócios, o que pode ocorrer também nos casos em que o sócio controlador esvazia o seu patrimônio pessoal e o integraliza na pessoa jurídica, conclui-se, de uma interpretação teleológica do art. 50 do CC/02, ser possível a desconsideração inversa da personalidade jurídica, de modo a atingir bens da sociedade em razão de dívidas contraídas pelo sócio controlador, conquanto preenchidos os requisitos previstos na norma.

V. A desconsideração da personalidade jurídica configura-se como medida excepcional. Sua adoção somente é recomendada quando forem atendidos os pressupostos específicos relacionados com a fraude ou abuso de direito estabelecidos no art. 50 do CC/02. Somente se forem verificados os requisitos de sua incidência, poderá o juiz, no próprio processo de execução, levantar o véu da personalidade jurídica para que o ato de expropriação atinja os bens da empresa.

VI. À luz das provas produzidas, a decisão proferida no primeiro grau de jurisdição, entendeu, mediante minuciosa fundamentação, pela ocorrência de confusão patrimonial e abuso de direito por parte do recorrente, ao se utilizar indevidamente de sua empresa para adquirir bens de uso particular.

VII. Em conclusão, a r. decisão atacada, ao manter a decisão proferida no primeiro grau de jurisdição, afigurou-se escorreita, merecendo assim ser mantida por seus próprios fundamentos.

Recurso especial não provido.

(REsp 948.117/MS, Rel. Ministra NANCY ANDRIGHI, TERCEIRA TURMA, julgado em 22/06/2010, DJe 03/08/2010)

Art. 134

O incidente de desconsideração é cabível em todas as fases do processo de conhecimento, no cumprimento de sentença e na execução fundada em título executivo extrajudicial.

§ 1º A instauração do incidente será imediatamente comunicada ao distribuidor para as anotações devidas.

§ 2º Dispensa-se a instauração do incidente se a desconsideração da personalidade jurídica for requerida na petição inicial, hipótese em que será citado o sócio ou a pessoa jurídica.

§ 3º A instauração do incidente suspenderá o processo, salvo na hipótese do § 2º.

§ 4º O requerimento deve demonstrar o preenchimento dos pressupostos legais específicos para desconsideração da personalidade jurídica.

Cabimento do incidente e forma de instauração

O art. 134 do atual C.P.C. preconiza que é cabível a desconsideração da personalidade jurídica em todas as fases do processo de conhecimento, no cumprimento de sentença e também na execução fundada em título executivo extrajudicial.

Por sua vez, o art. 1.062 do atual C.P.C. estabelece que o incidente de desconsideração da personalidade jurídica aplica-se ao processo de competência dos juizados especiais.

Portanto, não há limite procedimental para a arguição da desconsideração da personalidade jurídica, podendo essa pretensão ser formulada em qualquer fase do processo de conhecimento, inclusive em grau de recurso, salvo no âmbito do recurso especial ou extraordinário quando não há possibilidade de análise de matéria de fato.

Pode ser arguida em qualquer tipo de processo, seja ele contencioso ou não contencioso ou, ainda, no processo de execução de título executivo extrajudicial.

Não há prazo prescricional para a possibilidade de arguição da desconsideração da personalidade jurídica, pois se trata de um direito potestativo daquele que tem legitimidade para formular tal pretensão. Nesse sentido é o seguinte precedente do S.T.J.:

(...).

3. Correspondendo a direito potestativo, sujeito a prazo decadencial, para cujo exercício a lei não previu prazo especial, prevalece a regra geral da inesgotabilidade ou da perpetuidade, segundo a qual os direitos não se extinguem pelo não-uso. Assim, à míngua de previsão legal, o pedido de desconsideração da personalidade jurídica, quando preenchidos os requisitos da medida, poderá ser realizado a qualquer tempo.

(...).

(REsp 1312591/RS, Rel. Ministro LUIS FELIPE SALOMÃO, QUARTA TURMA, julgado em 11/06/2013, DJe 01/07/2013)

Como o incidente cabe em qualquer fase do processo, é preciso prever o recurso cabível quando a decisão do incidente for proferida pelo relator.

Estabelece o *§1º do art. 134* do atual C.P.C. que *a instauração do incidente será imediatamente comunicada ao distribuidor para as anotações devidas.*

Uma vez instaurado o incidente, seja incidental ou não ao processo, será tal fato imediatamente comunicado ao distribuidor para fazer as anotações devidas.

Preconiza o *§ 2º do art. 134* do atual C.P.C. que *se dispensa a instauração do incidente se a desconsideração da personalidade jurídica for requerida na petição inicial, hipótese em que será citado o sócio ou a pessoa jurídica.*

Este dispositivo vem reforçar a ideia de que a desconsideração da personalidade jurídica poderá ser requerida internamente ao processo principal, quando for postulada conjuntamente na petição inicial, ou mediante a instauração de incidente autônomo, quando sua arguição for em momento posterior.

Se a desconsideração da personalidade jurídica for suscitada juntamente com a inicial, será determinada a citação do sócio ou da pessoa jurídica interessada.

Aduz o *§ 3º do art. 134* do atual C.P.C. que *a instauração do incidente suspenderá o processo, salvo na hipótese do § 2º.*

Assim, se for instaurado incidente autônomo da desconsideração da personalidade jurídica, haverá suspensão do processo principal, até que seja decido o incidente.

Porém, se a desconsideração da personalidade jurídica for solicitada juntamente com a inicial, não haverá a suspensão do processo, devendo esta questão ser decidida por decisão interlocutória ou juntamente com a sentença final.

Estabelece o *§ 4º do art. 134* do atual C.P.C. que *o requerimento deve demonstrar o preenchimento dos pressupostos legais específicos para desconsideração da personalidade jurídica.*

Remetemos o leitor para os comentários e anotações que forma feitas no §1º do art. 133 deste Código.

Art. 135

Instaurado o incidente, o sócio ou a pessoa jurídica será citado para manifestar-se e requerer as provas cabíveis no prazo de 15 (quinze) dias.

Citação do sócio ou da pessoa jurídica

Sob a égide do C.P.C. de 1973, o S.T.J. vinha entendendo que em razão da própria natureza do instituto da desconsideração da personalidade jurídica não haveria espaço para a citação prévia do sócio, sob pena de se esvaziar o instituto. Nesse sentido são os seguintes precedentes:

> *1. A desconsideração da personalidade jurídica é instrumento afeito a situações limítrofes, nas quais a má-fé, o abuso da personalidade jurídica ou confusão patrimonial estão revelados, circunstâncias que reclamam, a toda evidência, providência expedita por parte do Judiciário. Com efeito, exigir o amplo e prévio contraditório em ação de conhecimento própria para tal mister, no mais das vezes, redundaria em esvaziamento do instituto nobre.*
>
> *2. A superação da pessoa jurídica afirma-se como um incidente processual e não como um processo incidente, razão pela qual pode ser deferida nos próprios autos, dispensando-se também a citação dos sócios, em desfavor de quem foi superada a pessoa jurídica, bastando a defesa apresentada a posteriori, mediante embargos, impugnação ao cumprimento de sentença ou exceção de pré-executividade.*
>
> *(...).*
>
> (REsp 1096604/DF, Rel. Ministro LUIS FELIPE SALOMÃO, QUARTA TURMA, julgado em 02/08/2012, DJe 16/10/2012).

> *(...).*
>
> *4. A superação da pessoa jurídica afirma-se como um incidente processual e não como um processo incidente. No caso, o reconhecimento da confusão patrimonial é absolutamente contraditório com a pretendida citação das demais sociedades, pois, ou bem se determina a citação de todas as empresas atingidas pela penhora, ou bem se reconhece a confusão patrimonial e se afirma que se trata, na prática, de pessoa jurídica única, bastando, por isso, uma única citação. Havendo reconhecimento da confusão, descabe a segunda providência.*
>
> *(...).*
>
> (REsp 907.915/SP, Rel. Ministro LUIS FELIPE SALOMÃO, QUARTA TURMA, julgado em 07/06/2011, DJe 27/06/2011)

ART. 136

Porém, a Constituição Federal, em seu art. 5º, inc. LIV, estabelece que *ninguém será privado da liberdade ou de seus bens sem o devido processo legal*.

E tendo a desconsideração da personalidade jurídica por finalidade alcançar bens de outrem, que em tese não teriam qualquer vinculação com a relação jurídica material existente, não se pode negar a necessidade de se permitir o *contraditório*, especialmente quando há risco à privação de bens próprios.

O legislador do atual C.P.C., tendo ciência de que a essência do processo jurisdicional moderno é justamente o *contraditório*, expressamente determinada em seu art. 135 do atual C.P.C. que instaurado o incidente de desconsideração da personalidade jurídica, o sócio ou a pessoa jurídica serão citados para, no prazo de quinze dias, se manifeste e requeira as provas cabível.

No caso, todos os sócios, inclusive os quotistas devem ser citados.

Já em relação às sociedades anônimas, a citação deve ser restrita aos componentes da diretoria, salvo se algum acionista estiver envolvido diretamente no *abuso de direito*.

O dispositivo fala em sócio ou sociedade.

Portanto, este dispositivo garante o *devido processo legal* mesmo àquele que possa ter agido de má-fé, permitindo-lhe impugnar o pedido de desconsideração da personalidade jurídica, bem como requerer provas para provar a inexistência dos pressupostos legais para a pretensão de desconsideração.

Evidentemente que em situações excepcionais, quando houver risco para a eficácia da tutela jurisdicional a ser proferida no processo, poderá o juiz conceder, antes da citação, medida de urgência, cautelar ou satisfativa, inclusive para efeito de decretar a indisponibilidade de bens do sócio ou da pessoa jurídica pertencente ao mesmo grupo econômico. Nessa hipótese, não haverá supressão do contraditório, mas, sim, sua postergação para momento oportuno.

Art. 136
Concluída a instrução, se necessária, o incidente será resolvido por decisão interlocutória.

Parágrafo único. Se a decisão for proferida pelo relator, cabe agravo interno.

Recurso cabível contra a decisão
Concluída a instrução, se necessária, o incidente será resolvido por decisão interlocutória impugnável por agravo de instrumento (art. 1.015, inc. IV, do atual C.P.C.).

CÓDIGO DE PROCESSO CIVIL

Assim, seja a desconsideração da personalidade da pessoa jurídica decidida internamente ao processo por meio de decisão interlocutória ou mediante incidente autônomo, contra esta decisão caberá agravo de instrumento.

Porém, se a desconsideração for decidida juntamente com a sentença no processo principal, contra esta decisão caberá apelação.

É importante salientar que no âmbito do processo de execução comum ou de execução fiscal, abrir instrução probatória poderá desnaturar a personalidade jurídica procedimentalmente no próprio processo de execução não é o ideal, razão pela qual sendo o incidente processado em separado tal tumultuo processual deixaria de existir.

Se o incidente for apreciado pelo relator nos Tribunais de apelação, caberá agravo interno contra sua decisão, nos termos do *parágrafo único do art. 136* do atual C.P.C.

Art. 137

Acolhido o pedido de desconsideração, a alienação ou a oneração de bens, havida em fraude de execução, será ineficaz em relação ao requerente.

Fraude à execução

Acolhido o pedido de desconsideração da personalidade jurídica, eventual alienação ou oneração de bens, havida em fraude de execução, será ineficaz em relação ao requerente.

Por sua vez, prescreve o art. 790 do atual C.P.C. que: considera-se fraude à execução a alienação ou a oneração de bem:

I – quando sobre o bem pender ação fundada em direito real ou com pretensão reipersecutória, desde que a pendência do processo tenha sido averbada no respectivo registro público, se houver;

II – quando tiver sido averbada, no registro do bem, a pendência do processo de execução, na forma do art. 828;

III – quando tiver sido averbado, no registro do bem, hipoteca judiciária ou outro ato de constrição judicial originário do processo onde foi arguida a fraude;

IV – quando, ao tempo da alienação ou da oneração, tramitava contra o devedor ação capaz de reduzi-lo à insolvência;

V – nos demais casos expressos em lei.

Nos casos de desconsideração da personalidade jurídica, a fraude à execução verifica-se a partir da citação da parte cuja personalidade se pretende desconsiderar (§3º do art. 790 do atual C.P.C.).

ART. 138

Evidentemente que esse dispositivo deixa muito a desejar, pois novamente o abuso da personalidade jurídica ocorre muito tempo antes da citação da parte cuja personalidade se pretende desconsiderar, razão pela qual a decisão de desconsideração deveria retroagir para data anterior a da citação.

CAPÍTULO V – Do *Amicus Curiae*

Art. 138

O juiz ou o relator, considerando a relevância da matéria, a especificidade do tema objeto da demanda ou a repercussão social da controvérsia, poderá, por decisão irrecorrível, de ofício ou a requerimento das partes ou de quem pretenda manifestar-se, solicitar ou admitir a participação de pessoa natural ou jurídica, órgão ou entidade especializada, com representatividade adequada, no prazo de 15 (quinze) dias da sua intimação.

§ 1º A intervenção de que trata o *caput* não implica alteração de competência nem autoriza a interposição de recursos, ressalvadas a oposição de embargos de declaração e a hipótese do §3º.

§ 2º Caberá ao juiz ou ao relator, na decisão que solicitar ou admitir a intervenção, definir os poderes do *amicus curiae*.

§ 3º O amicus curiae pode recorrer da decisão que julgar o incidente de resolução de demandas repetitivas.

Amicus curiae

O veículo através do qual os representantes dos grupos de interesses especiais são capazes de expressar opiniões sobre questões submetidas ao Tribunal é denominado de *amicus curiae* (*amici curiae* pl.), ou "amigo da corte", que traz breves informações (ou às vezes trabalho acadêmico) em relação às questões de direito ou de fato relevantes para resolução do caso.

O *Oxford*, 'Essencial Dictionary of Legal Words, define a locução 'amicus curie': *"an adviser, often voluntary, to a court of law in a particular case: (as adj) he was planning to advance this position in an 'amicus brief'* (Um conselheiro, frequentemente voluntário, num Tribunal para um caso particular: ele planejava avançar esta posição como um 'amicus brief').

Segundo anota Judithanne Scourfield McLauchlan: *"Amicus Curiae' significa, literalmente, 'amigos da Corte". Um breve 'amicus' é uma breve participação de alguém que não é uma parte no caso mas que tem um interesse na questão legal a ser decidida pela*

CÓDIGO DE PROCESSO CIVIL

Corte. 'Amicus' provê a corte com fatos e argumentos legais não apresentados pelas partes no caso, e eles servem a um propósito útil quando eles ajudam o juiz a entender o efeito da potencial decisão. Em The Tenth Justice, Lincoln Caplan explica que 'amicus briefs' responde por uma deficiência no sistema adversarial: específicos casos provocam questões gerais que a parte nem sempre levam em conta.

'Amicus brief' tem sua raiz em antigas leis romanas, quando 'amici' eram judicialmente nomeados procurador do estado, que servem para aconselhar e assistir a corte no julgamento do caso. 'Amicus curiae participam do 'common law' inglês desde o reinado do Rei Edward III no ano de 1300, onde a função do 'amicus' era 'oral Shepahardizing', isto é, trazer à luz questão não mencionada e não conhecida do juiz e prover a corte com imparcial informações legais que eram além das informações ou das capacidades...

Apesar da longa história do 'amicus' nas cortes inglesas, seu uso na Suprema Corte dos Estados Unidos foi raro até o ano de 1930, quando interesses organizados começaram a patrocinar 'amicus briefs'. O verdadeiro primeiro 'amicus curiae' perante a Suprema Corte foi o Membro do Congresso, orador da Casa, Henry Clay. No caso de Green v. Biddle (1823) a Corte permitiu Clay, atuando como 'amicus curiae', fizesse uma moção para ouvir novamente o caso envolvendo terras do Estado de Kentucky, no qual Kentucky não estava representado. Isto foi até 1937, quando a Suprema Corte emitiu orientações concernentes como 'amicus curiae brief' deveriam participar. As regras da Suprema Corte, n 37, estabelecem os procedimentos atuais para arquivar um sumário do 'amicus' na corte. ".[504]

O grupo ou a pessoa individual não é parte na demanda, bem como não tem permissão legal para participar da demanda em litígio. Contudo, tem interesse no resultado. Frequentemente, o 'amicus' apresenta um ponto de vista legal, psicológico ou sociológico de relevância para o caso.

No sistema americano, para ser eleito como 'amicus curiae', a pessoa ou o grupo que não é parte no litígio em questão, mas que acredita que a decisão da Corte pode afetar seus interesses, pode ingressar no processo se: a) o pedido for acompanhado por escrito do consentimento das partes; ou b) apresenta-se uma moção visando a submissão do 'amicus curiae' perante a Suprema Corte,

---

[504] McLauchalan, Judithanne Scourfield. *Congressional Participation as amicus curiae before the U.S. Supreme Court.* LFB Scholarly Publishing LLC, New York, 2005 *p.4 e 5*.
See Stephen L. Wasby, 'Amicus Briel', included in Kermit L. Hall, edtor-in-chiefl.*The Oxford Companion to the Supremo Court of the United States.* (Oxford: Oxford university Press, 1992), pp. 31-32;
Lincoln Caplan. *The Tenth Justice: The Solicitor General and the Rule of Law.* (New York: Alfred A. Kinopf, 1987), p. 196.
See Samuel Krslov. 'The Amicus Curiae Brief: From Friendship to Advocacy'. Vol. 72 (1963) *Yale Law Journal*, p. 694.

identificando o motivo porque o 'amigo' tem um interesse no caso, e explanando os motivos pelos quais a submissão pode ser útil para a Corte. A Corte não está obrigada a conceder a permissão, nem mesmo ler o resumo. A aceitação ou rejeição é apenas um ato discricionário da Corte, exceto quando os 'amigos' são apresentados pelos *United States, a U.S. agency, State, Territory, or Commonwalth*. Nestes casos a aceitação é automática.

A regra n. 37 da *Rules of The Supreme Court the United States* estabelece: *"Um 'amicus curiae' que traz para análise uma questão relevante que ainda não foi mencionada pelas partes pode ser de considerável ajuda para a Corte. Um 'amicus curiae' que não serve a este propósito, sobrecarregando a Corte, não é geralmente favorável sua intervenção".*

Amicus curiae é um termo jurídico que, traduzido literalmente, significa 'amigo da Corte'. Com esta expressão, identifica-se qualquer um, que não sendo parte na causa, ofereça voluntariamente informações à Corte sobre um aspecto da lei ou dos fatos, assim como algumas das partes envolvidas no caso, para ajudar a Corte a decidir. As informações podem ser contidas em uma opinião legal em forma de memorial ou em forma de pesquisa sobre um determinado argumento que envolve o caso.

A decisão sobre a admissibilidade da informação é discricionária da Corte.

A prática de intervenção do 'amicus curiae' é muito difundida nos Estados Unidos, sendo que muitas vezes a imprensa americana relata o depósito de 'amicus' nas Corte de apelo por meio de grupos que não estão coinvolvidos em juízo.

As Cortes de apelo, de fato, no sistema americano, limitam-se, sob o ponto de vista de análise da intervenção, às questões que já foram objeto de discussão na Corte de primeiro grau durante o julgamento. Por este motivo, os advogados devem se concentrar exclusivamente sobre fatos e sobres argumentos que ainda não foram objeto de análise ou que não foram argumentados pelas partes.

Nos casos mais importantes, os representantes dos 'amicus curiae' são geralmente organizações com sólida experiência legal. Algumas organizações como a União Americana para a Liberdade Civil ou Electronic Frontier Foudation enviam frequentemente documentos deste gênero às Cortes para sustentar o acolhimento ou o não acolhimento da demanda, ou, ainda, interpretação da lei.

O papel de um 'amicus' é frequentemente confundido com aquele da intervenção de terceiro (assistência).

Contudo, há grande diferença entre a intervenção do assistente e a intervenção do 'amicus curiae'.

O assistente, muito embora não seja parte na demanda, tem os mesmos poderes e os mesmos ônus da parte principal, participando ativamente na relação jurídica processual, estando, inclusive, sujeito aos efeitos da sentença a ser proferida.

CÓDIGO DE PROCESSO CIVIL

Já o 'amicus curiae', além de não ser parte, não tem os mesmos poderes nem os mesmos ônus das partes, e não fica sujeito aos efeitos da sentença a ser proferida, salvo os efeitos naturais que atingem os terceiros.

No Brasil, a presença do 'amicus curiae' foi introduzida particularmente nas causas envolvendo decisões com eficácia 'erga omnes' ou nas ações de classes (class action).

Contudo, há quem diga que a figura do *amicus curiae* já se encontrava prevista no ordenamento jurídico brasileiro desde 1976.

A Lei nº 6385/76, em seu art. 31, dispôs sobre a legitimidade de uma autarquia federal, a Comissão de Valores Mobiliários (CVM), para interposição de recursos. No mesmo sentido, a Lei nº 8.884/94 previu a intervenção de autarquia federal, o Conselho Administrativo de Defesa Econômica (CADE), para, se quiser, intervir como assistente, desde que intimado. Contudo, essas figuras mais se assemelham ao instituto da assistência do que a do 'amicus curiae'

A partir de 1999, o *amicus curiae* passou a ser efetivamente previsto em nosso ordenamento por meio da Lei 9.868/99, que dispõe sobre o processo e julgamento da Ação Direta de Inconstitucionalidade e da Ação Declaratória de Constitucionalidade perante o Supremo Tribunal Federal. Prescreve o art. 7º, §2º do aludido diploma legal:

> *"O relator, considerando a relevância da matéria e a representatividade dos postulantes, poderá, por despacho irrecorrível, admitir, observado o prazo fixado no parágrafo anterior, a manifestação de outros órgãos ou entidades".*

O novo C.P.C. também prevê a intervenção do 'amicus curiae' no instituto atualmente denominado de *Incidente de Resolução de Demandas Repetitivas*. Preceitua o art. 983:

> *O relator ouvirá as partes e os demais interessados, inclusive pessoas, órgãos e entidades com interesse na controvérsia, que, no prazo comum de 15 (quinze) dias, poderão requerer a juntada de documentos, bem como as diligências necessárias para a elucidação da questão de direito controvertida, e, em seguida, manifestar-se-á o Ministério Público, no mesmo prazo.*

O *art. 138* do novo C.P.C. introduz a possibilidade de participação de *'amicus curiae'* em processo individuais, cujas decisões não tem efeito *erga omnes*.

Em razão da importância e relevância da matéria, a especificidade do tema objeto da demanda, ou, ainda, a repercussão social da controvérsia, poderá o juiz ou o relator, antes do julgamento, de ofício ou a requerimento das partes, soli-

ART. 138

citar ou admitir a manifestação de pessoa natural ou jurídica, órgão ou entidade especializada, com representatividade adequada, no prazo de quinze dias de sua intimação.

A provocação de uma intervenção voluntária do 'amicus curiae' se dá de ofício ou a requerimento da parte.

Também será possível a participação do 'amicus curiae' mediante provocação da própria entidade.

E para que seja admitido o 'amicus curiae', a demanda deve tratar de matéria relevante, ou que o tema tenha certa especificidade de importância geral, ou ainda, que o tema tenha repercussão social. São exemplos desse tipo de matéria, questão concernente a meio ambiente, consumidor, previdência social, saúde, sexo, raça etc. Fora dessas hipóteses, não será admitido o 'amicus curiae'.

A participação como 'amicus curiae' será admitida a pessoa natural ou jurídica que tenha conhecimento na matéria ou que de alguma forma tenha algum interesse na resolução da questão.

Poderão, ainda, participar órgão ou entidade especializada, com representatividade adequada, como, por exemplo, Associações de Classe, Sindicatos, Universidades, Partidos Políticos, ONGs, etc.

Conforme afirmam Donald R. Songer and Reginald S. Sheehan: *The literature on amicus briefs has focused on interest group use of the Court, and, to a lesser extent, the Solicitor General's and state attorneys general participation as amici. Political scientists and legal scholars have concluded that interest groups file amicus briefs for many reasons. Some groups believe they will be more successful "lobbying" the Justices via their amicus brief strategy than lobbying legislators about the merits of their cause. 36 Moreover, there may be reasons other than victory in the case at hand that propel groups to file amicus briefs. For example, the group may hope to convince its members that they are "fighting the good fight," even if they expect to lose, or, anticipating that the Court will support their policy, they can be in a position to take credit. The group may be trying to generate publicity about a case that will help mobilize public opinion; the group may hope to help shape long-term court policy; or the group may want to influence the content or shape the argument in the opinion, even if it knows it will have little impact on the overall outcome of the case.*[505]

Essas entidades deverão ser manifestar no prazo de quinze dias.

Estabelece o *§ 1º do art. 138* do atual C.P.C. *que a intervenção de que trata o caput não implica alteração de competência nem autoriza a interposição de recursos, ressalvada a oposição de embargos de declaração e a hipótese do §3º.*

---

[505] Donald R. Songer and Reginald S. Sheehan. "Interest Group Success in the Courts: Amicus participation in the Supreme Court." Vol. 46 (June 1993) Political Research Quarterly, p. 351. I will explore Congressional motivations for filing amicus briefs in Chapter 4.

CÓDIGO DE PROCESSO CIVIL

Assim, se há um processo específico em andamento na justiça estadual, e uma autarquia federal ingressa como 'amicus curiae', tal ingresso não altera a competência a fim de que o processo prossiga perante a Justiça Federal. A competência em razão da matéria, do valor, do território será a mesma.

Por outro lado, o deferimento ou indeferimento da participação do 'amicus curiae' não admite recurso da decisão, salvo o de embargos de declaração e a hipótese do §3º.

Preceitua o *§ 2º do art. 138* do atual C.P.C. que *caberá ao juiz ou ao relator, na decisão que solicitar ou admitir a intervenção, definir os poderes do amicus curiae.*

Muito embora o 'amicus curiae' não seja considerado um terceiro interveniente no processo, como é o caso do assistente, poderá o juiz ou relator definir alguns poderes que poderão ser conferidos ao *amicus curiae*, como, por exemplo, indicação de prova, apresentação de memoriais, participação em audiência de instrução e julgamento etc.

Por fim, estabelece o *§ 3º do art. 138* do atual C.P.C. que *o amicus curiae pode recorrer da decisão que julgar o incidente de resolução de demandas repetitivas.*

Somente da decisão que julgar incidente de resolução de demandas repetitivas.

TÍTULO IV – Do Juiz e dos Auxiliares da Justiça

CAPÍTULO I – Dos Poderes, dos Deveres e da Responsabilidade do Juiz

Art. 139

O juiz dirigirá o processo conforme as disposições deste Código, incumbindo-lhe:

I – assegurar às partes igualdade de tratamento;

II – velar pela duração razoável do processo;

III – prevenir ou reprimir qualquer ato contrário à dignidade da justiça e indeferir postulações meramente protelatórias;

IV – determinar todas as medidas indutivas, coercitivas, mandamentais ou sub-rogatórias necessárias para assegurar o cumprimento de ordem judicial, inclusive nas ações que tenham por objeto prestação pecuniária;

V – promover, a qualquer tempo, a autocomposição, preferencialmente com auxílio de conciliadores e mediadores judiciais;

ART. 139

VI – dilatar os prazos processuais e alterar a ordem de produção dos meios de prova, adequando-os às necessidades do conflito de modo a conferir maior efetividade à tutela do direito;

VII – exercer o poder de polícia, requisitando, quando necessário, força policial, além da segurança interna dos fóruns e tribunais;

VIII – determinar, a qualquer tempo, o comparecimento pessoal das partes, para inquiri-las sobre os fatos da causa, hipótese em que não incidirá a pena de confesso;

IX – determinar o suprimento de pressupostos processuais e o saneamento de outros vícios processuais;

X – quando se deparar com diversas demandas individuais repetitivas, oficiar o Ministério Público, a Defensoria Pública e, na medida do possível, outros legitimados a que se referem o art. 5º da Lei nº 7.347, de 24 de julho de 1985, e o art. 82 da Lei nº 8.078, de 11 de setembro de 1990, para, se for o caso, promover a propositura da ação coletiva respectiva.

Parágrafo único. A dilação de prazo prevista no inciso VI somente pode ser determinada antes de encerrado o prazo regular.

A gestão do processo pelo juiz

Segundo afirma Klein, o princípio fundamental do processo civil moderno do século XX para cá deveria ser aquele de direção do processo por parte do juiz, em contraposição ao precedente sistema no qual a direção era incumbida às partes. Klein sustenta ainda que as partes deveriam colaborar diligentemente com o juiz na busca do real desenvolvimento dos fatos. Com isso, o juiz não se limitaria a judicar, mas também gerir o processo, sendo dotado de grandes poderes discricionários que devem garantir não apenas os direitos das partes, mas também os valores e os interesses da sociedade.[506]

Uma melhor gestão do processo nas mãos do juiz se deve, como se sabe, aos objetivos da 'publicização' das estruturas jurisdicionais perseguidas pelas legislações provenientes dos Estados Democráticos de Direito.

O novo C.P.C., ao contrário do revogado, foi muito mais preciso nos critérios de controle e direção do processo por parte do magistrado.

Sob um plano sistemático, é possível distinguir, de um lado, os *poderes coercitivos (ou de polícia)* e, de outro, uma gama indeterminada de *poderes de direção do*

---

[506] AROCA. Juan Montero. *I principi politici del nuovo processo civile spagnolo.* Roma, 2002. p. 60.

procedimento caracterizada por uma acentuada discricionariedade no desenvolvimento e na instrução da causa, visando à realização rápida e justa do processo.

Por força desta última prerrogativa, o juiz que dirige o procedimento ou por vezes a própria audiência, nos termos do *inciso VI do art. 139* do novo C.P.C., poderá *dilatar os prazos processuais e alterar a ordem de produção dos meios de prova, adequando-os às necessidades do conflito de modo a conferir maior efetividade à tutela do direito;*

Não se trata, evidentemente, de uma carta em branco autorizativa em favor do juiz, mas de um mecanismo voltado à adequação do procedimento às reais necessidades da tutela jurisdicional, desde que não haja prejuízo ao princípio do contraditório e da ampla defesa. Com base nesse poder de direção do procedimento, poderá o juiz regular a discussão, determinando os pontos=questões sobre os quais essa deve se desenvolver, declarando-a encerrada quando entenda por suficientemente provado.

A regra processual prevista no *inciso II do art. 139* do novo C.P.C. nada mais é do que a exteriorização do princípio Constitucional esculpido no inciso LXXVIII do art. 5º da C.F.: *"a todos, no âmbito judicial e administrativo, são assegurados a razoável duração do processo e os meios que garantam a celeridade de sua tramitação".*

O inc. II do art. 139 estabelece que o juiz deve *velar pela duração razoável do processo.*

Não há dúvida de que com a virtualização do processo jurisdicional a celeridade em seu trâmite está praticamente resolvida. Agora há necessidade de se promover o andamento mais célere quando o processo vai concluso para a decisão.

Outra forma de o magistrado propugnar pela rápida solução do litígio, e, portanto, pela celeridade processual, é, nos termos do *inciso V do art. 139* do novo C.P.C., *promover, a qualquer tempo, a autocomposição, preferencialmente com auxílio de conciliadores e mediadores judiciais.*

Não há dúvida de que as formas de resoluções de litígios, seja a conciliação ou mediação judicial ou extrajudicial, encontram-se entre aquelas que mais rapidamente resolve a questão controvertida, pois aproxima as partes para uma tentativa de colaboração para por fim ao litígio.

A importância de o juiz realizar todas as tentativas possíveis para que as partes se auto componham sobre a controvérsia fez com o Conselho Nacional de Justiça, por meio da Resolução n. 106/2010, estabelecesse que o maior número de conciliação acarretaria um critério superior de valorização do magistrado para efeitos de promoção na carreira do que o número de sentença proferida. Evidentemente que esse critério de promoção não é objetivo, pois muitas vezes o resultado positivo da conciliação ou da mediação não depende do juiz, mas

ART. 139

principalmente das partes, e por vezes da própria disponibilidade econômica delas.

É bem verdade que muitas vezes o andamento célere do processo depende mais da atuação firme e consistente do magistrado do que das próprias partes. Daí porque a importância do princípio do *impulso oficial* dos atos processuais para que o juiz possa realizar um efetivo controle instrumental do tempo, do ritmo e da modalidade de realização da atividade processual. Dentre esse controle podem ser destacados: a) a rapidez pela qual o juiz declara a nulidade dos atos praticados e, se for o caso, disponha sobre sua renovação, adotando os provimentos oportunos para a regularização dos atos 'defeituosos' ou para a eliminação de um defeito de representação, assistência ou de autorização das partes; aliás, esse poder-dever encontra-se expresso no *inc. IX do art. 139* do novo C.P.C., que assim dispõe: *determinar o suprimento de pressupostos processuais e o saneamento de outros vícios processuais;* b) os poderes de fixação das audiência sucessivas à primeira audiência e os poderes de fixação ou de prorrogação dos termos entre os quais as partes tem a obrigação ou ônus de cumprir os atos processuais de seus interesses ou do interesse do efetivo exercício da tutela jurisdicional; c) a direção das atividades de documentação das audiências, velando para que não se pratique ou não se estenda demasiadamente os atos que serão infrutíferos ou impertinentes para a resolução do pedido; d) o poder de, ainda que de ofício, integrar a instrução processual, velando para que não sejam realizadas provas impertinentes ou que nada acrescentarão à cognição dos fatos e do direito; e) a fixação do tempo, dos modos e dos lugares em que devem ser realizadas as provas no curso da instrução, otimizando o tempo de acordo com a celeridade processual.[507]

Segundo Comoglio, Ferri e Taruffo, é fácil perceber que aludidas atribuições diretivas exteriorizadas por meio de qualquer forma idônea para alcançar os fins, pressupõem um conjunto de *discricionariedade técnica*, por meio da qual o juiz encontra-se habilitado a desenhar critérios de orientação técnica com base nos princípios fundamentais de estrutura (oralidade, concentração, instrumentalidade das formas, adaptabilidade do procedimento, economia processual), e também dos princípio e das garantias inderrogáveis do 'justo processo'.[508]

O inciso *VIII do art. 139* do novo C.P.C. estabelece que entre os poderes diretivos do processo encontra-se o de *determinar, a qualquer tempo, o comparecimento*

---

[507] COMOGLIO, Luigi Paolo; FERRI, Corrado; TARUFFO, Michele. *Lezioni sul processo civile – il processo ordinário di cognizione.* Bologna: Il Mulino, 2006. p. 182 e 183.
[508] COMOGLIO, L. P.; FERRI, Corrado; TARUFFO, Michele, idem, p. 183.

CÓDIGO DE PROCESSO CIVIL

pessoal das partes, para inquiri-las sobre os fatos da causa, hipótese em que não incidirá a pena de confesso.

Esse poder de determinar o comparecimento das partes encontra-se inserido no denominado *poder instrutório* do juiz, no sentido de realizar diligências em prol da busca da veracidade dos fatos.

Segundo a doutrina italiana, os poderes do juiz no processo podem ser assim classificados: como *poderes de direção formal* e como *poderes de direção material*.

Dentre os *poderes de direção material* encontram-se: a) os poderes de *autorização*, com o qual o juiz não somente condiciona a chamada de terceiro para ingressar em juízo, mas também incide sobre a possibilidade de modificação da demanda, das exceções ou das conclusões já formuladas pelas partes; b) os poderes oficiosos de integração do contraditório; c) *os poderes de livre interrogatório para a clarificação dos fatos da causa e para tentativa de conciliação*; d) os *excepcionais* poderes de *iniciativa probatória de ofício* que, em várias medidas, também nos processos de tipo dispositivos permitem ao juiz integrar as provas produzidas por iniciativas das partes.[509]

Sobre o *poder instrutório do juiz*, deve-se transcrever a seguinte crítica formulada por Comoglio, Ferri e Taruffo, sob a ótica da legislação processual italiana: "*Diferentemente de outros sistemas processuais, nos quais, por exemplo, o denominado 'dever de clarificação dos fatos e das questões', que grava principalmente as partes, ou seja, proibido ao juiz, constitui motivo recursal (lembre-se do par. 139 da ZPO tedesca, depois da reforma dos anos 2001-2002) – o papel ativo do órgão jurisdicional, segundo a opinião dominante, não decorre (a não ser no âmbito do processo do trabalho, ex. artt. 421-425 c.p.c.) em verdadeiros e próprios 'poderes de direção do processo', cuja falta ou mau funcionamento possa ser deduzido pelos normais meios de impugnação como os decorrentes de motivo de nulidade do procedimento ou da sentença (artt. 161 e 360, n. 4, c.p.c.). Trata-se, ao invés, de 'poderes discricionários' em sentido técnico, cujo exercício (ou falta de exercício) – fora dos possíveis vícios de motivação – é considerado todavia incensurável nos juízos recursais. Mas a afirmada exclusão de todo possível controle impugnatório da aludida discricionariedade, ainda que por meio de análise sobre a 'motivação' dos provimentos jurisdicionais, não parece mais compatível com as garantias do 'justo processo', os quais vedam ao juiz exercitar referidos poderes de modo 'arbitrário' (art. 111, inciso 1-2 e 6, Cost; veja-se sobre o ponto as considerações desenvolvidas pela Corte de Cassação, em seções unidas, na sentença de 17.6.2004, n. 11.353).*

Segue, pois, dois aspectos importantes. De um lado, a relevância prática dos 'poderes de direção (sobretudo material) do processo se reduziria sensivelmente se não se permitisse ao

---

[509] COMOGLIO, L. P.; FERRI, C.; TARUFFO, M., idem, p. 184.

juiz de exercitar, ainda que em presença de eventual decadência ou preclusão ocorrida por culpa das partes singulares. Ponto de vista em tal sentido bem recebido pela jurisprudência, retira-se seja no art. 184, inc. 2, seja no art. 421, inc.2, onde o poder do juiz de dispor de ofício dos meios de prova é experimentável 'a qualquer momento', subtraindo-se, desta maneira, aos efeitos impeditivos das possíveis 'preclusões ou decadência' nas quais tenham inicialmente incorridas as partes gravadas pelo respectivo ônus probatório".[510]

Muito embora o juiz possa determinar que as partes compareçam em juízo para esclarecimentos de fatos, o certo é que a utilização desse poder instrutório material não poderá ensejar a pena de confissão, conforme expressamente consignado no dispositivo em comento.

O *inciso III do art. 139* do novo C.P.C. estabelece que compete ao juiz *prevenir ou reprimir qualquer ato contrário à dignidade da justiça e indeferir postulações meramente protelatórias.*

Alguns fatores que contribuem drasticamente para a morosidade do exercício da atividade jurisdicional são as alegações, postulações impertinentes ou de ampliação indevida da demanda, os quais têm por objetivo apenas a protelação da análise da questão ou retardamento no tempo da solução definitiva do processo.

Daí a importância de o juiz, mediante seu poder de direção material ou formal do processo, impedir essas postulações indevidas e contrárias à dignidade da Justiça.

Mas além de impedir ou indeferir postulações impertinentes ou meramente protelatórias, poderá o juiz, mediante requerimento da parte ou de ofício, aplicar medidas e as sanções previstas em lei para punir essa atitude de litigância de má-fé.

Em complementação, *o inciso VII do art. 139* do novo C.P.C., por sua vez, estabelece que o juiz poderá *exercer o poder de polícia, requisitando, quando necessário, força policial, além da segurança interna dos fóruns e tribunais.*

O juiz, especialmente quando na condução de audiências, poderá exercitar seu poder de polícia, zelando para que o ato processual se realize de acordo com os ditames legais e dentro da ética e dos bons costumes.

Havendo abuso de qualquer das partes ou mesmo dos sujeitos processuais atuantes no ato processual, poderá o juiz exercitar seu poder de polícia, requisitando, quando necessário, força policial, além de segurança interna dos fóruns e tribunais.

---

[510] COMOGLIO, L. P.; FERRI, C.; TARUFFO, M., idem, p. 184 e 185.

Mas para que o juiz possa exercer com eficácia prática os poderes de polícia e inibitórios de atos atentatórios à dignidade da justiça, há necessidade de que o próprio ordenamento jurídico lhe conceda instrumentos eficientes e coercitivos à altura dos atos que se pretende neutralizar.

E o inc. IV do art. 139 prevê expressamente estes instrumentos, ao estabelecer que o juiz pode *determinar todas as medidas indutivas, coercitivas, mandamentais ou sub-rogatórias necessárias para assegurar o cumprimento de ordem judicial, inclusive nas ações que tenham por objeto prestação pecuniária.*

Este dispositivo permite uma atuação firme e consistente do magistrado, por meio de medidas indutivas, coercitivas, mandamentais ou sub-rogatórias necessárias para assegurar a efetivação da decisão judicial e a obtenção da tutela do direito.

As medidas coercitivas consistem na aplicação de sanção contra o obrigado, mediante a ameaça de uma lesão grave aos seus interesses, com o fim de induzir sua vontade para o efeito adimplemento de sua obrigação processual.

Segundo Andréa Proto Pizani, as medidas coercitivas distinguem-se em três principais categorias: a) o modelo francês das *astreintes*, o juiz está autorizado, no momento em que pronuncia uma obrigação de fazer, não fazer, dar, ou de cumprir prestação pecuniária, a determinar a aplicação de uma soma em dinheiro que o obrigado deverá pagar por vezes à outra parte, por vezes ao próprio Estado pela falta praticada, por dia de atraso no cumprimento. A soma em dinheiro não deve ser calculada pelo dano que possa estar sendo causado à parte contrária, mas pela eficácia prática coercitiva do valor para que a parte inadimplente cumpra sua obrigação processual. Assim, é possível que a soma em dinheiro aumente periodicamente, na medida em que o descumprimento da obrigação se prolongue no tempo; b) o segundo modelo de medidas coercitivas é aquele disciplinado pelos §§ 888 e 889 da ZPO tedesca e dos correspondentes §§ 354 e 355 da EO austríaca. Como as *astreintes*, também estas medidas são utilizadas, em regra, para o cumprimento das obrigações de fazer e não fazer; as diferenças em relação ao modelo precedente são devidas ao sinal publicístico mais marcante da medidas coercitivas operantes no ordenamento jurídico alemão, como, por exemplo, a previsão de sanção limitativa da liberdade pessoal (prisão) e ao fato de que as penas pecuniárias são entregues ao Estado e não ao credor privado; c) o terceiro modelo de medidas coercitivas é o *anglo-saxão* do *contempt of court* (desprezo pela Corte): a força da sanção consiste em autorizar ao credor – no caso de falta de adimplemento espontâneo da decisão civil – de dirigir-se ao mesmo juiz que pronunciou a decisão com o fim de ver declarado o inadimplemento culpável de *contempt* e postular a prisão do faltoso (que poderá ser infligida porém 'somente aquele que poderia concretamente cumprir a decisão)

ART. 139

e/ou pagamento de uma multa em favor normalmente do credor. Este modelo, instrumento muito eficaz para o adimplemento da obrigação infungível, diferentemente do modelo tedesco, utiliza, em função de medida coercitiva, a predisposição, em regra geral, de um crime que tem por objeto ato de desobediência aos provimentos do juiz ou de desprezo à autoridade judiciária.[511]

Evidentemente que nosso ordenamento jurídico não adotou as sanções de prisão previstas no direito alemão ou anglo-saxão (*contempt of court*), uma vez que a nossa Constituição Federal não permite prisão por dívida civil.

Daí porque uma das formas de coerção para cumprimento de ordens judiciais é efetivamente a imposição de multas, muitas vezes cominadas liminarmente.

Este dispositivo estabelece que o juiz poderá determinar o pagamento ou o depósito da multa cominada liminarmente, desde o dia em que se configure o descumprimento da ordem judicial.

Porém, essa de determinação de depósito ou pagamento deve seguir o rito do cumprimento provisório de sentença, perante o juízo competente.

Estabelece o inc. X do art. 139 do atual C.P.C. que o juiz incumbe, *quando se deparar com diversas demandas individuais repetitivas, oficiar o Ministério Público, a Defensoria Pública e, na medida do possível, outros legitimados a que se referem os art. 5º da Lei nº 7.347, de 24 de julho de 1985, e o art. 82 da Lei nº 8.078, de 11 de setembro de 1990, para, se for o caso, promover a propositura da ação coletiva respectiva.*

Tal gestão processual por parte do juiz visa a evitar a propositura de inúmeras demandas individuais repetitivas, dando-se preferência pela ação coletiva.

Por fim, o inc. I do art. 139 do atual C.P.C. determina que o juiz *assegure às partes a igualdade de tratamento.*

Essa isonomia deverá ocorrer em todo o arco do procedimento, especialmente na efetivação do contraditório e igualdade das partes na produção probatória.

Preceitua o *parágrafo único do art. 139* do atual C.P.C. que *a dilação de prazos prevista no inciso VI somente pode ser determinada antes de encerrado o prazo regular.*

Assim, uma vez transcorrido o prazo, não poderá mais o juiz determinar a dilação de prazo estabelecido no inc. VI deste artigo.

Sobre o tema, eis os seguintes precedentes:

(...)

2. *"Dentre os poderes que o Código de Processo artigos 125, I; 130, ambos c/c art. 598 confere ao juiz na direção do processo de execução, subsume-se o de determinar atos*

---

[511] PISANI, Andrea Proto. *Lezioni di diritto processuale civile.* Terza Edizione. Napoli: Casa Editrice Dott. Eugenio Jovene, 1999. p. 171 e 172.

instrutórios necessários para que a execução se processe de forma calibrada, justa, de modo a não impor desnecessários sacrifícios ao devedor." (REsp 71.960/SP, Rel. Min. João Otávio de Noronha, Quarta Turma, julgado em 25/3/2003, DJ 14/4/2003, p. 206).

Recurso especial improvido.

(REsp 1354974/MG, Rel. Ministro HUMBERTO MARTINS, SEGUNDA TURMA, julgado em 05/03/2013, DJe 14/03/2013)

(...).

3. Constata-se, portanto, que a retirada de pauta somente poderia ser acolhida mediante comprovação de atendimento da exigência legal.

O pedido de suspensão do trâmite do feito é incompatível com a desistência da ação, na forma prevista em lei. Por essa razão, e com base no fato de que ao juiz incumbe a direção do processo (art. 125 do CPC), o pedido foi indeferido, facultando-se à parte interessada a regularização das medidas de sua incumbência.

(...).

(AgRg no AgRg no REsp 833.810/SC, Rel. Ministro HERMAN BENJA-MIN, SEGUNDA TURMA, julgado em 23/02/2010, DJe 02/03/2010)

(...).

4. Ao juízo de primeiro grau é conferida a direção do processo (artigos 125 e seguintes do CPC), cabendo a ele zelar por uma prestação jurisdicional não somente célere, mas também precisa, justa e eficaz. De igual modo, na concretização do princípio do duplo grau de jurisdição, é devolvida ao Tribunal toda a matéria para reapreciação, cabendo aos julgadores, inclusive, se for o caso, verificar se a instrução do processo, de fato, assegurou aos jurisdicionados a ampla defesa e o tratamento equânime.

(...).

(REsp 637.547/RJ, Rel. Ministro JOSÉ DELGADO, PRIMEIRA TURMA, julgado em 10/08/2004, DJ 13/09/2004, p. 186)

(...).

II – O juiz, no exercício da sua função jurisdicional, não pode ver-se tolhido na direção da fase instrutória do processo, só porque não se aplicam o impedimento e a suspeição aos assistentes técnicos, devendo conduzir a marcha processual no sentido da estabilidade das relações entre as partes e da garantia de igualdade de tratamento.

III – A valoração da prova, no âmbito do recurso especial, pressupõe contrariedade a um princípio ou a uma regra jurídica no campo probatório, ou mesmo à negativa de norma legal nessa área.

IV – A verificação da ocorrência ou não de irregularidades na escolha do assistente técnico, pela parte, na espécie, demandaria o reexame das provas, vedado pelo enunciado nº 7 da súmula/STJ.

(REsp 125.706/SP, Rel. Ministro SÁLVIO DE FIGUEIREDO TEIXEIRA, QUARTA TURMA, julgado em 26/10/1999, DJ 13/12/1999, p. 149)

Art. 140

O juiz não se exime de decidir sob a alegação de lacuna ou obscuridade do ordenamento jurídico.

Parágrafo único. O juiz só decidirá por equidade nos casos previstos em lei.

Non liquet

Eduardo J. Couture certa vez afirmou que o juiz não pode ser um símbolo matemático, porque é um homem; o juiz não pode ser a boca que pronuncia as palavras da lei, porque a lei não tem possibilidade material de pronunciar todas as palavras do direito; a lei procede tendo por base certas simplificações esquemáticas e a vida apresenta, diariamente, problemas que não puderam entrar na imaginação do legislador. Quando a lei cai no silêncio, pode-se dizer, conforme o poeta, que este silêncio está povoado de vozes...Quando o juiz dita sua sentença, não é só um intérprete das palavras da lei, mas também de suas vozes misteriosas e ocultas.[512]

O *art. 140* do novo C.P.C., ao determinar que o juiz não se exima de decidir alegando lacuna ou obscuridade do ordenamento jurídico, vem reiterar a aplicação no processo civil do *non liquet.*

Essa máxima é aplicada no momento final do processo, ou seja, quando o juiz se dirige a resolver as questões posta em juízo, o *juiz decisor*, por meio de uma operação complexa que, em rigor, está precedida de um ato volitivo prévio: a decisão de resolver, uma vez que, hoje e sempre não é admissível o *non liquet* a pretexto de 'obscuridade ou insuficiência do ordenamento jurídico'.

---

[512] COUTURE, Eduardo J. *Introdução ao estudo do processo civil.* 3 Ed. Rio de Janeiro: Editor José Konfino, s/d. p. 82.

O juiz está obrigado a pronunciar-se sempre, *porém não necessariamente a resolver o conflito.*[513] Isso ocorre, por exemplo, quando o juiz extingue o processo sem resolução do mérito. O processo foi extinto, mas o conflito permanece e poderá ser novamente posto à análise do judiciário.

O conteúdo do art. 140 do atual C.P.C. põe em xeque a teoria tradicional do positivismo legalista e ou cientificismo jurídico, tal como foi defendido no plano teórico principalmente no século XIX, e que, infelizmente, ainda impera na consciência de muitos juristas e na prática docente de muitas Faculdades de Direito, apoiando-se na visão do direito como sistema preferencialmente estático, cerrado e completo, ou, ao menos, autossuficiente como ordenamento normativo para dar solução a toda questão nova. Este tipo de perspectiva leva em consideração uma racionalidade interna do sistema, racionalidade do direito mesmo como dado, como resultado preestabelecido, o que assegura a racionalidade do procedimento de sua aplicação, das decisões dos casos concretos.[514]

Durante a larga noite da história do positivismo legalista surgiram alguns remédios *caseiros*, alguns tecnicamente muito refinados, para ajudar ao juiz a superar a proibição do *non liquet;* dentre eles, cânones hermenêuticos, colmatação de lacunas legais, a evolução implícita do ordenamento e tantos outros. Contudo, segundo Alejandro Nieto, com um pouco de reflexão, *"pronto se descobre que se trata de formulações que unicamente podem funcionar por meio do arbítrio judicial, cuja existência se pretende esconder".*[515]

Apesar de se reconhecer a existência do *arbítrio judicial* no âmbito do exercício da atividade jurisdicional, deve ficar claro que não se trata de oferecer um sistema de arbítrio como alternativa a um sistema de legalidade, uma vez que no confronto entre os dois não se pode formar um dilema, senão que ambos se integram formando uma unidade indissociável, de tal maneira que tão falso e incompleto é um princípio do arbítrio que prescinde da legalidade como um princípio da legalidade que prescinde do arbítrio judicial. A legalidade necessita do arbítrio para ser efetiva tanto como o arbítrio necessita da legalidade para ser lícito.[516]

É importante salientar que o *non liquet* somente se aplica à aplicação da norma e não à interpretação dos fatos, daí porque o perito, por exemplo, pode

---

[513] Nieto, Alejandro. *El arbítrio judicial.* Editorial Ariel, 2004. p. 75.
[514] Amado, Juan Antonio García. *Tópica. derecho y método jurídico.* DOXA http://www.cervantesvirtual.com/servlet/SirveObras/12837218659036051876657/cuaderno4/Doxa4_12.pdf#search="non liquet"&page=6. p. 176 e 177.
[515] Nieto, A., op. Cit., p. 262
[516] Nieto, A., idem, p. 201

ART. 140

deixar de concluir a perícia porque não conseguiu chegar a uma definição final. Mas, conforme já teve oportunidade de advertir Luis Racasens Siches: *"A consideração dos fatos implicados em um processo se apresenta sempre entrelaçada com a norma relativa a tais fatos. Em muitas sentenças, se as analisamos bem, percebe-se que o miolo das mesmas, a decisão, 'entreteje de modo inseparable las hechos calificados y las normas'. De todo modo, a interpretação de um texto e a interpretação de um fato não são nem devem ser independentes: o texto é interpretado em vista de sua projeção aos fatos; assim como os fatos são analisados em vista de sua relação com as normas.*[517]

Assim, mesmo que o juiz se encontre diante de uma *aporia*, deverá encontrar meio ou mecanismo apropriados para a sua solução.

O juiz, para superar o *non liquet*, deva aplicar os princípios constitucionais, as regras legais e os princípios gerais de direito, e, se for o caso, valer-se da analogia e dos costumes.

Abrindo-se a possibilidade de o juiz proceder à busca de novas premissas que não aquelas incorporadas pelo sistema dedutivo legal, abre-se a oportunidade de o juiz estabelecer meditações *prelógicas*, podendo utilizar-se da *tópica*, a qual pode mostrar (por meio dos princípios gerais de direito, dos costumes e da analogia) como encontrar as premissas necessárias. Isso não quer dizer, segundo já afirmou Viehweg, que a lógica fique totalmente à margem do raciocínio jurídico, nem que a dedução não tenha qualquer papel no pensamento jurídico. Contudo, conforme já demonstrou Cícero, a tópica antecede à lógica.

Na realidade, quando o juiz se depara com um problema jurídico que não encontra solução específica na aparente estrita legalidade ou se depara com certa lacuna ou obscuridade do ordenamento jurídico (pois é só aparente, uma vez que não existe estrita legalidade, pois toda normatividade decorre de uma problemática interpretação), irá buscar a solução para o problema em *topois* que são todos aqueles argumentos que num contexto histórico, social e jurídico determinado contam a seu favor com uma presunção de plausibilidade e são tidos como postulados evidentes ou geralmente aceitos, de modo que não se discutem ou, tudo o mais, no caso de serem discutidos impõem a carga do argumento a quem os questione. Se integram nesse núcleo de premissas compartilhadas que fazem possível em cada sociedade a convivência e a comunicação sobre uma base comum de entendimento.[518]

---

[517] SICHES, Luis Recaséns. *Introdução ao estudo do direito.* 12 ed. México: Editorial Porrua, 1997. p. 214.
[518] AMADO, Juan Antonio García. *Tópica. derecho y método jurídico.* DOXA http://www.cervantesvirtual.com/servlet/SirveObras/12837218659036051876657/cuaderno4/Doxa4_12. pdf#search="non liquet"&page=6. p. 171.

O novo C.P.C., focado no processo civil constitucional moderno, vincula todo ato legal, toda aplicação analógica, todos os costumes e os princípios gerais de direito aos *topoi* estabelecidos nos princípios da Constituição Federal brasileira.

É justamente a Constituição de um Estado Democrático que congrega o lugar comum dos argumentos que num contexto histórico, social e jurídico determinado contam a seu favor com uma presunção de plausibilidade e são tidos como postulados evidentes ou geralmente aceitos, de modo que não se discutem ou, tudo o mais, no caso de serem discutidos impõem a carga do argumento a quem os questione.

O primeiro lugar para a busca da melhor e mais democrática solução jurídica é justamente a Constituição Federal, ou melhor, a interpretação da lei, dos costumes, a aplicação da analogia e dos princípios gerais do direito com base nos princípios fundamentais da Constituição Federal.

É a Constituição Federal que irá estabelecer o sentido das normas jurídicas, dos costumes, dos critérios de aplicação analogia e dos princípios gerais de direito.

Segundo anota Giorgi Berti, *"As cortes constitucionais preferem agora entender a constituição não tanto no seu sentido literal ou recorrendo aos seus significados de origem, mas evocando princípio.... O princípio é retirado não de uma singular disposição, mas de um conjunto que compõem algumas disposições.*[519]

Inicialmente pode-se falar em interpretação por princípios ou por valores. Os valores constituem um conjunto de acúmulo entre o princípio, por exemplo, o princípio da igualdade, e o singular direito reconhecido expressamente pela constituição ou retirado indiretamente de uma proposição constitucional. A interpretação por princípios ou valores, enquanto efetuado pelos juízes constitucionais, reforça a constituição e torna mais visível o seu predomínio sobre a lei do parlamento, dos regulamentos do governo e toda outra fonte ainda que de origem social.[520]

Os princípios que exalam valores transitam por meio da afirmação dos direitos fundamentais.

Por isso, o direito reveste-se de um caráter dinâmico e aberto.

A solução do caso concreto ocorrerá por este processo dialógico que ocorre entre os métodos de direito positivo para a resolução do problema jurídico e a sua conformação aos princípios e valores Constitucionais.

O critério metodológico para a resolução de conflitos, a título didático, está assim definido: 1º Aplicação dos princípios constitucionais; 2º aplicação das

---

[519] BERTI, Giorgio. *Interpretazione costituzionale.* Quarta edizione. Milano: CEDAM, 2001. p. 25.
[520] BERTI, G., idem, p. 26.

ART. 140

regras legais; 3º aplicação dos princípios gerais de direito; 4º e se for o caso valer--se da analogia e dos costumes.

Por analogia entende-se o método de integração do direito estabelecendo primeiro as semelhanças entre um caso regulado pela norma jurídica e outro não previsto por ela. Com isso, deve-se focar qual é o critério pelo qual a norma jurídica enfoca o caso específico que previu e, finalmente, aplicar esse mesmo critério ao caso não previsto.[521]

Em relação aos costumes, pode-se dizer que são três espécies de costumes: a) *secundum legem*, aquele costume que se encontra previsto na lei, que reconhece sua eficácia obrigatória; b) *praeter legem* quando se reveste de caráter supletivo, suprindo a lei nos casos omissos, preenchendo as lacunas; c) *contra legem*, é aquele que se forma em sentido contrário ao da lei. Em princípio, um costume não pode contrariar a lei, pois uma lei só se modifica ou se revoga por outra da mesma hierarquia ou de hierarquia superior.[522]

Numa perspectiva ampla, pode-se dizer que o princípio geral de direito é princípio, pois é suporte estruturante e fundamental do ordenamento jurídico; é *geral*, uma vez que diz respeito a todo ordenamento jurídico, transcendendo preceitos jurídicos particularizados; é de *direito*, porque tem aplicação no mundo jurídico e não é critério ou regra moral ou de bom comportamento, não obstante também nessas esferas de relações humanas deva ser levado em consideração.[523]

É importante salientar que os princípios gerais de direito não são estáticos, vez que são influenciados pelas circunstâncias espaços-temporais, pela situação cultural, pela concepção do homem e do mundo. Por isso, os princípios gerais de direito costumam evoluir segundo as próprias mutações que possam acontecer no ordenamento jurídico, na medida em que representam verdadeiras convicções ético-jurídicas de uma dada comunidade.

São exemplos de princípios gerais de direito: a) princípio do não enriquecimento ilícito; b) princípio da boa-fé objetiva; c) princípio de que a boa-fé se presume e a má-fé deve ser provada; d) princípio de que ninguém poderá se beneficiar da própria torpeza.

Segundo estabelece o *parágrafo único do art. 140* do atual C.P.C., *o juiz só decidirá por equidade nos casos previstos em lei.*

---

[521] SICHES, L. R., op. cit., p. 215.

[522] DINIZ, Maria Helena. *As lacunas no direito.* 2ª ed., São Paulo: Editora Saraiva, 1989. p. 204 a 209.

[523] GARCÍA DE ENTERRÍA, Eduardo; FERNANDEZ, Tomás Ramon. *Curso de direito administrativo.* Tradução Arnaldo Setti, São Paulo: RT, 1991, p.83.

CÓDIGO DE PROCESSO CIVIL

Assim, o juiz poderá, ainda, decidir por equidade, desde que haja previsão legal.

Segundo lecionava Liebman, *"de regra o juiz, depois de haver reconstruído a verdade dos fatos de uma causa, teria de aplicar a esses em todo o seu rigor a regra jurídica que se desume da lei para a 'fattispecie' colocada para seu juízo. Em outros termos, a sua atividade de judicar é extremamente vinculada ao direito vigente.*

Excepcionalmente, consente-se ao juiz de encontrar o critério de sua decisão com maior liberdade de fontes diversas, adaptando-a às circunstâncias particulares do caso concreto, de modo a formular uma regra jurídica concreta que lhe pareça mais justa para o caso singular. Estamos diante de um juízo de 'equidade' ...A equidade seria um corretivo à rígida aplicação da regra abstrata, que permite de curvá-la e conformá-la ao caso singular.

Por equidade não se deseja dizer arbítrio do juiz, o qual deve, como juiz de equidade, fazer-se interprete do sentido ético-jurídico difuso na sociedade de seu tempo...".[524]

A perspectiva adotada por Liebman insere o julgamento por equidade como sendo um julgamento de ordem secundária, de mera colmatação da ordem legal positiva.

Contudo, diante da nova característica do processo civil moderno, a equidade deixa de ser um simples método de integração da norma, para se tornar um juízo diretivo de interpretação do direito, isto é, todo o juízo normativo concreto deve pautar-se nos critérios de um processo justo e équo, ou seja, que a norma seja posta observando a equidade, a justiça da decisão.

O problema da equidade não é a de 'corrigir a lei', mas, conforme ensina Recaséns Siches, se trata de outra coisa: se trata de 'interpretá-la razoavelmente'.[525]

A equidade, em sentido geral, "deve ser entendida como meio de interpretação de todas as leis, de todas e cada uma das leis sem exceção".[526]

Conforme explica Aristóteles, a equidade não é idêntica ao texto das leis do Direito positivo; porém pertence ao mesmo gênero da justiça, do justo natural, pois é a expressão do justo natural em relação ao caso concreto.[527]

Por isso, a equidade não pode ser um critério de colmatação de lacunas da lei, mas uma das diretrizes de construção da própria norma jurídica em concreto, pois se a lei não for interpretada razoavelmente, não se pode conceber que a norma dela advinda seja justa e, portanto, de acordo com o Direito.

---

[524] LIBMANN, Enrico. *Manuale di diritto processuale civile – principi*. Sesta Edizione. Milano: Giuffrè Editore, 2002. p. 163.

[525] SICHES, L. R., op. cit., p. 239.

[526] SICHES, L. R., idem, p. 241.

[527] SICHES, L. R., idem, p. 241.

Se o direito, conforme já expressou Legaz y Lacambra, existe por causa do homem, é obra do homem e está a serviço do homem[528], não se concebe mais o estudo do direito ou a interpretação da norma com a exclusão quase que total do elemento humano, como se fosse desnecessária sua alusão ou inclusão. Justamente, "a moderna luta pelo direito é em verdade uma aspiração à prevalência do homem como seu destinatário, e que é seu fator determinante.[529]

Portanto, a aspiração ao justo é uma atitude ética, valorativa de condutas e fins não somente materiais, mas também do espírito, razão pela qual o humanismo se levanta contra as ciências jurídicas tradicionais, questionando e contestando a construção de normas jurídicas concretas vinculadas à desumanização do direito que, segundo o tratamento dos próprios juristas, converte-se em uma pura técnica lógica e conceitual, desvitalizada e de plano distinto de sua força criadora, eminentemente social.[530]

Num Estado Social Democrático de Direito, o julgamento por equidade deixou de ser apenas uma forma de colmatação do ordenamento jurídico, passando a ser a própria essência do exercício da atividade jurisdicional.

O Código de Ética Ibero Americano inseriu a questão da *justiça e da equidade* justamente na instância de aplicação prática do direito (ética), ou seja, direcionou sua preocupação com o fim da ação ou da conduta a ser concretizada pelo magistrado quando da interpretação e aplicação das normas jurídicas.

Essa delimitação quanto ao objeto de análise da justiça e da equidade encontra-se perfeitamente delineada na própria exposição de motivos do Código Ibero Americano de Ética Judicial, quando afirma que: *"... Cabe recordar que en el Estado de Derecho al juez se le exige que se esfuerce por encontrar la solución justa y conforme al Derecho para el caso jurídico que está bajo su competencia...La formulación de un Código de Ética Judicial puede ser una fuente muy importante de clarificación de conductas. Obviamente, porque un Código de Ética Judicial, como cualquier ordenamiento, supone una división de la conducta que pretende regular en lícita e ilícita y, de esta manera, sirve de guía para sus destinatario".*

O art. 35 do Código Ibero Americano de Ética Judicial, reforçando a sua exposição de motivos, preconiza que o fim último da atividade judicial é *realizar a justiça por meio do Direito.*

---

[528] LEGAZ Y LACAMBRA, Luis. *Humanismo, Estado e Direito*. Barcelona. Edit. Bosch, 1960, p. 7.
[529] Pérez, Ruiz. *Juez y sociedad*. Colombia: Editorial Temis, 1987. p. 5.
[530] PÉREZ, R., idem, p. 6.

O objetivo pretendido pelo Código de Ética Judicial é justamente recomendar ao magistrado que assimile e compreenda, por meio de um exercício ético constante, a melhor forma de agir em busca de uma *justa e equânime* decisão judicial.[531]

A preocupação do Código Modelo com a ética judicial e com os critérios de uma decisão justa (aplicação do Direito) reflete de certa forma uma inquietação epistemológica com a maneira pela qual as instituições sociais mais importantes distribuem direitos e obrigações, bem como estabelecem a divisão de vantagens provenientes da cooperação social.

Não se nega que a constituição política e os principais acordos econômicos e sociais representam instituições sociais de grande importância. Por sua vez, o Poder Judiciário, por meio da atividade de seus magistrados, ao lado das outras instituições sociais e econômicas, da mesma forma define e concretiza os direitos, deveres e obrigações das pessoas e influencia gradativamente nos seus projetos de vida, ou seja, no que elas podem esperar vir a ser e muitas vezes no bem-estar social, econômico e cultural que podem almejar.

Também não se questiona que a estrutura básica social (política e econômica) faz parte do *objeto primário da justiça*, tendo em vista que seus efeitos são profundos e estão presentes desde o começo. Na realidade, "*nossa noção intuitiva é que essa estrutura contém várias posições sociais e que homens nascidos em condições diferentes têm expectativas de vida diferentes, determinadas, em parte, pelo sistema político bem como pelas circunstâncias econômicas e sociais. Assim as instituições da sociedade favorecem certos pontos de partida mais que outros*".[532]

---

[531] "*Sócrates defende a tese de que podemos ensinar a virtude. Isso a que deveríamos assistir é, portanto, o advento da justiça na alma de Cálicles, convertida, mudada pelo ensinamento dialético de Sócrates. Mas, Cálicles recusa-se ouvir, ser discípulo. Sua alma renitente recusa dar o consentimento, trazendo, de algum modo, a prova viva de que ensinar a justiça, não é, forçosamente, tornar justo aquele a quem nos dirigimos. É preciso fazer algo mais: uma abertura ativa, uma receptividade existencial; é preciso que a inteligência seja comovida, pois a linguagem é impotente para comunica e experiência do existir, a consciência autêntica do ser, a seriedade do vivido. A simbolização que a linguagem impõe ao vivido pode não surtir efeito naquele que não é 'tocado'. Jamais compreendemos a justiça se não a vivemos e, para tanto, é preciso que a mais profunda estrutura do ser ecoe em nós, é preciso que sejamos afetados, que ao menos sua luz nos cubra com sua sombra. A inteligência das mais elevadas coisas não é fria nem formal. A atrelagem da alma não avança e não se eleva senão graças aos afetos que a movem. A esse respeito insistimos muito sobre a supremacia da razão na estrutura heterogênea da alam, esquecendo aquilo que faz seu dinamismo, o que lhe permite manter-se em movimento, na estrada em direção às alturas*". (FARAGO, France. *A justiça*. Trad. Maria Jose Pontieri. Barueri: Editora Manole, 2004. p. 44).

[532] RAWLS, John. *Uma teoria da justiça*. São Paulo: Martins Fontes, 2002. p. 8.

ART. 140

Todavia, por instituições mais importantes[533] pretende-se indicar, para além da concepção Rawlseniana (que restringe esse campo de análise à constituição política e aos principais acordos econômicos e sociais), também o exercício da função estatal realizada pelo Poder Judiciário por meio de seus juízes, ou seja, no momento da *interpretação e aplicação* do Direito.

E se justifica essa preocupação do Código de Ética Ibero Americano em circunscrever o objeto da justiça no âmbito da interpretação e aplicação do direito, tendo em vista principalmente as diferenças concretas sociais e econômicas vivenciadas na estrutura básica de uma determinada sociedade que por vezes são profundas, além de serem difusas.[534]

Diante dessas desigualdades, supostamente inevitáveis na estrutura básica social e econômica de qualquer sociedade, mais importante que a definição ou escolha preambular dos princípios de justiça (o que normalmente ocorre de maneira meramente formal e procedimental), é justamente a interpretação e aplicação desses mesmos princípios por parte de um órgão Constitucionalmente competente que permita reduzir as consequências pessoais, familiares e sociais desfavoráveis.[535] Por isso, "a *justiça de um esquema social depende essencialmente de como se atribuem direitos e deveres fundamentais e das oportunidades econômicas e condições sociais que existem nos vários setores da sociedade*".[536]

Por isso, teria agido com acerto a Câmara dos Deputados em excluir o art. 120 do projeto originário do novo C.P.C., alegando para tanto: *Suprime-se do projeto o art. 120. A proposta é de supressão deste artigo, que está assim redigido: "Art. 120. O juiz só decidirá por equidade nos casos previstos em lei". Tal dispositivo é uma reprodução da redação dada ao artigo 127 do atual Código de Processo Civil. O conteúdo do dispositivo não contém atualidade em termos de metodologia jurídica. Seu conteúdo reflete uma realidade metodológica da primeira metade do século XX, não mais persistente nos dias atuais. Naquela época, o juiz aplicava a "lei", somente recorrendo à "equidade" quando autorizado pela própria lei. Na atualidade, o juiz aplica as normas jurídicas, que constitui o gênero, do qual os princípios e as regras são espécies. Ao lado das regras e dos princípios, há*

---

[533] "Assim, a proteção legal da liberdade de pensamento e de consciência, os mercados competitivos, a propriedade particular no âmbito dos meios de produção e a família monogâmica constituem exemplos das instituições sociais mais importantes" (RAWLS, J., idem, p. 8).

[534] RAWLS, J., idem, p. 8.

[535] Preceitua o art. 37 do Código de Ética Judicial Ibero Americano: *"El juez equitativo es el que, sin transgredir el Derecho vigente, toma en cuenta las peculiaridades del caso y lo resuelve basándose en criterios coherentes con los valores del ordenamiento y que puedan extenderse a todos los casos sustancialmente semejantes".*

[536] RAWLS, J., op. cit., p. 8.

os postulados normativos, entre os quais se destaca o da razoabilidade. Há várias acepções para a razoabilidade. Numa delas, a razoabilidade identifica-se com a equidade, exigindo-se a harmonização da norma geral com o caso individual. Quer isso dizer que, na aplicação das normas jurídicas, o juiz deve considerar aquilo que normalmente acontece. Segundo esclarece Humberto Ávila, "a razoabilidade atua como instrumento para determinar que as circunstâncias de fato devem ser consideradas com a presunção de estarem dentro da normalidade. A razoabilidade atua na interpretação dos fatos descritos em regras jurídicas." (Teoria dos princípios: da definição à aplicação dos princípios jurídicos. 9ª ed., São Paulo: Malheiros, 2009, p. 153). Para além disso, a razoabilidade exige a consideração do aspecto individual do caso, afastando-se a aplicação da norma quando a situação revelar-se anormal ou excepcional. A razoabilidade serve, enfim, de instrumento metodológico para aplicação de textos normativos. Nesse sentido, confunde-se com a equidade. A equidade, na metodologia jurídica atual, funciona como critério hermenêutico ou como instrumento metodológico, sem que haja texto normativo autorizando sua utilização pelo magistrado. Não bastasse isso, o próprio projeto, no art. 6º, impõe que o juiz observe o postulado da razoabilidade.

O dispositivo, enfim, só é fonte de problema e está obsoleto. O artigo 120 do PL nº 8.046, de 2010, merece ser suprimido. Acolhe-se as Emendas nºs 179, 578 e 858/11.

Porém, o Senado Federal, de forma retrógrada, reintroduziu o parágrafo único no art. 140, vinculando novamente o julgamento por equidade à permissão legal.

Sobre o tema, eis os seguintes precedentes:

Ação reivindicatória. negativa de vigência aos arts. 524 e 530 do c.c., substituindo-se o juiz ao legislador, com fundamento nos artigos 4. e 5. da lei de introdução ao código civil. não pode o juiz, sob alegação de que a aplicação do texto da lei a hipótese não se harmoniza com o seu sentimento de justiça ou equidade, substituir-se ao legislador para formular de próprio a regra de direito aplicável. mitigue o juiz o rigor da lei, aplique-a com equidade e equanimidade, mas não a substitua pelo seu critério. Recurso extraordinário conhecido e provido.

(RE 93701, Relator(a): Min. OSCAR CORREA, Primeira Turma, julgado em 24/09/1985, DJ 11-10-1985 PP-17861 EMENT VOL-01395-03 PP-00430)

(...).
3. O art. 4º da LICC permite a equidade na busca da Justiça. O manejo da analogia frente à lacuna da lei é perfeitamente aceitável para alavancar, como entidades familiares, as uniões de afeto entre pessoas do mesmo sexo. Para ensejar o reconhecimento, como entidades familiares, de referidas uniões patenteadas pela vida social entre

ART. 140

parceiros homossexuais, é de rigor a demonstração inequívoca da presença dos elementos essenciais à caracterização de entidade familiar diversa e que serve, na hipótese, como parâmetro diante do vazio legal – a de união estável – com a evidente exceção da diversidade de sexos.

(...).

(REsp 1199667/MT, Rel. Ministra NANCY ANDRIGHI, TERCEIRA TURMA, julgado em 19/05/2011, DJe 04/08/2011)

1. O Direito Tributário contém regras de hermenêutica para as hipóteses de lacunas legais, determinando, em seu art. 108, verbis: Na ausência de disposição expressa, a autoridade competente para aplicar a legislação tributária utilizará sucessivamente, na ordem indicada: I – a analogia; II – os princípios gerais de direito tributário; III – os princípios gerais de direito público; IV – a equidade. §§ 1º e 2º(...).

(...).

(REsp 1122387/DF, Rel. Ministro LUIZ FUX, PRIMEIRA SEÇÃO, julgado em 25/08/2010, DJe 10/09/2010)

O art. 29-A da Lei nº 8.036/90, com a redação dada pela Medida Provisória 2.075-38/2001 e reedições, foi omisso quanto a forma de pagamento dos valores apurados com a aplicação dos índices devidos para correção monetária dos saldos das contas vinculadas ao FGTS no caso de contas encerradas, operando-se, in casu, verdadeira lacuna legislativa que não impede o magistrado de entregar a prestação jurisdicional requerida.

"O juiz não se exime de sentenciar ou despachar alegando lacuna ou obscuridade da lei. No julgamento da lide caber-lhe-á aplicar as normas legais; não as havendo, recorrerá à analogia, aos costumes e aos princípios gerais de direito." art. 126 do CPC.

(...).

(REsp 423.946/RS, Rel. Ministro GARCIA VIEIRA, PRIMEIRA TURMA, julgado em 06/08/2002, DJ 30/09/2002, p. 201)

(...).

2. Da análise detida dos autos, observa-se ainda que a Corte de origem não analisou, sequer implicitamente, violação do art. 126 do Código de Processo Civil, que assim dispõe: "O juiz não se exime de sentenciar ou despachar alegando lacuna ou obscuridade da lei. No julgamento da lide caber-lhe-á aplicar as normas legais; não as havendo, recorrerá à analogia, aos costumes e aos princípios gerais de direito." 3. Logo, não foi cumprido o necessário e indispensável exame da questão pela decisão atacada,

CÓDIGO DE PROCESSO CIVIL

apto a viabilizar a pretensão recursal da recorrente, a despeito da oposição dos embargos de declaração.

(...).

(AgRg no AREsp 68.791/BA, Rel. Ministro HUMBERTO MARTINS, SEGUNDA TURMA, julgado em 01/03/2012, DJe 07/03/2012)

(...).

5. O ponto de partida, certamente, deve ser a letra da lei, não devendo, contudo, ater-se exclusivamente a ela. De há muito, o brocardo in claris cessat interpretatio vem perdendo espaço na hermenêutica jurídica e cede à necessidade de se interpretar todo e qualquer direito a partir da proteção efetiva do bem jurídico, ainda que eventual situação fática não tenha sido prevista, especificamente, pelo legislador. Obrigação do juiz, na aplicação da lei, em atender aos fins sociais a que ela se dirige e às exigências do bem comum (art. 5º da Lei de Introdução às Normas de Direito Brasileiro). Mas, quando a lei não encontra no mundo fático suporte concreto na qual deva incidir, cabe ao julgador integrar o ordenamento, mediante analogia, costumes e princípios gerais do direito.

6. A matriz axiológica das normas, ao menos a partir da visão positivista, é o conjunto de regras elencadas na Constituição, entendida como o ápice do que se entende por ordenamento jurídico.

Mais ainda: sob a ótica pós-positivista, além das regras constitucionalmente fixadas, devem-se observar – antes e sobretudo – os princípios que, na maioria das vezes, dão origem às próprias regras (normogênese). Logo, é da Constituição que devem ser extraídos os princípios que, mais que simples regras, indicam os caminhos para toda a atividade hermenêutica do jurista e ostentam caráter de fundamentalidade.

7. Na resolução do caso concreto, os princípios se aproximam mais dos ideais de justiça (Dworkin) e de direito (Larenz), sendo imprescindível que se os busquem em sua fonte primordial: a Constituição. O primeiro deles – a dignidade da pessoa humana (art. 1º da CF/88) –, é considerado, mesmo, um sobre princípio, já que constitui não só um norte para a produção e aplicação de novas regras, mas fonte comum a todos os demais princípios. A partir da dignidade da pessoa humana, a Carta Magna elencou inúmeros outros direitos, nos arts. 5º e 6º, este último que engloba a educação, a saúde, a alimentação, o trabalho, a moradia, o lazer, a segurança, a previdência social, a proteção à maternidade e à infância e a assistência aos desamparados.

(...).

(REsp 1251566/SC, Rel. Ministro MAURO CAMPBELL MARQUES, SEGUNDA TURMA, julgado em 07/06/2011, DJe 14/06/2011)

ART. 140

1. O DL 7.661/45 não regulamentou a destinação das quantias depositadas em favor dos credores que não foram localizados. Assim, se o texto expresso da lei não contempla a situação jurídica apresentada nestes autos, resta ao Poder Judiciário o poder-dever de suprir a lacuna legislativa, utilizando-se dos critérios oferecidos pelos arts. 4º da LICC e 126 do CPC.
2. É possível a utilização analógica dos dispositivos contidos na Lei 11.101/05 para a solução da controvérsia, porque ambas as normas contêm os mesmos princípios gerais e regulam as mesmas situações fáticas.
(...).
(REsp 1172387/RS, Rel. Ministra NANCY ANDRIGHI, TERCEIRA TURMA, julgado em 15/02/2011, DJe 24/03/2011)

(...).
– Para chegar à conclusão de que o companheiro homossexual sobrevivente de participante de entidade de previdência privada complementar faz jus à pensão post mortem, o acórdão embargado assentou-se na integração da norma infraconstitucional lacunosa por meio da analogia, nos princípios gerais de Direito e na jurisprudência do STJ, sem necessidade alguma de revolvimento de matéria de verniz fático ou probatório, tampouco de interpretação de cláusulas contratuais.
(...).
(EDcl no REsp 1026981/RJ, Rel. Ministra NANCY ANDRIGHI, TERCEIRA TURMA, julgado em 22/06/2010, DJe 04/08/2010)

(...).
– Despida de normatividade, a união afetiva constituída entre pessoas de mesmo sexo tem batido às portas do Poder Judiciário ante a necessidade de tutela, circunstância que não pode ser ignorada, seja pelo legislador, seja pelo julgador, que devem estar preparados para atender às demandas surgidas de uma sociedade com estruturas de convívio cada vez mais complexas, a fim de albergar, na esfera de entidade familiar, os mais diversos arranjos vivenciais.
– O Direito não regula sentimentos, mas define as relações com base neles geradas, o que não permite que a própria norma, que veda a discriminação de qualquer ordem, seja revestida de conteúdo discriminatório. O núcleo do sistema jurídico deve, portanto, muito mais garantir liberdades do que impor limitações na esfera pessoal dos seres humanos.
– Enquanto a lei civil permanecer inerte, as novas estruturas de convívio que batem às portas dos Tribunais devem ter sua tutela jurisdicional prestada com base nas leis

CÓDIGO DE PROCESSO CIVIL

existentes e nos parâmetros humanitários que norteiam não só o direito constitucional, mas a maioria dos ordenamentos jurídicos existentes no mundo.

(...).

(REsp 1026981/RJ, Rel. Ministra NANCY ANDRIGHI, TERCEIRA TURMA, julgado em 04/02/2010, DJe 23/02/2010)

Art. 141

O juiz decidirá o mérito nos limites propostos pelas partes, sendo-lhe vedado conhecer de questões não suscitadas a cujo respeito a lei exige iniciativa da parte.

Sumário:

1. Correspondência
2. Direito Comparado

3. Limites do julgamento.

Limites do julgamento

O art. 141 do novo C.P.C. ao estabelecer que o juiz decidirá o mérito nos limites propostos pelas partes, sendo-lhe vedado conhecer de questões não suscitadas a cujo respeito a lei exige a iniciativa da parte, prescreve expressamente a aplicação no direito processual civil brasileiro do denominado princípio dispositivo.

Este dispositivo trata do princípio da adstrição ou congruência.

Juan Montero Aroca, ao comentar sobre os princípios do novo processo civil espanhol, a partir da Ley de Enjuiciamiento Civile, 1/2000, afirma que no sistema processual civil ingressa como seu fundamento ideológico a concepção liberal da sociedade, que se manifesta principalmente no aspecto econômico, na distinção entre interesses privados e interesses públicos. No processo civil, se o interesse, cuja proteção do órgão jurisdicional é solicitada pela parte, está inserido no âmbito da autonomia de vontade das partes, tem natureza eminentemente privada. O titular deste interesse não é a sociedade, mas o indivíduo e, portanto, o direito ou o interesse tem natureza disponível.[537]

A diversidade de interesses em jogo permite afirmar a existência de dois tipos de processo. Diante de um processo necessário, no qual se encontra envolvido o interesse público, o princípio da obrigatoriedade determina sua instau-

---

[537] AROCA, Juan Montero. *I principi policiti del nuovo processo civile spagnolo*. Napoli: Edizioni Scientifiche Italiane, 2002. p. 66.

ART. 141

ração e estabelece o seu conteúdo (observa-se tal circunstância no âmbito do processo penal).

Existe, por sua vez, um outro processo em que normalmente o interesse privado se sobressai, razão pela qual a vontade das partes é o elemento determinante dos fins, seja para a instauração da demanda ou para delimitação de seu conteúdo (esse modelo é normalmente constatado no âmbito do processo civil).[538]

No âmbito do processo civil prevalece, portanto, o princípio da *oportunidade*, ainda que não previsto expressamente na *Ley de Enjuiciamiento Civile* espanhola, do qual, por sua vez, deriva o *princípio dispositivo*.

Sobre o *princípio dispositivo*, ensina Juan Montero Aroca: *"Tradicionalmente, no princípio dispositivo há fusão de dois princípios diversos, que se complementam: o princípio dispositivo em sentido estrito (Dispositionsmaxime), ou seja a disponibilidade que as parte tem sobre o interesse privado e a oportunidade ou não de recorrer ao órgão jurisdicional para buscar sua satisfação, e o princípio da alegação da parte (o Verbandlungsmaxime) segundo o qual as partes possuem o poder exclusivo de deduzir no processo os elementos de fato e os meios de provas"*.[539]

Até pouco tempo, o pensamento jurídico tradicional sustentado no denominado princípio dispositivo e do que seria seu corolário lógico – 'aportación da parte' ou 'contribuição da parte' – reclamava no âmbito do processo civil a figura de um juiz passivo e inerte.[540]

Segundo Enrico Tullio Liebman (defensor do princípio da "contribuição da parte" como exigência de salvaguarda da imparcialidade no processo civil), a imparcialidade do juiz ficaria comprometida quando o julgamento tivesse por

---

[538] AROCA, J. M., idem, p. 66 e 67.

[539] AROCA, J. M., idem, p. 68 e 69.

[540] O principio dispositivo se reflete em três brocardos que lhe dão unidade tanto em sua natureza como em sua origem: "ne procedat iudex ex officio", "ne eat iudex ultra vel extra petitum partium" e "iudex iudicare debet secundum allegata et probata partium". Cappelletti assinala como características do princípio dispositivo: "a) poder monopolístico de la parte de iniciar el proceso (...); b) pleno poder de las partes de disponer negocialmente del objeto del proceso (...); c) vínculo del Juez a las demandas de las partes (...); d) vínculo, además, del Juez a las alegaciones (*allegata*) de las partes, sea respecto a los hechos constitutivos, o sea también, a modo de máxima, respecto a los hechos impeditivos o extintivos (...); e) vínculo del Juez a los *probata a partibus* (...); f) poder monopolíticos de las partes de proponer las impugnaciones y de determinar sus limites y objeto". (CAPPELLETTI, Mauro. *Proceso, ideologias, sociedad*. Trad. Sentis Melendo y Tomás A. Banzhaf. Buenos Aires: Ediciones Jurídicas Europa-America, 1974. p. 99).

CÓDIGO DE PROCESSO CIVIL

base prova eleita e procurada por ele mesmo e por sua iniciativa desenvolvida no processo.[541]

No processo penal, por sua vez, amparado inicialmente pelo princípio inquisitivo (oficialidade), o juiz deveria mostrar-se mais ativo na realização dos atos probatórios para alcançar a verdade.[542]

Atualmente, tanto no processo civil como no processo penal esse panorama vem sofrendo profundas mutações.

Na ordem processual civil, a doutrina moderna alemã vem sustentando como justificação teórica para ampliação da atividade probatória do órgão jurisdicional a existência de uma crise na construção das "Máximas" alemãs, origem da elaboração do "princípio dispositivo".

A doutrina alemã, no início do século XX, consagrou a diferenciação entre "princípio dispositivo em sentido estrito" e o princípio de "contribuição da parte" ou *aportación de parte*. Com base nessa distinção, o princípio dispositivo preservaria à disposição da parte o início do processo, assim como a possibilidade de encerrá-lo mediante a renúncia, transação e desistência, tendo a parte domínio sobre o próprio objeto do processo. Já o princípio da "contribuição da parte" não teria caráter necessário, seria contingente. O fato de que somente as partes poderiam aportar ao processo o material fático e utilizar os meios de prova conferidos pelo sistema jurídico seria uma opção do legislador que não teria porque subsistir, ao menos de forma absoluta. Tal perspectiva epistemológica seria uma tentativa de se desligar a atividade probatória do princípio dispositivo. O princípio dispositivo deveria restringir-se apenas ao momento em que o litígio pudesse ser invocado pela petição da parte, e como delimitador da decisão sobre a matéria litigiosa inserida dentro dos limites da demanda. Porém,

---

[541] "(...) e non potendosi dubitare che l'imparzialità del giudice rischia di rimanere compromessa quando egli debba giudicare di una prova da lui stesso prescelta e cercata e per sua iniziativa acquisita al processo. Anche per questa parte del suo compito poteri attivi 'non potrebbero essere conferiti direttamente al giudice senza snaturarne la funzione, basata sulla necessária distintizione psicologica tra l'agire e il giudicare (...)". (LIEBMAN, Enrico Tullio. Fondamento del principio dispositivo. *In: Rivista di diritto processuale.* Padova, CEDAM – Casa Editrice Dott. Antonio Milani, Volume XV, Ano 1960, p. 561).

[542] "A *verdade processual* não assenta numa ideia de certeza científica comprovada, mas sim numa ideia de probabilidade. Na expressão de Germano Marques da Silva, 'ela não é senão o resultado probatório processualmente válido, isto é, a convicção de que certa alegação singular de facto é justificavelmente aceitável como pressuposto da decisão, obtida por meios processualmente válidos". (GONÇALVES, Fernando; ALVES, Manuel João. *Os tribunais, as polícias e o cidadão* – o processo penal prático. 2. ed. revista e actualizada. Coimbra: Almedida, 2002. p.139).

uma vez que as partes determinaram o alcance do litígio, deve ficar a cargo do juiz realizar o que for necessário para o esclarecimento *do* assunto; não se pode deixá-lo reduzido aos fatos e meios de provas apresentados pelas partes.[543]

Partindo dessa distinção, pode-se afirmar que o *princípio dispositivo* implica nas seguintes consequências jurídicas: a) a atividade jurisdicional pode iniciar--se somente por provocação da parte; o privado deve ser livre para avaliar o interesse que o força a lutar pelo próprio direito ou a ignorá-lo e deixá-lo insatisfeito; b) a individuação concreta do interesse que é inserido na demanda é faculdade exclusiva das partes; em outras palavras, ao autor confere-se a individuação do objeto do processo mediante a demanda e ao réu a determinação do objeto da controvérsia por meio das exceções; c) os órgão jurisdicionais, ao satisfazer por meio do processo e da sentença os interesses privados, devem ater-se à demanda e à exceção formulada; d) as partes, se possuem o poder de provocar o início do processo ou da atividade processual, podem, em determinadas circunstâncias, dispor do interesse ou dos interesses envolvidos no processo.[544]

O Projeto originário proveniente do Senado n. 166/10 apresentava o seguinte parágrafo único ao dispositivo em comento: *as partes deverão ser previamente ouvidas a respeito das matérias de que deve o juiz conhecer de ofício.*

É bem verdade que a inovação formulada no projeto originário e não repetida no projeto final suscitou diversas críticas, principalmente por parte dos juízes, sob o fundamento de que se tratava de uma inovação eminentemente formalista e que poderia prejudicar a celeridade processual.

Contudo, esquecem-se os críticos dessa inovação de que a essência do processo jurisdicional moderno é justamente a observância do princípio do contraditório em todo o arco do procedimento. Sem o contraditório não existe processo, pois a dialética existente entre as partes e o juiz é o fundamento democrático do processo civil moderno.

Por isso, se o juiz visualiza a possibilidade de modificar, extinguir ou ampliar a relação jurídica processual, antes de proferir decisão sobre tais fatos ou circunstâncias, deve possibilidade à parte prévia manifestação, para que não haja a supressão do contraditório na respectiva instância.

Não parece que respeitar o contraditório possa ser uma questão meramente formal ou possa causar grave prejuízo ao andamento processual.

Ao contrário, oportunizar o contraditório, além de garantir a indispensável dialética processual, também pode permitir que a parte traga novos subsídios

---

[543] CABIALE, José Antonio Díaz. *Principios de aportación de parte y acusatorio: la imparcialidad del juez.* Granada: Editorial Comares, 1996. p.11.

[544] AROCA, J. M., op. Cit., p. 69.

que possam demonstrar o equívoco que irá cometer o magistrado se persistir no caminho que irá trilhar ao conhecer da matéria de ofício. Por exemplo, o juiz pode conhecer de ofício a ilegitimidade da parte, amparando-se numa percepção equivocada da realidade. Permitindo o prévio contraditório, a parte interessada poderá demonstrar o erro que será cometido caso o processo seja extinto sem resolução do mérito, evitando-se, assim, prejuízo à celeridade processual, uma vez que se a extinção ocorrer de ofício a parte será obrigada a interpor o pertinente recurso.

Outrossim, ninguém pode ser pego de surpresa no âmbito da relação jurídica processual, uma vez que todos, indistintamente, têm a garantia constitucional de que *prima facie* o contraditório lhe será garantido antes de qualquer provimento jurisdicional, mesmo que a questão a ser dirimida neste provimento provenha de iniciativa ex officio do juiz condutor do processo.

Por sua vez, o art. 10º deste Código aduz que *"O juiz não pode decidir, em grau algum de*

jurisdição, com base em fundamento a respeito do qual não se tenha dado às partes oportunidade de se manifestar, ainda que se trate de matéria sobre a qual deva decidir de ofício.".

Sobre o *princípio da adstrição*, assim tem decidido o S.T.J.:

> (...).
>
> 2. *Não há decisão extra petita porque o provimento judicial deferido corresponde exatamente ao pedido formulado na petição inicial, qual seja, a satisfação do crédito decorrente de despesas condominiais.*
>
> (...).
>
> (REsp 1366722/SP, Rel. Ministra NANCY ANDRIGHI, TERCEIRA TURMA, julgado em 13/08/2013, DJe 23/08/2013).

> (...).
>
> 3. *Inexiste o alegado julgamento extra petita, pois o órgão julgador não violou os limites objetivos da pretensão, tampouco concedeu providência jurisdicional diversa do pedido formulado na inicial, respeitando assim o princípio processual da congruência.*
>
> 4. *Agravo regimental de fls. 1059-1070 não provido. Agravo regimental de fls. 1073-1084 não conhecido.*
>
> (AgRg nos EDcl no REsp 1137941/RS, Rel. Ministro LUIS FELIPE SALOMÃO, QUARTA TURMA, julgado em 20/06/2013, DJe 28/06/2013)

ART. 141

(...).
8. *Esta Corte também não pode determinar a incidência dos juros de mora a partir do evento danoso, nos termos da Súmula 54/STJ, pois estaria extrapolando os limites do pedido feito pelo próprio autor, na petição inicial, em clara violação ao princípio da adstrição ou congruência que deve existir entre o pedido da parte e a decisão do juiz.*
9. *Ainda que os encargos da mora possam ser fixados pelo juiz independentemente de pedido do autor (art. 293 do CPC), quando houve esse pedido, seus limites devem ser observados. Na hipótese, a incidência dos juros de mora é a partir da citação válida.*
(...).
(REsp 1314796/SP, Rel. Ministra NANCY ANDRIGHI, TERCEIRA TURMA, julgado em 04/06/2013, DJe 13/06/2013)

(...).
2. *O STJ já decidiu que a conversão da obrigação em perdas e danos, na fase de cumprimento de sentença, com a previsão de pagamento de juros compensatórios, não enseja violação da coisa julgada ou do princípio da adstrição ao pedido.*
3. *Agravo regimental não provido.*
(AgRg no REsp 1147767/MS, Rel. Ministro RICARDO VILLAS BÔAS CUEVA, TERCEIRA TURMA, julgado em 07/05/2013, DJe 14/05/2013)

(...).
2. *A ausência de pedido expresso, bem como de causa de pedir que permita deduzi--lo, impede o deferimento de compensação de valores por ofender o princípio da adstrição e importar em julgamento extra petita.*
(...).
(REsp 1290109/PR, Rel. Ministra NANCY ANDRIGHI, TERCEIRA TURMA, julgado em 16/04/2013, DJe 15/05/2013).

1. *O artigo 128 do Código de Processo Civil concretiza o princípio da demanda, pois impõe ao julgador, para que não prolate decisão inquinada de vício de nulidade, a adstrição do provimento jurisdicional aos pleitos exordiais. Inteligência da Súmula 381/STJ.*
(...).
(REsp 1060748/MG, Rel. Ministro LUIS FELIPE SALOMÃO, QUARTA TURMA, julgado em 09/04/2013, DJe 18/04/2013).

(...).

2. O artigo 128 do Código de Processo Civil concretiza o princípio da demanda, pois impõe ao julgador, para que não prolate decisão inquinada de vício de nulidade, a adstrição do provimento jurisdicional aos pleitos exordiais formulados pelo autor. Desse modo, é descabido o acolhimento de pleito diverso daquele formulado na inicial.

3. Embargos de declaração rejeitados.

(EDcl no REsp 1234321/SC, Rel. Ministro LUIS FELIPE SALOMÃO, QUARTA TURMA, julgado em 18/12/2012, DJe 04/02/2013).

(...).

2. Inexiste violação ao princípio da adstrição se o Tribunal decide a pretensão recursal nos limites da devolução provocada pelo recurso voluntário.

3. Em sede de recurso especial, não pode o STJ examinar a pretensão da parte recorrente, se o Tribunal de origem decidiu a lide com base em normas de lei local.

4. Recurso especial conhecido em parte e, nessa parte, não provido.

(REsp 1215798/RJ, Rel. Ministra ELIANA CALMON, SEGUNDA TURMA, julgado em 09/10/2012, DJe 17/10/2012)

Art. 142

Convencendo-se, pelas circunstâncias, de que autor e réu se serviram do processo para praticar ato simulado ou conseguir fim vedado por lei, o juiz proferirá decisão que impeça os objetivos das partes, aplicando, de ofício, as penalidades da litigância de má-fé.

Atos simulados das partes

O processo civil moderno não é um jogo em que as partes, de acordo com a sua conveniência, poderão dele utilizar para praticar atos de simulação, fraude ou quebra do princípio da boa-fé objetiva ou subjetiva.

O art. 142 do novo C.P.C. estabelece que, convencendo-se pelas circunstâncias, de que autor e réu se serviram do processo para praticar ato simulado ou conseguir fim vedado por lei, o juiz proferirá decisão que obste aos objetivos das partes, aplicando, de ofício, as penalidades de litigância de má fé, pouco importando que esse acerto de simulação ou fraude ocorra desde o início ou se perfectibilize durante o transcurso da relação jurídica processual.

Entre os poderes/deveres do juiz está a fiscalização rigorosa dos objetivos pretendidos pelas partes em razão da instauração ou do desenvolvimento regular do processo.

ART. 142

Se entre esses objetivos encontram-se fins ilícitos mediante atos de simulação, deverá o juiz proferir imediatamente decisão que obste às partes de conseguir esses objetivos, aplicando, de ofício, as penalidades pertinentes à *litigância de má fé*.[545]

Sobre os atos *simulados*, prescreve o art. 167 do C.C.b.:

> *Art. 167. É nulo o negócio jurídico simulado, mas subsistirá o que se dissimulou, se válido for na substância e na forma.*
>
> *§ 1º Haverá simulação nos negócios jurídicos quando:*
>
> *I – aparentarem conferir ou transmitir direitos a pessoas diversas daquelas às quais realmente se conferem, ou transmitem;*
>
> *II – contiverem declaração, confissão, condição ou cláusula não verdadeira;*
>
> *III – os instrumentos particulares forem antedatados, ou pós-datados.*
>
> *§ 2º Ressalvam-se os direitos de terceiros de boa-fé em face dos contraentes do negócio jurídico simulado.*

Um exemplo muito pertinente sobre a simulação processual feita pelas partes, para prejudicar credores, provém das ações trabalhistas em que o empregado, previamente ajustado com o empregador, mediante simulação, ingressa com uma reclamatória trabalhista para que seja garantido o pagamento de seu crédito mediante eventual arrematação de bens pertencentes ao próprio empregador. Outro exemplo seria eventual simulação entre autor e réu em ação possessória para fazer prova em eventual ação de usucapião.

É importante salientar que já tendo sido proferida sentença em processo simulado, poderá o interessado, inclusive o próprio Ministério Público, ingressar com ação rescisória, nos termos do art. 967, inc. II e III, letra 'b' do novo C.P.C., *in verbis*:

> *Art. 979. Têm legitimidade para propor a ação rescisória:*
>
> *(...)*
>
> *II – o terceiro juridicamente interessado;*

---

[545] "A expressão legal, todavia, não deve ser entendida como significando pura e simplesmente encerrar o processo, sem decisão do mérito. Como o juiz tem iniciativa probatória, na forma do art. 130, poderá diligenciar nesse sentido e até mesmo terminar proferindo sentença de mérito, na qual realizará a finalidade do artigo. Lembre-se o exemplo, dado mais acima, do conluio da mãe do filho ilegítimo; em certas circunstâncias poderá mesmo o juiz determinar provas que levem a conclusão diversa da querida pelos simulantes. Nesse caso, proferirá sentença de mérito favorável àquele filho". (BARBI, Celso Agrícola. *Comentários ao código de processo civil*. I Vol. Art. 1 a 153. Rio de Janeiro: Editora Forense, 1988. p. 529).

III – o Ministério Público:

(...).

b) quando a decisão rescindenda é o efeito de simulação ou de colusão das partes, a fim de fraudar a lei.

Segundo afirma Celso Agrícola Barbi, para alguns autores é possível a existência de um processo simulado sem propósitos ilícitos. Contudo, *"no direito moderno, em que são amplas e flexíveis as formas jurídicas, é difícil conceber que, na prática, alguém simule processo, sem que haja fim fraudulento, quer para lesar terceiros, quer para evitar alguma proibição legal. De qualquer modo, mesmo que surgisse algum caso de simulação processual sem aqueles objetivos reprováveis, ela, em si, já constitui fraude à lei processual, por seu uso contra a finalidade pretendida pelo legislador".*[546]

Dentre os autores que defendem a possibilidade do denominado *processo simulado 'inocente'*, encontra-se Pereira Braga, citado por Agrícola Barbi. Segundo aquele, com base no direito processual anterior ao C.P.C. de 1973, que não difere do atual, o processo simulado não sofre nenhuma restrição pelo simples fato da simulação. O que se reprime é a fraude, quando houver. Assim, o processo simulado inocente não seria proibido, mas sim o que, além do simulado, for em fraude à lei ou a terceiro".[547]

Numa interpretação gramatical do atual art. 142 do novo C.P.C., percebe-se que não seria possível admitir o denominado processo simulado *inocente*, uma vez que o dispositivo proíbe o ato *simulado* ou ato que tenha por objetivo conseguir *fins vedados pela lei*, dando a antever que mesmo não tendo o ato *simulado* intenção de conseguir *fins vedados pela lei*, o processo deverá ser encerrado e a pena de litigância de má-fé aplicada.

Deve-se ressaltar que para se aplicar o dispositivo do art. 142 do novo C.P.C. é necessário que ambas as partes estejam em sintonia com o ato simulado ou buscando fins proibidos pela lei. Se apenas uma delas assim age, não é o caso de aplicação do referido dispositivo.

Em relação à sanção por litigância de má-fé, que será aplicada às partes que praticaram a simulação, preceitua o art. 81 do novo C.P.C.:

Art. 81. De ofício ou a requerimento, o juiz condenará o litigante de má-fé a pagar multa, que deverá ser superior a um por cento e inferior a dez por cento do valor corrigido da causa, a indenizar a parte contrária pelos prejuízos que esta sofreu e a arcar com os honorários advocatícios e com todas as despesas que efetuou.

---

[546] BARBI, C. A. idem, p. 527.
[547] BARBI, C. A., idem, ibidem.

ART. 143

§ 1º Quando forem 2 (dois) ou mais os litigantes de má-fé, o juiz condenará cada um na proporção de seu respectivo interesse na causa ou solidariamente aqueles que se coligaram para lesar a parte contrária.

§ 2º Quando o valor da causa for irrisório ou inestimável, a multa poderá ser fixada em até 10 (dez) vezes o valor do salário-mínimo.

§ 3º O valor da indenização será fixado pelo juiz ou, caso não seja possível mensurá-lo, liquidado por arbitramento ou pelo procedimento comum, nos próprios autos.

Assim, o juiz aplicará de forma solidária às partes que participaram da simulação uma multa, que deverá ser superior a um por cento e inferior a dez por cento do valor corrigido da causa.

As partes também serão condenadas solidariamente ao pagamento das despesas e custas processuais.

Sobre o tema, assim se pronunciou o S.T.J.:

i – embora haja presunção de que a demanda envolvendo direitos disponíveis não-contestada leva a aceitação dos fatos elencados na inicial, essa presunção não e absoluta, sendo licito ao juiz julgar extinto o processo se ausente condição da ação ou pressuposto processual, ou mesmo dar pela improcedência do pedido se assim se convencer pelo acervo probatório produzido.

ii – em se tratando de utilização do processo para a pratica de ato simulado ou fim proibido por lei, e dever do juiz, seu condutor e maior fiscal, pronunciar a nulidade.

(...).

(REsp 62.145/SP, Rel. Ministro SÁLVIO DE FIGUEIREDO TEIXEIRA, QUARTA TURMA, julgado em 26/08/1997, DJ 29/09/1997, p. 48210)

Art. 143

O juiz responderá, civil e regressivamente, por perdas e danos quando:
I – no exercício de suas funções, proceder com dolo ou fraude;
II – recusar, omitir ou retardar, sem justo motivo, providência que deva ordenar de ofício ou a requerimento da parte.

Parágrafo único. As hipóteses previstas no inciso II somente serão verificadas depois que a parte requerer ao juiz que determine a providência e o requerimento não for apreciado no prazo de 10 (dez) dias.

Responsabilidade do juiz

O juiz, assim como todos aqueles que participam da relação jurídica processual, devem agir de boa-fé, pautando sua conduta num único objetivo que é a prolação de uma decisão *justa e équo*.

Segundo estabelece o Código de Ética da Magistratura Nacional, aprovado na 68ª Sessão Ordinária do Conselho Nacional de Justiça, do dia 06 de agosto de 2008, *o exercício da magistratura exige conduta compatível com os preceitos deste Código e do Estatuto da Magistratura, norteando-se pelos princípios da independência, da imparcialidade, do conhecimento e capacitação, da cortesia, da transparência, do segredo profissional, da prudência, da diligência, da integridade profissional e pessoal, da dignidade, da honra e do decoro.*

Quando o magistrado, afastando-se dessas diretrizes traçadas pelo Código de Ética da Magistratura, causar dano a outrem em decorrência do exercício da função jurisdicional, responderá pelos lucros cessantes e danos emergentes causados à suposta vítima.

O art. 143 do novo C.P.C. apresenta a mesma regra jurídica prevista no art. 49, incisos I e II e parágrafo único da LOMAN, *in verbis*:

> *Art. 49 – Responderá por perdas e danos o magistrado, quando:*
>
> *I – no exercício de suas funções, proceder com dolo ou fraude;*
>
> *II – recusar, omitir ou retardar, sem justo motivo, providência que deva ordenar o ofício, ou a requerimento das partes.*
>
> *Parágrafo único – Reputar-se-ão verificadas as hipóteses previstas no inciso II somente depois que a parte, por intermédio do Escrivão, requerer ao magistrado que determine a providência, e este não lhe atender o pedido dentro de dez dias.*

O *inciso I do art. 143* do novo C.P.C., ao contrário da legislação italiana, somente caracteriza a responsabilidade do magistrado quando proceder *com dolo ou fraude.*

Evidentemente que a determinação legal obrigacional de reparação de danos já se encontra prevista no art. 186 do C.C.b., nos seguintes termos: *"Aquele que, por ação ou omissão voluntária, negligência ou imprudência, violar direito e causar dano a outrem, ainda que exclusivamente moral, comete ato ilícito".*

Os juízes na Itália respondem por perdas e danos também na hipótese de *culpa grave* o que não ocorre com os juízes brasileiros, os quais somente respondem por *dolo* ou *fraude.*

ART. 143

O *dolo* é a forma fundamental, geral e ordinária de culpabilidade. Isso representa, de fato, segundo o pensamento jurídico tradicional, a mais autêntica e, em certo sentido, a verdadeira forma de vontade culpável.[548]

O dolo é a conduta conscientemente dirigida a um determinado fim ilícito, cuja ilicitude pode causar danos e sujeitar o seu infrator à responsabilização pelos danos causados.

Em relação à fraude, ensina Yussef Said Cahali: *"substancialmente, a fraude, qualquer que seja a forma com que se configure, encerra sempre, como elemento ínsito, a frustração de uma norma legal...na 'fraude à lei', o ato é praticado para alcançar, por meio indireto, um fim prático que a lei não permite atingir diretamente; busca-se tangenciar preceito legal proibitivo ou imperativo, sem que se tenha em mira especificamente a causação de prejuízo a uma pessoa determinada...".*[549]

É bem verdade que alguns sustentam que se o magistrado agir com *culpa stricto sensu*, a responsabilidade por eventuais danos passa a ser, em tese, do Estado, nos termos do art. 37, §6º, da C.F.

Não há dúvida de que o juiz pode ser responsabilizado civilmente. Há previsão legal para tanto. O atual art. 143 do C.P.C, que apresenta a mesma redação do antigo art. 133 do C.P.C de 1973, prevê que ele responderá por perdas e danos nas hipóteses ali consignadas.

É certo, também, que o ordenamento jurídico nacional consagra a responsabilidade *objetiva*, que se funda na doutrina do *risco*.

Contudo, a responsabilidade objetiva do Estado pelos danos causados por seus funcionários, nessa qualidade, a terceiros, coexiste com a ação de responsabilidade civil do juiz prevista nos textos legais citados.

Eis nesse sentido a lição do consagrado Ministro Alfredo Buzaid: *"Partes legítimas. A ação de responsabilidade civil concedida pelo art. 133 do CPC brasileiro é dirigida diretamente e pessoalmente contra o juiz (...) Sujeito passivo da ação é o juiz cuja responsabilidade é pessoal. Ugo Rocco, apreciando em face do direito italiano a natureza do ato e os seus efeitos, observou que quando se verifica ato doloso ou culposo do funcionário, há, aí, um ato ilícito, mas não um ilícito do Estado, quer dizer, não é fato próprio do Estado, mas fato pessoal do funcionário, que lhe acarreta a responsabilidade direta. Esta distinção entre fato próprio do estado e fato pessoal do funcionário é assaz especiosa e sutil, mas não corresponde aos cânones do direito moderno, que consagra a doutrina da responsabilidade civil do Estado justamente por atos de seus funcionários. No sistema jurídico brasileiro não apresenta o problema maior dificuldade, porque o Estado tem ação regressiva contra*

---

[548] Montovani, Ferrando. *Diritto Penale*. Padova: CEDAM, 1992. p. 318.

[549] CAHALI, Yussef Said. *Fraudes contra credores*. São Paulo: Ed. Revista dos Tribunais, 1989, p. 57.

o funcionário nos casos de dolo ou culpa. Isto equivale a dizer que o Estado responde sem ter obrigação; o juiz tem obrigação e responsabilidade. A sua obrigação reside no dever de administrar justiça em conformidade com a lei. A violação desse dever obriga-o a responder pelo dano que causa".[550]

Há pensamentos doutrinários que entendem que a responsabilidade do Estado por ato jurisdicional somente ocorre nos casos de erro na condenação em sede de juízo criminal, nos termos do art. 630 do C.P.P. Ademais, não se deve confundir prisão em flagrante com erro judiciário que, nos termos da 2ª parte do inciso LXXV do art. 5º da Constituição Federal, é passível de reparação, como bem esclareceu o Min. Carlos Velloso no RE n. 429.518-AgR/SC, 2ª Turma, DJ 28.10.2004.

Essa doutrina entende que não se pode responsabilizar o Estado por atos jurisdicionais típicos, praticados pelo magistrado no exercício da função estatal típica, sentenciando, assim como o Estado não pode ser responsabilidade pelo exercício da atividade política na elaboração dos atos legislativos. No sentido desse entendimento há precedentes do S.T.F.:

> *A jurisprudência deste Supremo Tribunal Federal está firmada no sentido de que, salvo nos casos de erro judiciário e de prisão além do tempo fixado na sentença, consignadas no inciso LXXV do art. 5º da Constituição Federal, assim como nas hipóteses expressamente previstas em lei, a regra é de que a responsabilidade objetiva do Estado não se aplica aos atos judiciais. Precedentes. A alegada violação do art. 5º, XXXV, LIV, LV, da Constituição Federal não foi arguida nas razões do recurso extraordinário, sendo vedado ao agravante inovar no agravo regimental. As razões do agravo regimental não são aptas a infirmar os fundamentos que lastrearam a decisão agravada, mormente no que se refere à ausência de ofensa direta e literal a preceito da Constituição da República. Agravo regimental conhecido e não provido.*
> (ARE 756753 AgR, Relator(a): Min. ROSA WEBER, Primeira Turma, julgado em 10/09/2013, PROCESSO ELETRÔNICO DJe-187 DIVULG 23-09-2013 PUBLIC 24-09-2013)

> *O princípio da responsabilidade objetiva do Estado não se aplica aos atos do Poder Judiciário, salvo os casos expressamente declarados em lei. Orientação assentada na Jurisprudência do STF. Recurso conhecido e provido.*

---

[550] BUSAID, Alfredo. Da responsabilidade do juiz. *IN Revista de Processo*, n. 9, janeiro-março, 1978, São Paulo, R.T., p. 29.

ART. 143

(RE 219117, Relator(a): Min. ILMAR GALVÃO, Primeira Turma, julgado em 03/08/1999, DJ 29-10-1999 PP-00020 EMENT VOL-01969-03 PP-00574)

Responsabilidade objetiva do estado – ato do poder judiciário – a orientação que veio a predominar nesta corte, em face das constituições anteriores à de 1988, foi a de que a responsabilidade objetiva do estado não se aplica aos atos do poder judiciário, a não ser nos casos expressamente declarados em lei – precedentes do STF – recurso extraordinário não conhecido
(STF, 1ª Turma, 11/12/1992, RTJ 145/268).

(...).
2. *O Supremo Tribunal já assentou que, salvo os casos expressamente previstos em lei, a responsabilidade objetiva do Estado não se aplica aos atos de juízes. 3. Prisão em flagrante não se confunde com erro judiciário a ensejar reparação nos termos da 2ª parte do inciso LXXV do art. 5º da Constituição Federal.*
(...).
(RE 553637 ED, Relator(a): Min. ELLEN GRACIE, Segunda Turma, julgado em 04/08/2009, DJe-181 DIVULG 24-09-2009 PUBLIC 25-09-2009 EMENT VOL-02375-06 PP-01629).

(...).
III – A responsabilidade objetiva do Estado não se aplica aos atos dos juízes, a não ser nos casos expressamente declarados em lei. Precedentes do STF.
IV – Agravo não provido.
(AI 486143 AgR, Relator(a): Min. CARLOS VELLOSO, Segunda Turma, julgado em 21/09/2004, DJ 08-10-2004 PP-00016 EMENT VOL-02167-07 PP-01434).

(...).
2. *Administrativo. Responsabilidade civil do estado por erro judiciário. Inaplicabilidade do artigo 37, § 6º, da Constituição. Ausência de nexo de causalidade. Indenização indevida.*
(...).
(ARE 744666 AgR, Relator(a): Min. GILMAR MENDES, Segunda Turma, julgado em 28/05/2013, PROCESSO ELETRÔNICO DJe-110 DIVULG 11-06-2013 PUBLIC 12-06-2013)

Há também outra corrente doutrinária que sustenta a responsabilidade do Estado, mas também a responsabilidade pessoal do juiz. Para esse posicionamento será possível a responsabilidade do Estado por prestação jurisdicional exercida a *destempo* e *denegatória de justiça* assim como quando forem proferidas decisões à margem de *standarts* mínimos de razoabilidade.[551]

Reconhecendo a responsabilidade do Estado por danos causados em decorrência de decisão judicial, inclusive com direito de regresso do Estado contra o magistrado, eis o teor da seguinte decisão do S.T.F no RE n. 228.977/SP:

> *EMENTA: – Recurso extraordinário. Responsabilidade objetiva. Ação reparatória de dano por ato ilícito. Ilegitimidade de parte passiva. 2. Responsabilidade exclusiva do Estado. A autoridade judiciária não tem responsabilidade civil pelos atos jurisdicionais praticados. Os magistrados enquadram-se na espécie agente político, investidos para o exercício de atribuições constitucionais, sendo dotados de plena liberdade funcional no desempenho de suas funções, com prerrogativas próprias e legislação específica. 3. Ação que deveria ter sido ajuizada contra a Fazenda Estadual – responsável eventual pelos alegados danos causados pela autoridade judicial, ao exercer suas atribuições –, a qual, posteriormente, terá assegurado o direito de regresso contra o magistrado responsável, nas hipóteses de dolo ou culpa. 4. Legitimidade passiva reservada ao Estado. Ausência de responsabilidade concorrente em face dos eventuais prejuízos causados a terceiros pela autoridade julgadora no exercício de suas funções, a teor do art. 37, § 6º, da CF/88. 5. Recurso extraordinário conhecido e provido.*
>
> (RE 228977, Relator(a): Min. NÉRI DA SILVEIRA, Segunda Turma, julgado em 05/03/2002, DJ 12-04-2002 PP-00066 EMENT VOL-02064-04 PP-00829)

O *inc. II do art. 143* do novo C.P.C. também caracteriza a responsabilidade do juiz se ele – *recusar, omitir ou retardar, sem justo motivo, providência que deva ordenar de ofício ou a requerimento da parte.*

Essa omissão ou esse retardamento não necessita ser doloso ou decorrente de fraude.

No caso, a responsabilidade decorre da simples *falta do serviço,* quando não há motivo justificado para a ocorrência de tal circunstância.

Aliás, a própria responsabilidade do Estado quando ocorre *faute du service* é *subjetiva* e não *objetiva.* A distinção entre responsabilidade objetiva do estado por ação e por omissão encontra-se bem delineada pela seguinte decisão do S.T.F. no RE 179.147, relator Min. Carlos Velloso:

---

[551] FIQUEIREDO, Lúcia Vale. *Curso de direito administrativo.* 5ª ed., São Paulo: Malheiros, p. 281.

"I – A responsabilidade civil das pessoas jurídicas de direito público e das pessoas jurídicas de direito privado prestadoras de serviço público, responsabilidade objetiva, com base no risco administrativo, ocorre diante dos seguintes requisitos: a) do dano; b) da ação administrativa; c) e desde que haja o nexo causal entre o dano e a ação administrativa. II – Essa responsabilidade objetiva, com base no risco administrativo, admite pesquisa em torno da culpa da vítima, para o fim de abrandar ou mesmo excluir a responsabilidade da pessoa jurídica de direito público ou da pessoa jurídica de direito privado prestadora de serviço público. III – Tratando-se de ato omissivo do poder público, a responsabilidade civil por tal ato é subjetiva, pelo que exige dolo ou culpa, numa de suas vertentes, negligencia, imperícia ou imprudência, não sendo, entretanto, necessário individualizá-la, dado que pode ser atribuída ao serviço público, de forma genérica, a faute du service dos franceses"

Assim, se não houver o funcionamento do serviço ou houver um serviço tardiamente prestado ou deficientemente realizado, é suficiente para caracterizar a responsabilidade do juiz.

Outro aspecto é que na hipótese do inc. II do art. 143 do novo C.P.C., a responsabilidade é tanto do juiz quanto do Estado, pois ao contrário da hipótese em que o exercício da atividade jurisdicional causa dano pela sua efetiva realização, em que o seu exercício decorre de uma atividade fim do Estado, na omissão desse exercício a responsabilidade do Estado não decorre de uma atividade fim do Estado, mas, sim, de sua omissão ou falta. Por isso, tanto o juiz como o Estado podem ser responsabilizados.

Por fim, estabelece o *parágrafo único do art. 143* do novo C.P.C. que *nas hipóteses previstas no inciso II somente serão verificadas depois que a parte requerer ao juiz que determine a providência e o pedido não for apreciado no prazo de 10 (dez) dias.*

Trata-se de uma providência obrigatória da parte, pois a efetiva falta de serviço ou sua omissão sem justo motivo somente se caracterizará após a notificação do magistrado para que determine a providência requerida ou solicitada e o pedido não for apreciado no prazo de dez dias.

Antes da realização da providência do *parágrafo único* do art. 143 não há *falte du service* e, consequentemente, responsabilização do juiz ou do Estado.

CAPÍTULO II – Dos Impedimentos e da Suspeição

Art. 144

Há impedimento do juiz, sendo-lhe vedado exercer suas funções no processo:

I – em que interveio como mandatário da parte, oficiou como perito, funcionou como membro do Ministério Público ou prestou depoimento como testemunha;

II – de que conheceu em outro grau de jurisdição, tendo proferido decisão;

III – quando nele estiver postulando, como defensor público, advogado ou membro do Ministério Público, seu cônjuge ou companheiro, ou qualquer parente, consanguíneo ou afim, em linha reta ou colateral, até o terceiro grau, inclusive;

IV – quando for parte no processo ele próprio, seu cônjuge ou companheiro, ou parente, consanguíneo ou afim, em linha reta ou colateral, até o terceiro grau, inclusive;

V – quando for sócio ou membro de direção ou de administração de pessoa jurídica parte no processo;

VI – quando for herdeiro presuntivo, donatário ou empregador de qualquer das partes;

VII – em que figure como parte instituição de ensino com a qual tenha relação de emprego ou decorrente de contrato de prestação de serviços;

VIII – em que figure como parte cliente do escritório de advocacia de seu cônjuge, companheiro ou parente, consanguíneo ou afim, em linha reta ou colateral, até o terceiro grau, inclusive, mesmo que patrocinado por advogado de outro escritório;

IX – quando promover ação contra a parte ou seu advogado.

§ 1º Na hipótese do inciso III, o impedimento só se verifica quando o defensor público, o advogado ou membro do Ministério Público já integrava o processo antes do início da atividade judicante do juiz.

§ 2º É vedada a criação de fato superveniente a fim de caracterizar impedimento do juiz.

§ 3º O impedimento previsto no inciso III também se verifica no caso de mandato conferido a membro de escritório de advocacia que tenha em seus quadros advogado que individualmente ostente a condição nele prevista, mesmo que não intervenha diretamente no processo.

Sumário:

1. As Técnicas de Abstenção e Recusa como meios Processuais para se Salvaguardar o Direito ao Juiz Imparcial

2. A taxatividade ou exemplificatividade das causas que motivam a recusa ou abstenção do juiz

3. As técnicas de recusa ou abstenção diante da duplicidade de julgamento 4. O limite temporal (extemporaneidade) como formalismo legal ao exercício do direito fundamental ao juiz imparcial. 5. Das causas de impedimento

1. As Técnicas de Abstenção e Recusa como meios Processuais para se Salvaguardar o Direito ao Juiz Imparcial

Num Estado de Direito Democrático a confiança dos cidadãos na função jurisdicional, no bem fazer dos juízes, é imprescindível para se alcançar a paz e a convivência social.[552]

Uma sociedade que desconfie ou ponha em dúvida a objetividade ou retidão da pessoa que a lei incumbiu de julgar, estará predestinada a sofrer contínuas e graves tensões, pondo em perigo a própria existência democrática do Estado.

Para que isso não se concretize, o legislador concede instrumentos jurídicos processuais garantidores da imparcialidade do juiz.

A abstenção[553] e a recusa[554] são as formas instrumentais processuais que atendem a essa finalidade.

Tanto a abstenção como a recusa são remédios jurídicos que servem para assegurar a exigência de imparcialidade do juiz.

No direito comparado, apresentam-se posições contrárias à duplicidade de normatização para os casos de abstenção e recusa. Sugere-se, atualmente, a necessidade de unificação dos temas, pois tanto a recusa como a abstenção têm por objetivo garantir a imparcialidade do juiz.[555]

A unificação das hipóteses de impedimento ou suspeição do juiz deveria ter sido introduzida no novo C.P.C. brasileiro, evitando-se a distinção entre hipóteses de impedimento e hipóteses de suspeição.

---

[552] SOUZA, Artur César. A parcialidade positiva do juiz. São Paulo: Ed. Revista dos Tribunais, 2008.

[553] "En el ordenamiento procesal, la abstención de jueces y magistrados puede definirse como el acto en virtud del cual renuncian, ex officio, a intervenir en un determinado proceso por entender que concurre una causa que puede atentar contra su debida imparcialidad" (PICÓ I JUNOY, Joan. La imparcialidad judicial y sus garantías: la abstención y la recusación. Barcelona: J. M. Bosch, 1998., p. p. 38).

[554] "La recusación de jueces y magistrados podemos definirla como el acto procesal de parte en virtud del cual se insta la separación del órgano jurisdiccional que conoce de un determinado proceso por concurrir en él una causa que pone en duda su necesaria imparcialidad". (Idem. Ibidem., p. 40).

[555] PRIETO-CASTRO Y FERRÁNDIZ, Leornardo. Tribunales españoles – organización y funcionamiento. 4. ed., Madrid: Ed. Tecnos, 1977. p. 83.

A transcendência da imparcialidade judicial rompe os limites da mera legalidade para inserir suas raízes no âmbito constitucional, razão pela qual sua interpretação deverá observar os parâmetros dos princípios e direitos fundamentais previstos no texto constitucional, assim como nos tratados internacionais dos quais o Brasil é signatário.[556]

Não basta preconizar o direito a um juiz imparcial, sem que se estabeleçam instrumentos de garantias que possam proteger o exercício desse direito fundamental.

A recusa do magistrado não se configura apenas em um direito dos sujeitos processuais, mas, principalmente, numa garantia ao justo processo, que se pode ativar quando falham os mecanismos tradicionais de inibição ou abstenção por parte dos próprios membros do Poder Judiciário. Isso significa dizer que a garantia a um processo justo exige, antes de tudo, que um juiz suspeito de parcialidade negativa abstenha-se do conhecimento da causa, sendo que se assim não o fizer, poderá ser recusado por uma das partes da relação jurídica processual.

Assim como se exige legitimação das partes (autor e réu) para que possam participar da relação jurídica processual, da mesma forma, conforme preleciona Francesco Carnelutti, a imparcialidade também é um requisito de legitimação do juiz para sua participação no processo.[557]

O órgão jurisdicional está legitimado para exercer suas funções no processo penal ou civil pelo simples fato de haver sido nomeado para tomar parte de um Tribunal orgânico; contudo, havendo alguns pressupostos negativos determinados, que fazem presumir um certo influxo sobre o magistrado, impede-se sua legitimação para conhecer do assunto objeto do processo em concreto.[558]

As hipóteses legais em que o juiz deverá abster-se ou ser recusado (suspeito ou impedido) estão expressamente consignadas no ordenamento jurídico brasileiro, seja no processo penal (artigos 252 e 254 do C.P.P.), seja no processo civil (artigos 134 e 135 do C.P.C. de 1973 e agora os artigos 144 e 145 do novo C.P.C.).

A abstenção configura-se como um dever do próprio magistrado em solicitar seu afastamento ao tomar conhecimento do fato impeditivo.

---

[556] SATTA, Salvatore. Astensione del giudice. In Enciclopedia del diritto. Tomo III. Milan: Editora Giuffrè, 1958. p. 947.

[557] CARNELUTTI, Francesco. Sistema de direito processual civil. Trad. Hiltomar Martins oliveira. v. IV. São Paulo: Classic Book, 2000. p.230.
No mesmo sentido, ANDRIOLI, Virgilio, Commeto al Códice di procedura civile. 3. ed. v. I. Nápoles: Edit. Jovene, 1954, p. 177; MICHELI, Gian Antonio. Curso de derecho procesal civil, v. I. Buenos Aires: Ed. EJEA, 1970. p. 186.

[558] PICÓ I JUNOY, J., op. Cit., p. 27.

No direito espanhol, a abstenção do juiz deve ser acompanhada por motivação suficiente, a fim de que o Tribunal superior possa dela ter ciência, e se for o caso rechaçá-la para que o juiz continue à frente do processo (art. 102, inc. I da *Ley de Enjuiciamiento Civil*).

No direito italiano, ao contrário, permite-se ao juiz arguir sua abstenção sem exigir uma causa prevista em lei.

A recusa, por sua vez, é um ato de iniciativa da parte para evitar que o juiz possa atuar de forma parcial. Para tanto, o ordenamento jurídico confere às partes instrumento processual necessário a fim de que se possa afastar da relação jurídica processual aquele juiz que seja suspeito de parcialidade negativa.

Na abstenção, o destinatário principal é o próprio magistrado, enquanto que na recusa o destinatário são as partes (autor e réu) da relação processual.

Há ordenamentos jurídicos em que a recusa ou abstenção gera, por si só, efeitos automáticos para provocar a extromissão do juiz "suspeito" (salvo a fixação legislativa de limites para a utilização dos meios legais), e outros em que a declaração da parte abre, simplesmente, a via de um procedimento incidental de recusa (ou seja, uma espécie de procedimento prejudicial no interior da relação jurídica processual), avaliado através de um sujeito diverso, sob a base de uma valoração dos motivos adotados pelo recusante, segundo os critérios fixados pelo legislador.

2. A taxatividade ou exemplificatividade das causas que motivam a recusa ou abstenção do juiz

Sobre a questão da taxatividade ou exemplificatividade das circunstâncias que motivam a recusa ou abstenção do juiz, apresentam-se três sistemas que procuram descrever as causas que possam por em risco a imparcialidade dos magistrados.[559]

O primeiro modelo, conhecido como *"sistema cerrado"*, é aquele em que se apresentam *numerus clausus* das causas motivadoras da suspeição ou impedimento, realçando a taxatividade dos fatores preconizados pela norma.

O segundo, denominado como *"sistema aberto"* ou *numerus apertus*, não fixa um rol cerrado de motivos, mas estabelece uma formulação legal ampla e geral, em que se possam inserir todas aquelas situações que denotam temor de parcialidade.

---

[559] Picó i Junoy, J., op. Cit., p. 46 e 47.

CÓDIGO DE PROCESSO CIVIL

Por fim, o *"sistema misto"*, no qual se indicam as causas desencadeadoras da perda da imparcialidade judicial, mas que também permite a alegação de outras hipóteses não previstas previamente pela norma.

No Brasil,[560] assim como na Espanha,[561] optou-se equivocadamente pelo primeiro sistema, isto é, pela *taxatividade das causas* de suspeição ou impedimento do juiz.[562]

Contudo, a partir do momento em que se reconhece a existência de um direito *jusfundamental* ao juiz imparcial previsto no texto constitucional, não se concebe a interpretação dogmática de que as hipóteses de suspeição e impedimento do juiz sejam somente aquelas estabelecidas rigorosamente pelas normas processuais de direito penal ou civil.

O direito fundamental ao juiz imparcial não pode estar circunscrito a *numerus clausus* indicados em norma infraconstitucional, sob pena de perder sua eficácia.

Havendo outras circunstâncias que possam justificar eventual parcialidade negativa do juiz que não aquelas indicadas expressamente no C.P.C. ou no C.P.P., deverá o magistrado abster-se ou ser recusado por qualquer das partes a fim de garantir a lisura de um processo com todas as garantias constitucionais.

Há necessidade de se realizar uma interpretação flexível e acima de tudo teleológica das causas de abstenção ou recusa do magistrado, a fim de se evitar um verdadeiro paradoxo: *"(...) por un lado se otorga rango de garantía constitucional a la imparcialidad judicial y por outro se interpretan con demasiada rigidez las normas legales que tienem la finalidad de protegerla"*.[563]

---

[560] MIRABETE, Julio Fabbrini. Processo penal. 16 ed. Rev. e atual. São Paulo: Atlas, 2004. p.224.

[561] A STS de 28 de novembro de 1997, FJ 13º (RGD, n. 644, 1998, p. 5631) afirma que as causas de recusa do juiz são taxativas.

[562] A jurisprudência também tem seguido essa orientação (R.T. 508/404; 542/333; 665/314). o Supremo Tribunal Federal, nº Habeas Corpus n. 73099-0, São Paulo, relator Ministro Moreira Alves, publicado no D. J. de 17.05.1996, assim se pronunciou: "No tocante à alegação de nulidade do julgamento da apelação por estar impedido Juiz que dele participou apesar de ter exercido jurisdição em ação civil pública movida contra os réus pelas fraudes ocorridas na LBA, é ela improcedente, porquanto as causas enumeradas no artigo 252 do Código de Processo Penal, que dão margem a impedimento, dizem respeito ao mesmo processo e não, como ocorre no caso, a outro. o inciso III desse artigo se refere ao impedimento de Juiz que, no mesmo processo, mas em outra instância, se houver pronunciado, de fato ou de direito, sobre a questão. Ademais, as causas de impedimento são taxativas e as normas que as enumeram em 'numerus clausus' são de direito estrito".

[563] FRANCOS, María Victoria Berzosa (Prólogo), in Joan Picó I Junoy, La imparcialidad judicial y sus garantías: la abstención y recusación. Barcelona: J. M. Bosch Editor, 1998. p.9 e 10.

ART. 144

A leitura constitucional das normas que compõem as causas de suspeição e impedimento do juiz permite constatar o equívoco da posição dogmática até então adotada, *"(...) pues la materia de la recusación del juez – en expresión de Salvatore Satta – 'ahonda sus raíces en el terreno constitucional'"*.[564]

É necessário compreender que existe um princípio básico de todo processo jurisdicional, elevado à categoria constitucional, que se define como princípio da imparcialidade do juiz, razão pela qual a lei ordinária não pode servir de entrave à efetivação desse princípio, uma vez que poderão existir outras causas, além das assinaladas nas normas processuais, que indicarão eventual parcialidade do julgador.

O direito processual brasileiro deve optar por um *sistema amplo de abstenção ou recusa* do juiz, no qual se possa subsumir qualquer fato capaz de colocar em risco a objetividade de caráter de terceiro do julgador. Talvez, com base no direito comparado, estabelecer um critério nos mesmos moldes do art. 51, inc. II, do *Códice di Procedure Civile italiano*, que permite a abstenção quando ocorram *"gravi ragioni di convenienza"*.[565]

Essa forma de interpretação extensiva reflete a postura adotada pelo Tribunal Europeu de Direitos Humanos, que apreciando o art. 6.1, do Convenio de Roma, sugeriu a interpretação flexível ou extensiva das causas de recusa como postulado de um processo justo e com todas as garantias. Nesse sentido foi a decisão proferida no caso Cubber, de 26 de outubro de 1984:

(...) una interpretación restrictiva del art. 6.1 – singularmente en cuanto al respeto del principio fundamental de la imparcialidad del juicio – no encajaría con el objeto y la finalidad de esta disposición, visto el lugar eminente que el derecho a un proceso justo ocupa en una sociedad democrática, en el seno del Convenio.[566]

3. As técnicas de recusa ou abstenção diante da duplicidade de julgamento

Outra questão que reflete diretamente na imparcialidade do juiz, diz respeito à eventual decretação de nulidade de sentença, em grau recursal, determinando o Tribunal que outra seja prolatada pelo juízo de primeiro grau.

Destarte, diante dessa circunstância indaga-se se poderá o mesmo juiz que proferiu a primeira decisão anulada pelo Tribunal participar do segundo julgamento, sem que isso fira o direito fundamental ao juiz imparcial.

Ainda sob este aspecto, questiona-se se o juiz que conheceu de eventual demanda civil de reparação de danos ou outra qualquer contra aquele que prati-

---

[564] Picó i Junoy, J., op. Cit., p. 47.
[565] Francos, M. V. B., op. Cit., p. 10.
[566] Picó i Junoy, J., op. Cit., p. 50 e 51.

CÓDIGO DE PROCESSO CIVIL

cou o ato ilícito, estaria legitimado para conhecer do processo penal em relação ao mesmo réu ou vice-versa.[567]

[567] O Tribunal Supremo espanhol já teve oportunidade de dizer que o magistrado participante do processo civil não poderia atuar no processo penal, *in verbis*: "Así, las cosas, el deber de mantener a todo trance alejada cualquier sospecha de duda acerca de la imparcialidad objetiva del Tribunal sentenciador imponía que en su composición no hubiese estado presente ninguno de los Magistrados que conocieron de los procedimientos civiles en que se fundamenta la acusación y al haber sido desatendida tan elemental cautela, procede, en aras de mantener la apariencia de una adecuada imparcialidad objetiva del Tribunal de instancia estimar el motivo (STS de 9 de julio de 1993, FJ 1o ("RGD", núms. 589-590, octubre-noviembre, 1993, pp. 9898 a 9900)". (Idem. Ibidem. p. 117).
Por sua vez, o Supremo Tribunal Federal, no Habeas Corpus n. 73099-0, São Paulo, relator Ministro Moreira Alves, publicado no D. J. de 17.05.1996, asseverou: "No tocante à alegação de nulidade do julgamento da apelação por estar impedido Juiz que dele participou apesar de ter exercido jurisdição em ação civil pública movida contra os réus pelas fraudes ocorridas na LBA, é ela improcedente, porquanto as causas, enumeradas no artigo 252 do Código de Processo Penal, que dão margem a impedimento, dizem respeito ao mesmo processo e não, como ocorre no caso, a outro. o inciso III desse artigo se refere ao impedimento de Juiz que, no mesmo processo, mas em outra instância, se houver pronunciado, de fato ou de direito, sobre a questão. Ademais, as causas de impedimento são taxativas e as normas que as enumeram em numerus clausus são de direito estrito".
O mesmo entendimento foi sufragado no Habeas Corpus n. 83.020-0, 12.08.2003, São Paulo, Relator Min. Carlos Veloso, publicado no Informativo do S.T.F. n. 349. Contudo, mais importante que o próprio julgamento do Habeas Corpus, foi o debate travado entre o Ministro Carlos Velloso (relator) e o Ministro Nelson Jobim:
"Sr. Ministro Nelson Jobim: (...) Depois, tenho uma outra dificuldade. ouvi atentamente a sustentação feita pelo eminente Procurador junto à nossa Turma em relação ao art. 252 do Código de Processo Penal: 'Art. 252. o juiz não poderá exercer jurisdição no processo em que: III – tiver funcionado como juiz de outra instância, ...'. o argumento fundamental que está no parecer é curioso, pois diz que, neste caso, o descumprimento foi a sentença, não a vontade do juiz. Mas, em qualquer hipótese, foi a sentença, inclusive no art. 252. Se a sentença está em grau de recurso, o que está se discutindo? A sentença, não a vontade do juiz. E o que faz o art. 252? Diz que o juiz que sentenciou não pode participar.
Sr. Ministro Carlos Velloso (Relator): Ministro, o que o Código não quer é que o juiz que decidiu num grau de jurisdição decida o mesmo caso num grau subseqüente.
Sr. Ministro Nelson Jobim: Eu concordo com V. Exa. Deixe-me terminar o raciocínio, eu não cheguei lá.
Qual é a razão do art. 252 dizer que eu decidi em primeiro grau e não posso, estando no segundo grau, apreciar a minha decisão? Porque estou comprometido com o conteúdo de minha decisão. ou seja, o juízo de impedimento, enfim, decorre do quê? Do meu compromisso emocional e intelectual com aquilo que produzi. Essa é a razão. No caso, o que se passa? Havia uma sentença que condenou e, dentro da condenação da sentença, tinha a determinação da proibição de dirigir. o sujeito descumpre isso e pratica um ato. o que integra o tipo do

Na Espanha, um determinado magistrado espanhol arguiu a inconstitucionalidade por omissão do artigo 219.10 da LOPJ (Lei Orgânica do Poder Judiciário), cujo dispositivo não faz qualquer referência à abstenção ou recusa do juiz que tenha por obrigação julgar duas vezes a mesma causa. A base de sustentação dessa arguição de inconstitucionalidade está amparada na seguinte fundamentação:

> *"El juez "a quo" considera vulnerado el derecho al juez imparcial (o mejor habría que decir: la imparcialidad judicial) en la medida en la cual el artículo 219.10 LOPJ no prevé expresamente, y en consecuencia no permite, la abstención del juez en aquellos casos en los que ha sentenciado con carácter previo una causa y tiene que volver a juzgarla ya que ha resultado anulada la primera sentencia por quebramiento de las formalidades esenciales del procedimento. El juez promotor de la citada cuestión de inconstitucionalidad considera que tal omisión le coloca en un plano de colisión con el derecho al juez imparcial contenido en el artículo 24.2. CE (insisto, habría que decir mejor con la imparcialidad que debe predicarse de todo juzgador), puesto que en ese caso el juez ya ha dictado sentencia condenatoria y tiene un riesgo más que evidente de prejuicio, máxime cuando llegó a apreciar en conciencia las pruebas practicadas que, en su opinión, 'dejan un poso imborrable en el juzgador'".*[568]

Este julgamento é de suma importância para análise da imparcialidade.

O próprio juiz espanhol ao se ver obrigado pelo Tribunal a proferir nova decisão põe em dúvida sua imparcialidade, pelo fato de já haver participado do primeiro julgamento que fora anulado pelo Tribunal por infração às formalidades essenciais do procedimento. Percebeu o magistrado que, indubitavelmente, estaria sugestionado pela primeira decisão, razão pela qual não poderia participar do segundo julgamento.

---

segundo ato? o conteúdo da sentença do primeiro, porque, se não houvesse a sentença do primeiro, não haveria a tipicidade do segundo. Concorda?
Sr. Ministro Carlos Velloso (Relator): Ministro, concordo com V. Exa. o delito é outro.
Sr. Ministro Nelson Jobim: Formalmente. Há um imbricamento. Estou olhando para mim. Se acontecesse comigo, esse não escapava, porque descumpriu a minha decisão.
Sr. Ministro Carlo Velloso (Relator): Eu não levaria a esse ponto. Aqui, o Ministro do Supremo se torna prevento para todos os casos. Se esse cidadão voltar aqui, sou competente, será distribuído a mim como Relator.
Sr. Ministro Nelson Jobim: V. Exa. não está julgando o caso, está julgando o que os outros julgaram (...)".
[568] ASENSIO, R. J., op. Cit., p. 256.

CÓDIGO DE PROCESSO CIVIL

Efetivamente, a apreciação feita pelo juiz da matéria de fato ou de direito quando da prolação da primeira decisão poderá influenciá-lo no momento em que for elaborar a segunda decisão. Trata-se de um aspecto extremante natural do ser humano; a formação da convicção feita na primeira decisão através da análise das provas e do conteúdo da relação jurídica processual *dificilmente* permitirá que o juiz profira outra sentença totalmente divorciada da primeira.

Segundo assevera José Antonio Díaz Cabiale, é evidente que se o órgão superior ordena a devolução do processo em decorrência de uma infração aos pressupostos processuais, o juiz que resolveu a questão encontra-se diante de um suposto já resolvido e no qual tomou partido mediante a sentença, e, portanto, *"(...) es prácticamente imposible pensar que no se encuentre prevenido y que el resultado pueda ser distinto al de la resolución originaria".*[569]

Com efeito, exigindo-se que o mesmo juiz prolate outra decisão, em decorrência de nulidade proclamada pelo Tribunal Superior, põe-se em risco o princípio da imparcialidade do juiz, uma vez que a probabilidade de o julgador estar sugestionado ao resultado da primeira decisão é muito grande.

Não é pelo fato de o Tribunal declarar a nulidade da sentença que tal declaração, por si só, irá eliminar do inconsciente ou mesmo do consciente do magistrado que proferiu a primeira decisão seu prévio convencimento sobre a matéria.

Lamentavelmente, não obstante a arguição de inconstitucionalidade formulada pelo juiz espanhol, o Tribunal Constitucional da Espanha (STC 157/1993, de 6 de maio – RTC 1993, 157) houve por bem reconhecer a legitimidade do magistrado de primeiro grau para prosseguir no julgamento sob o argumento de que o legislador não previu a hipótese de nulidade de julgamento como sendo motivo suficiente para recusa ou abstenção do juiz em relação à determinada causa. O Tribunal também considerou que a declaração de nulidade dos atos processuais exige do magistrado uma nova ponderação e, se for o caso, a modificação do seu convencimento.

---

[569] "Piénsese por un momento, por ejemplo, en el supuesto de que se hubiera interpuesto recurso de casación al amparo del art. 850,4 LECrim, por denegación indebida de una pregunta por capciosa, sugestiva o impertinente. Y que el TS entendiera que efectivamente había lugar a formular la pregunta en cuestión a un testigo, procediendo con arreglo al art. 901bis a) a reponer las actuaciones al período probatorio para que se subsanara ese quebrantamiento. ¿Hay alguna posibilidad de que después de formular la pregunta o practicar la prueba denegada se altere el sentido del proceso? La respuesta es claramente negativa, salvo algún supuesto tan excepcional que se podría tildar de milagroso sin incurrir en exageración". (CABIALE, José Antonio Díaz. Principios de aportación de parte y acusatorio: la imparcialidad del juez. Granada: Editorial Comares, 1996. p. 498).

ART. 144

Evidentemente que a decisão proferida pelo Tribunal Constitucional não está livre de severas críticas, pois adota *"(...) tesis empobrecedora de que el derecho al juez imparcial es un derecho exclusivamente de configuración legal"*.[570] O Tribunal fundamenta sua decisão nas interpretações mais restritivas, declarando que não cabe interpretação analógica muito menos extensiva quanto às causas de abstenção ou recusa do magistrado. Para o Tribunal, o que não foi previsto pelo legislador não se encontra no mundo jurídico.

A crítica feita por Jiménez Asensio sobre a decisão espanhola é muito pertinente:

> *Ésa es la interpretación literal (y "canônica") de los arts. 217 y 219 de la LOPJ: si no hay causa legal no existe el correlativo deber. A mi juicio esta tesis olvida el dato de que un juez puede encontrarse en muchas situaciones, no previstas expresamente por el legislador, en las que su imparcialidad se pueda ver afectada o, cuando menos, la imagen de imparcialidad que debe acompañar al poder judicial se puede ver diluida. A un juez que se encuentra en esta situación nada le impide (salvo que se haga una interpretación literal de la ley, que casa mal con los principios constitucionales que informan la actuación del poder judicial), suscitar la abstención; los problemas se producirán, efectivamente, si la Sala de Gobierno hace una interpretación rígida de las causas tasadas y no admite ningún grado de flexibilidad en su alcance"*.[571]

O princípio constitucional da imparcialidade judicial deve prevalecer em relação ao limitado rol de causas de abstenção e recusa formulado pela norma infraconstitucional.

Em que pese o Tribunal Constitucional espanhol não pretendesse declarar eventual inconstitucionalidade por omissão do texto normativo legal, deveria ter realizado uma interpretação extensiva à regra legal, segundo o pensamento formulado pelo juiz espanhol de primeiro grau.

O que se percebe normalmente é a presença de certa resistência corporativa a qualquer medida que tenha por finalidade colocar em dúvida a imparcialidade dos órgãos jurisdicionais, *"(...) como si tales funcionarios no fueran susceptibles de contaminación alguna y estuvieran limpios, siempre y en todo caso, de cualquier mancha o apariencia de parcialidad"*.[572]

---

[570] ASENSIO, Rafael Jiménez. Imparcialidad judicial y derecho al juez imparcial. Navarra: Aranzadi, 2002., p. 258.

[571] Idem. Ibidem., p. 258 e 259.

[572] Idem. Ibidem.,p. 265.

805

CÓDIGO DE PROCESSO CIVIL

Felizmente, o Tribunal Supremo da Espanha vem adotando um posicionamento contrário ao do Tribunal Constitucional, dando uma interpretação extensiva às causas de recusa e abstenção do juiz.

A Segunda Sala do Tribunal Supremo afirma que a motivação do recurso de cassação por quebra de conteúdo formal ou procedimental, além do reenvio da causa ao momento processual em que se produziu dito quebramento, exige a mudança do Tribunal que ditou a sentença impugnada. Assim, por exemplo, a sentença de 2 de junho de 1997, FJ 2º (Ar. 4555) declara:

> *Esta Sala de lo Penal del Tribunal Supremo viene entendiendo que se pierde la imparcialidad objetiva cuando un Tribunal conoce de un juicio oral y dicta sentencia y, por ello, venimos ordenando que sena otros Magistrados los que conozcan del nuevo trámite cuando hay que celebrar otro juicio por haber existido en la instancia un quebrantamiento de forma, porque, al haber examinado las pruebas ante ellos practicadas valorándolas después y dictándose la correspondiente sentencia, han tenido contacto con el fondo del asunto y se han pronunciado sobre el mismo.*[573]

No mesmo sentido é a sentença de 30 de abril de 1991, FJ 3o (Ar. 2998):

> *(...) la psicología y las reglas de experiencia enseñan que, cuando una persona o un Tribunal han tomado una decisión después de un proceso [...] en el que no se han tomado en consideración, en uno y otro sentido, una prueba porque indebidamente no se practicó, es fácil que de manera inconsciente se prescinda de hechos de dicha prueba, una vez practicada, y se mantenga el criterio precedente, no por un prurito de no modificar lo ya resuelto, sino por una regla de experiencia humana, que a veces se impone al indiscutible deseo del Tribunal de resolver con absoluta objetividad e imparcialidad del que no se duda.*[574]

Apesar da divergência jurisprudencial espanhola, felizmente, pode-se observar que no direito comparado há uma real preocupação em consignar expressamente na legislação infraconstitucional a possibilidade de abstenção ou recusa do juiz na hipótese de recurso de cassação com reenvio.

O direito alemão, desde 1975, estabelece de forma clara e objetiva que nos casos de nulidade (naqueles em que haja reenvio da causa), remeter-se-á a causa à outra Seção ou Sala do Tribunal cuja sentença foi impugnada, ou a outro Tribunal da mesma ordem. Também o § 563, do ZPO (normatização processual

---

[573] PICÓ I JUNOY, J., op. Cit., p. 113.
[574] Idem. Ibidem. Loc. Cit.

ART. 144

civil alemão) adota a mesma linha de raciocínio ao estabelecer: *"Quando a sentença for anulada, a causa será remetida ao Tribunal de apelação para que a veja e julgue novamente. A devolução poderá fazer-se para uma Sala distinta da que houver ditado a sentença anulada".*

No mesmo sentido prescreve o artigo 633, letras "c" e "d", do Código de Processo Penal italiano de 1988.[575]

O artigo 436 do Código de Processo Penal português de 1987, estabelece: *"Se o Tribunal Supremo de Justiça decreta o reenvio do processo, o novo juízo corresponde ao tribunal, de categoria e composição idênticas às do tribunal que ditou a resolução recorrida, que se encontre mais próximo".*

4. O limite temporal (extemporaneidade) como formalismo legal ao exercício do direito fundamental ao juiz imparcial

Outro aspecto que merece uma melhor reflexão da doutrina e da jurisprudência diz respeito ao limite temporal para que a parte possa arguir eventual causa de impedimento ou suspeição do juiz.

Normalmente o próprio juiz de primeiro grau, assim como os magistrados dos Tribunais, valem-se desse formalismo temporal como fundamento razoável para permanecer no exercício da jurisdição, ou seja, para que evitem analisar se houve ou não vulneração ao direito fundamental ao juiz imparcial.

O momento temporal da arguição da suspeição ou do impedimento do juiz converte-se, desta maneira, num dogma muito mais importante que a própria natureza constitucional do direito fundamental ao juiz imparcial ou do princípio da imparcialidade.

Sendo, na verdade, a abstenção um dever imposto ao juiz como mecanismo de garantir o Estado de Direito Democrático e a própria legitimação da estrutura do Poder Judiciário, a preclusão temporal há de ser relativizada.

---

[575] "Art.633..
a) – (...);
b) – (...);
c) – se é anulada a sentença de uma corte di assise di appello ou de uma corte di apello ou mesmo de uma corte de assise ou de um tribunale, o julgamento deve ser remetido a outra seção da mesma corte ou do mesmo tribunal ou, na falta deste, à corte ou a tribunal mais próximo;
d) – se é anulada a sentença de um pretore ou de um juiz para as idagini preliminari, a corte de cassação disporá que os autos sejam reenviados à mesma pretura ou ao mesmo tribunal; contudo, o pretore ou o juiz deverá ser distinto daquele que tenha pronunciado a sentença anulada".

CÓDIGO DE PROCESSO CIVIL

Põe-se em dúvida a limitação temporal para se arguir eventual causa de suspeição ou impedimento, pois não pode o legislador infraconstitucional, sob a alegação de que à parte é legítimo renunciar ao direito a um juiz imparcial, estabelecer prazo peremptório a essa prerrogativa de natureza constitucional.

Portanto, a todo o momento torna-se legítimo aos titulares da relação jurídica processual suscitar a recusa do juiz como condutor do processo, desde que haja motivo plenamente justificado para isso.

Não se deve esquecer que a imparcialidade, mais que garantir um justo processo para as partes, garante a confiança da comunidade como um todo na legitimidade institucional do Poder Judiciário.

A limitação temporal preconizada pela norma legal não está em consonância com o direito fundamental ao juiz imparcial.

É razoável, inclusive, a previsão de sanção para a parte negligente que não fez a arguição de suspeição ou impedimento em tempo oportuno, mas jamais estabelecer limite peremptório para o exercício desse direito fundamental constitucional.

O Tribunal Europeu de Direitos Humanos, no caso *"Castillo Algar c. España – STEDH de 28 de outubro de 1998 (TEDH 1998, 51)*, reconheceu que o direito fundamental a um juiz imparcial não pode ficar submetido a um lapso temporal preclusivo, nos seguintes termos:

(...) el recurrente, Sr. Castillo Algar, sostenía que se le había vulnerado el derecho a un juez imparcial, pues fue condenado por un Tribunal Militar Central en el que dos de sus miembros habían conocido previamente de su causa al haberse pronunciado sobre la apelación del Auto de procesamiento. El demandante recurrió en casación ante el Tribunal Supremo e invocó la vulneración del derecho al juez imparcial. La Sala de lo Militar del TS rechazó el recurso, y fundamentó su decisión en que el interesado había omitido recusar a los Jueces que calificaba de parciales, cuando lo podía haber hecho ya que el abogado del demandante había sido informado de la composición de la Sala en el momento de su constitución y con anterioridad al juicio.

El Tribunal Constitucional, suscribiendo por entero los motivos admitidos por la Sala de lo Militar del Tribunal Supremo, inadmitió a trámite el recurso de amparo del demandante.

La doctrina de esta sentencia se puede resumir como sigue:

"El Tribunal recuerda que la finalidad de la exigencia del agotamiento de las vías de recursos internos es facilitar a los Estados contratantes la ocasión de prevenir o corregir las violaciones alegadas contra ellos antes de que estas alegaciones sean sometidas a los órganos del Convenio".

"(...) el Tribunal señala que, en su recurso ante el Tribunal Supremo, el demandante sostuvo que la Sala del Tribunal Militar Central constituida para conocer su caso no podía considerarse un Tribunal imparcial, ya que dos de sus miembros habían formado parte anteriormente de la Sala que se había pronunciado sobre su recurso de apelación contra el Auto de procesamiento (...)".

"En estas condiciones, a pesar del hecho de que el demandante o su abogado no hayan solicitado la recusación de los dos Jueces con anterioridad a la apertura de proceso, los Tribunales del Estado demandado no carecieran de ocasiones para corregir la violación del artículo 6.1. (...)".[576]

Como bem asseverou o Tribunal Europeu de Direitos Humanos, a falta de recusa do juiz por parte de um dos sujeitos da relação jurídica processual, ou eventual recusa tardia, não tem o poder de converter um juiz parcial em imparcial.

Além do mais, como bem leciona Giulio Umbertis ao comentar a jurisprudência do Tribunal Europeu de Direitos Humanos, o direito fundamental a um juiz imparcial não está no âmbito dos direitos disponíveis, razão pela qual a parte não pode renunciar a essa prerrogativa constitucional. Disse o autor italiano:

E visto che siamo in tema di giurisprudenza della Corte europea dei diritti dell'uomo, ritengo utile segnalare due recentíssime decisioni della medesima in materia di incompatibilità del giudice.

Con la prima, accanto ad altre dogliaze, il ricorrente faceva valere la circostanza secondo cui uno dei giudice del collegio di primo grado aveva precedentemente partecipato a due interrogatori svoltisi durante l'istruzione preliminare, verificandosi pertanto una ipotesi di incompatibilità secondo l'ordinamento austríaco, con conseguente nullità della successiva setenza di condanna; tuttavia, tale invalidità non veniva dichiarata dal giudice dell'impugnazione perché l' interessato non aveva sollevato la questione relativa allà suddetta incompatibilità nei termini codicisticamente previsti ed anzi era dubbio se avesse addirittura rinunciato a eccepirla.

L'importanza della pronuncia non riguarda, in questa occasione, la soluzione data dalla Corte europea dei diritti dell'uomo al caso sottopostole, ma l'argomentazione seguita. Infatti, la Corte ha expresamente dichiarato di accettare l'integrazione del diritto austriaco sostenuta dai giudice nazionali e tuttavia ha specificato di dover decidere sulla sussistenza della violazione del principio di imparcialita del giudice (art. 6 comma 1 Conv. Eur. Dir. Uomo), "idipendentemente dalla questione di sapere se una

---

[576] Asensio, R. J., op. Cit., p. 272.

rinuncia foie stata operata o no". Ne deriva che "la sostanziale irrilevanza attribuita dalla Corte alla questione riguardante la validità della rinuncia alla ricusazione testimonia palesemente come la garanzia dell'imparzialità del giudice... no sia nella disponibilità delle parti interessate.[577]

Conclui-se, portanto, que não há como subsistir lapso temporal preclusivo para a arguição de suspeição ou impedimento do juiz, pois, além de não ser possível a renúncia ao direito fundamental ao juiz imparcial, o princípio da imparcialidade impede que participe da relação jurídica processual um magistrado que possa por em dúvida a legitimidade estruturante do próprio Poder Judiciário.

5. Das causas de impedimento

O art. 144 do novo C.P.C. trata das causas de impedimento do juiz para processar e julgar a demanda, sendo-lhe vedado exercer suas funções no processo.

As causas de impedimento são assim enumeradas: *I – em que interveio como mandatário da parte, oficiou como perito, funcionou como membro do Ministério Público ou prestou depoimento como testemunha; II – de que conheceu em outro grau de jurisdição, tendo proferido decisão; III – quando nele estiver postulando, como defensor público, advogado ou membro do Ministério Público, seu cônjuge ou companheiro, ou qualquer parente, consanguíneo ou afim, em linha reta ou colateral, até o terceiro grau, inclusive; IV – quando for parte no processo ele próprio, seu cônjuge ou companheiro, ou parente, consanguíneo ou afim, em linha reta ou colateral, até o terceiro grau, inclusive; V – quando for sócio ou membro de direção ou de administração de pessoa jurídica parte no processo; VI – quando for herdeiro presuntivo, donatário ou empregador de qualquer das partes; VII – em que figure como parte instituição de ensino com a qual tenha relação de emprego ou decorrente de contrato de prestação de serviços; VIII – em que figure como parte cliente do escritório de advocacia de seu cônjuge, companheiro ou parente, consanguíneo ou afim, em linha reta ou colateral, até o terceiro grau, inclusive, mesmo que patrocinado por advogado de outro escritório; IX – quando promover ação contra a parte ou seu advogado.*

Essas causas de impedimento têm por objetivo preservar os princípios da independência e da imparcialidade do juiz, evitando-se que o magistrado atue no processo por meio da denominada parcialidade negativa.

---

[577] UMBERTIS, Giulio. in Il giusto processo. Associazione tra gli studiosi del processo penale. Milano: Dott. A. Giuffrè Editore, 1998. p. 190 e 191.

ART. 144

Na verdade, a garantia em comum para todas as formas de composição de conflitos exige que o juiz permaneça equidistante como terceiro super partes.[578]

As causas de abstenção ou de recusa indicadas na legislação infraconstitucional processual civil ou penal evitam a ruptura desse equilíbrio.

Mas esse temor não se restringe apenas aos aspectos subjetivos do órgão jurisdicional.

A imparcialidade também reclama uma abordagem objetivista.

O juiz não deve apenas ser imparcial, como também *tem de parecer imparcial*.

O Tribunal Europeu de Direitos Humanos (TEDH), através da decisão proferida no caso Piersack, em 1º de outubro de 1982, passou a reconhecer a diferenciação entre o aspecto subjetivo e objetivo da imparcialidade. Segundo o Tribunal, pode-se distinguir, por um lado, um aspecto subjetivo da imparcialidade que trata de averiguar a convicção pessoal de um determinado juiz em um caso concreto e, por outro, um aspecto objetivo que propugna pela existência de um Juiz concreto que possa oferecer garantias suficientes para excluir qualquer dúvida razoável a esse respeito.[579] Nessa decisão, o Tribunal europeu asseverou: "a) que as aparências são importantes nesta matéria porque o que está em jogo é a própria legitimação dos Tribunais em sua atuação; b) que por isso, bastam dúvidas de imparcialidade para excluir o juiz suspeito; c) que são transcendentais os critérios de caráter organizativo da atuação judicial, de forma que não é preciso comprovar seus resultados sobre a convicção pessoal do Juiz; por isso é possível afirmar que o exercício prévio no processo de determinadas funções processuais podem provocar duvidas de parcialidade.[580]

Essa distinção entre imparcialidade *subjetiva e objetiva* formulada pelo Tribunal Europeu de Direito Humanos (TEDH) não ficou imune a críticas. A distinção tem sido objeto de acentuadas ressalvas, uma vez que a referência à parcialidade, por mais que se objetive, conduz sempre a situar o problema nas circunstâncias subjetivas do julgador.

---

[578] "Che il giudice debba essere super partes non è dunque un'affermazione meramente protocollare o di topografia delle aule giudiziarie, ma una profonda e sostanziale esigenza che vuole, a garanzia della indipendenza e della imparcialità dell'organo, il giudice disancorato dagli interessi propri delle parti". (PAOLOZZI, Giovanni. Giudice político e iudex suspectus. In. Rivista Italiana di Diritto e Procedura Penal, Milano, Dott. A. Giuffrè, 1973, Anno XVI, (635-650), p.635).

[579] CABIALE, José Antonio Díaz. Principios de aportación de parte y acusatorio: la imparcialidad del juez. Granada: Editorial Comares, 1996, p. 407.

[580] ORTIZ, Maria Isabel Valldecabres. Imparcialidad del juez y médios de comunicación. Valencia: Tirant lo Blanch, 2004. p. 148.

Para Joan Picó i Junoy, não obstante a indiscutível autoridade do Tribunal Europeu de Direitos Humanos (TEDH), do qual emanou dita distinção, a mesma resulta incorreta, na medida em que toda parcialidade ou imparcialidade será sempre subjetiva.[581]

José Antonio Díaz Cabiale, amparado nas lições de Gonzalez Montes, da mesma forma inclina-se pela corrente subjetivista.[582]

Por outro lado, o Tribunal Supremo da Espanha, através da decisão de 8 de fevereiro de 1993, adotou posicionamento diverso daquele formulado pelo TEDH, afirmando que a única classe de imparcialidade que se percebe e se pode comprovar é a objetiva, já que somente dados objetivos, sejam no que concerne à relação pessoal do juiz com as partes ou com o objeto do processo, são os que podem servir de base para estimar a neutralidade ou não do magistrado.[583]

Não obstante a existência de correntes unilaterais (subjetivista ou objetivista) sobre o tema, não se pode deixar de reconhecer que a distinção entre imparcialidade objetiva e subjetiva formulada pelo Tribunal Europeu de Direitos Humanos (TEDH) tem sua razão de ser.

Existem causas que determinam uma análise acerca da imparcialidade, vinculadas unicamente a aspectos objetivos, ou seja, sufragadas em dados constatáveis sem qualquer influência específica no âmbito subjetivo do órgão jurisdicional.

A imparcialidade não pode e não deve ser avaliada somente como um mero e interior "stato spirituale" do magistrado; reclama, igualmente, que seja entendida como um "stato" que a coletividade possa objetivamente observar. Esse "stato" não pode restar isolado no íntimo do sujeito, mas é necessário conquistar relevância externa.[584]

O direito ao juiz imparcial está intimamente ligado ao direito à aparência de imparcialidade que é analisada por meio de dados objetivos.

---

[581] "Neste sentido: MONTERO AROCA, J. Princípios del proceso penal – una explicación basada en la razón. Valencia: Tirant lo Blanck, 1997. p.107; GONZÁLEZ MONTES, J. L. Instituiciones de derecho procesal. 3. ed. Tomo I. Madrid: Tecnos, 1993. p.134" (PICÓ I JUNOY, Joan. La imparcialidad judicial y sus garantías: la abstención y la recusación. Barcelona: J. M. Bosch, 1998., p. 51).

[582] "De esta manera nos parece que la parcialidad o imparcialidad siempre vienen haciendo referencia a uno elemento subjetivo, la parte y la posición que ocupa respecto de ella el Juez. Por ello la imparcialidad siempre es subjetiva y no objetiva como entendía el TS". (CABIALE, J. A. D., op. Cit., p. 408).

[583] Idem Ibidem. Loc. Cit..

[584] PAOLOZZI, Giovanni. Giudice político e iudex suspectus. Rivista Italiana di Diritto e Procedura Penal, Milano: Dott. A. Giuffrè, 1973, Anno XVI, p. 635.

ART. 144

Observa-se que entre as causas de impedimento do juiz, previstas no art. 144 do novo C.P.C., bem como as causas de suspeição previstas no art. 145 do novo C.P.C. há fatos que põem em risco não necessariamente a imparcialidade subjetiva do juiz, mas, sim, eventual imparcialidade *objetiva*.

O juiz pode ter atuado no processo como perito, como Membro do Ministério Público, sem que essa participação tenha maculado sua imparcialidade subjetiva. Mas, perante os olhos dos outros, a simples participação do juiz no processo por meio de outras atribuições legais põe em risco sua *imparcialidade objetiva*, uma vez que não basta o magistrado ser imparcial, é necessário que ele também *pareça imparcial*.

É possível afirmar que sempre existiu um interesse público em assegurar a imparcialidade do juiz e o prestígio da função jurisdicional, procurando não apenas a exclusão de juiz subjetivamente parcial, como também daquele que, por critérios objetivos, possa denotar uma dúvida de parcialidade.[585]

Giuseppe Chiovenda já dizia que a imparcialidade objetiva não é aquela que deriva de eventual quebra de relação do juiz com as partes, mas, sim, de sua relação com o objeto do processo, critério que fora referendado pela Sentença do Tribunal Constitucional espanhol n. 32/94.

A finalidade da exigência de imparcialidade objetiva seria a de evitar que questões objetivas pudessem colocar em dúvida a aparência de imparcialidade que deve revestir a atividade jurisdicional.

O art. 144 do novo C.P.C. descreve as causas de impedimento do juiz, entre elas:

a) em que interveio como mandatário da parte, oficiou como perito, funcionou como membro do Ministério Público ou prestou depoimento como testemunha (inc. I)

b) de que conheceu em outro grau de jurisdição, tendo-lhe proferido qualquer decisão (inc. II).

Evidentemente que somente haverá impedimento quando a decisão proferida pelo magistrado tenha algum conteúdo de convicção sobre a matéria de fato ou de direito, razão pela qual os despachos de expediente ou meramente ordinatórios de atos processuais não caracterizam o impedimento do juiz.

Já as decisões interlocutórias em que o magistrado resolve determinada *questão* de direito processual ou material, impede sua posterior participação no processo.

---

[585] Viagas Bartolomé. Plácido Fernández. El juez imparcial. Granada: Editorial Comares, 1997. p.3.

Também é de se considerar impedido o juiz de analisar a causa em primeiro grau quando tenha ele participado de eventual recurso de apelação no tribunal, em que foi anulada a decisão ou reformada decisão que extinguiu o processo sem resolução de mérito.

Volta-se a afirmar, não basta que o juiz seja imparcial, é necessário que ele *pareça imparcial*. E quem já apreciou a causa por qualquer circunstância em juízo de segundo grau não pode voltar a apreciá-la, sob pena de mácula da imparcialidade *objetiva* do juiz.

Aliás, nesse sentido é a Emenda apresenta pela Câmara dos Deputados, a saber: *de que conheceu em outro grau de jurisdição, tendo proferido decisão*.

c) quando nele estiver postulando, como defensor público, advogado ou membro do Ministério Público, seu cônjuge ou companheiro, ou qualquer parente, consanguíneo ou afim, em linha reta ou colateral, até o terceiro grau, inclusive (inc. III).

O parentesco existente também há entre adotante e adotado (ECA).

Um dos objetivos principais deste inciso é evitar a participação do magistrado na relação jurídica processual quando na mesma demanda há atuação de alguns de seus parentes, em linha reta ou colateral, assim como seu cônjuge ou companheiro/a, podendo esse parentesco resultar de consanguinidade ou afinidade.

Prescreve o art. 1.592 do C.c.b.:

> *"São parentes em linha colateral ou transversal, até o quarto grau, as pessoas provenientes de um só tronco, sem descenderem uma da outra".*

E complementa o art. 1.594 do C.c.b:

> *"Contam-se, na linha reta, os graus de parentesco pelo número de gerações, e, na colateral, também pelo número delas, subindo de um dos parentes até o ascendente comum, e descendo até encontrar o outro parente".*

São parentes em linha reta: a) consanguíneos: pais, avós, bisavós, trisavôs, filhos, netos, bisnetos, trinetos; b) afins: sogros, genro, nora, madrasta, padrasto, enteados.

O inciso IV do art. 134 do C.P.C. de 1973 dizia que o impedimento do juiz ocorria *quando nele estivesse postulando, como advogado da parte, o seu cônjuge ou qualquer parente seu, consanguíneo ou afim, em linha reta; ou na linha colateral até o segundo grau*. Esse dispositivo limitava o parentesco até o *segundo grau* apenas quando se tratava de *linha colateral*. Se se tratasse de parentesco de consanguinidade ou afinidade em linha reta, não havia limitação até o *segundo grau*.

Ocorre que o inciso III do art. 144 do novo C.P.C. estabeleceu o limite de *até o terceiro grau* para todos os tipos de parentesco, isto é, consanguinidade ou afinidade em linha reta ou colateral. Com base nessa nova normatização, em tese, o juiz poderia julgar um processo em que nela interviesse seu *tataraneto*

É evidente que a hipótese acima referida é muito difícil de acontecer. Mas se acontecer, não há dúvida de que a restrição estabelecida no inciso III do art. 144 do novo C.P.C. não pode prevalecer em face do *princípio da imparcialidade do juiz*. A aproximação de parentes do juiz com seu *tataraneto* é de tal ordem que pode por em dúvida a *imparcialidade objetiva do juiz*.

Assim, o inc. IV do art. 134 do C.P.C. de 1973, no que concerne aos parentes por consanguinidade em linha reta, estava mais consentâneo com o *princípio da imparcialidade do juiz,* pois o parentesco em linha reta por consanguinidade não sofria limitação de grau.

O parentesco em linha reta por afinidade diz respeito apenas aos filhos e pais do cônjuge ou companheiro (CC 1.595, §1º), ou seja, está limitado ao terceiro grau nos termos do art. 144, inc. III, do novo C.P.C.

Já na linha colateral por afinidade diz respeito ao *cunhado/cunhada*, também limitado ao terceiro grau, nos termos do art. 144, inc. III, do novo C.P.C.

Estabelece o art. 1.595 do C.c.b.:

> *"Cada cônjuge ou companheiro é aliado aos parentes do outro pelo vínculo de afinidade.*
>
> *§1º O parentesco por afinidade limita-se aos ascendentes, aos descendentes e aos irmãos do cônjuge ou companheiro.*
>
> *§2º Na linha reta, a afinidade não se extingue com a dissolução do casamento ou da união estável".*

É importante salientar que não se conta o grau de afinidade iniciando-se pelo próprio cônjuge, mas, sim, por analogia, com base na contagem do cônjuge que apresenta o parentesco por consanguinidade.

A afinidade existe também na *união estável*.

Deve-se ressaltar que também haverá impedimento ou no mínimo *suspeição por foro íntimo,* quando atue no processo a namorada/o do juiz, principalmente quando há nesse relacionamento, apesar de não possuir a característica de união estável, forte ligação entre o juiz e a pessoa acima indicada.

Também deve ser reconhecido o impedimento do juiz quando atue no processo sua ex esposa ou ex esposo, ex companheira ou ex companheiro, principalmente quando deste relacionamento existam filhos em comum.

CÓDIGO DE PROCESSO CIVIL

Ora, se o §2º do art. 1.595 do C.c.b. estabelece que a afinidade não se extingue com a dissolução do casamento ou da união estável, inclusive para efeitos de impedimento do juiz, com muito mais razão quanto ao cônjuge ou companheira/o dele separado.

Por isso, pode-se afirmar que as hipóteses do art. 144 e 145 do novo C.P.C. demandam uma *interpretação extensiva,* isto é, uma interpretação que seja mais condizente com a segurança exigida pelo princípio da *imparcialidade subjetiva e objetiva do juiz.*

d) quando ele próprio ou seu cônjuge, companheiro ou parente, consanguíneo ou afim, em linha reta ou colateral, até o terceiro, inclusive, for parte no feito (inc. IV).

No inciso anterior, o parentesco do juiz seria com o advogado, defensor ou membro do Ministério Público que atua no processo.

Neste inciso, o impedimento decorre pelo fato de o próprio juiz ser parte no processo. Da mesma forma se seu cônjuge, companheiro ou parente, consanguíneo ou afim, em linha reta ou colateral, até o terceiro grau, for parte no feito.

e) quando for sócio ou membro de direção ou de administração de pessoa jurídica parte na causa (inc.V).

Evidentemente que o juiz não poderá conhecer e julgar de uma demanda em que uma das partes seja pessoa jurídica dirigida ou administrada pelo próprio magistrado.

Contudo, essa hipótese dificilmente poderá ocorrer, uma vez que a Lei Orgânica da Magistratura Nacional – LOMAN impede que o juiz exerça cargo de direção ou administração de pessoa jurídica, nos termos do 36, inc. I e II:

> Art. 36 – *É vedado ao magistrado:*
> I – *exercer o comércio ou participar de sociedade comercial, inclusive de economia mista, exceto como acionista ou quotista;*
> II – *exercer cargo de direção ou técnico de sociedade civil, associação ou fundação, de qualquer natureza ou finalidade, salvo de associação de classe, e sem remuneração;*

f) quando for herdeiro presuntivo, donatário ou empregador de qualquer das partes (inc. VI).

Esta hipótese estava prevista no art. 135, inc. III do C.P.C. de 1973 como causa de *suspeição* e não de *impedimento.*

A referida causa de impedimento ocorre quando o juiz presumidamente for herdeiro de alguma das partes, seja herdeiro necessário ou testamentário.

Da mesma forma haverá impedimento quando o juiz for donatário ou empregador de uma das partes.

ART. 144

Tendo o juiz recebido alguma doação deverá declarar-se impedido para conhecer da causa. Evidentemente que essa doação deve ter algum significado econômico, pois simples recebimento de 'brindes' sem qualquer importância não poderá gerar o impedimento do magistrado.

O impedimento também ocorre se o juiz for empregador de algumas das partes. Daí porque o juiz do trabalho não poderá conhecer de causa em que sua empregada doméstica seja parte.

Também não poderá conhecer de causa em que a empregada doméstica seja empregada de sua mulher, sendo que neste caso o impedimento está previsto no inc. VI do art. 144.

g) em que figure como parte instituição de ensino com a qual tenha relação de emprego ou decorrente de contrato de prestação de serviços (inc. VII).

Esta causa não havia no Projeto originário n. 166/10.

Evidentemente, se o magistrado tem vínculo empregatício ou preste serviços com instituição de ensino, sua participação no processo em que seja parte a aludida instituição poderá por em dúvida a imparcialidade do juiz.

Porém, não se justifica a permanência do impedimento após interrompido o vínculo, uma vez que a relação de emprego deixou de existir.

Por isso, agiu com acerto a Câmara dos Deputados ao apresentar emenda ao projeto. Além disso, considerar suspeito o juiz que já foi professor da instituição é por demais abrangente – há vínculos desfeitos há muitos anos, e a suspeição não pode perdurar indefinidamente em tais situações. Acolheu-se, no ponto, a Emenda nº 59 do Relatório-Parcial do Deputado Efraim Filho.

h) em que figure como parte cliente do escritório de advocacia de seu cônjuge, companheiro ou parente, consanguíneo ou afim, em linha reta ou colateral, até o terceiro grau, inclusive (inc. VIII).

Esta causa de impedimento não havia no projeto originário do código.

Porém, é de extrema importância caracterizar o impedimento do juiz na hipótese configurada neste item, especialmente pelo fato de que a participação em escritório de advocacia de qualquer das pessoas referidas neste inc. VIII poderá macular tanto a imparcialidade objetiva quanto a imparcialidade subjetiva do juiz.

Recentemente, o Conselho Nacional de Justiça editou a Resolução n. 200, publicada em 4 de março de 2015, e que assim dispõe:

O PRESIDENTE DO CONSELHO NACIONAL DE JUSTIÇA (CNJ), no uso de suas atribuições legais e regimentais, CONSIDERANDO a proposição formulada na sessão plenária do dia 18 de novembro de 2014, pelo Excelentíssimo Senhor Presidente do Conselho Federal da Ordem dos Advogados do Brasil, aprovada por unanimi-

dade pelos Excelentíssimos Senhores Conselheiros, no sentido de aplicar o impedimento previsto no art. 134, IV, do Código de Processo Civil de 1973, quando advogado cônjuge, companheiro ou parente do magistrado, mesmo não constituído nos autos, integre ou exerça suas atividades no mesmo escritório de advocacia do respectivo patrono da causa;

CONSIDERANDO a necessidade de deixar expressa essa restrição, em homenagem aos princípios constitucionais da isonomia, segurança jurídica, moralidade e efetividade da prestação jurisdicional;

CONSIDERANDO as disposições do Código de Ética da Magistratura, editado por este Conselho Nacional de Justiça, como "instrumento essencial para os juízes incrementarem a confiança da sociedade em sua autoridade moral";

CONSIDERANDO que a Lei veda ao magistrado "procedimento incompatível com a dignidade, a honra e o decoro de suas funções" e comete-lhe o dever de "manter conduta irrepreensível na vida pública e particular" (LC nº 35/79, arts. 35, inciso VIII, e 56, inciso II);

CONSIDERANDO o dever de transparência, aplicável a magistrados e advogados;

CONSIDERANDO a decisão plenária tomada no julgamento do Ato Normativo 0006742-80.2014.2.00.0000 na 203ª Sessão Ordinária, realizada em 3 de março de 2015;

RESOLVE:

Art. 1º Nos termos do disposto no art. 134, IV, do Código de Processo Civil de 1973 e outras leis processuais, o magistrado está impedido de exercer funções judicantes ou administrativas nos processos em que estiver postulando, como advogado da parte, o seu cônjuge, companheiro ou qualquer parente, consanguíneo ou afim, em linha reta; ou na linha colateral até o grau estabelecido em lei.

Parágrafo único. O impedimento se configura não só quando o advogado está constituído nos autos, mas também quando integra ou exerce suas atividades no mesmo escritório de advocacia do respectivo patrono, como sócio, associado, colaborador ou empregado, ou mantenha vínculo profissional, ainda que esporadicamente, com a pessoa física ou jurídica prestadora de serviços advocatícios.

Art. 2º Esta Resolução entra em vigor na data de sua publicação.

Ministro Ricardo Lewandowski

i) quando promover ação contra a parte ou seu advogado (inc. IX).

Se o juiz promover demanda contra a parte ou mesmo em relação ao seu advogado, deverá dar-se por impedido para analisar o processo; porém, se ao contrário, for a parte ou advogado que promovem a demanda contra o juiz, será caso de afastamento do processo por suspeição, salvo se a intenção da parte ou de seu advogado for promover a demanda apenas para caracterizar o impedimento do magistrado.

Preceitua o *§1º do art. 144* do novo C.P.C. que na *hipótese do inciso III, o impedimento só se verifica quando o defensor público, o advogado ou membro do Ministério Público já integrava o processo antes do início da atividade judicante do juiz.*

Isso significa dizer que, se o advogado, defensor público ou membro do Ministério Público (*v. g.* cônjuge do magistrado) ingressar no processo depois que o juiz já estiver exercendo sua função jurisdicional, não acarretará seu impedimento. Neste caso, a solução é dada pelo §2º do art. 144 do novo C.P.C.

O *§2º do art. 144* do novo C.P.C. preconiza que é *vedada a criação de fato superveniente a fim de caracterizar o impedimento do juiz.*

Diante dessa proibição legal, não poderá ingressar no processo em que o juiz já esteja atuando, advogado, defensor ou Membro do Ministério Público que seja cônjuge, companheiro/a ou parente do magistrado.

Nesta hipótese, deverá a parte promover a indicação de novo advogado para representá-la em juízo.

O *§3º do art. 144* do novo C.P.C. estabelece que *o impedimento previsto no inciso III também se verifica no caso de mandato conferido a membro de escritório de advocacia que tenha em seus quadros advogado que individualmente ostente a condição nele prevista, mesmo que não intervenha diretamente no processo.*

Não havia esse impedimento no Projeto originário do Senado n. 166/10.

Efetivamente, é muito comum que o cônjuge ou companheiro, ou qualquer parente, consanguíneo ou afim, em linha reta ou colateral, até o terceiro grau, inclusive, do magistrado, participe como advogado empregado ou mesmo sócio de escritório de advocacia. Assim, muito embora o representante legal da parte possa ser um outro advogado ou mesmo o próprio escritório de advocacia, evidentemente que não poderá participar o magistrado que apresente vínculo com essas pessoas, pois isso poderá colocar em dúvida a sua imparcialidade.

Art. 145

Há suspeição do juiz:

I – amigo íntimo ou inimigo de qualquer das partes ou de seus advogados;

II – que receber presentes de pessoas que tiverem interesse na causa antes ou depois de iniciado o processo, que aconselhar alguma das partes acerca do objeto da causa ou que subministrar meios para atender às despesas do litígio;

CÓDIGO DE PROCESSO CIVIL

III – quando qualquer das partes for sua credora ou devedora, de seu cônjuge ou companheiro ou de parentes destes, em linha reta até o terceiro grau, inclusive;

IV – interessado no julgamento do processo em favor de qualquer das partes.

§ 1º Poderá o juiz declarar-se suspeito por motivo de foro íntimo, sem necessidade de declarar suas razões.

§ 2º Será ilegítima a alegação de suspeição quando:

I – houver sido provocada por quem a alega;

II – a parte que a alega houver praticado ato que signifique manifesta aceitação do arguido.

Causa de suspeição

Inicialmente, cumpre destacar que há certa diferença entre as consequências jurídicas em relação às causas de suspeição e impedimento do juiz. O C.P.C. traça uma diferença fundamental entre as hipóteses de impedimento e suspeição do juiz.

As hipóteses de impedimento geram nulidade de pleno direito do ato praticado, possibilitando até mesmo o ajuizamento de ação rescisória para impugnação do ato judicial. As hipóteses de suspeição, contudo, não dão lugar à demanda rescisória, de modo que para serem reconhecidas devem ser arguidas no momento oportuno, sob pena de preclusão. Sobre o tema, eis o seguinte precedente do S.T.J.:

> (...).
>
> 2. O fato de o juízo que presidiu a instrução do processo ter se declarado suspeito antes de proferir sentença não gera, de modo automático, a nulidade de todos os atos de instrução. Se o juiz que posteriormente assumiu a condução do processo não verifica a necessidade de repetição das provas, é possível corroborar os atos praticados por seu antecessor. O CPC traça uma diferença fundamental entre as hipóteses de impedimento e suspeição do juiz. As hipóteses de impedimento geram nulidade de pleno direito do ato praticado, possibilitando até mesmo o ajuizamento de ação rescisória para impugnação do ato judicial.
>
> (...).
>
> (REsp 1330289/PR, Rel. Ministra NANCY ANDRIGHI, TERCEIRA TURMA, julgado em 14/08/2012, DJe 30/08/2012)3.

ART. 145

As causas de suspeição do juiz estão fortemente ligadas com eventuais aspectos *emocionais* do magistrado que possam ensejar mácula ao princípio da imparcialidade do juiz.

O *inc. I do art. 145* do novo C.P.C. apresenta hipótese em que as emoções do magistrado podem efetivamente interferir no julgamento da causa, principalmente quando o juiz é *amigo íntimo* ou *inimigo* de qualquer das partes ou de seus advogados.

No direito comparado, observa-se que inúmeras legislações inserem o parentesco do juiz com o advogado de uma das partes como causa de seu afastamento. Apesar disso, nada dizem sobre a amizade íntima ou inimizade entre o órgão jurisdicional e o advogado de uma das partes.[586]

Não se pode negar que, muitas vezes, as relações entre juiz e o advogado chegam a tal ponto de hostilidade que a imparcialidade ou aparência de imparcialidade é posta em dúvida. Diante desse fato, a doutrina indaga se a melhor solução seria a abstenção ou recusa do juiz da causa ou obrigar o réu a renunciar ao direito de defesa exercido por este ou aquele advogado.[587]

O direito a um processo com todas as garantias não se satisfaz apenas com a efetiva imparcialidade, mas também exige a aparência de imparcialidade como forma de conferir legitimidade à atividade jurisdicional.

Evidentemente que ninguém no exercício cotidiano do direito pode se surpreender com as manifestações de preferência ou de reparo que exteriorizam os advogados em relação aos magistrados, daí porque a advertência de Mugia Díaz deve ser sempre levada em consideração: *"Estas filias y fobias pueden traer su causa en una inmensa variedad de circunstancias (...) que – probablemente – no tendrían cabida en ninguno de los supuestos contemplados por desarrollo legal como los motivos de apartamiento de un juez de un determinado litígio".*[588]

A jurisprudência brasileira, em princípio, não reconhecia o direito subjetivo fundamental ao advogado para pleitear a recusa do juiz, uma vez que ele não seria parte na relação jurídica processual, mas somente assessor técnico.[589]

---

[586] Não se concebe que entre as causas de abstenção ou recusa do magistrado não estejam eventuais inimizades ou amizades íntimas entre o juiz e o advogado, pois, em determinadas circunstâncias, a aparência de imparcialidade encontra-se efetivamente maculada.

[587] ASENSIO, Rafael Jiménez. *Imparcialidad judicial y derecho al juez imparcial*. Navarra: Aranzadi, 2002., p. 157.

[588] Apud. Idem. Ibidem.

[589] STJ – 3ª Turma, Resp 4.509-MG, rel. Min. Waldemar Zveiter; Revista do Tribunal Federal de Recursos 147/191, Revista dos Tribunais n. 631, p. 83.

CÓDIGO DE PROCESSO CIVIL

Apesar dessa tendência uniforme da jurisprudência brasileira, não se pode traçar uma única e exclusiva via de resolução de um problema que possa envolver a questão da *imparcialidade judicial*.

É evidente que eventual inimizade ou mesmo grande amizade entre juiz e advogado (em determinadas circunstâncias) poderá ensejar no espírito do julgador uma tendência, mesmo que inconsciente, de se deixar conduzir por tais circunstâncias, o que ensejaria uma manifesta parcialidade negativa do juiz e um inquestionável prejuízo para as partes.

Joan Picó i Junoy, criticando legislação que não permite a recusa do juiz em decorrência de sua amizade íntima com advogado da outra parte, anota: "*En nuestra opinión, esta opción legislativa resulta desacertada para el supuesto de existir vínculos de amistad íntima entre el Juez y el Letrado de una de las partes, pues la otra, ante la imposibilidad de exigir el cambio del Letrado contrario, debería poder instar la recusación ya que éste será el único mecanismo (obviamente, la libertad de elección de la defensa letrada impide que un litigante pueda imponer la sustitución del abogado de la contraparte) disponible para denunciar la posible falta de imparcialidad judicial*".[590]

Reconhecendo a possibilidade de recusa do juiz em face de eventual íntima relação com o advogado da outra parte, prescreve o artigo 51, item 2 e 3, do *Códice di Procedura Civile* italiano:

> "*Art. 51. Astensione del giudice. – Il giudice ha l'obbligo di astenersi:*
> *(...);*
> *2) se egli stesso o la moglie è parente fino al quarto grado o legato da vincoli di affiliazione, o è convivente o commensale abituale di una delle parti o di alcuno dei difensori;*
> *3) se egli stesso o la moglie ha causa pendente o grave inimicizia o rapporti di credito o debito con una delle parti o alcuno dei suoi difensori*".

Procurando interpretar o que vem a ser a expressão *covivente o commensale abituale*, esclarece Tulli Segrè:

> "*L'espressione 'commensale abituale' serve a indicare una relazione d'intimità che rasenta la familiarità; e la dizione 'convivente', che il legislatore del 1940 há voluto aggiungere, vale per quei casi in cui lamedesima intimità sia raggiunta mediante una vita in comune ma senza comunione di mensa. Come l'essersi incontrati più volte àlla stessa trattoria non basta àlla qualifica di 'commensale abituale' così l'aver dormito insieme o l'avere lavorato nello stesso ufficio durante la giornata non basta àlla qualifica di 'convivente': nell' uno e nell'altro caso, è necessario che la consuetudine di vita*

---

[590] Picó i Junoy, Joan. La imparcialidad judicial y sus garantías: la abstención y la recusación. Barcelona: J. M. Bosch, 1998., p. 51). p. 72.

comune abbia attinto un così alto grado da rendere probabile che il giudice senta la causa dell'amico como causa própria".[591]

Muito embora a legislação brasileira sob a égide do C.P.C. de 1973 não previsse a hipótese de abstenção ou recusa do juiz em decorrência de amizade íntima ou inimizade com o advogado de uma das partes, deve-se atualizar o pensamento jurídico sobre essa questão, para o efeito de considerar as causas inseridas na normatização processual civil ou penal, referente a impedimento ou suspeição, como meramente *exemplificativas*, aliás como já vem ocorrendo no direito alemão.[592]

Evidentemente que muito mais problemático será o caso de inimizade existente entre o juiz e o advogado da parte recusante, já que nessa hipótese a admissão da recusa poderá ensejar verdadeiros mecanismos fraudulentos de impossível controle como, por exemplo, provocar o advogado um fato que configura certa inimizade com o juiz somente para afastá-lo do processo. As fraudes, indubitavelmente, devem ser combatidas com rigor; contudo, a inimizade pode surgir por fatos normais de crise relacional, circunstância essa que não se pode deixar de levar em consideração pelo simples temor de fraude. Além do mais, fraude não se presume, deve ser provada.

Tendo em vista que o direito a um juiz imparcial corresponde a um direito fundamental de um *processo público com todas as garantias*, bem como que os Tratados Internacionais assinados pelo Brasil consignam que toda e qualquer pessoa (e não somente as partes) tem direito a um juiz imparcial, não se pode negar que, em casos excepcionais, poderá o advogado alegar e provar que a "inimizade" existente entre ele e o juiz causa mácula à imparcialidade do magistrado para o desempenho de sua atividade jurisdicional. O mesmo ocorre na circunstância de existência de amizade íntima entre o juiz e o advogado da outra parte.

Por isso, Emenda apresentada pela Câmara dos Deputados ao projeto do Senado Federal expressamente inseriu causa de suspeição do juiz quando ele for amigo íntimo ou inimigo de qualquer das partes *ou de seus advogados.*

O inc. II do art. 145 do novo C.P.C. reconhece a suspeição do juiz que receber presentes de pessoas que tiverem interesse na causa antes ou depois de iniciado o processo, que aconselhar alguma das partes acerca do objeto da causa ou que subministrar meios para atender às despesas do litígio.

---

[591] Apud CRUZ E TUCCI, José Rogério. Do relacionamento juiz-advogado como motivo de suspeição. In Revista dos Tribunais, São Paulo, Ano 87, v. 756, outubro de 1998, (70-76), p.73 e 74.

[592] "os juízes poderão ser recusados nas mesmas hipóteses pelas quais são excluídos por lei, e sempre que possa existir eventual perigo de parcialidade". (§42 da ZPO).

Evidentemente que doação ou presentes recebidos pelo juiz, com potencial conteúdo econômico, poderá ensejar a suspeição do magistrado para analisar ou continuar analisando a demanda interposta.

Da mesma forma, se o juiz aconselhar uma das partes sobre a procedência ou improcedência do pedido poderá ensejar sua suspeição.

Não caracteriza mácula à imparcialidade quando o juiz, por exemplo, em audiência de conciliação, aconselha uma das partes a procurar resolver o litígio sem se valer do processo jurisdicional até o seu final, demonstrando as dificuldades que é permanecer num litígio por longo espaço de tempo.

Também será considerado suspeito o juiz que subministrar recursos para pagamento da lide, mesmo que seja uma lide que tenha por objetivo resguardar o interesse público.

O *inc. III do art. 145* do novo C.P.C. reconhece a suspeição do juiz *quando qualquer das partes for sua credora ou devedora, de seu cônjuge ou companheiro ou de parentes destes, em linha reta até o terceiro grau, inclusive*

O art. 135, inc. II, do C.P.C. de 1973 previa a suspeição tanto para a linha *reta* quanto para a linha *colateral até o terceiro grau*.

O inc. III do art. 145 do novo C.P.C. reduziu (talvez indevidamente) a suspeição neste caso apenas para a linha *reta até o terceiro grau*. Assim, será permitido ao juiz conhecer e julgar demanda em que uma das partes seja credora ou devedora de seu *cunhado* ou de seu *irmão*. Tal questão, evidentemente, poderá ser questionada, uma vez que põe em risco a *imparcialidade objetiva do juiz*.

Outro aspecto em que se pode discutir a suspeição ou não do magistrado ocorre quando ele é devedor de uma das partes.

É possível que um determinado juiz federal tenha firmado um contrato de financiamento com a Caixa Econômica Federal para aquisição de imóvel residencial. Neste caso, ele estaria impedido de participar de todos os processos em que esta instituição financeira seja autora ou ré?

O Código de Processo Civil argentino, em seu art. 17, inc. 12º, resolve expressamente esta questão: *"Art.17. São causas legais de refutação do juiz: 12) Ser o juiz credor, devedor ou fiador de alguma das partes, com exceção dos bancos oficiais"*.

Assim, aplicando-se analogicamente o direito comparado, pode-se afirmar que o juiz não estará impedido de participar do processo quando for credor ou devedor de *bancos oficiais*.

O *inc. IV do art. 145* reconhece a suspeição do juiz quando ele esteja *interessado no julgamento do processo em favor de qualquer das partes*.

O interesse demonstrado pelo juiz que uma das partes saia vitoriosa do conflito é fato importante e põe em dúvida sua parcialidade subjetiva, razão pela qual deve o magistrado afastar-se do processo.

Um exemplo marcante sobre isso é hipótese de o juiz ter intenção de perceber alguma gratificação remuneratória contra o ente público empregador, e, ao mesmo tempo, ele conhece uma causa de outro colega que tenha a mesma pretensão. Evidentemente que neste caso ele tem interesse que seu colega saia vencedor no certame judicial, razão pela qual deve, ele, declarar-se suspeito para conhecer da demanda.

Estabelece o *§ 1º do art. 145 do atual C.P.C. que poderá o juiz declarar-se suspeito por motivo de foro íntimo, sem necessidade de declarar suas razões.*

Nesta hipótese, o juiz poderá afastar-se do exercício da função jurisdicional da demanda quando a causa inserida no processo possa provocar em seu íntimo desequilíbrio, angústia ou sofrimento que de tal forma possa por em risco sua imparcialidade.

Considerando que no julgamento do relatório da Inspeção realizada no Poder Judiciário Estadual do Amazonas foi aprovada a proposta de edição de Resolução para que as razões da suspeição por motivo íntimo, declarada pelo magistrado de primeiro e de segundo grau, e que não serão mencionadas nos autos, sejam imediatamente remetidas pelo magistrado, em caráter sigiloso, para conhecimento pelo Tribunal ao qual está vinculado, o Conselho Nacional de Justiça expediu a Resolução n. 82, de 9 de junho de 2009, que assim estabelece em seu art. 1º: *"No caso de suspeição por motivo íntimo, o magistrado de primeiro grau fará essa afirmação nos autos e, em ofício reservado, imediatamente exporá as razões desse ato à Corregedoria local ou a órgão diverso designado pelo seu Tribunal.*

O C.N.J resolveu editar a resolução após fazer inspeções nos Tribunais de Justiça do país e descobrir que, em alguns casos, o juiz só declarava sua suspeição para se esquivar de prestar jurisdição em determinado processo.

Logo que foi edita a Resolução n. 82/09, a Associação dos Juízes Federais do Brasil (AJUFE) e a Associação dos Magistrados Brasileiros (AMB) ingressaram no Supremo Tribunal Federal com Ação Direta de Inconstitucionalidade.

Também o Desembargador do Distrito Federal, João de Assis Mariosi, ingressou com Mandado de Segurança n. 28.089-1 contra a referida Resolução perante o S.T.F. O ministro Joaquim Barbosa, ao deferir a liminar, assim se manifestou:

> *(...).*
>
> *Entendo que são relevantes as considerações do Impetrante. Da análise do disposto no artigo 135, parágrafo único, do Código de Processo Civil, tem-se que a norma estabeleceu um núcleo de intimidade que não pode ser atingido ou devassado sob pena, inclusive, de mitigar a independência do julgador.*
>
> *Motivo íntimo, como bem destacado por Pontes de Miranda, "é qualquer motivo que o juiz não quer revelar, talvez mesmo não deva revelar. A lei abriu brecha ao dever*

CÓDIGO DE PROCESSO CIVIL

de provar o alegado, porque se satisfez com a alegação e não exigiu a indicação do motivo. A intimidade criou a excepcionalidade da permissão: alega-se haver motivo de suspeição, sem se precisar provar" ("Comentários ao Código de Processo Civil", tomo II/430, item n. 6, 3ª ed., 1997, Forense).

Sobre o tema, ressalto o decidido por este Supremo Tribunal Federal no MI 642-DF, de relatoria do Min. Celso de Mello:

"Impõe-se considerar, neste ponto, que a declaração de suspeição, pelo Juiz, desde que fundada em razões de foro íntimo, não comporta a possibilidade jurídica de qualquer medida processual destinada a compelir o magistrado a revelá-las, pois, nesse tema – e considerando-se o que dispõe o art. 135, parágrafo único, do CPC –, o legislador ordinário instituiu um espaço indevassável de reserva, que torna intransitivos os motivos subjacentes a esse ato judicial."

Como bem destacado naquela oportunidade, tal posicionamento é uníssono por parte da doutrina: vide ARRUDA ALVIM, "Código de Processo Civil Comentado", vol. VI, p. 116, item n. 3.10, 1981, RT; NELSON NERY JUNIOR/ROSA MARIA ANDRADE NERY, "Código de Processo Civil Comentado", p. 618, 4ª ed., 1999, RT; CELSO AGRÍCOLA BARBI, "Comentários ao Código de Processo Civil", vol. I, tomo II, p. 425, item n. 744, 10ª ed., 1998, Forense; ANTONIO DALL'AGNOL, "Comentários ao Código de Processo Civil", p. 166, item n. 3, 2000, RT, v.g.

Do exposto, ressalvando-me o direito a uma apreciação mais detalhada do caso quando da análise de mérito, defiro o pedido de medida liminar.

Comunique-se à Autoridade Coatora.

Conceda-se vista ao Ministério Público.

Publique-se.

Brasília, 7 de agosto de 2009.

Ministro JOAQUIM BARBOSA

Relator".

Diante do que fora decidido pelo S.T.F., e de acordo com o §1º do art. 145 do atual C.P.C., o magistrado, ao declarar-se suspeito, não necessita exteriorizar os motivos que justificam sua suspeição.

Emenda da Câmara dos Deputados inseriu os *§2º ao art. 145 do atual C.P.C.* estabelecendo que *seria ilegítima a alegação de suspeição quando: I – houver sido provocada por quem a alega; II – a parte que a alega houver praticado ato que signifique manifesta aceitação do arguido.*

Essa emenda é extremante salutar, pois muitas vezes a parte, deliberadamente, tenta de todas as maneiras, mediante comportamento malicioso, provocar a suspeição do juiz, justamente quando tem ciência de que suas convicções lhe são desfavoráveis. Nessa hipótese será ilegítima a alegação de suspeição,

ART. 146

justamente pela má-fé praticada pela parte que deliberadamente provocou a suspeição.

Também não seria legítima a alegação de suspeição se a parte pratica atos no processo que demonstram sua confiança e aceitação do juiz no exercício da atividade jurisdicional, apesar de existirem eventuais motivos que poderia justificar sua suspeição.

Aliás, conforme ficou bem esclarecido na exposição de motivos da Emenda apresentada pela Câmara dos Deputados: *Considera-se abusivo alegar suspeição se ela for provocada pela parte. A "indução" da suspeição é prática frequente no foro.*

Tem o propósito de burlar a garantia do juiz natural, com a remessa dos autos ao juiz substituto. A parte que tem esse objetivo passa a praticar atos temerários no processo, dando motivo a diversas decisões contrárias a seus interesses.

Essa série de decisões negativas cria um clima de animosidade no processo, sendo o indício de que se precisava para a arguição da suspeição. Não raro a parte promove uma representação administrativa contra o juiz para, em seguida, alegar que, em razão disso, o juiz perdeu a sua parcialidade.

Não se pode tolerar tais condutas. É comportamento desleal, nítido exemplo de abuso de direito processual, vedado pela cláusula geral de proteção da boa-fé processual.

Também é ilegítima a alegação de suspeição se a parte arguente já houver praticado atos processuais que signifiquem aceitação do órgão jurisdicional.

Veda-se aqui, como se vê claramente, o comportamento contraditório (venire contra factum proprium): tendo aceitado o órgão jurisdicional, com a prática de atos que revelem essa aceitação, a parte não pode em seguida levantar sua suspeição. Mais uma vez se impede o abuso do direito processual.

Acolhe-se, aqui, a Emenda nº 60 apresentada pelo Deputado Efraim Filho em seu Relatório-Parcial.

Art. 146

No prazo de 15 (quinze) dias, a contar do conhecimento do fato, a parte alegará o impedimento ou a suspeição, em petição específica dirigida ao juiz do processo, na qual indicará o fundamento da recusa, podendo instruí-la com documentos em que se fundar a alegação e com rol de testemunhas.

§ 1º Se reconhecer o impedimento ou a suspeição ao receber a petição, o juiz ordenará imediatamente a remessa dos autos a seu substituto legal, caso contrário, determinará a autuação em apartado da petição e, no prazo de 15 (quinze) dias, apresentará suas razões, acompanhadas de documentos e de rol de testemunhas, se houver, ordenando a remessa do incidente ao tribunal.

§ 2º Distribuído o incidente, o relator deverá declarar os seus efeitos, sendo que, se o incidente for recebido:

I – sem efeito suspensivo, o processo voltará a correr;

II – com efeito suspensivo, o processo permanecerá suspenso até o julgamento do incidente.

§ 3º Enquanto não for declarado o efeito em que é recebido o incidente ou quando este for recebido com efeito suspensivo, a tutela de urgência será requerida ao substituto legal.

§ 4º Verificando que a alegação de impedimento ou de suspeição é improcedente, o tribunal rejeitá-la-á.

§5º Acolhida a alegação, tratando-se de impedimento ou de manifesta suspeição, o tribunal condenará o juiz nas custas e remeterá os autos ao seu substituto legal, podendo o juiz recorrer da decisão.

§ 6º Reconhecido o impedimento ou a suspeição, o tribunal fixará o momento a partir do qual o juiz não poderia ter atuado.

§ 7º O tribunal decretará a nulidade dos atos do juiz, se praticados quando já presente o motivo de impedimento ou de suspeição.

Procedimento para alegação de suspeição ou impedimento

Com relação ao procedimento de processamento do impedimento e da suspeição, estabelece o art. 146 do novo C.P.C. que a parte alegará, no prazo de 15 (quinze) dias a contar do conhecimento do fato, impedimento ou suspeição em petição específica dirigida ao juiz da causa, indicando o fundamento da recusa, podendo instruí-la com documentos em que se fundar a alegação e com rol de testemunhas.

Obs: Não havia a indicação do prazo de 15 (quinze) dias no projeto originário n. 166/10

O *caput do art. 146 do* novo C.P.C. determina que compete à parte alegar, no prazo de 15 dias, o *impedimento ou suspeição* em petição específica dirigida ao próprio juiz da causa, indicando o fundamento da recusa.

É interessante anotar que no direito processual civil argentino, ao contrário do nosso ordenamento jurídico, há permissão de o autor ou o réu recusar o juiz com justa causa ou sem *justa causa*.

Estabelece o art. 14 do C.P.C. argentino – (Recusa sem justa causa):

ART. 146

"Os juízes de primeira instância poderão ser recusados sem justa causa. O autor poderá exercer esta faculdade ao ingressar com a demanda ou em sua primeira apresentação; o demandado, em sua primeira apresentação, antes ou ao tempo de contestá-la, ou de opor exceções no juízo executivo, ou de comparecer à audiência assinalada como primeiro ato processual. Se o demandado não cumpre esses atos, não poderá exercer a faculdade que lhe confere este artigo. Também poderá ser recusado, sem justa causa, um juiz das câmaras de apelação, no dia seguinte à notificação da primeira providência que se dite. Não procede a recusa sem justa causa no processo sumaríssimo, nas intervenções de terceiros, nas ações de despejo e nos processos de execução".

Prescreve, por sua vez, o art. 15 do C.P.C. argentino – (Limites):

"A faculdade de recusar sem justa causa poderá ser usada apenas uma vez em cada caso. Quando sejam vários os atores ou demandados, somente um deles poderá exercê-la".

Por fim, estabelece o art. 16 do C.P.C. argentino – (Consequências):

"Deduzida a recusa sem justa causa, o juiz recusado se afastará, passando as autuações, dentro do primeiro dia útil seguinte, ao que lhe segue na ordem de turno, sem que por isso haja suspensão dos trâmites, dos prazos, nem o cumprimento das diligências já ordenadas. Se a primeira apresentação do demandado for posterior aos atos indicados no segundo parágrafo do art. 14, e nela promover-se a nulidade dos procedimentos recusando sem justa causa, dita nulidade será resolvida pelo juiz recusado".

Como se disse, em nosso ordenamento jurídico a recusa do juiz por impedimento ou suspeição sempre deverá ser manifestada mediante rigorosa fundamentação, ou seja, com justa causa, podendo ser demonstrada por meio de documentos ou prova testemunhal.

Protocolizada a petição, o processo ficará suspenso até que o juiz se manifeste sobre a alegação de suspeição ou impedimento.

Emenda da Câmara dos Deputados foi apresentada para alterar o art. 146 do projeto. A suspensão do processo com a simples arguição de impedimento e suspeição tem servido, na prática, à procrastinação indevida do processo. O projeto avançou ao buscar reprimir o uso indevido desse tipo de acusação. É preciso ir além para se autorizar a permanência da suspensão do processo apenas no caso de haver um juízo, pelo relator, sobre a verossimilhança da alegação.

Estabelece o § 1º do art. 146 do atual C.P.C. que *se reconhecer o impedimento ou a suspeição ao receber a petição, o juiz ordenará imediatamente a remessa dos autos a seu substituto legal, caso contrário, determinará a autuação em apartado da petição e, no prazo de 15 (quinze) dias, apresentará suas razões, acompanhadas de documentos e de rol de testemunhas, se houver, ordenando a remessa do incidente ao tribunal.*

Emenda da Câmara dos Deputados apresentou a seguinte redação para o §2º do dispositivo: *Distribuído o incidente, o relator deverá declarar os seus efeitos, sendo que, se o incidente for recebido: I – sem efeito suspensivo, o processo voltará a correr; II – com efeito suspensivo, o processo permanecerá suspenso até o julgamento do incidente.*

Portanto, a emenda abre a possibilidade de ser a alegação de suspeição recebida com ou sem efeito suspensivo.

Prescreve o *§3º do art. 146* do atual C.P.C. que *enquanto não for declarado o efeito em que é recebido o incidente ou quando este for recebido com efeito suspensivo, a tutela de urgência será requerida ao substituto legal.*

Se o juiz recusado reconhecer o impedimento ou a suspeição, ordenará a remessa dos autos imediatamente ao seu substituto legal, de acordo com as leis de organização judiciária. Não reconhecendo a existência de causas de impedimento ou suspeição, determinará a atuação em apartado da petição e, dentro de dez dias, dará suas razões, acompanhadas de documentos e de rol de testemunhas, se houver, ordenando a remessa dos autos ao tribunal.

Assim, a instrução do processo será realizada no tribunal e não perante o juiz recusado.

Verificando que a alegação de impedimento ou de suspeição são infundadas, se necessário após a instrução do procedimento, o tribunal determinará o seu arquivamento; caso contrário, tratando-se de impedimento ou de manifesta suspeição, condenará o juiz nas custas e remeterá os autos ao seu substituto legal.

Na mesma decisão que apreciar o pedido de suspeição ou impedimento, o tribunal pode declarar a nulidade dos atos do juiz, se praticados quando já presente o motivo de impedimento ou suspeição.

Preceitua o *§ 4º do art. 146* do atual C.P.C. que *verificando que a alegação de impedimento ou de suspeição é improcedente, o tribunal rejeitá-la-á.*

Se os argumentos expendidos pelo suscitante do impedimento ou suspeição forem inconsistentes, o tribunal deverá rejeitar tal pretensão, mantendo-se o processo perante o juiz originário.

Aduz o *§5º do art. 146* do atual C.P.C. que se *acolhida a alegação, tratando-se de impedimento ou de manifesta suspeição, o tribunal condenará o juiz nas custas e remeterá os autos ao seu substituto legal, podendo o juiz recorrer da decisão.*

Se o tribunal acolher a alegação de impedimento ou suspeição, os autos serão remetidos ao substituto legal, sendo o juiz condenado nas custas processuais.

ART. 147

Este dispositivo permite ainda que o próprio juiz, sem necessidade de estar devidamente representado por advogado, possa recorrer da decisão proferida pelo tribunal que acolheu a alegação de impedimento ou de manifesta suspeição.

Prescreve o *§6º do art. 146* do atual C.P.C. que *reconhecido o impedimento ou a suspeição, o tribunal fixará o momento a partir do qual o juiz não poderia ter atuado.*

Evidentemente que em determinadas situações será fácil ao tribunal fixar o momento a partir do qual o juiz não poderia ter atuado.

Porém, poderão ocorrer outras hipóteses, especialmente as de suspeição, que dificultaram um pouco mais a indicação do momento a partir do qual o juiz não poderia ter atuado.

Por fim, estabelece o *§7º do art. 146* do atual C.P.C. que *o tribunal decretará a nulidade dos atos do juiz, se praticados quando já presente o motivo de impedimento ou de suspeição.*

Assim, fixado pelo tribunal o momento a partir do qual o juiz não poderia ter atuado, serão declarados a nulidade dos atos do juiz praticados a partir deste momento factual.

Art. 147
Quando 2 (dois) ou mais juízes forem parentes, consanguíneos ou afins, em linha reta ou colateral, até o terceiro grau, inclusive, o primeiro que conhecer do processo impede que o outro nele atue, caso em que o segundo se escusará, remetendo os autos ao seu substituto legal.

Parentesco entre juízos
No projeto originário n. 166/10, falava-se em até 'segundo grau'.

Este dispositivo trata de relação de parentesco entre juízes que atuam em primeiro ou segundo grau, declarando a prevenção daquele que primeiro conhecer do processo e o afastamento do outro para atuar no processo.

Em razão desta causa de impedimento, não podem dois juízes que tenham grau de parentesco estabelecido no art. 147 do novo C.P.C. atuar na mesma causa, seja em primeiro ou em segundo grau.

Deve-se realizar uma *interpretação extensiva* para a hipótese em que dois juízes sejam casados ou vivam em união estável, assim como na relação entre adotante e adotado.

Pela redação do dispositivo, a limitação *até o terceiro grau, inclusive,* aplica-se ao parentesco por consanguinidade ou afinidade, em linha reta ou colateral. No

CÓDIGO DE PROCESSO CIVIL

C.P.C. de 1973 (art. 138) a limitação somente ocorria ao parentesco na linha colateral.

Segundo Celso Agrícola Barbi, o conceito de *'conhecer da causa'* significa *decidir, votar no julgamento*, não bastando o simples fato de o processo ter sido distribuído a um juiz como relator, ou lhe caber a posição de revisor, ou de vogal.[593]

Na hipótese de morte ou afastamento do juiz que como relator conheceu da causa o impedimento previsto no art. 147 do novo C.P.C. permanece, *porque não desapareceu a finalidade legal, que é evitar a influência que um juiz possa exercer sobre o outro, em função de parentesco*.[594]

Art. 148

Aplicam-se os motivos de impedimento e de suspeição:

I – ao membro do Ministério Público;

II – aos auxiliares da justiça;

III – aos demais sujeitos imparciais do processo.

§ 1º A parte interessada deverá arguir o impedimento ou a suspeição, em petição fundamentada e devidamente instruída, na primeira oportunidade em que lhe couber falar nos autos;

§2º O juiz mandará processar o incidente em separado e sem suspensão do processo, ouvindo o arguido no prazo de 15 (quinze) dias e facultando a produção de prova, quando necessária.

§ 3º Nos tribunais, a arguição a que se refere o § 1º será disciplinada pelo regimento interno.

§ 4º O disposto nos §§ 1º e 2º não se aplica à arguição de impedimento ou de suspeição de testemunha.

Aplicação subsidiária das causas de impedimento ou suspeição

O art. 148 do atual C.P.C. dispõe sobre impedimento e suspeição de outros órgãos ou instituições que também atuam no processo, determinando que sejam aplicadas as mesmas regras previstas para o juiz.

Para Celso Agrícola Barbi, também a regra do *foro íntimo* deve ser considerada como abrangida, para não forçar as pessoas referidas no artigo a atuarem no

---

[593] BARBI, Celso Agrícola. *Comentários ao código de processo civil*. I. Vol. Rio de Janeiro: Forense, 1988. p. 569.

[594] BARBI, C. A. idem, p. 570.

processo quando motivos dessa natureza levarem sua consciência a aconselhar o afastamento.[595] Contudo, devemos concordar com Agrícola Barbi apenas em relação ao Ministério Público que poderá arguir seu impedimento ou suspeição por foro íntimo sem necessitar motivar. Já os demais órgãos auxiliares do juízo deverão fundamentar o motivo para seu afastamento.

O art. 148 do novo C.P.C., ao contrário do art. 138 do C.P.C. de 1973, insere também nas hipóteses de impedimento ou suspeição o mediador e o conciliar judicial e os demais sujeitos imparciais que porventura venham a participar do processo.

Em relação ao *Ministério Público*, é importante distinguir quando ele atua como parte ou como fiscal da ordem jurídica.

Agindo o Ministério Público como *fiscal da ordem jurídica*, todas as hipóteses de impedimento ou suspeição lhe são aplicadas. Se agir como parte, nem todas as hipóteses de impedimento ou suspeição lhe serão aplicadas, uma vez que irá depender de cada caso em concreto a existência de suspeição ou impedimento do M.P.

Porém, emenda apresentada pela Câmara dos Deputados não faz qualquer distinção em relação à atuação do Ministério Público. Assim, exclui-se do art. 148, inc. I, do atual C.P.C. o trecho que assim dizia: *"quando atuar na condição de fiscal da ordem jurídica"*, para contemplar a crescente atuação do Ministério Público como parte, não sendo razoável limitar as hipóteses de suspeição e impedimento apenas à atuação como órgão interveniente.

Em relação aos *auxiliares de justiça*, tal conceito abrange servidores do judiciário numa maneira geral, como Diretor de Secretaria, Oficiais de Gabinete, servidores de Secretaria, Escrivão, oficial de justiça, perito, depositário, administrador, intérprete e outros cargos criados por lei.

Segundo Celso Agrícola Barbi, não se vê razão para afastar os serventuários de justiça do processo por motivo de parentesco com o juiz. Mesmo em relação ao perito este afastamento não é obrigatório. Contudo, prossegue o saudoso processualista, *"podem resultar inconvenientes no funcionamento, no mesmo processo, de juízes, membros do Ministério Público, advogados e auxiliares da justiça que sejam parentes próximos ou cônjuges, mas não há vedação legal".*[596]

Finalmente, deverá ser observada as causas de impedimento ou suspeição para a hipótese de nomeação judicial de *conciliador* ou *mediador*, bem como para todas as demais pessoas imparciais que participam do processo, como, por exemplo, diretores de órgão oficial que devam comunicar fatos ou circunstân-

---

[595] BARBI, C. A., idem, p.576.
[596] BARBI, C. A. idem, p. 579.

cias jurídicas ao juízo do processo, assim como os demais juízes que atuam em outros processos e que também devam comunicar fatos ou circunstâncias jurídicas que tenham conhecimento em razão do exercício da função jurisdicional.

Preceitua o *§ 1º do art. 148* do atual C.P.C. que *a parte interessada deverá arguir o impedimento ou a suspeição, em petição fundamentada e devidamente instruída, na primeira oportunidade em que lhe couber falar nos autos.*

Se não utilizar dessa prerrogativa, na primeira oportunidade que lhe couber falar nos autos, a parte não poderá mais fazê-lo em razão da preclusão.

Aduz o *§2º do art. 148* do atual C.P.C. que *o juiz mandará processar o incidente em separado e sem suspensão do processo, ouvindo o arguido no prazo de 15 (quinze) dias e facultando a produção de prova, quando necessária.*

Prescreve o *§ 3º do art. 148* do atual C.P.C. que *nos tribunais, a arguição a que se refere o § 1º será disciplinada pelo regimento interno.*

Por fim, estabelece o *§ 4º do art. 148* do atual C.P.C. que *o disposto nos §§ 1º e 2º não se aplica à arguição de impedimento ou de suspeição de testemunha.*

Este parágrafo exclui a forma procedimental prevista nos §§1º e 2º deste artigo para arguição de impedimento da testemunha.

A contradita da testemunha deverá ser realizada nos termos do art. 457 do atual C.P.C. que assim dispõe:

> Art. 457. *Antes de depor, a testemunha será qualificada, declarará ou confirmará seus dados e informará se tem relações de parentesco com a parte ou interesse no objeto do processo.*
>
> *§ 1º É lícito à parte contraditar a testemunha, arguindo-lhe a incapacidade, o impedimento ou a suspeição, bem como, caso a testemunha negue os fatos que lhe são imputados, provar a contradita com documentos ou com testemunhas, até 3 (três), apresentadas no ato e inquiridas em separado.*
>
> *§ 2º Sendo provados ou confessados os fatos a que se refere o § 1º, o juiz dispensará a testemunha ou lhe tomará o depoimento como informante.*
>
> *§ 3º A testemunha pode requerer ao juiz que a escuse de depor, alegando os motivos previstos neste Código, decidindo o juiz de plano após ouvidas as partes.*

Sobre o tema, eis os seguintes precedentes:

> 1. *Conquanto a relação da magistrada dita suspeita e da parte ré em ação popular não seja legalmente definida como parentesco por afinidade (a excepta é cônjuge do tio da parte ré) – em razão do que dispõe o art. 1.595, § 1º, do novo Código Civil –, existe uma presunção inegável de que, em razão dessa condição, haja um relaciona-*

ART. 148

mento de amizade entre elas que é suficiente para atrair a aplicação do art. 135, inc. I, do CPC.

(...).

3. Se era suspeita à época, em razão das consequências da cassação (nomeação para o Chefe do Executivo estadual da sobrinha de seu marido), permanece suspeita aqui, na medida em que a sobrinha de seu marido também será diretamente afetada pelo julgamento da ação popular no âmbito da qual foi oferecida a exceção.

4. Esta conclusão não poderia ser refutada já antes, mas em especial atualmente, em contexto no qual ganha relevância a proteção da confiança legítima criada em face das partes e dos interessados com os atos realizados durante o processo. Ora, existe uma conduta clara por parte da magistrada excepta em determinado sentido e, sem mudança no contexto fático, uma repentina mudança, com adoção de sentido diametralmente oposto. A partir da exteriorização da primeira conduta citada em certo sentido, cria-se uma expectativa merecedora de efetiva proteção pelo direito (na espécie, pelo direito dos impedimentos e das suspeições processuais).

5. Há, no caso, também, e em segundo lugar, a incidência do art. 334, inc. IV, do CPC, porque é despicienda a prova da amizade e permitido a esta Corte Superior valer--se de presunção, animada pelo conhecimento extraído da vida cotidiana, segundo a qual a relação familiar faz pressupor um vínculo de amizade – eis a regra, motivo pelo qual a exceção é que deve ser provada.

6. Obviamente, trata-se de presunção relativa, pois é sabido que, em alguns casos, a relação familiar chega a fomentar a inimizade.

Entretanto, esta presunção tem o condão de transferir para o magistrado que é por ela desfavorecido o ônus de provar que, no caso, o vínculo de amizade não compromete sua devida imparcialidade – ônus do qual não se livrou a magistrada no presente caso.

7. Além disso, na seara pública, não se pode delimitar os institutos unicamente com base na legislação civil, uma vez que, aqui, o dever de imparcialidade dos magistrados sofre influxos dos princípios da impessoalidade, da moralidade e da eficiência – normas tão caras ao Estado Democrático de Direito.

8. Certamente, embora (i) não esteja caracterizado legalmente um caso de parentesco por afinidade e (ii) exista uma grande controvérsia sobre o espectro de abrangência da impessoalidade, da moralidade e da eficiência, faz parte do núcleo central destes princípios, no âmbito processual, o dever de distanciamento subjetivo do magistrado da causa, que fica comprometido na presente ação.

(...).

(REsp 916.476/MA, Rel. Ministro MAURO CAMPBELL MARQUES, SEGUNDA TURMA, julgado em 11/10/2011, DJe 18/10/2011)

CÓDIGO DE PROCESSO CIVIL

(...).

2. No que tange à necessidade de poderes específicos para a apresentação de exceção de suspeição, importante frisar que o art. 38 do CPC estabelece as regras gerais de representação processual das partes por seus patronos, instituindo a chamada cláusula ad judicia, referente à capacidade para prática de todos os atos processuais.

3. O mesmo dispositivo, em sua parte final, enumera as exceções, que, como tais, devem ser interpretadas restritivamente. Dentre as exceções, a exigir poderes específicos, não consta a apresentação de exceção de impedimento ou suspeição, razão pela qual o não-conhecimento da medida sob o fundamento de inexistência de procuração com poderes específicos é ilegal. Precedentes.

(...).

(REsp 1233727/SP, Rel. Ministro MAURO CAMPBELL MARQUES, SEGUNDA TURMA, julgado em 05/04/2011, DJe 05/05/2011)

(...).

3. O Tribunal Regional Federal da 1ª Região anulou de ofício a sentença sob o fundamento de que o Juiz Federal nomeou seu irmão para atuar na causa como perito judicial.

4. Os casos de impedimento e de suspeição do juiz estão previstos nos arts. 134 e 135 do CPC e são inteiramente aplicáveis ao perito, ex vi do art. 138, III, do mesmo diploma.

5. Por força do art. 245 do CPC, a nulidade dos atos deve ser alegada na primeira oportunidade em que couber à parte falar nos autos, sob pena de preclusão.

6. Na hipótese, merece reforma o aresto recorrido porque: a) inexistiu arguição da suspeição ou impedimento pelos expropriados em momento oportuno, operando-se a preclusão; b) o juiz que proferiu a sentença é diverso daquele que nomeou o irmão como perito; e c) foi adotado o laudo do Incra para a fixação do valor da indenização, não havendo qualquer prejuízo para as partes.

7. Recurso Especial parcialmente provido.

(REsp 876.942/MT, Rel. Ministro HERMAN BENJAMIN, SEGUNDA TURMA, julgado em 25/08/2009, DJe 31/08/2009)

(...).

4. In casu, o juízo de primeira instância entendeu ser incabível exceção de suspeição em face de perito oficial do juízo, e o recorrente interpôs agravo de instrumento, com as seguintes impugnações: a) a r. decisão agravada merece reforma, tendo em vista que é plenamente cabível a oposição de exceção de suspeição contra Oficiais de Justiça (fl.09);

ART. 148

b) os fatos já ocorridos demonstram, de forma inequívoca, que o Agravado é inimigo capital do Agravante, devendo, também, por este motivo ser julgada procedente a Exceção de Suspeição oposta. Assim, não há como se olvidar que está amplamente caracterizada a suspeição nos moldes do art. 138, inciso II, do Código de Processo Civil (fl. 12).

5. Inocorre julgamento extra petita quando o acórdão o resolve questão não decidida em primeira instância, mas que foi objeto de impugnação pela recorrente.

6. O Tribunal a quo manifestou-se nos termos impugnados pelo agravante, no sentido de que a despeito de ser cabível a exceção de suspeição contra o auxiliar do juízo, na hipótese dos autos o oficial de justiça não agiu com suspeição, verbis (fls. 247/248): "O art. 138, II, do diploma processual civil, manda aplicar ao serventuário da justiça os motivos de impedimento e suspeição "(...).

Sem tomar partido na questão, mas admitindo, para argumentar, a possibilidade de suspeição do oficial de justiça, mesmo assim não era de ser processada a exceção.

Com efeito, o que teria gerado a alegada animosidade entre as partes foi justamente a avaliação levada a efeito pelo Oficial de Justiça do imóvel pertencente à excipiente.

Ora, se assim é, já realizada a avaliação, e como o motivo gerador da alegada suspeição foi exatamente essa avaliação, não há qualquer razão prática para a exceção. (...) Assim, ainda que por fundamento diverso, impõe-se o improvimento do recurso." (fls. 248).

(...).

(REsp 1088037/SP, Rel. Ministro LUIZ FUX, PRIMEIRA TURMA, julgado em 07/05/2009, DJe 27/05/2009)

(...).

2. A interpretação restritiva que os Agravantes pretendem fazer prevalecer, no sentido de que a regra não incidiria se se tratasse de órgãos colegiados ou se o Magistrado não fosse o Relator do processo, não encontra respaldo no espírito da norma inserta no mencionado dispositivo, cujo alcance é preciso ao dispor que só se verifica o impedimento do Magistrado para exercer suas funções no processo contencioso ou voluntário quando nele estiver postulando como Advogado algumas das pessoas previstas no caput art. 134 (cônjuge ou qualquer parente do Juiz, consanguíneo ou afim, em linha reta ou colateral até o terceiro grau), que já estava exercendo o patrocínio da causa.

(...).

(AgRg no RMS 24.340/AM, Rel. Ministro NAPOLEÃO NUNES MAIA FILHO, QUINTA TURMA, julgado em 25/09/2008, DJe 20/10/2008)

CÓDIGO DE PROCESSO CIVIL

(...).

3. O fato de o juiz titular ter proferido despachos no processo em que foi nomeado perito oficial de sua parentela não é suficiente para o acórdão impugnado determinar a anulação do processo de ofício, se quem sentenciou no feito foi outro juiz que, inclusive, adotou o laudo pericial da autarquia.

4. Embora a interpretação sistemática dos artigos 134, 135, 136 e 138, III, do Código de Processo Civil prevejam as razões de impedimento e suspeição do juiz, a legislação de regência, ao definir as hipóteses de suspeição e impedimento, fê-lo apenas quanto "às possíveis relações existentes entre o juiz e as partes do processo, ou, conforme o art. 138, III, do CPC, entre as partes e o perito, nada dispondo acerca de eventuais vínculos, seja de que natureza for, entre o juiz e os seus auxiliares (peritos, serventuários, intérpretes etc)". (REsp 908598/MT, Rel. Min. Denise Arruda, DJ 02.08.2007).

(REsp 945.724/MT, Rel. Ministro JOSÉ DELGADO, PRIMEIRA TURMA, julgado em 27/05/2008, DJe 23/06/2008)

1. Na ausência, impedimento ou suspeição de Julgador integrante do Órgão Especial de Tribunal de Justiça deve ser convocado para a integralização do seu quórum o Desembargador mais antigo na Corte, a teor do art. 99, § 2o. da LOMAN.

2. A regra áurea da antiguidade no Tribunal de Justiça é o critério mais seguro para preservar o Juízo Natural das causas e prevenir com eficácia a eclosão dos sempre indesejáveis dissensos no âmbito administrativo das Cortes.

3. A inobservância da norma de organização inserta no art. 99, § 2o. da LC 35/79 (LOMAN) acarreta a nulidade do julgamento colegiado do Órgão Especial, devendo ser renovada a instância, com o proferimento de outra decisão; é sempre excepcional e raro o julgamento per saltum dos feitos judiciais (art. 249, § 2o. do CPC), pelo que é de se assegurar a primazia do juízo do Tribunal a quo na apreciação e solução da controvérsia.

4. Recurso Especial a que se dá provimento.

(REsp 1042760/PE, Rel. Ministro NAPOLEÃO NUNES MAIA FILHO, QUINTA TURMA, julgado em 13/05/2008, DJe 15/09/2008)

(...).

5. À míngua de prova pré-constituída de que os membros da Comissão do Processo Administrativo Disciplinar nº 47909.000022/2004-41 tenham participado de algum modo da colheita de elementos para a instrução do referido processo, não há falar-se em suspeição ou impedimento.

6. A sindicância constitui mero procedimento preparatório do processo administrativo disciplinar, sendo, portanto, dispensável quando já existam elementos suficientes a justificar a instauração do processo, como ocorreu in casu.

ART. 148

(...).
(MS 12.468/DF, Rel. MIN. CARLOS FERNANDO MATHIAS (JUIZ CONVOCADO DO TRF 1ª REGIÃO), TERCEIRA SEÇÃO, julgado em 24/10/2007, DJ 14/11/2007, p. 399)

(...).
– A destituição do perito oficial por desídia ocorreu, não por qualquer motivo relacionado ao trabalho que ele originariamente desenvolveu, mas por falta de emprenho manifestada apenas por ocasião da prestação de esclarecimentos suplementares. Não há menção de má fé ou impedimento do primeiro perito, a invalidar seu trabalho original.

– Com isso, a perícia inicialmente elaborada não é inválida, mas incompleta, demandando a nomeação de novo perito para complementá-la. Não obstante o segundo perito entenda, por um critério técnico, que seria necessário repetir todo o exame da causa, produzindo novo laudo pericial completo, o juiz responsável, bem como o respectivo Tribunal, não fica vinculados a essa medida.

(...).
(REsp 805.252/MG, Rel. Ministra NANCY ANDRIGHI, TERCEIRA TURMA, julgado em 27/03/2007, DJ 16/04/2007, p. 190)

1. O interesse que embasa a exceptio suspiscionis é aquele diretamente vinculado à relação jurídica litigiosa e não ao interesse geral da comunidade na qual se insere o magistrado, por isso que raciocínio inverso inviabilizaria o julgamento pelo Judiciário de interesse difuso nacional.

(...). O STF é competente para processar e julgar exceção quando a ela se opõem mais da metade dos Desembargadores do Tribunal a quo. Se procedente, julga-se o mérito da ação principal. Se improcedente, devolvem-se os autos ao Tribunal de origem a quem competirá apreciar a questão de fundo. Precedentes.

2. Na hipótese de impedimento de mais da metade dos membros do Tribunal (CF, artigo 102, I, alínea n, segunda parte), não cabe indagar se o direito pleiteado diz respeito a interesse exclusivo da magistratura, dado que, confirmada a suspeição, o Tribunal de origem não poderá julgar a ação, mesmo se versar sobre interesse comum a outras categorias funcionais. 3. Preliminares de impossibilidade jurídica do pedido, litispendência, prescrição e perda do objeto, suscitadas pelo excepto, rejeitadas por insuficiência de fundamentação. 4. Não se considera aconselhamento, para os efeitos do artigo 135, inciso IV, do CPC, a parte da sentença ou voto que inclui em seus fundamentos a espécie de ação que seria adequada ao caso. 5. Despiciendo ter a Associação dos Magistrados do Estado do Amapá ajuizado ação com o mesmo objeto e razão de pedir, pois a vantagem pleiteada é comum a todo o funcionalismo do Judiciário, do Ministério Público e do Poder Legislativo – direito a 11,98% proveniente da URV de 1994 –, sendo a Justiça

local competente para julgá-la, ainda que seus membros sejam interessados na causa, a não ser que eles mesmos se julguem suspeitos. Precedentes. Exceção de suspeição julgada improcedente." (AO 847/AP, Relator Ministro Maurício Corrêa, Tribunal Pleno, DJ de 18.10.2002).

3. Deveras, bem assinalou a juíza excepta que: "... tratando-se de matéria que diz '(...) respeito indistintamente a todos os integrantes da comunidade, não se há de reconhecer suspeição do promotor ou do juiz, mesmo que também atingidos pelo dano' (in Mazzilli, Hugo Nigro – A Defesa dos Interesses Difusos em Juízo – 9ª ed., 1997, Saraiva, p. 139/140).

Do contrário, segundo o raciocínio do excepiente, os juízes e promotores seriam suspeitos em todas as causas que discutissem interesses, como dano ambiental, em que, por exemplo, se estaria discutindo problema de qualidade de água, pois há evidente interesse em que suas casas também sejam abastecidas de água potável; ou então, em ações em que se discute a constitucionalidade de tributos federais, os quais todos os juízes também são obrigados a recolher.

Destarte, entende esta magistrada não ser suspeita pelo fato de residir na comarca e estar sendo também obrigada ao recolhimento da taxa de lixo." (sic) 4. Recurso especial desprovido.

(REsp 734.892/SP, Rel. Ministro LUIZ FUX, PRIMEIRA TURMA, julgado em 14/02/2006, DJ 13/03/2006, p. 215)

(...).

1. A prova pericial deve se revestir das formalidades previstas em lei. A interpretação teleológica do art. 421 do CPC impõe ao Juízo a observância da qualificação técnica e imparcialidade do perito, sobre quem se aplicam, inclusive, as disposições atinentes ao impedimento e suspeição.

(...).

(REsp 655.747/MG, Rel. Ministro JORGE SCARTEZZINI, QUARTA TURMA, julgado em 16/08/2005, DJ 12/09/2005, p. 339).

No projeto originário, o §2º do art. 148 estabelecia a possibilidade de interposição de recurso de agravo de instrumento em relação à decisão sobre impedimento e suspeição dos sujeitos indicados nos incisos do 'caput' do referido dispositivo.

Porém, o novo C.P.C. não previu a possibilidade de interposição de recurso de agravo de instrumento, devendo tal questão ser analisada em preliminar de apelação.

CAPÍTULO III – Dos Auxiliares da Justiça

Art. 149

São auxiliares da Justiça, além de outros cujas atribuições sejam determinadas pelas normas de organização judiciária, o escrivão, o chefe de secretaria, o oficial de justiça, o perito, o depositário, o administrador, o intérprete, o tradutor, o mediador, o conciliador judicial, o partidor, o distribuidor, o contabilista e o regulador de avarias.

Dos auxiliares de justiça

O art. 149 do novo C.P.C. preconiza que o Poder Judiciário em todas as suas esferas é composto por diversos órgãos e servidores que tem por finalidade um só objetivo, a prestação *justa e quo* do exercício da atividade jurisdicional

Sem a participação efetiva, responsável, aplicada e coletiva de todos os auxiliares da Justiça, o serviço estatal de prestação de justiça será deficitário ou inoperante.

Daí porque *o escrivão ou diretor de secretaria, o oficial de justiça, o perito, o depositário, o administrador, o intérprete, o mediador e conciliador judicial, o partidor, o distribuidor, o contabilista, o regulador de avarias* e todos os demais auxiliares deverão realizar suas atribuições legais ou regulamentares previstas em atos administrativos ou em lei de organização judiciária.

Não há serviço de auxiliar da justiça que seja mais ou menos importante no âmbito da prestação de serviços jurisdicionais, pois se todos estão focados em um mesmo fim, todos os meios para o alcançar são necessários e indispensáveis.

Não basta que o juiz seja eficiente se a Secretaria do juízo não estiver sintonizada e bem preparada para cumprir e dar andamento aos atos processuais; se os oficiais de justiça não cumprem ou cumprem de forma deficitária as determinações judiciais, ou, ainda, não agem com lisura ou ética no desenvolvimento de seu trabalho; se o perito nomeado é relapso ou incompetente, causando importantes danos na busca do componente probatório; a inexistência de depositário público ou o alto pagamento das custas de depositário privado são entraves importantes para um processo justo e equânime; a inexistência de cargo ou função pública de intérprete e o alto custo da nomeação de intérprete particular também são fatores que causam danos periféricos importantes no processo; a falta de mediador ou conciliador profissionais, devidamente capacitados para essas funções, por vezes tornam insatisfatória a prática dessas formas de resolução de conflitos.

Por isso, mais que uma indicação legal formal dos auxiliares da justiça, deve-se voltar a nossa preocupação para com a prestação dos serviços por eles praticados, com a redução do custo processual, principalmente no âmbito da justiça estadual, bem como com a profissionalização dessas funções.

Essa preocupação torna-se ainda mais evidente e preocupante diante da prestação jurisdicional fornecida àquele que depende da *gratuidade de justiça*.

SEÇÃO I – Do Escrivão, do Chefe de Secretaria e do Oficial de Justiça

Art. 150
Em cada juízo haverá um ou mais ofícios de justiça, cujas atribuições serão determinadas pelas normas de organização judiciária.

Ofício de justiça
Este dispositivo exige que em cada juízo, ou seja, em cada Foro, Seção, Subseção Judiciária, Tribunal, haverá um ou mais ofícios de justiça, isto é, uma Secretaria que possa dar andamento aos processos jurisdicionais, mediante a prática de atos processuais.

Em Portugal, por exemplo, não há cartório, sendo que os ofícios de justiça são cartas expedidas pela justiça portuguesa.

Os cartórios ou secretárias são administrados por Escrivães ou Chefes de Secretaria.

Art. 151
Em cada comarca, seção ou subseção judiciária haverá, no mínimo, tantos oficiais de justiça quantos sejam os juízos.

Oficiais de justiça.
Este dispositivo determina a existência de oficiais de justiça (servidor) em número suficiente para atender cada ofício de justiça, ou seja, cada secretaria ou foro.

ART. 151

Sob a égide do C.P.C. de 1973 haveria de ter pelo menos dois cargos de oficiais de justiça, especialmente para que se pudesse cumprir a medida cautelar de *busca e apreensão*, pois o art. 842 do C.P.C. revogado determinava que o mandado deveria ser cumprido por *dois oficiais de justiça*, um dos quais leria ao morador, intimando-o a abrir as portas.

Tenho para mim que a necessidade de pelos menos dois oficiais de justiça ainda permanece, especialmente para se dar cumprimento ao disposto no art. 846, §1º, do atual C.P.C.

As atribuições dos oficiais de justiça são determinadas pelas normas de organização judiciária. Porém, o novo C.P.C, em seu art. 154 do atual C.P.C., já estabelece algumas atribuições que devem ser cumpridas por estes servidores, a saber:

a) fazer pessoalmente as citações, prisões, penhoras, arrestos e demais diligências próprias do seu ofício, certificando no mandado o ocorrido, com menção ao lugar, dia e hora, e realizando-os, sempre que possível, na presença de duas testemunhas; b) – executar as ordens do juiz a que estiver subordinado; c) – entregar o mandado em cartório após seu cumprimento; d)– auxiliar o juiz na manutenção da ordem; e) – efetuar avaliações, quando for o caso; f) – certificar, em mandado, proposta de autocomposição apresentada por qualquer das partes, na ocasião de realização de ato de comunicação que lhe couber.

Não poderá o oficial de justiça valer-se de terceiros para a realização dos atos processuais que são de sua incumbência, especialmente para realizar citações, prisões, penhoras e arrestos.

Deverá o oficial certificar no mandado todas as circunstâncias e acontecimentos importantes que possam ocorrer quando de seu cumprimento, para subsidiar o magistrado sobre a resolução de determinada questão que possa surgir durante o trâmite processual.

Uma vez cumprido o mandado, deverá o oficial entregá-lo em cartório ou inseri-lo no sistema processual, na hipótese de processo eletrônico, o mais rápido possível, especialmente pelo fato de que muitas vezes a contagem do prazo processual somente ocorrerá após a juntada do mandado nos autos.

É importante a presença do oficial de justiça quando da realização da audiência, auxiliando o magistrado na manutenção da ordem.

O juiz poderá valer-se dos conhecimentos do oficial de justiça avaliador para a realização de avaliação, especialmente quando da realização da penhora, salvo se a avaliação exigir conhecimentos específicos, quando então será nomeado perito para a realização da avaliação.

Emenda da Câmara dos Deputados estabelece também que incumbe ao oficial de justiça certificar, em mandado, proposta de conciliação apresentada por

CÓDIGO DE PROCESSO CIVIL

qualquer das partes, na ocasião da realização do ato de comunicação que lhe couber. Uma vez certificada a proposta de conciliação, o juiz ordenará a intimação da parte contrária para manifestar-se a respeito no prazo de cinco dias, sem prejuízo do andamento regular do processo, entendendo-se o silêncio como recusa.

Art. 152
Incumbe ao escrivão ou ao chefe de secretaria:

I – redigir, na forma legal, os ofícios, os mandados, as cartas precatórias e os demais atos que pertençam ao seu ofício;

II – efetivar as ordens judiciais, realizar citações e intimações, bem como praticar todos os demais atos que lhe forem atribuídos pelas normas de organização judiciária;

III – comparecer às audiências ou, não podendo fazê-lo, designar servidor para substituí-lo;

IV – manter sob sua guarda e responsabilidade os autos, não permitindo que saiam do cartório, exceto:

a) quando tenham de seguir à conclusão do juiz;

b) com vista a procurador, à Defensoria Pública, ao Ministério Público ou à Fazenda Pública;

c) quando devam ser remetidos ao contabilista ou ao partidor;

d) quando forem remetidos a outro juízo em razão da modificação da competência;

V – fornecer certidão de qualquer ato ou termo do processo, independentemente de despacho, observadas as disposições referentes ao segredo de justiça;

VI – praticar, de ofício, os atos meramente ordinatórios.

§ 1º O juiz titular editará ato a fim de regulamentar a atribuição prevista no inciso VI.

§ 2º No impedimento do escrivão ou chefe de secretaria, o juiz convocará substituto e, não o havendo, nomeará pessoa idônea para o ato.

Atribuições do escrivão e chefe de secretaria
O art. 452 da Ley Orgánica del Poder Judicial espanhola estabelece que *os secretários judiciais desempenham suas funções com sujeição ao princípio da legalidade e imparcialidade em todo caso, ao da autonomia e independência no exercício da fé pública judicial,*

844

assim como ao da unidade de atuação e dependência hierárquica em todas as demais que lhes encomendem esta Lei e as normas de procedimento respectivo, assim como seu regulamento orgânico. As funções dos secretários judiciais não serão objeto de delegação nem de habilitação, sem prejuízo do estabelecido no art. 452.3. No exercício de suas funções, os secretários judiciais cumprirão e velarão pelo cumprimento de todas as decisões que adotem os juízes ou tribunais no âmbito de suas competências.

Evidentemente que atualmente, nos foros em geral, os atos indicados no art. 152 do novo C.P.C. são praticados por outros servidores que não o Escrivão ou Diretor de Secretaria. E isso é necessário, principalmente pelo volume de processos existente nas Secretarias judiciárias.

O inc. IV do art. 152 do novo C.P.C. determina que o escrivão ou diretor de secretaria tenha sob sua guarda a responsabilidade os autos, não permitindo que saiam do cartório, exceto: *a) quando tenham de seguir à conclusão do juiz; b) com vista a procurador, à Defensoria Pública, ao Ministério Público ou à Fazenda Pública; c) quando devam ser remetidos ao contabilista ou ao partidor; d) quando forem remetidos a outro juízo em razão da modificação da competência;*

Novamente o legislador introduz uma norma de sistematização de processos em desconexão com a atual realidade do processo eletrônico.

Com a implementação do processo eletrônico não há mais falar em saída do processo dos cartórios judiciais, uma vez que a linguagem eletrônica fica armazenada no próprio sistema.

Estabelece o *§1º do art. 152 do atual C.P.C que o juiz titular editará ato a fim de regulamentar a atribuição prevista no inciso VI.*

O inc. VI do art. 152, por sua vez, preconiza que incumbe ao escrivão ou chefe de secretaria praticar, *de ofício, os atos meramente ordinatórios.*

Assim, o juiz titular da Vara deverá baixar portaria na qual conste as atribuições específicas do escrivão ou chefe de secretaria para, de ofício, praticar atos meramente ordinatórios.

Note-se que nessas atribuições do escrivão ou chefe de secretaria não estão incluídos os atos decisões.

Estabelece o *§ 2º do art. 152 do atual C.P.C. que no impedimento do escrivão ou chefe de secretaria, o juiz convocará substituto e, não o havendo, nomeará pessoa idônea para o ato.*

Aplica-se ao escrivão e ao diretor de secretaria os casos de impedimento e suspeição do juiz, nos termos do art. 148, inc. II, do atual C.P.C.

O art. 446 da *Ley Orgánica del Poder Judicial* espanhola estabelece: *os secretários judiciários deverão abster-se nos casos estabelecidos para os juízes e magistrados e, se não o fizerem, poderão ser recusados. A abstenção será formulada por escrito fundamentado dirigido ao Juiz ou Magistrado se se trata de uma unidade de apoio direito a um órgão judicial unipessoal, ao Presidente se se trata de uma unidade de apoio direito a um órgão judicial colegiado e ao Juiz ou Magistrado que corresponda por turno de repartição se desempenhasse suas funções em um serviço comum, os quais decidirão, respectivamente, a questão. No caso de se confirmar a abstenção, o Secretário Judicial que se absteve deve ser substituído por seu substituto legal; em caso de ser negado o pedido, deverá aquele continuar atuando no assunto. Serão aplicáveis à recusa dos secretários as prescrições que estabelece esta lei para juízes e magistrados com as seguintes exceções: a) os secretários judiciais não poderão ser recusados durante a prática de qualquer diligência ou atuação de que estiverem encarregados. A peça de recusa será instruída e será revolvida pelos mesmos juízos ou magistrados competentes para conhecer da abstenção. Apresentado o escrito de recusa, o secretário judicial recusado informará por escrito se reconhece ou não como certa e legítima a causa alegada. Quando o recusado reconheça como certa a causa da recusa, o tribunal ditará auto, sem mais trâmites e sem ulterior recurso, tendo-o por recusado, e se estima que a causa é legal. Se se estima que a causa não é das tipificadas na lei, declarará não haver lugar à recusa. Contra esta decisão não haverá recurso. Quando o recusado negue a certeza da causa alegada como fundamento da recusa, proceder-se-á conforme o previsto no inciso 3 do art. 225 desta lei. O secretário judicial recusado, desde o momento em que seja apresentado o escrito de recusa, será substituído pelo substituto legal.*

É importante salientar que o juiz somente deverá optar por pessoa estranha aos quadros funcionais quando não tiver algum servidor público, devidamente concursado, que possa exercer o cargo de escrivão ou de diretor de secretaria.

Art. 153

O escrivão ou chefe de secretaria deverá obedecer à ordem cronológica de recebimento para publicação e efetivação dos pronunciamentos judiciais.

§ 1º A lista de processos recebidos deverá ser disponibilizada, de forma permanente, para consulta pública.

§ 2º Estão excluídos da regra do *caput*:

I – os atos urgentes, assim reconhecidos pelo juiz no pronunciamento judicial a ser efetivado;

II – as preferências legais.

§ 3º Após elaboração de lista própria, respeitar-se-ão a ordem cronológica de recebimento entre os atos urgentes e as preferências legais.

§ 4º A parte que se considerar preterida na ordem cronológica poderá reclamar, nos próprios autos, ao juiz do processo, que requisitará informações ao servidor, a serem prestadas no prazo de 2 (dois) dias.

§ 5º Constatada a preterição, o juiz determinará o imediato cumprimento do ato e a instauração de processo administrativo disciplinar contra o servidor.

Obediência à ordem cronológica do processo

O art. 12 do atual C.P.C. traz uma inovação importante quanto ao critério de julgamento dos processos, optando por estabelecer uma cronológica objetiva para a conclusão dos processos em andamento em determinado órgão jurisdicional.

O critério *objetivo* cronológico para a prolação de sentenças e acórdãos é a *data da conclusão* do processo para o julgamento.

Sem dúvida que é o melhor critério a ser apresentado pelo julgador, pois com a conclusão para o julgamento o processo encontra-se à disposição do magistrado para o seu encerramento final.

É importante salientar que a opção pela data de distribuição não representaria o melhor critério, pois o trâmite processual não depende apenas do magistrado, mas, principalmente, da complexidade do caso, das provas requeridas pelas partes etc.

O art. 153 do atual C.P.C, seguindo os fins traçados pelo art. 12 do mesmo diploma legal, também determina ao escrivão e ao chefe de secretaria que siga uma determinada ordem cronológica do processo. Essa ordem que o escrivão ou chefe de secretaria deverá seguir obrigatoriamente será a data de recebimento para publicação e efetivação dos pronunciamentos judiciais.

A inserção de um critério objetivo para a movimentação de processos é muito salutar, além de concretizar o princípio da efetiva prestação da tutela jurisdicional e da celeridade processual.

Preceitua o *§ 1º do art. 153* do atual C.P.C. que *a lista de processos recebidos deverá ser disponibilizada, de forma permanente, para consulta pública.*

Atualmente, com a rede mundial de computadores, assim como em face da franca ascensão do processo eletrônico, torna-se mais eficaz a publicação dessa lista na *internet* por meio da rede mundial de computadores, a fim de que todos os usuários do sistema processual possam saber a localização exata do seu processo para fins de prioridade de movimentação.

Aduz o *§ 2º do art. 153* do atual C.P.C. que *estão excluídos da regra do caput: I – os atos urgentes, assim reconhecidos pelo juiz no pronunciamento judicial a ser efetivado; II – as preferências legais.*

Muito embora tenha sido providencial a inserção de critérios objetivos para efeito de preferência de movimentação de processo, o certo é que existem processos que devem, até por uma questão de logicidade, ser movimentados

CÓDIGO DE PROCESSO CIVIL

preferencialmente, pois não se justificaria aguardar uma lista de espera para a movimentação e cumprimento de determinação de atos urgentes. Assim, os atos urgentes, especialmente aqueles que decorrem de concessão de tutelas antecipadas ou liminares em geral, deverão ser movimentados preferencialmente.

Também deverá ter preferência de movimentação as preferências legais.

Além de outras preferências legais, tenho para mim que podem ser incluídas nessas preferências, por analogia, as hipóteses previstas no §2º do art. 12 do atual C.P.C. que assim dispõe: *I – as sentenças proferidas em audiência, homologatórias de acordo ou de improcedência liminar do pedido; II – o julgamento de processos em bloco para aplicação de tese jurídica firmada em julgamento de casos repetitivos; III – o julgamento de recursos repetitivos ou de incidente de resolução de demandas repetitivas; IV – as decisões proferidas com base nos arts. 485 e 932; V – o julgamento de embargos de declaração; VI – o julgamento de agravo interno; VII – as preferências legais e as metas estabelecidas pelo Conselho Nacional de Justiça; VIII – os processos criminais, nos órgãos jurisdicionais que tenham competência penal; IX – a causa que exija urgência no julgamento, assim reconhecida por decisão fundamentada.*

Preceitua o *§ 3º do art. 153* do atual C.P.C. que *após elaboração de lista própria, respeitar-se- ão a ordem cronológica de recebimento entre os atos urgentes e as preferências legais.*

Este dispositivo determina que também em relação aos processos urgentes ou preferências, também seja elaborada uma lista própria e exclusiva desses processos, respeitando-se a ordem cronológica de recebimento para cumprimento dos atos processuais.

Aduz o *§ 4º do art. 153* do novo C.P.C. que *a parte que se considerar preterida na ordem cronológica poderá reclamar, nos próprios autos, ao juiz do processo, que requisitará informações ao servidor, a serem prestadas no prazo de 2 (dois) dias.*

Evidentemente que nada adiantaria a regra processual determinar a observação de uma dada ordem cronológica de movimentação processual, se não houvesse a quem reclamar sobre eventual descumprimento dessa ordem.

No caso, a parte que se considerar preterida na ordem cronológica de movimento processual poderá reclamar, nos próprios autos, ao juízo da causa, que requisitará informações ao servidor responsável, devendo essas informações serem prestadas em dois dias.

Por fim, preconiza o *§ 5º do art. 153* do atual C.P.C. que *constatada a preterição, o juiz determinará o imediato cumprimento do ato e a instauração de processo administrativo disciplinar contra o servidor.*

Art. 154

Incumbe ao oficial de justiça:

I – fazer pessoalmente as citações, prisões, penhoras, arrestos e demais diligências próprias do seu ofício, sempre que possível na presença de 2 (duas) testemunhas, certificando no mandado o ocorrido, com menção ao lugar, ao dia e à hora;

II – executar as ordens do juiz a que estiver subordinado;

III – entregar o mandado em cartório após seu cumprimento;

IV – auxiliar o juiz na manutenção da ordem;

V – efetuar avaliações, quando for o caso;

VI – certificar, em mandado, proposta de autocomposição apresentada por qualquer das partes, na ocasião de realização de ato de comunicação que lhe couber.

Parágrafo único. Certificada a proposta de autocomposição prevista no inciso VI, o juiz ordenará a intimação da parte contrária para manifestar-se, no prazo de 5 (cinco) dias, sem prejuízo do andamento regular do processo, entendendo-se o silêncio como recusa.

Atribuições do oficial de justiça

Assim como há atribuições impostas ao escrivão ou ao chefe de secretaria, também a regra processual indica quais seriam as atribuições do oficial de justiça, especialmente pelo fato de que este servidor público é um *longa manus* do juiz no ofício judicial.

Assim, as atribuições do oficial de justiça estão bem delineadas no art. 154 do atual C.P.C.

Daí porque deverá o oficial certificar no mandado todas as circunstâncias e acontecimentos importantes que possam ocorrer quando de seu cumprimento, para subsidiar o magistrado sobre a resolução de determinada questão que possa surgir durante o trâmite processual.

Uma vez cumprido o mandado, deverá o oficial entregá-lo em cartório ou inseri-lo no sistema processual, na hipótese de processo eletrônico, o mais rápido possível, especialmente pelo fato de que muitas vezes a contagem do prazo processual somente ocorrerá após a juntada do mandado nos autos.

É importante a presença do oficial de justiça quando da realização das audiências, auxiliando o magistrado na manutenção da ordem.

O juiz poderá valer-se dos conhecimentos do oficial de justiça avaliador para a realização de avaliação, especialmente quando da realização da penhora, salvo se a avaliação exigir conhecimentos específicos, quando então será nomeado perito para a realização da avaliação.

Emenda da Câmara dos Deputados estabelece também que incumbe ao oficial de justiça certificar, em mandado, proposta de conciliação apresentada por qualquer das partes, na ocasião da realização do ato de comunicação que lhe couber. Uma vez certificada a proposta de conciliação, o juiz ordenará a intimação da parte contrária para manifestar-se a respeito no prazo de cinco dias, sem prejuízo do andamento regular do processo, entendendo-se o silêncio como recusa.

Por fim, aduz o *parágrafo único do art. 154* do atual C.P.C. que certificada *a proposta de autocomposição prevista no inciso VI, o juiz ordenará a intimação da parte contrária para manifestar-se, no prazo de cinco dias, sem prejuízo do andamento regular do processo, entendendo-se o silêncio como recusa.*

Art. 155

O escrivão, o chefe de secretaria e o oficial de justiça são responsáveis, civil e regressivamente, quando:

I – sem justo motivo, se recusarem a cumprir no prazo os atos impostos pela lei ou pelo juiz a que estão subordinados;

II – praticarem ato nulo com dolo ou culpa.

Responsabilidade civil do escrivão, chefe de secretaria e do oficial de justiça

Assim como o juiz, o escrivão/diretor de secretaria e o oficial de justiça também poderão ser responsabilizado civilmente e regressivamente, caso, *sem justo motivo*, se recusem a cumprir dentro do prazo os atos impostos pela lei ou pelo juiz a que estão subordinados.

Um dos motivos que permite a esses servidores recusar o cumprimento do ato ocorre quando eles estejam impedidos ou suspeitos para a prática do ato.

O oficial de justiça também poderá deixar de cumprir, por exemplo, a penhora, quando não encontre o bem.

Tendo em vista que o escrivão/diretor de secretaria ou oficial de justiça deverá fundamentar e indicar as razões para o não cumprimento da determinação judicial, eles não poderão deixar de indicar expressamente os motivos, mesmo que se trate de *foro íntimo*.

Enquanto o juiz somente será responsabilizado em caso de dolo ou fraude, o inciso II do art. 155 do novo C.P.C. preceitua que a responsabilidade do escrivão/ diretor de secretaria ou oficial de justiça, quando, no exercício de suas funções, praticarem ato nulo, poderá decorrer de dolo *ou culpa*. Trata-se, portanto, de responsabilidade por *culpa lato sensu*, que abrange tanto o dolo quanto a culpa *stricto sensu*. Outrossim, a responsabilidade por culpa somente se justifica quando diante de ato nulo, não abrangendo o ato anulável ou ineficaz.

A apuração dos danos e o pedido de indenização contra os referidos servidores devem ser objeto de ação própria.

Porém, como a norma estabelece que a responsabilidade é regressiva, tenho para mim que a demanda indenizatória deverá ser promovida contra a União ou Estado, dependendo do órgão do Poder Judiciário. Estes entes públicos poderão, por sua vez, regressivamente cobrar o que pagou do funcionário faltoso.

SEÇÃO II – Do Perito

Art. 156

O juiz será assistido por perito quando a prova do fato depender de conhecimento técnico ou científico.

§ 1º Os peritos serão nomeados entre os profissionais legalmente habilitados e os órgãos técnicos ou científicos devidamente inscritos em cadastro mantido pelo tribunal ao qual o juiz está vinculado.

§ 2º Para formação do cadastro, os tribunais devem realizar consulta pública, por meio de divulgação na rede mundial de computadores ou em jornais de grande circulação, além de consulta direta a universidades, a conselhos de classe, ao Ministério Público, à Defensoria Pública e à Ordem dos Advogados do Brasil, para a indicação de profissionais ou de órgãos técnicos interessados.

§ 3º Os tribunais realizarão avaliações e reavaliações periódicas para manutenção do cadastro, considerando a formação profissional, a atualização do conhecimento e a experiência dos peritos interessados.

§ 4º Para verificação de eventual impedimento ou motivo de suspeição, nos termos dos arts. 148 e 467, o órgão técnico ou científico nomeado para realização da perícia informará ao juiz os nomes e os dados de qualificação dos profissionais que participarão da atividade.

§ 5º Na localidade onde não houver inscrito no cadastro disponibilizado pelo tribunal, a nomeação do perito é de livre escolha pelo juiz e deverá recair sobre profissional ou órgão técnico ou científico comprovadamente detentor do conhecimento necessário à realização da perícia.

Do perito

O perito é um auxiliar do juízo que tem por finalidade colaborar na apuração da verdade dos fatos no âmbito da relação jurídica processual, realizando exames em coisas e pessoas quando faltar ao magistrado conhecimentos técnicos para tal finalidade.

Aliás, mesmo que o magistrado tivesse conhecimento técnico para isso, como por exemplo, o juiz também é possuidor de diploma de engenheiro civil, não poderia valer-se exclusivamente de seus conhecimentos, uma vez que, em face do princípio do contraditório e da imparcialidade do juiz, terceiro que não o próprio magistrado é que deve realizar a perícia judicial, até mesmo para que a parte possa impugnar suas conclusões ou pedir complementação de laudo pericial. Sobre o tema, eis o seguinte precedente:

> 1. O art. 145 do CPC estabelece que "quando a prova do fato depender de conhecimento técnico ou científico, o juiz será assistido por perito, segundo o disposto no art. 421." O art. 421, § 1º, do CPC, por sua vez, dispõe em linhas gerais que o juiz nomeará perito, fixando de imediato o prazo para a entrega do laudo, cabendo às partes indicarem assistente técnico e a apresentarem quesitos.
>
> 2. Em se tratando de matéria complexa, em que se exige o conhecimento técnico ou científico, a perícia deve ser realizada. O juiz, ainda que não esteja vinculado às conclusões do laudo pericial, não pode realizar os cálculos "de próprio punho". Isso porque, com a determinação da perícia, as partes terão a oportunidade de participar da produção probatória, com a nomeação de assistentes técnicos e a formulação de quesitos.
>
> (...).
>
> (AgRg no AREsp 184.563/RN, Rel. Ministro HUMBERTO MARTINS, SEGUNDA TURMA, julgado em 16/08/2012, DJe 28/08/2012)

Assim, o perito torna-se um auxiliar da justiça ao lado do escrivão/diretor de secretaria, oficial de justiça, interprete etc.

O *§1º do art. 156* do novo C.P.C. preceitua que *os peritos serão nomeados entre os profissionais legalmente habilitados e os órgãos técnicos ou científicos devidamente inscritos em cadastro mantido pelo tribunal ao qual o juiz está vinculado.*

Emenda realizada pela Câmara dos Deputados permitiu também que a perícia seja realizada, não apenas por pessoa física, mas também por órgãos técnicos especializados. No caso, os peritos seriam nomeados entre os profissionais e os *órgãos técnicos ou científicos* devidamente inscritos em cadastro mantido pelo tribunal ao qual o juiz estaria vinculado.

ART. 156

Não há dúvida de que a capacidade técnica e profissional do perito nomeado é fundamental para a realização de um trabalho a contento.

Daí porque a necessidade do profissional da perícia ter curso universitário e estar devidamente inscritos nos órgãos de classe competente, como, por exemplo, o CREAA, CRM, CRF, CRC etc.

Contudo, é de conhecimento de todos que esses profissionais devem ser também muito bem remunerados.

Diante da necessidade de remuneração condizente, o problema surge para aqueles que dependem da *gratuidade de justiça*, uma vez que aqueles que são detentores de poucos recursos passam a ter uma justiça de segunda qualidade, com a nomeação de peritos que não apresentam o mesmo grau de competência e capacidade daqueles que são pagos condizentemente pela parte que requereu a prova pericial.

Em regra, o pagamento dos honorários periciais daquele que for beneficiado pela gratuidade de justiça é feito pelo Estado que teria a obrigação de prestar a assistência. Nesse sentido é o seguinte precedente do S.T.J.:

> 1. *As despesas pessoais e materiais necessárias para a realização da perícia estão protegidas pela isenção legal de que goza o beneficiário da gratuidade de justiça. Assim, como não se pode exigir do Perito a realização do serviço gratuitamente, essa obrigação deve ser do sucumbente ou, no caso de ser o beneficiário, do Estado, a quem é conferida a obrigação de prestação de assistência judiciária aos necessitados. Precedentes.*
>
> 2. *Agravo Regimental desprovido.*
>
> (AgRg no REsp 1327290/MG, Rel. Ministro NAPOLEÃO NUNES MAIA FILHO, PRIMEIRA TURMA, julgado em 16/10/2012, DJe 22/10/2012).

> 1. *A controvérsia posta em debate diz respeito ao ônus pela antecipação dos honorários do perito em ação em que o autor da demanda, postulante da perícia, é beneficiário da justiça gratuita.*
>
> 2. *O fato de o beneficiário da justiça gratuita não ostentar, momentaneamente, capacidade econômica de arcar com o adiantamento das despesas da perícia por ele requerida, não autoriza, por si só, a inversão do ônus de seu pagamento.*
>
> 3. *Tendo em vista que o perito nomeado não é obrigado a realizar o seu trabalho gratuitamente, incumbe ao magistrado requisitar ao Estado, a quem foi conferido o dever constitucional de prestar assistência judiciária aos hipossuficientes, o ônus de promover a realização da prova técnica, por meio de profissional de estabelecimento oficial especializado ou de repartição administrativa do ente público responsável pelo custeio da produção da prova, o que deve ocorrer em colaboração com o Poder Judiciário.*

4. Recurso especial provido.

(REsp 1245684/MG, Rel. Ministro BENEDITO GONÇALVES, PRI-MEIRA TURMA, julgado em 13/09/2011, DJe 16/09/2011)

A fixação dos honorários periciais nos processos em que há deferimento de assistência judiciária gratuita é regulamentada, atualmente, pelo art. 3º da Resolução n. 558 de 22 de maio de 2007:

> *Art. 3º O pagamento dos honorários periciais, nos casos de que trata esta Resolução, só será efetuado após o término do prazo para que as partes se manifestem sobre o laudo ou, havendo solicitação de esclarecimentos, depois de serem prestados.*
>
> *§ 1º Na fixação dos honorários periciais estabelecidos nas Tabelas II e IV do Anexo I será observado, no que couber, o contido no caput do art. 2º, podendo, contudo, o juiz ultrapassar em até 3 (três) vezes o limite máximo, atendendo ao grau de especialização do perito, à complexidade do exame e ao local de sua realização, comunicando-se ao Corregedor-Geral.*
>
> *§ 2º Nos Juizados Especiais Federais, os honorários de perito serão pagos à conta de verba orçamentária da respectiva Seção Judiciária e, quando vencida na causa a entidade pública, seu valor será incluído na ordem de pagamento a ser feita em favor da Seção Judiciária.*
>
> *§ 3º Poderá haver adiantamento de até 30% (trinta por cento) do valor máximo da verba honorária nos casos em que o perito, comprovadamente, necessitar de valores para a satisfação antecipada de despesas decorrentes do encargo assumido;*
>
> *§ 4º Aplicam aos pagamentos dos peritos o disposto no § 5º do art. 2º desta Resolução.*

Segundo a Tabela II do Anexo I da Resolução n. 558 de 22 de maio de 2007:

TABELA II – HONORÁRIOS PERICIAIS

PERÍCIAS	VALOR MÍNIMO (R$)	VALOR MAXIMO (R$)
Área de Engenharia	140,88	352,20
Outras áreas	58,70	234,80

ART. 156

Ainda, sobre o tema, eis os seguintes precedentes do S.T.J.:

1. O fato de o beneficiário da justiça gratuita não ostentar, momentaneamente, capacidade econômica de arcar com o adiantamento das despesas da perícia por ele requerida não autoriza, por si só, a inversão do ônus de seu pagamento.
2. O Estado não está obrigado a adiantar as despesas com a realização da prova pericial.
3. Não concordando o perito nomeado em aguardar o final do processo, para o recebimento dos honorários, deve o Juízo a quo nomear outro perito, a ser designado entre técnicos de estabelecimento oficial especializado ou repartição administrativa da entidade pública responsável pelo custeio da prova pericial. Precedentes.
4. Recurso especial provido em parte.
(REsp 1355519/ES, Rel. Ministro CASTRO MEIRA, SEGUNDA TURMA, julgado em 02/05/2013, DJe 10/05/2013)

1. Na origem, trata-se de ação na qual requer o autor, ora agravado, o pagamento dos honorários referentes a perícia realizada em ação na qual a parte sucumbente era beneficiária da assistência judiciária gratuita.
2. Em relação a ofensa ao art. 206, §1º, III, do CC/2002, sabe-se que o STJ tem externado o entendimento de que o prazo de prescrição para ação de cobrança dos honorários do perito é de 1 ano, conforme disposto no citado dispositivo, e o início do prazo se dá a partir do trânsito em julgado da decisão que fixa a verba honorária. Nesse sentido: REsp 1.322.385/MG, Rel. Ministro Mauro Campbell, Segunda Turma, DJe 22/8/2012.
3. Contudo, quando a parte vencida for beneficiária da gratuidade de justiça e o Estado for condenado a arcar com os honorários periciais, o prazo prescricional para sua cobrança é o quinquenal, seja em razão do art. 12 da Lei 1.060/1950, seja pela aplicação do art. 1º do Decreto 20.910/1932.
4. Agravo Regimental não provido.
(AgRg no AgRg no AREsp 262.459/MG, Rel. Ministro HERMAN BENJAMIN, *SEGUNDA TURMA, julgado em 07/03/2013, DJe 20/03/2013*)

(...).
2. No cotejo das regras do art. 33 do CPC, dos arts. 11 e 12 da Lei 1.060/1950 e da garantia de acesso ao Judiciário, a jurisprudência identificou solução parcimoniosa: é mister questionar inicialmente o perito sobre o recebimento dos honorários ao final do processo. Caso não concorde, que se promova sua substituição, com designação de técnico de estabelecimento oficial especializado ou repartição administrativa do ente

público responsável pelo custeio da prova pericial, devendo a perícia se realizar com a colaboração do Poder Judiciário. Precedentes do STJ.

3. Recurso Ordinário parcialmente provido para determinar a intimação de perito e indagá-lo sobre o recebimento dos honorários ao final. Em caso de discordância, deve o Juízo de origem nomear outro, a ser designado entre técnicos de estabelecimento oficial especializado ou repartição administrativa do ente público responsável pelo custeio da prova pericial, devendo a perícia se realizar com a colaboração do Poder Judiciário.

(RMS 37.138/PR, Rel. Ministro HERMAN BENJAMIN, SEGUNDA TURMA, julgado em 04/09/2012, DJe 11/09/2012)

1. Na origem, trata-se de ação na qual requer o autor, ora recorrido, o pagamento dos honorários referentes a perícias realizadas em ações que tiveram trâmite na Justiça do Trabalho, nas quais a parte sucumbente era beneficiária da assistência judiciária gratuita.

(...).

5. Sobre a ofensa ao artigo 206, §1º, III, do CC/2002, sabe-se que o STJ tem externado o entendimento de que o prazo de prescrição para da ação de cobrança dos honorários do perito é de 1 ano, conforme disposto no artigo citado dispositivo, sendo que o inicio do prazo se dá a partir do trânsito em julgado da decisão que fixa a verba honorária. Nesse sentido: AgRg no REsp 1245597/SP, Rel. Ministro Herman Benjamin, Segunda Turma, DJe 31/08/2011; REsp 1191404/SP, Rel. Ministra Eliana Calmon, Segunda Turma, DJe 22/06/2010.

6. Contudo, quando a parte vencida for beneficiária da gratuidade de justiça e o Estado foi condenado a arcar com os honorários periciais, o prazo prescricional para a sua cobrança é o quinquenal, seja em razão do art. 12 da Lei n. 1.060/1950, seja pela aplicação do artigo 1º do Decreto n. 20.910/1932. Precedentes.

7. Recurso especial parcialmente conhecido e, nessa parte, não provido.

(REsp 1285932/RS, Rel. Ministro MAURO CAMPBELL MARQUES, SEGUNDA TURMA, julgado em 05/06/2012, DJe 13/06/2012)

1. Ainda que o dever de arcar com a antecipação dos honorários periciais seja do réu – por ser o autor beneficiário da assistência judiciária gratuita –, é do autor o ônus de provar os fatos constitutivos do seu direito, de sorte que não poderia, de nenhuma forma, ainda que por omissão, contribuir com a não realização da perícia médica para, futuramente, se beneficiar de sua própria desídia. Esse comportamento ofende os deveres de lealdade e boa-fé processual que, de acordo com o art. 14, II, do CPC, devem permear toda e qualquer participação em ação judicial.

ART. 156

2. Recurso especial parcialmente conhecido e, nessa parte, não provido.
(REsp 1143016/ES, Rel. Ministra NANCY ANDRIGHI, TERCEIRA TURMA, julgado em 15/12/2011, DJe 01/02/2012)

1. Consoante enuncia a Súmula 232 desta Corte, "a Fazenda Pública, quando parte no processo, fica sujeita à exigência do depósito prévio dos honorários do perito". Todavia, a referida súmula deve ser interpretada à luz de seus fundamentos legais, dentre os quais citam-se: a) o art. 19 do CPC, que estabelece que, "salvo as disposições concernentes à justiça gratuita", cabe às partes prover as despesas dos atos que realizam ou requerem no processo, antecipando-lhes o pagamento desde o início até sentença final; b) o art. 27 do CPC, segundo o qual as despesas dos atos processuais efetuados "a requerimento da Fazenda Pública" serão pagas a final pelo vencido; c) o art. 33 do CPC, que dispõe que a remuneração do perito "será paga pela parte que houver requerido o exame".
2. Da interpretação sistematizada dos arts. 3º, V, e 11 da Lei 1.060/50, e 19 e 33 do CPC, conclui-se que o Estado, quando for réu no processo, não estará sujeito ao adiantamento dos honorários do perito se a prova pericial for requerida pelo autor da ação, beneficiário da assistência judiciária. Tampouco ficará sujeito a tal adiantamento o autor, porquanto este gozará de isenção por força da Lei 1.060/50.
(...).
Insta acentuar que as regras do ônus da prova não se confundem com as regras do seu custeio. Nesse sentido: REsp 908.728/SP, 4ª Turma, Rel. Min. João Otávio de Noronha, DJe de 26.4.2010.
4. Não concordando o perito nomeado em realizar gratuitamente a perícia e/ou aguardar o final do processo, deve o juiz da causa nomear outro perito, a ser designado entre técnicos de estabelecimento oficial especializado ou repartição administrativa do ente público responsável pelo custeio da prova, devendo a perícia realizar-se com a colaboração do Judiciário.
(...).
(REsp 935.470/MG, Rel. Ministro MAURO CAMPBELL MARQUES, SEGUNDA TURMA, julgado em 24/08/2010, DJe 30/09/2010)

1. A simples inversão do ônus da prova, no sistema do Código de Defesa do Consumidor, não gera a obrigação de custear as despesas com a perícia, embora sofra a parte ré as consequências decorrentes de sua não-produção. (REsp 639.534/MT, Rel. Ministro Carlos Alberto Menezes Direito, DJU 13.02.6). Precedentes.
2. Recurso especial provido.
(REsp 1063639/MS, Rel. Ministro CASTRO MEIRA, SEGUNDA TURMA, julgado em 01/10/2009, DJe 04/11/2009).

Em relação ao adiantamento dos honorários periciais, prescreve o art. 95 do atual C.P.C.:

Art. 95. Cada parte adiantará a remuneração do assistente técnico que houver indicado, sendo a do perito adiantada pela parte que houver requerido a perícia ou rateada quando a perícia for determinada de ofício ou requerida por ambas as partes.

§ 1º O juiz poderá determinar que a parte responsável pelo pagamento dos honorários do perito deposite em juízo o valor correspondente.

§ 2º A quantia recolhida em depósito bancário à ordem do juízo será corrigida monetariamente e paga de acordo com o art. 465, § 4º.

§ 3º Quando o pagamento da perícia for de responsabilidade de beneficiário de gratuidade da justiça, ela poderá ser:

I – custeada com recursos alocados no orçamento do ente público e realizada por servidor do Poder Judiciário ou por órgão público conveniado;

II – paga com recursos alocados no orçamento da União, do Estado ou do Distrito Federal, no caso de ser realizada por particular, hipótese em que o valor será fixado conforme tabela do tribunal respectivo ou, em caso de sua omissão, do Conselho Nacional de Justiça.

§ 4º Na hipótese do § 3º, o juiz, após o trânsito em julgado da decisão final, oficiará a Fazenda Pública para que promova, contra quem tiver sido condenado ao pagamento das despesas processuais, a execução dos valores gastos com a perícia particular ou com a utilização de servidor público ou da estrutura de órgão público, observando-se, caso o responsável pelo pagamento das despesas seja beneficiário de gratuidade da justiça, o disposto no art. 98, § 2º.

§ 5º Para fins de aplicação do § 3º, é vedada a utilização de recursos do fundo de custeio da Defensoria Pública.

O novo C.P.C., em seu art. 91, preconiza que as despesas dos atos processuais praticados a requerimento da Fazenda Pública, do Ministério Público ou da Defensoria Pública serão pagas ao final pelo vencido. As perícias requeridas pela Fazenda Pública, Ministério Público ou Defensoria Pública poderão ser realizadas por entidade pública ou, havendo previsão orçamentária, ter os valores adiantados por aquele que requerer a prova. Não havendo previsão orçamentária no exercício financeiro para adiantamento dos honorários periciais, eles serão pagos no seguinte ou ao final, pelo vencido, caso o processo se encerre antes do adiantamento a ser feito pelo ente público.

Estabelece o *§ 2º do art. 156 do atual C.P.C. que para a formação do cadastro, os tribunais devem realizar consulta pública, por meio da divulgação na rede mundial de* *computadores ou em jornais de grande circulação, além de consulta direta a universidades, a conselhos de classe, ao Ministério Público, à Defensoria Pública e à Ordem dos Advogados do Brasil, para a indicação de profissionais ou órgãos técnicos interessados.*

Assim, os tribunais devem dar a maior amplitude de consulta pública para a seleção dos peritos que irão forma o cadastro. Essa divulgação dar-se-á pela rede mundial de computadores ou em jornais de grande circulação, além de consulta direta a universidades, conselhos de classe, ao Ministério Público, à Defensoria Pública e à Ordem dos Advogados do Brasil, para indicação de profissionais ou órgão técnicos interessados.

Preceitua o § *3º do art. 156* do atual C.P.C. que *os tribunais realizarão avaliações e reavaliações periódicas para manutenção do cadastro, considerando a formação profissional, a atualização do conhecimento e a experiência dos peritos interessados.*

O cadastro de peritos deve ser avaliado e reavaliado periodicamente, considerando a formação profissional de cada perito, atualizado o conhecimento e a experiência dos interessados.

Preconiza o § *4º do art. 156* do atual C.P.C. que *para verificação de eventual impedimento ou motivo de suspeição, nos termos dos arts. 148 e 467, o órgão técnico ou científico nomeado para realização da perícia informará ao juiz os nomes e os dados de qualificação dos profissionais que participarão da atividade.*

Por fim, aduz o § *5º do art. 156* do novo C.P.C. que *nas localidades onde não houver inscrito no cadastro disponibilizado pelo tribunal, a nomeação do perito é de livre escolha pelo juiz e deverá recair sobre profissional ou órgão técnico ou científico comprovadamente detentor do conhecimento necessário à realização da perícia.*

Portanto, somente nas localidades em que não houver inscritos no cadastro disponibilizado pelo tribunal, é que a nomeação do perito será de livre escolha do juiz, devendo recair sobre profissional ou órgão técnico ou científico comprovadamente detentor do conhecimento necessário à realização da perícia. Note-se que essa comprovação não se dá apenas por certidão expedida pelo órgão profissional em que estiver inscrito.

É importante salientar que a livre escolha do juiz quanto à pessoa do perito existe também em relação aos peritos inscritos no órgão profissional.

O art. 569º do C.P.C. de Portugal permite que a perícia possa ser realizada por meio de um perito, até ao número de três, funcionando em moldes colegiais ou interdisciplinares, quando o juiz oficiosamente determine, por entender que a perícia reveste especial complexidade ou exige conhecimento de matérias distintas ou quando alguma das partes, nos requerimentos previstos nos artigos 577º e 578, n. 1 do C.P.C. português, requerer a realização de perícia colegial.

CÓDIGO DE PROCESSO CIVIL

Muito embora a escolha do perito seja de livre escolha do juiz, deve-se registrar que o perito não poderá ter vinculação com o magistrado que possa provocar causas que denotem seu impedimento ou suspeição. Além do mais, o profissional que for indicado deverá comprovar sua qualificação técnica.

Sobre o tema, eis os seguintes precedentes do S.T.J.:

(...).

2. O artigo 14 do Decreto-Lei nº 3.365/41, que rege as ações de desapropriação, não obsta a nomeação de perito de nível médio, sendo da livre escolha do juiz sua designação. Se pretendia trazer a matéria a exame da instância especial, deveria o recorrente ter suscitado o debate sobre o dispositivo legal específico, quanto à exigência do terceiro grau completo para o desempenho da atividade.

(...).

(REsp 737.284/CE, Rel. Ministro CASTRO MEIRA, SEGUNDA TURMA, julgado em 18/08/2005, DJ 19/09/2005, p. 301)

I – O fato de a primeira avaliação ter sido feita por profissional habilitado, com o devido registro, não impossibilita, por si só, que a segunda avaliação se efetive por perito de livre escolha do juiz, na hipótese de, na ocasião, não haver na localidade profissionais habilitados (CPC, art. 145, § 3º). Ao declarar nulo, de ofício, o processo em tal situação, o acórdão recorrido violou o art. 515 do CPC, por não se tratar de nulidade que o juiz deva decretar de ofício.

II – Recurso especial conhecido e provido.

(REsp 124.430/RS, Rel. Ministro ANTÔNIO DE PÁDUA RIBEIRO, TERCEIRA TURMA, julgado em 13/06/2000, DJ 14/08/2000, p. 164)

(...).

3. O Tribunal Regional Federal da 1ª Região anulou de ofício a sentença sob o fundamento de que o Juiz Federal nomeou seu irmão para atuar na causa como perito judicial.

4. Os casos de impedimento e de suspeição do juiz estão previstos nos arts. 134 e 135 do CPC e são inteiramente aplicáveis ao perito, ex vi do art. 138, III, do mesmo diploma.

5. Por força do art. 245 do CPC, a nulidade dos atos deve ser alegada na primeira oportunidade em que couber à parte falar nos autos, sob pena de preclusão.

6. Na hipótese, merece reforma o aresto recorrido porque: a) inexistiu arguição da suspeição ou impedimento pelos expropriados em momento oportuno, operando-se a preclusão; b) o juiz que proferiu a sentença é diverso daquele que nomeou o irmão como

ART. 156

perito; e c) foi adotado o laudo do Incra para a fixação do valor da indenização, não havendo qualquer prejuízo para as partes.

7. Recurso Especial parcialmente provido.

(REsp 876.942/MT, Rel. Ministro HERMAN BENJAMIN, SEGUNDA TURMA, julgado em 25/08/2009, DJe 31/08/2009)

(...).

2. Ainda que por fundamentos diversos, o aresto atacado abordou todas as questões necessárias à integral solução da lide, concluindo, no entanto, que o juiz não pode nomear como perito o seu próprio irmão.

3. As hipóteses de impedimento e suspeição do juiz estão expressamente previstas nos arts. 134 e 135 do CPC, sendo certo que os motivos de impedimento e de suspeição do juiz também são aplicáveis ao perito, por força do disposto no inciso III do art. 138 do mesmo código. Deve ser observada, ainda, a norma contida no art. 136 da Lei Processual Civil.

4. O legislador, ao definir as hipóteses de suspeição e impedimento, atentou apenas para as possíveis relações existentes entre o juiz e as partes do processo, ou, conforme o art. 138, III, do CPC, entre as partes e o perito, nada dispondo acerca de eventuais vínculos, seja de que natureza for, entre o juiz e os seus auxiliares (peritos, serventuários, intérpretes etc).

5. Uma vez nomeado para oficiar nos autos, o perito, sendo irmão do juiz que o nomeou, poderia até mesmo – o que seria uma atitude louvável – declarar a sua suspeição por motivo de foro íntimo, nos termos do parágrafo único do art. 135 acima transcrito.

6. Tratando-se, todavia, de hipótese de suspeição, esta deve ser arguida em petição fundamentada e devidamente instruída, na primeira oportunidade em que lhe couber falar nos autos, sob pena de preclusão (CPC, art. 138, § 1º).

7. Assim, conquanto não constitua exemplo de ética profissional, não há na lei processual civil nada que impeça o juiz de nomear o seu próprio irmão para oficiar nos autos como seu assistente, não sendo causa suficiente, portanto, para se declarar, de ofício, a nulidade do julgamento.

8. "Embargos de declaração manifestados com notório propósito de prequestionamento não têm caráter protelatório" (Súmula 98/STJ).

9. Recurso especial parcialmente provido.

(REsp 906.598/MT, Rel. Ministra DENISE ARRUDA, PRIMEIRA TURMA, julgado em 19/06/2007, DJ 02/08/2007, p. 407)

Art. 157

O perito tem o dever de cumprir o ofício no prazo que lhe designar o juiz, empregando toda sua diligência, podendo escusar-se do encargo alegando motivo legítimo.

§ 1º A escusa será apresentada no prazo de 15 (quinze) dias, contado da intimação, da suspeição ou do impedimento supervenientes, sob pena de renúncia ao direito a alegá-la.

§ 2º Será organizada lista de peritos na vara ou na secretaria, com disponibilização dos documentos exigidos para habilitação à consulta de interessados, para que a nomeação seja distribuída de modo equitativo, observadas a capacidade técnica e a área de conhecimento.

Do dever e da indicação do perito

No projeto originário do Senado n. 166/10, falava-se no prazo que fosse fixado em lei e não pelo juiz.

Segundo estabelece o art. 464 do novo C.P.C., o juiz nomeará e fixará de imediato o prazo para a entrega do laudo, devendo o perito envidar todos os esforços para cumprir o seu ofício no prazo fixado, empregando toda a sua diligência para realização do trabalho.

O perito, conforme estabelece o art. 466 do atual C.P.C., cumprirá escrupulosamente o encargo que lhe foi cometido.

Se o perito, por motivo justificado, não puder apresentar o laudo dentro do prazo legal, o juiz poderá conceder-lhe, por uma vez, prorrogação.

O perito, por sua vez, pode escusar-se por impedimento ou suspeição de realizar a perícia. Aplicam-se ao perito as causas de impedimento e suspeição do juiz, nos termos do art. 148, inc. II do novo C.P.C.

Além dos motivos legítimos (suspeição e impedimento), o perito pode ser substituído por *faltar-lhe conhecimento técnico ou científico* ou *sem motivo legítimo deixar de cumprir o encargo no prazo que lhe foi assinado.* (art. 468, inc. I e II, do novo C.P.C.).

No mesmo sentido são os artigos 470º e 472 do C.P.C. português:

> *Artigo 470º Obstáculos à nomeação de peritos*
> *1 – É aplicável aos peritos o regime de impedimentos e suspeições que vigora para os juízes, com as necessárias adaptações.*
> *2 – Estão dispensados do exercício da função de perito os titulares dos órgãos de soberania ou dos órgãos equivalentes das Regiões Autónomas, bem como aqueles que,*

ART. 157

por lei, lhes estejam equiparados, os magistrados do Ministério Público em efetividade de funções e os agentes diplomáticos de países estrangeiros.

3 – Podem pedir escusa da intervenção como peritos todos aqueles a quem seja inexigível o desempenho da tarefa, atentos os motivos pessoais invocados.

Artigo 471º Verificação dos obstáculos à nomeação
1 – As causas de impedimento, suspeição e dispensa legal do exercício da função de perito podem ser alegadas pelas partes e pelo próprio perito designado, consoante as circunstâncias, dentro do prazo de 10 dias a contar do conhecimento da nomeação ou, sendo superveniente o conhecimento da causa, nos 10 dias subsequentes; e podem ser oficiosamente conhecidas até à realização da diligência.
2 – As escusas são requeridas pelo próprio perito, no prazo de cinco dias a contar do conhecimento da nomeação.
3 – Das decisões proferidas sobre impedimentos, suspeições ou escusas não cabe recurso.
O §1º do art. 157 do novo C.P.C. prescreve que a escusa será apresentada no prazo de 15 (quinze) dias, contado da intimação, da suspeição ou do impedimento supervenientes, sob pena de se considerar renunciado o direito a alegá-la.

O perito poderá recusar a realização do *múnus público* que lhe foi imposto pela autoridade judiciária, escusando-se desse encargo no prazo de quinze dias contados de sua nomeação.

A recusa deverá respaldar-se em *motivo legítimo*, sob pena de indeferimento. Dentre os motivos legítimos estão as causas de suspeição ou impedimento, ainda as causas de motivos particulares, como, por exemplo, excesso de serviço, viagem anteriormente marcada, compromissos profissionais inadiáveis e que de certa forma poderão ensejar prejuízo à realização da perícia.

O dispositivo fala em *impedimento ou suspeição* Assim, *"o perito que se tornar herdeiro presuntivo de qualquer das partes, por fato posterior ao compromisso prestado, tem motivo de suspeição – não de impedimento – para se escusar; do mesmo modo o que, por circunstância fortuita, vier a ser tornar inimigo capital de uma das partes; ou o que tiver de se ausentar imprevistamente da cidade, ou de mudar sua residência para outro lugar; ou que passar a trabalhar em regime de dedicação exclusiva etc".*[597]

Se o motivo é preexistente quando da intimação da nomeação, o prazo de 15 (quinze) dias para a escusa conta-se da intimação da nomeação. Se o motivo

---

[597] BARBI, Celso Agrícola. *Comentário ao código de processo civil.* 5ª ed. I Vol. (art. 1º a 153). Rio de Janeiro: Forense, 1983. p. 602.

CÓDIGO DE PROCESSO CIVIL

for superveniente, o prazo de quinze dias será contado da intimação de sua ocorrência.

A parte final deste parágrafo fala em *renúncia* ao direito de alegar o impedimento ou suspeição, se escoado o prazo de quinze dias.

O legislador do novo C.P.C. deveria ter observado a crítica feita por Celso Agrícola Barbi ao parágrafo único do art. 146 do C.P.C de 1973. Segundo Barbi, *"o parágrafo único é criticável também por considerar o prazo de cinco dias como de renúncia presumida ao direito de escusa. Se realmente ocorrer caso de impedimento previsto nos arts. 134 a 138, item III, é excessivo constranger o perito a funcionar na causa, sujeitando-se a acusações de parcialidade, injúrias etc., apenas porque deixou se escoar o prazo de cinco dias. Note-se que o perito não é, em geral, pessoa afeita ao trato com o Código de Processo Civil, para conhecer minúcias de prazos, com que somente estão familiarizados os profissionais do foro. A severidade da norma deve ser amenizada pelo prudente critério do juiz, para evitar situações de constrangimento, que não podem estar no espírito da lei".*[598]

O §2º do art. 157 do novo C.P.C. preconiza que *será organizada lista de peritos na vara ou na secretaria, com disponibilização dos documentos exigidos para habilitação à consulta dos interessados, para que a nomeação seja distribuída de modo equitativo, observadas a capacidade técnica e a área de conhecimento.*

A organização prévia de uma lista de perito em cada área de atuação é importante, tanto para avaliação dos peritos que poderão atuar nos futuros processos, como para facilitar a célere escolha e nomeação do perito. É importante salientar que deve existir uma alternância entre os peritos inscritos e relacionados na lista, evitando-se, assim, indevida preferência ou indicação de um ou alguns peritos. A equidade deve prevalecer na nomeação de perito no âmbito judicial.

Art. 158

O perito que, por dolo ou culpa, prestar informações inverídicas responderá pelos prejuízos que causar à parte e ficará inabilitado para atuar em outras perícias no prazo de 2 (dois) a 5 (cinco) anos, independentemente das demais sanções previstas em lei, devendo o juiz comunicar o fato ao respectivo órgão de classe para adoção das medidas que entender cabíveis.

Da responsabilidade por informações inverídicas

Diferentemente do que ocorre com o juiz em que a responsabilidade por danos causados às partes advém de dolo ou fraude, o perito responderá pelos prejuízos

---

[598] BARBI, C. A. idem, p. 603.

864

desde que aja com *culpa lato sensu*, que inclui o dolo e a *culpa stricto sensu* (imprudência, negligência ou imperícia).

Evidentemente que se a culpa incorrida pelo perito for uma culpa levíssima e que não tenha causado sérios danos ao processo, não se justifica aplicar as sanções previstas no art. 158 do novo C.P.C., pois o erro ou equívoco são situações possíveis de ocorrer, sem que isso possa ser considerado ato faltoso ensejador de sanções penais ou administrativas.

O perito que agir com dolo ou culpa na realização da perícia, além de ficar inabilitado para exercer o encargo pelo prazo de dois a cinco anos, incorrerá na sanção que a lei estabelecer, devendo o juiz comunicar o fato ao respectivo órgão de classe para adoção das medidas que entender cabíveis.

O art. 469º, do C.P.C. português determina que o juiz aplique multa ao perito que age com desídia na realização da perícia, *in verbis*:

> *Artigo 469º Desempenho da função de perito*
> *1 – O perito é obrigado a desempenhar com diligência a função para que tiver sido nomeado, podendo o juiz condená -lo em multa quando infrinja os deveres de colaboração*
> *Com o tribunal.*
> *(...).*

O art. 67 do Código de Processo Civil italiano preconiza:

> *Art. 67. (Responsabilidade do consultor)*
> *Sem prejuízo das disposições do código penal, o consultor que não executa o encargo assumido pode ser condenado pelo juiz a uma pena pecuniária de 250 a 500 euros. Ele é obrigado a ressarcir os danos causados às partes, se não exercita a custodia como um bom pai de família.*

Por sua vez, estabelece o art. 64 do C.P.C. italiano:

> *Art. 64. (Responsabilidade do consultor):*
> *Aplicam-se ao consultor técnico as disposições do código penal relativa aos peritos.*
> *Em todo caso, o consultor que incorre em culpa grave na execução dos atos que lhe são determinados, é punido com prisão de até um ano e com uma multa de até 10.329 euros. Aplica-se o art. 35 do código penal. Em todo caso é devido o ressarcimento dos danos causados às partes.*

O art. 158 do novo C.P.C. traz normatização semelhante àquelas previstas nos códigos italiano e português.

O perito que, por *dolo ou culpa*, prestar informações inverídicas estará sujeito a três sanções: a) ressarcimento dos danos causados às partes; b) inabilitação de dois anos a cinco anos para atuar em outras perícias; c) sanção administrativa pelo órgão de fiscalização; d) incorrerá na sanção que a lei estabelecer.

Mesmo que não haja prejuízo evidente às partes, as outras duas sanções serão aplicadas ao perito que por dolo ou culpa prestar informações inverídicas.

O dolo ocorrerá quando o perito, intencionalmente, dar informações inverídicas. Para a culpa, basta a negligência, imprudência ou imperícia. Segundo Barbi, *"a primeira pode acontecer com a desídia do perito em examinar o objeto da perícia, de modo que, por falta de elementos seguros, informe erradamente o juiz. A imprudência, como motivadora de informações não verdadeiras, é mais difícil de acontecer, mas a variedade de fatos da vida diária não exclui a possibilidade de vir a surgir caso em que ela ocorra. A imperícia também pode ensejar a prestação de informação errôneas ao julgador; o perito é, geralmente, um técnico e, portanto, deve conhecer satisfatoriamente sua especialidade. Se, por deficiência desses conhecimentos, informa de modo errado, agiu com falta de perícia que a função exige"*.[599]

A perspectiva de sanção penal é aquela prevista no art. 342 do Código Penal que assim dispõe:

> *Art. 342. Fazer afirmação falsa, ou negar ou calar a verdade como testemunha, perito, contador, tradutor ou intérprete em processo judicial, ou administrativo, inquérito policial, ou em juízo arbitral: (Redação dada pela Lei nº 10.268, de 28.8.2001)*
>
> *Pena – reclusão, de um a três anos, e multa.*
>
> *§ 1º As penas aumentam-se de um sexto a um terço, se o crime é praticado mediante suborno ou se cometido com o fim de obter prova destinada a produzir efeito em processo penal, ou em processo civil em que for parte entidade da administração pública direta ou indireta. (*
>
> *§ 2º O fato deixa de ser punível se, antes da sentença no processo em que ocorreu o ilícito, o agente se retrata ou declara a verdade.(Redação dada pela Lei nº 10.268, de 28.8.2001).*

Verificada a falta, o juiz deve imediatamente comunicá-la ao Ministério Público e ao órgão de fiscalização, para que, se for o caso, seja instaurada o processo penal e administrativo.

A instauração da ação penal não está condicionada ao término do processo em que ocorreu a falsa perícia.

---

[599] BARBI, C. A., idem, p. 604.

ART. 158

O Superior Tribunal de Justiça, ao tratar do falso testemunho, que, *mutatis mutanti*, também se aplica à falsa perícia, assim decidiu:

I – O trancamento da ação penal por falta de justa causa, na via estreita do writ, somente é viável desde que se comprove, de plano, a atipicidade da conduta, a incidência de causa de extinção da punibilidade ou a ausência de indícios de autoria ou de prova sobre a materialidade do delito, hipóteses não ocorrentes na espécie (Precedentes).

II – A prolação de sentença no processo em que ocorreu o falso testemunho não é condição de procedibilidade da ação penal pelo referido delito contra a Administração da Justiça.

III – A decisão acerca do falso depoimento, todavia, é que não pode preceder a do feito no qual ocorrera o eventual ilícito.

Habeas corpus denegado.

(HC 33.735/MG, Rel. Ministro FELIX FISCHER, QUINTA TURMA, julgado em 23/06/2004, DJ 23/08/2004, p. 257)

Se na falsa perícia também houver a concretização de prejuízos às partes, este prejuízo deverá ser apurado em ação própria.

É importante salientar, ainda, que o art. 77 do novo C.P.C. preconiza que além de outros previstos neste Código, são deveres das partes, de seus procuradores e *de todos aqueles que de qualquer forma participem do processo*: I – expor os fatos em juízo conforme a verdade.

Assim, o perito que tem participação efetiva no processo também deverá observar os deveres previstos no art. 77 do novo C.P.C.

Além do mais, a decisão que nomeia o perito e determina que ele realize a perícia com lealdade, boa-fé, sem produzir atos inúteis ao processo, cumprindo com exatidão a ordem emanada da autoridade judiciária, é uma decisão de caráter eminentemente *mandamental*.

Deixando o perito de cumprir a decisão *mandamental* da autoridade judiciária, estará ele sujeito à multa prevista no §2º do art. 77 do novo C.P.C.: *"A violação ao disposto nos incisos IV e VI constitui ato atentatório à dignidade da justiça, devendo o juiz, sem prejuízo das sanções criminais, civis e processuais cabíveis, aplicar ao responsável multa de até vinte por cento do valor da causa, de acordo com a gravidade da conduta.*

Sobre o tema, já decidiu o S.T.J.:

Agravo regimental no agravo de instrumento. Responsabilidade civil. Perito. Exame de dna. Reconhecimento de culpa pelo tribunal de origem, em face do lançamento precipitado do afastamento da paternidade. Dano moral. Omissão ausente. Súmula 07/stj. Agravo regimental desprovido.

CÓDIGO DE PROCESSO CIVIL

(AgRg no Ag 1349903/RS, Rel. Ministro PAULO DE TARSO SANSEVE-RINO, TERCEIRA TURMA, julgado em 27/03/2012, DJe 10/04/2012).

SEÇÃO III - Do Depositário e do Administrador

Art. 159

A guarda e a conservação de bens penhorados, arrestados, sequestrados ou arrecadados serão confiadas a depositário ou a administrador, não dispondo a lei de outro modo.

Do depositário e do administrador

O dispositivo preconiza a existência das figuras de administrador ou depositário como auxiliares da Justiça.

Assim, bens penhorados, arrestados, sequestrados ou arrecadados serão confiados a depositário ou administrador nomeado pelo juiz, salvo se a lei dispuser de modo diverso.

Há previsão específica quando à nomeação de depositário no art. 840 do atual C.P.C.: *Serão preferencialmente depositados: I – as quantias em dinheiro, os papéis de crédito e as pedras e os metais preciosos, no Banco do Brasil, na Caixa Econômica Federal ou em banco do qual o Estado ou o Distrito Federal possua mais da metade do capital social integralizado, ou, na falta desses estabelecimentos, em qualquer instituição de crédito designada pelo juiz.*

Por outro lado, o inc. II do art. 840 do novo C.P.C. estabelece que os móveis, os semoventes, os imóveis urbanos e os direitos aquisitivos sobre imóveis urbanos, em poder do depositário judicial.

Os imóveis rurais, os direitos aquisitivos sobre imóveis rurais, as máquinas, os utensílios e os instrumentos necessários ou úteis à atividade agrícola, mediante caução idônea, em poder do executado (inc. III do art. 840 do atual C.P.C.).

A finalidade do depósito é justamente a guarda e conservação do bem, evitando-se sua deterioração ou perdimento.

Em determinadas situações, não é suficiente a guarda e conservação, uma vez que o bem deve continuar a desenvolver sua função normal, como ocorre com os parques industriais, comerciais ou os imóveis rurais de produção agrícola. Nessas hipóteses, o depositário também deverá exercer a função de administrador do bem, conforme estabelecem os arts. 862, 866, §2º, 868 e 896, entre outros, do novo C.P.C.

ART. 160

Por sua vez, o S.T.J., por meio de sua Súmula n. 319 já preconizou que *"O encargo de depositário de bens penhorados pode ser expressamente recusado."*. A *ratio* da súmula não admite condicionamento, máxime porque há auxiliares da Justiça que podem exercer o munus. (S.T.J. AgRg no REsp 1196537/MG)

Sobre o tema, eis o seguinte precedente do S.T.J.:

1. A Súmula 319 do STJ dispõe que: "O encargo de depositário de bens penhorados pode ser expressamente recusado.", por isso que o mesmo tratamento deve ser conferido ao depositário que assume o encargo e, posteriormente, de forma justificada, pleiteia exonerar-se do munus posto não poder mais suportar referido ônus.

2. In casu, tendo o próprio acórdão recorrido reconhecido justificada a exoneração do encargo de depositário, nos seguintes termos: "indiscutivelmente possível a substituição do depositário, ainda mais como em casos como o dos autos quando amplamente justificada a dificuldade ou a impossibilidade do depositário em como tal permanecer, conforme a petição de fls. 08, nada obriga, apesar da sua conveniência, seja o "munus" exercido por quem detenha o controle acionário da empresa executada, proprietária daquilo que se penhorou.", razão pela qual a manutenção do referido ônus ao recorrente, implicaria em medida desproporcional aos ditames da tutela jurisdicional executiva.

3. A ratio da súmula não admite condicionamento, máxime porque há auxiliares da Justiça que podem exercer o munus.

4. Recurso especial provido.

(REsp 1120403/SP, Rel. Ministro LUIZ FUX, PRIMEIRA TURMA, julgado em 03/12/2009, DJe 02/02/2010)

Art. 160

Por seu trabalho o depositário ou o administrador perceberá remuneração que o juiz fixará levando em conta a situação dos bens, ao tempo do serviço e às dificuldades de sua execução.

Parágrafo único. O juiz poderá nomear um ou mais prepostos por indicação do depositário ou do administrador.

Remuneração pelo trabalho prestado pelo administrador

Assim como todos os demais auxiliares de justiça que exerçam função no âmbito da relação jurídica processual, o depositário e/ou administrador também terão direito a uma remuneração que será fixada pelo juiz de acordo com o grau de dificuldade da guarda ou administração dos bens, assim como em razão do tempo do serviço e das dificuldades de sua execução, levando-se em consideração, além de outras circunstâncias, o valor da coisa ou o faturamento que a administração do bem poderá ensejar, sob pena de a remuneração do depositário ou do administrador tornar-se inadequada para o trabalho realizado.

Evidentemente que na remuneração a ser fixada pelo juiz não estão incluídas as despesas que o depositário ou administrador tiver com a guarda ou administração do bem.

Em diversas Comarcas existe o denominado depositário público, sendo sua remuneração estipulada pelas leis de organização judiciária.

Lamentavelmente, na Justiça Federal ainda não foi criado o cargo de depositário ou administrador público, o que de certa forma iria ajudar e muito a celeridade processual e facilitaria ao magistrado o desempenho da função jurisdicional.

Havendo depositário público e sendo sua remuneração fixada por norma legal não se aplica o disposto no art. 160 do novo C.P.C.

Sobre o tema, eis os seguintes precedentes do S.T.J.:

(...).

2. É inviável, em sede de recurso especial, a revisão do valor da remuneração diária de proposto indicado por depositário judicial, fixada, no caso, para 1/3 do salário mínimo, porquanto demandaria reexame de provas, o que é defeso nesta fase recursal (Súmula 7/STJ).

3. Agravo regimental a que se nega provimento.

(AgRg no Ag 1343316/RJ, Rel. Ministro LUIS FELIPE SALOMÃO, QUARTA TURMA, julgado em 01/03/2012, DJe 09/03/2012)

(...).

5. É cediço em sede doutrinária que: "A União está isenta de custas, selos, taxas e emolumentos na execução fiscal. Os processos de execução fiscal para cobrança da dívida da União, ainda que em curso perante a justiça dos Estados, do Distrito Federal ou dos Territórios, estão isentos de qualquer pagamento, seja ele qual for, no que concerne a custas ou despesas judiciais.

Não paga a taxa judiciária, não paga selo nas petições ou papéis juntos aos autos; não paga remuneração aos cartórios ou órgãos auxiliares, tais como depositários, avaliadores, partidores, etc.

(...).

(REsp 896.015/PR, Rel. Ministro LUIZ FUX, PRIMEIRA TURMA, julgado em 20/11/2008, DJe 17/12/2008).

O *parágrafo único do art. 160* do novo C.P.C. estabelece que *o juiz poderá nomear um ou mais prepostos por indicação do depositário ou do administrador.*

Isso poderá ocorrer quando o depositário ou administrador não puder, sozinho, cuidar ou administrar os bens, principalmente pelo número de bens e pela diversidade de local em que se situam.

Art. 161

O depositário ou o administrador responde pelos prejuízos que, por dolo ou culpa, causar à parte, perdendo a remuneração que lhe foi arbitrada, mas tem o direito a haver o que legitimamente despendeu no exercício do encargo.

Parágrafo único. O depositário infiel responde civilmente pelos prejuízos causados, sem prejuízo de sua responsabilidade penal e da imposição de sanção por ato atentatório à dignidade da justiça.

Responsabilidade do depositário ou administrador

Diferentemente do que ocorre com o juiz, em que a responsabilidade por danos causados às partes advém de dolo ou fraude, o depositário ou administrador responderá pelos prejuízos desde que aja com *culpa lato sensu*, que inclui o dolo e a *culpa stricto sensu* (imprudência, negligência ou imperícia).

Evidentemente que se a culpa incorrida pelo depositário ou administrador for uma culpa levíssima e que não tenha causado sérios danos ao processo, não se justifica aplicar as sanções previstas no art. 161 do novo C.P.C., pois o erro ou equívoco são situações possíveis de ocorrer, sem que isso possa ser considerado ato faltoso ensejador de sanções penais ou administrativas.

O depositário ou administrador que, por *dolo ou culpa*, causar prejuízo à parte responde, além de responder por perdas e danos, perderá a remuneração que lhe seria devido, fazendo jus, porém, o valor das despesas que despendeu.

Mesmo que não haja prejuízo evidente às partes, a perda da remuneração será uma consequência lógica do dolo e da culpa.

O dolo correrá quando o depositário ou administrador, intencionalmente, agir com desídia ou má fé na guarda ou administração do bem.

É importante salientar, ainda, que o art. 77 do novo C.P.C. preconiza que além de outros previstos neste Código, são deveres das partes, de seus procuradores e *de todos aqueles que de qualquer forma participem do processo*: I – expor os fatos em juízo conforme a verdade.

CÓDIGO DE PROCESSO CIVIL

Assim, o depositário ou administrador, que tem participação efetiva no processo, também deverá observar os deveres previstos no art. 77 do novo C.P.C.

Além do mais, a decisão que nomeia o depositário ou administrador e determina que ele realize a administre ou guarde o bem com lealdade, boa-fé, sem produzir atos inúteis ao processo, cumprindo com exatidão a ordem emanada da autoridade judiciária, é uma decisão de caráter eminentemente *mandamental*.

Deixando o administrador ou depositário de cumprir a decisão *mandamental* da autoridade judiciária, estará, ele, sujeito à multa prevista no parágrafo segundo do art. 77 do novo C.P.C.

Estabelece o *parágrafo único do art. 161* do novo C.P.C., *o depositário infiel responde civilmente pelos prejuízos causados, sem prejuízo de sua responsabilidade penal e da imposição de sanção por ato atentatório à dignidade da justiça.*

Emenda da Câmara dos Deputados expressamente consignou que para *o depositário infiel há a sanção civil pelos prejuízos causados, a sanção penal e a imposição de sanção por ato atentatório à dignidade da justiça.*

Como a norma não esclarece, a apuração dos prejuízos deverá ocorrer em ação própria, dando origem a um processo específico sobre esta questão.

Segundo prescreve o *parágrafo único* do art. 161 do novo C.P.C., o depositário ou administrador poderá incorrer ainda nas sanções penais, entre elas, apropriação indébita (art. 168, §1º, inc.II, do C.P.); fraude processual (art. 347 do C.P.).

Segundo anotam Amílcar de Castro, analisando o C.P.C. de 1939, e Celso Agrícola Barbi, analisando o C.P.C. de 1973, haveria a possibilidade de incidência ao depositário infiel de sanção decorrente de prisão civil.[600]

Porém, segundo precedentes do Supremo Tribunal Federal, e em razão do Pacto de São José da Costa Rica, não há mais incidência de pena de prisão contra o depositário infiel. Nesse sentido é a Súmula vinculante n 25 do S.T.F.: *"É ilícita a prisão civil de depositário infiel, qualquer que seja a modalidade do depósito".*

Sobre o tema, assim decidiu o S.T.J.:

> – *Tendo o ora recorrente, paciente, sido substituído por outra pessoa em relação ao encargo de depositário judicial de bens penhorados, não há mais risco de decreto de prisão civil em desfavor daquele, ausente qualquer razão para impetrar o presente habeas corpus, mesmo preventivamente. A ameaça de prisão, agora, é dirigida contra o novo depositário.*
>
> *Recurso ordinário improvido.*
>
> *(RHC 29.496/SP, Rel. Ministro CESAR ASFOR ROCHA, SEGUNDA TURMA, julgado em 22/02/2011, DJe 18/03/2011).*

---

[600] BARBI, C. A., idem, p. 607.

SEÇÃO IV – Do Intérprete e do Tradutor

Art. 162

O juiz nomeará intérprete ou tradutor quando necessário para:

I – traduzir documento redigido em língua estrangeira;

II – verter para o português as declarações das partes e das testemunhas que não conhecerem o idioma nacional;

III – realizar a interpretação simultânea dos depoimentos das partes e testemunhas com deficiência auditiva que se comuniquem por meio da Língua Brasileira de Sinais, ou equivalente, quando assim for solicitado.

Do interprete e tradutor

Emenda da Câmara dos Deputados traz distinção entre interprete e tradutor.

Assim, a competência para analisar documento redigido em língua estrangeira é do *tradutor*.

Já para realizar a interpretação simultânea dos depoimentos das partes e testemunhas com deficiência auditiva que se comuniquem por meio da Língua Brasileira de Sinais, ou equivalente, é de competência do interprete.

Tendo em vista que os atos processuais devem ser realizados no idioma nacional, também os documentos e o depoimento de testemunhas ou interrogatório da parte devem ser vertidos para o idioma nacional se forem realizados em língua estrangeira.

A função do intérprete ou tradutor, assim como a do perito, é de auxiliar do juiz e possibilitar às partes a realização efetiva do contraditório e da ampla defesa.

A tradução realizada pelo intérprete não pode ser considerada como meio de prova, pois sua finalidade é de apenas tornar inteligível o meio de prova que foi produzido em juízo. Assim, sua função é de tornar clara a prova.

A lei estabelece que o juiz somente nomeará intérprete se houver necessidade de fazê-lo. No entendimento de Celso Agrícola Barbi, se o magistrado tiver condições pessoais de o fazer, não necessitará de ajuda.[601]

Contudo, não obstante o entendimento de Agrícola Barbi, e em face do princípio da ampla defesa e do contraditório, o magistrado sempre deverá nomear interprete ou tradutor quando a parte contrária ou seu advogado não tiverem

---

[601] Barbi, C. A., idem, p. 612.

condições de compreender a redação do documento ou as declarações da testemunha ou da parte contrária.

Quando a lei diz que o magistrado somente nomeará intérprete se houver necessidade de fazê-lo, isso quer dizer que em determinadas hipóteses não haverá necessidade de nomear o auxiliar do juízo, uma vez que o documento é redigido numa língua estrangeira de fácil compreensão por todos (o espanhol ou o português de Portugal, por exemplo), ou a testemunha ou a parte conseguem de certa forma se exprimir na língua portuguesa.

O que não pode ocorrer é um diálogo em alemão entre o juiz e a testemunha ou entre o juiz e a parte contrária, sendo que a outra parte ou seu advogado não compreendem nada de alemão. A tradução do magistrado poderá ensejar equívoco, ou ser manipulada pelo sua precompreensão da língua estrangeira.

É importante salientar que o intérprete como auxiliar do juízo não se confunde com o tradutor público e o intérprete comercial, cuja atividade é regulada por lei específica.[602]

Além da hipótese de documentos redigidos em língua estrangeira ou declarações de testemunhas ou das partes em outro vernáculo, há também a necessidade de realizar a

Interpretação simultânea dos depoimentos das partes e testemunhas com deficiência auditiva que se comuniquem por meio da Língua Brasileira de Sinais, ou equivalente, quando assim for solicitado (inc. III do art. 162 do atual C.P.C.).

É importante salientar que pelo atual código civil brasileiro, os *surdos-mudos* não são incapazes para exercer pessoalmente os atos da vida civil.

Porém, deve-se ressaltar que, nos termos do art. 228, inc. III do C.C.b., não podem ser admitidos como testemunhas os surdos, quando a ciência do fato que se quer provar dependa dos sentidos que lhes faltam.

Em face da deficiência auditiva ou de fala, haverá necessidade de intérprete quando eles conseguem se comunicar por meio da linguagem de sinais. O intérprete, portanto, terá por função traduzir a linguagem mímica.

Contudo, preferencialmente essas pessoas deverão depor ou prestar declarações em forma escrita, uma vez que assim sua vontade e sua compreensão dos fatos estarão em perfeita consonância com a realidade e não serão objeto de intermediação por terceiros.

---

[602] BARBI, C. A., idem, p. 613.

Art. 163

Não pode ser intérprete ou tradutor quem:

I – não tiver a livre administração de seus bens;

II – for arrolado como testemunha ou atuar como perito no processo;

III – estiver inabilitado para o exercício da profissão por sentença penal condenatória, enquanto durarem seus efeitos.

Impedimentos para ser interprete ou tradutor

Pelo inciso I, não podem ser interpretes: a) – os menores de dezoito anos; b) os que, por enfermidade ou deficiência mental, não tiverem o necessário discernimento para a prática desses atos; c) – os que, mesmo por causa transitória, não puderem exprimir sua vontade. d) – os ébrios habituais, os viciados em tóxicos, e os que, por deficiência mental, tenham o discernimento reduzido; e) – os excepcionais, sem desenvolvimento mental completo; f) – os pródigos.

Também não poderá ser interprete o falido.

Na hipótese do inc. II, não pode ser intérprete aquele que foi arrolado como testemunha ou participou do processo como perito judicial. O fundamento para essa proibição é que a mesma pessoa não pode servir em duas funções diferentes no âmbito da mesma relação jurídica processual.

O inc. III, por sua vez, impede que a pessoa atue como intérprete se estiver inabilitada ao exercício da profissão por sentença penal condenatória, enquanto durar o seu efeito. Uma das hipóteses é a do art. 47, inc. II do C.P.

Art. 164

O intérprete ou tradutor, oficial ou não, é obrigado a desempenhar seu ofício, aplicando-se-lhe o disposto nos arts. 157 e 158.

Facultatividade para ser interprete ou tradutor

O intérprete oficial é regulado pelo Decreto n. 13.609 de 21 de outubro de 1943 e pela Instrução Normativa n. 84/2000 do Diretor do Departamento Nacional do Registro de Comércio.

Seja o intérprete oficial ou não, deverá atuar com zelo e dedicação, podendo escusar-se nos termos por motivo legítimo.

O art. 164 do novo C.P.C. determina que sejam aplicados os arts. 157 e 158 do mesmo diploma legal, que tratam do perito judicial, também em relação ao intérprete.

SEÇÃO V – Dos Conciliadores e Mediadores Judiciais

Art. 165

Os tribunais criarão centros judiciários de solução consensual de conflitos, responsáveis pela realização de sessões e audiências de conciliação e mediação e pelo desenvolvimento de programas destinados a auxiliar, orientar e estimular a autocomposição.

§ 1º A composição e a organização do centro serão definidas pelo respectivo tribunal, observadas as normas do Conselho Nacional de Justiça.

§ 2º O conciliador, que atuará preferencialmente nos casos em que não tiver havido vínculo anterior entre as partes, poderá sugerir soluções para o litígio, sendo vedada a utilização de qualquer tipo de constrangimento ou intimidação para que as partes conciliem.

§ 3º O mediador, que atuará preferencialmente nos casos em que tiver havido vínculo anterior entre as partes, auxiliará aos interessados a compreender as questões e os interesses em conflito, de modo que eles possam, pelo restabelecimento da comunicação, identificar, por si próprios, soluções consensuais que gerem benefícios mútuos.

Centros judiciários de solução consensual de conflitos
Conforme ensinam Luigi Paolo Comoglio, Corrado Ferri e Michele Taruffo, o ponto de partida para uma análise atendível do processo civil pode ser constituído por uma definição segundo a qual *o processo civil é um método para a resolução de conflitos*, e mais precisamente, *é um método institucional para resolução de controvérsias.*[603]

Contudo, é possível recorrer a outras estratégias, que decorre do equilíbrio dos interesses em conflito. Essa pode articular-se de vários modos (tratativas, discussões, procedimento em vários graus estandardizados) que tem como objetivo a individualização de um ponto de equilíbrio entre as posições em contraste. Para a possibilidade de se realizar tais estratégias, é necessário que as partes realizem recíprocas concessões e parciais renúncias às próprias pretensões, podendo inclusive vincular-se a comportamentos futuros.[604]

---

[603] COMOGLIO. Luigi Paolo; CORRADO, Ferri; TARUFFO, Michele. *Lezioni sul processo civile – I. Il processo ordinario di cognizione.* Bologna: Mulino, 2006. p. 17.
[604] COMOGLIO, L. P.; CORRADO, F.; TARUFFO, M., idem, p. 18.

ART. 165

O novo C.P.C., seguindo essa tendência estratégica generalizada no direito contemporâneo, apresenta uma seção específica sobre meios alternativos de solução de conflitos, que não seja o exercício da tutela jurisdicional como fim último do processo jurisdicional.

Aliás, desde 2003, o Poder Executivo brasileiro tem envidados esforços para desenvolver meio de resolução de conflitos alternativos ao exercício da atividade Estatal realizada pelo Poder Judiciário.

A conciliação e a mediação, métodos de resolução de conflitos há muito inseridas no seio cultural europeia e dos E.U.A., passam a ser expressamente previstas no C.P.C. brasileiro.

Entende-se por *conciliação* o método pelo qual as partes chegam por meio de tratativas a um acordo fundado sobre compromisso entre as respectivas posições.[605] Na conciliação o grau de atuação do conciliador é mais acentuado do que na mediação. Assim, na conciliação, o conciliador pode estimular o acordo entre as partes, sugerindo formas de composição, o que em regra não deveria acontecer na mediação.

Mas tanto na conciliação como na mediação, o conciliador ou o mediador deve saber ouvir, refletir sobre as colocações, estimular a dialética entre as partes, tentando trazer para o campo do debate os sentimentos, interesses e frustrações daqueles que desejam de certa forma firmar um acordo. Deve, acima de tudo, contornar a exaltação dos ânimos, evitar o aumento do conflito pela inserção de sentimentos pessoais de vingança, ódio ou ressentimento. Deve tentar trazer as partes para o campo de racionalidade, do diálogo, da ponderação de interesses.

Mediação, por sua vez, é um meio alternativo e voluntário de resolução de conflito, ou seja, a mediação ocorre quando o acordo for alcançado pela obra de um terceiro que atua como intermediário entre as partes, facilitando e promovendo as negociações para se chegar a um acordo. É importante asseverar que na mediação o terceiro não resolve o conflito nem sugestiona, mas atua de tal modo que as partes o resolvam por meio de um acordo.

Há autores que distinguem a *conciliação* da *mediação* afirmando que na conciliação o conciliador pode apreciar o mérito ou dar uma recomendação sobre uma solução que para ele seria mais justa, o que não ocorre na mediação.[606]

---

[605] COMOGLIO, L.P.; CORRADO, F.; TARUFFO, M., idem, ibidem.
[606] SALES, Lilia Maia de Moraes. *Justiça e mediação de conflitos*. Belo Horizonte: Del Rey, 2003, p. 37; CALMON, Petrônio. *Fundamentos da mediadação e da conciliação*. Rio de Janeiro: Forense, 2007. p. 141.

Não se deve confundir mediação com *arbitragem*, uma vez que, apesar de na arbitragem também existir a figura de um terceiro, sua função é distinta: *essa non consiste nel propiziare l'accordo delle parti, ma nel risolvere il conflitto con una decisione autônoma. L'arbitrato si Fonda su un acordó delle parti, ma tale acordó riguarda essenzialmente la comune volontà di devolvere la soluzione del conflitto ad un arbitro, e di accettare il giudizio di costui come regolamento del conflitto.*[607]

Tanto a *mediação* como a *conciliação* podem ser consideradas como espécie do gênero autocomposição.

Compete às partes, desde que hajam com racionalidade e prudência, de comum acordo, optar pelos diversos métodos de resolução de conflitos, sendo que esta escolha pode ser condicionada por vários fatores, como, por exemplo: *"fatores éticos (por exemplo, na China confuciana era socialmente reprovável fazer valer em juízo os próprios direitos), fatores relativos a relações familiares (em relação às quais, a conciliação e a mediação pode ser preferida nos conflitos entre parentes), ou de fatores relativos a cálculos de conveniência (quando pode ser mais oportuna a tratativa com um parceiro comercial).*[608]

As partes podem sopesar as considerações relativas à funcionalidade e eficiência dos diversos métodos de resolução de conflitos, assim, por exemplo, a arbitragem pode ser preferida porque é mais rápida e se funda sobre um acordo com a parte contrária, embora, geralmente, envolva custos elevados. Pode até ser conveniente renunciar do que fazer valer o próprio direito se o método praticável (por exemplo, o processo) é muito lento e custoso e não garante bons resultados. Em todo caso, o comportamento que se pode considerar razoável da 'parte racional' consiste em colocar as diversas possibilidades sobre o mesmo plano para que se possa escolher a via que parece mais funcional e vantajosa.[609]

Evidentemente que diante da crise do Poder Judiciário, as estratégias de métodos alternativos de resolução de conflitos que representam uma alternância para o julgamento ao processo jurisdicional clássico ainda configuram propostas promissoras para dar maior celeridade e efetividade à pretensão das partes.

Atualmente, a mediação e conciliação têm sido aplicadas com certo sucesso no âmbito dos Juizados Especiais Estaduais e Federais, assim como a Justiça Federal tem sido pioneira na realização de conciliação e mediação nos processos do Sistema Financeiro da Habitação e em alguns processos que tem por objeto questões previdenciárias.

---

[607] COMOGLIO, L.p.; CORRADO, F.; TARUFFO, M., idem, ibidem.
[608] COMOGLIO, L.p.; CORRADO, F.; TARUFFO, M., idem, p. 19.
[609] COMOGLIO, L.p.; CORRADO, F.; TARUFFO, M., idem, ibidem.

ART. 165

A realização de conciliação ou mediação deverá ser estimulada por magistrados, advogados, defensores públicos e membros do Ministério Público, inclusive no curso do processo judicial.

Compete ao Judiciário e a todos aqueles que nele exercem suas funções institucionais estimular e promover política pública de tratamento adequado dos conflitos de interesses, seja por meio da heterocomposição seja por meio da autocomposição.

Conforme estabelece o *art. 165* do atual C.P.C., *os tribunais criarão centros judiciários de solução consensual de conflitos, responsáveis pela realização de sessões e audiências de conciliação e mediação, e pelo desenvolvimento de programas destinados a auxiliar, orientar e estimular a autocomposição.*

A Resolução n. 125, de 29 de novembro de 2010 do Conselho Nacional de Justiça – CNJ estabeleceu políticas públicas de tratamento adequado aos conflitos de interesses.

Mas para que se possam implementar políticas públicas de resolução de conflitos de interesses, é necessário que os órgãos judiciários ofereçam mecanismo de solução de controvérsias os quais ofereçam boa qualidade de serviço para a disseminação da cultura da pacificação social.

E dentre esses mecanismos, recomenda-se a *centralização de estruturas judiciárias*, mediante a criação de setor próprio e independente para a conciliação e mediação.

A centralização da estrutura judiciária para efeito de conciliação e mediação ocorre por meio de criação dos Núcleos Permanentes de Métodos Consensuais de Solução de Conflitos, nos termos do art. 7º da Resolução n. 125/10, que assim dispõe:

Art. 7º Os Tribunais deverão criar, no prazo de 60 (sessenta) dias, Núcleos Permanentes de Métodos Consensuais de Solução de Conflitos, compostos por magistrados da ativa ou aposentados e servidores, preferencialmente atuantes na área, com as seguintes atribuições, entre outras: (Redação dada pela Emenda nº 1, de 31.01.13)

I – desenvolver a Política Judiciária de tratamento adequado dos conflitos de interesses, estabelecida nesta Resolução;

II – planejar, implementar, manter e aperfeiçoar as ações voltadas ao cumprimento da política e suas metas;

III – atuar na interlocução com outros Tribunais e com os órgãos integrantes da rede mencionada nos arts. 5º e 6º;

IV – instalar Centros Judiciários de Solução de Conflitos e Cidadania que concentrarão a realização das sessões de conciliação e mediação que estejam a cargo de conciliadores e mediadores, dos órgãos por eles abrangidos;

CÓDIGO DE PROCESSO CIVIL

V – incentivar ou promover capacitação, treinamento e atualização permanente de magistrados, servidores, conciliadores e mediadores nos métodos consensuais de solução de conflitos;

VI – propor ao Tribunal a realização de convênios e parcerias com entes públicos e privados para atender aos fins desta Resolução.

§ 1º A criação dos Núcleos e sua composição deverão ser informadas ao Conselho Nacional de Justiça.

§ 2º Os Núcleos poderão estimular programas de mediação comunitária, desde que esses centros comunitários não se confundam com os Centros de conciliação e mediação judicial, previstos no Capítulo III, Seção II.

§ 3º Nos termos do art. 73 da Lei nº 9.099/95 e dos arts. 112 e 116 da Lei nº 8.069/90, os Núcleos poderão centralizar e estimular programas de mediação penal ou qualquer outro processo restaurativo, desde que respeitados os princípios básicos e processos restaurativos previstos na Resolução nº 2002/12 do Conselho Econômico e Social da Organização das Nações Unidas e a participação do titular da ação penal em todos os atos.

§ 4º Na hipótese de conciliadores e mediadores que atuem em seus serviços, os Tribunais deverão criar e manter cadastro, de forma a regulamentar o processo de inscrição e de desligamento desses facilitadores.

Contudo, já se observa que os Tribunais Regionais Federais estão procurando regulamentar ou pelo menos criar setores ou gabinetes de conciliação. O Tribunal Regional Federal da 4ª Região criou o SISTCON – Sistema de Conciliação, cujo e-mail é: conciliar@trf4.gov.br

A Resolução n. 22 de 23 de abril de 2009 do TRF4ª Região dispõe sobre a reestruturação do SISTCON – Sistema de Conciliação da Justiça Federal da 4ª Região, *in verbis*:

"A PRESIDENTE DO TRIBUNAL REGIONAL FEDERAL DA 4ª REGIÃO, no uso de suas atribuições legais e regimentais, tendo em vista o constante nos autos do Processo Administrativo nº 05.20.00127-3 e o decidido pela Corte Especial na sessão de 25/09/2008, resolve:

Art. 1º Instituir a Coordenadoria do Sistema de Conciliação da Justiça Federal da 4ª Região como unidade central para as atividades de conciliação.

Art. 2º A coordenação-geral do Sistema de Conciliação da Justiça Federal da 4ª Região será exercida por um Desembargador Federal, eleito pelo Plenário, com mandato coincidente ao dos órgãos de Administração, conforme dispõe o art. 4º, inciso I, do Regimento Interno, que terá, dentre outras, as seguintes atribuições:

a) designar os Coordenadores Regionais do SISTCON das Seções Judiciárias;

ART. 165

b) indicar à Corregedoria-Geral os Juízes Federais para as atividades de conciliação.

c) submeter ao Plenário o planejamento anual das atividades de conciliação, no âmbito da Justiça Federal da 4ª Região, com a definição de metas e ações, inclusive as relativas ao Dia Nacional de Conciliação;

d) identificar, do acervo de processos distribuídos aos Desembargadores Federais que compõem os órgãos julgadores do Tribunal Regional Federal da 4ª Região, os tipos de processos passíveis de conciliação, independente da matéria, e submeter à aprovação do Plenário a utilização do processo conciliatório como meio de solucionar a lide;

e) designar, mediante portaria, os integrantes da Comissão Permanente de Conciliação para o auxílio na triagem dos processos com probabilidade de conciliação, bem como para a realização das demais atividades necessárias à sua operacionalização;

f) promover a divulgação interna e externa das estatísticas e dos resultados das atividades de conciliação; e

g) efetuar a prestação anual, ou quando convocado, das atividades e esclarecimentos referentes às atividades de conciliação tanto à Administração deste Tribunal quanto ao seu Plenário.

§ 1º O atual mandato do Desembargador Federal Coordenador-Geral do SISTCON expira com o da Administração em curso.

§ 2º Os procedimentos e meios de funcionamento do Sistema de Conciliação da Justiça Federal da 4ª Região serão instituídos em ato específico pelo Desembargador Federal Coordenador-Geral do SISTCON.

Art. 3º Alterar a nomenclatura da Assessoria de Apoio ao Sistema de Conciliação, junto à Presidência, para Divisão de Apoio ao Sistema de Conciliação, subordinando-a à Coordenadoria do Sistema de Conciliação da Justiça Federal da 4ª Região e renomeando o respectivo cargo em comissão CJ01 – Assessor-Adjunto (id. 701) para CJ01 – Diretor de Divisão (id. 701).

Art. 4º Em decorrência das transformações promovidas por esta resolução, a estrutura do Tribunal fica estabelecidas na forma do anexo I.

Art. 5º As atribuições da unidade envolvida nas alterações desta resolução deverão ser atualizadas e inscritas no Manual de Atribuições do Tribunal pela Assessoria de Planejamento e Gestão no prazo de 30 dias.

Art. 6º Esta resolução revoga a Resolução nº 88, de 29/07/2005, republicada no DJU nº 152, de 09/08/2005, seção 2, pág. 624, e a Resolução nº 50, de 30/08/2006, publicada no DJU nº 170, 04/09/2006, seção 2, pág. 581; altera em parte a Resolução nº 2, de 07/01/2009, publicada no DEJF 4ªR (Ed. Adm.) nº 12, de 14/01/2009, pág. 3; e entra em vigor na data de sua publicação.

PUBLIQUE-SE. REGISTRE-SE. CUMPRA-SE.

Des. Federal Silvia Goraieb

Presidente"

No dia 01 de outubro de 2009, foi inaugurado o Gabinete de Conciliação do Instituto Nacional do Seguro Social – INSS junto ao Tribunal Regional Federal da 4ª Região.

Por sua vez, a Portaria n. 02 de 20 de outubro de 2005 do Coordenador dos Juizados Especiais Federais da 4ª Região regulamentou a figura do conciliador nos seguintes termos:

"O COORDENADOR DOS JUIZADOS ESPECIAIS FEDERAIS DA 4ª REGIÃO, no uso de suas atribuições,

CONSIDERANDO o volume acentuado de feitos, tanto distribuídos, como em tramitação nos Juizados Especiais Federais da 4ª Região, em especial aqueles que tramitam fora do processo eletrônico, os quais, em sua maioria dependem de dilação probatória;

CONSIDERANDO o número restrito de magistrados federais e servidores a quem incumbe a responsabilidade pela movimentação processual, circunstância que a toda evidência leva à demora na efetiva entrega da prestação jurisdicional, frustrando dessa forma, o objetivo da recém promulgada Emenda Constitucional 45/2004;

CONSIDERANDO o artigo 18 da Lei nº 10.259/01 que expressamente contempla a possibilidade da indicação de conciliadores pelo período de 2 anos, admitida a recondução;

CONSIDERANDO o artigo 8 da Resolução nº 54, de 28 de novembro de 2001, da Presidência e o artigo nº 392 do provimento nº 2/04 da Corregedoria-Geral, ambos desta Corte, que preveem a instituição de conciliadores com as funções ali definidas;

CONSIDERANDO as resoluções nº 434 e nº 440 do Conselho da Justiça Federal que disciplinam a figura dos "advogados voluntários", inclusive no âmbito dos Juizados Especiais Federais;

CONSIDERANDO que recentemente o Exmo. Sr. Presidente do Superior Tribunal de Justiça apresentou proposta de instalação de vários Juizados Especiais Federais Virtuais Adjuntos (JEFVAs), inclusive dispondo sobre suas atribuições;

CONSIDERANDO a existência de experiências exitosas em varas de juizados da 4ª Região com a utilização de conciliadores os quais, em razão da sua atuação, têm proporcionado maior celeridade na tramitação processual;

CONSIDERANDO ainda, o artigo 2, inciso II da resolução nº 443 do Conselho da Justiça Federal que prevê, dentre as atribuições do Coordenador dos Juizados Especiais Federais, a edição de normas complementares objetivando o adequado funcionamento das diretrizes estabelecidas para os Juizados Especiais Federais; resolve:

Art. 1º. Fica regulamentada a figura do conciliador no âmbito dos Juizados Especiais Federais da 4ª Região:

§ 1º. A utilização do conciliador terá caráter facultativo nos Juizados Especiais Federais, cabendo ao Juiz Titular da Vara a escolha dentre candidatos bacharéis em direito, servidores ou não;

§ 2º. Os interessados atuarão na condição de voluntários, sem remuneração, pelo período de dois anos, admitida a recondução;

Art. 2º. São as seguintes, as atribuições dos conciliadores junto aos Juizados Especiais Federais da 4ª Região:

§ 1º. Instruir as causas, quando necessário, em especial a colheita de prova oral, sem prejuízo de sua renovação pelo Juiz que presidir o processo;

§ 2º. Promover a conciliação ou transação prevista no artigo 10, parágrafo único, da Lei nº 10.259, de 12 de julho de 2001;

§ 3º. Realizar a atermação das ações judiciais, bem como o registro de outros atos do processo, exceto os privativos dos magistrados.

Art. 3º. Esta portaria entre em vigor na data de sua publicação.

Publique-se. Registre-se. Cumpra-se.

Desembargador Federal Edgard A. LIPPMANN JÚNIOR"

O grande problema que se percebe na instituição de sistemas institucionais de mediação e conciliação é que não há uma efetiva preocupação com a profissionalização daqueles que irão participar como mediadores ou conciliadores. No âmbito dos juizados especiais federais da 4ª Região, os conciliadores ou mediadores são 'amadores', atuando na condição de voluntários, sem remuneração.

Evidentemente que esse tratamento meramente formal, sem caráter profissional, faz com as partes não dêem o devido valor a esses meios de autocomposição.

Por sua vez, o conciliador ou mediador também não são valorizados na função desenvolvida, uma vez que devem trabalhar gratuitamente. Geralmente são contratados bacharéis em direito, recém formados, sem qualquer experiência profissional, quanto mais para atuarem como conciliadores ou mediadores de questões por vezes tão complexas.

Daí porque o ideal seria a criação de cargos públicos, devidamente remunerados, e com profissionais devidamente qualificados para exercerem a função de conciliadores ou mediadores, profissionalizando no âmbito institucional essa forma de autocomposição de questões litigiosas.

Aliás, Emenda da Câmara dos Deputados ao projeto do Senado expressamente prevê a possibilidade de instituição de cargo público, a saber: *O tribunal poderá optar pela criação de um quadro próprio de conciliadores e mediadores a ser preenchido por concurso público de provas e títulos, observadas as normas estabelecidas neste Capítulo.*

CÓDIGO DE PROCESSO CIVIL

O Tribunal Regional Federal da 4ª Região também já regulamentou a forma de conciliação no processo eletrônico. Essa regulamentação deu-se por meio da Resolução n. 125 de 22 de novembro de 2012, que assim estabelece:

"Art. 1º A partir de 23/11/2012, será possível a conciliação em processos eletrônicos, por meio da funcionalidade denominada Fórum.

Art. 2º O Fórum de Conciliação é aplicável às ações de execução fiscal ajuizados pelos Conselhos de Fiscalização Profissional, às ações de execução dos títulos extrajudiciais previstos no art. 585, I a VI e VIII, do Código de Processo Civil e às ações monitórias, exceto as que versem sobre execuções de contratos do Sistema Financeiro de Habitação.

Art. 3º O Fórum de Conciliação funcionará no processo eletrônico e poderá ser acionado pelos integrantes do polo passivo do feito (réus ou executados), a qualquer tempo, em uma única oportunidade.

4º A abertura do Fórum será feita através da utilização do número e chave do processo, cabendo ao interessado acionar o link 'Quero Conciliar' para obtenção da chave de acesso ao Fórum.

5º Acessado o ambiente do Fórum pelo executado ou réu, dar-se-á início ao prazo de abertura pelo exequente, que ocorrerá de forma automática em 10 (dez dias ou em momento anterior por iniciativa deste.

Art. 6º O Fórum constitui ambiente privativo das partes, no qual serão postadas mensagens sem intervenção judicial.

Art. 7º O prazo de duração do Fórum é de 15 (quinze) dias.

§1º Findo o prazo previsto no 'caput' deste artigo sem manifestação, será encerrado automaticamente por ausência de acordo, podendo ser encerrado antes por recusa da parte autora.

§2º Havendo acordo, poderá ser gerado documento quanto ao seu conteúdo e haverá o lançamento do evento apropriado ao processo eletrônico.

Art. 8º Mediante Termo de Adesão a ser firmado com a Seção Judiciária pela parte autora ou exequente, serão ajuizadas com pedido de citação para o requerido optar pela conciliação no Fórum até 10 (dez) dias corridos:

I – as execuções fiscais ajuizadas pelos Conselhos de Fiscalização Profissional;

II – as execuções dos títulos extrajudiciais previstos no art. 585, I a VI e VIII, do CPC; e

III – as ações monitórias.

§1º Acionado o Fórum, aplica-se o disposto no artigo 7º desta resolução.

§2º A contagem dos prazos previstos nos art. 652 do CPC, 1.102 do CPC ou art. 8º da Lei n. 6.830/80 somente terá início se não acionado o Fórum ou se for encerrado sem acordo.

ART. 165

§3º O controle dos prazos no caos deste artigo não será feito de forma automatizada pelo sistema do processo eletrônico, cabendo à vara a verificação para os efeitos desta resolução.

Art. 9º Se requerida a abertura do Fórum em outro momento, que não o da citação inicial, não haverá a suspensão da prática de atos processuais e de medidas constritivas, salvo determinação em contrário do juízo processante.

Art. 10 A falta de interesse na conciliação virtual ou seu encerramento sem acordo não impede a remessa posterior do processo ao Centro Judiciário de Solução de Conflitos e Cidadania – CEJUSCON.

Art. 11. Havendo interesse público, outros tipos de processos poderão ser submetidos à conciliação virtual na forma do art. 8º desta resolução"

Estabelece o *§ 1º do art. 165* do atual C.P.C. que *a composição e a organização do centro serão definidas pelo respectivo tribunal, observadas as normas do Conselho Nacional de Justiça.*

As normas gerais sobre os Centros de conciliação e mediação ficarão por conta do C.N.J., enquanto os tribunais poderão estabelecer normas específicas sobre a composição e organização dos aludidos centros.

Atualmente, pelo menos na Justiça Federal, já há a instauração dos centros de conciliação e mediação, ou seja, os denominados SISTCON.

Havia previsão no projeto originário de que *em casos excepcionais, as audiências ou sessões de conciliação e mediação poderiam realizar-se nos próprios juízos, desde que conduzidas por conciliadores e mediadores.*

Tal previsão normativa não foi repetida no C.P.C.

Prescreve o *§ 2º do art. 165* do atual C.P.C. que *o conciliador, que atuará preferencialmente nos casos em que não houver vínculo anterior entre as partes, poderá sugerir soluções para o litígio, sendo vedada a utilização de qualquer tipo de constrangimento ou intimidação para que as partes conciliem.*

É importante salientar que o conciliador atuará preferencialmente nos casos em que *não houver vínculo anterior entre as partes,* ao contrário do *mediador,* em que a preferência de atuação é quando *há vínculo anterior entre as partes.*

Entende-se por *conciliação* o método pelo qual as partes chegam, por meio de tratativas, a um acordo fundado sobre compromisso entre as respectivas posições.[610] Na conciliação o grau de atuação do conciliador é mais acentuado do que na mediação. Assim na conciliação, o conciliador pode estimular o acordo

---

[610] COMOGLIO, L.P.; CORRADO, F.; TARUFFO, M., idem, ibidem.

CÓDIGO DE PROCESSO CIVIL

entre as partes, sugerindo formas de composição, o que em regra não deveria acontecer na mediação.

Mas tanto na conciliação como na mediação, o conciliador ou o mediador deve saber ouvir, refletir sobre as colocações, estimular a dialética entre as partes, tentando trazer para o campo do debate os sentimentos, interesses e frustrações daqueles que desejam de certa forma firmar um acordo. Devem, acima de tudo, contornar a exaltação dos ânimos, evitar o aumento do conflito pela inserção de sentimentos pessoais de vingança, ódio ou ressentimento. Deve tentar trazer as partes para o campo de racionalidade, do diálogo, da ponderação de interesses.

Porém, é vedado, tanto ao conciliador quanto ao mediador a utilização de qualquer tipo de constrangimento ou intimidação para que as partes realizem a conciliação ou a mediação.

Por sua vez, estabelece o *§ 3º do art. 165 do atual C.P.C. que o mediador, que atuará preferencialmente nos casos em que houver vínculo anterior entre as partes, auxiliará aos interessados a compreender as questões e os interesses em conflito, de modo que eles possam, pelo restabelecimento da comunicação, identificar, por si próprios, soluções consensuais que gerem benefícios mútuos.*

A preferência de atuação do mediador é quando já houver vínculo anterior entre as partes, ao contrário do conciliador.

Quanto ao papel desempenhado pelo mediador, Riskin indica que este pode optar por seguir uma orientação mais facilitadora ou mais avaliadora. No modelo puramente avaliador o mediador aprecia as propostas e os argumentos substanciais das partes e recomenda termos de acordo, em vez de simplesmente administrar o processo. Já no modelo facilitador, o mediador age somente como facilitador ou administrador da negociação entre as partes ou do processo de resolução de conflitos. Assim, o mediador puramente facilitador não expressa qualquer opinião sobre o mérito de qualquer questão substancial. Já no modelo avaliador, o mediador não somente serve como administrador do processo, como também oferece, como especialista, uma avaliação do caso, recomendando sobre a substância do acordo. Vale registrar que pesquisas realizadas no Brasil têm indicado que mediações facilitadoras proporcionam maiores graus de satisfação de usuário com índices de composição também mais elevados do que auto composições avaliadoras. Ressalte-se que na literatura estrangeira a mediação avaliadora não pode ser considerada mediação.[611]

É importante salientar que tanto o conciliador como o mediador deverão agir de forma imparcial.

---

[611] *In:* Manual de Mediação, Brasília, Ministério da Justiça, 2013, p. 79.

Art. 166

A conciliação e a mediação são informadas pelos princípios da independência, da imparcialidade, da autonomia da vontade, da confidencialidade, da oralidade, da informalidade e da decisão informada.

§ 1º A confidencialidade estende-se a todas as informações produzidas no curso do procedimento, cujo teor não poderá ser utilizado para fim diverso daquele previsto por expressa deliberação das partes.

§ 2º Em razão do dever de sigilo, inerente às suas funções, o conciliador e o mediador, assim como os membros de suas equipes, não poderão divulgar ou depor acerca de fatos ou elementos oriundos da conciliação ou da mediação.

§ 3º Admite-se a aplicação de técnicas negociais, com o objetivo de proporcionar ambiente favorável à autocomposição.

§ 4º A mediação e a conciliação serão regidas conforme a livre autonomia dos interessados, inclusive no que diz respeito à definição das regras procedimentais.

Centros judiciários de solução consensual de conflitos

O art. 166 do novo C.P.C. estabelece *os princípios* que devem nortear ou informar a conciliação ou a mediação: a) *princípio da independência*: a conciliação e a mediação não podem sofrer influência de fatores internos ou externos ao Poder Judiciário, nem mesmo do próprio juiz que porventura poderá julgar o caso, devendo as partes, inclusive o próprio conciliador ou mediador, agirem com total liberdade no conteúdo do acordo que poderão firmar; b) *princípio da imparcialidade*: a conciliação e a mediação devem ser realizadas com *imparcialidade*, o que significa dizer que o conciliador ou mediador não pode agir com parcialidade negativa, ou seja, direcionar a conciliação ou mediação em prol de uma das partes. Por isso, as causas de suspeição ou impedimento do juiz também devem ser aplicadas ao conciliador ou mediador em face do princípio da *imparcialidade*; c) *princípio da autonomia da vontade*, significa dizer que as partes poderão participar da conciliação ou mediação mediante plena autonomia de vontade, não sendo a elas impostas tal conduta, muito menos obrigadas a participar de conciliação ou mediação; d) *princípio da confidencialidade*: tudo o que for dito, exposto, expressado durante a conciliação ou mediação é confidencial, sendo que aquele que indevidamente tornar público os fatos ali mencionados poderá sofrer as sanções penais ou civis cabíveis. O mediador ou conciliador deve promover a adesão das partes para a adoção da confidencialidade que ocorrerá em relação a todos os fatos e situações que possam ser discutidas durante o processo de conciliação e mediação.; e) *princípio da oralidade*: uma vez que a conciliação e mediação são métodos que demandam uma efetiva participação das partes, por meio de um diálogo constante e permanente, e também em razão do princípio da *confidencialidade*, todos os atos ali praticados, antes do resultado final, devem ser orais; somente a concretização e a exteriorização do acordo é que devem ser registradas por escrito; f) *princípio da informalidade*, no sentido que a mediação e a conciliação não deve pautar-se por conduta formal e meramente técnica, devendo as partes se sentirem totalmente à vontade, sendo suas condutas regidas pela informalidade; g) *princípio da decisão informada*, no sentido de que todos devem receber informações quantitativas e qualitativas acerca das consequências jurídicas da persistência do conflito, assim como em relação ao eventual resultado da solução pacificada do conflito.

Há, ainda, o *princípio da normalização do conflito* ou da *pax est querenda*, o qual recomenda ao conciliador ou mediador que tranquilize os envolvidos, demonstrando que o conflito intersubjetivo é inerente à pessoa humana, sendo que a solução serena e tranquila desta controvérsia é desejada por todos.

Estabelece o *§ 1º do art. 166* do atual C.P.C. que *a confidencialidade estende-se a todas as informações produzidas no curso do procedimento, cujo teor não poderá ser utilizado para fim diverso daquele previsto por expressa deliberação das partes.*

Tudo o que for dito, exposto, expressado durante a conciliação ou mediação é confidencial, sendo que aquele que indevidamente tornar público os fatos ali mencionados poderá sofrer as sanções penais ou civis cabíveis.

O mediador ou conciliador deve promover a adesão das partes para a adoção da confidencialidade que ocorrerá em relação a todos os fatos e situações que possam ser discutidas durante o processo de conciliação e mediação

Em face da *confidencialidade*, as partes ou terceiros não poderão utilizar eventuais informações obtidas na conciliação como meio de prova a ser inserido no processo judicial, caso a conciliação ou mediação não chegue a bom termo.

Preceitua o *§2º do art. 166* do atual C.P.C. que em *razão do dever de sigilo, inerente às suas funções, o conciliador e o mediador, assim como os membros de suas equipes, não poderão divulgar ou depor acerca de fatos ou elementos oriundos da conciliação ou da mediação.*

Caso o conciliador e o mediador, bem como sua equipe, divulguem ou deponham sobre fatos ou elementos oriundos da conciliação ou mediação, poderão ser acionados pelos danos materiais ou morais que causarem, além de sofrerem as sanções penais do crime de violação de segredo profissional do art. 154 do C.P.: *Revelar alguém, sem justa causa, segredo, de que tem ciência em razão de função, ministério, ofício ou profissão, e cuja revelação possa produzir dano a outrem: Pena – deten-*

ção, de três meses a um ano, ou multa. Parágrafo único – Somente se procede mediante representação.

Preceitua o § 3º do art. 166 do atual C.P.C. que admite-se a aplicação de técnicas negociais, com o objetivo de proporcionar ambiente favorável à autocomposição.

Muito embora a conciliação deve ser regida pela informalidade, o certo é que a aplicação de técnicas negociais não caracteriza quebra do dever de imparcialidade, especialmente pelo fato de que se espera do conciliador ou do mediador que ele tenha capacidade e especialização nesse tipo de resolução de conflito.

Aduz o § 4º do art. 166 do atual C.P.C. que a mediação e a conciliação serão regidas conforme a livre autonomia dos interessados, inclusive no que diz respeito à definição das regras procedimentais.

Tendo em vista que a conciliação e a mediação são regidas pelo princípio da autonomia de vontade, tal autonomia não diz respeito apenas à liberdade para participar desse tipo de resolução de conflito, mas, também, para escolher as regras procedimentais para participarem desse tipo de solução de conflito.

Art. 167

Os conciliadores, os mediadores e as câmaras privadas de conciliação e mediação serão inscritos em cadastro nacional e em cadastro de tribunal de justiça ou de tribunal regional federal, que manterá registro de profissionais habilitados, com indicação de sua área profissional.

§ 1º Preenchendo o requisito da capacitação mínima, por meio de curso realizado por entidade credenciada, conforme parâmetro curricular definido pelo Conselho Nacional de Justiça em conjunto com o Ministério da Justiça, o conciliador ou o mediador, com o respectivo certificado, poderá requerer sua inscrição no cadastro nacional e no cadastro de tribunal de justiça ou de tribunal regional federal.

§ 2º Efetivado o registro, que poderá ser precedido de concurso público, o tribunal remeterá ao diretor do foro da comarca, seção ou subseção judiciária onde atuará o conciliador ou o mediador os dados necessários para que seu nome passe a constar da respectiva lista, a ser observada na distribuição alternada e aleatória, respeitado o princípio da igualdade dentro da mesma área de atuação profissional.

§ 3º Do credenciamento das câmaras e do cadastro de conciliadores e mediadores constarão todos os dados relevantes para a sua atuação, tais como o número de processos de que participou, o sucesso ou insucesso da atividade, a matéria sobre a qual versou a controvérsia, bem como outros dados que o tribunal julgar relevantes.

§ 4º Os dados colhidos na forma do § 3º serão classificados sistematicamente pelo tribunal, que os publicará, ao menos anualmente, para conhecimento da população e para fins estatísticos e de avaliação da conciliação, da mediação, das câmaras privadas de conciliação e de mediação, dos conciliadores e dos mediadores.

§ 5º Os conciliadores e mediadores judiciais cadastrados na forma do *caput*, se advogados, estarão impedidos de exercer a advocacia nos juízos em desempenham suas funções.

§ 6º O tribunal poderá optar pela criação de quadro próprio de conciliadores e mediadores, a ser preenchido por concurso público de provas e títulos, observadas as disposições deste Capítulo.

Inscrição dos conciliadores, dos mediadores e das câmaras privadas de conciliação e mediação

Atualmente não existe uma legislação em vigor pertinente sobre mediação, a fim de que as partes possam indicar mediador ou conciliador.

Há, contudo, o Projeto de Lei n. 4827 tramitando no Congresso Nacional. De 1998 a 2002 permaneceu na Câmara dos Deputados. Em novembro de 2002, foi enviado ao Senado Federal, quando em julho de 2006 foi aprovado em regime de urgência. Retornando à Câmara dos Deputados, foi retirado de pauta.

Como não há legislação pertinente à medição ou à conciliação, o artigo 167 e seus parágrafos do novo C.P.C. estabelecem os critérios de registro de mediadores e conciliadores no âmbito dos Tribunais.

Emenda da Câmara dos Deputados também fala em cadastro das câmaras privadas.

Assim, pode-se ter mediadores ou conciliadores ou, ainda, câmaras privadas habilitadas na área de direito do trabalho, direito tributário, direito administrativo, direito financeiro, direito habitacional etc.

Prescreve o *§ 1º do art. 167* do atual C.P.C. que *preenchendo o requisito da capacitação mínima, por meio de curso realizado por entidade credenciada, conforme parâmetro curricular definido pelo Conselho Nacional de Justiça em conjunto com o Ministério da Justiça, o conciliador ou o mediador, com o respectivo certificado, poderá requerer sua inscrição no cadastro nacional e no cadastro de tribunal de justiça ou de tribunal regional federal.*

No Projeto Originário n. 166/10 também se exigia a inscrição na OAB.

Com o certificado respectivo, o conciliador ou mediador requererá inscrição no registrado do tribunal.

Recentemente o C.N.J. realizou via EAD um curso de capacitação de conciliadores e mediadores, os quais estão aptos à inscrição nos Tribunais de justiça ou regional federal.

Prescreve o *§ 2º do art. 167 do atual C.P.C. que efetivado o registro, que poderá ser precedido de concurso público, o tribunal remeterá ao diretor do foro da comarca, seção ou subseção judiciária onde atuará o conciliador ou o mediador os dados necessários para que seu nome passe a constar da respectiva lista, a ser observada na distribuição alternada e aleatória, respeitado o princípio da igualdade dentro da mesma área de atuação profissional.*

No Projeto Originário n. 166/10, falava-se em *sorteio* e não em distribuição alternada.

Já a Emenda da Câmara dos Deputados aduz que a efetivação do registro poderia ser precedida de concurso público, realçando, ainda, que a igualdade deverá ser observada na mesma área de atuação profissional.

A centralização dos cadastros dos mediadores e conciliadores será feita no tribunal correspondente, o qual remeterá ao diretor do foro da comarca ou da seção ou subseção judiciária onde atuará o conciliador ou o mediador os dados necessários para que ele passe a integrar a lista respectiva, para efeito de distribuição alternada e aleatória, devendo o magistrado manter a ordem rigorosa de igualdade na escolha dos referidos profissionais.

Preceitua o *§ 3º do art. 167 do atual C.P.C. que do credenciamento das câmaras e do cadastro de conciliadores e mediadores constarão todos os dados relevantes para a sua atuação, tais como o número dos processos de que participou, o sucesso ou insucesso da atividade, a matéria sobre a qual versou a controvérsia, bem como outros dados que o tribunal julgar relevantes.*

Os dados colhidos na forma do § 3º serão classificados sistematicamente pelo tribunal, que os publicará, ao menos anualmente, para conhecimento da população e fins estatísticos, e para o fim de avaliação da conciliação, da mediação, das câmaras privadas de conciliação e de mediação, dos conciliadores e dos mediadores (*§4º do art. 167* do atual C.P.C.).

Aduz o *§ 5º do art. 167 do atual C.P.C. que os conciliadores e mediadores judiciais cadastrados na forma do caput, se advogados, estarão impedidos de exercer a advocacia nos juízos em que desempenham suas funções.*

Não havia esta disposição no Projeto Originário n. 166/10.

Este dispositivo traz uma causa de impedimento de atuação do conciliador e do mediador. Assim, uma vez cadastrado o profissional, e sendo ele inscrito na

CÓDIGO DE PROCESSO CIVIL

Ordem dos Advogados do Brasil, não poderá exercer a advocacia nos juízos em que exerçam a função.

Por fim, preconiza *§ 6º do art. 167 do C.P.C., o tribunal poderá optar pela criação de quadro próprio de conciliadores e mediadores, a ser preenchido por concurso público de provas e títulos, observadas as disposições deste Capítulo.*

Art. 168

As partes podem escolher, de comum acordo, o conciliador, o mediador ou a câmara privada de conciliação e de mediação.

§ 1º O conciliador ou mediador escolhido pelas partes poderá ou não estar cadastrado no tribunal.

§ 2º Inexistindo acordo quanto à escolha do mediador ou conciliador, haverá distribuição entre aqueles cadastrados no registro do tribunal, observada a respectiva formação.

§ 3º Sempre que recomendável, haverá a designação de mais de um mediador ou conciliador.

Escolha dos conciliadores, mediações e da câmara privada

Tendo em vista que o ideal é que as partes confiem no profissional que irá realizar a conciliação e mediação, este dispositivo permite que elas, de comum acordo, escolham o conciliador, o mediador ou a câmara privada para conciliação.

Conforme estabelece o *§1º do art. 168* do atual C.P.C., *o conciliador ou mediador escolhido pelas partes poderá ou não estar cadastrado no tribunal.*

Diante da aplicação irrestrita do princípio da autonomia de vontade, as partes terão plena liberdade para escolher o conciliador ou mediador que irá conduzir a mediação ou conciliação, não necessitando que esse profissional esteja devidamente cadastrado junto ao tribunal.

Estabelece o *§ 2º do art. 168* do novo C.P.C. que *inexistindo acordo quanto à escolha do mediador ou conciliador, haverá distribuição entre aqueles cadastrados no registro do tribunal, observada a respectiva formação.*

Se as partes, de comum acordo, não usarem a faculdade de indicar o conciliador ou mediador, o processo será distribuído entre aqueles conciliadores ou mediadores cadastrados no registro do tribunal, mediante sistema de rodízio, observada a respectiva formação de cada profissional na área necessária da solução do conflito que lhes é apresentada.

ART. 169

Por fim, estabelece o § 3º do art. 168 do novo C.P.C. que *sempre que recomendável, haverá a designação de mais de um mediador ou conciliador.*

Art. 169
Ressalvada a hipótese do art. 167, §6º, o conciliador e o mediador receberão pelo seu trabalho remuneração prevista em tabela fixada pelo tribunal, conforme parâmetros estabelecidos pelo Conselho Nacional de Justiça.

§ 1º A mediação e a conciliação podem ser realizadas como trabalho voluntário, observada a legislação pertinente e a regulamentação do tribunal.

§ 2º Os tribunais determinarão o percentual de audiências não remuneradas que deverão ser suportadas pelas câmaras privadas de conciliação e mediação, com o fim de atender aos processos em que deferida gratuidade da justiça, como contrapartida de seu credenciamento.

Remuneração do conciliador ou do mediador
Tendo em vista que a atividade de conciliador ou de mediador é uma atividade profissional e que exige conhecimento técnico para tanto, não poderia tal atividade deixar de ser remunerada.

Assim, salvo na hipótese de mediador ou conciliador concursado, esta espécie de profissional receberá pelo seu trabalho remuneração fixada pelo tribunal, conforme parâmetro estabelecido pelo C.N.J.

O ideal, conforme já se afirmou, é que a lei crie cargos de servidores especializados em mediação e conciliação, e que esses cargos sejam bem remunerados.

Contudo, se não houver previsão legal de quadro de carreira desses auxiliares da justiça, é importante que os parâmetros de remuneração estabelecidos pelo Conselho Nacional de Justiça sejam efetivamente justos e condizentes com a importante função desses métodos alternativos de composição do litígio, principalmente pelos benefícios que possam acarretar, não só às partes, mas à própria imagem do Poder Judiciário.

Se a remuneração não for condizente ou for aviltante, o Conselho Nacional de Justiça irá afastar dos quadros de conciliadores ou mediadores pessoas experientes e devidamente preparadas.

Prescreve o *§1º do art. 169* do atual C.P.C. que *a mediação e a conciliação podem ser realizadas como trabalho voluntário, observada a legislação pertinente e a regulamentação do tribunal.*

893

É possível que a mediação e a conciliação possa ser resultado de trabalho voluntário, observada a legislação pertinente e a regulamentação do tribunal, sendo que neste caso não haverá pagamento de remuneração ao conciliador ou ao mediador.

Por fim, preconiza o *§ 2º do art. 169 do atual C.P.C.* que *os tribunais determinarão o percentual de audiências não remuneradas que deverão ser suportadas pelas câmaras privadas de conciliação e mediação, com o fim de atender aos processos em que deferida gratuidade da justiça, como contrapartida de seu credenciamento.*

Tendo em vista a possibilidade outorgada pelo novo C.P.C. de cadastro como mediador ou conciliador às câmaras privadas de conciliação ou mediação, essas câmaras, além de ter o direito de perceber a devida remuneração pelo trabalho realizado, também estarão obrigadas a realizar determinado percentual de audiência não remuneradas, fixadas pelos respectivos tribunais, a fim de atender à comunidade carente, ou seja, àquele que dependa da gratuidade de justiça.

Trata-se de uma condição legal para que as câmaras privadas de conciliação ou mediação possam realizar seu cadastro perante os tribunais.

Art. 170

No caso de impedimento, o conciliador ou mediador o comunicará imediatamente, de preferência por meio eletrônico, e devolverá os autos ao juiz do processo ou ao coordenador do centro judiciário de solução de conflitos, devendo este realizar nova distribuição.

Parágrafo único. Se a causa de impedimento for apurada quando já iniciado o procedimento, a atividade será interrompida, lavrando-se ata com relatório do ocorrido e solicitação de distribuição para novo conciliador ou mediador.

Impedimento do conciliador ou do mediador

No Projeto Originário n. 166/10 falava-se em novo sorteio ao invés de distribuição.

Emenda da Câmara dos Deputados ao Projeto Originário estabelece que essa comunicação de impedimento deverá ser preferencialmente feita por meio eletrônico. A devolução dos autos para nova distribuição poderá ser feita ao Juiz Coordenador do centro judiciário de resolução de conflitos.

As causas de impedimento dos conciliadores e mediadores são as mesmas causas de suspeição e impedimento do magistrado, conforme estabelece o art. 148, inc. III, do atual C.P.C., a saber:

> *Art. 148. Aplicam-se os motivos de impedimento e de suspeição:*
> *(...).*
> *III – aos demais sujeitos imparciais do processo.*

Preceitua o *parágrafo único do art. 170 do atual C.P.C.* que *se a causa de impedimento for apurada quando já iniciado o procedimento, a atividade será interrompida, lavrando-se ata com relatório do ocorrido e solicitação de distribuição para novo conciliador ou mediador.*

Nesta hipótese, nova conciliação ou mediação deverá ser iniciada, sem levar em consideração o ocorrido nas anteriores audiências que foram realizadas.

Art. 171

No caso de impossibilidade temporária do exercício da função, o conciliador ou mediador informará o fato ao centro, preferencialmente por meio eletrônico, para que, durante o período em que perdurar a impossibilidade, não haja novas distribuições.

Impossibilidade temporária de exercício de função

Se o conciliador ou mediador estiver temporariamente afastado de suas funções, seja por motivo de licença, férias, doença etc., tal fato deverá ser informado ao centro, preferencialmente por meio eletrônico, para que, durante o período em que perdurar o afastamento, não sejam distribuídos novos processos ao referido conciliador ou mediador.

Art. 172

O conciliador e o mediador ficam impedidos, pelo prazo de 1 (um) ano, contado do término da última audiência em que atuaram, de assessorar, representar ou patrocinar qualquer das partes.

Impedimento de assessoramento, representação ou patrocino das partes

Trata-se de espécie de 'quarentena' em que o conciliador ou mediador não poderá ter vínculo de assessoramento, representação ou de patrocino, inclusive como advogado, de qualquer dos litigantes, uma vez que não basta que o conciliador seja imparcial no exercício de sua função, mas é necessário que ele também *pareça parcial* perante as partes e a sociedade, inclusive após o exercício da mediação ou conciliação.

O impedimento previsto no art. 172 do novo C.P.C. independe do sucesso da conciliação ou mediação, pois decorre pelo simples fato de atuar como auxiliar do juízo.

Art. 173

Será excluído do cadastro de conciliadores e mediadores aquele que:

I – agir com dolo ou culpa na condução da conciliação ou da mediação sob sua responsabilidade ou violar qualquer dos deveres decorrentes do art. 166, §§ 1º e 2º;

II – atuar em procedimento de mediação ou conciliação, apesar de impedido ou suspeito.

§ 1º Os casos previstos neste artigo serão apurados em processo administrativo.

§ 2º O juiz do processo ou o juiz coordenador do centro de conciliação e mediação, se houver, verificando atuação inadequada do mediador ou conciliador, poderá afastá-lo de suas atividades por até 180 (cento e oitenta) dias, por decisão fundamentada, informando o fato imediatamente ao tribunal para instauração do respectivo processo administrativo.

Exclusão do cadastro de mediador ou conciliador

Este dispositivo trata das hipóteses em que deverá ser excluído o mediador ou conciliador do cadastro existente no respectivo tribunal.

Assim, será excluído o conciliador ou mediador que agir com dolo ou culpa na condução da conciliação ou da mediação que estiver sob sua responsabilidade, agindo com desídia no exercício do seu trabalho.

Também será excluído o conciliador ou mediador que violar qualquer dos deveres decorrentes do art. 166, §§1º e 2º, a saber:

> Art. 166. A conciliação e a mediação são informadas pelos princípios da independência, da imparcialidade, da autonomia da vontade, da confidencialidade, da oralidade, da informalidade e da decisão informada.
>
> § 1º A confidencialidade estende-se a todas as informações produzidas no curso do procedimento, cujo teor não poderá ser utilizado para fim diverso daquele previsto por expressa deliberação das partes.
>
> § 2º Em razão do dever de sigilo, inerente às suas funções, o conciliador e o mediador, assim como os membros de suas equipes, não poderão divulgar ou depor acerca de fatos ou elementos oriundos da conciliação ou da mediação.

ART. 174

Da mesma forma será excluído o conciliador ou mediador que atuar na mediação ou conciliação apesar de suspeito ou impedido.

Entendo que as hipóteses indicadas nos incs. I e II do art. 173 do novo C.P.C. são meramente exemplificativas e não taxativas, podendo, ainda, haver outras situações que recomendem a exclusão do mediador ou conciliador, como, no caso, eventual condenação com trânsito em julgado por crime contra a administração da justiça.

Como o registro de conciliadores ou mediadores é de caráter administrativo, a exclusão destes auxiliares da justiça deve decorrer igualmente de procedimento administrativo, observando-se o devido processo legal e o contraditório, conforme estabelece o *§1º do art. 173* do novo C.P.C.

Por isso, em que pese o dispositivo não afirme expressamente, a exclusão do conciliador ou mediador deve ser *justificada*.

Preceitua o *§ 2º do art. 173* do atual C.P.C. que *o juiz do processo ou o juiz coordenador do centro de conciliação e mediação, se houver, verificando atuação inadequada do mediador ou conciliador, poderá afastá-lo de suas atividades por até 180 (cento e oitenta dias), por decisão fundamentada, informando o fato imediatamente ao tribunal para instauração do respectivo processo administrativo.*

Tendo o juiz do processo ou o juiz coordenador do centro de conciliação e mediação notícia de qualquer das causas previstas no art. 173, inc. I e II, do atual C.P.C., ou verificando que o conciliador ou mediador não apresenta conduta adequada no exercício de sua função, poderá de imediato afastar o referido conciliador ou mediador de suas atividades pelo prazo máximo de cento e oitenta dias, por decisão fundamentada, informando o fato imediatamente ao tribunal para instauração do respectivo processo administrativo,

No projeto Originário n. 166/10, também determinava a Comunicação à OAB.

Se o fato consistir em infração penal, também deverá ser comunicado ao Ministério Público.

Art. 174

A União, os Estados, o Distrito Federal e os Municípios criarão câmaras de mediação e conciliação, com atribuições relacionadas à solução consensual de conflitos no âmbito administrativo, tais como:

I – dirimir conflitos envolvendo órgãos e entidades da administração pública;

II – avaliar a admissibilidade dos pedidos de resolução de conflitos, por meio de conciliação, no âmbito da administração pública;

CÓDIGO DE PROCESSO CIVIL

III – promover, quando couber, a celebração de termo de ajustamento de conduta.

Câmara de mediação ou conciliação pública

Ao lado das câmaras privadas de conciliação ou mediação, o legislador também permitiu a criação de câmaras administrativas públicas por parte da União, Estados, Distrito Federal e Municípios com atribuições relacionadas à solução consensual de conflitos no âmbito administrativo, tais como: I – dirimir conflitos envolvendo órgãos e entidades da administração pública; II – avaliar a admissibilidade dos pedidos de resolução de conflitos, por meio de conciliação, no âmbito da administração pública; III – promover, quando couber, a celebração de termo de ajustamento de conduta.

Essas Câmaras poderão atuar antes ou depois de promovida eventuais demandas judiciais que digam respeito à matéria administrativa.

Art. 175

As disposições desta Seção não excluem outras formas de conciliação e mediação extrajudiciais vinculadas a órgãos institucionais ou realizadas por intermédio de profissionais independentes, que poderão ser regulamentadas por lei específica.

Parágrafo único. Os dispositivos desta Seção aplicam-se, no que couber, às câmaras privadas de conciliação e mediação.

Câmara de mediação ou conciliação privada

O dispositivo faz uma nítida diferenciação entre a mediação ou conciliação como órgãos auxiliares da justiça e, portanto, vinculados ao Poder Judiciário, com a conciliação ou mediação extrajudicial que pode ser realizada por órgãos institucionais (que não o Poder Judiciário) ou por intermédio de profissionais independentes. O resultado dessas conciliações ou mediações terá plena eficácia no processo jurisdicional, se já instaurado.

Emenda da Câmara dos Deputados também prevê a criação de Câmara Privadas de conciliação.

O *parágrafo único do art. 175 do atual C.P.C. estabelece que se aplicam os dispositivos desta seção, no que couber, às câmaras privadas de conciliação ou mediação.*

Por fim, deve-se ressaltar algumas importantes disciplinas sobre mediação e conciliação previstas no Decreto-legislativo italiano n. 28, de 4 de março de 2010:

"Art. 5.3. O desenvolvimento da mediação, em todo caso, não preclui a concessão dos provimentos urgentes e cautelares, nem a transcrição da demanda judicial;

Art. 6.1. O procedimento de mediação tem uma duração não superior a quatro meses.

Art. 8.1. No ato de apresentação da demanda de mediação, o responsável pelo organismo designa um mediador e fixa o primeiro encontro entre as partes não além de quinze dias do depósito da demanda. A demanda e a data do primeiro encontro são comunicadas à outra parte por qualquer meio idôneo que asseguro o recebimento da comunicação, ainda que por intermédio da parte requerente. Nas controvérsias que requerem competência técnica específica, o organismo poderá nomear um ou mais mediadores auxiliares.

Art. 8.2. O procedimento desenvolve-se sem formalidade diante da sede do organismo de mediação ou no lugar indicado pelo regulamento de procedimento do organismo.

Art. 9. (Dever de confidencialidade)

Art. 9.1. Qualquer um que presta serviço no organismo ou de todo modo no procedimento de mediação é obrigado à confidencialidade em relação às declarações feitas e às informações adquiridas.

Art. 9.2. Em relação às declarações feitas ou às informações recebidas no curso das sessões separadas e salvo consentimento da parte declarante o de quem provenha a informação, o mediador e também obrigado à confidencialidade no diálogo com as outras partes.

Art. 10 (Inutilidade e segredo profissional)

Art. 10.1 As declarações feitas ou as informações recebidas no curso do procedimento de mediação não podem ser utilizadas no juízo que tenha por objeto ainda que parcial, iniciado, reassumido ou prosseguido depois do insucesso da mediação, salvo consentimento da parte declarante ou daquela que provenha as informações. Sobre o conteúdo de tais declarações e informações não é admitida prova testemunhal e não pode ser deferido juramento decisório.

Art. 10.2. O mediador não pode ser obrigado a depor sobre o conteúdo das declarações feitas e das informações recebidas no procedimento de mediação, nem diante da autoridade judiciária, nem diante de outra autoridade. Ao mediador se aplicam as disposições do artigo 200 do código de processo penal e se estendem as garantias previstas para os defensores no art. 103 do código de processo penal no que for compatível.

Art. 11. (Conciliação).

Art. 11.1. Se se consegue um acordo amigável, o mediador forma processo verbal ao qual é anexado o testo do próprio acordo.

Quando não se chega a um acordo, o mediador pode formular uma proposta de conciliação. Em todo caso, o mediador formula uma proposta de conciliação se as parte

CÓDIGO DE PROCESSO CIVIL

lhe fazem pedido conjunto em qualquer momento do procedimento. Antes da formulação da proposta, o mediador informa às partes das possíveis conseqüências previstas no art. 13.

Art. 11.2. A proposta de conciliação é comunicada às partes por escrito. As partes podem fazer chegar ao mediador, por escrito e dentro do prazo de sete dias, o aceite ou a recusa da proposta. Em falta de resposta no prazo previsto, a proposta se há por recusada.

Salvo acordo diverso das partes, a proposta não pode conter qualquer referência às declarações feitas ou às informações recebidas no curso do procedimento.

Art. 12. (eficácia executiva e execução).

Art. 12.1. O acordo verbal, cujo conteúdo não é contrário à ordem pública ou às normas imperativas, é homologado, na presente das partes e após prévio acertamento de sua regularidade formal, por meio de decisão do presidente do tribunal no qual encontra a sede do organismo. ..

Art. 12.2. O acordo verbal referido no inciso 1º constitui título executivo para a expropriação forçada, para execução em forma específica e para a inscrição de hipoteca judiciária.

Art. 14 (obrigações do mediador).

Art. 14.1. O mediador e seus auxiliares são proibidos de assumir direitos e obrigações conexos, diretamente ou indiretamente, com os negócios realizados, salvo em relação àqueles inerentes à prestação da obra ou serviço; é proibido perceberem compensações diretamente das partes.

Art. 14.2. O mediador é também obrigado de: a) subscrever, para qualquer trabalho que for designado, uma declaração de imparcialidade, segundo as formulas previstas no regulamento de procedimento aplicável, além dos ulteriores empenhos eventualmente previstos no mesmo regulamento; b) informar imediatamente ao organismo e às partes as razões de possível prejuízo à imparcialidade no desenvolvimento da mediação; c) formular as propostas de conciliação, respeitando os limites da ordem pública e das normas imperativas; d) corresponder a todo pedido de organização de responsabilidade do organismo".

O art. 331 e §1º do novo C.P.C., ao tratar da audiência de conciliação, estabelece:

Art. 331. Se a petição inicial preencher os requisitos essenciais e não for o caso de improcedência liminar do pedido, o juiz designará audiência de conciliação ou de mediação com antecedência mínima de trinta dias, devendo ser citado o réu com pelo menos vinte dias de antecedência.

§ 1º O conciliador ou mediador, onde houver, atuará necessariamente na audiência de conciliação ou de mediação, observando o disposto neste Código, bem como as disposições da lei de organização judiciária.

TÍTULO V – Do Ministério Público

Art. 176
O Ministério Público atuará na defesa da ordem jurídica, do regime democrático e dos interesses e direitos sociais e individuais indisponíveis.

Atuação do Ministério Público
A Constituição Federal de 1988, no seu Capítulo IV, considera entre as funções essenciais à Justiça o trabalho exercido pelo Ministério Público no âmbito da relação jurídica processual.

Quando se diz que o Ministério Público encontra-se inserido no âmbito das funções essenciais à Justiça, na verdade, diz-se menos do que se deveria dizer, uma vez que essa instituição vai além dos limites do Poder Judiciário, realizando atividades como fiscal de fundações e prisões, inspecionando habilitação de casamento, homologando acordos extrajudiciais, atendendo ao público, fazendo às vezes de um verdadeiro *ombudsman*.[612]

O Ministério Público, segundo prescreve o art. 127 da Constituição Federal, é instituição permanente, essencial à função jurisdicional do Estado, incumbindo-lhe a *defesa da ordem pública, do regime democrático e dos interesses sociais e individuais indisponíveis.*

Por isso a importância do trabalho a ser realizado pelo Ministério Público no âmbito do processo jurisdicional.

---

[612] "En años recientes, la oficina escandinava de Ombudsman ha recibido gran atención en el mundo democrático como un instrumento de control de la burocracia. El Ombudsman es un funcionario del Parlamento que investiga las quejas de los ciudadanos en el sentido de que han sido injustamente tratados por alguna dependencia gubernamental y que, cuando encuentra la queja justificada, le busca un remedio. La institución tuvo tanto éxito en Suecia y Finlandia, sus países de origen, aundando a proteger a los ciudadanos contra las autoridades arbitrarias, que la vecina Dinamarca la adoptó en 1955. Luego la adoptaron Noruega y Nueva Zelanda en 1962 y ahora la están considerando o discutiendo activamente en países tan distantes y tan diferentes en su estructura constitucional como Canadá, Gran Bretaña, Holanda, la India, Irlanda y Estados Unidos. (ROWAT, Donald C. *El ombudsman – el defensor del ciudadano.* México: Fondo de Cultura Económica, 1973. p. 41.

O art. 176 do novo C.P.C., inspirado no art. 127 da C.F., reforça que *o Ministério Público atuará na defesa da ordem jurídica, do regime democrático e dos interesses sociais e individuais indisponíveis.*

Como um verdadeiro *ombudsman*, o Ministério Público deverá atuar no âmbito da jurisdição civil na defesa da ordem jurídica e do regime democrático.

São princípios e fatores que justificam a intervenção do Ministério Público como garantidor da *ordem jurídica* e do *regime democrático:*a) a soberania e a representatividade popular; b) os direitos políticos; c) os objetivos fundamentais da República Federativa do Brasil; d) a indissolubilidade da União; e) a independência e harmonia dos Poderes da União; f) a autonomia dos Estados, do Distrito Federal e dos Municípios; g) as vedações impostas à União, aos Estados, aos Distrito Federal e aos Municípios; h) a legalidade, a impessoalidade, a moralidade e a publicidade, relativas à administração pública direta, indireta ou fundacional de qualquer dos Poderes da União, dos Estados e do Município.

O processo jurisdicional, por ser um instrumento do poder realizado por meio de uma relação jurídica em contraditório, reclama ordinariamente a atuação do Ministério Público, pois sem contraditório e sem o devido processo legal não há falar em Estado ou regime democrático.

Assim, *"quando se está diante de um Estado Democrático de direito, e quando se interpreta o disposto no art. 5º, LV, da Constituição Federal (aos litigantes, em processo judicial ou administrativo, e aos acusados em geral são assegurados o contraditório e ampla defesa, com os meios e recursos a ela inerentes), 'não se pode afirmar que para a configuração do processo basta a existência de uma relação jurídica e de um procedimento preestabelecido'. Sobre a legitimação do Estado Democrático de direito, aduz Cândido Rangel Dinamarco: '(...) assim como o Estado Democrático se legitima mediante a participação do povo na determinação de suas diretrizes e decisões, também é a participação contraditória no processo, pelas formas procedimentais adequadas, que dera legitimidade ao provimento final a ser emitido (...)'".*[613]

A Constituição Federal de 1988 ampliou sobremaneira as funções do Ministério Público, transformando-o num verdadeiro defensor da sociedade, principalmente no âmbito da jurisdição civil, como ocorre com a titularidade de promover ações civis públicas, ações de improbidade administrativa etc.

Pode-se dizer que o Ministério Público atualmente realiza funções típicas, como a promoção de ação civil pública (art. 129, III da C.F.), da defesa da ordem jurídica, do regime democrático e dos interesses sociais e individuais indisponíveis (art. 127 da C.F.), do zelo pelo efetivo respeito dos Poderes Públicos e dos

---

[613] Souza, Artur César. *Contraditório e revelia – perspectiva crítica dos efeitos da revelia em face da natureza dialética do processo.* São Paulo: Ed. R.T., 2003. p. 130 e 131.

ART. 176

serviços de relevância pública aos direitos assegurados na Constituição Federal (art. 129, II da C.F.).

É bem verdade que o Ministério Público também pode exercer funções atípicas, como, por exemplo, patrocínio de eventual rescisão trabalhista (art. 477, §2º do CLT); prestar supletiva assistência judiciária (LC 40/81, art. 22, XIII) das vítimas de crime nas ações *ex delicto* (CP, art. 68).[614]

O art. 176 do novo C.P.C. preconiza que o Ministério Público também atuará na defesa dos *interesses sociais*.

Haveria distinção ontológica entre *interesse* e *direito*?

Talvez essa distinção tenha alguma razão de ser para os *utilitaristas*. Por isso Ihering, quando define o direito subjetivo, o vincula a um *interesse juridicamente protegido*. Não se pode esquecer que para Ihering toda norma estava voltada para um fim, ou para um resultado prático e factual.

Por isso, além de uma mera perspectiva utilitarista, não há razão para distinguir direito de eventual interesse juridicamente protegido.

Mas se se deseja fazer alguma distinção entre interesse e direito, pode-se dizer que o interesse é algo voltado para um conteúdo axiológico, enquanto o direito apresenta um conteúdo deontológico.

O grande problema é a intranquilidade discursiva e a delimitação daquilo que se pode denominar de *direitos sociais*.

O que se percebe é que não há um acordo na doutrina e na jurisprudência para se definir com segurança o que se pretende entender por *direito sociais*. Prevalece na dogmática jurídica o denominado 'método fuzzy', o qual, segundo Canotilho: *"...significa em inglês 'coisas vagas', 'indistintas', indeterminadas. Por vezes, o estilo 'fuzzysta' aponta para o estilo do indivíduo. Ligeiramente embriagado. A nosso ver, paira sobre a dogmática a teoria jurídica dos direitos econômicos, sociais e culturais a carga metodológica da 'vaguidez', 'indeterminação' e 'impressionismo' que a 'teoria da ciência' vem apelidando, em termos caricaturais, sob a designação de 'fuzzysmo' ou 'medologia fuzzy'. Em abono da verdade, este peso retórico é hoje comum a quase todas as ciências sociais. Em toda a sua radicalidade, a censura de 'fuzzysmo' lançada aos juristas significa basicamente de que eles não sabem do que estão a falar quando abordam os complexos problemas dos direitos econômicos, sociais e culturais".*[615]

Em relação aos 'direitos sociais', há também a tese do jurista alemão, J. Insensee, denominada 'camaleões normativos', a qual significa que os direitos sociais

---

[614] MAZZILLI, Hugo Nigri. *O ministério público na constituição de 1988*. São Paulo: Saraiva, 1989. p. 96.

[615] CANOTILHO, José Joaquim Gomes. *Estudos sobre direitos fundamentais*. Coimbra: Coimbra Editora, 2004. p. 100.

aparecem envoltos em quadros pictórios onde o recorte jurídico cede lugar a nebulosas normativas. Para essa tese, há instabilidade e imprecisão normativa de um *sistema jurídico aberto* – como o dos direitos sociais – quer em relação a conteúdos normativos imanentes ao sistema (*system-immanente*) quer a conteúdos normativos transcendentes ao mesmo sistema (*system-transcendente*). Esta indeterminação normativa explica o porquê da confusão entre *conteúdo* de um direito juridicamente definido e determinado e *sugestão de conteúdo* sujeita a modelações político-jurídicas cambiantes. Por outras palavras: *"o 'transformismo normativo' dará azo à passagem de um 'discurso jurídico' rigoroso centrado em categorias como 'direitos subjetivos' e 'deveres jurídicos' para um 'discurso político-constitucional' baseado em programas concretizadores de 'princípios sectores' e de diretivas políticas.*[616]

Mas não obstante essa *metodologia fuzzy* e essa concepção normativa de *camaleão*, o certo é que as pessoas que dependem dos denominados direitos sociais não podem esperar que a doutrina ou a dogmática jurídica possa definir com segurança o que significa 'direitos sociais'.

Por isso, cabe ao Ministério Público, independentemente da indeterminação do conceito de direitos sociais, olhar para o ser humano, para a pessoa viva, cuja existência possa estar abaixo da dignidade humana, pois a questão da dignidade humana não é uma questão jurídica, mas uma questão de simples intuição e de preservação.

Na verdade, dignidade humana não é um conceito jurídico, mas, sim, o resultado de uma sensação das experiências da vida.

Os direitos sociais são direitos a uma *prestação* que implica um dever do Estado em fornecer a prestação correlativa ao objeto destes direitos; diz respeito a alguns cidadãos; são direitos que eliminam a *reciprocidade*, ou seja, o esquema de troca entre os cidadãos que pagam e os cidadãos que recebem.[617]

É bem verdade que a evolução dos direitos fundamentais sociais no sentido de formalização e constitucionalização, conforme ocorreu na Constituição Federal brasileira – evolução dos direitos humanos para direitos fundamentais, é colocada em xeque pelas sucessivas crises do Estado Social.

Segundo afirma Canotilho, *"um segundo paradoxo reside nos efeitos perversos derivados da 'aproximação absolutista' ao significado jurídico dos direitos sociais, esta 'aproximação absolutista' consiste em confiar na simples interpretação de normas consagradoras de direitos sociais para, através do procedimento hermenêutico de atribuição de significado e enunciados linguístico-normativo, deduzir a 'efetividade' dos mesmos direitos. Os resultados a que se chega não são 'razoáveis' nem 'racionais' e acabam por produzir efeitos con-*

---

[616] CANOTILHO, J. J. G., idem, p. 101.
[617] CANOTILHO, J. J. G., idem, p. 102.

trários aos pretendidos. Assim, por exemplo, dizer que o 'direito a ter casa' e o 'direito a ter e estar na universidade' são dimensões do 'mínimo social' postulado pela dignidade da pessoa humana e derivar o 'direito à habitação' como um resultado da interpretação do preceito constitucional garantidor deste direito, só pode ter como consequência a capitulação da 'validade' das normas constitucionais perante a facticidade económica-social".[618]

Não se tem dúvida de que, principalmente nos dias atuais, para a concretização dos direitos sociais há necessidade de 'reserva de caixa financeira' do Estado, uma vez que esses direitos têm por reciprocidade o dever estatal de financiá-los. Aliás, isso foi constatado por P. Häberle na década de 70, sendo que o juspublicista alemão W. Martens reforça essa ideia com a seguinte afirmação: *"Os direitos subjetivos públicos susceptíveis de realização só podem ser garantidos no âmbito do possível e do adequado, e já por este motivo eles são desprovidos de estadão jurídico-constitucional".* Desde esta concepção, a reserva do possível passou a ser o tema central dogmático, chegando ao ponto de obscurecer quaisquer perspectivas de concretização dos direitos sociais.[619]

Reconhecer a 'reserva do possível' significa: a) reconhecer a total desvinculação jurídica do legislador quanto à dinamização dos direitos sociais constitucionalmente consagrados; b) reconhecer a 'tendência para zero' da eficácia jurídica das normas constitucionais consagradoras de direitos sociais; c) reconhecer a 'gradualidade' com dimensão lógica e necessária da concretização dos direitos sociais, tendo sobretudo em conta os limites financeiros; d) reconhecer a 'insindicabilidade' jurisdicional das opções legislativas quanto à densificação legislativas das normas constitucionais reconhecedoras de direitos sociais.[620]

Mas apesar dessa perspectiva econômica e financeira do direito, com base na 'reserva do possível', e, de certa forma, uma dose de verdade em todas essas afirmações, Canotilho esclarece que é preciso *relativizá-las*. Segundo ele: *"Parece inequívoco que a realização dos direitos econômicos, sociais e culturais se caracteriza: a) pela 'gradualidade' da realização; b) pela 'dependência financeira' relativamente ao orçamento do Estado; c) pela tendencial 'liberdade de conformação do legislador' quanto às políticas de realização desses direitos; d) pela 'insucetibilidade de controlo jurisdicional' dos programas político-legislativos a não ser quando se manifestem em clara contradição com as normas constitucionais ou transportem dimensões manifestamente desrazoáveis. Reconhecer estes aspectos não significa a aceitação acrítica de alguns 'dogmas' contra os direitos sociais".*[621]

---

[618] CANOTILHO, J. J. G., idem, p. 105.
[619] CANOTILHO, J. J. G., idem, p. 107.
[620] CANOTILHO, J. J. G., idem, p. 108.
[621] CANOTILHO, J. J. G., idem, ibidem.

É justamente nessa abertura dada por Canotilho que entra o Ministério Público, como defensor dos direitos sociais.

O grande desafio do Século XXI será justamente conciliar os direitos fundamentais individuais com a necessidade de concretização factível dos direitos sociais previstos na Constituição federal brasileira.

Compete ao Ministério Público, com base na permissão Constitucional que lhe foi outorgada, e agora prevista expressamente no art. 176 do novo C.P.C., a defesa dos direitos sociais e individuais indisponível.

Para isso, poderá o Ministério Público provocar, por meio das tutelas pertinentes, o órgão jurisdicional para pleitear a concretização desses direitos sociais, dentre eles aqueles previstos no art. 6º da Constituição Federal (educação, saúde, trabalho, moradia, lazer, segurança, previdência social, proteção à maternidade e à infância, assistência aos desamparados).

É evidente que o Ministério Público diante de sua responsabilidade institucional deverá valorar a possibilidade financeira do Estado brasileiro de atender as urgências de implantação desses direitos sociais.

Contudo, a simples alegação de falta de recursos estatais não pode ser considerado um empecilho para que o Ministério Público exerça seu dever legal e Constitucional.

Provocar o Judiciário é mais que uma função, trata-se de um dever legal e Constitucional, pois ao Ministério Público compete a defesa dos direitos sociais não implementados.

É bem verdade que tanto a Constituição Federal (art. 127) como agora o art. 176 do novo C.P.C. fazem menção aos direitos sociais e individuais *indisponíveis*.

Assim, *a indisponibilidade* dos direitos sociais e individuais torna-se o fundamento de atuação do Ministério Público.

Sobre a questão da *indisponibilidade* dos direitos, anota Antônio Cláudio da Costa Machado: *"Ao Estado compete a seleção dos interesses coletivos e individuais que devam prevalecer na sociedade. Para alcançar tal desiderato, qual seja o prevalecimento de certos interesses relevantes num determinado momento, o Estado se vale precipuamente da função-atividade legiferante exercida pelo Poder Legislativo – uma das três expressões da soberania nacional – e que se socorre, por sua vez, do instrumento formal lei em sentido lato. Esta nada mais faz do que revestir de juridicidade tais interesses, transformando-os em direitos. De acordo com o critério que poderíamos chamar de 'essencialidade social', concebido como o conjunto de valores essenciais do Estado, aos quais todos os interesses sociais devem estar subordinados, o legislador distingue duas categorias de interesses juridicizados ou direitos subjetivos. De um lado, os direitos que devam servir, atender diretamente àqueles valores; direitos que correspondem imediatamente a esses interesses maiores e que se identificam com o escopo último da ordem pública, a preservação do próprio Estado. De outro lado, aqueles direitos periféricos aos valores fundamentais que só indireta e mediatamente servem à ordem pública, embora também nela encontrem balizamento. Aos primeiros, pela sua importância, pela maior necessidade de prevalecimento, o legislador outorga o atributo de 'indisponibilidade' no sentido de inalienabilidade a quem quer que seja e a qualquer título. Aos segundos, dispensa o legislador um tratamento mais brando, o que é a regra geral, permitindo a sua 'disposição'. É justamente a partir desta distinção que se torna possível compreender a atuação do Ministério Público no processo. Quando se pensa na razão de ser da instituição, portanto, deve-se ter presente esta realidade: a tutela dos interesses máximos da sociedade, dos seus valores fundamentais, que são justamente aqueles que assumem a forma de direitos indisponíveis.*

Não é equívoca a afirmação feita comumente pela doutrina de que velar pela indisponibilidade dos direitos é o mesmo que velar pelas leis de ordem pública, compartimento específico dentro da ordem jurídica global.

Quando a Constituição Federal recém-promulgada, em seu art. 127, conceitua a instituição Ministério Público e se refere à 'defesa da ordem jurídica...e dos interesses sociais e individuais indisponíveis', está ela querendo dizer que cumpre ao 'parquet' a defesa da ordem jurídica amplamente considerada (a defesa da Constituição Federal e das leis substanciais e instrumentais) nos processos em que os litígios envolvam leis de ordem pública, quer dizer, as que criam direitos indisponíveis. O que torna possível e legitima a atuação tutelatória do Ministério Público é, portanto, a indisponibilidade de direitos que resulta da existência de leis de ordem pública...".[622]

Além dos direitos ou interesses sociais indisponíveis, é também função do Ministério Público a proteção dos direitos ou interesses individuais indisponíveis.

Nessa perspectiva, *"Quando o interesse é regulado por uma norma jurídica dispositiva, diz-se, naturalmente, que se trata de um interesse disponível, porque submetido, apenas, à vontade da parte, que dele pode livremente dispor. Entretanto, quando o interesse é regulado por uma norma jurídica cogente, imperativa ou de ordem pública, vê-se, para logo, que o interesse por ela regulado há de ser indisponível...".*[623]

A grande característica dos *direitos individuais indisponíveis* é que eles provêm de norma de ordem pública e não podem ser derrogados pelas partes, muito menos renunciados.

O Ministério Público, portanto, deverá atuar nas causas em que hajam interesses (direitos) individuais e interesses sociais indisponíveis

Também o Ministério público deverá atuar nas causas em que haja interesse público evidenciado.

---

[622] Costa Machado, Antônio Cláudio da. *A intervenção do ministério público no processo civil brasileiro.* São Paulo: Ed. Saraiva, 1989. p. 45 e 46.
[623] Costa Machado, A. C., idem, p. 47.

CÓDIGO DE PROCESSO CIVIL

Exemplos das causas em que há interesse público evidente, e que o Ministério Público deve atuar: a) zelar pelo efetivo respeito dos Poderes Públicos e dos serviços de relevância pública aos direitos assegurados na Constituição Federal, promovendo as medidas necessárias a sua garantia (inc.II do art. 129 da C.F.); b) promover inquérito civil e ação civil pública, para a proteção do patrimônio público e social, do meio ambiente e de outros interesses difusos e coletivos (inc. III do art. 129 da C.F.); c) promover a ação de inconstitucionalidade ou representação para fins de intervenção da União, dos Estados, nos casos previstos nesta constituição (inc. IV do art. 129 da C.F.); defender judicialmente os direitos e interesses das populações indígenas (inc. V do art. 129 da C.F.).

Causas de intervenção do Ministério Pública encontram-se nos seguintes dispositivos do novo C.P.C.: a) art. 233, §2º: qualquer das partes, a Defensoria Pública ou o Ministério Público poderá representar ao juiz contra serventuário que injustificadamente excedeu os prazos previstos em lei; b) art. 616, inc. VII – legitimidade concorrente do Ministério Público para requerer a abertura de inventário, havendo herdeiro incapaz; c) art. 721: nos procedimentos não contenciosos ou de jurisdição voluntária serão citados todos os interessados, bem como intimado o Ministério Público; d) art. 764, inc. I: o juiz decidirá sobre a aprovação do estatuto das fundações e de suas alterações sempre que o requeira o interessado, quando negada previamente pelo Ministério Público ou por este sejam exigidas modificações com as quais aquele não concorde; e) art. 948: na Declaração de Inconstitucionalidade, e arguida a inconstitucionalidade de lei ou de ato normativo do poder público, o relator, ouvido o Ministério Público, submeterá a questão à turma ou à câmara, a que tocar o conhecimento do processo; f) art. 951, *parágrafo único*: O Ministério Público somente será ouvido nos conflitos de competência relativos aos processos previstos no art. 178, mas terá qualidade de parte naqueles que suscitar; g) art. 967, *parágrafo único*. O Ministério, no âmbito da demanda rescisória, e nas hipóteses do art. 178, será intimado para intervir como fiscal da ordem jurídica quando não for parte; g) art. 977, inc. III: no incidente de demandas repetitivas, o pedido de instauração do incidente poderá ser formulado pelo Ministério Público, por petição; h) art. 133. O incidente de desconsideração da personalidade jurídica poderá ser instaurado pelo Ministério Público.

Art. 177
O Ministério Público exercerá o direito de ação em conformidade com suas atribuições constitucionais.

ART. 177

Exercício do direito de ação pelo Ministério Público
Tendo em vista que a Constituição Federal determina que o Ministério Público atue *na defesa da ordem jurídica e do regime democrático*, todas as vezes que tal instituição se deparar com questões jurídicas que legitimam sua participação como sujeito ativo, deverá fazê-lo, uma vez que não lhe compete transigir com condutas ativas ou omissivas que possam macular a ordem jurídica e o Estado Democrático.

Para que o Ministério Público possa exercer em todos os graus de jurisdição sua atribuição Constitucional, a própria Constituição Federal outorgou-lhe, além de legitimidade processual', também 'capacidade postulatória'.

As hipóteses legais que legitimam o direito de ação por parte do Ministério Público, entre outras, são:

1) Ação Civil Pública, nos termos do art. 5º, inc. I, da Lei 7.347/85. Assim, o Ministério Público poderá ingressar com ações principais ou cautelares para responsabilização por danos materiais ou morais causados: a) meio ambiente; b) ao consumidor; c) à ordem urbanística; d) bens e direitos de valor artístico, estético, histórico, turístico e paisagístico; e) por infração da ordem econômica e da economia popular. f) proteção dos direitos constitucionais (letra a) do inc. VII da LC n. 75/93); g) proteção do patrimônio público e social (letra b) do inc. VII da LC n. 75/93); h) proteção dos interesses individuais indisponíveis, difusos e coletivos, relativos à comunidades indígenas, à família, à criança, ao adolescente, ao idoso, às minorias étnicas e ao consumidor (letra c) do inc. VII da LC n. 75/93); i) proteção dos direitos das pessoas portadoras de deficiência (art. 6º e 7º da Lei n. 7.853/89); j) para proteção dos investimentos no mercado de valores mobiliários (art. 1º da Lei n. 7.913/89); l) outros interesses individuais indisponíveis, homogêneos, sociais, difusos e coletivos (letra d) do inc. VII da LC n. 75/93). Contudo, segundo estabelece o *parágrafo* único do art. 1º da Lei n. 7.347/85, não será cabível ação civil pública para veicular pretensões que envolvam tributos, contribuições previdenciárias, Fundo de Garantia do Tempo de Serviço – FGTS ou outros fundos de natureza institucional cujos beneficiários podem ser individualmente determinados;

2) promover a ação direta de inconstitucionalidade e o respectivo pedido de medida cautelar, nos termos do art. 129, inc. IV da C.F. e art. 6º, inc. I, da LC n. 75/93;

3) promover a ação direta de inconstitucionalidade por omissão, nos termos do art. 129, inc. IV da C.F. e art. 6º, inc. II, da LC n. 75/93;

CÓDIGO DE PROCESSO CIVIL

4) promover a arguição de descumprimento de preceito fundamental decorrente da Constituição Federal, nos termos do art. 6º, inc. III, da LC n. 75/93 e art. 2º, inc. I, da Lei n. 9.882/99;

5) promover representação para intervenção federal nos Estados e Distrito Federal, nos termos do art. 129, inc. IV da C.F. e art. 6º, inc. IV da LC n. 75/93.

6) promover outras ações, nelas incluído o mandado de injunção sempre que a falta de norma regulamentadora torne inviável o exercício dos direitos e liberdades constitucionais e das prerrogativas inerentes à nacionalidade, à soberania e à cidadania, quando difusos os interesses a serem protegidos, nos termos do art. 6º, inc. VIII, da LC n. 75/93;

7) promover ação visando ao cancelamento de naturalização, em virtude de atividade nociva ao interesse nacional, nos termos do art. 6º, inc. IX, da LC n. 75/93;

8) promover a responsabilidade dos executores ou agentes do estado de defesa ou do estado de sítio, pelos ilícitos cometidos no período de sua duração, nos termos do art. 6º, inc. X, da LC n. 75/93;

9) defender judicialmente os direitos e interesses das populações indígenas, incluídos os relativos às terras por elas tradicionalmente habitadas, propondo as ações cabíveis, nos termos do art. 6º, inc. XI, da LC n. 75/93;

10) propor ação civil coletiva para defesa de interesses individuais homogêneos, nos termos do art. 6º, inc. XII, da LC n. 75/93;

11) propor ações de responsabilidade do fornecedor de produtos e serviços, nos termos do art. 6º, inc. XIII, da LC n. 75/93;

12) promover outras ações necessárias ao exercício de suas funções institucionais, em defesa da ordem jurídica, do regime democrático e dos interesses sociais e individuais indisponíveis, especialmente quanto: a) ao Estado de Direito e às instituições democráticas; b) à ordem econômica e financeira; c) à ordem social; d) ao patrimônio cultural brasileiro; e) à manifestação de pensamento, de criação, de expressão ou de informação; f) à probidade administrativa (art. 17 da Lei 8.429/92); g) ao meio ambiente, nos termos do art. 6º, inc. XIV, da LC n. 75/93;

13) propor as ações cabíveis para: a) perda ou suspensão de direitos políticos, nos casos previstos na Constituição Federal; b) declaração de nulidade de atos ou contratos geradores do endividamento externo da União, de suas autarquias, fundações e demais entidades controladas pelo Poder Público Federal, ou com repercussão direta ou indireta em suas finanças; c) dissolução compulsória de associações, inclusive de partidos políticos, nos casos previstos na Constituição Federal; d) cancelamento de con-

ART. 177

cessão ou de permissão, nos casos previstos na Constituição Federal; e) declaração de nulidade de cláusula contratual que contrarie direito do consumidor, nos termos do art. 6º, inc. XVII, da LC n. 75/93;

14) promover ação de responsabilidade civil derivada de fatos apurados perante Comissão Parlamentar de Inquérito, nos termos do art. 58, §3º da C.F.;

15) promover pedido de abertura de sucessão provisória nos termos do art. 22 do C.C.;

16) promover ação de para aprovação de estatuto de fundação (art. 65, p.ú. do C.C.) ou sua extinção (art. 69 do C.C.);

17) propor ação de nulidade de negócio jurídico simulado, nos termos do art. 168 do C.C.;

18) promover ação para cumprimento de doação com encargo, quando for do interesse geral, e após a morte do doador, nos termos do art. 553, p.u. do C.C.;

19) promover ação de dissolução de sociedade simples quando houver extinção de sua autorização na forma da lei, nos termos do art. 1.037 do C.C.;

20) promover ação de registro de hipoteca legal, nos termos do art. 1.497, §1º do C.C.;

21) promover ação de nulidade de casamento, nos termos do art. 1.549 do C.C.;

22) promover a ação de suspensão do poder familiar, ou medidas contra abuso de autoridade dos pais, nos termos do art. 1.637 do C.C.

23) requerer nomeação de curador especial, sempre que no exercício do poder de família colidir o interesse dos pais com o do filho, nos termos do art. 1.692 do C.C.

24) promover pedido de interdição, nos termos do art. 1.768, III do C.C.;

25) promover ação civil de reparação de dano decorrente de infração penal ou sua execução, se a vítima for pobre, nos termos do art. 68 do C.P.P.;

26) promover as medidas assecuratórias quando houver interesse da Fazenda Pública ou ofendido for pobre, nos termos do art. 142 do C.P.P.

27) promover as ações necessárias para assegurar direitos, interesses, bem como a responzabilização por danos a esses direitos interesses das crianças e adolescentes, nos termos dos artigos 208, 9º, 11, §2º, 54, 10, 75, 78, 79, 147, §3º, 129, 155, 156, 257, 201, III, 97, p.ú., 148, V, 191, 214, §1º do E.C.A.

28) promover a dissolução de sociedade civil com fins assistenciais, nos termos do art. 3º do Decreto-lei n. 41/66;

CÓDIGO DE PROCESSO CIVIL

29) promover a dissolução das sociedades anônimas que infringirem o disposto no art. 16, §1º da Lei 5.709/71, que regula a aquisição de imóvel rural por estrangeiro residente no País ou pessoa jurídica estrangeira autorizada a funcionar no Brasil;

30) promover ação cautelar de arresto ou sequestro e responsabilização dos administradores, em casos de intervenção ou liquidação extrajudicial de instituição financeiras, nos termos dos artigos 45 e 46 da Lei 6.024/74;

31) promover questão sobre a lei de registro público, artigos 109, 13 III, 214, 245 Lei n. 6.015/73;

32) promover a liquidação judicial de sociedade anônima, art. 209, II, da Lei 6.404/76

33) promover a notificação do loteador para regularizar o loteamento, artigo 38, §2º da Lei 6.766/79;

34) promover ação de investigação de paternidade, artigo art. 2º, §4º da Lei 8.560/92.

Por sua vez, a Lei 8.625/93, Lei Orgânica do Ministério Público, traz as seguintes determinações em seus arts. 25 e 27:

Art. 25. Além das funções previstas nas Constituições Federal e Estadual, na Lei Orgânica e em outras leis, incumbe, ainda, ao Ministério Público:

I – propor ação de inconstitucionalidade de leis ou atos normativos estaduais ou municipais, em face à Constituição Estadual;

II – promover a representação de inconstitucionalidade para efeito de intervenção do Estado nos Municípios;

(...)

IV – promover o inquérito civil e a ação civil pública, na forma da lei:

a) para a proteção, prevenção e reparação dos danos causados ao meio ambiente, ao consumidor, aos bens e direitos de valor artístico, estético, histórico, turístico e paisagístico, e a outros interesses difusos, coletivos e individuais indisponíveis e homogêneos;

b) para a anulação ou declaração de nulidade de atos lesivos ao patrimônio público ou à moralidade administrativa do Estado ou de Município, de suas administrações indiretas ou fundacionais ou de entidades privadas de que participem;

(...).

VIII – ingressar em juízo, de ofício, para responsabilizar os gestores do dinheiro público condenados por tribunais e conselhos de contas;

IX – interpor recursos ao Supremo Tribunal Federal e ao Superior Tribunal de Justiça;

ART. 177

Art. 27. Cabe ao Ministério Público exercer a defesa dos direitos assegurados nas Constituições Federal e Estadual, sempre que se cuidar de garantir-lhe o respeito:

I – pelos poderes estaduais ou municipais;

II – pelos órgãos da Administração Pública Estadual ou Municipal, direta ou indireta;

III – pelos concessionários e permissionários de serviço público estadual ou municipal;

IV – por entidades que exerçam outra função delegada do Estado ou do Município ou executem serviço de relevância pública.

Parágrafo único. No exercício das atribuições a que se refere este artigo, cabe ao Ministério Público, entre outras providências:

I – receber notícias de irregularidades, petições ou reclamações de qualquer natureza, promover as apurações cabíveis que lhes sejam próprias e dar-lhes as soluções adequadas;

II – zelar pela celeridade e racionalização dos procedimentos administrativos;

III – dar andamento, no prazo de trinta dias, às notícias de irregularidades, petições ou reclamações referidas no inciso I.

É importante salientar que a defesa de direitos individuais puros (disponíveis) não pode ser realizada pelo Ministério Público, exceto ser for indisponível e houver autorização legal para tanto.

Contudo, sendo esses direitos individuais puros (disponíveis) abrangidos pelo conteúdo de *direitos individuais homogêneos* (CDC art.81, par. Um. III), o Ministério Público poderá promover sua defesa coletiva em juízo, a fim de que haja uma decisão única, com efeitos *erga omnes* nos termos do art. 103, inc. III do C.D.C. Nesse sentido eis as seguintes decisões do S.T.F.:

EMENTA: agravo regimental no agravo de instrumento. Processual civil. Alegação de contrariedade ao ato jurídico perfeito. Controvérsia infraconstitucional. Ofensa constitucional indireta. Constitucional. O ministério público tem legitimidade para propor ação civil pública em defesa de direitos individuais e homogêneos nas relações de consumo. Precedentes. Agravo regimental ao qual se nega provimento.

(AI 613465 AgR, Relator(a): Min. CÁRMEN LÚCIA, Primeira Turma, julgado em 18/05/2010, DJe-100 DIVULG 02-06-2010 PUBLIC 04-06-2010 EMENT VOL-02404-07 PP-01429 LEXSTF v. 32, n. 378, 2010, p. 111-118).

(...).

2. O Ministério Público detém legitimidade para propor ação civil pública na defesa de interesses individuais homogêneos (CF/88, arts. 127, § 1º, e 129, II e III).

Precedente do Plenário: RE 163.231/SP, rel. Min. Carlos Velloso, DJ 29.06.2001. 3.
Agravo regimental improvido.
(RE 514023 AgR, Relator(a): Min. ELLEN GRACIE, Segunda Turma, julgado
em 04/12/2009, DJe-022 DIVULG 04-02-2010 PUBLIC 05-02-2010 EMENT
VOL-02388-04 PP-00780)

É entendimento dominante de nossos Tribunais que o Ministério Público não tem legitimidade para promover ação civil pública que envolva questão tributária. Nesse sentido são os seguintes precedentes:

Direito constitucional. Tributário. Apelação interposta em face de sentença proferida em sede de ação civil pública que discute matéria tributária (direito dos contribuintes à restituição dos valores pagos à título de taxa de iluminação pública supostamente inconstitucional). Ilegitimidade ativa "ad causam" do ministério público para, em ação civil pública, deduzir pretensão relativa à matéria tributária. Reafirmação da jurisprudência da corte. Repercussão geral reconhecida.
(ARE 694294 RG, Relator(a): Min. LUIZ FUX, julgado em 25/04/2013, ACÓRDÃO ELETRÔNICO DJe-093 DIVULG 16-05-2013 PUBLIC 17-05-2013)

(...).
2. O Ministério Público não tem legitimidade para propor ação civil pública que verse sobre tributos. Precedentes. 3. Agravo regimental a que se nega provimento.
(RE 559985 AgR, Relator(a): Min. EROS GRAU, Segunda Turma, julgado em 04/12/2007, DJe-018 DIVULG 31-01-2008 PUBLIC 01-02-2008 EMENT VOL-02305-12 PP-02613)

PROCESSUAL CIVIL. AGRAVO REGIMENTAL. DECISÃO MONO-CRÁTICA
1. A jurisprudência predominante desta Corte é no sentido de que o Ministério Público não tem legitimidade para promover ação civil pública com o objetivo de impedir a cobrança de tributos na defesa de contribuintes, pois seus interesses são divisíveis, disponíveis e individualizáveis, oriundos de relações jurídicas assemelhadas, mas distintas entre si.
(...).
(AgRg no REsp 757.608/DF, Rel. Ministro MAURO CAMPBELL MARQUES, SEGUNDA TURMA, julgado em 06/08/2009, DJe 19/08/2009)

ART. 177

Sobre a legitimidade do Ministério Público para promover demandas judiciais, eis os seguintes precedentes:

(...).
Possui repercussão geral a questão constitucional alusiva à legitimidade do Ministério Público para propor ação civil pública em defesa dos interesses de beneficiários do chamado "Seguro DPVAT".
(RE 631111 RG, Relator(a): Min. AYRES BRITTO, julgado em 08/09/2011, ACÓRDÃO ELETRÔNICO DJe-084 DIVULG 30-04-2012 PUBLIC 02-05-2012)

(...).
Possui repercussão geral a controvérsia sobre a legitimidade do Ministério Público para ajuizar ação civil pública com objetivo de compelir entes federados a entregar medicamentos a pessoas necessitadas.
(RE 605533 RG, Relator(a): Min. MARCO AURÉLIO, julgado em 01/04/2010, DJe-076 DIVULG 29-04-2010 PUBLIC 30-04-2010 EMENT VOL-02399-09 PP-02040 LEXSTF v. 32, n. 377, 2010, p. 243-246)

1. O Ministério Público tem legitimidade para a defesa, por meio de ação civil pública, de direitos difusos, coletivos e individuais homogêneos de natureza trabalhista. Precedentes. 2. Agravo regimental desprovido.
(RE 214001 AgR, Relator(a): Min. TEORI ZAVASCKI, Segunda Turma, julgado em 27/08/2013, ACÓRDÃO ELETRÔNICO DJe-178 DIVULG 10-09-2013 PUBLIC 11-09-2013)

1. A Corte firmou entendimento acerca da legitimidade do Ministério Público para propositura de ação civil pública com o escopo de proteção do patrimônio público, nos termos do art. 129, inciso III, da Constituição Federal. 2. O recurso extraordinário não se presta ao reexame da legislação infraconstitucional e dos fatos e das provas dos autos. Incidência das Súmulas nºs 279 e 280 da Corte. 3. Agravo regimental não provido.
(RE 440004 AgR, Relator(a): Min. DIAS TOFFOLI, Primeira Turma, julgado em 13/08/2013, ACÓRDÃO ELETRÔNICO DJe-202 DIVULG 10-10-2013 PUBLIC 11-10-2013)

(...).
EMENTA: Agravos regimentais no recurso extraordinário. Matéria constitucional devidamente prequestionada. Não ocorrência de reapreciação dos fatos e das provas

dos autos. Legitimidade ativa do Ministério Público evidenciada, bem como adequação da via eleita. Acórdão recorrido que não contém fundamentos infraconstitucionais, a afastar a incidência da Súmula nº 283 da Corte. Precedentes. 1. A norma constitucional apontada como violada foi devidamente prequestionada no acórdão recorrido e o fundamento do recurso extraordinário foi unicamente de direito, prescindindo a sua apreciação da análise dos fatos e das provas dos autos. 2. A jurisprudência do Supremo Tribunal é firme no sentido de que o Ministério Público detém legitimidade para o ajuizamento de ação civil pública que tenha por objeto a declaração incidental de inconstitucionalidade de ato normativo. 3. O acórdão regional tomou por fundamento exclusivo norma constitucional, a afastar a incidência no caso da Súmula nº 283 da Corte. 4. Agravos regimentais não providos.

(RE 471946 AgR, Relator(a): Min. DIAS TOFFOLI, Primeira Turma, julgado em 25/06/2013, ACÓRDÃO ELETRÔNICO DJe-177 DIVULG 09-09-2013 PUBLIC 10-09-2013)

1. O Ministério Público possui legitimidade para propor ação civil coletiva em defesa de interesses individuais homogêneos de relevante caráter social, ainda que o objeto da demanda seja referente a direitos disponíveis (RE 500.879-AgR, rel. Min. Cármen Lúcia, Primeira Turma, DJe de 26-05-2011; RE 472.489-AgR, rel. Min. Celso De Mello, Segunda Turma, DJe de 29-08-2008). 2. Agravo regimental a que se nega provimento.

(RE 401482 AgR, Relator(a): Min. TEORI ZAVASCKI, Segunda Turma, julgado em 04/06/2013, ACÓRDÃO ELETRÔNICO DJe-119 DIVULG 20-06-2013 PUBLIC 21-06-2013)

1. É da jurisprudência contemporânea da Corte o entendimento de que o Ministério Púbico estadual detém legitimidade ativa autônoma para propor reclamação constitucional perante o Supremo Tribunal Federal (RCL nº 7.358/SP, Tribunal Pleno, Relatora a Ministra Ellen Gracie, DJe de 3/6/11).
(...).

(Rcl 9327 AgR, Relator(a): Min. DIAS TOFFOLI, Tribunal Pleno, julgado em 23/05/2013, ACÓRDÃO ELETRÔNICO DJe-148 DIVULG 31-07-2013 PUBLIC 01-08-2013)

(...).
II – O término da intervenção extrajudicial promovida pelo Banco Central do Brasil – BACEN cessa a legitimidade do Ministério Público para a fiscalização dos

ART. 177

atos praticados pelos gestores da instituição financeira que sofreu a medida excepcional. Precedentes. III – Agravo regimental improvido.

(ARE 640544 AgR, Relator(a): Min. RICARDO LEWANDOWSKI, Segunda Turma, julgado em 07/05/2013, ACÓRDÃO ELETRÔNICO DJe-096 DIVULG 21-05-2013 PUBLIC 22-05-2013)

(...).

II – A Constituição Federal estabeleceu, no art. 129, III, que é função institucional do Ministério Público, dentre outras, "promover o inquérito e a ação civil pública, para a proteção do patrimônio público e social, do meio ambiente e de outros interesses difusos e coletivos". Precedentes.

(...).

(RE 576155, Relator(a): Min. RICARDO LEWANDOWSKI, Tribunal Pleno, julgado em 12/08/2010, REPERCUSSÃO GERAL – MÉRITO DJe-226 DIVULG 24-11-2010 PUBLIC 25-11-2010 REPUBLICAÇÃO: DJe-020 DIVULG 31-01-2011 PUBLIC 01-02-2011 EMENT VOL-02454-05 PP-01230)

1. O STF se posicionou pela legitimidade do Ministério Público para discutir a validade do Tare, sob o fundamento de que a demanda não é tipicamente tributária, mas abrange interesses metaindividuais. A nova orientação jurisprudencial vem sendo aplicada pelo STJ.

(...).

(REsp 890.249/DF, Rel. Ministro HERMAN BENJAMIN, SEGUNDA TURMA, julgado em 20/03/2012, DJe 16/04/2012).

(...).

3. In casu, não incide a vedação prevista no parágrafo único do art. 1º, da Lei nº 7.347/1985 ("Não será cabível ação civil pública para veicular pretensões que envolvam tributos, contribuições previdenciárias, o Fundo de Garantia do Tempo de Serviço – FGTS ou outros fundos de natureza institucional cujos beneficiários podem ser individualmente determinados", uma vez que não veicula pretensão relativa à matéria tributária individualizável, mas anulação de ato administrativo lesivo ao patrimônio público.

4. Ademais, referida conclusão encontra consonância com novel entendimento do STF, exarado no julgamento do RE nº 576155/DF, submetido ao regime de repercussão geral, de relatoria do e. Ministro Ricardo Lewandowski, publicado em 24.11.2010, que tratou da legitimidade ativa do Parquet nas ações civis públicas que tenham por objeto a anulação do TARE, e que restou assim ementado: Ementa: ação civil pública. Legitimidade ativa. Ministério público do distrito federal e territórios. Termo de acordo de regime especial – tare. Possível lesão ao patrimônio público. Limitação à atuação do parquet. Inadmissibilidade. Afronta ao art. 129, iii, da cf. repercussão geral reconhecida. Recurso extraordinário provido. i.

O TARE não diz respeito apenas a interesses individuais, mas alcança interesses metaindividuais, pois o ajuste pode, em tese, ser lesivo ao patrimônio público. II. A Constituição Federal estabeleceu, no art. 129, III, que é função institucional do Ministério Público, dentre outras, "promover o inquérito e a ação civil pública, para a proteção do patrimônio público e social, do meio ambiente e de outros interesses difusos e coletivos". Precedentes. III. O Parquet tem legitimidade para propor ação civil pública com o objetivo de anular Termo de Acordo de Regime Especial – TARE, em face da legitimação ad causam que o texto constitucional lhe confere para defender o erário. IV. Não se aplica à hipótese o parágrafo único do artigo 1º da Lei 7.347/1985. V. Recurso extraordinário provido para que o TJ/DF decida a questão de fundo proposta na ação civil pública conforme entender" 5. Precedente da Primeira Turma: REsp 760034/DF, Rel. Ministro TEORI ALBINO ZAVASCKI, julgado em 05/03/2009, DJe 18/03/2009.

6. A suspensão do processo, nos termos do art. 265, inciso IV, alínea "a"do CPC, pressupõe a existência de processo pendente de julgamento, verbis: Art. 265. Suspende-se o processo: (...) IV – quando a sentença de mérito: a) depender do julgamento de outra causa, ou da declaração da existência ou inexistência da relação jurídica, que constitua o objeto principal de outro processo pendente;

(...).

(REsp 903.189/DF, Rel. Ministro LUIZ FUX, PRIMEIRA TURMA, julgado em 16/12/2010, DJe 23/02/2011)

(...).

5. Colocados esses esclarecimentos, parece que existe uma indagação que resume a controvérsia acerca da legitimidade do Ministério Público para o feito e pode ser resumida da seguinte forma: qual a natureza jurídica das indenizações pagas ao recorrido? Explica-se.

6. Existem pelo menos dois precedentes desta Corte Superior no sentido de que, para hipóteses idênticas à presente, o Ministério Público seria parte ilegítima para o feito, uma vez que a pretensão ministerial esbarraria em entendimento consolidado no Superior Tribunal de Justiça pela impossibilidade de sua atuação em feitos tributários. V., p. ex., REsp 1.126.242/RS, Rel. Min. Eliana Calmon, Segunda Turma,

DJe 20.11.2009, e REsp 799.841/RS, Rel. Min. Luiz Fux, Primeira Turma, DJU 8.11.2007.

7. Entretanto, a solução possível para controvérsia deve partir da correta distinção entre a origem dos recursos e sua destinação.

8. Evidente que o FITP é alimentado por tributos – a própria lei de regência diz isso. Mas sua destinação é inteiramente diversa, e tem natureza indenizatória. A relação travada entre o trabalhador avulso e o FITP é totalmente diversa da travada entre a sociedade e o fundo.

9. O adicional de indenização do trabalhador portuário avulso (a Cide que alimenta o FITP) incide nas operações de embarque e desembarque de mercadorias importadas ou exportadas, e, portanto, trata-se de relação jurídica tributária travada entre o contribuinte e a União, na qualidade de administradora do fundo.

10. Outra relação, totalmente diferente, é a travada entre a União, como administradora do fundo, e o trabalhador avulso portuário. Essa é uma relação de natureza pura e simplesmente indenizatória, que envolve tão-só a gestão de patrimônio público.

11. É que os tributos, após ingressarem nos cofres públicos, passam a integrar o fundo não mais como tributos, mas como receitas orçamentárias vinculadas à destinação do fundo especial – art. 71 da Lei n. 4.320/64. Perde-se, assim, a natureza tributária do feito.

12. Aqui, portanto, soa aplicável não a remansosa jurisprudência segundo a qual o Ministério Público não pode atuar em matéria tributária, mas sim a Súmula n. 329 do Superior Tribunal de Justiça, pela qual "[o] Ministério Público tem legitimidade para propor ação civil pública em defesa do patrimônio público".

13. Agravo regimental provido.

(AgRg no REsp 812.071/RS, Rel. Ministro MAURO CAMPBELL MARQUES, SEGUNDA TURMA, julgado em 20/04/2010, DJe 05/05/2010)

Art. 178

O Ministério Público será intimado para, no prazo de 30 (trinta) dias, intervir como fiscal da ordem jurídica nas hipóteses previstas em lei ou na Constituição Federal e nos processos que envolvam:

I – interesse público ou social;

II – interesse de incapaz;

III – litígios coletivos pela posse de terra rural ou urbana;

Parágrafo único. A participação da Fazenda Pública não configura, por si só, hipótese de intervenção do Ministério Público.

Intervenção do Ministério Público como fiscal da ordem jurídica

No Projeto Originário n. 166/10 havia a seguinte disposição legal:

Art. 147. O Ministério Público intervirá como fiscal da lei, sob pena de nulidade, declarável de ofício:
I – nas causas que envolvam interesse público e interesse social;
II – nas causas que envolvam o estado das pessoas e o interesse de incapazes;
III – nas demais hipóteses previstas em lei.

O *caput* do art. 178 do atual C.P.C. estabelece o prazo de 30 (trinta) dias para o Ministério Público intervir no processo em que deva atuar como fiscal da ordem jurídica nas hipóteses previstas em lei ou na Constituição.

O *inciso I do art. 178*, determina a intervenção obrigatória nos processos em que houver *interesse público* ou *interesse social*.

Quando se está diante de um *interesse público*, a figura do Estado surge como critério identificador deste interesse. Por isso é que a Constituição Federal, em seu art. 127, estabelece que o Ministério Público é essencial a função jurisdicional do *Estado*, incumbindo a defesa da ordem jurídica e do regime democrático.

Havendo interesse do Estado brasileiro em questão referente à ordem jurídica e ao regime democrático, há aí necessidade de intervenção do Ministério Público.

Contudo, é importante diferenciar o interesse do Estado do interesse da Fazenda Pública. Há muito os Tribunais entendem que não se identifica o interesse do Ministério Público com o interesse da Fazenda Pública. Eis sobre o tema os seguintes precedentes:

1. O Superior Tribunal de Justiça é firme no entendimento de que o interesse público a justificar a obrigatoriedade da participação do Ministério Público não se confunde com o mero interesse patrimonial-econômico da Fazenda Pública. Precedentes.
(...).
(AgRg no REsp 1147550/GO, Rel. Ministro HAMILTON CARVALHIDO, PRIMEIRA TURMA, julgado em 02/09/2010, DJe 19/10/2010).

1. A simples presença de pessoa jurídica de direito público não determina, por si só, a intervenção obrigatória do Ministério Público. O interesse público também não pode ser confundido com o interesse patrimonial do Estado, tampouco em razão do elevado valor da eventual indenização a ser paga pela Fazenda Pública.

ART. 178

2. Nesse sentido, os seguintes precedentes: REsp 465.580/RS, 2ª Turma, Rel. Min. Castro Meira, DJ de 8.5.2006, p. 178; REsp 490.726/SC, 1ª Turma, Rel. Min. Teori Albino Zavascki, DJ de 21.3.2005, p. 219; AgRg no REsp 609.216/RS, 6ª Turma, Rel. Min.

Paulo Gallotti, DJ de 31.5.2004, p. 370; REsp 327.288/DF, 4ª Turma, Rel. Min. Cesar Asfor Rocha, DJ de 17.11.2003, p. 330; AgRg no REsp 278.770/TO, 2ª Turma, Rel. Min. Eliana Calmon, DJ de 5.5.2003, p. 239; REsp 137.186/GO, 1ª Turma, Rel. Min. José Delgado, DJ de 10.9.2001, p. 274; REsp 154.631/MG, 5ª Turma, Rel. Min. Felix Fischer, DJ de 3.11.1998, p. 189; REsp 64.073/RS, 3ª Turma, Rel. Min. Costa Leite, DJ de 12.5.1997, p. 18.796; RE 96.899/ES, 1ª Turma, Rel. Min. Néri da Silveira, DJ de 5.9.1986, p. 15.834; RE 91.643/ES, 1ª Turma, Rel. Min. Rafael Mayer, DJ de 2.5.1980, p. 963.

3."A ação indenizatória intentada contra o Estado, buscando reparação fundada no rompimento do equilíbrio econômico financeiro do contrato de concessão de transportes aéreos, não requer, obrigatoriamente, a intervenção do Ministério Público, não se justificando a nulidade do processo em razão desta ausência." (Excerto da ementa do REsp 628.608/DF, 1ª Turma, Rel. Min Francisco Falcão, DJ de 21.2.2005, p. 113).

4. Provimento do recurso especial, determinando-se o retorno dos autos ao Tribunal de origem para o julgamento do mérito do recurso de apelação.

(REsp 801.028/DF, Rel. Ministra DENISE ARRUDA, PRIMEIRA TURMA, julgado em 12/12/2006, DJ 08/03/2007, p. 168)

Agora o novo C.P.C. é claro em diferenciar esses dois tipos de interesses, ao afirmar no *parágrafo único do art. 178*: *"A participação da Fazenda Pública não configura por si só hipótese de intervenção do Ministério Público".*

Na verdade, para a caracterização do interesse público a fim de avaliar a necessidade ou não de participação do Ministério Público, mais importante que sua definição é analisar o seu conteúdo.

Normalmente é a lei que estabelece a intervenção do Ministério Público, seja em decorrência do interesse público seja em decorrência do interesse social.

Contudo, as diversas Instituições do Ministério Público procuram estabelecer regramentos para melhor regular essa intervenção do M.P. nos processos judiciais.

O Ministério Público do Estado de Santa Catarina, por exemplo, estabeleceu alguns enunciados da Procuradoria de Justiça Cível sobre esta matéria, a saber:

Enunciado nº 1

A intervenção do Ministério Público em feitos envolvendo o direito de idosos somente é obrigatória, sob pena de nulidade, quando estiverem em litígio direitos de idosos em condição de risco (art. 74, II, do Estatuto do Idoso), em especial no que diz respeito às matérias expressamente tratadas no artigo 3º do Estatuto do Idoso.

Enunciado nº 2

Nos feitos envolvendo sociedades de economia mista, que têm personalidade civil de pessoas jurídicas de direito privado, não há razão para a intervenção do Ministério Público, vez que não se litiga interesse público primário, salvo quando identificados indícios de atos de improbidade administrativa.

Enunciado nº 3

Os procedimentos de jurisdição voluntária que têm como requerentes partes maiores e capazes não se enquadram em nenhuma das situações previstas nos artigos 127 e 129 da Constituição Federal e 82 do Código de Processo Civil, razão pela qual não se justifica a intervenção do Ministério Público.

Enunciado nº 4

Nas ações anulatórias de ato jurídico, mesmo que cumuladas com pedido de nulidade de transcrição, que têm como litigantes pessoas maiores e capazes, não se justifica a intervenção Ministerial, uma vez que a questão registral é meramente incidente. A intervenção do Ministério Público em questão de registro público se limita àqueles procedimentos previstos na Lei n. 6.015/73.

Enunciado nº 5

A tão-só presença de uma Fundação nos polos de uma relação processual não torna obrigatória a intervenção ministerial no feito. O que legitima a participação do Ministério Público em processos envolvendo fundações é o objeto do pedido, quais sejam, sua regular constituição e extinção; atos de gestão; manutenção de sua finalidade e alterações estatutárias.

Enunciado nº 6

Nas ações que versem sobre contribuição sindical e confederativa, não se vislumbrando quaisquer das hipóteses previstas nos arts. 127 da CF e 82 do CPC é desnecessária a intervenção do Ministério Público.

Enunciado nº 7

Nas ações cíveis entre particulares, objetivando interesse nitidamente privado, estando ausentes quaisquer das situações amparadas pelos arts. 127 e 129 da CF e art. 82 do CPC, bem como outra previsão legal especial, é desnecessária a intervenção do Ministério Público.

Enunciado nº 8
Não há interesse público a justificar a intervenção do Ministério Público nos recursos que tenham por objeto tão-somente a fixação ou majoração de URH aos defensores das partes.

Enunciado nº 9
Não há interesse público a justificar a intervenção do Ministério Público nos pedidos de assistência judiciária, salvo quando formulado por parte menor, ausente ou incapaz.

Enunciado nº 10
Não há interesse público a justificar a intervenção do Ministério Público nos recursos que tenham por objeto tão-somente a majoração ou minoração dos honorários advocatícios, salvo se o condenado a essa verba seja parte menor, ausente ou incapaz.

Enunciado nº 11
Mesmo em ações que tramitem em vara de família e versem também sobre direitos indisponíveis, a intervenção do Ministério Público torna-se desnecessária, por ausência de interesse público, nas matérias que digam respeito a direitos exclusivamente patrimoniais disponíveis.

Enunciado nº 12
Não há interesse público a justificar a intervenção do Ministério Público em processos de inventário ou arrolamento nos quais não haja herdeiro menor, ausente ou incapaz.

Enunciado nº 13
Uma vez atingida a maioridade ou desaparecida a causa da incapacidade da parte, e não havendo outras razões que justifiquem a intervenção do Ministério Público, esta deixa de ser necessária, podendo o Órgão Ministerial, verificado que não há nulidades pendentes anteriores à causa da cessação da intervenção, deixar de se manifestar.

Enunciado nº 14
Nas ações em que figurem num dos polos a fazenda pública estadual ou municipal, de cunho exclusivamente patrimonial, é desnecessária a intervenção do Ministério Público, salvo hipóteses expressamente previstas em lei.

Enunciado nº 15

As ações que versem sobre concessão e revisão de benefícios previdenciários estadual e municipal e, bem assim, as que visem a restituição de contribuições indevidamente descontadas do servidor, configurando interesse meramente patrimonial, não ensejam a intervenção do Ministério Público, salvo hipóteses expressamente previstas em lei.

Enunciado nº 16

A desnecessidade de intervenção do Ministério Público nas execuções fiscais, já consagrada na Súmula 189 do STJ, também se justifica nas demais ações que tenham por objeto desconstituir o crédito tributário, eis que o interesse meramente patrimonial da Fazenda Pública gera para a Administração.

Pode-se assim estabelecer algumas hipóteses em que há obrigatoriedade de intervenção do Ministério Público:

a) ações de abuso de poder econômico – lei antitruste; b) ação popular; c) ação rescisória; d) ações para avaliação da renda e dos danos oriundos de autorização para pesquisa mineral, regulada pelo Código de Mineração; e) ações de interesse de deficiente físico; f) ações de desapropriação para reforma agrária; f) ações de insolvência civil; g) ações de interesse de coletividade; h) ações de liquidação extrajudicial de instituições financeiras; i) ações de usucapião especial rural e urbano (Lei 6.969/81 e Lei 10.257/01); j) ações de organização e fiscalização de fundações; l) mandado de segurança; m) 'habeas data'; n) ações de recuperação judicial e falência; o) ações de alimentos; p) ações propostas nos juizados especiais (arts. 11 e 57 parag. único); q) procedimentos relativos a registro público, etc.

Sobre o tema, eis os seguintes precedentes:

(...).

6. A intervenção do Parquet não é obrigatória nas demandas indenizatórias propostas contra o Poder Público, como é o caso da ação anulatória de cobrança de IPTU. Tal participação só é imprescindível quando se evidenciar a conotação de interesse público, que não se confunde com o mero interesse patrimonial-econômico da Fazenda Pública. Precedente: (AR: nº 2896/SP, Rel. Castro Meira, DJ. 02.04.2007) 7. A ratio essendi do art. 82, inciso III, do CPC, revela que a manifestação do Ministério Público se faz imprescindível quando evidenciada a conotação do interesse público, seja pela natureza da lide ou qualidade da parte.

(...).

ART. 178

11. In genere, as ações que visam ao ressarcimento pecuniário contêm interesses disponíveis das partes, não necessitando, portanto, de um órgão a fiscalizar a boa aplicação das leis em prol da defesa da sociedade.

12. Deveras, a legitimidade para recorrer do Ministério Público está fundamentada no mesmo interesse que o legitima a ajuizar a ação ou intervir no feito. Nesse sentido, as lições da doutrina, verbis: "Exceto quando haja como representante da parte ou substituto processual da pessoa determinada (quando o órgão do Ministério Público atua em defesa direta das pessoas por ele próprio representadas ou substituídas), nas demais hipótese de atuação, o órgão ministerial conserva total liberdade de opinião. Contudo, se tem liberdade para opinar, porque para tanto basta a legitimidade que a lei lhe confere para intervir, já para acionar ou recorrer é mister que o Ministério Público tenha interesse na propositura da ação ou na reforma do ato atacado: ele só pode agir ou recorrer em defesa do interesse que legitimou sua ação ou intervenção no feito".

(Hugo Nigro Mazzilli. A defesa dos interesses difusos em juízo. 17ª ed. São Paulo: Saraiva, 2004, p. 90).

13. O Ministério Público não deve intervir em ações como a presente, mas utile per inutile non vitiatur.

14. Recurso especial desprovido.

(REsp 1113959/RJ, Rel. Ministro LUIZ FUX, PRIMEIRA TURMA, julgado em 15/12/2009, DJe 11/03/2010)

(...).

5. As normas regimentais impugnadas não eliminam a possibilidade de manifestação do Ministério Público, que não deixará de ser intimado nos casos de intervenção obrigatória. 6. Ação direta julgada improcedente.

(ADI 1936, Relator(a): Min. GILMAR MENDES, Tribunal Pleno, julgado em 21/08/2002, DJ 06-12-2002 PP-00051 EMENT VOL-02094-01 PP-00124 RTJ VOL-00184-01 PP-00070)

1. Ausente, na hipótese dos autos, o interesse que determinaria a obrigatória manifestação do Ministério Público como custos legis. Improcedência da nulidade suscitada, ainda mais quando a legislação que rege a espécie não prevê a intervenção do Parquet.

(...).

(AI 358663 AgR, Relator(a): Min. MAURÍCIO CORRÊA, Segunda Turma, julgado em 23/10/2001, DJ 01-02-2002 PP-00097 EMENT VOL-02055-07 PP-01609)

Preceitua o *inc. II do art. 178* do novo C.P.C. prescreve a intervenção do M.P. *nos processos que envolvam o interesse de incapazes.*

CÓDIGO DE PROCESSO CIVIL

Antes da emenda da Câmara dos Deputados, exigia-se também a intervenção do Ministério Público nas causas que dissessem respeito ao estado das pessoas.

Assim, sempre que houvesse causas que envolvessem estado de pessoas, como, por exemplo, *divórcio, separação judicial, negativa de paternidade, união estável, interdição, etc.*, haveria necessidade de intervenção do Ministério Público.

Sobre a intervenção do M.P. na união estável e relação homoafetiva, havia o seguinte precedente do S.T.J.:

> *1 – A teor do disposto no art. 127 da Constituição Federal, "O Ministério Público é instituição permanente, essencial à função jurisdicional do Estado, incumbindo-lhe a defesa da ordem jurídica, do regime democrático de direito e dos interesses sociais e individuais indisponíveis." In casu, ocorre reivindicação de pessoa, em prol de tratamento igualitário quanto a direitos fundamentais, o que induz à legitimidade do Ministério Público, para intervir no processo, como o fez.*
>
> *(...).*
>
> *4 – Em que pesem as alegações do recorrente quanto à violação do art. 226, §3º, da Constituição Federal, convém mencionar que a ofensa a artigo da Constituição Federal não pode ser analisada por este Sodalício, na medida em que tal mister é atribuição exclusiva do Pretório Excelso. Somente por amor ao debate, porém, de tal preceito não depende, obrigatoriamente, o desate da lide, eis que não diz respeito ao âmbito previdenciário, inserindo-se no capítulo 'Da Família'. Face a essa visualização, a aplicação do direito à espécie se fará à luz de diversos preceitos constitucionais, não apenas do art. 226, §3º da Constituição Federal, levando a que, em seguida, se possa aplicar o direito ao caso em análise.*
>
> *5 – Diante do § 3º do art. 16 da Lei n. 8.213/91, verifica-se que o que o legislador pretendeu foi, em verdade, ali gizar o conceito de entidade familiar, a partir do modelo da união estável, com vista ao direito previdenciário, sem exclusão, porém, da relação homoafetiva.*

(REsp 395.904/RS, Rel. Ministro HÉLIO QUAGLIA BARBOSA, SEXTA TURMA, julgado em 13/12/2005, DJ 06/02/2006, p. 365).

Sobre o tema, havia ainda os seguintes precedentes:

> *(...).*
>
> *2. Dada a multiplicidade de circunstâncias da vida humana, a opção conferida pela legislação de inclusão do sobrenome do outro cônjuge não pode ser limitada, de forma peremptória, à data da celebração do casamento. Podem surgir situações em que a mudança se faça conveniente ou necessária em período posterior, enquanto perdura o vínculo conjugal. Nesses casos, já não poderá a alteração de nome ser procedida diretamente pelo oficial de registro de pessoas naturais, que atua sempre limitado aos termos*

ART. 178

das autorizações legais, devendo ser motivada e requerida perante o Judiciário, com o ajuizamento da ação de retificação de registro civil prevista nos arts. 57 e 109 da Lei 6.015/73. Trata-se de procedimento judicial de jurisdição voluntária, com participação obrigatória do Ministério Público.
3. Recurso especial a que se nega provimento.
(REsp 910.094/SC, Rel. Ministro RAUL ARAÚJO, QUARTA TURMA, julgado em 04/09/2012, DJe 19/06/2013)

Agora, somente haverá a intervenção do Ministério Público nas causas que envolvam interesses de incapazes.

Havendo interesse de incapazes, a intervenção do M.P. é obrigatória.

A questão da incapacidade das pessoas é regulada pelo C.C.b., nos seguintes termos:

Art. 3º São absolutamente incapazes de exercer pessoalmente os atos da vida civil:
I – os menores de dezesseis anos;
II – os que, por enfermidade ou deficiência mental, não tiverem o necessário discernimento para a prática desses atos;
III – os que, mesmo por causa transitória, não puderem exprimir sua vontade.
Art. 4º São incapazes, relativamente a certos atos, ou à maneira de os exercer:
I – os maiores de dezesseis e menores de dezoito anos;
II – os ébrios habituais, os viciados em tóxicos, e os que, por deficiência mental, tenham o discernimento reduzido;
III – os excepcionais, sem desenvolvimento mental completo;
IV – os pródigos.
Parágrafo único. A capacidade dos índios será regulada por legislação especial.
Em qualquer dessas formas de incapacidade, deverá ocorrer a intervenção do Ministério Público.

Cessada a incapacidade durante o trâmite processual, deixa o Ministério Público de participar do processo. Sobre o tema, eis o seguinte precedente:

(...).
IV. A necessidade de intervenção do Ministério Público cessa com a morte do interdito. Precedente desta Corte.
(...).
(REsp 1180709/RJ, Rel. Ministro SIDNEI BENETI, TERCEIRA TURMA, julgado em 08/02/2011, DJe 11/03/2011)

Ainda sobre o tema, eis os seguintes precedentes:

(...).

1. A jurisprudência desta Corte firmou-se no sentido de que é obrigatória a intervenção do Ministério Público nas demandas em que estejam em discussão interesses de incapazes e, descumprida essa exigência, é de ser considerado nulo o processo.

2. Recurso especial conhecido e provido.

(REsp 867.087/RJ, Rel. Ministra LAURITA VAZ, QUINTA TURMA, julgado em 12/08/2010, DJe 13/09/2010)

(...).

1. A intervenção do Ministério Público se mostra necessária, nas causas em que versa interesses de menores incapazes, à luz do art. 82, I, do CPC.

(...).

(EDcl nos EDcl no REsp 1040895/MG, Rel. Ministro LUIZ FUX, PRIMEIRA TURMA, julgado em 09/02/2010, DJe 02/03/2010)

(...).

5. A intervenção do Ministério Público nas causas em que figurem interesses de menores torna-se prescindível nas hipóteses em que não restar demonstrada a ocorrência de prejuízo a estes.

(...).

(REsp 799.440/DF, Rel. Ministro JOÃO OTÁVIO DE NORONHA, QUARTA TURMA, julgado em 15/12/2009, DJe 02/02/2010).

I. Surgindo no curso da execução o superveniente interesse de incapazes em face do óbito do executado, herdando-lhe direitos sucessórios provenientes de imóvel sujeito à penhora, torna-se necessária a intervenção do Ministério Público, ao teor dos arts. 82, I e 246 da lei adjetiva civil.

II. Nulos são os atos processuais praticados sem a necessária intervenção do Ministério Público.

III. Recurso especial não conhecido.

(REsp 596.029/MG, Rel. Ministro ALDIR PASSARINHO JUNIOR, QUARTA TURMA, julgado em 06/08/2009, DJe 08/09/2009)

– Legitimado que é, o Ministério Público, para velar pelo interesse do incapaz, e considerado o notório prejuízo à alimentada com a redução dos alimentos, no acordo homologado em Juízo, sem a presença e tampouco a manifestação prévia do fiscal da lei,

deve ser anulado o processo, a partir da audiência em que prolatada a sentença homologatória de acordo, prosseguindo-se nos moldes do devido processo legal.

(...).

(REsp 1058689/RJ, Rel. Ministra NANCY ANDRIGHI, TERCEIRA TURMA, julgado em 12/05/2009, DJe 25/05/2009)

1. A nomeação de curador especial, assentou precedente desta Corte, "supõe a existência de conflito de interesses entre o incapaz e seu representante. Isso não resulta do simples fato de esse último ter-se descurado do bom andamento do processo. As falhas desse podem ser supridas pela atuação do Ministério Público, a quem cabem os mesmos poderes e ônus das partes" (REsp 34.377-SP, relator o Ministro Eduardo Ribeiro, DJ de 13/10/1997).

2. A ação negatória de paternidade compete ao marido, não se autorizando a aplicação do Art. 1.615 do Código Civil para autorizar a intervenção de terceiro, cabendo ao Ministério Público intervir para proteger os interesses do menor.

3. Recurso especial não conhecido.

(REsp 886.124/DF, Rel. Ministro CARLOS ALBERTO MENEZES DIREITO, Rel. p/ Acórdão Ministro HUMBERTO GOMES DE BARROS, TERCEIRA TURMA, julgado em 20/09/2007, DJ 19/11/2007, p. 227)

1. Não há obrigatoriedade de intervenção da Defensoria Pública em prol de incapazes nas ações de destituição de poder familiar promovidas pelo Ministério Público.

2. Agravo Regimental improvido.

(AgRg no REsp 1358226/MG, Rel. Ministro SIDNEI BENETI, TERCEIRA TURMA, julgado em 28/05/2013, DJe 18/06/2013)

1. Tendo sido a ação proposta somente em nome da esposa da vítima, ainda que o falecido tenha deixado filhos menores, não há falar em obrigatoriedade de intervenção do Ministério Público, para a defesa de interesse de incapazes, tendo em vista não terem eles integrado a lide.

(...).

(AgRg no AREsp 203.064/SP, Rel. Ministro SIDNEI BENETI, TERCEIRA TURMA, julgado em 20/09/2012, DJe 18/10/2012).

1. Compete ao Ministério Público, a teor do art. 201, III e VIII da Lei nº 8.069/90 (ECA), promover e acompanhar o processo de destituição do poder familiar, zelando pelo efetivo respeito aos direitos e garantias legais assegurados às crianças e adolescentes. Precedentes.

CÓDIGO DE PROCESSO CIVIL

2. Resguardados os interesses da criança e do adolescente, não se justifica a nomeação de curador especial na ação de destituição do poder familiar.

(...).

(AgRg no Ag 1410666/RJ, Rel. Ministra MARIA ISABEL GALLOTTI, QUARTA TURMA, julgado em 21/06/2012, DJe 27/06/2012).

1. A ação de destituição do poder familiar, movida pelo Ministério Público, prescinde da obrigatória e automática intervenção da Defensoria Pública como curadora especial.

2. "Somente se justifica a nomeação de Curador Especial quando colidentes os interesses dos incapazes e os de seu representante legal". (Resp 114.310/SP) 2. "Suficiente a rede protetiva dos interesses da criança e do adolescente em Juízo, não há razão para que se acrescente a obrigatória atuação da Defensoria Pública". (Resp nº 1.177.636/RJ)

(AgRg no Ag 1369745/RJ, Rel. Ministro PAULO DE TARSO SANSEVERINO, TERCEIRA TURMA, julgado em 10/04/2012, DJe 16/04/2012)

(...).

2. Já atuando o Ministério Público no processo como "custos legis" não ocorre necessidade da intervenção obrigatória do Defensor Público para a mesma função.

3. O art. 9º, I, do CPC, dirige-se especificamente à capacidade processual das partes e dos procuradores. Dessa forma, a nomeação de Curador Especial ao incapaz só ocorre, de forma obrigatória, quando este figurar como parte, não na generalidade de casos que lidem com crianças ou adolescentes, sem ser na posição processual de partes, ainda que se aleguem fatos graves relativamente a eles.

4. Recurso Especial provido.

(REsp 1177636/RJ, Rel. Ministra NANCY ANDRIGHI, Rel. p/ Acórdão Ministro SIDNEI BENETI, TERCEIRA TURMA, julgado em 18/10/2011, DJe 27/09/2012)

O *inc. III do art.178* do novo C.P.C. exige a participação do Ministério Público *nos processos que envolvam litígios coletivos pela posse de terra rural ou urbana.*

Evidentemente que nas demandas em que há um número indeterminado de pessoas discutindo a posse de terra rural ou urbana, gerando grave insegurança social e à ordem jurídica como no caso das invasões promovidas pelos *sem-terra* ou *sem teto*, ou mesmo, a usucapião requerida nos termos do art. 1.228, §4º do C.C.b., a saber: *"O proprietário também pode ser privado da coisa se o imóvel reivindicado consistir em extensa área, na posse ininterrupta e de boa-fé, por mais de cinco anos, de considerável número de pessoas, e estas nela houverem realizado, em conjunto ou separa-*

ART. 178

damente, obras e serviços considerados pelo juiz de interesse social e econômico relevante", haverá a necessidade de intervenção do Ministério Público para resguardar a ordem jurídica e o interesse social.

A intervenção do Ministério Público justifica-se, como se disse, pelo inegável interesse social e pela segurança jurídica que está sendo posta em questão.

Emenda da Câmara dos Deputados ao projeto também exige a participação obrigatória do Ministério Público nas causas que envolvam litígios coletivos pela posse de terra urbana. Isso ocorre, por exemplo, nas invasões dos sem tetos, com grande número de pessoas, em relação a imóveis abandonados nas cidades brasileiras, ou, ainda, nos casos de inserção de favelas em áreas urbanas.

Sobre o tema, eis os seguintes precedentes do S.T.J.:

1. A intervenção do Ministério Público é obrigatória nas hipóteses elencadas no art. 82 do Código de Processo Civil, sob pena de nulidade do processo nos termos dos arts. 84 e 246 daquele diploma legal.

2. A participação do órgão ministerial também é exigida, especificamente, para os casos de desapropriação direta de imóvel rural para fins de reforma agrária, nos termos do art. 18, § 2º, Lei Complementar n. 76/1993.

3. Tratando-se de ação em que se discute a desapropriação movida pelo Estado de São Paulo de área declarada de utilidade pública para fins de criação de reserva ecológica, a ausência de atuação do Ministério Público como órgão interveniente não conduz à nulidade do feito, na medida em que os dispositivos legais em referência não atribuem competência à entidade para atuar em todas as demandas expropriatórias, mas apenas quando a causa gravita em torno de litígios coletivos pela posse da terra rural – desapropriação direita para fins de reforma agrária, o que, à toda evidência, não é o caso dos autos.

(...).

4. O Superior Tribunal de Justiça firmou orientação no sentido de que o interesse público a justificar a obrigatoriedade da participação do Ministério Público não se confunde com o mero interesse patrimonial-econômico da Fazenda Pública (AR 2896/SP, relator Ministro Castro Meira, DJ 2/4/2007; REsp 652.621/RJ, Segunda Turma, Rel. Min. Eliana Calmon, DJU de 19.9.05; REsp 303.806/GO, Primeira Turma, Rel. Min. Luiz Fux, DJU de 25.4.05).

5. Embargos de divergência providos, determinando-se o retorno dos autos à Primeira Turma para julgamento das questões remanescentes.

(EREsp 486.645/SP, Rel. Ministro MAURO CAMPBELL MARQUES, PRIMEIRA SEÇÃO, julgado em 12/08/2009, DJe 21/08/2009)

CÓDIGO DE PROCESSO CIVIL

Por fim, estabelece o *parágrafo único do art. 178* do atual C.P.C. que a *participação da Fazenda Pública não configura, por si só, hipótese de intervenção do Ministério Público.*

Sem dúvida, não é pelo simples fato de a Fazenda Pública participar num determinado processo que isso configurará interesse do Ministério Público para sua intervenção legal.

Não se pode confundir o interesse da Fazenda Pública, especialmente o interesse monetário, com o interesse público e social que justifica a intervenção do Ministério Público.

Art. 179

Nos casos de intervenção como fiscal da ordem jurídica, o Ministério Público:

I – terá vista dos autos depois das partes, sendo intimado de todos os atos do processo;

II – poderá produzir provas, requerer as medidas processuais pertinentes e recorrer.

Procedimento aplicável na hipótese de intervenção do Ministério Público

Sendo a essência do processo jurisdicional o contraditório e a ampla defesa sobre fatos e argumentos introduzidos na relação jurídica processual, não poderia ser diferente em relação ao Ministério Público

O art. 179 do novo C.P.C. vem confirmar no âmbito da relação jurídica processual o princípio do *contraditório e ampla defesa,* uma vez que nenhuma valia teria a intervenção do M.P. como fiscal da lei se ele não pudesse ter vista dos autos após as partes e não tivesse possibilidade de participar na relação jurídica processual, sendo intimado para todos os atos do processo, podendo juntar documentos e certidões, produzir provas em audiência e fora dela, requerer medidas (inclusive de urgências), bem como promover os recursos pertinentes.

Sobre o tema, eis o seguinte precedente:

À luz do artigo 4º da Lei nº 8.437, de 1992, só o Ministério Público ou a pessoa jurídica de direito público interessada podem requerer a suspensão dos efeitos de medida liminar, de antecipação de tutela ou de sentença. Agravo regimental não provido.

(AgRg na SLS 1.519/RS, Rel. Ministro ARI PARGENDLER, Rel. p/ Acórdão Ministro

ART. 180

(...).

3. *Firmou-se no Superior Tribunal de Justiça o entendimento de que o Ministério Público possui legitimidade ativa para promover a defesa dos direitos difusos ou coletivos dos consumidores, bem como de seus interesses ou direitos individuais homogêneos, inclusive quanto à prestação de serviços públicos, haja vista a presunção de relevância da questão para a coletividade.*

(...).

(REsp 769.326/RN, Rel. Ministro HERMAN BENJAMIN, SEGUNDA TURMA, julgado em 15/09/2009, DJe 24/09/2009)

Art. 180

O Ministério Público gozará de prazo em dobro para manifestar-se nos autos, que terá início a partir de sua intimação pessoal, nos termos do art. 183, § 1º.

§ 1º Findo o prazo para manifestação do Ministério Público sem o oferecimento de parecer, o juiz requisitará os autos e dará andamento ao processo.

§ 2º Não se aplica o benefício da contagem em dobro quando a lei estabelecer, de forma expressa, prazo próprio para o Ministério Público.

Prazo em dobro para manifestação nos autos

O novo C.P.C. unificou os prazos de intervenção do Ministério Público, estabelecendo que em qualquer hipótese o prazo será em *dobro*.

Em sentido contrário estabelecia o art. 188 do C.P.C. de 1973, o qual estabelecia: *"Computar-se-á em quádruplo o prazo para contestar e em dobro para recorrer quando a parte for a Fazenda Pública ou o Ministério Público".*

Assim, seja para contestar, para recorrer, para excepcionar, para impugnar, o prazo outorgado ao Ministério Público pelo novo C.P.C. sempre será contado *em dobro.*

No projeto originário n. 166/10 falava que a intimação pessoal seria mediante carga ou remessa.

Também a Emenda da Câmara dos Deputados estabeleceu que a intimação pessoal dar-se-ia com carga ou remessa ou meio eletrônico, nos termos do art. 183, §1º, do atual C.P.C.

É importante salientar que o prazo começa a ocorrer a partir da intimação pessoal do M.P. , e não mais da carga ou remessa dos autos ao Ministério Público,

CÓDIGO DE PROCESSO CIVIL

quando o processo judicial for eletrônico, pois esta espécie de processo não admite remessa ou carga física.

Também é importante salientar que a falta de intimação do M.P. enseja nulidade, muito embora a jurisprudência entenda que somente a falta de intimação acarreta a nulidade e não a falta de manifestação expressa do M.P. no processo.

Preceitua o *§ 1º do art. 180* do atual C.P.C. que *findo o prazo para manifestação do Ministério Público sem o oferecimento de parecer, o juiz requisitará os autos e dará andamento ao processo.*

No Projeto Originário n. 166/10, dizia que o juiz comunicaria o fato ao Procurador-Geral que deveria fazê-lo ou designar um membro que o faça no prazo de dez dias.

O novo C.P.C. manteve o entendimento jurisprudencial de que não é a falta de parecer do Ministério Público nos autos que causa a nulidade processual, mas, sim, a falta de sua intimação. Nesse sentido são os seguintes precedentes:

> *i – segundo jurisprudência do stj, o que enseja nulidade, nas ações em que há obrigatoriedade de intervenção do ministério público, e a falta de intimação do seu representante, não a falta de efetiva manifestação deste.*
> *(...).*
> (REsp 137.093/RS, Rel. Ministro WALDEMAR ZVEITER, TERCEIRA TURMA, julgado em 19/02/1998, DJ 27/04/1998, p. 155)

> *Processual civil. Divórcio. Intervenção do ministério público.*
> *Havendo sido intimado o ministério público em ação de divórcio, com intervenção na mesma, tem-se por cumprida a regra de intervenção obrigatória, ainda que não efetivada manifestação sobre o mérito, tanto mais quando, ao se pronunciar em resposta a apelação, o fiscal da lei pugna pela manutenção da sentença, a indicar que a mesma resguardou o interesse público que defende na causa.*
> (REsp 7.195/RJ, Rel. Ministro DIAS TRINDADE, TERCEIRA TURMA, julgado em 02/06/1992, DJ 29/06/1992, p. 10315)

Porém, a redação originária do Projeto n. 166/10 era mais condizente com a função essencial do Ministério Público, especialmente para a proteção de interesses de incapazes, ou mesmo do interesse público e social evidente.

O referido dispositivo modificaria o atual entendimento da jurisprudência no sentido de que basta a intimação do M.P. para comparecer ao processo, sendo que a falta de manifestação não acarretaria qualquer nulidade.

ART. 180

Sendo o M.P. um órgão essencial à atividade jurisdicional, tendo por prerrogativa a proteção do regime democrático, não se concebe que de sua inércia, apesar de devidamente intimado, não advenha nenhuma consequência em prejuízo dos interesses e direitos indisponíveis que visa a resguardar.

Por isso, no Projeto originário n. 166/10 era expresso que em caso de inércia do M.P. o juiz deveria comunicar o fato ao Procurador-Geral que, por sua vez, deveria intervir no processo fazendo às vezes do promotor ou procurador faltoso ou designar outro membro que o faça no prazo de dez dias.

Há ainda precedentes que afirmam que a intervenção do Ministério Público é obrigatória quando há incapaz, mas somente haverá nulidade se houver prejuízo para a parte. Nesse sentido é o seguinte precedente:

1. Ainda que a intervenção do Ministério Público seja obrigatória em face de interesse de menor, é necessária a demonstração de prejuízo a este para que se reconheça a referida nulidade (AgRg no AREsp n. 138.551/SP, Ministro Luis Felipe Salomão, Quarta Turma, DJe 23/10/2012).

2. Agravo regimental improvido.

(AgRg no AREsp 74.186/MG, Rel. Ministro SEBASTIÃO REIS JÚNIOR, SEXTA TURMA, julgado em 05/02/2013, DJe 22/02/2013)

(...).

3. Quanto ao segundo argumento, no tocante à nulidade do acórdão no pertinente à não intervenção do Ministério Público para fins de preservação de interesse de incapaz, a jurisprudência desta Corte já assentou entendimento no sentido de que a ausência de intimação do Ministério Público, por si só, não enseja a decretação de nulidade do julgado, a não ser que se demonstre o efetivo prejuízo para as partes ou para a apuração da verdade substancial da controvérsia jurídica, à luz do princípio pas de nullités sans grief. Até mesmo nas hipóteses em que a intervenção do Parquet é obrigatória, como no presente caso em que envolve interesse de incapaz, seria necessária a demonstração de prejuízo deste para que se reconheça a nulidade processual. (Precedentes: REsp 1.010.521/PE, Rel. Min. Sidnei Beneti, Terceira Turma, julgado em 26.10.2010, DJe 9.11.2010; REsp 814.479/RS, Rel. Min. Mauro Campbell Marques, Segunda Turma, julgado em 2.12.2010, DJe 14.12.2010).

4. Na espécie, o Ministério Público não demonstrou ou mesmo aventou a ocorrência de algum prejuízo que legitimasse sua intervenção. Ao revés, simplesmente pretende, por intermédio do recurso especial, delimitar absoluto interesse interveniente sem que indique fato ou dado concreto ou mesmo hipotético que sustente tal legitimidade. O prejuízo aqui tratado não pode ser presumido; precisa ser efetivamente demonstrado, o que não se deu no caso dos autos.

CÓDIGO DE PROCESSO CIVIL

5. Recurso especial não provido.
(REsp 818.978/ES, Rel. Ministro MAURO CAMPBELL MARQUES, SEGUNDA TURMA, julgado em 09/08/2011, DJe 18/08/2011)

(...).
3. Falta à recorrente interesse processual para aduzir a nulidade do processo em face da ausência de intervenção do Ministério Público, uma vez que, ainda que houvesse sido demonstrada a incapacidade absoluta do primeiro recorrido, não sofreu este nenhum prejuízo, porquanto restou vencedor não apenas na presente ação consignatória, como também na ação declaratória de anulação de negócio jurídico anteriormente ajuizada em seu desfavor.
(REsp 949.476/RJ, Rel. Ministro ARNALDO ESTEVES LIMA, QUINTA TURMA, julgado em 04/12/2008, DJe 02/02/2009)

1. Esta Corte já se posicionou na linha da necessidade de demonstração de prejuízo, para que seja acolhida a nulidade por falta de intimação do Ministério Público, em razão da existência de interesse de incapaz 2. Embargos de declaração rejeitados
(EDcl no REsp 449.407/PR, Rel. Ministro MAURO CAMPBELL MARQUES, SEGUNDA TURMA, julgado em 28/10/2008, DJe 25/11/2008).

Estabelece o *§ 2º do art. 180* do atual C.P.C. que *não se aplica o benefício da contagem em dobro quando a lei estabelecer, de forma expressa, prazo próprio para o Ministério Público.*

O prazo em dobro somente será aplicado para os prazos gerais que abranjam indistintamente qualquer dos sujeitos que possam intervir no processo.

Porém, quando a lei expressamente preconiza prazo próprio ao Ministério Público para sua intervenção no processo, não será este prazo contado em dobro.

Art. 181
O membro do Ministério Público será civil e regressivamente responsável quando agir com dolo ou fraude no exercício de suas funções.

Responsabilidade civil do Ministério Público
Os membros do MP são agentes políticos e, assim como os juízes, respondem pelos prejuízos que possam causar às partes ou a terceiros quando agem com dolo ou fraude.

Note-se, porém, que assim como o servidor público em geral, a responsabilidade civil do Ministério Público será regressiva, ou seja, diretamente responsável será a União, Estado ou Distrito Federal a que pertence o procurador ou membro do M.P., podendo estes entes públicos agir regressivamente contra a pessoa do M.P. regressivamente.

TÍTULO VI – Da Advocacia Pública

Art. 182

Incumbe à Advocacia Pública, na forma da lei, defender e promover os interesses públicos da União, dos Estados, do Distrito Federal e dos Municípios, por meio da representação judicial, em todos os âmbitos federativos, das pessoas jurídicas de direito público que integram a administração direta e indireta.

Advocacia Pública

Estabelece o art. 75 do atual C.P.C. que *serão representados em juízo, ativa e passivamente: I – a União, pela Advocacia-Geral da União; II – o Estado e o Distrito Federal, por seus procuradores.*

Por sua vez, preconiza o art. 131 da Constituição Federal:

"Art.131. A Advocacia-Geral da União é a instituição que, diretamente ou através de órgão vinculado, representa a União, judicial e extrajudicialmente, cabendo-lhe, nos termos da lei complementar que dispuser sobre sua organização e funcionamento, as atividades de consultoria e assessoramento jurídico do Poder Executivo.

§ 1º A Advocacia-Geral da União tem por chefe o Advogado-Geral da União, de livre nomeação pelo Presidente da República dentre cidadãos maiores de trinta e cinco anos, de notável saber jurídico e reputação ilibada.

§ 2º O ingresso nas classes iniciais das carreiras da instituição de que trata este artigo far-se-á mediante concurso público de provas e títulos.

§3º Na execução da dívida ativa de natureza tributária, a representação da União cabe à Procuradoria-Geral da Fazenda Nacional, observado o disposto em lei"

Advocacia geral da União, seus órgãos, assim como os procuradores do Estado e do Distrito Federal, além dos procuradores das respectivas autarquias fazem parte da *advocacia pública.*

CÓDIGO DE PROCESSO CIVIL

Também o Município poderá instituir procuradores concursados para desempenharem a advocacia pública.

Art. 183

A União, os Estados, o Distrito Federal, os Municípios e suas respectivas autarquias e fundações de direito público gozarão de prazo em dobro para todas as suas manifestações processuais, cuja contagem terá início a partir da intimação pessoal.

§ 1º A intimação pessoal far-se-á por carga, remessa ou meio eletrônico.

§ 2º Não se aplica o benefício da contagem em dobro quando a lei estabelecer, de forma expressa, prazo próprio para o ente público.

Prazo em dobro

É importante salientar que o art. 9º, primeira parte, da Lei 10.259/01 (que dispõe sobre a instituição dos Juizados Especiais Cíveis e Criminais no âmbito da Justiça Federal), estabelece que: *Não haverá prazo diferenciado para a prática de qualquer ato processual pelas pessoas jurídicas de direito público, inclusive a interposição de recursos [...]*.

O art. 180 do novo C.P.C. prescreve que o Ministério Público gozará de prazo em dobro para manifestar-se nos autos, que terá início a partir da sua intimação pessoal, nos termos do art. 183,§ 1º.

Por sua vez, o art. 186 do novo C.P.C. preconiza que a Defensoria Pública gozará de prazo em dobro para todas as suas manifestações processuais.

O art. 183 do atual C.P.C. também confirma a contagem do prazo em dobro para todas as manifestações no processo em favor da União, dos Estados, do Distrito Federal, dos Municípios e suas respectivas autarquias e das fundações de direito público.

Assim, seja para contestar, para recorrer, para excepcionar, para impugnar, o prazo outorgado pelo novo C.P.C. em favor da União, dos Estados, do Distrito Federal, dos Municípios e suas respectivas autarquias e das fundações de direito público sempre será contado *em dobro*.

Emenda da Câmara dos Deputados estabeleceu que a intimação pessoal da União, do Estado, do Distrito Federal, dos Municípios e suas respectivas autarquias e das fundações de direito público dar-se-á com carga ou remessa dos autos, ou, ainda, por meio eletrônico, nos termos do art. 183, §1º, do atual C.P.C.

É importante salientar que o prazo começa a ocorrer a partir da intimação pessoal dos referidos entes públicos quando o processo judicial for eletrônico, pois esta espécie de processo não admite remessa ou carga física.

Estabelece o § 2º *do art. 183* do atual C.P.C. que *não se aplica o benefício da contagem em dobro quando a lei estabelecer, de forma expressa, prazo próprio para o ente público.*

Somente não se contará o prazo em dobro para manifestação nos autos por parte dos aludidos entes públicos, se a lei estabelecer de forma expressa e específico prazo próprio para manifestação dos entes públicos.

Exemplo, o prazo para a Fazenda Pública embargar a execução fiscal. Como se trata de prazo próprio e exclusivo da Fazenda Pública, não há contagem em dobro.

Quanto aos demais prazos que não são exclusivos ou próprio, a contagem em dobro prevalece.

Sobre o tema, eis os seguintes precedentes do S.T.J.:

1. A prerrogativa legal concedida à Fazenda Pública na forma do art. 188 do CPC não se aplica à hipótese prevista no art. 2° da Lei n. 9.800/99.
2. Embargos de declaração não-conhecidos.
(EDcl no REsp 253.654/PR, Rel. Ministro JOÃO OTÁVIO DE NORONHA, SEGUNDA TURMA, julgado em 15/08/2006, DJ 13/09/2006, p. 263).

(...).
2. Incabível o prazo em dobro ou quádruplo, nos termos do art. 188 do CPC, para oposição de embargos à execução pela Fazenda Pública, porquanto não se trata de recurso ou contestação, mas de ação autônoma. Aplicação do prazo de 10 (dez) dias previsto no art. 730 do CPC.
3. Recurso especial conhecido e improvido.
(REsp 768.120/AL, Rel. Ministro ARNALDO ESTEVES LIMA, QUINTA TURMA, julgado em 06/09/2007, DJ 22/10/2007, p. 352).

Art. 184
O membro da Advocacia Pública será civil e regressivamente responsável quando agir com dolo ou fraude no exercício de suas funções.

Responsabilidade
Este dispositivo restringiu a responsabilidade civil da Advocacia Pública à existência de *dolo ou fraude*, assim como ocorre com a responsabilidade do juiz prevista no art. 143, inc. I, do C.P.C.

Portanto, não haverá responsabilidade do advogado público se agir com culpa.

Outrossim, a responsabilidade do advogado público é *regressiva*, razão pela qual o prejudicado deverá promover sua demanda ressarcitória em relação ao ente público ao qual pertence o advogado público. Por sua vez, o ente público terá demanda regressiva contra o advogado público que agiu com dolo ou fraude.

TÍTULO VII – Da Defensoria Pública

Art. 185
A Defensoria Pública exercerá a orientação jurídica, a promoção dos direitos humanos e a defesa dos direitos individuais e coletivos dos necessitados, em todos os graus, de forma integral e gratuita.

Defensoria Pública
O novo C.P.C., no seu *art. 185*, faz menção expressa à Defensoria Pública como órgão público federal ou estadual incumbido de exercer a orientação jurídica, a promoção dos direitos humanos e a defesa, em todos os graus, dos direitos individuais e coletivos, de forma integral e gratuita, aos necessitados.

No projeto original n. 166/10, ainda havia a incumbência de exercer a função de curador especial na forma da lei.

Dentre as atribuições estabelecidas ao Defensor Público encontra-se a promoção dos direitos humanos. O rol dos direitos humanos apresenta-se na *Declaração Universal dos Direitos Humanos* adotada pela ONU e proclamada pela resolução n. 217 A (III da Assembleia Geral das Nações Unidas, em 10 de dezembro de 1948, a saber:

> *Artigo I*
> *Todas as pessoas nascem livres e iguais em dignidade e direitos. São dotadas de razão e consciência e devem agir em relação umas às outras com espírito de fraternidade.*
> *Artigo II*
> *Toda pessoa tem capacidade para gozar os direitos e as liberdades estabelecidos nesta Declaração, sem distinção de qualquer espécie, seja de raça, cor, sexo, língua, religião, opinião política ou de outra natureza, origem nacional ou social, riqueza, nascimento, ou qualquer outra condição.*
> *Artigo III*
> *Toda pessoa tem direito à vida, à liberdade e à segurança pessoal.*
> *Artigo IV*
> *Ninguém será mantido em escravidão ou servidão, a escravidão e o tráfico de escravos serão proibidos em todas as suas formas.*

ART. 185

Artigo V
Ninguém será submetido à tortura, nem a tratamento ou castigo cruel, desumano ou degradante.

Artigo VI
Toda pessoa tem o direito de ser, em todos os lugares, reconhecida como pessoa perante a lei.

Artigo VII
Todos são iguais perante a lei e têm direito, sem qualquer distinção, a igual proteção da lei. Todos têm direito a igual proteção contra qualquer discriminação que viole a presente Declaração e contra qualquer incitamento a tal discriminação.

Artigo VIII
Toda pessoa tem direito a receber dos tributos nacionais competentes remédio efetivo para os atos que violem os direitos fundamentais que lhe sejam reconhecidos pela constituição ou pela lei.

Artigo IX
Ninguém será arbitrariamente preso, detido ou exilado.

Artigo X Toda pessoa tem direito, em plena igualdade, a uma audiência justa e pública por parte de um tribunal independente e imparcial, para decidir de seus direitos e deveres ou do fundamento de qualquer acusação criminal contra ele.

Artigo XI
1. Toda pessoa acusada de um ato delituoso tem o direito de ser presumida inocente até que a sua culpabilidade tenha sido provada de acordo com a lei, em julgamento público no qual lhe tenham sido asseguradas todas as garantias necessárias à sua defesa. 2. Ninguém poderá ser culpado por qualquer ação ou omissão que, no momento, não constituíam delito perante o direito nacional ou internacional. Tampouco será imposta pena mais forte do que aquela que, no momento da prática, era aplicável ao ato delituoso.

Artigo XII
Ninguém será sujeito a interferências na sua vida privada, na sua família, no seu lar ou na sua correspondência, nem a ataques à sua honra e reputação. Toda pessoa tem direito à proteção da lei contra tais interferências ou ataques.

Artigo XIII
1. Toda pessoa tem direito à liberdade de locomoção e residência dentro das fronteiras de cada Estado.
2. Toda pessoa tem o direito de deixar qualquer país, inclusive o próprio, e a este regressar.

Artigo XIV
1.Toda pessoa, vítima de perseguição, tem o direito de procurar e de gozar asilo em outros países.

CÓDIGO DE PROCESSO CIVIL

2. Este direito não pode ser invocado em caso de perseguição legitimamente motivada por crimes de direito comum ou por atos contrários aos propósitos e princípios das Nações Unidas.

Artigo XV

1. Toda pessoa tem direito a uma nacionalidade.

2. Ninguém será arbitrariamente privado de sua nacionalidade, nem do direito de mudar de nacionalidade.

Artigo XVI

1. Os homens e mulheres de maior idade, sem qualquer restrição de raça, nacionalidade ou religião, têm o direito de contrair matrimônio e fundar uma família. Gozam de iguais direitos em relação ao casamento, sua duração e sua dissolução.

2. O casamento não será válido senão com o livre e pleno consentimento dos nubentes.

Artigo XVII

1. Toda pessoa tem direito à propriedade, só ou em sociedade com outros.

2. Ninguém será arbitrariamente privado de sua propriedade.

Artigo XVIII

Toda pessoa tem direito à liberdade de pensamento, consciência e religião; este direito inclui a liberdade de mudar de religião ou crença e a liberdade de manifestar essa religião ou crença, pelo ensino, pela prática, pelo culto e pela observância, isolada ou coletivamente, em público ou em particular.

Artigo XIX

Toda pessoa tem direito à liberdade de opinião e expressão; este direito inclui a liberdade de, sem interferência, ter opiniões e de procurar, receber e transmitir informações e ideias por quaisquer meios e independentemente de fronteiras.

Artigo XX

1. Toda pessoa tem direito à liberdade de reunião e associação pacíficas.

2. Ninguém pode ser obrigado a fazer parte de uma associação.

Artigo XXI

1. Toda pessoa tem o direito de tomar parte no governo de seu país, diretamente ou por intermédio de representantes livremente escolhidos.

2. Toda pessoa tem igual direito de acesso ao serviço público do seu país.

3. A vontade do povo será a base da autoridade do governo; esta vontade será expressa em eleições periódicas e legítimas, por sufrágio universal, por voto secreto ou processo equivalente que assegure a liberdade de voto.

Artigo XXII

Toda pessoa, como membro da sociedade, tem direito à segurança social e à realização, pelo esforço nacional, pela cooperação internacional e de acordo com a organização

ART. 185

e recursos de cada Estado, dos direitos econômicos, sociais e culturais indispensáveis à sua dignidade e ao livre desenvolvimento da sua personalidade.

Artigo XXIII

1.Toda pessoa tem direito ao trabalho, à livre escolha de emprego, a condições justas e favoráveis de trabalho e à proteção contra o desemprego.

2. Toda pessoa, sem qualquer distinção, tem direito a igual remuneração por igual trabalho.

3. Toda pessoa que trabalhe tem direito a uma remuneração justa e satisfatória, que lhe assegure, assim como à sua família, uma existência compatível com a dignidade humana, e a que se acrescentarão, se necessário, outros meios de proteção social.

4. Toda pessoa tem direito a organizar sindicatos e neles ingressar para proteção de seus interesses.

Artigo XXIV

Toda pessoa tem direito a repouso e lazer, inclusive a limitação razoável das horas de trabalho e férias periódicas remuneradas.

Artigo XXV

1. Toda pessoa tem direito a um padrão de vida capaz de assegurar a si e a sua família saúde e bem estar, inclusive alimentação, vestuário, habitação, cuidados médicos e os serviços sociais indispensáveis, e direito à segurança em caso de desemprego, doença, invalidez, viuvez, velhice ou outros casos de perda dos meios de subsistência fora de seu controle.

2. A maternidade e a infância têm direito a cuidados e assistência especiais. Todas as crianças nascidas dentro ou fora do matrimônio, gozarão da mesma proteção social.

Artigo XXVI

1. Toda pessoa tem direito à instrução. A instrução será gratuita, pelo menos nos graus elementares e fundamentais. A instrução elementar será obrigatória. A instrução técnico-profissional será acessível a todos, bem como a instrução superior, esta baseada no mérito.

2. A instrução será orientada no sentido do pleno desenvolvimento da personalidade humana e do fortalecimento do respeito pelos direitos humanos e pelas liberdades fundamentais. A instrução promoverá a compreensão, a tolerância e a amizade entre todas as nações e grupos raciais ou religiosos, e coadjuvará as atividades das Nações Unidas em prol da manutenção da paz.

3. Os pais têm prioridade de direito n escolha do gênero de instrução que será ministrada a seus filhos.

Artigo XXVII

1. Toda pessoa tem o direito de participar livremente da vida cultural da comunidade, de fruir as artes e de participar do processo científico e de seus benefícios.

2. Toda pessoa tem direito à proteção dos interesses morais e materiais decorrentes de qualquer produção científica, literária ou artística da qual seja autor.

CÓDIGO DE PROCESSO CIVIL

Artigo XVIII

Toda pessoa tem direito a uma ordem social e internacional em que os direitos e liberdades estabelecidos na presente Declaração possam ser plenamente realizados.

Artigo XXIV

1. Toda pessoa tem deveres para com a comunidade, em que o livre e pleno desenvolvimento de sua personalidade é possível.

2. No exercício de seus direitos e liberdades, toda pessoa estará sujeita apenas às limitações determinadas pela lei, exclusivamente com o fim de assegurar o devido reconhecimento e respeito dos direitos e liberdades de outrem e de satisfazer às justas exigências da moral, da ordem pública e do bem-estar de uma sociedade democrática.

3. Esses direitos e liberdades não podem, em hipótese alguma, ser exercidos contrariamente aos propósitos e princípios das Nações Unidas.

Artigo XXX

Nenhuma disposição da presente Declaração pode ser interpretada como o reconhecimento a qualquer Estado, grupo ou pessoa, do direito de exercer qualquer atividade ou praticar qualquer ato destinado à destruição de quaisquer dos direitos e liberdades aqui estabelecidos.

Também é dever da Defensoria Pública, em todos os graus de jurisdição, a defesa dos direitos individuais e coletivos, de forma integral e gratuita, aos necessitados.

A Defensoria Pública, além de promover as ações de sua competência, também exerce a função extraprocessual, mediante a concessão de orientação jurídica às pessoas que tragam ao seu conhecimento questão referente à mácula aos direitos humanos e aos direitos individuais e coletivos quando provenientes de necessitados.

Em relação à comprovação da necessidade de se valer da gratuidade de justiça, preceitua o art. 4º da Lei 1.060/50 (A parte gozará dos benefícios da assistência judiciária, mediante simples afirmação, na própria petição inicial, de que não está em condições de pagar as custas do processo e os honorários de advogado, sem prejuízo próprio ou de sua família. *(Redação dada pela Lei nº 7.510, de 1986))*.

Já o art. 91 do Projeto Originário n. 166/10 prescrevia que a representação processual pela Defensoria Pública se daria por mera juntada de declaração de hipossuficiência da parte, assinada por defensor público.

Assim, basta que a parte esteja representada pela Defensoria Pública, para que haja presunção relativa de hipossuficiência da parte.

A defensoria pública da União Federal encontra-se regulamentada pela Lei Complementar n. 80 de 12 de janeiro de 1994, modificada pela Lei Complementar n. 132, de 7 de outubro de 2009. Preceituam os artigos 1º e 3º da L.C. n. 80/94:

"Art. 1º A Defensoria Pública é instituição permanente, essencial à função jurisdicional do Estado, incumbindo-lhe, como expressão e instrumento do regime democrático, fundamentalmente, a orientação jurídica, a promoção dos direitos humanos e a defesa, em todos os graus, judicial e extrajudicial, dos direitos individuais e coletivos, de forma integral e gratuita, aos necessitados, assim considerados na forma do inciso LXXIV do art. 5º da Constituição Federal. (Redação dada pela Lei Complementar nº 132, de 2009).

Art. 2º A Defensoria Pública abrange:

I – a Defensoria Pública da União;

II – a Defensoria Pública do Distrito Federal e dos Territórios;

III – as Defensorias Públicas dos Estados.

Art. 3º São princípios institucionais da Defensoria Pública a unidade, a indivisibilidade e a independência funcional.

Parágrafo único. (VETADO).

Art. 3º-A. São objetivos da Defensoria Pública: (Incluído pela Lei Complementar nº 132, de 2009).

I – a primazia da dignidade da pessoa humana e a redução das desigualdades sociais; (Incluído pela Lei Complementar nº 132, de 2009).

II – a afirmação do Estado Democrático de Direito; (Incluído pela Lei Complementar nº 132, de 2009).

III – a prevalência e efetividade dos direitos humanos; e (Incluído pela Lei Complementar nº 132, de 2009).

IV – a garantia dos princípios constitucionais da ampla defesa e do contraditório. (Incluído pela Lei Complementar nº 132, de 2009).

Art. 4º São funções institucionais da Defensoria Pública, dentre outras:

I – prestar orientação jurídica e exercer a defesa dos necessitados, em todos os graus; (Redação dada pela Lei Complementar nº 132, de 2009).

II – promover, prioritariamente, a solução extrajudicial dos litígios, visando à composição entre as pessoas em conflito de interesses, por meio de mediação, conciliação, arbitragem e demais técnicas de composição e administração de conflitos; (Redação dada pela Lei Complementar nº 132, de 2009).

III – promover a difusão e a conscientização dos direitos humanos, da cidadania e do ordenamento jurídico; (Redação dada pela Lei Complementar nº 132, de 2009).

IV – prestar atendimento interdisciplinar, por meio de órgãos ou de servidores de suas Carreiras de apoio para o exercício de suas atribuições; (Redação dada pela Lei Complementar nº 132, de 2009).

CÓDIGO DE PROCESSO CIVIL

V – *exercer, mediante o recebimento dos autos com vista, a ampla defesa e o contraditório em favor de pessoas naturais e jurídicas, em processos administrativos e judiciais, perante todos os órgãos e em todas as instâncias, ordinárias ou extraordinárias, utilizando todas as medidas capazes de propiciar a adequada e efetiva defesa de seus interesses; (Redação dada pela Lei Complementar nº 132, de 2009).*

VI – *representar aos sistemas internacionais de proteção dos direitos humanos, postulando perante seus órgãos; (Redação dada pela Lei Complementar nº 132, de 2009).*

VII – *promover ação civil pública e todas as espécies de ações capazes de propiciar a adequada tutela dos direitos difusos, coletivos ou individuais homogêneos quando o resultado da demanda puder beneficiar grupo de pessoas hipossuficientes; (Redação dada pela Lei Complementar nº 132, de 2009).*

VIII – *exercer a defesa dos direitos e interesses individuais, difusos, coletivos e individuais homogêneos e dos direitos do consumidor, na forma do inciso LXXIV do art. 5º da Constituição Federal; (Redação dada pela Lei Complementar nº 132, de 2009).*

IX – *impetrar **habeas corpus**, mandado de injunção, **habeas data** e mandado de segurança ou qualquer outra ação em defesa das funções institucionais e prerrogativas de seus órgãos de execução; (Redação dada pela Lei Complementar nº 132, de 2009).*

X – *promover a mais ampla defesa dos direitos fundamentais dos necessitados, abrangendo seus direitos individuais, coletivos, sociais, econômicos, culturais e ambientais, sendo admissíveis todas as espécies de ações capazes de propiciar sua adequada e efetiva tutela; (Redação dada pela Lei Complementar nº 132, de 2009).*

XI – *exercer a defesa dos interesses individuais e coletivos da criança e do adolescente, do idoso, da pessoa portadora de necessidades especiais, da mulher vítima de violência doméstica e familiar e de outros grupos sociais vulneráveis que mereçam proteção especial do Estado; (Redação dada pela Lei Complementar nº 132, de 2009).*

XII – *(VETADO);*

XIII – *(VETADO);*

XIV – *acompanhar inquérito policial, inclusive com a comunicação imediata da prisão em flagrante pela autoridade policial, quando o preso não constituir advogado; (Incluído pela Lei Complementar nº 132, de 2009).*

XV – *patrocinar ação penal privada e a subsidiária da pública; (Incluído pela Lei Complementar nº 132, de 2009).*

XVI – *exercer a curadoria especial nos casos previstos em lei; (Incluído pela Lei Complementar nº 132, de 2009).*

XVII – *atuar nos estabelecimentos policiais, penitenciários e de internação de adolescentes, visando a assegurar às pessoas, sob quaisquer circunstâncias, o exercício pleno de seus direitos e garantias fundamentais; (Incluído pela Lei Complementar nº 132, de 2009).*

ART. 185

XVIII – atuar na preservação e reparação dos direitos de pessoas vítimas de tortura, abusos sexuais, discriminação ou qualquer outra forma de opressão ou violência, propiciando o acompanhamento e o atendimento interdisciplinar das vítimas; (Incluído pela Lei Complementar nº 132, de 2009).

XIX – atuar nos Juizados Especiais; (Incluído pela Lei Complementar nº 132, de 2009).

XX – participar, quando tiver assento, dos conselhos federais, estaduais e municipais afetos às funções institucionais da Defensoria Pública, respeitadas as atribuições de seus ramos; (Incluído pela Lei Complementar nº 132, de 2009).

XXI – executar e receber as verbas sucumbenciais decorrentes de sua atuação, inclusive quando devidas por quaisquer entes públicos, destinando-as a fundos geridos pela Defensoria Pública e destinados, exclusivamente, ao aparelhamento da Defensoria Pública e à capacitação profissional de seus membros e servidores; (Incluído pela Lei Complementar nº 132, de 2009).

XXII – convocar audiências públicas para discutir matérias relacionadas às suas funções institucionais. (Incluído pela Lei Complementar nº 132, de 2009).

§ 1º (VETADO).

§ 2º As funções institucionais da Defensoria Pública serão exercidas inclusive contra as Pessoas Jurídicas de Direito Público.

§ 3º (VETADO).

§ 4º O instrumento de transação, mediação ou conciliação referendado pelo Defensor Público valerá como título executivo extrajudicial, inclusive quando celebrado com a pessoa jurídica de direito público. (Incluído pela Lei Complementar nº 132, de 2009).

§ 5º A assistência jurídica integral e gratuita custeada ou fornecida pelo Estado será exercida pela Defensoria Pública. (Incluído pela Lei Complementar nº 132, de 2009).

§ 6º A capacidade postulatória do Defensor Público decorre exclusivamente de sua nomeação e posse no cargo público. (Incluído pela Lei Complementar nº 132, de 2009).

§ 7º Aos membros da Defensoria Pública é garantido sentar-se no mesmo plano do Ministério Público. (Incluído pela Lei Complementar nº 132, de 2009).

§ 8º Se o Defensor Público entender inexistir hipótese de atuação institucional, dará imediata ciência ao Defensor Público-Geral, que decidirá a controvérsia, indicando, se for o caso, outro Defensor Público para atuar. (Incluído pela Lei Complementar nº 132, de 2009).

§ 9º O exercício do cargo de Defensor Público é comprovado mediante apresentação de carteira funcional expedida pela respectiva Defensoria Pública, conforme modelo previsto nesta Lei Complementar, a qual valerá como documento de identidade

e terá fé pública em todo o território nacional. (Incluído pela Lei Complementar nº 132, de 2009).

§ 10. O exercício do cargo de Defensor Público é indelegável e privativo de membro da Carreira. (Incluído pela Lei Complementar nº 132, de 2009).

§ 11. Os estabelecimentos a que se refere o inciso XVII do **caput** *reservarão instalações adequadas ao atendimento jurídico dos presos e internos por parte dos Defensores Públicos, bem como a esses fornecerão apoio administrativo, prestarão as informações solicitadas e assegurarão acesso à documentação dos presos e internos, aos quais é assegurado o direito de entrevista com os Defensores Públicos. (Incluído pela Lei Complementar n. 132, de 2009".*

A Defensoria Pública da União atuará nos Estados, no Distrito Federal e nos Territórios, junto à Justiça Federal, do Trabalho, Eleitoral, Militar, Tribunais Superiores e instâncias administrativas da União (art. 14 da Lei Complementar n. 80/94).

A Defensoria Pública da União deverá firmar convênios com as Defensorias Públicas dos Estados e do Distrito Federal, para que estas, em seu nome, atuem junto aos órgãos de primeiro e segundo graus de jurisdição referidos no *caput* do art. 14, no desempenho das funções que lhe são cometidas por lei (§1º do art. 14 da Lei Complementar n. 80/94).

Não havendo na unidade federada Defensoria Pública constituída nos moldes da Lei Complementar n. 80/94), fica autorizada a realização de convênio com entidade pública que desempenhe essa função, até que seja criado o órgão próprio (§2º da L.C. n. 80/94).

Lamentavelmente, nem todos os Estados da Federação possuem defensoria pública estadual para que se possa realizar o convênio estabelecido no §2º da L.C. n. 80/94).

Aliás, já se vão mais de dezesseis anos de vigência da Lei Complementar n. 80/94 sem que todos os estados, comarcas e subseções judiciárias estejam supridas por Defensor Público, causando enorme descompasso no atendimento judiciário das pessoas menos favorecidas.

No Paraná, até pouco tempo atrás, não havia sido publicado edital para a realização de concurso público para a atuação da defensoria pública.

Em razão deste fato, houve necessidade de intervenção do Conselho Nacional de Justiça – CNJ, para que houvesse boa vontade política por parte do Governo do Estado do Paraná em encaminhar projeto de lei criando a Defensoria Pública no Estado do Paraná. Sobre o tema, eis a seguinte notícia publica no site do CNJ (www.cnj.jus.br., de 05 de outubro de 2010):

Projeto do CNJ incentiva criação da Defensoria Pública do Paraná
Terça, 05 de Outubro de 2010

O Governo do Estado do Paraná atendeu a recomendação do CNJ ao enviar à Assembleia Legislativa do Estado, na última terça-feira (28/09), o projeto que cria a Defensoria Pública do estado. A recomendação foi feita após mutirão carcerário realizado pelo CNJ entre fevereiro e junho deste ano.

O Projeto do CNJ Mutirão Carcerário, coordenado pelo Departamento de Monitoramento e Fiscalização do Sistema Carcerário (DMF), analisa processos de presos condenados e provisórios, além de inspecionar presídios para garantir a defesa dos direitos humanos.

"Durante o mutirão, constatamos que os presos do estado sem condições financeiras não têm contato com defensores públicos, estejam eles em penitenciárias ou em delegacias", afirmou o juiz auxiliar da presidência, Luciano Losekann, coordenador do projeto. Atualmente existem 34,5 mil presos no Paraná, que tem a terceira população carcerária do país, atrás apenas de São Paulo e Minas Gerais.

Segundo Losekann, a defensoria pública é o órgão constitucionalmente encarregado da defesa dos presos condenados e provisórios que não tenham condições financeiras de contratar serviços de advocacia. "Ao enviar o projeto que cria a defensoria ao Legislativo paranaense, o Paraná cumpre mandamento constitucional, apesar dos quase 22 anos de atraso", concluiu.

A Defensoria Pública do Paraná funcionava desde 1991 com uma equipe de advogados do estado e funcionários cedidos de outros órgãos, além de estagiários. Segundo o secretário da Ciência, Tecnologia e Ensino Superior, Nildo José Lübke, o Governo do Estado pretende publicar o edital do concurso para contratar de 50 a 70 profissionais até o fim do ano. "Depois que a Assembleia Legislativa criar a Defensoria Pública no estado, será possível estruturar de fato o órgão no Paraná, que lidará com as oito grandes varas de execução penal", afirmou Losekann.

Projeto – Criado em agosto de 2008, o Mutirão Carcerário já concedeu benefícios a mais de 26 mil pessoas, em cumprimento à Lei de Execuções Penais. O DMF é responsável pela realização dos mutirões carcerários, que já analisaram cerca de 180 mil processos de presos condenados e provisórios no país.

Art. 186

A Defensoria Pública gozará de prazo em dobro para todas as suas manifestações processuais.

§ 1º O prazo tem início com a intimação pessoal do defensor público, nos termos do art. 183, § 1º.

CÓDIGO DE PROCESSO CIVIL

§ 2º A requerimento da Defensoria Pública, o juiz determinará a intimação pessoal da parte patrocinada quando o ato processual depender de providência ou informação que somente por ela possa ser realizada ou prestada.

§ 3º O disposto no *caput* aplica-se aos escritórios de prática jurídica das faculdades de Direito reconhecidas na forma da lei e às entidades que prestam assistência jurídica gratuita em razão de convênios firmados com a Defensoria Pública.

§ 4º Não se aplica o benefício da contagem em dobro quando a lei estabelecer, de forma expressa, prazo próprio para a Defensoria Pública.

Prazo em dobro para manifestação nos autos

Os prazos do Defensor Público serão contados em dobro, conforme dispõe o art. 44, inc. I da Lei Complementar n. 80/94:

> *Art. 44. São prerrogativas dos membros da Defensoria Pública da União:*
> *I – receber, inclusive quando necessário, mediante entrega dos autos com vista, intimação pessoal em qualquer processo e grau de jurisdição ou instância administrativa, contando-se-lhes em dobro todos os prazos; (Redação dada pela Lei Complementar nº 132, de 2009).*

É importante salientar que a base jurídica de fundamentação da Defensoria Pública é a Constituição Federal, nos termos 5º, inc. LXXIV e 134 da Constituição Federal:

> *LXXIV – o Estado prestará assistência jurídica integral e gratuita aos que comprovarem insuficiência de recursos;*
> *Art. 134. A Defensoria Pública é instituição essencial à função jurisdicional do Estado, incumbindo-lhe a orientação jurídica e a defesa, em todos os graus, dos necessitados, na forma do art. 5º, LXXIV.)*
> *§ 1º Lei complementar organizará a Defensoria Pública da União e do Distrito Federal e dos Territórios e prescreverá normas gerais para sua organização nos Estados, em cargos de carreira, providos, na classe inicial, mediante concurso público de provas e títulos, assegurada a seus integrantes a garantia da inamovibilidade e vedado o exercício da advocacia fora das atribuições institucionais. (Renumerado pela Emenda Constitucional nº 45, de 2004)*

ART. 186

§ 2º *Às Defensorias Públicas Estaduais são asseguradas autonomia funcional e administrativa e a iniciativa de sua proposta orçamentária dentro dos limites estabelecidos na lei de diretrizes orçamentárias e subordinação ao disposto no art. 99, § 2º. (Incluído pela Emenda Constitucional nº 45, de 2004)*

A Defensoria Pública, portanto, é uma garantia Constitucional imposta ao Estado brasileiro em prol daqueles que comprovem insuficiência de recursos para a postulação e defesa no âmbito do Poder Judiciário e no âmbito da Administração em geral.

Evidentemente que o exercício da Defensoria Pública por determinação Constitucional recomenda algumas prerrogativas plenamente justificadas para a efetividade de seu mister. Dentre essas prerrogativas encontra-se a *contagem em dobro dos prazos processuais.*

A *contagem em dobro dos prazos processuais* não é um privilégio ou critério discriminatório, mas, sim, uma prerrogativa necessária e pragmaticamente fundamental para que o Defensor Público possa exercer sua função de base constitucional.

Outrossim, a prerrogativa de contagem em dobro dos prazos processuais foi estipulada na Lei Complementar n. 80/94, uma vez que as normas gerais de organização da Defensoria Pública são de competência da lei complementar, conforme prescreve o §1º do art. 134 da C.F.

Assim, se a lei complementar é o instrumento normativo legítimo para a organização da Defensoria Pública, lei ordinária não poderá confrontá-la, sob pena de ser considerada inconstitucional por invasão de competência formal legislativa.

Sobre o tema, eis o seguinte precedente do S.T.F.:

(...).

Sustenta-se que a tempestividade do apelo extremo ao argumento de que o prazo para a Defensoria Pública interpor recurso deve ser contado em dobro, tendo em vista o disposto na LC 80/94...

(...).

Inicialmente, afasto a intempestividade verificada na origem. A LC 80/94 estabelece que entre as prerrogativas dos membros da Defensoria Pública dos Estados inclui-se a contagem em dobro de todos os prazos, in verbis: "Art. 128. São prerrogativas dos membros da Defensoria Pública do Estado, dentre outras que a lei local estabelecer: I – receber, inclusive quando necessário, mediante entrega dos autos com vista, intimação pessoal em qualquer processo e grau de jurisdição ou instância administrativa, contando-se-lhes em dobro todos os prazos". Levando em conta a referida legislação e fato de que organização e estruturação das defensorias públicas nos Estados ainda

CÓDIGO DE PROCESSO CIVIL

encontra-se deficiente, a jurisprudência desta Corte se firmou no sentido de que o prazo para a defensoria pública deve ser contado em dobro, mesmo no âmbito dos juizados especiais. Nesse sentido, confiram-se os seguintes precedentes: RE 645.593, Rel. Min. Cármen Lúcia, DJe 19.10.2011; ARE 639.360, Rel. Min. Joaquim Barbosa, DJe 3.6.2011 e HC 81.019, Rel. Min. Celso de Mello, Segunda Turma, DJe 23.10.2009.

(...).

(ARE 681919, Relator(a): Min. GILMAR MENDES, julgado em 13/06/ /2012, publicado em DJe-123 DIVULG 22/06/2012 PUBLIC 25/06/2012)

Assim, conforme sinalizou o S.T.F., conta-se em dobro os prazos processuais no âmbito dos Juizados Especiais em favor da Defensoria Pública.

Outrossim, quando a parte atua em causa própria, mesmo que beneficiada pela gratuidade de justiça, não terá a prerrogativa do prazo em dobro. Nesse sentido é o seguinte precedente do S.T.F.:

O disposto no § 5º do artigo 5º da Lei nº 1.060, de 5 de fevereiro de 1950, com a redação imprimida pela Lei nº 7.871/89, não beneficia a atuação em causa própria, mesmo que deferido o benefício da assistência judiciária, como é a gratuidade.

(RE 259336 AgR-AgR, Relator(a): Min. MARCO AURÉLIO, Segunda Turma, julgado em 29/05/2001, DJ 10-08-2001 PP-00015 EMENT VOL-02038-04 PP-00721)

Ainda sobre o tema, eis o seguinte precedente:

1. Ao defensor público do Estado foi concedida a prerrogativa de ser intimado pessoalmente em qualquer processo e grau de jurisdição (artigo 128, I, da Lei Orgânica da Defensoria Pública – Lei Complementar nº 80, de 12.01.94). Este direito, contudo, não cria obrigação ao Poder Judiciário de proceder à intimação que a lei não prevê deva ser feita. Assim, inexistindo previsão legal para intimação ou publicação de pauta para o julgamento de "habeas-corpus" (artigos 202 do RI-STF, 192 do RI-STF, 664 do Código de Processo Penal e Súmula 431) não há nulidade a ser declarada quando o defensor público não é intimado pessoalmente. 2. É nula a intimação de acórdão a defensor público de Estado pelo Diário Oficial, sem observância da norma que determina sua intimação pessoal.

(...).

(HC 80104, Relator(a): Min. MAURÍCIO CORRÊA, Segunda Turma, julgado em 13/06/2000, DJ 15-03-2002 PP-00032 EMENT VOL-02061-02 PP-00264)

ART. 186

O *§1º do art. 186* do atual C.P.C. estabelece que *o prazo tem início com a intimação pessoal do defensor público, nos termos do art. 183, §1º*.

Na redação do Projeto originário n. 166/10, a do prazo em dobro *teria início a partir da vista pessoal dos autos, mediante carga ou remessa*.

Por sua vez, o §1º do art. 183 do atual C.P.C. preconiza que a *intimação pessoal far-se-á por carga, remessa ou meio eletrônico*

Assim, a intimação pessoal da defensoria, em se tratando de processo físico, será feita por carga ou remessa dos autos. Em se tratando de processo eletrônico, a intimação pessoal dar-se-á no próprio sistema eletrônico.

Preceitua o *§2º do art. 186* do atual C.P.C. que *a requerimento da Defensoria Pública, o juiz determinará a intimação pessoal da parte patrocinada quando o ato processual depender de providência ou informação que somente por ela possa ser realizada ou prestada*.

Trata-se de uma outra prerrogativa importante em prol da Defensoria Pública, uma vez que por vezes o defensor não tem instrumentos necessários ou suporte orçamentário suficiente para ter acesso às pessoas que postulam sob sua responsabilidade, razão pela qual a intervenção judicial é de extrema importância.

Aduz o *§3º do art. 185* do atual C.P.C. que o *disposto no caput aplica-se aos escritórios de prática jurídica das faculdades de Direito reconhecidas na forma da lei e às entidades que prestam assistência jurídica gratuita em razão de convênios firmados com a Defensoria Pública.*

No texto da Câmara, havia a possibilidade de convênio com a OAB e a Defensoria Pública.

Porém, a OAB não tem poder para fazer convênios para prestação de assistência jurídica, razão pela qual foi retirada essa possibilidade do texto do novo C.P.C.

Assim, a assistência judiciária gratuita prestada pelos escritórios de prática jurídica das faculdades de direito reconhecidas na forma da lei ou pelas entidades que prestam assistência jurídica gratuita por meio de convênios firmados com a Defensoria Pública também terão a prerrogativa da contagem do prazo em dobro dos prazos processuais.

É bom ressaltar que a jurisprudência atual do S.T.F. não concede este prazo em dobro para os defensores nomeados, sem que haja essa ligação institucional. Nesse sentido é a seguinte decisão:

> EMENTA: *Recurso extraordinário inadmitido. 2. Agravo de instrumento improvido. 3. Defensor dativo. Inaplicabilidade das prerrogativas processuais da Lei nº 1.060/50, art. 5º, § 5º, com a redação que lhe deu a Lei nº 7.871/89, c/c a Lei Comple-*

mentar nº 80/94, art. 44, I; art. 89, I, e art. 128,I: intimação pessoal e prazo em dobro, que se estendem, apenas, aos Defensores Públicos e aos agentes estatais, que, no âmbito de uma estrutura de assistência judiciária organizada e mantida pelo Poder Público, desempenhem os encargos institucionais a que se refere o art. 134 da Constituição Federal. 4. Súmula 599. São incabíveis embargos de divergência de decisão de Turma em agravo regimental. No mesmo sentido , o disposto no art. 546, II, do Código de Processo Civil, na redação dada pela Lei nº 8.950, de 13.12.1994. 5. Agravo regimental não conhecido, por intempestivo.

(AI 153928 AgR-ED-ED-EDv-AgR, Relator(a): Min. NÉRI DA SILVEIRA, Tribunal Pleno, julgado em 22/11/2001, DJ 13-06-2003 PP-00009 EMENT VOL-02114-03 PP-00576).

Preceitua o § 4º do art. 185 do atual C.P.C. que *não se aplica o benefício da contagem em dobro quando a lei estabelecer, de forma expressa, prazo próprio para a Defensoria Pública.*

Somente não se contará o prazo em dobro para manifestação nos autos por parte da defensoria pública se assim a lei o estabelecer, de forma expressa e específica, prazo exclusivo ou próprio para essa entidade, quando então o prazo será somente aquele estabelecido na regra legal.

Quanto aos demais prazos que não são exclusivos ou próprios, a contagem em dobro prevalece.

Art. 187

O membro da Defensoria Pública será civil e regressivamente responsável quando agir com dolo ou fraude no exercício de suas funções.

Responsabilidade civil dos membros da defensoria pública.

Assim como ocorre com o juiz, com o advogado público, também o Defensor Público será responsabilizado civilmente quando, no exercício de suas funções agir com dolo ou fraude, excluída a culpa.

A responsabilidade, porém, será regressiva. Assim, a responsabilidade direta é do ente público a que pertence a defensoria pública, sendo que poderá haver a demanda regressiva do ente público contra o membro da defensoria pública no caso de dolo ou fraude.

LIVRO IV - DOS ATOS PROCESSUAIS

TÍTULO I - Da Forma, do Tempo e do Lugar dos Atos Processuais

CAPÍTULO I - Da Forma dos Atos Processuais

SEÇÃO I - Dos Atos em Geral

Art. 188

Os atos e os termos processuais independem de forma determinada, salvo quando a lei expressamente a exigir, considerando-se válidos os que, realizados de outro modo, lhe preencham a finalidade essencial.

A forma dos atos processuais

Segundo algumas noções mais elementares, o exercício de determinadas situações subjetivas (faculdade, direitos ou poderes) realizadas no processo pelas partes, juízes, auxiliares de justiça, terceiros interessados ocorre mediante a prática e cumprimento de atos determinados, os quais, muitas vezes, são pressupostos para o exercício de outras situações conexas ou autônomas.

Com efeito, o processo tem sua sequência procedimental no mundo dos fenômenos por meio de uma série de atos cronologicamente sucessivos – nem sempre concatenados entre eles em um nexo de estreita interdependência – cuja fórmula organizatória é do tipo procedimental, tendo por denominador comum um idêntico objetivo final, que é a resolução da controvérsia mediante uma decisão definitivamente justa.[624]

Por isso, é intuitivo que o código de processo civil proponha-se a disciplinar minuciosamente as diversas categorias de atos do processo, fixando os modos, os tempos e as formas pelos quais podem ser realizados e cumpridos, a fim de que possam concorrer validamente à persecução de seus objetivos fundamentais.[625]

Mas o que se deve entender por atos do processo? Com tal expressão, *"designam-se todas aquelas declarações ou manifestações de pensamento, como também todos aqueles comportamentos que os sujeitos do processo (partes, auxiliares, juízes, ministério público) põem em prática, de acordo com as formas estabelecidas ou consentidas pela lei, com o fim de incidir – com efeitos constitutivos, modificativos ou extintivos – sobre a dinâmica e o desenvolvimento da relação processual".*[626]

Diante dessa conceituação de ato processual, pode-se afirmar que estão à margem desta definição: o depoimento de uma testemunha; termo de compromisso firmado extra processualmente, procuração outorgada para a lide etc.

O *caput do art. 188* do novo C.P.C. preconiza que os atos e os termos processuais não dependem de forma determinada, senão quando a lei expressamente a exigir, considerando-se válidos os que, realizados de outro modo, lhe preencham a finalidade essencial.

O dispositivo, ao estabelecer que determinados atos processuais devem observar as formas estabelecidas pela lei (como regra de exceção), mantém a linha estrutural do desenvolvimento do Estado de Direito de constituição liberal, uma vez que o rigor das formas exprime uma exigência tradicional de legalidade.

Conforme ensinam Comoglio, Ferri e Taruffo, *"somente se a atividade das partes e do juiz são 'predeterminadas' (ou 'canalizadas') em formas previstas na lei, é possível tutelar não somente o interesse geral à imparcialidade do juiz, mas também o contraditório e a igualdade das partes".*[627]

Por outro lado, é também verdade que a liberdade das formas como concepção do direito livre *in judicando* nasce como reação aos excessos de formalismos tradicionais, favorecendo uma perspectiva de maior deformalização das atividades processuais, *"próprias dos modelos nos quais o juiz esteja sempre autorizado a*

---

[624] COMOGLIO, Luigi Paolo; FERRI, Corrado; TARUFFO, Michele. Lezioni sul processo civile – il processo ordinario di cognizione. Bologna: Mulino, 2006. p. 319.

[625] COMOGLIO, L. P.; FERRI, C.; TARUFFO, M., idem, ibidem.

[626] COMOGLIO, L. P.; FERRI, C.; TARUFFO, M., idem, ibidem.

[627] [4] COMOGLIO, L.p.; FERRI, C.; TARUFFO, M, idem, p. 320.

ART. 189

adequar, caso a caso, as formas do procedimento às necessidades variáveis das controvérsias singulares".[628]

Não sendo o processo jurisdicional um fim em si mesmo, e tendo por característica principal a instrumentalidade para realização do direito material, ou a instrumentalidade qualificada ou ao quadrado, característica essa do extinto processo cautelar, os atos e termos processuais podem ser realizados por meio da liberdade das formas, salvo quando a lei estabelece um ritual específico para a validade dos atos ou termos do processo.

Por força do princípio da instrumentalidade das formas ou de congruência das formas ao seu escopo: a) a disciplina dos atos tende a 'preconstituir' as formas mais idôneas para a realização de seus fins funcionais (ou práticos), no curso do procedimento; b) a observância dos requisitos de forma é imposta pela lei, na medida em que as formas sejam realmente necessárias para conseguir tal escopo; c) em todo caso, o critério da idoneidade do escopo constitui o denominador comum tanto para os atos (com esquemas preconstituídos), quanto para aqueles de 'forma livre'.[629]

O importante não é a forma do ato ou termo processual, mas o alcance de seus escopos. Por isso o art. 121 do C.P.C. italiano é bem claro ao estabelecer que os atos do processo podem ser cumpridos na forma mais idônea à realização dos seus escopos.

É necessário salientar que a forma do ato não se identifica apenas à sua morfologia (ou à sua perspectiva extrínseca), mas também ao seu conteúdo típico ou perspectiva intrínseca. Disso resulta a expressão doutrinária forma-conteúdo, com a qual se designa uma combinação mínima entre a forma exterior do ato e os requisitos essenciais do seu conteúdo. Prevalentemente, a disciplina do processo ocupa-se de tal forma-conteúdo e dos efeitos que derivam dos atos processuais por determinação legal, desinteressando-se da vontade ou da intenção subjetiva do agente.[630]

Art. 189

Os atos processuais são públicos, todavia tramitam em segredo de justiça os processos:

---

[628] [5] COMOGLIO, L.P.; FERRI, C.; TARUFFO, M., idem, ibidem.
[629] [6] COMOGLIO, L.P.; FERRI, C.; TARUFFO, M., idem, p. 322.
[630] COMOGLIO, L.P.; FERRI, C.; TARUFFO, M., idem, p. 321.

CÓDIGO DE PROCESSO CIVIL

I – em que o exija o interesse público ou social;

II – que versem sobre casamento, separação de corpos, divórcio, separação, união estável, filiação, alimentos e guarda de crianças e adolescentes;

III – em que constem dados protegidos pelo direito constitucional à intimidade;

IV – que versem sobre arbitragem, inclusive sobre cumprimento de carta arbitral, desde que a confidencialidade estipulada na arbitragem seja comprovada perante o juízo.

§1º O direito de consultar os autos de processo que tramite em segredo de justiça e de pedir certidões de seus atos é restrito às partes e aos seus procuradores.

§2º O terceiro que demonstrar interesse jurídico pode requerer ao juiz certidão do dispositivo da sentença, bem como de inventário e de partilha resultantes de divórcio ou separação.

Publicidade e segredo de justiça dos atos processuais

A história demonstra que a grande maioria dos povos sempre fez opção por um julgamento popular e público.

No período antigo, a assembleia de julgamento era composta por integrantes exclusivamente guerreiros e o julgamento se dava em praça pública.

Da mesma forma o procedimento grego era feito publicamente, pois o processo comum, realizado pelo Tribunal dos Heliastas, com competência comum para matéria penal, realizava-se em praça pública e sob a luz do sol.

No procedimento acusatório popular romano, a publicidade do julgamento também era considerada uma exigência substancial.

Na idade média, o julgamento trasladou-se das praças para lugares fechados, contudo, sem perder o procedimento sua publicidade, manteve-se as portas e janelas abertas.

Observando-se a importância política do princípio da publicidade, bem como as transformações históricas, políticas e sociais ocorridas nos últimos Séculos, verifica-se que modernamente a simples permissão de participação das partes ou de algumas pessoas na sala de audiência não representa uma medida adequada para satisfazer essa exigência republicana.

Modernamente, a publicidade do julgamento dá-se, muitas vezes, através de sua divulgação pelos meios de comunicação, permitindo desta maneira a crítica

ART. 189

social em relação à justiça, ou seja, em relação ao controle sobre a administração da justiça. É um controle externo legítimo e democrático.[631]

Mario Chiavario faz uma nítida distinção entre publicidade imediata e publicidade mediata.

A "publicidade imediata" é aquela inserida no processo penal ou civil e que permite a qualquer do povo presenciar o cumprimento dos atos processuais, sem que lhe exija uma particular qualificação profissional, nem uma particular relação entre sua pessoa e o processo (in questo primo senso sembrano da interpretare i testi della Conv. Eur. e del Patto internaz., quando parlano di 'publico' tout court).[632]

A "publicidade mediata", por sua vez, é aquela permitida pelos trâmites dos meios de comunicação, que se traduz não apenas na exigência de se reconhecer aos jornalistas uma faculdade de presenciar os atos processuais, mas, também, na possibilidade de divulgação desses atos para um número indeterminado de pessoas, através dos meios de comunicação de massa.[633]

A publicidade é a "alma da justiça", não só porque é a mais eficaz garantia dos testemunhos, mas principalmente porque favorece a "probidade" dos juízes, servindo como freio a um poder que se torna facilmente alvo de abusos, além de assegurar a confiança do público em seus juízes.[634]

O art. 189 do novo C.P.C. vem reforça a exigência de publicidade imediata da relação jurídica processual, preconizando que os atos processuais são em regra públicos.

Tal normatividade tem por objetivo afirmar que os atos processuais não podem ser proferidos em segredo (salvo naquelas hipóteses exigidas pelo interesse público, sendo que, segundo emenda da Câmara dos Deputados, também na hipótese de interesse social), uma vez que a publicidade exterioriza a transparência como corolário da imparcialidade e independência do juiz e da legitimidade democrática do processo jurisdicional.

Muito embora a publicidade dos atos processuais seja a regra, o próprio art. 189 do novo C.P.C. estabelece que correm, todavia, em segredo de justiça os

---

[631] BINDER, Alberto. Importância y limites del periodismo judicial. *In Justicia penal y estado de derecho*. Buenos Aires: Ad-Hoc, 1993. p. 266.

[632] CHIAVARIO, Mario. *Processo e garanzie della persona – le garanzie fondamentali*. 3. ed. Vol. II. Milano: Dott. A. Giuffrè Editore, 1984. p. 281.

[633] CHIAVARIO, M., Idem. Ibidem. Loc. Cit.

[634] [14] FERRAJOLI, Luigi. *Direito e razão – teoria do garantismo penal*. Trad. Ana Paula Zome, Fauzi Hassan Choukr, Jurez Tavares e Luiz Flávio Gomes. São Paulo: Revista dos Tribunais, 2002. p.493.

CÓDIGO DE PROCESSO CIVIL

processos: *I – em que o exija o interesse público ou social; II – que versem sobre casamento, separação de corpos, divórcio, separação, união estável, filiação, alimentos e guarda de crianças e adolescentes; III – em que constem dados protegidos pelo direito constitucional à intimidade; IV – que versem sobre arbitragem, inclusive sobre cumprimento de carta arbitral, desde que a confidencialidade estipulada na arbitragem seja comprovada perante o juízo.*

O art. 5º, inc. LX, da Constituição Federal de 1988, preconiza que a lei só poderá restringir a publicidade dos atos processuais quando a defesa da intimidade ou o interesse social o exigirem.

Portanto, o segredo de justiça não tem por fundamento apenas o interesse público, mas também quando o interesse social o exigir, nos termos da C.F. Por isso, emenda da Câmara dos Deputados inseriu também questões de interesse social como fundamento para que o processo siga seus trâmites em segredo de justiça.

Assim, todas as vezes que a defesa da intimidade, o interesse público ou interesse social o exigir, o ato processual deverá ser realizado em segredo de justiça.

De certa forma, compete ao juiz do processo verificar e constatar, mediante critérios objetivos, se o interesse público ou interesse social recomendam o segredo de justiça.

Sobre o tema, eis os seguintes precedentes:

(...).
3. Em inquérito civil sob sigilo, o Ministério Público solicitou dados de natureza fiscal destinados à apuração da margem bruta de lucro da recorrente. A qualificação desses dados pode contribuir para que se revele o modelo ou estratégias de negócio ou diferenciais de atuação. É evidente que, num mercado regulado, a assimetria informacional é reduzida, mas não se pode afastar de plano e prematuramente sua existência.
4. Não deve a parte ser prejudicada com a transposição desse material para processo jurisdicional de natureza pública, frustrando sua legítima expectativa de sigilo.
(...).
(REsp 1296281/RS, Rel. Ministro HERMAN BENJAMIN, SEGUNDA TURMA, julgado em 14/05/2013, DJe 22/05/2013).

1. Não há falta de informação capaz de causar a impossibilidade de ciência da decisão proferida quando o nome da parte encontra-se devidamente abreviado em razão do processo encontrar-se sabidamente em segredo de justiça. Também não há defeito que

ART. 189

impeça a ampla defesa a abreviação de apenas um dos nomes do operador do direito, uma vez que restou os dois últimos sobrenomes informados por completo.

(...).

(AgRg no Ag 1342393/RN, Rel. Ministro JORGE MUSSI, QUINTA TURMA, julgado em 06/03/2012, DJe 14/03/2012)

(...).

6. Sobre o segredo de justiça, seu deferimento deu-se em saneador, sem notícia de Agravo Retido ou qualquer outro tipo de irresignação até o momento da apelação. Precedente do STJ.

7. Recurso Especial parcialmente conhecido e, nessa parte, não provido.

(REsp 1276475/SP, Rel. Ministro HERMAN BENJAMIN, SEGUNDA TURMA, julgado em 01/03/2012, DJe 12/04/2012).

É importante salientar que qualquer das partes ou mesmo qualquer sujeito processual que participe do processo poderá ser responsabilizado pela indevida violação dos atos processuais que correm em segredo de justiça. Nesse sentido é o seguinte precedente do S.T.J.:

(...).

2. O representante do parquet que extrapola os limites de sua atuação profissional, promovendo a divulgação televisiva dos fatos e circunstâncias que envolveram as pessoas em processo que tramita em segredo de justiça, possui legitimidade para estar no polo passivo da respectiva ação de responsabilidade por danos morais (art. 26, § 2º, da Lei n. 8.625, de 12.2.1993; e art. 201, §4º, da Lei n.8.069/90). Rever a decisão das instâncias originárias implicaria revolvimento do conjunto fático-probatório (Súmula n. 7/STJ).

(...).

(REsp 1162598/SP, Rel. Ministro JOÃO OTÁVIO DE NORONHA, QUARTA TURMA, julgado em 02/08/2011, DJe 08/08/2011)

O inc. II do art. 189 do novo C.P.C. diz que também seguirá em segredo o processo que diga respeito a casamento, separação de corpos, divórcio, separação, união estável, filiação, alimentos e guarda de crianças e adolescentes;

Foi incluída a União Estável, uma vez que nas causas que envolvam questões sobre união estável também deve o processo tramitar em segredo de justiça. Aliás, o art. 9º da Lei 9.278/96 estabelece que toda matéria relativa à união estável é de competência do juízo da Vara de Família, assegurado o segredo de justiça.

É importante salientar que o segredo de justiça ocorre em qualquer espécie de processo, seja ele processo de conhecimento, cautelar ou de execução. Daí porque na cautelar de separação de corpos (art. 7º, §1º da LDi) também deve tramitar em segredo de justiça.

O novo C.P.C. traz diversos artigos em que se exige o sigilo ou segredo na realização ou no conteúdo dos atos processuais ou que possam ser trazidos ao processo.

Sobre o tema, eis os seguintes precedentes do S.T.J.:

> 1. *É competente o Juízo da Família não só para o processo e julgamento de ações visando ao reconhecimento da união estável, mas também para a partilha do patrimônio durante ela amealhado pelos conviventes, em consonância com o prescrito no art. 9º da Lei nº 9.278/96, assim redigido: "toda a matéria relativa a união estável é de competência do juízo da Vara de Família, assegurado o segredo de justiça".*
>
> *(...).*
>
> (REsp 1281552/MG, Rel. Ministro SIDNEI BENETI, TERCEIRA TURMA, julgado em 03/11/2011, DJe 02/02/2012).

> *(...).*
>
> 2. *Não fere o segredo de justiça a notícia da existência de processo contra determinada pessoa, somente se configurando apontado vício se houver análise dos fatos, argumentos e provas contidos nos autos da demanda protegida. Precedente.*
>
> 3. *No caso de pessoas públicas, o âmbito de proteção dos direitos da personalidade se vê diminuído, sendo admitidas, em tese, a divulgação de informações aptas a formar o juízo crítico dos eleitores sobre o caráter do candidato.*
>
> 4. *Recurso especial não conhecido.*
>
> (REsp 253.058/MG, Rel. Ministro FERNANDO GONÇALVES, QUARTA TURMA, julgado em 04/02/2010, DJe 08/03/2010)

O inc. III do art. 189 do atual C.P.C. determina que o processo esteja sob o segredo de justiça quando constem dados protegidos pelo direito constitucional à intimidade.

Também na defesa da intimidade das partes ou de terceiros o processo poderá seguir em segredo de justiça.

O art. 5º, inciso X, da C.F. aduz que são invioláveis a intimidade, a vida privada, a honra e a imagem das pessoas, assegurado o direito a indenização pelo dano material ou moral decorrente de sua violação.

ART. 189

Assim, todas às vezes que no processo constem dados sigilosos, como sigilo de correspondência, de dados, de comunicação, bancário e fiscal, a defesa da intimidade recomenda que o processo siga em segredo de justiça.

Sobre o tema, eis o seguinte precedente do S.T.J.:

(...).

4. O argumento, de que o "Tribunal a quo parece admitir que todo e qualquer processo judicial que verse sobre PAD deve ser mantido em segredo de justiça", também não procede, uma vez que ao PAD 62/92 foi decretado segredo de justiça, e seu acesso decorreu da negligência da agravante ao permitir que terceiros não autorizados tomassem conhecimento de seu teor, afrontando disposição expressa da LOMAN, que dispõe que "todo o processo censório contra Magistrado, inclusive decisão final, está sujeito ao manto do segredo de justiça".

Agravo regimental improvido.

(AgRg no AREsp 246.096/PR, Rel. Ministro HUMBERTO MARTINS, SEGUNDA TURMA, julgado em 05/02/2013, DJe 19/02/2013)

– O rol das hipóteses de segredo de justiça não é taxativo, sendo autorizado o segredo quando houver a necessidade de defesa da intimidade.

Recurso especial conhecido e provido.

(REsp 605.687/AM, Rel. Ministra NANCY ANDRIGHI, TERCEIRA TURMA, julgado em 02/06/2005, DJ 20/06/2005, p. 273)

1. o instituto do segredo de justiça visa proteger a intimidade das partes envolvidas no processo. Todavia, não há se falar em sua aplicação para proteger a parte de seu próprio defensor legal.

2. o direito de vista dos autos fora do cartório pelo advogado devidamente constituído, no caso em tela, encontra-se devidamente fundamentado na lei 4.215/1963, art. xvii; bem como no cpc, arts. 40 e 155.

(RMS 3.738/CE, Rel. Ministro EDSON VIDIGAL, QUINTA TURMA, julgado em 24/03/1997, DJ 05/05/1997, p. 17062).

1. Preliminarmente, quanto à ponderação de desafetação do recurso feita pela FAZENDA NACIONAL observo que pouco importa ao julgamento do feito a caracterização das informações como sujeitas ao sigilo fiscal (declaração de rendimentos e bens do executado) ou ao sigilo bancário (informações sigilosas prestadas via BACEN-JUD), pois o que se examina verdadeiramente é a correta ou incorreta aplicação do art. 155, I, do CPC, que não discrimina o tipo de sigilo que pretende tutelar. O objeto do recurso especial é a violação ao direito objetivo, à letra da lei, e não a questão de fato. Em verdade, sob o manto do sigilo fiscal podem estar albergadas informações a respeito da situação financeira da pessoa (inclusive informações bancárias) e sob o manto do sigilo bancário podem estar albergadas informações também contidas na declaração de bens. Basta ver que as informações requisitadas pela Secretaria da Receita Federal junto às instituições financeiras deixam de estar protegidas pelo sigilo bancário (arts. 5º e 6º da LC n. 105/2001) e passam à proteção do sigilo fiscal (art. 198, do CTN). Sendo assim, o fato é que a mesma informação pode ser protegida por um ou outro sigilo, conforme o órgão ou entidade que a manuseia.

(...).

3. Não há no código de processo civil nenhuma previsão para que se crie "pasta própria" fora dos autos da execução fiscal para o arquivamento de documentos submetidos a sigilo. Antes, nos casos em que o interesse público justificar, cabe ao magistrado limitar às partes o acesso aos autos passando o feito a tramitar em segredo de justiça, na forma do art. 155, I, do CPC.

4. As informações sigilosas das partes devem ser juntadas aos autos do processo que correrá em segredo de justiça, não sendo admitido o arquivamento em apartado. Precedentes: AgRg na APn 573 / MS, Corte Especial, Rel. Min. Nancy Andrighi, julgado em 29.06.2010; REsp. n. 1.245.744 / SP, Segunda Turma, Rel. Min. Mauro Campbell Marques, julgado em 28.06.2011; REsp 819455/RS, Primeira Turma, Rel. Min. Teori Albino Zavascki, julgado em 17.02.2009.

5. Recurso especial parcialmente provido. Acórdão submetido ao regime do art. 543-C, do CPC, e da Resolução STJ n. 8/2008.

(REsp 1349363/SP, Rel. Ministro MAURO CAMPBELL MARQUES, PRIMEIRA SEÇÃO, julgado em 22/05/2013, DJe 31/05/2013).

Também correrão em segredo de justiça, nos termos do inc. IV do art. 189 do atual C.P.C., as demandas que *versem sobre arbitragem, inclusive sobre cumprimento de carta arbitral, desde que a confidencialidade estipulada na arbitragem seja comprovada perante o juízo.*

Não havia essa previsão no Projeto originário n. 166/10.

A carta arbitral atenderá, no que couber, aos requisitos da citação por mandado e será instituída com a convenção de arbitragem, com a prova da nomeação do árbitro e com a prova da aceitação da função pelo árbitro.

Assim, se na arbitragem foi estipulado confidencialidade, isso significa que o trâmite jurisdicional da carta arbitral deverá também correr em segredo de justiça.

Aliás, não teria sentido exigir-se a confidencialidade no juízo arbitral e no trâmite da carta arbitral permitir-se a publicidade dos atos processuais.

Preceitua o *§1º do art. 189* do atual C.P.C. que o *direito de consultar os autos de processo que tramite em segredo de justiça e de pedir certidões de seus atos é restrito às partes e aos seus procuradores.*

Estando o processo sob o segredo de justiça somente às partes ou aos seus advogados permite-se a consulta dos autos ou a solicitação de certidão de seu inteiro teor.

Complementa o *§2º do art. 189* do atual C.P.C. que o *terceiro que demonstrar interesse jurídico pode requerer ao juiz certidão do dispositivo da sentença, bem como de inventário e de partilha resultantes de divórcio ou separação.*

O terceiro que tiver interesse jurídico e não meramente econômico pode requerer ao juiz certidão do dispositivo da sentença, bem como de inventário e partilhar resultante do divórcio ou da separação judicial já encerrada.

Assim, tendo sido decretado o segredo de justiça, eventual certidão que possa ser expedida dos autos, deverá ter por conteúdo apenas a parte dispositiva, omitindo-se eventuais informações constantes do relatório ou da fundamentação da decisão.

Art. 190

Versando o processo sobre direitos que admitam autocomposição, é lícito às partes plenamente capazes estipular mudanças no procedimento para ajustá-lo às especificidades da causa e convencionar sobre os seus ônus, poderes, faculdades e deveres processuais, antes ou durante o processo.

Parágrafo Único. De ofício ou a requerimento, o juiz controlará a validade das convenções previstas neste artigo, recusando-lhes aplicação somente nos casos de nulidade ou de inserção abusiva em contrato de adesão ou em que alguma parte se encontre em manifesta situação de vulnerabilidade.

Princípio da adaptabilidade (ou da elasticidade)

A consagração do princípio da *liberdade das formas* encontra-se no conteúdo normativo previsto no art. 190 do novo C.P.C., ao estabelecer que versando a causa sobre direitos que admitam autocomposição, ou seja, direitos disponíveis e transigíveis, é lícito às partes plenamente capazes estipular mudanças no procedimento para ajustá-lo às especificidades da causa e convencionar sobre os seus ônus, poderes, faculdades e deveres processuais, antes ou durante o processo.

É bem verdade que a melhor solução encontra-se no meio termo entre os dois extremos – *rigor formal* e *liberdade das formas.*

Na realidade, eventuais exageros de formalismos não se adequam à função social do processo civil contemporâneo; outrossim, o excesso de liberdade formal por parte do juiz ou das partes pode por em risco a imparcialidade ou segurança jurídica dos atos processuais a serem praticados no processo.

Por isso, no conflito entre esses dois princípios – liberdade de forma e rigor formal – deve-se aplicar a máxima da proporcionalidade/razoabilidade, no sentido de que, salvo nas hipóteses de observância do princípio da legalidade decorrente das formas pré-constituídas, o juiz, respeitados o contraditório e a ampla defesa, poderá aplicar o *princípio da adaptabilidade* (ou da *elasticidade),* por força do qual é consentido às partes e ao juiz temperar, quando necessário, o rigor das formas, por meio de escolhas instrumentais capazes de adaptar o desenvolvimento do procedimento às circunstâncias concretas, em nome da *equidade processual.*[635]

Muitas vezes esse *princípio da adaptabilidade ou elasticidade do procedimento* tem por objetivo permitir uma *economia processual,* frequentemente consentindo aos sujeitos processuais a possibilidade de escolhas alternativas entre uma 'via mais longa' e os 'atalhos', tendo por objetivo a persecução de melhores resultados com o mínimo de esforço.

Há neste momento uma exigência moderna de simplificação do procedimento, com o fim de banir o 'formalismo inútil' ou a 'obediência cega à forma considerada em si mesma', para dar destaque 'ao escopo prático que o ato é destinado a atingir no processo.

Por fim, estabelece o *parágrafo único do art. 190* do atual C.P.C. que *de ofício ou a requerimento, o juiz controlará a validade das convenções previstas neste artigo, recusando--lhes aplicação somente nos casos de nulidade ou de inserção abusiva em contrato de adesão ou em que alguma parte se encontre em manifesta situação de vulnerabilidade.*

Muito embora nas causas em que seja possível a autocomposição entre as partes, ou seja, nas causas em que prevalece a disponibilidade quanto ao objeto do processo, o certo é que a relação jurídica processual não é disponível, especialmente quando põe-se em risco o devido processo legal, o contraditório e a ampla defesa.

Por isso, o juiz, de ofício ou a requerimento, tem por obrigação controlar a validade das convenções formuladas no processo, recusando-lhes aplicação

---

[635] COMOGLIO, L.P.; FERRI, C.; TARUFFO, M.; op. cit., p. 321.

somente nos casos de nulidade ou inserção abusiva em contrato de adesão ou no qual qualquer parte se encontre em manifesta situação de vulnerabilidade.

Portanto, a adaptabilidade ou elasticidade do procedimento não se coaduna com o abuso do poder econômico, muito menos quando uma das partes está em situação de grande desvantagem em relação à outra parte no que concerne à realização de acordos processuais.

Art. 191
De comum acordo, o juiz e as partes podem fixar calendário para a prática dos atos processuais,
quando for o caso.

§ 1º O calendário vincula as partes e o juiz, e os prazos nele previstos somente serão modificados em casos excepcionais, devidamente justificados.

§ 2º Dispensa-se a intimação das partes para a prática de ato processual ou a realização de audiência cujas datas tiverem sido designadas no calendário.

Calendário consensual
Prescreve este dispositivo que *de comum acordo, o juiz e as partes podem fixar calendário para a prática dos atos processuais, quando for o caso.*

É possível às partes e ao juiz, de comum acordo, fixar datas específicas e antecipadas para realização de audiências sucessivas de conciliação ou mesmo para a produção de prova na audiência de instrução e julgamento, podendo, se for o caso, alterar o sistema de produção probatória, realizando, por exemplo, a oitiva de testemunha em primeiro lugar e a prova pericial em segundo lugar.

Com esse calendário prévio, as partes terão conhecimento com antecedência das datas específicas para a prática de atos processuais.

Complementa o *§ 1º do art. 191* do atual C.P.C. que *o calendário vincula as partes e o juiz, e os prazos nele previstos somente serão modificados em casos excepcionais, devidamente justificados.*

Como se afirmou, com a elaboração de calendário prévio, as datas para a produção de atos processuais são previamente definidas de comum acordo. Assim, diante da aceitação expressa a essa prévia fixação de datas para a prática de atos processuais, as partes e o juiz ficam vinculados aos prazos nela previstos, somente podendo ser modificados em casos excepcionais devidamente justificados.

CÓDIGO DE PROCESSO CIVIL

Preconiza o *§ 2º do art. 191* do atual C.P.C. que *se dispensa a intimação das partes para a prática de ato processual ou a realização de audiência cujas datas tiverem sido designadas no calendário.*

Evidentemente, se as partes e o juiz de comum acordo previamente estabelecem um calendário para a prática do ato processual, sendo esse calendário de conhecimento de todos, não haverá necessidade de intimação das partes para a prática do ato processual ou da realização de audiência cujas datas tiverem sido designadas no calendário.

Art. 192

Em todos os atos e termos do processo é obrigatório o uso da língua portuguesa.

Parágrafo único. O documento redigido em língua estrangeira somente poderá ser juntado aos autos quando acompanhado de versão para a língua portuguesa tramitada por via diplomática ou pela autoridade central, ou firmada por tradutor juramentado.

Uso da língua portuguesa

Segundo estabelece o art. 13 da Constituição Federal de 1988, a língua portuguesa é o idioma oficial da República Federativa do Brasil.

Diante dessa previsão Constitucional, o atual C.P.C., assim como já o fazia o de 1973, determina que em todos os atos e termos do processo é obrigatório o uso da língua portuguesa.

Rege a estrutura da língua portuguesa em território nacional a Lei 5.765/71, que aprovou o parecer conjunto da Academia Brasileira de Letras e da Academia de Ciências de Lisboa, exarado em 22.4.71, segundo o disposto no art. III da Convenção Ortográfica celebrada pelos dois países em 29.12.43.

Em 1975, a Academia Brasileira de Letras e a Academia das Ciências de Lisboa elaboraram um projeto de pacto, o qual não chegou a ser adotado oficialmente.

Outra tentativa foi realizada em 1986, no "encontro do Rio de Janeiro", dessa vez envolvendo os países africanos lusófonos. Este acordo também não foi oficializado.

O Acordo Ortográfico da Língua Portuguesa nasce da reunião de delegações de Angola, Brasil, Cabo Verde, Galiza, Guiné-Bissau, Moçambique, Portugal e São Tomé e Príncipe, realizada em Lisboa, entre os dias 6 e 12 de outubro de 1990.

ART. 192

Em seu projeto inicial, entraria em vigor a 1º de janeiro de 1994, contudo, como não houve ratificação, for prorrogada sua aprovação.

Em julho de 2004, foi firmado o Segundo Protocolo Modificativo ao Acordo Ortográfico, que permitiu a adesão de Timor-Leste e estabeleceu que, em lugar da ratificação por todos os países, bastaria que três membros da Comunidade dos Países de Língua Portuguesa ratificassem o Acordo.

O texto original do Acordo estabelecia a necessidade de elaborar um vocabulário ortográfico comum da língua portuguesa.

Ainda se encontra pendente a realização desse feito. De forma isolada, a Academia Brasileira de Letras publicou uma edição do Vocabulário Ortográfico da Língua Portuguesa, em março de 2009, adaptado às regras do Acordo.

Diante dessas considerações, não se pode praticar atos e termos processuais em língua que não seja adotada pelo Brasil.

Deve-se redigir no vernáculo a petição inicial, a contestação, o termo de audiência, termo de penhora, termo de oitiva de testemunha, peça recursal etc.

Se algum ato processual não puder ser praticado originalmente na língua portuguesa, poderá o juiz valer-se do disposto no art. 163 do novo C.P.C. que assim dispõe:

> *Art. 162. O juiz nomeará intérprete ou tradutor quando necessário para:*
> *I – traduzir documento redigido em língua estrangeira;*
> *II – verter para o português as declarações das partes e das testemunhas que não conhecerem o idioma nacional;*
> *III – realizar a interpretação simultânea dos depoimentos das partes e testemunhas com deficiência auditiva que se comuniquem por meio da Língua Brasileira de Sinais, ou equivalente, quando assim for solicitado.*

Sobre o tema no âmbito do direito italiano, especialmente ao comentarem o dispostos no art. 156, n.2, do C.P.C. italiano, prelecionam Comoglio, Ferri e Taruffo:

> *"– quando deva ser 'ouvido' em juízo quem não conhece a língua italiana (seja ele uma parte ou um terceiro para ser interrogado ou prestar declarações, o juiz pode nomear um intérprete (o qual, por prestar juramento, não é um auxiliar, nem tampouco é um consultor técnico: art. 122, incisos 2 e 3); – a nomeação pode ser evitada, quando o juiz (e, para os fins do contraditório, também os outros sujeitos processuais) conheça a língua falada de quem deve ser 'ouvido'; – a garantia de assistência linguística, por meio de um intérprete, constitui, nos confrontos entre as partes, um requisito fundamental do 'processo équo e justo' (à luz dos princípios prescritos, seja para aquele que é acusado,*

do art. 6, inc. 2, letra 'e' da Convenção europeia dos direitos do homem, também do art. 14, inc. 3, letra 'f' do Pacto Internacional sobre direitos civis e políticos...;

– como se verifica pelo art. 123, é sempre admissível a produção em juízo de documentos não redigidos em língua italiana; com maior razão, é facultativa a nomeação de um tradutor (que, diferentemente do intérprete, assimila-se a um consultor técnico), quando o juiz que diretamente conheça aquela diversa língua, cujo documento foi redigido, possa conhecê-la sem necessidade da nomeação, sem com isso violar o contraditório ou a proibição de informações privadas...".[636]

Preceitua o *parágrafo único do art. 192 do atual C.P.C.* que *o documento redigido em língua estrangeira somente poderá ser juntado aos autos quando acompanhado de versão para a língua portuguesa tramitada por via diplomática ou pela autoridade central, ou firmada por tradutor juramentado.*

Observa-se, portanto, que não há impedimento para a juntada no processo de documento redigido em língua estrangeira, especialmente quando esse documento possa servir de prova das alegações das partes.

Porém, a juntada e a eficácia do documento para o processo somente estará legitimada se o documento for acompanhado de versão para língua portuguesa tramitada por via diplomática ou pela autoridade central, ou firmada por tradutor juramentado.

A legalização Consular já se encontrava prevista na Súmula n. 259 do S.T.F.

Muito embora o documento escrito em língua estrangeira deva vir acompanhado com

tradução para a língua portuguesa, o S.T.J. já teve oportunidade de afirmar que eventual nulidade decorrente da falta de tradução é relativa e não absoluta.

Sobre o tema, eis os seguintes precedentes do S.T.J.:

> *1. A dispensabilidade da tradução juramentada de documento redigido em língua estrangeira (art. 157, CPC) deve ser avaliada à luz da conjuntura concreta dos autos e com vistas ao alcance da finalidade essencial do ato e à ausência de prejuízo para as partes e(ou) para o processo (arts. 154, 244 e 250, CPC).*
>
> *(...).*

(REsp 1231152/PR, Rel. Ministra NANCY ANDRIGHI, TERCEIRA TURMA, julgado em 20/08/2013, DJe 18/10/2013)

---

[636] COMOGLIO, L.P.; FERRI, C.; TARUFFO, M., idem, p. 323 e 324.

ART. 192

No Voto da Eminente Ministra Nancy Andrighi, há a seguintes manifestação:

(...).

Aduz o recorrente, noutro vértice, a dispensabilidade de tradução juramentada do conhecimento de transporte, por se tratar de documento produzido/subscrito pela própria ré.

(...).

Presumidamente, portanto, a tradução de qualquer documento redigido em linguagem não oficial é essencial para compreensão do processo não só pelas partes, mas também pelo juiz e por qualquer interessado. Entretanto, essa presunção é iuris tantum, inclusive porque, consoante delineado, o arquétipo adotado pelo CPC pressupõe a análise de prejuízo e alcance das finalidades pretendidas.

Nesse sentido:

PROCESSUAL CIVIL. DOCUMENTO REDIGIDO EM LÍNGUA ESTRANGEIRA, DESACOMPANHADO DA RESPECTIVA TRADUÇÃO JURAMENTADA (ART. 157, CPC). ADMISSIBILIDADE. DISSÍDIO JURISPRUDENCIAL NÃO COMPROVADO.

1. Em se tratando de documento redigido em língua estrangeira, cuja validade não se contesta e cuja tradução não é indispensável para a sua compreensão, não é razoável negar-lhe eficácia de prova. O art. 157 do CPC, como toda regra instrumental, deve ser interpretado sistematicamente, levando em consideração, inclusive, os princípios que regem as nulidades, nomeadamente o de que nenhum ato será declarado nulo, se da nulidade não resultar prejuízo para acusação ou para a defesa (pas de nullité sans grief).

Não havendo prejuízo, não se pode dizer que a falta de tradução, no caso, tenha importado violação ao art. 157 do CPC.

2. Recurso especial a que se nega provimento. (REsp 616.103/SC, Rel. Min. Teori Albino Zavascki, 1ª Turma, DJ 27/09/2004).

(...).

Sobre o tema, há ainda os seguintes precedentes:

(...).

1. Trata-se de recurso especial interposto contra acórdão proferido pelo TRF da 4ª Região, que concedeu mandado de segurança para liberar veículo importado, que foi apreendido em razão de autoridade reputá-lo usado e, portanto, de importação proibida (Portaria Decex n. 08/1991). Defende-se a tese de que "a juntada aos autos de documento em língua estrangeira, sem a indispensável tradução firmada por tra-

*dutor juramentado, fere diretamente o art. 157 do Código de Processo Civil – CPC"
(fl. 454)*

2. O Tribunal de origem não considerou o idioma estrangeiro um empecilho à compreensão e à valoração dos documentos juntados aos autos. Assim, não há falar na obrigatoriedade da tradução, mormente quando a validade desses documentos não fora contestada pela parte interessada.

Precedentes: REsp 924.992/PR, Rel. Ministro Paulo de Tarso Sanseverino, Terceira Turma, DJe 26/05/2011; REsp 616.103/SC, Rel. Ministro Teori Albino Zavascki, Primeira Turma, DJ 27/09/2004.

3. Agravo regimental não provido.

(AgRg no REsp 1316392/SC, Rel. Ministro BENEDITO GONÇALVES, PRIMEIRA TURMA, julgado em 22/05/2012, DJe 28/05/2012).

1. Confrontando-se o pedido inicial com os documentos contidos nos autos, verifica-se que a "prova fundamental" da impetração são os contratos firmados entre a impetrante e os destinatários dos grãos (soja e milho), como bem observou o Ministério Público Federal. No entanto, a juntada de tais contratos não observou o disposto no art. 157 do CPC, in verbis: "Só poderá ser junto aos autos documento redigido em língua estrangeira, quando acompanhado de versão em vernáculo, firmada por tradutor juramentado". Nesse contexto, não há prova pré-constituída apta a comprovar que, no caso concreto, é ilegal a exigência do ICMS em relação às mercadorias (grãos) transferidas de Mato Grosso do Sul para o Estado do Paraná.

(...).

(RMS 28.895/MS, Rel. Ministro MAURO CAMPBELL MARQUES, SEGUNDA TURMA, julgado em 03/05/2011, DJe 09/05/2011)

I – Embora seja, depois do galego, a língua mais próxima do português, o idioma castelhano tem idiossincrasias que a fazem traiçoeira para o leigo, falante de portunhol. Bem por isso, só é permitido o ingresso de documento escrito em espanhol, quando "acompanhado de versão em vernáculo, firmada por tradutor juramentado" (CPC, Art. 157).

II – para fazerem prova no Brasil, os documentos oficiais, passados por agentes públicos de países estrangeiros, dependem de tradução, autenticação consular brasileira e registro no ofício de títulos e documentos (L. 6015/73, Art. 129, 6º).

(...).

(REsp 606.393/RJ, Rel. Ministro HUMBERTO GOMES DE BARROS, TERCEIRA TURMA, julgado em 19/05/2005, DJ 01/08/2005, p. 444)

1. Em se tratando de documento redigido em língua estrangeira, cuja validade não se contesta e cuja tradução não é indispensável para a sua compreensão, não é razoável negar-lhe eficácia de prova. O art.157 do CPC, como toda regra instrumental, deve ser interpretado sistematicamente, levando em consideração, inclusive, os princípios que regem as nulidades, nomeadamente o de que nenhum ato será declarado nulo, se da nulidade não resultar prejuízo para acusação ou para a defesa (pas de nulitté sans grief). Não havendo prejuízo, não se pode dizer que a falta de tradução, no caso, tenha importado violação ao art. 157 do CPC.

2. Recurso especial a que se nega provimento.

(REsp 616.103/SC, Rel. Ministro TEORI ALBINO ZAVASCKI, PRIMEIRA TURMA, julgado em 14/09/2004, DJ 27/09/2004, p. 255)

SEÇÃO II – Da Prática Eletrônica de Atos Processuais

Art. 193

Os atos processuais podem ser total ou parcialmente digitais, de forma a permitir que sejam produzidos, comunicados, armazenados e validados por meio eletrônico, na forma da lei.

Parágrafo único. O disposto nesta Seção aplica-se, no que for cabível, à prática de atos notariais e de registro.

Atos processuais digitais

A preocupação do novo código de processo civil quanto à efetividade da tutela jurisdicional decorrente de uma razoável duração do processo é demonstrada inclusive pela virtualização procedimental do processo, agilizando-se os trâmites processuais em todos os seus aspectos.

É bem verdade que a virtualização do processo com os atuais mecanismos tecnológicos desenvolvidos somente permite uma virtualização de arquivos de petição e de documentos, o que pode ser muito promissor para pequenos volumes processuais.

Já em relação aos processos em que haja grande volume processual, o sistema de virtualização processual do TRF4ª Região, por exemplo, deixa muito a desejar, causando sérios transtornos para os participantes da relação jurídica processual.

Lamentavelmente o processo de virtualização processual foi iniciado de forma fragmentária nos diversos Tribunais do país, utilizando-se da ultrapassada política de *erros e acertos*.

Para se ter uma ideia dessa falta de unificação do processo virtual entre os Tribunais, a Justiça Federal muitas vezes tem de extinguir o processo eletrônico por não ser possível remetê-lo ao Juizado Especial estadual, que só admite os autos na forma física. Essas decisões de extinção mostram como o processo eletrônico ainda não sanou o problema de redistribuição de processos de uma esfera do Judiciário a outra.

Há necessidade, sem dúvida, de unificar os diversos sistemas de virtualização processual, inclusive inserindo como ferramenta o processo virtual por meio de e-book, o que facilitaria, em muito, a formação de visualização do processo, inclusive para os processos com grandes volumes de documentos.

Também é necessário observar que nem todos os processos devem ser *virtualizados*, uma vez que a dificuldade de manuseio e análise documental pode ensejar mácula aos princípios do contraditório e ampla defesa. Pense-se na hipótese dos processos criminais com inúmeros réus e com mais de dez volumes.

É um erro querer inserir todas as circunstâncias existentes no mundo fenomenológico numa mesma matriz cognitiva.

Por isso, o art. 193 do atual C.P.C. não determinou que todos os processos fossem virtualizados, mas sim, estabeleceu que *os atos processuais* possam ser total ou parcialmente digitais, de forma a permitir que sejam produzidos, comunicados, armazenados e validados por meio eletrônico, na forma da lei.

Não há dúvida de que se pode virtualizar os atos processuais de comunicação, intimação, colheita de provas em audiência, mas isso não significa dizer que todo o processo deva ser por meio eletrônico, devendo-se abrir exceção àqueles processos em que sua virtualização possa causa mais transtorno do que solução.

A Lei 11.419/06 dispõe sobre a informatização do processo judicial.

Para que haja uma uniformização metodológica na utilização do processo eletrônico é necessário a unificação dos procedimentos eletrônicos, para que todos os Tribunais adotem uma fonte única de virtualização processual.

A Resolução n. 90, de 29 de setembro de 2009, do Conselho Nacional de Justiça, dispõe sobre os requisitos de nivelamento de tecnologia da informação no âmbito do Poder Judiciário.

O Conselho Nacional de Justiça está tentando unificar o processo eletrônico em todo país, pelo sistema denominado CRETA, conforme notícia abaixo retirada do site do C.N.J.:

ART. 194

"CNJ apresenta sistema de processo eletrônico a Tribunais de Justiça
Terça, 02 de Fevereiro de 2010
O conselheiro do Conselho Nacional de Justiça (CNJ) e membro da Comissão de
Tecnologia da Informação e Infraestrutura, Walter Nunes, reuniu-se, nesta terça-feira
(2/2), com representantes dos Tribunais de Justiça de Mato Grosso, Maranhão e Per-
nambuco, para apresentar um novo sistema de processo judicial eletrônico. A ferra-
menta, que ainda está em fase de desenvolvimento no Tribunal Regional Federal da 5ª
Região (TRF5), permitirá a tramitação eletrônica de todos os tipos de ações judiciais
de qualquer ramo do Judiciário. Também participaram da reunião os juízes auxiliares
da presidência do CNJ, Paulo Cristóvão e Marivaldo Dantas.

Os tribunais de Justiça do Maranhão, de Pernambuco e Mato Grosso demons-
traram interesse em conhecer a ferramenta e por isso procuraram o CNJ. O sistema
de processo virtual, denominado Creta, está sendo desenvolvido pela subsecretaria de
Informática do TRF5 e será compartilhado com outros tribunais interessados, como
resultado de um termo de cooperação assinado em setembro do ano passado entre o
CNJ, o Conselho da Justiça Federal (CJF) e os Tribunais Regionais Federais (TRFs)
das 1ª a 5ª regiões.

A ferramenta dará maior celeridade à tramitação de processos, além de facilitar o
acesso de partes, advogados e procuradores às ações. Ele deverá contemplar atividades
essenciais à tramitação de qualquer ação judicial, como autuação, numeração, vali-
dação e cadastro, distribuição, audiência, perícias, intimação, central de mandados,
precatórios, cálculos, certidões, segredo de justiça e sigilo. Além disso, será flexível, de
maneira que possa ser adaptado às particularidades do fluxo processual das ações.

Desde o final de dezembro de 2009, em uma primeira etapa do projeto, a ferra-
menta já possibilita a realização de peticionamentos eletrônicos em algumas das unida-
des da Justiça Federal de 1º e 2º graus da 5ª Região (Pernambuco, Paraíba, Rio Grande
do Norte, Ceará, Alagoas e Sergipe). Em uma segunda fase, prevista para ter início em
maio deste ano, a ferramenta começará a ser utilizada no Judiciário Federal de Per-
nambuco, para a tramitação de alguns tipos de ação judicial. Posteriormente, a ideia
é que o sistema também seja adotado em outras seções judiciárias do TRF5 e estendido
aos tribunais que demonstrarem interesse em adotar a ferramenta".

Preceitua o *parágrafo único do art. 191 do atual C.P.C. que o disposto nesta Seção*
aplica-se, no que for cabível, à prática de atos notariais e de registro.

Art. 194

Os sistemas de automação processual respeitarão a publicidade dos atos,
o acesso e a participação das partes e de seus procuradores, inclusive nas

CÓDIGO DE PROCESSO CIVIL

audiências e sessões de julgamento, observadas as garantias da disponibilidade, independência da plataforma computacional, acessibilidade e interoperabilidade dos sistemas, serviços, dados e informações que o Poder Judiciário administre no exercício de suas funções.

Sistema de automação e o devido processo legal

Não obstante permita-se a utilização de processo eletrônico (virtual), isso não significa que sua utilização possa por em risco o devido processual legal, especialmente o contraditório e a ampla defesa.

Por isso, os sistemas de automação deverão respeitar a publicidade dos atos processuais, o acesso e participação das partes e de seus procuradores, inclusive na audiência de e nas sessões de julgamento.

Os sistemas de automação também deverão observar as seguintes garantias: disponibilidade, independência da plataforma computacional, acessibilidade e interoperabilidade dos sistemas, serviços, dados e informações que o Poder Judiciário administre no exercício de suas funções.

Art. 195

O registro de ato processual eletrônico deverá ser feito em padrões abertos, que atenderão aos requisitos de autenticidade, integridade, temporalidade, não repúdio, conservação e, nos casos que tramitem em segredo de justiça, confidencialidade, observada a infraestrutura de chaves públicas unificada nacionalmente, nos termos da lei.

Registro de ato processual eletrônico

O registro do ato processual eletrônico deverá ser feito em padrões abertos, ou seja, não se admitindo padrões proprietários.

Tendo em vista que o processo moderno deverá ser desenvolvido por meio eletrônico, também a prática e a comunicação dos atos processual deverão ser regularizadas e estruturadas pelo meio eletrônico ou virtual desde que atendidos alguns requisitos, a saber: a) autenticidade dos atos processuais praticados ou da origem da comunicação; b) integridade no sentido de que se dê conhecimento de todo o ato processual a ser comunicado e que não haja dúvida quanto à sua lisura e veracidade; c) validade jurídica, no sentido de que a prática e a comunicação do ato não estejam eivadas de nulidade ou anulabilidade; d) interoperabilidade, no sentido que a comunicação dos atos processuais ocorra sem problemas de transmissão e conversação entre os diversos sistemas de operação eletrônica, dentro e fora do Poder Judiciário e; e) hierarquia de chaves públicas unificada nacionalmente, nos termos da lei; f) conservação; g) confidencialidade nos casos em que devam tramitar o processo em segredo de justiça.

Art. 196

Compete ao Conselho Nacional de Justiça e, supletivamente, aos tribunais, regulamentar a prática e a comunicação oficial de atos processuais por meio eletrônico e velar pela compatibilidade dos sistemas, disciplinando a incorporação progressiva de novos avanços tecnológicos e editando, para esse fim, os atos que forem necessários, respeitadas as normas fundamentais deste Código.

Regulamentação do processo eletrônico

Compete ao Conselho Nacional de Justiça e, supletivamente, aos tribunais, regulamentar a prática e a comunicação oficial de atos processuais por meio eletrônico e velar pela compatibilidade dos sistemas.

A Resolução n. 90, de 29 de setembro de 2009, do Conselho Nacional de Justiça dispõe sobre os requisitos de nivelamento de tecnologia da informação no âmbito do Poder Judiciário.

Art. 197

Os tribunais divulgarão as informações constantes de seu sistema de automação em página própria na rede mundial de computadores, gozando a divulgação de presunção de veracidade e confiabilidade.

Parágrafo único. Nos casos de problema técnico do sistema e de erro ou omissão do auxiliar da justiça responsável pelo registro dos andamentos, poderá ser configurada a justa causa prevista no art. 223, *caput* e § 1º.

Informações sobre os sistemas de automação

Compete a cada tribunal no país promover a divulgação das informações constantes de seu sistema de automação em página própria na rede mundial de computadores, gozando a divulgação de presunção de veracidade e confiabilidade.

CÓDIGO DE PROCESSO CIVIL

Deverão os tribunais criar manuais de fácil compreensão para que as partes e seus procuradores possam acessar e interagir com segurança e confiabilidade nos sistemas de automação.

Aduz o *parágrafo único do art. 197* do atual C.P.C. que n*os casos de problema técnico do sistema e de erro ou omissão do auxiliar da justiça responsável pelo registro dos andamentos, poderá ser configurada a justa causa prevista no art. 223, caput e § 1º.*

Estabelece o art. 223, *caput* e §1º deste Código:

> *Art. 223. Decorrido o prazo, extingue-se o direito de praticar ou de emendar o ato processual, independentemente de declaração judicial, ficando assegurado, porém, à parte provar que não o realizou por justa causa.*
>
> *§ 1º Considera-se justa causa o evento alheio à vontade da parte e que a impediu de praticar o ato por si ou por mandatário.*
>
> *§ 2º Verificada a justa causa, o juiz permitirá à parte a prática do ato no prazo que lhe assinar.*

Art. 198

As unidades do Poder Judiciário deverão manter gratuitamente, à disposição dos interessados, equipamentos necessários à prática de atos processuais e à consulta e ao acesso ao sistema e aos documentos dele constantes.

Parágrafo único. Será admitida a prática de atos por meio não eletrônico no local onde não estiverem disponibilizados os equipamentos previstos no *caput*.

Disponibilização de equipamentos para consulta e prática de atos processuais

Os tribunais, os Fóruns, as Seções ou Subseções Judiciárias deverão manter *gratuitamente,* à disposição dos interessados equipamentos necessários à prática de atos processuais, e à consulta e ao acesso ao sistema e aos documentos dele constante.

Atualmente, há unidades judiciárias em que esses equipamentos são disponibilizados apenas pela OAB.

Não obstante a OAB possa disponibilizar, isso não retira a obrigação legal expressamente inserida neste artigo por parte das unidades judiciárias, salvo convenio a ser realizado com a OAB.

ART. 200

Prescreve o *parágrafo único* do *art. 198* do atual C.P.C. que *será admitida a prática de atos por meio não eletrônico no local onde não estiverem disponibilizados os equipamentos previstos no caput.*

Se o no local não disponibilizar *gratuitamente* equipamentos necessários à prática de atos processuais, será admita a prática de atos por meio não eletrônico, ou seja, pelo meio físico.

Art. 199
As unidades do Poder Judiciário assegurarão às pessoas com deficiência acessibilidade aos seus sítios na rede mundial de computadores, ao meio eletrônico de prática de atos judiciais, à comunicação eletrônica dos atos processuais e à assinatura eletrônica.

Da acessibilidade dos deficientes ao sistema eletrônico
As unidades do Poder Judiciário deverão assegurar às pessoas portadoras de deficiência, a acessibilidade aos seus sítios na rede mundial de computadores, ao meio eletrônico de prática de atos processuais, à comunicação eletrônica dos atos processuais e à assinatura eletrônica.

No caso de pessoa com deficiência visual, por exemplo, o sistema processual eletrônico do órgão do Poder Judiciário deverá trazer um programa 'falado' do conteúdo dos atos processuais, a fim de que a acessibilidade seja completa e irrestrita.

SEÇÃO III – Dos Atos das Partes

Art. 200
Os atos das partes consistentes em declarações unilaterais ou bilaterais de vontade produzem imediatamente a constituição, modificação ou extinção de direitos processuais.

Parágrafo único. A desistência da ação só produzirá efeitos após homologação judicial.

Efeitos dos atos das partes
Segundo ensinam Georges Ripert e Jean Boulanger: *"A maioria das relações de direito que existem entre os homens tem como causa os 'atos jurídicos'. Denominam-se com*

este nome os atos que são levados a efeitos para realizar um ou vários efeitos de direito; são denominados jurídicos por causa da natureza de seus efeitos".[637]

O ato jurídico processual pressupõe uma vontade de alcançar certos fins jurídicos. Contudo, enquanto a manifestação de vontade for meramente interna, ela não adquire valor jurídico se os interessados não puderem conhecê-la. Necessita-se que seja declarada, isto é, exteriorizada. A vontade tácita, em alguns casos, tem o mesmo valor que a vontade expressa. Denomina-se vontade tácita aquela que não se manifesta por uma declaração formal, resulta, contudo, dos fatos.[638]

Um fator importante na realização dos atos processuais é justamente a manifestação de vontade, uma vez que essa exteriorização do querer deve ser livre e desembaraçada de qualquer coação, erro ou fraude. Havendo erro, dolo, coação, fraude ou simulação, a vontade está eivada de vício, podendo ser caracterizada como ausência de vontade.

Pode suceder que *"um ato jurídico se tenha realizado materialmente e que, contudo, falte absolutamente a vontade de seu autor. Neste caso, o ato não existe senão em aparência. Esta ausência de toda vontade que tenha um valor jurídico pode produzir-se por duas causas diferentes: 1º Uma pessoa privada de razão, por uma causa fisiológica, não está em estado de ter uma vontade juridicamente eficaz. Estas causas são a infância, loucura, o alcoolismo; 2º Uma pessoa em plena posse de suas faculdades intelectuais pode realizar um ato jurídico sob o império de um erro que torna inexistente sua vontade. Duas classes de erro impedem a formação do ato jurídico: o erro sobre a natureza do ato a realizar e o erro sobre a identidade da coisa que é objeto do ato...; 3ºAinda que manifeste o consentimento, uma pessoa pode não ter vontade real de realizar o ato jurídico. O ato é então fictício; na realidade somente terá sido um instrumento de fraude...".*[639]

Em princípio, segundo Georges Ripert e Jean Boulanger, *"para a realização de um ato jurídico requer-se pelo menos duas pessoas; a maioria dos atos jurídicos são convencionais, isto é, acordos de vontade entre diversas pessoas. Neste caso, as pessoas que figuram em um ato jurídico na qualidade de autores, recebem o nome de partes. A vontade de cada uma delas, que está em correlação com a da outra, denomina-se de consentimento, que indica a convergência de vontades concorrentes à formação do ato.*

É possível, contudo, que um ato jurídico seja obra de uma vontade única...".[640]

Pode suceder, ainda, que o consentimento haja sido realmente expressado, a vontade existe, porém pode ocorrer que esteja viciado. Para que seja plena-

---

[637] RIPERT, Georges; BOULANGER, Jean. *Tratado de derecho civil.* Tomo I, Parte General. Buenos Aires: La Ley, s/d. p. 415.
[638] RIPERT, G.; BOULANGER, J., idem, p. 417 e 418.
[639] RIPERT, G.; BOULANGER, J., idem, p. 419.
[640] RIPERT, G.; BOULANGER, J., idem, p. 418.

ART. 200

mente eficaz a vontade deve ser livre e consciente. Não é livre o consentimento obtido pela violência, pelo erro (quando o erro é espontâneo denomina-se erro, quando é resultado de um engano por parte de outrem que o conhece, denomina-se de dolo). O dolo, o erro e a violência são três causas que viciam a vontade.[641]

Sendo o processo uma relação jurídica desenvolvida através de um procedimento em contraditório, a prática sucessiva de atos processuais faz com que essa relação jurídica ganhe dinamicidade e caminhe no sentido de seu derradeiro ato que é a sentença.

Mas até que se encerre o processo por meio de uma decisão final, os sujeitos processuais, partes, juiz, ministério público etc. praticam diversos atos processuais consistentes em manifestação e exteriorização de vontade.

Assim, a relação jurídica processual é complexa, uma vez que compreende mais de um ato processual, sendo por vezes o ato processual anterior pressuposto necessário para a realização do ato processual posterior.

Conforme preleciona Elio Fazzalari, *"a disciplina de cada um dos atos é assinalada em função do ato enquanto componente de um processo. Ela, por um lado, determina a colocação e o papel de cada ato na série e, por outro lado, disciplina validade e eficácia do ato em conexão com toda a série. Obviamente, também o ato processual, além de desenvolver eficácia no seio do processo, pode desenvolver eficácia fora dele; assim, o ato introdutório do processo jurisdicional civil de cognição, além de servir como pressuposto para a desenvolvimento de todos os atos de tal processo, desenvolve também efeitos para fora dele, sobre direitos substancial, por exemplo, interrompe o curso da prescrição"*.[642]

Como já teve oportunidade de afirmar Giuseppe Chiovenda, *"sucede no mundo do direito o que sucede nos fenômenos da vida física. Todo fenômeno é o efeito de causas eficientes e de causas concorrentes. Assim, o fenômeno da penetração da luz solar num recinto tem por causa eficiente o sol; para que, no entanto, opere essa causa, é necessário que concorra outras circunstâncias, e é que as janelas deixem coar a luz. Desde que as janelas estejam hermeticamente fechadas, a falta de abertura impedirá que o efeito do sol se produza. Ninguém dirá que o fenômeno da iluminação tenha por causa a janela aberta: é um sofisma, da falsa causa, tomar por causa a remoção do impedimento (Rosmini, Lógica, pág. 289). A mesma coisa acontece no domínio dos fenômenos jurídicos. Todo direito nasce*

---

[641] RIPERT, G.; BOULANGER, J., idem, p. 420.
[642] FAZZALARI, Elio. *Instituições de direito processual civil.* Trad. Elaine Nassif. Campinas: Bookseller, 2006. p. 127 e 128.

CÓDIGO DE PROCESSO CIVIL

de determinadas circunstâncias que têm por função específica dar-lhe vida: contudo, para produzirem o efeito que lhes é próprio, normal, devem concorrer outras circunstâncias....[643]

Os atos das partes, como atos processuais, constituem-se de manifestação unilateral ou bilateral de vontade.

As manifestações de vontade unilaterais, por vezes, caracterizam-se pela prática de verdadeiros direitos potestativos, isto é, em muitos casos, a lei concede a alguém o poder de influir, com sua manifestação de vontade, sobre a condição jurídica de outrem, sem o concurso da vontade dele.[644]

No âmbito processual, observa-se esse direito potestativo da parte quando, por exemplo, a parte tem o direito de desistir da demanda antes da citação do réu, o direito de desistir do recurso interposto, renúncia ao prazo recursal, reconhecer a procedência do pedido; renunciar ao direito que se funda a demanda etc. São atos unilaterais de vontade que não dependem da aceitação ou conjunção da parte contrária.

O fato de que nessas manifestações de vontade haja necessidade de intervenção do juiz, não lhe desnatura a característica de direito potestativo da parte, como é a hipótese do *parágrafo único do art.200* do novo C.P.C., em que a *desistência da ação só produzirá efeito após homologação judicial.*

Outras manifestações de vontade da parte somente produzirão efeitos quando estiverem conjugadas também pela manifestação de vontade da parte contrária. Assim ocorre na hipótese de transação, conciliação etc.

É importante salientar que não somente os atos jurídicos *stricto sensu* produzem efeitos no âmbito da relação jurídica processual, uma vez que também os *fatos jurídicos* podem modificar, extinguir ou constituir direitos processuais. Por exemplo, na hipótese de morte da parte quando diante de um direito personalíssimo ou não, os efeitos serão produzidos no âmbito da relação processual de acordo com a característica do direito material nela inserido. No caso de se tratar de direito personalíssimo, extingue-se o processo; no caso de direito não personalíssimo, os sucessores poderão intervir no processo mediante habilitação, havendo a constituição de direito para os sucessores no polo ativo e modificação parte processual no caso de sucessores no polo passivo.

Conforme anotam Georges Ripert e Jean Boulanger, *"os fatos materiais são também suscetíveis de acarretar consequências jurídicas..."*.[645]

Sobre o tema, eis os seguintes precedentes do S.T.J.:

---

[643] CHIOVENDA, Giuseppe. *Instituições de direito processual civil*. Trad da 2ª edição italiana por J. Guimarães Menegale. Vol. 1., São Paulo: Edição Saraiva, 1965. p. 8 e 9.

[644] CHIOVENDA, G., idem, p. 15.

[645] RIPERT, G.; BOULANGER, J., op. cit., p. 415.

ART. 200

(...).
2. É dispensada homologação judicial do termo de transação extrajudicial diante da inexistência, à época da celebração do acordo, de demanda judicial entre as partes transigentes.

Entendimento consolidado pela Primeira Seção no REsp 1.318.315/AL (de minha relatoria, DJe 30/09/2013), julgado sob o rito do art. 543-C do CPC.
(...).
(AgRg no REsp 1356726/RS, Rel. Ministro MAURO CAMPBELL MARQUES,

(...).
2. O instituto da transação previsto no artigo 7º da Lei Complementar n. 110/01 não se submete à forma disciplinada no artigo 842 do Código Civil, pois inserido em lei específica, que, se observada, autoriza a sua homologação na via judicial. Nesse sentido: REsp 889.190/RS, Rel. Ministro Teori Albino Zavascki, Primeira Turma, DJ 19/04/2007; e REsp 1151094/BA, Rel. Ministro Mauro Campbell Marques, Segunda Turma, DJe 06/08/2010.
3. O comando normativo inserto no artigo 7º da Lei Complementar n. 110/01 permite a transação e não faz a ressalva de que o acordo extrajudicial só poderia ser firmado e/ou homologado judicialmente até decisão final na fase de cognição. Se a lei especial não incluiu essa restrição ao tratar do "litígio judicial", não cabe ao intérprete fazê-lo. Incide ao caso a máxima inclusio unius alterius exclusio.
4. Embargos de divergência providos.
(EREsp 978.154/MG, Rel. Ministro BENEDITO GONÇALVES, PRIMEIRA SEÇÃO, julgado em 23/10/2013, DJe 29/10/2013)

(...).
2. Como regra, as transações extrajudiciais celebradas entre a Fazenda Pública e seus servidores, quando já proposta a execução judicial ou quando o exequente for parte em ação de conhecimento, exigem procurador jurídico e homologação judicial.
(...).
(AgRg no REsp 1082029/RS, Rel. Ministro ROGERIO SCHIETTI CRUZ, SEXTA TURMA, julgado em 01/10/2013, DJe 11/10/2013)

(...).
1. Desnecessária a homologação de transação extrajudicial, no caso de inexistência de prévia demanda judicial.

2. Agravo regimental ao qual se nega provimento.

(AgRg no REsp 1000648/RS, Rel. Ministra ALDERITA RAMOS DE OLIVEIRA (DESEMBARGADORA CONVOCADA DO TJ/PE), SEXTA TURMA, julgado em 15/08/2013, DJe 27/08/2013)

(...).

4. Na última alteração a que se sujeitou o código, contudo, incluiu-se o art. 475-N, que em lugar de atribuir eficácia de título executivo judicial à sentença que homologue acordo que verse sobre matéria não posta em juízo, passou a falar em transações que incluam matéria não posta em juízo.

5. Uma transação que inclua matéria não posta em juízo está claramente a exigir que a transação, para ser homologável, tem de se referir a uma lide previamente existente, ainda que tenha conteúdo mais amplo que o dessa lide posta. Assim, a transação para ser homologada teria de ser levada a efeito em uma ação já ajuizada.

(...).

8. Ao homologar acordos extrajudiciais, o Poder Judiciário promove meramente um juízo de delibação sobre a causa. Equiparar tal juízo, do ponto de vista substancial, a uma sentença judicial seria algo utópico e pouco conveniente. Atribuir eficácia de coisa julgada a tal atividade implicaria conferir um definitivo e real a um juízo meramente sumário, quando não, muitas vezes, ficto. Admitir que o judiciário seja utilizado para esse fim é diminuir-lhe a importância, é equipará-lo a um mero cartório, função para a qual ele não foi concebido.

9. Recurso especial não provido.

(REsp 1184151/MS, Rel. Ministro MASSAMI UYEDA, Rel. p/ Acórdão Ministra NANCY ANDRIGHI, TERCEIRA TURMA, julgado em 15/12/2011, DJe 09/02/2012).

(...).

2. Merece reforma o acórdão recorrido. Conforme se constata dos autos, houve pedido de desistência quanto a um dos pedidos formulados na exordial (referente à restituição do imposto) que não foi objeto de homologação pelo juiz sentenciante, que, ignorando tal requerimento, julgou procedentes todos os pedidos postos pelo autor.

Não se pode vislumbrar a existência de um deferimento tácito do pedido de desistência por parte do juiz, pois ele próprio julgou a procedência total da ação.

3. Nos termos do parágrafo único do art. 158 do CPC "A desistência da ação só produzirá efeito depois de homologada por sentença".

Inexistente a homologação da desistência, esta não produz efeitos jurídicos.

(...).

ART. 200

(REsp 1026028/AL, Rel. Ministro JOSÉ DELGADO, PRIMEIRA TURMA, julgado em 01/04/2008, DJe 17/04/2008)

(...).

2. A regra impositiva decorre da bilateralidade formada no processo, assistindo igualmente ao réu o direito de solucionar o conflito. Todavia, a oposição à desistência da ação deverá ser fundamentada, sob pena de configurar abuso de direito. Precedentes: (REsp 976861/SP, DJ 19.10.2007; REsp 241780/PR, , DJ 03.04.2000; REsp 115642/SP, DJ 13.10.1997.)

3. In casu, a União condicionou a concordância ao pedido de desistência formulado pelo autor à renúncia expressa deste sobre o direito em que se funda a ação.

4. A Lei 9.469/97, em seu art. 3º dispõe que: "As autoridades indicadas no caput do artigo 1º poderão concordar com o pedido de desistência da ação, nas causas de quaisquer valores, desde que o autor renuncie expressamente ao direito em que se funda a ação."

5. Deveras, referida norma deve ser interpretada de forma sistemática com o art. 267, § 4º do Código de Processo Civil, considerando-se como condição suficiente à recusa ao pedido de desistência formulado pelo autor, por parte da Administração, a exigência à renúncia expressa a direito sobre o qual se funda a ação. PRECEDENTES: REsp Nº 651.721 – RJ, 1ª Turma, Relator Ministro Teori Albino Zavascki; DJ de 28/9/2006; RESP 460.748/DF, 2ª T., Min. João Otávio de Noronha, DJ de 03.08.2006.

6. Recurso especial provido.

(REsp 1174137/PR, Rel. Ministro LUIZ FUX, PRIMEIRA TURMA, julgado em 06/04/2010, DJe 26/04/2010)

(...).

I. Detectado erro material na homologação de pedido de desistência recursal que, na verdade, era endereçado a outro processo com confusão do nome das partes, é de se decretar a nulidade do ato praticado.

(...).

(REsp 120.354/SP, Rel. Ministro ALDIR PASSARINHO JUNIOR, QUARTA TURMA, julgado em 18/10/2005, DJ 21/11/2005, p. 235)

1. Pretende a recorrente rescindir decisão monocrática prolatada pelo Juiz Federal, em auxílio à Presidência do Tribunal Regional Federal da 1ª Região, que, nos autos da AMS 2000.01.00.063622-9/MG, homologou o pedido de desistência, com renúncia ao direito em que se funda a ação – pedido este necessário para aderir ao Parcelamento Especial (PAES).

(...).

3. A dicção das razões do recurso especial (fls. 328/344-e) revela que o fundamento do acórdão recorrido, referente à ausência de exame de mérito, não foi objeto de impugnação, tendo sido apenas combatida a suposta violação do art. 485, V e VIII, do CPC, bem como que a decisão homologatória foi apenas, e tão somente, a desistência do prazo recursal, não tendo havido discussão sobre a homologação da desistência da ação ou da renúncia aos direitos sobre os quais se fundava a ação. Assim, incide, na espécie, por analogia, a Súmula 283 do STF: "É inadmissível o recurso extraordinário, quando a decisão recorrida assenta em mais de um fundamento suficiente e o recurso não abrange todos eles".

4. Ao requerer a desistência, o autor praticou ato incompatível com o desejo de ver rescindida a sentença homologatória, mercê da ocorrência de preclusão lógica, ou seja, da possibilidade de praticar ato processual, pela prática de outro ato com ele incompatível. Precedente: (AgRg no Ag 1.151.417/RJ, Rel. Min. Herman Benjamin, Segunda Turma, julgado em 6.10.2009, DJe 5.11.2009.) Agravo regimental improvido.

(AgRg no REsp 1211661/MG, Rel. Ministro HUMBERTO MARTINS, SEGUNDA TURMA, julgado em 07/12/2010, DJe 14/12/2010)

(...).
– A Ação Anulatória não é o instrumento apropriado para desconstituir sentença que extinguiu processo por efeito de desistência resultante de acordo. Cabível, na hipótese é a ação rescisória.

– Recurso improvido.

(REsp 267.421/SP, Rel. Ministro HUMBERTO GOMES DE BARROS, PRIMEIRA TURMA, julgado em 23/10/2001, DJ 18/02/2002, p. 248)

(...).
I – Não se reconhece interesse recursal àquele que requer a homologação de desistência de pedido rescisório, e depois se insurge contra aludida homologação, ainda que por motivo de competência absoluta, pois lhe foi prestada a jurisdição requerida, qual seja, a extinção do feito sem julgamento de mérito (art. 267, VIII do CPC).

II – Há incompatibilidade entre a desistência voluntária, por procurador com poderes específicos e a vontade recursal, em decorrência da preclusão lógica; ainda mais que, ao invés de abreviar o curso do processo, estaria se admitindo uma dilação, implicitamente não pretendida pela parte.

(AgRg na AR 1.131/DF, Rel. Ministra NANCY ANDRIGHI, SEGUNDA SEÇÃO, julgado em 08/11/2000, DJ 05/02/2001, p. 69)

Art. 201

As partes poderão exigir recibo de petições, arrazoados, papéis e documentos que entregarem em cartório.

Recibo de apresentação de documentação

Esse dispositivo já nasce obsoleto, uma vez que com a implantação do processo eletrônico não haverá mais possibilidade de entrega de petição, arrazoados e documentos em papel, pois tudo será digitalizado no processo virtual.

Por sua vez, o recibo será constituído por meio eletrônico, o que ocorre automaticamente. Se isso não ocorrer, tal fato deverá ser comunicado ao juízo responsável, também por meio eletrônico, ou ao setor técnico competente.

É muito importante o recibo, principalmente no processo eletrônico, no qual não há qualquer comprovação da entrega em papel das peças processuais.

Sobre o tema, eis o seguinte precedente:

1. É intempestivo o recurso cujo protocolamento tempestivo não foi documentado. A intempestividade não se desfaz pelo fato da informação do Serviço de Protocolo de que o recurso, com sua cópia, foi encontrado na Seção no dia seguinte ao término do prazo.

2. Do fato de o recurso haver sido encontrado no setor de protocolo, não se sabendo como e em que horário nele ingressou, não se infere a conclusão de tempestividade, seja porque, não se sabendo as circunstâncias do ingresso, deve-se presumir o surgimento a destempo, seja porque quem entrega petição em Juízo deve exigir recibo com dia e hora, para comprovação se necessário.

3. O princípio da documentação processual não permite relevar falta de comprovação em matéria relevante, como dia e hora de ingresso de petição no protocolo judicial.

4. Recurso Especial improvido.

(REsp 797.400/SP, Rel. Ministro SIDNEI BENETI, TERCEIRA TURMA, julgado em 01/12/2009, DJe 10/12/2009)

1. A comprovação do recolhimento das custas processuais deve se dar no momento do protocolo do respectivo recurso, não cabendo posterior juntada de comprovante. Precedentes.

2. Agravo regimental não provido.

(AgRg nos EREsp 1377092/RS, Rel. Ministro MARCO BUZZI, SEGUNDA SEÇÃO, julgado em 25/09/2013, DJe 04/10/2013)

2. A jurisprudência desta Corte é firme no sentido de que a comprovação da tempestividade dos recursos é aferida pela data do protocolo da Secretaria do Tribunal e não pela data da postagem nas agências dos correios, a teor do disposto na Súmula 216/STJ, in verbis: "A tempestividade de recurso interposto no Superior Tribunal de Justiça é aferida pelo registro no protocolo da secretaria e não pela data da entrega na agência do correio".

3. O convênio celebrado pela Empresa Brasileira de Correios e Telégrafos e o Poder Judiciário local, instituído pela Resolução nº 642/2010 do TJ/MG, que previu o protocolo postal, não inclui as petições dirigidas aos Tribunais Superiores.

4. Agravo regimental não provido.

(AgRg no AREsp 363.893/MG, Rel. Ministro MOURA RIBEIRO, QUINTA TURMA, julgado em 19/09/2013, DJe 25/09/2013)

Art. 202

É vedado lançar nos autos cotas marginais ou interlineares, as quais o juiz mandará riscar, impondo a quem as escrever multa correspondente à metade do salário- mínimo.

Cotas marginais ou interlineares

Este dispositivo também é desde já obsoleto, uma vez que no processo virtual é impossível lançar quotas em documentos que são formatados em PDF, uma vez que a parte contrária não pode modificá-lo ou realizar alterações nos documentos que são apenas imagens.

No que concerne aos processos em papel, ainda será possível o lançamento de cotas marginais ou interlineares.

Sobre o tema, eis os seguintes precedentes:

(...).

4. "A norma proibitiva de que trata o art. 161 do CPC, segundo a qual é defeso lançar, nos autos, cotas marginais ou interlineares, não veda aos advogados a possibilidade de se pronunciarem diretamente nos autos quando lhes for aberta vista. O objetivo da norma alcança apenas as anotações e os comentários de qualquer extensão ou natureza introduzidos nos autos fora do lugar ou da oportunidade admissíveis, que, por configurarem abusos, deva o juiz coibir" (REsp 793.964/ES, Rel. Min. LUIZ FUX, Primeira Turma, DJe 24/4/08, grifo nosso).

ART. 203

5. A *"orientação prevalente nesta Corte é no sentido de que a parte que agiu de boa-fé não pode ser responsabilizada por inequívoca falha do cartório"* (REsp 956.978/SC, Rel. Min. MAURO CAMPBELL MARQUES, Segunda Turma, DJe 12/12/12).

6. *Hipótese em que a data da reiteração do recurso especial realizada diretamente nos autos pelo Advogado da União, de próprio punho, deve ser tida como exata para fins de aferição da tempestividade, em homenagem aos princípios da lealdade e da boa-fé processual, mormente porque constatada a falha do cartório judicial, que deixou de certificar a veracidade daquela informação.*

(...).

(EDcl no AgRg no Ag 1404513/RS, Rel. Ministro ARNALDO ESTEVES LIMA, PRIMEIRA TURMA, julgado em 19/03/2013, DJe 26/03/2013)

1. *A norma proibitiva de que trata o art. 161 do CPC, segundo a qual é defeso lançar, nos autos, cotas marginais ou interlineares, não veda aos advogados a possibilidade de se pronunciarem diretamente nos autos quando lhes for aberta vista. O objetivo da norma alcança apenas as anotações e os comentários de qualquer extensão ou natureza introduzidos nos autos fora do lugar ou da oportunidade admissíveis, que, por configurarem abusos, deva o juiz coibir.*

2. *In casu, a ora recorrida, aproveitando-se da oportunidade que lhe foi aberta para apor aos autos nota de ciência de despacho exarado, formulou pedido manuscrito, inserto no verso da fl. 380 dos autos originais, solicitando, também, que eventuais futuras intimações, concernentes ao feito, fossem efetuadas em nome de advogado específico, não configurando, referido proceder, a hipótese prevista no art. 161 do CPC, mantendo-se eficaz para os efeitos processuais a manifestação volitiva encetada.*

3. *Recurso especial a que se nega provimento.*

(REsp 793.964/ES, Rel. Ministro LUIZ FUX, PRIMEIRA TURMA, julgado em 03/04/2008, DJe 24/04/2008).

SEÇÃO IV – Dos Pronunciamentos do Juiz

Art. 203

Os pronunciamentos do juiz consistirão em sentenças, decisões interlocutórias e despachos.

§ 1º Ressalvadas as disposições expressas dos procedimentos especiais, sentença é o pronunciamento por meio do qual o juiz, com fundamento nos arts. 485 e 487, põe fim à fase cognitiva do procedimento comum, bem como extingue a execução.

§ 2º Decisão interlocutória é todo pronunciamento judicial de natureza decisória que não se enquadre no § 1º.

§ 3º São despachos todos os demais pronunciamentos do juiz praticados no processo, de ofício ou a requerimento da parte.

§ 4º Os atos meramente ordinatórios, como a juntada e a vista obrigatória, independem de despacho, devendo ser praticados de ofício pelo servidor e revistos pelo juiz quando necessário.

Do pronunciamento do juiz

O dispositivo trata das formas de atos processuais praticados pelo juiz no âmbito da relação jurídica processual, sendo que os seus parágrafos discriminam o conteúdo de cada um.

O ato processual consiste em 'uma modificação da realidade' desejada pelo agente.

Cada espécie de ato processual praticado pelo juiz apresenta um 'conteúdo', ou seja, a modificação material na qual o ato consiste, um 'objeto', isto é, o *quid* da realidade sobre o qual aquela modificação recai, por exemplo, a admissão de uma prova, objeto do pedido da parte e respectiva decisão do juiz, uma 'vontade' que é o elemento que liga o sujeito ao conteúdo do ato e uma forma, isto é, o seu modo de aparecer na realidade.[646]

Normalmente as condutas dos atos processuais são expressas em normas legais, sendo, portanto, típicas.

Os atos do juiz serão provimentos, isto é, manifestações imperativas de vontade (mandados, autorizações etc), ou mesmo meros atos (interrogatório da parte, exame de laudo etc).

Assim, pode-se afirmar que o juiz pratica atos processuais 'finais', isto é, os atos que – mesmo pertencendo ao processo – o concluem em todo ou em parte, e atos 'preparatórios', que conduzem o processo até o final.[647]

Os provimentos 'finais' ou incidem sobre o 'mérito', isto é, subministram medidas jurisdicionais de condenação, declaração, constituição, mandamental, executiva 'lato sensu' etc e, portanto, desenvolvem eficácia também fora do

---

[646] FAZZALARI, Elio. *Instituições de direito processual*. Trad. Elaine Nassif. Campinas: Bookseller, 2006. p. 415.

[647] FAZZALARI, E., idem, p. 421.

processo, no patrimônio das partes, ou dizem respeito somente ao processo, ao 'rito', como, por exemplo, provimentos de rejeição ou mesmo relativos à jurisdição, à competência, à legitimação etc e desenvolvem efeitos somente sobre o processo.[648]

Em nosso ordenamento jurídico o juiz pode praticar três espécies de atos processuais: a) sentença; b) decisões interlocutórias e c) despacho.

O legislador processual brasileiro sempre preconizou um critério distintivo dos atos processuais do juiz, não com base na sua forma, mas, sim, de acordo com o seu conteúdo/finalidade.

Efetivamente, não é a forma que distingue, por exemplo, uma sentença de uma decisão interlocutória, uma vez que uma decisão interlocutória pode ser proferida utilizando-se de todos os requisitos de uma sentença, isto é, formatada através de um relatório, fundamento e decisão. Por sua vez, há sentenças que não possuem relatório, como aquelas proferidas nos juizados especiais.

Sentença: o novo código de processo civil define *sentença* no *§1º do art. 203*, quando estabelece que *ressalvadas as disposições expressas dos procedimentos especiais, sentença é o pronunciamento por meio do qual o juiz, com fundamento nos arts. 485 e 487, põe fim à fase cognitiva do procedimento comum, bem como extingue a execução.*

Em vários dispositivos o Código cedeu inconscientemente ao peso da tradição e referiu-se a certas decisões como *sentença*, exclusivamente pelo fato de elas se manifestarem sobre o mérito.

Porém, a definição contida no §1º do art. 203 do atual C.P.C. é clara. Somente poderá ser considerada como sentença a decisão que põe fim à fase cognitiva do procedimento comum ou extingue a execução.

É importante salientar que o §1º do art. 203 do atual C.P.C. ressalva do conceito geral de sentença as disposições expressas dos procedimentos especiais, razão pela qual a decisão indicada no §5º do art. 550 do atual C.P.C. também será considerada ‹sentença›. Preceitua o referido dispositivo legal: §5º: *A decisão que julgar procedente o pedido condenará o réu a prestar as contas no prazo de 15 (quinze) dias, sob pena de não lhe ser lícito impugnar as que o autor apresentar.*

Assim, de uma forma geral, sentença é ato que põe fim ao processo ou a alguma de suas fases cognitiva, como ocorre com a sentença proferida na demanda de prestação de contas.

Portanto, o conteúdo/fim da sentença está consubstanciado na finalização da fase cognitiva dos procedimentos comuns e de diversos procedimentos especiais.

---

[648] FAZZALARI, E., idem, ibidem.

A sentença, segundo o §1º do art. 203 do novo C.P.C., tem por fundamento os ditames normativos do art. 485 e 487 do novo C.P.C que assim dispõem:

Art. 485. O juiz não resolverá o mérito quando:

I – indeferir a petição inicial;

II – o processo ficar parado durante mais de 1 (um) ano por negligência das partes;

III – por não promover os atos e as diligências que lhe incumbir, o autor abandonar a causa por mais de 30 (trinta) dias;

IV – verificar a ausência de pressupostos de constituição e de desenvolvimento válido e regular do processo;

V – reconhecer a existência de perempção, de litispendência ou de coisa julgada;

VI – verificar ausência de legitimidade ou de interesse processual;

VII – acolher a alegação de existência de convenção de arbitragem ou quando o juízo arbitral reconhecer sua competência;

VIII – homologar a desistência da ação;

IX – em caso de morte da parte, a ação for considerada intransmissível por disposição legal; e

X – nos demais casos prescritos neste Código.

Art. 487. Haverá resolução de mérito quando o juiz:

I – acolher ou rejeitar o pedido formulado na ação ou na reconvenção;

II – decidir, de ofício ou a requerimento, sobre a ocorrência de decadência ou prescrição;

III – homologar:

a) o reconhecimento da procedência do pedido formulado na ação ou na reconvenção;

b) a transação;

c) a renúncia à pretensão formulada na ação ou na reconvenção.

O fundamento da sentença é justamente o julgamento com ou sem resolução de mérito, pondo fim a uma fase ou à totalidade do processo.

Decisão interlocutória: O §2º do art. 203 do novo C.P.C. aduz que decisão *interlocutória é todo pronunciamento judicial de natureza decisória que não se enquadre no §1º.*

A decisão interlocutória é reconhecida pelo critério de exclusão, ou seja, o ato do juiz que apesar de possuir caráter decisório, não põe fim a determinada fase cognitiva ou a todo o processo.

Na verdade, a nova definição de decisão interlocutória não destoa muito daquela prevista no §2º do art. 162 do C.P.C. de 1973, uma vez que esse tipo de decisão tem por objetivo resolver questões incidentes (mediante decisão) que sobrevenham no curso do processo.

ART. 203

Podem-se citar alguns exemplos de decisões interlocutórias: a) que indefere parcialmente o pedido formulado na inicial; b) que declara a incompetência do juiz; c) decisão de desconsideração da pessoa jurídica; d) a decisão que aplica a multa do §2º, do art. 77, do novo C.P.C.; e) a decisão que apreciar requerimento de gratuidade da justiça, salvo se for apreciada na sentença; g) a decisão que limitar o número de litisconsorte no processo; h) decisão que analisar pedido de provas; i) a decisão que define a inversão do ônus da prova; j) decisão que conceder ou negar tutela provisória de urgência ou tutela de evidência; l) decisão que admitir a assistência; j) decisão que julgar a liquidação; l) decisão que aplicar multa no procedimento de cumprimento de sentença; m) decisões que definir questões no processo de execução etc.

Sobre o tema, eis os seguintes procedentes do S.T.J.:

1. A jurisprudência deste Superior Tribunal firmou o entendimento de que o ato judicial que exclui litisconsorte passivo não põe termo ao processo em sua inteireza, mas somente em relação a um dos réus.

Por essa razão, o recurso cabível é o agravo de instrumento, e não o de apelação.

(...).

(AgRg no REsp 642.193/RJ, Rel. Ministro OG FERNANDES, SEXTA TURMA, julgado em 06/08/2013, DJe 13/08/2013)

(...).

1. O ato judicial que exclui um dos litisconsortes passivos do feito, prosseguindo a execução em relação aos demais, tem natureza de decisão interlocutória e, portanto, deve ser impugnado por meio de agravo de instrumento, constituindo-se erro grosseiro a interposição de apelação, circunstância que impede a aplicação do princípio da fungibilidade recursal 2. Não configura negativa de prestação jurisdicional ou afronta aos princípios constitucionais da ampla defesa e do contraditório o julgamento em desacordo com as pretensões da parte.

3. Embargos de declaração recebidos como agravo regimental, a que se nega provimento.

(EDcl no AREsp 304.741/MG, Rel. Ministra MARIA ISABEL GALLOTTI, QUARTA TURMA, julgado em 07/05/2013, DJe 16/05/2013)

Despachos: o §3º do art. 203 do novo C.P.C. estabelece que são *despachos todos os demais pronunciamentos do juiz praticados no processo, de ofício ou a requerimento da parte.*

Novamente o legislador adotou o critério de *exclusão* para definir o que significa *despacho.*

CÓDIGO DE PROCESSO CIVIL

Se o ato processual do juiz não põe fim ao processo ou a uma de suas fases, ou mesmo não pondo fim a essa fase não possui caráter decisório incidental, tal ato é denominado de *despacho*.

Atualmente, os atos meramente ordinatórios de desenvolvimento regular da relação jurídica processual, como, por exemplo, juntada e vista obrigatória, são praticados pela própria Secretaria do Juízo, independentemente de atuação expressa do juiz.

Aliás, nesse sentido estabelece o *§4º do art. 203* do atual C.P.C., a saber: *os atos meramente ordinatórios, como a juntada e a vista obrigatória, independem de despacho, devendo ser praticados de ofício pelo servidor e revistos pelo juiz quando necessário.*

É importante ressaltar que os despachos não são suscetíveis de recursos, uma vez que não resolvem questões ou encerram fases ou processos.

Art. 204

Acórdão é o julgamento colegiado proferido pelos tribunais.

Definição de acórdão

A decisão de julgamento proferida pelos Tribunais colegiados é denominada de *acórdão*, nos termos do art. 204 do novo C.P.C.

É importante salientar que os relatores também proferem decisões interlocutórias, as quais estão sujeitas a recurso interno nos tribunais.

Art. 205

Os despachos, as decisões, as sentenças e os acórdãos serão redigidos, datados e assinados pelos juízes.

§ 1º Quando os pronunciamentos previstos no caput forem proferidos oralmente, o servidor os documentará, submetendo-os aos juízes para revisão e assinatura.

§ 2º A assinatura dos juízes, em todos os graus de jurisdição, pode ser feita eletronicamente, na forma da lei.

§ 3º Os despachos, as decisões interlocutórias, o dispositivo das sentenças e a ementa dos acórdãos serão publicados no Diário de Justiça Eletrônico.

Requisitos dos pronunciamentos dos juízes

É importante salientar que diante da complexidade da estrutura do Poder Judiciário, muitos despachos, muitas decisões e mesmo sentenças são redigidas pelos analistas e técnicos do Poder Judiciário, os quais são servidores capacitados para auxiliar o juiz no grande volume de processos que compõem o acervo do Judiciário em nosso país.

O projeto do novo C.P.C. previa expressamente o assessoramento ao magistrado, conforme estabelecia o art. 156 do Projeto originário n. 2.046/10, *in verbis*.:

> *Art. 156. O juiz poderá ser assessorado diretamente por um ou mais servidores, notadamente na:*
>
> *I – elaboração de minutas de decisões ou votos;*
>
> *II – pesquisa de legislação, doutrina e jurisprudência necessárias à elaboração de seus pronunciamentos;*
>
> *III – preparação de agendas de audiências e na realização de outros serviços.*

Lamentavelmente, esse dispositivo foi retirado do texto do novo C.P.C.

Há despachos meramente ordinatórios que não são assinados pelos juízes, mas pelos Diretores ou Escrivão de secretarias, os quais são autorizados a assim proceder com base em Portaria do magistrado.

Aliás, é um verdadeiro retrocesso exigir-se que o próprio magistrado redija todos os despachos, decisões ou mesmo sentenças meramente repetitivas, sem se valer da excelência do trabalho de servidores altamente qualificados.

Deve-se ressaltar que com o processo eletrônico a assinatura dos atos processuais se dá exclusivamente por meio eletrônico.

É possível que o juiz profira decisões ou sentenças durante determinada audiência, oralmente. Nesta hipótese, o taquígrafo, o datilógrafo ou o digitador as registrará, submetendo-as aos juízes para revisão e assinatura.

Somente após a assinatura é que a decisão estará incorporada ao processo.

A assinatura dos juízes, em todos os graus de jurisdição, pode ser feita eletronicamente, na forma da lei.

Preceitua o *§ 1º do art. 205* do atual C.P.C. que *quando os pronunciamentos previstos no caput forem proferidos oralmente, o servidor os documentará, submetendo-os aos juízes para revisão e assinatura.*

É possível que o despacho, a decisão interlocutória, sentença ou o acórdão seja proferido oralmente. Nesta hipótese, o servidor competente deverá documentá-lo, submetendo-o aos juízes para revisão e assinatura.

Prescreve o *§ 2º do art. 205* do atual C.P.C. que *a assinatura dos juízes, em todos os graus de jurisdição, pode ser feita eletronicamente, na forma da lei.*

Atualmente, os juízes assinam suas decisões ou por meio de cartão eletrônico ou por meio de senha a ser inserida no próprio sistema eletrônico.

Aduz o § 3º do art. 205 do atual C.P.C. que *os despachos, as decisões interlocutórias, o dispositivo das sentenças e a ementa dos acórdãos serão publicados no Diário de Justiça Eletrônico.*

Todos os provimentos judiciais deverão ser publicados no Diário de Justiça Eletrônico.

Em relação às sentenças, a publicação será somente do dispositivo.

Em relação aos acórdãos, a publicação será delimitada às ementas dos acórdãos.

SEÇÃO V – Dos Atos do Escrivão ou do Chefe de Secretaria

Art. 206

Ao receber a petição inicial de processo, o escrivão ou o chefe de secretaria a autuará, mencionando o juízo, a natureza do processo, o número de seu registro, os nomes das partes e a data de seu início, e procederá do mesmo modo em relação aos volumes em formação.

Atos do escrivão ou do chefe de secretaria

Este dispositivo demonstra, de certa forma, falta de sistematização e de sintonia entre os institutos tratados pelo novo C.P.C.

Como o processo atualmente passou a ser integralmente digital, pelo menos no âmbito da Justiça Federal da 4ª Região, os diversos atos do escrivão ou chefe de secretaria regulamentados nos artigos 206 a 211 do novo C.P.C. são totalmente obsoletos, uma vez que não compete mais ao Escrivão ou Chefe de Secretaria realizar a autuação, estabelecer o número e a categoria da demanda proposta, nome das partes e seu registro, pois todos esses atos são realizados automaticamente pelo sistema informatizado. Esses registros são feitos e alimentados no sistema pela própria parte.

Muito menos há falar em volume de processo, pois no sistema informatizado tal circunstância fática deixou de existir.

Há também a impossibilidade fática de o Escrivão ou Chefe de Secretaria poder rubricar páginas dos autos informatizados.

Porém, em se tratando de processo físico, têm inteira aplicação os dispositivos acima referidos.

Art. 207
O escrivão ou o chefe de secretaria numerará e rubricará todas as folhas dos autos.

Parágrafo único. À parte, ao procurador, ao membro do Ministério Público, ao defensor público e aos auxiliares da justiça é facultado rubricar as folhas correspondentes aos atos em que intervierem.

Numeração e rubrica das folhas dos autos
Nos diversos órgãos do Poder Judiciário que ainda não estejam informatizados, a petição inicial deverá ser protocolizada no Cartório de Distribuidor, onde houver, cabendo ao escrivão ou chefe de secretaria proceder a autuação do processo, mencionando o juízo para o qual foi distribuído, assim como a natureza do feito, o número de seu registro, os nomes das partes e a data de seu início, no caso, de seu protocolo.

Em regra, quando houver mais de 300 (trezentas) páginas, deverá o escrivão ou chefe de secretaria abrir novo volume para melhor manuseio do processo.

Na formação de cada volume, o escrivão ou chefe de secretaria numerará e rubricará todas as folhas.

Isso é importante para que não haja falha na sequência das folhas que compõe os autos, bem como para que se tenha certeza de que não haverá perda ou subtração de folhas do processo.

A exigência de que todas as folhas sejam rubricadas visa à autenticidade da juntada de cada folha do processo.

Nos termos do *parágrafo único do art. 207* do atual C.P.C., *à parte, ao procurador, ao membro do Ministério Público, ao defensor público e aos auxiliares da justiça é facultado rubricar as folhas correspondentes aos atos em que intervieram.*

Essa prerrogativa se dá com mais frequência nas audiências de instrução e julgamento em que as partes, seus advogados (inclusive defensor público) e o órgão do Ministério Público, assim como os peritos e testemunhas encontram-se presentes.

Art. 208
Os termos de juntada, vista, conclusão e outros semelhantes constarão de notas datadas e rubricadas pelo escrivão ou pelo chefe de secretaria.

Termo de juntada, vista, conclusão e outros semelhantes
No sistema eletrônico, esses termos são elaborados automaticamente com a mudança de fase processual.

CÓDIGO DE PROCESSO CIVIL

Em se tratando de processo físico ou em papel, haverá necessidade de se lavrar termo de juntada de petição e documentos, assim como eventual vista ou conclusão do processo. Esse termo deverá ser datado e rubricado pelo escrivão ou pelo chefe de secretaria.

Art. 209

Os atos e os termos do processo serão assinados pelas pessoas que neles intervierem, todavia, quando essas não puderem ou não quiserem firmá-los, o escrivão ou o chefe de secretaria certificará a ocorrência.

§ 1º Quando se tratar de processo total ou parcialmente documentado em autos eletrônicos, os atos processuais praticados na presença do juiz poderão ser produzidos e armazenados de modo integralmente digital em arquivo eletrônico inviolável, na forma da lei, mediante registro em termo, que será assinado digitalmente pelo juiz e pelo escrivão ou chefe de secretaria, bem como pelos advogados das partes.

§ 2º Na hipótese do § 1º, eventuais contradições na transcrição deverão ser suscitadas oralmente no momento de realização do ato, sob pena de preclusão, devendo o juiz decidir de plano e ordenar o registro, no termo, da alegação e da decisão.

Assinatura dos atos e termos do processo

Os termos de audiência, oitiva de testemunha, do perito e as manifestações orais das pessoas que intervierem no processo serão, especialmente nos processos em papel, digitados, datilografados ou escritos com tinta escura indelével, devendo ser assinados pelas pessoas que neles participarem.

Quando essas pessoas não puderem ou não quiserem firmá-los, o escrivão ou chefe de secretaria deverá certificar o ocorrido.

Segundo estabelece o *§1º do art. 209* do atual C.P.C., quando *se tratar de processo total ou parcialmente documentado em autos eletrônicos, os atos processuais praticados na presença do juiz poderão ser produzidos e armazenados de modo integralmente digital em arquivo eletrônico inviolável, na forma da lei, mediante registro em termo, que será assinado digitalmente pelo juiz e pelo escrivão ou chefe de secretaria, bem como pelos advogados das partes.*

Nesta hipótese, os atos produzidos de forma digital serão arquivados eletronicamente, mediante registro em termo, devendo ser assinados digitalmente pelo juiz e pelo escrivão ou chefe de secretaria, assim como pelos advogados das partes.

Se a assinatura for da parte e esta não tiver assinatura digital, o ato deverá ser assinado normalmente, devendo ser os documentos 'scaneado' para o processo.

Estabelece o *§2º do art. 209 do atual C.P.C., na hipótese do §1º, eventuais contradições na transcrição deverão ser suscitadas oralmente no momento da realização do ato, sob pena de preclusão, devendo o juiz decidir de plano, e ordenar o registro, no termo, da alegação e da decisão.*

Este dispositivo estabelece um prazo preclusivo para que possam ser impugnadas eventuais contradições na transcrição dos atos e termos processuais realizados oralmente. Nesta hipótese, deverá a parte que se sentir prejudicada impugnar os erros ou contradições oralmente no momento da realização do ato, sob pena de preclusão, devendo o juiz decidir de plano, e, se for o caso, mandar registrar a alegação e a decisão no termo.

Art. 210

É lícito o uso da taquigrafia, da estenotipia ou de outro método idôneo em qualquer juízo ou tribunal.

Taquigrafia, estenotipia e outros métodos idôneos

Essa é uma regra de exceção, pois com o processo eletrônico as sessões dos Tribunais também deverão ser todas informatizadas e realizadas por mídias de áudio e imagem, dispensando o uso de taquigrafia, estenotipia. Esses métodos somente devem ser usados no caso de pane no sistema informatizado.

O termo *estenotipia* advém do grego *stenos*, e significa curto, abreviado e typos. Trata-se de uma metodologia pela qual se obtém o registrado do que é falado, por meio de uma máquina, em tempo real, na mesma velocidade com que as palavras são pronunciadas.

Já o termo *taquigrafia*, do grego *tachys*, significa rápido e grafia. Trata-se de um método abreviado ou simbólico de escrita, melhorando a velocidade da escrita ou a sua brevidade. Em Portugal é mais conhecida como *estenotipia*. Os sistemas típicos da taquigrafia fornecem símbolos ou abreviaturas.

Sobre o tema, eis os seguintes precedentes do S.T.J.:

(...).

2. Em razão do método utilizado – estenotipia –, as partes, ao saírem da audiência, não tiveram acesso aos termos da sentença, que somente passou a efetivamente existir após a transcrição e disponibilização nos autos, ocorrida no prazo de 48 horas, segundo o próprio termo de audiência.

CÓDIGO DE PROCESSO CIVIL

3. *Tendo sido determinada pelo juiz a juntada da transcrição do termo de audiência com a sentença nele proferida, bem como concedido prazo para impugnação dessa transcrição, a fluência do prazo recursal somente tem início após conclusão dessas formalidades.*

3. *Recurso especial provido.*

(REsp 1257713/RS, Rel. Ministra NANCY ANDRIGHI, TERCEIRA TURMA, julgado em 18/04/2013, DJe 30/04/2013)

(...).

5. *No caso, tendo sido determinada a juntada da transcrição do termo de audiência com a sentença nele proferida, bem como oportunizada a impugnação dessa transcrição, o prazo para interposição de recurso tem início na conclusão dessas diligências e não da data da audiência.*

6. *Recurso especial parcialmente conhecido e improvido.*

(REsp 692.819/RS, Rel. Ministro TEORI ALBINO ZAVASCKI, PRIMEIRA TURMA, julgado em 11/03/2008, DJe 02/04/2008)

(...).

2. *É de rigor o acolhimento dos embargos de declaração para esclarecer que a declaração de voto de fls. 703-705 não reflete a posição do eminente Ministro no julgamento, devendo prevalecer o voto proferido por Sua Excelência na sessão de julgamento e colhido tanto pela Secretaria da Primeira Turma quanto pelo Serviço de Taquigrafia, que acompanhou a divergência para dar provimento aos agravos regimentais, tão somente para que seja tornada sem efeito a decisão monocrática julgadora do recurso ordinário em mandado de segurança e que tal recurso seja julgado pelo Colegiado.*

3. *Embargos de declaração opostos por ambas as partes acolhidos, sem efeitos modificativos.*

(EDcl no AgRg no RMS 36.497/RJ, Rel. Ministro BENEDITO GONÇALVES, PRIMEIRA TURMA, julgado em 21/05/2013, DJe 27/05/2013).

(...).

1. *A inexistência de serviço de taquigrafia no Tribunal não é motivo para que os votos dos integrantes do órgão colegiado não sejam juntados aos autos.*

2. *As manifestações dos Desembargadores, ou seja, seus votos, são parte integrante do acórdão e dele devem constar, ainda mais na espécie, onde foi decidido impedimento, suspeição e, no mérito, o relator ficou vencido, prevalecendo um voto divergente, pela denegação da ordem, no tocante à inépcia da denúncia.*

ART. 211

3. *Ainda que não se queira ou não se possa fazer a transcrição de tudo que é gravado na sessão de julgamento, que os votos sejam, então, registrados por escrito, para integrarem o acórdão.*

(...).

(HC 133.844/TO, Rel. Ministra MARIA THEREZA DE ASSIS MOURA, SEXTA TURMA, julgado em 09/08/2012, DJe 20/08/2012)

(...).

4. *É de rigor o acolhimento dos embargos de declaração do ente público para esclarecer que o voto revisor proferido em gabinete não reflete a posição da eminente Ministra nestes autos, devendo prevalecer o voto declarado por Sua Excelência na sessão de julgamento e colhido tanto pela Secretaria da Primeira Seção quanto pelo Serviço de Taquigrafia, confirmando-se a procedência da ação rescisória à unanimidade de votos.*

5. *Embargos de declaração da contribuinte rejeitados.*

6. *Embargos de declaração da Fazenda Nacional acolhidos, sem efeitos modificativos.*

(EDcl na AR 3.812/RS, Rel. Ministro BENEDITO GONÇALVES, PRIMEIRA SEÇÃO, julgado em 10/06/2009, DJe 22/06/2009).

Art. 211

Não se admitem nos atos e termos processuais espaços em branco, salvo os que forem inutilizados, assim como entrelinhas, emendas ou rasuras, exceto quando expressamente ressalvadas.

Espaços em branco, entrelinhas, emendas ou rasuras

Este dispositivo pode de certa forma ser aplicado em relação aos atos e termos realizados eletronicamente, contudo, não tem qualquer aplicabilidade em relação às entrelinhas, emendas ou rasuras, uma vez que o sistema informatizado não admite tais irregularidades.

Sobre o tema, eis os seguintes precedentes:

1. *A jurisprudência desta Corte entende que qualquer informação aposta a mão num documento que deva ser preenchido eletronicamente deve ser considerada como rasura.*

2. *Agravo regimental a que se nega provimento.*

(AgRg no REsp 1029975/MG, Rel. Ministra MARIA ISABEL GALLOTTI, QUARTA TURMA, julgado em 07/04/2011, DJe 28/04/2011)

(...).

2. Aplicação de multa de 1% (um por cento), além de indenização de 3% (três por cento), ambos incidentes sobre do valor atualizado da causa, a ser suportada pelo advogado subscritor do recurso, em razão da rasura e da adulteração da guia, tudo com apoio nos termos do art. 14, II c/c 17, VII e 18, caput do CPC, pois é dever das partes e dos seus procuradores proceder com lealdade e boa-fé.

3. Recurso especial não conhecido.

(REsp 986.443/RJ, Rel. Ministra ELIANA CALMON, SEGUNDA TURMA, julgado em 06/03/2008, DJe 16/05/2008).

CAPÍTULO II – Do Tempo e do Lugar dos Atos Processuais

SEÇÃO I – Do Tempo

Art. 212

Os atos processuais serão realizados em dias úteis, das 6 (seis) às 20 (vinte) horas.

§ 1º Serão concluídos após as 20 (vinte) horas os atos iniciados antes, quando o adiamento prejudicar a diligência ou causar grave dano.

§ 2º Independentemente de autorização judicial, as citações, intimações e penhoras poderão realizar-se no período de férias forenses, onde as houver, e nos feriados ou dias úteis fora do horário estabelecido neste artigo, observado o disposto no art. 5º, inciso XI, da Constituição Federal.

§ 3º Quando o ato tiver de ser praticado por meio de petição em autos não eletrônicos, essa deverá ser protocolada no horário de funcionamento do fórum ou tribunal, conforme o disposto na lei de organização judiciária local.

Do tempo dos atos processuais

Os atos processuais serão praticados em dias úteis.

Ocorre que, havendo perspectiva de que todos os atos processuais praticados pela parte e pelo juiz e por outros sujeitos processuais sejam eletrônicos, não haverá mais essa limitação de prática dos atos processuais quanto ao dia útil, uma vez que eles poderão ser realizados, inclusive, em dias não úteis e em qualquer horário.

Por sua vez, estabelece o art. 3º e parágrafo único da Lei 11.419/06:

Art. 3º Consideram-se realizados os atos processuais por meio eletrônico no dia e hora do seu envio ao sistema do Poder Judiciário, do que deverá ser fornecido protocolo eletrônico.

Parágrafo único. Quando a petição eletrônica for enviada para atender prazo processual, serão consideradas tempestivas as transmitidas até as 24 (vinte e quatro) horas do seu último dia.

Assim, o art. 210 do novo C.P.C. somente tem validade para eventuais processos que ainda tramitam em papel ou para atos processuais como audiência, sessões de julgamento, enfim, atos que demandem a prática do ato sem que se possa fazê-lo por meio eletrônico.

Pelo dispositivo, os atos processuais podem ser realizados das seis às vinte horas.

A expressão dias úteis está empregada em oposição a feriados ou dia sem expediente forense, daí porque os sábados, a partir do novo código, também são considerados dias não úteis, pois, segundo o art. 216 do novo C.F.C., sábados e domingos são considerados feriados.

Nos sábados e domingos somente poderão ser praticados atos processuais quando houver algumas das hipóteses previstas no art. 214 e incisos do novo C.P.C.

Note-se que anteriormente o S.T.J. entendia que sábado era considerado dia útil. Nesse sentido é o seguinte precedente:

(...).

2. Conforme cediço na doutrina: "A expressão "dias úteis" está empregada, no texto, por oposição a 'feriados' (...) Sucede que lei nenhuma declarada feriado aos sábados. Logo, eles são, para efeitos processuais, dias úteis. O Código, por conseguinte, não proíbe, neles, a prática de atos processuais. Assim, a citação pode ser realizada num sábado. (...) o texto se refere à prática de atos processuais, que pode ser realizada nos sábados. Os prazos, porém, seguem a regra do art. 184 § 2º, esclarecido pelo § un. do art. 240)". (Theotônio Negrão. Código de Processo Civil. 36ª ed., p. 263).

(...).

4. In casu, a realização da hasta pública no sábado restou justificada pelo Tribunal a quo pelos seguintes fundamentos: Quanto à realização de hasta pública no sábado, ao contrário de prejuízo, o evento só trouxe benefícios às partes, seja aos credores, seja aos devedores. E a razão consistiu numa só: o grande sucesso obtido, com o comparecimento de aproximadamente 400 pessoas e arrecadação de cerca de R$ 1.400.000,00 (um milhão e quatrocentos mil reais).

CÓDIGO DE PROCESSO CIVIL

Em decorrência do grande número de interessados, houve maior concorrência nos lanços e, por conseguinte, melhores preços alcançados.

5. Recurso especial desprovido.

(REsp 1089731/PR, Rel. Ministro LUIZ FUX, PRIMEIRA TURMA, julgado em 04/08/2009, DJe 02/09/2009)

O horário limite para a realização do ato processual é fixado para as vinte horas, razão pela qual os Estados podem fixar horários de expediente entre seis e vinte horas (v.g., oito às onze e das treze às dezessete horas). É possível, ainda, que determinado Estado da federação fixe o horário do expediente das oito às quatorze horas.

Assim, muito embora os Fóruns estaduais possam realizar seu expediente externo em horários fixados por Regimento Interno dos Tribunais, os protocolos, inclusive os integralizados, poderão funcionar no período das seis às vinte horas, conforme permite o novo C.P.C.

É importante salientar que o horário de expediente interno e externo deve ser de tal forma que possa dar plena eficácia ao art. 5º, inc. LXXVI, da C.F.: *a todos, no âmbito judicial e administrativo, são assegurados a razoável duração do processo e os meios que garantam a celeridade de sua tramitação. (Incluído pela Emenda Constitucional nº 45, de 2004)*

O Conselho Nacional de Justiça tem procurado regulamentar esta questão, inclusive para que a Justiça Federal tenha expediente externo também pelas manhãs.

Sobre a questão da fixação do horário de expediente, eis os seguintes precedentes.

EMENTA: Ação direta de inconstitucionalidade. Medida Liminar. Resolução 04/00, de 13 de junho de 2000, do Órgão Especial do Tribunal de Justiça do Estado de Santa Catarina que altera a jornada de trabalho dos servidores do Tribunal e da Justiça de primeiro grau do Estado. – Não há dúvida de que a Resolução em causa, que altera o horário de expediente da Secretaria do Tribunal de Justiça e da Justiça de primeiro grau do Estado de Santa Catarina, e que consequentemente reduz para seis horas, em turno único, a jornada de trabalho de todos os servidores de ambas, é ato normativo e tem caráter autônomo, porquanto dá como fundamento, para justificar a competência para tanto do Órgão Especial do Tribunal de Justiça, o disposto nos artigos 96, I, "a" e "b", da Constituição Federal e no artigo 83, III, da Constituição Estadual. – Em exame sumário como é o compatível com pedido de concessão de liminar, é inegável a plausibilidade jurídica da arguição de inconstitucionalidade em causa, com base especialmente na alegação de ofensa aos artigos 5º, II, 37,

ART. 212

"caput" (ambos relativos ao princípio da legalidade), 96, I, "a" e "b" (que versa a competência dos Tribunais) e 61, § 1º, II, "c" (que atribui competência exclusiva ao Chefe do Poder Executivo para a iniciativa de lei relativa a regime jurídico do servidor público), todos da Constituição Federal. – Por outro lado, é conveniente a suspensão da eficácia da Resolução em apreço, não só pela relevância da arguição de inconstitucionalidade dela, mas também por causa do interesse do público em geral e, em particular, dos serviços administrativos do Tribunal e da justiça de primeiro grau com a não redução da jornada de trabalho de todos os seus servidores. Liminar deferida para suspender, ex nunc e até o julgamento final desta ação, a eficácia da Resolução nº 04/00, de 13 de junho de 2000, do Órgão Especial do Tribunal de Justiça do Estado de Santa Catarina.

(ADI 2308 MC, Relator(a): Min. MOREIRA ALVES, Tribunal Pleno, julgado em 25/04/2001, DJ 05-10-2001 PP-00039 EMENT VOL-02046-02 PP-00358).

(...).
1. Muito embora tenha o art. 172 do CPC disciplinado, em linhas gerais, o período para a prática de ato processual – isto é, em dias úteis e das 6 às 20 horas –, o próprio dispositivo, em seu parágrafo terceiro, remete à "lei de organização judiciária local" a fixação do horário de expediente forense que deve ser disponibilizado aos litigantes. No caso vertente, a verificação da tempestividade do ato processual em discussão (interposição da apelação) não se resume unicamente ao cumprimento do dispositivo em testilha, porque sua realização se deu através do sistema de protocolo integrado, o qual, por sua vez, também é disciplinado por regras locais, notadamente, pela Resolução nº 14/2007 do TJPR. Nesse passo, é a legislação local que regula as especificidades do manejo do recurso via postal, sendo que, a partir destas regras é que se poderá aferir a tempestividade do apelo.
(...).
(AgRg no AREsp 303.205/PR, Rel. Ministro LUIS FELIPE SALOMÃO, QUARTA TURMA, julgado em 07/05/2013, DJe 16/05/2013)

A importância de se observar a prática do ato processual no horário de expediente reflete inclusive na tempestividade do ato. Nesse sentido, eis os seguintes precedentes:

(...).
1. De acordo com a Lei n. 9.800/99, existe a possibilidade de utilização de fac-símile para transmissão de petições e documentos. 2. No caso, apesar do agravo regimental ter sido enviado, via fax, no dia 30/3/2012, o documento chegou a este Sodalício apenas às

19:44 horas, e, dessa forma, só restou protocolado em 2/4/2012, portanto, intempestivo. 3. O protocolo judicial na Corte encerra-se às 19 horas, motivo pelo qual o recurso teria que ter sido enviado até esse horário para que fosse protocolado na mesma data. 4. Agravo regimental não conhecido." 6. Agravo regimental DESPROVIDO.

(ARE 734507 AgR, Relator(a): Min. LUIZ FUX, Primeira Turma, julgado em 10/09/2013, *PROCESSO ELETRÔNICO DJe-187 DIVULG 23-09-2013 PUBLIC 24-09-2013)*.

Nova orientação do Plenário do Supremo Tribunal Federal permite a comprovação da suspensão do prazo e da consequente tempestividade do recurso no momento da interposição do agravo regimental. O agravo interposto da decisão que não admitiu o recurso extraordinário é intempestivo, porquanto protocolado no Tribunal de origem após o decurso do prazo legal. É firme a jurisprudência desta Corte no sentido de que é irrelevante a data da postagem do recurso nos Correios. Agravo regimental a que se nega provimento.

(ARE 709691 AgR, Relator(a): Min. JOAQUIM BARBOSA (Presidente), Tribunal Pleno, julgado em 19/06/2013, ACÓRDÃO ELETRÔNICO DJe-157 DIVULG 12-08-2013 PUBLIC 13-08-2013) .

1. Considera-se intempestivo o recurso quando, apesar de interposto via fax dentro do prazo legal, o original tenha sido protocolado nesta Corte somente depois de expirado o prazo legal do art. 3º da Lei nº 9.800/99. 2. O patrono do recorrente, de modo expresso, admitiu a intempestividade do protocolo, alegando o feriado de carnaval como meio de abonar a falha. 3. A redução do horário de expediente nesta Corte não é motivo de suspensão de prazo. 4. Agravo interno não provido.

(Rcl 4551 AgR-ED-AgR, Relator(a): Min. DIAS TOFFOLI, Tribunal Pleno, julgado em 30/11/2011, ACÓRDÃO ELETRÔNICO DJe-022 DIVULG 31-01-2012 PUBLIC 01-02-2012)

Supremo Tribunal Federal firmou entendimento de que o fechamento das agências bancárias em seu horário habitual, ainda que anterior ao término do expediente forense, não é causa para ensejar legítimo o pagamento do preparo após o prazo recursal. Agravo regimental a que se nega provimento.

(AI 637204 AgR, Relator(a): Min. EROS GRAU, Segunda Turma, julgado em 26/06/2007, DJe-082 DIVULG 16-08-2007 PUBLIC 17-08-2007 DJ 17-08-2007 PP-00082 EMENT VOL-02285-16 PP-03286).

Ainda sobre o tema, eis os seguintes precedentes do S.T.J.:

ART. 212

(...).

2. *"O Superior Tribunal de Justiça pacificou o entendimento de que é inadmissível o protocolo de petição recursal após o horário do expediente forense estabelecido pela lei de organização judiciária local" (AgRg nos EREsp 1.307.036/PI, Rel. Min. João Otávio de Noronha, Corte Especial, DJe 29/5/2013).*

3. *A observância do momento certo para que se tenham como findos os prazos para a prática de atos processuais visa preservar o tratamento igualitário entre as partes, sob pena de se implantar um regime aberto à fraude e à incerteza.*

4. *Na espécie, protocolizada a petição de apelação após as 19 horas do último dia do respectivo prazo, ainda que recebida por servidor que estava na secretaria da vara, resta patente sua intempestividade.*

5. *Recurso especial provido para reconhecer a intempestividade da apelação interposta na origem pela ora recorrida e determinar o retorno dos autos ao Tribunal de origem para que prossiga no julgamento da apelação dos autores como entender de direito.*

(REsp 1384238/DF, Rel. Ministro RICARDO VILLAS BÔAS CUEVA, TERCEIRA TURMA, julgado em 17/09/2013, DJe 23/09/2013)

1. *A jurisprudência do STJ é no sentido de que é intempestivo o recurso interposto no último dia do prazo após o encerramento do horário de expediente. Precedentes.*

2. *Agravo regimental a que se nega provimento.*

(AgRg no Ag 955.824/MG, Rel. Ministro RAUL ARAÚJO, QUARTA TURMA, julgado em 28/05/2013, DJe 24/06/2013).

1. *O Superior Tribunal de Justiça pacificou o entendimento de que é inadmissível o protocolo de petição recursal após o horário do expediente forense estabelecido pela lei de organização judiciária local.*

2. *"Não cabem embargos de divergência, quando a jurisprudência do Tribunal se firmou no mesmo sentido do acórdão recorrido" (Súmula n.168/STJ).*

3. *Agravo regimental desprovido.*

(AgRg nos EREsp 1307036/PI, Rel. Ministro JOÃO OTÁVIO DE NORONHA, CORTE ESPECIAL, julgado em 15/05/2013, DJe 29/05/2013)

2. *Não se conhece de recurso especial interposto após o encerramento do horário de expediente, nos termos do artigo 172, § 3º, do Código de Processo Civil, dispositivo também aplicável à ação popular quanto ao ato que "tiver que ser praticado em determinado prazo, por meio de petição".*

3. *Agravo regimental não provido.*

(AgRg no AREsp 273.964/RJ, Rel. Ministro CASTRO MEIRA, SEGUNDA TURMA, julgado em 23/04/2013, DJe 02/05/2013)

CÓDIGO DE PROCESSO CIVIL

1. A tempestividade do recurso é verificada pela data do protocolo estampada na petição.

2. É intempestivo o recurso transmitido via fac-símile no último dia do prazo recursal após o expediente forense.

Embargos de declaração rejeitados, com aplicação de multa.

(EDcl nos EDcl no AgRg no AREsp 20.532/SP, Rel. Ministro HUMBERTO MARTINS, SEGUNDA TURMA, julgado em 25/09/2012, DJe 02/10/2012)

– A protocolização de petições e recursos deve ser efetuada dentro do horário de expediente regulado pela lei local, ao teor do art.172, § 3º, do CPC. Na hipótese, protocolada a apelação após o encerramento do expediente, no último dia do prazo recursal, no regime do plantão judiciário, é intempestivo o recurso interposto agravado.

– Agravo não provido.

(AgRg no AREsp 96.048/PI, Rel. Ministra NANCY ANDRIGHI, TERCEIRA TURMA, julgado em 16/08/2012, DJe 22/08/2012)

1. É intempestivo o recurso especial interposto após o prazo de 15 dias, consoante dispõe o art. 508 do Código de Processo Civil.

2. Para fins de demonstração da tempestividade do recurso, incumbe à parte, no momento da sua interposição, comprovar a ocorrência de feriado, suspensão dos prazos processuais de âmbito regional ou até mesmo a ocorrência de eventos diferenciados, os quais culminem em encerramento do expediente antes do horário normal de funcionamento do órgão judicial, por meio de certidão ou portaria expedida pelo Tribunal ou outro documento oficial. Precedentes.

3. Constata-se, na espécie, que a recorrente, apesar de indicar a existência de expediente diferenciado para o dia 25.6.2010, olvidou-se de juntar aos autos a documentação oficial comprobatória do fato alegado.

4. Agravo regimental não provido.

(AgRg nos EDcl no REsp 1307344/RJ, Rel. Ministro CASTRO MEIRA, SEGUNDA TURMA, julgado em 07/08/2012, DJe 21/08/2012)

1. Trata-se, na origem, de mandado de segurança, com pedido de medida liminar, impetrado em face do ato praticado pela Juíza de Direito da Comarca de Três Marias com o objetivo de propiciar ao ora recorrente o exercício pleno de suas atividades advocatícias, por meio de atendimento por algum dos servidores presentes do fórum da citada comarca, no período matutino, quando lá estiverem.

ART. 212

2. *Esta Corte solidificou o entendimento segundo o qual é suficiente para impor ao serventuário a obrigação de atender ao advogado a circunstância de se encontrar no recinto da repartição no horário de expediente ou fora dele. Precedentes.*
3. *Recurso ordinário em mandado de segurança provido.*
(RMS 31.969/MG, Rel. Ministro MAURO CAMPBELL MARQUES, SEGUNDA Turma.

– *Os atos processuais devem ser praticados no curso do horário regular, não podendo ser recebida apelação após o fechamento do protocolo geral.*
– *As leis de organização judiciária devem obedecer ao limite previsto no caput do art. 172 do CPC na fixação do horário para a realização dos atos processuais, seja, de seis às vinte horas, não se admitindo, todavia, o recebimento de petição fora do horário de funcionamento do protocolo, ainda que em horário de expediente, sob pena de violação ao preceito contido no § 3º do mesmo dispositivo.*
– *Recurso especial não conhecido.*
(REsp 299.509/RS, Rel. Ministro VICENTE LEAL, SEXTA TURMA, julgado em 10/04/2001, DJ 28/05/2001, p. 222)TURMA, julgado em 23/08/2011, DJe 30/08/2011).

O *§1º do art. 212* do novo C.P.C. aduz que *serão concluídos após as 20 (vinte) horas os atos iniciados antes, quando o adiamento prejudicar a diligência ou causar grave dano.*
A audiência ou sessão de julgamento, ou, ainda, a hasta pública que tiver sido iniciada antes das vinte horas, poderá prorrogar-se para depois desse horário caso o seu adiamento possa prejudicar a diligência ou causar grave dano.
A análise do prejuízo ou do grave dano é feita caso a caso, dependendo de cada circunstância fática.
O *§2º do art. 212* do novo C.P.C. prescreve que *independentemente de autorização judicial, as citações, intimações e penhoras poderão realizar-se no período de férias forenses, onde as houver, e nos feriados ou dias úteis fora do horário estabelecido no artigo, observado o disposto no art. 5º, inciso XI, da Constituição Federal.*
Este parágrafo abre uma exceção para que determinados atos processuais, como as citações, intimações e penhoras possam ser realizadas no período de férias, nos feriados e ou dias úteis fora do horário entre as seis e vinte horas.
O C.P.C. de 1973, assim como a redação originária do Projeto de Lei 166 do Senado federal, apenas permitia essa possibilidade à penhora e à citação, não havendo previsão para a intimação.
Outra importante diferenciação entre este dispositivo e o dispositivo revogado é que esses atos, penhora, citação e intimação, poderão ser realizados em

domingos e feriados ou em horários diferenciados, *sem necessitar de autorização judicial.*

Pelo dispositivo revogado, a realização desses atos em domingos ou feriados ou em horários distintos somente seria permitida por decisão judicial.

De qualquer forma, esses atos processuais, penhora, citação ou intimação deverão ser realizados mediante observação do disposto no inciso XI do art. 5º da C.F. que assim dispõe: *"a casa é asilo inviolável do indivíduo, ninguém nela podendo penetrar sem consentimento do morador, salvo em caso de flagrante delito ou desastre, ou para prestar socorro, ou, durante o dia, por determinação judicial".*

Assim, para que o oficial de justiça possa ingressar na casa, de dia, a fim de realizar esses atos processuais, seja em que situação for, dependerá de autorização judicial.

Por sua vez o *§3º do art. 212 do atual C.P.C.* prescreve que *quando o ato tiver que ser praticado por meio de petição em autos não eletrônicos, essa deverá ser protocolada no horário de funcionamento do fórum ou tribunal, conforme o disposto na lei de organização judiciária local*

Emenda da Câmara dos Deputados expressamente ressalva a prática eletrônica de ato processual, que poderá ocorrer até o último dia do prazo.

Sendo o processo em papel, a petição somente poderá ser protocolizada em juízo no prazo estabelecido para funcionamento do protocolo, inclusive do protocolo integralizado.

No caso da Justiça Federal, o protocolo permanece funcionando ao público externo até às vinte horas.

Art. 213
A prática eletrônica de ato processual pode ocorrer em qualquer horário até as 24 (vinte e quatro) horas do último dia do prazo.

Parágrafo único. O horário vigente no juízo perante o qual o ato deve ser praticado será considerado para fins de atendimento do prazo.

Prática eletrônica de ato processual
O processo eletrônico é realizado de acordo com a Lei n. 11.419 de 19 de dezembro de 2006.

Através do uso de meio eletrônico na tramitação de processos judiciais, permite-se a comunicação de atos e transmissão de peças processuais.

O processo eletrônico aplica-se, indistintamente, aos processos civis, penais e trabalhistas, bem como aos juizados especiais, em qualquer grau de jurisdição.

ART. 213

O artigo 3º e seu parágrafo único da Lei n. 11.419/06 estabelece que se considera realizado o ato processual por meio eletrônico no dia e hora do seu envio ao sistema do Poder Judiciário, devendo ser fornecido protocolo eletrônico.

Quando a petição eletrônica for enviada para atender prazo processual, serão consideradas tempestivas as transmitidas até as 24 (vinte e quatro) horas do seu último dia.

É importante ainda salientar que no caso de atos processuais que visem a interromper prescrição, decadência ou preclusão, tal prática não pode ocorrer após as 24 (horas) horas.

A Resolução n. 17, de 26 de março de 2010, regulamenta o processo eletrônico no âmbito do TRF 4ª Região.

O art. 2º da Resolução n. 17 afirma que 'a partir da implantação do e-Proc em cada unidade judiciária, somente será permitido o ajuizamento de processos judiciais por este sistema, regulado pela Lei n. 11.419, de 19 de dezembro de 2006, e pela Resolução n. 64, de 17 de novembro de 2009, da Presidência do Tribunal Regional Federal da 4ª Região, e pelo disposto nesta resolução'.

Por sua vez, nenhuma petição será recebida em meio físico, exceto habeas corpus impetrado por pessoa física, não advogado, hipótese em que o juízo a que for distribuído providenciará a inserção no e-Proc.

O §2º do art. 2º da referida resolução prescreve que as petições iniciais de ações, recursos, incidentes e demais procedimentos originários do Tribunal Regional Federal da 4ª região, cujo processo na origem tramita em meio físico, serão ajuizados no e-Proc, devendo o signatário digitalizar e anexar as demais peças.

Por sua, prescreve o art. 6º e parágrafos da aludida resolução:

"Art. 6º O acesso ao e-Proc para consulta ou movimentação processual será disponibilizado ininterruptamente.

§1º Na hipótese de indisponibilidade do sistema, deverão ser adotadas as seguintes providências:

I – nas interrupções programadas, determinadas pela autoridade competente, as medidas indicadas no ato que as anunciar;

II – nos demais casos, o registro da ocorrência no sistema com a indicação da data e hora do início e do término da indisponibilidade;

§2º Havendo indisponibilidade superior a 30 (trinta) minutos, ocorridas após as 13 (treze) horas, e por qualquer tempo após as 23 (vinte e três) horas do último dia do prazo, o sistema providenciará a prorrogação automática para o primeiro dia útil seguinte à resolução do problema, lançando-se registro da ocorrência no respectivo processo.

§3º Considera-se indisponibilidade por motivo técnico a interrupção de acesso ao sistema decorrente de falha nos equipamentos e programas de bancos de dados do Judiciário, na aplicação e conexão com a Internet, certificada pela coordenação técnica do e-Proc ou pelos responsáveis pelo controle da manutenção da conexão desses equipamento e programas à Internet.

§4º Não se aplica a regra prevista no §1º à impossibilidade de acesso ao sistema que decorrer de falha nos equipamentos ou programas dos usuários ou em suas conexões à Internet.

§5º À exceção do §2º, o juiz da causa poderá determinar eventual prorrogação de prazo em curso, inclusive quando o acesso à Internet decorrer de problemas referidos no §4º, cabendo à respectiva secretaria cumprir a decisão em cada processo.

§6º Em caso de indisponibilidade absoluta do e-Proc, devidamente certificada, e para o fim de evitar perecimento de direito ou ofensa à liberdade de locomoção, a petição inicial poderá ser protocolada em meio físico para distribuição manual por quem for designado pelo Presidente do Tribunal Regional Federal da 4ª Região ou pelo Diretor do Foro, com posterior digitalização e inserção no sistema pelo juízo a que for distribuída.

§7ºNos casos do parágrafo anterior, o juiz distribuidor comunicará à Corregedoria Regional da Justiça Federal da 4º Região, para fins de registro".

Sobre o tema, eis os seguintes precedentes do S.T.J.:

1. Quando a petição é apresentada por meio eletrônico, é irrelevante, para se conhecer do recurso, eventual assinatura no documento físico ou, até mesmo, a ausência dela. Nesses casos, a validade e existência do documento estão condicionadas à existência de procuração ou substabelecimento outorgado ao titular do certificado digital, ou seja, ao advogado que assinou digitalmente a petição.

(...).

(EDcl nos EDcl no AgRg no Ag 1165174/SP, Rel. Ministro JOÃO OTÁVIO DE NORONHA, TERCEIRA TURMA, julgado em 10/09/2013, DJe 16/09/2013).

(...).

1. "A prática eletrônica de ato judicial, na forma da Lei n.11.419/2006, reclama que o titular do certificado digital utilizado possua procuração nos autos, sendo irrelevante que na petição esteja ou não grafado o seu nome" (AgRg no REsp 1347278/RS, Rel. Ministro LUIS FELIPE SALOMÃO, CORTE ESPECIAL, julgado em 19/06/2013, DJe 01/08/2013).

(REsp 1353945/MG, Rel. Ministro SIDNEI BENETI, TERCEIRA TURMA, julgado em 17/09/2013, DJe 23/09/2013)

(...).

2. É firme o entendimento desta Corte Superior de Justiça no sentido de se considerar inexistente o recurso interposto, via processamento eletrônico, de forma incompleta, impossibilitando sua exata compreensão, sendo de inteira responsabilidade da parte sua correta transmissão para o protocolo.

3. "O agravo regimental foi interposto por meio eletrônico, mas a petição está incompleta. Esta Corte possui entendimento de que é ônus do usuário do sistema de processamento eletrônico diligenciar pela correta transmissão do documento enviado, arcando com eventual protocolização incompleta do seu recurso." (AgRg no REsp 1.097.067/SE, Rel. Min. LUIS FELIPE SALOMÃO, DJe 27/06/2013)

(...).

(AgRg no AREsp 294.910/RO, Rel. Ministro JORGE MUSSI, QUINTA TURMA, julgado em 27/08/2013, DJe 09/09/2013)

(...).

2. Irrelevante o envio anterior, quando ainda no curso do prazo, da petição do recurso, sem assinatura, por meio de correio eletrônico, devendo-se considerá-la inexistente. Precedentes.

3. Agravo regimental não conhecido.

(AgRg na MC 21.166/RJ, Rel. Ministra MARIA ISABEL GALLOTTI, QUARTA TURMA, julgado em 15/08/2013, DJe 23/08/2013).

1. Não havendo identidade entre o titular do certificado digital utilizado para assinar o documento e o nome do advogado indicado como subscritor da petição, deve a peça ser tida como inexistente, haja vista o descumprimento do disposto nos arts. 1º, § 2º, inciso III, e 18 da Lei nº 11.419/2006 e nos arts. 18, § 1º, e 21, inciso I, da Resolução STJ nº 1, de 10 de fevereiro de 2010.

2. Agravo regimental não conhecido.

(AgRg nos EDcl no MS 19.863/GO, Rel. Ministro RICARDO VILLAS BÔAS CUEVA, SEGUNDA SEÇÃO, julgado em 26/06/2013, DJe 05/08/2013)

(...).

4. Quanto à tempestividade do Agravo de Instrumento interposto pelo ora agravado, a Corte local, no caso concreto, rejeitou a preliminar sob a seguinte motivação: De fato, o recurso foi interposto primeiramente perante o juízo agravado, em função de existir no sítio do SISTEMA PROJUDI (processo judicial eletrônico) um ícone que possibilitava a interposição eletrônica do recurso para o 2º grau, o que induziu o agravante ao erro, conforme alegado por ele em suas razões, por se tratar de processo

CÓDIGO DE PROCESSO CIVIL

judicial eletrônico. Alertado de que havia se equivocado, o agravante corrigiu seu erro, interpondo novamente o recurso, perante o órgão adequado, com prejuízo, contudo, do prazo recursal, que já estava esgotado. (...) entendo justo que o recurso do agravante seja considerado tempestivo, evitando, assim, que seja prejudicado por falha do sistema (fls. 194-195, e-STJ).

(...)

(AgRg no AREsp 276.389/PA, Rel. Ministro HERMAN BENJAMIN, SEGUNDA TURMA, julgado em 16/05/2013, DJe 22/05/2013)

1. Impõe-se o indeferimento liminar dos embargos de divergência interpostos após o prazo de 15 (quinze) dias – art. 266, § 3º, do RISTJ, c/c o art. 546, parágrafo único, do CPC.

2. O encaminhamento de petição ao STJ via correio eletrônico (e-mail), por ausência de norma regulamentar, não se mostra apto a afastar a intempestividade do recurso cuja petição original foi protocolizada fora do prazo legal.

3. Agravo regimental desprovido.

(AgRg nos EREsp 1119463/RO, Rel. Ministro JOÃO OTÁVIO DE NORONHA, CORTE ESPECIAL, julgado em 15/05/2013, DJe 29/05/2013)

1. Nos termos do art. 536 do Código de Processo Civil, é de cinco dias o prazo para a oposição de embargos de declaração. Tratando-se de processo eletrônico, consideram-se tempestivos os recursos cujas petições eletrônicas sejam recebidas no Superior Tribunal de Justiça até as vinte e quatro horas do último dia do prazo, nos termos da Lei nº 11.419/2006.

2. No caso ora examinado, o prazo recursal, iniciado em 12/11/2012, se encerrou em 16/11/2012, mas os embargos, enviados por petição eletrônica, somente foram recebidos nesta Corte em 17/11/2012, donde evidente a sua intempestividade.

3. Embargos de declaração não conhecidos.

(EDcl no MS 14.827/DF, Rel. Ministro MARCO AURÉLIO BELLIZZE, TERCEIRA SEÇÃO, julgado em 28/11/2012, DJe 04/12/2012)

1. A publicação foi realizada em nome de um dos advogados com procuração nos autos, estando perfeita a intimação. A questão do cadastramento para o peticionamento eletrônico e acesso aos autos é de responsabilidade dos advogados constituídos, não sendo cabível a devolução do prazo processual.

2. Nos termos do art. 258 do Regimento Interno deste Tribunal e do art. 557, § 1º, do Código de Processo Civil, o prazo para a oposição do agravo interno é de 5 (cinco) dias.

ART. 213

3. A decisão monocrática ora atacada foi publicada no dia 23.8.2012 (quinta-feira), começando o prazo a correr a partir do dia 24.8.2012 (sexta-feira). O prazo para a interposição do agravo esgotou-se no dia no dia 28.6.12 (terça-feira). Entretanto, a petição de agravo regimental foi interposta apenas no dia 29.8.2012, portanto, fora do prazo.

4. Agravo regimental não conhecido.

(AgRg no REsp 1320920/PE, Rel. Ministro MAURO CAMPBELL MARQUES, SEGUNDA TURMA, julgado em 20/09/2012, DJe 26/09/2012)

(...)

1. O Tribunal a quo negou provimento ao Agravo de Instrumento interposto contra decisão que determinou o desentranhamento de petição eletrônica, sob o fundamento de que a parte descumpriu o disposto na Portaria 258/2002 do Tribunal Regional Federal da 1ª Região (fl. 58).

2. Depreende-se que a presente controvérsia, a rigor, não teve origem em decisão acerca da informatização do processo judicial nos termos da Lei 11.419/2006, mas, sim, quanto ao recebimento de petição eletrônica enviada com base em permissivo infralegal anterior à vigência daquele diploma legal.

3. Antes da regulamentação da Lei 11.419/2006, o STJ inadmitiu o peticionamento eletrônico em seu âmbito. Em alguns precedentes, reconheceu-se expressamente que tal possibilidade era restrita às Ações Originárias, por haver resolução específica (AgRg no Ag 878.188/SP, Rel. Ministra Nancy Andrighi, Terceira Turma, DJ 27.8.2007, p. 236; AgRg no Ag 910.261/RN, Rel. Ministro Nilson Naves, Sexta Turma, DJ 19.11.2007, p. 309).

4. Mesmo no tocante à Lei 11.419/2006, o STJ entende que ela não é autoaplicável, razão pela qual se faz necessária a regulamentação do processo eletrônico. Por conseguinte, cabe ao jurisdicionado observar e cumprir esse regramento voltado para operacionalizar o novo modelo de prática dos atos processuais. Essa é a ratio decidendi dos seguintes precedentes: AgRg na SLS 988/BA, Rel. Ministro Cesar Asfor Rocha, Corte Especial, DJe 2.4.2009; REsp 1.206.470/PR, Rel. Ministro Benedito Gonçalves, Primeira Turma, DJe 23.11.2010; EDcl no AgRg no Ag 968.466/SP, Rel. Ministro Humberto Martins, Segunda Turma, DJe 20.8.2008; AgRg no AgRg no Ag 923.154/SP, Rel. Ministro Aldir Passarinho Júnior, Quarta Turma, DJe 15.9.2008; AgRg no AgRg no REsp 957.633/RS, Rel. Ministra Eliana Calmon, Segunda Turma, DJ 21.2.2008, p. 55).

(...).

(AgRg no REsp 1297152/GO, Rel. Ministro HERMAN BENJAMIN, SEGUNDA TURMA, julgado em 04/09/2012, DJe 24/09/2012)

CÓDIGO DE PROCESSO CIVIL

Estabelece o *parágrafo único do art. 213* do atual C.P.C. que o *horário vigente no juízo perante o qual o ato deve ser praticado será considerado para fins de atendimento do prazo.*

Poderá ocorrer que em determinada época haja diferença de fuso horário, especialmente pela implantação no Brasil do horário de verão.

Assim, nesta hipótese, o horário vigente para a prática do ato processual será considerado aquele existente no juízo perante o qual o ato deve ser praticado.

Art. 214

Durante as férias forenses e nos feriados, não se praticarão atos processuais, excetuando-se:

I – os atos previstos no art. 212, § 2º;

II – a tutela de urgência.

Férias forenses e feriados – prática de atos processuais

O dispositivo é claro no sentido de que não se devem praticar atos processuais durante as férias forenses e nos feriados.

Ocorre que o art. 93, inc. XII, da Constituição Federal, preceitua que *"a atividade jurisdicional será ininterrupta, sendo vedado férias coletivas nos juízos e tribunais de 2º grau, funcionando, nos dias em que não houver expediente forense normal, juízes em plantão permanente.*

Portanto, a partir da nova redação do art. 93, inc. XII, da Constituição Federal, não há mais férias coletivas em juízo de primeiro e segundo graus, razão pela qual a atividade jurisdicional não se interrompe em razão das férias individuais dos magistrados.

No caso, somente os Tribunais Superiores (S.T.F., S.T.J., T.S.T., T.S.M. etc) é que possuem férias coletivas nos meses de janeiro e julho de cada ano, aplicando-se, nestes casos, o art. 214 do novo C.P.C.

O art. 81 do Regimento Interno do STJ prescreve que há férias coletivas dos dias 2 a 31 de janeiro e 2 a 31 de julho. O mesmo dispositivo encontra-se nos arts. 78 a 105 do Regimento Interno do STF.

Em relação aos feriados, pode-se dizer que são feriados nacionais os dias 1º de janeiro, 21 de abril, 1º de maio, 7 de setembro, 2 de novembro, 15 de novembro e 25 de dezembro, 12 de outubro, e o dia em que se realizam eleições de datas fixadas na Constituição Federal.

ART. 214

São feriados forenses, em todo o país, os sábados e domingos, o dia 8 de dezembro, a terça-feira de Carnaval e a sexta-feira santa.

São feriados na Justiça Federal: a segunda e terça-feira de Carnaval, a quarta-feira Santa até o domingo de Páscoa, 11 de agosto, 1 e 2 de novembro.

A Lei 9.093 de 12 de setembro de 1995 regulamenta os feriados nos seguintes termos:

"*Art. 1º São feriados civis:*

I – os declarados em lei federal;

II – a data magna do Estado fixada em lei estadual.

III – os dias do início e do término do ano do centenário de fundação do Município, fixados em lei municipal. (Inciso incluído pela Lei nº 9.335, de 10.12.1996)

Art. 2º São feriados religiosos os dias de guarda, declarados em lei municipal, de acordo com a tradição local e em número não superior a quatro, neste incluída a Sexta-Feira da Paixão.

Art. 3º Esta Lei entra em vigor na data de sua publicação.

Art. 4º Revogam-se as disposições em contrário, especialmente o art. 11 da Lei nº 605, de 5 de janeiro de 1949.

Brasília, 12 de setembro de 1995; 174º da Independência e 107º da República".

Há ainda o recesso forense que era compreendido entre os dias 20 de dezembro a 6 de janeiro, inclusive.

O art. 220 do novo C.P.C. prescreve que se suspende o curso do prazo processual nos dias compreendidos entre 20 de dezembro e 20 de janeiro, inclusive.

Por sua vez, o §1º do art. 220 do novo C.P.C. estabelece que "*ressalvadas as férias individuais e os feriados instituídos por lei, os juízes, os membros do Ministério Público, da Defensoria Pública e da Advocacia Pública, e os auxiliares da Justiça exercerão suas atribuições durante o período no 'caput'.*

Já o §2º do mesmo dispositivo preconiza que "*durante a suspensão do prazo, não realizará audiências nem sessões de julgamentos.*

Devem-se observar ainda os feriados forenses estaduais e os feriados municipais como dias não hábeis para a prática de atos processuais.

Outro aspecto importante é que no processo eletrônico as partes poderão praticar atos processuais como peticionar ou ingressar com demandas a qualquer horário e em qualquer dia, útil ou não.

Diante da praticidade do sistema eletrônico e de sua própria sistemática não há porque impedir que a parte também ingresse no sistema em dia de feriados ou férias forenses. Contudo, a eficácia desse ato somente poderá ocorrer a partir do primeiro dia útil após o feriado ou as férias forenses, uma vez que em feriados e férias forenses não se pode praticar ato processual, salvo as exceções previstas no próprio C.P.C.

Da mesma forma, o magistrado poderá proferir sentença nos dias de feriados ou férias forenses e introduzir sua minuta no sistema eletrônico, que no caso da Justiça Federal da 4ª Região é denominado de GEDPRO. Contudo, a eficácia do ato processual somente ocorrerá no primeiro dia útil a seguir das férias ou do feriado.

O art. 214 do novo C.P.C. estabelece as hipóteses em que é possível praticar atos processuais mesmo durante as férias ou os feriados forenses. Tal prerrogativa é permitida para os casos: a) atos previstos no art. 212, §2º, do atual C.P.C., que assim dispõe: *independentemente de autorização judicial, as citações, intimações e penhoras poderão realizar-se no período de férias forenses, onde as houver, e nos feriados ou dias úteis fora do horário estabelecido no artigo, observado o disposto no art. 5º, inciso XI, da Constituição Federal;* b) a tutela de urgência, seja ela satisfativa ou cautelar.

O parágrafo único do art. 169 da redação originária do Projeto de Lei do Senado n. 166/10 estabelecia que: o prazo para a resposta do réu só começará a correr no primeiro dia útil seguinte ao feriado ou às férias forenses.

Muito embora o substituto apresentado pelo Relatório Final do Senado federal não tenha inserido a regra do parágrafo único do art. 169 do C.P.C., tal fato não significa dizer que o prazo para a resposta do réu começa a ocorrer em dia de férias forenses ou feriado, uma vez que o art. 219 do novo C.P.C. é peremptório ao afirmar: *na contagem do prazo em dias, estabelecido pela lei ou pelo juiz, computar-se-ão somente os úteis.*

Além do mais, não obstante as alterações do novo C.P.C., continua em vigor a Súmula 310 do S.T.F. que assim dispõe: *"quando a intimação tiver lugar na sexta-feira, ou a publicação com efeito de intimação for feita nesse dia, o prazo judicial terá início na segunda-feira imediata, salvo se não houver expediente, caso em que começara no primeiro dia útil que se seguir".*

Portanto, muito embora o réu possa ser citado em dia de feriado ou férias forenses, e tendo em vista que o prazo para a resposta do réu conta-se em dias, a contagem desse prazo somente começa a ocorrer no primeiro dia útil que se seguir.

O S.T.J. já entendeu que sentença proferida por juiz em férias é válida. Nesse sentido é o seguinte precedente:

> I – *Esta Corte já se pronunciou no sentido de que a "sentença proferida por juiz do feito, em férias, mesmo havendo substituto, é válida", conforme consignado no*

ART. 214

voto-vista do Exmº Sr. Ministro Adhemar Maciel (RHC 2130/RJ, 6ª Turma, Rel. Ministro José Cândido de Carvalho Filho, publicado no DJ de 15/02/1993). Na mesma linha: HC 9209/PR, 5ª Turma, de minha relatoria, publicado no DJ de 27/09/1999.

II – O c. Pretório Excelso também já decidiu no sentido de que "não há lei que proíba que o Juiz trabalhe durante as férias, não havendo qualquer impedimento sob o aspecto da prestação da tutela jurisdicional" (HC 76874-1/DF, 2ª Turma, Rel. Ministro Maurício Corrêa, DJ de 30/10/98).

(...).

(HC 79.476/PR, Rel. Ministro FELIX FISCHER, QUINTA TURMA, julgado em 19/06/2007, DJ 20/08/2007, p. 301)

Sobre o tema eis ainda os seguintes precedentes:

(...).

O atraso na emissão da guia de recolhimento pela secretaria do tribunal configura obstáculo judicial ao depósito exigido no artigo 488, II, do Código de Processo Civil, tornando inviável o cumprimento do prazo legal. Suspenso o processo em virtude de férias forenses, e expedida a guia para depósito somente oito dias após findo o recesso, faz-se imprescindível a intimação da parte.

Recurso especial provido.

(REsp 525.792/RJ, Rel. Ministro CASTRO FILHO, TERCEIRA TURMA, julgado em 14/11/2006, DJ 04/12/2006, p. 295)

(...).

I. O princípio da preclusão consumativa impede que o preparo seja efetuado no dia subsequente ao da interposição da apelação, ainda que em ambas as datas estivessem em curso as férias forenses.

II. Importa para a aferição da deserção a concomitância da protocolização do recurso e a data do recolhimento das custas respectivas, porquanto se não se admite pagamento a posteriori, ainda que sobejasse prazo para apelação. Tal orientação não sofre modificação pela circunstância de as férias forenses interromperem o prazo. Em ambas as situações incide a preclusão consumativa, que tem a ver exclusivamente com a prática do ato recursal, não com o não-esgotamento do que era originariamente disponibilizado à parte.

(REsp 659.045/ES, Rel. Ministro ALDIR PASSARINHO JUNIOR, QUARTA TURMA, julgado em 07/03/2006, DJ 17/04/2006, p. 201)

Art. 215
Processam-se durante as férias forenses, onde as houver, e não se suspendem pela superveniência delas:

I – os procedimentos de jurisdição voluntária e os necessários à conservação de direitos, quando puderem ser prejudicados pelo adiamento;

II – a ação de alimentos e os processos de nomeação ou remoção de tutor e curador;

III – os processos que a lei determinar.

Causas que se processam durante as férias
A regra processual prevista no art. 215 do atual C.P.C. complementa os três artigos anteriores.

Enquanto os demais proíbem a prática de atos processuais em dias não úteis, este último permite a realização de procedimentos que podem validamente ser realizados no período de férias forenses, nelas tendo início e curso.

A primeira hipótese (*inc. I do art. 215* do atual C.P.C.) diz respeito aos *procedimentos não contenciosos ou jurisdição voluntária.*

Os procedimentos não contenciosos ou de jurisdição voluntária são regulados pelo novo C.P.C. no Capítulo XV deste Código.

Também se processam durante as férias os procedimentos *necessários à conservação de direitos, quando possam ser prejudicados pelo adiamento.*

Normalmente as tutelas provisórias de urgência, *satisfativas ou cautelares,* devem ser processadas nas férias e em feriados. São os denominados atos acautelatórios. Esses atos visam à proteção e à conservação de direitos. Esses atos são evidentemente acautelatórios e uma vez proporcionada a tutela de urgência e preservado o estado de fato, esgota-se o exercício da tutela jurisdicional durante as férias ou feriados.

O inc. II do art. 215 do novo C.P.C. diz também que se processam durante as férias *a ação de alimentos e os processos de nomeação ou remoção de tutor e curador.*

Contudo, em relação as causas de nomeação ou remoção de tutor e curador, este dispositivo é redundante, pois se trata de matéria já incluída na regra geral dos procedimentos não contenciosos ou de jurisdição voluntária.

É bem verdade que, conforme anota Egas D. Moniz de Aragão: *"Examinando a matéria no julgamento do RE 86.494, o Supremo Tribunal (nesse ponto por maioria) distinguiu 'atos de jurisdição voluntária', que se processam durante as férias e por estas não se suspendem, e 'procedimentos de jurisdição voluntária', que, à exceção dos indicados no inc. II ('dação ou remoção de tutores ou curadores') não estão abrangidos pelo inc. I. O argumento central consistiu em não se presumirem redundâncias na lei, o que ocorreria se a locução 'atos de jurisdição voluntária' compreendesse 'procedimentos de jurisdição voluntária' (tornando inócua a menção a dois destes no inc. II).*

A argumentação impressiona; nenhum motivo, porém, foi alinhado em prol da distinção ensaiada entre 'atos' e 'procedimentos' de jurisdição voluntária. Se é certo que não se presumem redundâncias na lei, isso não significa que nunca possam acontecer; segue-se que a tese exposta só terá aceitação se acompanhada da demonstração (que não foi feita) de 'atos de jurisdição voluntária', apesar de este ser composto por aqueles. Ao contrário, parece não haver base segura para tal distinção".[649]

O *inc. III do art.* 215 do novo C.P.C. aduz que se processam durante as férias *os processos que a lei determinar.*

Emenda da Câmara dos Deputados retirou a adjetivação (*federal*), permitindo com isso que a exceção possa ser introduzida também por lei estadual, pois os Estados também são competentes para legislar sobre procedimentos em matéria processual (art. 24, inc. XI da C.F.).

Sobre o tema eis os seguintes precedentes:

(...).

2. Com razão a parte embargante. A ação rescisória não está contemplada, de forma expressa ou tácita, como sendo ação que tenha curso regular no período de férias forenses. Assim, não é possível se ampliar a regra processual que está configurada nos artigos 174 e 275 do CPC, que veda a suspensão/prorrogação dos prazos forenses nas hipóteses em que especifica.

3. Não é relevante para a situação o fato de se tratar, na espécie, de férias forenses ou de recesso, uma vez que tanto em uma como em outra hipótese, os Tribunais mantêm em funcionamento regular os serviços de protocolo, o que se dá, inclusive, no âmbito desta Corte Superior. Também não repercute no desate do litígio a natureza prescricional ou decadencial conferida ao prazo.

4. Em verdade, ao se prorrogar o prazo para o primeiro dia útil, em razão de o lapso temporal se expirar no curso de férias forenses, está-se possibilitando à parte a opção de utilizar ou não esse favor legal. Contudo, não se mostra de direito o inverso, ou seja, retirar da parte o direito à prorrogação do prazo.

(...).

(EREsp 667.672/SP, Rel. Ministro JOSÉ DELGADO, CORTE ESPECIAL, julgado em 21/05/2008, DJe 26/06/2008).

---

[649] ARAGÃO, E. D. Moniz; *Comentários ao código de processo civil.* II Vol. Arts. 154 a 269. Rio de Janeiro: Forense, 1983. p. 97.

CÓDIGO DE PROCESSO CIVIL

– A interpretação sistemática dos arts. 173 e 174 do CPC conduz à conclusão de que, apesar de autônomo, o processo de execução segue o mesmo rito da ação de conhecimento na qual se originou o título executivo, máxime quando executado nos próprios autos, pelo que durante as férias forenses não se há que falar em suspensão de prazos quanto a este se regularmente tramita aquele, sendo, por conseguinte, intempestivos os embargos de declaração opostos após o prazo de cinco dias, a contar da intimação, ainda que ocorrida em pleno período de férias.

(...).

(REsp 401.018/ES, Rel. Ministro FRANCISCO PEÇANHA MARTINS, SEGUNDA TURMA, julgado em 09/08/2005, DJ 29/08/2005, p. 239)

Art. 216

Além dos declarados em lei, são feriados, para efeito forense, os sábados, os domingos e os dias em que não haja expediente forense.

Quais são os feriados

Em relação aos feriados, pode-se dizer que são feriados nacionais os dias 1º de janeiro, 21 de abril, 1º de maio, 7 de setembro, 2 de novembro, 15 de novembro e 25 de dezembro, 12 de outubro, e o dia em que se realizem eleições de datas fixadas na Constituição Federal.

São feriados forenses, em todo o país, os sábados e domingos, o dia 8 de dezembro, a terça-feira de Carnaval e a sexta-feira santa.

São feriado na Justiça Federal: a segunda e terça-feira de Carnaval, a quarta-feira santa até o domingo de Páscoa, 11 de agosto, 1 e 2 de novembro.

A Lei 9.093 de 12 de setembro de 1995 regulamenta os feriados nos seguintes termos:

> *Art. 1º São feriados civis:*
> *I – os declarados em lei federal;*
> *II – a data magna do Estado fixada em lei estadual.*
> *III – os dias do início e do término do ano do centenário de fundação do Município, fixados em lei municipal. (Inciso incluído pela Lei nº 9.335, de 10.12.1996)*
> *Art. 2º São feriados religiosos os dias de guarda, declarados em lei municipal, de acordo com a tradição local e em número não superior a quatro, neste incluída a Sexta-Feira da Paixão.*
> *Art. 3º Esta Lei entra em vigor na data de sua publicação.*

Art. 4º Revogam-se as disposições em contrário, especialmente o art. 11 da Lei nº 605, de 5 de janeiro de 1949.

Brasília, 12 de setembro de 1995; 174º da Independência e 107º da República".

Há ainda o recesso forense compreendido entre os dias 20 de dezembro a 20 de janeiro, inclusive.

São também feriados os sábados, os domingos e os dias em que não haja expediente forense.

O C.P.C. de 1973 considerava o sábado como dia útil para a prática de ato processual.

O novo C.P.C. insere o sábado e os domingos como similar a feriados.

SEÇÃO II – Do Lugar

Art. 217

Os atos processuais realizar-se-ão ordinariamente na sede do juízo, ou, excepcionalmente, em outro lugar em razão de deferência, de interesse da justiça, da natureza do ato ou de obstáculo arguido pelo interessado e acolhido pelo juiz.

Lugar de realização dos atos processuais

A regra geral é que os atos processuais devem ser realizados na sede do juízo.

Ocorre que é possível realizar o ato processual em local diferente, em razão de deferência. Neste caso, o julgamento pode ser deslocado para outro local, como, por exemplo, determinada universidade para melhor acompanhamento da comunidade universitária.

Também em razão de interesse da justiça pode o ato processual ser praticado em local diverso da sede do juízo. É possível que em razão de custo da prática do ato processual, o juiz possa escolher um local em que o custo financeiro seja reduzido.

Por fim, é possível a mudança do local em razão de obstáculo arguido pelo interessado e acolhido pelo juiz. Pode ocorrer que por falta de acesso a algum deficiente físico, o juiz permita a realização do ato processual em local que seja acessível àquele que tenha dificuldade física para comparecer à sede do juízo.

Emenda da Câmara dos Deputados também permitiu o deslocamento do ato processual da sede do juízo quando a natureza do ato processual o recomendar.

Seria o caso, por exemplo, da realização da *inspeção judicial* ou esclarecimento a serem feitos por perito no local da perícia.

Tal prática de deslocamento ocorre também nas demandas originárias promovidas perante os Tribunais, quando este órgão do Poder Judiciário desloca muitas vezes a instrução do processo ou realização de perícia para outros locais e para outros juízos.

CAPÍTULO III – Dos Prazos

SEÇÃO I – Das Disposições Gerais

Art. 218

Os atos processuais serão realizados nos prazos prescritos em lei.

§ 1º Quando a lei for omissa, o juiz determinará os prazos em consideração à complexidade do ato.

§ 2º Quando a lei ou o juiz não determinar prazo, as intimações somente obrigarão a comparecimento após decorridas 48 (quarenta e oito) horas.

§ 3º Inexistindo preceito legal ou prazo determinado pelo juiz, será de 5 (cinco) dias o prazo para a prática de ato processual a cargo da parte.

§ 4º Será considerado tempestivo o ato praticado antes do termo inicial do prazo.

Dos prazos processuais

Na série consequencial e sucessiva dos atos a serem realizados durante o procedimento processual, é princípio comezinho o momento cronológico no qual estes atos devem ser concretizados, inclusive no que concerne ao tempo para sua realização.

Segundo prescrevem Comoglio, Ferri e Taruffo, uma classificação dos prazos é traçada pelo art. 152 do C.P.C. italiano, em harmônica coordenação com os artigos 153-154:

> *"a) os prazos são, em geral, estabelecidos pela lei (assim denominados prazos legais);*
> *b) em via de exceção, quando a lei expressamente o consinta, esses podem ser estabelecidos também pelo juiz (são os denominados prazos judiciais);*

ART. 218

c) os prazos legais são, normalmente, ordinatórios, salvo quando a lei lhe declare expressamente peremptório;

d) os prazos judiciais podem ser peremptórios apenas nos casos em que a lei o preveja;

e) em todo caso, os prazos peremptórios não podem ser nunca abreviados ou prorrogados, nem mesmo por acordo das partes;

f) por sua vez, os prazos ordinatórios podem, antes de seu termo final, ser abreviados ou prorrogados pelo juiz, também de ofício.

g) a sua prorrogação não pode ter, de todo modo, uma duração superior ao prazo originário".[650]

Os prazos, na dinâmica da atividade processual, identificam o período de tempo entre o qual (ou ao expirar do qual) aqueles atos podem (ou devem) ser validamente cumpridos.

Em regra, os prazos processuais são determinados pelo próprio Código de Processo Civil. São exemplos de prazos fixados pelo C.P.C.: a) prazo de quinze dias para o beneficiário de gratuidade de justiça se manifestar sobre sua impugnação (art. 98, §8º, e art. 100); b) exibição de procuração no prazo de quinze dias (art. 104, §1º); d) prazo de cinco dias para o advogado indicar a mudança de endereço (art. 106, §1º); d) revogação de mandato e constituição de procurador no prazo de quinze dias; etc.

Quando a lei for omissa, o juiz determinará os prazos em consideração à complexidade do ato, conforme estabelece o §1º do art. 216 do atual C.P.C.

O juiz deverá harmonizar a complexidade da realização do ato processual com o princípio da *razoável duração do processo*.

Exemplos de atos processuais cujo prazo é fixado pelo juiz: a) O disposto no art. 76 do novo C.P.C. prescreve que se verificando a incapacidade processual ou a irregularidade da representação das partes, o juiz suspenderá o processo, marcando prazo razoável para ser sanado o vício; b) o depósito da multa fixada pelo juiz nos termos do §3º do art. 77; c) o juiz determinará ao autor que requeira a citação de todos que devam ser litisconsorte, no prazo que assinar, nos termos do p.u. do art. 115 etc.

Quando a lei ou o juiz não determinar prazo, as intimações somente obrigarão a comparecimento após decorridas quarenta e oito horas (*§2º do art. 216* do atual C.P.C.).

Houve uma alteração de vinte e quatro para quarenta e oito horas.

---

[650] COMOGLIO, Luigi Paolo; FERRI, Corrado; TARUFFO, Michele. *Lezioni sul processo civile. I. Il processo ordinário di cognizione.* Bologna: Il Mulino, 2006. p. 327.

Preceitua o *§ 3º do art. 216* do atual C.P.C. que *inexistindo preceito legal ou prazo determinado pelo juiz, será de 5 (cinco) dias o prazo para a prática de ato processual a cargo da parte.*

Sobre o tema, eis os seguintes precedentes do S.T.J.:

(...).

2. O prazo de 48 horas disposto no art. 915, § 2º, do CPC, não é peremptório, permitindo flexibilização pelo julgador, conforme a complexidade das contas a serem prestadas.

(...).

Nesse contexto, constatada a complexidade dos cálculos e a impossibilidade de prestação das contas no termo fixado na primeira fase da respectiva ação, agiu com acerto o Juiz ao admitir fosse a obrigação cumprida num prazo maior, razoável e condizente com a realidade dos fatos.

4. O princípio norteador das nulidades processuais é aquele haurido do direito francês – pas de nullité sans grief – segundo o qual não se declara a nulidade se ausente efetivo prejuízo.

5. Recurso especial a que se nega provimento.

(REsp 1194493/RJ, Rel. Ministra NANCY ANDRIGHI, TERCEIRA TURMA, julgado em 23/10/2012, DJe 30/10/2012)

(...).

2. A LC Estadual 145/2009 alterou o art. 94 da LC Estadual 100/2007, que passou a ter a seguinte redação: "Além dos fixados em lei, são feriados no âmbito da Justiça Estadual, os dias 23, 25, 26, 27, 28, 29 e 30 de junho; 11 de agosto; 24, 26, 27, 28, 29, 30 e 31 de dezembro". Nesse contexto, é aplicável o disposto no art. 178 do CPC, in verbis: "O prazo, estabelecido pela lei ou pelo juiz, é contínuo, não se interrompendo nos feriados".

3. Assim, publicado o acórdão recorrido em 15.12.2009 e iniciado o prazo recursal no dia seguinte, encerrou-se no dia 30.12.2009, prorrogando-se para o primeiro dia útil subsequente, ou seja, 4 de janeiro de 2010. Considerando que o recurso especial foi interposto apenas em 8 de janeiro de 2010, é manifesta sua intempestividade, porquanto inobservado o prazo previsto no art. 508 do CPC.

4. Agravo regimental não provido.

(AgRg no Ag 1396520/PE, Rel. Ministro MAURO CAMPBELL MARQUES, SEGUNDA TURMA, julgado em 24/05/2011, DJe 31/05/2011)

ART. 218

(...).

2. *Consoante entendimento desta Corte Superior, o prazo fixado pelo juiz para que o autor apresente, no processo, o instrumento de mandato (art. 13, I do CPC) não é peremptório, podendo o vício ser sanável até o momento da prolação da sentença. Contudo, se o juiz fixa prazo para que o autor sane tal vício, e a parte não pratica o ato que lhe foi facultado, sobrevindo sentença declarando a nulidade do processo, aí, sim, restará a nulidade insanável. Incidência da Súmula nº 83/STJ.*

3. *Agravo regimental a que se nega provimento.*

(AgRg no Ag 1037688/SP, Rel. Ministro VASCO DELLA GIUSTINA (DESEMBARGADOR CONVOCADO DO TJ/RS), TERCEIRA TURMA, julgado em 05/04/2011, DJe 14/04/2011)

(...). *o juiz "permitirá à parte a prática do ato no prazo que lhe assinar". não se trata de um dispositivo mandamental ao magistrado, mas tão somente autorizativo.*

(AgRg no Ag 1152621/PR, Rel. Ministro LUIS FELIPE SALOMÃO, QUARTA TURMA, julgado em 25/05/2010, DJe 08/06/2010).

Preceitua o § 4º do art. 216 do atual C.P.C. que será considerado tempestivo o ato praticado antes do termo inicial do prazo.

É muito comum colocar-se em dúvida a interposição de um recurso antes da ocorrência do termo inicial do prazo. Aliás, a Súmula 418 do S.T.J. considera intempestivo o recurso especial interposto antes do julgamento de embargos declaratórios sem que, ao depois, tivesse sido o apelo extremo reiterado ou retificado. Nesse sentido, eis o seguinte precedente do S.T.J.:

1. *É expressa na Súmula 418 deste Tribunal Superior nossa sedimentada jurisprudência a respeito da intempestividade de recurso especial interposto antes do julgamento de embargos declaratórios sem que, ao depois, tenha sido o apelo extremo reiterado ou retificado.*

2. *A razão de ser dessa jurisprudência diz com a falta de esgotamento da via ordinária, de modo a não caracterizar o pressuposto processual constitucional do julgamento de única ou última instância.*

(...).

(AgRg no AREsp 356.611/GO, Rel. Ministro MAURO CAMPBELL MARQUES, SEGUNDA TURMA, julgado em 19/09/2013, DJe 27/09/2013).

CÓDIGO DE PROCESSO CIVIL

Essa súmula não tem aplicação quanto à falta de início do prazo para a interposição do recurso especial, uma vez que o §4º do art. 218 do atual C.P.C. solucionou de forma diversa a questão.

Porém, poderá ainda ter aplicação a Súmula quanto à questão *da falta de esgotamento da via ordinária, de modo a não caracterizar o pressuposto processual constitucional do julgamento de única ou última instância.*

Sobre o tema, eis ainda os seguintes precedentes do S.T.J.:

1. Recurso especial, concluso ao Gabinete em 28.11.2011, no qual discute a tempestividade do recurso de apelação, haja vista que a publicação da decisão dos embargos de declaração foi anterior à publicação da própria sentença. Ação de retificação de registro imobiliário proposta em 2005.

2. Na hipótese, a publicação da sentença somente ocorreu após a publicação da decisão proferida nos embargos de declaração.

3. Não se pode considerar que a intimação da sentença está implícita na publicação da decisão dos embargos; nem se pode presumir que a parte ou seus advogados tomaram ciência inequívoca da sentença independentemente da sua publicação.

4. As partes não podem ser prejudicadas pela inversão equivocada dos atos processuais, ocorrida sem sua participação.

5. "A razoabilidade deve ser aliada do Poder Judiciário nessa tarefa, de forma que se alcance efetiva distribuição de Justiça.

Não se deve, portanto, impor surpresas processuais, pois estas só prejudicam a parte que tem razão no mérito da disputa" (Resp 963.977/RS).

6. Embora a moderna ciência processual coloque em evidência o princípio da instrumentalidade e o da ausência de nulidade sem prejuízo (pas de nullité sans grief), na hipótese, ele é evidente, pois o recurso de apelação dos recorrentes não foi conhecido pelo Tribunal de origem.

7. Recurso especial provido.

(REsp 1303528/MT, Rel. Ministra NANCY ANDRIGHI, TERCEIRA TURMA, julgado em 10/09/2013, DJe 19/09/2013)

Muito embora o §4º do art. 218 do novo C.P.C. estabeleça que não se consideram intempestivos atos praticados antes da ocorrência do termo inicial do prazo, o certo é que a eficácia do ato somente ocorrerá a partir do termo inicial do prazo, como se o ato fosse praticado no primeiro dia útil do início do prazo.

Art. 219

Na contagem de prazo em dias, estabelecido por lei ou pelo juiz, computar-se-ão somente os dias úteis.

Parágrafo único. O disposto neste artigo aplica-se somente aos prazos processuais.

Contagem de prazo – somente dias úteis

O art. 178 do C.P.C., de 1973 preceituava que o prazo estabelecido em lei ou pelo juiz seria contínuo, não se interrompendo nos feriados, razão pela qual na contagem do prazo incluíam-se os dias não úteis.

Pelo que dispõe o atual art. 219 do C.P.C., na contagem do prazo processual em dias não são computados os sábados, domingos, feriados e férias forenses onde houver, pois esses dias não são considerados dias úteis para efeito de contagem do prazo processual.

E isso decorre pelo fato de que durante as férias forenses, onde as houver, e nos feriados não se praticarão atos processuais (art. 214 do novo C.P.C.), excetuando-se: I – os atos previstos no art. 212, § 2º; II – a tutela de urgência.

Contudo, em se tratando de casos urgentes, poderá no prazo fixado em dias computar-se os sábados, domingos, feriados ou férias forenses. É o caso da hipótese de uma cirurgia urgente com prazo fixado em dias pelo juiz.

É importante salientar que os atos processuais eletrônicos serão praticados em qualquer dia e em qualquer horário (art. 213 do novo C.P.C.).

No caso de o prazo ser em mês ou em anos, conta-se o prazo de acordo com a data correspondente no mês ou ano subsequente. Se não houver coincidência de data no mês ou ano subsequente, o prazo expira no primeiro dia subsequente.

Nos prazos em meses e anos não há interrupção do prazo pelos dias não úteis.

Preceitua o *parágrafo único do art. 219* do atual C.P.C. que *o disposto neste artigo aplica-se somente aos prazos processuais.*

Isso significa dizer que somente serão contados os dias úteis para o transcurso do prazo, se este prazo tiver natureza *processual* e não *material*.

Art. 220

Suspende-se o curso do prazo processual nos dias compreendidos entre 20 de dezembro e 20 de janeiro, inclusive.

§ 1º Ressalvadas as férias individuais e os feriados instituídos por lei, os juízes, os membros do Ministério Público, da Defensoria Pública e da

CÓDIGO DE PROCESSO CIVIL

Advocacia Pública, e os auxiliares da Justiça exercerão suas atribuições durante o período previsto no caput.

§ 2º Durante a suspensão do prazo, não se realizarão audiências nem sessões de julgamento.

Suspensão do prazo processual durante o recesso do judiciário

O art. 93, inc. XII da Constituição Federal preceitua que *"a atividade jurisdicional será ininterrupta, sendo vedado férias coletivas nos juízos e tribunais de 2º grau, funcionando, nos dias em que não houver expediente forense normal, juízes em plantão permanente.*

Portanto, a partir da nova redação do art. 93, inc. XII, da Constituição Federal, não há mais férias coletivas em juízo de primeiro e segundo graus, razão pela qual a atividade jurisdicional não se interrompe em razão das férias individuais dos magistrados.

No caso, somente os Tribunais Superiores (S.T.F., S.T.J., T.S.T., T.S.M. etc) é que possuem férias coletivas nos meses de janeiro e julho de cada ano.

O Regimento Interno do S.T.J, em seu art. 81, prescreve que há férias coletivas dos dias 2 a 31 de janeiro e 2 a 31 de julho. O mesmo dispositivo encontra-se nos art. 78 a 105 do Regimento Interno do S.T.F.

O denominado recesso forense era regulamentado pelo 62, inc. I, da Lei 5.010/66, que assim dispunha:

> *Art. 62. Além dos fixados em lei, serão feriados na Justiça Federal, inclusive nos Tribunais Superiores:*
> *I – os dias compreendidos entre 20 de dezembro e 6 de janeiro, inclusive.*

O PLC n. 006/2007 já previa alteração do art. 62, inc. I, da Lei 5.010/66. Após emenda substitutiva ficou consignado no voto final do Relator que no período compreendido entre o dia 20 de dezembro e 20 de janeiro de cada ano haveria suspensão de todos os prazos processuais. Assim, o texto do parágrafo único do art. 62 da Lei 5.010/66, de 30 de maio de 1966, ficaria com a seguinte redação:

> *Art. 62.. ....*
> *..*
> *Parágrafo único. Ficam suspensos todos os prazos, audiências e quaisquer outras intercorrências judiciais nos dias compreendidos entre 20 de dezembro e 20 de janeiro*

ART. 221

de cada ano, ressalvado o disposto nos incisos I e II do art. 173 e I a III do art. 174, todos da Lei nº 5.869, de 11 de janeiro de 1973 (Código de Processo Civil). (NR)

O novo C.P.C. altera o disposto no artigo 62, inc., I da Lei 5.010/66, extinguindo o recesso na Justiça Federal e Estadual no período de 20 de dezembro a 6 de janeiro.

O art. 220 do novo C.P.C. introduz um período de suspensão de prazos processuais, aduzindo que *suspende-se o curso do prazo processual nos dias compreendidos entre 20 de dezembro e 20 de janeiro, inclusive.*

Não obstante a suspensão dos prazos processuais, o que de certa forma significa um período de férias para os advogados que atuam no processo, *ressalvadas as férias individuais e os feriados instituídos por lei, os juízes, os membros do Ministério Público, da Defensoria Pública e da Advocacia Pública e os auxiliares da Justiça exercerão suas atribuições durante o período previsto no 'caput'* (§1º do art. 220 do novo C.P.C.).

O artigo 220 do novo C.P.C. segue o que determina o artigo 93, inc. XII, da C.F., uma vez que a atividade jurisdicional será ininterrupta.

Desta forma, haverá expediente interno para os juízes, membros do Ministério Público, da Defensoria Pública e para os auxiliares da Justiça, muito embora os prazos processuais permaneçam suspensos no período compreendido entre 20 de dezembro e 20 de janeiro. Portanto, poderão ser praticados atos processuais por parte dos Juízes, membro do M.P., Defensoria Pública e auxiliares da Justiça, mas os prazos processuais permanecerão suspensos.

O *§2º do artigo 220* do novo C.P.C., complementando a regra legal, afirma que *durante a suspensão do prazo, não se realizarão audiências nem sessões de julgamento.*

Evidentemente que em se tratando de caso de urgência, como, por exemplo, oitiva de testemunha doente, poder-se-á realizar audiência no período de recesso.

Art. 221

Suspende-se o curso do prazo por obstáculo criado em detrimento da parte ou ocorrendo qualquer das hipóteses do art. 313, devendo o prazo ser restituído por tempo igual ao que faltava para sua complementação.

Parágrafo único. Suspendem-se os prazos durante a execução de programa instituído pelo Poder Judiciário para promover a autocomposição, incumbindo aos tribunais especificar, com antecedência, a duração dos trabalhos.

Suspensão dos prazos por obstáculos da parte

A parte contrária poderá criar diversos obstáculos que de certa forma irão prejudicar a prática de ato processual. Neste caso, comprovando-se que o obstáculo criado pela parte contrária impediu que a outra parte praticasse o ato processual de sua incumbência, o juiz deverá prorrogar o termo final da prática do ato processual pelo tempo necessário em que vigorou o impedimento.

Um exemplo típico de obstáculo criado pela parte, quando da época do processo em papel, seria a retirada indevida dos autos do cartório, impedindo que a parte que deveria realizar o ato processual tivesse acesso ao processo. Com a era do processo eletrônico, este tipo de obstáculo deixa de existir. Caso a parte crie obstáculos no processo eletrônico, o curso do prazo fica suspenso até a cessação definitiva do obstáculo.

A suspensão ocorre também quando o obstáculo decorre de conduta do próprio Poder Judiciário, como é o caso de greve no serviço público. Da mesma forma no período de inspeção e correição, desde que haja impedimento de análise do processo.

Sobre o tema, eis os seguintes precedentes do S.T.J.:

(...)

3. Se existente obstáculo à interposição do agravo de instrumento, referente à retirada dos autos na Secretaria do TJRS, pelo Estado do Rio Grande do Sul, na vigência do prazo comum conferido às partes, caberia à empresa autora formular pedido de restituição de prazo recursal na origem.

(...).

(AgRg no Ag 1154981/RS, Rel. Ministro BENEDITO GONÇALVES, PRIMEIRA TURMA, julgado em 19/11/2009, DJe 30/11/2009)

(...).

– É regular a devolução do prazo quando, cessado o impedimento, a parte prejudicada demonstra a existência de justa causa no quinquídio e, no prazo legal, interpõe o Recurso. Na ausência de fixação judicial sobre a restituição do prazo, é aplicável o disposto no art. 185 do CPC.

– A prerrogativa assegurada ao Ministério Público de ter vista dos autos exige que lhe seja assegurada a possibilidade de compulsar o feito durante o prazo que a lei lhe concede, para que possa, assim, exercer o contraditório, a ampla defesa, seu papel de 'custos legis' e, em última análise, a própria pretensão recursal. A remessa dos autos à primeira instância, durante o prazo assegurado ao MP para a interposição do Especial,

frustra tal prerrogativa e, nesse sentido, deve ser considerada justa causa para a devolução do prazo.

Recurso Especial Provido.

(REsp 805.277/RS, Rel. Ministra NANCY ANDRIGHI, TERCEIRA TURMA, julgado em 23/09/2008, DJe 08/10/2008)

(...).

– A prerrogativa assegurada ao Ministério Público de ter vista dos autos exige que lhe seja assegurada a possibilidade de compulsar o feito durante o prazo que a lei lhe concede, para que possa, assim, exercer o contraditório, a ampla defesa, seu papel de 'custos legis' e, em última análise, a própria pretensão recursal. A remessa dos autos à primeira instância, durante o prazo assegurado ao MP para a interposição do Especial, frustra tal prerrogativa e, nesse sentido, deve ser considerada justa causa para a devolução do prazo.

Recurso Especial Provido.

(REsp 805.277/RS, Rel. Ministra NANCY ANDRIGHI, TERCEIRA TURMA, julgado em 23/09/2008, DJe 08/10/2008)

1. Configurado, em tese, motivo de força maior que impossibilite o acesso aos autos durante o curso do prazo recursal (CPC, art. 507), a parte recorrente está legitimada a requerer o reconhecimento judicial da causa suspensiva, bem como a devolução do prazo para a pratica do ato sem qualquer prejuízo, conforme exegese do § 2º do art. 183 do CPC.

(...).

(AgRg no Ag 602.018/DF, Rel. Ministra DENISE ARRUDA, PRIMEIRA TURMA, julgado em 19/10/2004, DJ 22/11/2004, p. 277)

(...).

II – Em casos que tais, não se pode exigir que o executado oponha os embargos com base na cópia da inicial apresentada com o mandado para pagar ou nomear bens à penhora, pois que tal exigência, em última análise, reduziria a possibilidade de o devedor deduzir defesa processual e de mérito visando à desconstituição do título, restringindo, por conseguinte, o exercício do seu direito.

Recurso especial conhecido e provido.

(REsp 485.888/DF, Rel. Ministro CASTRO FILHO, TERCEIRA TURMA, julgado em 14/09/2004, DJ 06/12/2004, p. 285)

(...).

Tratando-se de prazo recursal em comum, logo em dobro, é vedada a retirada dos autos por uma das partes, já que importa obstáculo ao direito da outra parte, acarretando a suspensão do prazo (CPC, art. 180), que continuará o seu curso, por período igual ao que faltava para ser completado, contudo a partir da intimação da decisão que o restituiu à parte prejudicada.

(...).

(REsp 62.678/SC, Rel. Ministro FRANCISCO PEÇANHA MARTINS, SEGUNDA TURMA, julgado em 16/11/2000, DJ 18/12/2000, p. 174)

– O obstáculo criado pela parte contrária suspende o prazo da apelação, nos termos do art. 180 do CPC, que continuará o seu curso, por período igual ao que faltava para ser completado, a partir da intimação da decisão que o restituiu à parte prejudicada.

(...).

(REsp 194.271/PE, Rel. Ministro FELIX FISCHER, QUINTA TURMA, julgado em 05/10/1999, DJ 25/10/1999, p. 120)

1. A comprovação da tempestividade do agravo em recurso especial em decorrência de suspensão do expediente forense no Tribunal de origem pode ser feita posteriormente, em sede de agravo regimental, desde que por meio de documento idôneo capaz de evidenciar a prorrogação do prazo recursal.

(...).

(AgRg no AREsp 209.496/PA, Rel. Ministro JOÃO OTÁVIO DE NORONHA, TERCEIRA TURMA, julgado em 27/08/2013, DJe 05/09/2013)

O *art. 221* do novo C.P.C. também estabelece que se *suspende o curso do prazo processual ocorrendo qualquer das hipóteses do art. 313, caso em que o prazo será restituído por tempo igual ao que faltava para a sua complementação.*

O art. 313 do novo C.P.C. estabelece as hipóteses legais de suspensão do prazo processual, nos seguintes termos:

Art. 313. Suspende-se o processo:

I – pela morte ou pela perda da capacidade processual de qualquer das partes, de seu representante legal ou de seu procurador;

II – pela convenção das partes;

III – pela arguição de impedimento ou de suspeição;

IV – pela admissão de incidente de resolução de demandas repetitivas;

ART. 221

V – quando a sentença de mérito:
a) depender do julgamento de outra causa ou da declaração de existência ou de inexistência de relação jurídica que constitua o objeto principal de outro processo pendente;
b) tiver de ser proferida somente após a verificação de determinado fato ou a produção de certa prova, requisitada a outro juízo;
VI – por motivo de força maior;
VII – quando se discutir em juízo questão decorrente de acidentes e fatos da navegação de competência do Tribunal Marítimo;
VIII – nos demais casos que este Código regula.

É importante salientar que não se trata de causa de interrupção do prazo processual, mas, sim, de suspensão, razão pela qual, eliminada a causa de suspensão, o prazo será restituído por tempo igual ao que faltava para a sua complementação.

Para o reinício do prazo suspenso é necessária a intimação da parte prejudicada pela suspensão.

Outro aspecto importante é que a falta de suspensão do processo pela morte de uma das partes acarreta somente nulidade relativa, conforme o seguinte precedente do S.T.J.:

(...).
4. A inobservância do artigo 265, I, do CPC, que determina a suspensão do processo a partir da morte da parte, enseja apenas nulidade relativa, sendo válidos os atos praticados, desde que não haja prejuízo aos interessados. A norma visa preservar o interesse particular do espólio e dos herdeiros do falecido e, não tendo sido causado nenhum dano a eles, não há por que invalidar os atos processuais praticados.
5. Agravo regimental não provido, com aplicação de multa.
(AgRg no REsp 1249150/SP, Rel. Ministro LUIS FELIPE SALOMÃO, QUARTA TURMA, julgado em 06/09/2011, DJe 13/09/2011)

Ainda sobre o tema, eis os seguintes precedentes do S.T.J.:

(...).
2. Nos termos dos arts. 265, I, e 791, II, do CPC, a morte de uma das partes importa na suspensão do processo, razão pela qual, na ausência de previsão legal impondo prazo para a habilitação dos respectivos sucessores, não há falar em prescrição intercorrente.
3. Recurso especial provido.
(REsp 1369532/CE, Rel. Ministra ELIANA CALMON, SEGUNDA TURMA, julgado em 05/11/2013, DJe 13/11/2013)

CÓDIGO DE PROCESSO CIVIL

(...).

1. Com a morte do exequente deve o processo ser suspenso a fim de que seja regularizado o polo ativo da relação jurídica processual, nos termos do que dispõem os artigos 43, 265, I, e 791, II, do CPC, o que afasta a declaração da prescrição intercorrente por falta de previsão legal a respeito. Nesse sentido, confiram-se: AgRg no REsp 1.215.823/RJ, Rel. Min. Hamilton Carvalhido, Primeira Turma, DJe 26/04/2011; AgRg no AREsp 269.902/CE, Rel. Min. Humberto Martins, Segunda Turma, DJe 19/02/2013; AgRg no REsp 891.588/RJ, Quinta Turma, Rel. Min. Arnaldo Esteves Lima, DJe de 19/10/2009.

2. Agravo regimental não provido.

(AgRg no AREsp 259.255/CE, Rel. Ministro BENEDITO GONÇALVES, PRIMEIRA TURMA, julgado em 12/03/2013, DJe 18/03/2013)

(...).

1. O falecimento do procurador caracteriza a justa causa prevista no art. 183, § 1º, do CPC de modo a autorizar a restituição do prazo recursal, visto que a intimação do acórdão não foi possível após a sua morte.

2. O art. 265, I, § 1º, do CPC prevê a suspensão do processo pela morte do representante legal da parte, para que regularize a representação processual.

(...).

(EDcl nos EDcl no AgRg no REsp 1123022/SP, Rel. Ministro HUMBERTO MARTINS, SEGUNDA TURMA, julgado em 12/04/2011, DJe 26/04/2011)

Estabelece o *parágrafo único do art. 219* do atual C.P.C. que *os prazos se suspendem durante a execução de programa instituído pelo Poder Judiciário para promover a autocomposição, incumbindo aos tribunais especificar, com antecedência, a duração dos trabalhos.*

Sempre que houver programas instituídos pelo Poder Judiciário para promover conciliação ou mediação, o que geralmente ocorre nos sistemas de mutirões, os prazos processuais permanecerão suspensos, desde que os tribunais especifiquem as datas de início e término desses programas.

Art. 222

Na comarca, seção ou subseção judiciária onde for difícil o transporte, o juiz poderá prorrogar os prazos por até 2 (dois) meses.

§ 1º Ao juiz é vedado reduzir prazos peremptórios sem anuência das partes.

§ 2º Havendo calamidade pública, o limite previsto no caput para prorrogação de prazos poderá ser excedido.

Prorrogação dos prazos processuais

O art. 222 do novo C.P.C. preconiza que o juiz poderá, nas comarcas e nas seções e subseções judiciárias onde for difícil o transporte, prorrogar quaisquer prazos, mas nunca por mais de dois meses.

Emenda da Câmara dos Deputados fala em *dois meses* ao invés de sessenta dias.

Assim, naquelas localidades em que ainda não há asfalto, de difícil locomoção por falta de transporte público, o juiz deverá ficar atento a este problema estrutural do município para efeitos de concessão de prazo de realização de atos processuais, podendo prorrogar pelo período de até dois meses, seja o prazo *dilatório ou peremptório.*

Prescreve o *§ 1º do art. 222* do atual C.P.C. que *ao juiz é vedado reduzir prazos peremptórios sem anuência das partes.*

Segundo ensinam Comoglio, Ferri e Taruffo, uma classificação dos prazos é traçada pelo art. 152 do C.P.C. italiano, em harmônica coordenação com os artigos 153-154:

"*a) os prazos são, em geral, estabelecidos pela lei (assim denominados prazos legais);*

b) em via de exceção, quando a lei expressamente o consinta, esses podem ser estabelecidos também pelo juiz (são os denominados prazos judiciais);

c) os prazos legais são, normalmente, ordinatórios, salvo quando a lei lhe declare expressamente peremptório;

d) os prazos judiciais podem ser peremptórios apenas nos casos em que a lei o preveja;

e) em todo caso, os prazos peremptórios não podem ser nunca abreviados ou prorrogados, nem mesmo por acordo das partes;

f) por sua vez, os prazos ordinatórios podem, antes de seu termo final, ser abreviados ou prorrogados pelo juiz, também de ofício.

g) a sua prorrogação não pode ter, de todo modo, uma duração superior ao prazo originário".[651]

É portanto essencial no sistema dos códigos processuais civis a contraposição entre os prazos 'peremptórios' (cujo transcurso encerra em definitivo a possibi-

---

[651] COMOGLIO, Luigi Paolo; FERRI, Corrado; TARUFFO, Michele. *Lezioni sul processo civile. I. Il processo ordinário di cognizione.* Bologna: Il Mulino, 2006. p. 327.

CÓDIGO DE PROCESSO CIVIL

lidade de cumprir o ato) e os prazos 'ordinatórios' (cuja inobservância se traduz, segundo a fase processual, em prejuízos variáveis e com efeitos negativos, elimináveis de todo modo pelo juiz, com a possibilidade de sua prorrogação).

São exemplos de prazos 'peremptórios': os prazos de impugnação (contestação, interposição de recursos, ação rescisória etc)

São exemplos de prazos dilatórios: os atos de comparecimento em juízo para produção de prova oral etc.

Os prazos previstos em normas dispositivas podem ser reduzidos ou dilatados por convenção entre as partes, desde que ainda não se tenham iniciado ou, se já o tiverem sido, ainda estejam em curso (SIMP XIII): *"Para os fins do art. 181 (do C.P.C. de 1973), por prazo dilatório deve ser entendido o que é fixado por norma dispositiva e por prazo peremptório o fixado por norma cogente".*

Se esgotado o prazo, não é mais possível realizar o acordo entre as partes para a sua prorrogação.

É importante salientar que a redução ou prorrogação do prazo dilatório somente terá eficácia desde que fundada em motivo legítimo.

Uma vez autorizada a prorrogação ou antecipação do prazo dilatório, *deve o juiz fixar o dia do vencimento.*

Trata-se de uma providência importante, justamente para não se deixar sem limite máximo o prazo que fora prorrogado pelo juiz.

Interessante mudança apresentou a Emenda da Câmara dos Deputados ao projeto originário.

O *§1º do art.* 222 do atual C.P.C. estabelece que *ao juiz é vedado, sem anuência das partes, reduzir prazos peremptórios.*

Isso significa dizer que os prazos *peremptórios* poderão ser reduzidos se houver acordo de todas as partes, inclusive o prazo para eventual recurso.

O dispositivo, porém, não permite aumentar o prazo, mesmo com anuência das partes, mas expressamente permite a sua redução.

Sobre o tema, eis os seguintes precedentes do S.T.J.:

> – *O prazo do art.* 284 *do CPC é dilatório, e não peremptório, ou seja, pode ser reduzido ou prorrogado por convenção das partes ou por determinação do juiz, conforme estabelece o art.* 181 *do CPC.*
>
> *Diante disso, amplo o campo de discricionariedade do juiz para aceitar a prática do ato a destempo.*
>
> *Recurso especial conhecido e provido.*
>
> (REsp 871.661/RS, Rel. Ministra NANCY ANDRIGHI, TERCEIRA TURMA, julgado em 17/05/2007, DJ 11/06/2007, p. 313).

ART. 222

1. O prazo dilatório pode ser prorrogado pelo juiz. Precedentes.
(...).
(REsp 369.981/RS, Rel. Ministro JOÃO OTÁVIO DE NORONHA, SEGUNDA TURMA, julgado em 04/04/2006, DJ 23/05/2006, p. 136)

(...).
– Não é peremptório o prazo previsto no art. 284 do CPC, podendo o Magistrado prorrogá-lo a seu critério. Precedentes.
Recurso especial não conhecido.
(REsp 258.207/DF, Rel. Ministro BARROS MONTEIRO, QUARTA TURMA, julgado em 13/09/2000, DJ 23/10/2000, p. 144).

(...).
4. Não obstante prazo peremptório, ainda assim o juízo da execução o prorrogou, criando situação processual desprovida de previsão legal, e, por conseguinte, fazendo exsurgir a necessidade de integração legislativa mediante a aplicação dos arts. 187, e 249, § 2º, do CPC, segundo os quais o juiz, havendo motivo justificado, poderá exceder, por igual tempo, o prazo legal para a prática de determinado ato, bem assim que não será determinada a nulidade do ato quando não houver prejuízo à parte.
(...).
(REsp 713.507/PR, Rel. Ministro LUIZ FUX, PRIMEIRA TURMA, julgado em 12/12/2006, DJ 15/02/2007, p. 214)

(...).
2 – Prazo recursal é peremptório e, portanto, impossível a prorrogação.
3 – Agravo regimental improvido.
(AgRg no AgRg no Ag 496.255/RS, Rel. Ministro FERNANDO GONÇALVES, QUARTA TURMA, julgado em 05/08/2004, DJ 23/08/2004, p. 241)

Preceitua o *§ 2º do art. 222* do atual C.P.C. que *havendo calamidade pública, o limite previsto no caput para prorrogação de prazos poderá ser excedido.*

Evidentemente que demonstrado a ocorrência de força maior ou caso fortuito, não pode a parte ou quem quer que seja ser prejudicada por fatos da natureza ou por qualquer fato de calamidade pública, como, por exemplo, *incêndio, inundação, terremoto, desmoronamento de prédios, convulsão social etc.*

Da mesma forma, no caso de greve no serviço público, os prazos peremptórios também deverão ser prorrogados, uma vez que a parte não teve culpa em não realizar o ato processual no prazo estabelecido em lei.

Sobre o tema, eis os seguintes precedentes do S.T.J.:

Processual civil. Agravo de instrumento. Embargos de declaração recebidos como agravo regimental. Possibilidade. Fungibilidade recursal. Recurso especial intempestivo. Alegação de fortes chuvas. Decisão agravada reconheceu a possibilidade de interposição por outros meios. Desprovimento.
(AgRg no Ag 1291434/SP, Rel. Ministro ALDIR PASSARINHO JUNIOR, QUARTA TURMA, julgado em 21/10/2010, DJe 04/11/2010)

(...).
3. A ocorrência de greve que atinge a empresa dos correios não constitui justa causa para a inobservância do prazo legal.
4. Agravo regimental não conhecido.
(AgRg no REsp 1135282/SC, Rel. Ministra LAURITA VAZ, QUINTA TURMA, julgado em 02/02/2010, DJe 22/11/2010).

Processual Civil. Suspensão de prazos. Greve. Servidores da Advocacia-Geral da União. Força maior não-configurada. Precedente da Corte Especial. Agravo regimental a improvido.
(AgRg no REsp 940.261/RS, Rel. Ministro NILSON NAVES, SEXTA TURMA, julgado em 03/04/2008, DJe 12/05/2008).

1. Tendo o Tribunal de origem concluído, com base nas provas carreadas aos autos, que a interrupção da energia elétrica, na hipótese, não constitui motivo de força maior ou justa causa a ensejar a prorrogação do prazo processual, não pode esta Corte Superior de Justiça entender diversamente, ante a necessidade de reexaminar o conjunto probatório dos autos, o que não se coaduna com a via eleita, consoante o enunciado da Súmula nº 7 do Superior Tribunal de Justiça. Precedentes.
2. Agravo regimental desprovido.
(AgRg no Ag 976.098/PE, Rel. Ministra LAURITA VAZ, QUINTA TURMA, julgado em 26/02/2008, DJe 24/03/2008).

(...).
II. A ocorrência de greve da ECT não constitui justa causa ou força maior a impedir a interposição de recurso, porque não compromete o funcionamento da secretaria do Tribunal. Precedentes.
(...).
(AgRg nos EDcl no REsp 708.165/SP, Rel. Ministro ALDIR PASSARINHO JUNIOR, QUARTA TURMA, julgado em 20/10/2005, DJ 28/11/2005, p. 312).

1. A Presidência do Superior Tribunal de Justiça, em 24.03.2004, baixou o Ato 52, determinando, a partir de 26.03.2004, por motivo de força maior, nos termos dos arts. 265, V, do CPC e 106, § 2º, do RISTJ, a suspensão dos prazos processuais, em favor da União, da Administração Direta e Indireta e de seus membros, órgãos ou entidades, e da Fazenda Nacional, nos processos em que sejam parte.

(...).

(AgRg nos EREsp 490.687/PR, Rel. Ministro TEORI ALBINO ZAVASCKI, PRIMEIRA SEÇÃO, julgado em 25/08/2004, D⁻ 13/09/2004, p. 168)

Art. 223

Decorrido o prazo, extingue-se o direito de praticar ou emendar o ato processual, independentemente de declaração judicial, ficando assegurado, porém, à parte provar que o não realizou por justa causa.

§ 1º Considera-se justa causa o evento alheio à vontade da parte e que a impediu de praticar o ato por si ou por mandatário.

§ 2º Verificada a justa causa, o juiz permitirá à parte a prática do ato no prazo que lhe assinar.

Decurso do prazo e efeitos jurídicos

Preclusão é a perda da faculdade de praticar o ato processual

A preclusão pode ser *temporal*, nos termos do dispositivo, e também *lógica ou consumativa.*

A *preclusão* em regra atinge as faculdades das partes, mas também se dirige ao juiz que não poderá decidir novamente questões já decididas, salvo as de ordem pública que não foram atingidas pela preclusão (por isso se diz que não há preclusão *pro judicato*).

A *preclusão temporal*, de que trata o artigo em comento, ocorre quando se perde a faculdade de praticar o ato processual pelo transcurso do prazo *peremptório ou mesmo dilatório* sem que a parte o tenha realizado.

A *preclusão lógica* é aquele que extingue a possibilidade de se praticar um determinado ato processual, pela prática de outro ato que com aquele se torna incompatível.

A *preclusão consumativa* ocorre quando há a perda da faculdade de praticar o ato processual pelo fato de que transcorreu a oportunidade para tanto, isto é, pelo fato de que o ato já foi praticado e, portanto, não poderá sê-lo novamente.

No caso do art. 223 do novo C.P.C. há preclusão temporal pelo transcurso do prazo para a realização do ato processual, sendo que essa preclusão ocorre independentemente de declaração judicial.

Somente não ocorrerá a preclusão temporal se a parte comprovar que não praticou ou emendou o ato processual em razão de *justa causa*.

Sobre o tema, eis os seguintes precedentes do S.T.J.:

AGRAVO REGIMENTAL – AGRAVO EM RECURSO ESPECIAL – RESPONSABILIDADE 1. "Nos termos do art. 183 do Código de Processo Civil, esgotado o prazo estipulado para a prática do ato processual, tem-se a preclusão temporal, a qual, todavia, poderá ser afastada, desde que a parte prove que não o realizou por justa causa" (AgRg no REsp 1014236/DF, Rel. Min. LAURITA VAZ, QUINTA TURMA, DJe 03/11/2008).

2. A convicção a que chegou o Tribunal a quo, que entendeu pela ocorrência de caso fortuito apto a afastar a responsabilidade da empresa de ônibus pelo roubo da bagagem de passageiro, decorreu da análise do conjunto fático-probatório, e o acolhimento da pretensão recursal demandaria o reexame do mencionado suporte, obstando a admissibilidade do Especial à luz da Súmula 7 desta Corte.

(...).

(AgRg no AREsp 27.923/GO, Rel. Ministro SIDNEI BENETI, TERCEIRA TURMA, julgado em 20/10/2011, DJe 04/11/2011)

1. Nos termos do art. 183 do Código de Processo Civil, esgotado o prazo estipulado para a prática do ato processual, tem-se a preclusão temporal, a qual, todavia, poderá ser afastada, desde que a parte prove que não o realizou por justa causa.

(...).

(AgRg no REsp 1014236/DF, Rel. Ministra LAURITA VAZ, QUINTA TURMA, julgado em 16/10/2008, DJe 03/11/2008)

1. Concluindo o Tribunal de origem, com base na apreciação do conjunto fático-probatório dos autos e obedecendo ao princípio do livre convencimento motivado, que o movimento grevista em questão efetivamente não constituiu justa causa a ensejar a renovação do ato citatório, a inversão do julgado implicaria necessariamente o reexame de matéria fática, inviável nesta via recursal, nos termos da Súmula nº 07 do Superior Tribunal de Justiça.

2. Agravo Regimental desprovido.

(AgRg no REsp 899.400/RS, Rel. Ministra LAURITA VAZ, QUINTA TURMA, julgado em 26/02/2008, DJe 24/03/2008)

ART. 223

1. A restituição do prazo processual por justa causa, prevista na norma insculpida no art. 183, do CPC, permite, à parte impedida de praticar o ato, denunciar o fato e requerer a restituição ou prorrogação do prazo, sendo certo que, quanto ao momento de fazê-lo, é cediço na doutrina clássica que: "O Código não disciplina o procedimento a seguir para a comprovação da causa do impedimento. Há necessidade de procurar preencher o vazio.

Desde logo, cumpre ter em mente que, de regra, enquanto durar o impedimento o interessado poderá não estar em condições de diligenciar no sentido de alegá-lo. Mas, e cessado o impedimento? Nesse caso, parece que a alegação terá de ser produzida incontinenti. À míngua de qualquer outro prazo, dever-se-á observar o do art. 185. Logo, cessado o impedimento terá o interessado cinco dias para ir pleitear o reconhecimento de ter havido justa causa e a correspondente devolução do prazo. É preciso considerar, ainda que, impedimento para a prática de qualquer ato pode constituir justa causa até determinado momento, deixando de sê-lo daí por diante. " (grifou-se) (Moniz de Aragão, Comentários ao Código de Processo Civil, Vol. II, pág. 142/143).

(...).

3. A jurisprudência desta Corte Superior é remansosa no sentido de que a parte prejudicada deve requerer e comprovar a justa causa no prazo legal para a prática do ato ou em lapso temporal razoável, assim entendido até cinco dias após cessado o impedimento, sob pena de preclusão, consoante previsão do art. 185, do CPC. (Precedentes: REsp 623178 / MA, 3ª Turma, Rel. Min. Castro Filho, DJ 03/10/2005; AgRg no Ag 225320 / SP, 6ª Turma, Rel. Min. Fernando Gonçalves, DJ 07/06/1999; AgRg no RMS 10598 / MG , 5ª Turma, Rel. Min. José Arnaldo da Fonseca, DJ 04/10/1999; AgRg no Ag 227282 / SP, 6ª Turma, Rel. Min. Fernando Gonçalves, DJ 07/06/1999) 4. In casu, a juntada do mandado de citação e intimação da Fazenda Nacional se deu em 10/11/2003 e o pedido de devolução de prazo somente ocorreu em 08/01/2004, após o decurso do prazo legal e dos 5 dias posteriores ao cessamento do impedimento, o qual se deu em 16/12/2003, uma vez que os autos foram restituídos ao cartório.

5. Recurso especial desprovido.

(REsp 732.048/AL, Rel. Ministro LUIZ FUX, PRIMEIRA TURMA, julgado em 17/10/2006, DJ 09/11/2006, p. 256)

Por sua vez, o *§1º do art. 223* do novo C.P.C. estabelece: *considera-se justa causa o evento alheio à vontade da parte e que a impediu de praticar o ato por si ou por mandatário.*

Evidentemente que um acidente ou uma doença inesperada pode ser considerada justa causa em determinadas situações. Em situações excepcionais, a moléstia do advogado também pode ser considerada justa causa pela falta de realização do ato processual.

A greve no serviço judiciário também pode ser considerada justa causa para impedir a preclusão temporal.

Preceitua o *§2º do art. 223* do atual C.P.C. que *verificada a justa causa, o juiz permitirá à parte a prática do ato no prazo que lhe assinar.*

Evidentemente que em se tratando de prazos peremptórios, e em homenagem à ampla defesa e ao contraditório, o prazo a ser fixado pelo juiz será aquele já previsto em lei, como é o caso do prazo para contestar ou para interpor recurso.

Na hipótese de prazos dilatórios, poderá então o juiz estabelecer prazo diverso após cessada a justa causa impeditiva da realização do ato processual.

Art. 224

Salvo disposição em contrário, os prazos serão contados excluindo o dia do começo e incluindo o dia do vencimento.

§ 1º Os dias do começo e do vencimento do prazo serão protraídos para o primeiro dia útil seguinte, se coincidirem com dia em que o expediente forense for encerrado antes ou iniciado depois da hora normal ou houver indisponibilidade da comunicação eletrônica.

§ 2º Considera-se como data da publicação o primeiro dia útil seguinte ao da disponibilização da informação no Diário da Justiça eletrônico.

§ 3º A contagem do prazo terá início no primeiro dia útil que seguir ao da publicação.

Contagem dos prazos processuais

Como se verificou, nem todo prazo é medido por unidade dia.

Há prazos que se contam minuto a minuto. Neste caso, o início do prazo ocorre no preciso instante em que é intimada a parte ou concedida a palavra se for em audiência. Por isso, nos Tribunais em que se concede a palavra em minutos, usa-se um cronômetro.

Se o prazo é em horas, começando em um dia para findar em outro, o início será o momento da intimação (que deve ser claramente atestado por quem a procedeu) e o término ocorrerá na mesma hora do dia em que deva encerrar-se.[652]

---

[652] Moniz de Aragão, Egas. D. *Comentários ao código de processo civil.* 6ª ed., volume II (arts. 154 a 269). Rio de Janeiro: Editora Forense, 1989. p. 144.

Se o prazo for em mês ou em anos, a contagem é feita diversamente do que ocorre em dias. Em se tratando de contagem em meses, o prazo será contado com base no dia do mês correspondente ao do início do prazo.

A Lei 810 de 6 de setembro de 1949 define o ano civil nos seguintes termos:

> "Art. 1º Considera-se ano o período de doze meses contado do dia do início ao dia e mês correspondentes do ano seguinte.
>
> Art. 2º Considera-se mês o período de tempo contado do dia do início ao dia correspondente do mês seguinte.
>
> Art. 3º Quando no ano ou mês do vencimento não houver o dia correspondente ao do início do prazo, este findará no primeiro dia subsequente.
>
> Art. 4º Revogam-se as disposições em contrário.
>
> Rio de Janeiro, 6 de setembro de 1949; 128º da Independência e 61º da República".

Se não houver dia do mês correspondente, o prazo expira no primeiro dia do mês subsequente. Num prazo de 60 dias iniciado em 1º de janeiro poderá vencer a 29 de fevereiro, em ano bissexto, ou a 1º de março, nos demais, ao passo que o de dois meses vencerá invariavelmente em 1º de março.[653]

O art. 224 do atual C.P.C. preconiza que *salvo disposição em contrário, os prazos serão contados excluindo o dia do começo e incluindo o do vencimento*.

O Código Civil brasileiro, ao tratar das modalidades dos atos (negócios) jurídicos (condição, termo e encargo) preconiza regra semelhante à contagem dos prazos processuais. Preceitua o art. 132 do C.C.b.:

> Art. 132. Salvo disposição legal ou convencional em contrário, computam-se os prazos, excluído o dia do começo, e incluído o do vencimento.
>
> § 1º Se o dia do vencimento cair em feriado, considerar-se-á prorrogado o prazo até o seguinte dia útil.
>
> § 2º Meado considera-se, em qualquer mês, o seu décimo quinto dia.
>
> § 3º Os prazos de meses e anos expiram no dia de igual número do de início, ou no imediato, se faltar exata correspondência.
>
> § 4º Os prazos fixados por hora contar-se-ão de minuto a minuto.

O art. 224 do novo C.P.C. consagra a regra há muito inserida no processo civil brasileiro, no sentido de que na contagem dos prazos se exclui o primeiro dia, incluindo o dia do vencimento.

---

[653] MONIZ DE ARAGÃO, E.D.; idem, pág. 145.

CÓDIGO DE PROCESSO CIVIL

Assim, o marco inicial do prazo ocorre quando a intimação for realizada.

A contagem do prazo, que é outra coisa bem diferente, se dá com base na regra do art. 224 do novo C.P.C.

Se os dias do começo e do vencimento caírem em dia em que: o expediente forense for encerrado antes ou iniciado depois da hora normal ou houver indisponibilidade da comunicação eletrônica, considera-se este termo prorrogado para o primeiro dia útil subsequente, nos termos do §1º do art. 224 do novo C.P.C.

A prorrogação do prazo não se dá apenas no vencimento, mas também no seu início quando ocorrer qualquer das hipóteses do §1º do art. 224 do novo C.P.C.

Com base nessa regra processual, nenhum prazo processual pode iniciar-se ou encerrar-se em dia não-útil, como tal considerado aquele em que não haja expediente normal nos Fóruns ou nas Seções ou Subseções Judiciárias, razão pela qual os prazos ficarão protraídos para o primeiro dia útil seguinte.

Por isso, recaindo o início ou o final do prazo em dia de feriado, sábado, domingo, férias coletivas, recesso forense, pouco importando a causa ou sua duração, o início ou o término do prazo sempre se prorrogará para o primeiro dia útil subsequente, salvo aquelas medidas de urgência já analisadas anteriormente. Tampouco interessa o tipo de prazo, todos serão atingidos por essa regra processual.

Aliás, se a citação do réu ocorrer nas férias forenses, o início do prazo somente ocorrerá no primeiro dia útil após as férias. Nesse sentido é o seguinte precedente do S.T.J.:

(...).

3. Realizado o pedido de juntada da procuração no curso das férias forenses, sem que se tenha verificado a exceção constante no inciso II do art. 173 do CPC, faz-se ineficaz o ato citatório até o primeiro dia útil seguinte ao fim das mencionadas férias.

4. O início do prazo para a contestação, assim, iniciará no dia subsequente àquele em que se considerou realizada a citação. Tempestividade da defesa. Revelia inocorrente.

6. Atração do enunciado nº 7/STJ no que toca à pretensa existência de reconhecimento de pedido/confissão por parte da seguradora.

7. AGRAVO REGIMENTAL DESPROVIDO.

(AgRg no REsp 1249720/DF, Rel. Ministro PAULO DE TARSO SANSEVERINO, TERCEIRA TURMA, julgado em 13/08/2013, DJe 22/08/2013)

É importante salientar que não basta que o dia do termo final seja útil, é necessário que ele seja *inteiramente útil*.

O art. 184, inc. II, do C.P.C. de 1973, apenas possibilitava a prorrogação do prazo caso o expediente forense fosse *encerrado* antes da hora normal. Por isso, o

ART. 224

S.T.J. entendia que a quarta-feira de cinzas era considerado um dia útil e normal. Nesse sentido são os seguintes precedentes:

1. Não se pode conhecer do presente recurso, em razão da ausência de tempestividade.
2. A publicação do acórdão recorrido deu-se em 8.2.2013, sexta- feira antecedente ao feriado de Carnaval. Por seu turno, a Portaria 5.097/2012/PRES do Tribunal de Justiça do Estado de Mato Grosso foi clara, ao estabelecer que no dia 13.2.2013, Quarta-feira de Cinzas, haveria expediente forense somente após as 13 horas, de modo que, a partir dessa data, teve início a contagem do prazo.
3. Consoante a jurisprudência pacífica do STJ, considera-se dia útil a Quarta-feira de Cinzas, ainda que o expediente forense tenha sido limitado ao turno vespertino (EDcl no AgRg no AResp 69.665/RO, Rel. Ministro Castro Meira, Segunda Turma, DJe 23/4/2012; EDcl no AgRg nos EResp 741.271/SP, Rel. Ministro José Delgado, Primeira Seção, DJ 4/9/2006, p. 223; EDcl no AgRg no AResp 102.695/RJ, Rel. Ministro Benedito Gonçalves, Primeira Turma, DJe 2/8/2012; entre outros).
4. Tendo o prazo recursal de 15 (quinze) dias começado a correr em 13.2.2013, quarta-feira, seu termo final se verificou no dia 27.2.2013, quarta-feira, motivo pelo qual o Recurso Especial interposto em 28.2.2013 é manifestamente intempestivo.
5. Recurso Especial não conhecido.
(REsp 1410764/MT, Rel. Ministro HERMAN BENJAMIN, SEGUNDA TURMA, julgado em 15/10/2013, DJe 22/10/2013)

1. A quarta-feira de cinzas, por ser considerada dia útil para fins de contagem do prazo recursal, também demanda prova, por meio de documento oficial, da ocorrência de eventual suspensão da atividade forense, na aludida data, a fim de que o prazo, vencido no dia, possa ser prorrogado para o primeiro dia útil subsequente.
Precedentes do STJ.
2. Agravo regimental a que se nega provimento.
(AgRg no AResp 346.285/SE, Rel. Ministro RAUL ARAÚJO, QUARTA TURMA, julgado em 17/09/2013, DJe 23/10/2013)

Porém, o novo C.P.C. também estabelece a prorrogação do prazo caso o expediente forense tenha início depois da hora normal, como é o caso, por exemplo, da quarta-feira de cinzas.

O fechamento do fórum ou da Subseção Judiciária deve ser de tal maneira que impeça à parte de realizar o ato processual.

Se o fechamento for só parcial e não houver dificuldade de realização do ato, não haverá prorrogação do prazo.

CÓDIGO DE PROCESSO CIVIL

Tendo em vista a inserção do processo eletrônico no Poder Judiciário brasileiro, o dispositivo também determina a prorrogação do prazo para o primeiro dia útil subsequente quando houver interrupção da comunicação eletrônica. Evidentemente que esta regra pode gerar algumas perplexidades, ou seja, se a interrupção, por exemplo, tenha sido por apenas quinze minutos, seria o caso de se prorrogar o prazo para o primeiro dia útil subsequente?

Especial atenção deve-se ter com prazos sujeitos a *contagem regressiva*, cuja finalidade é estabelecer intervalo entre dois atos, não devendo, portanto, ficar sujeitos a encurtamento por força da disposição deste artigo. Se o último dia, na contagem regressiva, cair em dia não-útil, o prazo ficará dilatado até o primeiro dia útil antecedente. Assim, se o dia da audiência for sexta-feira, o prazo para depositar o rol de testemunhas se esgotará na sexta-feira anterior. Se for dia feriado, findará na quinta-feira, e assim por diante. Se não se fizer isso, o prazo ficará, no exemplo dado, reduzido a dois ou três dias. Aprofundando o mesmo exemplo, se a audiência estiver marcada para o primeiro dia útil seguinte a férias coletivas, recesso ou sucessão de feriados, os prazos correrão integralmente antes.[654]

O Tribunal Regional Federal da 4ª Região, com base na Resolução n. 17/2010, trouxe regulamentação interessante sobre a questão da interrupção da comunicação eletrônica, a saber:

"*Art. 6º. O acesso ao e-Proc para consulta ou movimentação processual será disponibilizado ininterruptamente.*

§1º Na hipótese de indisponibilidade do sistema, deverão ser adotadas as seguintes providências:

I – nas interrupções programadas, determinadas pela autoridade competente, as medidas indicadas no ato que as anunciar;

II – nos demais casos, o registro da ocorrência no sistema com a indicação da data e hora do início e do término da indisponibilidade;

§2º Havendo indisponibilidade superiores a 30 (trinta) minutos, ocorridas após as 13 (treze) horas, e por qualquer tempo as 23 (vinte e três) horas do último dia do prazo, o sistema providenciará a prorrogação automática para o primeiro dia útil seguinte à resolução do problema, lançando-se registro da ocorrência no respectivo processo.

§3º Considera-se indisponibilidade por motivo técnico a interrupção de acesso ao sistema decorrente de falha nos equipamentos e programas de banco de dados do Judiciário, na aplicação e conexão com a Internet, certificada pela coordenação técnica do

---

[654] MUNIZ DE ARAGÃO, E.D., idem, p. 148.

ART. 224

e-Proc ou pelos responsáveis pelo controle da manutenção da conexão desses equipamentos e programas à Internet.

§4º Não se aplica a regra prevista no §1º à impossibilidade de acesso ao sistema que decorrer de falha nos equipamentos ou programas dos usuários ou em suas conexões à Internet.

§5º À exceção do §2º, o juiz da causa poderá determinar eventual prorrogação de prazo em curso, inclusive quando o acesso à Internet decorrer de problemas referidos no §4º, cabendo à respectiva secretaria cumprir a decisão em cada processo.

§6º Em caso de indisponibilidade absoluta do e-Proc, devidamente certificada, e para o fim de evitar perecimento de direito ou ofensa à liberdade de locomoção, a petição inicial poderá ser protocolada em meio físico para distribuição manual por quem for designado pelo Presidente do Tribunal Regional Federal da 4ª Região ou pelo Diretor do Foro, com posterior digitalização e inserção no sistema pelo juízo a que for distribuída.

§7º Nos casos do parágrafo anterior, o juiz distribuidor comunicará à Corregedoria Regional da Justiça Federal da 4ª Região, para fins de registro".

É importante salientar que a Resolução n.17/2010 não pode contrariar o disposto no art. 222, §1º, do novo C.P.C. Contudo, a sua forma de regulamentar eventual falha de comunicação é por demais razoável.

Contudo, a parte sempre poderá demonstrar e comprovar que mesmo na hipótese de interrupção da comunicação eletrônica pelo prazo de quinze minutos, ficou totalmente impedida de realizar o ato processual, razão pela qual seu prazo deve ser prorrogado para o dia útil subsequente. Um exemplo possível, ocorre na hipótese em que o advogado, tendo que enviar uma petição pelo meio eletrônico, quinze minutos antes de embarcar para uma viagem de avião para outro Continente, se depara com a interrupção do sistema. Neste caso, comprovando que a interrupção, mesmo que por curto prazo, causou-lhe dano ao contraditório e à ampla defesa, o prazo deverá ser prorrogado nos termos do C.P.C.

O *§2º do art. 224* do novo C.P.C. estabelece que *se considera como data da publicação o primeiro dia útil seguinte ao da disponibilização da informação no Diário da Justiça eletrônico.*

O § 2º do art. 184 do C.P.C. de 1973 preconizava que os prazos somente começavam a correr no primeiro dia útil após a intimação. (Redação dada pela Lei nº 8.079, de 13.9.1990)

A intimação pode ocorrer pessoalmente ou por publicação do Diário da Justiça eletrônico.

Atualmente, a grande maioria dos Tribunais somente se utilizam da publicação eletrônica para notificar as partes da movimentação processual.

1049

CÓDIGO DE PROCESSO CIVIL

A Lei 11.419/06, ao tratar do processo eletrônico, assim prescreve em seu art. 4º, §3º:

> *Art. 4º Os tribunais poderão criar Diário da Justiça eletrônico, disponibilizado em sítio da rede mundial de computadores, para publicação de atos judiciais e administrativos próprios e dos órgãos a eles subordinados, bem como comunicações em geral.*
>
> *§ 3º Considera-se como data da publicação o primeiro dia útil seguinte ao da disponibilização da informação no Diário da Justiça eletrônico.*

Por sua vez, o §4º do referido dispositivo preconiza que *os prazos processuais terão início no primeiro dia útil que seguir ao considerado como data da publicação.*

Segundo o dispositivo em análise, a data da publicação somente ocorrerá no primeiro dia útil seguinte ao da disponibilização da informação no Diário da Justiça, ou seja, se a disponibilização da informação no Diário da Justiça ocorreu numa sexta-feira, a data da publicação somente ocorrerá no primeiro dia útil seguinte, ou seja, na segunda-feira (se for dia útil).

Sobre o tema, eis a seguinte notícia publicada no sitio http://www.trt4.jus.br/portal/portal/trt4/comunicacao/noticia/info/NoticiaWindow?cod=166807&action=2&destaque=false, em 02.10.2009, Boletim 3ª Turma:

> *A publicação oficial de um ato ocorre no dia seguinte à veiculação da informação no Diário da Justiça Eletrônico, iniciando-se a contagem dos prazos no dia subsequente. Por tal motivo, a 3ª Turma do Tribunal Regional do Trabalho do Rio Grande do Sul proveu o recurso ordinário de uma empresa questionando decisão da 2ª Vara do Trabalho de Gravataí em não receber embargos declaratórios, por considerá-los opostos tarde demais.*
>
> *O relator do processo, Juiz-Convocado Francisco Rossal de Araújo, esclareceu que o Provimento 3/2008, pelo qual o TRT-RS estabeleceu o Diário da Justiça Eletrônico como seu veículo oficial para publicação de atos judiciais, observa o disposto na Lei 11.419/2006, pela qual disciplina-se o processo eletrônico na Justiça brasileira. E esta lei define que "considera-se como data da publicação o primeiro dia útil seguinte ao da disponibilização da informação no Diário da Justiça eletrônico".*
>
> *Dessa forma, explicou o magistrado, como a informação objeto da controvérsia foi disponibilizada no DJE no dia 29 de janeiro deste ano, uma quinta-feira, ela é considerada publicada oficialmente na sexta-feira, dia 30, abrindo-se o prazo para oposição dos embargos de declaração na segunda-feira, dia 2 de fevereiro, e encerrando-se na sexta-feira, dia 6, data na qual a petição foi, de fato, protocolada nos Correios, sendo, portanto, tempestiva. Para o relator, cabe destacar que este novo sistema de publicação implicou em uma alteração na forma de contagem dos prazos, devendo-se ter o cuidado*

ART. 224

de desprezar o dia da disponibilização da informação. (Processo 01335-2007-232-04-00-9 RO)

Em complementação prescreve o *§3º do art. 222* do novo C.P.C. que *a contagem do prazo terá início no primeiro dia útil que seguir ao da publicação.*

Assim, se a publicação da intimação deu-se no diário oficial de justiça na sexta-feira, a contagem do prazo terá início no primeiro dia útil após a intimação, ou seja, terá início na segunda-feira (ser for dia útil).

Contudo, não se pode esquecer o que estabelece o *caput* do art. 224 do atual C.P.C., ou seja, que na contagem do prazo excluiu o dia do início e conta-se o do seu término. Assim, na contagem do prazo exclui a segunda-feira, incluindo o do seu término.

Sobre o tema, eis os seguintes precedentes do S.T.J.:

1. No caso dos autos, é manifesta a intempestividade dos embargos de declaração opostos no Tribunal de origem, pois a contagem do prazo recursal se inicia no primeiro dia útil após a intimação, nos termos do art. 184, § 2º, do Código de Processo Civil.

2. Agravo regimental não provido.

(AgRg no AREsp 370.635/MG, Rel. Ministro MAURO CAMPBELL MARQUES, SEGUNDA TURMA, julgado em 03/10/2013, DJe 11/10/2013).

(...).

2. O Superior Tribunal de Justiça tem reiteradamente proclamado que, na contagem do prazo recursal iniciado antes do recesso forense, são incluídos os dias de sábado, domingo e feriado, que imediatamente antecedem tal período, em que os prazos ficam suspensos, retomando-se a contagem no primeiro dia útil subsequente.

3. EMBARGOS DE DECLARAÇÃO NÃO CONHECIDOS.

(EDcl no REsp 1200105/AM, Rel. Ministro PAULO DE TARSO SAN-SEVERINO, TERCEIRA TURMA, julgado em 21/05/2013, DJe 27/05/2013)

1. A certidão expedida pelo Tribunal de origem é clara ao afirmar que a disponibilização do acórdão ocorreu em 19/3/2010 (sexta-feira) e que deveria ser considerado publicado no primeiro dia útil seguinte, ou seja, 22/3/2010 (segunda-feira). Assim, o prazo recursal começou a fluir em 23/3/2010 (terça-feira) e se encerrou em 6/4/2010 (terça-feira). Portanto, é intempestivo o recurso especial protocolizado em 9/4/2010.

(...).

(AgRg no REsp 1219847/SP, Rel. Ministro SEBASTIÃO REIS JÚNIOR, SEXTA TURMA, julgado em 16/05/2013, DJe 29/05/2013)

CÓDIGO DE PROCESSO CIVIL

(...).

3. No caso em tela, o acórdão recorrido foi publicado no Diário de Justiça Eletrônico do dia 1.6.2012, iniciando-se a contagem do prazo recursal no primeiro dia útil subsequente (art. 184, parágrafo 2°, do CPC), esgotando-se no dia 18.6.2012. Não obstante, a data do protocolo foi em 20.6.2012, quando já ocorrida a preclusão temporal.

4. Agravo regimental não provido.

(AgRg no AREsp 304.677/MG, Rel. Ministro MAURO CAMPBELL MARQUES, SEGUNDA TURMA, julgado em 18/04/2013, DJe 24/04/2013)

A contagem do prazo para interposição do recurso começa a partir do primeiro dia útil após a data em que foi publicada a decisão no Diário de Justiça. Agravo regimental não provido.

(AgRg nos EDcl no AREsp 246.166/SP, Rel. Ministro ARI PARGENDLER, PRIMEIRA TURMA, julgado em 21/03/2013, DJe 02/04/2013)

I – A última decisão proferida nos autos em epígrafe foi publicada no Diário Eletrônico em 14 de fevereiro p.p.. Assim sendo, o prazo para recorrer iniciou-se em 15 de fevereiro e findou-se no dia 22 seguinte (quarta-feira de cinzas), conforme bem relevado na certidão de fls. 316. Nada obstante, o presente recurso somente foi protocolado no dia 23 de fevereiro, sendo, portanto, intempestivo.

II – Agravo regimental não conhecido.

(AgRg no AREsp 81.820/SP, Rel. Ministro FRANCISCO FALCÃO, PRIMEIRA TURMA, julgado em 20/03/2012, DJe 30/03/2012)

1. O prazo para a apresentação dos originais das razões do recurso interposto via fac-símile é de cinco dias, nos termos do art. 2º da Lei nº 9.800/99. Desse modo, o dies a quo é contado a partir do que seria o termo final para a apresentação do recurso, sendo este prazo contínuo, não se suspendendo ou se interrompendo em razão de feriado ou fim de semana. O dies ad quem, todavia, deve ser prorrogado para o primeiro dia útil seguinte, caso ocorra em fim de semana ou feriado 2. Disponibilizada a decisão no Diário de Justiça Eletrônico de 16/12/2011, considera-se como data de publicação o primeiro dia útil seguinte, 19/12/2011; tendo sido a petição dos embargos declaratórios, enviada via fac-símile, protocolizada em 06/02/2012 – último dia do prazo para a interposição desse recurso –, o termo final do prazo para a apresentação dos originais deve ser fixado em 11/02/2012 – domingo –, prorrogando-se automaticamente para o primeiro dia útil subsequente, 12/02/2012.

ART. 225

(...).
(EDcl no RMS 25.036/PA, Rel. Ministra LAURITA VAZ, QUINTA TURMA, julgado em 28/02/2012, DJe 07/03/2012)

(...).
6. *In casu, a publicação do acórdão ocorreu em 18.11.10, primeiro dia útil após a sua divulgação no diário oficial eletrônico, tendo o prazo de quinze dias iniciado em 19.11.10 e findado em 03.12.10, data em que foi protocolizada a inicial, evidenciando-se a tempestividade da reclamação.*
7. Segurança concedida.
(MS 16.180/DF, Rel. Ministro CASTRO MEIRA, CORTE ESPECIAL, julgado em 05/10/2011, DJe 01/02/2012)

Art. 225
A parte poderá renunciar ao prazo estabelecido exclusivamente em seu favor, desde que o faça de maneira expressa.

Renúncia de prazo processual
Tanto o C.P.C. de 1973 como a redação originária do projeto do Senado Federal permitiam a renúncia do prazo estabelecido em favor exclusivo da parte, permitindo que essa renúncia fosse inclusive de forma tácita, pois não exigiam sua realização de maneira expressa.

Já a nova redação do art. 225 do novo C.P.C. permite a renúncia do prazo estabelecido em favor da parte, desde que essa renúncia seja perfectibilizada de *maneira expressa*.

Portanto, a partir do novo C.P.C. não há mais renúncia tácita dos prazos processuais.

Para que tenha validade a renúncia do prazo, é necessário que o direito seja disponível e a parte seja capaz, além de o prazo ser estabelecido no exclusivo interesse do renunciante.

Se a renúncia diz respeito a mais de uma pessoa com prazo comum ou em litisconsórcio, ela somente valerá se todos participarem do ato de renúncia. Caso se trate de direito cindível, exercido individualmente, poderá valer para aquele que renunciou.

Art. 226

O juiz proferirá:

I – os despachos no prazo de 5 (cinco) dias;

II – as decisões interlocutórias no prazo de 10 (dez) dias;

III – as sentenças no prazo de 30 (trinta) dias.

Prazo para o juiz proferir seus provimentos

Os prazos fixados para o juiz exercer sua atividade jurisdicional estão discriminados no art. 226 do novo C.P.C.

Segundo esse preceito normativo, o juiz deverá proferir despacho no prazo de cinco dias; proferir decisões interlocutórias no prazo de dez dias e proferir sentenças no prazo de trinta dias.

Pelo código revogado os prazos seriam de dois dias para despacho e dez dias para as decisões. Não havia previsão para a prolação das sentenças.

Emenda da Câmara dos Deputados estabeleceu o prazo de trinta dias para a prolação de sentença.

Não há dúvida de que esses prazos somente poderão ser observados naquelas Varas ou Secretarias em que o número de processo seja compatível e lhe seja permitido um andamento razoável.

Nas Varas ou Secretarias em que o número de processos é extremamente elevado, os prazos estabelecidos no art. 226 do atual C.P.C. são fictícios ou utópicos.

Art. 227

Em qualquer grau de jurisdição, havendo motivo justificado, pode o juiz exceder, por igual tempo, os prazos a que está submetido.

Justificativa para o excesso de prazo dos provimentos do magistrado

Segundo prescreve o art. 20 do Código de Ética da Magistratura Nacional do Conselho Nacional de Justiça, *cumpre ao magistrado velar para que os atos processuais se celebrem com a máxima pontualidade e para que os processos a seu cargo sejam solucionados em um prazo razoável, reprimido toda e qualquer iniciativa dilatória ou atentatória à boa-fé processual.*

Assim, um dos preceitos morais e éticos do magistrado no exercício de suas funções é justamente realizar os atos processuais na máxima pontualidade, sob pena inclusive de ser mal avaliado por ocasião das promoções ou remoções por merecimento.

O novo C.P.C. permite que o juiz, mediante motivo justificado, exceda, por igual tempo, os prazos que este Código estabelecer.

Art. 228

Incumbirá ao serventuário remeter os autos conclusos no prazo de 1 (um) dia e executar os atos processuais no prazo de 5 (cinco) dias, contado da data em que:

I – houver concluído o ato processual anterior, se lhe foi imposto pela lei;

II – tiver ciência da ordem, quando determinada pelo juiz.

§ 1º Ao receber os autos, o serventuário certificará o dia e a hora em que teve ciência da ordem referida no inciso II.

§ 2º Nos processos em autos eletrônicos, a juntada de petições ou de manifestações em geral ocorrerá de forma automática, independentemente de ato de serventuário da justiça.

Prazo para os serventuários de justiça cumprir os prazos processuais

O *art. 228* do novo C.P.C., por sua vez, impõe deveres processuais ao serventuário da justiça, tanto para cumprimento de suas obrigações quanto para remeter os autos conclusos ao juiz. O referido dispositivo prescreve que incumbirá ao serventuário remeter os autos conclusos no prazo de um dia e cumprir os atos processuais no prazo de cinco dias contados: I – da data em que houver concluído o ato processual anterior, se lhe foi imposto pela lei; II – da data em que tiver ciência da ordem, quando determinada pelo juiz.

O código revogado estabelecia o prazo de vinte e quatro horas para remessa dos autos conclusos ao juiz e quarenta e oito horas para execução dos atos processuais.

É importante salientar que o dispositivo não fala em escrivão ou chefe de secretaria, mas, sim, de serventuário da justiça, termo que abrange todos aqueles que têm incumbência funcional de movimentação processual.

O impulso processual é a forma de se proceder ao andamento do processo mediante a prática dos atos processuais por parte dos serventuários de justiça.

Ao receber os autos, certificará o serventuário o dia e hora em que ficou ciente da ordem referida no inciso II (art. 228, §1º), até para que se saiba se houve ou não excesso de prazo no cumprimento do dever funcional.

CÓDIGO DE PROCESSO CIVIL

Tratando-se de processo eletrônico, a movimentação da conclusão deverá ser de forma automática (§2º do art. 228), mediante alteração da movimentação processual, independentemente de ato de serventuário da justiça.

Aliás, o sistema eletrônico processual permite que a movimentação de conclusão do processo seja feita pelo próprio advogado, ao realizar a juntada de documentos ou petição no processo eletrônico. Nesta hipótese, o processo eletrônico é movimentado à conclusão automaticamente pelo próprio sistema, sem necessidade de intervenção por parte do serventuário de justiça.

Art. 229

Os litisconsortes que tiverem diferentes procuradores, de escritórios de advocacia distintos, terão prazos contados em dobro para todas as suas manifestações, em qualquer juízo ou tribunal, independentemente de requerimento.

§ 1º Cessa a contagem do prazo em dobro se, havendo apenas 2 (dois) réus, é oferecida defesa por apenas um deles.

§ 2º Não se aplica o disposto no *caput* aos processos em autos eletrônicos.

Prazo em dobro para litisconsortes

O art. 229 do novo C.P.C. promove uma alteração importante quanto à contagem do prazo quando diante de litisconsortes.

Pela regra do Código revogado, havia prazo em dobro para os litisconsortes recorrer ou falar nos autos, assim como havia prazo em quádruplo para a Fazenda Pública e o Ministério Público contestar e em dobro para recorrer.

Em relação ao litisconsorte, independentemente de pedido, os prazos somente serão contados em dobro se eles, litisconsortes, possuírem diferentes procuradores e esses procuradores pertencerem a escritórios diversos.

Se os procuradores forem comuns aos litisconsortes ou se mesmo sendo diferentes pertencerem eles (procuradores) a um mesmo escritório de advocacia, não haverá contagem em dobro dos prazos processuais.

O S.T.J. entendia que se os procuradores pertencessem ao mesmo escritório, teriam a prerrogativa do prazo em dobro. Nesse sentido é o seguinte precedente:

(...).

2. A orientação firmada por este Tribunal é a de que tendo os litisconsortes procuradores distintos, aplica-se de forma objetiva e irrestrita a regra benévola do artigo 191

ART. 229

do *Código de Processo Civil, de modo que também incidente no caso de os advogados serem do mesmo escritório.*

3. Embargos de Declaração acolhidos, para passar à análise do Agravo Regimental, ao qual nega-se provimento.

(EDcl no AgRg no AREsp 325.518/ES, Rel. Ministro SIDNEI BENETI, TERCEIRA TURMA, julgado em 27/08/2013, DJe 09/09/2013)

O texto normativo atual, portanto, abrange apenas o caso de os advogados possuírem autonomamente seus próprios clientes.

O prazo em dobro é para se manifestar, incluindo o prazo para recorrer, contestar, para falar nos autos.

Porém, segundo prescreve a Súmula 641 do S.T.F. *"Não se conta em dobro o prazo para recorrer, quando só um dos litisconsortes haja sucumbido"*

O S.T.J. também vem entendendo que não será computado o prazo em dobro quando o recurso interessar apenas a um dos litisconsortes. Neste sentido são os seguintes precedentes:

(...).
2. O prazo em dobro previsto no art. 191 do CPC não se aplica para o agravo interposto contra a decisão que nega seguimento a recurso especial, mesmo que haja litisconsortes com procuradores diversos, porquanto somente o autor dessa irresignação possuirá interesse e legitimidade para recorrer. Precedentes.
3. Agravo regimental não conhecido.

(AgRg no AREsp 281.560/PR, Rel. Ministra MARIA ISABEL GAL- LOTTI, QUARTA TURMA, julgado em 03/10/2013, DJe 17/10/2013).

1. "Se apenas um dos litisconsortes possui interesse recursal para se insurgir contra uma decisão, não há razão que justifique o benefício do prazo em dobro, porquanto a sua finalidade é não prejudicar a ampla defesa, que poderia restar dificultada, caso diversos procuradores tivessem que recorrer no mesmo prazo" (AgRg no Ag 598910/ SP, Rel. Ministro HÉLIO QUAGLIA BARBOSA, SEXTA TURMA, julgado em 03/02/2005, DJ 28/02/2005, p. 375).
2. Agravo regimental a que se nega provimento.

(AgRg no REsp 1375989/SE, Rel. Ministra MARIA ISABEL GALLOTTI, QUARTA TURMA, julgado em 24/09/2013, DJe 04/10/2013)

Ainda, sobre o tema, eis os seguintes precedentes:

CÓDIGO DE PROCESSO CIVIL

(...).

2. Com a extinção do litisconsórcio passivo, deixa de ser aplicável o prazo em dobro para recorrer, previsto no art. 191 do Código de Processo Civil.

3. Agravo regimental a que se nega provimento.

(EDcl no AREsp 117.667/RO, Rel. Ministro RAUL ARAÚJO, QUARTA TURMA, julgado em 17/09/2013, DJe 24/10/2013).

(...).

2. No caso de apenas um dos litisconsortes apelar, desfaz-se o litisconsórcio na instância ordinária, deixando de incidir o prazo em dobro previsto no art. 191 do CPC.

3. Embargos declaratórios acolhidos com efeitos infringentes.

Agravo em recurso especial conhecido e desprovido.

(EDcl nos EDcl nos EDcl no AgRg no AREsp 12.471/RJ, Rel. Ministro JOÃO OTÁVIO DE NORONHA, TERCEIRA TURMA, julgado em 13/08/2013, DJe 22/08/2013).

(...).

2. O litisconsorte que deixa de recorrer das decisões havidas no feito e vem, posteriormente, a intervir no processo como terceiro interessado não pode se beneficiar do prazo em dobro concedido pelo artigo 191 do Código de Processo Civil.

3. Embargos de declaração rejeitados.

(EDcl no AgRg no AREsp 129.783/RS, Rel. Ministro SIDNEI BENETI, TERCEIRA TURMA, julgado em 25/06/2013, DJe 01/08/2013).

(...).

2. O Superior Tribunal de Justiça é firme no sentido de que não se aplica a norma contida no art. 191 do CPC quando, desfeito o litisconsórcio na instância ordinária, somente um deles recorre da decisão.

3. Agravo regimental não provido.

(AgRg nos EDcl no AREsp 233.560/PB, Rel. Ministro RICARDO VILLAS BÔAS CUEVA, TERCEIRA TURMA, julgado em 16/05/2013, DJe 24/05/2013).

1. A contagem do prazo em dobro prevista no art. 191 do CPC para litisconsortes que tenham procuradores diversos não se aplica quando os demais litisconsortes não têm interesse ou legitimidade para recorrer da decisão.

ART. 229

(...).
(AgRg nos EDcl no Ag 1066149/SP, Rel. Ministro ANTONIO CARLOS FERREIRA, QUARTA TURMA, julgado em 14/05/2013, DJe 24/05/2013).

(...).
2. No caso de apenas um dos litisconsortes ter apelado da sentença, desfaz-se o litis-consórcio e não tem mais aplicação o prazo em dobro previsto no artigo 191, do CPC, por ser norma de exceção e, portanto, comportar interpretação restritiva.
(...).
(AgRg no AREsp 310.511/MG, Rel. Ministro LUIS FELIPE SALOMÃO, QUARTA TURMA, julgado em 07/05/2013, DJe 22/05/2013).

1. Em caso de litisconsórcio entre dois corréus, o prazo deverá ser contado em dobro, mesmo que um deles seja revel, deixando de apresentar contestação. Precedentes.
2. Agravo Regimental improvido.
(AgRg no REsp 1344103/SP, Rel. Ministro SIDNEI BENETI, TERCEIRA TURMA, julgado em 23/10/2012, DJe 07/11/2012)

(...).
2. O autor da ação de oposição não goza do prazo em dobro para recorrer, sendo desinfluente a existência de litisconsórcio passivo entre o autor e o réu da ação principal, nos termos do art. 191 do CPC.
3. Embargos Declaratórios rejeitados com a imposição de multa de 1% sobre o valor da causa corrigido.
(EDcl no AgRg no AREsp 262.404/RS, Rel. Ministro SIDNEI BENETI, TERCEIRA TURMA, julgado em 23/04/2013, DJe 03/05/2013).

(...).
2. No caso de apenas um dos litisconsortes ter recorrido, desfazendo-se o litisconsór-cio na instância ordinária, não tem mais aplicação o prazo em dobro previsto no art. 191 do CPC.
3. Agravo regimental não conhecido.
(AgRg no REsp 1193744/RJ, Rel. Ministra MARIA ISABEL GALLOTTI, QUARTA TURMA, julgado em 12/03/2013, DJe 19/03/2013)

1. O prazo em dobro para recorrer se aplica quando os litisconsortes, com diferentes procuradores, sucumbirem diante da decisão recorrida. Não havendo interesse recursal por um dos litisconsortes, por não haver sucumbência, não incide a regra do art. 191 do Código de Processo Civil.

CÓDIGO DE PROCESSO CIVIL

2. Agravo Regimental improvido.

(AgRg no AREsp 218.330/PR, Rel. Ministro SIDNEI BENETI, TERCEIRA TURMA, julgado em 23/10/2012, DJe 09/11/2012).

1. A alegação de que o litisconsórcio, com a presença de procuradores diferentes, atrai a disciplina o art. 191 do CPC, não prospera, uma vez que a Decisão agravada (e-STJ fls. 501) negou seguimento ao Recurso Especial interposto, tão-somente, por CARMEN ALMEIDA DUVIVIER não tendo que se falar em litisconsórcio ensejador de prazo em dobro para recorrer, uma vez que a parte sucumbente foi apenas a Agravante.

2. Além disso, a concessão de prazo em dobro para recorrer, conforme previsto no artigo 191, do Código de Processo Civil, requer para prova da existência do litisconsórcio.

3. O agravo não trouxe nenhum argumento novo capaz de modificar o decidido, que se mantém por seus próprios fundamentos.

4. Agravo Regimental improvido.

(AgRg no AREsp 216.083/RJ, Rel. Ministro SIDNEI BENETI, TERCEIRA TURMA, julgado em 16/10/2012, DJe 06/11/2012)

(...).

3. A controvérsia que escapa dos óbices sumulares e encontra-se devidamente prequestionada reside em saber qual o momento em que se interromperá o benefício do prazo em dobro concedido aos litisconsortes representados por procuradores diferentes. O acórdão recorrido, que julgou intempestivo o apelo dos réus, aplicou o verbete nº 641 da Súmula do STF ("Não se conta em dobro o prazo para recorrer, quando só um dos litisconsortes haja sucumbido") em conjugação com o fato de o Parquet Estadual ter desistido do apelo – a solicitação de desbloqueio de bens requerida pela ré absolvida e declarações prestadas pelo advogado da ré na imprensa jornalística de que não haveria recurso. Ocorre que esses fatos sucedem no tempo ao início do prazo recursal, mostrando-se equivocada, a princípio, a afirmação do aresto recorrido de que "[...] após a sentença o Ministério Público interpôs seu recurso de apelação a fls. 2.828 e dele veio a desistir a fl. 2.998, o que foi prontamente homologado passando, então tal decisão a surtir seus efeitos, desaparecendo, nessa mesma oportunidade, o litisconsórcio passivo e a obrigatoriedade da contagem em dobro do prazo recursal" com o decreto de intempestividade. Ora, o apelo dos réus foi interposto em 6.3.2006 e a homologação da desistência do recurso do Ministério Público data de 22.3.2006. Além disso, o juiz sentenciante restituiu aos réus 14 dias do prazo de apelação, em virtude de carga fora de cartório na fluência de prazo comum, além de ter salientado que "não se pode afirmar que a ré não teria interesse em recorrer", em decorrência da condenação na verba sucumbencial.

ART. 229

4. Agravo regimental não provido.

(AgRg no AgRg na MC 19.451/SP, Rel. Ministro CASTRO MEIRA, SEGUNDA TURMA, julgado em 25/09/2012, DJe 04/10/2012).

1. A regra contida no art. 191 do CPC justifica-se pela dificuldade maior que os procuradores dos litisconsortes encontram em cumprir os prazos processuais e, principalmente, em consultar os autos do processo. Com efeito, tão logo o litisconsórcio seja desfeito, por qualquer motivo, não subsiste motivo para que a contagem do prazo de forma dúplice seja mantida 2. A jurisprudência desta Corte posicionou-se no sentido de que somente há prazo em dobro para litisconsortes com diferentes procuradores (artigo 191 do CPC) quando todos possuam interesse em recorrer da decisão impugnada.

3. Entendimento consolidado no Supremo Tribunal Federal na Súmula nº 641.

(...).

(AgRg no Ag 963.283/MG, Rel. Ministro RICARDO VILLAS BÔAS CUEVA, TERCEIRA TURMA, julgado em 17/04/2012, DJe 23/04/2012)

1. Encontrando-se os diversos litisconsortes representados pelo mesmo advogado, não se aplica o prazo em dobro para recorrer previsto no art. 191 do CPC.

2. "Não se conta em dobro o prazo para recorrer, quando só um dos litisconsortes haja sucumbido" (Súmula 641/STF).

3. Embargos de declaração recebidos como agravo regimental, a que se nega provimento.

(EDcl no REsp 734.862/RJ, Rel. Ministra MARIA ISABEL GALLOTTI, QUARTA TURMA, julgado em 17/11/2011, DJe 29/11/2011)

Estabelece o § 1º do art. 229 do atual C.P.C. que *cessa a contagem do prazo em dobro se, havendo apenas 2 (dois) réus, é oferecida defesa por apenas um deles.*

Se um dos litisconsortes for considerado revel por não apresentar defesa, cessará a contagem do prazo em dobro.

Preconiza o § 2º do art. 229 do atual C.P.C. que *não se aplica o disposto no caput aos processos em autos eletrônicos.*

Tendo em vista que num futuro próximo não haverá mais processo físico, especialmente no âmbito da Justiça Federal, isso significa dizer que o prazo em dobro estabelecido no art. 229 do atual C.P.C. está com os dias contados.

Art. 230

O prazo para a parte, o procurador, a Advocacia Pública, a Defensoria Pública e o Ministério Público será contado da citação, da intimação ou da notificação.

Quando começa correr o prazo

O conhecimento do ato ocorre no momento em que a parte, procurador, a Advocacia Pública, a Defensoria Pública e o Ministério Público tomam ciência oficialmente ou extraoficialmente do ato processual.

Segundo esclarece E. D. Moniz de Aragão, *"Esta última não é relevante para o direito. Não se pode, por exemplo, reputar intimado do ato quem dele teve notícia por mero acaso, antes de ele operar qualquer efeito, como se daria com o advogado que lesse a contestação ou o recurso já apresentado em cartório, mas aguardando o despacho do juiz, bem como a sentença, já redigida, mas que ainda vai ser publicada, e assim por diante. Nesse caso é claro, o conhecimento extraoficial em nada influi"*.[655]

O prazo processual não começa a correr apenas da intimação das partes, do procurador, da Advocacia Pública, da Defensoria Pública e do Ministério Público, mas, também, da citação ou de simples notificação.

Portanto, a citação, notificação ou intimação são sistemas de comunicação processual que podem desencadear prazos processuais para a prática de atos processuais.

Art. 231

Salvo disposição em sentido diverso, considera-se dia do começo do prazo:

I – a data de juntada aos autos do aviso de recebimento, quando a citação ou a intimação for pelo correio;

II – a data de juntada aos autos do mandado cumprido, quando a citação ou a intimação for por oficial de justiça;

III – a data de ocorrência da citação ou da intimação, quando ela se der por ato do escrivão ou do chefe de secretaria;

IV – o dia útil seguinte ao fim da dilação assinada pelo juiz, quando a citação ou a intimação for por edital;

---

[655] Moniz de Aragão, E. D. *Comentários ao código de processo civil.* 6ª ed., arts. 154 a 269, Forense: Rio de Janeiro, 1989. p. 340.

ART. 231

V – o dia útil seguinte à consulta ao teor da citação ou da intimação ou ao término do prazo para que a consulta se dê, quando a citação ou a intimação for eletrônica;

VI – a data de juntada do comunicado de que trata o art. 232 ou, não havendo esse, a data de juntada da carta aos autos de origem devidamente cumprida, quando a citação ou a intimação se realizar em cumprimento de carta;

VII – a data de publicação, quando a intimação se der pelo Diário da Justiça impresso ou eletrônico;

VIII – o dia da carga, quando a intimação se der por meio da retirada dos autos, em carga, do cartório ou da secretaria.

§ 1º Quando houver mais de um réu, o dia do começo do prazo para contestar corresponderá à última das datas a que se referem os incisos I a VI do *caput*.

§ 2º Havendo mais de um intimado, o prazo para cada um é contado individualmente.

§ 3º Quando o ato tiver de ser praticado diretamente pela parte ou por quem, de qualquer forma, participe do processo, sem a intermediação de representante judicial, o dia do começo do prazo para cumprimento da determinação judicial corresponderá à data em que se der a comunicação.

§ 4º Aplica-se o disposto no inciso II do *caput* à citação com hora certa.

Quando se considera o dia de começo do prazo

O *art. 231* do novo C.P.C. regulamenta o dia do começo do prazo processual, ressaltando-se que a contagem somente se dá em dias úteis.

É importante salientar que o art. 231, *caput*, do novo C.P.C. ressalva disposições diversas quanto ao início do prazo.

O art. 335, incs. I e II, do novo C.P.C., apresenta início de prazos diverso para contestar, especialmente quando se trata do instituto da conciliação e mediação, *in verbis*:

> *Art. 335. O réu poderá oferecer contestação, por petição, no prazo de 15 (quinze) dias, cujo termo inicial será a data:*
>
> *I – da audiência de conciliação ou de mediação, ou da última sessão de conciliação, quando qualquer parte não comparecer ou, comparecendo, não houver autocomposição;*
>
> *II – do protocolo do pedido de cancelamento da audiência de conciliação ou de mediação apresentado pelo réu, quando ocorrer a hipótese do art. 334, § 4º, inciso I;*

CÓDIGO DE PROCESSO CIVIL

Nas hipóteses dos incs. I e II do art. 335 do atual C.P.C., o prazo de quinze dias para contestar não corre de acordo com o art. 231 do mesmo estatuto legal, mas é contado da audiência de conciliação ou de mediação, ou da última sessão de conciliação, quando qualquer parte não comparecer ou, comparecendo, não houver auto composição; ou do protocolo do pedido de cancelamento da audiência de conciliação ou de mediação apresentado pelo réu, quando ocorrer a hipótese do art. 334, §4º, inciso I, do atual C.P.C.

Na hipótese *do inc. I do art. 231 do novo C.P.C., o início do prazo para a prática do ato processual, seja decorrente de citação ou intimação, somente começa a ocorrer a partir da juntada aos autos do aviso de recebimento.*

O mesmo princípio observa-se quando a citação ou intimação ocorrer por meio de mandado, carta precatória, rogatória ou de ordem (incs. II e VI do art. 231 do atual C.P.C.), *in verbis:*

> Inc. II – *a citação ou a intimação for por oficial de justiça, a data de juntada aos autos do mandado cumprido;*
>
> Inc. VI – *citação ou a intimação se realizar em cumprimento de carta, a data de juntada do comunicado de que trata o artigo 232, ou, não havendo este, da juntada da carta aos autos de origem devidamente cumprida.*

Segundo estabelece o *inc. III do art. 231* do atual C.P.C., *considera-se o dia do começo do prazo processual, a data de ocorrência da citação ou da intimação, quando ela se der por ato do escrivão ou do chefe de secretaria.*

Estabelece o art. 246, inc. III, do atual C.P,C,. que a citação será feita pelo escrivão ou chefe de secretaria, se o citando comparecer em cartório.

Nesta hipótese, o escrivão ou chefe de secretaria certificará nos próprios autos a realização da citação.

Assim, o prazo para contestar ou para praticar qualquer outro ato processual terá início na data de sua ocorrência.

Prescreve o *inc. IV do art. 231* do atual do C.P.C. que se considera o dia do início do prazo o *dia útil seguinte ao fim da dilação assinada pelo juiz.*

Tendo em vista que a citação ou intimação por edital traz no seu conteúdo um prazo de dilação que tem por objetivo justamente permitir que a pessoa que está sendo citada ou intimada venha a ter ciência do ato processual, o prazo de início para a realização do ato processual contar-se-á do dia útil posterior ao fim da dilação assinada pelo juiz.

Encerrado o prazo de dilação, aí sim, no primeiro dia útil seguinte começará correr o prazo efetivo para a prática do ato processual decorrente da intimação ou citação. Por isso não se pode confundir o prazo de dilação com o prazo para a

ART. 231

prática do ato. O prazo para a prática do ato processual somente se inicia após o término do prazo de dilação.

Segundo anota E. D. Moniz de Aragão: *"Há divergência a respeito quando o prazo do edital finda em dia feriado ou à sua véspera. Para o Código de Processo Civil português a solução foi incorporar um prazo ao outro ('quando um prazo peremptório se seguir a um prazo dilatório, os dois prazos contam-se como um só' – art.148). No silêncio do Código, a solução brasileira é a outra. Se o prazo do edital e o da prática do ato não se somam, para formar um só todo, é evidente que serão contados de per si, na conformidade do que dispõe a lei. Assim, se o prazo do edital propriamente dito terminar à véspera de feriado (ou de férias forense), o prazo para o ato a ser praticado somente terá início a partir do primeiro dia útil seguinte. Se o prazo do edital terminar em dia feriado (ou nas férias), reputar-se-á dilatado até o primeiro dia útil seguinte, a fim de ter início o do ato a ser praticado.*

Para que uma solução oposta a esta e idêntica à de Portugal pudesse ser recomendada e aceita seria necessário que também este Código contivesse uma disposição igual à do português".[656]

Diante do novo C.P.C., parece-me que a aplicação do art. 148 do Código de Processo Civil português não ficou tão deslocada, pois o atual código processual brasileiro determina que na contagem dos prazos somente sejam considerados os dias úteis, conforme expressamente consignado no 'caput' do art. 219 do novo C.P.C.

Outro aspecto importante, é que não há necessidade de se intimar a parte da juntada do aviso do recebimento ou do mandado, carta rogatória, precatória, de ordem ou ainda do edital.

Prescreve o *inc. V do art. 231 do atual C.P.C.* que se a *citação ou a intimação for eletrônica, o dia útil seguinte à consulta ao seu teor ou ao término do prazo para que a consulta se dê.*

Aduz o dispositivo que na citação ou intimação eletrônica, o prazo começa a correr no dia útil seguinte à consulta ou ao término do prazo para que a consulta se dê, de acordo com as regulamentações legais.

No sistema PROJUDI do Tribunal de Justiça do Estado do Paraná, o advogado é intimado para determinado ato processual. Se não abrir a intimação no prazo de dez dias, essa intimação é feita automaticamente, começando a correr o prazo processual.

O advogado cadastrado no PROJUDI sempre recebe e-mail sobre a expedição da intimação, a fim de que tenha ciência de que há uma intimação no processo eletrônico em que atua.

---

[656] MONIZ DE ARAGÃO, E. D., idem, p. 345.

É importante salientar que se o advogado abrir a intimação antes do transcurso do prazo automático, da data em que visualizou a intimação começará a correr o prazo processual.

Estabelece o *inc. VII do art. 231* do atual C.P.C. que *se considera o dia do começo do prazo, se a intimação se der pelo Diário da Justiça impresso ou eletrônico, a data da publicação.*

Por sua vez, o art. 224, §2º, do atual C.P.C., preconiza que se considera como data da publicação o primeiro dia útil seguinte ao da disponibilização da informação no Diário da Justiça Eletrônico.

Ocorre que, s.m.j., haverá certa confusão na contagem do prazo quando houver publicação pelo diário da justiça eletrônico ou físico.

É que o §3º do art. 224 do atual C.P.C. expressamente consigna que a contagem do prazo terá início no primeiro dia útil que se seguir ao da publicação, e não o *da data da publicação,* conforme preconiza o inc. VII do art. 231 do atual C.P.C.

Se o ato for disponibilizado na segunda-feira, pelo inc. VII do art. 231 do atual C.P.C., o prazo terá início (dia do começo) na própria segunda-feira, ou seja, na *data da publicação.* Assim, um prazo de três dias, excluindo o dia do começo e incluindo o dia final, o prazo terminará na quarta-feira.

Porém, se se adotar o disposto no §3º do art. 224 do atual C.P.C., a contagem do prazo terá início no primeiro dia útil que se seguir ao da publicação, ou seja, na terça-feira. Assim, publicado o ato na segunda-feira, o início dar-se-á na terça-feira (dia útil seguinte). Portanto, excluindo o dia do início e incluindo o dia final, o prazo se encerra na quinta-feira.

Sobre o tema, eis a seguinte notícia publicada no sitio http://www.trt4.jus.br/portal/portal/trt4/comunicacao/noticia/info/NoticiaWindow?cod=166807&action=2&destaque=false, em 02.10.2009, Boletim 3ª Turma:

> *A publicação oficial de um ato ocorre no dia seguinte à veiculação da informação no Diário da Justiça Eletrônico, iniciando-se a contagem dos prazos no dia subsequente. Por tal motivo, a 3ª Turma do Tribunal Regional do Trabalho do Rio Grande do Sul proveu o recurso ordinário de uma empresa questionando decisão da 2ª Vara do Trabalho de Gravataí em não receber embargos declaratórios, por considerá-los opostos tarde demais.*
>
> *O relator do processo, Juiz-Convocado Francisco Rossal de Araújo, esclareceu que o Provimento 3/2008, pelo qual o TRT-RS estabeleceu o Diário da Justiça Eletrônico como seu veículo oficial para publicação de atos judiciais, observa o disposto na Lei 11.419/2006, pela qual disciplina-se o processo eletrônico na Justiça brasileira. E esta*

ART. 231

lei define que "considera-se como data da publicação o primeiro dia útil seguinte ao da disponibilização da informação no Diário da Justiça eletrônico".

Dessa forma, explicou o magistrado, como a informação objeto da controvérsia foi disponibilizada no DJE no dia 29 de janeiro deste ano, uma quinta-feira, ela é considerada publicada oficialmente na sexta-feira, dia 30, abrindo-se o prazo para oposição dos embargos de declaração na segunda-feira, dia 2 de fevereiro, e encerrando-se na sexta-feira, dia 6, data na qual a petição foi, de fato, protocolada nos Correios, sendo, portanto, tempestiva. Para o relator, cabe destacar que este novo sistema de publicação implicou em uma alteração na forma de contagem dos prazos, devendo-se ter o cuidado de desprezar o dia da disponibilização da informação. (Processo 01335-2007-232-04-00-9 RO)

Prescreve o *inc. VIII do art. 231* do atual C.P.C. *que se considera dia do começo do prazo, quando a intimação se der por meio da retirada dos autos, em carga, do cartório ou da secretaria, o dia da carga.*

Evidentemente que esse dispositivo somente se aplica ao processo físico ou em papel, pois em relação ao processo eletrônico não há falar em retirada dos autos, em carga.

Porém, em se tratando de autos físicos, e não havendo outra forma de intimação, a retirada dos autos, em carga, do cartório ou da secretaria, configura o dia do início da contagem do prazo processual.

Preceitua o *§ 1º do art. 231* do atual C.P.C. *que quando houver mais de um réu, o dia do começo do prazo para contestar corresponderá à última das datas a que se referem os incisos I a VI do caput.*

Se houver vários réus, o dia do começo do prazo para contestar começa a correr da última das datas a que se referem os incisos I a VI, ou seja, da data da juntada aos autos do último aviso de recebimento ou da data da juntada do comunicado de que trata o art. 232 do atual C.P.C., ou, não havendo este, da última juntada da carta aos autos de origem devidamente cumprida. Evidentemente que essa regra somente será aplicada se mais de uma carta ou de um mandado for expedido.

Aduz o *§ 2º do art. 231* do atual C.P.C. *que havendo mais de um intimado, o prazo para cada um é contado individualmente.*

Enquanto o §1º deste artigo fala em citação para contestar, este §2º fala de intimação para a prática dos atos processuais.

Se houver mais de um intimado para a prática do ato processual, o prazo contar-se-á individualmente para cada um, de forma isolada e independente.

Preceitua o *§ 3º do art. 231* do atual C.P.C. *que quando o ato tiver que ser praticado diretamente pela parte ou por quem, de qualquer forma, participe do processo, sem a* *intermediação de representante judicial, o dia do começo do prazo para cumprimento da determinação judicial corresponderá à data em que se der a comunicação.*

Na hipótese de o ato processual ser praticado diretamente pela parte ou por quem de qualquer forma participe do processo, sem possibilidade de ser praticado por procurador ou por outro qualquer representante, o dia do começo do prazo para cumprimento do ato dar-se-á na data em que se der a comunicação ou notificação para a prática do ato processual.

Assim, se o juiz intimar a parte autora para comparecer pessoalmente em juízo, no prazo de cinco dias, a fim de prestar determinada declaração que somente ela poderá fornecer, a data em que for a parte autora intimada pessoalmente para cumprir este ato será considerada como o dia do começo do prazo para cumprimento da determinação judicial.

Aduz o *§ 4º do art. 231* do atual C.P.C. que *se aplica o disposto no inciso II do caput à citação com hora certa.*

Quando, por duas vezes, o oficial de justiça houver procurado o citando em seu domicílio ou residência sem o encontrar, deverá, havendo suspeita de ocultação, intimar qualquer pessoa da família ou, em sua falta, qualquer vizinho de que, no dia útil imediato, voltará a fim de efetuar a citação, na hora que designar. No dia e hora designados, o oficial de justiça, independentemente de novo despacho, comparecerá ao domicílio ou à residência do citando a fim de realizar a diligência. A citação por hora certa será efetivada, se o citando não se encontrar, mesmo que a pessoa da família ou o vizinho, que houver sido intimado, esteja ausente, ou se, embora presente, a pessoa da família ou o vizinho se recusar a receber o mandado.

Da certidão da ocorrência, o oficial de justiça deixará contrafé com qualquer pessoa da família ou vizinho, conforme o caso, declarando-lhe o nome.

Uma vez lavrada a certidão pelo oficial de justiça, na qual conste a citação por hora certa, o mandado deverá ser juntado aos autos.

O prazo do início para contestar, nos termos do §4º do art. 231 do atual C.P.C., combinado com o inc. II do mesmo dispositivo, dar-se-á da data da juntada do mandado devidamente cumprido, e não da data da juntada do mandado, carta, telegrama ou correspondência eletrônica expedido nos termos do art. 254 do atual C.P.C.

Art. 232

Nos atos de comunicação por carta precatória, rogatória ou de ordem, a realização da citação ou da intimação será imediatamente informada, por meio eletrônico, pelo juiz deprecado ao juiz deprecante.

Informação eletrônica de cumprimento das cartas

Em prol da observância no processo do princípio da celeridade processual, o legislador permitiu que uma vez cumprida a carta precatória, rogatória ou de ordem, o juiz deprecado proceda a imediata comunicação, via comunicado eletrônico, do cumprimento da carta.

Assim, o início do prazo para cumprimento do ato processual não se dá da juntada da carta nos autos, mas, sim, da juntada nos autos do comunicado do cumprimento da carta.

Evidentemente que em se tratando de autos eletrônicos, a simplicidade de inserção do mandado devidamente cumprido no processo, de certa forma dispensa a comunicação exigida no art. 232 do atual C.P.C.

SEÇÃO II – Da Verificação dos Prazos e das Penalidades

Art. 233

Incumbe ao juiz verificar se o serventuário excedeu, sem motivo legítimo, os prazos estabelecidos em lei.

§ 1º Constatada a falta, o juiz ordenará a instauração de processo administrativo, na forma da lei.

§ 2º Qualquer das partes, o Ministério Público ou a Defensoria Pública poderá representar ao juiz contra o serventuário que injustificadamente exceder os prazos previstos em lei.

Excesso de prazo pelo serventuário de justiça

Tendo em vista que o Código fixa prazos para o serventuário de justiça exerce suas funções, no caso, remeter os autos conclusos no prazo de um dia e executar os atos processuais no prazo de cinco dias (art. 228 do atual C.P.C.), a fiscalização do cumprimento dessas obrigações deve ser feita pelo magistrado responsável pelo órgão jurisdicional em que tramita o processo.

Por isso, incumbe ao juiz verificar se o serventuário excedeu, sem motivo legítimo, os prazos estabelecidos em lei.

Se houver motivo justificado e legítimo para exceder a prática do ato processual, como, por exemplo, grande quantidade de processo em trâmite na Vara, não poderá ser instaurado procedimento contra o servidor, uma vez que a falta

CÓDIGO DE PROCESSO CIVIL

de correspondência dos prazos legais não se dá por culpa ou dolo daquele que deveria cumprir com sua responsabilidade funcional.

Constatada a falta, o juiz ordenará a instauração de processo administrativo, na forma da lei (*§1º do art. 233* do novo C.P.C.).

Sobre a responsabilização dos servidores públicos civis da União, eis o teor dos artigos 121 a 126 da Lei 8.112/91:

> *Art. 121. O servidor responde civil, penal e administrativamente pelo exercício irregular de suas atribuições.*
>
> *Art. 122. A responsabilidade civil decorre de ato omissivo ou comissivo, doloso ou culposo, que resulte em prejuízo ao erário ou a terceiros.*
>
> *§ 1º A indenização de prejuízo dolosamente causado ao erário somente será liquidada na forma prevista no art. 46, na falta de outros bens que assegurem a execução do débito pela via judicial.*
>
> *§ 2º Tratando-se de dano causado a terceiros, responderá o servidor perante a Fazenda Pública, em ação regressiva.*
>
> *§ 3º A obrigação de reparar o dano estende-se aos sucessores e contra eles será executada, até o limite do valor da herança recebida.*
>
> *Art. 123. A responsabilidade penal abrange os crimes e contravenções imputadas ao servidor, nessa qualidade.*
>
> *Art. 124. A responsabilidade civil-administrativa resulta de ato omissivo ou comissivo praticado no desempenho do cargo ou função.*
>
> *Art. 125. As sanções civis, penais e administrativas poderão cumular-se, sendo independentes entre si.*
>
> *Art. 126. A responsabilidade administrativa do servidor será afastada no caso de absolvição criminal que negue a existência do fato ou sua autoria.*

Evidentemente que a instauração de procedimento administrativo recomenda sempre a observância do contraditório e da ampla defesa.

Segundo prescreve o *§2º do art. 233* do atual C.P.C., qualquer *das partes, o Ministério Público ou a Defensoria Pública poderá representar ao juiz contra o serventuário que injustificadamente exceder os prazos previstos em lei.*

Emenda da Câmara condiciona essa representação ao excesso de prazo *injustificado.*

Assim, no caso de excesso de prazo injustificado praticado pelo servidor, tanto o juiz de ofício poderá determinar a instauração de processo administrativo para apuração da falta funcional do servidor, como esse pedido poderá ser formulado pelas partes, pelo Ministério Público ou pela Defensoria Pública.

Entendo que este pedido também poderá ser formulado pelo assistente, pelo litisdenunciado, etc.

É importante salientar que essa atribuição poderá advir das Corregedorias de Justiça, como também do Conselho Nacional de Justiça.

Essa atribuição abrange todos os serventuários da justiça, incluindo servidores e auxiliares do juízo.

Art. 234

Os advogados públicos ou privados, o defensor público e o membro do Ministério Público devem restituir os autos no prazo do ato a ser praticado.

§ 1º É lícito a qualquer interessado exigir os autos do advogado que exceder prazo legal.

§ 2º Se, intimado, o advogado não devolver os autos no prazo de 3 (três) dias, perderá o direito à vista fora de cartório e incorrerá em multa correspondente à metade do salário-mínimo.

§ 3º Verificada a falta, o juiz comunicará o fato à seção local da Ordem dos Advogados do Brasil para procedimento disciplinar e imposição de multa.

§ 4º Se a situação envolver membro do Ministério Público, da Defensoria Pública ou da Advocacia Pública, a multa, se for o caso, será aplicada ao agente público responsável pelo ato.

§5º Verificada a falta, o juiz comunicará o fato ao órgão competente responsável pela instauração de procedimento disciplinar contra o membro que atuou no feito.

Obrigação de restituição dos autos

Os atos processuais devem ser praticados nos prazos legais ou dentro daqueles que o próprio juiz fixar.

Assim, como concretização do devido processo legal, é direito a retirada de processos físicos pelos advogados públicos ou privados, pelo defensor público e pelo membro do Ministério Público, também é dever legal a restituição dos autos no prazo do ato a ser praticado.

Essa obrigação legal aplica-se ao Ministério Público e também aos representantes dos entes políticos, União, Estados, Município e Distrito Federal, assim como ao defensor público e aos advogados públicos e privados.

CÓDIGO DE PROCESSO CIVIL

Por sua vez, o art. 7º, incs. XV e XVI da Lei 8.906/94 (EOA) preceitua que o advogado tem o direito de ter vista dos processos judiciais ou administrativos de qualquer natureza, em cartório ou na repartição competente, ou retirá-los pelos prazos legais, assim como retirar autos de processos findos, mesmo sem procuração, pelo prazo de dez dias.

Assim, em se tratando de processos físicos, uma vez retirados os autos do Cartório para cumprimento do ato processual no prazo legal ou no prazo fixado pelo juiz, deverão eles ser devolvidos no último dia do prazo legal ou judicial fixado.

No que concerne à restituição dos autos, essa disposição tornar-se-á logo--logo obsoleta diante do processo virtual (e-proc), uma vez que as pessoas indicadas no art. 234 não poderão mais retirar o processo que passou a ser virtual.

Se os autos forem devolvidos após o prazo estabelecido em lei ou pelo juiz, o juiz deveria determinar, segundo alteração feita pelo Senado Federal ao Projeto, de ofício, o desentranhamento das petições, manifestações e documentos que foram apresentados.

O dispositivo revogado (art. 195 do C.P.C. de 1973) também fazia referência à possibilidade de riscar o que fosse escrito nos autos.

A Câmara dos Deputados, porém, acolheu a Emenda nº 84 que do Relatório--Parcial do Deputado Efraim Filho, cuja justificativa ora é transcrita: *"A redação antiga está vencida pela interpretação jurisprudencial, ao impor o desentranhamento dos expedientes processuais praticados. A guisa de ilustração, transcreve-se parte da decisão proferida pelo Superior Tribunal de Justiça nos autos do REsp 962265: "Não é intempestivo o recurso especial na hipótese em que o recurso é protocolizado dentro do prazo legal, mas os autos são devolvidos ao cartório após o decurso do mencionado prazo, pois, em relação à contagem dos prazos processuais, não se aplicam as penalidades previstas no artigo 195 do CPC, o qual determina que o juiz mandará desentranhar as alegações e os documentos apresentados caso o advogado não restitua os autos no prazo legal".*

No mesmo sentido é o seguinte precedente do S.T.J.:

(...).

– Dentre as sanções contidas no art 195 do CPC, pela demora na devolução dos autos pelo advogado, não se inclui o não-conhecimento do recurso por intempestividade.

– Tempestividade dos segundos embargos declaratórios que se reconhece.

(...).

(REsp 505371/DF, Rel. Ministro FRANCISCO PEÇANHA MARTINS, SEGUNDA TURMA, julgado em 16/12/2004, DJ 21/03/2005, p. 318)

O art. 234 do novo C.P.C. aplica-se tanto ao advogado público (servidor público) quanto aos advogados privados (inclusive nomeados para a assistência judiciária gratuita), assim como ao Ministério Público e ao Defensor Público.

Em relação aos documentos, o juiz somente deve determinar que sejam desentranhados os documentos particulares das partes, quando extemporâneos sua juntada. Em relação aos documentos público, poderão permanecer nos autos uma vez que poderiam ser juntados a qualquer tempo.

Sobre o tema, eis os seguintes precedentes do S.T.J.:

1. É admitida a juntada de documentos novos após a petição inicial e a contestação desde que: (i) não se trate de documento indispensável à propositura da ação; (ii) não haja má fé na ocultação do documento; (iii) seja ouvida a parte contrária (art. 398 do CPC).

Precedentes.

2. Desarte, a mera declaração de intempestividade não tem, por si só, o condão de provocar o desentranhamento do documento dos autos, impedindo o seu conhecimento pelo Tribunal a quo, mormente tendo em vista a maior amplitude, no processo civil moderno, dos poderes instrutórios do juiz, ao qual cabe determinar, até mesmo de ofício, a produção de provas necessárias à instrução do processo (art. 130 do CPC).

(...).

(REsp 1072276/RN, Rel. Ministro LUIS FELIPE SALOMÃO, QUARTA TURMA, julgado em 21/02/2013, DJe 12/03/2013)

I – Malgrado tenha arguido afronta ao art. 516 do Código de Processo Civil, as razões do especial não desenvolveram tese, conforme exige a Súmula nº 284 do STF, no sentido de que o disposto no referido artigo afastaria a possibilidade de requisição de documento cujo desentranhamento fora determinado por decisão transitada em julgado, ainda que aquele tenha caráter público.

II – Aplicação da Súmula nº 283 do Pretório Excelso mantida.

Embargos rejeitados.

(EDcl no REsp 417.040/SP, Rel. Ministro FELIX FISCHER, QUINTA TURMA, julgado em 28/04/2004, DJ 28/06/2004, p. 382).

Estabelece o *§1º do art. 234 do atual C.P.C. que é lícito a qualquer interessado exigir os autos do advogado que exceder prazo legal.*

Tendo o advogado o direito de retirar os autos físicos do cartório, também tem o dever de devolvê-los no prazo estabelecido pela lei ou pelo juiz. Se não o fizer, qualquer interessado (Ministério Público, parte contrária, assistente) poderá cobrar os autos.

Se, intimado, o advogado não devolver os autos no prazo de 3 (três) dias, perderá o direito à vista fora de cartório incorrerá em multa correspondente à metade do salário mínimo (§2º do art. 234 do novo C.P.C.).

O C.P.C. revogado estabelecia o prazo de (24) horas para a devolução dos autos que se encontrassem com o prazo vencido.

Pelo novo C.P.C., o prazo não é mais em horas mas em dias (três dias), razão pela qual devem ser aplicadas as regras dos prazos contados em dia como, por exemplo, não se contando no prazo o dia da intimação.

É importante salientar que o novo C.P.C não determina que essa intimação seja pessoal ou por Diário da Justiça.

Se não houver a devolução dos autos no prazo de três dias, o advogado perderá o direito à vista do processo fora do cartório e incorrerá em multa correspondente à metade de um salário mínimo.

Como a sanção é pessoal e individual, não ultrapassando a pessoa do sancionado, tal regra restritiva não se aplica à parte constituinte ou a outro advogado que a representa e que não tenha excedido o prazo processual.

Verificada a falta, o juiz comunicará o fato à seção local da Ordem dos Advogados do Brasil para o procedimento disciplinar e imposição de multa (*§3º do art. 234 do novo C.P.C.*).

Estabelece o art. 33 da Lei 8.906/94 (EOA), que o advogado se obriga a cumprir rigorosamente os deveres consignados no Código de Ética e Disciplina.

É importante salientar que o juiz não tem hierarquia sobre o advogado para imposição de sanções, salvo a multa estabelecida no §2º do art. 234 do novo C.P.C.

Preceitua o *§ 4º do art. 234* do atual C.P.c. que *se a situação envolver membro do Ministério Público, da Defensoria Pública ou da Advocacia Pública, a multa, se for o caso, será aplicada ao agente público responsável pelo ato.*

Trata-se de um dispositivo que pretende igualar os sujeitos processuais no âmbito da relação jurídica, razão pela qual as regras de devolução dos autos também se aplicam ao Ministério Público, à Defensoria Pública e à Advocacia Pública.

A multa prevista no §2º do art. 234 do novo C.P.C., de metade do salário mínimo, será aplicada ao agente responsável pelo ato.

Estabelece o *§5º do art. 234* do atual C.P.C. que *verificada a falta, o juiz comunicará o fato ao órgão responsável pela instauração de procedimento disciplinar contra o membro que atuou no feito.*

Apurada a falta, o juiz comunicará o fato ao órgão competente responsável pela instauração de procedimento disciplinar contra o membro que atuou no feito.

ART. 235

Neste caso, o fato deverá ser comunicado ao Procurador Geral do Ministério Público Estadual ou à Corregedoria do mesmo órgão, ou ao Procurador Regional Chefe do Ministério Público Federal ou à Corregedoria do mesmo órgão.

Em relação à Advocacia Pública, também o fato poderá ser comunicado ao Procurador Chefe da Advocacia da União ou da Procuradoria da Fazenda Nacional e suas respectivas corregedorias. Da mesma forma em relação ao Defensor Público.

Art. 235

Qualquer parte, o Ministério Público ou a Defensoria Pública poderá representar ao corregedor do tribunal ou ao Conselho Nacional de Justiça contra juiz ou relator que injustificadamente exceder os prazos previstos em lei, regulamento ou regimento interno.

§ 1º Distribuída a representação ao órgão competente e ouvido previamente o juiz, não sendo caso de arquivamento liminar, será instaurado procedimento para apuração da responsabilidade, com intimação do representado por meio eletrônico para, querendo, apresentar justificativa no prazo de 15 (quinze) dias.

§ 2º Sem prejuízo das sanções administrativas cabíveis, em até 48 (quarenta e oito) horas após a apresentação ou não da justificativa de que trata o §1º, se for o caso, o corregedor do tribunal ou relator no Conselho Nacional de Justiça determinará a intimação do representado por meio eletrônico para que, em 10 (dez) dias, pratique o ato.

§ 3º Mantida a inércia, os autos serão remetidos ao substituto legal do juiz ou do relator contra o qual se representou para decisão em 10 (dez) dias.

Excesso de prazo praticado pelo juiz ou relator

Se o juiz ou o relator, injustificadamente, exceder os prazos previstos em lei, regulamento ou regimento interno, poderá qualquer parte, o Ministério Público ou a Defensoria Pública representar ao corregedor do tribunal ou ao Conselho Nacional de Justiça.

Em se tratando de Desembargador Federal, a representação deverá ser dirigida ao Corregedor Geral da Justiça Federal junto ao C.J.F.

Na realidade, a representação poderá ser dirigida à Corregedoria do Tribunal, bem como à Corregedoria do Conselho Nacional de Justiça ou à Corregedoria Geral da Justiça Federal.

Distribuída a representação ao órgão competente e ouvido previamente o juiz, será instaurado procedimento para apuração da responsabilidade, com intimação do representado por correio eletrônico para, querendo, apresentar justificativa no prazo de quinze dias (§1º do art. 235 do atual C.P.C.).

Evidentemente que antes da instauração de qualquer procedimento para apuração de responsabilidade do juiz, deve o Tribunal ou à Corregedoria respectiva oportunizar ao juiz a justificação ou o motivo do excesso de prazo.

Se a justificação for acolhida, não há porque instaurar procedimento para apuração de responsabilidade.

Segundo estabelece o art. 35, inc.s. II e III da LOMAN, são deveres dos magistrados: a) não exceder injustificadamente os prazos para sentenciar ou despachar; b) determinar as providências necessárias para que os atos processuais se realizem nos prazos legais.

Por sua vez, preceituam os arts. 40 a 48 da LOMAN:

> *Art. 40 – A atividade censória de Tribunais e Conselhos é exercida com o resguardo devido à dignidade e à independência do magistrado.*
>
> *Art. 41 – Salvo os casos de impropriedade ou excesso de linguagem o magistrado não pode ser punido ou prejudicado pelas opiniões que manifestar ou pelo teor das decisões que proferir.*
>
> *Art. 42 – São penas disciplinares:*
>
> *I – advertência;*
>
> *II – censura;*
>
> *III – remoção compulsória;*
>
> *IV – disponibilidade com vencimentos proporcionais ao tempo de serviço;*
>
> *V – aposentadoria compulsória com vencimentos proporcionais ao tempo de serviço;*
>
> *VI – demissão.*
>
> *Parágrafo único – As penas de advertência e de censura somente são aplicáveis aos Juízes de primeira instância.*
>
> *Art. 43 – A pena de advertência aplicar-se-á reservadamente, por escrito, no caso de negligência no cumprimento dos deveres do cargo.*
>
> *Art. 44 – A pena de censura será aplicada reservadamente, por escrito, no caso de reiterada negligência no cumprimento dos deveres do cargo, ou no de procedimento incorreto, se a infração não justificar punição mais grave.*
>
> *Parágrafo único – O Juiz punido com a pena de censura não poderá figurar em lista de promoção por merecimento pelo prazo de um ano, contado da imposição da pena.*
>
> *Art. 45 – O Tribunal ou seu órgão especial poderá determinar, por motivo de interesse público, em escrutínio secreto e pelo voto de dois terços de seus membros efetivos:*
>
> *I – a remoção de Juiz de instância inferior;*

II – a disponibilidade de membro do próprio Tribunal ou de Juiz de instância inferior, com vencimentos proporcionais ao tempo de serviço.

Art. 46 – O procedimento para a decretação da remoção ou disponibilidade de magistrado obedecerá ao prescrito no art. 27 desta Lei.

Art. 47 – A pena de demissão será aplicada:

I – aos magistrados vitalícios, nos casos previstos no art. 26, I e II;

II – aos Juízes nomeados mediante concurso de provas e títulos, enquanto não adquirirem a vitaliciedade, e aos Juízes togados temporários, em caso de falta grave, inclusive nas hipóteses previstas no art. 56.

Art. 48 – Os Regimentos Internos dos Tribunais estabelecerão o procedimento para a apuração de faltas puníveis com advertência ou censura.

Segundo estabelece o *§2º do art. 235 do atual C.P.C. que sem prejuízo das sanções administrativas cabíveis, em até 48 (quarenta e oito) horas após a apresentação ou não da justificativa de que trata o §1º, se for o caso, o corregedor do tribunal ou relator no Conselho Nacional de Justiça determinará a intimação do representado por meio eletrônico para que, em 10 (dez) dias, pratique o ato.*

Preceitua o *§3º do art. 235 do atual C.P.C. que mantida a inércia, os autos serão remetidos ao substituto legal do juiz ou relator contra o qual se representou para decisão em 10 (dez) dias.*

Evidentemente que possibilidade de se avocar os autos é somente no caso de se apurar a responsabilidade do juiz pelo excesso de prazo, pois se não houver responsabilidade do magistrado o presidente do tribunal assim não poderá agir, sob pena de ferir o princípio Constitucional do Juiz Natural.

TÍTULO II – Das Comunicações Dos Atos Processuais

CAPÍTULO I – Disposições gerais

Art. 236

Os atos processuais serão cumpridos por ordem judicial.

§1º Será expedida carta para a prática de atos fora dos limites territoriais do tribunal, da comarca, da seção ou da subseção judiciárias, ressalvadas as hipóteses previstas em lei.

§2º O tribunal poderá expedir carta para juízo a ele vinculado, se o ato houver de se realizar fora dos limites territoriais do local de sua sede.

§3º Admite-se a prática de atos processuais por meio de videoconferência ou outro recurso tecnológico de transmissão de sons e imagens em tempo real.

Comunicação dos atos processuais

Na busca da solução definitiva do processo são realizados diversos atos processuais que são coordenados entre si num procedimento estabelecido em lei.

Normalmente, estes atos são realizados na própria sede do juízo que conduz o processo judicial. Outras vezes estes atos são realizados em sede de juízos diversos ou mesmo no exterior.

Segundo estabelece o art. 234 do novo C.P.C., *os atos processuais serão cumpridos por ordem judicial*, sendo que o cumprimento, em regra, se dá perante o juízo que proferiu a decisão.

Contudo, o novo Código estabelece diversos meios de cumprimento dos atos processuais, quando devam ser realizados fora dos limites territoriais da comarca (justiça estadual) ou seção ou subseção judiciária (justiça federal), além da carta precatória ou rogatória.

Com a instituição pelo novo código da COOPERAÇÃO INTERNACIONAL OU NACIONAL, buscou-se facilitar e agilizar a realização dos atos processuais fora da sede do juízo.

No que concerne às relações dos tribunais brasileiros com os tribunais estrangeiros, o novo C.P.C. procurou simplificar os atos de comunicação por meio da denominada COOPERAÇÃO INTERNACIONAL estabelecida nos artigos 26 a 27 deste código que assim dispõem:

Art. 26. A cooperação jurídica internacional será regida por tratado de que o Brasil faz parte e observará:

I – o respeito às garantias do devido processo legal no Estado requerente;

II – a igualdade de tratamento entre nacionais e estrangeiros, residentes ou não no Brasil, em relação ao acesso à justiça e à tramitação dos processos, assegurando-se assistência judiciária aos necessitados;

III – a publicidade processual, exceto nas hipóteses de sigilo previstas na legislação brasileira ou na do Estado requerente;

IV – a existência de autoridade central para recepção e transmissão dos pedidos de cooperação;

V – a espontaneidade na transmissão de informações a autoridades estrangeiras.

§ 1º Na ausência de tratado, a cooperação jurídica internacional poderá realizar-se com base em reciprocidade, manifestada por via diplomática.

ART. 236

§ 2º Não se exigirá a reciprocidade referida no § 1º para homologação de sentença estrangeira.

§ 3º Na cooperação jurídica internacional não será admitida a prática de atos que contrariem ou que produzam resultados incompatíveis com as normas fundamentais que regem o Estado brasileiro.

§ 4º O Ministério da Justiça exercerá as funções de autoridade central na ausência de designação específica.

Art. 27. A cooperação jurídica internacional terá por objeto:

I – citação, intimação e notificação judicial e extrajudicial;

II – colheita de provas e obtenção de informações;

III – homologação e cumprimento de decisão;

IV – concessão de medida judicial de urgência;

V – assistência jurídica internacional;

VI – qualquer outra medida judicial ou extrajudicial não proibida pela lei brasileira.

Não há dúvida que a melhor forma, mais simples e mais rápida para cooperação jurídica internacional não será por meio de expedição de carta rogatória, mas, sim, pelo denominado *auxílio direto*, assim regulado pelos arts. 28 a 34:

Art. 28. Cabe auxílio direto quando a medida não decorrer diretamente de decisão de autoridade jurisdicional estrangeira a ser submetida a juízo de delibação no Brasil.

Art. 29. A solicitação de auxílio direto será encaminhada pelo órgão estrangeiro interessado à autoridade central, cabendo ao Estado requerente assegurar a autenticidade e a clareza do pedido.

Art. 30. Além dos casos previstos em tratados de que o Brasil faz parte, o auxílio direto terá os seguintes objetos:

I – obtenção e prestação de informações sobre o ordenamento jurídico e sobre processos administrativos ou jurisdicionais findos ou em curso;

II – colheita de provas, salvo se a medida for adotada em processo, em curso no estrangeiro, de competência exclusiva de autoridade judiciária brasileira;

III – qualquer outra medida judicial ou extrajudicial não proibida pela lei brasileira.

Art. 31. A autoridade central brasileira comunicar-se-á diretamente com suas congêneres e, se necessário, com outros órgãos estrangeiros responsáveis pela tramitação e pela execução de pedidos de cooperação enviados e recebidos pelo Estado brasileiro, respeitadas disposições específicas constantes de tratado.

Art. 32. No caso de auxílio direto para a prática de atos que, segundo a lei brasileira, não necessitem de prestação jurisdicional, a autoridade central adotará as providências necessárias para seu cumprimento.

CÓDIGO DE PROCESSO CIVIL

Art. 33. Recebido o pedido de auxílio direto passivo, a autoridade central o encaminhará à Advocacia-Geral da União, que requererá em juízo a medida solicitada.

Parágrafo único. O Ministério Público requererá em juízo a medida solicitada quando for autoridade central.

Art. 34. Compete ao juízo federal do lugar em que deva ser executada a medida apreciar pedido de auxílio direto passivo que demande prestação de atividade jurisdicional.

A possibilidade de COOPERAÇÃO JUDICIAL não se dá apenas nas relações judiciais internacionais mas também nas relações judiciais interna.

Sobre a COOPERAÇÃO NACIONAL, prescrevem os arts. 67 a 69 do novo C.P.C.:

Art. 67. Aos órgãos do Poder Judiciário, estadual ou federal, especializado ou comum, em todas as instâncias e graus de jurisdição, inclusive aos tribunais superiores, incumbe o dever de recíproca cooperação, por meio de seus magistrados e servidores.

Art. 68. Os juízos poderão formular entre si pedido de cooperação para prática de qualquer ato processual.

Art. 69. O pedido de cooperação jurisdicional deve ser prontamente atendido, prescinde de forma específica e pode ser executado como:

I – auxílio direto;

II – reunião ou apensamento de processos;

III – prestação de informações;

IV – atos concertados entre os juízes cooperantes.

§ 1º As cartas de ordem, precatória e arbitral seguirão o regime previsto neste Código.

§ 2º Os atos concertados entre os juízes cooperantes poderão consistir, além de outros, no estabelecimento de procedimento para:

I – a prática de citação, intimação ou notificação de ato;

II – a obtenção e apresentação de provas e a coleta de depoimentos;

III – a efetivação de tutela provisória;

IV – a efetivação de medidas e providências para recuperação e preservação de empresas;

V – a facilitação de habilitação de créditos na falência e na recuperação judicial;

VI – a centralização de processos repetitivos;

VII – a execução de decisão jurisdicional.

§ 3º O pedido de cooperação judiciária pode ser realizado entre órgãos jurisdicionais de diferentes ramos do Poder Judiciário.

Também na cooperação nacional a forma mais simples e rápida para a realização dos atos processuais é por meio do auxílio direto e não por carta precatória.

ART. 237

Contudo, seja pelo auxílio direto ou por carta precatória, a utilização de sistema eletrônico de comunicação entre os juízos, como, por exemplo, o SISCOM – Sistema de Comunicação Interno do Tribunal Regional Federal da 4ª Região, facilitará e muito os pedidos de cooperação nacional.

Aliás, também os tratados deveriam prever esse sistema eletrônico de comunicação entre juízos de estados estrangeiros, inclusive para a realização de audiência por meio de videoconferência, sendo a audiência presidida pelo próprio juízo deprecante ou que requereu o auxílio direto, mediante tradução simultânea.

Aliás, é justamente o que estabelece o *art. 236, §4º*, do novo C.P.C., a saber: *"Admite-se a prática de atos processuais por meio de videoconferência ou outro recurso tecnológico de transmissão de sons e imagens em tempo real"*.

Evidentemente que com o processo eletrônico virtual os atos processuais e o auxílio de realização de atos processuais também deverão ser por meio de comunicação eletrônica, abandonando-se o processo em papel.

Preceitua o *§ 1º do art. 236* do atual C.P.C. que será *expedida carta para a prática de atos*

fora dos limites territoriais do tribunal, da comarca, da seção ou da subseção judiciárias, ressalvadas as hipóteses previstas em lei.

Assim, salvo as hipóteses legais, como é o caso de auxílio direto, as cartas serão expedidas para a prática de atos fora dos limites territoriais do tribunal, da comarca, da seção ou da subseção judiciárias.

O *§ 2º do art. 236* do atual C.P.C. prescreve que *o tribunal poderá expedir carta para juízo a ele vinculado, se o ato houver de se realizar fora dos limites territoriais do local de sua sede.*

Esta carta que o tribunal expedirá para juízo a ele vinculado é denominada de carta de ordem, ou seja, é uma determinação do Tribunal para que o juiz cumpra o conteúdo da respectiva carta.

Art. 237

Será expedida carta:

I – de ordem, pelo tribunal, na hipótese do §2º do art. 236;

II – rogatória, para que órgão jurisdicional estrangeiro pratique ato de cooperação jurídica internacional, relativo a processo em curso perante órgão jurisdicional brasileiro;

III – precatória, para que órgão jurisdicional brasileiro pratique ou determine o cumprimento, na área de sua competência territorial, de ato

CÓDIGO DE PROCESSO CIVIL

relativo a pedido de cooperação judiciária formulado por órgão jurisdicional de competência territorial diversa;

IV – arbitral, para que órgão do Poder Judiciário pratique ou determine o cumprimento, na área de sua competência territorial, de ato objeto de pedido de cooperação judiciária formulado por juízo arbitral, inclusive os que importem efetivação de tutela provisória.

Parágrafo Único. Se o ato relativo a processo em curso na justiça federal ou em tribunal superior houver de ser praticado em local onde não haja vara federal, a carta poderá ser dirigida ao juízo estadual da respectiva comarca.

Espécies de carta

O *art. 237* do novo C.P.C. define as diversas cartas que podem ser expedidas, bem como o motivo que lhe dá legitimação.

Poderá ser expedida carta:

I – de ordem, pelo tribunal, na hipótese do § 2º do art. 236;

II – rogatória, para que órgão jurisdicional estrangeiro pratique ato de cooperação jurídica internacional, relativo a processo em curso perante órgão jurisdicional brasileiro;

III – precatória, para que órgão jurisdicional brasileiro pratique ou determine o cumprimento, na área de sua competência territorial, de ato relativo a pedido de cooperação judiciária formulado por órgão jurisdicional de competência territorial diversa;

IV – arbitral, para que órgão do Poder Judiciário pratique ou determine o cumprimento, na área de sua competência territorial, de ato objeto de pedido de cooperação judiciária formulado por juízo arbitral, inclusive os que importem efetivação de tutela provisória.

Não há dificuldade em se diferenciar cada tipo de carta.

Contudo, em relação à carta de ordem é oportuno ressaltar que ela somente é expedida de tribunal para juiz que lhe seja subordinado ou que esteja atuando em função jurisdicional delegada. Se o juiz pertencer a um tribunal distinto, deve ser expedida carta precatória.

O C.P.C. de 1973 já previa a expedição de carta de *ordem, rogatória ou precatória*.

A inovação no novo C.P.C., e que não existia no projeto originário do Senado Federal, foi a possibilidade de expedição de *carta arbitral*, para que o órgão juris-

ART. 237

dicional brasileiro pratique ou determine o cumprimento, na área de sua competência territorial, de ato solicitado por árbitro.

A Lei de Arbitragem, n. 9.307/96, já previa, em seu art. 22, §§ 2º e 4º, a possibilidade de cooperação entre o juízo arbitral e o tribunal judicial, *in verbis: § 2º Em caso de desatendimento, sem justa causa, da convocação para prestar depoimento pessoal, o árbitro ou o tribunal arbitral levará em consideração o comportamento da parte faltosa, ao proferir sua sentença; se a ausência for de testemunha, nas mesmas circunstâncias, poderá o árbitro ou o presidente do tribunal arbitral requerer à autoridade judiciária que conduza a testemunha renitente, comprovando a existência da convenção de arbitragem. § 4º. Ressalvado o disposto no § 2º, havendo necessidade de medidas coercitivas ou cautelares, os árbitros poderão solicitá-las ao órgão do Poder Judiciário que seria, originariamente, competente para julgar a causa.*

Agora essa cooperação pode ser inclusive para oitiva de testemunha que se encontra fora do âmbito da delimitação territorial de atuação do juízo arbitral, assim como para realização de outro tipo de prova necessária para o julgamento arbitral.

Sobre o tema, eis os seguintes precedentes:

1. O que se analisa, na presente hipótese, é simplesmente a competência para a prática de um ato processual, cujos parâmetros estão previstos no art. 209 do CPC. Esta Seção, ao julgar o CC 13.728/SP (Rel. Min. Milton Luiz Pereira, DJ de 4.9.1995), proclamou que o juízo deprecado não é o da causa, mas o simples executor dos atos deprecados, não lhe cabendo perquirir o merecimento, só podendo recusar o cumprimento e devolução da precatória sob o arnês das hipóteses amoldadas no art. 209, I, II e III, do CPC. Ainda nesta Seção, por ocasião do julgamento do CC 40.406/SP (Rel. Min. Castro Meira, DJ de 15.3.2004, p. 145), decidiu-se que não pode o juiz estadual negar cumprimento à carta precatória, sob o argumento de que sua comarca insere-se no âmbito de competência do juízo federal deprecante, a não ser que a comarca também seja sede de vara da Justiça Federal. Esta ressalva verifica-se no presente caso, em que se trata de carta precatória expedida a juízo de direito de foro distrital pertencente à comarca sede da vara da Justiça Federal onde tramita a execução fiscal.

2. A Segunda Seção do STJ, ao julgar o CC 62.249/SP (Rel. Min. Nancy Andrighi, DJ de 1º.8.2006, p. 365), entendeu que o juízo deprecado pode recusar cumprimento à carta precatória, devolvendo-a com despacho motivado, desde que evidenciada uma das hipóteses enumeradas nos incisos do art. 209 do CPC, quais sejam: (i) quando não estiver a carta precatória revestida dos requisitos legais; (ii) quando carecer o juiz de competência, em razão da matéria ou hierarquia; (iii) quando o juiz tiver dúvida acerca de sua autenticidade. No referido julgamento, a Segunda Seção consignou que, exis-

tindo Vara Federal na Comarca onde se situa o Foro Distrital, não subsiste a delegação de competência prevista no art. 109, § 3º, da CF, permanecendo incólume a competência absoluta da Justiça Federal.

(CC 124.073/SP, Rel. Ministro MAURO CAMPBELL MARQUES, PRIMEIRA SEÇÃO, julgado em 27/02/2013, DJe 06/03/2013).

1. O juízo deprecado pode recusar cumprimento à carta precatória, devolvendo-a com despacho motivado, desde que evidenciada uma das hipóteses enumeradas nos incisos do art. 209 do CPC, quais sejam: (i) quando não estiver a carta precatória revestida dos requisitos legais; (ii) quando carecer o juiz de competência, em razão da matéria ou hierarquia; (iii) quando o juiz tiver dúvida acerca de sua autenticidade.
2. Na hipótese dos autos, contudo, o juízo deprecado não recusou o cumprimento da carta precatória. Ele apenas encaminhou os autos ao juiz deprecante para aguardar a sua manifestação sobre as alegações feitas pelo Oficial de Justiça e pelo exequente acerca da possibilidade de se cumprir a determinação inserida na carta.
(...).

(REsp 1203840/RN, Rel. Ministra NANCY ANDRIGHI, TERCEIRA TURMA, julgado em 06/09/2011, DJe 15/09/2011)

1. Esta Casa possui orientação pacífica no sentido de que a carta precatória só pode deixar de ser cumprida pelo juízo deprecado nas hipóteses previstas no art. 209 do Código de Processo Civil, a saber: "I – quando não estiver revestida dos requisitos legais; II – quando carecer de competência em razão da matéria ou da hierarquia; III – quando tiver dúvida acerca de sua autenticidade".
2. As cartas precatórias em tela preenchem os requisitos legais, não existindo justificativa para o seu não cumprimento, razão por que devem retornar ao juízo deprecado, a fim de serem realizadas as diligências nelas previstas.
3. Conflito conhecido para fixar a competência do Juízo de Direito da 4ª Vara de Cajazeiras – PB, para o cumprimento das cartas precatórias em apreço.

(CC 76.879/PB, Rel. Ministra MARIA THEREZA DE ASSIS MOURA, TERCEIRA SEÇÃO, julgado em 13/08/2008, DJe 26/08/2008)

1. O art. 209 do CPC, sendo taxativo, somente permite ao juízo deprecado recusar cumprimento à carta precatória, devolvendo-a com despacho motivado, quando não estiver revestida dos requisitos legais, quando carecer de competência em razão da matéria ou da hierarquia ou quando tiver dúvida acerca de sua autenticidade.

(...).

3. Tratando-se, pois, de execução de título judicial proposta pela União, não poderia o Juiz estadual recusar o cumprimento da carta precatória sob o fundamento da instalação de Juizado Especial Federal na respectiva comarca.

(...).

(CC 87.855/SP, Rel. Ministro CASTRO MEIRA, PRIMEIRA SEÇÃO, julgado em 10/10/2007, DJ 29/10/2007, p. 173)

Conflito positivo de competência. Medida cautelar de arresto de grãos de soja proposta no foro de eleição contratual. Expedição de carta precatória. Conflito suscitado pelo juízo deprecado, ao entendimento de que tal cláusula seria nula, porquanto existente relação de consumo. Contrato firmado entre empresa de insumos e grande produtor rural. Ausência de prejuízos à defesa pela manutenção do foro de eleição. Não configuração de relação de consumo.

(...).

(CC 64.524/MT, Rel. Ministra NANCY ANDRIGHI, SEGUNDA SEÇÃO, julgado em 27/09/2006, DJ 09/10/2006, p. 256)

(...).

III. Citação do requerido que atendeu aos ditames legais, eis que foi expedida carta rogatória com essa finalidade, isto é, para citação do requerido para contestar o pedido de homologação no prazo de 15 dias.

(...).

(SEC 4.572/EX, Rel. Ministro GILSON DIPP, CORTE ESPECIAL, julgado em 01/08/2013, DJe 07/08/2013)

1. Tendo sido tentada por duas vezes a citação por carta de ordem, em dois endereços conhecidos, sem sucesso, e não tendo sido possível a localização do requerido, deve ser reconhecida a validade da citação feita por edital.

(...).

(SEC 7.526/EX, Rel. Ministro NAPOLEÃO NUNES MAIA FILHO, CORTE ESPECIAL, julgado em 19/06/2013, DJe 26/08/2013)

(...).

4. Requerido que, apesar de citado por carta rogatória, não demonstrou inconformismo contra a homologação da sentença estrangeira.

5. Homologação de sentença estrangeira deferida.

(SEC 5.242/EX, Rel. Ministra ELIANA CALMON, CORTE ESPECIAL, julgado em 16/10/2013, DJe 25/10/2013)

CÓDIGO DE PROCESSO CIVIL

(...).

2. Compulsando atentamente os autos, nota-se que a autoridade estrangeira devolveu a carta rogatória indicando o seu cumprimento; bem se visualiza que houve duas tentativas da parte do oficial de justiça, sendo a primeira infrutífera (fl. 45) e a segunda bem sucedida, como comprovado pela assinatura pessoal do requerido (fls. 47-48).

3. Ainda que assim não fosse, a jurisprudência do STJ tem acolhido a possibilidade de homologação de sentenças congêneres quando há efetiva atuação de curadoria especial, como ocorreu no presente feito. Precedente: SEC 8.678/EX, Rel. Ministro Castro Meira, Corte Especial, DJe 1º.7.2013.

(...).

(SEC 6.895/EX, Rel. Ministro HUMBERTO MARTINS, CORTE ESPECIAL, julgado em 02/10/2013, DJe 16/10/2013)

(...).

III. Citação do requerido que atendeu aos ditames legais, eis que foi expedida carta rogatória com essa finalidade, isto é, para citação do requerido para contestar o pedido de homologação no prazo de 15 dias.

(...).

(SEC 4.572/EX, Rel. Ministro GILSON DIPP, CORTE ESPECIAL, julgado em 01/08/2013, DJe 07/08/2013).

Estabelece o *parágrafo único do art. 237* do atual C.P.C. que *se o ato, relativo a processo em curso na justiça federal ou em tribunal superior houver de ser praticado em local onde não haja vara federal, a carta poderá ser dirigida ao juízo estadual da respectiva comarca.*

Trata-se de uma possibilidade normativa que evita a expedição de cartas itinerante.

Assim, se o ato a ser praticado não for sede de vara federal, a carta poderá ser remetida, pela justiça federal ou por tribunal superior, diretamente ao juízo estadual da respectiva comarca.

Nesse sentido, aliás, é o seguinte precedente do S.T.J.:

1. O cumprimento de cartas precatórias expedidas pela Justiça Federal poderão ser realizadas perante a Justiça Estadual quando a Comarca não for sede de Vara Federal.
2. De acordo com o art. 209 do Código de Processo Civil, a providência somente poderá ser recusada nas hipóteses em que a carta precatória não estiver revestida dos requisitos legais; quando o Juízo deprecado entenda carecer de competência em razão da matéria ou da hierarquia e quando tiver dúvida acerca da autenticidade do documento.

ART. 238

(...).
(CC 125.261/SP, Rel. Ministra ALDERITA RAMOS DE OLIVEIRA (DESEMBARGADORA CONVOCADA DO TJ/PE), TERCEIRA SEÇÃO, julgado em 27/02/2013, DJe 11/03/2013).

CAPÍTULO II – Da citação

Art. 238

Citação é o ato pelo qual são convocados o réu, o executado ou o interessado para integrar a relação processual.

Definição de citação
O artigo 10, da Declaração Universal dos Direitos Humanos, de 10 de dezembro de 1948, aprovada pelo Brasil, estabelece que: *"Toda pessoa tem o direito, em condições de plena igualdade, **de ser ouvida publicamente** e com justiça por um tribunal independente e imparcial (...)"*.

Da mesma forma, o artigo 14, do Pacto Internacional de Direitos Civis e Políticos, de 19 de dezembro de 1966, ratificado pelo Brasil, afirma: *"Todas as pessoas são iguais perante os Tribunais e as Cortes de Justiça. **Toda pessoa terá o direito de ser ouvida** publicamente e com as devidas garantias por um Tribunal competente, independente e imparcial (...)"*.

Observa-se que nesses dois textos internacionais o contraditório é a essência do processo jurisdicional democrático.

Aliás, conforme já teve oportunidade de afirma Elio Fazzalari, *"la regola del contraddittorio è il fulcro del 'processo'*.[657]

Daí porque pode-se definir o processo o jurisdicional num Estado Democrático de Direito como sendo: *"um instrumento do poder, concretizado por um procedimento animado por meio de uma relação jurídica em contraditório"*.[658]

O direito fundamental à existência de um processo público com todas as garantias (devido processo legal ou processo público com todas as garantias) e a possibilidade concreta da realização do contraditório, é o fundamento Constitucional do ato processual denominado *citação*.

---

[657] FAZZALARI, Elio. *Lezioni di diritto processaule: processo ordinário di cognizione*. Padova: Cedam, 1985. p. 10.
[658] SOUZA, Artur César. *Contraditório e revelia – perspectiva crítica dos efeitos da revelia em face da natureza dialética do processo*. São Paulo: Editora Revista dos Tribunais, 2003. p. 263;

O C.P.C. civil revogado definia a *citação* como o ato pelo qual se chamava a juízo o réu ou o interessado *a fim de se defender.*

Evidentemente que a definição da *citação* no código revogado não era tecnicamente correta, uma vez que nem sempre o demandado era citado para se defender, como ocorre, por exemplo, com o executado, que é citado para pagar a obrigação inserida no título executivo judicial ou extrajudicial.

Por sua vez, no processo de conhecimento o réu não é citado exclusivamente para se defender (pois ele pode reconhecer a procedência do pedido), mas para comparecer ao processo e ter ciência de que contra ele há uma demanda judicial.

A normatização prevista no novo C.P.C. apresenta-se tecnicamente mais correta na definição do instituto da *citação* ao afirmar em seu *art. 238* que *a citação é o ato pelo qual são convocados o réu, o executado ou o interessado para integrar a relação processual.*

Cita-se não para se defender, mas para que se dê conhecimento ao réu, ao executado ou ao interessado de que há uma demanda e de que sua participação é necessária ou pelo menos importante como garantia do Estado Democrático de Direito e como prevalência do princípio Constitucional do contraditório e da ampla defesa.

Com essa nova definição de *citação*, elimina-se a crítica doutrinária de que a citação somente é feita ao réu, e não ao executado ou ao interessado.

O parágrafo único do art. 195 do projeto de lei n. 166/10 do Senado previa a seguinte regulamentação: *"Do mandado de citação constará também, se for o caso, a intimação do réu para o comparecimento, com a presença de advogado, à audiência de conciliação, bem como a menção do prazo para contestação, a ser apresentada sob pena de revelia".*

O novo dispositivo (art. 238) não repetiu o teor normativo do p.u. do art. 195 do projeto original.

Contudo, não obstante não tenha sido repetida a determinação de constar o prazo para a contestação, sob pena de revelia, não há dúvida que sempre no ato processual de citação deve constar o prazo para comparecer em juízo e exercer a prerrogativa de defesa ou outra possibilidade processual, bem como a informação de que se não houver contestação serão aplicados os efeitos da revelia. Aliás, essa advertência está prevista no art. 250, inc. II do novo C.P.C.

Sobre o tema, eis o seguinte precedente:

(...).

3. Segundo entendimento jurisprudencial firmado nesta Corte, o mandado citatório sem a indicação do prazo para apresentação de contestação viola frontalmente o art. 225 do CPC, gerando a nulidade da citação.

ART. 238

(...).

(REsp 1355001/CE, Rel. Ministra ELIANA CALMON, SEGUNDA TURMA, julgado em 16/04/2013, DJe 22/04/2013)

(...).

2. Hipótese em que o Tribunal de origem afastou a nulidade da citação, apesar da ausência de indicação, no mandado, do prazo para contestação e da advertência quanto ao efeito da revelia. Há precedentes do STJ em sentido contrário (Primeira, Quarta e Sexta Turmas).

3. É excesso de formalismo declarar a nulidade da citação por ausência de informação a respeito de disposição legal, considerando que não houve prejuízo para a recorrida.

4. A decretação de nulidade seria admissível caso comprovado o dano a quem o suscita. Ocorreria, por exemplo, na hipótese de réu humilde, sem experiência da lide jurisdicional, que eventualmente tardasse a procurar aconselhamento especializado de advogado.

5. In casu, o Tribunal de origem aferiu que a ré, ora recorrente, é empresa que tem milhares de demandas na Justiça fluminense. Ademais, é notório o porte da Cedae, a existência de departamento jurídico, a representação judicial adequada e a quantidade de processos que tramitam na Justiça.

6. A empresa não indica prejuízo, apenas a nulidade pelo simples descumprimento de formalidade.

7. O processo não se sujeita ao formalismo em detrimento da economia processual e da efetividade jurisdicional, de modo que a inexistência de dano impede a decretação de nulidade (pas de nullité sans grief), como reiteradamente afirmado pelo STJ.

8. No mérito, o TJ reconheceu como verdadeiro o fato narrado pelo autor, de que o imóvel estava desocupado à época da cobrança, porquanto residia em outro Estado. Indevida, portanto, a cobrança pela tarifa por estimativa, cabendo apenas a tarifa de manutenção.

9. A recorrente afirma que a presunção de veracidade dos fatos, em caso de revelia, é relativa, e não absoluta.

(...)..

(REsp 1130335/RJ, Rel. Ministro HERMAN BENJAMIN, SEGUNDA TURMA, julgado em 18/02/2010, DJe 04/03/2010)

I – É regra basilar do Processo Civil, aliás positivada em nosso código, a de que para a validade do processo é indispensável a citação. Entre os requisitos do mandado de citação, o Código de Processo Civil exige que se assinale o prazo para a defesa. A inobservância da norma acarreta a nulidade da citação, independentemente do grau de *cultura jurídica da pessoa que recebe a citação, conforme dispõe o art. 247 do diploma legal citado.*

II – Recurso especial provido.

(REsp 807.871/PR, Rel. Ministro FRANCISCO FALCÃO, PRIMEIRA TURMA, julgado em 14/03/2006, DJ 27/03/2006, p. 238)

Art. 239

Para a validade do processo é indispensável a citação do réu ou do executado, ressalvadas as hipóteses de indeferimento da petição inicial ou de improcedência liminar do pedido.

§1º. O comparecimento espontâneo do réu ou do executado supre a falta ou a nulidade da citação, fluindo a partir desta data o prazo para apresentação de contestação ou de embargos à execução.

§2º. Rejeitada a alegação de nulidade, tratando-se de processo de:
I – conhecimento, o réu será considerado revel;
II – execução, o feito terá seguimento.

A citação é indispensável para validade do processo

Para o desenvolvimento válido e regular do processo é necessário a existência de alguns pressupostos jurídicos, denominados pela doutrina clássica como *pressupostos processuais*, os quais conferem existência e validade à relação jurídica processual.

A categoria 'pressupostos processuais' foi idealizada por Oskar Bülow e decorre da vinculação do processo com o instituto da relação jurídica.[659]

Segundo ensina Fredie Didier Jr: *"Costuma-se falar em pressupostos de existência e de validade. A terminologia merece uma correção técnica. Pressuposto é aquilo que precede ao ato e se coloca como elemento indispensável para a sua existência jurídica: requisito é tudo quanto integra a estrutura do ato e diz respeito à sua validade, como já foi visto no primeiro capítulo. Assim, é mais técnico falar em requisitos de validade, em vez de 'pressupostos de validade'. 'Pressupostos processuais' é denominação que se deveria reservar apenas aos pressupostos de existência. Sucede que 'pressupostos processuais' é expressão consagrada na doutrina, na lei (vide o inciso IV do art. 267 do CPC) e na jurisprudência. É possível, assim, falar em 'pressupostos processuais' 'lato sensu', como locução que engloba tantos os*

---

[659] BÜLOW, Oscar. *La teoria de las excepciones procesales y los presupuestos procesales.* Trad. Miguel Angel Rosas Lichtschein. Buenos Aires: Ediciones Jurídicas Europa-América, 1964.

requisitos de validade como os pressupostos 'stricto sensu' (somente aqueles concernentes à existência do processo). A utilização da expressão 'pressupostos processuais' (entre aspas) indica referência aos pressupostos processuais amplamente considerados".[660]

Segundo, ainda, Fredie Didier Jr., seriam *pressupostos de existência*: a) subjetivos: a).1. juiz – órgão investido de jurisdição e a).2. parte – capacidade de ser parte; b) objetivo: existência de demanda.

Por sua vez, seriam *requisitos de validade*: a) subjetivos: a).1 juiz – competência e imparcialidade; a).2. partes – capacidade processual e capacidade postulatória; objetivo: b).1. intrínseco – respeito ao formalismo processual; b.2). extrínsecos (ou negativos) – perempção, convenção de arbitragem etc.[661]

Entende Fredie Didier Jr. que seria pressupostos de existência da relação jurídica processual a *capacidade de ser parte*.[662]

Contudo, entendo que também a capacidade de ser parte, ao contrário de ser um pressuposto processual de existência da relação jurídica, é, sim, um requisito de validade, pois se houver extinção do processo por arguição da parte contrária legítima que compareceu ao processo, inclusive constituindo advogado, haverá consequências jurídicas deste ato, como, por exemplo, pagamento de honorários de advogado e custas processuais, ensejando, inclusive, a constituição de título executivo judicial.

Na verdade, o único pressuposto de existência da relação jurídica processual seria a *investidura*, isto é, um órgão investido na jurisdição.

Para Arruda Alvim, um dos pressupostos processuais de existência da relação jurídica processual seria a *citação do réu*. Para Dinamarco, a citação não seria um pressuposto de existência, mas requisito de validade.

---

[660] DIDIER JR, Fredie. *Curso de direito processual civil*. Teoria geral do processo e processo de conhecimento. Vol. I. Salvador: Edições PODIVM, 2007. p. 196.

[661] DIDIER Jr., Fredie, idem, p. 198.

[662] *"A capacidade de ser parte é a personalidade judiciária: aptidão para, em tese, ser sujeito da relação jurídica processual (processo) ou assumir uma situação jurídica processual (autor, réu, assistente, excipiente, excepto etc).*

Dela são dotados todos aqueles que tenham personalidade material – ou seja, aqueles que podem ser sujeitos de uma relação jurídica material, como as pessoas naturais e as jurídicas –, como também o nascituro, o condomínio, o 'nondum conceptus', a sociedade de fato, sociedade não-personificada e sociedade regular – as três figuras estão reunidas sob a rubrica sociedade em comum, art. .986 do C.C-2002 –, os entes formais (como o espólio, massa falida, herança jacente etc), as comunidades indígenas ou grupos tribais e os órgãos públicos despersonificados (Ministério Público, PROCON, Tribunal de Contas etc). Não a têm o morto e os animais se, p. ex. Trata-se de noção absoluta: não se cogita de alguém que tenha meia capacidade de ser parte; ou tem ou não se tem personalidade jurídica" (DIDIER Jr., Fredie., idem, p. 199.

CÓDIGO DE PROCESSO CIVIL

O conteúdo normativo do art. 239 do novo C.P.C. eliminou essa dúvida, pois ficou nítido que a citação não é um pressuposto de existência, mas um requisito de *validade da relação jurídica processual.*

Segundo preceitua o art. 239 do novo C.P.C. *para a validade do processo é indispensável a citação do réu ou do executado, ressalvadas as hipóteses de indeferimento da petição inicial ou improcedência liminar do pedido.*

Isso significa dizer que se o juiz proferir decisão indeferindo a petição inicial ou julgando improcedente liminarmente o pedido, o processo é válido, pois o juiz pode inclusive julgar o mérito sem a triangulação da relação jurídica processual, ensejando, ainda, a condenação do autor no pagamento das custas processuais.

São hipóteses em que o juiz indeferirá a petição inicial sem resolução de mérito, segundo estabelece o art. 330 do atual C.P.C.:

> *Art. 330. A petição inicial será indeferida quando:*
> *I – for inepta;*
> *II – a parte for manifestamente ilegítima;*
> *III – o autor carecer de interesse processual;*
> *IV – não atendidas as prescrições dos arts. 106 e 321.*
> *§ 1º Considera-se inepta a petição inicial quando:*
> *I – lhe faltar pedido ou causa de pedir;*
> *II – o pedido for indeterminado, ressalvadas as hipóteses legais em que se permite o pedido genérico;*
> *III – da narração dos fatos não decorrer logicamente a conclusão;*
> *IV – contiver pedidos incompatíveis entre si.*
> *§ 2º Nas ações que tenham por objeto a revisão de obrigação decorrente de empréstimo, de financiamento ou de alienação de bens, o autor terá de, sob pena de inépcia, discriminar na petição inicial, dentre as obrigações contratuais, aquelas que pretende controverter, além de quantificar o valor incontroverso do débito.*
> *§ 3º Na hipótese do § 2º, o valor incontroverso deverá continuar a ser pago no tempo e modo contratados.*

Por sua vez, as hipóteses em que o juiz pode proferir decisão liminar de improcedência do pedido estão elencadas no art. 332 do novo C.P.C.:

> *Art. 332. Nas causas que dispensem a fase instrutória, o juiz, independentemente da citação do réu, julgará liminarmente improcedente o pedido que contrariar:*
> *I – enunciado de súmula do Supremo Tribunal Federal ou do Superior Tribunal de Justiça;*

II – acórdão proferido pelo Supremo Tribunal Federal ou pelo Superior Tribunal de Justiça em julgamento de recursos repetitivos;

III – entendimento firmado em incidente de resolução de demandas repetitivas ou de assunção de competência;

IV – enunciado de súmula de tribunal de justiça sobre direito local.

§ 1º O juiz também poderá julgar liminarmente improcedente o pedido se verificar, desde logo, a ocorrência de decadência ou de prescrição.

§ 2º Não interposta a apelação, o réu será intimado do trânsito em julgado da sentença, nos termos do art. 241.

§ 3º Interposta a apelação, o juiz poderá retratar-se em 5 (cinco) dias.

§ 4º Se houver retratação, o juiz determinará o prosseguimento do processo, com a citação do réu, e, se não houver retratação, determinará a citação do réu para apresentar contrarrazões, no prazo de 15 (quinze) dias.

O legislador do novo C.P.C. não diz que a citação inicial é indispensável para a existência do processo, mas, sim, que a sua realização é necessária para a *validade do processo*. Por isso, a citação do réu é um requisito de validade da relação jurídica processual e não de sua existência.

Contudo, em relação ao réu ou ao executado, enquanto não for ele citado, o processo não é simplesmente inválido, mas, sim, *inexistente*.

O vício de citação acarreta graves consequências e pode ser arguido durante todo o curso do processo e a qualquer tempo, inclusive em grau de recurso extraordinário, sendo que neste caso não fica sujeito ao prequestionamento.

Sobre o tema, eis os seguintes precedentes:

(...)

3. Correto o Tribunal a quo que declarou a nulidade da sentença, em razão da falta de citação, apenas em relação ao réu não citado, mantidos os demais atos quanto aos outros demandados, tendo em vista a condição de litisconsórcio simples entre eles.

(...).

(REsp 1378384/AC, Rel. Ministro MAURO CAMPBELL MARQUES, SEGUNDA TURMA, julgado em 17/10/2013, DJe 24/10/2013).

(...).

2. A indicação equivocada, na "carta de AR citatória", do prazo de 15 (quinze) dias para contestar, ao invés de 20 (vinte) dias (art. 7º, inciso IV, da Lei nº 4.717/1965), não implica nulidade no caso concreto diante da efetiva ausência de prejuízo ao contraditório, cabendo ressaltar que a peça contestatória foi deduzida de forma ampla e

CÓDIGO DE PROCESSO CIVIL

minuciosa quanto às questões meritórias de direito, de fato e de prova, sem qualquer indicação de dificuldade à apresentação da defesa.

(...).

(REsp 986.752/RS, Rel. Ministro CASTRO MEIRA, SEGUNDA TURMA, julgado em 27/11/2012, DJe 06/12/2012).

I – O mandado de citação deve conter o prazo para a defesa, sob pena de nulidade. Por esse prazo se deve entender a designação quantitativa do número de dias que tem o citando para apresentar contestação. E a menção expressa ao prazo se justifica exatamente para que o destinatário da citação fique ciente do período de tempo de que dispõe para tomar as providências que lhe incumbem.

II – Irrelevante que do mandado de intimação da penhora tenha constado apenas a expressão "prazo legal", quando, alguns dias antes, o devedor foi informado do seu prazo de defesa através do mandado de citação.

(...).

(REsp 175.546/RS, Rel. Ministro SÁLVIO DE FIGUEIREDO TEIXEIRA, QUARTA TURMA, julgado em 05/08/1999, DJ 13/09/1999, p. 69)

Por sua vez, segundo prescreve o *§1º do art. 239* do novo C.P.C., *o comparecimento espontâneo do réu ou do executado supre a falta ou nulidade da citação, fluindo a partir desta data o prazo para apresentação de contestação ou de embargos à execução.*

A lei, aparentemente, não distingue entre a falta e a nulidade da citação. Em ambos os casos ocorre vício de validade da relação jurídica processual já instaurada e inexistência do processo em relação ao réu ou ao executado.

Como a falta de citação não acarreta a inexistência da relação jurídica processual que já se configurou no seu aspecto linear e não triangular, a sua consequência diz respeito apenas ao réu ou ao executado, uma vez que inexiste o processo em relação a eles enquanto não perfectibilizada a citação do sujeito passivo da relação jurídica processual.

Três podem ser as atitudes do réu ou do executado: *"comparecer espontaneamente, embora a citação fosse nula ou não lhe tivesse sido feita, e responder; b) comparecer e apenas alegar a falta ou os vícios da citação; c) comparecer e a um só tempo arguir a ausência ou invalidez da citação e responder".*

O certo é que comparecendo espontaneamente o réu ou o executado no processo, tal comparecimento espontâneo supre a falta ou a nulidade de citação.

É exemplo marcante do comparecimento do executado ao processo, suprindo a falta de citação no processo de execução, quando ele comparece espontaneamente na relação jurídica processual para nomear bens à penhora.

ART. 239

Considera-se também suprida a falta de citação, o pedido de juntada de procuração nos autos. Nesse sentido, eis o seguinte precedente do S.T.J.:

1. O pedido de juntada de procuração aos autos por advogado com poderes especiais para receber citação pode constituir comparecimento espontâneo do réu (art. 214, § 1º, do CPC) e deflagrar o início da contagem do prazo de defesa, acaso, tenha o advogado a potencial possibilidade de ter acesso aos autos do processo.

2. Imprescindível, para o atendimento aos princípios orientadores do processo civil, que se reconheça deflagrado o início do prazo da contestação quando poderia o advogado, ao menos potencialmente, tomar contato direto com as peças que instruem os autos, resguardando-se uma real e segura oportunidade do exercício ao princípio do contraditório à luz do que nos autos está.

3. Realizado o pedido de juntada da procuração no curso das férias forenses, sem que se tenha verificado a exceção constante no inciso II do art. 173 do CPC, faz-se ineficaz o ato citatório até o primeiro dia útil seguinte ao fim das mencionadas férias.

(...).

(AgRg no REsp 1249720/DF, Rel. Ministro PAULO DE TARSO SANSEVERINO, TERCEIRA TURMA, julgado em 13/08/2013, DJe 22/08/2013)

Porém, para que se considere o comparecimento do réu ao processo como suficiente para suprir a falta ou a nulidade da citação, é necessário que na procuração haja poderes especiais para receber a citação. Sobre o tema, eis os seguintes precedentes do S.T.J.:

1. O acórdão proferido pelo Tribunal estadual alinhou-se à jurisprudência atual e predominante do STJ no sentido de considerar que o comparecimento espontâneo do réu não tem lugar se a apresentação de procuração e a retirada dos autos foi efetuada por advogado destituído de poderes para receber citação, caso em que o prazo somente corre a partir da juntada aos autos do mandado citatório respectivo.

2. Agravo regimental a que se nega provimento.

(AgRg no Ag 1176138/MS, Rel. Ministro RAUL ARAÚJO, QUARTA TURMA, julgado em 09/10/2012, DJe 06/11/2012).

1. Resta configurado o instituto do comparecimento espontâneo (art. 214, §1º, do CPC) na hipótese em que o réu, antecipando-se ao retorno do mandado ou "a.r" de citação, colaciona aos autos procuração dotada de poderes específicos para contestar a

CÓDIGO DE PROCESSO CIVIL

demanda, mormente quando segue a pronta retirada dos autos em carga por iniciativa do advogado constituído.

Conjuntamente considerados, tais atos denotam a indiscutível ciência do réu acerca da existência da ação contra si proposta, bem como o empreendimento de efetivos e concretos atos de defesa. Flui regularmente, a partir daí, o prazo para apresentação de resposta.

Irrelevante, diante dessas condições, que o instrumento de mandato não contenha poderes para recebimento de citação diretamente pelo advogado, sob pena de privilegiar-se a manobra e a má-fé processual.

(...).

(REsp 1026821/TO, Rel. Ministro MARCO BUZZI, QUARTA TURMA, julgado em 16/08/2012, DJe 28/08/2012).

(...)

2. O comparecimento espontâneo do réu supre a falta de citação quando o procurador da parte possui poderes de receber citação.

(...)

(AgRg no Ag 1144741/MG, Rel. Ministra MARIA ISABEL GALLOTTI, QUARTA TURMA, julgado em 14/08/2012, DJe 27/08/2012).

1. O comparecimento de advogado, para fazer carga dos autos, sem poderes para receber citação, não pode, a priori, configurar comparecimento espontâneo para fins de suprir a ausência de citação do réu. Contudo, a hipótese dos autos não consubstancia simples ato processual de carga dos autos, antes, o patrono da parte compareceu para oferecer exceção de pré-executividade, o que demonstra a ciência inequívoca da execução contra o devedor outorgante da procuração. Assim, é o caso de considerar suprida a citação, na forma do art. 214, § 1º, do CPC, pelo oferecimento da exceção de pré-executividade. Nesse sentido: REsp 662.836/DF, Rel. Ministro Carlos Alberto Menezes Direito, Terceira Turma, DJ 26/02/2007; REsp 837.050/SP, Rel. Ministro Luiz Fux, Primeira Turma, DJ 18/09/2006, REsp 658.566/DF, Rel. Ministro Jorge Scartezzini, Quarta Turma, DJ 02/05/2005.

2. Recurso especial não provido.

(REsp 1246098/PE, Rel. Ministro MAURO CAMPBELL MARQUES, SEGUNDA TURMA, julgado em 26/04/2011, DJe 05/05/2011).

(...).

II. O comparecimento espontâneo do réu não tem lugar se a apresentação de procuração nos autos foi efetuada por advogado destituído de poderes para receber citação, caso em que o prazo somente corre a partir da juntada aos autos do mandado citató-

ART. 239

rio respectivo (art. 241 do CPC). Precedentes do STJ III. Recurso especial conhecido e provido.

(REsp 877.057/MG, Rel. Ministro ALDIR PASSARINHO JUNIOR, QUARTA TURMA, julgado em 18/11/2010, DJe 01/12/2010)

Se comparecendo o réu ao processo alegando nulidade ou falta de citação, e ao mesmo tempo apresentar contestação ou outra manifestação processual, prossegue-se o processo com a manifestação do réu. Evidentemente se o juiz não acolher a falta ou nulidade da citação, deverá ser desentranhada dos autos a manifestação do réu ou do executado.

Ocorrendo o comparecimento espontâneo do réu ou do executado na relação jurídica processual apenas para arguir a nulidade ou falta de citação, a partir desta data começa correr o prazo para a contestação ou para opor os embargos à execução, devendo observar a contagem do prazo segundo os critérios deste código, ou seja, excluindo a data do comparecimento em juízo e incluindo o último dia do prazo.

Sobre o tema, eis os seguintes precedentes:

(...).

4. O entendimento originário encontra amparo na jurisprudência desta Corte, que entende que a carga dos autos demonstra a ciência inequívoca da parte, em razão do seu comparecimento espontâneo, e determina o início da contagem do prazo recursal, não sendo considerada a data da juntada do mandado de citação.

Agravo regimental improvido.

(AgRg no AREsp 337.520/ES, Rel. Ministro HUMBERTO MARTINS, SEGUNDA TURMA, julgado em 20/08/2013, DJe 30/08/2013).

1. É pacífico nesta Corte Superior o entendimento segundo o qual o comparecimento espontâneo aos autos para arguição de nulidade relativa a atos de citação e intimação supre possíveis vícios de comunicação processual, contando-se o prazo recursal eventualmente cabível a partir da data do comparecimento, que coincide com a data da ciência inequívoca da decisão a ser impugnada. Precedentes.

2. No caso concreto, o comparecimento espontâneo dos advogados deu-se em 14.4.2009, data em que iniciou-se o prazo recursal cabível (v. fl. 506, e-STJ), tudo conforme, pois, com a jurisprudência do Superior Tribunal de Justiça.

3. Recurso especial não provido.

(REsp 1236712/GO, Rel. Ministro MAURO CAMPBELL MARQUES, SEGUNDA TURMA, julgado em 03/11/2011, DJe 11/11/2011)

CÓDIGO DE PROCESSO CIVIL

(...).

6. Embora não se tenha dúvida de que o executado, ao requerer a substituição do bem penhorado, tinha ciência da existência da penhora, o mesmo não se pode mencionar quanto ao início do prazo dos embargos, que foi contado sem que houvesse previsão legal, nem a advertência exigida pela jurisprudência desta Corte.

7. Desarte, o comparecimento espontâneo do executado, após a efetivação da penhora, não supre a necessidade de sua intimação com a advertência do prazo para o oferecimento dos embargos à execução fiscal.

8. Precedentes: AgRg no Ag 1100287/SP, Rel. Min. João Otávio de Noronha, Quarta Turma, DJe 17.5.2010; AgRg no REsp 1085967/RJ, Rel. Min. Humberto Martins, Segunda Turma, DJe 23.4.2009; REsp 1051484/RS, Rel. Min. Eliana Calmon, Segunda Turma, DJe 29.10.2008; AgRg no REsp 986.848/MT, Rel. Min. Nancy Andrighi, Terceira Turma, DJ 4.12.2007; AgRg no REsp 957.560/RJ, Rel. Min. Aldir Passarinho Junior, Quarta Turma, DJ 12.11.2007; REsp 487.537/GO, Rel. Min. Ruy Rosado de Aguiar, Quarta Turma, DJ 1.9.2003; e REsp 274.745/SP, Rel.Min. Aldir Passarinho Junior, Quarta Turma, DJ 12.2.2001.

9. Agravo regimental provido.

(AgRg no REsp 1201056/RJ, Rel. Ministro HUMBERTO MARTINS, Rel. p/ Acórdão Ministro MAURO CAMPBELL MARQUES, SEGUNDA TURMA, julgado em 14/06/2011, DJe 23/09/2011).

1. O dies a quo do prazo para o ajuizamento de embargos à execução fiscal é a data da efetiva intimação da penhora (Precedente da Primeira Seção submetido ao rito do artigo 543-C, do CPC: REsp 1112416/MG, Rel. Ministro Herman Benjamin, julgado em 27.05.2009, DJe de 09.09.2009), o que, entrementes, não afasta a proposição de que a fluência do aludido prazo reclama a constatação de que efetivamente garantido o juízo.

(...).

(REsp 1126307/MT, Rel. Ministro LUIZ FUX, PRIMEIRA TURMA, julgado em 01/03/2011, DJe 17/05/2011).

(...).

2. Pacífica a orientação desta Corte de que a ciência inequívoca da parte, patente em razão do comparecimento espontâneo na execução e da carga dos autos, marca, efetivamente, o início do prazo para a oposição dos embargos.

3. Agravo Regimental desprovido.

(AgRg no Ag 1281352/DF, Rel. Ministro NAPOLEÃO NUNES MAIA FILHO, QUINTA TURMA, julgado em 10/08/2010, DJe 06/09/2010)

Se a parte demandada só teve acesso aos autos para a preparação de sua defesa após tomar conhecimento do deferimento do pedido de vista anteriormente formulado pela publicação do despacho, o termo inicial para a contagem do prazo da contestação deve ser o da respectiva intimação. (art. 240, caput, do CPC) Recurso especial desprovido.

(REsp 816.563/BA, Rel. Ministro FELIX FISCHER, QUINTA TURMA, julgado em 16/05/2006, DJ 26/06/2006, p. 197)

Se a alegação de nulidade requerida pelo réu ou executado for rejeitada, o §2º *do art. 239* do novo C.P.C. estabelece as seguintes consequências: a) tratando-se de processo de conhecimento, *o réu será considerado revel;* b) tratando-se de processo de execução, *o feito terá seguimento.*

Os efeitos da revelia somente serão considerados no caso de processo de conhecimento e não no processo de execução, pois o §2º do art. 239 do novo C.P.C. não confere efeitos de revelia ao processo de execução. Além do mais, somente há revelia se o réu não contestar a demanda, nos termos do art. 344 do novo C.P.C.

Sobre o tema, eis os seguintes precedentes:

1. A jurisprudência consolidada do STJ presume válida a procuração juntada ao processo por cópia. Em hipótese de revelia, a ausência de contestação consolida a presunção, de modo que o instrumento deve ser considerado válido.

2. A citação promovida durante a greve do judiciário é válida.

(...).

(REsp 1153218/SP, Rel. Ministra NANCY ANDRIGHI, TERCEIRA TURMA, julgado em 24/08/2010, DJe 03/09/2010).

1 – Suprida a falta de citação pelo comparecimento espontâneo da recorrente, nos termos do art. 214, § 1º, do CPC. Ciência inequívoca dos termos da demanda, pela juntada aos autos de substabelecimento para apresentação de defesa.

2 – Decreto de revelia mantido, pela intempestividade da contestação, eis que apresentada após 3 meses de retenção dos autos pelo procurador da recorrente.

(...).

(REsp 669.954/RJ, Rel. Ministro JORGE SCARTEZZINI, QUARTA TURMA, julgado em 21/09/2006, DJ 16/10/2006, p. 377).

Art. 240

A citação válida, ainda quando ordenada por juiz incompetente, induz litispendência, torna litigiosa a coisa e constitui em mora o devedor, ressalvado o disposto nos arts. 397 e 398 da Lei n. 10.406, de 10 de janeiro de 2002 (Código Civil).

§ 1º A interrupção da prescrição, operada pelo despacho que ordena a citação, ainda que proferido por juiz incompetente, retroagirá à data da propositura da ação.

§ 2º Incumbe ao autor adotar, no prazo de 10 (dez) dias, as providências necessárias para viabilizar a citação, sob pena de não se aplicar o disposto no §1º.

§ 3º A parte não será prejudicada pela demora imputável exclusivamente ao serviço judiciário.

§ 4º O efeito retroativo a que se refere o § 1º aplica-se à decadência e aos demais prazos extintivos previstos em lei.

Efeitos jurídicos da citação válida

O dispositivo regula os efeitos da citação válida que são de natureza processual (litispendência, litigiosidade da coisa) e material (mora do devedor). Sobre o tema, eis o seguinte precedente:

> (...).
>
> *4. Os aspectos processuais definidos no art. 219 do CPC, seja de ordem processual (como a prevenção, litispendência, litigiosidade da coisa), ou material (como a constituição da mora ou a interrupção da prescrição), não interferem na preexistência do direito pleiteado.*
>
> (...).
>
> (EREsp 964.318/GO, Rel. Ministro JORGE MUSSI, TERCEIRA SEÇÃO, julgado em 10/06/2009, DJe 05/10/2009).

O C.P.C. de 1973 também estabelecia que a citação válida *interrompia a prescrição*; porém, o novo C.P.C. utilizou outro marco para a interrupção da prescrição, qual seja, o *despacho que ordenar a citação*.

Os efeitos preconizados no art. 240 do novo C.P.C. somente ocorrem se a citação for válida, ou seja, realizada de acordo com as determinações legais. Se a citação for nula ou inválida não gera os efeitos processuais e materiais contidos no art. 240 do novo C.P.C. Sobre o tema, eis os seguintes precedentes:

> *(...)*.
> *2. A citação válida em processo extinto, sem julgamento do mérito, excepcionando--se as causas de inação do autor (art. 267, incisos II e III, do CPC), interrompe a prescrição. Precedentes: RESP 231314 / RS ; Rel. Min. JOSÉ ARNALDO DA FONSECA, DJ de 16/12/2002; AGRESP 439052 / RJ ; Rel. Minª NANCY ANDRIGHI, DJ de 04/11/2002; RESP 238222 / SP ; Rel. Min. CASTRO FILHO, DJ de 13/08/2001; RESP 90454 / RJ ; Rel. Min. BARROS MONTEIRO, DJ de 18/11/1996.*
> *(...)*.
> *5. A citação é formalmente válida quando revestida dos requisitos de modo, tempo e lugar bem como a realizada na pessoa indicada na inicial como o demandado, e a citação nula, ou seja, eivada de vício formal, não interrompe a prescrição.*
> *6. O efeito interruptivo da prescrição se opera quando validamente citada a pessoa cuja legitimidade seja controversa, havendo, inclusive aparência de correta propositura.*
> *7. A ratio essendi dos arts 172 e 175 do Código Civil revogado e do art. 219, do CPC, é a de favorecer o autor diligente na proteção do seu direito, porquanto, raciocínio inverso conspiraria contra a dicção do art. 219, do CPC e do art. 172 Código Civil, bem como do art. 175, do CC, o qual preceitua que "A prescrição não se interrompe com a citação nula por vício de forma, por circunduta, ou por se achar perempta a instância ou a ação." 8. Deveras, o prazo prescricional interrompido pela citação válida somente reinicia o seu curso após o trânsito em julgado do processo extinto sem julgamento do mérito, tanto mais que, se assim não o fosse, a segunda ação também seria extinta por força da litispendência.*
> *(...)*.
> (REsp 934.736/RS, Rel. Ministro LUIZ FUX, PRIMEIRA TURMA, julgado em 06/11/2008, DJe 01/12/2008)

O novo C.P.C., contudo, abre exceção à regra da validade da citação, pois ainda que seja ela ordenada por *juiz incompetente*, produz efeitos no sentido de gerar *litispendência, tornar litigiosa a coisa e constituir em mora o devedor*, ressalvado o disposto nos arts. 397 e 398 do C.c.b. que assim dispõem:

> *Art. 397. O inadimplemento da obrigação, positiva e líquida, no seu termo, constitui de pleno direito em mora o devedor.*
> *Parágrafo único. Não havendo termo, a mora se constitui mediante interpelação judicial ou extrajudicial.*

CÓDIGO DE PROCESSO CIVIL

Art. 398. Nas obrigações provenientes de ato ilícito, considera-se o devedor em mora, desde que o praticou.

É importante salientar que o código não distingue entre juiz absolutamente ou relativamente incompetente, razão pela qual os efeitos materiais ou processuais da citação ocorrem em qualquer dessas situações. Sobre o tema, eis os seguintes precedentes do S.T.J.:

(...).
3. A citação válida, ainda que ordenada por juiz incompetente, interrompe a prescrição, que retroagirá à data da propositura da ação. Arts. 219, caput e § 1º, do CPC e 202, I, do Código Civil.
4. Agravo regimental desprovido.
(AgRg no REsp 1131345/SP, Rel. Ministro JOÃO OTÁVIO DE NORONHA, TERCEIRA TURMA, julgado em 18/06/2013, DJe 28/06/2013).

I. Preceitua o art. 219 do Código de Processo Civil que a citação válida torna prevento o juízo, induz litispendência e faz litigiosa a coisa; e, ainda quando ordenada por juiz incompetente, constitui em mora o devedor e interrompe a prescrição. Quanto ao tema da interrupção da prescrição, a lei não faz distinção entre o pedido julgado procedente e o pedido julgado improcedente. Evidenciado o inequívoco exercício do direito e a boa-fé do autor, ainda que com a propositura de ação incabível, interrompe-se o prazo prescricional.
II. Embargos de divergência conhecidos, porém não providos.
(EREsp 54.788/SP, Rel. Ministro ANTÔNIO DE PÁDUA RIBEIRO, Rel. p/ Acórdão Ministro CESAR ASFOR ROCHA, SEGUNDA SEÇÃO, julgado em 28/02/2007, DJ 11/10/2007, p. 282)

O C.P.C. de 1973 também inseria como efeito da citação válida a *prevenção*. Essa regra não foi repetida no art. 240 do novo C.P.C.

Diante dessa alteração, a *prevenção* ocorre com *o registro ou a distribuição da petição inicial* e não mais com a citação válida, conforme estabelece o art. 59 do novo C.P.C.: *"o registro ou a distribuição da petição inicial torna prevento o juízo.*

Uma vez proposta a demanda e citado validamente o demandado, forma-se a relação jurídica processual, sendo tal fato impeditivo à repetição da mesma demanda e seus elementos no mesmo ou em qualquer outro juízo sob pena de ocorrer a *litispendência*.

Assim, a citação válida torna eficaz a litispendência para o réu ou executado.

ART. 240

Segundo prescreve o art. 337, §§1º e 2º do novo C.P.C.:

§ 1º Verifica-se a litispendência ou a coisa julgada quando se reproduz ação anteriormente ajuizada.

§ 2º Uma ação é idêntica a outra quando possui as mesmas partes, a mesma causa de pedir e o mesmo pedido.

Na verdade, *"se 'duas ações' forem idênticas, há, na realidade e no fundo, uma só, verdade esta muito bem percebida pelos romanos, que a cristalizaram no velhíssimo brocardo 'bis de eadem re ne sit actio'. Logo, se são duas não podem ser idênticas, se são idênticas não põem ser duas, trata-se de uma só".*[663]

A exceção de litispendência pode ser arguida pelo interessado ou reconhecida de ofício pelo juiz (§5º do art. 337 do novo C.P.C.).

Sobre o tema, eis os seguintes precedentes do S.T.J.:

(...).
2. A citação válida que induz litispendência é a ocorrida na primeira demanda. Vale dizer, a partir da efetivação regular de tal ato processual, toda nova ação que envolva as mesmas partes, pedido e causa de pedir sofrerá a incidência da regra prevista no art. 267, V, do CPC, independente da citação da parte ré na segunda demanda, o que harmoniza-se, aliás, com o que reza o § 3º do mesmo dispositivo legal.
(...).
(REsp 1107249/RS, Rel. Ministro JORGE MUSSI, QUINTA TURMA, julgado em 01/09/2009, DJe 13/10/2009).

1. Verifica-se litispendência quando a ação de rito ordinário e o mandado de segurança possuírem as mesmas partes litigantes, o mesmo pedido e a mesma causa de pedir.
(...).
(MS 8.997/DF, Rel. Ministro OG FERNANDES, TERCEIRA SEÇÃO, julgado em 26/08/2009, DJe 24/09/2009).

(...).
2. Verificada a identidade de partes entre duas ou mais ações e de mesma causa petendi, bem como de igual pedido, presente se tem a figura da litispendência, e o critério para se saber qual a ação é a preventa é o da citação válida.

---

[663] MONIZ DE ARAGÃO, E. D., *Comentários ao código de processo civil.* 6ª ed., Vol. II (arts. 154 a 269). Rio de Janeiro: Editora Forense, 1989. p. 254.

3. Recurso especial não-conhecido.

(REsp 778.976/PB, Rel. Ministro JOÃO OTÁVIO DE NORONHA, QUARTA TURMA, julgado em 08/04/2008, DJe 28/04/2008)

Outro importante efeito da citação válida é a ocorrência da *litigiosidade da coisa*.

Coisa, no texto de lei, não significa o bem móvel ou imóvel sobre o qual versa o litígio.

Na verdade, trata-se da relação jurídica objeto a demanda. Barbosa Moreira observa que se trata do 'direito deduzido pelo autor'.[664]

O *objeto litigioso* é tema central do direito processual civil. Sua essência e alcance apresentam decisiva relevância para os problemas da acumulação de ação, modificação da demanda, da litispendência e da coisa julgada material.

Sobre o *objeto litigioso* no processo civil, há um importante trabalho do Prof. alemão *Karl Heinz SCHWAB*.

Tem-se advertido que o objeto do litígio é um fenômeno de natureza processual, que não deve ser identificado com a pretensão de direito material. Esta distinção é considerada o passo decisivo para se compreender a essência do *objeto litigioso*. O debate circunscreve-se ao conteúdo e ao alcance deste conceito processual.

Todo processo tem um objeto em torno do qual gira o litígio das partes e em todo procedimento processual este objeto é o fundamento de uma série de formas e fenômenos processuais que não podem compreender-se sem compreender esse objeto do procedimento.[665]

Assim, o objeto litigioso é justamente a *pretensão processual* expressada pelo autor em sua petição inicial.

Entre os processualistas mais importantes, três merecem destaque no estudo do objeto litigioso. Entre eles, Rosenberg, Lent e Nikisch.

Para Lent, o objeto litigioso seria a pretensão de direito material. Também ele o considera um conceito processual, pois para ele o nódulo do objeto litigioso não é o direito material como tal, senão que a afirmação de um direito ou de uma relação jurídica. Contudo, a determinação do conteúdo se apoia no direito material.[666]

---

[664] MONIZ DE ARAGÃO, E.D., idem, p. 255.

[665] SCHWAB, Karl Heinz. *El objeto litigioso en el proceso civil*. Trad. Tomás A. Banzhaf. Buenos Aires: Ediciones Jurídicas Europa-America, 1968. p. 4.

[666] SCHWAB, K. H., idem, p. 13.

ART. 240

Ao contrário de Lent, Rosenberg determina o objeto litigioso, também quanto ao seu conteúdo, mas segundo critérios puramente processuais. Seu conceito não pode definir-se no âmbito do direito material.[667] Assim, para Rosemberg o objeto litigioso deve definir-se como a petição dirigida a obter a declaração, suscetível de autoridade de coisa julgada, de uma consequência jurídica, e que é caracterizada pela solicitação apresentada, enquanto seja necessário, pelo estado de coisas expostos para fundamentá-la. Assim, para Rosemberg o objeto litigioso é determinado pelo estado de coisa em casos necessários e pela solicitação, ou também pela solicitação unicamente.[668]

Com relação à litispendência, Rosenberg afirma que ela pressupõe que em uma demanda nova se insira a mesma pretensão processual que em uma demanda já pendente. Segundo ele, dos processos tem um mesmo objeto litigioso, quando se aciona pela declaração de um mesmo direito ou de uma mesma relação jurídica ou se apresenta a mesma solicitação sobe a base de um mesmo acontecimento.[669] Por isso: *"se um mesmo autor apresenta contra o mesmo demandado, com base em um mesmo estado de coisas (por ex., o acidente de trânsito), a mesma solicitação (por ex., indenização de dano e prejuízos), que em outro litígio todavia pendente, a execução de litispendência...estará fundada...".*[670]

O objeto litigioso, segundo a teoria de Nikisch, é a afirmação de um direito colocado pelo autor, sobre a qual peticiona uma resolução suscetível de coisa julgada. Porém não é, como sustenta Rosenberg, a petição mesma. Objeto litigioso não poderia ser outra coisa que a afirmação que o autor faz de um direito.[671]

O litígio gira, na verdade, ao redor do conteúdo da sentença solicitada pelo autor. A autorização da tutela jurídica, dada a forma de uma sentença de prestação (condenação), declaração ou constituição, forma parte da resolução solicitada pelo autor.

Aí está, portanto, o objeto litigioso, o qual se forma com a citação válida, ainda que ordenada por juiz incompetente.

Sobre o tema, eis os seguintes precedentes:

I – A propositura da ação expropriatória pelo INCRA contra os recorridos conduziu à presunção de que estes integraram validamente a relação processual nesta ação,

---

[667] SCHWAB, K. H., idem. p. 39.
[668] SCHWAB, K. H., idem, p. 39 e 40.
[669] SCHWAB, K. H., idem, p. 47.
[670] SCHWAB, K. H., idem, p. 47.
[671] SCHWAB, K. H., idem, p. 59 e 60.

CÓDIGO DE PROCESSO CIVIL

porquanto um dos efeitos da citação válida, nos termos do art. 219 do CPC, é tornar litigioso o bem objeto da lide.

(...).

(REsp 327.447/PR, Rel. Ministro FRANCISCO FALCÃO, PRIMEIRA TURMA, julgado em 12/04/2005, DJ 30/05/2005, p. 213).

(...).

3. O dissídio jurisprudencial somente é caracterizado quando as soluções conflitantes têm por objeto idêntico tema litigioso.

(...).

(AgRg nos EAREsp 9.758/SP, Rel. Ministro HERMAN BENJAMIN, PRIMEIRA SEÇÃO, julgado em 26/06/2013, DJe 16/09/2013)

(...).

3. De fato a conversão em renda para a União seria a regra a ser observada. Diante das peculiaridades do caso concreto, entretanto, – quais sejam a propositura de nova demanda e o fato de o seu objeto (inexigibilidade do tributo) haver se tornado litigioso (efeito concreto decorrente da citação realizada no feito) – tal regra deve ser afastada.

4. Considerando que a primeira demanda foi extinta ao argumento de que a agravada seria parte ilegítima para discutir a relação jurídico-tributária, não haveria lógica em determinar que os depósitos por ela feitos fossem utilizados para liquidar o crédito tributário devido por terceiros.

(...).

(AgRg no AgRg no REsp 1321067/RS, Rel. Ministro HERMAN BENJAMIN, SEGUNDA TURMA, julgado em 05/02/2013, DJe 15/02/2013)

Estabelece o §1º do art. 240 do atual C.P.C. que *a interrupção da prescrição, operada pelo despacho que ordena a citação, ainda que proferido por juiz incompetente, retroagirá à data da propositura da ação.*

O momento processual que caracteriza a interrupção da prescrição não é mais a citação válida, mas, sim, o *despacho que ordena a citação.*

Aliás, o despacho que ordenar a citação em execução fiscal já serve de marco interruptivo da prescrição no âmbito do Direito Tributário, conforme estabelece o art. 174, inc. I do C.T.N., a saber:

Art. 174. A ação para a cobrança do crédito tributário prescreve em cinco anos, contados da data da sua constituição definitiva.

ART. 240

Parágrafo único. A prescrição se interrompe:
I – pelo despacho do juiz que ordenar a citação em execução fiscal; (Redação dada pela Lcp nº 118, de 2005

Sobre o tema, eis o seguinte precedente do S.T.J.:

1. A Primeira Seção desta Corte, ao apreciar o REsp 999.901/RS (Rel. Min. Luiz Fux, DJe de 10.6.2009 recurso submetido à sistemática prevista no art. 543-C do CPC, c/c a Resolução 8/2008 – Presidência/STJ), confirmou a orientação no sentido de que: 1) no regime anterior à vigência da LC 118/2005, o despacho de citação do executado não interrompia a prescrição do crédito tributário, uma vez que somente a citação pessoal válida era capaz de produzir tal efeito; 2) a alteração do art. 174, parágrafo único, I, do CTN, pela LC 118/2005, o qual passou a considerar o despacho do juiz que ordena a citação como causa interruptiva da prescrição, somente deve ser aplicada nos casos em que esse despacho tenha ocorrido posteriormente à entrada em vigor da referida lei complementar.
2. Em execução fiscal, a prescrição ocorrida antes da propositura da ação. Prescrição plena pode ser decretada de ofício, com base no art. 219, § 5º, do Código de Processo Civil, independentemente da prévia ouvida da Fazenda Pública. Orientação firmada no julgamento do REsp 1.100.156/RJ (1ª Seção, Rel. Min. Teori Albino Zavascki, DJe de 18.6.2009 recurso submetido à sistemática prevista no art. 543-C do CPC).
(...).
(AgRg no AgRg no RMS 43.204/SP, Rel. Ministro MAURO CAMPBELL MARQUES, SEGUNDA TURMA, julgado em 07/11/2013, DJe 18/11//2013).

(...).
2. Com a entrada em vigor da Lei Complementar n. 118/2005, o art. 174, parágrafo único, I, do CTN foi modificado para determinar como uma das causas de interrupção da prescrição o despacho que determina a citação. Dessarte, consubstanciando norma processual, a referida Lei Complementar é aplicada imediatamente aos processos em curso, o que tem como consectário lógico que a data da propositura da ação pode ser anterior a sua vigência. Todavia, a data do despacho que ordenar a citação deve ser posterior à entrada em vigor, sob pena de retroação da nova legislação. Dessa forma, somente a citação válida é capaz de interromper o prazo prescricional.
3. Correta é a extinção do feito com fundamento no art. 219, § 5º, do CPC. É irrelevante a intimação do exequente, porquanto o procedimento previsto no art. 40, § 4º,

CÓDIGO DE PROCESSO CIVIL

da Lei n. 6.830/80 deve ser observado somente quando o caso for de reconhecimento de prescrição intercorrente, o que não é o caso dos autos.

(...).

(AgRg no AgRg no AREsp 365.391/BA, Rel. Ministro HUMBERTO MARTINS, SEGUNDA TURMA, julgado em 05/11/2013, DJe 13/11/2013).

Deve-se notar que a interrupção da prescrição, concretizada pelo despacho que ordenar a citação, dar-se-á inclusive se o despacho for proferido por juízo incompetente. Sobre o tema, eis os seguintes precedentes:

(...).

3. A citação válida, ainda que ordenada por juiz incompetente, interrompe a prescrição, que retroagirá à data da propositura da ação. Arts. 219, caput e § 1º, do CPC e 202, I, do Código Civil.

4. Agravo regimental desprovido.

(AgRg no REsp 1131345/SP, Rel. Ministro JOÃO OTÁVIO DE NORONHA, TERCEIRA TURMA, julgado em 18/06/2013, DJe 28/06/2013)

1. É cediço no Eg. STJ que "não compete ao autor da ação civil pública por ato de improbidade administrativa, mas ao magistrado responsável pelo trâmite do processo, a determinação da notificação prevista pelo art. 17, § 7º, da Lei de Improbidade". "O § 1º do art. 219 do CPC dispõe que 'A interrupção da prescrição retroagirá à data da propositura da ação.'. Tendo a demanda sido ajuizada tempestivamente, não pode a parte autora ser prejudicada pela decretação de prescrição em razão da mora atribuível exclusivamente aos serviços judiciários. Incidência da Súmula nº 106/ STJ ('Proposta a ação no prazo fixado para o seu exercício, a demora na citação, por motivos inerentes ao mecanismo da Justiça, não justifica o acolhimento da arguição de prescrição ou decadência.')". (REsp 700.038/RS, Rel. Min. José Delgado, DJ 12.09.2005)

(...).

8. Deveras, ainda que assim não fosse, o Tribunal a quo concluiu pela inequivocidade da prescrição, por isso que assentou (fls. 164/165): O § 1º do art. 219 do Código de Processo Civil deixa claro que a interrupção da prescrição retroagirá à data da propositura. Ou seja, é num momento posterior que se define a interrupção, embora os efeitos retroajam, Esse momento, a toda evidência, é o da citação, desde que validamente efetuada, conforme o caput do art. 219: Art. 219. A citação válida torna prevento o juízo, induz litispendência e faz litigiosa a coisa; e, ainda quando ordenada por juiz incompetente, constitui em mora o devedor e interrompe a prescrição.

ART. 240

(...).

(REsp 693.132/RS, Rel. Ministro LUIZ FUX, PRIMEIRA TURMA, julgado em 26/09/2006, DJ 07/12/2006, p. 274).

Muito embora o despacho de citação seja considerado o marco interruptivo da prescrição, este efeito jurídico retroage à *data da propositura da demanda*, conforme preconiza a parte final do §1º do art. 240 do novo C.P.C.

Aliás, esse efeito retroativo também foi aceito para a questão tributária, conforme se verifica pelos seguintes precedentes do S.T.J.:

(...).

2. Esta Corte pacificou a orientação de que, na cobrança judicial do crédito tributário o marco final do prazo prescricional pela citação válida retroage à data da propositura da ação, conforme dispõe o art. 219, § 1º do CPC, c/c o art. 174, I, do CTN (REsp 1.120.295/SP, submetido à sistemática do art. 543-C do CPC).

(...).

(EDcl no REsp 1325296/SP, Rel. Ministro OG FERNANDES, SEGUNDA TURMA, julgado em 05/11/2013, DJe 22/11/2013).

(...).

4. Esta Corte, no julgamento do REsp 1.120.295/SP, submetido à sistemática do art. 543-C do CPC, decidiu que os arts. 174 do CTN e 219, § 1º, do CPC, devem ser interpretados conjuntamente, de modo que, se a interrupção retroage à data do ajuizamento da ação, é a propositura, e não a citação, que interrompe a prescrição.

5. Recurso especial provido.

(REsp 1319319/RS, Rel. Ministra ELIANA CALMON, SEGUNDA TURMA, julgado em 15/10/2013, DJe 24/10/2013).

(...).

2. É certo que a Primeira Seção desta Corte, ao julgar o REsp n. 1.120.295/SP, de relatoria do Ministro Luiz Fux, DJe de 21.5.2010, submetido ao regime do art. 543-C do CPC, entendeu que a propositura da ação constitui o dies ad quem do prazo prescricional e, simultaneamente, o termo inicial para sua recontagem sujeita às causas interruptivas previstas no artigo 174, parágrafo único, do CTN. Naquela oportunidade, concluiu-se que, nos termos do § 1º do art. 219 do CPC, a interrupção da prescrição, pela citação, retroage à data da propositura da ação, o que significa dizer que, em execução fiscal para a cobrança de créditos tributários, o marco interruptivo da prescrição atinente à citação pessoal feita ao devedor (quando aplicável a redação original do inciso I do parágrafo único do art. 174 do CTN) ou ao despacho do juiz que ordena a citação (após a alteração do art. 174 do CTN pela Lei Complementar 118/2005) retroage à data do ajuizamento da execução, a qual deve ser proposta dentro do prazo prescricional.

(...).

(REsp 1394738/PR, Rel. Ministro MAURO CAMPBELL MARQUES, SEGUNDA TURMA, julgado em 01/10/2013, DJe 07/10/2013).

1. O Superior Tribunal de Justiça assentou o entendimento segundo o qual, na cobrança judicial do crédito tributário, a interrupção do lustro prescricional operada pela citação válida (redação original do CTN) ou pelo despacho que a ordena (redação do CTN dada pela LC 118/2005) sempre retroage à data da propositura da ação (art. 219, § 1o. do CPC, c/c art. 174, I do CTN). Precedentes: REsp. 1.120.295/ SP, Rel. Min. LUIZ FUX, DJe 21.05.2010, representativo da controvérsia, AgRg no REsp. 1.293.997/SE, Rel. Min. HUMBERTO MARTINS, DJe 26.03.2012, AgRg no AREsp 34.035/SP, Rel. Min. HERMAN BENJAMIN, DJe 23.02.2012, e REsp. 1.284.219/RS, Rel. Min. MAURO CAMPBELL MARQUES, DJe 01.12.2011.

(...).

(AgRg no AREsp 190.118/MT, Rel. Ministro NAPOLEÃO NUNES MAIA FILHO, PRIMEIRA TURMA, julgado em 01/10/2013, DJe 24/10/2013)

É importante salientar que o novo C.P.C. nada menciona sobre o marco interruptivo da *decadência*, mas apenas que o efeito retroativo previsto no §1º do art. 240 do atual C.P.C. também se aplica à decadência.

Por sua vez, estabelece o *§ 4º do art. 240* do atual C.P.C. que o *efeito retroativo a que se refere o § 1º aplica-se à decadência e aos demais prazos extintivos previstos em lei.*

Porém, quando o legislador afirma que o efeito retroativo previsto no §1º do art. 240 do atual C.P.C. também se aplica à decadência, isso também significa dizer que o despacho de citação é o marco interruptivo da decadência.

A identificação do marco interruptivo da prescrição para a decadência já era preconizada pelo S.T.J., conforme o seguinte precedente:

1. Embora tenha a autora aforado com a Ação Rescisória perante Tribunal incompetente (TRF3), foi realizada, dentro do prazo decadencial, a citação da Autarquia Previdenciária que, inclusive, contestou o feito, nada alegando quanto à incompetência do Juízo.

Dessa forma, não há motivo para que sejam afastados os efeitos da citação, ainda quando ordenada por Juízo incompetente, especificamente o de interromper o prazo decadencial, conforme dispõem os arts. 219 e 220 do CPC.

ART. 240

(...).
(AR 3.821/MS, Rel. Ministro NAPOLEÃO NUNES MAIA FILHO, TER-
CEIRA SEÇÃO, julgado em 28/03/2008, DJe 05/05/2008).

É importante salientar que *a interrupção da prescrição retroagirá à data da propositura da ação* (§1º do art. 240 do novo C.P.C.). Com isso evita-se que eventual demora na concretização da citação por culpa do judiciário ou por dolo do
próprio réu permite a consumação da prescrição. Sobre o tema, eis o seguinte
precedente:

(...).
*2. A prescrição, causa extintiva do crédito tributário, resta assim regulada pelo
artigo 174, do Código Tributário Nacional, verbis: "Art. 174. A ação para a cobrança
do crédito tributário prescreve em cinco anos, contados da data da sua constituição
definitiva.*
*Parágrafo único. A prescrição se interrompe: I – pela citação pessoal feita ao
devedor;*
I – pelo despacho do juiz que ordenar a citação em execução fiscal;
(Redação dada pela Lcp nº 118, de 2005) II – pelo protesto judicial;
III – por qualquer ato judicial que constitua em mora o devedor;
*IV – por qualquer ato inequívoco ainda que extrajudicial, que importe em reco-
nhecimento do débito pelo devedor." 3. A constituição definitiva do crédito tributário,
sujeita à decadência, inaugura o decurso do prazo prescricional quinquenal para o Fisco
exercer a pretensão de cobrança judicial do crédito tributário.*
(...).
(REsp 1120295/SP, Rel. Ministro LUIZ FUX, PRIMEIRA SEÇÃO, julgado em 12.05.2012, DJe 21.05.2010.

Preceitua o §2º do art. 240 do atual C.P.C. que *incumbe ao autor adotar, no
prazo de 10 (dez) dias, as providências necessárias para viabilizar a citação, sob pena de
não se aplicar o disposto no §1º.*
Assim, havendo alguma medida que deve ser praticada pelo autor para o fim
de se concretizar a citação, deverá realizá-la no prazo de dez dias, contados do
despacho que ordenar a citação, sob pena de não se aplicar o disposto no §1º,
isto é, sob pena de não retroagir a interrupção da prescrição à data da propositura da ação. No caso, se o autor não cumprir seu dever no prazo de dez dias,
considerar-se-á interrompida a prescrição na data do despacho.

No caso, se a parte deve pagar as despesas processuais, deve providenciar eventual pagamento de custas, ou deve também proceder à indicação correta do endereço para a citação, e não o faz no prazo de dez dias, não há retroação da interrupção do prazo prescricional, ou seja, não se aplica o disposto no art. 240, §1º, do novo C.P.C.

No C.P.C. de 1973 a parte era obrigada a promover a citação do réu no prazo de 10 (dez) dias subsequentes ao despacho que ordenasse a citação, podendo esse prazo ser prorrogado até o máximo de 90 (noventa) dias.

Já no novo C.P.c., o prazo de dez dias não é para que a citação seja realizada, mas para que o autor adote todas as medidas necessárias para a sua realização.

Não há informação no novo C.P.C. sobre a possibilidade de prorrogação do prazo. Porém, nada impede que o juiz determine a prorrogação havendo fundamento para tanto.

Note-se que esse dispositivo somente se aplica à prescrição e não aos outros efeitos da citação.

Se a demora na citação for imputável *exclusivamente ao serviço judiciário*, a parte não será prejudicada.

Desta feita, se a parte autora realizou todos os atos necessários para a concretização da citação, mas esta não ocorreu por responsabilidade exclusiva do Poder Judiciário, haverá retroatividade da interrupção da prescrição para a data da propositura da demanda.

Aliás, nesse sentido preconiza a Súmula 106 do S.T.J.: *proposta a ação no prazo fixado para o seu exercício, a demora na citação, por motivos inerentes ao mecanismo da justiça, não justifica o acolhimento da arguição de prescrição ou decadência.*

Sobre o tema, eis os seguintes precedentes do S.T.J.:

(...).

2. A demora na citação por razões inerentes ao mecanismo do Poder Judiciário não dá causa à prescrição, nos termos do verbete n. 106, da Súmula.

(...).

(AgRg no AREsp 261.422/RS, Rel. Ministra MARIA ISABEL GALLOTTI, QUARTA TURMA, julgado em 15/10/2013, DJe 30/10/2013)

(...).

2. A citação válida (ou o despacho que simplesmente a ordena, se proferido na vigência das alterações da Lei Complementar 118/2005) interrompe a prescrição, com efeito retroativo à data da propositura da demanda, à exceção da hipótese de morosidade não imputável ao Poder Judiciário.

ART. 240

(...).
(AgRg no REsp 1370278/RS, Rel. Ministro HERMAN BENJAMIN, SEGUNDA TURMA, julgado em 16/05/2013, DJe 22/05/2013).

Processo civil e tributário. Contribuição sindical rural. violação ao art. 535 do cpc. Inexistência. Divergência jurisprudencial não demonstrada. Prescrição. Demora na citação não imputável ao autor. Súmula 106/stj. Legitimidade da cna para a cobrança judicial. Súmula 396/stj. Exame de dispositivos constitucionais. Inviabilidade. Ausência de prequestionamento. Deficiência de fundamentação. Súmula 284/ stf. Recurso especial parcialmente conhecido e, nesta parte, desprovido.
(REsp 874.841/ES, Rel. Ministro TEORI ALBINO ZAVASCKI, PRIMEIRA TURMA, julgado em 05/08/2010, DJe 17/08/2010).

(...)
2. Concluir em sentido contrário ao da instância de origem – para atribuir o atraso na citação ao Judiciário ou à Fazenda Nacional e, a depender do caso, reconhecer a prescrição – demandaria revolver o suporte fático-probatório dos autos, providência vedada em recurso especial, ante o óbice da Súmula 7/STJ ("A pretensão de simples reexame de prova não enseja recurso especial").
3. Precedente da Turma: REsp 795.764/PR, DJ de 06.03.06.
4. Recurso especial não conhecido.
(REsp 872.242/RS, Rel. Ministro CASTRO MEIRA, SEGUNDA TURMA, julgado em 07/11/2006, DJ 17/11/2006, p. 250).

(...).
2. Para avaliar se a demora no andamento do feito ocorreu em razão da morosidade do Poder Judiciário ou por inércia do exequente demandaria reexame de provas, providência inviável nesta Corte por incidência da Súmula 7/STJ.
3. Agravo Regimental a que se nega provimento.
(AgRg no REsp 1375935/BA, Rel. Ministro NAPOLEÃO NUNES MAIA FILHO, PRIMEIRA TURMA, julgado em 01/10/2013, DJe 24/10/2013).

(...)
2. Verifica-se que a controvérsia foi solucionada de acordo com os parâmetros necessários ao seu deslinde. É entendimento desta egrégia Corte Superior que a prescrição da pretensão executiva pode ser decretada ex officio pelo juiz na forma do art. 219, § 5o. do CPC, independentemente de prévia oitiva da Fazenda Pública, sendo inaplicável, na hipótese, o art. 40 da Lei 6.830/80, que trata da prescrição intercorrente.

3. *Afirmado pela Corte Estadual que a demora na citação do devedor ocorreu por absoluta desídia da Fazenda Pública Estadual na condução da execução fiscal, a alteração dessa conclusão é inviável, na via eleita, pois demandaria o reexame de matéria fático-probatória.*

(Súmula 7 do STJ).

(...).

(EDcl no AgRg no REsp 1265239/PE, Rel. Ministro NAPOLEÃO NUNES MAIA FILHO, PRIMEIRA TURMA, julgado em 06/08/2013, DJe 10/09/2013).

1. O Superior Tribunal de Justiça assentou o entendimento segundo o qual, na cobrança judicial do crédito tributário, a interrupção do lustro prescricional operada pela citação válida (redação original do CTN) ou pelo despacho que a ordena (redação dada pela LC 118/05) sempre retroage à data da propositura da ação (art. 219, § 1o. do CPC, c/c art. 174, I do CTN), tendo em vista o julgamento do REsp.

1.120.295/SP, Rel. Min. LUIZ FUX, DJe 21.05.2010, representativo da controvérsia.

2. Todavia, no caso dos autos, o acórdão recorrido destacou que a citação válida foi efetivada em 18.12.2008, ou seja, mais de cinco anos após a própria propositura da execução fiscal, em 04.12.2000, pelo que resta prejudicada a aplicação do entendimento supra, cabendo reconhecer a prescrição da pretensão fazendária. Precedente: REsp. 1.228.043/RS, Rel. Min. MAURO CAMPBELL MARQUES, DJe 24.02.2011.

3. Por fim, anote-se que, em relação à aplicação ou não do enunciado 106 da Súmula de jurisprudência do STJ ao caso presente, esta Corte firmou o entendimento, em recurso representativo da controvérsia, de que a verificação de responsabilidade pela demora na prática dos atos processuais implica indispensável reexame de matéria fático-probatória, o que é vedado a esta Corte Superior, na estreita via do Recurso Especial, ante o disposto na Súmula 07/STJ.

Precedente: REsp. 1.102.431/RJ, Rel. Min. LUIZ FUX, DJe 01.02.2010.

4. Agravo Regimental desprovido.

(AgRg no REsp 1276049/RS, Rel. Ministro NAPOLEÃO NUNES MAIA FILHO, PRIMEIRA TURMA, julgado em 18/04/2013, DJe 03/05/2013).

1. A jurisprudência desta Corte firmou entendimento no sentido de que a demora na citação por motivos inerentes aos mecanismos da Justiça afasta a prescrição, nos termos da Súmula 106 do STJ.

ART. 240

2. No caso dos autos, o Tribunal de origem afastou a ocorrência da prescrição da pretensão executória por reconhecer que os atrasos decorreram de mecanismos do Judiciário.

(...).

(AgRg no REsp 1313010/RS, Rel. Ministro SÉRGIO KUKINA, PRIMEIRA TURMA, julgado em 11/04/2013, DJe 16/04/2013).

(...).

2. Embora assista razão à recorrente, no que concerne à incidência do art. 219, § 1°, do CPC nos executivos fiscais, não menos certo é que o STJ condicionou a retroatividade da citação à data do ajuizamento da demanda à exigência de que o ato citatório ocorra no prazo processual previsto em lei e de que eventual demora não possa ser atribuída exclusivamente ao Poder Judiciário (REsp 1.120.295/SP, Rel. Ministro Luiz Fux, Primeira Seção, DJe 21.5.2010, submetido ao art. 543-C do CPC).

3. O precedente acima mencionado deve ser compreendido em conjunto com o REsp 1.102.431/RJ, repetitivo, no qual o STJ analisou a aplicabilidade da de sua Súmula 106.

(...).

(REsp 1349381/RS, Rel. Ministro HERMAN BENJAMIN, SEGUNDA TURMA, julgado em 27/11/2012, DJe 19/12/2012)

(...).

3. O afastamento da Súmula 106/STJ requer inevitavelmente o revolvimento fático-probatório, procedimento vedado pela Súmula 7/STJ (REsp 1.102.431/RJ, Rel. Min. Luiz Fux, Primeira Seção, DJe 1°.2.2010).

(...).

(AgRg no AREsp 280.549/RJ, Rel. Ministro HERMAN BENJAMIN, SEGUNDA TURMA, julgado em 04/06/2013, DJe 12/06/2013)

Somente se a demora for imputável exclusivamente ao Poder Judiciário é que se aplicara o disposto no §3º do art. 240 do novo C.P.C. Se a parte contribuiu de alguma forma para essa demora, não haverá aplicação do aludido dispositivo.

Outro efeito material importante da citação válida é a constituição em mora do devedor, salvo se se tratar das hipóteses previstas nos arts. 397 e 398 do C.c.b. Estabelecem os arts. 397 e 398 do C.c.b.:

Art. 397. O inadimplemento da obrigação, positiva e líquida, no seu termo, constitui de pleno direito em mora o devedor.

CÓDIGO DE PROCESSO CIVIL

Parágrafo único. Não havendo termo, a mora se constitui mediante interpelação judicial ou extrajudicial.

Art. 398. Nas obrigações provenientes de ato ilícito, considera-se o devedor em mora, desde que o praticou.

Assim, se não ocorrer qualquer das hipóteses previstas nos arts. 397 e 398 do C.c.b., a constituição em mora do devedor ocorrerá a partir da citação válida, ainda que ordenada por juiz incompetente.

O art. 238 do novo C.P.C. não repetiu o §5º do art. 219 do C.P.C. de 1973 que prescrevia: *O juiz pronunciará, de ofício, a prescrição.*

Contudo, é possível o reconhecimento de ofício da prescrição ou da decadência em razão do que dispõe o art. 332, §1º, do novo C.P.C., *in verbis:*

> *Art. 332. Nas causas que dispensem a fase instrutória, o juiz, independentemente da citação do réu, julgará liminarmente improcedente o pedido que contrariar:*
> *(...)*
> *§ 1º O juiz também poderá julgar liminarmente improcedente o pedido se verificar, desde logo, a ocorrência de decadência ou de prescrição.*

Art. 241

Transitada em julgado a sentença de mérito proferida em favor do réu antes da citação, incumbe ao escrivão ou ao chefe de secretaria comunicar-lhe o resultado do julgamento.

Comunicação da sentença transitada em julgado em favor do réu

As hipóteses de julgamento liminar de improcedência do pedido estão elencadas no art. 332 do novo C.P.C., a saber:

> *Art. 332. Nas causas que dispensem a fase instrutória, o juiz, independentemente da citação do réu, julgará liminarmente improcedente o pedido que contrariar:*
> *I – enunciado de súmula do Supremo Tribunal Federal ou do Superior Tribunal de Justiça;*
> *II – acórdão proferido pelo Supremo Tribunal Federal ou pelo Superior Tribunal de Justiça em julgamento de recursos repetitivos;*
> *III – entendimento firmado em incidente de resolução de demandas repetitivas ou de assunção de competência;*

IV – enunciado de súmula de tribunal de justiça sobre direito local.

§ 1º O juiz também poderá julgar liminarmente improcedente o pedido se verificar, desde logo, a ocorrência de decadência ou de prescrição.

§ 2º Não interposta a apelação, o réu será intimado do trânsito em julgado da sentença, nos termos do art. 241.

§ 3º Interposta a apelação, o juiz poderá retratar-se em 5 (cinco) dias.

§ 4º Se houver retratação, o juiz determinará o prosseguimento do processo, com a citação do réu, e, se não houver retratação, determinará a citação do réu para apresentar contrarrazões, no prazo de 15 (quinze) dias.

Proferido julgamento liminar de improcedência do pedido antes da citação do réu, e uma vez transitada em julgado a decisão, o escrivão ou chefe de secretaria comunicará o resultado do julgamento ao réu.

Aliás, nesse sentido é o que dispõe o §2º do art. 332 do atual C.P.C.: *Não interposta a apelação, o réu será intimado do trânsito em julgado da sentença, nos termos do art. 241.*

Art. 242

A citação será pessoal, podendo, no entanto, ser feita na pessoa do representante legal ou do procurador do réu, do executado ou do interessado.

§ 1º Na ausência do citando, a citação será feita na pessoa de seu mandatário, administrador, preposto ou gerente, quando a ação se originar de atos por eles praticados.

§ 2º O locador que se ausentar do Brasil sem cientificar o locatário de que deixou, na localidade onde estiver situado o imóvel, procurador com poderes para receber citação será citado na pessoa do administrador do imóvel encarregado do recebimento dos aluguéis, que será considerado habilitado para representar o locador em juízo.

§ 3º A citação da União, dos Estados, do Distrito Federal, dos Municípios e das suas respectivas autarquias e fundações de direito público será realizada perante o órgão de Advocacia Pública responsável por sua representação judicial.

Citação pessoal ou por mandatário ou por representante
A citação inicial está sujeita ao requisito da 'pessoalidade'.
Sendo o réu maior e capaz, a citação será feita pessoalmente.

CÓDIGO DE PROCESSO CIVIL

A citação pessoal se dá por mandado judicial, pelo correio ou pelo sistema eletrônico. Sobre o tema, eis os seguintes precedentes:

1. Na execução fiscal é válida a citação postal entregue no domicílio correto do devedor, mesmo que recebida por terceiros.
Precedente.
2. A citação postal equivale a citação pessoal para o efeito de interromper o curso da prescrição da pretensão tributária.
Precedentes.
3. Recurso especial não provido.
(REsp 989.777/RJ, Rel. Ministra ELIANA CALMON, SEGUNDA TURMA, julgado em 24/06/2008, DJe 18/08/2008).

1. Na execução fiscal é válida a citação postal entregue no domicílio correto do devedor, mesmo que recebida por terceiros.
Precedente.
2. A citação postal equivale a citação pessoal para o efeito de interromper o curso da prescrição da pretensão tributária.
Precedentes.
3. Recurso especial não provido.
(REsp 989.777/RJ, Rel. Ministra ELIANA CALMON, SEGUNDA TURMA, julgado em 24/06/2008, DJe 18/08/2008).

1. O Superior Tribunal de Justiça firmou a compreensão de que a validade da citação de pessoa física pelo correio está vinculada à entrega da correspondência registrada diretamente ao destinatário, de quem deve ser colhida a assinatura no recibo, não bastando, pois, que a carta apenas se faça chegar no endereço do citando. Caberá ao autor o ônus de provar que o citando teve conhecimento da demanda contra ele ajuizada, sendo inadmissível a presunção nesse sentido pelo fato de a correspondência ter sido recebida por sua filha.
2. Recurso especial conhecido e provido.
(REsp 712.609/SP, Rel. Ministro ARNALDO ESTEVES LIMA, QUINTA TURMA, julgado em 15/03/2007, DJ 23/04/2007, p. 294).

Não se reconhece a nulidade da citação enviada pelo correio e recebida no domicílio do devedor.
Recurso especial não conhecido.
(REsp 678.128/MG, Rel. Ministro JORGE SCARTEZZINI, Rel. p/ Acórdão Ministro CESAR ASFOR ROCHA, QUARTA TURMA, julgado em 11/10/2005, DJ 18/09/2006, p. 324)

ART. 242

Se o réu for absolutamente incapaz, a citação será feita ao seu representante legal, que poderá ser o pai, a mãe, tutor ou curador.

Se a incapacidade for apenas relativa, a citação será feita na pessoa do réu ou executado ou interessado e na de seu representante legal que o assistirá no ato.

É bem verdade que se não for possível a citação pessoal, esta poderá ser feita por edital. Sobre o tema, eis os seguintes precedentes:

(...).
2. A "citação editalícia deve ocorrer após frustradas todas as diligências necessárias para intimação pessoal do devedor" (EDcl no REsp 969.060/SP, Quarta Turma, Rel. Min. JOÃO OTÁVIO DE NORONHA, DJe de 17/8/2009) 3. Segundo consta do v. acórdão, proferido pelo col. Tribunal de Justiça, foram exauridos todos os meios possíveis para a efetivação da citação do réu, seja por meio do correio, seja por oficial de justiça. E, somente depois de frustradas essas tentativas, é que o autor da ação solicitou a citação editalícia, o que foi deferido pelo d. Juízo a quo, com observância das regras previstas nos arts. 231 e 232 do Estatuto Processual Civil.
4. Agravo interno a que se nega provimento.
(AgRg no AREsp 66.688/SP, Rel. Ministro RAUL ARAÚJO, QUARTA TURMA, julgado em 20/11/2012, DJe 28/11/2012).

1. Considera-se regular a citação da pessoa jurídica realizada por meio de edital quando frustradas as tentativas anteriores de citação por oficial de justiça e postal.
(...).
(REsp 888.449/ES, Rel. Ministro CASTRO MEIRA, SEGUNDA TURMA, julgado em 22/04/2008, DJe 08/05/2008).

A citação também poderá ser feita na pessoa do procurador do réu ou do executado.

É importante salientar que o art. 105 do novo C.P.C. preconiza que *" A procuração geral para o foro, outorgada por instrumento público ou particular assinado pela parte, habilita o advogado a praticar todos os atos do processo, exceto receber citação, confessar, reconhecer a procedência do pedido, transigir, desistir, renunciar ao direito sobre o qual se funda a ação, receber, dar quitação, firmar compromisso e assinar declaração de hipossuficiência econômica, que devem constar de cláusula específica.*

Assim, há necessidade de poderes especiais inseridos na procuração para receber citação inicial.

Se o mandatário não tiver poderes, a citação é juridicamente inexistente.

CÓDIGO DE PROCESSO CIVIL

Aliás, mesmo com o comparecimento espontâneo do réu no processo por meio de seu procurador, exige-se procuração com poderes especiais. Nesse sentido é o seguinte precedente:

1. O acórdão proferido pelo Tribunal estadual alinhou-se à jurisprudência atual e predominante do STJ no sentido de considerar que o comparecimento espontâneo do réu não tem lugar se a apresentação de procuração e a retirada dos autos foi efetuada por advogado destituído de poderes para receber citação, caso em que o prazo somente corre a partir da juntada aos autos do mandado citatório respectivo.
2. Agravo regimental a que se nega provimento.
(AgRg no Ag 1176138/MS, Rel. Ministro RAUL ARAÚJO, QUARTA TURMA, julgado em 09/10/2012, DJe 06/11/2012)

A pessoa jurídica, em regra, será citada no seu 'presentante' (denominação outorgada por Pontes de Miranda), ou seja, aquele que legalmente ou contratualmente a representa, como é o exemplo do sócio-gerente, diretor, administrador ou a quem os estatutos ou contrato social estabelecer.

Sobre o tema, ainda, eis o seguinte precedente:

(...). pessoa jurídica, representante legal e sócios. Recebimento pelos representantes legais. Reexame de fatos e prova. Súmula 7/stj. Prazo recursal. Termo inicial. Arts. 557 do cpc. Cabimento de julgamento monocrático e eventual nulidade suprida por julgamento colegiado. Decisão mantida pelos seus próprios fundamentos. Agravo regimental desprovido
(AgRg no AREsp 133.066/GO, Rel. Ministro PAULO DE TARSO SANSEVERINO, TERCEIRA TURMA, julgado em 22/10/2013, DJe 28/10/2013).

Cabe ao autor indicar o representante legal, procurador ou 'presentante' da pessoa jurídica legitimado a receber citação, sofrendo eventuais consequências (possível prescrição) se houver indicação equivocada.

É certo que o S.T.J. tem entendido a validade da citação da pessoa jurídica na pessoa que se apresenta como representante legal ou com poderes para receber a citação, com base na *teoria da aparência*. Nesse sentido, eis os seguintes precedentes:

1. Validade da citação realizada na pessoa de quem se apresenta como representante legal da pessoa jurídica, sem fazer qualquer ressalva quanto à inexistência de poderes

ART. 242

para receber citação, prevalecendo, na espécie, a teoria da aparência. Precedentes da Corte Especial do STJ.

(...).

(AgRg no REsp 1294668/SP, Rel. Ministro PAULO DE TARSO SANSE-VERINO, TERCEIRA TURMA, julgado em 01/10/2013, DJe 03/10/2013).

(...).

2. *Quanto à suposta ausência de intimação pessoal do representante legal da empresa ora recorrente da decisão que deferiu a antecipação de tutela, registre-se que a Corte Especial do STJ, no julgamento dos embargos de divergência no REsp 156.970/SP (Rel. Min. Vicente Leal, DJ 22.10.2001), consagrou o seguinte entendimento: "[...] é de se aplicar a teoria da aparência para reconhecer a validade da citação da pessoa jurídica realizada em quem, na sua sede, se apresenta como seu representante legal e recebe a citação, sem qualquer ressalva quanto à inexistência de poderes para representá-la em Juízo".*

(...).

(AgRg no AREsp 334.781/RJ, Rel. Ministro MAURO CAMPBELL MAR-QUES, SEGUNDA TURMA, julgado em 13/08/2013, DJe 20/08/2013).

1. *Conforme a jurisprudência deste Superior Tribunal de Justiça, é válida a citação realizada na pessoa de quem, na sede do estabelecimento comercial, a receba sem qualquer ressalva a respeito da falta de poderes para tanto. Precedentes.*

(...).

(AgRg no AREsp 315.669/SP, Rel. Ministro SIDNEI BENETI, TER-CEIRA TURMA, julgado em 25/06/2013, DJe 01/08/2013).

Estabelece o *§1º do art. 242* do novo C.P.C. que *na ausência do citando, a citação será feita na pessoa de seu mandatário, administrador, preposto ou gerente, quando a ação se originar de atos por eles praticados.*

O parágrafo primeiro trata da hipótese em que o réu não foi encontrado para receber a citação por se encontrar ausente. O termo ausente está empregado em seu sentido genérico, isto é, de *não estar presente* para receber a citação num prazo razoável.

É importante salientar que não é suficiente que o citando não esteja momentaneamente no local ou não esteja no local por ter domicilio certo e conhecido em outro local. Neste caso, deve-se promover a citação pessoal.

A ausência referida diz respeito ao deslocamento sem data de retorno ou ato que vise a frustrar ou dificultar a citação. Se, neste caso, estiverem presentes

CÓDIGO DE PROCESSO CIVIL

algumas das pessoas citadas no parágrafo primeiro, evita-se a citação por edital ou hora certa.

Para que seja possível realizar a citação na pessoa de um dos indicados no parágrafo primeiro é necessário que estejam presentes os três requisitos: *"a) estar o citando ausente; b) resultar a ação de ato praticado por quem o representar; c) estar o representante incluído em uma das categorias enunciadas na norma ou equivalente.*[672]

Para que se possa realizar a citação nos termos deste parágrafo primeiro, é necessário que a demanda seja originada de ato praticado pelo *mandatário, administrador, preposto ou gerente.*

Outrossim, não é necessário que o mandatário tenha poderes especiais para receber citação, sob pena de esvaziar o dispositivo.

O *§2º do art. 242 do novo C.P.C.* estabelece que *o locador, que se ausentar do Brasil sem cientificar o locatário de que deixou na localidade onde estiver situado o imóvel procurador com poderes para receber citação, será citado na pessoa do administrador do imóvel encarregado do recebimento dos aluguéis, que será considerado habilitado para representar o locador em juízo.*

Atualmente é muito comum as imobiliárias administrar a maioria dos imóveis locados, mediante uma comissão.

Assim, se o locador se ausentar do Brasil, ou seja, estiver viajando por tempo indeterminado ou estiver residindo no exterior, a citação poderá ser feita na pessoa do administrador do imóvel encarregado do recebimento dos aluguéis.

No caso, o locatário somente deverá comprovar que a pessoa está encarregada do recebimento dos alugueres, sem necessidade de demonstrar a existência de procuração com poderes especiais para receber citação.

Se o locador transferiu residência para dentro do país, a citação deverá ser pessoal ou por Edital, podendo, ainda, se for o caso, aplicar a normatização prevista no parágrafo anterior.

Por fim, se o locador ao viajar ou transferir residência para fora do país comunicar expressamente ao locatário a existência de mandatário para representá-lo, com poderes especiais para receber citação, não poderá ser aplicado o disposto neste parágrafo.

Estabelece o *§3º do art. 242 do novo C.P.C.* que a *citação da União, dos Estados, do Distrito Federal, dos Municípios e das suas respectivas autarquias e fundações de direito público será realizada perante o órgão de Advocacia Pública responsável por sua representação judicial.*

---

[672] Moniz de Aragão, E. D., *Comentários ao código de processo civil.* 6ª ed., vol. II (art. 154 a 269). Rio de Janeiro: Editora Forense, 1989. p. 236.

ART. 242

Este dispositivo deve ser interpretado juntamente com o art. 75, inc. I, II e III do novo C.P.C. que assim estabelece:

Art. 75. Serão representados em juízo, ativa e passivamente:
I – a União, pela Advocacia-Geral da União, diretamente ou mediante órgão vinculado;
II – o Estado e o Distrito Federal, por seus procuradores;
III – o Município, por seu prefeito ou procurador

O artigo 75 do novo C.P.C. trata das hipóteses de representação ou presentação de determinadas partes em juízo, seja no polo ativo seja no polo passivo. Diz respeito, portanto, a um pressuposto de validade da relação jurídica processual, podendo sua falta ser reconhecida de ofício.

É importante salientar que o representante ou presentante não é parte em juízo, mas apenas tem *legitimatio ad processum* em nome do representado ou do presentado.

São as seguintes as hipóteses de *representação ou presentação processual:*

Inc. I do art. 75. A União, pela Advocacia-Geral da União, diretamente ou mediante órgão vinculado;

Inc. II do art. 75. O Estado e o Distrito Federal, por seus procuradores.

As entidades de direito público interno (com exceção dos Municípios) são representadas em juízo, ativa e passivamente, por seus procuradores ou advogados públicos.

Em relação à União, a sua representação em juízo é estabelecida pelo art. 131 da Constituição Federal que assim dispõe:

"Art. 131. A Advocacia-Geral da União é a instituição que, diretamente ou através de órgão vinculado, representa a União, judicial e extrajudicialmente, cabendo-lhe, nos termos da lei complementar que dispuser sobre sua organização e funcionamento, as atividades de consultoria e assessoramento jurídico do Poder Executivo.

§ 1º – A Advocacia-Geral da União tem por chefe o Advogado-Geral da União, de livre nomeação pelo Presidente da República dentre cidadãos maiores de trinta e cinco anos, de notável saber jurídico e reputação ilibada.

§ 2º – O ingresso nas classes iniciais das carreiras da instituição de que trata este artigo far-se-á mediante concurso público de provas e títulos.

§ 3º – Na execução da dívida ativa de natureza tributária, a representação da União cabe à Procuradoria-Geral da Fazenda Nacional, observado o disposto em lei.

Art. 132. Os Procuradores dos Estados e do Distrito Federal, organizados em carreira, na qual o ingresso dependerá de concurso público de provas e títulos, com a par-

CÓDIGO DE PROCESSO CIVIL

ticipação da Ordem dos Advogados do Brasil em todas as suas fases, exercerão a representação judicial e a consultoria jurídica das respectivas unidades federadas. (Redação dada pela Emenda Constitucional nº 19, de 1998)

Parágrafo único. Aos procuradores referidos neste artigo é assegurada estabilidade após três anos de efetivo exercício, mediante avaliação de desempenho perante os órgãos próprios, após relatório circunstanciado das corregedorias. (Redação dada pela Emenda Constitucional nº 19, de 1998)".

Por sua vez, preceitua o art. 1º da Lei Complementar n. 73 de 10 de fevereiro de 1993: *"Art. 1º – A Advocacia-Geral da União é a instituição que representa a União judicial e extrajudicialmente".*

Já o art. 9º da aludida lei complementar afirma:

Art. 9º – À Procuradoria-Geral da União, subordinada direta e imediatamente ao Advogado-Geral da União, incumbe representá-la, judicialmente, nos termos e limites desta Lei Complementar.

§ 1º – Ao Procurador-Geral da União compete representá-la junto aos tribunais superiores.

§ 2º – Às Procuradorias-Regionais da União cabe sua representação perante os demais tribunais.

§ 3º – Às Procuradorias da União organizadas em cada Estado e no Distrito Federal, incumbe representá-la junto à primeira instância da Justiça Federal, comum e especializada.

§ 4º – O Procurador-Geral da União pode atuar perante os órgãos judiciários referidos nos §§ 2º e 3º, e os Procuradores Regionais da União junto aos mencionados no § 3º deste artigo".

A Câmara dos Deputados apresentou uma emenda ao projeto proveniente do Senado para inserir o §4º no art. 75 do atual C.P.C. com o seguinte teor: *Os Estados e o Distrito Federal poderão ajustar compromisso recíproco de prática de atos processuais por seus procuradores em favor de outro ente federado, mediante convênio firmado pelas respectivas Procuradorias.*

Isso permite maior flexibilidade na representação processual dos Estados e do Distrito Federal, evitando que o procurador de um Estado se desloque para outro Estado a fim de representá-lo. No caso, o procurador do Estado em que tramita o processo poderá representar, mediante convênio, o Estado demandado ou demandante.

ART. 242

Em relação às entidades de direito público de administração indireta, sua representação em juízo dar-se-á pelo seu presidente ou representante legal (DL n. 200/67; DL n. 900/69).

A Lei n. 9.469/97 estabelece em seu art. 9º, inc. II que a representação judicial das autarquias e fundações públicas far-se-á por seus procuradores ou advogados ocupantes de cargos efetivos dos respectivos quadros, independe da apresentação do instrumento de mandato.

Sobre o tema, eis os seguintes precedentes do S.T.J.:

(...).

Outrossim, como o débito original e seus acréscimos legais, relativos à contribuição social em questão, passaram a constituir, nos termos do art. 16 da Lei 11.457/2007, dívida ativa da União, também foi transferida à Procuradoria-Geral da Fazenda Nacional – PGFN a representação judicial da União nas ações em que se questiona a exigibilidade de tal contribuição. Destarte, impõe-se o reconhecimento da legitimidade passiva da União em demandas que também têm por objeto a restituição do indébito tributário.

(...).

(REsp 1265333/RS, Rel. Ministro MAURO CAMPBELL MARQUES, SEGUNDA TURMA, julgado em 19/02/2013, DJe 26/02/2013)

(...).

3. A Lei 6.539/1978 contém apenas três artigos e se limita a autorizar a contratação de profissionais inscritos na OAB para exercer a representação judicial da autarquia federal nas Comarcas em que não houver Procuradoria própria. Nada dispõe a respeito dos critérios de remuneração, razão pela qual a ausência de comando apto a infirmar os fundamentos do acórdão hostilizado atrai a incidência da Súmula 284/STF.

4. Recurso Especial parcialmente conhecido e, nessa parte, não provido.

(REsp 1251551/RS, Rel. Ministro HERMAN BENJAMIN, SEGUNDA TURMA, julgado em 16/06/2011, DJe 31/08/2011)

(...).

4. Se constitui atribuição da Advocacia-Geral da União, por intermédio dos órgãos da Procuradoria-Geral Federal, a defesa em juízo e a consultoria jurídica do Instituto Nacional do Seguro Social e das demais autarquias federais, a recepção pela nova ordem constitucional de norma que permite o exercício de tal atividade por terceiros é de duvidosa técnica jurídica. Precedentes do STF.

CÓDIGO DE PROCESSO CIVIL

5. *Recurso especial não provido.*
(REsp 1127969/RS, Rel. Ministro MAURO CAMPBELL MARQUES, SEGUNDA TURMA, julgado em 23/11/2010, DJe 02/12/2010)

1. Hipótese em que a agravante questiona a legitimidade da CDA sob o argumento de que, após a edição da MP 222/2004, "a representação processual não pode mais ser exercida pela procuradoria especializada do INSS, mas sim deverá ser exercida pela Procuradoria-Geral Federal".
2. Conforme consignado no acórdão recorrido, "a partir da MP 222/2004, convertida posteriormente na Lei 11.098/2005, foram transferidas à Procuradoria-Geral Federal 'as atribuições de representação judicial e extrajudicial relativas à execução da dívida ativa do INSS (..) bem como o seu contencioso fiscal' (art. 2°). Sendo assim, não há qualquer irregularidade em ter sido a CDA firmada por Procuradora Federal, ligada que está à Procuradoria-Geral Federal, esta, por sua vez, vinculada à Advocacia-Geral da União (art. 9° da Lei 10.480/02)".
3. A Procuradoria-Geral Federal é o órgão da Advocacia-Geral da União responsável pela representação judicial e extrajudicial das autarquias e fundações públicas federais, bem como pelas respectivas atividades de consultoria e assessoramento jurídicos.
4. Agravo Regimental não provido.
(AgRg no REsp 1101231/SC, Rel. Ministro HERMAN BENJAMIN, SEGUNDA TURMA, julgado em 26/05/2009, DJe 21/08/2009)

(...).
3. Em havendo, por expressa previsão legal (artigo 11-B, parágrafo 2°, da Lei n° 9.025/95), dúplice representação judicial da autarquia, não há falar em nulidade de intimação feita pessoalmente somente ao procurador do DNER.
4. Agravo regimental improvido.
(AgRg no REsp 524.260/GO, Rel. Ministro HAMILTON CARVALHIDO, SEXTA TURMA, julgado em 30/10/2007, DJe 07/04/2008)

1. Com a edição da MP 1.984-16/2000, que inseriu o art. 11-B ao texto da Lei 9.028/95, a representação judicial da União, quanto aos assuntos confiados ao DNER (além de outras autarquias e fundações relacionadas em seu Anexo V), passou a ser feita diretamente pelos órgãos próprios da Advocacia-Geral da União.
2. A lei aplicável à espécie é a vigente na data da prática do ato de intimação, e não aquela em vigor na data do julgamento, na medida em que o prazo recursal é con-

tado a partir da "publicação da súmula do acórdão no órgão oficial" (art. 506, III, do CPC).

3. Na hipótese dos autos, conquanto o julgamento da apelação tenha sido realizado em sessão pública ocorrida no dia 28 de março de 2000, verifica-se que a intimação do respectivo acórdão somente ocorreu, mediante publicação no Diário da Justiça da União, em 19 de setembro de 2000, data em que a nova legislação de regência da matéria já determinava que as intimações relativas a feitos em que o DNER fosse parte deveriam ser efetuadas por intermédio das respectivas Procuradorias da Advocacia-Geral da União.

4. Diante desse contexto, considerando que a representação judicial da União, quanto aos assuntos confiados ao DNER, passou a ser feita diretamente pelos órgãos próprios da Advocacia-Geral da União, tem plena aplicação à hipótese dos autos o disposto no art. 38 da Lei Complementar 73/93, o qual determina a intimação da União nas pessoas do Advogado da União ou do Procurador da Fazenda Nacional que oficie nos respectivos autos.

5. Recurso especial provido.

(REsp 809.549/RJ, Rel. Ministra DENISE ARRUDA, PRIMEIRA TURMA, julgado em 05/10/2006, DJ 07/11/2006, p. 254)

O inciso III do art. 75 do atual C.P.C. preceitua que o *Município será representado por seu prefeito ou procurador.*

Nos termos deste inciso, dois são os órgãos encarregados da representação processual do Município, ou seja, o prefeito ou o procurador do município.

Assim, ou o procurador concursado faz a representação processual do Município sem necessidade de juntada de procuração, ou o Prefeito promove a representação processual.

Porém, como o Prefeito não possui capacidade postulatória, deverá contratar advogado para promover o suprimento desse pressuposto processual.

Sobre o tema, eis os seguintes precedentes:

(...).

2. É dispensável a exibição pelos procuradores de município do necessário instrumento de mandato judicial, desde que investidos na condição de servidores municipais, por se presumir conhecido o mandato pelo seu título de nomeação. Precedentes do STJ

3. Os Embargos Declaratórios não constituem instrumento adequado para a rediscussão da matéria de mérito.

4. Embargos de Declaração parcialmente acolhidos, com efeito modificativo, para sanar o vício apontado.

CÓDIGO DE PROCESSO CIVIL

(EDcl no AgRg no Ag 1385162/RJ, Rel. Ministro HERMAN BENJAMIN, SEGUNDA TURMA, julgado em 20/10/2011, DJe 24/10/2011)

1. De fato, "a representação processual de município independe de instrumento de mandato, desde que seus procuradores estejam investidos na condição de servidores municipais, por se presumir conhecido o mandato pelo seu título de nomeação ao cargo" (REsp 1135608/RS, 2ª Turma, Rel. Min. Eliana Calmon, DJe 5.11.2009).

(...).

(AgRg no Ag 1338172/RS, Rel. Ministro MAURO CAMPBELL MARQUES, SEGUNDA TURMA, julgado em 07/12/2010, DJe 04/02/2011)

1. "A dispensa de apresentação de procuração para os patronos de entes municipais somente se aplica nas hipóteses em que esses são representados por procuradores, que não é a hipótese dos autos." (EDclAgRgAg nº 1.099.215/SP, Relator Ministro Herman Benjamin, in DJe 28/10/2009).

(...).

(AgRg no Ag 1252853/DF, Rel. Ministro HAMILTON CARVALHIDO, PRIMEIRA TURMA, julgado em 11/05/2010, DJe 15/06/2010)

1. A representação processual de município independe de instrumento de mandato, desde que seus procuradores estejam investidos na condição de servidores municipais, por se presumir conhecido o mandato pelo seu título de nomeação ao cargo.

(...).

(REsp 1135608/RS, Rel. Ministra ELIANA CALMON, SEGUNDA TURMA, julgado em 20/10/2009, DJe 05/11/2009)

(...).

2. "A representação processual de município independe de instrumento de mandato, desde que seus procuradores estejam investidos na condição de servidores municipais, por se presumir conhecido o mandato pelo seu título de nomeação ao cargo. A simples menção da condição de advogado inscrito na Ordem dos Advogados do Brasil indica a contratação do profissional para o caso concreto. Nessa hipótese, é fundamental a procuração" (AgA 790.516/RS, Rel. Min. Eliana Calmon, DJU 15.12.06).

3. Agravo regimental provido para não conhecer do agravo de instrumento.

(AgRg no Ag 1099741/SP, Rel. Ministro CASTRO MEIRA, SEGUNDA TURMA, julgado em 05/03/2009, DJe 31/03/2009)

Art. 243

A citação poderá ser feita em qualquer lugar em que se encontre o réu, o executado ou o interessado.

Parágrafo único. O militar em serviço ativo será citado na unidade em que estiver servindo, se não for conhecida a sua residência ou nela não for encontrado.

Citação será realizada no lugar em que se encontre o citando

O art. 216 do C.P.C. de 1973 preconizava que a citação deveria ser realizada em qualquer lugar em que se encontrava o réu. O novo C.P.C., além de fazer referência à citação do réu, também inseriu o executado e o interessado.

O art. 243 do novo C.P.C. estabelece que a citação *pode ser feita* em qualquer lugar, salvo as exceções previstas em lei ou reconhecidas pelo bom senso. Por exemplo, o bom senso não recomenda a citação de um médico durante a cirurgia ou durante o seu deslocamento ao centro cirúrgico para uma operação de emergência. Da mesma forma, o bom senso não recomenda a citação de um policial civil que está saindo do posto policial para atender um pedido de socorro ou um crime grave.

Este dispositivo preconiza, na realidade, que não há lugar imune para que se possa realizar a citação.

O *parágrafo único do art. 243* do novo C.P.C. afirma que o *militar em serviço ativo será citado na unidade em que estiver servindo, se não for conhecida a sua residência ou nela não for encontrado.*

Este dispositivo trata da citação do militar, das três armas, assim como militar estadual e municipal

A possibilidade de se citar o militar em serviço ativo no local em que estiver servindo ocorrerá apenas se não for conhecida a sua residência ou nela não for encontrado.

Se o militar não for encontrado por uma questão momentânea, deve o oficial de justiça tentar realizar a citação em sua residência.

Outro aspecto é que o referido *parágrafo único* estabelece expressamente os locais em que o militar pode ser citado, ou seja, apenas em sua residência ou no local em que estiver servindo, e não em qualquer lugar.

Art. 244

Não se fará a citação, salvo para evitar o perecimento do direito:

I – de quem estiver participando de ato de culto religioso;

II – de cônjuge, de companheiro ou de qualquer parente do morto, consanguíneo ou afim, em linha reta ou na linha colateral em segundo grau, no dia do falecimento e nos 7 (sete) dias seguintes;

III – de noivos, nos 3 (três) primeiros dias seguintes ao casamento;

IV – de doente, enquanto grave o seu estado.

Impedimento para se realizar citação

O *art. 244* do novo C.P.C. estabelece as circunstâncias fáticas em que a citação não será realizada, salvo para se evitar o perecimento do direito:

I – de quem estiver participando a ato de culto religioso.

O dispositivo abrange o culto interno ou externo aos prédios, como uma missa campal ou procissões. Somente durante o culto não pode ser feita a citação. Se o culto ainda não se iniciou ou se já se encerrou a citação pode ser realizada.

II – de cônjuge, de companheiro ou de qualquer parente do morto, consanguíneo ou afim, em linha reta ou na linha colateral em segundo grau, no dia do falecimento e nos 7 (sete) dias seguintes.

Trata-se de um preceito voltado à solidariedade humana, respeitando a dor e o sofrimento daquele que acabou de perder um ente querido. Por isso, não se deve proceder à citação do réu, executado ou interessado, sendo ele cônjuge, companheiro ou companheira, ou parente do morto, consanguíneo ou afim (sogra, sogro), em linha reta ou na linha colateral em segundo grau (ex: até os tios/tias ou cunhados/cunhadas).

A proibição da citação ocorre no dia do falecimento, e nos sete dias seguintes (descontando o do falecimento).

III – de noivos, nos 3 (três) primeiros dias seguinte ao casamento.

A grande questão deste dispositivo é se ele diz respeito apenas ao casamento civil ou ao denominado casamento religioso (católico, budista, judaico, umbandista etc.).

Tendo em vista que o legislador, quando fala em casamento, dá a entender o casamento jurídico, também denominado casamento civil, numa interpretação sistemática o dispositivo está restringido ao casamento jurídico.

Contudo, o art. 244 do novo C.P.C. não analisa apenas situações fáticas jurídicas, mas também moral e teleológica, principalmente quando impede a citação durante o culto religioso. Assim, como a tendência da norma do inciso III é manter a tranquilidade da união entre pessoas, assim como o faz em relação

ART. 245

àqueles que assistem o culto religioso, é possível dar uma interpretação mais elástica a esse dispositivo para abranger qualquer tipo de casamento, seja civil ou religioso. E tendo a Constituição da República Federativa do Brasil preconizado a liberdade religiosa, também a cerimônia realizada em outras religiões permite a aplicação do aludido dispositivo.

O art. 201 inc. III da redação originária do projeto de lei do Senado n. 166/10 dizia que a citação não poderia ocorrer nos três primeiros dias de bodas, entendendo-se que nesse preceito incluía o dia do casamento. Essa, aliás, era a redação do art. 217, inc. III do C.P.C. de 1973.

Muito embora a redação gramatical do novo dispositivo do C.P.C. não inclua o dia do casamento como impeditivo à citação, o certo é que por meio de uma interpretação teleológica, ou seja, visando ao fim da norma (garantir a tranquilidade da união entre pessoas e a formação da família), a citação não deve ocorrer no dia do casamento e nos três dias seguintes ao ato.

Seria, na realidade, um contrassenso permitir a citação no dia mais importante da união entre as pessoas que é o próprio dia do casamento e impedir no terceiro dia após a União.

IV – de doente, enquanto grave o seu estado.

A gravidade é constada por meio de atestado médico, podendo o doente encontrar-se no seu domicílio ou internado em hospital.

Diante da proibição de citação na circunstância acima indicada, eventual ocorrência da citação na hipótese acima ensejará sua nulidade e a inexistência do processo para a pessoa do demandado, do executado ou do interessado.

O art. 244 do novo C.P.C. estabelece uma *exceção* para que a citação possa ser feita, apesar das situações acima definidas, ou seja, para se *evitar o perecimento do direito.*

Diante de especial circunstância, a norma permite a realização da citação.

A citação para evitar perecimento de direito não apresenta problema nas hipóteses dos incisos I a III do art. 244 do novo C.P.C.

Já em relação ao inc. IV do mesmo dispositivo, ou seja, em relação ao doente enquanto grave o seu estado, a citação, mesmo para evitar o perecimento de direito, somente poderá ser realizada se o doente estiver lúcido e consciente, caso contrário o juiz deverá nomear um curador para receber a citação.

Art. 245

Não se fará citação quando se verificar que o citando é mentalmente incapaz ou está impossibilitado de recebê-la.

CÓDIGO DE PROCESSO CIVIL

§ 1º O oficial de justiça descreverá e certificará minuciosamente a ocorrência.

§ 2º Para examinar o citando, o juiz nomeará médico, que apresentará laudo no prazo de 5 (cinco) dias.

§ 3º Dispensa-se a nomeação de que trata o § 2º se pessoa da família apresentar declaração do médico do citando que ateste a incapacidade deste.

§ 4º Reconhecida a impossibilidade, o juiz nomeará curador ao citando, observando, quanto à sua escolha, a preferência estabelecida em lei e restringindo a nomeação à causa.

§ 5º A citação será feita na pessoa do curador, a quem incumbirá a defesa dos interesses do citando.

Citação de incapaz ou mentalmente enfermo

Também não se fará citação, segundo o *art. 245, caput*, do novo C.P.C., *quando se verificar que o citando é mentalmente incapaz ou está impossibilitado de recebê-la.*

O artigo em análise inspirou-se no art. 234º do C.P.C. português que assim dispõe:

> *Artigo 234º Incapacidade de facto do citando*
>
> *1 – Se a citação não puder realizar-se por estar o citando impossibilitado de a receber, em consequência de notória anomalia psíquica ou de outra incapacidade de facto, o agente de execução ou o funcionário judicial dá conta da ocorrência, dela se notificando o autor.*
>
> *2 – De seguida, é o processo concluso ao juiz que decide da existência da incapacidade, depois de colhidas as informações e produzidas as provas necessárias.*
>
> *3 – Reconhecida a incapacidade, temporária ou duradoura, é nomeado curador provisório ao citando, no qual é feita a citação.*
>
> *4 – Quando o curador não conteste, observa-se o disposto no artigo 21º.*

A incapacidade pode decorrer de doença ou de acidente, ensejando uma certa permanência prolongada da impossibilidade de receber a citação.

Segundo prescreve o art. 1.767 do C.C.b., estão sujeitos a curatela: I – aqueles que, por enfermidade ou deficiência mental, não tiverem o necessário discernimento para os atos da vida civil; II – aqueles que, por outra causa duradoura, não puderem exprimir a sua vontade; III – os deficientes mentais, os ébrios habituais

ART. 245

e os viciados em tóxicos; IV – os excepcionais sem completo desenvolvimento mental; V – os pródigos.

Se a incapacidade em razão da doença grave é temporária e não há perigo de perecimento de direito, deve-se aplicar o disposto no inc. IV do art. 244 do novo C.P.C.

O surdo-mudo, por sua vez, poderá receber a citação desde que não tenha também enfermidade mental ou não saiba ler.

Já a moléstia mental, a paralisia total ou incapacidade permanente, bem como a cegueira, impede o recebimento da citação.

Essa regra aplica-se mesmo ao doente mental não interditado.

A constatação da impossibilidade de se receber a citação é feita por certidão minuciosa do oficial de justiça, nos termos do *§1º do art*. 245 do novo C.P.C.: *O oficial de justiça descreverá e a certificará minuciosamente a ocorrência.*

Se o citando estiver internado, é prudente que o oficial de justiça solicite um atestado de um médico.

Estando em outro lugar, e não havendo médico próximo, a descrição do fato deverá ser feita pelo próprio oficial em sua certidão. Não pode o oficial descrever a situação fática sem que faça a constatação *in loco*.

Diante da certidão do oficial de justiça, *o juiz nomeará médico para examinar o citando, que apresentará laudo em 5 (cinco) dias (§2º do art*. 245 do novo C.P.C.*).*

Ficará dispensada a nomeação de um médico, nos termos do §2º, *se pessoa da família apresentar declaração de médico do citando que ateste sua incapacidade (§3º do art*. 245 do novo C.P.C.*).*

Uma vez reconhecida a impossibilidade de receber a citação, *o juiz dará ao citando um curador, observando, quanto à sua escolha, a preferência estabelecida na lei e restringindo a nomeação à causa (§4º do art*. 245 do novo C.P.C.*).*

Sobre a nomeação do curador, prescreve o art. 1.775, §§1º e 2º do C.C.b.:

> *Art. 1.775. O cônjuge ou companheiro, não separado judicialmente ou de fato, é, de direito, curador do outro, quando interdito.*
>
> *§1º Na falta do cônjuge ou companheiro, é curador legítimo o pai ou a mãe; na falta destes, o descendente que se demonstrar mais apto.*
>
> *§ 2º Entre os descendentes, os mais próximos precedem aos mais remotos.*
>
> *§ 3º Na falta das pessoas mencionadas neste artigo, compete ao juiz a escolha do curador.*

Uma vez nomeado o curador pelo juiz, a *citação será feita na pessoa do curador, a quem incumbirá a defesa dos interesses do citando (§5º do art*. 245 do novo C.P.C).

Os poderes do curador limitam-se ao recebimento da citação e à defesa do citando no processo e nos procedimentos dele decorrentes.

Haverá necessidade também de intervenção do Ministério Público, sob pena de nulidade.

Sobre o tema, eis os seguintes precedentes:

(...).

3. Malograda a citação em face da incapacidade do citando, cumpre ao juiz designar um médico para verificar a impossibilidade, e em caso afirmativo, nomear um curador ad litem (art. 218 do CPC).

(...).

(REsp 837.050/SP, Rel. Ministro LUIZ FUX, PRIMEIRA TURMA, julgado em 17/08/2006, DJ 18/09/2006, p. 289)

1 – Não há que se falar em violação aos princípios do devido processo legal, do contraditório e da ampla defesa, em razão do deferimento de guarda provisória de menores de idade (5 anos, 4 anos, e 40 dias, respectivamente) a guardiães de fato antes da citação da genitora ou de curador especial. Isto porque a situação em que as crianças se encontravam era de emergência, uma vez que vítimas de maus tratos e abandono material, estando a genitora internada em hospital psiquiátrico para tratamento de doença mental.

Ademais, a referida decisão judicial apenas objetivou assegurar o superior interesse das crianças, protegendo-as.

2 – Precedente (REsp nº 124.621/SP).

3 – Recurso ordinário desprovido.

(RMS 11.064/MG, Rel. Ministro JORGE SCARTEZZINI, QUARTA TURMA, julgado em 22/03/2005, DJ 25/04/2005, p. 349)

Art. 246

A citação será feita:

I – pelo correio;

II – por oficial de justiça;

III – pelo escrivão ou chefe de secretaria, se o citando comparecer em cartório;

IV – por edital;

V – por meio eletrônico, conforme regulado em lei.

§ 1º Com exceção das microempresas e das empresas de pequeno porte, as empresas públicas e privadas são obrigadas a manter cadastro nos sistemas de processo em autos eletrônicos, para efeito de recebimento de citações e intimações, as quais serão efetuadas preferencialmente por esse meio.

§ 2º O disposto no § 1º aplica-se à União, aos Estados, ao Distrito Federal, aos Municípios e às entidades da administração indireta.

§3º Na ação de usucapião de imóvel, os confinantes serão citados pessoalmente, exceto quando tiver por objeto unidade autônoma de prédio em condomínio, caso em que tal citação é dispensada.

Forma pela qual se dá a citação

A citação, segundo preceitua este código em seu art. 242 do novo C.P.C., deve ser feita *pessoalmente* à pessoa do citando, seja ele réu, executado ou interessado.

O art. 246 do novo C.P.C. prevê as formas de realização da citação do réu, do executado ou do interessado, a saber: I – pelo correio; II – por oficial de justiça; III – por escrivão ou chefe de secretaria, se o citando comparecer em cartório; IV – por edital; V – por meio eletrônico, conforme regulado em lei.

Há previsão de citação pela *via eletrônica* segundo regulação legal. Aliás, deve-se dar preferência pela citação pela via eletrônica, uma vez que o processo será no futuro próximo totalmente virtual.

Evidentemente que essa forma de citação ficará restrita, num primeiro momento, apenas às pessoas jurídicas de direito público ou pessoa jurídica de direito privado, justamente pela facilidade de identificação de seu correio ou sistema eletrônico de comunicação.

Na Justiça Federal, a União, as empresas públicas e o INSS já realizaram convênio para receber citação via sistema eletrônico, conforme previsão estabelecida no art. 9ºda Lei 11.419/06:

> *Art. 9º No processo eletrônico, todas as citações, intimações e notificações, inclusive da Fazenda Pública, serão feitas por meio eletrônico, na forma desta Lei.*
>
> *§ 1º As citações, intimações, notificações e remessas que viabilizem o acesso à íntegra do processo correspondente serão consideradas vista pessoal do interessado para todos os efeitos legais.*
>
> *§ 2º Quando, por motivo técnico, for inviável o uso do meio eletrônico para a realização de citação, intimação ou notificação, esses atos processuais poderão ser praticados segundo as regras ordinárias, digitalizando-se o documento físico, que deverá ser posteriormente destruído.*

CÓDIGO DE PROCESSO CIVIL

A citação poderá ser realizada pelo escrivão ou chefe de secretaria se o citando comparecer em cartório, mediante termo nos autos.

Se o citando se recusar a assinar o termo, o escrivão ou chefe de secretaria certificará tal ocorrência.

Poderá também o escrivão ou o chefe de secretaria promover a citação na pessoa do advogado do citando, desde que o advogado apresente procuração com poderes especiais para receber a citação. Sobre o tema, eis o seguinte precedente do S.T.J.:

1. A carga dos autos por advogado sem poderes específicos para receber citação não supre a ausência do referido ato. Precedentes.

2. Embargos de declaração recebidos como agravo regimental, a que se nega provimento.

(EDcl no REsp 680.212/PR, Rel. Ministra MARIA ISABEL GALLOTTI, QUARTA TURMA, julgado em 02/08/2012, DJe 10/08/2012).

Quando a citação não puder ser realizada por mandado judicial, pelo correio ou eletronicamente, permite-se que ela ocorra por *edital*.

Porém, o os tribunais têm entendido que somente se pode realizar a citação por edital, após o esgotamento dos meios necessários à localização dos citandos. Nesse sentido são os seguintes precedentes do S.T.J.:

1. A citação é, em regra, realizada na pessoa do citando, somente se admitindo a sua efetivação por outra forma em casos excepcionais, devidamente caracterizados; a citação editalícia, por pressupor a ciência ficta da convocação, é de ser reservada para as situações em que malogradas as tentativas de citação pessoal.

2. Inobstante o Superior Tribunal de Justiça tenha assentado o entendimento de que a citação por edital na execução fiscal é cabível quando frustradas as demais modalidades, nos termos do Enunciado 414 da Súmula de sua jurisprudência, é preciso que a norma do art. 8o., III da Lei 6.830/80 seja interpretada cum grano salis, de maneira a não retirar do Magistrado perante o qual se conduz a execução fiscal a possibilidade, por exemplo, sob o manto da razoabilidade, de exigir-se a prévia cautela do exequente na verificação da existência de algum endereço nos bancos de dados públicos à sua disposição, como o RENAVAM, a Junta Comercial etc., ou, em homenagem ao princípio da economia processual, de evitar a prática de atos processuais desnecessários e despidos de qualquer utilidade.

(...).

(AgRg no REsp 1307558/RJ, Rel. Ministro NAPOLEÃO NUNES MAIA FILHO, PRIMEIRA TURMA, julgado em 14/05/2013, DJe 22/05/2013)

ART. 246

1. Declarada a nulidade da citação por edital em razão da ausência de esgotamento dos meios necessários à localização dos expropriados, eventual conclusão em sentido diverso pressupõe o reexame de matéria fática. Incidência do óbice da Súmula 7/STJ.

2. Recurso especial não conhecido.

(REsp 1328227/RJ, Rel. Ministra ELIANA CALMON, SEGUNDA TURMA, julgado em *13/08/2013, DJe 20/08/2013*)

A irresignação do especial não comporta conhecimento, porquanto tendo o acórdão recorrido declarado a nulidade da citação por edital, ante a ausência dos requisitos expressamente fixados no art. 18 do Decreto-Lei n. 3.365/41, rever tal posicionamento demanda reexame do contexto fático-probatório do feito, vedado ao STJ na estreita via do Recurso Especial, ante o disposto em sua Súmula 7: "A pretensão de simples reexame de prova não enseja recurso especial".

Agravo regimental improvido.

(AgRg no AREsp 368.558/CE, Rel. Ministro HUMBERTO MARTINS, SEGUNDA TURMA, julgado em 03/10/2013, DJe 14/10/2013).

O *§1º do art. 244* do atual C.P.C. preconiza que *com exceção das microempresas e das empresas de pequeno porte, as empresas públicas e privadas são obrigadas a manter cadastro nos sistemas de processo em autos eletrônicos, para efeito de recebimento de citações e intimações, as quais serão efetuadas preferencialmente por esse meio.*

Não se verifica motivo razoável para deixar de fora da obrigação legal as micro e pequenas empresas.

Em complemento, preceitua 1.051 do atual C.P.C. que as empresas públicas e privadas devem cumprir o disposto no art. 2464, § 1º, no prazo de trinta dias, a contar da data de inscrição do ato constitutivo da pessoa jurídica, perante o juízo onde tenham sede ou filial.

Por sua vez, estabelece o *§2º do art. 246* do atual C.P.C. que *o disposto no § 1º aplica-se à União, aos Estados, ao Distrito Federal, aos Municípios e às entidades da administração indireta.* Essas entidades públicas serão citadas pela via eletrônica, pois estão obrigadas a manter cadastro eletrônico para a formalização do aludido ato processual.

O art. 1.050 do atual C.P.C. preconiza que a União, os Estados, o Distrito Federal, os Municípios, suas respectivas entidades da administração indireta, o Ministério Público, a Defensoria Pública e a Advocacia Pública, no prazo de 30 (trinta) dias a contar da data da entrada em vigor deste Código, deverão se cadastrar perante a administração do tribunal no qual atuem para cumprimento do disposto nos arts. 246, § 2º, e 270, parágrafo único.

CÓDIGO DE PROCESSO CIVIL

Na ação de usucapião há necessidade de citação dos confinantes, porém, nos termos do §3º do art. 244 do atual C.P.C., *em se tratando de unidade autônoma de prédio em condomínio, a citação será dispensada.*

Art. 247

A citação será feita pelo correio para qualquer comarca do país, exceto:

I – nas ações de estado, observado o disposto no art. 695, §3º;

II – quando o citando for incapaz;

III – quando o citando for pessoa de direito público;

IV – quando o citando residir em local não atendido pela entrega domiciliar de correspondência;

V – quando o autor, justificadamente, a requerer de outra forma.

Exceções em que não se pode realizar citação pelo correio

Com base nesse dispositivo, não há limite territorial para que a citação seja feita pelo correio, podendo ser realizada em qualquer comarca ou subseção judiciária, salvo as exceções estabelecidas nos incisos do art. 247.

O juiz da causa poderá determinar a expedição de carta de citação para o réu, o executado ou o interessado residente em comarca ou subseção judiciária diversa sem que tenha de se valer da cooperação judicial interna.

Dentre as hipóteses impeditivas da citação pelo correio encontram-se as de estado.

Assim, nas pretensões de direito de material que tenham por objeto o divórcio, casamento, interdição etc. a citação não poderá ser efetivada pelo correio, devendo-se observar o que dispõe o art. 695, §3º, do atual C.P.C., referente às ações de família, a saber:

> Art. 695. Recebida a petição inicial e, se for o caso, tomadas as providências referentes à tutela provisória, o juiz ordenará a citação do réu para comparecer à audiência de mediação e conciliação, observado o disposto no art. 694.
>
> (...)
>
> § 3º A citação será feita na pessoa do réu.

Também não caberá a citação pelo correio quando for o citando incapaz, seja em razão da idade, seja em razão de enfermidade mental.

Da mesma forma não poderá ser feita a citação pelo correio em se tratando de pessoa jurídica de direito público, seja interno ou externo.

Assim, a União, o Estado, o Município, o Distrito Federal e eventuais Territórios, bem como suas respectivas autarquias, não poderão ser citados pelo correio.

Já as sociedades de economia mista e as empresas públicas poderão ser citadas pelo correio, pois possuem natureza jurídica de direito privado.

Contudo, nada impede que as pessoas jurídicas de direito público sejam citadas por meio eletrônico.

O art. 222, letra 'd', do C.P.C. de 1973 impedia a citação pelo correio nos processos de execução. Tendo em vista que essa exceção não foi repetida no art. 247 do novo C.P.C., a citação do executado também poderá ser feita pelo correio.

Quando o citando residir em local não atendido pela entrega domiciliar de correspondência, evidentemente que não poderá ser citado pelo correio por impedimento material para a realização desta forma de citação.

A citação também poderá ser realizada de outra forma que não pelo correio, quando o autor, *justificadamente*, a requerer. Assim, se o autor ou exequente mediante justificação expressa requerer outra forma de citação, o juiz poderá deferi-la. Exemplo, o autor pode ter dúvida sobre a capacidade física do citando para receber a citação. Neste caso, justificando o seu receio, poderá requerer que a citação seja realizada por oficial de justiça.

Art. 248

Deferida a citação pelo correio, o escrivão ou o chefe de secretaria remeterá ao citando cópias da petição inicial e do despacho do juiz e comunicará o prazo para resposta, o endereço do juízo e o respectivo cartório.

§ 1º A carta será registrada para entrega ao citando, exigindo-lhe o carteiro, ao fazer a entrega, que assine o recibo.

§ 2º Sendo o citando pessoa jurídica, será válida a entrega do mandado a pessoa com poderes de gerência geral ou de administração ou, ainda, a funcionário responsável pelo recebimento de correspondências.

§ 3º Da carta de citação no processo de conhecimento constarão os requisitos do art. 250.

§ 4º Nos condomínios edilícios ou loteamentos com controle de acesso, será válida a entrega do mandado a funcionário da portaria responsável pelo recebimento de correspondência, que, entretanto, poderá recusar o recebimento, se declarar, por escrito, sob as penas da lei, que o destinatário da correspondência está ausente.

Forma de realização da citação pelo correio

Deferida a citação pelo correio, a remessa da carta será feita pelo escrivão ou pelo diretor de secretaria em se tratando de justiça federal. A correspondência deverá ser acompanhada de cópias da petição inicial e do despacho do juiz, comunicando ainda o prazo para resposta, o endereço do juízo e o respectivo cartório.

A carta será registrada para entrega ao citando, exigindo-lhe o carteiro, ao fazer a entrega, que assine o recibo (*§1º do art. 248 do atual C.P.C.*).

Na hipótese de citação de pessoa física, o carteiro deverá entregar a carta ao próprio citando, mediante assinatura do recebi de aviso de recebimento que será juntado aos autos.

Sendo o citando pessoa jurídica, será válida a entrega a pessoa com poderes de gerência geral ou de administração ou, ainda, a funcionário responsável pelo recebimento de correspondências (*§2º do art. 248 do atual C.P.C.*).

Às vezes, o carteiro não tem acesso ao gerente ou ao administrador da pessoa jurídica, uma vez que toda correspondência é entregue a funcionário responsável pelo recebimento de correspondência. Apondo o responsável pelo recebimento da correspondência sua assinatura, considera-se entregue a carta de citação à pessoa jurídica.

Se não se tratar de pessoa com poderes de gerência geral ou de administração, bem como do funcionário responsável pelo recebimento da correspondência, a citação não se considera realizada e podem essas pessoas recusar o recebimento da carta.

Sobre o tema, eis o seguinte precedente do S.T.J.:

> *I – No que diz respeito à citação de pessoa jurídica, este eg. Superior Tribunal de Justiça já firmou entendimento a respeito da "teoria da aparência", sustentando como válida a citação realizada na pessoa de quem, na sede do estabelecimento, a receba sem qualquer ressalva a respeito da falta de poderes para tanto.*
>
> (...).
>
> (REsp 817.284/MG, Rel. Ministro FRANCISCO FALCÃO, PRIMEIRA TURMA, julgado em 21/03/2006, DJ 10/04/2006, p. 164)

Da carta de citação no processo de conhecimento constarão os requisitos do art. 250 do novo C.P.C., ou seja, os mesmos requisitos de um mandado judicial, conforme preconiza o *§3º do art. 248* do atual C.P.C.

Importante inovação trazida pelo novo C.P.C. é a citação por carta nos condomínios edilícios ou loteamentos com controle de acesso. Nesta hipótese, será válida a entrega da carta feita a funcionário da portaria responsável pelo recebimento de correspondência, que, entretanto, poderá recusar o recebimento, se declarar, por escrito, sob as penas da lei, que o destinatário da correspondência está ausente (§4º do art. 248 do novo C.P.C.).

Em relação às pessoas físicas, a citação pelo correio deve ser a forma mais usual, justamente pela dificuldade em se cadastrar no sistema eletrônico todas essas pessoas.

Contudo, diante das novas ferramentas de comunicação eletrônica, como, por exemplo, *facebook e outros*, num futuro próximo também a citação das pessoas físicas poderá ser realizada pelo meio eletrônico.

Nas hipóteses em que não for possível a citação por meio eletrônico ou por carta, a citação poderá ser feita pelo *oficial de justiça*.

Art. 249
A citação será feita por meio de oficial de justiça nas hipóteses previstas neste Código ou em lei, ou quando frustrada a citação pelo correio.

Citação por meio de oficial de justiça
Nos termos do art. 249 do novo C.P.C., a citação será feita por meio de oficial de justiça nas hipóteses previstas neste Código ou na lei, ou quando frustrada a citação pelo correio.

Percebe-se pelo teor do dispositivo que atualmente a citação por meio de oficial de justiça é exceção, sendo a regra a citação por via eletrônica ou pelo correio.

Portanto, somente será realizada a citação por meio de oficial de justiça quando este código ou lei esparsa expressamente determinar esta forma de citação, ou quando for frustrada a citação pelo correio.

Art. 250
O mandado que o oficial de justiça tiver de cumprir conterá:

I – os nomes do autor e do citando e seus respectivos domicílios ou residências;

II – a finalidade da citação, com todas as especificações constantes da petição inicial, bem como a menção do prazo para contestar, sob pena de revelia, ou para embargar a execução;

III – a aplicação de sanção para o caso de descumprimento da ordem, se houver;

IV – se for o caso, a intimação do citando para comparecer, acompanhado de advogado ou de defensor público, à audiência de conciliação ou de mediação, com a menção do dia, da hora e do lugar do comparecimento;

V – a cópia da petição inicial, do despacho ou da decisão que deferir tutela provisória;

VI – a assinatura do escrivão ou do chefe de secretaria e a declaração de que o subscreve por ordem do juiz.

Requisitos do mandado de citação

Os requisitos legais do mandado que deverá o oficial de justiça cumprir encontram-se no *art. 250* do atual C.P.C., a saber: I – os nomes do autor e do citando e seus respectivos domicílios ou residências; II – a finalidade da citação, com todas as especificações constantes da petição inicial, bem como a menção do prazo para contestar, sob pena de revelia, ou para embargar a execução; III – a aplicação de sanção para o caso de descumprimento da ordem, se houver; IV – se for o caso, a intimação do citando para comparecer, acompanhado de advogado ou de defensor público, à audiência de conciliação ou de mediação, com a menção do dia, da hora e do lugar do comparecimento; V – a cópia da petição inicial, do despacho ou da decisão que deferir tutela provisória; VI – a assinatura do escrivão ou do chefe de secretaria e a declaração de que o subscreve por ordem do juiz.

Evidentemente que se faltar algum dos requisitos legais no mandado, somente haverá nulidade da citação se houver efetivo prejuízo ao citando, pois aplica-se no processo civil moderno o princípio da instrumentalidade das formas ou princípio *pas de nullité sans grief*. Sobre o tema, eis os seguintes precedentes do S.T.J.:

> (...).
>
> *3. Segundo entendimento jurisprudencial firmado nesta Corte, o mandado citatório sem a indicação do prazo para apresentação de contestação viola frontalmente o art. 225 do CPC, gerando a nulidade da citação.*

ART. 250

(...).
(REsp 1355001/CE, Rel. Ministra ELIANA CALMON, SEGUNDA TURMA, julgado em 16/04/2013, DJe 22/04/2013).

(...).
I – É regra basilar do Processo Civil, aliás positivada em nosso código, a de que para a validade do processo é indispensável a citação. Entre os requisitos do mandado de citação, o Código de Processo Civil exige que se assinale o prazo para a defesa. A inobservância da norma acarreta a nulidade da citação, independentemente do grau de cultura jurídica da pessoa que recebe a citação, conforme dispõe o art. 247 do diploma legal citado.
II – Recurso especial provido.
(REsp 807.871/PR, Rel. Ministro FRANCISCO FALCÃO, PRIMEIRA TURMA, julgado em 14/03/2006, DJ 27/03/2006, p. 238)

(...).
I – Configura-se requisito indispensável do mandado citatório a cominação contida no artigo 225, III, do CPC, porém, desnecessária que seja nos exatos termos utilizados na redação do artigo 1.102c do citado código, mencionado no presente caso.
II – Aplica-se à decretação de nulidade o princípio da interdependência dos atos processuais, não sendo considerados nulos os atos processuais posteriores que dela não dependam.
III – Recurso especial a que se nega conhecimento.
(REsp 229.981/PR, Rel. Ministro ANTÔNIO DE PÁDUA RIBEIRO, TERCEIRA TURMA, julgado em 09/12/2003, DJ 25/02/2004, p. 167).

CITAÇÃO. NULIDADE. IRREGULARIDADES FORMAIS HAVIDAS NO MANDADO. IRRELEVÂNCIA. FUNDAMENTO DA DECISÃO RECOR-RIDA QUE DEIXOU DE SER IMPUGNADO.
(...).
(REsp 66.196/SP, Rel. Ministro BARROS MONTEIRO, QUARTA TURMA, julgado em 14/12/1999, DJ 13/03/2000, p. 181).

1. A alegação de nulidade por falta de assinatura do magistrado no mandado de citação, tendo em vista que efetivamente cumprido, sem a demonstração do prejuízo resultante de tal vício de formalidade, constitui mera irregularidade, insuficiente à anulação do processo.

(...).

(HC 117.117/DF, Rel. Ministro ADILSON VIEIRA MACABU (DESEM-BARGADOR CONVOCADO DO TJ/RJ), QUINTA TURMA, julgado em 06/09/2011, DJe 10/10/2011).

PROCESSUAL CIVIL E ADMINISTRATIVO. AÇÃO CIVIL PÚBLICA. IMPROBIDADE

1. Inviável a verificação de irregularidade no mandado citatório, afastada pela instância ordinária, por demandar a reapreciação das provas. Incidência da Súmula 7/STJ.

2. A decretação de nulidade do julgado depende da demonstração do efetivo prejuízo para as partes ou para a apuração da verdade substancial da controvérsia jurídica, à luz do princípio pas de nullités sans grief. Precedentes do STJ.

(...).

(REsp 1106159/MG, Rel. Ministra ELIANA CALMON, SEGUNDA TURMA, julgado em 08/06/2010, DJe 24/06/2010).

2. Hipótese em que o Tribunal de origem afastou a nulidade da citação, apesar da ausência de indicação, no mandado, do prazo para contestação e da advertência quanto ao efeito da revelia. Há precedentes do STJ em sentido contrário (Primeira, Quarta e Sexta Turmas).

3. É excesso de formalismo declarar a nulidade da citação por ausência de informação a respeito de disposição legal, considerando que não houve prejuízo para a recorrida.

4. A decretação de nulidade seria admissível caso comprovado o dano a quem o suscita. Ocorreria, por exemplo, na hipótese de réu humilde, sem experiência da lide jurisdicional, que eventualmente tardasse a procurar aconselhamento especializado de advogado.

(...).

6. A empresa não indica prejuízo, apenas a nulidade pelo simples descumprimento de formalidade.

7. O processo não se sujeita ao formalismo em detrimento da economia processual e da efetividade jurisdicional, de modo que a inexistência de dano impede a decretação de nulidade (pas de nullité sans grief), como reiteradamente afirmado pelo STJ.

(...).

(REsp 1130335/RJ, Rel. Ministro HERMAN BENJAMIN, SEGUNDA TURMA, julgado em 18/02/2010, DJe 04/03/2010).

O art. 207 da redação originária do projeto do Senado n. 166/10 apresentava os §§1º e 2º com a seguinte redação:

§1º O mandado poderá ser em breve relatório, quando o autor entregar em cartório, com a petição inicial, tantas cópias desta quantos forem os réus, caso em que as cópias, depois de conferidas com o original, farão parte integrante do mandado.

§2º Aplica-se ao mandado de citação o disposto no §2º do art. 205.

Estes parágrafos não foram repetidos pelo art. 250 do novo C.P.C.

Art. 251

Incumbe ao oficial de justiça procurar o citando e, onde o encontrar, citá-lo:

I – lendo-lhe o mandado e entregando-lhe a contrafé;

II – portando por fé se recebeu ou recusou a contrafé;

III – obtendo a nota de ciente ou certificando que o citando não a após no mandado.

Incumbência do Oficial de Justiça para citação por meio de mandado

O *art. 251* do novo C.P.C. estabelece a forma e os requisitos para validade da citação efetuada por meio de oficial de justiça, isto é, esclarece como o oficial deve proceder no momento da realização do ato citatório.

No caso, *incumbe ao oficial de justiça procurar o citando e, onde o encontrar, citá-lo: I – lendo-lhe o mandado e entregando-lhe a contrafé; II – portando por fé se recebeu ou recusou a contrafé; III – obtendo a nota de ciente ou certificando que o citando não a após no mandado.*

O procedimento para a citação aplica-se tanto ao réu como ao executado ou ao interessado.

Muito embora o dispositivo fale em incumbir, na verdade está-se diante de um dever funcional do oficial de justiça.

É importante que o oficial de justiça, antes de realizar a citação, certifique--se de que a pessoa que está sendo citada é efetivamente o citando, devendo inclusive, se for possível, consignar na certidão o número de um documento de identidade da pessoa.

A fases para a realização da citação são as seguintes: a) procurar o citando e, onde quer que se encontre (salvo as circunstâncias excepcionadas por este Código – arts. 244 e 245), proceder à citação; b) ler o mandado de citação, salvo se o citando for surdo, devendo o oficial certificar tal circunstância, bem como

CÓDIGO DE PROCESSO CIVIL

procurar esclarecer de todas as formas possíveis o conteúdo do ato e o prazo de defesa ou de manifestação no processo, principalmente se houver cominação de pena de revelia. ; c) entregar a contrafé com a cópia da petição inicial; d) obter nota de ciência; d) lavrar a certidão, portando por fé se o citando recebeu ou recusou o recebimento da contrafé, bem como se recusou assinar no corpo do ato de citação.

O Supremo Tribunal Federal (RTJ 76/957) assim já se manifestou sobre a falta de leitura do mandado de citação:

> *Citação por mandado. Nula a que não observa os requisitos essenciais para sua validade, inclusive a leitura do mandado ao citando. Não pode prevalecer, para os efeitos do art. 7 do d. 24.150/34, a citação viciada, máxime em se tratando de locadores idosos, sendo o cabeça do casal cego".*
>
> *(RE* 82389, relator(a): min. cordeiro guerra, Segunda Turma, julgado em 19/09/1975, DJ 07-11-1975 PP-08221 EMENT VOL-01004-02 PP-00430 RTJ VOL-00076-03 PP-00957).

Evidentemente que a declaração de nulidade de citação somente ocorrerá se a falta de alguns dos requisitos ensejar prejuízo ao réu ou ao executado.

Sobre o tema, eis os seguintes precedentes:

> *Presume-se a regularidade do ato citatório se o Oficial de Justiça certifica e dá fé ter dado, por inteiro, cumprimento ao mandado de citação, máxime se inexiste nos autos prova em sentido contrário.*
>
> (...).
>
> (HC 8.989/SP, Rel. Ministro JOSÉ ARNALDO DA FONSECA, QUINTA TURMA, julgado em 27/04/1999, DJ 31/05/1999, p. 162).

Art. 252

Quando, por 2 (duas) vezes, o oficial de justiça houver procurado o citando em seu domicílio ou residência sem o encontrar, deverá, havendo suspeita de ocultação, intimar qualquer pessoa da família ou, em sua falta, qualquer vizinho de que, no dia útil imediato, voltará a fim de efetuar a citação, na hora que designar.

Parágrafo único. Nos condomínios edilícios ou loteamentos com controle de acesso, será válida a intimação a que se refere o caput feita a funcionário da portaria responsável pelo recebimento de correspondência.

ART. 252

Citação por hora certa

O *art. 252* do novo C.P.C. trata da denominada *citação por hora certa*.

Para que se possa realizar a citação por hora certa há necessidade que ocorram as seguintes circunstâncias fáticas: *quando, por duas vezes* (o projeto originário falava em três vezes), *o oficial de justiça houver procurado o citando em seu domicílio ou residência sem o encontrar, deverá, havendo suspeita de ocultação, intimar qualquer pessoa da família ou, em sua falta, qualquer vizinho de que, no dia útil imediato* (o projeto originário falava apenas em 'dia'), *voltará a fim de efetuar a citação, na hora que designar.*

Agiu com acerto o legislador em modificar o projeto originário, pois este apenas fazia referência à pessoa do 'réu' e não a do 'citando'.

Na realidade, a jurisprudência há muito vinha reconhecendo a possibilidade da citação por hora certa também na execução, conforme teor da Súmula 196 do S.T.J., que assim dispõe:

Ao executado que, citado por edital ou por hora certa, permanecer revel, será nomeado curador especial, com legitimidade para apresentação de embargos.

Tendo em vista que se trata de meio de realizar a citação presumida (ficta) e não pessoal, a lei estabelece diversos requisitos indispensáveis para a concretização da citação por hora certa, sob pena de nulidade.

Considerando-se que a citação por hora certa é uma citação *ficta*, ou seja, o conhecimento do ato processual por parte do citando é presumido, há necessidade de se nomear curador especial ao citando, nos termos do art. 72, inc. II, do novo C.P.C.

Sobre o tema, eis o seguinte precedente do S.T.J.:

– Nas citações fictas (com hora certa ou por edital) não há a certeza de que o réu tenha, de fato, tomado ciência de que está sendo chamado a juízo para defender-se. Trata-se de uma presunção legal, criada para compatibilizar a obrigatoriedade do ato citatório, enquanto garantia do contraditório e da ampla defesa, com a efetividade da tutela jurisdicional, que ficaria prejudicada se, frustrada a citação real, o processo fosse paralisado sine die.

– Diante da precariedade da citação ficta, os revéis assim incorporados à relação processual não se submetem à regra do art. 322 do CPC, sendo-lhes dado um curador especial, consoante determina o art. 9º, II, do CPC.

(...).

(REsp 1009293/SP, Rel. Ministra NANCY ANDRIGHI, TERCEIRA TURMA, julgado em 06/04/2010, DJe 22/04/2010)

As circunstâncias fáticas indispensáveis para que ocorra a citação por hora certa são: a) o oficial de justiça deverá procurar o citando por duas vezes, em seu domicílio ou residência sem o encontrar; b) haver suspeita de ocultação.

A procura deve ser obrigatoriamente no domicílio ou residência do citando e não no local de seu trabalho.

Evidentemente que o horário da procura pelo oficial de justiça deve ser aquele em que o citando supostamente possa encontrar-se em sua residência ou domicílio, não sendo legítima a procura em horário no qual o citando encontra-se em expediente de trabalho.

O comparecimento no domicílio ou residência do citando por *duas vezes* pode ser no mesmo dia ou em dias alternados.

Havendo suspeita de que o citando efetivamente se esconde, o oficial de justiça procederá à intimação de *qualquer pessoa da família ou, em sua falta, qualquer vizinho de que, no dia útil imediato, voltará a fim de efetuar a citação, na hora que designar.*

Preferencialmente a intimação deve ocorrer em pessoa da família que tenha capacidade de compreensão do ato processual e que efetivamente possa dar o recado ao citando, e a hora designada deve ser aquela em que o citando porventura não esteja em horário de expediente de trabalho.

Não sendo possível intimar alguém da família, a intimação poderá dar-se em qualquer vizinho.

Nos condomínios edilícios ou loteamentos com controle de acesso, conforme estabelece o *parágrafo único* do art. 252 do novo C.P.C., será válida a intimação a que se refere o *caput* deste artigo se realizada no funcionário da portaria responsável pelo recebimento de correspondência. Assim, se o oficial de justiça suspeitar de que o citando se esconde, poderá intimar o funcionário da portaria responsável pelo recebimento de correspondência de que no dia útil imediato voltará a fim de efetuar a citação na hora que designar.

Porém, o mais correto seria, salvo se já utilizada esta forma de citação, expedir carta de citação para o endereço do citando, pois considera-se entregue a carta de citação ao funcionário da portaria encarregado de receber correspondência, conforme preconiza o art. 248, §4º, do novo C.P.C.

Sobre o tema, eis os seguintes precedentes:

1. O procedimento de intimação da penhora com hora certa, na vigência da Lei n. 8.953/1994, é perfeitamente admissível nos casos em que, como o dos autos, caracterizar-se o intuito de ocultação do devedor.

2. Na citação com hora certa, o prazo da contestação começa a fluir com a juntada aos autos do mandado respectivo, e não do comprovante de recepção do comunicado a que se refere o art. 229 do CPC.

3. Recurso especial desprovido.

(REsp 1291808/SP, Rel. Ministro JOÃO OTÁVIO DE NORONHA, TERCEIRA TURMA, julgado em 28/05/2013, DJe 07/10/2013).

ART. 252

1. A nomeação de curador especial, ao réu revel citado por hora certa, nos termos do art. 9º, inciso II, do CPC, é medida que se impõe quando não comparece o réu aos autos.

2. Não há falar em nomeação de curador especial ao revel, mesmo que ficta tenha sido sua citação, quando o mesmo comparece aos autos, regularizando sua representação processual, e apresenta contestação intempestiva ou deixa de fazê-lo sponte própria. Aplica-se à espécie a máxima dormientibus non sucurrit jus.

(...).

(REsp 1229361/SP, Rel. Ministro VASCO DELLA GIUSTINA (DESEM-BARGADOR CONVOCADO DO TJ/RS), TERCEIRA TURMA, julgado em 12/04/2011, DJe 25/04/2011)

1. É inadmissível, em sede de agravo regimental, a arguição de fato novo.

2. O traslado dos atos constitutivos da pessoa jurídica para postular em juízo somente torna-se necessário quando haja fundada dúvida sobre o credenciamento da pessoa que, em nome da outorgante, conferiu procuração ao advogado.

3. Em processo de execução, tem cabimento a citação por hora certa.

4. Agravo regimental desprovido.

(AgRg nos EDcl no REsp 886.721/SP, Rel. Ministro JOÃO OTÁVIO DE NORONHA, QUARTA TURMA, julgado em 20/05/2010, DJe 27/05//2010).

(...).

– A jurisprudência do STJ, nas hipóteses de citação por hora certa, tem se orientado no sentido de fixar, como termo inicial do prazo para a contestação, a data da juntada do mandado de citação cumprido, e não a data da juntada do Aviso de Recebimento da correspondência a que alude o art. 229 do CPC.

– Na hipótese em que, por equívoco do escrivão, fica consignado de maneira expressa na correspondência do art. 229/CPC, que o prazo para a contestação será contado a partir da juntada do respectivo AR, a parte foi induzida a erro por ato emanado do próprio Poder Judiciário. Essa peculiaridade justifica que se excepcione a regra geral, admitindo a contestação e afastando a revelia.

(...).

(REsp 746.524/SC, Rel. Ministra NANCY ANDRIGHI, TERCEIRA TURMA, julgado em 03/03/2009, DJe 16/03/2009).

Art. 253

No dia e na hora designados, o oficial de justiça, independentemente de novo despacho, comparecerá ao domicílio ou à residência do citando a fim de realizar a diligência.

§ 1º Se o citando não estiver presente, o oficial de justiça procurará informar-se das razões da ausência, dando por feita a citação, ainda que o citando se tenha ocultado em outra comarca, seção ou subseção judiciárias.

§ 2º A citação com hora certa será efetivada mesmo que a pessoa da família ou o vizinho que houver sido intimado esteja ausente, ou se, embora presente, a pessoa da família ou o vizinho se recusar a receber o mandado.

§ 3º Da certidão da ocorrência, o oficial de justiça deixará contrafé com qualquer pessoa da família ou vizinho, conforme o caso, declarando-lhe o nome.

§4º O oficial de justiça fará constar do mandado a advertência de que será nomeado curador especial se houver revelia.

Forma procedimental para a citação por hora certa

No dia e hora designados, segundo prescreve o art. 253, *caput*, do novo C.P.C., o oficial de justiça, independentemente de novo despacho, comparecerá ao domicílio ou à residência do citando a fim de realizar a diligência.

É importante salientar que os atos subsequentes para a realização da citação por hora certa prescindem de novo despacho do juiz ou da expedição de outro mandado judicial.

Encontrando a pessoa do citando na hora marcada, o oficial procederá à citação pessoal.

Se o citando não estiver presente, o oficial de justiça procurará informar-se das razões da ausência, dando por feito a citação, ainda que o citando se tenha ocultado em outra comarca, seção ou subseção judiciária (*§1º do art. 253 do novo C.P.C.*). Se as razões da ausência convencer o auxiliar judiciário de que o citando efetivamente está se escondendo ou dificultando a citação, dará por realizada a citação presumida.

A citação com hora certa será efetivada mesmo que a pessoa da família ou o vizinho, que houver sido intimado, esteja ausente, ou se, embora presente, a pessoa da família ou o vizinho se recusar a receber o mandado (*§2º do art. 253 do novo C.P.C.*).

ART. 254

Da certidão da ocorrência, o oficial de justiça deixará contrafé com qualquer pessoa da família ou vizinho, conforme o caso, declarando-lhe o nome (*§3º do art. 253 do novo C.P.C)*.

O oficial de justiça fará constar do mandado a advertência de que será nomeado curador especial, nos termos do art. 72, inc. II, do atual C.P.C., se houver revelia.

Se após a realização da citação por hora certa e antes da devolução do mandado em cartório o oficial se deparar pessoalmente com a pessoa do citando, deverá realizar a citação pessoal para todos os fins legais.

Art. 254

Feita a citação com hora certa, o escrivão ou chefe de secretaria enviará ao réu, executado ou interessado, no prazo de 10 (dez) dias, contado da data da juntada do mandado aos autos, carta, telegrama ou correspondência eletrônica, dando-lhe de tudo ciência.

Envio de carta, telegrama ou correspondência eletrônica, dando-se ciência da citação por hora certa

Em complementação, prescreve o art. 254 do novo C.P.C. que feita a citação com hora certa, o escrivão ou chefe de secretaria enviará ao réu, executado ou interessado, no prazo de dez dias, contado da data da juntada do mandado aos autos, carta, telegrama ou correspondência eletrônica, dando-lhe de tudo ciência.

O dever de encaminhar a carta ao réu ou ao executado ou ao interessado é tanto do escrivão quanto do diretor de secretaria no caso da Justiça Federal.

É indispensável a comunicação pelos meios estabelecidos no art. 254 do novo C.P.C., uma vez que a citação por hora certa não é uma citação pessoal mas meramente presumida ou ficta.

Se o local em que possa se encontrar o réu não for conhecido, o envio do telegrama, correspondência etc será feito para o endereço da residência, domicilio ou do local de trabalho do réu ou executado.

Sobre os efeitos da citação com hora certa, ensina E.D. Moniz de Aragão:

> *"Efeitos da citação com hora certa. Pouco importa que a comunicação do escrivão chegue, ou não, ao efetivo conhecimento do citando; essencial é que seja enviada para seu endereço (o indicado pelo autor na petição inicial ou o indicado pelo oficial de justiça na certidão).*

CÓDIGO DE PROCESSO CIVIL

Em consequência, o prazo para a resposta independe da comunicação e da juntada aos autos do aviso de seu recebimento.

Mas não resultará o efeito da revelia, previsto nos artigos 319 e 330, II, (CPC de 1973) precisamente porque, sendo forma presumida da citação, ter-se-á de nomear curador ao citando e a missão precípua e irrecusável do curador é defender o réu, isto é, responder. Em consequência, não será possível a hipótese concebida no art. 319 (CPC 1973), de o réu não contestar a ação.

Situação original poderá surgir, se o próprio citando receber a correspondência e subscrever o aviso respectivo. Comprovada a autenticidade de sua assinatura, a citação, que era presumida, deixou de sê-lo. Mas ainda assim parece que o juiz terá de nomear o curador e não se caracterizará a hipótese em que a ausência de contestação acarreta os efeitos previstos nos art. 319 a 330, II".[673]

Afirmando que o comunicado do art. 252 não integra o ato citatório, eis os seguintes precedentes do S.T.J.:

(...).
2. Na citação com hora certa, o prazo da contestação começa a fluir com a juntada aos autos do mandado respectivo, e não do comprovante de recepção do comunicado a que se refere o art. 229 do CPC.
3. Recurso especial desprovido.
(REsp 1291808/SP, Rel. Ministro JOÃO OTÁVIO DE NORONHA, TERCEIRA TURMA, julgado em 28/05/2013, DJe 07/10/2013)

1. O comunicado previsto no art. 229 do CPC serve apenas para incrementar a certeza de que o réu foi efetivamente cientificado acerca dos procedimentos inerentes à citação com hora certa, sendo uma formalidade absolutamente desvinculada do exercício do direito de defesa pelo réu. Sendo assim, a expedição do referido comunicado não tem o condão de alterar a natureza jurídica da citação com hora certa, que continua sendo ficta, tampouco interfere na fluência do prazo de defesa do réu.
2. O comunicado do art. 229 do CPC não integra os atos solenes da citação com hora certa, computando-se o prazo de defesa a partir da juntada do mandado citatório aos autos. Precedentes.
3. Recurso especial não provido.
(REsp 1084030/MG, Rel. Ministra NANCY ANDRIGHI, TERCEIRA TURMA, julgado em 18/10/2011, DJe 28/10/2011)

---

[673] Moniz de Aragão, E.D., op. cit, p. 294 e 295.

(...).

– A jurisprudência do STJ, nas hipóteses de citação por hora certa, tem se orientado no sentido de fixar, como termo inicial do prazo para a contestação, a data da juntada do mandado de citação cumprido, e não a data da juntada do Aviso de Recebimento da correspondência a que alude o art. 229 do CPC.

– Na hipótese em que, por equívoco do escrivão, fica consignado de maneira expressa na correspondência do art. 229/CPC, que o prazo para a contestação será contado a partir da juntada do respectivo AR, a parte foi induzida a erro por ato emanado do próprio Poder Judiciário. Essa peculiaridade justifica que se excepcione a regra geral, admitindo a contestação e afastando a revelia.

(REsp 746.524/SC, Rel. Ministra NANCY ANDRIGHI, TERCEIRA TURMA, julgado em 03/03/2009, DJe 16/03/2009)

Art. 255
Nas comarcas contíguas de fácil comunicação e nas que se situem na mesma região metropolitana, o oficial de justiça poderá efetuar, em qualquer delas, citações, intimações, notificações, penhoras e quaisquer outros atos executivos.

Comarcas contíguas e de fácil comunicação e regiões metropolitanas
Em se tratando da Justiça Federal não se fala em comarca, mas, sim, em subseção judiciária, cuja extensão territorial é em regra maior do que as das Comarcas.

Contudo, o oficial de justiça, servidor público federal, deverá cumprir o mandado em toda a Subseção Judiciária, pois suas atribuições não estão restritas à sede da Justiça Federal.

É importante salientar que a noção de comarcas contíguas é geográfica, enquanto que a questão de fácil *comunicação* é apreciável caso a caso.

Atualmente há constituição legal de regiões metropolitanas. Neste caso o oficial deverá cumprir o mandado nas comarcas pertencentes à mesma região metropolitana.

Note-se que em se tratando de região metropolitana, não se analisa a questão da facilidade de comunicação.

O art. 230 do C.P.C. de 1973 apenas fazia referência à possibilidade de o oficial realizar *citação e intimações* nas comarcas contíguas ou nas regiões metropolitanas. O atual dispositivo também inseriu os atos processuais de penhora e quaisquer outros atos executivos.

Sobre o tema, eis os seguintes precedentes:

CÓDIGO DE PROCESSO CIVIL

(...).

– Na hipótese dos autos, há Lei Complementar Estadual que reconhece, de maneira expressa, a existência da Região Metropolitana de Campinas, composta, entre outras, pelas cidades de Campinas e Hortolândia (Lei Compl. Estadual nº 870/2000). É possível, portanto, é passível de aplicação à hipótese dos autos o art. 230 do CPC.

Conflito conhecido para estabelecimento da competência da Justiça Federal, ora suscitante, para cumprimento do mandado de citação.

(CC 87.094/SP, Rel. Ministra NANCY ANDRIGHI, SEGUNDA SEÇÃO, julgado em 28/05/2008, DJe 06/06/2008)

I – Se, em processo de execução, a carta precatória tramitou por sete anos em determinada comarca, tida como foro da situação dos imóveis penhorados por todas as partes, posterior alteração no registro, dizendo-os pertencentes à comarca contígua, não deve conduzir à anulação dos atos processuais já praticados (penhora e avaliação), ante a ausência de prejuízo.

(...).

(REsp 503.387/MT, Rel. Ministro CASTRO FILHO, TERCEIRA TURMA, julgado em 03/02/2004, DJ 15/03/2004, p. 266)

(...).

3. "Nas comarcas contíguas, de fácil comunicação, e nas que se situem na mesma região metropolitana, o oficial de justiça poderá efetuar citações ou intimações em qualquer delas" (art. 230 do CPC).

(...).

(HC 48.228/PB, Rel. Ministro ARNALDO ESTEVES LIMA, QUINTA TURMA, julgado em 02/09/2008, DJe 20/10/2008).

Art. 256

A citação por edital será feita:

I – quando desconhecido ou incerto o citando;

II – quando ignorado, incerto ou inacessível o lugar em que se encontrar o citando;

III – nos casos expressos em lei.

§ 1º Considera-se inacessível, para efeito de citação por edital, o país que recusar o cumprimento de carta rogatória.

§ 2º No caso de ser inacessível o lugar em que se encontrar o réu, a notícia de sua citação será divulgada também pelo rádio, se na comarca houver emissora de radiodifusão.

§ 3º O réu será considerado em local ignorado ou incerto se infrutíferas as tentativas de sua localização, inclusive mediante requisição pelo juízo de informações sobre seu endereço nos cadastros de órgãos públicos ou de concessionárias de serviços públicos.

Motivos para citação por edital
Não sendo possível a realização da citação por meio eletrônico, por carta ou por mandado, a quarta modalidade de citação é por *edital*.

A regra geral é efetivamente a citação pessoal, sendo que somente por exceção permite-se a citação ficta por edital, salvo se a lei determinar de modo diverso.

É importante salientar que a citação por edital é apta a interromper o prazo de prescrição ou de decadência. Nesse sentido é o seguinte precedente do S.T.J.:

> (...).
> 2. *"O prazo da prescrição, interrompido pela confissão e pedido de parcelamento, recomeça a fluir no dia em que o devedor deixa de cumprir o acordo celebrado, momento em que se configura a lesão ao direito subjetivo do Fisco, dando azo à propositura do executivo fiscal"* (AgRg no REsp 1.167.126/RS, Rel. Min. MAURO CAMPBELL MARQUES, Segunda Turma, DJe 6/8/10).
> (...).
> (EDcl no REsp 1037999/RS, Rel. Ministro ARNALDO ESTEVES LIMA, PRIMEIRA TURMA, julgado em 01/09/2011, DJe 09/09/2011)

O *art. 256* do novo C.P.C. estabelece as hipóteses legais em que se permite a citação por edital, isto é:

I – quando desconhecido ou incerto o citando.

Hélio Tornaghi procura distinguir citandos desconhecidos e incertos, indicando quanto aos primeiros, o possível detentor de título ao portador extraviado e, quanto ao segundo, uma quantidade de réus, ou um único, indeterminável entre inúmeras pessoas. Mas, segundo Moniz de Aragão, é forçoso convir que a distinção é superficial: *"por múltiplos que sejam os credores a reclamarem uma mesma quantia, o devedor não fica autorizado a dispensar-se de citá-los pessoalmente, como pareceu a Batista Martins. Isto somente poderia ocorrer se desconhecidas essas pessoas"*.[674]

---

[674] MONIZ DE ARAGÃO, E.D., idem, p. 303 e 304

CÓDIGO DE PROCESSO CIVIL

Sobre a *multidão de citandos*, ensina Moniz de Aragão: *"No exemplo formulado por Tornaghi e Pontes: elevado número de pessoas a serem citadas, há uma ponderação a fazer. Sem dúvida, a regra geral impõe a citação pessoal de todos os chamados a integrar a relação processual e somente por exceção é possível agir de outro modo. Todavia, não se pode fazer dessa regra obstáculo intransponível ao exercício do direito de ação, que constitui garantia constitucional (art. 5º, inc. XXXV). No que concerne à inacessibilidade do lugar onde se encontre o citando, a lei autoriza expressamente o emprego da citação-edital, que se justifica pela necessidade de permitir ao autor o ajuizamento da ação, a fim de que seu direito não pereça.*

Poder-se-á analogicamente invocar o mesmo princípio quando se tratar da citação de muitíssimas pessoas? Como diz Tornaghi: 'a incerteza pode decorrer do número indeterminado (propter multitudinem citandorum), ou, segundo Pontes, 'serem muitos, sem individuação possível, ou extremamente difícil'. Em tais casos, escrevem, poderá o autor promover a citação por editais.

A essa tese vem de aderir o Supremo Tribunal em julgamento, no qual acentua que, sendo necessário citar mais de 400 pessoas, cerca de 300 com endereço ignorado e outras 100 residente em diferentes comarcas, o que implicaria em serem expedidas outras tantas cartas precatórias, estaria criado 'impasse invencível ao prosseguimento da causa'. A seguir observa o Tribunal que 'o direito processual civil é constituído de regras instrumentais, cuja finalidade reside na realização do direito material em litígio. Quando impossibilitam ou dificultam a consecução desta, cabe ao juiz reexaminar a interpretação para obviar o impasse criado e, assim, obstar a eternização do feito'. No caso concreto, continua, 'a citação por edital é a única adequada à espécie, sob pena de impedir-se a realização do direito material veiculado na causa (RE 87.001)".[675]

No Recurso Extraordinário, assim entendeu o S.T.F.:

Citação por edital. Impraticabilidade citação por mandado, de mais de 400 litisconsortes, de endereço ignorado a maioria e os outros espalhados por quase todas as unidades da federação. As normas processuais não podem ser interpretadas no sentido de impossibilitar o andamento da causa. Recurso extraordinário conhecido e provido para restaurar a decisão de primeiro grau que determinara fosse feita a citação mediante edital.

(*RE* 87001, relator(a): Min. Soares Munhoz, primeira turma, julgado em 06/12/1977, dj 24-02-1978 pp-00752 ement vol-01085-02 pp-00533)

---

[675] MONIZ DE ARAGÃO. E.D., idem, p. 305.

ART. 256

É importante salientar que a decisão proferida pelo S.T.F no RE n. 87001 ocorreu na década de setenta, quando a comunicação ainda era difícil e demorada.

Porém, nos dias atuais, em razão da facilidade de comunicação, seja ela eletrônica ou por carta, não se justifica a falta de citação pessoal das 100 (cem) pessoas conhecidas, pois essa seria a solução mais viável para garantir um outro princípio fundamental do devido processo legal, ou seja, o contraditório.

Há, ainda, o seguinte precedente do S.T.J.:

1. A citação do réu desconhecido, por edital, (CPC, art. 231, I) é medida excepcional, somente admitida quando possível determinar ao menos o grupo de pessoas a que é dirigida, como, v.g., nos casos de ações possessórias contra invasores de imóvel, impossibilitando o autor, em razão da verdadeira multidão instalada no bem, identificar cada um dos que molestavam a sua posse. Precedentes: (REsp 362.365/SP, Rel. DJ 28.03.2005; REsp 28900/RS, DJ 03.05.1993).

(...).

(REsp 837.108/MG, Rel. Ministro LUIZ FUX, PRIMEIRA TURMA, julgado em 05/06/2008, DJe 18/06/2008)

II – quando ignorado, incerto ou inacessível o lugar em que se encontrar o citando;

Neste segundo caso, não se trata de citando incerto ou desconhecido, mas, sim, de certo e conhecido, mas que se encontra em *lugar ignorado, incerto ou inacessível.*

No primeiro caso, leva-se em conta critérios subjetivos para a citação editalícia (pessoa do réu).

Neste segundo caso, os critérios são objetivos (localidade).

Lugar ignorado é o local que se desconhece totalmente.

Lugar incerto é aquele que não se pode definir com precisão. Tem domicílio em São Paulo, em Curitiba, no Rio de Janeiro, mas sem se conhecer o real endereço.

Lugar inacessível é aquele conhecido, mas que por circunstâncias fáticas ou jurídicas não se permite o acesso, como por exemplo, estado de sítio, epidemia, enchente, não ser possível o acesso do oficial de justiça ou remessa de carta.

Sobre o tema, eis os seguintes precedentes:

(...).

3. Os documentos foram digitalizados conforme o disposto no art. 11 da Lei 11.419/06, devendo ser considerados autênticos. Precedentes 4. É cabível a citação por edital quando o réu encontra-se em lugar "ignorado, incerto ou inacessível", nos termos do art. 231, II, do CPC.

CÓDIGO DE PROCESSO CIVIL

(...).
(SEC 9.618/EX, Rel. Ministra NANCY ANDRIGHI, CORTE ESPECIAL, julgado em 20/11/2013, DJe 28/11/2013)

SENTENÇA ESTRANGEIRA. AÇÃO DE DIVÓRCIO. HOMOLOGAÇÃO.
(...).
2. Alegação de nulidade de citação por edital não procede quando o citado encontra-se em lugar ignorado, incerto ou inacessível, nos termos dos arts. 231, II, e 232, I, do CPC.
3. Sentença estrangeira homologada.
(SEC 6.078/EX, Rel. Ministro JOÃO OTÁVIO DE NORONHA, CORTE ESPECIAL, julgado em 19/06/2013, DJe 26/06/2013)

1. Válida a citação por edital quando ignorado, incerto ou inacessível o lugar em que se encontrar o réu (art. 231, inciso II, combinado com o art. 232, inciso I, do CPC).
2. Refoge ao conteúdo restrito do remédio heroico a investigação a fundo de matéria de fatos e provas.
3. Agravo regimental a que se nega provimento.
(AgRg no RHC 25.738/MG, Rel. Ministro VASCO DELLA GIUSTINA (DESEMBARGADOR CONVOCADO DO TJ/RS), TERCEIRA TURMA, julgado em 16/06/2009, DJe 25/06/2009).

Evidenciado, pelos autos, terem sido esgotados todos os meios à disposição do juízo para, em seguida, proceder à citação editalícia, não se configura a nulidade. Precedentes.
Recurso conhecido e desprovido.
(REsp 1183404/DF, Rel. Ministro GILSON DIPP, QUINTA TURMA, julgado em 17/03/2011, DJe 04/04/2011)

– A afirmação de que o requerido encontra-se em lugar incerto e não sabido, corroborada pelas circunstâncias do caso concreto, revela a ausência de prejuízo decorrente da citação por edital, não se declarando, por isso, a nulidade.
– Versando a contestação sobre aspectos de natureza meramente formal, fora, portanto, dos limites do art. 9º, § 1º, da Resolução n. 9/2005, desnecessária a distribuição do feito.
Agravo regimental improvido.
(AgRg na SE 1.349/US, Rel. Ministro CESAR ASFOR ROCHA, CORTE ESPECIAL, julgado em 28/05/2009, DJe 04/08/2009).

ART. 256

(...).

3. Consoante inteligência do art. 231, I, do CPC, o Oficial de Justiça deve envidar todos os meios possíveis à localização do devedor, ao que, somente depois, deve ser declarado, para fins de citação por edital, encontrar-se em lugar incerto e não sabido. Uma vez certificado tal fato pelo referido servidor, gozarão as certidões por ele lavradas de fé pública, somente ilidíveis por prova em contrário.

(...).

7. À luz do princípio pas des nullité sans grief, não se decreta a nulidade da citação quando não estiver concretamente demonstrado o prejuízo. In casu, conforme bem demonstrado no acórdão recorrido, o recorrente não alegou nenhum prejuízo decorrente da falta de sua intimação, na medida em que foi defendido por Curadora Especial que apresentou embargos plenos com alusão a fatos que só poderiam ter-lhe sido confirmados pelo próprio agravante ou pessoa intimamente a ele ligada.

(...).

(REsp 898.167/SP, Rel. Ministro ARNALDO ESTEVES LIMA, QUINTA TURMA, julgado em 11/11/2008, DJe 01/12/2008).

SENTENÇA ESTRANGEIRA. CITAÇÃO POR EDITAL.

– Afirmação da requerente de que o requerido se encontra em lugar incerto e não sabido.

– Contestação oferecida pelo Defensor Público que aborda aspecto de natureza meramente formal. Desnecessidade de distribuição do feito.

– Citação por edital. Publicação no prazo legal. Desnecessidade de a primeira publicação ser efetuada em órgão oficial.

Agravo regimental improvido.

(AgRg na SE 2.171/US, Rel. Ministro BARROS MONTEIRO, CORTE ESPECIAL, julgado em 05/12/2007, DJ 11/02/2008, p. 7).

(...).

2. O acórdão a quo, nos autos de execução fiscal, indeferiu a citação por edital, porque não esgotados todos os meios para localização do devedor.

3. A citação por edital integra os meios a serem esgotados na localização do devedor. Produz ela efeitos que não podem ser negligenciados quando da sua efetivação.

4. O Oficial de Justiça deve envidar todos os meios possíveis à localização do devedor, ao que, somente depois, deve ser declarado, para fins de citação por edital, encontrar-se em lugar incerto e não sabido. Assim, ter-se-á por nula a citação se o credor não afirmar que o réu está em lugar incerto ou não sabido, ou que isso seja certificado pelo Oficial de Justiça (art. 232, I, do CPC), cujas certidões gozam de fé pública, somente ilidível por prova em contrário.

CÓDIGO DE PROCESSO CIVIL

5. *De acordo com o art. 8º, I e III, da LEF, c/c o art. 231, II, do CPC, a citação por edital será realizada apenas após o esgotamento de todos meios possíveis para localização do devedor.*

6. *Ocorre nulidade de citação editalícia quando não se utiliza, primeiramente, da determinação legal para que o Oficial de Justiça proceda às diligências necessárias à localização do réu.*

(...).

(AgRg no REsp 930.239/PE, Rel. Ministro JOSÉ DELGADO, PRIMEIRA TURMA, julgado em 26/06/2007, DJ 13/08/2007, p. 354).

(...).

2. *O acórdão a quo, nos autos de execução fiscal, indeferiu a citação por edital, porque não esgotados todos os meios para localização do devedor.*

3. *A citação por edital integra os meios a serem esgotados na localização do devedor. Produz ela efeitos que não podem ser negligenciados quando da sua efetivação.*

4. *O Oficial de Justiça deve envidar todos os meios possíveis à localização do devedor, ao que, somente depois, deve ser declarado, para fins de citação por edital, encontrar-se em lugar incerto e não-sabido. Assim, ter-se-á por nula a citação se o credor não afirmar que o réu está em lugar incerto ou não-sabido, ou que isso seja certificado pelo Oficial de Justiça (art. 232, I, do CPC), cujas certidões gozam de fé pública, somente ilidível por prova em contrário.*

5. *De acordo com o art. 8º, I e III, da LEF, c/c o art. 231, II, do CPC, a citação por edital será realizada apenas após o esgotamento de todos meios possíveis para localização do devedor.*

6. *Ocorre nulidade de citação editalícia quando não se utiliza, primeiramente, da determinação legal para que o Oficial de Justiça proceda as diligências necessárias à localização do réu.*

(...).

(AgRg no Ag 752.344/PR, Rel. Ministro JOSÉ DELGADO, PRIMEIRA TURMA, julgado em 06/06/2006, DJ 22/06/2006, p. 185).

III – nos casos expressos em lei.

Havendo previsão legal da citação por edital, essa deverá ser realizada, salvo se ferir o princípio constitucional do contraditório e da ampla defesa.

Exemplos de citação por edital determinada por lei estão previstos nos seguintes dispositivos: a) art. 830, §2º do novo C.P.C. (arresto), b) art. 576, p.u. do atual C.P.C. (demarcatória); c) art. 626, §1º do novo C.P.C. (citações e impugnações do inventário); d) art. 739 (herança jacente) etc.

ART. 256

Quando determinada norma jurídica prescrever a citação por edital, esta deverá ser realizada. Porém, deve-se verificar se a determinação da citação por edital não fere o princípio do devido processo legal, especialmente a possibilidade de exercício do contraditório.

Segundo prescreve o *§1º do art.256* do novo C.P.C., *considera-se inacessível, para efeito de citação por edital, o país que recusar o cumprimento de carta rogatória.*

Se o réu encontrar-se no estrangeiro em lugar certo e o país permite o cumprimento de rogatória, por meio desta forma ou pelo sistema de auxílio direto é que se deve realizar a citação.

Se o país recusar o cumprimento da carta rogatória, segundo este dispositivo, a citação será feita por edital, pois, por ficção legal, o réu é considerado em lugar inacessível. Essa recusa pode decorrer da inexistência de acordo internacional para cumprimento de carta rogatória ou, havendo esse, o país estrangeiro não cumpre a carga rogatória expedida.

Outrossim, o S.T.J. não admitiu a citação de réu domiciliado no exterior por carta registrada. Nesse sentido é o seguinte precedente:

Sentença estrangeira contestada. Homologação. Divórcio. Cônjuge residente no brasil ao tempo do ajuizamento da demanda no estrangeiro. Citação por edital e por serviço postal. Inviabilidade. Necessidade de carta rogatória. Precedentes do stf e stj. Pedido indeferido.

(SEC 3.383/US, Rel. Ministro TEORI ALBINO ZAVASCKI, CORTE ESPECIAL, julgado em 18/08/2010, DJe 02/09/2010)

O *§2º do art. 256* do novo C.P.C. assevera que *no caso de ser inacessível o lugar em que se encontrar o réu, a notícia de sua citação será divulgada também pelo rádio, se na comarca houver emissora de radiodifusão.*

Na hipótese de não se poder realizar a citação do citando em razão de enchente ou outro fato natural que impeça a realização do ato processual, a divulgação da citação pelo edital será feita pelo rádio, se na comarca ou na seção judiciária houver emissora de radiodifusão operando regularmente.

Prescreve o *§3º do art. 256* do atual C.P.C. que *o réu será considerado em local ignorado ou incerto se infrutíferas as tentativas de sua localização, inclusive mediante requisição pelo juízo de informações sobre seu endereço nos cadastros de órgãos públicos ou de concessionárias de serviços públicos.*

Por vezes, a parte autora indica expressamente o endereço do réu para sua citação. Contudo, o oficial de justiça comparece em seu endereço e em outros locais que porventura poderia o réu ser encontrado, mas não consegue concre-

CÓDIGO DE PROCESSO CIVIL

tizar o ato processual. Também não se consegue localizar outros endereços do réu, nem mesmo mediante requisição pelo juízo de informações sobre seu endereço nos cadastros de órgãos públicos ou de concessionárias de serviços públicos, como é o caso da companhia de energia elétrica ou de água.

Nesta hipótese, poder-se-á realizar a citação por edital, uma vez que o réu será considerado em local ignorado ou incerto.

Evidentemente que não se poderá considerar o réu em local ignorado ou incerto se se encontra ausente por motivo de viagem ou doença.

Art. 257

São requisitos da citação por edital:

I – a afirmação do autor ou a certidão do oficial informando a presença das circunstâncias autorizadoras;

II – a publicação do edital na rede mundial de computadores, no sítio do respectivo tribunal e na plataforma de editais do Conselho Nacional de Justiça, que deve ser certificada nos autos;

III – a determinação, pelo juiz, do prazo, que variará entre 20 (vinte) e 60 (sessenta) dias, fluindo da data da publicação única ou, havendo mais de uma, da primeira;

IV – a advertência de que será nomeado curador especial em caso de revelia.

Parágrafo único. O juiz poderá determinar que a publicação do edital seja feita também em jornal local de ampla circulação ou por outros meios, considerando as peculiaridades da comarca, da seção ou da subseção judiciárias.

Requisitos da citação por edital

Os requisitos da citação por edital estão previstos no *art. 257* do novo C.P.C., a saber:

I – afirmação do autor ou a certidão do oficial informando a presença das circunstâncias autorizadoras.

A citação por edital não ocorre somente após certificado pelo oficial de justiça a existência de algumas das circunstâncias autorizadoras, mas poderá ser requerida de plano pela parte autora quando alguma dessas circunstâncias se encontrar presente no momento da propositura da demanda.

1162

As circunstâncias ensejadoras da citação por edital estão descritas no art. 256 do novo C.P.C., ou seja: a) quando desconhecido ou incerto o citando; b) quando ignorado, incerto ou inacessível o lugar em que se encontrar; c) nos casos expressos em lei.

A afirmação feita pelo autor na inicial de que o citando é desconhecido ou incerto não precisa ser comprovada por testemunha ou por documento, bastando simplesmente sua afirmação. Porém, o autor ficará responsável juridicamente por eventual afirmação falsa, sujeitando-se às sanções estabelecidas pelo art. 258 do novo C.P.C.

Não se deve exigir do oficial de justiça que procure com exaustão o endereço do réu quando este tornou-se desconhecido. Contudo, existindo atualmente a *internet* e programas que permitem acesso às concessionárias de serviço público, parece pertinente que haja uma certa tentativa prévia de se encontrar o endereço para o efeito de concretizar a citação e regularizar o contraditório no âmbito da relação jurídica processual.

Aliás, até então precedentes jurisprudenciais têm exigido o esgotamento de outros meios. Nesse sentido são os seguintes precedentes:

(...).

1. A citação é, em regra, realizada na pessoa do citando, somente se admitindo a sua efetivação por outra forma em casos excepcionais, devidamente caracterizados; a citação editalícia, por pressupor a ciência ficta da convocação, é de ser reservada para as situações em que malogradas as tentativas de citação pessoal.

2. Inobstante o Superior Tribunal de Justiça tenha assentado o entendimento de que a citação por edital na execução fiscal é cabível quando frustradas as demais modalidades, nos termos do Enunciado 414 da Súmula de sua jurisprudência, é preciso que a norma do art. 8o., III da Lei 6.830/80 seja interpretada cum grano salis, de maneira a não retirar do Magistrado perante o qual se conduz a execução fiscal a possibilidade, por exemplo, sob o manto da razoabilidade, de exigir-se a prévia cautela do exequente na verificação da existência de algum endereço nos bancos de dados públicos à sua disposição, como o RENAVAM, a Junta Comercial etc., ou, em homenagem ao princípio da economia processual, de evitar a prática de atos processuais desnecessários e despidos de qualquer utilidade.

3. No caso dos autos, verifica-se que houve três tentativas de citação por meio do Oficial de Justiça, todas sem êxito. Todavia, o acórdão recorrido consignou que, apesar da citação por edital produzir efeitos importantes para exequente, tal medida somente deve ser deferida quando esgotados todos os meios de localização do executado, o que não ocorreu no caso em tela.

4. Agravo Regimental desprovido.
(AgRg no REsp 1307558/RJ, Rel. Ministro NAPOLEÃO NUNES MAIA FILHO, PRIMEIRA TURMA, julgado em 14/05/2013, DJe 22/05/2013).

1. A orientação firmada no acórdão recorrido, de que a citação por edital, na execução fiscal, exige a prévia frustração das tentativas de comunicação por correio e oficial de justiça, está de acordo com a pacífica jurisprudência do Superior Tribunal de Justiça, consolidada no julgamento do REsp 1.103.050/BA, Rel. Min. Teori Albino Zavascki, DJe 6.4.09, na forma do art. 543-C do CPC.
(...).
(AgRg nos EDcl no REsp 1330064/AM, Rel. Ministro HERMAN BENJAMIN, SEGUNDA TURMA, julgado em 27/11/2012, DJe 19/12/2012)

II – a publicação do edital na rede mundial de computadores, no sítio do respectivo tribunal e na plataforma de editais do Conselho Nacional de Justiça, que deve ser certificada nos autos

Atualmente, diante do processo eletrônico e da era da informatização dos atos processuais, a publicação do edital não será mais realizada em jornal local, mas apenas no sítio eletrônico do tribunal a que pertence o juízo em que a demanda foi proposta. No caso de juízo estadual, no sitio do Tribunal de Justiça; na hipótese de juízo federal, no sitio do Tribunal Regional Federal, assim por diante.

Preceituam os artigos 4º a 7º da Lei 11.419/06:

Art. 4º Os tribunais poderão criar Diário da Justiça eletrônico, disponibilizado em sítio da rede mundial de computadores, para publicação de atos judiciais e administrativos próprios e dos órgãos a eles subordinados, bem como comunicações em geral.

§ 1º O sítio e o conteúdo das publicações de que trata este artigo deverão ser assinados digitalmente com base em certificado emitido por Autoridade Certificadora credenciada na forma da lei específica.

§ 2º A publicação eletrônica na forma deste artigo substitui qualquer outro meio e publicação oficial, para quaisquer efeitos legais, à exceção dos casos que, por lei, exigem intimação ou vista pessoal.

§ 3º Considera-se como data da publicação o primeiro dia útil seguinte ao da disponibilização da informação no Diário da Justiça eletrônico.

§ 4º Os prazos processuais terão início no primeiro dia útil que seguir ao considerado como data da publicação.

§ 5º A criação do Diário da Justiça eletrônico deverá ser acompanhada de ampla divulgação, e o ato administrativo correspondente será publicado durante 30 (trinta) dias no diário oficial em uso.

Art. 5º As intimações serão feitas por meio eletrônico em portal próprio aos que se cadastrarem na forma do art. 2º desta Lei, dispensando-se a publicação no órgão oficial, inclusive eletrônico.

§ 1º Considerar-se-á realizada a intimação no dia em que o intimando efetivar a consulta eletrônica ao teor da intimação, certificando-se nos autos a sua realização.

§ 2º Na hipótese do § 1º deste artigo, nos casos em que a consulta se dê em dia não útil, a intimação será considerada como realizada no primeiro dia útil seguinte.

§ 3º A consulta referida nos §§ 1º e 2º deste artigo deverá ser feita em até 10 (dez) dias corridos contados da data do envio da intimação, sob pena de considerar-se a intimação automaticamente realizada na data do término desse prazo.

§ 4º Em caráter informativo, poderá ser efetivada remessa de correspondência eletrônica, comunicando o envio da intimação e a abertura automática do prazo processual nos termos do § 3º deste artigo, aos que manifestarem interesse por esse serviço.

§ 5º Nos casos urgentes em que a intimação feita na forma deste artigo possa causar prejuízo a quaisquer das partes ou nos casos em que for evidenciada qualquer tentativa de burla ao sistema, o ato processual deverá ser realizado por outro meio que atinja a sua finalidade, conforme determinado pelo juiz.

§ 6º As intimações feitas na forma deste artigo, inclusive da Fazenda Pública, serão consideradas pessoais para todos os efeitos legais.

Art. 6º Observadas as formas e as cautelas do art. 5º desta Lei, as citações, inclusive da Fazenda Pública, excetuadas as dos Direitos Processuais Criminal e Infracional, poderão ser feitas por meio eletrônico, desde que a íntegra dos autos seja acessível ao citando.

Art. 7º As cartas precatórias, rogatórias, de ordem e, de um modo geral, todas as comunicações oficiais que transitem entre órgãos do Poder Judiciário, bem como entre os deste e os dos demais Poderes, serão feitas preferentemente por meio eletrônico.

Essa possibilidade tecnológica também facilita, e muito, a publicação dos editais das pessoas que estão sob a prerrogativa da assistência judiciária gratuita.

Contudo, entendo que da mesma forma como ocorria com a publicação de edital no Diário Oficial, será de pouca eficácia a publicação de editais nos sítios dos Tribunais, uma vez que, a não ser os advogados, juízes, membro do Ministério Público, as pessoas de uma maneira geral não utilizam este sitio, tornando-se imprestável tal publicação para os efeitos pretendidos.

É necessário encontrar um sistema mais eficaz para levar ao conhecimento das pessoas a publicação de editais.

Diante das redes sociais de comunicação, talvez além da publicação do edital no sitio dos Tribunais (de pouca ou quase nenhuma eficácia), o ideal seria também a divulgação dos editais nas redes sociais de comunicação eletrônica.

A norma estabelece que o edital seja ainda publicado na rede mundial de computadores (internet) e na plataforma de editais de citação e intimação do Conselho Nacional de Justiça, devendo tudo isso ser certificado nos autos.

III – a determinação, pelo juiz, do prazo, que variará entre 20 (vinte) dias e 60 (sessenta) dias, fluindo da data da publicação única ou, havendo mais de uma, da primeira;

O prazo referido no inc. III não é para a prática do ato processual, mas, sim, para levar ao conhecimento do citando o conteúdo do edital publicado. Nesse sentido eis o seguinte precedente:

> *O prazo para a oposição dos embargos do devedor começa a fluir após o decurso do prazo assinado no edital, sem quaisquer outras formalidades.*
> (AgRg no REsp 860.020/DF, Rel. Ministro ARI PARGENDLER, TERCEIRA TURMA, julgado em 19/12/2007, DJe 05/03/2008)

O art. 214, inc. III, na redação originária do projeto de lei do Senado, n. 166/10, dizia que o prazo variava entre vinte dias e dois meses.

O atual dispositivo fala em vinte dias e sessenta dias, sendo sua contagem apenas em dias e não em meses.

O art. 232, inc. IV, do C.P.C. de 1973 apenas fazia menção ao prazo decorrente da primeira publicação, sendo que o dispositivo atual menciona o prazo decorrente da primeira publicação como o decorrente da publicação única.

É importante salientar que o prazo para a contestação ou para falar nos autos somente começa a correr a partir do término do prazo fixado pelo juiz, nos termos do inc. III (entre vinte dias e sessenta dias).

Tendo em vista que o prazo foi fixado apenas em dias, deve-se seguir a regra de que na contagem do prazo exclui-se o dia do começo e inclui-se o dia do término do prazo.

Outrossim, nos termos do art. 219 do atual C.P.C., na contagem do prazo em dias, computar-se-ão apenas os dias úteis.

Se o edital não indicar o prazo, a citação será nula, salvo se não houver causado prejuízo ao réu.

A contagem do prazo ocorre da data da primeira publicação, se for necessário mais de uma, ou da publicação única.

ART. 257

Segundo o VI ENTA 47: "*É válido o edital publicado nas férias*".

É importante salientar que o art. 228 do novo C.P.C. preceitua que *suspende-se o curso do prazo processual nos dias compreendidos entre 20 de dezembro e 20 de janeiro, inclusive.*

Em relação à publicação eletrônica, deve-se mencionar o teor do art. 4º, §3º e §4º, da Lei 11.419/06:

> Art. 4º *Os tribunais poderão criar Diário da Justiça eletrônico, disponibilizado em sítio da rede mundial de computadores, para publicação de atos judiciais e administrativos próprios e dos órgãos a eles subordinados, bem como comunicações em geral.*
>
> *(...).*
>
> § 3º *Considera-se como data da publicação o primeiro dia útil seguinte ao da disponibilização da informação no Diário da Justiça eletrônico.*
>
> § 4º *Os prazos processuais terão início no primeiro dia útil que seguir ao considerado como data da publicação.*

No que concerne à dilação do prazo do edital em face da superveniência de férias forense, assim já se manifestou o S.T.J.:

> *Edital. férias forenses. Fluência do prazo. O prazo do edital não se suspende com a superveniência das férias forenses, por isso que não se destina a pratica de ato processual.*
>
> *Finda a dilação, e que passa a correr o prazo para resposta. Se este iniciou-se após o termino das férias forenses, não há divisar negativa de vigência ao art. 179 do cpc. Recurso conhecido, pelo dissidio, mas não provido.*
>
> (Resp 44.716/DF, rel. Min. Costa Leite, terceira turma, julgado em 05/04/1994, dj 07/11/1994, p. 30020)

Ainda sobre a citação por edital, eis o seguinte precedente do S.T.J.:

> *1. A citação por edital, por óbvio, consuma-se com a publicação do edital, embora sua eficácia se prolongue no tempo, na exata medida do prazo definido pelo juiz.*
>
> *2. Inconfundível com a data de realização dessa modalidade citatória o termo a quo para a prática dos atos dela decorrentes, o qual, na dicção do art. 241, V, do CPC, pressupõe o término do prazo da dilação determinado judicialmente.*
>
> *3. É equivocada a interpretação segundo a qual a data dessa modalidade de citação corresponde ao último dia de validade do edital.*
>
> *4. Sabendo-se que o lapso temporal é variável e definido exclusivamente pelo juiz, com base em critérios discricionários (de 20 a 60 dias, nos termos do art. 232, IV, do CPC), o ato de interrupção da prescrição ficaria a depender de causas e circunstâncias*

alheias e não imputáveis à parte. Advém, desse fato, risco de sérios prejuízos ao autor da ação e estímulo, pela via transversa, à prática de manobras incompatíveis com a respeitabilidade do Poder Judiciário.

5. Agravo Regimental não provido.

(AgRg no REsp 1065049/SC, Rel. Ministro HERMAN BENJAMIN, SEGUNDA TURMA, julgado em 18/06/2009, DJe 31/08/2009).

O Superior Tribunal de Justiça, com base nesse precedente, afirmou que a citação por edital considera-se concluída e realizada na data da publicação do edital no órgão de imprensa, havendo mera dilação do prazo de sua validade, no período de 20 a 60 dias, conforme assinalar o juiz competente. Findo o prazo de validade – que se iniciou com a sua publicação, e não ao término dela, começa o prazo para a prática dos atos dela consequentes.

IV – a advertência de que será nomeado curador especial em caso de revelia.

O dispositivo deixa claro que se o citando não contestar a demanda será considerado revel.

Porém, na citação por edital, assim como na citação por hora certa, não se aplica o efeito da revelia, pois em ambas as formas de citação é necessário a nomeação de curador, nos termos do art. 72, inc. II, do novo C.P.C. que terá a obrigação de apresentar contestação em favor do réu.

Sobre o tema, eis os seguintes precedentes:

Súmula 196/STJ: "ao executado que, citado por edital ou por hora certa, permanecer revel, será nomeado curador especial, com legitimidade para apresentação de embargos."

1. Nos termos da jurisprudência desta Corte, ao executado que, citado por edital ou por hora certa, permanecer revel, será nomeado curador especial, com legitimidade para apresentação de embargos – Súmula 196/STJ.

(...).

(AgRg no AREsp 327.707/SP, Rel. Ministro HUMBERTO MARTINS, SEGUNDA TURMA, julgado em 19/09/2013, DJe 30/09/2013).

(...).

3. Como na citação ficta não existe comunicação entre o réu e o curador especial, sobrevindo posteriormente o trânsito em julgado da sentença condenatória ao pagamento de quantia, não há como aplicar o entendimento de que prazo para o cumprimento voluntário da sentença flui a partir da intimação do devedor por intermédio de seu advogado.

(...).

ART. 257

5. *O Defensor Público, ao representar a parte citada fictamente, não atua como advogado do réu – papel esse que exerce na prestação da assistência jurídica integral e gratuita aos economicamente necessitados, nos termos do art. 134, § 1º da CF – mas apenas exerce o dever funcional de garantir o desenvolvimento de um processo équo, apesar da revelia do réu e de sua citação ficta.*

(...).

(REsp 1189608/SP, Rel. Ministra NANCY ANDRIGHI, TERCEIRA TURMA, julgado em 18/10/2011, DJe 21/03/2012)

I. Legítima a condenação da parte autora ao pagamento de honorários à Defensora Pública, curadora de réu revel citado por edital, nos termos do art. 19, § 2º, do CPC (Precedentes) II. Agravo regimental desprovido.

(AgRg no REsp 1191286/SP, Rel. Ministro ALDIR PASSARINHO JUNIOR, QUARTA TURMA, julgado em 03/08/2010, DJe 30/08/2010).

– Nas citações fictas (com hora certa ou por edital) não há a certeza de que o réu tenha, de fato, tomado ciência de que está sendo chamado a juízo para defender-se. Trata-se de uma presunção legal, criada para compatibilizar a obrigatoriedade do ato citatório, enquanto garantia do contraditório e da ampla defesa, com a efetividade da tutela jurisdicional, que ficaria prejudicada se, frustrada a citação real, o processo fosse paralisado sine die.

– Diante da precariedade da citação ficta, os revéis assim incorporados à relação processual não se submetem à regra do art. 322 do CPC, sendo-lhes dado um curador especial, consoante determina o art. 9º, II, do CPC.

(...).

– Tendo em vista que a própria lei parte do pressuposto de que o réu-revel, citado por hora certa ou por edital, não tem conhecimento da ação, determinado lhe seja dado um curador especial, bem como ante à absoluta falta de comunicação entre curador e réu-revel, não há como presumir que o revel tenha tido ciência do trânsito em julgado da decisão que o condena e, por via de consequência, não há como lhe impor, automaticamente, a multa do art. 475-J do CPC.

(...).

(REsp 1009293/SP, Rel. Ministra NANCY ANDRIGHI, TERCEIRA TURMA, julgado em 06/04/2010, DJe 22/04/2010).

O *parágrafo único do art. 257 do novo C.P.C.* preconiza que *o juiz poderá determinar que a publicação do edital seja feita também em jornal local de ampla circulação ou por outros meios, considerando as peculiaridades da comarca, da seção ou da subseção judiciárias.*

CÓDIGO DE PROCESSO CIVIL

Em regra, a publicação do edital será feita nos termos do inc. II na rede mundial de computadores, no sítio do respectivo tribunal e na plataforma de editais de citação e intimação do Conselho Nacional de Justiça, que deve ser certificada nos autos.

Porém, dependendo do caso concreto, da complexidade de causa etc, o juiz poderá determinar que a publicação do edital seja feita em jornal de ampla circulação ou por outros meios, considerando as peculiaridades da comarca, da seção ou da subseção judiciárias. É possível, por exemplo, que em determinadas comarcas do interior a divulgação pelo rádio seja muito mais eficaz do que a publicação em jornal.

Art. 258

A parte que requerer a citação por edital, alegando dolosamente a ocorrência das circunstâncias autorizadoras para sua realização, incorrerá em multa de 5 (cinco) vezes o salário-mínimo.

Parágrafo único. A multa reverterá em benefício do citando.

Sanção por pedido doloso de citação por edital

Em que pese não haja a obrigação do autor comprovar as circunstâncias autorizadoras para a citação por edital, uma vez que não é possível fazer prova negativa, eventual dolo ou fraude na informação desses requisitos enseja a aplicação de multa de cinco vezes o salário mínimo nacional.

Haverá dolo quando a parte autora conhece o endereço do citando, mas alega que esse endereço é desconhecido; ou, ainda, quando a parte autora conhece o citando, mas alega que o citando é desconhecido.

É importante salientar que a má-fé não se presume, mas deve ser comprovada.

Não será o caso de aplicação de multa no caso de culpa do autor em indicar esses motivos.

A multa, segundo prescreve o *parágrafo único do art. 258, reverterá em benefício do citando.*

Contudo, a multa aplicada em favor do citando não será a única sanção.

Haverá também a nulidade da citação se se comprovar a má-fé da parte autora na realização da citação por edital.

Por outro lado, tendo em vista que a multa prevista neste dispositivo tem por objetivo sancionar a fraude processual da parte autora, não haverá espaço para aplicação de outras multas sancionatórias.

Art. 259

Serão publicados editais:

I – na ação de usucapião de imóvel;

II – na ação de recuperação ou substituição de título ao portador;

III – em qualquer ação em que seja necessária, por determinação legal, a provocação, para participação no processo, de interessados incertos ou desconhecidos.

Outras hipóteses de publicação de editais

Inicialmente, cumpre ressaltar que tanto na ação de usucapião, como nas ações de recuperação ou substituição do título ao portador, o réu, os confinantes ou o portador do título deverão ser citados pessoalmente.

O edital indicado neste artigo será expedido e publicado para se dar conhecimento da demanda a eventuais interessados que não sejam as pessoas acima indicadas.

A citação por edital também será realizada em qualquer ação em que seja necessário, por determinação legal, a provocação, para participação do processo, de interessados incertos ou desconhecidos. Ex. art. 576, parágrafo único e art. 626, §1º, todos do atual C.P.C.

É importante salientar que na falta de manifestação de possíveis interessados, não haverá nomeação de curador especial.

CAPÍTULO III – Das cartas

Art. 260

São requisitos das cartas de ordem, precatória e rogatória:

I – a indicação dos juízes de origem e de cumprimento do ato;

II – o inteiro teor da petição, do despacho judicial e do instrumento do mandato conferido ao advogado;

III – a menção do ato processual que lhe constitui o objeto;

IV – o encerramento com a assinatura do juiz.

§ 1º O juiz mandará trasladar para a carta quaisquer outras peças, bem como instruí-la com mapa, desenho ou gráfico, sempre que esses documentos devam ser examinados, na diligência, pelas partes, pelos peritos ou pelas testemunhas.

§ 2º Quando o objeto da carta for exame pericial sobre documento, este será remetido em original, ficando nos autos reprodução fotográfica.

§3º A carta arbitral atenderá, no que couber, aos requisitos a que se refere o caput e será instruída com a convenção de arbitragem e com as provas da nomeação do árbitro e de sua aceitação da função.

Requisitos da carta de ordem, precatória e rogatória

A comunicação dos atos processuais ou a sua execução deve observar as formas simplificadas conhecidas como pedidos de cooperação internacional e nacional estabelecidas nos arts. 26 e 67 deste Código.

Contudo, a comunicação e execução dos atos processuais podem ser realizadas por meio de expedição de cartas: *a) precatória; b) de ordem; c) rogatória e d) arbitral.*

Segundo estabelece o *art. 258* do novo C.P.C., *são requisitos essenciais da carta de ordem, da carta precatória e da carta rogatória: I – a indicação dos juízes de origem e de cumprimento do ato; II – o inteiro teor da petição, do despacho judicial e do instrumento do mandato conferido ao advogado; III – a menção do ato processual que lhe constitui o objeto; IV – o encerramento com a assinatura do juiz.*

A carta de ordem configura-se como a determinação de cumprimento de ato processual por parte do Tribunal em face de um juízo a ele subordinado. Se não for a ele subordinado, deverá ser expedida carta precatória.

A carta precatória é a solicitação de cumprimento de um determinado ato processual por um juízo em relação a outro juízo a ele não subordinado.

A carta rogatória é a solicitação de cumprimento de determinado ato processual pela autoridade judiciária brasileira a uma outra autoridade estrangeira.

Todas as cartas, ordem, precatória e rogatória deverão obrigatoriamente ser formadas pelas peças e requisitos essenciais indicados no art. 260 do novo C.P.C.

Muito embora o art. 260 do novo C.P.C. não tenha mencionado a *carta arbitral*, o certo é que devem ser observados os seus requisitos naquilo que for aplicável.

Os requisitos essenciais são: a) a indicação dos juízes de origem e de cumprimento do ato, justamente para se identificar os dois juízes em comunicação; b) o inteiro teor da petição, do despacho inicial e do instrumento do mandato conferido ao advogado. Evidentemente que em muitas situações também será essencial juntar o inteiro teor da contestação e do mandato conferido ao advogado do réu, especialmente quando se tem por objetivo a oitiva de testemunha; c) menção do ato processual que lhe constitui o objeto. Não será possível ao juízo

ART. 260

deprecado cumprir a determinação ou solicitação inserida na carta se não houver a delimitação do objeto por parte do juízo deprecante, isto é, se não especificar expressamente o seu fim, por exemplo, ouvir testemunha, realizar perícia, intimar determinada pessoa, citar o réu, penhorar bens, arrestar bens etc.

Evidentemente, se o juízo deprecado tiver alguma dúvida sobre o objeto da carta, poderá suspendê-la até que haja manifestação do juízo deprecante. Nesse sentido é o seguinte precedente do S.T.J.:

> *1. O juízo deprecado pode recusar cumprimento à carta precatória, devolvendo-a com despacho motivado, desde que evidenciada uma das hipóteses enumeradas nos incisos do art. 209 do CPC, quais sejam: (i) quando não estiver a carta precatória revestida dos requisitos legais; (ii) quando carecer o juiz de competência, em razão da matéria ou hierarquia; (iii) quando o juiz tiver dúvida acerca de sua autenticidade.*
>
> *2. Na hipótese dos autos, contudo, o juízo deprecado não recusou o cumprimento da carta precatória. Ele apenas encaminhou os autos ao juiz deprecante para aguardar a sua manifestação sobre as alegações feitas pelo Oficial de Justiça e pelo exequente acerca da possibilidade de se cumprir a determinação inserida na carta.*
>
> *3. O juiz deprecado, no exercício da sua função de cooperador, pode dialogar com o juiz deprecante acerca do ato processual requerido, pois o diálogo é pressuposto da cooperação e contribui para que a atividade jurisdicional seja pautada pelos princípios constitucionais que informam o processo e exercida sem vícios, evitando-se a decretação de nulidades.*
>
> *4. Recurso especial não provido.*

(REsp 1203840/RN, Rel. Ministra NANCY ANDRIGHI, TERCEIRA TURMA, julgado em 06/09/2011, DJe 15/09/2011)

Apesar de a norma processual preconizar que são requisitos essenciais, o certo é que a nulidade do ato somente será proclamada se houver prejuízo a quem de direito.

Se faltar algum requisito, é permitido ao juiz deprecado ou àquele que recebeu a carta para o seu cumprimento solicitar ao juiz deprecante as peças que entende necessárias para o atendimento do conteúdo da carta.

A assinatura do juiz é imprescindível na carta, sendo que esta função não pode ser delegada a escrivão ou a diretor de Secretaria, uma vez que somente autoridades judiciárias podem se dirigir uma à outra.

Em que pese a carta seja dirigida a um determinado juízo, nada impede que outro a cumpra, principalmente pelo seu *caráter itinerante*. O importante é que na carta deve haver a indicação do juízo deprecante e deprecado.

CÓDIGO DE PROCESSO CIVIL

Em relação à carta de ordem, no sítio do Ministério da Justiça: *http://portal. mj.gov.br/data/Pages/MJE1AEA228ITEMIDB07566BFEED64A018FE908345C-B79EC0PTBRIE.htm*, encontra-se a seguinte informação:

> *Carta rogatória*
> *Objeto*
> *A carta rogatória carrega em seu bojo atos não-decisórios e atos decisórios não definitivos. Por meio da carta rogatória, a autoridade judicial, e somente ela, solicita ao Estado requerido que execute ato jurisdicional já proferido, de modo que não cabe àquele outro Estado exercer qualquer cognição de mérito sobre a questão processual.*
> *São exemplos mais comuns de uso da carta rogatória os pedidos de comunicação de atos processuais (citações, intimações e notificações) e de obtenção de provas no exterior. Em certas hipóteses, a obtenção de medidas cautelares no estrangeiro também é possível por meio deste instrumento, assim como o cumprimento de decisões de tutela antecipada. Pode o legislador, ademais, permitir que a carta rogatória sirva de veículo também para executar sentenças estrangeiras. É o que já ocorre, por exemplo, na cooperação levada a cabo dentre os Estados membros do Mercosul: "O pedido de reconhecimento e execução de sentenças e de laudos arbitrais por parte das autoridades jurisdicionais será transmitido por via de cartas rogatórias e por intermédio da Autoridade Central" (Decreto nº 2.067/1996. Artigo 19. Protocolo de Cooperação e Assistência Jurisdicional em Matéria Civil, Comercial, Trabalhista e Administrativa)*
> *Procedimento*
> *A carta rogatória se concretiza em documento oficial que serve de veículo para um pedido de cooperação. Esse veículo é aproveitado em todas as instâncias responsáveis por sua execução, sejam estrangeiras ou nacionais. Na prática, o mesmo documento assinado pelo juiz rogante é aquele que chegará, após análise e seguimento pelas diversas autoridades competentes, ao juízo rogado.*
> *A competência para proferir exequatur às cartas rogatórias no Brasil é do Superior Tribunal de Justiça, nos termos do artigo 105, I, i, da CF. Concedido o exequatur, inicia-se na carta rogatória a segunda fase de seu procedimento. Passa-se à execução do ato jurisdicional estrangeiro por meio do juízo federal do local da execução.*

Havendo convenção com o país ao qual a carta será remetida, por ela se regerá o procedimento de expedição da carta rogatória.

Na ausência de convenção, a carta deverá ser traduzida para o idioma do país de destino e encaminhada através da via diplomática.

O juiz deverá remeter a carta ao Ministério da Justiça, que depois de verificar seus requisitos formais a remeterá ao Ministério das Relações Exteriores que a encaminhará ao país de destino por intermédio dos representantes diplomáti-

ART. 260

cos brasileiros para que a remetam às autoridades locais, a fim de ser praticado ou executado o ato.

Evidentemente que na ausência de relações diplomáticas, o cumprimento da carta rogatória poderá ser totalmente prejudicado, necessitando-se de caminhos alternativos como a via consular ou remessa direta de governo a governo.

O Ministério da Justiça fornece *o modelo* e os requisitos necessários para a expedição de acordos internacionais no sitio, a saber: http://portal.mj.gov.br/data/Pages/MJ4824E353ITEMIDDFB3504D37E543139E8E30CEB80CC-8F5PTBRIE.htm

MODELOS

Modelos de Pedidos de Cooperação Jurídica Internacional

Carta Rogatória e Formulários definidos em Acordos Internacionais

A confecção do pedido de cooperação jurídica internacional é uma etapa que gera algumas dúvidas, principalmente quanto às informações necessárias que devem constar do pedido.

O primeiro passo é verificar a existência de acordo internacional entre o Brasil e o país destinatário, pois os normativos internacionais trazem os requisitos necessários para o envio do pedido.

Alguns acordos trazem inclusive **formulários** obrigatórios como, por exemplo, o 'Protocolo Adicional à Convenção Interamericana sobre Cartas Rogatórias'. O texto dos acordos internacionais esclarece:

1. se os formulários substituem o modelo tradicional de Carta Rogatória, solicitando a assinatura do juízo rogante ao final do documento; ou,
2. se os formulários indicam os pontos principais da Carta Rogatória (não necessitando de assinatura), utilizados em situações especiais, para facilitar a compreensão pelo juízo rogado da documentação enviada.

No caso dos Formulários substitutos, considera-se que eles operam como um modelo específico de carta rogatória para determinado acordo, quando assim especificado no normativo internacional.

Na ausência de exigência de formulários específicos no normativo internacional e quando não há Acordo regulando a relação entre o Brasil e o país destinatário, utiliza-se o modelo tradicional de Carta Rogatória, cujos requisitos constam do artigo 202 do Código de Processo Civil Brasileiro (CPC).

Em resumo, podemos listar os seguintes **requisitos da Carta Rogatória**:

CÓDIGO DE PROCESSO CIVIL

- indicação do juízo rogante (de origem) e do juízo rogado (de destino);
- endereço do juízo rogante;
- identificação da ação e das partes;
- descrição detalhada da medida solicitada (ou finalidade da Carta);
- nome e endereço completos da pessoa a ser citada, notificada, intimada ou inquirida na jurisdição do juízo rogado;
- indicação, no país de destino, do nome e do endereço completos da pessoa responsável pelo pagamento de eventuais despesas processuais decorrentes do cumprimento da Carta Rogatória, ou que seja informado se o requerente da supracitada ação goza dos benefícios da justiça gratuita;
- quando houver a necessidade de comparecimento de pessoa residente no estrangeiro em audiência no Brasil, a designação da data da audiência deve considerar um prazo mínimo de 180 dias, ou um prazo recomendável de 240 dias, a contar da remessa da Carta Rogatória à Autoridade Central;
- qualquer outra informação que possa ser de utilidade ao juízo rogado para os efeitos de facilitar o cumprimento da carta rogatória; e,
- encerramento com a assinatura do juiz.

Referente à **documentação que acompanha a Carta Rogatória**, ressalta-se a necessidade de:

- petição inicial;
- despacho judicial que ordene sua expedição;
- procuração;
- para oitiva de testemunha ou depoimento pessoal, deverá acompanhar a carta os quesitos (perguntas) a serem feitos à pessoa designada pelo juízo estrangeiro;
- outras peças consideradas indispensáveis pelo juízo rogante, conforme a natureza da ação; e,
- tradução de todos os documentos enviados.

Toda a documentação deverá ser enviada em duas vias. Tal requisito considera a necessidade da entrega de um conjunto da documentação ao destinatário ("contra-fé").

Considerando o conhecimento adquirido na qualidade de Autoridade Central, procurou-se confeccionar um **modelo simplificado de Carta Rogatória como sugestão**. Constam desse Modelo os requisitos apresentados acima, ou seja, os dados comumente verificados pelos países estrangeiros quando do recebimento dos pedidos de cooperação jurídica internacional.

ART. 260

Por fim, ressalta-se que essas orientações de caráter geral devem ser complementadas com eventuais requisitos específicos do país destinatário, que podem ser consultados no item 'Orientações por País' do Menu.

Abaixo, segue quadro-resumo das orientações repassadas, além dos Formulários estabelecidos nos Acordos Internacionais.

Confecção do Pedido de Cooperação Jurídica Internacional		
Normativo Internacional exige formulário?		
Sim e substitui a Carta Rogatória	Sim, nas não substitui a Carta Rogatória	Não
Utilizar Formulários	Utilizar Formulário + Carta Rogatória	Utilizar Carta Rogatória

Formulários Obrigatórios (Exigidos em Acordos Internacionais)					
Diligência	Acordo	Substituem a Carta Rogatória?	Países	Formulários definidos em Acordos Internacionais	Exemplo de Preenchimento dos Formulários
Comunicação de Atos Processuais (Citação, Intimação, Notificação)	Protocolo Adicional à Convenção Interamericana sobre Cartas Rogatórias	Sim	Colômbia, El Salvador, Equador, EUA, Guatemala, México, Panamá, Peru, e Venezuela	**Formulários A e B do Protocolo Adicional**	**Exemplo de Formulários A e B do Protocolo Adicional**
	Acordo Bilateral Brasil – Espanha. (Artigo 4 do Acordo Bilateral)	Não	Espanha	**Formulário Bilíngüe Brasil-Espanha**	**Exemplo de Formulário Bilíngüe Brasil-Espanha**

Referente à **Carta Rogatória**, segue abaixo um quadro com o **modelo simplificado** e alguns **modelos específicos**, com requisitos adicionais, a depender da diligência (medida) solicitada. Todos os modelos são acompanhados de exemplos de preenchimento. Após o quadro, segue breve explanação dos requisitos adicionais para algumas das diligências solicitadas.

Modelos para a confecção de Pedido de Cooperação Jurídica Internacional Sugestões (não obrigatório)		
Diligência	Modelo de Pedido de Cooperação	Exemplo de preenchimento do modelo
Diligência 1: Comunicação de Atos Processuais (Citação, Intimação, Notificação)	**Modelo Simplificado de Carta Rogatória**	**Exemplo de Carta Rogatória**
Diligência 2: Obtenção de Provas (Oitiva de Testemunha, Depoimento Pessoal, Obtenção de Informação, Obtenção de Cópia de Documento)		**Exemplo de Carta Rogatória**
Diligência 3: Obtenção de Provas (Prova Pericial)		
Diligência 4: Obtenção de Informações Bancárias	**Modelo de Pedido de Cooperação em Matéria Cível para Obtenção de Informações Bancárias**	Exemplo de Pedido de Cooperação em Matéria Cível para Obtenção de Informações Bancárias
Diligência 8: Reconhecimento e Execução de Sentença	Modelo de Pedido de Cooperação para Solicitação de Reconhecimento e Execução de Sentença – com base no Protocolo de Las Leñas (Mercosul) ou no Acordo Mercosul-Bolívia-Chile	Exemplo de Pedido de Cooperação para Solicitação de Reconhecimento e Execução de Sentença – com base no Protocolo de Las Leñas (Mercosul) ou no Acordo Mercosul-Bolívia-Chile
Diligência 9: Localização de Pessoa (Provável Endereço Residencial)	**Modelo de Pedido de Cooperação para Localização de Pessoa** (de Provável Endereço Residencial)	Exemplo de Pedido de Cooperação para Localização de Pessoa (Provável Endereço Residencial)

Pedido de Cooperação para a Obtenção de Dados Bancários

Noticiamos serem necessários, para a aludida cooperação: a) a especificação do objeto do pedido com indicação do país em que se encontram (ou suspeita encontrarem-se) os bens mantidos no exterior pelas pessoas físicas e jurídicas indicadas; b) as instituições financeiras que as abrigam, com endereço e número da conta bancária onde os recursos estão supostamente depositados; e c) a demonstração de nexo de causalidade entre as partes envolvidas, o pedido de cooperação formulado e a causa de pedir, ou seja, a importância da cooperação solicitada para o processo.

ART. 260

Pedido de Cooperação para o Reconhecimento e a Execução de Sentença com base no Protocolo de Las Leñas ou no Acordo Mercosul-Bolívia-Chile
Será preciso observar os requisitos do Capítulo V do 'Protocolo de Las Leñas' ou do 'Acordo Mercosul-Bolívia-Chile', em especial os artigos 20 e 21, com atenção para a necessidade de: a) demonstrar que a parte contra a qual se pretende executar a decisão tenha sido devidamente citada e tenha garantido o exercício de seu direito de defesa; b) declarar que a decisão tenha força de coisa julgada e/ou executória no Estado em que foi ditada; e, c) conter a transcrição da sentença proferida

A carta rogatória passiva somente poderá ser cumprida em território brasileiro após o Superior Tribunal de Justiça conceder o *exequatur*.

O presidente do Superior Tribunal de Justiça, observado o disposto no Regimento Interno, concederá exequatur às cartas rogatórias provenientes do exterior, salvo se lhes faltar autenticidade ou se a medida solicitada, quanto à sua natureza, atentar contra a ordem pública nacional.

Com o fim de garantir a segurança jurídica, antecipando-se em suas novas responsabilidades, a Presidência do STJ editou a Resolução n. 22, que sujeitou tais feitos, transitoriamente, aos ritos previstos nos artigos 215 a 224 para homologação e execução de sentença estrangeira do Regimento Interno do Supremo Tribunal Federal – RISTF. Por meio de seu art. 1º, parágrafo único, a Resolução n. 22/2004 conferiu, à Corte Especial do STJ, as competências atribuídas anteriormente ao Plenário do STF, enumeradas nos artigos 219, parágrafo único, 223 e 228, parágrafo único do RISTF.

Foi expedido pelo Presidente do STJ, Ministro Edson Vidigal, o Ato n. 15, de 16 de fevereiro de 2005, delegando ao Vice-Presidente do Tribunal, Ministro Sálvio de Figueiredo, a competência para o *exequatur*.

Estes dois dispositivos, todavia, foram expressamente revogados pelo art. 15 da Resolução n. 9, de 4 de maio de 2005, que dispôs, ainda em caráter transitório e até que se estabeleça um regimento interno próprio para tal finalidade, sobre a competência acrescida ao STJ pela EC n. 45/2004.

O juiz deprecante mandará trasladar na carta quaisquer outras peças, bem como instruí-la com mapa, desenho ou gráfico, sempre que esses documentos devam ser examinados, na diligência, pelas partes, pelos peritos ou pelas testemunhas (*§1º do art. 260 do novo C.P.C.*).

Muito embora as peças essenciais estejam descritas nos incisos do art. 260 do novo C.P.C., nada impede que o juiz deprecante determine o traslado de outras peças do processo, podendo instruía-la com mapas ou gráficos, principalmente quando esses documentos forem importantes para a realização do ato processual ou para o conhecimento das partes, peritos ou testemunhas.

CÓDIGO DE PROCESSO CIVIL

Quando o objeto da carta for exame pericial sobre documento, este será remetido em original, ficando nos autos reprodução fotográfica (*§2º do art. 260*). Preceitua o art. 11, §2º da Lei 11.419/06:

> *Art. 11. Os documentos produzidos eletronicamente e juntados aos processos eletrônicos com garantia da origem e de seu signatário, na forma estabelecida nesta Lei, serão considerados originais para todos os efeitos legais.*
>
> *§ 2º A arguição de falsidade do documento original será processada eletronicamente na forma da lei processual em vigor.*

Ocorre que, nem sempre a análise da falsidade poderá ser feita por meio de documento digitalizado, principalmente quando a arguição de falsidade ocorre em relação à assinatura do documento, pois a força exercida sobre a caneta para se realizar a assinatura é um fator importante de análise pericial, salvo, evidentemente, se o documento foi assinado de forma digital.

Na verdade, e*ste dispositivo indica o grande calcanhar de Aquiles do processo eletrônico, uma vez que em se tratando de exame pericial sobre d*ocumento, o documento original e não sua imagem em pdf ou outro meio eletrônico é que deverá ser remetido ou analisado, ou seja, sempre deverá ser em papel, principalmente quando se fala em falsidade de assinatura.

As cartas de ordem, precatória e rogatória deverão, preferencialmente, ser expedidas por meio eletrônico, caso em que a assinatura do juiz deverá ser eletrônica na forma da lei. Tendo em vista que num futuro próximo quase a totalidade dos processos terá trâmite pela via judicial eletrônica, não poderia ser diferente o meio de expedição de carta precatória, rogatória, de ordem e mesmo arbitral.

O art. 7º da Lei 11.419/06 preconiza que: *as cartas precatórias, rogatórias, de ordem e, de um modo geral, todas as comunicações oficiais que transitem entre órgãos do Poder Judiciário, bem como entre os deste e os dos demais Poderes, serão feitas preferentemente por meio eletrônico.*

As assinaturas dos juízes deverão ser realizadas através de *assinatura eletrônica* que apresenta duas modalidades: a) assinatura digital baseada em certificação, conforme disciplinada em lei especial; b) decorrente de cadastramento perante o Poder Judiciário.

A Medida Provisória n. 2.200/2 de 2001 institui a Infraestrutura de Chaves Públicas Brasileiras – ICP-Brasil, transforma o Instituto Nacional de Tecnologia da Informação em autarquia, e dá outras providências.

Segundo estabelece o art. 261 do novo C.P.C., em todas as cartas o juiz fixará o prazo para cumprimento, atendendo à facilidade das comunicações e à natureza da diligência

ART. 260

Uma questão importante na rápida tramitação processual é justamente o tempo de cumprimento dos atos processuais por meio das cartas, principalmente precatória e rogatória.

Diante da comunicação eletrônica, não há dúvida de que a carta precatória ou de ordem poderá ser cumprida em menor tempo do que o exigido para as cartas confeccionadas em papel, pois sua expedição e recepção ocorrerá em questão de segundos.

Daí porque a necessidade de unificação de sistemas processuais, a fim de que todos os juízos e Tribunais possam se comunicar num mesmo sistema eletrônico processual.

Também a natureza da diligência será um fator importante para que o juiz deprecante determine o prazo de seu cumprimento.

Evidentemente que nas cartas expedidas nos processos de execução, principalmente para citação, penhora, avaliação e arrematação de bens, dificilmente haverá um prazo máximo a ser fixado, uma vez que a imprevisão da realização desses atos pode por em risco qualquer prazo que seja fixado previamente. O certo é o juiz deprecante solicitar a cada 60 (sessenta) dias informação sobre o trâmite processual da carta expedida, até mesmo para poder ter um controle sobre o seu andamento e prestar as devidas e exigidas informações aos órgãos correcionais.

Segundo anota E. D. Moniz de Aragão: *"Até que se esgote o prazo concedido ou regresse cumprida, será aguardada a devolução da carta requerida antes do saneamento do processo e deferida com efeito suspensivo (arts. 265, IV, b e 338). No caso, porém, de não ter prazo ou haver sido deferida sem efeito suspensivo, o juiz não estará no dever de esperar sua devolução.*

O prazo há de ser fixado tendo em vista as indicações do texto, constituindo abuso de poder fixá-lo tão breve que prive de efeito a expedição da carta ou tão longo que sirva para procrastinar o andamento do feito em detrimento da Justiça e das partes."[675]

Fixado o prazo para cumprimento da carta, e, havendo culpa da parte interessada pelo seu não retorno no prazo fixado, deve o juízo deprecante prosseguir com o processo, aplicando, se for o caso, as consequências legais da não realização do ato.

Preceitua o §3º do art. 260 do atual C.P.C. que a *carta arbitral atenderá, no que couber, aos requisitos a que se refere o caput e será instruída com a convenção de arbitragem e com as provas da nomeação do árbitro e da sua aceitação da função.*

---

[676] MONIZ DE ARAGÃO, E. D. *Comentários ao código de processo civil.* 6ª ed., vol. II (arts. 154 a 269). Rio de Janeiro: Editora Forense, 1989. p.199 e 200.

O novo C.P.C. institui na lei processual uma nova espécie de carta, ou seja, a *carta arbitral.*

Na realidade, conforme consta da exposição do Relatório da Câmara dos Deputados ao Projeto do novo C.P.C.: *"no Brasil praticamente não existia a arbitragem em 1973. Atualmente, o Brasil é o quarto país do mundo em número de arbitragens realizadas na Câmara de Comércio Internacional. O CPC de 1973 pressupôs a realidade da arbitragem daquela época. É preciso construir um código afinado à nova realidade, para se prever, por exemplo, o procedimento da carta arbitral e instituir a possibilidade de alegação autônoma de convenção de arbitragem(...).*

Prevê-se expressamente a carta arbitral como instrumento de cooperação entre o tribunal arbitral e o juiz estatal...".

A carta de arbitragem será instruída ainda com a convenção de arbitragem e com as provas da nomeação do árbitro e da sua aceitação da função.

Art. 261

Em todas as cartas o juiz fixará o prazo para cumprimento, atendendo à facilidade das comunicações e à natureza da diligência.

§ 1º As partes deverão ser intimadas pelo juiz do ato de expedição da carta.

§ 2º Expedida a carta, as partes acompanharão o cumprimento da diligência perante o juízo destinatário, ao qual compete a prática dos atos de comunicação.

§ 3º A parte a quem interessar o cumprimento da diligência cooperará para que o prazo a que se refere o caput seja cumprido.

Prazo para cumprimento e acompanhamento das cartas

Tendo em vista o princípio da *celeridade processual*, não se admite que o processo permaneça paralisado por um longo tempo, salvo exceções, a fim de aguardar o cumprimento da carta.

Por isso, em todas as cartas o juiz deverá fixar o prazo para o cumprimento, analisando as circunstâncias objetivas para a realização do objeto do ato processual.

Há casos, por exemplo, penhora, avaliação e hasta pública de bens que poderá ensejar prazo longo para a sua realização.

Já o ato citatório poderá ser realizado em prazo reduzido, razão pela qual a sua fixação não deverá ser estendida.

Preceitua o *§1º do art. 261* do atual C.P.C. que *as partes deverão ser intimadas pelo juiz do ato de expedição da carta.*

Este dispositivo estabelece a única obrigação do juízo deprecante em relação à carta precatória após a sua expedição. As partes deverão ser intimadas pelo juízo deprecante do ato de expedição da carta, até para que possam acompanhar sua tramitação no juízo deprecado.

Porém, a falta de intimação das partes da expedição da carta constitui nulidade relativa, dependendo da efetiva ocorrência de prejuízo, conforme preconiza a Súmula 155 do S.T.F., que trata do processo criminal, mas que sua *ratio* tem aplicação também no processo civil. Preceitua a Súmula 155 do S.T.F.: *é relativa a nulidade do processo criminal por falta de intimação da expedição de precatória para inquirição de testemunha.*

Sobre o tema, já decidiu o S.T.J.:

(...).

III. A falta de intimação da expedição da carta precatória para a inquirição de testemunha constitui nulidade relativa, estando sujeita à preclusão.

IV. Verificado que a defesa não arguiu qualquer nulidade no momento oportuno, isto é, quando da apresentação das alegações finais, afasta-se a hipótese de nulidade do ato.

(...).

(REsp 1074672/RS, Rel. Ministro GILSON DIPP, QUINTA TURMA, julgado em 01/03/2011, DJe 14/03/2011).

Estabelece o *§2º do art. 261* do atual C.P.C. que *expedida a carta, as partes acompanharão o cumprimento da diligência junto ao juízo destinatário, ao qual compete a prática dos atos de comunicação.*

Como se disse, a única obrigação imposta pelo legislador ao juízo deprecante é realizar a intimação das partes da expedição da carta.

Uma vez intimadas, as partes poderão acompanhar no juízo deprecado o cumprimento da diligência.

A jurisprudência vinha entendendo que competiria às partes acompanhar a carta no juízo deprecado, inclusive para se informar da data de realização de eventual audiência. Nesse sentido são os seguintes precedentes:

1 – Não há falar em nulidade decorrente da falta de intimação para a audiência de oitiva de testemunha no juízo deprecado, quando a defesa foi devidamente intimada da expedição da carta precatória.

CÓDIGO DE PROCESSO CIVIL

2 – Cabe ao defensor acompanhar o trâmite da carta precatória junto ao juízo deprecado, verificando, inclusive, a data de realização da audiência, em face de seu caráter itinerante.

3 – Recurso ordinário improvido.

(RHC 13.466/SP, Rel. Ministro FERNANDO GONÇALVES, SEXTA TURMA, julgado em 17/12/2002, DJ 17/02/2003, p. 368).

1 – Não há falar em nulidade decorrente da falta de intimação para a audiência de oitiva de testemunha no juízo deprecado, quando a defesa foi devidamente intimada da expedição da carta precatória.

2 – Cabe ao defensor acompanhar o trâmite da carta precatória junto ao juízo deprecado, verificando, inclusive, a data de realização da audiência, em face de seu caráter itinerante.

3 – Recurso ordinário improvido.

(RHC 13.466/SP, Rel. Ministro FERNANDO GONÇALVES, SEXTA TURMA, julgado em 17/12/2002, DJ 17/02/2003, p. 368).

Porém, não havia razão plausível para não se intimar as partes sobre a realização do ato para cumprimento da carta, como, por exemplo, dia da realização da audiência de instrumento e julgamento.

Agora, o novo C.P.C., ao mesmo tempo que estabelece as partes acompanharão o cumprimento da carta junto ao juízo destinatário, também determina ao juízo deprecado que faça as comunicações necessárias, inclusive intimar as partes sobre data da realização da audiência.

Competirá ao juízo deprecado a prática dos atos de comunicação, como, por exemplo, intimação da audiência de oitiva de testemunha, intimação da data e da hora da realização da perícia judicial etc.

Estabelece o §3º do 261 do atual C.P.C. que *a parte a quem interessar o cumprimento da diligência cooperará para que o prazo a que se refere o caput seja cumprido.*

Em todas as cartas o juiz fixará o prazo para cumprimento, atendendo à facilidade das comunicações e à natureza da diligência.

Tendo em vista o princípio da *celeridade processual*, não se admite que o processo permaneça paralisado por um longo tempo, salvo exceções, a fim de aguardar o cumprimento da carta.

Por isso, em todas as cartas o juiz deverá fixar o prazo para o cumprimento, analisando as circunstâncias objetivas para a realização do objeto do ato processual.

ART. 261

A parte que tiver interesse no cumprimento da diligência *cooperará* para que o prazo seja cumprido, inclusive mediante atividades que sejam de sua responsabilidade, como, por exemplo, pagamento das custas processuais dos atos de cumprimento da carta.

Trata-se da efetiva aplicação do *princípio da cooperação* previsto neste código. Sobre o tema, eis os seguintes precedentes do S.T.J.:

1. Esta Corte pacificou seu entendimento no sentido de que, ainda que a execução fiscal tenha sido promovida na Justiça Federal (o que afasta a incidência da norma inserta no artigo 1º, § 1º, da Lei 9.289/96), cabe à Fazenda Pública federal adiantar as despesas com o transporte/condução/deslocamento dos oficiais de justiça necessárias ao cumprimento da carta precatória de penhora e avaliação de bens (processada na Justiça Estadual), por força da princípio hermenêutico ubi eadem ratio ibi eadem legis dispositio.

2. Precedente: REsp 1.144.687/RS, Rel. Min. Luiz Fux, Primeira Seção, DJe 21.5.2010 – submetido à sistemática dos recursos repetitivos.

3. Recurso especial não provido.

(REsp 1165681/RS, Rel. Ministro MAURO CAMPBELL MARQUES, SEGUNDA TURMA, julgado em 10/08/2010, DJe 10/09/2010).

1. A citação, no âmbito de execução fiscal ajuizada perante a Justiça Federal, pode ser realizada mediante carta precatória dirigida à Justiça Estadual, ex vi do disposto no artigo 1.213, do CPC, verbis: "As cartas precatórias, citatórias, probatórias, executórias e cautelares, expedidas pela Justiça Federal, poderão ser cumpridas nas comarcas do interior pela Justiça Estadual." 2. O artigo 42, da Lei 5.010/66, determina que os atos e diligências da Justiça Federal podem ser praticados em qualquer Comarca do Estado ou Território pelos Juízes locais ou seus auxiliares, mediante a exibição de ofício ou mandado em forma regular, sendo certo que a carta precatória somente deve ser expedida quando for mais econômica e expedita a realização do ato ou diligência.

(...).

5. A União e suas autarquias são isentas do pagamento de custas dos serviços forenses que sejam de sua responsabilidade, ex vi do disposto no caput do artigo 39, da Lei 6.830/80, verbis: "Art. 39 – A Fazenda Pública não está sujeita ao pagamento de custas e emolumentos. A prática dos atos judiciais de seu interesse independerá de preparo ou de prévio depósito.

Parágrafo Único – Se vencida, a Fazenda Pública ressarcirá o valor das despesas feitas pela parte contrária." 6. O artigo 27, do CPC, por seu turno, estabelece que "as despesas dos atos processuais, efetuados a requerimento do Ministério Público ou da Fazenda Pública, serão pagas ao final, pelo vencido".

7. Entrementes, a isenção do pagamento de custas e emolumentos e a postergação do custeio das despesas processuais (artigos 39, da Lei 6.830/80, e 27, do CPC), privilégios de que goza a Fazenda Pública, não dispensam o pagamento antecipado das despesas com o transporte dos oficiais de justiça ou peritos judiciais, ainda que para cumprimento de diligências em execução fiscal ajuizada perante a Justiça Federal.

8. É que conspira contra o princípio da razoabilidade a imposição de que o oficial de justiça ou o perito judicial arquem, em favor do Erário, com as despesas necessárias para o cumprimento dos atos judiciais.

9. A Súmula 190/STJ, ao versar sobre a execução fiscal processada perante a Justiça Estadual, cristalizou o entendimento de que: "Na execução fiscal, processada perante a justiça estadual, cumpre a fazenda pública antecipar o numerário destinado ao custeio das despesas com o transporte dos oficiais de justiça." 10. O aludido verbete sumular teve por fundamento tese esposada no âmbito de incidente de uniformização de jurisprudência, segundo a qual: "Na execução fiscal, a Fazenda Pública não está sujeita ao pagamento de custas e emolumentos; já as despesas com transporte dos oficiais de justiça, necessárias para a prática de atos fora do cartório, não se qualificam como custas ou emolumentos, estando a Fazenda Pública obrigada a antecipar o numerário destinado ao custeio dessas despesas. Uniformização de jurisprudência acolhida no sentido de que, na execução fiscal, a Fazenda Pública está obrigada a antecipar o valor destinado ao custeio de transporte dos oficiais de justiça." (IUJ no RMS 1.352/SP, Rel. Ministro Ari Pargendler, Primeira Seção, julgado em 26.02.1997) 11. A Primeira Seção, em sede de recurso especial representativo de controvérsia, consolidou jurisprudência no sentido de que: (i) "A isenção de que goza a Fazenda Pública, nos termos do art. 39, da Lei de Execuções Fiscais, está adstrita às custas efetivamente estatais, cuja natureza jurídica é de taxa judiciária, consoante posicionamento do Pretório Excelso (RE 108.845), sendo certo que os atos realizados fora desse âmbito, cujos titulares sejam pessoas estranhas ao corpo funcional do Poder Judiciário, como o leiloeiro e o depositário, são de responsabilidade do autor exequente, porquanto essas despesas não assumem a natureza de taxa, estando excluídas, portanto, da norma insculpida no art. 39, da LEF.

Diferença entre os conceitos de custas e despesas processuais."; e que (ii) "de acordo com o disposto no parágrafo único art. 39 da Lei 6.830/80, a Fazenda Pública, se vencida, é obrigada a ressarcir a parte vencedora no que houver adiantado a título de custas, o que se coaduna com o art. 27, do Código de Processo Civil, não havendo, desta forma, riscos de se criarem prejuízos à parte adversa com a concessão de tal benefício isencional." (REsp 1.107.543/SP, julgado em 24.03.2010).

ART. 263

(...).
(REsp 1144687/RS, Rel. Ministro LUIZ FUX, PRIMEIRA SEÇÃO, julgado em 12/05/2010, DJe 21/05/2010).

Art. 262

A carta tem caráter itinerante, podendo, antes ou depois de lhe ser ordenado o cumprimento, ser encaminhada a juízo diverso do que dela consta, a fim de se praticar o ato.

Parágrafo único. O encaminhamento da carta a outro juízo será imediatamente comunicado ao órgão expedidor, que intimará as partes.

Natureza itinerante das cartas

Toda carta tem *caráter itinerante*, razão pela qual, nos termos do *art. 262* do novo C.P.C., *antes ou depois de lhe ser ordenado o cumprimento, poderá ser encaminhada a juízo diverso do que dela consta, a fim de se praticar o ato.*

É requisito essencial da carta a indicação do juízo a que se destina. Porém, o seu cumprimento poderá ser realizado por outro juízo que não aquele indicado originariamente na carta.

Se o juízo competente para o cumprimento da carta é outro, esta não deve ser devolvida ao juízo deprecante, mas remetida ao juízo competente para a o seu efetivo cumprimento.

O *caráter itinerante* da carta permite, ainda, que ela seja cumprida por partes. Por exemplo, um juiz realiza a citação, outro a penhora e arrematação etc.

O encaminhamento da carta a outro juízo será imediatamente comunicado ao órgão expedidor, que intimará as partes da sua nova localização (*parágrafo único do art. 262* do novo C.P.C.).

Art. 263

As cartas deverão, preferencialmente, ser expedidas por meio eletrônico, caso em que a assinatura do juiz deverá ser eletrônica, na forma da lei.

Expedição das cartas preferencialmente por meio eletrônico

Segundo estabelece o art. 261 do novo C.P.C., em todas as cartas o juiz fixará o prazo para cumprimento, atendendo à facilidade das comunicações e à natureza da diligência.

Uma questão importante na rápida tramitação processual é justamente o tempo de cumprimento dos atos processuais por meio das cartas, principalmente precatória e rogatória.

Diante da comunicação eletrônica, não há dúvida de que a carta precatória ou de ordem poderá ser cumprida em menor tempo do que o exigido para as cartas confeccionadas em papel, pois sua expedição e recepção ocorrerá em questão de segundos.

Daí porque a necessidade de unificação de sistemas processuais, a fim de que todos os juízos e Tribunais possam se comunicar num mesmo sistema eletrônico processual.

Também a natureza da diligência será um fator importante para que o juiz deprecante determine o prazo de seu cumprimento.

Com muito mais razão deverá a carta ser transmitida por meio eletrônico quando houver urgência no seu cumprimento.

Art. 264

A carta de ordem e a carta precatória por meio eletrônico, por telefone ou por telegrama conterão, em resumo substancial, os requisitos mencionados no art. 250, especialmente no que se refere à aferição da autenticidade.

Requisitos essenciais para expedição da carta por meio eletrônico, por telefone ou telegrama

Pode-se inserir neste dispositivo também a *carta arbitral* e havendo convênio internacional a *carta rogatória.*

A utilização do correio eletrônico é um mecanismo importante de agilização processual, desde que contenha, em resumo substancial, os requisitos do art. 250 do novo C.P.C. e mecanismo seguro de aferição da autenticidade.

No âmbito do Tribunal Regional Federal da 4ª Região há um mecanismo seguro utilizado pelos diversos órgãos da Justiça Federal da 4ª Região, juízes de primeiro e segundo graus, através do denominado SISCOM, ou seja, Sistema de Comunicação eletrônico.

Art. 265

O secretário do tribunal, o escrivão ou o chefe de secretaria do juízo deprecante transmitirá, por telefone, a carta de ordem ou a carta precatória ao juízo em que houver de se cumprir o ato, por intermédio do escrivão do primeiro ofício da primeira vara, se houver na comarca mais de um ofício ou de uma vara, observando-se, quanto aos requisitos, o disposto no art. 264.

§ 1º O escrivão ou o chefe de secretaria, no mesmo dia ou no dia útil imediato, telefonará ou enviará mensagem eletrônica ao secretário do tribunal, ao escrivão ou ao chefe de secretaria do juízo deprecante, lendo-lhe os termos da carta e solicitando-lhe que os confirme.

§ 2º Sendo confirmada, o escrivão ou o chefe de secretaria submeterá a carta a despacho.

Segurança na expedição de carta por telefone
O teor do presente dispositivo é o mesmo que se encontrava no art. 207 do C.P.C. de 1973.

Quando, em razão da urgência, a carta de ordem ou precatória deva ser transmitida por telefone, esta será comunicada ao escrivão ou chefe de secretaria do primeiro ofício da primeira vara, se houver na comarca ou na Seção ou Subseção judiciária mais de um ofício ou de uma vara, observando-se, quanto aos requisitos, o disposto no art. 264.

Evidentemente que em se tratando de carta precatória ou rogatória criminal, deveria ser ela transmitida diretamente ao juízo criminal, principalmente nos dias atuais em que o progresso eletrônico permite transmissão de dados com mais rapidez do que por telefone.

Outrossim, com a implantação dos sistemas eletrônicos de comunicação, não se justifica mais a transmissão de precatória por meio de telefônico.

O telefone, talvez, poderia ser um importante meio de comunicação da expedição da carta por meio eletrônico.

Trata-se, evidentemente, de uma regra que tinha inteira aplicação na década de 70, quando entrou em vigor o C.P.C. de 1973, mas que atualmente não se justifica mais.

O escrivão ou chefe de secretaria, no mesmo dia ou no dia útil imediato, telefonará ou enviará mensagem eletrônica ao secretário do tribunal, ao escrivão ou ao chefe de secretaria do juízo deprecante, lendo-lhe os termos da carta e solicitando-lhe que os confirme (*§1º do art. 265 do novo C.P.C.*). Sendo confirmada, o escrivão ou chefe de secretaria submeterá a carta a despacho (*§2º do art. 265 do novo C.P.C.*).

Art. 266

Serão praticados de ofício os atos requisitados por meio eletrônico e de telegrama, devendo a parte depositar, contudo, na secretaria do tribunal ou no cartório do juízo deprecante, a importância correspondente às despesas que serão feitas no juízo em que houver de praticar-se o ato.

Prática de ofício dos atos requisitados por meio de correio eletrônico e de telegrama

Este dispositivo trata dos atos processuais que devem ser praticados com urgência.

Recebendo o juízo deprecado requisições por telefone, meio eletrônico ou telegrama, deverá executar o ato de ofício, sem necessidade de nova intervenção das partes. A lei libera a execução da carta, nesta hipótese, dos atos meramente procedimentais, que não se compreendam no poder dispositivo das partes.

Eventuais despesas com a expedição e cumprimento das cartas deverão ser depositadas pela parte interessada no seu cumprimento no juízo deprecante (tribunal ou juízo de primeiro grau). A importância é definida de imediato, devendo a parte ser intimada para de plano realizar o depósito no juízo deprecante. Se o recolhimento das custas e despesas não for por meio de DARF ou outra guia geral de recolhimento de despesas, a importância deverá ser remetida o mais rápido possível ao juízo deprecado.

Evidentemente que não são apenas as cartas urgentes que estão sujeitas a depósito de custas e despesas, mas todas as demais cartas, pois todas acarretam despesas processuais.

Art. 267

O juiz recusará cumprimento a carta precatória ou arbitral, devolvendo-a com decisão motivada quando:

I – a carta não estiver revestida dos requisitos legais;

II – faltar ao juiz competência em razão da matéria ou da hierarquia;

III – o juiz tiver dúvida acerca de sua autenticidade.

Parágrafo único. No caso de incompetência em razão da matéria ou da hierarquia, o juiz deprecado, conforme o ato a ser praticado, poderá remeter a carta ao juiz ou ao tribunal competente.

Recusa ao cumprimento de carta precatória ou arbitral

Em regra, o juízo deprecado não poderá recusar o cumprimento da carta precatória ou arbitral, salvo nas hipóteses do *art. 267* do novo C.P.C., que assim dispõe: *o juiz recusará o cumprimento à carta precatória ou arbitral, devolvendo-a com decisão motivada: I – quando não estiver revestida dos requisitos legais; II – quando faltar-lhe competência em razão da matéria ou da hierarquia; III – quando tiver dúvida acerca de sua autenticidade.*

As hipóteses de recusa no cumprimento da carta precatória ou arbitral são *taxativas*, pois o juiz deprecado somente poderá recusar seu cumprimento se ocorrer algumas das circunstâncias dos incisos I a III do art. 267.

Daí porque o juiz deprecado não poderá recusar o cumprimento da precatória ou da carta arbitral, mesmo que chegue à conclusão de que a decisão proferida pelo juiz deprecante é totalmente divorciada das determinações legais ou jurisprudenciais. Não cabe ao juízo deprecado realizar a função de órgão gestor ou correcional do exercício da atividade jurisdicional do juízo deprecante.

Assim, nenhum juiz poderá recusar o cumprimento de carta precatória ou arbitral por motivo de fundo ou substancial. Somente os motivos formais autorizam sua recusa ou não cumprimento. Nesse sentido é o seguinte precedente do S.T.J.:

> *1. Esta Casa possui orientação pacífica no sentido de que a carta precatória só pode deixar de ser cumprida pelo juízo deprecado nas hipóteses previstas no art. 209 do Código de Processo Civil, a saber: "I – quando não estiver revestida dos requisitos legais; II – quando carecer de competência em razão da matéria ou da hierarquia; III – quando tiver dúvida acerca de sua autenticidade".*
>
> *2. As cartas precatórias em tela preenchem os requisitos legais, não existindo justificativa para o seu não cumprimento, razão por que devem retornar ao juízo deprecado, a fim de serem realizadas as diligências nelas previstas.*
>
> *3. Conflito conhecido para fixar a competência do Juízo de Direito da 4ª Vara de Cajazeiras – PB, para o cumprimento das cartas precatórias em apreço.*
>
> (CC 76.879/PB, Rel. Ministra MARIA THEREZA DE ASSIS MOURA, TERCEIRA SEÇÃO, julgado em 13/08/2008, DJe 26/08/2008)

Evidentemente que se o conteúdo da precatória possa ensejar crime ou outro fato grave, deverá o juízo deprecado comunicar tal fato aos órgãos correcionais competentes.

É importante salientar que as hipóteses de recusa estabelecidas no art. 267 somente se aplicam às cartas precatórias ou arbitrais e, em regra, não às cartas de ordem, uma vez que o Tribunal não solicita mas determina o cumprimento do ato, exercendo neste caso uma postura hierarquizada em relação aos juízos que estão submetidos à sua competência. Contudo, se efetivamente a carta de ordem não está devidamente instruída com os requisitos legais, nada impede que o juízo deprecado peça informação ao Tribunal se deve assim mesmo realizar o ato ou se serão remetidas as peças faltantes.

O dispositivo também não se aplica às cartas rogatórias, uma vez que a legislação brasileira não regula situações extraterritoriais. Se houver recusa no cumprimento da carta de ordem, principalmente em se tratando de citação do réu, esta deverá ser realizada por edital. Também não se aplica às cartas rogatórias advindas do exterior, pois uma vez concedido o *exequatur* pelo Superior Tribunal de Justiça, deverá o juízo deprecado apenas cumprir a determinação.

O inc. I do art. 267 estabelece que o juiz não cumprirá a carta precatória ou arbitral *quando não estiver revestida dos requisitos legais,* ou seja, quando não indicar o juízo de origem e de cumprimento do ato, quando não contiver o inteiro teor da petição, do despacho judicial e do instrumento do mandato conferido ao advogado, quando não fizer menção do ato processual que lhe constitui objeto ou quando não for encerrada com a assinatura do juízo deprecante.

O inc. II do art. 267 diz que o juiz poderá recusar o cumprimento da carta precatória ou arbitral quando lhe faltar competência em razão da matéria ou hierarquia. O dispositivo trata da denominada *competência absoluta.*

Não poderá o juiz deprecado recusar o cumprimento da carta precatória ou arbitral se se tratar de competência em razão do valor ou territorial, ou seja, se se tratar de *competência relativa,* uma vez que o juiz não poderá declarar do ofício esse tipo de incompetência.

Sobre a questão de conflito de competência, eis os seguintes precedentes do S.T.J.:

(...).

3. O conflito de competência não é instrumento idôneo para discutir a aplicabilidade ou não de regra processual pelo magistrado, que, com amparo em específicas normas que regem a falência, interpreta a ordem contida em carta precatória e pronuncia o seu descumprimento por ser diligência inviável de efetivação no processo falimentar.

4. Agravo regimental desprovido.

(AgRg no CC 119.125/RN, Rel. Ministro JOÃO OTÁVIO DE NORONHA, SEGUNDA SEÇÃO, julgado em 28/08/2013, DJe 02/09/2013).

ART. 267

1. O que se analisa, na presente hipótese, é simplesmente a competência para a prática de um ato processual, cujos parâmetros estão previstos no art. 209 do CPC. Esta Seção, ao julgar o CC 13.728/SP (Rel. Min. Milton Luiz Pereira, DJ de 4.9.1995), proclamou que o juízo deprecado não é o da causa, mas o simples executor dos atos deprecados, não lhe cabendo perquirir o merecimento, só podendo recusar o cumprimento e devolução da precatória sob o arnês das hipóteses amoldadas no art. 209, I, II e III, do CPC. Ainda nesta Seção, por ocasião do julgamento do CC 40.406/SP (Rel. Min. Castro Meira, DJ de 15.3.2004, p. 145), decidiu-se que não pode o juiz estadual negar cumprimento à carta precatória, sob o argumento de que sua comarca insere-se no âmbito de competência do juízo federal deprecante, a não ser que a comarca também seja sede de vara da Justiça Federal. Esta ressalva verifica-se no presente caso, em que se trata de carta precatória expedida a juízo de direito de foro distrital pertencente à comarca sede da vara da Justiça Federal onde tramita a execução fiscal.

2. A Segunda Seção do STJ, ao julgar o CC 62.249/SP (Rel. Min. Nancy Andrighi, DJ de 1º.8.2006, p. 365), entendeu que o juízo deprecado pode recusar cumprimento à carta precatória, devolvendo-a com despacho motivado, desde que evidenciada uma das hipóteses enumeradas nos incisos do art. 209 do CPC, quais sejam: (i) quando não estiver a carta precatória revestida dos requisitos legais; (ii) quando carecer o juiz de competência, em razão da matéria ou hierarquia; (iii) quando o juiz tiver dúvida acerca de sua autenticidade. No referido julgamento, a Segunda Seção consignou que, existindo Vara Federal na Comarca onde se situa o Foro Distrital, não subsiste a delegação de competência prevista no art. 109, § 3º, da CF, permanecendo incólume a competência absoluta da Justiça Federal.

(...).

(CC 124.073/SP, Rel. Ministro MAURO CAMPBELL MARQUES, PRIMEIRA SEÇÃO, julgado em 27/02/2013, DJe 06/03/2013).

I. Pacífico o entendimento do Superior Tribunal de Justiça no sentido de que, em Comarcas do interior que não possuam Vara da Justiça Federal, as cartas precatórias, expedidas pelo Juízo Federal, deverão ser cumpridas pela Justiça Estadual, nos termos do art. 1.213 do Código de Processo Civil e do art. 42 da Lei 5.010/66.

(...).

(AgRg no CC 114.413/PR, Rel. Ministra ASSUSETE MAGALHÃES, TERCEIRA SEÇÃO, julgado em 27/02/2013, DJe 05/03/2013)

Em relação ao pagamento das custas processuais de carta precatória expedida pela Justiça Federal à Justiça Estadual, assim já se manifestou o S.T.J.:

CÓDIGO DE PROCESSO CIVIL

1. No recurso especial n. 1.144.687/RS, julgado pela sistemática do art. 543-C do CPC e da Res. STJ n. 8/08, restou pacificado o entendimento de que, "ainda que a execução fiscal tenha sido ajuizada na Justiça Federal (o que afasta a incidência da norma inserta no artigo 1º, § 1º, da Lei 9.289/96), cabe à Fazenda Pública Federal adiantar as despesas com o transporte/condução/deslocamento dos oficiais de justiça necessárias ao cumprimento da carta precatória de penhora e avaliação de bens (processada na Justiça Estadual)".

2. No entanto, quanto às custas efetivamente estatais, goza a Fazenda Pública Federal de isenção, ainda que a execução fiscal tenha sido promovida perante a Justiça Estadual, devendo, apenas quando vencida, ressarcir as despesas que tiverem sido antecipadas pelo particular.

3. Precedentes: REsp 1267201/PR, Rel. Min. Castro Meira, Segunda Turma, DJe 10.11.2011; e REsp 1264787/PR, Rel. Min. Mauro Campbell Marques, Segunda Turma, DJe 8.9.2011.

4. Agravo regimental não provido. Embargos de declaração de fls. 322/324 prejudicados.

(AgRg no RMS 34.838/PR, Rel. Ministro MAURO CAMPBELL MARQUES, SEGUNDA TURMA, julgado em 13/11/2012, DJe 21/11/2012).

1. O cumprimento de cartas precatórias expedidas pela Justiça Federal poderá ser realizado perante a Justiça Estadual quando a Comarca não for sede de Vara Federal.

2. De acordo com o art. 209 do Código de Processo Civil, a providência somente poderá ser recusada nas hipóteses em que a carta precatória não estiver revestida dos requisitos legais; quando o Juízo deprecado entenda carecer de competência em razão da matéria ou da hierarquia e quando tiver dúvida acerca da autenticidade do documento.

(...).

(CC 125.261/SP, Rel. Ministra ALDERITA RAMOS DE OLIVEIRA (DESEMBARGADORA CONVOCADA DO TJ/PE), TERCEIRA SEÇÃO, julgado em 27/02/2013, DJe 11/03/2013).

1. Esta Casa possui orientação pacífica no sentido de que a carta precatória só pode deixar de ser cumprida pelo juízo deprecado nas hipóteses previstas no art. 209 do Código de Processo Civil, a saber: "I – quando não estiver revestida dos requisitos legais; II – quando carecer de competência em razão da matéria ou da hierarquia; III – quando tiver dúvida acerca de sua autenticidade".

2. As cartas precatórias em tela preenchem os requisitos legais, não existindo justificativa para o seu não cumprimento, razão por que devem retornar ao juízo deprecado, a fim de serem realizadas as diligências nelas previstas.

ART. 267

3. Conflito conhecido para fixar a competência do Juízo de Direito da 4ª Vara de Cajazeiras – PB, para o cumprimento das cartas precatórias em apreço.
(CC 76.879/PB, Rel. Ministra MARIA THEREZA DE ASSIS MOURA, TERCEIRA SEÇÃO, julgado em 13/08/2008, DJe 26/08/2008).

1. Não pode o juiz estadual negar cumprimento à carta precatória, sob o argumento de que sua comarca insere-se no âmbito de competência do juízo federal deprecante, a não ser que a comarca também seja sede de vara da justiça federal.
(...).
(CC 40.406/SP, Rel. Ministro CASTRO MEIRA, PRIMEIRA SEÇÃO, julgado em 11/02/2004, DJ 15/03/2004, p. 145).

1. Sempre que a comarca não for sede da Justiça Federal, as cartas precatórias expedidas por este Juízo deverão ser cumpridas pela Justiça Estadual, conforme preceitua o artigo 1.213 do Código de Processo Civil, que se aplica subsidiariamente, somente admitindo a recusa por parte do Juízo deprecado quando evidenciada uma das hipóteses do artigo 209 do CPC. Precedentes desta Corte.
2. Conflito conhecido para declarar competente o Juízo de Direito da Vara Criminal de Matelândia/PR, o suscitado.
(CC 114.422/PR, Rel. Ministro MARCO AURÉLIO BELLIZZE, TERCEIRA SEÇÃO, julgado em 28/09/2011, DJe 07/12/2011)

O inc. III do art. 267 preceitua que o juiz poderá deixar de cumprir a carta *quando tiver dúvida acerca de sua autenticidade*, ou seja, quando o juízo deprecado ou que recebeu a carta em razão de seu caráter itinerante tiver dúvida sobre sua autenticidade.

Por sua vez, o *parágrafo único do art. 267* prescreve que *no caso de incompetência em razão da matéria ou da hierarquia, o juiz deprecado, conforme o ato a ser praticado, poderá remeter a carta ao juiz ou ao tribunal competente.*

Assim, muito embora o inciso II do art. 267 do atual C.P.C. permita a recusa por parte do juízo deprecado do cumprimento da carta precatória ou arbitral quando reconhecer sua incompetência absoluta, o parágrafo único do mesmo dispositivo relativiza esta questão, dando prevalência à natureza *itinerante* da carta, conforme o ato a ser praticado, permitindo a remessa da carta ao juiz ou ao tribunal competente.

Art. 268

Cumprida a carta, será devolvida ao juízo de origem no prazo de 10 (dez dias), independentemente de traslado, pagas as custas pela parte.

Devolução da carta devidamente cumprida

Cumprida a carta precatória, de ordem ou arbitral, esta será devolvida ao juízo deprecante ou de origem no prazo de dez dias, salvo eventual urgência que possa recomendar a sua remessa em prazo menor, independentemente de traslado, uma vez pagas pela parte interessada as custas, salvo se for beneficiada de assistência judiciária gratuita.

CAPÍTULO IV – Das intimações

Art. 269

Intimação é o ato pelo qual se dá ciência a alguém dos atos e dos termos do processo.

§ 1º É facultado aos advogados promover a intimação do advogado da outra parte por meio do correio, juntando aos autos, a seguir, cópia do ofício de intimação e do aviso de recebimento.

§ 2º O ofício de intimação deverá ser instruído com cópia do despacho, da decisão ou da sentença.

§ 3º A intimação da União, dos Estados, do Distrito Federal, dos Municípios e de suas respectivas autarquias e fundações de direito público será realizada perante o órgão de Advocacia Pública responsável por sua representação judicial.

Da intimação

A citação, nos termos do art. 238 do novo C.P.C., é o ato processual pelo qual o réu, o executado ou o interessado é convocado para integrar a relação jurídica processual.

Já *a intimação*, segundo o disposto *art. 269 do novo C.P.C., é o ato pelo qual se dá ciência a alguém dos atos e dos termos do processo.*

Assim, a citação convoca, enquanto que a intimação cientifica alguém dos atos e termos do processo.

ART. 269

As intimações servem para o denominado intercâmbio processual, dando-se ciência aos interessados, estejam eles no polo passivo ou ativo da relação jurídica processual, sobre atos ou termos que devam conhecer.

As intimações dizem respeito a atos pretéritos quanto a atos futuros.

A intimação pode ter por conteúdo o dever ou ônus de fazer ou não fazer, assim como simplesmente a comunicação de um determinado fato ou ato sem qualquer ônus ou dever jurídico a ser realizado.

A intimação não se restringe às partes ou a seus advogados, uma vez que o pronome indefinido utilizado pelo art. 269 do novo C.P.C., "alguém", demonstra que qualquer pessoa poderá ser intimada numa dada relação jurídica processual.

A intimação será de alguém, termo mais abrangente que parte ou procurador.

As intimações são feitas às partes, seus procuradores, serventuários de justiça judicial ou extrajudicial, terceiros, testemunhas, peritos etc.

O art. 269 do novo C.P.C. traz uma inovação importante sobre a possibilidade de a intimação ser realizada pelo próprio advogado.

Estabelece o *§1º do art. 269 do atual C.P.C. que é facultado aos advogados promover a intimação do advogado da outra parte por meio do correio, juntando aos autos, a seguir, cópia do ofício de intimação e do aviso do recebimento.*

Complementando, estabelece o *§2º do art. 269 do atual C.P.C. que o ofício de intimação deverá ser instruído com cópia do despacho, da decisão ou da sentença.*

Trata-se de um preceito que tem por objetivo agilizar a intimação do advogado da parte contrária, por meio do correio, instruindo o ofício de intimação com cópia do despacho, decisão ou da sentença do juiz.

Evidentemente que esse dispositivo enseja futuras preocupações, uma vez que o advogado poderá encaminhar o ofício de intimação sem a cópia do despacho, decisão ou da sentença. Nesse caso, como poderia ser comprovado que o advogado encaminhou as peças necessárias?

O certo é que as intimações, realizadas por auxiliares do juízo, os quais não possuem qualquer vinculação com as partes, ensejam maior transparência e segurança na realização dos atos de intimação das partes.

O ato de intimação é de extrema importância, pois, nos termos do art. 230 do atual C.P.C., o prazo para a parte, o procurador, a Advocacia Pública, a Defensoria Pública e o Ministério Público será contado da citação, intimação ou da notificação. Este dispositivo recomenda diferenciar duas questões importantes, ou seja, a ciência do ato processual e o momento em que se inicia a contagem do prazo.

A ciência do ato ocorre no momento em que a parte, procurador, a Advocacia Pública, a Defensoria Pública e o Ministério Público tomam ciência oficialmente ou extraoficialmente. Segundo esclarece E. D. Moniz de Aragão, *"Esta última não é relevante para o direito. Não se pode, por exemplo, reputar intimado do ato quem dele teve notícia por mero acaso, antes de ele operar qualquer efeito, como se daria com o advogado que lesse a contestação ou o recurso já apresentado em cartório, mas aguardando o despacho do juiz, bem como a sentença, já redigida, mas que ainda vai ser publicada, e assim por diante. Nesse caso é claro, o conhecimento extraoficial em nada influi".*[677]

É importante salientar que, segundo o disposto §2º do art. 224 do novo C.P.C., considera-se como data da publicação o primeiro dia útil seguinte ao da disponibilização da informação no Diário da Justiça eletrônico.

Assim, se a disponibilização do ato processual deu-se no dia 02 de maio, numa quinta-feira, a data da publicação ocorrerá no dia 30 de maio, sexta-feira, desde que seja dia útil.

Em relação à ciência oficial, essa pode ocorrer mesmo antes da publicação do despacho ou da decisão do juiz, podendo ela ocorrer quando o advogado tiver notícia inequívoca do ato, mesmo antes de ser intimado.

Daí porque o advogado que retirar os autos em carga do cartório ou da secretaria considera-se intimado de qualquer decisão contida no processo retirado, ainda que pendente de publicação.

Da mesma forma, *"se o interessado desenvolve qualquer atuação que importe em revelar conhecimento do conteúdo dos autos, não há necessidade de se proceder à sua intimação nem poderá ele exigi-la, a fim de se considerar no dever de praticar algum ato. Trata-se de corolário das regras que informam a ocorrência da preclusão: praticado um ato incompatível com o desconhecimento de outro, reputa-se preclusa a faculdade de exigir que dele seja feita a intimação, a fim de que os efeitos desta se reputem alcançados".*[678]

Já a *contagem* do prazo se inicia a partir da intimação.

Se o prazo é contado em horas, será computado desde o momento (hora e minutos) em que for realizada a intimação, razão pela qual aquele que cumprir a intimação do ato deverá indicar o exato instante em que a fez. Em caso de omissão, prevalecerá a hora indicada na certidão da juntada aos autos do mandado cumprindo, ou, nenhuma sendo mencionada, a do encerramento do expediente.[679]

Se o prazo é em dias, a contagem do prazo somente levará em consideração os dias úteis (art. 219 do novo C.P.C.). Além do mais, na contagem do prazo é excluído o dia do início, incluindo o dia do fim, podendo ser realizado até o último minuto da última hora do expediente, principalmente tratando-se de processo eletrônico (art. 224 do novo C.P.C.).

---

[677] MONIZ DE ARAGÃO, E. D. *Comentários ao código de processo civil.* 6ª ed., arts. 154 a 269, Forense: Rio de Janeiro, 1989. p. 340.

[678] MONIZ DE ARAGÃO, E. D., idem, p. 341.

[679] MONIZ DE ARAGÃO, E.D., idem, p. 341 e 342.

ART. 269

Ressalta-se, ainda, que no período entre 20 de dezembro e 20 de janeiro, inclusive, fica suspenso o curso do prazo processual (art. 220 do novo C.P.C.).

É importante salientar que se a intimação se der através de publicação no órgão oficial eletrônico, a data da publicação ocorre no primeiro dia útil seguinte ao da disponibilização da informação no Diário.

Assim, se a intimação deu-se no dia 02 de maio (quinta-feira), a publicação ocorre no dia 03 de maio (sexta-feira), desde que seja dia útil. Contudo, o prazo somente terá início no primeiro dia útil após a intimação ($\S1^{\underline{o}}$ do art. 224), ou seja, no dia 06 de maio (segunda-feira), desde que seja dia útil.

As intimações, inclusive eletrônicas, consideram-se realizadas no primeiro dia útil seguinte, se tiverem ocorrido em dia em que não houve expediente forense.

Permite-se a realização de intimações em dias em que não haja expediente forense (férias, sábados, domingos etc), sendo que a intimação somente se considera realizada no primeiro dia útil seguinte. Contudo, o prazo somente terá início no primeiro dia útil após a intimação, nos termos do $\S1^{\underline{o}}$ do art. 224 do novo C.P.C.

Prescreve o art. 231 do novo C.P.C.:

> *Art. 231. Salvo disposição em sentido diverso, considera-se dia do começo do prazo:*
>
> *I – a data de juntada aos autos do aviso de recebimento, quando a citação ou a intimação for pelo correio;*
>
> *II – a data de juntada aos autos do mandado cumprido, quando a citação ou a intimação for por oficial de justiça;*
>
> *III – a data de ocorrência da citação ou da intimação, quando ela se der por ato do escrivão ou do chefe de secretaria;*
>
> *IV – o dia útil seguinte ao fim da dilação assinada pelo juiz, quando a citação ou a intimação for por edital;*
>
> *V – o dia útil seguinte à consulta ao teor da citação ou da intimação ou ao término do prazo para que a consulta se dê, quando a citação ou a intimação for eletrônica;*
>
> *VI – a data de juntada do comunicado de que trata o art. 232 ou, não havendo esse, a data de juntada da carta aos autos de origem devidamente cumprida, quando a citação ou a intimação se realizar em cumprimento de carta;*
>
> *VII – a data de publicação, quando a intimação se der pelo Diário da Justiça impresso ou eletrônico;*
>
> *VIII – o dia da carga, quando a intimação se der por meio da retirada dos autos, em carga, do cartório ou da secretaria.*
>
> *§ 1º Quando houver mais de um réu, o dia do começo do prazo para contestar corresponderá à última das datas a que se referem os incisos I a VI do caput.*

CÓDIGO DE PROCESSO CIVIL

§ 2º Havendo mais de um intimado, o prazo para cada um é contado individualmente.

§ 3º Quando o ato tiver de ser praticado diretamente pela parte ou por quem, de qualquer forma, participe do processo, sem a intermediação de representante judicial, o dia do começo do prazo para cumprimento da determinação judicial corresponderá à data em que se der a comunicação.

§ 4º Aplica-se o disposto no inciso II do caput à citação com hora certa.

Na hipótese do inc. I do art. 231, o prazo para a prática do ato processual, seja decorrente de citação ou intimação, somente começa a ocorrer a partir da juntada aos autos do aviso de recebimento.

O mesmo princípio ocorre quando a citação ou intimação ocorrer por meio de mandado, carta precatória, rogatória ou de ordem (incs. II e VI do art. 231).

Se a citação ou a intimação se der por ato do escrivão ou do chefe de secretaria, a data do início do prazo será o da ocorrência da certidão ou do termo lavrado pelo escrivão ou chefe de secretaria (inc. III do art. 231 do atual C.P.C.).

Quando a citação ou intimação for por edital, a data do início do prazo será a do dia útil seguinte ao fim da dilação assinada pelo juiz (inc. IV do art. 231 do novo C.P.C.). Encerrado o prazo de dilação, aí sim começa correr o prazo efetivo para a prática do ato processual decorrente da intimação ou citação. Por isso não se pode confundir o prazo de dilação com o prazo para a prática do ato. O prazo para a prática do ato processual somente se inicia após o término do prazo de dilação.

Segundo anota E. D. Moniz de Aragão: *"Há divergência a respeito quando o prazo do edital finda em dia feriado ou à sua véspera. Para o Código de Processo Civil português a solução foi incorporar um prazo ao outro ('quando um prazo peremptório se seguir a um prazo dilatório, os dois prazos contam-se como um só' – art.148). No silêncio do Código, a solução brasileira é a outra. Se o prazo do edital e o da prática do ato não se somam, para formar um só todo, é evidente que serão contados de per si, na conformidade do que dispõe a lei. Assim, se o prazo do edital propriamente dito terminar à véspera de feriado (ou de férias forense), o prazo para o ato a ser praticado somente terá início a partir do primeiro dia útil seguinte. Se o prazo do edital terminar em dia feriado (ou nas férias), reputar-se-á dilatado até o primeiro dia útil seguinte, a fim de ter início o do ato a ser praticado.*

Para que uma solução oposta a esta e idêntica à de Portugal pudesse ser recomendada e aceita seria necessário que também este Código contivesse uma disposição igual à do português".[680]

---

[680] MONIZ DE ARAGÃO, E. D., idem, p. 345.

Outro aspecto importante, é que não há necessidade de se intimar a parte da juntada do aviso do recebimento ou do mandado, carta rogatória, precatória, de ordem ou ainda do edital.

O V do art. 231 do novo C.P.C. trata da intimação eletrônica. Aduz o dispositivo que na intimação eletrônica o prazo começa a correr no dia útil seguinte à consulta ao seu teor ou ao término do prazo para que a consulta se dê.ao da publicação.

Se a intimação se der pelo Diário da Justiça impresso ou eletrônico, a data do início do prazo se dá pela publicação, segundo estabelece o inc. VII do art. 231 do atual C.P.C. Este inciso deve ser analisado em conjunto com o disposto no art. 224, §2º do mesmo diploma legal que assim preconiza: *"Considera-se como data da publicação o primeiro dia útil seguinte ao da disponibilização da informação no Diário da Justiça eletrônico"*.

Assim, no meio eletrônico, somente ocorrerá a publicação no primeiro dia útil seguinte ao da disponibilização da informação no Diário eletrônico (art. 224, §2º). Uma vez considerada publicada a intimação, o prazo para a prática do ato processual começa a ocorrer, desde que esse dia seja dia útil. É importante salientar que na contagem do prazo exclui-se o dia do início e computa-se o dia do término.

Estabelece *o §3º do art. 269* do atual C.P.C. que *a intimação da União, dos Estados, do Distrito Federal, dos Municípios e das suas respectivas autarquias e fundações de direito público será realizada perante o órgão de Advocacia Pública responsável pela sua representação judicial.*

Assim, como o órgão da advocacia pública é responsável pelo recebimento da citação dos entes públicos indicados no art. 269 do novo C.P.C., salvo em relação aos Municípios, cuja competência, em regra, seria do Prefeito Municipal, também as intimações deverão ser realizadas perante o órgão da Advocacia Pública.

Sobre o tema, eis os seguintes precedentes:

1. Com o advento da Lei nº 10.910/2004, a prerrogativa de intimação pessoal dos procuradores federais passou a ser obrigatória, conforme decido pela Corte Especial no julgamento do REsp 1.042.361/DF, submetido ao regime do art. 543-C do CPC. Extemporaneidade do recurso especial da FUNAI afastada.

(...).

(REsp 1303892/MT, Rel. Ministra ELIANA CALMON, SEGUNDA TURMA, julgado em 18/06/2013, DJe 26/06/2013).

CÓDIGO DE PROCESSO CIVIL

(...).

1. Esta Corte já firmou posicionamento no sentido de que a redação original da Lei Complementar nº 73/93 não conferiu a prerrogativa da intimação pessoal dos membros da Advocacia Geral da União, mas, tão somente, com a vigência da Medida Provisória nº 330/93, de 30 de junho de 1993, a exigência de intimação pessoal do representante judicial da União passou a ser legalmente prevista. Precedentes.

(...).

(REsp 782.015/RJ, Rel. Ministra LAURITA VAZ, QUINTA TURMA, julgado em 04/12/2009, DJe 08/02/2010)

Art. 270

As intimações realizam-se, sempre que possível, por meio eletrônico, na forma da lei.

Parágrafo único. Aplica-se ao Ministério Público, à Defensoria Pública e à Advocacia Pública o disposto no § 1º do art. 246.

Realização da intimação preferencialmente por meio eletrônico

Diante da nova era do processo eletrônico e da prática virtual dos atos processuais, não poderia ser diferente a forma de intimação das partes ou dos interessados, ou seja, também através de meio eletrônico, como é o caso do diário oficial eletrônico ou do correio eletrônico devidamente cadastrados nos tribunais competentes.

Havendo urgência na intimação, poderá ela ser feita por carta, oficial de justiça ou outro meio mais expedito.

Segundo o S.T.J., muito embora a lei preveja a possibilidade de intimação eletrônica, nos termos do § 2° do art. 4° da Lei 11.419/2006, que versa sobre a informatização do processo judicial, estabelecendo que a publicação em Diário de Justiça Eletrônico substitui qualquer outro meio e publicação oficial, para quaisquer efeitos legais, isso não se aplica aos casos em que, por lei, exige-se intimação ou vista pessoal. Portanto, o instrumento da intimação eletrônica não afasta a obrigatoriedade de intimação pessoal ou de vista dos autos, nas hipóteses legais previstas. Nesse sentido são os seguintes precedentes do S.T.J.:

(...).

3. Nos executivos fiscais, há norma expressa que determina que qualquer intimação ao representante judicial da Fazenda Pública será feita pessoalmente (art. 25 da Lei 6.830/1980).

ART. 270

4. A expressão Fazenda Pública abrange os entes federativos e suas respectivas autarquias e fundações de direito público.

5. O STF já decidiu que os conselhos de fiscalização profissionais possuem natureza jurídica autárquica, a qual é compatível com o poder de polícia e com a capacidade ativa tributária, funções atribuídas, por lei, a essas entidades (ADI 1.717 MC, Relator: Min. Sydney Sanches, Tribunal Pleno, DJ 25.2.2000).

6. A Lei 6.530/1978, que regulamenta a profissão de corretor de imóveis e disciplina seus órgãos de fiscalização, dispõe, em seu art. 5°, que o Conselho Federal e os Conselhos Regionais são autarquias, dotadas de personalidade jurídica de direito público, vinculadas ao Ministério do Trabalho, com autonomia administrativa, operacional e financeira.

7. Em razão de os conselhos de fiscalização profissional terem a natureza jurídica de autarquia, seus representantes judiciais possuem a prerrogativa de, em Execução Fiscal, serem intimados pessoalmente, conforme impõe o art. 25 da Lei 6.830/1980.

8. Ressalte-se, por oportuno, que o § 2° do art. 4° da Lei 11.419/2006, que versa sobre a informatização do processo judicial, estabelece que a publicação em Diário de Justiça Eletrônico substitui qualquer outro meio e publicação oficial, para quaisquer efeitos legais, à exceção dos casos que, por lei, exigem intimação ou vista pessoal. Portanto, o instrumento da intimação eletrônica não afasta a obrigatoriedade de intimação pessoal ou de vista dos autos, nas hipóteses legais previstas.

9. Recurso Especial provido.
(REsp 1330190/SP, Rel. Ministro HERMAN BENJAMIN, SEGUNDA TURMA, julgado em 11/12/2012, DJe 19/12/2012).

I – O art. 4° da Lei n° 11.419/2006 consigna que a publicação por meio eletrônico configura mecanismo regular e oficial de publicidade de atos judiciais e administrativos próprios dos Tribunais. Ademais, dita o § 2° do dispositivo referenciado que "A publicação eletrônica na forma deste artigo substitui qualquer outro meio e publicação oficial, para quaisquer efeitos legais, à exceção dos casos que, por lei, exigem intimação ou vista pessoal." (Precedente) II – Assim, não sendo a hipótese dos autos caso de intimação pessoal, a publicação da decisão ora atacada em Diário da Justiça Eletrônico revela-se absolutamente escorreita.

(...).
(AgRg no Ag 1140539/CE, Rel. Ministro FELIX FISCHER, QUINTA TURMA, julgado em 13/10/2009, DJe 03/11/2009)

Porém, muito embora a lei exija intimação pessoal, essa poderá ser feita eletronicamente, mediante sistema de correio eletrônico, o qual valerá para todos

CÓDIGO DE PROCESSO CIVIL

os efeitos legais, inclusive para efeito de vista pessoal dos autos. Sobre o tema, eis o seguinte precedente do S.T.J.:

> *1. Da leitura da Lei 11.416/2009 e da Resolução 16/2009 do Tribunal de Justiça do Estado do Rio de Janeiro, depreende-se que nos processos informatizados a intimação se aperfeiçoa com a consulta eletrônica efetivada pela parte, que deve ser certificada e ocorrer em até 10 (dez) dias corridos contados da data em que enviada a comunicação, inclusive no que se refere aos entes que gozam da prerrogativa da notificação pessoal, como ocorre com a Defensoria Pública.*
>
> *2. Se as partes possuem 10 (dez) dias para acessar o processo informatizado e ter ciência das comunicações eletrônicas nele efetuadas, não se pode admitir que a carta de intimação seja enviada sem que esse período mínimo seja respeitado.*
>
> *(...).*
>
> *1. O § 5º do artigo 5º da Lei 1.060/1950 e o inciso I do artigo 44 da Lei Complementar 80/1994 preveem que todos os prazos da Defensoria Pública devem ser contados em dobro.*
>
> *2. Todavia, estes dispositivos legais devem ser interpretados em consonância com as regras específicas estabelecidas para o processo eletrônico, sob pena de se inviabilizar este importante instrumento desenvolvido para a agilização e modernização da Justiça.*
>
> *3. O prazo de 10 (dez) dias previsto no artigo 5º da Lei do Processo Eletrônico não se refere à prática de nenhum ato processual em si mesmo, mas apenas a um lapso temporal que as partes têm para, após o envio da intimação, acessarem os autos do feito informatizado e terem ciência do teor da notificação.*
>
> *(...).*
>
> (HC 236.284/RJ, Rel. Ministro JORGE MUSSI, QUINTA TURMA, julgado em 20/11/2012, DJe 03/12/2012).

Preceitua o *parágrafo único do art. 270* do atual C.P.C. que *se aplica ao Ministério Público, à Defensoria Pública e à Advocacia Pública o disposto no §1º do art. 246.*

Por sua vez, estabelece o §1º do art. 246 do atual C.P.C. que com exceção das microempresas e das empresas de pequeno porte, as empresas públicas e privadas ficam obrigadas a manter cadastro junto aos sistemas de processo em autos eletrônicos, para efeito de recebimento de citações e intimações, as quais serão efetuadas preferencialmente por esse meio.

Portanto, o Ministério Público, a Defensoria Pública e a Advocacia Pública terão cadastro junto ao sistema eletrônico de processo em autos eletrônicos, sendo que a intimação realizada por esta forma caracteriza intimação pessoal para todos os efeitos legais.

ART. 272

Por sua vez, estabelece o art. 1050 do atual C.P.C. que a União, os Estados, o Distrito Federal, os Municípios, suas respectivas entidades da administração indireta, o Ministério Público, a Defensoria Pública e a Advocacia Pública, no prazo de 30 (trinta) dias a contar da data da entrada em vigor deste Código, deverão se cadastrar perante a administração do tribunal no qual atuem para cumprimento do disposto nos arts. 246, § 2º, e 270, parágrafo único.

Art. 271

O juiz determinará de ofício as intimações em processos pendentes, salvo disposição em contrário.

Intimação de ofício nos processos pendentes

Uma vez instaurada a relação processual por provocação da parte, em respeito ao princípio da inércia da jurisdição, o seu desenvolvimento regular deverá ser conduzido pelo juiz, inclusive mediante a determinação de ofício de intimações dos atos ou termos processuais.

Nos processos pendentes, salvo disposição em contrário, as intimações não dependem de qualquer iniciativa das partes, pois compete ao juiz dar o andamento célere e prestativo ao processo jurisdicional.

O impulso oficial é sem dúvida um princípio norteador do processo civil contemporâneo, cabendo ao juiz exercê-lo quando não houver impedimento legal para isso.

Art. 272

Quando não realizadas por meio eletrônico, consideram-se feitas as intimações pela publicação dos atos no órgão oficial.

§ 1º Os advogados poderão requerer que, na intimação a eles dirigida, figure apenas o nome da sociedade a que pertençam, desde que devidamente registrada na Ordem dos Advogados do Brasil.

§ 2º Sob pena de nulidade, é indispensável que da publicação constem os nomes das partes, de seus advogados, com o respectivo número da inscrição na Ordem dos Advogados do Brasil, ou, se assim requerido, da sociedade de advogados.

§ 3º A grafia dos nomes das partes não deve conter abreviaturas.

§ 4º A grafia dos nomes dos advogados deve corresponder ao nome completo e ser a mesma que constar da procuração ou que estiver registrada na Ordem dos Advogados do Brasil.

§ 5º Constando dos autos pedido expresso para que as comunicações dos atos processuais sejam feitas em nome dos advogados indicados, o seu desatendimento implicará nulidade.

§ 6º A retirada dos autos do cartório ou da secretaria em carga pelo advogado, por pessoa credenciada a pedido do advogado ou da sociedade de advogados, pela Advocacia Pública, pela Defensoria Pública ou pelo Ministério Público implicará intimação de qualquer decisão contida no processo retirado, ainda que pendente de publicação.

§ 7º O advogado e a sociedade de advogados deverão requerer o respectivo credenciamento para a retirada de autos por preposto.

§ 8º A parte arguirá a nulidade da intimação em capítulo preliminar do próprio ato que lhe caiba praticar, o qual será tido por tempestivo se o vício for reconhecido.

§9º Não sendo possível a prática imediata do ato diante da necessidade de acesso prévio aos autos, a parte limitar-se-á a arguir a nulidade da intimação, caso em que o prazo será contado da intimação da decisão que a reconheça.

Intimação por publicação no Diário Oficial

A regra é que a intimação seja preferencialmente realizada por meio eletrônico.

Porém, quando não realizada por meio eletrônico, a intimação deverá ser realizada pela publicação dos atos nos órgãos oficiais.

Quando a intimação for realizada por órgão oficial, deverá ser publicada em diários eletrônicos instituídos pelos Tribunais.

Essa espécie de intimação deve ser realizada para os advogados, na qualidade de procuradores das partes ou quando postulem em causa própria.

Na realidade, apenas o advogado tem o dever profissional de ler os diários eletrônicos.

As partes não têm o dever de ler o diário oficial eletrônico, razão pela qual, se houver a parte de ser intimada pessoalmente não poderá ser pelo diário eletrônico.

A intimação da parte poderá ser pessoal, por oficial ou por carta.

ART. 272

Sobre o tema, eis o seguinte precedente:

I – O art. 4º da Lei nº 11.419/2006 consigna que a publicação por meio eletrônico configura mecanismo regular e oficial de publicidade de atos judiciais e administrativos próprios dos Tribunais. Ademais, dita o § 2º do dispositivo referenciado que "A publicação eletrônica na forma deste artigo substitui qualquer outro meio e publicação oficial, para quaisquer efeitos legais, à exceção dos casos que, por lei, exigem intimação ou vista pessoal." (Precedente) II – Assim, não sendo a hipótese dos autos caso de intimação pessoal, a publicação da decisão ora atacada em Diário da Justiça Eletrônico revela-se absolutamente escorreita.

(...).

(AgRg no Ag 1140539/CE, Rel. Ministro FELIX FISCHER, QUINTA TURMA, julgado em 13/10/2009, DJe 03/11/2009).

O *§1º do art. 272* do novo C.P.C. diz que *os advogados poderão requerer que, na intimação e eles dirigida, figure apenas o nome da sociedade a que pertençam, desde que devidamente registrada na Ordem dos Advogados do Brasil.*

Muitas vezes há interesse dos advogados que a intimação da parte seja feita em nome da sociedade a que pertencem, para que a intimação não seja realizada apenas em nome de um dos advogados. Com essa possibilidade de intimação da sociedade, evita-se que ocorrendo a intimação apenas em nome de um dos advogados da sociedade, que porventura esteja viajando, impeça que os demais advogados tenham ciência do ato processual.

Intimando-se a sociedade, possibilita-se maior abrangência e controle das intimações.

Porém, a intimação da sociedade de advogados somente será deferida se houver requerimento expresso e desde que a sociedade esteja devidamente registrada na Ordem dos Advogados do Brasil.

Outrossim, não se deve confundir sociedade de advogados, pessoa jurídica, com pluralidade de advogados representando a parte.

Na hipótese de pluralidade de advogados, a intimação será válida se realizada na pessoa de um dos advogados, salvo se houver pedido expresso para que a intimação ocorra em determinado advogado especificamente. Nesse sentido eis o seguinte precedente do S.T.J.:

(...).

3. A intimação de um dos advogados, quando houver pluralidade de patronos representando a mesma parte, só acarreta nulidade em caso de pedido expresso para que tal ato processual seja realizado em nome de outro(s). Precedentes do STJ.

CÓDIGO DE PROCESSO CIVIL

4. Ademais, na hipótese dos autos, o Tribunal a quo afirmou que a agravante não se desincumbiu do ônus de comprovar que o advogado em cujo nome foram realizadas as publicações retirara-se da sociedade profissional.
5. Agravo Regimental não provido.
(AgRg no Ag 1273090/RS, Rel. Ministro HERMAN BENJAMIN, SEGUNDA TURMA, julgado em 15/06/2010, DJe 01/07/2010).

Porém, se forem substabelecidos os poderes a advogado domiciliado na Comarca onde tramita o feito, deve ele ser intimado dos atos processuais, sob pena de nulidade, conforme preconiza o seguinte precedente:

1. O STJ já firmou entendimento de que substabelecidos os poderes a advogado domiciliado em comarca onde tramita o feito, deve ele ser intimado dos atos processuais sob pena de nulidade, ainda que não haja requerimento expresso de que as intimações sejam feitas em seu nome.
2. Agravo regimental provido.
(AgRg no AREsp 230.498/MS, Rel. Ministro JOÃO OTÁVIO DE NORO-NHA, TERCEIRA TURMA, julgado em 15/08/2013, DJe 27/08/2013)

O *§2º do art. 272* do novo C.P.C. estabelece que *sob pena de nulidade, é indispensável que da publicação constem os nomes das partes, de seus advogados, com o respectivo número da inscrição na Ordem dos Advogados do Brasil, ou, se assim requerido, da sociedade de advogados.*

Para que a intimação seja válida e surta efeito, além de conter o conteúdo das determinações jurídicas do ato processual, também é necessário que seja devidamente delineada a identificação daqueles que devem recebê-la.

No C.P.C. de 1973, somente se exigia a indicação do nome da parte e do seu advogado.

O novo C.P.C., além desses requisitos, também exige a indicação do número de inscrição da Ordem dos Advogados do Brasil, ou, se assim requeridos, da sociedade dos advogados.

A importância de indicação do número da inscrição é justamente para se evitar confusão com homônimos de profissionais da advocacia.

Porém, é importante salientar que o S.T.J., com base no princípio da instrumentalidade das formas, já teve oportunidade de afirmar que a mera troca de letras do nome do advogado não enseja a nulidade da intimação. Nesse sentido são os seguintes precedentes:

ART. 272

1. O Superior Tribunal de Justiça entende que a mera troca de letras do nome do advogado não enseja a nulidade da intimação, uma vez identificado o processo pelo nome das partes e número do processo.
Precedentes do STJ. Deve-se ressalvar, por óbvio, a hipótese em que o erro de grafia impeça, de maneira inequívoca, a identificação do feito.
(...).
(AgRg no AREsp 15.122/GO, Rel. Ministro HERMAN BENJAMIN, SEGUNDA TURMA, julgado em 11/10/2011, DJe 25/10/2011).

1. A existência de erros insignificantes na publicação do nome dos advogados, que não dificultam a identificação do feito, não ensejam a nulidade da intimação.
2. Agravo regimental desprovido.
(AgRg no AREsp 375.744/PE, Rel. Ministro JOÃO OTÁVIO DE NORO-NHA, TERCEIRA TURMA, julgado em 05/11/2013, DJe 12/11/2013).

1. "Não se deve declarar a nulidade da publicação de acórdão do qual conste, com grafia incorreta, o nome do advogado se o erro é insignificante (troca de apenas uma letra) e é possível identificar o feito pelo exato nome das partes e número do processo" (REsp 254.267/SP, Rel. Min. Eliana Calmon, 2ª Turma, DJ de 08.04.2002).
Precedentes.
2. Agravo regimental não provido.
(AgRg nos EDcl nos EAREsp 140.898/SP, Rel. Ministra ELIANA CAL-MON, CORTE ESPECIAL, julgado em 02/10/2013, DJe 10/10/2013)

Ainda, sobre o tema, eis os seguintes precedentes do S.T.J.:

1. Atenta aos princípios da lealdade processual, boa-fé e razoável duração do processo, o comparecimento da parte aos autos treze anos após a publicação do acórdão, para alegar falta de intimação, não pode prevalecer.
(...).
1. A jurisprudência desta Corte é pacífica no sentido de que, não havendo pedido expresso de exclusividade da intimação em nome de um dos causídicos, como ocorre neste caso, é válida a intimação feita em nome de um dos advogados constituídos nos autos.
2. Agravo regimental a que se nega provimento.
(AgRg no MS 17.231/RS, Rel. Ministra MARIA THEREZA DE ASSIS MOURA, CORTE ESPECIAL, julgado em 20/11/2013, DJe 26/11/2013).

1. É válida a publicação feita em nome de qualquer dos advogados representantes da parte, mesmo que substabelecidos, desde que não haja pedido expresso de intimação exclusiva em nome de determinado patrono.

(...).

(AgRg nos EDcl no AREsp 330.763/PE, Rel. Ministro BENEDITO GONÇAL-VES, PRIMEIRA TURMA, julgado em 22/10/2013, DJe 30/10/2013).

(RCD no AgRg nos EDcl nos EREsp 1234321/SC, Rel. Ministro GILSON DIPP, CORTE ESPECIAL, julgado em 02/10/2013, DJe 09/10/2013).

1. Anulados os atos processuais ante a ausência de intimação do advogado que comprovou a existência de pedido de intimação exclusiva, necessário se faz a republicação da decisão de fls. 456/463 e-STJ para que a partir daí conte-se o prazo para a apresentação de recurso.

2. Embargos de declaração acolhidos, sem efeitos infringentes, tão somente para determinar a republicação da decisão de fls. 456/463 e-STJ, observando-se o nome do causídico que requereu intimação exclusiva.

(EDcl na PET no AREsp 163.496/DF, Rel. Ministro HUMBERTO MARTINS, SEGUNDA TURMA, julgado em 05/09/2013, DJe 18/09/2013).

(...).

2. Se eventual irregularidade na intimação é sanada pelo comparecimento espontâneo da parte, de modo que ela não sofre prejuízo, não se configura a nulidade.

3. Mantém-se incólume o fundamento do acórdão recorrido que não é objeto de impugnação adequada pelo recurso especial.

4. Recurso especial não provido.

(REsp 1274982/RJ, Rel. Ministra ELIANA CALMON, SEGUNDA TURMA, julgado em 15/08/2013, DJe 22/08/2013).

Prescreve o §3º do art. 272 do novo C.P.C., que *a grafia dos nomes das partes não deve conter abreviaturas.*

Esse dispositivo tem por finalidade particularizar a identificação da parte, especialmente para efeito de validade da intimação.

Porém, em se tratando de processo em segredo de justiça, deve-se obrigatoriamente abreviar o nome das partes, mediante a inserção apenas da letra inicial do nome, evitando-se assim a identificação das pessoas que compõem a relação jurídica processual.

O §4º do art. 272 do atual C.P.C prescreve que *a grafia dos nomes dos advogados deve corresponder ao nome completo e ser a mesma que constar da procuração ou que estiver registrada na Ordem dos Advogados do Brasil.*

ART. 272

Assim como deve constar na intimação a grafia correta do nome da parte, também deverá constar da intimação o nome completo e correto do advogado. Nesse sentido aliás é o seguinte precedente do S.T.J.:

> – Os patronos das partes têm o direito de serem intimados pelo órgão oficial, pelo nome completo, grafado corretamente e sem abreviaturas.
> (REsp 786.843/SP, Rel. Ministro HUMBERTO GOMES DE BARROS, TERCEIRA TURMA, julgado em 01/03/2007, DJ 19/03/2007, p. 333).

Estabelece o §5º do art. 272 do atual C.P.C. que constando dos autos pedido expresso para que as comunicações dos atos processuais sejam feitas em nome dos advogados indicados, o seu desatendimento implicará nulidade.

Em regra, possuindo a parte mais de um advogado como seu representante nos autos, a intimação de qualquer deles é válida.

Porém, se houver requerimento expresso para que a intimação dos atos processuais seja feita exclusivamente em nome de advogados indicados, somente no nome deles é que deverá ocorrer a intimação sob pena de nulidade do ato.

Sobre o tema, eis os seguintes precedentes do S.T.J.:

> (...).
> 3. A intimação de um dos advogados, quando houver pluralidade de patronos representando a mesma parte, só acarreta nulidade em caso de pedido expresso para que tal ato processual seja realizado em nome de outro(s). Precedentes do STJ.
> (...).
> (AgRg no Ag 1273090/RS, Rel. Ministro HERMAN BENJAMIN, SEGUNDA TURMA, julgado em 15/06/2010, DJe 01/07/2010).

> 1. A jurisprudência desta Corte é pacífica no sentido de que, não havendo pedido expresso de exclusividade da intimação em nome de um dos causídicos, como ocorre neste caso, é válida a intimação feita em nome de um dos advogados constituídos nos autos.
> 2. Agravo regimental a que se nega provimento.
> (AgRg no MS 17.231/RS, Rel. Ministra MARIA THEREZA DE ASSIS MOURA, CORTE ESPECIAL, julgado em 20/11/2013, DJe 26/11/2013).

> 1. É válida a publicação feita em nome de qualquer dos advogados representantes da parte, mesmo que substabelecidos, desde que não haja pedido expresso de intimação exclusiva em nome de determinado patrono.

CÓDIGO DE PROCESSO CIVIL

(...).
(AgRg nos EDcl no AREsp 330.763/PE, Rel. Ministro BENEDITO GON-ÇALVES, PRIMEIRA TURMA, julgado em 22/10/2013, DJe 30/10/2013).

Preconiza o §6º do art. 272 do novo C.P.C. que *a retirada dos autos do cartório ou da secretaria em carga pelo advogado, por pessoa credenciada a pedido do advogado ou da sociedade de advogados, pela Advocacia Pública, pela Defensoria Pública ou pelo Ministério Público implicará intimação de qualquer decisão contida no processo retirado, ainda que pendente de publicação.*

Normalmente, a intimação é feita ao advogado em geral pela publicação da decisão ou do despacho no diário oficial eletrônico.

Já a intimação da Advocacia Pública, da Defensoria Pública e do Ministério Público a intimação é feita pessoalmente, mediante intimação realizada pelo correio eletrônico nos processos digitais ou pela remessa dos autos ao órgão competente em relação ao processo em papel.

Contudo, se antes da publicação do ato processual de intimação ou do transcurso do prazo para a intimação pelo correio eletrônico, comparecer o advogado, o Ministério Público, a Advocacia Pública ou a Defensoria Pública em cartório ou na secretaria e resolver retirar os autos em carga, considerar-se-á realizada a intimação a partir da carga dos autos, ainda que pendente de publicação.

Em se tratando e processo eletrônico, basta que o advogado, a Advocacia Pública, o Ministério Público ou a Defensoria Pública acesse o processo pelo sistema virtual para que se considere intimado da decisão que ainda não foi publicada mas que se encontra disponível no sistema para seu acesso.

Isso também vale para as hipóteses em que estagiário ou pessoa credenciada a pedido do advogado ou da sociedade de advogados devidamente autorizada faça carga dos autos em nome do advogado ou da sociedade.

É certo que sob a égide do C.P.C. de 1973, o S.T.J. entendia que a retirada dos autos por estagiário não caracterizaria a intimação do advogado. Nesse sentido é o seguinte precedente:

(...).
2. A retirada dos autos em carga por estagiário de direito não importa em ciência inequívoca do advogado responsável pela causa (no caso, acerca do auto de penhora), para fins de aperfeiçoamento da intimação da parte. Precedentes: REsp 1.212.874/AL, Rel. Ministra Nancy Andrighi, Terceira Turma, DJe 01/09/2011; REsp 985.835/DF, Rel. Ministro Aldir Passarinho Júnior, Quarta Turma, DJe 01/03/2011; AgRg no Ag 1.297.349/SP, Rel. Ministro Teori Albino Zavascki, Primeira Turma, DJe

01/07/2010; AgRg no REsp 1015602/DF, Rel. Ministro Massami Uyeda, Terceira Turma, DJe 20/06/2008; REsp 830.154/DF, Rel. Ministro Humberto Gomes de Barros, Terceira Turma, DJe 09/04/2008.

(...).

(REsp 1296317/RJ, Rel. Ministro BENEDITO GONÇALVES, PRIMEIRA TURMA, julgado em 23/04/2013, DJe 16/09/2013)

Evidentemente que somente se considerará intimado o advogado que tenha procuração nos autos e que represente uma das partes, sendo que os demais advogados que porventura retirem os autos em carga, mas que não detenham procuração em nome da parte, não poderão ser considerados intimados dos atos processuais.

Sobre o tema, eis os seguintes precedentes do S.T.J.:

(...).

2. A ausência de publicação da decisão que se pretendia agravar, aliada à carga dos autos 20 dias após a data em que proferida a decisão agravada e à interposição do agravo de instrumento 30 dias depois forma um contexto sem elementos objetivos que conduzam à conclusão inequívoca acerca da tempestividade do agravo interposto na origem.

3. Agravo regimental não provido.

(AgRg no AREsp 397.586/DF, Rel. Ministra ELIANA CALMON, SEGUNDA TURMA, julgado em 08/10/2013, DJe 18/10/2013).

(...).

2. Pontuou-se, ainda, que o Termo de Entrega de fls. 147, de 06.07.2006 (momento da retirada do processo pela pessoa que trabalha no Escritório de Advocacia, que teve permissão para retirar o processo do Cartório – fls. 193), apontou a entrega dos autos ao Procurador Wagner Pires – Advogado das partes acometido provisoriamente pelo mal grave.

(...).

(AgRg no REsp 1272887/DF, Rel. Ministro NAPOLEÃO NUNES MAIA FILHO, *PRIMEIRA TURMA, julgado em 10/09/2013, DJe 20/09/2013).*

1. "O Superior Tribunal de Justiça possui entendimento pacificado de que a carga dos autos pelo advogado da parte, antes de sua intimação por meio de publicação na imprensa oficial, enseja a ciência inequívoca da decisão que lhe é adversa, iniciando a partir daí a contagem do prazo para interposição do recurso cabível" (AgRg nos EDcl no Ag 1.306.136/TO, Rel. Min. RAUL ARAÚJO, Quarta Turma, DJe 4/2/13).

CÓDIGO DE PROCESSO CIVIL

(...).

(AgRg no AREsp 338.846/MA, Rel. Ministro ARNALDO ESTEVES LIMA, PRIMEIRA TURMA, julgado em 05/09/2013, DJe 17/09/2013).

1. O Superior Tribunal de Justiça possui entendimento pacificado de que a carga dos autos pelo advogado da parte, antes de sua intimação por meio de publicação na imprensa oficial, enseja a ciência inequívoca da decisão que lhe é adversa, iniciando a partir daí a contagem do prazo para interposição do recurso cabível.
2. Agravo interno a que se nega provimento.

(AgRg nos EDcl no Ag 1306136/TO, Rel. Ministro RAUL ARAÚJO, QUARTA TURMA, julgado em 04/12/2012, DJe 04/02/2013)

Prescreve o *§7º do art. 272* do atual C.P.C. que *o advogado e a sociedade de advogados deverão requerer o respectivo credenciamento para a retirada dos autos por preposto.*

Se o advogado ou a sociedade de advogado deseja permitir que um preposto, especialmente um estagiário, possa retirar os autos em carga em seu nome, tal permissão deverá estar devidamente registrada, mediante credenciamento, nos próprios autos ou em pasta própria arquivada em secretaria.

Se não houver a expressa autorização, não será admitido a retirada dos autos do cartório, muito menos será o advogado ou a sociedade de advogado considerado intimado.

Preceitua o *§8º do art. 272* do novo C.P.C. que *a parte arguirá a nulidade da intimação em capítulo preliminar do próprio ato que lhe caiba praticar, o qual será tido por tempestivo se o vício for reconhecido.*

Este dispositivo estabelece o método formal da arguição de nulidade da intimação.

No caso, constatando a parte que houve nulidade de intimação, essa arguição de nulidade deverá ser feita em capítulo preliminar do próprio ato que lhe caiba praticar. Assim, se compete à parte indicar provas para audiência de instrução e julgamento, no ato de indicação das provas deverá ser arguida, como preliminar, a nulidade da intimação, sendo que nesse mesmo ato a parte deverá indicar as provas que pretende produzir, considerando-se tempestiva a indicação se o vício for reconhecido pelo juízo.

Preceitua o *§9º do art. 272* do atual C.P.C. que *não sendo possível a prática imediata do ato diante da necessidade de acesso prévio aos autos, a parte limitar-se-á a arguir a nulidade da intimação, caso em que o prazo será contado da intimação da decisão que a reconheça.*

ART. 273

Porém, não sendo possível a prática imediata do ato diante da necessidade de acesso prévio aos autos, a parte limitar-se-á a arguir a nulidade da intimação, caso em que o prazo será contado da intimação da decisão que a reconheça.

Art. 273

Se inviável a intimação por meio eletrônico e não houver na localidade publicação em órgão oficial, incumbirá ao escrivão ou chefe de secretaria intimar de todos os atos do processo os advogados das partes:

I – pessoalmente, se tiverem domicílio na sede do juízo;

II – por carta registrada, com aviso de recebimento, quando forem domiciliados fora do juízo.

Intimação pessoal ou por carta registrada

Esse dispositivo torna-se de certa forma obsoleto, uma vez que a intimação eletrônica se dá via internet, não havendo justificativa para se falar em lugar onde não haja publicação em órgão oficial.

A publicação ocorre no *sitio* do tribunal, o qual é acessível em qualquer lugar do país e do mundo.

As intimações eletrônicas são realizadas na forma eletrônica prevista no art. 5º, da Lei 11.419, de 2006.

Contudo, para aqueles Tribunais que ainda não possuam publicação eletrônica, deve-se observar o disposto no art. 273 e incisos como forma de exceção para as intimações.

Já decidiu o S.T.J. que nas comarcas ou subseções judiciárias interioranas em que há órgão de publicação dos atos oficiais, as intimações consideram-se realizadas pela simples publicação. Pouco importa se o advogado tem domicílio ou não na comarca ou subseção judiciária (STJ, 3ª Turma, Resp n. 23.923MR, rel Min. Nilson Naves, DJ 14.06.1993, p. 11.782). No mesmo sentido, eis os seguintes precedentes:

> 1. *As questões relativas à ocorrência ou não de regular cientificação aos advogados quanto à nova sistemática referente às intimações dos atos processuais, que passaram a ser efetuadas mediante publicação em jornal local, envolvem nova apreciação do contexto fático-probatório dos autos (Súmula 07/STJ).*

1215

CÓDIGO DE PROCESSO CIVIL

(...).
(AgRg no REsp 827.635/MG, Rel. Ministro LUIZ FUX, PRIMEIRA TURMA, julgado em 03/04/2008, DJe 05/05/2008)

Nos lugares em que não haja publicação em órgão oficial, restrito a algumas comarcas do interior do Brasil, o escrivão ou o diretor de secretaria deverá intimar os advogados das partes pessoalmente, se tiverem domicílio na sede do juízo ou por carta registrada, com aviso de recebimento, quando forem domiciliados fora do juízo.

É importante salientar que a intimação somente será considerada válida se for feita ao advogado e não à parte.

Comparecendo o advogado em cartório, o escrivão ou diretor de secretaria deverá realizar a intimação pessoalmente, não sendo admitido o emprego de telefone.

Se a parte tem mais de um advogado no processo ou se trata de sociedade de advogado, basta que a intimação seja realizada em nome de apenas um dos advogados ou da sociedade para se considerar válida, salvo se existe requerimento expresso no sentido de que a intimação ocorra em nome de determinado advogado.

Se há substabelecimento com reserva de poderes, a intimação pode ocorrer em nome do substabelecente ou do substabelecido.

Se o substabelecimento for sem reserva de poderes, a intimação deverá ser feita apenas em nome do substabelecido.

É importante salientar que a intimação da Defensoria Pública deve ser pessoal por oficial de justiça, nos termos da Lei Complementar n. 80, de 1994, art. 89, inc. I).

Da mesma forma, a intimação da Advocacia-Geral da União também deve ser pessoal por oficial de justiça, nos termos do art. 38 da Lei Complementar n. 73, de 1993.

A Fazenda Pública, no âmbito da execução fiscal, também tem o direito de ser intimada pessoalmente, nos termos do art. 25 da Lei 6.830, de 1980.

Sobre o tema, eis os seguintes precedentes:

Embargos de declaração. Agravo regimental desprovido. Contradição, obscuridade e omissão inexistentes.

1. O acórdão está devidamente fundamentado, baseado na legislação pertinente (artigos 236 e 237 do Código de Processo Civil) e no posicionamento jurisprudencial desta Corte aplicável ao caso. A matéria foi amplamente debatida e decidida no plano

ART. 273

infraconstitucional, no sentido de que "'adotado na comarca o sistema de intimação dos atos através de jornal local, é da publicação que corre o prazo para o recurso, e não da juntada do AR relativo a correspondência que o cartório, por mera liberalidade, enviado aos advogados domiciliados fora da comarca, que não desconheciam o sistema da publicação oficial' (REsp 46.141/MG, Quarta Turma, Relator o Senhor Ministro Ruy Rosado de Aguiar, DJ de 15/8/94)' (fl. 817)".

2. Embargos de declaração rejeitados.

(EDcl nos EDcl no AgRg no Ag 498.727/RS, Rel. Ministro CAR-LOS ALBERTO MENEZES DIREITO, TERCEIRA TURMA, julgado em 04/03/2004, DJ 19/04/2004, p. 188).

Embargos de declaração. Agravo regimental desprovido. Omissão inexistente.

1. Não há qualquer contradição, obscuridade ou omissão no acórdão embargado. O acórdão está amplamente fundamentado, inclusive mencionando precedente desta Corte, no sentido de que "adotado na comarca o sistema de intimação dos atos através de jornal local, é da publicação que corre o prazo para o recurso, e não da juntada do AR relativo a correspondência que o cartório, por mera liberalidade, enviado aos advogados domiciliados fora da comarca, que não desconheciam o sistema da publicação oficial" (REsp 46.141/MG, Quarta Turma, Relator o Ministro Ruy Rosado de Aguiar, DJ de 15/8/94).

2. Embargos de declaração rejeitados.

(EDcl no AgRg no Ag 498.727/RS, Rel. Ministro CARLOS ALBERTO MENEZES

(...).

3. O voto condutor do aresto recorrido, com ampla cognição fático-probatória, assentou que, in verbis: "Quanto ao mérito, permanece sem razão a agravante.

Não há como negar que os procuradores da recorrente foram cientificados, antes da sentença, assim que foram intimados da concessão da liminar (fls. 57-TJ) de que, a partir de então as intimações se dariam através do "Jornal Agora", de Teófilo Otoni, através de correspondência postal com AR, datada de 21/12/2000, recebida no endereço do escritório dos advogados, constante da inicial da impetração, fls. 71-TJ, em 27/12/2000, tendo o comprovante de recebimento sido juntado em 17/01/2001.

Assim, proferida a sentença, a intimação se efetivou validamente, através de publicação no órgão oficial da Comarca, em 30/03/2001 (sexta-feira), fls. 81verso-TJ, iniciando-se a contagem da quinzena recursal na segunda feira, dia 2/4/2001 e expirando-se o prazo em 16/4/2001.

CÓDIGO DE PROCESSO CIVIL

A apelação somente foi protocolizada em 4/5/2001, fls. 85-TJ, portanto, extemporaneamente." 4. Revela-se prescindível a assinatura, pelo procurador da parte intimada, no AR postal, sendo suficiente, para fins de intimação, a entrega da carta no endereço do escritório de advocacia constante nos autos. Precedente do STF: RE 85422/GO, Relator Min. RODRIGUES ALCKMIN; Julgamento: 06/08/1976.

5. Ad argumentandum tantum, a regra do artigo 237 do CPC, que preceitua sejam intimados por carta registrada com aviso de recebimento os advogados das comarcas do interior, não é absoluta, porque pode a intimação se efetuar de outra forma.

6. Destarte, adotado na comarca o sistema de intimação dos atos processuais por jornal local, consideram-se feitas as intimações pela só publicação dos atos no órgão credenciado, nos termos do artigo 237, caput, c/c o artigo 236, caput, do CPC, mesmo em relação àqueles procuradores que residam fora da comarca, desde que previamente informados acerca da alteração do procedimento para intimação dos atos processuais, mediante carta registrada com aviso de recebimento, o que ocorreu in casu. Precedentes: AGA nº 498.727/RS, Rel. Min. CARLOS ALBERTO MENEZES DIREITO, DJ de 15/09/2003; REsp nº 26.551/SC, Rel. Min. CESAR ASFOR ROCHA, DJ de 09/06/1997 e REsp nº 46.141/MG, Rel. Min. RUY ROSADO DE AGUIAR, DJ de 15/08/1994.

7. Agravo regimental desprovido.

(AgRg no REsp 827.635/MG, Rel. Ministro LUIZ FUX, PRIMEIRA TURMA, julgado em 03/04/2008, DJe 05/05/2008).

1. Inexistência de omissão porque o Tribunal acabou por examinar a tese jurídica prequestionada, de forma implícita, sem indicação do dispositivo legal.

2. A mudança de sistemática na intimação foi comunicada por carta ao advogado, com carta enviada para o correto endereço, retornando com aviso de recepção devidamente assinado.

3. Com o disposto no artigo 238 do CPC, com a nova redação dada pela Lei 8.710/93, deve-se entender que, se a lei não dispuser em contrário, o que faz por exemplo em relação às citações da LEF, as intimações postais, cujo aviso de recepção é assinado por outro que não o advogado, têm plena validade, admitindo-se, entretanto, prova em contrário.

4. Legalidade da intimação pelo jornal, porque avisado o advogado, por carta, da nova sistemática.

5. Recurso especial improvido.

(REsp 472.607/MG, Rel. Ministra ELIANA CALMON, SEGUNDA TURMA, julgado em 17/06/2004, DJ 13/09/2004, p. 201)

Art. 274

Não dispondo a lei de outro modo, as intimações serão feitas às partes, aos seus representantes legais, aos advogados e aos demais sujeitos do processo pelo correio ou, se presentes em cartório, diretamente pelo escrivão ou chefe de secretaria.

Parágrafo único. Presumem-se válidas as intimações dirigidas ao endereço constante dos autos, ainda que não recebidas pessoalmente pelo interessado, se a modificação temporária ou definitiva não tiver sido devidamente comunicada ao juízo, fluindo os prazos a partir da juntada aos autos do comprovante de entrega da correspondência no primitivo endereço.

Intimação pelo correio e em cartório

A intimação do advogado nomeado pela parte, em regra, se dá por meio eletrônico, pela publicação oficial.

Porém, a intimação do advogado não sendo possível os métodos anteriores e não dispondo a lei de outro modo poderá ser feita também pelo correio.

Já a intimação das partes ou de seus representantes legais, bem como dos demais sujeitos do processo, somente pode ser feita pessoalmente pelo correio ou por oficial de justiça, salvo se se encontrar em lugar incerto e não sabido, quando a intimação poderá ocorrer por edital.

A intimação também poderá ser feita diretamente pelo escrivão ou pelo chefe de secretaria, se as partes, seus representantes legais, os advogados e os demais sujeitos do processo comparecerem diretamente ao cartório. Sobre o tema, eis o seguinte precedente do S.T.J.:

> – A antecipação do ato intimatório dos patronos das partes ocorre, na hipótese de comparecimento em cartório, pela comunicação efetuada diretamente pelo escrivão ou chefe de Secretaria, contando-se o prazo recursal da data da oposição do aceite.
> (...).
> (REsp 193.246/SP, Rel. Ministro VICENTE LEAL, SEXTA TURMA, julgado em 11/05/1999, DJ 27/09/1999, p. 126)

O parágrafo único do art. 274 do novo C.P.C. estabelece que se presumem válidas as comunicações e as intimações dirigidas ao endereço constante dos autos, ainda que não recebidas pessoalmente pelo interessado, se a modificação temporária ou definitiva não *tiver sido devidamente comunicada ao juízo, fluindo os prazos a partir da juntada aos autos do comprovante de entrega da correspondência no primitivo endereço.*

Daí a importância da indicação do endereço declinado pela parte ou pelo advogado nas petições endereçadas ao juízo, pois as intimações, principalmente por carta, serão endereçadas ao endereço ali referido, considerando-se válidas, ainda que não recebidas pessoalmente pelo interessado, quando entregues no endereço indicado.

Somente não será considerada válida a intimação se a modificação temporária ou definitiva do endereço for devidamente comunicada ao juízo.

O prazo para o cumprimento do ato processual objeto da intimação encaminhada pelo correio contar-se-á a partir da juntada aos autos do comprovante de entrega da correspondência no endereço indicado nos autos.

Sobre o tema, eis os seguintes precedentes do S.T.J.:

> *(...).*
>
> *2. Na hipótese de mudança de endereço pelo autor que abandona a causa, é lícito ao juízo promover a extinção do processo após o envio de correspondência ao endereço que fora declinado nos autos.*
>
> *3. O Código de Ética da OAB disciplina, em seu art. 12, que "o advogado não deve deixar ao abandono ou ao desamparo os feitos, sem motivo justo e comprovada ciência do constituinte". Presume-se, portanto, a possibilidade de comunicação do causídico quanto à expedição da Carta de Comunicação ao endereço que ele mesmo se furtara de atualizar no processo.*
>
> *4. A parte que descumpre sua obrigação de atualização de endereço, consignada no art. 39, II, do CPC, não pode contraditoriamente se furtar das consequências dessa omissão. Se a correspondência enviada não logrou êxito em sua comunicação, tal fato somente pode ser imputado à sua desídia.*
>
> *5. Recurso especial improvido.*
>
> (REsp 1299609/RJ, Rel. Ministra NANCY ANDRIGHI, TERCEIRA TURMA, julgado em 16/08/2012, DJe 28/08/2012).

> *I – Partindo-se do pressuposto de que é válida a intimação pela via postal a fim de cientificar o autor acerca da necessidade de promover o prosseguimento do feito, desde que atinja tal desiderato, e considerando não se mostrar crível que a carta devidamente encaminhada ao endereço da empresa-autora constante de seu estatuto social e da petição inicial, ainda que não recebida por seus representantes legais, não tenha chegado ao conhecimento destes, tem-se por atendida a exigência prevista no artigo 267, § 1º, do CPC;*

II – Reputando-se válida a intimação e remanescendo a autora da ação inerte, a extinção do feito, em que não restou conformada a relação processual com o ora recorrido, era mesmo a medida de rigor.
(REsp 1094308/RJ, Rel. Ministro MASSAMI UYEDA, TERCEIRA TURMA, julgado em 19/03/2009, DJe 30/03/2009).

Art. 275

A intimação será feita por oficial de justiça quando frustrada a realização por meio eletrônico ou pelo correio.

§ 1º A certidão de intimação deve conter:

I – a indicação do lugar e a descrição da pessoa intimada, mencionando, quando possível, o número de seu documento de identidade e o órgão que o expediu;

II – a declaração de entrega da contrafé;

III – a nota de ciente ou a certidão de que o interessado não a apôs no mandado.

§ 2º Caso necessário, a intimação poderá ser efetuada com hora certa ou por edital.

Intimação por oficial de justiça

A intimação deverá ser realizada, preferencialmente, por meio eletrônico ou pelo correio.

Frustrada a realização da intimação por meio eletrônico ou pelo correio, aí sim surge a possibilita da realização da intimação por oficial de justiça ou mesmo por edital.

Sendo a intimação realizada por oficial de justiça, a certidão de intimação por ele elaborada, segundo estabelece o *§1º do art. 275* do novo C.P.C., deverá conter: *I – a indicação do lugar e a descrição da pessoa intimada, mencionando, quando possível, o número de seu documento de identidade e o órgão que o expediu; II – a declaração de entrega da contrafé; III – a nota de ciente ou a certidão de que o interessado a apôs no mandado.*

São requisitos indispensáveis que deve conter a certidão do oficial de justiça, sob pena de nulidade da intimação.

Contudo, mesmo que faltando alguns desses requisitos, a nulidade somente será declarada se houver efetivo prejuízo ao intimado.

CÓDIGO DE PROCESSO CIVIL

Há portanto requisitos de natureza subjetiva, como, por exemplo, a identificação da pessoa que está sendo intimada, evitando com isso atos de má-fé. Daí a importância de se consignar o número de algum documento oficial que identifique a pessoa intimada.

Outros requisitos são de natureza objetiva, como indicar o lugar, a entrega da contrafé e a nota de ciente ou a certidão de que o interessado a apôs no mandado.

O §2º do art. 275 do novo C.P.C. estabelece que em *caso necessário, a intimação poderá ser efetuada por hora certa ou por edital.*

Há portanto previsão expressa no novo C.P.C. da possibilidade de intimação por hora certa, assim como já ocorre com a citação.

Não sendo possível a intimação por mandado, nem por hora certa, poderá ocorrer a intimação por edital.

TÍTULO III – Das Nulidades

Art. 276
Quando a lei prescrever determinada forma sob pena de nulidade, a decretação desta não pode ser requerida pela parte que lhe deu causa.

Sumário:

1. Considerações gerais

2. Ninguém pode se beneficiar da própria torpeza

1. Considerações gerais
Em relação ao capítulo das nulidades, o projeto originário do novo C.P.C. n. 166/10 lamentavelmente manteve praticamente a mesma estrutura e a inspiração do C.P.C. de 1973, o qual, por sua vez, inspirou-se no C.P.C. de 1939.

Havia necessidade de o legislador avançar um pouco mais nesta questão, reformulando alguns princípios quanto às nulidades dos atos processuais.

É importante salientar que, segundo o autor do projeto do C.P.C. de 1939, o arcabouço do código de processo civil seguiu os preceitos do código civil de 1916, realizando a diferenciação entre atos nulos e anuláveis, apesar de jamais ter aplicado com propriedade a questão da *anulabilidade.*

Conforme ensina Moniz de Aragão, foi somente em 1953 que Galeno Lacerda desvendou os segredos do C.P.C. de 1939: *"refundiu-se a matéria com rara felicidade, dentro de princípios gerais e elásticos, em que predominam as ideias de finalidade, conver-*

1222

são, prejuízo e repressão ao dolo processual. Outorgaram-se ao juiz poderes inquisitórios e arvorou-se o suprimento como norma de conduta, tanto para casos de nulidade como de anulabilidade. Excetuaram-se, porém, os casos insanáveis, insupríveis por definição".[681]

Já para Calmon e Passos, todo o capítulo das nulidades deve subordinar-se, teleologicamente, aos *fins da justiça do processo* – se atingidos, não há falar em nulidade, se não alcançados, então, sim, incidem-lhe as regras.[682]

De certa forma, pode-se observar que no capítulo das nulidades agrupam-se os vícios decorrentes da não observância dos termos processuais em três categorias: a) inexistência do ato; b) nulidade absoluta; c) anulabilidade ou nulidade relativa.

Alguns autores afirmam que a inexistência é a forma mais radical de ineficácia, e logicamente a primeira, posto que exclui as outras figuras: *"o ato jurídico que não existe não pode nem sequer ser inválido ou ineficaz em sentido estrito".*[683]

Segundo Lloveras de Resk: *"A origem da teoria do ato inexistente se encontra na França, no começo do século XIX, sendo adotada e desenvolvida pelos juristas daquele país...A ideia do ato inexistente surgiu no seio da Comissão que realizou os trabalhos preparatórios do Código Civil francês de 1804, atribuindo-se a paternidade da ideia ao mesmo Napoleão, que, no Conselho de Estado da França revolucionária, ao observar que o art. 146 do Código Civil fazia a distinção entre o matrimônio existente, porém anulável, por haver-se contraído com vícios do consentimento, e o matrimônio inexistente, por ausência de consentimento livre perante o oficial do Registro Civil".*[684]

A teoria do ato inexistente que havia surgido em relação ao matrimônio logo estende-se aos demais atos jurídicos importantes.

Os partidários da teoria do ato inexistente sustentam, em geral, que para que a norma jurídica possa ser aplicada a um ato jurídico, deve antes existir o suposto de fato previsto por aquela, ao qual se lhe imputam determinadas consequências jurídicas, pois, *"o primeiro pressuposto para a aplicabilidade da norma é justamente a presença do tipo de realidade à qual a norma se refere".*[685]

---

[681] MONIZ DE ARAGÃO, E. D., Comentários *ao código de processo civil.* 6ª ed., vol. II (arts. 154 a 269). Rio de Janeiro: Ed. Forense, 1989. p. 359 e 360.

[682] MONIZ DE ARAGÃO, E.D., idem, p. 360.

[683] SCOGNAMIGLIO. Renato. *Contributo alla teoria del negozio giuridico*, Napoli: Jovene, s/d. n. 137, p. 329.

[684] RESK. Lloveras de. *Tratado teórico – práctico de las nulidades.* Buenos Aires: Ediciones Depalma, 1985. p.44 e 45.

[685] ASCARELLI. Tullio. Inexistenza e nullità, *in Rivista di Diritto Processuale*, vol. XI, part I, ano 1956, Padova, CEDAM, p. 64.

CÓDIGO DE PROCESSO CIVIL

Aubry y Rau foram, no Século XIX, os juristas franceses que expuseram a teoria do ato inexistente em forma sistemática e científica, partindo da contraposição entre nulidade e inexistência, definindo a nulidade *"como a invalidade ou ineficácia com a qual um ato está alcançado por contrariar uma ordem ou uma proibição legal.* O ato inexistência, pelo contrário, é aquele que *"não reúne os elementos de fato que supõe sua natureza ou seu objeto, e, diante da ausência desses elementos, seria logicamente impossível conceber sua existência.* Assim, esses atos não devem ser considerados como nulos senão como *non avenu"*.[686]

No Século XX, Bonnecase traz uma nova perspectiva da teoria do ato inexistente, sem, contudo, abandonar as perspectivas traçadas por Aubry e Rau. Como princípio geral, Bonnecase sustenta que o ato inexistente não pode produzir qualquer efeito, uma vez que representa o 'nada'. Também não adquire validade pela via da prescrição. Não necessita ser invocado perante um juiz, posto que se pode atuar juridicamente sem considerá-lo. Já o ato nulo, pelo contrário, ainda que seja uma nulidade absoluta, pode gerar efeito jurídicos em definitivo, pois trata-se de uma realidade, e enquanto não seja eliminado por uma sentença judicial.[687]

Segundo afirmam Aubry y Rau a noção de inexistência não está prevista num texto expresso em lei nem encontra sua fonte no espírito dela, uma vez que ela decorre da própria natureza das coisas. Ser ou não ser.

As características do ato inexistente são diferentes dos atos nulos: *"sua ineficácia não depende de uma sentença judicial, pois se o juiz se depara com um ato inexistente somente deve declará-lo; não alcançam o ato inexistente, nem sua confirmação nem a prescrição, que só são aplicáveis à nulidade dos atos jurídicos...Em regra geral toda nulidade deve ser pronunciada pelo juiz numa sentença, sendo que os atos nulos são válidos enquanto a nulidade não seja declarada pelo juiz. Uma vez ditada a sentença de nulidade, esta opera retroativamente em relação ás partes e aos terceiros.*[688]

A percepção da diferença entre ato inexistente e ato nulo foi ventilada por Pontes de Miranda e por Batista Martins.

A inexistência, segundo Moniz de Aragão, *"pode assumir dois aspectos distintos: um meramente vocabular, que significa não-ato; outro, jurídico, que significa ato existente no mundo dos fatos, mas não existente no mundo do Direito. No primeiro caso, ter-se-ia o processo fingido, forjado perante um não-juiz, a fim de embair (quantos casamentos*

---

[686] AUBRY, C.; RAU, C. *Cours de droit civil français.* 3ª ed. Paris: Cosse, 1856, Tomo I, §37, p.110 e ss.

[687] BONNECASE, Julien. *Supplément au traité théorique et pratique de droit civil, par Baudry-Lacantinerie.* Paris: Recueil Sirey, 1926. Tomo III, p. 142 e 177.

[688] RESK, L., op. cit., p. 46.

desse tipo – 'por contrato' – são feitos no interior?, ou as práticas meramente acadêmicas, de simulação de procedimentos com finalidade didática, de que os júris simulados, tão frequentes nas Faculdades de Direito, são exemplo corriqueiro. Com esses não-atos é que parecem mais preocupados os juristas quando eles, na verdade, não causam dificuldades... O que interessa são os outros, da segunda espécie de atos apontados acima. No segundo caso, porém, o ato tem toda a aparência de validade em face do Direito e, no entanto, mais do que apenas nulo, é juridicamente inexistente.".[689]

O exemplo típico de ato inexistente é o praticado por uma pessoa que não é advogado, ou o processo para o réu que não foi citado, ou a sentença proferida por alguém que não é juiz.

O ato nulo, por sua vez, é aquele sujeito a uma sanção de invalidade prescrita por lei em face de que adoece o ato de um defeito constitutivo.[690] Três ideias encerram este conceito: *"a) a nulidade é uma sanção, isto é, uma reação do ordenamento jurídico frente a violação de suas normas. Esta sanção consiste na privação dos efeitos próprios ou específicos do ato jurídico inválido; b) a sanção de nulidade somente pode ser estabelecida pela lei, ou seja, que não pode ser criação do magistrado judicial ou da vontade das partes do ato; c) a nulidade como sanção do ordenamento jurídico se da frente à existência de um vício no ato jurídico, vício que consiste na falta ou carência de algum requisito ou qualidade que, conforme a lei, devia estar presente no ato jurídico no momento de sua celebração.*[691]

O fundamento da nulidade como instituto jurídico se encontra na proteção que mediante a sanção de nulidade o legislador brinda a um interesse comprometido no ato jurídico, interesse que pode ser de ordem pública ou de caráter particular.[692]

Muito embora alguns doutrinadores não visualizem a existência de diferenciação dos efeitos jurídicos dos atos nulos em relação aos atos inexistentes, o certo é que essa diferença efetivamente ocorre. Se uma sentença absolutamente nula passar em julgado e não for proposta a ação rescisória no prazo legal, a sentença nula tornar-se válida e eficaz, inclusive será considerada título executivo judicial. Agora, se o réu não for citado para o processo e consequentemente não participar da dialética processual, a sentença eventualmente proferida neste processo jamais será convalidada, mesmo que a ação rescisória não seja proposta

---

[689] MONIZ DE ARAGÃO, E.D., op. cit., p. 361 e 362.

[690] LLAMBIAS. *Efecto de la nulidad y de la anulación de los actos jurídicos.* Buenos Aires: Arayú, 1953. p. 4.

[691] RESK. Lloveras de. *Tratado teórico – práctico de las nulidades.* Buenos Aires: Ediciones Depalma, 1985. p.28.

[692] RESK, L., idem, p. 29.

no prazo legal. A falta de citação poderá ser alegada a todo momento e a todo instante, inclusive nos embargos ou na impugnação à execução. Neste caso, a sentença será considerada como juridicamente inexistente. A inexistência jamais se convalesce. É bem verdade que não concordam com essa tese Pontes de Miranda, Barbosa Moreira, Celso Neves e outros, uma vez que para eles a sentença proferida sem a citação do réu é absolutamente nula e não inexistente.

Mas é possível conciliar os pensamentos jurídicos.

Na realidade, sob a ótica do processo, a sentença proferida sem a citação do réu é absolutamente nula. Já sob a ótica do réu que não participou da relação jurídica processual, a sentença é juridicamente inexistente.

Barbosa Moreira distingue três tipos de vícios de que pode padecer a sentença: *"a) os que sucumbem à coisa julgada e se não tiverem sido alegados em recurso ficarão sanados; b) os que resistem à coisa julgada e podem ensejar ação rescisória ficando sanados se esta não for empregada; c) os que sobrevivem à coisa julgada e à própria extinção do direito de propor ação rescisória, podendo ser alegados a qualquer tempo em que se queira fazer cumprir a sentença, ensejando, para isso, embargos".*[693]

Diante dessas considerações iniciais, pode-se afirmar que *ato nulo* é aquele que, muito embora não seja inexistente, contem vício extremamente grave, impedindo a propagação de alguns efeitos dele decorrentes.

É importante salientar que mesmo nulo, o ato processual produz alguns efeitos, até que a nulidade seja declarada pelo órgão jurisdicional competente. Contudo, uma vez expirado o prazo da demanda rescisória, o ato torna-se perfeito, válido e eficaz para todos os efeitos jurídicos, prevalecendo o princípio da segurança jurídica.

Segundo parte da doutrina (Galeno Lacerda), sempre que a norma tutelar um interesse público, sobre o qual as partes não têm poder de disposição, eventual vício do ato acarretará sua nulidade absoluta. É o que ocorre com a competência em razão da matéria e a funcional.

Contudo, pode-se afirmar ainda que haverá nulidade absoluta sempre que o ato processual macular direitos fundamentais previstos na Constituição. Daí porque a penhora de bem de família acarreta nulidade absoluta, podendo ser alegada a qualquer momento no processo de execução, pelo menos até à arrematação final do bem.

Há também a nulidade relativa, quando a norma visa a tutelar um interessa da parte, razão pela qual o vício pode ser sanado.

---

[693] MONIZ DE ARAGÃO, E.D., op. cit., p. 364.

Galeno Lacerda faz uma diferenciação entre nulidade relativa e anulabilidade: *"O critério que as distinguirá repousa, ainda, na natureza da norma. Se ela for cogente, a violação produzirá nulidade relativa. Como exemplo podemos apontar a ilegitimidade processual provocada pela falta de representação, assistência ou autorização. Sendo imperativa a norma que ordena a integração da capacidade, não pode o juiz tolerar-lhe o desrespeito. Como ela visa a proteger o interesse da parte, a consequência é que o vício poderá ser sanado. Daí decorre a faculdade de o juiz proceder de ofício, ordenando o saneamento, pela repetição ou ratificação do ato ou pelo suprimento da omissão".*[694]

É importante salientar que na nulidade absoluta o vício não pode ser corrigido pelo juiz, que apenas deverá decretar a nulidade do ato.

Já a anulabilidade *"é o vício resultante da violação de norma dispositiva. Por este motivo, como o ato permanece na esfera de disposição da parte, a sua anulação só pode ocorrer mediante reação do interessado, vedada ao juiz qualquer provisão de ofício".*[695] Seria exemplo de anulabilidade a incompetência relativa, que não pode ser declarada de ofício pelo juiz, mas pode ser arguida pela parte.

Há, ainda, a mera irregularidade que não é incluída em nenhuma das classificações acima expostas, pois não compromete nem vicia os atos processuais em relação aos seus fins. Entre as irregularidades pode-se citar as meras incorreções materiais ou erro de cálculo. Daí porque podem ser corrigidas por embargos de declaração ou a qualquer momento quando se tratar de mero erro material contido na decisão ou na sentença do juiz.

Por fim, não se deve confundir nulidade (invalidade) com a ineficácia do ato processual.

Ineficácia na linguagem corrente significa 'a falta de efeitos'. Já na linguagem jurídica ineficácia seria 'a falta dos efeitos que se deduzem do conteúdo do ato, de seus efeitos jurídicos.[696]

A ineficácia dos atos jurídicos pode ter origem muito variada. Pode-se distinguir aquelas causas de ineficácia que provem de vícios existentes no momento da formação do ato jurídico processual ou aquelas que adquirem relevância após a celebração do ato, o qual tem validade desde a sua prática. No primeiro caso, fala-se de invalidez ou nulidade, já no segundo caso denomina-se de ineficácia em sentido estrito.[697]

---

[694] Moniz de Aragão, E.D., idem, p. 367.

[695] Moniz de Aragão, E.D., idem, p. 368.

[696] Resk. Lloveras de. *Tratado teórico – práctico de las nulidades*. Buenos Aires: Ediciones Depalma, 1985. p. 3.

[697] Resk, L., idem, p. 4.

Portanto, o ato jurídico processual será ineficaz quando, não obstante ser válido, não produz alguns ou todos os efeitos que lhe são próprios, seja entre as partes ou em relação a terceiros, por uma causal ou evento posterior à sua celebração.

Assim, pode-se afirmar que a origem ou fundamento da privação dos efeitos do ato jurídico processual no que concerne à nulidade, decorre de um elemento referido à estrutura do próprio ato, enquanto que na ineficácia *stricto sensu*, a causa provem de um elemento estranho à estrutura típica do ato processual.

Percebendo que o projeto originário do novo C.P.C. n. 166/10 era pífio na regulamentação das nulidades processuais, a emenda apresentada pela Câmara dos Deputados corrige essa falha inicial, ampliando as normas de regulamentação sobre as nulidades processuais.

2. Ninguém pode se beneficiar da própria torpeza

Preceitua o *art. 276* do novo C.P.C.: *Quando a lei prescrever determinada forma sob pena de nulidade, a decretação desta não pode ser requerida pela parte que lhe deu causa.*

A nulidade de um ato jurídico processual manifesta-se quando a lei expressamente o declare nulo ou lhe a imposto a pena de nulidade.

Ocorrendo a nulidade do ato processual, qualquer das partes poderá argui-la na primeira oportunidade em que puder se manifestar no processo.

Porém, o art. 276 do atual C.P.C. estabelece um fato impeditivo para uma das partes não poder arguir a nulidade do ato.

Assim, a parte que deu causa à sanção de nulidade não poderá argui-la.

Trata-se de um princípio universal de que ninguém pode se valer de sua própria torpeza para postular benefício próprio (*nemo allegans propriam turpitudinem auditur*).

O dispositivo tem por objeto a nulidade de forma e não de conteúdo prescrito na própria lei.

Este preceito encontra-se também previsto no artigo art. 171 do C.P.C. argentino que diz: *A parte que houver dado lugar à nulidade, não poderá pedir a invalidez do ato realizado.*

O art. 276 do novo C.P.C. somente terá aplicação se a parte der causa à nulidade do ato processual dolosa ou culposamente. Se a nulidade decorre de erro substancial, dolo (de terceiro), coação ou estado de perigo poderá a parte que deu causa suscitar a nulidade do ato, pois não agiu com dolo ou culpa na realização defeituosa do ato processual. Entendimento contrário encontra-se na

ART. 277

doutrina de Zanzucchi, uma vez que para ele a expressão 'causa' alude apenas a fato objetivo da parte, não ao concurso de dolo ou culpa.[698]

Outro aspecto importante é que esse dispositivo somente se aplica no caso de nulidade relativa ou mera irregularidade, uma vez que em se tratando de nulidade absoluta, e uma vez alegada pela parte que a causou, nada impede que o juiz a conheça de ofício. Neste caso, o juiz poderá aplicar ao causador da nulidade as sanções do dolo processual.

Sobre o tema, eis o seguinte precedente do S.T.J.:

(...).

4. Incabível a alegação de intempestividade do recurso interposto pela própria parte, pois a ninguém é admitido valer-se da própria torpeza.

5. O juízo de admissibilidade do recurso não está adstrito às considerações realizadas pela parte contrária em suas contrarrazões, porque os pressupostos recursais têm previsão em lei e sua observância deve se estender a todos, inclusive ao órgão julgador, quando inaugurada a respectiva instância.

6. Agravo regimental não provido.

(AgRg no Ag 865.840/SP, Rel. Ministra ELIANA CALMON, SEGUNDA TURMA, julgado em 20/05/2008, DJe 11/06/2008)

Art. 277

Quando a lei prescrever determinada forma, o juiz considerará válido o ato se, realizado de outro modo, lhe alcançar a finalidade.

Princípio da finalidade

O princípio da finalidade não se aplica a todos os casos. Não se aplica aos casos de inexistência jurídica. Também não se aplica em determinadas situações de nulidade absoluta, como, por exemplo, a sentença proferida por juiz absolutamente incompetente.

Este dispositivo tem inteira aplicação às nulidades relativas, às anulabilidades e às irregularidades.

Assim, os atos viciados por defeito de forma não serão declarados inválidos, mesmo que a parte os impugne, se alcançarem a finalidade a que se destinam.

---

[698] ZANZUCCHI, Marco Tullio. *Diritto processuale civile.* vol. I, 4ª ed., Milano: Giuffrè, 1948. p.406.

CÓDIGO DE PROCESSO CIVIL

A função essencial da forma dos atos processuais emerge, sem dúvida, da evolução histórica de duas contraposta tendência: a) de um lado, no desenvolvimento do Estado de Direito e no processo dispositivo de caráter liberal – o rigor formal decorre de uma exigência tradicional de legalidade, como garantia do procedimento. Na realidade, somente se as atividades das partes ou do juiz forem 'predeterminadas' ou 'canalizadas' pelas formas previstas pela lei é que será possível tutelar não somente o interesse geral à imparcialidade do juiz, mas também o contraditório e a igualdade das partes; b) é também verdade que a *liberdade das formas no proceder* – ou seja, *o livre direito 'in judicando'*, nasce da reação aos excessos do formalismo tradicional, favorecendo a tendência de uma maior deformação das atividades processuais própria dos modelos em que o juiz esteja sempre autorizado à adequar, caso por caso, a formas do procedimento às variáveis necessárias das singulares controvérsias.[699]

A solução mais razoável encontra-se no meio dos dois extremos. De fato, *"uma e outra tendência, em si, não está privada de inconveniente. Os exageros do formalismo, entendendo as prescrições de forma como fins em si mesmo, são incompatíveis com as funções sociais do processo moderno e com os princípios constitucionais de tutela. Esses apresentam riscos elevados de uma mortificação das necessidades de justiça substancial, mediante a proliferação das 'denegações de tutela' motivadas pela mera inobservância formais. Os princípios de proporcionalidade e razoabilidade implicam, ao contrário, que os requisitos de forma no processo sejam suficientemente versáteis, no sentido de se evitar que a sua finalidade garantista se reflita, com rigor desproporcionado, sobre a validade dos atos e sobre o exercício dos poderes processuais. Por outro lado, o excesso de liberdade formal, deixando espaço a uma discricionariedade incontrolada do juiz, não tutela suficientemente a imparcialidade e a objetividade das funções jurisdicionais. Por isso, permanece a garantia de legalidade, oferecida pelas formas processuais pré-constituídas, mediante a observância do denominado princípio da adaptabilidade (ou da elasticidade), em razão do qual seja consentido às partes e ao juiz a possibilidade de temperarem, quando necessário, o rigor das formas, por meio de escolha instrumental capaz de adaptar tal desenvolvimento às circunstâncias concretas, em nome da equidade processual".*[700]

O art. 244 do C.P.C. de 1973 apresentava a seguinte redação sobre este tema: "quando a lei prescrever determinada forma, sem comunicação de nulidade, o juiz considerará válido o ato se, realizado de outro modo, lhe alcançar a finalidade".

---

[699] COMOGLIO, Luigi Paolo; FERRI, Corrado; TARUFFO, Micheli. *Lezioni sul processo civile*. Vo. I., Il processo ordinário di cognizione. Bologna: Il Mulino, 2006. p. 320

[700] COMOGLIO, L.; FERRI, C.; TARUFFO, M., idem, p. 321.

ART. 278

Note-se que no art. 244 do C.P.C. de 1973 havia a expressão sem comunicação de nulidade, o que poderia ensejar uma interpretação de que a convalidação do ato processual somente seria possível nos casos de mera irregularidade e não de nulidade do ato.

O art. 277 do novo C.P.C. não repetiu a expressão sem comunicação de nulidade, razão pela qual se não for observada determinada forma legal para a prática do ato processual, mesmo que a lei estabeleça que essa falta enseja nulidade do ato, esta não será declarada se o ato, apesar de realizado de outro modo, alcançar sua finalidade.

Um exemplo pode ser apresentado: O ato de citação para execução tem forma específica estabelecida pelo código de processo civil. Contudo, se comparecendo o executado espontaneamente ao processo de execução, nomeando bens à penhora, entende-se que por outro modo ele tomou conhecimento da execução, sendo convalidado o ato citatório por outro meio. Outro exemplo seria a sentença proferida num processo em que não foi realizada a citação do réu, mas cujo conteúdo é em favor do revel.

Na realidade, a forma dos atos não se identifica apenas pela sua morfologia (isto é, pela sua circunstância extrínseca), uma vez que nisso se engloba também o objeto ou seu conteúdo típico (o aspecto intrínseco do ato). Muito embora na disciplina do processo prevaleça a relação forma-conteúdo, o certo é que em razão do princípio da instrumentalidade das formas, se o conteúdo do ato for devidamente comunicado a quem de direito apesar da irregularidade da forma, deve-se valorizar a validade do ato ao invés de sua invalidade. Evidentemente que essa afirmação não significa dizer que sempre deverá prevalecer a liberdade de forma, uma vez que um mínimo de requisito formal sempre haverá de existir na realização dos atos processuais, pois o nosso ordenamento jurídico jamais abandonou os princípios da legalidade e da pré-constituição das formas. Aliás, essa regra está expressamente prevista no art. 156 do C.P.C. italiano, *in verbis*: A nulidade não pode jamais ser pronunciada, se o ato conseguiu o escopo que lhe foi destinado.

Art. 278

A nulidade dos atos deve ser alegada na primeira oportunidade em que couber à parte falar nos autos, sob pena de preclusão.

Parágrafo único. Não se aplica o disposto no caput às nulidades que o juiz deva decretar de ofício, nem prevalece a preclusão provando a parte legítimo impedimento.

Preclusão para alegação de nulidade

Este dispositivo estabelece que a declaração de nulidade do ato processual está sujeita à *preclusão temporal*, pois se a parte interessada na nulidade do ato não a alegar na primeira oportunidade em que couber falar nos autos, ocorrerá a preclusão.

O conceito de preclusão, tal como o sistematizou e expôs Chiovenda em 1905, isolando-o de coisa julgada, obteve desde logo ampla divulgação na doutrina processual italiana.

A preclusão significa a perda de uma capacidade processual. A preclusão acarreta sobretudo a impossibilidade do exercício de uma prerrogativa processual em razão do decurso de um prazo previsto em lei.

Segundo Eduardo J. Couture, para os processualistas franceses do Século XIX o termo preclusão era muito familiar ao vocábulo *forclusion*, utilizado também como sinônimo de *caducidade*.[701]

Diante do dever imposto pela lei à parte, a não alegação da nulidade do ato processual na primeira oportunidade em que deve falar no processo, acarretará a *preclusão* dessa faculdade.

Por isso, tendo ciência a parte da nulidade do ato processual, deverá alegá-la na primeira oportunidade em que couber falar nos autos.

Porém, nem sempre ocorrerá a preclusão para se alegar a nulidade de atos processuais.

O *parágrafo único do art. 278* do atual C.P.C. afasta a preclusão quando a parte provar legítimo impedimento para alegar a nulidade do ato processual na primeira oportunidade em que coubesse falar no processo.

Portanto, não haverá preclusão temporal para alegar a nulidade, quando a parte demonstre e comprove que não o fez na primeira oportunidade em que lhe caberia falar nos autos por impedimento legítimo, uma vez que o objetivo do legislador não é prejudicar a parte, mas evitar que haja com dolo ou fraude processual.

Também não haverá preclusão *pro iudicato* em relação às nulidades que possam ser conhecidas de ofício pelo juiz, conforme preconiza o *parágrafo único* do art. 278 do atual C.P.C.

Assim, se se está diante de nulidade que pode ser decretada de ofício pelo juiz, como é o caso da *nulidade absoluta* (incompetência absoluta), não ocorrerá a preclusão, mesmo que a parte interessada não a alegue na primeira oportunidade. Isso não se aplica à anulabilidade ou às meras irregularidades. Segundo

---

[701] COUTURE, Eduardo J., *Fundamentos do direito processual civil*. Trad. Rubens Gomes de Sousa. São Paulo: Ed. Saraiva, 1946, p. 129.

ART. 278

ensina MONIZ DE ARAGÃO: "*Ainda aqui, a preclusão se refere às anulabilidades e às irregularidades, sendo que destas algumas não precluem jamais (art. 463, I). A inexistência e as nulidades relativa e absoluta, não ficam sujeitas à regra por estar expressamente disposto no parág. Único, que são imunes à preclusão as nulidades que o juiz deva pronunciar de ofício. Já ficou visto que apenas a anulabilidade não pode ser decretada espontaneamente pelo juiz, pois se situa no plano do poder de disposição das partes, imune à intervenção de ofício. O exemplo, já várias vezes empregados, da infração ao art. 217 é, ainda, útil. Se a parte oferece resposta em vez de reclamar a anulação, extingue-se-lhe a faculdade. Não ocorre o mesmo, porém, com a nulidade relativa, pois esta pode ser apreciada de ofício, por ser cogente a norma que a regula e isso implica em retirá-la do poder dispositivo das partes. O juiz poderá, evidentemente, decretá-la sempre que a encontre, nenhuma influência sofrendo o silêncio da parte*".[702]

Sobre o tema, eis os seguintes precedentes do S.T.J.:

1. Prevalece no moderno sistema processual penal que eventual alegação de nulidade deve vir acompanhada da demonstração do efetivo prejuízo, consoante dispõe o art. 563 do Código de Processo Penal.

(...).

3. De acordo com o sistema processual, as nulidades absolutas – porque de ordem pública –, não se convalidam com o decurso do tempo.

Portanto, não estão sujeitas à preclusão, podendo ser declaradas de ofício a qualquer tempo e em qualquer grau de jurisdição, inclusive após o trânsito em julgado da condenação.

4. Agravo regimental a que se nega provimento.

(AgRg no HC 242.378/PE, Rel. Ministro MARCO AURÉLIO BELLIZZE, QUINTA TURMA, julgado em 19/11/2013, DJe 25/11/2013)

1. A nulidade existente na regularidade da intimação deve ser alegada pela parte interessada na primeira oportunidade de se manifestar nos autos, sob pena de preclusão. No caso dos autos, a alegação de nulidade está sendo invocada tardiamente, em desconformidade com o disposto no art. 245 do CPC, que regula, in verbis: "A nulidade dos atos deve ser alegada na primeira oportunidade em que couber à parte falar nos autos, sob pena de preclusão." 2. Não ocorrentes as hipóteses insertas no art. 535 do CPC, tampouco omissão manifesta no julgado recorrido, não merecem acolhida os embargos que se apresentam com nítido caráter infringente, onde se objetiva rediscutir a causa já devidamente decidida.

---

[702] MONIZ DE ARAGÃO, E.D., op. Cit., p. 385.

CÓDIGO DE PROCESSO CIVIL

(...)
(EDcl no REsp 1189692/RJ, Rel. Ministro LUIS FELIPE SALOMÃO, QUARTA TURMA, julgado em 15/08/2013, DJe 30/08/2013)

(...).
4. *As nulidades devem ser suscitadas na primeira oportunidade em que a parte fala nos autos. Sendo assim, se a questão objeto dos presentes embargos, alegação de equívoco procedimental não foi arguida nesta primeira oportunidade, no caso, o agravo regimental, operou-se a preclusão consumativa.*
(...).
(EDcl no AgRg nos EDcl no Ag 1288410/SP, Rel. Ministro JOÃO OTÁVIO DE

(...).
2. *"Se nulidade houvesse, esta não seria absoluta, diante da regra pela qual aos Tribunais compete organizar a forma como se reunirão as Turmas e Seções em relação aos diversos tipos de feitos e matérias. Uma vez distribuído o agravo a este signatário, caberia à recorrente, se assim entendesse, arguir eventual violação ao Regimento Interno deste Superior Tribunal de Justiça. Nada obstante, preferiu a Fazenda do Estado de São Paulo esperar o resultado do julgamento para, somente então, acusar a pecha."* *(AgRg no Ag 422.905/SP, relator Ministro Franciulli Netto, Segunda Turma, DJ de 26.5.2003).*
3. *A declaração de nulidade relativa deve ser alegada na primeira oportunidade, sob pena de preclusão, conforme o art. 245 do CPC 4. In casu, constata-se que, desde a distribuição do processo no Tribunal de origem, o recorrente sabia da incompetência. Aguardou, contudo, até os Embargos de Declaração para se manifestar. Portanto, a questão está preclusa.*
(...).
(AgRg no REsp 1345979/SP, Rel. Ministro HERMAN BENJAMIN, SEGUNDA TURMA, julgado em 28/05/2013, DJe 12/06/2013)

(...).
2. *No caso dos autos, a alegação de nulidade está sendo invocada tardiamente, em desconformidade com o disposto no art. 245 do CPC, que regula, in verbis: "A nulidade dos atos deve ser alegada na primeira oportunidade em que couber à parte falar nos autos, sob pena de preclusão."*
3. *Incabível o acolhimento da nulidade por ausência de intimação do causídico cujo nome foi consignado na peça de defesa como destinatário das publicações, se*

ART. 278

durante todo o curso processual as intimações foram realizadas em nome de advogados integrantes do mesmo escritório, e a irregularidade somente é aduzida em sede de agravo em recurso especial, quando já consumada a preclusão ditada pelo art. 245 do CPC.

(...).

(AgRg nos EDcl no AREsp 208.298/AM, Rel. Ministro HUMBERTO MARTINS, SEGUNDA TURMA, julgado em 16/05/2013, DJe 24/05/2013).

(...).
2. Validade da intimação por mandado, se não há oposição do defensor público no ato da intimação. Princípio da instrumentalidade das formas (art. 244 do CPC).
3. Preclusão da alegação de nulidade da intimação via Diário de Justiça, por ausência de impugnação oportuna (cf. art. 245 do CPC).

(...).

(EDcl nos EDcl no AgRg no REsp 895.227/RS, Rel. Ministro PAULO DE TARSO SANSEVERINO, TERCEIRA TURMA, julgado em 02/05/2013, DJe 09/05/2013)

(...).
3. Em tais condições, é omisso o acórdão que, em momento posterior, deixa de apreciar as alegações do réu (anteriormente revel) relativas à nulidade de citação, ao fundamento de que teria ocorrido preclusão quanto ao tema.

(...).

(AgRg no REsp 1174709/MT, Rel. Ministro ANTONIO CARLOS FERREIRA, QUARTA TURMA, julgado em 02/05/2013, DJe 13/05/2013)

1. A nulidade relativa deve ser alegada na primeira oportunidade de falar nos autos, sob pena de preclusão.
2. Não se declara eventual nulidade se dela não adveio prejuízo.
3. Agravo regimental a que se nega provimento.

(AgRg no REsp 1134648/RJ, Rel. Ministra MARIA ISABEL GALLOTTI, QUARTA TURMA, julgado em 23/04/2013, DJe 07/05/2013)

1. A nulidade decorrente da falta de intimação da União deve ser alegada em sua primeira manifestação após tal ocorrência. No caso, a União só alegou a ausência de sua intimação pessoal da decisão que negou seguimento aos seus recursos especial e extraordinário, ainda no processo de conhecimento, quando da interposição de embargos de declaração contra o acórdão que confirmou a sentença que julgara improcedentes seus embargos à execução. Preclusão consumada.

(...).

(AgRg no REsp 921.449/AL, Rel. Ministra MARIA THEREZA DE ASSIS MOURA, Rel. p/ Acórdão Ministro SEBASTIÃO REIS JÚNIOR, SEXTA TURMA, julgado em 18/04/2013, DJe 12/08/2013)

Questão interessante que se coloca é se o tribunal poderá apreciar matéria de ordem pública que fora expressamente decidida pelo juiz 'a quo', não tendo a parte insurgindo-se contra a decisão no momento oportuno.

Na realidade, como houve expressa manifestação do juízo 'a quo', ainda que se tratando de matéria de ordem pública, deveria a parte insurgir-se contra a decisão tempestivamente, desde que a norma lhe concedesse recurso legítimo para tal fim, sob pena de preclusão.

Ocorre que, o S.T.J. vem entendo de forma diversa, alegando que não há preclusão *pro iudicato*, mesmo que a questão tenha sido expressamente definida pelo juízo 'a quo'. Sobre o tema, eis o seguinte precedente do S.T.J.:

(...).

2. Esta Corte Superior possui entendimento consolidado de que as matérias de ordem pública decididas por ocasião do despacho saneador não precluem, podendo ser suscitadas na Apelação, ainda que a parte não tenha interposto o recurso de agravo.

(...).

(REsp 1483180/PE, Rel. Ministro HERMAN BENJAMIN, SEGUNDA TURMA, julgado em 23/10/2014, DJe 27/11/2014)

(...).

2. As matérias de ordem pública decididas por ocasião do despacho saneador não precluem, podendo ser suscitadas na apelação, ainda que a parte não tenha interposto o recurso de agravo.

Precedentes. Incidência da Súmula n. 83/STJ.

3. Embargos de declaração recebidos como agravo regimental, ao qual se nega provimento.

(EDcl no Ag 1.378.731/PR, Rel. Ministro JOÃO OTÁVIO DE NORONHA, TERCEIRA TURMA, DJe 24/5/2013, grifei).

1. As matérias de ordem pública decididas por ocasião do despacho saneador não precluem, podendo ser suscitadas na apelação – mesmo que a parte não tenha interposto o recurso próprio (agravo).

2. Recurso especial provido.
(REsp n. 1.254.589/SC, Rel. Ministra Ministra Nancy Andrighi, TERCEIRA TURMA, DJe 30/9/2011).

Art. 279

É nulo o processo quando o membro do Ministério Público não for intimado a acompanhar o feito em que deva intervir.

§1º Se o processo tiver tramitado sem conhecimento do membro do Ministério Público, o juiz invalidará os atos praticados a partir do momento em que ele deveria ter sido intimado.

§ 2º A nulidade só pode ser decretada após a intimação do Ministério Público, que se manifestará sobre a existência ou a inexistência de prejuízo.

Nulidade por falta de manifestação do Ministério Público

Exercendo o Ministério Público função essencial ao exercício da jurisdição, e devendo velar pelo Estado Democrático de Direito, sua participação no processo é imprescindível quando determinada pela norma jurídica.

Pode o Ministério Público atuar no processo como parte ou como fiscal da ordem jurídica. O dispositivo em questão trata da intervenção do Ministério Público como fiscal da ordem jurídica.

Segundo prescreve o art. 176 do novo C.P.C., o Ministério Público atuará na defesa da ordem jurídica, do regime democrático e dos interesses e direitos sociais e individuais indisponíveis.

As hipóteses de intervenção do Ministério Público são reguladas pelo art. 178 do novo C.P.C, a saber: I – nas causas que envolvam interesse público ou social; II – nas causas que envolvam o interesse de incapazes; III – nas causas que envolvam litígios coletivos pela posse de terra rural ou urbana.

Segundo prescreve MONIZ DE ARAGÃO, a natureza do vício pela falta de intervenção do Ministério Público no processo dependerá da perspectiva e do enfoco optado: *"Se se entender que a intervenção é forma de assistir à parte junto da qual atua, a fim de reforçar a assistência que lhe presta o representante, ter-se-á de reconhecer que a sua presença visa precipuamente ao interesse privado, embora decorra de norma de ordem pública, cogente, portanto. A nulidade será relativa. Se se entender, porém, que sua presença visa a fiscalizar a exata aplicação da lei, em cujo favor intervém, e não em benefí-*

CÓDIGO DE PROCESSO CIVIL

cio da parte cuja participação no litígio provoca a sua atuação, ter-se-á de reconhecer que se trata de tutelar um interesse público. A nulidade será absoluta".[703]

Atualmente, diante da função institucional outorgada ao Ministério Público pela Constituição Federal não há dúvida que a sua falta de intervenção no processo como fiscal da ordem jurídica acarreta a nulidade absoluta do processo, podendo essa nulidade ser reconhecida de ofício pelo magistrado.

Daí porque, *se o processo tiver tramitado sem conhecimento do membro do Ministério Público, o juiz o anulará a partir do momento em que ele deveria ter sido intimado. (§1º do art. 277 do novo C.P.C.).* E normalmente o Ministério Público deverá se manifestar após as partes, conforme estabelece o artigo 179, inc. I do novo C.P.C.

Não obstante estejamos diante de uma nulidade absoluta, o princípio da instrumentalidade das formas ou da finalidade também se aplica em relação à falta de intervenção do Ministério Público, conforme prescreve o *§2º do art. 279 do novo C.P.C.: A nulidade só pode ser decretada após a intimação do Ministério Público, que se manifestará sobre a existência ou a inexistência de prejuízo.*

Assim, a nulidade por falta de intervenção do Ministério Público, apesar de ser nulidade absoluta, não é declarada de plano, salvo se o Ministério Público, após sua oitiva, manifestar-se no sentido de que houve prejuízo em razão de sua não manifestação ou intervenção na relação jurídica processual.

Portanto, a avaliação da existência ou não de prejuízo não fica sob a responsabilidade do juiz, mas do Ministério Público.

É exemplo de que não houve prejuízo a falta de intervenção do Ministério Público, a hipótese em que a demanda é julgada favoravelmente ao incapaz.

É importante salientar que a nulidade somente será decretada no caso de havendo prejuízo não for o Ministério Público intimado a se manifestar.

Uma vez intimado o Ministério Público e deixando ele de cumprir com seu 'munus público', não será declarada a nulidade do ato processual (RSTJ 43/227).

A intervenção do Ministério Público em segundo grau de jurisdição, sem arguir a nulidade nem prejuízo, supre a falta de intervenção do Parquet na primeira instância, não acarretando a nulidade do processo (STJ – 1ª T. Resp 175.181-RS).

Por sua vez, o S.T.J., no Resp n. 12.240-0, Edcl, rel. Min. Demócrito Reinaldo entendeu que surgindo evidente o interesse público na solução da demanda, necessária é a intervenção do MP, em todas as fases da demanda, sob pena de nulidade do processo, não a suprindo a manifestação subsequente do Procu-

---

[703] MONIZ DE ARAGÃO, E.D., idem, p. 387 e 388.

ART. 279

rador Geral, já o feito em julgamento no segundo grau de jurisdição. Também nesse sentido a decisão proferida pelo S.T.F. no RE 76.868-8-MG.

Sobre o tema, eis ainda os seguintes precedentes:

Ementa: mandado de injunção – pretendida nulidade processual, por ausência de manifestação do ministério público – inocorrência – intervenção do ministério público em outras demandas injuncionais em que, suscitada controvérsia idêntica à discutida neste processo, veio o "parquet" a opinar, fundamentadamente, sobre a questão pertinente ao alcance do art. 40, § 4º, da constituição (...).

(...).

(MI 1841 AgR, Relator(a): Min. CELSO DE MELLO, Tribunal Pleno, julgado em 06/02/2013, ACÓRDÃO ELETRÔNICO DJe-049 DIVULG 13-03-2013 PUBLIC 14-03-2013)

(...).

A jurisprudência dos Tribunais e o magistério da doutrina, pronunciando-se sobre a ausência de manifestação do Ministério Público nos processos em que se revela obrigatória a sua intervenção, tem sempre ressaltado que, em tal situação, o que verdadeiramente constitui causa de nulidade processual não e a falta de efetiva atuação do Parquet, que eventualmente deixe de emitir parecer no processo, mas, isso sim, a falta de intimação que inviabilize a participação do Ministério Público na causa em julgamento. Hipótese inocorrente na espécie, pois ensejou-se a Procuradoria-Geral da Republica a possibilidade de opinar no processo.

(AI 139671 AgR, Relator(a): Min. CELSO DE MELLO, Primeira Turma, julgado em 20/06/1995, DJ 29-03-1996 PP-09348 EMENT VOL-01822-02 PP-00375)

1. Há que se diferenciar o interesse público e o interesse da Administração (ou interesse público secundário). No caso em tela, trata-se de ação de cobrança da empresa recorrida em face de mercadorias entregues ao Município e não adimplidas, em nítida persecução ao seu próprio interesse, consistente em minimizar o dispêndio de numerário. Tal escopo não se coaduna com o interesse público primário da sociedade.

(...).

(REsp 1148463/MG, Rel. Ministro MAURO CAMPBELL MARQUES, SEGUNDA TURMA, julgado em 26/11/2013, DJe 06/12/2013)

1. Cuidam os autos de ação rescisória ajuizada pelo Estado da Bahia em que o Tribunal a quo, no exercício da competência originária, intimou o

Ministério Público como custos legis, o qual emitiu parecer pela procedência da ação.

2. Alega o agravante nulidade processual por falta da intimação do Ministério Público dos atos processuais subsequentes à emissão do parecer, à luz do art. 83, inciso I, do CPC.

3. A jurisprudência desta Corte se cristalizou no sentido e que a ausência de intimação do Ministério Público, por si só, não enseja a decretação de nulidade do julgado, a não ser que se demonstre o efetivo prejuízo às partes ou para apuração da verdade substancial da controvérsia jurídica, à luz do princípio pas de nullité sans grief.

4. Se em primeiro momento foi reconhecido pelo Tribunal de origem a indispensabilidade de atuação do Ministério Público como fiscal da lei, ocasião em que emitiu opinião pela procedência da ação rescisória, este não pode, a posteriori, sonegar a continuidade da intervenção do Parquet, deixando-o de intimá-lo dos atos subsequentes, sobretudo quando, ao apreciar os embargos infringentes, o órgão julgador modifica in totum o acórdão embargado para estabelecer a improcedência da ação.

(...).

(AgRg no AREsp 235.365/BA, Rel. Ministro HUMBERTO MARTINS, SEGUNDA TURMA, julgado em 07/11/2013, DJe 16/12/2013)

1. Possibilidade de intervenção do Ministério Público na fase pré-falimentar da falência decretada na vigência do Decreto-Lei 7.661/45.

2. Prejuízo manifestado pelo Ministério Público Estadual, devido à impossibilidade de se produzir prova sobre os atos de falência alegados na inicial.

3. Ocorrência de nulidade devido à extinção do processo na origem sem manifestação do Ministério Público.

4. Inviabilidade de se contrastar o acórdão recorrido no que tange ao reconhecimento de prejuízo à atuação do fiscal da lei. Óbice da Súmula 7/STJ.

5. AGRAVO REGIMENTAL DESPROVIDO.

(AgRg no REsp 1236819/BA, Rel. Ministro PAULO DE TARSO SANSEVERINO,

1. Na ação civil pública proposta pelo Ministério Público, faz-se necessária a ouvida do órgão como custos legis para oferecer parecer antes do julgamento do agravo de instrumento interposto pela parte ré não acarreta, por si, nulidade, havendo necessidade, para este efeito, de comprovação de efetivo prejuízo. Precedentes.

ART. 279

2. A Promotoria de Justiça apresentou contraminuta ao agravo de instrumento, não se verificando nenhum prejuízo decorrente da ausência de parecer do Ministério Público como fiscal da lei, o que afasta a pretendida nulidade especificamente neste feito.

3. Definido que o preparo foi efetuado antes da data da efetiva interposição do recurso de apelação e que não houve, no recurso especial, impugnação a respeito da validade – reconhecida no acórdão recorrido – da comprovação do referido preparo feita em petição protocolizada em "comarca vizinha", não há como acolher a deserção.

4. Dissídio jurisprudencial não comprovado.

5. Recurso especial conhecido em parte e não provido.

(REsp 1067146/SP, Rel. Ministro CASTRO MEIRA, SEGUNDA TURMA, julgado em 15/08/2013, DJe 22/08/2013)

(...).

2. Quanto à suposta nulidade decorrente falta de intervenção do Ministério Público, pacificou-se nesta Corte entendimento de que, em respeito ao princípio da instrumentalidade das formas, considera-se sanada a nulidade decorrente da falta de intervenção, em primeiro grau, do Ministério Público, se posteriormente o Parquet intervém no feito em segundo grau de jurisdição, sem ocorrência de qualquer prejuízo à parte.

3. No caso dos autos, houve manifestação do Ministério Público em 2º grau de jurisdição, sendo que nenhuma nulidade foi alegada. Ao contrário, o órgão ministerial afirmou expressamente que "não restou demonstrado nos autos interesse público evidenciado pela natureza da lide ou qualidade da parte a tornar necessária a intervenção do Ministério Público, e por entender que está demonstrado que todos os interessados estão devidamente representados". Assim, rejeita-se a preliminar sub examine.

(...).

(AgRg no REsp 1273902/ES, Rel. Ministro MAURO CAMPBELL MARQUES, SEGUNDA TURMA, julgado em 11/06/2013, DJe 17/06/2013).

1. Ainda que a intervenção do Ministério Público seja obrigatória em face de interesse de menor, é necessária a demonstração de prejuízo a este para que se reconheça a referida nulidade (AgRg no AREsp n. 138.551/SP, Ministro Luis Felipe Salomão, Quarta Turma, DJe 23/10/2012).

2. Agravo regimental improvido.

(AgRg no AREsp 74.186/MG, Rel. Ministro SEBASTIÃO REIS JÚNIOR, SEXTA TURMA, julgado em 05/02/2013, DJe 22/02/2013)

CÓDIGO DE PROCESSO CIVIL

1. A jurisprudência é firme no sentido de que a nulidade decorrente da ausência de intervenção ministerial em primeiro grau é sanada quando, não tendo sido demonstrado prejuízo, o Ministério Público intervém em segundo grau de jurisdição.

(...).

(AgRg no AREsp 96.428/PA, Rel. Ministro SIDNEI BENETI, TERCEIRA TURMA, julgado em 23/10/2012, DJe 06/11/2012)

1. Consoante a jurisprudência desta Corte Superior, ainda que a intervenção do Ministério Público seja obrigatória em face de interesse de menor, é necessária a demonstração de prejuízo a este para que se reconheça a referida nulidade, o que não ocorreu no caso concreto.

(...).

(AgRg no AREsp 138.551/SP, Rel. Ministro LUIS FELIPE SALOMÃO, QUARTA TURMA, julgado em 16/10/2012, DJe 23/10/2012)

Art. 280
As citações e as intimações serão nulas quando feitas sem observância das prescrições legais.

Nulidade das citações e intimações
O preceito normativo do art. 280 deve ser interpretado conjuntamente com o disposto no artigo 277 do novo C.P.C., ou seja, com *o princípio da finalidade* ali previsto.

Evidentemente que o princípio da finalidade somente será aplicado se a parte teve conhecimento efetivo do conteúdo da citação ou da intimação, intervindo diretamente no processo.

Segundo ensina E. D. Moniz de Aragão, a nulidade resultante da invalidade de citação pode ser relativa ou configurada como anulabilidade. De fato, *"a citação tem por fim levar à parte a ciência de demanda; trata-se de norma cogente, acima do poder de disposição e fundada no interesse da parte. Como nulidade, pode e deve ser conhecida de ofício pelo juiz, independente de provocação do interessado; sendo relativa, pode-se reputá-la sanada por qualquer das ocorrências que produzem tal efeito. Realizada, mas nulamente, fica sujeita à condição suspensiva de o juiz não a invalidar, porque não a percebeu ou por falta de provocação. Além da nulidade relativa, porém, pode a citação ser viciada de anulabilidade, caso este em que o juiz não deve intervir de ofício,*

ART. 280

pois somente ao interessado cabe a alegação, incluída no seu poder de disposição. A diferença entre nulidade relativa e anulabilidade repousa na natureza da norma lesada; se cogente, ocorre a primeira; se dispositiva, a segunda. Em ambas, o interesse tutelado é do particular".[704]

Contudo, quando diante da inexistência do ato citação ou intimação, tendo em vista que a parte não teve conhecimento por outro meio idôneo de comunicação, é de ser aplicado literalmente o disposto no art. 280 do novo C.P.C. Na verdade, diante de um ato inexistente não há falar em nulidade, pois o ato não existiu de fato ou de direito.

A inexistência de citação caracteriza a falta da própria essência da relação jurídica processual que decorre do princípio do contraditório, razão pela qual, ao contrário do afirmado por Moniz de Aragão, o interesse tutelado não é apenas particular, mas também o interesse público no sentido de que a essência do processo jurisdicional é justamente a existência do contraditório.

O artigo 188 do Código de Processo Civil português estabelece as seguintes hipóteses de falta de citação: a) Quando o ato tenha sido completamente omitido; b) Quando tenha havido erro de identidade do citado; c) Quando se tenha empregado indevidamente a citação edital; d) Quando se mostre que foi efetuada depois do falecimento do citando ou da extinção deste, tratando-se de pessoa coletiva ou sociedade; e) Quando se demonstre que o destinatário da citação pessoal não chegou a ter conhecimento do ato, por facto que não lhe seja imputável.

Sobre o tema, eis os seguintes precedentes do S.T.J.:

(...).

3. Correto o Tribunal a quo que declarou a nulidade da sentença, em razão da falta de citação, apenas em relação ao réu não citado, mantidos os demais atos quanto aos outros demandados, tendo em vista a condição de litisconsórcio simples entre eles.

(...).

(REsp 1378384/AC, Rel. Ministro MAURO CAMPBELL MARQUES, SEGUNDA TURMA, julgado em 17/10/2013, DJe 24/10/2013)

(...).

IV. Passados mais de 10 (dez) anos desde o trânsito em julgado da sentença de divórcio consensual, há que se reconhecer que a alegada falta de contato entre os ex-côn-

---

[704] MONIZ DE ARAGÃO, E. D., idem, p. 397 e 398.

juges constitui fator que justifica razoavelmente a impossibilidade de fornecer dados mais precisos sobre a localização do requerido, sem que nada nos autos denote qualquer intenção em frustrar a sua citação pessoal.

V. Hipótese na qual a citação editalícia foi realizada conforme a legislação brasileira e apenas após terem sido frustradas 3 (três) tentativas de citação pessoal do requerido, estando atendidos os demais requisitos exigidos em lei, sem que haja outra circunstância da homologação que possa suscitar atenção especial ou adicional.

VI. Homologação deferida, nos termos do voto do Relator.

(SEC 2.845/EX, Rel. Ministro GILSON DIPP, CORTE ESPECIAL, julgado em 19/06/2013, DJe 26/06/2013)

1. Frustrada a citação pessoal, houve o chamamento pela via editalícia, nomeando-se curador. Ademais, proferida a decisão há mais de seis anos, ela deve ser considerada de modo a conferir validade à declaração da requerente, em Processo de Divórcio por Mútuo Consentimento perante a autoridade competente da Conservatória do Registro de Braga, em Portugal, o natural distanciamento e a falta de informações entre os ex-cônjuges devem ser considerados em prol da homologação. Acresça-se inexistirem prole ou bens a partilhar.

(...).

(SEC 8.678/EX, Rel. Ministro CASTRO MEIRA, CORTE ESPECIAL, julgado em 19/06/2013, DJe 01/07/2013)

1. O comparecimento espontâneo do réu, nos termos do art. 214, § 1º, do CPC, supre a falta de citação.

(...).

(AgRg no REsp 409.805/PR, Rel. Ministra ALDERITA RAMOS DE OLIVEIRA (DESEMBARGADORA CONVOCADA DO TJ/PE), SEXTA TURMA, julgado em 21/02/2013, DJe 01/03/2013)

(...).

2. Face à autonomia do fundamento quanto à ausência de prova da posse, cujo reexame nesta Corte Superior encontra o óbice insculpido no verbete n. 7, da Súmula, a declaração de nulidade para que os autos retornem à origem a fim de que se proceda à citação de eventuais confinantes não citados fere os princípios da economia e utilidade processuais.

3. Ademais, a nulidade do processo por vício de citação dos confinantes só a este beneficiaria, no caso de procedência do pedido na ação de usucapião cuja abrangência interferisse em seus domínios ou posses. Incidem as disposições do artigo 249, § 2º, do CPC.

4. Agravo regimental a que se nega provimento.

(AgRg no REsp 742.875/MG, Rel. Ministra MARIA ISABEL GALLOTTI, QUARTA TURMA, julgado em 18/12/2012, DJe 04/02/2013)

(...).

2. Ainda que ultrapassado o óbice supracitado, é valida a citação da pessoa jurídica feita por oficial de justiça naquele que se apresenta como seu representante sem qualquer ressalva quanto à inexistência de poderes para tal. Incidência da Súmula 83/STJ.3. Agravo Regimental não provido.

(AgRg no AREsp 146.978/RJ, Rel. Ministro HERMAN BENJAMIN, SEGUNDA TURMA, julgado em 12/06/2012, DJe 26/06/2012)

(...).

2. A falta de citação da empresa cuja personalidade foi desconsiderada, por si só, não induz nulidade, capaz de ser reconhecida apenas nos casos de efetivo prejuízo ao exercício da defesa, inexistente na hipótese.

3. Recurso conhecido em parte e, nessa parte, provido.

(REsp 1253383/MT, Rel. Ministro RICARDO VILLAS BÔAS CUEVA, TERCEIRA TURMA, julgado em 12/06/2012, DJe 05/10/2012)

Art. 281

Anulado o ato, consideram-se de nenhum efeito todos os subsequentes que dele dependam, todavia, a nulidade de uma parte do ato não prejudicará as outras que dela sejam independentes.

Extensão dos efeitos jurídicos da nulidade do ato

Francesco Carnelutti, ao tratar da classificação dos atos processuais segundo a estrutura quantitativa, estabelece que *"pode acontecer que cada um dos vários atos combinados conserve integralmente sua individualidade e que a ligação proceda apenas da unidade do efeito jurídico a cuja produção se encaminhe a coordenação dos mesmos; o efeito em questão pertence, normalmente, ao último ato, mas não se produziria se este não estivesse precedido pelos outros, cujos efeitos singulares estão exatamente encaminhados à preparação daquele outro; a este efeito procede-se desde o primeiro ao último dos atos coordenados e daí que à coordenação se tenha dado de há muito tempo o nome de 'procedimento'".*[705]

A primeira parte do art. 281 do novo C.P.C. trata justamente dessa interligação dos atos processuais no âmbito do procedimento.

Trata-se de um liame lógico dos efeitos decorrentes da declaração de nulidade de um determinado ato processual; anulado o ato, consideram-se de nenhum efeito todos os subsequentes que dele dependam.

Portanto, diante dessa interligação de efeitos de atos processuais no âmbito do procedimento, a nulidade de um ato atinge imediatamente o ato subsequente que dele dependa.

Este preceito normativo se encontra previsto no artigo 159 do Código de Processo Civil italiano que trata da extensão da nulidade dos atos processuais, *in verbis*: *A nulidade de um ato não importa a dos atos precedentes, nem dos sucessivos que sejam independentes. A nulidade de uma parte do ato não vicia as outras partes que são independentes. Se o vício impede um determinado efeito, o ato pode todavia produzir os outros efeitos para os quais seja idôneo.*

O preceito exprime o brocardo *utile per inutile non vitiatur*, que decorre de previsão expressa no direito material, mais precisamente no art. 184 do C.C.b.: *Respeitada a intenção das partes, a invalidade parcial de um negócio jurídico não o prejudicará na parte válida, se esta for separável.*

É bem verdade que sendo o processo constituído por uma sequência de certa forma coordenada de atos processuais preordenados (decorrentes de um procedimento), é provável que a nulidade de um ato atinja com mais frequência os demais que lhe são subsequentes, uma vez que a declaração de nulidade de ato processual tem um impacto maior do que a mesma declaração em relação aos atos jurídicos em geral.

Por sua vez, a nulidade de um ato não importa dos atos precedentes, ou seja, a nulidade de um ato tem efeito *ex nunc*, os seus efeitos aplicam-se apenas aos atos posteriores e não aos anteriores.

Em relação aos atos processuais posteriores, a nulidade não atinge os atos processuais que porventura sejam independentes do ato nulo. Exemplo disso é o caso de nulidade de citação de um litisconsorte. Sua declaração de nulidade não acarreta a nulidade da citação válida feita ao outro litisconsorte.

Mas não somente em relação ao processo/procedimento pode-se observar essa interrelação dos efeitos de nulidade dos atos processuais. Também no que

---

[705] CARNELUTTI, Francesco. *Sistema de direito processual civil.* Trad. Hiltomar Martins de Oliveira, Vol. III. São Paulo: Classic Book, 2000. p. 139.

ART. 281

concerne aos próprios atos processuais poderá haver essa interrelação ou a separação de efeitos de nulidade dos atos.

Pode ocorrer que o elo entre os vários atos, de que resulta a combinação, seja mais estreito do que aquele que se realiza na unidade do efeito jurídico. Isso significa dizer que os vários atos combinados com vistas à unidade do efeito podem se encontrar exatamente na causa, no sentido de que a causa seja única, ou no sentido de que, não sendo única (ou seja, não sendo idêntica para cada um dos atos combinados), a causa de cada um deles dependa pelo menos da de outro. Dessa concepção extrai-se a observação de que em tal hipótese a combinação seja tão intima que torne possível o fato de que vários atos se fundam em um apenas, uma vez que esses vários atos apresentam um elemento comum.[706]

Surge, conforme ensina Carnelutti, o conceito de *ato complexo*, no sentido de que vários atos, cada um dos quais é *per si* idôneo para a satisfação de uma necessidade, mas que têm de reunir-se para que deles se siga a satisfação de uma necessidade distinta e superior. Neste critério repousa a distinção entre ato *simples* e ato *complexo*.[707]

Fala-se em ato complexo, *"quando o ato puder dividir-se em partes, cada uma das quais é 'per si' um ato, no sentido de que é 'per si' idônea para a produção de um efeito prático; mas as distintas partes permanecem reunidas, nem tanto por obra da unidade do efeito (jurídico), quanto por obra da unidade ou, pelo menos, da independência de causa. Sua diferença diante do ato simples é a mesma que se interpõe entre o rebanho e cada um dos animais que o compõe; também cada um destes pode ser dividido em partes, mas nenhuma delas é, por sua vez, um animal.*[708]

Além dos atos complexos, Carnelutti também faz referência ao denominado *ato composto*, ou seja, aquele que se constitui justamente de uma variedade de ato singular, distinto pela sua forma, no sentido de que para produzir efeito jurídico é necessário não apenas uma só ação, mas uma multiplicidade de ações.

E é justamente dos *atos complexos* que trata a parte final do art. 281 do novo C.P.C., ao afirmar que *a nulidade de uma parte do ato não prejudicará as outras que dela sejam independentes.*

Assim, diante de um ato processual *complexo* poderá ocorrer que somente parte dessa espécie de ato processual seja atingida pela nulidade, ficando de fora os demais atos que compõem a totalidade dessa complexidade jurídica.

Os atos complexos, diferentemente dos atos simples, são constituídos por diversos atos simples, os quais conservam sua própria singularidade.

---

[706] CARNELUTTI, F., idem, p. 140.
[707] CARNELUTTI, F., idem, ibidem.
[708] CARNELUTTI, F., idem, p. 140 e 141.

Podemos dar como exemplo de um ato processual *complexo*, a expedição de um mandado de penhora e avaliação no processo de execução. Pode ocorrer que o ato processual de avaliação apresente alguma nulidade, mas que não interferirá no ato processual de penhora.

Art. 282

Ao pronunciar a nulidade, o juiz declarará que atos são atingidos e ordenará as providências necessárias a fim de que sejam repetidos ou retificados.

§1º O ato não será repetido nem sua falta será suprida quando não prejudicar a parte.

§2º Quando puder decidir o mérito a favor da parte a quem aproveite a decretação da nulidade, o juiz não a pronunciará nem mandará **repetir o ato ou suprir-lhe a falta.**

Efeitos jurídicos da pronúncia judicial de nulidade do ato

Este dispositivo trata da *extensão e dos efeitos* da declaração de nulidade do ato processual pelo juiz.

Observa-se que a decisão do juiz que declara a nulidade não é *constitutiva*, mas meramente declaratória, razão pela qual deverá o magistrado *declarar* que atos foram atingidos pela nulidade.

Este dispositivo, na realidade, visa a complementar a disposição do artigo antecedente.

Compete ainda ao juiz, segundo o *caput* do art. 282 do atual C.P.C., ordenar as providências necessárias a fim de que sejam repetidos ou retificados os atos declarados nulos. A primeira providência diz respeito ao vício decorrente de ausência do ato processual, ou seja, de sua inexistência, razão pela qual não se trata de retificação mas sim de sua própria realização. A segunda providência diz respeito ao ato que efetivamente fora realizado, mas sua realização deu-se por meio de vícios de invalidade. Neste caso o juiz determinará as providências para sua retificação ou correção, a fim de que se torne válido, sendo que, dependendo da extensão do vício, o saneamento pode consistir em ratificação, retificação ou repetição.

Sobre o tema, eis os seguintes precedentes:

1. Conforme o entendimento desta Corte, não havendo identidade entre o titular do certificado digital usado para assinar o documento e o nome do advogado indicado como autor da petição, deve esta ser tida como inexistente.

ART. 282

2. Possibilidade de superação da irregularidade, quando o advogado que assine digitalmente conste da procuração constante dos autos eletrônicos, o que não ocorre na espécie.

(...).

2. Inadmissível a uma das partes a ratificação das razões de recurso especial apresentadas por outra.

3. Não se admite, em sede de recurso especial, a alegação de ofensa a dispositivo da Constituição Federal.

(...).

(REsp 1355831/SP, Rel. Ministro SIDNEI BENETI, TERCEIRA TURMA, julgado em 19/03/2013, DJe 22/04/2013).

Uma vez concluído o julgamento do feito e proclamado o resultado pelo presidente do colegiado, a Corte julgadora exaure a sua competência jurisdicional, motivo pelo qual, salvo erro material evidente, somente se permite a sua modificação mediante recurso do interessado e resposta respectiva da parte ex-adversa, sob pena de violação ao princípio do contraditório.

No caso, depois de concluído o julgamento do recurso, em que foram realizadas sustentações orais, houve a proclamação do resultado e a posterior publicação da ata da sessão, havendo, posteriormente, alteração do julgado por meio de questão de ordem, o que viola o primado constitucional e impõe considerar a nulidade anunciado na via integrativa, via cabível para se corrigir, a tempo, o vício in procedendo.

Embargos acolhidos para anular o julgamento da questão de ordem.

(EDcl nos EAg 884.487/SP, Rel. Ministro LUIZ FUX, Rel. p/ Acórdão Ministra MARIA THEREZA DE ASSIS MOURA, CORTE ESPECIAL, julgado em 06/02/2013, DJe 25/06/2013)

O *§1º do art. 282* do novo C.P.C. estabelece que *o ato não se repetirá nem sua falta será suprida quando não prejudicar a parte.*

Diante do princípio da instrumentalidade das formas não se justifica a decretação de nulidade de um ato processual, quando a sua falta não prejudicar a parte.

Diante da instrumentalidade dos atos processuais e do princípio da finalidade não haverá motivos para a retificação ou nova realização do ato processual se não houver qualquer prejuízo evidente à parte supostamente prejudicada.

Trata-se do princípio *pas de nullité sans grief.*

Evidentemente que diante de nulidade absoluta envolvendo interesse público, mesmo que não haja prejuízo à parte, deverá o juiz, de ofício, declarar a nulidade, como ocorre, por exemplo, na questão de incompetência absoluta do juízo ou na hipótese de coisa julgada, litispendência etc.

Sobre o tema, eis os seguintes precedentes do S.T.J.:

(...).

5. Segundo a legislação penal em vigor, é imprescindível quando se trata de alegação de nulidade de ato processual a demonstração do prejuízo sofrido, em consonância com o princípio pas de nullité sans grief, consagrado pelo legislador no artigo 563 do Código de Processo Penal, verbis: "Nenhum ato será declarado nulo, se da nulidade não resultar prejuízo para a acusação ou para a defesa".

(...).

(EDcl no AREsp 226.167/PR, Rel. Ministra MARIA THEREZA DE ASSIS MOURA, SEXTA TURMA, julgado em 26/11/2013, DJe 12/12/2013).

(...).

7. De acordo com a moderna ciência processual, que coloca em evidência o princípio da instrumentalidade e o da ausência de nulidade sem prejuízo (pas de nullité sans grief), antes de se anular todo o processo ou determinados atos, atrasando, muitas vezes em anos, a prestação jurisdicional, deve-se perquirir se a alegada nulidade causou efetivo prejuízo às partes.

(...).

10. Não há razão, portanto, para se anular a sentença, que, ademais, analisou detalhadamente todos os aspectos fáticos dos negócios celebrados entre as partes, bem como os argumentos da recorrente no sentido da cessão dos direitos sobre a marca, rejeitando-os, contudo.

(...).

(REsp 1331170/PR, Rel. Ministra NANCY ANDRIGHI, TERCEIRA TURMA, julgado em 21/11/2013, DJe 28/11/2013).

(...).

3. A jurisprudência desta Corte se cristalizou no sentido e que a ausência de intimação do Ministério Público, por si só, não enseja a decretação de nulidade do julgado, a não ser que se demonstre o efetivo prejuízo às partes ou para apuração da verdade substancial da controvérsia jurídica, à luz do princípio pas de nullité sans grief.

(...).

(AgRg no AREsp 235.365/BA, Rel. Ministro HUMBERTO MARTINS, SEGUNDA TURMA, julgado em 07/11/2013, DJe 16/12/2013).

ART. 282

1. "Revelam-se incabíveis os embargos de declaração, quando inexistentes os vícios que caracterizam os pressupostos legais de embargabilidade (CPC, art. 535) tal recurso, com desvio de sua específica função jurídico-processual, vem a ser utilizado com a finalidade de instaurar, indevidamente, uma nova discussão sobre a controvérsia jurídica já apreciada pelo Tribunal" (STF, AI 466.622 AgR-ED-ED-ED-ED/SP, Segunda Turma, Rel. Min. CELSO DE MELLO, DJe 28/11/12).

2. "O Superior Tribunal de Justiça tem iterativamente assentado que a decretação de nulidade de atos processuais depende da necessidade de efetiva demonstração de prejuízo da parte interessada, por prevalência do princípio pas de nullité sans grief" (EREsp 1.121.718/SP, Corte Especial, de minha relatoria, DJe 1º/8/12).

(...).

(AgRg no AREsp 330.656/SP, Rel. Ministro ARNALDO ESTEVES LIMA, PRIMEIRA TURMA, julgado em 17/10/2013, DJe 30/10/2013)

O *§2º do art.* 282 prescreve que *quando puder decidir o mérito a favor da parte a quem aproveite a declaração da nulidade, o juiz não a pronunciará nem mandará repetir o ato ou suprir-lhe a falta.*

Este dispositivo, que era previsto no art. 275 do C.P.C. de 1939, repetido pelo C.P.C. de 1973, é de grande importância para a garantia da celeridade processual e para a real aplicação do princípio da *instrumentalidade do processo.*

Assim, mais do que a forma, o que efetivamente tem importância é a finalidade do processo.

Se o juiz, verificando que a decisão de mérito será favorável à parte que seria beneficiada pela decretação de nulidade do ato processual, ao invés de declarar a nulidade, deve proferir decisão de mérito em favor da parte.

Evita-se com isso ao máximo a decretação de nulidades, reduzindo ao mínimo indispensável.

Evidentemente que este dispositivo não alcança as nulidades absolutas de interesse geral e público. Neste caso o juiz deverá decretar a nulidade do ato processual. É o caso, por exemplo, da existência de litispendência ou coisa julgada.

A utilização dessa regra pelo juízo de primeiro grau não vincula o Tribunal em eventual recurso de apelação.

Sobre o tema, eis os seguintes precedentes do S.T.J.:

I – "Quando puder decidir do mérito a favor da parte a quem aproveite a declaração da nulidade, o juiz não a pronunciará nem mandará repetir o ato, ou suprir-lhe a falta." (art. 249, §2º, do CPC).

(...).

(AgRg nos EDcl no REsp 688.524/MA, Rel. Ministro PAULO DE TARSO SANSEVERINO, TERCEIRA TURMA, julgado em 02/12/2010, DJe 10/12/2010)

(...).

2. *"A inobservância do artigo 265, I, do CPC, que determina a suspensão do processo a partir da morte da representante legal do espólio, enseja apenas nulidade relativa, sendo válidos os atos praticados, desde que não haja prejuízo aos interessados. A norma visa preservar o interesse particular do espólio e dos herdeiros do falecido e, não tendo sido causado nenhum dano a eles, não há por que invalidar os atos processuais praticados." (AgRgAgRgREsp nº 839.439/MS, Relator Ministro João Otávio de Noronha, in DJe 19/8/2010).*

3. *O reconhecimento da pretensa nulidade, in casu, causaria prejuízo à parte, da qual o artigo 265, inciso I, do Código de Processo Civil visa à proteção.*

4. *"Quando puder decidir do mérito a favor da parte a quem aproveite a declaração da nulidade, o juiz não a pronunciará nem mandará repetir o ato, ou suprir-lhe a falta." (artigo 249, parágrafo 2º, do Código de Processo Civil).*

5. *Agravo regimental improvido.*

(AgRg no REsp 1190810/CE, Rel. Ministro HAMILTON CARVALHIDO, PRIMEIRA TURMA, julgado em 21/09/2010, DJe 19/11/2010)

1. *O Superior Tribunal de Justiça, ao conferir a correta interpretação ao direito infraconstitucional, não deve desprezar os princípios da instrumentalidade das formas e, bem assim, da celeridade processual, devendo adotar a interpretação do art. 249, § 2º, do CPC, segundo o qual "não se deve decretar a nulidade do julgado quando puder decidir o mérito em favor da parte a quem aproveita a declaração".*

(...).

(REsp 1181868/RS, Rel. Ministra ELIANA CALMON, SEGUNDA TURMA, julgado em 06/05/2010, DJe 17/05/2010)

(...).

2. *Princípio da economia processual que legitima a aplicação do artigo 249, § 2º, do CPC (não se deve decretar a nulidade do julgado quando puder decidir o mérito em favor da parte a quem aproveita a declaração).*

(...).

(REsp 990.992/RS, Rel. Ministra ELIANA CALMON, SEGUNDA TURMA, julgado em 01/12/2009, DJe 14/12/2009).

(...).

II – O juiz não pronunciará nulidade, quando puder julgar o mérito em favor da parte a quem aproveitaria a declaração (CPC, Art. 249, § 2º) III – Decisão não recorrida, emitida no processo de falência, declarando compensados créditos da massa e de terceiro, opera preclusão e não pode ser ignorada em futura cobrança do crédito compensado.

(REsp 999.425/RS, Rel. Ministro HUMBERTO GOMES DE BARROS, TERCEIRA TURMA, julgado em 27/11/2007, DJ 06/12/2007, p. 313)

Art. 283

O erro de forma do processo acarreta unicamente a anulação dos atos que não possam ser aproveitados, devendo ser praticados os que forem necessários a fim de se observarem as prescrições legais.

Parágrafo único. Dar-se-á o aproveitamento dos atos praticados desde que não resulte prejuízo à defesa de qualquer parte.

Princípio da instrumentalidade das formas

Este dispositivo, muito embora utilize-se da essência dos critérios previstos neste capítulo, não trata especificamente de atos processuais, mas do próprio processo e sua forma legal. Na realidade, este dispositivo prescreve preceito normativo sobre a impropriedade do exercício da tutela jurisdicional, ou como os clássicos diziam, da impropriedade da ação e erro de forma do processo. O C.P.C. de 1939 falava em *impropriedade de ação*.

Evidentemente que não se trata de *impropriedade de ação*, pois a ação, na sua concepção constitucional, não varia e não há distinção de forma.

A ação como direito constitucional de provocar o exercício de tutela jurisdicional não se modifica em face da diversidade das inúmeras espécies de tutela jurisdicional.

Na realidade, nem mesmo o processo, na sua essência, pode sofrer variação, pois o processo jurisdicional nada mais é do que *"um instrumento do poder, concretizado por um procedimento animado através de uma relação jurídica em contraditório"*.[709]

Assim, quando o art. 283 do novo C.P.C. fala em forma de processo, isso equivale a dizer *forma de procedimento*.

---

[709] Souza, Artur César. *Contraditório e revelia – perspectiva crítica dos efeitos da revelia em face da natureza dialética do processo.* São Paulo: Ed. Revista dos Tribunais, 2003. p. 266.

Não se deve confundir *processo* com *procedimento*.

O processo é um instrumento do poder realizado em contraditório, sendo que o seu desenvolvimento se dá por meio de movimentação de eventos consubstanciados em atos processuais. O conjunto dessa movimentação constitui aquilo que denominamos de *procedimento*. O procedimento, em síntese, seria o modo de mover e a forma em que é movido o ato.[710]

O vício referido pelo art. 283 do novo C.P.C. é o erro de forma do procedimento. Havendo erro de forma do procedimento, tal circunstância acarreta unicamente a anulação dos atos que não possam ser aproveitados, devendo praticar-se os que forem necessários a fim de se observarem as prescrições legais.

Incide, neste caso, o *princípio da conversão*, a fim de corrigir o erro mediante o aproveitamento dos atos processuais, salvo aqueles que são específicos do procedimento correto, os quais devem ser praticados observando-se as prescrições legais.

É o que se observava no caso de erro do uso do procedimento comum pelo especial ou vice-versa.

Deve-se, contudo, observar a particularidade de cada procedimento especial, o que por vezes impede a conversão ou a acumulação de pedidos. Deve-se observar que a conversão somente ocorre quando o erro for em relação à forma do procedimento e não em relação ao seu conteúdo.

A conversão pode ocorrer em qualquer fase do processo, devendo contudo ser realizada o mais rápido possível, de preferência logo após a análise da petição inicial, até mesmo para se evitar a prática de atos infrutíferos.

Da conversão não resulta automaticamente a nulidade de atos processuais, uma vez que eles podem ser ratificados ou retificados. Também pode ocorrer que determinados atos não sejam levados em consideração no âmbito do procedimento correto.

Segundo Moniz de Aragão, *"nada obsta a que, em grau de recurso, seja qual for, operada a conversão, a causa venha a ser decidida como se o procedimento empregado fora desde o início o indicado, em vez de se lhe decretar a nulidade por esse vício de procedimento... Nem mesmo a competência será causa de embaraço, embora possa ser absoluta (arts. 113 e 311). Verificando que o procedimento adequado era outro, diverso do empregado, e, por isso, cabível a outro juiz ou tribunal, a este serão os autos remetidos".*[711]

Alerta o *parágrafo único do art. 283* do novo C.P.C. que *dar-se-á o aproveitamento dos atos praticados desde que não resulte prejuízo à defesa de qualquer parte.*

---

[710] Moniz de Aragão, E. D., op. Cit., p. 411.

[711] Moniz de Aragão, E.D., idem, p. 415 e 416.

ART. 284

A conversão do procedimento, portanto, não poderá ocorrer quando resultar em prejuízo à defesa do réu ou em diminuição de suas garantias. Assim, *"será desde logo impossível qualquer tentativa de conversão, por exemplo, se, para o exercício da pretensão através do procedimento adequado, fora necessária a prática de algum ato preparatório, dispensável, contudo, se empregado o procedimento inadequado. Os atos preparatórios indispensáveis se incluem entre as condições de ação e constituem assunto que nada tem a ver com a forma do processo. A disposição do parágrafo único igualmente não se aplica a todos os casos em que o procedimento empregado – mas inadequado – for mais restrito quanto à resposta do réu, seja por lhe conceder menor prazo ou piores condições para se defender, seja por lhe vedar o uso de exceções ou da reconvenção. Também não será possível a conversão nos casos em que o procedimento escolhido, além de não ser o indicado, restringir o direito do réu à produção da prova. Exceto no primeiro exemplo indicado – ausência de medida preparatória –, que afasta a incidência do princípio contido no texto por não se tratar de erro quanto à forma do processo, nenhuma das limitações resultantes do parágrafo único terá cabimento nos casos em que o juiz, logo ao apreciar a petição inicial, determinar a conversão do procedimento. Tampouco terá lugar a que resulta da restrição quanto à produção da prova, se a conversão se der por ocasião do saneamento do processo, nesta ocasião admitida a prova que teria cabimento se tivesse sido escolhido, desde o início, o procedimento adequado".*[712]

Esta regra também pode ser aplicada no processo de execução, pois é possível que diante da espécie do título executivo haja procedimento específico para a o desenvolvimento dos atos executivos.

TÍTULO IV – Da Distribuição e do Registro

Art. 284
Todos os processos estão sujeitos a registro, devendo ser distribuídos onde houver mais de um juiz.

Registro e distribuição dos processos
Tendo em vista que o processo, além de ser um instrumento do poder exercido por meio do contraditório, também corresponde a um instrumento técnico for-

---

[712] Moniz de Aragão, E.D., idem, p. 416 e 417.

mal de movimentação e constituição de atos processuais, há necessidade de seu registro e de sua distribuição onde houver mais de um juiz.

Diante dessa concepção técnica do processo, há necessidade de que ele seja registrado, a fim de que obtenha um número, uma configuração, uma delimitação, e, se for o caso, distribuído ao juízo competente.

O registro permite a identificação do processo, com todos os seus dados essenciais, especialmente para sua posterior localização e consulta para os fins legais.

Além do registro, os processos também serão distribuídos onde houver mais de um juiz.

Note-se que o art. 284 do novo C.P.C. traz uma afirmação técnica importante. Todos os processos estão sujeitos ao registro, mas nem todos os processos estão sujeitos à distribuição. Somente quando houver mais de um juiz na Comarca ou na Seção Judiciária é que haverá distribuição do processo. O mesmo raciocínio aplica-se em relação aos processos em segundo grau.

Por meio da distribuição, outorga-se competência funcional para que determinado órgão do Poder Judiciário possa exercer o ofício jurisdicional sobre determinado processo, além de possibilitar o controle de igualdade da distribuição de serviço entre os aludidos órgãos.

O art. 251 do C.P.C. do Projeto originário n. 166/10 também exigia a distribuição de processo quando houvesse mais de um escrivão. O novo C.P.C., porém, não repetiu esta determinação, tendo em vista que cada vara ou secretaria deverá ser preenchida por um magistrado competente que a administre, razão pela qual não há necessidade de se mencionar o escrivão para efeitos de distribuição.

É bem verdade que a Distribuição ainda ocorrerá entre os cartórios extrajudiciais, quando todos forem competentes para realizar o respectivo serviço público.

A importância do registro da distribuição também se verifica, pois é pela distribuição da petição inicial que o juízo se tornará prevento.

Art. 285

A distribuição, que poderá ser eletrônica, será alternada e aleatória, obedecendo-se rigorosa igualdade.

Parágrafo Único. A lista de distribuição deverá ser publicada no Diário de Justiça.

ART. 286

Distribuição eletrônica – alternada e aleatória – publicação
Diante da constituição dos processos eletrônicos, tanto o registro como a distribuição (quando houver) serão feitos automaticamente, não necessitando mais da realização de audiência de distribuição, o que se dava normalmente ao final do expediente forense pelo magistrado distribuidor.

Com o processo eletrônico, o Setor de Distribuição tornar-se-á de certa forma obsoleto.

A distribuição, seja eletrônica ou manual, deverá ser alternada, compensando-se o número de processos entre os juízes, observando-se nesta compensação a classe de cada feito.

A distribuição há de ser ainda aleatória, evitando-se que seja por qualquer forma direcionada, a fim de se resguardar o princípio Constitucional *do juiz natural*. Sobre o tema, eis o seguinte precedente do S.T.J.:

> 1. *É lícito ao Tribunal determinar a extinção do processo, sem resolução do mérito, se detectada distribuição irregularmente dirigida, com violação ao princípio do juiz natural.*
>
> (...).
> (REsp 767.979/RJ, Rel. Ministra ELIANA CALMON, SEGUNDA TURMA, julgado em 09/06/2009, DJe 25/06/2009)

Para se conseguir uma rigorosa igualdade entre os juízes, o sistema deve observar também uma rigorosa distribuição dos processos, segundo a espécie de classes de feitos, de sorte que um juiz não fique com mais classes de processo do que o outro.

Estabelece o *parágrafo único* do art. 285 do novo C.P.C. que *a lista de distribuição deverá ser publicada no Diário de Justiça*.

Para que se possa haver um efetivo controle sobre os processos distribuídos, bem como para se resguardar o *princípio da transparência*, a lista de distribuição deverá ser publicada diariamente no Diário da Justiça Eletrônico.

Art. 286

Serão distribuídas por dependência as causas de qualquer natureza:

I – quando se relacionarem, por conexão ou continência, com outra já ajuizada;

II – quando, tendo sido extinto o processo sem resolução de mérito, for reiterado o pedido, ainda que em litisconsórcio com outros autores ou que sejam parcialmente alterados os réus da demanda;

CÓDIGO DE PROCESSO CIVIL

III – quando houver ajuizamento de ações nos termos do art. 55, §3º, ao juízo prevento.

Parágrafo Único. Havendo intervenção de terceiro, reconvenção ou outra hipótese de ampliação objetiva do processo, o juiz, de ofício, mandará proceder à respectiva anotação pelo distribuidor.

Distribuição por dependência

Esse dispositivo procura sanar eventuais problemas que possam surgiu em relação às decisões conflitantes ou mecanismo espúrios para burlar a competência do juízo natural.

A distribuição por dependência determinada no dispositivo ocorre entre causa de qualquer natureza. Isso significa dizer que a distribuição por dependência poderá se verificar entre processo de conhecimento e processo de execução; mandado de segurança e processo de conhecimento; embargos do devedor e processo de conhecimento etc. Sobre o tema, eis os seguintes precedentes:

(...).

4. É incontroverso que o débito tributário em questionamento na ação ordinária está em cobrança nos autos da Execução Fiscal nº 2002.61.82.038702-0; logo, os feitos devem ser reunidos para julgamento perante o Juízo Federal da 11ª Vara das Execuções Fiscais da Seção Judiciária de São Paulo (juízo prevento).

5. Conflito de competência conhecido para declarar competente Juízo Federal da 11ª Vara das Execuções Fiscais da Seção Judiciária de São Paulo, o suscitante.

(CC 103.229/SP, Rel. Ministro CASTRO MEIRA, PRIMEIRA SEÇÃO, julgado em 28/04/2010, DJe 10/05/2010).

Havendo conexão entre execução fiscal e ação anulatória de débito fiscal, impõe-se a reunião dos processos, de modo a evitar decisões conflitantes; espécie em que, ajuizada primeiro a execução fiscal, o respectivo juízo deve processar e julgar ambas as ações. Agravo regimental não provido.

(AgRg no AREsp 129.803/DF, Rel. Ministro ARI PARGENDLER, PRIMEIRA TURMA, julgado em 06/08/2013, DJe 15/08/2013).

(...).

2. "É pacífico nas Turmas que integram a Primeira Seção desta Corte o entendimento no sentido de que deve ser reconhecida a litispendência entre os embargos à

execução e a ação anulatória ou declaratória de inexistência do débito proposta anteriormente ao ajuizamento da execução fiscal, se identificadas as mesmas partes, causa de pedir e pedido, ou seja, a tríplice identidade a que se refere o art. 301, § 2º, do CPC"
(REsp 1.156.545/RJ, Rel. Ministro Mauro Campbell Marques, Segunda Turma, DJe 28/04/2011). No mesmo sentido: AgRg nos EREsp 1.156.545/RJ, Rel. Ministro Benedito Gonçalves, Primeira Seção, DJe 04/10/2011; REsp 1.040.781/PR, Rel. Ministra Eliana Calmon, Segunda Turma, DJe 17/3/2009; REsp 719.907/RS, Primeira Turma, Rel. Ministro. Teori Albino Zavascki, DJe de 5.12.2005.

(...).

(AgRg no AREsp 208.266/RJ, Rel. Ministro BENEDITO GONÇALVES, PRIMEIRA TURMA, julgado em 07/05/2013, DJe 14/05/2013)

O *inc. I do art. 286* do novo C.P.C., ao determinar a distribuição das causas por dependência *quando se relacionarem, por conexão ou continência, com outra já ajuizada,* tem por objetivo justamente evitar a prolação de *decisões conflitantes* e que possam quebrar a sistemática jurídica de uniformização do entendimento decorrente do exercício da tutela jurisdicional.

Havendo *conexão ou continência* entre as causas ajuizadas, a distribuição será realizada por dependência.

Segundo prescreve o art. 55 do novo C.P.C., *reputam-se conexas* duas ou mais ações, *quando lhes for comum o pedido ou a causa de pedir.*

Havendo conexão, os processos serão reunidos para decisão conjunta, *salvo se um deles já tiver sido sentenciado* (§1º do art. 55). Não há necessidade de que o processo sentenciado tenha transitado em julgado.

Aplica-se a conexão à execução de título extrajudicial e à demanda de conhecimento relativa ao mesmo negócio jurídico, assim como às execuções fundadas no mesmo título (§2º do art. 55).

Serão reunidas para julgamento conjunto os processos que possam gerar risco de prolação de decisões conflitantes ou contraditórias caso decididas separadamente, mesmo sem conexão entre eles. (§3º do art. 55 do novo C.P.C.

Por sua vez, nos termos do art. 56 do novo C.P.C., *dá-se a continência* entre duas ou mais ações *quando houver identidade quanto às partes e à causa de pedir, mas o pedido de uma, por ser mais amplo, abrange o das demais.*

É importante salientar que quando houver continência e demanda continente tiver sido proposta anteriormente, o processo relativo à demanda contida será extinto sem resolução de mérito; caso contrário, as demandas serão necessariamente reunidas (art. 57).

CÓDIGO DE PROCESSO CIVIL

O critério para a reunião das demandas propostas em separado é o estabelecido no art. 58 do novo C.P.C., ou seja, as causas deverão ser reunidas e decididas simultaneamente perante o juízo *prevento*.

O juízo prevento, por sua vez, é definido nos termos do art. 59 do novo C.P.C, pelo registro ou distribuição *da petição inicial*, não havendo mais a diferenciação entre o juízo que despachou em primeiro lugar e o juízo em que o réu foi citado em primeiro lugar, conforme previa o C.P.C. de 1973.

É importante salientar que havendo distribuição por dependência, o sistema deverá compensar o juiz que recebeu o processo por prevenção, para que prevaleça a rigorosa igualdade na distribuição.

Sobre o tema, eis os seguintes precedentes do S.T.J.:

(...).

1. No tocante à preliminar de prevenção ao MS n. 11.364/DF, o entendimento do Superior Tribunal de Justiça é no sentido de que, em se tratando de ações envolvendo processos administrativos diversos, não há falar em distribuição por dependência, ainda que tenham sido instaurados em razão do mesmo ilícito penal ou administrativo.

(...).

(MS 12.085/DF, Rel. Ministro SEBASTIÃO REIS JÚNIOR, TERCEIRA SEÇÃO, julgado em 08/05/2013, DJe 07/06/2013).

– Conquanto a doutrina defenda que a regra do art. 253, II, do CPC, disciplina uma hipótese de competência funcional absoluta, havendo inclusive precedentes do STJ nesse sentido, é importante notar que tal regra apenas regula a necessidade de distribuição do segundo processo ao mesmo juízo que havia conhecido da primeira ação, extinta sem resolução de mérito. Essa distribuição, contudo, não implica a competência absoluta do juízo para processar e julgar toda a causa. Implica, em vez disso, que o juízo primitivo é absolutamente competente apenas para decidir acerca de sua própria competência, podendo aplicar, em tal decisão, as regras da competência relativa territorial. Assim, é possível ao réu, mesmo diante da prevenção estabelecida pelo art. 253, II, do CPC, opor exceção de incompetência por cláusula de eleição de foro.

– Por consubstanciar uma regra aplicável apenas a um ato processual (distribuição de processos), a alteração do art. 253, II, do CPC, promovida pela Lei 11.280/06, não pode retroagir de modo a disciplinar a competência dos processos distribuídos antes de sua promulgação.

– Referido artigo do CPC, com a sua redação anterior, dada pela Lei 10.358/2001, disciplinava a distribuição necessária do segundo processo ao mesmo juízo que conhecera do primeiro apenas nas hipóteses de desistência da ação e repropositura, ainda que com alteração no polo ativo da relação processual. Na hipótese dos autos, a reproposi-

tura da ação se deu com alteração do polo passivo, de modo que o art. 253, II, do CPC, à época, não incide. A distribuição por dependência, por consubstanciar regra excepcional, não pode ser interpretada extensivamente.

(...).

(REsp 1027158/MG, Rel. Ministra NANCY ANDRIGHI, TERCEIRA TURMA, julgado em 15/04/2010, DJe 04/05/2010)

O *inc. II do art. 286* do novo C.P.C., ao determinar a reunião das causas por dependência, *quando, tendo sido extinto o processo, sem resolução de mérito, for reiterado o pedido, ainda que em litisconsórcio com outros autores ou que sejam parcialmente alterados os réus da demanda*, teve por finalidade impedir o denominado *direcionamento da distribuição* em mácula ao princípio do juiz natural.

Na realidade, a hipótese não trata de reunião de causas, uma vez que um dos processos já fora extinto.

O que ocorre é a distribuição do segundo processo a um juízo que já se tornara prevento pela análise anterior da mesma pretensão formulada no segundo procedimento.

Era comum o advogado, verificando que o seu processo fora distribuído a um magistrado que tinha posicionamento contrário à sua pretensão, imediatamente desistir do feito, ingressando novamente com outro processo, mediante nova distribuição, a fim de que fosse encaminhado o processo a outro juiz que tivesse afinidade de interpretação jurídica com a pretensão formulada pela parte. Isso também ocorria diante do indeferimento do pedido de liminar ou de antecipação de tutela.

Agora, em face do que dispõe o inc. II do art. 286 do novo C.P.C., tal método escuso não é mais possível, uma vez que sendo extinto o processo, sem resolução de mérito, e havendo reiteração do pedido, ainda que em litisconsórcio com outros autores ou que sejam parcialmente alterados os réus da demanda, deve a nova causa ser distribuída ao juízo originário que declarou a extinção do processo.

É importante salientar que a extinção do processo sem resolução do mérito pode se dar por provocação da parte ou de ofício pelo juiz, quando faltar, por exemplo, alguma condição da ação ou algum pressuposto processual.

Para que seja aplicado o dispositivo em comento, o legislador estabeleceu uma importante condicionante, ou seja, que *haja reiteração de pedido*. Assim, deve haver similitude de pedidos mediatos e imediatos. Se houver similitude de partes e de causa de pedir, mas com pedidos distintos, não haverá a prevenção de juízo.

Sobre o tema, eis o seguinte precedente do S.T.J.:

CÓDIGO DE PROCESSO CIVIL

(...).
2. No caso dos autos, ajuizada nova demanda quando já vigorava a nova redação do inciso II do art. 253 do CPC, e tendo havido extinção do anterior processo – no qual se veiculara pedido idêntico – sem julgamento do mérito, é obrigatória a incidência da norma a ensejar a distribuição por prevenção das ações. Precedentes da Primeira Seção.
3. Conflito conhecido para declarar competente o Juízo Federal da 28ª Vara da Seção Judiciária do Estado do Rio de Janeiro, o suscitante.
(CC 97.576/RJ, Rel. Ministro BENEDITO GONÇALVES, PRIMEIRA SEÇÃO, julgado em 11/02/2009, DJe 05/03/2009).

O Superior Tribunal de Justiça já considerou a similitude de pedidos diante de pretensão formulada em mandado de segurança e ação ordinária. Nesse sentido eis o seguinte precedente:

(...).
2. Após a distribuição à 7ª Vara Federal de Curitiba/PR, o magistrado de primeira instância valeu-se da inteligência do art. 253, II, do CPC para determinar o envio dos autos por dependência ao Juízo da 20ª Vara Federal de Brasília/DF, no qual idêntico provimento jurisdicional já teria sido reclamado em mandado de segurança anteriormente impetrado e que findou extinto em razão de desistência do autor, ora recorrente.
3. O recorrente alega que não se verifica identidade entre os pedidos formulados na ação anulatória e no mandamus, haja vista que este se destinava a impugnar decisão que não conhecera dos segundos embargos de declaração opostos no processo administrativo fiscal, enquanto aquela se volta contra o resultado final do procedimento administrativo, mais especificamente a inscrição em dívida ativa do débito e seus consectários.
(...).
(REsp 1130973/PR, Rel. Ministro CASTRO MEIRA, SEGUNDA TURMA, julgado em 09/03/2010, DJe 22/03/2010)

O *inc. III do art. 286 do novo C.P.C. estabelece a reunião dos processos quando houver ajuizamento de ações nos termos do art. 55, §3º, ao juízo prevento.*
O dispositivo evita tanto a prolação de decisões conflitantes quanto à mácula ao juízo natural.
Na realidade, o inc. III do art. 286 do novo C.P.C. foi muito feliz na sua redação, pois evitou falar de *litispendência*, preferindo a locução julgamento conjunto os processos que possam gerar risco de prolação de decisões conflitantes ou contraditórias caso decididos separadamente, mesmo sem conexão entre eles.
Há *litispendência* quando se reproduz ação anteriormente ajuizada (§1º do art. 337 do novo C.P.C.).

ART. 286

Mas é importante salientar que somente se caracteriza a *litispendência* com a citação válida, pois antes de ocorrer a citação válida não há falar em litispendência. Contudo, mesmo antes de configurada a litispendência, o inc. III do art. 286 do novo C.P.C. já determina a reunião de ações idênticas ao juízo prevento. E no caso, o juízo prevento será aquele para quem foi distribuído o primeiro processo. Sobre o tema, eis os seguintes precedentes do S.T.J.:

1. Os efeitos da litispendência, para o autor, são produzidos desde a propositura da demanda. O fato de a relação processual ainda estar incompleta antes do ato citatório não significa que inexiste ação, uma vez que a pretensão já se encontra materializada por meio do petitório inicial.

2. Nos casos de múltipla distribuição na busca de provimento liminar, o resguardo do princípio do juiz natural faz-se com a prevalência da primeira ação ajuizada, extinguindo-se a outra.

Aplicação do art. 263 do CPC.

3. Consoante disposto no art. 253, II, do CPC, mesmo que haja a extinção do feito sem resolução do mérito, como na hipótese de desistência, o ajuizamento de idêntica demanda deve ser realizado perante o juízo onde ocorreu a propositura da primeira.

(AgRg no AREsp 51.513/RS, Rel. Ministro CASTRO MEIRA, SEGUNDA TURMA, julgado em 20/03/2012, DJe 28/03/2012).

1. A inclusão de litisconsorte ativo facultativo, após a distribuição da ação judicial, configura desrespeito à garantia constitucional do Juiz Natural (artigo 5º, incisos XXXVII e LIII, da Constituição da República de 1988), praxe que é coibida pela norma inserta no inciso II, do artigo 253, do CPC (com a redação dada pela Lei 11.280/2006), segundo o qual as causas de qualquer natureza distribuir-se-ão por dependência quando, tendo sido extinto o processo, sem julgamento de mérito, for reiterado o pedido, ainda que em litisconsórcio com outros autores ou que sejam parcialmente alterados os réus da demanda (Precedentes do STJ: REsp 796.064/RJ, Rel. Ministro Luiz Fux, Primeira Seção, julgado em 22.10.2008, DJe 10.11.2008; e AgRg no MS 615/DF, Rel. Ministro Bueno de Souza, Corte Especial, julgado em 13.06.1991, DJ 16.03.1992).

5. Outrossim, é certo que o ingresso dos requerentes na ação popular não enseja desrespeito à garantia constitucional do Juiz Natural.

(...).

6. Agravo regimental desprovido.

(AgRg no REsp 776.848/RJ, Rel. Ministro LUIZ FUX, PRIMEIRA TURMA, julgado em 22/06/2010, DJe 03/08/2010).

1. O contribuinte, ora recorrente, ajuizou ação ordinária com o objetivo de ver reconhecida a nulidade de título executivo, o qual teria sido gerado em procedimento fiscal maculado pela equivocada negativa de seguimento a embargos declaratórios opostos em seu bojo, requerendo, ao final, a reabertura do processo administrativo a partir dessa decisão tida por desacertada.

2. Após a distribuição à 7ª Vara Federal de Curitiba/PR, o magistrado de primeira instância valeu-se da inteligência do art. 253, II, do CPC para determinar o envio dos autos por dependência ao Juízo da 20ª Vara Federal de Brasília/DF, no qual idêntico provimento jurisdicional já teria sido reclamado em mandado de segurança anteriormente impetrado e que findou extinto em razão de desistência do autor, ora recorrente.

3. O recorrente alega que não se verifica identidade entre os pedidos formulados na ação anulatória e no mandamus, haja vista que este se destinava a impugnar decisão que não conhecera dos segundos embargos de declaração opostos no processo administrativo fiscal, enquanto aquela se volta contra o resultado final do procedimento administrativo, mais especificamente a inscrição em dívida ativa do débito e seus consectários.

4. Ao acrescentar o inciso II no art. 253 do CPC por meio da Lei nº 10.358/01, o legislador atendeu ao clamor da comunidade jurídica que reivindicava um instrumento capaz de coibir a prática maliciosa de alguns advogados de desistir de uma demanda logo após sua distribuição – seja em virtude do indeferimento da liminar requerida, seja em razão do prévio conhecimento da orientação contrária do magistrado acerca da matéria em discussão, ou qualquer outra circunstância que pudesse indiciar o insucesso na causa – para, logo em seguida, intentá-la novamente com o objetivo de chegar a um juiz que, ainda que em tese, lhes fosse mais favorável e conveniente.

(...).

(REsp 1130973/PR, Rel. Ministro CASTRO MEIRA, SEGUNDA TURMA, julgado em 09/03/2010, DJe 22/03/2010)

O *parágrafo único do art. 286 do novo C.P.C.* preconiza que *havendo intervenção de terceiro, reconvenção ou outra hipótese de ampliação objetiva do processo, o juiz, de ofício, mandará proceder à respectiva anotação pelo distribuidor.*

A regra prevista no referido dispositivo não trata de distribuição, mas de registro ou anotação de procedimentos processuais.

Na intervenção de terceiro (denunciação, assistência, chamamento), na reconvenção ou na hipótese de ampliação objetiva do processo (o processo passa a ter um novo pedido, um novo objeto) não haverá a instauração de um novo processo para que se possa falar em distribuição. Haverá, sim, um incidente processual instaurado no âmbito do mesmo processo já em andamento, daí porque o dispositivo somente determina o registro e anotação do incidente para os efeitos legais.

ART. 287

O parágrafo único do art. 249 na redação originária do Projeto de Lei do Senado n. 166/2010 somente fazia referência à intervenção de terceiro. A reconvenção havia sido extinta pelo Projeto do Senado n. 8.046/10. Porém, Emenda da Câmara dos Deputados introduziu novamente a reconvenção em nosso ordenamento jurídico.

Nesses casos, a parte não submete a petição ao setor de Distribuição, nem mesmo realiza a distribuição pelo sistema eletrônico, mas a remete ao juiz que ordenará sua anotação nos registros do processo.

Art. 287

A petição inicial deve vir acompanhada de procuração, que conterá os endereços do advogado, eletrônico e não-eletrônico.

Parágrafo Único. Dispensa-se a juntada da procuração:

I – no caso previsto no art. 104;

II – se a parte estiver representada pela Defensoria Pública;

III – se a representação decorrer diretamente de norma prevista na Constituição Federal ou em lei.

Petição inicial e procuração

Tendo em vista que é privativo de advogado a postulação em nome da parte em juízo, o art. 287 do novo C.P.C. determina que a petição inicial deve vir acompanhada de procuração.

Há, contudo, determinados ritos processuais em que a parte pode postular pessoalmente, sem estar acompanhada de advogado, como ocorre no âmbito dos Juizados Especiais.

Como atualmente a distribuição do processo é feita eletronicamente pela própria parte, compete ao juízo para o qual foi distribuído o processo verificar se foi juntada com a petição inicial a procuração.

É importante salientar que na procuração ou na própria petição inicial deve o advogado indicar o *endereço físico e eletrônico* para o recebimento de avisos e intimações.

Em regra, o advogado será intimado no seu endereço eletrônico, conforme estabelece a legislação do processo eletrônico.

Porém, haverá situações em que a intimação poderá ser pessoalmente, por mandado ou pelo correio, daí porque da necessidade de indicação do seu endereço físico.

Sobre o tema, eis o seguinte precedente do S.T.J.:

CÓDIGO DE PROCESSO CIVIL

(...).

– Se consta dos autos o endereço do advogado da autora, não havendo, igualmente, informações de mudança de endereço, encontra-se ausente o motivo que ensejou o indeferimento da petição inicial e, consequente, extinção do processo, devendo o feito prosseguir.

– Recurso especial não conhecido.

(REsp 86.415/SP, Rel. Ministro VICENTE LEAL, SEXTA TURMA, julgado em 18/04/2002, DJ 13/05/2002, p. 235).

O *parágrafo único do art. 287* do novo C.P.C. estabelece, por sua vez, as situações em que se dispensa a juntada de instrumento de mandato, a saber: *I – no caso do art. 104; II – se a parte estiver representada pela Defensoria Pública; III – se a representação decorrer diretamente de norma prevista na Constituição Federal ou em lei.*

A procuração é documento indispensável para comprovar a capacidade postulatória daquele que irá representar a parte na relação jurídica processual.

O inc. I do art. 287 do novo C.P.C. estabelece que não há necessidade de procuração na hipótese do art. 104 do atual C.P.C. Assim, o advogado poderá postular em juiz sem procuração para evitar a preclusão, decadência ou prescrição, ou para praticar atos considerados urgentes.

Evidentemente que após ultrapassada a fase de urgência, deverá o advogado apresentar em juízo a respectiva procuração, no prazo de quinze dias, prorrogável por igual período, por despacho do juiz ($\S 1^\circ$ do art. 104 do novo C.P.C.).

O inc. II do art. 287 do novo C.P.C. preconiza que não haverá necessidade de apresentar procuração quando a parte estiver representada em juízo pela Defensoria Pública, pois a assunção ao cargo de defensor, ou seja, o ato de nomeação para o cargo supre qualquer outorga de procuração específica.

A questão que se coloca é se a desnecessidade de procuração ao Defensor Público permite-lhe utilizar dos poderes específico como *transigir, renunciar ao direito que se funda a ação, prestar compromisso, receber e dar quitação etc.*

Tendo em vista a responsabilidade do cargo da Defensoria e os poderes que lhe foram outorgados pela Lei Complementar n. 80/94, não haverá necessidade de outorga de procuração com poderes especiais.

Em relação ao advogado dativo, a simples nomeação pelo juiz já supre a apresentação de procuração. Sobre o tema, eis o seguinte precedente do S.T.J.:

1. A decisão agravada, ao aplicar a Súmula 115/STJ, não olvidou do fato de que a nomeação de advogado dativo, para fins representação processual, equivale à procuração. O que ocorre nos autos é que o defensor nomeado não subscreveu o agravo em recurso especial, sendo que, em relação à advogada que o fez, não consta nomeação, procuração ou substabelecimento, este último, conferido pelo advogado nomeado pelo Juízo.

2. O fato de que a advogada dativa integraria os quadros de Núcleo de Prática Jurídica de Faculdade de Direito não dispensa a apresentação de procuração ou de nomeação judicial. Nesse ponto, não há equiparação com a Defensoria Pública.

3. A Defensoria Pública, por força das atribuições expressas na legislação de regência da instituição, pode atuar na defesa de seus assistidos ou representados, razão pela qual seus integrantes, uma vez investidos no cargo de defensor público, podem atuar em juízo sem a exibição de procuração ou de nomeação.

4. No caso de Núcleo de Prática Jurídica ou de advogado dativo, embora prestem relevantes serviços, não existe previsão legal semelhante. Por essa razão, seus poderes de representação em juízo dependem de procuração ou nomeação, na qual não basta a indicação do Núcleo de Prática – pois este não possui capacidade para receber nomeação ou mandato –, mas é necessária a especificação do advogado a quem são atribuídos os poderes de representação.

5. Agravo regimental improvido.

(AgRg no AREsp 11.931/DF, Rel. Ministro SEBASTIÃO REIS JÚNIOR, SEXTA TURMA, julgado em 12/03/2013, DJe 19/03/2013)

Agravo regimental – partes representadas pela defensoria pública – procuração – desnecessidade – lei n° 1.060/50, art. 16 – direito civil – agravo de instrumento – execução – fraude – ausência de prequestionamento – aplicabilidade das súmulas 211/stj e 282, 356/stf – impossibilidade de reexame de provas – inteligência do enunciado 7/stj – dissídio não configurado – agravo improvido.

(AgRg no Ag 779.152/PR, Rel. Ministro MASSAMI UYEDA, QUARTA TURMA, julgado em 19/06/2007, DJ 29/06/2007, p. 635)

1 – A Lei n° 1.060/50 assegura aos defensores públicos atuarem em juízo sem a necessidade de juntar aos autos instrumento de procuração. Destarte, impõe-se a reforma da decisão que não conheceu de agravo deficientemente instruído.

(...).

(REsp 555.140/RJ, Rel. Ministro JORGE SCARTEZZINI, QUARTA TURMA, julgado em 10/08/2004, DJ 27/09/2004, p. 370)

O inc. III do art. 287 do novo C.P.C. estabelece que não haverá necessidade de apresentação de procuração *se a representação decorrer diretamente de norma prevista na Constituição Federal ou em lei.*

A Constituição Federal estabelece algumas normas sobre representação processual. É o caso, por exemplo, da legitimação processual para a propositura da

CÓDIGO DE PROCESSO CIVIL

ação direta de inconstitucionalidade e da ação declaratória de constitucionalidade, a saber:

Art. 103. Podem propor a ação direta de inconstitucionalidade e a ação declaratória de constitucionalidade: (Redação dada pela Emenda Constitucional nº 45, de 2004)

I – o Presidente da República;

II – a Mesa do Senado Federal;

III – a Mesa da Câmara dos Deputados;

IV – a Mesa de Assembleia Legislativa ou da Câmara Legislativa do Distrito Federal; (Redação dada pela Emenda Constitucional nº 45, de 2004)

V – o Governador de Estado ou do Distrito Federal; (Redação dada pela Emenda Constitucional nº 45, de 2004)

VI – o Procurador-Geral da República;

VII – o Conselho Federal da Ordem dos Advogados do Brasil;

VIII – partido político com representação no Congresso Nacional;

IX – confederação sindical ou entidade de classe de âmbito nacional.

Nessas hipóteses, como a representação decorre da própria Constituição Federal, não haverá necessidade de apresentação de procuração quando algumas dessas pessoas estiver postulando pessoalmente ou por intermédio de procurador.

Também não haverá necessidade de procuração quando a representação decorre da própria lei. É o caso dos Procuradores da Fazenda Nacional e dos Procuradores da União, conforme estabelece a Lei Complementar n. 73/93.

O mesmo ocorre com os Procuradores dos Estados e dos Municípios.

Essa regra também se aplica aos procuradores autárquicos.

Sobre o tema, eis os seguintes precedentes:

– Somente aos procuradores autárquicos é autorizada a atuação em juízo sem procuração nos autos, desde que arquivada em cartório, por encontrarem-se na condição de agentes públicos no exercício de suas funções.

– Em se tratando de irregularidade na representação processual, conforme o preceituado no art. 13, do CPC. deve o magistrado assegurar prazo razoável para ser sanado o defeito.

– Recurso conhecido e provido.

(REsp 249.058/SP, Rel. Ministro JORGE SCARTEZZINI, QUINTA TURMA, julgado em 13/09/2000, DJ 16/10/2000, p. 327).

ART. 288

1. Contendo o traslado elementos suficientes à identificação do advogado do agravado e seu endereço, bem como tendo este suprido a deficiência quanto à procuração outorgada ao seu patrono e sendo os procuradores dos órgãos públicos dispensados da exibição do instrumento do mandato, rejeita-se a preliminar de que o agravo de instrumento não poderia ser conhecido pelo Tribunal "a quo".

(...).

(REsp 189.107/SP, Rel. Ministro FRANCISCO PEÇANHA MARTINS, SEGUNDA TURMA, julgado em 19/09/2000, DJ 16/10/2000, p. 298)

Se a própria parte é advogado e pretende postular em causa própria, não necessita providenciar a juntada de procuração, bastando indicar na petição inicial tal circunstância, devendo indicar o número da OAB, bem como o endereço físico e eletrônico para receber intimações.

Sobre o tema, eis o seguinte precedente do S.T.J.:

(...).

3. Ainda que o advogado subscritor da petição de agravo de instrumento e de recurso especial seja o sócio majoritário e controlador da sociedade empresária, não há nenhuma autorização legal para que atue em juízo sem procuração nos autos.

4. A litigância em causa própria fica caracterizada quando há perfeita identidade entre a parte e o advogado (CPC, arts. 36, 37 e 254). Não é, no entanto, o que ocorre no caso em exame, em que o advogado pretende estar representando em juízo não a si próprio, mas à sociedade empresária, pessoa jurídica.

5. Agravo interno a que se nega provimento.

(AgRg no Ag 1350918/RJ, Rel. Ministro RAUL ARAÚJO, QUARTA TURMA, julgado em 01/09/2011, DJe 23/09/2011).

Art. 288

O juiz, de ofício ou a requerimento do interessado, corrigirá o erro ou compensará a falta de distribuição.

Correção de erro ou da falta de distribuição

Em regra, nenhum juiz deverá despachar a petição inicial sem que antes ela tenha sido distribuída nas localidades em que haja mais de um juiz competente para conhecer da pretensão, principalmente porque é através da distribuição que se estabelece a repartição de processos e demandas entre juízos. Salvo, evidentemente, em caso de plantão ou de urgência.

Porém, pode ocorrer que o processo chegue às mãos do magistrado sem a respectiva distribuição, em face de equívoco cometido pelo Poder Judiciário. Neta hipótese, o magistrado deverá determinar a correção do equívoco, permanecendo com o processo mediante compensação.

A possibilidade de correção do erro somente ocorrerá quando a falta de distribuição se der por fato decorrente do próprio Poder Judiciário.

Não deverá ser aplicado o disposto neste artigo quando o equívoco se der por ato da parte, evitando-se desta maneira 'burla' ao juízo natural.

É importante salientar que nos termos do art. 43 do novo C.P.C. a competência do juízo determina-se no momento em que a demanda é proposta.

Considera-se proposta demanda pelo protocolo da petição inicial (art. 312 do novo C.P.C.) e não pela distribuição.

Assim, a distribuição não é marco delimitativo da propositura da ação/demanda, mas ato processual que distribui o processo entre os juízos virtualmente competentes numa mesma Comarca ou Seção/Subseção Judiciária.

Também poderá o juiz determinar a correção de eventuais equívocos nos registros do processo ocorridos por ocasião da distribuição, como nome, número de documento de identificação da parte etc.

Art. 289

A distribuição poderá ser fiscalizada pela parte, por seu procurador, pelo Ministério Público e pela Defensoria Pública.

Fiscalização da distribuição

Evidentemente que o denominado princípio da publicidade da distribuição tem aplicação somente em relação aos autos físicos, pois a partir do momento em que o processo for eletrônico não haverá mais possibilidade de fiscalização do ato de distribuição em si por parte das pessoas indicadas no dispositivo, tendo em vista que no sistema eletrônico a distribuição é realizada automaticamente sem qualquer ingerência de terceiros.

Evidentemente que muito embora o sistema seja eletrônico, tal fato não impede que possam ocorrer falhas no sistema, razão pela qual as partes, seus procuradores, o Ministério Público e mesmo a Defensoria Pública poderão comunicar ao juízo competente a existência de tal irregularidade a fim de que sejam supridas a tempo.

Art. 290
Será cancelada a distribuição do feito se a parte, intimada na pessoa de seu advogado, não realizar o pagamento das custas e despesas de ingresso em 15 (quinze) dias.

Cancelamento da distribuição
Tendo em vista que o exercício da jurisdição não deixa de ser um serviço público estatal posto à disposição das pessoas em face do princípio constitucional da ubiquidade (a lei não poderá excluir da apreciação do poder judiciário lesão ou ameaça de lesão a direitos), o custo desse serviço deve ser suportado por aquele que provoca a atividade jurisdicional por meio de pagamento de tributo.

No caso, as custas processuais possuem natureza tributária, conforme já teve oportunidade de afirma o S.T.F. na ADI 1378:

> *A jurisprudência do Supremo Tribunal Federal firmou orientação no sentido de que as custas judiciais e os emolumentos concernentes aos serviços notariais e registrais possuem natureza tributária, qualificando-se como taxas remuneratórias de serviços públicos, sujeitando-se, em consequência, quer no que concerne à sua instituição e majoração, quer no que se refere à sua exigibilidade, ao regime jurídico-constitucional pertinente a essa especial modalidade de tributo vinculado, notadamente aos princípios fundamentais que proclamam, dentre outras, as garantias essenciais (a) da reserva de competência impositiva, (b) da legalidade, (c) da isonomia e (d) da anterioridade.*
>
> *(...).*
>
> (ADI 1378 MC, Relator(a): Min. CELSO DE MELLO, Tribunal Pleno, julgado em 30/11/1995, DJ 30-05-1997 PP-23175 EMENT VOL-01871-02 PP-00225)

Tendo natureza tributária (taxa), a comprovação do recolhimento das custas deve ser feito no momento em que a petição inicial é protocolizada para efeito de distribuição (nas comarcas ou circunscrição judiciária em que há distribuição).

Contudo, se a parte não demonstrar o recolhimento das custas no momento do protocolo da petição inicial, será ela intimada, através de seu advogado, para efetuar o seu recolhimento, assim como das despesas processuais, no prazo máximo de 15 (quinze) dias.

O C.P.C. de 1973, em seu art. 257, estabelecia o prazo de 30 (trinta) dias para o preparo das custas e o recolhimento das despesas processuais.

Interpretando o art. 257 do C.P.C. de 1973, o S.T.J. afirmou o entendimento de que o cancelamento da distribuição por falta de recolhimento das custas e despesas processuais no prazo de 30 (trinta) dias ocorreria independentemente da intimação pessoal da parte:

1 – Na conformidade do atual entendimento deste Superior Tribunal, o cancelamento da distribuição por falta de pagamento das custas iniciais prescinde da intimação pessoal do autor.

2 – O cancelamento da distribuição por ausência de pagamento das custas iniciais é regido pelo art. 257 do CPC, sem que haja, para isso, previsão legal que obrigue o magistrado a intimar pessoalmente o autor da demanda. Precedentes do STJ.

3 – Agravo regimental a que se nega provimento.

(AgRg no Ag 1089412/SP, Rel. Ministra MARIA ISABEL GALLOTTI, QUARTA TURMA, julgado em 23/11/2010, DJe 17/12/2010)

O novo C.P.C., por sua vez, somente permite o cancelamento da distribuição após a intimação da parte através de seu advogado constituído.

Tal dispositivo, evidentemente, não se aplica àqueles que são beneficiários da justiça gratuita.

Contudo, diante desse dispositivo, uma questão importante sobre fraude processual pode ser colocada.

O art. 286, inc. II, do novo C.P.C., para evitar o redirecionamento da distribuição, estabelece que são distribuídas por dependência as causas de qualquer natureza, quando, tendo sido extinto o processo, sem resolução de mérito, for reiterado o pedido, ainda que em litisconsórcio com outros autores ou que sejam parcialmente alterados os réus da demanda.

Já o art. 290 do novo C.P.C. determina o cancelamento da distribuição se as custas e despesas não forem pagas no prazo de quinze dias.

Por isso, seria muito fácil burlar o art. 286, inc. II do novo C.P.C., bastando que a parte, ao distribuir o processo, não faça o recolhimento das custas até que saiba para qual juízo sua causa foi direcionada. E se a causa for distribuída para um juiz que não se compatibilize com a pretensão da parte, basta não recolher as custas no prazo de 15 (quinze) dias, voltando a distribuir a petição inicial em outra oportunidade, especialmente porque sua distribuição anterior fora cancelada.

Assim, é importante para se evitar essa fraude processual que mesmo na hipótese de cancelamento da distribuição o juízo que conheceu de tal regularidade permaneça prevento para futuras causas com a mesma reiteração de pedido.

Além do mais, o S.T.J. já exteriorizou entendimento de que o pronunciamento judicial que, devido à ausência de pagamento das custas judiciais, determina o cancelamento da distribuição do processo, implicando na sua extinção, tem caráter terminativo. Assim sendo, desafia tal pronunciamento o recurso de apelação (STJ – 1ª Turma, AI 570.850, Ag.Rg., Rel. Min. Francisco Falcão, j. 5.8.04).

Se no curso do processo houver impugnação ou readequação do valor da causa, o prazo de 15 (quinze) dias estabelecido neste artigo correrá a partir da intimação desse novo valor.

TÍTULO V – Do Valor da Causa

Art. 291

A toda causa será atribuído um valor certo, ainda que não tenha conteúdo econômico imediatamente aferível.

Valor da causa

Toda causa, com ou sem conteúdo econômico, deve ser representada por um valor certo.

Um dos motivos importantes para a fixação do valor da causa diz respeito à base de cálculo para a incidência das taxas judiciárias, bem como para fixação dos honorários de advogado.

Com a criação dos Juizados Especiais, o valor da causa também estabelece o marco divisório entre a competência do juízo comum e a do juizado especial cível.

Segundo estabelece o art. 3º da Lei 9.099/95, o Juizado Especial Cível estadual tem competência para conciliação, processo e julgamento das causas cíveis de menor complexidade, assim consideradas: I – *as causas cujo valor não exceda a quarenta vezes o salário mínimo.* Por sua vez, o art.3º da Lei 10.259/01, que instituiu o Juizado Especial Cível Federal, preconiza: *Compete ao Juizado Especial Federal Cível processar, conciliar e julgar causas de competência da Justiça Federal até o valor de sessenta salários mínimos, bem como executar as suas sentenças.*

Quando a pretensão versar sobre obrigações vincendas, para fins de competência do Juizado Especial, a soma de doze parcelas não poderá exceder o valor referido no art. 3º, caput. (§2º).

CÓDIGO DE PROCESSO CIVIL

Sobre a questão da competência entre o juízo comum e o juizado especial assim se manifesta o S.T.J.:

1. *"Compete ao Superior Tribunal de Justiça decidir os conflitos de competência entre juizado especial federal e juízo federal, ainda que da mesma seção judiciária". Súmula 348/STJ.*

2. O valor da causa deve corresponder ao proveito econômico que o autor pretende obter com o provimento jurisdicional.

3. Na hipótese, a pretensão autoral não se restringe às pretensões vincendas, haja vista que também se busca na ação a devolução de todas as quantias pagas indevidamente ao agente financeiro, durante todo o período da execução contratual.

4. Constatado que o valor da pretensão da autora extrapola o limite dos sessenta salários mínimos (na data da propositura da ação – 21.07.2005), a competência para processar e julgar a demanda é do juízo federal comum.

5. Conflito conhecido para declarar a competência do Juízo Federal da 8ª Vara Federal Cível da Seção Judiciária de São Paulo, o suscitado.

(CC 103.205/SP, Rel. Ministro CASTRO MEIRA, PRIMEIRA SEÇÃO, julgado em 26/08/2009, DJe 18/09/2009)

1. Conforme entendimento desta Corte, para a fixação do conteúdo econômico da demanda e, consequentemente, a determinação da competência do juizado especial federal, nas ações em que há pedido englobando prestações vencidas e também vincendas, como no caso dos autos, incide a regra do art. 260 do Código de Processo Civil interpretada conjuntamente com o art. 3º, § 2º, da Lei nº 10.259/2001.

2. O crédito apurado a favor do Autor é superior a 60 (sessenta) salários mínimos, evidenciando-se, portanto, a incompetência do Juizado Especial Federal para processamento e julgamento do feito.

3. Sendo absolutamente incompetente o Juizado Especial Federal, e não possuindo o domicílio do segurado sede de Vara Federal, tendo ele optado por ajuizar a presente ação no Juízo Estadual do seu Município, conforme faculdade prevista no art. 109, § 3º, da Constituição Federal, impõe reconhecer tratar-se de competência territorial relativa, que não pode, portanto, ser declinada de ofício, nos termos da Súmula nº 33/STJ.

(...).

(AgRg no CC 103.789/SP, Rel. Ministra LAURITA VAZ, TERCEIRA SEÇÃO, julgado em 24/06/2009, DJe 01/07/2009)"

Segundo o entendimento do S.T.J., para se avaliar o valor de 40 (quarenta) ou 60 (sessenta) salários mínimos para efeito de competência dos juizados especiais, deve-se somar os valores vencidos com doze parcelas dos valores vincendos.

O valor da causa ainda hoje é também fator de concretização do duplo grau de jurisdição, conforme estabelece o art. 34 da Lei 6.830/80:

> *Art. 34 – Das sentenças de primeira instância proferidas em execuções de valor igual ou inferior a 50 (cinquenta) Obrigações Reajustáveis do Tesouro Nacional – ORTN, só se admitirão embargos infringentes e de declaração.*
>
> *§ 1º – Para os efeitos deste artigo considerar-se-á o valor da dívida monetariamente atualizado e acrescido de multa e juros de mora e demais encargos legais, na data da distribuição.*
>
> *§ 2º – Os embargos infringentes, instruídos, ou não, com documentos novos, serão deduzidos, no prazo de 10 (dez) dias perante o mesmo Juízo, em petição fundamentada.*
>
> *§ 3º – Ouvido o embargado, no prazo de 10 (dez) dias, serão os autos conclusos ao Juiz, que, dentro de 20 (vinte) dias, os rejeitará ou reformará a sentença.*

Sobre os embargos infringentes em execução fiscal, em face do valor da execução, eis os seguintes precedentes do S.T.J.:

> *1. Dessume-se dos autos que a parte ora recorrente interpôs embargos infringentes, previstos no art. 34 da Lei n. 6.830/80, contra sentença proferida em execução fiscal de pequeno valor, sendo tal recurso julgado por decisão de juiz singular.*
>
> *(...).*
>
> (AgRg no REsp 1409970/SP, Rel. Ministro MAURO CAMPBELL MARQUES, SEGUNDA TURMA, julgado em 03/12/2013, DJe 10/12/2013)

> *1. Das sentenças prolatadas em execuções de pequeno valor cabem, apenas, os embargos infringentes (art. 34 da LEF) e, subsistindo controvérsia de índole constitucional, o recurso extraordinário, sendo inviável a impetração do mandado de segurança ao tribunal de apelação, sob pena de subverter esse sistema recursal. Precedentes: AgRg no RMS 43.205/SP, Rel. Ministro Sérgio Kukina, DJe 5/9/2013; AgRg no RMS 38.040/SP, Rel. Ministro Ari Pargendler, Primeira Turma, DJe 19/02/2013; RMS 35.615/SP, Rel. Ministro Arnaldo Esteves Lima, Primeira Turma, DJe 15/02/2013.*
>
> *2. Agravo regimental não provido.*
>
> (AgRg no AgRg no RMS 43.562/SP, Rel. Ministro BENEDITO GONÇALVES, PRIMEIRA TURMA, julgado em 17/10/2013, DJe 24/10/2013)

CÓDIGO DE PROCESSO CIVIL

(...).

2. Verifica-se que não houve decadência para impetração do Mandamus, tendo em vista que o agravado tomou ciência da decisão dos Embargos de Declaração opostos contra a decisão que indeferiu os Embargos Infringentes, em 08.06.2011, e a impetração da Ação Constitucional se deu em 17.06.2011, antes do término do prazo decadencial de 120 dias prescrito no art. 5o., inciso III da Lei 12.016/09.

(...).

(AgRg no RMS 39.025/MG, Rel. Ministro NAPOLEÃO NUNES MAIA FILHO, PRIMEIRA TURMA, julgado em 05/09/2013, DJe 27/09/2013)

1. "Nas execuções fiscais de que trata o art. 34 da Lei nº 6.830, de 1980, a sentença está sujeita aos embargos infringentes do julgado, cujo julgamento constitui a palavra final do processo; trata-se de opção do legislador, que só excepciona desse regime o recurso extraordinário, quando se tratar de matéria constitucional" (RMS 38.513/SP, Rel. Min. ARI PARGENDLER, DJe 13/12/12).

2. Recurso ordinário não provido.

(RMS 42.738/MG, Rel. Ministro ARNALDO ESTEVES LIMA, PRIMEIRA TURMA, julgado em 13/08/2013, DJe 21/08/2013)

Segundo estabelece o *art. 291* do novo C.P.C., a *toda causa será atribuído um valor certo, ainda que não tenha conteúdo econômico imediatamente aferível.*

Havendo conteúdo econômico na causa apresentada em juízo, haverá necessidade de se indicar na petição inicial um valor certo e determinado.

A certeza do valor exigida pela norma diz respeito à compatibilidade de identificação entre o valor da causa e o conteúdo econômico da pretensão material.

Nesse sentido são os seguintes precedentes do S.T.J.:

1. É firme o entendimento jurisprudencial do Superior Tribunal de Justiça no sentido de que o valor da causa deve corresponder ao conteúdo econômico da demanda; assim, em ação coletiva, é cabível o cálculo do valor da causa pela soma do que pleiteado por cada substituído.

2. Agravo regimental não provido.

(AgRg no REsp 1295035/DF, Rel. Ministro MAURO CAMPBELL MARQUES, SEGUNDA TURMA, julgado em 07/11/2013, DJe 18/11/2013).

1. O valor da causa deve ser correspondente ao benefício econômico pretendido na demanda.

ART. 291

(...).
(AgRg no AREsp 221.449/RJ, Rel. Ministra MARIA ISABEL GALLOTTI, QUARTA TURMA, julgado em 15/10/2013, DJe 25/10/2013).

1. A orientação de ambas as Turmas integrantes da Primeira Seção desta Corte é firme no sentido de que, ainda que se trate de ação declaratória de inexigibilidade de tributo, o valor da causa deve corresponder ao benefício que se pretende obter com a demanda.
2. Precedentes: REsp 1296728/MG, Rel. Min. Humberto Martins, Segunda Turma, DJe 27.2.2012; AgRg no AREsp 162.074/RJ, Rel. Min. Benedito Gonçalves, Primeira Turma, DJe 18.6.2012; e AgRg no AREsp 13.495/PR, Rel. Min. Arnaldo Esteves Lima, Primeira Turma, DJe 30.4.2012.
3. Agravo regimental não provido.
(AgRg no AREsp 356.967/MG, Rel. Ministro MAURO CAMPBELL MARQUES, SEGUNDA TURMA, julgado em 10/09/2013, DJe 17/09/2013)

(...).
2. A jurisprudência desta Corte é firme no sentido de que o valor da causa deve refletir o conteúdo econômico da demanda, o que em ações promovidas por Sindicato em substituição a seus associados importa na soma do valor pleiteado por cada substituído.
3. Recurso especial não provido.
(REsp 1265776/RS, Rel. Ministra ELIANA CALMON, SEGUNDA TURMA, julgado em 27/08/2013, DJe 06/09/2013)

1. O valor da causa tem como norte o conteúdo econômico do pedido.
Em sua aferição, não cabe exercer juízo sobre a plausibilidade da pretensão deduzida na inicial.
2. Agravo regimental a que se nega provimento.
(AgRg no AREsp 81.932/MG, Rel. Ministra MARIA ISABEL GALLOTTI, QUARTA TURMA, julgado em 07/05/2013, DJe 14/05/2013)

(...).
3. O valor estimado da causa, na petição em que se pleiteia indenização por danos morais, não pode ser desprezado devendo ser considerado como conteúdo econômico desta, nos termos do art. 258 do CPC.
(...).
(AgRg no REsp 1326154/MT, Rel. Ministra MARIA ISABEL GALLOTTI, QUARTA TURMA, julgado em 21/02/2013, DJe 04/03/2013).

1. A jurisprudência do Superior Tribunal de Justiça é firme no sentido de que o valor da causa, ainda que se cuide de ação declaratória, deve corresponder ao do seu conteúdo econômico, assim considerado aquele referente ao benefício que se pretende obter com a demanda, conforme os ditames dos artigos 258 e 259, inciso I, do Código de Processo Civil.

2. Agravo regimental a que se nega provimento.

(AgRg no REsp 1104536/CE, Rel. Ministro OG FERNANDES, SEXTA TURMA, julgado em 05/02/2013, DJe 18/02/2013).

(...).

3. O valor da causa deve corresponder ao benefício econômico pretendido com a demanda, ainda que declaratória.

(...).

(AgRg no AREsp 153.202/RJ, Rel. Ministro HERMAN BENJAMIN, SEGUNDA TURMA, julgado em 20/11/2012, DJe 18/12/2012)

1. Na ação declaratória de inexigibilidade de tributo, exsurge evidente proveito econômico da demanda, qual seja, a desconstituição da execução, pelo valor nela atribuído.

2. "A impossibilidade de apurar o valor total do benefício econômico não justifica a aceitação de valor meramente simbólico, muito inferior ao mínimo do benefício já conhecido" (REsp 981.587/RJ, Rel. Ministro TEORI ALBINO ZAVASCKI, PRIMEIRA TURMA, julgado em 02/04/2009, DJe 15/04/2009).

3. Agravo regimental não provido.

(AgRg no AREsp 162.074/RJ, Rel. Ministro BENEDITO GONÇALVES, PRIMEIRA TURMA, julgado em 12/06/2012, DJe 18/06/2012)

O valor da causa também deverá ser certo, apesar de indeterminado, quando a pretensão não puder ser avaliada pelo seu conteúdo econômico.

É o que ocorre, por exemplo, nas demandas que dizem respeito ao estado de pessoas, aos direitos difusos etc.

Portanto, tanto as causas com conteúdo econômico, quanto as causas sem possibilidade de se avaliar o seu conteúdo econômico devem apresentar um *valor certo*.

Indaga-se se a referência a *valor certo* diz respeito à unidade monetária nacional.

E. D. Moniz de Aragão, ao comentar o art. 258 do C.P.C. de 1973, fazia o seguinte relato histórico sobre a questão do valor da causa: *"o anteprojeto (art. 287) e o Projeto (art. 262) propunham que o valor da causa fosse estimado em moeda nacional, disposição que figura no Código português, segundo o qual o valor da causa deve ser traduzido em moeda legal (art. 305, I). O Senado Federal alterou o critério, excluindo do texto a locução 'em moeda nacional', a fim de tornar possível que o valor seja expressado através de outra unidade. A regra que o Projeto continha reflete uma concepção monetarista incompatível com a realidade, cada vez mais propensa ao uso da escala móvel...".* [713]

Não obstante o art. 291 do novo C.P.C. não tenha estabelecido que o valor da causa seja expresso em moeda nacional, o que pretende este dispositivo evidenciar é que toda causa deve ser traduzida por um valor certo, ainda que não tenha conteúdo econômico imediato. E tendo em vista que a base de cálculo do tributo (taxa judiciária) deve ser constituída em unidade monetária nacional, no caso o real, o valor certo, se em outra moeda, deve ser convertido para o padrão monetário nacional.

O legislador poderia ser um pouco mais claro e objetivo para estabelecer os critérios de fixação do valor da causa para aquelas causas em que não há conteúdo econômico imediato.

O art. 303º do Código de Processo Civil português procurou estabelecer um critério objetivo para a fixação do valor da causa nas ações sobre o estado de pessoas ou sobre interesses imateriais ou difusos, nos seguintes termos: *As ações sobre o estado das pessoas ou sobre interesses imateriais consideram-se sempre de valor equivalente à alçada da Relação e mais € 0,01.*

Deveria o legislador brasileiro, seguindo a linha do direito comparado português, estabelecer uma base de cálculo já devidamente fixada por lei para efeito de valor da causa de relações jurídicas decorrentes de estado das pessoas ou interesses imateriais ou difusos.

Art. 292

O valor da causa constará da petição inicial ou da reconvenção e será:

I – na ação de cobrança de dívida, a soma monetariamente corrigida do principal, dos juros de mora vencidos e de outras penalidades, se houver, até a data da propositura da ação;

II – na ação que tiver por objeto a existência, a validade, o cumprimento, a modificação, a resolução, a resilição ou a rescisão de ato jurídico, o valor do ato ou de sua parte controvertida;

---

[713] MONIZ DE ARAGÃO. E. D. *Comentários ao código de processo civil.* 6. ed., vol. II, arts. 154 a 269. Rio de Janeiro: Ed. Forense, 1989. p. 439.

III – na ação de alimentos, a soma de 12 (doze) prestações mensais pedidas pelo autor;

IV – na ação de divisão, de demarcação e de reivindicação o valor de avaliação da área ou do bem objeto do pedido;

V – na ação indenizatória, inclusive a fundada em dano moral, o valor pretendido;

VI – na ação em que há cumulação de pedidos, a quantia correspondente à soma dos valores de todos eles;

VII – na ação em que os pedidos são alternativos, o de maior valor;

VIII – na ação em que houver pedido subsidiário, o valor do pedido principal.

§1º. Quando se pedirem prestações vencidas e vincendas, considerar-se-á o valor de umas e outras.

§2º O valor das prestações vincendas será igual a uma prestação anual, se a obrigação for por tempo indeterminado ou por tempo superior a 1 (um) ano, e, se por tempo inferior, será igual à soma das prestações.

§3º O juiz corrigirá, de ofício e por arbitramento, o valor da causa quando verificar que não corresponde ao conteúdo patrimonial em discussão ou ao proveito econômico perseguido pelo autor, caso em que se procederá ao recolhimento das custas correspondentes.

Critérios para fixação do valor da causa

O projeto originário do Senado não fazia referência à *reconvenção,* mas sim ao pedido contraposto, uma vez que havia sido extinto o instituto da reconvenção.

A reconvenção foi reintroduzida no novo C.P.C. por emenda da Câmara dos Deputados.

Agora, a petição inicial ou a petição que albergue a reconvenção deverá indicar expressamente o valor da causa.

Tendo em vista que o valor da causa poderá determinar a competência do juízo, a base de cálculo da taxa (tributo) judiciária, a existência ou não de duplo grau de jurisdição, a sua fiscalização poderá ser feita de ofício pelo juiz, uma vez que se está diante de matéria de ordem pública. Esta intervenção ocorre mesmo quando as partes, de comum acordo, indicam valor da causa desvinculado dos critérios legais. Sobre o tema, eis os seguintes precedentes do S.T.J.:

ART. 292

1. O valor da causa diz respeito à matéria de ordem pública, sendo, portanto, lícito ao magistrado, de ofício, determinar a emenda da inicial quando houver discrepância entre o valor atribuído à causa e o proveito econômico pretendido. Precedentes.

2. Na ação de usucapião de natureza extraordinária, tendo por objeto terreno adquirido sem edificações, o conteúdo econômico corresponde à nua-propriedade e o valor da causa será de acordo com "a estimativa oficial para lançamento do imposto" (art. 259, VII, do CPC), todavia, excluindo-se as eventuais benfeitorias posteriores à aquisição do terreno.

3. Para a correta demonstração da divergência jurisprudencial, deve haver a comprovação do alegado dissídio jurisprudencial, nos moldes exigidos pelos artigos 541, parágrafo único, do CPC; e 255, § 1º, do Regimento Interno deste Superior Tribunal de Justiça, o que, na espécie, não ocorreu.

4. Recurso especial provido.

(REsp 1133495/SP, Rel. Ministro MASSAMI UYEDA, TERCEIRA TURMA, julgado em 06/11/2012, DJe 13/11/2012).

1. A jurisprudência desta Corte Superior é no sentido de que ao magistrado é possível determinar, de ofício, a correção do valor atribuído à causa, adequando-o ao proveito econômico pretendido.

(...).

(AgRg no REsp 1339888/RJ, Rel. Ministro MAURO CAMPBELL MARQUES, SEGUNDA TURMA, julgado em 19/09/2013, DJe 27/09/2013).

Assim, se se permite ao juiz fixar de ofício o valor da causa, não se justifica o indeferimento da petição inicial por não trazer este valor expressamente consignado. Sobre o tema eis o seguinte precedente do S.T.J.;

(...).

2. Esta Corte assentou o entendimento de que, em se tratando de embargos de devedor, a ausência do valor da causa não justifica o indeferimento da petição inicial, pois em tais casos o valor atribuído aos embargos é o mesmo da ação principal.

3. Recurso especial conhecido em parte e, nessa parte, não provido.

(REsp 1413831/SE, Rel. Ministra ELIANA CALMON, SEGUNDA TURMA, julgado em 26/11/2013, DJe 03/12/2013)

Uma vez determinado pelo art. 292 do novo C.P.C. que o valor da causa deverá ser indicado na petição inicial ou na reconvenção, esse valor, por sua vez, será:

I – na ação de cobrança de dívida, a soma monetariamente corrigida do principal, dos juros de mora vencidos e de outras penalidades, se houver, até a data da propositura da ação;

Tratando-se de tutela jurisdicional que visa à cobrança de dívida (obrigação de pagar quantia), o valor da causa será a somatória do valor do principal, devidamente corrigido, dos juros de mora vencidos e de eventuais outras penalidades (multa, astreintes etc), até a data da propositura da ação.

Este dispositivo veio a suprir uma falha que havia no inc. I do art. 259 do C.P.C. de 1973, uma vez que naquele diploma legal não se fazia referência à correção monetária do principal. Agora há previsão legal expressa que o valor do principal deverá ser devidamente corrigido até à data da propositura da ação.

No que diz respeito à indicação dos juros, são os juros convencionais e os juros legais que devem compor o valor da causa.

A questão que se pode colocar é se os juros que não forem pedidos podem ser inseridos no cálculo do valor da causa: "É natural que todas as parcelas somente se integram no valor da causa se o autor as houver pedido; caso não as peça, não há como concedê-las de ofício e, conseguintemente, seria impossível computá-las na estimação do valor da causa, como bem ponderou PONTES DE MIRANDA, refutando a opinião de BATISTA MARTINS, de os juros se reputarem devidos, mesmo que não houvessem sido pedidos. Apenas os juros moratórios vencidos durante o curso do processo se reputam incluídos no pedido (art. 293). Mas estes, evidentemente, não se incluem no cômputo do valor da causa por serem, em tal momento, vincendos e a lei se referir a vencidos".[714]

Sem dúvida, a posição de Pontes de Miranda é mais razoável para a questão da fixação do valor da causa, pois somente deve integrar esse valor as parcelas que foram expressamente requeridas pela parte em sua petição inicial ou na reconvenção, mesmo que o juiz possa, no futuro, conceder outras verbas acessórias de ofício.

II – na ação que tiver por objeto a existência, a validade, o cumprimento, a modificação, a resolução, a resilição ou a rescisão de ato jurídico, o valor do ato ou de sua parte controvertida;

Preceito normativo similar encontra-se no 12 do Código de Processo Civil italiano: "O valor das causas relativas à existência, à validade ou à resolução de uma relação jurídica obrigacional determina-se com base na parte da relação jurídica que está sob contestação".

---

[714] MONIZ DE ARAGÃO, E. D. *idem*, p. 449

ART. 292

Um aspecto importante deste dispositivo é que ele não identifica a existência com a validade do negócio jurídico.

O dispositivo também traz importante distinção entre a resolução, a resilição ou a rescisão de ato jurídico.

A resolução se dá quando há descumprimento culposo ou doloso ou em razão de caso fortuito ou força maior (inexecução voluntária ou involuntária) do negócio jurídico.

A rescisão se dá quando há vício que justifique a invalidade do negócio jurídico.

Já a resilição ocorre por manifestação unilateral ou bilateral das partes, pela não intenção de prosseguir com o negócio jurídico.

Nos casos em que o objeto da pretensão material é o negócio jurídico subjacente, o valor da causa é o próprio valor econômico da relação jurídica obrigacional que se pretende resolver, rescindir ou resilir; contudo, se a controvérsia disser respeito apenas a parte da relação jurídica obrigacional, o valor da causa será o dessa parte controvertida.

No caso de o autor não requerer a rescisão integral do contrato, mas apenas pleitear a nulidade de determinada cláusula contratual, a incidência de juros de mora, por exemplo, o valor da causa corresponderá ao valor econômico da exclusão dos juros moratórios.

Se o negócio jurídico não tiver valor econômico evidenciado, como por vezes ocorre com as doações, o valor da causa deverá seguir a regra geral deste capítulo.

É importante salientar que a demanda rescisória também busca resolução ou rescisão de um ato jurídico, no caso, um ato jurídico processual que é a decisão rescindenda. Nesta hipótese, eis o seguinte precedente do S.T.J. em relação ao valor da causa a ser atribuído na demanda rescisória:

(...).

5. *O valor da causa nas Ações Rescisórias é o da ação originária corrigido monetariamente ou, quando o montante da vantagem objetivada for diverso do valor da primeira ação, o do benefício econômico visado.*

(...).

(EDcl na AR 4.612/RS, Rel. Ministro HERMAN BENJAMIN, PRIMEIRA SEÇÃO, julgado em 10/08/2011, DJe 15/09/2011)

III – na ação de alimentos, a soma de 12 (doze) prestações mensais pedidas pelo autor.

Quando o pedido formulado na demanda tiver por objeto prestação alimentícia, seja decorrente de relação familiar ou de ato ilícito, o valor da causa corresponderá ao período anual de pagamento de tal prestação.

O art. 298º, item 3, do Código de Processo Civil português, ao tratar do valor da causa nas ações alimentares, estabelece que o valor *é o quíntuplo da anuidade correspondente ao pedido*.

Por sua vez, o Código de Processo Civil italiano, em seu artigo 13, estabelece:

Art. 13 (causas relativas à prestações alimentares e anuidades).
Nas causas de prestação alimentares periódicas, se o título é controvertido, o valor determina-se com base no montante das somas devidas por dois anos.

Assim, observa-se que em cada legislação há um critério para se estabelecer o valor da causa nas ações de alimentos.

Em nosso ordenamento jurídico é a soma das doze prestações mensais pedidas pelo autor. Evidentemente que na composição dessas doze prestações mensais haverá de incidir os juros e correção monetária.

Sobre o tema, eis o seguinte precedente do S.T.J.:

I. Mensurável na petição inicial o valor da indenização que o autor pretende receber, deve esse quantum ser utilizado para fixar-se o valor da causa.
II. Cuidando-se de danos materiais, a serem ressarcidos na forma de pagamentos mensais, o valor atribuído à demanda deve ser o equivalente ao valor das prestações vencidas, acrescido de uma prestação anual – isto é, a soma das prestações mensais ao longo de um ano –, na medida em que se pretende pensão vitalícia.
III. Agravo regimental improvido.
(AgRg no Ag 1097729/SP, Rel. Ministro ALDIR PASSARINHO JUNIOR, QUARTA TURMA, julgado em 06/10/2009, DJe 16/11/2009)

IV – na ação de divisão, de demarcação e de reivindicação, o valor de avaliação da área ou do bem objeto do pedido.

Verifica-se que houve substancial alteração da redação atual do inc. IV do art. 292 do novo C.P.C. em relação à redação originária do inc. VII do art. 255 do Projeto de Lei n. 166/10 encaminhada originalmente ao Senado Federal. No projeto originário, o valor da causa na ação de divisão, de demarcação e de reivindicação, seria *a terça parte da estimativa oficial para lançamento do imposto*.

O C.P.C. de 1973, por sua vez, em seu art. 259, inc. VII, estabelecia que o valor da causa na ação de divisão, de demarcação e de reivindicação seria *a estimativa oficial para lançamento do imposto*.

ART. 292

Sem dúvida que a vinculação do valor da causa nas hipóteses de divisão, demarcação ou reivindicação à estimativa oficial para lançamento do imposto predial era muito mais objetiva, pois o atual dispositivo não menciona qual espécie de avaliação é que poderá ser utilizada para a fixação do valor da causa. Se se entender que se trata de avaliação judicial, o valor da causa não poderá ser inserido de plano na petição inicial ou na reconvenção. Se houver necessidade de o autor contratar um avaliador particular para demonstrar o valor do bem, isso somente irá onerar ainda mais os custos da demanda. A melhor interpretação para o atual dispositivo é no sentido de que o *termo avaliação* refere-se ao valor de mercado ou econômico do bem objeto da divisão, demarcação ou da reivindicação.

Contudo, muito embora *a estimativa oficial para lançamento do imposto* fosse mais objetiva, não era a mais apropriada para resolver todas as questões concernentes às demandas de reivindicação, demarcação ou divisão do bem.

A demarcação recai somente sobre imóveis. Já a divisão e a reivindicação, além de imóveis, podem ter por objeto coisa móvel ou semovente, bem como a propriedade imaterial. Por isso a pertinência da mudança do critério de fixação do valor da causa nestas hipóteses, abandonando-se o critério oficial para lançamento do imposto a fim de se adotar o critério de avaliação do bem.

Na reivindicação, o valor deve corresponder à totalidade do bem reivindicado.

Já na demarcação ou na divisão o mesmo não ocorre, uma vez que o bem já está incorporado no patrimônio do autor da demanda, sendo que nestes casos o valor da causa deverá corresponder à avaliação do bem objeto do pedido, no caso, a porção que deverá ser concedida ao autor ou ao valor econômico do bem objeto do pedido (demarcação ou divisão), que muitas vezes poderá corresponder à valorização do imóvel pela demarcação (uma vez que a incerteza da divisa pode desvalorizar o imóvel), ou o valor do bem decorrente da futura divisão. Portanto, se a demarcação ou a divisão for parcial e não total do bem, a este valor parcial deverá corresponder o valor da causa.

V – na ação indenizatória, inclusive a fundada em dano moral, o valor pretendido;
Não havia este preceito normativo no C.P.C. de 1973.

Tendo em vista o aumento significativo das ações indenizatórias especialmente por dano moral, justificado pela inserção expressa desse tipo de indenização na Constituição Federal de 1988, haveria necessidade de se estabelecer um critério específico para as demandas que tenham por pretensão a indenização de dano moral.

Evidentemente que se além do dano moral outros danos materiais forem objeto da pretensão (lucro cessante e danos emergentes), o valor da causa corresponderá à totalidade dos pedidos.

CÓDIGO DE PROCESSO CIVIL

Sobre o tema, eis o seguinte precedente do S.T.J.:

(...).
II – Em face da cumulação dos pedidos de indenização por danos materiais, danos morais e multa, é de aplicar-se o art. 259, II, CPC, quanto ao valor da causa, principalmente tendo o autor fixado valor mínimo da pretensão, ainda que tenha pedido a fixação por arbitramento.
(AgRg no Ag 143.308/SP, Rel. Ministro SÁLVIO DE FIGUEIREDO TEIXEIRA, QUARTA TURMA, julgado em 16/03/2000, DJ 02/05/2000, p. 143)

VI – na ação em que há cumulação de pedidos, a quantia correspondente à soma dos valores de todos eles;
Estabelece o art. 327, §1º, incisos I a III e §2º do novo C.P.C.:

Art. 327. É lícita a cumulação, em um único processo, contra o mesmo réu, de vários pedidos, ainda que entre eles não haja conexão.
§ 1º São requisitos de admissibilidade da cumulação que:
I – os pedidos sejam compatíveis entre si;
II – seja competente para conhecer deles o mesmo juízo;
III – seja adequado para todos os pedidos o tipo de procedimento.
§ 2º Quando, para cada pedido, corresponder tipo diverso de procedimento, será admitida a cumulação se o autor empregar o procedimento comum, sem prejuízo do emprego das técnicas processuais diferenciadas previstas nos procedimentos especiais a que se sujeitam um ou mais pedidos cumulados, que não forem incompatíveis com as disposições sobre o procedimento comum.

O inc. VI do art. 292 do atual C.P.C. trata de cúmulo objetivo de pedidos.

Portanto, diante da possibilidade de cumulação de pedidos, por uma questão lógica, a fixação de valor da causa deve corresponder à somatória de todos pedidos, tenham eles valor econômico estimado ou não.

A cumulação de pedido também pode decorrer de critérios subjetivo, ou seja, quando ocorre a inserção no polo ativo de diversos autores em litisconsórcio ativo facultativo.

Assim, também na cumulação subjetiva de pedidos haverá a somatória de todos os pedidos que foram formulados na demanda para efeito de constituição do valor da causa.

ART. 292

Sobre o tema, eis os seguintes precedentes do S.T.J.:

1. Hipótese em que o acórdão embargado entendeu que significativa parte da reparação do dano perseguido na ação intentada pelos Autores restou precisa e expressamente determinada na petição inicial, remanescendo apenas outra parcela a ser apurada em liquidação da sentença, mas com indicação de patamar mínimo. Assim, decidiu a Eg. Turma Julgadora negar provimento ao Agravo de Instrumento, para manter a fixação do valor da causa no patamar correspondente ao benefício econômico pretendido, ressaltando que, "em havendo pedidos cumulativos, com valor identificado pela própria parte autora, o somatório dos mesmos serve de base à fixação do valor da causa." 2. Consoante jurisprudência pacífica desta Corte, não se presta como paradigma, a ensejar a abertura da via dos embargos de divergência, acórdão prolatado em sede de recurso ordinário em mandado de segurança.
(...).
(Pet 2.398/SP, Rel. Ministra LAURITA VAZ, CORTE ESPECIAL, julgado em 12/04/2010, DJe 12/05/2010).

I. Havendo cumulação de pedidos autônomos entre si, economicamente identificados segundo os elementos constantes da inicial, o valor da causa é fixado pelo somatório de todos, ao teor do art. 259, II, do CPC.
II. Precedentes do STJ.
III. Agravo regimental improvido.
(AgRg no REsp 1067374/SP, Rel. Ministro ALDIR PASSARINHO JUNIOR, QUARTA TURMA, julgado em 21/05/2009, DJe 15/06/2009).

1. O entendimento pretoriano é no sentido de que havendo "cumulação de pedidos autônomos entre si, economicamente identificados, segundo os elementos da inicial, o valor da causa é fixado pelo somatório de todos, a teor do art. 259, II, do CPC" – Resp 178.243-RS.
(...).
(REsp 565.880/SP, Rel. Ministro FERNANDO GONÇALVES, QUARTA TURMA, julgado em 06/09/2005, DJ 03/10/2005, p. 262)

VII – na ação em que os pedidos são alternativos, o de maior valor;
Este inciso não trata de pedidos cumulados, mas sim de pedidos alternativos, ou seja, se o juiz acolher um dos pedidos fica automaticamente prejudicado o outro.
Segundo estabelece o art. 325, *parágrafo único*, do novo C.P.C.:

Art. 325. O pedido será alternativo quando, pela natureza da obrigação, o devedor puder cumprir a prestação de mais de um modo.

Parágrafo único. Quando, pela lei ou pelo contrato, a escolha couber ao devedor, o juiz lhe assegurará o direito de cumprir a prestação de um ou de outro modo, ainda que o autor não tenha formulado pedido alternativo.

Sobre as obrigações alternativas, estabelece os art. 252 a 256 do C.C.b.

"Art. 252. Nas obrigações alternativas, a escolha cabe ao devedor, se outra coisa não se estipulou.

§1º Não pode o devedor obrigar o credor a receber parte em uma prestação e parte em outra.

§2º Quando a obrigação for de prestações periódicas, a faculdade de opção poderá ser exercida em cada período.

§3º No caso de pluralidade de optantes, não havendo acordo unânime entre eles, decidirá o juiz, findo o prazo por este assinado para a deliberação.

§4º Se o título deferir a opção a terceiro, e este não quiser, ou não puder exercê-la, caberá ao juiz a escolha se não houver acordo entre as partes.

Art. 253. Se uma das duas prestações não puder ser objeto de obrigação ou se tornada inexequível, subsistirá o débito quanto à outra.

Art. 254. Se, por culpa do devedor, não se puder cumprir nenhuma das prestações, não competindo ao credor a escolha, ficará aquele obrigado a pagar o valor da que por último se impossibilitou, mais as perdas e danos que o caso determinar.

Art. 255. Quando a escolha couber ao credor e uma das prestações torna-se impossível por culpa do devedor, o credor terá direito de exigir a prestação subsistente ou o valor da outra, com perdas e danos; se, por culpa do devedor, ambas as prestações se tornarem inexequíveis, poderá o credor reclamar o valor de qualquer das duas, além da indenização por perdas e danos.

Art. 256. Se todas as prestações se tornarem impossíveis sem culpa do devedor, extinguir-se-á a obrigação".

Percebe-se que há certa diferença entre *obrigações alternativas* e *pedidos alternativos*.

É possível que a obrigação assumida pelo devedor seja alternativa, mas em razão das hipóteses previstas nos arts. 253, 254 e 255 do C.c.b., o pedido a ser formulado em juízo não seja mais alternativo em razão das circunstâncias fáticas ocorridas e descritas nos dispositivos legais.

ART. 292

Outro aspecto importante, se na obrigação alternativa a escolha couber ao credor, este deverá indicar o pedido que pretende formular no momento da propositura da demanda. Assim, não é mais caso de pedido alternativo, mas de pedido certo e individualizado, o que ensejara novo critério para fixação do valor da causa.

Se a alternatividade da obrigação ainda existir no momento da propositura da demanda, o valor da causa será estabelecido pelo pedido de maior valor, salvo se se tratar de valores iguais, quando o valor será o de qualquer um dos pedidos alternativos.

VIII – na ação em que houver pedido subsidiário, o valor do pedido principal;

Não se deve confundir pedidos subsidiário com pedido alternativo.

No pedido alternativo, a natureza da relação jurídica de direito material é que permite a opção da prestação por uma das partes, enquanto que no pedido subsidiário ou sucessivo tal indicação caberá ao juiz em sua decisão.

A sucessividade pode decorrer da impossibilidade fática ou jurídica de cumprimento da obrigação pelo devedor, razão pela qual se legitima a formulação de pedido subsidiário correspondente ao pagamento de perdas e danos. É possível, contudo, que nessa hipótese ocorra a formulação de outra espécie de pedido. Neste caso, o autor, na inicial, de forma clara e precisa, permite que o réu ou cumpra a obrigação ou entregue o equivalente em dinheiro. Nesta hipótese não haverá pedido sucessivo, mas sim pedido alternativo.

Também não se pode confundir pedido sucessivo com o cumprimento de obrigação em prestações sucessivas previsto no art. 323 do novo C.P.C., *in verbis*: *Na ação que tiver por objeto cumprimento de obrigação em prestações sucessivas, essas serão consideradas incluídas no pedido, independentemente de declaração expressa do autor, e serão incluídas na condenação, enquanto durar a obrigação, se o devedor, no curso do processo, deixar de pagá-las ou de consigná-las.* Exemplo dessa espécie de obrigação é a prestação de alimentos.

No âmbito do pedido subsidiário ou sucessivo o autor formula mais de um pedido, sendo que o primeiro é o pedido principal e o(s) seguinte(s) é o pedido *subsidiário.*

A formulação de pedidos subsidiários encontra-se legitimada pelo art. 324 do novo C.P.C.: *É lícito formular mais de um pedido em ordem subsidiária, a fim de que o juiz conheça do posterior, quando não acolher o anterior.*

E. Moniz de Aragão dá o seguinte exemplo de pedidos subsidiários: *"Suponha-se que o autor peça a decretação de nulidade do contrato, por fraude à lei, mas, não sendo atendido, a anulação por dolo; se ainda esse pedido não for julgado procedente, que se decrete a nulidade da cláusula penal, por ser superior à taxa legal, e, por fim, na hipótese de nenhum ser acolhido, que seja a cláusula penal reduzida ao montante máximo permitido*

1289

em lei. Há aí vários pedidos, que podem até aparentar certo ilogismo, mas se explicam com validez por serem feitos com o caráter de subsidiários, eventuais".[715]

Na hipótese de pedidos sucessivos ou subsidiários o valor da causa será determinado pelo valor do pedido principal, ainda que o valor do pedido subsidiário seja superior.

O *§1º do art. 292* do novo C.P.C. estabelece que quando *se pedirem prestações vencidas e vincendas, considerar-se-á o valor de umas e outras.*

Esta regra é prevista no art. 309 do Código de Processo Civil português, que assim dispõe: *Se na acção se pedirem, nos termos do artigo 472º, prestações vencidas e prestações vincendas, tomar-se-á em consideração o valor de umas e outras.*

Esse dispositivo tem fundamento o *princípio da correspondência.*

O dispositivo refere-se a prestações mensais, as quais são provenientes de um único negócio jurídico.

Se existir mais de um negócio jurídico, aplica-se o disposto no inc. VI do art. 292 do novo C.P.C., ou seja, o valor da causa corresponderá à acumulação dos pedidos, no caso, dos diversos negócios jurídicos.

É importante salientar que o preceito normativo aplica-se tanto às demandas que tenham por pretensão apenas prestações vencidas, como às demandas que tenham por objeto apenas prestações vincendas, como, ainda, às demandas que postulem as duas espécies de prestações.

No primeiro caso (prestações vencidas), o valor da causa será a totalidade das prestações vencidas.

No segundo caso (prestações vincendas), deve-se observar a regra o *§2º do art. 292* do novo C.P.C., que assim dispõe: *"O valor das prestações vincendas será igual a uma prestação anual, se a obrigação for por tempo indeterminado ou por tempo superior a um ano e se, por tempo inferior, será igual à soma das prestações.*

No terceiro caso (prestações vencidas + vincendas), soma-se a totalidade das prestações vencidas e das prestações vincendas (devendo, em relação a estas, observar o disposto no §2º do art. 292 do novo C.P.C.).

Ainda, nestes casos, deve-se observar o que dispõe o inc. I do art. 292 do novo C.P.C., ou seja, na ação de cobrança de dívida deve ser incluída para efeito de constituição do valor da causa a soma monetariamente corrigida do principal, dos juros de mora vencidos e de outras penalidades, se houver, até a data da propositura da ação.

Sobre o tema, eis os seguintes precedentes do S.T.J.:

---

[715] MONIZ DE ARAGÃO, E. D. *idem*, p. 449.

ART. 292

1. O artigo 260 do Código de Processo Civil dispõe que, quando se pedirem prestações vencidas e vincendas, tomar-se-á em consideração o valor de umas e outras. O valor das prestações vincendas será igual a uma prestação anual, se a obrigação for por tempo indeterminado, ou por tempo superior a 1 (um) ano; se, por tempo inferior, será igual à soma das prestações.

2. O pedido formulado na inicial vindica seja arbitrada, por tempo indeterminado, remuneração mensal ao autor, no valor mínimo de R$ 50.100,00 (cinquenta mil e cem reais), que corresponde ao valor anual de R$ 601.200,00 (seiscentos e um mil e duzentos reais), portanto este é o correto valor a ser dado à causa.

3. Recurso especial não provido.

(REsp 981.415/RJ, Rel. Ministro LUIS FELIPE SALOMÃO, QUARTA TURMA, julgado em 16/10/2012, DJe 31/10/2012).

(...).

14. Sucumbência recíproca afastada a fim de condenar a União ao pagamento das custas e despesas processuais eventualmente adiantadas pelos autores, e honorários advocatícios arbitrados, nos termos do art. 20, § 4º, do CPC, em 10% sobre o valor da condenação.

Especificamente no que se refere às diferenças devidas a título de pensão militar, decorrente da promoção post mortem do ex-militar, a base de cálculo dos honorários deverá levar em consideração, de acordo com o art. 260 do CPC, as prestações vencidas acrescidas de uma anualidade das vincendas.

15. Recurso especial da União não conhecido. Recurso especial de Graciela Conzatti Maçaneiro e Outro conhecido e parcialmente provido.

(REsp 1210778/SC, Rel. Ministro ARNALDO ESTEVES LIMA, PRIMEIRA TURMA, julgado em 06/09/2011, DJe 15/09/2011).

(...).

2. É entendimento deste Tribunal de que o valor da causa deve refletir o conteúdo econômico da demanda.

3. Agravo Regimental não provido.

(AgRg no REsp 1233280/RS, Rel. Ministro BENEDITO GONÇALVES, PRIMEIRA TURMA, julgado em 06/09/2011, DJe 13/09/2011).

1. "A teor da pacífica e numerosa jurisprudência, e nos termos do art. 260 do CPC, nas causas em que a Fazenda Pública é condenada ao pagamento de prestações de trato sucessivo e por prazo indeterminado, a verba honorária deve ser fixada sobre as parcelas vencidas, acrescidas de uma anualidade das parcelas vincendas".

CÓDIGO DE PROCESSO CIVIL

2. O termo a quo para o cômputo das prestações vincendas que integrarão o somató-rio de doze meses, além das prestações vencidas, para base de cálculo da verba honorária arbitrada em 10% desse valor, deverá ser da prolação do acórdão.
3. Embargos de declaração acolhidos, tão-só, para esclarecimento, sem alteração do julgado.
(EDcl no REsp 1114954/RS, Rel. Ministro ADILSON VIEIRA MACABU (DESEMBARGADOR CONVOCADO DO TJ/RJ), QUINTA TURMA, julgado em 06/09/2011, DJe 10/10/2011).

(...).
3. O valor encontrado respeita o princípio da correspondência, tendo sido aplicado adequadamente o art. 260 do CPC, o que afasta o suposto malferimento do art. 258. Nesse sentido: "Esta Corte Superior de Justiça possui entendimento no sentido de que, em se tratando de demanda na qual servidores públicos em litisconsórcio ativo buscam o pagamento de prestações vencidas e vincendas, o valor da causa não deve ser fixado por simples estimativa, devendo ser observados os critérios previstos no art. 260 do Código de Processo Civil, de forma a aproximar-se o mais possível do conteúdo econômico a ser obtido com o litígio (AgRg no REsp 721.098/RS, Rel. Ministra Laurita Vaz, Quinta Turma, DJ 17/12/2007)".
(...).
(AgRg no REsp 1207926/PR, Rel. Ministro BENEDITO GONÇALVES, PRIMEIRA TURMA, julgado em 07/06/2011, DJe 10/06/2011).

1. Conforme entendimento desta Corte, para a fixação do conteúdo econômico da demanda e, consequentemente, a determinação da competência do juizado especial federal, nas ações em que há pedido englobando prestações vencidas e também vincendas, como no caso dos autos, incide a regra do art. 260 do Código de Processo Civil interpretada conjuntamente com o art. 3º, § 2º, da Lei nº 10.259/2001.
(...).
(AgRg no CC 103.789/SP, Rel. Ministra LAURITA VAZ, TERCEIRA SEÇÃO, julgado em 24/06/2009, DJe 01/07/2009).

– Em se tratando de demanda de servidores em litisconsórcio ativo, visando ao pagamento de prestações vencidas e vincendas, o valor da causa não deve ser fixado por simples estimativa, mas em observância aos critérios previstos no art. 260 do Código de Processo Civil, de forma a aproximar-se o mais possível do conteúdo econômico a ser obtido com o julgamento.

ART. 292

– Recurso especial provido.
(REsp 149.960/SP, Rel. Ministro OG FERNANDES, SEXTA TURMA, julgado em 25/09/2008, DJe 13/10/2008)

O *§3º do art. 292* do novo C.P.C. preconiza que *o juiz corrigirá, de ofício e por arbitramento, o valor da causa quando verificar que não corresponde ao conteúdo patrimonial em discussão ou ao proveito econômico perseguido pelo autor, caso em que se procederá ao recolhimento das custas correspondentes;*

No C.P.C. revogado não havia a previsão de o juiz, de ofício, corrigir o valor da causa. Apenas permitia ao réu apresentar impugnação ao valor da causa indicado pelo autor no prazo da contestação (art. 261 do C.P.C. de 1973).

O parágrafo em análise vem consolidar aquilo que a jurisprudência há muito vinha entendo, ou seja, a possibilidade de o magistrado corrigir de ofício o valor da causa indicado pela parte, quando este valor não corresponder ao proveito econômico perseguido pela parte.

O projeto originário do Senado também permitia ao juiz corrigir de ofício o valor da causa quando esta não tivesse conteúdo econômico imediato. Esta regra não foi repetida no novo C.P.C.

O magistrado a fim de constituir o correto valor da causa poderá valer-se do arbitramento.

Uma vez fixado o novo valor, a parte deverá recolher as custas complementares. Sobre o tema, eis os seguintes precedentes do S.T.J.:

1. O valor da causa diz respeito à matéria de ordem pública, sendo, portanto, lícito ao magistrado, de ofício, determinar a emenda da inicial quando houver discrepância entre o valor atribuído à causa e o proveito econômico pretendido. Precedentes.
(...).
(REsp 1133495/SP, Rel. Ministro MASSAMI UYEDA, TERCEIRA TURMA, julgado em 06/11/2012, DJe 13/11/2012).

1. A jurisprudência desta Corte Superior é no sentido de que ao magistrado é possível determinar, de ofício, a correção do valor atribuído à causa, adequando-o ao proveito econômico pretendido.
(...).
(AgRg no REsp 1339888/RJ, Rel. Ministro MAURO CAMPBELL MARQUES, SEGUNDA TURMA, julgado em 19/09/2013, DJe 27/09/2013).

CÓDIGO DE PROCESSO CIVIL

Se se permite ao juiz fixar de ofício o valor da causa, não se justifica o indeferimento da petição inicial por não trazer este valor expressamente consignado. Sobre o tema eis o seguinte precedente do S.T.J.:

(...).

2. Esta Corte assentou o entendimento de que, em se tratando de embargos de devedor, a ausência do valor da causa não justifica o indeferimento da petição inicial, pois em tais casos o valor atribuído aos embargos é o mesmo da ação principal.

3. Recurso especial conhecido em parte e, nessa parte, não provido.

(REsp 1413831/SE, Rel. Ministra ELIANA CALMON, SEGUNDA TURMA, julgado em 26/11/2013, DJe 03/12/2013)

No projeto originário estabelecia que a correção do valor da causa de ofício pelo juiz poderia ser impugnada por meio de agravo de instrumento. Essa possibilidade não foi repetida pelo novo C.P.C.

Art. 293

O réu poderá impugnar, em preliminar da contestação, o valor atribuído à causa pelo autor, sob pena de preclusão, e o juiz decidirá a respeito, impondo, se for o caso, a complementação das custas.

Impugnação ao valor da causa

Além de o juiz poder corrigir o valor da causa de ofício, de acordo com o §3º do art. 292 do novo C.P.C., a parte também poderá impugnar o valor atribuída na petição inicial.

O C.P.C. de 1973 estabelecia, em seu art. 261, que a impugnação do valor da causa estipulado pelo autor deveria ser apresentada no prazo da contestação e deveria ser autuada em apenso, ouvindo-se o autor no prazo de cinco dias. Em seguida, o juiz, sem suspender o processo, servindo-se quando necessário do auxílio de perito, determinaria, no prazo de dez dias, o valor da causa.

O novo C.P.C. estabelece que a impugnação do valor da causa estipulado pelo autor deve ocorrer como preliminar de contestação, não sendo mais autuado em apartado.

Da mesma forma, o autor poderá impugnar o valor da causa atribuído pelo réu na reconvenção no prazo que lhe for concedido para falar sobre tal pedido, como matéria preliminar.

O juiz, seja na impugnação formulada pelo réu ou pelo autor, decidirá a respeito, podendo utilizar do critério de arbitramento para solucionar a questão, determinando, se for o caso, complementação das custas.

A redação original do art. 256 do Projeto de Lei do Senado, n. 166/10 estabelecia que a decisão do juiz sobre a impugnação do valor da causa teria natureza de *sentença*. Evidentemente que havia nesse texto um erro de técnica, pois não sendo mais a impugnação do valor da causa um procedimento a parte, a decisão do juiz sobre a questão não tem natureza de sentença, mas, sim, natureza de decisão interlocutória.

Se o autor ou o réu não impugnar o valor atribuído na petição inicial ou na reconvenção, a matéria tornar-se-á preclusão.

A preclusão ocorre apenas para as partes, e não para o juiz, uma vez que não há *preclusão pro iudicato*.

Estabelecia o projeto originário que a decisão do juiz que acolhesse a impugnação do réu seria impugnável por agravo de instrumento, salvo se fosse um capítulo da sentença, quando então será impugnável por apelação. Essa possibilidade de impugnação por agravo de instrumento não foi repetida no novo C.P.C.

LIVRO V – DA TUTELA PROVISÓRIA

TÍTULO I – Disposições Gerais

Art. 294

A tutela provisória pode fundamentar-se em urgência ou evidência.

Parágrafo único. A tutela provisória de urgência, cautelar ou antecipada, pode ser concedida em caráter antecedente ou incidental.

Sumário:

1. Considerações gerais
2. Da tutela antecipada

1. Considerações gerais

Quando do encaminhamento do projeto do novo C.P.C. ao Senado Federal havia vozes na doutrina proclamando a extinção das medidas cautelares, uma vez que a existência ou melhoria da concessão antecipada de tutela satisfativa seria suficiente para atender todos os reclamos das partes.

Contudo, conforme já teve oportunidade de advertir Donaldo Armelin, ainda sob a égide da Constituição Federal de 1969: *"a tutela jurisdicional cautelar não desaparecerá com a melhoria do instrumento de prestação da tutela jurisdicional satisfativa. Resta saber, contudo, se o tipo de tutela jurisdicional em exame se encontra devidamente embutido no arcabouço constitucional vigente, de modo a dali não poder ser retirado pelo Legislador Ordinário, sem lesão a essa estrutura.*

O respaldo contido na Lei Maior quanto à prestação da tutela jurisdicional centra-se no artigo 153, §4º, onde se lê que a lei não poderá excluir da apreciação do Poder Judiciário qualquer lesão de direito individual. O ingresso em juízo poderá ser condicionado a que se exauram previamente as vias administrativas, 'desde que não exigida garantia de instância, nem ultrapassado o prazo de cento e oitenta dias para a decisão sobre o pedido'. Ora, o texto constitucional alude à lesão, real ou alegada, como insusceptível de ser arredada da apreciação do Judiciário pelo Legislador Ordinário.

Haverá lugar aqui para a tutela jurisdicional cautelar na qual não se pretende preparar a lesão, mas prevenir graves danos e as conseqüências irreparáveis destes, ou manter o equilíbrio entre os litigantes?

À evidência deve ser dada à 'lesão' constante do texto constitucional uma exegese ampliativa de modo a permitir sejam ali albergadas ouras forma de tutela jurisdicional, que não pressupõem uma violação do direito, como sucede com a tutela jurisdicional declaratória stricto sensu ou meramente constitutiva. Da mesma forma, está ali engastada a fruição à tutela jurisdicional cautelar. Esta existe precipuamente para assegurar a eficácia à prestação da tutela jurisdicional satisfativa, que, sob pena de sua emasculação, deve ser dotada de meios próprios para garantia plenitude de seus efeitos. Portanto, ainda que não estivesse subsumida na proteção ensejada pelo prealudido dispositivo constitucional, estaria ela inserida nos poderes implícitos, que, como sói acontecer com outros Poderes da soberania nacional, existem em favor do Judiciário.

Destarte, não cabe ao Legislador Ordinário suprimir a tutela jurisdicional cautelar, que, mesmo que não viesse regrada a nível de lei ordinária, seria perfeitamente viável e, pois, deferível com base nos poderes implícitos do Judiciário. Efetivamente, como é cediço em matéria constitucional, a atribuição de poderes implica também na outorga de meios para tornar eficazes esse poderes".[716]

Com base na elaboração de um conceito constitucional de tutela e sua efetividade qualitativa e quantitativa, necessita-se atribuir à tutela uma elasticidade intrínseca e uma atipicidade de conteúdo, próprias dos remédios da *common law*, sublinhando a particular relevância que assume o escopo funcional do 'agir em juízo' 'para a tutela' de um direito ou de um interesse substancial. Essa, coerentemente, valoriza o significado de garantia das próprias formas de tutela, cujo relevo constitucional prescinde de qualquer reenvio aos conceitos normativos ordinários. Por isso, consubstanciado nos princípios de que a lei não poderá excluir da apreciação do poder judiciário lesão ou ameaça de lesão a direitos, e de que a prestação jurisdicional deve ser célere e justa, reserva-se à lei ordinária a função de disciplinar casos, modalidades e efeitos de específicas e singulares

---

[716] ARMELIN, Donaldo. A tutela jurisdicional cautelar. *In: Revista da Procuradoria Geral do Estado de São Paulo*, São Paulo, n. 23, jun. 1985. p. 118 e 119.

ART. 294

formas de tutela jurisdicional para atender os escopos de garantia previstos na Constituição Federal.[717]

O novo C.P.C., ao mesmo tempo que extingue o Livro III do C.P.C. de 1973 (aliás, o primeiro código de processo civil do mundo a dedicar um livro especial para a disciplina cautelar, elevando a demanda cautelar ao nível da demanda de conhecimento e de demanda de execução), faz surgir no Livro V – Da Tutela Provisória – as normatizações concernentes às denominadas *tutela de urgência e tutela de evidência.*

Contudo, não obstante a nova sistematização das *tutelas provisórias*, tal fato não autoriza concluir que a tutela cautelar, em razão da reforma, tenha mudado as suas características ou tenha havido importante alteração sistêmica quanto à sua análise e concessão.

Na verdade, o que pretendeu o legislador do novo C.P.C., assim como já tinha feito em relação ao processo de conhecimento e ao processo de execução, foi *sincretizar* o processo cautelar como o processo de cognição exauriente, inserindo num mesmo processo os diversos pedidos correspondentes, ou seja, o pedido de tutela de antecipada antecedente ou incidental com o pedido principal, mesmo nas hipótese em que a tutela de urgência cautelar for requerida em caráter antecedente ao pedido principal

Evidentemente que o legislador, ao sistematizar o Livro V, buscou subsídios nas disposições normativas até então existentes no Livro III do C.P.C. de 1973 e no art. 273 e parágrafos do Livro I do mesmo diploma legal.

2. Da tutela provisória

Estabelece o art. *294* do atual C.P.C.: *A tutela provisória pode fundamentar-se em urgência ou evidência.*

Por sua vez, o art. 269 do projeto originário n. 2.046/10 estabelecia: *A tutela de urgência e a tutela de evidência podem ser requeridas antes ou no curso do processo, sejam essas medidas de natureza satisfativa ou cautelar.*

O projeto originário estabelecia como gênero a tutela de urgência e a tutela de evidência. Por outro lado, a tutela de urgência tinha como espécies a tutela satisfativa e a tutela cautelar.

Agora, sob a égide do novo C.P.C., a urgência não é mais gênero das espécies de tutela, mas, sim, o fundamento para a concessão da tutela provisória, que poderá ser satisfativa ou cautelar.

---

[717] COMOGLIO, Luigi Paolo; FERRI, Corrado; TARUFFO, Michele. *Lezioni sul processo civile – il processo ordinário di cognizione.* Bologna: Il Mulino, 2006. p. 68.

Porém, a nova redação do C.P.C. não está livre de críticas.

Se a tutela provisória, cuja natureza pode ser satisfativa ou cautelar, têm como fundamento a *urgência* ou *a evidência*, isso significa dizer que a tutela cautelar poderia ser concedida com base na *evidência*, o que de certa forma romperia com toda sistemática estrutural deste tipo de tutela, especialmente a existência de *periculum in mora*.

Porém, a melhor interpretação a este dispositivo é no sentido de que ao fazer referência ao fundamento *evidência*, o legislador somente teve por finalidade indicar a tutela antecipada de natureza *satisfativa*.

Porém, não obstante essa crítica, o certo é que o novo C.P.C. manteve a expressa diferenciação entre medidas de caráter *satisfativo ou antecipada* e medida de caráter *cautelar*.

O fundamento da *tutela* provisória *satisfativa ou antecipada* pode ser a urgência ou a evidência.

Já o fundamento da tutela *cautelar* somente será a *urgência* e não a evidência.

Pode-se definir como medidas antecipadas *satisfativas as que visam a antecipar ao autor, no todo ou em parte, os efeitos da tutela pretendida*.

Por sua vez, são medidas *cautelares as que visam a afastar riscos e assegurar o resultado útil do processo*.

Assim, o novo C.P.C. apresenta uma nítida diferenciação entre *medidas cautelares e medidas antecipadas satisfativas*, em outras palavras, a antecipação de *medidas cautelares* da denominada *antecipação dos efeitos satisfativos da tutela pretendida*.

O C.P.C. de 1973 não estabelecia esta diferenciação, razão pela qual a doutrina apresentava diversos critérios que pretendiam diferenciar a denominada antecipação dos efeitos da tutela (art. 273 do C.P.C. de 1973) da tutela cautelar.

A *provisoriedade* não seria a nota distintiva desses dois tipos de tutela, pois tanto a tutela cautelar quanto a tutela antecipada satisfativa apresentam caráter de *provisoriedade*, salvo se se tratar de tutela de evidência, quando deixará de ser provisória para se tornar definitiva.

É bem verdade que Lopes da Costa apresenta uma nítida diferenciação entre a expressão 'provisório' e 'temporário', o que justificaria caracterizar a medida cautelar como *temporária* e a antecipação de tutela como provisória. Disse o saudoso processualista:

> "*A temporariedade das medidas preventivas, em processo, mais propriamente chamar-se-ia 'provisoriedade (Calamandrei).*
> *'Temporário', em verdade, é que o dura determinado tempo.*

'Provisório', porém, é o que, por algum tempo, serve até que venha o 'definitivo. O temporário se define em absoluto, apenas em faço do tempo; 'provisório', além do tempo, exige a previsão de outra cousa em que se sub-rogue.

Os andaimes da construção são 'temporários'. Ficam apenas até que se acabe o trabalho exterior do prédio. São, porém, definitivos, no sentido de que nada virá substituí-los.

Já, entretanto, a barraca onde o desbravador dos sertões acampa, até melhor habitação, não é apenas temporária, é provisória também...".[718]

Também não será a técnica de cognição realizada diante de uma tutela cautelar que irá diferenciá-la de uma antecipação dos efeitos da tutela pretendida.

Sabe-se que a *técnica de cognição* permite a construção de procedimentos apropriados à real necessidade e efetividade da tutela jurisdicional.

Conforme leciona Kazuo Watanabe: *"a cognição é prevalentemente um ato de inteligência, consistente em considerar, analisar e valorar as alegações e as provas produzidas pelas partes, vale dizer, as questões de fato e de direito que são deduzidas no processo e cujo resultado é o alicerce, o fundamento do 'judicium', do julgamento do objeto litigioso do processo".*[719]

A cognição pode ser avaliada, conforme já teve oportunidade de ensinar Kazuo Watanabe, em sua obra *Cognição no Processo Civil brasileiro*, no plano *horizontal*, a qual pode ser *plena* ou *plenária* (quando toda a extensão fática do conflito de interesse é levado à apreciação do juiz) ou *parcial* (quando o legislador desenha procedimentos reservando determinadas exceções, quando o juiz fica impedido de conhecer as questões reservadas, ou seja, as questões excluídas pelo legislador – ex. Nas ações possessórias não se pode, em regra, discutir questão de domínio). Pode ser avaliada, ainda, no plano *vertical*, que diz respeito à profundidade de cognição realizada pelo magistrado sobre as questões de fato e de direito, sendo caracterizada como *exauriente* (típica do processo de conhecimento, visando a dar solução definitiva à lide com o força de coisa julgada material), *sumária* (característica dos processos de verossimilhança ou de plausibilidade, realizada em razão do perigo existente e da urgência reclamada) e *superficial* (na qual há menos cognição que na sumária, como, por exemplo, a concessão de liminares, salvo a de mandado de segurança em que de plano deve haver a prova do direito líquido e certo).

---

[718] LOPES DA COSTA, Alfredo de Araújo, *Medidas preventivas*. 2ª ed. Belo Horizonte: Livraria Bernardo Álvares, 1958. 16.

[719] WATANABE, Kazuo. *Da cognição no processo civil*. 2. ed. 2. Tiragem. Campinas: Bookseller, 2000.

Diante desse quadro classificatório, pode-se afirmar que a cognição realizada pelo juiz, tanto no âmbito da antecipação dos efeitos da tutela quanto das medidas cautelares é, em regra no sentido horizontal *plenária*, e no sentido vertical *sumária*.

Portanto, tanto na avaliação da antecipação da tutela pretendida quanto das medidas cautelares a espécie de cognição realizada pelo juiz no plano vertical é *sumária*.

Também não seria a existência do *periculum in mora* o critério diferenciador da tutela cautelar e da antecipação dos efeitos da tutela satisfativa material pretendida, pois pela nova dicção trazida pelo novo C.P.C., ambas as tutelas podem fundamentar-se na urgência, conforme preconiza o art. 294 do atual C.P.C.

Portanto, o melhor critério para diferenciar esses dois tipos de tutela foi o adotado pelo atual C.P.C., ou seja, *a satisfatividade* ou não da antecipação da tutela concedida.

É no plano teleológico que se diferenciam os dois tipos de tutela.

A satisfatividade como forma de diferenciação das medidas cautelares em relação às medidas de antecipação de tutela material pretendida há muito vem sendo reconhecida por Donaldo Armelin, processualista da Escola de São Paulo. Segundo Armelin, *"A importância dessa qualificação resulta do contraste entre a categoria da tutela jurisdicional satisfativa e a cautelar. Nesta, a tutela jurisdicional não serve apenas aos que a reclamaram mas também a uma tutela jurisdicional do tipo satisfativo a ser prestada ou que está sendo prestada em processo incoado. Tem, pois, a tutela jurisdicional cautelar um caráter instrumental em relação à satisfativa. Uma instrumentalidade de segundo grau, como diz Calamandrei, se considerado que a tutela satisfativa em si também já é instrumental".*[720]

Conforme Armelin, entende-se por *tutela satisfativa* aquela que é em si bastante, exaustiva e definitiva e que não depende de qualquer outro complemento para atender os objetivos da parte. Assim, qualquer prestação jurisdicional derivada do processo de conhecimento ou do processo de execução tem caráter satisfativo, uma vez que independe de outro complemento para atingir o objetivo buscado pela parte, diversamente do que ocorre com o processo cautelar, onde o provimento não permite, por si só, atingir o real objetivo da parte no que concerne ao direito material, mas tão-somente preservá-lo temporariamente até a solução definitiva no processo principal.

---

[720] ARMELIN, D., op. cit. p. 114.

ART. 294

Por isso, a antecipação dos efeitos da tutela pretendida, embora provisória, apresenta natureza *satisfativa*, pois é em si bastante, exaustiva e definitiva e não depende de qualquer outro complemento para atingir os objetivos da parte.

É bem verdade que existem vozes na doutrina que adotam outra postura em relação a definição de tutela *satisfativa*. Para Ovídio A. Baptista da Silva, a tutela somente será satisfativa quando permite a realização concreta e objetiva do direito da parte. A satisfatividade da tutela para este autor encontra-se não apenas no plano jurídico, mas também no plano fático.

Contudo, também para Ovídio A. Baptista da Silva a medida cautelar não apresenta natureza satisfativa, pois ela não satisfaz no plano social o direito da parte, mas somente assegura este mesmo direito. Para Ovídio, a liminar concedida na ação de reintegração possessória, e uma vez devidamente cumprida no plano fático, tem caráter satisfativo, pois satisfaz imediatamente o princípio objetivo da demanda, que era justamente a recuperação da posse.

Na verdade, as tutelas urgentes satisfativas constituem, por excelência, *"uma forma de asseguração da frutuosidade da execução, ou exprimem, por excelência, uma função conservadora dos efeitos da futura decisão: com referência ao direito violado, tendo em vista que afasta e reprime a sua violação (permitindo sua conservação), e com referência à futura decisão assegura a frutuosidade da execução...*

Em outros termos, parece lícito afirmar que a característica da 'antecipação' da decisão de mérito, própria do provimento de urgência, seja enfatizada: essa é, simplesmente, o meio próprio da cognição do juiz da urgência para a individualização dos pressupostos da tutela e para a consequente individualização das 'medidas provisórias' a fim de que a decisão de mérito não resulte inútil, ou parcialmente inútil, para a parte que tem razão".[721]

Contudo, conforme adverte Filippo Verde: *"Uma satisfatória conclusão, ao invés, pode apresentar-se, conjuntamente com o legislador, e como se desume da expressão empregada, no sentido de que se liga o fenômeno antecipatório não com o conteúdo da decisão de mérito, mas com os seus efeitos, no sentido que antecipar os efeitos da decisão é coisa bem diversa da simples garantia de qualquer modo da proficuidade da execução; em outros termos, antecipar os efeitos da sentença é fenômeno diverso não só da antecipação do conteúdo do comando judicial, mas também da asseguração da proficuidade da futura decisão...*

Em conclusão, necessita insistir sobre a particularidade de que a antecipação se refere aos 'efeitos' da decisão sobre o mérito, e não genericamente ao seu conteúdo...".[722]

---

[721] VERDE, Filippo. *I provvdimenti cautelari – la nuova disciplina.* Padova: CEDAM, 2006. p. 27 e 28.
[722] VERDE, F., idem, p. 29 e 30.

CÓDIGO DE PROCESSO CIVIL

É importante salientar que o art. 294 do novo C.P.C., ao permitir a antecipação de tutela satisfativa com fundamento na *urgência,* não tem por objetivo antecipar o conteúdo do comando judicial a ser proferido ao final no processo, mas, sim, antecipar ao autor, no todo ou em parte, *os efeitos* da tutela pretendida.

Evidentemente que há certa indagação sobre os limites para a concessão de tutela satisfativa no que concerne aos efeitos da tutela pretendida, ou seja, quaisquer efeitos da tutela principal podem ser ou não objeto do provimento de urgência?

Comentando o art. 700 do C.P.C. italiano, com o conteúdo dado pela reforma ocorrida em 2005, Filippo Verde afirma que a redação ministerial sugeria uma utilização do provimento de urgência somente para o fim de se atribuir uma função meramente conservativa em sentido estrito. Contudo, tal perspectiva resultaria uma função, na prática, da tutela de urgência, muito modesta, sobretudo se acompanhada da consideração e da utilidade e do conteúdo, para fins conservativos em sentido estrito, das medidas cautelares típicas. Mas a própria formulação literal do art. 700 desmente a atribuição de uma assim reduzida função, ou a individualização de uma relação de mera instrumentalidade... A tutela de fato é expressamente atribuída com o fim de *assegurar provisoriamente alguns efeitos da decisão sobre o mérito*, asseguração que se pode conseguir, na verdade, com provimentos (meramente) inibitórios (que na prática são os mais frequentes), ou suficientes, mas pode bem consistir também na verdadeira e própria antecipação da decisão sobre mérito, quando os seus efeitos não puderem ser utilmente salvaguardados, provisoriamente, de outro modo: bastaria referir-se, por exemplo, ao provimento de urgência para o pagamento de somas, para compreender como o conteúdo próprio provimento possa ser largamente antecipatório.[723]

---

[723] "Não é possível nesta seara uma análise sobre o estado do debate em relação à tutelabilidade em via de urgência de simples direitos de crédito, limitando-se, aqui, portanto, a algumas citações jurisprudenciais. Grande parte da qual, antes de tudo, expõe a conclusão negativa sobre o fundamento de que a ressarcibilidade do dano, ou melhor da possibilidade de fruir do remédio ressarcitório, é por si só suficiente para excluir a irreparabilidade do prejuízo: em tal sentido Tribunal de Milão, 15 de julho de 1997 e 22 de novembro de 1994.
Mas outras consistentes jurisprudências sobre tal premissa se mantêm ao largo, encontrando afirmações pela tutelabilidade por meio de provimento de urgência aos simples direitos de crédito (em relação apenas aos direitos concernentes a prestações em dinheiro ou outras coisas fungíveis), e também na hipótese em que haja uma previsão contratual de cláusula penal (Tribunal de Milão, 2 de outubro de 1997, in *Foro it.* 1998, I, 241); pela análoga afirmação de que "é tutelável pela via de urgência o direito decorrente de obrigação contratual enquanto o prejuízo irreparável for observado no conjunto dos reflexos negativos projetados sobre toda a esfera do sujeito lesado., cfr. Tribunal de Milão 14 de agosto de 1997, *ivi*, 1998, I, 241

ART. 294

Tal característica parece coerente com a tradicional individualização da fonte da tutela de urgência em geral, que está na exigência de garantir, da melhor maneira possível, a frutuosidade da decisão sobre o mérito e portanto na exigência de prevenir não o perigo *no retardo*, mas o *perigo do retardo* da definição do juízo de mérito.[724]

Diante desse *perigo do retardo*, não há impedimento que o provimento de urgência corresponda a uma antecipação total dos efeitos da tutela a ser proferida no juízo de mérito final.

Conforme adverte Felippo Verde, *"No conflito entre contrapostos interesses de mesmo grau, a constatação do caráter de definitividade, que teria o provimento de urgência requerido, não parece motivo suficiente a justificar sua rejeição, devendo-se ter em mente que o legislador prefere que seja evitado um prejuízo irreparável a um direito cuja existência pareça provável, ainda que ao preço de provocar um dano irreparável a um direito que, em sede de concessão da medida cautelar, pareça, ao invés, improvável.*[725]

Diante de uma sentença condenatória não há empecilho para a concessão de tutela antecipada satisfativa com fundamento na urgência, inclusive no que concerne a créditos pecuniários. Neste caso, o objeto da antecipação se exaure nos efeitos executivo da futura sentença de condenação.

A questão mais relevante diz respeito à admissibilidade de provimento de urgência que determina o cumprimento de obrigação de fazer ou não fazer infungível.

Como não se pode obrigar fisicamente a qualquer pessoa a realizar obrigações infungíveis, a tutela antecipada satisfativa com base na urgência deve ser concretizada mediante a aplicação de determinadas penalidades (multas, astreintes) ou medidas de segurança, as quais poderiam ser objeto de eventuais efeitos secundários da decisão de mérito.

Segundo Pret. Roma de 31 de julho de 1986, in *Foro it*. 1987, I, 612 "foi acolhido o pedido cautelar urgente interposto por uma sociedade para a recuperação de um crédito 'nei confronti del comune', pelo fato de a sociedade encontrar-se em decomposição e não dispor de outros meios para fazer frente ao seu passivo".

Em suma, segundo a jurisprudência, o plano no qual é colocado o prejuízo irreparável conexo à insatisfação do direito de crédito está sempre na conexão com outros direitos, de natureza variada, e sem que seja decisivo o seu aspecto constitucional. Assim, a irreparabilidade do prejuízo foi, por exemplo, individualizada no perigo de condicionamento ou de limitação da atividade da empresa: cfr., Pret Roma 31 de julho de 1986, cit., Pret. Roma 14 de fevereiro de 1983, in *Foro it*, 1983, I, 446". (VERDE, F., idem, p. 31 e 32).

[724] VERDE, F., idem, p. 33.
[725] VERDE, F., idem, p. 39.

CÓDIGO DE PROCESSO CIVIL

A doutrina ainda hoje é contrária à concessão de tutela antecipada satisfativa em relação ao provimento final declaratório ou de mero acertamento, ou seja, se o objeto e o fim da decisão sobre mérito diz respeito à atribuição de certeza sobre a existência de um direito, uma vez que não há sentido em se estabelecer uma *certeza provisória*.

É correntemente observado que uma pronúncia de mero acertamento ou declaratória emitida em sede de tutela antecipada satisfativa com fundamento na urgência, e, ainda, quando não sujeita à execução, seria inidônea tanto aos fins conservativos quanto àqueles antecipatórios ainda que faça referência à ação ressarcitória proponível no futuro juízo de mérito, gerando apenas efeitos meramente psicológicos.[726]

Na verdade, diante de uma sentença declaratória, o que se pode antecipar são apenas os eventuais efeitos materiais do provimento de acertamento e não o próprio provimento em si, uma vez que, com frequência, juntamente com a demanda declaratória é proposta em cúmulo objetivo outras demandas acessórias, em relação às quais é possível requerer a antecipação dos efeitos em via provisória.

Contudo, não faltam vozes discordantes na doutrina, fundadas no sentido de que qualquer efeito da sentença de mérito é, em todo ou em parte, suscetível de ser antecipado, razão pela qual é possível a antecipação dos efeitos da decisão meramente declaratória (Proto Pisani). O julgado Pret. Roma, 28 de abril de 1987, in *Foro it*, 1988, I, 1.357, entendeu que os fins meramente declaratórios não são de fato incompatíveis com a função dos provimentos de urgência, principalmente quando estes constituem o único meio a impedir um prejuízo irreparável determinado por quem contesta o direito do requerente do provimento. Na verdade, *"Não se pode negar a utilidade para o recorrente de uma pronúncia declarativa, com a finalidade preventiva, em relação a quem contestou ou contesta a existência do direito do recorrente. De fato, também uma pronúncia meramente declaratória, com valoração em termos de licitude ou pelo menos de situações e comportamentos, pode corresponder a interesses apreciáveis pela parte em sede de cautelaridade, especialmente quando existe uma situação objetiva de incerteza, fonte, por si só, de graves danos, irreparáveis, e a pronúncia cautelar pode utilmente antecipar um acertamento idôneo e eliminar tal estado de incerteza. É bem possível, portanto, assegurar mediante tutela de urgência os efeitos da sentença de acertamento".*[727]

Diante da nova perspectiva legislativa introduzida em 2005 no C.P.C. italiano, Filippo Verde entende por alterar o seu posicionamento, afirmando: *"A*

---

[726] VERDE, F., idem, p. 41 e 42.
[727] VERDE, F., idem, p. 43.

consideração crítica de caráter principal, que acenávamos precedentemente, de que não haveria sentido requerer ao juiz uma 'certeza provisória' em atenção àquela definitiva advinda com a sentença, foi privada de substancial relevância pela reforma de 2005, que tende mesmo a reduzir, quanto possível, o interesse do recorrente à instauração do juízo de mérito, garantido-lhe a consolidação da regulamentação provisória da relação a prescindir da falta de instauração da causa. E, portanto, se agora é largamente reconhecida a tutelabilidade também em via cautelar do interesse à eliminação de uma situação de incerteza, ou a relevância, também em sede cautelar, da mera contestação do direito, com maior razão se deveria reconhecê-la hoje, quando a provisoriedade da certeza é suscetível de ocupar o lugar, na realidade da relação entre as partes, da sentença".[728]

Menor incerteza existe atualmente em relação à concessão de tutela de urgência no que concerne às sentenças constitutivas, geralmente admitidas pela doutrina e pela jurisprudência italiana (salvo a isolada posição em contrário proveniente de Satta), não se podendo excluir que o prejuízo, ou a sua verdadeira e própria irreparabilidade, seja causado efetivamente pelo retardo na emanação do provimento de natureza constitutiva. A jurisprudência italiana não há demonstrado incerteza, salvo para algumas exceções, na atribuição da tutela cautelar, e principalmente daquela prevista no art. 700 do C.P.C., para a satisfação de obrigação consequencial à decisão constitutiva, contextualmente considerado também pela doutrina como relevante, sob o aspecto prático, em lugar da antecipação do provimento constitutivo ou dispositivo. É o exemplo claro da reintegração do trabalhador ao posto do trabalho quando licenciado injustamente. Da mesma forma os efeitos de uma sentença constitutiva de uma servidão de passagem coativa são suscetíveis de antecipação por meio de um procedimento *ex* art. 700 C.P.C. (Pret. Verona, 31 de agosto de 1990, in *Foro ite*, 1991, I, 1951).[729]

É bem verdade que na demanda de sentença constitutiva se agita um direito que ainda não se encontra no patrimônio do autor, mas, também é verdade que ele é titular da relativa demanda, aquela que de todo modo será no sentido de pronúncia constitutiva de seu direito, e é de outro modo também verdadeiro que tal última titularidade pode constituir objeto de indagação perante o juízo de urgência. Mas se assim é, e isso valia ainda sob a égide da disciplina anterior à reforma de 2005 do C.P.C. italiano, a impossibilidade de se exercitar licitamente, em atenção à decisão sobre mérito (que aquela relação, enfim, constituirá), aquela série de atividade e de vantagem que constituem o conteúdo do direito que se entende conseguir, representa de todo modo o prejuízo derivante

---

[728] VERDE, F., idem, p. 47
[729] VERDE, F., idem, p. 47 e 48.

CÓDIGO DE PROCESSO CIVIL

da duração do ordinário juízo de cognição. Não há nada na literalidade do art. 700, na ampla razão da tutela atípica de urgência, na extensão que é devido atribuir a tal tipo de tutela, que obriga a excluir dali a aplicabilidade no caso de ações constitutivas.[730]

Contudo, enquanto que para a demanda declaratória a antecipação da sentença é total, no sentido de que o conteúdo da pronúncia cautelar antecipatória coincide exatamente com aquela da sentença emanada, no âmbito da pronúncia constitutiva, aquilo que conta, e isso para o qual a tutela cautelar é destinada, é a asseguração, mediante antecipação, das obrigações consequenciais nascidas da emanação da sentença final.[731]

Essa questão da antecipação das pretensões meramente declaratória ou constitutiva torna-se mais preocupante diante do preceito normativo previsto no art. 304, §5º, do novo C.P.C., *in verbis:*

Art. 304. A tutela antecipada, concedida nos termos do art. 303, torna-se estável se da decisão que a conceder não for interposto o respectivo recurso.

§ 1º No caso previsto no caput, o processo será extinto.

§ 2º Qualquer das partes poderá demandar a outra com o intuito de rever, reformar ou invalidar a tutela antecipada estabilizada nos termos do caput.

§ 3º A tutela antecipada conservará seus efeitos enquanto não revista, reformada ou invalidada por decisão de mérito proferida na ação de que trata o § 2º.

§ 4º Qualquer das partes poderá requerer o desarquivamento dos autos em que foi concedida a medida, para instruir a petição inicial da ação a que se refere o § 2º, prevento o juízo em que a tutela antecipada foi concedida.

§ 5º O direito de rever, reformar ou invalidar a tutela antecipada, previsto no § 2º deste artigo, extingue-se após 2 (dois) anos, contados da ciência da decisão que extinguiu o processo, nos termos do § 1º.

§ 6º A decisão que concede a tutela não fará coisa julgada, mas a estabilidade dos respectivos efeitos só será afastada por decisão que a revir, reformar ou invalidar, proferida em ação ajuizada por uma das partes, nos termos do § 2º deste artigo.

A grande problematização que poderá ensejar essa definitividade da ultratividade dos efeitos da tutela antecipada, diz respeito ao alcance longitudinal desses efeitos no âmbito das relações jurídicas de direito material.

Visualize-se a hipótese de uma demanda de reconhecimento de paternidade cumulada com alimentos. Uma vez concedida a tutela antecipada para o paga-

---

[730] VERDE, F., idem, p. 52.
[731] VERDE, F., idem, p. 52 e 53.

1308

mento de alimentos, e não havendo interposição do recurso de agravo de instrumento, o juiz deverá extinguir o processo, nos termos do art. 304 do atual C.P.C. Se não for interposta a demanda prevista no art. 304, §2º, do atual C.P.C., a ultratividade dos efeitos da tutela antecipada tornar-se-á definitiva.

A indagação que se faz é a seguinte: a definitividade da tutela antecipada diz respeito somente à concessão de alimentos ou também ao reconhecimento de paternidade, uma vez que para que o juiz possa deferir a antecipação dos alimentos necessariamente deverá, ainda que com base no *fumus boni iuris*, transitar pelo reconhecimento da paternidade.

Porém, o reconhecimento da paternidade em si diz respeito a uma pretensão de natureza declaratória, a qual, segundo doutrina operante durante a vigência do C.P.C. de 1973, não poderia ser antecipada, juntamente com as pretensões de natureza constitutiva.

Diante disso, será que é possível imaginar uma decisão definitiva de pagamento de alimentos sem que tenha sido reconhecido de forma definitiva a paternidade, inclusive para outros efeitos jurídicos como os direitos de sucessão?

Parece-me que se deve reavaliar essa questão de que não se poderá antecipar tutelas de natureza declaratória ou constitutiva, até para que o sistema possa apresentar uma razoável racionalidade.

Prescreve o *parágrafo único do art. 294* do atual C.P.C. que *a tutela provisória de urgência, cautelar ou antecipada, pode ser concedida em caráter antecedente ou incidental.*

O p.u. art. 294 do atual C.P.C. preconiza ainda que a tutela antecipada satisfativa ou cautelar poderá ser requerida e concedida em caráter *antecedente* ou *incidental.*

É importante salientar que o art. 294 do novo C.P.C. não está tratando de tutela antecedente ou incidental da mesma forma que fazia o C.P.C. de 1973 em relação ao processo cautelar antecedente e incidental, mas, sim, do momento procedimental em que se pode requerer a tutela antecedente satisfativa ou cautelar.

Sob a égide do art. 273 do C.P.C. de 1973, assim assinalava Cândido Rangel Dinamarco sobre os limites temporais para a concessão da tutela antecipada: *"O laconismo do art. 273 do Código de Processo Civil deixa em aberto a questão dos limites temporais da possibilidade de antecipar a tutela jurisdicional, questionando-se se essa providência pode ser tomada logo ao início do processo e até mesmo 'inaudita altera parte' e se o poder de fazê-lo se exaure antes da prolação da sentença ou permanece até depois de proferida esta.*

Grassa muita dúvida na prática judiciária do instituto e as manifestações de que se tem conhecimento carecem de uma coerência unitária capaz de oferecer segurança aos litigantes. Na busca de uma solução compatível com o objetivo institucional da tutela antecipada, com

CÓDIGO DE PROCESSO CIVIL

o sistema do Código de Processo Civil e com a superior garantia constitucional de acesso à justiça, a resposta deve ser pela mais ampla abertura para a concessão incidental da medida 'a qualquer tempo', a partir de quando o processo se instaura pela propositura da demanda em juízo e enquanto ele estiver sob o comando do juiz de primeiro grau. Obviamente, em cada caso concreto a concessão da medida dependerá de presença dos requisitos exigidos em lei, estando o juiz convencido da necessidade de antecipar – mas sem o preconceito consistente em afastar 'a priori' a concessibilidade porque o momento é prematuro ou porque está superado o período em que a medida pode ser concedida.

Não há razão para negar a pronta admissibilidade das antecipações, logo no momento de apreciar a petição inicial, porque às vezes o adiamento da decisão pode ser fatal e tornar inútil qualquer propósito de evitar a consumação de situações indesejáveis. Chiovenda, seja lembrado que a necessidade de esperar pelas delongas do processo não deve causar dano a quem precisou servir-se do processo para obter um bem ou evitar um mal; é portanto contrária à garantia constitucional de tutela jurisdicional efetiva e tempestiva aquela postura consistente em fechar as portas para a antecipação tutelar logo ao início do processo...

A mesma razão de abertura para a efetividade do acesso à justiça manda também que não se ponham barreiras à possibilidade de antecipar a tutela jurisdicional em primeiro grau de jurisdição, a partir de algum momento ou fase do procedimento. A necessidade de antecipar pode surgir a qualquer tempo, inclusive no momento de decidir a causa ou até mesmo depois da sentença, estando ainda os autos perante o juiz de primeiro grau, sem que antes disso houvesse o 'periculum' justificador da medida; pode também inexistir no espírito do juiz a convicção da probabilidade do direito do autor, ou 'fumus boni iuris', antes desses momentos adiantados do procedimento, sobrevindo no momento de sentenciar ou mesmo depois. Essas não são situações ordinárias, do dia-a-dia, mas quando ocorrem é preciso ter a disposição de tomá-las em consideração sem o preconceito de uma suposta preclusão do poder de ditar a antecipação da tutela jurisdicional. Quando ocorrer uma situação extraordinária que clame por uma medida urgente, é perfeitamente legítimo incluir na sentença de mérito um 'capítulo' impondo a providência adequada a evitar que o direito pereça. Sistematicamente, é até mais seguro conceder a tutela antecipada nesse momento, quando, superadas pela instrução exauriente as dúvidas do julgador sobre os fatos e as teses jurídicas pertinentes, ele terá chegado ao convencimento de que o autor tem razão: se houver a urgência que a legitime, a antecipação deve ser concedida ainda nesse momento final do procedimento em primeiro grau de jurisdição.

Em casos assim, não se trata de uma sentença de mérito e de uma decisão interlocutória acoplada a ela, como já se chegou a pensar. O ato proferido pelo juiz é um só, é a 'sentença' ...".[732]

---

[732] DINAMARCO. Cândido Rangel. *Nova era do processo civil.* São Paulo: Malheiros, 2003. p. 79 a 82.

Assim, não há limitação temporal dentro do próprio procedimento para que se formule pedido de tutela antecipada de caráter satisfativo ou cautelar, seja sob o fundamento da urgência, seja sob o fundamento da evidência.

Contra a decisão interlocutória que versa sobre tutela provisória caberá o recurso de agravo de instrumento, nos termos do art.1.015, inc. I, do atual C.P.C.

É importante salientar que uma vez julgado pelo Tribunal de Apelação o recurso de agravo de instrumento contra a tutela provisória concedida de forma antecedente ou incidental, não haverá espaço para se levar a questão ao crivo do Superior Tribunal de Justiça.

É que o Superior Tribunal de Justiça não tem conhecido do Recurso Especial interposto contra acórdão proferido em agravo de instrumento interposto contra decisão que avaliou pedido de tutela provisória.

Para que o S.T.J. pudesse analisar recurso especial que tivesse por objeto a concessão ou não de tutela provisória, seria necessário o ingresso na análise dos requisitos normativos para a concessão da aludida tutela, o que demandaria a análise de prova, fato impeditivo da admissibilidade do recurso especial, nos termos Súmula 07 do S.T.J.

Sobre o tema, assim tem se manifestado o S.T.J.:

1. A iterativa jurisprudência desta Corte é no sentido de que, para análise dos critérios adotados pela instância ordinária que ensejaram a concessão ou não da liminar ou da antecipação dos efeitos da tutela, é necessário o reexame dos elementos probatórios a fim de aferir a "prova inequívoca que convença da verossimilhança da alegação", nos termos do art. 273 do CPC, o que não é possível em recurso especial, ante o óbice da Súmula 7/STJ.

(...).

(AgRg no AREsp 490.601/MS, Rel. Ministro HUMBERTO MARTINS, SEGUNDA TURMA, julgado em 15/05/2014, DJe 22/05/2014).

1. O simples ajuizamento de ação revisional, com a alegação da abusividade das cláusulas contratadas, não importa o reconhecimento do direito do contratante à antecipação da tutela, sendo necessário o preenchimento dos requisitos do art. 273 do Código de Processo Civil. Analisar os fundamentos que subsidiaram a decisão tomada em relação à medida de urgência encontra óbice na Súmula 7/STJ, pois requer a apreciação de fatos e provas.

(...).

(AgRg no AREsp 452.055/MS, Rel. Ministro LUIS FELIPE SALOMÃO, QUARTA TURMA, julgado em 03/04/2014, DJe 11/04/2014).

No sistema jurídico italiano, conforme anota Italo Augusto Andolina, *"por constante instrução da Suprema Corte, somente as pronúncias decisórias incidentes sobre direitos subjetivos e ou seu 'status' são impugnáveis por cassação; e decisões são somente as 'ditas' judiciais idôneas ao 'julgado'. Ao contrário, os provimentos provisórios e ou cautelares antecipatórios 'não são' decisórios próprios porque 'auxiliares' em relação ao 'julgado', e a eles correlatos e subordinados, e por este destinados a serem absorvidos"*.[733]

Segundo ainda Italo Augusto Andolina, o projeto assim construído apresenta uma indubitável coerência. Porém, referida coerência vacila, e arrisca de ser perigosa, no momento em que os provimentos (que de início seriam 'auxiliares') se afastam da subordinação (ao menos estruturais) ao julgado e adquirem um mais elevado critério de autonomia. Em particular a *ultratividade* (sempre mais reconhecida aos provimentos de *quibus*), reduz sensivelmente a distância que (até ontem) separava estes provimentos (*lato sensu, provisórios*) das pronúncias decisões em sentido próprio.[734]

Porém, essa preocupação de Italo Augusto Andolina, legítima no sistema processual italiano, não se aplica ao sistema jurídico brasileiro, tendo em vista que a *ultratividade* da tutela provisória de urgência antecipada ou satisfativa somente ocorrerá se a parte contraria deixar justamente de interpor o recurso de agravo de instrumento.

Art. 295

A tutela provisória requerida em caráter incidental independe do pagamento de custas.

Independe de custa o pedido de tutela antecipada incidental

Como o pedido tutela provisória satisfativa ou cautelar incidental se dá no bojo de um processo já instaurado, como mero incidente interno, não se justifica o pagamento de novas custas processuais, pois estas já foram pagas com a distribuição da petição inicial.

Porém, tratando-se de pedido de tutela antecipada antecedente, haverá necessidade de pagamento das custas processuais, justamente pelo fato de que se trata de pedido instaurador da relação jurídica processual.

---

[733] ANDOLINA, Italo Augusto. Crisi del giudicato e nuovi strumenti alternativi di tutela giurisdizionale – la nuova tutela provvisoria di merito e le garanzie costituzionali del giusto processo. *In: Revista de Processo*, São Paulo, R.T., ano 32, n. 150, agost/2007, p. 75.

[734] ANDOLINA, I. A., idem, p. 76

ART. 297

Art. 296
A tutela provisória conserva sua eficácia na pendência do processo, mas pode, a qualquer momento, ser revogada ou modificada.
Parágrafo Único. Salvo decisão judicial em contrário, a tutela provisória conservará a eficácia durante o período de suspensão do processo.

Cláusula *rebus sic stantibus*
Tendo em vista que as medidas provisórias satisfativa ou cautelar com fundamento na urgência são concedidas com a cláusula *rebus sic stantibus*, isto é, sujeita a modificações posteriores, a eficácia da medida concedida poderá ser interrompida caso haja essa modificação.

Note-se que a modificação permitida pelo dispositivo diz respeito tanto ao aspecto fático (*periculum in mora*) quanto ao aspecto jurídico (*fumus boni iuris*).

Assim, alterando-se o *periculum in mora* ou o *fumus boni iuris*, poderá o juiz, a qualquer momento, durante a pendência do processo, revogar ou modificar a medida concedida, com base em decisão fundamentada.

Estabelece o parágrafo único do art. 296 do atual C.P.C. que salvo decisão judicial em contrário, a tutela provisória conservará a eficácia durante o período de suspensão do processo.

Em regra, durante o período de suspensão do processo em face de acordo das partes ou por determinação legal, a medida provisória satisfativa ou cautelar conservará sua eficácia, salvo decisão judicial fundamentada em contrário.

Art. 297
O juiz poderá determinar as medidas que considerar adequadas para efetivação da tutela provisória.
Parágrafo Único. Parágrafo único. A efetivação da tutela provisória observará as normas referentes ao cumprimento provisório da sentença, no que couber.

Poder geral de antecipação de tutela do juiz
O C.P.C. de 1973 trazia redação similar no art. 798, quando tratava das medidas cautelares inominadas: *"Além dos procedimentos cautelares específicos, que este Código regula no Capítulo II deste Livro, poderá o juiz determinar as medidas provisórias que jul-*

CÓDIGO DE PROCESSO CIVIL

gar adequadas, quando houver fundado receito de que uma parte, antes do julgamento da lide, cause ao direito de outra lesão grave e de difícil reparação".

O preceito estabelecido no art. 297 do novo C.P.C. não está limitado apenas às medidas provisórias cautelares, uma vez que se aplica também às medidas provisórias satisfativas.

A mesma regra normativa está prevista no art. 700 do C.P.C. italiano, *in verbis*: *"Foras dos casos regulados nas precedentes seções deste capítulo, quem tenha motivo de temer que durante o tempo necessário para fazer valer o seu direito na via ordinária, este esteja ameaçado por um prejuízo eminente e irreparável, pode pedir com recurso ao juiz os provimento de urgência, que apareçam, segundo as circunstâncias, mais idôneos à assegurar provisoriamente os efeitos da decisão sobre o mérito.*

O juiz poderá determinar as medidas adequadas para a efetivação da tutela provisória, no caso, a tutela satisfativa ou cautelar.

O legislador, de certa forma, permitiu certa discricionariedade ao magistrado no momento da concessão da tutela provisória, apenas indicando a 'adequação' da medida como critério objetivo para a sua concessão.

Trata-se, portanto, de um poder geral de concessão de tutela provisória outorgada ao juiz, ao permitir-lhe que possa adotar as medidas necessárias para a efetivação da tutela.

Preceitua o *parágrafo único* do art. 297 do atual C.P.C. que a *efetivação da tutela provisória observará as normas referentes ao cumprimento provisório da sentença, no que couber.*

O art. 281 na sua redação ordinária do Projeto de Lei do Senado n.166/10 preconizava que *a efetivação da medida observará, no que couber, o parâmetro operativo do cumprimento da sentença e da execução provisória.*

O novo dispositivo retirou a expressão *execução provisória* para inserir *cumprimento provisório de sentença.*

Portanto, quando diante de tutela provisória com fundamento na evidência ou na urgência, o novo código não fala em *execução* da medida, mas, sim, na sua *efetivação.*

Por isso, o juiz ao decretar uma medida cautelar urgente com as características de arresto, sequestro, busca e apreensão, arrolamento de bens, limita-se a ordena que tais medidas sejam efetivadas, observando-se os parâmetros operativos do cumprimento de sentença de obrigação de fazer, não fazer, entrega de coisa etc, sem que essa *efetivação da medida* importe execução da respectiva decisão.

O termo efetivação não se confunde com o de execução.

É bem verdade que a redação do C.P.C. de 1973 jamais se preocupou com esse rigor conceitual, empregando o termo efetivação ou execução indistinta-

ART. 297

mente para se referir ao cumprimento de uma medida cautelar. Referia o C.P.C. de 1973 à efetivação das medidas cautelares no art.806, enquanto que nos arts. 802, p.ú., II, 808, II e 819 fazia alusão o código à execução da medida cautelar.

Segundo lecionava Ovídio Baptista da Silva, a decisão proferida no processo cautelar não era de condenação, mas sim *mandamental*, sendo que a ordem contida na sentença mandamental dirigir-se-ia ao demandado se a medida cautelar consistisse na determinação de que ele fizesse ou deixasse de fazer algo, incapaz de ser realizado por terceiros, isto é, sempre que se tratasse de fazer ou não fazer infungíveis. Se o órgão judicial, por meio de auxiliares, pudesse efetivar a medida cautelar, prescindindo de ato pessoal do demandado, então sua efetivação seria inteiramente cumprida pelo órgão judicial (arresto, sequestro, busca e apreensão).

O novo C.P.C. permitiu uma maior desenvoltura do juiz no momento da efetivação da medida provisória com base na urgência ou na evidência, podendo o magistrado utilizar de todos os meios possíveis e admitidos existentes para o cumprimento definitivo ou provisório da decisão judicial. O juiz poderá utilizar dos atos operativos previstos para *o cumprimento da sentença* previstos neste Código, como, por exemplo: penhora, arresto, sequestro de bens, indisponibilidade de bens, inclusive com apreensão de depósitos bancários, ameaça de prisão em caso de alimentos, imposição de multa, busca e apreensão, remoção de pessoas e coisas, desfazimentos de obras, intervenção judicial em atividade empresarial ou similar, impedimento de atividade nociva, inclusive podendo requisitar força policial.

Evidentemente que essas medidas não chegam ao grau de imposição das decisões proferidas pelos Tribunais ingleses diante do denominado *contempt of court,* em razão do qual o Tribunal poderá determina a prisão da parte até que cumpra o que foi determinado pela Corte, tendo em vista que a nossa Constituição impede a prisão por dívida civil (em contraposição a esfera penal), salvo na hipótese de alimentos.

Nem mesmo a prisão do depositário infiel é atualmente possível, em face da interpretação dada pelo S.T.F. no sentido de que essa sanção judicial foi afastada do nosso texto constitucional pelo Tratado Interamericano de Direitos Humanos, *Pacto de São José da Costa Rica.* Diante dessa interpretação, o S.T.F. revogou a Súmula 619 segundo a qual *"a prisão do depositário judicial pode ser decretada no próprio processo em que se constituiu o encargo, independentemente da propositura de ação de depósito".*

Emenda da Câmara dos Deputados teria vetado ao juiz a concessão de tutela provisória visando ao *bloqueio e a penhora de dinheiro, de aplicação financeira ou de outros ativos financeiros.*

CÓDIGO DE PROCESSO CIVIL

Evidentemente que essa proibição de concessão de bloqueio e de penhora de dinheiro, de aplicação financeira ou de outros ativos financeiros maculava o art. 5º, inc. XXXV, da Constituição, que assim dispõe: *"A lei não excluirá da apreciação do Poder Judiciário lesão ou ameaça de lesão a direitos".*

Essa restrição seria tão nefasta, que poderia ocorrer a hipótese na qual um determinado devedor, encontrando-se dilapidando seu patrimônio para evitar o pagamento de suas dívidas, restasse apenas como único bem a ser dilapidado valores aplicados em instituição financeira.

Art. 298

Na decisão que conceder, negar, modificar ou revogar a tutela provisória, o juiz motivará seu convencimento de modo claro e preciso.

Princípio da motivação das decisões

Este dispositivo apenas vem consolidar no âmbito infraconstitucional o princípio das motivações das decisões do Poder Judiciário previsto no art. 93, inc. IX da C.F.: *todos os julgamentos dos órgãos do Poder Judiciário serão públicos, e fundamentadas todas as decisões, sob pena de nulidade, podendo a lei limitar a presença, em determinados atos, às próprias partes e a seus advogados, ou somente a estes, em casos nos quais a preservação do direito à intimidade do interessado no sigilo não prejudique o interesse público à informação; (Redação dada pela Emenda Constitucional nº 45, de 2004).*

Como a decisão que concede uma medida provisória cautelar ou satisfativa é uma decisão proveniente de um órgão do Poder Judiciário, essa decisão deverá ser devidamente e se possível exaustivamente fundamentada, principalmente pelo fato de que a antecipação da tutela apresenta alto grau de periculosidade, seja pela sua concessão, seja em razão de seu indeferimento.

Evidentemente que essa motivação deve respeitar a própria natureza da cognição realizada nesse tipo de tutela antecipatória, especialmente quando fundada na urgência, ou seja, cognição sumária e não exauriente.

Já na tutela antecipatória satisfativa fundada na evidência, a motivação pode decorrer de uma cognição exauriente.

No projeto originário do novo C.P.C. havia um parágrafo único no art. 296 estabelecendo que a decisão referente à tutela provisória seria impugnável por agravo de instrumento. Muito embora o novo C.P.C. não tenha repetido este dispositivo, o certo é que cabe agravo de instrumento contra a decisão que conceder ou negar tutela provisória, conforme estabelece o inc. I do art. 1.015 do atual C.P.C.

ART. 298

Aliás, a importância de se ingressar com o recurso de agravo de instrumento contra decisão que deferir tutela provisória vem preconizada no art. 304 e seu §1º do novo C.P.C., ao tratar da tutela antecipada satisfativa concedida nos termos do art. 303 (antecedente), *in verbis*:

> Art. 304. A tutela antecipada, concedida nos termos do art. 303, torna-se estável se da decisão que a conceder não for interposto o respectivo recurso.
>
> § 1º No caso previsto no caput, o processo será extinto.

Portanto, não havendo recurso (de agravo) contra a tutela antecipada satisfativa concedida, o processo deverá ser extinto. E sendo extinto o processo, o recurso cabível contra essa decisão seria, em tese, o de apelação.

Porém, não há interesse processual da parte em interpor o recurso de apelação, uma vez que mesmo extinto o processo, qualquer das partes poderá requerer a revisão, reforma ou invalidação da tutela antecipada satisfativa estabilizada, conforme preconizam os §§2º a 5º do art. 304 do atual C.P.C.

Outrossim, nem toda decisão que revoga a tutela antecipada satisfativa estará sujeita ao recurso de agravo, uma vez que a sua natureza irá ensejar a interposição de recurso de apelação, como é o caso do art. 309, inc. III, do atual C.P.C., aplicado por analogia, *in verbis*:

> "Art.309. Cessa a eficácia da tutela concedida em caráter antecedente se:
>
> (...)
>
> III – o juiz julgar improcedente o pedido principal formulado pelo autor ou extinguir o processo sem resolução de mérito".

Neste caso, houve efetiva extinção do processo, com resolução do mérito do pedido principal, ensejando, portanto, o recurso de apelação.

Por sua vez, também é possível que a tutela antecipada satisfativa ou cautelar seja concedida por ocasião da prolação de sentença que analisou o pedido principal. Neste caso, conforme entende a jurisprudência moderna, o recurso cabível é o de apelação, o qual deverá ser recebido apenas no efeito devolutivo. Nesse sentido é o seguinte precedente do S.T.J.:

> 1. É firme a orientação jurisprudencial deste Superior Tribunal de Justiça no sentido de que o recurso de apelação contra sentença que defere a antecipação da tutela deve ser recebido apenas no efeito devolutivo.
>
> 2. Agravo regimental a que se nega provimento.
>
> (AgRg no Ag 1261955/SP, Rel. Ministro RAUL ARAÚJO, QUARTA TURMA, julgado em 17/02/2011, DJe 24/02/2011).

É importante salientar que uma vez julgado pelo Tribunal de Apelação o recurso de agravo de instrumento contra a tutela provisória concedida de forma antecedente ou incidental, não haverá espaço para se levar a questão ao crivo do Superior Tribunal de Justiça.

É que o Superior Tribunal de Justiça não tem conhecido do Recurso Especial interposto contra acórdão proferido em agravo de instrumento interposto contra decisão que avaliou pedido de tutela provisória.

Para que o S.T.J. pudesse analisar recurso especial que tivesse por objeto a concessão ou não de tutela provisória, seria necessário o ingresso na análise dos requisitos normativos para a concessão da aludida tutela, o que demandaria a análise de prova, fato impeditivo da admissibilidade do recurso especial, nos termos Súmula 07 do S.T.J.

Sobre o tema, assim tem se manifestado o S.T.J.:

> *1. A iterativa jurisprudência desta Corte é no sentido de que, para análise dos critérios adotados pela instância ordinária que ensejaram a concessão ou não da liminar ou da antecipação dos efeitos da tutela, é necessário o reexame dos elementos probatórios a fim de aferir a "prova inequívoca que convença da verossimilhança da alegação", nos termos do art. 273 do CPC, o que não é possível em recurso especial, ante o óbice da Súmula 7/STJ.*
>
> *(...).*
>
> *(AgRg no AREsp 490.601/MS, Rel. Ministro HUMBERTO MARTINS, SEGUNDA TURMA, julgado em 15/05/2014, DJe 22/05/2014).*

> *1. O simples ajuizamento de ação revisional, com a alegação da abusividade das cláusulas contratadas, não importa o reconhecimento do direito do contratante à antecipação da tutela, sendo necessário o preenchimento dos requisitos do art. 273 do Código de Processo Civil. Analisar os fundamentos que subsidiaram a decisão tomada em relação à medida de urgência encontra óbice na Súmula 7/STJ, pois requer a apreciação de fatos e provas.*
>
> *2. Para que seja deferido o pedido de manutenção do devedor na posse do bem, é indispensável que ele demonstre a **verossimilhança** das alegações de abusividade das cláusulas contratuais e dos encargos financeiros capazes de elidir a mora, bem como deposite o valor incontroverso da dívida ou preste caução idônea.*
>
> *3. Se não foi reconhecida, na ação revisional em curso, a abusividade dos encargos pactuados para o período da normalidade, é de se entender que os valores depositados pelo recorrente não são suficientes a afastar a mora. Incidência, no ponto, da Súmula 83/STJ.*

ART. 299

4. Agravo regimental não provido.
(AgRg no AREsp 452.055/MS, Rel. Ministro LUIS FELIPE SALOMÃO, QUARTA TURMA, julgado em 03/04/2014, DJe 11/04/2014).

No sistema jurídico italiano, conforme anota Italo Augusto Andolina, *"por constante instrução da Suprema Corte, somente as pronúncias decisórias incidentes sobre direitos subjetivos e ou seu 'status' são impugnáveis por cassação; e decisões são somente as 'ditas' judiciais idôneas ao 'julgado'. Ao contrário, os provimentos provisórios e ou cautelares antecipatórios 'não são' decisórios próprios porque 'auxiliares' em relação ao 'julgado', e a eles correlatos e subordinados, e por este destinados a serem absorvidos"*.[735]

Segundo ainda Italo Augusto Andolina, o projeto assim construído apresenta uma indubitável coerência. Porém, referida coerência vacila, e arrisca de ser perigosa, no momento em que os provimentos (que de início seriam 'auxiliares') se afastam da subordinação (ao menos estruturais) ao julgado e adquirem um mais elevado critério de autonomia. Em particular a *ultratividade* (sempre mais reconhecida aos provimentos de *quibus*), reduz sensivelmente a distância que (até ontem) separava estes provimentos (*lato sensu, provisórios*) das pronúncias decisões em sentido próprio.[736]

Porém, essa preocupação de Italo Augusto Andolina, legítima no sistema processual italiano, não se aplica ao sistema jurídico brasileiro, tendo em vista que a *ultratividade* da tutela provisória de urgência antecipada ou satisfativa somente ocorrerá se a parte contraria deixar justamente de interpor o recurso de agravo de instrumento.

Art. 299

A tutela provisória será requerida ao juízo da causa e, quando antecedente, ao juízo competente para conhecer do pedido principal.

Parágrafo Único. Ressalvada disposição especial, na ação de competência originária de tribunal e nos recursos a tutela provisória será requerida ao órgão jurisdicional competente para apreciar o mérito.

Juízo competente para conhecer do pedido de tutela antecipada

Preceituava o art. 800 do C.P.C. de 1973: *As medidas cautelares serão requeridas ao juiz da causa; e, quando preparatórias, ao juiz competente para conhecer da ação principal.*

---

[735] ANDOLINA, Italo Augusto. Crisi del giudicato e nuovi strumenti alternativi di tutela giurisdizionale – la nuova tutela provvisoria di merito e le garanzie costituzionali del giusto processo. *In: Revista de Processo*, São Paulo, R.T., ano 32, n. 150, agost/2007, p. 75.
[736] ANDOLINA, I. A., idem, p. 76

CÓDIGO DE PROCESSO CIVIL

Parágrafo único. Interposto o recurso, a medida cautelar será requerida diretamente ao tribunal.

Não haverá problema em relação ao pedido de tutela provisória incidental, pois ela sempre será requerida em petição avulsa perante o juízo e no processo em que tramita a causa.

Porém, dúvida poderá surgir quando a tutela provisória antecipada satisfativa ou cautelar for requerida antecedentemente.

A nova sistemática é clara ao estabelecer que haverá apenas um processo com diversos pedidos, ou seja, um pedido antecedente de tutela provisória antecipada satisfativa ou cautelar e um pedido principal.

Assim, o pedido de tutela provisória antecipada satisfativa ou cautelar poderá ser formulado em caráter antecedente ou incidental.

Em relação à tutela provisória antecipada satisfativa, o art. 303 do novo C.P.C. esclarece que a sua formulação antecedente ocorrerá por meio de uma petição inicial, a qual poderá limitar-se ao requerimento da tutela antecipada satisfativa e à indicação do pedido de tutela final, com a exposição sumária da lide, do direito que se busca realizar e do perigo de dano ou do risco ao resultado útil do processo.

Concedida a tutela antecipada satisfativa, nos termos do art. 303, o autor deverá aditar a petição inicial, mediante complementação de sua argumentação, juntada de novos documentos e a confirmação do pedido de tutela final, em quinze dias, ou em outro prazo maior que o juiz fixar (inc. I do §1º do art. 303 do novo C.P.C.).

Não realizado o aditamento acima referido, o processo será extinto sem resolução de mérito (§2º do art. 303 do novo C.P.C.).

O aditamento acima referido dar-se-á nos mesmos autos, sem incidência de novas custas processuais (§3º do art. 303 do novo C.P.C.).

Portanto, em relação à tutela provisória antecipada satisfativa antecedente haverá a apresentação de uma primeira petição, na qual se formulará o pedido antecipatório com breve relato do pedido principal e um *aditamento* da mesma petição inicial para concluir os argumentos em relação ao pedido principal.

Já no que concerne à tutela provisória cautelar, a sistemática mostra-se um pouco diferenciada.

Nos termos do art. 305 do novo C.P.C., o autor deverá formular o pedido de tutela provisória cautelar por meio de petição inicial que terá por fim a prestação da tutela cautelar em caráter antecedente, indicando a lide, seu fundamento e a exposição sumário do direito que se objetiva a assegurar e o perigo de dano ou o risco ao resultado útil do processo.

Efetivada a tutela cautelar, o pedido principal terá de ser formulado pelo autor no prazo de trinta dias.

O pedido principal será apresentado nos mesmos autos em que veiculado o pedido de tutela cautelar, não dependendo do adiantamento de novas custas processuais.

Nada impede que o autor formule o pedido principal conjuntamente com o pedido da tutela provisória cautelar (§1º do art. 308 do novo C.P.C.).

Portanto, em relação à tutela provisória cautelar antecedente haverá, em regra, uma petição inicial em que se formulará o pedido de cautelar e posteriormente uma outra petição em que o autor formulará o pedido principal.

Há, portanto, duas petições independentes, sendo que uma não é o aditamento da outra, conforme se verifica na tutela provisória antecipada satisfativa.

É importante salientar que se a parte formular um pedido de tutela provisória antecipatória satisfativa ou cautelar perante um juízo absolutamente incompetente (em razão da matéria ou da hierarquia), o processo deverá ser remetido, inclusive de ofício, ao juízo competente. Contudo, se o pedido de tutela provisória antecedente for formulado perante um juízo relativamente incompetente (em razão do território, por exemplo), e tal irregularidade de pressuposto processual de validade não for alegada pelo requerido, prorrogar-se-á a competência do juízo para conhecer do pedido principal.

Nos termos do *parágrafo único do art. 299 do novo C.P.C., ressalvada disposição especial, na ação de competência originária de tribunal e nos recursos a tutela provisória será requerida ao órgão jurisdicional competente para apreciar o mérito.*

Assim, se a competência originária para conhecer do pedido principal for dos tribunais de apelação ou dos tribunais superiores, ou, ainda, se já houver recurso contra a sentença proferida em relação à causa principal pelo juízo de primeiro grau, eventual tutela provisória satisfativa ou cautelar deverá ser requerida perante o órgão jurisdicional competente para apreciar o mérito.

O C.P.C. de 1973 abria duas exceções em que estando a causa principal pendente de julgamento em segundo grau, a medida cautelar deveria ser requerida no juízo de primeiro grau. Isso se dava na medida cautelar de alimentos provisionais e na medida cautelar de atentado, segundo prescreviam os arts. 853 e o parágrafo único do art. 880, *in verbis*:

> *Art. 853. Ainda que a causa principal penda de julgamento no tribunal, processar-se-á no primeiro grau de jurisdição o pedido de alimentos provisionais.*

> *Art. 880. (...).*
> *Parágrafo único. A ação de atentado será processada e julgada pelo juiz que conheceu originariamente da causa principal, ainda que esta se encontre no tribunal.*

O novo C.P.C. não prevê qualquer tipo de exceção, razão pela qual as tutelas provisórias antecipadas satisfativa ou cautelar deverão sempre ser requeridas perante o tribunal se se tratar de demanda originária ou porque já houve interposição de recurso contra a sentença de primeiro grau.

A grande questão que se coloca é o hiato que ocorre quando da publicação da sentença e o recebimento e encaminhamento do recurso ao tribunal.

O novo C.P.C. repetiu o princípio de que uma vez publicada a sentença o juiz cumpre e acaba o ofício jurisdicional, conforme prevê o art. 494, incisos I e II:

> Art. 494. Publicada a sentença, o juiz só poderá alterá-la:
> I – para corrigir-lhe, de ofício ou a requerimento da parte, inexatidões materiais ou erros de cálculo;
> II – por meio de embargos de declaração.

Assim, se já houver a publicação da sentença com o recurso recebido, mas ainda não remetido ao Tribunal, eventual pedido de tutela provisória deverá ser formulado perante o Tribunal competente, sendo que o relator que apreciar o pedido tornar-se-á prevento para a análise de eventual recurso.

Contudo, se já houver sido publicada a sentença, mas ainda não tiver sido interposto qualquer recurso perante o Tribunal, é de se manter a competência do juízo do primeiro grau para apreciar eventual pedido de tutela provisória, pois o princípio Constitucional da efetividade da tutela jurisdicional deverá prevalecer sobre a regra processual de competência. Aliás, essa solução é preconizada pelo art. 669 – *quater* do C.P.C. italiano, que assim estabelece:

> "Na pendência dos prazos para propor impugnação, a demanda se propõe perante o juiz que pronunciou a sentença".

TÍTULO II – Da Tutela de Urgência

CAPÍTULO I – Disposições Gerais

Art. 300

A tutela de urgência será concedida quando houver elementos que evidenciem a probabilidade do direito e o perigo de dano ou o risco ao resultado útil do processo.

§ 1º Para a concessão da tutela de urgência, o juiz pode, conforme o caso, exigir caução real ou fidejussória idônea para ressarcir os danos que a outra parte possa vir a sofrer, podendo a caução ser dispensada se parte economicamente hipossuficiente não puder oferecê-la.

§ 2º A tutela de urgência pode ser concedida liminarmente ou após justificação prévia.

§ 3º A tutela de urgência, de natureza antecipada, não será concedida quando houver perigo de irreversibilidade dos efeitos da decisão.

Requisitos para concessão da tutela de urgência

Segundo já assinalava Dinamarco, quando do comentário ao art. 273 do C.P.C. de 1973: *"Daí a legitimidade de recondução das medidas antecipatórias e cautelares a um gênero só, que as engloba, ou a uma categoria próxima, que é a das 'medidas de urgência'. E à moderna ciência processual, avessa a conceitualismos e prioritariamente preocupada com os resultados do processo e do exercício da jurisdição, muito mais relevância tem a descoberta dos elementos comuns que aquelas duas espécies apresentam, do que a metafísica busca dos fatores que as diferenciam. Tal é a postura do Código de Processo Civil italiano, que, na moderníssima versão decorrente das sucessivas alterações por que passou nos anos noventa, encerra a seção destinada aos procedimentos cautelares (arts. 669-bis ss.) com uma norma geral destinada às medidas de urgências atípicas (art. 700), as quais poderão ser, segundo opinião generalizada em doutrina, 'conservativas' ou 'antecipatórias'. Os estudiosos italianos não se preocupam, na exegese de seu art. 700, em distinguir com muita clareza o que é cautelar e o que não é."*[737]

O legislador do novo C.P.C, de certa forma, acolheu a visão de Dinamarco ao dar um mesmo tratamento jurídico processual para a concessão de tutela provisória antecipada satisfativa ou cautelar com fundamento na *urgência*

Uma vez unificadas e sistematizadas pelo novo C.P.C., os requisitos para a concessão de tutelas provisórias antecipadas satisfativas e cautelares, com base na *urgência*, passaram a ser os mesmos.

Conforme ensina Cândido Rangel Dinamarco, citando Francesco Carnelutti, cautelares e antecipatórias são as duas faces de uma mesma moeda, dois irmãos gêmeos ligados por um veio comum que é o empenho em neutralizar os males do *tempo-inimigo*, esse dilapidador de direitos.[738]

---

[737] DINAMARCO, Cândido Rangel. *Nova era do processo civil*. São Paulo: Malheiros, 2003. p. 59 e 60.

[738] DINAMARCO, C. R. idem, p. 49.

Segundo estabelece o art. 300 do novo C.P.C., *a tutela de urgência será concedida quando houver elementos que evidenciem a probabilidade do direito e o perigo de dano ou o risco ao resultado útil do processo.*

Já o art. 276 do projeto originário n. 2046/10 prescrevia que *para a concessão de tutela de urgência, serão exigidos elementos que evidenciem a plausibilidade do direito, bem como a demonstração de risco de dano irreparável ou de difícil reparação.*

Assim, o novo dispositivo, ao unificar a antecipação dos efeitos da tutela principal (satisfativa) e a medida cautelar, também unificou os requisitos para a concessão da tutela de urgência em caráter geral.

Os dois requisitos são: a) *probabilidade ou plausibilidade do direito*; b) *perigo de dano ou risco ao resultado útil do processo.*

O art. 273 do C.P.C. de 1973, referente à antecipação de tutela, condicionava a concessão da tutela antecipada à *existência de prova inequívoca, devendo o juiz se convencer da verossimilhança da alegação formulada.*

Esse requisito de *prova inequívoca* não foi repetido pelo novo C.P.C.

No que concerne à medida cautelar, a sua concessão estava vinculada à demonstração do *fumus boni iuris.*

Agora, o novo C.P.C., unificando os critérios de verossimilhança, plausibilidade e da fumaça do bom direito, utiliza-se da expressão *probabilidade do direito.*

Tendo em vista que a cognição vertical realizada no âmbito da apreciação das tutelas de urgência, sejam elas de natureza satisfativa ou cautelar, é eminentemente *sumária*, a parte não necessita comprovar de plano a inequivocidade do direito material alegado.

O juiz, ao conceder a tutela de urgência (antecipada satisfativa ou cautelar) com base na cognição sumária, nada declara em relação ao direito material, limitando-se a afirmar a probabilidade da existência do direito, de modo que, aprofundada a cognição, nada impede que o juiz assevere que o direito que supôs existir na verdade nunca existiu.

No âmbito da análise do pedido da tutela de urgência, a cognição não tem por função declarar o direito mas apenas uma função de formulação de hipóteses.

A concessão de eventual tutela de urgência fica limitada a um juízo de *plausibilidade ou probabilidade* e não de verdade ou inequivocidade que é pressuposto para a prolação de uma decisão que possa gerar coisa julgada material.

Conforme ensina Piero Calamandrei, *"Por aquilo que se refere à investigação sobre o direito, a cognição cautelar se limita em cada caso a um 'juízo de probabilidade e de verossimilhança'. Declarar a existência do direito é função do procedimento principal; em sede de cautelar basta que a existência do direito pareça verossímil, ou seja, melhor dizendo, basta que, segundo um cálculo de probabilidade, se possa prever que o procedimento principal declarará o direito em sentido favorável àquele que requeira a medida cautelar.*

O êxito dessa cognição sumária sobre a existência do direito tem, portanto, em cada caso, valor não de declaração, mas de hipóteses: se essa hipótese corresponde à realidade se poderá ver somente quando for emanado o procedimento principal. Não existe nunca, no interior do processo cautelar, uma fase ulterior destinada a aprofundar essa investigação provisória sobre o direito a transformar a hipótese em declaração: o caráter hipotético desse julgamento está intimamente radicado na natureza própria do procedimento cautelar e é um aspecto necessário à sua instrumentalidade. O dia em que a existência do direito não for mais uma hipótese, mas uma certeza jurídica, o procedimento cautelar terá esgotado a sua tarefa, porque, quando a sobrevinda declaração principal puder começar a evidenciar os seus efeitos, no mesmo momento não haverá mais necessidade daquela antecipação provisória desses efeitos, que foi executada na espera do procedimento cautelar. Não só, portanto, não existe no processo cautelar uma fase destinada a transformar essa hipótese em declaração, mas a existência de uma tal fase estaria em claro contraste com os objetivos desse processo: o procedimento cautelar é por sua natureza hipotético, e quando a hipótese se resolve na certeza, é sinal de que o procedimento cautelar esgotou sem dúvida sua função.

Seria, portanto, absolutamente errôneo considerar o procedimento principal, pelo que se refere à declaração do direito, como uma convalidação do procedimento cautelar: declarar de modo definitivo a existência do direito quer dizer, em vez de convalidar o procedimento cautelar, declarar cumprido o seu ciclo".[739]

Evidentemente que na atual fase do direito processual civil brasileiro, em tese, não se fala mais em processo cautelar ou em processo principal, mas, sim, em pedido de medida cautelar e pedido principal.

Mas em que pese os pedidos sejam formulados num mesmo processo, continua valendo a afirmação de Piero Calamandrei de que o pedido cautelar é analisado apenas sob a perspectiva de uma hipótese, e que este pedido não se convalida no pedido principal, apesar de o processo ser uno e indivisível.

Nas palavras de Kazuo Watanabe, *"a convicção do juiz, na cognição sumária, apresenta todos esses graus. Dever haver adequação da intensidade do juízo de probabilidade ao momento procedimental da avaliação, à natureza do direito alegado, à espécie dos fatos afirmados, à natureza do provimento a ser concedido, enfim, à especificidade do caso concreto. Em razão da função que cumpre a cognição sumária, mero instrumento para a tutela de um direito, e não para a declaração de sua certeza, o grau máximo de probabilidade é excessivo, inoportuno e inútil ao fim a que se destina".*[740]

---

[739] CALAMANDREI, Piero. *Introdução ao estudo sistemático dos procedimentos cautelares*. Trad. Carla Roberta Andreasi Bassi (traduzido da edição italiana de 1936). Campinas: Servanda, 2000. p. 100 e 101.

[740] WATANABE, Kazuo. *Da cognição no processo civil*. 2. ed. 2. Tiragem. Campinas: Bookseller, 2000. p. 128.

CÓDIGO DE PROCESSO CIVIL

Uma alteração importante trazida pelo novo C.P.C. diz respeito à eliminação da exigência de *prova inequívoca* para a concessão da tutela provisória antecipatória satisfativa fundada na urgência, conforme determinava o revogado art. 273 do C.P.C. de 1973.

Na realidade, se a verossimilhança do direito ou a probabilidade de sua existência fosse amparada em *prova inequívoca,* ou seja, prova que não pudesse ser refutada quando submetida ao contraditório da prova, não se estaria diante de antecipação de tutela satisfativa com base na urgência, mas, sim, de tutela de evidência *secundum eventum probandum.*

Além do mais, nenhuma prova pode ser considerada inequívoca, principalmente se ainda não foi submetida ao crivo do contraditório da prova.

O máximo que se pode afirmar de uma prova, sem o contraditório, é a probabilidade de sua força para demonstrar a verossimilhança dos fatos que dão suporte ao direito alegado.

Além da *probabilidade do direito,* o novo C.P.C. também exige a demonstração do *perigo na demora da prestação da tutela jurisdicional,* para o fim de ser concedida a tutela antecipada satisfativa ou cautelar.

O art. 300 do novo C.P.C. estabelece os remédios processuais aos obstáculos não imputáveis à duração normal do processo, a fim de garantir que a parte não sofra prejuízo ao direito que lhe corresponde.

Na verdade, segundo lição de Andrea Proto Pisani, os primeiros obstáculos surgem da circunstância fática de que não há instantaneidade entre o momento do surgimento do direito, aquele da sua violação e, enfim, aquele do recurso à tutela jurisdicional. Normalmente, o recurso à tutela jurisdicional advém somente após à violação do direito material. Em tal caso, o processo pode impedir que a violação continue, mas não poderá por certo eliminar o fato de que a violação de certa forma já tenha ocorrido. Por isso, no que concerne ao fato de violação já perpetuada, o processo não poderá dar ao titular do direito a própria utilidade que haveria de ter por meio da obrigação jurídica material assumida pelo obrigado, mas somente uma utilidade equivalente, isto é, segundo o nosso ordenamento, o ressarcimento do dano.[741]

Esses obstáculos não são debitados ao processo, mas à conduta das partes que põe em risco direito de outrem, causando a possibilidade de lesão grave e de difícil reparação.

Está-se diante daquilo que a doutrina costumou a denominar de *periculum in mora,* que no caso não está vinculado apenas ao dano marginal que a duração do

---

[741] PISANI, Andrea Proto. *Lezioni di diritto processuale civile.* Terza edizione. Casa Editrice Dott. Eugenio Jovene. Napoli, 1999. p. 630.

ART. 300

processo pode acarretar por si só, mas que depende também de uma conduta concreta, conduta essa que possa causar ao direito da outra lesão grave e de difícil reparação.

Normalmente, diante desse *periculum in mora* decorrente de uma conduta específica da parte, recomenda-se a concessão de medidas urgentes de natureza cautelar ou satisfativa, a fim de que esta medida impeça a consumação do dano eminente.

Por sua vez, os obstáculos ao direito da parte podem também decorrer da própria duração do processo de cognição exauriente, duração essa que poderá ensejar riscos e grave lesão ao resultado útil do processo, não tanto pela conduta da parte contrária, mas por outras circunstâncias fáticas que possam causar dano à efetividade da tutela jurisdicional. Isso significa dizer que durante o tempo necessário para se obter uma sentença executiva *lato sensu* ou sujeita a cumprimento, o autor possa assumir um prejuízo irreparável ou de todo modo grave: dano que pode consistir: *"em um acontecimento repentino de tais fatos que colocam em perigo as concretas possibilidades de atuação da sentença sobre mérito da controvérsia"*.[742]

Neste caso, está-se diante de um *periculum in mora* em decorrência do dano marginal que a duração do processo pode causar ou concorrer à efetividade da tutela jurisdicional, recomendando-se, nestes casos, a concessão, em regra, de tutela antecipada satisfativa ou cautelar em razão da urgência.

Na verdade, a maioria dos ordenamentos jurídicos apresentam mecanismos de intervenção com o fim de neutralizar o prejuízo (irreparável e grave) imposto ao autor pela duração do processo: se trata de uma intervenção necessária para garantir a efetividade do direito de ação e da tutela jurisdicional.

Analisando a tipologia das medidas cautelares, antes da reforma de 2005, afirmara Andrea Proto Pisani: *"Para compreender os diversos conteúdos que os provimentos cautelares podem assumir, necessita-se distinguir duas diversas espécies de 'periculum in mora' que a tutela cautelar pode ser chamada a neutralizar: a) o denominado perigo de 'infrutuosidade' do provimento de cognição plena; b) o denominado perigo de 'demora' do provimento de cognição plena. Se trata de uma distinção magistralmente colocada em evidência por Calamandrei e adotada pela maioria da doutrina que o sucedeu, distinção essa essencial para compreender a tipologia da tutela cautelar.*

Por 'pericolo da infruttuosità', entende-se o perigo que, durante o tempo necessária para o desenvolvimento do processo de cognição plena, e em decorrência da existência de fatos tais, torna impossível ou muito mais difícil a concreta possibilidade de atuação da sentença de cognição plena. Como típico exemplo de 'pericolo da infruttuosità', pense-se no perigo

---

[742] PISANI, A. P., idem, p. 631.

CÓDIGO DE PROCESSO CIVIL

que são neutralizados por cautelares da espécie de sequestro conservativo (atos de disposições jurídicas) ou do sequestro judiciário (atos de disposições materiais e por vezes jurídica).

Escreve Calamandrei: nestes casos o provimento cautelar não tem por fim acelerar a satisfação do direito controvertido, mas somente a prestar, por antecipação, atos que possam permitir a frutuosidade da execução forçada. O que é urgente, em outras palavras, não é a satisfação do direito, mas a asseguração preventiva dos atos necessários para dar eficácia ao provimento principal.

Por 'pericolo da tardività' entende-se o perigo que seja decorrente da mera duração do processo, por protrair no tempo a insatisfação do direito, e, portanto, podendo ser considerado a causa do prejuízo. São exemplos: o pedido provisório em tema de alimentos (art. 446 c.c.,) a ordem de reintegração imediata no posto de trabalho (ex. art. 24 1., n. 990/1990).

Explica Calamandrei: nestes casos o provimento cautelar visa a acelerar a satisfação em via provisória do direito, porque o 'periculum in mora' é constituído não por uma mudança da situação de fato ou de direito sobre o qual deverá incidir a futura sentença de cognição plena, mas, sim, por permanecer no tempo, em razão da mora do processo ordinário, o estado de insatisfação do direito que é objeto de análise no juízo de mérito de cognição plena".[743]

O art. 300 do novo C.P.C., ao fazer referência à demonstração de *risco ao resultado útil do processo* tem por objetivo evitar tanto o *'pericolo da infruttuosità* quanto o *'pericolo da tardività'*

É claro que não basta à parte simplesmente alegar que há *risco ao resultado útil do processo,* mas também deve demonstrar concretamente no que consiste esse *risco.*

Assim, em geral, o novo C.P.C. manteve a exigência que já havia em relação à antecipação dos efeitos da tutela e à concessão de medidas cautelares sob a égide do C.P.C. de 1973, ou seja, o *periculum in mora.*

A demonstração do perigo, especialmente eventual risco de dano irreparável ou de difícil reparação, deverá ser realizada por meio de prova suficiente para firmar a convicção do magistrado.

Esse risco de dano irreparável ou de difícil reparação, diante do novo C.P.C., é genérico e amplo, ao contrário do que estabelecia o C.P.C. de 1973 para determinadas espécies de medidas cautelares.

O legislador do novo C.P.C. não optou por descrever quais hipóteses fáticas poderiam caracterizar o perigo ou eventual dano irreparável, como o fez o legislador do C.P.C. de 1973, por exemplo, com o procedimento do arresto ou do sequestro.

---

[743] PISANI, A. P., idem, p. 640 e 641.

Sem dúvida que a nova sistemática de ampla abertura para a análise do *periculum in mora* atende com mais eficiência a garantia constitucional da efetividade da tutela jurisdicional, ou seja, de que a lei não poderá excluir da apreciação do poder judiciário lesão ou ameaça de lesão a direito, mesmo porque, os fatores de risco ou perigo à prestação da tutela jurisdicional estão mudando diuturnamente com a alteração da própria conjuntura social e econômica da sociedade moderna.

O perigo da demora pode decorrer tanto de dano marginal da mora processual, o que justificaria a concessão de tutela provisória de urgência antecipada satisfativa, quanto eventual dano que pudesse acarretar à efetividade da tutela jurisdicional em razão de atos ou circunstâncias praticadas pelo requerido, o que ensejaria uma tutela provisória de segurança de natureza cautelar.

Assim, em regra, a demonstração de risco de dano irreparável ou de difícil de reparação para as tutelas provisórias de urgência satisfativa está mais relacionada à mora processual em si, enquanto que esse mesmo risco, desta vez provocado por algum ato específico do requerido, em regra, gera fundamento para a concessão de tutela de urgência cautelar. É evidente que a atitude do requerido também poderá ensejar a necessidade de uma tutela de urgência de caráter satisfativo, dependendo do caso em concreto.

Estabelece o *§1º do art. 300* do novo C.P.C. que *para concessão da tutela de urgência, o juiz pode, conforme o caso, exigir caução real ou fidejussória idônea para ressarcir os danos que a outra parte possa vir a sofrer, podendo a caução ser dispensada se parte economicamente hipossuficiente não puder oferecê-la.*

O dispositivo trata da denominada *contracautela* que já era prevista no art. 804 do C.P.C. de 1973, *in verbis*: *"É lícito ao juiz conceder liminarmente ou após justificação prévia a medida cautelar, sem ouvir o réu, quando verificar que este, sendo citado, poderá torná-la ineficaz; caso em que poderá determinar que o requerente preste caução real ou fidejussória de ressarcir os danos que o requerido possa vir a sofrer". (Redação dada pela Lei nº 5.925, de 1º.10.1973).*

As cauções processuais podem ser consideradas tipicamente cautelares, como também podem ser consideradas medidas de garantia sem natureza cautelar.

A contracautela prevista no §1º do art. 300 do novo C.P.C. é simplesmente medida imposta *ex officio* pelo juiz, sem forma nem figura de juízo, ao apreciar o pedido de concessão da medida liminar *inaudita altera par*.

Sobre a *contracautela*, anota Andrea Proto Pisani:

> *"É observação por demais comum que a tutela cautelar (como em geral toda forma de tutela sumária) apresenta um alto grau de periculosidade uma vez que é fundamentada em cognição não exauriente, mas sobre mera probabilidade...*

A consciência dessa intrínseca e ineliminável periculosidade da tutela cautelar fez com que se introduzisse o instituto das cauções: 'o qual, para temperar os inconvenientes que poderiam derivar do erro de previsão, dão ao juiz a possibilidade de determinar em sede cautelar, ao lado da medida disposta para a hipótese de que o provimento principal seja favorável ao requerente, uma contramedida destinada a funcionar no caso em que o provimento principal lhe seja desfavorável. As cauções (atualmente previstas de maneira geral no art. 669-undiceis c.p.c.) constituem um 'provimento contracautela', uma contracautela como cautela do direito ao ressarcimento dos danos pela responsabilidade agravada pelo art. 96, 2º inciso, do c.p.c., que poderá advir ao requerido no caso de inexistência do direito à cautela em razão da qual foi concedida e executada a medida cautelar, por assim dizer, principal...

Por sua vez, o instrumento de caução, coordenado com a responsabilidade agravada pelo art. 96 c.p.c., é idôneo a reestabelecer certa igualdade entre ambas as partes ameaçadas por um perigo de dano, devendo, por um lado, o interesse do requerido lesado pela medida cautelar que no futuro pode revelar-se injustificada tenha por conteúdo e função, pelo menos prevalecente, patrimonial e, por outro lado, o autor que requer a medida cautelar tenha disponibilidade econômica suficiente para prestar a eventual caução. Onde isso não aconteça, a refinada técnica das cauções não será idônea a reestabelecer a igualdade entre ambas as partes ameaçadas por um perigo de dano, seja porque os danos a interesse do requerido ou a função exclusivamente ou prevalentemente não patrimonial não são tutelados de modo adequado na forma do ressarcimento do dano, seja porque a subordinação da eficácia da medida cautelar à prestação de uma caução constituirá um inadmissível perigo à tutela cautelar em favor de sujeitos hipossuficientes.

A verdade é que o instrumento técnico das cauções pode concretamente operar somente onde as medidas cautelares sejam postas à tutela de direitos de conteúdo e função prevalentemente patrimoniais e o sujeito que pede a medida cautelar não seja um sujeito hipossuficiente.

A profunda revolução que se tem assistido nos últimos quarenta anos no setor das medidas cautelares é justamente o fato de que a demanda cautelar: a) é endereçada também à satisfação de exigências de tutela de direitos com conteúdos e ou funções exclusivamente ou prevalentemente não patrimoniais, direitos que muito frequentemente, nas suas situações, são destinados a comprimir interesses não patrimoniais da outra parte; b) é proveniente também de sujeitos hipossuficientes, sujeitos para os quais os direitos de conteúdo patrimonial (pense-se no direito à retribuição salarial) são destinados em concreto à satisfação de interesses não patrimoniais.

Em tais situações (caracterizada pela utilização do direito também em favor de situações de marca não patrimonial e ou por parte de sujeitos hipossuficientes) a periculosidade, ineliminável e intrínseca à técnica da tutela cautelar, resulta exaltada, uma vez que são quantitativamente aumentados os casos em que os efeitos do provimento cautelar o são por natureza irreversíveis porquanto destinados a incidir sobre interesses não patrimoniais ou prevalentemente não patrimoniais da contraparte, ou, porque sendo em abstrato reversíveis, não o são em concreto, porquanto as condições econômicas do destinatário ativo do provimento não consentem concretizar a contracautela de caução".[744]

Diante da periculosidade da concessão de tutelas provisórias satisfativa ou cautelar na esfera jurídica do requerido, alguns afirmam que o juiz deveria interpretar restritivamente os requisitos de admissibilidade das medidas de urgência, e em particular deveria interpretar de modo restritivo aquela verdadeira e própria cláusula geral configurada pela irreparabilidade do prejuízo ou deveria, de todo modo, subordinar a eficácia do provimento à prestação de caução, ainda que esta seja inexigível de quem pede tutela em razão de sua situação econômica.[745]

Para Andréa Proto Pisani, esta perspectiva apresenta-se profundamente equivocada.

Diz o autor italiano que a correta percepção da periculosidade própria da eventual irreversibilidade dos efeitos produzidos pelo provimento cautelar, isto é, da gravidade do prejuízo que um provimento cautelar pode acarretar ao requerido que resulte vitorioso ao término do processo de cognição exauriente, pode e deve influir no juiz, mas de modo radicalmente diverso da proposta ora recordada. Em particular essa deve:

"a) antes de tudo agir no sentido de estimular o juiz a reduzir a sumariedade da cognição a ponto de 'fumus', com o fim de limitar de fato a possibilidade de reversão do entendimento adotado pelo juiz quando do julgamento do processo de cognição exauriente...; b) em segundo lugar, onde seja requerida uma medida cautelar atípica, ou uma medida cautelar na qual o legislador não prescinda de tudo do requisito do 'periculum', o juiz deve avaliar comparativamente o dano que assumiria na eventual falta de concessão do provimento cautelar e o dano que assumiria a contraparte pela sua concessão: conseqüentemente conceder o provimento somente quando o prejuízo do requerente seja quantitativamente e qualitativamente superior ao dano da contraparte".[746]

Diante dessas considerações, o certo é que a prestação de caução exigida pelo juiz deve restringir-se apenas e somente apenas àquelas hipóteses em que,

---

[744] PISANI, A. P., idem, p. 648 e 649.
[745] PISANI, A. P., idem, p. 649.
[746] PISANI, A. P., idem, p. 650.

por falta de outros dados ou circunstâncias probatórias, a avaliação do 'fumus boni iuris' possa gerar na convicção do magistrado dúvida objetiva razoável de uma possível reformulação de sua decisão diante da análise do pedido principal ou definitivo.

A desnecessidade de caução torna-se ainda mais evidente, conforme estabelece a parte final do §1º do art. 300 do novo C.P.C., diante de requerente hipossuficiente.

Por isso, a exata percepção da periculosidade própria da tutela cautelar em geral, e dos provimentos de urgência com efeitos de fato irreversíveis ou de difícil reversibilidade, não pode de modo algum induzir ao juiz a restringir os requisitos de admissibilidade ou a subordinar a sua eficácia à prestação de caução impossível de ser prestada por quem requer a tutela.

Diante de requerente hipossuficiente, não há de ser exigida a caução no caso de dúvida sobre o resultado final da demanda.

A caução exigida pelo art. 300 do novo C.P.C. pode ser real: penhor, hipoteca ou anticrese, ou, ainda, fidejussória ou caução pessoal, como é o caso da fiança.

O valor da caução deve estar vinculada não ao direito ou ao interesse tutelado pela concessão da medida, mas, sim, aos danos que possam advir ao requerido pela efetivação da medida de urgência.

Além da contracautela prevista no §1º do art. 300 do novo C.P.C., o juiz também poderá possibilitar ao requerido, no âmbito das tutelas provisórias de urgência cautelar ou satisfativa, a prestação de caução de *caráter substitutivo*.

A caução substitutiva estava expressamente prevista no parágrafo único do art. 270 do Projeto Originário n. 2.046/10, nos seguintes termos: *a medida de urgência poderá ser substituída, de ofício ou a requerimento de qualquer das partes, pela prestação de caução ou outra garantia menos gravosa para o requerido, sempre que adequada e suficiente para evitar a lesão ou repará-la integralmente.*

A mesma regra normativa era observada no art. 805 do C.P.C. de 1973, que assim estabelecia: *"A medida cautelar poderá ser substituída, de ofício ou a requerimento de qualquer das partes, pela prestação de caução ou outra garantia menos gravosa para o requerido, sempre que adequada e suficiente para evitar a lesão ou repará-la integralmente".*

Há previsão similar no art. 387, item 3, do C.P.C. português: *"3. A providência decretada pode ser substituída por caução adequada, a pedido do requerido, sempre que a caução oferecida, ouvido o requerente, se mostre suficiente para prevenir a lesão ou repará--la integralmente".*

Muito embora não haja previsão expressa no novo C.P.C. sobre a caução substitutiva, essa possibilidade decorre do próprio poder geral de cautela do magistrado, pois ao conceder uma tutela provisória de urgência satisfativa ou cautelar, deverá fazê-lo de forma a causar menor dano possível ao requerido.

Há uma sintonia comum de que a tutela de urgência apresenta um alto grau de periculosidade uma vez que não tem por base uma cognição exauriente, mas meramente sumária (simples probabilidade) Daí porque: *"há possibilidade de que o juízo efetuado a nível de cognição sumária se modifique quando a nível de cognição exauriente e que a execução da medida cautelar (ou do provimento sumário em geral) seja fonte de um dano injusto a cargo do destinatário passivo do provimento de urgência"*.[747]

A consciência dessa intrínseca e não eliminável periculosidade da tutela de urgência há exigido um instituto tendente a minimizar o grau de risco da concessão da tutela de urgência, por meio da introdução em nosso ordenamento jurídico da denominada *caução substitutiva*, a qual permite a substituição da medida de urgência por uma caução. Esse instituto permite que o requerido da tutela de urgência realize a substituição da medida de urgência concedida por uma caução (depósito em dinheiro ou fiança) ou, ainda, outra garantia menos gravosa ao requerido, como, por exemplo, penhor, hipoteca ou anticrese.

A caução substitutiva pode ser requerida tanto pelo requerido como pelo requerente da medida de urgência, inclusive poderá, dependendo da situação fática, ser concedida de ofício pelo juiz da tutela de urgência.

Evidentemente que para a concessão da caução substitutiva haverá necessidade do contraditório e da dialética processual, devendo ser ouvidas todas as partes e os interessados na relação jurídica processual.

A caução substitutiva deve ser suficiente para prevenir ou reparar qualquer lesão ao direito material que será objeto de análise por ocasião da cognição exauriente.

Estabelece o *§2º do art. 300* do novo *C.P.C. que a tutela de urgência pode ser concedida liminarmente ou após justificação prévia.*

A concessão liminar de uma tutela de urgência tem por fundamento o princípio Constitucional de que a lei não poderá excluir do Poder Judiciário lesão ou *ameaça* de lesão a direito.

Assim, se a Constituição determina que o Poder Judiciário resguarde eventual *ameaça* de lesão a direitos, tal determinação deverá logicamente ser acompanhada dos instrumentos processuais adequados para a prestação da tutela jurisdicional.

De nada adianta dizer que o juiz poderá prestar tutela jurisdicional de urgência se não existir a possibilidade instrumental processual de concessão da tutela liminarmente.

---

[747] Pisani, A. P., idem, p. 648.

O juiz, diante de uma tutela de urgência, poderá concedê-la liminarmente, *inaldita altera par*. Poderá, também, concedê-la após *justificação prévia*, ou, ainda, após a oitiva do requerido, caso sejam necessários maiores esclarecimentos sobre o direito e os fatos alegados, e desde que isso não acarrete risco de maiores danos ao requerente da medida requerida.

É importânte salientar que o art. 1.585 do C.c.b., com a redação dada pela Lei n. 13.058, de 22 de dezembro de 2014, preconiza que em sede de medida cautelar de separação de corpos, em sede de medida cautelar de guarda ou em outra sede de fixação liminar de guarda, a decisão sobre guarda de filhos, mesmo que provisória, será proferida preferencialmente após a oitiva de ambas as partes perante o juiz, salvo se a proteção aos interesses dos filhos exigir a concessão de liminar sem a oitiva da outra parte, aplicando-se as disposições do art. 1.584.

Prescreve o *§ 3º do art. 300 do atual C.P.C. que a tutela de urgência, de natureza antecipada, não será concedida quando houver perigo de irreversibilidade dos efeitos da decisão.*

O legislador procurou impedir a concessão de tutela de urgência, de natureza antecipada satisfativa, nas hipóteses em que haja perigo de *irreversibilidade dos efeitos da decisão.*

É evidente que em muitos casos os efeitos materiais da decisão antecipada poderão ser irreversíveis no sentido de restabelecer as partes ao *status quo antes*. É o exemplo da antecipação de tutela satisfativa de urgência para o fim de demolição de um imóvel, ou mesmo para a transmissão de uma partida de futebol.

Porém, o juiz deverá agir com prudência e bom senso diante da interpretação que se deve dar a este dispositivo, pois em muitas situações, apesar de ser impossível rever os efeitos já produzidos pela antecipação da tutela de urgência, a sua concessão será imprescindível para o resguardo dos direitos subjetivos. O juiz deverá sopesar e avaliar os valores que estão em jogo para o fim de concessão ou não de uma tutela de urgência.

O exemplo típico é a concessão de antecipação de tutela satisfativa de urgência para a transmissão de uma partida de futebol de final de copa do mundo.

Pense-se, também, na hipótese de autorização para se realizar um *aborto* no caso de risco de vida para gestante, ou, ainda, a autorização para a realização de uma cirurgia para amputação de algum membro do corpo etc.

Se o juiz autorizar a transmissão, os efeitos do provimento antecipado serão irreversíveis, pois não será mais possível retroagir o tempo para antes da permissão da transmissão.

Porém, mesmo diante deste caráter irreversível do provimento, o juiz não poderá furtar-se de sopesar valores, princípios e probabilidade de existência de direitos para o fim de conceder ou não a medida requerida, pois é princí-

ART. 300

pio constitucional de que *a lei não poderá excluir lesão ou ameaça de lesão a direito*, pouco importante se se trata de provimento irreversível ou não.

A possibilidade de concessão de provimentos de urgência, mesmo de caráter irreversível, já foi reconhecida pelo S.T.J., conforme os seguintes precedentes:

1. O acórdão recorrido constatou a perda do objeto da ação, por considerar que o objetivo dos recorridos havia sido alcançado em 2007, com o cumprimento da decisão que antecipara os efeitos da tutela, tornando imutável a sua situação jurídica.

2. Note-se que, ao contrário do que alega a agravante, não está sendo aplicada a teoria do fato consumado, pois a situação jurídica é irreversível não pelo fato de que perdura a liminar deferida, mas porque a Residência Médica na qual os recorridos ingressaram já foi concluída, ou seja, mesmo que o provimento judicial fosse revertido, não se poderia voltar ao status quo ante.

3. Precedentes: REsp 1.250.522/MS, Rel. Ministro Herman Benjamin, Segunda Turma, julgado em 28/05/2013, DJe 03/06/2013; AgRg no AgRg no REsp 1.192.881/MS, Rel. Ministro Napoleão Nunes Maia Filho, Primeira Turma, DJe 29/03/2012.

Agravo regimental improvido.

(AgRg no REsp 1390358/PE, Rel. Ministro HUMBERTO MARTINS, SEGUNDA TURMA, julgado em 01/10/2013, DJe 09/10/2013).

(...).

3. Admite-se a execução provisória de tutela coletiva. Em relação à prestação de caução, diante da omissão da legislação específica do processo coletivo, aplica-se subsidiariamente as regras do CPC.

Portanto, para o levantamento de quantias, em regra, há necessidade de prestação de caução. Todavia, se presentes concomitantemente os requisitos elencados no art. 475-O, § 2º, I (crédito alimentar, quantia de até sessenta salários, exequente em estado de necessidade), é possível a dispensa de caucionamento. Regra aplicável considerando cada um dos beneficiários, sob pena de tornar menos efetiva a tutela coletiva. O risco de irreversibilidade será maior caso não haja o pagamento da quantia em favor do hipossuficiente.

4. Recurso especial parcialmente conhecido e, nessa parte, desprovido.

(REsp 1318917/BA, Rel. Ministro ANTONIO CARLOS FERREIRA, QUARTA TURMA, julgado em 12/03/2013, DJe 23/04/2013)

I – É possível a antecipação da tutela, ainda que haja perigo de irreversibilidade do provimento, quando o mal irreversível for maior, como ocorre no caso de não pagamento de pensão mensal destinada a custear tratamento médico da vítima de infecção hospitalar, visto que a falta de imediato atendimento médico causar-lhe-ia danos irreparáveis de maior monta do que o patrimonial.

II – Não compromete a validade da decisão, a falta de oitiva da parte a respeito da juntada de documento novo que não teve influência no julgado.

Recurso Especial improvido.

(REsp 801.600/CE, Rel. Ministro SIDNEI BENETI, TERCEIRA TURMA, julgado em 15/12/2009, DJe 18/12/2009)

Outrossim, mesmo que possa ser o provimento de fato irreversível, juridicamente essa irreversibilidade poderá ser contornada pelo pagamento em dinheiro de *perdas e danos*.

É certo que, na medida do possível, o juiz deverá resguardar o núcleo essencial do direito subjetivo do requerido, a fim de que não sejam concedidas medidas de urgência de caráter irreversível. Sobre o tema, eis o seguinte precedente do S.T.J.:

(...).

3. A adoção de entendimento diverso importaria, dessa forma, no desvirtuamento do próprio instituto da antecipação dos efeitos da tutela, haja vista que um dos requisitos legais para sua concessão reside justamente na inexistência de perigo de irreversibilidade, a teor do art. 273, §§ 2º e 4º, do CPC.

4. "O princípio que decorre da vedação estabelecida pelo § 2º do art. 273 vale não apenas para a concessão como também para a execução da medida antecipatória: mesmo quando se tratar de provimento por natureza reversível, o dever de salvaguardar o núcleo essencial do direito fundamental à segurança jurídica do réu impõe que o juiz assegure meios para que a possibilidade de reversão ao status quo ante não seja apenas formal, mas que se mostre efetiva na realidade fática. Não fosse assim, o perigo de dano não teria sido eliminado, mas apenas deslocado, da esfera do autor para a do réu" (ZAVASCKI, Teori Albino. Antecipação da Tutela. 4ª ed., rev.e apl., São Paulo: Saraiva, 2005, pp. 100/101).

5. Embargos de divergência providos para negar provimento ao recurso especial interposto pela parte embargada.

(EREsp 1335962/RS, Rel. Ministro ARNALDO ESTEVES LIMA, PRIMEIRA SEÇÃO, julgado em 26/06/2013, DJe 02/08/2013).

1. Inviável a antecipação da tutela recursal se evidenciada a flagrante irreversibilidade da medida.

2. No caso dos autos, sobressai cristalina a irreversibilidade do provimento exarado – que decreta prematuramente o trânsito em julgado da sentença – pendente, não só o

ART. 300

julgamento do mérito do próprio recurso de agravo de instrumento, mas também da apelação interposta contra a referida sentença.

3. Agravo regimental não provido.

(AgRg no AgRg no REsp 1219044/PI, Rel. Ministro RICARDO VILLAS BÔAS CUEVA, TERCEIRA TURMA, julgado em 14/05/2013, DJe 23/05/2013).

1. O Tribunal de origem entendeu necessária a concessão da tutela antecipada por considerar inequívoca a prova de que os lançamentos tributários efetuados pelo Estado, ora Agravante, em face do agravado não respeitaram o tratamento diferenciado instituído pela Lei Estadual 7.325/98, bem como do justo receio de dano de difícil reparação, pelos prejuízos patrimoniais advindos da exação indevida.

2. Sendo possível verificar, independentemente de aspectos puramente factuais, a compatibilidade da tutela provisória com a ordem jurídica e a séria probabilidade de irreversibilidade do provimento judicial precário, é admissível o conhecimento do Recurso Especial contra decisão proferida no âmbito da tutela de emergência, para o exercício do controle de sua adequação.

(...).

(AgRg no AREsp 202.057/MA, Rel. Ministro NAPOLEÃO NUNES MAIA FILHO, PRIMEIRA TURMA, julgado em 26/02/2013, DJe 08/03/2013).

1. O Tribunal de origem, com base na situação fática do caso, assentou que estão presentes os requisitos a ensejar o afastamento da concessão dos efeitos da tutela, consistente na possibilidade de irreversibilidade da liminar concedida.

2. Insuscetível de revisão, nesta via recursal, do referido entendimento, por demandar reapreciação de matéria fática.

Incidência da Súmula 7/STJ.

Ambos os agravos regimentais improvidos.

(AgRg no AREsp 150.954/GO, Rel. Ministro HUMBERTO MARTINS, SEGUNDA TURMA, julgado em 20/09/2012, DJe 28/09/2012).

1. "Esta Corte, em sintonia com o disposto na Súmula 735 do STF, entende que, via de regra, não é cabível recurso especial para reexaminar decisão que defere ou indefere liminar ou antecipação de tutela, em razão da natureza precária da decisão, sujeita à modificação a qualquer tempo, devendo ser confirmada ou revogada pela sentença de mérito. Apenas violação direta ao dispositivo legal que disciplina o deferimento da medida autorizaria o cabimento do recurso especial, no qual não é possível decidir a respeito da interpretação dos preceitos legais que dizem respeito ao mérito da causa. Precedentes."(AgRg no Ag 658931/ SC, Rel. Ministra Maria Isabel Gallotti, Quarta Turma, julgado em 23/08/2011, DJe

CÓDIGO DE PROCESSO CIVIL

31/08/2011) 2. A antecipação de tutela constitui relevante medida à disposição do magistrado para que propicie amparo jurisdicional, conferindo efetiva proteção ao bem jurídico em litígio, abreviando, ainda que em caráter provisório, os efeitos práticos do provimento definitivo.

Todavia impõe a existência de verossimilhança das alegações e prova inequívoca do direito invocado.

3. No caso, há decisão precedente do Superior Tribunal de Justiça, tomada em feito cautelar, reconhecendo ser plausível que a rescisão contratual discutida foi motivada, além do que a própria decisão impugnada reconhece possível o "encontro de contas", sustentando, ademais, que só cabe recompra de peças se a rescisão for imotivada, motivo pelo qual a revogação da antecipação de tutela se impõe, dada a ausência de seus requisitos legais.

4. Igualmente, o artigo 273, § 2º, do Código de Processo Civil também impõe óbice ao acolhimento do pleito antecipatório- que se funda na afirmação de que a requerida poderá rapidamente alienar a outrem as peças pertencentes à autora-, pois esse entendimento resulta na irreversibilidade da decisão, mesmo em caso de julgamento de improcedência dos pleitos exordiais, porquanto a decisão impugnada afirma que só em caso de rescisão imotivada há obrigação de recompra das mercadorias.

5. Recurso especial provido para revogar a decisão que concedeu a antecipação de tutela.

(REsp 1230240/MT, Rel. Ministro LUIS FELIPE SALOMÃO, QUARTA TURMA, julgado em 07/08/2012, DJe 03/10/2012).

Art. 301

A tutela de urgência de natureza cautelar pode ser efetivada mediante arresto, sequestro, arrolamento de bens, registro de protesto contra alienação de bem e qualquer outra medida idônea para asseguração do direito.

Espécies de medidas cautelares

Muito embora o novo C.P.C. não apresente mais um rol procedimental para cada tipo de medida cautelar, como fazia o Livro III do C.P.C. de 1973, o certo é que a exteriorização da tutela jurisdicional cautelar que ocorre com sua efetivação da medida concedida poderá ter a natureza de arresto, sequestro, arrolamento de bens, registro de protesto contra alienação de bem e qualquer outra medida idônea para asseguração do direito.

Este dispositivo é meramente exemplificativo, pois o juiz, nos termos do art. 297 do atual C.P.C., poderá determinar as medidas que considerar adequadas para efetivação da tutela provisória.

Art. 302

Independentemente da reparação por dano processual, a parte responde pelo prejuízo que a efetivação da tutela de urgência causar à parte adversa, se:

I – a sentença lhe for desfavorável;

II – obtida liminarmente a tutela em caráter antecedente, não fornecer os meios necessários para a citação do requerido no prazo de 5 (cinco) dias;

III – ocorrer a cessação da eficácia da medida em qualquer hipótese legal;

IV – o juiz acolher a alegação de decadência ou prescrição da pretensão do autor.

Parágrafo único. A indenização será liquidada nos autos em que a medida tiver sido concedida, sempre que possível.

Responsabilidade pelos danos causados pela efetivação da tutela

A reparação dos danos causados pela concessão de medida cautelar já era prevista no art. 811 do C.P.C. de 1973 que assim estabelecia:

> *Art. 811. Sem prejuízo do disposto no art. 16, o requerente do procedimento cautelar responde ao requerido pelo prejuízo que lhe causar a execução da medida:*
>
> *I – se a sentença no processo principal lhe for desfavorável;*
>
> *II – se, obtida liminarmente a medida no caso do art. 804 deste Código, não promover a citação do requerido dentro em 5 (cinco) dias;*
>
> *III – se ocorrer a cessação da eficácia da medida, em qualquer dos casos previstos no art. 808, deste Código;*
>
> *IV – se o juiz acolher, no procedimento cautelar, a alegação de decadência ou de prescrição do direito do autor (art. 810).*
>
> *Parágrafo único. A indenização será liquidada nos autos do procedimento cautelar.*

Não obstante a segurança e a garantia de efetividade que conferem as tutelas de urgência, há também um efeito colateral importante para o requerente da medida, pois poderá ser obrigado a indenizar o requerido dos danos processuais e materiais que a efetivação da medida puder ocasionar.

Os danos processuais encontram-se discriminados nos arts. 79 e 80 do novo C.P.C., a saber:

CÓDIGO DE PROCESSO CIVIL

Art. 79. Responde por perdas e danos aquele que litigar de má-fé como autor, réu ou interveniente.

Art. 80. Considera-se litigante de má-fé aquele que:

I – deduzir pretensão ou defesa contra texto expresso de lei ou fato incontroverso;

II – alterar a verdade dos fatos;

III – usar do processo para conseguir objetivo ilegal;

IV – opuser resistência injustificada ao andamento do processo;

V – proceder de modo temerário em qualquer incidente ou ato do processo;

VI – provocar incidente manifestamente infundado;

VII – interpuser recurso com intuito manifestamente protelatório.

Assim, havendo a efetivação da tutela de urgência cautelar ou satisfativa, e sendo a sentença proferida no processo desfavorável ao requerente da medida, deverá ser indenizado o requerido pelos danos que a efetivação da medida lhe causou.

A sentença poderá ser desfavorável, tanto na hipótese de extinção do processo com resolução de mérito, quanto na hipótese de extinção do processo sem resolução de mérito.

II – obtida liminarmente a tutela em caráter antecedente, não fornecer os meios necessários para a citação do requerido no prazo de 5 (cinco) dias

Em se tratando de medida urgente de natureza cautelar ou antecipada satisfativa, poderá o requerente solicitá-la liminarmente incidentalmente ou de forma antecedente. Neste último caso, o requerente deverá promover as medidas necessárias que estão ao seu alcance para a efetivação da citação do requerido no prazo legal.

Se por culpa do requerente não for promovida a citação do requerido no prazo legal, deverá o requerente arcar com os prejuízos causados pela efetivação da tutela urgência.

Evidentemente que se o atraso for por culpa do sistema judiciário ou outra causa que não seja de responsabilidade do requerente, não haverá lugar para a reparação do dano.

Um típico exemplo do não fornecimento dos meios necessários para a citação do requerido é a falta de pagamento das custas processuais ou a não indicação correta do endereço do requerido.

III – ocorrer a cessação da eficácia da medida em qualquer hipótese legal.

As hipóteses de cessão da eficácia da tutela cautelar antecedente, além da prolação de sentença contrária ao requerente, estão discriminadas no art. 309 do novo C.P.C., a saber:

ART. 302

Art. 309. Cessa a eficácia da tutela concedida em caráter antecedente, se:
I – o autor não deduzir o pedido principal no prazo legal;
II – não for efetivada dentro de 30 (trinta) dias;
III – o juiz julgar improcedente o pedido principal formulado pelo autor ou extinguir o processo sem resolução de mérito.
Parágrafo único. Se por qualquer motivo cessar a eficácia da tutela cautelar, é vedado à parte renovar o pedido, salvo sob novo fundamento.

Uma vez concedida e efetivada a tutela cautelar antecedente, o autor deverá deduzir o pedido principal no mesmo processo e no prazo estabelecido em lei. Se não deduzir o pedido no prazo legal, cessará a eficácia da medida cautelar.

Também cessará a eficácia da medida se ela não for efetivada dentro de trinta dias. Essa circunstância, contudo, somente terá aplicação se houver algum tipo de colaboração do requerente ou alguma circunstância fática posterior que impeça a efetivação da medida no prazo estabelecido. Caso contrário, não perderá ela a sua eficácia. Pense-se na hipótese em que o juiz concede liminarmente a medida cautelar de sequestro ou busca e apreensão de criança e adolescente contra pessoa que a detenha injustamente, mas que está se furtando a entregar a criança mediante comportamento de fuga.

Cessará a eficácia da medida se o juiz julgar improcedente o pedido principal formulado pelo autor ou extinguir o processo sem resolução de mérito.

Essa disposição normativa, pelo que tudo indica, faz referência a improcedência do pedido principal.

Assim, se o processo em que for formulado o pedido principal for extinto com ou sem resolução de mérito, a eficácia da medida cessará automaticamente, ensejando a responsabilização do requerente nas perdas e danos decorrentes da efetivação da medida.

IV – o juiz acolher a alegação de decadência ou prescrição da pretensão do autor.

Por fim, o requerente será condenado ao pagamento das perdas e danos na hipótese de o juiz acolher a alegação da decadência ou prescrição da pretensão do autor.

Na verdade, este dispositivo de certa forma está contido no inciso anterior, pois cessa a eficácia da medida se o juiz julgar improcedente o pedido principal.

Portanto, declarando o juiz a decadência do direito ou a prescrição da pretensão, o requerente será condenado ao pagamento das perdas e danos decorrente da efetivação da medida.

O art. 282 do Projeto Originário do Senado Federal, n. 166/10, estabelecia:

Independentemente da reparação por dano processual, o requerente responde ao requerido pelo prejuízo que lhe causar a efetivação da medida se:

1341

CÓDIGO DE PROCESSO CIVIL

(...). *IV – o juiz acolher a alegação de decadência ou da prescrição do direito do autor.*

A nova redação do novo código corrigiu um grave erro terminológico existente no art. 282, inc. IV do projeto originário, pois somente a decadência atinge o direito do autor e não a prescrição. A prescrição, ao contrário, não afeta o direito em si, mas a *pretensão* de exigibilidade desse direito.

Note-se que a responsabilidade pelos danos causados pela efetivação da tutela de urgência é *objetiva*, ou seja, independe da culpa ou dolo do requerente.

Estabelece o *parágrafo único do art. 302* do atual C.P.C. que *a indenização será liquidada nos autos em que a medida tiver sido concedida, sempre que possível.*

Diante deste preceito normativo, não há necessidade de instauração de um processo específico para apuração dos danos, os quais serão apurados no próprio processo em que foi efetivada a medida de urgência, por meio de liquidação por artigos ou por arbitramento.

Porém, se a apuração dos danos for de complexidade extrema, o juiz poderá determinar que a liquidação se faça em processo separado e autônomo.

CAPÍTULO II – Do Procedimento da Tutela Antecipada Requerida em Caráter Antecedente

Art. 303

Nos casos em que a urgência for contemporânea à propositura da ação, a petição inicial pode limitar-se ao requerimento da tutela antecipada e à indicação do pedido de tutela final, com a exposição da lide, do direito que se busca realizar e do perigo de dano ou do risco ao resultado útil do processo.

§ 1º Concedida a tutela antecipada a que se refere o caput deste artigo:

I – o autor deverá aditar a petição inicial, com a complementação de sua argumentação, juntada de novos documentos e a confirmação do pedido de tutela final, em 15 (quinze) dias ou em outro prazo maior que o juiz fixar;

II – o réu será citado e intimado para a audiência de conciliação ou de mediação na forma do art. 334;

III – não havendo autocomposição, o prazo para contestação será contado na forma do art. 335.

§ 2º Não realizado o aditamento a que se refere o inciso I do § 1º deste artigo, o processo será extinto sem resolução do mérito.

§ 3º O aditamento a que se refere o inciso I do § 1º deste artigo dar-se-á nos mesmos autos, sem incidência de novas custas processuais.

§ 4º Na petição inicial a que se refere o 'caput' deste artigo, o autor terá de indicar o valor da causa, que deve levar em consideração o pedido de tutela final.

§ 5º O autor indicará na petição inicial, ainda, que pretende valer-se do benefício previsto no 'caput' deste artigo.

§6º Caso entenda que não há elementos para a concessão da tutela antecipada, o órgão jurisdicional determinará a emenda da petição inicial em até 5 (cinco) dias, sob pena de ser indeferida e de o processo ser extinto sem resolução de mérito.

Requerimento antecedente de tutela de antecipada satisfativa com fundamento na urgência – consequências

Cândido Rangel Dinamarco já teve oportunidade de sustentar, quando da entrada em vigor do art. 273 do C.P.C. de 1973, a possibilidade de requerimento de tutela antecipada antecedente ou preparatória, independentemente da formulação do pedido principal.

Sobre o tema, eis a lição de Cândido Rangel Dinamarco: *"Uma das medidas antecipatórias de uso mais frequente na experiência forense de todo dia, a 'sustação de protesto cambial', só tem utilidade quando concedida imediatamente, considerado que o prazo para a efetivação do protesto é de quarenta-e-oito horas e, se fosse necessário aguardar a instauração do processo principal, a medida seria inócua. Sustações dessa ordem eram concedidas muito antes da Reforma e continuaram a sê-lo depois dela, sempre na crença de que se tratasse de medida cautelar. Basta ver que sustar o protesto não é meio de resguardar o processo mas as pessoas e seu patrimônio, para se ter a percepção de que a natureza dessa medida é outra: na linha do que vem sendo exposto, não é cautelar, mas antecipação de tutela, o provimento que se destina a oferecer, na vida comum das pessoas, aquela situação favorável que elas poderão obter depois, quando o mérito da demanda vier a ser apreciado. Essa observação empírica concorre para demonstrar a admissibilidade da antecipação da tutela em caráter preparatório e não só incidentemente, depois de instaurado e pendente o processo principal. Se o objetivo é impedir que o decurso do tempo corroa a direitos, constitui imperativo da garantia constitucional do acesso à justiça (Const., art. 5º, inc. XXXV) a disposição dos juízes a conceder a antecipação antes ou depois da propositura da demanda principal, sempre que haja necessidade e estejam presentes os requisitos de lei (art. 273,*

CÓDIGO DE PROCESSO CIVIL

'caput' e inc. I). O cumprimento integral dessa garantia exige que, no plano infraconstitu-cional e na prática dos juízos, haja meios suficientes para obter a tutela jurisdicional efetiva e tempestiva; não é efetiva nem tempestiva, e às vezes sequer chega a ser tutela, aquela que vem depois de consumados os fatos temidos ou sem a capacidade de evitar o insuportável acúmulo de prejuízos ou de sofrimentos. Negar sistematicamente a tutela antecipada em caráter antecedente, ou preparatório, é ignorar o art. 8º, inc. I, do Pacto de San José da Costa Rica, portador da severa recomendação de uma tutela jurisdicional ‹dentro do prazo razoável›.[748]

O novo C.P.C. de certa forma adotou a doutrina de Dinamarco ao permi-tir que nos casos em que a urgência seja contemporânea à propositura da demanda, a petição inicial poderá limitar-se ao requerimento da tutela anteci-pada satisfativa.

Portanto, insere-se no nosso ordenamento jurídico a legitimação do pedido inicial exclusivo de antecipação de tutela satisfativa, para num segundo momento formular-se o pedido de natureza principal ou definitivo.

De certa forma, o novo C.P.C. preconiza a existência de *tutela antecipada satisfativa*.

A única exigência que o art. 303 do novo C.P.C. faz é que o requerente da tutela antecipada satisfativa antecedente indique expressamente na petição ini-cial o pedido de tutela final, com a exposição da lide, do direito que se busca realizar e do perigo de dano ou do risco ao resultado útil do processo.

Enquanto a *exposição da lide* diz respeito à causa de pedir que fundamenta o pedido final, o direito a que se busca realizar e o perigo de dano ou do risco ao resultado útil do processo dizem respeito ao *fumus boni iuris* e ao *periculum in mora*.

Preconiza o *§1º do art. 303 do novo C.P.C. que concedida a tutela antecipada a que se refere o 'caput' deste artigo: I – o autor deverá aditar a petição inicial, com a com-plementação da sua argumentação, a juntada de novos documentos e a confirmação do pedido de tutela final, em 15 (quinze) dias, ou em outro prazo maior que o juiz fixar; II – o réu será citado e intimado para a audiência de conciliação ou de mediação na forma do art. 334; III – não havendo autocomposição, o prazo para contestação será contado na forma do art. 335.*

Na hipótese de concessão da *tutela antecipada satisfativa antecedente*, ou seja, a partir do deferimento da liminar requerida *inaudita altera par*, o autor deverá adi-tar a petição inicial com a complementação da sua argumentação, a juntada de

---

[748] DINAMARCO. Cândido Rangel. *Nova era do processo civil*. São Paulo: Malheiros, 2003. ps. 73 e 74.

1344

novos documentos e a confirmação do pedido de tutela final, no prazo de quinze dias, ou em outro prazo maior que o juiz fixar.

O legislador estabeleceu dois cortes na formulação da causa de pedir e do pedido. Um que diz respeito ao pedido de tutela provisória antecipada antecedente satisfativa e outro referente à tutela principal ou final a ser solicitada.

O dispositivo é claro, o aditamento ocorrerá a partir da concessão da tutela e não da sua efetivação.

Quando do aditamento, o autor poderá promover a juntada de novos documentos e a confirmação do pedido de tutela final.

A referência a *novos documentos* não quer dizer *documentos novos*, mas, sim, documentos que digam respeito ao pedido de tutela principal ou final, ainda que existentes no momento do pedido de tutela antecipada satisfativa.

Entendo, também, que o autor poderá indicar novas testemunhas quando do aditamento da petição inicial ou requerer prova pericial para demonstrar e comprovar os argumentos que justificam a concessão do pedido final.

Isso é justificável pelo fato de que, sendo a urgência do pedido de tutela antecipada satisfativa antecedente contemporânea à propositura da demanda, poderá o autor não dispor de tempo suficiente para promover a demanda final com as cautelas exigidas, razão pela qual somente num segundo momento poderá delinear toda sua estratégia jurídica para a postulação do pedido final, inclusive com a indicação de provas.

O aditamento da petição inicial para a confirmação do *pedido de tutela final* deverá ocorrer no prazo de *quinze dias* ou em outro prazo maior que órgão jurisdicional fixar.

O juiz, ao conceder a medida liminar de antecipação de tutela satisfativa, determinará a intimação do autor para que adite a petição inicial no prazo de quinze dias ou outro prazo maior e nunca menor que conceder de acordo com a complexidade da demanda.

Também na mesma decisão que conceder a tutela antecipada satisfativa, deverá o juiz determinar a imediata citação e intimação do réu para a audiência de conciliação ou de mediação na forma do art. 334, que assim dispõe:

> Art. 334. Se a petição inicial preencher os requisitos essenciais e não for o caso de improcedência liminar do pedido, o juiz designará audiência de conciliação ou de mediação com antecedência mínima de 30 (trinta) dias, devendo ser citado o réu com pelo menos 20 (vinte) dias de antecedência.
>
> § 1º O conciliador ou mediador, onde houver, atuará necessariamente na audiência de conciliação ou de mediação, observando o disposto neste Código, bem como as disposições da lei de organização judiciária.

CÓDIGO DE PROCESSO CIVIL

§ 2º Poderá haver mais de uma sessão destinada à conciliação e à mediação, não podendo exceder a 2 (dois) meses da data de realização da primeira sessão, desde que necessárias à composição das partes.

§ 3º A intimação do autor para a audiência será feita na pessoa de seu advogado.

§ 4º A audiência não será realizada:

I – se ambas as partes manifestarem, expressamente, desinteresse na composição consensual;

II – quando não se admitir a autocomposição.

§ 5º O autor deverá indicar, na petição inicial, seu desinteresse na autocomposição, e o réu deverá fazê-lo, por petição, apresentada com 10 (dez) dias de antecedência, contados da data da audiência.

§ 6º Havendo litisconsórcio, o desinteresse na realização da audiência deve ser manifestado por todos os litisconsortes.

§ 7º A audiência de conciliação ou de mediação pode realizar-se por meio eletrônico, nos termos da lei.

§ 8º O não comparecimento injustificado do autor ou do réu à audiência de conciliação é considerado ato atentatório à dignidade da justiça e será sancionado com multa de até dois por cento da vantagem econômica pretendida ou do valor da causa, revertida em favor da União ou do Estado.

§ 9º As partes devem estar acompanhadas por seus advogados ou defensores públicos.

§ 10. A parte poderá constituir representante, por meio de procuração específica, com poderes para negociar e transigir.

§ 11. A autocomposição obtida será reduzida a termo e homologada por sentença.

§ 12. A pauta das audiências de conciliação ou de mediação será organizada de modo a respeitar o intervalo mínimo de 20 (vinte) minutos entre o início de uma e o início da seguinte.

O art. 335, inc. I, do atual C.P.C. preceitua que o réu poderá oferecer contestação, por petição, no prazo de quinze dias, cujo termo inicial será a data da audiência de conciliação ou de mediação, ou da última sessão de conciliação, quando qualquer parte não comparecer ou, comparecendo, não houver composição.

Diante do que dispõe o art. 335, inc. I, do atual C.P.C., a audiência de conciliação ou mediação somente poderá ser realizada após o requerente da tutela de urgência antecipada satisfativa aditar a petição inicial, com a complementação da sua argumentação, pois o réu somente poderá oferecer contestação se houver no processo todas as argumentações que dão sustentação ao pedido de tutela de urgência e ao pedido de tutela final.

ART. 303

Por sua vez, o réu poderá oferecer contestação, por petição, no prazo de quinze dias, cujo termo inicial será a data do protocolo do pedido de cancelamento da audiência de conciliação ou de mediação apresentado pelo réu, quando ocorrer a hipótese do art. 335, inc. II, do atual C.P.C. Porém, também nessa hipótese o início do prazo da contestação dependerá do aditamento da petição inicial.

Por fim, poderá o réu oferecer contestação, por petição, no prazo de quinze dias, cujo termo inicial será a data prevista no art. 231, de acordo com o modo como foi feita a citação, nos demais casos. Estabelece o art. 231 do atual C.P.C.:

Art. 231. Salvo disposição em sentido diverso, considera-se dia do começo do prazo:

I – a data de juntada aos autos do aviso de recebimento, quando a citação ou a intimação for pelo correio;

II – a data de juntada aos autos do mandado cumprido, quando a citação ou a intimação for por oficial de justiça;

III – a data de ocorrência da citação ou da intimação, quando ela se der por ato do escrivão ou do chefe de secretaria;

IV – o dia útil seguinte ao fim da dilação assinada pelo juiz, quando a citação ou a intimação for por edital;

V – o dia útil seguinte à consulta ao teor da citação ou da intimação ou ao término do prazo para que a consulta se dê, quando a citação ou a intimação for eletrônica;

VI – a data de juntada do comunicado de que trata o art. 232 ou, não havendo esse, a data de juntada da carta aos autos de origem devidamente cumprida, quando a citação ou a intimação se realizar em cumprimento de carta;

VII – a data de publicação, quando a intimação se der pelo Diário da Justiça impresso ou eletrônico;

VIII – o dia da carga, quando a intimação se der por meio da retirada dos autos, em carga, do cartório ou da secretaria.

Também na hipótese de contagem do prazo para contestar, nos termos do art. 231 do atual C.P.C., haverá necessidade de que já tenha havido o aditamento da petição inicial.

E isso tem sua razão de ser, pois o réu somente poderá exercer o contraditório com plenitude depois que todos os argumentos a serem articulados pelo autor já estiverem inseridos no processo, especialmente aqueles que advêm com o aditamento da petição inicial.

Estabelece o *§2º do art. 303* do atual C.P.C. que não *realizado o aditamento a que se refere o inciso I do § 1º deste artigo, o processo será extinto sem resolução do mérito.*

CÓDIGO DE PROCESSO CIVIL

Esse dispositivo traz um dever processual importante para o autor que é justamente o *aditamento* da petição inicial.

A necessidade de aditamento da petição inicial decorre de que o pedido de *antecipação de tutela satisfativa* é um pedido, a princípio, delimitado e não completo, razão pela qual não pode prevalecer por si só de forma autônoma.

É certo que o autor poderá logo na petição inicial em que formula o pedido de tutela antecipada satisfativa afirmar e demonstrar a causa de pedir e o pedido final, requerendo a dispensa do aditamento da petição inicial uma vez que conseguiu, não obstante a urgência, formular toda sua pretensão num único momento processual. Não havendo essa possibilidade, o aditamento da petição inicial é de rigor, a fim de que o autor demonstre com maior detalhamento a causa de pedir e o pedido principal ou final a ser formulado.

Se no prazo de quinze dias ou outro maior deferido pelo juiz não for realizado o aditamento da petição inicial, o juiz proferirá de imediato decisão extinguindo o processo sem resolução de mérito, sendo que se a medida antecipada já foi efetivada, responderá o autor por eventuais perdas e danos que porventura possa ter causado ao réu.

Contra essa decisão poderá o autor interpor recurso de apelação.

Estabelece o *§3º do art. 303 do novo C.P.C.* que o *aditamento a que se refere o inciso I do § 1º deste artigo dar-se-á nos mesmos autos, sem incidência de novas custas processuais.*

Esse dispositivo vem reforçar a ideia de que muito embora no atual C.P.C. haja a possibilidade de requerimento e concessão de tutela antecipada satisfativa antecedente, isso não significa dizer que haverá dois processos autônomos e independentes, mas, sim, apenas um processo em que num primeiro momento será formulado o pedido de tutela antecipada satisfativa e no outro momento haverá o aditamento da petição inicial para a formulação em definitivo do pedido principal.

Como se trata de um só processo com dois pedidos, somente haverá o pagamento das custas processuais por ocasião da distribuição da petição inicial originária.

Preceitua o *§4º do art. 303 do novo C.P.C.* que na *petição inicial a que se refere o caput deste artigo, o autor terá de indicar o valor da causa, que deve levar em consideração o pedido de tutela final.*

Muito embora o legislador tenha possibilitado a formulação do pedido final ou principal para um momento posterior ao do requerimento da tutela antecipada satisfativa, o valor da causa deverá ser indicado de forma definitiva quando da propositura da demanda, ou seja, na petição inicial em que o autor formula o pedido de tutela antecipada satisfativa.

ART. 304

O valor da causa indicado pelo autor deverá levar em consideração o pedido de tutela final, daí porque esse valor deverá ser considerado, em tese, como definitivo para o cálculo das custas processuais e demais verbas de sucumbência.

Preconiza o *§5º do art. 303 do novo C.P.C. que o autor indicará na petição inicial, ainda, que pretende valer-se do benefício previsto no 'caput' deste artigo.*

Isso significa dizer que o autor quando formular pedido de tutela antecipada satisfativa deverá na mesma petição inicial informar ao juiz que pretende aditar a petição inicial futuramente no prazo de quinze dias ou outro prazo maior fixado pelo juiz, salvo se o autor expressamente afirmar que na petição inicial já se encontram todos os argumentos necessários para demonstrar a causa de pedir e o pedido final.

Se o autor, ao formular pedido de tutela antecipada satisfativa antecedente, não indicar na petição inicial que pretende valer-se do benefício previsto no *caput* do art. 303 deste código, deverá o juiz determinar a emenda da petição inicial, sob pena de seu indeferimento.

Estabelece o *§6º do art. 303 do novo C.P.C. que caso entenda que não há elementos para a concessão da tutela antecipada, o órgão jurisdicional determinará a emenda da petição inicial, em até 5 (cinco) dias, sob pena de ser indeferida e de o processo ser extinto sem resolução de mérito.*

Formulado pelo autor o pedido de tutela antecipada satisfativa antecedente, poderá o juiz concedê-lo ou não.

Se o juiz entender que não há elementos para a concessão de tutela antecipada, na decisão que indeferir o pedido liminar determinará a emenda da petição inicial, a fim de que o autor indique com precisão a causa de pedir e o pedido final a ser formulado, no prazo de cinco dias.

Se o autor não emendar a petição neste prazo ou não afirmar que todos os elementos já se encontram na petição inicial já protocolizada, o juiz indeferirá a petição inicial e extinguirá o processo sem resolução de mérito.

Contra essa decisão caberá recurso de apelação; porém, nada impede que o autor ingresse novamente com a demanda, inclusive formulando novamente o pedido de tutela antecipada se a urgência persistir.

Art. 304

A tutela antecipada, concedida nos termos do art. 303, torna-se estável se da decisão que a conceder não for interposto o respectivo recurso.

§1º No caso previsto no caput, o processo será extinto.

§2º Qualquer das partes poderá demandar a outra com o intuito de rever, reformar ou invalidar a tutela antecipada estabilizada nos termos do *caput.*

§3º A tutela antecipada conservará seus efeitos enquanto não revista, reformada ou invalidada por decisão de mérito proferida na ação de que trata o §2º.

§ 4º Qualquer das partes poderá requerer o desarquivamento dos autos em que foi concedida a medida, para instruir a petição inicial da ação a que se refere o §2º, prevento o juízo em que a tutela antecipada foi concedida.

§ 5º O direito de rever, reformar ou invalidar a tutela antecipada, previsto no §2º deste artigo, extingue-se após 2 (dois) anos, contados da ciência da decisão que extinguiu o processo, nos termos do §1º.

§6º A decisão que concede a tutela não fará coisa julgada, mas a estabilidade dos respectivos efeitos só será afastada por decisão que a revir, reformar ou invalidar, proferida em ação ajuizada por uma das partes, nos termos do §2º deste artigo.

Estabilidade da tutela antecipada satisfativa

Essa é uma importante inovação preconizada pelo atual C.P.C. com base nos princípios da celeridade processual, da economia processual e da efetividade da tutela jurisdicional.

O legislador transferiu ao réu uma importante responsabilidade, colocando em suas mãos o destino do processo.

Concedida a tutela antecipada, o réu poderá adotar as seguintes previdências: a) citado, interpor recurso de agravo de instrumento contra a decisão concessiva da antecipação de tutela satisfativa; b) citado, não interpor o recurso de agravo de instrumento contra a tutela antecipada.

Se o réu, citado, interpor recurso de agravo de instrumento, poderá responder à demanda no prazo legal que começará a correr após o aditamento da petição inicial.

Porém, se o réu, citado, não interpor o recurso de agravo de instrumento contra a decisão liminar, também não poderá responder à demanda em face do que dispõe o art. 304 do atual C.P.C.

É que a tutela antecipada satisfativa, concedida nos termos do art. 304, tornar-se-á estável se da decisão o réu não interpor recurso de agravo de instrumento.

Esta estabilidade é provisória, pelo menos até que qualquer das partes proponha a demanda prevista no §2º deste artigo ou até que transcorra o prazo decadencial de dois anos estabelecido no §5º deste dispositivo.

Essa sistemática processual também estava prevista no Projeto originário do C.P.C. n. 2.046/10, mas dizia respeito apenas às medidas cautelares antecipadas e não às tutelas antecipadas satisfativa, justamente pelo fato de que no projeto originário não se autorizava a concessão de tutela satisfativa antecedente.

Estabelecia o art. 279 e 280, §1º, do Projeto n. 2.046/10:

> *Art. 279: A petição inicial da medida cautelar requerida em caráter antecedente indicará a lide, seu fundamento e a exposição sumária do direito ameaçado e do receio de lesão.*
>
> *Art. 280: O requerido será citado para, no prazo de cinco dias, contestar o pedido e indicar as provas que pretende produzir.*
>
> *§1º Do mandado de citação constará a advertência de que, não impugnada decisão ou medida liminar eventualmente concedida, esta continuará a produzir efeitos independente da formulação de um pedido principal pelo autor.*

Assim, percebe-se que no projeto originário a falta de impugnação de decisão ou medida liminar concedendo medida cautelar fazia com que a medida cautelar produzisse seus efeitos independentemente da formulação de um pedido principal pelo autor. Nesta hipótese, o processo seria arquivado permanecendo eficaz o efeito da cautelar concedida.

O §1º do art. 280 do Projeto Originário inseria em nosso ordenamento jurídico a teoria da *ultratividade* da medida cautelar concedida liminarmente ou por meio de decisão concessiva da tutela cautelar, mesmo que o autor não formulasse o pedido principal.

Na realidade, se o requerido não se manifestasse sobre a concessão da medida cautelar antecedente ou não contestasse o pedido de cautelaridade, a medida cautelar concedida continuaria a produzir efeito independentemente da formulação do pedido principal pelo autor.

Evidentemente que os efeitos que continuariam a ser produzidos pela medida cautelar concedida seriam apenas de cautelaridade e não de satisfatividade do direito material.

Assim, se fosse concedida uma medida cautelar de arresto, o autor não teria a disponibilidade do bem, muito menos teria o seu eventual crédito satisfeito. Para que o autor obtivesse satisfatividade de seu direito material seria necessário que ingressasse com o pedido principal.

O novo C.P.C., em seu art. 304, optou por uma via diversa, pois somente permitiu a *ultratividade* dos efeitos de tutela de urgência à tutela antecipada satisfativa antecedente, o que parece mais correto, pois somente assim o autor poderá efetivamente usufruir de seu direito, objeto da demanda principal.

Sobre o princípio da *ultratividade* e extinção do processo, anotam Luigi Paolo Comoglio, Corrado Ferri e Michele Taruffo, comentando o art. 186 *bis* do C.P.C. italiano:

> *"Pelo que concerne, pois, à denominada 'ultrattività' (ou ultraefficacia) da 'ordinanza' no caso de extinção do processo, é oportuno trazer `a luz o elemento normativo de maior interesse. Se observa, de fato, ressonância literal entre o art. 186 'bis', inciso 2, e o art. 189, inc.2, das disposições att. do c.p.c., onde é prescrito que a 'ordinanza' ex art. 708, portanto os provimentos temporários e urgentes adotados pelo presidente do tribunal ou pelo juiz instrutor no curso da separação pessoal dos cônjuges (art. 155 c.c.) 'conserva a sua eficácia' executiva também depois da extinção do processo 'até que não seja substituída por outro provimento' in matéria".*[749]

Contudo, como bem anota Comoglio, Ferri e Taruffo, a disciplina de *ultratividade* prevista no *art. 186-bis* do C.P.C. italiano não se confunde com a tutela cautelar, uma vez que, apesar do provimento ultrativo ser *provisório*, não apresenta o caráter de *instrumentalidade*, preservando durante a ultratividade seu caráter de satisfatividade.

Estabelece *§1º do art. 304* do novo C.P.C. que *no caso previsto no caput, o processo será extinto.*

Portanto, se o réu não interpuser recurso de agravo instrumento contra a decisão que conceder a tutela satisfativa antecedente com base na urgência, além de torná-la estável e permitir sua ultratividade, o processo será extinto sem resolução de mérito.

Contra a decisão de extinção do processo não caberá recurso de apelação, pois o réu não terá interesse no recurso em face do que dispõe o *§2º* deste artigo.

Preconiza o *§2º do art. 304* do novo C.P.C. que qualquer *das partes poderá demandar a outra com o intuito de rever, reformar ou invalidar a tutela antecipada estabilizada nos termos do caput.*

Muito embora o *caput* do art. 304 do novo C.P.C. estabeleça a ultratividade e a estabilidade da antecipação de tutela concedida em caráter liminar e de forma

---

[749] COMOGLIO, Luigi Paolo; FERRI, Corrado; TARUFFO, Michele. *Lezioni sul processo civile – il processo ordinário di cognizione.* Bologna: Il Mulino, 2006. p. 502.

ART. 304

antecedente, isso não significa que essa tutela concedida fará coisa julgada material e se tornará imutável.

Na realidade, em que pese o processo originário seja extinto sem julgamento de mérito pelo fato de que o réu não interpôs recurso de agravo contra a decisão concessiva da tutela antecipada, tal extinção não impede que qualquer das partes (autor ou réu) demandem a outra com o intuito de rever, reformar ou invalidar a tutela antecipada satisfativa estabilizada nos termos do art. 304.

Assim, o réu poderá, a qualquer tempo, demandar o autor para rever, reformar ou invalidar a tutela antecipada satisfativa estabilizada.

Nessa nova demanda, a decisão que ali for proferida poderá ensejar a coisa julgada material.

Também o autor poderá apresentar nova demanda para reformar ou dar nova conotação à tutela antecipada concedida em seu favor, ou mesmo para conseguir em definitivo uma decisão com efeito de coisa julgada material.

Preceitua o *§3º do art. 304* do novo C.P.C. que *a tutela a tutela antecipada conservará seus efeitos, enquanto não revista, reformada ou invalidada por decisão de mérito proferida na ação de que trata o §2º.*

Conforme estabelece o *caput* do art. 304 do novo C.P.C., a tutela antecipada satisfativa, concedida nos termos do art. 303, torna-se estável se da decisão que a conceder não for interposto o respectivo recurso. Esta estabilidade permanecerá até que seja proposta a demanda referida no §2º do art. 304 do novo C.P.C.

Portanto, a estabilidade da tutela antecipada satisfativa permanecerá até que seja proferida *decisão de mérito* em definitivo sobre a pretensão principal formulada em demanda autônoma.

Importante salientar que o §2º do art. 304 do novo C.P.C. permite que a demanda em caráter definitivo possa ser ajuizada por qualquer das *partes*.

Porém, este dispositivo pode engessar de forma perigosa a possibilidade de o Poder Judiciário rever tutelas satisfativas de caráter de urgência, especialmente quando haja mudança em relação ao *fumus boni iuris* ou o *periculum in mora*.

Por isso, o certo é permitir que o juiz possa rever ou modificar a tutela satisfativa de urgência logo que for proposta a demanda prevista no §2º do art. 304, antes mesmo da prolação da sentença final.

Preceitua o *§4º do art. 304* do novo C.P.C. *qualquer das partes poderá requerer o desarquivamento dos autos em que foi concedida a medida, para instruir a petição inicial da ação a que se refere o §2º, prevento o juízo em que a tutela antecipada foi concedida.*

Como a demanda em que foi concedida a tutela antecipada satisfativa antecedente está intimamente ligada com a demanda a que se refere o §2º deste dispositivo, poderá, qualquer das partes, requerer o desarquivamento do processo em que fora concedida a tutela antecipada a fim de instruir o processo em que se julgará em definitivo o pedido principal.

O juízo que conheceu do pedido de antecipação de tutela satisfativa torna-se prevento para conhecer da demanda prevista no §2º deste dispositivo, devendo os processos correrem em apenso.

Preceitua o *§5º do art. 304 do novo C.P.C.* que *o direito de rever, reformar ou invalidar a tutela antecipada, previsto no §2º deste artigo, extingue-se após dois anos, contados da ciência da decisão que extinguiu o processo, nos termos do §1º.*

A fim de que a insegurança jurídica em relação à tutela satisfativa concedida de forma antecedente não perdure indefinidamente, o legislador optou em estabelecer um prazo de natureza *decadencial* para que qualquer das partes possa ingressar com a demanda prevista no §2º deste artigo.

Assim, o direito de rever, reformar ou invalidar a tutela antecipada, previsto no §2º deste artigo, extingue-se após dois anos, contados da ciência da decisão que extinguiu o processo, nos termos do §1º deste dispositivo.

O prazo de dois anos deve ser contado da ciência da decisão que determinou a extinção do processo, nos termos do §1º do art. 304 do novo C.P.C.

Se não for proposta a demanda prevista no §2º do art. 304 do novo C.P.C. no prazo de dois anos a contar da ciência da extinção do processo, a estabilidade da tutela antecipada concedida tornar-se-á definitiva, não podendo mais ser objeto de reanálise, nem mesmo de ação rescisória.

Apesar de se estar diante de uma decisão interlocutória, poder-se-á dizer que a tutela estará albergada pela coisa soberanamente julgada.

A grande questão que poderá ensejar essa definitividade da ultratividade dos efeitos da tutela antecipada, diz respeito ao alcance longitudinal desses efeitos no âmbito das relações jurídicas de direito material.

Visualize-se a hipótese de uma demanda de reconhecimento de paternidade cumulada com alimentos. Uma vez concedida a tutela antecipada para o pagamento de alimentos, e não havendo interposição do recurso de agravo de instrumento, o juiz deverá extinguir o processo, nos termos do art. 304 do atual C.P.C. Se não for interposta a demanda prevista no art. 304, §2º, do atual C.P.C., a ultratividade dos efeitos da tutela antecipada tornar-se-á definitiva.

A indagação que se faz é a seguinte: a definitividade da tutela antecipada diz respeito somente à concessão de alimentos ou também ao reconhecimento de paternidade, uma vez que para que o juiz possa deferir a antecipação dos alimentos necessariamente deverá, ainda que com base no *fumus boni iuris*, transitar pelo reconhecimento da paternidade.

Porém, o reconhecimento da paternidade em si diz respeito a uma pretensão de natureza declaratória, a qual, segundo doutrina operante durante a vigência do C.P.C. de 1973, não poderia ser antecipada, juntamente com as pretensões de natureza constitutiva.

Diante disso, será que é possível imaginar uma decisão definitiva de pagamento de alimentos sem que tenha sido reconhecido de forma definitiva a paternidade, inclusive para outros efeitos jurídicos como os direitos de sucessão?

Parece-me que se deve reavaliar essa questão de que não se poderá antecipar tutelas de natureza declaratória ou constitutiva, até para que o sistema possa apresentar uma razoável racionalidade.

Estabelece o §6º do art. 304 do atual C.P.C. que *a decisão que concede a tutela não fará coisa julgada, mas a estabilidade dos respectivos efeitos só será afastada por decisão que a revir, reformar ou invalidar, proferida em ação ajuizada por uma das partes, nos termos do §2º deste artigo.*

Muito embora o *caput* do art. 304 do novo C.P.C. estabeleça a ultratividade e a estabilidade da antecipação de tutela concedida em caráter liminar e de forma antecedente, isso não significa que essa tutela concedida fará coisa julgada material e se tornará imutável.

Na realidade, em que pese o processo originário seja extinto pelo fato de que o réu não interpôs recurso de agravo contra a decisão concessiva da tutela antecipada, tal extinção não impede que qualquer das partes (autor ou réu) demandem a outra com o intuito de rever, reformar ou invalidar a tutela antecipada satisfativa estabilizada nos termos do art. 304.

Assim, o réu poderá, a qualquer tempo, demandar o autor para rever, reformar ou invalidar a tutela antecipada satisfativa estabilizada.

Nessa nova demanda, a decisão que ali for proferida poderá ensejar a coisa julgada material.

Também o autor poderá apresentar nova demanda para reformar ou dar nova conotação à tutela antecipada concedida em seu favor, ou mesmo para conseguir em definitivo uma decisão com efeito de coisa julgada material.

CAPÍTULO III – Do Procedimento da Tutela Cautelar Requerida em Caráter Antecedente

Art. 305

A petição inicial da ação que visa à prestação de tutela cautelar em caráter antecedente indicará a lide e seu fundamento, a exposição sumária do direito que se objetiva assegurar e o perigo de dano ou o risco ao resultado útil do processo.

Parágrafo Único. Caso entenda que o pedido a que se refere o *'caput'* tem natureza antecipada, o juiz observará o disposto no art. 303.

Tutela provisória cautelar em caráter antecedente

O Capítulo III do novo C.P.C. trata do procedimento da tutela provisória cautelar requerida em caráter antecedente.

Isso significa dizer que há dois momentos para se requerer a tutela cautelar com base na urgência: a) antecedente ao pedido principal; b) incidentalmente no processo em que foi formulado o pedido principal.

Contudo, a redação originária do Projeto de Lei do Senado, n. 166/10, gerava certa dúvida sobre a possibilidade de outras medidas de urgência poderem também ser requeridas antecedentemente

O art. 286, em sua redação original constante do projeto de Lei do Senado Federal, n. 166/10, assim estabelecia: *A petição inicial da medida requerida em caráter antecedente indicará a lide, seu fundamento e a exposição sumária do direito ameaçado e do receio de lesão.*

Note-se que na redação originária do art. 286 do projeto n. 166/10, a medida a ser requerida de forma antecedente era de caráter geral, dando a impressão de que a tutela de urgência satisfativa também poderia ser requerida antecedentemente ao pedido principal.

Com a nova redação dada pelo p.u. do art. 294 do novo C.P.C., não há dúvida de que o juiz poderá conceder tanto a tutela cautelar quanto a tutela antecipada satisfativa de forma antecedente.

O Capítulo III do novo C.P.C. trata especificamente do procedimento da tutela cautelar requerida em caráter antecedente.

O Código de 1973, quando mencionava a medida cautelar antecedente, queria dizer que o processo cautelar seria instaurado antes do processo principal.

O novo C.P.C., em face do sincretismo existente entre tutela cautelar e tutela de conhecimento ou de execução, indica que o pedido de tutela cautelar pode ser formulado no mesmo processo em que será introduzido, futuramente, o pedido da tutela principal, isto é, o processo será uno e indivisível.

A demanda cautelar, assim como toda e qualquer demanda, deverá ser instaurada mediante a apresentação de *petição inicial*. Peça escrita na qual pressupostos processuais, condições da ação e elementos da causa devem estar devidamente consignados, bem definidos e corretamente comprovados e fundamentados.

Quanto ao processo de cognição, os requisitos da petição inicial estão disciplinados no art. 319 do novo C.P.C., saber:

Art. 319. A petição inicial indicará:

I – o juízo a que é dirigida;

II – os nomes, os prenomes, o estado civil, a existência de união estável, a profissão, o número de inscrição no Cadastro de Pessoas Físicas ou no Cadastro Nacional da Pessoa Jurídica, o endereço eletrônico, o domicílio e a residência do autor e do réu;

III – o fato e os fundamentos jurídicos do pedido;

IV – o pedido com as suas especificações;

V – o valor da causa;

VI – as provas com que o autor pretende demonstrar a verdade dos fatos alegados;

VII – a opção do autor pela realização ou não de audiência de conciliação ou de mediação.

Já os requisitos da petição inicial do processo cautelar eram regulados pelo C.P.C. de 1973 de modo insatisfatório em seu art. 801, *in verbis*:

Art. 801. O requerente pleiteará a medida cautelar em petição escrita, que indicará:

I – a autoridade judiciária, a que for dirigida;

II – o nome, o estado civil, a profissão e a residência do requerente e do requerido;

III – a lide e seu fundamento;

IV – a exposição sumária do direito ameaçado e o receio da lesão;

V – as provas que serão produzidas.

Parágrafo único. Não se exigirá o requisito do n° III senão quando a medida cautelar for requerida em procedimento preparatório.

O novo diploma legal, de forma ainda mais insatisfatório, aponta como requisito da petição inicial do pedido de tutela cautelar antecedente o disposto no *art. 305* do novo C.P.C. que assim dispõe: *A petição inicial da ação que visa à prestação da tutela cautelar em caráter antecedente indicará a lide e seu fundamento, a exposição sumária do direito que se objetiva assegurar e o perigo de dano ou o risco ao resultado útil do processo.*

Mas, na verdade, seja a inicial peça vestibular de uma demanda de conhecimento, ou de um processo de execução, ou de um pedido cautelar, pouco importa, ela sempre e necessariamente deve explicitar os elementos da causa (sujeitos, causa de pedir e pedido), evidenciar a regularidade dos pressupostos processuais e a existência das condições para análise de mérito.

Por conseguinte, em razão da omissão constante no art. 305 do novo C.P.C., deve este preceito normativo ser suprido pelas prescrições gerais pertinentes ao processo de conhecimento, que operam como diretrizes de ordem geral a todo processo civil.

Tendo em vista que no novo C.P.C. há sincretismo entre o pedido cautelar e o pedido de tutela principal, havendo a unicidade processual, não obstante os pedidos possam ser formulados em momento distintos, os requisitos da petição inicial do pedido cautelar antecedente, além daqueles estabelecidos no art. 305 do novo C.P.C., são também os previstos no art. 319 do novo C.P.C., o qual se aplica de forma supletiva.

Na verdade, o art. 319 do novo C.P.C. serve de complemento aos requisitos da petição inicial da demanda cautelar antecedente.

No caso, deverá ser indicada na petição inicial da demanda cautelar:

a) *a lide e seu fundamento,* ou seja, *a controvérsia* que será objeto de análise da pretensão formulada com base no pedido principal, até para que o juiz, no momento de observar os requisitos da petição inicial do pedido de medida cautelar possa verificar, *in status assertionis,* se a parte requerente tem interesse processual na propositura da demanda cautelar, ou seja, se a medida cautelar apresentará *utilidade, necessidade e adequação.* Justamente por ser um pedido de tutela cautelar antecedente é que se exige do requerente a precisa indicação da *lide e seu fundamento* que serão objeto do pedido principal.

Jurisprudência mais recente tem entendido que em cautelar preparatória, quando não houver indicação da lide e seu fundamento, a inicial poderá ser emendada por determinação do juiz. Nesse sentido é o seguinte precedente do Superior Tribunal de Justiça:

> *Processual civil – medida cautelar preparatória de sequestro – juntada de documentos novos que, no entanto, não influíram no julgamento – ausência de violação ao art. 398 do cpc – omissão do nome da futura ação principal – possibilidade de suprimento da inicial após a contestação quando não alterar o pedido ou a causa de pedir – deferimento de liminar sem justificação prévia e contra cautela – indeferimento de substituição do sequestro por depósito em dinheiro – poder geral de cautela do juiz.*
>
> (...).
>
> (REsp 142.434/ES, Rel. Ministro WALDEMAR ZVEITER, TERCEIRA TURMA, julgado em 03/12/1998, DJ 29/03/1999, p. 163)

b) o art. 305 do novo C.P.C. também estabelece que a petição inicial de uma medida cautelar antecedente deverá indicar *a exposição sumária do direito que se objetiva assegurar* ou seja, o *'fumus boni iuris',* assim como o *perigo de dano ou o risco ao resultado útil do processo,* isto é, o *'periculum in mora'.*

Sabe-se, contudo, que sob a égide do C.P.C. de 1973 havia grande indagação doutrinária e jurisprudencial se o *periculum in mora* e o *fumus boni iuris* constituiriam condições da 'ação' ou se compunham o próprio mérito da demanda cautelar.

Para alguns doutrinadores, RODOLFO C. MANCUSO e PESTANA AGUIAR, o *periculum in mora* e o *fumus boni iuris* seriam condições da ação cautelar, respectivamente, o interesse processual e a possibilidade jurídica do pedido.

GALENO LACERDA, por sua vez, identificara o *periculum in mora* como condição da ação cautelar ("interesse de agir" ou "interesse legítimo") e caracteriza o *fumus boni iuris* como mérito do processo cautelar.

MARCELO DE LIMA GUERRA[750] apresenta trabalho interessante sobre o mérito no processo cautelar, indagando se o *periculum in mora* e *fumus boni iuris* são condições ("específica" ou não) da ação cautelar ou se integram o mérito do processo cautelar. Segundo ele, com base na nossa tradição processual, onde se estabelece a distinção entre condições da ação, pressupostos processuais e mérito, não há como se inserir o *periculum in mora* e o *fumus boni iuris* como condições da ação ou condições especiais do processo cautelar, uma vez que sempre existindo esses requisitos, a decisão será de concessão da medida cautelar solicitada e não apenas o exame do pedido de tutela que através da ação é formulado. Para ele, o *fumus boni iuris* e o *periculum in mora* situam-se no mérito do processo cautelar. Comungam desse entendimento, DONALDO ARMELIN, E. D. MONIZ DE ARAGÃO, MANOEL ANTONIO TEIXEIRA FILHO, CALMON DE PASSOS.

Na realidade, pode-se afirmar que o mérito da demanda cautelar é composto pelo *pedido* e *pela causa de pedir*.

O *pedido* da demanda cautelar, por sua vez, divide-se em pedido *mediato* e pedido *imediato*.

O pedido *mediato* correspondente à *segurança* outorgada pela medida cautelar, isto é, à sua própria *finalidade*.

A *finalidade* da tutela cautelar é justamente garantir a eficácia da prestação que poderá vir a ser outorgada pela tutela jurisdicional satisfativa que será objeto do pedido principal, e, inclusive, algumas vezes, servirá de meio para a manutenção do equilíbrio entre as partes da relação jurídica processual.

O pedido *mediato*, representado pela segurança, nunca se altera.

Já o pedido *imediato* poderá modificar-se dependendo da necessidade da parte requerente, pois o pedido *imediato* corresponde à medida de urgência solicitada na demanda cautelar.

---

[750] GUERRA, Marcelo Lima. Condições da ação e mérito no processo cautelar. *in Revista de Processo*, São Paulo, R.T., n.78, p.191/203. Abril-junho, 1995.

CÓDIGO DE PROCESSO CIVIL

Observa-se diante dessa classificação que o *fumus boni iuris* e o *periculum in mora*, muito embora façam parte do mérito da demanda cautelar, não estão inseridos no pedido *mediato ou imediato*.

Na realidade, o *fumus boni iuris* e o *periculum in mora* são justamente a *causa de pedir* da demanda cautelar.

Em época mais recente, *causa petendi* é *"a locução que indica o fato ou conjunto de fatos que serve para fundamentar a pretensão (processual) do demandante: ex facto oritur ius – o fato gera o direito e impõem e juízo".*[751]

O fato jurídico integra o núcleo central da *causa petendi*.

A doutrina costuma distinguir entre causa de pedir *remota* e *próxima*.

Segundo José Rogério Cruz e Tucci, *"Petrus de Ferrariis, ao que parece, é que teria constatado pela vez primeira a distinção entre causa petendi remota e causa petendi próxima, depois repetida ininterruptamente pelas subsequentes gerações de juristas... Excetuando-se a hipótese de copropriedade, é certo que uma coisa não pode pertencer a mais de uma pessoa ao mesmo tempo, embora tal circunstância não signifique necessariamente que seja do reivindicante. Daí por que – aduz Garrone – o réu de ter conhecimento do título (causa petendi remota) que fundamenta a pretensão reivindicatória do autor".*[752]

É bem verdade que essa divisão de causa de pedir trouxe uma série de polêmicas na dogmática moderna.

Com efeito, *"desejamos apenas salientar que, da interpretação da locução 'fundamento da demanda', constante dos 'Motivos' do ZPO alemão, surgiram duas distintas orientações. De um lado, a denominada 'teoria da individualização', pela qual se entende suficiente, para a fundamentação da demanda, apenas a especificação da relação jurídica (causa petendi próxima) sobre a qual se escuda a pretensão; de outro, a chamada 'teoria da substanciação', segundo a qual a fundamentação da demanda corresponde essencialmente ao conjunto de fatos constitutivos e o fato contrário ao direito (causa petendi remota) que justificam a pretensão do autor contida em sua afirmação".*[753]

Reina na doutrina e na jurisprudência brasileira o reconhecimento da teoria da *substanciação*, isto é, a lei exige mais do que a simples alegação de existir a relação jurídica (teoria da individuação): a parte tem de expor os fatos (da mihi factum).[754]

---

[751] CRUZ E TUCCI, José Rogério. *A causa petendi no processo civil*. 2. Ed. Coleção Estudos de Direito de Processo Enrico Tullio Liebman, vol. 27. São Paulo: Ed. Revista dos Tribunais, 2001. p. 24.

[752] CRUZ E TUCCI, J. R., idem, p. 59.

[753] CRUZ E TUCCI, J. R., idem, ibidem.

[754] CRUZ E TUCCI, J. R., idem, p. 144.

E o art. 305 do novo C.P.C. também demonstra que adotou a teoria da *substanciação*.

Desta feita, a inicial deve expor não somente a *causa próxima* – os fundamentos jurídicos, a natureza do direito controvertido – como também a *causa remota* – o fato constitutivo do direito, em outras palavras, o *fato* (causa remota) e *os fundamentos jurídicos do pedido* (causa próxima).

Segundo anota José Rogério Cruz e Tucci, ao comentar o art. 810, IV, do C.P.C. de 1973 *"Já na órbita do processo cautelar, o art. 801, IV, ministra os elementos formativos do fundamento da demanda, ao reclamar do autor a 'exposição sumária do direito ameaçado e o receio de lesão (causa petendi remota), sendo que o direito de que decorre o efeito jurídico pretendido (causa petendi próxima) será deduzida em consonância com a espécie de medida cautelar aforada".*[755]

A causa de pedir da demanda cautelar está intimamente ligada com a situação de fato que gera o perigo de dano à eficácia de um da tutela a ser prestada num pedido principal.

Assim, por exemplo, no pedido de medida cautelar de arresto, a causa de pedir remota seria a exposição dos fatos que caracterizam risco de ineficácia prática da futura execução, gerando efetivamente perigo na demora da prestação da tutela jurisdicional executiva. Sendo que a causa de pedir próxima seria a indicação sumária do direito a que se visa a assegurar, ou seja, o *fumus boni iuris*.

Portanto, se a parte requerente não comprovar a existência do *periculum in mora* ou do *fumus boni iuris*, o juiz não apenas conhecerá da pretensão cautelar antecedente formulada, mas julgará improcedente o pedido formulado.

Preceitua o *parágrafo único do art. 305 do novo C.P.C. que caso entenda que o pedido a que se refere o 'caput' tem natureza antecipada, o juiz observará o disposto no art. 303".*

Este preceito mantém no nosso ordenamento jurídico, conforme já o fizera o art. 273, §7º do C.P.C. de 1973, o *princípio da fungibilidade* entre o pedido de tutela cautelar e o pedido de tutela antecipada satisfativa.

Se o juiz entender que o pedido de tutela cautelar antecedente fundado na urgência tem, na verdade, natureza de pedido antecedente de tutela antecipada satisfativa, bastará que o juiz observe a fungibilidade e conheça do pedido como tal, aplicando ao caso o disposto no art. 303 do novo C.P.C. que assim dispõe:

A questão que se colocava em relação ao princípio da fungibilidade sob a égide do C.P.C. de 1973 é se a fungibilidade poderia ser concedida diante de *erro grosseiro* e como critério de *mão dupla*.

---

[755] CRUZ E TUCCI, J. R., idem, p. 159.

Entendia-se que não se deveria aplicar o *princípio da fungibilidade* entre tutela cautelar e tutela satisfativa caso a parte requerente comete-se erro grosseiro, especialmente quando requeresse como tutela antecedente uma medida de arresto, sequestro etc ao invés de uma medida cautelar.

Dinamarco, por sua vez, entendia que era possível aplicar o princípio da fungibilidade também como critério de mão dupla, ou seja, quando a parte, ao requerer uma tutela antecipada satisfativa, na verdade tinha por pretensão uma medida cautelar.

O S.T.J. também vinha aplicando a mão dupla em relação ao princípio da fungibilidade, conforme o seguinte precedente:

I – Nos termos do art. 273, § 7º, do CPC, admite-se a fungibilidade entre as medidas cautelares e as antecipatórias da tutela, sendo possível, portanto, o recebimento do pedido cautelar como antecipação da tutela;

II – O entendimento do Tribunal de origem, no sentido de que carece interesse de agir a parte que apresenta medida cautelar com pedido de antecipação de tutela, não se coaduna com a jurisprudência do STJ sobre a matéria;

III – Recurso especial provido.

(REsp 1150334/MG, Rel. Ministro MASSAMI UYEDA, TERCEIRA TURMA, julgado em 19/10/2010, DJe 11/11/2010)

Pelo novo C.P.C não haverá mais espaço para essas indagações.

É que sendo o pedido de tutela cautelar ou o pedido de tutela satisfativa antecedente formulado no mesmo processo em que será formulado o pedido principal, não há mais espaço para se falar em erro grosseiro como critério para se afastar o princípio da fungibilidade.

Outrossim, muito embora o p.u. do art. 305 do novo C.P.C. somente explicite a fungibilidade do pedido de cautelar para o pedido de tutela antecedente satisfativa, o inverso também será possível.

Art. 306

O réu será citado para, no prazo de 5 (cinco) dias, contestar o pedido e indicar as provas que pretende produzir.

Contraditório do réu

O art. 802 do C.P.C. de 1973 prescrevia: *o requerido será citado, qualquer que seja o procedimento cautelar, para, no prazo de 5 (cinco) dias, contestar o pedido, indicando as provas que pretende produzir.*

ART. 306

O novo C.P.C. manteve o mesmo critério, ou seja, formulado o pedido de tutela de cautelar antecedente com base na urgência, o requerido será citado para no prazo de 5 (cinco) dias contestar o pedido, devendo indicar as provas que pretende produzir.

Este dispositivo vem consolidar no âmbito da tutela cautelar o princípio do *contraditório* estabelecido na Constituição Federal, o que significa dizer que o contraditório deve existir em todo o arco do procedimento, seja para que a parte se manifeste sobre o pedido principal, seja para que se manifeste sobre o pedido de tutela de urgência antecedente.

Observa-se, ainda, conforme já teve oportunidade de anotar Ovídio A. Baptista da Silva, que o Código evitou tratar a defesa do demandado como 'resposta do réu', à semelhança do que o fez quando da contestação do pedido principal. É que não cabe no processo cautelar nem reconvenção e nem declaratória incidental, reduzindo-se, portanto, a resposta praticamente apenas à contestação, a não ser, naturalmente, a possibilidade de arguições das exceções processuais, cuja proponibilidade é possível no pedido de tutela cautelar.[756]

O prazo de 5 (cinco) dias para contestar o pedido de concessão de medida liminar cautelar, contava-se, de acordo com o que estabelecia o §2º do art. 280 do Projeto n. 2.046/10, a saber:

> *§2º Conta-se o prazo a partir da juntada aos autos do mandado:*
> *I – de citação devidamente cumprido;*
> *II – da intimação do requerido de haver-se efetivado a medida, quando concedida liminarmente ou após justificação prévia.*

Este dispositivo do projeto repetiu, parcialmente, o que já estabelecia o art. 802, *parágrafo único*, incisos I e II do C.P.C. de 1973:

> *"Art. 802. O requerido será citado, qualquer que seja o procedimento cautelar, para, no prazo de 5 (cinco) dias, contestar o pedido, indicando as provas que pretende produzir.*
> *Parágrafo único. Conta-se o prazo, da juntada aos autos do mandado:*
> *I – de citação devidamente cumprido;*
> *II – da execução da medida cautelar, quando concedida liminarmente ou após justificação prévia".*

---

[756] Baptista da Silva, Ovídio Araújo. *Comentários ao código de processo civil.* Vol. XI – arts. 796--889 – Do processo cautelar. Porto Alegre: Letras Jurídicas Editora Ltda., 1985. p. 189.

CÓDIGO DE PROCESSO CIVIL

Porém, o art. 306 do novo C.P.C. não indicou o momento processual que desencadeia a contagem do prazo de cinco dias para que o requerido conteste o pedido de tutela cautelar.

Assim, o prazo de cinco dias para contestar o pedido de tutela cautelar antecedente é contado da data da juntada aos autos do mandado de citação devidamente cumprido.

O prazo de cinco dias não se conta apenas da juntada do mandado de citação devidamente cumprido, mas também da juntada da carta precatória, carta rogatória, carta de ordem.

Além do mais, de acordo com o que estabelece o art. 246 do novo C.P.C., a citação será feita: I – pelo correio; II – por oficial de justiça; III – pelo escrivão ou chefe de secretaria, se o citando comparecer em cartório; IV – por edital; V – por meio eletrônico, conforme regulado em lei.

É importante salientar que também se aplica à citação do pedido de medida cautelar antecedente o disposto no art. 231 do novo C.P.C., *in verbis*:

> *Art. 231. Salvo disposição em sentido diverso, considera-se dia do começo do prazo:*
>
> *I – a data de juntada aos autos do aviso de recebimento, quando a citação ou a intimação for pelo correio;*
>
> *II – a data de juntada aos autos do mandado cumprido, quando a citação ou a intimação for por oficial de justiça;*
>
> *III – a data de ocorrência da citação ou da intimação, quando ela se der por ato do escrivão ou do chefe de secretaria;*
>
> *IV – o dia útil seguinte ao fim da dilação assinada pelo juiz, quando a citação ou a intimação for por edital;*
>
> *V – o dia útil seguinte à consulta ao teor da citação ou da intimação ou ao término do prazo para que a consulta se dê, quando a citação ou a intimação for eletrônica;*
>
> *VI – a data de juntada do comunicado de que trata o art. 232 ou, não havendo esse, a data de juntada da carta aos autos de origem devidamente cumprida, quando a citação ou a intimação se realizar em cumprimento de carta;*
>
> *VII – a data de publicação, quando a intimação se der pelo Diário da Justiça impresso ou eletrônico;*
>
> *VIII – o dia da carga, quando a intimação se der por meio da retirada dos autos, em carga, do cartório ou da secretaria.*

O §2º, inc. II, do art. 280 do Projeto n. 2.046/10 aduzia que na hipótese de o juiz ter concedida liminarmente ou após justificação prévia a medida cautelar, o prazo de cinco dias para a contestação do pedido contar-se-ia da intimação do requerido de haver-se efetivado a medida.

ART. 306

Comentando o inc. II, parágrafo único, do art. 802 do C.P.C. de 1973, o saudoso Ovídio A. Baptista da Silva fazia a seguinte advertência:

"(...). Nas hipóteses previstas pelo parágrafo único, inciso II, do art. 802, porém, podem surgir graves dificuldades.

Se a liminar foi concedida sem audiência do réu, conta-se o prazo para contestação, diz este preceito, a partir da juntada aos autos do mandado de execução da liminar. Está claro que o legislador subentendeu, aqui, a execução com intimação do demandado, de tal modo que esta ciência haverá de dispensar o ato formal de citação. Sendo assim, nascem os problemas: a) se, como seguidamente acontece, a execução da medida cautelar se dá sem a intimação do réu, como se há de contar o prazo para a defesa? São comuns no foro as liminares, por exemplo de sustação de protesto, que se executam por intimação ao cartório de protesto de títulos para que não o faça. Se tal mandado for juntado aos autos, sem dele haver o réu tomado 'ciência formal', parece evidente que o prazo não poderá ter seu curso iniciado a contar dessa juntada.

Pontes de Miranda (Comentários, 71) entende que o art. 802, parágrafo único, inc. II, firmou-se em presunção de que houve conhecimento do ocorrido com o mandado de execução da medida cautelar.

Se o Código supôs a ciência do demandado, para elevar o mandado de execução à categoria eficacial de citação, então é porque se exige, sempre, a ciência do réu. Esta é a lição de Barbosa Moreira (o novo processo civil brasileiro, II/179) que, com toda razão, afirma que tal dispositivo não torna supérflua a citação que tanto é necessária que o art. 811 atribui ao autor responsabilidade por perdas e danos se, obtida liminarmente a medida cautelar, não promover ele a citação do réu em cinco (5) dias. É idêntica a lição de Galeno Lacerda (Comentários, 327): 'Só prevalece o prazo de cinco dias a contar da data de juntada do mandado executório de liminar, 'se o réu tiver ciência dessa execução, certificada pelo oficial de justiça'; b) (...)".[757]

O projeto originário, atento às críticas de Ovídio A. B. da Silva, Pontes de Miranda, Galeno Lacerda, Barbosa Moreira, corrigiu o dispositivo para expressamente consignar que o requerido deveria ser expressamente intimado da efetivação da medida para que o prazo para contestação pudesse ser contado.

Porém, este dispositivo não foi repetido pelo novo C.P.C.

Diante do princípio da *eventualidade*, o requerido da tutela cautelar deverá indicar na contestação quais serão as provas que pretende produzir, justamente para refutar a existência do *fumus boni iuris* e do *periculum in mora*, ou seja, refutar

---

[757] BAPTISTA DA SILVA, O. A., op. Cit., p. 191 e 192

a existência do direito que se pretende tutelar bem com a ocorrência do perigo de dano ou risco ao resultado útil do processo.

As provas que poderão ser indicadas são todas aquelas que não sejam proibidas pelo ordenamento jurídico, inclusive prova pericial.

É importante salientar que as provas que poderão ser indicadas pelo requerido são aquelas que visam a atacar o *fumus boni iuris* e o *periculum in mora*, sendo-lhe oportunizado em outro momento processual a indicação das provas para contradizer o pedido principal.

Art. 307

Não sendo contestado o pedido, os fatos alegados pelo autor presumir-se-ão aceitos pelo réu como ocorridos, caso em que o juiz decidirá dentro de 5 (cinco) dias.

Parágrafo Único. Contestado o pedido no prazo legal, observar-se-á o procedimento comum.

Falta de contestação e revelia do réu

O *§1º do art. 280* do projeto n. 2.046/10 prescrevia que do *mandado de citação constará a advertência de que, não impugnada decisão ou medida liminar eventualmente concedida, esta continuará a produzir efeitos independentemente da formulação de um pedido principal pelo autor.*

Assim, no projeto originário eventual falta de contestação da concessão da tutela cautelar acarretava a *estabilidade* da medida cautelar que fosse concedida, até que qualquer das partes ingressasse com nova demanda para rediscutir a questão.

Na realidade, nos termos do Projeto n. 2.046/10, se o requerido não se manifestasse sobre a concessão da medida cautelar antecedente ou não contestasse o pedido de cautelaridade, a medida cautelar concedida continuaria a produzir efeito independentemente da formulação do pedido principal pelo autor.

Evidentemente que os efeitos que continuariam a ser produzidos pela medida cautelar concedida seriam apenas os de cautelaridade e não os de satisfatividade do direito material.

Se fosse concedida uma medida cautelar de arresto, o autor não teria a disponibilidade do bem, muito menos teria o seu eventual crédito satisfeito. Para que o autor obtivesse satisfatividade de seu direito material seria necessário que ingressasse com o pedido principal.

Talvez seja por isso que o novo C.P.C., no art. 304, não mais preveja a estabilização da medida cautelar concedida.

O atual C.P.C., nos termos do art. 304, somente prevê a estabilidade para a tutela antecipada satisfativa com fundamento na urgência, quando não houver recurso de agravo contra a sua concessão, e não mais para a tutela antecipada cautelar.

Em relação à tutela cautelar antecipada, o novo C.P.C., diante da não contestação do pedido cautelar, reconhece a ocorrência da revelia, ou seja, a presunção de veracidade dos fatos alegados pelo requerente da medida cautelar, devendo o juiz decidir no prazo de cinco dias.

Não sendo contestado o pedido, segundo preceitua o art. 307 do novo C.P.C., os fatos alegados pelo autor presumir-se-ão aceitos pelo réu como ocorridos, caso em que o juiz decidirá dentro de cinco dias.

Este dispositivo estende os efeitos da revelia também quando não haja contestação ao pedido de medida cautelar antecedente.

Aliás, essa regra já era prevista no art. 803 e *parágrafo único* do C.P.C. de 1973.

Portanto, se não for contestado o pedido de concessão de medida cautelar antecedente no prazo de cinco dias, os fatos alegados pelo requerente presumir-se-ão aceitos pelo requerido como verdadeiros, caso em que o juiz decidirá dentro de cinco dias.

É importante salientar que o novo C.P.C. prevê outras hipóteses em que se aplicam as penas de revelia, como, por exemplo:

Inc. II do §1º do art. 76, *in verbis*:

> *Art. 76. Verificada a incapacidade processual ou a irregularidade da representação da parte, o juiz suspenderá o processo e designará prazo razoável para que seja sanado o vício.*
>
> *§ 1º Descumprida a determinação, caso o processo esteja na instância originária:*
>
> *I – o processo será extinto, se a providência couber ao autor;*
>
> *II – o réu será considerado revel, se a providência lhe couber;*
>
> *III – o terceiro será considerado revel ou excluído do processo, dependendo do polo em que se encontre.*
>
> (...).

Evidentemente que a revelia somente se aplica aos fatos (*periculum in mora*) e não aos fundamentos jurídicos (*fumus boni iuris*).

Além do mais, nos termos do art. 345 do novo C.P.C., a revelia não produzirá os efeitos mencionados no art. 344, se:

Art. 345. A revelia não produz o efeito mencionado no art. 344 se:

I – havendo pluralidade de réus, algum deles contestar a ação;

II – o litígio versar sobre direitos indisponíveis;

III – a petição inicial não estiver acompanhada de instrumento que a lei considere indispensável à prova do ato;

IV – as alegações de fato formuladas pelo autor forem inverossímeis ou estiverem em contradição com prova constante dos autos.

Sobre a questão da revelia no processo cautelar, assim já se pronunciou o S.T.J.:

1. Não obstante seja pacífico que "o rigor excessivo não se coaduna com os princípios da efetividade do processo e da instrumentalidade das formas, além de revelar verdadeira violação aos princípios constitucionais do devido processo legal e do acesso à justiça" (REsp 671.986/RJ, 1ª Turma, Rel. Min. Luiz Fux, DJ de 10.10.2005), a aplicação do princípio da instrumentalidade das formas deve ocorrer de modo prudente, para se evitar que a supressão de algum ato processual possa ensejar violação de princípios maiores, constitucionalmente assegurados.

2. Na hipótese, devido à ausência de mandato na ação cautelar, revela-se inviável considerar-se o comparecimento espontâneo da ré (ora recorrente) àquele processo, em virtude da retirada, pelo advogado, dos autos relativos ao processo principal, mesmo que a estes tenham sido apensados os autos da ação cautelar. Como bem ressalta a recorrente, deve ser considerada como termo inicial, para fins de incidência do art. 214, § 1º, do CPC, a data de juntada do mandato nos autos da ação cautelar, razão pela qual se revela tempestiva a defesa apresentada, sendo descabida a aplicação do instituto da revelia. Ressalte-se que a existência de prejuízo é manifesta, tendo em vista que, decretada a revelia, a demanda cautelar foi julgada procedente.

3. Desse modo, afastado o decreto de revelia, impõe-se a anulação das decisões proferidas no presente feito, com a devolução dos autos às instâncias ordinárias.

4. Recurso especial provido.

(REsp 684.437/DF, Rel. Ministra DENISE ARRUDA, PRIMEIRA TURMA, julgado em 06/09/2007, DJ 15/10/2007, p. 227)

Outro aspecto importante a ser salientado em relação ao art. 307 do novo C.P.C. diz respeito ao fato de que se não for contestado o pedido, o juiz *decidirá* dentro de cinco dias.

Evidentemente que essa decisão é de *caráter interlocutória*, não tendo natureza de sentença, pois está decidindo sobre um pedido antecedente e não pondo fim ao processo com ou sem resolução de mérito.

Agora se esta decisão puser fim ao processo com ou sem resolução de mérito, terá caráter definitivo e será considerada para todos os efeitos legais como *sentença*.

Estabelece o *parágrafo único* do art. 307 do novo C.P.C. que *contestado o pedido no prazo legal, observar-se-á o procedimento comum*.

Já o §1º do art. 281 do Projeto n. 2.046/10 estabelecia que contestado o pedido no prazo legal, *o juiz designaria audiência de instrução e julgamento, caso houvesse prova a ser nela produzida*.

Havendo contestação, não se aplicarão os efeitos da revelia, passando o processo a seguir o rito do procedimento ordinário.

Contudo, uma advertência deve ser feita em relação a este dispositivo, uma vez que não mais existem dois processos distintos, ou seja, um processo cautelar antecedente e um processo principal.

Pelo novo C.P.C., haverá dois pedidos (cautelar antecedente e principal) no mesmo processo, razão pela qual o juiz deverá estar atento a essa significativa modificação procedimental.

Se houver em razão da sumariedade procedimental para análise do pedido de tutela de urgência cautelar antecedente necessidade de imediata designação de audiência de instrução e julgamento, tal fato ensejará a possibilidade de existência de duas audiências com a mesma finalidade, ou seja, uma para a comprovação dos requisitos do pedido cautelar, outra para a produção de prova da pretensão vinculada ao pedido principal.

Porém, se for possível a unificação das audiências para um mesmo momento processual, assim deverá agir o magistrado em homenagem ao princípio da econômica processual.

O §2º do art. 281 do Projeto n. 2.046/10 trazia uma outra hipótese de *ultratividade* da medida cautelar, a saber: *Concedida a medida em caráter liminar e não havendo impugnação, após sua efetivação integral, o juiz extinguirá o processo, conservando a sua eficácia*.

Este §2º do art. 281 seria um complemento ao disposto no §1º do art. 280, justificando o porquê da necessidade de se advertir o requerido da importância de impugnar a medida cautelar que fora concedida liminarmente.

Portanto, concedida a medida em caráter liminar e não havendo impugnação, após sua efetivação integral o juiz *extinguiria o processo*, conservando a sua eficácia.

Evidentemente que não havendo impugnação da medida, o requerido tornar-se-ia revel, motivo pela qual o autor da medida estaria dispensado de ingressar com o pedido principal para que a medida cautelar continuasse a ter eficácia, conforme estabelecia o §1º do art. 280.

CÓDIGO DE PROCESSO CIVIL

O disposto no §2º do art. 281 do Projeto originário n. 2.046/10, determinava a *extinção do processo*, razão pela qual a decisão do juiz neste caso teria *caráter de sentença*, pois iria extinguir o processo com resolução de mérito, uma vez que o requerido, em face de sua revelia, confessou a matéria de fato.

Muito embora extinto o processo, em razão do princípio da *ultratividade*, a eficácia da medida concedida liminarmente continuaria a gerar efeitos, pelo menos até que qualquer das partes propusesse a demanda autônoma principal, nos termos do §4º do art. 282 do Projeto.

Art. 308
Efetivada a tutela cautelar, o pedido principal terá de ser formulado pelo autor no prazo de 30 (trinta) dias, caso em que será apresentado nos mesmo autos em que deduzido o pedido de tutela cautelar, não dependendo do adiantamento de novas custas processuais.

§1º O pedido principal pode ser formulado conjuntamente com o pedido de tutela cautelar.

§2º A causa de pedir poderá ser aditada no momento de formulação do pedido principal.

§3º Apresentado o pedido principal, as partes serão intimadas para a audiência de conciliação ou de mediação, na forma do art. 334, por seus advogados ou pessoalmente, sem necessidade de nova citação do réu.

§4º Não havendo autocomposição, o prazo para contestação será contado na forma do art. 335.

Interposição do pedido principal no prazo de trinta dias
O art. 282 do Projeto originário n. 2.046/10 estabelecia que *o pedido principal deveria ser apresentado pelo requerido no prazo de trinta dias ou em outro prazo que o juiz fixar.*

O art. 289 da redação originária do Projeto de Lei do Senado n. 166/10 estabelecia que impugnada a medida liminar, o pedido principal deveria ser apresentado pelo requerente no *prazo de um mês* ou em outro prazo que o juiz fixar, de acordo com a complexidade da causa. Assim, analisando o juiz o requisito do '*fumus boni iuris*', ou seja, os fundamentos de fato e de direito em relação ao pedido principal, poderia prorrogar o prazo para a propositura do pedido principal para além dos 30 (trinta) dias estabelecidos no art. 282 do Projeto originário do novo C.P.C. Também poderia o juiz reduzir o prazo para a apresentação do pedido principal, caso entendesse que a causa de pedir deste pedido não apresentasse maiores complexidades, bem como que a permanência da eficácia da medida cautelar concedida poderia causar danos irreparáveis ao requerido.

O novo C.P.C. não possibilitou ao juiz fixar outro prazo além daquele estabelecido no próprio art. 308 do novo C.P.C.

Houve uma alteração significante feita pelo novo C.P.C. em relação à redação originária do projeto quanto ao prazo para se apresentar o pedido principal.

Contando-se o prazo em meses, conforme estabelecia o Projeto originário n. 166/10, o prazo terminaria no mesmo dia correspondente ao mês subsequente.

Por sua vez, contando-se o prazo em dias, nos termos do art. 308 do novo C.P.C., aplica-se a regra do art. 219 do novo C.P.C., ou seja, *"na contagem do prazo em dias, estabelecido por lei ou pelo juiz, computar-se-ão somente os úteis".*

Assim, ao contrário da contagem do prazo em meses, se a contagem for em dias, somente serão contados os dias *úteis*.

O art. 806 do C.P.C. de 1973 trazia regra similar à do art. 308 do novo C.P.C., a saber: *Cabe à parte propor a ação, no prazo de 30 (trinta) dias, contados da data da efetivação da medida cautelar, quando esta for concedida em procedimento preparatório.*

O art. 806 do C.P.C. de 1973 estabelecia apenas o prazo de 30 (trinta) dias para que a parte autora propusesse o processo principal, não permitindo que o juiz fixasse outro prazo.

Outro aspecto importante a ser salientado é que o art. 806 do C.P.C. de 1973 estabelecia que o prazo de 30 (trinta) dias contava-se da data da efetivação da medida cautelar.

Quanto ao momento da efetivação da medida cautelar para fins de desencadear o prazo de 30 (trinta) dias para a propositura do processo principal, a doutrina matinha certa divergência, ora afirmando que seria: da intimação da decisão, do cumprimento do mandado pelo oficial de justiça, da juntada do mandado cumprido.

Desde logo foi afastada a primeira alternativa.

O C.P.C. de 1973 exigia mais que a notificação, ou seja, exigia a *efetivação* da medida, e esta, é claro, não se tornaria efetiva pela simples intimação da decisão concessiva da medida cautelar.

Segundo Galeno Lacerda, também seria inviável computar o prazo a partir da data do cumprimento do mandado pelo oficial de justiça, pois se exigia a ciência por parte do requerente de que houve efetiva concretização da medida.

Apesar das dúvidas jurisprudenciais a respeito do tema, a solução doutrinária parecia simples: tudo dependeria do fato, ou não, da ciência da efetivação da medida antes da juntada do mandado.

CÓDIGO DE PROCESSO CIVIL

Se o requerente soubesse do cumprimento do mandado porque pagou, p.ex., as custas ao oficial de justiça depois daquele ato, o prazo correria a partir da respectiva juntada, termo que "processualizava" a medida no feito cautelar. Se esse pagamento não se realizou porque o interessado usufruía, p. ex., da justiça gratuita ou porque antecipado o pagamento das custas (nas precatórias, p.ex.) ou por qualquer outro motivo, a fluência do prazo correria não da data da juntada, mas da intimação a *posteriori*.

O S.T.J., por sua vez, pacificou entendimento diverso dessa corrente doutrinária, afirmando que existindo restrição ao direito do requerido em face da efetivação da medida cautelar, desde o primeiro ato de efetiva restrição conta-se o prazo para se propor a ação principal, não importando que a medida compreenda outros atos, efetuados em dias subsequentes. É relevante, para fluência do prazo, o momento em que efetivada a medida e não aquele em que se juntou aos autos o mandado de intimação. Nesse sentido eis o seguinte precedente:

> 1. *Interpretando o artigo 806 do CPC o prazo de trinta dias para o ajuizamento da ação principal é contado a partir da data da efetivação da medida liminar e não da sua ciência ao requerente da cautelar.*
> 2. *Em caso de descumprimento do prazo, ocorre a extinção da Ação Cautelar, sem julgamento de mérito. Precedentes.*
> 3. *Agravo regimental não provido.*
> (*AgRg no Ag 1319930/SP, Rel. Ministro MAURO CAMPBELL MARQUES, SEGUNDA TURMA, julgado em 07/12/2010, DJe 03/02/2011*)

O art. 308 do novo C.P.C. manteve o entendimento do S.T.J., pois o pedido principal terá de ser formulado pelo autor no prazo de trinta dias contado da efetivação da medida cautelar e não da juntada aos autos da intimação dessa efetivação.

Já o art. 282 do Projeto originário n. 2.046/10, ao estabelecer que o pedido principal deveria ser apresentado pelo requerido no prazo de trinta dias ou em outro prazo que o juiz fixasse, implicava na afirmação de que o prazo de trinta dias ou outro que o juiz fixasse somente começaria a correr após a devida intimação do requerente da medida cautelar antecedente para promover a interposição do pedido principal, e não mais da simples efetivação da medida.

Essa conclusão decorreria do fato de que o requerente da medida cautelar somente estaria obrigado a oferecer o pedido principal no mesmo processo caso o requerido ingressasse com impugnação da medida, impugnação essa que deveria ser levada ao conhecimento do requerente.

ART. 308

Tendo em vista que a efetivação da medida cautelar muitas vezes restringe interesses do réu, na contagem do prazo de trinta dias deve levar em consideração o primeiro dia da restrição.

O art. 308 do novo C.P.C. estabelece ainda que o *pedido principal será apresentado nos mesmos autos em que deduzido o pedido de tutela cautelar, não dependendo do adiantamento de novas custas processuais.*

Essa determinação normativa confirma a existência no novo C.P.C. do sincretismo entre tutela cautelar e tutela de conhecimento ou de execução, razão pela qual não haverá mais dois processos autônomos e distintos, mas apenas um processo com a formulação de dois pedidos distintos, ou seja, um pedido de medida urgência de cautelar antecedente e um pedido principal.

Sendo apenas um processo com simultâneos pedidos, não haverá necessidade de novo pagamento de custas processuais pela formulação do pedido principal.

Estabelece o *§1º do art. 308* do novo C.P.C. que *o pedido principal pode ser formulado conjuntamente com o pedido de tutela cautelar.*

O legislador permitiu que o requerente formule apenas o pedido de tutela cautelar em razão da grave urgência na formulação do pedido, para que depois, em momento oportuno, seja apresentado o pedido principal.

Porém, nada impede que na petição inicial a parte requerente formule ao mesmo tempo o pedido cautelar e o pedido principal.

Note-se que o legislador permitiu que os dois pedidos sejam formulados conjuntamente, porém deverá obrigatoriamente o requerente, ao formular os pedidos conjuntamente, indicar em relação a cada pedido a causa de pedir próxima e remota.

Por sua vez, preconiza o *§2º do art. 308* do novo C.P.C. que *a causa de pedir poderá ser aditada no momento de formulação do pedido principal.*

Se o requerente da medida cautelar antecedente optar por não formular o pedido principal conjuntamente, deverá aditar a *causa de pedir* da pretensão principal por ocasião da formulação do pedido principal, uma vez que, em tese, no processo apenas há descrição da causa de pedir da tutela cautelar.

Estabelece o *§3º do art. 308* do novo C.P.C. que *apresentado o pedido principal, as partes serão intimadas para a audiência de conciliação ou de mediação, na forma do art. 334, por seus advogados ou pessoalmente, sem necessidade de nova citação do réu.*

Se a parte autora formular o pedido principal no prazo de trinta dias após a efetivação da tutela cautelar, o juiz designará audiência de conciliação ou de mediação, nos termos do art. 334 do novo C.P.C., que assim dispõe:

> *Art. 334. Se a petição inicial preencher os requisitos essenciais e não for o caso de improcedência liminar do pedido, o juiz designará audiência de conciliação ou de*

1373

mediação com antecedência mínima de 30 (trinta) dias, devendo ser citado o réu com pelo menos 20 (vinte) dias de antecedência.

§ 1º O conciliador ou mediador, onde houver, atuará necessariamente na audiência de conciliação ou de mediação, observando o disposto neste Código, bem como as disposições da lei de organização judiciária.

§ 2º Poderá haver mais de uma sessão destinada à conciliação e à mediação, não podendo exceder a 2 (dois) meses da data de realização da primeira sessão, desde que necessárias à composição das partes.

§ 3º A intimação do autor para a audiência será feita na pessoa de seu advogado.

§ 4º A audiência não será realizada:

I – se ambas as partes manifestarem, expressamente, desinteresse na composição consensual;

II – quando não se admitir a autocomposição.

§ 5º O autor deverá indicar, na petição inicial, seu desinteresse na autocomposição, e o réu deverá fazê-lo, por petição, apresentada com 10 (dez) dias de antecedência, contados da data da audiência.

§ 6º Havendo litisconsórcio, o desinteresse na realização da audiência deve ser manifestado por todos os litisconsortes.

§ 7º A audiência de conciliação ou de mediação pode realizar-se por meio eletrônico, nos termos da lei.

§ 8º O não comparecimento injustificado do autor ou do réu à audiência de conciliação é considerado ato atentatório à dignidade da justiça e será sancionado com multa de até dois por cento da vantagem econômica pretendida ou do valor da causa, revertida em favor da União ou do Estado.

§ 9º As partes devem estar acompanhadas por seus advogados ou defensores públicos.

§ 10. A parte poderá constituir representante, por meio de procuração específica, com poderes para negociar e transigir.

§ 11. A autocomposição obtida será reduzida a termo e homologada por sentença.

§ 12. A pauta das audiências de conciliação ou de mediação será organizada de modo a respeitar o intervalo mínimo de 20 (vinte) minutos entre o início de uma e o início da seguinte.

Se o requerido já se encontrar representado no processo, a sua intimação dar-se-á na pessoa de seu advogado para o comparecimento na audiência de conciliação ou mediação, caso contrário sua intimação deverá ser pessoal.

Como o requerido já foi citado para contestar a medida cautelar que fora concedida anteriormente, não haverá mais necessidade de sua citação para comparecimento na audiência de conciliação ou mediação.

ART. 308

Também o autor será intimado para comparecer à audiência de conciliação ou mediação na pessoa de seu advogado.

Na audiência de conciliação ou mediação, as partes devem ser acompanhadas por seus advogados ou por defensores públicos, podendo a parte constituir representante devidamente credenciado, com poder para transigir.

Porém, o juiz não designará a audiência de conciliação ou mediação se: I – se ambas as partes manifestarem, expressamente, desinteresse na composição consensual; II – no processo em que não se admita a autocomposição.

Estabelece o *§4º do art. 308* do novo C.P.C. que *não havendo autocomposição, o prazo para a contestação será contado na forma do art. 335*

Estabelece o art. 335 do novo C.P.C.:

Art. 335. O réu poderá oferecer contestação, por petição, no prazo de 15 (quinze) dias, cujo termo inicial será a data:

I – da audiência de conciliação ou de mediação, ou da última sessão de conciliação, quando qualquer parte não comparecer ou, comparecendo, não houver autocomposição;

II – do protocolo do pedido de cancelamento da audiência de conciliação ou de mediação apresentado pelo réu, quando ocorrer a hipótese do art. 334, § 4º, inciso I;

III – prevista no art. 231, de acordo com o modo como foi feita a citação, nos demais casos.

§ 1º No caso de litisconsórcio passivo, ocorrendo a hipótese do art. 334, § 6º, o termo inicial previsto no inciso II será, para cada um dos réus, a data de apresentação de seu respectivo pedido de cancelamento da audiência.

§ 2º Quando ocorrer a hipótese do art. 334, § 4º, inciso II, havendo litisconsórcio passivo e o autor desistir da ação em relação a réu ainda não citado, o prazo para resposta correrá da data de intimação da decisão que homologar a desistência.

Dentro da consagração do princípio do contraditório que deve nortear todo arco do procedimento e da relação jurídica processual, não seria concebível que o autor formulasse o pedido principal de tutela satisfativa sem que fosse oportunizado ao réu falar sobre esse novo pedido e esse novo objeto litigioso.

Contudo, como o réu já foi citado para contestar o pedido formulado a título de medida cautelar antecedente, não haverá necessidade de nova citação, bastando para tanto apenas a sua intimação pessoal, se for o caso, ou a sua intimação por meio de advogado constituído para comparecer à audiência de conciliação.

Evidentemente que se o réu não contestar o pedido de natureza satisfativa, salvo em se tratando de processo de execução, sofrerá as penas da revelia, nas hipóteses legais.

CÓDIGO DE PROCESSO CIVIL

É importante salientar que mesmo tendo sido declarado o requerido revel por não impugnar o pedido de medida cautelar antecedente, tal efeito, em face do princípio do Contraditório, não se estende ao pedido principal, o qual de certa forma desencadeia no mesmo processo uma nova demanda, com uma nova causa de pedir e um novo pedido.

Daí porque a revelia, em relação à medida cautelar, ficará restrita apenas a este procedimento, pois a confissão de fato somente ficará circunscrita aos requisitos exigidos para a concessão da medida cautelar. Nesse sentido já me manifestei em outra oportunidade, comentando o art. 803 do C.P.C. de 1973:

> *"A revelia também poderá ser reconhecida no processo cautelar, conforme previsão expressa do art. 803 do CPC, in verbis: 'Não sendo contestado o pedido, presumir-se-ão aceitos pelo requerido, como verdadeiros, os fatos alegados pelo requerente (arts. 285 e 319); caso em que o juiz decidirá dentro em (5) dias'.*
>
> *Ressalte-se, contudo, que o efeito da revelia desencadeado no processo cautelar diz respeito apenas à matéria de fato delimitada no âmbito da tutela preventiva, não contaminando o processo principal a ser proposto ou já em andamento..."*.[758]
>
> *Outrossim, "a contestação apresentada ao pedido cautelar envolvendo fatos conexos aos que serão articulados no processo principal impede a decretação dos efeitos da revelia no processo principal, quando ausente, neste, a resposta ao pedido".*[759]

Nesse sentido já se manifestou o antigo Tribunal de Alçada Cível de São Paulo, na Ap n. 630390-0, rel. Juiz Antonio Rigolin, in RT, vol. 744, p. 238, *in verbis*:

> *"A revelia só pode ensejar a consequência da presunção de veracidade dos fatos afirmados na inicial na hipótese de inexistir no contexto dos autos qualquer indicação em contrário, assim, inocorre tal efeito, quando houve contestação na ação cautelar cuja matéria abrange, também, as questões atinentes à ação principal".*

Art. 309

Cessa a eficácia da tutela concedida em caráter antecedente, se:

I – o autor não deduzir o pedido principal no prazo legal;

---

[758] SOUZA, Artur César. *Contraditório e revelia – perspectiva crítica dos efeitos da revelia em face da natureza dialética do processo*. São Paulo: Editora Revista dos Tribunais, 2003. p. 217.
[759] SOUZA, A. C., idem, p. 217.

II – não for efetivada dentro de 30 (trinta) dias;

III – o juiz julgar improcedente o pedido principal formulado pelo autor ou extinguir o processo sem resolução de mérito.

Parágrafo Único. Se por qualquer motivo cessar a eficácia da tutela cautelar, é vedado à parte renovar o pedido, salvo sob novo fundamento.

Cessação da eficácia da tutela concedida antecedente
O art. 284 do Projeto originário n. 2.046/10 estabelecia:

> *Art. 284. Cessa a eficácia da medida concedida em caráter antecedente, se:*
> *I – tendo o requerido impugnado a medida liminar, o requerente não deduzir o pedido principal no prazo do 'caput' do art. 282;*
> *II – o juiz julgar improcedente o pedido apresentado pelo requerente ou extinguir o processo em que esse pedido tenha sido veiculado sem resolução de mérito.*

A redação originária do art. 291 do Projeto de Lei do Senado n. 166/10, assim aduzia:

> *Art. 291. Cessa a eficácia da medida concedida em caráter antecedente, se:*
> *I – tendo o requerido impugnado a medida liminar, o requerente não deduzir o pedido principal no prazo legal;*
> *II – não for efetivada dentro de um mês;*
> *III – o juiz julgar improcedente o pedido apresentado pelo requerente ou extinguir o processo em que esse pedido tenha sido veiculado sem resolução de mérito.*
> *Parágrafo único. Se por qualquer motivo cessar a eficácia da medida, é vedado à parte repetir o pedido, salvo sob novo fundamento.*

Segundo estabelece o inc. I do art. 309 do novo C.P.C., havendo demanda que tenha por pedido inicial a concessão de medida cautelar antecedente, sendo esta deferida liminarmente, o autor deverá formular o pedido principal no prazo de trinta dias contados da efetivação da medida cautelar

Não sendo o pedido principal formulado no prazo de trinta dias, cessa automaticamente, independentemente de requerimento da parte (Pontes de Miranda, *Comentários,* 81), a eficácia da medida cautelar concedida.

Este dispositivo apresenta sensível compromisso com a doutrina italiana de Calamandrei que é aceita pelo atual C.P.C., segundo a qual a finalidade da tutela cautelar é justamente proteger a prestação de tutela advinda do pedido princi-

CÓDIGO DE PROCESSO CIVIL

pal, de modo que se este não for formulado no prazo legal, deixa de ter razão a tutela de urgência concedida.

As prescrições contidas no inc. I do art. 309 do novo C.P.C. apresentam nítido caráter sancionatório aplicado ao litigante que obtendo a medida liminar não se interessa por ingressar com o pedido de tutela satisfativa do direito ou interesse de natureza material.

Sob a égide do C.P.C. de 1973 havia certa concordância doutrinária de que a perda da eficácia ficava restrita apenas às medidas cautelares que importassem em *constrições de bens*, tais como o arresto, o sequestro, a busca e apreensão, ou a caução eventualmente imposta ao réu. Igualmente perderia a eficácia as medidas cautelares proibitivas que impunham ao demandado uma abstração, ou que fornecessem-no um determinado comportamento.

O inc. II do art. 309 do novo C.P.C. estabelece que também cessará a eficácia da tutela cautelar concedida anteriormente se essa não for efetivada dentro de trinta dias.

O art. 284 do Projeto originário n. 2.046/10, não previu esse motivo como critério de cessação da eficácia da medida cautelar concedida.

A não repetição dessa hipótese seria muito razoável, pois na maioria das vezes a efetivação da medida não se dá por responsabilidade do autor, mas, sim, pela ineficiência do Poder Judiciário ou por prática abusiva do requerido.

Porém, o novo C.P.C. inseriu novamente essa hipótese como motivo de cessação da eficácia da tutela cautelar anteriormente concedida.

Assim, se a medida cautelar concedida não for efetivada dentro de trinta dias contado da data da sua concessão, cessará sua eficácia.

Porém, essa cessação somente ocorrerá se a não efetivação deu-se por culpa do requerente da medida, como, por exemplo, deixar de pagar as custas do oficial de justiça para a realização do arresto; caso contrário, não cessará a eficácia da medida anteriormente concedida.

O inc. III do art. 309 do novo C.P.C. prevê também como hipótese de cessação da eficácia da medida cautelar quando o juiz julgar improcedente o pedido principal formulado pelo autor ou extinguir o processo sem resolução de mérito.

Quando o juiz julgar improcedente o pedido apresentado pelo requerente ou extinguir o processo em que esse pedido tenha sido veiculado sem resolução de mérito, cessará a eficácia da medida cautelar concedida.

Mas não é somente nestes casos que se poderá considerar cessada a eficácia da medida cautelar.

Em tese, não poderá prevalecer o exercício de uma cognição sumária, como é o caso da concessão de tutela cautelar urgente, diante de uma cognição exauriente que em tese ocorre quando o juiz julga improcedente o pedido principal formulado pelo autor ou quando extingue o processo sem resoluçãc de mérito. Porém, poderá o juiz manter a eficácia da medida cautelar concedida, diante da circunstância do caso, desde que expressamente deixe tal fato consignado na decisão que extinguiu o processo com ou sem resolução de mérito, pelo menos até que seja apreciado eventual recurso contra a sua decisão.

Estabelece o *parágrafo único* do art. 309 do novo C.P.C. que *se por qualquer motivo cessar a eficácia da tutela cautelar, é vedado à parte renovar o pedido, salvo sob novo fundamento.*

A análise desse dispositivo recomenda verificar se havendo a cessação da medida cautelar, justamente pelo fato de que o autor não formulou o pedido principal no prazo legal, tal decisão, que obviamente extinguirá o processo em que foi formulado o pedido de cautelar antecedente, produzirá *coisa julgada formal ou material.*

Em regra, somente haverá espaço para a coisa julgada material em casos excepcionais, como na hipótese em que o juiz reconhece de imediato, quando da análise do pedido cautelar, a prescrição e a decadência.

É importante salientar que o mérito da tutela cautelar, salvo no tocante à prescrição e à decadência, não se confunde com o mérito da tutela principal.

Ao apreciar o mérito do pedido de tutela de urgência de natureza cautelar antecedente, o juiz não estabelece qualquer juízo de definitividade em relação à matéria que será objeto do pedido principal, formulada no mesmo processo, limitando-se a verificar a existência dos pressupostos necessários para a concessão da tutela cautelar, ou seja, "fumus boni juris" e o "periculum in mora".

Ovídio B. da Silva e Theodoro Júnior sustentavam que a decisão proferida no processo cautelar fazia "coisa julgada formal", razão pela qual só poderia ser desconstituída através de ação própria.

Frederico Marques, por sua vez, encontrava um caminho intermediário, quando sustentava que a princípio a decisão proferida no processo cautelar não fazia "coisa julgada formal", tendo em vista que o art. 807 do C.P.C. de 1973 autorizava a sua revogação ou modificação a qualquer tempo. Por outro lado, segundo ele, haveria "coisa julgada formal" quando a questão estivesse inserida no art. 808 do C.P.C., que assim dispunha: "Se por qualquer motivo cessar a medida, é defeso à parte repetir o pedido, salvo por novo fundamento".

Por sua vez, sustentava Nelson Nery que no processo cautelar, uma vez que nele havia a cláusula "rebus sic stantibus", não se poderia falar em coisa julgada, ou pelo menos não se tratava de coisa julgada tal como tradicionalmente era conhecida.

Diante dessa divergência doutrinária existente sob a égide do C.P.C. de 1973, pode-se procurar retirar algumas conclusões com base no novo C.P.C.

CÓDIGO DE PROCESSO CIVIL

Se durante o transcurso do processo houver modificação do *periculum in mora* ou do *fumus boni iuris*, o juiz poderá revogar a medida cautelar concedida.

Evidentemente que essa possibilidade de revogação ou modificação da medida permite concluir que efetivamente a tutela cautelar está sujeita à Cláusula *'rebus sic stantibus'*.

Contudo, o fato de a medida poder ser modificada ou revogada a qualquer momento na pendência do processo em que seja veiculado o pedido principal, não significa dizer que, uma vez extinto esse processo, a decisão ali proferida não fará, pelo menos, coisa julgada formal.

Aliás, a prova de que pelo menos a decisão que decide pela ineficácia da medida cautelar faz coisa julgada formal, encontra-se na própria redação do parágrafo único do art. 309 do novo C.P.C.: *Se por qualquer motivo cessar a eficácia da medida, é vedado à parte repetir o pedido, salvo sob novo fundamento.*

O novo Código, assim como já o fazia o de 1973, proíbe a reiteração do pedido cautelar, salvo por novo fundamento.

Sabido é que a coisa julgada, mesmo formal, como fato impeditivo de outra demanda, pressupõe identidade dos três elementos essenciais da relação jurídica: pessoas, objeto e causa.

Os fundamentos integram a causa.

Logo, se o Código permite a renovação do pedido por outro fundamento, cogita, na verdade, de outra ação, de outra demanda cautelar, diversa da anterior pelo fator causal. Em tais circunstâncias, não haveria razão, mesmo, para proibi-la.

Art. 310

O indeferimento da tutela cautelar não obsta a que a parte formule o pedido principal, nem influi no julgamento desse, salvo se o motivo do indeferimento for o reconhecimento de decadência ou de prescrição.

Indeferimento da tutela cautelar e seus efeitos em relação ao pedido principal

Este dispositivo demonstra a nítida autonomia existente entre o pedido (mérito) da tutela cautelar antecedente e o pedido (mérito) da tutela de natureza satisfativa.

Evidentemente que essa autonomia não significa, porém, *independência teleológica*, como se a tutela cautelar tivesse uma finalidade *stante* em si.

A finalidade da tutela cautelar apresenta uma natureza distinta da tutela satisfativa. Enquanto que no pedido de natureza satisfativa requer-se uma pretensão com conteúdo declaratório, constitutivo ou condenatório, ou, ainda, de execução por meio de atos coativos, a finalidade da cautelar é justamente garantir a eficácia da pretensão formulada no pedido principal.

Lenta e não sem recuos mostrou-se a doutrina italiana sobre essa questão, ou seja, sobre a fixação da autonomia da função cautelar.

Os legisladores alemães e austríacos aduziram que a medida cautelar seria um apêndice da execução; posteriormente, surge a magnífica obra de Piero Calamandrei, em 1936, na qual se sugere um procedimento autônomo da cautelar, muito embora Allorio e Redenti apresentem pensamento diverso.

Deve-se, conteúdo, a Liebman e a Carnelutti a tomada efetiva de posição sobre a matéria. Liebman demonstra os caracteres distintivos entre os procedimentos e conclui que o processo cautelar seria um *tertium genus* em face do processo de conhecimento e de execução.

A teoria dominante entre nós, fiel a doutrina de Calamandrei e Chiovenda, observa que a medida cautelar tem por finalidade assegurar o êxito do processo principal, sendo sua característica mais marcante, portanto, o 'carattere di strumentalità' em relação ao provimento principal. Assim, a tutela cautelar não visa a proteger um direito da parte (nem mesmo uma denominada *situação acautelanda*), e sim um 'direito do Estado' em preservar o *imperium iudicis*, de modo que a seriedade e a eficiência da função jurisdicional não se transformem numa simples ilusão. Trata-se, portanto, de uma proteção do processo e não do direito.

Nesse sentido, aliás, já se manifestou o S.T.J.:

> *Processual civil – ação cautelar – garantia e eficácia do processo principal.*
> *i – não tem as medidas cautelares a função de proteger o direito da parte mas, tão só, de garantir a eficácia e a utilidade do processo principal ante a iminência de situação de perigo ou risco da parte que venha a sair vitoriosa no julgamento da lide.*
> *ii – pedido indeferido.*
> (Pet 324/SP, Rel. Ministro WALDEMAR ZVEITER, TERCEIRA TURMA, julgado em 25/08/1992, DJ 16/11/1992, p. 21132).

Diante dessa autonomia entre a tutela cautelar e a tutela satisfativa, eventual indeferimento da medida cautelar antecedente não obsta que o autor, no mesmo processo, deduza o pedido principal, nem influi no julgamento deste, conforme estabelece o art. 308 do novo C.P.C.

O dispositivo, contudo, não estabelece qual o prazo para que o autor possa formular o pedido principal, o que poderá ensejar a paralisação do processo por tempo indefinido.

Deveria o legislador também estabelecer um prazo, assim como o fez quando a medida cautelar é deferida.

No caso, não se pode permitir que o processo permaneça paralisado por tempo indeterminado, a critério do autor.

Diante dessa lacuna, parece perfeitamente aplicável a hipótese do art. 485, inc. III, do novo C.P.C., que assim dispõe:

> *"Art. 485. O juiz não resolverá o mérito quando:*
> *(...).*
> *III – por não promover os atos e as diligências que lhe incumbir, o autor abandonar a causa por mais de 30 (trinta dias)".*

Portanto, indeferida a medida cautelar, o autor deverá postular no mesmo processo o pedido principal no prazo de trinta dias, caso contrário o juiz determinará a extinção do processo sem resolução de mérito.

É certo que, muito embora extinção do processo, nada impede que o autor, antes da ocorrência da prescrição ou decadência, promova a demanda principal em outro processo distinto e autônomo.

Contudo, por uma questão de economia processual, o juiz, ao analisar o pedido de medida cautelar antecedente, poderá decretar a prescrição da pretensão ou a decadência do direito, proferindo neste caso uma decisão de natureza nitidamente satisfativa. Tanto é que, conforme estabelece o art. 310 do novo C.P.C., tal reconhecimento impede que o autor formule o pedido principal no mesmo ou em outro processo, uma vez que o juiz, ao indeferir o pedido de tutela cautelar em face da prescrição ou decadência, profere uma decisão com natureza satisfativa e definitiva. Essa sentença fará coisa julgada material, uma vez que resolve e declara em definitivo as questões concernentes ao direito material.

Uma indagação pode surgir em relação a esta matéria.

Se o juiz, ao analisar o pedido de medida cautelar, rejeitar a alegação de prescrição ou decadência, esta matéria poderá ser renovada quando do julgamento do pedido principal?

Sob a égide do art. 810 do C.P.C. de 1973, o Simpósio de Curitiba dos Tribunais de Alçada decidiu que a alegação da decadência ou da prescrição rejeitada no procedimento cautelar, poderia ser reexaminada na ação principal (Conclusão n. 69).

Galeno Lacerda divergia dessa tese, aduzindo que, em face da economia processual não se poderia mais voltar a conhecer da decretação da prescrição ou decadência caso ela fosse rechaçada na cautelar, a não ser que o juiz não a conhecesse por falta de prova ou relegasse sua análise para o processo principal.

O novo C.P.C., ao sincretizar num mesmo processo o pedido de cautelaridade e o de tutela principal, permite afirmar que uma vez analisada a prescrição ou decadência quando do pedido de cautelar antecedente, tal questão, se não houver insurgência das partes, tornar-se-á preclusa, seja em razão do seu acolhimento, seja em razão do seu indeferimento.

TÍTULO III – Da Tutela da Evidência

Art. 311

A tutela da evidência será concedida, independentemente da demonstração de perigo de dano ou de risco ao resultado útil do processo, quando:

I – ficar caracterizado o abuso do direito de defesa ou o manifesto propósito protelatório da parte;

II – as alegações de fato puderem ser comprovadas apenas documentalmente e houver tese firmada em julgamento de casos repetitivos ou em súmula vinculante;

III – se tratar de pedido reipersecutório fundado em prova documental adequada do contrato de depósito, caso em que será decretada a ordem de entrega do objeto custodiado, sob cominação de multa.

IV – a petição inicial for instruída com prova documental suficiente dos fatos constitutivos do direito do autor, a que o réu não oponha prova capaz de gerar dúvida razoável.

Parágrafo Único. Nas hipóteses dos *incisos* II e III, o juiz poderá decidir liminarmente.

Tutela de evidência

Segundo ficou consagrado na exposição de motivos do projeto de Lei n. 166/10, *"o novo CPC agora deixa clara a possibilidade de concessão de tutela de urgência e de tutela à evidência. Considerou-se conveniente esclarecer de forma expressa que a resposta do Poder Judiciário deve ser rápida não só em situações em que a urgência decorre do risco de eficácia do processo e do eventual perecimento do próprio direito. Também em hipóteses em que as alegações da parte se revelem de juridicidade ostensiva deve a tutela ser antecipadamente (total ou parcialmente) concedida, independentemente de 'periculum in mora', por não haver razão relevante para a espera, até porque, via de regra, a demora do processo gera agravamento do dano".*

Ao contrário da tutela de urgência (cautelar ou satisfativa), a concessão de tutela de evidência representa a antecipação de forma definitiva da pretensão formulada no mérito da demanda principal, independentemente da comprovação de existência de dano irreparável ou de difícil reparação, ou seja, da comprovação do periculum in mora, ou como preconiza o novo C.P.C., perigo da demora da prestação da tutela jurisdicional.

O que se pretende com a instituição da tutela de evidência é, na verdade, uma racionalização econômica do sistema existente, com plena valorização da rápida e eficaz prestação jurisdicional, evitando o prolongamento da demanda quando o princípio da economia processual recomenda, diante de circunstâncias expressamente discriminadas em lei, a entrega antecipada daquilo que se pretendia ao final do procedimento de cognição exauriente.

Segundo bem anota Luigi Paolo Comoglio et al, ao analisar a reforma processual ocorrida na Itália pela lei n. 353 de 26 de novembro de 1990: *"Parece oportuno, a propósito, recordar e distinguir: a) de um lado, uma prospectiva estrutural ou funcional que se vincula à razoável necessidade de se garantir antecipadamente a quem, no momento final do julgamento, resulte ter razão uma gama 'efetiva' de formas interinais e imediata de tutelas, obtidas no curso do procedimento; b) de outro lado, uma prospectiva de tipo dinâmico ou comportamental, destinadas à necessidade de controlar as possíveis formas de condutas 'desviantes' dos sujeitos processuais, com o fim de desencorajar todo abuso no exercício dos instrumentos de ação ou de defesa"*.[760]

O C.P.C. italiano, nos seus artigos 186-bis a 186-quater, traz hipóteses de típica tutela de evidência, pois, mediante requerimento da parte, o juiz instrutor pode dispor até o momento da definição das conclusões sobre o pagamento das somas não contestadas pela parte contrária. Se o requerimento é efetivado fora da audiência, o juiz dispõe sobre o comparecimento das partes e assina o prazo para a notificação. A decisão constitui título executivo e conserva a sua eficácia no caso de extinção do processo.

A inserção no C.P.C. italiano dos artigos 186-bis a 186-quater permite focalizar duas importantes perspectivas:

> *"1) por um lado, tanto a possibilidade de emanação de 'provimento antecipatórios de condenação' no curso do juízo de primeiro grau (ex artt. 186 bis, 186 ter, 186 quater, c.p.c.), quanto a generalizada da 'execução provisória' da sentença que o define (no novo art. 282), são na verdade uma expressão harmônica e complementar da tendência de fundo à plena valorização do procedimento de primeiro grau;*
>
> *2) por outro lado, ambas as inovações assumem uma direção, por assim dizer, sancionatória, como força bélica no confronto em relação aquém esteja inclinado a fazer*

---

[760] COMOGLIO. Luigi Paolo; FERRI, Corrado; TARUFFO, Michele. *Lezioni sul processo civile. I. Il processo ordinário di cognizione*. Bologna: Il Mulino, 2006. p. 494.

ART. 311

do processo um instrumento ideal para emprego de táticas dilatórias e de obstrução, com grave prejuízo para a lealdade do procedimento (artt. 88, inc. 1; 175, inciso, c.p.c.) assim como para os próprios fins da justiça substancial".[761]

Portanto, com a inserção no processo de cognição plena da tutela de evidência, o legislador pretende também realçar outros valores, sendo, o primeiro, a exigência de celeridade e de economia do julgamento em nome da efetividade das formas de tutela constituídas de acordo com a situações subjetivas acionadas, e, o segundo, o reforço à exigência, na atual crise de justiça, de uma prevenção sistemática em relação a qualquer uso distorcido dos instrumentos ou dos direitos processuais, procurando introduzir novas perspectivas no âmbito dos costumes forense e judiciários.

Segundo anota Luigi Paolo Comoglio, o único efeito colateral é, dado o risco de uma 'sumarização' excessiva do processo de cognição em primeiro grau, na ânsia da agilização da prestação da tutela, por em risco a própria essência da decisão judicial que é a realização da Justiça.[762]

Segundo estabelece o *art. 311* do novo C.P.C., *a tutela da evidência será concedida, independentemente da demonstração de perigo de dano ou de risco ao resultado útil do processo, quando...*

Em regra, a tutela provisória antecipada satisfativa impõe a presença da comprovação do requisito *periculum in mora*, especialmente quando tem por fundamento a urgência.

O art. 311 do novo C.P.C., diante de determinadas circunstâncias fáticas jurídicas, as quais podemos denominar de *evidências*, dispensa a comprovação ou demonstração do risco de perigo na demora da prestação da tutela jurisdicional.

Conforme já afirmara Dinamarco sob a égide do art. 273 do C.P.C. de 1973: *"A concessão de medidas antecipatórias não se liga sempre a uma situação de urgência, ou 'periculum in mora'. Essa é apenas uma das hipóteses em que elas devem ser concedidas (art. 273, inc. I). Mas têm cabimento também, independentemente de qualquer situação de perigo, a) como sanção à malícia processual do demandado que procura retardar o fim do processo (art. 273, inc. II) ou b) como modo de prestigiar um direito que a ordem jurídica reputa mais forte e digno de maiores atenções, como a posse turbada ou esbulhada (interditos possessórios). Mesmo nessas hipóteses, as antecipações tutelares têm como objetivo evitar os males do tempo, no caso o chamado 'dano marginal' decorrente de esperas que de outro modo seriam inevitáveis".*[763]

---

[761] COMOGLIO. L. P., FERRI, C.; TARUFFO, M., idem, p. 493.
[762] COMOGLIO. L. P., FERRI, C.; TARUFFO, M., idem, P. 494.
[763] DINAMARCO. Cândido Rangel. *Nova era do processo civil.* São Paulo: Malheiros, 2003. p. 59.

Por sua vez, ao contrário do que estabelecia o art. 273 do C.P.C. de 1973, o art. 311 do novo C.P.C. não traz expressamente consignado que a tutela da evidência somente poderá ser deferida pelo juiz mediante requerimento da parte interessada.

Sobre a necessidade de requerimento da parte interessada para a concessão de tutela antecipada (art. 273 do C.P.C. de 1973), anotava Dinamarco: *"Às antecipações de tutela não se aplica, todavia, a fundamental razão política pela qual as medidas cautelares incidentes devem ser concedidas de-ofício, porque aquelas não se destinam a dar apoio a um processo e ao correto exercício da jurisdição, mas a favorecer uma das partes em suas relações com a outra ou como o bem da vida em disputa. Torna-se relevante, nesse ponto, a distinção conceitual entre medida cautelar e antecipação de tutela, segundo a qual uma é instrumental ao processo e a outra não (supra nn. 23 e 24). Enquanto se trata de impedir que o tempo e a malícia de uma das partes corroa o exercício da jurisdição e de preservar a imperatividade e eficácia das decisões judiciárias, legitima-se o superamento da regra de inércia da jurisdição, prevalecendo as garantias constitucionais do devido processo legal sobre a regra 'nemo judex sine actore'; mas, quando se pensa em oferecer a uma das partes, antecipadamente, a posse ou fruição de bens ou situações jurídicas no mundo exterior, retomam força e vigor as disposições dos arts. 2º e 262 do Código de Processo Civil, para que o juiz dependa sempre da provocação do interessado. Não é dado a este o poder de conceder tutelas jurisdicionais antecipadas, quer antes da instauração do processo, quer na pendência deste – e essa norma está expressa no corpo do art. 273 do Código de Processo Civil, quando estatui que as antecipações poderão ser concedidas a requerimento da parte".*[764]

As hipóteses de evidência previstas no art. 311 do novo C.P.C. são:

I – ficar caracterizado o abuso de direito de defesa ou o manifesto propósito protelatório da parte.

A Constituição Federal brasileira ao estruturar o princípio do *due process of law* com base na observância do contraditório e da ampla defesa, pois sem o contraditório (essência do processo) não se pode falar em um processo justo e équo num Estado Democrático de Direito, jamais teve por objetivo legitimar eventuais abusos de direito de defesa ou propósitos protelatórios daqueles que participam na relação jurídica processual.

Na realidade, todo e qualquer abuso deve ser rigorosamente combatido, seja ele decorrente do direito de ação, seja ele proveniente do direito de defesa.

---

[764] DINAMARCO. C. R., idem, p. 79.

Evidencia-se o abuso do direito de defesa quando o réu tenta se utilizar de diversos mecanismos de defesa, os quais, ou por serem ineficazes ou por sua inadequação, jamais poderiam colocar em dúvida a evidência do direito do autor.

Há manifesto propósito protelatório do réu quando fica se valendo de expedientes que apenas procuram retardar a efetividade da tutela jurisdicional.

A utilização sem qualquer finalidade útil de embargos de declaração, recursos, contestação etc., poderá, dependo do caso, caracterizar manifesto propósito protelatório do réu no uso e abuso de seu direito de defesa.

Sobre o abuso do direito de defesa, anota Luiz Guilherme Marinoni:

> *"A preocupação exagerada com o direito de defesa, fruto de uma visão excessivamente comprometida com o liberalismo, não permitiu, por muito tempo, a percepção de que o tempo do processo não pode ser um ônus somente do autor. Edoardo Ricci, escrevendo sobre o projeto Rognoni (de reforma do processo civil italiano), alertou para o fato de que as resistências dilatórias são tanto mais encorajantes quanto mais o processo – graças a sua duração – se presta a premiar a resistência como fonte de vantagens econômicas, fazendo parecer mais conveniente esperar a decisão desfavorável do que adimplir com pontualidade. O abuso do direito de defesa é mais perverso quando o autor depende economicamente do bem da vida perseguido, hipótese em que a protelação acentua a desigualdade entre as partes, transformando o tão decantado princípio da igualdade em uma abstração irritante.*
>
> *Poucos se dão conta que, em regra, o autor pretende uma modificação da realidade empírica e o réu deseja a manutenção do 'status quo'. Essa percepção, até banal, da verdadeira realidade do processo civil, é fundamental para a compreensão da problemática do tempo do processo ou do conflito entre o direito à tempestividade da tutela jurisdicional e o direito à cognição definitiva.*
>
> *Em qualquer processo civil há uma situação concreta, uma luta por um bem da vida, que incide de modo radicalmente oposto sobre as posições das partes. A disputa pelo bem da vida perseguido pelo autor, justamente porque demanda tempo, somente pode prejudicar o autor que tem razão e beneficiar o réu que não tem.*
>
> *Em um 'processo condenatório', a demora na obtenção do bem significa a sua preservação no patrimônio do réu. Quanto maior for a demora do processo maior será o dano imposto ao autor e, por consequência, maior será o benefício conferido ao réu.*
>
> *O sistema processual civil, para atender ao princípio constitucional da efetividade, deve ser capaz de racionalizar a distribuição do tempo do processo e de inibir as defesas abusivas, que são consideradas, por alguns, até mesmo direito do réu que não tem razão. A defesa é direito nos limites em que é exercida de forma razoável ou nos limites em que não retarda, indevidamente, a realização do direito do autor.*

É preciso deixar claro que a técnica antecipatória nada mais é do que uma técnica de distribuição do ônus do tempo do processo.

(...).

A tutela antecipatória fundada em abuso de direito de defesa somente é possível, em princípio, quando a defesa ou o recurso do réu deixam entrever a grande probabilidade de o autor resultar vitorioso e, consequentemente, a injusta espera para a realização do direito.

A antecipação em caso de 'abuso de direito de defesa' tem certo parentesco com o 'référé provision' do direito francês. Através da 'provision' é possível a antecipação quando 'l'obligation ne soit pás sérieusement contestable (a obrigação não seja seriamente contestável, arts. 771 e 809 do Código de Processo Civil francês). A urgência não é requisito para a concessão da 'provision' e Roger Perrot, o ilustre Professor da Universidade de Paris, alerta que o juiz não pode exigir uma incontestabilidade absoluta, sobe pena de restringir abusivamente o domínio do 'référé provision'. O 'référé provision', assim, é uma forma de tutela dos direitos evidentes.

Um direito é evidenciado de pronto quando é demonstrado desde logo. Para a tutela antecipatória no direito brasileiro, contudo, são necessárias a evidência do direito do autor e a fragilidade da defesa do réu, não bastando apenas a caracterização da primeira".[765]

Diante de contestação de meios de defesa utilizados pelo réu que não se possa observar qualquer utilidade ou eficácia, resta caracterizado mero abuso de direito de defesa, podendo o juiz, mediante requerimento da parte, outorgar antecipação de tutela com base na evidência.

A tutela antecipada com base na evidência, nos termos deste inciso, não poderá ser concedida liminarmente.

É importante ressaltar que o Projeto do novo C.P.C. n. 2.046/10 trazia uma outra hipótese para a concessão da tutela com base na evidência, não repetida pelo novo C.P.C., a saber: quando *um ou mais pedidos cumulados ou parcela deles mostrar-se incontroverso, caso em que a solução será definitiva.*

Inicialmente, é necessário esclarecer que o autor pode cumular, objetivamente, diversos pedido em relação ao réu, nos termos do que dispõe o art. 327 do atual C.P.C.

Havendo cumulação de pedidos, e um ou mais desses pedidos cumulados ou parcelas deles *mostrar-se incontroverso*, não será mais o caso de o juiz conceder

---

[765] MARINONI. Luiz Guilherme. *A antecipação da tutela.* 7. Ed. São Paulo: Editora Malheiros, 2002. p. 191 a 194.

ART. 311

tutela antecipada da evidência, mas, sim, proferir, nos termos do art. 356, inc. I, do atual C.P.C., julgamento antecipado parcial de mérito, *in verbis*:

> *Art. 356. O juiz decidirá parcialmente o mérito quando um ou mais dos pedidos formulados ou parcela deles:*
> *I – mostrar-se incontroverso;*

Essa característica de ser o pedido incontroverso pode decorrer de diversos fatores, como, por exemplo, não contestação ou impugnação do pedido no prazo legal, reconhecimento expresso ou tácito do pedido ou parte dele pelo réu etc.

Em outras palavras, *"a técnica de não contestação vem utilizada em larga escala, e não mais em situações particulares, quando, para descongestionar e acelerar no processo a obtenção das formas de tutela, procura-se favorecer ao máximo a formação interna de um título executivo judicial, que saiba atuar ou reintegrar com rapidez o direito violado, neutralizando a incidência negativa do fator tempo sobre a acionalidade do direito na forma ordinária".*[766]

A cognição exercida pelo juiz neste caso é exauriente e definitiva, podendo gerar de imediato a coisa julgada material sobre o pedido ou parte de dele em que não há controvérsia.

Segundo ensina Luiz Guilherme Marinoni:

> *"Antes da introdução da tutela antecipatória no Código de Processo Civil não era possível a cisão do julgamento dos pedidos cumulados, ou o julgamento antecipado de parcela do pedido, prevalecendo o princípio chiovendiano 'della unità e unicità della decisione'.*
>
> *Esse princípio elaborado há muito, não se concilia com a atual leitura de outros princípios igualmente formulado por Chiovenda, especialmente com o princípio de que o processo não pode prejudicar o autor que tem razão.*
>
> *Se um dos pedidos apresentados pelo autor está maduro para julgamento, seja porque diz respeito apenas à matéria de direito, seja porque independe de instrução dilatória, a necessidade, cada vez mais premente, de uma prestação jurisdicional célere e efetiva justifica a quebra do velho princípio da 'unità e unicità della decisione'.*
>
> *A tutela antecipatória, neste caso, estará antecipando o momento do julgamento do pedido. A tutela não é fundada em cognição sumária, mas sim em cognição exauriente.*
>
> *Para que seja possível a tutela antecipatória mediante o julgamento antecipado de um (ou mais de um) dos pedidos cumulados, é necessário que um ou mais dos pedidos*

---

[766] COMOGLIO. L. P., FERRI, C.; TARUFFO, M., op. Cit., p. 497.

CÓDIGO DE PROCESSO CIVIL

esteja em condições de ser imediatamente julgado e um outro (ou outros) exija instrução dilatória.

É imprescindível, em outras palavras, que ao menos um dos pedidos não precise de instrução dilatória e que um outro exija o prosseguimento do processo rumo à audiência de instrução e julgamento..." [767]

Na verdade, nesta hipótese, não se está diante de uma mera antecipação de tutela, mas, sim, da própria antecipação do julgamento do mérito em relação ao pedido ou parte do pedido que se tornou incontroverso.

II – as alegações de fato puderem ser comprovadas apenas documentalmente e houver tese firmada em julgamento de casos repetitivos ou em súmula vinculante.

O inc. II do art. 311 do novo C.P.C. permite a concessão de tutela antecipada com base na evidência quando a tese jurídica já tiver sido firmada em julgamento de casos repetitivos ou em súmula vinculante, desde que as alegações de fato puderem ser comprovadas apenas documentalmente.

Assim, são requisitos para a concessão da tutela de evidência com base nesse inciso: a) tese jurídica já definida em julgamento de casos repetitivos ou em súmula vinculante; b) as alegações de fato puderem ser comprovadas apenas documentalmente.

Esta previsão legal tem por objetivo evitar a delonga do processo quando a matéria de direito já se encontrar definitivamente resolvida por julgamento de casos repetitivos nos Tribunais Superiores ou por Súmula vinculante expedida pelo Supremo Tribunal Federal.

A recente Lei nº 11.672, de 8 de maio de 2008 introduziu alterações no Código de Processo Civil (CPC) de 1973 de grande importância para desafogar o Poder Judiciário com a instituição do julgamento uniforme de recursos repetitivos no âmbito do Superior Tribunal de Justiça (STJ).

Tal modificação configura mais uma etapa na reforma do Processo Civil Brasileiro voltada basicamente para a celeridade processual, buscando evitar o tortuoso e inócuo procedimento de julgamento de inúmeros processos idênticos pelo STJ. A mudança que acresceu ao CPC de 1973 o art. 543-C, e que estabeleceu o procedimento para o julgamento em massa de recursos, tornou mais efetiva a prestação jurisdicional. A norma dispunha que, quando houvesse multiplicidade de recursos com fundamento em idêntica questão de direito, caberia ao presidente do tribunal de origem admitir um ou mais recursos representativos da contro-

---

[767] MARINONI, L. G., op. Cit. p. 202 a 205

vérsia e encaminhando-os ao STJ. Os demais ficariam suspensos até o pronunciamento definitivo do Tribunal.

O novo C.P.C. admite o julgamento em massa de recursos repetitivos não só pelo Superior Tribunal de Justiça como também pelo Supremo Tribunal Federal.

Mas, além do julgamento de recursos repetitivos, também há o incidente de resolução de demandas repetitivas como fundamento para a concessão de tutela antecipada com base na evidência.

Também terá por fundamento a concessão antecipada de tutela com base na evidência na hipótese da tese de direito já estar resolvida por meio de Súmula vinculante proveniente do S.T.F.

Deve-se observar que em todas as hipóteses do art. 311, inc. II, do novo C.P.C., a cognição realizada pelo juiz será exauriente e definitiva, seja pelo resultado do julgamento dos recursos repetitivos no S.T.J. e no S.T.F., seja pelo julgamento do incidente de resolução demandas repetitivas, seja em decorrência da Súmula vinculante.

Mas não basta que a tese jurídica já esteja definida pelo resultado do julgamento de recursos repetitivos no S.T.J e ou S.T.F., ou, ainda, em incidente de resolução de demandas repetitivas, ou, ainda, em Súmula vinculante. É necessário também que as alegações de fato possam ser comprovadas apenas documentalmente, sem necessidade de outras provas suplementares ou mesmo de realização de audiência de instrução e julgamento.

Apesar de a tese jurídica já estar devidamente definida pelos institutos jurídicos indicados nesse inciso, não haverá espaço para a concessão da tutela antecipada com base na evidência se a matéria de fato não for possível comprovar apenas por prova documental, ou exigir outras provas para a sua devida comprovação.

Na hipótese deste inciso poderá ser concedida liminarmente a tutela com base na evidência.

III – se tratar de pedido reipersecutório fundado em prova documental adequada do contrato de depósito, caso em que será decretada a ordem de entrega do objeto custodiado, sob cominação de multa.

Por fim, estabelece o inc. IV do art. 311 do novo C.P.C. que a tutela com base na evidência poderá ser concedida sem prévia comprovação de risco de dano, sob cominação de multa diária, para a entrega do objeto custodiado, sempre que o autor fundar seu pedido reipersecutório em prova documental adequada do contrato de depósito

No caso, trata-se de demanda em que o autor pretende a recuperação da posse decorrente da propriedade do bem, o qual foi dado em depósito mediante contrato.

Desde que o autor comprove documentalmente e de forma adequada que deu em depósito convencional o bem móvel ou imóvel, poderá requerer liminarmente a tutela de evidência, independentemente de comprovação de risco de dano, mediante cominação de multa diária.

Muito embora o dispositivo somente mencione a possibilidade de multa diária para o cumprimento da decisão judicial, nada impede que o juiz expeça mandado de busca apreensão de bem móvel ou de reintegração de posse no caso de bem imóvel para que haja efetivo cumprimento da tutela de evidência concedida liminarmente.

A regulação do depósito convencional encontra-se nos arts. 627 a 652 do C.c.b.

É importante salientar que o Projeto originário n. 2.046/10 também previa esta hipótese de concessão de tutela de evidência ao depósito legal. Porém, o novo C.P.C. somente fez referência ao depósito contratual.

IV – a petição inicial for instruída com prova documental suficiente dos fatos constitutivos do direito do autor, a que o réu não ponha prova capaz de gerar dúvida razoável.

Para a concessão da tutela de evidência dois requisitos devem estar evidenciados com a inicial: a) prova documental suficiente dos fatos constitutivos do direito do autor; b) não oposição pelo réu de outra prova capaz de gerar dúvida razoável.

Na verdade, o que se observa é que um requisito é pressuposto lógico do outro, porque se o réu apresenta prova suficiente para gerar dúvida razoável ao direito do autor, isso significa dizer que não há prova documental suficiente dos fatos constitutivos do mesmo direito.

Assim, conforme já teve oportunidade de ensinar Michele Taruffo, ao tratar das hipóteses sobre fatos incompatíveis: *"Uma terceira situação possível é aquela em que a hipótese que afirma o fato X se contrapõe uma hipótese que afirma o fato Y, incompatíveis com a existência X . Resulta assim necessário que sobre a base de alguma razão de ordem geral, física, lógica ou inclusive jurídica, a existência de Y exclua a de X, e vice-versa. Trata-se, como é fácil perceber, de uma forma para contradizer a hipótese que afirma X; a diferença em relação à hipótese negativa examinada sub 1.2. está em que agora a segunda hipótese é positiva em relação a Y, enquanto que o efeito negativo em relação a X é somente mediato e deriva da impossibilidade da existência contemporânea de X e Y."*.[768]

---

[768] Taruffo. Michele. Op. Cit. p. 253 e 254.

É possível, ainda, que a prova apresentada pelo réu diga respeito a hipóteses sobre fatos juridicamente vinculados, ou seja, *"alegando o autor a existência de um fato constitutivo X, essa hipótese não é negada ou contestada em absoluto pelo demandado, porém, ao contrário, este alega um fato distinto Y não incompatível com X, porém de tal natureza que incide sobre suas consequências jurídicas. É o caso da alegação de um fato extintivo, modificativo ou impeditivo dos efeitos que derivam do fato constitutivo".*[769]

Deve-se observar que a concessão da tutela de evidência com base no inciso IV do art. 311 do novo C.P.C. somente poderá ocorrer após oportunizada ao réu a possibilidade de produzir prova capaz de gerar dúvida razoável ao direito alegado pelo autor na inicial, inclusive, se for o caso, oportunizando ao réu ampla instrução probatória.

Portanto, o juiz não poderá conceder a tutela de evidência com base no inc. IV do art. 311 do novo C.P.C. liminarmente, ou seja, *inaldita altera par*.

A concessão da tutela de evidência somente ocorrerá após o amplo contraditório concedido ao réu e a possibilidade de ampla instrução probatória.

Preceitua o *parágrafo único* do art. 311 do novo C.P.C. que *a decisão baseada nos incisos II e III deste artigo pode ser proferida liminarmente*.

Trata-se de uma afirmação amparada na racionalidade, pois a concessão da antecipação da tutela na hipótese de ficar caracterizado o abuso de direito de defesa ou o manifesto propósito protelatório do réu ou se a petição inicial for instruída com prova documental suficiente dos fatos constitutivos do direito do autor, a que o réu não oponha outra prova capaz de gerar dúvida razoável, dependerá do efetivo contraditório e da ampla defesa.

Em relação às demais hipóteses, incisos II e III, a antecipação da tutela com base na evidência poderá ser concedida liminarmente, ou seja, *inaldita altera par*.

---

[769] TARUFFO. M. idem, p. 255.

LIVRO VI – DA FORMAÇÃO, DA SUSPENSÃO E DA EXTINÇÃO DO PROCESSO

TÍTULO I – Da Formação do Processo

Art. 312

Considera-se proposta a ação quando a petição inicial for protocolada, todavia, a propositura da ação só produz quanto ao réu os efeitos mencionados no art. 240 depois que for validamente citado.

Propositura da demanda

Tradicionalmente distinguia-se *ajuizamento* da *propositura* da ação (demanda). O ajuizamento da demanda, no conceito de João Monteiro, caracterizava-se pela apresentação da petição inicial ao juiz, requerendo-se a citação do réu para, em audiência, tomar conhecimento do libelo, que era a dedução escrita, articulada ou não, da demanda do autor, em que conclui pedindo a condenação do réu. A demanda estava assim *ajuizada*. Após a citação, realizava-se a audiência geral, na qual o autor ofereceria ao réu o libelo. Em que pese a petição inicial já pudesse transcrever o libelo, era comum formular as duas peças em momentos diferentes. Apenas a partir deste momento é que a demanda considerava-se *proposta*. Essa era a técnica prevista no Regulamento n. 737, art. 68, que foi seguida pelos Códigos estaduais (Rio Grande do Sul – art. 514; Minas Gerais – art. 180 e parágrafo; São Paulo – arts. 213 e 476. Assim, nem mesmo com a citação a demanda estava *proposta*; era necessário completá-la com a formalidade indispensável de ser 'acusada em audiência', sob pena de ficar circunduta e ser o réu absolvido, ainda que a demanda já estivesse ajuizada, inclusive distribuída e despachada

CÓDIGO DE PROCESSO CIVIL

a inicial. Na lição de João Mendes, a diversidade dos dois atos já era acentuada: 'Em suma, acusada a citação, em audiência, está instaurada a *instância*'.[770]

O C.P.C. de 1939, ao contrário do C.P.C. de 1973, não trazia um título específico sobre a formação, suspensão e extinção do processo.

Além do mais, o C.P.C. de 1939 utilizava a expressão *instância* ao invés da *ação*. A terminologia ação foi inserida no art. 263 do C.P.C. de 1973.

O novo C.P.C. mantém a expressão '*ação*' como fator desencadeante da formação do processo.

É certo que a ação, tradicionalmente entendida, postula e reivindica sua própria autonomia em relação ao direito substancial.

Segundo anotam Comoglio, Ferri e Taruffo sobre a definição da ação:

> "(...) pondo-se como uma entidade distinta, em relação ao direito ou ao interesse controvertido, em relação ao qual se pretende promover a tutela jurisdicional, identifica a situação subjetiva processual, cujo titular é quem necessita de justiça e por isso a pede ao juiz, no momento da instauração do processo. Segundo definições ao menos diversificadas na forma (mas de todo modo equivalentes na substância), essa exprime:
>
> – *genericamente, a 'possibilidade' (ou o 'poder') do autor de por em movimento, com a proposição de demanda inicial, a atividade dos órgãos jurisdicionais e, por isso, a 'possibilidade' de provocar, em sua própria vantagem, o exercício da jurisdição;*
>
> – *mais especificadamente, o 'poder' (ou o direito) de pedir e, no caso de acertada fundamentação, o 'direito de obter' do juiz, como o acolhimento da demanda, a forma de tutela requerida;*
>
> – *na linguagem constitucional, o 'poder de agir' em juízo 'para' a tutela de um direito ou de um interesse (art. 24, inc. I da Const. Italiana);*
>
> – *na linguagem normativa ordinária, talvez a 'faculdade' de voltar-se à autoridade judiciária (art. 5, inc. I, Lei 11 agosto de 1973, n. 533);*
>
> – *na terminologia científica, o 'direito' ao processo e à tutela jurisdicional ou, se se preferir, o 'direito de agir em juízo' como 'direito subjetivo processual por excelência;*
>
> – *na terminologia técnica, retirada do Título IV do Livro I do c.p.c, o 'poder de propor a demanda ao juiz, como meio de fazer valer em juízo um direito (art. 99)".*[771]

---

[770] LIMA, Alcides de Mendonça. *Comentários ao código de processo civil.* Vol. VI. Tomo II (arts. 568 a 645). Rio de Janeiro: Forense, 1979. p. 734.

[771] COMOGLIO, Luigi Paolo; FERRI, Corrado; TARUFFO, Michele. *Lezioni sul processo civile – il processo ordinário di cognizione.* Bologna: Il Mulino, 2006. p. 221.

ART. 312

O direito de ação exercita-se mediante o cumprimento mínimo de um *ato processual típico*, por sua vez necessário e suficiente para o desenvolvimento da função jurisdicional, ou seja, a apresentação de uma *demanda* introdutiva exteriorizada por meio da petição inicial.

A ação, portanto, *"funcionalmente, não parece diferenciar-se muito daquilo que significava, no direito romano, a notória definição de Celso (D. 44, 7. 51; Ist., IV, 6 pr). 'ius quod sibi debeatur iudicio persequendi', por que continua a identificar – em termos estáticos ou dinâmicos – o 'direito' (e o 'ônus') de 'iniciativa processual', que pertence a quem entenda voltar-se ao juiz para requerer-lhe justiça (e, possivelmente, obtê-la)"*.[772]

Em tal contexto, a ação constituiu um *pressuposto causal necessário* para a instauração da relação jurídica processual, inserindo-se por tal motivo entre os direitos públicos subjetivos do cidadão, o qual preexiste ao processo. Disso resulta a diferenciação doutrinária entre ação em sentido *abstrato* e ação em sentido *concreto*. A primeira sublinha o significado publicista do 'poder' (de competência de todo cidadão) de colocar em movimento o mecanismo processual, e, pois, no exercício de tal poder reconduzem à gênese de um verdadeiro e próprio 'direito' à pronúncia de um provimento jurisdicional sobre a demanda (qualquer que seja em concreto o conteúdo da decisão do juiz). A segunda torna evidente uma posição subjetiva menos genérica, em virtude da qual o autor resulta titular de um verdadeiro e próprio 'direito' à obtenção da pronúncia jurisdicional em seu favor.[773]

Contudo, conforme ensinam Comoglio, Ferri e Taruffo, *"verifica-se que a ação, como categoria dogmática, demonstra já ter exaurido a sua (por essência) função histórica, revelando também a sua consequente inutilidade. E a razão disso decorre de uma dúplice perspectiva. De um lado, é muito genérico o significado 'abstrato', o qual para assegurar uma plena tutela a quem efetivamente a mereça deve consentir também àquele que não a mereça a faculdade de requerê-la em juízo. Por outro lado, é incongruente o significado 'concreto', cuja conseqüência é afirmar 'a posteriori' a ilegitimidade da iniciativa do autor, todas as vezes em que a demanda por ele proposta não resulte acolhida pelo juiz. A única alternativa plausível parece dada pela tentativa de configurar uma 'noção intermediária' de ação, a qual implica a 'possibilidade de obter em juízo '– mediante a proposição da demanda – 'um provimento jurisdicional de mérito'. Mas – se a se entende assim e se também se refere à atividade do réu, que, ao defender-se, ou no opor exceção, por sua vez age e pede a rejeição da demanda proposta contra si – a ação cessa de por-se como uma entidade 'preexistente' (e, portanto, estranha) ao processo, mas, recolocando-se dentre os limites da disciplina processual, se transforma no 'poder de propor uma demanda ou no poder aná-*

---

[772] COMOGLIO, L. P.; FERRI, C.; TARUFFO, M., idem, p. 222.
[773] COMOGLIO, L. P.; FERRI, C.; TARUFFO, M., idem, ibidem.

CÓDIGO DE PROCESSO CIVIL

logo 'de opor uma exceção' por força dos quais as partes determinam com efeitos vinculantes o objeto do juízo e os limites da pronúncia do juiz (art. 112 do c.p.c italiano).

Do segundo ponto de vista, quem não se contenta com as manifestações iniciais daquele poder de 'ativação decisória', mas do assim denominado 'direito ao processo' deseja verificar os reflexos dinâmicos e as projeções ulteriores no curso integral do juízo, dissolve a ação em um conjunto de 'situações jurídicas compositiva', em evolução (por assim dizer) 'continuada', na qual se incorpora a soma de todos os poderes de iniciativa e de impulso das partes, ou (como talvez se diz) a síntese de suas capacidades de cumprir no processo atos dotados de eficácia 'causativa ' e 'indutiva'. A propósito, tradicionalmente se afirma que os atos do primeiro tipo explicam de modo imediato e direito a sua eficácia no processo (por exemplo, a constituição em juízo, a renúncia aos atos, a conciliação processual), enquanto que aqueles do segundo tipo são institucionalmente finalizados a incidir sobre a formação do convencimento do juiz, e, portanto, tendem a por as condições processuais para obter a pronuncia de um provimento favorável a quem lhes cumpre (por exemplo, a demanda, a alegações de fatos, a exceção, a dedução e a produção dos meios de prova), mas podem também ter efeitos causativos imediatos (por exemplo, como acontece à própria demanda, em relação ao efeito processual da litispendência, nos termos do art. 39,inc. I do c.p.c.).

Tornado isso claro, o círculo se fecha e a ação, como categoria dogmática, demonstrar de ter já exaurido sua função histórica, revelando a sua inutilidade".[774]

Por isso essa mudança de perspectiva comporta alguns importantes corolários, segundo Comoglio, Ferri e Tarufffo:[775]

1) o fato de reconhecer, agora, no preceito constitucional a verdadeira 'norma fundamental' da ação significa dar por certo que, antes (e sem) essa, a disciplina positiva do processo não seria mais capaz (nem tanto menos se conseguiria sozinha) a garantir um adequado controle justificativo a qualquer concepção tradicional de ação;

2) no quadro dos princípios constitucionais, o 'direito ao processo' não é caracterizado por um objeto puramente formal ou abstrato ('processo' *tout court*), mas assume um conteúdo *modal qualificado* (como 'direito ao justo processo', segundo a *garantia mínima* consagrada no art. 111, incisos 1 e 2 da Constituição);

3) A 'ação em juízo' está, portanto, remodelada em harmonia com tal conteúdo, tendo em vista que a norma constitucional não é, por assim dizer, uma garantia apenas de 'meios', mas é também (pelo menos em termos modais) um garantia de 'resultado', porque, com a inviolabilidade de

---

[774] COMOGLIO, L. P.; FERRI, C.; TARUFFO, M., idem, p. 224.

[775] COMOGLIO. L. P.; FERRI, C.; TARUFFO, M., idem, p. 224 e 225.

ART. 312

alguns poderes processuais mínimos (ação e defesa, contraditório das partes em condições de paridade: art. 111, inc. 2, Cost. Italiana) essa consagra a adequada possibilidade de obter, pelos seus meios, um *mínimo de formas de tutela efetiva*, próprias de um processo 'justo'.

Esclarecido isso, o nexo finalístico que o art. 24, inc. I, da Constituição italiana instaura entre o 'agir em juízo' e a 'tutela' de um 'próprio' direito ou interesse legítimo, não consente mais de referir a ação como tal, – mas, na verdade, nem mesmo à demanda ou à exceção em si, 'instrumentos' tecnicamente neutros – as qualificações e as diferenciações de conteúdo, referíveis, ao invés aos 'tipos de provimento e de tutela' que, com o exercício de seus poderes, as partes estão em grau de obter no processo. Não tem sentido, portanto, mais falar em *tipicidade ou tipicidade de ações*, nem mesmo representar a tradicional *tipologia das ações* (sejam essas declaratória, de condenação, constitutiva, cautelar, executiva), a partir do momento em que a *tipicidade* e a classificação tipológica são atributos ou prerrogativas sistemáticas 'do resultado' de mérito (e não do 'meio' processual ou, come se dizia, do 'resultado modal mínimo', garantido pela norma constitucional). Aquela *tipicidade* e aquela distinção de conteúdo (declarativo, condenatório, constitutivo, cautelar ou executivo) qualificam, portanto, *não mais a ação* como tal, que é 'e permanece' sempre uma só, mas apenas *o tipo de provimento e a forma de tutela que* são, de volta em volta, o objeto da demanda ou da exceção e que, para consentir a quem a proponha os objetivos dos fins perseguidos, pressuponham 'a posteriori' o resultado de acolhimento de uma ou outra, na pronúncia do juiz.[776]

Portanto, *"Quando existem, como para nós, com os artigos 24 e 111, incisos I e II, da Constituição –as bases constitucionais de um 'direito ao justo processo', não há mais nenhum significado prático postular e defender a autonomia da 'ação' (ou, ainda mais, das 'ações' tipificadas pela tradição civilística), em confronto com os poderes de propor as relativas 'demandas'. Os únicos problemas, que no processo mantêm uma fundamental relevância, são aqueles referentes 'à efetividade e à adaptabilidade variáveis das formas de tutela (ou, se se preferir, dos tipos de remédios jurisdicionais) ...".[777]*

Diante dessas considerações, parece-nos que o art. 310 do novo C.P.C., ao invés de falar em propositura da ação, deveria referir à propositura da demanda, pois a demanda considera-se proposta quando a petição inicial for protocolizada.

O art. 312 do novo C.P.C., na verdade, realça o *princípio da demanda*.

Sobre o conteúdo do *princípio da demanda* anota Andrea Proto Pisani:

---

[776] COMOGLIO. L. P.; FERRI, C.; TARUFFO, M., idem, p. 225.
[777] COMOGLIO, L.P.; FERRI, C.; TARUFFO, M., idem, p. 230.

CÓDIGO DE PROCESSO CIVIL

"*O art. 99, colocado no início do título IV dedicado ao exercício da ação, individua um momento fundamento do fenômeno processual: a subordinação do exercício do poder jurisdicional à demanda de um sujeito estranho à própria atividade jurisdicional; isso considera, do ponto de vista da parte (e individua portanto um ônus), o mesmo princípio indicado no art. 112 (correspondência entre o pedido e o pronunciado), o qual, colocando por sua vez do ponto de vista do juiz, insere na demanda e na exceção o limite da atividade jurisdicional: o maior conteúdo que o art. 112 (exceções e não somente demanda do autor) tem relacionado com o art. 99 encontra sua causa em um terceiro princípio fundamental, o princípio do contraditório codificado no art. 101; em particular os artt.99 e 112 consideram estativamente um fenômeno que por meio do art. 101 destina-se a resolver-se dinamicamente na concreta realidade do processo, isto é, no concreto exercício dos singulares poderes, deveres e faculdade processuais no qual este se resolve*".

O princípio da demanda, que decorre do art. 99, não apresenta outra razão do que a nova formatação moderna do brocardo 'nemo iudex sine actore', e constitui, de 'iure condito', somente um limite e uma condição da jurisdição.

A sua razão é de ser encontrada na exigência da imparcialidade do órgão judicante: 'uma jurisdição exercitada de ofício repugnaria, por uma razão psicológica antes que jurídica, o conceito que modernamente fazemos da função do juiz, o qual, para conservar-se imparcial, deve aguardar ser provocado e limitar-se a fazer justiça a quem o demanda...' (Allorio)".[778]

Contudo, independentemente da crítica formulada, e levando-se em consideração a expressão utilizada pelo legislador, o certo é que esse instituto de ordem constitucional e processual é um pressuposto necessário para movimentar o mecanismo judiciário, a fim de que este órgão jurisdicional se manifeste sobre a demanda exteriorizada pelo protocolo da petição inicial.

Uma vez protocolizada a petição inicial, perfectibiliza-se o exercício do direito de ação e exterioriza-se a demanda, formando-se o processo, o qual se desenvolverá por meio da relação jurídica processual ou, para aqueles que assim entende, uma instituo processual.

Num primeiro momento essa formação processual corresponde a uma relação jurídica linear entre o autor e o órgão do Poder Judiciário.

A formação plena do processo pressupõe a presença de no mínimo três pessoas que compõem a relação jurídica processual: juiz e duas partes, autor e réu.

---

[778] PISANIA, Andrea Proto. *Lezioni di diritto processuale civile* Terza Edizione. Napoli: Casa Editrice Dott Eugenio Jovene, 1999. p. 204 e 205.

1400

ART. 312

Muito embora E. D. Moniz de Aragão tenha afirmado que sem a presença dessas três pessoas a relação jurídica processual não se forma e, por isso, não há processo,[779] o fato é que mesmo antes da citação do réu já se pode falar em relação jurídica processual (linear entre juiz e autor), existindo o processo, pelo menos para a parte ativa da relação jurídica processual e para o órgão jurisdicional. Tanto existe processo que se o juiz extinguir a relação jurídica processual antes da citação do réu, o autor será obrigado a pagar as custas processuais, bem como poderá ensejar sua penalização por eventual litigância de má-fé.

Aliás, a própria redação do art. 312 do atual C.P.C. não vincula a formação do processo à citação do réu, mas simplesmente ao protocolo da petição inicial.

Sob a égide do C.P.C. de 1973 (art. 263), a formação do processo estava condicionada ao *despacho da petição inicial* nas Comarcas ou Seções Judiciárias em que houvesse apenas um juiz, sendo que naquelas em que houvesse mais de um juiz a formação do processo ou a propositura da ação ficaria vinculada à distribuição da petição inicial.

O novo C.P.C. modificou esta perspectiva ao estabelecer em seu art. 312 que se considera proposta a ação quando a petição inicial for protocolizada. A propositura da demanda, todavia, só produz quanto ao réu os efeitos mencionados no art. 240 depois que for validamente citado.

Assim, considera-se proposta a ação (demanda) e formado o processo não mais no momento do despacho ou da distribuição da petição inicial, mas a partir do momento em que for efetuado *o protocolo da petição inicial*.

O novo C.P.C. brasileiro passou a adotar o critério estabelecido pelo C.P.C. português em seu artigo 259º (momento em que a ação se considera proposta), *in verbis*:

> *Artigo 259º Momento em que a ação se considera proposta*
> *1 – A instância inicia -se pela proposição da ação e esta considera -se proposta, intentada ou pendente logo que seja recebida na secretaria a respetiva petição inicial, sem prejuízo do disposto no artigo 144º.*
> *2 – Porém, o ato da proposição não produz efeitos em relação ao réu senão a partir do momento da citação, salvo disposição legal em contrário.*

Anotava E. D. Moniz de Aragão, sob a égide do C.P.C. de 1973, que a formação do processo é um ato complexo, isto é: *"A formação do processo, porém, não ocorre através de ato simples, mas, gradativamente, compondo ato complexo.*

---

[779] Moniz de Aragão, Egas D. *Comentários ao código de processo civil*. 6ª ed., Vol. II – arts. 154 a 269, Rio de Janeiro: Ed. Forense, 1989. p. 465.

CÓDIGO DE PROCESSO CIVIL

Se é certo que uma vez distribuída ou despachada, conforme o caso, a petição inicial, está ele começado e se pode desenrolar toda uma série de atos sem a menor participação do réu, como a determinação de corrigir a petição inicial, o seu indeferimento, a interposição do recurso, sua admissão, ou não (se estiver fora do prazo, por exemplo), como decorre dos arts. 284 e 296, também é certo que alguns dos efeitos emanados da formação do processo só atuam a partir da citação, como o da sua estabilização (art. 264), outros ainda havendo que operam de imediato, mas sob a condição de o réu ser citado em tempo hábil (art. 263).[780]

Muito embora a ação ou demanda seja proposta pelo simples protocolo da petição inicial, os efeitos do art. 240 do novo C.P.C. somente serão produzidos em relação ao réu após a sua citação válida, conforme estabelece a parte final do art. 312 do novo C.P.C., pois a existência do processo para o réu somente acontecerá após a sua citação.

Sobre o tema, eis os seguintes precedentes do S.T.J.:

(...).

2. A jurisprudência desta Corte Superior entende que data de propositura da ação é aquela em que é apresentada a petição inicial no cartório judicial.

3. No caso concreto, contudo, duas demandas foram propostas no mesmo dia, mas em horários e juízos diferentes (Justiça Federal e Justiça Estadual).

4. A verificação de qual das demandas foi ajuizada em primeiro lugar passou a constituir matéria de fato, tendo o acórdão recorrido valorizado o horário da distribuição de cada petição inicial no respectivo cartório judicial. Incidência da Súmula 7/STJ.

5. Decisão agravada mantida.

6. AGRAVO REGIMENTAL DESPROVIDO.

(AgRg no REsp 1358898/ES, Rel. Ministro PAULO DE TARSO SANSEVERINO, TERCEIRA TURMA, julgado em 02/05/2013, DJe 07/05/2013)

1. "Proposta a ação no prazo fixado para o seu exercício, a demora na citação, por motivos inerentes ao mecanismo da Justiça, não justifica o acolhimento da arguição de prescrição ou decadência." Súmula 106/STJ 2. A ocorrência da prescrição nas ações de cobrança da diferença de remuneração nos saldos das poupanças atingidos pelos expurgos deflagrados com a implementação dos Planos Econômicos, é perquirida com base na data do ajuizamento da ação: se ordinária, o prazo de vinte anos é computado a partir dos respectivos pagamentos a menor das correções monetárias em razão dos planos econômicos; se pretensão executiva decorrente de sentença coletiva, contam-se cinco anos a

---

[780] MONIZ DE ARAGÃO. E. D., idem, p. 470.

ART. 313

partir do trânsito em julgado da sentença coletiva (REsp 1.275.215/RS, Rel. Ministro Luis Felipe Salomão, Quarta Turma, DJe 1/2/2012).
(...).
(EDcl no AgRg no Ag 1279170/SP, Rel. Ministro LUIS FELIPE SALOMÃO, QUARTA TURMA, julgado em 26/06/2012, DJe 01/08/2012)

– *O simples protocolo da ação principal, cumpre a finalidade de garantir a eficácia da cautelar, que não perde seus efeitos caso a distribuição apenas se consuma no dia seguinte (CPC; Arts. 263 e 808, I).*
– *Divergência jurisprudencial não configurada por ausência de semelhança entre os casos confrontados.*
(REsp 766.563/SP, Rel. Ministro HUMBERTO GOMES DE BARROS, TERCEIRA TURMA, julgado em 23/08/2005, DJ 20/03/2006, p. 271)

TÍTULO II – Da Suspensão do Processo

Art. 313
Suspende-se o processo:
I – pela morte ou pela perda da capacidade processual de qualquer das partes, de seu representante legal ou de seu procurador;
II – pela convenção das partes;
III – pela arguição de impedimento ou de suspeição;
IV – pela admissão de incidente de resolução de demandas repetitivas;
V – quando a sentença de mérito:
a) depender do julgamento de outra causa ou da declaração da existência ou de inexistência de relação jurídica que constitua o objeto principal de outro processo pendente;
b) tiver de ser proferida somente após a verificação de determinado fato ou a produção de certa prova, requisitada a outro juízo;
VI – por motivo de força maior;
VII – quando se discutir em juízo questão decorrente de acidentes e fatos da navegação de competência do Tribunal Marítimo;
VIII – nos demais casos que este Código regula.
§1º Na hipótese do inciso I, o juiz suspenderá o processo, nos termos do art. 689.
§2º Não ajuizada a ação de habilitação, ao tomar conhecimento da morte, o juiz determinará a suspensão do processo e observará o seguinte:

I – falecido o réu, ordenará a intimação do autor para que promova a citação do respectivo espólio, de quem for o sucessor ou, se for o caso, dos herdeiros, no prazo que designar, de no mínimo 2 (dois) e no máximo 6 (seis) meses;

II – falecido o autor e sendo transmissível o direito em litígio, determinará a intimação de seu espólio, de quem for o sucessor ou, se for o caso, dos herdeiros, pelos meios de divulgação que reputar mais adequados, para que manifestem interesse na sucessão processual e promovam a respectiva habilitação no prazo designado, sob pena de extinção do processo sem resolução de mérito.

§3º No caso de morte do procurador de qualquer das partes, ainda que iniciada a audiência de instrução e julgamento, o juiz determinará que a parte constitua novo mandatário, no prazo de 15 (quinze) dias, ao final do qual extinguirá o processo sem resolução de mérito, se o autor não nomear novo mandatário, ou ordenará o prosseguimento do processo à revelia do réu, se falecido o procurador deste.

§4º O prazo de suspensão do processo nunca poderá exceder 1 (um) ano nas hipóteses do inciso V e 6 (seis) meses naquela prevista no inciso II.

§5º O juiz determinará o prosseguimento do processo assim que esgotados os prazos previstos no §4º.

Suspensão do processo

O *art. 313* do novo C.P.C. trata das hipóteses que justificam a suspensão do processo, relativizando o princípio da celeridade processual.

O *inc. I do art. 313* do novo C.P.C. estabelece que se suspende o processo *pela morte ou pela perda da capacidade processual de qualquer das partes, de seu representante legal ou de seu procurador.*

Este inciso trata da suspensão do processo em face de fatores subjetivos relacionados às partes, seu representante legal ou seu procurador.

Diz respeito à falta de pressuposto processual para o prosseguimento da relação jurídica processual, ou seja, falta de *legitimatio 'ad causam'* ou falta de *capacidade postulatória*, em razão da morte ou perda de capacidade processual da parte, seu representante legal ou procurador.

A primeira causa de suspensão do processo é a morte ou perda da capacidade da parte.

A morte, na realidade, tanto pode acarretar a suspensão do processo até que sejam habilitados os respectivos herdeiros, ou a própria extinção do processo, principalmente quando se está diante de direito personalíssimo e intransferível, nos termos do art. 485, inc. IX do novo C.P.C.:

"Art. 485. O juiz não resolverá o mérito quando:
(...).
IX – em caso de morte da parte, a ação for considerada intransmissível por disposição legal".

Na realidade, não é a ação que é considerada intransmissível, mas, sim, o eventual direito objeto da demanda.

Sobre o tema, eis os seguintes precedentes do S.T.J.:

1. Hipótese em que a afirmada viúva, isoladamente, impetrou writ visando ao recebimento do passivo, reconhecido em portaria que declarou anistiado político o seu marido.

2. A certidão de óbito dá conta de que não há coincidência entre o nome da viúva e o da impetrante. Além disso, há outros herdeiros necessários.

3. Diante do falecimento do cônjuge, os valores referentes ao retroativo ingressaram na esfera patrimonial do espólio e, posteriormente, dos sucessores, uma vez encerrado o trâmite do respectivo inventário.

4. O direito líquido e certo postulado no Mandado de Segurança é personalíssimo e intransferível, ainda que para efeito de habilitação nos autos, preservando-se, no entanto, a possibilidade de os sucessores deduzirem sua pretensão na via ordinária.

5. Precedente do STF: QO no MS 22.130, Rel. Ministro Moreira Alves, DJ 30.5.1997. Precedentes do STJ: AgRg no RMS 14.732/SC, Rel.

Ministro Hamilton Carvalhido, Sexta Turma, DJ 17.4.2006; REsp 32.712/PR, Rel. Ministro Edson Vidigal, Quinta Turma, DJ 19.10.1998.

6. Mandado de Segurança extinto.

(MS 17.372/DF, Rel. Ministro HERMAN BENJAMIN, PRIMEIRA SEÇÃO, julgado em 26/10/2011, DJe 08/11/2011)

O fato de ter o ora agravante assumido provisoriamente o Tabelionato, em razão do falecimento do titular não lhe enseja nenhum direito quanto à assunção definitiva do cargo, que há de ser preenchido mediante concurso público de remoção, inclusive já realizado, por força do v. aresto desta colenda Corte, o que redunda, afinal, na assertiva de que o agravante, de fato, não possui interesse jurídico na demanda.

Ademais, tratando a ação rescisória de direito personalíssimo, com a morte do autor outra possibilidade inexistiria, a não ser aquela de extinção do processo, sem julgamento de mérito, na forma do art.

267, inc. IX, do Código de Processo Civil.

Agravo regimental desprovido.

(AgRg na AR .845/RS, Rel. Ministro PAULO MEDINA, TERCEIRA SEÇÃO, julgado em 14/05/2003, DJ 30/06/2003, p. 126)

PROCESSO CIVIL. AÇÃO RESCISÓRIA. MORTE DO AUTOR. PEDIDO DE

O fato de ter o ora agravante assumido provisoriamente o Tabelionato, em razão do falecimento do titular não lhe enseja nenhum direito quanto à assunção definitiva do cargo, que há de ser preenchido mediante concurso público de remoção, inclusive já realizado, por força do v. aresto desta colenda Corte, o que redunda, afinal, na assertiva de que o agravante, de fato, não possui interesse jurídico na demanda.

Ademais, tratando a ação rescisória de direito personalíssimo, com a morte do autor outra possibilidade inexistiria, a não ser aquela de extinção do processo, sem julgamento de mérito, na forma do art. 267, inc. IX, do Código de Processo Civil.

Agravo regimental desprovido.

(AgRg na AR .845/RS, Rel. Ministro PAULO MEDINA, TERCEIRA SEÇÃO, julgado em 14/05/2003, DJ 30/06/2003, p. 126).

Processo civil. Recurso especial. Ação de divórcio. Mandado de segurança. Decisão recorrível. Não cabimento. Inépcia da petição inicial. Prequestionamento. Ausência. Divórcio. Autor. Falecimento em data anterior ao trânsito em julgado. Extinção do processo sem julgamento de mérito.

– É inadmissível o recurso especial se não houve o prequestionamento do direito tido por violado.

– Em ação de divórcio, o falecimento do autor em data anterior ao trânsito em julgado de decisão que decreta o divórcio implica a extinção do processo, sem julgamento de mérito. Precedente.

– Recurso especial a que não se conhece.

(REsp 331.924/SP, Rel. Ministra NANCY ANDRIGHI, TERCEIRA TURMA, julgado em 12/11/2001, DJ 18/02/2002, p. 422)

Em regra geral, o falecimento do autor ou do réu não gera a extinção do processo mas apenas a sua suspensão para que possíveis sucessores possam habilitar-se na relação jurídica processual.

E a suspensão é de rigor, pois desaparecida uma das partes, ou seja, um dos sujeitos da relação processual, torna-se irregular um dos pressupostos proces-

ART. 313

suais de validade da relação jurídica processual, razão pela qual há necessidade de se realizar a *habilitação*, nos termos dos arts. 687 a 692 do novo C.P.C.

Com a morte da parte também haverá a extinção da procuração outorgada a seu advogado.

A morte referida nesse dispositivo ocorre também na denominada morte presumida, ou na ausência, prevista no art. 22 do C.C.b.: *"Desaparecendo uma pessoa do seu domicílio sem dela haver notícia, se não houver deixado representante ou procurador a quem caiba administrar-lhe os bens, o juiz, a requerimento de qualquer interessado ou do Ministério Público, declarará a ausência e nomear-lhe-á curador".*

A extinção da pessoa jurídica também poderá ser equiparada à morte da pessoa física. Nesse caso, ensina E. D. Moniz de Aragão:

> *"As pessoas jurídicas também podem sofrer as consequências de fatos semelhantes, como a sua extinção, por um dos vários motivos previstos nas leis materiais, bem como a cassação da licença para seu funcionamento ou a sua dissolução por ato do poder público. À Vista disso, o Código portuguès disciplina lado a lado a morte e a extinção de algum das partes (art. 276, 1, a).*
>
> *Para José Frederico Marques, 'a extinção da pessoa jurídica não se equipara à morte ou incapacidade da pessoa física no que tange à suspensão do processo', em vista de o liquidante representá-la até o final. Mas outro tanto ocorre com relação aos sucessores e aos curadores, posto não sejam idênticas tais situações. Também o liquidante terá de ser escolhido, aceitar e assumir o encargo para, depois, ingressar no processo e levá-lo avante. A prudência parece aconselhar que se suspenda o processo até que efetivamente aconteça a assunção pelo liquidante da posição da sociedade extinta."*[781]

A falência poderá caracterizar a extinção da empresa após a sua conclusão definitiva, pois durante o processo falimentar a massa falida apresenta capacidade processual para compor a relação jurídica processual. Nesse sentido são os seguintes precedentes do S.T.J.:

> *1. A massa falida nada mais é do que o conjunto de bens, direitos e obrigações da pessoa jurídica que teve contra si decretada a falência, uma universalidade de bens, a que se atribui capacidade processual exclusivamente, mas que não detém personalidade jurídica própria nos mesmos moldes da pessoa natural ou da pessoa jurídica.*
>
> *Todo esse acervo patrimonial não personificado nasce com o decreto de falência e sobre ele recai a responsabilidade patrimonial imputada, ou imputável, à empresa falida, apenas isso, mas não configura uma pessoa distinta.*

---

[781] MONIZ DE ARAGÃO. Egas Dirceu. *Comentários ao código de processo civil.* 6ª ed., V. II, art. 154 a 269. Rio de Janeiro: Ed. Forense, 1989. p. 497.

CÓDIGO DE PROCESSO CIVIL

2. Não incide, portanto, a Súmula 392/STJ ("A Fazenda Pública pode substituir a certidão de dívida ativa (CDA) até a prolação da sentença de embargos, quando se tratar de correção de erro material ou formal, vedada a modificação do sujeito passivo da execução"), pois o decreto de falência não gera "modificação do sujeito passivo da execução", sendo desnecessária, até mesmo, a substituição da CDA.

3. "A pessoa jurídica já dissolvida pela decretação da falência subsiste durante seu processo de liquidação, sendo extinta, apenas, depois de promovido o cancelamento de sua inscrição perante o ofício competente. Inteligência do art. 51 do Código Civil".

(REsp 1.359.273/SE, Rel. Min. NAPOLEÃO NUNES MAIA FILHO, Rel. p/ Acórdão Ministro BENEDITO GONÇALVES, Primeira Turma, DJe 14.5.13)

4. O simples fato de não ter sido incluído ao lado do nome da empresa executada o complemento "massa falida" não gera nulidade nem impõe a extinção do feito por ilegitimidade passiva ad causam. A massa falida não é pessoa diversa da empresa contra a qual foi decretada a falência. Não há que se falar em redirecionamento nem mesmo em substituição da CDA. Trata-se de mera irregularidade formal, passível de saneamento até mesmo de ofício pelo juízo da execução.

5. No caso dos autos, a impossibilidade de extinção do feito é ainda mais patente porque a execução fiscal foi ajuizada apenas 20 dias após o decreto de falência, ou seja, é possível, e mesmo provável, que a Fazenda Pública exequente nem tivesse ciência desse fato.

6. Recurso especial provido.

(REsp 1359041/SE, Rel. Ministro CASTRO MEIRA, SEGUNDA TURMA, julgado em 18/06/2013, DJe 28/06/2013).

PROCESSUAL CIVIL. EMBARGOS DE DECLARAÇÃO NO RECURSO ESPECIAL.

(...).

2. No caso, esta Turma decidiu com base em premissa fática evidentemente equivocada, na medida em que entendeu que a falência da empresa executada teria sido decretada em momento anterior à inscrição em dívida ativa dos créditos objeto desta execução fiscal, quando, na realidade, é fato incontroverso nos autos a decretação da falência da executada ocorreu antes do ajuizamento da execução fiscal, porém após as inscrições em dívida ativa.

3. Esta Turma, ao julgar o REsp 1.192.210/RJ (Rel. Min. Herman Benjamin, DJe de 4.2.2011), deixou consignado que a mera decretação da falência não implica extinção da personalidade jurídica da empresa. Por meio da ação falimentar, instaura- -se processo judicial de concurso de credores, onde será realizado o ativo e liquidado o passivo, para, ao final, em sendo o caso, promover-se a dissolução da pessoa jurídica, com a extinção da respectiva personalidade. A massa falida não detém personalidade

ART. 313

jurídica, mas apenas personalidade judiciária – isto é, atributo que permite a participação nos processos instaurados pela empresa, ou contra ela, no Poder Judiciário. Trata-se de universalidade que sucede, em todos os direitos e obrigações, a pessoa jurídica. Portanto, não se trata de alteração do sujeito passivo. Na realidade, a hipótese mais se aproxima da retificação do sujeito passivo apontado como réu, requerido ou executado, de modo que é plenamente aplicável a regra do art. 284 do CPC. Em outras palavras, há simples irregularidade na petição inicial, de modo que é vedada a decretação da extinção do feito sem que a parte seja intimada para providenciar a retificação.

4. Embargos de declaração acolhidos, com efeitos infringentes, para dar provimento ao recurso especial.

(EDcl no REsp 1359259/SE, Rel. Ministro MAURO CAMPBELL MARQUES, SEGUNDA TURMA, julgado em 02/05/2013, DJe 07/05/2013).

É importante salientar, contudo, que se a extinção da pessoa jurídica decorre de decisão final proferida em processo falimentar, e havendo execução fiscal promovida contra a empresa, este processo não será extinto, mas poderá prosseguir contra os sócios, caso a lei confira a eles a responsabilidade solidária ou subsidiária pela dívida tributária.

Não havendo sócio a ser responsabilizado pela dívida tributária, o juiz deverá extinguir o processo tendo em vista a extinção da pessoa jurídica.

Sobre o tema, eis os seguintes precedentes:

(...).

4. Ademais, a LC 109/2001 deve se compatibilizar com o disposto no art. 29 da Lei de Execuções Fiscais, aplicável sobre dívidas tributárias e não tributárias executadas pelo Poder Público, que explicita: "A cobrança judicial da Dívida Ativa da Fazenda Pública não é sujeita a concurso de credores ou habilitação em falência, concordata, liquidação, inventário ou arrolamento".

5. Realizando-se uma interpretação lógico-sistemática dos preceitos legais em debate, conclui-se que a decretação da liquidação extrajudicial não extingue o executivo fiscal, mas apenas o condiciona ao resultado do concurso entre os credores. Logo: a) inexistindo bens suficientes para a satisfação dos créditos, a sociedade será extinta e a execução seguirá a mesma sorte, em virtude da superveniente perda de objeto; b) havendo, contudo, o levantamento da liquidação ou restando bens aptos à satisfação do débito, procede-se ao restabelecimento do feito executivo, ante o exaurimento dos efeitos da regra insculpida no art. 49, VII, da LC 109/2001.

6. Recurso especial provido.

(REsp 1238965/RS, Rel. Ministro CASTRO MEIRA, SEGUNDA TURMA, julgado em 14/08/2012, DJe 19/12/2012).

O inc. I do art. 313 do novo C.P.C. fala ainda em suspensão do processo pela morte ou perda da capacidade do representante legal da parte ou de seu procurador.

Assim, além da morte, haverá suspensão do processo quando *houver a perda da capacidade processual de qualquer das partes.*

No caso de interdição de umas das partes proveniente da perda da capacidade, tal fato impede a participação do interditado na relação jurídica processual, ocorrendo, inclusive, extinção do mandato outorgado ao procurador.

Na hipótese de perda da capacidade da parte, suspender-se-á o processo a fim de que seja indicado o representante legal do interditado, suprimindo a *legitimatio ad processum* bem como para que seja apresentada nova procuração ao advogado em juízo.

Também haverá a suspensão do processo na hipótese de morte ou perda da capacidade do representante legal da parte.

O pai ou a mãe, por exemplo, são representantes legais dos filhos menores, razão pela qual eles possuem capacidade para estar na relação jurídica processual, preenchendo um dos pressupostos de sua validade.

Sobrevindo a morte ou a incapacidade do pai ou da mãe que representa o filho no processo, este deve ser suspenso até que se supra essa incapacidade, mediante a nomeação de tutor ou curador à parte incapaz.

Preceituam os arts. 71 e 72 do novo C.P.C.:

> *Art. 71. O incapaz será representado ou assistido por seus pais, por tutor ou por curador, na forma da lei.*

> *Art. 72. O juiz nomeará curador especial ao:*
> *I – incapaz, se não tiver representante legal ou se os interesses deste colidirem com os daquele, enquanto durar a incapacidade;*
> *II – réu preso revel, bem como ao réu revel citado por edital ou com hora certa, enquanto não for constituído advogado.*
> *Parágrafo único. A curatela especial será exercida pela Defensoria Pública, nos termos da lei.*

Sobre a morte ou incapacidade do *presentante* legal da pessoa jurídica, anota E. D. MONIZ DE ARAGÃO:

> *"Não se confundem, porém, o representante do incapaz e o órgão da pessoa jurídica. Este não a representa, presenta-a (Pontes de Miranda) e, por conseguinte, ainda que faleça ou seja declarada a sua incapacidade, nem por isso a pessoa jurídica fica afetada*

ART. 313

pelo acontecimento. Se uma pessoa física, órgão de pessoa jurídica, desaparece, outra lhe toma o lugar, sem que haja solução de continuidade no processo. O mandato outorgado ao advogado não sofre o menor efeito em vista do acontecimento e razão alguma justificaria a suspensão do processo. Uma coisa é a extinção da pessoa jurídica; outra o falecimento ou incapacidade da pessoa física que desempenha o papel de seu órgão. O C.P.C do Vaticano é expresso a respeito (art. 202, §3º).[782]

O inc. I do art. 313 do novo C.P.C. menciona, ainda, a morte ou incapacidade do advogado da parte.

Com a morte ou a incapacidade do advogado cessa a representação, extingue-se a procuração outorgada ao mandatário, faltando, portanto, um dos pressupostos processuais, ou seja, a capacidade postulatória.

Este dispositivo também se aplica em eventual sanção de suspensão ou exclusão do advogado dos quadros da Ordem dos Advogados do Brasil.

Porém, não será caso de suspensão do processo em razão da morte do advogado se há no processo outros advogados ou se a procuração foi substabelecida. Nesse sentido é o seguinte precedente do S.T.J.:

1. "Na instância especial é inexistente recurso interposto por advogado sem procuração nos autos." (Súmula 115/STJ) 2. Incabível a suspensão do processo em razão do falecimento de um dos advogados constituídos se a defesa foi estabelecida com a atuação de outro procurador.

3. Agravo regimental desprovido.

(AgRg no Ag 626.811/RS, Rel. Ministro FERNANDO GONÇALVES, QUARTA TURMA, julgado em 26/02/2008, DJe 10/03/2008).

1. "Na instância especial é inexistente recurso interposto por advogado sem procuração nos autos." (Súmula 115/STJ).

2. O falecimento do ilustre causídico que representava os interesses da agravante ocorreu mais de dois anos antes da interposição do recurso especial, o que afasta, de pronto, a alegada urgência.

3. Ademais, a procuração juntada no momento da propositura da ação outorgava poderes a mais de um advogado.

4. Agravo regimental a que se nega provimento.

(AgRg no Ag 672.422/SP, Rel. Ministra DENISE ARRUDA, PRIMEIRA TURMA, julgado em 01/09/2005, DJ 03/10/2005, p. 133).

---

[782] MONIZ DE ARAGÃO, E. D., idem, p. 498.

CÓDIGO DE PROCESSO CIVIL

(...).

– É válida a publicação da sentença e demais atos processuais feita em nome dos dois advogados que constavam da procuração dada pelo réu investigado, o qual não apresentou, junto ao Juízo singular, qualquer pedido para que as intimações se fizessem em nome de determinado procurador. O superveniente falecimento de um dos patronos do réu, no curso da demanda, ainda que esse praticasse, efetivamente, todos os atos do processo, não importa nulidade nem suspensão do processo, se a parte, também intimada pessoalmente para posterior audiência, não foi privada de representação judicial por profissional habilitado.

(...).

(REsp 341.495/RS, Rel. Ministra NANCY ANDRIGHI, TERCEIRA TURMA, julgado em 03/12/2001, DJ 18/02/2002, p. 424).

Os §§1º e 2º *do art. 313* do novo C.P.C. complementam o disposto no inc. I do mesmo dispositivo legal, com as seguintes determinações.

Diz o §1º: *No caso de morte ou de perda da capacidade processual de qualquer das partes ou de seu representante legal, o juiz suspenderá o processo nos termos do art. 689.*

Assim, proceder-se-á à habilitação nos autos da causa principal e na instância em que ela se encontrar, suspendendo-se, a partir de então, o processo (art. 689 do novo C.P.C.).

O § 1º do art. 265 do C.P.C. de 1973 prescrevia que no caso de morte ou perda da capacidade processual de qualquer das partes, ou de seu representante legal, provado o falecimento ou a incapacidade, o juiz suspenderia o processo, *salvo se já tivesse iniciado a audiência de instrução e julgamento*; caso em que: a) o advogado continuaria no processo até o encerramento da audiência; b) o processo só se suspenderia a partir da publicação da sentença ou do acórdão.

O novo C.P.C., lamentavelmente, não repetiu essa possibilidade de prosseguimento do processo na hipótese de morte ou incapacidade da parte ou de seu representante legal após iniciada a audiência de instrução e julgamento, causando, evidentemente, mácula ao princípio da *celeridade processual.*

É evidente que somente haveria necessidade de suspensão do processo após iniciada a audiência de instrução e julgamento, caso houvesse algum dano processual ou material àqueles que deveriam se habilitar ou ingressar na relação jurídica processual. Caso contrário, deveria o juiz prosseguir no julgamento.

Contudo, pela nova dicção do §1º do art. 313 do novo C.P.C., o juiz deverá suspender o processo mesmo após iniciada a audiência de instrução e julgamento nas hipóteses do inc. I do mesmo dispositivo legal. A mesma interpretação se retira do disposto no §3º do art. 311 do atual C.P.C.

ART. 313

Deve-se ressaltar, ainda, que no caso de morte da parte haverá necessidade de habilitação dos sucessores.

A habilitação é regida pelos arts. 687 a 692 do novo C.P.C.

Conforme preceitua o *§2º do art. 313* do novo C.P.C., *não ajuizada a ação de habilitação, ao tomar conhecimento da morte, o juiz determinará a suspensão do processo e observará o seguinte:*

I – falecido o réu, ordenará a intimação do autor para que promova a citação do respectivo espólio, de quem for o sucessor ou, se for o caso, dos herdeiros, no prazo que designar, de no mínimo 2 (dois) e no máximo 6 (seis) meses;

II – falecido o autor e sendo transmissível o direito em litígio, determinará a intimação de seu espólio, de quem for o sucessor ou, se for o caso, dos herdeiros, pelos meios de divulgação que reputar mais adequados, para que manifestem interesse na sucessão processual e promovam a respectiva habilitação no prazo designado, sob pena de extinção do processo sem resolução de mérito.

No caso de falecimento do réu, uma vez citado o respectivo espólio de quem for sucessor ou, se for o caso, os herdeiros, e não promoverem a sua habilitação nos autos, o processo seguirá à revelia.

Se permanecer inerte o espólio ou os herdeiros do autor, o juiz poderá extinguir o processo pela falta de pressuposto processual.

Sobre o falecimento do procurador de qualquer das partes, complementa o *§3º do art. 313* do novo C.P.C: no *caso de morte do procurador de qualquer das partes, ainda que iniciada a audiência de instrução e julgamento, o juiz determinará que a parte constitua novo mandatário, no prazo de 15 (quinze) dias, ao final do qual extinguirá o processo sem resolução de mérito, se o autor não nomear novo mandatário, ou ordenará o prosseguimento do processo à revelia do réu, se falecido o procurador deste.*

O § 2º do art. 265 do C.P.C. de 1973 prescrevia que no caso de morte do procurador de qualquer das partes, ainda que iniciada a audiência de instrução e julgamento, o juiz marcaria, a fim de que a parte constituísse novo mandatário, o prazo de 20 (vinte) dias, findo o qual extinguiria o processo sem julgamento do mérito, se o autor não nomeasse novo mandatário, ou mandaria prosseguir no processo, à revelia do réu, tendo falecido o advogado deste.

Assim, morrendo ou tornando-se incapaz o procurador da parte, ainda que iniciada a audiência de instrução e julgamento ou a sessão de julgamento, o juiz ou presidente da sessão marcará o prazo de *quinze dias* para que a parte constitua novo mandatário (salvo se no processo houver outros procuradores).

Evidentemente que esse dispositivo, quando a morte ocorre após iniciada a audiência de instrução e julgamento ou a sessão de julgamento somente se

CÓDIGO DE PROCESSO CIVIL

aplica em relação ao advogado que comparece à audiência ou à sessão, pois *"se não estiver, nenhum efeito causará sobre ela o seu falecimento ou a perda da capacidade"*.[783]

Se a parte autora não constituir novo advogado, o juiz extinguirá o processo sem resolução de mérito, ou o tribunal não conhecerá do recurso por falta de pressuposto processual.

Se o réu não nomear novo procurador, o juiz mandará prosseguir o processo à sua revelia, assim como o tribunal prosseguirá no julgamento do recurso interposto pelo autor.

Se o recurso foi interposto pelo próprio réu, o tribunal não conhecerá do recurso por falta de pressuposto processual.

O *inc. II do art. 313* do novo C.P.C. estabelece que se suspende o processo *pela convenção das partes*.

Este dispositivo é um desdobramento dos efeitos do *princípio dispositivo*, o qual deve ser aplicado com certa relativização quando diante de direitos indisponíveis das partes.

A convenção é um negócio jurídico realizado no processo, devendo também ser considerada como ato processual das partes, consistente em declaração bilateral de vontade.

Aliás, preconiza o art. 190 do novo C.P.C. que *versando o processo sobre direitos que admitam autocomposição, é lícito às partes plenamente capazes estipular mudanças no procedimento para ajustá-lo às especificidades da causa e convencionar sobre os seus ônus, poderes, faculdades e deveres processuais, antes ou durante o processo.*

Sob a égide do C.P.C. de 1973 preconizava E. D. Moniz de Aragão que: *"A suspensão, porém, encontra determinados óbices, que a vontade das partes não alcança remover. Assim é que não terá cabimento quando qualquer ato estiver em curso. Não se pode, por exemplo, suspender o processo convencionalmente depois de iniciada a audiência de instrução e julgamento, ou o julgamento do caso pelo tribunal.*

Também não é cabível a suspensão desse tipo nos casos em que se estiverem produzindo os efeitos de um ato. Por exemplo: não se pode convencionar a suspensão do processo enquanto durar o curso dos prazos peremptórios (art. 182), ou mesmo enquanto fluir o prazo destinado à prolação da sentença (art. 456), ou à lavratura, conferência e publicação de acórdão (arts. 563 e 564).[784]

Efetivamente, é de se concordar com Moniz de Aragão quanto à impossibilidade de suspensão convencional do processo quando em curso determinados prazos.

---

[783] MONIZ DE ARAGÃO, E.D., idem, p. 501.
[784] MONIZ DE ARAGÃO, E.D., idem, p. 504 e 505.

ART. 313

Porém, não se observa impedimento legal para que o juiz suspenda o processo, mesmo em curso prazo para prolação da sentença, principalmente quando as partes informam ao magistrado que estão em vias de solucionar a questão amigavelmente, uma vez que a composição amigável entre as partes deve prevalecer em relação à decisão judicial impositiva.

A conciliação é, atualmente, um marco referencial de solução de conflitos por vezes muito mais vantajosa do que uma decisão judicial.

Por isso, deve-se sempre oportunizar a conciliação quando as partes, mediante manifestação de vontade real, concreta, pautada na boa-fé, pretendam solucionar a lide através desse instituto processual.

O mesmo critério deve ser adotado enquanto ainda não tiver sido publicada a decisão, pois enquanto não publicada a decisão o juiz de primeiro grau não cumpriu, ainda, o seu ofício jurisdicional.

Também não se observa, modernamente, diante da perspectiva constitucional de um processo justo, motivo para restringir a liberdade das partes em convencionar a suspensão do processo quando em curso audiência de instrução e julgamento ou mesmo a sessão de julgamento no tribunal.

Desde que não se vislumbre má-fé ou mera simulação, o órgão jurisdicional deve proporcionar em todo o arco do procedimento oportunidades para que as partes resolvam amigavelmente o conflito, pois o processo jurisdicional não tem apenas uma função jurídica, mas, também uma função social de resolução de conflitos.

Sobre o tema, eis o seguinte precedente do S.T.J.:

> (...).
>
> 7. Nessa situação, o art. 266 do CPC veda a prática de qualquer ato processual, com a ressalva dos urgentes a fim de evitar dano irreparável. A lei processual não permite, desse modo, que seja publicada decisão durante a suspensão do feito, não se podendo cogitar, por conseguinte, do início da contagem do prazo recursal enquanto paralisada a marca do processo.
>
> 8. É imperiosa a proteção da boa-fé objetiva das partes da relação jurídico-processual, em atenção aos princípios da segurança jurídica, do devido processo legal e seus corolários – princípios da confiança e da não surpresa – valores muito caros ao nosso ordenamento jurídico.
>
> 9. Ao homologar a convenção pela suspensão do processo, o Poder Judiciário criou nos jurisdicionados a legítima expectativa de que o processo só voltaria a tramitar após o termo final do prazo convencionado. Por óbvio, não se pode admitir que, logo em seguida, seja praticado ato processual de ofício – publicação de decisão – e, ademais, considerá-lo como termo inicial do prazo recursal.

CÓDIGO DE PROCESSO CIVIL

10. Está caracterizada a prática de atos contraditórios justamente pelo sujeito da relação processual responsável por conduzir o procedimento com vistas à concretização do princípio do devido processo legal. Assim agindo, o Poder Judiciário feriu a máxima nemo potest venire contra factum proprium, reconhecidamente aplicável no âmbito processual. Precedentes do STJ.

11. Recurso Especial provido.

(REsp 1306463/RS, Rel. Ministro HERMAN BENJAMIN, SEGUNDA TURMA, julgado em 04/09/2012, DJe 11/09/2012).

1. Podem as partes formular ato convencional bilateral, suspendendo o curso do processo, por razões de exclusiva conveniência, por um prazo nunca superior a seis meses, findo o qual, o escrivão fará os autos conclusos ao juiz, que ordenará o prosseguimento do processo.

Referida suspensão pode ser convencionada quando em curso prazo peremptório (CPC, art. 182), entendidos assim os prazos ditados por normas cogentes e portanto imperativos sobre a vontade das partes.

2. Na hipótese de não ter sido suspenso o curso do prazo, deve a parte apresentar o ato processual pertinente, sob pena de preclusão.

Depois da apresentação ou após o transcurso do prazo, o processo será suspenso.

3. Nesse contexto, protocolizado acordo firmado entre as partes requerendo a suspensão processual, ao douto Magistrado caberia tão-somente receber a réplica ofertada pela Recorrida, já que a esta não competia qualquer outro ato processual, para, depois, suspender o curso do processo. Frise-se, em curso o prazo para réplica, caberia a parte ofertá-la, sob pena de ter esgotado o momento adequado para tanto, de ter precluso o direito de realizar o ato.

4. Não se pode concluir que a realização do referido ato processual significa o manifesto desejo de que o processo prosseguisse o curso normal, mormente quando não há na aludida peça qualquer manifestação expressa da parte em que se pugna pelo prosseguimento do processo.

5. Nulo, pois, o acórdão de origem e, em consequência, a sentença de 1º grau, porquanto, repita-se, proferida com o processo suspenso pela vontade comum das partes.

6. Recurso especial conhecido e provido.

(REsp 596.628/RJ, Rel. Ministro JORGE SCARTEZZINI, Rel. p/ Acórdão Ministra LAURITA VAZ, QUINTA TURMA, julgado em 08/03/2005, DJ 09/05/2005, p. 458)

Em regra, nos termos §4º do art. 311 do novo C.P.C. *a suspensão do processo*, na hipótese de convenção das partes, *nunca poderá exceder a seis meses.*

Sobre o tema, eis os seguintes precedentes do S.T.J.:

ART. 313

1. Embora a lei confira o direito de as partes convencionarem a suspensão do processo, este é limitado pela disposição do §3º do artigo 265 do CPC e tal limite funda-se na necessidade de que as pendências judiciais não se perpetuem, sobretudo diante da garantia constitucional dirigida a todos (não exclusivamente às partes processuais) da razoável duração do processo e dos meios que garantam a celeridade de sua tramitação.
2. Encerrado o prazo de seis meses, imediatamente os autos devem ir conclusos para o magistrado para que este restabeleça o curso do procedimento.
3. Agravo regimental não provido.

(AgRg no REsp 1231891/PR, Rel. Ministro MAURO CAMPBELL MARQUES, SEGUNDA TURMA, julgado em 07/02/2013, DJe 18/02/2013).

I. Presente, na execução, acordo entre as partes para pagamento parcelado da dívida, bem como para suspensão do processo, nos termos do art. 791, II, combinado com o art. 265, II, do CPC, com atos jurisdicionais que corroboram tal transação, inadmissível a extinção do feito por abandono de causa anos após, ainda que existente pedido da parte contrária.
II. Agravo desprovido.

(AgRg no REsp 1052960/MG, Rel. Ministro ALDIR PASSARINHO JUNIOR, QUARTA TURMA, julgado em 23/06/2009, DJe 24/08/2009)

Porém, a expressão *nunca* não se amolda aos princípios da Constituição Federal.

Se a Constituição Federal preconiza como conteúdo da moderna concepção do direito de ação o direito a um *justo processo*, poderá surgir situações em que a suspensão do processo por convenção das partes, a fim de que se possa vislumbrar a perspectiva de efetiva conciliação entre elas, demande prazo superior a seis meses, principalmente pela complexidade fática, ecológica, econômica, social da questão.

Mesmo porque, será preferível suspender o processo, por exemplo, por 200 dias, visualizando-se uma concreta conciliação das partes, do que permanecer com este processo em andamento nos tribunais por mais 3 ou 4 anos.

Portanto, tenho para mim que a expressão *nunca* prevista no §4º do art. 313 do novo C.P.C. é *inconstitucional*.

O *§5º do art. 313* do novo C.P.C. preconiza que *o juiz determinará o prosseguimento do processo assim que esgotados os prazos previstos no §4º.*

Isso significa dizer que uma vez expirado o prazo de suspensão por convenção das partes, os autos serão imediatamente conclusos ao juiz para o seu devido prosseguimento.

O *inc. III do art. 313* do novo C.P.C. estabelece que se suspende o processo pela *arguição de impedimento ou de suspeição.*

A imparcialidade do juiz é pressuposto de validade da relação jurídica processual.

Havendo algumas das circunstâncias que possam ensejar o impedimento ou a suspeição do magistrado, a parte poderá, nos termos do art. 146 do novo C.P.C., alegar tais circunstâncias no prazo de quinze dias a contar do conhecimento do fato, em petição específica dirigida ao juiz da causa, indicando o fundamento da recusa, podendo instruí-la com documentos em que se fundar a alegação e com rol de testemunhas.

Se reconhecer o impedimento ou a suspeição ao receber a petição, o juiz ordenará imediatamente a remessa dos autos a seu substituto legal; caso contrário, determinará a autuação em apartado da petição e, no prazo de quinze dias, apresentará suas razões, acompanhadas de documentos e de rol de testemunhas, se houver, ordenando a remessa do incidente ao tribunal (§1º do art. 146 do novo C.P.C.).

O processo permanecerá suspenso durante o transcurso do prazo de quinze dias para que o juiz apresente suas razões.

Distribuído o incidente, o relator deverá declarar os efeitos em que é recebido. Se o incidente for recebido sem efeito suspensivo, o processo voltará a correr; se com efeito suspensivo, permanecerá suspenso o processo até o julgamento do incidente (§2º do art. 146 do atual C.P.C.).

Deve-se observar que as causas de impedimento e suspeição não são aplicáveis apenas ao juiz, mas também aos sujeitos da relação processual indicados no art. 148 do novo C.P.C. a saber:

> Art. 148. Aplicam-se os motivos de impedimento e de suspeição:
> I – ao membro do Ministério Público;
> II – aos auxiliares da justiça;
> III – aos demais sujeitos imparciais do processo.

O inc. IV do art. 313 do novo C.P.C. estabelece que se suspende o processo pela admissão de incidente de resolução de demandas repetitivas.

O incidente de resolução de demandas repetitivas é um novo instituto processual incorporado pelo novo C.P.C. e que tem por objetivo evitar a prolação de diversas decisões idênticas sobre demandas que tenham por objeto a mesma causa de pedir e o mesmo pedido.

É a concretização e otimização do princípio da celeridade e economia processual.

A Constituição Federal estabelece em seu art. 5º, inc. LXXVIII: *"a todos, no âmbito judicial e administrativo, são assegurados a razoável duração do processo e os meios que garantam a celeridade de sua tramitação".*

Por meio da Emenda n. 86 ao Projeto de Lei do Senado n. 166/10, o Senador Francisco Dornelles propunha a supressão de todo o Capítulo VII do Título I do Livro IV, que correspondia no projeto original aos arts. 895 a 906 que trata do *incidente de resolução de demandas repetitivas* e que visa a possibilitar o julgamento de demandas de massa com maior rapidez, buscando preservar a uniformidade de entendimento dos tribunais superiores. Para o Senador, o novel instituto não representaria uma solução compatível com o direito brasileiro, além de não ser uma solução necessária, em vista de instrumentos já existentes com a mesma finalidade. Além disso, argumenta-se que esse incidente de demandas repetitivas atenta contra o pleno exercício do direito de ação e contra o princípio do juiz natural, por não permitir que as particularidades de cada caso concreto sejam consideradas. Cita os institutos processuais como a rejeição liminar da demanda, o julgamento de recursos extraordinários e especial repetitivos, a súmula vinculante e os poderes conferidos ao relator, todos com finalidade semelhante ao incidente de resolução de demandas repetitivas, que, além disso, seria um instituto que rompe com a tradição do sistema processual brasileiro.

Contudo, o Relator do Projeto rejeita a Emenda n. 86 com as seguintes argumentações: *"A Emenda n. 86 deve ser rejeitada, tendo em vista que ela propõe a supressão de um dos núcleos fundamentais do projeto de lei, que é o incidente de resolução de demandas repetitivas. Sem dúvida, esse incidente é uma das maiores inovações do processo civil da atualidade, e não faz sentido abortar a proposta da forma como se pretende. Além disso, não vislumbramos no projeto os alegados vícios de inconstitucionalidade apresentados na justificação da Emenda, devendo-se considerar, particularmente, que não existe qualquer atentado ao direito de ação, nem risco de as questões particulares escaparem ao julgamento, já que a finalidade do instituto é fixar uma tese jurídica abstrata que seja uniformemente aplicada às demandas repetitivas, ressalvando-se, contudo, a análise das particularidades fáticas de cada caso. Também não é óbice à adoção do mecanismo a existência de outros institutos processuais que objetivem a padronização da jurisprudência dos tribunais, ou que a apliquem ao caso concreto, como a rejeição liminar da demanda ou a súmula vinculante, já que cada um deles tem um âmbito distinto de aplicação. Dessa forma, rejeitamos a Emenda, favoráveis que somos à manutenção desse instituto, que certamente será uma das maiores contribuições do novo Código para solucionar, pelo menos em parte, os problemas da morosidade e da falta de efetividade do processo".*

O instituto das demandas repetitivas está regulamentado nos. 976 a 987 do novo C.P.C., sendo que a questão da sua constitucionalidade será analisada no momento oportuno quando do comentário aos artigos específicos do instituto.

É importante salientar que segundo prescreve o art. 976 do novo C.P.C. é cabível a instauração do incidente de resolução de demandas repetitivas quando houver, simultaneamente: I – efetiva repetição de processos que contenham controvérsia sobre a mesma questão unicamente de direito; II – risco de ofensa à isonomia e à segurança jurídica.

Após a distribuição, o órgão colegiado competente para julgar o incidente procederá ao seu juízo de admissibilidade, considerando a presença dos pressupostos do art. 976.

Admitido o incidente, o relator *suspenderá* os processos pendentes individuais ou coletivos que tramitam no estado ou na região, conforme o caso (art. 982, inc. I).

O art. 980 do novo C.P.C preconiza que o incidente de demanda repetitiva será julgado no prazo de um ano.

Superado o prazo de um ano, cessa a suspensão dos processos prevista no art. 982, salvo decisão fundamentada do relator em sentido contrário. (p.u. do art. 980 do novo C.P.C.).

Assim, os processos que estejam de certa forma vinculados ao incidente de resolução de demandas repetitivas deverão em regra permanecer suspensos pelo prazo de *um ano*, salvo se o relator do incidente entender que esse prazo deva ser prorrogado.

O *inc. V do art. 313* do novo C.P.C. estabelece que se suspende o processo *quando a sentença de mérito: a) depender do julgamento de outra causa ou da declaração de existência ou inexistência de relação jurídica que constitua objeto principal de outro processo pendente; b) tiver de ser proferida somente após a verificação de determinado fato ou a produção de certa prova, requisitada a outro juízo.*

O art. 265 do C.P.C. de 1973, ao tratar da suspensão nestas hipóteses, assim estabelecia em seu inc. IV, letras a), b) e c):

> *IV – quando a sentença de mérito:*
> *a) depender do julgamento de outra causa, ou da declaração da existência ou inexistência da relação jurídica, que constitua o objeto principal de outro processo pendente;*
> *b) não puder ser proferida senão depois de verificado determinado fato, ou de produzida certa prova, requisitada a outro juízo;*
> *c) tiver por pressuposto o julgamento de questão de estado, requerido como declaração incidente.*

A letra a) do inc. V do art. 313 do novo C.P.C., que vincula a suspensão do processo ao *julgamento de outra causa ou da declaração de existência ou inexistência de*

ART. 313

relação jurídica que constitua objeto principal de outro processo pendente, trata daquilo que denominamos como *questão prejudicial*.

Transcorrendo sobre as espécies de questões prejudiciais, anota Moniz de Aragão:

> *"As questões prejudiciais podem afetar a ação ou apenas a sentença e, ainda, ser externas ou internas ao processo.*
>
> *As prejudiciais da ação impedem que esta seja proposta, por incerteza quanto a alguma de suas condições, por exemplo, como se deu no clássico precedente do Direito romano, do servo, que dizia não o ser, cujo estado, porém, dependia de prévia análise e declaração judicial, para que, se considerado livre, pudesse, então, acusar o senhor. As prejudiciais da sentença impedem-lhe a prolação enquanto não forem solucionadas, pois constituem antecedente lógico do julgamento do processo principal.*
>
> *As prejudiciais externas tanto podem ser homogêneas, isto é, civis, como heterogêneas, isto é, penais (evidente que do ângulo do processo penal as posições se invertem). Podem ainda ser antecedentes, concomitantes ou subsequentes ao processo dito principal. As internas são as que cabem na competência do próprio juiz do processo. Ocorrendo, porém, de lhe escaparem, nada impede, anda assim, que seja resolvida a questão principal, para o que a prejudicial será apreciada apenas como um fato, dentre os que o juiz deve analisar para julgar a lide.*
>
> *Das questões que antecedem a solução do litígio, porém, não todas são prejudiciais: algumas há que são apenas preliminares. A questão processual em regra é apenas preliminar, pois o que caracteriza as prejudiciais é poderem constituir objeto autônomo de outro processo. Com isso não fica afastada a possibilidade de uma questão de interesse processual poder vir a ser objeto de uma questão prejudicial, como no exemplo já indicado e extraído do Direito romano do servo que queria acuar o senhor, ou da nulidade do casamento, para obviar a falta de citação do outro cônjuge, nos casos do art. 10, parág. Único (C.P.C. DE 1973)".*[785]

Não há dúvida de que a letra 'a' do inc. V do art. 313 do novo C.P.C., assim como já ocorria com o C.P.C. de 1973, trata somente da denominada *prejudicial externa*.

O dispositivo normativo é claro ao mencionar que a suspensão do processo ocorrerá se o julgamento de outra causa ou declaração de existência ou inexistência de relação jurídica constituir o *objeto principal de outro processo pendente*.

---

[785] MONIZ DE ARAGÃO. E. D., idem, p. 511 e 512.

CÓDIGO DE PROCESSO CIVIL

Se o julgamento do pedido formulado num determinado processo depender da resolução de uma causa em outro processo ou de uma declaração de existência ou inexistência de relação jurídica, o juiz deverá suspender o processo até que sejam resolvidas tais questões.

Não repetiu o novo C.P.C., como circunstância de suspensão do processo, a denominada *prejudicial interna* prevista na letra 'c', inc. IV, do art. 265 do C.P.C. de 1973, ou seja, a questão de estado suscitada como ação declaratória incidental.

Aliás, José Frederico Marques já havia manifestado seu pensamento no sentido de que a questão de estado a que aludia a letra 'c' não poderia ser considerada como declaratória incidental, pois a regra do art. 265, inc. IV, letra 'c' do C.P.C. de 1973 somente abrangia as questões de estado que constituíssem prejudicial externa, isto é, surgidas em outro processo.

A letra 'b' do inc. V do art. 313 do novo C.P.C. também vinculada a suspensão do processo *à verificação de determinado fato ou de produção de certa prova, requisitada a outro juízo.*

A questão aqui tratada não é de *prejudicialidade externa*, mas, sim, de realização de prova ou constatação de determinado fato geralmente solicitada através de carta precatória ou requisitada por meio de carta de ordem, ou, ainda, por meio do instituto de cooperação nacional ou internacional

Enquanto não retornada a solicitação ou requisição expedida, deverá o processo permanecer suspenso, se, e somente se, a prova for importante e condicionante ao julgamento do pedido.

O *§ 4º do art. 313* do novo C.P.C. preconiza que n*os casos enumerados no inciso V, o período de suspensão nunca poderá exceder 1 (um) ano.*

No caso da hipótese do inc. II (pela convenção das partes), o prazo será de 6 (seis) meses

Este dispositivo não estabelece o prazo mínimo, mas apenas o máximo.

Caberá ao juiz que determinar a suspensão do processo, avaliando a complexidade da prejudicial externa ou, ainda, da realização da prova, fixar o prazo de suspensão do processo, não podendo este ser superior a um ano.

Tendo em vista que o prazo máximo de suspensão é de um ano, não há impedimento de que o juiz, diante das circunstâncias fáticas e concretas, prorrogue o prazo de suspensão até o máximo de um ano.

Transcorrido o prazo fixado pelo juiz, e se ainda não tiver sido decidida a prejudicial externa ou realizada a prova requisitada ou solicitada, o processo retomará seu curso devendo a questão prejudicial ser decidida como um fato ou fundamento, sem que haja sobre ela força de coisa julgada. Assim, nada impede que a questão prejudicial seja novamente analisada em outro processo, pois sobre ela não houve o manto da coisa julgada.

ART. 313

Neste caso, uma vez constatado o fato ou realizada a prova no sentido diverso ao julgamento, eventual prejudicado poderá utilizar-se da ação rescisória.

Deve-se, ainda, ressaltar que o prazo de um ano poderá sofrer elastério se a demora decorrer de questão interna do juízo processante ou em decorrência de força maior.

O *inc. VI do art. 313* do novo C.P.C. estabelece que se suspende o processo *por motivo de força maior.*

Trata-se, como já preconizará Pontes de Miranda, de circunstâncias invencíveis pelos interessados e por todos aqueles que tivessem de praticar os atos em série.[786]

O juiz deverá avaliar caso a caso se houve ou não a ocorrência de força maior, pois tal circunstância depende das condições naturais empíricas.

Sobre o tema, eis os seguintes precedentes do S.T.J.:

1. Nos termos da Súmula 354/STJ: "A invasão do imóvel é causa de suspensão do processo expropriatório para fins de reforma agrária", isso porque, "o sistema constitucional não tolera a prática de atos, que, concretizadores de invasões fundiárias, culminam por gerar – considerada a própria ilicitude dessa conduta – grave situação de insegurança jurídica, de intranquilidade social e de instabilidade da ordem pública" (ADI 2.213 MC, Rel. Min. Celso de Mello, Tribunal Pleno, DJ 23.4.2004).

2. Portanto, qualquer que seja a data da invasão, anterior ou posterior, ou mesmo sua extensão, se total ou mínima, o esbulho possessório acarreta a suspensão do processo expropriatório quanto aos atos mencionados no art. 2º, § 6º, da Lei n. 8.629/93.

3. Recentemente, o Supremo Tribunal Federal no julgamento do MS 25.493, Rel. Min. Marco Aurélio, DJ 24.4.2012, reafirmou a higidez e a eficácia plena do art. 2º, § 6º, da Lei n. 8.629/93 ao concluir que "a prática ilícita do esbulho possessório, quando afetar (ou não) os graus de utilização da terra e de eficiência em sua exploração, comprometendo (ou não) os índices fixados por órgão federal competente, qualifica-se, sempre, em face dessa anômala situação, como hipótese configuradora de força maior, constituindo, por efeito da incidência dessa circunstância excepcional, causa inibitória da válida edição do decreto presidencial" (excerto do voto do Exmo. Min. Celso de Mello).

4. Ressaltou-se, igualmente, que a norma "não tem como ratio fundamental inibir ato que ponha em xeque a produtividade do imóvel.

Acho que tem, antes, uma finalidade social mais ampla: evitar o conflito no campo, a violência no campo, desestimulando a invasão de imóveis para efeito de reforma agrária. Isso é fundamental. Se a invasão é pequena ou grande, se atrapalha ou não a

---

[786] PONTES DE MIRANDA. *Comentários ao código de processo civil.* Tomo III. Rio de Janeiro: Forense, 1973. p. 395.

*produtividade do imóvel, do meu ponto de vista, com o devido respeito, é irrelevante"
(trecho do voto do Exmo. Min. Cézar Peluzo).*

5. Agravo regimental não provido.

(AgRg no REsp 1249579/AL, Rel. Ministro CASTRO MEIRA, SEGUNDA TURMA, julgado em 27/08/2013, DJe 04/09/2013).

1. A Corte Especial do Superior Tribunal de Justiça, ao apreciar pedido de suspensão de prazos processuais em virtude de greve dos Advogados Públicos da União, entendeu que o movimento paredista, então deflagrado, não constituía motivo de força maior apto a suspender os prazos, nos termos dos arts. 265, V, e 507 do Código de Processo Civil.

(...).

(AgRg no Ag 1245789/BA, Rel. Ministro LUIS FELIPE SALOMÃO, QUARTA TURMA, julgado em 15/05/2012, DJe 18/05/2012)

1 – A suspensão do fornecimento de energia elétrica em apenas alguns pontos da cidade não caracterizam justa causa para a não apresentação do recurso no prazo legal.

2 – Agravo regimental a que se nega provimento.

(AgRg no AgRg no REsp 1066996/DF, Rel. Ministro HAROLDO RODRIGUES (DESEMBARGADOR CONVOCADO DO TJ/CE), SEXTA TURMA, julgado em 03/08/2010, DJe 23/08/2010)

1. A suspensão do prazo para interposição do recurso, segundo o art. 507 do Código de Processo Civil, somente pode ser declarada em situações absolutamente excepcionais.

2. In casu, a saída dos autos para ciência pessoal do Ministério Público, bem como a movimentação interna necessária ao julgamento do recurso oferecido pela própria parte, não constituem motivo excepcional apto a suspender o curso do prazo recursal.

3. Ademais, o fato de que o próprio recorrente opôs embargos de declaração demonstra, a priori, que inexistiu dificuldade de acesso ao feito.

4. O controle do prazo recursal, conforme pacífica jurisprudência desta Corte, é feito através do carimbo de protocolo, sendo irrelevante a existência de certidão emitida pelo tribunal a quo afirmando a tempestividade do recurso.

5. Agravo regimental a que se nega provimento.

(AgRg no Ag 1135540/RJ, Rel. Ministro JORGE MUSSI, QUINTA TURMA, julgado em 17/06/2010, DJe 28/06/2010)

1. É fato público e notório que no final de 2008 o Estado de Santa Catarina foi atingido por severas enchentes, o que levou a Corte Especial do STJ a deferir a suspensão dos prazos processuais em relação aos processos oriundos daquela Unidade Federativa, no período de 24 de novembro a 1º de dezembro de 2008.

ART. 314

2. Na espécie, o agravo regimental fora declarado intempestivo.

Todavia, não merecia a pecha da intempestividade, pois o prazo recursal transcorreu, exatamente, no período de suspensão do prazo.

(EDcl no AgRg no REsp 843.758/SC, Rel. Ministro CELSO LIMONGI (DESEMBARGADOR CONVOCADO DO TJ/SP), SEXTA TURMA, julgado em 18/05/2010, DJe 07/06/2010)

O *inc. VII do art. 313* do novo C.P.C. prescreve que se suspende o processo *quando se discutir em juízo questão decorrente de acidentes e fatos da navegação de competência do Tribunal Marítimo.*

Neste caso, deverá o juízo do processo aguardar a decisão que será proferida pelo tribunal marítimo.

A suspensão, neste caso, deverá ser pelo prazo máximo de um ano, nos termos do §4º deste artigo.

Por vim, o *inc. VIII do art. 313* do novo C.P.C. estabelece que se suspende o processo *nos demais casos que este Código regula.*

Art. 314

Durante a suspensão é vedado praticar qualquer ato processual, podendo o juiz, todavia, determinar a realização de atos urgentes a fim de evitar dano irreparável, salvo no caso de arguição de impedimento e de suspeição.

Suspensão e prática de atos processuais

A questão que inicialmente se coloca sobre a interpretação deste dispositivo diz respeito ao momento inicial da suspensão, ou seja, se é do despacho do juiz ou da ocorrência do fato gerador que motive a suspensão do processo.

E. D. Moniz de Aragão defendia que *"o juiz não suspende o processo, mas declara-o suspenso; a causa não está no despacho e sim no fato gerador da suspensão. O ato do juiz não tem efeito constitutivo mas declarativo; logo, retroage ao momento em que ocorrerá o fato gerador".*[787]

Por sua vez, José Frederico Marques, amparado em lição de Carnelutti, fazia distinção entre os casos de suspensão do processo de acordo com a espécie do fato gerador. Se o impedimento é físico, a suspensão inicia-se a partir do fato

---

[787] MONIZ DE ARAGÃO, E. D., op. Cit., p. 520.

gerador. Nas outras hipóteses, a suspensão somente se inicia do despacho do juiz.[788]

Contudo, é importante salientar que o art. 314 do novo C.P.C. em nenhum momento condiciona a suspensão do processo ao despacho do juiz.

Uma vez suspenso o processo, é vedado praticar qualquer ato processual, inclusive a prolação da sentença, conforme bem decidiu o S.T.J. no seguinte precedente:

> *1. Podem as partes formular ato convencional bilateral, suspendendo o curso do processo, por razões de exclusiva conveniência, por um prazo nunca superior a seis meses, findo o qual, o escrivão fará os autos conclusos ao juiz, que ordenará o prosseguimento do processo.*
>
> *Referida suspensão pode ser convencionada quando em curso prazo peremptório (CPC, art. 182), entendidos assim os prazos ditados por normas cogentes e portanto imperativos sobre a vontade das partes.*
>
> *2. Na hipótese de não ter sido suspenso o curso do prazo, deve a parte apresentar o ato processual pertinente, sob pena de preclusão.*
>
> *Depois da apresentação ou após o transcurso do prazo, o processo será suspenso.*
>
> *3. Nesse contexto, protocolizado acordo firmados entre as partes requerendo a suspensão processual, ao douto Magistrado caberia tão-somente receber a réplica ofertada pela Recorrida, já que a esta não competia qualquer outro ato processual, para, depois, suspender o curso do processo. Frise-se, em curso o prazo para réplica, caberia a parte ofertá-la, sob pena de ter esgotado o momento adequado para tanto, de ter precluso o direito de realizar o ato.*
>
> *4. Não se pode concluir que a realização do referido ato processual significa o manifesto desejo de que o processo prosseguisse o curso normal, mormente quando não há na aludida peça qualquer manifestação expressa da parte em que se pugna pelo prosseguimento do processo.*
>
> *5. Nulo, pois, o acórdão de origem e, em consequência, a sentença de 1º grau, porquanto, repita-se, proferida com o processo suspenso pela vontade comum das partes.*
>
> *6. Recurso especial conhecido e provido.*

(REsp 596.628/RJ, Rel. Ministro JORGE SCARTEZZINI, Rel. p/ Acórdão Ministra LAURITA VAZ, QUINTA TURMA, julgado em 08/03/2005, DJ 09/05/2005, p. 458)

---

[788] MARQUES, José Frederico. *Manual de direito processual civil.* Vol. III. 2ª parte. 9ªed. São Paulo: Saraiva, 1987. págs. 83 e 89.

Todavia, poderá o juiz, durante a suspensão do processo, determinar a realização de atos urgentes a fim de evitar dano irreparável, salvo no caso de arguição de impedimento e suspeição. Poderá, por exemplo, determinar a produção antecipada de prova quando alguma testemunha estiver para viajar ou falecer, bem como realizar perícia na hipótese em que os vestígios poderão desaparecer. Também poderá o juiz conceder medidas provisórias antecipadas de urgência, sejam elas cautelares ou satisfativa.

O juiz somente não poderá determinar as medidas urgentes durante a suspensão do processo se for arguida sua suspeição ou impedimento. Neste caso, o processo deverá ser encaminhado ao juiz substituto previsto na lei de organização judiciária ou deverá ser indicado um magistrado pelo relator do incidente para apreciar as questões de urgência.

Art. 315

Se o conhecimento do mérito depender de verificação da existência de fato delituoso, o juiz pode determinar a suspensão do processo até que se pronuncie a justiça criminal.

§1º Se a ação penal não for proposta no prazo de 3 (três) meses, contado da intimação do ato de suspensão, cessará o efeito desse, incumbindo ao juiz cível examinar incidentemente a questão prévia.

§2º Proposta a ação penal, o processo ficará suspenso pelo prazo máximo de 1 (um) ano, ao final do qual aplicar-se-á o disposto na parte final do §1º.

Suspensão do processo em razão de prática de fato delituoso
Este preceito normativo estava previsto no artigo 47 do projeto n. 2.046/10, no capítulo da *modificação de competência.*

Porém, tal critério não trata de *modificação de competência*, uma vez que a competência para ação penal é do juízo criminal e não do juízo cível.

Este dispositivo trata de uma *questão prejudicial externa* para análise do mérito da matéria civil que é justamente a definição de uma importante questão de mérito, cuja competência é do juízo penal para a sua solução definitiva.

Nem mesmo a possibilidade de o juiz cível conhecer incidentalmente a questão prejudicial retira a competência do juízo penal para análise definitiva da existência ou não de eventual delito.

Como bem leciona Crisanto Mandrioli, *"necessita ter presente que com a expressão 'questões prejudiciais' entende-se aquelas questões (de mérito) que, porque podendo cons-*

CÓDIGO DE PROCESSO CIVIL

tituir objeto autônomo de uma decisão, inserem-se como passagem obrigatória, no 'iter' lógico-jurídico, que conduz à decisão sobre a demanda principal, e que por isso, para decidir esta última, não se pode deixar de afrontá-la".[789]

A finalidade deste dispositivo é evitar julgamento conflitante entre o juízo cível e o juízo criminal.

Agiu bem o legislador em transportar esse preceito normativo para o título *da suspensão do processo.*

Estabelece o *§1º do art. 315* do novo C.P.C. que *se a ação penal não for proposta no prazo de 3 (três) meses, contado da intimação do ato de suspensão, cessará o efeito desse, incumbindo ao juiz cível examinar incidentemente a questão prévia.*

Proposta a ação (demanda) civil, e uma vez suspenso o processo, aguardar-se-á o prazo de três meses para a propositura da ação penal. Este prazo corre a partir da intimação das partes da suspensão do processo civil. Transcorrido o prazo de três meses sem o início da ação penal, perde o efeito a suspensão, e o juízo cível deverá analisar a questão prejudicial incidentalmente, sem efeito de coisa julgada material.

Sobre a ação civil em matéria penal, prescrevem os artigos 63 a 68 do C.P.P.:

> *Art. 63. Transitada em julgado a sentença condenatória, poderão promover-lhe a execução, no juízo cível, para o efeito da reparação do dano, o ofendido, seu representante legal ou seus herdeiros.*
>
> *Parágrafo único. Transitada em julgado a sentença condenatória, a execução poderá ser efetuada pelo valor fixado nos termos do inciso IV do caput do art. 387 deste Código sem prejuízo da liquidação para a apuração do dano efetivamente sofrido. (Incluído pela Lei nº 11.719, de 2008).*

> *Art. 64. Sem prejuízo do disposto no artigo anterior, a ação para ressarcimento do dano poderá ser proposta no juízo cível, contra o autor do crime e, se for caso, contra o responsável civil. (Vide Lei nº 5.970, de 1973)*
>
> *Parágrafo único. Intentada a ação penal, o juiz da ação civil poderá suspender o curso desta, até o julgamento definitivo daquela.*

> *Art. 65. Faz coisa julgada no cível a sentença penal que reconhecer ter sido o ato praticado em estado de necessidade, em legítima defesa, em estrito cumprimento de dever legal ou no exercício regular de direito.*

---

[789] MANDRIOLI, C., op. Cit., pág. 285.

Art. 66. Não obstante a sentença absolutória no juízo criminal, a ação civil poderá ser proposta quando não tiver sido, categoricamente, reconhecida a inexistência material do fato.

Art. 67. Não impedirão igualmente a propositura da ação civil:
I – o despacho de arquivamento do inquérito ou das peças de informação;
II – a decisão que julgar extinta a punibilidade;
III – a sentença absolutória que decidir que o fato imputado não constitui crime.

Art. 68. Quando o titular do direito à reparação do dano for pobre (art. 32, §§ 1º e 2º), a execução da sentença condenatória (art. 63) ou a ação civil (art. 64) será promovida, a seu requerimento, pelo Ministério Público.

Por sua vez, estabelece o art. 935 do Código Civil brasileiro: *"A responsabilidade civil é independente da criminal, não se podendo questionar mais sobre a existência do fato, ou sobre quem seja o seu autor, quando estas questões se acharem decididas no juízo criminal".*

O Código Civil brasileiro, no capítulo da Responsabilidade Civil e Indenização traz diversas hipóteses em que a reparação civil está vinculada diretamente à questão prejudicial concernente à existência de delito. Vejamos alguns dispositivos:

"Art. 932. São também responsáveis pela reparação civil:
(...).
V – os que gratuitamente houverem participado nos produtos do crime.
Art. 948. No caso de homicídio, a indenização consiste, sem excluir outras reparações:
I – no pagamento das despesas com o tratamento da vítima, seu funeral e o luto da família;
II – na prestação de alimentos às pessoas a quem o morto os devia, levando-se em conta a duração provável da vida da vítima.
Art. 953. A indenização por injúria, difamação ou calúnia consistirá na reparação do dano que delas resulte ao ofendido.
Parágrafo único. Se o ofendido não puder provar prejuízo material, caberá ao juiz fixar, equitativamente, o valor da indenização, na conformidade das circunstâncias do caso.
Art. 954. A indenização por ofensa à liberdade pessoal consistirá no pagamento das perdas e danos que sobrevierem ao ofendido, e se este não puder provar prejuízo, tem aplicação o disposto no parágrafo único do artigo antecedente.

Parágrafo único. Consideram-se ofensivos da liberdade pessoal:
I – o cárcere privado;
II – a prisão por queixa ou denúncia falsa e de má-fé;
III – a prisão ilegal".

Por fim, preconiza o *§2º do art. 315* do novo C.P.C. que *proposta a ação penal, o processo ficará suspenso pelo prazo máximo de 1 (um) ano, ao final do qual aplicar-se-á o disposto na parte final do §1º.*

É bom lembrar que é mera faculdade do juiz cível suspender o processo até a decisão a ser proferida na esfera penal, em face da independência das instâncias cíveis e penais.

Desde que já tenha sido iniciada a ação penal, e optando o juízo cível pela suspensão do processo, este poderá permanecer suspenso até que se pronuncie a justiça penal. Esta análise da justiça penal não está vinculada ao trânsito em julgado da decisão, bastando, se for o caso, trânsito em julgado para o Ministério Público.

Porém, proposta a ação penal, o processo ficará suspenso pelo prazo máximo de um ano. Se nesse prazo não for definida a prejudicial no âmbito da esfera penal, incumbe ao juiz cível examinar incidentalmente a questão prévia.

Sobre o tema, eis o seguinte precedente do S.T.J.:

1. A questão restou definida quando do julgamento do EREsp 681.174/RS, Rel. Min. Castro Meira, no sentido de que a pendência de julgamento da reclamação 2.138-6/DF no Supremo Tribunal Federal não é causa prejudicial apta a ensejar a suspensão das ações de improbidade administrativa movidas em face de agentes políticos. Embargos de divergência providos.
(EREsp 681.314/RS, Rel. Ministro HUMBERTO MARTINS, PRIMEIRA SEÇÃO, julgado em 09/05/2007, DJ 21/05/2007, p. 532).

TÍTULO III – Da Extinção do Processo

Art. 316
A extinção do processo dar-se-á por sentença.

Extinção do processo
Ocorrendo quaisquer das hipóteses do art. 485 e 487 do novo C.P.C., o juiz proferirá sentença, respectivamente, sem ou com resolução de mérito.

Sem dúvida que uma vez instaurada a demanda por meio da petição inicial, tanto as partes como o próprio juiz buscam a realização do seu ato fim, no caso, a prolação de uma sentença com resolução de mérito, ou seja, a análise e resolução do pedido por meio da prestação da tutela jurisdicional definitiva.

Porém, a extinção do processo também pode decorrer em razão de um acontecimento anormal que impeça que o juiz ingresse na análise do mérito da demanda, deixando a possibilidade de ser ele instaurado posteriormente.

Assim, tenha a sentença por conteúdo a resolução ou não do mérito, o certo é que este ato processual é, em tese, o ato jurisdicional pelo qual o juiz acaba seu ofício público estatal.

Contudo, não se pode afirmar que o processo será efetivamente extinto pela sentença de primeiro grau, pois enquanto esta sentença não transitar em julgado o processo poderá ter seguimento em grau recursal, podendo sua extinção ser decreta por acórdão dos Tribunais.

Talvez esse dispositivo tivesse sido mais bem redigido se a extinção do processo ficasse condicionada ao *julgamento definitivo*, aliás como prevê a letra 'a' do art. 277º do C.P.C. português.

Por outro lado, diante do *sincretismo* entre processo de conhecimento e o processo de execução, não se pode dizer com segurança que a sentença proferida no processo de conhecimento, mesmo que transitada em julgado, extinga o processo, pois o cumprimento da sentença dar-se-á em seguida e no âmbito da mesma relação jurídica processual.

Portanto, este dispositivo está sujeito a críticas em razão da moderna sistemática do processo civil brasileiro.

É bem verdade que o juiz, ao proferir sua sentença, pode ter a pretensão de extinguir o processo, mas tal fato somente ocorrerá pelo trânsito em julgado da decisão ou após o cumprimento de seu preceito normativo.

Art. 317

Antes de proferir decisão sem resolução de mérito, o juiz deverá conceder à parte oportunidade para, se possível, corrigir o vício.

Oportunidade para correção de vícios

Evidentemente que o escopo jurídico do processo é justamente a prolação de uma decisão com análise do mérito, fato esse que em tese caracteriza a extinção normal da relação jurídica processual.

Contudo, é possível que ocorra a *extinção anormal do processo*.

Sabe-se que para que o Estado-juiz possa analisar o pedido e consequentemente julgar o mérito, é indispensável, além de estarem presentes as condições da demanda ou condições de análise do mérito, que também a relação jurídica

CÓDIGO DE PROCESSO CIVIL

processual apresente os pressupostos de desenvolvimento válido e regular do processo.

Havendo falta de alguns desses requisitos, o juiz ficará impedido de proferir sentença com resolução de mérito.

Nestes casos, o juiz, ao invés de analisar o mérito da pretensão, extingue o processo de forma anormal, ou seja, *sem resolução de mérito*.

Contudo, deparando-se o juiz com a falta de alguma condição da demanda ou de alguns dos pressupostos processuais, deverá, antes de proferir a decisão terminativa, oportunizar à parte a possibilidade de suprir tal falta, nos termos do art. 317 do novo C.P.C.

Este dispositivo está em conformidade com o princípio fundamental do processo civil previsto no art. 4º deste Código, no sentido de que *as partes têm direito de obter em prazo razoável a solução integral do mérito, incluída a atividade satisfativa*.

Portanto, é direito fundamental das partes a *solução integral do mérito*, o que se dá, em tese, com uma decisão que dê solução definitiva ao mérito.

Diante desse princípio, o juiz deve evitar que o processo seja extinto por falta de pressupostos processuais, condições da demanda ou outro requisito indispensável quando mediante simples intimação da parte possa ser oportunizada, se possível, a correção do vício.

Este dispositivo também está em conformidade com o princípio do contraditório, pois o princípio do contraditório não se exaure ou se completa com a defesa do réu, mas deve estar presente em *todo o arco do procedimento*, razão pela qual a parte não pode ser surpreendida por um convencimento do juiz que não tenha sido objeto de contraditório, ou que não tenha sido oportunizada à parte se manifestar sobre este requisito que poderá levar a extinção do processo sem resolução de mérito.

Na realidade, seria contraproducente a extinção do processo sem resolução de mérito antes de se oportunizar à parte a possibilidade de sanar o vício.

A teor normativo do art. 317 do novo C.P.C. também está respaldo pelo princípio da *instrumentalidade* do processo. Sobre este princípio, assim tem se manifestado o S.T.J.:

> 1. *A jurisprudência tem, de regra, conferido soluções diversas a ações i) ajuizadas pelo falecido, ainda em vida, tendo o espólio assumido o processo posteriormente; ii) ajuizadas pelo espólio pleiteando danos experimentados em vida pelo de cujus; e iii) ajuizadas pelo espólio, mas pleiteando direito próprio dos herdeiros (como no caso).*
> 2. *Nas hipóteses de ações ajuizadas pelo falecido, ainda em vida, tendo o espólio assumido o processo posteriormente (i), e nas ajuizadas pelo espólio pleiteando danos*

ART. 317

experimentados em vida pelo de cujus (ii), a jurisprudência tem reconhecido a legitimidade do espólio.

3. Diversa é a hipótese em que o espólio pleiteia bem jurídico pertencente aos herdeiros (iii) por direito próprio e não por herança, como é o caso de indenizações por danos morais experimentados pela família em razão da morte de familiar. Nessa circunstância, deveras, não há coincidência entre o postulante e o titular do direito pleiteado, sendo, a rigor, hipótese de ilegitimidade ad causam.

4. Porém, muito embora se reconheça que o espólio não tem legitimidade para pleitear a indenização pelos danos alegados, não se afigura razoável nem condicente com a principiologia moderna que deve guiar a atividade jurisdicional a extinção pura e simples do processo pela ilegitimidade ativa. A consequência prática de uma extinção dessa natureza é a de que o vício de ilegitimidade ativa seria sanado pelo advogado simplesmente ajuizando novamente a mesma demanda, com a mesma causa de pedir e o mesmo pedido, alterando apenas o nome do autor e reimprimindo a primeira página de sua petição inicial.

5. Em casos com esses contornos, a jurisprudência da Casa não tem proclamado a ilegitimidade do espólio, preferindo salvar os atos processuais praticados em ordem a observar o princípio da instrumentalidade.

(...).

(REsp 1143968/MG, Rel. Ministro LUIS FELIPE SALOMÃO, QUARTA TURMA, julgado em 26/02/2013, DJe 01/07/2013)

(...).

2. Sustenta o agravante que, no caso, o espólio não detém legitimidade para a propositura da ação de indenização por danos morais, tendo em vista que a inclusão indevida do nome do titular do direito nos cadastros de restrição ao crédito ocorreu após o seu falecimento, razão pela qual não há que se falar em transmissibilidade do direito à reparação patrimonial devida.

3. Todavia, não lhe assiste razão, pois, ainda que o dano moral pleiteado pela família do falecido constitua direito pessoal dos herdeiros, não transmitido por herança, o que afastaria a legitimidade do espólio para pleiteá-lo, eventual extinção do processo, nesse caso, representaria ofensa aos princípios da economia, celeridade e instrumentalidade, na medida em que a simples alteração dos nomes dos autores supriria tal vício. Precedentes.

4. Agravo Regimental improvido.

(AgRg nos EDcl no REsp 1126313/PR, Rel. Ministro SIDNEI BENETI, TERCEIRA TURMA, julgado em 28/08/2012, DJe 17/09/2012)

CÓDIGO DE PROCESSO CIVIL

1. O indeferimento da petição inicial, quer por força do não preenchimento dos requisitos exigidos nos artigos 282 e 283, do CPC, quer pela verificação de defeitos e irregularidades capazes de dificultar o julgamento de mérito, reclama a concessão de prévia oportunidade de emenda pelo autor e o transcurso in albis do prazo para cumprimento da diligência determinada, ex vi do disposto no artigo 284, do CPC (Precedentes do STJ: REsp 671986/RJ, DJ 10.10.2005; REsp 802055/DF, DJ 20.03.2006; RESP 101.013/CE, DJ de 18.08.2003; AGRESP 330.878/AL, DJ de 30.06.2003; RESP 390.815/SC, DJ de 29.04.2002; RESP 384.962/MG, DJ de 08.04.2002; e RESP 319.044/SP, DJ de 18.02.2002).

2. O Código de Processo Civil, em seus artigos 282 e 283, estabelece diversos requisitos a serem observados pelo autor ao apresentar em juízo sua petição inicial. Caso, mesmo assim, algum desses requisitos não seja preenchido, ou a petição apresente defeito ou irregularidade capaz de dificultar o julgamento do mérito, o CPC permite (artigo 284) que o juiz conceda ao autor a possibilidade de emenda da petição – se o vício for sanável, porque, se insanável, enseja o indeferimento prima facie. Não cumprida essa determinação judicial, a petição inicial será indeferida, nos termos do artigo 295, VI, c/c o parágrafo único, do artigo 284, ambos do CPC, o que resulta na extinção do processo sem julgamento do mérito com fulcro no artigo 267, I, do Codex Processual.

3. Outrossim, sendo obrigatória, antes do indeferimento da inicial da execução fiscal, a abertura de prazo para o Fisco proceder à emenda da exordial não aparelhada com título executivo hábil, revela-se aplicável o brocardo ubi eadem ratio, ibi eadem dispositio, no que pertine aos embargos à execução.

4. In casu, o indeferimento da inicial se deu no âmbito do Tribunal de origem, sem ter sido intimada a parte para regularizar o feito, razão pela qual se impõe o retorno dos autos, ante a nulidade do julgamento proferido em sede de apelação, que inobservou o direito subjetivo da parte executada.

5. Recurso especial da empresa provido.

(REsp 812.323/MG, Rel. Ministro LUIZ FUX, PRIMEIRA TURMA, julgado em 16/09/2008, DJe 02/10/2008).

BIBLIOGRAFIA

AGUIAR, João Carlos Pestana. *Comentários ao código de processo civil*. 2ª Ed. Vol. IV – Arts. 332 a 443. São Paulo: Editora Revista dos Tribunais, 1977.

ALEXY, Robert. *Teoria de los derechos fundamentales*. Madrid: Centro de Estudios Constitucionales, 1997.

ALI/UNIDROIT. *Principles of transnational civil procedure*. New York: Cambridge Universty Press: 2004.

ALLEGRETTI, Umberto. *L'imparzialità amministrativa*. Padova: CEDAM – Casa Editrice Dott. Antonio Milani, 1965

ALVARO DE OLIVEIRA, Carlos Alberto; GALENO, Lacerda. *Comentários ao código de processo civil*. Vol. VIII. Tomo II – art. 813 a 889. Rio de Janeiro: Forense, 1988.

ALVIM, Agostinho. *Da inexecução das obrigações e suas conseqüências*. 4ª ed. atual. São Paulo: Saraiva, 1972.

ALVIM, Arruda. *Manual de direito processual civil*. Vol. I. Parte Geral. São Paulo: Editora Revista dos Tribunais, 1979.

ALVIM, Arruda; ALVIM, Teresa Arruda. *Manual de Direito Processual Civil*, vol. 1, São Paulo: R.T.

ALVIM, José Manoel Arruda. *Código de processo civil comentado*. Vol. III, São Paulo: Ed. Revista dos Tribunais, 1976.

ALVIM, Thereza. *Questão prévias e os limites objetivos da coisa julgada*. São Paulo: Editora Revista dos Tribunais, 1976.

AMADO, Juan Antonio García. *Tópica. derecho y método jurídico*. DOXA http://www. cervantesvirtual.com/servlet/SirveObras/12837218659036051876657/cuaderno4/Doxa4_12.pdf#search="non liquet"&page=6.

AMERICANO, Jorge. *Comentários ao código de processo civil do Brasil*. 2ª ed., Saraiva, vol. I.

ANDOLINA, Italo Augusto. Crisi del giudicato e nuovi strumenti alternativi di tutela giurisdizionale – la nuova tutela provvisoria di merito e le garanzie costituzionali del giusto processo. *In: Revista de Processo*, São Paulo, R.T., ano 32, n. 150, agost/2007.

ANDRIOLI, Virgilio, Commeto al Códice di procedura civile. 3. ed. v. I. Nápoles: Edit. Jovene, 1954.

ARAGÃO, E. D. Moniz; *Comentários ao código de processo civil*. II Vol. Arts. 154 a 269. Rio de Janeiro: Forense, 1983.

ARAÚJO CINTRA, Antônio Carlos de; GRINOVER, Ada Pellegrini; DINAMARCO, Cândido Rangel. *Teoria geral do processo*. São Paulo: Editora Revista dos Tribunais, 1976.

ARMELIN, Donaldo. A tutela jurisdicional cautelar. *In Revista da Procuradoria do Estado de São Paulo*, São Paulo, jun. 1985.

ARMELIN, Donaldo. *Legitimidade para agir no direito processual civil brasileiro*, São Paulo: Editora Revista dos Tribunais, 1979.

AROCA, Juan Montero.*I principi politici del nuovo processo civile spagnolo*. Trad. Vittorio Bratteli e Nicoletta Magrino. Napoli: Edizioni Scientifiche Italiane, 2002.

ASCARELLI. Tullio. Inexistenza e nullità, *in Rivista di Diritto Processuale*, vol. XI, part I, ano 1956, Padova, CEDAM.

ASCENSÃO, José de Oliveira. *O Direito – introdução e teoria geral*. Lisboa: Fundação Calouste Gulbenkian, 1979.

ASENSIO, Rafael Jiménez. Imparcialidad judicial y derecho al juez imparcial. Navarra: Aranzadi, 2002.

ASSIS, Araken. *Eficácia civil da sentença penal*. São Paulo: Ed. Revista dos Tribunais, 1993.

ASSIS, Araken. *Cumulações de ações*. 4ª ed., São Paulo: Ed. Revista dos Tribunais, 2002.

ASSIS, Araken. *Manual do processo de execução*. 8ª ed. São Paulo: Editora Revista dos Tribunais, 2002.

ATIENZA, C. A. *Técnicas de indexação de pronunciamentos judiciais*. São Paulo: s.n.), 1981.

AUBRY, C.; RAU, C. *Cours de droit civil français*. 3ª ed. Paris: Cosse, 1856, Tomo I, §37.

AUGENTI, Giacomo P. *In:* Fancesco Carnelutti. *La prueba civil*. Trad. Niceto Alcalá--Zamora Y Castillo. Buenos Aires, Ediciones Arayú, 1955.

ÁVILA, Hmberto. *Teoria dos princípios – da definição à aplicação dos princípios jurídicos*. 5ª ed. São Paulo: Malheiros, 2006.

AZEVEDO, Álvaro Villaça. *Prisão civil por dívida*. São Paulo: 1992.

BABOSA MOREIRA, José Carlos. *Comentário ao código de processo civil*. 2ª ed. Vol. V. Rio de Janeiro: Forense: 1976.

BALENA, Giampiero. *Istituzioni di diritto processuale civile – i principi*. Primo Volume. Seconda Edizione. Bari: Cacucci Editore, 2012.

BAPTISTA DA SILVA, Ovídio A. *Comentários ao código de processo civil*. Vol. XI – arts. 796--889 – do processo cautelar. Porto Alegre: Letras Jurídicas Editoras, 1985.

BIBLIOGRAFIA

BAPTISTA DA SILVA, Ovídio A. *Doutrina e prática do arresto ou embargo*. Rio de Janeiro: Forense, 1976. §21.

BARBI, Celso Agrícola. *Ação declaratória – principal e incidente*. Rio de Janeiro: Forense, 1977.

BARBI, Celso Agrícola. *Comentário ao código de processo civil*. 5ª ed. I Vol. (art. 1º a 153). Rio de Janeiro: Forense, 1983.

BARBI, Celso Agrícola. *Comentários ao código de processo civil*. 5ª ed. I Vol. Rio de Janeiro: Forense, 1988.

BARBI, Celso Agrícola. *Comentários ao código de processo civil*. 6ª ed. Vol. I (arts. 1º a 153º). Rio de Janeiro: Forense, 1991.

BARBI, Celso Agrícola. *Comentários ao código de processo civil*. I Vol. Tomo I, (arts. 1 a 55). Rio de Janeiro: Forense, 1977.

BARBI, Celso Agrícola. *Comentários ao código de processo civil*. I Vol. Art. 1 a 153. Rio de Janeiro: Editora Forense, 1988.

BARBOSA MOREIRA, *A conexão de causas como pressupostos da reconvenção*. São Paulo: Editora Saraiva, 1979.

BARBOSA MOREIRA, José Carlos, *Comentários ao código de processo civil*. Vol. V. Rio de Janeiro: Forense, 1976.

BARBOSA MOREIRA, José Carlos. *Questões prejudiciais e coisa julgada*. Borsoi, 1967.

BARBOSA MOREIRA, José Carlos. Aspectos do 'usufruto de imóvel ou de empresa' no processo de execução. *In REPRO*, São Paulo, R.T., n. 26, ano 7, abr-jun/82.

BARBOSA MOREIRA, José Carlos. *Litisconsórcio unitário*. Rio de Janeiro: Editora Forense, 1972.

BARBOSA MOREIRA, José Carlos. *O novo processo civil brasileiro*. 6. ed., Rio de Janeiro: Forense, 1984.

BARBOSA MOREIRA, José Carlos. *Comentários ao código de processo civil*. Rio de Janeiro, 1978, Vol. V.

BARBOSA MOREIRA, José Carlos. *Comentários ao código de processo civil*. 2ª ed. Rio de Janeiro: Forense, 1976.

BARBY, Celso Agrícola. *Comentários ao código de processo civil*. 10ª ed. Vol.1. Rio de Janeiro: Forense,

BEDAQUE, José Roberto dos Santos. *Poderes instrutórios do juiz*. São Paulo, RT, 1994.

BELLAVISTA, Girolamo. *Lezioni di diritto processuale penale*. 4. ed. Milano: Dott. A. Giuffrè Editore, 1973.

BERISTAIN, Antonio. Nuevo proceso penal desde las víctimas. *In Direito Criminal*. coord. José Enrique Pierangeli. Belo Horizonte: Del Rey, 2001.

BERTI, Giorgio. *Interpretazione costituzionale*. Quarta edizione. Milano: CEDAM, 2001.

BETTI, Emilio. *Diritto processuale civile italiano*. IIª edizione. Roma: Società Editrice del 'Foro Italiano', 1936.

BETTI, Emilio. *Teoria general del negocio jurídico*. Trad. A. Martin Peres.2ª ed. Madrid: Editorial Revista de Derecho Privado, 1959.

BETTIOL, Giuseppe. *Istituzioni di diritto e procedura penale*. Padova: CEDAM – Casa Editrice Dott. Antonio Milani, 1966,

BEVILÁQUA, Clóvis, *Código civil dos estados unidos do brasil*. Vol. V. Tomo 2. São Paulo: Livraria Francisco Alves, 1919.

BEVILAQUA, Clóvis. *Código civil dos estados unidos do Brasil comentado*. 6ª ed., Vol. I, Rio de Janeiro: Livraria Francisco Alves, 1940.

BEVILAQUA, Clóvis. *Código civil dos estados unidos do Brasil comentado*. 6ª ed., Vol. III. Rio de Janeiro: Livraria Francisco Alves, 1942.

BEVILÁQUA, Clóvis. *Código civil dos estados unidos do brasil*. 4ª Tiragem. Comentário ao art. 136. Edição Histórica. Rio de Janeiro: 1979.

BEVILÁQUA. Clovis. *Direito da successões*. 2ª Ed., Rio de Janeiro: Livraria Editora Freitas Bastos, 1932.

BINDER, Alberto. Importância y limites del periodismo judicial. *In Justicia penal y estado de derecho*. Buenos Aires: Ad-Hoc, 1993.

BLECKMANN, A. *Allgemeine Grundrechtslehere*, Munique, 1979.

BONATO, Gilson. *Devido processo legal e garantias processuais penais*. Rio de Janeiro: Lumen Juris, 2003.

BONNECASE, Julien. *Supplément au traité théorique et pratique de droit civil, par Baudry--Lacantinerie*. Paris: Recueil Sirey, 1926. Tomo III.

BORGES, Paulo Torminn. *Ação de demarcação de terras. In Digesto de processo civil*. Vol. 1.

BORRÈ, Giuseppe. *Esecuzione forzata degli obblighi di fare e di non fare*. Napoli: Jovene, 1996.

BÜLOW, Oscar. *La teoria de las excepciones procesales y los presupuestos procesales*. Trad. Miguel Angel Rosas Lichtschein. Buenos Aires: Ediciones Jurídicas Europa--América, 1964.

BURGER, Warren E. Constituição norte-americana. Conferência pronunciada perante a ABA (American Bar Association), publicada *in Revista de Direito Público*, São Paulo, Ed. Revista dos Tribunais, n. 80 – out./dez de 1986.

BUSAID, Alfredo. Da responsabilidade do juiz. *IN Revista de Processo*, n. 9, janeiro--março, 1978, São Paulo, R.T.

BUZAID, Alfredo. *Do agravo de petição no sistema do código de processo civil*. Segunda Edição. São Paulo: Saraiva, 1956.

BUZAID, Alfredo. *Estudos e pareceres de direito processo civil*. São Paulo: Editora Revista dos Tribunais, 2002.

CABIALE, José Antonio Díaz. *Principios de aportación de parte y acusatorio: la imparcialidad del juez*. Granada: Editorial Comares, 1996.

BIBLIOGRAFIA

CABRAL, Antonio de Passo. Despolarização do processo e 'zonas de interesse': sobre a migração entre polos da demanda', *in* http://www4.jfrj.jus.br/seer/index.php/revista_sjrj/article/viewFile/25/24.

CAHALI, Yussef Said. *Dos alimentos.* 4ª ed. São Paulo: Editora Revista dos Tribunais, 2002.

CAHALI, Yussef Said. *Fraudes conra credores.* 5ª ed. São Paulo: Revista dos Tribunais, 2013.

CAHALI, Yussef Said. *Fraudes contra credores.* São Paulo: Ed. Revista dos Tribunais, 1989.

CALAMANDREI, Piero. *Instituciones de derecho procesal civil.* Vol. I. Trad. Santiago Sentis Melendo. Buenos Aires: Ediciones Juridicas – Europa-America, 1973.

CALAMANDREI, Piero. *Introdução ao estudo sistemático dos procedimentos cautelares.* Trad. Carla Roberta Andreasi Bassi (traduzido da edição italiana de 1936). Campinas: Servanda, 2000.

CALMON DE PASSOS José Joaquim. *Comentários ao código de processo civil.* 6ª ed., Vol. III (arts. 270 a 331). Rio de Janeiro: Editora Forense, 1989.

CALMON DE PASSOS, J. J. Democracia, participação e processo. *In:* GRINOVER, Ada Pellegrini; DINAMARCO, Cândido Rangel; WATANABE, Kazuo (Coord.). *Participação e processo.* São Paulo: Editora R.T., 1988.

CALMON DE PASSOS, José Joaquim de. *A nulidade no processo civil.* 2ª ed. III v. Rio de Janeiro: Forense, 1977.

CALMON DE PASSOS, José Joaquim de. *Direito, Poder Justiça e Processo.* Rio de Janeiro: Forense, 2000.

CALMON DE PASSOS, José Joaquim. *Comentários ao código de processo civil.* Vol. III, arts. 270 a 331. Rio de Janeiro: Editora Forense, 1989.

CALMON, Petrônio. *Fundamentos da mediadação e da conciliação.* Rio de Janeiro: Forense, 2007.

CÂMARA LEAL, Antônio Luiz. *Comentários ao código de processo civil.* 3ª ed., Vol. 5. Rio de Janeiro: Forense, 1979.

CÂMARA, Alexandre Freitas. *Lições de direito processual civil.* 6ª ed. Vol. 1. Rio de Janeiro: Ed. Lúmen Júris, 2001.

CÂMARA, Alexandre. *Lições de direito processual civil.* 17ª ed. Rio de Janeiro: Editora Lúmen Júris, 2009.

CAMBI, Eduardo; NALIN, Paulo. O controle da boa-fé contratual por meio de recurso de estrito sentido. *IN: Aspectos polêmicos e atuais dos recursos cíveis e de outros meios de impugnação às decisões judiciais.* Teresa Wambier e Nelson Nery Jr. (coord.). São Paulo: Editora Revista dos Tribunais, 2003. CAMPESTRINI, H. *Como redigir ementas.* São Paulo: Saraiva, 1994.

CÂNDIDO RANGEL DINAMARCO. A reclamação no processo civil brasileiro, *in* Nelson Nery Junior e Teresa Arruda Alvim Wambier. *Aspectos polêmicos e atuais dos recursos cíveis e de outros meios de impugnação às decisões judiciais.* São Paulo: Editora Revista dos Tribunais, 2002. V. 6.

CANOTILHO, José Joaquim Gomes. *Direito constitucional e teoria da constituição.* 6. ed. Lisboa: Almedina, 2002.

CANOTILHO, José Joaquim Gomes. *Estudos sobre direitos fundamentais.* Coimbra: Coimbra Editora, 2004.

CAPPELLETTI, Mauro. *Proceso, ideologias, sociedad.* Trad. Sentis Melendo y Tomás A. Banzhaf. Buenos Aires: Ediciones Jurídicas Europa-America, 1974.

CAPPELLETTI, Mauro; BRYANT Garth. *Acesso à justiça.* Trad. Ellen Gracie Northfleet. Porto Alegre: Sergio Antonio Fabris Editor, 1988.

CARNEIRO, Athos Gusmão. Denunciação da lide e chamamento ao processo. AJURIS, n. 21.

CARNEIRO, Athos Gusmão. *Intervenção de terceiros.* 8ª ed. São Paulo: Saraiva, 1999.

CARNEIRO, Athos Gusmão. Poderes do relator e agravo interno – *Revista de Processo.* São Paulo, Revista dos Tribunais, 2000, n. 100.

CARNEIRO, Athos Gusmão. Requisitos específicos de admissibilidade de recurso especial. *In: Aspectos polêmicos e atuais dos recursos cíveis de acordo com a Lei 9.756/98.* São Paulo: Revista dos Tribunais, 1999.

CARNELLI, Lorenzo. *O fato notório.* Trad. Erico Maciel. Rio de Janeiro: José Konfino, 1957.

CARNELUTTI, Fancesco. *La prueba civil.* Trad. Niceto Alcalá-Zamora Y Castillo. Buenos Aires, Ediciones Arayú, 1955.

CARNELUTTI, Francesco La publicidad del proceso penal, *in: Cuestiones sobre el proceso penal,* Trad. Sentis Melendo, Buenos Aires, 1961.

CARNELUTTI, Francesco. *Lecciones sobre el proceso penal.* Trad. Santiago Sentís Melendo. Buenos Aires: Bosch Y Cía Editores, 1950.

CARNELUTTI, Francesco. *Instituições de processo civil.* Trad. Adrián Sotero De Witt Batista. Vol. I. Campinas: Servanda, 1999.

CARNELUTTI, Francesco. *La prueba civil.* Trad. para o español: Niceto Alcalá-Zamora Y Castillo. Buenos Aires: Ediciones Arayú. 1947.

CARNELUTTI, Francesco. *Lezioni di diritto processuale civile.* Volume Terzo. Parte Seconda. Padova: CEDAM, 1922.

CARNELUTTI, Francesco. *Sistema de direito processual civil* Trad. Hiltomar Martins Oliveira. Vol. II. São Paulo: Classic. Book, 2000.

CARNELUTTI, Francesco. Sistema de direito processual civil. Trad. Hiltomar Martins Oliveira. v. IV. São Paulo: Classic Book, 2000.

BIBLIOGRAFIA

CARNELUTTI, Francesco. *Sistema de direito processual civil.* Trad. Hiltomar Martins de Oliveira, Vol. III. São Paulo: Classic Book, 2000.

CARNELUTTI, Francesco. *Sistema de direito processual.* Trad. Hiltomar Martins Oliveira. Vol. I. São Paulo: Classic Book, 2000.

CARNENELUTTI, Francesco. *Diritto e proceso.* Napoli: Morano Editore, 1958.

CARVALHO DE MENDONÇA, J.X., *Tratado de direito comercial brasileiro,* 5ª ed., Rio de Janeiro: Freitas Bastos, 1953, v. 3, Livro 2

CARVALHO DE MENDONÇA, José Xavier. *Tratado de direito comercial brasileiro.* 5ª Ed. Vol. VI. Rio de Janeiro: Livraria Freitas Bastos, 1955.

CARVALHO SANTOS, J. M. *Código civil brasileiro interpretado.* Parte Geral. Vol. XI. 7ª Ed., Rio de Janeiro: Freitas Bastos, 1956.

CARVALHO SANTOS, J. M. *Código civil brasileiro interpretado.* Vol. XXIII. 6ª ed., Livraria Freitas Bastos S.A., 1958.

CARVALHO SANTOS, J. M., *Código civil interpretado.* 7. ed. Vol. III. Rio de Janeiro: Livraria Freitas Bastos S/A, 1958.

CARVALHO SANTOS, J. M., *Código de processo civil interpretado.* (artigos 263 a 353). Vol. IV. 3. Ed., Rio de Janeiro: Livraria Editora Freitas Bastos, 1946.

CARVALHO SANTOS, J. M.. *Código civil brasileiro interpretado.* 7. ed. Art. 928 a 971. V. XII. São Paulo: Livraria Freitas Bastos, 1958.

CARVALHO SANTOS, J. M.. *Código civil interpretado.* Parte Geral. Volume XI. 7ª ed., Rio de Janeiro: Livraria Freitas Bastos S.A., 1956.

CARVALHO SANTOS, J. J. de. *Código civil brasileiro interpretado.* Direto das Coisas. 7ª ed. Vol. XIX, São Paulo: Livraria Freitas Bastos, 1958.

CARVALHO SANTOS, J. M. *Código de processo civil interpretado.* (art. 180 a 262). Vol. III, 3ª ed., São Paulo: Libraría Editora Freitas Bastos, 1946.

CASTRO FILHO, José Olympio. *Comentários ao código de processo civil.* X Vol. (art. 1.103 a 1.220). Rio de Janeiro: Forense, 1988.

CASTRO, Amílcar Augusto. *Comentários ao código de processo civil.* Vol. VIII. Rio de Janeiro: Forense, 1973.

CELSO NEVES. Divagações sobre a ação de prestação de contas. *Revista dos Tribunais,* São Paulo.

CHIARLONI, Sergio. Giusto processo, garanzie processuali, giustizia della decisione. In. *Rivista Trimestrale di Diritto e Procedura Civile,* Milano, Ed. Giuffrè. Marzo 2008, Anno LXII.

CHIAVARIO, Mario. *Processo e garanzie della persona – le garanzie fondamentali.* 3.ed. v. II. Milano: Dott. A. Giuffrè Editore, 1984

CHIAVARIO, Mario. Garanzie individuali ed efficienza del processo. Il giusto processo. Associazione tra gli studiosi del processo penale, n. 8. Milano: giuffrè, 1998.

CHIOVENDA, G., *Instituições de direito processual civil*. Trad. J. Guimarães Menegale. Vol. 1. São Paulo: Ed. Saraiva, 1965.

CHIOVENDA, Giuseppe. *Instituições de direito processual civil*. Trad. Alfredo Buzaid. 2º Ed. Vol. III, São Paulo: Edição Saraiva, 1965.

CHIOVENDA, Giuseppe. *Instituições de direito processual civil*. Trd. Alfredo Buzaid. II. Vol. São Paulo: Edição Saraiva, 1965.

CINTRA, Antonio Carlos de Araújo; GRINOVER, Ada Pellegrini; DINAMARCO, Cândido R. *Teoria Geral do Processo*. 15 ed. São Paulo: Ed. Malheiros, 1999.

CIRIGLIANO, Raphael. *Prova civil – legislação – doutrina – jurisprudência*. Rio de Janeiro: Forense, 1930.

COELHO, Fábio Ulhoa. *Curso de direito comercial*. 5. ed. São Paulo: Saraiva, 2002.

COELHO. Fábio Ulhoa. *Manual de direito comercial*. 14ª ed. São Paulo: Saraiva, 2003.

COMOGLIO, Luigi Paolo. *La garanzia costituzionale dell'azione ed il processo civile*. Padova: CEDAM,1970.

COMOGLIO, Luigi Paolo; CORRADO, Ferri; TARUFFO, Michele. *Lezioni sul processo civile – il processo ordinário di cognizione*. Bologna: Il Mulino, 2006.

COOLEY, Thomas M. *Princípios gerais de direito constitucional nos estados unidos da América*. Traduzido e anotado por Ricardo Rodrigues Gama. Campinas: Russell, 2002.

CORDEIRO, António Manuel da Rocha e Menezes. *Da boa fé no direito civil*. Vol. II. Coimbra: Livraria Almedina, 1984.

COSTA MACHADO, Antônio Cláudio da. *Tutela antecipada*. 3. Ed., revista. São Paulo: Editora Juarez de Oliveira, 1999.

COSTA MACHADO, Antônio Cláudio da. *A intervenção do ministério público no processo civil brasileiro*. São Paulo: Ed. Saraiva, 1989.

COUTO E SILVA, Clóvis V. do. *A obrigação como processo*. 4ª ed. Rio de Janeiro: FGV, 2010.

COUTO E SILVA, Clóvis. *Comentários ao código de processo civil*. Tomo I, Vol. XI. São Paulo: Editora Revista dos Tribunais, 1977.

COUTURE, Eduardo J. *Fundamentos del derecho procesal civil*. 4ª ed. Buenos Aires: IBdeF, 2009.

COUTURE, Eduardo J. *Introdução ao estudo do processo civil*. 3 Ed. Rio de Janeiro: Editor José Konfino, s/d.

COUTURE, Eduardo J., *Fundamentos do direito processual civil*. Trad. Rubens Gomes de Sousa. São Paulo: Ed. Saraiva, 1946.

CRUZ E TUCCI, José Rogério. Do relacionamento juiz-advogado como motivo de suspeição. In Revista dos Tribunais, São Paulo, Ano 87, v. 756, outubro de 1998.

BIBLIOGRAFIA

CRUZ E TUCCI, José Rogério. *A causa petendi no processo civil*. 2. Ed. Coleção Estudos de Direito de Processo Enrico Tullio Liebman, vol. 27. São Paulo: Ed. Revista dos Tribunais, 2001.

CRUZ, Alcides. *Demarcação e divisão de terras*. Porto Alegre: Ed. Ajuris. 1979.

CRUZ, Rogério Schietti Machado. *Garantias processuais nos recursos criminais*. São Paulo: Atlas, 2002.

CUNHA DE SÁ, Fernando Augusto. *Abuso de direito*. Coimbra: Almedina, 1997.

CUNHA GONÇALVES, Luiz da. *Tratado de direito civil*. 2ªed. Vol. I. Tomo I. São Paulo: Max Limonad, 1955.

CURA, António Alberto Vieira. *Curso de organização judiciária*. Coimbra: Coimbra Editora, 2011.

DANTAS, Marcelo Navarro Ribeiro. *Reclamação constitucional no direito brasileiro*. Porto Alegre: Sérgio ª Fabris, 2000.

DANTAS, Marcelo Navarro. *Reclamação constitucional no direito brasileiro*. Porto Alegre: Fabris, 2000.

DE PAOLIS, Maurizio. *Eccessiva durata del processo: risarcimento del dano*. II ed. Republica de San Marino, 2012.

DE PLÁCIDO E SILVA, *Vocabulário jurídico*. 24ª ed. Rio de Janeiro: Forense, 2004.

DENTI, Vittorio: Il ruolo del giudice nel processo civile tra vecchio e nuovo garantismo. In *Rivista Trimestrale di Diritto e Procedura Civile*, Milano, Dott. A. Giuffrè Editore, Ano XXXVIII, n. 3, (726-739), settembro-1984.

DI CHIARIA, Giuseppe. Televisione e dibattimento penale – Esperienze e problemi della pubblicità mediata 'tecnologia' in Italia. In: Barbero Santos, Marino; Díaz-Santos, Maria Rosario (coord.). *Criminalidad, medios de comunicación y proceso penal*. Salamanca: Universidad Salamanca, 1998.

DI PIETRO, Maria Sylvia Zanella. *Direito administrativo*. 20ªed. São Paulo: Ed. Atlas, 2007.

DIAS, Maria Berenice. *Manual de direito das famílias*. 4ª ed. rev. atual. e ampl. São Paulo: Editora Revista dos Tribunais, 2007.

DIAS, Maria Berenice. *Manual de Direito das Famílias*. 4º ed. São Paulo: Editora Revista dos Tribunais, 2007.

DIDIER JR, Fredie. *Curso de direito processual civil*. Teoria geral do processo e processo de conhecimento. Vol. I. Salvador: Edições PODIVM, 2007.

DIDIER JR, Fredie. *Curso de direito processual civil*: Teoria geral do processo e processo de conhecimento. 6. ed. Salvador: JusPodivm, 2006.

DIDIER JR. Fredie; CUNHA, Leonardo José Carneiro. *Curso de direito processual civil* – meios de impugnação às decisões judiciais e processo nos tribunais. Vol. 3. Salvador: Edições PODIVM, 2007.

CÓDIGO DE PROCESSO CIVIL

DIDIER JR., Fredie. *Curso de direito processual civil – teoria geral do processo e processo de conhecimento*. Vol. 1. Salvador: Edições PODIVM, 2007.

DIDIER JÚNIOR, Fredie, *et al*. *Curso de direito processual civil*: teoria geral do processo e processo de conhecimento. 10ª ed., Salvador: Juspodivm, 2008. v. 1.

DINAMARCO, Cândido Rangel, *Instituição de Direito Processual Civil*. V. III, 4. ed. São Paulo: Malheiros, 2004,

DINAMARCO, Cândido Rangel. *Fundamentos do processo civil moderno*. São Paulo: Ed. Revista dos Tribunais, 1986.

DINAMARCO, Cândido Rangel. *A instrumentalidade do processo*. São Paulo: Ed. Revista dos Tribunais, 1987.

DINAMARCO, Cândido Rangel. *A Reforma do Código de Processo Civil*. São Paulo: Malheiros, 1995.

DINAMARCO, Cândido Rangel. *Capítulos da sentença*. 4ª ed. São Paulo: Malheiros, 2009.

DINAMARCO, Cândido Rangel. *Coisa julgada inconstitucional*. Coord. Rio de Janeiro: América Jurídica, 2002.

DINAMARCO, Cândido Rangel. *Execução civil*. 3ª Ed., São Paulo: Malheiros, 1993.

DINAMARCO, Cândido Rangel. *Instituições de direito processual civil*. Vol. III. São Paulo: Malheiros, 2001.

DINAMARCO, Cândido Rangel. *Intervenção de terceiros*. São Paulo: Malheiros, 2000.

DINAMARCO, Cândido Rangel. *Litisconsórcio*. 2. Ed., São Paulo: Ed. Revista dos Tribunais, 1986.

DINAMARCO, Cândido Rangel. *Nova era do processo civil*. São Paulo: Malheiros, 2003.

DINAMARCO, Cândido Rangel. O ônus de contestar e o efeito da revelia. *RePro*, n. 41, São Paulo, jan.-mar,1986,

DINAMARCO. Cândido Rangel. *Instituições de direito processual civil*. Vol. I. São Paulo: Ed. Malheiros, 2001.

DINAMARCO. Cândido Rangel. *Instituições de direito processual civil*. Vol. II. São Paulo: Malheiros, 2001.

DINIZ, Maria Helena. *As lacunas no direito*. 2ª ed., São Paulo: Editora Saraiva, 1989.

DINIZ, Maria Helena. *Lei de introdução ao código civil brasileiro interpretada*. 14ª Ed. São Paulo: Ed. Saraiva, 2009.

DOMINGOS DE ANDRADE, Manual A. *Teoria geral da relação jurídica*. Vol. I. Coimbra: Almedina, 1992.

DONALD R. Songer and Reginald S. Sheehan. "Interest Group Success in the Courts: Amicus participation in the Supreme Court." Vol. 46 (June 1993) Political Research Quarterly.

DWORKIN, Ronald. *Levando os direitos a sério*. São Paulo: Martins Fontes, 2002.

BIBLIOGRAFIA

ENNECCERUS, Ludwig; KIPP, Theodor; WOLFF, Martin. *Tratado de Derecho Civil. Tradução da 39ª Edição Alamã por Blas Pérez González e José Alguer.*, 2 ed. Primeiro Tomo. Parte Geral. Barcelona: Bosch, Casa Editorial, 1953.

ENNECCERUS, Ludwig; KIPP, Theodor; WOLFF, Martin. *Tratado de derecho civil.* Primer Tomo. Parte General. II. 2ª ed. Barcelona: Casa Editorial Bosch, 1950.

ENNECCERUS, Ludwig; KIPP, Theodor; WOLFF, Martín. *Tratado de derecho civil.* Segundo Tomo. Derecho de obligaciones. Vol. I. Barcelona: BOSCH, 1947.

ESSER, Josef. *Principio y norma en la elaboración jurisprudencial del derecho privado.* Barcelona: Casa Editorial Bosch, 1961.

FABRÍCIO, Adroaldo Furtado. *Comentários ao código de processo civil.* Vol. VIII, tomo III (art. 890 a 945), Rio de Janeiro: Forense, 2002.

FADEL, Sérgio Sahione *Código de processo civil comentado.* Tomo IV. Rio de Janeiro: J. Kofino, 1974. BORGES, Marcos Afonso. *Comentários ao código de processo civil.* Vol. III. São Paulo: 1976.

FADEL, Sérgio Sahione. *Código de processo civil comentado.* Vol. 2. 4ª ed. Rio de Janeiro: Forense, 1981.

FADEL, Sergio Sahione. *Código de processo civil comentado.* Vol. II. 8ª ed. Rio de Janeiro: Forense, 2010.

FARAGO, France. *A justiça.* Trad. Maria Jose Pontieri. Barueri: Editora Manole, 2004.

FARIAS, Edison Pereira. *Colisão de direito – a honra, a intimidade, a vida privada e a imagem versus a liberdade de expressão e informação.* Porto Alegre: Sergio Antonio Fabris, 1996.

FAZZALARI, Elio. *Instituições de direito processual.* Trad. Elaine Nassif. Campinas: Bookseller, 2006.

FAZZALARI, Elio. *Instituições de direito processual civil.* Trad. Elaine Nassif. Campinas: Bookseller, 2006.

FAZZALARI, Elio. *Instituzioni di diritto processuale.* Seconda Edizione. Padova: CEDAM, 1979.

FAZZALARI, Elio. La imparzialità del giudice. In *Rivista di Dirito Processuale*, Padova, Edizioni Cedam, n. 2, 1972.

FAZZALARI, Elio. *Lezioni di diritto processaule: processo ordinário di cognizione.* Padova: Cedam, 1985.

FERNANDES, Antonio Scarance. *Processo penal constitucional.* São Paulo: Revista dos Tribunais, 1999.

FERRAJOLI, Luigi. *Direito e razão – teoria do garantismo penal.* Trad. Ana

FERRAZ JÚNIOR, Tércio Sampaio. Judiciário frente à divisão dos poderes: um princípio em decadência? In *Revista da Universidade de São Paulo*, **São** Paulo: Coordenação de Comunicação Social da USP, n. 21, mar./mai. 1994,

1445

FERRAZ JÚNIOR. Tercio Sampaio. *Constituição de 1988: legitimidade, vigência e eficácia, supremacia.* São Paulo: Atlas, 1989.

FERREIRA, Waldemar. *Tratado de direito comercial.* 3º Vol. (O estatuto da sociedade de pessoas). São Paulo: Edição Saraiva, 1961.

FIGUEIREDO CRUZ, Luana Pedrosa. Reclamação constitucional para garantia de autoridade de decisão do STJ e violação dos deveres das partes. Org: MEDINA, José Miguel Garcia; FIGUEIREDO CRUZ, Luana Pedrosa; SEQUEIRA DE CERQUEIRA, Luiz Otávio; GOMES JUNIOR, Luiz Manoel. *Os poderes do juiz e o controle das decisões judiciais.* – estudos em homenagem à Professora Teresa Arruda Alvim Wambier. Ed. Revista dos Tribunais, 2008.

FIGUEIREDO DIAS, Jorge. *Direito processual penal.* Primeiro Volume. Coimbra: Coimbra Editora, Ltda., 1974.

FILHO MONTENEGRO, Misael. *Curso de direito processual civil.* Teoria geral dos recursos, recursos em espécies, processo de execução. 5ª ed., São Paulo: Editora Atlas, 2009.

FIQUEIREDO, Lúcia Vale. *Curso de direito administrativo.* 5ª ed., São Paulo: Malheiros.

FONSECA, Isabel Celeste. *A urgência na reforma do processo administrativo In:*http://rca.meticube.com/_RCA/Documents/doc13.rtf

FRAGA, Affonso. *Theoria e prática na divisão e demarcação das terras particulares.* 4ª ed., 1936.

FRANÇA, Rubens Limongi, *Manual de direito civil.* 3. ed. Vol. 1. São Paulo: Ed. Revista dos Tribunais. BEVILÁQUA, Clóvis. *Código civil dos estados unidos do Brasil comentado.* 6ª Ed. Vol. 1. São Paulo: Livraria Francisco Alves, 1940.

FRANCOS, María Victoria Berzosa (Prólogo), in Joan Picó I Junoy, La imparcialidad judicial y sus garantías: la abstención y recusación. Barcelona: J. M. Bosch Editor, 1998.

FREITAS, Lebre, *apud* GERALDES, António Santos Abrantes. *Temas da reforma do processo civil* – princípios fundamentais – fase inicial do processo declarativo. Coimbra: Almedina, 1997.

GAGLIANO, Pablo Stolze; PAMPLONA FILHO, Rodolfo. *Novo curso de direito civil* – parte geral. São Paulo: Editora Saraiva, 2008.

GARCÍA DE ENTERRÍA, Eduardo; FERNANDEZ, Tomás Ramon. *Curso de direito administrativo.* Tradução Arnaldo Setti, São Paulo: RT, 1991.

GERALDES, António Santos Abrantes. *Termas da reforma do processo civi – princípios fundamentais – fase inicial do processo declarativo.* Coimbra: Almedina, 1997.

GIANESINI, Rita. *Da revelia no processo civil brasileiro.* São Paulo: Ed. Revista dos Tribunais, 1977. FERREIRA, Aurélio Buarque de Holanda. *Novo dicionário da língua portuguesa.* 2. ed. rev. e aum. 29ª impressão. Rio de Janeiro: Ed. Nova Fronteira, 1986.

BIBLIOGRAFIA

GIARETA, Gerci. Teoria da despersonalização da pessoa jurídica ('disregard doctrine'). *In: Revista dos Juízes do Rio Grande do Sul – AJURIS*, n. 44, novembro, 1988.

GIORGETTI, Alessandro; VALLEFUOCO, Valério. *Il contenzioso di massa in itália, in Europa e nel mondo*. Profili di comparazione in tema di azioni di classe ed azioni di gruppo. Milano: Giuffrè Editore, 2008.

GIOSTRA, Glauco. *Processo penale e informação*. 2ª ed. Milano: Giuffrè, 1989.

GIUSEPPE, Chiovenda. *Instituições de direito processual civil*. Trad. J. Guimarães Menegale. Vol I. São Paulo: Edição Saraiva, 1965.

GODOY, Arnaldo Sampaio de Moraes. *Direito nos estados unidos. Obra inédita*.

GOLDSCHMIDT, James. *Derecho procesal civil*. Trad. Leonardo Prieto Castro. Barcelona: Editorial Labor S.A., 1936.

GOMES, Orlando. *Obrigações*. 17ª ed. Rio de Janeiro: Forense, 2007.

GOMES, Sergio Alves. *Hermenêutica jurídica e constituição no estado de direito democrático*. Rio de Janeiro: Forense, 2001.

GONÇALVES, Fernando; ALVES, Manuel João. *Os tribunais, as polícias e o cidadão – o processo penal prático*. 2. ed. revista e actualizada. Coimbra: Almedida, 2002.

GONZÁLEZ MONTES, J. L. Instituiciones de derecho procesal. 3. ed. Tomo I. Madrid: Tecnos, 1993.

GRINOVER, Ada Pellegrini, org. *Código de defesa do consumidor*. 6. Ed., Rio de Janeiro: Forense Universitária, 1999.

GRINOVER, Ada Pellegrini. *Novas tendências do direito processual* – de acordo com a constituição de 1988. 2. ed. São Paulo: Ed. Forense Universitária Ltda, 1990.

GRINOVER, Ada Pellegrini. A tutela jurisdicional dos interesses difusos. *In Revista Geral do Estado*, vol. 12. São Paulo, 1978.

GRINOVER, Ada Pellegrini. *As garantias constitucionais do direito de ação*. São Paulo: Revista dos Tribunais, 1973.

GRINOVER, Ada Pellegrini. O princípio do juiz natural e sua dupla garantia. In *Revista de Processo*, São Paulo, Ed. Revista dos Tribunais, n. 29, Ano 8, jan./mar.

GRINOVER, Ada Pellegrini; GOMES FILHO, Antônio Magalhães; FERNANDES, Antonio Scarance. *Recursos no processo penal*. 5ª ed. São Paulo: Editora Revista dos Tribunais, 2005.

GRONDONA, Mariano, *Los pensadores de la liberdad – de John Locke a Robert Nozick*. 6. ed. Sudamericana, 1992,

GROSSMANN-TANEHAUS, *Frontiers of judicial research*, Nova York, 1969,

GUASP, Jaime; ARAGONESES, Pedro. *Derecho procesal civil*. Tomo I. Introducción y parte general. 7ª ed. Navarra: Thomson Civitas, 2005.

GUASP, Jaime; ARAGONESES, Pedro. *Derecho procesal civil*. Tomo II – Parte Especial: procesos declarativos y de ejecución. 7ª ed. Navarra: Editorial Aranzia, 2006.

GUERRA, Marcelo Lima. Condições da ação e mérito no processo cautelar. *in Revista de Processo*, São Paulo, R.T., n.78, p.191/203. Abril-junho, 1995.

GUERRA, Marcelo Lima. *Execução forçada:* controle de admissibilidade. São Paulo: Ed. Revista dos Tribunais, 1995.

GUSDORF, Georges. Pasado, presente y futuro de la investigacion interdisciplinaria. *In Interdisciplinariedad y ciencias humanas. Madrid:* Editorial Tecnos, 1983.

HABERMAS, Jürgen. *Direito e democracia* – entre facticidade e validade. Trad. Flávio Beno Siebeneichler. v. I. Rio de Janeiro: Tempo Brasileiro, 1997.

HANADA, Nelson. O possuidor esbulhado na posse e a legitimação de seu sucessor para a cão de reintegração de posse. *In. Revista de Processo*, São Paulo, R.T., n. 26.

HESSE, Konrad. *A força normativa da constituição.* Trad. Gilmar Ferreira Mendes. Porto Alegre, Sergio Antonio Fabris, 1991.

HOYOS, Arturo. *Justicia contencioso-administrativa y derechos humano.* Panamá: Instituto Panameño de Derecho Procesal, 1991.

JARDIM, Afrânio Silva. *Direito processual penal* – *de acordo com a constituição de 1988.* 4.ed. Rio de Janeiro: Forense, 1992.

KELSEN, Hans. *Teoria pura do direito.* 2ª ed. Coimbra: Armênio Amado: 1962, vol. 2.

LA CHINA. Norma giuridica (dir. Proc. Civ.), *In: Enciclopedia del diritto*, XXVIII, Milano, 1978.

LACERDA, Galeno. *Despacho Saneador.* Porto Alegre: Sergio Antonio Fabris Editor, n. 2, 1990.

LAKATOS, E., MARCONI, M. A.. *Fundamentos de metodologia científica.* São Paulo: Atlas, 1986.

LASSALLE, Ferdinand. *A essência da constituição.* 6. ed. Rio de Janeiro: Lúmen Júris, 2001.

LEGAZ Y LACAMBRA, Luis. *Humanismo, Estado e Direito.* Barcelona. Edit. Bosch, 1960, p. 7.

LEITE, Eduardo de Oliveira. *Direito civil aplicado* (direito de família). Vol. 5. São Paulo: Editora Revista dos Tribunais, 2004.

LESSA, Breno Munici. (03/2010) *A invalidade das provas digitais no processo judiciário* http://jus.uol.com.br/revista/texto/14555/a-invalidade-das-provas-digitais-no--processo-judiciario/print. Acesso em: 03/11/2010

LIBMANN, Enrico. *Manuale di diritto processuale civile – principi.* Sesta Edizione. Milano: Giuffrè Editore, 2002.

LIEBMAN, Enrico Tullio. *Embargos do executado.* Caminas: Bookseller, 2003.

LIEBMAN, Enrico Tullio. Fondamento del principio dispositivo. In: Rivista di diritto processuale. Padova, CEDAM – Casa Editrice Dott. Antonio Milani, Volume XV, Ano 1960.

LIEBMAN, Enrico Tullio. *Manual de direito processual civil.* Trad. Cândido R. Dinamarco. Rio de Janeiro: Forense, 1984.

LIEBMAN, Enrico Tullio. *Manuale di diritto processuale civile – principi.* Sesta edizione. Milano: Giuffrè Editore, 2002.

LIEBMAN, Enrico Tullio. *Manuale di diritto processuale civile.* Vol. II. Milano: Giuffrè Editores, 1984. PESSOA, Fábio Guidi Tabos. *In: Código de processo civil interpretado.* Coord. Antonio Carlos Marcato. São Paulo: Atlas, 2004.

LIEBMAN, Enrico Túllio. *Processo de execução.* 5ª ed. São Paulo: Saraiva, 1986. n. 12.

LIEBMAN. Enrico Tullio. *Eficacia e autoridade da sentença e outros escritos sobre a coisa julgada – com aditamento relativos ao direito brasileiro.* Trad. Alfredo Buzaid e Benvindo Aires. 2ª Ed. Rio de Janeiro: Forense, 1981.

LIEBMAN. Enrico Tullio. *Manuale di diritto processuale civile.* Principi. 6ª Ed. Milano: Giuffrè Editore, 2002.

LIMA, Alcides de Mendonça. *Comentários ao código de processo civil.* Vol. VI, Tomo I. Rio de Janeiro: Forense, 1979.

LIMA, Alcides de Mendonça. *Comentários ao código de processo civil.* 3ª ed. Vol. VII. Tomo II (arts. 586 a 645). Rio de Janeiro: Forense, 1979.

LIMA, João Franzen. Irretroatividade das leis. *In: Revista dos Tribunais,* São Paulo, Vol. 132.

LINCOLN CAPLAN. *The Tenth Justice: The Solicitor General and the Rule of Law.* (New York: Alfred A. Kinopf, 1987).

LLAMBIAS. *Efecto de la nulidad y de la anulación de los actos jurídicos.* Buenos Aires: Arayú, 1953.

LOBO, Paulo Luiz Netto. *Código civil comentado,* XVI. Direito de Família. Relações de Parentesco. Direito Patrimonial. São Paulo: Atlas, 2003.

LOEWENSTEIN, Karl. *Teoria de la constitución.* Trad. Alfredo Gallego Anabitarte. Madrid: Ariel, 1970.

LOPES DA COSTA, Alfredo de Araújo, *Medidas preventivas.* 2ª ed. Belo Horizonte: Livraria Bernardo Álvares, 1958.

LOPES DA COSTA. Alfredo de Araújo. *Demarcação, divisão, tapumes.* 1963. n. 315.

LOPES, João Batista. *Ação declaratória.* 5ª ed.. São Paulo: Editora Revista dos Tribunais, 2002.

LOPES, João Batista. O depoimento pessoal e o interrogatório livre no processo civil e estrangeiro. *Revista de Processo,* n. 13/86.

LOPES, João Batista. O depoimento pessoal e o interrogatório livre no processo civil e estrangeiro. *Revista de Processo,* n. 13/86.

LOPEZ JIMÉNEZ, Raquel. *La prueba en el juicio por jurados.* Valencia: Tirant lo Blanch, 2002.

LÓPEZ ORTEGA, Juan J. Información y justicia. *In: Justicias y Medios de Comunicación, Cuadernos de Derecho Judicial*, Madrid, XVI, 2006.

LUCON, Paulo Henrique dos Santos. *Eficácia das decisões e execução provisória*. São Paulo: Editora R.T., 2000.

LUISO, Francesco P. *Diritto processuale civile*. II. Il processo di cognizione. Terza edizione. Milano: Giuffrè Editore, 2000.

LUISO, Francisco Paolo. *L'execuzione 'ultra partes'*. Milano: Dott. A. Giuffrè Editore, 1984.

MACEDO. Regina Maria; FERRARI, Nery. *Normas constitucionais programáticas*. São Paulo: Revista dos Tribunais. 1994.

MAIER, Julio B. *La ordenanza procesal penal alemana – su comentario y comparación con los sistemas de enjuiciamiento penal argentinos*. Buenos Aires: Depalma, 1978.

MALATESTA. Nicola Framarino Dei. *A lógica das provas em matéria criminal*. Vol. II. Trad. Alexandre Augusto Correia. São Paulo: Edição Saraiva, 1960.

MANCUSO, Rodolfo de Camargo. *Recurso extraordinário e recurso especial*. 11ª edição. São Paulo: Editora Revista dos Tribunais, 2010.

MANDRIOLI, Crisante. *Diritto processuale civile*. I nozioni introduttive e disposizioni generali. 17ª ed., Torino: G. Giappichelli Editore, 2005.

MANDRIOLI, Crisanto. *Corso di diritto processuale civile*. II – Il processo di cognizione. 5ª ed. Torino: G. Giappichelli Editore, 2006.

MANDRIOLI, Crisanto. *Corso di diritto processuale civile*. III – L'execuzione forzata, I procedimento speciali, I processi del lavoro, locatizio e societário. III V. Quinta edizione. Torino: G. Giappichelli Editore, 2006.

MANDRIOLI, Crisanto. *Diritto processuale civile – nozioni introduttive e disposizioni generali*. Diciassettesima edizione. Torino: G. Giappichelli Editore, 2000.

MARCATO, Antonio Carlos. *Ação de consignação em pagamento*. 3ª ed. São Paulo: Editora Revista dos Tribunais, 1989.

MARCEL STORM ed., *Approximation of judiciary law in the European union*. Amsterdam: Kluwer, 1994.

MARINONI, Luiz Guilherme. *Tutela específica – arts. 461, CPC e 84, CDC*. 2ª ed. São Paulo: Editora R.T., 2001.

MARINONI, Luiz Guilherme; ARENHART, Sérgio Cruz. *Execução*. 4ª ed. São Paulo: Editora Revista dos Tribunais, 2012.

MARINONI, Luiz Guilherme; ARENHART, Sérgio Cruz. *Comentários ao código de processo civil*. 2. ed. Tomo 1. São Paulo: Ed. Revista dos Tribunais, 2005.

MARINONI, Luiz Guilherme; ARENHART, Sérgio Cruz. *Curso de Processo Civil – Execução*. Volume 3. São Paulo, Editora Revista dos Tribunais, 2007.

MARINONI, Luiz Guilherme; ARENHART, Sérgio Cruz. *Execução*. Vol. 3. 4º ed., São Paulo: Ed. R.T., MARINONI. Luiz Guilherme. *Tutela antecipatória, julgamento ante-*

BIBLIOGRAFIA

cipado e execução imediata da sentença. 2ª ed. São Paulo: Editora Revista dos Tribunais, 1998.

MARINONI. Luiz Guilherme. *A antecipação da tutela.* 7. Ed. São Paulo: Editora Malheiros, 2002.

MARQUES, José Frederico. *Instituições de direito processual civil.* Vol. V. Rio de Janeiro: Forense, 1960.

MARQUES, José Frederico. *Manual de direito processual civil.* 2ª ed. Campinas: Millennium, 2000, vol. 4.

MARQUES, José Frederico. *Manual de Direito Processual Civil.* 8ª Ed. Vol. II. São Paulo: Saraiva, 1985.

MARQUES, José Frederico. *Manual de direito processual civil.* Vol. III. 2ª parte. 9ªed. São Paulo: Saraiva, 1987.

MARTINS, Fran. *O cheque segundo a nova lei.* Rio de Janeiro: Forense, 1986.

MAZZILLI, Hugo Nigri. *O ministério público na constituição de 1988.* São Paulo: Saraiva, 1989.

MCLAUCHALAN, Judithanne Scourfield. *Congressional Participation as amicus curiae before the U.S. Supreme Court.* LFB Scholarly Publishing LLC, New York, 2005

MEADOR, Daniel John. *Os tribunais nos estados unidos.* Tradução de Ellen G. Northfleet. Brasília: Serviço de Divulgação e Relações Culturais dos Estados Unidos da América – USIS, 1996.

MEDINA, José Miguel Garcia. *Execução* – Processo civil moderno. N. 03. São Paulo: Editora Revista dos Tribunais, 2008.

MEDINA, José Miguel Garcia. *O prequestionamento nos recursos extraordinário e especial.* São Paulo: Ed. Revista dos Tribunais, 1998,

MEIRELLES, Hely Lopes. *Direito administrativo brasileiro.* 29ª ed. São Paulo: Malheiros, 2004.

MEIRELLES, Hely Lopes; WALD, Arnoldo; MENDES, Gilmar Ferreira. *Mandado de segurança e ações constitucionais.* 34ª ed. São Paulo: Editora Malheiros, 2012.

MELLADO, José Mª Asencio. *Derecho procesal civil.* Valencia: Tirant Lo Blanch, 2008.

MELLO, Celso D. de Albuquerque. *Curso de Direito Internacional Público.* 14 ed Rio de Janeiro: Renovar, 2002.

MELO RIBEIRO, Maria Teresa de. *O princípio da imparcialidade da administração pública.* Coimbra: Almedina, 1996.

MENDES, Gilmar Ferreira, BRANCO, Paulo Gustavo Gonet. *Curso de direito constitucional.* São Paulo: Editora Saraiva, 2012.

MENDES, Gilmar Ferreira. *Direitos fundamentais e controle de constitucionalidade.* 4ª ed. São Paulo: Saraiva, 2012.

MENDES, Gilmar Ferreira; BRANCO, Paulo Gustavo Gonet. *Curso de direito constitucional.* 7ª ed. São Paulo: Saraiva, 2012.

MENDES, Gilmar Ferreira; BRANCO, Paulo Gustavo Gonet. *Curso de direito constitucional*. 7ª ed. São Paulo: Saraiva, 2012.

MIAILLE, Michel. *Introdução crítica ao direito*. Trad. Ana Prata. Lisboa: Editorial Estampa, 1994.

MICHELI, Gian Antonio. Curso de derecho procesal civil, v. I. Buenos Aires: Ed. EJEA, 1970.

MILHOMENS, Jônatas. *Teoria e prática do despacho saneador*. Rio de Janeiro: Editora Forense, 1958. CARVALHO SANTOS, J. M., *Código de processo civil interpretado*. (artigos 263 a 353). Vol. IV. 3. Ed., Rio de Janeiro: Livraria Editora Freitas Bastos, 1946.

MIRABETE, Julio Fabbrini. Processo penal. 16 ed. Rev. e atual. São Paulo: Atlas, 2004.

MIRANDA, Pontes de. *Comentários ao código de processo civil*. Vol. VIII, Rio de Janeiro: Forense, 2002.

MIRANDA, Pontes. *Comentário ao código de processo civil*. Tomo I: arts. 1º a 45. Rio de Janeiro: Forense, 1979.

MIRANDA, Pontes. *Comentários ao código de processo civil*. Tomo I (arts. 1-79). 2 ed., Rio de Janeiro: Ed. Forense, 1958.

MONIZ DE ARAGÃO, E. D., *Comentários ao código de processo civil*. 6ª ed., Vol. II (arts. 154 a 269). Rio de Janeiro: Editora Forense, 1989.

MONTEIRO, João. *Curso de processo civil*. São Paulo: Ed. Cia. Industrial, 1900,

MONTELEONE, Girolamo. Intorno al conceitto di verità 'materiale' o 'oggettiva' nel proceso civile. In: Rivista di Diritto Processuale. CEDAM, 2009. Volume LXIV (II Serie), Anno 2009.

MONTELEONE, Girolamo. *Manuale di diritto processuale civile*. Vol. II. Quarta Edizione. Modena: CEDAM, 2007.

MONTELEONE. Girolamo. *Manuale di diritto processuale civile*. Vol. II. L'arbitrato – L'execuzione forzata – I procedimenti speciali. Quarta edizione. Padova: CEDAM.

MONTENEGRO FILHO, Misael. *Curso de direito processual civil*. Teoria Geral dos Recursos. Recursos em Espécie. Processo de Execução. 5ª ed. São Paulo: Editora Atlas,2009.

MONTERO AROCA, J. Princípios del proceso penal – una explicación basada en la razón. Valencia: Tirant lo Blanck, 1997.

MONTESANO, Luigi. *Lê tutela giurisdizionale dei diritti*. Bari: Cacucci, 1981.

Montovani, Ferrando. *Diritto Penale*. Padova: CEDAM, 1992.

MORAES E BARROS, Hamilton de. *Comentários ao código de processo civil*. 2ª ed. Rio de Janeiro: Forense, 1988.

BIBLIOGRAFIA

MORAES, Crislayne Maria Amaral Nogueira Cavalcante de Moraes. *Prova eletrônica: aspectos controvertidos.* http://www.jurisway.org.br/v2/dhall.asp?id_dh=5633. Acesso em 29/10/2011.

MORAES, Vânila Cardoso André de. Demandas repetitivas decorrentes de ações ou omissões da administração pública: hipóteses de soluções e a necessidade de um direito processual público fundamentado na Constituição. *Serie Monografia do CEJ.* N.14, Brasília, 2012.

MORATO, Francisco. *Da prescrição nas ações divisórias.* 2ª ed. São Paulo, 1944.

MORATO, Leonardo. *Reclamação* – e sua aplicação para o respeito da súmula vinculante. São Paulo: Editora Revista dos Tribunais, 2006.

MOREIRA ALVES, José Carlos. *Posse,* Vol. II, 1º Tomo. Estudo Dogmático. Rio de Janeiro: Forense, 1990.

MOREIRA ALVES, José Carlos. *Posse.* Vol. I Evolução História. Rio de Janeiro: Forense, 1985.

MOREIRA, Alberto Camiña. *Defesa sem embargo do executado.* São Paulo: Editora Saraiva, 2000. p. 9.

MOREIRA, José Carlos Barbosa. La igualdad de las partes em el proceso civil. *In. Revista de Processo,* São Paulo: Revista dos Tribunais, n. 44, ano 11, out./dez., 1986,

MOREIRA, José Carlos Barbosa. *Litisconsórcio unitário.* Rio de Janeiro: Ed. Forense, 1972.

MOREIRA, José Carlos Barbosa. A sentença mandamental. Da Alemanha ao Brasil, *RePro,* vo. 97,

MOREIRA, José Carlos Barbosa. *Comentários ao código de processo civil.* Vol. V. (arts. 476 a 565). Rio de Janeiro: Forense, 1976.

MOREIRA, José Carlos Barbosa. Cumprimento e execução de sentença: necessidade de esclarecimentos conceituais. *Temas de direito processual.* 9ª Série. São Paulo: Saraiva, 2007.

MOREIRA, José Carlos Barbosa. *O novo processo civil brasileiro.* 2. ed., vol. I, Rio de Janeiro: Forense, 1976.

MOREIRA, José Carlos Barbosa. *O novo processo civil brasileiro.* 6ª ed. Rio de Janeiro: Editora Forense, 1984.

MOREIRA. José Carlos Barbosa. Pode o juiz declarar de ofício a incompetência relativa?. *Temas de direito processual – Quinta Série.* São Paulo: Saraiva, 1994.

MORELI, Gaetano. *Derecho procesal civil internacional.* Trad. Santiago Sentis Melendo. Buenos Aires: Ediciones Jurídicas Europa-América, 1953.

MORELLO, Augusto. *El proceso justo.* Buenos Aires: Abeledo – Perrot, 1994.

MUÑOZ, Pedro Soares. Da intervenção de terceiros no novo código de processo civil. In *Estudos sobre o novo código de processo civil.* Vol. I.

NEGRÃO, Theotônio. *Código de processo civil e legislação processual em vigor.* 32. ed. São Paulo: Saraiva, 2001.

NEGRÃO, Theotônio; GOVÊA, José Roberto F.; BONDIOLI, Luis Guilherme A.; FONSECA, Francisco N. *Processo civil e legislação processual em vigor.* 44ª ed. São Paulo: Editora Saraiva, 2012.

NELUTTI, Francesco. *Sistema de direito processual civil.* Trad. Hiltomar Martins Oliveira. Vol. II. São Paulo: Classic Book, 2000.

NERY JR., Nelson. Ainda sobre o prequestionamento – embargos de declaração prequestionadores. *In: Aspectos polêmicos e atuais dos recursos cabíveis e de outras formas de impugnação às decisões judiciais.* Nelson Nery Jr. e Teresa Wambier (Coord.). São Paulo: Ed. Revista dos Tribunais, 2000.

NERY JR., Nelson.; NERY, Rosa. Apud. WAMBIER. Teresa Arruda Alvim. *Os agravos no CPC brasileiro.* 4ª ed. São Paulo: Ed. Revista dos Tribunais, 2005.

NERY JÚNIOR, Nelson. *Código de processo civil comentado e legislação processual civil extravagante em vigor.* 4ª ed., São Paulo: Ed. R.T.,

NERY JUNIOR, Nelson; ANDRADE NERY, Rosa Maria de. *Código de Processo civil comentado.* 10 ed. São Paulo: Revista dos Tribunais, 2007,

NERY JUNIOR, Nelson; ANDRADE NERY, Rosa Maria. *Código de processo civil comentado e legislação processual civil extravagante em vigor.* 3. ed. São Paulo: Ed. R.T.: 1997.

NERY JÚNIOR, Nelson; NERY, Rosa Maria Andrade. *Código de processo civil comentado.* 2ª ed. São Paulo: Editora Revistas dos Tribunais, 1996.

NERY JUNIOR, Nelson; NERY, Rosa Maria de Andrade. *Código de processo civil comentado e legislação extravagante.* 12ª ed. revista, atualizada e ampliada, São Paulo: Editora Revista dos Tribunais

NERY JUNIOR. Nelson. *Princípio do processo civil na constituição federal.* 5ª ed. São Paulo: Editora Revista dos Tribunais, 1999.

NEVES, Celso. *Coisa julgada civil.* São Paulo: Editora Revista dos Tribunais, 1971.

NEVES, Celso. *Comentários ao código de processo civil.* 2ª ed. Vol. VII. Rio de Janeiro: Forense, 1977. NEVES, Celso. *Comentários ao código de processo civil.* Rio de Janeiro: Forense, 1979.

NEVES, Marcelo. *A constituição simbólica.* São Paulo: Acadêmica, 1994.

NIETO, Alejandro. *El arbítrio judicial.* Editorial Ariel, 2004.

NINO, Carlos Santiago. *Introdución al análisis del derecho,* 10ª Ed. Barcelona: Editorial Ariel, 2001.

NUNES, Castro. *Da fazenda pública em juízo.* Rio de Janeiro: Freitas Bastos, 1950.

NUNES, Castro. *Teoria e prática do poder judiciário.* 1943,

OLIVEIRA NETO. Olavo. *Conexão por prejudicialidade.* São Paulo: Revista dos Tribunais, 1994.

BIBLIOGRAFIA

OLIVEIRA, J. Lamartine Corrêa de. *A dupla crise da pessoa jurídica*. São Paulo: Saraiva, 1979.

OLIVEIRA, Paulo Rogério de; Aspectos da Tutela Inibitória. Jurisprudência do Superior Tribunal de Justiça. LEX: 230.

OLIVERIA. Yonne Dolácio. *A natureza jurídica das custas judiciais*. OAB-SP: Ed. Resenha Tributária, 1092.

ORTIZ, Maria Isabel Valldecabres. Imparcialidad del juez y médios de comunicación. Valencia: Tirant lo Blanch, 2004.

OTERO GONZÁLES, María del Pilar. *Protección del secreto sumarial y juicios paralelos*. Madrid: Editorial Centro de Estudios Ramón Areces, S.A., 1999.

PACE, Alessandro, *Problemática delle liberta constitucionale*, Padova, 1984.

PACHECO, José da Silva. *O mandado de segurança e outras ações constitucionais típicas*. 4. ed. São Paulo: Revista dos Tribunais, 2002.

PAOLOZZI, Giovanni. Giudice político e iudex suspectus. Rivista Italiana di Diritto e Procedura Penal, Milano: Dott. A. Giuffrè, 1973, Anno XVI.

PASTORE. Baldassare. *Giudizio, prova, ragion pratica*. Milano: Dott. A. Giuffrè, 1996.

PATTI, Salvatore. *Codice di procedura civile tedesco – Zivilprozessordnung –* Milano: Giuffrè Editore, 2010

PAULA BATISTA. *Compêndio da teoria e prática do processo civil e comercial*, Lisboa, 1910.

PENTEADO, Luciano de Camargo. *Direito das coisas*. São Paulo: Editora Revista dos Tribunais, 2008.

PEREIRA, Caio Mário da Silva. *Instituições de direito civil*. 2. vol. Rio de Janeiro: Forense, 2005.

PEREIRA, Caio Mário da Silva. *Instituições de direito civil*. Vol. 5. 13ª ed.

PEREIRA, Caio Mário da Silva. *Intituições de direito civil*. Volume IV. Rio de Janeiro: Forense, s/d.,

PEREIRA, Caio Mário. *Instituições de direito civil*. 5ª edição. I Vol., Rio de Janeiro: Editora Forense.

PEREIRA, Milton Luiz. Embargos de divergência contra decisão lavrada por relator. *In. Revista de Processo*, São Paulo, RT, 2001, n. 101.

PÉREZ, Ruiz. *Juez y sociedad*. Colombia: Editorial Temis, 1987.

PESSOA, Fábio Guidi Tabosa, Coord. Antônio Carlos Marcato. *Código de processo civil interpretado*. São Paulo: Atlas, 2004.

PICÓ I JUNOY, Joan. La imparcialidad judicial y sus garantías: la abstención y la recusación. Barcelona: J. M. Bosch, 1998.

PINTO, Nelson Luiz. O fundamento da pretensão processual como objeto da prescrição e da decadência. *In: Revista de Processo*, N. 34, Ano 9, abril-junho de 1984, São Paulo.

PIRES JÚNIOR, Paulo Abraão. O papel da cooperação jurídica internacional, In: *Manual de cooperação jurídica internacional e recuperação de ativos*. Ministério da Justiça Secretaria de Justiça – Departamento de Recuperação de Ativos e Cooperação Jurídica Internacional, Brasília, 2012, 2ª edição.

PIRES, Ruy. *In: Revista do Clube de Oficias da Marinha Mercante*. Bordo Livre – Nº 70 Setembro/Outubro 2005.

PISANI, Andrea Proto. *Lezioni di diritto processual civile*. Napoli: Casa Editrice Dott. Eugenio, 1999.

PISAPIA, Gian Domenico. *Copendio di procedura penal*. Padova: CEDAM – Casa Editrice Dott. Antonio Milani, 1975.

PLANIOL, Marcelo; RIPERT, Jorge. *Tratado practico de derecho civil.francês*. Trad. espanhola Mario Diaz Curz. Tomo X. Havana: Cultural S.A., 1946.

PONTE DE MIRANDA. *Comentário ao c.p.c de 1973*. Tomo VI. Rio de Janeiro: Forense, s/d.,

PONTE DE MIRANDA. *Comentário ao CPC DE 1973*. Tomo VIII. Rio de Janeiro: Forense, s/d.

PONTE DE MIRANDA. *Comentários ao código de 1939*, vol.XIV, pág., 20, n. 5. Idem, 1973, vol.X, PONTE DE MIRANDA. *Comentários ao código de processo civil de 1939*. Tomo III, 2ª Ed. Rio de Janeiro: Forense, 1958.

PONTE DE MIRANDA. *Comentários ao código de processo civil de 1973*. Vol. V. Rio de Janeiro: Forense, s/d.

PONTE DE MIRANDA, *Comentários ao código de processo civil*. Tomo XII (arts. 796 a 889). Rio de Janeiro: Forense, 1976.

PONTE DE MIRANDA. *Comentários ao código de processo civil*. Tomo X. Rio de Janeiro: Forense, 1976.

PONTE DE MIRANDA. Francisco Cavalcanti. *Tratado de direito privado:* parte geral. Rio de Janeiro: Borsoi, 1955. V.

PONTE DE MIRANDA. *Tratado de direito privado*. Editora Borsoi: Rio de janeiro, s/d. Tomo X.

PONTE DE MIRANDA. *Tratado da ação rescisória*. Rio de Janeiro: Forense, 1976.

PONTE DE MIRANDA. *Tratado de direito privado*. Tomo V, Rio de Janeiro: Editor Borsoi, 1955.

PONTE DE MIRANDA. *A acção rescisória*. Rio de Janeiro: Livraria Jacintho, 1934.

PONTE DE MIRANDA. *Comentário ao C.P.C. de 1973*. Tomo VIII. Rio de Janeiro: Forense, s/d.,

PONTE DE MIRANDA. *Comentário ao código de processo civil de 1939*. 2ª ed., Vol. VI, Rio de Janeiro: Forense.

PONTE DE MIRANDA. *Comentário ao código de processo civil*. Tomo IV (arts. 273 a 301), Rio de Janeiro: Editora Forense, 1959.

BIBLIOGRAFIA

PONTE DE MIRANDA. *Comentário ao código de processo civil*. Tomo XVI. Rio de Janeiro, 1977.

PONTE DE MIRANDA. *Comentário ao código de processo civil*. Tomo X. Rio de Janeiro: Forense, 1976.

PONTE DE MIRANDA. *Comentário ao código de processo civil*. Vol. VII, 2ª ed., Rio de Janeiro: Revista Forense, 1959.

PONTE DE MIRANDA. *Comentários ao C.P.C. de 1973*. Vol. IX. Rio de Janeiro: Forense, s/d..

PONTE DE MIRANDA. *Comentários ao C.P.C. de 1973*. Vol. X. Rio de Janeiro: Forense, s/d.

PONTE DE MIRANDA. *Comentários ao código de processo civil de 1939*. Tomo VIII (arts. 600 – 706), 2ª ed. Rio de Janeiro: Forense, 1959.

PONTE DE MIRANDA. *Comentários ao código de processo civil de 1939*. Tomo VIII (arts. 600 – 706), 2ª ed. Rio de Janeiro: Forense, 1959.

PONTE DE MIRANDA. *Comentários ao Código de Processo Civil de 1939*. Vol. IX. 2ª ed. Rio de Janeiro: Revista Forense. 1959,

PONTE DE MIRANDA. *Comentários ao código de processo civil de 1973*. 2ª ed. Tomo I. Rio de Janeiro: Forense, 1979.

PONTE DE MIRANDA. *Comentários ao código de processo civil de 1973*. Tomo XIII. Rio de Janeiro: Forense, 1977.

PONTE DE MIRANDA. *Comentários ao código de processo civil de 1973*. Tomo XIII.

PONTE DE MIRANDA. *Comentários ao código de processo civil* de 1973. Tomo IX (arts. 566-611). Rio de Janeiro: Forense, 1976.

PONTE DE MIRANDA. *Comentários ao código de processo civil*. Tomo X. Rio de Janeiro: Forense, 1976.

PONTE DE MIRANDA. *Comentários ao código de processo civil*. Tomo I (arts. 1º-45). 2ª ed. Rio de Janeiro: Editor Forense, 1979.

PONTE DE MIRANDA. *Comentários ao código de processo civil*. 2ª ed. Tomo VII. Rio de Janeiro: Forense, s/d.

PONTE DE MIRANDA. *Comentários ao código de processo civil*. Tomo I (arts. 1º -79). 2 ed., São Paulo: Ed. Forense, 1957.

PONTE DE MIRANDA. *Comentários ao código de processo civil*. Tomo III. Rio de Janeiro: Forense, 1973.

PONTE DE MIRANDA. *Comentários ao código de processo civil*. Tomo IV (arts. 282-443). 2ª Ed., Rio de Janeiro: Forense, 1979.

PONTE DE MIRANDA. *Comentários ao código de processo civil*. Tomo XIV (arts. 982-1.045). Rio de Janeiro: Forense, 1977.

PONTE DE MIRANDA. *Comentários ao código de processo civil*. Tomo XI (arts. 736-795). Rio de Janeiro: Forense, 1976.

PONTE DE MIRANDA. *Tratado das ações*. Tomo I. São Paulo: Editora Revista dos Tribunais, 1970. PONTE DE MIRANDA. *Tratado das ações*. Tomo VI – ações mandamentais. São Paulo: Editora Revista dos Tribunais, 1976.

PORTANOVA, Rui. *Princípios do processo civil*. 4ª Ed. Porto Alegre: Livraria do Advogado, 2001.

PRADO, Geraldo. *Sistema acusatório* – a conformidade constitucional das leis processuais penais. Rio de Janeiro: Ed. Lúmen Júris, 1999.

PRIETO-CASTRO Y FERRÁNDIZ, Leornardo. Tribunales españoles – organización y funcionamiento. 4. ed., Madrid: Ed. Tecnos, 1977.

PUBLIATTI, Salvatore. *Esecuzione forzata e diritto sostanziale*. N. 32, Milano: Giuffrè, 1935.

PUGLIATTI, Salvatore. *Esecuzione forzata e diritto sostanziale*, Milão, 1935.

PUGLIESE, Giovanni. Introdução realizada à obra de WINDSCHEID, Bernhard; MUTHER, Theodor. *Polemica sobre la 'actio'*. Trad. Tomás A. Banzhaf. Buenos Aires: Ediciones Jurídicas Europa-America, 1974.

RAFFAELLO, Magi. In *Il giusto proceso*. Associazione tra gli studiosi Del proceso penale. Milano: Dott. A. Giuffrè Editore, 1998.

RAWLS, John. *Uma teoria da justiça*. São Paulo: Martins Fontes, 2002.

RÉGIS, Mário Luiz Delgado. *In:* FIUZA, Ricardo (coordenador). *Novo código civil comentado*. São Paulo: Saraiva, 2002.

REIS, José Alberto dos. *Código de Processo Civil portuguès: Anotado*, 3ª ed., Coimbra: Coimbra, 1948, p. 5, n. 3.

REIS, José Alberto. *Processo especiais*. 1º Vol. Coimbra, 1955.

RESK. Lloveras de. *Tratado teórico – práctico de las nulidades*. Buenos Aires: Ediciones Depalma, 1985. Revista dos Tribunais, 2002.

REZEK, Francisco. *Direito internacional público – curso elementar*. 12ª ed., São Paulo: Editora Saraiva, 2010.

REZENDE, Gabriel de. *Curso de direito processual civil*. São Paulo: Ed. Saraiva, 1963. v. II.

RIPERT, Georges; BOULANGER, Jean. *Tratado de derecho civil*. Tomo I, Parte General. Buenos Aires: La Ley, s/d.

RODRIGUES, Fernando Pereira. *O novo Processo Civil – os princípios estruturantes*. Coimbra: Almedina, 2013.

RODRIGUES, Marcelo Abelha. *Ação civil pública e meio ambiente*. São Paulo: Forense Universitária, 2003.

RODRIGUES, Maria Stella Villela Souto Lopes. *ABC do processo civil – processo de conhecimento*. São Paulo: Editora Revista dos Tribunais, 1983.

RODRIGUES, Silvio. *Direito civil*. Direito de família. 27ª ed. Vol. 6. São Paulo: Ed. Saraiva, 2002.

ROSA, Eliézer. *Dicionário de processo civil*. Vbo. "Audiência de Instrução".

ROSAS, Roberto. Suprema corte Americana: acompanhamento da realidade política e econômica. *In Arquivos do Ministério da Justiça.* ano 49, número 187, janeiro/ junho de 1996.

ROSEMBERG, Leo. *Tratado de derecho procesal civil.* Trad. Angela Romera Vera. Tomo II. Buenos Aires: Ediciones Juridicas Europa-America, 1955.

ROSENBERG, Leo. *Tratado de derecho procesal civil.* Trad. Angela Romera Vera. Tomo I. Buenos Aires, 1955.

ROWAT, Donald C. *El ombudsman – el defensor del ciudadano.* México: Fondo de Cultura Económica, 1973.

RUGGIERO, Roberto de. *Instituições de direito civil.* Vol. 2. Campinas: Bookseller Editora e Distribuidora, 1999.

RUGGIERO, Roberto. *Instituições de direito civil.* Trad. Paolo Capitanio. Vol. 3. Campinas: Bookseller, 1999.

RUGGIERO, Roberto. *Instituições de direito civil.* Trad. Paolo Capitanio. Vol. 3. Campinas: Bookseller, 1999.

SALES, Lilia Maia de Moraes. *Justiça e mediação de conflitos.* Belo Horizonte: Del Rey, 2003

SANCHES, Sydney. *Denunciação da lide no direito processual civil brasileiro.* São Paulo: Editora Revista dos Tribunais.

SANTOS, Ernani Fidélis dos. *Comentários ao código de processo civil.* Vol. 6. Série 6. n. 230. Rio de Janeiro: Forense.

SANTOS, Ernani Fidélis. *Manual de direito processual civil.* 5ª ed. Vol. 1. São Paulo: Editora Saraiva, 1997.

SANTOS, ERNANI FIDELIS. *Novos perfis do processo civil brasileiro* Belo Horizonte: Del Rey, 1996. SANTOS, Gildo dos. Imissão na posse. Aspectos processuais. *In* vol. *Posse e Propriedade.* Org. Yussef Said Cahali, São Paulo, 1987.

SANTOS, Moacyr Amaral Santos. *Comentários ao código de processo civil.* Vol. IV. Rio de Janeiro: Ed. Forense, 1976.

SANTOS, Moacyr Amaral. *Primeiras linhas do direito processual civil.* São Paulo: Ed. Max Limonad, 1962. v. 2.

SANTOS, Moacyr Amaral. *Comentário ao código de processo civil (1973).* IV vol. (art. 332 a 475). Rio de Janeiro: Forense, 1976.

SANTOS, Moacyr Amaral. *Comentário ao código de processo civil (1973).* IV vol. (art. 332 a 475). Rio de Janeiro: Forense, 1976.

SANTOS, Moacyr Amaral. *Da reconvenção no direito brasileiro.* 4ª ed. São Paulo: Max Limonad, 1973.

SARLET, Ingo W. *A eficácia dos direitos fundamentais.* 5ª ed. Porto Alegre: Livraria do Advogado, 2005.

SATTA, Salvatore. Astensione del giudice. In Enciclopedia del diritto. Tomo III. Milan: Editora Giuffrè, 1958.

SATTA, Salvatore. . *Direito processual civil*. Trad. de Luiz Autuori. 7. Ed., Rio de Janeiro: Editor Borsoi, 1973.

SCHMIDT, Eberhard. *Los fundamentos teóricos y constitucionales del derecho procesal penal*. Trad. José Manuel Nuñez. Buenos Aires: Bibliografia Argentina, 1957.

SCHÖNKE, Adolf. *Direito processual civil*. Revisão de Afonso Celso Rezende: Campinas: Editora Romana, 2003.

SCHUBERT, *Quantitative analisis of judicial behavior,* Glencoe, Illinois, 1959

SCHWAB, Karl Heinz. *El objeto litigioso en el proceso civil*. Trad. Tomás A. Banzhaf. Buenos Aires: Ediciones Jurídicas Europa-America, 1968.

SCOGNAMIGLIO. Renato. *Contributo alla teoria del negozio giuridico*, Napoli: Jovene, s/d. n. 137,

SEE SAMUEL KRSLOV. 'The Amicus Curiae Brief: From Friendship to Advocacy'. Vol. 72 (1963) *Yale Law Journal.*

SEE STEPHEN L. WASBY, 'Amicus Briel', included in Kermit L. Hall, edtor-in-chiefl. *The Oxford Companion to the Supremo Court of the United States.* (Oxford: Oxford university Press, 1992)

SERPA LOPES, Maria Miguel de. *Curso de direito civil*. 6ª ed., Vol. I. Rio de Janeiro: Livraria Freitas Bastos S.A., 1988.

SERPA LOPES, Miguel Maria de. *Comentários à lei de introdução ao código civil*. 2ª ed. Vol. I, São Paulo: Livraria Freitas Bastos, 1959.

SERPA LOPES, Miguel Maria de. *Exceções substanciais: exceção de contrato não cumprido.* Rio de Janeiro: Livraria Freitas Bastos S.A., 1959.

SERPA LOPES, Miguel Maria. *Curso de direito civil*. 6. Ed. Vol. 1. Rio de Janeiro: Livraria Freitas Bastos S.A., 1988.

SERPA LOPES, Miguel Maria. *Curso de direito civil*. Vol. III. 4ª Ed., rev. e atual. Rio de Janeiro: Livraria Freitas Bastos, 1964.

SICHES, Luis Recaséns. *Introdução ao estudo do direito*. 12 ed. México: Editorial Porrua, 1997.

SILVA, De Plácido, *Vocabulário jurídico*. Rio de Janeiro: Forense, 1984. v. IV.

SILVA, Ovídio Baptista. *Curso de direito processual civil*. Vol. II, Porto Alegre: Fabris, 1990,

SOUSA. Rabindranath V. A. Capelo. *O direito geral de personalidade*. Coimbra: Coimbra Editora, 1995. GABLIANO, Pablo Stolze; PAMPLONA FILHO, Rodolfo. *Novo curso de direito civil*. Parte Geral. Vol. I. 10ª Ed. São Paulo: Editora Saraiva, 2008.

SOUZA, Artur César de. *Contraditório e revelia – perspectiva crítica dos efeitos da revelia em face da natureza dialética do processo*. São Paulo: Ed. Revista dos Tribunais, 2003.

BIBLIOGRAFIA

Souza, Artur César. *A parcialidade positiva do juiz*. São Paulo. Editora: Revista dos Tribunais, 2008.

Souza, Ernani Vieira, *Enciclopédia Saraiva de Direito*. São Paulo: Saraiva, 1977, v. 36.

Souza, Gelson Amaro. Da revelia. *RePro, n. 80*, São Paulo, out.-dez. 1995.

Souza, Orlando. *Inventários e partilhas – doutrina – jurisprudência – formulários*. 11ª ed. Rio de Janeiro: Forense, 1984.

Starling, Leão Vieira. *Inventários e partilhas*. 3ª ed. São Paulo: Saraiva, 1947.

Sztajn, Raquel. *Direito de recesso*, Faculdade de Direito da USP, 1982.

Tabosa, FÁBIO, *in: Código de processo civil interpretado*. Coord. Antonio Carlos Marcato, São Paulo, Ed. Atlas, 2004.

Taruffo, Michele. Il significato costituzionale dell'obbligo di motivazione. In: Grinover, Ada Pellegrini; Dinamarco, Cândido Rangel; Watanabe, Kazuo (coord..). *Participação e processo*. São Paulo: RT, 1988.

Taruffo, Michele. *La motivación de la sentencia civil*. Trad. Lorenço Córdova Vianello. México: Tribunal Electoral del Poder Judicial de la Federación, 2006.

Taruffo, Michele. *La prueba de los hechos*. Trad. Jordi Ferrrer Bletrán. Madri: Editorial Trotta, 2005.

Tarzia, Giuseppe. *Lineamenti del processo civile di cognizione*. Seconda edizione. Milano: Dott. A. Giuffre Editore, 2002.

Teixeira, J.H. Mirelles. *Curso de direito constitucional*. Rio de Janeiro: Forense, 1991. p. 315.

Telles. Inocêncio Galvão. *Manual dos contratos em geral*. Coimbra: Coimbra Editora, 2002.

Tescheiner, José Maria. Ata notarial como meio de prova – uma revolução no processo civil. *In: Boletim eletrônico IRIB*, São Paulo, agosto de 2004, n. 1.259 de 26.08.2004.

Tesheiner. José Maria. *Pressupostos processuais e nulidades no processo civil*. São Paulo: Editora Saraiva, 2000.

Theodoro Júnior, Humberto. *Curso de direito processual civil*. 32ª ed., Vol. I Rio de Janeiro: Forense, 2000.

Theodoro Júnior, Humberto. *Curso de direito processual civil*. 18. ed., Rio de Janeiro: Forense, 1999, v. 3.

Theodoro Júnior. Humberto. *Terras particulares, demarcação, divisão, tapumes*. 4ª ed. São Paulo: Editora Saraiva, 1999.

Tomaszewski, Adauto de Almeida. A ata notarial como meio de prova e efetivação de direitos. *Revista Cien. Jurídica e Sociológica da Unipar*, Umuara, vol. 11, n. 1, p. 7-23, jan./jun., 2008.

Tonini, Paolo. *Manuale di procedura penale*. Milano: Giuffrè Editore, 2007.

TORNAGHI, Hélio. *Comentários ao código de processo civil.* 2ª ed., São Paulo: Ed. Revista dos Tribunais, 1976.

TUCCI, Rogério Lauria. *Da contumácia no processo civil brasileiro.* São Paulo: Ed. José Bushatsky, 1964.

TUCCI, Rogério Lauria. *Direitos e garantias individuais no processo penal brasileiro.* São Paulo: Saraiva, 1993.

UMBERTIS, Giulio. in Il giusto processo. Associazione tra gli studiosi del processo penale. Milano: Dott. A. Giuffrè Editore, 1998.

VASCONCELOS, Julenildo Nunes. CRUZ, Antonio Augusto. *Direito notarial: teoria e prática.* Rio de Janeiro: Forense, 2006.

VELOSO, Zeno. In: FIUZA, Ricardo (Coordenador). *Novo código civil comentado.* São Paulo: Saraiva, 2002.

VENOSA, Sílvio Salvo. *Direito civil.* 9ª ed. Teoria geral das obrigações e teoria geral dos contratos. São Paulo: Editora Atlas, 2009.

VENOSA. Sílvio de Salvo. *Direito civil.* 7ªed. São Paulo: Editora Atlas, 2007.

VERDE, Filippo. *I provvdimenti cautelari – la nuova disciplina.* Padova: CEDAM, 2006.

VERDE, Giovanni; CAPPONI, Bruno. *Proffili del processo civile.* 3. Processo di esecuzione e procedimenti speciali. Napoli: Jovene, 2006.

VERDE, Giovanni; CAPPONI, Bruno. *Profili del processo civile* 3. Processo di esecuzione e procedimenti speciali . Napoli: Jovene Editore, 2006.

VERDE, Giovanni; CAPPONI, Bruno. *Profili del processo civile.* 3. Processo di esecuzione e procedimenti speciali. Napoli: Jovene Editore, 2006.

VERDE, Giovanni; CAPPONI, Bruno. *Profili del processo civile.* Napoli: Jovene Editore, 2006.

VERONESE, Alexandre. O terceiro poder em crise: impasses e saídas; *Cadernos Adenauer,* Ano III, 2002, n. 06, Rio de Janeiro: Ed. Fundação Konrad.

VIAGAS BARTOLOMÉ. Plácido Fernández. El juez imparcial. Granada: Editorial Comares, 1997.

WAMBIER, Luis Rodrigues (Coordenação); TALAMINI, Eduardo; CORREIA DE ALMEIDA. Flávio Renato Correia. *Curso avançado de processo civil.* Teoria geral do processo e processo de conhecimento. V. 1. 10ª ed., São Paulo: Ed. R.T., 2008.

WAMBIER, Luiz Rodrigues (Coord). *Curso avançado de processo civil.* 9º e. Vol. 2. Execução. São Paulo: Editora Revista dos Tribunais, 2007.

WAMBIER, Luiz Rodrigues; WAMBIER, Teresa Arruda Alvim. *Breves comentários à 2º fase da reforma do Código de Processo Civil.* 2ª ed. São Paulo: Editora Revista dos Tribunais, 2002.

WAMBIER, Luiz Rodrigues; WAMBIER, Teresa Arruda Alvim. *Breves comentários à 2ª fase da reforma do código de processo civil.* 2ª ed. São Paulo: Editora Revistas dos Tribunais, 2002, p. 131.

BIBLIOGRAFIA

WAMBIER, Teresa Alvim; MEDINA, José Miguel Garcia. *O dogma da coisa julgada – hipóteses de relativização*. São Paulo: Editora Revista dos Tribunais, 2003.

WAMBIER, Teresa Arruda Alvim. *Direitos de família e do menor*. 3ª ed. Belo Horizonte: Del Rey, 1993. WAMBIER, Teresa Arruda Alvim. *Nulidades do processo e da sentença*. São Paulo, R.T., 1998.

WAMBIER, Teresa Arruda Alvim. *Os agravos no CPC brasileiro*. 4ª ed. São Paulo: Editora Revista dos Tribunais, 2005.

WAMBIER, Teresa Arruda. *Os agravos no CPC brasileiro*. 4ª Ed., São Paulo: Editora Revista dos Tribunais, 2006.

WAMBIER. Luiz Rodrigues. *Curso avançado de processo civil*. V. 1. Teoria Geral do Processo e Processo de Conhecimento, 10ª edição, revista, atualizada e ampliada. São Paulo: Ed. R.T., 2008.

WATANABE, Kazuo. *Da cognição no processo civil*. 2. ed. 2. Tiragem. Campinas: Bookseller, 2000.

WATANABE, Kazuo. *Da cognição no processo civil*. São Paulo: Revista dos Tribunais, 1987.

WELLMAN, Francis L. *The art of cross-examination*. Fourth edition. New York: Touchstone Book, 1997.

WHITAKER, Firmino. *Terras: divisão e demarcação*. 2ª ed., 1920.

YARSHELL, Flavio Luiz. *Competência no Estatuto do Idoso (lei n. 10.741/03)*, In: http://www.mundo jurídico.adv.br. 29.12.2004.

YARSHELL, Flávio Luiz. *Tutela jurisdicional específica nas obrigações de declaração de vontade*. São Paulo: Malheiros, 1993.

YARSHELL, Flávio Luiz. *Tutela jurisdicional*. São Paulo: Atlas, 1998.

ZANITELLI, Leandro Martins. Abuso da pessoa jurídica e desconsideração. *In* Org. COSTA-MARTINS, Judith. *A reconstrução do direito privado*. São Paulo. Editora Revista dos Tribunais, 2002.

ZANZUCCHI, Marco Tullio. *Diritto processuale civile*. vol. I, 4ª ed., Milano: Giuffrè, 1948.

ZANZUCCHI. Marco Túlio. *Diritto processuale civile*, Milão, 1946, Tomo III.

ZAVASCKI, Teori Albino. *Comentários ao código de processo civil*. Vol.8. São Paulo: Ed. Revista dos Tribunais, 2000.

ZAVASCKI. Teori Albino. *Tutela de tutela*. São Paulo: R.T., 1997.

ZOCCOLI, Dinemar. Autenticidade e integridade dos documentos eletrônicos: a firma eletrônica. *IN:* ROVER, Aires José (Org). *Direito, Sociedade e Informática: limites e perspectivas da vida digital*. Florianópolis: Fundação Boiteux, 2000.

TABELA COMPARATIVA DO NOVO C.P.C. COM O C.P.C. DE 1973 E COM CÓDIGOS ESTRANGEIROS

NOVO CPC	CPC 1973	CPC PORTUGAL	CPC ITÁLIA	CPC ESPANHA
Art. 1º				
Art. 2º	Art. 2º Art. 262	Art. 3º		
Art. 3º		Art. 2º		
Art. 4º		Art. 2º		
Art. 5º		Art. 8º		
Art. 6º		Art. 7º		
Art. 7º		Art. 4º		
Art. 8º				
Art. 9º		Art. 3º		
Art. 10		Art. 3º		
Art. 11	Art. 155 Art. 444 Art. 815 Art. 841	Art. 163 Art. 164 Art. 606		
Art. 12				
Art. 13	Art. 1º	Art. 59 Art. 60	Art. 1º	Art. 3º
Art. 14	Art. 1211			Art. 2º
Art. 15				Art. 4º
Art. 16	Art. 1º		Art. 1º	
Art. 17	Art. 3º	Art. 30		
Art. 18	Art. 6º		Art. 81	

CÓDIGO DE PROCESSO CIVIL

NOVO CPC	CPC 1973	CPC PORTUGAL	CPC ITÁLIA	CPC ESPANHA
Art. 19	Art. 4º	Art. 10		
Art. 20	Art. 4º			
Art. 21	Art. 88	Art. 62	Art. 3º (lei 218/1995)	Art. 36
Art. 22			Art. 4º (lei31/1995)	Art. 4º e 22 (lei orgânica do Poder Judiciário)
Art. 23	Art. 89	Art. 63	Art. 4º	Art. 22 (lei orgânica do Poder Judiciário)
Art. 24	Art. 90		Art. 3º	
Art. 25			Art. 2º	
Art. 26				Art. 273, 274, 276, 277 e 278 (lei orgânica do Poder Judiciário)
Art. 27				Art. 277 (lei orgânica do Poder Judiciário)
Art. 28				
Art. 29				
Art. 30				
Art. 31				
Art. 32				
Art. 33				
Art. 34				
Art. 35	Art. 201	Art. 172		
Art. 36				
Art. 37				Art. 276 (lei orgânica do Poder Judiciário)
Art. 38				
Art. 39				Art. 278 (lei orgânica do Poder Judiciário)
Art. 40				
Art. 41				
Art. 42	Art. 86	Art. 60	Art. 5º	Art. 44

TABELA COMPARATIVA DO NOVO C.P.C. COM O C.P.C. DE 1973 E COM CÓDIGOS ESTRANGEIROS

NOVO CPC	CPC 1973	CPC PORTUGAL	CPC ITÁLIA	CPC ESPANHA
Art. 43	Art. 87			
Art. 44	Art. 93			
Art. 45				
Art. 46	Art. 94	Art. 80	Art. 18	Art. 50
Art. 47	Art. 95	Art. 70	Art. 21	Art. 52
Art. 48	Art. 96		Art. 22	Art. 52
Art. 49	Art. 97			
Art. 50	Art. 98			
Art. 51	Art. 99	Art. 81	Art. 25	
Art. 52				
Art. 53	Art. 100	Art. 71 Art. 72 Art. 81	Art. 19 Art. 20	Art. 51
Art. 54	Art. 102	Art. 95	Art. 6º	
Art. 55	Art. 103		Art. 40	
Art. 56	Art. 104		Art. 39	
Art. 57				
Art. 58	Art. 106			
Art. 59	Art. 106			
Art. 60	Art. 107			Art. 52
Art. 61	Art. 108			
Art. 62	Art. 111	Art. 95		
Art. 63	Art. 111	Art. 95		
Art. 64	Art. 112 Art. 113		Art. 38	Art. 63
Art. 65	Art. 114			
Art. 66	Art. 115	Art. 109		Art. 60
Art. 67				Art. 273 Art. 274
Art. 68				
Art. 69				
Art. 70	Art. 7º	Art. 15	Art. 75	Art. 75
Art. 71	Art. 8º	Art. 16		Art. 7º Art. 8º

CÓDIGO DE PROCESSO CIVIL

NOVO CPC	CPC 1973	CPC PORTUGAL	CPC ITÁLIA	CPC ESPANHA
Art. 72	Art. 9º	Art. 17 Art. 18	Art. 78	
Art. 73	Art. 10 Art. 11	Art. 34		
Art. 74		Art. 34		
Art. 75	Art. 12	Art. 24 Art. 25 Art. 26		
Art. 76	Art. 13			
Art. 77	Art. 14	Art. 8º Art. 9º	Art. 88	Art. 247
Art. 78	Art. 15	Art. 9º		
Art. 79	Art. 16		Art. 96	
Art. 80	Art. 17	Art. 542		
Art. 81	Art. 18	Art. 543		Art. 247
Art. 82	Art. 19	Art. 527 Art. 534 Art. 535		Art. 241
Art. 83	Art. 835			
Art. 84	Art. 20			
Art. 85	Art. 20 Art. 21	Art. 540		
Art. 86				
Art. 87	Art. 23			
Art. 88	Art. 24			
Art. 89	Art. 25			
Art. 90	Art. 26	Art. 537		
Art. 91	Art. 27			
Art. 92	Art. 28			
Art. 93	Art. 29			
Art. 94	Art. 32	Art. 538		
Art. 95	Art. 33			
Art. 96	Art. 35			
Art. 97				
Art. 98				Art. 2º (lei 1/1996)
Art. 99				

TABELA COMPARATIVA DO NOVO C.P.C. COM O C.P.C. DE 1973 E COM CÓDIGOS ESTRANGEIROS

NOVO CPC	CPC 1973	CPC PORTUGAL	CPC ITÁLIA	CPC ESPANHA
Art. 100				
Art. 101				
Art. 102				
Art. 103	Art. 36	Art. 40 Art. 41 Art. 42 Art. 43	Art. 82 Art. 86	Art. 23
Art. 104	Art. 37	Art. 49	Art. 83	Art. 24
Art. 105	Art. 38	Art. 44 Art. 45		Art. 25
Art. 106	Art. 39			
Art. 107				
Art. 108	Art. 41		Art. 81	
Art. 109	Art. 42	Art. 263		Art. 17
Art. 110	Art. 43			Art. 16
Art. 111	Art. 44		Art. 85	Art. 30
Art. 112	Art. 45		Art. 85	Art. 30
Art. 113	Art. 46	Art. 35 Art. 36 Art. 37 Art. 38		Art. 12
Art. 114	Art. 47	Art. 33	Art. 102	Art. 12
Art. 115	Art. 47			
Art. 116				
Art. 117	Art. 48			
Art. 118	Art. 49			
Art. 119	Art. 50	Art. 326	Art. 105	
Art. 120	Art. 51	Art. 327		
Art. 121	Art. 52	Art. 328 Art. 329		
Art. 122	Art. 53	Art. 331		
Art. 123	Art. 55	Art. 332		
Art. 124	Art. 54			
Art. 125	Art. 70	Art. 321	Art. 106	Art. 14
Art. 126	Art. 71 Art. 72	Art. 323	Art. 269	

CÓDIGO DE PROCESSO CIVIL

NOVO CPC	CPC 1973	CPC PORTUGAL	CPC ITÁLIA	CPC ESPANHA
Art. 127	Art. 74			
Art. 128	Art. 75			
Art. 129	Art. 76			
Art. 130	Art. 77	Art. 316		
Art. 131	Art. 78 Art. 79			
Art. 132	Art. 80	Art. 320		
Art. 133				
Art. 134				
Art. 135				
Art. 136				
Art. 137				
Art. 138				
Art. 139	Art. 125	Art. 6º Art. 7º Art. 150	Art. 117 Art. 118 Art. 175	
Art. 140	Art. 126			
Art. 141	Art. 128	Art. 3º	Art. 112	
Art. 142	Art. 129		Art. 88	Art. 247
Art. 143	Art. 133		Art. 2º, 3º, 6º e 7º (lei 117/1988)	Art. 411 Art. 412 Art. 413
Art. 144	Art. 134		Art. 51	Art. 219 (lei orgânica do Poder Judiciário)
Art. 145	Art. 135			
Art. 146	Art. 138		Art. 52	Art. 102
Art. 147	Art. 136			
Art. 148	Art. 138			
Art. 149	Art. 139			
Art. 150	Art. 140			
Art. 151				
Art. 152	Art. 141 Art. 142			
Art. 153				
Art. 154	Art. 143			

TABELA COMPARATIVA DO NOVO C.P.C. COM O C.P.C. DE 1973 E COM CÓDIGOS ESTRANGEIROS

NOVO CPC	CPC 1973	CPC PORTUGAL	CPC ITÁLIA	CPC ESPANHA
Art. 155	Art. 144			
Art. 156	Art. 145	Art. 467	Art. 61	
Art. 157	Art. 146	Art. 470 Art. 471	Art. 63	
Art. 158	Art. 147	Art. 469	Art. 64	
Art. 159	Art. 148		Art. 65	
Art. 160	Art. 149			
Art. 161	Art. 150		Art. 67	
Art. 162	Art. 151	Art. 134 Art. 135		
Art. 163	Art. 152			
Art. 164	Art. 153			
Art. 165			Art. 1º e 2º (decreto legislativo 28/2010)	
Art. 166				
Art. 167				
Art. 168				
Art. 169				
Art. 170				
Art. 171				
Art. 172				
Art. 173				
Art. 174				
Art. 175				
Art. 176	Art. 81		Art. 69	
Art. 177				
Art. 178	Art. 82		Art. 70	
Art. 179	Art. 83	Art. 325	Art. 71 Art. 72	
Art. 180	Art. 188	Art. 194		
Art. 181	Art. 85		Art. 73 Art. 74	
Art. 182				
Art. 183	Art. 188			
Art. 184				

CÓDIGO DE PROCESSO CIVIL

NOVO CPC	CPC 1973	CPC PORTUGAL	CPC ITÁLIA	CPC ESPANHA
Art. 185				Art. 9º (lei de assistência juridica gratuita)
Art. 186				
Art. 187				
Art. 188	Art. 154	Art. 131	Art. 121	
Art. 189	Art. 155	Art. 163 Art. 164		Art. 138
Art. 190				
Art. 191				
Art. 192	Art. 156 Art. 157	Art. 133 Art. 134	Art. 122	
Art. 193				Art. 162
Art. 194				
Art. 195				
Art. 200	Art. 158	Art. 144		
Art. 201	Art. 160			
Art. 202	Art. 161			
Art. 203	Art. 162	Art. 152	Art. 131	Art. 206
Art. 204	Art. 163			
Art. 205	Art. 164 Art. 165			
Art. 206	Art. 166			
Art. 207	Art. 167			
Art. 208	Art. 168			
Art. 209	Art. 169			
Art. 210	Art. 170			
Art. 211	Art. 171			
Art. 212	Art. 172		Art. 147	Art. 130
Art. 213				
Art. 214	Art. 173			Art. 131
Art. 215	Art. 174			
Art. 216	Art. 175			
Art. 217	Art. 176	Art. 143		

TABELA COMPARATIVA DO NOVO C.P.C. COM O C.P.C. DE 1973 E COM CÓDIGOS ESTRANGEIROS

NOVO CPC	CPC 1973	CPC PORTUGAL	CPC ITÁLIA	CPC ESPANHA
Art. 218	Art. 177 Art. 185	Art. 139	Art. 152	Art. 132
Art. 219	Art. 178			Art. 133
Art. 220				
Art. 221	Art. 180	Art. 140		Art. 134
Art. 222	Art. 181 Art. 182	Art. 141	Art. 154	
Art. 223	Art. 183			Art. 136
Art. 224	Art. 184		Art. 155	Art. 133
Art. 225	Art. 186			
Art. 226	Art. 189	Art. 156		
Art. 227	Art. 187			
Art. 228	Art. 190			
Art. 229	Art. 191			
Art. 230				
Art. 231	Art. 241			
Art. 232				
Art. 233	Art. 193 Art. 194			
Art. 234	Art. 195 Art. 196 Art. 197	Art. 166		
Art. 235	Art. 198 Art. 199			
Art. 236	Art. 200	Art. 172	Art. 203 Art. 204	
Art. 237	Art. 201			
Art. 238	Art. 213	Art. 219	Art. 125	Art. 149
Art. 239	Art. 214	Art. 187 Art. 189 Art. 565		
Art. 240	Art. 219	Art. 563 Art. 564 Art. 260		
Art. 241				
Art. 242	Art. 215	Art. 222 Art. 223	Art. 138 Art. 139	

CÓDIGO DE PROCESSO CIVIL

NOVO CPC	CPC 1973	CPC PORTUGAL	CPC ITÁLIA	CPC ESPANHA
Art. 243	Art. 216	Art. 224		
Art. 244	Art. 217			
Art. 245	Art. 218	Art. 234		
Art. 246	Art. 221	Art. 225		Art. 152
Art. 247	Art. 222			
Art. 248	Art. 223	Art. 228		
Art. 249	Art. 224	Art. 231		
Art. 250	Art. 225			
Art. 251	Art. 226	Art. 231	Art. 138	
Art. 252	Art. 227	Art. 232 Art. 233		
Art. 253	Art. 228	Art. 232		
Art. 254	Art. 229			
Art. 255	Art. 230			
Art. 256	Art. 231	Art. 239 Art. 240	Art. 143	
Art. 257	Art. 232	Art. 241 Art. 242		
Art. 258	Art. 233			
Art. 259	Art. 942			
Art. 260	Art. 202	Art. 173 Art. 174 Art. 175		
Art. 261	Art. 203	Art. 176		
Art. 262	Art. 204			
Art. 263	Art. 205			
Art. 264	Art. 206			
Art. 265	Art. 207			
Art. 266	Art. 208			
Art. 267	Art. 209	Art. 179 Art. 180		
Art. 268	Art. 212	Art. 183		
Art. 269	Art. 234			
Art. 270				
Art. 271	Art. 235			

TABELA COMPARATIVA DO NOVO C.P.C. COM O C.P.C. DE 1973 E COM CÓDIGOS ESTRANGEIROS

NOVO CPC	CPC 1973	CPC PORTUGAL	CPC ITÁLIA	CPC ESPANHA
Art. 272	Art. 236 Art. 237			
Art. 273	Art. 239			
Art. 274	Art. 238			
Art. 275				
Art. 276	Art. 243	Art. 197	Art. 157	
Art. 277	Art. 244	Art. 189 Art. 194 Art. 195	Art. 156	
Art. 278	Art. 245	Art. 198 Art. 199	Art. 157	
Art. 279	Art. 246	Art. 189 Art. 194		
Art. 280	Art. 247	Art. 187 Art. 188 Art. 190 Art. 191	Art. 160	
Art. 281	Art. 248	Art. 195	Art. 159	
Art. 282	Art. 249		Art. 162	
Art. 283	Art. 250	Art. 193		
Art. 284	Art. 251	Art. 203		
Art. 285	Art. 252	Art. 204 Art. 216 Art. 209		
Art. 286	Art. 253	Art. 218		
Art. 287	Art. 254	Art. 207		
Art. 288	Art. 255	Art. 205 Art. 210 Art. 211 Art. 213		
Art. 289	Art. 256			
Art. 290	Art. 257			
Art. 291	Art. 258	Art. 296	Art. 10	

CÓDIGO DE PROCESSO CIVIL

NOVO CPC	CPC 1973	CPC PORTUGAL	CPC ITÁLIA	CPC ESPANHA
Art. 292	Art. 259 Art. 260	Art. 297 Art. 298 Art. 300 Art. 301 Art. 302 Art. 303 Art. 307 Art. 306	Art. 11 Art. 12 Art. 13 Art. 14 Art. 15	
Art. 293	Art. 261	Art. 305		
Art. 294	Art. 273 Art. 796		Art. 186-bis	Art. 70
Art. 295				
Art. 296			Art. 669-decies	Art. 743
Art. 297	Art. 798	Art. 362	Art. 700 Art. 669	Art. 738
Art. 298	Art. 273			
Art. 299	Art. 800	Art. 364	Art. 669-ter Art. 669-quater Art. 669-quinquies	Art. 723 Art. 724 Art. 725
Art. 300	Art. 273 Art. 798 Art. 797 Art. 804	Art. 362 Art. 363	Art. 669-undecies Art. 700	Art. 728 Art. 737
Art. 301				
Art. 302	Art. 811			
Art. 303	Art. 796			
Art. 304				
Art. 305	Art. 801	Art. 364 Art. 365		Art. 730
Art. 306	Art. 802	Art. 366		Art. 733
Art. 307	Art. 803			
Art. 308	Art. 806			
Art. 309	Art. 808	Art. 373	Art. 669-decies	
Art. 310	Art. 810			Art. 736
Art. 311	Art. 273		Art. 186-bis Art. 186-ter Art. 186-quater	
Art. 312	Art. 263	Art. 259	Art. 99	

TABELA COMPARATIVA DO NOVO C.P.C. COM O C.P.C. DE 1973 E COM CÓDIGOS ESTRANGEIROS

NOVO CPC	CPC 1973	CPC PORTUGAL	CPC ITÁLIA	CPC ESPANHA
Art. 313	Art. 265	Art. 269 Art. 270 Art. 271 Art. 272	Art. 48 Art. 295 Art. 296 Art. 299 Art. 300 Art. 301	
Art. 314	Art. 266	Art. 275	Art. 298	
Art. 315	Art. 110			Art. 40
Art. 316		Art. 277	Art. 306 Art. 307	
Art. 317	Art. 284			

ÍNDICE

NOTA DO AUTOR	7
AGRADECIMENTOS	9
LISTA DE ABREVIATURAS	11
SUMÁRIO	17

PARTE GERAL	21
LIVRO I – DAS NORMAS PROCESSUAIS CIVIS	21
LIVRO II – DA FUNÇÃO JURISDICIONAL	157
LIVRO III – DOS SUJEITOS DO PROCESSO	399
LIVRO IV – DOS ATOS PROCESSUAIS	955
LIVRO V – DA TUTELA PROVISÓRIA	1297
LIVRO VI – DA FORMAÇÃO, DA SUSPENSÃO E DA EXTINÇÃO DO PROCESSO	1395

BIBLIOGRAFIA	1435
TABELA COMPARATIVA DO NOVO C.P.C. COM O C.P.C. DE 1973 E COM CÓDIGOS ESTRANGEIROS	1465